DICTIONNAIRE GÉNÉRAL

DE

GÉOGRAPHIE UNIVERSELLE

ANCIENNE ET MODERNE.

STRASBOURG,
IMPRIMERIE DE PH.-H. DANNBACH, RUE DU BOUCLIER, 1.

DICTIONNAIRE GÉNÉRAL

DE

GÉOGRAPHIE UNIVERSELLE

ANCIENNE ET MODERNE,

HISTORIQUE, POLITIQUE, LITTÉRAIRE ET COMMERCIALE,

PAR

ENNERY ET HIRTH,

ACCOMPAGNÉ

D'UNE INTRODUCTION A L'ÉTUDE DE LA GÉOGRAPHIE DANS SES RAPPORTS AVEC L'HISTOIRE,

PAR

CH. CUVIER,

PROFESSEUR D'HISTOIRE A LA FACULTÉ DES LETTRES DE L'ACADÉMIE DE STRASBOURG.

TOME DEUXIÈME.

STRASBOURG,
CHEZ BAQUOL ET SIMON, ÉDITEURS,
GRAND'RUE, 29.

1840.

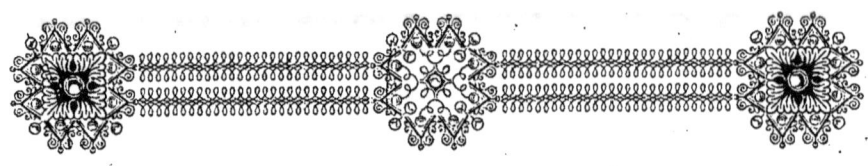

C

CHAS, vg. de Fr., Puy-de-Dôme, arr. de Clermont-Ferrand, cant. de Vertaizon, poste de Billom; 610 h.

CHASELLE-L'ÉCOT, vg. de Fr., Côte-d'Or, com. de Fontangis; 230 hab.

CHASELLET, vg. de Fr., Hautes-Alpes, com. de la Grave; 450 h.

CHASMA, b. de Croatie, comitat de Warasdin, confins militaires; il est situé sur la rivière de même nom.

CHASNA ou **VILLAFLOR**, b. de l'île de Ténériffe, dans l'archipel des Canaries (Afrique); eaux minérales.

CHASNAIS. *Voyez* CHANAY.

CHASNAY, vg. de Fr., Nièvre, arr. de Cosne, cant. de la Charité, poste de Châteauneuf-Val-de-Bargis; 490 hab.

CHASNE, vg. de Fr., Ille-et-Vilaine, arr. de Rennes, cant. et poste de Liffré; 600 h.

CHASOT, vg. de Fr., Doubs, arr. de Baume-les-Dames, cant. et poste de Clerval; 250 hab.

CHASPINHAC, vg. de Fr., Haute-Loire, arr., cant. et poste du Puy; 1090 hab.

CHASPUSAC, vg. de Fr., Haute-Loire, arr. et poste du Puy, cant. de Loudes; 490 h.

CHASSAGNE, vg. de Fr., Côte-d'Or, arr. de Beaune, cant. de Nolay, poste de Chagny; le territoire de ce village produit les vins rouges renommés de Morgeot, Clos-St.-Jean, Dernier, Mattroix et Vigne; 960 h.

CHASSAGNE, vg. de Fr., Doubs, arr. de Besançon, cant. et poste d'Ornans; 280 h.

CHASSAGNE (la), vg. de Fr., Jura, arr. de Dôle, cant. de Chaumergy, poste de Sellières; 360 hab.

CHASSAGNE, vg. de Fr., Nièvre, com. de Moux; 230 hab.

CHASSAGNE, vg. de Fr., Puy-de-Dôme, arr. d'Issoire, cant. et poste d'Ardres; mines d'antimoine; 570 hab.

CHASSAGNES, vg. de Fr., Ardèche, arr. de l'Argentière, cant. et poste des Vans; 420 hab.

CHASSAGNES, vg. de Fr., Dordogne, arr., cant. et poste de Ribérac; 380 hab.

CHASSAGNES, vg. de Fr., Haute-Loire, arr. de Brioude, cant. et poste de Paulhaguet ; 670 hab.

CHASSAGNY, vg. de Fr., Rhône, arr. de Lyon, cant. et poste de Givors ; 410 hab.

CHASSAIS-L'ÉGLISE, vg. de Fr., Vendée, com. de Sigournais ; 240 hab.

CHASSAL, vg. de Fr., Jura, arr., cant. et poste de St.-Claude ; grande exploitation de marbres; 290 hab.

CHASSANT, vg. de Fr., Eure-et-Loir, arr. et poste de Nogent-le-Rotrou, cant. de Thiron-Gardais ; 300 hab.

CHASSÉ, vg. de Fr., Sarthe, arr. de Mamers, cant. de la Fresnaye, poste d'Alençon ; 270 hab.

CHASSEGNEY, vg. de Fr., Manche, arr. de Mortain, cant. de Juvigny, poste de St.-Hilaire-du-Harcouet ; 220 hab.

CHASSEIGNES, vg. de Fr., Vienne, arr., cant. et poste de Loudun ; 470 hab.

CHASSELAS, vg. de Fr., Saône-et-Loire, arr. et poste de Mâcon, cant. de la Chapelle-de-Guinchay ; 360 hab.

CHASSELAY, b. de Fr., Rhône, arr. de Lyon, cant. de Limonest; poste ; mines de plomb aux environs ; 1100 hab.

CHASSELEY, vg. de Fr., Isère, arr. de St.-Marcellin, cant. et poste de Vinay; 670 h.

CHASSEMY, vg. de Fr., Aisne, arr. de Soissons, cant. et poste de Braisne ; 640 h.

CHASSENARD, vg. de Fr., Allier, arr. de la Palisse, cant. du Donjon, poste de Digoin ; 660 hab.

CHASSENAY, vg. de Fr., Aube, arr. de Bar-sur-Seine, cant. et poste d'Essoyes; 310 h.

CHASSENEUIL, b. de Fr., Charente, arr. de Confolens, cant. et poste de St.-Claud; 1820 hab.

CHASSENEUIL, vg. de Fr., Indre, arr. de Châteauroux, cant. et poste d'Argenton-sur-Creuse ; 1050 hab.

CHASSENEUIL, vg. de Fr., Vienne, arr. et poste de Poitiers, cant. de St.-Georges-les-Baillargeaux ; 1050 hab.

CHASSENON, vg. de Fr., Charente, arr. de Confolens, cant. et poste de Chabanais; 130 hab.

CHASSERADES, vg. de Fr., Lozère, arr. de Mende, cant. et poste de Blaymard ; 820 hab.

CHASSERICOURT, vg. de Fr., Aube arr. d'Arcis-sur-Aube, cant. et poste de Chavanges ; 220 hab.

CHASSERON (le), mont. du Jura, située dans le cant. de Vaud, entre la vallée de Ste.-Croix, dans le dist. de Granson et celle de Buttes, dans le cant. de Neufchâtel. Son sommet a 4960 pieds au-dessus du niveau de la mer, et on y jouit d'une vue charmante ; on a trouvé à son pied de nombreuses monnaies romaines.

CHASSEY, vg. de Fr., Côte-d'Or, arr., cant. et poste de Sémur; 290 hab.

CHASSEY, ham. de Fr., Jura, com. de Mutigney ; 180 hab.

CHASSEY, vg. de Fr., Meuse, arr. de Commercy, cant. et poste de Gondrecourt ; 360 hab.

CHASSEY, vg. de Fr., Saône-et-Loire, arr. de Châlon-sur-Saône, cant. et poste de Chagny ; 540 hab.

CHASSEY-LES-MONTBOZON, vg. de Fr., Haute-Saône, arr. de Vesoul, cant. et poste de Montbozon ; 900 hab.

CHASSEY-LES-SCEY, vg. de Fr., Haute-Saône, arr. de Vesoul, cant. de Scey-sur-Saône, poste de Port-sur-Saône ; 170 hab.

CHASSIECQ, vg. de Fr., Charente, arr. de Confolens, cant. de Champagne-Mouton, poste de St.-Claud ; 640 hab.

CHASSIERS, vg. de Fr., Ardèche, arr., cant. et poste de l'Argentière ; 1370 hab.

CHASSIEUX, vg. de Fr., Isère, arr. de Vienne, cant. de Meyzieux, poste de Lyon ; 720 hab.

CHASSIGNELLES, vg. de Fr., Yonne, arr. de Tonnerre, cant. et poste d'Ancy-le-Franc ; 530 hab.

CHASSIGNEU, vg. de Fr., Isère, arr. de la Tour-du-Pin, cant. et poste de Virieu; 570 hab.

CHASSIGNÉUX (le), vg. de Fr., Isère, com. du Pin ; 240 hab.

CHASSIGNOLES, vg. de Fr., Indre, arr., cant. et poste de la Châtre ; 970 hab.

CHASSIGNOLES, vg. de Fr., Haute-Loire, arr. de Brioude, cant. d'Auzon, poste de Lempdes ; 860 hab.

CHASSIGNOLLES, vg. de Fr., Allier, com. de Cusset ; 300 hab.

CHASSIGNY, vg. de Fr., Haute-Marne, arr. de Langres, cant. de Prauthoy, poste ; 610 hab.

CHASSIGNY-SOUS-DUN, vg. de Fr., Saône-et-Loire, arr. de Charolles, cant. et poste de Chauffailles ; 900 hab.

CHASSILLÉ, vg. de Fr., Sarthe, arr. du Mans, cant de Loué, poste de Coulans ; 580 hab.

CHASSORS, vg. de Fr., Charente, arr. de Cognac, cant. et poste de Jarnac ; fabr. d'eau-de-vie ; 1020 hab.

CHASSY, vg. de Fr., Cher, arr. de Bourges, cant. de Beaugy, poste de Villequiers ; 570 hab.

CHASSY, vg. de Fr., Saône-et-Loire, arr. de Charolles, cant. de Gueugnon, poste de Toulon-sur-Arroux ; 400 hab.

CHASSY, vg. de Fr., Yonne, arr. de Joigny, cant. et poste d'Aillant-sur-Tholon ; 620 hab.

CHASTAGNAS, vg. de Fr., Ardèche, com. de Burzet ; 250 hab.

CHASTANG (le), vg. de Fr., Corrèze, arr., cant. et poste de Tulle ; 320 hab.

CHASTAGNIER, vg. de Fr., Lozère, arr. de Mende, cant. et poste de Langogne ; 240 hab.

CHASTEAUX, vg. de Fr., Corrèze, arr., de Brives, cant. de Larche, poste de Noailles ; 870 hab.

CHASTEL ou **CHASTEL-MARLAC**, vg. de Fr., Cantal, arr. de Mauriac, cant. de Saignes, poste de Bort; 1270 hab.

CHASTEL, vg. de Fr., Haute-Loire, arr. de Brioude, cant. de Pinols, poste de Langeac; 740 hab.

CHASTEL-NOUVEL, vg. de Fr., Lozère, arr., cant. et poste de Mende, fabr. de serges et de cadis; 580 hab.

CHASTELUX. *Voyez* CHATELUX.

CHASTENAY, vg. de Fr., Yonne, arr. d'Auxerre, cant. et poste de Courson; 420 hab.

CHASTEUIL, vg. de Fr., Basses-Alpes, arr., cant. et poste de Castellanne; 170 h.

CHASTREIX, vg. de Fr., Puy-de-Dôme, arr. d'Issoire, cant. de Latour, poste de Tauves; 1020 hab.

CHAT ou CAT, mont. qui s'avance en promontoire dans le golfe de St.-Laurent, Bas-Canada, distr. de Gaspe.

CHATAHOUCHE. *Voyez* APALACHICOLA.

CHATAIGNAIS (les), ham. de Fr., Indre, com. de St.-Denis-de-Jouhet; 170 hab.

CHATAIGNERAIE (la), vg. de Fr., Vendée, arr. et à 5 l. N.-N.-E. de Fontenay-le-Comte, chef-lieu de canton et poste. Sa situation est charmante; territoire fertile; fabr. considérables de grosses étoffes de laine; 1400 h.

CHATAIN, ham. de Fr., Charente-Inférieure, com. de Marennes; 240 hab.

CHATAIN, vg. de Fr., Vienne, arr. et poste de Civray, cant. de Charoux; châtaignes excellentes; 1050 hab.

CHATAINCOURT, vg. de Fr., Eure-et-Loir, arr. de Dreux, cant. de Brezolles, poste de Nonancourt; 420 hab.

CHATAM (île), la seule considérable du groupe de Broughton dans la Polynésie. Elle est située à l'E. de la Nouvelle-Séelande, sous 43° 53′ lat. S. et 179° long. occ. Son étendue est de 12 l. Cette île a été découverte en 1795, par l'anglais Broughton. C'est sur les côtes de cette île que l'équipage du bâtiment le *Jean-Bart* fut massacré par les indigènes, en 1838.

CHATAM (îles), pet. groupe d'îles faisant partie de l'archipel des Mulgraves, dans la Polynésie.

CHATAS, vg. de Fr., Vosges, arr. de St.-Dié, cant. et poste de Senones; 300 hab.

CHATAUGHQUE (lac). *Voyez* CONAWANGON.

CHATAUQUE (comté). *Voyez* CATAUGHQUE.

CHATAYMONT. *Voyez* ILLY.

CHAT-BRULÉ (le), ham. de Fr., Pas-de-Calais, com. de Blendecques; 210 hab.

CHA-TCHEOU, v. forte et chef-lieu du pays de Tangout, Mongolie.

CHATEAU (baie du) ou BAIE-D'YORK, CASTLE-BAY, baie assez étendue sur la côte S. du Labrador, à l'O. de la baie du Temple, entre le Temple-Point et l'York-Point. Cette baie renferme à l'E. le Pitts-Harbour (port de Pitt), fréquenté par des pêcheurs, et porte les îles de Whale, de Henley, d'Esquimaux et de Castle avec le Château-Point.

CHATEAU, vg. de Fr., Saône-et-Loire, arr. de Mâcon, cant. et poste de Cluny; 690 h.

CHATEAU-ARNOUX, vg. de Fr., Basses-Alpes, arr. et poste de Sisteron, cant. de Volonne; 630 hab.

CHATEAU-BELAIR, baie à l'O. de l'île de St.-Vincent, Petites-Antilles, possession anglaise; cette baie reçoit une rivière qui porte le même nom.

CHATEAU-BERNARD, vg. de Fr., Charente, arr., cant. et poste de Cognac; 310 h.

CHATEAU-BERNARD, vg. de Fr., Isère, arr. de Grenoble, cant. et poste de Monestier-de-Clermont; 400 hab.

CHATEAUBLEAU, vg. de Fr., Seine-et-Marne, arr. de Provins, cant. et poste de Nangis; 260 hab.

CHATEAUBOURG, vg. de Fr., Ardèche, arr. de Tournon, cant. et poste de St.-Péray; 400 hab.

CHATEAUBOURG, b. de Fr., Ille-et-Vilaine, arr. et à 3 1/2 l. O. de Vitré, chef-lieu de canton et poste; 1320 hab.

CHATEAU-BRÉHAIN, vg. de Fr., Meurthe, arr. de Château-Salins, cant. et poste de Delme; 430 hab.

CHATEAUBRIANT, v. de Fr., Loire-Inférieure, chef-lieu d'arrondissement, à 15 1/2 l. N. de Nantes, sur la rive gauche du Cher; siège d'un tribunal de première instance, d'une direction des contributions indirectes et d'une conservation des hypothèques; elle est assez commerçante et possède une société d'agriculture, des fabriques d'étoffes de laine, des tanneries et l'on y fait des confitures et de la menue pâtisserie excellentes; commerce de fer, houille et bois; foires le 14 septembre, le lendemain de la Trinité et le 24 octobre; 3634 hab.

Cette ville doit son origine à un château fort, bâti au commencement du onzième siècle par Briant, comte de Penthièvre, et dont on voit encore les ruines. Ce château ayant été démoli par ordre de Charles VIII qui l'avait enlevé au maréchal de Rieux, en guerre contre lui, un autre château fut élevé sur les ruines de l'ancien. Jean de Laval y fit, dit-on, périr sa femme, Françoise de Foix, que François Ier avait séduite. Ce seigneur de Châteaubriant obtint des lettres de grâce pour ce crédit, alors tout puissant, du connétable de Montmorency, auquel il fit en retour donation de ses biens. Pendant les guerres de la ligue, Châteaubriant fut plusieurs fois pris et repris par les troupes de Henri IV et par les liqueurs. Les protestants y tinrent un synode en 1561.

CHATEAU-CAMBRÉSIS. *Voyez* CATEAU-CAMBRÉSIS.

CHATEAU-CHALON, b. de Fr., Jura, arr. et poste de Lons-le-Saulnier, cant. de Voiteur; vins estimés; 680 hab.

CHATEAU-CHERVIX, b. de Fr., Haute-Vienne, arr. de St.-Yrieix, cant. de St.-

Germain-les-Belles, poste de Pierre-Buffière; 1660 hab.

CHATEAU-CHINON, *Castrum Caninum*, v. de Fr., Nièvre, chef-lieu d'arrondissement, à 16 l. E.-N.-E. de Nevers; siége d'un tribunal de première instance et d'une conservation des hypothèques; elle est située près de la rive gauche de l'Yonne, sur une des montagnes du Morvan. Cette ville possède une société d'agriculture; elle renferme des fabriques d'étoffes de laine et de toiles et fait un commerce considérable en vins, froment, avoine, chevaux, bestiaux du Morvan, porcs et surtout bois de chauffage pour l'approvisionnement de Paris. Foires les 26 juillet, 7 septembre, premier lundi de janvier, lundi de carême, lundi après les Rameaux et veille de l'Ascension. En 1475, les troupes de Louis XI défirent les Bourguignons, près de Château-Chinon. En 1591, cette ville fut prise par les royalistes qui y massacrèrent la garnison et une grande partie des habitants; 2775 hab.

CHATEAU-CHINON-CAMPAGNE, vg. de Fr., Nièvre, arr., cant. et poste de Château-Chinon; 1400 hab.

CHATEAU-D'ALMENÊCHES (le), vg. de Fr., Orne, arr. d'Argentan, cant. et poste de Mortrée; 350 hab.

CHATEAU-D'ANCELLE ou CHATEAU-CATHERINE, ham. de Fr., Hautes-Alpes, com. d'Ancelle; 170 hab.

CHATEAU-DE-BEAUVOIR. *Voyez* ÉCHASSIÈRES.

CHATEAU-DE-MONTORGUEIL, château fort sur la côte orientale de l'île de Jersey.

CHATEAU-DES-PRÉS, vg. de Fr., Jura, arr. de St.-Claude, cant. et poste de St.-Laurent; on y fabrique divers ouvrages en bois; 290 hab.

CHATEAU-D'OLÉRON (le), v. forte de Fr., située sur l'île d'Oléron, Charente-Inférieure, arr. et à 4 l. O.-N.-O. de Marennes, chef-lieu de canton et poste; le commerce de son port est assez considérable; 2645 hab.

CHATEAU-D'OLONNE, vg. de Fr., Vendée, arr., cant. et poste des Sables; 960 hab.

CHATEAUDOUBLE, vg. de Fr., Drôme, arr. et poste de Valence, cant. de Chabeuil; fabr. d'étoffes de laine; papeterie; 730 hab.

CHATEAUDOUBLE, vg. de Fr., Var, arr. et poste de Draguignan, cant. de Callas; 1020 hab.

CHATEAU-DU-BOIS, vg. de Fr., Nièvre, com. d'Entrains; 440 hab.

CHATEAU-DU-LOIR, *Castrum Lidi*, v. de Fr., Sarthe, arr. et à 8 l. S.-O. de St.-Calais, chef-lieu de canton et poste, au confluent de l'Ive et du Loir; elle a un collége communal, des fabriques de toiles; filat. de coton, des tanneries et elle est l'entrepôt d'un roulage considérable de Tours à Rouen et à Rennes; commerce de bétail, noix, marrons, graines de trèfle et de volaille renommée, connue sous le nom de poules du Mans; 3000 hab.

Cette ville a beaucoup souffert d'un incendie, en 1798; cependant son industrie et son commerce ont bientôt réparé les pertes causées par le feu, et c'est aujourd'hui une ville florissante qui tend encore chaque jour à s'accroître.

CHATEAUDUN, v. de Fr., Eure-et-Loir, chef-lieu d'arrondissement; siége d'un tribunal de première instance et d'une conservation des hypothèques; elle est bâtie sur la pente d'une colline baignée par le Loir, dans une campagne riante et bien cultivée; ses rues sont larges et bien percées, ses maisons bien construites et d'un aspect agréable; elle a une belle place publique, un hôtel de ville, une bibliothèque de 6000 volumes, un collége et une jolie promenade au bord du Loir. Les grottes percées dans les rochers qui bordent le Loir et transformées depuis longtemps en habitations, sont une des curiosités les plus remarquables. On y voit aussi avec intérêt les ruines pittoresques de l'antique château des comtes de Dunois, bâti sur le rocher qui domine la ville. Châteaudun a des fabriques de couvertures de laine et l'on y fait commerce en laine, grains, bois et bétail. Foires dernier jeudi de janvier, mi-carême, premier jeudi de mai et de juillet, dernier jeudi d'août et d'octobre; 6776 hab.

Cette ville, qui doit son origine à son ancien château et à une abbaye fondée par Charlemagne, était autrefois le chef-lieu du comté de Dunois. Elle fut détruite presque entièrement par un incendie, en 1723, et reconstruite peu de temps après telle qu'elle est aujourd'hui.

CHATEAUFORT, vg. de Fr., Basses-Alpes, arr. et poste de Sisteron, cant. de la Motte-du-Caire; 230 hab.

CHATEAUFORT, vg. de Fr., Seine-et-Oise, arr. et poste de Versailles, cant. de Palaiseau; 520 hab.

CHATEAUFRAYÉ. *Voyez* VIGNÉ.

CHATEAU-GAILLARD, vg. de Fr., Ain, arr. de Belley, cant. et poste d'Ambérieux; 630 hab.

CHATEAU-GARNIER, vg. de Fr., Vienne, arr. de Civray, cant. de Gençais, poste d'Usson; 1000 hab.

CHATEAUGAY, vg. de Fr., Puy-de-Dôme, arr., cant. et poste de Riom; 990 hab.

CHATEAUGAY, b. des États-Unis de l'Amérique du Nord, état de New-York, comté de Franklin; poste; agriculture; 1600 hab.

CHATEAUGIRON, b. de Fr., Ille-et-Vilaine, arr., à 4 l. E.-S.-E. et poste de Rennes, chef-lieu de canton; fabr. de toiles à voiles; 1450 hab.

CHATEAU-GOMBERT *Voyez* MARSEILLE.

CHATEAU-GONTIER, *Castrum Gontherii*, v. de Fr., Mayenne, chef-lieu d'arrondissement, à 7 l. S. de Laval, sur la Mayenne, que l'on y passe sur un beau pont en pierre; siége d'un tribunal de première instance et conservation des hypothèques; elle est bien bâtie et très-agréablement située dans une campagne riante et fertile ; elle a un collége communal et une société d'agriculture ; fabr. de serges, d'étamines, étoffes de laine et fil ; des blanchisseries et des tanneries ; fabr. de chaux. Cette ville est le centre du commerce des fils de lin et de chanvre du département ; on y fait aussi commerce de grains, de bois, de fer, de toiles, etc. Foires les 1er mai, premier jeudi de juillet, 30 août, lundi de mi-carême et mardi après la Toussaint ; 6226 hab.

Château-Gontier doit son origine à un château fort construit en cet endroit, au commencement du onzième siècle ; elle avait des fortifications dont il ne reste plus rien. En 1793, elle fut prise par les Vendéens.

CHATEAU-GUIBERT, vg. de Fr., Vendée, arr. de Bourbon-Vendée, cant. et poste de Mareuil ; 1020 hab.

CHATEAU-GUILLAUME, vg. de Fr., Indre, com. de Lignac ; 350 hab.

CHATEAU-LA-BEAUME. *Voyez* BEAUME-HAUTE, (la).

CHATEAU-L'ABBAYE, vg. de Fr., Nord, arr. de Valenciennes, cant. et poste de St.-Amand-les-Eaux ; 890 hab.

CHATEAU-LAMBERT, vg. de Fr., Haute-Saône, arr. et poste de Lure, cant. de Meliscy ; granit à paillettes d'or non exploité ; tissage de coton ; 265 hab.

CHATEAU-LANDON, *Castrum Lantonis*, pet. v. de Fr., Seine-et-Marne, arr. et à 8 l. S. de Fontainebleau, chef-lieu de canton et poste. C'est une ville fort ancienne, située sur le Suzain ; son église est remarquable par son vieux clocher. Elle a des fabriques de blanc d'Espagne et de serges, et dans ses environs, des carrières de pierres douces et de jaspe se polissant comme le marbre ; commerce de vins et de grains ; 5436 hab.

Château-Landon souffrit beaucoup pendant la guerre des Anglais et celle de la ligue. Les troupes étrangères de Henri IV la saccagèrent en 1587, les ligueurs la pillèrent à leur tour ; après cette dernière guerre, la famine et une épidémie en chassèrent tous ceux que le fléau avait épargnés, et la ville fut déserte pendant quelque temps.

CHATEAU-LARCHER, vg. de Fr., Vienne, arr. de Poitiers, cant. et poste de Vivonne ; 700 hab.

CHATEAU-LA-VALLIÈRE, b. de Fr., Indre-et-Loire, arr. et à 10 l. N.-O. de Tours, chef-lieu de canton et poste ; fabr. de toiles de chanvre ; forges et haut-fourneau ; les essieux et les instruments aratoires qui s'y fabriquent sont très-estimés ; 1240 hab.

CHATEAU-L'ÉVÊQUE ou PREYSSAC-D'AGONAC, vg. de Fr., Dordogne, arr., cant. et poste de Périgueux ; 1590 hab.

CHATEAU-L'HERMITAGE, vg. de Fr., Sarthe, arr. de la Flèche, cant. de Pontvalin, poste de Foulletourte ; 220 hab.

CHATEAULIN, v. de Fr., Finistère, chef-lieu d'arrondissement et à 5 l. N. de Quimper, sur la rive droite de l'Aulne, qui la divise en deux parties et y forme un petit port, capable de recevoir des barques de 60 à 80 tonneaux. Cette ville, située dans un fort joli vallon, est généralement mal bâtie et dominée par un vieux château ; elle a une société d'agriculture. La pêche du saumon et des sardines est une des principales occupations des habitants. Commerce d'ardoises. Foires les 12 mars, 6 mai, 23 novembre et les premiers jeudis de janvier, février, avril, juin, juillet, septembre et décembre ; 3000 hab.

CHATEAU-MEILLANT, pet. v. de Fr., Cher, arr. et à 8 l. S.-O. de St.-Amand, chef-lieu de canton et poste. C'est une très-ancienne ville ; on y remarque un vieux château flanqué de grosses tours carrées et de tourelles, que l'on dit avoir été construites du temps des Romains ; 3062 hab.

CHATEAUMUR, vg. de Fr., Vendée, com. du Chatelier ; 600 hab.

CHATEAUNEUF, ham. de Fr., Ardèche, com. de St.-Félix-de-Châteauneuf ; 170 hab.

CHATEAUNEUF, vg. de Fr., Cantal, com. de Riom-ès-Montagne ; 740 hab.

CHATEAUNEUF. *Voyez* CHATEAUNEUF-SUR-CHARENTE.

CHATEAUNEUF. *Voyez* CHATEAUNEUF-SUR-CHER.

CHATEAUNEUF, vg. de Fr., Côte-d'Or, arr. de Beaune, cant. et poste de Pouilly-en-Montagne ; 460 hab.

CHATEAUNEUF. *Voyez* CHATEAUNEUF-EN-BRETAGNE.

CHATEAUNEUF, vg. de Fr., Loire, arr. de St.-Étienne, cant. et poste de Rive-de-Gier ; 570 hab.

CHATEAUNEUF, vg. de Fr., Puy-de-Dôme, arr. de Riom, cant. de Manzat, poste de St.-Gervais ; eaux minérales ; 940 h.

CHATEAUNEUF, vg. de Fr., Saône-et-Loire, arr. de Charolles, cant. et poste de Chauffailles ; 240 hab.

CHATEAUNEUF, vg. de Fr., Var, arr. et poste de Grasse, cant. de Bar ; 570 hab.

CHATEAUNEUF, vg. de Fr., Vendée, arr. des Sables, cant. et poste de Challans ; 580 hab.

CHATEAUNEUF, b. de Fr., Haute-Vienne, arr. et à 7 1/2 l. E.-S.-E. de Limoges, chef-lieu de canton, poste d'Eymoutiers ; 1380 hab.

CHATEAUNEUF-CALCERNIER, b. de Fr., Vaucluse, arr., cant. et poste d'Orange ; les vins du territoire sont des meilleurs de France ; 1360 hab.

CHATEAUNEUF-DE-BORDETTE, vg. de Fr., Drôme, arr., cant. et poste de Nyons ; 250 hab.

CHATEAUNEUF-DE-CHABRE, vg. de Fr., Hautes-Alpes, arr. de Gap, cant. de Gibiers ; poste de Sisteron ; 230 hab.

CHATEAUNEUF-DE-GADAGNE, vg. de

Fr., Vaucluse, arr. et poste d'Avignon, cant. de l'Isle; 1110 hab.

CHATEAUNEUF-DE-GALAURE, vg. de Fr., Drôme, arr. de Valence, cant. et poste de St.-Vallier; 1203 hab.

CHATEAUNEUF-DE-MASÈNE, vg. de Fr., Drôme, arr. et poste de Montélimart, cant. de Dieulefit; fabr. de soie et de poterie; 4700 hab.

CHATEAUNEUF-D'ISÈRE, vg. de Fr., Drôme, arr. de Valence, cant. de Bourg-du-Péage, poste de Romans; fabr. de soie; 2260 hab.

CHATEAUNEUF-D'OZE, vg. de Fr., Hautes-Alpes, arr. de Gap, cant. et poste de Veynes; 150 hab.

CHATEAUNEUF-DU-FAOU, pet. v. de Fr., Finistère, arr. et à 5 l. E. de Châteaulin, chef-lieu de canton et poste; fabr. d'outils; 2600 hab.

CHATEAUNEUF-DU-RHONE, b. de Fr., Drôme, arr., cant. et poste de Montélimart; commerce de soie, de vins et d'eaux-de-vie; mines de fer et de houille; carrières de marbre; 1330 hab.

CHATEAUNEUF-EN-BRETAGNE, b. de Fr., Ille-et-Vilaine, arr. et à 3 1/2 l. S.-S.-E. de St.-Malo, chef-lieu de canton et poste; 710 hab.

CHATEAUNEUF-EN-THYMERAIS, pet. v. de Fr., Eure-et-Loir, arr. et à 4 1/2 l. S.-O. de Dreux, chef-lieu de canton et poste; son commerce est assez actif; 1160 hab.

CHATEAUNEUF-LE-ROUGE ou GALINIÈRE (la), NEGREL, vg. de Fr., Bouches-du-Rhône, arr. et poste d'Aix, cant. de Trets; 400 hab.

CHATEAUNEUF-LES-MARTIGUES, vg. de Fr., Bouches-du-Rhône, arr. d'Aix, cant. et poste de Martigues; 710 hab.

CHATEAUNEUF-LES-MOUSTIERS, vg. de Fr., Basses-Alpes, arr. de Digne, cant. et poste de Moustiers; 580 hab.

CHATEAUNEUF-MIRAVAIL, vg. de Fr., Basses-Alpes, arr. et poste de Sisteron, cant. de Noyers; 630 hab.

CHATEAUNEUF-RANDON, b. de Fr., Lozère, arr., à 6 l. N.-E. et poste de Mende, chef-lieu de canton; c'était autrefois une place de guerre, célèbre par le siége que les Anglais y soutinrent, en 1380, contre le connétable Duguesclin qui mourut pendant le siège de cette place. Le commandant anglais, qui lui avait donné sa parole de rendre la ville, s'il n'était secouru dans quinze jours, vint déposer les clefs de Randon sur le cercueil de Duguesclin; 720 hab.

CHATEAUNEUF-SUR-CHER, pet. v. de Fr., Cher, arr. et à 5 l. N.-O. de St.-Amand, chef-lieu de canton et poste; commerce de vins. Cette petite ville était autrefois défendue par un château fort dont il ne reste plus de traces; elle est située sur le penchant d'une colline et divisée en ville haute et basse; 3075 hab.

CHATEAUNEUF-SUR-CHARENTE, pet. v. de Fr., Charente, arr. et à 7 l. E.-S.-E. de Cognac, chef-lieu de canton et poste; commerce de vins, eaux-de-vie, sel et bois merrain; 2200 hab.

CHATEAUNEUF-SUR-LOIRE, b. de Fr., Loiret, arr. et à 6 1/2 l. E. d'Orléans, chef-lieu de canton et poste; 3075 hab.

CHATEAUNEUF-SUR-SARTHE, b. de Fr., Maine-et-Loire, arr. et à 7 l. E. de Segré, chef-lieu de canton et poste; territoire fertile en vins et en grains; beaux pâturages; 1390 hab.

CHATEAUNEUF-VAL-DE-BARGIS, vg. de Fr., Nièvre, arr. de Cosne, cant. de Donzy, poste; 2060 hab.

CHATEAUNEUF-VAL-SAINT-DONAT, vg. de Fr., Basses-Alpes, arr. et poste de Sisteron, cant. de Volonne; 400 hab.

CHATEAU-PONSAT, b. de Fr., Haute-Vienne, arr. et à 3 l. E. de Bellac, chef-lieu de canton, poste de Monterolles, commerce de vins; 3820 hab.

CHATEAU-PORCIEN, *Castrum Portianum*, pet. v. de Fr., Ardennes, arr., poste et à 2 l. O. de Réthel, chef-lieu de canton, sur la rive droite de l'Aisne; fabr. de mérinos, flanelles, etc.; tanneries; 2200 hab. Cette ville, fort ancienne, était autrefois une seigneurie, qui, après avoir appartenu à différentes familles, passa au comte de Champagne et fut réunie avec cette dernière province à la couronne de France, sous Philippe-le-Bel. Elle fut prise par les Espagnols, en 1650 et 1652.

CHATEAUQUE (pointe), cap sur la côte N.-E. de l'île de Martinique, au N. de la pointe du Marigot.

CHATEAUREDON, vg. de Fr., Basses-Alpes, arr. de Digne, cant. et poste de Mezel; 140 hab.

CHATEAU-REGNAULT, vg. de Fr., Ardennes, arr. de Mézières, cant. de Monthermé, poste de Charleville; 610 hab.

CHATEAU-RENARD, *Castrum Vulpinum*, pet. v. de Fr., Bouches-du-Rhône, arr. et à 7 l. N.-E. d'Arles, poste de St.-Remy, chef-lieu de canton; elle est bien bâtie et embellie par une jolie promenade. Sur une hauteur voisine on aperçoit les restes du magnifique château qui donna son nom à la ville; commerce de blé, vins, soie; 4376 hab.

CHATEAU-RENARD, pet. v. de Fr., Loiret, arr. et à 5 l. E.-S.-E. de Montargis, chef-lieu de canton et poste; fabr. de cordes, draps, serges, blanchets pour presses; commerce de laines; 2345 hab.

CHATEAU-RENAUD, ham. de Fr., Charente, com. de St.-Groux; 110 hab.

CHATEAU-RENAUD. *Voyez* SAINT-GAUDENS.

CHATEAU-RENAUD, vg. de Fr., Saône-et-Loire, arr., cant. et poste de Louhans; 1380 hab.

CHATEAU-RENAULT, pet. v. de Fr., Indre-et-Loire, arr. et à 7 l. N.-E. de Tours, chef-lieu de canton et poste. Cette ville, situde sur la Braine et la route de Paris à Bordeaux, sur le penchant d'une colline, est remarquable par la beauté des sites qui l'environnent. Fabr. de draps, de bonneterie et de tapis de pied; tanneries renommées, corroieries; fabr. de grosse draperie, flanelle, moulins à tan, à trèfle et à foulon; tuileries; commerce de grains et bois; 2440 hab. Cette ville avait de l'importance comme place de guerre, au seizième siècle; Henri IV y avait établi un gouverneur pendant les guerres de la ligue.

CHATEAU-ROUGE ou **ROUDENDORFF**, vg. de Fr., Moselle, arr. de Thionville, cant. et poste de Bouzonville; fabr. de fromage façon Gruyère; 260 hab.

CHATEAUROUX, vg. de Fr., Hautes-Alpes, arr., cant. et poste d'Embrun; carrières abondantes en ardoises peu exploitées; 1730 hab.

CHATEAUROUX, v. de Fr., chef-lieu du dép. de l'Indre et à 56 l. S.-O. de Paris, dans une vaste plaine, sur la rive gauche de l'Indre; siége d'une cour d'assises, de tribunaux de première instance et de commerce, d'une conservation des hypothèques, d'une direction de domaines et de directions des contributions directes et indirectes; résidence d'un inspecteur forestier et d'un ingénieur en chef des ponts-et-chaussées. Cette ville est généralement mal bâtie et mal percée; cependant elle s'est embellie depuis quelques années et elle possède aujourd'hui plusieurs constructions modernes assez élégantes. L'ancien château Raoul, réparé et transformé en hôtel de ville, la préfecture, le palais de justice, la salle de spectacle et le jardin public sont ses monuments les plus remarquables. On y trouve aussi une chambre consultative des manufactures, une société royale d'agriculture, du commerce et des arts, un collége communal et une bibliothèque publique. Elle a de nombreuses fabriques de draps, des filatures de laine, des tanneries, etc. Il y a dans cette ville un parc de construction d'équipages militaires. Son commerce consiste en laine, blé, fer, bestiaux et dans les produits de ses manufactures. Foires les 17 mai, 7 septembre, 9 octobre, 30 novembre, 21 décembre, le premier samedi de carême et tous les samedis de juin; 13,847 hab.

Châteauroux doit son origine à un château que Raoul de Deols y fit construire vers le milieu du dixième siècle. Les descendants de Raoul en conservèrent la possession jusqu'au commencement du dix-septième siècle. Ce domaine passa alors par transaction à Henri II de Bourbon, en faveur duquel Louis XIII l'érigea en duché-pairie. Louis XV, qui avait acheté ce duché de Charles de Bourbon, comte de Clermont, le donna à sa première maîtresse, madame de Mailly, connue sous le nom de duchesse de Châteauroux. Cette ville est la patrie d'Othon, évêque de Frascati; de David Porcheron, bénédictin, et du poëte Guymond-Latouche.

CHATEAU-SALINS, pet. v. de Fr., Meurthe, chef-lieu d'arrondissement, à 6 l. N.-E. de Nancy; elle est située sur la Petite-Seille et remarquable par la saline, à laquelle elle doit son nom et qui n'est plus exploitée. Elle possède une société d'agriculture. Commerce de blé, de sel, de vins et de toiles de chanvre; fabr. de chaux et de draps; verreries et faïencerie. Foires les 5 février, 28 septembre, 28 octobre et 26 décembre; 2621 hab.

CHATEAU-SUR-ALLIER, vg. de Fr., Allier, arr. de Moulins-sur-Allier, cant. de Lurcy-Lévy, poste du Veurdre; 560 hab.

CHATEAU-SUR-CHER, vg. de Fr., Puy-de-Dôme, arr. de Riom, cant. et poste de Pionsat; 390 hab.

CHATEAU-SUR-EPTE, vg. de Fr., Eure, arr. des Andelys, cant. d'Écos, poste de Thilliers-en-Vexin; 150 hab.

CHATEAU-THÉBAUD, vg. de Fr., Loire-Inférieure, arr. de Nantes, cant. de Vertou, poste d'Aigrefeuilles; 1680 hab.

CHATEAU-THIERRY, v. de Fr., Aisne, chef-lieu d'arrondissement, à 16 1/2 l. S. de Laon; siége d'un tribunal de première instance et d'une conservation des hypothèques. C'est une jolie ville qui s'élève en amphithéâtre sur une colline au bord de la Marne. Un beau pont, dont l'extrémité du côté de la ville est ornée de la statue de l'illustre et bon La Fontaine, conduit à un faubourg considérable, qui s'étend sur la rive gauche de la Marne. Sur le sommet de la colline on aperçoit les ruines d'un vieux château que l'on dit avoir été construit, en 720, par Charles Martel pour servir de résidence au jeune roi Thierry IV. C'est à cet édifice que la ville doit, dit-on, son origine et son nom. Collége communal; filat. de coton, tanneries et huileries; commerce de vins, grains, bois et fromage. Foires le premier vendredi de chaque mois, vendredi, samedi et dimanche après la Toussaint; 4761 hab.

Château-Thierry a appartenu successivement à différents seigneurs, entre autres aux comtes de Vermandois, aux comtes de Champagne et au duc d'Alençon. Pendant les guerres de la ligue et de la Fronde cette ville fut plusieurs fois prise et saccagée. Ce fut sous ses murs que le duc Henri de Guise reçut la blessure, qui lui valut le surnom de *Balafré*. En 1814, elle fut pillée trois fois par les troupes de la coalition. Patrie de La Fontaine (Jean de), né le 6 juillet 1621, mort le 13 avril 1695.

CHATEAU-VERDUN, vg. de Fr., Arriège, arr. de Foix, cant. et poste des Cabannes; forges; 220 hab.

CHATEAUVERT, vg. de Fr., Var, arr. et poste de Brignoles, cant. de Cotignac; 210 h.

CHATEAUVIEUX, vg. de Fr., Doubs, arr. de Besançon, cant. et poste d'Ornans; 160 hab.

CHATEAUVIEUX, vg. de Fr., Loir-et-Cher, arr. de Blois, cant. et poste de St.-Aignan ; 850 hab.

CHATEAUVIEUX, vg. de Fr., Var, arr. de Draguignan, cant. et poste de Comps ; 150 h.

CHATEAU-VIEUX-SUR-BEUVRON. *Voyez* FERTÉ-BEAUHARNAIS (la).

CHATEAUVIEUX-SUR-TALLARD, vg. de Fr., Hautes-Alpes, arr. et poste de Gap, cant. de Tallard ; 270 hab.

CHATEAU-VILLAIN ou VILLE-SUR-AUJON, pet. v. de Fr., Haute-Marne, arr. et à 4 l. O. de Chaumont, chef-lieu de canton et poste, sur la rive gauche de la petite rivière d'Aujon ; commerce de chevaux et de bestiaux ; cette ville, autrefois place de guerre, était avant la révolution le chef-lieu d'un comté et la résidence des sires de Château-Villain ; 2100 hab.

CHATEAUVILLAIN, vg. de Fr., Isère, arr. de la Tour-du-Pin, cant. et poste de Bourgoin ; 690 hab.

CHATEAU-VILLE-VIEILLE, vg. de Fr., Hautes-Alpes, arr. de Briançon, cant. d'Aiguilles, poste de Queyras ; 1380 hab.

CHATEAUVOUÉ, vg. de Fr., Meurthe, arr., cant. et poste de Château-Salins ; 340 hab.

CHATEAUX (pointe des), l'extrémité S.-E. de l'île de Guadeloupe ; elle est entourée de récifs et de bancs de sable.

CHATEL-AILLON, ham. de Fr., Charente-Inférieure, com. d'Angoulin. Ce hameau porte le nom d'une ville qui existait près de là et que la mer a submergée. Il y a environ un siècle et demi qu'on en apercevait encore quelques ruines ; 150 hab.

CHATELAIN, vg. de Fr., Mayenne, arr. et poste de Château-Gontier, cant. de Bierné ; 630 hab.

CHATELAINE (la), vg. de Fr., Jura, arr. de Poligny, cant. et poste d'Arbois ; 190 h.

CHATELAIS, vg. de Fr., Maine-et-Loire, arr., cant. et poste de Segré ; 910 hab.

CHATELANS, vg. de Fr., Isère, arr. de la Tour-du-Pin, cant. et poste de Crémieu ; 200 hab.

CHATELARD, vg. de Fr., Basses-Alpes, arr. et cant. de Barcelonnette, poste ; 590 h.

CHATELARD, b. des états sardes, Piémont, prov. de Chambéry, sur le Chéron ; 1100 hab.

CHATEL-ARNAUD, vg. de Fr., Drôme, arr. de Die, cant. et poste de Saillans ; 200 h.

CHATELARS-LA-RIVIÈRE, vg. de Fr., Charente, arr. de Confolens, cant. de Montembœuf, poste de la Rochefoucault ; forge ; 240 hab.

CHATELAUDREN, b. de Fr., Côtes-du-Nord, arr. et à 3 1/2 l. O. de St.-Brieuc, chef-lieu de canton et poste ; commerce en grains, miel, cire, graisse, suif, lin, chanvre, fil et chiffons pour papeterie ; 1354 h.

CHATELAY (le), vg. de Fr., Jura, arr., cant. et poste de Poligny ; 240 hab.

CHATELBLANC, vg. de Fr., Doubs, arr. de Pontarlier, cant. et poste de Mouthe ; 550 hab.

CHATEL-CENSOIR, b. de Fr., Yonne, arr. d'Avallon, cant. de Vezelay, poste de Coulanges ; 1310 hab.

CHATEL-DE-JOUX, vg. de Fr., Jura, arr. de St.-Claude, cant. et poste de Moirans ; 210 hab.

CHATEL-DE-NEUVRE, vg. de Fr., Allier, arr. de Moulins-sur-Allier, cant. de Montet, poste de St.-Pourçain ; 820 hab.

CHATELDON, pet. v. de Fr., Puy-de-Dôme, arr. et à 4 l. N. de Thiers ; chef-lieu de canton et poste ; eaux minérales ; 1740 h.

CHATELET, b. du roy. de Belgique, prov. de Hainaut, arr. de Charleroi, sur la rive droite de la Sambre ; raffineries de sel ; 2100 hab.

CHATELET (le), vg. de Fr., Ardennes, arr., cant. et poste de Rocroi ; 420 hab.

CHATELET (le), vg. de Fr., Côte-d'Or, arr. de Beaune, cant. et poste de Seurre ; 400 hab.

CHATELET, vg. de Fr., Creuse, arr. de Boussac, cant. et poste de Chambon ; 700 h.

CHATELET (le), vg. de Fr., Doubs, arr. de Baume-les-Dames, cant. de Vercel, poste d'Ornans ; 70 hab.

CHATELET, b. de Fr., Seine-et-Marne, arr. et à 3 1/2 l. E. de Melun, chef-lieu de canton et poste ; 1110 hab.

CHATELET (le), b. de Fr., Cher, arr. et à 4 l. S.-O. de St.-Amand, chef-lieu de canton, poste ; il est situé sur la rive droite du Portefeuille, et dominé par une hauteur sur laquelle on voit des restes d'un château gothique ; 1435 hab.

CHATEL-ET-CHEHERY, vg. de Fr., Ardennes, arr. de Vouziers, cant. et poste de Grand-Pré ; forges, haut-fourneau, laminoir ; 780 hab.

CHATELETS (les), vg. de Fr., Eure-et-Loir, arr. de Dreux, cant. et poste de Brezolles ; 240 hab.

CHATELET-SUR-RETOURNE (le), vg. de Fr., Ardennes, arr. de Réthel, cant. de Juniville, poste de Tagnon ; 390 hab.

CHATELEY, vg. de Fr., Jura, arr. et poste de Dôle, cant. de Montbarrey ; 270 h.

CHATEL-GÉRARD, vg. de Fr., Yonne, arr. de Tonnerre, cant. et poste de Noyers ; 510 hab.

CHATELGUYON, vg. de Fr., Puy-de-Dôme, arr., cant. et poste de Riom ; eaux minérales ; 1720 hab.

CHATELIER. *Voyez* LOUVEMONT.

CHATELIER (le), vg. de Fr., Vendée, arr. de Fontenay-le-Comte, cant. et poste de Pouzauges ; carrières ; 600 hab.

CHATELLARD, vg. de Fr., Creuse, arr. d'Aubusson, cant. et poste d'Auzances ; 150 h.

CHATELLENOT, vg. de Fr., Côte d'Or, arr. de Beaune, cant. et poste de Pouilly-en-Montagne ; 500 hab.

CHATELLERAULT, v. de Fr., Vienne, chef-lieu d'arrondissement, à 8 l. N.-N.-E.

de Poitiers; siége de tribunaux de première instance et de commerce, d'une conservation des hypothèques et d'une direction des contributions indirectes; elle est située dans un pays fertile et agréable, sur la rive droite de la Vienne, que l'on y passe sur un beau pont, à l'extrémité duquel s'élève un château flanqué de quatre grosses tours; elle possède une belle promenade ornée d'une jolie fontaine, un collége communal, une manufacture royale d'armes blanches et à feu et des fabriques considérables de coutellerie renommée; on y trouve aussi des fabriques de dentelles, blanchisserie de cire et de toiles, etc. Le commerce de cette ville, qui s'étend sur tous les objets de ses productions et de son industrie, est assez considérable : merrain, pruneaux, pois, haricots, gomme, chanvre, anis vert, amandes, noix, colza, graines de trèfle et de luzerne, laines, vins très-estimés, eaux-de-vie; il est favorisé par la Vienne, qui y commence à être navigable et qui communique avec la Loire. On exploite dans son voisinage une carrière de meules de moulins très-importante; foires le premier jeudi de chaque mois; 9695 hab.

Châtellerault doit son origine à un château construit en ce lieu, au neuvième siècle, par un nommé Hérault, d'où la ville a pris le nom de Castel-Hérault, et par corruption Châtellerault. Elle eut d'abord ses seigneurs particuliers; mais elle jouit de grands priviléges communaux. Au seizième siècle, le domaine de Châtellerault appartenait au célèbre connétable de Bourbon, sur lequel il fut confisqué et réuni à la couronne.

CHATELLIER (le), vg. de Fr., Ille-et-Vilaine, arr. de Fougères, cant. de St.-Brice-en-Cogles; 930 hab.

CHATELLIER (le), vg. de Fr., Marne, arr. et poste de Ste.-Ménehoulde, cant. de Dommartin-sur-Yèvre; 340 hab.

CHATELLIER (le), vg. de Fr., Orne, arr. de Domfront, cant. de Messey, poste de Flers; 380 hab.

CHATELLIERS (les), vg. de Fr., Seine-et-Oise, com. de Ponthévrard; 220 hab.

CHATELLIERS-NOTRE-DAME (les), vg. de Fr., Eure-et-Loir, arr. de Chartres, cant. et poste d'Illiers; 190 hab.

CHATELLUS, vg. de Fr., Loire, arr. de Montbrison, cant. de St.-Galmier, poste de Chazelles; 310 hab.

CHATEL-MONTAGNE, vg. de Fr., Allier, arr. de la Palisse, cant. et poste de Mayet-de-Montagne; filat. hydraulique de lin; 2070 hab.

CHATEL-MORON, vg. de Fr., Saône-et-Loire, arr. de Châlon-sur-Saône, cant. de Givry, poste du Bourgneuf; 250 hab.

CHATEL-NEUF, vg. de Fr., Jura, arr. de Poligny, cant. et poste de Champagnole; 332 hab.

CHATEL-NEUF, vg. de Fr., Loire, arr.

et poste de Montbrison, cant. de St.-Georges-en-Couzan; 270 hab.

CHATELOT (le), vg. de Fr., Doubs, com. de Colombier-Chatelot; 490 hab.

CHATELOY, vg. de Fr., Allier, com. de Hérisson; 600 hab.

CHATEL-PERRON, vg. de Fr., Allier, arr. et poste de la Palisse, cant. de Jaligny; forges et mines de fer aux environs; 450 hab.

CHATEL-RAOULD, vg. de Fr., Marne, arr. et poste de Vitry-le-Français, cant. de St.-Remy-en-Bouzemont; 180 hab.

CHATEL-SAINT-DENIS, b. de Suisse, cant. de Fribourg; fabr. de fromages; verrerie.

CHATEL-SAINT-GERMAIN, vg. de Fr., Moselle, arr. et poste de Metz, cant. de Gorze; 660 hab.

CHATEL-SUR-MOSELLE, vg. de Fr., Vosges, arr. et à 4 l. N.-N.-O. d'Épinal, chef-lieu de canton, poste de Nomexy; 1225 hab.

CHATELUS, vg. de Fr., Allier, arr. et cant. de la Palisse, poste de St.-Martin-d'Estréaux; 320 hab.

CHATELUS, b. de Fr., Creuse, arr., à 4 l. S. et poste de Boussac, chef-lieu de canton; 1210 hab.

CHATELUS, vg. de Fr., Isère, arr. de St.-Marcellin, cant. et poste de Pont-en-Royans; 280 hab.

CHATELUS-LE-MARCHEIX, b. de Fr., Creuse, arr. et poste de Bourganeuf, cant. de Bénévent; commerce de bestiaux; 1500 h.

CHATELUX, vg. de Fr., Yonne, arr. d'Avallon, cant. et poste de Quarré-les-Tombes; 650 hab.

CHATENAY, vg. de Fr., Ain, arr. de Trévoux, cant. de Chalamont, poste de Meximieux; 350 hab.

CHATENAY, vg. de Fr., Eure-et-Loir, arr. de Chartres, cant. d'Auneau, poste d'Angerville; fab. de bonneterie et laine drapée; 370 hab.

CHATENAY, vg. de Fr., Isère, arr. de Saint-Marcellin, cant. de Roybon, poste de la Côte-St.-André; 590 hab.

CHATENAY, vg. de Fr., Seine, arr. et cant. de Sceaux, poste d'Antony; 700 hab.

CHATENAY, vg. de Fr., Seine-et-Oise, arr. de Pontoise, cant. d'Ecouen, poste de Louvres; 80 hab.

CHATENAY-LES-BAGNEUX, vg. de Fr., Seine, arr., cant. et à 1/2 l. S.-S.-O. de Sceaux, poste d'Antony. C'est dans ce village que naquit Voltaire, l'homme le plus célèbre du dix-huitième siècle (20 février 1694 — 30 mai 1778); 580 hab.

CHATENAY-MACHERON, vg. de Fr., Haute-Marne, arr., cant. et poste de Langres; 130 hab.

CHATENAY-SUR-SEINE, vg. de Fr., Seine-et-Marne, arr. de Provins, cant. et poste de Donnemarie; 610 hab.

CHATENAY-VAUDIN, vg. de Fr., Haute-

Marne, arr., cant. et poste de Langres; 190 hab.

CHATENET, vg. de Fr., Charente-Inférieure, arr. de Jonzac, cant. et poste de Montlieu; 700 hab.

CHATENET-EN-DOGNON (le), vg. de Fr., Haute-Vienne, arr. de Limoges, cant. et poste de St.-Léonard; 680 hab.

CHATENEY, vg. de Fr., Haute-Saône, arr. de Lure, cant. et poste de Saulx; 230 h.

CHATENOIS, vg. de Fr., Jura, arr. et poste de Dôle, cant. de Rochefort; 390 hab.

CHATENOIS ou **KESTENHOLTZ**, *Castinetum*, b. de Fr., Bas-Rhin, arr., cant. et poste de Schléstadt; il est situé sur la route de Schléstadt à Nancy, et son territoire est riche en vins. Il s'y trouve une source d'eaux minérales, au pied du Hahnenberg; ces eaux sont excellentes contre les maladies cutanées et articulaires; fabr. de bonneterie, calicots, papier, potasse. Châtenois fut incendié par les habitants de Schléstadt en 1298, et par les Armagnacs en 1444; les paysans insurgés y essuyèrent une sanglante défaite en 1525; 3717 hab.

CHATENOIS ou **KESTENHOLZ**, vg. de Fr., Haut-Rhin, arr., cant. et poste de Belfort; mines de fer; 1130 hab.

CHATENOIS, vg. de Fr., Haute-Saône, arr. de Lure, cant. et poste de Saulx; 420 h.

CHATENOIS, b. de Fr., Vosges, arr. et à 3 l. S.-E. de Neufchâteau, chef-lieu de canton et poste; fabr. d'instruments de musique, de dentelles, de toiles de chanvre; 1568 hab.

CHATENOY, vg. de Fr., Loiret, arr. d'Orléans, cant. et poste de Châteauneuf-sur-Loire; 360 hab.

CHATENOY, vg. de Fr., Seine-et-Marne, arr. de Fontainebleau, cant. et poste de Nemours; 160 hab.

CHATENOY-EN-BRESSE, vg. de Fr., Saône-et-Loire, arr., cant. et poste de Châlon-sur-Saône; 380 hab.

CHATENOY-LE-ROYAL, vg. de Fr., Saône-et-Loire, arr., cant. et poste de Châlon-sur-Saône; 640 hab.

CHATHAM, comté de l'état de la Caroline du Nord, États-Unis de l'Amérique du Nord; il est borné par les comtés d'Orange, de Wake, de Cumberland, de Moore et de Randolph. C'est un pays fertile, arrosé par le Deep et le Haw qui, après leur jonction au S. du pays, prennent le nom de Cape-Fear; 15,000 hab.

CHATHAM (bai of), baie très-étendue au S.-O. de la presqu'île de la Floride, entre le Cap-Sable et la Punta-Larga, territoire de la Floride, États-Unis de l'Amérique du Nord.

CHATHAM, v. des Etats-Unis de l'Amérique du Nord, état de Connecticut, comté de Middlesex, sur le Connecticut; distilleries d'eau-de-vie; construction de vaisseaux; forges et grandes carrières de pierres de taille dans le voisinage; 4600 hab.

CHATHAM, comté de l'état de Géorgie, États-Unis de l'Amérique du Nord; il est borné par les comtés de Bryan et d'Effingham et par le Savannah. C'est un beau pays fertile en coton; il est arrosé par le Savannah qui, à son embouchure, forme de nombreuses îles riches en bonnes prairies, et par l'Ogeechy qui coule à l'O. du comté et s'embouche dans l'Océan par l'Ossabaw-Sund. Le climat y est très-malsain à cause des nombreux marais et eaux stagnantes qui couvrent ce pays; 17,000 hab.

CHATHAM, pet. v. des États-Unis de l'Amérique du Nord, état de Massachusetts, comté de Barnstable, à l'extrémité du Cap-Cod; la ville a deux ports; pêcheries très-importantes; commerce; 2400 hab.

CHATHAM, pet. v. florissante des États-Unis de l'Amérique du Nord, état de New-York, comté de Columbia; agriculture, industrie, commerce; 3200 hab.

CHATHAM, v. fortifiée d'Angleterre, comté de Kent, réunie à Rochester par une rangée de maisons. Elle est importante par son arsenal, le plus grand du royaume, par ses beaux chantiers et ses formidables fortifications; 15,000 hab.

CHATHAMHOUSE, factorerie du New-Sud-Wales, pays occidentaux de la baie d'Hudson, dép. du Nord. Cet endroit est situé sur le lac Sasquagéma, à l'O. du Nelson. Les Indiens Nenawegh y apportent leurs pelleteries.

CHATIGNAC, vg. de Fr., Charente, arr. de Barbezieux, cant. de Brossac, poste de Chalais; 500 hab.

CHATIGNONVILLE, vg. de Fr., Seine-et-Oise, arr. de Rambouillet, cant. et poste de Dourdan; 160 hab.

CHATILLON, vg. de Fr., Allier, arr. de Moulins-sur-Allier, cant. de Montet, poste de Souvigny; mines de houille; 580 hab.

CHATILLON, vg. de Fr., Ardennes, arr. de Vouziers, cant. et poste du Chêne; 380 h.

CHATILLON, b. de Fr., Drôme, arr. à 3 l. S.-S.-E. et poste de Die; chef-lieu de canton; 1200 hab.

CHATILLON, ham. de Fr., Indre, com. du Pin; 200 hab.

CHATILLON, b. de Fr., Jura, arr. et poste de Lons-le-Saulnier, cant. de Conliège; 610 hab.

CHATILLON, vg. de Fr., Rhône, arr. de Villefranche-sur-Saône, cant. de Bois-d'Oing, poste d'Anse; 840 hab.

CHATILLON, vg. de Fr., Seine, arr. et cant. de Sceaux, poste; carrières de pierres de taille; fabr. de plâtre; 1150 hab.

CHATILLON, vg. de Fr., Vienne, arr. de Civray, cant. et poste de Couhé; 200 hab.

CHATILLON, vg. de Fr., Vosges, arr. de Neufchâteau, cant. de Lamarche, poste de Bourbonne; 700 hab.

CHATILLON-DE-MICHAILLE, vg. de Fr., Ain, arr. et à 3 1/2 l. E. de Nantua, chef-lieu de canton et poste; 1440 hab.

CHATILLON-EN-BAZOIS, vg. de Fr., Nièvre, arr. et à 5 l. O. de Château-Chinon, chef-lieu de canton et poste; commerce de bestiaux; 1010 hab.

CHATILLON-EN-DUNOIS, vg. de Fr., Eure-et-Loir, arr. de Châteaudun, cant. de Cloyes, poste de Courtalin; 1220 hab.

CHATILLON-EN-VENDELAIS, b. de Fr., Ille-et-Vilaine, arr., cant. et poste de Vitré; 1540 hab.

CHATILLON-GUYOTTE, vg. de Fr., Doubs, arr. de Baume-les-Dames, cant. de Roulans, poste de Besançon; 190 hab.

CHATILLON-LA-BORDE, vg. de Fr., Seine-et-Marne, arr. de Melun, cant. et poste du Châtelet; 240 hab.

CHATILLON-LA-PALUD, vg. de Fr., Ain, arr. de Trévoux, cant. de Chalamond, poste de Meximieux; 670 hab.

CHATILLON-LE-DÉSERT, vg. de Fr., Hautes-Alpes, arr. de Gap, cant. et poste de Veynes; 110 hab.

CHATILLON-LE-DUC, vg. de Fr., Doubs, arr. et poste de Besançon, cant. de Marchaux; forges, tréfileries; 280 hab.

CHATILLON-LE-ROI, vg. de Fr., Loiret, arr. et poste de Pithiviers, cant. d'Outarville; 370 hab.

CHATILLON-LES-DOMBES, pet. v. de Fr.; Ain, arr. et à 7 l. N.-E. de Trévoux, chef-lieu de canton et poste; elle est située sur la Chalaronne, et n'a de remarquable que les ruines de l'ancien château, auquel elle doit son nom. Papeteries et commerce de vins; 2640 hab.

Cette ville était, avant le quinzième siècle, habitée par un grand nombre de juifs, qui y faisaient un commerce considérable; le duc de Savoie, Amédée VII, les en expulsa en 1429.

CHATILLON-LÈS-SONS, vg. de Fr., Aisne, arr. de Laon, cant. et poste de Marle; 570 hab.

CHATILLON-SAINT-JEAN, vg. de Fr., Drôme, arr. de Valence, cant. et poste de Romans; 760 hab.

CHATILLON-SOUS-LES-COTES, vg. de Fr., Meuse, arr. de Verdun, cant. et poste d'Étain; 700 hab.

CHATILLON-SUR-BROUÉ, vg. de Fr., Marne, arr. de Vitry-le-Français, cant. et poste de St.-Remy-en-Bouzemont; 130 hab.

CHATILLON-SUR-CHALARONNE, *Voyez* **CHATILLON-LES-DOMBES**.

CHATILLON-SUR-CHER, vg. de Fr., Loir-et-Cher, arr. de Blois, cant. de St.-Aignan, poste de Selles-sur-Cher; carrières de pierres à fusil; 1075 hab.

CHATILLON-SUR-COLMONT, vg. de Fr., Mayenne, arr. et poste de Mayenne, cant. de Goron; 2540 hab.

CHATILLON-SUR-INDRE, pet. v. de Fr., Indre, arr. et à 11 l. N.-O. de Châteauroux, chef-lieu de canton et poste; elle est fort ancienne et située près de la rive gauche de l'Indre, sur une colline, au sommet de laquelle se trouve une tour, qui porte encore le nom de *Tour de César*. On y remarque aussi avec intérêt les vastes ruines d'un vieux château. Une belle place publique et une promenade en forme de boulevards ornent cette petite ville. Forges; carrières de beau marbre; 3380 hab.

CHATILLON-SUR-LE-LOIR, ham. de Fr., Sarthe, com. de la Chartre-sur-le-Loir; 200 hab.

CHATILLON-SUR-LIZON, vg. de Fr., Doubs, arr. de Besançon, cant. et poste de Quingey; forges; tréfilerie sur la Loue; 360 hab.

CHATILLON-SUR-LOING, pet. v. de Fr., Loiret, arr. et à 6 l. S.-S.-E. de Montargis, chef-lieu de canton et poste; elle est située sur la rive gauche du Loing, dans une vallée agréable et dominée par le vieux château, où naquit, le 16 juin 1516, l'amiral de Coligny, assassiné à la St.-Barthélemi. La chapelle du château renferme le tombeau de cet illustre capitaine; 2130 hab. Châtillon souffrit beaucoup pendant les guerres de la ligue; cette ville fut plusieurs fois prise et reprise par les protestants et les catholiques, qui la dévastaient tour à tour. Elle fut longtemps à réparer ses nombreux désastres.

CHATILLON-SUR-LOIRE, pet. v. de Fr., Loiret, arr. et à 3 l. S.-S.-E. de Gien, chef-lieu de canton et poste; exploitation de marbre et de pierres de taille; fabr. de plâtre; 2210 hab.

CHATILLON-SUR-MARNE, pet. v. de Fr., Marne, arr. et à 6 1/2 l. S.-O. de Reims, chef-lieu de canton, poste de Port-à-Binson; 985 hab.

CHATILLON-SUR-MEICHE, vg. de Fr., Doubs, arr. de Montbéliard, cant. et poste de St.-Hippolyte; 130 hab.

CHATILLON-SUR-MORIN, vg. de Fr., Marne, arr. d'Épernay, cant. d'Esternay, poste de Courgivaux; 340 hab.

CHATILLON-SUR-OISE, vg. de Fr., Aisne, arr. et poste de St.-Quentin, cant. de Moy; 290 hab.

CHATILLON-SUR-SEICHE, vg. de Fr., Ille-et-Vilaine, arr., cant. et poste de Rennes; 840 hab.

CHATILLON-SUR-SEINE, v. de Fr., Côte-d'Or, chef-lieu d'arrondissement, à 16 l. N.-O. de Dijon; siège de tribunaux de première instance et de commerce, d'une conservation des hypothèques et d'une direction de contributions indirectes. Cette ville, située sur la Seine, dans un territoire peu fertile et montagneux, est bien bâtie: elle a une société d'agriculture, un collége communal, une bibliothèque publique de 7500 volumes et un beau château. L'industrie y est très-développée; on y trouve des fabriques d'étoffes de laine, de papier, de petite quincaillerie, des forges, des clouteries, des blanchisseries de cire, des tanneries, etc. Dans ses environs on exploite de bonnes pierres lithographiques. Son commerce consiste dans la vente des produits de son industrie, mais plus particulièrement dans celle du bois, du fer et du vin. Elle est aussi l'entrepôt des produits des nombreuses forges des environs. Foires les 27 janvier, 7 avril, 5 et 18 juin, 21 août, 19 octobre et 4 décembre. 4430 h. Patrie du littérateur Guillaume Philandrier (1505—1560). Châtillon est célèbre par le congrès, qui s'y tint en 1814 entre le duc de Vicence, ambassadeur de l'empereur Napoléon, et les plénipotentiaires des puissances alliées.

CHATILLON-SUR-SÈVRE, pet. v. de Fr., Deux-Sèvres, arr. et à 5 l. O.-N.-O. de Bressuire, chef-lieu de canton; 1060 hab. Cette petite ville, qui existait déjà du temps des Romains, sous le nom de *Mons Leonis*, Mauléon, fut entièrement détruite pendant les guerres de religion. Rebâtie depuis, elle éprouva de grands désastres pendant les guerres de la Vendée ; occupée par les chouans, qui en avaient fait leur quartier général, elle fut plusieurs fois prise et reprise par les républicains et les insurgés, et enfin incendiée. Elle a été relevée depuis la pacification de la Vendée.

CHATILLON-SUR-THOUÉ, vg. de Fr., Deux-Sèvres, arr., cant. et poste de Parthenay; 440 hab.

CHATIN, vg. de Fr., Nièvre, arr., cant. et poste de Château-Chinon ; 250 hab.

CHATNOONIK ou **EARBOB**, le plus grand lac du territoire de l'Orégon, États-Unis de l'Amérique du Nord; ce lac, traversé par la Columbia, a 45 l. de longueur sur 10 à 12 l. de large et il est très-poissonneux.

CHATOILLENOT, vg. de Fr., Haute-Marne, arr. de Langres, cant. et poste de Prauthoy; 410 hab.

CHATONAY, b. de Fr., Isère, arr. de Vienne, cant. et poste de St.-Jean-de-Bournay; 3010 hab.

CHATONNAY, vg. de Fr., Jura, arr. de Lons-le-Saulnier, cant. et poste d'Arinthod; 200 hab.

CHATONOD, ham. de Fr., Ain, com. de St.-Champ; 200 hab.

CHATONRUPT, vg. de Fr., Haute-Marne, arr. de Vassy, cant. et poste de Joinville; 360 hab.

CHATOU, vg. de Fr., Seine-et-Oise, arr. de Versailles, cant. de St.-Germain-en-Laye, poste ; il est situé sur la rive droite de la Seine, et on y élève des troupeaux mérinos; 1030 hab.

CHATRA ou **TCHATTRA**, v. du roy. de Nepal, dist. de Morang, sur le Kosi. Elle possède un temple consacré à Vischnou qui attire beaucoup de pèlerins.

CHATRE (la), v. de Fr., Indre, chef-lieu d'arrondissement, à 8 l. S.-E. de Châteauroux; siège d'un tribunal de première instance et d'une conservation des hypothèques. Cette ville, agréablement située sur l'Indre, près d'une vallée fertile, est propre, jolie et entourée de belles promenades; elle a un collége communal. Blanchisseries de toiles, fabr. de draps; tanneries et corroieries importantes; fort commerce de laine, draps, cire, oies, bestiaux, chataignes dites nousillades. Foires les 5 janvier, 21 juin, 23 août, veille des Rameaux et de la Pentecôte; 4471 hab.

Cette ville, très-ancienne, était autrefois défendue par un château fort dont on voit encore quelques débris; elle appartenait aux seigneurs de Châteauroux et plus tard à la maison de Condé.

CHATRE, ham. de Fr., Indre, com. de Sassierges; 200 hab.

CHATRE-L'ANGLIN (la) ou **CHATRE-LE-VICOMTE** (la), vg. de Fr., Indre, arr. du Blanc, cant. et poste. de St.-Benoist-du-Sault; 1370 hab.

CHATRES, vg. de Fr., Aube, arr. d'Arcis-sur-Aube, cant. et poste de Méry-sur-Seine, fabr. de bas de coton; 500 hab.

CHATRES, vg. de Fr., Dordogne, arr. de Sarlat, cant. de Terrasson, poste d'Azerac; marne calcaire pour amendement; 480 h.

CHATRES, vg. de Fr., Loir-et-Cher; arr. et poste de Romorantin, cant. de Mennetou; 920 hab.

CHATRES, vg. de Fr., Mayenne, arr. de Laval, cant. et poste d'Évron; 660 hab.

CHATRES, vg. de Fr., Seine-et-Marne, arr. de Melun, cant. et poste de Tournan; 280 hab.

CHATRICE, vg. de Fr., Marne, arr., cant. et poste de Ste.-Ménéhoulde; 130 hab.

CHATSWORTH-HOUSE, sur le Derwent, magnifique château appartenant au duc de Devonshire, près de Backewell, dans le comté de Derby en Angleterre; il est célèbre dans l'histoire pour avoir servi de prison à Marie Stuart.

CHATTAHOCHÉE. *Voyez* APALACHICOLA (fleuve).

CHATTANCOURT, vg. de Fr., Meuse, arr. et poste de Verdun, cant. de Charny-sur-Meuse; papeterie ; 460 hab.

CHATTE, vg. de Fr., Isère; arr., cant. et poste de St.-Marcellin ; moulinage de soie; 2200 hab.

CHATTERIS, b. d'Angleterre, comté de Cambridge, sur l'île d'Ely; 3300 hab.

CHATTNOGNIK. *Voyez* CHATNOONIK.

CHATTON, vg. de Fr., Seine-et-Marne, com. de Vendrest; 370 hab.

CHATTON, vg. de Fr., Yonne, com. de Champlost; 220 hab.

CHATUZANGE, vg. de Fr., Drôme, arr. de Valence, cant. de Bourg-du-Péage, poste de Romans; 1740 hab.

CHATZK, v. de la Russie d'Europe, gouv. de Tambow, chef-lieu de district; 6000 hab.

CHAUCENNE, vg. de Fr., Doubs, arr. et poste de Besançon, cant. d'Audeux ; 270 h.

CHAUCHAILLES, vg. de Fr., Lozère, arr. de Marvejols, cant. de Fournels, poste de St.-Chély ; 360 hab.

CHAUCHÉ, vg. de Fr., Vendée, arr. de

Bourbon-Vendée, cant. et poste de St.-Fulgent ; fabr. de moulins verticaux ; 152 hab.

CHAUCHET (le), vg. de Fr., Creuse, arr. d'Aubusson, cant. et poste de Chénérailles, poste de Chambon ; 550 hab.

CHAUCHIGNY, vg. de Fr., Aube, arr. d'Arcis-sur-Aube, cant. de Méry-sur-Seine, poste de Grès ; 470 hab.

CHAUCOUIN, vg. de Fr., Seine-et-Marne, arr., cant. et poste de Meaux ; 230 hab.

CHAUD (le), ham. de Fr., Puy-de-Dôme, com. de Vic-le-Comte ; 200 hab.

CHAUDARDES, vg. de Fr., Aisne, arr. de Laon, cant. de Neufchâtel, poste de Fismes ; 160 hab.

CHAUDEAU (la), vg. de Fr., Haute-Saône, com. d'Aillevillers ; manuf. de fer-blanc et tôle ; 180 hab.

CHAUDEBONNE, vg. de Fr., Drôme, arr. de Die, cant. et poste de la Motte-Chalançon ; 450 hab.

CHAUDEFONDS, vg. de Fr., Maine-et-Loire, arr. d'Angers, cant. et poste de Chalonnes ; mines de houille et eaux minérales aux environs ; 1290 hab.

CHAUDEFONTAINE, vg. du roy. de Belgique, prov., dist. et à 2 l. de Liége, situé dans une vallée agréable sur les bords de la Vesdre. Ses eaux thermales sont très-fréquentées ; il y a deux manufactures de canons à fusils, des forges et des carrières de marbre ; 650 hab.

CHAUDE-FONTAINE, vg. de Fr., Doubs, arr. et poste de Besançon ; 260 hab.

CHAUDE-FONTAINE, vg. de Fr., Marne, arr., cant. et poste de Ste.-Ménéhoulde ; 620 hab.

CHAUDENAY, vg. de Fr., Haute-Marne, arr. de Langres, cant. et poste du Fayl-Billot ; 300 hab.

CHAUDENAY, vg. de Fr., Saône-et-Loire, arr. de Châlon-sur-Saône, cant. et poste de Chagny ; 740 hab.

CHAUDENAY-LA-VILLE, vg. de Fr., Côte-d'Or, arr. de Beaune, cant. et poste de Bligny-sur-Ouche ; 150 hab.

CHAUDENAY-LE-CHATEAU, vg. de Fr., Côte-d'Or, arr. de Beaune, cant. et poste de Bligny-sur-Ouche ; 230 hab.

CHAUDENEY, vg. de Fr., Meurthe, arr., cant. et poste de Toul ; 370 hab.

CHAUDERON, vg. de Fr., Doubs, arr. et cant. de Pontarlier, poste de Jougne ; 230 h.

CHAUDES-AIGUES, *Aquæ Calendes*, pet. v. de Fr., Cantal, arr. et à 5 l. S. de St.-Flour, chef-lieu de canton et poste. Cette ville, située au milieu d'un pays fort sauvage, dans une gorge très-profonde, sur un des affluents de la Truyère, est remarquable par ses eaux thermales, déjà célèbres aux temps des Romains ; ces eaux jaillissent de douze sources, au pied d'une montagne volcanique. La température en est si chaude, et elles sont si abondantes, qu'en hiver on chauffe les appartements au moyen de ces eaux, que l'on dirige par des conduits en bois. Près de la ville se trouvent aussi des sources minérales froides. Chaudes-Aigues a des blanchisseries et teintureries de laine, fabriques de tricots, etc. ; 2260 hab.

CHAUDEYRAC, vg. de Fr., Lozère, arr. de Mende, cant. et poste de Châteauneuf-de-Randon ; 1070 hab.

CHAUDEYROLES, vg. de Fr., Haute-Loire, arr. du Puy, cant. de Fay-le-Froid, poste du Monastier ; 700 hab.

CHAUDIÈRE (la), vg. de Fr., Drôme, arr. de Die, cant. et poste de Saillans ; 140 hab.

CHAUDIÈRE (fleuve). *Voyez* SAINT-LAURENT.

CHAUDON, vg. de Fr., Basses-Alpes, arr. et poste de Digne, cant. de Barrême ; 600 h.

CHAUDON, vg. de Fr., Eure-et-Loir, arr. de Dreux, cant. et poste de Nogent-le-Roi ; 840 hab.

CHAUDRES, ham. de Fr., Eure-et-Loir, com. de Lormaye ; 200 hab.

CHAUDREY, vg. de Fr., Aube, arr. d'Arcis-sur-Aube, cant. et poste de Ramerupt ; 360 hab.

CHAUDRON, vg. de Fr., Aisne, com. d'Origny-en-Thiérache ; 340 hab.

CHAUDRON, vg. de Fr., Maine-et-Loire, arr. et poste de Beaupréau, cant. de Montrevault ; papeteries ; 1645 hab.

CHAUDRY (le), vg. de Fr., Cher, com. de St.-Christophe-le-Château ; 320 hab.

CHAUDUN, vg. de Fr., Aisne, arr. et poste de Soissons, cant. d'Oulchy ; 200 hab.

CHAUDUN, vg. de Fr., Hautes-Alpes, arr., cant. et poste de Gap ; 170 hab.

CHAUFFAILLES, b. de Fr., Saône-et-Loire, arr. et à 6 l. S. de Charolles, chef-lieu de cant. et poste ; filat. de coton ; tissage de coton ; toiles ; briques ; tuiles ; 3585 hab.

CHAUFFECOURT, vg. de Fr., Vosges, arr., cant. et poste de Mirecourt ; 60 hab.

CHAUFFOUR, vg. de Fr., Corrèze, arr. de Brives, cant. et poste de Meyssac ; 570 h.

CHAUFFOUR, ham. de Fr., Loiret, com. d'Auxy ; 200 hab.

CHAUFFOUR, vg. de Fr., Haute-Marne, arr. de Langres, cant. et poste de Montigny-le-Roi ; 520 hab.

CHAUFFRY, vg. de Fr., Seine-et-Marne, arr. de Coulommiers, cant. et poste de Rebais ; 490 hab.

CHAUFOUR, vg. de Fr., Aube, arr., cant. et poste de Bar-sur-Seine ; 240 hab.

CHAUFOUR, vg. de Fr., Sarthe, arr. et cant. du Mans, poste de Coulans ; 670 hab.

CHAUFOUR, ham. de Fr., Seine-et-Oise, arr. et cant. d'Estampes, poste d'Étréchy ; 100 hab.

CHAUFOUR, vg. de Fr., Seine-et-Oise, arr. de Mantes, cant. et poste de Bonnières ; 220 hab.

CHAUFOURS, vg. de Fr., Eure-et-Loir, arr. de Chartres, cant. d'Illiers, poste de St.-Loup ; 200 hab.

CHAUGEY, vg. de Fr., Côte-d'Or, com. de Losne ; 350 hab.

CHAULGNES, vg. de Fr., Nièvre, arr. de Cosne, cant. et poste de la Charité ; 1380 hab.

CHAULIAC, vg. de Fr., Lozère, arr. de Marvejols, cant. de Malzieu, poste de St.-Chely ; 350 hab.

CHAULME (la), vg. de Fr., Puy-de-Dôme, arr. et poste d'Ambert, cant. de St.-Anthême ; 780 hab.

CHAULNES, b. de Fr., Somme, arr. et à 4 l. S.-O. de Péronne, poste de Lihons-en-Santerre, chef-lieu de canton ; il a un beau château, mais l'eau y manque, et l'on est obligé d'en chercher à 3/4 l. de l'endroit. Chaulnes renferme plusieurs établissements industriels, savoir : des fabriques de toiles, de mousselines, de batistes, des blanchisseries et des tanneries. Patrie du grammairien Lhomond (1727—1794) ; 1175 hab.

CHAUM, vg. de Fr., Haute-Garonne, arr. de St.-Gaudens, cant. et poste de St.-Béat ; 370 hab.

CHAUMARD, vg. de Fr., Nièvre, arr. et poste de Château-Chinon, cant. de Montsauche ; 960 hab.

CHAUME (la), vg. de Fr., Charente-Inférieure, com. de Pont-l'Abbé ; 230 hab.

CHAUME, vg. de Fr., Côte-d'Or, arr. de Châtillon-sur-Seine, cant. et poste de Baigneux-les-Juifs ; 300 hab.

CHAUME (la), vg. de Fr., Côte-d'Or, arr. de Châtillon-sur-Seine, cant. et poste de Montigny-sur-Aube ; fonderies ; 440 hab.

CHAUME, vg. de Fr., Côte-d'Or, arr. de Dijon, cant. et poste de Selongey ; 190 hab.

CHAUME (la), vg. de Fr., Vendée, com. des Sables ; 1000 hab.

CHAUMEIL, vg. de Fr., Corrèze, arr. de Tulle, cant. de Corrèze, poste de Treignac ; 720 hab.

CHAUMERCENNE, vg. de Fr., Haute-Saône, arr. de Gray, cant. et poste de Pesmes ; 370 hab.

CHAUMERÉ, vg. de Fr., Ille-et-Vilaine, arr. de Vitré, cant. et poste de Châteaubourg ; 300 hab.

CHAUMERGY, vg. de Fr., Jura, arr. et à 7 l. S. de Dôle, chef-lieu de canton, poste de Sellières ; 440 hab.

CHAUMES, vg. de Fr., Seine-et-Marne, arr. de Melun, cant. de Tournan, poste ; 1660 hab.

CHAUMESNIL, vg. de Fr., Aube, arr. de Bar-sur-Aube, cant. de Soulaines, poste de Brienne ; tuileries ; 190 hab.

CHAUMONT, vg. de Fr., Cher, arr. de St.-Amand-Mont-Rond, cant. de Charenton, poste de Dun-le-Roi ; 120 hab.

CHAUMONT, vg. de Fr., Jura, arr. cant. et poste de St.-Claude ; 410 hab.

CHAUMONT, vg. de Fr., Maine-et-Loire, arr. de Baugé, cant. de Seiches, poste de Suette ; 430 hab.

CHAUMONT, vg. de Fr., Orne, arr. d'Argentan, cant. et poste de Gacé ; 730 hab.

CHAUMONT, vg. de Fr., Puy-de-Dôme, arr. d'Ambert, cant. et poste d'Arlanc ; 710 hab.

CHAUMONT, pet. v. du roy. de Sardaigne, intendance-générale de Turin ; 4500 hab.

CHAUMONT-DEVANT-DAMVILLERS, vg. de Fr., Meuse, arr. de Montmédy, cant. et poste de Damvillers ; 250 hab.

CHAUMONTÉ, vg. de Fr., Charente, com. de l'Isle-d'Espagnac ; 400 hab.

CHAUMONTEL, vg. de Fr., Seine-et-Oise, arr. de Pontoise, cant. et poste de Luzarches ; 360 hab.

CHAUMONT-EN-VEXIN, vg. de Fr., Oise, arr. et à 9 l. S.-O. de Beauvais, chef-lieu de canton et poste ; scierie hydraulique de bois ; exploitation de tourbe et de chaux ; 1130 h.

CHAUMONT-EN-BASSIGNY, v. de Fr., chef-lieu du dép. de la Haute-Marne, à 54 l. E.-S.-E. de Paris ; siège d'une cour d'assises, de tribunaux de première instance et de commerce, d'une conservation des hypothèques, d'une recette générale, de directions des contributions directes et indirectes et d'une direction des domaines ; résidence d'un ingénieur des mines, d'un ingénieur en chef des ponts-et-chaussées et d'un inspecteur forestier.

Cette ville, située sur une hauteur entre la Marne et la Suize, est entourée de vieilles murailles, qui tombent en ruines ; elle est assez bien bâtie ; ses rues sont larges et bien percées, mais la plupart escarpées ; douze fontaines et quatre fontaines jaillissantes, alimentées par les eaux de la Suize, au moyen d'une machine hydraulique, y entretiennent la propreté. La partie élevée de la ville est entourée de belles promenades. Ses édifices les plus remarquables sont : le collége, l'hôpital, l'hôtel de ville et le palais de justice, reste de l'ancien château des comtes de Champagne. Elle possède aussi une société d'agriculture, commerce et arts, un cabinet de physique, une bibliothèque de 35,000 volumes et une salle de spectacle. Son industrie consiste en fabriques de draps communs, de serges, de droguets, de bas de laine, de gants ; en coutelleries, tanneries, raffinerie de sucre, blanchisseries de cire et filatures. Le commerce y est fort actif et s'exerce sur tous les objets de production et d'industrie, mais il consiste particulièrement en bois, fer, grains, vins, bestiaux et bonneterie. Foires les 14 janvier, mardi après Pâques, même jour avant St.-Jean et 1er octobre ; 6320 hab. Cette ville a vu naître le sculpteur Bouchardon (1698—1762), le littérateur Jean Guthière et le poëte Pierre Lemoine (1602—1672). A la fin du dixième siècle, Chaumont était un bourg défendu par un château, et il avait des seigneurs particuliers. Au commencement du treizième siècle, il commença à prendre de l'importance, et, en 1228, il fut réuni au comté de Champagne. Louis XII, François Ier et

Henri II l'entourèrent de murailles et de fortifications et en firent une ville de guerre; mais il ne reste plus que des débris de tous ces anciens ouvrages. En 1814, les empereurs de Russie et d'Autriche et le roi de Prusse y conclurent un traité contre Napoléon.

CHAUMONT-LA-VILLE, vg. de Fr., Haute-Marne, arr. de Chaumont-en-Bassigny, cant. et poste de Bourmont; 530 hab.

CHAUMONT-LE-BOIS, vg. de Fr., Côte-d'Or, arr., cant. et poste de Châtillon-sur-Seine; 480 hab.

CHAUMONT-PORCIEN ou **SUR-AISNE**, b. de Fr., Ardennes, arr. et à 4 1/2 l. N.-N.-O. de Réthel, chef-lieu de cant. et poste; fabr. de toiles; 1090 hab.

CHAUMONT-SUR-AIRE, vg. de Fr., Meuse, arr. de Bar-le-Duc, cant. de Vaubecourt, poste de Beauzée; 470 hab.

CHAUMONT-SUR-LOIRE, vg. de Fr., Loir-et-Cher, arr. de Blois, cant. de Montrichard, poste de Pontlevoy; on y fabrique du sucre de betterave; 990 hab.

CHAUMONT-SUR-THARONNE, b. de Fr., Loir-et-Cher, arr. de Romorantin, cant. de la Motte-Beuvron, poste; 120 hab.

CHAUMONT-SUR-YONNE, vg. de Fr., Yonne, arr. de Sens, cant. de Pont-sur-Yonne, poste de Villeneuve-la-Guyard; 400 hab.

CHAUMOT, vg. de Fr., Nièvre, arr. de Clamecy, cant. et poste de Corbigny; 130 h.

CHAUMOT, vg. de Fr., Yonne, arr. de Joigny, cant. et poste de Villeneuve-le-Roi; 610 hab.

CHAUMOUZEY, vg. de Fr., Vosges, arr., cant. et poste d'Épinal; 360 hab.

CHAUMUSSAY, vg. de Fr., Indre-et-Loire, arr. de Loches, cant. et poste de Preuilly; 700 hab.

CHAUMUSSE (la), vg. de Fr., Jura, arr. de St.-Claude, cant. et poste de St.-Laurent; 490 hab.

CHAUMUZY, vg. de Fr., Marne, arr. de Reims, cant. de Ville-en-Tardenois, poste de Jonchery-sur-Vesle; 880 hab.

CHAUNAC, vg. de Fr., Charente-Inférieure, arr., cant. et poste de Jonzac; 150 hab.

CHAUNIA, b. de Fr., Vienne, arr. de Civray, cant. et poste de Couhé; 2160 hab.

CHAUNY, pet. v. de Fr., Aisne, arr. et à 7 l. O. de Laon, chef-lieu de canton et poste, sur la rive droite de l'Oise, à la jonction du canal de St.-Quentin. Cette situation, très-avantageuse pour son commerce, donne aussi une grande activité à son industrie, qui consiste en fabriques de batistes, de linon, de mousselines, de toiles et treillis; bonneterie et chaussons de laine tricotés; on y fait surtout commerce de cidre, de charbons de Flandre et de bois de marine et de construction. Foires le 29 et 30 août et dernier mardi de chaque mois; 4490 hab. Chauny était autrefois fortifiée et au quatorzième siècle cette ville fut alternativement prise et pillée par les Français et les Anglais. En 1591, elle était occupée par des troupes de Henri IV, qui défirent sous ses murs, une armée de ligueurs.

CHAURAY, vg. de Fr., Deux-Sèvres, arr., cant. et poste de Niort; 760 hab.

CHAURIAT, vg. de Fr., Puy-de-Dôme, arr. de Clermont-Ferrand, cant. de Vertaizon, poste de Billom; 1500 hab.

CHAUSSADE (la), vg. de Fr., Creuse, arr. et poste d'Aubusson, cant. de Bellegarde; 430 hab.

CHAUSSADE (forges royales de la). *Voyez* GUÉRIGNY.

CHAUSSAIRE (la), vg. de Fr., Maine-et-Loire, arr. et poste de Beaupréau, cant. de Montrevault; 890 hab.

CHAUSSAN, vg. de Fr., Rhône, arr. de Lyon, cant. et poste de Mornant; 1810 hab.

CHAUSSAYRIE, ham. de Fr., Ille-et-Vilaine, com. de Bruz; 150 hab.

CHAUSSÉE (la), vg. de Fr., Marne, arr. et cant. de Vitry-le-Français, poste; 840 h.

CHAUSSÉE (la), vg. de Fr., Meuse, arr. de Commercy, cant. et poste de Vigneulles; 600 hab.

CHAUSSÉE (la), vg. de Fr., Seine-Inférieure, arr. de Dieppe, cant. et poste de Longueville; 330 hab.

CHAUSSÉE. *Voyez* ROUEN.

CHAUSSÉE (la), vg. de Fr., Vienne, arr. de Loudun, cant. de Moncontour, poste de Mirebeau; 440 hab.

CHAUSSÉE-DE-BOUGIVAL (la), vg. de Fr., Seine-et-Oise, com. de Bougival; 260 hab.

CHAUSSÉE DES GÉANTS, en Irlande. C'est le nom qu'on donne à une superbe colonnade de basaltes, qui s'avancent au loin dans la mer et qui se prolongent sur le rivage par une foule de prismes, s'élevant graduellement de manière à former un amphithéâtre; on a ainsi une espèce d'escalier gigantesque, mais dont un pied humain ne pourrait franchir les degrés sans la plus grande circonspection.

CHAUSSÉE-D'IVRY (la), vg. de Fr., Eure-et-Loir, arr. de Dreux, cant. et poste d'Anet; 390 hab.

CHAUSSÉE-DU-BOIS-D'ÉCU (la), vg. de Fr., Oise, arr. de Clermont, cant. et poste de Crèvecœur; 420 hab.

CHAUSSÉE-SAINT-VICTOR (la), vg. de Fr., Loir-et-Cher, arr., cant. et poste de Blois; 660 hab.

CHAUSSÉE-TIRANCOURT (la), vg. de Fr., Somme, arr. d'Amiens, cant. et poste de Picquigny; 880 hab.

CHAUSSENAC, vg. de Fr., Cantal, arr. et poste de Mauriac, cant. de Pléaux; 970 hab.

CHAUSSENANS, vg. de Fr., Jura, arr., cant. et poste de Poligny; 270 hab.

CHAUSSENNE. *Voyez* CHAUCENNE.

CHAUSSES, vg. de Fr., Ardèche, com. de Burzet; 300 hab.

CHAUSSIN, b. de Fr., Jura, arr. et à 4 l.

S.-S.-O. de Dôle, chef-lieu de canton, poste du Deschaux; 1330 hab.

CHAUSSOY-ÉPAGNY. *Voyez* SAULCHOY-ÉPAGNY.

CHAUSSY, vg. de Fr., Loiret, arr. de Pithiviers, cant. d'Outarville, poste de Toury; 550 hab.

CHAUSSY. *Voyez* COURCELLES-CHAUSSY.

CHAUSSY, vg. de Fr., Seine-et-Oise, arr. de Mantes, cant. et poste de Magny; papeterie et fabr. de chandelles; 970 hab.

CHAUTAY (le), vg. de Fr., Cher, arr. de St.-Amand-Mont-Rond, cant. et poste de la Guerche-sur-l'Aubois; mine de fer; forges et hauts-fourneaux; 425 hab.

CHAUVAC, vg. de Fr., Drôme, arr. de Nyons, cant. de Remuzat, poste de Séderon; 270 hab.

CHAUVANCY-LE-CHATEAU, vg. de Fr., Meuse, arr., cant. et poste de Montmédy; 590 hab.

CHAUVANCY-SAINT-HUBERT, vg. de Fr., Meuse, arr., cant. et poste de Montmédy; forges et hauts-fourneaux; 580 hab.

CHAUVÉ, vg. de Fr., Loire-Inférieure, arr. de Paimbœuf, cant. de St.-Père-en-Rez, poste de Pornic; 1570 hab.

CHAUVEAUX, vg. de Fr., Maine-et-Loire, com. de St.-Michel; 250 hab.

CHAUVIGNÉ, vg. de Fr., Ille-et-Vilaine, arr. de Fougères, cant. et poste d'Antrain; 970 hab.

CHAUVIGNY, vg. de Fr., Loir-et-Cher, arr. de Vendôme, cant. de Droué, poste de la Ville-aux-Clercs; 840 hab.

CHAUVIGNY, b. de Fr., Vienne, arr. et à 5 1/2 l. N.-O. de Montmorillon, chef-lieu de canton et poste; fabr. de droguet, révêche, camelotin et serges; tanneries renommées; 1735 hab.

CHAUVILLERAIN. *Voyez* FAUCOGNEY.

CHAUVINCOURT, vg. de Fr., Eure, arr. des Andelys, cant. de Gisors, poste d'Étrepagny; 230 hab.

CHAUVINS (les), ham. de Fr., Jura, com. de la Grande-Rivière; 190 hab.

CHAUVIREY-LE-CHATEL, vg. de Fr., Haute-Saône, arr. de Vesoul, cant. de Vitrey, poste de Cintrey; 860 hab.

CHAUVONCOURT, vg. de Fr., Meuse, arr. de Commercy, cant. et poste de St.-Mihiel; 250 hab.

CHAUVRY, vg. de Fr., Seine-et-Oise, arr. de Pontoise, cant. de Montmorency, poste de Moisselles; 350 hab.

CHAUX, vg. de Fr., Côte-d'Or, arr. de Beaune, cant. et poste de Nuits; 300 hab.

CHAUX, vg. de Fr., Doubs, arr. de Montbéliard, cant. et poste de St.-Hippolyte; 80 hab.

CHAUX (la), vg. de Fr., Doubs, arr. et poste de Pontarlier, cant. de Montbenoît; 500 hab.

CHAUX (la), vg. de Fr., Orne, arr. d'Alençon, cant. de Carrouges, poste de la Ferté-Macé; 260 hab.

CHAUX ou **TSCHA**, vg. de Fr., Haut-Rhin, arr. et poste de Belfort, cant. de Giromagny; 690 hab.

CHAUX, vg. de Fr., Saône-et-Loire, arr. de Louhans, cant. et poste de Pierre; 640 hab.

CHAUX-DE-FOND (la), v. de Suisse, cant. de Neufchâtel, située dans une haute vallée du Jura qui touche à la France; sur une population de 8000 habitants, 2500 se livrent exclusivement à l'horlogerie et fabriquent annuellement environ 60,000 montres qui s'exportent dans le monde entier. Cette ville est la patrie de Pierre Jacquet Droz (né en 1721) et de son fils Henri-Louis Jacquet Droz (1752-91), tous deux célèbres mécaniciens, connus par leurs automates, et de Jean-Pierre Droz (né en 1746), conservateur de la monnaie des médailles à Paris.

CHAUX-DES-CROTTENAY, vg. de Fr., Jura, arr. de Poligny, cant. des Planches, poste de Champagnole; 620 hab.

CHAUX-DES-PRÉS (les), vg. de Fr., Jura, arr. de St.-Claude, cant. et poste de St.-Laurent; 220 hab.

CHAUX-DU-DOMBIEF, vg. de Fr., Jura, arr., cant. et poste de St.-Claude; 970 hab.

CHAUX-EN-BRESSE (la), vg. de Fr., Jura, arr. de Dôle, cant. de Chaumergy, poste de Sellières; 70 hab.

CHAUX-LA-LOTIÈRE, vg. de Fr., Haute-Saône, arr. de Vesoul, cant. et poste de Rioz; 830 hab.

CHAUX-LÈS-CLERVAL, vg. de Fr., Doubs, arr. de Baume-les-Dames, cant. et poste de Clerval; 290 hab.

CHAUX-LÈS-PASSAVANT, vg. de Fr., Doubs, arr. de Baume-les-Dames, cant. de Verceil, poste de Landresse; 390 hab.

CHAUX-LÈS-PORT, vg. de Fr., Haute-Saône, arr. de Vesoul, cant. et poste de Port-sur-Saône; 310 hab.

CHAUX-NEUVE (la), vg. de Fr., Doubs, arr. de Pontarlier, cant. et poste de Mouthe; fromages façon Gruyère; 710 hab.

CHAUX-SUR-CHAMPAGNY, vg. de Fr., Jura, arr. de Poligny, cant. et poste de Salins; 160 hab.

CHAUZON, vg. de Fr., Ardèche, arr., cant. et poste de l'Argentière; 550 hab.

CHAVAGNAC, vg. de Fr., Cantal, arr., cant. et poste de Murat; 500 hab.

CHAVAGNAC, vg. de Fr., Dordogne, arr. de Sarlat, cant. et poste de Terrasson; 640 h.

CHAVAGNAT, vg. de Fr., Haute-Loire, com. de St.-George-d'Aurat; 230 hab.

CHAVAGNE, vg. de Fr., Ille-et-Vilaine, arr. et poste de Rennes, cant. de Mordelles; 730 hab.

CHAVAGNÉ, vg. de Fr., Deux-Sèvres, arr. de Niort, cant. et poste de St.-Maixent; 910 hab.

CHAVAGNE-LÈS-REDOUX, vg. de Fr., Vendée, arr. de Fontenay-le-Comte, cant. et poste de Pouzauges; 640 hab.

CHAVAGNES, vg. de Fr., Maine-et-Loire,

arr. d'Angers, cant. de Thouarcé, poste de Brissac; 1170 hab.

CHAVAGNES-EN-PAILLERS, vg. de Fr., Vendée, arr. de Bourbon-Vendée, cant. et poste de St.-Fulgent; 2020 hab.

CHAVAGNIEUX, vg. de Fr., Isère, arr. de Vienne, cant. de Meyzieu, poste de Crémieu; 240 hab.

CHAVAIGNE. *Voyez* MICHEL-DE-CHAVAIGNE (Saint-).

CHAVAIGNES, vg. de Fr., Maine-et-Loire, arr. de Beaugé, cant. et poste de Noyant; 340 hab.

CHAVAIJA ou CHAVIJA, CHÁVOIJA, prov. dans la partie sept. du roy. de Maroc, Afrique.

CHAVANAC, vg. de Fr., Corrèze, arr. d'Ussel, cant. de Sornac, poste de Meymac; 210 hab.

CHAVANAT, vg. de Fr., Creuse, arr. et poste d'Aubusson, cant. de St.-Sulpice-les-Champs; 650 hab.

CHAVANATTE, vg. de Fr., Haut-Rhin, arr. de Belfort, cant. et poste de Dannemarie; 200 hab.

CHAVANAY, b. de Fr., Loire, arr. de St.-Étienne, cant. de Pelussin, poste de Condrieu; 1770 hab.

CHAVANGES, b. de Fr., Aube, arr. et à 8 l. E. d'Arcis-sur-Aube, chef-lieu de canton et poste; fabr. de cotonnades; 1080 hab.

CHAVANNE, vg. de Fr., Haute-Saône, arr. de Lure, cant. et poste d'Héricourt; 260 hab.

CHAVANNES, vg. de Fr., Cher, arr. de St.-Amand-Mont-Rond., cant. et poste de Châteauneuf-sur-Cher; 380 hab.

CHAVANNES, vg. de Fr., Drôme, arr. de Valence, cant. de St.-Donat, poste de Tain; 300 hab.

CHAVANNES, vg. de Fr., Indre-et-Loire, com. de Benais; 400 hab.

CHAVANNES, vg. de Fr., Jura, com. de Courlans; 210 hab.

CHAVANNES, vg. de Fr., Maine-et-Loire, com. du Puy-Notre-Dame; 280 hab.

CHAVANNES (les), ham. de Fr., Saône-et-Loire, com. de Mailly; 200 hab.

CHAVANNES-LES-GRANDES ou GROSS-SCHAFFNAT, vg. de Fr., Haut-Rhin, arr. de Belfort, cant. et poste de Dannemarie; 490 hab.

CHAVANNES-SUR-REYSSOUSE, vg. de Fr., Ain, arr. de Bourg-en-Bresse, cant. et poste de Pont-de-Vaux; 1190 hab.

CHAVANNES-SUR-SURAN, b. de Fr., Ain, arr. et poste de Bourg-en-Bresse, cant. de Treffort; 1260 hab.

CHAVANNE-SUR-L'ÉTANG ou KLEIN-SCHAFFNAT, vg. de Fr., Haut-Rhin, arr. de Belfort, cant. de Fontaine, poste de Dannemarie; 530 hab.

CHAVANOZ, vg. de Fr. Isère, arr. de Vienne, cant. de Meyzieu, poste de Crémieu; 870 hab.

CHAVANTES, peuplade indienne indépendante, sauvage et très-nombreuse dans l'emp. du Brésil, prov. de Goyaz; elle habite les rives du Rio-Chavante et du Rio-das-Aves, dans la comarque de Novo-Beyra, ainsi que quelques districts de la comarque du Tocantin. Une partie des Chavantes s'était autrefois soumise aux Portugais; avait fondé le village de Pedro-Terceiro et s'était fait baptiser. Mais bientôt ils s'enfuirent tous et se retirèrent dans leurs forêts pour y vivre dans leur ancienne et sauvage indépendance. Aujourd'hui ils se montrent les ennemis les plus acharnés des chrétiens.

CHAVAROUX, vg. de Fr., Puy-de-Dôme, arr. et poste de Riom, cant. d'Ennezat; 310 hab.

CHAVATTE (la), vg. de Fr., Somme, arr. de Montdidier, cant. de Rosières, poste de Reye; 130 hab.

CHAVEIGNES, vg. de Fr., Indre-et-Loire, arr. de Chinon, cant. et poste de Richelieu; 420 hab.

CHAVELOT, vg. de Fr., Vosges, arr. et poste d'Épinal, cant. de Châtel-sur-Moselle; 300 hab.

CHAVENAT, vg. de Fr., Charente, arr. d'Angoulême, cant. et poste de la Valette; 680 hab.

CHAVENAY, vg. de Fr., Seine-et-Oise, arr. de Versailles, cant. de Marly-le-Roy, poste de Villepreux; 530 hab.

CHAVENÇON, vg. de Fr., Oise, arr. de Beauvais, cant. et poste de Méru; 120 hab.

CHAVENON, vg. de Fr., Allier, arr. de Montluçon, cant. et poste de Montmarault; 490 hab.

CHAVÉRIA, vg. de Fr., Jura, arr. de Lons-le-Saulnier, cant. et poste d'Orgelet; 420 hab.

CHAVEROCHE, vg. de Fr., Corrèze, arr., cant. et poste d'Ussel; 340 hab.

CHAVES, pet. v. de l'emp. du Brésil, prov. de Para, comarque de Xingutania, sur la côte N. et en face de l'île de Caviana; pêcheries très-importantes; 3000 hab.

CHAVES, prov. dans la partie sept. du roy. de Maroc, Afrique, à l'E. de la prov. de Fez.

CHAVES. *Voyez* AGUA-CHAVES.

CHAVES ou SAINT-THOMAS, PANOASAN, v. principale de l'île St.-Thomas, golfe de Guinée, Afrique; fort, port, évêché; 3000 h.

CHAVEYRIAT, vg. de Fr., Ain, arr. de Trévoux, cant. et poste de Châtillon-les-Dombes; 2640 hab.

CHAVIGNOL, vg. de Fr., Cher, com. de Sancerre; 500 hab.

CHAVIGNON, vg. de Fr., Aisne, arr. de Soissons, cant. de Vailly, poste; 970 hab.

CHAVIGNY, vg. de Fr., Aisne, arr., cant. et poste de Soissons; 320 hab.

CHAVIGNY, vg. de Fr., Eure, arr. d'Évreux, cant. et poste de St.-André; 360 h.

CHAVIGNY, vg. de Fr., Meurthe, arr. et cant. de Nancy, poste de Pont-St.-Vincent; 440 hab.

CHAVANOU (le), riv. de Fr., a sa source au N. du village de Salesse, Creuse, arr. d'Aubusson, cant. de Crocq. Après 3 l. de cours vers le S.-S.-E., elle entre dans le dép. de la Corrèze, où, conservant la même direction, elle va se jeter dans la Dordogne, au-dessus du village de Port-Dieu, cant. de Bort, après un cours de 10 l.; elle n'est pas navigable.

CHAVILLE, vg. de Fr., Seine-et-Oise, arr. de Versailles, cant. et poste de Sèvres; fabr. de carton, chaux et briques; 1530 h.

CHAVIN, vg. de Fr., Indre, arr. de Châteauroux, cant. et poste d'Argenton-sur-Creuse; 690 hab.

CHAVOI, vg. de Fr., Manche, arr., cant. et poste d'Avranches; 220 hab.

CHAVONNE, vg. de Fr., Aisne, arr. de Soissons, cant. et poste de Vailly; 360 hab.

CHAVORNAY, vg. de Fr., Ain, arr. de Belley, cant. de Champagne, poste de Culoz; 540 hab.

CHAVOT, vg. de Fr., Marne, arr. et poste d'Épernay, cant. d'Avize; 260 hab.

CHAVROCHE, vg. de Fr., Allier, arr. et poste de la Palisse, cant. de Jaligny; 740 h.

CHAVUISSIAT (Grand et Petit-), vg. de Fr., Ain, com. de Chavannes-sur-Suran; 330 hab.

CHAY (le), vg. de Fr., Charente-Inférieure, arr. de Saintes, cant. et poste de Saujon; 540 hab.

CHAY, vg. de Fr., Doubs, arr. de Besançon, cant. et poste de Quingey; 300 hab.

CHAYANTA ou **CHARCAS**, prov. de la rép. de Bolivia, dép. de Potosi; elle est bornée par les prov. d'Arque, de Sacaba, de Mizque, d'Yamparaès, de Porco et de Paria. Au S. de cette province s'étend une ramification des Andes qui sépare le bassin du Marannon de celui du Rio-de-la-Plata. Toute la province occupe le versant oriental du plateau de Titicaca et tous ses cours d'eaux, très-nombreux, débouchent dans le Guapaix ou Rio-Grande-de-la-Plata. Le climat de ce pays varie suivant les hauteurs ou les vallées profondes; de là aussi différentes espèces de productions. On y élève généralement beaucoup de bétail; les bêtes féroces ne manquent pas dans les vallées, couvertes en partie d'épaisses forêts. Ces montagnes renferment de l'or et de l'argent, mais l'exploitation de ces métaux n'y a jamais été d'une grande importance. Brackenridge estime la population de cette province à 100,000 hab., dont 60,000 de race indienne.

CHAYANTA, v. de la rép. de Bolivia, dép. de Potosi, prov. de Chayanta, dont elle est le chef-lieu, à 40 l. N. de Potosi; 3600 hab.

CHAYLARD (le), b. de Fr., Ardèche, arr. et à 12 l. S.-O. de Tournon, chef-lieu de canton et poste; fabr. de soie; tanneries; commerce de bestiaux; 2550 hab.

CHAYMAS, peuplade indienne indépendante et très-nombreuse, dans la rép. de Vénézuela, dép. de Maturin, prov. de Cumana; ce peuple, en grande partie converti au christianisme, habite à l'E. de la province, sur les bords du Collocar, du Guacharo, du Guarapiche, du Rio-Colorado, de l'Areo, du Caripe, etc.

CHAZAUT, vg. de Fr., Saône-et-Loire, com. de St.-Cyr; 240 hab.

CHAZAY, b. de Fr., Rhône, arr. de Villefranche-sur-Saône, cant. et poste d'Anse; 720 hab.

CHAZE, vg. de Fr., Jura, com. d'Arlay; 210 hab.

CHAZE (la), vg. de Fr., Lozère, arr. de Marvejols, cant. et poste d'Aumont; 500 h.

CHAZEAU, vg. de Fr., Loire, arr. de St.-Étienne, cant. de Chambon, poste de Firminy; 690 hab.

CHAZEAUX, vg. de Fr., Ardèche, arr., cant. et poste de l'Argentière; 550 hab.

CHAZEAUX, ham. de Fr., Lozère, com. de St.-Frezal-d'Albuges; 200 hab.

CHAZÉ-HENRY, vg. de Fr., Maine-et-Loire, arr. de Segré, cant. et poste de Pouancé; 940 hab.

CHAZEL, vg. de Fr., Meurthe, arr. de Lunéville, cant. et poste de Blâmont; 190 hab.

CHAZELET, vg. de Fr., Indre, arr. du Blanc, cant. et poste de St.-Benoist-du-Sault; 480 hab.

CHAZELLE, vg. de Fr., Charente, arr. d'Angoulême, cant. et poste de la Rochefoucauld; 1030 hab.

CHAZELLE, vg. de Fr., Saône-et-Loire, arr. de Mâcon, cant. et poste de St.-Gengoux-le-Royal; 240 hab.

CHAZELLE, ham. de Fr., Saône-et-Loire, com. de Mont-les-Seurre; 200 hab.

CHAZELLES, vg. de Fr., Cantal, arr. et poste de St.-Flour, cant. de Ruines; 160 h.

CHAZELLES, vg. de Fr., Jura, arr. de Lons-le-Saulnier, cant. et poste de St.-Amour; 210 hab.

CHAZELLES ou **CHAZELLES-SUR-LYON**, pet. v. de Fr., Loire, arr. de Montbrison, cant. de St.-Galmier, poste; 2830 hab.

CHAZELLES, vg. de Fr., Haute-Loire, arr. de Brioude, cant. de Pinols, poste de Langeac; 150 hab.

CHAZELLES-SUR-L'AVIEU, vg. de Fr., Loire, arr. et poste de Montbrison, cant. de St.-Jean-Soleymieux; 680 hab.

CHAZELOT, vg. de Fr., Doubs, arr. de Baume-les-Dames, cant. et poste de Rougemont; 160 hab.

CHAZELOT-LES-MAILLEY, ham. de Fr., Haute-Saône, com. de Mailley; 200 hab.

CHAZELOU, vg. de Fr., Cantal, com. de Bonnac; 200 hab.

CHAZEMAIS, vg. de Fr., Allier, arr. et poste de Montluçon, cant. d'Huriel; 760 h.

CHAZEREY, vg. de Fr., Aube, arr. de Bar-sur-Seine, cant. et poste de Chaource; 170 hab.

CHAZÉ-SUR-ARGOS, vg. de Fr., Maine-et-Loire, arr. et poste de Segré, cant. de Candé; carrières de marbre gris; 1850 hab.

CHAZEUIL, vg. de Fr., Côte-d'Or, arr. de Dijon, cant. et poste de Selongey; 430 hab.

CHAZEUIL, vg. de Fr., Nièvre, arr. de Clamecy, cant. de Brinon-les-Allemands, poste de Varzy; 290 hab.

CHAZEUILLE, vg. de Fr., Allier, com. de Varennes-sur-Allier; 300 hab.

CHAZEY-BONS-CRESSIEUX, vg. de Fr., Ain, arr., cant. et poste de Belley; 670 hab.

CHAZEY-SUR-AIN, vg. de Fr., Ain, arr. de Belley, cant. de Lagnieu, poste d'Ambérieux; 1120 hab.

CHAZILLY-LE-HAUT, vg. de Fr., Côte-d'Or, arr. de Beaune, cant. et poste de Pouilly-en-Montagne; 290 hab.

CHAZY, pet. v. des États-Unis de l'Amérique du Nord, état de New-York, comté de Clinton, à l'embouchure du Chazy dans le lac Champlain; pêche; agriculture; commerce; 2300 hab.

CHEADLE, b. d'Angleterre, comté de Stafford, au pied d'une colline, baignée par la Tayne; fabr. de rubans de lin; commerce; riches mines de houille; 3200 hab.

CHEAM, vg. d'Angleterre, comté de Surry. C'était le séjour favori de la reine Élisabeth; 900 hab.

CHEB ou **AYN-SHEB**, v. dans la partie occidentale de la Nubie, Afrique, sur la grande route de Syout (Égypte) à Cobbe (Darfour) et à 100 l. N.-N.-O. de Dongola.

CHEBRAC, vg. de Fr., Charente, arr. et poste d'Angoulême, cant. de St.-Amant-de-Boixe; 150 hab.

CHÉBUETTE (la), ham. de Fr., Loire-Inférieure, com. de St.-Julien-de-Concelles; 200 hab.

CHECA, b. de la rép. du Pérou, dép. de Cuzco, prov. de Tinta; mines d'argent et de pyrite magnétique; 3000 hab.

CHECA, b. d'Espagne, roy. de la Nouvelle-Castille, prov. de la Manche, dist. de Molina; 2400 hab.

CHECHEHET. *Voyez* WHITE-MOUNTAINS.

CHECHEHET (peuplade). *Voyez* PUELCHES.

CHECINY, pet. v. du roy. de Pologne, woiwodie de Crakovie, dist. de Kielce, dans une plaine, avec un château fort. Dans ses environs on trouve des mines de plomb et d'argent et des marbrières, mais ces dernières ne sont pas exploitées; 900 hab.

CHECY, vg. de Fr., Loiret, arr. et cant. d'Orléans, poste de Pont-aux-Moines; 1950 hab.

CHÉDIGNY, vg. de Fr., Indre-et-Loire, arr., cant. et poste de Loches; 640 hab.

CHEDON. *Voyez* SAINT-JULIEN-DE-CHEDON.

CHEDUBA ou **TCHÉDUBA**, **BAZACATA**, île située à 1 l. de la côte occidentale de l'Aracau, Inde transgangétique, dont elle est une dépendance, remarquable par ses volcans vaseux. Elle est bien peuplée et bien cultivée; le riz en est la principale production.

CHEDWORTH, vg. d'Angleterre, comté de Gloucester, avec un bain romain, découvert en 1760.

CHEF (Saint-), b. de Fr., Isère, arr. de la Tour-du-Pin, cant. et poste de Bourgoin; 3400 hab.

CHEF-BOUTONNE, b. de Fr., Deux-Sèvres, arr. et à 3 l. S. de Melle, chef-lieu de canton et poste; 2260 hab.

CHEF-DU-PONT, vg. de Fr., Manche, arr. de Valognes, cant. et poste de Ste.-Mère-Église; 360 hab.

CHEFFES, b. de Fr., Maine-et-Loire, arr. d'Angers, cant. de Briollay, poste de Châteauneuf-sur-Sarthe; 1310 hab.

CHEFFOIS, vg. de Fr., Vendée, arr. de Fontenay-le-Comte, cant. et poste de la Châtaigneraie; fabr. de serges; molletons; flanelles; 960 hab.

CHEFFREVILLE, vg. de Fr., Calvados, arr. de Lisieux, cant. de Livarot, poste de Fervacques; filat. de laine et de coton; 370 hab.

CHEF-HAUT, vg. de Fr., Vosges, arr., cant. et poste de Mirecourt; 200 hab.

CHEFRESNE (le), vg. de Fr., Manche, arr. de St.-Lô, cant. de Percy, poste de Villebaudon; 880 hab.

CHEHERISTAN ou **RABAT-CHEHERISTAN**, v. du roy. de Perse, chef-lieu de la prov. de Koubistan.

CHÉHÉRY, vg. de Fr., Ardennes, arr., cant. et poste de Sedan; 210 hab.

CHEHREZOUR ou **SCHEHSNOR**, eyalet de la Turquie d'Asie, partie du Kurdistan. Il est borné au N.-O. par le Diarbekir, au N. par Van, à l'E. par la Perse, au S. par Bagdad, à l'O. par Bagdad et Mossoul. Sa superficie est d'environ 800 l. c. C'est un plateau boisé et fertile, traversé par la chaine des monts du Kurdistan et habité par un demi million de Kurdes. L'eyalet de Chehrezour est divisé en trente livas; sa capitale s'appelle Kirkouk.

CHEHREZOUR, v. de la Turquie d'Asie, à 15 l. E. de Kirkouk, dans l'eyalet auquel elle a donné son nom, autrefois le siége du pacha. C'est une véritable ville de Troglodytes, presque toutes ses maisons sont taillées dans la montagne rocheuse, au pied de laquelle elle est située.

CHEIBON ou **SHEIBON**, contrée peu connue de la Nigritie orientale, Afrique, sur le Bahr-el-Abiad, au S. du Kordofan et au N. du pays des Chelouks, remarquable par la quantité de poudre d'or que les nègres qui l'habitent savent tirer de leur sol.

CHEIGNI, vg. de Fr., Indre, com. de Sacierges; 330 hab.

CHEILLÉ, vg. de Fr., Indre-et-Loire, arr. de Chinon, cant. et poste d'Azay-le-Rideau; 1310 hab.

CHEILLY, vg. de Fr., Saône-et-Loire, arr. d'Autun, cant. et poste de Couches; 890 hab.

CHEIN-DESSUS, vg. de Fr., Haute-Garonne, arr de St.-Gaudens, cant. et poste d'Aspet; 1130 hab.

CHEIX, vg. de Fr., Loire-Inférieure, arr. de Paimbœuf, cant. et poste du Pellerin; 590 hab.

CHEIX (le). *Voyez* Puy-Saint-Gulmier.

CHELAKHSKOI (cap). Il forme la pointe N.-E. de la presqu'île des Tchoutches, au N.-E. de l'Asie et se projette dans la mer du Kamtchatka. M. Wrangel l'a reconnu il y a quelques années.

CHELAN, vg. de Fr., Gers, arr. de Mirande, cant. et poste de Masseube; 540 hab.

CHELERS, vg. de Fr., Pas-de-Calais, arr. de St.-Pol-sur-Ternoise, cant. et poste d'Aubigny; 380 hab.

CHELIDONIA. Le cap de ce nom se trouve sur la côte méridionale de l'Asie Mineure et se projette sur la Méditerranée. Il termine un des côtés du grand golfe d'Antalia.

CHELIEU, vg. de Fr., Isère, arr. de la Tour-du-Pin, cant. et poste de Virieu; 900 hab.

CHÉLIF ou Shellif, Selef, Chinaphal, Chinalaph, Sardapal, la plus considérable des rivières du cidevant état d'Alger, dont elle arrose la partie occidentale ; elle prend sa source dans les hautes vallées de l'Atlas, aux montagnes de Ouannaschréésé, traverse le lac de Tittery, et se jette dans la Méditerranée, au N. de Mostagbanem, après un cours d'environ 70 l. Ses principaux affluents sont : l'Harbeene, le Fouddah, l'Archew, le Mina, l'Abt, l'Ouarisa et le Tagia.

CHELIKOUT, assez grande ville d'Abyssinie, Afrique, roy. de Tigré, prov. d'Endenta, à l'E. d'Andaloue, dans une vallée charmante arrosée par un ruisseau. Elle est devenue très-importante depuis que le roi y fait sa résidence ordinaire. Le palais de ce prince et l'église, regardée comme une des plus belles de l'Abyssinie, sont les principaux édifices. Lat. N. 13° 21′ 34″, long. E. 40° 37′ 17″; 8000 hab.

CHELLA ou Salla, Sebilah, Mansalla, v. du roy. marocain de Fez, Afrique, à l'E. de Rabat; il est défendu à tout chrétien d'y mettre le pied; antiquités romaines.

CHELLE (la), vg. de Fr., Oise, arr. de Compiègne, cant. et poste d'Estrées-St.-Denis; 240 hab.

CHELLE (le), vg. de Fr., Pas-de-Calais, arr. d'Arras, cant. de Bertincourt, poste de Bapaume; 270 hab.

CHELLE-DEBAT, vg. de Fr., Hautes-Pyrénées, arr. et poste de Tarbes, cant. de Pouyastruc; 460 hab.

CHELLE-ESPOU, vg. de Fr., Hautes-Pyrénées, arr. et poste de Bagnères-en-Bigorre, cant. de Lannemezan; 410 hab.

CHELLES, vg. de Fr., Oise, arr. de Compiègne, cant. d'Attichy, poste de Couloisy; 370 hab.

CHELLES, *Cala*, b. de Fr., Seine-et-Marne, arr. de Meaux, cant. de Lagny, poste; commerce de foin ; exploitation de plâtre. Chelles avait une des plus riches abbayes de France. Les rois de la première race possédaient en cet endroit un manoir royal, où fut assassiné Chilperic en 584; 1560 hab.

CHELM, pet. v. du roy. de Pologne, woiwodie de Lublin, dist. de Krasnistaw, sur l'Uker; siége d'un évêque unitaire et autrefois aussi celui d'un évêque catholique, qui réside maintenant à Lublin; collége ; 870 hab.

CHELMSFORD, pet. v. d'Angleterre, comté d'Essex, au confluent du Chelmer et du Cana ; société économique, jolie salle de spectacle, prison sur le plan de Hogarth; commerce de bestiaux ; 5000 hab.

CHELMSFORD, pet. v. des États-Unis de l'Amérique du Nord, état de Massachusetts, comté de Middlesex, à l'endroit où le canal de Middlesex débouche dans le Merrimac ; verrerie, grandes carrières de granit d'où l'on a tiré les pierres pour bâtir quelques-uns des plus beaux édifices de Boston; 2400 hab.

CHELOUKS ou Schilouks, connus aussi sous les noms de Nuba ou Songi, puissant peuple nègre dans la partie S.-O. de la Nubie, Afrique, sur le haut Bahr-el-Abiad et dans le roy. de Sennaar, dont il était la nation dominante depuis le seizième siècle; il passe pour anthropophage et empoisonne ses armes.

CHELS (Saint-), vg. de Fr., Lot, arr. de Figeac, cant. et poste de Cajarc; 260 hab.

CHELSEA, pet. v. des Etats-Unis de l'Amérique du Nord, état de Vermont, comté d'Orange, dont elle est le chef-lieu, au pied des Montagnes-Vertes ; 2800 hab.

CHELSEA, v. d'Angleterre, comté de Middlesex, sur la Tamise, réunie à Londres par une série de maisons bien bâties. Chelsea possède un grand établissement pour les invalides de l'armée de terre, un hospice des orphelins militaires élevés aux frais de l'état et un beau jardin botanique, appartenant à la société pharmaceutique de Londres; 20,000 hab.

CHELSEY, vg. de Fr., Côte-d'Or, com. de Sussey; 310 hab.

CHELTENHAM, v. d'Angleterre, comté de Glocester, sur le Chelt, dans une vallée riante; c'est une des plus belles villes de l'Angleterre ; elle doit son accroissement et sa prospérité à sa situation délicieuse et à ses eaux minérales, qu'on peut comparer à celles de Spaa et qui sont le rendez-vous de plus de 10,000 étrangers par an; le vaste bâtiment des bains est très-remarquable ; son beau théâtre, dont l'achèvement ne date que de 1805, vient tout récemment d'être consumé par un incendie; 20,000 hab.

CHELUN, vg. de Fr., Ille-et-Vilaine, arr. de Vitré, cant. de la Guerche, poste de Martigné-Ferchaud ; 730 hab.

CHELVA, v. d'Espagne, roy., gouv. et dist. de Valence; bien bâtie; fabr. d'étoffes de laine et grand commerce de raisins secs; 2700 hab.

CHELY-D'APCHIER ou **CHELY-VILLE** (Saint-), pet. v. de Fr., Lozère, arr. et à 8 l. N. de Marvejols, chef-lieu de canton et poste; elle est située au milieu des montagnes et renferme des fabriques de toiles, des tanneries et des parchemineries; on y fait commerce de grains et de bestiaux, et elle est le centre de celui des laines du pays; à quelque distance au N. de la ville, on voit d'énormes blocs de granit, remarquables par leurs formes et leur disposition; 1700 hab.

CHELY-D'AUBRAC (Saint-), b. de Fr., Aveyron, arr., à 3 l. N.-E. et poste d'Espalion, chef-lieu de canton; 3290 hab.

CHELY-DU-TARN (Saint-), vg. de Fr., Lozère, arr. de Florac, cant. de St.-Érimie, poste de Mende; 580 hab.

CHELY-FORAIN (Saint-), vg. de Fr., Lozère, arr. de Marvejols, cant. et poste de St.-Chely-d'Apchier; 410 hab.

CHELY-VILLE (Saint-). *Voyez* **CHELY-D'APCHIER** (Saint-).

CHEMALE, vg. de la Turquie d'Asie, sur la côte occidentale de l'Asie Mineure, important par les antiquités qui se trouvent dans ses environs. Le docteur Clarke y a vu une colonne de granit dont le fût d'une seule pièce a 37 pieds anglais de longueur. Selon quelques savants, ce village se trouverait sur les ruines de l'ancienne *Colonœ*, ville de la Troade.

CHEMAUDIN, vg. de Fr., Doubs, arr. et poste de Besançon, cant. d'Audeux; 540 h.

CHEMAULT, vg. de Fr., Loiret, arr. de Pithiviers, cant. de Beaune-la-Rolande, poste de Boiscommun; 530 hab.

CHEMAZÉ, b. de Fr., Mayenne, arr., cant., poste et à 1 l. S.-O. de Château-Gontier; on y remarque le joli château de St.-Ouen, fondé, dit-on, par la reine Anne de Bretagne, épouse de Charles VIII; 1590 h.

CHEMELLIER, vg. de Fr., Maine-et-Loire, arr. de Saumur, cant. de Gennes, poste de Brissac; 660 hab.

CHEMEMONT, vg. de Fr., Jura, arr., cant. et poste de Poligny; 170 hab.

CHÉMÉRÉ, vg. de Fr., Loire-Inférieure, arr. de Paimbœuf, cant. et poste de Bourgneuf-en-Retz; 860 hab.

CHÉMÉRÉ-LE-ROI, vg. de Fr., Mayenne, arr. de Laval, cant. et poste de Meslay; 1170 hab.

CHEMERY, vg. de Fr., Loir-et-Cher, arr. de Blois, cant. de St.-Aignan, poste de Selles-sur-Cher; 740 hab.

CHEMERY, vg. de Fr., Moselle, arr. de Metz, cant. et poste de Faulquemont; 140 hab.

CHEMERY (les Deux-), vg. de Fr., Moselle, arr. de Thionville, cant. et poste de Bouzonville; 730 hab.

CHEMERY-SUR-BAR, vg. de Fr., Ardennes, arr. et poste de Sedan, cant. de Raucourt; 700 hab.

CHEMILLA, vg. de Fr., Jura, arr. de Lons-le-Saulnier, cant. et poste d'Arinthod; 150 hab.

CHEMILLÉ, pet. v. de Fr., Maine-et-Loire, arr. et à 5 l. E. de Beaupréau, chef-lieu de canton et poste; 3700 hab.

CHEMILLÉ-LE-BLANC, vg. de Fr., Indre-et-Loire, arr. de Tours, cant. et poste de Neuvy-le-Roi; 1310 hab.

CHEMILLÉ-SUR-INDROIS, vg. de Fr., Indre-et-Loire, arr. de Loches, cant. et poste de Montrésor; 530 hab.

CHEMILLI, vg. de Fr., Orne, arr. de Mortagne-sur-Huine, cant. et poste de Bellême; 870 hab.

CHEMILLY, vg. de Fr., Allier, arr. et poste de Moulins-sur-Allier, cant. de Souvigny; 600 hab.

CHEMILLY, vg. de Fr., Haute-Saône, arr. de Vesoul, cant. de Scey-sur-Saône, poste de Port-sur-Saône; 140 hab.

CHEMILLY-PRÈS-SEIGNELAY, vg. de Fr., Yonne, arr. d'Auxerre, cant. et poste de Seignelay; 410 hab.

CHEMILLY-SUR-SERIN, vg. de Fr., Yonne, arr. d'Auxerre, cant. et poste de Chablis; 390 hab.

CHEMIN, vg. de Fr., Jura, arr. et à 5 l. S.-O. de Dôle, chef-lieu de canton et poste; 455 hab.

CHEMIN (le), vg. de Fr., Marne, arr. et poste de Ste.-Ménéhoulde, cant. de Dommartin-sur-Yèvre; 350 hab.

CHEMIN (le), vg. de Fr., Nièvre, com. d'Anthien; 230 hab.

CHEMIN. *Voyez* **PIERRE-DU-CHEMIN** (Saint-).

CHEMINAS, vg. de Fr., Ardèche, arr., cant. et poste de Tournon; 420 hab.

CHEMIN-D'AISEY, vg. de Fr., Côte-d'Or, arr., cant. et poste de Châtillon-sur-Seine; 180 hab.

CHEMINE-RUEL, vg. de Fr., Nord, com. de la Chapelle-d'Armentières; 500 hab.

CHEMIN-NEUF, vg. de Fr., Isère, com. d'Anguin; 180 hab.

CHEMIN-NEUF (le), vg. de Fr., Seine-Inférieure, com. de Blosseville-Bonsecours; 200 hab.

CHEMIN-NEUF (le), vg. de Fr., Seine-Inférieure, com. de Rouen; 300 hab.

CHEMINON ou **CHEMINON-LA-VILLE-ET-L'ABBAYE**, vg. de Fr., Marne, arr. et poste de Vitry-le-Français, cant. de Thiéblemont; forges; 1240 hab.

CHEMINOT, vg. de Fr., Moselle, arr. de Metz, cant. de Verny, poste de Solgne; 890 h.

CHEMIRÉ-EN-CHARNIE, vg. de Fr., Sarthe, arr. du Mans, cant. de Loué, poste de Coulans; forges, haut-fourneau; 950 h.

CHEMIRÉ-LE-GAUDIN, vg. de Fr., Sarthe, arr. du Mans, cant. de la Suze, poste; sources minérales ferrugineuses aux environs; 1680 hab.

CHEMIRÉ-SUR-SARTHE, vg. de Fr., Maine-et-Loire, arr. de Segré, cant. et poste de Châteauneuf-sur-Sarthe ; 450 hab.

CHEMNITZ, v. du roy. de Saxe, située sur le Chemnitz, dans une plaine fertile du cercle de l'Erzgebirge, est une assez belle ville et la première du roy., sous le rapport de l'industrie. Dans la ville et aux environs se trouvent 40 filatures de coton et de laine ; elle possède aussi d'importantes fabriques de bas, de soieries, de draps, de toiles cirées, et en particulier 12 fabriques d'étoffes de coton, qui livrent chaque année 50,000 pièces. Les produits de l'industrie de Chemnitz sont renommés pour leur beauté, et son commerce est considérable ; elle possède un gymnase et est la patrie du célèbre et érudit philologue Heyne (1729-1812) ; 23,000 hab.

CHEMY, vg. de Fr., Nord, arr. de Lille, cant. et poste de Seclin ; fabr. d'huile et de sucre indigène ; 420 hab.

CHEN, fleuve de la confédération mexicaine, état de Yucatan ; il coule vers l'O. et s'embouche dans le golfe du Mexique.

CHENAC, vg. de Fr., Charente-Inférieure, arr. de Saintes, cant. et poste de Cozes ; 900 hab.

CHENAL-ÉCARTÉ, île très-fertile, dans le lac St.-Clair, à l'entrée du détroit de ce nom, États-Unis de l'Amérique du Nord.

CHENALIERS, vg. de Fr., Corrèze, arr. de Brives, cant. et poste de Beaulieu ; 530 h.

CHENALOTTE (la), vg. de Fr., Doubs, arr. de Montbéliard, cant. et poste de Russey ; 160 hab.

CHENANGO, comté de l'état de New-York, États-Unis de l'Amérique du Nord. Il est borné par les comtés de Madison, d'Otségo, de Broome, de Cortland et par l'état de Delaware. Ce pays présente une plaine très-fertile, arrosée par le Chénango et ses affluents, l'Unatilla et la Tonighioga. L'industrie y a pris, depuis 1810, un grand développement ; 35,000 hab.

CHÉNANGO (ville). *Voyez* BROOME (comté).

CHENAS, vg. de Fr., Rhône, arr. de Villefranche-sur-Saône, cant. de Beaujeu, poste de Romanèche ; 700 hab.

CHENAUD, vg. de Fr., Dordogne, arr. de Ribérac, cant. et poste de St.-Aulaye ; 790 hab.

CHENAUX ÉCARTÉS, île très-fertile et bien cultivée, dans le St.-Laurent, en face de la ville de Cornwall, Haut-Canada, dist. de l'Est.

CHENAUX-ÉCARTÉS (Trois-), île fertile et habitée, dans le St.-Laurent, vis-à-vis le bourg d'Osnabruck, Haut-Canada, dist. de l'Est.

CHENAY, vg. de Fr., Marne, arr. et poste de Reims, cant. de Fismes ; 450 hab.

CHENAY, vg. de Fr., Sarthe, arr. de Mamers, cant. de la Fresnay, poste d'Alençon ; 160 hab.

CHENAY (le), ham. de Fr., Seine-et-Oise, com. de Blaru ; raffinerie de sucre ; 150 hab.

CHENAY (le), vg. de Fr., Deux-Sèvres, arr. et poste de Melle, cant. de Lezay, 1220 hab.

CHENAY-LE-CHATEL, vg. de Fr., Saône-et-Loire, arr. de Charolles, cant. et poste de Marcigny ; 1080 hab.

CHENDAVYÉH ou **CHENDOUIÉH**, b. de la Moyenne-Égypte (Afrique), prov. d'Atfyéh. Un arbre sacré des environs y attire un grand nombre de pèlerins mahométans.

CHENDY, roy. de Nubie, le long du Nil, au S. de celui d'Atbara. Ce pays, naguères tributaire du roi de Sennaar, est surtout remarquable parce qu'il correspond à la partie la plus importante du célèbre état théocratique de Méroë, qui pendant plusieurs siècles répandit les bienfaits de la civilisation au milieu des peuples barbares dont il était entouré, et que plusieurs écrivains ont supposé être le berceau des institutions religieuses et politiques des Égyptiens. Il est habité par plusieurs tribus d'Arabes indépendantes, qui vivent en guerre continuelle les unes contre les autres.

CHENDY, v. capitale du roy. de même nom en Nubie (Afrique), sur la rive droite du Nil et à moitié chemin de Damer à Halfaya. Elle peut avoir 600 à 700 maisons qui, la plupart, n'ont qu'un rez-de-chaussée très-élevé et une terrasse pour toiture ; sa population est d'environ 4000 âmes. Avant l'invasion des Égyptiens, Chendy était l'entrepôt principal du commerce de la Nubie et son plus grand marché pour les esclaves ; ses négociants entretenaient des relations avec le Sennaar, le Kordofan, le Darfour, le Dongolah et, par le port de Sonakim, avec l'Arabie. C'est dans un village près de cette ville que Nimr, ancien roi de Chendy, dépossédé par Ismaël-Pacha, fils du vice-roi d'Égypte, mit le feu, en 1822, à la maison habitée par ce dernier et le brûla ; cette mort fut le signal du soulèvement général qui éclata à cette époque contre les Égyptiens dans les provinces conquises, depuis l'extrême frontière du Sennaar jusqu'à celle de la Basse-Nubie.

CHÊNE (le), b. de Fr., Ardennes, arr. et à 4 l. N.-N.-E. de Vouziers, chef-lieu de canton et poste. Principal port du canal des Ardennes ; fabr. de draps et étoffes de laine ; ouvrages en acier poli ; 1310 hab.

CHÊNE (le), vg. de Fr., Aube, arr., cant. et poste d'Arcis-sur-Aube ; 470 hab.

CHÊNE (le), vg. de Fr., Seine-Inférieure, com. d'Isneauville ; 220 hab.

CHÊNE-ARNOULT, vg. de Fr., Yonne, arr. de Joigny, cant. et poste de Charny ; 220 hab.

CHÊNE-BERNARD, vg. de Fr., Jura, arr. de Dôle, cant. de Chaussin, poste du Deschaux ; 180 hab.

CHENEBIER, vg. de Fr., Haute-Saône, arr. de Lure, cant. et poste d'Héricourt ; tissage de coton ; 730 hab.

CHÊNE-BOURDON (Haut et Bas-), vg. de Fr., Aisne, com. de Landouzy-la-Ville, poste de Vervins; 430 hab.

CHENECEY, vg. de Fr., Doubs, arr. de Besançon, cant. et poste de Quingey; forge et tréfilerie de fer; 600 hab.

CHÊNE-CHENU, vg. de Fr., Eure-et-Loir, arr. de Dreux, cant. et poste de Châteauneuf-en-Thymerais; 250 hab.

CHÉNECHÉ, vg. de Fr., Vienne, arr. de Poitiers, cant. de Neuville, poste de Mirebeau; 340 hab.

CHENÉDOUIT, vg. de Fr., Orne, arr. d'Argentan, cant. et poste de Putanges; 770 hab.

CHÉNEHUTTE, vg. de Fr., Maine-et-Loire, arr. de Saumur, cant. de Gennes, poste des Rosiers; 1110 hab.

CHÉNELETTE, vg. de Fr., Rhône, arr. de Villefranche-sur-Saône, cant. de St.-Nizier-d'Azergues, poste de Beaujeu; blanchisseries; 690 hab.

CHÉNÉRAILLES, b. de Fr., Creuse, arr. et à 5 l. N. d'Aubusson, chef-lieu de canton et poste; 1090 hab.

CHÊNE-RAOUL (le), vg. de Fr., Nord, com. de Condé-sur-l'Escaut; 290 hab.

CHÉNÉREILLE, vg. de Fr., Loire, arr. de Montbrison, cant. de St.-Jean-Soleymieux, poste de St.-Bonnet-le-Château; 670 hab.

CHENEREILLES, vg. de Fr., Basses-Alpes, arr. de Digne, cant. et poste des Mées; 100 hab.

CHENEROILLES, ham. de Fr., Côte-d'Or, com. de Vaux-Saules; 210 hab.

CHÊNETS (les), ham. de Fr., Eure, com. de Bernay; 230 hab.

CHENEVELLE, vg. de Fr., Saône-et-Loire, com. de Buxy; 380 hab.

CHENEVELLES, vg. de Fr., Vienne, arr. et poste de Châtellerault, cant. de Pleumartin; 900 hab.

CHENEVIÈRES, vg. de Fr., Haute-Vienne, arr. de St.-Irieix, cant. et poste de Chalus; 100 hab.

CHENEVIÈRES, vg. de Fr., Meurthe, arr., cant. et poste de Lunéville; 370 hab.

CHENEVREY, vg. de Fr., Haute-Saône, arr. de Gray, cant. et poste de Marnay; 460 h.

CHENEY, vg. de Fr., Yonne, arr. de Nancy, cant. de Nomény, poste de Pont-à-Mousson; 310 hab.

CHÉNIER. *Voyez* BLACK-RIVER.

CHÉNIÈRES, vg. de Fr., Moselle, arr. de Briey, cant. et poste de Longwy; 370 hab.

CHENIERS, vg. de Fr., Creuse, arr. de Guéret, cant. de Bannat, poste d'Aigurande; forges; 1720 hab.

CHÉNIERS, vg. de Fr., Marne, arr. et poste de Châlons-sur-Marne, cant. d'Écury-sur-Coole.

CHENILLÉ-CHANGÉ, vg. de Fr., Maine-et-Loire, arr. de Segré, cant. de Châteauneuf-sur-Sarthe, poste du Lion-d'Angers; 570 hab.

CHENIMÉNIL, vg. de Fr., Vosges, arr. et poste d'Épinal, cant. de Bruyères; féculerie; 1080 hab.

CHENIMONT, vg. de Fr., Vosges, com. de la Viéville-devant-Dompaire; 470 hab.

CHENIVRAY (Grand et Petit-), ham. de Fr., Isère, com. de St.-Pierre-d'Entremont; 200 hab.

CHENNEBRUN, vg. de Fr., Eure, arr. d'Évreux, cant. de Verneuil, poste de St.-Maurice; 370 hab.

CHENNECIÈRE. *Voyez* SAINT-MARC-SUR-SEINE.

CHENNEGY, vg. de Fr., Aube, arr. de Troyes, cant. et poste d'Estissac; 930 hab.

CHENNEVIÈRES, vg. de Fr., Meuse, arr. de Commercy, cant. de Void, poste de Ligny; 120 hab.

CHENNEVIÈRES, vg. de Fr., Seine-et-Oise, arr. de Pontoise, cant. de Luzarches, poste de Louvres; château; fabr. de dentelles; 150 hab.

CHENNEVIÈRE-SUR-MARNE, vg. de Fr., Seine-et-Oise, arr. de Corbeil, cant. de Boissy-St.-Léger, poste de Champigny-sur-Marne; belle pépinière; commerce de laines; 695 hab.

CHENNO, v. d'Abyssinie, roy. d'Efat, Afrique.

CHÉNOIS, vg. de Fr., Meurthe, arr. de Château-Salins, cant. et poste de Delme; 150 hab.

CHÉNOISE, vg. de Fr., Seine-et-Marne, arr., cant. et poste de Provins; 900 hab.

CHENOMMET, vg. de Fr., Charente, arr. de Ruffec, cant. et poste de Mansle; 590 h.

CHENON, vg. de Fr., Seine-et-Marne, arr. de Fontainebleau, cant. et poste de Château-Landon; 400 hab.

CHENOVE, vg. de Fr., Côte-d'Or, arr., cant. et poste de Dijon; vins fins du clos du Roi; 770 hab.

CHENOVE, vg. de Fr., Saône-et-Loire, arr. de Châlons-sur-Saône, cant. et poste de Buxy; 520 hab.

CHENUSSON, vg. de Fr., Indre-et-Loire, com. de St.-Laurent; 280 hab.

CHENY, vg. de Fr., Yonne, arr. d'Auxerre, cant. de Seignelay, poste de Brienon; 800 h.

CHENONCEAUX, vg. de Fr., Indre-et-Loire, arr. et à 7 l. E.-S.-E. de Tours, cant. et poste de Bléré; il avait un château fort que Charles VII fit raser après l'expulsion des Anglais. Un seigneur de Chenonceaux y fit construire, sur le Cher, un nouveau château, remarquable par son architecture que l'on admire encore aujourd'hui. François Ier, auquel le seigneur de Chenonceaux le céda en 1535, le fit beaucoup embellir et le donna à sa maîtresse Diane de Poitiers. Ce bel édifice appartint ensuite à Catherine de Médicis, qui y fit de nouveaux embellissements, et passa ensuite à différents seigneurs.

CHEN-SI, prov. de Chine au N.-E. de l'empire, est située entre 96° et 108° de long.

orient., et 31°.58' et 41° de lat. N. Elle est bornée au N. et à l'O. par la Mongolie, dont elle est séparée par la grande muraille; à l'E. par Chan-si et Ho-nan; au S.-E. par Hou-kouang (hou-pe et hou-nan), et au S. par. He-tchouan ; sa superficie est de 154,000 milles c.; sa plus grande étendue est de 93 l. de l'E. à l'O., et de 242 du S. au N. De hautes montagnes traversent le Chen-si au S.-O. et au N.-O. et se prolongent dans la Mongolie. A l'E., le pays moins élevé bien qu'onduleux est traversé par des fleuves et des canaux et présente des plaines riches et fertiles, et des collines couvertes de belles forêts. Les principaux fleuves de la province sont : le Hoang-ho, le Hoei-ho, le Kankuchui, le Kuyebo, etc. Le climat est froid en hiver, très-chaud en été; il y survient souvent de grandes sécheresses et des essaims innombrables de sauterelles s'abattent sur le pays pour en dévorer la végétation. L'agriculture y est florissante; on cultive surtout des céréales. du tabac, du chanvre et des plantes oléagineuses; la rhubarbe y abonde. Les montagnes contiennent de riches mines d'or, de plomb, de marbre, de bitume et de houille. L'éducation du bétail est considérable. L'agriculture, la culture du vers à soie, l'exploitation des mines forment avec la fabrication d'étoffes de laine les principales branches d'industrie des habitants. Le commerce d'exportation est important, et il existe un échange considérable avec les Mongols et les Tartares. Le Chen-si avait, en 1825, 25,500,000 habitants. Il est divisé en douze départements et ses revenus s'élèvent à 12,440,000 fr. La province contient 124 villes et se subdivise en Sin-gan et Kan-sou. Sa capitale est Singan-fou, ses autres villes remarquables sont : Fung-thsiung-fou, Hangtchoung-fou, Pin-clang-fou, etc. Le monument le plus important du Chen-si est sans contredit la grande route qui mène de Hangtchoung-fou à Sin-gan-fou. Pour l'établir il a fallu aplanir des montagnes, enlever d'énormes rochers et jeter des ponts hardis sur des abîmes sans fond ; 100,000 hommes y ont travaillé; on regarde cette route comme la plus remarquable de toute la Chine.

CHEN-TCHEOU, v. de la Chine, prov. de Ho-nan, sur le Hoang-ho. C'est une ville industrieuse et populeuse de deuxième ordre.

CHENU, vg. de Fr., Sarthe, arr. et à 6 l. E.-S.-E. de la Flèche, cant. de Lude, poste de Waas; il a une vieille église assez remarquable; 1200 hab.

CHEPILLO, île assez considérable tout au fond du golfe de Panama, au N. du dép. de l'Isthme, rép. de la Nouvelle-Grenade. Cette île, autrefois habitée par des Indiens, est visitée aujourd'hui par des habitants de Chépo, qui y cultivent des oranges, du maïs, etc.

CHÉPO, v. de la Nouvelle-Grenade, prov. de Panama.

CHEPOIX, vg. de Fr., Oise ; arr. de Clermont, cant. et poste de Breteuil; 910 h.

CHEPPE (la), vg. de Fr., Marne, arr. de Châlons-sur-Marne, cant. de Suippes, poste de Tilloy ; 340 hab.

CHEPPES, vg. de Fr., Marne, arr. et poste de Châlons-sur-Marne, cant. d'Écurysur-Coole ; 430 hab.

CHEPPY, vg. de Fr., Meuse, arr. de Verdun, cant. et poste de Varennes-en-Argonne, forges, papeterie, carton et draps; 650 h.

CHEPSTOW, pet. v. d'Angleterrre, comté de Monmouth, sur le Wye, qu'on y passe sur un pont en fer qui met ce comté en communication avec celui de Gloucester. Elle est bien bâtie et située dans une contrée romantique. Chepstow est remarquable par son port et ses beaux chantiers; elle fait un commerce très-considérable de bois de construction, de fer, de cidre et d'autres denrées pour Portsmouth, Plymouth, Deptford et l'Irlande. Les marées de Chepstow montent jusqu'à 70 pieds anglais et sont peut-être les plus hautes de l'Europe; 3000 hab.

CHEPTAINVILLE, vg. de Fr., Seine-et-Oise, arr. de Corbeil, cant. et poste d'Arpajon ; 600 hab.

CHEPY, vg. de Fr., Marne, arr. et poste de Châlons-sur-Marne, cant. de Marson; raffinerie en grand de blanc d'Espagne; 320 h.

CHEPY, vg. de Fr., Somme, arr. d'Abbeville, cant. de Moyenneville, poste de Valines; 920 hab.

CHER (le), riv. de Fr., a sa source dans le dép. de la Creuse, entre les villages Chard et Marinchal, cant. de Crocq, arr. d'Aubusson. Elle arrose la limite N.-E. de ce département, et, courant vers le N., elle entre dans celui de l'Allier, où elle passe par Montluçon, pénètre dans le dép. du Cher, qu'elle traverse du S. au N.-O. en passant par St.-Amand-Mont-Rond, Châteauneuf, St.-Florent, Vierzon; prenant alors sa direction vers l'O., elle coule parallèlement au canal du Berry, dans le dép. de Loir-et-Cher, où elle passe par Mennetou, Selles, Montrichard, puis dans le dép. d'Indre-et-Loire par Bléré, et se jette dans la Loire au-dessous de Tours, après un cours d'environ 100 l. Elle est navigable depuis Vierzon sur une longueur de 36 l.

CHER (le), pet. riv. de Fr., a sa source dans le dép. de la Loire-Inférieure, à l'E. de Châteaubriant; elle passe par cette ville, coule de l'E. à l'O. et se jette dans la Vilaine, vis-à-vis de Langon, dans le dép. d'Ille-et-Vilaine, après un cours de 16 l.

CHER (canal du). *Voyez* BERRY (canal du).

CHER (département du), le plus central de la France, est formé d'une partie du Berry et d'une petite partie du Bourbonnais. Au N. il a pour confins le dép. du Loiret, à l'O. celui de Loir-et-Cher et celui de l'Indre, au S. celui de la Creuse et celui de l'Allier, à l'E. le dép. de la Nièvre. Sa superficie est de 720,880 hectares, et sa population de 276,853 hab.

Le territoire du département est généralement plat, excepté au N., où s'élèvent quelques collines couvertes de vignes ou de forêts. Les principaux cours d'eaux sont : le Cher, il prend sa source dans le dép. de la Creuse, passe par celui de l'Allier, traverse le département auquel il donne son nom, dans toute sa longueur, en se dirigeant du S.-E. au N.-O., et entre dans le dép. de Loir-et-Cher. L'Ivrette et l'Auron à droite, l'Arnon à gauche sont ses principaux affluents. La grande et la petite Sauldre prennent leurs sources dans la partie septentrionale du département et vont se jeter dans le Cher après avoir traversé une partie du dép. de Loir-et-Cher. La Loire et l'Allier bornent le dép. à l'E. et le séparent de celui de la Nièvre. Le canal latéral de la Loire et celui de Berri, tous les deux non encore achevés, augmenteront considérablement les voies de navigation. La partie située entre la Loire et l'Ivrette renferme une infinité d'étangs ; le plus considérable est celui de Villers : cette partie méridionale en contient plus de cinq cents.

Le sol est fertile le long des bords de la Loire et de l'Arnon ; il l'est moins dans la région méridionale. Des landes considérables, de vastes forêts couvrent la partie septentrionale. Le climat est en général froid et humide ; les vents dominants sont ceux de l'O. et du N.-O. La présence des eaux stagnantes influe beaucoup sur la salubrité de l'atmosphère. Le sol est assez fertile : on y récolte des blés, de l'avoine, du chanvre, du lin, des légumes ; la culture de la vigne fournit une quantité considérable de vins ; celui du Sancerrois est le seul qui mérite d'être cité ; les pâturages sont nombreux ; le département possède de grandes et belles forêts dont les essences principales sont le chêne, le hêtre, le frêne et le sapin : elles couvrent près d'un sixième du territoire. Les productions minérales sont nombreuses et variées : on y trouve beaucoup de fer d'une excellente qualité, de la houille, du manganèse, de l'ocre excellent, de la marne, du gypse, de la terre à porcelaine, à foulon ; des carrières de marbre de diverses qualités, de grès, de pierres meulières, de pierres de taille calcaire, pierres lithographiques, pierres à chaux, à plâtre, argile réfractaire et argile commune, marne pour engrais, et quelques sources minérales. On trouve dans les carrières souterraines près de Bourges diverses espèces de coquilles pétrifiées, des térébratules, etc. D'anciennes traditions parlent de plusieurs mines d'argent, d'une de cuivre et d'une de plomb.

Les troupeaux sont nombreux, surtout ceux de moutons, renommés par leur riche toison et leur chair excellente ; on y élève beaucoup de porcs et de grosses volailles, les chevaux sont d'une taille assez petite ; le gibier est abondant ; les renards, les loups sont assez nombreux. Les étangs sont abondamment peuplés de diverses espèces de poissons. Une des branches principales de l'industrie est l'exploitation du fer ; elle occupe 15 hauts-fourneaux, 45 forges et fonderies et plus de 2000 ouvriers. Le département possède une fonderie de canons, des fabriques de draps, de toiles, de porcelaine, des tanneries, des verreries ; la coutellerie de Bourges est renommée. Le commerce est important ; l'exportation est surtout alimentée par le bois, le fer, la laine, les porcelaines, les moutons, les volailles, le cuir, l'ocre, etc. ; il y a plusieurs foires très-fréquentées : on cite surtout celle de St.-Amand.

Ce département est divisé en 3 arrondissements, 29 cantons et 297 communes. Les chefs-lieux d'arrondissement sont :

Bourges . . . 10 cant. 102 com. 108,476 h.
St.-Amand . 11 « 119 « 97,470 h.
Sancerre . . 8 « 76 « 70,907 h.

29 cant. 297 com. 276,853 h.

Ce département nomme quatre députés, fait partie de la quinzième division militaire, dont le quartier-général est à Bourges ; il est du ressort de la cour royale et de l'académie de la même ville, du diocèse de Bourges, archevêché ; il fait partie du vingt-deuxième arrondissement forestier, dont le chef-lieu est Bourges ; de la quatrième inspection des ponts-et-chaussées, et de la troisième division des mines, dont le chef-lieu est Dijon. Il a trois collèges, une école normale et 239 écoles primaires (145 de garçons et 84 de filles).

CHÉRAC, vg. de Fr., Charente-Inférieure, arr. de Saintes, cant. de Burie, poste de Cognac ; 1820 hab.

CHÉRANCÉ, vg. de Fr., Mayenne, arr. de Château-Gontier, cant. et poste de Craon ; 380 hab.

CHÉRANCÉ, vg. de Fr., Sarthe, arr. de Mamers, cant. et poste de Beaumont-sur-Sarthe ; 1100 hab.

CHÉRANTE, vg. de Fr., Basses-Pyrénées, arr., cant. et poste de Mauléon ; 1530 hab.

CHERASCO, *Clarascum*, v. du roy. de Sardaigne, intendance-générale de Cunéo, située au confluent de la Stura et du Tanaro, dans une contrée fertile ; patrie du peintre Taricco ; cette ville a donné son nom au traité de paix de 1633, entre la France et la Savoie ; 11,000 hab.

CHERBONNIÈRES, vg. de Fr., Charente-Inférieure, arr. de St.-Jean-d'Angely, cant. et poste d'Aulnay ; 710 hab.

CHERBOURG, v. et port militaire de Fr., Manche, chef-lieu d'arrondissement, préfecture maritime, place de guerre située à 80 l. N.-O. de Paris, et 18 l. N.-N.-O. de St.-Lô, à l'extrémité septentrionale de la presqu'île du Cottentin, à l'embouchure de la Divette, au fond d'une vaste baie, comprise entre le raz du cap Levi à l'E. et le cap de la Hogue à l'O., presque en face de l'île de Wigtht, à 13 l. de Portsmouth ; siége de tribunaux de première instance, de commerce et de marine; d'une conservation des hypothèques, de directions des contributions et des douanes. La rade de Cherbourg, seul port militaire sur la Manche, est une des meilleures de cette mer; elle est défendue par trois forts : le fort Royal, situé sur l'île Pélée, à 1400 mètres de la côte ; le fort d'Artois et le fort Querqueville. Une ligne de fortifications, lie entre eux ces trois forts. Le port militaire, fondé par Napoléon, peut contenir 50 vaisseaux de ligne ; il est entouré des magasins et des vastes bâtiments de la marine, auxquels on a ajouté, depuis peu d'années, des calles couvertes pour la construction des vaisseaux de premier rang. Une immense digue sous-marine de 3768 mètres de longueur, qui ferme la rade, est un des travaux les plus remarquables en ce genre. Un autre port, entièrement séparé du port militaire, est exclusivement réservé aux navires du commerce. Le vieil arsenal, l'arsenal de la guerre et l'hôpital de la marine, établis dans l'ancienne abbaye du Vœu, bâtie par l'impératrice Mathilde, comtesse d'Anjou, la halle et la salle de spectacle sont les édifices les plus remarquables. Cherbourg possède un collége, une école de navigation, une société royale académique, un cabinet d'antiquités et deux bibliothèques, de la ville et de la marine; fabr. de dentelles, de bonneterie et de produits chimiques; raffineries de soude de vareck de sucre et de sel; tanneries, entrepôt d, sel et de denrées coloniales. Son commerce consiste en blé, vins, eau-de-vie, cidre , chaux , pierres tégulaires et granit tirés des environs; grand commerce de mulets pour Bourbon et les Antilles; bœufs, vaches moutons, œufs pour l'Angleterre; grande importation de bois de marine, de menuiserie, de tonnellerie; de graine de lin, de chanvre. Le grand et le petit cabotage y sont trèsactifs. Foires : 27 janvier, 26 août, premier lundi de carême, lundi des rameaux et lundi après St.-Michel ; 19,315 hab.

Cherbourg, connu déjà du temps de Clovis sous le nom de *Carusbur*, fut plusieurs fois ravagé par les Normands. Par le traité conclu entre Charles-le-Simple et Rollon, chef de ces barbares, en 912, cette ville fut cédée à ce dernier. Au quatorzième et au quinzième siècle elle fut prise tour à tour par les Anglais et les Français. Charles-le-Mauvais la livra aux Anglais en échange des secours que lui promettait Richard II contre le roi de France Charles V. Duguesclin l'assiégea vainement en 1379. Ce ne fut que sous Charles VII que les Anglais évacuèrent Cherbourg. En 1504 elle fut désolée par la peste. En 1758 elle fut prise et saccagée par les Anglais, qui détruisirent entièrement le port. Il fut rétabli depuis ; Louis XVI y fit faire de grands travaux, que la révolution interrompit ; il était réservé à Napoléon de faire de cette ville un des plus beaux ports de France.

CHERBRO ou SHERBRO, ZERBERA, SAINTE-ANNE, FARULHA, FARELLOENS, MASTA-QUOSCHA ou MASSACOI, île sur la côte occidentale de la Haute-Guinée, Afrique, côte de Sierra-Leone, au N.-O. du cap Monte. On peut la regarder comme la plus grande de toute la Guinée occidentale; ses habitants ont conservé leur indépendance. Elle a 15 l. de long sur 5 de large.

CHERBRO ou SHERBRO, YATTOOKA, rivière considérable de la Haute-Guinée, Afrique, côte de Sierra-Leone; elle traverse la province du même nom et se jette dans l'Océan Atlantique, à l'opposite de l'île de Cherbro. Elle est navigable l'espace de 20 l. pour les gros bâtiments, et de 100 pour ceux de 70 à 80 tonneaux. La province abonde en fruits, grains et volaille.

CHÉRENCE, vg. de Fr., Seine-et-Oise, arr. de Mantes, cant. de Magny, poste de Bonnières; belle carrière de pierres dures; 380 hab.

CHERENCÉ-LE-HÉRON, vg. de Fr., Manche, arr. d'Avranches, cant. et poste de Villedieu; 770 hab.

CHERENCÉ-LE-ROUSSEL, vg. de Fr., Manche, arr. de Mortain, cant. de Juvigny, poste de Sourdeval; papeteries; 950 hab.

CHERENCÉ-LE-VIEUX, vg. de Fr., Orne, com. de St.-Maurice ; 250 hab.

CHÉRENG, vg. de Fr., Nord, arr. et poste de Lille, cant. de Lannoy; 1300 hab.

CHÈRES (les), b. de Fr., Rhône, arr. de Lyon, cant. de Limonest, poste de Chasselay; 590 hab.

CHERET, vg. de Fr., Aisne, arr., cant. et poste de Laon ; 190 hab.

CHERGONG ou GHERGOUG, ancienne capitale du roy. d'Assam. Elle n'est plus aujourd'hui qu'un amas de ruines.

CHERHILL, vg. d'Angleterre, comté de Wilts, sur la grande route de Londres à Bath. Dans le voisinage on voit un cheval colossal, sculpté sur des collines de craie; 500 hab.

CHÉRIENNE, vg. de Fr., Pas-de-Calais, arr. de Montreuil-sur-Mer, cant. et poste d'Hesdin; 430 hab.

CHERIER, vg. de Fr., Loire, arr. et poste de Roanne, cant. de St.-Just-en-Chevalet; 1200 hab.

CHÉRIGNÉ, vg. de Fr., Deux-Sèvres, arr. de Melle, cant. et poste de Brioux; 343 hab.

CHERIS (les), vg. de Fr., Manche, arr. et poste d'Avranches, cant. de Ducey ; 460 hab.

CHERISAY, vg. de Fr., Sarthe, arr. de Mamers, cant. de St.-Pater, poste d'Alençon ; 370 hab.

CHERISEY, vg. de Fr., Moselle, arr. de Metz, cant. de Verny, poste de Solgne; 330 hab.

CHERISEY, b. d'Angleterre, comté de

Surry, sur la Tamise; fait un commerce très-considérable de malt; 4000 hab.

CHERISY, vg. de Fr., Eure-et-Loir, arr., cant. et poste de Dreux; 1070 hab.

CHERISY, vg. de Fr., Pas-de-Calais, arr. et poste d'Arras, cant. de Croisilles; 550 h.

CHERIZET, vg. de Fr., Saône-et-Loire, arr. de Mâcon, cant. et poste de Cluny; 140 hab.

CHERMIGNAC, vg. de Fr., Charente-Inférieure, arr., cant. et poste de Saintes; 790 hab.

CHERMIZEY, vg. de Fr., Vosges, arr. et poste de Neufchâteau, cant. de Coussey; 310 hab.

CHERMIZY, vg. de Fr., Aisne, arr. de Laon, cant. de Craonne, poste de Corbeny; 460 hab.

CHERMONT, vg. de Fr., Seine-et-Marne, com. de Nanteuil-les-Meaux; 420 hab.

CHERNOWITZ, v. et chef-lieu de cercle de la Gallicie, sur le Pruth; elle est le siége des autorités judiciaires et du cercle; gymnase et école d'accouchement; industrie; 3420 h.

CHÉRON (Saint-), vg. de Fr., Eure, arr. d'Evreux, cant. et poste de Pacy-sur-Eure; 114 hab.

CHÉRON (Saint-), vg. de Fr., Eure-et-Loir, com. de Chartres; 270 hab.

CHÉRON (Saint-), vg. de Fr., Marne, arr. de Vitry-le-Français, cant. et poste de St.-Remi-en-Bouzemont; 180 hab.

CHÉRON (Saint-), vg. de Fr., Seine-et-Oise, arr. de Rambouillet, cant. de Dourdan, poste; carrières de grès; 1040 hab.

CHÉRON-DES-CHAMPS (Saint-), vg. de Fr., Eure-et-Loire, arr. de Dreux, cant. et poste de Châteauneuf-en-Thymerais; 130 h.

CHÉRON-DU-CHEMIN (Saint-), vg. de Fr., Eure-et-Loir, arr. de Chartres, cant. d'Auneau, poste de Gallardon; 590 hab.

CHÉRONÉE, g. a., v. de la Béotie, sur la rive méridionale du Cephissus, à l'O. d'Orchomène; elle est célèbre par la grande victoire que Philippe, roi de Macédoine, et son fils Alexandre remportèrent sur les troupes réunies des Athéniens et des Thébains (l'an 338 avant J.-C.). Cette victoire décida du sort de la Grèce, de l'Égypte et de l'Asie. Sylla y défit Archélaüs, général de Mithridate (l'an 86 avant J.-C.); cette victoire mit fin à la troisième guerre d'Asie. Chéronée est le lieu de naissance de Plutarque (l'an 60).

CHERONNAC, b. de Fr., Haute-Vienne, arr., cant. et poste de Rochechouart; forges, affineries et martinets; 1050 hab.

CHERONVILLIERS, vg. de Fr., Eure, arr. d'Évreux, cant. et poste de Rugles; verrerie et gobeletterie; 905 hab.

CHEROQUOIS. *Voy*. TSCHÉROKIS (peuple).

CHEROY, b. de Fr., Yonne, arr. et à 6 l. O. de Sens, chef-lieu de canton et poste; marché de chevaux, bestiaux et volailles; 890 hab.

CHERRÉ, vg. de Fr., Maine-et-Loire, arr. de Segré, cant. et poste de Châteauneuf-sur-Sarthe; 820 hab.

CHERRÉ, vg. de Fr., Sarthe, arr. de Mamers, cant. et poste de la Ferté-Bernard; 1500 hab.

CHERREAU, vg. de Fr., Sarthe, arr. de Mamers, cant. et poste de la Ferté-Bernard; 760 hab.

CHERRUEIX, vg. de Fr., Ille-et-Vilaine, arr. de St.-Malo, cant. et poste de Dol; 1920 h.

CHERRY (île) ou ILE-AUX-OURS, île à 60 l. S. de celle de Spitzbergen, sous le 74° 30′ lat. N. Cette île fut découverte en 1596 par Barentz, Heemskerke et Ryp, qui la nommèrent Ile-aux-Ours, parce que le premier objet qui y frappa leurs regards fut un énorme ours. Plus tard elle fut visitée par François Cherry et Étienne Bennet, qui lui donnèrent le nom qu'elle porte actuellement. Cette île, de 4 l. de circonférence, a une forme très-singulière et paraît avoir été déchirée par une révolution physique. Au N.-E. de l'île s'élèvent trois montagnes couvertes de neiges éternelles. Elle est peuplée de phoques, d'ours, de renards et d'oiseaux marins, et l'on y trouve des mines de plomb et de houille. Sur la côte N.-E. de l'île s'ouvre une baie avec une rade sûre et commode. Les pêcheries sur les côtes sont très-importantes.

CHERRYVALLEY, pet. v. florissante des États-Unis de l'Amérique du Nord, état de New-York, comté d'Otségo; cet endroit, traversé par trois grandes routes, a une académie et fait le commerce; 3200 hab.

CHERSEBS, le khanat qui porte ce nom, est un des plus peuplés et des plus fertiles du Turkestan. Il a été détaché en 1751 du khanat de Boukhara, dans le territoire duquel il est enclavé. Le khan réside à Chersebs ou Chehri-Sebs.

CHERSO ou CHRESPA, CRESSA, île de l'Adriatique, dans le golfe de Quarnaro, à l'O. de celle de Veglia. Sa superficie, y comprise celle de l'île d'Ossera, est de presque 3 l. c. géogr. et sa pop. de 6000 âmes. Elle produit du vin, de l'huile d'olive, des figues et des oranges. Ses habitants, de race Slave, professent la religion catholique et sont très-laborieux; ils fabriquent des étoffes de laine, construisent un grand nombre de petits navires et s'adonnent à la pêche.

CHERSO, chef-lieu de l'île de Cherso, sur la côte occidentale; siége de l'évêque. Ses habitants, au nombre de 3500, se livrent à l'agriculture, à l'éducation du bétail, à la pêche, au commerce et à la navigation; bon port.

CHERSONÈSE-TAURIQUE, g. a., presqu'île entre le Pont-Euxin et le Palus-Méotide, aujourd'hui la Crimée et la presqu'île de la Tauride.

CHERSONÈSE-DE-THRACE, g. a., presqu'île de Thrace, entre le golfe de Melas et l'Hellespont, aujourd'hui détroit des Dardanelles.

CHERT, b. d'Espagne, roy. de Valence, gouv. et dist. de Peniscola; fabr. de draps et de toiles; 1800 hab.

CHERUSQUES, *Cherusci*, g. a., peuple puissant et chef de la confédération à laquelle il donna son nom; il occupait les pays compris actuellement dans la partie orientale du cer. de Neustadt (duché de Weïmar) et de la principauté de Reuss, et dans la partie S.-O. du cer. de l'Erzgebirge (Saxe). Ce peuple sous la conduite d'Arminius, combattit avec succès contre les Romains, mais il fut vaincu par Germanicus.

CHERVAL, vg. de Fr., Dordogne, arr. de Ribérac, cant. et poste de Verteillac; 540 h.

CHERVEIX-CUBAS, vg. de Fr., Dordogne, arr. de Périgueux, cant. de Hautefort, poste d'Excideuil; 1200 hab.

CHERVEL, vg. de Fr., Vienne, arr. de Poitiers, cant. et poste de Mirebeau; 1100 h.

CHERVES-DE-COGNAC, vg. de Fr., Charente, arr., cant. et poste de Cognac; commerce de vins et eaux-de-vie; 1420 hab.

CHERVES-DE-MONTEMBŒUF, vg. de Fr., Charente, arr. de Confolens, cant. de Montembœuf, poste de la Rochefoucauld; 2280 h.

CHERVETTES, vg. de Fr., Charente-Inférieure, arr. de St.-Jean-d'Angely, cant. et poste de Tonnay-Boutonne; 250 hab.

CHERVEUX, b. de Fr., Deux-Sèvres, arr. de Niort, cant. et poste de St.-Maixent; Cherveux-le-Vieux fait partie de cette commune; 1510 hab.

CHERVEY, vg. de Fr., Aube, arr. de Bar-sur-Seine, cant. et poste d'Essoyes; 820 h.

CHERVILLE, vg. de Fr., Marne, arr. de Châlons-sur-Marne, cant. d'Écury-sur-Coole, poste de Jaalons; 100 hab.

CHERVINGES, vg. de Fr., Rhône, com. de Gleizé; 320 hab.

CHERY, vg. de Fr., Cher, arr. de Bourges, cant. de Lury, poste de Vierzon; 310 hab.

CHERY-CHARTREURE, vg. de Fr., Aisne, arr. de Soissons, cant. de Braisne, poste de Fismes; 560 hab.

CHERY-LÈS-POUILLY, vg. de Fr., Aisne, arr. et poste de Laon, cant. de Crécy-sur-Serre; 670 hab.

CHERY-LÈS-ROZOY, vg. de Fr., Aisne, arr. de Laon, cant. et poste de Rozoy-sur-Serre; 440 hab.

CHÉSAPEAK, baie très-étendue qui s'enfonce du N. au S. dans l'état de Maryland, États-Unis de l'Amérique du Nord. Cette baie, qui forme proprement l'embouchure du Susquéhannah et qui s'étend du 39° 32′ jusqu'au 36° 57′ lat. N., est couverte de nombreuses îles et a une superficie de 125 l. c. géogr.; elle est partout navigable pour les plus grands vaisseaux, et forme à l'E. les baies de Fishing et d'Eastern et à l'O. la baie de Herring. La partie S.-O. de la baie de Chésapeak appartient à l'état de Géorgie et est fermée par le cap Henry, qui avec le cap Charles, pointe méridionale de l'état de Maryland, forme l'entrée de ce vaste golfe. Le Susquéhannah, le Potowmak, le Patuxent, le Patabsco, l'Elk, le Chester, le Nanticoke, le Choptank et le Pocomak débouchent dans cette baie.

CHÉSAPEAK (canal) ou **CANAL-CHÉSAPEAK-ALBEMARLE**, dit aussi *Dismal-Swamp-Canal*; il joint le James aux lagunes d'Albemarle et appartient en partie à la Virginie, en partie à la Caroline du Nord, États-Unis de l'Amérique du Nord. Ce canal commence à Deep-Creek, traverse l'immense marais de Dismal et aboutit au Joyce's-Creek, branche du Pasquotank qui appartient au Dismal-Sund. Il joint de cette manière la baie de Chésapeak à celle d'Albemarle. Sa longueur est de 23 milles; son faîte est de 16 pieds et demi. Il est navigable pour des bâtiments côtiers.

CHÉSAPEAK-OHIO-CANAL (canal de la Chésapeak et de l'Ohio); ce canal part de Georgetown sur le Potowmak et aboutit à Pittsburgh sur l'Ohio, en passant par Harpers-Ferry, Williamsport, Cumberland et Connelsville. Sa longueur est de 340 milles, dont 189 appartiennent au Maryland et 151 à la Pensylvanie. Son faîte est à 1898 pieds au-dessus du niveau de la mer; il compte 398 écluses et il a un tunnel ou passage souterrain de 4 milles et 80 yards de longueur.

CHÉSENEUVE, vg. de Fr., Isère, arr. de Vienne, cant. de la Verpillière, poste de Bourgoin; 430 hab.

CHESHAM, b. d'Angleterre, comté de Buckingham; fabr. de dentelles; marchés très-fréquentés; 5100 hab.

CHESHUNT, v. d'Angleterre, comté de Hertford. Richard Cromwell, revenu en Angleterre, en 1680, se retira dans cette ville et y vécut sous le nom de Clark; il y mourut en 1712. Le dernier des Cromwell est mort à Cheshunt, en 1821; 3000 hab.

CHESLEY, vg. de Fr., Aube, arr. de Bar-sur-Seine, cant. et poste de Chaource; 850 hab.

CHESNAY (le), vg. de Fr., Seine-et-Oise, arr., cant. et poste de Versailles; 310 hab.

CHESNE (le). *Voyez* CHÊNE (le).

CHESNE (le), vg. de Fr., Eure, arr. d'Évreux, cant. et poste de Breteuil; 700 hab.

CHESNEDOLLÉ, vg. de Fr., Calvados, arr. de Vire, cant. et poste de Vassy; 450 hab.

CHESNOI, vg. de Fr., Ardennes, arr. de Réthel, cant. de Novion, poste de Launoy; 640 hab.

CHESNUT-MOUNTAINS, chaîne de montagnes bien boisées au S. de l'état de Pensylvanie, États-Unis de l'Amérique du Nord; elle s'étend parallèlement aux Alleghany jusqu'au Conemaugh.

CHESNUT-RIDGE, chaîne de montagnes au N.-O. de l'état de Virginie, entre la Monongahéla et l'Ohio, États-Unis de l'Amérique du Nord.

CHESNY, vg. de Fr., Moselle, arr. et poste de Metz, cant. de Verny; 170 hab.

CHESSHIRE, comté de l'état de New-Hampshire, Etats-Unis de l'Amérique du Nord; ce comté, qui forme l'extrémité N.-O. de l'état, est borné par les comtés de Grafton, de Hillsborough et par les états de Massachusetts et de Vermont; il a une étendue de 63 l. c. géogr. C'est un pays très-élevé, donnant naissance à un grand nombre de fleuves et de rivières et couvert de lacs, de marais et d'épaisses forêts de pins et de sapins. Son principal cours d'eau est le Connecticut à l'O. du pays qui lui envoie de nombreux affluents, parmi lesquels le Sugar et l'Ashuélot sont les plus considérables. Parmi les lacs de ce comté nous citerons le Sunnapée, le Long-Lake, le Spafford et le Fish-Lake. Les montagnes qui s'élèvent en terrasse au S.-O. et dont le Monadnok est le point culminant, sont bien boisées et fournissent de beaux bois de construction ainsi que de la potasse et de la cendre de perles; 46,000 hab.

CHESSHIRE, pet. v. des États-Unis de l'Amérique du Nord, état de Connecticut, comté de New-Haven, sur le Mill-River; académie épiscopale avec une bibliothèque, commerce; riches mines de cuivre dans les environs; 3200 hab.

CHESSY, vg. de Fr., Aube, arr. de Troyes, cant. et poste d'Ervy; 1210 hab.

CHESSY, b. de Fr., Rhône, arr. et à 3 1/2 l. S.-O. de Villefranche, cant. du Bois-d'Oingt, poste d'Anse. On trouve près de ce bourg les plus belles mines de cuivre de France. Il a des laminoires; 700 hab.

CHESSY, vg. de Fr., Seine-et-Marne, arr. de Meaux, cant. et poste de Lagny; 340 h.

CHESTE, b. d'Espagne, gouv. et dist. de Valence; 2100 hab.

CHESTER, dist. de l'état de la Caroline du Sud, États-Unis de l'Amérique du Nord; il est borné par les dist. d'York, de Lancaster, de Fairfield et d'Union. Ce pays s'étend entre la Catawba et le Broad, dont la première reçoit le Fishing et le Rocky; le second, le Turkey et le Sandy; 17,000 hab.

CHESTER, pet. v. municipale des États-Unis de l'Amérique du Nord, état de Pensylvanie, comté de Delaware, dont elle est le chef-lieu, sur le Delaware; collége; commerce assez actif; dans les environs de la ville on trouve de l'asbeste; 2000 hab.

CHESTER, comté de l'état de Pensylvanie, États-Unis de l'Amérique du Nord; il est borné par les comtés de Berks, de Montgomery, de Delaware, de Lancaster et par les états de Delaware et de Maryland. Son étendue est de 40 l. c. géogr. Le sol de ce pays, plus montagneux que plat, est fertile et très-bien cultivé; le Brandywine y prend naissance et le traverse d'un bout à l'autre; les montagnes, bien boisées, fournissent du marbre et du fer; 48,000 hab.

CHESTER, pet. v. des États-Unis de l'Amérique du Nord, état de New-Jersey, comté de Burlington; agriculture; commerce; 2700 hab.

CHESTER, pet. v. des États-Unis de l'Amérique du Nord, état de Massachusetts, comté de Hampden; 2100 hab.

CHESTER, pet. v. des États-Unis de l'Amérique du Nord, état de New-Hampshire, comté de Rockingham, sur le lac Masebesick, au milieu duquel s'élève le Rattlesnake-Hill, rocher célèbre par ses belles cavernes de stalactites, appelées Devils-Den; 3000 hab.

CHESTER, pet. v. des États-Unis de l'Amérique du Nord, état de Vermont, comté de Windsor, sur le Williams; commerce; 3000 hab.

CHESTER, comté d'Angleterre, prov. maritime, bornée par les comtés de Lancaster, d'York, de Derby, de Stafford, de Shrop, de Flint, de Denbigh et par la mer d'Irlande. Sa superficie est de 48 l. c. géogr. Le pays présente une vaste plaine, où l'on rencontre des bruyères assez considérables; ses principales rivières sont la Mersey et la Dee; le canal du Grent-Trunck traverse le comté et s'y jette dans la Mersey. Son climat est humide, sans être malsain; ses productions sont: du blé, des légumes, du lin, du houblon, des fruits, du bois, principalement du chêne, du sel en grand quantité, de la houille, du cuivre, du plomb et du cobalt. L'éducation du bétail est la principale occupation de ses habitants; ils fabriquent les meilleurs fromages de l'Angleterre; on s'y livre aussi à la fabrication d'étoffes de soie, de coton et de lin. On exporte du sel, des fromages, du cuivre jaune, des ouvrages en fer et de la calamine. Ce comté fait partie du diocèse de Chester, nomme quatre députés au parlement et se divise en sept districts; 270,100 hab.

CHESTER, *Cestria, Deva*, v. d'Angleterre, chef-lieu du comté de même nom et siège d'un évêque, à l'embouchure de la Dee et à l'embranchement de quatre grandes routes. C'est une ville fort ancienne, connue déjà du temps des Romains. Ses édifices les plus remarquables sont: la cathédrale avec une tour de 127 pieds de haut, la prison et le magnifique pont sur la Dee. C'est le grand entrepôt des fromages et des salines du comté. On y fabrique du tabac, des pipes, du cuir, de la céruse et des ouvrages en fer. Son commerce est très-considérable et favorisé par plusieurs canaux. Port et beaux chantiers pour la construction des vaisseaux; 20,000 hab.

CHESTERFIELD, comté de l'état de Virginie, États-Unis de l'Amérique du Nord; il est borné par les comtés de Prince-George, de Dinwiddie, d'Amélia, de Powhatan et de Henrico, dont il est séparé par le James. Outre le James, ce pays est arrosé par l'Appamatox et le Swift-Run; il est bien boisé et possède de riches mines de houille; 16,000 hab.

CHESTERFIELD, dist. de l'état de la Caroline du Sud, États-Unis de l'Amérique du Nord; il est borné par l'état de la Caroline du Nord et par les comtés de Marlborough, de Darlington, de Kershaw et de Lancaster. Le Big-Pédée, le Thompson, le Black et le Lynch arrosent ce pays. La chaîne des Cheraw-Hills s'étend à l'O. du Big-Pédée; 9000 hab. Chesterfield sur le Thompson est le chef-lieu du district.

CHESTERFIELD, pet. v. des États-Unis de l'Amérique du Nord, état de Massachusetts, comté de Hampshire; agriculture; 2300 hab.

CHESTERFIELD, v. naissante des États-Unis de l'Amérique du Nord, état de Missouri, comté de St.-Louis, sur le Missouri; agriculture, commerce.

CHESTERFIELD, pet. v. des États-Unis de l'Amérique du Nord, état de New-Hampshire, comté de Chesshire, sur le Connecticut; commerce; 2800 hab.

CHESTERFIELD, gros b. des États-Unis de l'Amérique du Nord, état de New-Jersey, comté de Burlington; 2700 hab.

CHESTERFIELD, b. des États-Unis de l'Amérique du Nord, état de New-York, comté d'Essex, sur le lac Champlain et non loin du Sable, qui y fait une belle chûte de 80 pieds de hauteur.

CHESTERFIELD, v. d'Angleterre, comté de Derby, sur le canal qui porte le même nom. Fabr. de soie, poteries, filatures de coton, mines de plomb, de fer et de houille; 6000 hab.

CHESTERFIELD (canal de), canal d'Angleterre; il commence à Stockwith, sur le Trent, et va jusqu'à Chesterfield. Sa longueur est de 72 kilomètres; il traverse les comtés de Derby et de Nottingham.

CHESTERFIELD-HOUSH, factorerie de la société du Nord-Ouest, dist. des Indiens-Pieds-Noirs, au confluent du Red-Deer (Cerf rouge) et du Mukuwane, Nouvelle-Bretagne, New-Wales.

CHESTERFIELDS-INLET, gr. insection ou golfe au N.-O. de la baie d'Hudson, sous 64° lat. N. Ce golfe, parsemé d'un grand nombre d'îles plus ou moins étendues, est encore peu connu.

CHESTER-LE-STREET, b. d'Angleterre, comté de Durham, sur le Wear; remarquable par ses mines de houille et sa grande forge; 2000 hab.

CHESTERTOWN, v. des États-Unis de l'Amérique du Nord, état de Maryland, comté de Kent dont elle est le chef-lieu, sur le Chester. Cette ville, assez bien bâtie, a un port qui était avant 1810 très-important par son commerce; aujourd'hui il n'a plus la même importance; elle renferme aussi le Washington-College, fondé en 1782, mais qui est peu fréquenté; marchés de bétail; 4500 hab.

CHESTERVILLE. *Voyez* CHESTER (district).

CHESTRES, vg. de Fr., Ardennes, arr., cant. et poste de Vouziers; 350 hab.

CHETIMACHES, gr. lac au S. de l'état de la Louisiane, États-Unis de l'Amérique du Nord; ce lac, de 14 l. de longueur sur 2 l. de large, est traversé par un bras de l'Atchafalaya et porte quelques petites îles.

CHEU, vg. de Fr., Yonne, arr. d'Auxerre, cant. et poste de St.-Florentin; 660 hab.

CHEUBY, vg. de Fr., Moselle, com. de Ste.-Barbe; 240 hab.

CHEUGE, vg. de Fr., Côte-d'Or, arr. de Dijon, cant. et poste de Mirebeau-sur-Bèze; 240 hab.

CHEURS, vg. de Fr., Indre, com. de St.-Août; 290 hab.

CHEUST, vg. de Fr., Hautes-Pyrénées, arr. d'Argelès, cant. et poste de Lourdes; 250 hab.

CHEUVRY, vg. de Fr., Vosges, com. de Taintrux; 250 hab.

CHEUX, b. de Fr., Calvados, arr. de Caen, cant. et poste de Tilly-sur-Seulles; 1010 hab.

CHEVAGANGA ou **SHEVAGUNGA**, v. de l'Inde anglaise, présidence de Madras, prov. de Carnatic, résidence d'un radja, qui a de grands revenus et possède la ville et le fort de Collacail.

CHEVAGNES, vg. de Fr., Allier, arr. et à 4 l. E.-N.-E. de Moulins-sur-Allier, chef-lieu de canton et poste; 880 hab.

CHEVAGNY, ham. de Fr., Saône-et-Loire, com. de St.-Julien-de-Civry; 210 hab.

CHEVAGNY-LES-CHEVRIÈRES, vg. de Fr., Saône-et-Loire, arr., cant. et poste de Mâcon; 270 hab.

CHEVAGNY-SUR-GUYE, vg. de Fr., Saône-et-Loire, arr. de Charolles, cant. de Guiche, poste de St.-Bonnet-de-Joux; 320 hab.

CHEVAIGNÉ, vg. de Fr., Ille-et-Vilaine, arr. et poste de Rennes, cant. de St.-Aubin-d'Aubigné; 670 hab.

CHEVAIGNÉ, vg. de Fr., Mayenne, arr. de Mayenne, cant. de Couptrain, poste du Ribay; 1240 hab.

CHEVAIGNÉ, ham. de Fr., Sarthe, com. de St.-Jean-d'Assé; 180 hab.

CHEVAIN (le), vg. de Fr., Sarthe, arr. de Mamers, cant. de St.-Pater, poste d'Alençon; 355 hab.

CHEVAL-BLANC (le), vg. de Fr., Vaucluse, arr. d'Avignon, cant. et poste de Cavaillon; 1530 hab.

CHEVALET (le), vg. de Fr., Aisne, com. de Papleux; 330 hab.

CHEVALLERAIS, ham. de Fr., Loire-Inférieure, com. de Puceul; 200 hab.

CHEVALRIGOND, vg. de Fr., Allier, com. de Ferrières; 500 hab.

CHEVANCEAUX, vg. de Fr., Charente-Inférieure, arr. de Jonzac, cant. et poste de Montlieu; 1350 hab.

CHEVANNAY, vg. de Fr., Côte-d'Or, arr. de Semur, cant. et poste de Vitteaux; 210 h.

CHEVANNE, vg. de Fr., Côte-d'Or, arr.

de Dijon, cant. et poste de Gevrey; 290 h.

CHEVANNES, vg. de Fr., Loiret, arr. de Montargis, cant. de Ferrières, poste de Fontenay; 360 hab.

CHEVANNES, vg. de Fr., Seine-et-Oise, arr. et cant. de Corbeil, poste de Mennecy; 340 hab.

CHEVANNES, vg. de Fr., Yonne, arr., cant. et poste d'Auxerre; 1370 hab.

CHEVANNES-GAZEAU, vg. de Fr., Nièvre, com. de Billy-Chevanne; 240 hab.

CHEVANNES-TREIGNY, vg. de Fr., Nièvre, arr. de Clamecy, cant. de Brinon-les-Allemands, poste de Varzy; 575 hab.

CHEVENAY, vg. de Fr., Loire, com. de Cordelle; 350 hab.

CHEVENNES, vg. de Fr., Aisne, arr. de Vervins, cant. de Sains, poste de Marle; 570 hab.

CHEVENON, vg. de Fr., Nièvre, arr. et cant. de Nevers, poste de Magny; 350 hab.

CHEVERNY, vg. de Fr., Loir-et-Cher, arr. de Blois, cant. de Contres, poste de Cour-Cheverny; 1020 hab.

CHEVEUGES, vg. de Fr., Ardennes, arr., cant. et poste de Sedan; 660 hab.

CHEVIGNAT, vg. de Fr., Ain, com. de Courmangoux; 340 hab.

CHEVIGNEY, vg. de Fr., Doubs, arr. de Besançon, cant. d'Audeux, poste de Marnay; 180 hab.

CHEVIGNEY, vg. de Fr., Jura, arr. de Dôle, cant. de Montmirey-la-Ville, poste de Moissey; 620 hab.

CHEVIGNEY, vg. de Fr., Haute-Saône, arr. de Gray, cant. et poste de Pesmes; 210 h.

CHEVIGNY, vg. de Fr., Marne, arr. de Châlons-sur-Marne, cant. et poste de Vertus; 100 hab.

CHEVIGNY-EN-VALIÈRE, vg. de Fr., Côte-d'Or, arr., cant. et poste de Beaune; 440 hab.

CHEVIGNY-FÉNAY, vg. de Fr., Côte-d'Or, com. de Fénay; 220 hab.

CHEVIGNY-SAINT-SAUVEUR, vg. de Fr., Côte-d'Or, arr., cant. et poste de Dijon; 340 hab.

CHEVILLARD, vg. de Fr., Ain, arr. et poste de Nantua, cant. de Brenod; 270 hab.

CHEVILLÉ, vg. de Fr., Charente, com. de Bassac; 300 hab.

CHEVILLÉ, vg. de Fr., Sarthe, arr. de la Flèche, cant. de Brulon, poste de Sablé; 960 hab.

CHEVILLECOURT, vg. de Fr., Oise, com. d'Autrêches; 280 hab.

CHEVILLON, vg. de Fr., Loiret, arr., cant. et poste de Montargis; 730 hab.

CHEVILLON, vg. de Fr., Haute-Marne, arr. et à 3 l. E. de Vassy, chef-lieu de canton, poste de Joinville; 985 hab.

CHEVILLON, ham. de Fr., Moselle, com. de Maizeroy; 200 hab.

CHEVILLON, vg. de Fr., Yonne, arr. de Joigny, cant. et poste de Charny; 540 hab.

CHEVILLY ou **LANGENNERIE**, vg. de Fr., Loiret, arr. d'Orléans, cant. d'Artenay, poste; 1280 hab.

CHEVILLY, vg. de Fr., Seine, arr. de Sceaux, cant. de Villejuif, poste de Bourg-la-Reine; 320 hab.

CHEVINAY, vg. de Fr., Rhône, arr. et poste de Lyon, cant. de Vaugneray; 560 h.

CHEVINCOURT, vg. de Fr., Oise, arr. de Compiègne, cant. et poste de Ribecourt; 790 hab.

CHEVIOTHILLS, chaîne de montagnes de la Grande-Bretagne, se prolonge, dans sa plus grande étendue, depuis les sources du Clyde et du Nith jusqu'à celles de la Tyne septentrionale, et sert de frontière N.-E. entre l'Angleterre et l'Écosse jusqu'au Tweed inférieur, près de Cornhill; ses principales subdivisions sont les Lammermoors, les Pentlandhills et les Morfoorthills.

CHEVIRÉ-LE-ROUGE, vg. de Fr., Maine-et-Loire, arr., cant. et poste de Beaugé; 1740 hab.

CHEVRAIN-VILLIERS, vg. de Fr., Seine-et-Marne, arr. de Fontainebleau, cant. et poste de Nemours; 280 hab.

CHEVRAUX, vg. de Fr., Jura, arr. de Lons-le-Saulnier, cant. et poste de St.-Amour; 410 hab.

CHEVREGNY, vg. de Fr., Aisne, arr. de Laon, cant. d'Anizy-le-Château, poste de Chavignon; 755 hab.

CHÈVREMONT ou **GEISENBERG**, vg. de Fr., Haut-Rhin, arr., cant. et poste de Belfort; mines de fer; 560 hab.

CHÈVRERIE (la), vg. de Fr., Charente, arr. et poste de Ruffec, cant. de Villefagnan; 350 hab.

CHEVRESIS-LE-MELDEUX ou **CHEVRESIS-MONTCEAU**, vg. de Fr., Aisne, arr. de St.-Quentin, cant. de Ribemont, poste d'Origny-Ste.-Benoîte; 420 hab.

CHEVRET, vg. de Fr., Haute-Saône, com. de Couthenans; 300 hab.

CHEVRETTE, vg. de Fr., Vendée, com. de Nalliers; 350 hab.

CHEVREUSE, *Caprosia*, pet. v. de Fr., Seine-et-Oise, arr. et à 6 l. N.-E. de Rambouillet, chef-lieu de canton et poste, elle est située dans une jolie vallée, sur l'Yvette; commerce de laine. Au N. de cette ville, autrefois seigneurie, on aperçoit une hauteur quelques restes de l'ancien château des sires de Chevreuse.

CHEVREVILLE, vg. de Fr., Manche, arr. de Mortain, cant. et poste de St.-Hilaire-du-Harcouet; 350 hab.

CHEVREVILLE, vg. de Fr., Oise, arr. de Senlis, cant. et poste de Nanteuil-le-Haudouin; 340 hab.

CHEVREY, vg. de Fr., Côte-d'Or, arr. de Beaune, cant. et poste de Nuits; 200 hab.

CHEVREY, vg. de Fr., Saône-et-Loire, com. de St.-Maurice-en-Rivière; 590 hab.

CHEVRIÈRE, vg. de Fr., Loire, arr. de Montbrison, cant. de St.-Galmier, poste de Chazelles; 1450 hab.

CHEVRIÈRES, vg. de Fr., Isère, arr., cant. et poste de St.-Marcellin; fromages estimés; 841 hab.

CHEVRIÈRES, vg. de Fr., Oise, arr. de Compiègne, cant. d'Estrées-St.-Denis, poste de Verberie; 850 hab.

CHEVROCHES, vg. de Fr., Nièvre, arr., cant. et poste de Clamecy; 190 hab.

CHEVROLLEY. *Voyez* DANCEVOIRE.

CHEVROLLIÈRE (la), vg. de Fr., Loire-Inférieure, arr. et poste de Nantes, cant. de St.-Philibert; 1660 hab.

CHEVROTAINE, vg. de Fr., Jura, arr. de Lons-le-Saulnier, cant. et poste de Clairvaux; 120 hab.

CHEVROUX, vg. de Fr., Ain, arr. de Bourg-en-Bresse, cant. et poste de Pont-de-Vaux; 960 hab.

CHEVROZ, vg. de Fr., Doubs, arr., cant. et poste de Besançon; 100 hab.

CHEVRU, vg. de Fr., Seine-et-Marne, arr. de Coulommiers, cant. et poste de la Ferté-Gaucher; 500 hab.

CHEVRY, vg. de Fr., Ain, arr., cant. et poste de Gex; 480 hab.

CHEVRY, vg. de Fr., Jura, arr., cant. et poste de St.-Claude; 140 hab.

CHEVRY, vg. de Fr., Loiret, arr. de Montargis, cant. de Ferrières, poste de Fontenay; 380 hab.

CHEVRY, vg. de Fr., Manche, arr. de St.-Lô, cant. de Tessy, poste de Villebaudon; 250 hab.

CHEVRY ou **COSSIGNY**, vg. de Fr., Seine-et-Marne, arr. de Melun, cant. et poste de Brie-Comte-Robert; ce village possède une lithographie; 710 hab.

CHEVRY-EN-SEREINE, vg. de Fr., Seine-et-Marne, arr. de Fontainebleau, cant. de Lorrez-en-Bocage, poste d'Égreville; 560 hab.

CHEY, vg. de Fr., Deux-Sèvres, arr. et poste de Melle, cant. de Lezay; 1260 hab.

CHEYKH ou **NASLET-EL-HARYDY**, b. de la Haute-Egypte, Afrique, sur le Nil, vis-à-vis de Tahtah, prov. de Syout; avec le tombeau du célèbre cheykh Harydy.

CHEYKH-ABADE ou **CHEYKH-ALI**, *Antino, Antinou, Antinoë, Besa*, vg. de la Moyenne-Egypte, Afrique, prov. de Minyeh, à la droite du Nil, vis-à-vis d'Achmouneyn, il est remarquable par les magnifiques ruines de temples, de théâtres, de thermes, d'arcs de triomphe, etc., qui ont appartenu à Antinou, bâti par l'empereur Adrien, en l'honneur de son favori Antinoüs, sur les ruines de l'ancienne ville de Bésa, renommée dans toute l'Egypte par son oracle. La magnificence de ses édifices la fit appeler la Rome égyptienne et lui valut l'honneur d'être pendant quelque temps la métropole de la Haute-Egypte. La stupide ignorance d'un chef a détruit, il y a peu d'années, la plus grande partie de ces restes imposants pour former une fabrique de nitre. Tout près on trouve de vastes catacombes.

C'est au milieu des rochers escarpés et très-élevés qui longent la rive droite du Nil, depuis quelques milles et au N. de l'ancienne Antinoë jusqu'à Assouan, qu'on voit une multitude de grottes taillées dans le roc; à l'E. de ces mêmes rochers on ne trouve que de vastes déserts sablonneux qui s'étendent jusqu'à la mer Rouge. C'est dans cet horrible séjour que vivaient ces saints solitaires de la Thébaïde, si célèbres dans l'histoire des premiers siècles de l'église. *Voyez* KOLSOUM.

CHEYKH-AMER, b. commercial de la Haute-Égypte, Afrique, entre Assouan et Edfou; résidence du chef d'une tribu des Ababdés.

CHEYKH-EMBADÉ, b. de la Haute-Égypte, Afrique, sur le Nil, à 7 l. S.-E. de Girgeh.

CHEYKH-IL-EIMAN, b. de la Moyenne-Égypte, Afrique, sur le Nil, à 3 l. S.-O. du Caire.

CHEYKH-ZAYAT, b. de la Basse-Égypte, Afrique, sur le Nil et près du canal de Fyad-Bathen.

CHEYLADE, b. de Fr., Cantal, arr., cant. et poste de Murat; 2130 hab.

CHEYLARD (le), *Voyez* CHAYLARD (le).

CHEYLARD (le), vg. de Fr., Drôme, arr. de Die, cant. de Saillans, poste de Crest; 140 hab.

CHEYLAS, vg. de Fr., Isère, arr. de Grenoble, cant. et poste de Goncelin; 650 hab.

CHEYSSIEUX, vg. de Fr., Isère, arr. de Vienne, cant. de Roussillon, poste du Péage; 280 hab.

CHEZAL-BENOIT, vg. de Fr., Cher, arr. de St.-Amand-Mont-Rond, cant. et poste de Lignières; 390 hab.

CHÈZE (la), b. de Fr., Côtes-du-Nord, arr. et à 2 l. E.-S.-E. et poste de Loudéac, chef-lieu de canton; forges de la Nouée; 445 hab.

CHEZE, vg. de Fr., Hautes-Pyrénées, arr. d'Argelès, cant. de Luz, poste de Barrèges; 140 hab.

CHEZEAUX, vg. de Fr., Haute-Marne, arr. de Langres, cant. de Varennes, poste de Bourbonne; 530 hab.

CHEZEAUX (les), vg. de Fr., Haute-Vienne, arr. de Bellac, cant. de St.-Sulpice-les-Feuilles, poste d'Arnac-la-Poste; 1790 h.

CHEZELLES, vg. de Fr., Allier, arr. de Gannat, cant. et poste de Chantelle; 440 h.

CHEZELLES, vg. de Fr., Indre, arr. de Châteauroux, cant. de Buzançais, poste de Villedieu; 560 hab.

CHEZELLES, vg. de Fr., Indre-et-Loire, arr. de Chinon, cant. et poste de l'Isle-Bouchard; 160 hab.

CHÉZERY, vg. de Fr., Ain, arr. de Gex, cant. de Collonges, poste de Châtillon-de-Michaille; 1210 hab.

CHÉZI, vg. de Fr., Allier, arr. de Moulins-sur-Allier, cant. et poste de Chevagnes; 400 hab.

CHEZY-EN-ORXOIS, vg. de Fr., Aisne, arr. de Château-Thierry, cant. de Neuilly-

St.-Front, poste de la Ferté-Milon; 760 h.

CHEZY-L'ABBAYE ou **SUR-MARNE**, vg. de Fr., Aisne, arr. de Château-Thierry, cant. et poste de Charly; 1315 hab.

CHHILLI, v. de l'Inde, roy. de Nepâl, chef-lieu du dist. des Vingt-Deux-Radjas.

CHIAMPO, b. du roy. Lombard-Vénitien, prov. de Vicence; 3000 hab.

CHIANA (la), *Clanis*, est le principal affluent de droite du Tibre; après avoir arrosé la prov. d'Arezzo, elle se joint à lui, grossie par la Paglia, avant son entrée dans les états de l'Église.

CHIAPA, prov. des états mexicains. Cette province, une des plus grandes, des plus belles et des plus fertiles de la confédération, s'étend du 15° 40' au 17° 30' lat. N., et est bornée par les prov. d'Yucatan, d'Oaxaca, de Tabasco et par les États-Unis de l'Amérique centrale; elle a une étendue de 1511 l. c. géogr., avec une population de 120,000 âmes.

L'état de Chiapa faisait autrefois partie de la capitainerie générale de Guatémala, avec laquelle il fut réuni au Mexique en 1821; il s'y attacha définitivement quand, après la chute d'Iturbide, le Guatémala se constitua, en 1824, en république fédérative indépendante.

Ce pays, très-montueux à l'O. et au S.-O. (haut-plateau de Guatémala) et renfermant plusieurs volcans, tels que le Soconusco et l'Amilpas, forme à l'E. et au S.-E. une belle plaine arrosée par le Rio-Grijalva ou Tabasco, la Guistla, la Sumasinta et d'autres rivières moins considérables, toutes tributaires du golfe du Mexique. Les salines et les eaux thermales y abondent. Le climat y est tempéré sur les montagnes, très-chaud dans la plaine et généralement sain. Les montagnes, couvertes de belles forêts qui fournissent du beau bois de construction, sont riches en or, en argent, en plomb, en cuivre, en soufre et en vitriol. Le pays fait un grand commerce, surtout avec le Mexique, en coton, sucre, indigo, différentes espèces de gomme, laine, sel et autres objets moins importants.

CHIAPA-DE-LAS-CASAS. *Voyez* **CIUDAD-RÉAL**.

CHIAPA-DE-LOS-INDIOS, v. des états mexicains, état de Chiapa, dist. de Tuxtla, sur le Tabasco. Cette ville, fondée en 1527 par Diego de Mazariégos, n'était guère habitée avant la révolution que par des indigènes assez civilisés, qui avaient obtenu du gouvernement espagnol de grands priviléges par la protection de l'immortel Las Casas, défenseur des Américains et évêque de Ciudad-Réal; 2400 hab.

CHIARAMONTE, *Claromons*, v. de Sicile, intendance de Syracuse; elle a été presque anéantie, en 1693, par un tremblement de terre; 6600 hab.

CHIARAMONTE, b. du roy. des Deux-Siciles, prov. de Basilicate. Il est situé sur le Sinico, et ses environs produisent des vins excellents; fabr. de soie; 2300 hab.

CHIARI, *Clarium*, pet. v. du roy. Lombard-Vénitien, gouv. de Milan, délégation de Brescia. Filat. de soie, tanneries; victoire des Autrichiens, commandés par Eugène de Savoie, sur les Français, commandés par Villeroi, 1er septembre 1701; 8000 hab.

CHIASCIO. *Voyez* **TIBRE**.

CHIASSO, b. de 700 hab. dans le canton suisse du Tésin, dist. de Mendriséo, situé sur la frontière de la Lombardie, est assez important par ses nombreuses fabriques de tabac et comme lieu de passage pour le transport des marchandises.

CHIATRA, vg. de Fr., Corse, arr. et poste de Corte, cant. de Pietra-de-Verde; 430 h.

CHIATLAN. *Voyez* **SUMASINTA**.

CHIAUTLA, b. des états mexicains, état de Puébla; beau couvent d'Augustins; 3450 h.

CHIAVARI, *Clavarum*, *Claverium*, v. du duché et à 8 l. de Gênes, a un petit port sur la riv. du Levant, côte orient. du golfe de Gênes, à 247 l. S.-E de Paris; elle fait un commerce très-important; sa principale église renferme un orgue remarquable; 10,000 h.

CHIAVENNA ou **CLAVENNA**, **CLEFEN**, pet. v. du roy. Lombard-Vénitien, gouv. de Milan, délégation de Sondria, sur la Maira; importante par son commerce que favorisent trois routes qui y aboutissent: celle du lac de Côme ou de Lecco, qui mène à Milan; celle de l'Engadine, qui mène à St.-Moritz, dans les Grisons, et celle de Splugen, qui mène à Coire, dans les Grisons; cette dernière est une des plus magnifiques que l'on ait construites sur la croupe des Alpes. Manufacture de soie; ruines d'un château fort; 3000 hab.

CHIBAN, pet. v. dans les montagnes du Yemen, résidence d'un petit sultan.

CHIBEH, v. et chef-lieu d'une prov. de la Basse-Égypte, Afrique.

CHICAGO. *Voyez* **DEARBORN**.

CHICARONGO, v. du Monomotapa, Afrique, dans le pays des Mombos, au N. du Zambèse et à 8 l. N. de Tete.

CHICASAWS. *Voyez* **PASCAGOULA**.

CHICHAS, prov. de la rép. de Bolivia, dép. de Potosi; elle est bornée par les prov. de Tarija, dont elle faisait autrefois partie, de Zinti, de Porco, de Paria, de Lipes et par la rép. Argentine. Cette province, qui occupe une partie du plateau oriental des Cordillères, a un sol très-élevé, s'aplatissant vers l'E.; elle est arrosée par le San-Juan ou Rio-Suipacho avec ses affluents, est fertile et bien cultivée. L'éducation du bétail et des abeilles, l'agriculture, la culture de la vigne et l'exploitation des mines d'or et d'argent font la principale occupation des habitants, que l'on estime à 12,000 âmes.

CHICHÉ, b. de Fr., Deux-Sèvres, arr., cant. et poste de Bressuire; 1120 hab.

CHICHÉ, vg. de Fr., Yonne, arr.

3

d'Auxerre, cant. et poste de Chablis; 770 h.

CHICHEBOVILLE, vg. de Fr., Calvados, arr. de Caen, cant. de Bourguébus, poste de Vimont; 319 hab.

CHICHERY, vg. de Fr., Yonne, arr. de Joigny, cant. d'Aillant-sur-Thôlon, poste de Basson; 650 hab.

CHICHESTRE, *Cicestria*, v. épiscopale d'Angleterre, comté de Sussex, sur la riv. du Levant, chef-lieu du comté, nomme deux députés au parlement et possède un port. Son bâtiment le plus remarquable est la cathédrale, avec un clocher haut de 300 pieds. Grand commerce de grains et de sel; pêche; patrie des poëtes Will. Hayley, mort en 1804, et F. Collin; 8000 hab.

CHICHEY, vg. de Fr., Marne, arr. d'Epernay, cant. et poste de Sézanne; 140 hab.

CHICHICAPA, b. des états mexicains, prov. d'Oaxaca et au S.-O. de cette ville; les riches mines d'argent dans les environs de cet endroit, autrefois très-importantes, sont négligées aujourd'hui; 2600 hab.

CHICHILIANNE, vg. de Fr., Isère, arr. de Grenoble, cant. de Clelles, poste de Monestier-de-Clermont; 720 hab.

CHICHIMÈQUES. *Voyez* MECOS.

CHICHY, vg. de Fr., Yonne, arr. d'Auxerre, cant. de Seignelay, poste de Brienon; 100 h.

CHICKASAWS ou **TCHIKKASAH**, **CHIKKASAH**, nation encore assez nombreuse, qui, réunie aux Jazoux, demeure dans la partie septentrionale des états de Mississipi et d'Alabama, États-Unis de l'Amérique du Nord. Le territoire occupé par cette peuplade, forte de plus de 4000 âmes, est très-fertile, arrosé par le Tennessee, le Mississipi et plusieurs affluents de ces fleuves et traversé par les derniers échelons des Alleghany. Les Chickasaws font de rapides progrès vers la civilisation et, déjà réunis dans de gros villages (Mac-Intoshville, Longtown), vivent du produit de leurs terres, de l'éducation du bétail et de la chasse. Au commencement du dix-huitième siècle ils étaient la nation dominante de ces contrées.

CHICKELOES. *Voyez* SHOSHONEES (peuplade).

CHICLANA, b. d'Espagne, Andalousie, prov. de Séville, dist. et à 6 l. de Cadix, sur la riv. de San-Pedro; il a de belles cultures d'oliviers et d'arbres fruitiers; 1000 h.

CHICO (Rio), fl. de la rép. de l'Ecuador, dép. de Guayaquil; il coule vers l'O. et s'embouche dans l'Océan Pacifique, près de la ville de Pichota.

CHICOANA, b. de la rép. Argentine, prov. et dist. de Salta, au milieu d'une vaste lande; 2000 hab.

CHICOURT, vg. de Fr., Meurthe, arr. de Château-Salins, cant. et poste de Delme; 400 hab.

CHICOWA, pet. roy. du Monomotapa, Afrique, sur le Zambèse, avec la ville principale de même nom, située à 70 l. O. de Tete; mines d'argent.

CHIDES, vg. de Fr., Nièvre, arr. de Château-Chinon, cant. et poste de Luzy; 1210 hab.

CHIDRAC, vg. de Fr., Puy-de-Dôme, arr. et poste d'Issoire, cant. de Champeix; 380 hab.

CHIEMSEE, *Chiemus Lacus*, lac de Chiem ou mer Bavaroise, lac de la Bavière, dans le dist. de Trostberg, cer. de l'Iser. Il a 12 l. c. de superficie et est très-poissonneux; sa plus grande profondeur est de 84 toises; ses affluents sont les petites rivières de Prien, Roth, Ubersee et l'Achen; l'Alz y prend sa source.

CHIENNÉ, vg. de Fr., Ille-et-Vilaine, arr. de Fougère, cant. et poste de St.-Aubin-du-Cormier; 930 hab.

CHIENS-MARINS (baie des), l'une des plus vastes du continent austral. Elle est située sur le terre d'Endracht, sur la côte occidentale de l'Australie, entre 25° 30′ et 26° 40′ lat. S. et entre 110° 32′ et 112° 14′ long. orient.

CHIERI ou **CHIENS**, *Carea, Cherium*, v. du roy. de Sardaigne; intendance-générale de Turin; fait un commerce assez actif; elle fut détruite, en 1154, par Frédéric Barberousse; 10,000 hab.

CHIERRY, vg. de Fr., Aisne, arr., cant. et poste de Château-Thierry; 230 hab.

CHIERS (le), riv., a sa source dans le Luxembourg, à 2 l. de la frontière française; elle entre dans le dép. de la Moselle, près du village de Herserange, passe à Longwy, à la Grandville, à Longuyon, puis, prenant une direction N.-O., elle pénètre dans le dép. des Ardennes, passe par Carignan et Donzy et se jette dans la Meuse, au-dessous de Remilly, après un cours de 23 l.

CHIESE, *Glesius*, riv. du roy. Lombard-Vénitien, affluent de l'Oglio, baigne Monte-Chiara.

CHIETI ou **CIVITA-DI-CHIETI**, chef-lieu de l'Abruzze citérieure, roy. des Deux-Siciles; siége d'un archevêché, possède un collége royal, une société d'agriculture, des arts et du commerce, ainsi que le tribunal civil et criminel de la province. Elle s'appelait autrefois Theate et donna son nom à l'ordre religieux des Théatins; fabr. de draps; culture du vin et de l'olivier; 12,700 hab.

CHIÈTRES ou **KERZERS**, beau et gr. vg. de Suisse, cant. de Fribourg, bge de Morat, habité par 900 réformés, connus sous le nom particulier de *Hupper*. Ce lieu, que les Romains avaient connu sous le nom de *ad Carceres*, fut détruit par les Allemands, au troisième et au quatrième siècle.

CHIEULLES, vg. de Fr., Moselle, arr., cant. et poste de Metz; 200 hab.

CHIÈVRES, *Cervia*, v. du roy. de Belgique, prov. de Hainaut, dist. de Mons; distilleries, brasseries, raffineries de sel; 2500 hab.

CHIGNÉ, vg. de Fr., Maine-et-Loire, arr.

de Beaugé, cant. et poste de Noyant; 740 h.

CHIGNOLO, b. du roy. Lombard-Vénitien, gouv. de Milan, délégation de Lodi; ses habitants sont exclusivement occupés de l'éducation du bétail et de la fabrication des fromages.

CHIGNY, vg. de Fr., Aisne, arr. de Vervins; cant. de la Capelle; poste de Guise; 670 hab.

CHIGNY. *Voyez* ÉTIENNE - DE - CHIGNY (Saint-).

CHIGNY, vg. de Fr., Marne, arr. et poste de Reims, cant. de Verzy; 540 hab.

CHIGY, vg. de Fr., Yonne, arr. de Sens, cant. et poste de Villeneuve-l'Archevêque; 470 hab.

CHIHUAHUA, un des plus grands états de la confédération mexicaine; il s'étend depuis le 23° 45' jusqu'au 31° 50' lat. N. et a une superficie de 3373 l. c. géogr., avec une population de 115,000 âmes. Il est borné par les états de Sonora, de Cohahuila, de Durango, par le territoire du Nouveau-Mexique et par les Bolsons de Mapimi, immense désert habité par différentes peuplades indiennes.

Les Espagnols pénétrèrent dans cette vaste contrée sous Luis de Velasco, vice-roi du Mexique depuis 1550 jusqu'en 1564; Francisco de Ibarra y conduisit les premiers blancs et donna à ce pays le nom de Nueva-Viscaya. Plus tard il faisait partie de l'état de Durango, dont il partagea le nom jusqu'à ce que de nos jours il se constituât en état, sous la dénomination de sa capitale.

C'est un pays généralement stérile et très-élevé, traversé par la Sierra Madre et la Sierra de Carcay. Ses deux plus grands cours d'eau sont le Rio-del-Norte et le Conchos, affluent du premier. L'or et l'argent s'y trouvent en abondance, mais l'exploitation en est généralement négligée. L'éducation du bétail fait la principale occupation des habitants de la campagne. Le commerce du pays consiste dans l'exportation du cacao, du plomb, de la poudre et de livres, dont on pourvoit surtout les établissements du Nouveau-Mexique.

CHIHUAHUA, v. des états mexicains et capitale de l'état de même nom, fut fondée en 1691. Cette ville, grande et riche, est située sur un petit affluent du Conchos, qui se jette dans le Rio-del-Norte. Parmi ses principaux édifices on remarque la cathédrale, un des plus beaux temples du Mexique; le palais de l'état et ses vastes galeries; tous ces bâtiments ornent une grande place. Chihuahua possède en outre une académie militaire florissante et renferme environ 30,000 hab.; M. Hardy porte leur nombre à 70,000. Ses environs offrent de belles promenades et de riches mines d'argent; un bel aqueduc y apporte l'eau. Chihuahua était, avant la révolution, la résidence du capitaine-général des provinces intérieures.

CHILANDE ou AQUILONDA, AQUILONGA,

AQUILUNDA, AKHELONDA, ZAVILANDA, lac considérable de la Nigritie méridionale, Afrique, pays de Regas, dans la partie orientale du plateau de Dembo.

CHILAPA, v. des états mexicains, état ou prov. de Mexico; elle renferme une belle église gothique, des fabr. de draps et de poterie; commerce en sucre et en miel; 3000 hab.

CHILAW ou TCHILAW, v. de l'île de Ceylan, défendue par un fort, importante par sa pêche des perles, qui cependant est inférieure à celle de Condatchy.

CHILCHOTA, b. des états mexicains, état de Méchoacan, agriculture très-florissante; 3800 hab.

CHILE. *Voyez* CHILI.

CHILHAC, vg. de Fr., Haute-Loire, arr. de Brioude, cant. de Lavoute-Chilhac, poste de Langeac; 560 hab.

CHILI ou CHILE (le), une des républiques de l'Amérique méridionale, est situé entre 72° et 77° de long. occ. (en y comprenant l'archipel de Chiloë) et entre 25° et 44° de lat. S. Il est borné au N. par la rép. de Bolivia, à l'E. par les États-Unis du Rio-de-la-Plata et la Patagonie, au S. par la Patagonie, à l'O. par l'Océan Pacifique. Sa superficie est de 20,000 l. c. Le rivage de l'Océan forme de nombreuses saillies et s'élève comme une muraille au-dessus de la mer profonde; les ports sont peu nombreux. Le Chili est isolé du Pérou par le long désert d'Atacama et par des montagnes arides, et de la république Argentine par la chaîne des Andes. Sa longueur du N. au S. est de 456 l.; sa largeur varie de 14 à 66 l. La Cordillère des Andes qui domine cette région longue et étroite y a 50 l. de large, et présente dans sa configuration une image effrayante du chaos. Ses cimes neigeuses s'élèvent à 1987 toises (Maypo) et à 3300 toises (Descabozado) au-dessus du niveau de la mer. Un grand nombre de volcans lancent des flammes ou jettent de la fumée; tels sont le Copiapo, le Chillan, l'Antoco et le Péteroa; mais comme la plupart se trouvent dans le cœur même des montagnes, leur éruption n'a rien de dangereux pour les campagnes; tandis que de fréquents tremblements de terre produisent au Chili d'affreux désastres.

La position des Andes, qui laissent peu d'espace entre elles et la côte, rend extrêmement bornée cours des nombreux fleuves qui arrosent le territoire de cette république; ils se jettent tous dans le Grand-Océan; on porte leur nombre à 120; en voici les principaux en allant du N. au S.: le Salado, qui forme la limite entre le Chili et la république de Bolivia; le Copiapo, le Huasco, et le Coquimbo, qui baignent les villes du même nom; le Limari, le Guillota, dit aussi Aconcagua, et son affluent le Mapocho, et le Maypo dans la partie centrale du Chili; la Maule et le Biobio, les principaux fleuves de cet état sont navigables sur la moitié de leur cours; le premier servit de limite à l'empire des Incas et le second sépare aujourd'hui le Chili de l'Araucanie; le Chillan qui prend sa source au pied du volcan de ce nom; enfin le Caulen, le Tolten et le Valdivia, qui traversent l'Araucanie.

Le climat du Chili est tempéré pour la latitude et très-salubre; l'air y est pur et l'on n'y éprouve pas comme dans les autres parties du Nouveau-Monde, ces changements brusques de température, si nuisibles à la santé. Ses saisons sont opposées aux nôtres. Le printemps règne de septembre en décembre; c'est alors que commence l'été dont les chaleurs sont tempérées par les brises de mer qui s'y font régulièrement sentir, et par l'abondance des rosées qui donnent aux végétaux une prodigieuse fécondité. Les vents du nord soufflent pendant les mois de juin, juillet, août et septembre; mais les pluies, toujours de courte durée, ne tombent que pendant les mois d'avril et d'août.

Le sol du Chili est inégalement productif; le long de la mer, le désert d'Atacama s'étend jusqu'à Copiapo et Coquimbo; plus au S., la côte est aride loin des rivières, mais productive près des eaux courantes. Les avant-monts, les vallées et les plateaux sont couverts des plus belles forêts, et le sol en est fertile. Dans les montagnes peu boisées du N. sont les districts des mines d'or, d'argent, de plomb et de cuivre; mais les métaux y sont beaucoup moins abondants qu'au Pérou et au Brésil. Les plus célèbres mines d'argent sont dans les prov. de Coquimbo, d'Aconcagua et de Santiago; ainsi que les mines d'or, elles ont été abandonnées à la suite des guerres et surtout à cause de la suppression de la mite ou corvée des mines. Les étrangers, et particulièrement les Anglais, sont les seuls qui s'occupent aujourd'hui de l'exploitation de quelques-unes d'entre elles. Les provinces du N. produisent les plantes et les fruits des contrées équinoxiales, du sucre, du tabac, du manioc, du coton, de l'indigo, de la cannelle, du poivre, des dattes, etc., etc. Au S. de la Maule, la végétation est si belle que le Chili peut être considéré comme le jardin du Nouveau-Monde. Ce pays, où ne croissent plus le café, le sucre et le coton, est le grenier et le vignoble du Pérou, et il offre des forêts d'orangers, d'oliviers, de figuiers, de pêchers, de poiriers, de pommiers.

On trouve dans cette contrée des animaux remarquables. Les forêts sont peuplées de lamas, de vigognes et de viscachés; la vigogne, dont il y a trois variétés, est le chameau américain sans bosses; elle sert de bête de somme, sa chair est délicieuse et elle se reproduit avec une fécondité qui tient du prodige. La viscache ressemble au renard et au lapin; son poil est employé dans la chapellerie. On y trouve aussi le guanuco, une des variétés de la vigogne, le guemul, qui tient du cheval et de l'âne, plusieurs variétés d'armadille, le yaguaroundi et le pagi, tigre et lion du Chili; le castor, commun sur le bord des lacs et des rivières, qui ne bâtit point de demeure comme celui de l'Amérique septentrionale, le rat laineux (*mus cianeus*), l'écureuil du Chili (*mus manlinus*) et une loutre à queue comprimée. Parmi les oiseaux, nous ne citerons que le condor, le cathardéroi, l'aruba, le calquin, espèce d'aigle qui a dix pieds d'envergure, le nanda, autruche; le cygne à tête noire, la trenca, grive qui chante comme le rossignol et contrefait les autres oiseaux, etc. Les insectes fourmillent au Chili; les papillons sont parés des plus riches couleurs et les abeilles sauvages déposent partout leur cire et leur miel; la nuit, des espèces phosphorescentes éclairent les bois, les monts et les plaines. Les serpents, les grandes araignées et les scorpions n'y sont pas dangereux pour les hommes.

Le commerce du Chili avec l'Europe augmente de jour en jour, malgré la longueur de la traversée. Notre continent y importe de l'acier, du mercure, des laines, de la chapellerie, des articles de modes, en échange desquels il reçoit de l'or, de l'argent, du cuivre, de la laine de vigogne et des peaux. Le commerce intérieur consiste en tapis, couvertures, manteaux, selles, draps, grains, vins, eau-de-vie et cuirs. Il se fait un grand commerce d'échange avec le Pérou.

La population du Chili est de 1,300,000 habitants. Elle se compose d'Européens et de créoles qui habitent les villes, d'Indiens nomades, de métis et de nègres. Les créoles sont de haute taille, bien faits, vigoureux, pleins d'intelligence et d'activité industrielle; on vante dans l'Amérique du Sud leur obligeance et leur hospitalité. Parmi les Indiens on remarque d'abord les Auras ou Araucans; au S. de ceux-ci sont les Wuta-Huillche, dont les principales tribus portent les noms de Cunchi, Chonos, Poy-Yus et Key-Yus. Ces montagnards sont de haute taille; montés sur de petits chevaux, à la manière des Tartares, ils se réunissent subitement et font des marches de 300 l. pour aller piller leurs ennemis. Tous ces peuples indigènes sont idolâtres; leur gouvernement est un mélange d'aristocratie et de démocratie. Le rapport entre ces divers éléments de population est pour les blancs 9 %, pour les races mêlées et les nègres 26 % et pour les Indiens 65 %.

La république du Chili correspond à l'ancienne capitainerie-générale de ce nom. L'isolement de cette contrée, entre la mer et les Andes qui ne laissent que quatre passages, escarpés et presque impraticables, en a rendu la conquête difficile; le Chili a coûté aux Espagnols plus de sang que toutes leurs autres possessions américaines, et les Araucans ont conservé jusqu'à ce jour leur indépendance. Depuis 1541, époque de la première apparition de Valdivia, jusqu'en 1773, les Espagnols ne s'y sont maintenu que les armes à la main. Cependant ils en jouissaient paisiblement au moment de l'occupation de l'Espagne par l'armée de Napoléon. Dès que la nouvelle en arriva au Chili, il y éclata, comme au Mexique et ailleurs, un mouvement révolutionnaire. Le 10 septembre 1810, les Chiliens, fatigués de la longue oppression de la métropole qui frappait d'immobilité leur industrie et leur commerce, limitait l'instruction et excluait tous les indigènes des fonctions publiques, se soulevèrent et convoquèrent un congrès. Deux partis s'y agitèrent : le gouverneur de Lima, profitant de ces discordes, parvint, en 1814, à rétablir en partie la domination espagnole. Le nouvel état de Buénos-Ayres s'émut de ce voisinage dangereux. En 1817, le général San-Martin passa, avec 4000 hommes de cet état, les Andes réputées infranchissables et battit les Espagnols près de Chacabuco. Une nouvelle armée, envoyée par le vice-roi du Pérou, balança le succès pendant quelque temps, mais San-Martin l'anéantit complétement, le 5 avril 1818, dans les plaines de Maypo. San-Martin refusa la présidence du Chili qu'on lui offrit, mais recommanda son ami, le vaillant général O'Higgins, né au Chili de parents irlandais. Délivrés à peine des soldats de la métropole, les Chiliens songèrent à porter secours à leurs voisins et préparèrent une expédition pour le Pérou. Mais l'épuisement du pays était si grand, que ce ne fut qu'en 1820 qu'on put envoyer une flottille commandée par l'anglais Cochrane et portant 5000 hommes de débarquement. Cette armée sortit victorieuse de plusieurs combats et occupa Lima au mois de février de l'année suivante. Cependant une nouvelle révolution éclata au Chili, en 1823. O'Higgins, San-Martin et Cochrane furent renversés et le pouvoir confié au général Freyre. Ce nouveau chef réforma la constitution et soumit, en 1825, l'île de Chiloë, position importante d'où les débris des armées espagnoles inquiétaient les côtes de la république.

Le Chili est aujourd'hui une république une et indivisible. Le pouvoir exécutif appartient à un président nommé pour quatre ans, le pouvoir législatif à un sénat élu pour six ans et à une chambre nationale élue pour huit et renouvelée par huitième tous les ans. Le sénat se compose de neuf membres, la chambre nationale de cinquante au moins et de deux cents au plus. La personne des représentants est inviolable. Ils sont choisis dans les assemblées électorales. Sont électeurs les citoyens, âgés de 21 ans, qui possèdent un immeuble de la valeur de 1000 fr. ou exercent une industrie exigeant un capital de 2500 fr., ou se trouvent à la tête d'une fabrique, ou qui ont importé dans le pays une invention ou une industrie dont l'utilité est approuvée par le gouvernement. Des conditions à peu près semblables déterminent l'éligibilité aux fonctions de sénateur et de député. Un conseil d'état permanent est chargé de tous les projets de lois, de toutes les affaires importantes et de la nomination des ministres. La presse est libre, pourvu qu'elle ne s'immisce ni dans la vie privée, ni dans les questions théologiques. La religion catholique est la religion de l'état; l'exercice de toute autre religion est défendu.

L'armée chilienne se compose de huit mille hommes de troupes de ligne et de vingt mille gardes nationaux ou miliciens. L'escadre se compose de 12 bâtiments, dont une frégate. Les revenus s'élèvent à 10,000,000 fr.

Le Chili est divisé, depuis 1826, en huit provinces subdivisées en districts. Ces huit provinces et les principales villes qui s'y trouvent sont :

1° Santiago : Santiago la capitale, Valparaiso, Santa-Cruz.
2° Aconcagua : San-Felipe, Quilota.
3° Coquimbo : Coquimbo, Copiapo, Huasco.
4° Colchagua : Curico.
5° Maule : Cauquenes.
6° Concepcion : Concepcion.
7° Valdivia : Valdivia.
8° Chiloë (l'archipel de) : Chiloë.

Nous ferons observer que le gouvernement du Chili réclame comme siennes les deux îles désertes de Juan Fernandez et de Mas-Alfuera, situées à 160 l. au large, dans l'Océan Pacifique. Deux Anglo-Américains et six Taïtiens s'étaient dernièrement établis dans la première.

CHILISQUAQUE, chaine de montagnes des États-Unis de l'Amérique du Nord ; elle s'étend entre les deux bras du Susquehannah, état de Pensylvanie.

CHILISQUAQUE, pet. v. des États-Unis de l'Amérique du Nord, état de Pensylvanie, comté de Columbia, au pied des monts Chilisquaque ; 2000 hab.

CHILKA (le lac de), dans l'Inde, dist. des Circars du Nord, n'est séparé du golfe du Bengale que par une étroite langue de terre. Il est très-poissonneux et a de l'eau douce, bien qu'un canal le mette en communication avec la mer.

CHILLAC, vg. de Fr., Charente, arr. de Barbezieux, cant. de Brossac, poste de Chalais ; 670 hab.

CHILLAN, dist. de la prov. de Maule, rép. du Chili ; il est borné par les Andes et les districts de Maule, d'Itata et de Huilquilemu. Son étendue est de 120 l. c. géogr., avec une population de 36,000 âmes. Le sol présente une plaine très-fertile, au fond de laquelle s'élèvent les Cordillères, dont le volcan de Chillan forme un des points culminants dans ce district. L'Itata, qui y reçoit le Nubbé, le Rio-Chillan et le Gallipayo arrosent ce beau pays, qui malheureusement présente encore trop de traces des dévastations de la dernière guerre. Le blé et le vin y viennent en abondance et les forêts fournissent de l'excellent bois de construction.

L'éducation des moutons y est d'une grande importance; de nombreux troupeaux de ces animaux sont envoyés annuellement de ce district à Copiapo, et la laine du Chillan passe pour être la meilleure du Chili.

CHILLAN ou **SAN-BARTOLOMÉO-DE-CHIL-LAN**, v. de la rép. du Chili, prov. de Maule, dist. de Chillan, dont elle est le chef-lieu, sur la rivière du même nom. Cette ville, assez mal bâtie, fut dévastée à plusieurs reprises par les Araucans, mais surtout par le tremblement de terre de 1751, qui la détruisit presque entièrement; collége de jésuites; 3600 hab.

CHILLAN, mont. et un des points culminants des Andes du Chili; elle s'élève, d'après Molina, à une hauteur de 18,000 pieds.

CHILLAN (Rio-). *Voyez* ITATA.

CHILLAN, volcan. *Voy.* CHILLAN, district.

CHILLE, vg. de Fr., Jura, arr. et poste de Lons-le-Saulnier, cant. de Conliège; 230 hab.

CHILLEURS-AUX-BOIS, vg. de Fr., Loiret, arr. et cant. de Pithiviers, poste; 1705 hab.

CHILLICOTHE, v. des Etats-Unis de l'Amérique du Nord, état d'Ohio, comté de Ross, dont elle est le chef-lieu, sur le Scioto et à 26 l. de l'embouchure de ce fleuve. Cette ville, très-bien bâtie, possède une académie, une prison, un bel hôtel de ville, trois banques, un marché couvert et fait un commerce très-considérable; foires annuelles; moulins et forges aux environs de la ville; 3500 hab.

CHILLON (le château de), en Suisse et dans le pays de Vaud, est situé sur un rocher dans le lac de Genève, près de la côte orientale et à 2 l. de Vevey. Ce château, qui offre un aspect très-pittoresque et qui a des voûtes taillées dans le roc, au-dessous de la surface du lac, était avant l'invention de la poudre à canon une forteresse imposante. Il a été bâti en 1238 par un comte de Savoie. Pierre de Savoie remporta non loin de Chillon, en 1276, une victoire qui lui valut la conquête du pays de Vaud. Le vieux château de Chillon a été immortalisé par lord Byron qui le visita en 1816.

CHILLOU (le), vg. de Fr., Deux-Sèvres, arr. de Parthenay, cant. de St.-Loup, poste d'Airvault; 350 hab.

CHILLS. *Voyez* SHOSHONEES (peuplade).

CHILLY, vg. de Fr., Ardennes, arr. et cant. de Rocroi, poste de Maubert-Fontaine; 350 hab.

CHILLY ou MAZARIN, vg. de Fr., Seine-et-Oise, arr. de Corbeil, cant. et poste de Longjumeau; 380 hab.

CHILLY, vg. de Fr., Somme, arr. de Montdidier, cant. de Rosières, poste de Lihons-en-Santerre; 430 hab.

CHILLY-LE-VIGNOLLE, vg. de Fr., Jura, arr., cant. et poste de Lons-le-Saulnier; 750 hab.

CHILLY-SUR-SALINS, vg. de Fr., Jura, arr. de Poligny, cant. et poste de Salins; 266 hab.

CHILMARK, b. des Etats-Unis de l'Amérique du Nord, état de Massachusetts, comté de Dukes, dans une contrée très-fertile et bien cultivée; 1000 hab., dont près de 400 Indiens convertis au christianisme, qui y ont une mission. Dans les environs de ce bourg quelques voyageurs prétendent avoir trouvé des traces de volcans éteints.

CHILOË, prov. de la rép. du Chili; elle comprend quelques établissements sur la pointe méridionale de cet état, la grande île de Chiloë et tout le groupe de petites îles qui l'entourent et qui s'étendent depuis le 41° 36′ jusqu'au 44° 20′ lat. S. Cet archipel, habité autrefois par des Moluches, des Huilliches et des Araucans, fut découvert en 1558 par Don Garzia Mendoza, le deuxième gouverneur du Chili, et se soumit après une faible résistance à Martino-Rui-Gamboa, en 1565.

L'île de Chiloë, séparée du continent par un étroit canal, rempli de récifs et de bas-fonds, a une longueur de 68 l. sur 20 l. de large. La côte orientale est hérissée d'écueils et très-déchirée; entre cette côte et le continent s'étendent les îles de los Chanques, très-riches en perles et en coquillages de toute espèce. L'île de Chiloë abonde en ruisseaux et en rivières, et produit du blé, des légumes, du lin et de l'excellent bois de construction, dont il se fait un commerce important, ainsi qu'en jambons, sardines et poissons séchés. Une chaîne de montagnes, dont le point culminant s'élève à la hauteur de 2000 mètres, traverse l'intérieur de l'île de Chiloë. Le climat y est nébuleux et les pluies sont très-fréquentes. Le nombre des habitants de toute cette province s'élève à 44,000, la plupart blancs. Les petites îles qui environnent celle de Chiloë sont habitées par des Moluches, gouvernés par des ulmènes ou caziques qui dépendent du gouverneur de la province.

CHILOMBO, v. principale du roy. de Matamba, dans la Basse-Guinée, Afrique, à l'E. du roy. de Congo.

CHILONGO, pet. état dans la Basse-Guinée, Afrique, faisant partie du roy. de Loango, sur l'Océan Atlantique; les habitants font un commerce considérable d'ivoire.

CHILPANZINGO, pet. v. des états mexicains, état de Mexico, dans une vallée très-fertile en blé, à 4248 pieds au-dessus du niveau de la mer et sur la grande route d'Acapulco; 2700 hab.

CHILQUES-Y-MASQUES. *Voyez* PARURO (province).

CHILTEPEC, pet. v. des états mexicains, état de Tabasco, à l'embouchure de Chiltepec dans le golfe du Mexique; elle a un petit port et 3000 hab.

CHIMAI, *Chimacum, Cimacum*, v. du roy. de Belgique, prov. de Hainaut, dist. de Charleroi. Commerce de bois et fabr. de dentelles; 2100 hab.

Cette ville était une seigneurie pairie qui, vers le milieu du treizième siècle, appartenait à la maison de Nesle-Soissons. Elle passa ensuite par mariage à Jean de Hainaut, puis aux comtés de Blois. Charles-le-Hardi l'érigea en comté en faveur de Jean de Croy qui avait acheté ce domaine de Thibaud de Soissons. Au commencement du dix-septième siècle ce comté passa dans la maison de Ligne-Aremberg qui le possédèrent jusqu'en 1686. Philippe-Louis de Hennin en hérita alors. Un comte de Caraman, Maurice-Riquet, de la famille du célèbre Riquet, auteur du canal de Languedoc, ayant épousé, en 1750, Anne-Gabrielle de Hennin, le domaine de Chimai devint une possession de la maison de Caraman, à laquelle il appartint jusqu'à la révolution française.

CHIMALAPA, riv. des états mexicains, état d'Oaxaca, prend naissance dans les forêts de Tarita, sur la frontière S.-O. de l'état et se décharge dans l'Océan Pacifique. Ses sources sont tellement rapprochées de celles du Huasacualco, tributaire du golfe du Mexique, que moyennant un canal on pourrait facilement établir une communication entre les deux mers.

CHIMALTENANGO ou SAINTE-ANNE-DE-CHIMALTENANGO, v. des États-Unis de l'Amérique centrale, état de Guatémala, parti do de Chimalténango, dont elle est le chef-lieu, sur le Rio-Grande et dans une belle et fertile vallée, à 12 l. de Guatémala. Cette ville jouit d'un climat délicieux, est bien bâtie et renferme quelques édifices remarquables; marchés très-fréquentés; commerce important; 4300 hab.

CHIMANA ou CARACCAS, groupe de six petites îles au N. de Barcelona, rép. de Vénézuela, dép. de Maturin. Ces îles servaient autrefois d'entrepôt au commerce de contrebande que les Hollandais entretenaient avec la ville de Barcelona.

CHIMARIOTES, peuplade de pirates et de brigands, qui habitent le canton de Chimera, dans la Basse-Albanie, et qui forme une espèce de république militaire indépendante. Venise et Naples recrutaient autrefois parmi eux d'excellents soldats.

CHIMAVA, pet. v. de Grèce, située sur le golfe de Coron, et chef-lieu du Magne-Occidental.

CHIMBORAZO ou TCHIMBORASSO, un des points culminants des Andes péruviennes, chaînon occidental, et un des pics les plus élevés du Nouveau-Monde. Il a été constaté par des mesurages faits par M. Penfland que le Chimborazo, haut de 20,100 pieds (3350 toises), d'après M. de Humboldt, qui l'a aussi mesuré en 1791, et regardé autrefois comme la sommité la plus élevée de l'Amérique, le cède en hauteur au Nevado-de-Sorata et au Nevado-d'Illimani, dont le premier atteint la hauteur de 3948 toises et le second celle de 3753 toises. Le Chimborazo s'élève au S. de la ville de Quito et présente la forme d'un cône tronqué avec un sommet sphérique. Sa cime, couverte de neiges et de glaces éternelles, dépasse la ligne des neiges de 1806 mètres; on l'aperçoit jusqu'à l'embouchure du Guayaquil, qui en est éloignée de 75 l. Les fleuves de Huaranda, de Huando et de Machala prennent naissance au pied du Chimborazo. Cette montagne est célèbre par les travaux de Bouguer et de La Condamine, deux savants que l'Académie des sciences envoya au Pérou en 1736, avec la mission d'y exécuter des opérations destinées à déterminer la figure de la terre, et qui servirent plus tard (1790) au tracé de la mesure métrique, base de toutes les nouvelles mesures.

CHIMBORAZO, prov. de la rép. de l'Ecuador, dép. du même nom; elle est bornée par la prov. de Pichinga et le dép. de Guayaquil. Ce pays, formant une des hautes vallées des Andes, comprend les ci-devant prov. de Riobamba, d'Ambato et de Chimbo et renferme le Chimborazo, d'où elle tire son nom. Le climat y est très-doux et le sol, très-fertile, produit en abondance du blé, du maïs, des patates et des légumes. Les montagnes sont riches en métaux, mais l'exploitation en est négligée. L'éducation des moutons y est très-importante et le seul district de Riobamba fournit annuellement 4000 quintaux de laine. La population de cette province est estimée de 75 à 80,000 âmes.

CHIMERA (les montagnes de) ou KIMERA, dans la Turquie d'Europe, eyalet de Roumili; se détachent d'abord, sous le nom de Dschumerka, des monts Agrapha, parcourent une partie du liva de Janina, séparent les sandschaks de Delonia et d'Aulona, et vont se perdre dans la mer Ionienne, après avoir formé le vaste golfe d'Aulona. Ces montagnes, qui portaient dans l'antiquité le nom de monts Acrocérauniens, sont habitées par les sauvages Chimariotes, mélangé de Grecs, d'Albanais et de Slaves; avant tout pirates et brigands, ils ont fourni d'excellents soldats à la république de Venise et au royaume de Naples, n'ont jamais reconnu que de nom la suzeraineté d'Ali-Pacha, et forment encore aujourd'hui une espèce de république militaire indépendante.

CHIMERA ou KIMERA, cant. montagneux dans la Basse-Albanie, eyalet de Roumili, habité par les sauvages Chimariotes.

CHIMÈRE, *Chimæra*, g. a., volcan qu'on présume avoir fait partie du Monte-di-Gorante d'aujourd'hui, dans l'intérieur de la Lycie, les poëtes en ont fait le théâtre des exploits de Bellérophon. D'après les renseignements du capitaine Beaufort, qui fut chargé en 1811, par le gouvernement britannique, de faire un voyage d'exploration en Caramanie, le cratère de ce volcan n'est pas encore entièrement éteint et il en sort continuellement une flamme uniforme, non accompagnée de fumée.

CHIMFOOKA. *Voyez* CACONGO.

CHIMILIN, vg. de Fr., Isère, arr. de la Tour-du-Pin, cant. du Pont-de-Beauvoisin, poste des Abrets; 1620 hab.

CHINA, prov. peu connue dans la partie orientale de la Basse-Guinée, Afrique.

CHIÑAL ou **CHIGNAL**, volcan et un des points culminants des Andes de la Patagonie, non loin des frontières du Chili.

CHINANDÉGA, pet. v. des États-Unis de l'Amérique centrale, état de Nicaragua, au pied de hautes montagnes et à 3 l. N.-E. de Léon; 2300 hab.

CHINAULT. *Voyez* ISSOUDUN.

CHINCHAYCOCHA, lac très-considérable de la rép. du Pérou; il s'étend dans la chaîne centrale de la Sierra de Bombon au S. du Marañon.

CHINCHILLA, v. d'Espagne, roy. et à 29 l. de Murcie, chef-lieu du district de même nom; située sur la pente d'une colline et dominée par un château; filat. de soie; fabr. de creusets renommés; 4700 hab.

CHINCHON, v. d'Espagne, roy. de la Vieille-Castille, prov. de Ségovie, chef-lieu du district de même nom, à 7 l. de Madrid; elle possède un château et l'on y fabrique beaucoup de savon; mais ce sont surtout ses distilleries d'eaux-de-vie qui sont renommés, et leurs produits passent pour les meilleurs du royaume; 3700 hab.

CHINCHOOR ou **TCHINTCHOUR**, v. de l'Inde anglaise, présidence de Bombay, dist. de Djounir, sur la Moota. Elle est le siège du Tchintaman-Deo (dieu du joyau mystérieux) que les Mahrattes regardent comme une incarnation de Gounputty, une de leurs divinités et qui réside dans un beau palais; 5000 hab., parmi lesquels on compte 300 familles de Brahmanes.

CHINE (la), le plus ancien, le plus vaste et le plus populeux empire du monde, est situé entre 69° et 141° de long. orient., et 18° et 51° de lat. N., en comprenant dans ces calculs l'île de Haïnan et la partie septentrionale de celle de Tarrakaï. Elle est bornée à l'O. par la confédération des Seihks et par le Turkestan, au N. par la Russie asiatique et la mer d'Okhotsk, à l'E. par les parties du Grand-Océan, nommées mer d'Okhotsk, mer du Japon, mer Orientale et mer de Chine, au S. par cette même mer et l'Inde transgangétique, c'est-à-dire l'emp. d'Annam, le roy. de Siam, l'emp. Birman, l'Assam et le Népal. Son étendue de l'E. à l'O. est de 1750 l. (y compris le Thibet et les pays contigus au Turkestan oriental), et du midi au N. de 850 l., étendue plus grande que celle de l'Europe entière; ses côtes maritimes présentent un développement de près de 2000 l. géogr. Toutefois cette immense région de l'Asie qu'on appelle l'empire chinois ne forme pas un tout compacte; elle se compose de la Chine proprement dite, qui dépend directement de l'empereur; de pays vassaux, tels que la Mongolie proprement dite, du pays des Mongols du Khoukhou-Noor, du pays des Kirghis-Kaïsak ou de la Grande-Horde et du pays des Bourouts (*voyez* DZOUNGARIE); enfin de pays vassaux et protégés tels que le roy. de Corée, l'archipel de Lieou-khieou, le Thibet et le Boutan ou pays du Deb-raya. Nous n'avons à parler ici que de la première; quant aux pays vassaux et tributaires, nous renvoyons, pour ne pas nous répéter, aux articles spéciaux; sauf à ne pas omettre ce qui pourrait contribuer à rendre le présent article plus complet.

Le nom de Chine n'est pas celui que les Chinois donnent à leur empire. Ils l'appellent le *Royaume du Milieu* (Tchoung-koué), le *Dessous du Ciel* (Thian-hia), etc.; eux-mêmes se nomment souvent *Han-jin* (hommes de la dynastie des Han), dynastie qui régna en Chine depuis l'année 202 avant J.-C. jusqu'à 220 après la même ère. Le nom de Chine, qui a prévalu chez les Européens, vient de ceux de Tchina et Sin que les Indiens et les Arabes donnèrent à l'empire du Milieu : c'est le nom d'un ancien royaume, situé dans la partie occidentale. Les géographes et les historiens de l'antiquité appelèrent Sinae les peuples de la partie méridionale du haut plateau de l'Asie. Au moyen âge les premiers voyageurs, le Polonais Jean Carpin, le Français Rubruquis et le Vénitien Marco Polo parlèrent de la Chine sous le nom de Kathay.

Géographie physique. La Chine proprement dite est bornée par la mer de Chine à l'E. et au S., l'Inde transgangétique au S., le Thibet et la Mongolie à l'O.; au N. elle est séparée de la Mongolie et de la Mandchourie par la célèbre muraille, élevée, il y a deux mille ans, pour la défendre contre les invasions des peuples barbares. Elle est double, a 26 pieds de hauteur, 14 de largeur, et est flanquée de tours nombreuses; elle s'étend sur une longueur de 600 l., s'élevant jusqu'aux cimes des hautes montagnes, descendant dans les vallées profondes et traversant les fleuves sur des voûtes hardies. La mer de Chine, qui la baigne sur une grande étendue, porte le nom de Nang-hai, sur la côte méridionale et de Thoung-hai, sur la côte orientale; au N.-E. elle prend le nom de Hoang-hai ou mer Jaune et y forme les golfes de Leao-tong et de Pet-tsche-li ou Po-hai. Parmi les fleuves nombreux qui arrosent la Chine, nous nommerons d'abord le Hoang-ho ou fleuve Jaune (nom qui lui vient du limon qu'il entraîne) et le Kiang ou fleuve par excellence, appelé par nos géographes le fleuve Bleu, et Yang-tse-kiang, fleuve du Fils de l'Océan à son embouchure. Ce sont les deux principaux fleuves de la Chine : ils se jettent tous les deux dans le Thoung-hai ou mer Orientale. Cette même mer reçoit aussi les eaux du Ya-lou, du Liao-ho, du Pe-ho et du

Minkiang ou Quloung-kiang. Parmi les autres fleuves qui appartiennent, soit entièrement, soit en partie à l'empire chinois, nous ne citerons que l'Ob et le Jénisseï, qui se jettent dans l'Océan Glacial Arctique; l'Amour, qui entre dans la mer d'Okhotsk; le Toumen, qui, dans son cours assez borné, traverse la partie septentrionale de la Corée et se jette dans la mer du Japon; le Si-kiang, le plus grand fleuve de la Chine méridionale, qui reçoit le nom de Tigre à son embouchure dans le golfe de Canton; le Ho-li-kiang; le Maykaung, le Thalouen ou Salouen, l'Iraouaddy ou Yarou-Zzangro, qui naissent dans les montagnes du Thibet, traversent la province chinoise de Yun-nan et entrent dans l'Inde transgangétique, à laquelle appartient la plus grande partie de leur cours; enfin l'Ili, le Tchoui et l'Ergheou-gol ou Tarim, qui se perdent dans des lacs.

La Chine compte cinq lacs, remarquables par leur grande étendue : le Thounling, qui a plus de 80 l. de circonférence, sur les confins des prov. de Hou-nan et de Hou-pé; le Po-yang, dans le Kiang-si, a 50 l. de longueur sur 10 de largeur; le Hong-tse, dans le Kiang-nan; le Si-hou, dans le Tche-kiang; enfin le Taï-hou ou Grand-Lac, situé au N. de Nankin.

Nous parlerons des canaux des Chinois lorsque nous dirons quelques mots de l'agriculture et du commerce de ce peuple.

L'orographie de la Chine est peu connue. Du côté du continent l'empire est ceint par de hautes chaînes de montagnes, dont les ramifications parcourent l'intérieur dans tous les sens et encaissent les bassins d'un grand nombre de fleuves et de rivières, qui facilitent la communication entre les provinces les plus éloignées. Les grandes masses de montagnes se trouvent à l'O. et au S.-O., où les ramifications du Kuen-lun ou Koulkoun font de cette partie de la Chine un des pays alpestres les plus élevés de la terre. La chaîne du Yun-ling, dont les pics neigeux séparent la Chine du Thibet, est une de ces ramifications; elle se réunit à la chaîne des Pe-ling, qui bornent le Chen-si au S., et cotoient au N. le bassin du Hoang-ho. A l'extrémité des Yun-ling naît la chaîne des Nang-ling, qui, fort éloignée en cet endroit des Pe-ling, s'en rapproche en courant à l'E.

La plus grande et la plus importante des plaines de la Chine est celle formée par les bassins du Hoang-ho et du Yang-tse-kiang. Elle a près de 300 l. de longueur et s'étend sur une grande partie de l'empire. C'est le siége de la civilisation chinoise, le centre de l'empire, le sol classique de son ancienne histoire; arrosée par deux grands et magnifiques fleuves, elle est couverte d'une extrémité à l'autre de la plus riche végétation, de grandes et belles cités, d'une population immense et l'on y trouve un système de navigation intérieure, qu'on s'efforcerait en vain de trouver chez les autres peuples. La seconde plaine en grandeur et en importance se développe parallèlement à la précédente et n'en est séparée que par une chaîne de montagnes: elle forme les provinces centrales du Ho-nan et du Hou-kouang.

Le climat de la Chine présente, par suite de sa situation géographique, des variétés de tous les climats; il est généralement tempéré, mais participe aussi des caractères de la zône torride et de la zône glaciale. Les provinces du nord ont des hivers semblables à ceux de la Sibérie et celles du midi des étés semblables à ceux de la péninsule de l'Inde, quoique, à Canton même, le thermomètre descende quelquefois jusqu'à plusieurs degrés au-dessous de zéro; mais dans cette dernière contrée, les grands froids, comme les grandes chaleurs, ne durent guère et la température y est délicieuse le reste de l'année. L'air est généralement sain et l'on n'y voit pas régner ces maladies pestilentielles qui dévorent les populations dans plusieurs contrées de l'Orient.

On n'a jusqu'ici que des conjectures sur la constitution géologique du sol chinois. Les terrains volcaniques paraissent y occuper un espace considérable, bien qu'on n'y connaisse pas de volcan actuellement en ignition. Des solfatares existent dans le Chan-si; les mines de houille et de bitume paraissent y abonder. Quant aux minéraux, on doit trouver à peu près toutes les espèces dans la vaste étendue de l'empire. Le fer, le plomb, le cuivre sont très-communs; on connaît des mines d'étain et de mercure; l'or et l'argent se trouvent dans les provinces du sud et de l'ouest. Plusieurs fleuves roulent de l'or; les torrents en entraînent beaucoup dans la plaine. On trouve aussi beaucoup de pierres précieuses : le jade, si célèbre sous le nom de *pierre de yu*, se rencontre dans la prov. de Chan-si.

La végétation de la Chine a une richesse de formes et de couleurs extraordinaires. Le génie et la patience des Chinois ont essayé de tous les moyens pour satisfaire leur passion pour la culture des fleurs et l'horticulture. Les besoins d'une population immense ont contribué à ne pas laisser incultes les moindres parcelles de terre végétale; même de hautes montagnes sont taillées et cultivées en terrasses. Les plantes qu'on cultive le plus sont le coton et le riz. Ce dernier est l'aliment ordinaire de la grande majorité du peuple; cependant il ne réussit que dans les provinces du centre et du sud; au nord on le remplace par la culture des céréales. Parmi les autres productions végétales de la Chine, nous nommerons l'indigo, le poivre, la noix de bétel, le vin, l'ananas, le sucre, le ginseng, la rhubarbe, le tabac, le camphre, presque tous les fruits de l'Europe et de l'Inde, des bois de construction, entre autres des chênes, des cèdres, etc. La Chine possède en outre quelques plantes particulieres qui servent à faire du vernis, du savon, du suif, de la colle, de la cire, des cordes d'une force et d'une durée extraordinaires; mais la plus précieuse de ces plantes est l'arbre à thé. Cet arbuste, dont la hauteur naturelle est de 12 pieds, est cultivé dans de grandes plantations; il réussit dans des terrains maigres et sablonneux et supporte très-bien le froid; la récolte des feuilles ne se fait que sur les pieds de trois ans. On en fait plusieurs par an; la première, en février, lorsque les fleurs sont encore tendres, donne le meilleur thé. La consommation de cette boisson est immense en Chine, et l'on en exporte tous les ans 50,000,000 livres, dont un cinquième va en Amérique, le reste en Europe.

On trouve en Chine tous les animaux domestiques de l'Europe. Les chevaux sont laids et de petite taille; les troupeaux de cochons y sont très-nombreux; on y possède le chameau de la Bactriane, le buffle, plusieurs espèces d'ours, de léopards et de panthères; le bœuf est moins commun qu'en Europe; l'éléphant, le tapir oriental, le rhinocéros habitent les parties occidentales du Kouang-si, du Yun-nan et du Sse-tchouan, et s'étendent jusqu'au 30° de lat. N. De nombreuses espèces de cerfs, de chèvres et d'antilopes peuplent les forêts et les montagnes, surtout dans les provinces occidentales. On y trouve aussi une grande espèce de singe, semblable à l'orang-outang. Beaucoup d'oiseaux de la Chine sont remarquables par la beauté de leurs formes et l'éclat de leurs couleurs: le faisan doré et le faisan argenté en sont originaires. La dorade, ce beau poisson doré, lui appartient également. Les insectes et les papillons se distinguent aussi par leur beauté particulière. Tout le monde sait que les vers à soie y sont très-communs et qu'on les y cultive depuis la plus haute antiquité; il est même probable qu'ils en sont originaires.

Habitants. La population de la Chine a été diversement évaluée par les différents géographes et voyageurs. Balbi n'accorde à la Chine entière que 170,000,000 habitants; le père Allerstein comptait, en 1761, 197 millions; Barrow et Staunton, en 1791, 333 millions; d'après la grande géographie, publiée par ordre de l'autorité chinoise, en 1825, la population de la Chine propre s'élève à 352,866,012 habitants. M. Pauthier, à qui nous empruntons ce fait, ajoute que cette évaluation peut paraître exagérée au premier abord; cependant elle est basée sur un recensement détaillé, et ne donne pour population moyenne que 288 habitants par mille carré. La statistique de l'Europe démontre que la Hollande est relativement plus peuplée que la Chine actuelle et que l'Angleterre ne l'est guère moins.

Les différents peuples de l'empire sont: les Chinois, le plus important de tous; les Coréens; les Toungouses, le plus sauvage; les Mandchous, le peuple régnant; les Mongols, le peuple de Djingis-Khan; les Thibétains, le peuple civilisé du haut-plateau; les Miao-tse, les Kirghis, les Sojotes et les Boukhares, le seul peuple de race blanche et mahométan de tout l'empire. Nous n'avons à nous occuper ici que des premiers; nous renvoyons, pour les autres, aux articles spéciaux.

Les Chinois proprement dits sont de race mongole. Ils sont arrivés, dès les temps les plus anciens, à un assez haut degré de civilisation; mais ils n'ont plus, dans la suite des siècles, fait aucun progrès: ils sont aujourd'hui ce qu'ils étaient il y a deux et trois mille ans. Les Mongols et les Mandchous, qui les ont conquis et qui se sont établis en foule au milieu d'eux, étaient des peuples nomades qui n'ont fait qu'adopter la civilisation chinoise. Habitant un pays qui leur offre avec profusion les produits les plus variés, et possédant une industrie indigène très-développée, ils se suffisent entièrement à eux-mêmes, et s'ils ont à plusieurs époques soumis les peuples du plateau, ils ne l'ont fait que pour mettre un terme aux invasions de ces nomades. Entourés de toutes parts de peuples sauvages et séparés des nations civilisées de l'Inde et de la Perse par de grandes distances, de vastes déserts et d'immenses montagnes, ils se croient le seul peuple civilisé de la terre : tout étranger est à leurs yeux un barbare; et ils sont isolés de toutes les autres nations historiques.

Langue et écriture. Quand même leur politique ne refuserait pas l'entrée de leur pays à la plupart des étrangers, leur langue et leur écriture contribueraient encore puissamment à les isoler. Dans l'écriture chinoise, chaque signe, au lieu de rappeler un son comme dans nos systèmes alphabétiques, représente immédiatement l'idée ou l'objet. C'est ce qu'on appelle écriture idéographique, c'est-à-dire peinture des idées. Les caractères chinois sont composés d'un nombre considérable de traits plus ou moins compliqués. La langue parlée n'a aucun rapport avec la langue écrite; elle désigne par des sons ce que la seconde décrit par des traits, et s'adresse uniquement aux oreilles. Elle est composée d'environ trois cents monosyllabes: au moyen de divers accents, qui en font varier l'intonation, on obtient environ 1200 mots. Pour la langue écrite, elle est d'une richesse illimitée. Dans quelques dictionnaires, les caractères dont elle se compose ont été portés jusqu'à cent mille.

Religion. Les Chinois ont peu de besoins religieux, et dans les temps actuels d'une décadence générale, les temples servent d'hôtelleries. Les recherches de leurs sages portent presque uniquement sur le côté moral de la vie humaine et sur les devoirs temporels des hommes; les ouvrages de philosophie sont presque tous traduits du sanscrit. La religion de Confucius ou Khounfou-tseu, qui est la religion de l'état et des lettrés, laisse tellement à l'ombre l'adoration d'un Dieu, qu'elle a conduit à l'athéisme. Outre cette doctrine, fondée sur un déisme assez vague, et à laquelle se rattache le culte purement civil, rendu par l'empereur et les magistrats, aux astres, aux montagnes, aux âmes des parents et des sages, il en est deux autres qui se partagent la masse de la nation. L'une est celle des Tao-tse ou sectateurs du Verbe ; le fond de cette religion est la doctrine de Lao-tseu, qui vivait en même temps que Confucius, vers l'époque de Socrate. Il apprenait à maîtriser les passions et à jouir de la vie ; ses disciples prétendent connaître un breuvage qui donne l'immortalité. L'autre doctrine est celle de Fo ou de Bouddha. Les prêtres de ces deux religions ne jouissent d'aucune considération, et les sacrifices consistent en fruits ou en viandes cuites qu'on présente à l'idôle dans le temple, et qu'on mange ensuite dans sa maison.

Le christianisme y a été introduit, mais les missionnaires furent expulsés, il y a un siècle, au moment où cette religion allait devenir dominante dans toute la Chine ; aujourd'hui il reste à peine de 100 à 150,000 catholiques, épars dans toutes les provinces et fréquemment persécutés.

Arts, sciences, littérature. Les Chinois sont un peuple d'un esprit tout pratique et positif ; ils sont excellents agriculteurs ; ouvriers adroits, ingénieux et d'une patience remarquable. Ils connaissent depuis nombre de siècles l'imprimerie, la poudre à canon et la boussole ; ces découvertes ont, à divers égards, changé la face de l'Europe, mais elles sont restées inutiles entre les mains des Chinois, que la boussole n'a pas conduits en Amérique, qui n'emploient avec quelque succès la poudre à canon que dans leurs feux d'artifice, et dont l'imprimerie n'est qu'une gravure sur des planches de bois sans caractères mobiles. Ils ont fort peu de goût pour les beaux-arts ; leur musique est bruyante sans aucune harmonie ; leurs tableaux sont peints avec patience et fidélité, mais ils n'ont aucune notion de la perspective et regardent les ombres qui se trouvent dans les tableaux européens comme de vilaines taches. Leur architecture cependant s'est distinguée dans la construction de monuments d'un intérêt public. Nous avons déjà parlé de la grande muraille. Le génie des Chinois s'est déployé dans la construction des ponts, des digues et des canaux, la charpente domine dans les édifices particuliers ; les ponts sont en pierre, la plupart d'une solidité et d'une longueur remarquables. Un de ces ponts, qui se trouve dans la prov. de Fo-kian, à Tsiouan-tcheou, est jeté sur un bras de mer ; il a 2500 pieds chinois (le pied chinois $= 0,306,288$ mètres) de longueur, 20 de largeur et 126 doubles piles, assez hautes pour laisser passer de gros bâtiments venant de la mer. Les villes ont généralement la forme symbolique d'un carré et sont entourées de murailles flanquées de tours. On voit dans ces villes des arcs de triomphe, des tours faisant ordinairement partie de monastères de bonzes, des inscriptions en l'honneur d'hommes et de femmes célèbres. Les Chinois n'ont cultivé que les sciences qui reposent sur l'observation ou qui sont d'une utilité pratique : l'histoire naturelle, la géographie, l'astronomie, la médecine. Pour donner une idée de leur littérature, nous ne pouvons mieux faire que de citer l'aperçu suivant qu'en a donné Abel Remusat : « La littérature chinoise, a dit ce savant sinologue, est incontestablement la première de l'Asie, par le nombre, l'importance et l'authenticité des monuments. Les ouvrages classiques qu'on nomme king (livres révérés) remontent à une époque très-ancienne ; les philosophes de l'école de Confucius en ont fait la base de leurs travaux sur la morale et la politique. L'histoire a toujours été l'objet de l'attention des Chinois, et leurs annales forment le corps le plus complet et le mieux suivi qui existe dans aucune langue. L'usage des concours a donné un grand essor à l'éloquence politique et philosophique. L'histoire littéraire, la critique des textes et la biographie sont le sujet d'une foule d'ouvrages, remarquables par l'ordre et la régularité qui y sont observés. On possède beaucoup de traductions chinoises des livres sanscrits sur la religion et la méthaphysique. Les lettrés cultivent la poésie, qui est assujettie chez eux au double joug de la mesure et de la rime. Ils ont des poëmes lyriques et narratifs, et surtout des poëmes descriptifs, des pièces de théâtre, des romans de mœurs, des romans historiques et des romans où le merveilleux est mis en usage. On a composé en outre un grand nombre de recueils spéciaux et généraux, des bibliothèques et des encyclopédies, et dans le dernier siècle on a commencé l'impression d'une collection d'ouvrages choisis, en cent quatre-vingt mille volumes. Il n'y a pas même en Europe de nation chez laquelle on trouve tant de livres, ni de livres si bien faits, si commodes à consulter et à si bas prix. »

Mœurs et caractère. Les habitants des diverses provinces de la Chine n'offrent de l'une à l'autre que fort peu de différences dans leur caractère, leurs mœurs et leurs dialectes. Ils ont la taille moyenne, le teint olivâtre, le nez plat, de grosses lèvres, les pommettes saillantes, l'œil petit et incliné vers le nez, de petits pieds, de la corpulence. Leur tête est rasée, à l'exception d'une longue mèche sur le haut de la tête. Cette mèche est coupée aux criminels. Les femmes se fardent dès leur enfance. On connaît la manière dont celles des hautes classes défigurent leurs pieds. Elles sont surveillées avec soin et personne, excepté l'empereur, ne peut avoir plus d'une femme légitime; néanmoins le libertinage est général. Une foule d'enfants, surtout de petites filles, sont exposés après leur naissance et périssent par milliers; le père peut vendre ses enfants comme esclaves. Le caractère chinois n'est pas flatté par les voyageurs; nous avons énuméré plus haut quelques-unes de leurs bonnes qualités; leurs mauvaises sont nombreuses : on trouve chez eux une insensibilité cruelle, un égoïsme affreux, uni à tous les vices qui en découlent, la ruse, le mensonge, la fraude, le servilisme envers les grands, l'orgueil envers les petits, le sensualisme le plus effronté, le tout caché sous un vernis de fade et dégoûtante politesse, dont les mille formes variées et prescrites sont étudiées dès la jeunesse et dont l'oubli est presque un crime.

Agriculture, industrie et commerce. L'agriculture est très-avancée en Chine, où elle est en honneur depuis la plus haute antiquité. On sait que l'empereur ouvre chaque année la saison du labourage en traçant quelques sillons en présence de toute la cour. Les instruments aratoires y dénoncent un art avancé. C'est de la Chine que sont venus en Europe les semoirs mécaniques, dont on trouve la figure dans des ouvrages d'art et d'agriculture qui existent depuis une haute antiquité en Chine. Il en est de même de la machine à vanner le blé, connue en France sous le nom de *tarare*. L'industrie des Chinois est merveilleuse en tout ce qui concerne les aisances et l'agrément de la vie. Plusieurs arts qui ont pris un grand développement en Europe, se perdent chez eux dans la nuit des temps. Nous ne citerons que la fabrication des étoffes de soie et des porcelaines. La vivacité et la solidité de quelques-unes de leurs couleurs font encore le désespoir de nos fabricants. Les Chinois et les Japonais n'ont pas de rivaux dans la fabrication du papier (fait en Chine avec du bambou) et des ouvrages en laque et en ivoire. L'encre de Chine et le blanc de Céruse sont encore des produits chinois. Les toiles de coton de ce pays, surtout le Nankin, sont exportées dans le monde entier. L'éclairage au gaz, les ponts en fil de fer, le sucre de fécule sont connus depuis longtemps en Chine. Le commerce intérieur y est très-actif. La diversité des produits et leur grande abondance invitent les habitants des provinces éloignées à un échange continuel, que facilitent beaucoup le nombre et la grandeur des fleuves et des rivières, et auquel un système gigantesque de canaux donne une activité unique. Le canal Impérial que rendaient nécessaire les dangers d'une côte basse et orageuse, commence près de Pé-king, traverse tout le bas pays et aboutit au-delà de l'Yang-tse-kiang à Hang-tscheou-fou; sa longueur est de 350 l. Une autre route par eau, de 200 l. de longueur, remonte l'Yang jusqu'au lac Po-jang, suit un de ses affluents, est interrompue par un seul portage et aboutit à Canton. Ces fleuves, ce canal duquel partent des centaines de canaux latéraux, rendent les grandes routes peu nécessaires; aussi ne sont-elles pas entretenues avec beaucoup de soin. Le commerce extérieur consiste principalement en thé, en porcelaine, en étoffes de soie et de coton; l'importation, en opium (le plus fort article introduit en fraude), draps, fourrures, glaces, vins de Champagne, etc. Le commerce maritime est presque tout entier entre les mains des habitants du Fô-kian et du Qouang-toung. Le commerce extérieur non maritime est beaucoup moins important; anciennement il l'était davantage. Il existe de l'E. à l'O., depuis les bas pays chinois sur le haut plateau de l'Asie et à travers le plateau jusqu'au Turkestan, une route unique que la nature a tracée à travers les chaînes de montagnes neigeuses et les déserts du Gobi. C'est la route des caravanes qui vont de l'occident en Chine, et c'était déjà celle des Seres et de tout le commerce de soie de l'antiquité. Une autre route fort récente mais d'une grande importance, est celle de Pé-king, par le Gobi à Kiochta. C'est dans cette direction que se fait à peu près tout le commerce de la Chine avec la Russie. Une seule route traverse les montagnes de la Chine méridionale et conduit dans l'Indo-Chine. Elle part du Yunnân et aboutit à l'Iraouaddy.

Gouvernement. Le gouvernement de la Chine est une monarchie absolue. La nation est divisée en deux grandes classes, les maîtres et les esclaves. Les maîtres sont divisés en lettrés et en peuple. Le corps des lettrés, nommés mandarins par les Européens, en possession de tous les emplois civils et militaires, se recrute uniquement par une série de concours littéraires ouverts à tous; ils sont divisés en neuf rangs dont la marque distinctive est un bouton porté sur le bonnet officiel, et une pièce carrée de broderie portée sur le dos et sur la poitrine. Le despotisme de l'empereur, illimité en principe, trouve en fait des bornes dans les préceptes souvent assez hardis de la morale de Confucius, qui est la morale de l'état et forme comme une sorte de catéchisme politique. L'administration est aussi compliquée et aussi régulière que dans aucun état européen. Mais la crainte est l'unique mobile de la population, qui ne jouit d'aucune liberté politique. Le gouvernement a un caractère patriarcal. L'empereur a sur ses sujets le pouvoir qu'un père (chinois) a sur ses enfants, et l'obéissance à ces deux maîtres est le premier des devoirs; mais cette obéissance est servile et dénuée de tout sentiment d'amour et de fidélité.

A la tête des institutions centrales du gouvernement chinois se trouve l'empereur, le grand et le souverain empereur (To-hoang-ti), le fils du ciel (Thian-tseu); comme tel il est le représentant du ciel et de l'empire; comme gouvernant il est le père et la mère de ses peuples, commis par le Ciel pour le chérir d'une tendresse parfaite; il n'a de supérieur que le ciel, la terre et ses ancêtres, pour lesquels il doit avoir la plus grande vénération. Il n'est responsable de ses actions qu'aux cieux azurés; c'est à eux qu'il adresse ses plaintes; c'est eux qu'il implore dans les grandes calamités; il promulgue leurs décrets et il agit sous leur influence immédiate. La couronne est héréditaire et la succession fixée depuis longtemps dans la ligne masculine, mais l'ordre de primogéniture n'est pas toujours observé. Il n'y a de titres héréditaires que pour les princes de la famille impériale, les descendants de Confucius, de Men-tseu et de Lao-hiun; quelquefois on accorde des titres rétroactifs qui anoblissent les ancêtres de l'homme qu'on veut récompenser. Les princes sont élevés avec soin; le second personnage de l'empire préside à leur éducation. Un journal quotidien publie les décrets et autres documents officiels, sous la forme d'instructions adressées aux magistrats et au peuple. A côté de l'empereur se trouve le conseil privé ou cabinet (Neï-ho), qui décide de toutes les affaires nationales impériales. La sanction de l'empereur et l'assentiment des présidents des six tribunaux doivent être obtenus avant de mettre ses résolutions à exécution. Il existe en outre un conseil d'état, choisi parmi tous ceux qui occupent des fonctions élevées et sans aucune règle connue. Les six tribunaux ou conseils supérieurs établis près de l'empereur à Pé-king, sont : 1° le Li-pou ou tribunal civil; 2° le Hou-pou ou tribunal des finances; 3° le tribunal des rites, dont dépendent le bureau des traducteurs et interprètes, et le Yo-pou ou ministère de la musique; 4° le Ping-pou ou tribunal militaire; 5° le Hing-pou ou tribunal de peines; 6° le Koung-pou ou tribunal des travaux publics. Il existe encore d'autres tribunaux et bureaux indépendants des six tribunaux supérieurs, ce sont : le bureau des affaires étrangères et coloniales; le bureau des censeurs publics, le grand collége national des Han-lin, à la fois littéraire et politique, espèce d'académie nationale, dont les membres appartiennent au second des neuf rangs de fonctionnaires, etc.

Armée. L'armée de la Chine est très-considérable. D'après les relevés officiels, le total des troupes de tout l'empire se monte à 1,140,000 hommes. A ce nombre il faut ajouter 90,000 hommes de troupes tartares et chinoises, employées dans le Thibet, dans la Mongolie, dans la Dzoungarie et dans le pays des Mandchous. Trente-et-un mille marins sont répartis dans les différentes provinces maritimes ou dans les provinces où la navigation intérieure est très-active. Cette force militaire imposante ne doit cependant inspirer aucun effroi : les soldats chinois sont lâches, mal armés, mauvais artilleurs, mauvais marins. Ils ne pourraient opposer de résistance sérieuse à une armée européenne, eux qui ne peuvent soumettre les tribus indépendantes des montagnes et n'ont pu extirper les pirates qui infestaient leurs côtes qu'en appelant les Portugais à leur secours.

Division administrative. La division territoriale nouvelle de la Chine, qui est suivie dans la grande géographie des Mandchous (elle comprend plus de 300 volumes et se trouve à la bibliothèque royale de Paris), se compose de 18 provinces, dont plusieurs offrent une étendue et une population égales à celles des plus puissants royaumes de l'Europe. Chaque province de l'empire, administrée par un gouverneur-général et un lieutenant-gouverneur, est partagée en départements (fou), ceux-ci en arrondissements (tcheou) et ces derniers en districts ou cantons (hiau). En outre, il y a un certain nombre d'arrondissements et de cantons qui ne dépendent d'aucun département, mais qui relèvent immédiatement du gouvernement de la province.

Les 18 provinces de la Chine proprement dite sont :
1° Tchi-li, cap. Pé-king (ville du nord).
2° Kiang-sou, cap. Kiang-ning-fou ou Nean king.
3° Ngan-hoeï, cap. Ngan-king-fou.
4° Kiang-si, cap. Nan-tchang-fou.
5° Tche-kiang, cap. Hang-tcheou-fou.
6° Fo-kian, cap. Fou-tcheou-fou. L'île de Formose fait partie de cette province.
7° Hou-pe, cap. Wou-tchang-fou.
8° Hou-nân, cap. Tchang-cha-fou.
9° Ho-nân, cap. Khai-foung-fou.
10° Chang-toung, cap. Tsi-nan-fou.
11° Chan-si, cap. Thaï-youan-fou.
12° Chen-si, cap. Si-ngan-fou.
13° Kan-sou, cap. Lan-tcheou-fou.
14° Sse-tchouan, cap. Tching-tou-fou.
15° Kouang-toung, cap. Kouang-tou-fou ou Canton. L'importante île d'Hainan fait partie de cette province.
16° Kouang-si, cap. Kouei-lin-fou.
17° Yun-nân, cap. Yun-nân-fou.
18° Kouei-tcheou, cap. Kouei-yang-fon.

(Les villes chinoises n'ont pas de nom; on les désigne par celui du département, de l'arrondissement ou du district dont elles sont les chefs-lieux. On dit la ville du département de Kouang-toung (Canton). Quant aux villes où réside l'empereur, on leur a donné des noms qui marquent leur position : Pé-king, cour du nord; Nan-king, cour du midi, etc.)

A la suite de ces 18 provinces de la Chine propre, il faut placer les trois provinces du pays des Tartares Mandchous, soumises au même mode d'administration que les 18 provinces chinoises. Ce sont Ching-king, Hing-king ou Ghirin, Héloung-kiang ou Sakhalian-oula. Nous renvoyons pour la description particulière de ces diverses provinces, comme

Histoire. Les traditions primitives de la Chine sont fabuleuses, mythiques et obscures. Wu-wang, qui amena une colonie de l'occident, n'est pas le fondateur de l'empire, bien qu'il paraisse avoir exercé de l'influence sur la civilisation chinoise. Cette civilisation remonte à 2500 ans avant J.-C. et s'établit dans les provinces du centre, les premières cultivées. De bonne heure une horde de Mongols descendit dans les plaines fertiles et humides de la Chine, divisée d'abord dans une multitude de petits états dont chacun était gouverné par ses princes et ses dynasties; elle fut réunie dans la suite sous la domination d'un seul. Souvent conquise, la Chine vit se succéder une suite de dix-sept dynasties soit de princes indigènes ou étrangers; mais pas un conquérant n'a pu porter atteinte à cette civilisation tenace. A peine établis dans l'enceinte de la grande muraille, ils se soumettaient, peut-être volontiers, à des mœurs et à des institutions favorables à leur pouvoir, mais rebelles à tout progrès, impossible dans un pays où la liberté est nulle, où un seul commande en maître souverain non seulement au corps, mais à l'âme, où l'empereur est le fils du ciel et appelé Tien comme Dieu lui-même.

Nous n'avons que peu de choses à dire des dynasties de Tong-schehu, Ta-tsin, Hehutsin, Han (Si-han et Toug-han, les han orientaux et occidentaux), Goch, U, Tssin, Song, etc. Citons toutefois le puissant Tschihoang-ti, fondateur de la dynastie Hehu-tsin et contemporain d'Annibal. Il réunit sous son sceptre les différents états qui divisaient la Chine, acheva la grande muraille et régna avec succès pendant de longues années; quelques passages des livres sacrés portaient ombrage à son despotisme : il les fit rechercher, brûler tous et avec eux ceux qui cherchaient à les cacher. Son petit-fils perdit l'empire et la vie. L'anarchie et les petits états reparurent; Lichu-pang, successivement brigand, général, empereur, les réunit de nouveau et fonda la puissante dynastie des Han. Sous ses successeurs, la Chine se partagea d'abord en trois empires, plus tard en deux : l'empire méridional et l'empire septentrional. Des conquérants tartares ou mongols, venus des bords du lac Baïkal, regnèrent sur le dernier jusqu'à la fin du quatrième siècle. Vers la fin du treizième, les Niutche, maîtres du nord de la Chine, et les Song, maîtres du midi, furent dépossédés du trône par Koublaï-khan, petit-fils de Djingis-khan, qui s'empara, après une guerre sanglante, de tout l'empire et fonda la dynastie mongole des Yuen. Le joug étranger pesait aux Chinois: sous le neuvième empereur des Yuen, un simple domestique de couvent, Tschu, appela le peuple aux armes; l'insurrection fut générale et l'empereur s'enfuit dans la Mongolie. Son fils régna à Caracorum; mais le nouvel empire des Yuen septentrionaux ne dura guère et tomba entre les mains des Chinois gouvernés par Tschu qui prit le nom de Taï-tsou et fonda, en 1368, la dynastie des Ming; cette dynastie subsista jusqu'en 1616. A cette époque, les Mandchous, appelés dans le pays par un des prétendants au trône, s'emparèrent de l'empire, prirent Pé-king et donnèrent à la Chine la dynastie encore régnante des Taï-thsing. Le premier empereur s'appela Caugi; son fils étendit les frontières de l'empire, vainquit le khan des Mongols et s'empara de l'île de Formose. Il accorda aux chrétiens le libre exercice de leur culte; mais cette liberté leur fut ravie sous le règne de son successeur. De 1746 — 1773, sous Kien-loug, le petit-fils de Caugi, les chrétiens furent cruellement poursuivis : les persécutions n'ont pas cessé depuis; la dernière a eu lieu en 1837. Kien-loug fut un prince vaillant et instruit. Il étendit les frontières de la Chine jusqu'aux limites de l'Indoustan et de la Boukharie, mais perdit une armée dans une guerre contre les Birmans. Il écrivit beaucoup dans ses instants de loisir et fonda une grande bibliothèque. L'empereur actuel de la Chine est monté sur le trône en 1821.

La Chine est le seul pays soustrait jusqu'ici à l'influence de la civilisation européenne. Cette civilisation enlace l'Afrique et y pénètre tous les jours davantage par l'Égypte, le Cap et les possessions françaises de l'Algérie; l'Amérique lui est conquise; elle domine dans les îles de l'Océanie; elle suit en Asie les armes victorieuses des Russes et des Anglais; la Turquie, la Perse, les petits états du centre l'adoptent, espérant y puiser quelque force régénératrice. La Chine seule oppose à ce mouvement général son immobilité séculaire, sa ténacité dans les formes, les idées, les pratiques anciennes; les ambassades anglaises et russes de Macartney, de Golowkin et d'Amherst n'y ont rien pu; car qu'est-ce pour les Chinois qu'un prince étranger qui envoie un ambassadeur à l'empereur? c'est un roi qui se reconnaît vassal de la Chine. Mais cette opiniâtreté rebelle aux idées meilleures, sera-t-elle encore longtemps assez forte pour fermer un si vaste pays à l'industrie, au commerce, à la science, à cette force expansive qui emporte l'Européen sur tous les continents, sur toutes les mers, et qu'opposera le Chinois, lâche et efféminé, à la tactique et à l'artillerie européennes, pressé qu'il est entre la Russie et l'Angleterre? grandes questions réservées à l'avenir.

STATISTIQUE DE LA CHINE PROPREMENT DITE,
EXTRAITE DE LA GRANDE GÉOGRAPHIE PUBLIÉE PAR ORDRE DE L'AUTORITÉ CHINOISE EN 1825.

PROVINCES.	MILLES CARRÉS.	HABITANTS.	REVENU FIXE.	FORCES MILITAIRES.	HABITANTS PAR MILLE CARRÉ.	NOMBRE D'ARPENTS QUE CONTIENT CHAQUE PROVINCE.
MARITIMES.						
Canton	79,456	19,174,030	16,614,175	99,000	241	50,851,840
Fo-kien	53,480	14,777,410	9,437,675	76,000	275	34,227,200
Tche-kiang	39,150	26,256,784	33,939,823	59,000	670	25,056,000
Kiang-nan	92,961	72,011,560	61,441,800	132,000	774	59,495,040
Chang-toung . . .	65,104	28,758,764	30,795,175	35,000	444	41,666,560
Tchi-li	58,959	27,090,871	23,098,275	241,000	478	37,727,360
AU CENTRE.						
Kouang-si	78,250	25,046,999	24,534,350	39,000	319	50,080,000
Hou-kouang . . .	144,770	46,012,605	18,453,075	88,000	311	92,652,800
Ho-nan	65,104	23,037,171	26,320,575	24,000	353	44,666,560
Chan-si	55,268	14,004,210	26,547,800	35,000	267	35,371,520
A L'OUEST.						
Yun-nan	107,969	5,561,320	4,132,650	53,000	58	69,100,160
Kouei-tcheou . . .	64,554	5,288,219	918,100	70,000	82	41,314,560
Sse-tchouan	166,800	21,435,678	4,887,100	85,000	128	106,752,000
Chen-si	154,008	25,300,381	124,40,250	104,000	164	98,565,120
Totaux . .	1,225,833	352,866,012	288,332,025	1,140,000	288	734,526,720

Le mille équivaut à 1609 mètres ou environ un tiers de lieue. Les lieues sont plus petites que les nôtres.

Nous empruntons cette statistique à M. Pauthier. Quelques personnes y remarqueront peut être une légère différence avec le tableau des provinces chinoises que nous avons donné plus haut; nous leur ferons observer que le Kiang-nan comprend les deux provinces de Kiang-sou et de Ngan-hoeï; le Hou-kouang celles de Hou-pé et de Hou-nân, et le Chan-si celle de Kan-sou.

CHINECHE. *Voyez* TÉNÉRIFFE.

CHINGASA (Paramo de), un des points culminants des Andes-Orientales, rép. de la Nouvelle-Grenade, dép. de Cundinamarca, au S. de Bogota; il s'élève à la hauteur de 4000 mètres.

CHINGÉLÉ ou KINGUELÉ, v. de la Basse-Guinée, Afrique, capitale du roy. de Cacongo, à 10 l. de la côte de l'Océan Atlantique.

CHING-KING ou MOUKDEN, prov. de Chine, un des trois gouvernements dans lesquels est divisée la Mandchourie, comprend le ci-devant Leaotong. Le Ching-king est situé entre 116° 47′ et 122° 30′ long. orient. et entre 38° 58′ et 42° 50′ lat. N. et borné au N.-O. et à l'O. par la prov. mongole de Kortsin, au N.-E. par la Ghirin, au S.-E. par la Corée, au S. par le Hoang-haï ou mer Jaune et le golfe de Leaotong, au S.-O. par la grande muraille et le gouvernement de Pé king. Toute la province est ceinte par un petit rempart de terre, garni de palissades, et les grandes routes fermées par des portes, plutôt pour empêcher la contrebande que pour résister à une armée ennemie. Le pays est très-montueux; au N.-E. s'élève le Tchangpechan ou Kanalin, couvert de neige éternelle, mont sacré des Mandchous; ses ramifications s'étendent jusqu'à la mer et l'une d'elles forme la langue de terre du Prince-Régent qui se termine par le cap Charlotte. Le Leao ou Laao, appelé d'abord Sira-Muren, est le principal fleuve du Ching-king; il se jette dans le golfe de Leaotong; après avoir reçu les eaux de plusieurs affluents. Le climat est tempéré et plus doux que dans les autres parties de la Mandchourie; l'air est sain, le terrain fertile. Les principales productions consistent en céréales, riz, fruits, coton, bois de construction et de chauffage; on nourrit dans les grasses prairies du Ching-king un bétail considérable; le dromadaire y réussit. Les montagnes fournissent du cuivre et du fer. L'industrie de ce pays est peu connue. Sa population s'élevait en 1761 à 668,852 habitants; elle a dû augmenter depuis. L'administration du Ching-king est confiée à un vice-roi qu'on peut regarder comme le gouverneur de toute la Mandchourie; il est assisté par des tribunaux semblables à ceux qui existent à Pé-king, sauf le Li-pou ou tribunal civil qui décide en dernière instance. La langue et l'écriture officielles sont celles des Mandchous. Les habitants mandchous du Ching-king sont tous pasteurs; les seuls Chinois qui y sont établis sont agriculteurs, industriels et commerçants; Ching-yang est la capitale de cette vaste province.

CHINGLEPUT ou **TCHINGLEPET**, dist. de l'Inde anglaise, présidence de Madras, dans le Carnatic; son terrain est plat et sablonneux et ne s'élève en collines que du côté des dist. de Madras. Il est arrosé par le Palaur, l'Ennore et autres petites rivières, et contient de belles forêts de bambous et de palmiers.

CHINGLEPUT ou **TCHINGLEPET**, chef-lieu du district du même nom dans l'Inde anglaise, présidence de Madras, est situé sur le Palaur, entouré de murs et de fossés et est bien peuplé; siège d'un tribunal anglais.

CHINGOMA, île sur la côte orientale de l'Afrique, roy. de Sofala, à l'embouchure du Zambèse.

CHING-YANG ou **MOUKDEN**, capitale de la prov. chinoise de Ching-king et de toute la Mandchourie, située à 147 l. N.-E. de Péking, est la résidence du vice-roi, des tribunaux et administrations supérieures. Elle est bâtie sur une hauteur, arrosée par le Hunuhu-pira et entourée de murailles. Elle se compose de deux parties distinctes : la ville extérieure, habitée par les industriels, et la ville intérieure qui se trouve au sein de la précédente dont elle est séparée par un mur. Cette dernière renferme le palais de l'empereur, les maisons des hauts fonctionnaires et tous les édifices publics. Près des portes de la ville sont les tombeaux soigneusement entretenus de deux empereurs de la dynastie régnante. L'étendue et la population de Ching-yang ne la rangent que parmi les villes de deuxième ordre; mais elle est célèbre dans toute la Chine, non pas tant à cause de son importance politique que par son climat délicieux. L'empereur Kien-long en a fait l'apologie suivante : « La différence de Moukden d'avec les autres villes est celle du dragon et du tigre d'avec les autres quadrupèdes; son air ne fait pas seulement épanouir les boutons des fleurs les plus charmantes, il fait naître aussi ceux qui sont destinés à commander à la terre entière. »

CHINIAN (Saint-), pet. v. de Fr., Hérault, arr. et à 4 l. E.-S.-E. de St.-Pons, chef-lieu de canton et poste; 3270 hab.

CHINIAN-BABO (Saint-). *Voyez* BABEAU.

CHINNOOKS. *Voyez* SHOSHONEES (peuplade).

CHINON, *Caino*, v. de Fr., Indre-et-Loire, chef-lieu d'arrondissement, siège d'un tribunal de première instance et d'une conservation des hypothèques; elle est située dans une campagne pittoresque, sur la rive droite de la Vienne, à 10 l. S.-O. de Tours. Les ruines qui entourent la ville sont ce qu'elle a de plus remarquable. Chinon possède un collège. Fabriques de serges, de toiles, de grosses draperies; distilleries, tanneries, etc. Le commerce de cette ville, favorisé par sa situation sur la Vienne qui communique à la Loire, est très-étendu; il consiste dans la vente de toutes les productions de son fertile territoire et de son industrie, mais plus particulièrement dans celle des bestiaux, grains, vins, eaux-de-vie, huiles de noix et de lin, cuirs bruts et tannés et d'excellents pruneaux secs. Foires les premiers jeudis d'avril, d'août, d'octobre et de décembre; 6911 hab.

Patrie du célèbre auteur de Pantagruel et de Gargantua, Rabelais (François), le bon et joyeux curé de Meudon (1483—1553). Chinon qui, sous les Mérovingiens, était déjà une place importante, défendue par un château fort, rappelle plusieurs événements historiques fort intéressants : C'est dans cette ville que Henri II, roi d'Angleterre, mourut, en 1189, du chagrin que lui causa la rebellion de son fils de prédilection, Jean-sans-Terre, qui s'était uni contre lui au rebelle Richard-Cœur-de-Lion, second fils de Henri II. C'est aussi dans cette ville que Jeanne d'Arc vint offrir à Charles VII le secours de son courage exalté par la foi. Chinon était alors presque la seule place forte qui ne fût point au pouvoir des Anglais. Au dix-septième siècle, cette ville faisait partie du domaine du cardinal de Richelieu.

CHINSURA, jolie pet. v. de l'Inde, présidence et dist. de Calcutta, sur l'Hougly. Elle appartenait autrefois aux Hollandais, qui l'ont cédée à l'Angleterre, ainsi que toutes leurs autres possessions sur le continent indien.

CHINY, v. du grand-duché de Luxembourg, environnée de sombres forêts et située sur la Semoy; fabr. d'ouvrages en fer; 1050 hab.

CHIO ou **SCIO**, **CHIOS** (*Sakyz* des Turcs), île de l'archipel, située sur la côte de l'Asie Mineure. Elle appartient à la Turquie et fait partie de l'eyalet des Djezayrs ou des îles. Avant le massacre de 1822, c'était la plus riche et la plus florissante des îles de l'Archipel, remarquable par la civilisation, l'industrie et la richesse de ses habitants. Son climat est délicieux, et le sol, quoique sec, parfaitement cultivé. Le principal produit de cette île est le mastic destiné aux harems du grand-seigneur. Ses 100,000 habitants, qui fournissaient à l'empire ottoman ses meilleurs jardiniers, sont réduits aujourd'hui à 16,000, presque tous Grecs, administrés par des préfets dépendants du gouverneur turc. Chio appartint au moyen âge, aux Génois; les Turcs la prirent en 1566. En 1822 ils vengèrent, par un horrible massacre où périrent près de 60,000 habitants, les tentatives d'insurrection d'une partie des habitants. La ville de Chio et tous les villages où l'on recueillait le mastic, furent réduits en cendres; la même année Canaris brûla près de cette île une partie de la flotte turque.

CHIO, capitale de l'île de ce nom, renommée, avant 1822, par son célèbre collége, sa bibliothèque et sa typographie. Cette ville où l'industrie et le commerce avaient rassemblé près de 30,000 habitants, n'est plus aujourd'hui qu'un monceau de ruines.

CHIOGGIA ou CHIOZZA, CLANDIA, v. fortifiée du roy. Lombard-Vénitien, gouv., délégation et à 6 l. S. de Venise, bâtie sur pilotis, dans une île qu'un long pont en pierre réunit au littoral de Sotto-Marina, sur lequel se trouve le faubourg du même nom, coupée en deux par le canal della Vena; siége d'un évêque; séminaire; bibliothèque, gymnase; jardinage, navigation au long cours, cabotage, pêche, fabrication de sel et de dentelles; construction de navires; bon port défendu par deux forts. Chioggia est l'entrepôt des marchandises arrivant par Vérone et sur l'Adige; un canal navigable met ses lagunes en communication avec ce fleuve. C'est près de Chioggia que la flotte génoise fut défaite par les Vénitiens en 1380; 24,000 hab.

CHIPAL, ham. de Fr., Vosges, com. de la Croix-aux-Mines; 180 hab.

CHIPICANI, volcan et un des points culminants de la chaîne des Andes péruviennes, chaînon occidental; il s'élève, près d'Arica, rép. de Bolivie, et a une hauteur de 5760 mètres (Humboldt).

CHIPILLY, vg. de Fr., Somme, arr. de Péronne, cant. de Bray-sur-Somme, poste d'Albert; 390 hab.

CHIPOUL, dist. de l'île de Gomère dans l'archipel des Canaries, Afrique, dans une contrée très-riche en palmiers.

CHIPPAWAYS ou CHIPPOHAYS, peuplade indienne indépendante et assez nombreuse, répandue dans le Canada, dans le territoire de Michigan et dans les dist. de Huron et des Mandanes, États-Unis de l'Amérique du Nord. Les Chippaways qui, selon Brown, s'élèvent à 3200 individus, mais qui paraissent être bien plus nombreux, sont divisés en plusieurs tribus ou hordes, dont les Sauteurs, les Creeks, les Algonquins et les Musconungs sont les principales. La Société anglaise du Nord-Ouest possède plusieurs factoreries dans le territoire de ce peuple, notamment sur le Red-lake (lac rouge), sur le lac Cédar, sur le lac de Leech et sur le Mississipi supérieur. Ce territoire est très-riche en salines, peu exploitées jusqu'ici.

CHIPPENHAM, pet. v. d'Angleterre, comté de Wilts, sur l'Avon inférieur, nomme deux députés au parlement. Sa belle cathédrale est son bâtiment le plus remarquable; fabr. de draps fins. Chippenham est sur le grand chemin de fer occidental de Londres à Milford, par Gloucester et Bristol; 4000 hab.

CHIPPING-NORTON, b. d'Angleterre, comté d'Oxford; 2650 hab.

CHIQUIMULA, ou CHIQUIMULA DE LA SIERRA, v. des États-Unis de l'Amérique centrale, état de Guatémala, partido de Chiquimula, dont elle est le chef-lieu; fabr.; commerce très-important; 20,000 hab. (37,000 d'après M. de Thompson).

CHIQUITO (villa). *Voyez* CHUQUITO.

CHIQUITOS, nation indienne indépendante dans la rép. de Bolivia. Ils s'appellent eux-mêmes Naquinnonneis (hommes), et le nom de Chiquitos que les Espagnols leur ont donné signifie nains, parce que lors de la découverte de ces contrées les Chiquitos habitaient des cabanes à portes extrêmement basses. Les Chiquitos forment une nation nombreuse, divisée en une vingtaine de tribus. Ils errent dans la vaste région à laquelle ils ont donné leur nom et qui est comprise entre le Rio-Grande-de-la-Plata et le Paraguay. Une grande partie de ce peuple a déjà embrassé le christianisme et dépend de l'état de Bolivia.

CHIRA. *Voyez* SALINAS (baie).

CHIRA, île importante par ses pêcheries de perles, dans la baie de Salinas, à l'E. de l'état de Costa-Rica, États-Unis de l'Amérique centrale.

CHIRA (Rio-), fl. de la rép. du Pérou. Malgré son cours borné, il paraît être le plus grand des fleuves du Pérou, qui débouchent dans l'Océan. Il arrose l'extrémité N.-O. du dép. de Liverdad, reçoit une foule d'affluents, prend différents noms et se jette dans la mer, sous le nom de Rio-Colan, entre Payta et la pointe Parinna.

CHIRA. *Voyez* SYRA.

CHIRAC, vg. de Fr., Corrèze, arr. et poste d'Ussel, cant. de Neuvic; 760 hab.

CHIRAC, pet. v. de Fr., Lozère, arr., poste et à 1 l. S.-O. de Marvejols, cant. de St.-Germain-du-Teil, sur la rive droite de la Cologne. Il y a près de cette ville un lieu nommé le cimetière des Anglais, où les Anglais essuyèrent une grande défaite au quatorzième siècle; 1550 hab.

CHIRAMBICA, pet. v. et assez bon port de la rép. de la Nouvelle-Grenade, dép. de Cauca, prov. de Choco, près la pointe Chirambica; 1700 hab.

CHIRANA (la), principale riv. de l'île de Célèbès, sort, suivant M. de Rienzi, d'un beau lac d'eau douce nommé Tapara-Karadja, et se jette dans la baie de Boni que les naturels appellent baie de Sionâ.

CHIRASSIMONT, vg. de Fr., Loire, arr. de Roanne, cant. et poste de St.-Symphorien-de-Lay; 2060 hab.

CHIRAT, vg. de Fr., Charente, arr. de Confolens, cant. et poste de Chabanais; 1040 h.

CHIRAT-L'ÉGLISE, vg. de Fr., Allier, arr. de Gannat, cant. d'Ebreuil, poste de Chantelle; 500 hab.

CHIRAZ ou **SCHIRAS**, v. du roy. de Perse, chef-lieu de la prov. de Fars, est située dans une vallée charmante et fertile, arrosée par le Roknabad. Ses rues sont tortueuses, mal pavées et sales, mais son climat est délicieux. Parmi ses édifices publics on remarque le palais du gouverneur et ses magnifiques jardins, plusieurs mosquées, entre autres la mosquée principale ou d'Atabeg-châh et celle de Vakil ou du Régent, bâtie par Kerim-khan; de beaux bains et le Bazar-i-Vakil, réputé un des plus beaux de tout l'Orient. Le terrible tremblement de terre qui, en 1824, ravagea cette ville a fortement endommagé une partie de ces édifices. Chiraz, dont la population est de 18,000 âmes, selon les uns, de 30,000 selon les autres, a des tanneries, des fabriques d'étoffes de soie et de laine, de savon, des verreries. On cultive la vigne dans les environs; son commerce est assez considérable. Chiraz est la résidence d'un prince du sang; elle fut le centre politique de la Perse sous les califes arabes et de la plus haute civilisation asiatique au moyen âge, la ville savante de Perse, célèbre par ses poëtes Hafiz et Sadi. Le premier l'a chantée; on voit son tombeau non loin de la ville.

CHIRCHIE, vg. de la Turquie d'Asie, eyalet d'Anadolie, à peu de distance de Brousse. Sa mosquée, d'une dimension médiocre, renferme les tombeaux d'Ottiman et d'Orcan, les deux premiers sultans de la dynastie turque.

CHIRCIRA, riv. considérable du Monomotapa, Afrique.

CHIRE, pet. v. de la rép. de la Nouvelle-Grenade, dép. de Boyaca, prov. de Casanare; agriculture très-florissante; 2300 hab.

CHIRÉ. *Voyez* MANGAZA.

CHIRÉ-EN-MONTREUIL, vg. de Fr., Vienne, arr. de Poitiers, cant. de Vouillé, poste de Neuville; 850 hab.

CHIRÉ-LES-BOIS, vg. de Fr., Vienne, com. de Vernon; 300 hab.

CHIRENS, b. de Fr., Isère, arr. de Grenoble, cant. et poste de Voiron; tuilerie et briqueterie; four à chaux; 2010 hab.

CHIRICO-RAPARO (Saint-), b. du roy. de Naples, prov. de Basilicate; 3500 hab.

CHIRIGUANOS, peuplade indienne de la rép. de Bolivia. Elle habite les bords du Guapay et du Pilcomayo au S. et au S.-E. de la ville de Santa-Cruz et jusqu'à la Sierra de Santa-Cruz, au N. de la ville de ce nom. Ce peuple, un des plus nombreux de l'Amérique méridionale, habitait originairement à l'E. du Paraguay, qu'il a quitté au milieu du seizième siècle, craignant la vengeance des Portugais à cause de l'assassinat du capitaine Garcia. Une partie de ce peuple longtemps indompté habite la mission de Salinas; les autres, quoique idolâtres encore, ont des demeures fixes, cultivent la terre et se trouvent dans des relations très-amicales avec les habitants civilisés des provinces voisines.

CHIRIQUI (laguna de), baie sûre et commode à l'E. du dép. de l'Isthme, rép. de la Nouvelle-Grenade.

CHIRIQUI, riv. des États-Unis de l'Amérique centrale, naît dans la prov. de Costa-Rica et sépare le Guatémala de la Colombie.

CHIRORO, prov. dans l'emp. du Monomotapa, Afrique, dans les monts Foura; mines d'or; antiquités.

CHIROUBLES, vg. de Fr., Rhône, arr. de Villefranche-sur-Saône, cant. de Beaujeu, poste de Romanèche; 600 hab.

CHIRVAN (le), prov. russe, est situé au S.-E. du Caucase et borné au N. par la Géorgie et le Daghestan, à l'E. par la mer Caspienne, au S. par la Perse, à l'O. par l'Arménie russe. Cette province, qui a 50 l. de long et autant de large, est une des plus fertiles du Caucase. Indépendamment du froment, qui rend 150 pour un dans certains cantons, le mûrier et la vigne y réussissent à merveille et les vins de Chamakhi sont excellents. Elle est montueuse et traversée par le Kour. La presqu'île d'Abscheron, au N.-E. de la province, est remarquable par ses nombreuses sources de naphte et divers phénomènes volcaniques. Les habitants du Chirvan, au nombre de 150,000, sont un mélange de Géorgiens, de Turcomans, d'Arabes, de Persans et d'Arméniens, régis par des khans particuliers, et soumis au gouvernement russe, auquel la Perse a cédé récemment le Chirvan. Les principales villes de cette province sont Bakou et Chamakhi.

CHIRY, vg. de Fr., Oise, arr. de Compiègne, cant. et poste de Ribecourt; 890 h.

CHIS, vg. de Fr., Hautes-Pyrénées, arr., cant. et poste de Tarbes; 180 hab.

CHISALA, mont. de la Basse-Guinée, Afrique, dans le roy. de Matamba; les indigènes l'adorent comme un fétiche.

CHISSAMA ou **KISSAMA**, prov. maritime du roy. d'Angola, dans la Basse-Guinée, Afrique, au S. du Coanza. Quelques parties de cette province sont arides; dans d'autres on recueille en abondance du sel-gemme, du miel et de la cire.

CHISSAY, vg. de Fr., Loir-et-Cher, arr. de Blois, cant. et poste de Montrichard; 1030 hab.

CHISSEAUX, vg. de Fr., Indre-et-Loire, arr. de Tours, cant. et poste de Bléré; 620 hab.

CHISSÉRIA, vg. de Fr., Jura, arr. de Lons-le-Saulnier, cant. et poste d'Arinthod; 260 hab.

CHISSEY, vg. de Fr., Jura, arr. et poste de Dôle, cant. de Montbarrey; 840 hab.

CHISSEY, vg. de Fr., Saône-et-Loire, arr. de Mâcon, cant. et poste de St.-Gengoux-le-Royal; 1010 hab.

CHISSEY-EN-MORVANT, vg. de Fr., Saône-et-Loire, arr. d'Autun, cant. et poste de Lucenay; 1400 hab.

CHISWICK, vg. d'Angleterre, comté de Middlesex, sur la Tamise; remarquable par la magnifique campagne du duc de Devonshire; 4000 hab.

CHITA, pet. v. de la rép. de la Nouvelle-Grenade, dép. de Boyaca, prov. de Casanare; agriculture florissante; 1800 hab.

CHITECHI-QUIN-BENGUELA, v. de la Basse-Guinée, Afrique, dans la prov. de Scella, faisant partie du Haut-Benguela; résidence d'un roi nègre.

CHITENAY, vg. de Fr., Loir-et-Cher, arr. de Blois, cant. de Contres, poste des Montils; 1190 hab.

CHITORE ou **TCHITORE**, v. de l'Inde, dans la principauté radjepoute d'Odeypour, tributaire des Anglais. Elle était autrefois la capitale d'un puissant état radjepoute et réputée imprenable dans toute l'Inde, par sa position forte et isolée sur une colline et ses nombreux ouvrages de défense, parmi lesquels on admire encore aujourd'hui une porte, ancien travail des Hindous, et qu'on compare aux constructions égyptiennes. Elle est bien peuplée, fait un commerce actif et possède plusieurs temples remarquables, parmi lesquels on en distingue un dédié à la déesse Kali, deux autres, en forme de tour, consacrés à Siva, recouverts de marbre et remplis de belles sculptures; enfin plusieurs autres moins importants qui entourent un grand étang taillé dans le roc.

CHITOUKOUELLO-KAKOURIOUNDO, v. de la Basse-Guinée, Afrique, dans la prov. de Scella du Haut-Benguela, au pied du mont Loumbo; résidence du gouverneur.

CHITRAY, vg. de Fr., Indre, arr. du Blanc, cant. et poste de St.-Gaultier; 380 h.

CHITRY-LE-FORT, vg. de Fr., Yonne, arr. d'Auxerre, cant. de Chablis, poste de St.-Bris; 690 hab.

CHITRY-LES-MINES, vg. de Fr., Nièvre, arr. de Clamecy, cant. et poste de Corbigny; mines de plomb; 610 hab.

CHITTAGONG, dist. du Bengale, Indoustan. Il a 180 l. c. de superficie et 1,300,000 h. Arrosé par le Chittagong et le Sungar, il produit en abondance du riz et du bois. On y trouve aussi du sel.

CHITTENDEN, comté de l'état de Vermont, États-Unis de l'Amérique du Nord; il est borné par les comtés de Franklin, de Washington et d'Addison et par le lac Champlain. Le pays montagneux, où s'élèvent les points culminants des Montagnes-Vertes, offre des vallées aussi pittoresques que fertiles; il est traversé par différentes rivières qui se déchargent dans le lac Champlain et dont l'Onion est le plus considérable. D'épaisses forêts couvrent ce pays et entretiennent de nombreuses scieries; commerce de potasse et de cendre de perles; 18,000 hab.

CHITTIM, g. a., contrée renommée pour son bois et dont il est fait mention plusieurs fois dans l'Écriture-Sainte. Quelques auteurs la croient identique avec la Macédoine; d'autres avec l'île de Chypre, riche en bois de construction.

CHIURO, b. du roy. Lombard-Vénitien, prov. de Sondrio; 2500 hab.

CHIUSA, v. du roy. de Sicile, intendance de Girgenti; 6000 hab.

CHIUSA, v. du roy. de Sardaigne, intendance-générale de Coni; filat. et tissage de soie; verreries et miroiteries; 6000 hab.

CHIUSA (la), *Clausa*, pet. v. fortifiée du roy. Lombard-Vénitien, gouv. de Venise, délégation de Vérone, sur la rive gauche de l'Adige, dans une contrée sauvage; elle défend le passage du côté du Tyrol, en dominant la route qui mène de Vérone à Roveredo.

CHIUSA-DI-FLEZ (la), château fort, près de Flitsch, gouv. de Trieste, cer. de Gœrz, en Autriche.

CHIUSAMO, b. du roy. des Deux-Siciles, prov. de la principauté ultérieure; 2600 h.

CHIUSI, *Camars*, *Clusium*, pet. v. épiscopale du grand-duché de Toscane, prov. d'Arezzo, située dans une contrée marécageuse, est connue par ses nombreuses collections d'antiquités étrusques.

CHIVA, b. d'Espagne, roy., gouv. et dist. de Valence; 2300 hab.

CHIVASSO, v. forte du roy. de Sardaigne, intendance-générale de Turin; est la patrie primitive des familles françaises Broglio et Crillon; elle a des foires assez importantes. Cette ville fut prise par les Français en 1800; 7000 hab.

CHIVATO. *Voyez* MAULÉ (district).

CHIVES, vg. de Fr., Charente-Inférieure, arr. de St.-Jean-d'Angely, cant. et poste d'Aulnay; 1130 hab.

CHIVRES, vg. de Fr., Côte-d'Or, arr. de Beaune, cant. et poste de Seurre; 490 hab.

CHIVRES-MACHECOURT, vg. de Fr., Aisne, arr. et poste de Laon, cant. de Sissonne; 780 hab.

CHIVRES-SUR-AISNE, vg. de Fr., Aisne, arr. et poste de Soissons, cant. de Vailly; 390 hab.

CHIVY-LÈS-ÉTOUVELLES, vg. de Fr., Aisne, arr., cant. et poste de Laon; 270 h.

CHIZÉ, b. de Fr., Deux-Sèvres, arr. de Melle, cant. et poste de Brioux; commerce de bois, charbon, boissellerie; 820 hab.

CHKLOW, v. de la Russie d'Europe, gouv. de Mohilew; beau château; commerce important; 2000 hab.

CHLUMETZ, gros vg. de Bohême, cer. de Beraun, avec un château fort, chef-lieu d'une seigneurie composée de 110 villages.

CHLUMETZ, pet. v. de Bohême, cer. de Bidschow ou Biszow, sur la Czidlina; beau château; bains minéraux; 2000 hab.

CHMIELNIK, pet. v. du roy. de Pologne, wóiwodie de Cracovie, dist. de Kielce; 960 h.

CHOA. *Voyez* SCHOA.

CHOCHÉ. *Voyez* SAINT-GEOIRE.

CHOCLO ou CHOCLOCOCHA, gr. lac du Pérou, à l'E. des Cordillères; d'après Alcédo, il donne naissance au Rio-de-Ica; selon la carte de Faden, il renferme la source du Calcamayu. Cette dernière hypothèse paraît la plus probable.

CHOCO, prov. de la rép. de la Nouvelle-Grenade, dép. de Cauca; elle s'étend depuis le Grand-Océan jusqu'au chaînon occidental des Andes et elle est bornée par le dép. de l'Isthme, la mer des Caraïbes, les dép. du Magdalena et de Cundinamarca, les prov. de Popayan et de Buénaventura et par le Grand-Océan. Son étendue du S. au N. est de 150 l. sur 9 à 74 l. de l'E. à l'O. Ce pays renferme de magnifiques vallées fertilisées par le Rio-Choco, le Rio-de-San-Juan, le Rio-Buénaventura, l'Atrato et le Rio-Sinu. Sa population, très-faible, s'élève à peine à 14,000 âmes.

CHOCO (Bahia del), baie qui s'ouvre sous 4° 30' lat. N., sur la côte de la prov. de Choco; dép. de Cauca, rép. de la Nouvelle-Grenade; cette baie renferme l'île del Raposo.

CHOCOMA, chaine de montagnes assez élevée qui s'étend sur une partie de l'état de New-Hampshire, depuis le Saco jusqu'au Winnipiséogée, États-Unis de l'Amérique du Nord.

CHOCQUES, vg. de Fr., Pas-de-Calais, arr., cant. et poste de Béthune; 1320 hab.

CHOCZ, pet. v. du roy. de Pologne, woïwodie de Kalisz, dist. du même nom, sur la Proszna; 894 hab.

CHODZIESEN, v. de Prusse, prov. de Posen, rég. de Bromberg, chef-lieu de cercle, située sur un lac; fabr. de draps et de dentelles; 2900 hab.

CHOGNE, ham. de Fr., Saône-et-Loire, com. de Vandenesse-lès-Charolles; 210 hab.

CHOGR ou DJESR-CHOGR, v. de Syrie, eyalet d'Alep; elle est bâtie dans une vallée profonde, sur l'Aasi; ses rues sont sales; mais les jardins qui l'entourent produisent des fruits excellents et présentent un aspect magnifique; filat. et fabr. de coton; les habitants portent les produits de leur industrie à Alep et à Antakiah; 4000 hab.

CHOIGNES, vg. de Fr., Haute-Marne, arr., cant. et poste de Chaumont-en-Bassigny; 200 hab.

CHOILLEY, vg. de Fr., Haute-Marne, arr. de Langres, cant. et poste de Prauthoy; 260 hab.

CHOISEAU. *Voyez* MARMAGNE.

CHOISEL, vg. de Fr., Seine-et-Oise, arr. de Rambouillet, cant. et poste de Chevreuse; 300 hab.

CHOISEUL, vg. de Fr., Haute-Marne, arr. de Chaumont-en-Bassigny, cant. de Clermont, poste de Montigny-le-Roi; 370 h.

CHOISEUL, pet. port sur la côte N.-E. de l'île de Madagascar, Afrique; au fond de la belle baie d'Antongil et à l'O. de la rivière de Lingebata. Les Français y ont eu un établissement.

CHOISEUL, baie au S.-O. de la Terre-de-Feu, au N. du cap Gloucester.

CHOISEUL, gr. île de l'archipel de Salomon, Océanie; elle est située entre 153° 32' et 154° 44' long. orient. et 6° 36' et 7° 28' lat. S., au S.-E. de l'île de Bougainville et au N.-O. de celle d'Isabelle. Cette île est habitée par des Papouas dont une partie paraît être anthropophage.

CHOISEY, vg. de Fr., Jura, arr., cant. et poste de Dôle; 450 hab.

CHOISIES, vg. de Fr., Nord, arr. d'Avesne, cant. et poste de Solre-le-Château; 70 hab.

CHOISY-AU-BAC, vg. de Fr., Oise, arr., cant. et poste de Compiègne; 830 hab.

CHOISY-EN-BRIE, vg. de Fr., Seine-et-Marne, arr. de Coulommiers, cant. et poste de la Ferté-Gaucher; 1300 hab.

CHOISY-LA-VICTOIRE, vg. de Fr., Oise, arr. et cant. de Clermont, poste d'Estrées-St.-Denis; 160 hab.

CHOISY-LE-ROI, *Cauciacum*, pet. v. de Fr., Seine, arr. de Sceaux, cant. de Villejuif, poste; elle est située sur la rive gauche de la Seine et possède des fabriques de faïences fines et demi-porcelaines, savon, maroquin, produits chimiques, toiles cirées, sucre indigène, verrerie; entrepôt de vins; bois et charbon de terre; 3080 hab.

CHOKTAW, fl. des États-Unis de l'Amérique du Nord; il prend naissance au S. de l'état d'Alabama, coule du N. au S., entre dans le territoire de Floride, sur les frontières duquel il reçoit le Péa, et s'embouche dans la baie de Santa-Rosa, après un cours de 60 à 70 l.

CHOKTAWS ou CHAKTAWS, CHAKTAH, dits aussi TÊTES-PLATES, nation nombreuse, vivant dans de gros villages dans les états du Mississipi et de la Louisiane, territoire d'Arkansas, et une petite fraction dans l'état d'Alabama, États-Unis de l'Amérique du Nord. Agricole et ayant des lois écrites, ce peuple est célèbre par la touchante fiction d'*Atala* et par les brillants tableaux qu'en a tracés M. de Châteaubriand.

CHOLLET ou CHOLET, v. de Fr., Maine-et-Loire, arr. et à 5 l. S.-E. de Beaupréau, chef-lieu de canton et poste; elle est agréablement située près de la Moine et possède un tribunal de commerce, une chambre consultative des manufactures et un conseil de prud'hommes; direction des contributions indirectes. Son industrie est très-active et l'on y trouve des manufactures de mouchoirs, siamoises, flanelles, calicots et surtout de toiles dites cholettes; blanchisseries, teintureries et filat.; entrepôt des denrées pour le pays; 8900 hab.

Chollet souffrit beaucoup pendant les guerres de la Vendée. A la suite d'une bataille qui eut lieu dans cette ville entre les républicains et les insurgés, en 1793, plusieurs beaux édifices et son vaste château furent ruinés, ses fabriques anéanties et son commerce détruit. Cependant elle s'est rapidement relevée et aujourd'hui son importance, sous le rapport de l'industrie, est plus grande que jamais.

CHOLONES, peuplade indienne, réduite aujourd'hui à un petit nombre d'individus et habitant les bords du Huallaga, rép. du Pérou.

CHOLONGE, vg. de Fr., Isère, arr. de Grenoble, cant. de la Mure, poste de Vizille; 370 hab.

CHOLOY, vg. de Fr., Meurthe, arr., cant. et poste de Toul; pépinière d'arbres fruitiers; 520 hab.

CHOLS, peuplade indienne vivant dans une sauvage indépendance dans les vastes forêts qui couvrent à l'O. la prov. de Chiapa, états mexicains. Une petite partie de ce peuple a été convertie au christianisme et s'est établie dans les missions sur les bords du Rio-Samasinta.

CHOLULA, v. des états mexicains, état de Puébla et à l'O. de la ville de ce nom, dans une contrée très-fertile et bien cultivée. Cette ville, le Churultecal de Cortez, est jolie, assez bien bâtie et environnée de belles plantations d'agavé (espèce d'aloé); on lui accorde 16,000 hab.

Cholula était du temps de la conquête une grande ville, capitale d'une espèce de république oligarchico-théocratique, une des puissances temporelles les plus considérables de cette partie de l'Amérique et sa première puissance spirituelle. Elle était, dit M. Beltrami, la Jérusalem, la Rome, la Mecque de l'Anahuac, l'endroit où tous les peuples de ces vastes régions se rendaient en pèlerinage pour visiter les saints lieux, où les dieux et les prêtres faisaient plus de miracles qu'ailleurs et dictaient les plus pures doctrines de la foi. De même que d'autres villes saintes de l'ancien continent, elle regorgeait de pauvres, tandis qu'on n'en trouvait pas dans toutes les autres villes du Mexique. Outre le grand Téocalli, il y avait, dit-on, autant de temples que de jours dans l'année. La grande pyramide tronquée ou le grand Téocalli consiste, dit M. de Humboldt, en quatre assises; dans son état actuel elle n'a que 172 pieds d'élévation, mais elle en a 1355 de largeur horizontale à sa base; elle est construite de couches de briques qui alternent avec des couches d'argile. Au milieu de la plate-forme, dont la surface est de 4200 mètres c., s'élève une église dédiée à Notre-Dame-de-los-Remedios; ce temple est entouré de cyprès et la messe y est célébrée tous les matins par un ecclésiastique de race indienne, dont le séjour habituel est au sommet de ce monument.

CHOMELIX, vg. de Fr., Haute-Loire, arr. du Puy, cant. et poste de Craponne; 1480 hab.

CHOMÉRAC, b. de Fr., Ardèche, arr., à 2 l. E.-S.-E. et poste de Privas, chef-lieu de canton; commerce et manufacture de soie; exploitation de marbre; 2690 hab.

CHOMETTE (la), vg. de Fr., Haute-Loire, arr. de Brioude, cant. et poste de Paulhaguet; 320 hab.

CHOMOW. *Voyez* TABOR.

CHOMPEIRE, vg. de Fr., Puy-de-Dôme, com. de Beurières; 240 hab.

CHONAS, vg. de Fr., Isère, arr., cant. et poste de Vienne; 630 hab.

CHONDAL, peuplade indienne, en grande partie convertie au christianisme; elle habite au N. des lacs de Managua et de Nicaragua, dans la prov. de Nicaragua, États-Unis de l'Amérique centrale.

CHONES. *Voyez* CHICO (Rio-).

CHONGOUBILI, pet. île sur la côte orientale de l'Afrique, près de l'île de Monfia.

CHONOS (peuplade). *Voyez* HUILLICHES.

CHONOS. *Voyez* CHANOS (archipielago de los).

CHONVILLE, vg. de Fr., Meuse, arr., cant. et poste de Commercy; 530 hab.

CHOORWAUGGUR ou **TCHURWAGGUR**, dist. de la prov. de Katch-Gandava, dans le Beloutchistan.

CHOO-TCHEOU, v. de Chine, prov. de Ouang-toung.

CHOOZ, vg. de Fr., Ardennes, arr. de Rocroi, cant. et poste de Givet; 615 hab.

CHOPO, v. de l'Afrique méridionale, pays des Betjouanas, sur le Nokannan, au S. de Turrechey.

CHOPER. *Voyez* DON.

CHOPTANK, fl. des États-Unis de l'Amérique du Nord, état de Maryland; il coule du N. au S. et se jette par une très-large embouchure dans la baie de Chésapeak.

CHOQUEL (le), vg. de Fr., Pas-de-Calais, com. de St.-Martin-Choquel; 220 hab.

CHOQUEUSE-LES-BESNARD, vg. de Fr., Oise, arr. de Clermont, cant. et poste de Crèvecœur; 330 hab.

CHORANCHE, vg. de Fr., Isère, arr. de St.-Marcellin, cant. et poste de Pont-en-Royans; 420 hab.

CHORESM. *Voyez* KHOWARESM.

CHOREY, vg. de Fr., Côte-d'Or, arr., cant. et poste de Beaune; 370 hab.

CHORGES, *Çanturigæ*, *Canturigomagus*, b. de Fr., Hautes-Alpes, arr. et à 5 1/2 l. O. d'Embrun, chef-lieu de canton et poste; fabr. de draps, toiles de chanvre, huile; il est situé dans la vallée de la Vence. Des inscriptions, des débris de fortifications et d'antiquités romaines attestent que dans des temps reculés ce bourg a été une cité importante; 200 hab.

CHORILLOS (Tschorilljos), gr. vg. de la rép. du Pérou, dép. et prov. de Lima, à 2 l. de la ville de ce nom, sur la mer; bains de mer très-fréquentés; 3000 hab.

CHORLEY, pet. v. d'Angleterre, comté de Lancaster, sur la source du Chor et le canal de Lancaster-Leeds-Liverpool; possède des manufactures de coton très-considérables; 5600 hab.

CHOROMOROS (Rio de). *Voyez* Dolce (Rio-).

CHOROS (îles de), groupe d'îles stériles, non loin des côtes de la prov. de Coquimbo, rép. du Chili.

CHOROS (le cap) ou Gallo, au S.-O. de la presqu'île de Morée.

CHOROSTKOW, pet. v. du roy. de Gallicie, cer. de Tarnopol, sur le Tayna; 2400 h.

CHORZELLEN, pet. v. du roy. de Pologne, woïwodie de Plock, dist. de Przasznisz, sur la frontière de la Prusse; 800 hab.

CHOSSON. *Voyez* Denis-le-Chosson (Saint-).

CHOTA, prov. de la rép. du Pérou, dép. de Livertad; elle est bornée par les prov. de Caxamarca, de Piura et de Jaen-de-Bracamoros. Son étendue est d'environ 200 l. c. géogr., avec une population de 60,000 âmes. Le chaînon occidental des Cordillères s'étend sur tout ce pays et donne naissance à un grand nombre de rivières, affluents du Marannon. Le climat, généralement sain et agréable, varie suivant les conditions du sol; le règne végétal et le règne minéral y offrent beaucoup de variétés. Les mines d'or de cette province sont célèbres et très-importantes; on s'occupe beaucoup de leur exploitation et du lavage de l'or charrié par quelques rivières. En outre on s'adonne avec succès à l'éducation du bétail qui trouve une abondante nourriture sur les belles prairies qui couvrent le versant des Andes; dans les villes on s'occupe surtout de la filature du coton et de la laine, qui y sont d'une qualité supérieure.

CHOTA ou Todas-Santas-de-Chota, v. de la rép. du Pérou et chef-lieu de la province de ce nom; filat. et commerce de coton et de laine; orfèvrerie; 3600 hab.

CHOTIBORZ, pet. v. de Bohême, cer. de Czaslau, sur la Dobrowa; fabr. de drap et moulins à foulon; 2000 hab.

CHOUAIN, vg. de Fr., Calvados, arr. de Bayeux, cant. de Balleroy, poste de Tilly-sur-Seulles; 310 hab.

CHOUASTRAC, ham. de Fr., Tarn-et-Garonne, com. de Monclar et Génébrières; 150 hab.

CHOUBRA, pet. vg. de la Basse-Égypte, Afrique, prov. de Kelyonb, à peu de distance du Caire; il est remarquable par la maison de plaisance que le vice-roi y a fait bâtir il y a quelques années.

CHOUCK, v. ruinée de Perse, prov. de Khousistan. M. Hammer la croit l'ancienne Élymaïs, renommée dans tout l'Orient par les immenses trésors qu'on disait renfermés dans son temple de Diane. Pour s'en emparer, Antiochus-le-Grand assiégea Chouck, mais il fut battu par les habitants.

CHOUCHI, v. de l'Asie russe, prov. de Chirvan, chef-lieu du district de même nom.

CHOUDAY, vg. de Fr., Indre, arr., cant. et poste d'Issoudun; 420 hab.

CHOUE, vg. de Fr., Loir-et-Cher, arr. de Vendôme, cant. et poste de Mondoubleau; 1120 hab.

CHOUGNY, vg. de Fr., Nièvre, arr. de Château-Chinon, cant. et poste de Châtillon-en-Bazois; 370 hab.

CHOUILLY, vg. de Fr., Marne, arr., cant. et poste d'Épernay; 1030 hab.

CHOUMLA ou Schoumna, v. de la Turquie d'Europe, eyalet de Roumili, située dans la Bulgarie, dans une position militaire extrêmement importante et que les Romains avaient déjà appréciée; elle est très-bien fortifiée, presque imprenable et un des boulevards de la Turquie d'Europe. Choumla renferme le tombeau d'Hassan-Pacha. Elle est aussi importante comme ville manufacturière; elle possède plusieurs filatures et fabriques de soie, des tanneries, des fonderies de cuivre, les plus habiles ferblantiers et chaudronniers de toute la Turquie; 30,000 âmes.

CHOUOUKA, roy. indépendant de la Nigritie centrale, Afrique, au N. de Tobée.

CHOUPEAU, ham. de Fr., Charente-Inférieure, com. de St.-Jean-de-Liversay; 200 hab.

CHOUPPES, vg. de Fr., Vienne, arr. de Loudun, cant. de Monts-sur-Guesnes, poste de Mirebeau; 510 hab.

CHOURE-ROUD, riv. de Perse, qui passe par Nichapour dans le Khorassan et se perd dans les sables.

CHOURGNAC ou Eychourgnac-d'Ans, vg. de Fr., Dordogne, arr. de Périgueux, cant. de Hautefort, poste d'Excideuil; exploitation de marne, minérai de fer, hydrate et hématite; 410 hab.

CHOUS ou Garb, Garbi, Habat, prov. dans la partie N.-O. du roy. marocain de Fez, Afrique.

CHOUSIPI, fl. du Labrador, se jette dans le golfe de St.-Laurent.

CHOUSSY, vg. de Fr., Loir-et-Cher, arr. de Blois, cant. de St.-Aignan, poste de Contres; 210 hab.

CHOUSTER, v. de Perse, chef-lieu de la prov. de Khousistan, résidence d'un prince du sang. Elle est bâtie sur le Keroun, au pied des monts Baktiary, renferme des manufactures d'étoffes de soie et de laine et fait quelque commerce; on y remarque un bel aqueduc bâti par Sapor; 2000 hab.

CHOUVIGNY, vg. de Fr., Allier, arr. et poste de Gannat, cant. d'Ébreuil; 890 hab.

CHOUX, vg. de Fr., Jura, arr. et poste de St.-Claude, cant. des Bouchoux; 460 hab.

CHOUX (les), vg. de Fr., Loiret, arr. et cant. de Gien, poste de Noyen-sur-Vernisson; 370 hab.

CHOUY, vg. de Fr., Aisne, arr. de Château-Thierry, cant. et poste de Neuilly-St.-Front; 640 hab.

CHOUZELOT, vg. de Fr., Doubs, arr.

de Besançon, cant. et poste de Quingey; 310 hab.

CHOUZÉ-SUR-LOIRE, b., de Fr., Indre-et-Loire, arr. de Chinon, cant. de Bourgueil, poste; commerce de vins et de pruneaux dits de Tours; 3900 hab.

CHOUZY, vg. de Fr., Loir-et-Cher, arr. de Blois, cant. d'Herbault, poste d'Écure; 1240 hab.

CHOWAN, comté de l'état de la Caroline du Nord, Etats-Unis de l'Amérique du Nord. Il est borné par les comtés de Gates, de Perquimans et par l'Albemarlesund. Le Chowan arrose ce pays très-marécageux, mais fertile en riz; 8000 hab.

CHOWAN, fl. des États-Unis de l'Amérique du Nord; il se forme par la réunion des trois branches, le Nottoway, le Blackwater et le Meherrin qui toutes ont leurs sources au S.-E. de l'état de Virginie; il entre dans l'état de la Caroline du Nord et se jette, par une large embouchure, dans l'Albemarlesund.

CHOWARESM. *Voyez* KHOWARESM.

CHOWBENT, pet. v. d'Angleterre, comté de Lancaster; remarquable par ses fabriques d'étoffes de coton et sa quincaillerie; 5000 hab.

CHOYE, vg. de Fr., Haute-Saône, arr. de Gray, cant. et poste de Gy; 1020 hab.

CHOZEAU, vg. de Fr., Isère, arr. de la Tour-du-Pin, cant. et poste de Crémieu, 620 hab.

CHRETIENVILLE, vg. de Fr., Eure, com. de Harcourt; 250 hab.

CHRIST (Saint-), vg. de Fr., Somme, arr. et poste de Péronne, cant. de Nesle; 430 h.

CHRISTAN (Saint-), ham. de Fr., Gers, com. de Cazauban; eaux minérales pour les maladies cutanées; 200 hab.

CHRISTAUD (Saint-), vg. de Fr., Haute-Garonne, arr. de Muret, cant. de Cazères, poste de Martres; 640 hab.

CHRISTAUD (Saint-), vg. de Fr., Gers, arr. et poste de Mirande, cant. de Montesquiou; 570 hab.

CHRISTBOURG, v. de Prusse, rég. de Marienwerder; manufactures de draps; marché de chevaux, de bestiaux et de blé; 2200 hab.

CHRISTCHURCH, diocèse ou arr. de l'île de Barbade; il est borné par l'Océan et les diocèses de St.-Philippe, de St.-Georges et de St.-Michel; ce diocèse, qui comprend la partie S.-E. de l'île, compte 3500 hab.

CHRISTCHURCH, pet. v. d'Angleterre, comté de Southampton, entre l'Avon et le Stour, nomme deux députés au parlement; vaste église gothique. Brasseries; pêche au saumon; fabr. de bas de soie et de chaines de montres; 2000 hab.

CHRISTIAN, comté de l'état de Kentucky, États-Unis de l'Amérique du Nord; il est borné par les comtés de Caldwell, de Hapkins, de Muhlenburgh, de Todd, de Trigg et par l'état de Tennessée. Ce pays très-fertile est arrosé par le Little et d'autres affluents du Cumberland. Une chaine de collines peu élevées s'élève au S.; le reste de ce comté présente une immense plaine riche en belles prairies; 13,000 hab.

CHRISTIAN, bge de Norwège, dans le Sœndenfields avec les villes principales de Biri et Lessoë; il est divisé en dix-sept paroisses et renferme une population de 67,000 hab.

CHRISTIANA ou CHRISTIANAKRIK. *Voyez* DELAWARE (fleuve).

CHRISTIANIA, v. située sous 59° 55′ 20″ lat et 8° 28′ 30″ long. orient., à 102 l. O. de Stockholm, est la capitale du roy. de Norwège, ainsi que le chef-lieu du bge d'Aggerhuus; elle est la résidence du vice-roi, le siège d'un évêché et le lieu de réunion du storthing ou états-généraux du royaume. Elle se trouve dans une position très-pittoresque, à l'extrémité du golfe qui porte son nom et au pied de l'Egeberg; son climat est sain, ses environs sont charmants. Elle est bien bâtie, et parmi ses édifices on remarque la cathédrale, le palais du gouvernement, l'école militaire, le nouvel hôtel de ville, la nouvelle bourse, les maisons de correction, celle des enfants trouvés, le grand hôpital et le théâtre principal; l'université, fondée en 1811 par Frédéric VI, et à laquelle est annexé un séminaire philologique, possède une bibliothèque considérable, un musée d'objets scientifiques, un observatoire; le beau cabinet de minéralogie et d'instruments qui appartenait au collége des mines, existant autrefois à Konsberg, etc. Christiania renferme en outre une école militaire pour les officiers, l'institut royal des cadets de terre, l'institut de commerce, l'école de la cathédrale et plusieurs sociétés littéraires et philanthropiques; la librairie y est très-active. Cette ville, dont l'importance augmente constamment, grâces au commerce et à l'industrie, et qui fut fondée dans le dix-septième siècle, par Christian IV, roi de Dannemark et de Norwège, a une population de plus de 21,000 hab.

CHRISTIANIA (le golfe de), qui a reçu son nom de la capitale de la Norwège et à laquelle il ouvre un vaste port, est formé par le Skager-Rack et par le Cattégat et s'avance entre la Suède et la Norwège. Il reçoit le Glommenelf, le plus grand fleuve de ce dernier royaume.

CHRISTIANSAND, pet. v. sur la côte méridionale du roy. de Norwège, chef-lieu du bge de Lister et Mandal, à 118 1/2 l. S.-O. de Christiania; siège d'un évêché, fait un commerce important, possède un beau et bon port fortifié, un des meilleurs de la mer du Nord (il peut contenir 500 à 600 navires); elle a un musée et une bibliothèque publique; 5000 hab.

CHRISTIANSBOURG, fort danois dans la Haute-Guinée, Afrique, sur la côte d'Or, roy. d'Accra, à 1 l. E. du fort anglais de

James; c'est le principal établissement des Danois dans ces parages et la résidence du gouverneur-général; lat. N. 5° 30′, long. O. 0° 40′.

CHRISTIANSBURGH. *Voyez.* MONTGO-MÉRY (comté).

CHRISTIANSFELD, b. du roy. de Danemark, bge de Hadesler, est habité par 600 frères moraves, qui s'occupent, comme presque tous les individus de cette secte, de la fabrication des bas, des rubans, des toiles de coton; fabr. de cuir, de chandelles et de savon; filat. et tanneries.

CHRISTIANSHAAB, établissement du Grœnland danois, inspectorat du Nord, sur la baie de Disco, fondé en 1752; bon port; commerce de lard, de peaux de renards et de chiens marins; 75 hab.

CHRISTIANSOË, pet. île de rochers, située au N.-E. et dans le bailliage de celle de Bornholm, roy. de Danemark. Elle forme un port intérieur avec les îlots de Friedrichsholm et de Grasholm. Ainsi que Friedrichsholm, Christiansoë a un phare élevé et des fortifications assez importantes. C'est le roi Christian V qui, vers la fin du dix-septième siècle, en fit ainsi un poste militaire.

CHRISTIANSTADT ou CHRISTIANSTED, capitale de l'île de Ste.-Croix, une des Petites-Antilles, possession danoise. Cette ville, la résidence du gouverneur-général des Antilles-Danoises, est très-bien bâtie et une des villes les plus belles et les plus agréables des Indes occidentales. Elle est située au N.-E. de l'île, au fond d'une baie et sur le penchant d'une colline, sur laquelle elle s'élève en amphithéâtre; elle a quelques édifices assez beaux et ornés de portiques. Son port très-commode est bien fortifié; l'entrée en est défendue par le fort de Christiansvaern; Commerce très-important; 5000 hab.

CHRISTIANSTAD, chef-lieu du gouvernement de ce nom, est une des villes les mieux bâties et les plus fortes du roy. de Suède. Elle fut fondée dans le dix-septième siècle par Christian IV, roi de Danemark et de Norwège; fabr. de gants et d'étoffes de laine; 4000 hab. Le gouvernement de Christianstad, situé entre ceux de Halmstadt, de Kronsberg et de Blekinge, la mer Baltique, le gouvernement de Malmöhus et le Cattegat, est assez montagneux et produit beaucoup de grains; il s'étend entre 10° 10′ et 19° 8′ de long. orient., entre 55° 23′ et 56° 26′ de lat.; sa superficie est de 102 1/2 milles c., sa population d'environ 150,000 h.

CHRISTIANSUND, pet. v. de Norwège, bge de Romsdal, située sur trois îles et sur une pointe, possède un port vaste et sûr, des pêcheries abondantes et une population industrieuse d'environ 3000 hab.

CHRISTIE (Sainte-), vg. de Fr., Gers, arr., cant. et poste d'Auch; 610 hab.

CHRISTIE (Sainte-), vg. de Fr., Gers, arr. de Condom, cant. de Nogaro, poste de Manciet; 910 hab.

CHRISTINÆSTADT, pet. v. maritime de la Russie d'Europe, gouv. de Finlande, cer. de Wasa; elle est bien bâtie, possède un port commode, qui favorise un commerce considérable, consistant en goudron, poix, beurre et suif; 1150 hab.

CHRISTINE (Sainte-). *Voyez* VILLIERS-SAINT-ORIEN.

CHRISTINE (Sainte-), vg. de Fr., Finistère, com. de Plougastel-Daoulas; 240 hab.

CHRISTINE (Sainte-), vg. de Fr., Maine-et-Loire, arr. de Beaupréau, cant. et poste de Chemillé; 780 hab.

CHRISTINE (Sainte-), vg. de Fr., Puy-de-Dôme, arr. de Riom, cant. et poste de St.-Gervais; 500 hab.

CHRISTINE (Sainte-), vg. de Fr., Vendée, arr. de Fontenay-le-Comte, cant. de Maillezais, poste d'Oulmes; 470 hab.

CHRISTINEHAM, v. de Suède, préfecture de Karlstad; elle est célèbre par sa foire, une des plus considérables du royaume; 1500 hab.

CHRISTMAS ou ILE-DE-NOEL, appelée aussi *Moni*; cette île est située au S.-O. de l'île de Java, dans la mer des Indes, et est rangée par M. Balbi parmi les Sporades boréales. Elle est entourée de rochers de corail et couverte de palmiers.

CHRISTMAS (bay of) ou BAIE-DE-NOEL, baie qui s'ouvre au S.-S.-O. de la Terre-de-Feu, sous 55° 21′ lat. S.; elle est sûre et offre un très-bon port, entouré de hauts rochers; elle porte plusieurs îles bien boisées.

CHRISTO-EN-JARRET (Saint-), vg. de Fr., Loire, arr. de St.-Étienne, cant. de St.-Héand, poste de St.-Chamond; 1720 hab.

CHRISTOL (Saint-), vg. de Fr., Ardèche, arr. de Tournon, cant. et poste du Chaylard; 830 hab.

CHRISTOL (Saint-), vg. de Fr., Gard, arr., cant. et poste d'Alais; 1100 hab.

CHRISTOL (Saint-), vg. de Fr., Hérault, arr. de Montpellier, cant. et poste de Lunel; 660 hab.

CHRISTOL (Saint-), vg. de Fr., Vaucluse, arr. de Carpentras, cant. et poste de Sault; 670 hab.

CHRISTO-LACHAL-VALFLEURY (Saint-), vg. de Fr., Loire, arr. de St.-Étienne, cant. et poste de St.-Chamond; 850 hab.

CHRISTOL-DE-RODIÈRES (Saint-), vg. de Fr., Gard, arr. d'Uzès, cant. et poste de Pont-St.-Esprit; 280 hab.

CHRISTOLY (Saint-), vg. de Fr., Gironde, arr. et poste de Blaye, cant. de St.-Savin; 1900 hab.

CHRISTOLY (Saint-), vg. de Fr., Gironde, arr., cant. et poste de l'Esparre; 700 hab.

CHRISTOPHE (Saint-). *Voyez* YAINA.

CHRISTOPHE (Saint-) ou SAINT-KITTS, une des Petites-Antilles, possession anglaise. Elle est située, d'après Alcédo, sous 17° 21′ lat. N. et 314° 53′ (méridien de l'île de Fer, 66° 7′ de Paris), au S. des îles de St.-Eustache et de St.-Barthélemy, au S.-O. de Barbuda et au N. de l'île de Névis, dont elle n'est éloignée que de 2 lieues.

Cette île fut découverte, en 1493, par Christophe Colomb qui lui donna son nom. Les Caraïbes l'occupaient primitivement sous le nom de Liamiga (île fertile). Les Espagnols, après la découverte de cette île, n'y fondèrent pas d'établissement. Ce n'est qu'en 1623 que quelques Bretons y établirent la première colonie anglaise dans les Indes occidentales. Plus tard quelques colons français se fixèrent dans cette île qui, en 1627, fut partagée entre la France et la Grande-Bretagne. Par la paix d'Utrecht (1713) elle fut définitivement cédée à l'Angleterre.

L'île de St.-Christophe, dont la superficie est de 3 1/4 l. c. géogr., s'étend du N.-O. au S.-O., où elle se termine en une étroite langue de terre. Cette partie de l'île est plus plate que la première, où s'élèvent de hautes montagnes à pentes rapides et couvertes d'épaisses forêts. Le Mount-Misery, volcan éteint de 3711 pieds de hauteur, en est le point culminant. De nombreuses rivières, telles que le Cabrito, le Nicleton, la Pentecoste, etc., traversent cette île fertile en sucre, café, coton et autres productions coloniales, dont il se fait un commerce très-important; le sel de mer, le soufre et les eaux thermales y abondent. Plusieurs baies s'ouvrent sur les côtes de cette île; les principales sont : la Grande-Baie (the great bay), la Fontaine-Baie au N.-O., l'Old-Road-Baie au S.-E., la Guignes-Baie au N.-O., la baie des Papillons au N.-O. et la Sand-Hill-Baie au S.-E., fermée à l'E. par le Windward-Point; malgré ce grand nombre de baies l'île manque de bon port. Cette île, dont les habitants s'élèvent à 30,000 âmes, dont 20,660 esclaves, forme un gouvernement particulier, divisé en 9 arrondissements.

CHRISTOPHE (Saint-), pet. île à 3/4 l. de la Pointe-à-Marcou, au N.-E. de la Guadeloupe proprement dite, dans le grand Cul-de-Sac.

CHRISTOPHE (Saint-), vg. de Fr., Allier, arr., cant. et poste de la Palisse ; 570 hab.

CHRISTOPHE (Saint-), vg. de Fr., Allier, com. de Huriel; 310 hab.

CHRISTOPHE (Saint-), vg. de Fr., Aube, arr. de Bar-sur Aube, cant. et poste de Brienne ; 70 hab.

CHRISTOPHE (Saint-), vg. de Fr., Aveyron, arr. et poste de Rhodez, cant. de Rignac ; 840 hab.

CHRISTOPHE (Saint-), ham. de Fr., Calvados, com. d'Ouilly-le-Basset; 200 hab.

CHRISTOPHE (Saint-), vg. de Fr., Drôme, arr. de Mauriac, cant. de Pléaux, poste de St.-Martin-Valmeroux ; 1070 hab.

CHRISTOPHE (Saint-), vg. de Fr., Charente-Inférieure, arr. de la Rochelle, cant. de la Jarrie, poste de Croix-Chapeau ; 1030 h.

CHRISTOPHE (Saint-), vg. de Fr., Creuse, arr., cant. et poste de Guéret ; 300 hab.

CHRISTOPHE (Saint-), vg. de Fr., Drôme,

arr. de Valence, cant. du Grand-Serre, poste de Moras; 240 hab.

CHRISTOPHE.(Saint-), vg. de Fr., Eure-et-Loir, arr., cant. et poste de Châteaudun ; 310 hab.

CHRISTOPHE (Saint-), vg. de Fr., Indre, arr. et à 10 l. N. de Châteauroux, poste de Valençay; fabr. de pierres à fusil ; 580 hab.

CHRISTOPHE (Saint-), b. de Fr., Indre-et-Loire, arr. de Tours, cant. de Neuvy-le-Roi, poste ; fabr. de toiles; 1520 hab.

CHRISTOPHE (Saint-), vg. de Fr., Isère, com. de Châtonay ; 200 hab.

CHRISTOPHE (Saint-), ham. de Fr., Jura, com. de la Tour-du-Meix ; 180 hab.

CHRISTOPHE (Saint-), vg. de Fr., Rhône, arr. de Villefranche-sur-Saône, cant. de Monsol, poste de Beaujeu ; 990 hab.

CHRISTOPHE (Saint-), vg. de Fr., Tarn, com. de Montirat ; 460 hab.

CHRISTOPHE (Saint-), vg. de Fr., Tarn-et-Garonne, com. de Moissac; 300 hab.

CHRISTOPHE (Saint-), vg. de Fr., Vienne, arr. et poste de Châtellerault, cant. de Leigné-sur-Usseau; 430 hab.

CHRISTOPHE-A-BERRY (Saint-), vg. de Fr., Aisne, arr. de Soissons, cant. et poste de Vic-sur-Aisne; 460 hab.

CHRISTOPHE-D'ALLIER (Saint-), vg. de Fr., Haute-Loire, arr. du Puy, cant. et poste de Saugues; 890 hab.

CHRISTOPHE-D'AUBIGNY (Saint-), ham. de Fr., Manche, com. de St.-Martin-d'Aubigny; 170 hab.

CHRISTOPHE-DE-CHALAIS (Saint-), vg. de Fr., Charente, arr. de Barbezieux, cant. et poste de Chalais; 420 hab.

CHRISTOPHE-DE-CHARTREUSE (Saint-), vg. de Fr., Vendée, com. de Rocheservière ; 350 hab.

CHRISTOPHE-DE-CHAULIEU (Saint-), vg. de Fr., Orne, arr. de Domfront, cant. et poste de Tinchebrai ; 400 hab.

CHRISTOPHE-DE-CONFOLENS (Saint-), vg. de Fr., Charente, arr., cant. et poste de Confolens; 1210 hab.

CHRISTOPHE-DE-DOUBLE (Saint-), vg. de Fr., Gironde, arr. de Libourne, cant. de Coutras, poste de Roche-Chalais ; 960 h.

CHRISTOPHE-DE-LA-COUPERIE (Saint-), vg. de Fr., Maine-et-Loire, arr. et poste de Beaupréau, cant. de Champtoceaux; 570 h.

CHRISTOPHE-DES-BARDES (Saint-), vg. de Fr., Gironde, arr. et poste de Libourne, cant. de Lussac ; 660 hab.

CHRISTOPHE-DES-BOIS (Saint-), vg. de Fr., Ille-et-Vilaine, arr., cant. et poste de Vitré; 460 hab.

CHRISTOPHE-DE-VALAINS (Saint-), vg. de Fr., Ille-et-Vilaine, arr. de Fougères, cant. et poste de St.-Aubin-du-Cormier; papeteries; 310 hab.

CHRISTOPHE-DU-BOIS (Saint-), vg. de Fr., Maine-et-Loire, arr. de Beaupréau, cant. et poste de Chollet; 790 hab.

CHRISTOPHE-DU-FOC (Saint-), vg. de

Fr., Manche, arr. de Cherbourg, cant. et poste des Pieux; 290 hab.

CHRISTOPHE-DU-JAMBET (Saint-), vg. de Fr., Sarthe, arr. de Mamers, cant. de Beaumont-sur-Sarthe, poste de Fresnay-sur-Sarthe; 880 hab.

CHRISTOPHE-DU-LIGNERON (Saint-), vg. de Fr., Vendée, arr. des Sables, cant. de Palluau, poste de Challans; 1690 hab.

CHRISTOPHE-DU-LUAT (Saint-), vg. de Fr., Mayenne, arr. de Laval, cant. et poste d'Évron; 1150 hab.

CHRISTOPHE-DU-PIN (Saint-). *Voyez* PIN (le).

CHRISTOPHE-DU-VELAY (Saint-). *Voyez* CHRISTOPHE-SUR-DOLAISON (Saint-).

CHRISTOPHE-EN-BOUCHERIE (Saint-), vg. de Fr., Indre, arr., cant. et poste de la Châtre; 530 hab.

CHRISTOPHE-EN-BRESSE (Saint-), vg. de Fr., Saône-et-Loire, com. de l'Abergement-Ste.-Colombe; 1170 hab.

CHRISTOPHE-EN-BRIONNAIS (Saint-), vg. de Fr., Saône-et-Loire, arr. de Charolles, cant. de Semur-en-Brionnais, poste de Marcigny; 1280 hab.

CHRISTOPHE-EN-CHAMPAGNE (Saint-), vg. de Fr., Sarthe, arr. de la Flèche, cant. de Brulon, poste de Sablé; 500 hab.

CHRISTOPHE-EN-OISANS (Saint-), vg. de Fr., Isère, arr. de Grenoble, cant. et poste de Bourg-d'Oisans; 540 hab.

CHRISTOPHE-ENTRE-DEUX-GUIERS (Saint-), vg. de Fr., Isère, arr. de Grenoble, cant. de St.-Laurent-du-Pont, poste des Échelles; 1300 hab.

CHRISTOPHE-LE-CHATEAU (Saint-), vg. de Fr., Cher, arr. de St.-Amand-Mont-Rond, cant. et poste de Châteaumeillant; exploitation de manganèse; 320 hab.

CHRISTOPHE-LE-JAGOLET (Saint-), vg., de Fr., Orne, arr. d'Argentan, cant. et poste de Mortrée; 470 hab.

CHRISTOPHE-SUR-AVRE (Saint-), vg. de Fr., Eure, arr. d'Évreux, cant. et poste de Verneuil; 420 hab.

CHRISTOPHE-SUR-CONDÉ, (Saint-), vg. de Fr., Eure, arr. de Pont-Audemer, cant. de St.-Georges-du-Vièvre, poste de Montfort-sur-Rille; 910 hab.

CHRISTOPHE-SUR-DOLAISON (Saint-), vg. de Fr., Haute-Loire, arr. et poste du Puy, cant. de Solignac-sur-Loire; 1050 hab.

CHRISTOPHE-SUR-ROC (Saint-), vg. de Fr., Deux-Sèvres, arr. de Niort, cant. et poste de Champdeniers; 650 hab.

CHRISTOPHSTHAL, b. du Wurtemberg, gr.-bge de Freudenstadt, cer. de la Forêt-Noire; 450 hab. Il est remarquable par le grand nombre de forges et de fonderies qui se trouvent dans ses environs et dont il est déjà fait mention dans un acte de 1267.

CHRISTOVAL (San-), pet. v. de la rép. de Vénézuela, dép. de Zulia, prov. de Mérida, sur la route de Mérida à Pampelona, et à 30 l. de cette dernière ville. San-Christoval, fondé en 1560 par Juan-de-Maldonado, est situé dans une contrée fertile, mais sous un ciel brûlant et très-malsain; culture du sucre et du tabac; commerce actif avec Maracaïbo; 3200 hab.

CHROUB-OUCHROUB, b. maritime de l'état d'Alger, entre Alger et Dellys, à l'embouchure de l'Isser.

CHRUDIM, cer. du roy. de Bohême, borné au N. par le cer. de Kœnigingræts, à l'E. et au S. par la Moravie, à l'O. par le cer. de Czaslau et au N.-O. par celui de Bidschow; superficie 59 l. c. géogr.; 250,000 h. Il est traversé par l'Elbe; son sol est fertile et produit du blé, du lin et du bois en abondance. La fabrication de la laine et du lin, ainsi que la poterie, forment les principaux objets de l'industrie des habitants; leurs chevaux sont très-estimés.

CHRUDIM ou **HRUDIM**, pet. v. fortifiée de Bohême, chef-lieu du cercle de ce nom, sur la Chrudimka, avec une belle église; marché de chevaux très-renommés; 5600 h.

CHRUDIMKA, riv. de Bohême, affluent de l'Elbe, cer. de Chrudim.

CHRZANOW, v. de la rép. de Cracovie, située sur la Cholka; 1550 hab.

CHTCHIGRY, v. chef-lieu de cercle de la la Russie d'Europe, gouv. de Koursk, située sur la rivière du même nom; 3000 h.

CHUAPA, volcan et un des points culminants des Andes chiliennes, prov. de Coquimbo.

CHUAPA, fl. de la rép. du Chili. Il prend naissance au pied du volcan de Chuapa et s'embouche dans l'Océan Pacifique, sous le 31° 40′ lat. S. Ce fleuve est renommé par une espèce d'ægrefin (morue de St.-Pierre) d'une excellente qualité, nommée *tasca* dans le pays et que ses eaux produisent en grand nombre.

CHUAPA, pet. v. de la rép. du Chili, prov. et dist. de Coquimbo, sur le Rio-Chuapa et non loin d'Illapel; 3000 hab.

CHUAPA, baie qui offre un bon port sur la côte de la prov. d'Aconcagua, rép. du Chili.

CHUCUITO, prov. de la rép. du Pérou, dép. de Puno; elle est bornée par le lac Titicaca, qui la sépare de Bolivia, par la république de ce nom et par les prov. de Puno et de Moquéhua, dont elle est séparée par les Cordillères. Cette province est riche en grasses prairies qui nourrissent de nombreux troupeaux. Ses montagnes, encore peu explorées, paraissent être riches en métaux précieux; les eaux minérales et thermales y abondent. Quoique traversée par beaucoup de rivières, elle ne renferme aucun cours d'eau considérable. Son étendue est de 174 l. c. géogr., avec une population de 34,000 hab.

CHUCUITO ou **CHIQUITO**, v. de la rép. du Chili, dép. de Puno, chef-lieu de la province de ce nom; elle s'élève sur une petite colline près d'un lac. Cette ville, bien bâtie, est très-déchué depuis l'insurrection excitée par Tupac-Amaru, dans la seconde moitié du dix-huitième siècle, époque à laquelle on en portait la population à 30,000 âmes; aujourd'hui elle n'a plus que 4000 hab.

CHUCUITO. *Voyez* TITICACA (lac).

CHUDAVINAS, peuplade indienne habitant au S. du Marannon, dans le dép. d'Assuay, rép. de l'Ecuador. Une partie de ce peuple est convertie au christianisme et établie dans la mission d'Andoas, entre le Pastazo et le Rio-Tigré.

CHUDLEICH, b. d'Angleterre, comté de Devon, sur le Teige; fabr. de draps fins; 2080 hab.

CHUELLES, vg. de Fr., Loiret, arr. de Montargis, cant. et poste de Château-Renard; 1505 hab.

CHUFFILLY, vg. de Fr., Ardennes, arr. de Vouziers, cant. et poste d'Attigny; 271 h.

CHUIGNES, vg. de Fr., Somme, arr. de Péronne, cant. de Chaulnes, poste d'Estrées-Déniécourt; 320 hab.

CHUIGNOLLES, vg. de Fr., Somme, arr. de Péronne, cant. de Bray-sur-Somme, poste d'Estrées-Déniécourt; 370 hab.

CHUISNES, vg. de Fr., Eure-et-Loir, arr. de Chartres, cant. et poste de Courville; 630 hab.

CHULOIGNE. *Voyez* KIÉLOGA.

CHULUMANI, prov. de la rép. de Bolivia, dép. de La-Paz; elle est bornée par la prov. de Sicasica, dont elle faisait autrefois partie, par le Certado de La-Paz, par la prov. de Larécaja et le dép. de Santa-Cruz. Cette province renferme le Nevado-d'Illimani, formant la pointe méridionale de cette haute chaîne de montagnes, qui s'étend sur les prov. de Larécaja et de Chulumani et qui forme le haut-plateau du Titicaca. La prov. de Chulumani, comme celle de Sicasica, comprend le bassin de l'Inambari, dont presque tous les affluents charrient de l'or. L'Illimani renferme de riches mines d'or; mais la hauteur où elles se trouvent et les glaciers qui les couvrent n'en permettent guère une exploitation générale. Dans cette province on cultive beaucoup de coca, regardée comme la meilleure de tout le Pérou. Les vallées au pied de l'Illimani fournissent des fruits délicieux et un excellent vin; sur les montagnes on élève de grands troupeaux de moutons. La population de cette province s'élève à 56,000 hab., dont 35,000 Indiens.

CHULUMANI, v. de la rép. de Bolivia, dép. de La-Paz, chef-lieu de la province de ce nom, au pied du Nevado-d'Illimani et à 26 l. E. de La-Paz; vins très-renommés; 4000 hab.

CHULUN. *Voyez* DALAI.

CHUMBIVILCAS, prov. de la rép. du Pérou, dép. de Cuzco. Cette province, qui s'étend jusqu'au versant occidental des Cordillères, a pour bornes les prov. de Paruro, de Cotabambas, de Guispicanchi, de Tinta, de Collachuas, de Condesuyos et d'Aimaraès; son étendue est de 146 l. c. géogr., avec une population de 28,000 âmes. Les hautes montagnes, couvertes de neiges éternelles, qui s'étendent au S. de ce pays, portent le nom de Condésuyos del Cuzco. Dans les vallées, couvertes de belles prairies et fertiles en blé, maïs, patates et cochenille, le climat est tempéré et très-agréable; le sol est riche en métaux précieux, mais l'exploitation en est négligée. Des eaux minérales et thermales jaillissent sur plusieurs points de cette province, sujette à de fréquents tremblements de terre. La fabrication de différentes étoffes et la teinturerie font presque la seule occupation des habitants des villes.

CHUMIE, station de missionnaires dans la Cafrerie, Afrique méridionale, sur les frontières de la colonie du Cap; 300 hab.

CHUMMAH, île de la mer Rouge, sur la côte N.-E. d'Abyssinie, Afrique, non loin de celle d'Arkiko.

CHUMPANEER, TCHAMPANIR ou POWANGHAR, v. de l'Inde, principauté de Baroda. Cette ville, accessible seulement d'un côté, est défendue par cinq rangées de murailles et est abondamment pourvue d'eau; elle était réputée imprenable jusqu'en 1803, époque où les Anglais s'en emparèrent. La partie la plus élevée est occupée par un ancien temple de la déesse Kali. La majeure partie de la population se compose de Bhils ou Bheels.

CHUMSAKK ou SCHUNSAG, v. de la Russie d'Asie, dans le Daghestan, sur l'Aatla; elle est la résidence du khan des Avares, qui s'est soumis aux Russes.

CHUN-KHING-FOU ou SCHUNE-KIN-FOU, v. de Chine, prov. de Sse-tchouan, sur les bords du Kia-lin. Sa juridiction s'étend sur neuf villes, qui toutes, ainsi que Chun-khing-fou, se livrent à la culture du ver à soie. Parmi les montagnes qui l'entourent, on remarque le Nanemine aux douze cimes; neuf petits lacs salés qui s'y trouvent, fournissent un sel excellent.

CHUN-NING-FOU ou SCHUN-NIN-FOU, v. de Chine, prov. de Yun-nân. Elle est située au milieu de montagnes hautes et escarpées et n'est praticable que par quelques passages difficiles. Les vallées sont habitées par des Lolos.

CHUN-TE-FOU ou SCHUN-TE-FOU, v. de Chine, prov. de Tchi-li. Le mandarin qui y réside commande à huit villes populeuses. Le territoire de Chun-te-fou est parfaitement arrosé et très-fertile; on y trouve les meilleures pierres de touche de la Chine et un sable très-fin, qui sert à la taille des pierres précieuses.

CHUN-THIAN. *Voyez* Pé-king.

CHUNUPIES. *Voyez* VILÉLAS (peuplade).

CHUPRAH ou TCHAPRO, v. de l'Inde, chef-lieu du dist. de Saran, dans la présidence de Calcutta, près du Gange; commerce actif; 44,000 hab.

CHUQUIABO. *Voyez* LA-PAZ.

CHUQUIBAMBA, pet. v. de la rép. du Pérou, dép. d'Aréquipa, chef-lieu de la prov. de Condésuyos, dans une vallée entourée de hautes montagnes; dont plusieurs volcans; 4500 hab.

CHUQUISACA, autrefois CHARCAS, dép. de la rép. de Bolivie. Il est borné par les dép. de La-Paz, de Cochabamba, de Santa-Cruz-de-la-Sierra, de Potosi et par le pays du Grand-Chaco, habité par différentes tribus d'Indiens libres et faisant partie des états de la rép. Argentine. Son étendue est de 1620 l. c. géogr., avec une population de 175,000 âmes. Le Pilcomayo et le Rio-Grande-de-la-Plata ou Rio-Guapay sont les principaux cours d'eau de ce pays, traversé à l'O. par différentes ramifications des Cordillères, qui présentent de belles vallées fertiles en sucre, café, blé, patates, etc. Les mines d'or d'Oruro et de Paria, autrefois très-importantes, ont été abandonnées; par contre les mines d'argent de Carangas se trouvent dans un état très-florissant. La prov. d'Yamparaès est riche en sel gemme, et la vallée du Pilcomayo (vallée de Zinti) produit un excellent vin; commerce de volaille, de cochons, de poudre, de fruits et de vin. Ce département est divisé en 6 provinces : Yamparaès, Tomina, Cinti, Paria, Oruro et Carangas.

CHUQUISACA ou CHARCAS, dit aussi LA PLATA, capitale du département du même nom, ainsi que de toute la rép. de Bolivie. Elle est située près des sources d'un des affluents du Cachimayo, à la hauteur de 2844 mètres au-dessus du niveau de la mer, dans une plaine qui forme la ligne de partage entre le Rio-Grande et le Paraguay, et environnée de campagnes riantes et assez bien cultivées; elle est bien bâtie et une des villes les plus anciennes de l'Amérique, ayant été fondée en 1538, par Pedro Anzures, sur l'emplacement de l'ancienne ville péruvienne de Chuquisaca, nom qu'elle échangea ensuite contre celui de La-Plata, à cause d'une riche mine d'argent que les Espagnols découvrirent dans son voisinage. Parmi ses édifices nous ne nommerons que la cathédrale, le bâtiment du collége, plusieurs couvents et le palais du gouvernement. Chuquisaca est le siége d'un archevêché et, outre le collége, elle possède une université, qui, à cause de la tranquillité dont on jouissait dans cette ville, était même fréquentée par la jeunesse de toute la vice-royauté. On assure que sa bibliothèque est une des plus riches de l'Amérique du Sud ; commerce assez important; 26,500 hab. (selon Balbi 12,000).

CHUR-CHARA-USSU. *Voyez* TARBAGTAI.

CHURCHILL ou MISSINIPI, fl. de l'Amérique anglaise, Nouvelle-Bretagne. On ne connaît pas encore bien sa source et son cours laisse encore bien des doutes sur plusieurs points. Plusieurs géographes s'accordent à regarder la rivière du Castor comme la partie supérieure de ce fleuve; il traverse ensuite le lac de la Croix (Gross-Lake) et celui des Ours; après être sorti de ce dernier, il prend le nom de Missinipi et de Churchill, se dirige vers l'E., fait la chute de Kettle, se tourne vers le N. à Nelsonhouse, traverse le lac de Big, d'où il sort par trois bras, et se jette dans la mer d'Hudson, près du fort de Churchill, après un cours d'environ 300 l. Le Missinipi baigne le pays des Knistenaux, reçoit à la gauche le Wapescow, qui lui amène les eaux du grand lac des Cerfs, communiquant avec le lac Wollaston. Comme ce dernier se trouve en communication avec le lac Atapescow par le Stone-River (rivière de la Pierre), le bassin du Churchill se trouve ainsi communiquer avec le bassin du Mackenzie.

CHURRUCA (bahia de), baie qui offre un port sûr, au N.-O. de la Terre-de-Feu, dans le détroit de Magellan; elle est entourée de rochers élevés, du haut desquels une rivière assez considérable se précipite dans la baie.

CHURULTÉCAL. *Voyez* CHOLULA.

CHUSCLAN, vg. de Fr., Gard, arr. d'Uzès, cant. et poste de Bagnols; vins estimés; 760 hab.

CHUYER, vg. de Fr., Loire, arr. de St.-Etienne, cant. de Pélussin, poste de Condrieu; 1280 hab.

CHUZELLE, vg. de Fr., Isère, com. de Vilette-Serpaize-Chuzelle; 400 hab.

CHYBYN-EL-KANATER, b. de la Basse-Égypte, Afrique, prov. de Kelyoub.

CHYBYN-EL-KOUM, b. de la Basse-Égypte, Afrique, prov. de Melyg, sur un canal du bras de Damiette.

CHYPRE (Kupros des Grecs, Kybris des Turcs), une des îles les plus grandes de la Méditerranée, s'étend de l'E. à l'O., entre 30° et 32° long. orient., et 34° et 36° lat. N. Sa superficie est d'environ 480 l. c., où vivent tout au plus 70,000 habitants (dont 25,000 Grecs), tandis que sa population s'élevait autrefois à un million. Cette île, jadis si florissante, que son climat délicieux, ses riches produits, ses fleurs et ses fruits avaient fait regarder comme la patrie de Vénus, est maintenant tout à fait déchue. Ses mines d'or, d'argent et de cuivre sont délaissées; la culture de l'olivier, du cotonnier et du ver à soie est peu considérable. La canne à sucre que les Vénitiens y avaient apportée est perdue. Ses vins excellents, forment à peu près son seul article d'exportation. L'île de Chypre est traversée de l'E. à l'O. par une haute chaîne de montagnes, dont le point culminant est l'Olympe, appelé aujourd'hui Monte-Santa-Croce. La partie septentrionale est sauvage et boisée; son climat est tempéré; la partie méridionale a un climat chaud et un terrain sec. Beaucoup de sources ont tari ; des tremblements de terre l'ont dévastée dans les derniers temps.

Avant l'ère chrétienne, l'île de Chypre

faisait partie de l'Égypte; plus tard elle fut conquise par les Romains, et au moyen âge elle forma, du temps des croisades, un royaume particulier, sur lequel régnèrent les Lusignan. Lors de l'extinction de cette famille, les Vénitiens s'emparèrent de Chypre, en 1473; les Turcs la conquirent en 1571; sa décadence date de cette époque. Les seuls endroits remarquables de l'île de Chypre sont: Nicosie, Larnaka, Baffa et Limasol.

CHYROW, pet. v. de la Gallicie, cer. de Sambor, sur le Strewiatz; fabr. de bas; 2000 hab.

CIADOUX, vg. de Fr., Haute-Garonne, arr. de St.-Gaudens, cant. et poste de Boulogne; 380 hab.

CIAMANACCE, vg. de Fr., Corse, arr. et poste d'Ajaccio, cant. de Zicavo; 850 h.

CIARA (Serra do), chaîne de montagnes de l'emp. du Brésil, ramification N.-E. de la Serra Borboréma, s'étend du S.-O. au N.-E., sur une grande partie de la province de son nom, entre le Rio-Ciara et le Rio-Cahohype, et se termine non loin de la mer.

CIARA ou **SÉARA**, fl. de l'emp. du Brésil, prov. de Ciara, naît au pied de la Serra du même nom, au centre de la province, qu'il traverse du S. au N., et s'embouche dans l'Océan Atlantique, à peu de distance de Cidade-da-Fortaleza ou Ciara, après un cours de 50 l.

CIARA ou **CÉARA** (Séara), prov. de l'emp. du Brésil; elle est bornée par l'Océan et par les prov. de Rio-Grande, de Parahyba, de Pernambuco et de Piauhy, dont elle est séparée par la Serra Hybiappaba. Son étendue est évaluée à 1371, selon Schæffer à 3311 l. c. géogr., avec une population de 325,000 âmes.

L'époque de la première colonisation de ce pays ne peut pas être bien déterminée; elle paraît être antérieure à l'an 1603, où Pedro Coelho de Souza, envoyé par le gouverneur-général du Brésil pour repousser les Français, sous le commandement de Bombille, trouva déjà des présidios (forts) le long des côtes de cette province. En 1613, Martim-Soarès-Moréno commandait le fort de Ciara, probablement le premier établissement portugais dans ce pays. Il paraît que Joam-de-Barros et Luiz-de-Mello furent les premiers et les seuls donataires de cette contrée; l'histoire n'en romme pas d'autres, sans indiquer cependant l'époque à laquelle ce fief passa immédiatement à la couronne du Portugal. Il résulte en général de tout ce que nous savons sur les premiers établissements de cette contrée, qu'ils étaient peu nombreux et qu'ils manquaient d'appui et de consistance; car les colons n'y étaient attirés ni par de bons ports, ni par un sol fertile, ni par d'autres vues avantageuses pour la colonisation. Tout le pays était occupé par les puissants Potyguaras, divisés en plusieurs hordes, par les Cuanacas et les Jaguaruannas. La plus grande partie de ces peuples fut dans la suite convertie au christianisme par les jésuites, qui entretenaient à Aquiraz un hospice dont on voit encore les restes et qu'on appelle le *Collegio*. En 1632, deux vaisseaux hollandais apparurent sur la côte de ce pays pour s'en rendre maîtres, à l'aide de quatre indiens, pris quelques années auparavant dans la baie de Traiçao et élevés à Amsterdam. Ce projet échoua, les Hollandais furent vivement repoussés, et les Indiens, qui devaient leur amener des secours, furent pris par les Espagnols et mis à mort. Cinq années plus tard, une seconde descente des Hollandais eut plus de succès. Secondés par les Indiens, ils parvinrent à s'emparer du fort de Ciara et de toute la colonie, qu'ils occupèrent pendant quelque temps, pour la quitter en 1641, sans lui avoir procuré des avantages notables. Les Portugais en prirent de nouveau possession, et les Indiens, alliés des Hollandais, se retirèrent dans les districts montagneux, au S. de la province.

La prov. de Ciara est une des régions les plus arides et les plus stériles de l'emp. du Brésil. Montagneux dans l'intérieur, le sol s'aplatit vers la côte et présente une immense plaine sablonneuse, brûlée par une excessive chaleur et portant à peine par-ci par-là quelques herbes maigres et desséchées. Dans quelques vallées de l'intérieur on cultive du coton. Les principaux cours d'eau du pays, la plupart très-bornés, sont: le Jaguarybe, le plus grand de tous, l'Aricaty, le Carraçu, le Camucim et le Ciara; tous ces fleuves s'embouchent dans l'Océan Atlantique. Parmi les lacs de l'intérieur de cette province, et dont quelques-uns se trouvent sur des hauteurs très-considérables, nous citons : la lagoa de Aquiraz, près la ville de ce nom, la lagoa do Velho, sur la rive droite de la rivière de ce nom, et la lagoa Jaguarassu, non loin du Rio-Ciara. Parmi les baies qui s'ouvrent sur la côte de ce pays, nous citons celles de Jericoacoara, la plus étendue, d'Iguape, d'un abord très-difficile, et de Titoya, sur la frontière occidentale. Les montagnes qui couvrent cette province se rattachent à la Sierra de Borboréma, ce sont: les Sierras de Hybiappaba, de Cayriris, d'Araripe, de Ciara, de Borytama, de Jaguaribe, de Guamame, etc. Quelques-unes de ces montagnes renferment d'importantes mines de cuivre. La principale production de cette pauvre région est le palmier, qui fournit presque à tous les besoins. Les bêtes féroces s'y trouvent en grand nombre, et leurs peaux pourraient devenir un article très-important du commerce de ce pays, qui consiste uniquement dans l'exportation de coton et de quelques bois précieux.

CIARA ou **CÉARA**, **SÉARA**, **CIDADE-DA-FORTALEZA**, v. de l'emp. du Brésil et capitale de la province de ce nom, non loin de l'embouchure du Rio-Ciara, dans une contrée très-sablonneuse et peu cultivée. C'est le plus ancien établissement de la province. La ville est régulièrement bâtie et renferme quelques beaux édifices, tels que le palais du gouvernement, la douane, le bâtiment du trésor, plusieurs églises et la prison. Elle est défendue par un fort élevé sur une colline de sable. Son port, entouré de hauts rochers et d'un accès très-difficile, est pourtant le meilleur de toute la province; 15,000 hab. (d'après le Viageiro, 10,000).

CIBAO ou CIBOO, chaîne de montagnes de l'île d'Haïti. Apre et presque inaccessible, elle s'élève au centre de l'île, dont elle forme le point culminant et qu'elle traverse en plusieurs ramifications de l'O. à l'E.; elle est riche en métaux et couverte, de distance en distance, de belles prairies. C'est à cette montagne qu'il faut rattacher la Sierra Prieta (montagne Noire), au N. de San-Domingo, le Monte-Christi, sur la côte nord, depuis la baie de Monte-Christi jusqu'à celle de Samana, et séparé par le Rio-Yagui et la plaine de Véga-Réal de la chaîne centrale; les Sierras de Barouco, sur la côte sud et le long de la rive droite du Neyba; elle servit autrefois de refuge aux nègres fugitifs; la montagne de la Hotte, sur la côte ouest et traversant la presqu'île méridionale, et les monts de la Selle, au N. de Port-au-Prince et sur la rive gauche de l'Artibonite.

CIBARD (Saint-), vg. de Fr., Gironde, arr. et poste de Libourne, cant. de Lussac; 280 hab.

CIBITS, vg. de Fr., Basses-Pyrénées, arr. de Mauléon, cant. d'Iholdy, poste de St.-Palais; 370 hab.

CIBOURE, vg. de Fr., Basses-Pyrénées, arr. de Bayonne, cant. et poste de St.-Jean-de-Luz; 1650 hab.

CIBRANET (Saint-), vg. de Fr., Dordogne, arr. de Sarlat, cant. et poste de Domme; 530 hab.

CICACOLE, v. de l'Inde, présidence de Madras, nommée par les indigènes Maphus-Bender; fabr. d'étoffes de coton.

CICCIANO, pet. v. du roy. des Deux-Siciles, prov. de Terra-di-Lavoro; 3200 hab.

CICOGNE (la Haute et Basse-), ham. de Fr., Deux-Sèvres, com. de St.-Étienne-la-Cicogne; 110 hab.

CIDADE-DA-PARAHYBA. *Voyez* PARAHYBA.

CIDADE-DA-PORTALEZA. *Voyez* CIARA.

CIDADE-DAS-ALAGOAS. *Voyez* ALAGOAS.

CIDADE-DA-VITTORIA. *Voyez* VITTORIA.

CIDADE-DE-BÉLEM. *Voyez* BÉLEM.

CIDADE-DE-GOYAZ. *Voyez* GOYAZ.

CIDADE-DE-MATTO-GROSSO. *Voyez* MATTO-GROSSO.

CIDADE-DE-NATAL. *Voyez* NATAL.

CIDADE-DE-NOSSA-SENHORA. *Voyez* NOSSA-SENHORA-DE-DESTERO.

CIDADE-DE-SAN-CHRISTOVAO. *Voyez* SERGIPE.

CIDADE-DE-SAN-LUIZ. *Voyez* MARANHAO.

CIDADE-DO-OEYRAS. *Voyez* OEYRAS.

CIDADE-DO-OURO-PRETO. *Voyez* OURO-PRETO.

CIDADE-DO-RECIFE. *Voyez* PERNAMBUCO.

CIDEVILLE, vg. de Fr., Seine-Inférieure, arr. et poste d'Yvetot, cant. d'Yerville; 370 hab.

CIDROINE (Saint-), vg. de Fr., Yonne, arr. et cant. de Joigny, poste de la Roche-sur-Yonne; 870 hab.

CIECHANOW, pet. v. du roy. de Pologne, woïwodie de Plock, dist. de Przasznitz, située dans une plaine entourée de marais; château; distilleries, brasseries; 800 hab.

CIECHANOVICK, v. de la Russie d'Europe, prov. de Bialystok, sur le Murzek; 2700 h.

CIEL, vg. de Fr., Saône-et-Loire, arr. de Châlon-sur-Saône, cant. et poste de Verdun-sur-le-Doubs; 920 hab.

CIEPLICE, b. de Dalmatie, cer. de Przemysl; 2125 hab.

CIER-DE-LUCHON, vg. de Fr., Haute-Garonne, arr. de St. Gaudens, cant. et poste de Bagnères-de-Luchon; 470 hab.

CIER-DE-RIVIÈRE, vg. de Fr., Haute-Garonne, arr. de St.-Gaudens, cant. de St.-Bertrand, poste de Montrejeau; 790 h.

CIERGE, vg. de Fr., Meuse, arr. de Montmédy, cant. de Montfaucon, poste de Varennes-en-Argonne; 250 hab.

CIERGE (Saint-), vg. de Fr., Ardèche, arr. de Tournon, cant. et poste du Chaylard; 320 hab.

CIERGE-LA-SERRE (Saint-), vg. de Fr., Ardèche, arr. de Privas, cant. et poste de la Voulte; 700 hab.

CIERGES, vg. de Fr., Aisne, arr. de Château-Thierry, cant. et poste de Fère-en-Tardenois; 320 hab.

CIERGUES (Saint-), vg. de Fr., Haute-Marne, arr., cant. et poste de Langres; 360 hab.

CIERP, vg. de Fr., Haute-Garonne, arr. de St.-Gaudens, cant. et poste de St.-Béat; 1010 hab.

CIERREY, vg. de Fr., Eure, arr. d'Évreux, cant. et poste de Pacy-sur-Eure; 200 hab.

CIERS. *Voyez* AVENIÈRES (les).

CIERS (Saint-), vg. de Fr., Charente, arr. de Ruffec, cant. et poste de Mansle; 680 h.

CIERS-CANESSE (Saint-), vg. de Fr., Gironde, arr. et poste de Blaye, cant. de Bourg-sur-Gironde; 970 hab.

CIERS-CHAMPAGNE (Saint-), vg. de Fr., Charente-Inférieure, arr. et poste de Jonzac, cant. d'Archiac; 1010 hab.

CIERS-D'ABZAC (Saint-), vg. de Fr., Gironde, arr. de Libourne, cant. de Guitres, poste de Coutras; 800 hab.

CIERS-DU-TAILLON (Saint-), vg. de Fr., Charente-Inférieure, arr. de Jonzac, cant. et poste de Mirambeau; 1380 hab.

CIERS-LA-LANDE (Saint-), b. de Fr., Gironde, arr. et à 4 l. N. de Blaye, chef-lieu de canton, poste de St.-Aubin; 2710 hab.

CIERZAC, vg. de Fr., Charente-Inférieure, arr. de Jonzac, cant. et poste d'Archiac; 270 hab.

CIEURAC. *Voyez* SIEURAC.

CIEURAC, vg. de Fr., Lot, arr. et poste de Cahors, cant. de Lalbenque; exploitation de belles pierres de taille; 590 hab.

CIEURAC, ham. de Fr., Lot, com. de Lanzac; 250 hab.

CIEUTAT, vg. de Fr., Hautes-Pyrénées, arr., cant. et poste de Bagnères-en-Bigorre; 1450 hab.

CIEUX, vg. de Fr., Haute-Vienne, arr. de Bellac, cant. et poste de Nantiat; 1730 h.

CIEZ, vg. de Fr., Nièvre, arr. de Cosne, cant. et poste de Donzy; 1260 hab.

CIFUENTES, v. d'Espagne, prov. de Guadalaxara; château.

CIGLIANO, *Cœlianum*, b. du roy. de Sardaigne, intendance-générale de Novaro; on y cultive beaucoup le riz; 3055 hab.

CIGNE, vg. de Fr., Mayenne, arr. et poste de Mayenne, cant. d'Ambrières; 1470 hab.

CIGOGNE, vg. de Fr., Indre-et-Loire, arr. de Tours, cant. et poste de Bléré; 410 h.

CIHIGUE, ham. de Fr., Basses-Pyrénées, com. de Camou-Soules; 170 hab.

CILALTEPETL ou ORIZAVA, volcan et un des points culminants des Cordillères du Mexique, prov. de Vera-Cruz; il s'élève à la hauteur de 5434 mètres au-dessus du niveau de la mer.

CILAOS, grande plaine aride et couverte de laves dans l'île de Bourbon, Afrique; elle est élevée de 800 toises au-dessus du niveau de la mer.

CILAVEGNA, b. des états sardes, division de Novare; 3000 hab.

CILLY, vg. de Fr., Aisne, arr. de Laon, cant. et poste de Marle; 570 hab.

CILLY, cer. de la Styrie, forme la partie méridionale de la Styrie-Inférieure; il est borné au N. par le cer. de Marbourg, à l'E. par la Croatie, au S. par les cer. de Neustædt et de Laibach et à l'O. par celui de Klagenfurt. Superficie 63 l. c. géogr.; pop. 170,000 hab. Son sol produit du blé et d'excellents vins. Les bergeries de ce cercle sont les meilleures de toute la Styrie. On y trouve des mines de fer, de plomb, de houille, des marbrières et six sources minérales.

CILLY (Cella), *Celeja*, pet. v. de la Styrie, chef-lieu du cercle de ce nom, sur le Sæn. Commerce de blé et de lin. Dans ses environs on voit le château de Neucilly et les ruines de l'ancien château Obercilly; 1600 hab.

CILM, pays de la Haute-Guinée, Afrique, dans l'intérieur de la côte de Sierra Leone; on y trouve un bois de teinture d'un rouge plus beau que celui du Brésil.

CIMA (lagoa de), lac de l'emp. du Brésil, prov. de Rio-Janeiro, comarque de Goytacazès; il a près de 3 l. de longueur, est traversé par le Rio-Imbé et a plusieurs écoulements.

CIMA-DE-TORINHAS, un des sommets les plus élevés des montagnes de l'île de Madère, dans le groupe des Açores, Afrique; il a une hauteur de 965 toises.

CIMARO-OL-GIAMOUR-IMBROS ou ZOMBINO, île de la Méditerranée, à l'entrée du golfe de Tunis et au N.-O. du cap Bon.

CIMBÉBASIE, partie de l'Afrique méridionale qui s'étend le long des côtes de l'Océan Atlantique, depuis le cap Frio jusqu'à l'île aux Oiseaux, près des limites du pays des Hottentots. C'est une des parties les plus arides et les plus désertes du globe; l'eau potable y est très-rare, et l'on voit à peine par-ci par-là quelques traces de verdure.

CIMBRISHAMN, *Cimbrorum Portus*, pet. v. de Suède, gouv. de Christianstadt; fait surtout un grand commerce de grains.

CIMETIÈRE (le Grand-), ham. de Fr., Loire, com. de St.-Jean-Bonnefond, poste de St.-Étienne; 200 hab.

CIMIMNA, v. de Sicile, intendance de Caltanisetta; 6000 hab.

CIMITILE, b. de Naples, dans la Terre-de-Labour; 2300 hab.

CIMONE (monte). *Voyez* APENNINS.

CINAIS, vg. de Fr., Indre-et-Loire, arr., cant. et poste de Chinon; 550 hab.

CINALOA (province). *Voyez* SONORA-ET-CINALOA.

CINALOA, fl. de la confédération mexicaine, état de Sonora-et-Cinaloa; il naît sur la frontière de l'état de Durango, est peu connu dans son cours supérieur, baigne la ville de Cinaloa et se jette par une large embouchure dans le golfe de Californie.

CINALOA ou SINALOA, v. de la confédération mexicaine, état de Sonora-et-Cinaloa, sur le Rio-Cinaloa et sur la grande route de Culiacan à Arispe. Cette ville, appelée primitivement *Villa de San Felipe y Santjago*, était autrefois la capitale de la prov. de Cinaloa et est encore aujourd'hui la ville la plus florissante de l'état, par son industrie et son commerce; 10,000 hab.

CINCINNATI, v. des États-Unis de l'Amérique du Nord, état d'Ohio, comté de Hamilton dont elle est le chef-lieu, sur la rive droite de l'Ohio, à l'endroit où commence le canal qui joint cette rivière à la ville de Dayton, sur le Miami. Sa position dans une contrée très-basse l'expose fréquemment aux inondations de l'Ohio. Cincinnati est la ville la plus grande, la plus belle et la plus commerçante des états occidentaux de l'Union. Son accroissement est vraiment prodigieux. En 1805 elle n'avait que 500 habitants; en 1810 on en comptait 2540; en 1824 il y en avait déjà 12,016; en 1826, leur nombre montait à 16,230; en 1830, à 24,831; actuellement il dépasse 40,000. On peut dire que les habitants de Cincinnati se font tous remarquer par leur esprit actif et entreprenant. Profitant de la position avantageuse de leur ville, ils l'ont rendue la rivale de Pittsburgh par l'étendue de leurs relations commerciales et par la quantité, la variété et la bonté des produits de leur industrie; ces derniers se sont élevés, dès l'année 1826 à la valeur annuelle de dix millions de francs. La confection des machines à vapeur, les manufactures de coton, les draps de différentes qualités, les fonderies de caractères d'imprimerie et pour les métaux, les papeteries, les fabriques de savon, de chandelles, de briques, les brasseries, les raffineries de sucre, plusieurs produits chimiques sont les principaux objets de l'industrie de Cincinnati. On doit ajouter que cette ville paraît être actuellement la principale dans la partie occidentale de l'Union pour tout ce qui concerne les produits intellectuels; ses imprimeries ont déployé une activité immense; en 1826 elles publiaient dix journaux; leur nombre et leurs produits ont encore augmenté depuis. Cincinnati est la résidence d'un évêque catholique et peut être regardé comme le principal entrepôt du commerce de l'Ohio. Plusieurs belles places et quelques beaux édifices ornent cette ville. Nous citerons: la cathédrale, le palais de justice, le marché principal, les bâtiments de l'école de médecine, l'hôpital du commerce, un moulin à vapeur de dix étages et une belle machine hydraulique. Cincinnati renferme dix églises de différents cultes, une école de médecine, avec un jardin botanique et un riche cabinet d'histoire naturelle, un collége académique, avec une bibliothèque de 15,000 volumes, un séminaire lancastérien, une académie des beaux-arts, avec une galerie de tableaux et d'antiquités américaines, deux théâtres, quatre banques, une maison des aliénés, plusieurs hôpitaux et autres établissements de bienfaisance; elle est en outre le siége de la Western-emigrant-society et d'une société biblique. Cette ville partage avec Pittsburgh l'avantage d'être la ville de l'intérieur, où l'on construit le plus de bateaux à vapeur. Depuis plusieurs années on a transféré dans cette ville le quartier-général du commandement de la division militaire occidentale de la confédération, qui était auparavant à Louisville. Dans les environs de Cincinnati on trouve de nombreux restes d'anciennes fortifications des indigènes.

CINCINNATUS, pet. v. des États-Unis de l'Amérique du Nord, état de New-York, comté de Cortland; agriculture; commerce; 3000 hab.

CINCORA (Serra). *Voyez* MANTIQUEIRA (Serra da).

CINCURA (Rio-). *Voyez* CONTAS (Rio-das-).

CINDRE, vg. de Fr., Allier, arr. de la Palisse, cant. de Jaligny, poste de St.-Gérand-le-Puy; 820 hab.

CINEGA. *Voyez* MAGDALENA (fleuve).

CINESI, b. de Sicile, intendance de Palerme; 4000 hab.

CINGOLI, v. des états de l'Église, délégation de Macerata; située sur la pente d'une montagne; 2050 hab.

CINQ (baie). *Voyez* FORTUNE (baie de la).

CINQ-AUTELS, vg. de Fr., Indre-et-Loire, arr. de Chinon, cant. et poste de Langeais; 1630 hab.

CINQ-CERFS, baie au S. de l'île de Terre-Neuve.

CINQ-ÉGLISES. *Voyez* FUNFKIRCHEN.

CINQ-MARS, vg. de Fr., Indre-et-Loire, arr. de Chinon, cant. et poste de Langeais; 1630 hab.

CINQUEFRONDI, b. de Naples, prov. de la Calabre ultérieure; 2000 hab.

CINQUÉTRAL, vg. de Fr., Jura, arr., cant. et poste de St.-Claude; 560 hab.

CINQUEUX, vg. de Fr., Oise, arr. de Clermont, cant. et poste de Liancourt; 740 hab.

CINQ-VILLAGES, juridiction du cant. des Grisons en Suisse, forma autrefois la seigneurie de Rauch-Aspermont. Les seigneurs d'Aspermont vendirent ce territoire au chapitre de la cathédrale de Coire, et les habitants rachetèrent plus tard leur liberté. Depuis la réunion à cette juridiction de l'ancienne seigneurie de Kaldenstein, par l'acte de médiation de la France, elle a reçu le nom de Cinq-Villages et comprend les cinq communes de Zizers, Trimmis, Igis, Untervatz et Kaldenstein, avec une population de 5500 hab. Pays fertile et bien cultivé.

CINTEGABELLE, pet. v. de Fr., Haute-Garonne, arr. et à 7 l. S.-S.-E. de Muret, chef-lieu de canton, poste d'Autérive; 3930 hab.

CINTHEAUX, vg. de Fr., Calvados, arr. de Falaise, cant. de Bretteville-sur-Laize, poste de Langannerie; 190 hab.

CINTRA, pet. v. de l'emp. du Brésil, prov. et comarque de Para, à l'embouchure du Maracanan, dont elle portait autrefois le nom. Quoique cette ville soit située dans une contrée très-fertile et qu'elle soit importante par ses pêcheries, sa population, qui décroît de jour en jour, ne s'élève plus qu'à 1200 âmes.

CINTRA, v. du Portugal, prov. d'Estramadure, dist. d'Alenquer, à 6 l. de Lisbonne, au pied septentrional des montagnes de même nom, sur lesquelles on voit les ruines d'un castel arabe. La ville est bien bâtie et l'on voit dans les environs beaucoup de maisons de campagne appartenant à des familles de Lisbonne. Son vieux château a servi de prison au roi Alphonse VI jusqu'à sa mort (1683); 2600 hab.

CINTRAY, vg. de Fr., Eure, arr. d'Évreux, cant. et poste de Breteuil; 150 hab.

CINTRAY, vg. de Fr., Eure-et-Loir, arr., cant. et poste de Chartres; 110 hab.

CINTRÉ, vg. de Fr., Ille-et-Vilaine, arr. de Rennes, cant. de Mordelles, poste de Montfort-sur-Meu; 700 hab.

CINTREY, vg. de Fr., Haute-Saône, arr. de Vesoul, cant. de Vitrey, poste; 420 hab.

CIOPPE, riv. du Brésil, prov. de Ciara, s'embouche dans l'Océan. à l'O. de la capitale.

CIOTAT (la), v. et port de Fr., Bouches-du-Rhône, arr. et à 5 l. S.-E. de Marseille, chef-lieu de canton; son port, sur la Méditerranée, est sûr et commode, et la ville, bien bâtie, est ornée de jolis quais et d'une belle promenade; mais l'eau douce y est rare. La Ciotat est le siége d'un tribunal de commerce; elle a une école d'hydrographie et un lazaret; cabotage étendu, pêche de sardines, anchois; salaisons recherchées; construction de navires de commerce et de machines à vapeur; commerce de fruits secs (figues blanches dites de Marseille), d'huile d'olives et de vins muscats; 5430 hab. Cette ville n'existe que depuis le quinzième siècle; ce n'était avant qu'un misérable hameau.

CIOTI, vg. de Fr., Corse, com. de San-Giovanni; 250 hab.

CIPIÈRES, vg. de Fr., Var, arr. de Grasse, cant. et poste de Coursegoules; 880 hab.

CIRAC (Saint-), vg. de Fr., Ariège, com. de Soule; 300 hab.

CIRAL, vg. de Fr., Orne, arr. d'Alençon, cant. et poste de Carrouges; 1270 hab.

CIRAN, vg. de Fr., Indre-et-Loire, arr. de Loches, cant. et poste de Ligueil; 570 h.

CIRAN-DU-JAMBOT (Saint-), vg. de Fr., Indre, arr. de Châteauroux, cant. et poste de Châtillon-sur-Indre; 410 hab.

CIRCARS-DU-NORD, ancienne prov. de l'Inde, comprise aujourd'hui dans la présidence de Madras. Elle s'étend entre 76° et 83° long. E. et 14° 22' et 19° 55' lat. N., le long du golfe du Bengale, au N. du Karnatic, et forme aujourd'hui les cinq districts de Gantour, Mazulipatam, Radjamandri, Vizagapatam et Gaudjam. Ses principales villes portent le même nom que les districts dont elles sont les chefs-lieux. C'est un pays montueux, boisé, très-fertile, arrosé par le Godavery, le Kistnah, le Gondegamma, le Poundy, le Gaugam. Ses principales productions sont: le blé, l'indigo, la canne à sucre, le coton, le tabac; il existe beaucoup de fabriques dans les grandes villes. Les habitants, au nombre de trois millions, sont agriculteurs, nourrisseurs, constructeurs de vaisseaux, industriels, etc. Les districts ou circars avaient anciennement leurs radjahs indépendants; en 1241 ils furent réunis à l'empire mahométan de Bhamanu, soumis par le grand-mogol en 1687, et échurent aux Anglais en 1759 et 1788.

CIRCASSIE (la), est le pays habité par les Circassiens ou Tcherkesses et les Abazes, leurs vassaux. Elle occupe le versant méridional du Caucase, depuis l'embouchure du Kouban jusqu'aux frontières de la Mingrélie, entre 34° 32' et 45° 15' long. E. et 41° 53' et 45° 11' lat. N. et est divisée en Grande-Kabarda, située dans le bassin du Kouban, et Petite-Kabarda, dans la partie moyenne de celui du Terek. Les Circassiens sont mahométans, divisés en cinq castes; la beauté des femmes circassiennes est proverbiale dans tout l'Orient. La forme de leur gouvernement est une république aristocratique et militaire. Comme leur pays occupe près de cent lieues de côtes sur la mer Noire, la Russie n'aura la domination absolue et la libre disposition de cette mer qu'après les avoir assujettis. De là le prix qu'elle attache à la soumission d'un peuple dont l'esprit indépendant et l'humeur belliqueuse ne promettent pas à son ennemi de prochains succès. *Voyez* CAUCASE.

CIRCELLO, *Circæum Promontorium*, promontoire dans les états de l'Église, sur la mer Tyrrhénienne, à quelques milles au S.-O. de Terracine, auquel l'Odyssée a donné de la célébrité en plaçant près de là le séjour de Circé; de son sommet on aperçoit le Vésuve et la coupole de St.-Pierre. La ville de Circeji, qui s'y trouvait autrefois et où fut relégué et mourut Lepidus, est aujourd'hui en ruines.

CIRCLEVILLE, pet. v. des États-Unis de l'Amérique du Nord, état d'Ohio, comté de Pickaway, dont elle est le chef-lieu, sur la rive droite du Scioto, dans une plaine très-fertile. Les restes d'anciennes fortifications des indigènes aux environs de Circleville, ont en partie disparu sous les constructions de la ville moderne. Ces fortifications, qui s'étendaient à l'O. de l'Ohio jusqu'aux Montagnes-Rocheuses, ont été le sujet de profondes recherches de la part de plusieurs savants de l'Europe et de l'Amérique, recherches résumées avec une rare sagacité et une vaste érudition par MM. de Humboldt, Warden et Malte-Brun. Nous renvoyons à cet effet nos lecteurs surtout au mémoire que M. Warden a publié en 1827, dans les *Mémoires de la société de géographie de Paris* et à l'*Atlas ethnographique du globe*, par Balbi; 2000 hab.

CIRCOURT, vg. de Fr., Moselle, com. de Xivry-le-Franc; 270 hab.

CIRCOURT, vg. de Fr., Vosges, arr., cant. et poste de Neufchâteau; forges; 350 hab.

CIRÉ, vg. de Fr., Charente-Inférieure, arr. de Rochefort-sur-Mer, cant. d'Aigrefeuille, poste de Croix-Chapeau; 935 hab.

CIRENCESTER, *Corinium*, pet. v. d'Angleterre, comté de Gloucester, sur le Churn, nomme deux députés au parlement. Elle est remarquable par ses fabr. de poteries, ses mégisseries et ses coutelleries. Dans le voisinage on trouve le beau parc de lord Bathurst; le grand chemin de fer occidental y passe; 5000 hab.

CIRÈS, vg. de Fr., Haute-Garonne, arr. de St.-Gaudens, cant. et poste de Bagnères-de-Luchon; 150 hab.

CIRÈS-LES-MELLO, vg. de Fr., Oise, arr. de Senlis, cant. de Neuilly-en-Thelle,

5

poste de Creil; filat. de laine et fabr. de tissus mérinos; 1280 hab.

CIREY, vg. de Fr., Côte-d'Or, arr. de Beaune, cant. et poste de Nolay; 370 hab.

CIREY, vg. de Fr., Côte-d'Or, arr. de Dijon, canf. et poste de Pontailler-sur-Saône; 300 hab.

CIREY, vg. de Fr., Haute-Saône, arr. de Vesoul, cant. et poste de Rioz; 670 hab.

CIREY-LE-CHATEAU ou **SUR-BLAISE**, vg. de Fr., Haute-Marne, arr. de Vassy, cant. et poste de Doulevant; forges, hauts-fourneaux; affineries; 740 hab.

CIREY-LES-FORGES, vg. de Fr., Meurthe, arr. de Sarrebourg, cant. de Lorquin, poste de Blamont; scieries hydrauliques; manufacture renommée de glaces coulées de la plus grande dimension; fabr. de faïence; 2100 hab.

CIREY-LES-MAREILLES, vg. de Fr., Haute-Marne, arr. de Chaumont-en-Bassigny, cant. et poste d'Andelot; 270 hab.

CIRFONTAINES-EN-AZOIS, vg. de Fr., Haute-Marne, arr. de Chaumont-en-Bassigny, cant. et poste de Château-Villain; 540 hab.

CIRFONTAINES-EN-ORMOIS, vg. de Fr., Haute-Marne, arr. de Vassy, cant. de Poissons, poste de Sailly; 370 hab.

CIRGUE (Saint-), vg. de Fr., Tarn, arr. d'Albi, cant. et poste de Valence-en-Albigeois; 860 hab.

CIRGUES (Saint-), vg. de Fr., Haute-Loire, arr. de Brioude, cant. de Lavoute-Chilhac, poste de Langeac; 620 hab.

CIRGUES (Saint-), vg. de Fr., Lot, arr. de Figeac, cant. de la Tronquière, poste de Maurs; 1480 hab.

CIRGUES (Saint-), vg. de Fr., Puy-de-Dôme, arr. et poste d'Issoire, cant. de Champeix; 240 hab.

CIRGUES-DE-JORDANNE (Saint-), vg. de Fr., Cantal, arr., cant. et poste d'Aurillac; 1240 hab.

CIRGUES-DE-MALBERT (Saint-), vg. de Fr., Cantal, arr. d'Aurillac, cant. de St.-Cernin, poste de St.-Martin-Valmeroux; 1470 hab.

CIRGUES-DE-PRADES (Saint-), vg. de Fr., Ardèche, arr. de l'Argentière, cant. et poste de Thueyts; 490 hab.

CIRGUES-EN-MONTAGNE (Saint-), vg. de Fr., Ardèche, arr. de l'Argentière, cant. et poste de Montpezat; 720 hab.

CIRGUES-LA-ROCHE (Saint-), vg. de Fr., Corrèze, arr. de Tulle, cant. de Servières, poste d'Argentat; 1050 hab.

CIRIAC (Saint-), vg. de Fr., Tarn, com. de Giroussens; 300 hab.

CIRICE (Saint-), vg. de Fr., Tarn-et-Garonne, arr. de Moissac, cant. et posté d'Anvillars; 400 hab.

CIRIE, *Cyriacum*, pet. v. du roy. de Sardaigne, intendance-générale de Turin; 3500 hab.

CIRIÈRE, vg. de Fr., Deux-Sèvres, arr.

et poste de Bressuire, cant. de Cerizcy; 570 hab.

CIRKNITZ ou **CZIRKNITZ**, b. d'Autriche, gouv. de Laibach, cer. d'Adelsberg, sur la Brohitza; commerce de sel. Dans ses environs se trouve le lac du même nom; 2000 hab.

CIRKNITZ ou **CZIRKNITZ**, lac du gouv. de Laibach, en Autriche. Ses eaux se perdent en été par des conduits souterrains appelés Sucha Solza, et reparaissent en automne, en sorte qu'on y fait successivement la pêche, la chasse et même la moisson. Il y a plusieurs petites îles. Sa superficie est de 3 l. c. géogr.

CIRO, v. du roy. des Deux-Siciles, prov. de la Calabre citérieure, sur la pente d'une montagne baignée par le Sirop; 4000 hab.

CIRON (le), riv. de Fr., a sa source dans le dép. des Landes, au N. du village d'Estampon, cant. de Gabarret, arr. de Mont-de-Marsan; elle arrose une petite partie S.-O. du dép. de Lot-et-Garonne, et courant vers le N.-O., elle pénètre dans celui de la Gironde, passe par Villandraut et se jette dans la Garonne, à 2 l. environ au-dessous de Langon, après un cours de 18 l.

CIRON, vg. de Fr., Indre, arr., cant. et poste du Blanc; 310 hab.

CIRQ (Saint-), vg. de Fr., Aveyron, arr. de Rhodez, cant. de Requista, poste de Cassagnes-Bégonhès; 900 hab.

CIRQ (Saint-), vg. de Fr., Dordogne, arr. de Sarlat, cant. et poste du Bugue; 300 hab.

CIRQ (Saint-), vg. de Fr., Tarn-et-Garonne, arr. de Montauban, cant. et poste de Caussade; 770 hab.

CIRQ-DE-MADELON (Saint-), vg. de Fr., Lot, com. de Millac; 360 hab.

CIRQ-LAPOPIE (Saint-), vg. de Fr., Lot, arr. et poste de Cahors, cant. de St.-Géry; 1330 hab.

CIRY-LE-NOBLE, vg. de Fr., Saône-et-Loire, arr. de Charolles, cant. de Toulon-sur-Arroux, poste de Pervecy; exploitation de houille; fabr. de grès fin, briques, creusets; poterie; 1400 hab.

CIRY-SALSOGNE, vg. de Fr., Aisne, arr. de Soissons, cant. et poste de Braisne; 570 h.

CISAI-SAINT-AUBIN, vg. de Fr., Orne, arr. d'Argentan, cant. et poste de Gacé; 670 hab.

CISE, vg. de Fr., Jura, arr. de Poligny, cant. et poste de Champagnole; 190 hab.

CISERY, vg. de Fr., Yonne, arr. et poste d'Avallon, cant. de Guillon; 170 hab.

CISMAR, chef-lieu d'un petit duché du même nom dans le roy. de Danemark; 4800 hab.

CISNEROS, b. d'Espagne, roy. de Léon, prov. de Valladolid, dist. de Carrion; 2200 hab.

CISOING. *Voyez* CYSOING.

CISPLATINA. *Voyez* URUGUAY (république).

CISSAC, vg. de Fr., Gironde, arr. de

Lesparre, cant. et poste de Pouillac; 930 h.

CISSÉ, vg. de Fr., Vienne, arr. de Poitiers, cant. et poste de Neuville; 890 hab.

CISSEY, vg. de Fr., Côte-d'Or, com. de Merceuil; 350 hab.

CISSEY, vg. de Fr., Eure, arr. d'Évreux, cant. et poste de St.-André; 170 hab.

CISTERNES-LAFORÊT, vg. de Fr., Puy-de-Dôme, arr. de Riom, cant. et poste de Pontaumur; 1000 hab.

CISTERNA, b. des états de l'Église, dist. de Rome, situé tout près des marais Pontins; 2000 hab.

CISTERNINO, v. du roy. des Deux-Siciles, intendance de Bari; 3600 hab.

CISTRIÈRES, vg. de Fr., Haute-Loire, arr. de Brioude, cant. et poste de la Chaise-Dieu; 1030 hab.

CITADELLA, pet. v. du roy. Lombard-Vénitien, gouv. de Milan, délégation de Vicence, dans une plaine, sur la Brentella; importante par son industrie et son commerce; 6600 hab.

CITARA. *Voyez* QUIBDO.

CITEAUX, ham. de Fr., Côte-d'Or, com. de St.-Nicolas; fabr. de sucre indigène. C'est dans la forêt du même nom que St.-Robert, abbé de Molesme, fonda, en 1098, la célèbre abbaye de Citeaux, qui devint si considérable et si riche, que moins de 20 ans après elle put détacher des espèces de colonies et fonder de nouvelles maisons de l'ordre, telles que les abbayes de La Ferté, de Pontigni et de Clairvaux; 40 hab.

CITERNE, vg. de Fr., Somme, arr. d'Abbeville, cant. d'Hallencourt, poste d'Airaines; 530 hab.

CITERS, vg. de Fr., Haute-Saône, arr. de Lure, cant. et poste de Luxeuil; 970 hab.

CITEY, vg. de Fr., Haute-Saône, arr. de Gray, cant. et poste de Gy; 300 hab.

CITOU, vg. de Fr., Aude, arr. de Carcassonne, cant. et poste de Peyriac-Minervois; 670 hab.

CITRY, vg. de Fr., Seine-et-Marne, arr. de Meaux, cant. et poste de la Ferté-sous-Jouarre; 740 hab.

CITTA-DELLA-PIEVE, *Civitas Plebis*, v. des états de l'Église, délégation de Pérouse, siége d'un évêché; elle a de nombreux couvents et églises; 2400 hab.

CITTA-DI-CASTELLO, *Tifernum*, v. épiscopale des états de l'Église, située sur le Tibre, délégation de Pérouse; 6000 hab.

CITTA-NOVA, pet. v. d'Autriche, gouv. de Trieste, cer. d'Istrie, à l'embouchure du Quieto, presque déserte, à cause de son air malsain. Siége d'un évêché. Bon port. C'est là que s'élevait Æmonia, ancienne ville romaine; 832 hab.

CITTA-VECCHIA, b. du roy. de Dalmatie, cer. de Spalatro; 2103 hab.

CITTA-VECCHIA ou MÉDINA, v. de l'île de Malte, son ancienne capitale. L'évêque de Citta-Vecchia, suffragant de l'archevêque de Palerme, demeure ordinairement à la Valette. On y trouve des catacombes très remarquables; 3500 hab.

CIUDAD-DE-MATANZAS. *Voyez* MATANZAS.

CIUDAD-DE-SAN-FÉLIPE. *Voyez* FÉLIPE (San-).

CIUDAD-DE-SAN-ISIDORO-DE-HOLGUIN. *Voyez* HOLGUIN.

CIUDAD-DE-SANTA-MARIA-DE-PUERTO-PRINCIPE. *Voyez* PUERTO-PRINCIPE.

CIUDADELLA, *Jamno*, v. d'Espagne, sur la côte occ. de l'île de Minorque; évêché et chef-lieu du district du même nom; elle a un bon port protégé par le château St.-Nicolas et une belle cathédrale. Près de là on voit la cava Perella, grotte renfermant de belles stalactites; 2400 hab.

CIUDAD-FERDINANDINA-DE-JAGUA. *Voyez* JAGUA.

CIUDAD-MARITIMA-DE-SANTJAGO-DE-CUBA. *Voyez* CUBA.

CIUDAD-MARITIMA-DE-TRINIDAD. *Voyez* TRINIDAD.

CIUDAD-RÉAL, pet. v. de la rép. de Vénézuela, dép. de l'Orénoque, prov. de Guyane. Cette ville, fondée en 1759 par Jos. Iturriaga, est fréquemment exposée aux vexations des Caraïbes et finira peut-être par être entièrement abandonnée.

CIUDAD-RÉAL, v. de la confédération mexicaine, état de Chiapa, dont elle est la capitale, sur un affluent du Zeldales, dans une contrée très-fertile. Cette ville, siége d'un évêque, fut fondée, en 1528, par Diégo de Mazariégos, sur l'emplacement d'une ancienne ville indienne et porta d'abord le nom de Villa-Réal, changé plus tard en celui de Villa-Viciosa, qu'elle échangea encore contre celui de San-Christoval-de-los-Llanos, et reçut enfin le nom officiel de Ciudad-Réal. Elle est la patrie de Francisco Salcédon et de Diégo de Saez, deux franciscains justement estimés; collége, hôpital, industrie, commerce; source intermittente et grotte de stalactites dans les environs; 4300 hab.

CIUDAD-RÉAL, *Civitas Regia*, *Philippopolis*, v. d'Espagne, roy. de la Nouvelle-Castille, prov. de la Manche, chef-lieu du district du même nom, à 24 l. S. de Tolède. Elle est bien bâtie, a cinq hôpitaux, un collége, des fabriques de draps, de cuir et de ganterie. On y tient chaque année un marché de mulets, sur lequel on compte quelquefois jusqu'à 10,000 de ces animaux; 8500 hab.

CIUDAD-RODRIGO, *Civitas Roderici*, *Rodericopolis*, v. forte d'Espagne, roy. de Léon, prov. et à 19 l. S.-O. de Salamanque, évêché et chef-lieu du district du même nom, située sur l'Aqueda que l'on y traverse sur un pont de neuf arches. Elle a une forte citadelle et des murs flanqués de bastions, 7 portes, 2 faubourgs, 8 églises paroissiales, 3 hôpitaux, un collége, un séminaire épiscopal, etc. Sur sa place, l'on voit trois colonnes romaines avec des inscriptions. Sa population, de 11,000 habitants, est très-industrieuse; manufactures de draps, de toiles; tannerie; on y fabrique le savon dur, xabon de piedra (savon de pierre), renommé dans le commerce. En 1812, Wellington y battit les Français et prit de cette affaire le titre de duc de Ciudad-Rodrigo.

CIUDAD-VIEJA. *Voyez* GUATEMALA-LA-VIEJA.

CIUDAD-Y-PUERTO-DE-NUESTRA-SEN-NORA-DE-LA-ASSUMPCION-DE-BARACOA. *Voyez* BARACOA.

CIVAUX, vg. de Fr., Vienne, arr. et à 4 l. O. de Montmorillon, cant. et poste de Lussac-les-Châteaux. Dans un champ près de ce village, on remarque une grande quantité de tombeaux en pierre. Ce sont, selon la tradition, les tombes des Francs morts dans une bataille contre les Visigoths, en 507; 750 hab.

CIVENS, vg. de Fr., Loire, arr. de Montbrison, cant. et poste de Feurs; 430 h.

CIVIDAD-DEL-RIO-DE-LA-HACHA (province et ville). *Voyez* RIO-HACHA.

CIVIDALE, *Forum Julii*, pet. v. du roy. Lombard-Vénitien, gouv. de Venise, délégation d'Udine; sa bibliothèque est remarquable par le célèbre évangéliaire qu'on y conserve. Cette ville est très-ancienne et renferme un grand nombre d'antiquités romaines; 3000 h.

CIVIÈRE, vg. de Fr., Eure, arr. des Andelys, cant. d'Ecos, poste de Thilliers-en-Vexin; 360 hab.

CIVITA-A-MARE, b. du roy. des Deux-Siciles, prov. de Capitanate, situé sur la mer.

CIVITA-AQUANA, b. du roy. des Deux-Siciles, prov. de l'Abruzze ultérieure Ire, situé dans une vallée au pied des Apennins; 1500 hab.

CIVITA-CASTELLANA, *Faliseæ*, v. épiscopale des états de l'Église, délégation de Viterbe; on suppose que c'est l'ancienne Veies; pont remarquable sur le Rio-Maggiore; la citadelle sert de prison aux criminels d'état; 3000 hab.

La bataille de Civita-Castellana, dite aussi bataille de Calvi, du nom d'une rivière voisine, eut lieu le 9 décembre 1798, entre les Napolitains, sous Mack, et les Français, sous Championnet et Macdonald.

CIVITA-DELL'ABACIA, v. du roy. des Deux-Siciles, prov. de l'Abruzze ultérieure Ire; 2000 hab.

CIVITA-DI-CHIETI. *Voyez* CHIETI.

CIVITA-DI-PENNA, *Pinnas*, v. épiscopale du roy. des Deux-Siciles, prov. de l'Abruzze ultérieure Ire, située au pied du col d'Alterolo; elle est mal bâtie et sans industrie; 9000 hab.

CIVITA-DUCALE, *Civitas Ducalis*, v. épiscopale du roy. des Deux-Siciles, prov. de l'Abruzze ultérieure IIe, sur le Velino; 9000 hab.

CIVITA-SAN-ANGÉLO, b. du roy. des Deux-Siciles, prov. de l'Abruzze ultérieure Ire, situé sur la Piomba; commerce de grains, vins et huiles; 4500 hab.

CIVITA-VECCHIA, *Centum Cellæ*, chef-lieu de la délégation de ce nom, états de l'Église, à 15 l. N.-O. de Rome; ville forte, avec un arsenal et des chantiers militaires; siège d'un évêché et d'un tribunal; est importante comme port franc sur la Méditerranée; elle est l'entrepôt du commerce du pays; 7000 hab.

CIVITELLA, b. du grand-duché de Toscane, dist. de Florence; 1000 hab.

CIVITELLA-DEL-FRONTO, *Belegra*, pet. v. du roy. des Deux-Siciles, prov. de l'Abruzze ultérieure Ire, dans la vallée de Roveto; est importante comme place de guerre.

CIVRAC, vg. de Fr., Gironde, arr. de Blaye, cant. de St.-Savin, poste de Cavignat; 820 hab.

CIVRAC-EN-MÉDOC, vg. de Fr., Gironde, arr., cant. et poste de Lesparre; 800 hab.

CIVRAC-SUR-DORDOGNE, vg. de Fr., Gironde, arr. de Gironde, cant. de Pujols, poste de Castillon; 420 hab.

CIVRAN (Saint), vg. de Fr., Indre, arr., du Blanc, cant. et poste de St.-Benoît; 460 hab.

CIVRAY, vg. de Fr., Cher, arr. de Bourges, cant. et poste de Charost; 1560 hab.

CIVRAY, vg. de Fr., Indre-et-Loire, arr. de Loches, cant. et poste de la Haye-Descartes; 330 hab.

CIVRAY, vg. de Fr., Indre-et-Loire, arr. de Tours, cant. et poste de Bléré; 1030 h.

CIVRAY, v. de Fr., Vienne, chef-lieu d'arrondissement, à 12 l. S. de Poitiers; siège d'un tribunal de première instance et d'une conservation des hypothèques; elle est située dans une campagne fertile, sur la rive droite de la Charente, et possède un collége communal et une société d'agriculture. L'église est remarquable par son antiquité. On y voit aussi les ruines d'un ancien château. Commerce en grains, céréales, truffes, marrons renommés, châtaignes excellentes, siliates, graines de trèfle, luzerne, laines, eaux-de-vie, mules, chevaux, bestiaux, moutons. Foires : 17 janvier, 30 juin, 2 octobre, 13 novembre, mardi avant mi-carême et lundi avant Pentecôte; 2100 h.

CIVRIAT, ham. de Fr., Jura, com. de Bourcia; 290 hab.

CIVRIEUX, vg. de Fr., Ain, arr., cant. et poste de Trévoux; 340 hab.

CIVROUX-D'AZERGUES, vg. de Fr., Rhône, arr. de Lyon, cant. de Limonest, poste de Chasselay; 400 hab.

CIVRY, vg. de Fr., Eure-et-Loir, arr., cant. et poste de Châteaudun; 560 hab.

CIVRY, vg. de Fr., Yonne, arr. d'Avallon, cant. de l'Isle-sur-le-Serein, poste de Lucy-le-Bois; 440 hab.

CIVRY-EN-MONTAGNE, vg. de Fr., Côte-d'Or, arr. de Beaune, cant. et poste de Pouilly-en-Montagne; 330 hab.

CIVRY-LA-FORÊT, vg. de Fr., Seine-et-Oise, arr. de Mantes, cant. d'Houdan, poste de Septeuil; 320 hab.

CIZANCOURT, vg. de Fr., Somme, arr. et poste de Péronne, cant. de Nesle; 60 h.

CIZAY, vg. de Fr., Maine-et-Loire, arr. de Saumur, cant. et poste de Montreuil-Belley; 580 hab.

CIZE, vg. de Fr., Ain, arr. et poste de Bourg-en-Bresse, cant. de Ceyzeriat; 170 h.

CIZE. *Voyez* PAU.

CIZELY, vg. de Fr., Nièvre, arr. de Nevers, cant. et poste de St.-Benin-d'Azy; 230 hab.

CIZOS, vg. de Fr., Hautes-Pyrénées, arr. de Bagnères-en-Bigorre, cant. et poste de Castelnau-Magnoac; 350 hab.

CIZY (Saint-), vg. de Fr., Haute-Garonne, arr. de Muret, cant. de Cazères, poste de Martres; 90 hab.

CJÉCHANOVICÉ, pet. v. du roy. de Pologne, woïwodie d'Augustow, dist. de Lomza, sur la Nurzec; beau château; hôpital; 3000 h.

CLABOGOURANI ou **CLIBBOLIKHOUNI**, b. de l'Hottentotie, Afrique, dans le pays des Betjouanas, non loin de la source du Croumann ou Couroubmann; lat. S. 27° 30'.

CLACKMANNAN, comté d'Écosse. Ses bornes sont : au S. et au S.-E. le Forth, rivière qui le sépare du comté de Stirling, au N.-E, au N. et à l'O. le comté de Perth. Sa superficie est un peu plus de 2 l. c. géogr. et sa population de 13,300 hab.; son climat est doux et sain; ses productions sont : du froment, de l'orge, de l'avoine, des légumes, du lin, des bêtes à cornes, des brebis, des porcs, des poissons, du fer, de la houille, de la chaux et des pierres de construction. L'agriculture et l'éducation du bétail sont la principale ressource des habitants. On exporte une grande quantité de houille (14,000,000 quintaux par an), des ouvrages en fer, de la laine et des toiles. Le comté n'a pas de subdivisions.

CLACKMANNAN, pet. v. d'Écosse, chef-lieu du comté du même nom, sur une colline élevée de 190 pieds au-dessus des eaux du Forth, qui y reçoit le Devon-Noir. Petit port; commerce de houille; grandes forges; 4000 hab.

CLACHALOZE, vg. de Fr., Seine-et-Oise, com. de Gommecourt; 350 hab.

CLACY, vg. de Fr., Aisne, arr., cant. et poste de Laon; 140 hab.

CLADECH, vg. de Fr., Dordogne, arr. de Sarlat, cant. et poste de Belvès; 270 h.

CLAIBORNE (chef-lieu). *Voyez* MONROÉ.

CLAIBORNE, comté de l'état du Mississipi, États-Unis de l'Amérique du Nord; il est borné par les comtés de Warren, de Hinds, de Jefferson et par l'état de Louisiane. Ce pays, traversé par le Mississipi, qui y reçoit le Pierre et le Big-Black, est couvert d'immenses forêts et encore peu cultivé; Gibson sur le Pierre est le chef-lieu du comté; 7000 hab.

CLAIBORNE, comté de l'état de Missouri, États-Unis de l'Amérique du Nord. Ce comté, formé en 1821, de parties des anciens dist. de Cooper, de Wayne, de Howard et de Pike, présente une vaste plaine couverte de forêts et d'eaux stagnantes et presque inculte; sa population est encore très-faible; Redbluff est le chef-lieu du comté.

CLAIN (le), *Clanis*, riv. de Fr., a sa source dans le dép. de la Charente, à quelques lieues N.-O. de Confolens; elle coule vers le N.-O., pénètre dans le dép. de la Vienne, où elle passe à Joussé, Vivonne; de là elle prend une direction N.-N.-E., passe à Poitiers et se jette dans la Vienne, au-dessus de Châtellerault, après un cours de 25 l.

CLAIR (Saint-), vg. de Fr., Ardèche, arr. de Tournon, cant. et poste d'Annonay; 350 hab.

CLAIR (Saint-), vg. de Fr., Calvados, com. de Goustranville-St.-Clair; 220 hab.

CLAIR (Saint-), vg. de Fr., Isère, arr., cant. et poste de la Tour-du-Pin; 990 hab.

CLAIR (Saint-), vg. de Fr., Isère, arr. de Vienne, cant. de Roussillon, poste de Condrieu; 610 hab.

CLAIR (Saint-), vg. de Fr., Lot, arr., cant. et poste de Gourdon; 540 hab.

CLAIR (Saint-), b. de Fr., Manche, arr., à 3 l. N.-N.-E. et poste de St.-Lô, chef-lieu de canton; 720 hab.

CLAIR (Saint-). *Voyez* CROIX-ROUSSE.

CLAIR (Saint-). *Voyez* GOMETZ-LE-CHATEL.

CLAIR (Saint-), vg. de Fr., Tarn-et-Garonne, arr. de Moissac, cant. et poste de Valence-d'Agen; 390 hab.

CLAIR (Saint-), vg. de Fr., Vienne, arr. de Loudun, cant. de Moncontour, poste de Mirebeau; 590 hab.

CLAIR (Saint-), b. florissant des États-Unis de l'Amérique du Nord, état d'Ohio, comté de Butler, sur le Miami; 1800 hab.

CLAIR (Saint-), comté de l'état d'Illinois, États-Unis de l'Amérique du Nord. Il est borné par les comtés de Madison, de Washington, de Monroé et par l'état de Missouri. Sa population s'élève à 7000 âmes, la plupart Français-Canadiens. La Kaskaskia et la Cahokia arrosent ce pays assez fertile.

CLAIR (Saint-), lac appartenant en partie au territoire des États-Unis de l'Amérique du Nord, en partie à celui du Bas-Canada. Il s'étend entre 42° 15' et 42° 40' de lat. N. et a 32 l. de circonférence. La rivière de St.-Clair le met en communication avec le lac Huron, qui lui envoie ses eaux, et lui-même se décharge par le canal de Détroit dans le lac Érié. Il porte plusieurs îles appartenant soit à l'Union soit aux Anglais, selon qu'elles se trouvent rapprochées de l'un ou de l'autre des deux territoires.

CLAIR (Saint-), comté de l'état d'Alabama, États-Unis de l'Amérique du Nord; il est borné par les comtés de Shelby, de Jefferson, de Blount et par les districts des Tschérokis et des Creeks. Sa population est de 6000 âmes. La Coosa, qui y reçoit le Wills-Crick et le Canoé, arrose ce pays qui renferme en outre les sources du Little-Warrior et de la Cahawba. St.-Clairsville, sur le Canoé, est le chef-lieu du comté.

CLAIR (Saint-), v. des États-Unis de l'Amérique du Nord, état de Pensylvanie, comté d'Alleghany, dont elle est le chef-lieu, sur la Monangahéla; mines de houille très-considérables; 4000 hab.

CLAIR (Saint-), pet. v. des États-Unis de l'Amérique du Nord, état de Pensylvanie, comté de Bedford; 2600 hab.

CLAIRA, vg. de Fr., Pyrénées-Orientales, arr. de Perpignan, cant. de Rivesaltes, poste de St.-Laurent-de-la-Salanque; 1050 h.

CLAIRAC, ham. de Fr., Hérault, com. de Boussagues; papeterie; 110 hab.

CLAIRAC, v. de Fr., Lot-et-Garonne, arr. et à 5 l. S.-E. de Marmande, cant. de Tonneins, poste; elle est bien bâtie et agréablement située sur la rive droite du Lot; commerce de vins blancs de Clairac, d'eaux-de-vie de prunes d'Agen et minots. Cette ville doit son origine à un ancien monastère, dont le supérieur, Gérard Roussel, embrassa le protestantisme, en 1527, et entraîna la majorité des habitants de Clairac dans le nouveau culte. Louis XIII assiégea Clairac et s'en empara en 1621; 4930 hab.

CLAIRAVAUD, vg. de Fr., Creuse, arr. d'Aubusson, cant. de la Courtine, poste de Felletin; 830 hab.

CLAIRBORNE, comté de l'état de Tennessée, États-Unis de l'Amérique du Nord; il est borné par l'état de Virginie et par les comtés de Hawkins, de Grainger et de Campbell. Sa population s'élève à 7500 âmes. Ce pays, traversé par les Clinch-Mountains, ne présente que des montagnes et des vallées arrosées par le Powell, le Clinch et d'autres petites rivières. Tazewell est le chef-lieu du comté.

CLAIR-D'ARCEY (Saint-), vg. de Fr., Eure, arr., cant. et poste de Bernay; 660 hab.

. **LAIR-DE-BEAUVILLE** (Saint-), vg. de Fr, Lot-et-Garonne, arr. d'Agen, cant. de Beauville, poste de la Roque-Timbaut; 200 h.

CLAIR-DE-BONNEVAL (Saint-). *Voyez* **AUBIN-DE-BONNEVAL** (Saint-).

CLAIR-DE-HALOUZE (Saint-), vg. de Fr., Orne, arr., cant. et poste de Domfront; forges; 960 hab.

CLAIR-D'HÉROUVILLE (Saint-). *Voyez* **HÉROUVILLE**.

CLAIREFEUILLE. *Voyez* **GERMAIN-DE-CLAIREFEUILLE** (Saint-).

CLAIREFONTAINE, ham. de Fr., Haute-Saône, com. de Polaincourt; fabr. de faïence; 170 hab.

CLAIREFONTAINE, vg. de Fr., Seine-et-Oise, arr. et poste de Rambouillet, cant. de Dourdan; 480 hab.

CLAIREFONTAINE, vg. de Fr., Vosges, com. de Ruaux; 240 hab.

CLAIREFOUGÈRE, vg. de Fr., Orne, arr. de Domfront, cant. et poste de Tinchebrai; 430 hab.

CLAIREGOUTTE, b. de Fr., Haute-Saône, arr. de Lure, cant. et poste de Champagney; fabr. de Kirschenwasser, toiles de coton, calicots, clous et instruments aratoires; 650 hab.

CLAIREGOUTTE, ham. de Fr., Vosges, com. de Val-d'Ajol; 220 hab.

CLAIRET, riv. de Fr., Hautes-Alpes, a sa source dans les montagnes qui bornent ce département du côté de la Savoie, au N. du village de Querellin, cant. de Briançon; elle coule du N. au S., passe près de Briançon et se jette dans la Durance un peu au-dessous de cette ville après un cours de 6 l.

CLAIRFAYTS, vg. de Fr., Nord, arr. d'Avesnes, cant. et poste de Solre-le-Château; 440 hab.

CLAIRFONTAINE, vg. de Fr., Aisne, arr. de Vervins, cant. et poste de la Capelle; verreries; 1430 hab.

CLAIRMAIN, vg. de Fr., Saône-et-Loire, arr. de Mâcon, cant. de Tramayes, poste de Cluny; 450 hab.

CLAIRMARAIS, vg. de Fr., Pas-de-Calais, arr., cant. et poste de St.-Omer; 230 hab.

CLAIROIX, vg. de Fr., Oise, arr., cant. et poste de Compiègne; 900 hab.

CLAIR-SUR-EPTE (Saint-), b. de Fr., Seine-et-Oise, arr. et à 6 l. N. de Mantes, cant. et poste de Magny. C'est à St.-Clair-sur-Epte que fut conclu, en 911, le traité par lequel Charles-le-Simple céda à Rollon, chef des Normands, la Neustrie maritime, qui prit alors le nom de Normandie; 600 h.

CLAIR-SUR-GALAURE (Saint-), vg. de Fr., Isère, arr. et poste de St.-Marcellin, cant. de Roybon; 560 hab.

CLAIR-SUR-LES-MONTS (Saint-), vg. de Fr., Seine-Inférieure, arr., cant. et poste d'Yvetot; 850 hab.

CLAIRSVILLE (Saint-), pet. v. des États-Unis de l'Amérique du Nord, état d'Ohio, comté de Belmont, sur une hauteur; grands magasins, banque, imprimerie, commerce; 2400 hab.

CLAIRVAUX, b. de Fr., Aube, arr., cant. et à 4 l. S.-S.-E. de Bar-sur-Aube, com. de Ville-sous-la-Ferté. Il est situé entre deux collines boisées, sur la rive gauche de l'Aube; il a des fabriques de toiles de coton, de percale, de couvertures de laine, de chapeaux de paille; filat. de laine, de coton et de fil et des forges considérables. On y fait commerce de vins, de grains et de bois; 2000 hab.

Clairvaux doit son origine à une abbaye de l'ordre des Citeaux, et dont St.-Bernard fut le fondateur et le premier abbé, en 1115. Plusieurs princes, et particulièrement Thibaut-le-Grand, comtes de Champagne, enrichirent ce monastère, qui devint un des plus considérables et des plus célèbres de France. Les revenus de l'abbaye étaient immenses; elle possédait surtout de grands vignobles, et la tonne de Clairvaux, qui rivalissait avec le fameux tonneau de Heidelberg et contenait 4800 mesures de vin, était flanquée d'un grand nombre d'autres tonneaux dignes de servir de cortége à cette pièce remarquable par ses dimensions colossales.

A la mort de St.-Bernard, l'abbaye avait 700 religieux, riche pépinière de cardinaux, d'archevêques et d'évêques; en 1789 il n'y en avait plus qu'une quarantaine que la révolution dispersa. Les vastes bâtiments du cloître ont été transformés en maison centrale de détention pour les condamnés des départements de l'Ain, des Ardennes, de l'Aube, de la Côte-d'Or, du Jura, de la Marne, de la Haute-Marne, de la Meurthe, de la Meuse, de la Moselle, de la Nièvre, de Saône-et-Loire et de l'Yonne. On y a établi des ateliers de toute espèce, où les détenus trouvent de l'occupation et le moyen de faire quelques économies, et, ce qui est bien plus, où ils peuvent, en prenant l'habitude du travail, corriger leurs mœurs afin de rentrer plus honnêtes au sein de la société.

CLAIRVAUX, vg. de Fr., Aveyron, arr. et poste de Rhodez, cant. de Marcillac; fabr. de toiles et de serges; 2270 hab.

CLAIRVAUX, pet. v. de Fr., Jura, arr. et à 5 l. S.-E. de Lons-le-Saulnier, chef-lieu de canton et poste; hauts-fourneaux, martinets, clouteries, papeteries; fabr. de draps et toiles; tissage de soie; 1375 hab.

CLAIRVAUX, pet. v. du roy. de Belgique, grand-duché de Luxembourg, dist. de Diekirch; tanneries; 550 hab.

CLAIRY, vg. de Fr., Somme, arr. et poste d'Amiens, cant. de Moliens-Vidame; 530 h.

CLAIRY-CRÉQUI, vg. de Fr., Somme, arr., cant. et passe de Péronne; 820 hab.

CLAIS, vg. de Fr., Seine-Inférieure, arr. et poste de Neufchâtel-en-Bray, cant. de Londinières; 400 hab.

CLAISE, riv. de Fr., a sa source au N. du village de Luant, dép. de l'Indre, arr., cant. et à 2 1/2 l. S.-O. de Châteauroux, coule vers l'O. et passe par Mézières-en-Brenne; sur la limite du département elle prend une direction N.-O. et pénètre dans le dép. d'Indre-et-Loire, passe à Preuilly, à Pressigny-le-Grand et se jette dans la Creuse à 1 l. environ au-dessus de la Haye-Descartes, après un cours de 20 l.

CLAIX, vg. de Fr., Charente, arr. d'Angoulême, cant. et poste de Blanzac; 570 h.

CLAIX, b. de Fr., Isère, arr. et poste de Grenoble, cant. de Vif; fabr. de papier au Pont-de-Claix; 1660 hab.

CLAM, vg. de Fr., Charente-Inférieure, arr. et poste de Jonzac, cant. de St.-Genis; 410 hab.

CLAMANGES, vg. de Fr., Marne, arr. de Châlons-sur-Marne, cant. et poste de Vertus; 290 hab.

CLAMART, b. de Fr., Seine, arr. et cant. de Sceaux, poste de Meudon; on y cultive principalement la vigne; fruits rouges et pois renommés; blanchisseries de linge; exploitation de pierres de taille; 1270 hab.

CLAMECY, vg. de Fr., Aisne, arr. et poste de Soissons, cant. de Vailly; 410 hab.

CLAMECY, *Clamecianum*, v. de Fr., Nièvre, chef-lieu d'arrondissement, à 15 l. N.-E. de Nevers; siège de tribunaux de première instance et de commerce, d'une conservation des hypothèques et d'une direction de contributions indirectes. Cette ville, située au pied d'une montagne au confluent du Beuvron et de l'Yonne, qui la traversent, a un joli château de construction moderne, sur la place de Vauvert. Un des faubourgs porte le nom de Bethléem, parce que, lors de l'expulsion des chrétiens de la Palestine, après la défaite des croisés, vers la fin du treizième siècle, Gui, comte de Nevers, y donna asile à l'évêque de Bethléem. Cet évêché a subsisté jusqu'à la révolution. Clamecy possède une société d'agriculture, un collége communal; fabr. de draps, faïenceries et tanneries. On y fait un commerce considérable de bois et de charbons; foires les 9 février, 20 mai, 28 juin, 19 octobre, jeudi avant les Rameaux et deuxième samedi de septembre; 5540 hab.

CLAMENSANE, vg. de Fr., Basses-Alpes, arr. de Sisteron, cant. et poste de la Motte-du-Caire; 380 hab.

CLAMEREY, vg. de Fr., Côte-d'Or, arr. de Semur, cant. de Précy-sous-Thil, poste de la Maison-Neuve; 530 hab.

CLAN, ham. de Fr., Vienne, com. de Jaulnay; fabr. d'huile de colza; 100 hab.

CLANS, vg. de Fr., Haute-Saône, arr. de Vesoul, cant. de Scey-sur-Saône, poste de Traves; 270 hab.

CLANSAYES, vg. de Fr., Drôme, arr. de Montélimart, cant. et poste de Pierrelatte; 380 hab.

CLAN-WILLIAM, Afrique. *Voyez* WORCESTER.

CLAON (le), vg. de Fr., Meuse, arr. de Verdun, cant. et poste de Clermont-en-Argonne; verreries à bouteilles; 201 hab.

CLAPIER (le), ham. de Fr., Aveyron, com. de Montpaon; 280 hab.

CLAPIERS, vg. de Fr., Hérault, arr. et poste de Montpellier, cant. de Castries; 240 hab.

CLAPPIER (le), vg. de Fr., Loire, com. de Montaud; 510 hab.

CLAR (Saint-), vg. de Fr., Haute-Garonne, arr., cant. et poste de Muret; 570 hab.

CLAR (Saint-), pet. v. de Fr., Gers, arr. et à 4 l. E.-S.-E. de Lectoure, chef-lieu de canton et poste; fabr. de rubans de fil; 1640 hab.

CLARA, vg. de Fr., Pyrénées-Orientales, arr., cant. et poste de Prades; 290 hab.

CLARA (Santa-), b. et une des missions les plus florissantes des états mexicains,

Nouvelle-Californie; cet endroit, fondé en 1770, renferme 2200 hab.

CLARA (Santa-), v. de l'île de Cuba, dép. du Centre, arr. de Trinidad; industrie; 9000 hab.

CLARA, b. de la Nouvelle-Écosse, comté d'Annapolis; 900 hab.

CLARAC, vg. de Fr., Haute-Garonne, arr. de St.-Gaudens, cant. et poste de Montrejeau; 280 hab.

CLARAC, vg. de Fr., Hautes-Pyrénées, arr. de Tarbes, cant. et poste de Tournay; 520 hab.

CLARAC ou **CLARAC-PRÈS-NAY**, vg. de Fr., Basses-Pyrénées, arr. et à 4 l. S.-E. de Pau, chef-lieu de canton, poste de Nay; 340 hab.

CLARACQ-PRÈS-THÈZE, vg. de Fr., Basses-Pyrénées, arr. de Pau, cant. de Thèze, poste d'Auriac; 450 hab.

CLARA-OLF (le fleuve), naît en Norwège, traverse les lacs Fæmund et Hedemarken, sous les noms de Fæmund-Elf et de Trissid-Elf, entre en Suède, traverse, sous le nom de Clara-Elf, le gouv. de Carlstadt et se jette dans le lac Wenern; on peut alors regarder comme sa continuation le Gœtha, qui sort du lac Wenern et entre dans le Cattégat.

CLARBEC, vg. de Fr., Calvados, arr., cant. et poste de Pont-l'Evêque; 660 hab.

CLARE, b. d'Angleterre, comté de Suffolk, sur le Stour; ruines d'un ancien château et d'un couvent; 1500 hab.

CLARE, comté d'Irlande, prov. maritime. Ses bornes sont au N.-O. la baie de Galway, au N.-E. le comté de Galway, à l'E. et au S.-E. le comté de Limérik, au S.-O. celui de Tippérary. Sa superficie est de 50 l. c. g. et sa population de 100,000 âmes. Le pays est couvert de montagnes et entrecoupé de vallées et de petites plaines assez fertiles; il a d'excellents pâturages. Le climat est beau et sain. Le Shannon sépare ce comté de ceux de Limérick et de Tippérary et s'y jette dans la mer; il est très-riche en saumons et en anguilles. Les principales productions sont : de l'avoine, des pommes de terre et du lin en très-grande quantité; l'éducation du bétail fait la seule richesse des habitants; l'industrie se borne à la fabrication de la toile. On exporte des bêtes à cornes pour Cork, du fil et de la laine pour Limérick. Neuf baronies.

CLARE, cap au S. de l'Irlande.

CLAREMONT, pet. v. commerçante des États-Unis de l'Amérique du Nord, état de New-Hampshire, comté de Chesshire, sur le Connecticut; 3000 hab.

CLAREMONT, vg. d'Irlande, comté de Dublin, près de Glasnevin, dans les environs de Dublin; remarquable par son institut des sourds-muets.

CLARENCE, cap qui forme au N. le détroit de Jones, mer de Baffin; il est situé sous 76° 22′ 45″ lat. N. Les régions qui entourent ce cap sont très-élevées et les pics de leurs montagnes qui se perdent dans les nues, sont couverts d'une neige éternelle; leurs flancs sont noirs et inaccessibles.

CLARENCE, île faisant partie du groupe du Shetland méridional, Océan Polaire-Antarctique; elle a la forme ovale et présente plusieurs pointes saillantes dont la plus septentrionale porte le nom de Lloyds-cape; la pointe méridionale est appelée Cap-Bowles. Cette île est séparée de l'île de Barrow par un canal très-large, à l'entrée N. duquel s'élève la petite île de Cornwallis.

CLARENCETOWN. *Voyez* FERNANDO-PÔ.

CLARENDON. *Voyez* MIDDLESEX (comté).

CLARENDON. *Voyez* CAPE-FEAR (fleuve).

CLARENDON, pet. v. des États-Unis de l'Amérique du Nord, état de Vermont, comté de Rutland, poste; agriculture; 2300 hab.

CLARENDON, vg. d'Angleterre, comté de Wilts, avec les ruines d'un palais, où résidaient quelques rois d'Angleterre et dont sortirent les fameuses constitutions de Clarendon, qui avaient pour but de soumettre le clergé aux lois du royaume.

CLARENS, vg. de Fr., Gers, arr. de Condom, cant. et poste de Nogaro; 70 hab.

CLARENS, vg. de Fr., Hautes-Pyrénées, arr. de Bagnères-en-Bigorre, cant. et poste de Lannemezan; 420 hab.

CLARENSAC, vg: de Fr., Gard, arr. de Nîmes, cant. de St.-Mamert, poste de Calvisson; fabr. de cadis, distillerie d'eau-de-vie de fruits; 1090 hab.

CLARET, vg. de Fr., Basses-Alpes, arr. de Sisteron, cant. et poste de la Motte-du-Caire; 500 hab.

CLARET, vg. de Fr., Hérault, arr. et à 7 l. N. de Montpellier, chef-lieu de canton, poste de Matelles; 780 hab.

CLARKE, comté du territoire d'Arkansas, États-Unis de l'Amérique du Nord; il est borné par les comtés d'Arkansas et de Miller, par l'état de Louisiane et par les dist. des Guawpas et des Choktaws. Ce pays est arrosé par la Whashita et ses affluents et traversé à l'O. par la chaîne des Potatœhills. Sur les bords de la Washita jaillissent des sources thermales de 77° Réaumur. Ces sources étaient tellement révérées par les indigènes, longtemps avant l'arrivée des Européens, qu'ils regardaient les environs comme une terre sainte et l'appelaient la *contrée de la paix*. La population de ce pays ne s'élève qu'à 2000 âmes. Little-Missouri est le chef-lieu du comté.

CLARKE, comté de l'état de Géorgie, États-Unis de l'Amérique du Nord; il est borné par les comtés de Jackson, de Madison, d'Oglethorpe, de Greene, de Morgan et de Walton. Le North-Fork, l'Académy-Fork et le South-Fork, les trois sources de l'Alatamaha, arrosent ce pays très-fertile et bien cultivé. Walkinsville, sur le North-Fork, avec une poste, est le chef-lieu du comté; 1000 hab.

CLARKE, comté de l'état d'Illinois, États-Unis de l'Amérique du Nord; il est borné par les comtés de Caldwell, de Crawford, de Bond et par l'état d'Indiana. Le Wabash, l'Embarras et la Kaskaskia arrosent ce pays, couvert de vastes forêts et peu cultivé encore. Sterling, sur le Wabash, est le chef-lieu du comté; 1500 hab.

CLARKE, comté de l'état d'Indiana, États-Unis de l'Amérique du Nord; il a pour bornes les comtés de Scott, de Jefferson, de Floyd et l'état de Kentucky. Ce pays présente une plaine onduleuse, couverte de belles forêts, arrosée par l'Ohio, le Silbercrick, le Canerun et quelques affluents du Mescatitak, et riche en cuivre et autres minéraux; 9600 hab.

CLARKE. *Voyez* COLUMBIA (fleuve).

CLARKE, comté de l'état d'Alabama, États-Unis de l'Amérique du Nord; il est borné par les comtés de Marengo, de Willcox, de Monroé, de Bladen et de Washington. Ce pays assez fertile est arrosé par le Tombigbée, le Jacksons et le Bassets-Crick. Clarksville est le chef-lieu du comté; 8000 h.

CLARKE, comté de l'état de Kentucky, États-Unis de l'Amérique du Nord; il est borné par les comtés de Bourbon, de Montgomery, d'Estill, de Madison et de Fayette, et compte 13,000 hab. Le Kentucky coule au S. de ce pays, plus plat que montagneux et très-fertile. Le Licking y prend naissance.

CLARKE, comté de l'état d'Ohio, États-Unis de l'Amérique du Nord; il a pour bornes les comtés de Green, de Champaign, de Madison, de Montgomery et de Miami. Ce pays, qui faisait autrefois partie des comtés de Green et de Champaign, en a été séparé en 1818 pour former un comté à part. Il est fertile et arrosé par le Mad et ses affluents; 10,000 hab.

CLARKESTOWN, pet. v. des États-Unis de l'Amérique du Nord, état de New-York, comté de Rockland, sur l'Hudson, poste; agriculture; quelque commerce; 2500 hab.

CLARKESBURGH (chef-lieu). *Voyez* LEWIS (comté).

CLARKESBURGH (chef-lieu). *Voyez* HARRISON (comté).

CLARKSVILLE (chef-lieu). *Voyez* CLARKE (comté).

CLARKSVILLE, pet. v. des États-Unis de l'Amérique du Nord, état de Tennessée, comté de Montgomery, dont elle est le chef-lieu, au confluent du Red et du Cumberland. Cette ville est le siége des tribunaux d'arrondissement de Clarksville et de Robertson; 2000 hab.

CLARO (Rio-). *Voyez* BIOBIO.

CLARO (cap). *Voyez* CLAIRE (Sainte-).

CLARQUES, vg. de Fr., Pas-de-Calais, arr. de St.-Omer, cant. et poste d'Aire-sur-la-Lys; 340 hab.

CLARTÉ (la), ham. de Fr., Côtes-du-Nord, com. de Perros-Guirec; 200 hab.

CLARY, b. de Fr., Nord, arr. et à 4 l. E.-S.-E. de Cambrai, chef-lieu de canton, poste du Cateau; fabrication considérable d'articles de St.-Quentin, dentelles, linons, gazes, jaconas, tulles; 2170 hab.

CLASSUN, vg. de Fr., Landes, arr. de St.-Sever, cant. d'Aire-sur-l'Adour, poste de Grenade-sur-l'Adour; 470 hab.

CLASTRES, vg. de Fr., Aisne, arr. et poste de St.-Quentin, cant. de St.-Simon; 750 hab.

CLASVILLE, vg. de Fr., Eure, arr., cant. et poste d'Évreux; 520 hab.

CLAT (le), vg. de Fr., Aude, arr. de Limoux, cant. de Roquefort-de-Sault, poste de Quillan; 310 hab.

CLAU (la), ham. de Fr., Aveyron, com. de Vessin; 210 hab.

CLAUD (Saint-), b. de Fr., Charente, arr. et à 6 l. S.-O. de Confolens, chef-lieu de canton et poste; forges; commerce de bestiaux; 2000 hab.

CLAUDE (Saint-), vg. de Fr., Doubs, com. de Besançon; 230 hab.

CLAUDE (Saint-), v. de Fr., Jura, chef-lieu d'arrondissement, à 11 l. S.-E. de Lons-le-Saulnier; siège de tribunaux de première instance et de commerce, d'un évêché suffragant de l'archevêché de Lyon, d'une conservation des hypothèques et d'une direction de contributions indirectes. C'est une jolie petite ville, située sur la Bienne, près des mont. de Sept-Moncel; elle est décorée de plusieurs beaux édifices, de fontaines élégantes, et entourée de très-agréables promenades; elle possède une société d'agriculture et un collége communal. On y fabrique toutes sortes d'ouvrages en bois, en os et en ivoire, de la petite quincaillerie, coutellerie et clouterie. Les produits de ces diverses branches d'industrie forment les articles principaux du commerce de cette ville. Foires le 12 novembre et le 7 de chaque mois; 5238 hab.

St.-Claude doit son origine à un monastère, fondé en ce lieu vers le cinquième siècle. Les dons de la piété enrichirent tellement cette abbaye, que les moines devinrent bientôt possesseurs des terres qui l'environnaient et même de la ville naissante. Les habitants devinrent serfs, et demeurèrent dans cette condition misérable jusqu'en 1789. Voltaire employa vainement, pour les affranchir plus tôt, sa plume éloquente et courageuse, la révolution seule mit fin à la servitude des habitants de St.-Claude. Cette ville éprouva encore d'autres malheurs; elle fut deux fois ravagée par la peste, en 1630 et 1641, et incendiée quatre fois en trois siècles. Après le dernier incendie, en 1799, elle n'était plus qu'un monceau de cendres, lorsque Bonaparte, alors premier consul, affecta à sa reconstruction une somme de 800,000 francs, qui, jointe aux nombreuses collectes faites en France, la releva de ses ruines.

CLAUDE (Saint-), vg. de Fr., Oise, com. de Bury; 260 hab.

CLAUDE (Saint-), ham. de Fr., Rhône, com. d'Amplepuis; 200 hab.

CLAUDE-DE-DIRAY (Saint-), vg. de Fr., Loir-et-Cher, arr., cant. et poste de Blois; 1520 hab.

CLAUDON, vg. de Fr., Vosges, arr. de Mirecourt, cant. de Monthureux-sur-Saône, poste de Darney; 1570 hab.

CLAUNAY, vg. de Fr., Vienne, arr., cant. et poste de Loudun; 570 hab.

CLAUSEN, pet. v. du Tyrol, cer. de l'Adige, sur l'Eisack, dominé par un château fort; culture de vin; 2000 hab.

CLAUSHAVN, établissement du Grœnland danois, inspectorat du Nord, sur une langue de terre bien saillante, à l'extrémité de laquelle s'élève le bourg de Christianshafe; port; pêche de la morue et de la baleine.

CLAUSONNE, vg. de Fr., Hautes-Alpes, arr. de Gap, cant. et poste de Veynes; 70 h.

CLAUSTHAL (le capitanat montueux de), en allemand Berghauptmannschaft Clausthal, est une prov. du roy. de Hanovre, qui comprend la partie du Harz-Supérieur appartenant à ce royaume, et qui, sur une superficie de 10 milles carrés, renferme une population de 24,090 hab. Les forêts, qui couvrent presque toute sa surface, forment, avec les minéraux, sa principale richesse.

CLAUSTHAL ou **KLAUSTHAL**, chef-lieu du capitanat montueux de Clausthal, dans le roy. de Hanovre, est situé dans le Harz, à 1740 pieds au-dessus de la mer et séparé de la ville de Cellerfeld, par la rivière du Cellerbach. C'est une ville très-importante par ses riches mines d'argent et de cuivre; leur produit annuel moyen est de 24,000 marcs d'argent et de 48,000 quintaux de plomb et de litharge, et elles occupent la plus grande partie de la population de Clausthal, population qui s'élève à près de 9000 âmes. On admire surtout la profonde mine d'argent, nommée Dorothéa, et les constructions hydrauliques qu'on y a faites. Clausthal a un gymnase, un hôtel des monnaies, une école des mines et des forêts, et est le siége de l'administration supérieure des mines.

CLAUX, vg. de Fr., Cantal, arr., cant. et poste de Murat; 500 hab.

CLAUZEL-BOURG, vg. français de la prov. d'Alger, à 6 l. de cette dernière ville; il vient d'être fondé près d'une ferme appartenant au maréchal Clauzel, dont il porte le nom.

CLAUZELS (les). *Voyez* ESCLAUZELS.

CLAUZETS, vg. de Fr., Tarn-et-Garonne, com. de Cordes-Tolosanes; 210 hab.

CLAVANS, vg. de Fr., Isère, arr. de Grenoble, cant. et poste de Bourg-d'Oisans; 400 hab.

CLAVAS, vg. de Fr., Haute-Loire, com. de Riotord; 490 hab.

CLAVE, vg. de Fr., Deux-Sèvres, arr. et poste de Parthenay, cant. de Mazières; 670 h.

CLAVEISOLLES, vg. de Fr., Rhône, arr. de Villefranche-sur-Saône, cant. de St.-Nizier-d'Azergues, poste de Beaujeu; 1230 h.

CLAVENAS, vg. de Fr., Haute-Loire, arr., cant. et poste d'Yssingeaux; 320 hab.

CLAVERACK, b. très-florissant des États-Unis de l'Amérique du Nord, état de New-York, comté de Columbia, non loin du confluent du Claverack et du Kinderhook; environs très-fertiles; 3800 hab.

CLAVETTE, vg. de Fr., Charente-Inférieure, arr. de la Rochelle, cant. de la Tarrie, poste de Croix-Chapeau; 520 hab.

CLAVEYSON, vg. de Fr., Drôme, arr. de Valence, cant. et poste de St.-Vallier; 830 h.

CLAVIÈRES, vg. de Fr., Cantal, arr. et poste de St.-Flour, cant. de Ruines; 950 h.

CLAVIÈRES, vg. de Fr., Indre, com. d'Ardentes-St.-Vincent; hauts-fourneaux, forges; fonderie; martinet; 400 hab.

CLAVIERS, vg. de Fr., Var, arr. et poste de Draguignan, cant. de Callas; 1310 hab.

CLAVIJA ou **CAVIJA**, lac de l'emp. du Brésil, prov. de Para, comarque de Guayana, au pied de la Sierra de Parime; 5° 20' lat. N.

CLAVILLE, vg. de Fr., Seine-Inférieure, arr. d'Yvetot, cant. et poste de Cany; 410 h.

CLAVILLE-MOTTEVILLE, vg. de Fr., Seine-Inférieure, arr. de Rouen, cant. de Clères, poste du Fréneau; 400 hab.

CLAVY-WARBY, vg. de Fr., Ardennes, arr. de Mézières, cant. de Renwez, poste de Signy-l'Abbaye; filat. de laine; papeterie; 630 hab.

CLAY, comté de l'état de Kentuky, États-Unis de l'Amérique du Nord; il est borné par les comtés d'Estill, de Perry, de Harlan, de Knox, de Rockcastle et de Madison, et a une population de 5500 âmes. C'est un pays très-montagneux, traversé par les monts Laurel et les monts Cumberland et arrosé par un bras du Kentuky, qui y prend naissance.

CLAYE, b. de Fr., Seine-et-Marne, arr. et à 4 l. O. de Meaux, chef-lieu de canton et poste; le canal de l'Ourcq donne de l'importance à ce bourg; blanchisseries de toiles; manufacture de mouchoirs et châls; fabr. de plâtre, tuiles, briques; tourbières; 1135 hab.

CLAYE (la), vg. de Fr., Vendée, arr. de Bourbon-Vendée, cant. de Mareuil, poste de Luçon; 140 hab.

CLAYES, vg. de Fr., Ille-et-Vilaine, arr. et cant. de Montfort-sur-Meu, poste de Bédée; 380 hab.

CLAYES (les), vg. de Fr., Seine-et-Oise, arr. de Versailles, cant. de Marly-le-Roi, poste de Trappe; 260 hab.

CLAYETTE (la), b. de Fr., Saône-et-Loire, arr. et à 4 l. S. de Charolles, chef-lieu de cant. et poste; commerce de toiles, fils, chevaux, bestiaux; 1300 hab.

CLAYEURES, vg. de Fr., Meurthe, arr. de Lunéville, cant. de Bayon, poste de Gerbéviller; 490 hab.

CLAYNÉ (la). *Voyez* ILLY.

CLAZAY, vg. de Fr., Deux-Sèvres, arr., cant. et poste de Bressuire ; 380 hab.

CLEAR-CREEK, pet. v. des États-Unis de l'Amérique du Nord ; état d'Ohio, comté de Fairfield, sur le Clear ; poste ; 2100 hab.

CLEAR-FIELD, comté de l'état de Pensylvanie, États-Unis de l'Amérique du Nord ; il est borné par les comtés de Mac-Kean, de Lycoming, de Centre, de Cambria, de Jefferson et d'Indiana. Sa population ne s'élève qu'à 3000 âmes. Ce pays, plateau des Alleghany et presque inculte, donne naissance à un grand nombre de fleuves et de rivières, tels que le Susquébannah, qui y est grossi par le Chest et l'Anderson, le Mushanon et le Sinnemahoning. Clearfield, sur la rivière du même nom, est le chef-lieu du comté ; 900 hab.

CLEAUME (le), vg. de Fr., Vosges, com. de Val-d'Ajol ; 620 hab.

CLÉCY, b. de Fr., Calvados, arr. de Falaise, cant. et poste d'Harcourt-Thury ; fabr. de dentelles et de tissus de coton ; 2130 hab.

CLÉDEN-CAPSIZUN, b. de Fr., Finistère, arr. de Quimper, cant. et poste de Pont-Croix ; 2060 hab. Cet endroit est situé près de l'Océan, à l'extrémité d'une presqu'île, qui ferme au S. la baie de Douarnenez.

CLÉDEN-POHER, vg. de Fr., Finistère, arr. de Châteaulin, cant. et poste de Carhaix ; 1400 hab.

CLEDER, b. de Fr., Finistère, arr. de Morlaix, cant. de Plouzedé, poste de St.-Pol-de-Léon ; 4520 hab.

CLÉDES, vg. de Fr., Landes, arr. de St.-Sever, cant. de Geaune, poste d'Aire-sur-l'Adour ; 220 hab.

CLÉEBOURG, vg. de Fr., Bas-Rhin, arr., cant. et poste de Wissembourg ; mine de fer ; 1100 hab.

CLEFCY, vg. de Fr., Vosges, arr. de St.-Dié, cant. de Fraise, poste de Corcieux ; papeterie ; 700 hab.

CLEFEN. *Voyez* CHIAVENNA.

CLEFMONT, vg. de Fr., Haute-Marne, arr. et à 7 l. E. de Chaumont-en-Bassigny, chef-lieu de canton et poste ; 625 hab.

CLEFS, vg. de Fr., Maine-et-Loire, arr., cant. et poste de Baugé ; 210 hab.

CLÉGUER, vg. de Fr., Morbihan, arr. de Lorient, cant. et poste de Pont-Scorff ; 2120 hab.

CLÉGUÉREC, b. de Fr., Morbihan, arr. et à 2 1/2 l. N.-O. et poste de Pontivy, chef-lieu de canton ; 3700 hab.

CLELLES, vg. de Fr., Isère, arr. et à 11 l. S. de Grenoble, chef-lieu de canton, poste du Monestier-de-Clermont ; 710 hab.

CLÉMENCE-D'AMBEL, vg. de Fr., Hautes-Alpes, arr. de Gap, cant. de St.-Firmin-en-Valgodemard, poste de Corps ; 390 hab.

CLÉMENCEY, vg. de Fr., Côte-d'Or, arr. de Dijon, cant. et poste de Gevrey ; 240 h.

CLEMENCIA, vg. de Fr., Ain, com. de Châtillon-les-Dombes ; 370 hab.

CLEMENCY, ham. de Fr., Ardennes, com. de Mathon ; 200 hab.

CLEMENFOU. *Voyez* TCHA-NAIRCANSOUMÉ.

CLEMENSAT, vg. de Fr., Puy-de-Dôme, arr. et poste d'Issoire, cant. de Champeix ; 170 hab.

CLÉMENT (Saint-), vg. de Fr., Aisne, arr. de Vervins, cant. d'Aubenton, poste de Brunhamel ; 200 hab.

CLÉMENT (Saint-), vg. de Fr., Allier, arr. de la Palisse, cant. et poste de Mayet-de-Montagne ; 1610 hab.

CLÉMENT (Saint-), vg. de Fr., Hautes-Alpes, arr. d'Embrun, cant. de Guillestre, poste de Mont-Dauphin ; 610 hab.

CLÉMENT (Saint-), vg. de Fr., Ardèche, arr. de Tournon, cant. de Saint-Martin-de-Valamas, poste du Chaylard ; 680 hab.

CLÉMENT (Saint-), vg. de Fr., Ardennes, arr. et poste de Vouziers, cant. de Marchault ; 480 hab.

CLÉMENT (Saint-), vg. de Fr., Calvados, arr. de Bayeux, cant. et poste d'Isigny ; 190 hab.

CLÉMENT (Saint-), vg. de Fr., Cantal, arr. d'Aurillac, cant. et poste de Vic-sur-Sère ; 670 hab.

CLÉMENT (Saint-), vg. de Fr., Charente-Inférieure, arr. de Rochefort-sur-Mer, cant. et poste de Tonnay-Charente ; 800 hab.

CLÉMENT (Saint-), vg. de Fr., Corrèze, arr. et poste de Tulle, cant. de Seilhac ; 1600 hab.

CLÉMENT (Saint-), vg. de Fr., Dordogne, arr. de Nontron, cant. et poste de Thiviers ; 650 hab.

CLÉMENT (Saint-), vg. de Fr., Drôme, com. de Mercurol ; 400 hab.

CLÉMENT (Saint), vg. de Fr., Gard, arr. de Nîmes, cant. et poste de Sommières ; 130 hab.

CLÉMENT (Saint-), vg. de Fr., Hérault, arr. de Montpellier, cant. et poste des Matelles ; 110 hab.

CLÉMENT (Saint-), ham. de Fr., Haute-Loire, com. de Pradelles ; 180 hab.

CLÉMENT (Saint-), vg. de Fr., Manche, arr., cant. et poste de Mortain ; 1420 hab.

CLÉMENT (Saint-), vg. de Fr., Meurthe, arr., cant. et poste de Lunéville ; 1360 hab.

CLÉMENT (Saint-), vg. de Fr., Puy-de-Dôme, arr. et poste d'Ambert, cant. de St.-Anthême ; 780 hab.

CLÉMENT (Saint-), ham. de Fr., Tarn, com. de Lautrec ; 220 hab.

CLÉMENT (Saint-), vg. de Fr., Yonne, arr., cant. et poste de Sens ; 770 hab.

CLÉMENT-DE-URAON, vg. de Fr., Mayenne, com. de Craon ; 500 hab.

CLÉMENT-DE-LA-PLACE (Saint-), ou **JEAN-DES-MARAIS** (Saint-), vg. de Fr., Maine-et-Loire, arr. d'Angers, cant. de Louroux-Beconnais, poste de St.-Georges-sur-Loire ; 1300 hab.

CLÉMENT-DE-REIGNAT (Saint-), vg. de

Fr., Puy-de-Dôme, arr. de Riom, cant. et poste de Randans ; 1140 hab.

CLÉMENT-DES-LEVÉES (Saint-), vg. de Fr., Maine-et-Loire, arr. et cant. de Saumur, poste des Rosiers; 1910 hab.

CLEMENTE (San-), île faisant partie du groupe des Gallopagos ou îles des Tortues, à l'O. de la rép. de l'Equador, dont elle dépend. Cette île porte sur plusieurs cartes le nom de Lord-Chatams-Island.

CLEMENTE (San-), île à 20 l. de la côte O. de la Nouvelle-Californie, états mexicains. On y trouve beaucoup de loutres marines.

CLEMENTE (Nevado de San-), volcan et un des points culminants des Andes de la Patagonie ; sa hauteur est inconnue, mais il est certain qu'elle dépasse la ligne des neiges.

CLEMENTE (San-), v. d'Espagne, chef-lieu du district de ce nom, roy. de la Nouvelle-Castille, prov. et à 20 l. S. de Cuenca, sur le Rus ; 4000 hab.

CLEMENTE-DI-CASAURI (San-), b. du roy. des Deux-Siciles, prov. de l'Abruzze ultérieure Ire ; 6700 hab., y compris ceux de toute la paroisse.

CLÉMENTIN (Saint-), vg. de Fr., Deux-Sèvres, arr. de Bressuire, cant et poste d'Argenton-Château ; 710 hab.

CLÉMENT-LES-MACONS (Saint-), vg. de Fr., Saône-et-Loire, arr., cant. et poste de Mâcon ; 940 hab.

CLÉMENT-LES-PLACES (Saint-), vg. de Fr., Rhône, arr. de Lyon, cant. et poste de St.-Laurent-de-Chamousset ; 880 hab.

CLÉMENTS (les), ham. de Fr., Vaucluse, com. de Villars ; 200 hab.

CLÉMENTS, b. de la Nouvelle-Écosse, comté d'Annapolis ; 1100 hab., la plupart Français.

CLÉMENT-SOUS-VALSONNE (Saint-), vg. de Fr., Rhône, arr. de Villefranche-sur-Saône, cant. et poste de Tarare ; 980 hab.

CLÉMENT-SUR-GUYE (Saint-), vg. de Fr., Saône-et-Loire, arr. de Châlon-sur-Saône, cant. de Mont-St.-Vincent, poste de Joncy ; 400 hab.

CLÉMERY, vg. de Fr., Meurthe, arr. de Nancy, cant. de Nomeny, poste de Pont-à-Mousson ; 590 hab.

CLÉMONT, vg. de Fr., Cher, arr. de Sancerre, cant. d'Argent, poste d'Aubigny-Ville ; 720 hab.

CLÉNAY, vg. de Fr., Côte-d'Or, arr., cant. et poste de Dijon ; fabr. de fécule et de sirop de pommes de terre ; 190 hab.

CLENLEU, vg. de Fr., Pas-de-Calais, arr. de Montreuil-sur-Mer, cant. et poste d'Hucqueliers ; 270 hab.

CLÉON, vg. de Fr., Seine-Inférieure, arr. de Rouen, cant. et poste d'Elbeuf ; 530 hab.

CLEONÆ, g. a., v. de l'Argolide, au S.-O. de Corinthe ; la forêt de Némée, célèbre dans la mythologie grecque comme théâtre de l'un des grands exploits d'Hercule, se trouvait dans les environs de cette ville.

CLÉON-D'ANDRAN, vg. de Fr., Drôme, arr. et poste de Montélimart, cant. de Marsanne ; 680 hab.

CLÉOPATRE (canal de). *Voyez* ALEXANDRIE (canal d').

CLEPPE, vg. de Fr., Loire, arr. de Montbrison, cant. de Bœn, poste de Feurs ; 460 hab.

CLÉRAC, vg. de Fr., Charente-Inférieure, arr. de Jonzac, cant. de Montguyon, poste de Montlieu ; 1430 hab.

CLÉRAI, vg. de Fr., Orne, arr. d'Alençon, cant. et poste de Sées ; 270 hab.

CLERC (le), ham. de Fr., Loire, com. de Panissière ; 200 hab.

CLERCKEN, vg. du roy. de Belgique, prov. de la Flandre occidentale, dist. de Furnes ; 2000 hab.

CLÉRÉ, vg. de Fr., Indre-et-Loire, arr. de Chinon, cant. et poste de Langeais ; 1220 hab.

CLÉRÉ, vg. de Fr., Maine-et-Loire, arr. de Saumur, cant. et poste de Vihiers ; 570 h.

CLÉRÉ-DU-BOIS, vg. de Fr., Indre, arr. de Châteauroux, cant. et poste de Châtillon-sur-Indre ; 740 hab.

CLÈRES, b. de Fr., Seine-Inférieure, arr. et à 4 l. N. de Rouen, chef-lieu de canton, poste de Valmartin ; 900 hab.

CLEREY, vg. de Fr., Aube, arr. de Troyes, cant. de Lusigny, poste de St.-Parres-les-Vaudes ; tuileries ; 825 hab.

CLEREY-LA-COTE, vg. de Fr., Vosges, arr. et poste de Neufchâteau, cant. de Coussey ; 220 hab.

CLEREY-SUR-MADON, vg. de Fr., Meurthe, arr. de Nancy, cant. et poste de Vezelise ; 130 hab.

CLERGOUX, vg. de Fr., Corrèze, arr. de Tulle, cant. de la Roche-Canillac, poste d'Églétons ; 310 hab.

CLÉRIEUX, vg. de Fr., Drôme, arr. de Valence, cant. et poste de Romans ; martinets à instruments aratoires ; fabr. de toiles de chanvre ; moulins à farines et à foulons ; exploitation considérable de pierres mollasses ; 1770 hab.

CLÉRIMOIS, vg. de Fr., Yonne, com. de Foissy-les-Clérimois ; 270 hab.

CLERJUS (le), vg. de Fr., Vosges, arr. d'Épinal, cant. de Xertigny, poste de Bains ; fabr. d'eau de cerises ; forges et scierie ; 2410 hab.

CLERKS-ROCK. *Voyez* DISAPOINTMENT (cap).

CLERMAULT. *Voyez* ROCHE-CLERMAULT (la).

CLERMONT, vg. de Fr., Aisne, arr. de Laon, cant. de Rozoy-sur-Serre, poste de Montcornet ; 110 hab.

CLERMONT, vg. de Fr., Arriège, arr. et cant. de St.-Girons, poste de la Bastide-de-Serou ; 360 hab.

CLERMONT, vg. de Fr., Aude, arr. et poste de Limoux, cant. de St.-Hilaire ; 270 h.

CLERMONT, vg. de Fr., Haute-Garonne, arr. et poste de Toulouse, cant. de Castanet; 500 hab.

CLERMONT, vg. de Fr., Gers, arr. de Lombez, cant. et poste de l'Isle-en-Jourdain; 240 hab.

CLERMONT, vg. de Fr., Isère, com. de Chirens; 250 hab.

CLERMONT, vg. de Fr., Landes, arr. et poste de Dax, cant. de Montfort; 840 hab.

CLERMONT ou **CLERMONT-EN-BEAUVOISIS**, v. de Fr., Oise, chef-lieu d'arrondissement, à 6 l. S.-E. de Beauvais; siége d'un tribunal de première instance et d'une conservation des hypothèques; elle s'élève, dans une situation pittoresque, sur le penchant d'une colline, baignée par la Brèche. Un vieux château, remarquable par la bizarrerie de sa construction, domine la ville; il est entouré d'une belle promenade, nommée le *Castellier*. Parmi plusieurs édifices assez considérables, que renferme Clermont, on distingue la maison centrale de détention. Cette ville possède aussi un collége et une bibliothèque. Elle a des fabriques de toiles, des filatures de coton, etc. Son commerce consiste dans la vente des produits de ses fabriques, dans celle des toiles de Flandre et de Hollande, de lin et de fil de lin, de grains et de farine. Foires les 10 août, mardi de la Chandeleur, 30 novembre et dernier samedi de chaque mois; 3235 hab. On ignore l'époque de la fondation de Clermont. Cette ville souffrit beaucoup pendant la guerre des Anglais qui la brûlèrent en 1359.

CLERMONT, vg. de Fr., Sarthe, arr., cant. et poste de la Flèche; 1440 hab.

CLERMONT, comté de l'état d'Ohio, États-Unis de l'Amérique du Nord; il est borné par les comtés de Warren, de Clinton, de Highland, de Brown, de Hamilton et par l'état de Kentucky dont il est séparé par l'Ohio. Un grand nombre de rivières plus ou moins considérables et qui toutes débouchent dans l'Ohio arrosent ce beau pays dont la population dépasse 20,000 âmes.

CLERMONT, pet. v. des États-Unis de l'Amérique du Nord, état de New-York, comté de Columbia, sur l'Hudson; agriculture; commerce; 2200 hab.

CLERMONT, vg. du roy. de Belgique, prov. de Liége, dist. de Verviers; 2700 hab.

CLERMONT-DE-BEAUREGARD, vg. de Fr., Dordogne, cant. de Villamblard, poste de Douville; 330 hab.

CLERMONT-DESSOUS, b. de Fr., Lot-et-Garonne, arr. d'Agen, cant. et poste de Port-Ste.-Marie; 1330 hab.

CLERMONT-DESSUS, vg. de Fr., Lot-et-Garonne, arr. d'Agen, cant. de Puymirol, poste de la Magistère; 900 hab.

CLERMONT-D'EXCIDEUIL, vg. de Fr., Dordogne, arr. de Périgueux, cant. et poste d'Excideuil; 650 hab.

CLERMONT-EN-ARGONNE, pet. v. de Fr., Meuse, arr. et à 6 l. O. de Verdun, chef-lieu de canton et poste; elle est bâtie sur la pente d'une montagne, près de la rive gauche de l'Aire; grande fabrication de bois de brosses dans tout le canton. On y fait commerce de fer; 1450 hab.

Cette ville était autrefois une place forte que Louis XIV enleva plusieurs fois aux ducs de Lorraine. Après sa réunion à la France, Louis XIV, qui l'avait démantelée, la donna au prince de Condé dont les successeurs conservèrent cette seigneurie jusqu'à la révolution.

CLERMONT-EN-AUGE, vg. de Fr., Calvados, arr. de Pont-l'Évêque, cant. de Cambremer, poste de Dozullé; 90 hab.

CLERMONT-FERRAND, *Arverna, Arvernorum Civitas, Nemosus Augustonemetum, Claromons*, v. de Fr., chef-lieu du dép. du Puy-de-Dôme et de la dix-neuvième division militaire; elle est située sur un plateau, au pied du Puy-de-Dôme, entre les petites rivières d'Artières et de Bédat, à 97 l. S. de Paris. Siége de tribunaux de première instance et de commerce, d'un évêché suffragant de l'archevêché de Bourges, de directions des contributions directes et indirectes et des domaines, d'une conservation des hypothèques, d'une académie universitaire, d'une chambre consultative des manufactures et d'une société des sciences, lettres et arts; résidence d'un ingénieur en chef des ponts-et-chaussées et d'un ingénieur des mines. Clermont est entouré de boulevards plantés d'arbres; mais l'intérieur de la ville est triste et désagréable; les rues y sont étroites et tortueuses, la plupart des maisons vieilles et construites en lave d'une couleur sombre qui leur donne un aspect sinistre. Cependant cette ville renferme plusieurs belles constructions modernes et des édifices remarquables. Les monuments les plus dignes d'y attirer l'attention des étrangers sont: la cathédrale, construction gothique du douzième siècle, mais qui n'est point achevée; l'église Notre-Dame, remarquable par son antiquité et sa chapelle souterraine; la halle aux blés, la halle aux toiles, la salle de spectacle, l'hôtel de ville, l'Hôtel-Dieu, la préfecture, le collége royal, etc. Parmi les places publiques, on distingue celle de Jaude, la place Champein, ornée d'une grande fontaine gothique, la belle promenade appelée la Poterne, d'où la vue s'étend sur la riche et fertile Limagne et sur les sommets des monts d'Auvergne, et la place du Taureau, sur laquelle on a élevé une fontaine en forme d'obélisque, à la mémoire de Desaix. Parmi les principales curiosités de Clermont, nous devons citer la fontaine de St.-Alyre, dans le faubourg du même nom. C'est une source ferrugineuse, tellement chargée de carbonate de chaux, qu'elle couvre de cette matière tous les objets que l'on y plonge et leur donne la ressemblance de véritables pétrifications. L'eau a déposé tant de sédiment calcaire, qu'elle a formé une chaussée de 230 pieds et une arcade naturelle de 15 pieds de haut. On a établi près de la source une collection de plantes et d'animaux, auxquels ces eaux ont donné l'apparence d'objets pétrifiés.

Clermont a plusieurs établissements scientifiques, savoir : un séminaire, une école secondaire de médecine, des écoles d'accouchement, de dessin, de géométrie, de mécanique, de géologie, de botanique et de musique, un cabinet de minéralogie, un jardin botanique, un musée d'histoire naturelle et une bibliothèque de 16,000 volumes.

Ses établissements industriels consistent en fabriques de draps communs, de toiles, de bonneteries et de bas de soie et de coton, en papeteries, coutelleries, faïenceries, chapelleries, tanneries, mégisseries, filat. de coton et de chanvre et raffinerie de salpêtre. Les confitures sèches de Clermont sont renommées. Son commerce est considérable, car cette ville, traversée par cinq routes royales, a un entrepôt très-important des marchandises de Paris, de Lyon, de Tours et de toutes les grandes villes manufacturières qui expédient pour le midi de la France et pour l'Espagne. Foires très-fréquentées, le 9 mai, mardi-saint, 23 juin, 16 août et 11 novembre; 32,427 hab.

Clermont est une ville très-ancienne; on ignore l'époque de sa fondation. Antérieure à l'invasion romaine, elle portait le nom de *Nemosus* ; sous les Romains elle prit celui d'*Augustonemetum*, par reconnaissance pour Auguste qui l'embellit et l'augmenta considérablement. Le sénat, institué par les Romains, y subsista jusqu'au septième siècle. C'est alors que Pepin, en guerre avec Waïfre, duc d'Aquitaine, ravagea l'Auvergne, incendia Clermont et en massacra les habitants. Plus tard, cette ville, qui avait pris le nom de la montagne *Clarus Mons* qui la dominait, devint la capitale du comté d'Auvergne. En 1212, Philippe-Auguste profita de la guerre entre Gui II et son frère Robert d'Auvergne, évêque de Clermont, pour réunir à la couronne cette ville et un grand nombre d'autres places de cette province. Charles V y convoqua les états-généraux en 1374. Pendant les guerres des Anglais et les guerres civiles, Clermont éprouva de grands désastres. Aussi n'était-ce encore au dix-septième siècle qu'une petite ville fort laide. Ce n'est que depuis 1633, que par une ordonnance de Louis XIII, Mont-Ferrand ayant été réunie à la ville de Clermont, celle-ci commença à s'embellir et à prendre de l'importance.

C'est à Clermont qu'à la suite d'un concile, le pape Urbain II prêcha la première croisade, en 1095.

Cette ville est la patrie de Pascal (Blaise), auteur des Lettres provinciales (1623—62), du jurisconsulte Domat (Jean, 1625—96), des littérateurs Thomas (Antoine-Léonard, 1732—1802) et Chamfort (Sébastien-Roch-Nicolas, 1741—84), du grammairien Girard (1678 — 1748), du géographe et historien Piganiol de la Force (1673—1753) et de plusieurs autres hommes distingués.

CLERMONT-L'HÉRAULT ou CLERMONT-DE-LODÈVE, *Claromontium Lutevense*, v. de Fr., Hérault, arr. et à 4 l. S.-S.-E. de Lodève, chef-lieu de canton et poste. Elle est située sur la petite rivière de Ronel et possède un tribunal de commerce, une chambre consultative des manufactures et un conseil de prud'hommes; fabr. de draps, de soie ; fabr. pour le tirage de la soie grège, de vert-de-gris, de plâtre, eaux-de-vie, huile d'olives; mégisseries; tanneries; teintureries; le commerce, alimenté surtout par les produits de son industrie, y est considérable ; 6585 hab.

CLERMONT-POUYGUILLÈS, vg. de Fr., Gers, arr. et cant. de Mirande, poste de Masseube; 430 hab.

CLÉRON, vg. de Fr., Doubs, arr. de Besançon, cant. d'Amancey, poste d'Ornans; 5320 hab.

CLERQUES, vg. de Fr., Pas-de-Calais, arr. de St.-Omer, cant. et poste d'Ardres ; 380 h.

CLERVAL, pet. v. de Fr., Doubs, arr. et à 3 l. E.-N.-E. de Baume-les-Dames, chef-lieu de canton et poste; haut-fourneau sur le Mounot; 1260 hab.

CLÉRY, vg. de Fr., Côte-d'Or, arr. de Dijon, cant. et poste de Pontailler-sur-Saône ; 260 hab.

CLÉRY, b. de Fr., Loiret, arr. et à 4 l. S.-O. d'Orléans, chef-lieu de canton et poste, près de la rive gauche de la Loire. On y remarque la maison qu'habitait Louis XI, qui avait une dévotion particulière pour la Notre-Dame-de-Cléry, célèbre au quatorzième siècle par le bruit des miracles qu'elle opérait. C'est dans cette église qu'il fut enterré. En 1562, les protestants dégradèrent le tombeau qu'on y avait élevé à ce roi astucieux. Rétabli par Louis XIII, ce monument fut renversé de nouveau à la révolution ; mais il a été relevé depuis et mérite d'être vu ; 2590 hab.

CLÉRY, (Grand-), vg. de Fr., Meuse, arr. de Montmédy, cant. et poste de Dun-sur-Meuse ; 300 hab.

CLÉRY (Petit-), vg. de Fr., Meuse, arr. de Montmédy, cant. et poste de Dun-sur-Meuse ; 190 hab.

CLÉRY, vg. de Fr., Seine-et-Oise, arr. de Pontoise, cant. de Marines, poste de Magny ; 340 hab.

CLESLES, vg. de Fr., Marne, arr. d'Épernay, cant. et poste d'Anglure ; 650 hab.

CLESSÉ, vg. de Fr., Saône-et-Loire, arr. de Mâcon, cant. de Lugny, poste de St.-Oyen ; 1160 hab.

CLESSÉ, vg. de Fr., Deux-Sèvres, arr. et poste de Parthenay, cant. de Moncoutant; 800 hab.

CLESSY, vg. de Fr., Saône-et-Loire, arr. de Charolles, cant. de Gueugnons, poste de Toulon-sur-Arroux ; 390 hab.

CLET (Saint-), vg. de Fr., Côtes-du-Nord, arr. de Guingamp, cant. et poste de Pontrieux ; 1520 hab.

CLETY, vg. de Fr., Pas-de-Calais, arr. et poste de St.-Omer, cant. de Lumbres ; 510 hab.

CLEURIÉ, vg. de Fr., Vosges, arr., cant. et poste de Remiremont ; 440 hab.

CLEUVILLE, vg. de Fr., Seine-Inférieure, arr. d'Yvetot, cant. d'Ourville, poste de Fauville ; 430 hab.

CLÉVECY. *Voyez* CLEFCY.

CLEVELAND, pet. v. des États-Unis de l'Amérique du Nord, état d'Ohio, comté de Cuyahoga, dont elle est le chef-lieu, à l'embouchure de la Cuyahoga ; poste, banque, commerce. Cette ville s'accroît de jour en jour ; 3000 hab.

CLÈVES, v. nouvellement fondée dans les États-Unis de l'Amérique du Nord, état d'Ohio, comté de Hamilton, au confluent du Big-Miami et de l'Ohio ; commerce ; 2000 hab.

CLÈVES, *Clivia*, v. des états prussiens, chef-lieu et siège de la juridiction et des autorités administratives du cercle, autrefois capitale du duché de ce nom, prov. rhénane, rég. et à 18 l. N.-O. de Dusseldorf ; elle est située dans une des plus belles contrées de l'Allemagne, sur la pente d'une colline, à 5 4 l. de la rive gauche du Rhin, avec lequel elle correspond par un canal. Son industrie est très-étendue et s'applique principalement à la fabrication d'étoffes de laine, de coton et de soie, de toiles de lin et de cuirs ; fabr. de fromages ; elle possède de belles fonderies. Clèves a 5 églises, dont 2 catholiques, un gymnase, plusieurs institutions philanthropiques et 7400 hab. Le château de Schwanenbourg, dont l'une des tours, appelée la tour du Cigne, fut, dit-on, élevée par J. César, renferme aujourd'hui les prisons et les tribunaux. Ce vieux monument se rattache à l'histoire de l'ancienne famille de Clèves qui a joué un grand rôle dans le moyen âge et qui faisait remonter son origine à Childebert II ; il est de fait qu'en 996 l'empereur Othon III reconnut à la diète de Worms le comte Conrad de Clèves comme le premier des quatre comtes héréditaires du saint-empire. Cette ligne s'éteignit en 1609 dans la personne du duc Jean-Guillaume, mort sans enfants, et dont les possessions furent partagées entre le duc de Neubourg, de la maison de Bavière-Palatine, et l'électeur de Brandebourg. Cédé par la Prusse à la France, d'après la convention de Vienne du 15 décembre 1805, le pays de Clèves fut érigé par Napoléon en grand-duché (15 mars 1806), en faveur du prince Murat ; le grand-duché de Berg et de Clèves retourna à la France quand ce dernier fut déclaré roi des Deux-Siciles le 15 juillet 1808. En 1815 la Prusse rentra dans son ancienne possession.

CLÉVILLE, vg. de Fr., Calvados, arr. de Caen, cant. de Troarn, poste de Croissanville ; 580 hab.

CLÉVILLE, vg. de Fr., Seine-Inférieure, arr. d'Yvetot, cant. et poste de Fauville ; 380 hab.

CLÉVILLIERS-LE-MOUTIERS, vg. de Fr., Eure-et-Loir, arr., cant. et poste de Chartres ; 550 hab.

CLEYRAC, vg. de Fr., Gironde, arr. de la Réole, cant. et poste de Sauveterre ; 370 h.

CLÉZENTAINE, vg. de Fr., Vosges, arr. d'Épinal, cant. et poste de Rambervillers ; 520 hab.

CLÉZIEUX, vg. de Fr., Ain, arr. de Belley, cant. et poste de St.-Rambert ; 470 hab.

CLICHY, vg. de Fr., Seine-et-Oise, arr. de Pontoise, cant. de Gonesse, poste de Livry ; 140 hab.

CLICHY-LA-GARENNE, vg. de Fr., Seine, arr. de St.-Denis, cant. de Neuilly-sur-Seine, poste ; fabr. de céruse dite de Clichy ; minium, blanc d'argent, mine orange et produits chimiques. Cette commune est traversée par le chemin de fer de Paris à St.-Germain ; 3110 hab.

CLIFTON. *Voyez* FARNINGTON.

CLIFTON, b. d'Angleterre, comté de Gloucester, sur l'Avon, forme un des faubourgs de Bristol, dans une situation délicieuse ; remarquable par son industrie et ses eaux minérales ; 9000 hab.

CLIFTON, vg. d'Angleterre, comté de Westmoreland. Défaite du prétendant par le duc de Cumberland, en 1745.

CLIGNANCOURT, ham. de Fr., Seine, com. de Montmartre ; fabr. de produits chimiques ; fours à plâtre ; 540 hab.

CLIMBACH, vg. de Fr., Bas-Rhin, arr., cant. et poste de Wissembourg ; 583 hab.

CLINCHAMP, vg. de Fr., Haute-Marne, arr. de Chaumont-en-Bassigny, cant. et poste de Bourmont ; 540 hab.

CLINCHAMPS, vg. de Fr., Calvados, arr. de Vire, cant. et poste de St.-Sever ; 1650 h.

CLINCHAMPS-SUR-ORNE, vg. de Fr., Calvados, arr. de Caen, cant. de Bourguébus, poste de May-sur-Orne ; 910 hab.

CLINCH-MOUNTAINS. *Voyez* CLAIRBORNE (comté).

CLINTON, b. florissant des États-Unis de l'Amérique du Nord, état de Géorgie, comté de Jones, dont il est le chef-lieu, sur un affluent de l'Oakmulgée ; commerce de pelleteries ; 3400 hab.

CLINTON, pet. v. des États-Unis de l'Amérique du Nord, état du Maine, comté de Kennebec ; 2300 hab.

CLINTON, comté de l'état d'Ohio, États-Unis de l'Amérique du Nord ; il est borné par les comtés de Greene, de Fayette, de Highland, de Clermont et de Warren. C'est un pays élevé et d'une fertilité médiocre, arrosé par le Todds et le Ceasar et couvert de marais et de vastes forêts. Wilmington, sur le Todds, avec une poste, est le chef-lieu du comté ; 6000 hab.

CLINTON, comté de l'état de New-York, États-Unis de l'Amérique du Nord. Il est borné par le Bas-Canada, le lac Champlain et les comtés d'Essex et de Franklin. Les Montagnes-Rocheuses s'étendent sur ce pays et s'avancent jusqu'au lac Champlain qui y forme plusieurs baies, dont les plus considérables sont celles de St.-François, de St.-Amand et de Cumberland. Le sol est fertile et bien arrosé; 14,000 hab.

CLINTON, pet. v. industrieuse des États-Unis de l'Amérique du Nord, état de New-York, comté de Dutchess, sur l'Hudson; poste; banque; 3000 hab.

CLINTON (chef-lieu). *Voyez* ANDERSON (comté).

CLINTON, b. des États-Unis de l'Amérique du Nord, état de New-York, comté d'Oneida, sur l'Oriskany; collége fondé en 1812, avec une bibliothèque; 3000 hab.

CLINTONVILLE. *Voyez* WABASH (comté).

CLION, vg. de Fr., Charente-Inférieure, arr. de Jonzac, cant. et poste de St.-Genis; 1090 hab.

CLION, b. de Fr., Indre, arr. de Châteauroux, cant. et poste de Châtillon-sur-Indre; fabr. de sucre indigène; 1600 hab.

CLION (le), vg. de Fr., Loire-Inférieure, arr. de Paimbœuf, cant. et poste de Pornic; 2050 hab.

CLION-USCLAT, vg. de Fr., Drôme, arr. de Valence, cant. et poste de Loriol; fabr. de poterie, faïence, pipes; 780 hab.

CLIPONVILLE, vg. de Fr., Seine-Inférieure, arr. d'Yvetot, cant. et poste de Fauville; 620 hab.

CLIRON, vg. de Fr., Ardennes, arr. de Mézières, cant. et poste de Ranwez; 270 h.

CLISSA (en slavon Klis), b. de Dalmatie, cer. de Spalatro, sur la Solona; au-dessus de ce bourg et sur le sommet d'une montagne se trouve le fort du même nom, qui défend le passage des montagnes et forme la plus grande défense par terre de la ville de Spalatro.

CLISSE (la), vg. de Fr., Charente-Inférieure, arr. et poste de Saintes, cant. de Saujon; 310 hab.

CLISSON, *Clichia*, pet. v. de Fr., Loire-Inférieure, arr. et à 6 l. S.-E. de Nantes, chef-lieu de canton et poste; elle est située sur la Sèvre, à son confluent avec la Moine, et bâtie en amphithéâtre sur les deux rives de la rivière, dans un paysage des plus pittoresques. Le château, illustré par le célèbre connétable Olivier de Clisson, ne présente plus que des ruines imposantes. Clisson a des fabriques de toiles, mouchoirs, futaines, papiers; filat. hydraul. de laine et de coton; commerce assez considérable en toiles de chanvre et en grains; 2565 hab.

Pendant les guerres de la Vendée, Clisson fut presque entièrement détruit, ce n'est que depuis le commencement de ce siècle que cette ville s'est relevée de ses ruines et qu'elle a retrouvé une partie de sa population.

CLITHÉRO, b. d'Angleterre, comté de Lancastre; nomme deux députés au parlement. Manufactures de coton et bains minéraux; 2000 hab.

CLITOURPS, vg. de Fr., Manche, arr. de Cherbourg, cant. et poste de St.-Pierre-Église; 500 hab.

CLOCHE (la). *Voyez* MANATOLIN.

CLŒTZE, b. de Prusse, prov. de Saxe, rég. de Magdebourg; 2000 hab.

CLOGHEEN, b. d'Irlande, comté de Tipperary; 3000 hab.

CLOGHER, b. d'Irlande, comté de Tyrone; belle cathédrale; palais de l'évêque anglican; 1500 hab.

CLOHAR-CARNŒT, vg. de Fr., Finistère, arr., cant. et poste de Quimperlé; 2800 h.

CLOHARS-FOUESNANT, vg. de Fr., Finistère, arr. et poste de Quimper, cant. de Fouesnant; fabr. de bleu de Prusse et de café chicorée; 590 hab.

CLOITRE (le), vg. de Fr., Finistère, arr., cant. et poste de Châteaulin; 950 hab.

CLOITRE (le), vg. de Fr., Finistère, arr. et poste de Morlaix, cant. de Thégonnée; 1350 hab.

CLOMOT, vg. de Fr., Côte-d'Or, arr. de Beaune, cant. et poste d'Arnay-le-Duc; 1350 hab.

CLONAKITTY, b. d'Irlande, comté de Cork, au fond d'une baie peu favorable à la navigation; fabr. de draps.

CLONAS, vg. de Fr., Isère, arr. de Vienne, cant. de Roussillon, poste du Péage; 640 hab.

CLONFERT, vg. d'Irlande, comté de Galway. Cathédrale et palais d'un évêché anglican; 600 hab.

CLONMEL, v. d'Irlande, chef-lieu du comté de Tipperary, sur la Suir, nomme un député au parlement; assez grande ville, jolie, industrieuse et un des grands entrepôts pour le commerce du beurre. Patrie du célèbre poëte Laurent Sterne (1713-1767); 16,000 hab.

CLONTARF, vg. d'Irlande, comté de Dublin, dans les environs de cette capitale; il est important par ses bains de mer. Bataille entre les Danois et les Irlandais en 1014.

CLOS-FONTAINE, vg. de Fr., Seine-et-Marne, arr. de Melun, cant. de Mormant, poste de Nangis; 170 hab.

CLOS-MORTIER, ham. de Fr., Haute-Marne, com. de St.-Dizier; hauts-fourneaux, affinerie, fonderie, tréfilerie sur la Marne; 130 hab.

CLOTTE (la), vg. de Fr., Charente-Inférieure, arr. de Jonzac, cant. de Montguyon, poste de Montlieu; 760 hab.

CLOUANGE, vg. de Fr., Moselle, com. de Vitry; 250 hab.

CLOUD (Saint-), vg. de Fr., Eure-et-Loir, arr., cant. et poste de Châteaudun; 220 h.

CLOUD (Saint-), b. de Fr., Seine-et-Oise, arr., à 2 1/4 l. N.-E. de Versailles, 2 l. O.

de Paris, cant. de Sèvres; il est situé sur le penchant d'une côte et sur la rive gauche de la Seine; son château, résidence royale, son parc, sa belle cascade, sont un des plus beaux ornements des environs de Paris. Au sommet de la colline, sur le penchant de laquelle l'avenue est plantée, se trouve un obélisque, généralement connue sous le nom de *Lanterne de Diogène*, d'où l'on jouit de la perspective de Paris et des belles campagnes qui environnent la capitale. Au mois de septembre, il y a dans ce joli bourg une foire très-fréquentée par les Parisiens; 1950 hab.

C'est à St.-Cloud que le fanatique Jacques Clément assassina Henri III, en 1589, et qu'en 1799 le général Bonaparte renversa le Directoire, dispersa l'assemblée législative et se fit nommer consul pour s'emparer plus tard du pouvoir absolu avec le titre d'empereur Napoléon.

CLOUÉ, vg. de Fr., Indre, arr. de Châteauroux, cant. et poste d'Écueillé; 350 h.

CLOUÉ, vg. de Fr., Vienne, arr. de Poitiers, cant. et poste de Lusignan; 470 hab.

CLOULAS, vg. de Fr., Charente, com. de Beaulieu-Cloulas; 260 hab.

CLOUZEAUX, vg. de Fr., Vendée, arr., cant. et poste de Bourbon-Vendée; 760 h.

CLOVENROCK (baie de). *Voyez* CHAMPLAIN (lac).

CLOWEY, fl. de l'Amérique anglaise, sort du lac Clowey, coule d'abord vers le S.-O., puis vers le N. et se jette dans le lac des Esclaves.

CLOYES, pet. v. de Fr., Eure-et-Loir, arr. et à 3 l. S.-O. de Châteaudun, chef-lieu de cant. et poste; fabr. de sucre indigène et de charbon animal; 2160 hab.

CLOYES, vg. de Fr., Marne, arr. et poste de Vitry-le-Français, cant. de Thiéblemont; 190 hab.

CLOYNE, *Cluanum*, pet. v. d'Irlande, comté de Cork, siège d'un évêque anglican, qui relève de l'archevêque de Cashel; cathédrale et palais épiscopal; 2000 hab.

CLUCY, vg. de Fr., Jura, arr. de Poligny, cant. et poste de Salins; 150 hab.

CLUGNAT, vg. de Fr., Creuse, arr. et poste de Boussac, cant. de Chatelus; 2000 h.

CLUIS-DESSUS, pet. v. de Fr., Indre, arr. de la Châtre, cant. et poste de Neuvy-St.-Sépulcre; vins blancs estimés; forges et hauts-fourneaux; fabr. de draps et de papier; commerce de fer, vins, bestiaux, laines, grains; 1935 hab.

CLUMANC, vg. de Fr., Basses-Alpes, arr. et poste de Digne, cant. de Barrème; 1010 hab.

CLUNY, *Cluniacum*, v. de Fr., Saône-et-Loire, arr. et à 4 1/2 l. de Mâcon, chef-lieu de canton et poste, sur la rive gauche de la Crosne, dans une belle et fertile vallée; elle possède un collége communal; tanneries, huileries, papeteries, grandes fabr. de poterie; commerce en vins, bois, blé, fourrage et bestiaux. Il y a dans cette ville un dépôt royal d'étalons; 4255 hab.

Cluny, qui au neuvième siècle n'était qu'un chétif village, doit son accroissement et sa célébrité à l'abbaye que Guillaume Ier, comte d'Auvergne, y fonda en 910. Ce monastère, chef-lieu de l'ordre de St.-Benoît, devint un des plus riches et des plus célèbres de l'Europe et l'un des principaux foyers de science à cette époque. Ce qui reste aujourd'hui des bâtiments de l'abbaye sert à divers établissements publics. Le collége en occupe une grande partie.

CLUSE (la), vg. de Fr., Hautes-Alpes, arr. de Gap, cant. de St.-Étienne-en-Devoluy, poste de Corps; 370 hab.

CLUSE (la), vg. de Fr., Doubs, arr., cant. et poste de Pontarlier; carrière de marbre jaspé; 950 hab.

CLUSE, v. du duché de Savoie, était autrefois le chef-lieu de la prov. de Faussigny; 2000 hab.

CLUSONE, pet. v. du roy. Lombard-Vénitien, gouv. de Milan, délégation de Bergame, dans la vallée de Seriana; florissante par ses fabriques de draps et de quincaillerie; 3000 hab.

CLUSSAIS, vg. de Fr., Deux-Sèvres, arr. de Melle, cant. et poste de Sauzé; 1360 hab.

CLUX, vg. de Fr., Saône-et-Loire, arr. de Châlon-sur-Saône, cant. de Verdun-sur-le-Doubs, poste de Seurre; 250 hab.

CLUZE, vg. de Fr., Isère, arr. de Grenoble, cant. et poste de Vif; 700 hab.

CLUZEL (le), Loire. *Voyez* GENÊT-LERPT (Saint-).

CLUZEL (le), ham. de Fr., Lot, com. de Pontcirq; 180 hab.

CLYDE, fl. de la Terre-de-Baffin, Amérique septentrionale; il coule vers l'E. et débouche dans la baie de Clyde, sous le 70° 5' lat. N. Parry trouva des Esquimaux sur ses bords. La baie de Clyde renferme les îles d'Agnès-Monument, de Haig et de Bute.

CLYDE. *Voyez* JOHNS (fleuve).

CLYDE, *Cludanus Amnis*, fl. d'Écosse; il naît dans les montagnes méridionales du comté de Lanerk; après avoir traversé ce comté, il aboutit par le golfe de Clyde dans la mer d'Irlande. Il baigne Lanerk, Glasgow, Port-Glasgow et Greenock.

CLYDE (Frith of Clyde), golfe de la mer d'Irlande, entre les comtés d'Argyle et de Wigton, en Écosse, dans lequel aboutit le Clyde.

CLYDE-IRON-WORLS, vg. d'Écosse, comté de Lanerk; remarquable par ses grandes forges, les plus considérables de l'Écosse, situées sur les bords du Clyde.

CLYDESDALE. *Voyez* LANERK.

CMIELLAND, v. de Pologne, woïwodie de Sandomierz, sur la rive droite de la Ramienka; 1300 hab.

CNIDE. *Voyez* GNIDE.

COACHÉ ou COTCHÉ, COTCHEY, COUCHY, roy. puissant de la Haute-Guinée, Afrique, sur la côte des Dents, au N. de Lahou; riche en or et en ivoire.

COADOUT, vg. de Fr., Côtes-du-Nord, arr., cant. et poste de Guingamp; 550 hab.

COAGUILA. *Voyez* COHAHUILA.

COAMO, fl. de l'île de Porto-Rico, coule vers le S. et se jette dans la mer des Antilles.

COANGO ou COUANGO, CONGO, BARBELA, ZAIRE, RIO-DA-PADRONO, DE SAN-YORGE, le plus grand des fleuves de l'Afrique méridionale, que, d'après d'anciennes relations, les indigènes nomment aussi Moïenzi-Enzaddi, c'est-à-dire le fleuve qui engloutit tous les autres, et Zembere, qui signifie mère des eaux. On ne connaît pas encore exactement la partie supérieure de son cours: d'après les renseignements donnés par les indigènes à M. Douville, qui en a exploré une grande partie, il prend sa source dans le haut plateau austral, dans le pays de Regas, entre 25° et 26° de long. orient. et 9° et 10° de lat. australe. Il tourne d'abord vers l'O. et traverse le roy. de Humé, le pays des Mouchingi, les roy. des Cassanges, de Cancobella, de Holoho; il fait ensuite un grand détour vers le N.-O. et après vers le S.-O., pour aller aboutir à l'Océan Atlantique, dans lequel il se décharge par une large et profonde embouchure, près du cap Padron. Dans ce long cours ce fleuve passe à quelque distance de Cancobella et de San-Salvador, arrose Conde-Yonga, Inga, Noki et Embomma. Il est à remarquer que Riley, Maxwell et Mungopark croyaient ce fleuve identique avec le Djoliba, que plusieurs relations des indigènes et les observations faites sur ses débordements donnaient une certaine probabilité à cette opinion, et qu'elle a fait entreprendre, en 1816, la malheureuse expédition du capitaine Tuckey, qui nous fit connaître exactement la partie inférieure du cours de ce grand fleuve, dont les principaux affluents sont, à droite, le Hogi, le Rambegi, le Louimbi et le Bancora, et à gauche entre autres le Cassanci.

COANZA ou COUENZA, fl. considérable de la Basse-Guinée, Afrique, dont naguère on ne connaissait encore le cours que dans sa partie inférieure. Il prend sa source, selon les renseignements donnés par les indigènes à M. Douville, bien plus au S.-E. que ne l'indiquent les cartes les plus récentes, dans le plateau austral et au pied du mont Hele dans le pays des Moumbos; il traverse du côté du S. les roy. de Cuninga, Cutato, Haco, Libolo et Quisama, et du côté du N. le roy. de Quiçua et les prov. portugaises de Pongo-Andongo, de Cambambe, de Massangano et de Muchima; il se jette dans l'Océan Atlantique au S. de la pointe Palmeirinha; on doit le regarder comme le plus grand fleuve de cette partie de l'Afrique, après le Zaïre.

COARRAZE, vg. de Fr., Basses-Pyrénées, arr. de Pau, cant. de Clarac, poste de Nay; fabr. de toiles de fil d'étoupes, chaux, briques, charbon; 2310 hab.

COARY ou ALVELLOS, pet. v. de l'empire du Brésil, prov. de Para, comarque de Rio-Negro, à 6 l. de l'embouchure du Coary dans le Maragnon, dans une plaine sablonneuse. Cet endroit, fondé par les Carmélites, a souvent changé de position depuis sa fondation; fabr. de coton, de poterie et de nattes; culture de cacao, du cravo, etc.; commerce de beurre, d'huile, de tortues et de salseparcille; 3400 hab., descendants de différentes tribus indigènes.

COASTER-HARBOUR. *Voyez* NEWPORT.

COATASCORN, vg. de Fr., Côtes-du-Nord, arr. de Lannion, cant. de la Roche-Derrien, poste de Pontrieux; 890 hab.

COATEPEC, fl. des états mexicains, état de Mexico, coule vers l'E. et se décharge dans le lac de Tezcuco.

COAT-MÉAL, vg. de Fr., Finistère, arr. de Brest, cant. de Plabennec, poste de Lannilis; 200 hab.

COAT-QUEAU, vg. de Fr., Finistère, com. de Scrignac; 800 hab.

COATRÉVEN, vg. de Fr., Côtes-du-Nord, arr. de Lannion, cant. et poste de Tréguier; 940 hab.

COAZZO, pet. v. du roy. de Sardaigne, intendance-générale de Turin; 3200 hab.

COBALE, partie méridionale du Bas-Benguela, Afrique portugaise, sur les bords du Cobal.

COBAN, fl. des États-Unis de l'Amérique centrale; il naît au centre de l'état de Guatémala, coule vers le N.-E. et se jette dans la baie de Honduras.

COBAN ou CIUDADE-DE-COBAN, v. des États-Unis de l'Amérique centrale, état de Guatémala, dist. de Vera-Paz, sur le Cohabon; agriculture, fabr. de toiles; 12,000 hab., la plupart Indiens.

COBBE ou COBE, pet. v. de la Nigritie orientale, Afrique, capitale du roy. de Four ou Darfour, sur la route d'Obeyda à Ouara et à 160 l. O.-N.-O. de Sennaar. Elle possède deux mosquées, cinq écoles publiques et se distingue surtout par l'activité commerciale de ses habitants qui en ont fait un des principaux entrepôts de commerce de l'Afrique intérieure. Le sultan réside habituellement à une petite distance de la ville, dans un lieu appelé El-Facher. Lat. N. 14° 11′, long. E. 25° 48′; 6000 hab.

COBBENOU, v. assez considérable d'Abyssinie, Afrique, roy. d'Angot.

COBBI ou KEBÉ, pet. état de la Nigritie centrale, Afrique, empire des Fellatas.

COBBIE ou CUBBIE, riv. de la Nigritie centrale, Afrique; elle prend sa source dans les monts Naroa, au S.-O. de Cachenah, arrose Cubbie et se jette dans le Djoliba, près d'Yauri, à 30 l. S.-S.-E. de Boussa.

COBI. *Voyez* GOBI.

COBI, riv. de la Haute-Guinée, Afrique,

sur la côte d'Or; c'est le fétiche principal des habitants du Daukas.

COBIGE ou **COBYE**, riv. de la Basse-Guinée, Afrique; elle prend sa source dans la prov. de Ginga et se jette dans le Coanza, à Quibinda.

COBIJA. *Voyez* PORT-LAMAR.

COBLENCE (en allemand Coblentz), *Confluentes, Confluentia*, v. de Prusse, chef-lieu du grand-duché du Bas-Rhin, de la régence et du cercle du même nom, siége des autorités civiles et militaires de la province et d'un tribunal d'appel, ancienne résidence d'un prince archevêque-électeur; sous l'empire français, chef-lieu du dép. de Rhin-et-Moselle; située à 24 l. de Trèves et 153 l. E.-N.-E. de Paris, dans une riche campagne, au confluent du Rhin et de la Moselle; on traverse cette dernière sur un pont de quatorze arches de 1052 pieds de longueur, et le fleuve, en aval de la jonction, sur un pont de bâteaux de 1066 pieds. La ville se divise en Vieille et Nouvelle; la dernière prend aussi le nom de Clemensstadt. Sur la rive gauche du Rhin, elle est protégée par les forts d'Alexandre et de François, sur la rive droite s'élève, sur un haut rocher isolé, l'antique et majestueux fort d'Ehrenbreitstein; ses ouvrages correspondent à ceux de Coblence dont les nouveaux travaux de défense forment un camp retranché, pouvant contenir 100,000 hommes. Coblence est un port franc pour la navigation de la Moselle et du Rhin et l'entrepôt principal des vins de France expédiés en Allemagne. La ville a 12 grandes et 2 petites portes; elle renferme 2 églises pour les catholiques et 4 pour les protestants, un gymnase et plusieurs écoles élémentaires pour tous les cultes, des imprimeries et diverses manufactures, parmi lesquelles on remarque celle de fer-blanc vernissé dont les produits sont supérieurs à ceux des fabriques d'Angleterre. Son ancien château, moitié en ruines, renferme une chapelle bien conservée, où l'on voit quelques peintures de Zick. Un aqueduc remarquable vient d'une montagne située près de Metternich, traverse la Moselle et conduit l'eau potable dans les divers quartiers de la ville, dont la population est de 15,000 hab., celle du cercle de 400,000 hab.

Coblence est riche en anciens souvenirs; plusieurs empereurs allemands en ont fait leur séjour. Au commencement de la révolution, l'électeur y avait reçu un grand nombre d'émigrés français, mais l'armée républicaine s'empara de la ville le 23 octobre 1794. L'on voit près de la ville, sur la route de Cologne, la tombe du général français Marceau.

COBLER (rochers). *Voyez* MICHEL (Saint-, baie).

COBLER-MOUNT. *Voyez* FAQUIER (comté).

COBONNE, vg. de Fr., Drôme, arr. de Die, cant. et poste de Crest; 240 hab.

COBOURG, v. du duché de Saxe-Cobourg-Gotha, chef-lieu de la principauté de Cobourg et seconde résidence ducale; est une belle ville, située vers l'Itz, à 10 l. N. de Bamberg, dans une agréable vallée et entourée de jolies promenades qui la séparent de ses faubourgs. Ses principaux bâtiments sont l'église de St.-Maurice et le château ducal, appelé l'*Ehrenbourg* et renfermant une bibliothèque de 26,000 volumes. Cette ville possède un gymnase, avec un observatoire et une bibliothèque, et une école normale. Cobourg fait un commerce assez considérable, consistant en fruits, anis, coriandre, houblon, marbre, albâtre, ardoise, et son industrie consiste en plusieurs fabriques et manufactures de ferblanc, de boutons, etc. Sa citadelle, située non loin de la ville, sur une montagne d'où l'on jouit d'une très-belle vue, a été démolie et est maintenant un château de plaisance ducal.

COBRE, chaîne de montagnes de l'île de Cuba, s'étend à l'O. de la ville de ce nom.

COBRE, riv. de l'île de Jamaïque, sort des monts Ligany, au S.-E. de l'île, coule vers l'E., baigne la ville de Spanish-Town et débouche dans la mer des Antilles, près du bourg Le-Passage.

COBRIEUX, vg. de Fr., Nord, arr. de Lille, cant. de Cysoing, poste d'Orchies; 380 hab.

COBURGH (bay of), vaste baie au S. de la baie de St.-Jean, sous le 75° 40′ lat. N., pays du cap Clarence, Amérique septentrionale. Cette baie, couverte de glaçons, est fermée au N. par le cap Léopold et au S. par le cap Horsburgh. La continuation des monts Barnard s'étend à l'O. de cette baie.

COCA, pet. île dans la baie d'Angra-dos-Reys, sur la côte de la prov. de Rio-Janeiro, emp. du Brésil.

COCAGNE, b. avec un port dans le Nouveau-Brunswic, à l'embouchure du Cocagne dans le golfe de St.-Laurent et au N. du cap Herring; l'île de Cocagne s'étend à l'entrée du port.

COCALICO, gr. bourgade des États-Unis de l'Amérique du Nord, état de Pensylvanie, comté de Lancaster, sur le Cocalico. Cet endroit renferme le couvent d'Ephrata et est le principal siége de la secte allemande des Dunkers. Il est divisé en quatre parties ou quartiers : Zion (le temple), Béthanie (la maison des frères), Saron (la maison des sœurs) et Mount-Zion, habité par les personnes mariées qui exercent différents métiers et s'adonnent à l'industrie et au commerce; moulin à huile; papeterie; 5400 hab.

COCAMAS, peuplade indienne indépendante de la rép. du Pérou; elle erre sur les bords de l'Ucayali inférieur et dans les Pampas del Sacramento. Les Cocamas appartiennent à la grande nation Omagua, qui s'étend des bords du Guaviare et du Tocantin dans les provinces brésiliennes de Goyaz et de Para jusqu'au Napo et l'Ucayali inférieur.

COCAPATA. *Voyez* COCHABAMBA (Sierra de).

COCCONATA, b. du roy. de Sardaigne, prov. d'Asti; 3000 hab.

COCHABAMBA, branche considérable de la Cordillère orientale, s'étend en différentes ramifications et sous différents noms (Cordillera de Cochabamba, Cordillera de Cocapata, Cordillera de Yaracuraès, Altos de Intinuyo, Sierras altissimas, Sierra de Santa-Cruz) dans la province bolivienne de Cochabamba et, en diminuant toujours de hauteur, à l'E. de la ville de Santa-Cruz et dans les pays des Monos et des Chiquitos, va se perdre dans les plaines élevées que les géographes représentent à tort comme de hautes montagnes dans la province brésilienne de Matto-Grosso.

COCHABAMBA, dép. de la rép. de Bolivia, est entouré des dép. de Chuquisaca, d'Oruro, de La-Paz et de Santa-Cruz de la Sierra. Sa superficie est évaluée à 1890 (selon d'autres à 2600) l. c. géogr., avec une population de 200,000 âmes. Ce pays, très-peu connu encore, est une des régions les plus belles et les plus fertiles du globe. A l'O. du département s'élèvent les Cordillères, aux cîmes couvertes d'une neige éternelle, s'aplatissant en collines vertes et riantes vers les fertiles vallées du Rio-Grande (Rio-Guapaix), auquel elles donnent naissance, ainsi qu'à un grand nombre d'autres fleuves qui lui envoient leurs eaux. La plus grande partie du pays est couverte d'immenses forêts, qui n'alternent qu'avec de rares districts déblayés et fertilisés par l'agriculture; au-dessus de ces forêts s'étendent de grasses prairies, couvertes d'herbes odoriférantes et où fleurit la rose des Alpes. Dans ces contrées on s'occupe principalement de l'éducation du bétail. Les montagnes fournissent de l'alun de la plus grande pureté, ainsi que de l'argile schisteuse; plusieurs verreries sont établies dans la vallée du Rio-Grande. Toutes les espèces de grains y viennent en abondance; en outre on cultive avec succès de beaux fruits, du vin et du sucre. Autrefois il y avait dans ce département plusieurs lavages d'or très-importants; aujourd'hui on s'occupe peu de cette industrie. Les matières végétales et minérales, répandues en surabondance dans le riche sol de ce pays, promettent un grand développement aux fabriques de coton, établies sur différents points du département, et l'esprit actif et entreprenant des habitants, sachant mettre à profit toutes les ressources de leur belle patrie, saura rendre ce pays un des plus riches, des plus importants et des plus heureux du Nouveau-Monde. Ce département est divisé en 6 provinces : Sacaba, Tapacari, Arque, Palca, Clissa et Misqué.

COCHABAMBA (ville). *Voyez* OROPÉSA.

COCHE, île considérable au S. de celle de Margarita, côte N.-E. de la rép. de Vénézuela, dép. de Maturin dont elle dépend. Cette île, située sous le 10° 46′ 30″ lat. N., a 3 l. de circonférence et est importante par ses pêcheries de perles.

COCHÉCO. *Voyez* PISCATAGUA (fleuve).

COCHEM ou KOCHHEIM, *Cochima*, v. de Prusse, prov. du Rhin, chef-lieu du cercle de même nom, rég. et à 12 l. de Coblence, au confluent de l'Endert et de la Moselle, et sur la pente d'une montagne. On y récolte de bon vin. Fabriques de draps et de potasse, tanneries. L'on voit près de là les ruines d'un ancien château de Metternich-Winnebourg; 2500 hab.

COCHÈRE (la), vg. de Fr., Orne, arr. d'Argentan, cant. d'Exmes, poste de Nonant; 390 hab.

COCHEREL, vg. de Fr., Seine-et-Marne, arr. de Meaux, cant. et poste de Lizy; 380 hab.

COCHEREN, vg. de Fr., Moselle, arr. de Sarreguemines, cant. et poste de Forbach; 610 hab.

COCHIMI. *Voyez* MOQUI (peuplade).

COCHIN ou KOTCHIN, *Cottiara*,, v. de l'Inde anglaise, présidence de Madras, sur la côte de Malabar. Elle est située sur une langue de terre, près de l'embouchure du Cali-Coglang, bien fortifiée, bâtie en demi-cercle et possède plusieurs églises chrétiennes, une synagogue, quelques pagodes, etc. Le port est situé à l'E. de la ville; on y construit beaucoup de vaisseaux. Quoique ravagée à plusieurs reprises, elle fait encore un commerce considérable avec les principales villes de la côte occidentale de l'Inde, avec l'Arabie, la Chine et les grandes îles de la Malaisie. Ses habitants, au nombre de 30,000, sont chrétiens, juifs, mahométans et hindous. C'est à Cochin et dans les environs que vivent des juifs blancs qui paraissent y être arrivés du temps de Titus. Dans l'intérieur sont des juifs noirs, qui sont des juifs des dix tribus. Cochin est le premier établissement des Européens dans l'Inde; les Portugais s'en emparèrent en 1503, sous Albuquerque; les Hollandais enlevèrent cette colonie en 1663 et en firent leur principal établissement dans l'Inde. Les Anglais s'en emparèrent en 1795 et elle leur fut officiellement cédée en 1824. Cochin est une ville épiscopale, mais son évêque réside actuellement à Colan, près de Madras.

COCHIN (principauté de). Ce petit état est un débris de l'ancien et puissant roy. de Cochin, partagé aujourd'hui entre les Anglais, le roi de Travankore et autres princes indiens. Il est gouverné par un radjah, tributaire des Anglais, qui réside à Tripontary, ville de médiocre étendue.

COCHINCHINE. Les Français et les Portugais ont donné ce nom, inconnu dans le pays même, au Drang-troug ou roy. du Dedans, qui forme aujourd'hui le roy. d'Annam méridional. La Cochinchine doit avoir une étendue de plus de 3000 l. c., et une pop. de 1,300,000 hab. Nous renvoyons pour la géographie physique de ce pays peu connu à l'article ANNAM. La capitale de la Cochinchine et de tout l'Annam est Hué; les autres villes remarquables sont Keoha, Hué-han et Touron. La Cochinchine faisait partie autrefois du roy. de Tonquin, soumis à la Chine qui y tenait garnison. Après des révolutions successives, dans lesquelles le Tonquin s'affranchit de la Chine et la Cochinchine du Tonquin, un des anciens princes du pays parvint, en 1800, non seulement à rendre de nouveau la Cochinchine indépendante, mais à soumettre le Tonquin, le Laos, le Kambodge, en un mot à former l'empire actuel d'Annam.

COCHON, îlot dans le petit Cul-de-Sac, entre la Guadeloupe et la Grande-Terre; cet îlot ne consiste qu'en plantes pétrifiées, coraux et débris de coquillages.

COCIBINA, volcan à l'O. de la ville de Réalejo, état de Nicaragua, États-Unis de l'Amérique centrale.

COCLOIS, vg. de Fr., Aube, arr. d'Arcis-sur-Aube, cant. et poste de Ramerupt; 330 h.

COCKBORA ou GAMBOA, riv. de la Haute-Guinée, Afrique, sur la côte de Sierra Leone; elle se jette dans la baie d'Yawry.

COCKBURN, promontoire saillant et très-élevé au S.-E. du Devon-Septentrional, Amérique du Nord, sous 74° 49' lat. N. Il est entièrement couvert de glace. De ce point le pays s'incline vers le S., mais il est tellement encombré de glaçons qu'il paraît inaccessible.

COCKE, comté de l'état de Tennessée, États-Unis de l'Amérique du Nord; il est borné par les comtés de Jefferson, de Greene, de Sévier et par l'état de la Caroline du Nord dont il est séparé par les Smooky-Mountains. Ce pays, encore peu cultivé, est traversé par le French-Broad, qui y est grossi par le Nolichucky et le Big-Pigeon. Newport, avec une poste, est le chef-lieu du comté; 6000 h.

COCKERMOUTH, *Coccymutium, Novantum*, pet. v. d'Angleterre, comté de Cumberland, au confluent du Derwent et du Cocker; nomme deux députés au parlement. Fabriques d'étoffes de laine, de bas, de chapeaux et de cuir; château fort ruiné; 3000 hab.

COCOLA, chaîne de montagnes des états mexicains; elle sépare l'état d'Oaxaca de celui de Puébla, et est riche en mines d'or, d'argent, de vitriol et de pierres précieuses.

COCOMARIUAPAS, peuplade indienne indépendante et assez nombreuse dans les états mexicains, sur la rive gauche du Rio-Colorado et sur les deux rives du Rio-Gila; elle est douce, civilisée, cultive la terre, a des demeures assez bien bâties et s'adonne à l'éducation du bétail, ainsi qu'à différents métiers.

COCONNIÈRE (la), ham. de Fr., Mayenne, com. de Laval; 260 hab.

COCOS. *Voyez* ANDAMAN (Archipel d') et NAVIGATEURS (Archipel des).

COCRÉAUMONT, vg. de Fr., Aisne, com. de St.-Michel; 490 hab.

COCUANNAS, peuplade indienne dans l'emp. du Brésil, prov. de Para, comarque de Rio-Négro; elle habite entre le Rio-Négro et le Rio-Hynpura; une partie de ce peuple a été convertie au christianisme et vit dans la mission de San-Joaquim.

COCUMONT, b. de Fr., Lot-et-Garonne, arr. et poste de Marmande, cant. de Meilhan; 1680 hab.

COCURÉS, vg. de Fr., Lozère, arr., cant. et poste de Florac; 290 hab.

CODAJA, gr. lac de l'emp. du Brésil, prov. de Para, com. de Rio-Négro, au N. du Maragnon; il est traversé par le Rio-Codaja, bras du Maragnon, et communique par un canal avec le Rio-Négro.

CODALET, vg. de Fr., Pyrénées-Orientales, arr., cant. et poste de Prades; 310 h.

CODD (Cap). *Voyez* CAPE-COD.

CODIGORO, b. des états de l'Église, délégation de Ferrare; 2000 hab.

CODO, lac des États-Unis de l'Amérique du Nord, état de Louisiane, comté de Natchitoches; il s'écoule dans le Red.

CODOGNAN, vg. de Fr., Gard, arr. de Nîmes, cant. de Vauvert, poste de Calvisson; 780 hab.

CODOGNO, *Catoneum*, gros b. du roy. Lombard-Vénitien, gouv. de Milan, délégation de Lodi, dans une vaste plaine; possède un théâtre et des filatures de soie, et est le centre d'un grand commerce de fromage. Victoire des Espagnols sur les Autrichiens, en 1746; défaite des Autrichiens par les Français, en 1796; 8000 hab.

CODOLET, vg. de Fr., Gard, arr. d'Uzès, cant. et poste de Bagnols; vins estimés; 870 hab.

CODOLIVE, vg. de Fr., Bouches-du-Rhône, com. de St.-Savournin; 340 hab.

CODORUS, pet. v. des États-Unis de l'Amérique du Nord, état de Pensylvanie, comté d'York, sur le Codorus; 2300 hab.

CODROPIO, *Codropolis*, b. du roy. Lombard-Vénitien, gouv. de Venise, délégation d'Udine; 3000 hab.

CŒLE-SYRIE, g. a., contrée et grande vallée, entre la Syrie et la Palestine, fermée par le Liban et l'Anti-Liban, s'étendait depuis la côte entre Sidon, Tyr et Héliopolis au S. jusqu'à Damas; sous les Romains, elle fit d'abord partie du roy. de Décapolis; puis, sous Dioclétien, elle fut incorporée dans la Phénicie, sous le nom de *Phœnicia Libanesia*.

CŒLÉ-SYRIE. On appelle ainsi la vallée comprise entre les deux chaînes du Liban et de l'Anti-Liban. Elle est sèche et aride. C'est une chose digne de remarque, que, dans les deux chaînes parallèles du Liban et de l'Anti-Liban, les deux versants stériles se regardent et que ceux fertiles soient des versants opposés: celui du Liban à l'O. et celui de l'Anti-Liban à l'E. Le peu d'habitants qui vivent dans le Cœlé-Syrie appartiennent à la nation des Métuâlis; il n'y a pas longtemps qu'ils sont venus dans ce pays et cependant l'on ignore d'où ils viennent. Ils sont musulmans schismatiques de la secte d'Ali, superstitieux et se regardent comme souillés par le contact des étrangers. Braves et entreprenants, ils sont en général portés au pillage et ont joué un rôle important dans les troubles et les guerres qui, à différentes époques, ont désolé la Syrie. Leur nombre est fort réduit.

CŒLHOS (Terra dos), île de 5 l. de longueur, séparée par le Rio-Aruary du continent de la Guyane brésilienne. Son nom lui vient d'une espèce de lapins qui s'y trouvent en grand nombre. La pointe orientale de cette île forme le cap Nord.

CŒLLEDA, pet. v. de Prusse, prov. de de Saxe, rég. de Mersebourg; 2300 hab.

CŒNNERN, pet. v. de Prusse, rég. de Mersebourg. Agricole; 2300 hab.

CŒRLIN, pet. v. de Prusse, rég. de Cœslin; fabr. de draps; 2000 hab.

CŒSFELD, vg. de Prusse, chef-lieu du district de ce nom, rég. et ancien siége des évêques de Munster; résidence du prince de Salm-Harstmar; renferme 3 églises et 2 châteaux, des tanneries et des filatures de lin; 500 hab.

CŒSLIN, *Coslinum*, v. de Prusse, prov. de Poméranie, chef-lieu de la régence et du cercle de même nom, siége des autorités civiles et d'un tribunal; elle est située à 1 l. de la mer Baltique, régulièrement bâtie et ceinte de murailles; sur sa place s'élève une belle statue de Frédéric-Guillaume 1er, érigée en mémoire de la reconstruction de la ville, après l'incendie de 1718. Elle possède une société agricole, plusieurs écoles, diverses manufactures et fait un commerce considérable. L'exportation consiste en bois de chauffage et toiles à voiles. La pêche est la principale occupation des habitants de la ville et de toute la régence. Les environs sont tristes, cependant on a, d'une montagne voisine, dite Gollenberg, un point de vue magnifique sur la mer; 6000 hab.

CŒSMES, vg. de Fr., Ille-et-Vilaine, arr. de Vitré, cant. de Rhétiers, poste de la Guerche; 1540 hab.

CŒTBO, ham. de Fr., Morbihan, com. de Guer; institut agricole; 100 hab.

CŒTHEN, v. de la confédération germanique, capitale du duché d'Anhalt-Cœthen. Elle est bien bâtie, située sur le Ziethe; elle possède un gymnase avec un cabinet d'histoire naturelle, une école normale, une nouvelle église catholique, un couvent de filles nobles, un château servant de résidence et renfermant une bibliothèque considérable, et un autre appelé Nouveau-Château. Filat. de fil; tanneries importantes; commerce considérable en grains et en laine; 6035 hab.

CŒTMIEUX, vg. de Fr., Côtes-du-Nord, arr. de St.-Brieuc, cant. et poste de Lamballe; 560 hab.

CŒUVRES, b. de Fr., Aisne, arr. de Soissons, cant. et poste de Vic-sur-Aisne; 690 h.

CŒX, vg. de Fr., Vendée, arr. des Sables, cant. et poste de St.-Gilles-sur-Vie; 1050 hab.

CŒYMANNS, pet. v. des États-Unis de l'Amérique du Nord, état de New-York, comté d'Albany, sur l'Hudson; agriculture, industrie, commerce; 4000 hab.

COFFIN ou Savou, nommée aussi Isle Pierreuse, pet. ile dans le canal de Mozambique, Afrique, non loin de la côte occidentale de l'île de Madagascar; lat. 17° 30'.

COFFRE-A-MORT, île déserte de près de 2 l. de longueur, s'étend devant l'embouchure du Ponce, au S. de l'île de Porto-Rico.

COFFRE DE PÉROTE. *Voyez* NAUHCAMPATEPETL.

COFOLO ou Kofel, défilé sur la Brenta, dans le Tyrol, cercle de Trente; autrefois défendu par un fort.

COGAND, b. de Fr., Vendée, arr. de Bourbon-Vendée, cant. et poste de Montaigu; fabr. de papier, manufacture de lainage et filat. hydraul. de laine; 2000 hab.

COGES, vg. de Fr., Jura, arr. de Lons-le-Saulnier, cant. et poste de Bletterans; 930 h.

COGGESHAL-GREAT, b. d'Angleterre, comté d'Essex, sur le Blackwater; fabr. d'étoffes de laine; 3000 hab.

COGGIA, vg. de Fr., Corse, arr. d'Ajaccio, cant. et poste de Vico; 590 hab.

COGIN ou Coin, riv. de l'île de la Guadeloupe, naît dans les montagnes qui couvrent l'isthme séparé de la Grande-Terre par la Rivière-Salée, et se jette dans le petit Cul-de-Sac.

COGLES, vg. de Fr., Ille-et-Vilaine, arr. de Fougères, cant. et poste de St.-Brice-en-Cogles; 1400 hab.

COGNA, vg. de Fr., Jura, arr. de Lons-le-Saulnier, cant. et poste de Clairvaux; 410 h.

COGNAC, *Cognacum*, v. de Fr., Charente, chef-lieu d'arrondissement, sur la rive gauche de la Charente, à 8 l. O. d'Angoulême; siége de tribunaux de première instance et de commerce; conservation des hypothèques et direction des contributions indirectes. Cette ville, si renommée pour ses excellentes eaux-de-vie, est située sur une éminence et sur la rive gauche de la Charente, dans une riante et fertile vallée. Elle est mal bâtie; ses rues sont étroites et tortueuses; celles qui descendent vers la Charente sont escarpées, et, à l'exception de l'ancien château ducal, transformé en magasins à eau-de-vie; elle n'a aucun édifice remarquable. Cognac est une ville industrieuse, mais ses distilleries sont la principale branche de son activité. Outre le commerce considérable qu'on y fait en eau-de-vie, on y vend aussi une grande quantité de graine de lin, du chanvre, du lin, de la laine, de la toile, de la faïence, des cuirs, des bestiaux, des noix, des marrons, etc. Foires : le 8 mai, le 8 novembre et le deuxième mardi de chaque mois; 3830 hab.

C'est dans le parc du château de Cognac, au pied d'un arbre, que la duchesse d'Angoulême, Louise de Savoie, pressée par les douleurs de l'enfantement, accoucha de François Ier, le 12 septembre 1494. Cet arbre fut longtemps conservé et connu sous le nom d'*Ormefille*; détruit par l'âge, il fut remplacé par un autre de la même espèce, que l'on remplaça à son tour par un petit monument. C'est dans cette ville aussi que fut conclu, le 21 mai 1526, un traité, connu sous le nom de Ligue de Cognac, entre François Ier, Clément VII, les Vénitiens et le duc de Milan Sforce. Le roi Henri VIII d'Angleterre fut nommé protecteur de cette ligue, dont le but était de forcer Charle-Quint à renoncer aux concessions qui lui avaient été faites par le traité de Madrid : le pape, qui était à la tête de cette ligue, releva François Ier du serment qu'il avait fait d'accomplir ce dernier traité. A cette occasion, une assemblée fut également convoquée à Cognac, et les députés de Bourgogne déclarèrent qu'ils ne voulaient pas se soumettre à l'empereur et qu'ils ne se sépareraient pas de la France. Le traité de Cognac ralluma, entre François Ier et Charle-Quint, une seconde guerre, dont le théâtre fut en Italie, et qui ne se termina qu'en 1529 par le traité de Cambrai ou des Dames.

COGNAC, vg. de Fr., Haute-Vienne, arr. de Rochechouart, cant. de St.-Laurent-sur-Gorre, poste de la Barre; 1810 hab.

COGNAT, vg. de Fr., Allier, arr. et poste de Gannat, cant. d'Escurolles; 920 hab.

COGNEHORS, vg. de Fr., Charente-Inférieure, arr., cant. et poste de la Rochelle; 800 hab.

COGNERS, vg. de Fr., Sarthe, arr., cant. et poste de St.-Calais; 630 hab.

COGNET, vg. de Fr., Isère, arr. de Grenoble, cant. et poste de la Mure; 110 hab.

COGNIÈRES, vg. de Fr., Haute-Saône, arr. de Vesoul, cant. et poste de Montbozon; 240 hab.

COGNIN, vg. de Fr., Isère, arr. de St.-Marcellin, cant. de poste de Vinay; moulinage et filature de soie; 1160 hab.

COGNOCOLI, vg. de Fr., Corse, arr. et poste d'Ajaccio, cant. de Ste.-Marie-et-Sicche; 210 hab.

COGNY, vg. de Fr., Cher, arr. de St.-Amand-Mont-Rond, cant. et poste de Dun-le-Roi; 240 hab.

COGNY, vg. de Fr., Rhône, arr., cant. et poste de Villefranche-sur-Saône; 1010 hab.

COGOLIN, vg. de Fr., Var, arr. de Draguignan, cant. de Grimaud, poste; 1290 h.

COGOLLAR (Cerro de), montagne et un des points culminants des Andes colombiennes; elle s'élève à la hauteur de 2448 pieds (Humboldt).

COGUE ou **COQUE**, v. de la Sénégambie, Afrique, dans le roy. de Cayor, à 20 l. S.-E. du fort St.-Louis. On y fait un commerce considérable de gomme; 5000 hab.

COGULOT, vg. de Fr., Dordogne, arr. de Bergerac, cant. et poste d'Eymet; 250 hab.

COHAN, vg. de Fr., Aisne, arr. de Château-Thierry, cant. et poste de Fère-en-Tardenois; 240 hab.

COHAHUILA ou **COAGUILA**, **COHAHUILA-TEXAS**, état de la confédération mexicaine, dans laquelle il entra en 1824; il est borné par le dist. des Indiens-Libres du Mexique, les États-Unis de l'Amérique du Nord, dont il est séparé par le Red-River et le Sabine, le golfe du Mexique, et les états de Tamaulipas, de Nuévo-Léon, de Durango, de Zacatécas et de Chihuahua. Il s'étend depuis le 25° 58′ jusqu'au 34° de lat. N., et a une superficie de 6354 l. c. géogr., avec une population de 127,000 âmes.

Cet état n'est connu que depuis 1687, époque à laquelle les Espagnols y envoyèrent quelques franciscains de Guérétaro, qui fondèrent différentes missions dans le pays des Indiens-Bravos. Bientôt s'élevèrent dans ce district la ville de Montelovez et plusieurs présidios pour protéger les missions, et le pays reçut le nom de Cohahuila de la rivière qui baigne Montelovez. Cet immense pays, arrosé par le Rio-del-Norte, le Rio-Nuéces, le Colorado de Texas, le Rio-de-los-Brazos, le Trinidad, le Sabine et d'autres, qui tous débouchent dans le golfe du Mexique, consiste en une vaste plaine, traversée par une série de collines et de montagnes peu élevées et couvertes d'épaisses forêts. Le sol, quoique fertile, est peu cultivé et ne présente que de rares habitations, disséminées dans cet immense désert. On a découvert depuis quelques années de riches mines d'argent dans le dist. de Texas. Sur plusieurs points de cet état on cultive la vigne avec beaucoup de succès; l'éducation du bétail est généralement répandue et les fleuves abondent en poissons. Saltillo est le principal marché du pays. Les Mexicains y viennent échanger les produits de leurs terres et d'autres objets de commerce contre de l'argent, du vin, des mulets et des chevaux. Cohahuila forma autrefois un dist. du roy. de Nuévo-Léon. Depuis plusieurs années la partie orientale de cet état, ainsi que du district de Texas, est en pleine insurrection; et il est probable qu'il finira par rester indépendant ou par se réunir à la grande confédération des États-Unis de l'Amérique du Nord, à laquelle appartiennent les quatre cinquièmes de ses habitants, qui, comme colons, s'y sont établis dans ces dernières années.

COHARTILLE, vg. de Fr., Aisne, arr. de Laon, cant. et poste de Marle; 470 hab.

COHASSET, b. des États-Unis de l'Amérique du Nord, état de Massachusetts, comté de Norfolk, sur l'Océan, duquel s'élèvent, tout près de cet endroit, les récifs redoutés de Cohasset; port; commerce; 1500 hab.

COHEM, vg. de Fr., Pas-de-Calais, com. de Wittes-Cohem; 400 hab.

COHINIAC, vg. de Fr., Côtes-du-Nord, arr. de St.-Brieuc, cant. et poste de Châtelaudren; 930 hab.

COHONGORONTO. *Voyez* POTOWMAC.

COHONS, vg. de Fr., Haute-Marne, arr. et poste de Langres, cant. de Longeau; 600 hab.

COIFFY-LE-BAS ou COIFFY-LA-VILLE, vg. de Fr., Haute-Marne, arr. de Langres, cant. de Varennes, poste de Bourbonne; 670 hab.

COIFFY-LE-HAUT ou COIFFY-LE-CHATEAU, vg. de Fr., Haute-Marne, arr. de Langres, cant. et poste de Bourbonne; 1070 hab.

COIGNEUX, vg. de Fr., Somme, arr. de Doullens, cant. et poste d'Acheux; 200 hab.

COIGNIÈRES, vg. de Fr., Seine-et-Oise, arr. de Rambouillet, cant. de Chevreuse, poste de Trappes; 390 hab.

COIGNY, vg. de Fr., Manche, arr. de Coutances, cant. de la Haye-du-Puits, poste de Prétot; 440 hab.

COILCONDE. *Voyez* GOLCONDE.

COIMBATOUR ou KOIMBATOUR, prov. de l'Inde, dans le Dekkan méridional, située entre 74° et 75° 52' long. E. et 9° 58' et 12° 5' lat. N., bornée au N. par le Maïsour, au N.-E. par le Salem, à l'E. et au S. par le Carnatic, au S.-O. par Cochin, à l'O. par le Malabar. Le Coïmbatour qui tire son nom de sa capitale, comprend le versant méridional des Ghâts occidentales, et est arrosé par le Kavery. Malgré l'élévation du sol, le climat est brûlant. Les montagnes sont riches en métaux précieux en forêts; on cultive dans les plaines beaucoup de riz, de blé, de coton et de tabac; fabriques; commerce avec les ports du Malabar; on évalue sa superficie à 300 l. c. environ et le nombre de ses habitants à 700,000, la plupart Hindous. Le Coïmbatour était appelé anciennement Kangam et faisait partie du Maïsour. En 1799 il fut cédé aux Anglais qui en firent une dépendance de la présidence de Madras.

COIMBATOUR, capitale du district du même nom, dans la présidence de Madras, Inde anglaise. Elle est située près de la source du Noël, entourée de murs et renferme une belle mosquée élevée par Tippoo. Les habitants, au nombre de 10,000, fabriquent des étoffes de coton et font un commerce assez considérable de tabac, de sucre, de coton, de laine, d'étoffes, de gingembre, etc.

COIMBRA (Nova-), fort et poste militaire de l'emp. du Brésil, prov. de Matto-Grosso, comarque de Camapuania, sur une haute montagne qui domine la rive droite du Paraguay. Ce fort, établi en 1775 par ordre du général Luiz d'Albuquerque, est l'établissement le plus méridional des Brésiliens sur le Paraguay. Les Espagnols l'assiégèrent vainement en 1801, époque à laquelle le canon retentissait pour la première fois dans ces contrées sauvages et reculées de l'Amérique du Sud.

COIMBRE ou COÏMBRA, *Conimbra, Conimbrica, Coninbriga*, v. du Portugal, chef-lieu du district de ce nom, prov. de Beira, siège d'un évêché et de la direction générale d'instruction publique du royaume; située à 46 l. N. de Lisbonne et à 365 l. de Paris, sur la rive droite du Mondejo, d'où elle s'élève en amphithéâtre sur le penchant d'une colline escarpée. Vue de loin, sa disposition en pente, ses nombreux clochers et les touffes d'arbres qui s'élèvent entre les édifices lui prêtent un charme qui s'évanouit à mesure que l'on s'en approche: on trouve une cité antique ceinte de murailles et de tours en ruines, avec des rues sales, mal pavées, étroites et tortueuses; une seule longeant la rivière est large et bien bâtie. Le Mondejo est traversé par un beau pont de pierre, depuis lequel il est navigable sur 10 l. jusqu'à son embouchure dans la mer. La ville renferme 9 églises paroissiales, 18 colléges, 7 couvents, parmi lesquels on remarque celui des Augustins de Santa-Crux avec son parc magnifique, un hôpital et une maison de charité. L'université, fondée en 1291, par le roi Denis, et transférée en 1308 de Lisbonne à Coïmbre, a de grands revenus. Ses cinq facultés possèdent 33 chaires de professeurs ordinaires auxquels sont adjoints 22 agrégés; le nombre des étudiants approche de 1500. Elle a une bibliothèque de 60,000 volumes, un observatoire, un jardin botanique, un cabinet d'histoire naturelle et de physique, un laboratoire de chimie et une imprimerie spéciale. Un collége royal des arts avec 13 professeurs en dépend. Les habitants vivent en grande partie des ressources que leur procurent l'université et de nombreuses typographies; ils s'adonnent aussi à l'agriculture, au jardinage, et fabriquent de la poterie, de la toile et des produits chimiques; le commerce est absolument local; il dépend des branches d'industrie précitées et des productions du pays telles que huiles, oranges, etc.

Coïmbre est l'ancienne Coninbriga, fondée par Antoine, 300 ans avant J.-C. Elle était autrefois une place forte importante et a soutenu plusieurs sièges; plusieurs rois du Portugal y avaient fixé leur résidence; elle renferme encore leurs tombeaux. Le tremblement de terre de 1757 lui a été funeste. En 1810, pendant la guerre de la péninsule, une division du corps d'armée de Masséna y rendit les armes au général anglais Frant. L'histoire cite à regret l'assassinat des malades et blessés français renfermés dans ses hôpitaux, par des fanatiques de sa population, et les sanglantes représailles de notre armée.

Patrie du poëte Francisco Saa de Miranda (1495—1558). Vis-à-vis de la ville l'on voit, sur la rive gauche du Mondejo, la Quinta-de-Lagrimas, (maison des larmes), lieu de détention et de mort d'Inez de Castro.

La population de la ville est de 16,000 hab., celle du district de 264,000.

COIMÈRES, vg. de Fr., Gironde, arr. et poste de Bazas; cant. d'Auros; 550 hab.

COIN, b. d'Espagne, situé dans les mont. du roy. de Grenade, dist. des Côtes-Occidentales; 2000 hab.

COINCES, vg. de Fr., Loiret, arr. d'Orléans, cant. et poste de Patay; 650 hab.

COINCHE, vg. de Fr., Vosges, arr., cant. et poste de St.-Dié; 280 hab.

COINCOURT, vg. de Fr., Meurthe, arr. de Château-Salins, cant. de Vic, poste de Moyenvic; 530 hab.

COINCOURT, vg. de Fr., Oise, com. de Mouy; 500 hab.

COINCY, b. de Fr., Aisne, arr. de Château-Thierry, cant. de Fère-en-Tardenois, poste; 1115 hab.

COINCY, vg. de Fr., Moselle, arr. et poste de Metz, cant. de Pange; 250 hab.

COIN-D'AVAL, vg. de Fr., Jura, com. de Fort-du-Plasne; 180 hab.

COINGS, vg. de Fr., Indre, arr., cant. et poste de Châteauroux; 630 hab.

COINGT, vg. de Fr., Aisne, arr. de Vervins, cant. d'Aubenton, poste de Brunhamel; 610 hab.

COIN-LÈS-CUVRY, vg. de Fr., Moselle, arr. et poste de Metz, cant. de Verny; 280 h.

COIN-SUR-SEILLE, vg. de Fr., Moselle, arr. de Metz, cant. de Verny, poste de Solgne; 240 hab.

COINTICOURT, vg. de Fr., Aisne, arr. de Château-Thierry, cant. et poste de Neuilly-St.-Front; 150 hab.

COIRAC, vg. de Fr., Gironde, arr. de la Réole, cant. et poste de Sauveterre; 280 h.

COIRE, en allemand *Chur* et en italien *Cuero*, est la capitale du cant. suisse des Grisons. Elle est située dans une plaine fertile, à 9 l. de Glaris et à 180 l. E.-S.-E. de Paris, entourée de hautes montagnes et sur la Plessuz, qui non loin de là se jette dans le Rhin. Elle fait un commerce de transit considérable entre l'Allemagne et l'Italie, par le Splugen et le St.-Bernard. Cette ville est le siège de toutes les administrations du canton, d'une société économique et d'un évêché très-ancien; elle possède une école cantonale; elle est la patrie d'Angelika Kaufmann, peintre assez renommée, morte à Rome en 1807; 4500 h.

COISANCE, vg. de Fr., Isère, com. de Trept; 400 hab.

COISE, vg. de Fr., Rhône, arr. de Lyon, cant. de St.-Simphorien-sur-Coise, poste de Chazelles; 630 hab.

COISERETTE, vg. de Fr., Jura, arr. et poste de St.-Claude, cant. des Bouchoux; 270 hab.

COISEVAUX, vg. de Fr., Haute-Saône, arr. de Lure, cant. et poste d'Héricourt; 220 hab.

COISIA, vg. de Fr., Jura, arr. de Lons-le-Saulnier, cant. et poste d'Arinthod; 320 hab.

COISY, vg. de Fr., Somme, arr. et poste d'Amiens, cant. de Villers-Bocage; 540 hab.

COIVERT, vg. de Fr., Charente-Inférieure, arr. de St.-Jean-d'Angely, cant. et poste de Loulay; 590 hab.

COIVREL, vg. de Fr., Oise, arr. de Clermont, cant. de Maignelay, poste de St.-Just-en-Chaussée; 420 hab.

COIZARD, vg. de Fr., Marne, arr. d'Epernay, cant. de Montmort, poste d'Étoges; 180 hab.

COL ou **COLLO**, **COUL**, **COULLOU**, b. commerçant de la rég. d'Alger, Afrique, sur le golfe de même nom, appelé aussi Boavçase, entre le cap Bonjarone et le golfe de Stora; ruines.

COLAGNIES, ham. de Fr., Oise, com. de St.-Arnoult; 280 hab.

COLAN, v. de l'Inde, présidence de Madras, dist. de Malabar, sur le Cali-Colang, résidence actuelle de l'évêque de Cochin. Parmi les habitants il y a beaucoup de Nestoriens et de juifs qui sont les meilleurs ouvriers de tout le Malabar.

COLANCELLE (la), vg. de Fr., Nièvre, arr. de Clamecy, cant. et poste de Corbigny; 580 hab.

COLANDRE, vg. de Fr., Cantal, arr. de Mauriac, cant. de Riom-ès-Montagne, poste de Bort; 990 hab.

COLAR ou **KOLAR**, v. de l'Inde, roy. de Maïssour; fortifiée, industrieuse; mosquée et collége mahométan; patrie d'Hyder-Ali (1718—82), auquel son fils y a fait élever un beau mausolée.

COLAVI. *Voyez* BIOBIO.

COLBERG, v. forte et port de Prusse, sur la mer Baltique, avec une citadelle, prov. de Poméranie, chef-lieu du cercle de même nom, rég. et à 8 l. S. de Coeslin, à 24 l. N.-E. de Stettin. Elle renferme 5 églises, 5 hôpitaux et un collége; son aquéduc, sa cathédrale et son hôtel de ville sont des constructions remarquables. On y fabrique des étoffes de laine et l'on en exporte grains, linge, verre, draps, étoffes de laine. Ses bains de mer sont fréquentés et les environs possèdent des salines. Les rois de Pologne y ont introduit les premiers le christianisme et l'ont protégé contre les païens. Cette ville fut assiégée par les Polonais, sous Boseslaus III, en 1105; par les Russes, en 1758, 1760 et 1761, et enfin par les Français, en 1806 et 1807.

COLCHAGUA, prov. de la rép. du Chili; elle s'étend depuis le Cachapoal jusqu'au Rio-Maulé, et entre la mer et les Andes; ses bornes sont: les prov. de Santjago et de Maule, la rép. Argentine et l'Océan. Sa superficie est de 380 l. c. géogr., avec une population de 130,000 âmes, d'après Miers. C'est un pays très-fertile, bien cultivé et arrosé par le Rio-Maulé, le Cachapoal, le Mataquito, le Téno et leurs affluents. Plusieurs lacs, dont ceux de Taguatagua, avec des îles flottantes, et de Caquil, qui fournit d'excellentes huîtres, sont les plus importantes, s'étendent sur les côtes de cette province. Le volcan de Peteroa s'élève comme un fanal entre l'Océan et les Andes. Les montagnes fournissent de l'or; de belles forêts, entrecoupées de vignobles et de vergers, s'étendent sur leurs flancs. L'éducation du bétail, la préparation de fromages très-recherchés, l'agriculture et l'exploitaton des mines sont les principales occupations des habitants de ce beau pays.

COLCHAGUA, b. de la rép. du Chili, prov. de Colchagua, chef-lieu du district du même nom, sur un affluent du Rapel; est important par son agriculture et ses pêcheries; 2000 hab.

COLCHESTER, v. des États-Unis de l'Amérique du Nord, état de Connecticut, comté de Newlondon; cette ville renferme l'académie de Bacon, fondée en 1801, avec une riche bibliothèque, une poste, des raffineries de potasse et une manufacture de toiles à voiles; 3800 hab.

COLCHESTER, b. de la Nouvelle-Écosse, comté de Halifax; peuplé d'Irlandais et d'Écossais.

COLCHESTER, *Colcestria*, *Coldonia*, v. fortifiée d'Angleterre, chef-lieu du comté d'Essex; nomme deux députés au parlement et est importante par son port et son industrie; elle possède une société de médecine et de beaux chantiers pour la construction des vaisseaux; pêche aux huîtres; 16,000 hab.

COLCHIDE, g. a., contrée de l'Asie, était bornée à l'E. par l'Ibérie, au N. par le Caucase, à l'O. par le Pont-Euxin et au S. par l'Arménie, s'étendait depuis la mer Noire jusqu'à la Géorgie et comprenait la province russe actuelle d'Imerethi. Cette contrée est célèbre dans la mythologie grecque par l'expédition des Argonautes.

COLCURA, fort de la rép. du Chili, prov. de Concepcion, dist. de Huilqwilému, au S. du Biobio, non loin de la pointe de Coronel. Il fut détruit en 1601, mais relevé depuis de ses ruines; 1600 hab.

COLD (bay of). *Voyez* JAMAIQUE.

COLDINGHAM, *Coldania*, b. d'Écosse, comté de Berwick, non loin du lac de même nom; 2700 hab.

COLDITZ, v. du roy. de Saxe, cer. et à 7 l. S.-E. de Leipzig, est importante par son industrie; elle possède des fabriques de draps, de toiles et de linge de table; filat. de coton. Sur une montagne réunie à la ville par un pont se trouve un château dont une partie sert de maison de travail et l'autre d'hôpital de fous; 2700 hab.

COLDSTREAM, b. d'Angleterre, comté de Berwick, sur la Tweed; 3000 hab.

COLEAH ou **COLLAH**, pet. v. bien peuplée de la régence et à 10 l. S.-O. de la ville d'Alger, Afrique, non loin de la Méditerranée, dans une contrée montagneuse, mais agréable et fertile. Tout près se trouvent les ruines de l'ancienne *Rusuccoræ*.

COLEBROKDALE, vg. d'Angleterre, comté de Shrop ou Salop, dans la vallée de cenom; remarquable par ses grandes forges, ses tuileries, ses chaufours, ses moulins à poudre et ses verreries. Mines de fer et de houille très-riches.

COLEBROOKE, b. des États-Unis de l'Amérique du Nord, état de Connecticut, comté de Lichtfield, sur le Still, poste; mines de fer et forges dans les environs; 1900 hab.

COLEMBERT, vg. de Fr., Pas-de-Calais, arr. et poste de Boulogne-sur-Mer, cant. de Desvres; 440 hab.

COLERAINE, b. florissant des États-Unis de l'Amérique du Nord, état d'Ohio, comté d'Hamilton, sur le Big-Miami; 2000 hab.

COLERAINE, *Cobrana*, pet. v. d'Irlande, comté de Londonderry, sur le Bann; nomme un député au parlement; port; pêche au saumon; fabrication de toile, blanchisseries. Dans son voisinage on voit la fameuse Chaussée des Géants (*Giants-causeway*); 4000 h.

COLFORD, b. d'Angleterre, comté de Gloucester; commerce de laine et de fromages; 2000 hab.

COLIAS, g. a., promontoire sur la côte occidentale de l'Attique, au S. de Phaleron, près du golfe Saronique; la flotte des Perses y essuya une tempête après la bataille de Salamine.

COLIGNY, b. de Fr., Ain, arr. et à 5 l. N. de Bourg-en-Bresse, chef-lieu de canton et poste; commerce de volailles fines de Bresse; 1760 hab.

COLIMA, pet. v. de la confédération mexicaine, territoire de Colima, dont elle est le chef-lieu, dans une contrée très-fertile, sur le Rio-Colima et au pied du volcan du même nom, qui s'élève à la hauteur de 2874 mètres au-dessus du niveau de l'Océan. La ville renferme deux couvents, un hôpital et une école latine et a des marchés très-fréquentés; commerce de vin de palmier. Dans les environs de cette ville on trouve l'oléacazan, regardé dans tout le Mexique comme le contre-poison le plus efficace; 2400 hab.

COLINCAMPS, ham. de Fr., Somme, com. de Mailly; 280 hab.

COLINÉE, vg. de Fr., Côtes-du-Nord, arr. et à 5 1/2 l. N.-E. de Loudéac, chef-lieu de canton, poste de Moncontour; 560 hab.

COLL, *Cola*, île du groupe des Hébrides, au N.-O. de celle de Mull; superficie 1 1/3 l. c. géogr. Ses habitants sont paresseux et ignorants, cependant ils s'adonnent à la navigation, à la pêche et à la chasse aux oiseaux de mer. On exporte des bêtes à cornes et de la chaux; 2000 hab.

COLLAH ou **GELLAH**, espèce de fort dans la régence d'Alger, Afrique, près de la Mejerdah, au sommet d'une haute montagne; refuge des criminels des états voisins, qui peuvent y séjourner jusqu'à ce qu'ils aient obtenu leur grâce; à 35 l. E. de Constantine.

COLLAHUAS (province). *Voyez* CAILLOMA (province).

COLLALTO, château situé dans le voisinage de Conegliano, dans la délégation de Trévise; remarquable par le rôle important que jouèrent dans le moyen âge ses comtes qui résident maintenant à Venise; cette famille illustre est la souche des dynasties qui règnent sur la monarchie prussienne et sur les principautés de Hohenzollern.

COLLAN, vg. de Fr., Yonne, arr. et cant. de Tonnerre, poste de Chablis; 460 hab.

COLLANDANNES, vg. de Fr., Creuse, arr. de Guéret, cant. et poste de Dun-le-Palleteau; 620 hab.

COLLANDIÈRE (la), ham. de Fr., Indre, com. de Vendœuvres; 290 hab.

COLLANDRES, vg. de Fr., Eure, arr. d'Évreux, cant. et poste de Conches; 230 h.

COLLANGE, ham. de Fr., Saône-et-Loire, com. de Vendenesse-lès-Charolles; 270 hab.

COLLANGES, vg. de Fr., Puy-de-Dôme, arr. d'Issoire, cant. et poste de St.-Germain-Lembron; 360 hab.

COLLAS. *Voyez* PUNO (département).

COLLARES, pet. v. de l'emp. du Brésil, prov. et dist. de Para, sur une île à 20 l. N.-O. de Bélem et en face de Porto-Salvo; commerce de cuir et de café; agriculture très-florissante; 2300 hab.

COLLAT, vg. de Fr., Haute-Loire, arr. de Brioude, cant. et poste de Paulhaguet; 470 hab.

COLLE (la), vg. de Fr., Var, arr. de Grasse, cant. et poste de Vence; 1550 hab.

COLLE. *Voyez* CULLE.

COLLE, *Collis*, v. épiscopale et chef-lieu d'un district de la prov. de Sienne, dans le grand-duché de Toscane, non loin des bains de St.-Marziale; 2000 hab.

COLLE-ARMENO, b. du roy. des Deux-Siciles, prov. de l'Abruzze ultérieure IIe, situé sur une colline.

COLLÈGE, ham. de Fr., Sarthe, com. de Précigné; 350 hab.

COLLÉGIEN, vg. de Fr., Seine-et-Marne, arr. de Meaux, cant. et poste de Lagny; 150 h.

COLLEIGNES, vg. de Fr., Lot-et-Garonne, arr. d'Agen, cant. de Port-Ste.-Marie, poste d'Aiguillon; 310 hab.

COLLEMIERS, vg. de Fr., Yonne, arr. cant. et poste de Sens; 470 hab.

COLLERET, vg. de Fr., Nord, arr. d'Avesnes, cant. et poste de Maubeuge; 1010 h.

COLLE-SAINT-MICHEL (la), vg. de Fr., Basses-Alpes, arr. de Castellane, cant. de St.-André, poste d'Annot; 80 hab.

COLLET-DE-DÈZE, vg. de Fr., Lozère, arr. de Florac, cant. de St.-Germain-de-Calbert, poste de Pompidou; mines d'antimoine; 137 hab.

COLLETON, dist. de l'état de la Caroline du Sud, Etats-Unis de l'Amérique du Nord; il est borné par les dist. d'Orangeburgh, de Charleston, de Beaufort, de Barnwell et par l'Océan; il renferme 30,000 hab., dont plus de 20,000 esclaves. Le sol, marécageux, est couvert de vastes forêts de cyprès et arrosé par l'Edisto, le Combahée et l'Ashepoo. Riches plantations de riz, de coton et de sucre.

COLLETOT, vg. de Fr., Eure, arr., cant. et poste de Pont-Audemer; 240 hab.

COLLEVILLE, vg. de Fr., Seine-Inférieure, arr. d'Yvetot, cant. et poste de Valmont; 440 hab.

COLLEVILLE-SUR-MER, vg. de Fr., Calvados, arr. et poste de Bayeux, cant. de Trévières; 350 hab.

COLLEVILLE-SUR-ORNE, vg. de Fr., Calvados, arr. de Caen, cant. de Douvres, poste de la Délivrande; 710 hab.

COLLIANO, pet. v. du roy. des Deux-Siciles, principauté citérieure; 2700 hab.

COLLIAS, vg. de Fr., Gard, arr. d'Uzès, cant. et poste de Remoulins; 820 hab.

COLLIGIS, vg. de Fr., Aisne, arr. de Laon, cant. de Craonne, poste de Chavignon; 230 hab.

COLLIGNY, vg. de Fr., Moselle, arr. et poste de Metz, cant. de Pange; 230 hab.

COLLIN *Voyez* KOLLIN.

COLLINE-BEAUMONT, vg. de Fr., Pas-de-Calais, arr., cant. et poste de Montreuil-sur-Mer; 170 hab.

COLLINIÈRE (la), Loire-Inférieure, com. de Doulon; 100 hab.

COLLIOURE, *Cauco Illiberis*, v. forte et port de Fr., dép. des Pyrénées-Orientales, arr. et à 8 l. E. de Céret, cant. d'Argelès. Cette ville, fort ancienne, et connue du temps des Romains, est située au bord de la Méditerranée, à 1/2 l. E.-N.-E. de Port-Vendres. Elle est mal bâtie, les rues y sont étroites, et son port, bien défendu, ne peut recevoir que de très-petits bâtiments; elle est la résidence d'un sous-commissaire de marine, et possède une école royale de navigation et une école de géométrie et de mécanique appliquées aux arts. On y fait un commerce considérable en vins, laine, thon, anchois et autres salaisons; 3280 hab.

COLLOBRIÈRES, vg. de Fr., Var, arr. et à 8 l. E.-N.-E. de Toulon-sur-Mer, chef-lieu de canton, poste de Pignans; 1680 h.

COLLOCAR (Cerro de). *Voyez* ARAYA (montagne).

COLLOMBELLES, vg. de Fr., Calvados, arr. et poste de Caen, cant. de Troarn; 300 hab.

COLLOMBIER-EN-BRIONNAIS, vg. de Fr., Saône-et-Loire, arr. de Charolles, cant. et poste de la Clayette; 830 hab.

COLLONGE, ham. de Fr., Saône-et-Loire, com. de la Chapelle-sous-Brancion; 310 h.

COLLONGE-EN-CHAROLLAIS, vg. de Fr., Saône-et-Loire, arr. de Charolles, cant. de la Guiche, poste de Joncy; 580 hab.

COLLONGES, vg. de Fr., Ain, arr. et à 9 l. S.-S.-O. de Gex, chef-lieu de canton, poste; 1280 hab.

COLLONGES, vg. de Fr., Corrèze, arr. de Brives, cant. et poste de Meyssac; excellent vin blanc et très-bonne huile ; 1470 h.
COLLONGES-LES-BÉVY, vg. de Fr., Côte-d'Or, arr. de Dijon, cant. et poste de Gevrey ; 240 hab.
COLLONGES-LES-PREMIÈRES, vg. de Fr., Côte-d'Or, arr. de Dijon, cant. et poste de Genlis; 480 hab.
COLLONGUES. *Voyez* SIMIANE.
COLLONGUES, vg. de Fr., Hautes-Pyrénées, arr. et poste de Tarbes, cant. de Pouyastruc; 230 hab.
COLLONGUES, vg. de Fr., Var, arr. de Grasse, cant. de St.-Auban, poste d'Escragnolles; 170 hab.
COLLOREC, vg. de Fr., Finistère, arr. de Châteaulin, cant. et poste de Châteauneuf-du-Faou ; 1040 hab.
COLLOREDO, vg. du roy. Lombard-Vénitien, gouv. de Venise, délégation d'Udine (Friaul); berceau des comtes de ce nom.
COLLORGUES, vg. de Fr., Gard, arr. et poste d'Uzès, cant. de St.-Chaptes; 350 h.
COLMAR, ham. de Fr., Seine-Inférieure, com. d'Yquebeuf; 120 hab.
COLMAR, *Columbaria, Colmaria, Collis Martis*, v. de Fr., chef-lieu du dép. du Haut-Rhin, à 14 l. S.-S.-O. de Strasbourg et à 121 l. E. de Paris; siége d'une cour royale, d'une cour d'assises, d'un tribunal de commerce, de directions des domaines et des contributions directes et indirectes; conservation des hypothèques; conservation des forêts et résidence d'un inspecteur-général des douanes. Cette ville est située sur la Lauch et sur un canal de la Fecht, dit le Logelbach, au milieu d'une plaine fertile, à 1 l. des Vosges et à 4 l. du Rhin; elle est irrégulièrement bâtie; ses édifices remarquables sont : l'église des Dominicains, (*Munster*), les vastes bâtiments des prisons et la cour Royale. Parmi ses principaux établissements scientifiques et littéraires, il faut citer le collége; la société d'émulation; la société pour l'amélioration de l'enseignement élémentaire; le comité historique des chroniques, chartes et inscriptions; l'école normale primaire; l'institut des sourds et muets; une riche bibliothèque et un musée qui renferme quelques-unes des antiquités recueillies dans le département, ainsi qu'une galerie de tableaux, où l'on remarque quelques-uns des chefs-d'œuvres de Martin Schœn. Une longue allée, plantée d'arbres, et qui entoure la ville en forme de boulevards, et le Champs-de-Mars offrent des promenades fort agréables. L'industrie et le commerce y sont très-actifs. Colmar a des fabriques d'étoffes de laine, de siamoises, de toiles de coton, d'indiennes, de bonneterie ; des chapelleries, des tanneries, des teintureries, des brasseries et des papeteries ; manufactures de rubans, tissus métalliques et toiles peintes. Son commerce consiste principalement dans les produits de ses fabr. et dans les productions de son territoire, tels que vins, grains, bois, chanvre, tabac, garance, fer, etc. Foires : le jeudi après la Pentecôte, même jour après St.-Martin et aux quatre-temps; 15,958 hab.

Cette ville est la patrie de Martin Schœn, un des premiers graveurs connus (1420-86); de l'illustre poëte allemand Pfeffel, Amédée-Conrad (1736—1809); du voyageur en Afrique Sylvain-Meinrad-Xavier de Golbéry (1772—1822); de Jean-Baptiste Rewbel (1746—1810), président du directoire sous la république, et du général Rapp, Jean (1772—1821), dont le nom rappelle la belle défense de Dantzick.

Sous les rois francs, Colmar n'était qu'une simple métairie ou ferme royale, qui s'agrandit insensiblement et forma un village sur les ruines, à ce que l'on prétend, de l'ancienne ville romaine Argentuaria. Ce village fut brûlé en 1106; il fut rebâti peu après, et prit tant d'accroissement, qu'en 1220, sous l'empereur Frédéric II, il reçut le titre de ville. Colmar s'accrut alors si rapidement, qu'en 1282 il fallut élargir son enceinte. Bientôt après la nouvelle ville fut érigée en ville libre. En 1552 elle fut entourée de murailles flanquées de tours. Les Suédois ne s'en emparèrent pas moins en 1632. Le 1er août 1655, les représentants de Colmar firent avec Louis XIII un traité par lequel les droits et les priviléges de cette ville libre étaient placés sous la protection de la France et de la Suède. Louis XIV la prit en 1673 et en fit raser les fortifications ; mais ce ne fut qu'en 1697 qu'elle fut définitivement réunie à la France par le traité de Ryswick. Colmar était, avant la révolution, le siége du conseil supérieur d'Alsace, qui avait les mêmes attributions que les parlements.

COLMARS, pet. v. forte de Fr., Basses-Alpes, arr. et à 7 l. N. de Castellane, chef-lieu de canton et poste. Elle est située dans la vallée du Verdon, près des montagnes qui séparent la France des états sardes. On voit près de là une fontaine intermittente très-curieuse; l'eau y coule de 7 minutes en 7 minutes et s'annonce par un sourd murmure, qui précède chaque fois le jaillissement. Colmars a des tanneries; 986 hab.
COLME (canaux de la Haute et Basse-). *Voyez* DUNKERQUE Canaux de).
COLMEN, vg. de Fr., Moselle, arr. de Thionville, cant. et poste de Bouzonville; 270 hab.
COLMENAR-DE-OREJA, *Laconimurgi*, pet. v. d'Espagne, située dans une plaine, roy. de la Nouvelle-Castille, prov. de Tolède, dist. d'Ocana ; 2100 hab.
COLMENAR-VIEJO, v. d'Espagne, chef-lieu du district de même nom, roy. de la Nouvelle-Castille, prov. de Cuenca. Connue par ses nombreuses manufactures de draps; belles carrières aux environs ; 4000 hab.
COLMERY, vg. de Fr., Nièvre, arr. de Cosne, cant. et poste de Donzy; 1280 hab.

COLMESNIL-MANNEVILLE, vg. de Fr., Seine-Inférieure, arr. et poste de Dieppe, cant. d'Offranville ; 160 hab.

COLMEY, vg. de Fr., Moselle, arr. de Briey, cant. et poste de Longuyon ; 810 h.

COLMIER-LE-BAS, vg. de Fr., Haute-Marne, arr. de Langres, cant. et poste d'Auberive ; 175 hab.

COLMIER-LE-HAUT, vg. de Fr., Haute-Marne, arr. de Langres, cant. et poste d'Auberive ; affineries sur l'Ource ; 310 h.

COLMORE, riv. navigable d'Irlande ; elle naît dans le comté de Tyrone, reçoit le Derg et se jette dans l'Océan, au-dessous de Londonderry.

COLNE, v. d'Angleterre, comté de Lancastre ; importante par son industrie cotonnière ; 7000 hab.

COLOGNA, pet. v. du roy. Lombard-Vénitien, gouv. de Venise, délégation de Vérone, sur le canal Frasane, doit son nom à une colonie romaine ; elle est florissante par ses corderies, ses tanneries, ses filatures de soie et par son commerce de chanvre, dont la culture est portée au plus haut degré de perfection dans son territoire ; 5800 hab.

COLOGNAC, vg. de Fr., Gard, arr. du Vigan, cant. de Lasalle, poste de St.-Hippolyte ; 590 hab.

COLOGNE, b. de Fr., Gers, arr. et à 6 l. N.-N.-E. de Lombez, chef-lieu de canton, poste de l'Isle-en-Jourdain ; 1000 hab.

COLOGNE (en allemand Cœln), *Colonia Agrippina*, appelée la Sainte, v. de Prusse, prov. rhénane, chef-lieu de la régence et du cercle de même nom, à 15 l. E. d'Aix-la-Chapelle et à 94 l. N.-E. de Paris ; siége des autorités du cercle, d'un archevêque, d'une cour d'appel, d'un tribunal suprême, d'un tribunal et d'une chambre de commerce et du quartier-général de la division militaire, etc. ; il y a en outre une commission pour la navigation, une banque d'escompte et l'agence générale des bâteaux à vapeur du Rhin, correspondant avec celles de Bâle et de Rotterdam.

Cette ancienne cité, autrefois ville libre impériale et résidence de l'archevêque-électeur du Bas-Rhin, est bâtie en demi-lune sur la rive gauche du Rhin et communique avec la petite ville de Deutz, située vis-à-vis, par un pont de 39 bateaux. Cologne a 2 1/2 l. de circuit et 1 l. de longueur ; elle est entourée d'une haute muraille flanquée de 83 tours et ayant 19 grandes et petites portes. Les rues sont étroites, tortueuses et désertes, ce qui donne à la ville un aspect désagréable que ne sauraient effacer ses richesses et la propreté de ses maisons ; plusieurs places publiques sont ornées d'allées d'arbres. La cathédrale, chef-d'œuvre de l'art gothique, n'est malheureusement pas achevée ; des deux tours, dont chacune devait avoir 500 pieds de hauteur, l'une n'en a que 250 et l'autre seulement 21 ; cet édifice, commencé en 1248, est en forme de croix ; sa longueur est de 400 et sa largeur de 180 pieds ; le vaisseau est supporté par 100 colonnes dont les moyennes ont 13 pieds de diamètre ; derrière le maître-autel est la chapelle des trois mages, en marbre ; auprès se trouvent les entrailles de Marie de Médicis, mère de Louis XIII, qui mourut en cette ville dans une situation voisine de l'indigence. Les deux grandes cloches pèsent l'une 225 et l'autre 115 quintaux. Parmi les 23 autres églises catholiques on remarque encore celle de St.-Géréon, avec sa belle coupole ; celle de St.-Cunibert, possédant un autel pareil à celui que l'on admire dans St.-Pierre de Rome. Parmi les nombreuses reliques que l'on montre à Cologne, il faut citer les ossements de Ste-Ursule et des 11,000 vierges ses compagnes, renfermés dans de grandes armoires de l'église consacrée à ces martyres. Le palais de Querzenich, le palais de justice et le château de l'archevêque sont les autres édifices les plus remarquables. La ville possède un séminaire, des gymnases protestant et catholique, le dernier ayant une bibliothèque de 33,000 volumes, plusieurs sociétés philanthropiques, des écoles normale et industrielle, trois écoles de commerce, etc. Cologne formant le point central entre la Hollande et l'Allemagne, est la ville la plus commerçante et la plus manufacturière sur le Rhin ; elle renferme des filatures de laine, de coton et de lin, des manufactures d'étoffes de soie, de draps, de velours, de dentelles, de rubans, de porcelaine et de faïence ; vingt-quatre distilleries préparent la fameuse eau de Cologne qui trouve un débit dans l'Europe entière ; ses pipes en terre sont aussi renommées. L'activité du commerce est favorisée par une bourse, un port libre et un port d'assurance qui peut contenir jusqu'à cent embarcations de différentes grandeurs. Cologne est l'entrepôt des marchandises de tous les pays riverains du Rhin, depuis Bâle jusqu'à Rotterdam. Outre les marchandises coloniales, le commerce particulier consiste en vins, grains et huile de navette, houille, etc. Dans le voisinage on exploite de la terre à porcelaine, de la terre de pipe d'une qualité supérieure et la couleur minérale appelée terre d'ombre de Cologne. Les collines qui entourent la ville et sur lesquelles on voit beaucoup de moulins à vent, sont la plupart plantées de vignes ; la population de la ville est de 70,000 hab., celle du cercle de 380,000.

Patrie d'Agrippine, femme de l'empereur Claude Ier et mère de Néron ; de Corneille Agrippa, médecin et philosophe mystique, né en 1486 et mort à Grenoble en 1535 ; de St.-Bruno et du célèbre peintre Rubens (Pierre-Paul), né en 1577, mort à Anvers en 1640. Le moine Berthold Schwarz y a, dit-on, fait l'invention de la poudre à canon, vers 1315.

Cologne doit son origine aux Ubiens, aucien peuple de Germanie, appelé dans ce pays pour le défendre contre les Suèves. Plus tard, l'impératrice Agrippine la fit agrandir et y établit une colonie romaine. La ville passa ensuite successivement aux Francs et aux Allemands qui en donnèrent le domaine à l'archevêque. La bourgeoisie ayant acquis par la suite sa liberté, la ville fut gouvernée par un sénat, composé absolument comme celui de l'ancienne Rome. Par le traité de Lunéville en 1801, cette ville fut réunie à la France et rendue à l'Allemagne en 1814.

COLOMAT. *Voyez* BASTIDE-DE-COLOMAT (la).

COLOMBAIZE (la), vg. de Fr., Isère, com. d'Entre-deux-Guiers; 230 hab.

COLOMBANO, b. du roy. Lombard-Vénitien, gouv. de Milan, délégation de Lodi, sur le Lambro; 5000 hab.

COLOMBE (château de), dans le dép. du Cher, com. de St.-Baudel; 130 hab.

COLOMBE, vg. de Fr., Loir-et-Cher, arr. de Blois, cant. d'Ouzouër-le-Marché, poste d'Oucques; 460 hab.

COLOMBE (la), vg. de Fr., Manche, arr. de St.-Lô, cant. de Percy, poste de Villedieu; 1050 hab.

COLOMBE, vg. de Fr., Haute-Saône, arr. et poste de Vesoul, cant. de Noroy-le-Bourg; 270 hab.

COLOMBE (Sainte-), vg. de Fr., Hautes-Alpes, arr. de Gap, cant. d'Orpierre, poste de Serres; 450 hab.

COLOMBE (Sainte-), vg. de Fr., Charente, arr. de Ruffec, cant. et poste de Mansle; 510 hab.

COLOMBE (Sainte-), vg. de Fr., Charente-Inférieure, arr. de Jonzac, cant. et poste de Montlieu; 330 hab.

COLOMBE (Sainte-), vg. de Fr., Côte-d'Or, arr. de Semur, cant. et poste de Vitteaux; 250 hab.

COLOMBE (Sainte-), vg. de Fr., Doubs, arr., cant. et poste de Pontarlier; 370 hab.

COLOMBE (Sainte-), vg. de Fr., Eure, arr. et cant. d'Évreux, poste à la Commanderie; 710 hab.

COLOMBE (Sainte-), ham. de Fr., Eure, arr. d'Évreux, cant. de Vernon, poste de Gaillon; 220 hab.

COLOMBE (Sainte-), ham. de Fr., Haute-Garonne, com. de Bazièges; 250 hab.

COLOMBE (Sainte-), vg. de Fr., Gironde, arr. de Libourne, cant. et poste de Castillon; 310 hab.

COLOMBE (Sainte-), vg. de Fr., Ille-et-Vilaine, arr. de Vitré, cant. de Rhétiers, poste de la Guerche; 510 hab.

COLOMBE (Sainte-), vg. de Fr., Indre, arr. de Châteauroux, cant. et poste de Levroux; 280 hab.

COLOMBE (Sainte-), vg. de Fr., Landes, arr. de St.-Sever, cant. et poste d'Hagetmau; 800 hab.

COLOMBE (Sainte-), vg. de Fr., Loire, arr. de Roanne, cant. de Néronde, poste de St.-Symphorien-de-Lay; 1460 hab.

COLOMBE (Sainte-), vg. de Fr., Lot, arr. de Figeac, cant. et poste de la Chapelle-Marival; 490 hab.

COLOMBE (Sainte-), vg. de Fr., Manche, arr. de Valogne, cant. et poste de St.-Sauveur-sur-Douve; 330 hab.

COLOMBE (Sainte-), vg. de Fr., Nièvre, arr. de Cosne, cant. et poste de Donzy; 390 h.

COLOMBE (Sainte-), pet. v. de Fr., Rhône, arr. et à 4 1/2 l. S. de Lyon, chef-lieu de canton, poste de Ste.-Vienne; 720 hab.

COLOMBE ou **COLOMBE-SUR-LE-LOIR** (Sainte-), vg. de Fr., Sarthe, arr., cant. et poste de la Flèche; papeterie; 2280 hab.

COLOMBE (Sainte-), vg. de Fr., Seine-et-Marne, arr., cant. et poste de Provins; 610 hab.

COLOMBE (Sainte-), vg. de Fr., Seine-Inférieure, arr. d'Yvetot, cant. et poste de St.-Valery-en-Caux; 430 hab.

COLOMBE-DE-DURAS (Sainte-), vg. de Fr., Lot-et-Garonne, arr. de Marmande, cant. et poste de Duras; 360 hab.

COLOMBE-DE-LA-FARGUES (Sainte-), vg. de Fr., Lot-et-Garonne, arr. et poste d'Agen, cant. de la Plume; 1530 hab.

COLOMBE-DE-MONTAUROUX (Sainte-), vg. de Fr., Lozère, arr. de Mende, cant. de Grandrieu, poste de Langogne; 280 hab.

COLOMBE-DE-PEYRE (Sainte-), vg. de Fr., Lozère, arr. de Marvejols, cant. et poste d'Aumont; 630 hab.

COLOMBE-DE-THUIR (Sainte-), vg. de Fr., Pyrénées-Orientales, arr. et poste de Perpignan, cant. de Thuir; 80 hab.

COLOMBE-DE-VILLENEUVE (Sainte-), vg. de Fr., Lot-et-Garonne, arr., cant. et poste de Villeneuve-sur-Lot; 870 hab.

COLOMBE-EN-MORVAN (Sainte-), vg. de Fr., Yonne, arr. d'Avallon, cant. et poste de l'Isle-sur-le-Serein; 490 hab.

COLOMBE-EN-PUISAYE (Sainte-), vg. de Fr., Yonne, arr. d'Auxerre, cant. et poste de St.-Sauveur; 660 hab.

COLOMBÉ-LA-FOSSE, vg. de Fr., Aube, arr. et poste de Bar-sur-Aube, cant. de Soulaines; 540 hab.

COLOMBE-LA-PETITE (Sainte-), ham. de Fr., Orne, com. de St.-Léonard-des-Parcs; 180 hab.

COLOMBE-LES-BITHAINE, vg. de Fr., Haute-Saône, arr. de Lure, cant. et poste de Saulx; 200 hab.

COLOMBÉ-LE-SEC, vg. de Fr., Aube, arr., cant. et poste de Bar-sur-Aube; 400 h.

COLOMBES, vg. de Fr., Isère, arr. de la Tour-du-Pin, cant. et poste du Grand-Lemps; 1100 hab.

COLOMBES, vg. de Fr., Seine, arr. de St.-Denis, cant. de Courbevoye, poste; fabr. de bonneterie de coton et de colle-forte; 1635 hab.

COLOMBE-SUR-GUETTE ou **DE-ROQUEFORT** (Sainte-), vg. de Fr., Aude, arr. de

Limoux, cant. de Roquefort-de-Sault, poste de Quillan; 340 hab.

COLOMBE-SUR-LE-LOIR (Sainte-). *Voyez* COLOMBE (Sainte-), Sarthe.

COLOMBE-SUR-L'HERS (Sainte-), vg. de Fr., Aude, arr. de Limoux, cant. de Chalabre, poste; fabr. de peignes de buis et d'ouvrages en jayet; forge, martinet; filat. de laine; fabr. de draps; 1470 hab.

COLOMBE-SUR-RILLE (Sainte-), vg. de Fr., Orne, arr. d'Argentan, cant. du Merlerault, poste de St.-Gauburge; 700 hab.

COLOMBE-SUR-SEINE (Sainte-), vg. de Fr., Côte-d'Or, arr., cant. et poste de Châtillon-sur-Seine; forges et hauts-fourneaux; 550 hab.

COLOMBEY, b. de Fr., Meurthe, arr. et à 5 l. de Toul, chef-lieu de canton et poste; culture du pavot, commerce d'huile; on y fabrique de la serrurerie renommée; 1010 h.

COLOMBEY, vg. de Fr., Saône-et-Loire, com. d'Ouroux; 220 hab.

COLOMBEY-LES-CHOISEUL, vg. de Fr., Haute-Marne, arr. de Chaumont-en-Bassigny, cant. de Clefmont, poste de Montigny-le-Roi; 670 hab.

COLOMBEY-LES-DEUX-ÉGLISES, vg. de Fr., Haute-Marne, arr. de Chaumont-en-Bassigny, com. de Juzennecourt, poste; 670 hab.

COLOMBIE ou **COLOMBIA**, district fédéral des États-Unis de l'Amérique du Nord, la plus petite des divisions territoriales de la confédération anglo-américaine. Ce district, qui s'étend entre le 38° 48' et le 38° 59' lat. N., est borné au N., au N.-O., au N.-E. et au S.-E. par l'état de Maryland, au S.-O. et à l'O. par l'état de Virginie, et a une superficie de 4 3/4 l. c. géogr., avec une population de 40,000 âmes.

Lorsque les États-Unis de l'Amérique du Nord eurent acquis de la force et de la consistance, le besoin d'une ville fédérale, non dépendante des lois des états individuels, fut généralement senti. On choisit à cet effet un territoire, situé presque au centre de l'Union, entre les états de Virginie et de Maryland, et qui, en 1790, fut solennellement cédé à la confédération par les gouvernements des deux états. Ce territoire reçut le nom du grand homme qui, le premier, avait enrichi la science géographique d'un nouveau monde, et la ville fédérale fut appelée d'après le héros qui a le plus contribué à la fondation et à la puissance des États-Unis.

Le district de Colombie forme un carré oblique; sa superficie présente une plaine onduleuse, doucement aplatie et couverte de collines peu considérables, qui ne s'élèvent pas à plus de 100 pieds au-dessus du niveau du Potowmak. Le sol est maigre et sablonneux sans être stérile, grâce à une culture bien entendue. La capitale et ses alentours ressemblent à un immense jardin et offrent un panorama des plus variés et des plus pittoresques. L'horticulture est plus développée que la culture des champs; les fruits et les légumes exquis y abondent, mais le blé ne suffit pas aux besoins des habitants du district et s'y vend à un prix très-élevé. Le Potowmak qui, peu avant son entrée dans ce district, fait sa grande et superbe chute, le traverse sur une demi-lieue de largeur et est navigable pour les plus grandes frégates. Au-dessus de Washington il reçoit l'Annacostia ou le Bras oriental, ainsi que le Tibre, le Reedy, le Rock et le Four-Mile-Run. Un canal joint le Tibre au Bras oriental. Le climat de ce pays est très-variable et est regardé comme malsain, mais il ne l'est pas plus que dans les provinces voisines. Un hiver assez rigoureux succède ordinairement à un été extrêmement chaud. Le tabac, de la qualité du Maryland, y est le principal produit des champs; l'éducation du bétail, des porcs et de la volaille s'y trouve dans un état florissant, et les pêcheries dans le Potowmak sont très-importantes, on estime à 400,000 le nombre de barils de harengs qu'on exporte annuellement.

L'industrie se concentre dans les trois villes du district, et le commerce devient de plus en plus important. Des canaux et des chemins de fer entretiennent des relations entre Washington et les villes voisines; de belles routes conduisent de la ville fédérale à tous les points de l'Union; mais les ponts qui traversent le Potowmak et ses affluents ne sont pas tous dans un état satisfaisant.

Le district de Colombie est immédiatement soumis aux lois du congrès et divisé en deux comtés: Washington et Alexandrie. Le tribunal du district siège alternativement à Washington et à Alexandrie. L'instruction publique est soignée par les académies de Washington, par le collège catholique de Georgetown et par de bonnes écoles primaires. Le projet de fonder à Washington une université générale de l'Union n'a pas encore été exécuté. La confédération entretient une compagnie d'artillerie dans le fort Washington qui domine le Potowmak.

COLOMBIE, vaste territoire de l'Amérique méridionale, compris entre 61° et 85° long. occ. et entre 12° lat. N. et 6° lat. S., est borné au N. par la mer des Antilles et l'Océan Atlantique; à l'E. par l'Océan Atlantique, la Guyane anglaise et l'emp. du Brésil; au S. par le Brésil et la rép. du Pérou; enfin à l'O. par le Pérou, le Grand Océan et l'état de Costa-Rica, dans la confédération de l'Amérique centrale. Les pays dont il se compose, furent appelés Tierra-Firme (Terre-Ferme), par ceux qui abordèrent les premiers sur ses côtes; et ce nom fut encore longtemps après appliqué à la partie septentrionale de l'Amérique du Sud. Lorsque la population de ces nouvelles conquêtes espagnoles s'augmenta, au dix-septième siècle, elles furent divisées en trois grandes provinces, la vice-royauté de la Nouvelle-Grenade, qui comprit la partie occidentale, la capitainerie-générale de Caracas où de Vénézuela à l'E., et la prov. de Quito au S.; cette dernière fit partie de la vice-royauté du Pérou. Pendant trois siècles ces provinces restèrent au pouvoir des Espagnols, qui y vainquirent facilement des révoltes isolées. Mais, en 1808, la captivité de Ferdinand VII fut le signal de l'insurrection. Dans le principe on s'arma en faveur du roi contre les émissaires du gouvernement franco-espagnol; mais bientôt le sentiment de leur force et de leur importance suggéra aux Américains l'idée de l'émancipation; ils ne voulurent obéir aux cortès pas plus qu'au roi Joseph. En 1810 la révolte éclata à Caracas, à Bogota, dans toutes les provinces, avouant hautement ses projets d'indépendance. Les Anglais cherchèrent à la favoriser. En 1814 une armée, envoyée d'Espagne pour rétablir l'ancien ordre des choses, éprouva une résistance très-vive et périt en partie par l'influence du climat. A la tête des insurgés se trouvait alors Bolivar, né à Caracas, mais élevé en Espagne. Cet homme extraordinaire consacra son activité sans relâche, ses grands talents et son immense fortune à la cause de la liberté. Tour à tour vainqueur et vaincu, toujours infatigable, il combattit contre les meilleurs généraux de l'Espagne, leur enleva Caracas et la Nouvelle-Grenade et obtint en 1820, du plus habile de ses adversaires, du général Morillo, une suspension d'armes. Cet Espagnol, haï à cause de sa sévérité, retourna en Europe après avoir perdu presque toute son armée à la suite des combats et des maladies. Ce qui en resta fut battu par Bolivar, le 24 juin 1821, près de Calabozo, et à la fin de cette année pas un soldat espagnol ne foulait plus le sol de la Colombie. La république avait été décrétée le 17 décembre 1819; en 1823 elle s'agrandit par l'accession des prov. de Veragua et de Panama (qui faisaient partie du Guatémala) et par celle de Quito. Mais l'organisation de la république ne put tenir contre la versatilité des partis et les efforts de quelques chefs ambitieux. La dictature de Bolivar, qui avait été honoré du titre de libérateur, déplut à quelques provinces qui desiraient établir une fédération semblable à celle des États-Unis de l'Amérique du Nord. Vénézuela se sépara de la Colombie en 1829, et Bolivar, le président à vie, méconnu et calomnié, se démit de ses fonctions et mourut dans l'année. Les fédéralistes l'emportèrent et la Colombie se fractionna en 1832, dans les trois républiques confédérées, mais indépendantes l'une de l'autre, de Vénézuela, de la Nouvelle-Grenade et de l'Ecuador, qui se divisent en 12 départements, 38 provinces et 320 districts, renfermant 95 villes, 154 bourgs, 1340 villages et 846 hameaux, et ont une population qui s'élève à 3,280,000 âmes.

Telle est l'ancienne circonscription et la courte histoire de la rép. de Colombie. Pour tout ce qui regarde la géographie physique, les ressources agricoles, l'industrie et le commerce des habitants, nous renvoyons aux articles spéciaux consacrés aux trois états dans lesquels elle est divisée aujourd'hui.

COLOMBIER, vg. de Fr., Allier, arr. de Montluçon, cant. et poste de Montmarault; 650 hab.

COLOMBIER, vg. de Fr., Côte-d'Or, arr. de Beaune, cant. et poste de Bligny-sur-Ouche; 170 hab.

COLOMBIER, vg. de Fr., Dordogne, arr. de Bergerac, cant. et poste d'Issigeac; 430 h.

COLOMBIER, ham. de Fr., Gard, com. de Sabran; 180 hab.

COLOMBIER, ham. de Fr., Isère, com. de St.-Maurice-de-l'Exil; 210 hab.

COLOMBIER ou PIERRE-EN-COLOMBARET, vg. de Fr., Loire, arr. de St.-Étienne, cant. et poste de Bourg-Argental; 640 hab.

COLOMBIER, ham. de Fr., Nièvre, com. de Gimouille; 190 hab.

COLOMBIER, vg. de Fr., Haute-Saône, arr., cant. et poste de Vesoul; 1140 hab.

COLOMBIER-CHATELOT, vg. de Fr., Doubs, arr. de Baume-les-Dames, cant. de l'Isle-sur-le-Doubs; fabr. de tissus de coton et de fil; 380 hab.

COLOMBIER-DE-GEX, un des sommets du Jura, à 1600 mètres au-dessus de la mer.

COLOMBIÈRE (la), vg. de Fr., Loire, com. de Chambon; 220 hab.

COLOMBIÈRES, vg. de Fr., Calvados, arr. de Bayeux, cant. de Trévières, poste d'Isigny; 570 hab.

COLOMBIÈRES, vg. de Fr., Hérault, arr. et poste de St.-Pons, cant. d'Olargues; 800 h.

COLOMBIER-FONTAINE, vg. de Fr., Doubs, arr. et poste de Montbéliard, cant. de Pont-de-Roide; 410 hab.

COLOMBIER-LE-CARDINAL, vg. de Fr., Ardèche, arr. de Tournon, cant. de Serrières, poste d'Annonay; 340 hab.

COLOMBIER-LE-JEUNE, vg. de Fr., Ardèche, arr., cant. et poste de Tournon; 820 hab.

COLOMBIER-LE-VIEUX, vg. de Fr., Ardèche, arr. et poste de Tournon, cant. de St.-Félicien; 990 hab.

COLOMBIERS, vg. de Fr., Charente-Inférieure, arr., cant. et poste de Saintes; 610 hab.

COLOMBIERS, vg. de Fr., Cher, arr., cant. et poste de St.-Amand-Mont-Rond; filat. de laine; 410 hab.

COLOMBIERS, vg. de Fr., Hérault, arr., cant. et poste de Béziers; 470 hab.

COLOMBIERS, vg. de Fr., Mayenne, arr. de Mayenne, cant. et poste de Garron; 1300 hab.

COLOMBIERS, vg. de Fr., Orne, arr., cant. et poste d'Alençon; 490 hab.

COLOMBIERS, vg. de Fr., Vienne, arr., cant. et poste de Châtellerault; fabr. de briques et tuiles; 930 hab.

COLOMBIER-SAUGNIEU, vg. de Fr., Isère, arr. de Vienne, cant. et poste de la Verpillière; 1310 hab.

COLOMBIER-SOUS-UXELLES, vg. de Fr., Saône-et-Loire, arr. de Châlons-sur-Saône, cant. de Sennecey, poste de St.-Gengoux-le-Royal; 600 hab.

COLOMBIERS-SUR-SEULLES, vg. de Fr.; Calvados, arr. de Bayeux, cant. de Ryes, poste de Creully; 430 hab.

COLOMBIER-SUR-INDRE, ham. de Fr., Indre, com. de St.-Maur; filat. de laine; 150 hab.

COLOMBIÈS, vg. de Fr., Aveyron, arr. de Rhodez, cant. de Sauveterre, poste de Rignac; 1830 hab.

COLOMBIN (Saint-), vg. de Fr., Loire-Inférieure, arr. et poste de Nantes, cant. de St.-Philibert; 1960 hab.

COLOMBO, *Arabingara*, capitale de l'île de Ceylan, est une ville grande, forte et bien bâtie; sa rade est peu sûre; son aspect est magnifique. Elle ressemble plus à une ville européenne qu'à une ville de l'Inde. Le palais du gouvernement et l'église de Wolfendal sont ses plus beaux édifices. Malgré l'imperfection de son port, elle est le centre du commerce extérieur de Ceylan. En 1815, sa population s'élevait à 55 ou 60,000 âmes, et il est probable qu'elle est aujourd'hui plus considérable.

COLOMBOTTE, vg. de Fr., Haute-Saône, arr. et poste de Vesoul, cant. de Noroy-le-Bourg; 300 hab.

COLOMBY, vg. de Fr., Manche, arr. et poste de Valognes, cant. de St.-Sauveur-le-Vicomte; 870 hab.

COLOMBY-SUR-THAN, vg. de Fr., Calvados, arr. de Caen, cant. de Creully, poste de la Délivrande; 260 hab.

COLOME (Sainte-), vg. de Fr., Basses-Pyrénées, arr. d'Oloron, cant. et poste d'A-rudy; 1680 hab.

COLOMIERS, vg. de Fr., Haute-Garonne, arr., cant. et poste de Toulouse; 1150 hab.

COLOMIEU, vg. de Fr., Ain, arr., cant. et poste de Belley; 260 hab.

COLONARD, vg. de Fr., Orne, arr. de Mortagne-sur-Huine, cant. de Nocé, poste de Bellême; 660 hab.

COLONFAY, vg. de Fr., Aisne, arr. de Vervins, cant. de Sains, poste de Guise; 270 hab.

COLONGE-LA-MAGDELAINE, vg. de Fr., Saône-et-Loire, arr. d'Autun, cant. et poste d'Épinac; 250 hab.

COLONGES, ham. de Fr., Côte-d'Or, com. de Marcilly-sous-Mont-St.-Jean; 180 hab.

COLONGES, vg. de Fr., Rhône, arr. et poste de Lyon, cant. de Limonest; 900 hab.

COLONGES-LES-SABLONS. *Voyez* COULONGES-LES-SABLONS.

COLONIA, jolie pet. v. des États-Unis de l'Amérique du Nord, état de New-York, comté d'Albany, sur l'Hudson; elle renferme un arsenal de l'état, diverses fabriques et manufactures; 2400 hab.

COLONIA, dép. de la rép. orientale de l'Uruguay; s'étend le long de l'embouchure du Rio-de-la-Plata.

COLONIA-DEL-SACRAMENTO, v. de la rép. orientale de l'Uruguay, dép. de Colonia, dont elle est la capitale, sur la rive gauche du Rio-de-la-Plata, vis-à-vis de Buénos-Ayres; elle est importante par son port; ses fortifications doivent être démolies; 2500 hab.

Cette ville, fondée en 1679 par le gouverneur portugais de Rio-Janeiro, fut détruite, en 1680, par le gouverneur espagnol de Buénos-Ayres. L'année suivante, les Espagnols permirent aux Portugais de la relever provisoirement; mais, en 1705, le gouverneur de Buénos-Ayres s'en empara de nouveau, pour la céder encore une fois aux Portugais en 1715. Ces prises et reprises se réitérèrent en 1762 et en 1777. Car, par suite du traité de Bornage, de 1750, les Espagnols cédèrent aux Portugais sept missions sur la rive gauche de l'Uruguay contre la Colonia-del-Sacramento, mais les jésuites surent éluder l'exécution de ce pacte, de manière que le Brésil ne pût entrer en possession de ces missions qu'en 1801 et par suite d'une occupation militaire; alors seulement l'Espagne aussi put légalement prendre possession de la Colonia-del-Sacramento. Cependant des Espagnols s'y étaient établis peu à peu dès l'année 1762.

COLONNA, ham. de la Grèce, nomos de l'Argolide; occupe l'emplacement de l'ancienne Némée.

COLONNE, vg. de Fr., Jura, arr., cant. et poste de Poligny; 620 hab.

COLONNE (le cap), *Sunium*, cap dans la Grèce, à l'extrémité S.-E. des nomos d'Attique et de Béotie; il a reçu son nom actuel des colonnes du temple de Minerve Suniade qui subsistent encore sur son sommet.

COLONSAY ou **ORONSAY**, île du groupe des Hébrides, au S. de celle de Mull et à l'O. de celle de Jura. Sa superficie est d'environ 1 l. c. géogr. et sa population ne dépasse pas 1000 âmes. Son sol, quoique couvert de collines et de marais, est fertile; on y cultive de l'avoine et des pommes de terre et l'on s'y livre à l'éducation du bétail et à la pêche. Sur le rivage on recueille des coraux; port.

COLONZELLES, vg. de Fr., Drôme, arr. de Montélimart, cant. de Grignan, poste de Taulignan; 490 hab.

COLORADO, lac des états mexicains, non loin de la côte S.-E. de l'état d'Oaxaca. Ses eaux, rouge foncé, sont très-poissonneuses. Sur ses bords on trouve le buccin teinturier.

COLORADO. *Voyez* CAHORRA.

COLORADO (Rio-) ou **COLORADO-DE-OCCIDENTE** (fleuve rouge occidental), fl. des états mexicains, le plus grand cours d'eau de la confédération après le Rio-del-Norte. Il prend sa source dans la Sierra Verde, sous le nom de Rio-Rafaël, continue son cours sous celui de Zuguanaras et au-dessous du confluent avec l'Yaguesila, il prend la dénomination de Colorado, sous laquelle il entre dans le golfe de Californie. Dans son cours de près de 300 l. de longueur, il traverse des pays très-peu connus et habités par des indigènes indépendants, dont les Yutas, les Chemeguabas et les Jumas paraissent être les peuples principaux. On ne connait encore que ses affluents de gauche, ce sont: le Rio-de-San-Xaviere et le Nabajoa, qui descendent de la Sierra das Grullas; l'Yaguesila, sur les bords duquel habitent les Nabajoa et les Moquis; enfin le Gila, son principal affluent, qui descend de la Sierra de los Mimbres, arrose dans son cours le territoire de plusieurs tribus indigènes indépendantes, remarquables par les progrès qu'elles ont faits dans la civilisation, telles que les Casas-Grandes et les Cajuenches; le Gila reçoit à la gauche le Rio-San-Pedro qui vient de l'état de Sonora, où il baigne la ville de Terrenate.

COLORADO (Rio-) ou Huaranca-Leuvu, Cum-Leuwu, Rio-Mendoza, fl. de la rép. Argentine (Rio-de-la-Plata); il descend des Andes et est formé par deux branches principales, dont l'une vient directement de l'O. et l'autre du N.; son cours est peu connu, mais il parait que c'est le fleuve, et non le Rio-Negro, qui reçoit le Rio-Diamante et d'autres rivières du versant des Andes. L'importante ville de Mendoza, la riche mine d'Upsallata et la ville de San-Juan-de-la-Frontera appartiennent par conséquent au bassin de ce fleuve qui traverse les états de Mendoza et de Buénos-Ayres, ainsi que les solitudes que parcourent les Aucaès, sauvages indépendants. Malgré son cours de 400 l. de longueur, le Colorado est peu profond.

COLORADO (Rio-). *Voyez* Juan (San-).

COLORADO-DE-TEXAS (Rio-) fl. de la confédération mexicaine, descend de la Sierra de los Organos (Sierra de San-Saba), sur la frontière orientale du Nouveau-Mexique, traverse le pays parcouru par les Apaches et les Cumanches, ainsi que la partie moyenne de la prov. de Texas, reçoit le Rio-Saba, le Rio-Llano et d'autres affluents moins considérables et s'embouche dans la lagune de San-Bernardo, après un cours de près de 250 l.; ses eaux sont de couleur rouge et portent des vaisseaux de trois à quatre cents tonneaux.

COLPA, fl. de la rép. du Pérou; il descend du versant occidental des Andes, traverse la ville de Quebrada-de-Vitor et s'embouche dans le Grand-Océan. Il manque souvent d'eau.

COLPI. *Voyez* Cauten.

COLRAINE, pet. v. des États-Unis de l'Amérique du Nord, état de Massachusetts, comté de Franklin, poste; agriculture, quelque commerce; 2500 hab.

COLROY-LA-GRANDE, vg. de Fr., Vosges, arr. et poste de St.-Dié, cant. de Saales; 1280 hab.

COLROY-LA-ROCHE ou Conrot, vg. de Fr., Vosges, arr. de St.-Dié, cant. de Saales, poste de Schirmeck; 645 hab.

COLTAINVILLE, vg. de Fr., Eure-et-Loir, arr., cant. et poste de Chartres; 560 hab.

COLTINES, vg. de Fr., Cantal, arr., cant. et poste de St.-Flour; 780 hab.

COLTURA, v. de l'île de Ceylan, bâtie à l'embouchure du Muliwaddy; distilleries d'arrac; commerce intérieur. Dans les environs se trouvent de grandes plantations de cannes à sucre.

COLUBRA. *Voyez* Green-Island.

COLUMBIA, comté de l'état de Pensylvanie, États-Unis de l'Amérique du Nord; ce pays, faisant autrefois partie de la grande prov. de Northumberland, divisée aujourd'hui en trois comtés, est borné par les comtés de Schuylkill, de Northumberland, de Lycoming et de Lucerne. Sa population s'élève à 20,000 âmes. Le bras droit du Susquéhannah arrose ce pays fertile et bien cultivé. Danville, au confluent du Mahony et du Susquéhannah, avec une poste, est le chef-lieu du comté.

COLUMBIA ou Orégan, un des plus grands fleuves des États-Unis de l'Amérique du Nord. Il naît dans les montagnes Rocheuses, sous le 49° 55' lat. N. D'après la carte de M. Tanner, ce grand fleuve est formé par la réunion de deux branches nommées Flat-Head ou Clarke et Flat-Bow ou Septentrionale. Elles ont un cours opposé et très-tortueux. Après leur réunion, le Columbia fait un grand coude, traverse le lac Earbob et court presque du N. au S. jusqu'à l'endroit où le Léwis le rejoint; là, il forme un autre grand coude, reçoit les eaux du lac Flat-Bow, fait une chute considérable et reprend sa direction vers l'O., direction qu'il conserve jusqu'à son embouchure dans l'Océan Austral, dans les environs d'Astoria, entre les caps de Disappointment et d'Adams, sous le 46° 15' lat. N. Ses plus grands affluents sont tous à la gauche, ce sont: le Léwis, le plus grand de tous; il est formé par la réunion des deux branches dites Saptine ou Léwis-Méridional, qui est la plus longue, et Léwis-Septentrional; le Multnomah, dont le cours supérieur n'a été reconnu que depuis quelques années; il sort du grand lac Timpanogos, dans la confédération mexicaine, dont il parcourt une partie sous le nom de Timpanogos; il continue ensuite son cours vers le N.-O., sous celui de Multnomah, jusqu'à ce qu'il joigne ses eaux à celles du Columbia dans le pays des Wappatoos (Ouappatous); l'Otchénankane est le plus grand affluent de droite du Columbia; il y décharge les eaux du grand lac auquel il donne son nom. Tout le cours du Columbia est évalué à 600 l.; il porte des vaisseaux de trois cents tonneaux jusqu'à l'embouchure du Multnomah; de là, il est navigable pour de grands sloops sur une longueur de 70 l.; plus loin, il ne porte plus que des barques et depuis l'embouchure du Clarke, sa navigation est presque impossible à cause de ses courants rapides et de ses fréquentes cataractes.

COLUMBIA, comté de l'état de Géorgie, États-Unis de l'Amérique du Nord; il est borné par les comtés de Washington, de Lincoln, de Richmond et de Warren et renferme 15,000 habitants. Ce comté occupe une partie de la vallée du Savannah et est traversé par le Little et d'autres affluents du Savannah. Son sol, gras et fertile sur le bord du fleuve, est maigre et sablonneux dans l'intérieur, où s'étendent d'immenses forêts de sapins.

COLUMBIA, pet. v. des États-Unis de l'Amérique du Nord, état d'Illinois, comté de Fluvannah, dont elle est le chef-lieu, au confluent de la Rivanna et du James, poste; arsenal de l'état, magasin à poudre sur le Point-of-Fork; entrepôt des tabacs; 1800 h.

COLUMBIA, comté de l'état de New-York, États-Unis de l'Amérique du Nord, il est borné par les états de Massachusetts et de Connecticut et par les comtés de Rensselær, de Dutchess, d'Ulster et de Greene. Il a une superficie de 38 l. c. géogr., avec 40,000 habitants. Le Taghconnuc s'élève sur les frontières de Massachusetts et s'étend en plusieurs ramifications sur ce pays, fertile et bien cultivé, le long de l'Hudson. Ce fleuve y reçoit plusieurs affluents, tels que le Livingston, le Roelof, le Janfens-Kill, le Kinder-Hook et d'autres. Mines de fer; cidre.

COLUMBIA, pet. v. des États-Unis de l'Amérique du Nord, état de Kentucky, comté d'Adair, dont elle est le chef-lieu, sur un affluent du Russel; banque, poste, agriculture, commerce; 1400 hab.

COLUMBIA (chef-lieu). *Voyez* HICKMANNS (comté).

COLUMBIA (New-), v. naissante des États-Unis de l'Amérique du Nord, état de Mississipi, comté de Marion, dont elle est le chef-lieu, sur le Pearl; 1800 hab.

COLUMBIA, pet. v. florissante des États-Unis de l'Amérique du Nord, état d'Ohio, comté d'Hamilton, sur l'Ohio, poste; commerce; 3000 hab.

COLUMBIA, v. des États-Unis de l'Amérique du Nord, état de la Caroline du S., dont elle est la capitale, dans le dist. de Richland. Elle est située dans une plaine sablonneuse, sur la rive gauche du Congarée, à l'endroit où les deux branches principales de ce fleuve, la Broad et la Saluda, se réunissent. Cette ville, fondée en 1787, est régulièrement bâtie et renferme plusieurs beaux édifices, tels que le palais et l'université de l'état, l'église des presbytériens et l'hôpital des aliénés. Elle possède en outre : une banque, une direction des postes, une imprimerie qui fait paraître une gazette, une bibliothèque publique avec un cabinet de physique, et fait un commerce assez actif. Cette ville est aussi le siège de la South-Carolina-Society. Un bateau à vapeur entretient une communication régulière entre cette ville et Charleston; marchés très-fréquentés; 4000 hab.

COLUMBIA (chef-lieu). *Voyez* MAURY (comté).

COLUMBIANA, comté de l'état d'Ohio, États-Unis de l'Amérique du Nord; il est borné par l'état de Pensylvanie et par les comtés de Portage, de Trumbull, de Jefferson et de Stark. Ce pays, un des plus fertiles et des mieux cultivés de l'Union, est arrosé par l'Ohio, qui y reçoit le Beaver et le Yellow-Krik; 25,000 hab.

COLUMBIA-SPRING. *Voyez* SARATOGA (ville).

COLUMBRÉTÉS, groupe d'îles d'Espagne, vis-à-vis du cap d'Oropesa, roy. de Valence, gouv. de Peniscola; elles sont fréquentées par les pêcheurs.

COLUMBUS, comté de l'état de la Caroline du Nord, États-Unis de l'Amérique du Nord; il est borné par les comtés de Bladen, de Brunswick, de Robeson et par la Caroline du Sud. C'est un pays moitié sablonneux, moitié marécageux, traversé par le Waccamaw et couvert de nombreux lacs, dont ceux de Waccamaw et de Great-Swamp sont les plus considérables. Whiteville, avec une poste, est le chef-lieu du comté; 7000 hab.

COLUMBUS, v. des États-Unis de l'Amérique du Nord, état d'Ohio, comté de Franklin, au confluent du Scioto et du Whetstone, dans une contrée agréable, fertile et bien cultivée. Cette ville, régulièrement bâtie, fut fondée en 1812, et est la capitale de l'état d'Ohio. Elle renferme un assez bel hôtel du gouvernement et un autre pour les bureaux de l'état, une académie, deux imprimeries, dont chacune fait paraître un journal; une banque; une direction des postes; une prison, et entretient un commerce important avec les villes voisines; sa position avantageuse, sur un affluent navigable de l'Ohio, lui promet un accroissement rapide; 3000 hab.

COLUR (les), ham. de Fr., Haute-Garonne, com. de Toulouse; 120 hab.

COLY, vg. de Fr., Dordogne, arr. de Sarlat, cant. et poste de Terrasson; exploitation de pierres lithographiques; 300 hab.

COLZIN, chaîne de montagnes, dans la partie orient. de la Haute-Égypte, près de la côte du golfe Arabique; deux couvents cophtes, séparés par un roc inaccessible; carrière de granit et de marbre coloré.

COM. *Voyez* KOUM.

COMACCHIO, pet. v. des états de l'Église, légation de Ferrare, siège d'un évêché; ses fortifications sont occupées par une garnison autrichienne; 3100 hab.

COMACHIO, *Cimaculum, Comacio*, fort des états de l'Église; les Autrichiens y ont une garnison.

COMAS, lac d'une assez grande étendue, au S. du dép. de Vénézuela, république du même nom.

COMAYAGUA (prov.). *Voyez* HONDURAS.

COMAYAGUA ou VALLADOLID-LA-NUÉVA, v. des États-Unis de l'Amérique centrale, prov. de Honduras, dont elle est la capitale, sur un plateau très-fertile, près des sources de l'Ulua. Elle est le siège de l'intendant de la province, d'un receveur général et d'un évêque ; elle renferme une belle cathédrale, plusieurs couvents, un hôpital et un collége très-fréquenté ; 18,000 h.

COMBA, v. de la partie orient. de la Sénégambie, Afrique, dans le roy. de Kaarta.

COMBAHÉE, fl. des États-Unis de l'Amérique du Nord, état de la Caroline du Sud, coule vers le S.-E. et se décharge dans le Sund de Ste.-Hélène.

COMBAILLAUX, vg. de Fr., Hérault, arr. de Montpellier, cant. et poste des Matelles ; 200 hab.

COMBAS, vg. de Fr., Gard, arr. et poste de Nîmes, cant. de St.-Mamers ; 580 hab.

COMBE, ham. de Fr., Gard, com. de Sabran ; 150 hab.

COMBE (la grande), ham. de Fr., Gard, com. des Salles-du-Gardon ; 300 hab.

COMBE (la), ham. de Fr., Tarn, com. de Cabannes ; 170 hab.

COMBE (la), ham. de Fr., Tarn, com. de Cambounés ; 140 hab.

COMBE, pet. roy. en Sénégambie, Afrique, au S. de la Gambie ; il s'étend depuis le cap Ste.-Marie jusqu'à la rivière de Combo et a pour lieu principal le bourg de même nom.

COMBEAUFONTAINE, vg. de Fr., Haute-Saône, arr. et à 6 l. O.-N.-O. de Vesoul, chef-lieu de canton et poste ; 780 hab.

COMBEBONNET, vg. de Fr., Lot-et-Garonne, arr. d'Agen, cant. de Beauville, poste de la Roque-Timbaut ; 430 hab.

COMBE-DE-LANCEY, vg. de Fr., Isère, arr. de Grenoble, cant. et poste de Domène ; 460 hab.

COMBE-DE-MIJOUX (la), ham. de Fr., Ain, com. de Gex ; 680 hab.

COMBE-DE-VOLX, ham. de Fr., Basses-Alpes, com. de Banon ; 150 hab.

COMBE-D'ÉVUAZ (la), ham. de Fr., Ain, com. de Champfromier ; 150 hab.

COMBEFA, vg. de Fr., Tarn, arr. d'Albi, cant. de Monestiés, poste de Cramaux ; 100 hab.

COMBELLE, Puy-de-Dôme, com. d'Auzat-sur-Allier, verrerie renommée ; 20 hab.

COMBÉRANCHE, vg. de Fr., Dordogne, arr., cant. et poste de Ribérac ; 370 hab.

COMBERJON, ham. de Fr., Haute-Saône, com. de Colombier ; 240 hab.

COMBEROUGER, vg. de Fr., Tarn-et-Garonne, arr. de Castelsarrasin, cant. de Verdun-sur-Garonne, poste de Grisolles ; 520 hab.

COMBEROUSE, ham. de Fr., Isère,

com. de St.-Georges-d'Espérance ; 170 hab.

COMBERTAULT, vg. de Fr., Côte-d'Or, arr., cant. et poste de Beaune ; 230 hab.

COMBES (les), ham. de Fr., Hautes-Alpes, com. de St.-Bonnet ; 140 hab.

COMBES, ham. de Fr., Ardèche, com. de St.-Clair ; 180 hab.

COMBES (les), vg. de Fr., Doubs, arr. de Pontarlier, cant. et poste de Morteau ; 550 hab.

COMBES-TERRE-FORAINE-DU-POUJOL, vg. de Fr., Hérault, arr. de Béziers, cant. de St.-Gervais, poste de Bédarieux ; 500 h.

COMBETTU. *Voyez* LAZARE (Saint-).

COMBIERS, vg. de Fr., Charente, arr. d'Angoulême, cant. de la Valette, poste de Mareuil ; mines de fer ; forges ; fonderies ; chaudronneries ; 640 hab.

COMBLANCHIEN, vg. de Fr., Côte-d'Or, arr. de Beaune, cant. et poste de Nuits ; 250 hab.

COMBLAT, ham. de Fr., Cantal, com. de Vic-sur-Sère ; 400 hab.

COMBLE, vg. de Fr., Meuse, arr., cant. et poste de Bar-le-Duc ; 530 hab.

COMBLES, vg. de Fr., Somme, arr. et à 3 l. N.-N.-O. et poste de Péronne, chef-lieu de canton ; 1680 hab.

COMBLESSAC, vg. de Fr., Ille-et-Vilaine, arr. de Redon, cant. de Maure, poste de Lohéac ; 630 hab.

COMBLEUX, vg. de Fr., Loiret, arr., cant. et poste d'Orléans ; 420 hab.

COMBLIZY, vg. de Fr., Marne, arr. d'Epernay, cant. et poste de Dormans ; 100 h.

COMBLOT, vg. de Fr., Orne, arr., cant. et poste de Mortagne-sur-Huine ; 270 hab.

COMBMARTIN, vg. d'Angleterre, comté de Devon, sur le canal de Bristol, dans une contrée montagneuse ; mines de plomb et d'argent ; 800 hab.

COMBON, vg. de Fr., Eure, arr. de Bernay, cant. de Beaumesnil, poste de Beaumont-le-Roger ; 980 hab.

COMBOURG, b. de Fr., Ille-et-Vilaine, arr. et à 8 l. S.-S.-E. de St.-Malo, chef-lieu de canton et poste ; il est situé sur le ruisseau de Linon et près d'un bel étang ; 470 h.

COMBOURTILLÉ, vg. de Fr., Ille-et-Vilaine, arr., cant. et poste de Fougères ; 600 h.

COMBOVIN, vg. de Fr., Drôme, arr. et poste de Valence, cant. de Chabeuil ; 840 h.

COMBOYOS, poste militaire, avec une très-faible garnison, dans la prov. d'Espiritu-Santo, comarque du même nom, emp. du Brésil. Ce poste est établi pour empêcher la contrebande entre les prov. de Minas-Geraès et d'Espiritu-Santo.

COMBRAILLE, vg., de Fr., Puy-de-Dôme, arr. de Riom, cant. et poste de Pontaumur ; 700 hab.

COMBRAND, vg. de Fr., Deux-Sèvres, arr. et poste de Bressuire, cant. de Cerizay ; 770 hab.

COMBRAY, vg. de Fr., Calvados, arr. de Falaise, cant. et poste d'Harcourt ; 400 hab.

COMBRE, vg. de Fr., Loire, arr. et poste de Roanne, cant. de Perreux; 530 hab.

COMBRÉE, vg. de Fr., Maine-et-Loire, arr. et poste de Segré, cant. de Pouancé; 1210 hab.

COMBRES, vg. de Fr., Eure-et-Loir, arr. et poste de Nogent-le-Rotrou, cant. de Thiron-Gardais; 850 hab.

COMBRES, vg. de Fr., Meuse, arr. de Verdun-sur-Meuse, cant. de Fresnes-en-Woëvre, poste de Manheulles; 550 hab.

COMBRET, b. de Fr., Aveyron, arr. de St.-Affrique, cant. et poste de St.-Sernin; 1240 hab.

COMBRET, vg. de Fr., Lozère, arr. de Mende, cant. et poste de Villefort; 150 h.

COMBRET, ham. de Fr., Lozère, com. de St.-Germain-du-Teil; 250 hab.

COMBREUX, vg. de Fr., Loiret, arr. d'Orléans, cant. et poste de Châteauneuf-sur-Loire; 260 hab.

COMBRIMONT, ham. de Fr., Vosges, com. de Bonpaire; 330 hab.

COMBRIT, vg. de Fr., Finistère, arr. de Quimper, cant. et poste de Pont-l'Abbé; 1020 hab.

COMBRONDE, *Oppidum Candidobrinse*, b. de Fr., Puy-de-Dôme, arr., à 2 1/2 l. N., et poste de Riom, chef-lieu de canton; 2125 hab.

COMBROSSOL, vg. de Fr., Corrèze, arr. d'Ussel, cant. et poste de Meymac; 1010 h.

COMBS-LA-VILLE, vg. de Fr., Seine-et-Marne, arr. de Melun, cant. de Brie-Comte-Robert, poste de Lieusaint; 500 hab.

COME (Saint-), vg. de Fr., Aveyron, arr., cant. et poste d'Espalion; fabr. de flanelles; 1830 hab.

COME (Saint-), vg. de Fr., Gard, arr. de Nîmes, cant. de St.-Mamert, poste de Calvisson; 710 hab.

COME (Saint-), vg. de Fr., Gironde, arr., cant. et poste de Bazas; 410 hab.

COME (Saint-) ou **COSMAN** (Sanct-), vg. de Fr., Haut-Rhin, arr. de Belfort, cant. de Fontaine, poste de la Chapelle-sous-Rougemont; 100 hab.

COME (Saint-), vg. de Fr., Var, com. de la Cadière; 300 hab.

COME, délégation du gouvernement de Milan, roy. Lombard-Vénitien, borné au N. par la Suisse et la délégation de Sondrio, à l'E. par la délégation de Brescia, au S. par celle de Milan et à l'O. par la Sardaigne; superficie 57 l. c. géogr. Cette province est située au pied des Alpes et baignée par les trois lacs intérieurs Lago Maggiore, di Lugano et di Como; elle est arrosée par un grand nombre de rivières : l'Adda arrose la frontière orientale et le Tessin celle de l'O. Le N. est montagneux et, de toutes les délégations de Milan, Côme est la seule qui possède des forêts qui suffisent pour la consommation; ses beaux pâturages sont couverts de nombreux troupeaux. Ses principales productions sont : du blé, des légumes, des fruits et du vin. Ses montagnes, où l'on rencontre plusieurs cavernes remarquables, fournissent du fer, du marbre, de l'albâtre, des pierres à aiguiser et à construction. L'industrie y est assez considérable; elle embrasse la production et la filature de la soie, la fabrication de la toile, du drap et d'instruments de mathématique, d'optique, de physique et de chirurgie qu'on colporte dans l'étranger. Le climat de cette province est très-beau et l'air pur qu'on y respire attire un grand nombre de familles italiennes, dont les superbes campagnes ornent surtout les bords charmants du lac de Côme; elle comprend 26 districts; 320,000 hab.

COME, *Comum*, v. du roy. Lombard-Vénitien, gouv. de Milan, chef-lieu de la délégation de ce nom, à l'extrémité méridionale du lac; siége d'un évêque, d'un tribunal et de deux justices de paix; importante par son commerce et son industrie; elle possède de nombreuses manufactures de draps et d'étoffes de soie et des fabriques d'instruments d'optique et de physique dont les produits sont colportés dans presque toute l'Europe. Ses principaux établissements sont : la cathédrale, vaste et beau monument en marbre, un des plus beaux temples de l'Italie supérieure; le nouveau théâtre; le palais appelé *Ædes Joviæ*, autrefois la demeure du célèbre Jean-Baptiste Jovia; le casino littéraire; le lycée; les deux gymnases; le collège Convict et la bibliothèque. Dans ses environs on voit de belles et nombreuses villas, parmi lesquelles la villa Odescalchi est la plus vaste et la plus magnifique; patrie de Pline le jeune (60—113); 16,000 hab.

COME (lac de) ou **LAGO DI COMO**, *Comacenus*, *Larius Lacus*, près de la ville de ce nom, formé par l'Adda; il est renommé par les beautés naturelles et par les points de vue admirables que présentent ses rives, surtout la rive occidentale qui conserve le nom de lac de Côme; la partie septentrionale du lac est appelée lac de Chiavenna ou de Clefen. Les environs de ce lac sont ornés de belles et nombreuses villas. Sa plus grande longueur est de 15 l., la largeur de 2 l. et son élévation de 700 pieds au-dessus du niveau de la mer.

COME-BY-CHANCE. *Voyez* PLACENTIA (baie).

COME-DE-FRÈNE (Saint-), vg. de Fr., Calvados, arr. et poste de Bayeux, cant. de Ryes; 250 hab.

COME-DE-VAIR (Saint-). *Voyez* COSME (Saint-).

COME-DU-MONT (Saint-), vg. de Fr., Manche, arr. de St.-Lô, cant. de Carentan, poste de Blosville; 730 hab.

COME-EL-CASER, b. de la Moyenne-Égypte, Afrique, prov. et à 4 l. S. de Minieh, dans une contrée bien cultivée et fertile.

COMEISSANG, riv. de Sénégambie,

Afrique; elle prend sa source dans le roy. de Djallonkadou et se jette dans le Sénégal.

COMELLE (la), vg. de Fr., Saône-et-Loire, arr. et poste d'Autun; 750 hab.

COME-SOUS-SACHIN (la), ham. de Fr., Nièvre, com. de Château-Chinon-Campagne; 150 hab.

COMFORT. *Voyez* SOUTHAMPTON (île).

COMIAC, vg. de Fr., Lot, arr. de Figeac, cant. de Bretenoux, poste de St.-Céré; 1260 hab.

COMIGNE, vg. de Fr., Aude, arr. de Carcassonne, cant. et poste de Capendu; 190 h.

COMINES, v. de Fr., Nord, arr., à 2 l. N.-E., et poste de Lille, cant. de Quesnoy-sur-Deule, sur la rive droite de la Lys; bureau de douanes; fabr. de cotonnettes, rubans, de fil et laine, fil retors, tanneries, blanchisseries. La partie de cette ville située sur la rive gauche de la Lys, appartient au roy. de Belgique, prov. de la Flandre-Occidentale, arr. d'Ypres. Elle renferme des manufactures de toiles et des tanneries; 5420 hab.

COMINO, *Cuminum, Hephestia*, île de la Méditerranée, du groupe de Malte, au N.-O. de l'île de Malte, avec un petit fort; c'est un rocher aride qui ne produit que du cumin, circonstance qui lui a donné son nom; tout près se trouve le rocher de Cominotto.

COMISO, v. de Sicile, intendance de Syracuse; possède la seule papeterie de l'île; 11,000 hab.

COMITA, v. de Sicile, intendance de Traponi; 3500 hab.

COMITÉ. *Voyez* RICHMOND (baie).

COMITLAN (San-Domingo-de-), v. des états mexicains, état de Chiapa; industrie; commerce; 4500 hab.

COMITLAN (fleuve). *Voyez* TABASCO (fleuve).

COMLIN, riv. d'Irlande, affluent du Shannon.

COMMAGNY, ham. de Fr., Nièvre, com. de Moulins-en-Gilbert; 930 hab.

COMMANA, vg. de Fr., Finistère, arr. de Morlaix, cant. de Sizun, poste de Landivisiau; 2670 hab.

COMMANDERIE (la) ou ÉTIENNE-DE-RENNEVILLE (Saint-), ham. de Fr., Eure, com. de Ste.-Colombe, poste; 500 hab.

COMMANDERIE (la), vg. de Fr., Loir-et-Cher, com. de Villefranche; 570 hab.

COMMARIN, vg. de Fr., Côte-d'Or, arr. de Beaune, cant. de Pouilly-en-Montagne, poste de Sombernon; 340 hab.

COMMEAUX, vg. de Fr., Orne, arr., cant. et poste d'Argentan; 290 hab.

COMMELLE, vg. de Fr., Isère, arr. de Vienne, cant. et poste de la Côte-St.-André.

COMMELLE, vg. de Fr., Loire, arr. et poste de Roanne, cant. de Perreux; 370 h.

COMMENAILLES, vg. de Fr., Jura, arr. de Dôle, cant. de Chaumergy, poste de Bletterans; 1170 hab.

COMMENCHON, vg. de Fr., Aisne, arr. de Laon, cant. et poste de Chauny; 310 h.

COMMENDA ou GUAFFO, contrée de la Haute-Guinée, Afrique, sur la côte d'Or, à l'E. de Chamah; autrefois très-étendue, comprenait les roy. de Salm et de Tétu; territoire fertile, côteaux bien boisés, plaines assez vastes; mines d'or dans l'intérieur. Habitants pêcheurs, pilotes ou cultivateurs; turbulents, fourbes et voleurs.

COMMENDA (le Grand-) ou AKATAYKI, v. principale du Commenda, dans la Haute-Guinée, Afrique, sur la côte d'Or, à 4 l. E. de Chamah et à 9 l. de l'Océan Atlantique; résidence du prince; commerce d'or et d'ivoire; 3000 hab.

COMMENDA (le Petit-), b. du Commenda, dans la Haute-Guinée, Afrique, sur la côte d'Or; il appartient aux Hollandais qui y ont bâti le fort Vredenbourg.

COMMENSACQ, vg. de Fr., Landes, arr. de Mont-de-Marsan, cant. et poste de Sabres; 700 hab.

COMMENTRY, vg. de Fr., Allier, arr. de Montluçon, cant. et poste de Montmarault; exploitation de houille; 1280 hab.

COMMENY, vg. de Fr., Seine-et-Oise, arr. de Pontoise, cant. et poste de Marines; 320 hab.

COMMEQUIERS, vg. de Fr., Vendée, arr. des Sables, cant. et poste de St.-Gilles-sur-Vie; 1410 hab.

COMMER, vg. de Fr., Mayenne, arr., cant. et poste de Mayenne; 1390 hab.

COMMERCY, *Commarchia*, v. de Fr., Meuse, chef-lieu d'arrondissement, à 8 l. E. de Bar-le-Duc, résidence d'un inspecteur des forêts; elle est située sur la rive gauche de la Meuse, dans une campagne riante et fertile. C'est une jolie petite ville; ses rues sont ornées de fontaines. On y remarque l'ancien château, jadis maison de plaisance du roi Stanislas, et que l'on a transformé en quartier de cavalerie, un grand manège couvert, l'hôtel de ville, la halle, l'hôpital, etc. Commercy possède un collège communal. Fabr. de toiles de coton, d'huile de navette; distilleries, brasseries, tanneries; filat. et forges. Le commerce y consiste principalement en toiles, vins, grains, huiles, chanvre, bois, cuirs, broderies et bestiaux. Foires les 10 mars, 1er mai, 27 juillet et 8 décembre; 3716 hab.

Cette ville, qui existait au neuvième siècle, eut des seigneurs particuliers. Au commencement du quatorzième siècle elle fut érigée en commune. Pendant la quatrième guerre entre François Ier et Charle-Quint, celui-ci assiégea en personne Commercy, en 1544. Le fameux cardinal de Retz séjourna souvent dans cette ville, dont le château lui appartenait, ainsi qu'une partie de la principauté de Commercy. Il le vendit à Charles IV, duc de Lorraine. Ce domaine passa ensuite au prince de Vaudemont, qui fit reconstruire l'ancien château sur un plan plus moderne; mais ce bel édifice, dont Stanislas fit sa maison de plaisance, est devenu une superbe caserne de cavalerie, comme le magnifique château de Lunéville, qui fut aussi la résidence de ce roi détrôné.

COMMERSON, lac de la Haute-Guinée, Afrique, sur la côte de Sierra Leone.

COMMERVEIL, vg. de Fr., Sarthe, arr., cant. et poste de Mamers; 430 hab.

COMMES, vg. de Fr., Calvados, arr. et poste de Bayeux, cant. de Ryes; 450 hab.

COMMEWINE. *Voyez* SURINAM (fleuve).

COMMIERS (Notre-Dame-de-), vg. de Fr., Isère, arr. de Grenoble, cant. et poste de Vizille; 260 hab.

COMMISSEY, vg. de Fr., Yonne, arr. et poste de Tonnerre, cant. de Cruzy; 440 h.

COMMUNAILLES, vg. de Fr., Jura, arr. de Poligny, cant. de Nozeroy, poste de Champagnole; 210 hab.

COMMUNAY, vg. de Fr., Isère, arr. de Vienne, cant. et poste de St.-Symphorien-d'Ozon; 710 hab.

COMMUNE (la), Ardennes. *Voyez* MONTHERMÉ.

COMMUNIA (la), canal du roy. Lombard-Vénitien, joint l'Adda au Serio.

COMMUNION-HARZ (le), est une partie des montagnes du Harz, possédé en commun par le roy. de Hanovre et le duché de Brunswick. Il comprend le Ramelsberg, près de Goslar, et les mines de Longetsheim, la saline de Juliushall et les abondantes mines de fer de l'Iberg. Le Rammelsberg s'élève à 1810 pieds au-dessus du niveau de la mer, et renferme douze mines d'argent, les plus fameuses de tout le Harz. Leur produit annuel est de 40,000 écus, dont les quatre septièmes reviennent au duché de Brunswick.

COMOMBOU ou **KOUM-OMBOU**, misérable b. de la Haute-Égypte, Afrique, prov. d'Esné, sur la rive droite du Nil, à 9 l. S. de Syène. On y voit les ruines de l'ancien *Ombos*, parmi lesquelles on remarque un grand temple et un autre beaucoup plus petit, décrits par MM. Chabrol et Jomard. Le grand, d'une très-belle architecture, a été commencé par Épiphane et continué par ses successeurs. On y a trouvé, ainsi qu'en d'autres endroits, quelques peintures qui, n'ayant pas été achevées, prouvent, selon la remarque de M. Jomard, que les Égyptiens employaient pour le dessin les mêmes procédés géométriques que les modernes.

COMORCO ou **COMOROO**, v. de la Sénégambie, Afrique, roy. de Casson.

COMORE ou LA GRANDE-COMORE, ANGAZICHA. *Voyez* ANGAZICHA.

COMORES ou **COMORRES**, pet. groupe d'îles, situé à l'entrée sept. du canal de Mozambique; elles sont au nombre de quatre : Comoré, nommée aussi Grande-Comore, Anjouan ou Johanna, Majotta et Mehilla; autrefois très-peuplées et florissantes, ces îles sont depuis quelque temps ruinées et presque désertes, à cause des dévastations commises annuellement par les Seclaves, les Antavares, les Betimsaras et les Bétanimènes, peuples maritimes de l'île de Madagascar; ces pirates cruels en ont enlevé un grand nombre d'habitants pour les vendre comme esclaves. Chacune des îles paraît avoir son chef particulier; fertiles en grains et fruits des tropiques; riches en troupeaux; habitants noirs, doux et mahométans.

COMORIN (cap), extrémité méridionale de la presqu'île du Dekkan.

COMPAINS, vg. de Fr., Puy-de-Dôme, arr. d'Issoire, cant. et poste de Besse; 860 h.

COMPAINVILLE, vg. de Fr., Seine-Inférieure, arr. de Neufchâtel-en-Bray, cant. et poste de Forges; 350 hab.

COMPANS, vg. de Fr., Seine-et-Marne, arr. de Meaux, cant. et poste de Claye; 230 hab.

COMPAS (le), vg. de Fr., Creuse, arr. d'Aubusson, cant. et poste d'Auzances; 880 hab.

COMPASS ou SPITZKOPF. *Voyez* CAP-DE-BONNE-ESPÉRANCE.

COMPASSEUR (le), Côte-d'Or. *Voyez* COURTIVRON.

COMPERTRIX, vg. de Fr., Marne, arr., cant. et poste de Châlons-sur-Marne; 120 h.

COMPIÈGNE, *Compendium*, *Palitium*, v. de Fr., Oise, chef-lieu d'arrondissement, à 12 l. E. de Beauvais; siége d'un tribunal de première instance et d'un tribunal de commerce; conservation des hypothèques et résidence d'un ingénieur en chef des ponts-et-chaussées. Cette ville est située sur la rive gauche de l'Oise, dans une vaste plaine, près de la belle forêt qui porte le même nom; elle est bien bâtie et remarquable surtout par son magnifique château royal. Cette superbe résidence fut rebâtie par Louis XIV et Louis XV, terminée par Louis XVI et restaurée après la révolution par Napoléon. On remarque, en outre, à Compiègne : l'hôtel de ville, monument gothique, l'église St.-Corneille, le collége, une bibliothèque de 28,000 volumes, un théâtre, le joli pont, bâti sur l'Oise, par Louis XV, et enfin les belles promenades qui environnent la ville. Fabr. de toiles de chanvre, bonneterie, boissellerie (sabots), ganterie, corderies, filat. de coton, construction de bateaux; commerce de blé, bois, toiles de chanvre et bonneterie de laine, grand entrepôt de houille. Foires le 15 de chaque mois; 8885 h.

Plusieurs souvenirs historiques se rattachent à la ville de Compiègne, qui n'était, à son origine, qu'un rendez-vous de chasse des rois Mérovingiens. Elle eut plus d'importance sous les Carlovingiens et sous les rois de la troisième race : Pepin y reçut de l'empereur Constantin les premières orgues qu'on ait vues en France. Louis-le-Bègue et le roi Eudes y furent couronnés; le premier y fut aussi enterré, ainsi que Louis V. C'est à Compiègne que Lothaire Ier surprit son père, Louis-le-Débonnaire. Les Bourguignons, qui s'en étaient emparés, en furent chassés par les Armagnacs, en 1412. C'est dans Compiègne que l'héroïque Jeanne d'Arc fut prise par les Anglais. C'est dans cette ville aussi que fut détenu, par Napoléon, le roi d'Espagne et une partie de sa famille. Napoléon y eut, en 1810, sa première entrevue avec Marie-Louise.

Compiègne est la patrie de Dailly (Pierre), célèbre théologien et l'un des hommes les plus remarquables du quatorzième siècle.

COMPIÈGNE (forêt de), l'une des plus belles forêts royales de France, près de la ville du même nom; elle a une superficie de 15,000 hectares, traversée par un grand nombre de routes bien percées, qui présentent un développement total de plus de 270 l. de longueur. On y voit les restes d'une voie romaine, appelée *Chaussée de Brunehault*.

COMPEYRE, vg. de Fr., Aveyron, arr., cant. et poste de Milhau; 800 hab.

COMPIGNY, vg. de Fr., Yonne, arr. de Sens, cant. de Sergines, poste de Pont-sur-Yonne; 190 hab.

COMPOLIBAT, vg. de Fr., Aveyron, arr. de Villefranche-de-Rouergue, cant. de Montbazens, poste de Rignac; 740 hab.

COMPOSTELA, v. de la confédération mexicaine, état de Xalisco, sur le versant des Cordillères, sous un ciel excessivement chaud. Cette ville, fondée en 1531 par Nunno de Guzman, fut pendant quelque temps la capitale de l'état; mais le climat brûlant et l'air malsain l'a fait presque entièrement abandonner et elle n'est plus habitée que par des nègres et des mulâtres. Riches mines d'argent et forêts de cocotiers dans les environs.

COMPOSTELLA. *Voyez* JAGO-DI-COMPOSTELLA (Saint-).

COMPREGNAC, vg. de Fr., Aveyron, arr., cant. et poste de Milhau; 500 hab.

COMPREIGNAC, vg. de Fr., Haute-Vienne, arr. de Bellac, cant. et poste de Nantiat; 2250 hab.

COMPS, Ardèche. *Voyez* CHANDOLAS.

COMPS, vg. de Fr., Drôme, arr. de Montélimart, cant. et poste de Dieulefit; 320 h.

COMPS, vg. de Fr., Gard, arr. de Nimes, cant. d'Aramon, poste de Beaucaire; 930 h.

COMPS, vg. de Fr., Gironde, arr., cant. et poste de Bourg-sur-Gironde; 460 hab.

COMPS, vg. de Fr., Puy-de-Dôme, arr. de Riom, cant. de Manzat, poste de St.-Gervais; 490 hab.

COMPS, b. de Fr., Var, arr. et à 4 1/2 l. N. de Draguignan, chef-lieu de canton et poste; 860 hab.

COMPS - LA - GRANVILLE, vg. de Fr., Aveyron, arr. de Rhodez, cant. et poste de Cassagnes-Bégonhès; 340 hab.

COMPTÉ (la), vg. de Fr., Pas-de-Calais, arr. de St.-Pol-sur-Ternoise, cant. et poste d'Aubigny; 460 hab.

COMRU, pet. v. des Etats-Unis de l'Amérique du Nord, état de Pensylvanie, comté de Berks; mines de fer très-considérables dans les environs, Mingle's-Forges; 2600 h.

COMUS, vg. de Fr., Aude, arr. de Limoux, cant. de Belcaire, poste de Quillan; 640 hab.

CONAC, Charente-Inférieure. *Voyez* THOMAS-DE-CONAC (Saint-).

CONAC (Saint-), vg. de Fr., Arriège, arr. de Foix, cant. et poste des Cabannes; 180 hab.

CONAN, vg. de Fr., Loir-et-Cher, arr. de Blois, cant. de Marchenoir, poste d'Oucques; 330 hab.

CONANYS (peuplade). *Voyez* GUYANE BRÉSILIENNE.

CONARDIÈRE (la), ham. de Fr., Eure, com. de St.-Vincent-du-Bouley; 150 hab.

CONAS, ham. de Fr., Hérault, com. de Pezénas; 180 hab.

CONAT, vg. de Fr., Pyrénées-Orientales, arr., cant. et poste de Prades; 350 hab.

CONAVANGON ou CATAUGHQUE, lac le plus considérable du comté de Cataughque, Etats-Unis de l'Amérique du Nord.

CONCA, vg. de Fr., Corse, arr. de Sartène, cant. de Porto-Vecchio, poste de Bonifacio; 420 hab.

CONCAH, dist. dans la partie S.-O. de l'île de Madagascar, Afrique, au N. de la baie St.-Augustin.

CONCARNEAU. *Voyez* JULIEN-DE-CONCELLES (Saint-).

CONCARNEAU, *Concarneum*, pet. v. et port de Fr., Finistère, arr. et à 5 l. S.-E. de Quimper, chef-lieu de canton et poste; elle est fortifiée et importante par son port, qui peut contenir environ 300 barques, et par les pêcheries, qui occupent presque exclusivement la population de cette ville; commerce considérable de sardines; 1900 hab.

Concarneau fut pris en 1273 par Duguesclin, et en 1579 par les ligueurs.

CONCATTAN, gros b. de la confédération mexicaine, état de San-Luis-Potosi, sur la Montézuma; culture très-florissante de sucre et de coton; 6000 hab.

CONCEIÇAO (district). *Voyez* GOYAZ (province).

CONCEIÇAO (Serra da). *Voyez* MANTIQUEIRA (Serra).

CONCEIÇAO ou NOSSA-SENHORA-DA-CONCEIÇAO, b. de l'emp. du Brésil, prov. d'Alagoas, sur le Rio-Cururipe, non loin de Coxim et à 2 l. de la mer; bon port; commerce de bois et d'huile de mammona; 3000 hab.

CONCEIÇAO (Nossa Senhora da), ou TUTOYA, pet. v. de l'emp. du Brésil, prov. de Maranhao, sur le Rio-Tutoya; bon port; pêcheries importantes; 2500 hab.

CONCENTAYNA, v. d'Espagne, roy. de Valence, gouv. d'Alcoy. On y récolte du bon vin et en grande quantité; filat. de laine; 5000 hab.

CONCEPCION (Brazo de la). *Voyez* TRINIDAD (Golfo de la santissima).

CONCEPCION, promontoire très-saillant, s'avançant, du S. au N., à l'E. de la presqu'île de Californie, états mexicains.

CONCEPCION, prov. de la rép. du Chili; elle se compose des anciennes prov. de Huilquilému et de Puchacay, avec la préfecture de Concepcion et s'étend de l'E. à l'O., depuis les Andes jusqu'à l'Océan, sur une longueur de 80 l.; son étendue du S. au N. est de 40 l. et toute sa superficie est évaluée à 244 l. c. géogr., avec une population de 110,000 âmes. Elle a pour bornes les Andes, qui la séparent de la république Argentine, l'Océan, l'Araucanie et la prov. de Maulé. Le sol de cette province est le plus fertile et son climat le plus agréable de tout le Chili. Les montagnes et les vallées sont couvertes de belles forêts, et le bois, qui s'exporte sur le Biobio, est un des principaux articles du commerce de ce pays. Ses principaux cours d'eau sont: le Biobio avec de nombreux affluents, l'Itatata et l'Andalien, qui se décharge dans la baie de Concepcion. Les bords du Biobio sont couverts, depuis son embouchure jusqu'aux Andes, de forts et de batteries, pour empêcher les incursions, autrefois très-fréquentes, des Araucans. Quelques volcans, dont le Tucapel est le plus considérable et le plus redouté, s'élèvent au S.-E. de ce pays, qui est malheureusement trop souvent exposé à de terribles tremblements de terre. Plusieurs rivières de cette province charrient de l'or, et dans les environs de Concepcion on exploite de riches mines de houille. Cette province est divisée en deux districts, Concepcion ou Puchacay et Huilquilemu ou Réré.

CONCEPCION (la) ou **CONCEPCION LA NUÉVA**, **CONCEPCION DE MOCHA**, **CONCEPCION DE PENCO**, v. de la rép. du Chili et capitale de la prov. de Concepcion, sur le Biobio. Cette ville, située dans une agréable vallée, fut fondée en 1550 par Pedro Valdivia, au S. de la baie de Conception. En 1554 elle fut prise et incendiée par les Araucans: rebâtie dans la même année, elle fut reprise et ravagée en 1555. En 1558 elle se releva de nouveau de ses ruines et fut bien fortifiée; mais en 1603 les Araucans la reprirent et elle fut encore réduite en cendres. Le commerce la releva bientôt; mais un tremblement de terre la détruisit en 1730, et la mer engloutit une grande partie de ses maisons. La ville fut rebâtie bientôt après ce désastre et renversée de nouveau par un tremblement de terre, le 24 mai 1751. Les habitants de cette ville, sur laquelle tous les malheurs semblaient s'abattre, fondèrent alors la ville de Qualqui, mais sa position, peu favorable au commerce, la fit bientôt abandonner; la plupart de ses habitants s'établirent alors dans la belle et fertile plaine de Mocha, sur la rive gauche du Biobio et près de l'embouchure de ce fleuve, où s'éleva bientôt la ville actuelle de Concepcion. Cette ville, bien bâtie, quoique peu étendue, se vit bientôt en butte à la même fatalité qui avait perdu l'ancienne ville de Concepcion. Les Araucans, profitant des troubles qui agitèrent le Chili, pénétrèrent en 1823 dans la ville de Concepcion et en dévastèrent plusieurs quartiers. La ville commençait à se relever de ce désastre et on portait sa population à près de 20,000 âmes, lorsque le terrible tremblement de terre de 1825 la ruina complètement.

La Concepcion est le siége d'un évêque, d'un intendant-militaire commandant le district et les forts le long du Biobio, et renferme un collége, un séminaire et quelques autres établissements littéraires. Son port, un des meilleurs du Chili, est à 2 l. de la ville; commerce de blé, de peaux, de suif, de viande salée, etc.; importante mine de houille à Penco; 10,000 hab.

CONCEPCION, pet. v. de la rép. Argentine, prov. de Cordova; 2000 hab.

CONCEPCION ou **VILLA-RÉAL DE LA CONCEPCION**, pet. v. du dictatorat du Paraguay, dép. de Concepcion, dont elle est le chef-lieu; elle fut fondée en 1773; 1800 hab.

CONCEPCION (la), pet. v. de la rép. de Bolivia, dép. de Potosi, prov. de Tarija, dans une contrée très-fertile; vins très-recherchés; 2000 hab.

CONCEPCION, b. de la rép. de Bolivia, dép. de Santa-Cruz de la Sierra, prov. de Chiquitos, non loin des sources du Rio-Verde, dans une contrée très-élevée; exploitation de mines; 2200 hab.

CONCEPCION-DE-ESQUINTLA (la). *Voyez* ESQUINTLA.

CONCEPCION-DEL-ARROYO-DE-LA-CHINA, pet. v. de la rép. Argentine, prov. d'Entre-Rios, sur l'Uruguay; elle fut fondée en 1780, et compte 3500 hab.

CONCEPCION-DE-LA-VÉGA-RÉAL, v. de l'île d'Haïti, dép. du Nord-Est, sur la route de St.-Domingue à Dajabon, à 12 l. N.-O. de Cotuy. La ville actuelle, très-régulièrement bâtie, est située à 1 l. O. de la vieille ville de Véga-Réal, fondée par Christophe Colomb et détruite complétement par le tremblement de terre de 1564. Avant cette époque elle a été la ville la plus florissante de St.-Domingue et possédait un hôtel des monnaies où l'on frappa des pièces avec l'or retiré des mines et des lavages de cette île. On voit encore les ruines de cette ville au milieu d'un bois qui s'est élevé à sa place. Près de la nouvelle ville s'étend la vaste plaine fertile et bien arrosée, connue sous le nom de *Véga-Réal;* 5000 hab.

CONCEPCION-DEL-VALLE-DE-NEIVA (la). *Voyez* NEIVA.

CONCEPCION-DE-URUANA. *Voy.* URUANA.
CONCEPCION-DE-PUNO. *Voyez* PUNO.
CONCEPCION-DE-SUAY. *Voyez* SUAY.

CONCEPTION (baie de la), la baie la plus riche et la plus considérable de l'île de Terre-Neuve. Elle s'avance profondément dans la presqu'île d'Avalon, qu'elle divise en deux parties presque égales, et renferme un grand nombre de baies commodes, de hâvres et d'insections. Elle est fermée au S. par le cap St.-Francis et au N. par le Point-of-Graces. Sa largeur est de 8 à 10 l. La longue côte occidentale est divisée en un grand nombre de baies et d'insections, entourées de hautes montagnes et de promontoires saillants et offrant un tableau très-pittoresque. De nombreux établissements de commerce, dont quelques-uns très-considérables, entourent cette belle baie.

CONCESSIONS. On emploie cette dénomination pour désigner la partie du sol de la rég. d'Alger, Afrique, qui depuis quatre siècles appartenait à la France. Ce territoire s'étendait le long de la côte, depuis Bugia (Bougie ou Bodjéyah) jusqu'à la frontière de l'état de Tunis; il se composait de deux parties distinctes : la partie orientale, depuis la frontière de Tunis jusqu'à la rivière de Seybas ou Seibouse, qui appartenait entièrement à la France, et sur laquelle s'élevaient les forteresses de Bastion de France, de La Calle et le Poste du Moulin ; la partie occidentale, depuis le Seybas jusqu'à Bougie, sur laquelle la rég. d'Alger concédait à la France, moyennant une redevance déterminée, la pêche exclusive du corail. Cette redevance, qui, par le traité du Bastion de France, en 1694, avait été fixée à 17,000 livres, fut portée à 60,000 en 1790, et à 200,000 fr. par le traité de 1817. Ces établissements, qui dans le dix-septième siècle étaient encore assez considérables, se composaient, outre les trois forts déjà mentionnés, de ceux du cap Roux, du cap Rose et du cap Nègre. Déjà antérieurement à 1798, ils avaient été tellement négligés, qu'avant la dernière guerre il n'y avait plus que le Poste du Moulin et La Calle qui eussent une faible garnison régulière de deux à trois cents hommes. Malgré leur petite importance sous le rapport militaire, ces établissements étaient bien autrement importants sous celui du commerce. En 1825 la pêche du corail y employa 183 bâtiments du port de 1791 tonneaux et montés par 1986 hommes d'équipage ; le produit en fut de 25,985 kilogr., évalués sur les lieux à 1,812,450 francs, et qui, travaillés, devaient représenter ensuite une valeur très-considérable. La presque totalité de ces bâtiments étaient italiens, mais tous payaient une redevance à la France. En 1827, le Poste du Moulin et La Calle furent entièrement démolis par les troupes du dey.

CONCEVREUX, vg. de Fr., Aisne, arr. de Laon, cant. de Neufchâtel, poste de Fismes; 350 hab.

CONCÈZE, vg. de Fr., Corrèze, arr. de Brives, cant. de Juillac, poste d'Objat; 730 hab.

CONCHA (San-Martin-de-la-). *Voyez* QUILLOTA.

CONCHAGUA (Bahia de la) ou CONCHAGUA (golfe de), une des plus belles et des plus sûres baies des côtes des États-Unis de l'Amérique centrale; elle s'ouvre au S. de l'état de San-Salvador, sur une longueur de 10 l.; deux langues de terre, dont l'une s'avance de l'E. et l'autre de l'O., la divisent en deux parties inégales, couvertes d'îles et recevant un grand nombre de rivières qui descendent des hauteurs voisines.

CONCHAS (Rio-das-). *Voyez* PIRANHAS.
CONCHATES. *Voyez* OPÉLOUSAS (comté).
CONCHÉ ou CONGÉ, GOUNDCHÉH, KONG, roy. peu connu de la Nigritie occidentale, Afrique, au S. du Djoliba et du roy. de Bambarra; il est traversé au S.-O. par la chaîne de montagnes Kong et arrosé par le Banimma, affluent du Djoliba ; pays bien peuplé qui nourrit beaucoup de chevaux et d'éléphants; ses habitants, qu'on dit être mahométans, se distinguent par leur industrie. On représente sa capitale, nommée Kong, comme une ville grande et commerçante.

CONCHE ou GONJAH, KONG, chaîne de montagnes de l'Afrique occidentale, au N. de la Haute-Guinée; elle est une continuation orientale du massif sénégambien et n'atteint nullement la hauteur qu'on lui a attribuée jusqu'à présent.

CONCHÉ (la), fort de Fr., Ille-et-Vilaine; il est construit sur un rocher, à quelque distance de la côte, au N. de St.-Malo dont il défend la rade. C'est un ouvrage remarquable de Vauban.

CONCHES, *Conchæ*, gros b. de Fr., Eure, arr., à 4 l. O.-S.-O. d'Évreux, chef-lieu de canton et poste; il est situé sur une colline baignée par l'Iton, dans une campagne très-fertile et important par sa grande forge, où l'on a forgé les arceaux du pont des Arts, du pont d'Austerlitz à Paris et la grande flèche de la cathédrale de Rouen. Conches a des tanneries, des mégisseries, des clouteries et fait un commerce considérable en fer, poterie, etc.; Vieux-Conches, avec des eaux minérales, fait partie de la commune ; 2030 hab.

CONCHES, vg. de Fr., Seine-et-Marne, arr. de Meaux, cant. et poste de Lagny; 160 hab.

CONCHES (les), ham. de Fr., Vendée, com. de Longeville; 150 hab.

CONCHEZ, vg. de Fr., Basses-Pyrénées, arr. de Pau, cant. et poste de Garlin; 460 h.

CONCHIL-LE-TEMPLE, vg. de Fr., Pas-de-Calais, arr., cant. et poste de Montreuil-sur-Mer; 470 hab.

CONCHO, gros vg. de Bolivia, dép. de Potosi, prov. d'Atacama; important par ses mines de cuivre.

CONCHOS. *Voyez* RIO-DEL-NORTE.

CONCHUCOS, prov. de la rép. du Pérou, dép. de Junin; elle est bornée par les prov. de Guamachuco, de Patas, dont elle est séparée par le Maragnon, de Huamaliés, de Huari et de Huaylas. Elle a une étendue de

200 l. c. géogr. avec une pop. de 25,000 âmes. Le Maragnon, avec plusieurs affluents, dont le Rio-Conchuco est le plus considérable, arrose ce pays généralement fertile et florissant par ses manufactures de laine. Les montagnes qui couvrent cette province contiennent de l'or, mais l'exploitation en est négligée depuis qu'on a découvert les riches mines de Pasco et de Hualgayoc. Les environs de Hatun-Conchucos fournissent du mercure, et sur plusieurs points de la province on exploite du soufre et du salpêtre qui approvisionnent les moulins à poudre de Lima. L'éducation du bétail, mais surtout celle des moutons, y est d'une grande importance.

CONCHUCOS, gros b. de la rép. du Pérou, dép. de Junin, chef-lieu de la province de même nom; est important par les mines d'or et d'argent qu'on exploite dans ses environs; 2800 hab.

CONCHY-D'ECQUES, ham. de Fr., Pas-de-Calais, com. d'Ecques; 220 hab.

CONCHY-LES-POTS, vg. de Fr., Oise, arr. de Compiègne, cant. et poste de Ressons; 950 hab.

CONCHY-SUR-CANCHE, vg. de Fr., Pas-de-Calais, arr. de St.-Pol-sur-Ternoise, cant. d'Auxy-le-Château, poste de Frévent; 500 hab.

CONCISE, ham. de Fr., Aube, com. de Bercenay-en-Othe; 190 hab.

CONCISE, ham. de Fr., Vienne, com. de Montmorillon; 200 hab.

CONCOBELLA, roy. de la Basse-Guinée, Afrique, dont les habitants sont très-féroces et anthropophages; il s'étend le long de la Baucora, un des principaux affluents du Coango, au N.-E. du roy. de Holoho et au N.-O. de celui de Cassange. Sa capitale, de même nom, petite ville d'environ 2000 habitants, est située à quelque distance du Coango, à environ 80 l. O.-N.-O. de Cassanci.

CONCŒUR, vg. de Fr., Côte-d'Or, arr. de Beaune, cant. et poste de Nuits; 240 hab.

CONCON (fleuve). *Voyez* ACONCAGUA.

CONCON, baie qui offre un bon port, sur la côte de la prov. d'Aconcagua, rép. du Chili; elle reçoit le Rio-Concon dit aussi Quillota ou Aconcagua.

CONCORD. *Voyez* MERRIMAC.

CONCORD, pet. v. des États-Unis de l'Amérique du Nord, état de Massachusetts, comté de Middlesex, dont elle est le chef-lieu, alternativement avec Cambridge; elle est située sur le Concord, qu'on y passe sur trois ponts; elle renferme une poste, une prison, deux raffineries de potasse et entretient une culture très-considérable de fruits et d'oignons. Cette ville est remarquable par le congrès provincial qui y fut tenu en 1774 et par la bataille de 1775, dans laquelle les Anglais furent défaits par les Américains; 3200 hab.

CONCORD, v. des États-Unis de l'Amérique du Nord, état de New-Hampshire, comté de Rockingham, sur le Merrimac. Quoique de peu d'étendue, elle est la capitale de l'état et renferme un beau palais du gouvernement, une académie, etc.; elle communique directement avec Boston par le Merrimac et le canal de Middlesex; 4400 hab.

CONCORD (chef-lieu). *Voyez* CABARRAS (comté).

CONCORD, pet. v. des États-Unis de l'Amérique du Nord, état d'Ohio, comté de Ross; 2300 hab.

CONCORDIA, paroisse de l'état de Louisiane, États-Unis de l'Amérique du Nord; elle est bornée par les paroisses de Washitta, de Newfeliciana, d'Avoyelles, de Rapides, d'Ocatahoola et par l'état de Mississipi. Sa population ne s'élève qu'à 4000 âmes. Des marais bordés de cyprès, de nombreux lacs et des landes sablonneuses couvrent la plus grande partie de ce pays, qui n'offre que peu de districts capables de culture. Le Mississipi à l'E. et le Tensas à l'O. en sont les principaux cours d'eau. Concordia, ville naissante sur le Mississipi, est le chef-lieu de la paroisse.

CONCORDIA, pet. v. sur la Secchia, dans le duché de Modène; 3000 hab.

CONCORDIA-DI-QUA, vg. du roy. Lombard-Vénitien, gouv. et délégation de Venise, autrefois ville; siège d'un évêque, qui demeure ordinairement à Portogruaro; cathédrale; 1600 hab.

CONCORÈS, vg. de Fr., Lot, arr. de Gourdon, cant. de St.-Germain, poste de Frayssinet; 1300 hab.

CONCORET, vg. de Fr., Morbihan, arr. et poste de Ploërmel, cant. de Mauron; 1160 hab.

CONCOTS, vg. de Fr., Lot, arr. de Cahors, cant. et poste de Limogne; 860 hab.

CONCOULES, vg. de Fr., Gard, arr. d'Alais, cant. et poste de Genolhac; 830 h.

CONCOURÈS, vg. de Fr., Aveyron, arr. et poste de Rhodez, cant. de Bozouls; 750 h.

CONCOURSON, vg. de Fr., Maine-et-Loire, arr. de Saumur, cant. et poste de Doué; mines de houille; 720 hab.

CONCRÉMIERS, vg. de Fr., Indre, arr., cant. et poste du Blanc; 1050 hab.

CONCRESSAULT, vg. de Fr., Cher, arr. de Sancerre, cant. et poste de Vailly; 410 h.

CONCRIERS, vg. de Fr., Loir-et-Cher, arr. de Blois, cant. de Marchenoir, poste de Mer; 350 hab.

CONDAC, vg. de Fr., Charente, arr., cant. et poste de Ruffec; 450 hab.

CONDAC, ham. de Fr., Vienne, com. de Thollet; 250 hab.

CONDAL, vg. de Fr., Saône-et-Loire, arr. de Louhans, cant. de Cuiseaux, poste de St.-Amour; 840 hab.

CONDAMEL, b. maritime en Sénégambie, Afrique, roy. de Cayor.

CONDAMINE, vg. de Fr., Ain, arr. et

poste de Nantua, cant. de Brenod; 300 hab.

CONDAMINE, vg. de Fr., Jura, arr., cant. et poste de Lons-le-Saulnier; 370 hab.

CONDAPILLY, v. de l'Inde anglaise, présidence de Madras, dist. des Circars du N.; centre de la fabrication des draps de Mazulipatam, appelés Sesserganti.

CONDAT, vg. de Fr., Corrèze, arr. de Tulle, cant. et poste d'Uzerche; 1680 hab.

CONDAT, ham. de Fr., Lot, com. de Strenquels; 410 hab.

CONDAT, ham. de Fr., Lot-et-Garonne, com. de Tumel; 170 hab.

CONDAT, vg. de Fr., Puy-de-Dôme, arr. de Riom, cant. et poste de Pont-au-Mur; 2030 hab.

CONDAT, vg. de Fr., Haute-Vienne, arr., cant. et poste de Limoges; fabr. de papier; 390 hab.

CONDAT-EN-FENIERS, vg. de Fr., Cantal, arr. de Murat, cant. de Marcenat, poste d'Allanche; 3270 hab.

CONDAT-LES-MONTBOISSIERS, vg. de Fr., Puy-de-Dôme, arr. d'Ambert, cant. et poste de St.-Germain-l'Herm; 1200 hab.

CONDAT-SUR-TRICON, vg. de Fr., Dordogne, arr. de Nontron, cant. de Champagnac, poste de Brantôme; 660 hab.

CONDAT-SUR-VÉZERE, vg. de Fr., Dordogne, arr. de Sarlat, cant. et poste de Terrasson; 760 hab.

CONDAUX (les). *Voyez* SCONDEAUX (les).

CONDAVIR, v. de l'Inde anglaise, présidence de Madras, dist. des Circars du Nord; fabr. de toiles.

CONDE (Villa-do-), pet. v. de l'emp. du Brésil, prov. et comarque de Bahia, à l'embouchure de l'Inhambupe; culture du tabac; pêcheries importantes; 2500 hab.

CONDE (Villa-do-), pet. v. de l'emp. du Brésil, prov. de Parahyba, à 14 l. S.-E. de la capitale et à 3 l. de la mer; elle portait autrefois le nom de Japoca; agriculture florissante; 2000 hab.

CONDE (Villa-do-), pet. v. de l'emp. du Brésil, prov. et comarque de Para, sur le Rio-Para, à 9 l. S.-O. de Bélem; 2600 hab.

CONDÉ, vg. de Fr., Cher, arr. de St.-Amand-Mont-Rond, cant. de Lignières, poste de Châteauneuf-sur-Cher; 220 hab.

CONDÉ ou CONDÉ-SUR-L'ESCAUT, *Condacum, Condatum*, v. forte de Fr., Nord, arr. et à 2 l. N. de Valenciennes, chef-lieu de canton et poste. Cette place, qui sert pour ainsi dire d'avant-poste à Valenciennes, est située au confluent de la Hagne et de l'Escaut; elle a un bon port et fait commerce de corderie, tannerie, bestiaux, houille; 5300 h.

Condé fut pris sous Louis XI, en 1478; en 1580 par le prince d'Orange. Les Français y rentrèrent en 1649; les Autrichiens s'en emparèrent en 1793; mais ils n'en restèrent maîtres que quelques semaines.

CONDEAC, b. de Fr., Orne, arr. de Mortagne-sur-Huine, cant. et poste de Remalard; 1070 hab.

CONDÉ-A-MONS (canal de). *Voyez* MONS-A-CONDÉ.

CONDÉCOURT, vg. de Fr., Seine-et-Oise, arr. de Pontoise, cant. de Marines, poste de Vaux; 380 hab.

CONDÉ-EN-BARROIS, vg. de Fr., Meuse, arr. et poste de Bar-le-Duc, cant. de Vavincourt; 1380 hab.

CONDÉ-EN-BOMMIÈRES, vg. de Fr., Indre, arr., cant. et poste d'Issoudun; 400 hab.

CONDÉ-EN-BRIE, b. de Fr., Aisne, arr., à 3 l. E.-S.-E. et poste de Château-Thierry, chef-lieu de canton; 770 hab.

CONDÉ-FOLIE, vg. de Fr., Somme, arr. d'Amiens, cant. de Picquigny, poste de Flixecourt; 1140 hab.

CONDEIXA, la Vieille et la Nouvelle, bourgs du Portugal, prov. de Beira, dist. de Coïmbre. On tire annuellement de leurs carrières plus de mille meules; grottes avec de belles stalactites.

CONDEL. *Voyez* LAURENT-DE-CONDEL (Saint-).

CONDÉ-LES-AUTRY, vg. de Fr., Ardennes, arr. de Vouziers, cant. de Montbois, poste de Grand-Pré; 360 hab.

CONDÉ-LES-HERPY, vg. de Fr., Ardennes, arr. et poste de Réthel, cant. de Château-Porcien; 320 hab.

CONDÉ-LES-VOUZIERS, vg. de Fr., Ardennes, arr., cant. et poste de Vouziers; 320 hab.

CONDÉ-NORTHEN ou CONTCHEN, vg. de Fr., Moselle, arr. de Metz, cant. et poste de Boulay; 550 hab.

CONDÉON, vg. de Fr., Charente, arr. de Barbezieux, cant. de Baignes, poste de Touvérac; 1370 hab.

CONDES, vg. de Fr., Jura, arr. de Lons-le-Saulnier, cant. et poste d'Arinthod; 260 h.

CONDES, vg. de Fr., Haute-Marne, arr., cant. et poste de Chaumont-en-Bassigny; fabr. de sucre indigène; 150 hab.

CONDÉ-SAINTE-LIBIÈRE, vg. de Fr., Seine-et-Marne, arr. de Meaux, cant. de Crécy, poste de Couilly; 440 hab.

CONDESAYGUES, vg. de Fr., Lot-et-Garonne, arr. de Villeneuve-sur-Lot, cant. et poste de Fumel; 620 hab.

CONDESSIAT, vg. de Fr., Ain, arr. de Trévoux, cant. et poste de Châtillon-les-Dombes; 510 hab.

CONDÉ-SUR-AISNE, vg. de Fr., Aisne, arr. de Soissons, cant. et poste de Vailly; 420 hab.

CONDÉ-SUR-HUINE, vg. de Fr., Orne, arr. de Mortagne-sur-Huine, cant. et poste de Remalard; 1380 hab.

CONDÉ-SUR-ITON, vg. de Fr., Eure, arr. d'Évreux, cant. et poste de Breteuil; haut-fourneau; 1130 hab.

CONDÉ-SUR-LAISON, vg. de Fr., Calvados, arr. de Falaise, cant. de Bretteville-sur-Laize, poste de St.-Pierre-sur-Dives; 420 hab.

CONDÉ-SUR-L'ESCAUT. *Voyez* CONDÉ (Nord).

CONDÉ-SUR-MARNE, vg. de Fr., Marne, arr., cant. et poste de Châlons-sur-Marne; 560 hab.

CONDÉ-SUR-NOIREAU, *Condœum ad Norallum*, v. de Fr., Calvados, arr., à 6 l. E. de Vire et à 9 l. S.-S.-O. de Caen, chef-lieu de canton et poste; siége d'un tribunal de commerce; elle est située dans une vallée profonde, au confluent de la Durance et du Noireau, et remarquable par son activité industrielle et commerciale. Elle a des fabriques de toiles, de coton, de reps, de siamoises et de coutil; des tanneries, des teintureries et un grand nombre de filatures de coton. Son commerce consiste en produits de son industrie et en chevaux, bestiaux et miel; 6450 hab.

Cette ville est fort ancienne; elle doit, dit-on, son origine à un château fort, que l'on fait remonter à l'époque romaine. Les Anglais, qui la prirent en 1418, en furent chassés en 1449, sous Charles VII. Condé est une des premières villes de France qui embrassèrent le protestantisme; les protestants y tinrent un synode en 1674.

CONDÉ-SUR-RILLE, vg. de Fr., Eure, arr. de Pont-Audemer, cant. et poste de Montfort-sur-Rille; 640 hab.

CONDÉ-SUR-SARTHE, vg. de Fr., Orne, arr., cant. et poste d'Alençon; 660 hab.

CONDÉ-SUR-SEULLES, vg. de Fr., Calvados, arr. et poste de Bayeux, cant. de Balleroy; 280 hab.

CONDÉ-SUR-SUIPPE, vg. de Fr., Aisne, arr. de Laon, cant. de Neufchâtel; 1070 h.

CONDÉ-SUR-VÉGRE, vg. de Fr., Seine-et-Oise, arr. de Mantes, cant. et poste d'Houdan; éducation de vers à soie; 415 hab.

CONDÉ-SUR-VIRE, vg. de Fr., Manche, arr. de St.-Lô, cant. et poste de Torigni; 2160 hab.

CONDESUYOS, prov. de la rép. du Pérou, dép. d'Aréquipa. Le nom de cette province est une transformation du mot péruvien Kuntisuyu, par lequel on désigne la partie occidentale de l'empire des Incas. Elle est bornée par les prov. de Cailloma, de Chumbivilcas, de Canama et de Parinacochas, a une étendue de 190 l. c. géogr., avec une population de 32,000 âmes. Le sol du pays est très-montagneux et le climat, généralement froid, n'est tempéré que dans les vallées profondes. Les habitants de cette province s'adonnent à la culture du blé et de la cochenille, à l'exploitation de quelques importantes mines d'or et d'argent et font un commerce assez actif de leurs produits avec les provinces limitrophes. Les Guanacos, les Vicunnas et les Viscachas vivent en nombreuses hordes dans les montagnes qui couvrent ce pays.

CONDETTE, vg. de Fr., Pas-de-Calais, arr. de Boulogne-sur-Mer, cant. et poste de Samer; 560 hab.

CONDILLAC, vg. de Fr., Drôme, arr. et poste de Montélimart, cant. de Marsanne; 200 hab.

CONDITCHIMI, île marécageuse de la Basse-Égypte, Afrique, dans le lac Blorus; ruines.

CONDOM, *Condomium Vasconum*, v. de Fr., Gers, chef-lieu d'arrondissement et à 9 l. N.-N.-O. d'Auch; siége d'un tribunal de première instance, d'une direction des contributions indirectes et d'une conservation des hypothèques. Elle est agréablement située dans une riante vallée arrosée par la Baïse, que l'on y passe sur deux ponts en pierre. L'église paroissiale, édifice gothique, la bourse, des boulevards plantés d'arbres, et quelques débris d'anciens monuments sont ce qu'il y a de plus remarquable dans cette ville; elle possède aussi un collége communal et une société d'agriculture. Fabr. de cotonnades; filat. de coton; blanchisseries de cire; tanneries; distilleries et fabr. de bouchons de liége, dont il s'y fait un commerce assez considérable, ainsi qu'en grains, vins, eaux-de-vie et farines. Foires: le mercredi quinze jours avant les Cendres, le lundi après Quasimodo, 30 juin et 25 novembre; 7100 hab.

Condom, ville principale de l'ancien Condomois, petit pays formant autrefois une lieutenance de roi, sous le gouv. de Guyenne et Gascogne, doit son origine à une abbaye fondée avant le neuvième siècle, et que le pape Jean XII érigea en évêché en 1317. C'est depuis cette époque que cette ville prit de l'accroissement et de l'importance. Condom a beaucoup souffert dans les troubles religieux du seizième siècle. L'illustre Bossuet fut évêque de Condom avant de passer à l'évêché de Meaux.

Cette ville est la patrie de Scipion Dupleix, historiographe de France; de Blaise de Monluc, maréchal de France (mort en 1577), et de Jean de Montluc, évêque de Valence (mort en 1579).

CONDOMINES, ham. de Fr., Tarn, com. de Nages; 180 hab.

CONDON, ham. de Fr., Ain, com. d'Andert; 190 hab.

CONDORCET, vg. de Fr., Drôme, arr., cant. et poste de Nyons; 750 hab.

CONDOROMA, vg. célèbre par ses riches mines d'or et d'argent, est situé dans une vallée de l'Apurimac et près des sources de ce fleuve, rép. du Pérou, dép. de Cuzco, prov. de Tinta.

CONDREN, vg. de Fr., Aisne, arr. de Laon, cant. et poste de Chauny; 400 hab.

CONDRIEU, *Condriacum*, pet. v. de Fr., Rhône, arr. de Lyon, cant. de Ste.-Colombe, poste; manufactures d'étoffes de soie; teintureries; raffineries de sel et tanneries; commerce de vins blancs, de grains et de bestiaux; 4000 hab.

CONE. *Voyez* COSNE.

CONÉGLIANO, *Conelianum*, pet. v. du

roy. Lombard-Vénitien, gouv. de Venise, délégation de Trévise, sur le Mutégo, dans une situation délicieuse, au pied d'une colline sur laquelle s'élèvent les ruines d'un ancien château fort (Colalto) et l'ancienne métropole; fabr. de draps et d'étoffes de soie; commerce, surtout en vins.

CONESTAGO, b. florissant des États-Unis de l'Amérique du Nord, état de Pensylvanie, comté de Lancastre, entre le Conestago et la Péquéa; 2000 hab.

CONESUL. *Voyez* ONTARIO (comté).

CONEWAGO (mont). *Voyez* LANCASTER (comté).

CONEWANGO (mont). *Voyez* PENSYLVANIE (état).

CONEY, pet. île dans la baie de New-York, au S. de l'état de ce nom, États-Unis de l'Amérique du Nord.

CONEY (le), riv. de Fr., a sa source dans le dép. des Vosges, arr. d'Épinal, cant. de Xertigny; elle sort d'un étang au N.-E. du village d'Uzemain, coule vers le S.-O., passe à Fontenois et se jette dans la Saône, vis-à-vis le Jussey, dans le dép. de la Haute-Saône, après 13 l. de cours; elle est flottable sur toute son étendue.

CONEY. *Voyez* DASSEN.

CONFÉDÉRATION GERMANIQUE. *Voyez* ALLEMAGNE.

CONFINS-MILITAIRES (*Militærgrænze*). Le gouv. des Confins militaires est un cordon de défense de l'emp. d'Autriche; il est divisé en 4 généralats: ceux de Slavonie, de Banat, de Transylvanie et le généralat réuni de Carlstadts-Warodin et du ban de Croatie, dont chacun est subdivisé en régiments. Cette province tire son nom de sa position à l'extrémité S.-E. de l'empire et de sa constitution militaire; son origine date du milieu du seizième siècle, époque où le roi Ferdinand céda de vastes terres, sur la frontière de la Croatie, à un grand nombre d'émigrés de la Turquie d'Europe, qui s'engageaient par là à veiller à la défense du pays. Les Confins militaires s'étendent le long de la frontière de l'emp. ottoman, depuis l'Adriatique jusqu'à la Gallicie et entourent la Hongrie, la Slavonie, la Croatie et la Transylvanie; leur superficie est de 863 l. c. géogr. avec 1,000,000 d'âmes.

CONFLANDEY, vg. de Fr., Haute-Saône, arr. de Vesoul, cant. et poste de Port-sur-Saône; forges; 510 hab.

CONFLANS, vg. de Fr., Loiret, arr., cant. et poste de Montargis; 220 hab.

CONFLANS, vg. de Fr., Moselle, arr., à 3 l. S. et poste de Briey, chef-lieu de canton; 425 hab.

CONFLANS, pet. v. de Fr., Haute-Saône, arr. de Lure, cant. de St.-Loup, poste de Luxeuil; 895 hab.; fabr. de chapeaux de paille et de sucre indigène.

CONFLANS, vg. de Fr., Sarthe, arr., cant. et poste de St.-Calais; 1160 hab.

CONFLANS, ham. de Fr., Seine, com. de Charenton-le-Pont, à 1 l. 1/4 S.-E. de Paris, sur la rive droite de la Seine; 100 hab. Il est célèbre par le traité conclu en 1465, entre Louis XI et le comte de Charolais, qui devint plus tard duc de Bourgogne, sous le nom de Charles-le-Téméraire. Ce traité mit fin à la guerre dite *du bien public*.

CONFLANS-SAINTE-HONORINE, vg. de Fr., Seine-et-Oise, arr. de Versailles, cant. de Poissy, poste de Pontoise; affinerie d'étain et de cuivre; fabr. de bronze, laiton, métal de cloches; 1530 hab.

CONFLANS-SUR-SEINE, vg. de Fr., Marne, arr. d'Épernay, cant. d'Anglure, poste de Pont-le-Roi; 660 hab.

CONFOLENS, pet. v. de Fr., Charente, chef-lieu d'arrondissement, à 15 l. N.-E. d'Angoulême; siège d'un tribunal de première instance et conservation des hypothèques; direction des contributions indirectes. Cette ville, située sur la rive droite de la Vienne, est généralement mal bâtie; la plupart de ses maisons sont construites en bois, et ses rues sont étroites et tortueuses. La tour carrée, reste de son ancien château, et le vieux pont sur la Vienne sont les monuments que l'on y remarque. Confolens a un collège communal, une société d'agriculture, un hôpital et une petite bibliothèque publique; commerce de grains, de bois merrain et de construction, et de bestiaux. Foires: le 23 août et le 12 de chaque mois; 2766 h.

CONFORT, ham. de Fr., Ain, com. de Lancrans; 240 hab.

CONFOULEUX, ham. de Fr., Aveyron, com. de Camarès; 180 hab.

CONFRANÇON, vg. de Fr., Ain, arr. et poste de Bourg-en-Bresse, cant. de Montrevel; 1320 hab.

CONFRANCOURT, vg. de Fr., Haute-Saône, arr. de Gray, cant. de Dampierre-sur-Salon, poste de Combeaufontaine; 810 h.

CONGARD (Saint-), vg. de Fr., Morbihan, arr. de Vannes, cant. de Rochefort-en-Terre, poste de Malestroy; 720 hab.

CONGARÉE. *Voyez* SANTÉE.

CONGÉ-DES-GUERETS, ham. de Fr., Sarthe, com. de Vivoin; 350 hab.

CONGENIES, vg. de Fr., Gard, arr. de Nîmes, com. de Sommière; 960 hab.

CONGERVILLE, vg. de Fr., Seine-et-Oise, arr. d'Étampes, cant. de Méréville, poste d'Angerville; fabr. de bonneterie; 160 hab.

CONGÉ-SUR-ORNE, vg. de Fr., Sarthe, arr. de Mamers, cant. de Marolles-les-Braux, poste de Beaumont-sur-Sarthe; 870 h.

CONGÉ-SUR-SARTHE, vg. de Fr., Orne, arr., cant. et poste d'Alençon; 210 hab.

CONGIS, vg. de Fr., Seine-et-Marne, arr. de Meaux, cant. de Lagny, poste de Lizy; 160 hab.

CONGLETON, *Congletonium*, pet. v. d'Angleterre, comté de Chester, sur la Dane; fabr. de rubans de soie, de coton, de cuir et de gants; 5000 hab.

CONGO ou BASSE GUINÉE, NIGRITIE MÉ-

RIDIONALE, vaste région de l'Afrique occidentale et centrale; elle s'étend du N. au S. depuis la Haute-Guinée et le désert éthiopien jusqu'à la Cimbébasie et le plateau élevé et désert situé à l'O. du Monomotapa, et de l'O. à E. depuis la mer d'Éthiopie jusqu'aux sources présumées du Coango et du Coanza. Elle est divisée en un grand nombre d'états indépendants, dont plusieurs se composent d'une foule de petits territoires vassaux; les pays soumis aux Portugais ne comprennent que les deux roy. d'Angola et de Benguela avec leurs dépendances, qui consistent en quelques petits forts sur le territoire du roy. de Congo et d'autres états moins considérables, ainsi que dans quelques loges, situées à de grandes distances dans l'intérieur. Ces deux royaumes forment la grande province ou la capitainerie-générale d'Angola et de Congo. De vastes espaces de terrains entièrement déserts et des peuplades tout à fait indépendantes séparent les petits cantons de l'intérieur, habités par des peuples réellement soumis aux Portugais. Le long des côtes le sol est plat, entrecoupé de beaucoup de rivières et marécageux; les hautes montagnes sont au N.-E. et à l'E.; le Pic-Muria, au N. du Coanza et à 60 l. de la côte, a, selon Douville, 14,000 pieds de hauteur; chaleurs excessives durant le jour, nuits fraîches; grande fertilité et végétation superbe; blé, riz, maïs, millet, yams, manioc, ananas, fruits du sud, coton, canne à sucre, poivre, gingembre, tabac, indigo, etc.; mines d'argent, de cuivre, de fer; marbre, porphyre, granit; salines; chevaux et ânes, importés par les Portugais; gros bétail, chèvres, brebis, singes en grand nombre, civettes, chakals, chats tigrés sauvages, léopards, antilopes, buffles, rhinocéros, crocodiles, serpents, poissons, abeilles; commerce assez considérable d'esclaves, d'ivoire et de bois de teinture. Habitants nègres, professant pour la plupart le fétichisme.

CONGO, roy. de la Basse-Guinée, Afrique, borné au O. par le Zaïre et le Sogno, à l'E. par les roy. de Cancobella et de Holoho ou par le roy. d'Angola, et à l'O. par l'Océan Atlantique. Quoique affaibli par les guerres civiles et par la perte de plusieurs de ses provinces orientales, cet état paraît encore un des plus importants de toute cette partie de l'Afrique. Les renseignements donnés par M. d'Etourville et ceux recueillis par M. Balbi s'accordent à étendre l'influence politique du roi de Congo beaucoup plus à l'E. qu'on ne le suppose généralement. Bamba ou Pamba, Sundi, Pango, Batta, Pemba et une partie de Sogno sont les principaux pays et les moins imparfaitement connus qui en dépendent encore. On doit y ajouter, d'après M. Douville, le pays de Mossosos, dont la capitale est Hialala, petite ville de 1200 habitants. Les Portugais exercèrent autrefois une grande influence sur ce royaume, grâce à leurs missionnaires, qui étaient parvenus à convertir au christianisme une grande partie des habitants. Mais depuis longtemps cet état, qu'ils regardent comme leur vassal, est de fait indépendant, quoique beaucoup de géographes le rangent encore parmi les provinces de la monarchie portugaise. Banza-Congo ou San-Salvador est la résidence du roi. *Voyez* BANZA-CONGO.

CONGRELAL. *Voyez* NICARAGUA (lac).

CONGRENOS, b. de l'île de Porto-Rico, juridiction de San-Juan. Dans ses environs se trouve le lac salant et très-poissoneux de Congrenos; 1200 hab.

CONGRENOS, riv. de l'île de Porto-Rico, s'embouche dans l'Océan au N. de l'île.

CONGRESS-SPRING. *Voyez* SARATOGA (ville).

CONGRIER, vg. de Fr., Mayenne, arr. de Château-Gontier, cant. de St.-Aignan-sur-Roé, poste de Craon; 990 hab.

CONGY, vg. de Fr., Marne, arr. d'Épernay, cant. de Montmort, poste d'Étoges; commerce de grains; 650 hab.

CONI ou CUNÉO, *Coneum, Concjum*, v. et chef-lieu d'une intendance-générale ou division militaire de même nom, roy. de Sardaigne, à 14 l. de Turin et à 216 l. S.-E. de Paris. Elle est située près du confluent de la Stura et du Gesso, et était autrefois fortifiée; elle est le siége d'un évêché et a un commerce assez actif, surtout pendant ses deux foires. Sa pop. est de 18,000 hab.

CONIE, vg. de Fr., Eure-et-Loir, arr., cant. et poste de Châteaudun; 470 hab.

CONIL, riv. de la confédération mexicaine, état d'Yucatan, coule vers le N. et se décharge dans le golfe du Mexique. A 400 mètres de son embouchure, au milieu de la mer, jaillissent les sources d'eau douce, appelées *Boccas-de-Conil*.

CONIL, pet. port d'Espagne, dans l'Andalousie, roy. de Séville, à 8 l. de Cadix; 3000 hab., vivant principalement de la pêche.

CONILHAC-DE-LA-MONTAGNE, vg. de Fr., Aude, arr. de Limoux, cant. et poste de Couiza; 120 hab.

CONILHAC-DU-PLAT-PAYS, vg. de Fr., Aude, arr. de Narbonne, cant. et poste de Lézignan; 480 hab.

CONISTON-MEER, lac d'Angleterre, comté de Lancastre; il attire dans la belle saison un grand nombre de voyageurs, qui s'y rendent pour jouir de ses charmants environs.

CONITZ, *Choinitia*, v. de Prusse, chef-lieu du cercle de même nom, rég. de Marienwerder; autrefois riche et bien peuplée, n'a plus aujourd'hui que 3100 hab. Elle possède deux églises protestantes, une église, un gymnase catholique et un hôpital; des manufactures de draps, de toiles et de couleurs, des distilleries et des brasseries.

Conitz fut pris, en 1310, par les chevaliers teutoniques; en 1454 les Polonais y furent défaits par les Allemands; en 1466 les Polonais s'en emparèrent et la démolirent en partie; elle tomba au pouvoir du genéral allemand Schomberg, venu au secours d'Albert, duc de Prusse, en 1520; conquise par les Suédois, en 1655, Jean Casimir, roi de Pologne, la reprit en 1656.

CONJOHAJON, fl. de l'emp. du Brésil, prov. de Rio-Grande-do-Norte, coule du S.-O. au N.-E. et s'embouche dans la baie de San-Marcos.

CONLIE, b. de Fr., Sarthe, arr. et à 5 1/2 l. E.-N.-E. du Mans, chef-lieu de canton et poste; fabr. de toiles, de canevas; blanchisseries de fil; tanneries; 1665 hab.

CONLIÈGE, b. de Fr., Jura, arr., à 2 l. S.-E. et poste de Lons-le-Saulnier, chef-lieu de canton; 1225 hab.

CONNAGE, vg. de Fr., Ardennes, arr. et poste de Sedan, cant. de Raucourt; 240 hab.

CONNAN (Saint-), vg. de Fr., Côtes-du-Nord, arr. de Guingamp, cant. de Bothoa, poste de Plésidy; 870 hab.

CONNANGLES, vg. de Fr., Haute-Loire, arr. de Brioude, cant. et poste de la Chaise-Dieu; 860 hab.

CONNANTRAY, vg. de Fr., Marne, arr. d'Épernay, cant. et poste de Fère-Champenoise; 270 hab.

CONNANTRE, vg. de Fr., Marne, arr. d'Épernay, cant. et poste de Fère-Champenoise; 580 hab.

CONNAUGHT, prov. d'Irlande, la moins peuplée et la plus pauvre de toute l'Irlande dont elle fait la partie occidentale; elle forme 5 comtés : Galway, Majo, Sligo, Leitrim et Roscommon.

CONNAUX, vg. de Fr., Gard, arr. d'Uzès, cant. et poste de Bagnols; 1010 hab.

CONNEC (Saint-), vg. de Fr., Côtes-du-Nord, arr. de Loudéac, cant. de Mur, poste d'Uzel; 580 hab.

CONNECTICUT, fl. considérable des Etats-Unis de l'Amérique du Nord; il naît d'un marais, au pied des Sunday-Hills, sur la frontière du Bas-Canada, sous 45° 5′ lat. N. Il coule du N. au S., sépare l'état de New-Hampshire de celui de Vermont et traverse les états de Massachusetts et de Connecticut. Il baigne Windsor dans le Vermont, Springfield dans le Massachusetts, Hartford dans le Connecticut, fait dans sa partie supérieure plusieurs chutes très-considérables qu'on évite au moyen de canaux dont les plus importants sont : le Millers-Fall-Canal, les deux canaux de Hadley et le Willmanset-Canal, et se jette dans le bras de mer, nommé Long-Island-Sound, formé par le Long-Island et la côte du New-York et du Connecticut. La longueur de tout son cours est de 160 à 170 l.; les vaisseaux marchands peuvent le remonter jusqu'à Hartford, à 15 l. de son embouchure. Ses affluents sont peu considérables; nous n'en citons que le Mohawk, le Johns, le Sugar, l'Ashuélot, le Black, le Broad et le Chicapée.

CONNECTICUT, état de la confédération des États-Unis de l'Amérique du Nord. Il est borné par les états de New-York, de Massachusetts, de Rhode-Island et par l'Océan, qui y forme le Long-Island-Sound. Il s'étend du 41° 2′ au 42° lat. N., et a une superficie de 243 l. c. géogr., avec une population de 312,000 âmes.

Ce pays tire son nom du fleuve qui le traverse du N. au S. et que les Indiens appellent Quonectiquot (grand fleuve). Ses côtes ont été découvertes par les Hollandais, en même temps que celles du Rhode-Island; ils lui donnèrent (1609) le nom de *Nieuwe-Holland* et appelèrent le Connecticut *Varsche-Rivier*. En 1623, ils fondèrent à l'endroit où s'élève aujourd'hui la ville de Hartford le fort de Goede-Hoop (la bonne espérance), sans y mener des colons. Par contre les Anglais essayèrent, en 1633, de fonder un établissement sur le Little-River, où ils élevèrent un fort en bois, après avoir acheté des Indiens le district environnant, et en 1634 ils établirent la première plantation à l'embouchure du même fleuve. Alors les Hollandais se virent forcés de renoncer à leur droit de découverte sur le Connecticut, et la colonie naissante reçut en 1664 ses premières lettres de franchise, après que les deux plantations de Connecticut et de New-Haven se furent réunies.

Le Connecticut forme une terrasse qui des Alleghanys s'incline vers la mer, dont les côtes très-basses sont presque partout abordables. Le pays se divise en trois vallées, formées par des chaines de collines qui longent les trois grands cours d'eau de l'état. Ces collines, appelées *montagnes de l'Ouest*, sont une continuation des montagnes Vertes. Le Taghconnue s'élève sur la frontière O. et accompagne le cours du Housatonic. Parmi les monts de l'intérieur nous citons les monts de Middletown et les Chain-Hills. Toutes ces montagnes sont bien boisées. Les plus grands fleuves qui arrosent cet état sont: le Connecticut, le Thames à l'E. et le Stratford ou Derby à l'O. du Connecticut. Le sol très-gras de ce pays est d'une grande fertilité et produit du blé, du maïs, des pommes de terre, du chanvre, du lin, du tabac, des légumes, du houblon et des fruits délicieux. L'éducation du bétail est très-soignée et la viande, ainsi que le beurre du Connecticut, sont recherchés.

L'exploitation des mines de fer, surtout dans le comté de Lichtfield, est très-considérable. Le climat est sain et agréable, la fièvre jaune ne s'y montre que rarement. L'industrie manufacturière est très-développée dans cet état, et son commerce, favorisé par la situation du pays, par ses bonnes routes, ses canaux et ses grands fleuves, est très-important, il consiste dans l'exportation de bois, de fer, d'acier, de beurre, de viande salée, de tissus de laine et de coton, de cidre, etc., et dans l'importation de riz, d'indigo et d'autres productions coloniales.

L'état, purement démocratique, envoie au congrès deux sénateurs et six députés. Les cours supérieures de justice siégent deux fois par an dans chaque comté, et les tribunaux d'arrondissement se tiennent alternativement à New-Haven et à Hartford. Le Connecticut est un des états de l'Union où l'instruction est le plus répandue. Chaque chef-lieu de comté renferme une académie, et il n'y a pas de commune qui n'ait une ou plusieurs écoles. Depuis 1799 l'état possède une société des sciences et des arts; il y a aussi une société de médecine et à Hartford un institut des sourds et muets.

Le Connecticut est divisé en 8 comtés.

CONNÉCUH, fl. des États-Unis de l'Amérique du Nord; il se forme de deux branches dans le comté de Pike, état d'Alabama; il coule vers le S.-O., baigne le fort Crawford, où il reçoit le Mudder, entre dans le territoire de la Floride dont il arrose la partie occidentale, et se jette par une large embouchure dans la baie de Pensacola, après un cours de 50 à 60 l.

CONNÉCUH, comté de l'état d'Alabama, États-Unis de l'Amérique du Nord; il est borné par les comtés de Butler, de Covington, de Baldwin, de Monroé et par le territoire de la Floride. Le Connécuh, qui y reçoit le Mudder et l'Escamba, est le principal cours d'eau de ce pays. Sparta, sur le Mudder, avec une poste, est le chef-lieu du comté; 7000 hab.

CONNE-DE-LABARDE, vg. de Fr., Dordogne, arr. de Bergerac, cant. et poste d'Issigeac; 520 hab.

CONNÉE. *Voyez* MARTIN-DE-CONNÉE (Saint-).

CONNELLES, vg. de Fr., Eure, arr. de Louviers, cant. de Pont-de-l'Arche, poste de Notre-Dame-du-Vaudreuil; 230 hab.

CONNELSVILLE, b. très-florissant des États-Unis de l'Amérique du Nord, état de Pensylvanie, comté de Fayette, sur l'Yoxhiogon, poste; marchés très-fréquentés, navigation, commerce, forges, papeteries; 2200 hab.

CONNERRÉ, b. de Fr., Sarthe, arr. du Mans, cant. de Montfort, poste; fabr. de grosses toiles; monument druidique très-curieux; 1500 hab.

CONNERVILLE. *Voyez* FAYETTE (comté).

CONNEZAC, vg. de Fr., Dordogne, arr., cant. et poste de Nontron; 360 hab.

CONNIGIS, vg. de Fr., Aisne, arr. et poste de Château-Thierry, cant. de Condé-en-Brie; 270 hab.

CONNOIRE, baie sur la côte méridionale de l'île de Terre-Neuve.

CONQUAMAK (lac). *Voyez* HARTFORD (comté).

CONQUEREUIL, vg. de Fr., Loire-Inférieure, arr. de Savenay, cant. de Guéméné, poste de Derval; 850 hab.

CONQUES, b. de Fr., Aude, arr., à 2 l. N.-N.-E. et poste de Carcassonne, chef-lieu de canton. Ce bourg très-industrieux est situé sur l'Orbiel qui fait mouvoir des usines employées à la fabrication des draps; filat. de laines; commerce en céréales, vins et fourrages; 1745 hab.

CONQUES, pet. v. de Fr., Aveyron, arr. et à 5 l. N. de Rhodez, chef-lieu de canton, poste d'Entraygues; bons vins; 1365 hab.

CONQUET (le), pet. v. de Fr., Finistère, arr. et à 5 l. O. de Brest, cant. et poste de St.-Renan. Elle est située près de l'Océan, et possède un port qui ne peut recevoir que de petits bâtiments; mais dont la rade est sûre; 1280 hab.

CONQUEYRAC, vg. de Fr., Gard, arr. du Vigan, cant. et poste de St.-Hippolyte; 130 hab.

CONROT. *Voyez* COLROY-LA-ROCHE.

CONSECA ou CONSOUA, COUSCEA, v. de la Haute-Guinée, Afrique, sur la côte de Sierra-Leone, près de la source du Cap-Mount et à 20 l. N.-E. de Baya; 20,000 hab.

CONSÉGUDES, vg. de Fr., Var, arr. de Grasse, cant. de Coursegoules, poste de Vence; 270 hab.

CONSELVE, b. du roy. Lombard-Vénitien, gouv. de Venise, délégation de Padoue; fabrication de salpêtre; commerce considérable; 4000 hab.

CONSENVAYE, vg. de Fr., Meuse, arr. de Montmédy, cant. de Montfaucon, poste de Damvillers; 860 hab.

CONSIGNY, vg. de Fr., Haute-Marne, arr. de Chaumont-en-Bassigny, cant. et poste d'Andelot; fabr. de limes; 335 hab.

CONS-LA-GRANDVILLE, vg. de Fr., Ardennes, arr., cant. et poste de Mézières; 806 hab.

CONS-LA-GRANDVILLE, vg. de Fr., Moselle, arr. de Briey, cant. et poste de Longuyon; forges, filat. de laines et foulerie; 790 hab.

CONSOLACION (Cabo-de-la-) ou CABO-DE-SAN-AGOSTINHO, promontoire à l'E. de la prov. de Pernambuco, emp. du Brésil, sous 8° 38′ lat. S. Il fut découvert par Pinzon, le 26 janvier 1500. Ce promontoire forme l'extrémité orientale du Brésil et de toute l'Amérique méridionale.

CONSOLRE. *Voyez* COUSOLRE.

CONSONVRES. *Voyez* MALLEFOUGARRE.

CONSORCE (Saint-), vg. de Fr., Rhône, arr. de Lyon, cant. et poste de Vaugneray; 640 hab.

CONSTADT, pet. v. de Prusse, rég. d'Oppeln, cer. de Kreutzbourg; 1500 hab.

CONSTANCE (le lac de), en allemand *Bodensee* et qui portait anciennement les noms de *Lacus Rheni*, *Acronius* ou *Brigantinus*, appartient en partie à la Suisse et en partie à l'Allemagne; il s'étend entre l'Autriche, les roy. de Bavière et de Wurtemberg, le grand-duché de Bade, les cant. de St.-Gall, de Thurgovie et enfin, sur une très-petite étendue, du cant. de Schaffhouse. Sa plus grande longueur, depuis Bregenz jusqu'au fond de la baie de Bodmen, est de 32,200 toises; sa plus grande largeur, d'Arben à Lindau, est de 9000 toises. Il est élevé de 1250 pieds au-dessus du niveau de la mer, et sa plus grande profondeur, entre Bregenz et Lindau, est de 2208 pieds. Ce lac reçoit au S.-E. les eaux du Rhin, de l'Aach et de la Bregenz qui y apportent une grande quantité de sable et de limon; le Rhin en ressort à l'E. Il forme surtout au N.-O. deux grands enfoncements qui portent les noms d'Ueberlinger-See et d'Unter-See. Les eaux du lac de Constance offrent une espèce de flux et de reflux semblable aux seiches sur le lac de Genève, et qu'on appelle le Nahs; il est souvent couvert, en hiver, au printemps et en automne, de brouillards tellement épais qu'on ne peut s'y diriger sans boussole. Les bords du lac de Constance présentent un aspect ravissant. Les villes, les villages, les vignobles, les plaines, les vertes collines et les rochers y forment les tableaux les plus enchanteurs et les plus variés. Dans les deux golfes qu'il forme au N.-O. se trouvent les deux charmantes îles de Reichenau et de Meinau, appartenant au grand-duché de Bade, et la ville bavaroise de Lindau, bâtie sur trois petites îles réunies au continent par un pont de 300 pieds de longueur. Le lac de Constance est très-poissonneux.

CONSTANCE, aussi appelée COSTNITZ, *Constantia*, v. du grand-duché de Bade, chef-lieu du cer. du Lac, est une ville bien bâtie, avec trois faubourgs, entourée d'anciennes fortifications et située dans une contrée charmante, sur le bord S.-E. du lac de Constance, à l'endroit où le Rhin en sort pour entrer dans l'Unter-See. Elle est le siège d'un évêché et possède un lycée, un couvent, plusieurs fabriques, un port sur le lac et fait un assez grand commerce; sa population est de 5600 habitants, dont une grande partie sont commerçants ou bateliers. Un pont réunit à la ville le faubourg de Petershausen, situé sur la rive droite du Rhin, ancien couvent qui est devenu un palais du grand-duc. Les 315 habitants du faubourg Paradies font un commerce étendu de leurs légumes avec la Souabe et la Suisse. On remarque surtout parmi les édifices de Constance, la cathédrale, remarquable par son ancienneté et en particulier par son maître-autel; l'église de l'ancien couvent des dominicains, dans lequel on montre encore la prison de Jean Huss; la maison d'entrepôt des marchandises, où, pendant le concile de Constance, le conclave des cardinaux se réunit pour l'élection d'un nouveau pape.

Cette ville a été fondée par les Romains, au commencement du quatrième siècle. C'est dans ses murs que se tint, de 1414 à 1418, le fameux concile qui condamna à mort Jean Huss et son ami Jérôme de Prague. Sur son refus de souscrire à l'intérim, Charle-Quint s'en empara en 1548, et la rendit dépendante de sa maison. L'évêque de Constance, sans avoir de domination sur la ville, posséda longtemps plus de cent bourgs et villages sur les deux côtés du lac de Constance; il était allié des Suisses.

CONSTANCIA. *Voyez* LUCKNOW.

CONSTANS, ham. de Fr., Lot, com. de Larroc-des-Arcs; 150 hab.

CONSTANS (les), ham. de Fr., Lot-et-Garonne, com. de St.-Martin-les-Castons; 190 hab.

CONSTANT (Saint-), b. de Fr., Cantal, arr. d'Aurillac, cant. et poste de Maurs; 1820 hab.

CONSTANT (Saint-), vg. de Fr., Charente, arr. d'Angoulême, cant. et poste de la Rochefoucauld; 180 hab.

CONSTANTIA. *Voyez* BERNARD (Saint-), paroisse.

CONSTANTIA, gros vg. non loin et au S. du Cap, Afrique anglaise australe; remarquable par ses vins, les plus renommés du globe après celui de Tokay.

CONSTANTIN (le), ham. de Fr., Isère, com. de Chavanoz; 150 hab.

CONSTANTINA, b. d'Espagne, Andalousie, roy., dist. et à 17 l. de Séville; remarquable par ses riches mines de plomb.

CONSTANTINE, la *Constantina* des indigènes, la *Cirta* des anciens, capitale de la province ou beylik de ce nom, est située à l'E. de l'Algérie, au milieu des contreforts de l'Atlas et bâtie en amphithéâtre, sur le penchant d'un rocher de granit s'élevant vers le N.-O., dans une presqu'île formée par l'Oued-Rummel (rivière de sable) ou Soufegmar, et dominée par la montagne El-Mansoura, dont elle est séparée par une grande anfractuosité où coulent les eaux du Rummel. Cette rivière sort, près de la partie supérieure de la ville, d'un souterrain qu'elle s'est creusé et se précipite par une chute de 5 à 600 pieds. Du côté du Mansoura, un pont romain joint ses bords escarpés à la porte d'El-Cantara. Ce pont, restauré en 1793, a 150 pieds d'élévation et se compose, comme le pont du Gard, de trois galeries superposées; il est orné d'un bas-relief curieux. On trouve encore beaucoup de restes d'antiquités romaines à Constantine et dans son voisinage; mais il n'existe plus de vestige du bel arc de triomphe cité par le voyageur Schaw. La ville de Constantine a le même caractère que les autres villes de la Barbarie; les maisons, sans fenêtres extérieures, augmentent, par la nudité de leurs façades, la tristesse des rues sombres, tortueuses et étroites; à l'intérieur beaucoup de cours sont entourées de colonnades; mais au lieu de belles terrasses, les maisons sont surmontées de toits couverts en tuiles de couleur grise, sur lesquelles se détachent les nombreux minarets blancs des mosquées; des cyprès s'élancent de tous côtés et des cactus couvrent les saillants du rocher sur lequel la ville est assise. Le palais de l'exbey est situé au milieu de la ville, son aspect extérieur est misérable ; mais l'intérieur est magnifique et renferme quatre grandes cours, qui se lient entre elles par des colonnades ; l'architecture, les ornements, la fontaine et le grand bassin qui remplit l'une des cours ; des parterres plantés d'orangers, de citronniers, de figuiers et de jasmins, ont un caractère tout oriental. La Casbah ou citadelle couronne le rocher à l'endroit des plus forts escarpements et commande la ville ; les mosquées et autres édifices publics n'offrent rien de remarquable. Constantine compte environ 1700 maisons ; avant la conquête française sa population s'élevait à 30,000 habitants, Maures, Coulouglis et Juifs.

Constantine, l'ancienne capitale de la Numidie, patrie de Massinissa et de Jugurtha, avait été presque détruite par un siége et de longues guerres ; elle fut reconstruite et embellie par l'empereur Constantin, qui lui donna son nom. Au septième siècle, les hordes mahométanes et arabes s'en emparèrent et l'isolèrent complètement de l'Europe chrétienne ; pendant plus de mille ans la capitale de Massinissa resta une ville fabuleuse ; le savant Anglais Schaw, qui parcourut, de 1720 à 1732, les états barbaresques, la visita et en reparla pour la première fois. Lors de la conquête de l'Algérie, Constantine était le chef-lieu d'un beylik ; le bey Achmet refusa de se soumettre à la France ; une première expédition dirigée contre lui, en novembre 1836, échoua par le manque de grosse artillerie, nécessaire pour entamer cette ville, aussi bien fortifiée par l'art que par la nature, et plus encore par une tempête horrible qui ne cessa de régner pendant tout le cours de la campagne. Une seconde expédition partit le 1er octobre 1837 du camp de Merdjez-el-Ammas ; le 6 on s'empara des approches de Constantine, les batteries furent établies malgré une pluie continuelle, qui faisait manquer le sol sous les pieds de nos soldats et changeait les bivouacs en mares de boue. La brèche fut ouverte le 11, praticable le 12, et le 13 au matin la ville fut emportée d'assaut, malgré la vive résistance de ses défenseurs. Beaucoup de braves payèrent de leur vie ce glorieux fait d'armes : le général en chef Damremont avait été tué la veille ; le général Perregaux blessé à mort ; l'héroïque Combes emporta de la brèche les blessures qui mirent fin à une vie toute dévouée à son pays.

CONSTANTINOPLE, anciennement Byzance, appelé par les Turcs tantôt Costantinié, tantôt Islamboul ou Stamboul, c'est-à-dire ville de l'islamisme, est la capitale de l'empire ottoman et de la prov. de Romanie ; elle se trouve sous 26° 35′ de long. orient. et 41° 1′ de lat. sept., et est située dans une position charmante, sur le détroit qui sépare l'Europe de l'Asie, entre la mer Noire et la mer de Marmara, à 650 l. E.-S.E.

de Paris. Son port, formé par un golfe du canal de Constantinople et que les Turcs nomment la *Corne dorée*, est aussi vaste que commode. Au-delà du port sont les chantiers de construction, l'arsenal, les faubourgs de Péra et de Galata ; la ville elle-même s'avance en triangle d'un aspect très-imposant, sur une langue de terre et vis-à-vis, sur la côte d'Asie est Scutari, que l'on peut aussi considérer comme un de ses faubourgs.

Les rues de Constantinople sont sales et étroites ; ses maisons, au nombre d'environ 88,000, sont pour la plupart construites en bois et fort basses. Les incendies sont très-fréquents et y sont parfois un signe de mécontentement du peuple ; en 1826 six mille maisons devinrent la proie des flammes, et en 1831 le faubourg de Péra fut presque entièrement consumé. A ce fléau il faut joindre celui de la peste, qui revient presque annuellement, et contre lequel la croyance au fatalisme et l'apathie des musulmans n'ont encore pris, en quelque sorte, aucunes mesures de prévoyance. Constantinople renferme 344 mosquées, qui contribuent beaucoup à lui donner un aspect très-pittoresque, et parmi lesquelles se trouvent les plus beaux édifices de la ville : 14 sont des djamis ou mosquées impériales, c'est-à-dire qu'elles ont été fondées par des sultans ou des sultanes ; un grand nombre aussi étaient d'anciennes églises grecques. La principale est Ste.-Sophie, *Aia Sophia*, église fondée en 532 par l'empereur Justinien, et qui fut convertie en mosquée par Mahomet II ; sa coupole surtout est très-remarquable. Après elle nous devons citer la mosquée de Mahomet II, construite sur le terrain et avec les ruines de l'église des Saints-Apôtres ; celle de la sultane Validé, supportée par des colonnes tirées pour la plupart des ruines d'Alexandrie-Troas ; celles des sultans Achmet 1er, sultan Soleyman et sultan Osman, etc. C'est dans la mosquée d'Ayoub, située dans le faubourg qui porte le même nom, en l'honneur d'Abou-Ayoub, un des compagnons de Mahomet, tué au premier siége de Constantinople, en 668, que l'on garde l'oriflamme et les autres reliques du prophète, et que les sultans, à leur avénement au trône, vont ceindre le sabre impérial. La plupart des mosquées sont situées sur des hauteurs ou au moins isolées, entourées d'arbres et de jardins, et de parvis avec des fontaines qui servent pour les ablutions. Aux grandes mosquées sont annexés des mektels ou écoles d'écriture et de lecture ; des colléges ou medressés, dans lesquels on enseigne la logique, le droit et la théologie ; des bibliothèques, des hôpitaux et des maisons où l'on distribue des aliments aux indigents : elles reçoivent des legs et possèdent des richesses considérables. Péra renferme un célèbre couvent appartenant aux derviches ; le beau couvent de Meulevis dans le faubourg de Galata, appartient aux Sotis.

Les Grecs ont à Constantinople quelques églises, dont la principale est appelée Patriarcale ; la principale église des Arméniens est celle de Saint-Georges. Le sérail ou le palais du Grand-Seigneur, bâti par Mahomet II, est en quelque sorte une ville à part. Il est situé à l'extrémité orientale de la ville, dont il est séparé par de hautes murailles et baigné de trois côtés par la mer ; il se compose de trois cours, de nombreux bâtiments, mosquées, jardins, bains, etc., et l'on estime qu'il renferme environ 10,000 âmes ; il contient entre autres le harem, le trésor des sultans et le seul hôtel des monnaies qui soit dans l'empire. La principale de ses trois portes est la porte Auguste ou Sublime, et c'est d'elle qu'est venu le nom de *Porte* pour désigner le palais lui-même, puis la cour impériale.

Nous devons citer ensuite la place publique nommée At-Meidan ; l'ancien hyppodrome, où les jeunes Turcs s'exercent à l'équitation, et où se trouvent encore trois monuments antiques : l'obélisque de Thèbes, en granit, haut de 60 pieds ; la colonne Serpentine, formée de trois serpents entrelacés, dont les têtes sont brisées, et qu'on croit avoir supporté le fameux trépied offert au temple de Delphes par les Grecs vainqueurs à Platée ; la colonne de bronze, réparée et dorée par l'empereur Constantin-Porphyrogénète : cette place a 500 pieds de longueur et 300 de largeur. Celle de Top-kana mérite d'être nommée ensuite, surtout pour la magnifique fontaine qui la décore. Trois cents édifices de bains sont disséminés dans la ville : on sait combien les Orientaux en font un fréquent usage. Constantinople renferme encore d'autres monuments antiques remarquables, outre ceux qui ont été nommés jusqu'ici, et, parmi eux, les aqueducs ont été souvent l'objet des investigations des savants. Ainsi que la plupart des citernes, les uns remontent au temps de Constantin, d'autres sont l'œuvre des chefs du Bas-Empire, d'autres des sultans : les principaux sont l'aqueduc de Valens, la citerne des mille et une colonnes, l'aqueduc de Justinien. Viennent ensuite la colonne historique, représentant les exploits de l'empereur Arcadius ; les restes du palais des Blaquernes, et la colonne brûlée, dont les débris ont encore près de 90 pieds de hauteur.

Défendue déjà par l'étendue de son enceinte, Constantinople est entourée d'un double mur bordé par des fossés et flanqué de tours, et qui pourrait offrir une assez longue défense. Le château fort des Sept-Tours, dont trois tours ont été renversées par des tremblements de terre, est situé au bord de la mer, à l'angle méridional de la ville ; il sert en même temps de prison d'état. Constantinople renferme plusieurs casernes remarquables par leur beauté ; celles de Daoud-Pacha et Ramis-Tchifflick, hors de son enceinte, sont des camps retranchés. Du côté opposé à la ville, le long du bras qui forme le port sont : les arsenaux, les chantiers de construction, tout le matériel de la marine ; le top-khana (c'est-à-dire dépôt de l'artillerie) contient, outre un arsenal, une manufacture de fusils, de bombes et de canons.

Outre les écoles primaires, qui sont au nombre de 1255, des colléges, dans lesquels 1600 jeunes gens suivent des cours gratuits et dans quelques-uns desquels se confèrent les grades académiques, le sultan actuel a fondé une école de mathématiques, une école militaire, une école de navigation et une école de médecine. Il y a environ 40 bibliothèques publiques, où se trouvent les principaux ouvrages de l'Orient, mais dont chacune, à la vérité, ne possède guère plus de 2000 volumes. Une imprimerie arabe, persane et turque, créée pour la première fois en 1724, restaurée en 1784, après une longue interruption, se trouve à Scutari.

Le commerce d'une ville aussi vaste que Constantinople et jouissant d'une situation aussi avantageuse, serait immense, si les Turcs étaient un peuple moins apathique ; il est néanmoins très-considérable. Un grand nombre de marchés ou de bazarssont remplis de tout ce que l'Orient offre de plus précieux, de toutes les richesses qui ont survécu à la ruine de l'ancien empire ou qui ont été retirées de ses décombres ; les trésors renfermés dans ces bâtiments sont particulièrement confiés à la bonne foi musulmane, et l'on y renferme fort souvent les biens des voyageurs, des orphelins ou des mineurs. Il y a, en outre des khans, des espèces d'hôtelleries pour les négociants, et dans lesquelles se traitent de nombreuses affaires, et des caravansérails, dans lesquels séjournent les caravanes et où elles déposent leurs marchandises ; mais un lieu dont l'aspect est pénible pour les Européens, c'est le marché aux esclaves. Le commerce d'exportation consiste en laine, cuirs, maroquins, peaux de chamois, cire, alun, mastic, poil de chèvre, coton et bois ; on importe surtout des étoffes de soie, des draps, du sucre, du camphre, de la cochenille, des épiceries, du fer, du plomb, du laiton, du mercure, de l'or et de l'argent. Différentes confessions chrétiennes et la religion juive sont représentées auprès de la Porte par des chefs particuliers ; les Arméniens schismatiques, ainsi que les Arméniens catholiques, y ont un archevêque ; les Grecs, un patriarche œcuménique, avec un synode de 12 évêques ; le pape nomme aussi un patriarche de Constantinople, pour lequel un évêque *in partibus* réside à Péra, comme son vicaire-général ; les juifs, enfin, ont un chef religieux dans le khakambaschi.

Constantinople possède plusieurs grands faubourgs détachés de la ville : à l'O. et vers le fond du port est celui d'Ayoub, que nous avons déjà nommé en parlant de la mosquée de ce nom ; de l'autre côté du port se trouvent les faubourgs de Péra et de Galata ; ce dernier, fondé en 1281 par des Génois, est particulièrement le séjour des négociants. Péra, bâti sur une élévation qui domine le Bosphore, le port et le sérail, est le seul quartier que les chrétiens puissent habiter; il renferme les palais des ambassadeurs de l'Europe. Plus loin que ces deux derniers est le faubourg de St.-Démétrie, habité par des Grecs. Enfin, celui de Scutari, sur la côte d'Asie, occupe la place de l'ancienne Chrysopolis, et est surtout remarquable par un vaste et beau cimetière, où se font enterrer les riches habitants de Constantinople. Les environs de Constantinople offrent peu de promenades et l'intérieur de la ville est d'un aspect extrêmement triste : le silence y règne presque continuellement et les portes se ferment une heure après le coucher du soleil. Les Turcs sont d'un caractère sérieux, tranquille et sédentaire ou plutôt apathique ; leur récréation la plus chère c'est de fumer, de prendre le café ou le sorbet, ou d'avaler de l'opium, accroupis dans les nombreux cafés ou dans les thériaki-khanehs (boutiques où l'on vend de l'opium). Quant à la population de la capitale de l'emp. ottoman, nous trouvons à cet égard dans les récits des voyageurs les données les plus divergentes, et on ne peut que l'évaluer d'une manière très-approximative : elle s'élève à environ 600,000 hab.

Constantinople a reçu son nom de Constantin-le-Grand, qui la fonda, vers l'an 320 après J.-C., sur les ruines de l'ancienne Byzance, et qui y transféra le siége de l'empire romain. Après la séparation en deux empires, elle demeura encore pendant 1058 ans la capitale de l'empire d'Orient, appelé plus tard empire grec ou empire byzantin. Nous ne pouvons, sans dépasser les bornes qui nous sont tracées, indiquer les nombreuses révolutions dont elle fut le théâtre, toutes les guerres extérieures qu'elle eut à soutenir, ses luttes avec les barbares et les fréquentes guerres intestines qui ensanglantèrent son enceinte. En 1204, des croisés français et italiens s'en emparèrent, et il y eut pendant quelque temps des empereurs français à Constantinople. Mais bientôt un nouvel orage, plus terrible que les précédents, s'avança rapidement du côté de l'Orient. Les Turcs, électrisés par les promesses de Mahomet, animés par le fanatisme de la religion et des conquêtes, se ruèrent sur l'Europe. Ils arrachèrent promptement les lambeaux de l'empire grec, et bientôt leurs flots vinrent se heurter contre les murailles de la ville de Constantin. Enfin Mahomet II emporta d'assaut cette capitale, le 29 mai 1453; le dernier empereur Constantin-Dracosés périt d'une mort glorieuse, et un sac de trois jours ensevelit sous des décombres ou anéantit la plus grande partie des trésors et des monuments de tout genre, amassés par les siècles dans cette grande cité. Constantinople occupe aussi une place importante dans l'histoire de l'église : ses évêques, qu'elle possédait déjà au commencement du troisième siècle, acquirent en peu de temps une grande prépondérance, lorsqu'elle fut devenue le siége de l'empire, et bientôt ils occupèrent le second rang parmi les évêques de la chrétienté. Parmi eux furent quelques-uns des hommes les plus distingués de l'Église, tels que St.-Grégoire de Nazianze et St.-Jean-Chrysostôme. Plusieurs conciles généraux ont été tenus à Constantinople. Lorsque l'église grecque se sépara de l'église latine, cette ville devint le centre du grand schisme d'Orient.

CONSTANTINOPLE (le détroit de), autrefois appelé le **BOSPHORE DE THRACE**, *Bosporus Thraciæ*, *Os Ponti*. C'est le détroit qui sépare l'Europe de l'Asie et qui établit la communication entre la mer Noire et la mer de Marmara. Ses deux rives offrent des côteaux riants et sont couvertes sur toute leur étendue de palais, de kiosks, de villages, de fontaines, de jardins, de bouquets de bois, qui offrent à l'œil le spectacle le plus gracieux et le plus varié. Parmi les endroits qui les embellissent plus particulièrement nous citerons Belgrade, Doulukh-Baktche, Bechik-Tach, Kouroutchesme, Therapia et Bouïouk-Déré. Le détroit de Constantinople est défendu par des fortifications importantes, élevées surtout à son entrée dans la mer Noire; et, presque au milieu, se trouve entre autres le château très-fort de Roumily-Hissar : aussi serait-il très-difficile de forcer le passage. La Russie, dont les provinces méridionales font par ce canal un commerce considérable, a exigé dans son traité de 1829 avec la Porte que le passage en fût libre pour les bâtiments marchands de toutes les nations.

CONSUEGRA, *Consabrum*, v. d'Espagne, avec un château, roy. de la Nouvelle-Castille, prov. de Tolède, dist. d'Alcazar. Fabr. de gros draps; commerce de mulets; carrières aux environs; 5500 hab.

CONSUOZ, ham. de Fr., Isère, com. de St.-Geoire; 350 hab.

CONTA, contrée d'Abyssinie, Afrique, dans le pays des Gallas.

CONTADOUR, ham. de Fr., Basses-Alpes, com. de Redortiers; 300 hab.

CONTALMAISON, vg. de Fr., Somme, arr. de Péronne, cant. et poste d'Albert; 380 hab.

CONTAMINE, ham. de Fr., Isère, com. d'Apprieu; 260 hab.

CONTAMINE (la), ham. de Fr., Isère, com. de Tullins; 120 hab.

CONTAS (Rio-das-), fl. de l'emp. du Brésil; il descend de la Serra das Almas, prov. de Bahia, non loin de la source du Peruam méridional, sous le nom de Jussiape, traverse la comarque de Jacobina, fait la frontière entre les comarques de Bahia et dos Ilhéos et entre dans l'Océan Atlantique à Rio de Contas, sous 14° 17' lat. S. Quelquefois il manque d'eau au point qu'on peut le passer à gué. Ses principaux affluents sont, à droite : le Rio-Brumado ou Rio-Contas-Pequeno, le Rio-Gaviao, qui descendent également de la Serra das Almas; le Grugungy ou Gragaungy, presque aussi fort que le Rio-das-Contas; à gauche, le Cincura, très-considérable, le Rio-Preto, le Rio-das-Pedras, le Managéru, l'Aréa, le Pirès, l'Agoa-Branca (eau blanche) et l'Oricoguassu (grand Orico).

CONTAS (Rio-das-), pet. v. de l'emp. du Brésil, prov. de Bahia, comarque dos Ilhéos, dans une contrée très-agréable, à l'embouchure du Rio-das-Contas; elle a un bon port et fleurit par son agriculture; commerce de farine. Sur son territoire on trouve des débris fossiles de mastodontes; 3000 hab.

CONTAS (villa de), v. de l'emp. du Brésil, prov. de Bahia, comarque de Jacobina, sur la rive gauche de l'Itapicuru et près des sources de ce fleuve, dans une contrée montagneuse, mais très-fertile et bien cultivée. Elle fut fondée en 1724, est bien bâtie et renferme un collége; poterie, culture et commerce de tabac, de coton, de blé, de sucre, de légumes, de vin, d'oranges et de coings. On a trouvé sur le territoire de cette ville des débris fossiles de mastodontes; 5000 hab.

CONTAUT-LES-MAUPAS, vg. de Fr., Marne, arr. et poste de Ste.-Ménéhoulde, cant. de Dommartin-sur-Yèvre; 260 hab.

CONTAY, vg. de Fr., Somme, arr. d'Amiens, cant. et poste de Villers-Bocage; 700 h.

CONTCHEN. *Voyez* CONDÉ-NORTCHEN.

CONTE, vg. de Fr., Jura, arr. de Poligny, cant. de Nozeroy, poste de Champagnole; 160 hab.

CONTEBAUT, ham. de Fr., Indre-et-Loire, com. d'Huismes; 200 hab.

CONTENT, île dans le lac Champlain, dépend du comté de Grand-Ile, état de Vermont, États-Unis de l'Amérique du Nord.

CONTES, vg. de Fr., Pas-de-Calais, arr. de Montreuil-sur-Mer, cant. et poste d'Hesdin; 580 hab.

CONTESCOURT, vg. de Fr., Aisne, arr. et poste de St.-Quentin, cant. de St.-Simon; 200 hab.

CONTESSA, v. de Sicile, intendance de Palerme; 3000 hab., la plupart Arnautes.

CONTESSA (le golfe de) ou d'ORFANO, est formé par l'Archipel, sur la côte de la Turquie d'Europe, dans la Romélie, entre l'île de Thasso et la presqu'ile d'Ajosoros. Sur ses bords se trouvent la ville d'Orfano et le village de Contessa avec les ruines de la ville du même nom. Les fleuves Egrisa et Struma (l'ancien Strymon) ont leur embouchure dans ce golfe.

CONTEST, vg. de Fr., Mayenne, arr., cant. et poste de Mayenne; 1370 hab.

CONTEST (Saint-), vg. de Fr., Calvados, arr., cant. et poste de Caen; 900 hab.

CONTEST. *Voyez* GENEST-DE-CONTEST (Saint-).

CONTEVILLE, vg. de Fr., Calvados, arr. de Caen, cant. de Bourguébus, poste de Vimont; 130 hab.

CONTEVILLE, b. de Fr., Eure, arr. de Pont-Audemer, cant. et poste de Beuzeville; 810 hab.

CONTEVILLE, vg. de Fr., Oise, arr. de Clermont, cant. et poste de Crèvecœur; 400 hab.

CONTEVILLE, vg. de Fr., Pas-de-Calais, arr., cant. et poste de Boulogne-sur-Mer; 280 hab.

CONTEVILLE, vg. de Fr., Pas-de-Calais, arr. et poste de St.-Pol-sur-Ternoise, cant. d'Heuchin; 150 hab.

CONTEVILLE, vg. de Fr., Seine-Inférieure, arr. de Neufchâtel-en-Bray, cant. et poste d'Aumale; 740 hab.

CONTEVILLE, vg. de Fr., Somme, arr. d'Abbeville, cant. de Crécy, poste d'Auxy-le-Château; 330 hab.

CONTHIL, vg. de Fr., Meurthe, arr., cant. et poste de Château-Salins; 420 hab.

CONTICH, b. du roy. de Belgique, prov. et arr. d'Anvers. On y fabrique des chapeaux; 3000 hab.

CONTIGNÉ, vg. de Fr., Maine-et-Loire, arr. de Segré, cant. et poste de Châteauneuf-sur-Sarthe; 1100 hab.

CONTIGNY, vg. de Fr., Allier, arr. de Moulins-sur-Allier, cant. de Montet, poste de St.-Pourçain; 940 hab.

CONTILLY, vg. de Fr., Sarthe, arr., cant. et poste de Mamers; 650 hab.

CONTINVOIR, vg. de Fr., Indre-et-Loire, arr. de Chinon, cant. de Langeais, poste de Bourgueil; 940 hab.

CONTIPEQUE, fl. des États-Unis de l'Amérique centrale, se jette dans le lac Atescatempa.

CONTO, mont. du roy. Lombard-Vénitien, gouv. de Milan, délégation de Sondrio, dans les environs de Chiavenna, au pied de laquelle s'élevait le riche bourg de Plurs et le village de Schilano, ensevelis par un éboulement en 1618.

CONTOIRE, vg. de Fr., Somme, arr. et poste de Montdidier, cant. de Moreuil; fabr. de papier; 400 hab.

CONTOY. *Voyez* VALLADOLID.

CONTRAZY, vg. de Fr., Arriège, arr. et poste de St.-Girons, cant. de Ste.-Croix; 510 hab.

CONTRÉ, vg. de Fr., Charente-Inférieure, arr. de St.-Jean-d'Angely, cant. et poste d'Aulnay; 350 hab.

CONTRE, vg. de Fr., Somme, arr. d'Amiens, cant. de Conty, poste de Poix; 320 hab.

CONTRÉGLISE, vg. de Fr., Haute-Saône,

arr. de Vesoul, cant. d'Amance, poste de Favernay; fabr. de sucre de betteraves; 480 hab.

CONTREMOULINS, vg. de Fr., Seine-Inférieure, arr. d'Yvetot, cant. de Valmont, poste de Fécamp; 240 hab.

CONTRES, vg. de Fr., Cher, arr. de St.-Amand-Mont-Rond, cant. et poste de Dun-le-Roi; fabr. de sucre de betteraves; 110 h.

CONTRES, b. de Fr., Loir-et-Cher, arr. et à 4 1/2 l. S. de Blois, chef-lieu de canton et poste; commerce de blés; 2000 hab.

CONTRES, vg. de Fr., Sarthe, arr. et cant. de Mamers, poste de St.-Cosme; 710 h.

CONTREUVE, vg. de Fr., Ardennes, arr., cant. et poste de Vouziers; 340 hab.

CONTREVOZ, vg. de Fr., Ain, arr. et poste de Belley, cant. de Virieux-le-Grand; 1300 hab.

CONTREXÉVILLE, vg. de Fr., Vosges, arr. de Mirecourt, cant. de Vittel, poste de Bulgnéville; établissement d'eaux minérales reconnues spécialement efficaces contre les maladies de la gravelle; 700 hab.

CONTRIÈRES, vg. de Fr., Manche, arr. et poste de Coutances, poste de Montmartin-sur-Mer; 800 hab.

CONTRISSON, vg. de Fr., Meuse, arr. de Bar-le-Duc, cant. et poste de Révigny; 780 hab.

CONTROLLERIE (la). *Voyez* FUTEAU.

CONTURSI, v. du roy. des Deux-Siciles, Principauté citérieure; renferme des sources d'eaux minérales et thermales; 2600 hab.

CONTY, *Contiacum*, pet. v. de Fr., Somme, arr. et à 5 l. S.-S.-O. d'Amiens, chef-lieu de canton, poste de Flers; fabr. de papiers; 920 hab.

CONVENTRY, pet. v. des États-Unis de l'Amérique du Nord, état de Connecticut, comté de Tolland, sur le Woingumbaugh; agriculture, pêcheries; 2400 hab.

CONVENTRY, b. florissant des États-Unis de l'Amérique du Nord, état de Rhode-Island, comté de Kent, non loin du lac Quidnik (Quidnik-Pond); 3000 hab.

CONVERS, ham. de Fr., Tarn, com. de l'Isle-d'Albi; 280 hab.

CONVERSANO, *Conversanum*, *Cupersanum*, v. épiscopale du roy. des Deux-Siciles, intendance de Bari; a une population de 4000 hab.

CONWAY, pet. v. des États-Unis de l'Amérique du Nord, état de Massachusetts, comté de Franklin, poste; 2500 hab.

CONWAY, b. des États-Unis de l'Amérique du Nord, état de la Caroline du Sud, dist. de Korry, dont il est le chef-lieu, sur le Waccamaw; foires annuelles, poste; 2000 h.

CONWAY (ville). *Voyez* SUDBURY.

CONWAY (île). *Voyez* RICHMOND (baie).

CONWAY, fl. d'Angleterre, principauté de Galles, entre les comtés de Carnarvon et de Denbigh.

CONWAY-RIDGE. *Voyez* MADISON (comté).

CONZA, *Compsa*, v. archiépiscopale du roy. des Deux-Siciles, Principauté ultérieure; est complétement déchue de son ancien état, à la suite d'un tremblement de terre.

CONZAC, vg. de Fr., Charente, arr., cant. et poste de Barbezieux; 160 hab.

CONZAC, vg. de Fr., Charente Inférieure, arr. de Jonzac, cant. et poste de Mirambeau; 620 hab.

CONZIEU, vg. de Fr., Ain, arr., cant. et poste de Belley; 400 hab.

COOCH-BAHAR ou KOTCH-BAHAR (la principauté de), est située dans l'Inde, sur les limites du Boutan, entre le Tistah et la Surradingha. Les habitants sont de sauvages Garrows, dont la principale tribu s'appelle Cooch. Leur radjah, qui réside à Bahar ou Beyhar, est depuis la fin du dernier siècle tributaire des Anglais et dépend du gouverneur du Bengale.

COOK (archipel de). Il se compose de plusieurs îles, dont la plupart ont été découvertes par le célèbre navigateur dont cet archipel porte le nom; trois d'entre elles seulement sont des découvertes récentes; il est situé entre les îles Hamoa au N.-O., et celles de Taïti, au N.-E., et s'étend du 160° 22′ au 165° 41′ long. orient., et du 18° 4′ au 21° 57′ lat. S. Le plus grand nombre des habitants de cet archipel a embrassé le christianisme.

COOK (détroit de), bras de mer qui sépare les deux grandes îles qui forment la Nouvelle-Zélande; sa largeur varie de 5 à 30 milles.

COOKS-INLET (Entrée de Cook) ou golfe de KONAITZ-KAJA, détroit entre une presqu'île très-saillante et le dist. des Konaïtzes, Amérique russe, sous 60° lat. N. Il se trouve resserré entre le cap Douglas et le cap Élisabeth. La grande île de Kodjac s'étend à l'entrée de ce détroit.

COOLE, vg. de Fr., Marne, arr. et poste de Vitry-le-Français, cant. de Sommepuis; 270 hab.

COOLOO, pet. v. de la Basse-Guinée, Afrique, roy. de Congo, pays de Sundi.

COOLSCAMP, vg. du roy. de Belgique, prov. de la Flandre occidentale, arr. de Bruges; 2000 hab.

COOLUS, vg. de Fr., Marne, arr., cant. et poste de Châlons-sur-Marne; 130 hab.

COOMASSIE ou COUMATSSIE, AKOOMASSEY, v. assez considérable de la Haute-Guinée, Afrique, sur la côte d'Or, capitale de l'Achanti proprement dit et de tout l'empire de ce nom. Elle est située dans une vallée boisée, environnée au S. et à l'E. d'un marais. Ses rues sont larges, bien alignées et très-propres; chacune d'elles a un nom et est sous la surveillance d'un officier de police. Les maisons sont petites, construites en roseaux liés par un ciment de terre glaise et couvertes de paille. Au milieu de la ville, une enceinte murée renferme les palais du roi et des princes de sa famille. On y voit des chambres petites, mais décorées avec une grande profusion d'ornements d'or, d'argent et des sculptures d'oiseaux et d'autres animaux assez bien exécutées. Coumassie possède des wollahs ou docteurs chargés d'enseigner à lire et à écrire l'arabe. Cette ville est l'entrepôt d'un grand commerce qui se fait avec toutes les parties de l'empire, ainsi qu'avec la côte et le Soudan, surtout avec Tombouctou et Cachenah. Sa population permanente se monte à 20,000 hab., mais dans les grandes fêtes elle peut dépasser 100,000 âmes, en y comptant la population flottante.

COOMBO ou **COUMBO**, **ZAMMA**, riv. encore peu explorée de la Nigritie centrale, Afrique, pays de Gaman; elle doit avoir sa source dans les monts Koondoongooru, du pays de Banda, et se jette probablement dans le Coraba, affluent du Djoliba.

COOPER, île faisant partie du groupe de la Géorgie méridionale, dont elle occupe l'extrémité S.; elle a environ 5 milles anglais de circonférence et ne présente qu'un énorme rocher aride et dépourvu de toute espèce de végétation.

COOPER, comté de l'état de Missouri, États-Unis de l'Amérique du Nord; il est borné par les comtés de Howard, de Pike, de Wayne, par l'état d'Arkansas et par le territoire des Osages. Le Missouri, qui y reçoit le Mine et l'Osage, coule au N. de ce pays, bien arrosé et généralement fertile, mais encore peu cultivé. Les rives du Missouri sont bordées de collines bien boisées et offrent un terrain très-propre à la culture du blé, du chanvre et du lin. Le tabac ne s'y acclimate pas. On y trouve différentes plantes médicales, mais le principal produit du pays est le sel, dont les environs du Mine surtout sont bien fournis; 8000 hab.

COOPER, fl. des États-Unis de l'Amérique du Nord, état de la Caroline du Sud, s'embouche dans la baie de Charleston.

COOPER ou **TONNELIER**, pet. île de l'Océan Indien, Afrique, non loin de la ville de Port-Louis, dans l'île Maurice.

COOSA. *Voyez* MOBILE (fleuve).

COOTSEHILL, pet. v. d'Irlande, comté de Cavan, sur la rivière qui porte son nom; elle est bien bâtie et importante par ses fabriques et son commerce de toiles.

COPALA. *Voyez* ROSARIO (El-).

COPAN, b. des États-Unis de l'Amérique centrale, état de Honduras, dans la belle vallée qui porte son nom. Cet endroit, aujourd'hui une misérable bourgade, était autrefois une ville riche et puissante et la résidence du cacique Copan-Calel. Il est encore digne de remarque par les antiquités découvertes dans son voisinage, et par la fameuse caverne de Tibulca, qui n'a rien de remarquable qui la distingue des autres grottes naturelles, si ce n'est sa situation près des monuments imaginaires décrits par Domingo Juarros, dans son *Histoire de Guatemala* (*Voyez Atlas ethnographique du globe*, par Balbi).

COPECHAGNIÈRE (la), vg. de Fr., Vendée, arr. de Bourbon-Vendée, cant. et poste de St.-Fulgent; 400 hab.

COPELAND, pet. groupe d'îles d'Irlande, comté de Down, au N.-E. de Danaghadee, habitée par des pêcheurs. Mew et Burr en sont les plus grandes; la première a un phare.

COPENHAGUE (en danois *Kjobenhavn*), *Codania Hafnia*, capitale du roy. de Danemark, est située près le détroit de Sund, sur la côte orient. de l'île de Seeland et sur la petite île d'Amak, à 8 l. marines d'Elseneur et à 272 l. N.-E. de Paris, sous 55° 51' 4" de lat. et sous 10° 15' 59" de long. orient. Ses environs sont animés et pittoresques, ses campagnes bien cultivées et la ville elle-même est une des plus belles capitales de l'Europe. La partie qui se trouve sur l'île d'Amak et qui est la plus petite, se nomme Christianshavn; tout le reste, Kjobenhavn, se divise en Vieille-Ville et en Ville-Nouvelle. Cette dernière, aussi nommée Fréderikstad, est superbe. Copenhague renferme un grand nombre de belles rues et de très-belles places. Ses édifices les plus remarquables sont : le vaste château de Christiansbourg, rebâti avec un plus grand luxe d'architecture après l'incendie de 1795, et dans lequel se trouvent entre autres une chapelle ornée de bas-reliefs et d'arabesques par Thorwaldsen, et une superbe galerie de tableaux; l'Amalienbourg, résidence royale depuis l'incendie de 1795, composé de quatre palais, au milieu desquels se trouve la grande place du même nom, avec la statue équestre de Frédéric V; le château royal de Rosenbourg, bâtiment gothique, avec sa belle collection de médailles; le palais du Prince; Charlottenbourg, autre palais royal, où se trouvent l'académie des beaux-arts et les écoles de dessin, le jardin botanique et les salles des cours de botanique, et où ont lieu l'exposition annuelle des beaux-arts, et, tous les cinq ans, l'exposition générale. Nous devons nommer ensuite les bâtiments de l'université, l'hôtel des postes, la monnaie, la bourse, le théâtre, le palais du prince Fréderic-Ferdinand, l'hôpital Frédéric, le grand hôpital militaire, la grande caserne d'infanterie et les nombreuses casernes de marine.

Parmi les églises, celle du Sauveur a surtout une tour magnifique; celle de Notre-Dame, brûlée en 1807 et terminée de nouveau en 1829, renferme treize statues colossales de Thorwaldsen, représentant Jésus-Christ et les apôtres; vient ensuite l'église de la Trinité, avec un beau dôme qui contient la bibliothèque de l'université et dont la tour, appelée la Tour-Ronde, sur laquelle on peut monter en voiture, sert d'observatoire; enfin l'église de la garnison et la remarquable chapelle de Christiansborg.

Copenhague a un port superbe, formé par le petit bras de mer qui sépare l'île de Seeland de celle d'Amak; on admire surtout son grand et superbe port. Les fortifications qui l'entourent sont importantes : la citadelle de Frèderikshavn et le fort de Trekroner (les Trois-Couronnes), bâti sur un banc de sable à l'entrée du port, sont extrêmement remarquables.

La capitale du Danemark renferme un très-grand nombre d'établissements littéraires et scientifiques, dont quelques-uns sont même les premiers de l'Europe. Nous citerons seulement : l'université, fondée, vers 1479, par Christian Ier, qui avait visité celle de Bologne, en Italie; elle est richement dotée et possède une bibliothèque considérable, un beau jardin botanique, etc.; l'école polytechnique, l'école métropolitaine, l'école militaire de la marine, l'académie pour les cadets de l'armée de terre, l'école spéciale pour l'état-major, le génie, les ponts-et-chaussées et l'artillerie; l'académie de chirurgie et l'école vétérinaire, écoles renommées dans tout le Nord et fréquentées même par des Allemands; l'école royale des sourds et muets, la bibliothèque du roi, la galerie royale des tableaux de Christiansborg, le superbe musée d'histoire naturelle, le riche musée des antiquités du Nord, le musée des arts, le médailler du Rosenborg, le musée de sculpture dans le Charlottenborg, le musée d'antiquités romaines et étrusques et le cabinet minéralogique du prince Christian-Fréderic.

Copenhague est également le siége d'un grand nombre de sociétés savantes très-remarquables; ce sont entre autres, la société royale des sciences, divisée en quatre classes pour les sciences mathématiques, physiques, historiques et philosophiques, et chargée de l'exécution des cartes du royaume et du dictionnaire danois; la société royale pour la langue et l'histoire de la patrie; l'académie royale des beaux-arts; la société royale de médecine, la commission royale pour la conservation et la description des antiquités, instituée en 1807; la société royale des antiquaires du Nord; la société pour la littérature scandinave; la société royale pour l'art vétérinaire, la société royale pour l'agriculture, les métiers et les arts mécaniques; la société pour la propagation des sciences naturelles; la société des belles-lettres, la société littéraire islandaise, qui se partage entre Reikevig et Copenhague et dont le but est la conservation en Islande de l'ancienne langue des pays du Nord.

Cette ville est en même temps le centre du commerce et de l'industrie du Danemark; quoique comprise dans le bailliage qui port son nom, elle a une administration à part; elle est la résidence d'un évêque luthérien, dont le diocèse embrasse toutes les îles et les colonies; sa cour suprême de justice est le seul tribunal d'appel pour ces mêmes pays. Sa population s'accroît sans cesse : elle est aujourd'hui de plus de 115,000 hab.

Copenhague n'était longtemps qu'un bourg insignifiant, appartenant aux évêques de Rœskilde. Elle fut dévastée par les Lubécois, en 1242; prise par Parcmand, prince de l'île de Rugen, en 1260; saccagée encore par les Suédois, en 1361 et 1369. Mais, en 1443, le roi de Danemark l'acheta et y transféra sa résidence; et dès lors cette ville s'accrut avec une grande rapidité. En 1728, un immense incendie dévora la plus grande partie de la vieille ville; en 1795, le beau château de Christiansbourg et 743 maisons devinrent la proie des flammes; enfin, les Anglais lui firent éprouver un terrible bombardement qui dura du 2 au 5 septembre 1807. Néanmoins, Copenhague répara promptement ces calamités, et chaque fois elle se releva plus belle. L'amiral anglais Nelson gagna devant son port une grande bataille navale sur la flotte danoise, le 2 avril 1801. Patrie des poëtes Frédéric-Léopold et Chrétien comtes de Stollberg et du célèbre mathématicien Rœmer.

COPIAPO, un des cours d'eaux les plus considérables du Chili; il descend des Andes, traverse la prov. de Coquimbo de l'E. à l'O., baigne la ville de Copiabo et se décharge dans le Grand-Océan, où son embouchure forme un bon port.

COPIAPO (district). *Voyez* COQUIMBO (province).

COPIAPO ou SAN-FRANCISCO-DE-LA-SELVA, v. de la rép. du Chili, prov. de Coquimbo, sur le Copiapo et à 26 l. E. de l'embouchure de ce fleuve. Cette ville était la capitale de l'ancienne prov. de Copiapo qui ne forme plus qu'un district de la prov. de Coquimbo. Elle est très-régulièrement bâtie et renferme un collége, plusieurs couvents et 4000 habitants. Son port se trouve au village de Copiapo, à l'embouchure du fleuve de ce nom. Dans le district de cette ville on exploite de riches mines de cuivre et d'argent.

COPIAPO (Morro-de-), promontoire sur la côte de la rép. du Chili, au S. de la Punta-Negra.

COPIAPO (volcan). *Voyez* COQUIMBO (province).

COPIÈRES, ham. de Fr., Seine-et-Oise, com. de Montreuil-sur-Epte; 130 hab.

COPPENAXFORT, ham. de Fr., Nord, com. de Craywick, Bourbourg-Champagne et Brouckerque; 220 hab.

COPPERMINE-HILLS. *Voyez* LANCASTER (comté).

COPPET, b. de 550 habitants dans le cant. de Vaud, situé dans une contrée ravissante au bord du lac et à 5 l. N.-N.-E. de Genève. Ce fut le dernier séjour de Necker, ministre de France sous Louis XVI (il y mourut en 1804), et plus tard une résidence favorite de sa fille, la célèbre Mme de Staël.

COPT ou GOPHT, KEFT, GOPT, COPTOS, vg. de la Haute-Égypte, Afrique, prov. et à 6 l. S. de Kéneh et à 8 l. N. des ruines de

Thèbes, non loin de la rive droite du Nil; anciennement une des villes les plus florissantes de l'Égypte, lorsque, du temps de Strabon, elle était le grand entrepôt des marchandises de l'Orient qui y parvenaient du port Bérénice par une route de plus de 100 l. de long et descendaient ensuite sur le Nil jusqu'à Alexandrie. Sa prospérité dura jusqu'au règne de Dioclétien qui la prit et la ruina de fond en comble, pour la punir de s'être révoltée contre les Romains; on voit encore les restes du grand bassin qui lui servait de port et d'autres antiquités.

COPULATENGO. *Voyez* MEXICO (état).

COQ (le), ham. de Fr., Nord, com. de Condé-sur-l'Escaut; 160 hab.

COQUE. *Voyez* COGUE.

COQUELLES, vg. de Fr., Pas-de-Calais, arr. de Boulogne-sur-Mer, cant. et poste de Calais; 440 hab.

COQUERAUMONT, ham. de Fr., Seine-Inférieure, com. de St.-Laurent-en-Caux; 200 hab.

COQUEREL, vg. de Fr., Somme, arr. et poste d'Abbeville, cant. d'Ailly-le-Haut-Clocher; 490 hab.

COQUET (le), ham. de Fr., Seine-Inférieure, com. de Boos; 220 hab.

COQUILLE (la), ham. de Fr., Dordogne, com. de Ste.-Marie-de-Frugie; 180 hab.

COQUIMBO, fl. de la rép. du Chili, prend naissance au pied du volcan de Coquimbo, traverse de l'E. à l'O. la province du même nom, baigne la ville de Coquimbo et fertilise ses environs au moyen de rigoles dans lesquelles on a conduit ses eaux, et se décharge dans le Grand-Océan, sous 30° lat. S. A son embouchure il forme la baie de Coquimbo qui offre un port très-sûr.

COQUIMBO, prov. de la rép. du Chili; elle occupe la partie septentrionale de l'état et s'étend depuis la frontière du désert d'Atacama, entre les Andes et l'Océan, jusqu'à la rive droite du Rio-Chuapa, sur une longueur d'environ 220 l. Toute sa superficie est évaluée à 1500 l. c. géogr. avec une pop. de 50,000 âmes. Le sol de cette province, d'une fertilité médiocre, est montueux et très-inégal. A l'E. s'élèvent les Andes avec leurs cimes couvertes de neiges, dont plusieurs volcans, tels que le Copiapo, le point culminant de ce pays, sous 27° 25' lat. S., le Chuapa, le Coquimbo et le Limari, qui éclairent fort souvent, pendant la nuit, le majestueux groupe de montagnes; le Chuapa, surtout, est célèbre par ses fréquentes éruptions. Le climat de ce pays, rafraîchi par les vents de mer et par la proximité des montagnes, est des plus agréables. La neige ne s'y voit que sur les sommets des Andes; les pluies sont très-rares, et les prairies, jonchées de milles fleurs diverses, brillent d'une éternelle verdure.

Les principaux cours d'eau de cette province sont: le Copiapo, le Guasco, le Salado, le Québradahonda, le Coquimbo, le Chuapa et le Limari, qui tous débouchent dans le Grand-Océan et forment de petites baies commodes à leur embouchure. Le règne animal et le règne minéral y sont très-riches et très-variés. Les salines, les mines d'or, d'argent, de cuivre, de plomb et de soufre y abondent. De belles pétrifications se trouvent au S. du district de Coquimbo entre le Copiapo et le Guasco. Le district de Copiaco fournit du fer, du salpêtre, de l'étain et une belle terre glaise. Le vin, d'une qualité exquise, l'huile d'olive, le blé et des fruits délicieux viennent surtout sur les bords du Coquimbo et du Rio-Chuapa. La mer et presque toutes les rivières du pays regorgent de poissons.

Cette province est divisée en deux districts et arrondissements : Coquimbo et Copiapo, qui autrefois formaient deux provinces à part.

COQUIMBO ou CIUDAD-DE-LA-SÉRÉNA, v. de la rép. du Chili, prov. de Coquimbo, dont elle est le chef-lieu. Elle a une position charmante sur une plaine élevée et arrosée par le Rio-Coquimbo, et jouit d'un climat sain et très-doux. Cette ville, fondée en 1544 par le capitaine Juan-Bohon, est régulièrement bâtie, a un bon port et fait un commerce très-important. Malgré les pertes qu'elle a éprouvées par les tremblements de terre de 1820 et de 1822, sa population s'élève encore à 12,000 âmes. Dans ses environs on exploite les plus importantes mines de cuivre du Chili.

COQUINPRIX, ham. de Fr., Aisne, com. de Watigny; 230 hab.

CORA ou KORA, MEGALI-KORA, capitale de l'île de Samos, eyalet des Djezayrs ou des Isles, emp. ottoman, siége d'un aga et d'un archevêque grec. Elle est bâtie sur la côte S.-E. de l'île, sur l'emplacement de l'ancienne ville de Samos, renferme 6 églises grecques, environ 300 maisons et un millier d'habitants; une petite garnison turque occupe une citadelle en ruines. Tigali, son port, a une bonne rade. Il existe encore près de la ville quelques restes du fameux temple de Junon Samienne, qu'Hérodote signale comme le plus vaste édifice de ce genre qu'il ait vu. Il était célèbre en Asie et en Grèce par ses richesses et regardé comme un asile inviolable.

CORACHIANA, v. de la rép. des îles Ioniennes, dans l'île et la prov. de Corfou.

CORACONCITO, riv. d'Espagne, affluent de la Guadiana, dans la prov. de Tolède.

CORAIL (Mer de), c'est le nom que plusieurs géographes donnent à la partie de l'Océan comprise entre la Nouvelle-Calédonie, les îles de Salomon, la Papouasie et le continent austral.

CORAL. *Voyez* TRINIDAD (île).

CORAL-DE-CALATRAVA (El-), b. d'Espagne, près de la Guadiana, roy. de la Nouvelle-Castille, prov. de la Manche, dist. de Ciudad-Réal. Son couvent est le siége du grand-chapitre de l'ordre de Calatrava, institué en 1158 par Sanche III, roi de Castille, pour combattre les infidèles et délivrer les chrétiens de leur joug. Cet ordre était dans son origine religieux et militaire; en 1540, une bulle du pape Paul III permit à ses membres de se marier une seule fois. Les chevaliers font vœu de pauvreté, d'obéissance, de fidélité conjugale et (depuis 1652) de soutenir l'immaculée conception de la Vierge. Les revenus de l'ordre sont de 250,000 francs; le roi en est grand-maître. L'habit de cérémonie consiste dans un grand manteau blanc, avec une croix rouge fleurdelysée sur le côté gauche.

CORANAS, peuplade de l'Afrique australe, appartenant à la famille hottentote.

CORANCEZ, vg. de Fr., Eure-et-Loir, arr., cant. et poste de Chartres; 300 hab.

CORANCY, vg. de Fr., Nièvre, arr., cant. et poste de Château-Chinon; 930 hab.

CORANGO, b. de la Nubie septentrionale, Afrique, sur la rive gauche du Nil, dans l'Ouady-Nuba, entre Korosko et Derr.

CORANOO, v. de la Haute-Guinée, Afrique, sur la côte d'Or, dans le roy. de Soko, un des royaumes septentrionaux de l'emp. d'Achanti.

CORANTINE. *Voyez* CORENTYN.

CORANZA. *Voyez* CARISSENO.

CORAY, vg. de Fr., Finistère, arr. de Châteaulin, cant. et poste de Châteauneuf-du-Faou; 1640 hab.

CORAZON, mont. et un des points culminants des Andes de la Colombie, rép. et dép. de l'Ecuador; elle s'élève à la hauteur de 14,820 pieds (Humboldt).

CORBACH, v. de la confédération germanique, capitale de la principauté de Waldeck, située sur l'Itter; renferme un gymnase, deux églises, un château et une pop. de 2200 hab.

CORBAN, en allemand *Ballendorf*, vg. du cant. de Bern, dist. de Munster; le célèbre marin Jean Bart est originaire de ce village. (*Voyez* DUNKERQUE.)

CORBANÇON. *Voyez* MÉZIÈRES-EN-BRENNE.

CORBAON, ham. de Fr., Vendée, com. de Château-Guibert; 240 hab.

CORBARA, vg. de Fr., Corse, arr. de Calvi, cant. et poste de l'Isle-Rousse; 1140 hab.

CORBARIEU, vg. de Fr., Tarn-et-Garonne, arr. et poste de Montauban, cant. de Villebrumier; 500 hab.

CORBAS, ham. de Fr., Isère, com. de Marennes; 260 hab.

CORBASSILL, ham. de Fr., Pyrénées-Orientales, com. de la Vallée-de-Carol; 200 hab.

CORBEAU (fort du), Fr., Finistère, com. de Plougastel-Daoulas.

CORBEHEM, vg. de Fr., Pas-de-Calais, arr. d'Arras, cant. de Vitry, poste de Douai; 330 hab.

CORBEIL (Vieux). *Voyez* GERMAIN-LES-CORBEIL (Saint-).

CORBEIL, *Corbelium*, *Corbolium*, v. de Fr., Seine-et-Oise, chef-lieu d'arrondissement, à 9 1/2 l. S.-E. de Versailles et à 7 1/2 S.-S.-E. de Paris; siége d'un tribunal de première instance et conservation des hypothèques; elle est agréablement située sur la rive droite de la Seine, au confluent de l'Essonne avec ce fleuve, et elle possède une société d'agriculture et une petite bibliothèque; elle renferme de vastes magasins de blé et de farine; manufactures de papier de toiles peintes, de châles et d'étoffes en cachemires; filat. de coton, tanneries, fonderie, tuileries; fabr. de plâtre; commerce de grains et farines; foires: le 8 septembre et le cinquième dimanche après Pâques. Corbeil soutint deux siéges: en 1418 contre le duc de Bourgogne, Jean-sans-Peur, et en 1562 contre les protestants, sous le commandement du prince de Condé. Cette ville est la patrie de l'helléniste Villoison (1750—1805); 3700 hab.

CORBEIL-CERF, vg. de Fr., Oise, arr. de Beauvais, cant. et poste de Méru; fabr. de bois d'éventail; 320 hab.

CORBEILLES, vg. de Fr., Loiret, arr. et poste de Montargis, cant. de Ferrières; commerce de safran; 1100 hab.

CORBELIN, ham. de Fr., Nièvre, com. de la Chapelle-St.-André; forges; 90 hab.

CORBELIN, vg. de Fr., Isère, arr. et poste de la Tour-du-Pin, cant. du Pont-de-Voisin; 1800 hab.

CORBENAY, vg. de Fr., Haute-Saône, arr. de Lure, cant. et poste de St.-Loup; 1010 hab.

CORBENY, b. de Fr., Aisne, arr. de Laon, cant. de Craonne, poste; 930 hab.

CORBÈRE, vg. de Fr., Pyrénées-Orientales, arr. de Perpignan, cant. et poste de Millas; 1300 hab.

CORBÈRES-ABÈRE, vg. de Fr., Basses-Pyrénées, arr. de Pau, cant. et poste de Lembeye; 390 hab.

CORBERON, vg. de Fr., Côte-d'Or, arr. de Beaune, cant. et poste de Seurre; 450 h.

CORBES, vg. de Fr., Gard, arr. d'Alais, cant. de St.-Jean-du-Gard, poste d'Anduze; 140 hab.

CORBEVILLE, ham. de Fr., Seine-et-Oise, com. de St.-Martin-des-Champs; 120 hab.

CORBEYSSIEU, vg. de Fr., Isère, com. de Frontonas; 300 hab.

CORBIAC, ham. de Fr., Gironde, com. de St.-Médard-en-Jalle; 110 hab.

CORBIAN (Saint-), ham. de Fr., Gironde, com. de St.-Estèphe; 110 hab.

CORBIAN, ham. de Fr., Lot-et-Garonne, com. d'Anzex; 110 hab.

CORBIE, vg. de Fr., Eure, com. de Tilly; 110 hab.

CORBIE, ham. de Fr., Nord, com. de Haverskerque; 160 hab.

CORBIE, *Corbeja,* pet. v. de Fr., Somme, arr. et 4 l. E. d'Amiens, et à 36 l. de Paris, chef-lieu de canton et poste, sur la Somme et traversé par le canal de ce nom; on y remarque le portail bizarre d'une ancienne et célèbre abbaye, fondée, en 662, par la reine Bathilde, et dans laquelle mourut, vers 780, Didier, dernier roi des Lombards, détrôné par Charlemagne. Corbie possède un grand nombre de moulins; filat. de laine, usines pour peigner et blanchir la laine; fabr. d'alépines, bonneterie et velours; exploitation de tourbe. Cette ville avait autrefois de l'importance comme place de guerre. Les Espagnols s'en emparèrent en 1636. Louis XIII la reprit la même année. Louis XIV en fit raser les fortifications en 1673; 2635 hab.

CORBIER, ham. de Fr., Corrèze, com. de St.-Pardoux; 110 hab.

CORBIÈRE, vg. de Fr., Haute-Saône, arr. de Lure, cant. et poste de Luxeuil; 280 h.

CORBIÈRES, vg. de Fr., Basses-Alpes, cant. et poste de Manosque; 590 hab.

CORBIGNY, *Corbiniacum Nivernense,* pet. v. de Fr., Nièvre, arr. à 7 l. S. de Clamecy, chef-lieu de canton et poste; elle est située sur l'Yonne, au milieu des montagnes; elle avait un monastère, célèbre autrefois, qui renfermait les corps de St.-Léonard et de St.-Valérien. Les protestants s'emparèrent de Corbigny en 1563, et s'y maintinrent jusqu'à la révocation de l'édit de Nantes; 2000 hab.

CORBIN-HARBOUR, baie avec un établissement commercial, à l'O. de la baie de Plaisance, côte méridionale de l'île de Terre-Neuve.

CORBIS. *Voyez* GERMAIN-DU-CORBIS (Saint-).

CORBLEU, ham. de Fr., Landes, com. de Pouy-Desseaux; 300 hab.

CORBON, vg. de Fr., Calvados, arr. de Pont-l'Évêque, cant. et poste de Cambremer; 130 hab.

CORBON, vg. de Fr., Orne, arr., cant. et poste de Mortagne-sur-Huine; 320 hab.

CORBONES, riv. d'Espagne, affluent de gauche du Guadalquivir, roy. de Séville.

CORBONOD, vg. de Fr., Ain, arr. de Belley, cant. et poste de Seyssel; 1380 hab.

CORBREUSE, vg. de Fr., Seine-et-Oise, arr. de Rambouillet, cant. et poste de Dourdan; 560 hab.

CORBRIDGE, *Corstorpitum,* b. d'Angleterre, comté de Northumberland, sur le Tyne; antiquités romaines; 1500 hab.

CORCELLE, ham. de Fr., Ain, com. de St.-Étienne-de-Chalaronne; 150 hab.

CORCELLE, vg. de Fr., Doubs, arr. et poste de Besançon, cant. de Marchaux; 190 hab.

CORCELLE, ham. de Fr., Jura, com. d'Arlay; 190 hab.

CORCELLE, vg. de Fr., Rhône, arr. de Villefranche-sur-Saône, cant. de Belleville-sur-Saône, poste de Romanèche; 630 hab.

CORCELLE-FERRIÈRE, vg. de Fr., Doubs, arr. de Besançon, cant. d'Audeux, poste de St.-Wit; 140 hab.

CORCELLES, vg. de Fr., Ain, arr. et poste de Nantua, cant. de Brenod; 620 hab.

CORCELLES, ham. de Fr., Ain, com. de Chavannes-sur-Suran; 140 hab.

CORCELLES-LES-ARTS, vg. de Fr., Côte-d'Or, arr., cant. et poste de Beaune; 410 hab.

CORCELLES-LES-CITEAUX, vg. de Fr., Côte-d'Or, arr. de Dijon, cant. et poste de Gevrey; 370 hab.

CORCELLES-LES-MONTS, vg. de Fr., Côte-d'Or, arr., cant. et poste de Dijon; 420 hab.

CORCELLES-LES-SAULNOT ou LES-GRANGES, vg. de Fr., Haute-Saône, arr. de Lure, cant. et poste d'Héricourt; exploitation de houille; 220 hab.

CORCELLES-SOUS-GRIGNON, vg. de Fr., Côte-d'Or, arr. de Semur, cant. et poste de Montbard; 200 hab.

CORCELLES-SUR-SERRIGNY, ham. de Fr., Côte-d'Or, com. de Serrigny; 150 hab.

CORCELLOTTE-EN-MONTAGNE, vg. de Fr., Côte-d'Or, arr. de Semur, cant. et poste de Vitteaux; 100 hab.

CORCHANU, ham. de Fr., Saône-et-Loire, com. de Chassey; 150 hab.

CORCIEUX, b. de Fr., Vosges, arr. et à 4 l. S. de St.-Dié, chef-lieu de canton et poste; fabr. de boisellerie et de fromage; tissage du lin; 1640 hab.

CORCONDRAY, vg. de Fr., Doubs, arr. de Besançon, cant. d'Audeux, poste de St.-Wit; 220 hab.

CORCONNE, vg. de Fr., Gard, arr. du Vigan, cant. de Quissac, poste de Sauve; 630 hab.

CORCUBION, pet. et bon port d'Espagne, roy. de Galice, prov. et dist. de St.-Jago.

CORCY (Ain). *Voyez* ANDRÉ-DE-CORCY (Saint-).

CORCY, vg. de Fr., Aisne, arr. de Soissons, cant. et poste de Villers-Cotterets; 360 hab.

CORDÉAC, vg. de Fr., Isère, arr. de Grenoble, cant. et poste de Mens; 1080 hab.

CORDEBUGLE, vg. de Fr., Calvados, arr. et poste de Lisieux, cant. d'Orbec; 340 hab.

CORDEILLE, ham. de Fr., Yonne, com. de Guerchy; 130 hab.

CORDELLE, vg. de Fr., Loire, arr. et poste de Roanne, cant. de St.-Symphorien-de-Lay; 1310 hab.

CORDELLE (la), ham. de Fr., Haute-Vienne, com. de Cognac; 120 hab.

CORDELLE-LA-VIEILLE, vg. de Fr., Loire, com. de Cordelle; 120 hab.

CORDELLEVILLE, ham. de Fr., Seine-Inférieure, com. de Clères; 200 hab.

CORDEMAIS, b. de Fr., Loire-Inférieure, arr. et poste de Savenay, cant. de St.-Étienne-de-Mont-Luc; 2740 hab.

CORDERIE (la), ham. de Fr., Seine-Inférieure, com. de Ste.-Marguerite-sur-Duclair; 160 hab.

CORDES, *Corduœ*, pet. v. de Fr., Tarn, arr. et à 5 l. N. de Gaillac, chef-lieu de canton et poste; fabr. de toiles de chanvre, de chaux, tuiles et briques; corroieries et tanneries; exploitation de plâtre; 2670 hab.

CORDESSE, vg. de Fr., Saône-et-Loire, arr. d'Autun, cant. et poste de Lucenay; 800 hab.

CORDES-TOLOSANES, vg. de Fr., Tarn-et-Garonne, arr. de Castel-Sarrasin, cant. de St.-Nicolas-de-la-Grave, poste de Montech; 800 hab.

CORDEY, vg. de Fr., Calvados, arr., cant. et poste de Falaise; 200 hab.

CORDIERE (la), ham. de Fr., Côtes-du-Nord, com. de Plœuc; 180 hab.

CORDIEUX, vg. de Fr., Ain, arr. de Trévoux, cant. et poste de Montluel; 180 hab.

CORDILLERA-DE-SANTA-LUCIA. *Voyez* CALIFORNIE.

CORDILLÈRES ou ANDES, proprement *Cordilleras-de-los-Andes*, immense chaîne de montagnes qui s'étend sur toute la partie occidentale de l'Amérique, depuis le cap Froward, l'extrémité méridionale de la Patagonie (54° 30' lat. S.), jusqu'à l'embouchure du Mackenzie dans l'Océan Glacial-Arctique (65° lat. N.), et se développe ainsi sur une ligne de près de 3000 l. de longueur. Avant de connaître exactement les montagnes de l'Asie centrale, on regardait les plus hauts sommets des Cordillères comme les points les plus élevés du globe. Nous tracerons d'abord une esquisse rapide de la forme et de la structure de ces montagnes, ainsi que des particularités qu'elles présentent, et nous essayerons de donner à la fin de cet article un aperçu général de cette file étendue de montagnes, de leurs différentes ramifications et de leurs points culminants, en renvoyant nos lecteurs aux articles spéciaux pour les détails des ramifications les plus importantes. Dans l'Amérique méridionale, les Cordillères se divisent en trois chaînons principaux. Le premier de ces chaînons naît près de l'isthme de Panama ou de Darien et s'étend le long des côtes des rép. de la Nouvelle-Grenade et de Vénézuela jusqu'au Rio-Magdaléna et l'île de Trinidad. Dans cette chaîne on remarque les pics de la Sierra Névada et de Santa-Martha, hauts de 4666 mètres, et le Névado-de-Mérida, de 5000 mètres de hauteur. De vastes plaines, appelées *Paramos*, s'étendent entre ces pics, à 1500 jusqu'à 2800 mètres au-dessus du niveau de la mer. Le second chaînon, appelé par M. de Humboldt la *Cordillère des chutes de l'Orénoque*, s'étend le long de ce fleuve et se perd dans les immenses plaines qui avoisinent son embouchure. Le savant voyageur l'explora jusqu'au Rio-Bara. Le reste de cette chaîne est inconnu, inaccessible et occupé par des peuplades sauvages et guerrières. Elle se sépare de la chaîne principale des Andes, entre 3° et 6° lat. S., et s'élève dans une direction E. à des hauteurs considérables. C'est de ces hauteurs que descendent, par d'énormes cataractes, plusieurs grands fleuves, entre autres l'Orénoque dont les sources n'ont pas encore été vues par un Européen; car les districts environnants sont occupés par des peuples guerriers et anthropophages. Au-delà de ces vastes déserts, cette chaîne des Andes a été explorée par l'Espagnol don Antonio Santos qui, avec un courage surprenant, avait entrepris ce voyage dans des districts où aucun Européen n'avait pénétré avant lui. Cet audacieux voyageur était allé à la recherche du pays imaginaire d'Eldorado; mais après cinq cents lieues de marche il fut abandonné par son guide et tomba, victime de sa crédulité, entre les mains des Portugais. Le second chaînon ne s'élève pas à une hauteur très-considérable; la plupart de ses pics n'ont que 1500 à 2000 mètres de hauteur et sont couverts de palmiers, d'ananas et de lianes impénétrables. Un seul mont, le volcan de Duida, atteint la hauteur de 2830 mètres. Tout ce chaînon est de formation primitive et ne renferme ni pétrifications ni autres restes du monde anti-diluvien. Le troisième chaînon des Andes porte le nom de Sierra dos Chiquitos. Cette chaîne de montagnes s'étend dans une direction E. entre 15° et 20° lat. S. et donne naissance aux fleuves tributaires du Maragnon et du Rio-de-la-Plata; ce chaînon joint les sommets gigantesques des Andes du Pérou aux montagnes qui traversent le Brésil et le Paraguay. Ces trois grands chaînons divisent toute l'Amérique du Sud en autant de plaines immenses, fermées à l'O. par la cime principale des Andes et s'ouvrant à l'E. jusqu'à l'Océan. La plaine septentrionale comprend la vallée basse de l'Orénoque (la Nouvelle-Grenade, Vénézuela et la Guyane); la seconde plaine forme le bassin bien boisé du Maragnon et le Brésil septentrional; la plaine méridionale enfin comprend les riches pampas qui s'étendent jusqu'à Rio-Janeiro et Buénos-Ayres. Les points culminants des Andes se trouvent accumulés en partie dans les environs de Quito, mais particulièrement dans la haute vallée du Titicaca, entre 14° et 20° lat. S. C'est dans cette partie des Andes, appelée par plusieurs auteurs le *Thibet du Nouveau-Monde*, qu'il nous semble devoir placer le noyau de ce vaste système de montagnes. C'est là que s'élèvent les pics de l'Antisana, volcan de 5984 mètres de hauteur; du Cotopaxi (5900 mètres), du Pichinca, près de Quito (4982 mètres), du Cayambé (6140 mètres), du Chimborazo, au S.-O. de Quito (6700 mètres), de l'Illimani, à l'E. de la Paz (7506 mètres), et du Nevado-de-Sorota (7896 mètres), le point le plus élevé du Nouveau-Monde.

Les sommets glacés de ces montagnes consistent presque uniquement en porphyre qui occupe une hauteur de 3 à 4000 mètres; le granit ne se rencontre que jusqu'à 3700 mètres au-dessus du niveau de l'Océan. Ces monts forment les réservoirs d'un immense phlogistique éclatant fréquemment par de terribles tremblements de terre, accompagnés d'éruptions de lave, de basalte scorifié, d'eau, de matières schisteuses et même d'une grande quantité de poissons morts. Souvent de formidables ouragans sortent avec impétuosité des flancs de ces volcans, comme des cavernes fabuleuses du vieil Éolus, renversent tout ce qui leur résiste et détruisent quelquefois en peu d'instants de riches plantations et des villes opulentes. Mais, en outre, et comme pour réparer les malheurs qu'elles causent, ces montagnes sont extrêmement riches en métaux de toute espèce, le plomb excepté.

Malgré la prodigieuse hauteur de ces montagnes, qui dépasse généralement la ligne des neiges éternelles, les Andes de l'Amérique méridionale n'offrent point de glaciers, parce que, la température étant presque toujours la même sous l'équateur, la chaleur y conserve pendant toute l'année à peu près la même intensité. C'est pourquoi les vallées des Andes ne se trouvent pas exposées à ces terribles avalanches qui souvent portent la désolation dans les vallées des Alpes. Par contre, les Andes se distinguent des Alpes par d'énormes crevasses, quelquefois de plus de 1300 mètres de profondeur et descendant perpendiculairement. Une pareille fente, nommée la vallée d'Iconozzo, sur la route de Bogota à Quito, république de la Nouvelle-Grenade à travers laquelle se précipite le Rio-de-la-Summa-Paz, est remarquable par un pont naturel qui s'étend d'un rocher à l'autre. Cette arche naturelle a, suivant M. de Humboldt, 14 mètres 5 centimètres de longueur, sur 12 mètres 7 centimètres de largeur; son épaisseur, au centre, est de 4 mètres 2 centimètres. Les Indiens de Pandi ont formé, pour la sûreté des voyageurs, d'ailleurs très-rares dans ce pays désert, une petite balustrade de roseaux qui se prolonge vers le chemin par lequel on parvient au pont supérieur. Dix toises au-dessous de ce premier pont naturel s'en trouve un autre, auquel conduit un sentier étroit qui descend sur le fond de la crevasse. Au milieu du second pont d'Iconozzo, se trouve un trou de près de 8 mètres carrés, par lequel on voit le fond de l'abime. C'est là que M. de Humboldt a fait les expériences sur la chute des corps, qui lui ont donné 97 mètres 7 centimètres pour la hauteur du pont supérieur au-dessus des eaux du torrent. Ce n'est que dans la partie supérieure de la Virginie que l'on voit une semblable merveille de la nature. Là un énorme rocher calcaire, dont les pans perpendiculaires s'élèvent à la hauteur de 77 mètres, forme une crevasse de 30 mètres de large qui supporte une arche si épaisse, que les plus lourdes voitures y passaient sans danger. Les Indiens jettent des ponts artificiels sur ces terribles gouffres des Andes. Ces ponts suspendus sont faits de cordes de l'agave américaine, recouvertes de roseaux et munies d'une étroite balustrade de lianes. Les indigènes traversent sans crainte ces ponts frêles et chancelants. Parmi les cataractes les plus remarquables que forment les torrents des Andes, nous citerons celle de Téquendama, près de Bogota, comme la plus belle. Le Rio-de-Bogota, large de 12 mètres, se précipite en deux bonds d'une hauteur de 175 mètres dans un large bassin. Cette chute, qui n'est pas, comme on l'a souvent répété, une des cascades les plus hautes du globe, en est cependant une des plus imposantes pour sa grande élévation, pour le volume de ses eaux et parce qu'elle réunit tout ce qui peut rendre un site éminemment pittoresque. En général, dit M. de Humboldt, parmi les scènes majestueuses et variées que présentent les Cordillières, les vallées sont ce qui frappe le plus l'imagination du voyageur européen. L'énorme hauteur des montagnes, continue le savant voyageur, ne peut en effet être saisie en entier qu'à une distance considérable et lorsqu'on se trouve placé dans ces plaines qui se prolongent depuis la côte jusqu'au pied de la chaîne centrale. Les plateaux qui entourent les cimes couvertes de neiges perpétuelles, sont la plupart élevés de 2500 à 3000 mètres au-dessus du niveau de l'Océan. Cette circonstance diminue jusqu'à un certain point l'impression de grandeur que produisent les masses colossales du Chimborazo, du Cotopaxi et de l'Antisana, vues des plateaux de Riobamba et de Quito. Mais il n'en est point des vallées comme des montagnes; plus profondes et plus étroites que celles des Alpes et des Pyrénées, les vallées des Cordillères offrent les sites les plus sauvages et les plus propres à remplir l'âme d'admiration et d'effroi. Ce sont des crevasses, dont le fond et les bords sont ornés d'une végétation vigoureuse et dont souvent la profondeur est si grande, que le Vésuve et le Puy-de-Dôme pourraient y être placés, sans que leur cime dépassât le niveau des montagnes les plus voisines.

Les Andes de l'Amérique septentrionale n'offrent pas tant de variétés et n'ont pas ce caractère majestueux et grandiose des Cordillères de l'Amérique du Sud. A leur entrée dans l'Amérique septentrionale elles s'étendent de plus en plus, leurs cimes s'élargissent et s'arrondissent, leurs pentes deviennent moins rapides et leurs ramifications moins nombreuses. Dans les États-Unis de l'Amérique centrale elles ne dépassent pas la hauteur de 3340 mètres; elles y sont généralement de nature volcanique, et on y compte 20 volcans, la plupart en activité. Dans le Mexique, les Cordillères, quoique s'élevant à une hauteur très-considérable, ne forment qu'une seule plaine contiguë et très-étendue, qu'un plateau uniforme, rarement interrompu par des vallées et connu sous le nom de *plateau d'Anahuac;* au S. ce plateau s'élève à 2835 mètres au-dessus du niveau de l'Océan ; sa pente est bien plus rapide vers l'E. que vers l'O. ; de petites rivières en descendent et vont rejoindre l'Océan voisin ou le Rio-del-Norte, le plus grand cours d'eau du Mexique. Quoique moins isolées et de là moins frappantes que les Alpes, les Cordillères du Mexique présentent cependant quelques pics très-considérables, ce sont des volcans éteints ou en activité encore, dont les sommets sont couverts d'une neige perpétuelle. Ce sont : le Popocatépetl (5594 mètres), l'Iztaccibuatl (4933 mètres), le Citaltépetl ou le Nevado d'Orizaba (5444 mètres), et le Nauhcampatépetl ou Coffre de Pérote (4196 mètres). La ligne des neiges se trouve entre le 18° et le 19° lat. N., à la hauteur de 4700 mètres. Au N. du Mexique la chaîne des Cordillères reçoit le nom de Sierra Madré, qui se divise en trois chaînes, dont celle du milieu forme le nœud principal ; elle prend dans sa longue étendue différents noms, tels que Sierra de las Mimbres, Sierra de las Grullas, Sierra Verdé et entre sous le nom de montagnes Rocheuses (Rocky-Mountains), dans le territoire des États-Unis de l'Amérique du Nord. De plus en plus âpre et stérile, elle traverse cet état, où son point culminant, le Longpike, s'élève à la hauteur de 3670 mètres. De là s'aplatissant de plus en plus, cette chaîne de montagnes, traverse les districts du Missouri et du Nord-Ouest, où il s'en détache une ramification peu considérable qui, sous le nom de Brocken-Ridge (chaîne brisée), va aboutir au lac Supérieur. La chaîne principale se perd dans les districts glacés que baigne le Mackenzie.

Aperçu général des Cordillères.

I. *Andes de la Patagonie.* Depuis le cap Froward (54° 30′ lat. S.) jusqu'au lac Nahuelialpi (41° 15′ lat. S.); chaîne non-interrompue de 400 l. d'étendue ; ramifications peu considérables ; c'est la partie la moins connue des Andes. Point culminant : le Corcovado (1950 mètres). Volcans : les Cerros de Tacapel, de Antojo, de Chinal, de Villa-Rica, de Osorno, de Quechucabi, de San-Clemente, de los Gigantes, etc.

II. *Andes du Chili et du Potosi.* 1° Chaîne centrale. Depuis le 41° 15′ lat. S. jusqu'au 20° lat. S. (étendue de près de 550 l.); hauteur moyenne : 3665 mètres ; ligne des neiges perpétuelles : à 3600 mètres d'élévation ; points culminants : le Descabezado, sous le 35° lat. S. (6600 mètres, d'après Molina), le Longavi, sous le 35° 15′ (5330 mètres?), le Tupungato, sous le 33° 40′ (5000 mètres, d'après Miers), le Guanauca, sous le 41° 8′ (4667 mètres), le Chillan, sous le 36° (4650 mètres?), le Villarica (volcan), sous le 39° (4360 mètres), le Copiapo (volcan), sous le 27° (4167 mètres), le Chuapa (volcan), sous le 32° (4000 mètres?), le Coquimbo (volcan), sous le 30° 25′ (3868 mètres?), le Cerro de Maypo (volcan), sous le 34° (3974 mètres, d'après d'autres 3670 mètres), le Cerro de Pétéroa (volcan), sous le 35° 40′ (3400 mètres), etc.

2° Chaînes secondaires : 1) Sierra de los Angeles, à l'O. du pic d'Aconcagua ; direction S.-O.-S., se termine à l'embouchure du Quillota ; ramifications peu connues ; 2) Sierra de la Déhésa, au N.-O. du Tupungato ; direction O.-S.-O., se perd au N. de l'embouchure du Maypo ; ramifications E. s'étendant sur la rép. Argentine.

3° Dépendances : 1) Andes de Chiloë ; direction du N. au S. Le point culminant de cette chaîne de montagnes atteint la hauteur de 1800 mètres ; 2) montagnes de l'archipel de Chonos ; point culminant : le pic de Cuptana (3000 mètres).

III. *Andes du Pérou.* 1° Chaîne centrale : depuis le nœud de Porco jusqu'au N.-O. du plateau d'Almaguer (20° jusqu'à 3° 15′ lat. S. et 425 l. de longueur). La ligne des neiges perpétuelles varie entre 4500 et 5000 mètres de hauteur ; hauteur moyenne, 5200 mètres.

Nœuds principaux, d'après M. de Humboldt : 1) 20° 30′ à 19° 30′ lat. S. : Nœud de Potosi et de Tarapaca (Porco), divise en deux chaînons, à l'E. et à l'O. du bassin du Titicaca ; 19° 30′ à 15° : *a*) chaînon oriental ou Cordillera de la Paz et Palca (Cordillera de Acama), à l'E. du bassin du Titicaca ; *b*) chaînon occidental ou Cordillera de Tacna et d'Aréquipa (Cordillera Réal), à l'O. du bassin du Titicaca ; 2) 15° à 14° : Nœud de Cuzco et de Parinacochas, divisé en deux chaînons, à l'E. et à l'O. du bassin de l'Apurimac ; 14° à 11° : *a*) chaînon oriental ou Cordillera d'Ocopa et Tarma, à l'E. du bassin de l'Apurimac ; *b*) chaînon occidental ou Cordillera de Huancavelica (Cordillera-Réal), à l'O. du bassin de l'Apurimac ; 3) 11° à 10° 30′ : Nœud de Huanuco et de Pasco, divisé en trois chaînons qui sont séparés par les bassins du Maragnon supérieur et du Rio-Huallaga ; 10° 30′ à 5° 30′, *a*) chaînon oriental ou Cordillera de Pozuzu et Munna, à l'E. du bassin du Rio-Huallaga (Cordillera de la pampa del Sacramento); *b*) chaînon central ou Cordillera de Patas et Chachapoyas, à l'E. du bassin du Maragnon supérieur, et à l'O. de celui du Rio-Huallaga (montanna de los Infieles); *c*) chaînon occidental ou Cordillera de Guamachuco et Cajamarca (Cordillera-Réal), à l'O. du bassin du Maragnon supérieur ; 4) 5° 30′ à 3° 15′ : Nœud de Loja (Loga), réunion des chaînons occidental et central du nœud précédemment cité ; le chaînon oriental se réunit en partie avec le chaînon central, en partie il s'aplatit vers le N.

Malgré toutes ces divisions et réunions, le chaînon occidental, comme on peut le reconnaître au nom général que lui ont donné les Espagnols, reste toujours le même sans interruption. Il forme dans toute son étendue la cime finale des Andes et le *divortia aquarum* entre le bassin de l'Océan Atlantique et celui de l'Océan Pacifique.

2° Chaînes secondaires. 1) Pente orientale : à l'E. du nœud du Huanuco et Pasco, Sierra del Rio-Péréné, se termine près de l'embouchure du Pachitéa, sous le nom de Sierra de San-Carlos ; point culminant : Cerro de la Sal. Au N.-E. du nœud de Vilcanota et Paucartambo, la Sierra de Vilcanota, appelée Andes de Avisca, sous le 12° lat. S., jusqu'au bassin de l'Apurimac inférieur. Les Andes de San-Juan-del-Oro (Sierra de Aporoma), entre le Pérou et la république de Bolivia, séparent la vallée de l'Inambari du bassin du Béni (Andes de Cuchoa et Montes de Conomamas). 2) Pente occidentale. La plupart de ces ramifications sont de peu d'étendue ; nous n'en citons que deux : la Sierra de Amotape (Amobataba), entre le Rio-Tumbez et le Rio de la Chira (frontière septentrionale). La Cordillera Negra, au S. de l'embouchure du Rio-Santa.

Points culminants des Andes du Pérou : Nevado de Sorota (7896 mètres), Nevado d'Illimani (7506 mètres), Pichu-Pichu (5670 mètres), Guagua-Plitina (5700 mètres), le volcan Uvinas (5400 mètres), Nevado de Sasaguanca (5660 mètres), Inchocajo (5240 mètres), le volcan Chipicami (5760 mètres), etc. Haut-plateau péruvien (plateau du Titicaca), 1200—2800 mètres d'élévation.

IV. *Andes de la Colombie* ou *Cordillères de la Nouvelle-Grenade*. Depuis le 5° 15' lat. S. jusqu'au 11° lat. N. (400 l. d'étendue du S. au N.-E.). Ligne des neiges perpétuelles, à 5000 mètres de hauteur ; hauteur moyenne 4830 mètres. 1° Chaîne principale. Depuis le 5°. 15' à 5° 30' lat. S., se divise en trois chaînons (trifurcation), dans les environs de Popayan, dép. de Cauca. 1) Chaînon occidental (Sierra de Choco), entre la côte de la mer des Antilles et le Rio-Cauca ; ramification O., sous 2° 50' lat. S., la Cordillera de Sindagua. Branches secondaires : a) Branche orientale, longe le Rio-Cauca ; b) Branche occidentale, continuation des Andes proprement dites, traverse l'isthme de Panama ; hauteur 1500 mètres. 2) Chaînon central (Sierra de Quindiu), entre le Rio-Cauca et le Rio-Magdalena, dans une direction N.-N.-E. du point de séparation, se termine sous 8° 30' lat. N. dans le dép. de Magdalena ; hauteur 5500 mètres ; continuation Sierra de Santa-Marta ; points culminants : les Paramos de las Papas, de Savelillo, d'Iraca, de Guanacas, de Chinche, de Baracan, le passo de Quindiu. 3) Chaînon oriental (Andes de Santa-Fé), Andes de Bogota ou Sierra de la Summa-Paz, prend une direction N.-E., s'étend depuis Almaguer jusqu'au cap Paria, en traversant les dép. de Cauca, de Cundinamarca et de Boyaca, et se divise, dans le dép. de Zulia, en deux branches : a) Branche occidentale ; elle s'étend au N.-E. jusqu'à l'extrémité septentrionale de l'Amérique du Sud, entre les dép. de Zulia et de Magdalena. b) Branche orientale, s'étend d'abord vers le N.-E. jusqu'à Porto-Cabello, puis vers l'E. jusqu'à la pointe de Paria ; sépare le dép. de Zulia de celui de l'Orénoque, et traverse les dép. de Vénézuela et de Maturin.

Points culminants des Andes de la Colombie : le Chimborazo (6700 mètres), le Sangay (5360 mètres), le Cotopaxi (5900 mètres), le volcan d'Antisana (4984 mètres), le Cayambé-Urcu (6140 mètres), le Capac-Urcu (5460 mètres), le Tungarahua (5088 mètres), le Carguairazo (4900 mètres), le Nevado-de-Huila (5600 mètres), le Pic de Tolima (5730 mètres). Le plateau Colombien s'élève à la hauteur de 1600 à 3000 mètres.

V. *Cordillères de l'Amérique centrale.* Depuis le 8° 30' jusqu'au 16° 90' lat. N. (213 l. de longueur) ; ligne des neiges perpétuelles, à la hauteur de 4340 mètres ; hauteur moyenne, 2670 mètres.

1° Chaîne centrale ou Cordillera-de-Véragua, Cordillera-de-Guatémala, le long et à peu de distance de l'Océan Pacifique.

2° Chaînes secondaires: 1) ramifications occidentales, les Sierras de Costa-Rica et de Nicaragua et d'autres peu étendues ; 2) ramifications orientales, la Sierra de Honduras, la Sierra de Guatémala proprement dite et la Sierra de Merida, la plus élevée.

Points culminants : les volcans d'Agua (4660 mètres) et de Fuégo (4586 mètres), près de Guatémala. Le plateau de Nicaragua (2600 à 3000 mètres).

VI. *Cordillères du Mexique.* Depuis le 16° 50' jusqu'au 41° lat. N. (600 l. de longueur du S. au N.) ; ligne des neiges perpétuelles, à la hauteur de 4910 mètres ; hauteur moyenne, 4000 mètres.

1° Chaîne centrale (haut-plateau d'Anahuac) ; elle traverse sous différentes dénominations le centre des états mexicains jusqu'à l'état de Chihuahua : 1) Sierra d'Oaxaca, au milieu de l'isthme mexicain, entre le Rio-Chimalapa et le Guasacualco.

Entre 18° 30' et 21° lat. N. le plateau d'Anahuac s'étend directement du S. au N. ; entre 19° et 20° il fait une courbure de l'E. au N.-O. et prend le nom de Sierra Madré, qui se divise en trois branches : 1) branche orientale ; elle s'étend sur les états de Nuévo-Santander et de Zacatécas, et s'aplatit dans l'état de Nuévo-Léon, près des rives du Rio-del-Norte ; 2) branche centrale ; elle peut être regardée comme la chaîne principale des Andes, s'étend sur l'état de Durango et atteint, sous 31° lat. N., la frontière du Nouveau-Mexique ; elle prend successivement les noms de Sierra Carcay, Sierra de Acha, Sierra de las Mimbres, Sierra de las Gruellas et Sierra Verdé, et se prolonge dans l'Amérique septentrionale sous le nom de Rocky-Mountains (montagnes Rocheuses; 3) branche occidentale; elle s'étend sur la prov. de Guadalaxara, s'aplatit dans celle de Sonora etCinaloa, se relève sous 30° lat. N. à une hauteur considérable et s'étend le long du golfe de Californie sous le nom de Primeria-Alta, qui se prolonge dans les montagnes de la côte N.-O.

2° Chaines secondaires. 1) Ramifications orientales : Sierra del Lucerno, Sierra de Barigon, Sierra de las Piernas de Donna Maria, Sierra de la Florida; 2) ramifications occidentales : Sierra del Sacramento, faisant une seule et même file de montagnes avec la Sierra de los Organos au S. et la Sierra Obscura au N.

3° Dépendances : la Sierra de Saba, à l'O. la Sierra de Santa-Rosa, les monts Ozark (Mount-Cerne), la Sierra Lucia et la Sierra de San-Marcos dans la presqu'île de Californie.

Points culminants des Cordillères du Mexique : le Popocatépetl (5542 mètres), le Citlaltépetl ou volcan d'Orizaba (5434 mètres), le Nevado-d'Iztaccihuatl (4912 mètres), le Nevado-de-Toluca (4744 mètres), le Nauhcampatépetl ou Coffre-de-Pérote (4196 mètres), le Cerro-de-Axusco (3770 mètres), le pic de Tancitaro (3266 mètres). Le plateau d'Anahuac s'élève de 1200 à 2400 mètres.

VII. *Cordillères de l'Amérique septentrionale ou Rocky-Mountains (montagnes Rocheuses).* Depuis 41° jusqu'à 52° 20' lat. N. (284 l. de longueur), ligne des neiges perpétuelles à 3340 mètres de hauteur; hauteur moyenne 4000 mètres.

1° Chaîne centrale, s'étend dans une direction N.-O. et s'aplatit en partie sur les rives du Mackenzie, en partie sur les bords de l'Océan Polaire. Au-delà de 52° lat. N. cette chaîne prend successivement les noms de montagnes de l'Orégon et de Stony-Mountains (montagnes Pierreuses).

2° Chaines secondaires; 1) montagnes de la côte N.-O., continuation des Cordillères de la Californie et branche E. de la chaîne principale; elles se perdent sur les bords de l'Amérique russe. Principaux pics : le St.-Hellens, le Jefferson, le Columbia, le Raynier, le Baker et le Hood; 2) les Black-Mountains (montagnes Noires), à l'O. des montagnes Rocheuses et parallèles à cette chaîne; 3) les montagnes du Sud-Est (South-East-Mountains) se séparent des Rocky-Mountains près des sources du Mukowane, longent la frontière du territoire de Missouri, entrent dans ce territoire et se divisent dans celui du N.-O. en deux branches : *a*) branche septentrionale : le Land-Hill, se prolonge dans le Canada; *b*) le Brockenridge (chaîne Brisée), entoure les bords méridionaux du lac Supérieur et s'aplatit sur les bords du lac Huron.

Points culminants des montagnes Rocheuses et de leurs dépendances : le pic Espagnol (3500 mètres), le pic James (3596 mètres), le Big-Horn (4242 mètres), le Fair-Weather (mont Beautemps, dans l'Amérique russe, 4608 mètres), le volcan de St.-Élie (Amérique russe, 5586 mètres), le Pic oriental, dans la péninsule d'Alaska, volcan (2800 mètres); le haut plateau de l'Amérique du Nord (plateau Missouri-Colombien) s'élève à la hauteur de 700 à 1100 mètres.

Nous n'avons parlé dans cet article ni du système brésilien, ni de celui de la Guyane ou de la Parime, qu'on regardait à tort comme des dépendances de celui des Cordillères. Ces deux systèmes de montagnes ne sont nullement en rapport avec les Andes et trouveront leur place dans des articles spéciaux.

CORDIRON, vg. de Fr., Doubs, arr. de Besançon, cant. d'Audeux, poste de Marnay; 130 hab.

CORDON, ham. de Fr., Ain, com. de Bregnier-Cordon; 300 hab.

CORDONNET (le), ham. de Fr., Haute-Saône, com. de Hauterive; 220 hab.

CORDOUAN (la tour de), phare magnifique, construit sur une masse rocheuse, à l'embouchure de la Gironde, à 20 l. N.-O. de Bordeaux. Ce phare, le plus beau de France, est bâti en forme de pyramide: il a 220 pieds de haut, non compris la lanterne de fer dans laquelle est placé le foyer. C'est à la tour de Cordouan qu'on a fait, pour la première fois, l'application des feux tournants et de l'appareil à lentilles à échelons, inventé par Fresnel. Les fondements de cet édifice furent jetés en 1584 par le célèbre architecte Louis de Foix.

CORDOUE, (roy. de), prov. d'Espagne, dans la Basse-Andalousie, dépendant du capitanat-général de Port-Ste.-Marie et de la juridiction de Séville, bornée au N.-O. par l'Estramadure, au N.-E. par la Manche, à l'E. par le roy. de Jaën, au S. par celui de Grenade et au S.-O. par le roy. de Séville. Sa superficie est de 348 l. c. d'Espagne (17 1/2 au degré), et sa pop. de 259,000 hab., répartis dans 4 villes et 59 bourgs et villages. Le Guadalquivir sépare la province en deux parties; la septentrionale ou la Sierra, qui est couverte de montagnes élevées, et la méridionale ou la Campina, plaine ondulée dans laquelle s'élèvent quelques montagnes isolées. Le sol est assez fertile, cependant on manque d'eau dans la plaine, et dans les vallées de la Sierra on n'en a que le stricte nécessaire. Les montagnes sont des ramifications de la Morena; à l'E. s'élève la Puerto-Calatravena qui forme les Pedroches; au centre, la Sierra de Cordova qui s'étend vers le roy. de Séville pour rejoindre la chaîne de Guadacanal. Ces montagnes sont escarpées et arides, mais leur hauteur ne dépasse nulle part 700 mètres au-dessus du niveau de la mer. La rivière principale est le Guadalquivir qui quitte le roy. de Jaën à Aldea-del-Rio et traverse la province jusqu'à Penaflor; il reçoit à droite le Jeguas, l'Arenates,

9

le Guadamellan, le Guadabarbo, le Guadiate et le Bembezar, qui prennent tous leurs sources dans la Sierra; à sa gauche le Guadajoz, avec la Marbella, et sur la frontière de Séville, le Xenil qui vient du roy. de Grenade et porte les eaux du Rianzul et de la Cabra dans le Guadalquivir à Palma. Le Zuga, qui se dirige avec le Guadalmez et la Guadaranilla dans l'Estramadure, appartient au bassin de la Guadiana. On trouve dans la Campina quelques lagunes dont celle de Zonar est la plus considérable; la province possède aussi plusieurs sources minérales, mais aucune n'est renommée. Dans la Campina la température est étouffante en été, surtout quand le souffle brûlant du solano passe sur la campagne altérée; aucune brise ne vient, comme dans le roy. de Séville, modérer cette chaleur excessive; dans la Sierra le climat est pur et tempéré; cependant on voit rarement de la neige sur les montagnes, et l'hiver, pluvieux, ne dure guères que deux mois. Les Maures s'étant maintenus dans cette province jusqu'en 1237, on y trouve plus de traces de leur système de culture que dans le roy. de Séville. Dans cette province, comme dans toute l'Espagne, les collines et les vallées des pays de montagnes sont mieux cultivées que la plaine; dans cette dernière on laisse tomber en ruines les travaux d'irrigation exécutés par les Arabes, et les habitants, amollis par la grande chaleur, sont peu disposés aux travaux des champs. Aucun motif n'existe pour l'amélioration de l'agriculture; les terres appartiennent aux nobles et au haut clergé qui, trouvant au-dessous de leur dignité de surveiller leur exploitation, les amodient; les fermiers les louent à leur tour aux pauvres campagnards, qui ne cherchent qu'à en tirer le plus de rapport possible sans pourtant se mettre en dépense pour leur amendement. Les récoltes de blé et de légumes secs ne suffisent pas à la consommation du pays; on en tire de la Manche ou on y supplée par les châtaignes et le caroube. La Campina produit en abondance tous les fruits du sud, du chanvre, du lin, de l'esparte, du safran, etc. La Sierra a de bons pâturages, du gibier et du bois. On y élève peu de bêtes à cornes et de porcs, mais on y entretient beaucoup de chèvres et de brebis; de nombreux troupeaux de ces dernières viennent chaque année du N. pour hiverner. Les nobles chevaux andalous sont issus des haras du roy. de Cordoue; pour protéger leur propagation, il est défendu dans toute l'Andalousie d'élever des mulets. Les montagnes renferment de l'argent, du plomb, du fer et du cuivre, mais on n'exploite que du marbre, des pierres de taille, de la terre glaise et les riches sources salines de Baëna, d'Espejo et de Jarales. L'industrie et le commerce sont bornés; la première se réduit à la filature de laine et de soie, et à la fabrication de draps, de toile, de savon, de cuirs, de poterie, de chapeaux et de gants. On expédie pour les provinces voisines: de la laine, des cuirs crus, de la poterie, des vins, de l'huile, du sel, du soumac, du tan, des noix de galle, du mastic et du kermès; on exporte à l'étranger: des chapeaux, de la ganterie et de la soie. Ses plus grandes relations s'étendent sur Malaga et Séville.

CORDOUE, *Colonia Patricia*, *Cordubensis*, *Corduba*, v. d'Espagne, chef-lieu de la prov. de ce nom, située à 361. N.-E. de Séville, à 80 l. S.-S.-O. de Madrid et à 55 l. N.-E. de Cadix, sur la rive droite du Guadalquivir que l'on traverse sur un pont, construit par les Arabes, composé de 16 arches et de 294 mètres de longueur. Cette ancienne résidence des rois maures, aujourd'hui siége d'un évêché, est construite en amphithéâtre sur le penchant doux d'une colline et domine une plaine charmante; elle forme un carré long, ceint de vieilles murailles flanquées de fortes tours et autour duquel s'étendent de vastes faubourgs; elle a 14 portes, plusieurs places publiques, parmi lesquelles on remarque la Correda, qui est régulière et environnée de portiques à colonnes; ses rues sont tortueuses et étroites, un grand nombre ont disparu et à leur place se sont élevés de vastes jardins. La cathédrale, autrefois une mosquée, construite à la fin du septième siècle par le roi Abdérhame, est un des plus beaux monuments de l'architecture arabe; elle forme un octogone, au-dessus duquel s'élevaient de superbes coupoles soutenues par 850 colonnes de jaspe et de marbre formant 19 galeries; les chrétiens y ont fait quelques changements de mauvais goût; elle a 144 mètres de longueur sur 136 de largeur et se trouve ornée de 16 tours et de 100 chapelles. L'ancien palais des rois maures et ses vastes jardins font aujourd'hui partie du palais épiscopal et du haras royal. La ville renferme en outre 16 églises paroissiales, 40 couvents, 16 hospices dont deux pour les orphelins, une maison de correction et 2 colléges. On y fabrique de l'argenterie et de la bijouterie renommées; des galons, des rubans, du beau fil, des chapeaux et des couvertures; elle possède plusieurs tanneries, mais on ne trouve plus de traces de la fabrication des cuirs de Cordoue, si florissante sous les Maures. Ses marchés de chevaux sont brillants et très-fréquentés. La pop., qui était jadis de 200,000 hab., se trouve réduite à 57,000.

L'époque de la fondation de la colonie romaine, *Colonia Patricia*, aujourd'hui Cordoue, est incertaine. En 572 les Goths s'en emparèrent, et en 692 elle tomba au pouvoir d'Abdérhame, vice-roi sarrasin en Espagne, qui, après s'être rendu indépendant du calife de Damas, son suzerain, y établit sa résidence royale. Il eut plusieurs successeurs de même nom, dont l'un pénétra, en 732, dans l'intérieur de la France jusqu'à Tours; arrêté dans son invasion par Charles-

Martel, il essuya une défaite complète et resta sur place avec 70,000 Sarrasins. En 1030, des dissensions intérieures amenèrent le démembrement du califat; dès cette époque, les rois de Castille, secondés par des aventuriers des autres nations chrétiennes, profitèrent de la division des Maures, qui devint la cause de leur décadence : ils perdirent successivement leur places fortes; Cordoue aussi fut enlevée en 1236 par Ferdinand-le-Saint, roi de Léon et de Castille, et enfin leur domination finit entièrement en Espagne, en 1492, après la conquête de Grenade, par Ferdinand-le-Catholique.

Cette ville est la patrie des deux Sénèque (58 ans avant J.-C. et l'an 4 de l'ère chrétienne); de Lucain (38); d'Averroès (mort en 1198), célèbre philosophe arabe du douzième siècle; de Moïse Maimonides (né en 1131), un des plus savants et des plus célèbres israélites, disciple d'Averroès; et du grand capitaine Gonzalve de Cordoue (1448-1515).

CORDOVA, état ou prov. de la rép. Argentine (Rio-de-la-Plata). Cet état, partie de l'ancien Tucuman, est un des plus importants de la république; il occupe l'extrémité S.-E. des monts Tucumans, et est borné au N. par l'état de Santiago-del-Estero, et, à ce qu'il paraît, par un district inhabité, qui le sépare de l'état de Catamarca; à l'O. par l'état de San-Luis; à l'E. par une partie des Pampas, qui le séparent de l'état de Santa-Fé, et dans laquelle erre une tribu des Guaycurus; au S.-E. par l'état de Buénos-Ayres et au S. par les Pampas intérieurs, parcourus par des hordes indiennes, appelées d'après ces contrées. L'étendue de cet état est estimée à 556 l. c. géogr., avec une population de 80,000 âmes; il forme une des provinces les plus fertiles et les plus belles de la république; son sol varie suivant la région des Pampas et celle de la Travesia et des hauteurs des monts Tucumans. A l'E. s'étendent de vastes prairies qui nourrissent de nombreux troupeaux de bétail, de chevaux, d'ânes et de mulets; au S. et le long des montagnes, ce pays est couvert d'immenses forêts, remplies de plantes salsugineuses, qui caractérisent la région de la Travesia. On extrait de ces plantes une quantité considérable de soude, article du commerce d'exportation de cette province, qui, avec le temps, peut devenir d'une grande importance. En général, ce pays produit du blé, du maïs, du coton et des fruits délicieux. Les habitants sont très-cultivés et moins indolents que ceux de la plupart des autres districts de la république; ils s'adonnent à la fabrication de gros draps, mais principalement à l'éducation des mulets, dont il s'y fait un grand commerce. Jusqu'ici on n'exploite dans ce pays que quelques carrières de chaux d'une excellente qualité; les métaux ne paraissent pas y manquer.

CORDOVA, **CORDOVA DE TUCUMAN** ou **CORDOVA DE LA NUEVA ANDALUCIA**, v. de la rép. Argentine, état de Cordova, dont elle est la capitale, dans une vallée profonde, entourée de collines, sur le Rio-Primero; elle est régulièrement bâtie, une des plus importantes villes de la confédération, et siége d'un évêque. Son université, qui autrefois lui donnait une grande importance, est depuis longtemps tombée en décadence, ainsi que sa bibliothèque publique. Mais sa position centrale, qui en fait un grand entrepôt commercial, ses manufactures de draps et de différents tissus en laine et en coton, et sa population, qui paraît s'élever à 15,000 âmes, lui donnent une grande importance. D'ailleurs, cette ville a été, durant les troubles, un centre d'opposition, et a joué un des principaux rôles dans la guerre civile qui désola la confédération. Autrefois elle a été le principal siége de l'ordre des jésuites dans cette partie de l'Amérique.

CORDOVA (labyrinthe de); groupe d'îles dans le canal de Ste.-Barbe, qui traverse au N.-O. la Terre-de-Feu.

CORDOVA ou **CORDOBA**, v. de la confédération mexicaine, état de Vera-Cruz, non loin du Rio-Blanco, sur le penchant oriental du pic d'Orizaba, et sous un ciel bien plus brûlant que celui de Xalapa. Elle fut fondée en 1618, et renferme plusieurs couvents et hôpitaux; elle est remarquable par ses belles plantations de sucre et par ses vastes champs de tabac, dont le produit, joint à celui d'Orizaba, suffisait, selon M. de Humboldt, à la consommation de tout le Mexique, et rapportait de 18 à 20,000,000 de francs au gouvernement; 4000 hab.

CORDOVA (montanna nevada de). *Voyez* **CORDILLÈRES**.

CORDOVADO, b. du roy. Lombard-Vénitien, gouv. de Milan, délégation d'Udine (Frioul), avec un château fort, un couvent et un château épiscopal; 3000 hab.

CORDUAN *Voyez* **FOSSE-CORDUAN** (la).

CORDUENE, g. a., contrée de la Grande-Arménie, entre l'Euphrate et le Tigre; de nos jours elle fait partie du Kurdistan.

CORECAMÉCRANS. *Voyez* **CAMÉCRANS** (peuplade).

CORÉE, *Korea*, appelé *Kaoli* par les habitants. Les Européens ont donné ce nom à la presqu'île située sur la côte orient. de l'Asie, entre 121° 20' et 128° 10' long. orient., et 34° 25' et 42° 40' lat. N. Elle est bornée au N. par la Mandchourie, à l'E. par la mer du Japon, au S.-E. par le détroit de Corée, au S.-O. et à l'O. par la mer Jaune, au N.-O. par la Chine proprement dite. Ce pays, entièrement fermé aux Européens, ne nous est connu que par des livres chinois et par les récits des prisonniers hollandais qui y furent détenus au dix-septième siècle. Sa superficie est de 10,000 l. c. environ. Le sol, surtout au N., est très-montagneux; il y existe de vastes déserts et des forêts impénétrables. La partie méridionale cependant est fertile et bien cultivée. Ses principales productions sont le riz, le coton, le tabac, le chanvre, la soie, le blé; on trouve dans les montagnes de l'or, de l'argent et du fer ; les bois de construction y abondent. Sur les côtes, la pêche, surtout celle des perles, est très-lucrative.

La Corée forme un royaume séparé, mais vassal et protégé de la Chine ; le peuple qui l'habite, de race mongole, a reçu du céleste empire sa religion, ses mœurs, ses institutions et sa civilisation, qui est très-imparfaite. Au moyen âge, il a soumis une partie du haut-plateau de l'Asie : aujourd'hui il est confiné dans sa patrie, la presqu'île de Corée. On porte le nombre des habitants de 8 1/2 millions à 12 millions d'âmes; ils n'ont de relations commerciales et autres qu'avec la Chine et le Japon. Le roi a besoin, pour régner, de la confirmation de l'empereur de la Chine : son pouvoir est absolu. Le roy. de Corée est divisé en 8 provinces, administrées par des gouverneurs. La capitale s'appelle Han-yang-tching. L'archipel de Corée en est une dépendance.

CORÉE (archipel de). On a compris sous ce nom un nombre très-considérable d'îlots et de rochers qui, au S.-E. de la presqu'île de Corée, s'étendent à une dixaine de lieues dans la mer. La plupart d'entre eux sont des rochers granitiques ; plusieurs ont une forme singulière : presque tous sont boisés et habités. Les Anglais ont donné le nom de Hulton et d'Olncherst à deux d'entre eux, et ceux de Lyra et d'Alceste aux deux situés le plus à l'O., du côté de la Chine. L'île plus grande de Quelpært peut être regardée comme une dépendance géographique de ce groupe.

COREE (canal de), bras de mer au S.-E. de la presqu'île de Corée, qui sépare les îles japonaises, Kiousiou et Niphou, du continent asiatique.

CORELLA, *Graccuris*, v. d'Espagne, roy. de Navarre, dist. de Tudela; 4000 hab.

COREN, vg. de Fr., Cantal, arr., cant. et poste de St.-Flour; 590 hab.

CORENC, vg. de Fr., Isère, arr., cant. et poste de Grenoble; 570 hab.

CORENÇON, ham. de Fr., Isère, com. de Villard-de-Lans; 250 hab.

CORE-SOUND, la partie méridionale du Pamlico-Sound, sur la côte de l'état de la Caroline du Nord, États-Unis de l'Amérique du Nord.

CORENT, vg. de Fr., Puy-de-Dôme, com. de Martres-de-Veyre; 600 hab.

CORENTYN (*Corantine* ou *Corentine* en anglais), fl. considérable de la Guyane anglaise, prend naissance, à ce qu'il paraît, dans les montagnes de l'intérieur, sous le 4° 30' lat. N. L'hypothèse du père Bernardo-Rosella, qui le fait sortir du lac Parima, est peu probable. Il coule du S. au N., en séparant la Guyane anglaise de la Guyane hollandaise, et se décharge dans l'Océan Atlantique, par une embouchure, large d'une lieue marine. Il est rempli de bancs de sable, mais porte aussi plusieurs îles très-fertiles. Son principal affluent est le Nickiri, qui se réunit au Corentyn, près de l'embouchure de ce fleuve. Un canal qui joindra le Corentyn au Berbice par l'Abary, et qui aboutirait au canal de Mahaica, est projeté depuis plusieurs années. Nous ignorons si ce projet a été exécuté.

CORFE-CASTLE, b. d'Angleterre, comté de Dorset, nomme deux députés au parlement. On y trouve une terre d'argile, la plus fine de tout le royaume ; château fort ruiné; 800 hab.

CORFÉLIX, vg. de Fr., Marne, arr. d'Épernay, cant. et poste de Montmirail; 200 h.

CORFOU, *Corcyra*, une des sept îles Ioniennes, entre 17° 40' et 18° 12' long. E., et entre 39° 22' et 39° 46' lat. N., séparée de la côte occidentale de la Turquie par le canal étroit de Corfou. Superficie 10 3/4 l. c. g. avec 48,736 hab. Elle est couverte de montagnes peu élevées; le mont St.-Salvador ne dépasse pas 500 mètres; ces montagnes sont nues et arides, et ce n'est que dans les vallées que la terre est labourable. Corfou est mieux arrosé que les autres îles Ioniennes; son climat est doux, mais très-variable; les tremblements de terre y sont assez fréquents ; il produit principalement du sel et des olives, mais l'huile qu'on en retire est d'une qualité médiocre; toutes ses autres productions ne suffisent pas à la consommation. L'industrie est peu considérable; la fabrication de l'huile et la raffinerie du sel occupent la majorité des habitants. Le commerce est entre les mains des Anglais; on exporte de l'huile, des raisins dits de Corinthe, du sel, de la poterie et des peaux. Ses habitants sont d'origine grecque, parlent le grec moderne et appartiennent à l'église grecque; ils n'ont pas d'évêque, mais un protopape élu pour cinq ans et qui relève du patriarche de Constantinople ; à la tête de l'église grecque-catholique il y a un archevêque. L'instruction est très-négligée. Cette île est divisée en sept cantons : Corfou, Llapades, Péritia, Agrafus, Spagus, Strongili et Milichia.

CORFOU (*Coryfo* des Grecs), *Corcyra*, capitale de l'île de ce nom et siège du commissaire anglais et des autorités, sur la côte orientale de l'île ; elle se compose : 1° de la ville proprement dite, fortifiée; on y compte 6 églises grecques-catholiques et un palais archiépiscopal catholique, 36 églises et chapelles grecques, plusieurs hospices, quelques cercles littéraires, une salle de spectacle et une société pour l'amélioration du commerce, de l'agriculture et de l'industrie; 2° la citadelle, placée à l'extrémité de la langue de terre de Corfou, avec le palais du commissaire anglais, devant lequel on voit la statue du comte de Schulenburg qui défendit la citadelle contre les Osmans en 1716.

A 300 mètres de la ville, au milieu du golfe de Corfou, s'élève l'île de Vido, devant laquelle se trouve le port de Corfou; 3° les faubourgs, habités par des potiers, des pêcheurs et des marins. Corfou est la patrie du comte Capo-d'Istrias (Jean), 1776—1831; depuis 1819 il y a une université grecque; 15,800 hab., dont 4000 juifs.

L'île de Corfou fut cédée aux Français par le traité de Campo-Formio; elle leur fut enlevée par la flotte turco-russe en mai 1799; elle fut reprise par les Français le 19 août 1807. Par un traité de 1815 Corfou et les autres îles Ioniennes furent placés sous la protection de la Grande-Bretagne. Au N. de l'île on trouve des vestiges de l'ancienne Chrysopolis.

CORGENGOUX, vg. de Fr., Côte-d'Or, arr. de Beaune, cant. et poste de Seurre; 500 hab.

CORGENON, vg. de Fr., Ain, com. de Buellas; 200 hab.

CORGIRNON, vg. de Fr., Haute-Marne, arr. de Langres, cant. et poste du Fayl-Billot; argile et poterie commune; 550 hab.

CORGNAC, vg. de Fr., Dordogne, arr. de Nontron, cant. et poste de Thiviers; 1270 hab.

CORGNALE, vg. d'Autriche, gouv. de Trieste; il s'y trouve une caverne remarquable; 671 hab.

CORGOLOIN, vg. de Fr., Côte-d'Or, arr. de Beaune, cant. et poste de Nuits; exploitation de marbre; 610 hab.

CORI, *Cora*, pet. v. des états de l'Église, située dans la légation de Velletri, à 8 milles E.-S.-E. de Velletri, et très-importante sous le rapport archéologique.

CORIA, *Cauria*, b. d'Espagne, roy. de la Nouvelle-Castille, prov. d'Estramadure, dist. de Plasencia, sur l'Alagon; évêché; 1600 hab.

CORICONTO, pet. v. de la rép. Argentine, dép. de Mendoza et à l'O. de la ville de ce nom; 2000 hab.

CORIGLIANO, *Coriolanum Calabriæ*, v. du roy. des Deux-Siciles, intendance d'Oronte; 4000 hab.

CORIGLIANO, *Coriolanum*, v. de la Calabre citérieure; oliviers, vers-à-soie; aqueduc remarquable; 8000 hab.

CORIGNAC, vg. de Fr., Charente-Inférieure, arr. de Jonzac, cant. et poste de Montendre; 150 hab.

CORINGA ou **KORINGA**, v. de l'Inde anglaise, présidence de Madras, dans l'ancienne prov. des Circars du Nord. Elle est située à l'embouchure du Godawery dans le golfe du Bengale et possède un bon port, dont l'entrée cependant est difficile. La ville est exposée à de fréquentes inondations. Son commerce est très-actif; on exporte des étoffes de coton et du bois de teek; les importations consistent en soie, papier, cuivre, etc. On construit beaucoup de bâtiments sur ses nombreux chantiers.

CORINTH, pet. v. des États-Unis de l'Amérique du Nord, état de Vermont, comté d'Orange; 2600 hab.

CORINTHE, *Corinthus* (appelé par les Grecs *Kordos*), v. de Grèce, dans l'Argolide, située entre le golfe de Lépante ou de Corinthe et celui d'Égine; elle possède une citadelle formidable, boulevard du Péloponèse. Une partie des murailles de cette citadelle est de construction cyclopéenne, et la ville offre encore quelques précieux restes des monuments de son antique splendeur. Elle a été entièrement dévastée pendant la guerre de Morée; sa population était auparavant assez considérable (15,000 hab.) et son commerce très-actif. Corinthe est le siège d'un archevêché et n'a plus que quelques centaines d'habitants.

Corinthe fut fondé 1346 ans avant J.-C. par Sisyphus, fils d'Æolus, et fut détruite, lors de la dissolution de la ligue achéenne, par le consul Mummius, 146 ans avant J.-C. Rebâtie par Jules César, elle devint colonie romaine. Son temple de Vénus et son théâtre étaient connus dans toute la Grèce, et des nombreux monuments qui décoraient cette superbe cité, il ne reste plus aujourd'hui que les ruines d'un théâtre et d'un temple de Neptune. Ses vaisseaux apportaient autrefois en Grèce les richesses de l'Italie, de l'Asie et de l'Afrique; les ouvrages en bronze (vases de Corinthe) qui s'y fabriquaient étaient renommés dans le monde entier. Corinthe est la patrie de Callimaque, inventeur du chapiteau corinthien; cet illustre architecte florissait vers 450 avant J.-C.). C'est dans cette ville que séjourna St.-Paul; cet apôtre écrivit ses lettres aux Thessaloniciens, aux Romains et peut être aussi aux Galates, et c'est de là qu'il se dirigea vers Jérusalem, l'an 54.

CORIO, v. du roy. de Sardaigne, intendance générale de Turin; 5200 hab.

CORIOSOLITÆ, g. a., peuple de la Gaule lyonnaise, occupait la partie méridionale du dép. du Finistère.

CORISCO ou **CONSICO**, deux petites îles dans le golfe de Guinée, Afrique, sur la côte de Gabon, entre l'embouchure des rivières de Danger et de Mohnda et au S. du cap St.-Jean.

CORITYBA. *Voyez* PLATA (Rio-de-la-).

CORK, comté d'Irlande, province maritime la plus grande du royaume. Ses bornes sont au N.-O. le comté de Kerry, au N. comté de Limerick, au N.-E. le comté de Tipperary et à l'E. le comté de Waterford, au S. et à l'O. l'Océan. Sa superficie est de 117 l. c. géogr., et sa population de 420,000 habitants. Le pays est en partie couvert de montagnes et présente des sites très-romantiques; nulle part les maisons de campagne ne sont aussi nombreuses. Les montagnes vont de l'E. à l'O. et s'étendent principalement vers cette dernière direction. Le sol au N. et à l'E. est très-fertile et bien cultivé; il produit du froment, de l'orge, de l'avoine, des pommes de terre et du chanvre en abondance. Ce comté est un des greniers de l'Irlande. L'éducation du bétail, de même que l'agriculture, y est dans un état très-florissant. Le bois et la houille manquent et l'industrie ne consiste que dans la fabrication de la bière, du cidre, du savon, des chandelles, du verre, de la toile, des toiles à voiles et des étoffes de laine. On exporte des bêtes à cornes, du beurre, de la viande salée, des plumes, de la bière, des grains et de la farine. Ce comté nomme quatre députés au parlement et est divisé en dix-huit baronies.

CORK, *Corçapia*, seconde ville de l'Irlande, chef-lieu du comté qui porte son nom, située sur les bords du Lee, à 3 l. de son embouchure dans le canal de St.-Georges, presque au milieu de la côte méridionale de l'Irlande, au fond d'un petit golfe qui forme un des ports les plus beaux et les plus grands de l'Europe. Une partie de la ville est située sur plusieurs îlots; elle est bâtie irrégulièrement, ses rues sont étroites et sales, et les nombreux canaux qui la traversent contribuent à en rendre le séjour assez malsain. Cork est le siége d'un évêché catholique et d'un évêché anglican et nomme deux députés au parlement. Parmi ses bâtiments on distingue : l'hôtel de ville, l'hôtel du commerce, la douane, la bourse, le palais de l'évêque anglican, l'église de Ste.-Anne, le casino, le théâtre, le palais de justice du comté, la grande caserne et la halle aux toiles. Ses établissements scientifiques les plus remarquables sont: la société pour l'amélioration de l'industrie, des arts et de l'agriculture ; la société littéraire, une bibliothèque très-considérable ; la société scientifique et littéraire et la bibliothèque de la ville. Cork est la seconde place commerçante de l'Irlande ; elle approvisionne de viande salée presque tous les navires de commerce et de guerre de la Grande-Bretagne ; aussi est-elle surnommée la boucherie du royaume; son port, défendu par deux forts, Carlisle et Camden, est très-fréquenté, surtout par les vaisseaux expédiés aux Antilles. Deux bateaux à vapeur vont régulièrement toutes les semaines, l'un à Bristol et l'autre à Bordeaux. Les environs de Cork sont très-pittoresques et ornés de nombreuses et belles maisons de campagne ; 107,000 hab.

CORLAY, pet. v. de Fr., Côtes-du-Nord, arr. et à 6 l. O.-N.-O. de Loudéac, chef-lieu de canton, poste de Quintin; commerce de porcs, miel, fruits, choux pommés; 1390 hab.

CORLAY (le Haut-), vg. de Fr., Côtes-du-Nord, arr. de Loudéac, cant. de Corlay; poste de Quintin ; 1610 hab.

CORLÉE, vg. de Fr., Haute-Marne, arr., cant. et poste de Langres; 190 hab.

CORLEONE, improprement CONIGLIONE, v. de Sicile, intendance de Palerme; possède un collége royal et une prison d'état ; elle renferme une population d'environ 12,000 hab.

CORLIER, vg. de Fr., Ain, arr. de Belley, cant. de Hauteville, poste de St.-Rambert; 270 hab.

CORMAGGIORE, vg. de la prov. d'Aoste, roy. de Sardaigne, située au pied du Mont-Blanc; est renommé pour ses bains d'eaux minérales.

CORMAINVILLE, vg. de Fr., Eure-et-Loir, arr. de Châteaudun, cant. d'Orgères, poste de Patay; 570 hab.

CORMANTINE ou COROMANTYN, v. de la Haute-Guinée, Afrique, sur la côte d'Or, à l'E. d'Annamabou ; les Hollandais y avaient un fort, nommé Amsterdam, qui fut surpris, pillé et détruit avec la ville, en 1807, par les Ashantis.

CORMARANCHE, vg. de Fr., Ain, arr. de Belley, cant. de Hauteville, poste de St.-Rambert; 710 hab.

CORMARANCHE, vg. de Fr., Ain, arr. de Bourg-en-Bresse, cant. de Pont-de-Veyle, poste de Mâcon ; 980 hab.

CORMATIN, vg. de Fr., Saône-et-Loire, arr. de Mâcon, cant. et poste de St.-Gengoux-le-Royal ; papeterie, poterie, tuilerie; 790 h.

CORMEDE, ham. de Fr., Puy-de-Dôme, com. de Martres-d'Artières; 150 hab.

CORME-ÉCLUSE, vg. de Fr., Charente-Inférieure, arr. de Saintes, cant. et poste de Saujon ; 990 hab.

CORMEILLE-EN-PARISIS, vg. de Fr., Seine-et-Oise, arr. de Versailles, cant. d'Argenteuil, poste de Franconville ; 1190 hab.

CORMEILLES, *Curmiliaca*, b. de Fr., Eure, arr. et à 4 l. S.-S.-O. de Pont-Audemer, chef-lieu de canton et poste; tannerie, mégisserie ; fabr. de toiles de lin, filat. de coton, marché de bestiaux ; 1390 hab.

CORMEILLES-EN-VEXIN, pet. v. de Fr., Seine-et-Oise, arr. de Pontoise, cant. et poste de Marines ; 960 hab.

CORMEILLES-LE-CROCQ, b. de Fr., Oise, arr. de Clermont, cant. de Crèvecœur, poste de Breteuil ; fabr. de draps, de papier ; tanneries : 1350 hab.

CORMELLES, vg. de Fr., Calvados, arr., cant. et poste de Caen ; 230 hab.

CORMENIER (le), vg. de Fr., Deux-Sèvres, arr. de Niort, cant. et poste de Beauvoir-sur-Niort ; 400 hab.

CORMENON, vg. de Fr., Loir-et-Cher, arr. de Vendôme, cant. et poste de Mondoubleau ; 470 hab.

CORMERAY, ham. de Fr., Manche, com. de Macey; 210 hab.

CORMERAY-LE-BOURG, ham. de Fr., Loir-et-Cher, com. de Chitenay; 130 hab.

CORME-ROYAL, vg. de Fr., Charente-Inférieure, arr. de Saintes, cant. et poste de Saujon; 1220 hab.

CORMERY, *Cormaricum*, *Cormeriacum*, pet. v. de Fr., Indre-et-Loire, arr. de Tours, cant. de Montbazon, poste; 1050 hab.

CORMES, vg. de Fr., Sarthe, arr. de Mamers, cant. et poste de la Ferté-Bernard; 800 hab.

CORMETTE, ham. de Fr., Pas-de-Calais, com. de Zudausques; 490 hab.

CORMICY, b. de Fr., Marne, arr. de Reims, cant. de Bourgogne, poste de Berry-au-Bac; cendrière, tourbière, carrière; 1505 hab.

CORMIER (le), ham. de Fr., Eure, com. de Martainville-du-Cormier; 230 hab.

CORMOLAIN, vg. de Fr., Calvados, arr. de Bayeux, cant. de Caumont, poste de Balleroy; 1000 hab.

CORMONS, gros b. d'Autriche, gouv. de Trieste, sur l'Indrio, avec un château; remarquable par ses filatures de soie et ses fabriques d'étoffes de soie; 3600 hab.

CORMONT, vg. de Fr., Pas-de-Calais, arr. et poste de Montreuil-sur-Mer, cant. d'Étaples; 430 hab.

CORMONTREUIL, vg. de Fr., Marne, arr., cant. et poste de Reims; 570 hab.

CORMORAND, ham. de Fr., Ain, com. de Villéreversure; 450 hab.

CORMORIN, ham. de Fr., Sarthe, com. de Champrond-sous-Montmirail; 210 hab.

CORMOT ou **CRÉMEAUX**, vg. de Fr., Aube, arr. et poste de Troyes, cant. de Bouilly; 310 hab.

CORMOT (le Grand-), vg. de Fr., Côte-d'Or, arr. de Beaune, cant. et poste de Nolay; 390 hab.

CORMOT (le Petit-), ham. de Fr., Côte-d'Or, com. de Cormot (le Grand-); 110 hab.

CORMOYEUX, vg. de Fr., Marne, arr. de Reims, cant. d'Ay, poste d'Épernay; 630 hab.

CORMOZ, vg. de Fr., Ain, arr. de Bourg-en-Bresse, cant. de St.-Trivier-de-Courtes, poste de St.-Amour; 1060 hab.

CORN, vg. de Fr., Lot, arr. et poste de Figeac, cant. de Livernon; 780 hab.

CORNA ou **CORNEH**, v. forte de la Turquie d'Asie, eyalet de Bagdad. Elle est située au-dessus de Bassorah, dans une contrée déserte, au confluent de l'Euphrate et du Tigre; péage. Les Arabes Mountefik, qui vivent dans les environs de Corna, doivent être regardés comme entièrement indépendants; 5000 hab.

CORNABEY, ham. de Fr., Doubs, com. de la Grand'-Combe; 220 hab.

CORNAC, vg. de Fr., Lot, arr. de Figeac, cant. de Bretenoux, poste de St.-Céré; 1510 hab.

CORNANT, vg. de Fr., Yonne, arr., cant. et poste de Sens; 330 hab.

CORNAS, vg. de Fr., Ardèche, arr. de Tournon, cant. et poste de St.-Péray; bons vins; 920 hab.

CORNASÉ, ham. de Fr., Indre, com. de Manticrchaume; 200 hab.

CORNAY, vg. de Fr., Ardennes, arr. de Vouziers, cant. et poste de Grand-Pré; 510 hab.

CORNÉ, vg. de Fr., Maine-et-Loire, arr. de Beaugé, cant. et poste de Beaufort; carrières d'ardoises; 2070 hab.

CORNEBARIEU, vg. de Fr., Haute-Garonne, arr., cant. et poste de Toulouse; 820 hab.

CORNEBOUC. *Voyez* LACOURTADE-CORNEBOUC.

CORNE-DE-CERF (la), ham. de Fr., Indre-et-Loire, com. de la Chapelle-sur-Loire; 130 hab.

CORNE-DE-CHAUX (la), ham. de Fr., Doubs, com. de Roset-Fluans; 190 hab.

CORNEILHAN, vg. de Fr., Hérault, arr., cant. et poste de Béziers; 730 hab.

CORNEILLA-DEL-VERCOL, vg. de Fr., Pyrénées-Orientales, arr. et cant. de Perpignan, poste d'Elne; 150 hab.

CORNEILLA-EN-CONFLANS, vg. de Fr., Pyrénées-Orientales, arr. et cant. de Prades, poste de Villefranche-de-Conflent; sources d'eaux minérales; 470 hab.

CORNEILLA-LA-RIVIÈRE, vg. de Fr., Pyrénées-Orientales, arr. de Perpignan, cant. et poste de Millas; 130 hab.

CORNEILLAN, vg. de Fr., Gers, arr. de Mirande, cant. et poste de Riscle; 450 hab.

CORNEILLE (Saint-), vg. de Fr., Sarthe, arr. du Mans, cant. de Montfort, poste de Savigné-l'Évêque; 900 hab.

CORNEILLE (Saint-), ham. de Fr., Tarn, com. de l'Isle-d'Albi; 130 hab.

CORNET (le), ham. de Fr., Seine-Inférieure, com. de Rieux; 170 hab.

CORNETO, *Cornetum*, v. des états de l'Église, délégation de Civita-Vecchia, située près de l'embouchure du fleuve Marta et non loin des ruines de Tarquinium; siège d'un évêché; 3000 hab.

CORNETS (les), ham. de Fr., Eure, com. de la Neuve-Granche; 160 hab.

CORNEUIL, vg. de Fr., Eure, arr. d'Évreux, cant. et poste de Damville; 370 hab.

CORNEUX, vg. de Fr., Haute-Saône, arr., cant. et poste de Gray; 120 hab.

CORNEVILLE-LA-FOUQUETIÈRE, vg. de Fr., Eure, arr., cant. et poste de Bernay; 230 hab.

CORNEVILLE-SUR-RILLE, vg. de Fr., Eure, arr., cant. et poste de Pont-Audemer; 810 hab.

CORNIER-DES-LANDES (Saint-), vg. de Fr., Orne, arr. de Domfront, cant. et poste de Tinchebrai; 2130 hab.

CORNIÉVILLE, vg. de Fr., Meuse, arr., cant. et poste de Commercy; 400 hab.

CORNIGLIANO, *Cornilianum*, v. du roy. de Sardaigne, intendance-générale de Genova, intendance de Savona; 2100 hab.

CORNIL, vg. de Fr., Corrèze, arr., cant. et poste de Tulle; 1200 hab.

CORNILLAC, vg. de Fr., Drôme, arr. et poste de Nyons, cant. de Remuzat; 410 h.

CORNILLE, vg. de Fr., Dordogne, arr. et poste de Périgueux, poste de Savignac; 540 h.

CORNILLE, vg. de Fr., Ille-et-Vilaine,

arr., cant. et poste de Vitré; 920 hab.

CORNILLÉ, vg. de Fr., Maine-et-Loire, arr. de Beaugé, cant. de Seiches, poste de Beaufort; 560 hab.

CORNILLON, vg. de Fr., Bouches-du-Rhône, arr. d'Aix, cant. et poste de Salon; 610 hab.

CORNILLON, vg. de Fr., Drôme, arr. et poste de Nyons, cant. de Remuzat; 330 h.

CORNILLON, vg. de Fr., Gard, arr. d'Uzès, cant. et poste de Pont-St.-Esprit; 980 hab.

CORNILLON, ham. de Fr., Loire, com. de St.-Paul-en-Cornillon; 300 hab.

CORNILLON-EN-TRIÈVES, vg. de Fr., Isère, arr. de Grenoble, cant. et poste de Mens; 330 hab.

CORNILLON-LÈS-FONTANIL, ham. de Fr., Isère, com. de Fontanil; 150 hab.

CORNIMONT ou **HORNEMBERG**, vg. de Fr., Vosges, arr. de Remiremont, cant. de Saulxures, poste de Vagney; fromages estimés; tissage mécanique; 2740 hab.

CORNIOU, ham. de Fr., Hérault, com. de St.-Pons; 300 hab.

CORNISH, pet. v. des États-Unis de l'Amérique du Nord, état de New-Hampshire, comté de Chesshire, sur le Connecticut; pêcheries; commerce; 2500 hab.

CORNOD, vg. de Fr., Jura, arr. de Lons-le-Saulnier, cant. et poste d'Arinthod; 750 h.

CORNON, b. de Fr., Puy-de-Dôme, arr. de Clermont, cant. et poste du Pont-du-Château; 2660 hab.

CORNOT, vg. de Fr., Haute-Saône, arr. de Vesoul, cant. et poste de Combeaufontaine; 420 hab.

CORNOU, ham. de Fr., Maine-et-Loire, com. de Martigné-Briand; 520 hab.

CORNOUAILLE (la), vg. de Fr., Maine-et-Loire, arr. d'Angers, cant. du Louroux-Béconnais, poste de Candé; 1360 hab.

CORNOUAILLES, comté d'Angleterre. *Voyez* CORNWALL.

CORNOUAILLES (Nouveau-) ou NEW-CORNWALLIS, région qui s'étend le long de cette partie des côtes occidentales de l'Amérique du Nord comprise entre 55° et 58° lat. N., depuis l'Observatory-Inlet (canal de l'Observatoire) jusqu'au Cross-Sund (baie de la Croix). La partie de cette région, comprise entre 55° et 56° 30', appartient à l'Angleterre, le reste fait partie de l'Amérique russe. C'est ici l'endroit de parler de la ligne de délimitation qui sépare les possessions anglaises de celles de la Russie sur le continent et les îles du N.-O. de l'Amérique. Par le traité de 1825, entre les deux puissances citées, cette ligne a été fixée de la manière suivante. Elle part de l'extrémité méridionale de l'île du Prince-de-Galles (54° 40' lat. N.), s'étend au N. le long du canal de Portland, jusqu'au 56° lat. N.; de là, longeant le sommet des montagnes qui s'étendent parallèlement à la côte, elle se prolonge jusqu'au 141° long. O. de Greenwich, et de ce point jusqu'à l'Océan Glacial. Là où le sommet de ces montagnes est éloigné de plus de 10 l. marines de la mer, la frontière entre les possessions des deux puissances doit être déterminée au moyen d'une ligne parallèle aux courbures de la côte, et ne peut jamais s'étendre à plus de 10 l. marines dans l'intérieur du pays.

Le Nouveau-Cornouailles forme une étroite lisière de pays, bornée à l'E. par une chaîne de montagnes qui accompagne les côtes à l'O. desquelles s'étend un grand nombre d'îles qui font partie des archipels du Prince-de-Galles et du Roi-George. Ce pays est bien plus froid que la Nouvelle-Hanovre et la Nouvelle-Géorgie. Vancouver a vu sur les bords du canal de l'Observatoire des montagnes dont la neige et la glace ne parurent jamais s'être fondues. Cependant toute la terrasse occidentale et l'île de Révilla-Gigédo jouissent d'un climat assez doux; des bois de sapins y entourent des rochers dont la nudité des sommets contraste singulièrement avec la sombre verdure des arbres. Les framboises, les cornouilles, les groseilles et la wisépakuka s'y trouvent en abondance. Les habitants peu nombreux de ce pays sont les Indiens. Sur la côte du territoire anglais s'ouvre la baie de Burrough, à laquelle conduisent deux étroits bras de mer qui entourent l'île considérable de Révilla-Gigédo. Le bras septentrional fait, d'après les cartes russes, la frontière entre les deux territoires.

CORNUS, pet. v. de Fr., Aveyron, arr., à 5 l. E., et poste de St.-Affrique, chef-lieu de canton; fabr. de feutre; 1860 hab.

CORNUS, ham. de Fr., Lot, com. de Cénevières; 130 hab.

CORNUSSE, vg. de Fr., Cher, arr. de St.-Amand-Mont-Rond, cant. de Nérondes, poste de Dun-le-Roi; 560 hab.

CORNWALL ou **CORNOUAILLES**, comté d'Angleterre, prov. maritime. Il est borné au N. par le canal de Bristol, à l'E. par le comté de Devon, au S. par la Manche, à l'O. par l'Océan. Sa superficie est de 65 l. c. géogr., et sa pop. de 220,000 âmes. C'est une presqu'île couverte presque partout de montagnes nues et stériles; les rivières auxquelles elles donnent naissance sont peu considérables. Ce comté est le plus méridional de l'Angleterre; cependant le voisinage des deux mers rend son climat plus variable et plus humide que dans les autres provinces du royaume; ses côtes sont exposées à de fréquents et de terribles ouragans. Le sol est très-ingrat et ne produit que de l'orge, de l'avoine, des légumes et quelques fruits; les pommes de terre n'y prospèrent pas; le règne animal est plus riche: on y trouve des ânes, des mulets, de petits chevaux, des bêtes à cornes, des brebis, des porcs, de la volaille, des poissons de mer (surtout le *harengus minor*) et des abeilles. Les montagnes fournissent principalement de l'étain, du cuivre, de la calamine, du plomb, du fer, du bismuth, de l'antimoine, de l'arsenic, du cobalt, du wolfram, de l'ardoise, de la terre à savon, des cristaux, de l'asbeste. La houille et le sel manquent totalement. Les habitants descendent des Gallois, mais ils parlent généralement la langue anglaise. Ce comté est le plus important de l'Angleterre pour l'exploitation de ses mines; les mines d'étain les plus riches se trouvent dans les environs de Penzance; les mines de cuivre sont plus productives que celles d'étain; les plus considérables sont dans les environs de Redruth. Une autre ressource des habitants est la pêche au pilchard (*harengus minor*) qu'on exporte pour l'Italie, ainsi que l'éducation du bétail; l'agriculture est négligée et l'industrie presque nulle. Cette province avait ses propres comtes jusqu'à l'avénement d'Édouard III; depuis cette époque le fils aîné des rois d'Angleterre est comte de Cornwall par droit de naissance; elle fait partie du diocèse d'Exeter, nomme 46 députés au parlement et est divisée en neuf districts.

CORNWALL, comté de l'île de Jamaïque, comprend la partie occidentale de l'île, et est borné par l'Océan et le comté de Middlesex. Il renferme 3 villes, 6 villages, 338 plantations de sucre, 561 autres établissments, et a une étendue de 113 l. c. géogr., avec une population de 105,000 âmes, dont 90,000 esclaves. Ce comté est divisé en cinq paroisses : St.-James, Hanovre, Westmoreland, St.-Elisabeth et Treewlany.

CORNWALL, pet. v. des États-Unis de l'Amérique du Nord, état de Connecticut, comté de Lichtfield, sur le Housatonic; poste; commerce; célèbre école de missionnaires, fondée en 1817; 2800 hab.

CORNWALL, pet. v. des États-Unis de l'Amérique du Nord, état de New-York, comté d'Orange; poste; 2700 hab.

CORNWALLIS (île). *Voyez* CLARENCE (île).

CORNWALLIS, île assez considérable et habitée par des pêcheurs, dans la baie de Shébuctu, sur la côte occidentale de la Nouvelle-Écosse. Cette île est entourée au N., à l'O. et au S. des petites îles de Maugers-Beach, de Stony-Beach, de Coxe-Comb et de Rouss.

CORNWALLIS, v. du Haut-Canada, dist. de l'Est, dont elle est le chef-lieu, sur le St.-Laurent; elle a un port, se distingue par son école qui passe pour la meilleure du Haut-Canada et fait un commerce très-actif. Les îles de Great- et de Little-Régis, de Mille-Roches et de Chenaux-Écartés, toutes habitées et très-bien cultivées s'étendent en face de cette ville; 3000 hab.

CORNWALLIS, comté du Bas-Canada, dist. de Gaspe. Il s'étend au S. du St.-Laurent et est borné par les comtés de Gaspe, de Devon et par les monts Albany, qui le séparent du Nouveau-Brunswic. Il est fertile et arrosé par le St.-Anns, le Marsouin, le Chat, la Matane et d'autres rivières moins considérables. Le Cap-Chat et les Paps de Mantane, deux hautes montagnes, s'élèvent au-dessus du golfe.

CORNWALLIS, île du groupe de la Géorgie septentrionale, Amérique du Nord; elle s'étend sous le 75° lat. N., entre le Devon septentrional et l'île de Bathurst. A l'E. de cette île, sur le détroit de Wellington, s'ouvre la baie de Barlow ou le Barlow-Inlet. Ses principaux promontoires sont : le cap Hotham à l'E. et le cap Martin au S. Les îles moins considérables de Griffith, de Sommerville et de Brown, s'étendent au S.-O. de Cornwallis.

CORNY, vg. de Fr., Ardennes, arr. et poste de Réthel, cant. de Novion; 520 hab.

CORNY, vg. de Fr., Eure, arr. et cant. des Andelys, poste d'Écouis; 230 hab.

CORNY, vg. de Fr., Moselle, arr. et poste de Metz, cant. de Gorze; fabr. de tuyaux en pierre factice; 1040 hab.

CORO, baie vaste et très-commode, s'ouvre sur la côte N.-E. du dép. de Zulia, rép. de Vénézuela.

CORO, prov. de la rép. de Vénézuela, dép. de Zulia, dont elle occupe la partie N.-E. Elle comprend : 1° tout le bassin du Tocuyo, entrecoupé de charmantes vallées, séparé à l'O. par une haute chaîne de montagnes du lac Maracaïbo, et à l'E. par la Sierra de Vénézuela du département de ce nom; 2° du littoral Nord, qui de la pointe de Zamuco s'étend jusqu'à l'écoulement du lac Maracaïbo. Presque toute cette partie du pays, à l'exception des districts qui avoisinent le lac, faisait partie, avant la révolution, de la prov. de Caracas. Ce pays, quoique très-fertile, n'est encore peuplé que le long du Tocuyo et des côtes de la mer, et ne compte qu'environ 25,000 hab.

CORO ou SANTA-ANNA-DE-CORO, v. de la rép. de Vénézuela, dép. de Zulia, prov. de Coro, dont elle est le chef-lieu, à 120 l. de Caracas et à 3 l. de la mer, dans une contrée aride et dépourvue d'eau. Coro était le premier établissement des Espagnols dans ce pays; la ville fut fondée en 1529 par Juan de Ampuès, et s'accrut si rapidement sous ce gouverneur brave et intelligent, qu'elle devint la capitale de la capitainerie-générale de Caracas et le siège d'un évêque. En 1576 le gouverneur transféra sa résidence à Caracas, et depuis cette époque Coro est de peu d'importance, malgré son grand commerce de bétail et les navires qui, en assez grand nombre, fréquentent son port; 10,000 hab., selon Balbi 4000.

COROADOS, peuplade indienne convertie au christianisme; elle appartient à la famille des Purys et s'est réunie aux Coropos. Elle a été soumise, en 1767, à la couronne du Portugal et habite depuis ce temps quelques districts très-fertiles que le gouvernement leur a assignés dans les provinces de Minas-Geraës et de Rio-Janeiro, emp. du Brésil. Ces districts comprennent une grande partie du bassin du Rio-Xipoto, entre la Serra de San-Jozé et la Serra da Onça. Les Coroados, au nombre d'environ 2000, se livrent à l'agriculture, à l'éducation du bétail et à la fabrication de la poterie. Les Coropos habitent les rives du Rio-Pomba.

COROAS. *Voyez* GUAYCURUS.

COROCONDAMA, g. a., île ou, selon d'autres, presqu'île à l'E. du Bosphore Cimmérien, dans la Sarmatie d'Asie; elle était formée par l'Anticetes et le Palus-Méotide au N.-O., par le Bosphore Cimmérien à l'O. et par le Pont-Euxin au S.

COROGNE, *Coruna*, *Magnus Portus*, *Brigantium*, *Coronium*, v. forte et port d'Espagne, roy. de Galice, chef-lieu de la petite province de même nom, résidence du capitaine-général de Galice, siége de la juridiction supérieure du royaume, d'un tribunal de commerce et d'un consulat de marine, située à 15 l. N. de St.-Jacques-de-Compostelle et à 130 l. N.-O. de Madrid, sur une petite presqu'île. Le corps de la forteresse est appelé la ville haute, et le faubourg, qui s'étend sur l'isthme, réunissant la place avec le continent et également protégé par des travaux de défense, prend le nom de Pescaderia (pêcherie), parce que les riches produits de la pêche dans les baies voisines y sont mis en vente. La ville ne communique que par deux portes avec l'intérieur du pays; elle a 6 églises paroissiales, 4 couvents, plusieurs hôpitaux et lazarets, des écoles d'artillerie, de pilotage et de commerce et un bel arsenal. Elle possède des chantiers de marine, plusieurs manufactures de toiles, parmi lesquelles on remarque celle où 500 ouvriers tissent du linge de table damassé pour la couronne; on y fabrique en outre de la toile à voile, de la corderie, de la passementerie et surtout des chapeaux. La Corogne est le point principal de correspondance entre la métropole et ses colonies; il en part à des époques régulières des paquebots pour toutes les possessions espagnoles dans les autres parties du monde. Son port vaste et sûr, situé dans une baie de l'Océan, s'étend en demi-cercle et est bordé par un beau quai; il est défendu par les forts de St.-Martin, de Santa-Crux, Santa-Amora et Santa-Antonia. Ce dernier, situé sur un rocher de la ville haute, a servi à diverses époques de prison d'état. Le phare, appelé *Tour d'Hercule*, s'élève sur la pointe septentrionale de la presqu'île; il est d'une solidité merveilleuse et visible en mer à 24 l. On fait remonter l'époque de sa construction jusqu'aux Phéniciens; au moins une inscription prouve qu'il a été réparé par les Romains et dédié à Mars. La pop. de la ville de Corogne est de 15,700 hab.

L'histoire du territoire de la Corogne se rattache à celle du roy. de Galice. De nos temps, la place a été prise en 1809 par le maréchal Soult, qui y avait resserré l'armée anglaise en retraite. En 1823, un corps de l'armée constitutionelle espagnole s'y était renfermé, les débris de la légion française en faisaient partie; mais, malgré une défense digne d'éloges, la place ne put se maintenir. Une partie des proscrits français réussit à s'embarquer pour l'Angleterre.

COROMANDEL (côte de). On appelle ainsi la côte orientale du Dekkan, depuis le cap Comorin jusqu'à l'embouchure de la Kistnah. Le Carnatic et Orissa sont les principaux pays qu'elle comprend. La côte est sablonneuse et dépourvue de ports; l'intérieur fournit en abondance les riches produits du Dekkan. Tranquebar, Pondichéry, Madras, Nellore, Mazulipatam, etc. sont les villes les plus importantes de la côte de Coromandel.

COROMBLES, vg. de Fr., Côte-d'Or, arr. et cant. de Sémur, poste d'Époisses; 580 h.

CORON, b. de Fr., Maine-et-Loire, arr. de Saumur, cant. et poste de Vibiers; 1830 h.

CORON, pet. v. de Grèce, nomos de Messénie, située sur une langue de terre de la côte occidentale du golfe de Coron; elle est le siége d'un évêché et possède un bon port et des fortifications importantes.

CORON (le golfe) est un des deux grands golfes qui s'avancent au S. dans la presqu'île de Morée; il est terminé à ses deux extrémités S.-O. et S.-E. par les caps Choros ou Gallo et Matapan.

CORONADOS (los), île non loin de la côte occidentale de la presqu'île de Californie, confédération mexicaine; elle abonde en loutres marines.

CORONA-RÉAL. *Voyez* MUITACO.

CORONATA, île de la Dalmatie; elle est située à l'entrée du canal di Mezzo, au S.-E. de Grossa. Le fromage qu'on y fabrique est renommé.

CORONDA, b. de la rép. Argentine, dép. de Santa-Fé, au S. de la ville de Santa-Fé-de-la-Véra-Cruz et à l'embouchure d'un des bras du Rio-Salado; 2000 hab.

CORONÉE, g. a., v. de Béotie, au S.-E. de Chéronée, à l'O. du lac Copaïs, au pied de l'Hélicon; cette ville est principalement connue par la victoire qu'y remporta Agésilas sur les Athéniens.

COROPOS. *Voyez* COROADOS.

COROR ou **OUARRÉ**, riv. d'Abyssinie, Afrique; elle prend sa source dans les monts Haramat et se jette dans le Taccazé, limite méridionale du roy. de Tigré proprement dit.

CORORFA ou **COUROURFA**, contrée inconnue de la Nigritie centrale, Afrique, à l'O. du Bagharmie.

COROYE, lac de l'emp. du Brésil, prov. de Para, comarque de Rio-Negro, au S. du Marannon.

CORPEAU, vg. de Fr., Côte-d'Or, arr. de Beaune, cant. de Nolay, poste de Chagny; 350 hab.

CORPINE. *Voyez* SURINAM (fleuve).

CORPOYER-LA-CHAPELLE, vg. de Fr., Côte-d'Or, arr. de Sémur, cant. et poste de Flavigny; 170 hab.

CORPS, Dordogne. *Voyez* GÉRAUD-DE-CORPS (Saint-).

CORPS, b. de Fr., Isère, arr. et à 11 l. S.-S.-E. de Grenoble, chef-lieu de canton et poste; 1440 hab.

CORPS, vg. de Fr., Vendée, arr. de Bourbon-Vendée, cant. de Mareuil, poste de Luçon; 750 hab.

CORPS-D'URIAGE, ham. de Fr., Isère, com. de St.-Martin-d'Uriage; 260 hab.

CORPS-NUDS, b. de Fr., Ille-et-Vilaine, arr. de Rennes, cant. et poste de Janzé; 2370 hab.

CORPUS. *Voyez* SONORA-ET-CINALOA.

CORPUS, vg. des États-Unis de l'Amérique centrale; il est remarquable par sa mine d'or, la plus riche de la confédération.

CORQUILLEROY, vg. de Fr., Loiret, arr., cant. et poste de Montargis; 760 hab.

CORQUOY, vg. de Fr., Cher, arr. de St.-Amand-Mont-Rond, cant. et poste de Châteauneuf-sur-Cher; 480 hab.

CORRA, vg. de Fr., Corse, arr. et poste d'Ajaccio, cant. de Zicavo; 290 hab.

CORRAVILLIERS (le Plain de), vg. de Fr., Haute-Saône, arr. de Lure, cant. de Faucogney, poste de Luxeuil; tourbière; 610 h.

CORRE, vg. de Fr., Haute-Saône, arr. de Vesoul, cant. et poste de Jussey. On y remarque des restes d'antiquités romaines; 660 hab.

CORREGAUM, vg. de l'Inde, dans l'Aurungabâd, sur la Bîmâ, près duquel 300 Anglais arrêtèrent, en 1817, toute l'armée des Peishwa, forte de 30,000 hommes, et se retirèrent en bon ordre.

CORREGGIO, ancienne capitale du duché de Reggio, réunie en 1635 à celui de Modène; est la patrie du grand peintre Ant. Allegri, communément appelé *Coreggio*; 3000 hab.

CORRENS, vg. de Fr., Var, arr. et poste de Brignoles, cant. de Cotignac; 1510 hab.

CORRENTES. *Voyez* FRANCISCO (San-, fleuve).

CORRÉE, ham. de Fr., Hautes-Alpes, com. de la Roche; 250 hab.

CORRÈZE (la), riv. de Fr., a sa source dans le département auquel elle donne son nom, aux environs de Bonnefond, cant. de Bugeat, arr. d'Ussel; elle coule vers le S.-O., passe à Corrèze, à Tulle, à Brives, et au-dessous de cette dernière ville elle se jette dans la Vezère, affluent de la Dordogne, après un cours de 16 l. Elle est flottable dans quelques parties seulement.

CORRÈZE (dép. de la), ci-devant Bas-Limousin, est situé dans la région méridionale du centre de la France; il a pour limites, au N. les dép. de la Creuse et de la Haute-Vienne, à l'O. celui de la Dordogne, au S. le dép. du Lot et à l'E. ceux du Cantal et du Puy-de-Dôme.

Sa superficie est de 582,803 hectares et sa population de 302,433 hab. A l'O. du massif qui forme les Monts-d'Or, dans les montagnes d'Auvergne se détache une chaîne considérable, qui occupe la partie septentrionale du département. Elle se dirige d'abord vers le N., puis reprend sa direction vers l'O., traverse les dép. de la Haute-Vienne et de la Charente, pour se lier au plateau de Gatines. Cette chaîne, un des trois groupes dont la réunion forme les monts d'Auvergne, est dominé par plusieurs points, dont le plus élevé, le mont Odouze, rivalise de hauteur avec le Puy-de-Dôme. De nombreux contreforts se détachent du revers méridional et couvrent la région N. et N.-E. du département; cette partie, appelée la *Montagne*, est généralement pauvre, couverte de quelques forêts, d'une grande quantité de bruyères et de terres incultes; elle est riche en curiosités naturelles, en aspects pittoresques et sauvages; dans la partie S.-O. ou bas pays, les montagnes s'abaissent et portent de nombreux vignobles et de terres à blé. Les vallées verdoyantes, grasses et bien arrosées indiquent déjà le Haut-Limousin.

La Dordogne est le principal fleuve; elle a sa source dans le dép. du Puy-de-Dôme, forme la limite de ce département, ainsi que celle du Cantal, traverse la partie méridionale et se rend dans le dép. du Lot; ses affluents sont: le Chavanoux, la Diège, la Troussonne, la Luzège et le Doustre.

La Corrèze, qui donne son nom au département, a sa source dans la région N.-E., se dirige vers le S.-O. et se rend dans la Vizère; cette dernière prend la même direction et va se rendre dans le dép. de la Dordogne; ses principaux affluents sont, outre la Corrèze, la Soudenne et le Bradascon.

Les étangs sont actuellement peu nombreux; avant la révolution ils occupaient une superficie de 2400 hectares. Le voisinage des montagnes rend le climat de ce département beaucoup plus froid que sa latitude ne le comporte; la neige couvre les montagnes pendant une grande partie de l'année; l'été est très-chaud, mais de courte durée. Dans le bas pays le climat est doux et tempéré; les vents dominants sont ceux du N. et de l'E.

La récolte des céréales est insuffisante pour la consommation; elles sont remplacées pendant une partie de l'année par les châtaignes, qu'on y récolte en grande quantité; les autres produits sont: le chanvre, le lin, les champignons, la moutarde, dite de Brives; les arbres à fruits sont nombreux, surtout les châtaigniers et les noyers; le fruit de ces derniers fournit l'huile, qui remplace chez les pauvres le beurre et le lard. La culture de la vigne, dans la partie méridionale, fournit des produits dont quelques-uns sont assez estimés; une partie des vins est employée pour la distillation. Les forêts sont peu nombreuses; elles n'occupent qu'une superficie de 10,000 hectares.

Les richesses minérales du département consistent en fer, houille, alquifoux, plomb, cuivre, antimoine et un peu d'argent; on exploite plusieurs carrières, qui fournissent du granit, du marbre, du porphyre, des pierres de taille, argile, pierres à polir, à meules, à aiguiser. Le département possède en outre quelques ardoisières assez renommées. Les pâturages nombreux qui se trouvent dans le bas pays engraissent des troupeaux considérables de bestiaux; ils sont dirigés principalement sur les marchés qui approvisionnent Paris. De nombreux troupeaux de moutons sont une des principales richesses de cette partie du département, qu'on nomme la *Montagne*; des forêts de châtaigniers et de hêtres nourrissent des porcs en abondance. Les chèvres, les ânes y sont en grand nombre; ces derniers sont une ressource précieuse dans ce pays, où les grandes voies de communication sont rares et difficiles. Les chevaux limousins sont connus par leur courage, leur ardeur et leur beauté. Le gibier est assez abondant. Outre les forges et les hauts-fourneaux, ce département possède une manufacture royale d'armes, une verrerie, des papeteries, des tanneries, quelques fabriques de draps, de laines et surtout de bougies. Le commerce est peu considérable; il est alimenté par l'exportation des bêtes à cornes, de la chair de porc en salaison, et autres produits de son industrie rurale, tels que le vin, l'huile, les truffes, etc. L'industrie métallurgique fournit de la houille, des fers, des armes, etc.

Ce département est divisé en 3 arrondissements, 29 cantons et 291 communes. Les chefs-lieux d'arrondissement sont :

Tulle, 12 cant. 117 com. 129,799 hab.
Brives (la
Gaillarde), 10 « 100 « 113,094 «
Ussel, 7 « 74 « 59,540 «

29 cant. 291 com. 302,433 hab.

Il nomme quatre députés, fait partie de la dix-neuvième division militaire, dont le quartier-général est à Clermont, est du ressort de la cour royale et de l'académie de Limoges, du diocèse de Tulle, suffragant de l'archevêché de Bourges; il fait partie du trentième arrondissement forestier, de la douzième inspection des ponts-et-chaussées, dont le chef-lieu est Clermont-Ferrand, de la première division des mines, dont le chef-lieu est Paris. Il a 5 collèges, une école normale et 231 écoles primaires.

CORRÈZE, pet. v. de Fr., Corrèze, arr., à 4 l. N.-N.-E. et poste de Tulle, chef-lieu de canton; grand commerce de blé; 1680 h.

CORRIB, lac d'Irlande, dans le comté de Connaught.

CORRIBERT, vg. de Fr., Marne, arr. et poste d'Épernay, cant. de Montmort; 130 h.

CORRIENTES (cabo), promontoire au N. du dép. de Cauca, rép. de la Nouvelle-Grenade.

CORRIENTES (cabo), cap au N.-E. de la Patagonie; ce cap fait la frontière entre les états de la rép. Argentine et cette région, immense étendue de l'Amérique du Sud, occupée par différentes peuplades indépendantes; on l'appelle communément la Patagonie.

CORRIENTES, prov. ou état de la rép. Argentine; elle comprend une partie du pays situé entre le Parana et l'Uruguay jusqu'au confluent de ces deux fleuves. Elle est bornée par les états d'Entre-Rios et de Santa-Fé, par les rép. du Paraguay et de l'Uruguay et par les dist. d'Indiens libres. Cette province se distingue essentiellement des provinces méridionales de la république par son sol, son climat, sa végétation et ses habitants. Si l'on passe le Rio-Corrientes, on croit entrer dans un nouveau monde. Ce n'est pas cet horizon sans bornes, ce ne sont pas ces plaines immenses et arides de Buénos-Ayres, ce ne sont pas ces belles collines ondulantes d'Entre-Rios et de Montévidéo : c'est un pays bas, marécageux, inégal, où les rayons du soleil sont réfléchis plus brûlants, plus ardents par les eaux claires comme une glace; des nuées de musquitos obscurcissent l'air et de hautes forêts bornent la vue; à mesure qu'on avance, le sol devient plus dur et plus sec; de longs chaînons de collines sablonneuses et bleuâtres se présentent au regard; ce sont les vastes forêts de palmiers-yataïs, appelés *Palmar* par les Espagnols; elles traversent la prov. de Corrientes dans sa largeur, et s'étendent le long du Rio-de-Santa-Lucia. Ces forêts sont entrecoupées de vastes plaines fertiles et bien cultivées. L'érable à sucre, le tabac et le maïs y viennent en abondance. La population de toute cette province est évaluée à 40,000 (selon d'autres à 24,000) âmes.

En 1818 une révolution éclata à Corrientes en faveur de Buénos-Ayres. La province fut envahie par un corps d'armée d'Artigas, qui se composait d'Indiens des missions d'Entre-Rios. Cette armée, commandée par un Indien, exerça dans la province beaucoup d'actes de violence et engagea les habitants de la capitale et de ses environs à quitter ce pays en masse et à se retirer dans le Paraguay, où le dictateur les reçut favorablement.

CORRIENTES ou **SAN-JUAN-DE-LAS-CORRIENTES**, v. de la rép. Argentine et capitale de l'état de même nom, au confluent du Paraguay et du Parana. Sa position est une des plus favorables de l'Amérique du Sud pour devenir un grand entrepôt commercial; car ses habitants peuvent étendre par eau leurs relations commerciales non seulement avec toutes les provinces maritimes de la confédération, mais ils pourront les pousser même jusque dans l'intérieur du Brésil, du Paraguay et même de la rép. de Bolivia, lorsque le projet conçu par la prov. de Salta de rendre navigable le Rio-Verméjo aura reçu son exécution. Corrientes, fondée en 1588, ne présentait en 1818 qu'un amas de ruines. Relevée en 1825, elle s'embellit de plusieurs édifices remarquables, et sa position, qui lui offre tant de ressources, la mettra bientôt en état de rivaliser avec les villes les plus florissantes du Paraguay; 4500 hab.

CORRIENTES ou **CORRENTES**, promontoire sur la côte orientale de l'Afrique, au N.-E. de la baie de Lagoa. Lat. S. 23° 42′, long. E. 54° 10′.

CORROBERT, vg. de Fr., Marne, arr. d'Épernay, cant. et poste de Montmirail; 230 hab.

CORRONSAC, vg. de Fr., Haute-Garonne, arr. de Villefranche-de-Lauragais, cant. de Montgiscard, poste de Bazièges; 320 hab.

CORROPOLI, v. du roy. des Deux-Siciles, dans l'Abruzze ultérieure IIe; 1900 hab.

CORROY, vg. de Fr., Marne, arr. d'Épernay, cant. et poste de Fère-Champenoise; 270 hab.

CORS, ham. de Fr., Indre, com. d'Ouches; 180 hab.

CORSAIN, vg. de Fr., Côte-d'Or, arr. et cant. de Sémur, poste d'Époisses; 630 hab.

CORSAVY, vg. de Fr., Pyrénées-Orientales, arr. de Céret, cant. et poste d'Arles-sur-Tech; forges et mine de fer; 990 hab.

CORSAY, ham. de Fr., Vienne, com. de Naintré; 200 hab.

CORSCIA, vg. de Fr., Corse, arr. et poste de Corte, com. de Calacuccia; 570 hab.

CORSE (département de la), formé par l'île du même nom, est situé entre 41° et 43° de lat. sept. et 6° et 7° de long. E. du méridien de Paris. Il a environ 40 l. de long sur 18 de large, et à 32 l. des côtes de France, à 15 l. de Livourne et à 5 l. de l'île de Sardaigne. Sa superficie est de 874,745 hectares; 207,889 hab.

Ce département est situé au centre de la Mediterranée, qui prend au N. le nom de mer Ligurienne, à l'E. celui de mer de Toscane; au S. le détroit de San-Bonifacio le sépare de l'île de Sardaigne.

Une chaîne de montagnes faisant partie du système sardo-corse, traverse l'île du N.-O. au S. en s'élevant graduellement jusqu'au centre; ses contreforts couvrent l'île dans toutes ses directions et viennent se terminer vers le N. au cap Corso, à la partie orientale au cap de la Chiapa, au S. à la pointe de la Sperone, et à l'O. aux caps Bosso, Muro et Nero. Les sommets les plus élevés sont le Monte-Rotondo; on lui donne 1418 toises; un peu plus au S. le Monte-d'Oro, qui en a 1361, et le Monte-di-Paglia-Orba, de 1360 toises; ils sont constamment couverts de neige. Des vallées tristes et profondes donnent naissance à des cours d'eau torrentueux, qui ne sont pas même flottables et qui se dessèchent souvent en été.

Les plus considérables sont : le Tavignano, le Golo et le Bevinco, qui descendent du versant oriental et viennent se jeter dans la mer. Dans la partie occidentale on cite le Valinco, le Taravo, le Campo-di-Loro et le Liamone. On rencontre plusieurs lacs dans les montagnes; les plus grands sont le Creno et l'Ino. Jusqu'à présent on ne connaît pas la profondeur de ce dernier, qui paraît devoir son origine à un ancien volcan éteint. Sur la côte occidentale se montrent plusieurs étangs; ils sont salés et poissonneux. On remarque celui de Bigaglia, long de 3 l.; ceux de Salle, d'Orbino, de Diane; ce dernier est célèbre par ses huîtres.

L'aspect général de la Corse est celui d'un pays montagneux, très-boisé et moitié inculte; de hautes forêts, dont la composition varie selon l'élévation du terrain, couvrent les montagnes jusqu'à une certaine hauteur; plus haut elles sont remplacées par des pâturages riches en plantes aromatiques. Des pics élevés couverts de neige, dominent ces montagnes, traversées de l'O. à l'E. par des cols difficiles ou boccas, et des sentiers en labyrinthe, et qui offrent quelquefois l'aspect d'échelles taillées dans le roc. Ses côtes sont découpées et offrent aux navigateurs des anses et des baies profondes, des rades pouvant contenir les flottes les plus nombreuses. Le sol est stérile, rocailleux sur les hautes montagnes; il est d'une excessive fertilité sur les collines, dans les vallées et la plaine : cette dernière partie présente quelques endroits marécageux.

Le climat est doux; les brises de mer tempèrent les chaleurs de l'été; l'hiver est de courte durée et plutôt humide que froid; il est souvent accompagné d'ouragans terribles.

Les produits du règne végétal y sont nombreux; on récolte toutes les espèces de céréales, d'excellents légumes, du chanvre, du lin; on a essayé avec succès la culture de l'indigo et du coton, et l'on pourrait y cultiver avec un égal succès la canne à sucre, le caféyer et d'autres plantes tropicales. Le tabac corse l'emporte de beaucoup sur le tabac français; malgré le défaut de culture, la vigne fournit d'excellents produits; les vins de Capo-Corso, d'Ajaccio, de Furiani, etc., sont très-estimés. L'olivier sauvage croît naturellement dans les terres incultes; si l'on pratiquait la greffe, on pourrait exporter chaque année pour plusieurs millions d'huile, tandis que la Corse n'en exporte actuellement que pour quelques cent mille francs. La culture du mûrier serait une source d'abondantes richesses; la soie que l'on y récolte est supérieure à celle du continent. Le châtaignier, le noyer, l'amandier, le citronnier, l'oranger, le grenadier, l'arbousier y viennent à peu près sans soin et produisent des fruits délicieux. Les forêts, qui couvrent les montagnes jusqu'à une certaine hauteur, sont magnifiques; elles pourraient servir à alimenter au besoin toute la marine militaire et marchande de la France. Ces forêts sont formées principalement de chênes, de châtaigniers, de térébinthe et surtout du pin larix (*pinus altissima*), originaire de la Corse; c'est l'arbre de l'Europe qui s'élève le plus haut; son bois est dur et élastique. Le buis y atteint aussi une hauteur considérable.

La Corse est riche en produits minéraux. On y trouve de l'or et de l'argent; mais l'exploitation coûterait plus qu'elle ne rapporterait : il n'en est pas ainsi de ses mines de fer, de cuivre et de plomb, manganèse, antimoine, cobalt. Outre des granits superbes, parmi lesquels on cite, pour sa beauté et sa dureté, le granit orbiculaire, surnommé vert de Corse, des carrières de marbres, de porphyres et autres pierres fines de différentes natures, il y a quelques exploitations d'alun, de salpêtre. Ce département possède encore des salines maritimes près de Portio-Vecchio, et des eaux thermales nombreuses Le règne animal est nombreux et varié; on retrouve en Corse tous les animaux domestiques qui s'élèvent en France; mais ils sont en général plus petits. Les chevaux sont vifs et courageux; on préfère ceux de la partie méridionale de l'île. Les mulets, les ânes sont vigoureux et alertes. La race bovine, d'une taille plus élevée que la race chevaline, est peu nombreuse. Les moutons s'y trouvent en quantités innombrables sur d'excellents pâturages; leur couleur est d'un rouge foncé, souvent noire; leur tête est ornée quelquefois de quatre jusqu'à six cornes; la chair en est succulente, mais leur toison est d'une qualité médiocre. L'éducation des abeilles est très-répandue et leur miel exquis. Les forêts sont remplies de chevreuils, de sangliers, et l'on trouve dans l'île, à l'état sauvage, le mouflon, que Buffon regarde nomme le type et la souche de la race ovine; le loup et l'ours y sont inconnus. On tue tous les ans une grande quantité d'oiseaux de passage, tels que bécasses, ortolans, merles : les flamands se montrent quelquefois sur les côtes. Des aigles, des vautours et d'autres oiseaux de proie habitent les forêts et les cimes élevées des montagnes. Parmi les reptiles, les scorpions et les tarentules sont assez communs. Les truites sont nombreuses dans les petits lacs des montagnes; la pêche fournit des huîtres, des sardines, des anchois et du thon. Le détroit de St.-Bonifacio est riche en corail de diverses couleurs. L'industrie y est à peu près nulle : outre une dixaine de forges à la Catalane, le département possède quelques fabriques de draps grossiers, de poteries légères, dès longtemps célèbres, et quelques tanneries.

Le commerce est peu actif et ne consiste que dans l'exportation de l'huile, du vin, du miel, des fruits secs, de la résine, du fer et du corail; il ne faudra cependant que quelques circonstances favorables et la sollicitude persévérante d'une administration sage et éclairée pour que la Corse devînt, avec tous ces éléments de prospérité, l'un des départements les plus distingués de la France. Elle est divisée en 5 arrondissements, 61 cantons et 355 communes.

Les chefs-lieux d'arrondissement sont :

Ajaccio	. .	12 cant.	72 com.	46,383 h.
Bastia	. . .	20 «	94 «	63,764 «
Calvi	. . .	6 «	34 «	21,469 «
Corte	. .	15 «	112 «	50,534 «
Sartène	. .	8 «	43 «	25,739 «

61 cant. 355 com. 207,889 h.

Elle nomme deux députés; elle constitue la dix-septième division militaire, dont le quartier-général est à Bastia; est du ressort de la cour royale de la même ville, de l'académie d'Aix, du diocèse d'Ajaccio, suffragant de l'archevêché d'Aix, elle fait partie du trente-deuxième arrondissement forestier, de la sixième inspection des ponts-et-chaussées dont le chef-lieu est à Avignon; de la quatrième division des mines, dont le chef-lieu est à St.-Étienne. Elle a 3 colléges et 287 écoles primaires; il y a en outre une école supérieure à Morosaglia, et l'école Paoli à Corte.

La Corse, anciennement connue sous le nom de *Cyrne, Calista, Taphinc*, a été peuplée d'abord par les Phéniciens, par les Phocéens et par les Étrusques; successivement elle fut occupée par des Égyptiens, des Grecs, des Troyens, des peuples venus d'Italie, des Gaules, d'Espagne. Les Carthaginois ne tardèrent pas à en faire la conquête, et après leur chute les Romains s'en emparèrent; mais ils furent obligés de laisser aux Corses leurs anciennes lois et leurs magistrats. Les Vandales, les Goths, les Lombards, les Sarrasins y firent successivement irruption. Hugues Colonna, sur l'ordre du pape Étienne IV, chassa ceux-ci, et s'empara de cette île. Il devint souverain de l'île, où régnèrent ses successeurs jusqu'en l'an 1000, qui vit assassiner Henri Colonna et ses sept fils. En 1093, Urbain II donna l'île aux Pisans; les Génois, rivaux de ceux-ci, les ayant vaincus au quatorzième siècle, s'emparèrent de l'île et la défendirent contre les rois d'Aragon, qui, depuis Boniface VII, en 1297, l'avaient reçue du saint siége. La domination des Génois ne tarda pas à devenir insupportable aux habitants de la Corse, et on le croira sans peine quand on saura que le gouvernement était affermé à une compagnie. Divers chefs de parti y proclament l'indépendance; ils sont aidés par le roi de France, Henri II; mais les Génois continuèrent à régner sur la Corse. Cependant, en 1729, excités par des humiliations répétées, les Corses s'insurgent et, après quelques combats, la guerre finit par la nomination d'un roi. Celui qui eut cette qualité était un pauvre baron allemand, Théodore de Neuhoff. Les Génois, avec les secours de la France, le chassèrent bientôt et il s'en alla mourir en Angleterre. La tranquillité se rétablit; le joug des Génois pesa de nouveau sur la Corse; mais à peine les troupes auxiliaires françaises avaient-elles quitté le pays, que la guerre recommença avec une énergie nouvelle. Pascal Paoli, nommé chef suprême des Corses, la conduisit avec une telle vigueur, qu'il eût sans doute assuré l'indépendance de ce pays, si les Génois n'avaient pas engagé les Français à y revenir, en leur cédant tous les droits sur l'île. De Chauvelin et de Marbœuf y remportèrent différents avantages sur les troupes de Paoli, mais ce n'est qu'en 1769 que le comte de Vaux acheva la soumission de l'île; elle fut organisée immédiatement en pays d'état comme la prov. de Languedoc; mais ce ne fut que le 30 novembre 1789, qu'en vertu d'un décret de l'assemblée constituante, la Corse devint une partie intégrante du royaume. En 1794, les Anglais, par la trahison de Paoli, s'emparèrent de l'île; mais ils furent obligés de l'évacuer deux ans après. Elle formait alors les deux dép. du Liamone et du Golo, mais un décret impérial de 1811 réunit les deux départements en un seul, celui de la Corse, qui, par sa situation insulaire et la position avantageuse qu'il occupe au centre de la Méditerranée, lui donne une grande importance politique et commerciale, surtout depuis la conquête d'Alger.

Les illustrations de la Corse sont toutes militaires : des chefs de partisans, Paul Lecca, San-Pietro, Carrigo, au quinzième siècle; Hyacinthe et Pascal Paoli au dix-huitième. Après ces hommes, Lætitia Bonaparte, mère du plus grand homme des siècles modernes, d'une famille de rois : Lucien, Jérôme, Joseph, Louis. Qui nommer après eux? Les généraux Casa Bianca et Sébastiani.

La Corse, avec le nom seul de Napoléon, n'aura jamais besoin d'ajouter d'autres noms pour son illustration.

CORSEPT, vg. de Fr., Loire-Inférieure, arr., cant. et poste de Paimbœuf; 1050 hab.

CORSEUL, vg. de Fr., Côtes-du-Nord; arr. de Dinan, cant. et poste de Plancoët; 4190 hab.

CORSHAM, b. d'Angleterre, comté de Wills; remarquable par une belle maison de campagne, avec une superbe collection de tableaux; fabrication de draps fins; 3000 hab.

CORSO (capo), promontoire au N.-E. de la prov. de Ciara, emp. du Brésil, sous 40° 30′ lat. S.

CORSŒR, v. de Danemark, diocèse de Seelande, sur le grand Belt; 1450 hab.

CORSOLI, ham. de Fr., Corse, com. de Cambia; 140 hab.

CORTAMBERT, vg. de Fr., Saône-et-Loire, arr. de Mâcon, cant. et poste de Cluny; 600 hab.

CORTAMBLIN, vg. de Fr., Saône-et-Loire, com. de Malay; 270 hab.

CORTE, v. de Fr., Corse, chef-lieu d'arrondissement, à 15 l. N.-E. d'Ajaccio; siège d'un tribunal de première instance et conservation des hypothèques; elle est située au centre de l'île, au milieu des montagnes Rocheuses, sur le Tavignano; son château est bâti sur un rocher environné de précipices; cependant les environs sont fertiles et l'on y récolte du blé et du vin, seuls articles du commerce de cette ville; 3587 hab. Pendant l'occupation de la Corse par les Anglais, vers la fin du dernier siècle, Corte fut le siège du gouvernement de Paoli qui crut pouvoir établir l'indépendance absolue des Corses.

CORTÈS (Bahia de), baie sur la côte S. de l'île de Cuba.

CORTÈS (mer de). *Voyez* CALIFORNIE (golfe de).

CORTESSEM, b. du roy. de Belgique, prov. de Limbourg, arr. de Hasselt; 1200 hab.

CORTEVAIX, vg. de Fr., Saône-et-Loire, arr. de Mâcon, cant. et poste de St.-Gengoux-le-Royal; 900 hab.

CORTIAMBLES, ham. de Fr., Saône-et-Loire, com. de Givry; 290 hab.

CORTINA, ham. de Fr., Corse, com. de Pietracorbara; 120 hab.

CORTLAND, comté de l'état de New-York, États-Unis de l'Amérique du Nord; il est borné par les comtés d'Onondaga, de Madison, de Chénango, de Broome, de Tioga, de Tompkins et de Cayuga. A l'O. du pays s'élève l'Onungaréchay, chaine de montagnes bien boisées; le reste du comté forme une plaine fertile, arrosée par plusieurs affluents du Susquéhannah, dont le Tonighioga et l'OEféliuk sont les plus considérables. De riches champs de blé et de belles prairies s'étendent le long de ces fleuves. L'intérieur est couvert de vastes forêts; 18,000 hab.

CORTLAND, pet. v. florissante des États-Unis de l'Amérique du Nord, état de New-York, comté de Westchester, sur l'Hudson, poste; commerce; 3000 hab.

CORTOMARK, b. du roy. de Belgique, prov. de la Flandre-Occidentale, arr. de Bruges; fabr. d'étoffes de laine; 3300 hab.

CORTONA, v. épiscopale dans le grand-duché de Toscane, chef-lieu d'un district de la division d'Arezzo; est remarquable par son académie étrusque, fondée en 1736, et par ses collections publiques et particulières d'antiquités étrusques, ainsi que par les immenses travaux qui ont desséché et assaini la contrée où elle est située; 4500 hab.

CORTRAT, vg. de Fr., Loiret, arr. de Montargis, cant. de Châtillon-sur-Loing, poste de Noyen-sur-Vernisson; 120 hab.

CORUBERT, vg. de Fr., Orne, arr. de

Mortagne-sur-Huine, cant. de Nocé, poste de Bellême; 320 hab.

CORUCHE, b. du Portugal, prov. d'Alentéjo, dist. d'Aviz, à 14 l. d'Evora, sur la Sorraya; 1800 hab.

CORUGUÉRI. *Voyez* PARANAIBA (fleuve).

CORUMBAU ou **CORUMBABO**, riv. de l'emp. du Brésil; elle naît au pied de la Serra das Aymores, sur la frontière des prov. de Minas-Geraës et d'Espiritu-Santo, traverse cette dernière province de l'O. à l'E. et s'embouche dans l'Océan Atlantique, à 14 l. N. du Rio-Jucurucu.

CORUMILLA, promontoire sur la côte de la rép. du Chili, au S. de la Punta-de-Limari.

CORVÉES (les), vg. de Fr., Eure-et-Loir, arr. de Nogent-le-Rotrou, cant. de la Loupe, poste de Champrond; 460 hab.

CORVEISSIAT, vg. de Fr., Ain, arr. et poste de Bourg-en-Bresse, cant. de Treffort; 580 hab.

CORVETS-INLET, vaste baie au N. de celle de Névils, sur la côte du New-Wales, dép. du Sud.

CORVO ou **CUERVO**, pet. île fertile du groupe des Açores, Afrique, au N.-O. de celle de Flores; elle a environ 2 l. de tour et 700 habitants; beaux cèdres; excellents pâturages; commerce en bois et en viande.

CORVOL-D'EMBERNARD, vg. de Fr., Nièvre, arr. de Clamecy, cant. de Brinon-les-Allemands, poste de Varzy; 540 hab.

CORVOL-L'ORGUEILLEUX, b. de Fr., Nièvre, arr. et poste de Clamecy, cant. de Varzy; 300 hab.

CORWEN, vg. d'Angleterre, dans la principauté de Galles, comté de Mérionethe, sur la Dee; pêche considérable. Il est situé dans la vallée romantique de Glendurdwy, visitée par tous les touristes anglais; le héros gallois Owen Glendower y trouva un asile. Dans les environs se trouve aussi la délicieuse vallée d'Edeirnion; 2000 hab.

CORYCÉON, g. a., mont. de la presqu'île d'Ionie, avec la caverne où naquit Herophile, célèbre sybille.

CORYCIUS (l'antre), fameuse et vaste caverne du Parnasse, nommée par les habitants du pays Saran-d'Anli et qui sert de lieu de réunion aux brigands du Parnasse.

CORYDON, v. naissante des États-Unis de l'Amérique du Nord, état d'Indiana, comté de Harrison, sur l'Indian et à 4 l. de l'Ohio. Cette ville, fondée en 1809, fut depuis 1816 la capitale de l'état et est encore aujourd'hui le chef-lieu du comté de Harrison; académie; industrie et commerce. Dans les collines calcaires de ses environs on voit une grotte très-remarquable, dont le sol est couvert de sulfate de magnésie (sel cathartique amer) et de salpêtre alumineux.

CORZÉ, vg. de Fr., Maine-et-Loire, arr. de Baugé, cant. de Seiches, poste de Suette; sucrerie de betteraves; 1660 hab.

COS, vg. de Fr., Arriège, arr., cant. et poste de Foix; 170 hab.

COS, ham. de Fr., Tarn-et-Garonne, com. de la Motte-Capdeville; 250 hab.

COS, pet. v. assez florissante dans l'île de Stancho (la *Cos* des Grecs); patrie du peintre Apelles et du fameux médecin Hippocrate; le temple d'Esculape et les traditions d'Hippocrate y attiraient anciennement une foule d'étrangers; ses vins et les fins tissus qu'on y fabriquait étaient renommés.

COS ou **COUS**, **GOUS**, **QUOUS**, pet. v. assez commerçante de la Haute-Égypte, Afrique, prov. de Kénéh, sur la rive droite du Nil et à 10 l. N. des ruines de Thèbes; elle est bâtie sur les ruines de l'ancienne Apollinopolis Parva, parmi lesquelles on distingue les débris d'un grand temple.

COSAH ou **KOSI**, **COUSSY**, un des principaux affluents du Gange, prend sa source sur le versant méridional de l'Himalaya, traverse une grande partie du Népal, où il reçoit les eaux de l'Arun et du Tombas, le Behar, où il reçoit celles du Gogary, et entre dans le Bengale pour se jeter dans le Gange.

COSALA. *Voyez* SONORA-ET-CINALOA.

COSAWATCHÉE. *Voy.* BEAUFORT (comté).

COSDON (Aube). *Voyez* PAISY-COSDON.

COSEL, v. forte de Prusse, sur la rive gauche de l'Oder, chef-lieu du cercle de même nom, rég. et à 10 l. S. d'Oppeln; les Français l'ont prise en 1807; 3400 hab.

COSENZA, *Consentia*, chef-lieu de la Calabre citérieure, roy. des Deux-Siciles, situé entre les fleuves Busiento et Crati, non loin de la forêt de Sila; est une ville archiépiscopale, commerçante et industrieuse; elle renferme les tribunaux de la province, un collège royal, une belle cathédrale, etc.; 8000 hab.

COSHATTAS. *Voyez* OPÉLOUSAS (comté).

COSHOCTON, comté de l'état d'Ohio, États-Unis de l'Amérique du Nord; il est borné par les comtés de Wayne, de Tuscarawas, de Guernsey, de Muskingum, de Licking et de Knox. Sa population est de 8000 âmes. Le Muskingum traverse ce pays très-fertile; l'agriculture y est florissante. Coshocton, petite ville sur le Muskingum, au confluent des deux bras de ce fleuve, avec une poste et 2000 habitants, est le chef-lieu du comté.

COSLÉDAA, vg. de Fr., Basses-Pyrénées, arr. de Pau, cant. de Lembeye, poste d'Auriac; 490 hab.

COSME (Saint-), vg. de Fr., Saône-et-Loire, arr., cant. et poste de Châlon-sur-Saône; 1100 hab.

COSME (Saint-), b. de Fr., Sarthe, arr. et cant. de Mamers, poste; 2030 hab.

COSME (Sierra de San-). *Voyez* RIO-GRANDE-DO-NORTE (province).

COSME (San-), b. du dictatorat du Paraguay; il fut fondé par les jésuites, en 1634, et compte 2000 hab.

COSMES, vg. de Fr., Mayenne, arr. de Château-Gontier, cant. et poste de Cosse-le-Vivien; 590 hab.

COSMOLEDO, pet. groupe d'îlots à l'entrée septentrionale du canal de Mozambique, et à environ 65 l. N.-N.-O. du cap d'Ambre, dans l'île de Madagascar.

COSNAC, vg. de Fr., Corrèze, arr., cant. et poste de Brives; excellents marrons; 985 hab.

COSNE, b. de Fr., Allier, arr. de Montluçon, cant. et poste de Hérisson; 1080 hab.

COSNE, ham. de Fr., Côte-d'Or, com. de Quemigny-sur-Seine; 140 hab.

COSNE, *Condate*, v. de Fr., Nièvre, chef-lieu d'arrondissement, à 12 l. N. de Nevers; siège d'un tribunal de première instance et conservation des hypothèques. Elle est située sur la rive droite de la Loire. La petite rivière de Nohain qui, en cet endroit, s'embouche dans la Loire, met en mouvement un grand nombre d'usines et la grande forge d'ancres pour la marine royale. La ville est propre et bien bâtie; les environs en sont charmants. Cosne a un collège et une société d'agriculture; la salle d'audience du tribunal civil mérite d'être vue. Des forges, des fabriques d'acier, des tréfileries, des clouteries, des coutelleries, des chapelleries et des tanneries y alimentent un commerce assez considérable. Cette ville est l'entrepôt des dép. du Cher, de l'Yonne et de la Nièvre pour le commerce des vins, bois, fer, chanvre, laines, cuirs, bestiaux. Foires le 30 janvier, le lundi de la Passion, les 20 juin, 9 août, 29 septembre et 1er novembre; 6212 hab.

Cosne est très-ancien; c'était, au temps des Romains, un bourg défendu par un château. Comme la plupart des anciennes villes, celle-ci dut aussi son accroissement aux églises et aux couvents. Elle fut autrefois fortifiée et souffrit beaucoup pendant les guerres de religion.

COSNES, vg. de Fr., Moselle, arr. de Briey, cant. et poste de Longwy; 830 hab.

COSNIÈRE (la), ham. de Fr., Vendée, com. de Beaulieu-sous-Bourdon; 120 hab.

COSQUEVILLE, vg. de Fr., Manche, arr. de Cherbourg, cant. et poste de St.-Pierre-Église; 850 hab.

COSS, comté de l'état de New-Hampshire, États-Unis de l'Amérique du Nord. Ce comté, qui comprend l'extrémité septentrionale de l'état, faisait autrefois partie du comté de Grafton; il est borné par le Bas-Canada, le comté de Grafton et les états du Maine et de Vermont. Malgré sa grande étendue, évaluée à 80 l. c. géogr., il n'a encore que 7000 habitants. Avant 1820, ce pays n'était cultivé que sur les bords du Connecticut, mais depuis cette époque, la culture s'étend de plus en plus vers l'E., où coule le Sagadahok. L'intérieur du pays est occupé par un conglomérat de montagnes, de collines et de forêts. Le lac Umbagog, traversé par le Sagadahok, s'étend sur la frontière E. C'est jusque sur le bord de ce lac que l'agriculture avait pénétré avant 1812; à l'O. elle s'arrêtait à Stewartstown.

COSSÆI, g. a., peuple de la Médie, occupait probablement la prov. actuelle de Dilem.

COSSATO, b. de la Sardaigne piémontaise, prov. de Biella; vins estimés; 2500 hab.

COSSAYE, vg. de Fr., Nièvre, arr. de Nevers, cant. de Dornes, poste de Decize; 1070 hab.

COSSE, vg. de Fr., Maine-et-Loire, arr. de Beaupréau, cant. et poste de Chemillé; 540 hab.

COSSE-EN-CHAMPAGNE, vg. de Fr., Mayenne, arr. de Laval, cant. et poste de Meslay; 840 hab.

COSSEIR ou **QOCEYR**, *Philotera*, *Philoteras*, *Philoteris*, pet. port de la Haute-Égypte, Afrique, sur la mer Rouge, prov. et à 40 l. E.-S.-E. de Kénéh, avec un mauvais village que la plupart des géographes décorent du nom de ville, tandis que ce n'est qu'un amas de quelques maisons et de beaucoup de magasins qu'occupent les marchands des caravanes de Cos et de Kénéh. C'est le point de communication entre la Haute-Égypte et l'Arabie, d'où ces caravanes tirent du café Moka, en échange du blé et autres denrées qu'ils y apportent. Les Français y pénétrèrent en 1798, et c'est à eux que les habitants sont redevables de la découverte de plusieurs sources qui leur fournissent maintenant l'eau douce qu'ils allaient chercher auparavant sur les côtes de l'Arabie.

COSSÉ-LE-VIVIEN, *Cossiacum*, b. de Fr., Mayenne, arr. et à 5 l. N.-O. de Château-Gontier, chef-lieu de canton et poste; 740 h.

COSSESSEVILLE, vg. de Fr., Calvados, arr. de Falaise, cant. d'Harcourt-Thury, poste de Pont-d'Ouilly; 330 hab.

COSSIGNY, ham. de Fr., Seine-et-Oise, com. de Bretigny; 190 hab.

COSSIM-BUZAR ou **KASSIM-BAZAR**, v. du Bengale, regardée comme le port de Mourchidabad. Elle fait un grand commerce alimenté par ses nombreuses fabriques de soie et de coton; les Français y ont une factorerie; 25,000 hab.

COSSIMCOTTA, v. de l'Inde anglaise, prov. des Circars du Nord.

COSSONEX ou **COSSONAY**, pet. et ancienne v. de Suisse, chef-lieu d'un district et d'un cercle dans le cant. de Vaud, située sur une hauteur, à 3 l. N.-O. de Lausanne. Cette ville, qui prenait part aux diètes du cant. de Vaud, fut conquise par les confédérés en 1475, rendue, puis reprise par les Bernois en 1536; 700 hab.

COSSWILLER, vg. de Fr., Bas-Rhin, arr. de Strasbourg, cant. et poste de Wasselonne; 500 hab.

COSTA, vg. de Fr., Corse, arr. de Calvi, cant. de Belgodère, poste de l'Isle-Rousse; 190 hab.

COSTA-RICA (fleuve). *Voyez* JUAN (San-) fleuve.

COSTA-RICA, état ou prov. des États-

Unis de l'Amérique centrale, le district le plus méridional de la confédération, entre 8° 20' et 11° 27' de lat. N., et entre 82° 43' et 87° 10' de long. occ. Cette province est bornée au N. par l'état de Honduras, à l'E. par l'Océan Atlantique et la Colombie, au S. et à l'O. par l'Océan Pacifique. Son étendue est de 700 l. c. géogr., avec une population de 60,000 âmes, selon M. de Thompson de 180,000. Cette province reçut son nom (côte riche) des Espagnols auxquels, à leur arrivée dans ce pays, les indigènes distribuèrent de l'or avec profusion. Aujourd'hui elle ne fournit plus ni or ni argent et elle est un des districts les plus pauvres, les plus tristes et les plus sauvages de la république.

Les Andes traversent ce pays dans une direction N.-O., et s'étendent en deux hauts plateaux sur les bords du lac de Nicaragua. Là le pays s'élève en forme de terrasse vers la chaîne centrale, qui envoie des deux côtés de petites ramifications, entre lesquelles s'étendent des vallées élevées de 2000 pieds au-dessus du niveau de la mer et qui jouissent d'un climat très-tempéré. De nombreuses rivières s'échappent des flancs de cette montagne et débouchent, soit dans l'Océan Pacifique, soit dans l'Océan Atlantique; parmi les premières, nous nommerons la Barbilla et la Chiripa, qui à leur embouchure forment la baie de Carpintero; le Ximénes, le Rebentazon et le Moïn; les principaux cours d'eaux tributaires de la mer Pacifique sont : le Rio-Grande, l'Alvarado, la Boruca et le Chiriqui. Au N.-O. de l'état s'ouvre la vaste baie de Nicoya ou baie des Salines, appelée d'abord Bahia-Chira, et que les Espagnols nomment quelquefois Bahia de San-Lucar; elle est fermée par le Cabo-Blanco sur la presqu'île de Nicoya et la punta Herrudura sur la côte de Costa-Rica. Au S.-O. se trouve la baie de Dolce, qui reçoit plusieurs petites rivières. Le sol se montre partout très-fertile, même sur la côte O. où il est sablonneux et pierreux, mais un souffle contagieux exhalé par les savannes et les lagunes de la côte E., rend impossible toute culture dans ces districts mortifères abandonnés par l'homme qui s'est retiré dans les montagnes. Là on recueille toutes les céréales européennes, des légumes, du maïs, l'érable à sucre, le coton et l'indigo. La mer et les fleuves sont très-poissonneux; les lagunes fournissent du sel, et dans le golfe de Nicaragua l'on pêche des perles et des huîtres à pourpre. Aussi longtemps que le commerce de l'Amérique méridionale se concentrait dans les ports de Puerto-Bello et de Panama, la prov. de Costa-Rica était une des plus florissantes des possessions espagnoles dans le Nouveau-Monde. Mais aujourd'hui elle n'a plus de relations commerciales ni avec le Mexique ni avec la Colombie; ses ports sont déserts, aucun vaisseau européen n'y aborde et son peu de commerce se borne aux villes de Guatémala et de Réaléjo.

Il paraît que Costa-Rica fut connue dès l'année 1522, et il est probable que lorsque Gil-Gonzalez-Davila visita les prov. de Nicoya et de Nicaragua, il découvrit aussi les côtes occidentales de Costa-Rica. Déjà Alvarado y établit un gouverneur; elle était alors bien peuplée, bien cultivée, et abondait en blé et en bétail, dont elle pourvoyait les villes de Cartagène, de Puerto-Bello et de Panama. Sa prospérité engagea les aventuriers et les corsaires à en exploiter les richesses. En 1666 ce pays fut envahi par une troupe de flibustiers qui abordèrent à Matina, mais qui périrent devant Cartagène. Les invasions de Drake et d'autres flibustiers anglais furent bien plus pernicieuses encore pour ce pays; la destruction complète de la florissante ville d'Esparza en fut la suite. Cependant toutes ces calamités du dehors n'auraient pas exercé une influence si funeste à l'accroissement de cette colonie, si les Espagnols n'en avaient pas abandonné les mines, dont le produit ne leur parut pas valoir la peine de l'exploitation et si la voie commerciale de Panama et de Puerto-Bello n'avait pas pris une autre direction.

Costa-Rica formait jusqu'à la révolution un gouvernement de la capitainerie-générale de Guatémala et forme aujourd'hui un état de la confédération de l'Amérique centrale. Elle est divisée en deux districts : Costa-Rica et Talamanca.

COSTA-RICA (San-José-de-) ou VILLA-NUÉVA-DE-SAN-JOSÉ, v. des États-Unis de l'Amérique centrale, prov. de Costa-Rica, dont elle est la capitale; elle est le siége d'un évêque et renferme une monnaie et une manufacture de tabac; 16,000 hab.

COSTE (la), ham. de Fr., Aveyron, com. de St.-Julien-d'Empare; 120 hab.

COSTE (la), vg. de Fr., Gard, com. de St.-André-de-Majencoules; 210 hab.

COSTEBELLE, ham. de Fr., Basses-Alpes, com. de la Bréolle; 270 hab.

COSTERASTE, ham. de Fr., Lot, com. de Gourdon; 260 hab.

COSTES (les), vg. de Fr., Hautes-Alpes, arr. de Gap, cant. et poste de St.-Bonnet; 290 hab.

COSTES (les), ham. de Fr., Aveyron, com. de St.-Rome-de-Tarn; 120 hab.

COSTIGHOLE, b. de la Sardaigne piémontaise, prov. de Saluces, sur la Vraita; vin muscat renommé.

COSTNITZ. *Voyez* CONSTANCE.

COSTOJA (Pyrénées-Orientales). *Voyez* COUSTOUGES.

COSTOSA, vg. du roy. Lombard-Vénitien, gouv. de Venise, délégation de Vicence; remarquable par la grotte immense creusée dans l'intérieur d'une colline. C'est une ancienne carrière d'où l'on a tiré les marbres blancs qui portent encore le nom de ce village; 750 hab.

COSUMEL, île très-étendue au N.-E. de l'état de Honduras, dont elle dépend, confédération mexicaine. Ce fut la première des îles mexicaines que visitèrent les Espagnols. Ils y trouvèrent une peuplade nombreuse soumise à un cacique, et un célèbre temple, objet d'une grande vénération des indigènes. Cortès le fit démolir avec les autres temples de l'île. Aujourd'hui cette île, abandonnée de ses habitants, n'offre plus qu'un vaste désert.

COSWICK, v. de la confédération germanique, dans le duché d'Anhalt-Bernbourg, est située sur l'Elbe dans une contrée agréable; elle a un château, des fabriques de draps, de bonnes brasseries, et une population de 2800 hab., dont un grand nombre se livrent à une pêche importante sur l'Elbe. Dans les environs se trouve le Burzberg ou Putzberg, aujourd'hui nommé *Hubertusberg*, dominé par un château, d'où l'on jouit d'une vue très-étendue.

COTABAMBAS, prov. de la rép. du Pérou, dép. de Cuzco; elle est bornée par les prov. d'Abancay, de Paruro, de Chumbivilcas et d'Aimaraès. Son étendue est évaluée à 88 l. c. géogr., avec une pop. de 30,000 âmes. Une haute chaîne de montagnes, ramification des Cordillères, traverse le centre de cette province et s'aplatit sur le bord de l'Apurimac. Ce fleuve et le Rio-Oropésa sont les principaux cours d'eau du pays. La prov. de Cotabambas, comme celle d'Aimaraès, ne consiste qu'en montagnes et en vallées. Les premières sont couvertes de neige pendant la plus grande partie de l'année, les secondes renferment d'excellentes prairies. L'éducation du bétail et la culture du blé, du maïs et des pommes de terre font les principales occupations des habitants. Le sol est riche en agate. Les mines d'or et d'argent qu'on y exploitait autrefois sont entièrement abandonnées de nos jours.

COTACHÉ. *Voyez* MATEOS (Rio-de-San-).

COTÆA, g. a., contrée de la Grande-Arménie, entre l'Euphrate et les sources du Tigre.

COTAPACHI, volcan et un des points culminants des Andes du Pérou, s'élève, d'après M. de Humboldt, à la hauteur de 5904 mètres.

COTDOUSSAN, vg. de Fr., Hautes-Pyrénées, arr. d'Argelès, cant. et poste de Lourdes; 90 hab.

COTE (la), ham. de Fr., Dordogne, com. de Ribérac; 120 hab.

COTE (la), ham. de Fr., Haut-Rhin, com. de Ste.-Marie-aux-Mines; 150 hab.

COTE (la), vg. de Fr., Haute-Saône, arr., cant. et poste de Lure; 480 hab.

COTE (la), Seine-Inférieure, com. de St.-Aubin-Jouxte-Boulleng; 550 hab.

COTEAU (le), vg. de Fr., Loire, com. de Parigny; 900 hab.

COTEAU-DES-PRAIRIES, chaîne de basses montagnes dans les États-Unis de l'Amérique du Nord, s'étend dans une direction S.-E. entre le Sioux et le Yellow-Wood, territoire du Missouri.

COTEAUX (les), pet. v. de l'île d'Haïti, dép. du Sud; son port, peu sûr, est exposé aux vents du S.-O.; 2000 hab.

COTE-BRUNE, ham. de Fr., Doubs, arr., cant. et posté de Baume-les-Dames, 180 h.

COTE-CHAUDE, ham. de Fr., Drôme, com. de Montaulieu; 60 hab.

COTE-D'ADEL, COTE-DES-DENTS, COTE-DES-ESCLAVES, etc. *Voyez* ADEL, DENTS, ESCLAVES, etc.

COTE-DE-BONSECOURS, ham. de Fr., Seine-Inférieure, com. de Blosseville-Bonsecours; 390 hab.

COTE-D'OR, pet. chaîne de montagnes de Fr.; elle s'élève au S.-O. de Dijon et se prolonge au-delà de Beaune. Son nom, qui est aussi celui du département qu'elle traverse, lui vient des riches vignobles dont elle est couverte. Au-delà de Beaune, cette chaîne s'allonge vers le S., sous le nom de montagnes Chalonnaises. Les montagnes de la Côte-d'Or ont une longueur d'environ 34 l. et forment la ligne de partage entre les eaux qui, du versant oriental, sont tributaires du Rhône et celles qui, du versant occidental, sont les affluents de la Seine.

COTE-D'OR (département de la), situé dans la région orientale de la France, est formé d'une partie de l'ancien duché de Bourgogne, est borné au N. par les dép. de l'Aube et de la Haute-Marne, à l'E. par ceux de la Haute-Saône et du Jura, au S. par le dép. de Saône-et-Loire et à l'E. par ceux de la Nièvre et de l'Yonne. Sa superficie est de 856,445 hectares et sa pop. de 385,624 hab.

Une chaîne de collines élevées, qui se détache de la partie méridionale du haut plateau de Langres, traverse du N.-E. au S.-O. le département; arrivée dans la partie méridionale, elle se dirige directement vers l'O. pour se rendre dans le dép. de la Nièvre, où elle prend le nom de *Monts du Morvan*. Cette chaîne sépare le bassin de la Seine du bassin du Rhône, et forme la jonction des hauteurs septentrionales appartenant aux Cévennes avec la chaîne des Vosges. Cette partie est surtout riche en forêts et en fer. Une série de collines s'élève une demi-lieue dans la direction du S.-O. de Dijon et va se terminer au-delà de Beaune, près de la rivière du Dheune. La richesse de ses produits lui a valu le nom de Côte-d'Or.

La seule rivière navigable du département est la Saône; elle sort du dép. de la Haute-Saône, traverse une partie de la région S.-E. du département et se rend dans celui de Saône-et-Loire. Ses principaux affluents sont : la Tille, la Bèze, le Lignon et l'Ouche, qui sépare la partie forestière du département de la partie vignoble; cette dernière reçoit le Suzon, l'Auxon, la Vouge et le Morbian. L'Aube forme une partie de la limite septentrionale; elle sépare le département de celui de la Haute-Marne. La Dheune, qui le sépare du dép. de Saône-et-Loire, se réunit à la Vendenne, la Meuzin, la Bouzeoise et se jette dans la Saône.

La Seine prend sa source entre St.-Seine et Chanceaux, reçoit le Brevon et se rend dans le dép. de l'Aube.

Le canal de Bourgogne, qui joint la Saône à la Seine par l'Yonne, traverse le département ; il se dirige d'abord du S.-E. au N.-O., forme un coude à Dijon, en allant du N.-E. au S.-O., et reprend ensuite sa direction première pour se rendre dans le dép. de l'Yonne.

Un second canal, celui qui joint le Rhône au Rhin, traverse une petite partie du département.

Le sol, entrecoupé de montagnes, de collines et de plaines, est très-varié et généralement pierreux ; la terre est formée de débris de nature calcaire, favorable surtout à ses vignobles si renommés ; il est très-fertile, excepté aux environs de la Saône, où il est sablonneux.

Le climat est doux et sain ; on croit remarquer cependant un abaissement général de la température, attribué surtout au déboisement des montagnes.

Le département récolte des céréales en quantité plus que suffisante pour sa consommation ; on y cultive en grand les légumes verts, les melons, les haricots et les lentilles, les navets de Véronne sont estimés. La culture du chanvre, du lin, des plantes oléagineuses, du millet, du sénevé, qui fournit la moutarde, offrent d'excellents produits. La principale richesse agricole du département consiste dans les vignobles, la chaîne de montagnes, nommée la *Côte-d'Or*, produit des vins d'une qualité supérieure ; elle est divisée en deux parties ; la première, la côte de Nuits, fournit les vins célèbres de la Romanée, du Clos-Vougeot, de Chambertin, de Nuits, de Musigny, de Chambolle, etc. La côte Beaunoise produit les vins de Pomard, de Volnay, de Beaune, de Chassagne, d'Auxny, de Santenay ; les vins blancs de Chevalier-Montrachet, du Meursault, etc.

Les forêts sont nombreuses et d'une grande étendue ; elles occupent environ le quart de la superficie du département ; les essences qui dominent sont : le chêne, le hêtre et le frêne.

Parmi les richesses minérales, le fer occupe le premier rang ; on y exploite quelques mines de houille, des tourbières, des carrières de pierres de taille, de pierres meulières, de gypse, de terre à poterie, etc. Dans les environs de Châtillon-sur-Seine l'on trouve de belles pierres lithographiques, de belles carrières de marbre et des roches connues sous le nom de granit de Bourgogne. Le département renferme dix-huit sources d'eaux minérales froides et trois sources d'eaux thermales ; il possède en outre, dans quelques communes, des sources d'eaux salées. Les belles prairies tant naturelles qu'artificielles, principalement le long de la Saône, servent à l'engrais des bestiaux ; ceux du Morvan sont très-estimés. De nombreux troupeaux de moutons, améliorés par le croisement des races, fournissent une laine d'une qualité supérieure ; c'est dans ce département que le célèbre Daubenton a élevé les premiers mérinos.

Le gros et le menu gibier sont assez abondants, et les rivières très-poissonneuses ; on cite surtout les petites truites de différentes localités.

La principale richesse de l'industrie agricole consiste dans la culture de la vigne ; elle y ajoute d'excellents vinaigres, de la moutarde, des sucres de betteraves. L'industrie métallurgique compte 39 hauts-fourneaux, 62 fourneaux ordinaires, une grande quantité de forges et une fonderie de canons ; elle possède en outre des faïenceries, des poteries, de nombreuses tuileries et des fabriques de blanc de céruse. Le département renferme plusieurs papeteries, des tanneries, des fabriques de draps et d'étoffes de laine, etc.

Le commerce est très-actif et alimenté par l'exportation des différents produits du département, dont les principales sont : les vins, les ouvrages métallurgiques et le bois.

Ce département est divisé en 4 arrondissements, 36 cantons et 727 communes. Les chefs-lieux d'arrondissements sont :

Dijon	. . . .	14 cant.	264 com.	138,094 hab.
Beaune	. . .	10 «	202 «	123,030 «
Sémur-sur-l'Armançon	. .	6 «	145 «	70,505 «
Châtillon-sur-Seine	. . .	6 «	116 «	53,995 «

36 cant. 727 com. 385,624 hab.

Il nomme 8 députés, fait partie de la dix-huitième division militaire dont le quartier-général est à Dijon ; est du ressort de la cour royale et de l'académie de la même ville, du diocèse de Dijon, suffragant de l'archevêché de Lyon. Il fait partie du troisième arrondissement forestier, de la quatrième inspection des ponts-et-chaussées, dont le chef-lieu est Dijon ; de la troisième division des mines, dont le chef-lieu est Dijon. Il a 8 collèges, une école normale et 916 écoles primaires, dont 708 de garçons et 208 de filles.

COTE-EN-COUZAN (la), vg. de Fr., Loire, arr. de Montbrison, cant. et poste de Noirétable ; 400 hab.

COTENTIN ou Contantin, ancienne dénomination d'une partie de la Basse-Normandie. Cette contrée était, lors de l'invasion romaine, habitée par les Unelli.

COTERG (le), vg. de Fr., Isère, com. de St.-Laurent-du-Pont ; 350 hab.

COTES (les Grandes-), vg. de Fr., Marne, arr. de Vitry-le-Français, cant. de St.-Remy-en-Bouzemont, poste de St.-Dizier ; 290 h.

COTES (les Petites-), vg. de Fr., Marne, arr. de Vitry-le-Français, cant. et poste de St.-Remy-en-Bouzemont ; 600 hab.

COTE-SAINT-ANDRÉ (la), b. de Fr., Isère, arr. et à 7 l. E.-S.-E. de Vienne, chef-lieu de canton et poste; fabr. de sucre de betteraves; 4570 hab.

COTE-SANS-DESSEIN. *Voy.* PIKE (comté).

COTES-D'AREY (les), vg. de Fr., Isère, arr., cant. et poste de Vienne; 1130 hab.

COTES-DE-CORPS, vg. de Fr., Isère, arr. de Grenoble, cant. et poste de Corps; 410 hab.

COTES-DU-NORD (le dép. des), en France; son nom indique sa position; il est formé d'une partie de la Bretagne et borné au N. par le canal de la Manche, à l'O. par le dép. du Finistère, au S. par celui du Morbihan et à l'E. par le dép. d'Ille-et-Vilaine. Sa superficie est de 672,096 hectares et sa pop. de 605,563 hab. Une chaîne basse, à laquelle on donne le nom de chaîne Armorique, traverse le département de l'O. à l'E.; elle commence à la côte O. par deux rameaux en fourche, dont l'un, au N. de l'Aulne, est appelé montagnes d'Arrées, et l'autre, au S. de cette même rivière, est appelé montagnes Noires. Ils se réunissent dans la partie occidentale du département, au-dessus de la source de l'Aulne, et se dirigent alors directement à l'E., sous le nom de monts de la Bretagne ou du Menez. De nombreux contreforts se détachent du N. et du S. et couvrent une partie du département; les points les plus élevés sont le Fenbusque, le Fromentel et le Morhala.

Les rivières sont nombreuses, mais peu considérables; une partie se dirige vers le N. pour se jeter dans la Manche. Ce sont: la Rance, l'Arguenon, le Trieux, le Guessan; une autre partie se dirige vers le S. et se jette dans l'Atlantique; ce sont: la Lie et l'Oust, affluents de la Vilaine, et le Blavet. Le canal de la Bretagne traverse une partie de la région S.-O. du département, et celui de l'Ille-et-Rance une partie de la région orientale. Ce dernier, commencé en 1804 et non encore achevé, doit établir une communication entre la Rance et la Vilaine.

Ce département présente une étendue de côtes d'environ cent lieues; elles sont presque toujours découpées par des dentelures très-profondes et hérissées de rochers; les baies sont nombreuses, mais parsemées de petites îles; les côtes sont avoisinées par de grandes plaines très-fertiles; les sables succèdent à ces plaines et le pays se couvre de monts arides, rocailleux et semés de passes difficiles.

Le climat est tempéré, humide et variable; des brumes épaisses et fréquentes couvrent les côtes. On récolte du blé, du maïs, du seigle, du sarrazin en quantité suffisante pour la consommation du département; il possède des cultures très-considérables de lin et de chanvre; les vergers forment une partie principale de l'économie rurale de ses cantons; les pommiers sont nombreux; ses fruits sont destinés à la préparation des cidres, boisson habituelle des habitants; on y cultive aussi quelques vignes; leurs produits sont ordinairement convertis en eaux-de-vie. Dans le voisinage des côtes et des rivières le département est riche en pâturages magnifiques. Les forêts sont peu considérables; le chêne et le bouleau sont les essences qui dominent.

Parmi les richesses minérales du département on cite quelques mines de fer et de plomb, de bonnes carrières de marbre noir, de granit, de pierres de taille et à chaux et d'ardoises, de la terre à porcelaine, de l'argile à potier; il possède quelques établissements d'eaux minérales, dont le plus considérable est celui de Dinan; quelques marais salants se trouvent le long des côtes.

Le département possède beaucoup de troupeaux de bêtes à cornes, que l'on engraisse dans ses excellents pâturages; les chevaux sont nombreux et vigoureux; on les emploie surtout comme chevaux de poste et de messageries. L'éducation des moutons, des porcs et des abeilles est répandue dans la plupart des localités; le miel et la cire qu'on y récolte sont très-estimés. Le gibier est très-abondant, principalement dans les montagnes; le loup et le sanglier y sont inconnus. Les côtes sont très-poissonneuses; on y pêche la sardine et le maquereau; on vante les anguilles de Jugon; dans les rivières les saumons sont très-communs.

L'industrie déploie une grande activité dans ce département; il possède vingt forges et fourneaux, des fabriques de toiles à voiles et d'emballage, des fabriques de sucre, d'étoffes de laine, des papeteries, des tanneries, des fabriques de parchemin. Cependant la branche qui domine toutes les autres est celle qui consiste dans la fabrication du fil et des toiles fines dites de Bretagne; on compte plus de quatre cents fabriques qui s'occupent seules de cette branche de l'industrie.

La pêche est une des sources de la richesse du pays; elle est très-considérable sur les côtes, et quelques ports de mer, Dinan, St.-Brieuc, Lannion, arment pour la pêche de la morue.

Le commerce y est aussi très-étendu; il consiste surtout dans l'exportation de ses produits agricoles et manufacturiers. On cite principalement les grains, le lin, le chanvre, les fils, les toiles, le parchemin. Les pâturages et les côtes alimentent une partie considérable du commerce. Le cabotage est important entre les divers ports de mer.

Ce département est divisé en 5 arrondissements, 48 cantons et 375 communes. Les chefs-lieux d'arrondissement sont :

St.-Brieuc . .	12 cant.	94 com.	174,178 h.
Dinan	10 »	90 »	111,995 »
Lannion . . .	7 »	62 »	107,229 »
Guingamp . .	10 »	73 »	117,059 »
Loudéac . . .	9 »	56 »	95,102 »
	48 cant.	375 com.	605,563 h.

Il fait partie de la treizième division militaire, dont le quartier-général est à Rennes; il est du ressort de l'académie et de la cour royale de la même ville, du diocèse de St.-Brieuc, suffragant de l'archevêché de Tours. Il fait partie de la vingt-cinquième conservation forestière, de la dixième inspection des ponts-et-chaussées, dont le chef-lieu est Rennes et de la première division des mines, dont le chef-lieu est Paris. Il a 4 colléges et 411 écoles primaires.

COTEUGE, ham. de Fr., Puy-de-Dôme, com. de St.-Dierry; 160 hab.

COTGONG, v. de l'Inde anglaise, dans le Behar, dist. de Boglipour, aux bords du Gange. Sur les montagnes qui avoisinent cette ville, la vue s'étend sur les contrées les plus belles, les plus sauvages et les plus pittoresques de l'Indoustan. Non loin de Cotgong se trouve la cascade du Mootyjerna, rivière qui se précipite d'une hauteur de 105 pieds.

COTHON, b. maritime dans l'état de Tunis, Afrique, non loin de la ville de Méhédia.

COTIGNAC, v. de Fr., Var, arr. et à 3 1/2 l. N.-E. de Brignolles, chef-lieu de canton et poste; commerce de vins, figues, confitures sèches, soie, etc. Cotignac possède une bibliothèque publique, des fabr. de soie et des tanneries; 3780 hab.

COTILADES. *Voyez* NICARAGUA (lac).

COTINDIBA ou COTINGUIBA, fl. de l'emp. du Brésil, prov. de Sergipe. Il descend de la Sierra de Trabanga et se décharge dans l'Océan Atlantique. Tout le sucre de la province s'exporte sur ce fleuve; malheureusement son embouchure est très-dangereuse.

COTINGA (île). *Voyez* PARANAGUA (ville).

COTINIÈRE (la), ham. de Fr., Charente-Inférieure, com. de St.-Pierre-d'Oléron; 120 hab.

COTOCTIN (monts). *Voyez* MARYLAND.

COTOPAXI. *Voyez* ÉCUADOR (département).

COTOUGUELESSAZOU ou COUTOTILESSAZ, v. de l'intérieur de la Basse-Guinée, Afrique, dans le roy. de Sala, à environ 35 l. E.-N.-E. de Missel; 6000 hab.

COTRINE, vg. d'Écosse, comté d'Ayr, non loin d'Ayr; remarquable par sa grande manufacture de coton.

COTRONE, *Croto*, pet. v. du roy. des Deux-Siciles, Calabre ultérieure IIe; siège d'un évêché, possède un port sur la mer Ionienne et fait un commerce important; 5000 hab.

COTTACOUMACASA, pet. v. de la Haute-Guinée, Afrique, sur la côte d'Or et dans la rép. de Fantie ou Fantyn, dans une contrée montueuse, boisée et bien arrosée.

COTTANCE, vg. de Fr., Loire, arr. de Montbrison, cant. et poste de Feurs; 1310 h.

COTTBUS, v. de Prusse, chef-lieu du cercle de même nom, rég. de Francfort-sur-l'Oder, située sur la Sprée. Elle renferme un beau château royal, 4 églises, 2 hôpitaux et un gymnase possédant une bibliothèque. Fabrication de draps, de toiles, de bas; distilleries et brasseries. La ville fait un grand commerce d'expédition et de transit entre l'Elbe et l'Oder; 8200 hab.

COTTE ou COTTENCES, ham. de Fr., Pas-de-Calais, com. de St.-Hilaire-Cotte; 300 h.

COTTENCHY, vg. de Fr., Somme, arr. et poste d'Amiens, cant. de Sains; 730 hab.

COTTEVILLE, ham. de Fr., Seine-Inférieure, com. de Manéhouville; 120 hab.

COTTEVRARD, vg. de Fr., Seine-Inférieure, arr. de Dieppe, cant. et poste de Bellencombre; 400 hab.

COTTICA (district). *Voyez* GUYANE HOLLANDAISE.

COTTICA (fleuve). *Voy.* SURINAM (fleuve).

COTTIENNES (Alpes). *Voyez* ALPES.

COTTIER, vg. de Fr., Doubs, arr. de Besançon, cant. d'Audeux, poste de St.-Wit; 110 hab.

COTTONAHOWES, peuplade indienne peu nombreuse de l'Amérique septentrionale. Le district qu'elle habite est borné par les montagnes Rocheuses qui y donnent naissance au Mucuwane et à l'Ascow, et par les territoires des Indiens-Pieds-Noirs, des Indiens-du-Sang et des Assiniboines.

COTTONE, ham. de Fr., Corse, com. de de St.-André-de-Cottone; 350 hab.

COTTUN, vg. de Fr., Calvados, arr., cant. et poste de Bayeux; 190 hab.

COTUY, pet. v. de l'île d'Haïti, dép. du Nord-Est, non loin du Rio-Yuna. Cette ville, assez régulièrement bâtie, fut fondée en 1504 par Rodrigo-Mérida-de-Truxillo; commerce de viande salée, de suif et de peaux; 1600 hab. Dans le voisinage de cette ville on exploitait jusqu'en 1747 de riches mines d'or; il y en a encore de cuivre aurifère et de fer.

COTYLUS, g. a., point culminant de l'Ida, dans la Troade, à 120 stades N.-E. de Scepsis, avec les sources du Scamandre, du Granicus et de l'Æsepus.

COUA, pet. île sur la côte orientale de l'Afrique, non loin de la côte de Zanguebar et de l'île de Quiloa.

COUALÉ, pet. île sur la côte orientale de l'Afrique, dans une baie de l'Océan Indien, non loin de la côte de Zanguebar et de l'île de Monfia.

COUAMA, dit aussi ZAMBÈSE et GUILIMANI, un des plus grands fleuves de l'Afrique, dont le cours n'est connu que dans sa partie inférieure, toute la partie supérieure étant encore livrée aux conjectures des géographes. Il parait cependant que sa source est beaucoup plus éloignée qu'on ne le croyait, et on est porté à croire que le Roupoura et le Muracura, qui traversent le vaste territoire des Cazembes, pourraient bien être les deux branches principales du Zambèse. En admettant cette hypothèse, ce grand fleuve, après avoir arrosé les contrées soumises aux Cazembes, traverserait le roy. de Changamera, le Mocaranga et la partie centrale des établissements portugais, qui forment la capitainerie-générale de Mozambique. Ses principaux affluents seraient la Manzora (Arvanha), à la droite; l'Aroanga (Roanga), le Reizigo et la Mangaza dite Chiré dans la partie inférieure de son cours, à la gauche; cette dernière paraît recevoir à la gauche le Suabo-Grande. Le Zambèse se jette dans le canal de Mozambique par quatre embouchures principales, dites Luaboel, Luaba, Couama et Quilimané; cette dernière paraît être actuellement la plus considérable; c'est aussi celle qui est la plus fréquentée par les navigateurs qui remontent ce grand fleuve. Parmi les lieux situés sur le Zambèse les plus considérables sont : Zumbo, Chicova, Tete, Sena et Quilimané.

COUAN-D'AUDE (Saint-), vg. de Fr., Aude, arr. de Carcassonne, cant. et poste de Capendu; 280 hab.

COUARCY, ham. de Fr., Oise, com. de Pontoise; 150 hab.

COUARD, ham. de Fr., Saône-et-Loire, com. d'Autun; 210 hab.

COUARDE (la), vg. de Fr., situé sur l'île de Ré, Charente-Inférieure, arr. de la Rochelle, cant. d'Ars-en-Ré, poste de St.-Martin-de-Ré; 1950 hab.

COUARGUES, vg. de Fr., Cher, arr., cant. et poste de Sancerre; 440 hab.

COUAT-DU-RAZÈS (Saint-), vg. de Fr., Aude, arr. et poste de Limoux, cant. de Chalabre; 290 hab.

COUBAYRAC, vg. de Fr., Gironde, arr. de Libourne, cant. de Pujols, poste de Castillon; 200 hab.

COUBERT, vg. de Fr., Seine-et-Marne, arr. de Melun, cant. de Brie-Comte-Robert, poste; beau château; 555 hab.

COUBISOU, vg. de Fr., Aveyron, arr. et poste d'Espalion, cant. d'Estaing; 2910 hab.

COUBJOURS, vg. de Fr., Dordogne, arr. de Périgueux, cant. d'Hautefort, poste d'Excideuil; 490 hab.

COUBLANC, vg. de Fr., Haute-Marne, arr. de Langres, cant. de Prauthoy, poste de Chassigny; 500 hab.

COUBLANC, vg. de Fr., Saône-et-Loire, arr. de Charolles, cant. et poste de Chauffailles; 1240 hab.

COUBLEVIE, vg. de Fr., Isère, arr. de Grenoble, cant. et poste de Voiron; 1520 h.

COUBLUCQ, vg. de Fr., Basses-Pyrénées, arr. d'Orthez, cant. et poste d'Arzacq; 290 hab.

COUBON, vg. de Fr., Haute-Loire, arr., cant. et poste du Puy; mine d'asphalte; 2350 hab.

COUBRON, vg. de Fr., Seine-et-Oise, arr. de Pontoise, cant. de Gonesse, poste de Livry; 320 hab.

COUCAPALESSAZ, v. de l'intérieur de la Basse-Guinée, Afrique, dans le roy. de Sala. Elle est située sous la ligne équatoriale, non loin du Hogiz et à environ 15 l. S.-E. de Missel.

COUCHES, pet. v. de Fr., Saône-et-Loire, arr. et à 6 l. E. d'Autun, chef-lieu de canton et poste; mine de fer; 3030 hab.

COUCHEY, vg. de Fr., Côte-d'Or, arr. de Dijon, cant. et poste de Gevrey; 680 h.

COUCONDA, v. de la Sénégambie méridionale, Afrique, dans l'intérieur du pays des Biafares.

COUCOURON, vg. de Fr., Ardèche, arr. et à 11 l. E. de l'Argentière, chef-lieu de canton, poste de Langogne; 1050 hab.

COUCROU, riv. du roy. marocain de Fez, Afrique, affluent du Bouregreg.

COUCY, vg. de Fr., Ardennes, arr., cant. et poste de Rethel; 370 hab.

COUCY-LA-VILLE, vg. de Fr., Aisne, arr. de Laon, cant. et poste de Coucy-le-Château; 280 hab.

COUCY-LE-CHATEAU, *Cociacum, Codiciacum*, v. de Fr., Aisne, arr. et à 5 1/2 l. O. de Laon, chef-lieu de canton et poste; 840 h. L'on y voit les ruines du château des puissants seigneurs de Coucy dont le plus célèbre, Enguerrand III, sire de Coucy, eut une si grande influence pendant la minorité de Louis IX, que l'on prétend, mais sans preuves positives, que les grands vassaux lui offrirent la couronne qu'il sut refuser.

COUCY-LES-EPPES, vg. de Fr., Aisne, arr. et poste de Laon, cant. de Sissonne; 490 hab.

COUDDES, vg. de Fr., Loir-et-Cher, arr. de Blois, cant. de St.-Aignan, poste de Contres; 330 hab.

COUDEHARD, vg. de Fr., Orne, arr. d'Argentan, cant. et poste de Trun; 340 h.

COUDEKERQUE, vg. de Fr., Nord, arr. et cant. de Dunkerque, poste de Bergues; 420 hab.

COUDEKERQUE-BRANCHE, vg. de Fr., Nord, arr., cant. et poste de Dunkerque; 1400 hab.

COUDERC (le), ham. de Fr., Dordogne, com. de St.-Rabier; 130 hab.

COUDERT (le), ham. de Fr., Haute-Vienne, com. de Limoges; 120 hab.

COUDES-MONTPEYROUX, vg. de Fr., Puy-de-Dôme, arr., cant. et poste d'Issoire; 747 hab.

COUDEVILLE, vg. de Fr., Manche, arr. de Coutances, cant. et poste de Bréhal; 1000 hab.

COUDOLS, ham. de Fr., Aveyron, com. de Viala-du-Tarn; 180 hab.

COUDONS, vg. de Fr., Aude, arr. de Limoux, cant. et poste de Quillan; 330 hab.

COUDOUNIA, riv. assez considérable de la Nigritie centrale, Afrique; elle prend sa source dans le pays des Fellatas, à l'E. de Cokalo, traverse le roy. de Niffé, reçoit les eaux de la Makama, et se jette dans le Djoliba à environ 15 l. N.-O. de Cacunda.

COUDOURNAC, ham. de Fr., Aveyron, com. de Bozouls; 120 hab.

COUDOUX, ham. de Fr., Bouches-du-Rhône, com. de Ventabren; 370 hab.

COUDRAIE (la), vg. de Fr., Nièvre, com. de Lys; 280 hab.

COUDRAIS (les), Sarthe. *Voyez* DENIS-DES-COUDRAIS (Saint-).

COUDRAY, vg. de Fr., Calvados, arr., cant. et poste de Pont-l'Évêque ; 260 hab.

COUDRAY, vg. de Fr., Eure, arr. des Andelys, cant. et poste d'Écouis; filat. de coton; 400 hab.

COUDRAY (le), ham. de Fr., Eure, com. de St.-Aubin-le-Vertueux; 170 hab.

COUDRAY (le), vg. de Fr., Eure-et-Loir, arr., cant. et poste de Chartres; 600 hab.

COUDRAY (le), ham. de Fr., Loire-Inférieure, com. de Belligné; 130 hab.

COUDRAY, vg. de Fr., Loiret, arr. de Pithiviers, cant. et poste de Malesherbes; 400 hab.

COUDRAY, vg. de Fr., Mayenne, arr. et poste de Château-Gontier, cant. de Bierné; 510 hab.

COUDRAY (le), ham. de Fr., Seine-Inférieure, com. de Vergetot; 140 hab.

COUDRAY-AU-PÊCHE, vg. de Fr., Eure-et-Loir, arr. et poste de Nogent-le-Rotrou, cant. d'Authon; 780 hab.

COUDRAY-LA-NEUVILLE (le), vg. de Fr., Oise, arr. de Beauvais, cant. et poste de Noailles; fabr. d'éventails et d'autres ouvrages en os, nacre, ivoire; 475 hab.

COUDRAY-MACOUARD (le), vg. de Fr., Maine-et-Loire, arr. de Saumur, cant. et poste de Montreuil-Bellay; 930 hab.

COUDRAY-SAINT-GERMER (le), vg. de Fr., Oise, arr. et à 8 l. O. de Beauvais, chef-lieu de canton, poste de Gournay ; 500 hab.

COUDRAY-SUR-SEINE, vg. de Fr., Seine-et-Oise, arr. et cant. de Corbeil, poste d'Essones; 250 hab.

COUDRE (la), ham. de Fr., Aube, com. d'Auxon; 160 hab.

COUDRE (Charente-Inférieure). *Voyez* MARTIN-DE-LA-COUDRE (Saint-).

COUDRE (la Petite et la Grande-), ham. de Fr., Saône-et-Loire, com. de St.-Germain-du-Bois ; 210 hab.

COUDRE (la), Sarthe. *Voyez* GERMAIN-DE-LA-COUDRE (Saint-).

COUDRE (la), vg. de Fr., Deux-Sèvres, arr. de Bressuire, cant. et poste d'Argenton-Château; 190 hab.

COUDRÉ, ham. de Fr., Deux-Sèvres, com. de Clussais; 130 hab.

COUDRECEAU, vg. de Fr., Eure-et-Loir, arr. et poste de Nogent-le-Rotrou, cant. de Thiron-le-Gadrais; fabr. de poterie; 880 hab.

COUDRECIEUX, vg. de Fr., Sarthe, arr. de St.-Calais, cant. et poste de Bouloire; verrerie, dite de la Pierre; 1420 hab.

COUDRES, vg. de Fr., Eure, arr. d'Évreux, cant. et poste de St.-André; 610 hab.

COUDREY (le), ham. de Fr., Seine-et-Marne, com. d'Égreville; 120 hab.

COUDROY, vg. de Fr., Loiret, arr. de Montargis, cant. et poste de Lorris; 320 h.

COUDUN, vg. de Fr., Oise, arr. et poste de Compiègne, cant. de Ressons; 800 hab.

COUDURES, vg. de Fr., Landes, arr., cant. et poste de St.-Sever; 960 hab.

COUEDET-CASSÉ, ham. de Fr., Haute-Garonne, com. d'Aspet; 150 hab.

COUÉE (la), Sarthe. *Voyez* GEORGES-DE-LA-COUÉE (Saint-).

COUEILLES, vg. de Fr., Haute-Garonne, arr. de St.-Gaudens, cant. et poste de l'Isle-en-Dodon; 430 hab.

COUERON, b. de Fr., Loire-Inférieure, arr. de Savenay, cant. de St.-Étienne-de-Mont-Luc, poste de la Basse-Indre; verrerie; 3975 hab.

COUESMES, vg. de Fr., Indre-et-Loire, arr. de Tours, cant. et poste de Château-la-Vallière; 670 hab.

COUESMES, vg. de Fr., Mayenne, arr. et poste de Mayenne, cant. d'Ambrières; 1600 h.

COUESNON, riv. de Fr., a sa source au S.-O. de Louvigné-du-Désert, dans le dép. d'Ille-et-Vilaine, arr. de Fougères ; elle coule d'abord du N. au S.-S.-O. jusqu'à St.-Jean ; puis, prenant la direction N.-O., elle passe par Antrain en Pontorson et s'embouche dans la baie de Cancale, au-dessous du mont St.-Michel, après 20 l. de cours. Elle est navigable pepuis Antrain.

COUET, ham. de Fr., Morbihan, com. de Guégon ; 140 hab.

COUETS (les), ham. de Fr., Loire-Inférieure, com. de Bouquenais; 330 hab.

COUEYLAS, ham. de Fr., Haute-Garonne, com. de Cheiu-Dessus; 170 hab.

COUFFE, vg. de Fr., Loire-Inférieure, arr. d'Ancenis, cant. de Ligné, poste d'Oudon ; 1010 hab.

COUFFINAL, ham. de Fr., Tarn, com. de Revel; 200 hab.

COUFFOULENS, vg. de Fr., Aude, arr., cant. et poste de Carcassonne; 610 hab.

COUFFOULEUX (Aveyron). *Voyez* PEUX-COUFFOULEUX.

COUFFOULEUX, vg. de Fr., Tarn, arr. de Gaillac, cant. et poste de Rabastens; 1180 hab.

COUFFY, vg. de Fr., Corrèze, arr. et poste d'Ussel, cant. d'Eygurande; 540 hab.

COUFFY, vg. de Fr., Loir-et-Cher, arr. de Blois, cant. et poste de St.-Aignan ; carrières de pierres à fusil; 650 hab.

COUFLENS, vg. de Fr., Arriège, arr. et poste de St.-Girons, cant. d'Oust; 1270 h.

COUGEAC, vg. de Fr., Haute-Loire, arr., cant. et poste de Brioude; 100 hab.

COUGEANS, vg. de Fr., Charente, com. de Coulgens; 540 hab.

COUGNAC, ham. de Fr., Lot, com. de Payrinhac; 180 h.

COUGOTTE-CADOUL (la), vg. de Fr., Tarn, arr., cant. et poste de Lavaur; 340 h.

COUGOU ou **KOUK**, **DARCOOKA**, **FIDDRI**, **FITTRÉ**, **LIESSI** ou **LOUSSI**, roy. de l'Afrique centrale, entre le lac Tchad et le Darfour, sur les bords du lac et de la rivière de Fittré.

COUHAT (le), ham. de Fr., Puy-de-Dôme, com. de St.-André ; 260 hab.

COUHAY, ham. de Fr., Puy-de-Dôme, com. de Mazaye ; 290 hab.

COUHÉ, b. de Fr., Vienne, arr. et à 4. l. N. de Civray, chef-lieu de canton et poste ; commerce de mules, mulets, châtaignes, siliates du Poitou ; fabr. de grosses étoffes de laine ; écrevisses recherchées ; 1700 hab.

COUILLY, vg. de Fr., Seine-et-Marne, arr. de Meaux, cant. de Crécy, poste ; 720 h.

COUIN, vg. de Fr., Pas-de-Calais, arr. d'Arras, cant. de Pas, poste de Doullens ; 340 hab.

COUIZA, vg. de Fr., Aude, arr. et à 4 1/2 l. S. de Limoux, chef-lieu de canton et poste ; exploitation de plâtre ; culture et filature de lin ; 985 hab.

COULADÈRE, vg. de Fr., Haute-Garonne, arr. de Muret, cant. de Cazères, poste de Martres ; 400 hab.

COULAINES, vg. de Fr., Sarthe, arr., cant. et poste du Mans ; 330 hab.

COULAMER (Mayenne). *Voyez* GERMAIN-DE-COULAMER (Saint-).

COULANDON, vg. de Fr., Allier, arr., cant. et poste de Moulins-sur-Allier ; 560 h.

COULANDON, ham. de Fr., Orne, com. d'Argentan ; 150 hab.

COULANGE-LA-VINEUSE, *Coloniæ Vinosæ*, pet. v. de Fr., Yonne, arr., poste et à 3 l. S. d'Auxerre, chef-lieu de canton ; elle est importante par ses vignobles renommés. On y remarque une sculpture qui représente Moïse faisant jaillir l'eau d'un rocher, et une inscription qui y perpétue la mémoire de l'ingénieur de Couplet, auquel cette ville doit le bonheur de ne plus manquer d'eau. Car, jusqu'en 1705, Coulange souffrit tellement de la dissette d'eau, que, dans plusieurs incendies, on y avait été réduit à éteindre le feu avec du vin ; 1265 h.

COULANGERON, vg. de Fr., Yonne, arr. d'Auxerre, cant. et poste de Coulange-la-Vineuse ; 390 hab.

COULANGES, vg. de Fr., Allier, arr. de Moulins-sur-Allier, cant. de Dompierre, poste de Digoin ; 800 hab.

COULANGES, vg. de Fr., Loir-et-Cher, arr. de Blois, cant. d'Herbault, poste d'Écure ; 320 hab.

COULANGES-LÈS-NEVERS, vg. de Fr., Nièvre, arr., cant. et poste de Nevers, 720 hab.

COULANGE-SUR-YONNE, vg. de Fr., Yonne, arr. d'Auxerre, chef-lieu de canton et poste ; 1170 hab.

COULANS, vg. de Fr. Doubs, arr. de Besançon, cant. d'Amancey, poste de Quingey ; 60 hab.

COULANS, b. de Fr., Sarthe, arr. du Mans, cant. de Loué, poste ; 1890 hab.

COULAURES, vg. de Fr., Dordogne, arr. de Périgueux, cant. de Savignac, poste d'Excideuil ; 1420 hab.

COULEDOUX, vg. de Fr., Haute-Garonne, arr. de St.-Gaudens, cant. et poste d'Aspet ; 800 hab.

COULET (le), ham. de Fr., Hérault, com. de St.-Maurice ; 190 hab.

COULEUVRE, b. de Fr., Allier, arr. de Moulins-sur-Allier, cant. et poste de Lurcy-le-Sauvage ; 1480 hab.

COULEVON, vg. de Fr., Haute-Saône, arr., cant. et poste de Vesoul ; 190 hab.

COULGENS, vg. de Fr., Charente, arr. d'Angoulême, cant. et poste de la Rochefoucauld ; 840 hab.

COULIBŒUF, b. de Fr., Calvados, arr., à 2 1/2 l. E.-N.-E. et poste de Falaise, chef-lieu de canton ; fabr. de toiles et de fil de lin ; 960 hab.

COULIMELLE, ham. de Fr., Loiret, com. St.-Peravy-la-Colombe ; 210 hab.

COULIMER, vg. de Fr., Orne, arr. et poste de Mortagne-sur-Huine, cant. de Pervenchères ; 1010 hab.

COULITZ (Saint-), vg. de Fr., Finistère, arr., cant. et poste de Châteaulin ; 540 h.

COULLEMELLE, vg. de Fr., Somme, arr. et poste de Montdidier, cant. d'Ailly-sur-Noye ; 540 hab.

COULLEMONT, vg. de Fr., Pas-de-Calais, arr. de St.-Pol-sur-Ternoise, cant. d'Avesnes-le-Comte, poste de l'Arbret ; 310 h.

COULLON, vg. de Fr., Loiret, arr., cant. et poste de Gien ; 1940 hab.

COULLOUBROUX, ham. de Fr., Basses-Alpes, com. de Seyne ; 140 hab.

COULMER, vg. de Fr., Orne, arr. d'Argentan, cant. et poste de Gacé ; fabr. de toiles ; 280 hab.

COULMIER-LE-SEC, vg. de Fr., Côte-d'Or, arr., cant. et poste de Châtillon-sur-Seine ; 650 hab.

COULMIERS, vg. de Fr., Loiret, arr. d'Orléans, cant. et poste de Meung-sur-Loire ; 320 hab.

COULOBRES, vg. de Fr., Hérault, arr. de Béziers, cant. de Servian, poste de Pezénas ; 160 hab.

COULOGNE, vg. de Fr., Pas-de-Calais, arr. de Boulogne-sur-Mer, cant. et poste de Calais ; 600 hab.

COULOISY, vg. de Fr., Oise, arr. de Compiègne, cant. d'Attichy, poste ; 180 hab.

COULOMB (Saint-), vg. de Fr., Ille-et-Vilaine, arr. de St.-Malo, cant. et poste de Cancale ; 2210 hab.

COULOMB (Saint), vg. de Fr., Lot-et-Garonne, arr. de Marmande, cant. et poste de Lauzun ; 1130 hab.

COULOMBIÈRES (Calvados). *Voyez* COLOMBIÈRES.

COULOMBIERS, vg. de Fr., Sarthe, arr. de Mamers, cant. de Beaumont-sur-Sarthe, poste de Frèsnay-sur-Sarthe; 1030 hab.

COULOMBIERS, vg. de Fr., Vienne, arr. de Poitiers, cant. et poste de Lusignan; 600 hab.

COULOMBS, vg. de Fr., Calvados, arr. de Caen, cant. et poste de Creully; 470 h.

COULOMBS, vg. de Fr., Eure-et-Loir, arr. de Dreux, cant. et poste de Nogent-le-Roi; 860 hab.

COULOMBS, vg. de Fr., Seine-et-Marne, arr. de Meaux, cant. et poste de Lizy; 770 hab.

COULOMBY, vg. de Fr., Pas-de-Calais, arr. et poste de St.-Omer, cant. de Lumbres; 590 hab.

COULOMME, vg. de Fr., Seine-et-Marne, arr. de Meaux, cant. et poste de Crécy; 460 hab.

COULOMMÉ-MONDEBAT (Gers). *Voyez* MONDEBAT.

COULOMMES, vg. de Fr., Ardennes, arr. de Vouziers, cant. et poste d'Attigny; 390 hab.

COULOMMES, vg. de Fr., Marne, arr. et poste de Reims, cant. de Ville-en-Tardenois; 250 hab.

COULOMMIERS, vg. de Fr., Loir-et-Cher, arr. et poste de Vendôme, cant. de Selommes; 370 hab.

COULOMMIERS, *Colomeria*, pet. v. de Fr., Seine-et-Marne, chef-lieu d'arrondissement, à 10 l. N.-N.-E. de Melun, sur le Grand-Morin; siége d'un tribunal de première instance, conservation des hypothèques et direction des contributions indirectes. Cette petite ville n'offre rien de remarquable; mais elle est industrieuse et l'on y fait commerce de fourrages, de grains, de farine, de laines, de cuirs, de fromages, dits de Brie, et de bétail. Elle possède des mégisseries, des tanneries, et, dans l'arrondissement, tuileries et briqueteries. Foires: le premier dimanche de mai et le 10 octobre; 3573 hab. Coulommiers est la patrie du savant bibliographe Barbier (Antoine-Alexandre, 1765—1825).

COULON, vg. de Fr., Deux-Sèvres, arr., cant. et poste de Niort; 1480 hab.

COULONCES, vg. de Fr., Calvados, arr., cant. et poste de Vire; 1150 hab.

COULONCES, vg. de Fr., Orne, arr., d'Argentan, cant. et poste de Trun; 320 h.

COULONCHE (la), vg. de Fr., Orne, arr. de Domfront, cant. de Messey, poste de la Ferté-Macé; fabr. de toiles et de coutils; 1810 hab.

COULONGÉ, vg. de Fr., Sarthe, arr. de la Flèche, cant. de Mayet, poste du Lude; 980 hab.

COULONGES, vg. de Fr., Aisne, arr. de Château-Thierry, cant. et poste de Fère-en-Tardenois; 670 hab.

COULONGES, vg. de Fr., Charente, arr. d'Angoulême, cant. de St.-Amand-de-Boixe, poste de Mansle; 340 hab.

COULONGES, vg. de Fr., Charente-Inférieure, arr. de Saintes, cant. et poste de Pons; 530 hab.

COULONGES, vg. de Fr., Charente-Inférieure, arr. de St.-Jean-d'Angely, cant. et poste de St.-Savinien; 280 hab.

COULONGES, vg. de Fr., Eure, arr. d'Évreux, cant. et poste de Damville; 320 hab.

COULONGES ou **COLONGES-LES-SABLONS**, vg. de Fr., Orne, arr. de Mortagne-sur-Huine, cant. et poste de Remalard; 1000 h.

COULONGES, vg. de Fr., Vienne, arr. et poste de Montmorillon, cant. de la Trimouille; 690 hab.

COULONGES-SUR-LAUTIZE, vg. de Fr., Deux-Sèvres, arr., a 5 l. N.-N.-O. et poste de Niort; chef-lieu de canton; entrepôt de bois de charpente et de merrain venant de la Gatine, de vins de Saintonge et de laines pour les fabriques de la Gatine; 1880 hab.

COULONGES-SUR-SARTHE, vg. de Fr., Orne, arr. d'Alençon, cant. et poste du Mesle-sur-Sarthe; 600 hab.

COULONGES-THOUARSAIS, vg. de Fr., Deux-Sèvres, arr. de Bressuire, cant. de St.-Varent, poste de Thouars; 450 hab.

COULONS, ham. de Fr., Maine-et-Loire, com. d'Antoigné; 150 hab.

COULONVILLERS, vg. de Fr., Somme, arr. et poste d'Abbeville, cant. d'Ailly-le-Haut-Clocher; 440 hab.

COULOUNIEIX, vg. de Fr., Dordogne, arr., cant. et poste de Périgueux; 890 hab.

COULOURS, vg. de Fr., Yonne, arr. de Joigny, cant. et poste de Cerisiers; 300 h.

COULOUSSAC-BAGORRE, ham. de Fr., Tarn-et-Garonne, com. de Montaigut; 310 hab.

COULOURI (île). *Voyez* SALAMINE.

COULOUTRE, vg. de Fr., Nièvre, arr. de Cosne, cant. et poste de Donzy; 630 hab.

COULOUVRAY, vg. de Fr., Manche, arr. de Mortain, cant. de St.-Pois, poste de Sourdeval; papeteries; 1315 hab.

COULVAIN, vg. de Fr., Calvados, arr. de Vire, cant. d'Aulnay-sur-Odon, poste de Villers-Bocage; 500 hab.

COULX, vg. de Fr., Lot-et-Garonne, arr. de Marmande, cant. de Castelmoron; poste de Tonneins; 780 hab.

COUMASSIE. *Voyez* COOMASSIE.

COUME, vg. de Fr., Moselle, arr. de Metz, cant. et poste de Boulay; 710 hab.

COUNOZOULS, vg. de Fr., Aude, arr. de Limoux, cant. de Roquefort-de-Sault, poste de Quillan; forges; 455 hab.

COUPELLE-NEUVE, vg. de Fr., Pas-de-Calais, arr. de Montreuil-sur-Mer, cant. et poste de Fruges; 370 hab.

COUPELLE-VIEILLE, vg. de Fr., Pas-de-Calais, arr. de Montreuil-sur-Mer, cant. et poste de Fruges; 930 hab.

COUPESARTE, vg. de Fr., Calvados, arr. de Lisieux, cant. de Mézidon, poste de Livarot; 110 hab.

COUPET, ham. de Fr., Lot-et-Garonne, com. de Clermont-Dessus; 130 hab.

COUPETZ, vg. de Fr., Marne, arr. et poste de Châlons-sur-Marne, cant. d'Écury-sur-Coole; 170 hab.

COUPÉVILLE, vg. de Fr., Marne, arr. et poste de Châlons-sur-Marne, cant. de Marson; 290 hab.

COUPIAC, vg. de Fr., Aveyron, arr. de St.-Affrique, cant. et poste de St.-Sernin; 2760 hab.

COUPIAC, ham. de Fr., Hérault, com. de Brissac; 160 hab.

COUPIGNY, ham. de Fr., Calvados, com. de Landelles; 150 hab.

COUPIGNY, ham. de Fr., Eure, com. de Heubécourt; 120 hab.

COUPIGNY (Pas-de-Calais). *Voyez* HERSIN-COUPIGNY.

COUPIN, ham. de Fr., Oise, com. d'Ully-St.-Georges; 140 hab.

COUPRAY, vg. de Fr., Haute-Marne, arr. de Chaumont-en-Bassigny, cant. et poste d'Arc-en-Barrois; 390 hab.

COUPRU, vg. de Fr., Aisne, arr. de Château-Thierry, cant. et poste de Charly; 190 h.

COUPTRAIN, b. de Fr., Mayenne, arr. et à 8 l. N.-E. de Mayenne, chef-lieu de canton, poste de Prez-en-Pail; 550 hab.

COUPVRAY, vg. de Fr., Seine-et-Marne, arr. de Meaux, cant. et poste de Lagny; bois, fruits et vins de Brie; 600 hab.

COUQUEQUES, ham. de Fr., Gironde, com. de St.-Christoly; 300 hab.

COUR, vg. de Fr., Doubs, arr., cant. et poste de Baume-les-Dames; 230 hab.

COUR, vg. de Fr., Isère, arr. et poste de Vienne, cant. de Beaurepaire; 490 hab.

COURAL (le), ham. de Fr., Hérault, com. d'Avesne; 150 hab.

COURANCES, vg. de Fr., Seine-et-Oise, arr. d'Étampes, cant. et poste de Milly; 370 h.

COURANT, vg. de Fr., Charente-Inférieure, arr. de St.-Jean-d'Angely, cant. et poste de Loulay; 650 hab.

COURANT, ham. de Fr., Charente-Inférieure, com. de Chaniers; 140 hab.

COURANT (le), ham. de Fr., Eure, com. de Bois-Arnault; 120 hab.

COURANT (le), ham. de Fr., Eure, com. de Sébécourt; 140 hab.

COURBALI, pet. v. de la Sénégambie méridionale, Afrique, non loin du confluent de la Geba et du Courbali.

COURBAN, vg. de Fr., Côte-d'Or, arr. de Châtillon-sur-Seine, cant. et poste de Montigny-sur-Aube; 470 hab.

COUR-BARRÉE. *Voyez* ESCOLIVES.

COURBE (la), vg. de Fr., Orne, arr. d'Argentan, cant. et poste d'Écouché; 270 hab.

COURBEHAYE, vg. de Fr., Eure-et-Loir, arr. de Châteaudun, cant. d'Orgères, poste de Patay; 330 hab.

COURBENANS, ham. de Fr., Haute-Saône, com. de Vellechevreux; exploitation de houille; 140 hab.

COURBÉPINE, vg. de Fr., Eure, arr., cant. et poste de Bernay; 800 hab.

COURBERIE, vg. de Fr., Mayenne, arr. de Mayenne, cant. du Horps, poste de Lassay; 330 hab.

COURBESSAC, ham. de Fr., Gard, com. de Nîmes; 350 hab.

COURBESSEAUX, vg. de Fr., Meurthe, arr., cant. et poste de Lunéville; 270 hab.

COURBETAUX, vg. de Fr., Marne, arr. d'Épernay, cant. et poste de Montmirail; 240 hab.

COURBETTE, vg. de Fr., Jura, arr. et poste de Lons-le-Saulnier, cant. de Conliège; 140 hab.

COURBEVEILLE, vg. de Fr., Mayenne, arr. de Laval, cant. d'Évron, poste de Cossé-le-Vivien; 1110 hab.

COURBEVOIE, b. de Fr., Seine, arr. et à 2 l. O.-S.-O. de St.-Denis, chef-lieu de canton et poste; port sur la Seine, entrepôt de vins, eau-de-vie et vinaigre; fabr. de toiles peintes, de blanc de céruse; distilleries; 2488 hab.

COURBIÈRES, vg. de Fr., Aude, arr. de Limoux, cant. et poste de Chalabre; 160 h.

COURBIEU, ham. de Fr., Tarn-et-Garonne, com. de Castelsarrasin; 300 hab.

COURBILLAC, vg. de Fr., Charente, arr. d'Angoulême, cant. et poste de Rouillac; 680 hab.

COURBOIN, vg. de Fr., Aisne, arr. et poste de Château-Thierry, cant. de Condé-en-Brie; 400 hab.

COURBOIS, ham. de Fr., Nord, com. de Condé-sur-l'Escaut; 200 hab.

COURBON, ham. de Fr., Seine-et-Marne, com. de Guérard; 190 hab.

COURBONS, vg. de Fr., Basses-Alpes, arr., cant. et poste de Digne; 440 hab.

COURBOUX, ham. de Fr., Haute-Saône, com. de Pennesières; 200 hab.

COURBOUZON, vg. de Fr., Jura, arr., cant. et poste de Lons-le-Saulnier; 420 hab.

COURBOUZON-HERBILLY, vg. de Fr., Loir-et-Cher, arr. de Blois, cant. et poste de Mer; 870 hab.

COURÇAIS, vg. de Fr., Allier, arr. et poste de Montluçon, cant. d'Huriel; 610 h.

COURÇAY, vg. de Fr., Indre-et-Loire, arr. de Tours, cant. de Bléré, poste de Cormery; papeteries; 870 hab.

COURCEAUX, vg. de Fr., Yonne, arr. de Sens, cant. de Sergines, poste de Pont-sur-Yonne; 180 hab.

COURCEBŒUFS, vg. de Fr., Sarthe, arr. du Mans, cant. de Ballon, poste de Savigné-l'Évêque; 1130 hab.

COURCELETTE, vg. de Fr., Somme, arr. de Péronne, cant. et poste d'Albert; 480 h.

COURCELLES. *Voyez* CORCELLES.

COURCELLES, vg. de Fr., Aisne, arr. de Soissons, cant. et poste de Braisne; 490 h.

COURCELLES, ham. de Fr., Aisne, com. de Treloup; 250 hab.

COURCELLES, vg. de Fr., Aube, arr. de Bar-sur-Aube, cant. de Brienne, poste de Chavanges; 80 hab.

COURCELLES, vg. de Fr., Charente-Inférieure, arr., cant. et poste de St.-Jean-d'Angely; 430 hab.
COURCELLES, vg. de Fr., Doubs, arr. de Besançon, cant. et poste de Quingey; 100 hab.
COURCELLES, vg. de Fr., Doubs, arr. de Montbéliard, cant. et poste de St.-Hippolyte; 110 hab.
COURCELLES, vg. de Fr., Indre-et-Loire, arr. de Tours, cant. et poste de Château-la-Vallière; 700 hab.
COURCELLES, vg. de Fr., Loiret, arr. de Pithiviers, cant. de Beaune-la-Rolande, poste de Boynes; 480 hab.
COURCELLES, ham. de Fr., Marne, com. d'Anglusellc; 190 hab.
COURCELLES, ham. de Fr., Marne, com. de St.-Brice; filat. de laine; 180 hab.
COURCELLES, vg. de Fr., Meurthe, arr. de Toul, cant. et poste de Colombey; 340 h.
COURCELLES, vg. de Fr., Nièvre, arr. de Clamecy, cant. et poste de Varzy; 640 h.
COURCELLES, ham. de Fr., Nièvre, com. de Hubans; 160 hab.
COURCELLES, vg. de Fr., Haut-Rhin, arr. de Belfort, cant. et poste de Delle; 310 h.
COURCELLES, vg. de Fr., Sarthe, arr. de la Flèche, cant. de Malicorne, poste de Foulletourte; 900 hab.
COURCELLES, ham. de Fr., Seine, com. de Neuilly-sur-Seine; 250 hab.
COURCELLES, vg. de Fr., Seine-et-Marne, arr. de Fontainebleau, cant. et poste de Montereau; 190 hab.
COURCELLES, vg. de Fr., Seine-et-Oise, arr. de Pontoise, cant. et poste de Marines; 170 hab.
COURCELLES, ham. de Fr., Seine-et-Oise, com. de Gif; 180 hab.
COURCELLES, vg. de Fr., Seine-et-Oise, com. de Presles; 340 hab.
COURCELLES, vg. de Fr., Yonne, com. de Neuvy-Sautour; 290 hab.
COURCELLES-AU-BOIS, vg. de Fr., Somme, arr. de Doullens, cant. et poste d'Acheux; 220 hab.
COURCELLES-AUX-BOIS, vg. de Fr., Meuse, arr. de Commercy, cant. de Pierrefitte, poste de St.-Mihiel; 150 hab.
COURCELLES-CAMFLEUR (Eure). *Voyez* CAMFLEUR-COURCELLES.
COURCELLES-CAMPEAUX, vg. de Fr., Oise, com. de Campeaux; 330 hab.
COURCELLES-CHAUSSY, vg. de Fr., Moselle, arr. de Metz, cant. de Pange, poste; fabr. d'instruments aratoires; 1430 hab.
COURCELLES-EN-MONTAGNE, vg. de Fr., Haute-Marne, arr., cant. et poste de Langres; 360 hab.
COURCELLES-ÉPAYELLES, vg. de Fr., Oise, arr. de Clermont, cant. de Maignelay, poste de Montdidier; 320 hab.
COURCELLES-FRÉMOY, vg. de Fr., Côte-d'Or, arr. et cant. de Sémur, poste d'Époisses; 540 hab.

COURCELLES-LE-COMTE, vg. de Fr., Pas-de-Calais, arr. d'Arras, cant. de Croisilles, poste de Bapaume; 850 hab.
COURCELLES-LES-GISORS, vg. de Fr., Oise, arr. de Beauvais, cant. de Chaumont-en-Vexin, poste de Gisors; 400 hab.
COURCELLES-LES-LENS, vg. de Fr., Pas-de-Calais, arr. de Béthune, cant. de Carvin, poste de Douai; fabr. de sucre indigène; 730 hab.
COURCELLES-LES-MANDEURE, ham. de Fr., Doubs, com. de Mandeure; 190 hab.
COURCELLES-LES-MONTBÉLIARD, vg. de Fr., Doubs, arr. et poste de Montbéliard, cant. d'Audincourt; 270 hab.
COURCELLES-LES-PRÉS, ham. de Fr., Seine-et-Marne, com. de Jouarre; 100 hab.
COURCELLES-LES-RANGS, ham. de Fr., Côte-d'Or, com. de Montliot; 240 hab.
COURCELLES-LÈS-ROSNAY, vg. de Fr., Marne, arr. de Reims, cant. de Ville-en-Tardenois, poste de Jonchery-sur-Vesle; 160 hab.
COURCELLES-LÈS-SÉMUR, vg. de Fr., Côte-d'Or, arr., cant. et poste de Sémur; 400 hab.
COURCELLES-RANÇON, ham. de Fr., Seine-Inférieure, com. de Haussez; 180 h.
COURCELLES-SOUS-CHATENOIS, vg. de Fr., Vosges, arr. de Neufchâteau, cant. et poste de Châtenois; 200 hab.
COURCELLES-SOUS-JOUARRE, ham. de Fr., Seine-et-Marne, com. de la Ferté-sous-Jouarre; 150 hab.
COURCELLES-SOUS-MOYENCOURT, vg. de Fr., Somme, arr. d'Amiens, cant. et poste de Poix; 350 hab.
COURCELLES-SOUS-THOIX, vg. de Fr., Somme, arr. d'Amiens, cant. de Conty, poste de Flers; 270 hab.
COURCELLES-SUR-AIRE, vg. de Fr., Meuse, arr. de Bar-le-Duc, cant. de Vaubecourt, poste de Beauzée; filat. hydr. de coton; 355 hab.
COURCELLES-SUR-AUJON, vg. de Fr., Haute-Marne, arr. de Langres, cant. d'Auberive, poste d'Arc-en-Barrois; 120 hab.
COURCELLES-SUR-BLAISE, vg. de Fr., Haute-Marne, arr. de Vassy, cant. et poste de Doulevant; 300 hab.
COURCELLES-SUR-NIED, vg. de Fr., Moselle, arr. et poste de Metz, cant. de Pange; 220 hab.
COURCELLES-SUR-SEINE, vg. de Fr., Eure, arr., cant. et poste des Andelys; 270 hab.
COURCELLES-VAL-D'ESNOMS, vg. de Fr., Haute-Marne, arr. de Langres, cant. et poste de Prauthoy; 510 hab.
COURCELLOTTE, ham. de Fr., Côte-d'Or, com. de Dompierre-en-Morvant; 120 hab.
COURCELOTTE (Haute-Marne). *Voyez* COURCELLES-SUR-AUJON.
COURCEMAIN, vg. de Fr., Marne, arr. d'Épernay, cant. et poste de Fère-Champenoise; 240 hab.

COURCEMONT, vg. de Fr., Sarthe, arr. du Mans, cant. de Ballon, poste de Bonnétable; 1860 hab.

COURCERAC, vg. de Fr., Charente-Inférieure, arr. de St.-Jean-d'Angely, cant. et poste de Matha; 540 hab.

COURCERAULT, vg. de Fr., Orne, arr. de Mortagne-sur-Huîne, cant. de Nocé, poste de Remalard; 770 hab.

COURCERIERS (Mayenne). *Voyez* THOMAS-DE-COURCERIERS (Saint-).

COURCEROY, vg. de Fr., Aube, arr., cant. et poste de Nogent-sur-Seine; 220 hab.

COURCHAMP, vg. de Fr., Côte-d'Or, arr. de Dijon, cant. de Fontaine-Française, poste de Champlitte; 160 hab.

COURCHAMP, vg. de Fr., Seine-et-Marne, arr. et poste de Provins, cant. de Villiers-St.-Georges; 170 hab.

COURCHAMPS, vg. de Fr., Aisne, arr. de Château-Thierry, cant. de Neuilly-St.-Front, poste de Gandelu; 150 hab.

COURCHAMPS, vg. de Fr., Maine-et-Loire, arr. de Saumur, cant. et poste de Montreuil-Bellay; 450 hab.

COURCHAPON, vg. de Fr., Doubs, arr. de Besançon, cant. d'Audeux, poste de Marnay; 330 hab.

COURCHATON, vg. de Fr., Haute-Saône, arr. de Lure, cant. et poste de Villersexel; tuilérie; 1060 hab.

COURCHELETTES, vg. de Fr., Nord, arr., cant. et poste de Douai; usine hydraulique à huile et à farine; 180 hab.

COUR-CHEVERNY, b. de Fr., Loir-et-Cher, arr. de Blois, cant. de Contres, poste; 1730 hab.

COURCHONS, vg. de Fr., Basses-Alpes, arr. et poste de Castellanne, cant. de St.-André; 140 hab.

COURCITÉ, vg. de Fr., Mayenne. arr. de Mayenne, cant. et poste de Villaines-la-Juhel; 1900 hab.

COURCIVAL, vg. de Fr., Sarthe, arr. de Mamers, cant. et poste de Bonnétable; 460 hab.

COURCOME, vg. de Fr., Charente, arr. et poste de Ruffec, cant. de Villefagnan; 1000 hab.

COURÇON, vg. de Fr., Charente-Inférieure, arr. et à 6 l. E.-N.-E. de la Rochelle, chef-lieu de canton, poste de Nouaillé; 1080 hab.

COURCOUÉ, vg. de Fr., Indre-et-Loire, arr. de Chinon, cant. et poste de Richelieu; 410 hab.

COURCOUIRE, vg. de Fr., Haute-Saône, arr. de Gray, cant. de Marnay, poste de Gy; 390 hab.

COURCOURONNES, vg. de Fr., Seine-et-Oise, arr. et cant. de Corbeil, poste de Ris; 170 hab.

COURCOURY, vg. de Fr., Charente-Inférieure, arr., cant. et poste de Saintes; 1060 hab.

COURCY, vg. de Fr., Calvados, arr. et poste de Falaise, cant. de Coulibœuf; 370 hab.

COURCY, vg. de Fr., Loiret, arr. et poste de Pithiviers, poste de Chilleurs-aux-Bois; 580 hab.

COURCY, vg. de Fr., Manche, arr., cant. et poste de Coutances; 1160 hab.

COURCY, vg. de Fr., Marne, arr. et poste de Reims, cant. de Bourgogne; 550 hab.

COUR-D'ARCENAY (la), vg. de Fr., Côte-d'Or, arr. de Sémur, cant. de Précy-sous-Thil, poste de la Maison-Neuve; 300 hab.

COUR-DE-FRANCE (la). *Voyez* FROMENTEAU.

COURDEMANCHE, ham. de Fr., Creuse, com. de Charron; 120 hab.

COURDEMANCHE, vg. de Fr., Eure, arr. d'Évreux, cant. et poste de Nonancourt; 380 hab.

COURDEMANCHE, vg. de Fr., Sarthe, arr. de St.-Calais, cant. et poste de Grand-Lucé; 1800 hab.

COURDEMANCHE, vg. de Fr., Marne, arr., cant. et poste de Vitry-le-Français; 330 hab.

COURDEMANCHE, vg. de Fr., Seine-et-Oise, arr., cant. et poste de Pontoise; 430 h.

COURDEMANCHE, vg. de Fr., Seine-et-Oise, arr., d'Étampes, cant. de Milly, poste de Gironville; 160 hab.

COUREAUX, ham. de Fr., Somme, com. d'Orival; 150 hab.

COURENNES (Hautes et Basses-), ham. de Fr., Vaucluse, com. de St.-Martin-de-Castillon; 120 hab.

COURET, vg. de Fr., Haute-Garonne, arr. de St.-Gaudens, cant. et poste d'Aspet; 420 hab.

COURGAINS, vg. de Fr., Sarthe, arr. et poste de Mamers, cant. de Marolles-les-Braux; 1350 hab.

COURGEAC, vg. de Fr., Charente, arr. de Barbezieux, cant. et poste de Montmoreau; 700 hab.

COURGENARD, vg. de Fr., Sarthe, arr. de Mamers, cant. de Montmirail, poste de la Ferté-Bernard; 950 hab.

COURGENAY, vg. de Fr., Yonne, arr. de Sens, cant. et poste de Villeneuve-l'Archevêque; 680 hab.

COURGENT, vg. de Fr., Seine-et-Oise, arr. de Mantes, cant. d'Houdan, poste de Septeuil; 220 hab.

COURGEON, vg. de Fr., Orne, arr., cant. et poste de Mortagne-sur-Huîne; 460 hab.

COURGEOUT, vg. de Fr., Orne, arr. et poste de Mortagne-sur-Huîne, cant. de Bazoches-sur-Hoëne; 920 hab.

COURGERAINE, ham. de Fr., Aube, com. de Buchères; 150 hab.

COURGIVAUX, vg. de Fr., Marne, arr. d'Epernay, cant. d'Esternay, poste; 360 h.

COURGOIN (le Grand et le Petit-), ham. de Fr., Pas-de-Calais, com. d'Offekerque; 130 hab.

COURGOUL, vg. de Fr., Puy-de-Dôme,

arr. et poste d'Issoire, cant. de Champeix ; 280 hab.

COURGY, vg. de Fr., Yonne, arr. d'Auxerre, cant. et poste de Chablis ; 690 h.

COURJEONNET, vg. de Fr., Marne, arr. d'Épernay, cant. de Montmort, poste d'Étoges ; 150 hab.

COURLAC, vg. de Fr., Charente, arr. de Barbezieux, cant. et poste de Chalais ; 330 hab.

COURLAND-BAY, baie au S.-O. de l'île de Tabago, Petites-Antilles, possession anglaise, avec un établissement du même nom.

COURLANDE (*Kurland*), gouv. de la Russie d'Europe, la cinquième des provinces de la mer Baltique, autrefois duché dépendant de la couronne de Pologne, réuni à la Russie depuis 1795 ; est situé entre 18° et 23° long. orient. et entre 55° et 57° lat. N. Il est borné au N. par le golfe de Riga et la Livonie, au N.-O. et à l'O. par le gouv. de Witebsk, au S.-O. et au S. par celui de Wilna et à l'E. par la mer Baltique. Son étendue est, d'après la carte de Reymann, de 509 l. c.; sa population de 581,000 habitants, selon Balbi. Elle est composée de Kurcs, qui forment la majorité, d'Allemands, de Juifs, de Lives, de Bohémiens, de Polonais et de Russes.

Cette province, située le long de la mer, a un sol sablonneux et marécageux dans quelques parties, mais en général fertile et bien cultivée. Les côtes sont entourées de hautes dunes, qui protègent le pays contre l'invasion de la mer. Parmi les collines qui s'étendent dans cette province, le Huningsberg, n'ayant que 700 pieds de hauteur, est la plus remarquable ; les rivières principales sont la Duna, qui fait la frontière de l'O. ; l'Aa ou Bulleraa, qui reçoit les Sussy, l'Eckau, l'Anz et la Berse et qui se joint dans la Livonie à la Duna, et la Windau. Parmi les lacs on distingue celui d'Usmaiten et celui de Durben. Quelques sources minérales se trouvent près de Smoden et près de Babey. Le climat est rude et froid, mais il n'est pas malsain. L'agriculture et l'éducation du bétail forment la principale ressource des habitants. Ce pays produit du seigle, de l'orge, de l'avoine, du lin et du chanvre ;. on ne trouve des fruits que dans les jardins de la noblesse ; la mer rend l'ambre jaune que l'on recueille en petits morceaux sur ses bords.

La plupart des habitants professent le culte luthérien ; mais il y en a aussi un très-grand nombre du culte catholique. La noblessse de la Courlande est en possession de beaucoup de prérogatives ; elle est en partie d'origine allemande, en partie d'origine polonaise. Le citoyen et l'habitant de la ville sont libres et tout à fait indépendants des nobles ; mais le paysan est serf dans le sens le plus strict ; il n'a pas de propriété et peut être vendu. Lors de la réunion de la Courlande à la Russie, elle s'était réservée de garder sa constitution précédente, et elle l'a conservée depuis sans altération. Les revenus de la province montent à 673,000 roubles. Mittau en est le chef-lieu.

COURLANDON, vg. de Fr., Marne, arr. de Reims, cant. et poste de Fismes ; 130 h.

COURLANGES, ham. de Fr., Aube, com. de St.-Mémin ; 160 hab.

COURLANS, vg. de Fr., Jura, arr., cant. et poste de Lons-le-Saulnier ; 390 hab.

COURLAOUX, vg. de Fr., Jura, arr., cant. et poste de Lons-le-Saulnier ; 840 hab.

COURLAY, vg. de Fr., Deux-Sèvres, arr. et poste de Bressuire, cant. de Cerizay ; 1690 hab.

COURLÉON, vg. de Fr., Maine-et-Loire, arr. de Baugé, cant. de Longué, poste de Bourgueil ; 310 hab.

COUR-L'ÉVÊQUE, vg. de Fr., Haute-Marne, arr. de Chaumont-en-Bassigny, cant. et poste d'Arc-en-Barrois ; haut-fourneau, affineries ; 340 hab.

COURLON, vg. de Fr., Côte-d'Or, arr. de Dijon, cant. et poste de Grancey ; 270 hab.

COURLON, vg. de Fr., Yonne, arr. de Sens, cant. de Sergines, poste de Pont-sur-Yonne ; 1170 hab.

COURMANGOUX, vg. de Fr., Ain, arr. de Bourg-en-Bresse, cant. de Treffort, poste de Coligny ; 1000 hab.

COUR-MARIGNY (la), vg. de Fr., Loiret, arr. de Montargis, cant. et poste de Lorris ; 420 hab.

COURMAS, vg. de Fr., Marne, arr. de Reims, cant. de Ville-en-Tardenois, poste de Jonchery-sur-Vesle ; 220 hab.

COURMELLES, vg. de Fr., Aisne, arr., cant. et poste de Soissons ; 580 hab.

COURMELOIS, vg. de Fr., Marne, arr. de Reims, cant. de Verzy, poste des Petites-Loges ; 160 hab.

COURMEMIN, vg. de Fr., Loir-et-Cher, arr. et cant. de Romorantin, poste de Bracieux ; 510 hab.

COURMÉNIL, vg. de Fr., Orne, arr. d'Argentan, cant. et poste d'Exmes ; 400 hab.

COURMES, vg. de Fr., Var, arr. de Grasse, cant. du Bar, poste de Vence ; 190 hab.

COURMONONCLE, vg. de Fr., Aube, arr. de Troyes, cant. d'Aix-en-Othe, poste de Villeneuve-l'Archevêque ; 90 hab.

COURMONT, vg. de Fr., Aisne, arr. de Château-Thierry, cant. et poste de Fère-en-Tardenois ; 200 hab.

COURMONT, vg. de Fr., Haute-Saône, arr. et poste de Lure, cant. d'Héricourt ; 350 hab.

COURNALET, ham. de Fr., Gironde, com. d'Audenge ; 150 hab.

COURNANEL, vg. de Fr., Aude, arr., cant. et poste de Limoux ; 420 hab.

COURNAUDERIE (la), ham. de Fr., Haute-Garonne, com. de Lunion ; 200 hab.

COURNEUVE (la), vg. de Fr., Seine, arr., cant. et poste de St.-Denis ; 590 hab.

COURNÈZE, ham. de Fr., Aude, com. de Couffoulens; 200 hab.

COURNICOURT, ham. de Fr., Oise, com. d'Ully-St.-Georges; 140 hab.

COURNOL, ham. de Fr., Puy-de-Dôme, com. d'Olloix; 480 hab.

COURNON, vg. de Fr., Morbihan, arr. de Vannes, cant. et poste de Carentoir; 440 h.

COURNONSEC, vg. de Fr., Hérault, arr. cant. et poste de Montpellier; 460 hab.

COURNONTERRAL, vg. de Fr., Hérault, arr., cant. et poste de Montpellier; 1600 h.

COURNOUX, ham. de Fr., Lot, com. de St.-Vincent-de-Rive-d'Ott; 450 hab.

COURNUÉJOULS, ham. de Fr., Aveyron, com. de Lapanouse; 180 hab.

COURONNE (la), vg. de Fr., Charente, arr., cant. et poste d'Angoulême; fabr. de papiers, de toiles métalliques, de formes à papier et toiles sans fin; 2100 hab.

COURONNE (Grand-). Seine-Inférieure. *Voyez* GRAND-COURONNE.

COURONNE (Petit-). Seine-Inférieure. *Voyez* PETIT-COURONNE.

COURU, b. de la Guyane française, chef-lieu de canton, à l'embouchure de la rivière qui porte son nom, dans une contrée basse et sablonneuse, à 20 l. S.-E. de Cayenne. Cet endroit, régulièrement bâti et bien fortifié, est devenu célèbre par la malheureuse colonisation de 1763, qui coûta la vie à 13,000 individus. En 1798, on y déporta plusieurs victimes de la révolution. En mémoire du désastre de 1763, on y a élevé une chapelle d'un assez mauvais goût, avec l'inscription : *Temple dédié à la bonne mort*.

COUROUCOUROU. *Voyez* EUSTACHE (Saint-).

COUROUVRE, vg. de Fr., Meuse, arr. de Commercy, cant de Pierrefitte, poste de St.-Mihiel; 260 hab.

COUROY, vg. de Fr., Yonne, com. de Grange-le-Bocage; 150 hab.

COURPALAY, vg. de Fr., Seine-et-Marne, arr. de Coulommiers, cant. et poste de Rozoy-en-Brie; 970 hab.

COURPIAC, vg. de Fr., Gironde, arr. de la Réole, cant. de Targon, poste de Sauveterre; 130 hab.

COURPIÈRE, pet. v. de Fr., Puy-de-Dôme, arr., à 3 l. S. et poste de Thiers, chef-lieu de canton; commerce de fil roux et blanc pour toiles, chanvre, grains, bestiaux, bois et planches de sapin; exploitation de terre réfractaire; fabr. de passementerie, de cruchons de grès, de creusets, etc.; 3480 hab.

COURPIGNAC, vg. de Fr., Charente-Inférieure, arr. de Jonzac, cant. et poste de Mirambeau; 520 hab.

COURPOIL, ham. de Fr., Aisne, com. d'Épieds; 132 hab.

COURQUETAINE, vg. de Fr., Seine-et-Marne, arr. de Melun, cant. de Tournan, poste de Coubert; 190 hab.

COURRENSAN, vg. de Fr., Gers, arr. de Condom, cant. et poste d'Eauze; 1020 hab.

COURRIÈRES, vg. de Fr., Pas-de-Calais, arr. de Béthune, cant. et poste de Carvin; 2760 hab.

COURRIS, vg. de Fr., Tarn, arr. d'Albi, cant. et poste de Valence-en-Albigeois; 380 hab.

COURROIS (les), ham. de Fr., Seine-et-Marne, com. de Mourroux; 170 hab.

COURRY, vg. de Fr., Gard, arr. d'Alais, cant. et poste de St.-Ambroix; 620 hab.

COURS, ham. de Fr., Dordogne, com. de St.-Georges-de-Monclard; 120 hab.

COURS, vg. de Fr., Gironde, arr. et poste de Bazas, cant. de Grignols; 410 hab.

COURS, vg. de Fr., Gironde, arr. de la Réole, cant. et poste de Monségur; 480 hab.

COURS, ham. de Fr., Loire, com. de Noailly; 210 hab.

COURS, vg. de Fr., Lot-et-Garonne, arr. d'Agen, cant. de Prayssas, poste de Ste.-Livrade; 460 hab.

COURS, vg. de Fr., Nièvre, arr., cant. et poste de Cosne; 610 hab.

COURS, vg. de Fr. Rhône, arr. de Villefranche-sur-Saône, cant. et poste de Thizy; fabr. de toiles, fils et cotons dits de Beaujolais; 3310 hab.

COURS, vg. de Fr., Deux-Sèvres, arr. de Niort, cant. et poste de Champdenier; 590 h.

COURS (les), ham. de Fr., Vosges, com. de Saulcy; 150 hab.

COURSAC, vg. de Fr., Dordogne, arr. et poste de Périgueux, cant. de St.-Astier; 1220 hab.

COUR-SAINT-MAURICE, vg. de Fr., Doubs, arr. de Montbéliard, cant. de Maiche, poste de St.-Hippolyte; 200 hab.

COURSAN, vg. de Fr., Aube, arr. de Troyes, cant. d'Ervy, poste d'Auxon; 380 h.

COURSAN, vg. de Fr., Aude, arr., à 2 l. N.-E. et poste de Narbonne, chef-lieu de canton; on s'y livre surtout à la pêche; 1860 hab.

COURSAY, ham. de Fr., Loire-Inférieure, com. de Monnières; 120 hab.

COURS-DE-PILLE, vg. de Fr., Dordogne, arr. et cant. de Bergerac, poste de Mouleydier; 640 hab.

COURSEGOULES, vg. de Fr., Var, arr. à 5 1/2 l. N.-N.-E. de Grasse, chef-lieu de canton, poste de Vence; 600 hab.

COURSET, vg. de Fr., Pas-de-Calais, arr. de Boulogne-sur-Mer, cant. de Desvres, poste de Samer; 400 hab.

COURSEULLES-SUR-MER, vg. de Fr., Calvados, arr. de Caen, cant. de Creully, poste de la Délivrande; fabr. de blondes et dentelles; commerce considérable d'huîtres; 1450 hab.

COURS-LES-BARRES, vg. de Fr., Cher, arr. de St.-Amand-Mont-Rond, cant. de la Guerche-sur-l'Aubois, poste de la Charité; 570 hab.

COURSON, vg. de Fr., Calvados, arr. de Vire, cant. et poste de St.-Sever; 1500 hab.

COURSON, vg. de Fr., Yonne, arr. et à

5 1/2 l. S. d'Auxerre, chef-lieu de canton et poste; belles carrières et grand commerce de pierres de taille, de bois de charbon; chaux hydraulique; fabr. de draps; 1515 h.

COURSON-LAUNAY, vg. de Fr., Seine-et-Oise, arr. de Rambouillet, cant. de Limours, poste de Bruyères-le-Châtel; 140 h.

COURS-SAINT-MICHEL, vg. de Fr., Lot, arr. de Cahors, cant. de St.-Géry, poste de Pélacoy; 790 hab.

COUR-SUR-LOIRE, vg. de Fr., Loire-et-Cher, arr. de Blois, cant. de Mer, poste de Ménars; 380 hab.

COURTACON, vg. de Fr., Seine-et-Marne, arr. de Provins, cant. de Villiers-St.-Georges, poste de Champcenest.

COURTAGNON, vg. de Fr., Marne, arr. de Reims, cant. de Châtillon-sur-Marne, poste de Port-à-Binson; 950 hab.

COURTALIN, vg. de Fr., Eure-et-Loir, arr. de Châteaudun, cant. de Cloyes, poste; 580 hab.

COURTALIN, ham. de Fr., Seine-et-Marne, com. de Pommeuse; fabr. de papier et de papier-parchemin pour gargousses de la marine, à Ste.-Anne; 180 hab.

COURTAOULT, vg. de Fr., Aube, arr. de Troyes, cant. et poste d'Ervy; 350 hab.

COURTAOULY, vg. de Fr., Aude, arr. de Limoux, cant. et poste de Chalabre; 330 h.

COURTARAN. *Voyez* Ussy.

COURTAUMONT, ham. de Fr., Marne, com. de Sermiers; 120 hab.

COURTAVENT, ham. de Fr., Aube, com. de Barbuise; 320 hab.

COURTAVON ou OTTENDORF, vg. de Fr., Haut-Rhin, arr. d'Altkirch, cant. et poste de Ferrette; 570 hab.

COURTECON, vg. de Fr., Aisne, arr. de Laon, cant. de Craonne, poste de Chavignon; 150 hab.

COURTE-CROIX (la), ham. de Fr., Nord, com. de Flêtre; 150 hab.

COURTE-FONTAINE, vg. de Fr., Doubs, arr. de Montbéliard, cant. et poste de St.-Hippolyte; 360 hab.

COURTE-FONTAINE, vg. de Fr., Jura, arr. de Dôle, cant. de Dampierre, poste de St.-Wit; 340 hab.

COURTEILLE, vg. de Fr., Orne, arr. d'Argentan, cant. et poste de Putanges; fabr. de toiles; 400 hab.

COURTEILLE, vg. de Fr., Orne, com. d'Alençon; 540 hab.

COURTEILLES, vg. de Fr., Eure, arr. d'Évreux, cant. et poste de Verneuil; 430 h.

COURTEIX, vg. de Fr., Corrèze, arr. et poste d'Ussel, cant. d'Eygurande; 400 hab.

COURTEIX (la), ham. de Fr., Puy-de-Dôme, com. de St.-Ours; 180 hab.

COURTELEVANT ou HEBSDORF, vg. de Fr., Haut-Rhin, arr. de Belfort, cant. et poste de Delle; 380 hab.

COURTEMANCHE, vg. de Fr., Somme, arr., cant. et poste de Montdidier; 160 hab.

COURTEMAUX, vg. de Fr., Loiret, arr. de Montargis, cant. et poste de Courtenay; 440 hab.

COURTEMONT, vg. de Fr., Marne, arr., cant. et poste de Ste.-Ménéhoulde; 330 h.

COURTEMONT-VARENNES, vg. de Fr., Aisne, arr. de Château-Thierry, cant. de Condé-en-Brie, poste de Dormans; 280 hab.

COURTEMPIERRE, vg. de Fr., Loiret, arr. de Montargis, cant. de Ferrières, poste de Château-Landon; 350 hab.

COURTENAY, vg. de Fr., Isère, arr. de la Tour-du-Pin, cant. et poste de Morestel; 1400 hab.

COURTENAY, *Cortenacum, Cortiniacum*, b. de Fr., Loiret, arr. et à 6 l. E. de Montargis, chef-lieu de canton et poste; il est agréablement situé au pied d'une colline, sur le Clery. Le vieux château gothique, ancienne résidence des seigneurs de Courtenay, existe encore et mérite d'être visité par ceux qui étudient les monuments du moyen âge; 2645 hab.

COURTENOT, vg. de Fr., Aube, arr., cant. et poste de Bar-sur-Seine; 300 hab.

COURTERAIE. *Voyez* AUBIN-DE-COURTERAIE (Saint-).

COURTERANGES, vg. de Fr., Aube, arr. de Troyes, cant. et poste de Lusigny; 280 hab.

COURTEROLLE, ham. de Fr., Yonne, com. de Guillon; 210 hab.

COURTERON, vg. de Fr., Aube, arr. de Bar-sur-Seine, cant. de Mussy-sur-Seine, poste de Gyé-sur-Seine; 530 hab.

COURTES ou COURTOUX, vg. de Fr., Ain, arr. de Bourg-en-Bresse, cant. et poste de St.-Trivier-de-Courtes; 430 hab.

COURTE-SERRE, ham. de Fr., Puy-de-Dôme, com. de Courpière; 160 hab.

COURTESOULT, vg. de Fr., Haute-Saône, arr. de Gray, cant. et poste de Champlitte; 480 hab.

COURTE-SOUPE, ham. de Fr., Aisne, com. de Beaume; 150 hab.

COURTETAIN, vg. de Fr., Doubs, arr. de Baume-les-Dames, cant. de Vercel, poste de Landresse; 230 hab.

COURTÈTE (la), vg. de Fr., Aude, arr. de Limoux, cant. et poste d'Alaigne; 210 h.

COURTEUIL, vg. de Fr., Oise, arr., cant. et poste de Senlis; filat. hydr. de coton; haras de chevaux de luxe; 285 hab.

COURTEVILLE, ham. de Fr., Pas-de-Calais, com. de Tubersent; 150 hab.

COURTEVROUST, vg. de Fr., Seine-et-Marne, arr. de Provins, cant. et poste de Nangis; 440 hab.

COURTHESON, pet. v. de Fr., Vaucluse, arr. d'Avignon, cant. de Bedarrides, poste d'Orange; 3050 hab.

COURTIES, vg. de Fr., Gers, arr. de Mirande, cant. de Montesquiou, poste de Marciac; 220 hab.

COURTIEUX, vg. de Fr., Oise, arr. de Compiègne, cant. d'Attichy, poste de Couloisy; 190 hab.

COURTIEZY, vg. de Fr., Marne, arr. d'Épernay, cant. et poste de Dormans; 480 hab.

COURTILBERT, ham. de Fr., Calvados, com. d'Aulnay-sur-Odon; 120 hab.

COURTILLIERS, vg. de Fr., Sarthe, arr. de la Flèche, cant. et poste de Sablé; 180 h.

COURTILS, vg. de Fr., Manche, arr. et poste d'Avranches, cant. de Ducey; salines; 720 hab.

COURTINE (la), vg. de Fr., Creuse, arr. d'Aubusson, chef-lieu de canton, poste de Felletin; 1055 hab.

COURTIRAS, ham. de Fr., Loir-et-Cher, com. de Vendôme; 380 hab.

COURTISOLS, gr. vg. de Fr., Marne, arr., à 3 l. E. et poste de Châlons, cant. de Marson. Ce village, situé sur la Vesle, est remarquable par l'activité de ses habitants qui ont su, par leur travail opiniâtre et les améliorations qu'ils ont introduites dans l'agriculture, fertiliser un sol longtemps aride et faire d'un pauvre hameau un des plus florissants villages du pays; fabr. de bonneterie, de toiles de chanvre, d'huile. Les habitants de Courtisols se distinguent par leur patois et un grand nombre d'usages qui annoncent une origine étrangère. On croit qu'ils descendent de quelques familles suisses qui vinrent s'y établir vers la fin du dix-septième siècle; 2000 hab.

COURTIVRON ou **COMPASSEUR** (le), vg. de Fr., Côte-d'Or, arr. de Dijon, cant. et poste d'Is-sur-Tille, sur l'Ignon; filat. hydraul. et tissage de laine; coton filé; 340 hab.

COURTLARI, beau b. de Suisse, cant. de Berne, chef-lieu d'un bailliage qui faisait partie de l'ancien domaine temporel de l'évêque de Bâle, réuni à la Suisse en 1815. Foires annuelles très-fréquentées. Patrie de Nicolas Béguelin (né en 1714), précepteur de Frédéric-le-Grand; 900 hab.

COURTOIN, vg. de Fr., Yonne, arr., cant. et poste de Chéroy; 120 hab.

COURTOIS, vg. de Fr., Yonne, arr., cant. et poste de Sens; 190 hab.

COURTOMER, vg. de Fr., Orne, arr. et à 7 1/2 l. N.-E. d'Alençon, chef-lieu de canton, poste du Mesle-sur-Sarthe; 1260 hab.

COURTOMER, vg. de Fr., Seine-et-Marne, arr. de Melun, cant. de Mormant, poste de Chaumes; 370 hab.

COURTON (Bas et Haut-), ham. de Fr., Seine-et-Marne, com. de St.-Loup-de-Naud; 540 hab.

COURTONNEL, ham. de Fr., Calvados, com. de Cordebugle; 160 hab.

COURTONNE-LA-MEUDRAC, vg. de Fr., Calvados, arr., cant. et poste de Lisieux; 900 hab.

COURTONNE-LA-VILLE, vg. de Fr., Calvados, arr. de Lisieux, cant. et poste d'Orbec; 990 hab.

COURTOULIN, vg. de Fr., Orne, arr. et poste de Mortagne-sur-Huine, cant. de Bazoches-sur-Hoëne; 180 hab.

COURTOUX (Ain). *Voyez* **COURTES**.

COURTRAI (Cortryk), *Cortracum*, *Cortiniacum*, v. du roy. de Belgique, prov. de la Flandre occidentale, chef-lieu de l'arrondissement du même nom; siége d'une chambre et d'un tribunal de commerce; située sur la Lys, à 5 l. de Tournay et à 18 l. de Bruxelles. Elle est assez bien bâtie et a des rues belles et larges. On remarque parmi ses édifices l'église Notre-Dame, fondée en 1203 par Baudouin de Constantinople; celle de St.-Martin, qu'on dit avoir été construite par St.-Éloi, et la gothique maison de ville. On y fait un grand commerce de grains, de lin et de toiles; ces dernières sont pour la plupart fabriquées dans les environs et achetées sur le marché par les négociants qui en font blanchir et apprêter jusqu'à 30,000 pièces par an. Le beau linge de table damassé de Courtrai et le fil d'épreuve sont renommés dans toute l'Europe. La ville possède en outre d'excellentes blanchisseries, des filatures de coton, des manufactures de siamoises, de futaine et de dentelles, des savonneries, des huileries, des brasseries et des fabriques de tabac. Elle tient deux foires de quinze jours chacune, principalement pour les toiles, le fil et le lin; 19,500 hab.

Cette ancienne ville paraît dans les capitulaires de Charles-le-Chauve de 859, sous le nom de *Curtricisum*. Les Normands, s'en étant emparés en 880, commencèrent à la fortifier et la possédèrent jusqu'à la fin du dixième siècle, où elle retourna, sous Baudouin IV, aux comtes de Flandre qui lui accordèrent, à diverses époques, des priviléges. Elle tomba au pouvoir des Français à la suite de la victoire remportée par Philippe-Auguste sur les Flamands à Bouvines (1214). Jean de Châtillon, nommé gouverneur de Flandre par Philippe IV, poussa, par son administration oppressive, les habitants à la révolte. Guillaume de Juliers se mit à leur tête; leurs armes prospérèrent et Gui le jeune, comte de Flandre, les ayant rejoints, ils marchèrent sous ses ordres, au nombre de 15,000, sur Courtrai, s'emparèrent de la ville et y laissèrent un corps pour pousser le siége du château. Ils soumirent ensuite plusieurs autres places; Gui était revenu avec le noyau de l'armée à Courtrai et Guillaume avait investi Cassel, lorsque Robert, comte d'Artois, parut en Flandre avec une armée formidable. Guillaume vola au secours de son parent. Les Flamands ne purent s'enfermer dans la ville dominée par le château qu'occupaient encore les Français; ils résolurent d'attendre en plaine le choc de l'ennemi. C'était le 10 juillet 1302: les 20,000 bourgeois formant l'armée flamande se rangèrent en bataille en avant de Courtrai, derrière un fossé qui porte dans la Lys les eaux des environs. L'armée française fut divisée en plusieurs colonnes d'attaque; le connétable de Nesle conseilla à Robert de chercher à tourner les Flamands pour les séparer de Courtrai, manœuvre qui aurait infailliblement causé leur ruine, mais le prince lui ayant dit : « Est-ce que vous avez peur de ces lapins, connétable, ou bien vous-même avez-vous de leur poil », le chevalier, indigné, répondit : « Sire, si vous venez où j'irai, vous viendrez bien avant ! » Il chargea aussitôt avec son escadron ; mais arrivé au fossé, jusqu'alors inaperçu, ne pouvant le franchir à cause de sa largeur de cinq brasses et pressé par la colonne qui, ignorant l'obstacle, avançait avec vigueur, ce peloton de cavaliers, tout bardés de fer, s'y culbuta. La masse qui suivait, et dont les chevaux, à l'aspect des cavaliers renversés, n'obéissaient plus au frein, se pressait toujours davantage, et le fossé, formant un demi-cercle, tout développement devint impossible. Gui de Flandre et Guillaume de Juliers profitèrent de ce désordre; ils firent passer le fossé sur les deux flancs de l'ennemi et l'attaquèrent vivement. Cette cavalerie, reserrée en confusion avec l'infanterie et gênée dans ses mouvements par ses pesantes armures, fut assommée avec les pieux ferrés des fantassins flamands sans pouvoir se défendre. Le massacre fut complet; le sang de la plus haute noblesse de France coula à grands flots. Robert paya son inconséquence: il périt percé de plus de trente blessures. Jacques de Châtillon, le connétable, le maréchal de Nesle, Godefroi, duc de Brabant, et son fils, et un grand nombre de seigneurs de distinction restèrent, avec 6000 soldats, sur le champ de bataille. Le duc de Bourgogne, Gui de St.-Paul et Louis de Clermont se retirèrent quand le combat devenait désespérant et sauvèrent leur vie en la couvrant d'opprobre. Les Français ont pris vengeance de cette défaite, sous Charles VI, à la bataille de Rosebeck (1382). Courtrai a été, depuis 1643, pris et repris et ses fortifications rasées et rebâties tour à tour, par la France, l'Espagne et l'Autriche. Comme partie de la confédération belge, en 1790, il a partagé depuis le sort de ce pays.

Patrie du paysagiste Roland Savary, mort à Utrecht en 1639, et du compositeur André Pevernage, mort maître de chapelle à Anvers, en 1589.

COURTRIZY, vg. de Fr., Aisne, arr. de Laon, cant. de Sissonne, poste de Corbeny; 250 hab.

COURTRY, vg. de Fr., Seine-et-Marne, arr. de Melun, cant. et poste du Châtelet; 150 hab.

COURTRY, ham. de Fr., Seine-et-Marne, com. de Guérard et de la Celle ; 120 hab.

COURTRY, vg. de Fr., Seine-et-Marne, arr. de Meaux, cant. de Claye, poste de Villeparisis; 330 hab.

COURUPT, ham. de Fr., Meuse, com. de Beaulieu ; verrerie à bouteilles ; 100 hab.

COURVAL (le). *Voyez* HODENG-AU-BOSC.

COURVAUDON, vg. de Fr., Calvados, arr.

de Caen, cant. et poste de Villers-Bocage; 020 hab.

COURVIÈRES, vg. de Fr., Doubs, arr. et poste de Pontarlier, cant. de Levier; 460 h.

COURVILLE, pet. v. de Fr., Eure-et-Loir, arr. et à 5 l. O. de Chartres, chef-lieu de canton et poste ; elle est située dans une belle vallée, sur les bords de l'Eure, et fait commerce en grains, volailles, bestiaux; on y élève des mérinos. Cette ville est la patrie du poëte chansonnier Panard (1691—1765); 1540 hab.

COURVILLE, vg. de Fr., Marne, arr. de Reims, cant. et poste de Fismes; 510 hab.

COURZAVAL, ham. de Fr., Lot, com. de la Bastide ; 240 hab.

COURZIEU, vg. de Fr., Rhône, arr. de Lyon, cant. de Vaugneray, poste de Duerne; 1620 hab.

COUSANCE, pet. v. de Fr., Jura, arr. de Lons-le-Saulnier, cant. de Beaufort, poste; carrières de marbre; commerce de volailles ; 1380 hab.

COUSANCELLES, vg. de Fr., Meuse, arr. de Bar-le-Duc, cant. d'Ancerville, poste de St.-Dizier ; 420 hab.

COUSANCELLES-AUX-BOIS, vg. de Fr., Meuse, arr., cant. et poste de Commercy; 170 hab.

COUSANCES-LES-COUSANCELLES, vg. de Fr., Meuse, arr. de Bar-le-Duc, cant. d'Ancerville, poste de St.-Dizier ; haut-fourneau ; fonderie de fer ; 1120 hab.

COUSSIÉH ou QUOSYÉH, b. de la Moyenne-Égypte, Afrique, prov. de Minyéh, sur le Nil.

COUSIN-LA-ROCHE, vg. de Fr., Yonne, com. d'Avallon ; 380 hab.

COUSIN-LE-PONT, vg. de Fr., Yonne, com. d'Avallon ; 610 hab.

COUSOLRE, vg. de Fr., Nord, arr. d'Avesnes, cant. de Solre-le-Château, poste de Maubeuge; exploitation et scierie hydraulique de marbre ; 1220 hab.

COUSSA, vg. de Fr., Arriège, arr. et poste de Pamiers, cant. de Varilles ; 250 hab.

COUSSAC-BONNEVAL, vg. de Fr., Haute-Vienne, arr., cant. et poste de St.-Yrieix ; mine d'antimoine à Chantailles ; carrières de kaolin, pétun-sé ; manufacture de porcelaine; 3015 hab.

COUSSAN, vg. de Fr., Lot-et-Garonne, com. de Marmande ; 1200 hab.

COUSSAN, pet. v. de Sénégambie, Afrique, état de Boudou, chef-lieu d'une province qui s'étend au S.-E., le long de la Falémé, jusqu'au-delà de Say-Sanding.

COUSSAY, vg. de Fr., Hautes-Pyrénées, arr. et poste de Tarbes, cant. de Pouyastruc ; 210 hab.

COUSSAY, vg. de Fr., Vienne, arr. de Loudun, cant. de Monts-sur-Guesnes, poste de Mirebeau ; 560 hab.

COUSSAY-LES-BOIS, vg. de Fr., Vienne, arr. et poste de Châtellerault, cant. de Pleumartin ; 1310 hab.

COUSSEGREY, vg. de Fr., Aube, arr. de

Bar-sur-Seine, cant. et poste de Chaource; 520 hab.

COUSSERGUES, vg. de Fr., Aveyron, com. de Cruéjouls; 1500 hab.

COUSSEY, vg. de Fr., Vosges, arr., à 1 l. N. et poste de Neufchâteau, chef-lieu de canton; 830 hab.

COUSSIEUX, ham. de Fr., Drôme, com. d'Anneyron; 200 hab.

COUST, vg. de Fr., Cher, arr., cant. et poste de St.-Amand-Mont-Rond; 520 hab.

COUSTAUSSA, vg. de Fr., Aude, arr. de Limoux, cant. et poste de Couiza; 200 hab.

COUSTOUGE, vg. de Fr., Aude, arr. de Narbonne, cant. de Durban, poste de Sijean; 230 hab.

COUSTOUGES ou COSTOJA, vg. de Fr., Pyrénées-Orientales, arr. de Céret, cant. de Pratz-de-Mollo, poste d'Arles-sur-Tech; 550 hab.

COUTAIS. *Voyez* LUMINE-DE-COUTAIS (Saint-).

COUTANCES, *Castra Constantia*, v. de Fr., Manche, chef-lieu d'arrondissement et à 7 l. O.-S.-O. de St.-Lô; siége de tribunaux de première instance et de commerce, d'un évêché, suffragant de l'archevêché de Rouen, conservation des hypothèques; elle est située près de la Soulle, à quelque distance de la mer. La cathédrale de cette ville est un des beaux édifices gothiques de France. On remarque près de Coutances les restes d'un aquéduc romain. Cette ville possède un collége, un séminaire, une petite salle de spectacle et une bibliothèque d'environ 5000 volumes. Fabr. de coutils et siamoises, de rubans, fil et coton, etc.; mégisseries et parcheminerie; manufactures de marbres; commerce en grains, beurre, volailles, chevaux, bestiaux, parchemins, quincaillerie et cire jaune; culture de la garance, du pastel. Foires considérables le 30 septembre et la veille des Rameaux; 7763 hab.

Coutances, connue déjà du temps des Romains, était une place de guerre et la capitale de l'ancien Cotentin, petit pays, borné au N. et à l'O. par l'Océan, à l'E. par le Bocage et au S. par l'Avranchin. Il ne reste plus rien de ses anciennes fortifications, que Charles VII fit détruire après en avoir chassé les Anglais.

COUTAND, ham. de Fr., Deux-Sèvres, com. d'Augé; 140 hab.

COUTANSOUZE, vg. de Fr., Allier, arr. de Gannat, cant. d'Ébreuil, poste de Chantelle; 520 hab.

COUTANT (Saint-), vg. de Fr., Charente, arr. de Confolens, cant. de Champagne-Mouton, poste de St.-Claud; 620 hab.

COUTANT (Saint-), vg. de Fr., Deux-Sèvres, arr. et poste de Melle, cant. de Lezay; 890 hab.

COUTANT-LE-GRAND (Saint-), vg. de Fr., Charente-Inférieure, arr. de Rochefort-sur-Mer, cant. et poste de Tonnay-Charente; 590 hab.

COUTARNOUX, vg. de Fr., Yonne, arr. d'Avallon, cant. de l'Isle-sur-le-Serein, poste de Lucy-le-Bois; carrières de pierres dures et tendres dont on fait des auges de la plus grande dimension; 410 hab.

COUTENÇON, vg. de Fr., Seine-et-Marne, arr. de Provins, cant. et poste de Donnemarie; 160 hab.

COUTENS, vg. de Fr., Arriège, arr. de Pamiers, cant. et poste de Mirepoix; 260 hab.

COUTENS, ham. de Fr., Gers, com. de Beaumarchez; 260 hab.

COUTERNE, b. de Fr., Orne, arr. de Domfront, cant. de la Ferté-Macé, poste; fabr. de toiles et coutils; 1645 hab.

COUTERNON, vg. de Fr., Côte-d'Or, arr., cant. et poste de Dijon; fabr. de produits chimiques; 440 hab.

COUTEUGES, vg. de Fr., Haute-Loire, arr. de Brioude, cant. et poste de Paulhaquet; 300 hab.

COUTEVROUST, vg. de Fr., Seine-et-Marne, arr. de Meaux, cant. de Crécy, poste de Couilly; 170 hab.

COUTHENANS, vg. de Fr., Haute-Saône, arr. de Lure, cant. et poste d'Héricourt; 210 hab.

COUTICHES, vg. de Fr., Nord, arr. de Douai, cant. et poste d'Orchies; 2100 hab.

COUTIÈRE, vg. de Fr., Deux-Sèvres, arr. de Parthenay, cant. de Menigoute, poste de St.-Maixent; 310 hab.

COUTOUVRE, vg. de Fr., Loire, arr. et poste de Roanne, cant. de Perreux; 1700 h.

COUTRAS, *Certeratæ, Cotracum*, pet. v. de Fr., Gironde, arr. et à 5 l. N.-E. de Libourne, chef-lieu de canton et poste, au confluent de l'Isle et de la Dronne; elle n'a de remarquable que le monument qu'on y a élevé à la mémoire du brave Albert, qui enleva à l'ennemi le corps du général Marceau, blessé mortellement près d'Altenkirchen, en protégeant un mouvement de l'armée de Jourdan, en 1796. Cette ville est célèbre par une bataille entre les protestants, commandés par Henri IV, et les catholiques, sous les ordres du duc de Joyeuse, qui y fut défait en 1587; 3100 hab.

COUTRETOT, ham. de Fr., Eure-et-Loir, com. de Trizay-au-Perche; 210 hab.

COUTRINE, ham. de Fr., Gironde, com. d'Illats; 100 hab.

COUTS (baie de), baie très-étendue au S. de celle de la Possession, côte orientale de la Terre-de-Baffin; elle est fermée par les caps de Couts et d'Antrobus. Le capitaine Ross donna aux environs de cette baie le nom de North-Galloway.

COUTTANT, ham. de Fr., Nord, com. de Hargnies; 250 hab.

COUTURE, vg. de Fr., Charente, arr., cant. et poste de Ruffec; 700 hab.

COUTURE (Charente-Inférieure). *Voyez* VILLIERS-COUTURE.

COUTURE (la), vg. de Fr., Eure, arr.

d'Évreux, cant. de St.-André, poste d'Ivry-la-Bataille; fabr. d'instruments à vent; 400 hab.

COUTURE (la), ham. de Fr., Eure, com. de Bernay; 180 hab.

COUTURE, vg. de Fr., Loir-et-Cher, arr. de Vendôme, cant. de Montoire, poste de Poncé; 930 hab.

COUTURE, vg. de Fr., Maine-et-Loire, arr. de Saumur, cant. de Gennes, poste de Brissac; 720 hab.

COUTURE (la), b. de Fr., Pas-de-Calais, arr., cant. et poste de Béthune; 2360 hab.

COUTURE (la), vg. de Fr., Vendée, arr. de Bourbon-Vendée, cant. et poste de Mareuil; 300 hab.

COUTURE-D'ARGENSON, vg. de Fr., Deux-Sèvres, arr. de Melle, cant. et poste de Chef-Boutonne; 760 hab.

COUTURELLE, vg. de Fr., Pas-de-Calais, arr. de St.-Pol-sur-Ternoise, cant. d'Avesne-le-Comte, poste de l'Arbret; 210 hab.

COUTURES, vg. de Fr., Dordogne, arr. de Ribérac, cant. et poste de Verteillac; 300 hab.

COUTURES, vg. de Fr., Meurthe, arr., cant. et poste de Château-Salins; 270 hab.

COUTURES, ham. de Fr., Seine-et-Marne, com. des Ormes; 290 hab.

COUTURES, vg. de Fr., Tarn-et-Garonne, arr. de Castelsarrasin, cant. de St.-Nicolas-de-la-Grave, poste de Lavit; 350 hab.

COUTURES-SUR-GARONNE, vg. de Fr., Lot-et-Garonne, arr. et poste de Marmande, cant. de Meilhan; 1290 hab.

COUTURES-SUR-LE-DROT, vg. de Fr., Gironde, arr. de la Réole, cant. et poste de Monségur; 170 hab.

COUVA. *Voyez* TRINIDAD.

COUVAINS, vg. de Fr., Manche, arr. et poste de St.-Lô, cant. de St.-Clair; 940 h.

COUVAINS, vg. de Fr., Orne, arr. d'Argentan, cant. de la Ferté-Fresnel, poste de Laigle; 350 hab.

COUVAY, ham. de Fr., Meurthe, com. d'Ancerviller; 570 hab.

COUVERPUIS, vg. de Fr., Meuse, arr. de Bar-le-Duc, cant. de Montiers-sur-Saux, poste de Ligny; 280 hab.

COUVERT, vg. de Fr., Calvados, arr. de Bayeux, cant. de Balleroy, poste de Tilly-sur-Seulles; 360 hab.

COUVERTOIRADE (la), vg. de Fr., Aveyron, arr. de Milhau, cant. et poste de Nant; 410 hab.

COUVES. *Voyez* SEBASTIAO (San-), ville.

COUVET, beau et grand vg. de Suisse, cant. de Neufchâtel, dans la plus belle partie du val de Travers; centre de fabrication et de commerce; fonderie de cloches et rouleaux d'impression; fabr. de fournitures d'horlogerie, de dentelles; patrie de Ferdinand Berthoud, mécanicien distingué, mort en 1807, officier de la marine française. Au-dessus du village est un moulin avec une scierie, appelé le moulin de la Roche et présentant un aspect très-pittoresque; 1400 hab.

COUVEY, ham. de Fr., Meurthe, com. d'Ancerviller; 570 hab.

COUVICOURT, ham. de Fr., Eure, com. de St.-Aubin-sur-Gaillon; 110 hab.

COUVIGNON, vg. de Fr., Aube, arr., cant. et poste de Bar-sur-Aube; 600 hab.

COUVILLE, vg. de Fr., Manche, arr. et poste de Cherbourg, cant. d'Octeville; 750 hab.

COUVIN, pet. v. du roy. de Belgique, prov. de Namur, arr. de Philippeville, sur l'eau Noire. Dans ses environs se trouvent 4 forges et 5 fourneaux; carrières d'ardoises; 3500 hab.

COUVO ou **CUVO**, riv. assez considérable de la Basse-Guinée, Afrique; elle prend sa source dans les montagnes qui séparent le roy. de Bihé du pays des Mocanguelas, traverse les roy. de Bihé, de Boïlunda et de Sela, et se jette dans l'Océan Atlantique, à environ 6 l. S. du Vieux-Benguela.

COUVONGES, vg. de Fr., Meuse, arr. et poste de Bar-le-Duc, cant. de Revigny; 360 hab.

COUVRECHEF, vg. de Fr., Calvados, com. de Caen; 290 hab.

COUVRELLES, vg. de Fr., Aisne, arr. Soissons, cant. et poste de Braisne; 260 h.

COUVRON, vg. de Fr., Aisne, arr. et poste de Laon, cant. de Crécy-sur-Serre; 770 hab.

COUVROT, vg. de Fr., Marne, arr., cant. et poste de Vitry-le-Français; 360 hab.

COUX, vg. de Fr., Ardèche, arr., cant. et poste de Privas; moulinage de soie; 1270 hab.

COUX, vg. de Fr., Charente-Inférieure, arr. de Jonzac, cant. et poste de Montendre; 840 hab.

COUX, vg. de Fr., Dordogne, arr. de Sarlat, cant. de St.-Cyprien, poste du Bugue; 1580 hab.

COUX (la), ham. de Fr., Haute-Vienne, com. de Fromental; 140 hab.

COUY, vg. de Fr., Cher, arr. de Sancerre, cant. et poste de Sancergues; 760 hab.

COUYERE (la), vg. de Fr., Ille-et-Vilaine, arr. de Redon, cant. du Sel, poste de Bain; 710 hab.

COUZEIX ou **LIMOGES** (Petit-), vg. de Fr., Haute-Vienne, arr., cant. et poste de Limoges; 1360 hab.

COUZE-SAINT-FRONT, vg. de Fr., Dordogne, arr. de Bergerac, cant. et poste de Lalinde, fabr. de papier; 1010 hab.

COUZIERS, ham. de Fr., Charente, com. de Vars; 540 hab.

COUZIERS, vg. de Fr., Indre-et-Loire, arr. et cant. de Chinon, poste de Montsoreau; 300 hab.

COUZON, vg. de Fr., Allier, arr. de Moulins-sur-Allier, cant. de Lurcy-le-Sauvage, poste du Veurdre; 560 hab.

COUZON, vg. de Fr., Haute-Marne, arr.

de Langres, cant. et poste de Prauthoy; 120 hab.

COUZON, vg. de Fr., Rhône, arr. de Lyon, cant. de Neuville-sur-Saône, poste de Chasselay; carrière de pierres à bâtir; 1090 h.

COUZOU, vg. de Fr., Lot, arr. de Gourdon, cant. et poste de Gramat; 500 hab.

COUZOURS (Dordogne). *Voyez* COUBJOURS.

COVE, pet. v. d'Irlande, comté de Cork, sur la grande ile qui s'élève au milieu du port de Cork; bains de mer très-fréquentés; 6000 hab.

COVELINHAC, b. du Portugal, prov. de Tras-os-Montes, dist. de Villa-Réal; connu par ses eaux ferrugineuses.

COVELONG, v. de l'Inde, prov. de Carnatik; les indigènes l'appellent Saadet-Bundar.

COVENTRY, b. des États-Unis de l'Amérique du Nord, état de New-York, comté de Chester, sur le Schuylkill; mines de fer et forges; 2000 hab.

COVENTRY, *Conventria*, v. d'Angleterre, comté de Warwick, sur le Radford et le Sherbourne; nomme deux députés au parlement. C'est une ancienne ville épiscopale et manufacturière qui a beaucoup perdu de son importance; la fabrication du drap et de la bonneterie y florissait déjà au quinzième siècle; mais celle des rubans de soie, de la peluche et des montres fait aujourd'hui le principal objet de son industrie. Son commerce est très-considérable et favorisé par le canal de Coventry-et-Oxford. Le clocher de l'église St.-Michel est un chef-d'œuvre d'architecture; 27,000 hab.

COVENTRY-ET-OXFORD-CANAL, canal d'Angleterre; il part de Longford et va à Braunston et à Oxford.

COVES (les), longue série d'îles qui forment la côte méridionale du détroit de Frobisher, à l'entrée N.-E. de la mer d'Hudson, Amérique septentrionale. Ces îles, de diverse grandeur et peu explorées encore, sont séparées par des bras de mer; les plus connues en sont : la grande île de la Résolution, séparée probablement d'une île voisine par le Jackmans-Sund ou Pritzlers Harbour; Thompsons-Isle, très-petite, avec le Yorks-Sund, qu'on regarde comme un détroit à l'O.; Saddle-Back, petite île sous 62° lat. N., où Chappel était à l'ancre pendant quelques jours; Ice-Cove, petite île à l'O. de Saddle-Back; elle est entourée des îles de Prédestal-Harbour, King-George, Prince-of-Wales, Maidens, Paps et Manils-Island, les îles les plus occidentales de ce groupe étendu, et où le Prince-Wales-Sund, ou la baie du Nord, ouvre probablement un passage entre les détroits de Frobisher et de Cumberland. Toutes ces îles sont couvertes de montagnes, pour la plupart des rochers arides portant à peine quelques mousses arctiques, mais peuplées de phoques et d'oiseaux marins, qui y attirent, durant l'été, des Esquimaux du Labrador et de la Terre de Baffin.

COVILHA, v. de Portugal, dist. de Guarda, avec un château, située sur la pente de l'Estrella; manufactures de draps florissantes; 5000 hab.

COVINGTON, comté de l'état d'Alabama, États-Unis de l'Amérique du Nord; il est borné par les comtés de Butler, de Pike, de Henry, de Conécuh et par le territoire de la Floride. Le Conécuh et l'Almirante arrosent ce pays, dans lequel la culture n'a fait que peu de progrès jusqu'aujourd'hui.

COVINGTON. *Voyez* Washington (comté).

COVINGTON, comté de l'état de Mississipi, États-Unis de l'Amérique du Nord; il est borné par les comtés de Wayne, de Lawrence, de Perry et par le dist. des Choktaws. Le Leaf et ses affluents arrosent ce pays assez peu cultivé; 3500 hab.

COVOADOS (Serra dos). *Voyez* MANGABE RAS (Chapadadas).

COWDENSPORT. *Voyez* POTTER (comté).

COWES, b. d'Angleterre, comté de Southampton; bon port; hôpital militaire; bains de mer; 2000 hab.

COW-PASTURE. *Voyez* BATH (comté).

COWS-ISLAND. *Voyez* VACHE (île à).

COX, vg. de Fr., Haute-Garonne, arr. de Toulouse, cant. de Cadours, poste de Puységur; 790 hab.

COXAKIN, gros b. des Etats-Unis de l'Amérique du Nord, état de New-York, comté d'Orange, sur l'Hudson; commerce actif; 3000 hab.

COYE, vg. de Fr., Oise, arr. de Senlis, cant. de Creil, poste de Luzarches; grande fabrication de cordages en écorces de tilleul; 870 hab.

COYÈCQUES, vg. de Fr., Pas-de-Calais, arr. de St.-Omer, cant. et poste de Fauquembergue; 740 hab.

COYNAUD, ham. de Fr., Drôme, com. d'Anneyron; 120 hab.

COYOHUACAN ou CUYOACAN, b. de la confédération mexicaine, état de Mexico et au S.-O. de la ville de ce nom, sur le Cuyoacan. Cet endroit renferme un couvent de religieuses, que Cortès avait désigné dans son testament pour son lieu de sépulture, mais sa dernière volonté ne fut pas exécutée.

COYOLLES, vg. de Fr., Aisne, arr. de Soissons, cant. et poste de Villers-Cotterets; 200 hab.

COYRIÈRE, vg. de Fr., Jura, arr. et poste de St.-Claude, cant. des Bouchoux; 210 h.

COYRON, vg. de Fr., Jura, arr. de St.-Claude, cant. et poste de Moirans; 210 hab.

COYVILLER, vg. de Fr., Meurthe, arr. de Nancy, cant. et poste de St.-Nicolas-du-Port; 210 hab.

COZES, b. de Fr., Charente-Inférieure, arr. et à 7 l. S.-S.-O. de Saintes, chef-lieu de canton et poste; 1950 hab.; commerce de vins et eaux-de-vie.

COZZANO, vg. de Fr., Corse, arr. et

poste d'Ajaccio, cant. de Zicavo; 780 hab.

CRABBO ou **KROBBO**. *Voyez* **ADAMPE**.

CRAB-ISLAND. *Voyez* **BIÈQUE**.

CRACH, vg. de Fr., Morbihan, arr. de Lorient, cant. et poste d'Auray; commerce de chevaux; 1720 hab.

CRACHES, vg. de Fr., Seine-et-Oise, arr. de Rambouillet, cant. de Dourdan, poste d'Ablis; 140 hab.

CRACHIER, vg. de Fr., Isère, arr. de Vienne, cant. de la Verpillère, poste de Bourgoin; 460 hab.

CRACOVIE ou **KRAKOVIE** (république de). Ce nouvel état, érigé en 1815, par le congrès de Vienne, est le seul débris de l'ancienne rép. de Pologne. Il est situé sur la rive gauche de la Vistule, entre le roy. de Pologne actuel, la Silésie et la Gallicie; sa superficie est de 30 l. c. environ et sa population de 118,000 habitants; il comprend 2 villes, 1 bourg et plus de 100 villages et hameaux. Le sol est onduleux, arrosé par plusieurs ruisseaux, fertile en grains et en légumes; le bois y est rare, l'éducation du bétail très-avancée. Le commerce de la république, favorisé par la Vistule, est plus important que son industrie manufacturière. Les habitants sont, à l'exception de 7000 juifs, d'origine polonaise et professent la religion catholique; à la tête du clergé se trouve un évêque et un chapitre de 16 chanoines. Un grand nombre d'Allemands se sont établis dans la ville de Cracovie. Les autres lieux importants de ce petit état sont Claratomla ou Mogila et Krzeszowice. La rép. de Cracovie est un état neutre et se trouve sous la protection des emp. de Russie et d'Autriche et du roy. de Prusse. Sa constitution est démocratique. Le pouvoir exécutif est aux mains d'un sénat, composé d'un président et de douze sénateurs dont six à vie. Leur élection appartient à la chambre des représentants, à l'université et au chapitre. Le président, chef de la république, est nommé tous les deux ans. La représentation nationale, dont les fonctions diffèrent peu de celles des autres états constitutionnels, se compose des députés des communes, de trois membres du chapitre et de trois docteurs de l'université. Tout projet de loi, soumis à la représentation, doit avoir été préalablement approuvé par le sénat. La justice est rendue par un tribunal de première instance et un tribunal d'appel. La force militaire de la république se compose de deux compagnies de milice et d'un corps de gendarmerie de 355 hommes. En 1821, les revenus publics se sont montés à 333,120 florins et la dette à 25,000.

CRACOVIE, *Krakow* des Polonais et *Krakau* des Allemands, capitale de la petite république de ce nom, est située dans une belle plaine, sur la rive gauche de la Vistule, au confluent de ce fleuve et de la Rudawa, à 70 l. S.-S.-O. de Varsovie, à 90 l. N.-E. de Vienne et à 350 l. E. de Paris. Son aspect extérieur est imposant, mais ses rues sont irrégulières, étroites et mal pavées. Cracovie se compose de quatres parties; la ville proprement dite, dont les remparts et les fossés ont été convertis en promenades, renferme l'ancien château royal. Ce palais, bâti au bord de la Vistule, sur la colline de Wawell, est entouré de fortifications et ressemble à une petite ville; il fut restauré magnifiquement par Auguste II, mais réduit en caserne sous la domination autrichienne; le trésor et les joyaux de la couronne y furent gardés jusqu'en 1794. La cathédrale de Cracovie est une des églises les plus belles et les plus anciennes de la Pologne; le couronnement des rois de Pologne avait lieu dans son enceinte, et les seize chapelles latérales renferment les monuments d'un grand nombre d'hommes célèbres, ceux de tous les rois de la famille des Piast, des Jagellons et, à l'exception de Henri de Valois, des rois de Pologne librement élus jusqu'à Auguste II. Parmi ces mausolées, on admire surtout les tombes de St.-Stanislas, du grand Sobieski, de Kosziusko, de Dombrowski et de Poniatowski. Cracovie renferme encore plusieurs belles églises, telles que Ste.-Marie, bâtie sur le plan de St.-Etienne de Vienne; l'ancienne église des Jésuites et l'église de Ste.-Anne, dans laquelle on a élevé un monument à Copernic. Le faubourg de Stradow est situé au bord de la Vistule, du côté du château; au N. de la ville se trouve le faubourg de Klepars qui renferme le château des évêques, aujourd'hui l'édifice le plus remarquable de Cracovie. Vis-à-vis du château et dans une île de la Vistule, se trouve le faubourg de Casimir, bâti par Casimir-le-Grand et entouré de murs. Il renferme l'université, fondée par le même prince, et qui possède un observatoire, une riche bibliothèque et un jardin botanique. Le bourg de Podgorze, situé sur la rive droite de la Vistule, est autrichien. A une demi-lieue à l'O. de la ville se trouve, sur le Bronislawa, un monument élevé à la mémoire de Kosziusko, il repose sur une colline artificielle de cent-vingt pieds de hauteur, due au patriotisme des Cracoviens. Dans les temps anciens, lorsque Cracovie était la résidence des rois polonais, elle comptait 70,000 habitants; leur nombre, qui était descendu au-dessous de 18,000, est aujourd'hui de 30,000. Son industrie, son commerce étendu et l'amour des sciences qui y règne la distinguent favorablement d'un grand nombre d'autres villes polonaises.

La tradition rapporte la fondation de la ville de Cracovie à un prince nommé Cracus. En 1257 elle se conforma au droit de Magdebourg; déjà alors son commerce était très-étendu. Elle fut longtemps la capitale de toute la Pologne, et lorsque Sigismond III fixa la résidence des rois à Varsovie, elle resta encore jusqu'en 1764 la ville où se célébrait le couronnement. Cracovie eut beaucoup à souffrir des guerres civiles, des Suédois et des Russes. Ces derniers la prirent d'assaut en 1768. Ce fut à Cracovie que, dans la nuit du 24 mars 1796, Kosziusko se déclara général des troupes polonaises. Lors du partage de la Pologne en 1795, Cracovie échut à l'Autriche ; en 1809 elle fit partie du duché de Varsovie, et en 1815 elle fut érigée avec son territoire en république neutre, sous la protection de la Russie, de l'Autriche et de la Prusse.

CRADOCK. *Voyez* ORANGE (l').

CRADOO ou CRADOU, lac littoral de la Haute-Guinée, Afrique, sur les confins de la côte des Esclaves et de celle de Benin ; il est formé par un bras du Djoliba, et communique avec le golfe de Guinée par le Rio-Lagos. Non loin de ses bords est située une ville du même nom.

CRAFFORT, CRAWFORD ou ISLE-FRANÇAISE, pet. île sur la côte occ. de la Haute-Guinée, Afrique, côte de Sierra-Leone, près des îles Loss; elle a une baie sûre et spacieuse.

CRAFTSBURY. *Voyez* ORLÉANS (comté).

CRAIGIE, vg. d'Ecosse, comté d'Air ; important par ses carrières de pierres à chaux très-considérables ; 800 hab.

CRAIL, b. d'Écosse, comté de Fife, sur le Frith-of-Forth, avec un petit port ; la pêche au hareng y est abondante. Dans le voisinage on trouve un ancien château-fort et une caverne, remarquables dans l'histoire d'Écosse; 2000 hab.

CRAILSHEIM, v. du Wurtemberg, sur la Iaxt, avec un ancien château ; chef-lieu et siége des autorités du grand-bailliage de ce nom, cer. de la Iaxt, dans lequel on élève beaucoup de bestiaux ; on y fabrique aussi des étoffes, de la faïence et des produits chimiques. La ville a des manufactures de faïence et d'étoffes et un moulin à poudre. Son église renferme plusieurs tombeaux de la famille margraviale d'Anspach. Pop. de la ville 2800, du grand-bailliage 22,500 hab.

CRAIN, vg. de Fr., Yonne, arr. d'Auxerre, cant. et poste de Coulange-sur-Yonne; 840 h.

CRAINCOURT, vg. de Fr., Meurthe, arr. de Château-Salins, cant. et poste de Delme; 540 hab.

CRAINTILLEUX, vg. de Fr., Loire, arr. de Montbrison, cant. de St.-Rambert, poste de Sury-le-Comtal ; 310 hab.

CRAINVILLIERS, vg. de Fr., Vosges, arr. de Neufchâteau, cant. et poste de Bulgnéville; 550 hab.

CRAISSAC, vg. de Fr., Lot, arr. de Cahors, cant. de Catus, poste de Castelfranc ; 710 hab.

CRAJOWA, *Drubetis*, v. et capitale de la Petite-Valachie, non loin de la rive gauche du Schyl; son commerce est très-florissant; 8000 hab.

CRAMAILLE, vg. de Fr., Aisne, arr. de Soissons, cant. d'Oulchy, poste de Fère-en-Tardenois ; 180 hab.

CRAMAIN-VASSENAY, ham. de Fr., Niè-vre, com. de Châteauneuf-Val-de-Bargis; forge; 60 hab.

CRAMANS, vg. de Fr., Jura, arr. de Poligny, cant. de Villers-Farlais, poste de Mouchard ; 700 hab.

CRAMANT, vg. de Fr., Marne, arr. d'Épernay, cant. et poste d'Avize; 520 hab.

CRAMAUX, vg. de Fr., Tarn, arr. d'Albi, cant. de Monestiés, poste, à 183 l. de Paris; verrerie; mines de houille aux environs ; 1880 hab.

CRAMAUX, ham. de Fr., Haute-Vienne, com. de Chaillac; 110 hab.

CRAM-CHABAN ou CRAM-LE-PRIEURÉ, vg. de Fr., Charente-Inférieure, arr. de la Rochelle, com. de Courçon, poste de Mauzé; 750 hab.

CRAMÉNIL, vg. de Fr., Orne, arr. d'Argentan, cant. et poste de Briouze; 540 hab.

CRAMESNIL, Calvados. *Voyez* AIGNAN-DE-CRAMESNIL (Saint-).

CRAMOISY, vg. de Fr., Oise, arr. de Senlis, cant. et poste de Creil ; fabr. de coutellerie; 300 hab.

CRAMONT, vg. de Fr., Somme, arr. et poste d'Abbeville, cant. d'Ailly-le-Haut-Clocher; 690 hab.

CRAMPAGNAC, vg. de Fr., Arriège, arr. de Pamiers, cant. et poste de Varilles; 620 h.

CRANBROOKE, b. d'Angleterre, comté de Kent; manufactures de laines; 3700 hab.

CRANCEY, vg. de Fr., Aube, arr. de Nogent-sur-Seine, cant. de Conliège, poste de Pont-le-Roi; carrières de grès à paver; 600 hab.

CRANÇOT, vg. de Fr., Jura, arr. et poste de Lons-le-Saulnier, cant. de Conliège ; 640 hab.

CRANDELAIN, vg. de Fr., Aisne, arr. de Laon, cant. de Craonne, poste de Chavignon; 240 hab.

CRANDELLES, vg. de Fr., Cantal, arr., cant. et poste d'Aurillac; 880 hab.

CRANGANORE ou KRANGANORE, *Baris*, v. et port de l'Inde, présidence de Madras, dist. de Malabar. Elle est située au fond d'une petite baie et fait quelque commerce. Siégé d'un archevêque catholique qui dépend du primat de Goa.

CRANGÉ. *Voyez* GÉ (peuplade).

CRANGEAC, vg. de Fr., Ain, com. d'Attignat; 570 hab.

CRANIDI, pet. v. de la Grèce, dans le nomos d'Argolide.

CRANNES-EN-CHAMPAGNE, vg. de Fr., Sarthe, arr. du Mans, cant. de Loué, poste de Chemiré-le-Gaudin; 770 hab.

CRANS, vg. de Fr., Ain, arr. de Trévoux, cant. de Chalamont, poste de Meximieux; 240 hab.

CRANS, vg. de Fr., Jura, arr. de Poligny, cant. des Planches, poste de Champagnole; 310 hab.

CRANSAC, vg. de Fr., Aveyron, arr. et à 6 l. N.-E. de Villefranche, cant. et poste de St.-Aubin; il est situé dans les montagnes et remarquable par ses eaux ferrugineuses acidules, qui y attirent chaque année un grand nombre de malades. On fait aussi une exportation considérable de ses eaux dont on ne fait usage qu'en boisson. Non loin et au N.-O. de Cransac, on voit une houillère en combustion depuis plusieurs siècles, et que l'on nomme la *montagne brûlante*; 500 hab.

CRANSBERG, seigneurie située dans le duché de Nassau, cer. d'Usingen, et appartenant, ainsi que Reiffenberg, au comte Waldbolt-Bassenheim. Toutes deux ont une population de 3215 hab.

CRANTENOY, vg. de Fr., Meurthe, arr. de Nancy, cant. d'Haroué, poste de Neuviller-sur-Moselle; 180 hab.

CRANY-ISLAND. *Voyez* NORFOLK (ville).

CRAON, *Cratumnum*, pet. v. de Fr., Mayenne, arr., à 4 l. O. de Château-Gontier, chef-lieu de canton et poste, sur l'Oudon, à 78 l. de Paris; elle possède un beau château, bâti sur l'emplacement d'une ancienne citadelle. Commerce considérable en grains, bestiaux, fils, toiles de chanvre; 3815 hab. Cette ville a vu naitre l'illustre Volney, philosophe et philologue distingué, auteur des *Ruines* ou *Méditations sur la ruine des empires* (1757—1820).

Craon, autrefois fortifié, était une baronie dont le seigneur s'intitulait premier baron d'Anjou. Cette ville soutint plusieurs siéges pendant les guerres civiles et religieuses qui troublèrent si longtemps la France.

CRAON, vg. de Fr., Vienne, arr. de Loudun, cant. de Moncontour; poste de Mirebeau; 320 hab.

CRAONNE, pet. v. de Fr., Aisne, arr. et à 4 l. S.-E. de Laon, chef-lieu de canton, poste de Corbeny; récolte de vins; bataille en 1814; 1070 hab.

CRAONNELLE, vg. de Fr., Aisne, arr. de Laon, cant. de Craonne, poste de Corbeny; 490 hab.

CRAPEAUMESNIL, vg. de Fr., Oise, arr. de Compiègne, cant. de Lassigny, poste de Noyon; 210 hab.

CRAPONNE, b. de Fr., Haute-Loire, arr. et à 9 l. N. du Puy, chef-lieu de canton et poste, à 123 l. de Paris; fabr. et commerce de dentelles, blondes, bois, grains, bestiaux; fabr. de draps; filat. de laine; 3800 h.

CRAPONNE, ham. de Fr., Rhône, com. de Grecieux-la-Varenne; 300 hab.

CRAPONNE (canal de). Ce canal porte le nom de son auteur, Adam de Craponne, qui l'a commencé en 1558 et exécuté en moins de cinq ans; il prend ses eaux dans la Durance et sert à l'irrigation.

CRAPONOZ, ham. de Fr., Isère, com. de Bernin; 350 hab.

CRAS, vg. de Fr., Ain, arr. et poste de Bourg-en-Bresse, cant. de Montrevel; 1250 h.

CRAS, vg. de Fr., Isère, arr. de St.-Marcellin, cant. et poste de Tullins; 480 hab.

CRAS, vg. de Fr., Lot, arr. de Cahors, cant. de Lauzès, poste de Pélacoy; 1010 h.

CRASSE-PAYELLE (la), ham. de Fr., Pas-de-Calais, com. de Zutkuerque; 370 hab.

CRASSOUX, ham. de Fr., Aveyron, com. de St.-Affrique; 120 hab.

CRASTATT, vg. de Fr., Bas-Rhin, arr. de Saverne, cant. de Marmoutier, poste de Wasselonne; 382 hab.

CRASTES, vg. de Fr., Gers, arr., cant. et poste d'Auch; 750 hab.

CRASVILLE, vg. de Fr., Eure, arr., cant. et poste de Louviers; 330 hab.

CRASVILLE, vg. de Fr., Manche, arr. de Valognes, cant. de Quettehou, poste de St.-Vaast-de-la-Hougue; 640 hab.

CRASVILLE-LA-MALET, vg. de Fr., Seine-Inférieure, arr. d'Yvetot, cant. et poste de Cany; 450 hab.

CRASVILLE-LA-ROQUEFORT, vg. de Fr., Seine-Inférieure, arr. d'Yvetot, cant. de Fontaine-le-Dun, poste du Bourg-Dun; 880 hab.

CRATO ou KRATTO, pet. v. de l'emp. du Brésil, prov. de Ciara; commerce de citrons, de limons et de bananas; 3400 hab.

CRATO, v. du Portugal, prov. d'Alentéjo, chef-lieu du district de même nom, située sur une colline baignée par l'Ervedal, à 4 l. de Portalégré; a des murs et un château en ruines; 3000 hab.

CRATTO, pet. v. de l'emp. du Brésil, prov. de Para, comarque de Rio-Négro, sur le Madeira; port; commerce de cacao et de salsepareille; pêcheries de tortues; 4000 hab.

CRAU (la), gr. plaine caillouteuse située dans le dép. des Bouches-du-Rhône, entre la ville d'Arles et l'étang de Berre, et traversée par divers embranchements du canal de Craponne, dont la ligne principale s'étend au N. de cette plaine. On y cultive la vigne, l'olivier et le mûrier. La Crau nourrit une grande quantité de moutons, mais qui ne peuvent y paitre qu'en hiver; les fortes chaleurs de l'été y dessèchent les pâturages et forcent à faire transhumer les troupeaux, c'est-à-dire, à les conduire dans des contrées moins chaudes.

CRAU (la), vg. de Fr., Var, com. d'Hyères; 1300 hab.

CRAUFTHAL, ham. de Fr., Bas-Rhin, com. d'Eschbourg; 190 hab.

CRAVANCHE, vg. de Fr., Haut-Rhin, arr., cant. et poste de Belfort; 160 hab.

CRAVANS, vg. de Fr., Charente-Inférieure, arr. de Saintes, cant. de Gemozac, poste de Pons; 950 hab.

CRAVANT, Eure-et-Loir. *Voyez* LUBIN-DE-CRAVANT (Saint-).

CRAVANT, vg. de Fr., Indre-et-Loire, arr. et poste de Chinon, cant. de l'Isle-Bouchard; 925 hab.

CRAVANT, vg. de Fr., Loiret, arr. d'Orléans, cant. et poste de Beaugency; 1370 h.

CRAVANT, *Crevantium*, b. de Fr., Yonne, arr. d'Auxerre, cant. et poste de Vermenton; territoire fertile en vins estimés; 1280 h.

CRAVENCÈRES-L'HOPITAL, vg. de Fr., Gers, arr. de Condom, cant. de Nogaro, poste de Manciet; 210 hab.

CRAVENT, vg. de Fr., Seine-et-Oise, arr. de Mantes, cant. et poste de Bonnières; 210 hab.

CRAWEN, comté de la Caroline du Nord, États-Unis de l'Amérique du Nord; il est borné par les comtés de Pitt, de Beaufort, de Carteret, de Jones, de Lenoir et par le Pamlico-Sund. Le sol de ce pays, arrosé par la Neuse, qui y reçoit le Swift et la Trent, est marécageux et sablonneux et le climat y est très-malsain. Le marais de Doverswamp s'étend au N.-O. du pays. Riches plantations de riz et d'indigo; 18,000 hab.

CRAWFORD, comté de l'état d'Indiana, États-Unis de l'Amérique du Nord; il est borné par les comtés de Dubois, de Perry, d'Hamilton, d'Orange et par l'état de Kentucky. Ce pays est assez fertile et traversé par l'Ohio, le Blue et leurs affluents. Frédonia, sur l'Ohio, avec une poste, est le chef-lieu du comté; 4000 hab.

CRAWFORD, comté de l'état d'Illinois, États-Unis de l'Amérique du Nord; il est borné par les comtés de Clarke, de Wayne, de Jefferson, d'Edwards, de Bond et par l'état d'Indiana. Le Wabash, l'Embarras, le Little-Wabash et la Kaskaskia arrosent ce pays. Crawford, avec une poste, est le chef-lieu du comté; 4200 hab.

CRAWFORD, comté de l'état de Pensylvanie, États-Unis de l'Amérique du Nord; il a pour limites les comtés d'Érié, de Warren, de Venango, de Mercer et l'état d'Ohio. Très-bonnes terres le long des fleuves, sol sablonneux, marécageux et rocailleux dans l'intérieur, presque désert encore. Le French et ses affluents, le Cuséwago et le Coneyante arrosent ce pays; 12,000 hab.

CRAWFORD, comté de l'état d'Ohio, États-Unis de l'Amérique du Nord; il est entouré des comtés de Sénéca, de Richland, de Marion, de Hardin et de Hancock. Le Sandusky arrose ce pays, peu peuplé encore. Upper-Sandusky, avec le fort du même nom, sur le Sandusky, est le chef-lieu du comté.

CRAW-POINT. *Voyez* DOMINIQUE (île).

CRAY, vg. de Fr., Saône-et-Loire, arr. de Charolles, cant. de la Guiche, poste de Joncy; 260 hab.

CRAY, ham. de Fr., Saône-et-Loire, com. de Clessé; 150 hab.

CRAY, ham. de Fr., Yonne, com. de Chamoux; 130 hab.

CRAYFORD, vg. d'Angleterre, comté de Kent, sur le Cray, avec des fonderies de fer.

CRAYWICK, vg. de Fr., Nord, arr. de Dunkerque, cant. de Gravelines, poste de Bourbourg; 250 hab.

CRAZ, vg. de Fr., Ain, arr. de Nantua, cant. et poste de Châtillon-de-Michaille; 410 hab.

CRAZANNES, vg. de Fr., Charente-Inférieure, arr. de Saintes, cant. et poste de St.-Porchaire; 560 hab.

CRÉ, vg. de Fr., sur la rive gauche du Loir, Sarthe, arr., cant. et poste de la Flèche; 920 hab.

CRÉAC (Saint-), vg. de Fr., Gers, arr. de Lectoure, cant. et poste de St.-Clar; 510 h.

CRÉAC (Saint-), vg. de Fr., Hautes-Pyrénées, arr. d'Argelès, cant. et poste de Lourdes; 210 hab.

CRÉANCES, b. de Fr., Manche, arr. de Coutances, cant. de Lessay, poste de Périers; 2340 hab.

CRÉANCEY, vg. de Fr., Côte-d'Or, arr. de Beaune, cant. et poste de Pouilly-en-Montagne; 730 hab.

CRÉANCEY, vg. de Fr., Haute-Marne, arr. de Chaumont-en-Bassigny, cant. et poste de Château-Vilain; 270 hab.

CRÉANS, vg. de Fr., Sarthe, arr., cant. et poste de la Flèche; 270 hab.

CRÉCEY, vg. de Fr., Côte-d'Or, arr. de Dijon, cant. et poste d'Is-sur-Tille; 260 hab.

CRÈCHE (la), ham. de Fr., Nord, com. de Bailleul; 370 hab.

CRÈCHE, vg. de Fr., Saône-et-Loire, arr. et poste de Mâcon, cant. de la Chapelle-de-Guinchay; 1010 hab.

CRÈCHE (la), ham. de Fr., Deux-Sèvres, com. de Breloux; filat. de laine; 250 hab.

CRECHETS, vg. de Fr., Hautes-Pyrénées, arr. de Bagnères-en-Bigorre, cant. de Mauléon-Barousse, poste de Montrejeau; 140 h.

CRÉCHY, vg. de Fr., Allier, arr. de la Palisse, cant. et poste de Varennes-sur-Allier; exploitation de houille; 450 hab.

CRÉCY, Cher. *Voyez* MEHUN-SUR-YÈVRE.

CRÉCY, *Gatiacum, Cressiacum*, pet. v. de Fr., Seine-et-Marne, arr. et à 3 l. S. de Meaux, chef-lieu de canton et poste, à 19 l. de Paris; mégisseries et chamoiseries; commerce de laines; 1050 hab.

CRÉCY, *Carisiacum*, b. de Fr., Somme, arr. et à 4 l. N. d'Abbeville, chef-lieu de canton, poste de Bernay; commerce de bestiaux, chanvre, laine et fil; bataille gagnée par Édouard III et son fils, le prince Noir, sur Philippe de Valois (1346); 1630 hab.

CRÉCY-AU-MONT, vg. de Fr., Aisne, arr. de Laon, cant. et poste de Coucy-le-Château; 590 hab.

CRÉCY-COUVÉ, vg. de Fr., Eure-et-Loir, arr., cant. et poste de Dreux; 230 hab.

CRÉCY-SUR-CANNE, vg. de Fr., Nièvre, arr. de Nevers, cant. et poste de St.-Benin-d'Azy; 100 hab.

CRÉCY-SUR-MORIN. *Voyez* CRÉCY.

CRÉCY-SUR-SERRE, b. de Fr., Aisne, arr., à 3 l. N. et poste de Laon, chef-lieu de canton, à 36 l. de Paris; commerce de bestiaux, 2090 hab.

CREDIN, vg. de Fr., Morbihan, arr. de Ploërmel, cant. de Rohan, poste de Josselin; 1730 hab.

CREDITON, pet. v. d'Angleterre, comté de Devon, sur le Creedy, entre deux collines; manufacture de serges; commerce très-considérable de fil et de laine; chemin de fer de Crediton à Exeter; 5500 hab.

CREEKS (Criks) ou Muskohges, peuplade indienne indépendante, États-Unis de l'Amérique du Nord. Cette peuplade est une des plus fortes et des plus nombreuses parmi celles qui conservent encore leur indépendance sur le territoire de l'Union. Elle occupe un district très-fertile de près de 400 l. c. géogr., dans les états d'Alabama et de Géorgie, entre les rivières de Flind, de Chattahochée et de Coosa, et est borné au N. par le dist. des Chéroquois. Son nombre paraît s'élever à 20,000 individus. Elle habite des villages, cultive la terre, s'adonne à la fabrication de la poterie et des draps et entretient des écoles. Elle se divise en deux branches principales: les Criks proprement dits (Criks supérieurs), les plus nombreux et occupant la partie la plus élevée d'Alabama, et les Séminoles (Criks inférieurs), qui habitent la vallée du Flint. Ces derniers, moins civilisés que les Criks supérieurs, ont beaucoup souffert dans les défaites sanglantes qu'ils éprouvèrent en 1813, 1814 et 1819 contre le général Jackson. L'Union entretient une garnison dans le fort William, sur la Coosa.

CREETOWN, b. d'Écosse, comté de Kirkudbright, à l'entrée du Crée dans la baie de Wigton. Manufactures de coton, pêche aux huîtres, cabotage. Commerce de poissons et de charbons; 2000 hab.

CREEWKERNE, b. d'Angleterre, comté de Sommersets, dans une vallée charmante; il est très-ancien et mal bâti. Ses habitants fabriquent de la toile à voiles, des sangles, des boutons de fil et des bas; 3000 hab.

CREFELD ou Creveld, v. de Prusse, chef-lieu du cercle de même nom, rég. et à 4 l. N.-O. de Dusseldorf, à 15 l. N.-N.-E. d'Aix-la-Chapelle; une des villes les plus belles et les plus manufacturières de la Prusse rhénane, située dans une belle contrée couverte de maisons de campagne et d'usines, à 3 l. de la rive gauche du Rhin. On y fabrique des étoffes de laine, de soie et de coton; elle possède des filatures, des teintureries, des tanneries et des raffineries de sucre; 18,800 h.

CREGLINGEN, pet. v. du Wurtemberg, gr.-bge de Mergentheim, cer. de la Iaxt; 1300 hab.

CREGOLS, vg. de Fr., Lot, arr. de Cahors, cant. de St.-Géry, poste de Limogne; 360 hab.

CRÉGY, vg. de Fr., Seine-et-Marne, arr., cant. et poste de Meaux; 260 hab.

CRÉHAL, ham. de Fr., Morbihan, com. de l'Isle-de-Croix; 120 hab.

CRÉHANGE ou Crichingen, vg. de Fr., Moselle, arr. de Metz, cant. et poste de Faulquemont; 660 hab.

CRÉHEN, vg. de Fr., Côtes-du-Nord, arr. de Dinan, cant. et poste de Plancoët; 1600 hab.

CREIL, ham. de Fr., Isère, com. de Renage; 250 hab.

CREIL, *Credilium*, *Creolium*, pet. v. de Fr., Oise, arr., à 2 l. N.-O. de Senlis, chef-lieu de canton et poste, à 12 l. de Paris. Elle est située dans une campagne pittoresque, sur la rive gauche de l'Oise et renommée par sa belle manufacture de faïence. Le cant. de Creil est un des plus industrieux de France; il renferme 179 manufactures qui occupent 8000 ouvriers. On fait dans cette ville commerce de farine, de houille, de bois de chauffage et de pierres de très-bonne qualité, que l'on tire des carrières de St.-Leu; 1700 hab.

Creil était autrefois défendu par un château-fort, qui lui donnait de l'importance comme point militaire; aussi cette ville fut-elle successivement saccagée par les Normands et les Anglais. Plus tard elle souffrit des guerres religieuses et fut pillée par les protestants et les catholiques. C'est dans le château de Creil, dont on voit encore quelques débris, que Charles VI fut retenu pendant sa démence.

CREIL-DE-BOURNEZEAU. *Voyez* Bournezeau.

CREISSAN, vg. de Fr., Hérault, arr. de Béziers, cant. de Capestang, poste de St.-Chinian; 340 hab.

CREISSELS, vg. de Fr., Aveyron, arr., cant. et poste de Milhau; 650 hab.

CREISSET, vg. de Fr., Basses-Alpes, arr. de Digne, cant. et poste de Mezel; 150 hab.

CREMA, assez belle ville du roy. Lombard-Vénitien, gouv. de Milan, délégation de Lodi, sur le Serio; siège d'un évêque et de deux justices de paix; florissante par son commerce et son industrie. Elle possède un château fort, plusieurs beaux palais, un grand nombre d'églises et d'hospices, un gymnase et un théâtre. Filatures, toileries, manufactures de soie, chapelleries; culture du lin très-considérable; pêche aux lamproies et aux marsoni; elle fut prise et détruite par l'empereur Frédéric Ier, en 1160; 9000 hab.

CREMANVILLE, ham. de Fr., Calvados, com. d'Ablon; 140 hab.

CREMAREST, vg. de Fr., Pas-de-Calais, arr. de Boulogne-sur-Mer, cant. de Desvres, poste de Samer; 700 hab.

CREMEAUX (Aube). *Voyez* Cormot.

CREMEAUX, vg. de Fr., Loire, arr. de Roanne, cant. et poste de St.-Just-en-Chevalet; 1350 hab.

CREMELIN (le), ham. de Fr., Seine, com. de Gentilly; 100 hab.

CRÉMERY, vg. de Fr., Somme, arr. de Montdidier, cant. et poste de Roye; 150 h.

CRÉMETERNE, ham. de Fr., Côtes-du-Nord, com. de Lanrodec; 100 hab.

CREMIEUX, b. de Fr., Isère, arr. et à 8 l. N.-O. de la Tour-du-Pin, chef-lieu de canton et poste, à 134 l. de Paris. On y remarque quelques restes d'un vieux château, ancienne résidence des dauphins de Viennois. L'industrie de Crémieux consiste dans la fabrication de la toile et du fil, dont on y fait aussi commerce; 2400 hab.

CRÉMILLE, vg. de Fr., Vienne, com. de Pleumartin; 300 hab.

CRÉMONE, délégation du gouv. de Milan, roy. Lombard-Vénitien, bornée au N. par la délégation de Brescia, au S. par le duché de Parme, à l'O. par la délégation de Lodi et à l'E. par celle de Mantoue; superficie 28 l. c. géogr. Cette province, située entre le Pô et l'Oglio, arrosée par le Serio et l'Adda, forme une vaste plaine qui produit du riz, du blé, du vin et du lin en abondance, mais très-peu de bois; l'éducation du bétail et la production de la soie y sont très-florissantes; l'industrie est réduite à la filature de la soie. Le canal Naviglio Palavicino met Crémone en communication avec Pontevico, c'est-à-dire le Pô avec l'Oglio. La province est divisée en neuf districts; 170,000 hab.

CRÉMONE, *Cremona*, v. fortifiée du roy. Lombard-Vénitien, gouv. de Milan, chef-lieu de la délégation de ce nom, sur la rive gauche du Pô, qu'on y passe sur un pont de bateaux. Cette ville, siège d'un évêque, est renommée par ses fabriques de violons et de cordes musicales en boyaux; elle est peu peuplée, vu son étendue, et ne compte que 27,000 hab.

Crémone est une ville très-ancienne; l'an 218 avant J.-C. elle fut une colonie romaine. Les habitants ayant pris parti pour Antoine contre Auguste, celui-ci la fit détruire; le même sort l'atteignit pendant la guerre entre Otton et Vitellius. Ce dernier la fit rebâtir, et elle avait repris son importance, lorsque les Goths la saccagèrent en 630.

Son plus bel édifice est la cathédrale, beau monument d'architecture gothique, dont la tour compte parmi les plus hautes de l'Europe. Ses établissements publics sont: le gymnase, le lycée, la bibliothèque, le palais, le nouveau marché, l'abattoir et le théâtre de la Concordia.

Patrie du poëte Vida (Marc-Jérome), évêque d'Albe, dans le Montferrat (1470—1566).

CREMPS, vg. de Fr., Lot, arr. de Cahors, cant. de Labenque, poste de Limogne; 730 hab.

CRÉNANS, vg. de Fr., Jura, arr. de St-Claude, cant. et poste de Moirans; 290 hab.

CRENAY-SUR-SUIZE, vg. de Fr., Haute-Marne, arr., cant. et poste de Chaumont-en-Bassigny; 390 hab.

CRÉNEUF, ham. de Fr., Isère, com. de Vinay; 120 hab.

CRENEY, vg. de Fr., Aube, arr., cant. et poste de Troyes; 480 hab.

CRENNES, vg. de Fr., Mayenne, arr. de Mayenne, cant. et poste de Villaines-la-Juhel; 450 hab.

CRENNES, ham. de Fr., Orne, com. d'Urou; 130 hab.

CRÉON, b. de Fr., Gironde, arr. et à 4 l. E.-S.-E. de Bordeaux, chef-lieu de canton et poste, à 165 l. de Paris; 915 hab.

CRÉON, vg. de Fr., Landes, arr. de Mont-de-Marsan, cant. et poste de Gabarret; 770 hab.

CRÉOT, vg. de Fr., Saône-et-Loire, arr. d'Autun, cant. d'Épinac, poste de Nolay; 220 hab.

CRÉPAN, vg. de Fr., Côte-d'Or, arr. de Sémur, cant. et poste de Montbard; 270 h.

CREPE ou **CREPI**, **KERRAPAY**, **KERRAPIE**, **ACOUTIM**, roy. de la Haute-Guinée, Afrique, sur la côte des Esclaves, à l'E. du Volta; il est divisé en plusieurs petits états tributaires de l'emp. d'Achanti; les habitants se nomment Kerrapees ou Kerrapies.

CRÉPERN (Bas-Rhin). *Voyez* **CROETTWILLER**.

CRÉPEY, ham. de Fr., Côte-d'Or, com. d'Aubaine; 200 hab.

CREPEY, vg. de Fr., Meurthe, arr. de Toul, cant. et poste de Colombey; 1000 h.

CRÉPIGNY, ham. de Fr., Aisne, com. de Caillouel-Crépigny; 210 hab.

CRÉPIN (Saint-), vg. de Fr., Hautes-Alpes, arr. d'Embrun, cant. de Guillestre, poste de Mont-Dauphin; exploitation de houille à Chantelouve; 1210 hab.

CRÉPIN (Saint-), vg. de Fr., Charente-Inférieure, arr. de Rochefort-sur-Mer, cant. et poste de Tonnay-Charente; 480 hab.

CRÉPIN (Saint-), vg. de Fr., Dordogne, arr. de Nontron, cant. de Mareuil, poste de Brantôme; 880 hab.

CRÉPIN (Saint-), vg. de Fr., Dordogne, arr. et poste de Sarlat, cant. de Salignac; 680 hab.

CRÉPIN (Saint-), ham. de Fr., Eure, com. de Lorleau; 270 hab.

CRÉPIN (Saint-), ham. de Fr., Nord, com. de St.-Souplet; 190 hab.

CRÉPIN-AUX-BOIS (Saint-), vg. de Fr., Oise, arr. et poste de Compiègne, cant. d'Attichy; fabr. de dentelles; 430 hab.

CRÉPIN-D'AUBEROCHE (Saint-), vg. de Fr., Dordogne, arr. et poste de Périgueux, cant. de St.-Pierre-de-Chignac; 280 hab.

CRÉPIN-DE-BÉQUET (Saint-), ham. de Fr., Seine-Inférieure, com. de Belbeuf; 150 hab.

CRÉPIN-D'IBOUVILLERS (Saint-), vg. de Fr., Oise, arr. de Beauvais, cant. et poste de Méru; fabr. de blondes et de galoches; 680 hab.

CRÉPINIÈRE (la), ham. de Fr., Eure, com. de St.-Antonin-de-Sommaire; 100 h.

CRÉPION, vg. de Fr., Meuse, arr. de Montmédy, cant. et poste de Damvillers; 180 hab.

CRÉPOIL, vg. de Fr., Seine-et-Marne, arr. de Meaux, cant. et poste de Lizy; 170 hab.

CRÉPOL, vg. de Fr., Drôme, arr. de Valence, cant. et poste de Romans; 980 hab.

CRÉPON, vg. de Fr., Calvados, arr. de

Bayeux, cant. de Ryes, poste de Creully; 470 hab.

CRÉPY ou **CRESPY-EN-VALOIS**, *Crepiacum*, pet. v. de Fr., Oise, à 16 l. de Paris, arr. à 5 l. E. de Senlis, chef-lieu de canton et poste; elle est située agréablement dans une belle vallée arrosée par le Grand-Morin. On remarque à Crépy des débris d'anciennes fortifications et les ruines de son vieux château. La ville possède une petite bibliothèque et dans les environs se trouvent de belles manufactures de calicots; commerce de blé, toiles et bois. Cette ville, ancienne capitale du Valois, est devenue célèbre par un traité qui y fut signé le 18 septembre 1544 et qui mit fin à la quatrième guerre entre François Ier et Charles-Quint; 2600 h.

CRÉPY, vg. de Fr., Pas-de-Calais, arr. de Montreuil-sur-Mer, cant. et poste de Fruges; 430 hab.

CRÉPY-EN-LAONNAIS, b. de Fr., Aisne, arr., cant. et poste de Laon; 1460 hab.

CREQUES, ham. de Fr., Pas-de-Calais, com. de Mametz; 380 hab.

CRÉQUY, vg. de Fr., Pas-de-Calais, arr. de Montreuil-sur-Mer, cant. et poste de Fruges; 1400 hab.

CREQUY (Somme). *Voyez* **CLAIRY**.

CRÈS (le), ham. de Fr., Hérault, com. de Castelnau; 150 hab.

CRÉSANÇAY, vg. de Fr., Cher, arr. de St.-Amand-Mont-Rond, cant. et poste de Châteauneuf-sur-Cher; 150 hab.

CRÉSANCEY, vg. de Fr., Haute-Saône, arr., cant. et poste de Gray; 440 hab.

CRÉSANTIGNES, vg. de Fr., Aube, arr. de Troyes, cant. et poste de Bouilly; 500 h.

CRESBACH (Haut-Rhin). *Voyez* **GRIESPACH**.

CRESCENTINO, pet. v. du roy. de Sardaigne, prov. de Vercelli; 4000 hab.

CRESEUIL, ham. de Fr., Loire, com. de Chérier; 100 hab.

CRESILLES, vg. de Fr., Meurthe, arr., cant. et poste de Toul; 380 hab.

CRESNAYS (les) Manche. *Voyez* **NOTRE-DAME-DE-CRESNAY**.

CRESPANO, vg. du roy. Lombard-Vénitien, gouv. de Venise, délégation de Trévise; on y remarque un pont en briques dont l'arche a 40 mètres de large; 2700 hab.

CRESPIAN, vg. de Fr., Gard, arr. et poste de Nîmes, cant. de St.-Mamert; 220 hab.

CRESPIÈRES, vg. de Fr., Seine-et-Oise, arr. de Versailles, cant. de Poissy, poste de Maule; 700 hab.

CRESPIN, vg. de Fr., Aveyron, arr. de Rhodez, cant. de la Salvetat, poste de Sauveterre; 1120 hab.

CRESPIN (Saint-), vg. de Fr., Calvados, arr. de Lisieux, cant. de Mézidon, poste de Cambremer; 150 hab.

CRESPIN (Saint-), vg. de Fr., Maine-et-Loire, arr. de Beaupréau, cant. et poste de Montfaucon; 990 hab.

CRESPIN (Saint-), vg. de Fr., Seine-Inférieure, arr. de Dieppe, cant. et poste de Longueville; 220 hab.

CRESPIN, vg. de Fr., Nord, arr. de Valenciennes, cant. et poste de Condé-sur-l'Escault; distillerie de mélasse; fabr. de sucre indigène; exploitation de houille; 1420 hab.

CRESPINET, vg. de Fr., Tarn, arr. et poste d'Albi, cant. de Valderiés; 420 hab.

CRESPINO, gros vg. du roy. Lombard-Vénitien, gouv. de Venise, délégation de Polésina, sur le Pô; 3020 hab.

CRESPY, vg. de Fr., Aube, arr. de Bar-sur-Aube, cant. de Soulaines, poste de Brienne; 230 hab.

CRESPY-EN-VALOIS (Oise). *Voy.* **CRÉPY**.

CRESSAC, vg. de Fr., Charente, arr. d'Angoulême, cant. et poste de Blanzac; 270 hab.

CRESSANGES, vg. de Fr., Allier, arr. de Moulins-sur-Allier, cant. et poste de Montet; 1200 hab.

CRESSAT, vg. de Fr., Creuse, arr. de Guéret, cant. d'Ahun, poste de Jarnages; 1690 hab.

CRESSAY, ham. de Fr., Seine-et-Oise, com. de Neauphle-le-Vieux; 130 hab.

CRESSE (la), vg. de Fr., Aveyron, arr. et poste de Milhau, cant. de Peyreleau; 370 h.

CRESSÉ, vg. de Fr., Charente-Inférieure, arr. de St.-Jean-d'Angely, cant. et poste de Matha; 720 hab.

CRESSENSAC, vg. de Fr., Lot, arr. de Gourdon, cant. de Martel, poste; exploitation de fer hydraté; 1040 hab.

CRESSENVILLE, vg. de Fr., Eure, arr. des Andelys, cant. d'Ecouis, poste de Fleury-sur-Andelle; 220 hab.

CRESSERONS, vg. de Fr., Calvados, arr. de Caen, cant. de Douvres, poste de la Délivrande; 640 hab.

CRESSEVEULLE, vg. de Fr., Calvados, arr. de Pont-l'Évêque, cant. de Dives, poste de Dozulé; 360 hab.

CRESSEY-SUR-TILLE (Côte-d'Or). *Voyez* **CRECEY**.

CRESSIA, vg. de Fr., Jura, arr. de Lons-le-Saulnier, cant. et poste d'Orgelet; 870 h.

CRESSIEU, ham. de Fr., Ain, com. de Chazey-Bons-Cressieu; 160 hab.

CRESSIN, ham. de Fr., Ain, com. de Rochefort; 170 hab.

CRESSONNIÈRE (la), vg. de Fr., Calvados, arr. de Lisieux, cant. et poste d'Orbec; 250 hab.

CRESSONSACQ, vg. de Fr., Oise, arr. de Clermont, cant. et poste de St.-Just-en-Chaussée; 410 hab.

CRESSY, vg. de Fr., Seine-Inférieure, arr. de Dieppe, cant. et poste de Bellencombre; 380 hab.

CRESSY, vg. de Fr., Somme, arr. de Montdidier, cant. de Roye, poste de Nesle; 360 hab.

CRESSY-SUR-SOMME, vg. de Fr., Saône-et-Loire, arr. d'Autun, cant. d'Issy-l'Évêque, poste de Bourbon-Lancy; 700 hab.

CREST, *Christa*, pet. v. de Fr., Drôme, arr. et à 10 l. O. de Die, chef-lieu de canton et poste, à 154 l. de Paris; elle est située sur la rive droite de la Drôme et très-industrieuse; commerce considérable en truffes et en soie; fabr. de couvertures de laine; de draps, de sucre de betteraves; teintureries; filat. de soie et de coton; foires les 17 janvier, 13 février, 24 juin, 6 août, 22 septembre et 20 décembre; 5000 hab.

Cette ville, autrefois très-forte et pendant quelque temps chef-lieu du duché de Valentinois, était encore, vers la fin du dernier siècle, sous la dépendance des princes de Monaco. Les restes de l'ancien château fort existent encore et peuvent faire juger de l'importance que dut avoir cette citadelle qui dominait la ville. Elle joua un grand rôle pendant la guerre des Albigeois.

CREST (le), b. de Fr., Puy-de-Dôme, arr. de Clermont-Ferrand, cant. et poste de Veyre; 1270 hab.

CRESTE, vg. de Fr., Puy-de-Dôme, arr. et poste d'Issoire, cant. de Champeix; 130 hab.

CRESTET (le), vg. de Fr., Ardèche, arr. de Tournon, cant. et poste de la Mastre; 580 hab.

CRESTET, vg. de Fr., Vaucluse, arr. d'Orange, cant. et poste de Vaison; 530 hab.

CRESTON-DE-XÉREZ. *Voyez* SANTANDER (état).

CRESTOT, vg. de Fr., Eure, arr. de Louviers, cant. et poste du Neubourg; 590 hab.

CRET-DE-CHOME (le), ham. de Fr., Isère, com. de St.-Ismier; 170 hab.

CRÈTE (la), vg. de Fr., Haute-Marne, arr. de Chaumont-en-Bassigny, cant. et poste d'Andelot; 130 hab.

CRETEIL, vg. de Fr., Seine, arr. de Sceaux, cant. de Charenton-le-Pont, poste; foulons hydraul. et filat. de laine; exploitation de pierres de liais, avec scierie à vapeur; 1610 hab.

CRETIL (le), ham. de Fr., Eure, com. de Bois-Arnault; 120 hab.

CRÉTON, vg. de Fr., Eure, arr. d'Évreux, cant. et poste de Damville; 430 hab.

CRÉTOT, ham. de Fr., Seine-Inférieure, com. de Goderville; 250 hab.

CRETTEVILLE, vg. de Fr., Manche, arr. de Coutances, cant. de la Haye-du-Puits, poste de Prétot; 630 hab.

CREUE, vg. de Fr., Meuse, arr. de Commercy, cant. et poste de Vigneulles; 740 h.

CREULE, ham. de Fr., Nièvre, com. de Montaron; 160 hab.

CREULLY, b. de Fr., Calvados, arr. et à 5 l. N.-O. de Caen, chef-lieu de canton et poste, à 59 l. de Paris; tanneries, teintureries, serrureries; 1020 hab.

CREURE, ham. de Fr., Drôme, com. du Molard; 200 hab.

CREUSE (dép. de la), situé au centre de la France, est formé par la Marche et une petite partie du Berri et du Limousin. Il a pour limites au N. les dép. de l'Indre et du Cher, à l'E. ceux de l'Allier et du Puy-de-Dôme, au S. le dép. de la Corrèze et à l'O. celui de la Haute-Vienne. Sa superficie est de 558,341 hectares et sa population de 276,234 hab.

Les chaînes de montagnes, qui traversent ce département, sont toutes des ramifications qui se détachent des monts d'Auvergne. La plus considérable est celle qui accompagne le Gartempe, fleuve peu considérable; elle se divise en plusieurs embranchements qui s'avancent dans le dép. de la Haute-Vienne. Une seconde chaîne, venant du Puy-de-Dôme, traverse le département dans la direction du S.-E. au N.-O. et va, en s'abaissant, se perdre dans le dép. de l'Indre. Un plateau élevé, situé dans la partie méridionale, sépare le département de ceux de la Corrèze et du Puy-de-Dôme. Ce département est plus élevé que ceux qui l'environnent, de sorte que presque tous les cours d'eau qui traversent le département y prennent leurs sources. La Creuse, qui donne son nom au département, prend sa source près d'Artiges, le traverse du S. au N. et va se rendre dans le dép. de l'Indre; ses principaux affluents sont la Voutoire, la Petite-Creuse et la Roseille. Le Cher a sa source près de Chard, forme la limite entre le département et ceux du Puy-de-Dôme et de l'Allier, et va se rendre dans ce dernier département. Parmi ses rivières, il faut citer la Vienne, le Thorion, la Gartempe, l'Ardour et le Chavanoux. La navigation sur ces torrents, resserrés dans leur lit de granit, est impossible; ils ne servent qu'au flottage. Les étangs et les marais sont très-nombreux.

Le sol est peu fertile, surtout dans la partie méridionale qui est recouverte de vastes bruyères et de terres incultes. Dans la partie N. et O. il est plus fertile; on y rencontre un bon nombre d'excellentes vallées de pâturages.

Le climat est pur et sain; la température est généralement basse et humide, à cause de l'élévation du sol et du nombre considérable de cours d'eau. Les vents dominants sont ceux du N., de l'O. et du N.-O.

Les habitants sont pauvres, mais portés au travail et à l'industrie; de nombreux émigrants quittent le département chaque année, pour offrir aux départements voisins leurs bras et leur industrie. L'instruction y est peu répandue. On n'y récolte presque pas de froment; le seigle, le sarrazin, les pommes de terre et surtout les châtaignes forment la principale nourriture des habitants de la campagne; on y cultive le chanvre, le lin, les légumes. Les arbres à fruits sont nombreux, principalement le cerisier sauvage et le châtaignier; la culture de la vigne est inconnue dans ce département; les forêts, peu nombreuses, sont assez belles, mais d'une exploitation difficile; il n'en est pas de même de ses pâturages qui sont une des richesses du pays.

Le règne minéral fournit de la houille, du fer, de l'antimoine, du plomb, de l'argent, de la manganèse, des carrières de grès, de granit, de porphyre, des pierres de taille, d'argile commune, etc.; des ardoisières restent inexploitées; on y trouve quelques sources d'eaux minérales.

Les chevaux, les ânes, les mulets sont assez nombreux; une grande quantité de bêtes à cornes et à laine couvrent ses beaux pâturages; elles sont dirigées sur Paris ou sur le midi de la France. L'éducation des porcs est productive; leur chair en salaison est exportée dans les ports de mer. Le menu gibier est assez abondant.

La principale industrie est la préparation et le tissage des laines; les tapis d'Aubusson et de Felletin sont renommés; il possède des fabriques de porcelaine, des papeteries, des fabriques de toile, des tanneries, etc.

Le commerce est peu considérable; l'exportation consiste principalement dans ses produits agricoles et manufacturiers; les principaux sont : les bestiaux, les mulets, le papier, les tapis et la porcelaine.

Ce département est divisé en quatre arrondissements, dont les chefs-lieux sont:

Guéret	. . .	7 cant.	75 com.	93,414 h.
Aubusson	. . 10 »	110 »	105,106 »
Boussac	. . . 4 »	48 »	37,918 »
Bourganeuf	. 4 »	43 »	39,796 »

25 cant. 276 com. 276,234 h.

Il nomme quatre députés, fait partie de la quinzième division militaire, dont le quartier-général est à Bourges; est du ressort de la cour royale et de l'académie de Limoges, du diocèse de la même ville, suffragant de l'archevêché de Bourges; il fait partie de la vingt-troisième conservation forestière, de la douzième inspection des ponts-et-chaussées, dont le chef-lieu est à Clermont, et de la première division des mines, dont le chef-lieu est à Paris. Il a un collége, une école normale et 269 écoles primaires.

CREUSE (la), *Crosa*, riv. de Fr., a sa source dans le département auquel elle donne son nom, près du village d'Artiges et à peu de distance du plateau de Mille-Vaches, cant. de la Courtine, arr. d'Aubusson; elle coule du S.-E. au N.-O., passe à Felletin, à Aubusson, traverse dans la même direction le dép. de l'Indre, en passant par le Blanc, pénètre dans celui d'Indre-et-Loire, où elle va se réunir à la Vienne, après 57 l. de cours, dont 20 de flottage.

CREUSE (la Petite-), riv. de Fr., a sa source dans le dép. de l'Allier; elle coule de l'E. à l'O., entre dans le dép. de la Creuse, dont elle traverse la partie septentrionale; elle passe à Boussac et se jette dans la Creuse près de Crozant, après 19 l. de cours.

CREUSE (la), vg. de Fr., Haute-Saône, arr. de Lure, cant. et poste de Saulx; 320 h.

CREUSE (la), ham. de Fr., Saône-et-Loire, com. de Couches; 150 hab.

CREUSE, vg. de Fr., Somme, arr. et poste d'Amiens, cant. de Molliens-Vidame; 200 h.

CREUSSEN, *Crusena*, pet. et ancienne v. de Bavière, cer. du Mein-Supérieur, dist. et à 4 l. de Pegnitz, sur le Mein-Rouge. Elle était fortifiée autrefois et a été incendiée par les Hussites et pendant la guerre de trente ans. On y tient sept foires de bestiaux par an; 1250 hab.

CREUTZBOURG, pet. v. de Prusse, prov. de Silésie, chef-lieu du cercle de même nom, rég. d'Oppeln, avec trois églises, dont deux catholiques; 3500 hab.

CREUTZBOURG, v. du grand-duché de Saxe-Weimar, principauté d'Eisenach; elle est située sur la Werra et a un château, une fonderie de cloches et une population de 1900 habitants. A un quart de lieue de la ville est la magnifique saline appelée Wilhelmglucksbrunnen, qui fournit chaque année 1,100,000 livres de sel.

CREUTZWALD-LA-CROIX, vg. de Fr., Moselle, arr. de Thionville, cant. et poste de Bouzonville; forges, où l'on fabrique principalement des ustensiles en fonte, à Creutzwald-la-Houve qui fait partie de cette commune; 1580 hab.

CREUX (le), ham. de Fr., Loire, com. de St.-Martin-en-Coailleux; 280 hab.

CREUZEFOND, ham. de Fr., Saône-et-Loire, com. de Sully; 220 hab.

CREUZIER-LE-NEUF, vg. de Fr., Allier, arr. de la Palisse, cant. et poste de Cusset; 780 hab.

CREUZIER-LE-VIEUX, vg. de Fr., Allier, arr. de la Palisse, cant. et poste de Cusset; 1400 hab.

CREUZOT (le), b. de Fr., Saône-et-Loire, arr. à 4 l. S.-S.-E. d'Autun, cant. et poste de Montcenis. Ce bourg, un des plus industrieux de France, a des houillères considérables, des fonderies et des forges. On y taille les cristaux de la manufacture royale de Montcenis. Les vastes ateliers destinés à cette opération contiennent 300 tours ordinaires et 18 tours à procédés anglais, mis en mouvement par une machine à vapeur. Cependant cette cristallerie a déchu depuis qu'en 1831 les propriétaires de celles de Baccarat et de St.-Louis achetèrent la manufacture de Montcenis, et y suspendirent les travaux pour se débarrasser d'une concurrence dangereuse; 3120 hab.

CREUZY, vg. de Fr., Loiret, arr. d'Orléans, cant. et poste d'Artenay; 250 hab.

CRÉVANS, vg. de Fr., Haute-Saône, arr. de Lure, cant. et poste de Villersexel; 540 hab.

CRÉVANT, vg. de Fr., Indre, arr. et poste de la Châtre, cant. d'Aigurande; 1380 hab.

CRÉVANT, vg. de Fr., Indre, com. de Montierchaume; 300 hab.

CRÉVANT, vg. de Fr., Puy-de-Dôme, arr.

de Thiers, cant. de Lezoux, poste de Maringues; 1150 hab.
CRÉVÉCHAMPS, vg. de Fr., Meurthe, arr. de Nancy, cant. d'Haroué, poste de Neuviller-sur-Moselle; 390 hab.
CRÈVECŒUR, vg. de Fr., Calvados, arr. de Lisieux, cant. de Mézidon, poste de Cambremer; volailles renommées; 320 hab.
CRÈVECŒUR, vg. de Fr., Nord, arr. et poste de Cambrai, cant. de Marcoing; 2000 hab.
CRÈVECŒUR, joli b. de Fr., Oise, arr. à 8 l. N.-O. de Clermont, chef-lieu de canton et poste, à 26 l. de Paris; on y remarque l'ancien château flanqué de tourelles, ainsi que le parc et les beaux jardins qui en dépendent. L'industrie y est très-active; ce bourg a des fabriques d'étoffes, connues dans le commerce sous le nom de blicourts, alépines et autres tissus de laine; fabr. de bas de laine; commerce de laine, d'étoffes de laine, de chevaux et de graines de trèfle et de luzerne; 2300 hab.
CRÈVECŒUR, ham. de Fr., Seine, com. de la Courneuve; 200 hab.
CRÈVECŒUR, vg. de Fr., Seine-et-Marne, arr. de Coulommiers, cant. de Rozoy-en-Brie, poste de Tournan; 200 hab.
CRÈVECŒUR, fort hollandais dans la Haute-Guinée, Afrique, sur la côte d'Or, dans le roy. et aux environs de la ville d'Accra.
CRÈVECŒUR, fort du roy. des Pays-Bas, prov. du Brabant septentrional, arr. et à 1 1/4 l. de Bois-le-Duc, sur le confluent de la Diest et de la Meuse.
CRÈVECŒUR-LE-PETIT, vg. de Fr., Oise, arr. de Clermont, cant. de Maignelay, poste de St.-Just-en-Chaussée; 180 hab.
CREVELD. *Voyez* CREFELD.
CREVENEY, vg. de Fr., Haute-Saône, arr. de Lure, cant. et poste de Saulx; 170 hab.
CRÉVIC, vg. de Fr., Meurthe, arr., cant. et poste de Lunéville; 770 hab.
CREVILLENT, v. d'Espagne, roy. de Valence, gouv. d'Orihuela; fabr. d'esparto. Ses environs possèdent de beaux travaux hydrauliques; 7200 hab.
CREVON, ham. de Fr., Seine-Inférieure, com. de Blainville-Crevon; 110 hab.
CREVOUX, vg. de Fr., Hautes-Alpes, arr., cant. et poste d'Embrun; 540 hab.
CREWKERN, b. d'Angleterre, comté de Sommerset; fabr. de toiles à voiles, de sangles et de bas; 3500 hab.
CREY, ham. de Fr., Seine-et-Marne, com. de Lorrez-le-Bocage; 140 hab.
CREYERS, vg. de Fr., Drôme, arr. de Die, cant. de Châtillon, poste de Luc-en-Diois; 230 hab.
CREYS, vg. de Fr., Isère, arr. de la Tour-du-Pin, cant. et poste de Morestel; 800 hab.
CREYSSAC, vg. de Fr., Dordogne, arr. de Ribérac, cant. de Montagrier, poste de Bourdeilles; 330 hab.
CREYSSE, vg. de Fr., Dordogne, arr. et cant. de Bergerac, poste de Mouleydier; papeteries; 890 hab.
CREYSSE, vg. de Fr., Lot, arr. de Gourdon, cant. et poste de Martel; 1360 hab.
CREYSSELLES, vg. de Fr., Ardèche, arr., cant. et poste de Privas; 530 hab.
CREYSSENSAC, vg. de Fr., Dordogne, arr. et poste de Périgueux, cant. de Vergt; 410 hab.
CRÉZANCY, vg. de Fr., Aisne, arr. et poste de Château-Thierry, cant. de Condé-en-Brie; 610 hab.
CRÉZANCY, vg. de Fr., Cher, arr., cant. et poste de Sancerre; 1450 hab.
CRÉZIÈRES, vg. de Fr., Deux-Sèvres, arr. de Melle, cant. de Brioux, poste de Chef-Boutonne; 210 hab.
CRICARÉ. *Voyez* Mattéo (San-), fleuve.
CRICHINGEN (Moselle). *Voy.* CRÉHANGE.
CRICKHOWEL, b. d'Angleterre, comté de Brecknock, sur l'Usk; fabr. de flanelles et de bas de laine; beau port; 800 hab.
CRICKTADE, b. d'Angleterre, comté de Wilfs, sur l'Isis, qui y devient navigable; nomme deux députés au parlement. Un canal y met l'Isis en communication avec la Severn; 1600 hab.
CRICQ (Saint-), vg. de Fr., Landes, arr. et poste de Mont-de-Marsan, cant. de Villeneuve; 580 hab.
CRICQ (Saint-), vg. de Fr., Landes, arr. de St.-Sever, cant. et poste de Hagetmau; 1140 hab.
CRICQ (Saint-), ham. de Fr., Landes, com. de Parleboscq; 220 hab.
CRICQ-DU-GAVE (Saint-), vg. de Fr., Landes, arr. de Dax, cant. et poste de Peyrehorade; 650 hab.
CRICQUEBŒUF, vg. de Fr., Calvados, arr. de Pont-l'Évêque, cant. et poste de Honfleur; 120 hab.
CRICQUETOT, ham. de Fr., Eure, com. de Villettes; 200 hab.
CRICQUEVILLE, vg. de Fr., Calvados, arr. de Pont-l'Évêque, cant. de Dives, poste de Dozulé; 260 hab.
CRIEFF, b. d'Écosse, comté de Perth, sur l'Erne et au pied de la montagne, assez bien bâti. Manufactures de coton et de lin; blanchisseries, tanneries, papeteries; 3500 hab.
CRIEL, b. de Fr., Seine-Inférieure, arr. de Dieppe, cant. et poste d'Eu; 1300 hab.
CRIENS, ham. de Fr., Nièvre, com. de Billy-Chevanne; 150 hab.
CRIEURS, ham. de Fr., Nièvre, com. d'Aulnay; 140 hab.
CRILLA, vg. de Fr., Jura, arr. de St.-Claude, cant. de St.-Laurent, poste de Clairvaux; 210 hab.
CRILLOIRE (la), ham. de Fr., Maine-et-Loire, com. d'Yzernay; 410 hab.
CRILLON, b. de Fr., Oise, arr. de Beauvais, cant. et poste de Songeons; 470 hab.
CRILLON, vg. de Fr., Vaucluse, arr. et poste de Carpentras, cant. de Montmoiron; 600 hab.

CRIMEAU (le), ham. de Fr., Seine-et-Marne, com. d'Egreville; 200 hab.

CRIMÉE (presqu'île de), *Chersonesus Taurica* (Krimm ou Krym), appelée aussi *Tauride*, fait partie du gouv. de la Russie méridionale, qui porte ce dernier nom. Elle est baignée par la mer Noire et ne tient au continent que par une étroite langue de terre (isthme de Perecop), large de moins de 2 lieues. Le sol de la Crimée est généralement fertile et son climat heureux, bien que sa partie septentrionale soit une steppe sans eau douce et sans arbres, entrecoupée ça et là par quelques lacs salés et n'offrant de nourriture qu'à quelques troupeaux nomades. Une chaîne de montagnes de formation calcaire, le Jaila, s'étend sur le bord méridional de la presqu'île; le Tchatyrdagh, son point culminant a 5000 pieds de hauteur. Ses ramifications forment de nombreuses vallées latérales, bien arrosées et couvertes de forêts magnifiques; c'est la partie la plus peuplée de la Crimée; tous les fruits de l'Europe y réussissent et la culture de la vigne y a pris, dans ces derniers temps, une extension extraordinaire.

L'entrée de la presqu'île est fermée par un fossé sec qui a 70 pieds de largeur sur 25 de profondeur et un rempart. Elle n'est accessible que par une seule porte qui se trouve près de Perecop. La population actuelle de la Crimée est d'environ 400,000 habitants. Ses principales villes sont Simphéropol (Akmetchet), la capitale de toute la Tauride, Backtchisaraï, Sewastopol, aujourd'hui le grand port militaire russe sur la mer Noire; Koslov ou Eupatoria, Balaclava, Feodosia et Kertsch; ce dernier port, situé sur la pointe orientale de la côte méridionale, près du détroit d'Ienikale (Bosporus Cimmerius), est l'ancien Panticapæum.

L'histoire d'Iphigénie nous montre que les Grecs connurent la Crimée à une époque très-reculée; plus tard, environ 600 ans avant J.-C., les Milésiens fondèrent sur ses côtes des colonies florissantes. Mithridate, roi de Pont, s'empara de ces contrées, qui, lors de la chute de son empire, tombèrent au pouvoir des Romains. Pendant la grande migration des peuples, la Crimée fut successivement conquise par les Alains, les Goths, les Huns, les Chazares et d'autres nations qui n'y firent que passer; au treizième siècle enfin, les Mongols et les Tartares réunis s'en emparèrent pour s'y établir. Elle fut gouvernée depuis par des princes tartares, qui reconnurent cependant la suzeraineté des sultans turcs. En 1774 les Russes se substituèrent à ces derniers et mirent fin, en 1783, au pouvoir des khans, en réunissant tout le pays à leur empire, sous le nom de gouvernement de Tauride. La population de la Crimée diminua par suite de l'émigration des nobles Tartares ou Murses qui, dans leur fierté sauvage, aimèrent mieux quitter le pays de leurs pères que se soumettre à la Russie; ils furent remplacés en partie par de nombreux colons allemands, venus principalement de la Souabe, qui ont fondé en Crimée un grand nombre de villages florissants et d'établissements utiles. Le gouvernement russe n'épargne rien, encore de nos jours, pour peupler de colons étrangers et d'ouvriers habiles ces terres heureusement situées. Les Tartares restés dans le pays sont un peuple bon et pacifique; ils habitent de jolies maisons très-propres, sont tous libres de leurs personnes, exempts d'impôts et n'entrent que volontairement au service militaire.

CRIMOLOIS, vg. de Fr., Côte-d'Or, arr., cant. et poste de Dijon; 190 hab.

CRIMONITZSCHAU, v. du roy. de Saxe, cer. de l'Erzgebirge; fabr. de draps, toiles de lin, de coton, d'aiguilles et de boutons; belles teintureries; 3450 hab.

CRINAN, canal d'Écosse, traverse la presqu'île de Kintyre ou Cantyre, dans le comté d'Argyle.

CRIO, vg. de l'Asie Mineure, près du cap du même nom. Il est bâti sur les ruines de Gnide, si fameuse par son temple de Vénus et la magnifique statue de cette déesse, chef-d'œuvre de Praxitèle. On y voit encore les restes de trois théâtres, de plusieurs temples et d'un grand nombre d'édifices publics et privés.

CRION, vg. de Fr., Meurthe, arr., cant. et poste de Lunéville; 280 hab.

CRIQ (Saint-), vg. de Fr., Gers, arr. de Lombez, cant. de Cologne, poste de l'Isle-en-Jourdain; 210 hab.

CRIQUE (la), vg. de Fr., Seine-Inférieure, arr. de Dieppe, cant. et poste de Bellencombre; 550 hab.

CRIQUEBEUF-EN-CAUX, vg. de Fr., Seine-Inférieure, arr. du Hâvre, cant. et poste de Fécamp; 1230 hab.

CRIQUEBEUF-LA-CAMPAGNE, vg. de Fr., Eure, arr. de Louviers, cant. et poste du Neubourg; 430 hab.

CRIQUEBEUF-SUR-SEINE, vg. de Fr., Eure, arr. de Louviers, cant. et poste de Pont-de-l'Arche; 1200 hab.

CRIQUETOT-LE-MAUCONDUIT, vg. de Fr., Seine-Inférieure, arr. d'Yvetot, cant. et poste de Valmont; 280 hab.

CRIQUETOT-LESNEVAL, b. de Fr., Seine-Inférieure, arr. et à 6 l. N.-E. du Hâvre, chef-lieu de canton, poste de Montivilliers; 1490 hab.

CRIQUETOT-SUR-LONGUEVILLE, vg. de Fr., Seine-Inférieure, arr. de Dieppe, cant. et poste de Longueville; 310 hab.

CRIQUETOT-SUR-OUVILLE, vg. de Fr., Seine-Inférieure, arr. et poste d'Yvetot, cant. d'Yerville; 1010 hab.

CRIQUEVILLE, vg. de Fr., Calvados, arr. de Bayeux, cant. et poste d'Isigny; 480 hab.

CRIQUIERS, vg. de Fr., Seine-Inférieure, arr. de Neufchâtel-en-Bray, cant. et poste d'Aumale; 1020 hab.

CRISENOY, vg. de Fr., Seine-et-Marne, arr. de Melun, cant. de Mormant, poste de Guignes; 380 hab.

CRISOLLES, vg. de Fr., Oise, arr. de Compiègne, cant. et poste de Guiscard; 510 hab.

CRISSAY, vg. de Fr., Indre-et-Loire, arr. de Chinon, cant. et poste de l'Isle-Bouchard; 410 hab.

CRISSÉ, vg. de Fr., Sarthe, arr. du Mans, cant. et poste de Sillé-le-Guillaume; 1270 h.

CRISSEY, vg. de Fr., Jura, arr., cant. et poste de Dôle; 350 hab.

CRISSEY, vg. de Fr., Saône-et-Loire, arr., cant. et poste de Châlon-sur-Saône; 480 h.

CRISTAÈS (Serra dos) ou MONTAGNE-DES-CRISTAUX, chaîne de montagnes de l'emp. du Brésil, prov. de Goyaz; elle est une branche ou plutôt la continuation de la Serra de Canastra; elle prend une direction N.-N.-O. et perd son nom sous le 16° 10′ lat. S., où il se forme une conglomération de montagnes, dont la branche principale se dirige vers le N.-N.-E.

CRISTALLERIE-DE-BACCARAT (la) ou ANNE (Saint-), vg. de Fr., Meurthe, com. de Baccarat. C'est à Ste.-Anne que se trouve la belle cristallerie dont il a déjà été question dans l'article BACCARAT; 820 hab.

CRISTINACCE, vg. de Fr., Corse, arr. d'Ajaccio, cant. d'Évisa, poste de Vico; 250 hab.

CRISTOT, vg. de Fr., Calvados, arr. de Caen, cant. et poste de Tilly-sur-Seulles; 460 hab.

CRISTOVAL (San-), lac de la confédération mexicaine, état de Mexico, sur la pente d'une montagne.

CRITERION, g. a., b. d'Argolide, sur le Céphissus, non loin d'Argos; connu dans la mythologie par l'histoire des cinquante filles de Danaüs qui avaient reçu ordre de leur père de tuer leurs maris la nuit des noces; Hypermnestre seule sauva son mari qui se vengea plus tard sur le sanguinaire Danaüs.

CRITEUIL, vg. de Fr., Charente, arr. de Cognac, cant. de Segonzac, poste de Barbezieux; 650 hab.

CRITOT, vg. de Fr., Seine-Inférieure, arr. de Neufchâtel-en-Bray, cant. de St.-Saens, poste de Fréneau; 320 hab.

CRIVITZ, v. du Mecklembourg-Schwérin, située sur un petit lac; elle est le siége d'un bailliage et a 2000 hab.

CRIXA, gros b. de l'emp. du Brésil, prov. de Goyaz, dist. de Goyazès, sur un affluent du Rio-Crixa, à 30 l. N. de Villa-Boa; 5000 hab.

CROA, groupe de cinq îles, près des côtes de la Guyane brésilienne; elles sont couvertes de belles forêts qui fourmillent de musquitos et d'autres insectes.

CROAIHU. *Voyez* CAMUCIM.

CROATIE (royaume de), faisant partie de la monarchie autrichienne, borné par la Hongrie, la Slavonie, la Bosnie, la Dalmatie et l'Illyrie; arrosé par la Drave, la Save, la Kupa et l'Unna. Ce pays est presque uniquement habité par les indigènes, d'origine slavonne et professant la religion catholique. Les Croates sont bons guerriers, mais peu avancés sous le rapport des sciences et du commerce; ils ne sont pas même très-familiarisés avec les travaux manuels. Ce royaume forme aujourd'hui deux provinces distinctes: la Croatie provinciale ou civile et la Croatie militaire. La Croatie civile a une superficie de 106 l. c. géogr., et une population de 260,000 âmes; elle est située au N. de la Save; le sol y est assez fertile et produit principalement du vin et des grains. Elle est divisée en trois comitats: ceux d'Agram, de Warasdin et de Kreuz ou Kœrœs, qui sont subdivisés en marches ou yaras. La ville d'Agram est la résidence du gouverneur-général des deux Croaties.

La Croatie militaire, située au S. de la Croatie civile, forme la partie occidentale des confins militaires et s'étend entre l'Illyrie, la Croatie civile, la Slavonie civile, la Slavonie militaire, la Bosnie, la Dalmatie, et l'Adriatique; elle a 55 l. de longueur sur 34 de large et une population de 414,000 âmes. La Croatie militaire possède de hautes montagnes sur les frontières de la Bosnie et de la Dalmatie; elles ont jusqu'à 5400 pieds d'élévation et s'étendent jusque dans l'intérieur du pays, où l'on remarque principalement la Kapella et le Kleck; cependant le climat y est très-doux et aussi sain que dans la Slavonie. Le pays produit spécialement du vin, du tabac, des grains, du maïs, des fruits, du duvet, du bois, des bêtes fauves, des chevaux, des brebis, des porcs, du gibier, du poisson, des abeilles, du fer, du cuivre et du soufre. La Croatie militaire comprend: le généralat de Carlsstadt, le généralat de Warasdin et le Ban-de-la-Croatie (Banalgrænze), divisés en huit régiments.

CROCE, vg. de Fr., Corse, arr. de Bastia, cant. et poste de la Porta; 510 hab.

CROCE (Saint-), pet. v. du roy. Lombard-Vénitien, gouv. de Milan, délégation de Crémone, siége d'un évêque et d'un tribunal; elle possède un grand nombre d'églises, parmi lesquelles la cathédrale, avec une tour haute de 372 pieds, est la plus remarquable; plusieurs hospices, un gymnase et un lycée. Manufactures de soie et de draps, fabrique d'instruments de musique, surtout de violons façon de Crémone et de cordes en boyaux. Défaite des Français par les Autrichiens, en 1799; 30,000 hab.

CROCE (Saint-), v. de Sicile, intendance de Syracuse; elle est située non loin de la mer, sur l'emplacement de l'ancienne Caucana, et possède un port assez commerçant.

CROCE (Saint-), pet. v. du grand-duché de Toscane, prov. de Florence; 3000 hab.

CROCHTE, vg. de Fr., Nord, arr. de Dunkerque, cant. et poste de Bergues; 740 hab.

CROCICCHIA, vg. de Fr., Corse, arr. de Bastia, cant. de Campile, poste de la Porta; 360 hab.

CROCODILE (lac). *Voyez* RAPIDES (comté).

CROCQ, pet. v. de Fr., Creuse, arr. et à 5 l. S.-E. d'Aubusson, poste de la Villeneuve, chef-lieu de canton. Cette petite ville, fort ancienne, est bâtie sur un rocher; ses rues sont propres et bien pavées; elle a de jolies promenades, et il s'y tient des marchés d'hiver pour la vente des bestiaux. Elle doit tous ces avantages à un membre du parlement de Paris, nommé Feuillette, que le chancelier Maupeou y exila en 1771, et qui employa une grande partie de sa fortune à embellir ce lieu de son exil. C'est dans cette ville que prit naissance, en 1592, une fédération, dite des communes assemblées, et dont les membres reçurent le nom de *Croquants*. Les fédérés s'engageaient à se protéger mutuellement contre les brigandages qui désolaient cette province pendant les guerres civiles du seizième siècle; 740 hab.

CROCQ (le), vg. de Fr., Oise, arr. de Clermont, cant. de Crèvecœur, poste de Breteuil; 360 hab.

CROCY, vg. de Fr., Calvados, arr. et poste de Falaise, cant. de Coulibœuf, fabr. de papier; 680 hab.

CRŒTWILLER ou CREPERN, vg. de Fr., Bas-Rhin, arr. de Wissembourg, cant. de Seltz, poste de Lauterbourg; 240 hab.

CROGHANVILLE. *Voy.* SANDUSKY (comté).

CROIGNON, vg. de Fr., Gironde, arr. de Bordeaux, cant. et poste de Créon; 170 hab.

CROISANCE, vg. de Fr., Haute-Loire, arr. du Puy, cant. et poste de Saugues; 200 hab.

CROISELLE, vg. de Fr., Nord, com. de St.-Amand-les-Eaux; 620 hab.

CROISETTE (la), vg. de Fr., Vosges, com. du Val-d'Ajol; 620 hab.

CROISETTES, vg. de Fr., Pas-de-Calais, arr., cant. et poste de St.-Pol-sur-Ternoise; 530 hab.

CROISIC (le), v. et port de Fr., Loire-Inférieure, arr. et à 10 l. O. de Savenay, chef-lieu de canton et poste. Cette ville, située au fond d'un petit golfe, sur l'Océan, à 4 l. de l'embouchure de la Loire, possède une école royale de navigation et de vastes salines; mais elle manque de bonne eau. En avant du Croisic se trouve un banc de rochers, appelé *le Four*, sur lequel on a construit un phare de 60 pieds de haut qui indique aux navigateurs ces récifs dangereux. La chapelle de St.-Gunstan, renommée autrefois par ses miracles, et le clocher de Notre-Dame y sont les édifices les plus remarquables. Le grand et le petit cabotage, la pêche du hareng, du maquereau, des sardines et le débit considérable de sel y forment un commerce très-actif; 2500 hab.

Cette ville très-ancienne était connue déjà au cinquième siècle, et son nom paraît souvent dans l'histoire, particulièrement à l'époque des longues et fréquentes guerres entre la France et l'Angleterre. Les Anglais la bombardèrent en 1759; mais les efforts qu'ils firent pour s'en emparer, échouèrent devant la courageuse résistance des habitants.

CROISILLE (la), vg. de Fr., Eure, arr. d'Évreux, cant. et poste de Conches; 180 hab.

CROISILLE (la), vg. de Fr., Haute-Vienne, arr. de Limoges, cant. de Châteauneuf, poste d'Eymoutiers; 1080 hab.

CROISILLES, vg. de Fr., Calvados, arr. de Falaise, cant. et poste d'Harcourt-Thury; 800 hab.

CROISILLES, vg. de Fr., Eure-et-Loir, arr. de Dreux, cant. et poste de Nogent-le-Roi; 460 hab.

CROISILLES, vg. de Fr., Orne, arr. d'Argentan, cant. et poste de Gacé; 520 hab.

CROISILLES, vg. de Fr., Pas-de-Calais, arr., à 4 l. S.-E. et poste d'Arras, chef-lieu de canton; 1240 hab.

CROISMARE ou HAUDONVILLER, vg. de Fr., Meurthe, arr., cant. et poste de Lunéville; 910 hab.

CROISSANVILLE, vg. de Fr., Calvados, arr. de Lisieux, cant. de Mézidon, poste; fabr. de dentelles et de blondes; filat. hydraul. de coton; 300 hab.

CROISSET, vg. de Fr., Seine-Inférieure, com. de Canteleu; 790 hab.

CROISSY, vg. de Fr., Oise, arr. de Clermont, cant. et poste de Crèvecœur; 560 h.

CROISSY, vg. de Fr., Seine-et-Marne, arr. de Meaux, cant. et poste de Lagny; 260 hab.

CROISSY, vg. de Fr., Seine-et-Oise, arr. de Versailles, cant. de St.-Germain-en-Laye, poste de Chatou; 510 hab.

CROISY, vg. de Fr., Cher, arr. de St.-Amand-Mont-Rond, cant. de Nérondes, poste de Dun-le-Roi; 460 hab.

CROISY-LA-HAYE, vg. de Fr., Seine-Inférieure, arr. de Neufchâtel-en-Bray, cant. d'Argueil, poste; filat. de coton; 1000 hab.

CROISY-SUR-EURE, vg. de Fr., Eure, arr. d'Évreux, cant. et poste de Pacy-sur-Eure; 290 hab.

CROIX (la), vg. de Fr., Aisne, arr. de Château-Thierry, cant. de Neuilly-St.-Front, poste de Coincy; 150 hab.

CROIX (la), ham. de Fr., Côte-d'Or, com. d'Ogny; 110 hab.

CROIX, vg. de Fr., Indre-et-Loire, arr. de Tours, cant. et poste de Bléré; 1170 hab.

CROIX (la) ou KNEUTZ, ham. de Fr., Moselle, com. de St.-François; 220 hab.

CROIX, vg. de Fr., Nord, arr. d'Avesnes, cant. et poste de Landrecies; 500 hab.

CROIX, vg. de Fr., Nord, arr. et poste de Lille, cant. de Roubaix; 1480 hab.

CROIX, vg. de Fr., Pas-de-Calais, arr., cant. et poste de St.-Pol-sur-Ternoise; 270 h.

CROIX, vg. de Fr., Haut-Rhin, arr. de Belfort, cant. et poste de Delle; 320 hab.

CROIX (la), vg. de Fr., Haute-Vienne,

arr. de Bellac, cant. et poste du Dorat; 870 hab.

CROIX (la), ham. de Fr., Vosges, com. du Val-d'Ajol; 250 hab.

CROIX (Sainte-), vg. de Fr., Ain, arr. de Trévoux, cant. et poste de Montluel; 280 h.

CROIX (Sainte-), vg. de Fr., Aisne, arr. de Laon, cant. de Craonne, poste de Corbeny; 410 hab.

CROIX (Sainte-) ou **CROIX-DE-VOLVESTRE** (Sainte-), vg. de Fr., Arriège, arr., à 3 l. N. et poste de St.-Girons, chef-lieu de canton; fabr. de droguets, ras et draps; faïencerie; 1760 hab.

CROIX (Sainte-), vg. de Fr., Aveyron, arr. et poste de Villefranche-de-Rouergue, cant. de Villeneuve; 1400 hab.

CROIX (Sainte-), vg. de Fr., Côtes-du-Nord, com. de Guingamp; 400 hab.

CROIX (Sainte-), vg. de Fr., Drôme, arr., cant. et poste de Die; 290 hab.

CROIX (Sainte-), ham. de Fr., Landes, com. de Carcarès; 150 hab.

CROIX (Sainte-), ham. de Fr., Loire, com. de Pavezin; 240 hab.

CROIX (Sainte-), vg. de Fr., Lot, arr. de Cahors, cant. et poste de Montcuq; 390 h.

CROIX (Sainte-), vg. de Fr., Morbihan, com. de Josselin; 480 hab.

CROIX (Sainte-), vg. de Fr., Saône-et-Loire, arr. et poste de Loubans, cant. de Montpont; 1090 hab.

CROIX (Sainte-), vg. de Fr., Sarthe, arr., cant. et poste du Mans; 1350 hab.

CROIX (Sainte-), vg. de Fr., Tarn, com. de Castelnau-de-Lévis; 400 hab.

CROIX (Sainte-). *Voyez* MISSISSIPI (fleuve).

CROIX (Sainte-), une des Petites-Antilles, la plus grande et la plus importante des possessions danoises dans les Indes-Occidentales. Elle est située sous 17° 49′ 26″ lat. N. et a 10 l. de longueur sur 3 l. de large.

L'île de Ste.-Croix est traversée dans tous les sens par plus de 15 petites rivières. Son sol, très-fertile, est bien cultivé et produit, entre autres denrées coloniales, du sucre d'une qualité supérieure. Le climat y est très-chaud; les ouragans et les tremblements de terre y sont fréquents, sans avoir cependant des suites aussi funestes que dans le reste des Antilles. Les baies les plus considérables que la mer forme sur les côtes de cette île sont : la Wills-bay, la Cane-bay et la Salt-River-bay au N., la Long-point-bay, la Breids-bay, la Negro-bay et la Limetrée-bay au S. et à l'E. Cette île, cultivée depuis la cime des montagnes qui la bornent au N. jusqu'au bord de la mer, est divisée en 346 plantations. Le commerce y est de la plus grande importance pour les Danois. Dans l'intérieur les communications sont favorisées par trois grandes et belles routes.

L'île de Ste.-Croix fut prise pour la première fois, en 1643, par les Hollandais qui cependant se virent forcés de la céder, trois années plus tard, aux Anglais. Ces derniers en furent chassés, en 1650, par les Espagnols, qui eux-mêmes en furent repoussés par des colons français, qui défrichèrent la partie E. de l'île et y commencèrent la culture du tabac, du coton, de l'indigo et du sucre. Ils la quittèrent en 1695, et se rendirent à St.-Domingue. Toute culture disparut dès lors, et l'île resta longtemps déserte. En 1733 enfin, le roi Louis XV la céda, pour la somme de 738,000 livres, à la société danoise des Indes-Occidentales, qui la vendit, en 1755, au roi de Danemark.

Ste.-Croix est divisée en neuf quartiers ou districts et est la résidence du gouverneur de toutes les Antilles danoises. Sa population est de 32,000 âmes, dont 27,000 esclaves. Capitale : Christianstadt.

CROIX (Sainte-), b. de 2500 habitants dans le cant. de Berne, au pied du Chasseron; on y fait surtout un grand commerce de bestiaux.

CROIX-A-L'AUZE (Sainte-), vg. de Fr., Basses-Alpes. arr. et poste de Forcalquier, cant. de Reillanne; 170 hab.

CROIX-ALLARD (la), ham. de Fr., Loiret, com. de Vrigny; 160 hab.

CROIXANVEC, vg. de Fr., Morbihan, arr., cant. et poste de Pontivy; 310 hab.

CROIX-AU-BAILLY (la). *Voyez* QUENTIN-LAMOTTE (Saint-).

CROIX-AU-BOST (la), vg. de Fr., Creuse, arr. d'Aubusson, cant. et poste de Chénérailles; 200 hab.

CROIX-AUX-BOIS (la), vg. de Fr., Ardennes, arr., cant. et poste de Vouziers; 470 hab.

CROIX-AUX-BOIS (la), ham. de Fr., Nord, com. d'Armentières; 150 hab.

CROIX-AUX-MINES (la), vg. de Fr., Vosges, arr. et poste de St.-Dié, cant. de Fraize; exploitation de plomb argentifère; 1560 h.

CROIX-AUX-MINES (Sainte-) ou HEILIGKREUTZ-IM-LEBERTHAL, b. de Fr., Haut-Rhin, arr. et à 5 l. N.-N.-O. de Colmar, chef-lieu de canton et poste ; mines de cuivre et de plomb; fabr. d'huile; filat. de coton et de laine, tissage de coton ; 3260 hab.

CROIX-AVRANCHIN (la), vg. de Fr., Manche, arr. d'Avranches, cant. et poste de St.-James; 1050 hab.

CROIX-BARS (la), vg. de Fr., Aveyron, arr. d'Espalion, cant. et poste de Mur-de-Barrez; 1770 hab.

CROIX-BÉNITE, vg. de Fr. Haute-Garonne, arr., cant. et poste de Toulouse; 150 hab.

CROIX-BLANCHE (la), ham. de Fr., Isère, com. de St.-Alban; 100 hab.

CROIX-BUISSÉE (la), ham. de Fr., Indre-et-Loire, com. de Vouvray; 120 hab.

CROIX-CHAPEAU, vg. de Fr., Charente-Inférieure, arr. de la Rochelle, cant. de la Jarrie, poste; 730 hab.

CROIX-COMTESSE (la), vg. de Fr., Charente-Inférieure, arr. de St.-Jean-d'Angely, cant. et poste de Loulay; 380 hab.

CROIXDALLE, vg. de Fr., Seine-Inférieure, arr. et poste de Neufchâtel-en-Bray, cant. de Londinières ; 450 hab.
CROIX-DAURAOTE, vg. de Fr., Haute-Garonne, com. de Toulouse ; 800 hab.
CROIX-DE-BERNY (la), ham. de Fr., Seine, com. d'Antony ; 100 hab.
CROIX-DE-BOCQ (la), vg. de Fr., Nord, com. de Steenwerck ; 600 hab.
CROIX-DE-BOUYE (la), ham. de Fr., Charente, com. d'Exideuil ; 110 hab.
CROIX-DE-CADERLE (Sainte-), vg. de Fr., Gard, arr. du Vigan, cant. de Lasalle, poste de Ste.-Hippolyte ; 290 hab.
CROIX-DE-GAJAN (Sainte-), vg. de Fr., Arriège, com. de Gajan ; 320 hab.
CROIX-DE-LA-PIGNE (la), ham. de Fr., Isère, com. de Pellafol ; 160 hab.
CROIX-DE-LAUMAY, ham. de Fr., Indre, com. du Péchereau ; 110 hab.
CROIX-DE-MAREUIL (Sainte-), vg. de Fr., Dordogne, arr. de Nontron, cant. et poste de Mareuil ; 480 hab.
CROIX-DE-MISSION (la), vg. de Fr., Loire, com. de Montaud ; 1840 hab.
CROIX-DE-MONTFERRAND (Sainte-), vg. de Fr., Dordogne, arr. de Bergerac, cant. et poste de Beaumont ; 510 hab.
CROIX-DE-PAVEZIN (Sainte-), ham. de Fr., Loire, com. de Condrieu et Pavezin ; 200 hab.
CROIX-DE-PROPERINGHE, ham. de Fr., Nord, com. de Bailleul ; 120 hab.
CROIX-DE-QUINTILLARGUES (Sainte-), vg. de Fr., Hérault, arr. de Montpellier, cant. et poste des Matelles ; 130 hab.
CROIX-DE-ROUGE-FER (la), ham. de Fr., Ain, com. de Messimy-sur-Saône ; 120 hab.
CROIX-DE-SAINT-LO (Sainte-), vg. de Fr., Manche, arr., cant. et poste de St.-Lô ; filat. hydraul. de laine ; 750 hab.
CROIX-DE-VALLÉE-FRANÇAISE (Sainte-), vg. de Fr., Lozère, arr. de Florac, cant. de Barre, poste de Pompidou ; 900 hab.
CROIX-DE-VIDALLE, vg. de Fr., Var, com. de Toulon-sur-Mer ; 200 hab.
CROIX-DE-VIE, vg. de Fr., Vendée, arr. des Sables, cant. et poste de St.-Gilles-sur-Vie ; 700 hab.
CROIX-DE-VOLVESTRE (Sainte-). *Voyez* CROIX (Sainte-).
CROIX-DU-MÉNIL-GONFROY (Sainte-), Orne. *Voyez* MÉNIL-GONFROY (le).
CROIX-DU-MONT (Sainte-), vg. de Fr., Gironde, arr. de Bordeaux, cant. et poste de Cadillac ; 1130 hab.
CROIX-DU-PERCHE (la), vg. de Fr., Eure-et-Loir, arr. de Nogent-le-Rotrou, cant. de Thiron-Gardais, poste de Brou ; 490 hab.
CROIX-EN-BRIE (la), vg. de Fr., Seine-et-Marne, arr. de Provins, cant. et poste de Nangis ; 770 hab.
CROIX-EN-CHAMPAGNE (la), vg. de Fr., Marne, arr. et cant. de Ste.-Ménéhoulde, poste de Tilloy ; 160 hab.
CROIX-EN-PLAINE (Sainte-) ou HEILIG-KREUTZ-AUF-DER-EBENE, b. de Fr., Haut-Rhin, arr., cant. et poste de Colmar ; mines de houille ; 1730 hab. Ce bourg doit son origine à un monastère que Hugo, comte d'Egisheim et père du pape Léon X, y fonda vers le milieu du onzième siècle.
CROIX-FALGARDE (la), vg. de Fr., Haute-Garonne, arr. et poste de Toulouse, cant. de Castanet ; 440 hab.
CROIX-FONSOMME, vg. de Fr., Aisne, arr. de St.-Quentin, cant. et poste de Bohain ; manuf. de châles brochés ; 400 hab.
CROIX-GRAND-TONNE (Sainte-), vg. de Fr., Calvados, arr. de Caen, cant. de Tilly-sur Seulles, poste de Bretteville-l'Orgueilleuse ; 540 hab.
CROIX-HAGUE (Sainte-), vg. de Fr., Manche, arr. de Cherbourg, cant. et poste de Beaumont ; 670 hab.
CROIX-HELLÉAN (la), vg. de Fr., Morbihan, arr. de Ploërmel, cant. et poste de Josselin ; 770 hab.
CROIXILLE (la), vg. de Fr., Mayenne, arr. de Laval, cant. de Chailland, poste d'Ernée ; 1050 hab.
CROIX-LE-VERDON (Sainte-), vg. de Fr., Basses-Alpes, arr. de Digne, cant. et poste de Riez ; 520 hab.
CROIX-MARE, vg. de Fr., Seine-Inférieure, arr. de Rouen, cant. de Pavilly, poste de Barentin ; 910 hab.
CROIX-MOLIGNAUX, vg. de Fr., Somme, arr. de Péronne, cant. et poste de Ham ; 520 hab.
CROIX-MORTE (la), vg. de Fr., Indre-et-Loire, com. de Cestigny ; 200 hab.
CROIXRAULT, vg. de Fr., Somme, arr. d'Amiens, cant. et poste de Poix ; 580 hab.
CROIX-ROUGE (la), ham. de Fr., Nord, com. de Flêtre ; 150 hab.
CROIX-ROUSSE (la). *Voyez* LYON.
CROIX-SAINTE-LEUFROY (la), vg. de Fr., Eure, arr. de Louviers, cant. et poste de Gaillon ; 790 hab.
CROIX-SAINT-OUEN (la), vg. de Fr., Oise, arr., cant. et poste de Compiègne 1145 hab.
CROIX-SUR-AISIER (Sainte-), vg. de Fr., Eure, arr. et poste de Pont-Audemer, cant. de Quillebœuf ; 810 hab.
CROIX-SUR-BUCHY (Sainte-), vg. de Fr., Seine-Inférieure, arr. de Rouen, cant. et poste de Buchy ; 690 hab.
CROIX-SUR-MER (Sainte-), vg. de Fr., Calvados, arr. de Bayeux, cant. de Ryes, poste de Creully ; 260 hab.
CROIX-SUR-MEUSE (la), vg. de Fr., Meuse, arr. de Commercy, cant. et poste de St.-Mihiel ; 1080 hab.
CROIX-SUR-ORNE (Sainte-), vg. de Fr., Orne, arr. d'Argentan, cant. et poste de Putanges ; 370 hab.
CROIZET, vg. de Fr., Loiret, arr. de Roanne, cant. et poste de St.-Symphorien-de-Lay ; 500 hab.
CROJA. *Voyez* AKHISSAR.
CROKERS-BAY, baie très-vaste à l'O. du

cap Warrender, sur le Lancaster-Sund, au N. de la terre de Baffin. Cette baie est fermée à l'E. par le cap Pateshall et à l'O. par le cap Rosamond.

CROLLES, vg. de Fr., Isère, arr. de Grenoble, cant. du Touvet, poste ; 1560 h. Fabr. de soie.

CROLLON, vg. de Fr., Manche, arr. et poste d'Avranches, cant. de Ducey ; 390 h.

CROMAC, vg. de Fr., Haute-Vienne, arr. de Bellac, cant. de St.-Sulpice-les-Feuilles, poste d'Arnac-la-Poste ; 1040 hab.

CROMARTY, le plus petit des comtés d'Écosse, dans la presqu'île Black-Isle, situé entre le Frith de Murray et le Frith de Cromarty. Ses bornes sont au N. le Frith de Cromarty, à l'E. le Frith de Murray, à l'O. et au S. le comté de Ross. Sa superficie est de 5 l. c. géogr. et sa pop. de 6,000 âmes ; son climat est humide et froid ; le sol est assez fertile, mais ses productions ne suffisent pas à la consommation. La pêche, surtout celle du hareng, est la principale ressource des habitants ; l'industrie se borne à la fabrication de toiles de chanvre et de cordages. On exporte de la laine, des peaux, du kelp, des poissons et de la toile à voiles. Ce comté n'a pas de subdivisions.

CROMARTY, *Cromartium*, v. d'Écosse, chef lieu du comté du même nom, sur une hauteur et sur le Frith du Cromarty. Elle a de beaux quais et un port sûr et commode, qui peut recevoir jusqu'à 400 vaisseaux. Tissage de chanvre et brasseries très-considérables ; construction de vaisseaux ; commerce. Dans le voisinage on voit un rocher très-remarquable, avec un pont naturel ; on y trouve en outre une caverne remplie de pétrifications et une source incrustante ; 25,000 hab.

CROMARTY, baie d'Écosse, non loin de la ville qui porte ce nom, formée par deux caps, *the Sutors of Cromarty*; elle est très-vaste et peut contenir toute la flotte britannique.

CROMARY, vg. de Fr., Haute-Saône, arr. de Vesoul, cant. et poste de Rioz ; 380 hab.

CROMAY, ham. de Fr., Indre, com. de Baraize ; 110 hab.

CROMER, vg. d'Angleterre, comté de Norfolk, sur la côte N.-E. Petit port ; bains minéraux ; 900 hab.

CROMERIEUX, ham. de Fr., Loire, com. de Savigneux ; 120 hab.

CROMEY, ham. de Fr., Saône-et-Loire, com. de St.-Sernin-du-Plain ; 200 hab.

CROMFORD, b. d'Angleterre, comté de Derby, sur le Derwent et le canal de Cromford ; important par son industrie, qui consiste principalement dans la fabrication de dentelles et de bas. Arkwrigt y établit sa première machine à filer ; 1500 hab.

CROMFORD, canal d'Angleterre, traverse le comté de Derby et met Cromford en communication avec Nottingham.

CRONAT, b. de Fr., Saône-et-Loire, arr. de Charolles, cant. et poste de Bourbon-Lancy ; 1460 hab.

CRONCE, vg. de Fr., Haute-Loire, arr. de Brioude, cant. de Pinols, poste de Langeac ; 620 hab.

CRONCELS, vg. de Fr., Aube, com. de Troyes ; 1860 hab.

CRONE ou DEUTSCHCRONE, pet. v. de Prusse, chef-lieu du cercle du même nom, prov. de Prusse, rég. de Marienwerder ; fabr. de draps ; 3000 hab.

CRONE ou POLNISCH-CRONE, (Koronowo), pet. v. de Prusse, prov. de Posen, rég. et cer. de Bromberg ; située sur la Braa et entourée de montagnes de sable ; 2200 hab.

CRONIÈRE (la), pet. île située entre la côte de la Vendée et l'île de Noirmoutier ; on y récolte beaucoup de blé ; elle a 150 h. et fait partie de la com. de Beauvoir-sur-Mer, Vendée.

CROOKED-ISLANDS (Isles crochues), groupe d'îles faisant partie du grand groupe des Bahamas. North-Crooked-Island, South-Crooked-Island (Acklins-Island) et Long-Key (Fortune-Island) sont les îles les plus considérables du groupe. Castle-Island, au S. d'Acklins-Island, en est la plus méridionale. A l'O. de cette île s'étendent quelques autres, moins considérables, que les Espagnols appellent *Mira por vos* (prenez garde). Le centre de ce groupe est situé, d'après Alcédo, sous 22° 30′ lat. N. Autrefois toutes ces îles étaient désertes, mais aujourd'hui elles sont peuplées d'Anglo-Américains de la Géorgie et de la Caroline du Sud, renferment beaucoup de lacs salants et sont couvertes de riches plantations de coton. La population de toutes ces îles est de 1200 âmes.

North-Crooked a 8 l. de longueur sur 2 l. de large ; à son extrémité occidentale s'ouvre une petite baie avec l'établissement de Pitts-town. South-Crooked (Acklins-Island) a 10 l. de longueur sur 3 l. de large. Long-key (Fortune-Island), séparé de South-Crooked par un bras de mer, qu'on peut passer à gué dans plusieurs endroits, renferme des lacs salants très-productifs.

CROPIGNY, ham. de Fr., Nièvre, com. de Ruages ; 140 hab.

CROPPENSTÆDT, pet. v. de Prusse, cer. d'Oscherleben, prov. de Saxe, rég. de Magdebourg ; 2200 hab.

CROPTE (la), vg. de Fr., Dordogne, arr. et poste de Périgueux, cant. de Vergt ; 1050 h.

CROPTE (la), vg. de Fr., Mayenne, arr. de Laval, cant. et poste de Meslay ; 820 h.

CROPUS, vg. de Fr., Seine-Inférieure, arr. de Dieppe, cant. et poste de Bellencombre ; 310 hab.

CROQUIER, ham. de Fr., Ariège, com. de Mercus ; 140 hab.

CRORÉMÉCRANS. *Voyez* CAMÉCRANS (peuplade).

CROS (le), ham. de Fr., Hautes-Alpes, com. de Nevache ; 100 hab.

CROS (le), vg. de Fr., Hautes-Alpes, com. de St.-Laurent; 390 hab.

CROS (le), ham. de Fr., Aude, com. de Saissac; 100 hab.

CROS, vg. de Fr., Gard, arr. du Vigan, cant. et poste de St.-Hippolyte; 980 hab.

CROS (le), ham. de Fr., Gard, com. de Valleraugue; 190 hab.

CROS (le), vg. de Fr., Hérault, arr. et poste de Lodève, cant. du Caylar; 370 hab.

CROS, vg. de Fr., Puy-de-Dôme, arr. d'Issoire, cant. de Latour, poste de Tauves; 660 hab.

CROS (le), ham. de Fr., Haute-Vienne, com. de Dompierre; 120 hab.

CROSBY, b. fondé depuis peu d'années dans les États-Unis de l'Amérique du Nord, état d'Ohio, comté d'Hamilton; il fleurit par son agriculture; 1800 hab.

CROS-DE-GORAND (le), vg. de Fr., Ardèche, arr. de l'Argentière, cant. et poste de Montpezat; 1520 hab.

CROS-DE-MONTAMAT, vg. de Fr., Cantal, arr. d'Aurillac, cant. et poste de Vic-sur-Cère; 590 hab.

CROS-DE-MONTVERT, vg. de Fr., Cantal, arr. d'Aurillac, cant. de la Roquebrou, poste de Montvert; 580 hab.

CROSE, vg. de Fr., Creuse, arr. d'Aubusson, cant. et poste de Felletin; 1010 h.

CROSE (Basse et Haute-), ham. de Fr., Lot, com. de Montfaucon; 130 hab.

CROSET, vg. de Fr., Ain, arr., cant. et poste de Gex; 670 hab.

CROSEY-LE-GRAND, vg. de Fr., Doubs, arr. de Baume-les-Dames, cant. et poste de Clerval; 400 hab.

CROSEY-LE-PETIT, vg. de Fr., Doubs, arr. de Baume-les-Dames, cant. et poste de Clerval; 280 hab.

CROSMAN. *Voyez* GALOPAGOS.

CROSMIÈRES, vg. de Fr., Sarthe, arr., cant. et poste de la Flèche; 1230 hab.

CROSNES, vg. de Fr., Seine-et-Oise, arr. de Corbeil, cant. de Boissy-St.-Léger, poste de Villeneuve-St.-Georges; 280 hab.

CROSS, pet. île d'Irlande, comté d'Antrim, à l'entrée de la baie de Carrickfergus.

CROSSAC, vg. de Fr., Loire-Inférieure, arr. de Savenay, cant. et poste de Pont-Château; 1400 hab.

CROSS-CREEK, pet. v. des États-Unis de l'Amérique du Nord, état de Pensylvanie, comté de Washington; 2600 hab.

CROSSEN, *Crosna*, v. de Prusse, prov. de Brandebourg, ornée d'une antique cathédrale et située au confluent du Bober et de l'Oder, rég. et à 12 l. S.-E. de Francfort-sur-l'Oder; autrefois c'était une forteresse, dont elle a encore les murs bien conservés. Ses environs sont fertiles et produisent des fruits et du vin. Les habitants se livrent à la navigation et à la fabrication de draps; 4900 hab.

CROSSES, vg. de Fr., Cher, arr. et poste de Bourges, cant. de Baugy; 440 hab.

CROSS-SUND (détroit de la Croix), détroit entre l'île du roi George III et le continent de l'Amérique russe; il conduit, par le détroit de Chatham, dans la baie de Holkham.

CROST (le), ham. de Fr., Loire, com. de St.-Jean-la-Vêtre; 120 hab.

CROSVILLE, vg. de Fr., Manche, arr. de Valognes, cant. et poste de St.-Sauveur-sur-Douve; 200 hab.

CROSVILLE, vg. de Fr., Seine-Inférieure, arr. de Dieppe, cant. et poste de Longueville; 270 hab.

CROSVILLE-LA-VIEILLE, vg. de Fr., Eure, arr. de Louviers, cant. et poste du Neubourg; 520 hab.

CROT (le), ham. de Fr., Cher, com. de St.-Georges-sur-Moulon; 100 hab.

CROTELLES, vg. de Fr., Indre-et-Loire, arr. de Tours, cant. et poste de Château-Renault; 510 hab.

CROTENAY, vg. de Fr., Jura, arr. de Poligny, cant. et poste de Champagnole; 440 h.

CROTH, vg. de Fr., Eure, arr. d'Évreux, cant. et poste de St.-André; fabr. de papier laminé; 380 hab.

CROTOY (le), *Carocotinum*, pet. v. maritime de Fr., Somme, arr. d'Abbeville, cant. et poste de Rue. Le Crotoy possède un port sur la rive droite et près l'embouchure de la Somme; commerce de sel, vins, eaux-de-vie et produits du Midi; bois, blés, toiles, huiles, serrurerie, verroterie, etc.; pêche; parc d'huîtres; 1250 hab.

CROTTE-FOUX, ham. de Fr., Nièvre, com. de Marigny-l'Église; 140 hab.

CROTTENDORF, vg. remarquable du roy. de Saxe, cer. de l'Erzgebirge; avec une fabr. d'impression d'étoffes en coton, un moulin à scier le marbre, une papeterie et des mines; 2500 hab.

CROTTES (les), vg. de Fr., Hautes-Alpes, arr., cant. et poste d'Embrun; 1500 hab.

CROTTES (les), vg. de Fr., Bouches-du-Rhône, com. de Marseille; 620 hab.

CROTTES, vg. de Fr., Loiret, arr. de Pithiviers, cant. d'Outarville, poste de Neuville-aux-Bois; 360 hab.

CROTTET, vg. de Fr., Ain, arr. de Bourg-en-Bresse, cant. de Pont-de-Veyle, poste de Mâcon; 820 hab.

CROUAIS (le), vg. de Fr., Ille-et-Vilaine, arr. de Montfort-sur-Meu, cant. de St.-Méen, poste de Montauban; 430 hab.

CROUAY, vg. de Fr., Calvados, arr. et poste de Bayeux, cant. de Tréviers; 600 h.

CROUGHAN, mont. d'Irlande, comté de Wicklow; ses mines ne sont pas en exploitation; elles ne renferment qu'en petite quantité de l'or, du plomb, de l'étain, du zinc, du bismuth, du manganèse, du fer et du molybdène.

CROUIN, vg. de Fr., Charente, arr., cant. et poste de Cognac; 280 hab.

CROUPET, ham. de Fr., Seine-et-Marne, com. de Doue; 200 hab.

CROUPTE (la), vg. de Fr., Calvados, arr.

de Lisieux, cant. d'Orbec, poste de Fervacques; 310 hab.

CROUTELLE, vg. de Fr., Vienne, arr., cant. et poste de Poitiers; 180 hab.

CROUTES, ham. de Fr., Aisne, com. de Muret; 130 hab.

CROUTES (les), vg. de Fr., Aube, arr. de Troyes, cant. et poste d'Ervy; 290 hab.

CROUTES, ham. de Fr., Gers, com. de Lasserade; 260 hab.

CROUTOY, vg. de Fr., Oise, arr. de Compiègne, cant. d'Attichy, poste de Couloisy; 230 hab.

CROUTTES, vg. de Fr., Aisne, arr. de Château-Thierry, cant. et poste de Charly; 590 hab.

CROUTTES, vg. de Fr., Orne, arr. d'Argentan, cant. et poste de Vimoutier; fabr. de toiles de lin; 880 hab.

CROUX (la), ham. de Fr., Aveyron, com. d'Agen; 110 hab.

CROUX-SAINT-GEORGES, ham. de Fr., Var, com. de la Seyne; 100 hab.

CROUY, vg. de Fr., Aisne, arr., cant. et poste de Soissons; 1120 hab.

CROUY, vg. de Fr., Loir-et-Cher, arr. de Blois, cant. de Bracieux, poste de St.-Dié-sur-Loire; 450 hab.

CROUY, b. de Fr., Seine-et-Marne, arr. de Meaux, cant. de Lizy, poste de May-en-Multien; 1340 hab.

CROUY, vg. de Fr., Somme, arr. d'Amiens, cant. et poste de Picquigny; 360 h.

CROUY-EN-THELLE, vg. de Fr., Oise, arr. de Senlis, cant. de Neuilly-en-Thelle, poste de Chambly; fabr. de cordonnet, soie, floche, boutons en tous genres; 420 hab.

CROUZEILHES, vg. de Fr., Basses-Pyrénées, arr. de Pau, cant. et poste de Lembeye; 400 hab.

CROUZET (le), vg. de Fr., Doubs, arr. de Besançon, cant. d'Amancey, poste de Salins; 290 hab.

CROUZET (le), ham. de Fr., Doubs, arr. de Pontarlier, cant. et poste de Mouthe; 70 hab.

CROUZETTES (les), ham. de Fr., Tarn, com. d'Anglés; 120 hab.

CROUZILLE (la), vg. de Fr., Puy-de-Dôme, arr. de Riom, cant. et poste de Montaigut; 890 hab.

CROUZILLES, vg. de Fr., Indre-et-Loire, arr. de Chinon, cant. et poste de l'Isle-Bouchard; 420 hab.

CROUZOL, ham. de Fr., Puy-de-Dôme, com. de Volvic; 280 hab.

CROWLAND, b. d'Angleterre, comté de Lincoln, situé au milieu de marais et au confluent du Nen et du Welland; pêche; 2200 hab.

CROWNPOINT, pet. v. des États-Unis de l'Amérique du Nord, état de New-York, comté d'Essex, sur le Champlain; commerce; 2000 hab.

CROWS-NEST (mont). *Voyez* NEW-YORK (état).

CROYDON, v. d'Angleterre, comté de Surry, sur un canal qui communique avec le canal de Grand-Surry. Belle cathédrale et palais de l'archevêque de Canterbury; commerce très-considérable; chemin de fer de Croydon à Londres; 8000 hab.

CROYETS (les), ham. de Fr., Jura, com. de St.-Pierre; 130 hab.

CROZANT, vg. de Fr., Creuse, arr. de Guéret, cant. et poste de Dun-le-Palleteau; 1210 hab.

CROZAT (canal de). *Voyez* PICARDIE (canaux de).

CROZE, vg. de Fr., Drôme, arr. de Valence, cant. et poste de Tain; 360 hab.

CROZES (les), ham. de Fr., Ain, com. de St.-Didier-de-Chalaronne; 100 hab.

CROZES (les), ham. de Fr., Aude, com. de Castelnaudary; 150 hab.

CROZET, vg. de Fr., Loire, com. de la Pacaudière; 300 hab.

CROZET ou MARION, petit groupe d'îlots dans l'Océan Austral, Afrique.

CROZETS (les), vg. de Fr., Jura, arr. de St.-Claude, cant. et poste de Moirans; 300 h.

CROZON, b. de Fr., Finistère, arr. et à 7 l. O. de Châteaulin, chef-lieu de canton, poste d'Argol; il possède un port de mer et l'on y fait la pêche de la sardine; 8210 hab.

CROZON, vg. de Fr., Indre, arr. de la Châtre, cant. et poste d'Aigurande; forges; 1085 hab.

CRUAS, vg. de Fr., Ardèche, arr. et poste de Privas, cant. de Rochemaure; 740 hab.

CRUCE (Santa-). *Voyez* TÉNÉRIFFE.

CRUCEY, vg. de Fr., Eure-et-Loir, arr. de Dreux, cant. et poste de Brezolles; 410 h.

CRUCHAUD, vg. de Fr., Saône-et-Loire, arr. de Châlon-sur-Saône, cant. et poste de Buxy; 190 hab.

CRUCHERAY, vg. de Fr., Loir-et-Cher, arr. et poste de Vendôme, cant. de St.-Amand; 400 hab.

CRUCIFIX (le), ham. de Fr., Lot, com. de St.-Matré; 120 hab.

CRUCILIEU, ham. de Fr., Isère, cant. de St.-Chef; 200 hab.

CRUDEN, vg. d'Écosse, comté d'Aberdeen, sur la côte; il possède des bains de mer; 200 hab.

CRUÉJOULS, vg. de Fr., Aveyron, arr. de Milhau, cant. et poste de Laissac; 1590 h.

CRUGEY, vg. de Fr., Côte-d'Or, arr. de Beaune, cant. et poste de Bligny-sur-Ouche; 270 hab.

CRUGNY, vg. de Fr., Marne, arr. de Reims, cant. et poste de Fismes; 840 hab.

CRUGUEL, vg. de Fr., Morbihan, arr. de Ploërmel, cant. et poste de Josselin; 820 h.

CRUIS, vg. de Fr., Basses-Alpes, arr. et poste de Forcalquier, cant. de St.-Étienne-les-Orgues; 580 hab.

CRULAY, vg. de Fr., Orne, arr. de Mortagne-sur-Huine, cant. de l'Aigle, poste de Chandai; 1010 hab.

CRUMPS-ISLAND. *Voy.* MERCERS-CREEK.
CRUPIES, vg. de Fr., Drôme, arr. de Die, cant. de Bourdeaux, poste de Saillans; fabr. de draperies et de ratines; 450 hab.
CRUPILLY, vg. de Fr., Aisne, arr. de Vervins, cant. de la Capelle, poste de Guise; 270 hab.
CRUSCADES, vg. de Fr., Aude, arr. et poste de Narbonne, cant. de Lézignan; 310 h.
CRUSNES, vg. de Fr., Moselle, arr. et poste de Briey, cant. d'Audun-le-Roman; 190 hab.
CRUSOBEAU (le), ham. de Fr., Nord, com. de Steenwerck; 100 hab.
CRUVIÈRE, ham. de Fr., Isère, com. de Passins; 100 hab.
CRUVIERS, vg. de Fr., Gard, arr. d'Alais, cant. de Vezenobres, poste de Ledignan; 300 hab.
CRUXBAY. *Voyez* JEAN (Saint-), île.
CRUX-LA-VILLE, vg. de Fr., Nièvre, arr. de Nevers, cant. et poste de St.-Saulge; 2020 hab.
CRUX-LE-CHATEL, ham. de Fr., Nièvre, com. de Crux-la-Ville; 130 hab.
CRUYBEKE, vg. du roy. de Belgique, prov. de la Flandre-Orientale, arr. de Dendermonde, sur la rive gauche de l'Escaut; 2400 hab.
CRUYSHOUTEN, b. du roy. de Belgique, prov. de la Flandre-Orientale, arr. et à 6 l. de Gand; 6000 hab.
CRUZ (Rio-de-la-), fl. de la rép. de Vénézuela, dép. de Zulia, se jette dans le lac de Maracaïbo.
CRUZ (Santa-), pet. île au S. de celle de Cuba dont elle dépend.
CRUZ (Santa-), bourgade avec une mission, sur la côte de la Nouvelle-Californie, états mexicains; elle fut fondée en 1794. Santa-Cruz, île en face de ce bourg, abonde en loutres marines.
CRUZ (Santa-), île dans le golfe de Californie; importante par ses pêcheries de perles.
CRUZ (Santa-), fort des états mexicains, état de Sonora-et-Cinaloa, sur le San-Pedro, au N. de l'état, dont il protège les missions.
CRUZ (Santa-), v. de l'île de Cuba, dép. Occidental, juridiction de la Havane; elle a un port et fait un commerce assez important; 7000 hab.
CRUZ (Santa-), v. des états mexicains, état de Sonora-et-Cinaloa; elle est la capitale de la tribu indienne des Yaquis; 10,000 hab.
CRUZ (lagoa de Santa-), lac de l'emp. du Brésil, prov. de Matto-Grosso.
CRUZ (Santa-), lac de l'emp. du Brésil, sur la côte de la prov. de Santa-Catarina; ce lac, de 3 l. de longueur, n'est proprement que l'agrandissement du Rio-Itapicu; il reçoit plusieurs rivières, entre autres le Piranga.
CRUZ (Santa-), gros vg. de l'emp. du Brésil, prov. et comarque de Rio-Janeiro; il renferme un beau palais impérial, avec un vaste parc et des établissements d'économie rurale.
CRUZ-DE-CANA (Santa-). *Voyez* CANA.
CRUZ-DE-LA-CALZODA (Santa-), b. d'Espagne, roy. de la Nouvelle-Castille, prov. d'Estramadure; 2000 hab.
CRUZ-DE-MOMPOX (Santa-). *Voyez* MOMPOX.
CRUZ-DE-MUDELA (Santa-), b. d'Espagne, roy. de la Nouvelle-Castille, prov. de la Manche, dist. et à 12 l. de Ciudad-Réal; mine d'antimoine; 5000 hab.
CRUZ-DE-TRIANA (Santa-). *Voyez* RANCAGUA.
CRUZILLE, ham. de Fr., Isère, com. de Tullins; 120 hab.
CRUZILLE (la), ham. de Fr., Loire, com. St.-Jean-Soleymieux; 350 hab.
CRUZILLE, vg. de Fr., Saône-et-Loire, arr. de Mâcon, cant. de Lugny, poste de St.-Oyen; 790 hab.
CRUZILLES, vg. de Fr., Ain, arr. de Bourg-en-Bresse, cant. de Pont-de-Veyle, poste de Mâcon; 560 hab.
CRUZOLLES, ham. de Fr., Loire, com. de St.-Georges-en-Couzan; 100 hab.
CRUZY, b. de Fr., Hérault, arr. de St.-Pons, cant. et poste de St.-Chinian; 990 h.
CRUZY ou **CRUZY-LE-CHATEL**, pet. v. de Fr., Yonne, arr. et à 5 l. E. de Tonnerre, chef-lieu de cant. et poste; commerce de truffes et de raves; 1340 hab.
CRY, vg. de Fr., Yonne, arr. de Tonnerre, cant. et poste d'Ancy-le-Franc; 340 hab.
CSABA, vg. de Hongrie, cer. au-delà de la Theiss, comitat de Bekes; c'est le plus grand village de l'emp. d'Autriche; sa population s'élève à plus de 20,000 âmes; culture du vin et du chanvre.
CSAKATHURM, *Csaktornya*, b. de Hongrie, cer. au-delà du Danube, comitat de Szalad, sur la Ternoya, avec un château; culture du vin; 2000 hab.
CSAKOVA, b. de Hongrie, cer. au-delà de la Theiss, comitat de Temes, sur le Temes, avec une église grecque et une église réformée; siège d'un protopape grec; 1800 h.
CSAKOUR, gros b. de Hongrie, cer. au-delà du Danube, comitat de Stuhlweissenbourg; 3000 hab.
CSANAD, comitat de Hongrie, du cer. au-delà de la Theiss; 29 l. c. géogr.; 3500 h.
CSANAD, vg. de Hongrie, cer. au-delà de la Theiss, comitat du même nom; siége d'un évêque, qui réside ordinairement à Mako.
CSATH, gros b. de Hongrie, cer. en-deçà de la Theiss, comitat de Borsod.
CSEGLID, b. de Hongrie, cer. en-deçà du Danube, comitat de Pesth; excellent vin rouge; 1900 hab.
CSENGER, b. de Hongrie, cer. au-delà de la Theiss, comitat de Szathmar, sur le Szamos.

CSERTES, vg. de Transylvanie, pays des Hongrois, comitat de Huniad ; possède une mine d'or.

CSESKY - BROD ou BOEHMISCH - BROD. *Voyez* BROD.

CSETNECK, b. de Hongrie, cer. en-deçà de la Theiss, comitat de Gomor, sur le Csernekill ; remarquable par son industrie et son commerce de fer ; mines de fer et d'antimoine ; château ruiné ; 3860 hab.

CSIK, prov. du pays des Szeklers, gouv. de Transylvanie ; 82 l. c. géogr. et 50,000 h. C'est la province la plus élevée de la Transylvanie, traversée à l'E. par la chaine des monts Carpathes.

CSIKLOWA-BANYA, vg. de Hongrie, cer. au-delà de la Theiss, comitat de Krasso ; remarquable par ses forges et ses fabriques de vaisselle de cuivre.

CSIK-SZEREDA (Szeklerburg), b. des confins militaires, généralat de Transylvanie, siége de l'état-major du 1er régiment des Szeklers.

CSIRPAN, pet. v. de Turquie, située dans l'eyalet de Roumili, sur le penchant méridional du Balkan ; 1600 hab.

CSOKA, b. de Hongrie, cer. au-delà de la Theiss, comitat de Torontal, sur la Theiss.

CSONGRAD, comitat de Hongrie, cer. au-delà de la Theiss ; 63 l. c. géogr. et 90,000 h. C'est une vaste plaine, traversée par la Theiss, couverte d'un grand nombre de lacs et de marais ; elle produit du blé, des melons, des fruits, du vin et du tabac ; l'éducation du bétail y est florissante, mais l'industrie presque nulle.

CSONGRAD, b. de Hongrie, cer. au-delà de la Theiss, comitat de Csongrad, au confluent de la Theiss et de la Koros ; ancien château fort ; 2000 hab.

CSORNA, gros b. de Hongrie, cer. au-delà du Danube, comitat d'OEdenbourg, florissant par son industrie ; 3800 hab.

CSYSANSKY. *Voyez* BRANDEIS.

CTÉSIPHON, g. a., v. de la Mésopotamie, bâtie par les Parthes, après la destruction de Séleucie, à peu de distance de cette dernière, sur la rive gauche du Tigre. Elle se maintint jusqu'au septième siècle, où elle fut saccagée par les califes arabes qui élevèrent un peu plus au N. la puissante Bagdad. Il reste encore parmi ses ruines un des côtés du palais de Cosroës ; c'est un mur en briques, percé de fenêtres et de niches, et ayant au centre un immense portique, que les Arabes appellent la *voûte de Cosroës* et qui, disent-ils, se fendit la nuit où Mahomet vint au monde. Le voyageur français Michaux y découvrit, en 1783, une grande pierre couverte de caractères cunéiformes, qu'on conserve à la bibliothèque royale, mais qu'on n'est pas encore parvenu à déchiffrer.

CUAGUA ou CUBAGUA, île près de celle de Santa-Margarita, côtes N. de la rép. de Vénézuela, dont elle dépend. Elle est située sous 10° 42' lat. N. et a 5 l. de circonférence. Cette île, découverte par Colomb, était autrefois riche et célèbre par ses pêcheries de perles, et une ville opulente, Nuevo-Cadiz, s'élevait sur sa côte. Cette ville a disparu, les pêches sont négligées et l'île est déserte et inhabitée.

CUBA, l'île la plus grande des quatre grandes Antilles, s'étend entre 19° 46' et 23° 20' lat. N., et entre 76° 30' et 87° 19' long. O. Sa longueur, depuis le cap Maïzy, son extrémité orientale, jusqu'au cap St.-Antoine, sa pointe occidentale, est de 250 l., sur une largeur qui varie entre 12 et 50 l. Toute sa superficie est évaluée à 2310 l. c. g., avec une population de 1,021,162 habitants, dont 500,000 esclaves. L'île de Cuba forme une espèce d'arc, dont la partie supérieure aboutit au tropique N. Elle est à 15 l. de Haïti, à 16 l. de la Jamaïque, à 26 l. de la Floride et à 55 l. du Yucatan. La mer forme sur les côtes N. et S. de Cuba beaucoup de baies et de ports, et un grand nombre de petites îles et de récifs entourent presque toute l'île ; un de ces groupes, sur la côte méridionale, porte le nom de Jardins de la Reine ; un groupe semblable, mais moins nombreux, sur la côte N. et dans le vieux canal de Bahama, est appelé le Jardin du Roi. Les baies les plus considérables de l'île sont : 1° au N., la baie de Honda ou baie Profonde, la baie de Cabana, la baie de Mariel, la baie des Mosquitos, le port de la Havane, la baie de Matanzas, le Puerto-del-Principe, bon port, la baie de Caravelas-Chicas, le port de Bayamo, la baie de Nipès, le port de Sebayes, le port de Taragua, etc.; 2° sur la côte S., le port de Savanna-de-la-Mar, la baie d'Occoa, le port de Guantanamo ou de Cumberland, un des meilleurs de l'Amérique, le port de Santjago-de-Cuba, la baie d'Estero, le port de Trinidad, la baie de Casilda, la baie de Xagua, la baie de Cochinos, la baie de Batabano, la baie de Cortès, etc. Ses principales pointes sont : le cap St.-Antoine, extrémité O.; la punta de Hicacos, extrémité N.; la pointe de Mulas, la pointe Maïzy, extrémité E.; le cabo Bueno ou Punta de Occas, le cabo de la Vera-Cruz, extrémité S.; le cabo Corrientes, etc. Plusieurs chaînes de montagnes assez élevées traversent l'île de l'E. à l'O. et donnent naissance à un grand nombre de rivières, telles que le Rio-Cauto, le Tarquino, le San-Juan, le Rio-Jibaro, l'Aurega, etc., au S. ; le Puercos, le Canimar, le Cadiz, la Grande-Sagoa, le Honduras, le Naranjos, le Carimaya, etc., au N. Toutes ces rivières sont peu larges et aucune d'elles n'est navigable. Sur le bord de la mer le sol est très-bas et exposé aux inondations dans la saison pluvieuse. La plus haute cime de montagne, la Sierra de Cobre, dans laquelle on exploitait autrefois des mines d'or et de cuivre, s'étend dans la partie S.-E. de l'île et paraît atteindre une hauteur de 3200 mètres; la Sierra de Tarquino fait partie de cette chaine. De là une chaine de collines calcaires s'étend du S.-E. au N.-O. et s'élève près de Trinidad, sur la côte S., à la hauteur de 6000 mètres. Toute l'île est généralement fertile, mais encore peu cultivée dans l'intérieur, quoique la culture se développe journellement de plus en plus. Le climat, quoique chaud, est sain et plus tempéré que celui de l'île d'Haïti. Les principales productions de l'île sont: le sucre, le café et le tabac (cigarres de la Havane), dont il se fait un commerce très-considérable. L'éducation du bétail et des abeilles est également d'une grande importance.

L'île de Cuba appartient aux Espagnols; elle forme la capitainerie-générale de la Havane et est aujourd'hui avec Porto-Rico le reste des possessions espagnoles, si considérables et si étendues autrefois dans l'Amérique. L'île de Cuba fut découverte, en 1492, par Christophe Colomb, lors de son premier voyage. Il la prit pour la terre ferme et lui donna le nom de Juanna; cependant le nom de Cuba qu'elle portait primitivement lui est resté. En 1508, Occampo en fit le tour par mer et reconnut ainsi que c'était une île. En 1511 enfin, les Espagnols achevèrent la conquête de cette importante île; la nombreuse population indigène périt en grande partie par les cruautés des Espagnols et ne fut que faiblement remplacée par des colons de cette nation. De nos jours l'administration intérieure y a subi de notables améliorations. Autrefois le gouvernement espagnol était obligé de couvrir les frais d'administration de Cuba par des secours d'argent tirés du Mexique, mais aujourd'hui les revenus de l'île suffisent à l'entretien d'une force armée considérable et l'Espagne en retire un excédent qui, en 1833, se montait à 8,895,656 dollars (48,214,455 fr. 52 c.).

L'île de Cuba est divisée en trois départements (Occidental, Oriental et du Centre), subdivisés en partidos. Capitale : la Havane.

CUBA, gr. vg. du Portugal, prov. d'Alentéjo, dist. de Beja; 1600 hab.

CUBAS, ham. de Fr., Dordogne, com. de Cherveix-Cubas; 260 hab.

CUBATAO. *Voyez* FRANCISCO (San-).

CUBCABIA ou CABCABIGA, v. assez considérable de la Nigritie orientale, Afrique, dans le roy. de Darfour, à 15 l. O. de Cobbe. On y fait un grand commerce de tissus de coton, de sel et de peaux.

CUBELLES, vg. de Fr., Haute-Loire, arr. du Puy, cant. et poste de Saugues; 390 hab.

CUBIÈRES, vg. de Fr., Aude, arr. de Limoux, cant. de Couiza, poste de St.-Paul-de-Fenouillet; 280 hab.

CUBIÈRES, vg. de Fr., Lozère, arr. de Mende, cant. et poste de Blaymard; 1200 hab.

CUBIERETTES, vg. de Fr., Lozère, arr. de Mende, cant. et poste de Blaymard; 150 hab.

CUBILLAC. *Voyez* GEORGES-DE-CUBILLAC (Saint-).

CUBJAC, b. de Fr., Dordogne, arr. et poste de Périgueux, cant. de Savignac; 1090 hab.

CUBLAC, vg. de Fr., Corrèze, arr. de Brives, cant. de Larche, poste de Terrasson; exploitation de houille; 1086 hab.

CUBLIZE, vg. de Fr., Rhône, arr. de Villefranche-sur-Saône, cant. et poste de Thizy; filat. et tissage de coton considérables; filat. de chanvre; fabr. de cartes et couvertures de coton; teintureries; 3060 h.

CUBNEZAIS, vg. de Fr., Gironde, arr. de Blaye, cant. de St.-Savin, poste de Cavignac; 660 hab.

CUBORD, ham. de Fr., Vienne, com. de Salles-en-Toulon; 160 hab.

CUBRIAL, vg. de Fr., Doubs, arr. de Baume-les-Dames, cant. et poste de Rougemont; 420 hab.

CUBRY-LES-FAVERNEY, vg. de Fr., Haute-Saône, arr. de Lure, cant. de Vauvillers, poste de Faverney; 290 hab.

CUBRY-LES-ROUGEMONT, vg. de Fr., Doubs, arr. de Baume-les-Dames, cant. et poste de Rougemont; 380 hab.

CUBRY-LES-SOING, vg. de Fr., Haute-Saône, arr. de Gray, cant. de Fresnes-Ste.-Mamès, poste de Traves; 280 hab.

CUBZAC, vg. de Fr., Gironde, arr. de Bordeaux, cant. et poste de St.-André-de-Cubzac; 1040 hab.

CUCAPAS, peuplade indienne indépendante, dans la confédération mexicaine, territoire du Nouveau-Mexique; elle habite la rive gauche du Colorado et les deux rives du Rio-Gila.

CUCASSÉ, ham. de Fr., Gers, com. de Moléon; 300 hab.

CUCCARO, vg. du roy. de Sardaigne, intendance-générale d'Alexandrie, avec un château où naquit, en 1447, Christophe Colomb.

CUCHARMOY, vg. de Fr., Seine-et-Marne, arr., cant. et poste de Provins; 260 hab.

CUCHERY, vg. de Fr., Marne, arr. de Reims, cant. de Châtillon-sur-Marne, poste de Port-à-Binson ; 200 hab.

CUCHILLA-GRANDE, la principale chaine de montagnes de la rép. orientale de l'Uruguay; s'étend du S. au N. et sous différents noms sur tout l'état. La partie septentrionale porte le nom général de Sierra del Uruguay; l'extrémité occidentale de cette chaîne, qui sépare le bassin du Rio-de-Santa-Lucia de celui du Rio-Négro, est appelée Sierra de la Cruz. De nombreuses ramifications, peu connues encore, s'étendent à l'O. et à l'E. de la chaîne centrale.

CUCHIVÉRO. *Voyez* ITARI.

CUCHOA (Andes de). *Voyez* CORDILLÈRES.

CUCHOT, ham. de Fr., Yonne, com. de Venizey; 100 hab.

CUCQ, vg. de Fr., Pas-de-Calais, arr., cant. et poste de Montreuil-sur-Mer; 690 h.

CUCUGNAN, vg. de Fr., Aude, arr. de Carcassonne, cant. de Tuchan, poste de Davejean; 270 hab.

CUCUISAS (las), v. de la rép. de Vénézuela, dép. du même nom, prov. de Caracas. Elle se compose proprement de trois villes, peu éloignées l'une de l'autre, dans la belle vallée d'Aragua, à 4 l. de Vittoria; agriculture très-florissante; riches plantations de sucre, de cacao et de coton; 5000 h.

CUCULLET, ham. de Fr., Isère, com. de Mont-de-Lans; 250 hab.

CUCURATES. *Voyez* MOROTOCOS (peuplade).

CUCURPE. *Voyez* SONORA.

CUCURRON, vg. de Fr., Vaucluse, arr. d'Apt, cant. et poste de Cadenet; 2240 hab.

CUDDALORE ou KUDDALORE, v. de l'Inde anglaise, présidence de Madras, dist. de l'Arkot méridional, non loin de l'embouchure du Palaour, entre les deux branches de ce fleuve. Elle est fortifiée et possède un bon port. C'est une grande ville, bien peuplée et industrieuse. En 1782 elle fut prise par les Français et reprise l'année suivante.

CUDDAPAH ou KADDAPAH, v. et chef-lieu de district, dans l'Inde anglaise, présidence de Madras. Elle était anciennement la capitale de la principauté patane du même nom; elle n'a qu'une médiocre étendue et n'est remarquable que par la prison et la maison de travaux forcés que les Anglais y ont établies.

CUDOS, vg. de Fr., Gironde, arr., cant. et poste de Bazas; 1170 hab.

CUDOT, vg. de Fr., Yonne, arr. de Joigny, cant. de St.-Julien-du-Sault, poste de Villeneuve-le-Roi; 550 hab.

CUEILLE (la), vg. de Fr., Vienne, com. de Poitiers; 500 hab.

CUELAS, vg. de Fr., Gers, arr. de Mirande, cant. et poste de Masseube; 370 hab.

CUELLAR, b. d'Espagne, roy. de la Vieille-Castille, prov. de Ségovie, au pied d'une colline, couronnée d'un château. Dans ses environs il y a 80 moulins à garance, principale culture du pays; 1800 hab.

CUENÇA, prov. de la rép. de l'Ecuador, dép. d'Assuay; elle occupe le N.-O. et la partie la plus montagneuse du département et jouit d'un climat très-doux, mais les orages, qui y sont fréquents, sont ordinairement accompagnés de terribles ouragans. L'agriculture et l'éducation du bétail s'y trouvent dans un état florissant et fournissent presque à tous les besoins. Cette province paraît également être riche en or, en argent, en cuivre, etc.; mais les mines ne peuvent être exploitées faute d'hommes et d'argent. L'industrie du pays consiste dans la fabrication d'étoffes de laine et de coton. Commerce de sucre, de coton et de blé.

CUENÇA, v. de la rép. de l'Ecuador, dép. d'Assuay, prov. de Cuenca dont elle est le chef-lieu, ainsi que de tout le département. Elle est située sur un plateau très-élevé, fertile et bien arrosé. Cette ville, fondée en 1557 par Gil-Ramirez-Davalos, est une des plus belles de la république. Elle est le siége d'un évêque, renferme une université de second ordre, un collége, un séminaire, plusieurs écoles primaires et un grand nombre de couvents. La cathédrale, le ci-devant couvent des jésuites et le palais épiscopal sont ses principaux édifices; manufactures de coton et de chapeaux; 20,000 (selon d'autres 30,000) hab.

CUENÇA, vg. de la rép. du Pérou, dép. d'Ajacucho, prov. de Huancavélicas; source thermale très-fréquentée.

CUENÇA, prov. d'Espagne, roy. de la Nouvelle-Castille; bornée au N. et à l'E. par l'Aragon, au S. par la Murcie et la Manche, au S.-E. par Valencia, à l'O. par Tolède, Madrid, Guadalaxara et Soria. Sa superficie est de 945 l. c. d'Espagne, à 17 1/2 au degré, et sa pop. de 295,000 habitants, répartis dans 2 villes, 240 petites villes et bourgs et 37 villages. Les montagnes qui couvrent la Cuenca sont des branches de la grande chaîne Ibérique, dont se détache la Sierra de Guadalupe, qui se prolonge dans le Tolède, après avoir étendu ses rameaux dans la province. Parmi ces derniers la Sierra Campillos s'élève au N.-E. et la Sierra de Cuenca (ou montes Orospedani, des plus hautes de l'Espagne) dans le centre, d'où elle s'étend pour enclaver les vastes plaines, situées à ses pieds. Le Tage traverse le N. de la province et en forme ensuite la limite, avec la Soria et Madrid; l'Ocesca, la Cabrilla, le Gallo, la Guadiela avec le Cuervo et l'Escabas et le Guadalmejud appartiennent à son bassin. Le Xuxar prend sa source dans la Sierra Malina et traverse toute la province, en se dirigeant au S.-O. jusqu'à Fuente-Sancta; là il tourne à l'E. pour entrer dans le territoire de Valence, où il reçoit le Cabriel qui, augmenté par la Moya, vient arroser la partie orientale de la Cuença, dans laquelle le Huercar afflue. La Giguela y prend aussi naissance et porte ses eaux avec celles du Rus et de la Zarcana, dans la prov. de Tolède.

Cuenca est la province la moins fertile et la moins peuplée de la péninsule. Les cimes des montagnes sont boisées, mais leurs régions inférieures pierreuses et stériles; les plaines ne sont susceptibles de culture qu'en partie; le sol en est calcaire, sablonneux et aride; aussi un sixième seulement de la superficie de la province est livré à l'agriculture; le reste est abandonné aux nombreux troupeaux de brebis qui viennent d'autres contrées pour y passer l'été. Sur les montagnes le climat est plus froid que ne le ferait supposer la latitude; dans les plaines la chaleur est étouffante en été. Le pays produit du blé, des légumes secs, des fruits, de l'huile; on exporte du bois de construction, du bétail, des ânes et des mulets, de la laine, des peaux, des fromages, de la cire, du vin et de l'eau-de-vie, du safran, du chanvre et des plantes médicinales. L'industrie s'applique à l'exploitation des mines de fer de la Sierra Molina, dont les produits activent un grand nombre de fourneaux et de forges, à la fabrication de draps, de toiles, de cuirs, de papier, et aux verreries. Tous ces objets alimentent le commerce avec les provinces voisines.

La province est régie par les lois de Castille; elle dépend du capitaine-général de Madrid et de la chancellerie de Valladolid.

CUENÇA, *Conca*, v. d'Espagne, chef-lieu de la province et du district de même nom; évêché; située à 34 l. de Madrid, sur un haut rocher, dominé par d'autres plus élevés encore, où les aigles établissent leurs aires. A ses pieds s'étend une belle vallée, dans laquelle le Huecar tombe dans le Xaxar. Cette dernière rivière est traversée par le pont hardi de St.-Palolo qui réunit deux rochers; son élévation est de 160 et sa longueur de 300 pieds. La ville renferme une belle cathédrale, 13 églises paroissiales, 14 couvents, 3 hôpitaux, 1 séminaire et 3 colléges. Elle possède des manufactures de draps, de toile et de papier. Son moulin à foulon apprête annuellement plus de 10,000 quintaux de laine. Patrie du peintre Salmeron; 6000 hab.

CUERNAVACCA (l'ancien *Guauhuahuac*), v. de la confédération mexicaine, état de Mexico, sur le penchant méridional de la Cordillera de Guchalaque, dans une contrée fertile et riche en minéraux; elle est le chef-lieu d'un district, tient des marchés très-fréquentés et compte 6000 hab. Dans le voisinage de cette ville on trouve un monument ancien, connu sous le nom de *retranchement militaire de Xochicalco*.

CUERS, b. de Fr., Var, arr. et à 5 l. N.-E. de Toulon, chef-lieu de canton et poste; 5110 hab.

CUERVA, b. d'Espagne, roy. de la Nouvelle-Castille, prov. et dist. de Tolède; tissage de soie et de laine; 1900 hab.

CUET, ham. de Fr., Ain, com. de Montrevel; 490 hab.

CUETLACHTLAN. *Voyez* VÉRA-CRUZ (état).

CUEVAS (las). *Voyez* TRINIDAD (île).

CUEVAS, b. d'Espagne, roy. de Valence, gouv. de Morella; distilleries; 1900 hab.

CUFFIES, vg. de Fr., Aisne, arr., cant. et poste de Soissons; 700 hab.

CUGAND, vg. de Fr., Vendée, arr. de Bourbon-Vendée, cant. et poste de Montaigu; fabr. de papier, de draps, de lainage; filat. hydraul. de laine; 2020 hab.

CUGERNI, g. a., peuple de la Gaule Belgique, au N. des Ubiens, au S.-E. des Bataves, entre le Rhin et la Meuse.

CUGES, vg. de Fr., Bouches-du-Rhône, arr. de Marseille, cant. d'Aubagne, poste; 1860 hab.

CUGGIONO (maggiore et minore), deux b. du roy. Lombard-Vénitien, prov. de Milan; fabr. de toiles.

CUGNASSE, ham. de Fr., Tarn, com. de Castelnau-de-Brassac; 120 hab.

CUGNAUX, vg. de Fr., Haute-Garonne, arr., cant. et poste de Toulouse; 880 hab.

CUGNEY, vg. de Fr., Haute-Saône, arr. de Gray, cant. et poste de Marnay; 460 h.

CUGNY, vg. de Fr., Aisne, arr. de Soissons, cant. et poste d'Oulchy; 120 hab.

CUGNY, vg. de Fr., Aisne, arr. de St.-Quentin, cant. de St.-Simon, poste de Ham; 1030 hab.

CUGUEN, vg. de Fr., Ille-et-Vilaine, arr. de St.-Malo, cant. et poste de Combourg; 1470 hab.

CUGURMONT, vg. de Fr., Lot-et-Garonne, arr. d'Agen, cant. et poste de Port-Ste.-Marie; 280 hab.

CUGURON, vg. de Fr., Haute-Garonne, arr. de St.-Gaudens, cant. et poste de Montrejeau; 300 hab.

CUHEM, ham. de Fr., Pas-de-Calais, com. de Fléchin; 190 hab.

CUHON, vg. de Fr., Vienne, arr. de Poitiers, cant. et poste de Mirebeau; 580 hab.

CUI, vg. de Fr., Orne, arr., cant. et poste d'Argentan; 210 hab.

CUICATLAN ou QUICATLAN, pet. v. déchue, dans la confédération mexicaine, état d'Oaxaca, sur la Soute et au N. de la ville de ce nom, fut jadis la capitale d'un puissant royaume; aujourd'hui elle est le siège d'un tribunal de district et renferme environ 1100 hab.

CUICOCHA, lac de la rép. de l'Ecuador, dép. d'Assuay, sur le penchant O. des Cordillères.

CUIGNIÈRES, vg. de Fr., Oise, arr. de Clermont, cant. et poste de St.-Just-en-Chaussée; 370 hab.

CUIGNY, vg. de Fr., Oise, arr. de Beauvais, cant. du Coudray-St.-Germer, poste de Gournay; 500 hab.

CUILCO, fl. des États-Unis de l'Amérique centrale, état de Guatémala; coule vers le S. et s'embouche dans l'Océan Pacifique.

CUILLÉ, vg. de Fr., Mayenne, arr. de Château-Gontier, cant. et poste de Cossé-le-Vivien; 1590 hab.

CUILLERY (le), ham. de Fr., Isère, com. de Cheyssieux; 100 hab.

CUINCHY, vg. de Fr., Pas-de-Calais, arr. de Béthune, cant. de Cambrin, poste de la Bassée; 640 hab.

CUINCY ou CUINCY-PRÉVOT, vg. de Fr., Nord, arr., cant. et poste de Douai; 800 h.

CUING, vg. de Fr., Haute-Garonne, arr. de St.-Gaudens, cant. et poste de Montrejeau; 640 hab.

CUINZIER, vg. de Fr., Loire, arr. de Roanne, cant. de Belmont, poste de Charlieu; 710 hab.

CUIRES, vg. de Fr., Rhône, com. de Caluire; 800 hab.

CUIRIEUX, vg. de Fr., Aisne, arr. de Laon, cant. et poste de Marle; 380 hab.

CUIRY-HOUSSE, vg. de Fr, Aisne, arr. de Soissons, cant. d'Oulchy, poste de Braisne; 160 hab.

CUIRY-LÈS-CHAUDARDES, vg. de Fr., Aisne, arr. de Laon, cant. de Craonne, poste de Fismes; 100 hab.

CUIRY-LÈS-IVIERS, vg. de Fr., Aisne, arr. de Laon, cant. de Rozoy-sur-Serre, poste de Brunhamel; 330 hab.

CUIS, vg. de Fr., Marne, arr. d'Épernay, cant. et poste d'Avize; 450 hab.

CUISANCE, vg. de Fr., Doubs, arr., cant. et poste de Baume-les-Dames; papeterie; 120 hab.

CUISCO, un des lacs les plus considérables des états mexicains, état de Méchoagan, dist. (partido) de Valladolid, sur un plateau des Cordillères.

CUISEAUX, pet. v. de Fr., Saône-et-Loire, arr. et à 5 l. S.-S.-E. de Louhans, chef-lieu de canton, poste de St.-Amour; vins; 1750 hab.

CUISE-LA-MOTTE, vg. de Fr., Oise, arr. de Compiègne, cant. d'Attichy, poste de Couloisy; 1050 hab.

CUISEREY, vg. de Fr., Côte-d'Or, arr. de Dijon, cant. et poste de Mirebeau-sur-Bèze; 200 hab.

CUISERY, b. de Fr., Saône-et-Loire, arr. et à 4 l. O.-S.-O. de Louhans, chef-lieu de canton, poste de Tournus; 1730 hab.

CUISIA, vg. de Fr., Jura, arr. de Lons-le-Saulnier, cant. et poste de Beaufort; 710 hab.

CUISIAT, vg. de Fr., Ain, arr. et poste de Bourg-en-Bresse, cant. de Treffort; 780 hab.

CUISINES (les), ham. de Fr., Lot, com. de Souillac; 130 hab.

CUISLE, vg. de Fr., Marne, arr. de Reims, cant. de Châtillon-sur-Marne, poste de Port-à-Binson; 70 hab.

CUISSAI, vg. de Fr., Orne, arr., cant. et poste d'Alençon; 380 hab.

CUISSY-GENY, vg. de Fr., Aisne, arr. de Laon, cant. de Craonne, poste de Fismes; fabr. de sucre indigène; 260 hab.

CUISY, vg. de Fr., Meuse, arr. de Montmédy, cant. de Montfaucon, poste de Varennes-en-Argonne; 280 hab.

CUISY, vg. de Fr., Seine-et-Marne, arr. de Meaux, cant. et poste de Dommartin; 200 hab.

CUIZY-EN-ALMONT, vg. de Fr., Aisne, arr. de Soissons, cant. et poste de Vic-sur-Aisne; 380 hab.

CULA (la), vg. de Fr., Loire, arr. de St.-Étienne, cant. et poste de Rive-de-Gier; 400 hab.

CULAN, pet. v. de Fr., Cher, arr. et à 5 l. S.-O. de St.-Amand-Mont-Rond, cant. et poste de Châteaumeillant. Elle est agréablement située, sur la rive gauche de l'Arnon, et sur le penchant d'une montagne que couronnent les ruines encore remarquables d'un ancien château féodal. On récolte beaucoup de châtaignes dans les environs; 1210 hab.

CULBŒUF, ham. de Fr., Maine-et-Loire, com. du Mesnil; 100 hab.

CUL-DE-SAC (Seine-et-Oise). *Voyez* VILLIERS-SAINT-FRÉDÉRIC.

CUL-DE-SAC, gr. vg. de l'île d'Haïti, dép. de l'Ouest, entre Port-au-Prince et le fleuve des Orangers. C'est là que commence la belle et fertile plaine du Cul-de-Sac, longue de 10 à 14 l. sur 3 l. de large; elle renferme plus de 150 plantations de sucre. Les montagnes, qui s'élèvent au-delà de cette plaine, sont couvertes de plantations de café qui s'étendent jusqu'à Henriquille.

CUL-DE-SAC (le Grand et le Petit-), deux vastes baies, la première et la plus vaste au N., la seconde au S. de l'île de Guadeloupe; elles communiquent entre elles par la rivière Salée et séparent la Guadeloupe proprement dite de la Grande-Terre.

CUL-DE-SAC-A-VACHE. *Voyez* MARTINIQUE.

CUL-DE-SAC-DE-LA-TARTANE. *Voyez* MARTINIQUE.

CUL-DE-SAC-DE-LA-TRINITÉ. *Voyez* MARTINIQUE.

CUL-DE-SAC-DES-ANGLAIS. *Voyez* MARTINIQUE.

CUL-DE-SAC-DES-ROSEAUX. *Voyez* MARTINIQUE.

CUL-DE-SAC-DU-CAP-FERRE. *Voyez* MARTINIQUE.

CUL-DE-SAC-DU-GALLION. *Voyez* MARTINIQUE.

CUL-DE-SAC-DU-MARIN (baie). *Voyez* MARTINIQUE.

CUL-DE-SAC-DU-MARIN ou simplement le MARIN, b. et chef-lieu de canton de l'île de Martinique, arr. et à 11 l. S.-E. du Fort-Royal, sur une baie qui porte son nom.

CUL-DE-SAC-DU-VAULAIN. *Voyez* MARTINIQUE.

CUL-DE-SAC-FRANÇAIS (baie). *Voyez* MARTINIQUE.

CUL-DE-SAC-FRANÇAIS, b. et chef-lieu de canton de l'île de Martinique, arr. de Fort-Royal, sur la Passe-du-Français (côte Est); bon port; commerce; 2500 hab.

CUL-DE-SAC-ROBERT (baie). *Voyez* MARTINIQUE.

CUL-DE-SAC-ROBERT, b. et chef-lieu de canton sur la belle baie du même nom, côte E. de l'île de Martinique, arr. de St.-Pierre; son port peut recevoir la plus grande flotte; 2700 hab.

CUL-DE-SAC-ROYAL. *Voyez* MARTINIQUE.

CUL-DE-SAC-SIMON. *Voyez* MARTINIQUE.

CULÉBRAS. *Voyez* VÉNÉZUELA (département).

CULEBRINA. *Voyez* Porto-Rico (île).

CULÊTRE, vg. de Fr., Côte-d'Or, arr. de Beaune, cant. et poste d'Arnay-le-Duc; 220 hab.

CULEY, vg. de Fr., Meuse, arr. et poste de Bar-le-Duc, cant. de Ligny; 460 hab.

CULEY-LE-PATRY, vg. de Fr., Calvados, arr. de Falaise, cant. et poste d'Harcourt-Thury; 660 hab.

CULHAT, ham. de Fr., Allier, com. d'Étroussat; 220 hab.

CULHAT, vg. de Fr., Puy-de-Dôme, arr. de Thiers, cant. et poste de Lezoux; 1360 h.

CULIACAN (fleuve). *Voyez* Sonora-et-Cinaloa.

CULIACAN, v. de la confédération mexicaine, état de Sonora-et-Cinaloa, sur un affluent du Culiacan; elle est bâtie en partie sur les ruines de l'ancien Hucicolhuacan, ville célèbre dans l'histoire du Mexique. Culiacan est la plus grande ville de l'état et renferme 11,000 hab.

CULICAN (le Vieux-). *Voyez* Palenque (San-Domingo-de-).

CULIN, vg. de Fr., Isère, arr. de Vienne, cant. de St.-Jean-de-Bournay, poste de Bourgoin; 690 hab.

CULLEN, b. maritime d'Écosse, comté de Banff, à l'embouchure d'une petite rivière; bien bâtie, avec le Cullenhouse, magnifique campagne de lord Findkater, auquel il doit sa prospérité actuelle; fabr. de fil, de toile et principalement de damas; pêche très-considérable;·2000 hab.

CULLERA, v. d'Espagne, roy. et à 9 l. de Valence, gouv. d'Alcira, située près de l'embouchure du Xuxar, qui est défendue par un vieux castel; 5000 hab.

CULLES, vg. de Fr., Saône-et-Loire, arr. de Châlon-sur-Saône, cant. et poste de Buxy; 460 hab.

CULLEY, ham. de Fr., Saône-et-Loire, com. de Chissey; 130 hab.

CULLODEN-MUIR, grande plaine de l'Écosse, comté d'Inverness; elle est célèbre par la victoire que le duc de Cumberland, y remporta sur le prétendant en 1746.

CULLY, vg. de Fr., Calvados, arr. de Caen, cant. et poste de Creully; 490 hab.

CULM (Chelmno), v. de Prusse, sur une élévation, près de la Vistule, chef-lieu du cercle de même nom, prov. de Prusse, rég. de Marienwerder. La ville est ceinte de murailles et fut autrefois la capitale d'un palatinat dans la Pologne prussienne; elle a quatre églises, un couvent de dominicains, un hôpital, un gymnase et une école militaire; fabr. de draps; tanneries; grand commerce de blé. Cette ville a été fondée en 1239 par les ducs de Mazovie, et cédée dans le même siècle aux chevaliers teutoniques; 5400 hab.

CULMBACH, v. de Bavière, chef-lieu et siége des autorités du district de ce nom, cer. du Mein-Supérieur, sur le Mein-Blanc, à 5 l. de Baireuth et à 6 l. de Kronach; commerce de bois et de bétail; tanneries; fabr. de produits chimiques; moulins; mines de houille aux environs. Tout auprès s'élevait l'ancien fort de Plassenbourg, rasé par les Français en 1808; sur son emplacement se trouve un bagne; la ville a 4000 hab. et le district 17,670.

CULMONT, vg. de Fr., Haute-Marne, arr., cant. et poste de Langres; 320 hab.

CULMSÉE, pet. v. de Prusse, prov. de Prusse, rég. de Marienwerder, située au milieu d'un lac de 2 l. d'étendue; ancienne résidence des évêques de Culm; la cathédrale renferme les tombeaux de ces évêques depuis le douzième jusqu'au dix-septième siècle; 1400 hab.

CULOISON, ham. de Fr., Aube, com. de Ste.-Maure; 250 hab.

CULOT, ham. de Fr., Manche, com. de St.-Eny; 120 hab.

CULOZ, vg. de Fr., Ain, arr. de Belley, cant. de Seyssel, poste; 1300 hab.

CULPEPER, comté de l'état de Virginie, États-Unis de l'Amérique du Nord; il est borné par les comtés de Faquier, de Stafford, d'Orange, de Madison et de Shenandoah. Ce pays est situé entre les deux principaux bras du Rappahanok, le Hedgeman et le Rapidan et traversé par les premiers échelons des montagnes Bleues; vastes forêts; beaux champs de blé; sources minérales; 25,000 hab.

CULROSS, b. d'Écosse, comté de Perth, sur le Frith of Forth, avec un petit port; cabotage; commerce de sel et de houille; 2000 hab.

CULT, vg. de Fr., Haute-Saône, arr. de Gray, cant. et poste de Marnay; 260 hab.

CULTURE ou Cultura, vg. de Fr., Jura, arr., cant. et poste de St.-Claude; 440 hab.

CULTURES, vg. de Fr., Lozère, arr. et poste de Marvejols, cant. de Chanac; 280 h.

CUMÆ, g. a., v. de Campanie, à l'O. de Neapolis, au S.-O. de Capoue; elle fut conquise, 335 ans avant J.-C., par les Campaniens, et florissait jusqu'à environ un siècle après J.-C., époque où commence sa décadence. Détruite en 1203, par les Napolitains, elle ne présente plus aujourd'hui dans ses ruines que les restes de ses murailles, quelques temples, des aqueducs et un arc de triomphe.

CUMANA (département). *Voyez*Maturin.

CUMANA, prov. de la rép. de Vénézuela, autrefois la Nouvelle-Andalousie, dép. de Maturin; elle occupe le N.-E. de la république et est borné par la mer des Caraïbes, l'Océan Atlantique, le golfe de Paria et les prov. de Barcélona et de Guyane. Sa plus grande étendue de l'O. à l'E. est de 96 l., et celle du N. au S. de 82 l. La population de ce vaste pays paraît s'élever à 50,000 âmes.

Cumana est en général un excellent pays, offrant de nombreuses beautés naturelles, de majestueuses montagnes, de fertiles plaines et vallées, de grands fleuves, etc. La Sierra de Vénézuela, remplie de volcans, longe, comme un rempart, la côte N. jusqu'à la pointe de Paria. La Sierra de Bergantin, ramification de la première, se dirige vers le S. et se termine près de la Concepcion-de-Pao. Toutes ces montagnes, de moyenne hauteur, sont très-escarpées et couvertes de forêts de lianes impénétrables. Les trois règnes de la nature y sont variés et d'une grande richesse. L'Orénoque, qui y reçoit le Cari, le Mamo, le Limones et le Guaraco; le Guarapichi, le Manzanarès et le Cariaco sont les principaux cours d'eau de la province. Les principaux promontoires de ce pays sont : la punta de Araya, le cabo de Malapasqua, le cabo de Tres-Puntas et la punta de la Penna. Parmi les nombreuses baies que la mer forme sur les côtes de cette province, nous citons comme les principales, la magnifique baie de Cariaco et le golfe de Paria. Un grand nombre de lacs, tels que le Mamo et l'Uguéta, s'étendent le long de l'Orénoque et des autres grands fleuves du pays. L'industrie de cette province est peu développée; l'agriculture, la chasse, l'éducation du bétail et les pêcheries sont assez importantes; le commerce se relève de plus en plus et consiste dans l'exportation de poissons séchés, de cacao, de tabac, de peaux, de coton, de viande salée, de plantes médicales, etc.

De nombreuses peuplades indiennes errent indépendantes dans les immenses plaines de l'intérieur; les principales sont : les Chaymas, les Guayquériès, les Cumanagotès, les Pariagotès, les Quaquas, les Palenquès, les Piritus, divisés en plusieurs hordes, les Caraïbes, les Arrouaques et les Guaraunos.

CUMANA, v. de la rép. de la Nouvelle-Grenade, capitale du dép. de Maturin et de la prov. de Cumana. Cette ville est située à l'entrée du golfe de Cariaco, au pied d'un volcan, sur le Manzanarès et sous un ciel excessivement chaud. Elle fut fondée en 1520 par Gonzalo de Occampo, et n'était, il y a 70 ans, qu'un misérable bourg de 600 habitants; mais sa position avantageuse et différents priviléges que lui accorda le gouvernement espagnol en firent bientôt une ville grande et riche. Elle se compose de trois parties, la vieille ville, la ville neuve et le faubourg des Guayquériès, qui en forme le plus beau quartier; le reste de la ville est mal bâti et manque de pavé. La position de Cumana, au pied d'un volcan, l'expose à de fréquents tremblements de terre; celui de 1797 renversa une grande partie de la ville; un autre endommagea la plupart des maisons en 1799. La ville et la baie de Cariaco sont défendues par de nombreux forts, et Cumana peut passer pour une des premières places de guerre de la république. L'industrie et le commerce y sont importants; cependant cette ville a beaucoup perdu depuis 1810, mais surtout depuis la dernière révolution, et sa population, qui, il y a 20 ans, dépassait 30,000 âmes, ne s'élève aujourd'hui qu'à 12,000.

CUMANACOA ou **SAN-BALTHASAR-DE-LOS ARIAS**, v. de la rép. de Vénézuela, dép. de Maturin, prov. et à 18 l. S.-E. de Cumana. Elle renferme de nombreuses fabriques de cigarres recherchés, et est renommée par sa culture du tabac et ses eaux minérales; elle a beaucoup souffert dans la dernière guerre; 5000 hab.

CUMANAGOTÈS. *Voyez* CUMANA (province).

CUMANCHES. *Voyez* JÉTANS.

CUMANI ou **CUNENE**, **CUNENI**, **ANGRA-FRIA**, riv. considérable, mais peu connue, de l'Afrique australe, dans la Cimbébasie; elle est formée par la réunion de plusieurs rivières du roy. de Bihé, telles que le Conjungo, le Cubamgo, le Culabe et autres, coule du N. au S.-O., traverse probablement le lac Dumbéa-Zocche et se jette dans l'Océan Atlantique, près du cap Fréo, au S. de l'embouchure du Bamberooghe, avec lequel plusieurs géographes l'ont confondue.

CUMBERLAND (port). *Voyez* CUBA.

CUMBERLAND, détroit entre la terre de Baffin et l'île de Hall, Amérique septentrionale.

CUMBERLAND, la partie méridionale de la terre de Baffin, Amérique septentrionale; ce n'est pas une île, comme on le trouve sur plusieurs cartes, même modernes, mais une terre ferme contiguë à celle de Baffin. Les côtes méridionale et occidentale sont encore peu connues. Les principaux caps et baies que la mer y forme, sont : la baie d'Exeter, le cap Bedford, le Dyers-Cap, le cap Walsingham, nommé ainsi par Davis, sous 66° 30' lat. N., le cap Mickleham, au N.-E. duquel s'ouvre une baie avec trois îles, le cap Enderby, au S. duquel s'étend un groupe de petites îles appelées îles Suédoises, dont la plus méridionale porte le nom de Charles-Island et les autres Gods-Mercy, à l'entrée du détroit de Cumberland.

CUMBERLAND, pet. v. du Haut-Canada, dist. d'Ottawa, sur l'Uttawas; commerce; 1000 hab., la plupart Écossais.

CUMBERLAND, *Cumbria*, comté d'Angleterre, prov. maritime, borné au N. par l'Écosse, à l'E. par les comtés de Northumberland et de Durham, au S.-E. par le comté de Westmooreland, au S.-O. par celui de Lancaster et à l'O. par la mer d'Irlande. Sa superficie est de 77 l. c. géogr. et sa population de 140,000 âmes. Ce comté est couvert de montagnes, de districts déserts et sauvages et de marais; c'est le plus remarquable du royaume, par les nombreuses beautés de la nature qu'il présente : d'immenses rochers de granit garantissent la côte contre l'irruption de la mer. On y voit encore des restes de l'ancien Pictenwall (rempart des Pictes), construit par les Romains, depuis Carlisle jusqu'à Tyurmouth, pour défendre la prov. de Britannia contre les invasions des Pictes et des Scots, peuples de l'Écosse. Ses montagnes appartiennent à la chaîne du Peak. Ses principales rivières sont l'Eden et le Derwent; il n'y a pas de canaux pour la navigation intérieure, mais plusieurs lacs considérables. Le climat est humide et froid, mais sain, et la plupart des habitants atteignent un âge fort avancé. Le sol, rocailleux et stérile, ne produit que peu de blé, mais des pommes de terre en grande quantité, du lin, des mousses et du bois; les montagnes fournissent du cuivre, du plomb, du graphyte, de la calamine, de la pierre à chaux, de la houille et des ardoises. L'éducation du bétail est la principale occupation des habitants; on s'y livre aussi à la pêche, principalement à celle du saumon. La fabrication du coton, des tapis, de la toile à voiles, du papier, du verre et de la poterie y fait le principal objet de l'industrie. Ce comté fait partie du diocèse de Carlisle et de Chester, nomme six députés et est subdivisé en cinq districts.

CUMBERLAND, île sur la côte de l'état de Géorgie, États-Unis de l'Amérique du Nord, comté de Camden; elle est située entre les sounds de St.-Andrews et de Cumberland et séparée de la terre ferme par un large canal navigable. De hautes forêts de pins en couvrent l'intérieur, et sur les côtes se développent des champs de blé et de belles plantations de coton et de riz.

CUMBERLAND (fleuve). *Voyez* MISSISSIPI (fleuve).

CUMBERLAND, pet. v. des États-Unis de l'Amérique du Nord, état de Pensylvanie, comté d'Adams; 2400 hab.

CUMBERLAND, pet. v. commerçante des États-Unis de l'Amérique du Nord, état de Pensylvanie, comté de Greene, entre le bras S. du Ten-Mile et le Muddy; 3000 h.

CUMBERLAND, comté de l'état de Kentucky, États-Unis de l'Amérique du Nord; il est borné par les comtés d'Adair, de Wayne, de Monroé et l'état de Tennessée; plaine onduleuse traversée par le Cumberland et couverte d'épaisses forêts. Les montagnes fournissent du salpêtre. Burksville, en est le chef-lieu; 10,000 hab.

CUMBERLAND, comté de l'état du Maine, États-Unis de l'Amérique du Nord. Une partie de ce comté, qui autrefois était bien plus grand, a été réunie à celui d'Orléans; cependant il forme encore, avec Lincoln, la province la plus étendue, la plus peuplée et la mieux cultivée de l'état. Ses bornes sont : les comtés d'Orléans, de Lincoln, d'Oxford, de Kennebec et l'Océan. Sa superficie est de 174 l. c. géogr. Plaine onduleuse s'élevant de la côte vers une chaîne de montagnes qui entoure le lac Sébago. Ses principaux cours d'eau sont : le Sagadahok et le Sago. Les baies de Casco et de Black-Point, couvertes de nombreuses îles, s'étendent sur la côte de cette province. Le climat est généralement sain, et le sol très-fertile produit en abondance toutes les espèces de céréales et est riche en bois et en belles prairies. L'éducation du bétail, la pêche de la morue et le commerce y sont d'une grande importance; 60,000 hab.

CUMBERLAND, b. florissant des États-Unis de l'Amérique du Nord, état de Maryland, comté d'Alleghany, dont il est le chef-lieu, au confluent du Wills et du Potowmak; marchés très-fréquentés; commerce actif; 3000 hab.

CUMBERLAND, pet. v. des États-Unis de l'Amérique du Nord, état de Rhode-Island, comté de Providence, sur le Blackstone qui y reçoit plusieurs petites rivières; importantes fabriques de laine; 3500 hab.

CUMBERLAND, comté de l'état de New-Jersey, États-Unis de l'Amérique du Nord; il est borné par les comtés de Gloucester, de Capemai, de Salem et la baie de Delaware, et a une superficie de 21 l. c. géogr. Pays maigre et sablonneux, renferme beaucoup de marais salants, il est important par l'éducation du bétail. Le Cohanzy et le Morris traversent ce pays et s'embouchent dans la baie de Delaware; 15,000 hab.

CUMBERLAND, comté de l'état de la Caroline-du-Nord, États-Unis de l'Amérique du Nord; il est borné par les comtés de Wake, de Johnson, de Sampson, de Bladen, de Robeson et de Moore. Sol sablonneux et rocailleux, couvert de pins et de broussailles et d'une fertilité médiocre; bonnes terres le long du Cape-Fear, le principal fleuve du pays; 19,000 hab.

CUMBERLAND, comté de l'état de Pensylvanie, États-Unis de l'Amérique du Nord; il est borné par les comtés de Mifflin, de Dauphin, d'York, d'Adams et de Franklin, a une étendue de 46 l. c. géogr. La partie méridionale forme une grande et belle vallée entre les North-Mountains et les South-Mountains; au N. s'étendent les North-Mountains, continuation des montagnes Bleues, les Buffaloe-Hills et les Tuscarora-Mountains. Toutes ces montagnes sont bien boisées et riches en marbre, pierres à meules et à aiguiser, fer, cuivre, plomb et pyrite sulfureuse. Le Susquéhannah, qui y reçoit un grand nombre d'affluents, traverse ce pays à l'E.; agriculture florissante, éducation du bétail, commerce de bois et de fer; 30,000 hab.

CUMBERLAND, comté de l'état de Virginie, États-Unis de l'Amérique du Nord; il est borné par les comtés de Goochland, de Powhatan, d'Amélia, de Prince-Edward et de Buckingham. Le James et l'Appatamox sont les principales rivières de ce pays fertile en tabac; 12,000 hab.

CUMBERLAND (baie de). *Voyez* CHAMPLAIN (lac).

CUMBERLAND (monts). *Voy.* ALLEGHANY (montagnes).

CUMBERLAND, comté de la Nouvelle-

Écosse, Amérique septentrionale; il comprend le N.-O. de la presqu'île et est borné par la mer Rouge, qui sépare la Nouvelle-Écosse de l'île du Prince-Édward, le comté d'Halifax, le Bason-of-Minas, la baie de Fundy et le Nouveau-Brunswic, dont il est séparé par le Misquash; au S.-O. ce pays présente une péninsule formée par les baies profondes du Bason-of-Minas et de Chinecto. Cette presqu'île est couverte de collines et de montagnes peu élevées, riches en mines de houille. Le Misquash et la rivière de la Planche, qui se déchargent dans la baie de Hinecto, et l'Apple, qui s'embouche dans la baie de Fundy, sont les principales rivières de ce pays. Généralement ce comté est bien arrosé et fertile en céréales, mais couvert aussi de marais et d'eaux stagnantes. Une partie de la baie Verte y appartient. Cumberland, pet. v. commerçante sur le Bason-of-Minas, est le chef-lieu du comté.

CUMBERLANDSHAVEN. *Voyez* Juan-Fernandèz (île).

CUMIANA, pet. v. du roy. de Sardaigne, prov. de Pincrolo; 4600 hab.

CUMIÈRES, vg. de Fr., Marne, arr. de Reims, cant. d'Ay, poste d'Épernay; vins estimés; 1090 hab.

CUMIÈRES, vg. de Fr., Meuse, arr. et poste de Verdun-sur-Meuse, cant. de Charny-sur-Meuse; 300 hab.

CUMIÈS, vg. de Fr., Aude, arr. de Castelnaudary, cant. et poste de Salles-sur-l'Hers; 110 hab.

CUMINGOBURGH, pet. v. de la Guyane anglaise, gouv. de Démérary; elle est régulièrement bâtie et divisée par six canaux en autant de quartiers; cette ville fait un commerce considérable; 2500 hab.

CUMINO. *Voyez* Comino.

CUM-LEUWU. *Voyez* Colorado (Rio-).

CUMMA. *Voyez* Camma.

CUMMINGTON, pet. v. des États-Unis de l'Amérique du Nord, état de Massachusetts, comté de Hampshire; 2600 hab.

CUMOND, vg. de Fr., Dordogne, arr. de Ribérac, cant. et poste de St.-Aulaye; 650 h.

CUMONT, vg. de Fr., Tarn-et-Garonne; arr. de Castelsarrasin, cant. et poste de Beaumont-de-Lomagne; 360 hab.

CUMUCUTA, volcan de la rép. de Vénézuela, dép. de Maturin, prov. de Cumana.

CUNAC, vg. de Fr., Tarn, arr. et poste d'Alby, cant. de Villefranche; 50 hab.

CUNAULT, vg. de Fr., Maine-et-Loire, arr. de Saumur, cant. de Gennes; poste des Rosiers; 250 hab.

CUNAWHÉE (monts). *Voyez* Géorgie (état).

CUNCHES, prov. de l'Araucanie, rép. du Chili; elle est habitée par les Cunches, peuplade très-guerrière.

CUNCY-LÈS-VARZY, vg. de Fr., Nièvre, arr. de Clamecy, cant. et poste de Varzy; 600 hab.

CUNDINAMARCA, dép. de la rép. de la Nouvelle-Grenade, dont il occupe le centre; il est borné par les dép. de Magdaléna, de Cauca, de Boyaca et par les rép. de Vénézuela et de l'Ecuador. Son étendue est de 3650 l. c. géogr., avec une population de 392,000 âmes. Les Andes traversent ce pays en trois immenses chaînons et y forment deux superbes vallées, celle du Magdaléna à l'O. et la vallée du Cauca à l'E., avec de nombreuses vallées adjacentes. En général, cette partie des Andes offre les points de vue les plus pittoresques et les scènes les plus majestueuses de toute la chaîne des Cordillères: les Paramos-de-la-Summa-Paz, le pont de l'Icononzo, la chute de Téquendama, la côte de Cuindiu, le pic de Tolima, etc., y étalent leurs sauvages beautés. Le sol, presque partout sablonneux, est peu propre à l'agriculture, mais généralement très-favorable à l'éducation du bétail qui fait la principale occupation des habitants de la campagne.

Les montagnes offrent une grande richesse de minéraux. On exploite surtout de l'or, de l'argent, du platine, du sel, etc. Les forêts presque impénétrables qui couvrent les montagnes et les bords des grands fleuves fournissent toutes les espèces de bois, important article du commerce de ce pays.

Le majestueux Magdaléna, l'Orénoque avec le Méta, le Cauca et d'autres fleuves très-considérables, affluents du Magdaléna, fertilisent ce pays et en sont autant de routes de commerce qui deviendront de plus en plus importantes, à mesure que l'agriculture aura pénétré dans les régions intérieures et que les communications par terre seront plus développées et mieux entretenues. Le commerce d'exportation consiste en coton, or, argent, indigo, sucre, bois de campêche, baume, ipécacuana, etc.

Avant la révolution de 1819, le dép. de Cundinamarca faisait partie de la viceroyauté de la Nouvelle-Grenade et comprenait les gouv. civils de Maréquita, de Neiva, des Llanos-de-San-Juan et d'Antioquia. Aujourd'hui ce département est divisé en quatre provinces : Bogota, Antioquia, Maréquita et Neiva. La capitale du département est Bogota, siége de l'intendant et d'un archevêque.

CUNÉGES, vg. de Fr., Dordogne, arr. et poste de Bergerac, cant. de Sigoulès; 450 hab.

CUNEL, vg. de Fr., Meuse, arr. de Montmédy, cant. de Montfaucon, poste de Dun-sur-Meuse; 230 hab.

CUNELIÈRES, vg. de Fr., Haut-Rhin, arr. et poste de Belfort, cant. de Fontaine; 140 hab.

CUNÉO. *Voyez* Coni.

CUNFIN, vg. de Fr., Aube, arr. de Bar-sur-Seine, cant. et poste d'Essoyes; commerce de bois et fabr. de sabots; 1180 hab.

CUNHA, jadis Façao, pet. v. de l'emp. du Brésil, prov. et comarque de San-Paolo, à 12 l. N. de Paraty; elle jouit d'un climat agréable et très-sain; tous les fruits européens y viennent en abondance et le sapin du Brésil y atteint une hauteur prodigieuse; 4000 hab.

CUNHAHU ou **CRUMATAHY**, fl. de l'emp. du Brésil, prov. de Rio-Grande, s'embouche dans l'Océan Atlantique, à 2 l. S. de la Ponta-da-Pipa, après avoir reçu plusieurs petites rivières.

CUNHAMBYBA, île fertile et habitée dans la baie d'Angra-dos-Heys, sur la côte de la prov. de Rio-Janeiro, emp. du Brésil.

CUNHINGA, pet. roy. de l'intérieur de la Basse-Guinée, Afrique, à l'E. de celui de Cutato; il est arrosé par le Cunhinga, affluent du Coanza, et a pour capitale la ville de même nom. Ses habitants, quoique belliqueux, vivent en paix.

CUNIVOS, peuplade indienne, en partie convertie au christianisme, dans la rép. du Pérou, dép. de Livertad, sur les bords de l'Ucayali et de l'Apurimac inférieur. En 1659 et 1740, ils se révoltèrent, conjointement avec les Campas, Giros et Comavos contre les missionnaires qui s'étaient établis parmi eux et les massacrèrent tous sans quartier.

CUNLHAT, b. de Fr., Puy-de-Dôme, arr. et à 4 l. N.-O. d'Ambert, chef-lieu de canton, poste de St.-Amand-Roche-Savine; 3325 hab.

CUNNINGHAM, cap qui ferme au S. la baie de Banks, Devon septentrional, et derrière lequel s'élèvent les hautes montagnes de Cunningham, mais dont les pics noircis sont rarement couverts de neige.

CUNNINGHAM (baie). *Voyez* SOMMERSET SEPTENTRIONAL.

CUNNINGHAM, dist. septentrional du comté d'Air, en Écosse.

CUNNINGHAM, b. d'Irlande, comté de Donegal, sur le Longh-Swilly; 2000 hab.

CUNY, pet. île d'Irlande, dans le comté et la baie de Sligo.

CUON, vg. de Fr., Maine-et-Loire, arr., cant. et poste de Baugé; 890 hab.

CUORGNE, v. du roy. de Sardaigne, prov. d'Ivrée; a une population de 3200 habitants; fabr. d'ouvrages en cuivre.

CUPANAMA (Copename en anglais), fl. de la Guyane anglaise, naît dans les montagnes de l'intérieur, traverse la colonie de Surinam et se jette dans l'embouchure du Suraméca ; il communique par un canal naturel avec le Nickiri, affluent du Corentyn.

CUPAR, pet. v. d'Écosse, comté de Fife, au confluent de l'Eden et du St.-Mary; elle est bien bâtie, possède un collége académique, une bibliothèque publique et une imprimerie; ses habitants fabriquent une grande quantité de toile; tanneries, tuileries; commerce très-considérable; 5000 hab.

CUPAR-ANGUS, b. d'Ecosse, comté de Perth ; possède des fabriques de toile et des tanneries très-considérables; 2600 hab.

CUPERLY, vg. de Fr., Marne, arr. et poste de Châlons-sur-Marne, cant. de Suippes; 310 hab.

CUPICA, pet. v. et bon port de la rép. de la Nouvelle-Grenade, dép. de Cauca, prov. de Choco.

CUQ, b. de Fr., Lot-et-Garonne, arr. d'Agen, cant. et poste d'Astaffort; 860 hab.

CUQ-LÈS-VIELMUR, vg. de Fr., Tarn, arr. et poste de Castres, cant. de Vielmur; 860 hab.

CUQ-TOULZA, vg. de Fr., Tarn, arr. et à 4 l. S. de Lavaur, chef-lieu de canton, poste de Puylaurens; 1190 hab.

CUQUERON, vg. de Fr., Basses-Pyrénées, arr. d'Oloron, cant. et poste de Monein; 360 hab.

CURA ou **SAN-LUIS-DE-CURA**, v. de la rép. de Vénézuela, dép. du même nom, prov. et à 16 l. de Caracas; 4500 hab.

CURAC, vg. de Fr., Charente, arr. de Barbezieux, cant. et poste de Chalais; 370 hab.

CURAÇAO. *Voyez* CURASSAO.

CURACICANAS. *Voyez* PARÉCAS.

CURAHUARA. *Voyez* CARANGAS.

CURAMO, baie considérable sur la côte des Esclaves, Haute-Guinée, Afrique, à l'embouchure du Lagos.

CURAN, ham. de Fr., Aveyron, com. de Sallas-Curan; 180 hab.

CURANDERIE, ham. de Fr., Eure, com. de Condé-sur-Rille; 110 hab.

CURASSAO, île la plus importante et la plus grande des Antilles hollandaises, à 15 l. N. du continent de l'Amérique méridionale; s'étend entre 12° 12' et 12° 27' lat. N. Son étendue est de 8 1/2 l., selon d'autres de 28 l. c. géogr. Dans ce dernier chiffre se trouve comprise probablement la superficie des deux îles danoises: de Saba et de St.-Eustache.

Les Espagnols prirent possession de cette île en 1527, mais ils en furent chassés, en 1634, par les Hollandais qui, depuis cette époque, en sont restés les maîtres.

Curassao renferme 14,000 habitants, dont 6,030 esclaves. Cette île, rocher aride et stérile de nature, ne doit ses divers produits qu'à un travail assidu et à une culture bien comprise; cependant ses productions ne suffisent pas aux besoins de ses habitants. Elle manque d'eau, mais elle abonde en poissons, en volaille, en tortues et en eau de mer. Cette colonie, autrefois très-importante par son commerce de contrebande, se trouve de nos jours dans un état assez déplorable. Capitale : Wilhelmstadt.

Les petites îles de Curassao-le-Petit, d'Aruba, d'Aves et de Bonaire dépendent de l'île de Curassao.

CURATCHI ou **KORATCHI**, v. de l'Indé transgangétique, principauté de Sindhy. Elle est située sur le golfe d'Oman, a un port et est défendue par une citadelle. Sa population était de 13,000 habitants en 1809, et elle doit avoir augmenté ; car Curatchi est maintenant la ville la plus riche et la plus florissante du Sindhy ; c'est un entrepôt de commerce important entre les roy. de Kaboul et de Lahore, la Perse, l'Inde et le Béloutchistan.

CURBANS, vg. de Fr., Basses-Alpes, arr. de Sisteron, cant. et poste de la Motte-du-Caire ; 620 hab.

CURBIGNY, vg. de Fr., Saône-et-Loire, arr. de Charolles, cant. et poste de la Clayette ; 440 hab.

CURBUSSOT, ham. de Fr., Gard, com. de Redessan ; 100 hab.

CURÇAY, vg. de Fr., Vienne, arr. et poste de Loudun, cant. des Trois-Moutiers ; 730 h.

CURCHY, vg. de Fr., Somme, arr. de Montdidier, cant. de Roye, poste de Nesle ; 250 hab.

CURCIAT, vg. de Fr., Ain, arr. de Bourg-en-Bresse, cant. et poste de St.-Trivier-de-Courtes ; 1640 hab.

CURCY, vg. de Fr., Calvados, arr. de Caen, cant. d'Évrecy, poste d'Harcourt-Thury ; 770 hab.

CURDIN, vg. de Fr., Saône-et-Loire, arr. de Charolles, cant. de Gueugnon, poste de Toulon-sur-Arroux ; 320 hab.

CURÉ, ham. de Fr., Charente-Inférieure, com. de St.-Georges-du-Bois ; 140 hab.

CURÉ, ham. de Fr., Yonne, com. de Domecy-sur-Cure ; 150 hab.

CURE (la), riv. de Fr., a sa source dans le dép. de la Nièvre, près de Gien, arr. de Château-Chinon, cant. de Montsauche. Elle coule vers le N.-O., reçoit la Chalaux et le Cousin, entre dans le dép. de l'Yonne, passe à Vermanton et se jette dans l'Yonne après un cours de 22 l., dont 14 de flottage.

CUREL, vg. de Fr., Basses-Alpes, arr. et poste de Sisteron, cant. de Noyers ; 300 h.

CUREL, vg. de Fr., Haute-Marne, arr. de Vassy, cant. de Chevillon, poste de Joinville ; 600 hab.

CUREMONTE, b. de Fr., Corrèze, arr. de Brives, cant. et poste de Meyssac ; 1230 hab.

CUREN ou GRENNÉ, misérable b. de la rég. de Tripoli, Afrique, sur le plateau de Barca, avec les restes de la magnifique Cyrène, capitale de la Cyrénaïque, et patrie d'Aristippe, chef de la secte cyrénaïque, d'Eratosthène et de Carnéades. Au milieu de nombreux amas de pierres, débris de monuments, on distingue encore les ruines d'un bain construit en briques et conservant plusieurs pièces voûtées ; un stadium, formé par de simples rangs de bornes semblables à celles des rues ; deux petits temples hypogés de l'époque romaine, avec des emblèmes chrétiens, et plusieurs châteaux ; mais ce qui mérite surtout d'attirer les regards du voyageur, c'est la nécropolis. Tout le flanc de la montagne, autant que la vue peut en embrasser l'étendue, se présente couvert de façades, de grottes, de sarcophages et de débris de toute espèce. Dans une de ces grottes, M. Pacho a découvert des peintures qui paraissent représenter des jeux funéraires et que M. Letronne regarde comme romaines, dans une autre sont représentés un cirque et une chasse ; dans une troisième, une peinture parfaitement conservée, offre, dans une série de petits tableaux, les diverses occupation de la vie d'une esclave noire, etc.

CURES, vg. de Fr., Sarthe, arr. du Mans, cant. et poste de Conlie ; 700 hab.

CURET (Haut et Bas-), ham. de Fr., Var, com. de Six-Fours ; 100 hab.

CUREY, vg. de Fr., Manche, arr. d'Avranches, cant. et poste de Pontorson ; 450 h.

CURGIES, vg. de Fr., Nord, arr., cant. et poste de Valenciennes ; fabr. de sucre indigène ; 850 hab.

CURGY, vg. de Fr., Saône-et-Loire, arr., cant. et poste d'Autun ; 1350 hab.

CURICO (San-Josef-de-) ou SAN-JOSEF-DE-BONA-VISTA, pet. v. de la rép. du Chili, prov. de Colchagua, dist. de Maulé, dans une belle plaine, au pied d'une colline, sur le Rio-Huaito et sur la route de Tulca ; agriculture, commerce, exploitation de riches mines d'or ; elle fut fondée en 1742 ; 3000 hab.

CURIÈRES, vg. de Fr., Aveyron, arr. d'Espalion, cant. et poste de Laguiole ; 1290 hab.

CURIS, vg. de Fr., Rhône, arr. de Lyon, cant. de Neuville-sur-Saône, poste de Chasselay ; 470 hab.

CURLEW-MOUNTAINS, montagnes d'Irlande, dans le comté de Roscommon ; elles appartiennent à la chaîne de Mayo et de Galway.

CURLEY, vg. de Fr., Côte-d'Or, arr. de Dijon, cant. et poste de Gevrey ; 130 hab.

CURLU, vg. de Fr., Somme, arr. et poste de Péronne, cant. de Combles ; 450 hab.

CURMONT, vg. de Fr., Haute-Marne, arr. de Chaumont-en-Bassigny, cant. et poste de Juzennecourt ; 70 hab.

CURNIER, vg. de Fr., Drôme, arr., cant. et poste de Nyons ; 260 hab.

CURRITUK, comté de l'état de la Caroline-du-Nord, États-Unis de l'Amérique du Nord ; il est borné par l'état de Virginie, par les Sounds de Currituk et d'Albemarle et par le comté de Camden. Le North-River arrose ce pays encore peu cultivé. La fertile île de Cron dans l'Albemarle-Sound, fait partie du comté ; 9500 hab.

CURSAC (Gironde). *Voyez* SEURIN-DE-CURSAC (Saint-).

CURSAN, vg. de Fr., Gironde, arr. de Libourne, cant. de Branne, poste de Créon ; 220 hab.

CURSIEU, ham. de Fr., Loire, com. de Caloire ; 110 hab.

CURSIEU, ham. de Fr., Loire, com. de Montbrison ; 200 hab.

CURSON, ham. de Fr., Drôme, com. de Chanos ; 470 hab.

CURTAFOND, vg. de Fr., Ain, arr. et poste de Bourg-en-Bresse, cant. de Montrevel; 640 hab.
CURTIL, ham. de Fr., Côte-d'Or, com. de Bligny-sous-Beaune; 250 hab.
CURTILLE, ham. de Fr., Isère, com. des Avenières; 200 hab.
CURTIL-SOUS-BUFFIÈRES, vg. de Fr., Saône-et-Loire, arr. de Mâcon, cant. et poste de Cluny; 340 hab.
CURTIL-SOUS-BURNAUD, vg. de Fr., Saône-et-Loire, arr. de Mâcon, cant. et poste de St.-Gengoux-le-Royal; 550 hab.
CURTIL-SUR-SEINE, vg. de Fr., Côte-d'Or, arr. de Dijon, cant. et poste de St.-Seine; 200 hab.
CURTIL-VERGY, vg. de Fr., Côte-d'Or, arr. de Dijon, cant. et poste de Gevrey; forges; 150 hab.
CURTIN, vg. de Fr., Isère, arr. de la Tour-du-Pin, cant. et poste de Morestel; 350 hab.
CURTON (Lot-et-Garonne). *Voyez* MARTIN-DE-CURTON (Saint-).
CURUA (lagoas de), série de lacs communiquant entre eux par des canaux naturels ou des rivières qui les traversent, emp. du Brésil, prov. de Para, comarque de Marajo; ils reçoivent, entre autres fleuves et rivières, le Rio-Curua et le Rio-Péquéno, et s'écoulent dans le Maragnon.
CURUAMAMA, gr. lac de l'emp. du Brésil, prov. et comarque de Para, au N. du Maragnon.
CURUGOATY, b. du dictatorat du Paraguay, fut fondé en 1715 par des habitants de Villa-Rica; 2700 hab.
CURURIPE (Bahia de), belle et vaste baie sur la côte de la prov. d'Alagoas, emp. du Brésil.
CURVALE, b. de Fr., Tarn, arr. d'Albi, cant. et poste d'Alban; 2570 hab.
CURYTIBA, v. de l'emp. du Brésil, prov. de San-Paolo, comarque de Curytiba, dont elle est le chef-lieu, sur le fleuve du même nom; avec son district 12,000 hab.
CURZAY, vg. de Fr., Vienne, arr. de Poitiers, cant. et poste de Lusignan; bons vins; 940 hab.
CURZOLA (île de), *Corcyra Nigra*, sur la côte de Dalmatie, séparée de la presqu'île de Sabioncella par le canal de Curzola; y compris Agosta et Torkola, elle compte 11 l. c. géogr. et 6500 hab. Elle est couverte d'un grand nombre de forêts qui fournissent d'excellent bois pour la construction des navires; on y récolte aussi beaucoup de vin, mais peu de blé; l'eau manque; un grand nombre de ses habitants se livrent à la pêche, qui est très-productive.
CURZOLA, pet. v. fortifiée et chef-lieu de l'île du même nom; on y construit beaucoup de navires. Le diocèse de Curzola vient d'être réuni à celui de Raguse; 1800 hab.
CURZON, vg. de Fr., Vendée, arr. des Sables, cant. des Moutiers, poste d'Avrillé; 720 hab.

CUSANCE. *Voyez* CUISANCE.
CUSANO, v. du roy. des Deux-Siciles, Terre-de-Labour; fabr. de toiles; 3400 hab.
CUSCH. *Voyez* ÉTHIOPIE.
CUSCO (el). *Voyez* CUZCO.
CUSCUS. *Voyez* ILLAPÈL.
CUSE, vg. de Fr., Doubs, arr. de Baume-les-Dames, cant. et poste de Rougemont; 590 hab.
CUSEL ou **KUSEL**, v. de la Bavière rhénane, chef-lieu et siége des autorités du canton et de l'arrondissement de ce nom. Bien bâtie, sur la pente d'une montagne, à 6 l. de Landstuhl. Manufactures de draps et tanneries. Dans les environs, carrières et des mines de houille; on y élève du bétail, surtout des brebis. La ville a été fondée au commencement du sixième siècle par saint Remi, archevêque de Reims, et elle était autrefois fortifiée. En 1635 les Croates s'en emparèrent et la réduisirent en cendres, après y avoir commis les excès les plus révoltants. Incendiée par les Français en 1677, elle a été relevée, puis de nouveau livrée aux flammes, en 1794, par ordre du représentant du peuple Henz, les habitants étant accusés d'avoir fabriqué de faux assignats. Pop. de la ville 2100 hab., de l'arrondissement 32,000.
CUSEY, vg. de Fr., Haute-Marne, arr. de Langres, cant. et poste de Prauthoy; 490 h.
CUSHEGUNG (monts). *Voyez* NEW-JERSEY (état).
CUSHGATY, île du Nil dans la partie septentrionale de la Nubie, Afrique, prov. d'Ouady-Nuba, non loin de Derr.
CUSSAC, b. de Fr., Cantal, arr., cant. et poste de St.-Flour; 730 hab.
CUSSAC, ham. de Fr., Cantal, com. de Chaussenac; 180 hab.
CUSSAC, vg. de Fr., Dordogne, arr. de Bergerac, com. de Cadouin, poste de Lalinde; 430 hab.
CUSSAC, vg. de Fr., Gironde, arr. de Bordeaux, cant. de Castelnau-de-Médoc, poste de Margaux; vins renommés de Médoc; 1035 hab.
CUSSAC, vg. de Fr., Haute-Loire, arr. et poste du Puy, cant. de Solignac-sur-Loire; 490 hab.
CUSSAC, vg. de Fr., Haute-Vienne, arr. et poste de Rochechouart, cant. d'Oradour-sur-Vayres; 1900 hab.
CUSSANGY, vg. de Fr., Aube, arr. de Bar-sur-Seine, cant. et poste de Chaource; 680 h.
CUSSAY, vg. de Fr., Indre-et-Loire, arr. de Loches, cant. de la Haye-Descartes, poste de Ligueil; 850 hab.
CUSSES, ham. de Fr., Aveyron, com. de Brusque; 120 hab.
CUSSET, pet. v. de Fr., Allier, arr. et à 5 l. S.-O. de la Palisse, chef-lieu de canton et poste. Cette ville est le siége d'une conservation des hypothèques et d'une direction des contributions indirectes; fabr. de cardes, de couvertures de laine, de produits chimiques, de papier, etc.; 5100 hab.

CUSSET-LES-FORGES, vg. de Fr., Côte-d'Or, arr. de Dijon, cant. et poste de Grancey; forges; 460 hab.

CUSSEY-SUR-LIZON, vg. de Fr., Doubs, arr. de Besançon, cant. et poste de Quingey; 180 hab.

CUSSEY-SUR-L'OGNON, vg. de Fr., Doubs, arr. et poste de Besançon, cant. de Marchaux; 370 hab.

CUSSIGNY, ham. de Fr., Moselle, com. de Gorcy; 200 hab.

CUSSON, ham. de Fr., Loire, com. de St.-Hillaire-Cusson-la-Valmitte; 100 hab.

CUSSY, vg. de Fr., Calvados, arr., cant. et poste de Bayeux; 180 hab.

CUSSY, ham. de Fr., Calvados, com. d'Authy; 180 hab.

CUSSY, vg. de Fr., Cher, arr. de St.-Amand-Mont-Rond, cant. et poste de la Guerche-sur-l'Aubois; 1090 hab.

CUSSY, ham. de Fr., Nièvre, com. de Villapourçon; 140 hab.

CUSSY-EN-MORVANT, vg. de Fr., Saône-et-Loire, arr. d'Autun, cant. et poste de Lucenay; 1830 hab.

CUSSY-LA-COLONNE, vg. de Fr., Côte-d'Or, arr de Beaune, cant. et poste de Bligny-sur-Ouche. On voit à Cussy une colonne antique que l'on suppose avoir été érigée en souvenir d'une victoire remportée sous le règne de Dioclétien. C'est un monument très-intéressant; 220 hab.

CUSSY-LES-FORGES, vg. de Fr., Yonne, arr. et poste d'Avallon, cant. de Guillon; 720 hab.

CUSSY-SUR-ARROUX, vg. de Fr., Côte-d'Or, arr. de Beaune, cant. et poste d'Arnay-le-Duc; 310 hab.

CUSTINES, vg. de Fr., Meurthe, arr., cant. et poste de Nancy; 790 hab.

CUSTRAC, ham. de Fr., Cantal, com. de Drugeac; 160 hab.

CUSTRIN, v. forte de Prusse, cer. et rég. de Francfort, située au milieu de marais, au confluent de la Warta et de l'Oder. La ville se compose de l'ancienne et de la nouvelle ville et de trois faubourgs et est protégée par la citadelle, qui renferme un bel arsenal et communique avec la nouvelle ville par un pont remarquable de 875 pieds de longueur. On y fabrique des cuirs et des étoffes de laine; 7800 hab. Cette ville paraît avoir appartenu à la Pologne dès avant 1381. En 1758 elle fut réduite en cendres par les Russes, et en 1806 elle se rendit aux Français. Après le désarmement de l'armée polonaise, en 1831, le cabinet de Berlin condamna aux travaux de la forteresse les soldats qui avaient rejeté l'amnistie de l'empereur de Russie.

CUSU-LEUWU. *Voyez* RIO-NÉGRO.

CUSY, vg. de Fr., Yonne, arr. de Tonnerre, cant. et poste d'Ancy-le-Franc; 250 h.

CUTATO, petit roy. de l'intérieur de la Basse-Guinée, Afrique, au N. de celui de Baïlundo et à l'O. de celui de Cuhinga; il est traversé par le Cutato et a pour capitale la ville de même nom. Ses habitants, quoique belliqueux, vivent en paix avec les Portugais et laissent ces derniers traverser leur territoire.

CUTCH (golfe de), enfoncement du golfe d'Oman, entre la prov. de Cutch et la presqu'île de Guzerate.

CUTCH ou KATCH, COUTCH (principauté de), est une pet. prov. de l'Indoustan dont le nom signifie pays frontière et qu'il ne faut pas confondre avec Cutch-Gundawà, prov. du Béloudchistan. Elle est située entre 65° 58' et 68° 43' long. E. et 22° 39' et 24° 37' lat. N., et est bornée au N. par le Moultan, à l'E. par Guzerate, au S. par le golfe de Cutch et à l'O. par le golfe d'Oman. Le sol est élevé du côté de la mer, bas et marécageux à l'E. Les habitants sont navigateurs, commerçants et pirates; ils vivaient sous un grand nombre de chefs indépendants, continuellement en guerre les uns avec les autres. Pour mettre fin à leurs brigandages et pour acquérir une position forte sur l'Indus, les Anglais se sont emparés, en 1816, du dist. d'Andjar, de Moudavie, la principale place de commerce de la principauté de Cutch, et de Boudj, où réside le chef le plus puissant de cette province. Leurs garnisons occupent aujourd'hui ces places, et les chefs indigènes reconnaissent par un tribut leur souveraineté.

CUTINANOS. *Voyez* XÉBÉROS.

CUTRELLE, ham. de Fr., Seine-et-Oise, com. de Vimpelles; 260 hab.

CUTRY, vg. de Fr., Aisne, arr. de Soissons, cant. et poste de Vic-sur-Aisne; 190 h.

CUTRY, vg. de Fr., Moselle, arr. de Briey, cant. et poste de Longwy; 330 hab.

CUTS, vg. de Fr., Oise, arr. de Compiègne, cant. et poste de Noyon; fabr. de calicots; 1450 hab.

CUTTAK ou KATTAK, v. de l'Inde, présidence de Calcutta, chef-lieu du district de même nom; grande ville fortifiée et défendue par le fort de Barrabuttec. Elle est située entre les deux branches du Mahanaddy, sur une colline qui, dans la saison des pluies, s'élève seule au-dessus de la plaine inondée; industrie florissante; commerce étendu; la population, dont le chiffre a été exagéré dans la plupart des relations, ne s'élevait, en 1821, qu'à 40,000 âmes.

CUTTING, vg. de Fr., Meurthe, arr. de Château-Salins, cant. et poste de Dieuze; 450 hab.

CUTTOLY, vg. de Fr., Corse, arr. d'Ajaccio, cant. de Sarrola, poste de Bocognano; 590 hab.

CUTTYHUNK. *Voyez* ÉLISABETH (îles).

CUTXAN, ham. de Fr., Gers, com. de Cazaubon; 200 hab.

CUVE, vg. de Fr., Haute-Saône, arr. de Lure, cant. de Vauvillers, poste de St.-Loup; 410 hab.

CUVERGNON vg. de Fr., Oise, arr. de

Senlis, cant. et poste de Betz; 330 hab.

CUVERVILLE, vg. de Fr., Calvados, arr. de Caen, cant. et poste de Troarn; 150 h.

CUVERVILLE, vg. de Fr., Eure, arr., cant. et poste des Andelys; 320 hab.

CUVERVILLE, vg. de Fr., Seine-Inférieure, arr. de Dieppe, cant. et poste d'Eu; 320 hab.

CUVERVILLE-EN-CAUX, vg. de Fr., Seine-Inférieure, arr. du Hâvre, cant. de Criquetot-Lesneval, poste de Montivilliers; 490 hab.

CUVES, vg. de Fr., Manche, arr. d'Avranches, cant. et poste de Brécey; 900 h.

CUVES, vg. de Fr., Haute-Marne, arr. de Chaumont-en-Bassigny, cant. et poste de Clefmont; 160 hab.

CUVIER, vg. de Fr., Jura, arr. de Poligny, cant. de Nozeroy, poste de Champagnole; 420 hab.

CUVILLERS, vg. de Fr., Nord, arr., cant. et poste de Cambrai; 380 hab.

CUVILLIER, ham. de Fr., Somme, com. de Saulcourt; 110 hab.

CUVILLY, vg. de Fr., Oise, arr. de Compiègne, cant. et poste de Ressons; 730 hab.

CUVRY, vg. de Fr., Moselle, arr. et poste de Metz, cant. de Verny; 250 hab.

CUXAC-CABARDÈS, vg. de Fr., Aude, arr. de Carcassonne, cant. de Saissac, poste de Mas-Cabardès, fabr. de draps; 1100 hab.

CUXAC-SUR-AUDE, vg. de Fr., Aude, arr. et poste de Narbonne, cant. de Coursan; 1360 hab.

CUXHAVEN, b. du territoire de la ville libre de Hambourg; avec des bains de mer fréquentés, un phare, un établissement de quarantaine et un bon port; 800 hab.

CUY, vg. de Fr., Oise, arr. de Compiègne, cant. de Lassigny, poste de Noyon; 360 hab.

CUY, vg. de Fr., Yonne, arr. de Sens, cant. et poste de Pont-sur-Yonne; 290 hab.

CUYABA (Villa-Réal-de-), v. florissante de l'emp. du Brésil, prov. de Matto-Grosso, comarque de Cuyaba, à une demi-lieue du fleuve de ce nom; siége d'un évêque et d'un tribunal du district; collége; commerce de sucre, de coton, d'or et de diamants; elle manque de voies de communication; 30,000 hab. avec le district.

CUYAHOGA, comté de l'état d'Ohio, États-Unis de l'Amérique du Nord; il est borné par les comtés de Géanga, de Portage, de Médina, de Huron et le lac Erié. Le sol est fertile et bien arrosé; 9000 hab.

CUYOCAN. *Voyez* COYOHUACAN.

CUY-SAINT-FIACRE, vg. de Fr., Seine-Inférieure, arr. de Neufchâtel-en-Bray, cant. et poste de Gournay; 380 hab.

CUYUNI. *Voyez* ESSÉQUÉBO.

CUZAC, vg. de Fr., Lot, arr., cant. et poste de Figeac; 660 hab.

CUZANCE, vg. de Fr., Lot, arr. de Gourdon, cant. et poste de Martel; 1150 hab.

CUZAY-SAINTE-RADEGONDE, ham. de Fr., Cher, com. de Dun-le-Roi; 350 hab.

CUZCO ou Cusco (el-), dép. de la rép. du Pérou; il est borné par les dép. d'Ayacucho, d'Aréquipa; de Puno et par le dist. des Indiens libres. Son étendue est de 2120 l. c. g., avec 264,000 hab.

Ce département comprend les bassins de l'Apurimac et du Pilcomayo et s'étend jusqu'au confluent de l'Apurimac et du Pachachuca. C'est un pays de montagnes se développant sur un des plateaux les plus élevés des Cordillères du Pérou. Pour éviter d'inutiles répétitions, nous renvoyons nos lecteurs aux articles spéciaux sur les provinces, pour ce qui concerne la nature et les produits du sol de ce département, ainsi que ses ressources industrielles et commerciales.

Le département est divisé en onze provinces: Urubamba, Calca-y-Lares, Abancay, Cercado-del-Cuzco, Paucartambo, Aimaraës, Catabambas, Paruro, Guispicanchi, Chumbivilcas et Tinta.

CUZCO (el-) ou Cusco, Cousco, v. de la rép. du Pérou, chef-lieu du département de même nom, sur un plateau élevé et très-fertile, entre deux hautes montagnes d'où descendent de nombreuses rivières, entre autres le Jucai. Cette ville est presque aussi étendue, mais bien moins peuplée que Lima. Cependant elle est sous tous les rapports la seconde ville du Pérou. Elle est le siége d'un évêque et possède une université, plusieurs colléges, dont un pour les jeunes Indiens, d'autres établissements littéraires et une monnaie. Fabr. de laine, de coton, de cuir, de parchemin, de tapis, etc. Les broderies, les ouvrages en peinture et en sculpture que l'on y fabrique sont également très-estimés. Le sucre est le plus important objet du commerce de la ville; 47,000 hab.

Cuzco et ses environs jouissent d'un climat délicieux; de beaux jardins, des maisons de campagne, avec de vastes plantations de sucre et des champs fertiles, entourent la ville. Les tremblements de terre s'y font sentir peu souvent. On n'en cite que deux: celui de 1590 et celui de 1797. Ce dernier exerça de grands ravages.

Cuzco, jadis la capitale du vaste empire des Incas, fut fondée, à ce qu'il paraît, dans le onzième siècle et pris par Pizarro en 1534. Elle offre un grand nombre d'intéressantes antiquités, telles que les ruines de l'ancienne citadelle, jadis la résidence des Incas, dont on voit encore le mur extérieur; cette forteresse communiquait, par une galerie souterraine, avec le palais des Incas dans la ville; les bains des Incas, dans l'enceinte de la ville; les ruines du magnifique temple du soleil, remplacé par un couvent de dominicains; le temple de la vierge du soleil, sur l'emplacement duquel s'élève aujourd'hui le couvent de Santa-Catalina; de nombreux monuments funéraires dans les environs de la ville. La grande route des Incas, qui conduisait de Cuzco à Quito, avait 700 l. de longueur. M. de Humboldt, qui en a vu les restes sur différents points des Cordillères, dit que cette admirable chaussée, construite en grande partie en pierres de taille et atteignant quelquefois la hauteur de 4150 mètres au-dessus du niveau de la mer, peut soutenir la comparaison avec les plus beaux travaux de cette espèce des anciens Romains.

CUZCO (Andes de). *Voyez* CORDILLÈRES.

CUZIEU, vg. de Fr., Loire, arr. de Montbrison, cant. de St.-Galmier, poste de Chazelles; 480 hab.

CUZIEUX, vg. de Fr., Ain, arr. et poste de Belley, cant. de Virieux-le-Grand; 380 h.

CUZION, vg. de Fr., Indre, arr. de la Châtre, cant. d'Éguzon, poste d'Argenton-sur-Creuse; 790 hab.

CUZORN, vg. de Fr., Lot-et-Garonne, arr. de Villeneuve-sur-Lot, cant. et poste de Fumel; hauts-fourneaux et forges; papeterie; 1440 hab.

CUZOUL (le), ham. de Fr., Tarn-et-Garonne, com. de Castanet; 130 hab.

CUZY, vg. de Fr., Saône-et-Loire, arr. d'Autun, cant. d'Issy-l'Évêque, poste de Luzy; 400 hab.

CYBARD-DE-MONTMOREAU (Saint-), vg. de Fr., Charente, arr. de Barbezieux, cant. et poste de Montmoreau; 470 hab.

CYBARDEAUX (Saint-), vg. de Fr., Charente, arr. d'Angoulême, cant. et poste de Rouillac; 1500 hab.

CYBARD-LE-PEYRAT (Saint-), vg. de Fr., Charente, arr. d'Angoulême, cant. et poste de la Valette; 210 hab.

CYCLADES, groupe d'îles dans la mer Égée; elles sont réunies en un nomos de l'état de la Grèce; les principales sont : Andros, Tinos, Thermia, Milos, Naxos et Paros.

CYCLADES (Grandes-), archipel dans l'Océanie, qui reçoit aussi les noms d'Espiritu-Santo, d'archipel de Quiror et de Nouvelles-Hébrides.

CY-FERTRÈVE (Saint-), vg. de Fr., Nièvre, arr. de Nevers, cant. et poste de St.-Bénin-d'Azy; 340 hab.

CYLINDRE (le), un des sommets des Pyrénées. *Voyez* PYRÉNÉES.

CYLINDRINA, g. a., contrée de l'Inde, en deçà du Gange; elle formait la prov. actuelle de Sérinagur, dans le N. de l'Indoustan.

CYLLY, pet. v. et chef-lieu d'un district dans le cant. de Vaud, en Suisse, située sur le lac de Genève. On y récolte un vin très-recherché; les Romains y consacrèrent un temple à Bacchus. Sa population, en y comprenant celle de la Villette, qui en est rapprochée, est de plus de 3000 hab.

CYNOCEPHALES, *Cynos-Cephalæ*, g. a., v., selon d'autres, colline de la Thessalie, à l'E. de Pharsale; Philippe II, roi de Macédoine, y fut défait par le consul Flaminius, 197 avant J.-C.

CYNTHIANIA. *Voyez* Harisson (comté).

CYNTHUS, g. a., mont. de l'île de Délos. La mythologie y fait naître Apollon et Diane. Au pied de cette montagne se trouvait un temple de marbre.

CYNURIA, g. a., pet. contrée de l'Argolide, sur la frontière de la Laconie, le long de la côte du golfe d'Argolide.

CYPRES-SWAMP. *Voyez* SOUTHAMPTON (comté).

CYPRIEN (Saint-), vg. de Fr., Aveyron, arr. et poste de Rhodez, cant. de Conques; 2380 hab.

CYPRIEN (Saint-), vg. de Fr., Corrèze, arr. de Brives, cant. d'Ayen; poste d'Objat; 520 hab.

CYPRIEN (Saint-), v. de Fr., Dordogne, arr., à 3 l. O.-S.-O. et poste de Sarlat, chef-lieu de canton; 2290 hab.; fabr. de briques, tuiles, chaux; exploitation de pierres de taille, blanches et rousses.

CYPRIEN, (Saint-), vg. de Fr., Loire, arr. de Montbrison, cant. de St.-Rambert, poste de Sury-le-Comtal; 420 hab.

CYPRIEN (Saint-), vg. de Fr., Lot, arr. de Cahors, cant. et poste de Montcuq; 730 hab.

CYPRIEN (Saint-), vg. de Fr., Pyrénées-Orientales, arr. et cant. de Perpignan, poste d'Elne; 500 hab.

CYPRIEN (Saint-), ham. de Fr., Rhône, com. de Marcy; 250 hab.

CYR (Saint-), ham. de Fr., Ain, com. de St.-Trivier-sur-Moignans; 160 hab.

CYR (Saint-), vg. de Fr., Ardèche, arr. de Tournon, cant. et poste d'Annonay; 450 hab.

CYR (Saint-), vg. de Fr., Indre-et-Loire, arr., cant. et poste de Tours; 1430 hab.; fabr. de carreaux à la mécanique.

CYR (Saint-), vg. de Fr., Jura, arr. de Poligny, cant. et poste d'Arbois; 340 hab.

CYR (Saint-), vg. de Fr., Manche, arr. de Valognes, cant. et poste de Montebourg; 380 hab.

CYR (Saint-), vg. de Fr., Saône-et-Loire, arr. de Châlon-sur-Saône, cant. et poste de Sennecey; 800 hab.

CYR (Saint-), vg. de Fr., Seine-et-Marne, arr. de Coulommiers, cant. de Rebais, poste de la Ferté-sous-Jouarre; blanchisserie; chaux et plâtre; 1440 hab.

CYR (Saint-), vg. de Fr., Seine-et-Oise, arr., cant., à 1 l. O. et poste de Versailles; célèbre par l'abbaye que Mme de Maintenon y fonda pour l'éducation de 250 demoiselles nobles. Cette maison a changé de destination : c'est aujourd'hui une école militaire pour 300 élèves, qui y reçoivent pendant deux ans l'instruction nécessaire aux officiers d'infanterie; 1080 hab.

CYR (Saint-), ham. de Fr., Tarn, com. de Lautrec; 190 hab.

CYR (Saint-), vg. de Fr., Var, arr. de Toulon-sur-Mer, cant. et poste du Beausset; 1770 hab.

CYR (Saint-), vg. de Fr., Vienne, arr. et poste de Poitiers, cant. de St.-Georges-les-Baillargeaux; 280 hab.

CYR (Saint-), vg. de Fr., Haute-Vienne, arr. et poste de Rochechouart, cant. de St.-Laurent-sur-Gorre; 1250 hab.

CYRA, g. a., v. de la Sogdiane; elle fut bâtie par Cyrus, sur les bords du Taxartes, au pied des monts Oxiens, à l'O. d'Alexandrie, et détruite par Alexandre, qui y fut blessé.

CYR-AU-MONT-D'OR (Saint-), vg. de Fr., Rhône, arr. et poste de Lyon, cant. de Limonest; 1830 hab.

CYR-DE-BAILLEUL (Saint-), vg. de Fr., Manche, arr. de Mortain, cant. et poste de Barenton; 2550 hab.

CYR-DE-FAVIÈRES (Saint-), vg. de Fr., Loire, arr. et poste de Roanne, cant. de St.-Symphorien-de-Lay; 670 hab.

CYR-DE-SALERNE (Saint-), vg. de Fr., Eure, arr. de Bernay, cant. et poste de Brionne; 700 hab.

CYR-DE-SARGE (Saint-), Loir-et-Cher. *Voyez* SARGÉ.

CYR-DES-GATS (Saint-), vg. de Fr., Vendée, arr. et poste de Fontenay-le-Comte, cant. de l'Hermenault; 770 hab.

CYR-DE-VALORGES (Saint-), vg. de Fr., Loire, arr. de Roanne, cant. de Néronde, poste de St.-Symphorien-de-Lay; 1000 hab.; fabr. de mousseline et broderie.

CYR-DU-DORET (Saint-), vg. de Fr., Charente-Inférieure, arr. de la Rochelle, cant. de Courçon, poste de Nouaillé; 400 h.

CYR-DU-GAULT (Saint-), vg. de Fr., Loir-et-Cher, arr. de Blois, cant. et poste d'Herbault; 570 hab.

CYR-DU-RONCEREY (Saint-), vg. de Fr., Calvados, arr. de Lisieux, cant. d'Orbec, poste de Fervacques; 4450 hab.

CYR-DU-VAUDREUIL (Saint-), vg. de Fr., Eure, arr. de Louviers, cant. de Pont-de-l'Arche, poste de Notre-Dame-du-Vaudreuil; 920 hab.

CYRE (Sainte-), vg. de Fr., Aube, arr. d'Arcis-sur-Aube, cant. et poste de Méry-sur-Seine; 440 hab.

CYRÉNAIQUE, g. a., contrée de l'Afrique, sur la Méditerranée, s'étendit depuis la Grande-Chersonèse jusqu'à la Grande-Syrte. Ses premiers habitants lui vinrent de Thera, sous la conduite de Battus, l'an 631 avant J.-C. Cent-cinq ans plus tard, sous Battus III, elle reçut un gouvernement monarchique, d'après le plan de Demonax, de Mantinée; sous Arcésilaus III, fils de Battus III, elle tomba au pouvoir des Perses, mais s'en affranchit plus tard et se constitua en république. Après avoir défendu leur liberté contre les Carthaginois et après la mort d'Alexandre-le-Grand, Ptolémée Ier la réunit à l'Égypte. Ptolémée Appion, dernier roi de Cyrénaïque, en fit don aux Romains, l'an 97 avant J.-C. Les habitants furent d'abord déclarés libres, mais plus tard, pendant la guerre des Crétois, la Cyrénaïque fut réduite en province romaine, et forme de nos jours le roy. de Barca.

CYR-EN-ARTHIES (Saint-), vg. de Fr., Seine-et-Oise, arr. de Mantes, cant. de Magny, poste de Bonnières; 230 hab.

CYR-EN-BOURG (Saint-), vg. de Fr., Maine-et-Loire, arr. et poste de Saumur, cant. de Montreuil-Bellay; 840 hab.

CYR-EN-PAIL (Saint-), vg. de Fr., Mayenne, arr. de Mayenne, cant. et poste de Prez-en-Pail; 1400 hab.

CYR-EN-RETZ (Saint-), vg. de Fr., Loire-Inférieure, com. de Fresnay; 870 hab.

CYR-EN-TALMONDAIS (Saint-), vg. de Fr., Vendée, arr. des Sables, cant. des Moutiers, poste d'Avrillé; 490 hab.

CYR-EN-VAL (Saint-), vg. de Fr., Loiret, arr. et cant. d'Orléans, poste d'Olivet; 670 h.

CYRICE (Saint-), vg. de Fr., Hautes-Alpes, arr. de Gap, cant. d'Orpières, poste de Serres; 80 hab.

CYR-LA-CAMPAGNE (Saint-), vg. de Fr., Eure, arr. de Louviers, cant. d'Amfreville-la-Campagne, poste d'Elbeuf; 370 hab.

CYR-LA-CORDIERE (Saint-), Var. *Voyez* CYR (Saint-).

CYR-LA-LANDE (Saint-), vg. de Fr., Deux-Sèvres, arr. de Bressuire, cant. et poste de Thouars; 550 hab.

CYR-LA-RIVIÈRE (Saint-), vg. de Fr., Seine-et-Oise, arr. et poste d'Étampes, cant. de Méréville; 380 hab.

CYR-LA-ROCHE (Saint-), vg. de Fr., Corrèze, arr. de Brives, cant. de Juillac, poste d'Objat; 660 hab.

CYR-LA-ROSIÈRE (Saint-), vg. de Fr., Orne, arr. de Mortagne-sur-Huine, cant. de Nocé, poste de Bellême; 1190 hab.

CYR-LE-CHATOUX (Saint-), vg. de Fr., Rhône, arr., cant. et poste de Villefranche-sur-Saône; 240 hab.

CYR-LE-GRAVELAIS (Saint-), vg. de Fr., Mayenne, arr. de Laval, cant. de Loiron, poste de la Gravelle; 700 hab.

CYR-LÈS-CHAMPAGNES (Saint-), vg. de Fr., Dordogne, arr. de Nontron, cant. de Lanouaille, poste d'Excideuil; 670 hab.

CYR-LES-COLONS (Saint-), vg. de Fr., Yonne, arr. d'Auxerre, cant. et poste de Chablis; 880 hab.

CYR-LES-VIGNES (Saint-), vg. de Fr., Loire, arr. de Montbrison, cant. et poste de Feurs; 1000 hab.

CYRQ (Saint-), vg. de Fr., Lot-et-Garonne, arr., cant. et poste d'Agen; 1850 hab.

CYR-SOUS-DOURDAN (Saint-), vg. de Fr., Seine-et-Oise, arr. de Rambouillet, cant. et poste de Dourdan; 680 hab.

CYR-SUR-LE-RHONE (Saint-), vg. de Fr., Rhône, arr. de Lyon, cant. de St.-Colombe, poste de Vienne; 160 hab.

CYR-SUR-MENTHON (Saint-), vg. de Fr., Ain, arr. de Bourg-en-Bresse, cant. de Pont-de-Veyle, poste de Mâcon; 1230 hab.

CYS-LA-COMMUNE, vg. de Fr., Aisne, arr. de Soissons, cant. et poste de Braisne; 200 hab.

CYSOING, vg. de Fr., Nord, arr., à 3 l.

S.-E. et poste de Lille, chef-lieu de canton; filat. et fabr. de coton. On y remarque un fort joli parc et un château moderne, bâti sur l'emplacement d'une ancienne abbaye. Une pyramide triangulaire rappelle le séjour que Louis XV fit dans l'abbaye de Cysoing, après la bataille de Fontenoy; 2710 hab.

CYSZEWO, pet. v. du roy. de Pologne, woïwodie de Plock, dist. d'Ostrolenka; 400 h.

CYTHÈRE (Nouvelle-). *Voyez* TAHITI.

CYTONUS ou KYTNOS, eptarchie du roy. de Grèce, formée par l'île du même nom et comprise dans les Cyclades; son chef-lieu est Thermia.

CYZIQUE. Les ruines de cette ville, colonie grecque, fondée sur la côte asiatique de la mer de Marmara, se voient près de Peramo, misérable village bâti sur les atterrissements qui ont réuni l'île de Cyzique au continent. Il ne reste plus que quelques débris de ses murs. Son magnifique Prytanée, le plus beau de la Grèce après celui d'Athènes, ses gymnases, théâtres, stades, port, arsenaux, tout a été détruit par le temps.

CZABATS, v. forte de la Servie, sur la Save.

CZARNIKOW (Czarnikau), v. de Prusse, prov. de Posen, rég. de Bromberg, chef-lieu d'un cercle, renfermant 42,000 hab. Elle est située sur la Netze; fabr. de draps; 2900 hab.

CZARNOW, vg. du roy. de Pologne, woïwodie de Cracovie, dist. de Kielce, avec un ci-devant couvent de Bénédictins, sur le sommet d'une montagne où l'on exploite des mines de plomb.

CZARTORYSK, v. de Pologne, woïwodie de Volhynie, sur le Styr; 1650 hab.

CZASLAU, cer. du roy. de Bohême, borné au N.-O. par le cer. de Kaurzim, au N.-E. par celui de Chrudim, au S.-E. par la Moravie et au S.-O. par le cer. de Tabor; 59 l. c. géogr.; 190,000 hab. Il est traversé par la Sazawa de l'E. à l'O.; l'Elbe coule au N. Son sol est fertile et produit beaucoup de blé et de chanvre; les montagnes, qui s'y élèvent du côté de la Moravie, fournissent du bois, du gibier, de l'argent, du fer, du salpêtre, des grenats et d'autres pierres précieuses; l'industrie est peu considérable, cependant ses manufactures de coton, de draps et de papier sont assez florissantes.

CZASLAU, *Czaslavia*, pet. v. de Bohême, chef-lieu et siége des autorités du cercle de ce nom. Dans sa cathédrale on voit le tombeau de Ziska, mort en 1424. Fabr. de salpêtre. Frédéric-le-Grand y a défait les Autrichiens, commandés par Charles de Lorraine, le 17 mai 1742; 2600 hab.

CZCHOW, b. de Gallicie, cer. de Bochnia, sur le Dunajec.

CZECHEN, peuple slave, se retrouve en Bohême et en Moravie.

CZECZOWIEZE, vg. de Bohême, cer. de Klattau; bains minéraux.

CZEDLADZ, pet. v. du roy. de Pologne, woïwodie de Cracovie, dist. d'Olkusz, sur la Czarna-Brzemia; 1100 hab.

CZEGLED, b. de Hongrie, comitat de Pesth; 2300 hab.

CZEITSCH, vg. d'Autriche, gouv. de Moravie et Silésie, cer. de Brunn; remarquable par ses bains minéraux.

CZEKIN, vg. d'Autriche, gouv. de Moravie et Silésie, cer. de Prerau, non loin de Kakor; fabr. de draps fins.

CZELADZ, v. du roy. de Pologne, woïwodie de Cracovie, sur la rive gauche de la Brinica, tout près de la frontière prussienne; 1200 hab.

CZELAKOWITZ (Celacowic), très-pet. v. de Bohême, cer. de Kaurzim, sur l'Elbe; 1000 h.

CZEMIERNICKI, v. de Pologne, woïwodie de Lublin, sur la rive gauche de la Tysnienica; 1000 hab.

CZENSTOCHAU, pet. v. du roy. de Pologne, woïwodie de Kalisz, dist. de Wielun, dont les fortifications ont été rasées par les Russes, en 1813; remarquable par le sanctuaire de la Ste.-Vierge, qui y attire une foule de pèlerins; célèbre par sa défense, en 1771, sous Casimir Pulaski, chef de la confédération de Bar, et par un combat qui eut lieu dans ses environs, en 1665, entre l'armée polonaise et le prince Lubomirski; 7000 hab.

CZERNA-GORA. *Voyez* MONTENEGRO.

CZERNOWITZ (Boukowine), cer. de la Gallicie, borné au N. par les cer. de Kolomea et de Czortkow, à l'E. et au S. par la Moldavie, au S.-O. par la Transylvanie et à l'O. par le cer. de Kolomea; 152 l. c. géogr.; 103,000 hab. Ce cercle comprend l'ancienne Boukowine, partie de la Moldavie, qui fut cédée par la Porte à l'Autriche, en 1777.

CZERNOWITZ, v. de la Gallicie, chef-lieu de la Boukowine, près du Pruth; elle est florissante par son industrie variée et par son commerce; elle possède un institut philosophique et plusieurs autres établissements littéraires. Orfévrerie, horlogerie, chapellerie. Ancien château fort. Siége d'un évêque grec; 7000 hab.

CZERSK, pet. v. du roy. de Pologne, woïwodie de Mazovie, dist. de Sochaczew; 400 hab.

CZERWENITZA, vg. de Hongrie, cer. en deça de la Theiss, comitat de Sarosch, important par sa célèbre mine d'opales.

CZERWINSK, pet. v. du roy. de Pologne, woïwodie de Plock, dist. du même nom, avec un ci-devant couvent des Augustins.

CZIRQUENA, b. des confins militaires, généralat de Carlstadt-Warusdin et de Bande-Croatie, régiment de Creuz.

CZIRQUENIZA, b. d'Autriche, gouv. de Trieste, cer. de Fiume, sur le canal de Morlacca; avec un pont; pêche; 1400 hab.

CZORTKOW, cer. du roy. de Gallicie, borné au N. par le cer. de Tarnepot, à l'E. par la Russie, au S. par la Moldavie et le cer. de Czernowitz, à l'O. par les cer. de Kolomea et de Stanislawow et au N.-O. par celui de Brzezani. Superficie 65 l. c. géogr., pop. 150,000 hab.; le cercle est traversé par le Dniester et séparé de la Bukowine par le Pruth. Son sol est très-fertile et produit du blé, des légumes, du tabac, des melons, de l'anis, du maïs et du bois en abondance. L'éducation des abeilles et la fabrication de draps grossiers forment la principale occupation des habitants.

CZORTKOW, pet. v. de Dalmatie, dans le cer. du même nom, sur le Sered; possède un beau château et une grande manufacture de tabac.

CZYCKEWA, v. de Pologne, woïwodie de Plock, située sur le Brot et entourée d'une plaine très-fertile; 1000 hab.

NOTA. Comme beaucoup de noms géographiques s'écrivent indifféremment avec le C ou avec le K, et que les renvois se seraient trop multipliés, nous renvoyons nos lecteurs à cette dernière lettre pour les noms qu'ils ne trouveront pas à la lettre C.

D

ABER, pet. v. de Prusse, prov. de Poméranie, rég. de Stettin ; située entre les lacs de Daber et de Teetz et entourée de prairies marécageuses ; 1300 hab.

DABISSE, ham. de Fr., Basses-Alpes, com. de Mées; 100 hab.

DABO ou **DAGSBOURG**, vg. de Fr., Meurthe, arr. de Sarrebourg, cant. et poste de Phalsbourg; scieries; cuvellerie; 2185 hab.

DACHAU, b. de Bavière, chef-lieu du district de même nom, cer. de l'Isar, situé sur l'Amber, à 4 l. de Munich, sur la route de cette ville à Augsbourg. Le district produit beaucoup de grains et de lin, et auprès du bourg se trouve un grand entrepôt de bois de flottage qui arrive sur ce point par l'Amber. Son ancien château, ainsi que le bourg qui était autrefois fortifié, ont eu beaucoup à souffrir par les siéges de 1142, 1398, 1403 et 1633; population du bourg 1300 hab., du district 14,800.

DACHSTEIN, *Dagoberti Saxum*, vg. de Fr., Bas-Rhin, arr. de Strasbourg, cant. et poste de Molsheim. Ce village, jadis petite ville, situé sur la Bruche, se nommait anciennement *Dabichenstein*, et était fortifié ainsi que son château, bâti par l'évêque Henri II; mais ses murs furent rasés et le château entièrement démoli par les Suédois, l'an 1633, et par les Français en 1675. D'après une inscription qu'on dit y avoir trouvée, c'est Dagobert, devenu roi des Francs, en 632, qui a fondé le château; 570 hab.

DACIA AURELANI, g. a., contrée de la Basse-Mœsie, sur les rives méridionales du Danube; l'empereur Aurélien y fit transporter les colons de la Dacie menacée des incursions des Goths.

DACIE, g. a., contrée au S.-E. de la Sarmatie d'Europe, était bornée à l'E. par le Pruth, au N. par les monts Carpathes, à l'O. par la Theiss et au S. par le Danube. Elle fut réduite en province romaine par l'empereur Trajan, l'an 106, et fut divisée en *Dacia Alpensis, Ripensis* et *Mediterra-*

nea. Aujourd'hui elle comprend le comitat de Temes, la partie N.-E. du cercle en-deçà de la Theiss, la Valachie, la Transylvanie, la Moldavie, sur la rive occidentale du Pruth, et la Boukowine.

DA-COSTA ou **SOUCIR**. *Voyez* ASSINIE.

DADDAJA, pet. port d'Espagne, situé sur la côte septentrionale de l'île de Minorque; vis-à-vis se trouve une petite île du même nom.

DADONVILLE, vg. de Fr., Loiret, arr., cant. et poste de Pithiviers; 730 hab.

DADOUIN (les), ham. de Fr., Jura, com. de St.-Pierre; 120 hab.

DADOUR, chef-lieu du district du même nom, dans le Beloutchistan, prov. de Cutch-Gundawâ. Elle est bâtie au confluent du Kanhi et du Nari, contient 1500 maisons et est entourée, comme toutes les villes de ce pays, d'un mur en terre.

DAFFOU, pet. v. de la Nigritie centrale, Afrique, roy. de Yarriba; on lui accorde 15,000 hab.

DAGANA, vg. de Nègres dans le roy. Ghiolof de Oualo, en Sénégambie, sur la rive droite du Sénégal, résidence du brack ou roi; les Français y ont un établissement qui fait partie de l'arr. de St.-Louis, à 10 l. O.-S.-O. de Podor; la contrée est riche en coton; 1200 hab.

DAGHESTAN, pays de montagnes, prov. de la Russie d'Asie, sur le versant oriental du Caucase. Elle commence au S. du Terek et forme une longue zône entre les montagnes et la mer Caspienne, arrosée par le Koïsou et l'Aksaï; sa superficie est de 600 l. c. La province produit du blé, du riz, du vin, du coton, de la soie, du safran, de la naphte, du bétail et des chevaux. Les habitants des montagnes appartiennent à la famille des Lesghis, mahométans ou idolâtres; ils descendent fréquemment pour piller les pays voisins; les plus redoutables de ces montagnards sont les Tchetchenzes, aux environs de Tarki. Les côtes sont habitées par des Tartares, des Géorgiens, des Arméniens, des Persans et des Juifs. Le Daghestan comprend le territoire du Chamkal, celui de l'Ussmei, le Thabasseran, les territoires de Derbend et Koura, le khanat de Kouba et de petites principautés de Lesghis. Les principales villes du Daghestan, qui se divise en septentrional et méridional, sont Tarki, Derbend, Kouba, Koura, Antzoug, Yarsi et Barchly; 200,000 hab.

DAGLAN, vg. de Fr., Dordogne, arr. de Sarlat, cant. et poste de Domme; 1360 hab.

DAGNEUX, vg. de Fr., Ain, arr. de Trévoux, cant. et poste de Montluel; 900 hab.

DAGNY, vg. de Fr., Seine-et-Marne, arr. de Coulommiers, cant. et poste de la Ferté-Gaucher; 220 hab.

DAGNY-LAMBERCY, vg. de Fr., Aisne, arr. de Laon, cant. et poste de Rozoy-sur-Serre; 460 hab.

DAGO (l'île), dans la mer Baltique, située entre 19° 28' et 20° 50' long. orient., et entre 58° 42' et 59° 7' lat. sept.; elle appartient à la Russie et est annexée au gouv. d'Esthonie. Cette île, d'une étendue de 14 1/2 milles c., a une population de 10,000 âmes, répartie dans les trois districts de Keims, Reiks et Puhhalep. Elle est séparée de l'île d'OEsel par le Selosund; elle a à l'O. le cap Dagerort avec un phare; elle est bien boisée et fertile sur la côte orientale.

DAGONVILLE, vg. de Fr., Meuse, arr. et cant. de Commercy, poste de Ligny; 350 h.

DAGOUMBA ou **DAGVOUMBA**, **DEGVOMBA**, roy. peu connu de la Nigritie centrale, Afrique, entre le Garou, le Gamba, le Yarriba, le Dahomey et l'Intaa; Yehndi, capitale.

DAGSBOURG (Meurthe). *Voyez* DABO.

DAGUAO, fl. de la côte E. de l'île de Porto-Rico.

DAGUENIÈRE (la), vg. de Fr., Maine-et-Loire, arr. d'Angers, cant. des Ponts-de-Cé, poste de St.-Mathurin; 1150 hab.

DAHABY ou **DJEBEL-DYAB**, mont. dans la partie orientale de la Nubie; jadis exploitée, mais non encore épuisée.

DAHCHOUR ou **DAJIOR**, **DACHAUR**, *Acanthus*, b. de la Moyenne-Égypte, préfecture, à 10 l. S. de Djyzeh, sur la rive gauche du Nil; on y voit plusieurs pyramides.

DAHÉ, pet. v. de la Haute-Guinée, Afrique, roy. de Dahomey, entre Abomey et Calmina.

DAHÉ ou **DAWHIE**, b. de la Haute-Guinée, Afrique, roy. de Dahomey, au S. d'Abomey; autrefois chef-lieu du dist. des Foys; tout près on voit le palais royal de Dompagey.

DAHLAK ou **ORINE**, la plus grande des îles de la mer Rouge, sur la côte N.-E. de l'Abyssinie; elle a 10 l. de long sur 5 de large; sol fertile; du temps des Romains station principale pour la pêche des perles. Sous les Ptolémées et même du temps des califes, les marchands qui l'habitaient étaient renommés pour leurs immenses richesses. Depuis longtemps les pêcheries de la mer Rouge sont complétement abandonnées, et cette île n'a aujourd'hui pour habitants que de pauvres pêcheurs; Dahlac-el-Kibir, chef-lieu.

DAHLEN, pet. v. de Prusse, prov. du Rhin, rég. de Dusseldorf; fabr. de velours de soie et de toiles de lin; 1300 hab.

DAHLEN, v. du cer. de Misnie, roy. de Saxe; château; 1800 hab.

DAHLENHEIM ou **THALHEIM**, vg. de Fr., Bas-Rhin, arr. de Strasbourg, cant. et poste de Wasselonne; 730 hab.

DAHME, v. de Prusse, sur la Dahme, prov. de Brandebourg, rég. de Potsdam; fabr. d'étoffes de laine et de toiles de lin. Les 6 et 7 septembre 1813, le maréchal Ney chercha à prendre position entre cette ville et le village de Dennevitz, mais il fut obligé de se retirer; 7400 hab.

DAHN, b. de la Bavière rhénane, chef-lieu du canton de même nom, arr. de Pirmasenz, situé sur la Lauter, au pied de montagnes boisées à 2 l. de Deux-Ponts. On récolte dans ce canton peu de blé, mais l'éducation des bestiaux y est florissante. Les environs renferment deux vieux châteaux du même nom; pop. du bourg 1400 hab., du canton 9500.

DAHOMEY, roy. de la Haute-Guinée, Afrique, au N. de la côte des Esclaves; pays très-fertile en maïs, millet, oranges, indigo, coton, cannes à sucre, tabac, huile de palmier, toutes sortes d'épiceries; les femmes de ce royaume sont la propriété exclusive du monarque; elles sont armées de fusils et d'arcs et forment le premier régiment de ses gardes. Quoique sa puissance soit bien déchue depuis la moitié du siècle passé, et qu'on le regarde même comme tributaire ou pour le moins comme vassal du Yarriba, ce royaume n'en est pas moins toujours un des plus grands et des plus puissants de toute la Haute-Guinée. Il paraît s'étendre depuis la frontière orientale de l'emp. d'Achanti jusqu'à la frontière du Yarriba et des petits royaumes tributaires de ce dernier; on connaît encore moins son étendue du côté du Nord; mais on sait qu'elle est très-considérable; Abomey, capitale.

DAHOUET, ham. de Fr., Côtes-du-Nord, com. de Pleneuf; 430 hab.

DAIGNAC, vg. de Fr., Gironde, arr. de Libourne, cant. et poste de Branne; 270 h.

DAIGNAN, ham. de Fr., Gers, com. d'Aubiet; 150 hab.

DAIGNY, vg. de Fr., Ardennes, arr., cant. et poste de Sedan; forges; filat. hydr. de laine; 570 hab.

DAILLANCOURT, vg. de Fr., Haute-Marne, arr. de Chaumont-en-Bassigny, cant. et poste de Vignory; 340 hab.

DAILLECOURT, vg. de Fr., Haute-Marne, arr. de Chaumont-en-Bassigny, cant. et poste de Clefmont; 300 hab.

DAIN-EN-SAULNOIS, vg. de Fr., Moselle, arr. de Metz, cant. de Pange, poste de Solgne; 130 hab.

DAINVILLE, vg. de Fr., Pas-de-Calais, arr., cant. et poste d'Arras; 680 hab.

DAINVILLE-AUX-FORGES, vg. de Fr., Meuse, arr. de Commercy, cant. et poste de Gondrecourt; forges; 680 hab.

DAIR ou DEER, DEIR, DERR, pet. b. de la Basse-Nubie, Afrique, dite aussi communément pays des Barabras ou Kenous, dont il est en même temps le chef-lieu. Il est situé sur la rive droite du Nil, à 55 l. S.-S.-O. de Syène. Il a environ 200 maisons et est regardé comme la capitale de la Basse-Nubie ou Nubie ottomane. On trouve dans ses environs beaucoup de ruines et un temple égyptien taillé dans le roc; M. Champollion en attribue la construction à Sésostris.

DAIX, vg. de Fr., Côte-d'Or, arr., cant. et poste de Dijon; 250 hab.

DAJABON ou MASSACRE, fl. considérable de l'île d'Haïti; il coule vers le N., est très-poissonneux, reçoit le Capotillo et s'embouche dans la baie de Mancenilla, sous 10° 50' lat. N.

DAJABON ou DAXABON, v. de l'île d'Haïti, dép. du Nord, sur le fleuve du même nom, qui faisait autrefois la limite entre les possessions des Français et celles des Espagnols dans l'île d'Haïti; au N. de cette ville s'étendent les savanes de Dajabon; 5000 hab.

DAKHEL, oasis de la Nigritie orientale, Afrique, dépendance du vice-roy. d'Égypte, située à l'O. de l'oasis El-Chargeh ou de la Grande-Oasis; elle produit du blé, du riz, des dattes, des fruits du sud, etc.; eaux sulfureuses; Medinet-el-Qassr, chef-lieu.

DAKKA, v. de l'Inde anglaise, présidence de Calcutta, dist. de Dakka-Djelalpour, située sur la rive gauche du Bori-Gange ou Vieux-Gange, jadis la capitale de tout le Bengale; siége actuel d'une cour d'appel; par son industrie elle est une des villes les plus importantes du Bengale; ses manufactures sont nombreuses et florissantes; on y fabrique les plus belles mousselines de l'Inde; 150,000 hab.

DAKKE ou DAKKI, DECKE, DEKKA, DUKKEY, la *Pselcis* des anciens, pet. v. dans le Ouady-el-Kenous, Nubie septentrionale, Afrique, sur la rive gauche du Nil et sur la route de Kirdhéh à Seboua. On y voit un temple remarquable surtout par ses sculptures mythologiques; à 24 l. S. de Syène.

DAL (la), le plus grand fleuve de Suède, naît en deux branches dans les montagnes à l'E. de Faïmund, parcourt, dans toute sa longueur, l'ancienne Dalécarlie, où sa branche principale, la Dal orientale, traverse le lac Sillan, et vient se jeter dans le golfe de Botnie, gouv. d'Upsal, après un cours de 150 l.

DALABA. *Voyez* FUTA-DSCHIALLON.

DALAI ou CHALAN, KALON, grand lac de la Chine, situé dans le pays des Kalkas. Il a plus de 50 l. de tour, reçoit les eaux de l'Urson et est traversé par le Cheruliun.

DALAROSSIE, b. d'Écosse, comté d'Inverness, sur le Findhorn; passage de montagnes entre les Higlands et les Lowlands; 1500 hab.

DALBO, nom particulier de la moitié occidentale du lac Wenern.

DALÉCARLIE ou DALARNE, c'est-à-dire pays des Vallées, *Dalecarlia*, ancienne prov. de Suède, d'environ 70 l. de long sur 40 de large, arrosée par la Dal et renfermant le lac Sillian. Elle offre de hautes montagnes; son aspect est généralement sauvage, son sol sablonneux et rocailleux; elle abonde en mines de fer et de cuivre. Falun en est le lieu le plus connu. Les Dalécarliens sont des hommes vigoureux, d'une physionomie expressive; ils ont de l'énergie dans le caractère et le sentiment de la liberté. C'est chez eux que se retira Gustave Wasa, après avoir échappé à la captivité, c'est avec eux qu'il commença la révolution qui le porta sur le trône de Suède.

DALEM, vg. de Fr., Moselle, arr. de Thionville, cant. et poste de Bouzonville; 400 hab.

DALES, ham. de Fr., Ain, com. de Pouillat; 100 hab.

DAL-HADJY, pet. forteresse d'Abyssinie, Afrique, roy. d'Enderta, à quelques lieues S. d'Antalow; prison d'état.

DALHAIN, vg. de Fr., Meurthe, arr., cant. et poste de Château-Salins; 560 hab.

DALHEM, pet. v. du roy. de Belgique, sur la Derwine, prov., arr. et à 4 l. de Liége; manufactures de draps; 900 hab.

DALHUNDEN, vg. de Fr., Bas-Rhin, situé sur un îlot formé par le Rhin et la Moder, arr. de Strasbourg, cant. et poste de Bischwiller; 570 hab.

DALIAS, v. d'Espagne, roy. de Grenade, dist. des Côtes-Moyennes; située au pied de la Sierra de Gador; 6000 hab.

DALKEITH, b. d'Écosse, comté d'Édimbourg, sur les deux Esk; bien bâti, florissant par son industrie et son commerce; fabr. de cuirs, de chapeaux, de savon et de chandelles; commerce de grains, de farine et de chevaux. Dans son voisinage se trouve Dalkeith-House, superbe campagne du duc de Buccleugh; 5000 hab.

DALLAS, comté de l'état d'Alabama, États-Unis de l'Amérique du Nord; il est borné par les comtés de Greene, de Perry, d'Autauga, de Montgoméry, de Willcox et de Marengo; pays sain, fertile et agréable, arrosé par l'Alabama qui y reçoit la Cahawba, le Mulberry et d'autres rivières; 10,000 hab.

DALLAYO ou Doulga, île du Nil dans la Nubie septentrionale, Afrique, prov. de Ouady-el-Henous; ruines imposantes.

DALLET, vg. de Fr., Puy-de-Dôme, arr. de Clermont-Ferrand, cant. et poste de Pont-du-Château; 1340 hab.

DALLON, vg. de Fr., Aisne, arr. et poste de St.-Quentin, cant. de St.-Simon; fabr. de noir animal; troupeaux mérinos; 330 h.

DALMATIE. Le roy. de Dalmatie fait partie de l'emp. d'Autriche. Il se compose de cette bande étroite et montagneuse qui suit les côtes orientales de l'Adriatique et s'étend depuis le 42º jusque près du 46º de lat. N., resserrée entre la mer et la Turquie d'Europe. Sa superficie est de près de 400 l. c. Le climat de la Dalmatie est très-doux; ses productions sont variées; mais il lui manque deux choses précieuses: de la terre grasse et de l'eau, conditions presque indispensables à l'accroissement de sa population et par suite au développement de sa puissance. Toute la côte n'est qu'une chaîne de montagnes calcaires, escarpées et stériles, qu'on peut regarder comme les dernières ramifications des Alpes. Le Vellebith se rattache aux Alpes Juliennes et se dirige sous les noms de Popila, Gollissio, Mossor, vers le S. où il se lie au Monténégro, frontière méridionale de la Dalmatie. Le versant de toute la chaîne est rapide; le pied des montagnes touche la mer, et s'il se trouve quelque petite plaine, le sol n'en est pas plus fertile. Le point culminant de toute la chaîne, qu'on désigne souvent sous le nom d'*Alpes dinariques*, est le mont Dinara, haut de 5660 pieds. Presque toutes ces montagnes sont nues ou couvertes de maigres taillis. Quelques belles forêts se trouvent à l'intérieur, mais elles sont inabordables; car il n'existe aucune rivière navigable en Dalmatie, et les chemins sont si mauvais que jusqu'à présent on n'a pu se servir que de mulets pour les transports. Les Français, les premiers, ont établi quelques routes; le gouvernement autrichien fait continuer leur ouvrage. Les montagnes même manquent de sources d'eau vive, et dans beaucoup de villes on ne boit que de l'eau de citerne; aussi les céréales sont elles peu abondantes. Les principaux ruisseaux de la Dalmatie sont la Kerka (Titius), célèbre par ses belles cascades; la Cettina (Telurus) et la Narenta (Naro ou Narbo). Les productions du pays sont l'huile d'olive, meilleure que celle d'Italie, tous les fruits du midi; un vin capiteux et bon; l'éducation du ver à soie y est très-développée; sur les montagnes on trouve des bêtes à cornes, dans les îles qui font partie de ce pays on élève des bêtes à laine; les minéraux sont rares; on n'y a que du sel marin. Mais la mer est très-poissonneuse et les découpures de la côte, les canaux qui la séparent des îles, offrent de beaux ports et de grandes facilités au commerce et à la pêche, qui furent de tous temps la principale occupation des habitants auxquels la nature du sol ne permettait de se livrer ni à l'agriculture ni à l'éducation du bétail. Ces habitants, presque tous d'origine Slave, sont sur la côte des Morlaques (Mur-Wlahi, c'est-à-dire Valaques riverains), slaves à demi-sauvages, doux et hospitaliers; plus haut dans les montagnes sont les Haïduques, renommés autrefois par leurs brigandages; au S., les Monténégrins. Tous ces peuples sont pauvres et préfèrent les armes au travail; quelques-uns d'entre eux sont de vrais brigands. La population et la civilisation italiennes dominent dans les villes; presque tous les Dalmatiens sont catholiques ou grecs-unis; 60,000 à peine appartiennent à l'église grecque.

La Dalmatie fut conquise par les Romains du temps d'Auguste. Lors de la migration des peuples, elle fut occupée d'abord par les Goths et les Avares; les Slaves s'en emparèrent au septième siècle et y fondèrent un royaume qui dura jusqu'en 1050; à cette époque la plus grande partie de la Dalmatie fut réunie à la Hongrie, gouvernée alors par Ladislas-le-Saint; le reste se mit sous la protection de la rép. de Venise, qui ne put empêcher les Turcs de s'emparer de quelques districts. Par le traité de Campo-Formio

(1797), la partie vénitienne fut cédée avec la ville de Venise à l'Autriche. Napoléon la reprit en 1805 par le traité de Presbourg, et réunit la Dalmatie au roy. d'Italie d'abord et en 1810 avec l'Illyrie, tout en faisant administrer le pays par un général-proveditore. Le maréchal Soult reçut le titre de duc de Dalmatie, mais aucun pouvoir. Les événements de 1814 firent rentrer la Dalmatie sous la domination de l'Autriche.

Aujourd'hui la Dalmatie forme, avec les parties autrichiennes de l'Albanie, un royaume divisé en quatre cercles : ceux de Zara, Spalatro, Raguse et Cattaro (Albanie). On y compte 12 villes, 16 bourgs et 943 villages. Les principales villes sont Zara, Spalatro, Raguse, Cattaro. Un grand nombre d'îles sont situées le long de la côte de Dalmatie, dont quelques-unes comme Arbe au N. et Brazza, Curzola et Lezina sont importantes et fertiles, bien que manquant d'eau douce. Plusieurs de ces îles ne sont que des roches calcaires nues et stériles; 340,000 h.

DALMATOV, v. de la Russie orientale, gouv. de Perm; 2000 hab.

DALMAZE (Saint-), Tarn. *Voyez* CACNAC.

DALOU, vg. de Fr., Ariège, arr. de Pamiers, cant. et poste de Varilles; 620 hab.

DALQUHARN, vg. d'Écosse, comté de Dunborton; manufacture de coton. Patrie du poëte Smollet.

DALRY, b. d'Ecosse, comté d'Air, sur le Garnock; remarquable par la célèbre caverne d'Achinskeith; 3000 hab.

DALSTEIN, vg. de Fr., Moselle, arr. de Thionville, cant. et poste de Bouzonville; 750 hab.

DALTON, b. d'Angleterre, comté de Lancastre; forges considérables; 715 hab.

DALWITZ, b. de Bohême, cer. d'Ellenbogen; fabr. de vaisselle de grès, manufactures de camelot et d'étoffes de laine; 2000 h.

DALYA, b. d'Autriche, roy. de Slavonie, comitat de Verœcze, sur le Danube ; a deux églises grecques et fait une pêche très-considérable, surtout celle des esturgeons; 2000 hab.

DAMAGAN ou DAMGUN, v. de Perse, prov. de Tabaristan, au milieu d'une plaine bien arrosée, l'Hecatompolis des anciens, jadis florissante, aujourd'hui tout à fait déchue. De vastes ruines couvrent la plaine où n'existe plus un seul arbre. Le schah de Perse Feth-Ali est né à Damagan; 1200 hab.

DAMAGUIEL, fl. de la rép. de la Nouvelle-Grenade, dép. de Cauca; prend naissance dans les Andes de Choco, coule vers le N. et s'embouche dans la mer des Antilles, à la Punta de Aréna.

DAM ou APPINGADAM. *Voy*. APPINGADAM.

DAMANHOUR ou DEMENHOUR, v. assez grande de la Basse-Égypte, Afrique, chef-lieu de la province de même nom, sur un canal long de 40,000 mètres, entre le Nil et le lac Mariout, à 11 l. E.-S.-E. d'Alexandrie. Elle occupe l'emplacement de l'ancienne *Hermopolis Parva* et a de l'importance par ses plantations de coton. Les Français s'en rendirent maîtres en 1798.

DAMANIEU, ham. de Fr., Gironde, com. de St.-Croix-du-Mont; 110 hab.

DAMAR, *Leontopolis*, v. du Yémen, Arabie, chef-lieu du dist. de Makhareb-el-Anes, située dans une plaine fertile; elle est ouverte, assez grande et bien bâtie. Elle renferme une école célèbre, fréquentée par les Zeïdites, et un petit fort. Le nombre des maisons, au dire des habitants, est de 5000. Les juifs demeurent dans un petit village situé tout près de la ville.

DAMAS, fl. de l'île d'Haïti, descend de la Sierra de Baruco et se décharge dans le lac Enriquille.

DAMAS, *Damascus*, ou DEMECHK, DIMICHK-AL-CHAM des Orientaux, v. de Syrie, chef-lieu de la province de même nom, à 280 l. S.-E. de Constantinople et à 45 l. N.-N.-E. de Jérusalem ; résidence des fonctionnaires du vice-roi d'Égypte, auquel elle appartient depuis 1833, et du patriarche grec d'Antioche, dont relèvent 42 archevêques et évêques de cette communion. Damas est située dans une plaine magnifique, couverte de la plus éclatante verdure, qui contraste magnifiquement avec l'aridité et la sécheresse d'une partie de la Syrie. Les arbres qui y sont plantés répondent aux besoins de la population, sans que, grâce au climat, leur présence diminue en rien la bonté et les produits de la culture. Le Barrady et une autre rivière sont absorbés par les arrosements pratiqués dans cette plaine, que les Arabes appellent un des quatre paradis terrestres. Damas, avec ses faubourgs, occupe une vaste étendue ; ses rues sont bien pavées et garnies de trottoirs. Les maisons, bâties en terre et en briques, ont un aspect simple à l'extérieur, mais sont d'une grande magnificence à l'intérieur, surtout celles des familles turques; l'on y trouve de grandes salles revêtues de marbre blanc, de nombreux jets d'eau, ce luxe de l'Orient, et des cours bien plantées formant des espèces de jardins. Le plus beau de ses édifices publics est la mosquée principale; c'est l'ancienne cathédrale dédiée à St.-Jean, un des plus beaux restes de l'architecture chrétienne primitive ; les grandes réparations faites à ce temple par le calife Valid ont fait croire qu'elle a été bâtie par les Arabes. Nous citerons encore le Seraï ou palais du pacha ; les khans d'Asad-pacha et de Soliman-pacha ; les cafés bâtis sur pilotis, au bord du Baraddy, près d'une cascade artificielle, dont le bruit et la fraîcheur attirent les voluptueux Osmanlis, qui s'y redisent les fameux contes arabes. Les bazars de Damas sont beaux et d'une très-grande étendue; mais uniquement remplis de marchandises étrangères. L'industrie, qui autrefois y était très-florissante, a presque entièrement disparu ; on n'y fabrique plus que les objets indispensables aux besoins de la population. Sa manufacture de sabres a perdu sa renommée depuis l'époque où Tamerlan fit transporter ses fabricants dans la Boukharie. Il n'existe plus d'échange entre les marchandises venant de Perse ou d'Arabie et celles qui arrivent de l'Europe. On y fabrique cependant encore des ouvrages en nacre qui ont de la réputation. D'après les dernières estimations, la ville de Damas n'a que 100,000 habitants, et non 150 ou 200,000. Elle est le rendez-vous général de 30 à 50,000 pèlerins qui s'y rassemblent de tous les points de l'Europe et de l'Asie ottomane et même de la Perse et du Turkestan, pour former la grande caravane de la Mecque qui part chaque année à la fin du mois de ramadhan. D'autres caravanes vont trois fois par an à Bagdad. Ce grand concours d'hommes alimente le commerce de Damas qui est toujours considérable.

DAMAS-AUX-BOIS, vg. de Fr., Vosges, arr. d'Épinal, cant. de Châtel-sur-Moselle, poste de Rambervillers; 840 hab.

DAMASCUS, pet. v. des États-Unis de l'Amérique du Nord, état de Pensylvanie, comté de Wayne, sur le Delaware; navigation, agriculture; 1400 hab.

DAMAS-DEVANT-DOMPAIRE, vg. de Fr., Vosges, arr. de Mirecourt, cant. et poste de Dompaire; 750 hab.

DAMAUN, v. de l'Inde, dans le Guzerate, au S. de Surate, à l'embouchure du Dumman-Gunga. Les Hollandais s'en emparèrent en 1531, et elle leur appartient encore. Elle a 6000 habitants et fait quelque commerce. Son port offre un bon abri aux petits bâtiments. On y construit beaucoup de vaisseaux avec le bois de teck qu'on y apporte des forêts voisines.

DAMAVEND, v. de Perse, chef-lieu de la prov. de Tabaristan. Elle est bâtie au fond d'une vallée, sur les bords de la rivière du même nom, et n'a de remarquable que quelques vieilles tours qui s'élèvent au-dessus de ses 500 maisons.

DAMAVEND, la chaîne de montagnes qui porte ce nom est la continuation de l'Al-Burs, ramification du Caucase, et contourne la partie méridionale de la mer Caspienne. Son point culminant est le volcan de Damavend, auquel on donne 2000 toises de hauteur et qu'on aperçoit à Téhéran. Au pied de ce pic passe la route qui mène de Téhéran à Balfrouch et à quelques autres villes situées sur la mer Caspienne.

DAMAZAN, jolie pet. v. de Fr., sur la rive gauche de la Garonne, Lot-et-Garonne, arr. et à 4 l. N. de Nérac, chef-lieu de canton et poste. Elle a de belles constructions, une place publique et d'agréables promenades; 1680 hab.

DAMBACH, pet. b. de Fr., Bas-Rhin, arr. et poste de Schléstadt, cant. de Barr; on trouve dans les environs du manganèse et du sable ferrugineux; territoire fertile en bons vins; fabr. de briques, tuiles, chaux et poterie de terre. Près de Dambach on remarque les restes du vieux château de Bernstein; 3625 hab.

C'est au quatorzième siècle que Dambach prit le titre de ville, lorsque l'évêque Berthold II réunit dans une même enceinte les deux villages d'Oberkirch et d'Altenweiler, que ce prélat fit entourer de fortifications en 1340. Le dauphin, qui devint plus tard le roi Louis XI, fut blessé au siége que cette ville soutint, en 1444, contre les Armagnacs qui parvinrent à s'en emparer. En 1642, le duc de Lorraine assiégea aussi Dambach, occupé alors par les Suédois. Cette ville a donné naissance à Jean de Tambaco, savant dominicain du quatorzième siècle.

DAMBACH, vg. de Fr., Bas-Rhin, arr. de Wissembourg, cant. et poste de Niederbronn. Plusieurs hameaux et quelques métairies exploitées par des anabaptistes, font partie de cette commune; 978 hab.

DAMBARARI, v. jadis florissante, mais aujourd'hui ruinée, dans l'intérieur du Monomotapa, à 50 l. S.-O. de Tété, entre la rive droite du Zambèze et les montagnes du Fonra; elle fut détruite par les Maravis.

DAMBEA ou **DAMBIA**, **DEMBEA**, **DUMBRA**, prov. du roy. de Gondar, Abyssinie, Afrique, et en même temps une des plus fertiles de toute cette partie de l'Afrique; ses habitants font un commerce considérable avec ceux d'Adowa et d'Antolow. Le lac Dembea ou Thana la baigne au N. et au N.-O. Gandar, chef-lieu. On y trouve à l'E. Foggora, Dara, Alata, et à l'O. le territoire voisin de Waindaga et de Dingleber. Les Gallas sont depuis peu d'années maîtres de la capitale, et ils ont contraint les princes abyssiniens à se retirer dans le Tigré, le Shoa et l'Efat.

DAMBELIN, vg. de Fr., Doubs, arr. de Montbéliard, cant. de Pont-de-Roide, poste de l'Isle-sur-le-Doubs; 510 hab.

DAMBENOIS, vg. de Fr., Doubs, arr. et poste de Montbéliard, cant. d'Audincourt; 190 hab.

DAMBENOIT, vg. de Fr., Haute-Saône, arr. de Lure, cant. et poste de Luxeuil; 430 hab.

DAMBLAIN, b. de Fr., Vosges, arr. de Neufchâteau, cant. et poste de Lamarche; fabr. de pointes de Paris, de rouets à filer et de boutons de bois; 1000 hab.

DAMBLAINVILLE, vg. de Fr., Calvados, arr., cant. et poste de Falaise; filat. de laine pour châles, tissus mérinos et bonneterie; 460 hab.

DAMBOULOU ou **DAMBOLOO**, vg. dans l'intérieur de l'île de Ceylan, renommé par ses vastes temples boudhiques taillés dans le roc.

DAMBRON, vg. de Fr., Eure-et-Loir, arr. de Châteaudun, cant. d'Orgères, poste d'Artenay; 180 hab.

DAMEL. *Voyez* CAYOR.

DAMELAVIÈRES, vg. de Fr., Meurthe, arr. et poste de Lunéville, cant. de Bayon; 440 hab.

DAME-MARIE, vg. de Fr., Eure, arr. d'Évreux, cant. et poste de Breteuil ; 190 h.

DAME-MARIE, vg. de Fr., Indre-et-Loire, arr. de Tours, cant. et poste de Château-Renault ; 510 hab.

DAME-MARIE, vg. de Fr., Orne, arr. de Mortagne-sur-Huîne, cant. et poste de Bellême ; 760 hab.

DAMER, jolie pet. v. de la Nubie centrale, Afrique, chef-lieu de la province fertile de même nom, située le long du Nil et de l'Atbarah et régie naguère par plusieurs prêtres mahométans présidés par un pontife de leur religion (el-Fakih-el-Kébir). La ville est située non loin du confluent de l'Atbarah, dans le Nil, et renferme environ 500 maisons, avec des rues droites et bordées d'arbres qui aboutissent à une belle mosquée. C'est l'école la plus célèbre de l'Afrique orientale, dans laquelle sont élevés et instruits plusieurs jeunes mahométans envoyés non seulement des contrées voisines, mais aussi du Darfour, du Sennaar et d'autres pays éloignés. Damer est en outre une place d'un grand commerce pour toute la région du Nil.

DAMERAUCOURT, vg. de Fr., Oise, arr. de Beauvais, cant. et poste de Grandvilliers ; 510 hab.

DAMEREY, vg. de Fr., Saône-et-Loire, arr. de Châlon-sur-Saône, cant. de Ste.-Marie-en-Bresse, poste de Verdun-sur-le-Doubs ; 660 hab.

DAMERY, b. de Fr., Marne, arr., cant. et poste d'Épernay ; vins rouges renommés ; port sur la Marne ; 1810 hab.

DAMERY, vg. de Fr., Somme, arr. de Montdidier, cant. et poste de Roye ; 460 h.

DAME-SAINTE, vg. de Fr., Cher, arr. de Bourges, cant. et poste de Charost ; 160 h.

DAMGAN, vg. de Fr., Morbihan, arr. de Vannes, cant. et poste de Muzillac ; 1420 h.

DAMIANO (San-), vg. de Fr., Corse, arr. de Bastia, cant. et poste de la Porta ; 310 h.

DAMIANO (San-), v. du roy. de Sardaigne; prov. d'Asti ; éducation de vers à soie; 6000 h.

DAMIATE, vg. de Fr., Tarn, arr. et poste de Lavaur, cant. de St.-Paul-Cap-de-Joux ; 1420 hab.

DAMIANO (Santo-), b. des états de l'Église, délégation de Forli, sur le Sarco ; 1300 hab.

DAMIETTE, ham. de Fr., Seine-et-Oise, com. de Gif ; 230 hab.

DAMIETTE ou **DAMIAT**, **DAMIATA**, *Damietta*, *Dimiatha*, *Timiathis*, gr. et célèbre v. de la Basse-Égypte, Afrique, chef-lieu de la prov. de même nom, sur la rive droite et à 5 milles de l'embouchure de la branche orientale du Nil, qui en a aussi pris le nom, et à 40 l. N. du Caire. C'est une des villes les plus saines, les mieux bâties et les mieux situées de toute l'Égypte ; quoique déchue, elle fait encore avec Marseille, la Syrie, l'île de Chypre et diverses provinces de la Turquie un commerce assez considérable en peaux tannées, suif, riz, blé, café, chanvre, etc. ; elle se distingue non moins par son industrie que par la richesse de sa pêche et par sa population. Les vastes et beaux magasins de riz, construits par le vice-roi actuel, et quelques-unes de ses mosquées en sont les édifices les plus remarquables. La population actuelle de Damiette ne dépasse pas de beaucoup le nombre de 20,000 âmes. On ne doit pas manquer de relever ici une erreur des écrivains, qui ont confondu la Damiette actuelle avec la Damiette du milieu du treizième siècle, et qui ont cru que la distance considérable qui sépare aujourd'hui Damiette de la mer provient des alluvions du Nil. M. Reinaud a fait voir qu'en 1250, après le débarquement de saint Louis, le gouvernement égyptien, craignant une nouvelle invasion de croisés, fit raser l'ancienne Damiette, et que la ville actuelle s'est formée peu à peu des maisons bâties dans l'intérieur des terres. Territoire fertile ; fabr. de toiles fines de toutes couleurs.

DAMIGNY, vg. de Fr., Orne, arr., cant. et poste d'Alençon ; 1180 hab.

DAMISCOVE, île sur la côte de l'état du Maine, États-Unis de l'Amérique du Nord.

DAMLOUP, vg. de Fr., Meuse, arr. de Verdun-sur-Meuse, cant. et poste d'Étain ; 340 hab.

DAMM ou **ALT-DAMM**, pet. v. fortifiée de Prusse, prov. de Poméranie, rég. de Stettin ; située au S. du lac de même nom et sur l'embouchure de la Plœne ; agriculture, éducation de bétail et pêche ; 2500 hab.

DAMMARD, vg. de Fr., Aisne, arr. de Château-Thierry, cant. de Neuilly-St.-Front, poste de la Ferté-Milon ; 340 hab.

DAMMARIE, vg. de Fr., Eure-et-Loir, arr. et cant. de Chartres, poste de St.-Loup ; 1130 hab.

DAMMARIE, vg. de Fr., Meuse, arr. de Bar-le-Duc, cant. de Montiers-sur-Saulx, poste de Ligny ; haut-fourneau sur la Saulx ; fabr. en fonte et cuivre de pièces de mécaniques, chaudières, appareils chimiques, etc. ; 560 hab.

DAMMARIE-EN-PUISAIE, vg. de Fr., Loiret, arr. de Gien, cant. de Briare, poste de Bonny ; 405 hab.

DAMMARIE-LES-LYS, vg. de Fr., Seine-et-Marne, arr., cant. et poste de Melun ; 800 hab.

DAMMARIE-SUR-LOING, vg. de Fr., Loiret, arr. de Montargis, cant. et poste de Châtillon-sur-Loing ; 600 hab.

DAMMART, vg. de Fr., Seine-et-Marne, arr. de Meaux, cant. et poste de Lagny ; 720 hab.

DAMMARTIN, vg. de Fr., Doubs, arr. et poste de Baume-les-Dames, cant. de Roulans ; 430 hab.

DAMMARTIN, vg. de Fr., Jura, arr. de Dôle, cant. de Montmirey-la-Ville, poste de Pesmes ; 280 hab.

DAMMARTIN, vg. de Fr., Haute-Marne, arr. de Langres, cant. et poste de Montigny-le-Roi ; 540 hab.

DAMMARTIN, pet. v. de Fr., Seine-et-Marne, arr. et à 5 l. N.-O. de Meaux, chef-lieu de canton et poste, à 9 l. de Paris; fabr. de dentelles, blondes; passementerie; commerce de grains; 1750 hab.

DAMMARTIN, vg. de Fr., Seine-et-Oise, arr. de Mantes, cant. d'Houdan, poste de Septeuil; 580 hab.

DAMMARTIN-SOUS-TIGEAUX, vg. de Fr., Seine-et-Marne, arr. de Coulommiers, cant. de Rozoy-en-Brie, poste de Faremoutiers; 540 hab.

DAMME. *Voyez* BANDA.

DAMME, pet. v. jadis fortifiée du roy. de Belgique, prov. de la Flandre occidentale, arr. et à 1 l. de Bruges; située sur le canal de même nom, qui prend son origine dans la Liève et se termine dans le bassin de Bruges; 800 hab.

DAMME, une des plus grandes îles de la chaîne du S.-O. du groupe de Banda, archipel des Moluques. Son sol, tout volcanique et généralement fertile, a des sources chaudes et contient beaucoup de soufre. En 1666, les Hollandais transportèrent dans cette île, où ils avaient établi un fort, vingt ans auparavant, le reste des habitants de Banda. Ceux-ci se révoltèrent, prirent le fort et en massacrèrent la garnison. Pour les en punir, les Hollandais exterminèrent ou réduisirent en esclavage presque toute la population.

DAMMER, île du groupe des Moluques proprement dites, au S.-E. des Gilolo. Elle est couverte d'arbres à résine, produit du sagou et est habitée. Elle est peu connue; politiquement elle dépend du sultan de Batchian.

DAMMERKIRCH. *Voyez* DANNEMARIE.

DAMMERSFELD. *Voyez* RHOENGEBIRGE.

DAMMGARTEN, pet. v. de Prusse, prov. de Poméranie, rég. de Stralsund, sur l'embouchure de la Recknitz, dans la Baltique; 1200 hab.

DAMMSCHER-SEE. *Voyez* DAMM.

DAMNEVILLE, vg. de Fr., Eure, arr., cant. et poste de Louviers; 35 hab.

DAMOREN, île dans la baie de Chésapeak, côte de la Virginie, États-Unis de l'Amérique du Nord.

DAMOT, prov. du roy. de Gondar, en Abyssinie, Afrique, bornée au N. par celle de Gojam, par les montagnes élevées d'Amid-Amid, au S. par le Nil, à l'E. par la rivière de Temri et à l'O. par celle de Tzoul; elle a environ 16 l. de long sur 8 de large; mines d'or. Buré, chef-lieu.

DAMOULENS, vg. de Fr., Landes, arr. de St.-Sever, cant. et poste d'Aire-sur-l'Adour; 340 hab.

DAMOUSIES, vg. de Fr., Nord, arr. d'Avesnes, cant. et poste de Maubeuge; 230 h.

DAMOUZY, vg. de Fr., Ardennes, arr. de Mézières, cant. et poste de Charleville; 450 hab.

DAMPA, v. de la Nigritie occidentale, Afrique, sur la route qui conduit de Kemnou, dans l'état Manding de Kaarta, à Ségo, dans le Haut-Bambarra.

DAMPARIS, vg. de Fr., Jura, arr., cant. et poste de Dôle; carrières de marbre; 725 hab.

DAMPCOURT, ham. de Fr., Aisne, com. de Marest-Dampcourt; 240 hab.

DAMPIER, archipel de l'Océanie; il est situé à l'O. de la terre de Witt, Australie, entre 115° et 116° de long. E., et s'étend de 20° à 22° de lat. S. Parmi les îles qui le composent, on cite comme les plus remarquables celle de Romarin, dont Dampier fait une description si affligeante; le groupe de Montebello, composée de trois îles : l'Hermite, Trémouille et Lœwendaal, et les deux îlots déserts de Roxilly.

DAMPIER, groupe d'îles de l'Océanie, à l'E. de la Nouvelle-Guinée, entre 140° et 145° de long. E., s'étend depuis 3° à 5° de lat. S. Ce groupe fut decouvert en 1616 par Schouten et exploré en 1699 par Dampier. D'après les relations de ce célèbre navigateur anglais, ces îles, environnées de bancs de corail, sont couvertes de savanes, de belles forêts de cocotiers et offrent un aspect très-agréable. Plusieurs portent d'assez hautes montagnes, parmi lesquelles Dampier compte deux et Schouten quatre volcans. Des quinze îles qui composent ce groupe Dampier ne nomme que l'île St.-Roch, sous 5° 55' de lat. S. et 144° 14' de long. E.; l'île de la Couronne, sous 5° 5' de lat. S. et 144° 10' de long. E., et celle de Sir Robert Rich, sous 5° 43' de lat. S. et 143° de long. E. A l'O. de cette dernière, qui est la plus considérable, se trouve un îlot désert, avec un volcan, qui était en éruption lors du passage de Dampier.

DAMPIER (détroit de), entre la Nouvelle-Guinée et la Nouvelle-Bretagne, Océanie.

DAMPIERRE, vg. de Fr., Aube, arr. d'Arcis-sur-Aube, cant. de Ramerupt, poste; 800 hab.

DAMPIERRE, vg. de Fr., Calvados, arr. de Vire, cant. d'Aulnay-sur-Odon, poste de Mesnil-Auzouf; 560 hab.

DAMPIERRE, vg. de Fr., Loiret, arr. et poste de Gien, cant. d'Ouzouër-sur-Loire; 990 hab.

DAMPIERRE, vg. de Fr., Maine-et-Loire, arr., cant. et poste de Saumur; 590 hab.

DAMPIERRE, vg. de Fr., Haute-Marne, arr. et poste de Langres, cant. de Neuilly-l'Évêque; 770 hab.

DAMPIERRE, vg. de Fr., Seine-et-Oise, arr. de Rambouillet, cant. et poste de Chevreuse; remarquable par son superbe château, bâti sur les dessins de Mansard; 660 h.

DAMPIERRE, vg. de Fr., Seine-Inférieure, arr. de Dieppe, cant. et poste d'Envermeu; 350 hab.

DAMPIERRE, vg. de Fr., Seine-Inférieure, arr. de Neufchâtel-en-Bray, cant. et poste de Gournay; 750 hab.

DAMPIERRE-AU-CROT, vg. de Fr., Cher,

arr. de Sancerre, cant. et poste de Vailly; 550 hab.

DAMPIERRE-AU-TEMPLE, vg. de Fr., Marne, arr. et poste de Châlons-sur-Marne, cant. de Suppes; 100 hab.

DAMPIERRE-EN-BRESSE, vg. de Fr., Saône-et-Loire, arr. de Louhans, cant. de Pierre, poste de Verdun-sur-le-Doubs; 580 hab.

DAMPIERRE-EN-GRACEY, vg. de Fr., Cher, arr. de Bourges, cant. de Gracey; poste de Vierzon; source minérale; 310 h.

DAMPIERRE-EN-LIGNIÈRES, vg. de Fr., Cher, arr. de St.-Amand-Mont-Rond, cant. et poste de Lignières; 110 hab.

DAMPIERRE-EN-MONTAGNE, vg. de Fr., Côte-d'Or, arr. de Semur, cant. et poste de Vitteaux; 250 hab.

DAMPIERRE-LE-CHATEAU, vg. de Fr., Marne, arr. de Ste.-Ménéhoulde, cant. de Dommartin-sur-Yèvre, poste de Tilloy; 270 hab.

DAMPIERRE-LÈS-CONFLANS, vg. de Fr., Haute-Saône, arr. de Lure, cant. de Vauvillers; poste de St.-Loup; 680 hab.

DAMPIERRE-LÈS-DOLE ou **LES-FAISANS**, vg. de Fr., Jura, arr. et à 5 1/2 l. E.-N.-E. de Dôle, chef-lieu de canton, poste de St.-Wit; haut-fourneau; 600 hab.

DAMPIERRE-LÈS-MONTBÉLIARD, vg. de Fr., Doubs, arr. et poste de Montbéliard, cant. de Pont-de-Roide; 230 hab.

DAMPIERRE-LÈS-MONTBOZON, vg. de Fr., Haute-Saône, arr. de Vesoul, cant. et poste de Montbozon; fabr. de cardes; 1090 h.

DAMPIERRE-OUTRE-BOIS, vg. de Fr., Doubs, arr. et poste de Montbéliard, cant. d'Audincourt; usines à fer; 570 hab.

DAMPIERRE-SOUS-BROU, vg. de Fr., Eure-et-Loir, arr. de Châteaudun, cant. et poste de Brou; 620 hab.

DAMPIERRE-SUR-AUVE, vg. de Fr., Marne, arr., cant. et poste de Ste.-Ménéhoulde; 80 hab.

DAMPIERRE-SUR-AVRE, vg. de Fr., Eure-et-Loir, arr. de Dreux, cant. de Brezolles, poste de Nonancourt; fabr. de papier; 830 hab.

DAMPIERRE-SUR-BLÉVY, vg. de Fr., Eure-et-Loir, arr. de Dreux, cant. de Senonches, poste de Brezolles; forges, fonderie et laminoir; 300 hab.

DAMPIERRE-SUR-BOUHY, vg. de Fr., Nièvre, arr. de Cosne, cant. de St.-Amand-en-Puisaye, poste de Neuvy-sur-Loire; 1230 hab.

DAMPIERRE-SUR-BOUTONNE, vg. de Fr., Charente-Inférieure, arr. de St.-Jean-d'Angely, cant. et poste d'Aulnay; 630 hab.

DAMPIERRE-SUR-MOIVRE, vg. de Fr., Marne, arr. et poste de Châlons-sur-Marne, cant. de Marson; 210 hab.

DAMPIERRE-SUR-SALON, vg. de Fr., Haute-Saône, arr. et à 3 l. N.-N.-E. de Gray, chef-lieu de canton, poste et à 86 l. de Paris; forges; 1420 hab.

DAMPIERRE-SUR-VINGEANNE, vg. de Fr., Côte-d'Or, arr. de Dijon, cant. et poste de Fontaine-Française; 220 hab.

DAMPJOUX, vg. de Fr., Doubs, arr. de Montbéliard, cant. et poste de St.-Hippolyte; 120 hab.

DAMPLEUX, vg. de Fr., Aisne, arr. de Soissons, cant. et poste de Villers-Cotterets; 260 hab.

DAMPMART. *Voyez* DAMMART.

DAMPNIAC, vg. de Fr., Corrèze, arr., cant. et poste de Brives; 1000 hab.

DAMPRÉMONT, vg. de Fr., Haute-Marne, arr. de Langres, cant. et poste de Bourbonne; 820 hab.

DAMPRICHARD, vg. de Fr., Doubs, arr. de Montbéliard, cant. de Maiche, poste de St.-Hippolyte; 1060 hab.

DAMPS (les), vg. de Fr., Eure, arr. de Louviers, cant. et poste de Pont-de-l'Arche; 260 hab.

DAMPSMESNIL, vg. de Fr., Eure, arr. des Andelys, cant. d'Écos, poste du Thilliers-en-Vexin; 310 hab.

DAMPVITOUX, vg. de Fr., Moselle, arr. de Metz, cant de Gorze, poste de Mars-la-Tour; 240 hab.

DAMVALEY-LES-COLOMBES, vg. de Fr., Haute-Saône, arr. et poste de Vesoul, cant. de Noroy-le-Bourg; 370 hab.

DAMVALLEY-SAINT-PANCRAS, vg. de Fr., Haute-Saône, arr. de Lure, cant. et poste de Vauvillers; 90 hab.

DAMVILLE, b. de Fr., Eure, arr. et à 4 l. S. d'Évreux, chef-lieu de canton et poste, à 32 l. de Paris; 860 hab.

DAMVILLERS, b. de Fr., Meuse, arr. et à 5 l. S. de Montbéliard, chef-lieu de canton et poste, à 70 l. de Paris; tanneries; 1080 hab.

DAMVIX, vg. de Fr., Vendée, arr. et poste de Fontenay-le-Comte, cant. de Maillezais; 790 hab.

DAN. *Voyez* ROANOKE (fleuve).

DANALON. *Voyez* RIO-GRANDE.

DANAO-MALAYN, grand lac dans l'intérieur de l'île de Bornéo. Il a 7 à 8 l. de longueur sur 3 à 4 de largeur et contient deux îles.

DANBRIDGE. *Voyez* JEFFERSON (comté).

DANBURY, v. des États-Unis de l'Amérique du Nord, état de Connecticut, comté de Fairfield, dont elle est le chef-lieu alternativement avec Fairfield. Cette ville est un des principaux marchés de l'intérieur et possède une académie, des fabr. de chapeaux, de toiles, d'ouvrages en fer et des papeteries; 5000 hab.

DANBURY. *Voyez* ROCKINGHAM (comté).

DANBY, pet. v. des États-Unis de l'Amérique du Nord, état de Vermont, comté de Rutland, sur l'Otter; poste; agriculture; flottage; 2700 hab.

DANCALI, *Dancalum*, gr. territoire de l'Afrique orientale, entre l'Abyssinie proprement dite et la mer Rouge, dans un pays bas, sablonneux et stérile. Les habitants se nomment Danakil ou Dancali, ils sont noirs et mahométans, mais sans prêtres ni mosquées; divisés en plusieurs tribus dont celle des Dumhœta est la plus puissante; ils peuvent mettre sur pied une armée de 6000 hommes. A l'O. mine de sel fossile, suffisante pour l'approvisionnement de toute l'Abyssinie; ce pays manque d'eau.

DANCÉ, vg. de Fr., Loire, arr. de Roanne, cant. et poste de St.-Germain-Laval; 290 h.

DANCE, vg. de Fr., Orne, arr. de Mortagne-sur-Huîne, cant. de Nocé, poste de Remalard; 830 hab.

DANCEVOIRE, vg. de Fr., Haute-Marne, arr. de Chaumont-en-Bassigny, cant. et poste d'Arc-en-Barrois; 840 hab.

DANCOURT, ham. de Fr., Eure-et-Loir, com. de Senantes; 110 hab.

DANCOURT, vg. de Fr., Seine-Inférieure, arr. de Neufchâtel-en-Bray, cant. de Blangy, poste de Foucarmont; 650 hab.

DANCOURT, vg. de Fr., Somme, arr. de Montdidier, cant. et poste de Roye; 140 hab.

DANCY, vg. de Fr., Eure-et-Loir, arr. de Châteaudun, cant. et poste de Bonneval; 360 hab.

DANDE ou **ICOLLO**, prov. du roy. portugais d'Angola, dans la Basse-Guinée, Afrique, sur l'Océan Atlantique et la rivière de Dande, au N. du Bengo; capitale Dande, à l'embouchure de la rivière du même nom.

DANDÉRA ou **DENDÉRAH**, *Tentyra*, *Tentyris*, b. de la Haute-Égypte, Afrique, prov. de Djirdjeh, sur le bord occidental du Nil et presque vis-à-vis de Kénéh; important par ses antiquités et surtout par son grand temple d'Isis, regardé comme un chef-d'œuvre d'architecture égyptienne; on admire surtout le grand propylon et le portique; la façade méridionale est ornée de figures colossales et remarquable par la quadruple ceinture hiéroglyphique qui l'entoure. C'est au plafond d'une des salles supérieures qu'était placé le fameux zodiaque que M. Saulnier a fait transporter en France, en 1821. C'est ce même zodiaque qui a fait naître tant d'hypothèses pour expliquer la prodigieuse antiquité qu'on attribue à ce monument, mais qui a disparu devant les faits positifs, dus aux savantes recherches faites par MM. Champollion jeune, Richardson et autres archéologues.

DANDESIGNY, vg. de Fr., Vienne, arr. de Loudun, cant. de Monts-sur-Guesnes, poste de Mirebeau; 110 hab.

DANDOUR, b. de la Basse-Nubie, Afrique, dans le Ouady-el-Kenous, avec un petit temple non achevé, du temps de l'empereur Auguste. En face de Dandour, MM. Champollion et Rosellini ont découvert un écho qui répète distinctement jusqu'à onze syllabes.

DANEMARK (le royaume de), s'étend entre 5° 45' et 10° 14' de long. orient., entre 53° 22' et 57° 45' de lat.; on évalue sa superficie à 7200 l. c. Sa plus grande longueur, ici nous ne pourrons admettre que les possessions allemandes et la péninsule du Jutland, est de 233 milles, depuis Skagen, dans le bge d'Aalborg, jusqu'à la rive droite de l'Elbe; sa plus grande largeur, à partir des environs d'Agger, sur la mer du Nord, jusque près d'Alsol, sur le Cattégat, est de 95 milles. Il est borné au N. par le Skager-Rack et le Cattégat, à l'E. par le Cattégat, le Sund, la mer Baltique et les possessions de la maison de Mecklenbourg, au S. par le roy. de Hanovre, à l'O. par la mer du Nord. Les pays dont cet état se compose, sont : le roy. de Danemark proprement dit, formé de l'archipel Danois avec l'île de Bornholm et le Jutland septentrional, le duché de Schleswig ou le Jutland méridional, les îles Fœroë, les duchés de Holstein et de Lauenbourg.

Le roy. de Danemark est en grande partie formé d'îles; ce sont celles situées dans la mer Baltique et le Cattégat que Balbi propose d'appeler l'archipel Danois, et dont les principales sont : Seeland, Fionie, Falster, Laaland, Femern, Moen, Langeland, Arro, Als, Samso, Bornholm, Anholt et Leso; celles de la mer du Nord, le long de la côte occidentale du Jutland, et parmi lesquelles nous citerons Fano, Romo, Sylt, Fohr, Amron, Pelworn et Nordstrand; enfin l'archipel des îles Fœroë, dans l'Océan Atlantique, dont la plus grande est Stromo.

Il est baigné par deux mers, à l'O. au N. et au N.-E. par la mer du Nord, qui forme un grand golfe appelé le Skager-Rack, entre le Jutland et la Norwège, le Cattégat, entre le Jutland et la Gothie; à l'E. par la mer Baltique, qui communique avec la précédente par trois détroits, le Sund, entre la Gothie et l'île de Seeland; le Grand-Belt, entre l'île de Seeland et l'île de Fionie; le Petit-Belt, entre cette dernière et le continent.

Le Danemark renferme une foule de lacs, mais petits; ceux qui méritent d'être nommés comme tels sont ceux d'Arre et d'Esrom, dans l'île de Seeland; de Marieboc, dans l'île Laaland; de Plœn et de Salent, dans le duché de Holstein; de Ratzebourg et de Schaal, dans celui de Lauenbourg.

Il n'offre pas non plus de grands fleuves; les principaux sont le Guden (Gudenaa), qui se jette dans le Cattégat, après avoir arrosé dans le Jutland les bges de Skanderborg, Viborg et Rondres; la Trave, qui coule dans le Holstein et va se jeter dans la Baltique, grossie de la Steckenitz et de la Wackenitz; l'Eider, qui naît dans le Holstein, sépare le duché de celui de Schleswig, et se jette dans la mer du Nord. Enfin nous devons citer aussi l'Elbe, un des plus grands fleuves de l'Allemagne, qui, avant de se jeter dans la mer du Nord, sépare les duchés de Lauenbourg et de Holstein du roy. de Hanovre, et reçoit le Delvenau, la Bille et le Stor.

Nous terminerons ces courtes données sur l'hydrographie, en citant le beau canal de Schleswig-Holstein, qui joint la mer du Nord à la Baltique, en réunissant l'Eider au golfe de Kiel; celui de la Steckenitz, qui joint l'Elbe à la Baltique par la réunion du Delvenau, affluent de l'Elbe, et de la Steckenitz, affluent de la Trave; enfin le canal d'Odensee, qui joint cette ville à la mer.

Le Danemark est en général un pays de plaines; la langue de terrain sablonneux qui, sous le nom d'*Aalhaide*, traverse les possessions allemandes et la presqu'île de Jutland, n'atteint dans son point le plus élevé, le Himmelsberg, que la hauteur de 1200 pieds. Le sol, de formation calcaire, est assez fertile, surtout sur les côtes orientales, particulièrement du Holstein ; c'est dans les îles qu'il est le plus fécond. Ces dernières, avec leurs côtes découpées et leur belle végétation, offrent d'ailleurs des points de vue charmants; la Seeland est bien boisée. Les principales productions dans les trois règnes sont : les chevaux, les bœufs, les moutons, les chèvres, les oiseaux, la volaille, les abeilles, les poissons, les grains, les pommes de terre, le houblon, les légumes, le tabac, le lin, le chanvre, les fruits, la chaux, le marbre, le gypse, l'ambre, le salpêtre, l'argile, la tourbe, etc.

C'est dans les grandes îles que l'on jouit du climat le plus doux; le voisinage de deux mers occasionne plus souvent sur la péninsule des brouillards, de la pluie, des orages, une atmosphère épaisse, en général une température très-variable.

La population du roy. de Danemark est d'environ 2,000,000 d'habitants; elle appartient à la souche germanique; elle se compose en plus grande partie de Danois, qui occupent l'archipel Danois, le Jutland septentrional et environ les trois quarts du duché de Schleswig; d'Allemands, dans les duchés de Holstein et de Lauenbourg et dans une partie de celui de Schleswig, et de Frisons, qui occupent une partie du bge de Husund et l'archipel Jutlandais. Les juifs vivent surtout à Altona et à Copenhague.

On y parle le danois et l'allemand et, dans quelques rares endroits, le frison. L'ancienne langue scandinave s'est conservée en Islande avec bien peu d'altération.

Le luthéranisme, religion de l'état, est celle de la presque totalité de la population. On y trouve en outre un petit nombre de catholiques, de herrnhuters, de calvinistes, de mennonites et de juifs. Le gouvernement professe une tolérance complète.

On compte dans le Danemark 13 séminaires pour former des instituteurs, environ 3000 écoles de village, des gymnases à Copenhague, Elseneur, Odensee, Aalborg, Horsens, etc.; des universités à Copenhague et à Kiel.

Une grande partie des habitants du Danemark s'occupent de l'agriculture ou de l'éducation des bestiaux. L'industrie, quoiqu'elle ait fait de grands progrès depuis un demi-siècle, est encore loin du point où elle se trouve dans d'autres pays. Ses principaux articles sont : les draps, la soie, la porcelaine et les toiles à voiles, surtout à Copenhague; le papier de l'île de Seeland et du Holstein; le tabac; les dentelles de Tondern et de Lygumkloster; les batistes de Schleswig; l'eau-de-vie et la bière, qui se font excellentes particulièrement à Copenhague, Altona, Flensborg et Odensee; les ouvrages en fer, en cuivre et en acier. Les villes les plus industrieuses sont : Copenhague, Altona, Flensborg, Rendsbourg, Itzehœ et Kiel.

Favorisé surtout par la position du pays, par les deux mers qui l'entourent, le commerce du Danemark est beaucoup plus important que son industrie; il n'a pas tardé longtemps à réparer les pertes immenses qu'il avait faites de 1807 à 1814. Tandis que le commerce extérieur s'étend au loin, l'échange réciproque des produits du sol et des manufactures se fait par le cabotage. Les exportations consistent surtout en céréales, beurre, farine, fromage, bœufs, chevaux, cuirs, suif, viande salée, lard, poissons salés, laine et eaux-de-vie de grains. Les principaux articles d'importation sont : les vins, le sel, les fruits de l'Europe méridionale, les denrées coloniales, le coton, la soie, la verrerie, les métaux bruts et travaillés, les draps fins, les étoffes de soie et beaucoup d'articles de mode et de quincaillerie. Les premières places de commerce sont ; Copenhague, Altona, Elseneur, Flensborg et Aarhuus.

Trois classes se sont maintenues distinctes l'une de l'autre dans le roy. de Danemark, ce sont: celle de la noblesse, qui se divise en haute et basse noblesse et jouit de nombreux priviléges; celle des bourgeois, et celle des paysans, qui sont soumis à la corvée, à de fortes impositions et d'autres charges de ce genre. L'esclavage n'a été aboli que vers la fin du siècle dernier. Le roi règne d'une manière presque absolue d'après la constitution, jurée par le peuple en 1665 ; il a seul le droit de créer et de changer les lois, de faire la guerre et de traiter de la paix, etc.; mais il est tenu de reconnaître la confession d'Augsbourg. Cinq assemblées provinciales, établies en 1831, peuvent proposer des lois et se plaindre des magistrats et des employés. Le Danemark s'est ainsi rapproché du système de gouvernement représentatif. La couronne est héréditaire dans la descendance masculine et féminine.

Quant aux divisions administratives, elles ne sont pas encore établies d'une manière uniforme, et il faut distinguer sous ce rapport le roy. de Danemark et les duchés.

Le premier est divisé en bailliages, divisions régulières, à peu près de même grandeur entre elles, et dans lesquelles tout ce qui concerne l'administration est entièrement séparé de ce qui est du ressort des tribunaux; dans les duchés, au contraire, les chefs de l'administration sont en même temps juges civils et criminels; les bailliages sont d'une étendue très-inégale; chaque ville a un magistrat indépendant de son bailli respectif, et forme par conséquent une petite division administrative séparée. De plus, les propriétés seigneuriales de la noblesse n'y relèvent pas de leurs baillis respectifs, mais forment des districts séparés. La plus haute administration centrale est le conseil-d'état secret, créé en 1660 et modifié en 1714; il est composé de six ministres, qui se partagent les fonctions, et présidé par le roi; presque toutes les affaires du gouvernement sont de son ressort.

Comme duc de Holstein et de Lauenbourg, le roi de Danemark fait partie de la confédération germanique; il doit fournir à la diète un contingent de 3600 hommes et une somme de 2000 florins. Les revenus du royaume sont d'environ 33 millions de francs, les dépenses annuelles de près de 21 millions; la dette publique est évaluée à 200 millions.

L'armée de terre est de 38,819 hommes; elle s'élève en temps de guerre à 58,280 hommes. La marine danoise ne s'est pas relevée du coup que lui porta, en 1807, la capitulation de Copenhague; elle se composait en 1831 de 5 vaisseaux de ligne, 8 frégates, 10 corvettes, bricks et schooners, 86 chaloupes canonnières et quelques autres petits bâtiments de guerre.

Les possessions qui ne sont pas comprises dans les divisions du royaume de Danemark sont : dans l'Océan Atlantique, l'Islande; en Asie, la ville de Tranquebar, sur la côte de Coromandel, chef-lieu des possessions danoises dans l'Inde; des factoreries à Portonoro, Calicut, Friedriksnagor, Balsora et Patna; en Afrique, les forts de Christiansborg, Friedensborg, Kœnigstein, Prinzenstein, Afflahul et Lippe-Poppo; dans l'Amérique du Nord, 18 colonies sur les côtes du Grœnland; enfin, quelques îles de l'Inde occidentale, comme Ste.-Croix, St.-Jean, St.-Thomas et une partie de l'île des Ecrevisses.

L'histoire la plus ancienne du Danemark n'offre que des traditions mystiques; on peut cependant regarder comme certain que le Jutland et la plupart des îles danoises furent de bonne heure habités par les Cimbres et les Teutons, peuples d'origine germanique, dont la trace se perd dans l'histoire après que le consul romain Marius eut exterminé leurs armées (101 et 102 av. J.-C.)

C'est de ce pays surtout que venaient ces audacieux aventuriers qui pendant si longtemps remplirent l'Europe d'épouvante par leurs pirateries; ce fut là probablement le berceau de ces Normands intrépides qui fondèrent des royaumes au N. de la France, en Angleterre et jusque dans le midi de l'Italie. Le christianisme pénétra pour la première fois dans le Danemark après la conversion d'Harold, prince jutlandais, en 819, et de longues guerres s'ensuivirent entre la nouvelle religion et le paganisme. Avec le règne de Canut (1014—1036), qui domina aussi sur l'Angleterre et la Norwège, commence la véritable histoire du Danemark; il chercha à civiliser ses sujets, soutint de toutes ses forces la propagation du christianisme et donna les premières lois écrites. Peu après, Suen-Estritson partagea le Danemark et la Norwège en évêchés. Canut, surnommé le Saint (1080—1086), fut un des plus ardents soutiens du christianisme et particulièrement du clergé, et laissa des lois très-salutaires. Mais nous ne pouvons nous étendre sur la période qui suit, période féconde en événements, période de guerres excitées par l'ambition et souvent par le crime, et dont la possession de la Norwège particulièrement fut maintes fois le motif; période aussi de guerres intestines et, depuis 1259, de luttes entre la royauté et le clergé. Le Danemark arriva à l'apogée de sa puissance sous le gouvernement de la fameuse reine Marguerite, qui réunit sur la tête de son fils Erik VII les couronnes de Danemark, de Suède et de Norwège, et fit décréter, par la célèbre diète de Calmar, en 1397, la réunion des trois royaumes du Nord en un état puissant. Mais Christian Ier, qui fut élu en 1448 par la diète de Danemark, après une capitulation dans laquelle il sacrifia, en faveur de la noblesse, une grande partie des priviléges de la royauté, ne put se faire reconnaître par la Suède, ni parvenir à se rendre maître de ce royaume; c'est ce monarque qui fonda, en 1479, l'université de Copenhague. Après la déposition de Chrétien II, le Méchant, par les états de Jutland, la Suède rompit pour toujours l'union de Calmar. Bientôt le Danemark tomba dans une situation critique et fut en proie à des désordres intérieurs, tant par suite de l'interrègne aristocratique, interrègne qui mit le pouvoir aux mains de la haute noblesse, que par suite de la lutte entre les catholiques et les protestants. Chrétien III en profita pour faire anéantir la puissance temporelle du clergé à la diète de Copenhague, en 1536. Christian VI (1588—1648) prit part à la guerre de trente ans, en faveur des protestants (1625—1629), mais il y fut malheureux ainsi que dans ses guerres avec la Suède. Ce dernier prince s'occupa constamment du bonheur de ses sujets; il fit beaucoup pour le commerce, les sciences et les arts. C'est à son règne que se rattachent la création du gymnase d'Odensee, de l'académie des chevaliers à Sorœ et de la maison des orphelins à Copenhague, l'établissement des Danois sur la côte de Coromandel, en 1616, et la promulgation du code universel de Norwège, en 1604, Il fit l'acquisition du comté de Pinneberg, en 1641. Le règne de son fils Frédéric III nous offre surtout un événement important : la diète de Copenhague, en 1660, détruisit la toute-puissance de la noblesse en abolissant la loi d'élection au trône, en rendant la couronne héréditaire et en conférant au roi un pouvoir illimité. Cette résolution fut amenée par l'oppression que la noblesse faisait peser sur les bourgeois et les paysans, et que des guerres malheureuses avec la Suède avaient rendue plus sensible. Frédéric III fit rédiger, en 1665, la loi fondamentale de l'état, appelée la *loi du roi*. Christian V fit d'importantes institutions et établit entre autres, en 1589, l'administration des mines à Kougsberg, en Norwège. Frédéric IV, son successeur, abolit l'esclavage de la glèbe. Sous lui la paix fut signée avec la Suède à Friedriksborg, le 14 juillet 1720. Mais c'est pendant son règne également que Copenhague fut en grande partie détruite par un vaste incendie qui dura du 20 jusqu'au 23 octobre 1728. En 1756, le Holstein-Plœn fut réuni au Danemark par voie de négociation, et en 1772 un important traité avec la Russie assura à ce royaume la possession du Schleswig et lui donna le Holstein en échange d'Oldenbourg et de Delmenhorst. Enfin, en 1806, une ordonnance royale réunit, sous la commune dénomination de duché de Holstein proprement dit, le comté de Pinneberg, le comté de Ranzau et la ville d'Altona, et les annexa au Danemark. Mais en 1807 le Danemark reçut un coup terrible de la part de l'Angleterre. Cette puissance, après la paix de Tilsitt, prévoyait que le Danemark serait employé contre elle par Napoléon : une flotte nombreuse apparut subitement dans le Sund, débarqua une armée en Seeland et, après un bombardement de trois jours, Copenhague fut forcé de se rendre et de livrer toute sa marine. Néanmoins le Danemark s'allia volontairement avec la France; en vain perdit-il ses possessions dans les Indes occidentales, en vain son commerce éprouva-t-il des pertes immenses, ce royaume nous demeura fidèle jusqu'à ce que la retraite de notre armée au-delà du Rhin le forçât à souscrire à la paix de Kiel avec la Suède et l'Angleterre, le 14 janvier 1814. Le cabinet danois se joignit alors à la coalition contre la France en cédant la Norwège à la Suède et l'île d'Hélgoland aux Anglais, qui lui rendirent ses possessions dans les Indes occidentales. A la paix avec la Prusse, le 25 août 1814, le Danemark fut dédommagé par la cession de la Poméranie suédoise et de l'île de Rugen, territoires qu'il rendit à la Prusse pour le duché de Lauenbourg et une somme d'argent.

Depuis cette époque la paix du Danemark n'a plus été troublée; ses plaies se sont fermées et c'est maintenant un des états les plus florissants de l'Europe. Il est en grande partie redevable de cette prospérité, ainsi que des progrès qu'a faits l'instruction dans toutes les classes de la société, à Frédéric VI, roi depuis 1808.

DANESTAL, vg. de Fr., Calvados, arr. de Pont-l'Évêque, cant. de Dives, poste de Dozullé; 460 hab.

DANGÉ, vg. de Fr., Vienne, arr. et à 3 1/2 l. N. de Châtellerault, chef-lieu de canton, poste des Ormes; 730 hab.

DANGEAU, vg. de Fr., Eure-et-Loir, arr. de Châteaudun, cant. de Brou, poste de Bonneval; 1470 hab.

DANGER (île du), fait partie de l'archipel de Viti, Océanie; elle est située au S.-E. de l'île de Kandabon, sous 18° 34' de lat. S. et 179° 19' de long. E., et bornée de tous côtés par des bancs de corail très-élevés, qui en rendent l'accès difficile et dangereux.

DANGERS, vg. de Fr., Eure-et-Loir, arr. de Chartres, cant. et poste de Courville; 280 hab.

DANGEUL, vg. de Fr., Sarthe, arr. et poste de Mamers, cant. de Marolles-les-Braux; 1160 hab.

DANGOLSHEIM ou DANGELSEN, vg. de Fr., Bas-Rhin, arr. de Strasbourg, cant. et poste de Wasselonne; on y récolte du vin; 690 hab.

DANGU, vg. de Fr., Eure, arr. des Andelys, cant. et poste de Gisors; 550 hab.

DANGY, vg. de Fr., Manche, arr. de St.-Lô, cant. de Canisy, poste de la Fosse; 1210 hab.

DANICLE (Saint-), b. du roy. Lombard-Vénitien, gouv. de Venise, délégation d'Udine, sur la Corna; grand commerce en grains; 4000 hab.

DANIELSVILLE. *Voyez* MADISON (comté).

DANILOW, v. de la Russie d'Europe, gouv. de Jaroslav; elle est le chef-lieu d'un cercle du même nom; 1300 hab.

DANIZY, vg. de Fr., Aisne, arr. de Laon, cant. et poste de la Fère; 370 hab.

DANDJER, riv. considérable, mais très-peu connue, dans la partie méridionale de la Haute-Guinée; on ignore la position de sa source qu'on suppose être très-éloignée de son embouchure; elle traverse une partie des contrées comprises communément sous le nom de pays de Biafares, le long de la côte de Gabon, où elle vient aussi mêler ses eaux avec celles du golfe de Guinée.

DANJOUTIN, vg. de Fr., Haut-Rhin, arr., cant. et poste de Belfort; 560 hab.

DANKARA ou DENKELLA, DINGILLA, DINKIRA, DINKARA. *Voyez* ADINKARA.

DANNE, vg. de Fr., Meurthe, arr. de Sarrebourg, cant. et poste de Phalsbourg; 810 hab.

DANNELBOURG, vg. de Fr., Meurthe, arr. de Sarrebourg, cant. et poste de Phalsbourg; 340 hab.

DANNEMARIE, vg. de Fr., Doubs, arr. de Besançon, cant. d'Audeux, poste de St.-Wit; 270 hab.

DANNEMARIE, vg. de Fr., Doubs, arr. de

Montbéliard, cant. et poste de Blamont; 230 hab.

DANNEMARIE (en allemand *Damerkirch*), b. de Fr., Haut-Rhin, arr., à 4 l. E. de Belfort, chef-lieu de canton et poste; il est situé près de la Largue et du canal du Rhône-au-Rhin; teintureries. Ce bourg faisait autrefois partie des domaines du duc de Valentinois; 1240 hab.

DANNEMARIE, vg. de Fr., Seine-et-Oise, arr. de Mantes, cant. et poste d'Houdan; 90 hab.

DANNEMOINE, vg. de Fr., Yonne, arr., cant. et poste de Tonnerre; territoire fertile en bons vins; 760 hab.

DANNEMOIS, vg. de Fr., Seine-et-Oise, arr. d'Etampes, cant. et poste de Milly; 410 hab.

DANNEMORA, b. de Suède, gouv. d'Upsal, avec des mines de fer renommées et très-productives.

DANNENBERG, v. du roy. de Hanovre, située dans la principauté de Lunebourg et sur la riv. navigable de la Jeetze; ancien château; 1400 hab.

DANNES, vg. de Fr., Pas-de-Calais, arr. de Boulogne-sur-Mer, cant. et poste de Samer; 310 hab.

DANNEVOUX, vg. de Fr., Meuse, arr. de Montmédy, cant. de Montfaucon, poste de Varennes-en-Argonne; 830 hab.

DANSANLES, île dans le golfe de Californie, états mexicains.

DANSBORG. *Voyez* TRANQUEBAR.

DANTZIG, *Gedanum*, en polonais *Gdansk*, nom sous lequel cette ville était connue dès le dixième siècle, forteresse et port de Prusse, capitale de la prov. de la Prusse-Occidentale, chef-lieu de la régence de même nom; siège de l'amirauté et d'un tribunal de commerce; située à 115 l. N.-E. de Berlin et à 36 l. S.-O. de Kœnigsberg, sur la rive gauche de la Vistule et à 2 l. de son embouchure dans la mer Baltique, et traversée par les rivières de Radunia et Motlava. Dantzig est entouré de solides et redoutables fortifications; trois élévations, qui dominent sa position, sont couronnées d'une citadelle et de deux châteaux forts; l'embouchure de la Vistule est défendue par la citadelle de Weichselmunde, située sur sa rive droite, et le fort de Fahrwasser, situé sur sa rive gauche. Près de Weichselmunde se trouve un phare. La ville est entourée de nombreux faubourgs et se divise en six quartiers, dont la cité ou ville vieille est le principal; son aspect est gothique, cependant elle renferme beaucoup de constructions modernes. Parmi les anciens édifices, on remarque l'hôtel de ville, monument auquel se rattachent de grands souvenirs: son clocher renfermait encore en 1813 un carillon renommé, mais tombé de vétusté depuis cette époque; l'église paroissiale luthérienne de Ste.-Marie se distingue par son architecture et possède un tableau magnifique du dernier jugement, de Van Dyck. La salle de spectacle mérite d'être citée. Dantzig renferme 22 églises de différentes confessions et quelques couvents, 7 hôpitaux, une maison de refuge, un hospice pour les enfants trouvés, plusieurs sociétés de bienfaisance, un gymnase académique, avec une bibliothèque de 30,000 volumes; des écoles de commerce, d'arts et métiers, de dessin et de navigation. La ville possède, en outre, un observatoire, un beau cabinet d'histoire naturelle et une société d'histoire naturelle et de physique. Avant 1772, la population s'élevait à 80,000 habitants; aujourd'hui elle se trouve réduite à 65,000, la garnison comprise. La richesse et le mouvement commercial de la place ont diminué dans la même proportion; cependant Dantzig est encore d'une haute importance commerciale et forme l'entrepôt principal des produits du nord et surtout des blés de la Pologne occidentale. Le port reçoit annuellement jusqu'à 800 navires de toutes nations; la ville possède à elle seule 80 bâtiments, dont l'équipement exige 3000 hommes. La communication avec la mer est facilitée par un canal sur lequel on transporte les cargaisons des gros bâtiments qui s'arrêtent dans le golfe. Sous la domination polonaise, où la ville fut à l'apogée de sa prospérité, le mouvement du port dépassait 1000 bâtiments; la seule exportation de grains se montait à 2,300,000 hectolitres par an, chiffre qui s'éleva même jusqu'à 3,880,000 hectolitres en 1619. La masse des opérations commerciales en 1837 présentait la valeur de 53,866,755 francs. L'importation consiste en denrées coloniales, vins et fruits du midi; l'exportation, en grains, bois de sapin pour constructions, potasse, soude, chanvre, lin, cuirs, miel, etc. Les chantiers fournissent chaque année un grand nombre de bâtiments. Dantzig possède un grand nombre de raffineries, de distilleries et de brasseries; ses liqueurs sont renommées dans tout le nord de l'Allemagne. On y fabrique, en outre, des étoffes de laine, de soie et de coton, du galon, de la toile à voile et de la corderie; des armes, des ustensiles de cuivre et de l'orfévrerie.

La fondation de Dantzig est attribuée à Wisimir, prince poméranien qui, ayant fait la guerre aux Danois, fit construire la ville par les prisonniers. Plus tard, les princes polonais se rendirent maîtres de cette contrée et en confièrent le gouvernement à des starostes, qui surent se rendre indépendants par la suite. La ligne des starostes s'étant éteinte en 1290, le pays retourna à la Pologne. En 1296, le marquis de Brandebourg, après avoir assassiné Pnemyslas, duc de la Grande-Pologne, envahit son patrimoine et se rendit maître, en 1306, de la ville de Dantzig, dont la citadelle resta cependant occupée par les Polonais. Ceux-ci appelèrent à leur secours les chevaliers teutoniques, qui chassèrent les Brandebourgeois en 1310, mais conservèrent pour eux le pays qu'ils venaient d'affranchir. Dès 1395 la ville avait acquis une telle importance, qu'elle fut considérée comme une des principales alliées de la ligue anséatique. En 1410, après la victoire remportée sur les chevaliers teutoniques à Tannenberg, les Polonais rentrèrent de nouveau en possession de la ville, et le roi Ladislas lui accorda de grands priviléges; en 1454 elle se déclara définitivement indépendante de l'ordre et se soumit à la Pologne, en s'administrant toutefois d'après ses propres lois et coutumes. Instigués par l'ordre teutonique, les bourgeois se soulevèrent depuis à plusieurs époques, mais ils furent toujours ramenés à l'obéissance ou par la force ou par médiation; en 1655 ils prouvèrent leur fidélité à la Pologne, en fermant leurs portes devant Charles-Gustave, roi de Suède, qui leur faisait des promesses séduisantes. En 1793, le roi de Prusse, qui convoitait depuis longtemps cette ville, s'en empara malgré la résistance désespérée des habitants et s'en proclama le maître. Le 24 mai 1807, Dantzig tomba par capitulation au pouvoir des Français, après un siège pendant lequel plus de 600 maisons devinrent la proie des flammes. Le traité de Tilsitt déclara Dantzig ville libre et la mit sous la protection de la France, de la Prusse et du roi de Saxe, qui prit le titre de grand-duc de Varsovie (9 juillet 1807). Mais la ville n'en resta pas moins une place de guerre française; l'administration militaire qui primait et la soumission au système continental ruinèrent son commerce. Au milieu de circonstances aussi accablantes pour Dantzig, s'approcha l'an 1812, qui devait lui préparer de nouveaux malheurs. Le 31 décembre la ville fut déclarée en état de siége; le dixième corps, composé de Français et de Polonais revenus de la Russie, se jeta dans la place et la garnison s'éleva à 30,000 hommes commandés par le général Rapp. Un corps de 6000 Cosaques, qui cerna la ville à la fin de janvier 1813, fut bientôt remplacé par le corps d'armée du général Lœvis, composé de 10,000 hommes. Des attaques et des sorties les plus sanglantes eurent lieu les 4 février, 5 mars, 29 avril et 9 juillet. Le 1er juin les assiégeants eurent un renfort de 8000 landwehr prussiens. Après l'armistice du 24 août, le duc Alexandre de Wurtemberg prit le commandement du siége. Les combats acharnés eurent lieu les 20 et 29 août, 1er, 7 et 17 septembre, et 1er novembre. Dès le 1er septembre une escadre anglaise avait commencé à bombarder la ville concurremment avec les batteries établies sur le continent; les raquettes de congrève firent éclater l'incendie sur plusieurs points; la seconde parallèle fut ouverte, et enfin, le 17 novembre, la place capitula; la garnison était réduite à 11,000 hommes exténués de fatigues, de faim et attaqués de maladies épidémiques. Les assiégés devaient poser les armes le 1er janvier 1813 et être dirigés ensuite vers la France; mais l'empereur Alexandre n'accepta pas ces conditions, et, d'après une nouvelle convention que les circonstances imposèrent au gouverneur, les Français furent renvoyés prisonniers dans la prov. de Carkow (Russie méridionale), les Polonais livrés au grand-duc Constantin et les Allemands envoyés dans leur patrie. Après un siège d'un an et un bombardement de cinquante-sept jours, cette ville se vit donc au pouvoir des alliés. Dantzig, mis sous la domination prussienne par le traité de Vienne de 1815, se ressentira longtemps des siéges de 1807 et 1813. Les pertes essuyées en bâtiments et en marchandises s'élèvent à plus de 40 millions de francs. L'explosion d'un magasin à poudre a causé de nouveaux ravages en 1815. Dantzig est la patrie de l'historien Archenholz et de l'astronome Hevel (1611—88).

DANTZIG-COVE. *Voyez* FORTUNE (baie).

DANUBE (le), en allemand Donau, *Danubius*, est un des plus grands fleuves de l'Europe. Il commence à porter son nom à peu de distance de Donaueschingen, dans le grand-duché de Bade, après la réunion de ses trois sources : la Brege, la Brigach et une troisième plus petite qui naît dans la cour du château du prince de Furstenberg. Il arrose, de l'O. à l'E., le grand-duché de Bade, les principautés de Hohenzollern, le roy. de Wurtemberg, la Bavière, l'Autriche, la Turquie, et se jette enfin dans la mer Noire par sept embouchures, dont la principale porte le nom de Suline. Sur presque toute l'étendue de son cours, les bords de ce fleuve sont arides et incultes, et en plusieurs contrées ce sont même de vastes marais, que l'on commence seulement à défricher. Son cours est très-rapide et offre un assez grand nombre de tournants, peu dangereux à la vérité; aussi sert-il beaucoup moins à la navigation que les autres grands fleuves de l'Allemagne, quoiqu'il soit déjà navigable à Ulm, à sa sortie du roy. de Wurtemberg. Le Danube reçoit comme principaux affluents : dans le Wurtemberg, l'Iller; dans le roy. de Bavière, à droite, le Lech, l'Isar et l'Inn, et sur la rive gauche, l'Altmuhl, la Regen et la Naab; dans l'emp. d'Autriche, sur la rive droite, l'Inn, la Salza ou le Salzbach, la Trave, l'Ens, la Leitha, la Raab, la Cypel, la Sorvitz et la Drave; sur la rive gauche, la Morch ou Morawa, la Waag, la Gran, et la Theiss; en Turquie, la Save, qui lui apporte ses eaux près de Belgrade et qui fait la limite entre la Turquie et les états autrichiens, la Morava, l'Aluto, le Sireth et le Pruth.

DANUBE (cercle du), cercle situé au S.-E. du roy. de Wurtemberg, borné au N. par le cer. de l'Iaxt, à l'E. par la Bavière, au S. par le même royaume et le lac de Constance, à l'O. par les cer. de la Forêt-Noire et du Necker, le grand-duché de Bade et la principauté de Hohenzollern. Il est divisé en seize grands-bailliages. Sa superficie est de 111 milles c., et sa population de 360,800 habitants se trouve répartie dans 28 villes et bourgs, 1843 villages et hameaux et 1885 habitations isolées. Le Danube traverse le cercle du S.-O. au N.-E. Ce cercle renferme une partie du lac de Constance, le Federsee et plusieurs autres petits lacs. La partie septentrionale du cercle est très-montagneuse et renferme la Haute-Alp. Outre ces montagnes, les points les plus élevés sont : le Busson et la Waldbourg. La partie méridionale du cercle s'étend par ondulations vers le lac de Constance. L'agriculture est active dans la plupart des districts et fournit à l'exportation. Dans les vallées on récolte beaucoup de fruits; celles de Lenningen et de Tettwang renferment de belles cerisaies, dont les produits sont distillés. La vigne est cultivée dans les districts qui bordent le lac de Constance, mais les vins acerbes que l'on en retire n'ont pas les qualités pour l'exportation; le lin est l'objet d'un commerce important. L'éducation des bêtes à cornes et des chevaux est florissante; dans quelques contrées du cercle on cultive avec succès les abeilles. Parmi les produits industriels, l'on doit citer avant tout les toiles et la pelleterie; la tannerie, la poterie, la boissellerie, les papeteries et les brasseries sont les autres principales branches d'industrie.

DANUBE (cercle au-delà du), cer. du roy. de Hongrie, situé à l'O. et sur la rive droite de ce fleuve; sa superficie est de 793 l. c. géogr. Il est divisé en 11 comitats, qui sont : ceux de Wieselbourg, d'OEdenbourg, de Raab, de Komorn, de Stuhlweissenbourg, de Vesprim, d'Eisenbourg, de Salad, de Schumeg, de Tolna et de Baranta; 1,700,000 âmes.

DANUBE (cercle en-deçà du), cer. du roy. de Hongrie, situé au N. et à l'E. de ce fleuve, sur la rive gauche; sa superficie est de 1106 l. c. géogr. Il est divisé en 13 comitats, qui sont : ceux de Pesth, de Bacs, de Neograd, de Sohl, de Honth, de Gran, de Bars, de Neutra, de Presbourg, de Trentsin, de Thurotz, d'Arva et de Liptau; 2,200,000 hab.

DANUBE-INFÉRIEUR (cercle du), cer. à l'E. du roy. de Bavière, borné au N. par le cer. de la Regen et la Bohême, à l'E. par la Bohême et l'Autriche, au S. par l'Autriche et le duché de Salzbourg et à l'O. par les cer. de l'Isar et de la Regen. Sa superficie est de 155 milles carrés. Les cours supérieures de justice ont leurs siéges à Passau et à Staubing; le cercle renferme 19 districts. La chaîne du Bœhmerwald, qui forme une partie de la frontière orientale du royaume, étend ses branches dans l'E. du cercle. Les plus hautes montagnes sont : l'Arber, élevé de 4535 pieds; le Rachel, de 4964; le Dreisselberg, de 3798, et l'Ossa, de 4360 pieds au-dessus du niveau de la mer. Les principales forêts sont celles de Zwils, de Wolfstein, de Finsterau, de Kreutzberg, de Tuschelberg, de Schlichtenberg et de Kastle. Le cercle est traversé par la Regen et le Danube, qui y reçoit, à Passau, l'Ill et l'Ilz et à Deggendorf l'Isar; la Salza sépare en partie ce cercle de celui de l'Isar. Le climat est agréable dans les districts de la plaine à l'O. et au S.; mais dans l'E. et le N., où se ramifient les montagnes du Bœhmerwald, il est froid et rude. On y élève des porcs et beaucoup de volaille; les rivières fournissent du poisson; les forêts abondent en gibier, et dans les dist. de Kœtzing on rencontre encore des ours. Les productions végétales sont du blé en abondance, sur la rive droite du Danube, à Staubing, Plattling et Vilshofen; beaucoup de lin, surtout dans les montagnes, du chanvre, du millet, du houblon, des fruits et des légumes de toute espèce. Le pays renferme des mines de fer, de plomb et de houille; des carrières de grès, des terres de porcelaine et de poterie; on trouve des perles dans la Regen et l'Ilz; les eaux minérales de Furstenzell sont renommées. Ses branches d'industrie sont : l'exploitation des mines de fer, de soufre et de vitriol; la fonderie et la forge; la fabrication de draps, de poterie, de tabac, de boissellerie; des tanneries, des brasseries, des raffineries de salpêtre, etc. La population s'élève à 407,000 âmes, réparties dans 12 villes, 42 bourgs, 4511 villages ou hameaux et 6250 habitations isolées.

DANUBE-SUPÉRIEUR (cercle du), cer. dans le S.-O. du roy. de Bavière, borné au N. par les cer. de la Rézat et de la Regen, à l'E. par celui de l'Isar, au S. par le Tyrol et les seigneuries de Vorarlberg et à l'O. par les mêmes seigneuries, le lac de Constance et le Wurtemberg. Sa superficie est de 182 milles. Le cercle est sous la juridiction des cours supérieure et d'appel d'Augsbourg et des tribunaux de Kempten et de Memmingen. Il est divisé en 32 districts. Des branches des Alpes du Tyrol et de Vorarlberg s'étendent dans la partie méridionale du pays, et les Alpes d'Algau le traversent depuis le dist. de Mindelheim, par Kempten, jusqu'au lac de Constance. Les plus hautes montagnes sont le Madelé, élevé de 8000 pieds; le Geishorn, de 6800; la Hobesptize, de 6992, et le Grinten, de 5322 pieds au-dessus du niveau de la mer. Les principales forêts sont celles de Kempten, de Stoffenried, d'Ingstætt, de Biburg et de Burgau. Le cercle est traversé par le Danube et le Lech, l'Iller y prend sa source; il renferme une partie du lac de Constance, les lacs d'Alp et de Hopfer, et plusieurs petits lacs et de grands étangs dans le dist. de Kempten. Le climat est en général tempéré; dans les régions élevées, au S., l'air est vif et le temps variable; dans les plaines du N. l'air est doux et le temps plus constant. L'éducation du bétail est florissante dans quelques parties des Alpes, où se trouvent beaucoup de châlets, mais surtout dans les vallées bien arrosées et qui renferment de riches prairies. On élève beaucoup de porcs et de la volaille; dans quelques contrées on cultive les abeilles; les rivières abondent en poissons et les forêts en gibier. Le pays produit du blé, et en plus grande quantité dans le N. et entre Gœggingen et Buchloé; de l'orge, de l'avoine, des légumes secs, des pommes de terre, du jardinage, du chanvre, du lin, du tabac, des graines oléagineuses, du houblon aux environs de Memmingen, du vin et des fruits sur les bords du lac de Constance. Il possède des mines de fer et de houille, des tourbières; des carrières de marbre, de plâtre et d'ardoises; de la belle terre de poterie; des eaux minérales à Rich, Virumbach, Dachsberg, Dankelsried, etc. En établissements industriels le cercle renferme des fabriques de draps, de toiles, de tabac, de poterie et de produits chimiques; des brasseries, des tanneries et des papeteries; des forges à fer et à cuivre; on confectionne beaucoup de boissellerie et d'autres ouvrages en bois. La population dépasse 505,000 âmes, réparties dans 23 villes, 72 bourgs, 2730 villages ou hameaux et 1397 habitations isolées.

DANVERS, pet. v. des États-Unis de l'Amérique du Nord, état de Massachusetts, comté d'Essex, près de Beverley; poste; tuileries; fabr. de poterie; tanneries; 4600 hab.

DANVILLE, pet. v. bien bâtie des États-Unis de l'Amérique du Nord, état de Kentucky, comté de Mercer, sur le Dicks, dans une des contrées les plus belles et les plus riches de l'état; académie; filat. de chanvre, et de coton; scieries, forges, marchés très-fréquentés; 2000 hab.

DANVILLE. *Voyez* COLUMBIA (comté).

DANVILLE, pet. v. commerçante des États-Unis de l'Amérique du Nord, état de Vermont, comté de Calédonia, dont elle est le chef-lieu, sur un affluent du Passumsick; commerce; 3200 hab.

DANVILLE. *Voy.* PITTSSYLVANIE (comté).

DANVOU, vg. de Fr., Calvados, arr. de Vire, cant. et poste d'Aulnay-sur-Odon; 380 hab.

DANZÉ, vg. de Fr., Loir-et-Cher, arr. de Vendôme, cant. de Morée, poste de la Ville-aux-Clercs; 1090 hab.

DAOLET-ABAD. *Voyez* ABAD.

DAON, vg. de Fr., Mayenne, arr. et poste de Château-Gonthier, cant. de Bierné; carrières d'ardoises; 940 hab.

DAOULAS, vg. de Fr., Finistère, arr. et à 5 l. E. de Brest, chef-lieu de canton, poste de Landerneau; 460 hab.

DAOUNDNAGAR ou DAUDNAGUR, v. de l'Inde anglaise, présidence de Calcutta, dist. de Behar, sur le Sone, aux bords duquel on trouve des agates et des onyx. La ville a 8000 maisons; fabr. d'étoffes de coton et d'opium; 48,000 hab.

DAOURA ou DOVRA, pet. état de la Nigritie centrale, Afrique, à trois journées N.-E. de Cachenah; tributaire du Haoussa.

DAOURIE (la), prov. du gouv. russe d'Irkutsk, en Sibérie; climat rude, sol presque inculte.

DAOURIE (monts de). La chaîne de montagnes qui porte ce nom est une ramification des monts Sayaniens et s'étend vers le N.-E., à partir des sources de la Selenga du 103° au 111° de long. orient. Le nom de monts *Daouriques* ne lui est proprement donné qu'à l'O.; à l'E. elle porte le nom de monts *Nertschinsk;* au N.-E. elle se rattache au Iablonnoï-Khrebet (chaîne de pommes). Toutes ces montagnes appartiennent au groupe de l'Altaï. Les monts de Daourie sont généralement couverts de forêts de sapins, bien qu'il y existe aussi des pics élevés et des masses de roc pur; les monts de Nertschinsk sont les moins hauts. Toute la chaîne est très-riche en mines, qui donnent principalement de l'argent, du plomb, du cuivre, du zinc, de l'antimoine, du mercure, du fer et du manganèse.

DAOURIENS, peuplade mandchoue, qui habite la vallée de l'Amour et vit principalement de l'éducation du bétail, sans négliger tout à fait l'agriculture.

DAOURS, vg. de Fr., Somme, arr. d'Amiens, cant. et poste de Corbie; fabr. de papier; teintureries; 715 hab.

DARABGHERD, v. de Perse, prov. de Fars, chef-lieu de district, sur le Sideragan; cette ville, qui passait pour assez florissante, est très-déchue, suivant M. Alexandre. Un château s'élève sur une colline au centre de la ville; les belles sculptures qu'on voit à quelque distance de la ville ont été décrites par Ousely. M. de Hammer croit que Darabgherd est l'ancienne Pasargada.

DARAH ou DARAA, EL-DRAH, DRAS, contrée du Biledulgérid occidental, Afrique, bornée au N. et à l'O. par le mont Atlas, qui la sépare de l'emp. de Maroc, à l'E. par le roy. de Tafilet et au S. par la Nigritie; elle est très-fertile en dattes et nourrit une belle race de chèvres. Akka et Tatta, villes dans la partie méridionale, sont le rendez-vous des grandes caravanes qui vont de Maroc à Tombouctou. Elles dépendent de l'emp. de Maroc.

DARAH ou DRAHA, pet. v. et riv. dans la contrée de même nom dans le Biledulgérid occidental, Afrique.

DARAN ou TEDLA, partie occidentale de la chaîne de l'Atlas, Afrique, qui s'étend du N.-E. vers le S.-O., entre les roy. de Fez et de Maroc et les prov. de Darah et de Tafilet.

DARAOU, b. considérable et commerçant de la Haute-Égypte, Afrique, entre Comombou et Assouan, à 10 l. de cette dernière ville, sur la rive droite du Nil.

DARAPORUM, dist. de l'Inde, prov. de Coïmbatour, avec le chef-lieu du même nom; grande culture de tabac.

DARAZAC, vg. de Fr., Corrèze, arr. de Tulle, cant. de Servières, poste d'Argentat; 700 hab.

DARBEYDA ou **DAR-EL-BEIDA**, **DARLBEDA**, dit aussi **ANATO** ou **ANATTO**. *Voyez* **ANAFFO**.

DARBONNAY, vg. de Fr., Jura, arr. de Lons-le-Saulnier, cant. et poste de Sellières; 260 hab.

DARBRES, vg. de Fr., Ardèche, arr. de Privas, cant. et poste de Villeneuve-de-Berg; 460 hab.

DARCY, vg. de Fr., Côte-d'Or, arr. de Semur, cant. et poste de Flavigny; 650 hab.

DARDA, pet. v. fortifiée de Hongrie, cer. au-delà du Danube, comitat de Baraup, non loin de la Moravitza; institut pour les enfants des militaires; 2500 hab.

DARDANELLES (le détroit des), *Hellespontus, Gallipolitanum*, est le bras de mer étroit qui fait la communication entre la mer de Marmora et l'archipel; sa longueur est de 8 milles, sa largeur de 1/4 à 1 mille. Les côteaux, qui bordent ses rivages, sont de terrain calcaire, riants, fertiles et assez bien cultivés. Il règne souvent dans cet étroit passage des vents violents, qui occasionnent des courants que les vaisseaux ne peuvent remonter, et qui interrompent pendant tout le temps de leur durée la communication entre la mer Noire et la Méditerranée. Une partie du détroit est appelée les Petites-Dardanelles.

DARDANELLES (les), forts élevés par les Turcs sur la côte d'Asie et sur celle d'Europe, pour la défense du détroit des Dardanelles. Deux de ces châteaux furent construits par Mahomet II, vers l'entrée du canal dans l'Archipel. Mahomet IV en plaça deux autres à un second rétrécissement du détroit et qu'on appelle les châteaux neufs; ce sont le château de Morée et celui de Romélie, sur la côte asiatique; ils défendent le passage des Petites-Dardanelles. Ces fortifications, qui présentent, du côté de la mer, un aspect assez redoutable, ne pourraient néanmoins nuire sérieusement à des vaisseaux qui passeraient à égale distance des deux côtes, et la flotte anglaise a forcé le passage en 1807, il est d'ailleurs facile de les tourner du côté de la terre.

DARDENAC, vg. de Fr., Gironde, arr. de Libourne, cant. et poste de Branne; 130 hab.

DARDENAY, vg. de Fr., Haute-Marne, arr. de Langres, cant. et poste de Prauthoy; 120 hab.

DARDESHEIM, pet. v. de Prusse, prov. de Westphalie, rég. de Magdebourg; 1500 h.

DARDEZ, vg. de Fr., Eure, arr., cant. et poste d'Évreux; 90 hab.

DARDILLY, vg. de Fr., Rhône, arr. et poste de Lyon, cant. de Limonest;

DAREIZE, vg. de Fr., Rhône, arr. de Villefranche-sur-Saône, cant. et poste de Tarare; 490 hab.

DAR-EL-HAMARA ou **CTISIANA**, **PRISCIANA**, ancienne ville d'Afrique, dans le roy. marocain de Fez, bâtie par les Romains; commerce en blé et en huile.

DAREN-SEE (lac de Daren), lac de Fr., Haut-Rhin, arr. de Colmar, cant. de Munster; il est situé dans la vallée de Munster, à 1 l. N. de Sulzern. Sa superficie est évaluée à 423 ares; à sa partie méridionale il se décharge dans la Fecht. Des forêts s'élèvent en amphithéâtre sur la pente des montagnes qui l'environnent. Ce lac est une des curiosités les plus remarquables de la Haute-Alsace.

DARFO, contrée montagneuse de la Nigritie orient., Afrique; bornée au N. par la Nubie, au S. par le grand désert éthiopien, à l'E. par le Bahr-el-Azrec et l'Abyssinie, et à l'O. par le Bertat; habitée par des nègres payens; arrosée par le Toumat ou Maleg.

DARFOUR ou **FOUR**, roy. de la Nigritie orient., Afrique, formé d'un groupe de plusieurs oasis, au milieu d'un vaste désert, à l'O. de la Nubie, au N.-O. du Kordofan et au S. du Borgou; n'a ni lacs ni rivières, mais des puits. Saison des pluies depuis le mois de juin jusqu'au mois d'août, époque des semailles. Environ 200,000 habitants, noirs, voleurs, enjoués et dissolus, vivent principalement de l'agriculture; gouvernement héréditaire et despotique; religion mahométane; polygamie. Il a étendu autrefois sa domination sur le Kordofan, le Bego, le Dageo, le Dar-Runga et autres pays peu connus; après la perte de toutes ces contrées, la puissance de ce royaume a beaucoup diminué, de sorte qu'aujourd'hui il ne joue plus un rôle important parmi les états de cette partie de l'Afrique. Le territoire est bien boisé et abonde en melons d'eau, citrouilles, chanvre, poivre, tabac, dattes, etc.; point de mines; rochers de granit gris, marbre, sel fossile et soufre; animaux féroces en grand nombre; hippopotames et crocodiles. Le commerce se fait par caravanes; celle qui va de Cobbé à Syout, en Égypte, composée chaque fois de 1000 hommes et de plus de 2000 chameaux, y transporte des esclaves des deux sexes, ivoire, peaux de rhinocéros, plumes d'autruche, gomme, piment, singes, perroquets, pintades, et en rapporte verroterie, jouets d'enfant, armes, étain, barres de fer, tapis, toiles, café, bonneterie, soieries, souliers, savon et une grande quantité de papier blanc. Cobbé capitale et résidence du sultan.

DARGIES, vg. de Fr., Oise, arr. de Beauvais, cant. et poste de Grandvilliers; 650 h.

DARGNIES, vg. de Fr., Somme, arr. d'Abbeville, cant. de Gamaches, poste de Valines; 610 hab.

DARGOIRE, vg. de Fr., Loire, arr. de St.-Étienne, cant. et poste de Gier; 200 h.

DARGOUX, vg. de Fr., Cher, com. de Châteaumeillant; 140 hab.

DARGOU-ZZAUGHO, riv. du Thibet, qui se jette dans le lac de Namtso ou Tengri-Noor.

DARIEL, forteresse russe dans le Caucase. Elle donne son nom au fameux défilé connu anciennement sous celui de *Porte caspienne*, gardée alors en commun par les Romains et les Persans, dont les empires étaient également menacés par les invasions des barbares. Les Russes y ont construit une route militaire, la seule de tout le Caucase qui soit praticable pour des chevaux et des voitures, et qui va de Mosdok à Tiflis.

DARIEN (golfe de) ou GOLFO-DE-URABA, s'ouvre sur la côte N.-O. de la rép. de la Nouvelle-Grenade, Amérique méridionale, entre le cap San-Sebastiano et le cap Tiburon. Ce golfe, découvert en 1602, par Rodrigo Bastidas, a un enfoncement de 33 l. sur 11 l. de large; ses côtes, ceintes de rochers, ne sont abordables qu'au S. et à l'O. Plusieurs îles s'étendent sur la côte occidentale et de nombreux fleuves, dont l'Atrato est le plus considérable, se déchargent dans ce golfe. Son meilleur port est celui de Nilcos.

DARIEN, pet. v. florissante des États-Unis de l'Amérique du Nord, état de Géorgie, comté de Mac-Intosh, dont elle est le chef-lieu, à l'embouchure de l'Alatamaha, sur une hauteur; cette ville s'accroît rapidement; elle a un bon port et est le principal entrepôt des marchandises qui descendent l'Alatamaha; académie; 4000 hab.

DARIEN (isthme). *Voyez* PANAMA.

DARJILING, b. de l'Inde, principauté de Sikkim, au S.-E. de la ville de Sikkim, résidence du radjah.

DARKE, comté de l'état d'Ohio, États-Unis de l'Amérique du Nord; il est borné par les comtés de Miami, de Montgoméry, de Prèble et d'Indiana. Ce comté, formé depuis 1814, a un sol en partie montagneux, en partie plat, généralement très-fertile et bien arrosé; une foule de petites rivières y prennent naissance. Il renfermait autrefois les forts de Greenville, Jefferson et Récovery, dont il ne reste plus de trace; 5000 hab.

DARKEMEN, v. de Prusse, prov. de la Prusse-Orientale, rég. de Gumbinnen, chef-lieu du cercle de même nom. Les habitants descendent de colons français et salzbourgeois, auxquels des persécutions religieuses avaient fait quitter leur patrie. Tanneries, fabr. de draps; commerce de blé; 2300 hab.

DARLASTON, b. d'Angleterre, comté de Stafford, non loin du Trent; très-industrieux; on y fabrique surtout des serrures et des tabatières en acier très-estimées; 5000 hab.

DARLING. *Voyez* SIMESE.

DARLINGTON, comté de la Caroline du Sud, États-Unis de l'Amérique du Nord; il est borné par les dist. de Chasterfield, de Marlborough, de Marion, de Williamsburgh, de Sumter et de Kerthaw, et compte 16,000 habitants. Pays bien arrosé, mais rempli de marais et couvert de vastes landes; sol fertile en riz et en tabac. Darlington, sur le Black, est le chef-lieu du district.

DARLINGTON, pet. v. d'Angleterre, comté de Durham, sur le Skern; importante par ses manufactures de soie, de coton et de cuir. Dans son voisinage il y a une source minérale; un chemin de fer la met en communication avec Stockton; 5050 h.

DARMANNES, vg. de Fr., Haute-Marne, arr. et poste de Chaumont-en-Bassigny, cant. d'Andelot; 330 hab.

DARMONT, vg. de Fr., Meuse, arr. de Verdun, cant. et poste d'Étain; 70 hab.

DARMOUTH ou ONGLA, riv. dans la partie méridionale de l'île de Madagascar, Afrique; elle se jette dans le canal de Mozambique.

DARMSTADT, capitale du grand-duché de Hesse-Darmstadt, résidence du grand-duc et siége de la cour suprême de justice; est située sur le Darm, dans une plaine sablonneuse de la principauté de Starkenbourg, sous 49° 56′ 24″ lat. sept. et 6° 13′ 30″ long. orient. Elle se compose, outre ses quatre faubourgs, de la vieille ville, qui est sombre et entourée d'une antique muraille, et de la nouvelle ville, bien et régulièrement bâtie, qui s'augmente et s'embellit chaque année; on y remarque surtout la rue du Rhin et la place de Louise, octogone régulier, orné d'un beau jet d'eau; quatre rues y aboutissent et on y aperçoit trois portes de la ville, qui en a neuf, parmi lesquelles les plus belles sont les portes du Rhin, du Mein et du Necker. La population de Darmstadt est de 25,000 habitants. Ses édifices les plus remarquables sont: le château grand-ducal, vaste bâtiment, entouré d'un fossé et de beaux jardins, et renfermant le musée et la bibliothèque; le palais grand-ducal, celui du landgrave Christian, la nouvelle église catholique, rotonde remarquable par ses colonnes colossales et sa belle coupole; la nouvelle salle de spectacle, bâtiment superbe bâti dans le genre italien; l'arsenal, vaste salle de 230 pieds de longueur sur 153 de largeur, qui avait été construite, en 1771 et 1772, pour les exercices de la garnison; la salle d'assemblée des états et la caserne de l'artillerie. On trouve à Darmstadt une école normale, une école des sciences (Realschule), fondée en 1826, et où l'on enseigne l'histoire naturelle, les mathématiques, la physique, la géographie, l'histoire, le français et le chant; un gymnase appelé grand-ducal, qui existe depuis deux siècles; une école d'artillerie et une école militaire; une académie de dessin et de peinture; une bibliothèque riche de 120,000 volumes, et un musée qui est un des plus beaux de l'Allemagne. Ce dernier, dont le fameux cabinet du baron de Hupsch compose une partie, renferme une belle galerie de tableaux et de gravures, de précieuses collections d'objets d'histoire naturelle, d'antiquités, d'armes, de costumes, et la collection en plâtre des plus beaux monuments de l'antiquité, moulés sur les originaux qui se trouvaient, il y a quelques années, réunis à Paris. La population de Darmstadt se livre à plusieurs branches d'industrie; on y trouve des fabriques de tabac, de bougies, de cartes, d'amidon, de voitures, des orfévreries, etc. On s'y occupe aussi beaucoup du jardinage. Dans les environs de Darmstadt se trouvent Karlshof, campagne remarquable par ses beaux jardins; le château de chasse de Kranichstein, avec ses beaux bois, et Bessungen, beau village, avec deux jardins seigneuriaux, une belle orangerie et une population de 1830 hab.

DARNAC, ham. de Fr., Arriège, com. de Serre; 160 hab.

DARNAC, vg. de Fr., Haute-Vienne, arr. de Bellac, cant. et poste du Dorat; fabr. de poterie; 2215 hab.

DARNETAL, b. de Fr., Seine-Inférieure, arr. et à 1 1/2 l. E. de Rouen, chef-lieu de canton et poste, à 30 l. de Paris; fabr. de draps, castorines et flanelles, indiennes, lacets et ganses; filat. et tissage de coton; teintureries; commerce de grains et de bestiaux; 5980 hab.

DARNETZ, vg. de Fr., Corrèze, arr. d'Ussel, cant. de Meymac, poste d'Égletons; 900 hab.

DARNEY, pet. v. de Fr., Vosges, arr. et à 7 1/2 l. S. de Mirecourt, chef-lieu de canton et poste, à 87 l. de Paris. Fabr. de couverts en fer battu, boissellerie en grand et saboteries; 1870 hab.

DARNEY - AUX - CHÊNES, vg. de Fr., Vosges, arr. de Neufchâteau, cant. et poste de Châtenois; 120 hab.

DARNIEULLES, vg. de Fr., Vosges, arr., cant. et poste d'Épinal; 430 hab.

DARNLEY, île de l'Océanie; les indigènes la nomment *Wamfax*; elle est située dans le détroit de Torres, entre la Nouvelle-Guinée et la Nouvelle-Galles du Sud, sous 9° 34' de lat. S. et 140° 30' de long. E.; elle a environ 8 l. de circuit. Sa surface présente des accidents de terrain très-variés et une grande richesse de végétation. On y récolte des noix de coco en abondance, du sucre, des pommes de terre, différentes espèces de fruits et de plantes des tropiques, beaucoup de bois; mais l'île a peu d'eau douce. La population est nombreuse. Les habitants de Darnley ressemblent aux Papouais de la Nouvelle-Guinée et sont comme eux anthropophages; ils habitent des villages, composés de dix ou douze misérables huttes, dont les plus précieux ornements sont des cranes humains, que ces sauvages conservent comme des trophées.

DAROCA, v. d'Espagne, roy. d'Aragon, chef-lieu du district de même nom, située à 6 l. de Calatayud, sur la Xiloca, dans une plaine fertile bordée par deux collines. Elle renferme un collége, 7 églises, 6 couvents et 3 hôpitaux. Autrefois la ville avait beaucoup à souffrir des inondations de la Xiloca; on y a remédié par un canal souterrain. En 1121, Alphonse Ier, roi d'Aragon, remporta dans les environs une victoire complète sur les Maures; 3000 hab.

DAROIS, vg. de Fr., Côte-d'Or, arr., cant. et poste de Dijon; 120 hab.

DARRO, riv. d'Espagne, roy. de Grenade, affluent du Xenil.

DAR-SZALEYH ou **BERGOU**, **MOBBA**, **OUADAÏ**, roy. de la Nigritie orientale, entre ceux de Borgou et de Darfour. Quoiqu'il paraisse un peu déchu de ce qu'il était autrefois, cet état est encore une des deux puissances prépondérantes de cette partie de la Nigritie. On connaît très-imparfaitement les pays dont il se compose; Ouara, capitale.

DARTFORD, pet. v. d'Angleterre, comté de Kent, sur le Darent, entre deux collines. Fabrication de papier et de poudre; tréfileries; 3200 hab.

DARTMOOR, vaste espace à l'E. de Plymouth, couvert de marais et de bruyères, traversé par le Dart; ses habitants, appelés Moormen (hommes du marais), passaient jadis pour être le peuple le plus grossier et le plus ignorant de l'Angleterre; on y a établi une colonie agricole pour les pauvres, sur le modèle de celle des Pays-Bas.

DARTMOUTH, pet. v. des États-Unis de l'Amérique du Nord, état de Massachusetts, comté de Bristol, sur la baie de Buzzard; pêcheries très-importantes; 4000 hab.

DARTMOUTH, pet. v. d'Angleterre, comté de Devon, à l'embouchure du Dart; nomme deux députés au parlement. Elle a un beau port, qui peut contenir 300 vaisseaux marchands, comptant ensemble 24,000 tonneaux. Ses habitants, au nombre de 5000, s'adonnent à la pêche, à la construction des navires et au commerce.

DARTMOUTH-COLLÉGE. *Voy*. HANOVRE (bourg).

DARUVAR, b. de la Slavonie civile, comitat de Possega; possède un château magnifique, trois églises et une école normale. Ses habitants, parmi lesquels il y a beaucoup d'Allemands, sont au nombre de 3000, s'adonnent à la fabrication de la toile et de la soie. Eaux thermales sulfureuses; marbrières.

DARVAUX, ham. de Fr., Seine-et-Marne, com. de Fromonville; 100 hab.

DARVOY, vg. de Fr., Loiret, arr. d'Orléans, cant. et poste de Jargeau; fabr. de noir animal; 840 hab.

DARWAR, v. de l'Inde anglaise, présidence de Bombay, chef-lieu de district; elle est fortifiée et située dans une vallée riche et fertile, que pendant les dernières guerres les Mahrattes ont entièrement dévastée.

DASKALIA, écueil de l'île d'Ithaque, au milieu du canal de Biscordo; on croit que c'est l'Astéris d'Homère.

DASLAND, ancienne prov. du roy. de Suède, dans la Gothie; elle forme, avec le Westergœthland, le gouv. d'Elfsborg.

DASLE, vg. de Fr., Doubs, arr. et poste de Montbéliard, cant. d'Audincourt; 490 h.

DASPICH. *Voyez* FLORANGE.

DASSEL, v. de la principauté de Gœttingue, roy. de Hanovre, gouv. de Hildesheim; a des tissages de toiles importants et dans ses environs une forge considérable. Tout près est le bien domanial de Hunnesruck, avec quelques restes du château de ce nom, ancienne résidence des puissants comtes de Dassel.

DASSEN dite aussi ILE ÉLISABETH ou DES MARMOTTES, CONEY, RABBITSISLAND, pet. île sur la côte S.-O. de la colonie du Cap, Afrique, entre la baie de Saldanha et celle de la Table. Brebis à grosse queue, beaucoup de daims; lat. S. 33° 26′, long. E. 15° 46′.

DATILIBOU, pet. v. de la Nigritie occidentale, Afrique, dans le Haut-Bambarra, à 14 l. E. de Ségo.

DATSCHITZ, pet. v. d'Autriche, gouv. de Moravie et Silésie, cer. d'Iglau, sur la Taya. Beau château; brasseries; 1800 hab.

DATTENRIED (Haut-Rhin). *Voy.* DELLE.

DATTES (pays des). *Voy.* BILÉDULGÉRID.

DAUBA ou DUAA, v. de Bohême, cer. de Bunzlau; 1500 hab.

DAUBAN, ham. de Fr., Basses-Alpes, com. de Banon; 250 hab.

DAUBEN (lac de), sur le mont Gemi, Suisse, cant. du Valais et à une hauteur de 6860 pieds au-dessus du niveau de la mer.

DAUBENSAND ou NEUDORFF, vg. de Fr., Bas-Rhin, arr. de Schléstadt, cant. d'Erstein, poste de Benfeld; il est situé sur une île formée par le Rhin; 240 hab.

DAUBERIE (la), ham. de Fr., Seine-et-Oise, com. de Jouars-Pont-Chartrain; 100 hab.

DAUBEUF, vg. de Fr., Eure, arr., cant. et poste des Andelys; 420 hab.

DAUBEUF (Calvados). *Voyez* FOUQUES.

DAUBEUF-LA-CAMPAGNE, vg. de Fr., Eure, arr. de Louviers, cant. et poste de Neubourg; 390 hab.

DAUBEUF-SERVILLE, vg. de Fr., Seine-Inférieure, arr. du Hâvre, cant. et poste du Goderville; 550 hab.

DAUBÈZE, vg. de Fr., Gironde, arr. de la Réole, cant. et poste de Sauveterre; 260 hab.

DAUBÈZE, vg. de Fr., Lot-et-Garonne, arr. de Nérac, cant. de Francescas, poste d'Astaffort; 210 hab.

DAUBRAWITZ, b. d'Autriche, gouv. de Moravie et Silésie, cer. de Brunn, sur la Zwittawa; fabr. d'instruments de mathématiques et de machines; 1000 hab.

DAUCOURT, vg. de Fr., Marne, arr., cant. et poste de Ste.-Ménéhoulde; 160 hab.

DAUDES, ham. de Fr., Aube, com. de Montaulin; 160 hab.

DAUENDORFF, vg. de Fr., Bas-Rhin, arr. de Strasbourg, cant. et poste de Haguenau; 1220 hab.

DAUGUE, ham. de Fr., Cher, com. de Demu; 300 hab.

DAULE. *Voyez* QUAYAQUIL (fleuve).

DAULE, v. de la rép. de l'Écuador, dép. et prov. de Quayaquil, chef-lieu d'un district, sur le Rio-Daule, dans une contrée fertile; elle est importante par ses marchés de légumes, de fruits, de tabac, de cacao et de coton; 4500 hab.

DAUMAZAN, pet. v. de Fr., Arriège, arr. de Pamiers, cant. et poste du Mas-d'Azil; 1370 hab.

DAUMÉ, île de Fr., dans la Méditerranée, près des côtes du dép. des Bouches-du-Rhône, dont elle fait partie; elle n'est habitée que par quelques familles de pêcheurs.

DAUMERAY, vg. de Fr., Maine-et-Loire, arr. de Baugé, cant. et poste de Durtal; 1850 hab.

DAUN, *Dumnus*, b. de Prusse, grand-duché du Bas-Rhin, rég. de Trèves, chef-lieu du cercle de même nom, qui se compose d'une partie de l'ancien dép. de la Sarre et est situé dans les mont. d'Eifels. Les habitants, que l'aridité du sol force souvent à l'émigration, exploitent du bois et élèvent des bestiaux; la contrée abonde en sources minérales; l'on voit près de ce bourg les ruines du château de Daun, berceau de la famille des comtes de ce nom; 600 hab.

DAUNÈS (Saint-), vg. de Fr., Lot, arr. de Cahors, cant. et poste de Montcuq; 580 hab.

DAUNIAN, ham. de Fr., Gers, com. de Magnan; 120 hab.

DAUPHIN, vg. de Fr., Basses-Alpes, arr., cant. et poste de Forcalquier; mines de houille; 630 hab.

DAUPHIN, ham. de Fr., Isère, com. de Mizoën; 100 hab.

DAUPHIN, comté de l'état de Pensylvanie, États-Unis de l'Amérique du Nord; il est borné par les comtés de Northumberland, de Schuylkill, de Libanon, de Cumberland, dont il est séparé par le Susquéhannah, et par le comté de Mifflin. Son étendue est de 30 l. c. géogr. Ce pays est traversé du N.-E. au S.-O. par cinq chaînes de montagnes bien boisées et riches en minéraux. Différentes rivières arrosent cette contrée; le Susquéhannah, dont les bords sont très-fertiles en blé, en est la principale; éducation du bétail et commerce de bois; 25,000 hab.

DAUPHIN (îles), groupe de trois îles à l'entrée de la baie de Mobile, côte de l'état d'Alabama, États-Unis de l'Amérique du Nord. A l'extrémité d'une de ces îles s'élève un phare.

DAUPHIN (port). *Voyez* PORT-DAUPHIN.

DAUPHIN (cap). *Voyez* FALKLAND (îles).

DAUPHIN (fort). *Voyez* FORT-LIBERTÉ.

DAUPHINÉ, ancienne prov. de Fr., bornée au N. par la Bourgogne, à l'O. par le

Lyonnais et le Vivarais, au S. par la Provence et à l'E. par la Savoie et le Piémont, dont les Alpes la séparent. Lors de l'invasion romaine, cette province était habitée par les Allobroges, l'un des peuples les plus puissants des Gaules, et par les Voconces. Soumis par les Romains, le Dauphiné fut compris d'abord dans la *Provincia Romana*, et forma plus tard la Viennoise, qui dépendait en partie de la seconde Narbonnaise et en partie des Alpes maritimes. Lorsque les tribus germaniques firent irruption dans les Gaules, les Bourguignons s'emparèrent du Dauphiné, qui fit partie du premier roy. de Bourgogne, fondé par Gondicaire au commencement du cinquième siècle. Clovis en fit la conquête et le réunit à l'emp. des Mérovingiens. Cette province fit ensuite partie du roy. d'Austrasie. Au huitième siècle elle fut envahie par les Arabes ; mais Charles Martel les en expulsa et y rétablit la domination des Francs. Sous la seconde race des rois de France, elle devint dépendante du roy. d'Arles (second roy. de Bourgogne), fondé en 879 par Boson, comte d'Autun, auquel Charles-le-Chauve avait donné le gouvernement du roy. de Bourgogne. Plus tard le Dauphiné se divisa en plusieurs petits états, gouvernés par des comtes, qui se rendirent indépendants. Les comtes d'Albon, les plus puissants de tous ces petits souverains, prirent le titre de comtes de Viennois. Guy ou Guigues III, l'un des descendants des comtes d'Albon, reçut le surnom de Dauphin de Viennois à cause du poisson dont son casque était orné ; ses successeurs conservèrent ce nom, et la province prit de là celui de Dauphiné. Le Dauphin du Viennois, Humbert II, ayant perdu son fils unique, vendit, en 1349, sa principauté à Philippe VI de Valois. Une des conditions de la cession fut que le fils aîné du roi de France porterait toujours le titre de *dauphin*. Le duc d'Angoulême, banni par la révolution de 1830, fut le dernier dauphin de France. Le Dauphiné forme aujourd'hui les départements de l'Isère, de la Drôme et des Hautes-Alpes.

DAUSSE, vg. de Fr., Lot-et-Garonne, arr. et poste de Villeneuve-sur-Lot, cant. de Penne; 460 hab.

DAUX, vg. de Fr., Haute-Garonne, arr. de Toulouse, cant. et poste de Grenade-sur-Garonne; 680 hab.

DAUZAT, vg. de Fr., Puy-de-Dôme, arr. d'Issoire, cant. et poste d'Ardes; 500 hab.

DAVAYAT, vg. de Fr., Puy-de-Dôme, arr. et poste de Riom, cant. de Combronde; 580 hab.

DAVAYÉ, vg. de Fr., Saône-et-Loire, arr., cant. et poste de Mâcon; 520 hab.

DAVEJEAN, vg. de Fr., Aude, arr. de Carcassonne, cant. de Mouthoumet, poste; 270 hab.

DAVENAY, ham. de Fr., Saône-et-Loire, com. de Buxy; 110 hab.

DAVENESCOURT, vg. de Fr., Somme, arr., cant. et poste de Montdidier; fabr. de bonneterie en peluche; 890 hab.

DAVENTRY, *Bennavenna*, pet. v. d'Angleterre, comté de Northampton, près des sources du Neu et de l'Avon; fabr. de bonnets et de bas de soie; 2800 hab.

DAVEZIEUX, vg. de Fr., Ardèche, arr. de Tournon, cant. et poste d'Annonay; 860 hab.

DAVID (Saint-). *Voyez* DOMINIQUE (île).

DAVID (Saint-). *Voyez* GRENADE (île).

DAVID (Saint-). *Voyez* SURRY (comté).

DAVID (Saint-), pet. v. avec un territoire très-étendu, dans l'île de Prince-Edward (golfe de St.-Laurent).

DAVIDS (Saint-), pet. v. d'Angleterre, comté de Pembroke, à 1/2 l. de la mer; possède un palais épiscopal et une cathédrale; commerce de houille ; 2000 hab.

DAVIDSONVILLE, v. naissante des États-Unis de l'Amérique du Nord, territoire d'Arkansas, comté de Lawrence, au confluent de l'Elève-Point et du Big-Black; poste; commerce.

DAVIES, comté de l'état d'Indiana, États-Unis de l'Amérique du Nord; il est borné par les comtés de Sullivan, de Martin, d'Owen, de Pike et de Knox. Les deux principales branches du White traversent ce pays. Washington, sur un affluent du White, avec une poste, est le chef-lieu du comté; 5400 hab.

DAVIES, comté de l'état de Kentucky, États-Unis de l'Amérique du Nord; il est borné par l'état d'Ohio et par les comtés de Brackenridge, de Muhlenburgh, de Hopkins et de Henderson. Le Green, qui y reçoit le Panther, est le principal cours d'eau de ce pays; 5800 hab.

DAVIGNAC, vg. de Fr., Corrèze, arr. d'Ussel, cant. et poste de Meymac; 680 hab.

DAVIS, vaste baie d'un enfoncement de 22 l., sur la côte S.-E. du Labrador; à son entrée s'étend l'île de Tickithoktock. Entre cette baie et celle de l'Unité (Unity-Bay) les frères Moraves ont formé trois missions. *Voyez* UNITY-BAY.

DAVIS (détroit de), bras de mer de 70 à 100 l. de largeur, entre la terre de Baffin et le Grœnland méridional. Ce détroit joint la mer de Baffin à l'Océan Atlantique. L'île de James qu'on plaçait dans ce détroit, n'y existe pas, d'après les récentes explorations du capitaine Ross.

DAVISBURGH. *Voyez* GILES (comté).

DAVISON, comté de l'état de Tennessée, États-Unis de l'Amérique du Nord; il est borné par les comtés de Robertson, de Sumner, de Wilson, de Rutherford, de Williamson et de Dickson. Pays fertile et très-bien cultivé; il produit le meilleur coton du Tennessée et est arrosé par le Cumberland et différents affluents de ce fleuve; 24,000 h.

DAVRÉES (les), ham. de Fr., Côte-d'Or, com. de Clamerey; 150 hab.

DAVREY, vg. de Fr., Aube, arr. de Troyes, cant: et poste d'Ervy; 440 hab.

DAVRON, vg. de Fr., Seine-et-Oise, arr. de Versailles, cant. de Poissy, poste de Maule; 210 hab.

DAVY. *Voyez* BATHURST (île).

DAWALAGIRI ou DHOLAGIR (montagne blanche), sur la limite septentrionale du Népâl, est regardé aujourd'hui comme le point culminant de la chaîne de l'Himalaya et comme le pic le plus élevé de la terre. Pendant longtemps on regardait comme tel le Chimboraço, montagne du Pérou, mais on a reconnu que celui-ci était inférieur à plusieurs sommets des Andes et que les pics de l'Himalaya dépassaient de beaucoup en hauteur ceux de la grande chaîne de l'Amérique. Le Dawalagiri a 4390 toises de hauteur; quelques personnes regardent le Tchamoulari, autre pic de l'Himalaya, sur les limites du Boutan, comme plus élevé encore.

DAWIDOW, v. de la Russie d'Europe, gouv. de Minsk; pop. environ 3200 hab.

DAX, *Aquæ Tarbellicæ, Civitas Aquentium*, v. forte de Fr., Landes, chef-lieu d'arrondissement, à 12 l. O.-S.-O. de Mont-de-Marsan et à 207 l. de Paris; siége d'un tribunal de première instance et d'une conservation des hypothèques; elle est située sur la rive gauche de l'Adour et importante par les eaux et boues thermales que renferme son territoire. Cette ville est bien bâtie, ceinte d'une muraille flanquée de tours et dominée par un château. Du côté de l'Adour, les remparts offrent une promenade fort agréable. Les édifices les plus remarquables de Dax sont : le ci-devant palais épiscopal, où se trouvent aujourd'hui la mairie et la sous-préfecture, le palais de justice, la prison, le pont qui lie le faubourg de Sablar à la ville et la fontaine de Nesles ou Fontaine-Chaude : c'est un large bassin en maçonnerie, dont un côté est décoré d'une espèce d'arc de triomphe. Ce bassin est toujours rempli d'eau thermale, dont la chaleur est d'environ 58° Réaumur. Plusieurs robinets distribuent l'eau dans des auges qui environnent le bassin. Outre cette fontaine, principal établissement thermal, Dax renferme encore d'autres sources minérales. La ville possède un collége, un séminaire et un cabinet de minéralogie et de fossiles du département; elle est un entrepôt pour le commerce de liéges, matières résineuses, vins de Sables, planches, cire, fers; grand commerce d'oies; exploitation d'asphalte (mine de Bastennes). Foires le dernier samedi de janvier, d'avril, d'août, d'octobre et le premier samedi de septembre; 4800 hab. Cette ville est la patrie de Borda (Jean-Charles), physicien illustre et l'un des auteurs du système métrique (1733—1799).

Dax, dont l'origine est antérieure à l'invasion romaine, était une ville très-considérable. Au cinquième siècle elle devint le siége d'un évêché qui exista jusqu'à la révolution. Au commencement du dixième siècle elle tomba au pouvoir des Sarrasins, qui détruisirent une grande partie de ses édifices. Au douzième siècle, Dax passa, avec toute l'Aquitaine, sous la domination des Anglais, qui en restèrent maîtres jusqu'au quinzième siècle.

DAXABON. *Voyez* DAJABON.

DAY, ham. de Fr., Ardennes, com. de Neuville; 160 hab.

DAYMIEL, v. d'Espagne, prov. de la Manche; 2700 hab.

DAYTON, pet. v. commerçante des États-Unis de l'Amérique du Nord, état d'Ohio, comté de Montgoméry, dont elle est le chef-lieu, au confluent du Mad et du Big-Miami; académie, avec une bibliothèque; carrières de chaux et de pierres de taille dans les environs; 3200 hab.

DEAD. *Voyez* KENNEBEC (fleuve).

DEAD-CHEST. *Voyez* VIRGIN-GORDA.

DEAD-RIVER. *Voyez* PASSAIK.

DEAKOWAR ou DIAKOWAR, DEAKOVO, JAKOVAR, JAKOBSSTADT, b. de l'Esclavonie, comitat de Veroecze; il est le siége d'un évêque; 3006 hab.

DEAL, *Dola*, v. d'Angleterre, comté de Kent, sur la mer du Nord, entre les caps de Nord et Sud-Foreland. Ses habitants, au nombre de 7000, sont d'excellents marins. C'est là que Jules César aborda pour la première fois en Angleterre (54 av. J.-C.).

DEAN ou ATTOLON-DES-MOUCHES (Fliegeneiland), groupe d'îlots de l'archipel Paumotou ou des Iles-Basses, Océanie orientale; il est situé entre 150° 53' et 149° 43' de long. E., et sous 15° de lat. S. Il fut découvert, en 1616, par Schouten et Le Maire, qui lui donnèrent le nom d'Iles-des-Mouches à cause des innombrables essaims de ces insectes qui s'abattirent sur le canot envoyé à terre. Cook, qui visita ce groupe en 1765, le nomma Ile-du-Prince-de-Galles, et enfin le vaisseau de la Marguerite lui donna, en 1803, le nom de Dean. Plusieurs de ces îlots sont assez étendus et couverts de forêts; mais ils manquent généralement d'eau fraîche. Cependant quelques-uns sont habités par une race d'hommes, semblable à celle de l'archipel de Tahiti.

DEARBORN, comté de l'état d'Illinois, États-Unis de l'Amérique du Nord; il est borné par les comtés de Caldwell, de Bond, de Madison, de Pike et par le dist. des Indiens-Maskontins. L'Illinois, qui y reçoit de nombreux affluents, traverse ce pays à l'O. Ce comté n'est formé que depuis 1820. Dearborn en est le chef-lieu.

DEAR-BORN, comté de l'état d'Indiana, États-Unis de l'Amérique du Nord; il est borné par les comtés de Franklin, de Schwitzerland, de Ripley et par les états d'Ohio et de Kentucky; sol fertile, couvert encore de vastes forêts et arrosé par l'Ohio et ses affluents; 14,000 hab.

DEAR-BORN (fort). *Voyez* FORT-DEARBORN.

DEAR-SOUND. *Voyez* WAGER-RIVER.

DEAUVILLE, vg. de Fr., Calvados, arr. et cant. de Pont-l'Évêque, poste de Touques; 110 hab.

DEAUX, vg. de Fr., Gard, arr. et poste d'Alais, cant. de Vézenobres; 240 hab.

DEBA ou DABA, v. du Thibet, chef-lieu du dist. d'Urna-Desa; elle est bâtie sur les bords du Tiltil, affluent du Sutledge, et se compose de trois parties : 1° du collége ou palais du lama et de sa suite; 2° d'un couvent de femmes et 3° de la ville proprement dite où réside le gouverneur. Le temple de Naragan se trouve au centre de la ville, qui renferme un grand nombre d'autres temples, de monuments et d'immenses magasins à blé. Deba est industrieuse et commerçante; ses relations avec le Gherwal sont très-actives, et il y arrive fréquemment des caravanes de cette partie de l'Inde.

DEBATS-RIVIÈRE-D'ORPRA, vg. de Fr., Loire, arr. de Montbrison, cant. et poste de Boen; 220 hab.

DEBE. *Voyez* KEISKAMMA.

DEBIN, v. de l'Arabie, prov. d'Haschid; culture du vin.

DEBOODE ou DEBOU, DEBOUDE, b. de la Haute-Égypte, Afrique, sur la rive occidentale du Nil, à 6 l. S. de Syène; restes de monuments antiques.

DEBOYNE, île de l'Océanie centrale. *Voyez* LOUISIADE.

DEBRECZYN, *Debrecinum*, *Debrettinum*, v. de Hongrie, cer. au-delà de la Theiss, comitat de Bihar, siége du tribunal d'appel du cercle. Elle est située dans une vaste plaine, au S. de Tokay, et ressemble plus à un assemblage de villages qu'à une ville réelle; elle possède une église catholique, 2 églises réformées, 2 églises grecques, un couvent et plusieurs hospices. Les établissements littéraires sont : le grand collége réformé, qui peut être regardé comme une université, la seule que possèdent les calvinistes dans l'emp. d'Autriche; la bibliothèque qui y est attachée compte plus de 20,000 volumes; un gymnase et un grand séminaire catholiques. Debreczyn est la ville la plus industrieuse de la Hongrie; son industrie consiste principalement dans la fabrication de draps grossiers, de cuir, de savon, de poterie, de tabac, de pipes et de quincaillerie; manufacture impériale de salpêtre; elle est la plus commerçante après Pesth; il s'y tient annuellement 4 foires qui attirent une foule d'étrangers et sont surtout renommées pour les chevaux, les porcs et le lard; 45,000 hab.

DECALOIRE. *Voyez* CALOIRE.

DÉCATUR, comté de l'état d'Alabama, États-Unis de l'Amérique du Nord; il est borné par l'état de Tennessee, par les comtés de Jackson et de Madison, et par le dist. des Chéroquois. Ce pays, qui occupe une partie de la vallée du Tennessée, est montagneux et bien arrosé, mais peu cultivé encore.

DECAZEVILLE ou SALLE (la), vg. de Fr., Aveyron, arr. de Villefranche-de-Rouergue, cant. et poste d'Aubin; forge; 2715 hab.

DECEPTION (la), île faisant partie du Shetland méridional, au S. de l'île de Shmits; elle a un bon port entouré de hauts rochers qui l'abritent contre tous les vents.

DECHY, vg. de Fr., Nord, arr., cant. et poste de Douai; fabr. de sucre indigène; 1280 hab.

DÉCINES-CHARPRIEUX, vg. de Fr., Isère, arr. de Vienne, cant. de Meyzieux, poste de Lyon; 830 hab.

DECIZE, v. de Fr., Nièvre, arr. et à 8 l. S.-E. de Nevers et à 67 l. de Paris, chef-lieu de canton et poste; elle est très-remarquable par sa situation sur un haut rocher au milieu de la Loire, et dominée par les ruines d'un ancien château des comtes de Nevers; elle communique avec les deux rives du fleuve par un ancien pont de pierres et par un pont suspendu de construction moderne; commerce de bestiaux, cercles, sablon; exploitation de houille et de pierres de taille; fabr. de plâtre, briques, tuiles, chaux; sablonnière propre à la faïence; usines à fer. Foires : les 20 février, 5 avril, 2 mai, 13 août, 6 septembre, 29 octobre et 29 novembre. Decize est la patrie de St.-Just, né en 1768, mort sur l'échafaud, le 28 juillet 1794; 3200 hab.

DECIZE, vg. de Fr., Saône-et-Loire, arr. d'Autun, cant. et poste de Couches; 690 h.

DECONIHOUT, ham. de Fr., Seine-Inférieure, com. de Jumièges et Mesnil-sous-Jumièges; 740 hab.

DEDDINGTON, b. d'Angleterre, comté d'Oxford, sur le canal de Birmingham et d'Oxford; sources minérales; 1300 hab.

DEDELING, vg. de Fr., Meurthe, arr., cant. et poste de Château-Salins; 120 hab.

DEDHAM, v. des États-Unis de l'Amérique du Nord, état de Massachusetts, comté de Norfolk, dont elle est le chef-lieu, au confluent du Charles et du Néponset. Cette ville, bien bâtie, est le siége de l'évêque protestant du diocèse de l'Est et possède une académie; commerce actif; 3700 h.

DEDUKHINE, v. de la Russie orientale, gouv. de Perm; 2000 hab.

DEE, riv. de l'Écosse, sort du Grampian, traverse le comté d'Aberdeen et se jette dans la mer d'Allemagne, au-dessous d'Aberdeen; elle n'est pas navigable à cause de sa grande rapidité.

DEE, *Deva*, *Dea*, riv. navigable de la principauté de Galles; prend sa source dans le comté de Mérioneth, et se jette dans la mer d'Irlande, entre les comtés de Chester et de Flint.

DEE, riv. de la terre de Van-Diemen; c'est un des affluents du Derwent.

DEEP. *Voyez* CAPE-FEAR (fleuve).

DEEP-HOLE. *Voyez* WELLFLEET.

DEER, île dans la baie de Boston ou de Massachusetts, sur la côte de l'état de ce nom, États-Unis de l'Amérique du Nord.

DEERFIELD, pet. v. des États-Unis de l'Amérique du Nord, état de Massachusetts, comté de Franklin, au confluent du Deer et du Connecticut; académie; 2000 hab.

DEERFIELD, pet. v. des États-Unis de l'Amérique du Nord, état de New-Hampshire, comté de Rockingham; agriculture, commerce; 3600 hab.

DEERFIELD, pet. v. des États-Unis de l'Amérique du Nord, état de New-Jersey, comté de Cumberland, sur la frontière du comté de Salem; commerce; 2900 hab.

DEERFIELD, pet. v. des États-Unis de l'Amérique du Nord, état d'Ohio, comté de Warren; agriculture très-florissante; 2100 h.

DEERING, b. des Etats-Unis de l'Amérique du Nord, état de New-Hampshire, comté de Hillsborough; 2300 hab.

DEER-ISLAND, île habitée, avec un bon port, dans la baie de Passamaquoddi, côte de l'état du Maine, États-Unis de l'Amérique du Nord.

DEER-ISLE, île de 1 l. c. géogr. au S.-E. de la baie de Penobscot, côte de l'état du Maine, États-Unis de l'Amérique du Nord. Elle est séparée du continent par l'Edgomoggin-Reach, renferme le South-East-Harbour et une bourgade de 2000 habitants. Les petites îles de Haute ou Holt, de Little-Dear et de Sale dépendent de Dear-Isle.

DEERLYK, b. du roy. de Belgique, prov. de la Flandre-Occidentale, arr. de Courtrai; 4500 hab.

DEES, b. de la Transylvanie, dans le pays des Hongrois, au confluent des deux Szamos. Ses habitants sont agriculteurs et cultivent beaucoup de vin; entrepôt de sel.

DEESAKNA (Salzdorf), *Comidava*, b. de la Transylvanie, dans le pays des Hongrois. Siége d'une administration des salines.

DEFFANTS (les), ham. de Fr., Charente, com. de St.-Groux; 230 hab.

DEFFOY, ham. de Fr., Doubs, com. d'Arc-Senant; 210 hab.

DÉGAGNAC, vg. de Fr., Lot, arr. de Figeac, cant. de Salviac, poste de Gourdon; 1990 hab.

DEGERHOCH, vg. parois. du roy. de Wurtemberg, cer. du Necker, gr.-bge de Stuttgart, renommé par ses vins; 1300 hab.

DEGGENDORF ou **DECKENDORF**, pet. v. de Bavière, chef-lieu du district du même nom, cer. du Danube-Inférieur; située à 3 l. de Platting sur la rive gauche du fleuve que l'on traverse sur un pont fixe de 1200 pieds de longueur. Cette ville possède un grand nombre d'usines et est le centre du commerce des environs, qui consiste principalement en bestiaux, bois, fruits, fil et poterie. Le massacre des juifs, en 1337, est une tache dans l'histoire de cette petite ville; elle a eu beaucoup à souffrir pendant les guerres de 30 et de 7 ans; en 1822 un incendie y consuma 211 bâtiments; pop. de la ville 2600 hab., du district 27,000.

DEGIRMENLIK. *Voyez* SANTORIN.

DEGO, b. du roy. de Sardaigne, prov. d'Acqui; il rappelle un avantage remporté par Bonaparte sur les Autrichiens, en 1795.

DEGRÉ, vg. de Fr., Sarthe, arr. du Mans, cant. de Conlie, poste de Coulans; 580 hab.

DEHAS, DEHASCH, *Qchus*, riv. du Turkestan. Elle passe par Balkh, ne se jette pas dans l'Amou-Daria, comme le prétend Ritter, mais se perd dans les sables.

DEHAUT, vg. de Fr., Sarthe, arr. de Mamers, cant. et poste de la Ferté-Bernard; 660 hab.

DEHERIES, vg. de Fr., Nord, arr. et poste de Cambrai, cant. de Clary; 60 hab.

DÉHÉSA (Sierra de la). *Voyez* CORDILLÈRES (Chili).

DEH-KOUNDI ou TCHAGHORI, gros b. du roy. de Hérat, prov. de Bamiam, sur l'Helmend, résidence d'un khan des Hazarch.

DEHLINGEN, vg. de Fr., Bas-Rhin, arr. de Saverne, cant. et poste de Saar-Union; 820 hab.

DEIBARRA, v. de l'Inde anglaise, présidence de Bombay, prov. de Guzerate, forteresse bâtie à l'embouchure de la Nerbaddah.

DEIDESHEIM, pet. et jolie v. de la Bavière rhénane, cant. et à 11 1/2 l. de Durkheim, arr. de Neustadt, avec un ancien château. Siége d'une direction des mines; on y récolte un vin excellent. Sous la race carlovingienne elle était un domaine de la couronne; 2400 hab.

DEIFAN, v. de l'Arabie, dans le Yémen.

DEINAOU, v. du Turkestan indépendant, la seconde ville du khanat de Hissar.

DEINVILLER, vg. de Fr., Vosges, arr. d'Épinal, cant. et poste de Rambervillers; 140 hab.

DEIR-EL-KAMAR, pet. v. de Syrie, sur le versant occidental du Liban. L'émir actuel des Druses, Beschir, habite tout près dans un bel et vaste bâtiment, d'où l'on découvre la Méditerranée. Ce palais s'appelle Bettedin. La résidence de l'émir a augmenté la population de Deir-el-Kamar, que le capitaine Leight porte à 5000 âmes.

DEIZEIX, ham. de Fr., Haute-Vienne, com. de la Roche-l'Abeille; 100 hab.

DEJAUGOUX, ham. de Fr., Loire, com. de Saugues; 120 hab.

DEKKAN ou DEKHAN, DECAN. C'est le nom donné à la grande péninsule de l'Inde, en-deçà du Gange, que les Grecs et les Romains connaissaient déjà sous celui de *Dakhanos*, corruption du mot sanscrit *decan* ou *dakhan*, pays du midi. Le Dekkan est compris entre 66° et 84° long. orient. et 7° 46' et 24° 48' lat. N. Ses limites sont l'Indostan au N., le golfe du Bengale à l'E., le détroit de Palk et le golfe de Manaar, qui le séparent de l'île de Ceylan au S.-E., la mer des Indes au S. et le golfe d'Oman à l'O. Sa superficie est évaluée à 24,740 milles c. géogr. ou 528,000 milles anglais c.; l'intérieur de cette vaste péninsule, de forme triangulaire, est un plateau élevé, dont les bords sont marqués par des chaînes de montagnes et que d'autres chaînes, moins hautes, traversent en tous sens. La limite septentrionale est formée par les monts Vindhya, sauvages, presque infranchissables et peu connus, qui s'étendent depuis le golfe de Cambaye jusqu'au Gange, sur trois lignes parallèles et se perdent au N. dans le bassin de la Djamnâ. Du côté de l'O. les Gâtes occidentales bornent le plateau du Dekkan; depuis le Tapty et la Nerbaddah elles suivent la côte à une petite distance; leur versant du côté de la mer est escarpé et boisé; les rivières qui s'en précipitent n'ont qu'un cours très-borné; la plage est presque partout sablonneuse; le versant intérieur est moins rapide, et c'est aussi de ce côté que sont les grands fleuves du Dekkan. Les Gâtes orientales, moins hautes que les précédentes, suivent la côte de Coromandel, à 20 l. environ de distance de la mer. Ces deux chaînes principales sont jointes ensemble sous 12° lat. N. par la chaîne intermédiaire du Nilgherry (montagnes Bleues), dont les pics atteignent une hauteur de 9000 pieds. Au S. du plateau, le Dekkan est coupé d'une mer à l'autre par une large vallée, appelée le Gap. Les montagnes du Travancore couvrent la pointe méridionale de la péninsule jusqu'au cap Comorin. La côte orientale est appelée côte de Coromandel : elle est plate et dangereuse pour la navigation; l'orientale, ou la côte de Malabar, a de meilleurs ports. Les principaux fleuves du Dekkan sont: le Tapty, la Nerbaddah, le Godavery, le Kavery et la Kistnah. Le climat du plateau est tempéré et plus sain que celui des côtes; il favorise les fruits européens, les orangers, les pêchers, la vigne, et le blé; le cheval, qui dégénère rapidement sous le climat brûlant de l'Indostan, réussit mieux dans le Dekkan. Ses principales productions sont : le riz, le coton, la canne à sucre, le café, etc. Les Gâtes occidentales sont couvertes de forêts magnifiques. La population du Dekkan dépasse 50 millions d'habitants; celle des côtes est considérable, industrielle et commerçante. Divisée autrefois, et aujourd'hui encore, en une foule de petits états indigènes, elle fut rarement troublée par des invasions étrangères, et malgré de nombreuses colonies arabes et européennes, conserva purs ses antiques institutions et son caractère primitif. Les habitants des côtes orientales parlent des dialectes hindous au N., le telinga dans la partie centrale et le tamoul sur la côte de Coromandel; ils sont agricoles et industriels, et la nature de leur côtes les a détournés du commerce maritime. Les habitants de la côte occidentale parlent le malabar du cap Comorin à Goa, le mahratte et des dialectes hindous de Goa vers le N. Les Malabars sont navigateurs, commerçants et corsaires, bons guerriers et d'un caractère entreprenant; ils sont hindous de religion et les Brahmanes exercent sur eux un pouvoir plus étendu que sur aucun autre peuple de l'Inde. Les habitants du plateau isolé de Travancore ont su défendre leur indépendance contre le grand-mogol; plus de 80,000 chrétiens habitent ses montagnes.

L'intérieur du Dekkan présente un spectacle tout différent de celui des côtes : de vastes contrées peu peuplées et beaucoup de ruines; peu d'industrie et de commerce et des guerres continuelles; de grands royaumes; de fréquentes invasions, qui sont toutes venues du N., jusqu'à l'arrivée en Inde des Européens, pour lesquels les Gâtes ont cessé d'être une barrière; la religion mahométane renversant en plusieurs lieux le brahmanisme, et une société où la propriété et la liberté jouissent de peu de sûreté. Le principal des peuples qui l'habitent est celui des Mahrattes, hindou par sa langue, son respect profond pour le brahmanisme et son enthousiasme religieux.

Sous le rapport géographique, le Dekkan est divisé en septentrional ou Dekkan proprement dit, qui s'étend au S. de la Nerbaddah jusqu'à la Toumbadrâ et la Kistnah, et en Dekkan méridional, ou pays au S. du Krichna, qui comprend le reste du continent jusqu'au cap Comorin, qui en est l'extrémité méridionale. Le premier renferme le Kandeisch, l'Aurangabad, le Bedjapour, l'Haïderabad, le Bider, le Berar, le Gandvanâ, l'Orissa et les Circars du nord; le second renferme le Kanara, le Malabar, le Kotchin, le Travancore, le Coïmbatour, le Carnatic, le Salem ou Barramahâl, le Mysore et le Balaghât. Sous le rapport politique, le Dekkan est soumis 1° aux Anglais, qui occupent immédiatement presque toutes les côtes sur le golfe du Bengale et sur le golfe d'Oman, et possèdent les districts les plus fertiles de l'intérieur; 2° au nizam ou roi du Dekkan, le prince indigène le plus puissant, mais tributaire des Anglais; 3° au roi ou radjah de Satarah, autre vassal des Anglais; 4° au roi de Nagpour, allié des Anglais; 5° au roi de Mysore; 6° au roi de Travancore; 7° au roi de Kotchin et à une foule d'autres princes indigènes, qui sont tributaires des Anglais ou de leurs alliés. Les Français, les Danois et les Portugais ont des établissements dans le Dekkan; mais, sauf les districts portugais, ils sont réduits, par les traités à de simples établissements commerciaux, et l'on peut dire que la Compagnie anglaise des Indes orientales est aujourd'hui maîtresse de tout le Dekkan, qu'elle administre soit directement par ses gouverneurs, soit médiatement par les princes indigènes, ses vassaux et ses alliés. *Voyez*, pour l'histoire et les détails, l'article général sur l'Inde et les articles spéciaux.

DEKKIN - CHAHAZPOUR ou **DUCKIN-SCHABAZPOOR**, île de l'Inde, située à l'embouchure du Megna, dans le Bengale. Elle a 12 l. de longueur sur 5 de largeur, et est si basse qu'elle est inondée dans la saison des pluies; aussi ne peut elle être habitée. Elle renferme d'immenses salines qui sont exploitées et dont le produit est transporté à Bulwa et à Chittagong.

DELAGOA ou **LORENZ-MARQUEZ**, **ENGLISH-RIVER**, riv. considérable de l'Afrique orientale, dans la partie méridionale de la côte de Sofala; elle prend sa source dans le pays des Maquinis et se jette dans la baie de Lagoa.

DELAIN, vg. de Fr., Haute-Saône, arr. de Gray, cant. de Dampierre-sur-Salon, poste de Champlitte; 590 hab.

DÉLARD, ham. de Fr., Isère, com. de St.-Jean-de-Moirans; 180 hab.

DELAWARE, b. du Haut-Canada, dist. de Londres; mines de fer.

DELAWARE, état de la confédération de l'Amérique du Nord; il est borné par les états de Maryland, de New-Jersey, de Pensylvanie et l'Océan Atlantique; sa superficie est de 105 l. c. géogr., avec 77,000 hab.

C'est un pays bas en grande partie arraché à la mer. Le climat y est très-malsain sur les côtes, mais plus agréable sur les hauteurs de l'intérieur. Le Brandywine est le principal fleuve de ce pays, généralement fertile et bien cultivé; il produit du chanvre, du lin, du blé et des légumes; vastes forêts; horticulture très-avancée, éducation du bétail; commerce de minoterie. Le Delaware est divisé en trois comtés, subdivisés en Hundreds (arrondissements). Il envoie au congrès deux sénateurs et un député.

Les tribunaux de l'Union se tiennent alternativement à New-Castle et à Dover, où siégent aussi les tribunaux d'arrondissement. Colléges académiques à Wilmington, Néwark, Smyrna et Léwington. Dover est la capitale de l'état.

Un employé anglais, lord Delaware, fut le premier qui, en 1610, vit la baie, le fleuve et les côtes du pays qui porte son nom, mais seulement depuis le jour où les colonies américaines se séparèrent de la métropole. Les Hollandais furent probablement les premiers qui visitèrent ces côtes. Au commencement du dix-septième siècle ils y fondèrent un établissement, le Hoerc-Kill, qui fut détruit par les Indiens. Les Suédois et les Finlandais furent les premiers Européens qui y fondèrent une colonie sédentaire sur le Paradisepoint (cap Hinlopen). En 1631 ils élèvent le fort Christine aux environs de Welmington, et un autre à quelques lieues au-dessous de cette ville. Dans les années 1638 et 1642 les Hollandais s'y fixèrent et devinrent bientôt assez forts pour en chasser les Suédois et pour réunir la colonie à leurs possessions qu'ils appelèrent Nieuw-Niederland. En 1664 les Anglais s'emparèrent de cette colonie et fondèrent la ville de New-Castle. Le duc d'York en devint propriétaire et la céda à Guillaume Penn qui la réunit à la Pensylvanie, mais dont elle se sépara dès 1703, pour se donner une propre constitution. En 1765, Richard Penn renonça au droit de juridiction dans ce pays qui, en 1776, entra dans l'Union, sous le nom de *Delaware*.

DELAWARE, comté de l'état de New-York, États-Unis de l'Amérique du Nord; il est borné par les comtés d'Otségo, de Shoharie, de Greene, d'Ulster, de Sullivan, de Broome et de Chinango. C'est une des provinces les plus grandes et les plus fertiles de l'état, mais la culture n'y a fait que peu de progrès; vastes forêts; montagnes de moyenne hauteur où naissent les deux sources du Delaware.

DELAWARE, comté de l'état d'Ohio, États-Unis de l'Amérique du Nord; est borné par les comtés de Knox, de Licking, de Franklin et de Logan; sol extrêmement fertile, arrosé par le Scioto et ses affluents. Delaware, sur le Whetstone, est le chef-lieu du comté; 6500 hab.

DELAWARE, comté de l'état de Pensylvanie, États-Unis de l'Amérique du Nord; il a pour bornes les comtés de Montgoméry, Philadelphie, Chester et les états de Delaware et New-Jersey; son étendue est de 9 l. c. géogr. Sol plat, en partie maigre et stérile, en partie très-fertile, surtout le long des fleuves; éducation et commerce de bétail; forges; 18,000 hab.

DELAWARE, baie très-étendue entre les états de Delaware et de Rhode-Island, États-Unis de l'Amérique du Nord. Elle a 16 l. de longueur sur 6 l. de large, reçoit le Delaware et plusieurs autres rivières considérables. Elle est formée par le cap Hinlopen et le cap Mai, et sillonnée d'îles et de bancs de sable.

DELAWARE, un des plus beaux fleuves des États-Unis de l'Amérique du Nord. Il est formé par deux branches, le Mohok et le Popachtan, qui descendent du Catsberg, dans l'état de New-York où ils se réunissent. Dans la partie supérieure de son cours, il fait plusieurs chutes (Cédar-Falls), traverse les états de Pensylvanie, de New-Jersey et se jette, après un cours de 120 l., dans la belle baie à laquelle il donne son nom. Les nombreux courants de ce fleuve, même le dangereux Cushightonk, n'en interrompent pas la navigation. Il baigne les villes de Wilford, d'Easton, de Trenton, de Philadelphie, de Chester et de New-Castle. Parmi ses affluents le Léhig, le Flatt, le Pawlins, le Pécasset et le Schuylkill sont les plus considérables.

DELAWARE, comté de l'état d'Indiana, États-Unis de l'Amérique du Nord; il est borné par les comtés de Wabash, de Randolph, de Wayne, de Fayette, de Jennings, de Jackson, de Monroé et de Martin. Pays bien arrosé, couvert d'immenses forêts mais très-peu cultivé. Indianopolis, sur le White, avec une poste, est le chef-lieu du comté; 7000 hab.

DELDEN, pet. v. du roy. de Hollande, prov. d'Over-Yssel, arr. d'Almelo; 3900 h.

DELEB ou Dyre, Gebel-el-Dginse, Tagueli, Tegla, chaîne de montagnes de la Nigritie orientale, Afrique, entre Deyr et Tuggula, à l'O. du Bahr-el-Adda, un des principaux affluents du Bahr-el-Abiad.

DELEBRIO, *Alebium*, *Delebium*, b. du roy. Lombard-Vénitien, gouv. de Milan, délégation de Sondrio; commerce en soie et en laine; 2000 hab.

DELÉMONT, en allemand *Delsberg*, pet. v. du cant. de Berne, chef-lieu d'un district; 1300 hab.

DELETTES, vg. de Fr., Pas-de-Calais, arr. et poste de St.-Omer, cant. de Lumbres; 960 hab.

DELFSHAVEN, b. de Hollande, prov. de la Hollande méridionale, sur la rive droite de la Meuse; pêche du hareng et de la morue; distillerie de genièvre; 2700 hab.

DELFT, v. de Hollande, prov. de la Hollande méridionale, située sur la Schie, entre Rotterdam et La Haye; elle possède des écoles d'artillerie, du génie et de la marine; fabr. d'étoffes de laine; teintureries; son commerce est favorisé par de nombreux canaux; 4900 hab. Guillaume Ier, prince d'Orange, fut assassiné dans cette ville, en 1584.

DELFZYL ou Delfsiel, v. forte de la Hollande, prov. de Grœningue, au confluent de la Fivel et de l'Ems; port où l'on fait la pêche; 3200 hab.

DELGADO ou Cap-des-Chiens-Marins, promontoire de l'Afrique méridionale, dans la colonie du cap de Bonne-Espérance, à l'O. de la baie de Plattenberg.

DELGADO, cap de l'Afrique orientale, sur la côte de Mozambique, qu'il sépare au N. de celle de Zanguebar.

DELHI (province de). Cette partie importante de l'Inde anglaise s'étend entre 72° 28' et 78° 30' long. orient. et entre 28° 2' et 30° 16' lat. N. Elle est bornée au N. par le Gherwal, au N.-O. par le Lahore, au N.-E. par le Nepal, au S.-E. par Aoude, au S. par Agra et à l'O. par l'Adjmir. Sa superficie est d'environ 5200 l. c. Au N. le pays est très-montueux; il s'abaisse de plus en plus vers le S., et ne forme plus qu'une plaine onduleuse, dépourvue d'arbres, aux environs de la capitale. Le sol est argileux et sablonneux; la plus grande partie est sans culture. Les principaux cours d'eau de la province sont le Gange et la Djamna. Son climat est tempéré au N., quelquefois brûlant au S. Ses productions sont: le blé, l'orge et d'autres céréales, le sucre et le coton; l'agriculture est languissante à cause de la rareté de l'eau, à laquelle on suppléait autrefois par des canaux d'irrigation, négligés et détruits pendant les guerres qui ont dévasté la province. L'éducation du bétail est florissante; le commerce de bois très-actif. La principale industrie des habitants consiste dans la fabrication des étoffes de coton. La population est d'environ 8,000,000 d'habitants hindous, mahométans et seikhs; la religion des premiers est la plus répandue dans le N. La prov. de Delhi est divisée aujourd'hui en six districts, qui sont: Delhi, Bareily, Morabad, Saharanpour, Merut et Harriana, administrés directement par les Anglais, et dans la principauté de Sikhind ou pays des Seikhs, leurs tributaires, On a assigné à l'entretien de la famille de l'ancien grand-mogol des terrains dans le voisinage de Delhi, où elle réside. Le revenu de ces terres, connues sous le nom de *the assigned territories*, se montait en 1813 à la somme de 145,754 livres sterling. La province a reçu son nom de Delhi, sa capitale.

DELHI ou Dehli, Delli, v. de l'Inde anglaise, présidence de Calcutta, chef-lieu de la province et du district qui porte son nom, l'ancienne et magnifique capitale d'un grand empire mogol, déchue de sa puissance, mais encore importante, riche et florissante; siége d'un résident anglais, chargé non seulement du gouvernement de la ville et de la province, mais encore de la surveillance de la famille des anciens empereurs, des princes vassaux, seikhs et autres et de toutes les négociations diplomatiques avec le N.-O. de l'Inde. La nouvelle Delhi, bâtie par Chah-Djihan, est située sur deux éminences, aux bords de la Djamna et entourée de murs, elle occupe un espace qui a 2 l. de circonférence. La ville est divisée en nouvelle et ancienne et subdivisée en 36 quartiers. La partie habitée par les Hindous s'appelle Hinduanich, celle habitée par les Mongols Mongolémie. Les rues sont tortueuses et étroites; deux seulement se distinguent par leur largeur et la beauté des édifices: celle qui mène du palais à la porte de Lahore, et la grande avenue du palais, embellie par une allée plantée par les Anglais qui ont aussi restauré le canal qui la traverse. Les maisons sont bâties en briques et ont plusieurs étages, mais un grand nombre d'entre elles sont en ruines. Les principaux édifices de Delhi sont: le palais impérial ou Dauriserai, vaste assemblage de bâtiments d'environ un mille de circonférence, bâti en granit rouge et entouré de fortes murailles; magnifiquement décoré et habité par les descendants de la famille des grands-mogols; les admirables jardins chalinâr, célébrés par les poëtes persans, et dont la plantation a coûté des sommes énormes, sont presque entièrement détruits; le palais du sultan Dara-Chekoh, frère d'Aurengzeb: cet édifice, restauré par les Anglais, sert actuellement de logement au résident anglais; la Djema-Mesdjed ou mosquée principale, bâtie par l'empereur Chah-Djihan, le plus beau temple mahométan de l'Inde; elle s'élève sur une plate-forme, environnée d'une colonnade en granit rouge, est surmontée de trois coupoles en marbre blanc et flanquée par deux minarets. On admire dans son intérieur, magnifiquement décoré, un puits très-profond, taillé dans le roc et qui fournit avec abondance l'eau nécessaire aux ablutions; la Kalé-Mesdjed ou mosquée noire, très-ancienne, bâtie exactement sur le modèle de la mosquée de la Mecque. Delhi possède encore une foule d'autres édifices remarquables, des palais, des mosquées, des pagodes, une citadelle en ruines; nous ne citerons plus que le beau medressé ou collége, bâti par Ghazy-el-Dyn, l'observatoire, le Tokekana ou arsenal, le tombeau de Scham-Khan et le beau pont de 12 arches, jeté sur la Djamna. La population de Delhi, diversement évaluée, est encore de 200,000 habitants (cette ville en avait deux millions sous Aurengzeb); son industrie est toujours active; elle possède des tissages de coton, des manufactures de tabac, d'indigo, des raffineries de sucre; on y taille aussi beaucoup de pierres précieuses; son commerce avec le Bengale est considérable, et tous les ans il y arrive de Cachemire et de Kaboul des caravanes qui amènent des châles, des fruits et des chevaux; plusieurs des nombreux marchés de Delhi ne ferment pas même la nuit; celui de Chah-Gange est célèbre : c'est là qu'éclata, en 1738, après la prise de la ville par Nadir Chah, la rixe qui coûta la vie à 100,000 habitants. Les environs de Delhi sont stériles et délaissés; l'on n'aperçoit presque que du sable; cependant la culture se relève; les bords de la Djamna se couvrent de plantations de riz et d'indigo, et les Anglais commencent à restaurer les canaux. Le grand canal d'irrigation, qui conduit les eaux de la Djamna jusqu'à la ville, a été déblayé en 1820 et restauré en 1826. Au S. de la ville, près du Kattab, sont les ruines de l'ancienne Delhi.

La ville de Delhi (l'ancienne) fut fondée à une époque incertaine, sur l'emplacement d'Indrapont, l'antique capitale des Pandos. Gouvernée par des radjahs hindous, elle tomba, en 1011, au pouvoir du sultan Mahmoud-le-Ghaznevide, dont le père porta le premier les armes musulmanes dans l'Inde. Cothoub-Eddyn-Aïbek, général mahométan, s'empara de Delhi en 1193, y succéda à son maître et y commença la série des rois musulmans, Afghans et Patans, qui, sous sept dynasties, ont régné dans l'Indoustan jusqu'en 1525, époque de la fondation de l'empire mogol. Des guerres civiles et des guerres étrangères mirent plusieurs fois Delhi à feu et à sang; Tamerlan la prit en 1398, la livra au pillage, massacra un grand nombre de ses habitants et la dévasta entièrement. En 1504, le siège du gouvernement avait été transféré à Agra; en 1631, Chah-Djihan revint à Delhy et y ajouta une nouvelle ville. Elle fut au dix-septième siècle, sous Aurengzeb, le centre de la puissance mongole, riche, florissante, magnifique. Nadir-Chah la dévasta complétement, en 1737, et en emporta un butin qu'on évalue à près de 1500 millions. Les successeurs dégénérés des empereurs mogols y régnèrent, à la fin du dix-huitième siècle, en butte aux ennemis intérieurs et aux ennemis étrangers. En 1803, les Anglais, vainqueurs des Marattes, entrèrent à Delhi, qu'ils n'ont plus quittée, laissant encore pendant quelque temps un vain simulacre de pouvoir au vieux Chah-Olem, mort en 1805. Aujourd'hui Delhi fait partie des possessions immédiates de la Compagnie des Indes.

DELHI, pet. v. des États-Unis de l'Amérique du Nord, état de New-York, comté de Delaware, dont elle est le chef-lieu, sur le Mohok; commerce; 3300 hab.

DELI, roy. de l'île de Sumatra; il occupe une bande de terre étroite, bornée au N. par le roy. d'Achem, à l'E. par le détroit de Malacca, au S. par le roy. d'Arou, à l'O. par le pays des Battas et la chaîne de montagnes Papa. Le cap Diamant forme sa limite N.-O. Il est arrosé par le Jolo, le Laug-Kat et le Batu-Schina, et produit en abondance de l'or, du camphre et des bezoards, concrétions calculeuses formées dans les intestins de divers animaux et qui passaient pour un préservatif contre les contagions. Ses habitants sont des Malais, connus dans ces parages comme d'intrépides pirates et gouvernés par un radjah indépendant qui réside à Deli ou Delli, ville située sur la côte occidentale, à l'embouchure d'une petite rivière.

DELINCOURT, vg. de Fr., Oise, arr. de Beauvais, cant. et poste de Chaumont-en-Vexin; 570 hab.

DELITZSCH, v. de Prusse, sur le Lœbler, prov. de Saxe, rég. de Mersebourg, chef-lieu du cercle de même nom; bien bâtie et ceinte de murailles; 3800 hab.

DÉLIVRANCE, cap au S.-E. de l'île de Rossel, archipel de la Louisiade, Océanie centrale. D'Entrecasteaux le place sous 11° 20′ 37″ de lat. S. et 152° 6′ 15″ de long. E. Bougainville prit cette pointe de terre pour l'extrémité S.-E. de la Nouvelle-Guinée.

DÉLIVRANDE (la), vg. de Fr., Calvados, com. de Douvres; 850 hab.

DÉLIVRANDE (la), vg. de Fr., Calvados, com. de Luc-sur-Mer, poste; 400 hab.

DELLE ou **DATTENRIED**, *Datira*, b. de Fr., Haut-Rhin, arr. et à 4 1/2 l. S.-E. de Belfort, chef-lieu de canton et poste; 1045 h.

DELLIGSEN, b. du duché de Brunswick, situé sur la Wispe, dans le dist. de Gandersheim, non loin les forges de Karlshutte; 1300 hab.

DELLYS ou **TEDDELLIS**, **TEDLIS**, **TENELS**, b. maritime de la rég. d'Alger, Afrique, prov. de Constantine, au S.-E. du cap Carbon, près de la rive droite du Booberak, qui s'y jette dans la Méditerranée, à 18 l. E. d'Alger; teintureries; ruines.

DELME, vg. de Fr., Meurthe, arr. et à 3 1/2 l. N.-O. de Château-Salins, chef-lieu de canton et poste; 610 hab.

DELMENHORST, v. du grand-duché d'Oldenbourg, située sur la Delme, dans le duché d'Oldenbourg; elle a des foires de chevaux fréquentées et une population de 1700 hab. Elle est le chef-lieu du cercle du même nom, qui renferme une population de 32,700 hab., sur une superficie de 15 1/3 milles c.

DELONIA, plus souvent appelée *Delvino*, chef-lieu du sandschak de ce nom, dans la Bulgarie et dans l'eyalet de Roumili, ville assez étendue, avec une forteresse et une population de 8000 âmes.

DELOS (l'île de), appelée par les Turcs *Dilès* ou *Sdili*, est une très-petite île du groupe des Cyclades; couverte de ruines et inhabitée; elle est intéressante par les souvenirs mythologiques et historiques qui s'y rattachent.

DELOUZE, vg. de Fr., Meuse, arr. de Commercy, cant. et poste de Gondrecourt; 320 hab.

DELOW, v. de la Nigritie centrale, Afrique, emp. de Bornou, jadis capitale du roy. de Mandara; on lui accorde 10,000 hab.

DELTA ou **AL-BAHRI**, gr. île de la Basse-Égypte, Afrique, qui s'étend en forme d'un delta, entre les deux bras du Nil, depuis le Caire jusqu'à la Méditerranée; elle a 85 l. de circonférence. Sa fertilité est entretenue par les débordements périodiques du Nil. *Voyez* ÉGYPTE.

DÉLUGE (le), vg. de Fr., Oise, arr. de Beauvais, cant. et poste de Noailles; fabr. de blondes et éventails; 500 hab.

DELUT, vg. de Fr., Meuse, arr. de Montmédy, cant. et poste de Damvillers; 370 h.

DELUZ, vg. de Fr., Doubs, arr. et poste de Baume-les-Dames, cant. de Roulans; 400 hab.

DELVENAU, riv. du roy. de Danemark, affluent de l'Elbe dans le duché de Lauenbourg.

DELVINO, v. forte de la Turquie d'Europe, prov. d'Albanie, vis-à-vis Corfou; elle est le siége d'un évêque grec et possède plusieurs mosquées; 8000 hab.

DEMANDOLX, vg. de Fr., Basses-Alpes, arr., cant. et poste de Castellane; 330 hab.

DEMANGE-AUX-EAUX, vg. de Fr., Meuse, arr. de Commercy, cant. et poste de Gondrecourt; filat. hydraul. de coton; 860 hab.

DEMANGEVELLE, vg. de Fr., Haute-Saône, arr. de Vesoul, cant. de Jussey, poste de Vauvillers; 710 hab.

DEMASS ou **DEMSAS**, pet. v. maritime de la rég. de Tunis, Afrique, au S. de Lempta, sur l'emplacement de l'ancienne *Thapsus*, où César défit le parti de Pompée, commandé par Metellus Scipion et soutenu par Juba, roi de Numidie, l'an 36 avant J.-C.; mines; lac salant.

DEMBEA ou **TZANA**, dit aussi **DARA** ou **OUÉD**, *Coloë*, gr. lac d'Abyssinie, Afrique, roy. de Tigré, à 35 l. N.-N.-E. des sources du Bahr-el-Azrek qui le traverse; il est situé au fond d'une vallée et semé d'îles, dont une sert de prison d'état; il reçoit les eaux de beaucoup de rivières et a 20 l. de long sur 6 à 10 de large.

DEMBO, plateau considérable, mais peu connu, de la Basse-Guinée, Afrique, au S.-E. du Congo; il s'étend sur environ 300 l. du N. au S., sur 50 l. de l'E. à l'O., et atteint une hauteur de 1400 toises au-dessus du niveau de la mer. Beaucoup de rivières y prennent leurs sources. On pourrait l'appeler la Suisse de toute cette partie de l'Afrique.

DEMBOWIEC, b. du roy. de Gallicie, cer. d'Iaslo, sur la Wisloka, remarquable par ses fabr. de toiles fines; 1600 hab.

DEMEGRÆD, b. de la Haute-Égypte, Afrique, sur la rive gauche du Nil, en face des ruines de Thèbes, entre Asfoun et Esné.

DEMENFALVA, vg. de Hongrie, cer. endeçà du Danube, comitat de Liptau; remarquable par sa vaste grotte des dragons, remplie d'ossements d'animaux gigantesques.

DEMÉRARY (gouvernement). *Voyez* ESSÉQUÉBO-DÉMÉRARY.

DÉMÉRARY, fl. de la Guyane anglaise, descend d'une chaîne de montagnes qui longe la rive droite de l'Esséquébo. Sa source et la partie supérieure de son cours sont inconnues. Il traverse du S. au N. la florissante colonie à laquelle il donne son nom, baigne la ville de Georgtown et s'embouche dans l'Océan Atlantique, après un cours de plus de 60 l. A son embouchure il forme un port peu profond, mais sûr et assez vaste pour pouvoir recevoir toute la force navale de la Grande-Bretagne. Il est navigable pour les grands vaisseaux marchands sur une longueur de 25 l. Dans la partie supérieure de son cours il forme de nombreuses cataractes.

DEMEURS, ham. de Fr., Nièvre, com. d'Urcy; 300 hab.

DEMIE (la), vg. de Fr., Haute-Saône, arr. et poste de Vesoul, cant. de Noroy-le-Bourg; 260 hab.

DEMIGNY, vg. de Fr., Saône-et-Loire, arr. de Châlon-sur-Saône, cant. et poste de Chagny; 1660 hab.

DEMI-LIEUE (la), ham. de Fr., Aisne, com. d'Ohis; 180 hab.

DEMI-LUNE (la), ham. de Fr., Seine, com. de Courbevoie; 100 hab.

DEMIQUIAM. *Voyez* ILLINOIS.

DEMIR-KAPOU (c'est-à-dire porte de fer) défilé très-important du Balkan; il mène de Selimnia, en Romélie, à Storeka, dans la Bulgarie.

DEMIR-HISSAR, *Heraclea* (?), v. de la Turquie d'Europe, gouv. du capitan-pacha, située au pied d'une haute montagne dominée par un vieux château en ruines; 8000 h.

DEMMIN, v. de Prusse, prov. de Poméranie, rég. de Stettin, chef-lieu du cercle de même nom, située sur une colline, au confluent des riv. de Trehel et Tollense avec la Peene, et entourée de quelques vieilles fortifications. Fait un commerce actif, facilité par des voies navigables. Manufactures de draps, toiles, chapeaux, ganterie, bas; blanchisseries; 5000 hab.

DEMOLLE, ham. de Fr., Puy-de-Dôme, com. de Luzillat; 430 hab.

DEMONNESI ou **ILES-DES-PRINCES**, groupe d'îlots, situés à l'entrée du Bosphore dans la mer de Marmara. Ils sont montagneux, fertiles et habités par environ 5000 Grecs, qui cultivent des légumes et des fruits et élèvent du bétail pour l'approvisionnement de Constantinople. Leur climat doux et sain et leur heureuse position attirent les habitants de la métropole, qui y vont faire des parties de plaisir ou séjourner plus longtemps pour réparer leur santé. Ils sont au nombre de neuf dont quatre d'une certaine étendue. Ce sont Papa Abasi Halki, ou Khalkhis, Antigona et Prota; chacun renferme des villages et des couvents. Les autres, tels qu'Ora, Plata, l'île aux Lapins, etc. sont sans importance.

DEMONTE, v. du roy. de Sardaigne, intendance-générale de Coni; 6000 hab.

DEMOTICA, *Didymotichos*, v. de la Romélie, située sur le fleuve Maritza, fut quelque temps la résidence du grand-sultan avant la conquête de Constantinople; elle est aussi renommée par le séjour qu'y fit le roi de Suède, Charles XII, après sa défaite de Pultawa. Elle est le siège d'un archevêché grec; on y fabrique de belle poterie, des étoffes de laine et de soie; 15,000 hab.

DEMOURKI ou **TOUMOURKIE**, contrée élevée et peu connue de la Nigritie orientale, Afrique, au S.-S.-O. du Darfour; le sultan a sa résidence à Yendeldé.

DEMOUVILLE, vg. de Fr., Calvados, arr. de Caen, cant. et poste de Troarn; 460 hab.

DEMTEZIEU, ham. de Fr., Isère, com. de St.-Savin; 250 hab.

DÉMU, vg. de Fr., Gers, arr. de Condom, cant. d'Eauze, poste de Vic-Fezensac; 1010 hab.

DÉMUIN, vg. de Fr., Somme, arr. de Montdidier, cant. de Moreuil, poste de Villers-Bretonneux; 770 hab.

DENABUDDELECHE, b. de l'Abyssinie méridionale, Afrique, prov. d'Efat.

DENAIN, vg. de Fr., Nord, arr., à 2 l. O.-S.-O. et poste de Valenciennes, cant. de Bouchain; forges et hauts-fourneaux; fabr. de sucre indigène; exploitation de houille. Un obélisque, élevé près de ce village, rappelle la célèbre bataille gagnée, le 24 juillet 1712, par le maréchal de Villars sur le prince Eugène, commandant l'armée des puissances coalisées. Cette victoire hâta la paix d'Utrecht, qui termina glorieusement pour la France la guerre de la succession d'Espagne; 1600 hab.

DENAINVILLIERS, ham. de Fr., Loiret, com. de Dadonville; 110 hab.

DENANT. *Voyez* NIEUIL-DENANT.

DENAT, vg. de Fr., Tarn, arr. d'Albi, cant. et poste de Réalmont; 880 hab.

DENAZÉ, vg. de Fr., Mayenne, arr. de Château-Gontier, cant. et poste de Craon; 470 hab.

DENBIGH, comté d'Angleterre, dans la principauté de Galles, borné par la mer d'Irlande, les comtés de Flint, de Chester, de Shrop, de Montgomery, de Merioneth et de Carnarvon. Sa superficie est de 31 l. c. géogr., et sa pop. de 70,000 âmes. Il produit du blé, des pommes de terre, du bois, du plomb et de la houille. L'éducation du bétail forme la principale ressource des habitants; on exporte des bêtes à cornes, des moutons et du fromage. Le pays présente un grand nombre de beautés naturelles qui attirent, dans la belle saison, une foule de voyageurs; on y remarque surtout la charmante vallée de Clwyd, la plus romantique de toute la principauté de Galles.

DENBIGH, pet. v. d'Angleterre, chef-lieu du comté de même nom, dans la vallée de Clwyd; nomme un député; fabr. de souliers et de gants; commerce de grains et de bestiaux; 1500 hab.

DENDER ou **EL-DINDER**, *Galthera*, riv. considérable de la Haute-Nubie, Afrique; elle prend sa source dans les montagnes occidentales du roy. de Gondar, en Abyssinie, et se jette dans le Bahr-el-Azrek, à 12 l. N. de Sennaar.

DENDERA. *Voyez* DANDERAH.

DENDEVILLE, ham. de Fr., Calvados, com. de Fierville-la-Campagne; 100 hab.

DENÉE, vg. de Fr., Maine-et-Loire, arr. et poste d'Angers, cant. de Chalonnes; 1560 hab.

DENEMONT, ham. de Fr., Seine-et-Oise, com. de Follainville; 110 hab.

DENESTANVILLE, vg. de Fr., Seine-Inférieure, arr. de Dieppe, cant. et poste de Longueville; 190 hab.

DENEUILLE, vg. de Fr., Allier, arr. de Gannat, cant. et poste de Chantelle; 390 h.

DENEUILLE, vg. de Fr., Allier, arr. et cant. de Montluçon, poste de Montmarault; 720 hab.

DENEUVRE, vg. de Fr., Meurthe, arr. de Lunéville, cant. et poste de Baccarat; 820 hab.

DENÈVRE, vg. de Fr., Haute-Saône, arr. de Gray, cant. de Dampierre-sur-Salon; poste de Champlitte; 730 hab.

DÉNEZÉ, vg. de Fr., Maine-et-Loire, arr. de Baugé, cant. et poste de Noyant; 730 hab.

DÉNEZÉ, vg. de Fr., Maine-et-Loire, arr. de Saumur, cant. et poste de Doué; 650 hab.

DENEZIÈRES, vg. de Fr., Jura, arr. de St.-Claude, cant. de St.-Laurent, poste de Clairvaux; 180 hab.

DENGELSHEIM, ham. de Fr., Bas-Rhin, com. de Sessenheim; 160 hab.
DENGUEH. *Voyez* SÉNÉGAL.
DENGUIN, vg. de Fr., Basses-Pyrénées, arr. et poste de Pau, cant. de Lescar; 660 hab.
DENIA, v. d'Espagne, chef-lieu du gouvernement de même nom, roy. et à 19 l. de Valence, située sur la côte, au pied d'une colline couronnée d'une citadelle; l'entrée de son port étant difficile, il n'est fréquenté que par les caboteurs; fabr. de draps et de toiles; les environs sont fertiles et abondant en vins; 2000 hab.
DENICÉ, vg. de Fr., Rhône, arr., cant. et poste de Villefranche-sur-Saône; 1130 h.
DÉNIER, vg. de Fr., Pas-de-Calais, arr. de St.-Pol-sur-Ternoise, cant. d'Avesne-le-Comte, poste de Frévent; 170 hab.
DENIPAIRE, vg. de Fr., Vosges, arr. de St.-Dié, cant. et poste de Senones; 500 h.
DENIS (canal de St.-). *Voyez* CANAL DE L'OURCQ.
DENIS (Saint-), chef-lieu de la colonie française de l'île de Bourbon; siège d'une cour royale et d'un tribunal de première instance. Cette ville, qui renferme environ 900 maisons, est située à l'extrémité septentrionale de l'île, sur un plateau élevé, au bord de la mer. Cette situation y tempère la chaleur, moins supportable à mesure qu'on s'éloigne de la côte. A l'exception de l'hôtel du gouvernement, St.-Denis n'a aucun monument remarquable. Ses autres édifices publics sont : l'église, le collège l'hôpital et l'arsenal. De belles promenades et plusieurs fontaines ornent cette ville, qui depuis quelques années commence à s'embellir. Le Jardin du Roi est remarquable par sa riche collection botanique. La pêche, la culture et le commerce des denrées coloniales occupent les habitants de St.-Denis. L'industrie manufacturière y est nulle. La population est de 14,000 individus, dont près des deux tiers sont esclaves, trois douzièmes blancs et un douzième hommes de couleur libres.
DENIS (Saint-), vg. de Fr., Aude, arr. de Carcassonne, cant. de Saissac, poste d'Alzonne; forges ; 710 hab.
DENIS (Saint-), vg. de Fr., Charente-Inférieure, arr. de Marennes, cant. et poste de St.-Pierre-d'Oleron ; 1550 hab.
DENIS (Saint-), ham. de Fr., Eure, com. de Brionne; 200 hab.
DENIS (Saint-), vg. de Fr., Gard, arr. d'Alais, cant. et poste de St.-Ambroix; 350 hab.
DENIS (Saint-), ham. de Fr., Indre, com. de Châteauroux ; 150 hab.
DENIS (Saint-), ham. de Fr., Indre, com. d'Issoudun ; 450 hab.
DENIS (Saint-), vg. de Fr., Lozère, arr. de Mende, cant. de St.-Amans, poste de Serverette; fabr. de serges de Mende ; 800 hab.

DENIS (Saint-), v. de Fr., Seine, chef-lieu d'arrondissement, à 2 l. N. de Paris; siège d'un tribunal de première instance et d'une conservation des hypothèques; elle est située près de la rive droite de la Seine, sur le Crou et sur un canal qui joint cette rivière au canal de l'Ourcq. L'église gothique, qui renferme les tombeaux des rois de France, est son monument le plus intéressant et le plus remarquable. St.-Denis possède, en outre, une belle caserne, de magnifiques pépinières, deux puits artésiens et la maison royale pour l'éducation de cinq cents demoiselles, filles de chevaliers de la Légion-d'Honneur. Cet établissement, créé par l'empereur Napoléon, occupe les bâtiments de l'ancienne abbaye. Cette ville a des fabriques de caoutchouc, de draps, de produits chimiques, etc.; imprimeries en étoffes ; filat. de laine ; manufactures de plomb laminé et coulé; teintureries et plusieurs moulins à farine pour l'approvisionnement de la capitale. On y fait commerce de vins, de bois, de laine, etc. Foires les 24 février et 9 octobre, et le 11 juin, la foire du Landit, dont l'origine remonte au dix-septième siècle. Il se vend ordinairement à cette derniere plus de 90,000 moutons qui y sont amenés de différents départements de la France et même de l'Allemagne; 9700 hab.

Cette ville doit son origine à l'abbaye du même nom, bâtie sur l'emplacement du tombeau de saint Denys, martyr dans les Gaules à la fin du troisième siècle. Des maisons se groupèrent peu à peu autour du monastère. Dagobert enrichit l'église de St.-Denis, et son corps y fut déposé en 638. Depuis cette époque, elle devint le tombeau des rois de France. Les Normands pillèrent l'abbaye en 865. Quelques années après, Charles-le-Chauve, pour la mettre à l'abri de semblables désastres, la fit entourer de murailles. Cependant elle souffrit beaucoup des discordes qui désolèrent le pays sous le règne de Charles VI et pendant les guerres de la ligue. En 1793, la convention décréta la destruction des tombes royales. Les ossements qu'elles renfermaient furent déposés dans une fosse creusée à la place qu'occupait la tour de Valois. Napoléon ordonna, en 1806, la réparation du caveau des Bourbons et la construction d'une chapelle expiatoire qu'il ne vit pas même commencer.

DENIS (Saint-), vg. de Fr., Deux-Sèvres, arr. de Niort, cant. et poste de Champdeniers; 220 hab.
DENIS (Saint-), vg. de Fr., Yonne, arr., cant. et poste de Sens; 150 hab.
DENIS (cap), à l'extrémité septentrionale de l'île de Trobriand, dans l'archipel de la Louisiade, Océanie ; il est situé sous 8° 24' de lat. S. et 148° 43′ 37″ de long. E.
DENIS-COMBARNAZAT (Saint-), vg. de Fr., Puy-de-Dôme, arr. de Riom, cant. et poste de Randans; 710 hab.
DENISCOURT (Saint-), vg. de Fr., Oise,

arr. de Beauvais, cant. et poste de Songeons; 260 hab.

DENIS-D'ACLON (Saint-), vg. de Fr., Seine-Inférieure, arr. de Dieppe, cant. d'Offranville, poste du Bourg-Dun; troupeau mérinos; filat. de coton; 160 hab.

DENIS-D'ANJOU (Saint-), b. de Fr., Mayenne, arr. de Château-Gontier, cant. de Bierné, poste de Sablé; 2700 hab.

DENIS-D'AUGERON (Saint-), vg. de Fr., Eure, arr. de Bernay, cant. de Broglie, poste de Montreuil-l'Argillé; papeteries; 210 hab.

DENIS-D'AUTHON (Saint-), vg. de Fr., Eure-et-Loir, arr. et poste de Nogent-le-Rotrou, cant. de Thiron-Gardais; 690 hab.

DENIS-DE-BONDEVILLE (Saint-), ham. de Fr., Seine-Inférieure, com. de Notre-Dame-de-Bondeville; 160 hab.

DENIS-DE-BRIOUZE (Saint-), ham. de Fr., Orne, com. de St.-André-de-Briouze; 140 hab.

DENIS-DE-CABANNE (Saint-), vg. de Fr., Loire, arr. de Roanne, cant. et poste de Charlieu; 900 hab.

DENIS-DE-CUVES (Saint-). *Voyez* CUVES.

DENIS-DE-GASTINES (Saint-), b. de Fr., Mayenne, arr. de Mayenne, cant. et poste d'Ernée; 3520 hab.

DENIS-DE-JOUHET (Saint-), vg. de Fr., Indre, arr. de la Châtre, cant. et poste d'Aigurande; 1830 hab.

DENIS-DE-L'HOTEL (Saint-), vg. de Fr., Loiret, arr. d'Orléans, cant. de Châteauneuf-sur-Loire; bons vins; 1160 hab.

DENIS-DE-LILLEBONNE (Saint-), vg. de Fr., Seine-Inférieure, com. de Lillebonne; 1400 hab.

DENIS-DE-MAILLOC (Saint-), vg. de Fr., Calvados, arr. et poste de Lisieux, cant. d'Orbec; 230 hab.

DENIS-DE-MERÉ (Saint-), vg. de Fr., Calvados, arr. de Falaise, cant. d'Harcourt-Thury, poste de Condé-sur-Noireau; 960 h.

DENIS-DE-MARONVAL (Saint-), vg. de Fr., Eure-et-Loir, arr., cant. et poste de Dreux; 430 hab.

DENIS-DE-PALIN (Saint-), vg. de Fr., Cher, arr. de St.-Amand-Mont-Rond, cant. et poste de Dun-le-Roi; 580 hab.

DENIS-DE-PÉON (Saint-), ham. de Fr., Saône-et-Loire, com. de Curgy; 110 hab.

DENIS-DE-PILLE (Saint-), vg. de Fr., Gironde, arr. et poste de Libourne, cant. de Guitres; 2530 hab.

DENIS-DES-COUDRAIS (Saint-), vg. de Fr., Sarthe, arr. de Mamers, cant. de Tuffé, poste de Bonnétable; 660 hab.

DENIS-DES-MONTS (Saint-), vg. de Fr., Eure, arr. de Pont-Audemer, cant. et poste de Bourgtheroulde; 370 hab.

DENIS-DES-MURS (Saint-), vg. de Fr., Haute-Vienne, arr. de Limoges, cant. et poste de St.-Léonard; 880 hab.

DENIS-DES-PUITS (Saint-), vg. de Fr., Eure-et-Loir, arr. de Nogent-le-Rotrou, cant. de la Loupe, poste de Champrond; 260 hab.

DENIS-DE-VAUX (Saint-), vg. de Fr., Saône-et-Loire, arr. de Châlon-sur-Saône, cant. et poste de Givry; 360 hab.

DENIS DE-VILLENETTE (Saint-), vg. de Fr., Orne, arr. de Domfront, cant. de Juvigny-sous-Andaine, poste de Couterne; 780 hab.

DENIS-D'HÉRICOURT (Saint-), vg. de Fr., Seine-Inférieure, arr. d'Yvetot, cant. d'Ourville, poste de Doudeville; 620 hab.

DENIS-D'ORQUES (Saint-), vg. de Fr., Sarthe, arr. du Mans, cant. de Loué, poste de Coulans; forges; 2340 hab.

DENIS-DU-BÉHÉLAN (Saint-), vg. de Fr., Eure, arr. de Pont-Audemer, cant. et poste de Breteuil; 210 hab.

DENIS-DU-BOSGUERARD (Saint-), vg. de Fr., Eure, arr. de Pont-Audemer, cant. et poste de Bourgtheroulde; 710 hab.

DENIS-DU-MAINE (Saint-), vg. de Fr., Mayenne, arr. de Laval, cant. et poste de Meslay; 570 hab.

DENIS-DU-PAIRE (Saint-), vg. de Fr., Vendée, arr. de Fontenay-le-Comte, cant. et poste de Luçon; 580 hab.

DENIS-DU-PIN (Saint-). *Voyez* PIN (le).

DENIS-DU-TERTRE (Saint-), ham. de Fr., Sarthe, com. de St.-Mars-de-la-Brière; 220 hab.

DENIS-EN-VAL (Saint-), vg. de Fr., Loiret, arr., cant. et poste d'Orléans; sucrerie indigène; 1050 hab.

DENIS-HORS (Saint-), vg. de Fr., Indre-et-Loire, arr. de Tours, cant. et poste d'Amboise; 950 hab.

DENIS-LA-CHEVASSE (Saint-), vg. de Fr., Vendée, arr. de Bourbon-Vendée, cant. du Poiré-sur-Bourbon, poste de St.-Fulgent; 1250 hab.

DENIS-LE-CEYZÉRIAT (Saint-), vg. de Fr., Ain, arr., cant. et poste de Bourg-en-Bresse; 710 hab.

DENIS-LE-CHOSSON (Saint-), vg. de Fr., Ain, arr. de Belley, cant. et poste d'Ambérieux; 1030 hab.

DENIS-LE-FERMENT (Saint-), vg. de Fr., Eure, arr. des Andelys, cant. et poste de Gisors; 530 hab.

DENIS-LE-GAST (Saint-); vg. de Fr., Manche, arr. de Coutances, cant. et poste de Gavray; papeterie; 1860 hab.

DENIS-LES-PONTS (Saint-), vg. de Fr., Eure-et-Loir, arr., cant. et poste de Châteaudun; 900 hab.

DENIS-LE-THIBOULT (Saint-), vg. de Fr., Seine-Inférieure, arr. de Rouen, cant. de Darnetal, poste de Croisy-la-Haye; 600 hab.

DENIS-LE-VÊTU (Saint-), vg. de Fr., Manche, arr. et poste de Coutances, cant. de Cérisy-la-Salle; 1460 hab.

DENIS-LEZ-REBAIS (Saint-), vg. de Fr., Seine-et-Marne, arr. de Coulommiers, cant. et poste de Rebais; 1100 hab.

DENIS-MAISONCELLES (Saint-), vg. de

Fr., Calvados, arr. de Vire, cant. de Bény-Bocage, poste de Mesnil-Auzouf; 290 hab.
DENIS-PRÈS-CATUS (Saint-), vg. de Fr., Lot, arr. de Cahors, cant. de Catus, poste de Pélacoy; 420 hab.
DENIS-PRÈS-MARTEL(Saint-), vg. de Fr., Lot, arr. de Gourdon, cant. et poste de Martel; exploitation de pierres de taille calcaires; 670 hab.
DENIS-SUR-COISE (Saint-), vg. de Fr., Loire, arr. de Montbrison, cant. de St.-Galmier, poste de Chazelles; 820 hab.
DENIS-SUR-HUINE (Saint-), vg. de Fr., Orne, arr., cant. et poste de Mortagne-sur-Huine; 260 hab.
DENIS-SUR-LOIRE (Saint-), vg. de Fr., Loir-et-Cher, arr., cant. et poste de Blois; eaux minérales; 520 hab.
DENIS-SUR-OUANE (Saint-), vg. de Fr., Yonne, arr. de Joigny, cant. et poste de Charny; 370 hab.
DENIS-SUR-PORT (Saint-), vg. de Fr., Seine-et-Marne, arr. de Meaux, cant. et poste de Lagny; 180 hab.
DENIS-SUR-SARTHON (Saint-), vg. de Fr., Orne, arr., cant. et poste d'Alençon ; forges; faïenceries; 1420 hab.
DENIS-SUR-SCIE (Saint-), vg. de Fr., Seine-Inférieure, arr. de Dieppe, cant. et poste de Tôtes; 510 hab.
DENKA ou **DINKA**, pet. roy. de la Nubie méridionale, Afrique, borné à l'E. par celui de Bouroum et à l'O. par le Bahr-el-Abiad; habitants nègres idolâtres, redoutables à leurs voisins.
DENNEBRŒUCQ, vg. de Fr., Pas-de-Calais, arr. de St.-Omer, cant. et poste de Fauquembergue; 410 hab.
DENNECY, ham. de Fr., Nièvre, com. d'Onlay; 120 hab.
DENNEVILLE, vg. de Fr., Manche, arr. de Coutances, cant. et poste de la Haye-du-Puits; 740 hab.
DENNEVY, vg. de Fr., Saône-et-Loire, arr. de Châlon-sur-Saône, cant. de Chagny, poste du Bourgneuf; 870 hab.
DENNEY ou **DURINGEN**, vg. de Fr., Haut-Rhin, arr. et poste de Belfort, cant. de Fontaine; 270 hab.
DENNIS, pet. v. des États-Unis de l'Amérique du Nord, état de Massachusetts, comté de Barnstable; 2600 hab.
DENŒUX (Saint-), vg. de Fr., Pas-de-Calais, arr. et poste de Montreuil-sur-Mer, cant. de Campagne-les-Hesdin ; 420 hab.
DENONVILLE, vg. de Fr., Eure-et-Loir, arr. de Chartres, cant. et poste d'Auneau ; 650 hab.
DENOUAL (Saint-), vg. de Fr., Côtes-du-Nord, arr. de Dinan, cant. et poste de Matignon; 450 hab.
DENTA, b. de Hongrie, cer. au-delà de la Theiss, comitat de Temes, sur la Berzava; remarquable par ses plantations de riz.
DENTILIA, état Manding, en Sénégambie, Afrique, sur la rive gauche de la Haute-Falémé; renommé pour l'industrie de ses habitants et pour ses mines de fer ; lions et éléphants en grand nombre. Banisérile capitale.
DENTING, vg. de Fr., Moselle, arr. de Metz, cant. et poste de Boulay ; 410 hab.
DENTON, pet. v. des États-Unis de l'Amérique du Nord, état de Maryland, comté de Caroline dont elle est le chef-lieu, sur le Choptank; académie, prison, commerce; 1700 hab.
DENTS ou **DE L'IVOIRE** (côte des), partie de la Haute-Guinée, située le long de l'Océan Atlantique, depuis le cap Palmas jusqu'à celui d'Apollonia; on la subdivise en côte des Dents proprement dite, qui forme l'extrémité occidentale; en côte des Males-Gens, entre le cap Palmas et le cap Lahou, et en côte des Bonnes-Gens ou Quaquas, qui forme l'extrémité orientale. Elle tire son nom de la grande quantité de dents d'éléphants qu'on y porte de l'intérieur ; l'or y est assez abondant; ni baies, ni ports; peu fréquentée par les étrangers. Beaucoup de villages, point de villes, habitants sauvages. Les lieux principaux sont : Cavally, St.-André, Lahou, Grand et Petit-Bassam , etc.
DÉNYÉH, b. de la Basse-Égypte, Afrique, sur le canal de Moueys, près des mines de l'ancienne Bubastos. *Voyez* TELL-BASTA.
DEOGHAR ou **DEOGHUR**, *Tagara*, v. de l'Inde, roy. de Nagpour, dans la Gundwana.
DÉOLS *Voyez* BOURG-DÉOLS.
DÉPART, vg. de Fr., Basses-Pyrénées, com. d'Orthez; 800 hab.
DÉPEDELEN, v. de l'Albanie, sur la Bolina, comprise dans le sandschak d'Avlone; c'est le lieu de naissance d'Ali-Pacha.
DEPTFORD, pet. v. des États-Unis de l'Amérique du Nord, état de New-Jersey, comté de Gloucester ; agriculture florissante, commerce; 3500 hab.
DEPTFORD, ci-devant vg. d'Angleterre, comté de Kent, sur la Tamise, changé en ville et réuni à Londres et à Greenwich par une suite de maisons élégantes. Construction de bâtiments pour le commerce; navigation ; distilleries. Il possède d'immenses magasins et deux grands hospices pour les marins. Pierre-le-Grand se plut à travailler dans ses chantiers; 20,000 hab.
DER. *Voyez* PEL-ET-DER.
DERA-GHAZI-KHAN, v. de l'Inde, chef-lieu du district du même nom du Moultan, prov. de la confédération des Seikhs.
DERA-ISMAIL-KHAN, v. de l'Inde, chef-lieu du district du même nom du Moultan, prov. de la confédération des Seikhs.
DERAR, gr. île du Nil, dans la Basse-Nubie, Afrique, pays des Barabras ou Kénous, près du bourg de Korty.
DERAS, cap sur la côte occidentale de la Basse-Égypte, Afrique, à l'E. de Maddar.
DERB, riv. dans l'intérieur de la partie méridionale de l'état de Tunis, Afrique.

DERBAMONT, vg. de Fr., Vosges, arr. de Mirecourt, cant. et poste de Dompaire; 480 hab.

DERBEND, *Albaniæ Portæ*, v. de la Russie d'Asie, prov. du Daghestan. Cette ville, bâtie sur le penchant d'une montagne dont les racines vont se perdre dans la mer, est située au S. de Tarki. Elle est très-forte, grande et importante. L'église arménienne et la mosquée principale méritent d'être mentionnées. Dans son voisinage se trouve un mausolée que la tradition populaire dit être érigé en l'honneur des Kriklar ou des quarante héros arabes qui furent tués dans une bataille contre les infidèles, lorsque Derbend fut conquise par le calife. Les Musulmans, surtout les Lesghis, y viennent en pèlerinage. Cette ville considérable est habitée par 4000 familles tartares, arméniennes et juives; il y a, en outre, un certain nombre de fonctionnaires et d'officiers russes. Les habitants tartares sont mahométans-chiites comme les Persans. Derbend est une ville très-ancienne; elle passe parmi les orientaux pour avoir été bâtie par Alexandre-le-Grand, et fut toujours considérée comme le boulevart de l'empire persan contre les peuples du nord. Elle fut prise par Pierre-le-Grand, en 1722; plus tard elle revint à la Perse. En 1766 le khan de Kouba la rangea sous sa domination. En 1795, les troupes de Catherine II l'emportèrent d'assaut; Paul Ier rendit cette ville; mais en 1806 les Russes s'en emparèrent de nouveau et y restèrent depuis. Derbend est administrée par un divan que préside le commandant de la place; il se compose de deux Tartares des premières familles et d'un Arménien de la classe des marchands, plus de deux mirzas (greffier et interprète).

DERBEND (muraille de). Elle s'étend depuis le haut de la ville de ce nom jusqu'à la mer, sur une longueur d'une demi-lieue. Elle se prolongeait à l'O. à partir de la citadelle, et on en trouve des restes à plusieurs lieues dans les montagnes. Cette muraille était destinée à défendre l'étroit passage, qui se trouve entre le pied du Caucase et la mer, contre les peuples du nord, appelés *Gog* et *Magog* par les Arabes. De là vient le nom de la ville, qui a pour racine *dar* ou *der* dont la signification est *porte*. Les Turcs l'appellent Demir-Kapi, la porte de fer, et les Arabes Bab-al-Abwad, porte des portes. Elle a été bâtie par Kosrou-Nouschirvan pour empêcher les incursions des Khazars.

DERBOUX, ham. de Fr., Vaucluse, com. de Mondragon; 180 hab.

DERBY (canal de), en Angleterre. Il se compose de trois branches qui se joignent dans cette ville et vont : la première au S. jusqu'au Grand-Tronc, qu'elle traverse pour déboucher dans le Trent à Swarkstone; la seconde vers le N.; la troisième vers l'O. jusqu'au canal d'Erewash. Sa longueur est de 27 kilomètres.

DERBY, fort sur la côte S.-E. de l'île de Man.

DERBY, comté d'Angleterre, borné par les comtés de Chester, d'York, de Nottingham, de Leicester, de Warwick et de Stafford. Superficie 46 l. c. géogr., population 200,000 âmes. Cette province est couverte de montagnes (High-Peak), qui renferment la célèbre caverne de Peak, longue de 2250 pieds et remplie de stalactites; elle est bien arrosée par le Trent, le Derwent et plusieurs canaux. Ses productions sont : du blé, des légumes, du lin et surtout de la camomille; du cuivre, du fer, de la calamine, de l'arsenic, du marbre, des pierres à meule, de la terre de potier et de porcelaine, de la houille et du pétrole élastique qu'on ne trouve que dans ce comté. On exporte du fromage, des métaux, des pierres à meule et à aiguiser, des ouvrages en marbre et en fer; de la laine, des peaux, des chapeaux, de la camomille et de la poterie.

DERBY, *Derventia*, v. d'Angleterre, chef-lieu du comté de ce nom, sur le Derwent, nomme deux députés au parlement; elle est très-florissante par son industrie, qui embrasse la fabrication de la soie et du coton, le fer-blanc, la porcelaine qui rivalise avec celle de la Chine, ainsi que les ouvrages en marbre et la joaillerie très-estimée. La nouvelle prison du comté, le grand hôpital et l'église de la Toussaint sont ses édifices les plus remarquables. Patrie du romancier Sam. Richardson (1689—1761); 24,000 hab.

DERBY, pet. v. industrieuse et commerçante des États-Unis de l'Amérique du Nord, état de Connecticut, comté de New-Haven, sur le Housatonik; poste, diverses fabriques, forges, commerce très-important. Dans ses environs est située la manufacture de Kumphreyville, dont le fondateur a apporté les premiers mérinos en Amérique, en 1801; chutes du Naugatuc; 5000 hab.

DERCÉ, vg. de Fr., Vienne, arr. et poste de Loudun, cant. de Monts-sur-Guesnes; 450 hab.

DERCHAM, pet. v. d'Angleterre, comté de Norfolk; très-commerçante; belle église gothique; 3000 hab.

DERCHIGNY, vg. de Fr., Seine-Inférieure, arr. et poste de Dieppe, cant. d'Offranville; 160 hab.

DERCIE ou **DERCY**, ham. de Fr., Charente-Inférieure, com. de Gua; 130 hab.

DERCY, vg. de Fr., Aisne, arr. et poste de Laon, cant. de Crécy-sur-Serre; 950 h.

DERG, riv. d'Irlande, affluent de la Colmore, arrose le comté de Donegal; il sort du lac du même nom.

DERIAH ou **DERREYEH**, **DREHIJE**, **DE-RAIE**, v. de l'Arabie, ancienne capitale des Wahhabites et du Nedjed. Elle est située au S. d'El-Katif, dans une vallée profonde et étroite, resserrée par des montagnes arides. Ses fortifications, ses tours et ses établissements publics ont été détruits par Ibrahim-

Pacha, après un siége de sept mois. En 1819 elle était ruinée et presque déserte. Avant cette époque elle était entourée de jardins, comptait 28 mosquées, 30 écoles, 2500 maisons clairsemées, bâties moitié en briques, moitié en pierres, 2 faubourgs, et renfermait un beau palais de l'émir. Les habitants, au nombre de 15,000, appartenaient aux trois classes des Wahhabites : les Ghœzi, les Hadesi et les Fellahs. Rien n'indique que Deriah se soit relevé depuis.

DERMBACH, b. du grand-duché de Saxe-Weimar-Eisenach, situé sur la Felda, avec des églises luthérienne et catholique; 1000 h.

DERNACUELLETTE, vg. de Fr., Aude, arr. de Carcassonne, cant. de Monthoumet; poste de Davejean; 180 hab.

DERNANCOURT, vg. de Fr., Somme, arr. de Péronne, cant. et poste d'Albert; 570 hab.

DERNE ou **DARNIS**, *Dardanis*, pet. v. maritime de l'état de Tripoli, Afrique, sur le plateau de Barca, à 40 l. E. de Tolometa; contrée fertile et riche en bons pâturages; 3000 hab.

DERPT. *Voyez* DORPAT.

DERRA-GUZ, pet. v. du Turkestan indépendant, dans le khanat de Khoulm, sur le Dehas.

DERRIÈRE-LONGUEUR, ham. de Fr., Vosges, com. de Gérardmer; 110 hab.

DERRY, pet. v. des États-Unis de l'Amérique du Nord, état de Pensylvanie, comté de Columbia, poste; agriculture; commerce; 3400 hab.

DERRY (comté d'Irlande). *Voyez* LONDONDERRY.

DERVAL, vg. de Fr., Loire-Inférieure, arr. et à 5 l. O. de Châteaubriant, chef-lieu de canton et poste; 2140 hab.

DERVAZEH ou **DERVAS**; **DURVANZ**, khanat du Turkestan indépendant. Son territoire occupe une grande vallée située sur le versant oriental de la chaîne du Badakhchan. Son chef-lieu, Dervazeh, sur la rivière du même nom, est le siége du khan, qui prétend descendre d'Alexandre-le-Grand, prétention qui, dit-on, est reconnue par les princes voisins. Ses sujets sont des Tadjicks paisibles, presque tous agriculteurs.

DERWENT, riv. d'Angleterre, affluent de gauche de l'Ouse; prend sa source à Borrowdale, arrose le comté de Cumberland et se jette dans la mer d'Irlande, près de Werkington.

DERWENT (le), fl. de la Diemenie, dans l'Océanie centrale ; il a probablement sa source dans un lac, sur le sommet des Western-Mountains, ramification de la chaîne dieménienne; il coule vers le S.-E., reçoit le Dee à gauche, le Jones et le Styx à droite, et se jette dans la baie de la Tempête, après un cours de 34 l. Ce fleuve forme plusieurs bons ports, entre autres le port Raffles.

DERWENT-WATER, lac d'Angleterre, comté de Cumberland; remarquable par ses beautés naturelles et par ses 5 îles boisées; il est formé par le Derwent.

DESAGUADÉRO (Rio), fl. de la rép. de Bolivia; c'est un écoulement du lac Titicaca, comme son nom (écoulement d'eau) l'indique déjà. Il traverse la longue vallée à laquelle il donne son nom, et se décharge dans un immense réservoir auquel on a aussi donné le nom de Désaguadéro, dans la prov. de Carangas; selon d'autres il se perd par l'évaporation.

DESAGUADÉRO (Asiento del), b. de la rép. du Pérou, dép. de Puno, prov. de Chucuito; riches mines d'or et d'argent.

DESAGUADÉRO-PRIMO. *Voyez* COLORADO (Rio-), en Patagonie.

DESAIGNES, b. de Fr., Ardèche, à 7 l. O. de Tournon, cant. et poste de la Mastre. On y a découvert, il y a quelques années, des eaux minérales et des débris d'un établissement thermal d'origine romaine ; 3400 h.

DESAIX, île de l'Océanie centrale ; elle est située à l'O. de la terre de Witt, près de la côte septentrionale de la Nouvelle-Hollande, et fait partie du groupe d'Arcole, dans l'archipel Bonaparte. Les rescifs qui l'environnent la rendent inaccessible.

DESANDANS, vg. de Fr., Doubs, arr., cant. et poste de Montbéliard; 480 hab.

DÉSAPOINTEMENT, île de la Polynésie ou Océanie orientale; elle est située à l'O. de l'île Auchland, sous 50° 37' lat. S. et fait partie d'un groupe situé au S. de la Nouvelle-Zélande.

DÉSAPOINTEMENT, groupe d'îlots, le plus septentrional de l'archipel Paumotou ou des Iles-Basses; il est situé sous 14° 6' lat. S. et 143° 31' de long. occ. L'aspect en est assez agréable et la végétation y est riche et variée; mais les écueils qui environnent ces îlots les rendent inaccessibles. Le navigateur Byron, qui aperçut ce groupe en 1765, ne put aborder sur aucune des îles qui le composent, et lui donna pour cette raison le nom de Désapointement. Cependant il vit de loin sur la plage plusieurs hommes ayant la peau d'un brun très-foncé; ils étaient entièrement nus et armés de massues et de javelots.

DÉSART. *Voyez* PRINCESS-ANN.

DESAVENTURADOS. *Voyez* SOLITARIA.

DESBRIÈRES, ham. de Fr., Eure, com. de Bosc-Renoult; 130 hab.

DESCABÉZADO. *Voyez* CORDILLÈRES (Chili).

DESCHAMPS (les), ham. de Fr., Saône-et-Loire, com. de la Chapelle-de-Guinchay; 180 hab.

DESCHAUX ou **GRAND-DESCHAUX** (le), vg. de Fr., Jura, arr. de Dôle, cant. de Chaussin, poste; 990 hab.

DÉSÉADE (île). *Voyez* DÉSIRADE.

DÉSÉADO (cabo) ou **CAP DÉSIRÉ**, promontoire à l'extrémité O. de la terre de Feu, sous 53° 35' lat. S. Il fut découvert par Magellan.

DÉSÉADO (puerto) ou PORT DÉSIRÉ, bon port sur la côte E. de la Patagonie, sous 47° 50′ S. ; fut découvert par Magellan, en 1515. L'Isle-Royale et plusieurs autres, dont Pinguin est la plus considérable, s'étendent à l'entrée du port.

DESECHIO. *Voyez* ZACHÉO.

DESEMBOQUE. *Voyez* GOYAZ (province).

DESENZANO, *Decentianum*, b. du roy. Lombard-Vénitien, gouv. de Milan, délégation de Brescia, sur le lac de Garde, dans une position délicieuse; il fleurit par son commerce et possède un institut philosophique. A l'E. de ce bourg s'étend la presqu'île de Sermione. Ses habitants, au nombre de 3000, s'adonnent surtout à la tannerie, au commerce de grains et à la culture du vin connu sous le nom de *vino santo*.

DÉSERT (le), vg. de Fr., Calvados, arr. et poste de Vire, cant. de Vassy; 350 hab.

DÉSERT (le), ham. de Fr., Isère, com. de la Morte ; 100 hab.

DÉSERT (Saint-), vg. de Fr., Saône-et-Loire, arr. de Châlon-sur-Saône, cant. et poste de Givry ; 940 hab.

DESERTAS ou DESERTERS (las), trois petites îles du groupe septentrional des Canaries, Afrique, au N.-E. de Madère. La plus grande, dite Table-Déserte, produit en abondance du vin, des oranges et d'autres fruits du sud. On y trouve plusieurs couvents et de belles maisons de campagne.

DESERTIN, ham. de Fr., Jura, com. de Bouchoux ; 100 hab.

DESERTINES, vg. de Fr., Allier, arr., cant. et poste de Montluçon ; 1140 hab.

DESERTINES, vg. de Fr., Mayenne, arr. de Mayenne, cant. de Londivy, poste de Gorron ; 1420 hab.

DESERVILLERS, vg. de Fr., Doubs, arr. de Besançon, cant. d'Amancey, poste d'Ornans; 700 hab.

DESGES, vg. de Fr., Haute-Loire, arr. de Brioude, cant. de Pinols, poste de Langeac; 530 hab.

DESHAYES, ham. de Fr., Eure, com. de St.-Denis-des-Monts ; 120 hab.

DÉSIDÉRADE. *Voyez* DÉSIRADE.

DESIO, vg. du roy. Lombard-Vénitien, gouv. et délégation de Milan ; remarquable par la magnifique villa Traversi, autrefois Cusani, dont le jardin anglais passe pour un des plus beaux de l'Italie supérieure.

DESIR (Saint-), vg. de Fr., Calvados, arr., cant. et poste de Lisieux ; fabr. de noir animal et de peignes à tisser; 1380 hab.

DÉSIRADE (la) ou DÉSIDÉRADE (la), DÉSÉADÉ (île désirée), une des Petites-Antilles, possession française. Ce fut la première découverte de Christophe Colomb, lors de son second voyage en Amérique, en 1495. Elle est située sous 16° 20′ lat. N., à 4 l. E. de la Guadeloupe et à 8 l. N.-E. de Marie-Galante; son étendue est de 1 1/2 l. c. géogr. avec 1000 habitants ; elle est entourée de récifs et de bancs de sable. Le sol, quoique aride et peu favorable à la culture, produit cependant de l'excellent coton, du café, du sucre, du maïs, des bananes et d'autres productions des Indes occidentales. La Désirade dépend du gouv. de la Guadeloupe.

DESIRAT (Saint-), vg. de Fr., Ardèche, arr. de Tournon, cant. de Serrières, poste d'Andance ; 820 hab.

DÉSIRÉ (Saint-), vg. de Fr., Allier, arr. et poste de Montluçon, cant. d'Huriel ; 880 hab.

DÉSIRÉ (cap et port). *Voyez* DÉSÉADO.

DÉSIRÉ, fl. considérable de la Patagonie, coule vers l'E. et s'embouche dans la baie de son nom.

DESLAIS, île de l'Océanie centrale; elle est située sous le 4° 41′ 45″ lat. S. et entre 147° 4′ 30″ et 147° 13′ 30″ de long. E.; et fait partie de l'archipel de la Nouvelle-Bretagne.

DESMONTS, vg. de Fr., Loiret, arr. de Pithiviers, cant. et poste de Puiseaux ; 300 hab.

DESNA (la), riv. de la Russie d'Europe, arrose les gouv. de Smolensk, d'Orel et de Tchernigov, et se jette dans le Dnieper non loin de Kiev.

DESNES, vg. de Fr., Jura, arr. de Lons-le-Saulnier, cant. et poste de Bletterans ; 590 hab.

DÉSOLATION. *Voyez* SMITHS (île).

DÉSOLATION (cap de la), promontoire sur la côte S.-O. de la Terre-de-Feu, sous 54° 55′ lat. S. Les environs de cette baie répondent au nom qu'on lui a donné; ce sont des montagnes couvertes d'une neige perpétuelle, à pentes rapides et effroyables et au pied desquelles s'étendent d'immenses plaines désertes, dépourvues de toute végétation.

DÉSOLATION (cap). *Voyez* TUMUTTIORBICK.

DÉSOLATION, baie ou détroit sur la côte de la Nouvelle-Géorgie, Amérique anglaise, sous 50° 19′ lat. N. Les environs de cette baie n'offrent qu'un vaste désert aride et stérile.

DÉSOLATION (île de la) ou KERGUELEN, île de l'Océan Indien, entre le cap de Bonne-Espérance et la Nouvelle-Hollande ; découverte en 1772 par le navigateur français dont elle porte également le nom, et reconnue en 1779 par le capitaine Cook, qui la nomma île de la Désolation, à cause de sa stérilité ; elle est environnée d'herbes marines et habitée par des oiseaux de mer, des pingoins et des lions marins. On y trouve plusieurs excellents ports, que les marins fréquentent à cause de la riche pêche de phoques qu'on y fait depuis quelques années ; lat. S. 49° 20′, long. E. 67° 10′.

DESOUK, b. de la Basse-Égypte, Afrique, prov. de Melyg, sur le Nil, à 6 l. N. des ruines de Saïs (Sa-el-Hadjar).

DESPAIR, baie très-poissonneuse, sur la côte méridionale de l'île de Terre-Neuve; elle renferme les deux îles considérables of

Bois et Long-Island ; cette dernière a un bon port avec un établissement de commerce.

DESPOSORIOS (San-Josef-de-los-) ou SAN-SÉBASTIEN-DE-BUÉNA-VISTA, b. de la rép. de Bolivia, dép. de Santa-Cruz-de-la-Sierra.

DESSAU, capitale du duché d'Anhalt-Dessau, dans la confédération germanique ; est une jolie ville, située sur la Mulde (sous 51° 50′ 6″ de lat. sept. et 9° 56′ 48″ de long. orient.). Cette ville possède une école supérieure, une école normale, une académie de chant et un institut de musique, une bibliothèque publique considérable, un pensionnat de demoiselles, une école de commerce pour les juifs, qui est très-renommée et à laquelle se trouve joint un séminaire pour les instituteurs de cette religion. Dessau a des tanneries, des filat. de laine, des fabr. de draps, elle fait un assez grand commerce de laine et a des marchés de grains considérables. Ses principaux édifices sont : le château ducal, le manége, le nouveau cimetière, le jardin de plaisance, la maison de chasse du duc et les bains sur la Mulde. Cette ville a des environs superbes, où l'on admire les châteaux de plaisance de Luisium, avec un jardin anglais ; de Georgium, et le Sieglitzer-Berg, jardin ravissant au bord de l'Elbe. Dessau est la patrie du célèbre philosophe Moïse Mendelsohn, né en 1729 et mort en 1786 ; 10,700 hab.

DESSÉ, ham. de Fr., Deux-Sèvres, com. de Limalonges ; 110 hab.

DESSELING, vg. de Fr., Meurthe, arr. de Sarrebourg, cant. de Richécourt-le-Château, poste de Bourdonnay ; 400 hab.

DESSENHEIM, vg. de Fr., Haut-Rhin, arr. de Colmar, cant. et poste de Neufbrisach ; 920 hab.

DESSIA, vg. de Fr., Jura, arr. de Lons-le-Saulnier, cant. de St.-Julien, poste de St.-Amour ; 290 hab.

DESSNA. *Voyez* TESCHEN.

DESTERRO (Nossa Senhora do) ou SANTA-CATARINA, v. de l'emp. du Brésil, prov. de Santa-Catarina, dont elle est le chef-lieu, à l'O. de l'île du même nom, avec un excellent port, défendu par deux forts. Cette ville renferme un collège, fait un commerce très-considérable, entretient des fabr. de toiles et d'étoffes de laine et est importante par la pêche de la baleine qui se fait dans ses environs ; 6000 hab.

DESTORD, vg. de Fr., Vosges, arr. d'Épinal, cant. et poste de Bruyères ; 310 hab.

DESTRICH ou DISTRICH, vg. de Fr., Moselle, arr. de Sarreguemines, cant. de Gros-Tenquin, poste de Faulquemont ; 440 hab.

DESVRES, pet. v. de Fr., Pas-de-Calais, arr. et à 5 l. E. de Boulogne, chef-lieu de canton, poste de Samer ; fabr. de gros draps et de faïence ; tanneries ; 2750 hab.

DETAIN, vg. de Fr., Côte-d'Or, arr. de Dijon, cant. et poste de Gevrey ; 350 hab.

DETMOLD, capitale de la principauté de Lippe-Detmold, dans la confédération germanique ; est bâtie sur le Werra, au pied du mont Teutberg ; elle se compose de deux parties, l'ancienne ville et la nouvelle ; celle-ci renferme le beau château d'Alexandersburg. Cette ville possède un théâtre, un gymnase, une école normale, une maison de correction, un hospice des orphelins et un établissement dans lequel se trouvent réunis, pour les pauvres, un hôpital, une maison de travail et une école gratuite d'industrie. Elle a de charmantes promenades, et dans ses environs se trouve la maison de plaisance ducale de Friedrichsthal ; 2800 h.

DÉTROIT (le), vg. de Fr., Calvados, arr. et cant. de Falaise, poste de Pont-d'Ouilly ; 280 hab.

DÉTROIT (le), ham. de Fr., Oise, com. de Pierrefitte ; 140 hab.

DÉTROIT, v. des États-Unis de l'Amérique du Nord, territoire du Michigan, comté de Wayne sur le Détroit. Elle est la capitale de l'état, très-régulièrement bâtie et défendue par un fort dans lequel l'Union entretient une garnison. Cette ville, siège du gouverneur et du tribunal supérieur, possède une halle, un arsenal, de grands magasins, une académie, une maison de détention et de correction et plusieurs édifices remarquables. Elle a un bon port et fait un commerce considérable avec les états de New-York, d'Ohio et les postes militaires sur les grands lacs de l'Amérique du Nord ; 2600 hab.

DÉTROIT, canal naturel de 10 l. de longueur, réunit les lacs Érié et St.-Clair ; il est rempli d'îles et reçoit plusieurs rivières dont le Huron est la plus considérable.

DÉTROIT-BLEU (le), vg. de Fr., Aisne, com. de Flavy-le-Martel ; 250 hab.

DETROUSSE (la), vg. de Fr., Bouches-du-Rhône, com. de Peipin ; 250 hab.

DETTELBACH, pet. v. de Bavière, chef-lieu du district de même nom, cer. du Mein-Inférieur, située à 4 l. de Wurtzbourg, sur la rive droite du Mein dans une contrée fertile. Elle possède un grand nombre d'usines et fait un commerce considérable de vins récoltés dans ses environs. En 889 il y avait une résidence royale ; population de la ville 2400 hab., du district 9600.

DETTEY, vg. de Fr., Saône-et-Loire, arr. d'Autun, cant. de Mesvres, poste de Toulon-sur-Arroux ; 420 hab.

DETTINGEN, b. du roy. de Wurtemberg, cer. de la Forêt-Noire, gr.-bge d'Urach, un des plus grands et des plus aisés du royaume ; culture florissante de vins et de fruits ; fabrication de toiles ; une grande fabrique de voitures. En 1634 les habitants disputèrent le passage au régiment de cavalerie impériale de Buttler, et cent de ces braves bourgeois perdirent la vie dans un combat obstiné ; 2700 hab.

DETTWILLER, vg. de Fr., Bas-Rhin, arr., cant. et poste de Saverne ; fabr. de chaussons de laine; filat. et tissage de coton. Rosenwiller et Maison-Forestière font partie de la commune; 2184 hab.

DEUIL, vg. de Fr., Seine-et-Oise, arr. de Pontoise, cant. et poste de Montmorency; 1290 hab.

DEUILLET, vg. de Fr., Aisne, arr. de Laon, cant. et poste de la Fère; 260 hab.

DEULE (canaux de la Haute et Basse-). *Voyez* LILLE.

DEUSLÉMONT, vg. de Fr., Nord, arr. et poste de Lille, cant. de Quesnoy-sur-Deule; fabr. de sucre indigène; 2170 hab.

DEUTSCH-ALTENBURG, b. de la Basse-Autriche, cer. inférieur du Wienerwald; possède des bains minéraux. On y voit les ruines de Carnuntum, ancienne ville romaine.

DEUTSCHBROD. *Voyez* BROD.

DEUTSCHCRONE. *Voyez* CRONE.

DEUTSCH-SIPTSCH, b. de Hongrie, cer. en-deça du Danube, comitat de Siptau, sur la Siptse; brasseries; exploitation de mines de fer et d'antimoine; 2300 hab.

DEUTZ, b. de Prusse, sur la rive droite du Rhin, vis-à-vis et dans la rég. de Cologne; manufactures d'étoffes et de rubans en velours; savonneries. Les habitants s'adonnent aussi à l'agriculture, au jardinage et à la navigation; 2600 hab.

DEUX-CHAISES, vg. de Fr., Allier, arr. de Moulins-sur-Allier, cant. et poste de Montet; 1150 hab.

DEUX-EVAILLES, vg. de Fr., Mayenne, arr. de Laval, cant. de Montsurs, poste de Martigné; 470 hab.

DEUX-FRÈRES (les), ham. de Fr., Puy-de-Dôme, com. d'Echandely; 210 hab.

DEUX-JUMEAUX, vg. de Fr., Calvados, arr. de Bayeux, cant. et poste d'Isigny; 230 hab.

DEUX-NOUDS-AUX-BOIS, vg. de Fr., Meuse, arr. de Commercy, cant. et poste de Vigneulles; 370 hab.

DEUX-NOUX, vg. de Fr., Meuse, arr. de Bar-le-Duc, cant. de Triaucourt, poste de Beauzée; 230 hab.

DEUX-PONTS (Zweibrucken), *Bipontum*, v. de la Bavière rhénane, chef-lieu de l'arrondissement de même nom, comprenant les cant. de Bliescastel, Neuhornbach et Deux-Ponts; siège d'une cour d'appel; située sur l'Erlbach, à 16 l. O. de Landau, dans une contrée fertile, entourée de bois et de montagnes. La ville est petite, mais bien bâtie, ceinte de murailles et a un beau faubourg construit vers le milieu du siècle dernier; l'ancien château ducal, construit en 1723, est remplacé, depuis 1818, par une église catholique; celui de Schuhflick, situé à 1/4 l. de la ville où le roi Stanislas Leczinsky s'était fixé en 1709, est occupé par un haras. Deux-Ponts possède un lycée et un ancien gymnase; on y remarque aussi l'église paroissiale et le temple luthérien. La ville renferme des tanneries, des fabriques d'étoffes de laine et de coton, des manufactures de tabac, des filatures, des huileries, des moulins à plâtre et des tuileries; dans les fermes voisines on élève avec succès des mérinos; les environs contiennent des mines d'argent, de mercure, de fer et de houille; une carrière fournit de belles agates; pop. de l'arrondissement 46,000 hab., du canton 18,500, de la ville 7200.

Avant la révolution française, Deux-Ponts était la capitale d'un duché, composé des gr.-bges de Deux-Ponts, Neuf-Castel, Lichtenberg et Meissenheim, et occupant une superficie de 107 1/2 l. c. avec 59,500 hab., sans y comprendre un district de la Basse-Alsace, sous la souveraineté de la France, qui comptait 36,000 hab. sur 25 l. c.; ses revenus s'élevaient à près de 2 millions de francs.

Les rois de Suède, de la maison palatine de Deux-Ponts, descendants d'Étienne, second fils de l'empereur Robert (1400—1411), ont eu à disputer l'héritage du duché à Louis XIV, qui s'en empara en 1676 et le conserva jusqu'à la paix de Ryswick (1697). Charles XII, tué devant Friedrichshall le 11 décembre 1713, n'ayant point d'héritiers, Deux-Ponts échut à son cousin-germain, le comte palatin Gustave-Emanuel, avec lequel finit sa branche, le 17 septembre 1731. Les électeurs du Palatinat et la maison de Birkenfeld prétendirent alors à la succession; protégé par la France, le comte palatin de Birkenfeld, Chrétien III, eut la souveraineté, par convention du 23 décembre 1733. Joseph-Maximilien, son petit-neveu et troisième successeur (1795), obtint, en 1799, par héritage, le Palatinat entier et la Bavière, dont il fut proclamé roi le 1er janvier 1806. Après avoir subi les événements de la guerre de 1792 à 1794, le duché de Deux-Ponts fut réuni à la France à la paix de Lunéville, en 1802, et forma, jusqu'en 1814, un arrondissement du dép. du Mont-Tonnerre.

DEUX-SICILES. *Voyez* SICILES.

DEUX-VERGES, vg. de Fr., Cantal, arr. de St.-Flour, cant. et poste de Chaudes-Aigues; 180 hab.

DEUX-VILLE, ham. de Fr., Charente, com. de Segonzac; 120 hab.

DEUX-VILLE, vg. de Fr., Meurthe, arr., cant. et poste de Lunéville; fabr. de chaines d'acier; 480 hab.

DEUX-VILLES (les), vg. de Fr., Ardennes, arr. de Sédan, cant. et poste de Carignan; 440 hab.

DEVA ou DIEMRICH, *Decidava*, b. de la Transylvanie, dans le pays des Hongrois, comitat de Hunyad, sur le Maros; ancien château fort; culture de vin; 2200 hab.

DEVANT-LES-PONTS, vg. de Fr., Moselle, arr., cant. et poste de Metz; 620 hab.

DEVAY, vg. de Fr., Nièvre, arr. de Nevers, cant. et poste de Decize; 400 hab.

DEVECEY, vg. de Fr., Doubs, arr. et

poste de Besançon, cant. de Marchaux; 210 h.

DEVEESER, b. de Hongrie, cer. au-delà du Danube, comitat de Veszprim, sur la Torna et au pied du mont Schomlya; culture très-considérable de vin; 1800 hab.

DEVELINE, ham. de Fr., Vosges, com. d'Anould; 300 hab.

DEVELSEN (Bas-Rhin). *Voyez* DIEBOLSHEIM.

DEVEN. *Voyez* THEBEN.

DEVENTER, v. du roy. des Pays-Bas, chef-lieu du dist. de même nom, prov. d'Overyssel, située à 6 1/2 l. de Zwolle, sur la rive droite de l'Yssel qui y reçoit la Schipbeek et est traversée par un pont de bateaux; elle est entourée de fortifications négligées. Les vitrages de sa cathédrale sont estimés; elle renferme 7 églises, une ancienne école latine, une fonderie, des fabr. de draps et de toiles; ses environs riches et fertiles fournissent du blé, du beurre, du fromage et de la laine, des tourbes et des pierres; pop. de la ville 10,000 hab., du district 41,600.

Patrie du philologue Jacques Gronovius (1716) et du poëte Bernard Bosch. Thomas-a-Kempis a professé et est mort dans cette ville. En 1370 Gérard Groot y institua l'ordre des frères de la vie commune qui ont rendu d'éminents services aux sciences; l'imprimerie y a été importée, en 1477, par Richard Paffroet, de Cologne.

DEVESSET, vg. de Fr., Ardèche, arr. de Tournon, cant. et poste de St.-Agrève; 1160 hab.

DEVET (le), ham. de Fr., Loire, com. de Montaud; 790 hab.

DEVEZE (la), ham. de Fr., Aude, com. de Belpech; 170 hab.

DEVEZE, vg. de Fr., Hautes-Pyrénées, arr. de Bagnères-en-Bigorre, cant. et poste de Castelnau-Magnoac; 280 hab.

DEVIAT, vg. de Fr., Charente, arr. de Barbezieux, cant. et poste de Montmoreau; 470 hab.

DEVILLAC, vg. de Fr., Lot-et-Garonne, arr. de Villeneuve-sur-Lot, cant. et poste de Villeréal; 350 hab.

DEVILLE, vg. de Fr., Ardennes, arr. de Mézières, cant. de Monthermé, poste de Charleville; 740 hab.

DEVILS-POINT. *Voyez* HÉNÉAGAS.

DEVILS-POINT. *Voyez* SMITH (île).

DEVISE, vg. de Fr., Somme, arr. et poste de Péronne, cant. de Ham; 130 hab.

DEVIZES, pet. v. ancienne d'Angleterre, comté de Wilts; nomme deux députés; fabrication de serges, de casimir, etc.; 4000 h.

DEVON, comté du Bas-Canada, dist. de Gaspe, sur la rive droite du St.-Laurent; il est borné par les comtés de Cornouailles, de Hertford et par l'état du Maine. Pays bien cultivé et arrosé par le Matin et le Kenuschi.

DEVON, comté d'Angleterre, borné par le canal de Bristol, les comtés de Somerset, de Dorset, le duché de Cornouailles et par la Manche. Superficie 120 l. c. géogr., population 390,000 habitants. Cette province, bien arrosée, est couverte de montagnes et de collines. Ses productions sont très-variées: du blé, des légumes, du chanvre, du fruit; des bêtes à cornes, de la volaille, des lapins sauvages, du poisson et des abeilles; de l'argent, du cuivre, du plomb, de l'étain, du fer, du bismuth, du kobalt, des ardoises, de la terre de potier, du gypse, du marbre et du charbon de bois. L'éducation du bétail forme la principale occupation des habitants; dans les derniers temps l'agriculture y a été bien perfectionnée; on y construit un grand nombre de navires. On exporte du beurre, du fromage, des bœufs, des porcs gras, des pois, du mult, du cydre, du white-ale (espèce de liqueur), du cuivre et des ouvrages en fer. Ce comté fait partie du diocèse d'Exeter, nomme 26 députés et est divisé en 31 districts.

DEVON SEPTENTRIONAL, continent ou ile au N.-O. de la Terre-de-Baffin, Amérique septentrionale. Cette terre fut découverte par Parry lors de son second voyage au pôle arctique. Elle s'étend entre le détroit de Smiths et celui de Lancaster; elle est probablement bornée à l'O. par le canal de Wellington. Ses contours orientaux ont été tracés par Baffin et Ross, ses contours méridionaux par Parry. Cependant il a été impossible de donner des notions plus positives et plus précises sur cette terre où aucun Européen n'a encore mis le pied. D'immenses glaçons en barrent tous les passages et s'amoncèlent sur ses côtes inaccessibles. Au S. le Devon septentrional est séparé par le détroit de Lancaster de la Terre du prince Guillaume. Les principaux points de ce pays, tels que Ross et Parry nous les indiquent, se trouvent sur le cap Clarence et dans le détroit de Lancaster.

DEVONSHIRE, paroisse de l'île de Bermuda, la plus grande du groupe des Bermudes.

DEVROUSE, vg. de Fr., Saône-et-Loire, arr. de Louhans, cant. et poste de St.-Germain-du-Bois; 740 hab.

DEWA ou USJU, grande prov. de l'emp. du Japon; elle occupe la partie N.-O. de l'île de Niphon. Le Dewa est un pays froid et montagneux, traversé du coté d'Oxu par la chaîne d'Oraxi; le pic de Tilesius, près du cap Gamaley, est encore couvert de neige au mois de mai. Krusenstern rapporte qu'il y a plusieurs autres sommets neigeux dans cette partie du Niphon; ce voyageur remarqua de belles baies sur la côte partout cultivée. Le Dewa est divisé en quinze districts. Ses principales villes sont: Akinda, au bord de la mer, et Magami, dans l'intérieur.

DEWAPRAYAGA, v. de l'Inde anglaise, présidence de Calcutta, dist. de Serinagur, bâtie au confluent des deux bras du Gange, le Bhagirathi et l'Alacananda. Le fleuve y a

142 pieds de largeur. C'est un pèlerinage hindou très-fréquenté ; il y existe un temple sacré et ses 300 maisons sont presque exclusivement habitées par des Brahmanes.

DEYCIMONT, vg. de Fr., Vosges, arr. d'Épinal, cant. et poste de Bruyères; 390 h.

DEYME, vg. de Fr., Haute-Garonne, arr. de Villefranche-de-Lauragais, cant. de Montgiscard, poste de Baziège ; 370 hab.

DEYNSE, v. du roy. de Belgique, prov. de la Flandre orientale, arr. et à 4 l. de Gand, sur la rive gauche de la Lys, qui la sépare du vg. de Petegem ; elle renferme des distilleries et des brasseries, des tuileries, une raffinerie de sel, des savonneries et plusieurs moulins à vent ; 3000 hab.

DEYR ou **DYRE**, dist. et pet. v. de la Nigritie orientale, Afrique, à l'O. du roy. nubien de Sennaar, à 62 l. O. de la ville de même nom.

DEYR-ABOUHENNIS, b. de la Moyenne-Égypte, Afrique, près du Nil et des ruines de l'ancienne Antinoë (Cheykh-Abadéh).

DEYRANÇON, vg. de Fr., Deux-Sèvres, arr. de Niort, cant. et poste de Mauzé ; 980 hab.

DEYR-EL-ABOLIFE, b. de la Moyenne-Égypte, Afrique, prov. de Fayoum, sur le bord septentrional du lac Birket-el-Kéroun.

DEYR-EMELAC, b. de la Haute-Égypte, Afrique, sur le Nil, presque vis-à-vis de Djirdjéh ; couvent et cimetière des Cophtes.

DEYR-ETTUN, b. de la Moyenne-Égypte, Afrique, à 1 l. au-dessus du Caire ; couvent de Cophtes, mosquées.

DEYR-MAHARRAR ou **EL-HADRÉ**, b. de la Moyenne-Égypte, Afrique ; prov. de Monfalont ; ruines.

DEYR-NASARAR, b. et couvent de Cophtes dans la Haute-Égypte, Afrique, prov. de Djirdjéh, non loin de Madfounéh.

DEYROUT, *Dereta*, b. considérable de la Basse-Égypte, Afrique, prov. de Fouah, dans une île formée par le canal qui va du Caire à Rosette, à 10 l. d'Alexandrie ; temple superbe en ruines ; belle mosquée.

DEYVILLERS, vg. de Fr., Vosges, arr., cant. et poste d'Épinal ; papeterie ; carrières de pierres ; sable ; 580 hab.

DEZENA. *Voyez* MAITEA.

DEZERT (le), vg. de Fr., Manche, arr. de St.-Lô, cant. de St.-Jean-de-Daye, poste à la Périne ; 870 hab.

DÉZÉRY (Saint-), vg. de Fr., Corrèze, arr., cant. et poste d'Ussel ; 200 hab.

DEZERY (Saint-), vg. de Fr., Gard, arr. et poste d'Uzès, cant. de St.-Chaptes ; 260 h.

DGEDDIÉH, b. de la Basse-Égypte, Afrique, prov. de Fouah, au S. de Rosette ; beaucoup de vignobles.

DHANOU (les), peuplade sauvage de l'emp. Birman ; elle habite sur les bords du Thalwayn, choisit ses chefs, mais paye un tribut. On ne sait encore rien de précis sur son compte.

DHAP, v. de l'Inde anglaise, présidence de Calcutta, dans le Bengale. C'est un bourg de 300 maisons dans le voisinage de Rangpour que les Anglais ont choisi pour siége des tribunaux et des établissements publics du district.

DHARA ou **DHARR**, **DHARANNAGUR**, pet. principauté de l'Inde, tributaire des Anglais, dans le Malwâ, jadis un des principaux états de cette province. Dhara, sa capitale, bâtie sur la Maye, était jadis une très-grande ville ; aujourd'hui elle est tout-à-fait déchue.

DHÈRÉ, ham. de Fr., Nièvre, com. de Longeron ; 230 hab.

D'HEUNE (la), riv. de Fr., Saône-et-Loire ; elle a sa source non loin du vg. de la Chapelle, arr. de Châlons-sur-Saône ; elle coule vers le N.-E., passe à Chagny et se jette dans la Saône vis-à-vis de Verdun-sur-Saône, après un cours de 14 l.

DHIOLIBA ou **DJOLIBA**, **KOUARRA**, **QUORRA**, **NIGER**, fl. considérable de la Nigritie centrale, dont le cours longtemps mystérieux, presque entièrement reconnu il y a quelques années, a fait naître tant d'hypothèses, et dont l'exploration a coûté la vie à tant de voyageurs. Appelé à la source Tembie, Bâ, Djoliba, etc., il descend du mont Loma, qui s'élève entre le Soulimana et le Sangara, au N.-E. de la côte de Sierra-Léone, traverse, sous le nom de *Djoliba*, le Sangara, le Kankan, le Ouassoulo, les roy. du Haut et du Bas-Bambarra, arrose le Banan, le pays des Dirimans et le roy. de Tombouctou. Au-dessous de cet état son cours a été jusqu'à ce jour livré aux hypothèses. L'opinion, publiée, en 1803, par le célèbre géographe Reichard de Weimar, adoptée depuis par MM. Clapperton et Brué, a été confirmée, à quelques détails près, par l'intéressante exploration des deux frères Lander. D'après Clapperton le Djoliba, au-dessous de Cabra, port de Tombouctou, prendrait la direction S.-E., traverserait, sous le nom de *Quorra*, la partie occidentale de l'emp. de Bello, baignerait le Borgou, le Niffé, le Yourriba, le Founda. D'après la relation abrégée du voyage des frères Lander, communiquée, par le lieutenant Becker, à la Société royale de géographie de Londres, et la savante analyse que M. Jomard a communiquée à M. Balbi, le Kouarra court droit au S., entre les méridiens de Yaouri et de Katunga, fait ensuite un grand détour vers l'E., entre Rabba et Kacunda, et, après avoir couru pendant quelques milles vers le S. jusqu'à son confluent avec la Schadda, ce grand fleuve tourne brusquement au S.-O. Arrivé à Kirrée ou Kirri, il forme un véritable delta, qui se développe entre la rivière de Benin et le Vieux-Calabar, que l'on doit maintenant regarder comme ses deux bras occidental et oriental ; le bras central ou principal, qui aboutit au cap Formoso, est par conséquent identique à la rivière de Nun ; c'est cette branche que les frères

Lander ont descendu jusqu'à son embouchure. Cinq ou six autres branches coulent dans les espaces intermédiaires. Un fait important, dont la connaissance est due à l'exploration de M. Caillié, c'est que le Djoliba à Ségo ou aux environs, se bifurque pour former une très-grande île et une autre beaucoup plus petite à l'extrémité de laquelle est située la ville de Djeuny, et que plusieurs milles après la jonction des deux branches, qui a lieu à Isaca, ce grand fleuve continue son cours à travers le vaste lac Djebou, Debo ou Debbie. La carte, jointe à la relation du lieutenant Becker, représente une bifurcation semblable entre Abbazacca et Kirri. Les principales villes qui se trouvent le long du Djoliba, dans la partie reconnue ou supposée de son cours, sont : Bammakou, Yamina, Ségo, Sansanding, Silla, Djénny ou Jinué, Massina, Tenboktoue ou Tombouctou, Koubi, Yaouri, Boussa, Raca, Rabba, Egga, Kacunda, Bocqua, Abbazacca, Damouggou et Kirri; au-dessous de cette dernière ville on trouve Eboë, sur le bras central ou la rivière de Nun, Benin, sur le bras occidental, Brass, sur le bras de ce nom; Owybere, Nouveau-Calabar, Boni et autres villes paraissent aujourd'hui devoir être placées sur des bras du Kouarra. La géographie positive de ce vaste bassin est encore trop imparfaite pour qu'on puisse hasarder de nommer tous les principaux affluents du Djoliba; il suffira de signaler ici les suivants comme les plus remarquables à la gauche : le Cobbie ou Cubbie, qui passe par Sakkatou et Cobbie; la Coudounia, qui apporte au Kouarra une grande masse d'eau en traversant le roy. de Niffé; la Charry ou Tchad, Chad, Sharry ou Tchadda, qui passe à Founda et qu'il ne faut pas confondre avec le fleuve du même nom qui se jette dans le lac Tchad. A la droite nous ne nommerons que la Moossa ou Moussa, qui passe par la ville de ce nom et aboutit au Kouarra dans les environs de Raca; elle sépare le roy. de Borgou de celui de Yarriba. Il reste encore à remarquer que le Djoliba ou Kouarra franchit la chaîne des monts Kong, dont on se plaisait tant à exagérer la hauteur, et que la partie inférieure de son cours oppose de grands obstacles à la navigation par les nombreux écueils dont son lit est parsemé, surtout entre Yaouri et Kirri.

DHOLPOUR ou **DHOLPOUR**, pet. principauté de l'Inde, tributaire des Anglais, dans la prov. d'Agra. Elle est située au S. de Bhartpour et à l'E. du Chumbul qui la sépare du royaume de Sindhia et est très-fertile. Le radjah s'intitule Rana de Dholpour. Il réside dans la ville de Dholpour, située à 1 l. de distance du Chumbul et défendue par un fort.

DHOUGOOBONE, pet. v. de la Cafrerie inférieure, Afrique, dans le pays des Maroutzis, à 20 milles anglais S.-E. de Kourritchane.

D'HUIS, ham. de Fr., Ain, com. de Chavannes-sur-Suran; 250 hab.

D'HUISON, vg. de Fr., Seine-et-Oise, arr. d'Étampes, cant. et poste de la Ferté-Aleps; 370 hab.

D'HUISY, vg. de Fr., Seine-et-Marne, arr. de Meaux, cant. et poste de la Lizy; 420 h.

D'HUIZEL, vg. de Fr., Aisne, arr. de Soissons, cant. et poste de Braisne; 260 h.

D'HUIZON, vg. de Fr., Loir-et-Cher, arr. de Romorantin, cant. de Neung-sur-Beuvron, poste de Bracieux; 690 hab.

DHYAGÉ ou **GHIAGHÉ, JAGHÉE**, pet. v. du roy. de Kaarta, en Sénégambie, Afrique, capitale actuelle du Kasso.

DIABBIE, pet. v. de la Haute-Guinée, Afrique, dans l'intérieur de l'emp. d'Achanti, capitale du roy. d'Amina.

DIABLERETS (les), groupe de montagnes situées sur la limite des cant. de Vaud et du Valais, dont le plus haut sommet atteint 11,090 pieds au-dessus de la mer; ils ont acquis une terrible célébrité par les éboulements de 1714 et 1749 du côté du Valais; éboulements qui ont entre autres donné naissance aux trois lacs de Derboranche.

DIABLO (Sierra del). *Voyez* MEXIQUE (Nouveau-).

DIACOVAR. *Voyez* DEAKOWAR.

DIAMANT (le), jolie pet. v. de l'île de Martinique, sur la belle baie de Diamant, chef-lieu de canton, arr. de Fort-Royal; commerce. Dans son voisinage s'élève au milieu des eaux le Diamant, énorme rocher de hauteur considérable, couronné d'arbres et de broussailles et partout inaccessible.

DIAMANT (la grande et la petite anse du), deux baies dont la première s'étend à l'E. et la seconde à l'O. de la pointe du Diamant, côte S.-E. de l'île de Martinique.

DIAMOND-HARBOUR, port proprement dit de Calcutta, Bengale, dist. de Hougly; ce n'est qu'un grand village, mais le meilleur ancrage pour les vaisseaux de la Compagnie des Indes qui viennent s'y arrêter. Son climat est malsain, mais les environs sont bien cultivés et les vivres y sont à bon marché.

DIANA, *Silla*, un des affluents du Tigre, prend sa source près de Chehrezour et se jette dans le Tigre près des ruines de l'ancienne Medain.

DIANCEY, vg. de Fr., Côte-d'Or, arr. de Beaune, cant. de Liernais, poste d'Arnay-le-Duc; 400 hab.

DIANNE-CAPELLE, vg. de Fr., Meurthe, arr., cant. et poste de Sarrebourg; 480 hab.

DIANO, v. de Sicile, dans la Principauté citérieure; 4200 hab.

DIANS, vg. de Fr., Seine-et-Marne, arr. et cant. de Fontainebleau, poste de Montereau; 300 hab.

DIARBEKIR, eyalet de la Turquie d'Asie, comprend la plus grande partie de l'ancienne Mésopotamie. Il est situé entre 35° et 39° long. E. et 37° et 38° lat. N. et borné au N. par l'eyalet d'Erzeroum, à l'E. par

Van, au S.-E. par Chebrezour, au S. par Mossoul et Bagdad, au S.-O. par Orfa, à l'O. par Merasch et Sivas. Le Diarbekir, voisin du plateau de l'Arménie, est un pays élevé, montueux, pittoresque, traversé par les ramifications du Taurus. Le Tigre y prend sa source et reçoit les eaux de plusieurs affluents, le Batman, le Hisel ou Khabur, le Mutad, etc. Son climat est sain, mais froid en hiver; les cimes des montagnes sont couvertes de neige pendant six ou huit mois de l'année. Le sol est fertile; dans certaines parties on fait annuellement deux récoltes, surtout dans la plaine de Baschbut. On cultive principalement du blé, des grains, du coton, du tabac et du sésame; les arbres fruitiers y abondent; les forêts de chênes et de sapins fournissent de bons bois de construction. On trouve de l'or, de l'argent, du plomb, du fer, du marbre, de la chaux, dans les montagnes sur les flancs desquels bondissent le chamois et le bezoard. De nombreux troupeaux paissent dans les vallées; les chameaux sont renommés pour la finesse de leur poil. Le ver à soie et l'abeille y prospèrent. La majeure partie des habitants du Diarbekir sont Kourdes; le reste de la population est un mélange d'Osmanlis, de Turcomans, d'Arabes, d'Arméniens, de Grecs et de juifs. Peu de Kourdes sont agriculteurs; le grand nombre abandonne en hiver avec ses troupeaux et sa famille, la froide région des montagnes et cherche des pâturages sous le climat plus heureux de Bagdad et d'Orfa; en été ils reviennent sur le plateau Arménien.

L'eyalet de Diarbekir est divisé en dix-sept sandschaks dont six sont héréditaires. Lors de la conquête ils furent conférés comme obschaliks ou propriété héréditaire; le chef peut en être dépossédé mais non ses enfants. Il doit à la Porte le service militaire mais lève les impôts en son propre nom. Telle est la constitution des cinq hukumets kourdes.

DIARBEKIR ou KARA-HAMID, *Amida*, chef-lieu de l'eyalet du même nom, est situé sur la rive droite du Tigre, qu'on y passe sur un beau pont. Cette ville grande et bien bâtie, est entourée de jardins magnifiques; elle est défendue par un mur, 72 grosses tours et par une citadelle dans laquelle se trouvent le palais du pacha et la vieille mosquée de Khaleb-Ben-Welib. Ses autres édifices remarquables sont la grande mosquée, la cathédrale arménienne, quelques caravansérails et plusieurs bazars. On cite encore le collège de Khosrewije où enseigna l'historien Mosliheddin Lari; des bains; des tombeaux, etc. Diarbekir est le siège d'un patriarche chaldéen catholique, d'un évêque de cette religion et d'un patriarche jacobite. Son industrie est très-florissante; elle possède de nombreuses fabriques de maroquin estimé dans tout l'Orient, de poterie et objets en cuivre, d'étoffes de soie et de coton. Le commerce d'expédition et de transit y est considérable; 60,000 hab.

DIARFISSER, b. de la Basse-Nubie, Afrique, dans le Ouady-el-Kénous, sur la rive gauche du Nil, près de Gyrshé; grotte remarquable.

DIARVILLE, vg. de Fr., Meurthe, arr. de Nancy, cant. d'Haroué, poste de Neuviller-sur-Moselle; 590 hab.

DIBDIN. *Voyez* ORKNEYS.

DÍBLING, vg. de Fr., Moselle, arr. de Sarreguemines, cant. et poste de Forbach; 680 hab.

DIBON, g. a., v. de Palestine, tribu de Ruben; les ruines de cette ville se retrouvent, selon Burckhardt, au N. d'Arnon, dans une plaine charmante.

DIBRE (le Haut et le Bas-), chef-lieu de deux cant. de la Haute-Albanie, fertiles mais sauvages et habités par une tribu belliqueuse.

DICKINSON, pet. v. des États-Unis de l'Amérique du Nord, état de Pensylvanie, comté de Cumberland; agriculture; commerce; 2800 hab.

DICKS, chaîne de montagnes peu élevées dans les États-Unis de l'Amérique du Nord, état de Pensylvanie; elles traversent une partie du comté de Bedford, parallèlement aux Apalaches.

DICKSON, comté de l'état de Tennessée, États-Unis de l'Amérique du Nord; il est borné par les comtés de Stéwart, de Montgomery, de Robertson, de Davison, de Williamson, de Hickmann et de Humphries. Ce pays est traversé par de nombreux affluents du Cumberland, qui coule au N.-O. Charlotte, sur le Jones, est le chef-lieu du comté; 7000 hab.

DICONNE, vg. de Fr., Saône-et-Loire, arr. de Louhans, cant. et poste de St.-Germain-du-Bois; 770 hab.

DICTÉE (le), mont. de l'île de Candie, la plus élevée de l'île après le Psilorité, et célèbre dans la mythologie.

DICY, vg. de Fr., Yonne, arr. de Joigny, cant. et poste de Charny; 410 hab.

DIDENHEIM, vg. de Fr., Haut-Rhin, arr. d'Altkirch, cant. et poste de Mulhouse; 980 hab.

DIDIER (Saint-), ham. de Fr., Ain, com. de Neyron; 130 hab.

DIDIER (Saint-), vg. de Fr., Allier, arr. et poste de Gannat, cant. d'Escurolles; 590 hab.

DIDIER (Saint-), vg. de Fr., Ardèche, arr. de Privas, cant. et poste d'Aubenas; 270 hab.

DIDIER (Saint-), vg. de Fr., Côte-d'Or, arr. de Semur, cant. et poste de Saulieu; 810 hab.

DIDIER (Saint-), vg. de Fr., Ille-et-Vilaine, arr. de Vitré, cant. et poste de Châteaubourg; 1130 hab.

DIDIER (Saint-), vg. de Fr., Jura, arr., cant. et poste de Lons-le-Saulnier; 270 hab.

DIDIER (Saint-), vg. de Fr., Nièvre, arr. de Clamecy, cant. et poste de Tannay; 170 hab.

DIDIER (Saint-), vg. de Fr., Vaucluse, arr. et poste de Carpentras, cant. de Pernes; filat. de soie; 560 hab.

DIDIER-AU-MONT-D'OR (Saint-), vg. de Fr., Rhône, arr. et poste de Lyon, cant. de Limonest; fabr. de fil de fer; 1800 hab.

DIDIER-D'ALLIER (Saint-), vg. de Fr., Haute-Loire, arr. du Puy, cant. et poste de Cayres; 230 hab.

DIDIER-D'AOSTE (Saint-), ham. de Fr., Isère, com. d'Aoste; 260 hab.

DIDIER-D'AUSSIAT (Saint-), vg. de Fr., Ain, arr. et poste de Bourg-en-Bresse, cant. de Montrevel; 1090 hab.

DIDIER-DE-BIZONNES (Saint-), vg. de Fr., Isère, arr. de la Tour-du-Pin, cant. et poste du Grand-Lemps; 530 hab.

DIDIER-DE-CHALARONNE (Saint-), vg. de Fr., Ain, arr. de Trévoux, cant. et poste de Thoissey; 2860 hab.

DIDIER-DE-CRUSSOL (Saint-), vg. de Fr., Ardèche, arr. de Tournon, cant. et poste de St.-Péray; 1060 hab.

DIDIER-DE-FORMANS (Saint-), vg. de Fr., Ain, arr., cant. et poste de Trévoux; 560 hab.

DIDIER-DE-LA-TOUR (Saint-), vg. de Fr., Isère, arr., cant. et poste de la Tour-du-Pin; 1320 hab.

DIDIER-DES-BOIS (Saint-), vg. de Fr., Eure, arr. de Louviers, cant. d'Amfreville-la-Campagne, poste d'Elbeuf; 570 hab.

DIDIER-DE-VALEINS (Saint-), Ain. *Voyez* DIDIER-DE-CHALARONNE (Saint-).

DIDIER-EN-BRESSE (Saint-), vg. de Fr., Saône-et-Loire, arr. de Châlon-sur-Saône, cant. de Ste.-Marie-en-Bresse, poste de Verdun-sur-le-Doubs; 430 hab.

DIDIER-EN-BRIONNAIS (Saint-), vg. de Fr., Saône-et-Loire, arr. de Charolles, cant. de Sémur-en-Brionnais, poste de Marcigny; 400 hab.

DIDIER-EN-DEVOLUY (Saint-), Hautes-Alpes. *Voyez* DISDIER (Saint-).

DIDIER-EN-DONJON (Saint-), vg. de Fr., Allier, arr. de la Palisse, cant. et poste du Donjon; 650 hab.

DIDIER-LES-CHAMPAGNE (Saint-), ham. de Fr., Isère, com. d'Aoste; 160 hab.

DIDIER-LE-SÉAUVE (Saint-), pet. v. de Fr., Haute-Loire, arr. et à 6 l. N.-N.-E. d'Yssingeaux et à 121 l. de Paris, chef-lieu de canton et poste de Monistrol; fabr. de rubans et filat. de soie; papeterie; 3870 hab.

DIDIER-SOUS-BEAUJEU (Saint-), vg. de Fr., Rhône, arr. de Villefranche-sur-Saône, cant. et poste de Beaujeu; 830 hab.

DIDIER-SOUS-CHARPEY (Saint-), ham. de Fr., Drôme, com. de Charpey; 300 hab.

DIDIER-SOUS-ÉCOUVES (Saint-), vg. de Fr., Orne, arr. d'Alençon, cant. et poste de Carrouges; 510 hab.

DIDIER-SUR-ARROUX (Saint-), vg. de Fr., Saône-et-Loire, arr. et poste d'Autun, cant. de St.-Léger-sous-Beuvray; 810 hab.

DIDIER-SUR-DOULON (Saint-), vg. de Fr., Haute-Loire, arr. de Brioude, cant. et poste de Paulhaguet; commerce de fromages; 2030 hab.

DIDIER-SUR-RIVERIE (Saint-), vg. de Fr., Rhône, arr. de Lyon, cant. et poste de Mornant; 500 hab.

DIDIER-SUR-ROCHEFORT (Saint-), vg. de Fr., Loire, arr. de Montbrison, cant. et poste de Noirétable; 1510 hab.

DIDING, vg. de Fr., Moselle, com. de Freistroff; 200 hab.

DIDING, ham. de Fr., Moselle, com. de Zetting; 180 hab.

DIDI-TSIKHE, pet. v. de la Russie d'Asie, prov. d'Imerethi, au S. de Pothe. Elle a un petit port. Son château sert de résidence au prince de Ghouria.

DIDREFING, ham. de Fr., Moselle, com. de Holving; 180 hab.

DIE, *Dea Vocontiorum*, v. de Fr., Drôme, chef-lieu d'arrondissement, à 15 l. E.-S.-E. de Valence et à 164 l. de Paris; siége d'un tribunal de première instance et d'une conservation des hypothèques. Cette petite ville, assez jolie, industrieuse et commerçante, est située près de la rive droite de la Drôme. Elle possède plusieurs antiquités romaines, entre autres la porte St.-Marcel, monument très-bien conservé. L'ancien hôtel de l'évêché, avec des inscriptions, des cippes et d'autres monuments funéraires, mérite d'être visité. Sur la montagne d'Aurel, entre Die et Aurel, se trouve une source d'eau minérale, qui passe pour un spécifique contre la fièvre tierce. Die a des fabriques d'étoffes de laine, des tissages et des filatures de soie, des papeteries et des tanneries; la soie et les vins blancs mousseux, appelés *Clairette de Die*, y sont particulièrement l'objet d'un commerce très-actif. Foires les 10 août, 29 octobre, 25 novembre et 21 décembre; 3910 hab.

On ignore l'origine de cette ville, dont on attribue cependant la fondation aux Phocéens de Marseille. Les restes d'antiquités qu'elle renferme prouvent qu'elle existait aux temps des Romains; elle devint au quatrième siècle le siège d'un évêché que Grégoire X réunit à celui de Valence, en 1275; il en fut disjoint de nouveau par Innocent XII sous Louis XIV. Die souffrit beaucoup pendant les guerres religieuses du seizième siècle.

DIÉ, vg. de Fr., Yonne, arr. de Tonnerre, cant. et poste de Flogny; 440 hab.

DIÉ (Saint-), *Fanum Sancti Deotati*, v. de Fr., Vosges, chef-lieu d'arrondissement, à 12 l. E. d'Épinal et à 104 l. de Paris, siége d'un évêché suffragant de l'archevêché de Besançon, d'un tribunal de première instance et d'une conservation des hypothèques; elle est agréablement située sur les bords de la Meurthe, au pied du mont d'Ormont (de

870 mètres de haut), que l'on désigne sous le nom de *Roche des Fées;* elle est bien bâtie et bien percée, et ses environs offrent de tous côtés des sites pittoresques et variés. Cette ville possède plusieurs établissements de charité, un collège, une classe normale primaire, un séminaire, une bibliothèque publique de 9500 volumes; fabr. de cotonnades, mouchoirs, madras; filat. de coton; chamoiseries, tanneries importantes, teintureries, etc. On y fait commerce en grains, quincaillerie, bestiaux, lin, chanvre, toiles, bois, salins et potasse. On trouve dans les environs, diverses exploitations minérales. Foires, deuxième mardi de chaque mois; 7910 hab.

L'origine de St.-Dié remonte aux temps de Childeric II, qui donna le territoire de cette ville à Deodatus, évêque de Nevers. Ce prélat y fit élever un monastère, autour duquel se groupèrent successivement des maisons qui devinrent le noyau d'un village, nommé *Dieu-Donné,* du nom de son fondateur, d'où se forma plus tard St.-Dié. Les ducs de Lorraine l'embellirent et l'entourèrent de murailles. Cependant ce n'était encore au commencement du dix-huitième siècle qu'un assemblage assez laid de rues tortueuses et de maisons mal bâties. C'est à l'incendie de 1756 et aux soins du roi Stanislas que St.-Dié doit l'avantage d'être aujourd'hui une fort jolie ville.

DIEBOLSHEIM ou **DEVELSEN**, vg. de Fr., Bas-Rhin, arr. de Schléstadt, cant. de Marckolsheim, poste de Benfeld; 703 hab.

DIEBOURG, v. du grand-duché de Hesse-Darmstadt, chef-lieu d'un district de la principauté de Starkenbourg, est située sur la Gersprenz, dans une grande plaine de l'Odenwald. Cette ville, dont la population est de 3200 habitants, a une excellente fabrique d'objets en acier et en fer-blanc, un grand nombre de potiers et de tanneurs.

DIEDENDORF, vg. de Fr., Bas-Rhin, arr. de Saverne, cant. de Drulingen, poste de Saar-Union; fabr. de produits chimiques. Moulin fait partie de la commune; 493 hab.

DIEDENHOFEN. *Voyez* THIONVILLE.

DIEDOLSHAUSEN. *Voyez* BONHOMME.

DIEFENBACH-HELLIMER, ham. de Fr., Moselle, com. de Hellimer; 520 hab.

DIEFFENBACH, vg. de Fr., Bas-Rhin, arr. de Schléstadt, cant. et poste de Villé; territoire fertile en bons vins; 560 hab.

DIEFFENBACH, vg. de Fr., Bas-Rhin, arr. de Wissembourg, cant. de Wœrth-sur-Sauer, poste de Soultz-sous-Forêts; 345 hab.

DIEFFENTHAL, vg. de Fr., Bas-Rhin, arr., cant. et poste de Schléstadt; 340 hab.

DIEFFMATTEN, vg. de Fr., Haut-Rhin, arr. de Belfort, cant. et poste de Dannemarie; 240 hab.

DIEGO (cabo de San-). *Voyez* LE-MAIRE.

DIEGO-ALVAREZ, île dans l'Océan Austral, non loin du groupe de Tristan-d'Acunha; elle a de hautes montagnes d'où descendent de belles cascades, avec un pic de 730 toises de hauteur, et paraît être la même que l'île Gough.

DIEGO-RAMIREZ, l'île la plus méridionale de celles qui dépendent de la terre de Feu; elle s'étend sous 56° 37' lat. S. et fut découverte par Diégo-Ramirez, en 1621. Elle est déserte et inhabitée.

DIEGO-RUYS ou RODRIGUEZ, île de la mer des Indes, Afrique, à 100 l. E. de l'Ile-de-France; environ 11 l. de long, sur 5 l. de large; sol montagneux et pierreux en quelques endroits, extrêmement fertile en d'autres; environnée de récifs; produit du riz, du maïs, du tabac. On y envoyait autrefois de l'Ile-de-France prendre des tortues de mer pour le service des hôpitaux. Elle fut cédée par la France à l'Angleterre, en 1814; a un bon port, mais seulement 130 habitants. Lat. S. 19° 30', long. E. 55° 7'.

DIEKIRCH, pet. v. du roy. de Belgique, chef-lieu de l'arrondissement de même nom, grand-duché et à 6 l. de Luxembourg, sur la Sure. Fourneaux et moulins à plâtre; tanneries; pop. de l'arrondissement 47,100, de la ville 2700 hab.

DIEME, vg. de Fr., Rhône, arr. de Villefranche-sur-Saône, cant. et poste de Tarare; 440 hab.

DIEMEN (terre Van-Diemen du Nord), contrée sur la côte septentrionale du continent austral; elle est située entre 125° 25' et 130° de long. E. et s'étend vers le N. jusqu'à 11° de lat. S. Cette terre, bornée à l'E. par la terre d'Arnheim, au S.-O. par celle de Witt et de tous les autres côtés par l'Océan, est encore peu connue. Il est vraisemblable que le sol, les productions et les habitants ont le même caractère que ceux des autres contrées de la Nouvelle-Hollande.

DIEMEN, baie au N.-E. de la terre Van-Diemen du Nord.

DIEMENIE (la) ou TERRE-DE-DIEMEN, TASMANIE, du nom du célèbre navigateur qui en fit la découverte, est considérable de l'Océanie orientale et l'une des plus importantes colonies anglaises dans l'Australie; elle est située entre 142° 3' et 145° 57' de long. E. et s'étend au S.-E. du continent austral ou Australie depuis 39° 50' jusqu'à 42° 31' de lat. S., en y comprenant quelques îles beaucoup plus petites qui l'environnent. Un détroit, découvert en 1798 par l'Anglais Bass, dont il porte le nom, sépare la terre de Diemen de la Nouvelle-Hollande.

Cette île, dont la superficie est évaluée à 3276 l. c., a la forme d'un triangle irrégulier. Sa pointe méridionale semble, comme celles de la terre de Feu et du Cap, présenter une digue solide aux flots formidables du Grand-Océan Austral; sa côte S.-E. est très-élevée, découpée de la manière la plus bizarre, et affecte les formes les plus variées, tandis que la côte S.-O. est remarquable par sa régularité. La côte, également élevée et escarpée à l'E. et à l'O., s'abaisse insensiblement vers le N. et se termine en plusieurs endroits par une plage sablonneuse, que pendant les vents du N. l'Océan couvre de brisants furieux. Les sinuosités innombrables de la côte forment un grand nombre de caps, de golfes ou de baies et plusieurs bons ports.

Le cap Portland, à l'extrémité N.-E., sur le détroit de Bank; le cap Sud, à l'extrémité méridionale; la cap Pillar, au S, d'une presqu'île, sur la côte orientale, sont les principaux caps de l'île. Parmi les baies, celle de la Tempête, au S.-E., et celle de Macquarie, sur la côte occidentale, sont les plus remarquables.

L'intérieur de l'île présente une forme non moins variée que celle de la côte. Des chaînes et des groupes de montagnes, de larges vallées, de petites plaines se succèdent agréablement. Le point culminant des montagnes de la Diemenie a une élévation de 3964 pieds au-dessus du niveau de la mer; c'est la montagne de la Table (Table-Mount), couverte de neige pendant neuf mois de l'année.

Parmi les fleuves, qui arrosent la Diemenie, nous ne citerons que les deux plus considérables: le Derwent, qui a sa source dans un lac sur le sommet des Western-Mountains et son embouchure dans la baie de la Tempête; et le Tamar, principal fleuve de la partie septentrionale, il a sa source dans les montagnes de l'E. et son embouchure dans le détroit de Bass.

Le climat est tempéré et sain; le printemps commence en septembre, l'été en décembre, l'automne en avril et l'hiver à la fin du juin. Cette dernière saison n'y dure cependant que de cinq à neuf semaines et n'est presque jamais rigoureuse. Les pluies sont fréquentes et les sécheresses, qui affligent quelquefois les continents, sont inconnues en Diemenie.

Les productions de cette île sont les mêmes que celles du continent austral; d'immenses et impénétrables forêts couvrent la plus grande partie de la surface; les arbres, du genre eucalyptus, y sont d'une hauteur et d'une grosseur prodigieuses; il y en a de 160 à 200 pieds d'élévation, et de 30 à 40 pieds de circonférence. Mais, à l'exception de ceux que les Européens y ont transplantés, on y trouve peu d'arbres fruitiers et de plantes propres à la nourriture de l'homme. Le règne minéral y produit du fer en abondance, du cuivre, de l'alun, de la houille, de l'ardoise, de l'asbeste, de la chaux, du basalte, de l'agate, du marbre, du cristal de roche, une grande quantité de pétrifications et des incrustations fort remarquables. Parmi les animaux on remarque le kanguroo, plusieurs espèces d'opossum, quadrupède très-redoutable, une espèce de rongeurs, analogue à la souris, l'écureuil volant, le chat-panthère, plusieurs espèces de phoques et des baleines, particulièrement dans le détroit de Bass. Une grande quantité de diverses espèces d'oiseaux, aussi remarquables par la richesse de leurs couleurs que par la variété de leurs formes, peuplent les forêts épaisses de la Diemenie. Les cignes noirs méritent d'être cités, non seulement à cause de leur plumage d'un noir profond, mais encore parce que c'est une des espèces les plus nombreuses. D'affreux reptiles, entre autres le serpent noir, le plus dangereux de tous, de nombreux amphibies et des essaims innombrables d'insectes pullulent aussi dans cette contrée.

La population de l'île et de ses dépendances, composée d'aborigènes et de colons européens, s'élève à 22,000 individus. Le nombre des premiers est évalué à environ 4000. Les naturels ont la peau d'un noir peu foncé; ils se rapprochent généralement de la conformation physique des nègres-papouas; ils ont la tête grosse et longue, les épaules larges, le ventre saillant, les jambes et les bras grêles; leur taille est assez élevée, mais ils sont d'un aspect repoussant, et l'on peut les classer avec les tribus les plus sauvages et les plus abruties de l'Australie. L'agriculture et l'industrie que les Anglais ont introduites dans cette île ont pris, depuis quinze ans, de grands développements, et le commerce avec la Grande-Bretagne n'y a pas moins acquis d'importance. En 1831, il a été exporté pour l'Angleterre 1,359,203 livres de laine, outre une grande quantité d'autres denrées précieuses. La valeur des marchandises anglaises, importées pendant la même année, était de plus de 3,000,000 de francs. La compagnie anglaise de Van-Diemen a consacré des capitaux considérables à l'exploitation de 350,000 acres de terre que le gouvernement britannique lui a concédés. La civilisation européenne y a aussi pénétré avec ses institutions les plus utiles et tout fait présager que cette île parviendra rapidement à un haut degré de prospérité.

La Diemenie forme un gouvernement, détaché en 1825 de celui de Sidney; elle est divisée en neuf districts, portant les noms de Hobart-Town, capitale de l'île, Richmond, Launceston, New-Norfolk, Clyde, Oatlands, Oysterbay, Campbeltown et Norfolk-Plains.

La Diemenie fut découverte en 1642 par le Hollandais Abel Tasman, d'où quelques géographes la nomment Tasmanie. Ce navigateur, qui n'en explora que la côte méridionale et une partie de la côte occidentale, prit cette terre pour la pointe S.-E. du continent austral, et l'appela Diemen du nom du gouverneur général des Indes hollandaises à Batavia. Les voyages de Marion, en 1770, de Furneaux, en 1773, de Cook, en 1777, de d'Entrecasteaux, en 1792, ne relevèrent point l'erreur de Tasman, et l'on croyait généralement que la Diemenie touchait à la Nouvelle-Hollande, lorsqu'en 1798 le chirurgien anglais Bass fit le tour de l'île et découvrit le détroit qui a conservé le nom de Bass. En 1803, les Anglais y fondèrent une colonie pénale. Les premiers exilés, qui y furent transportés en 1804, s'y livrèrent aux plus horribles excès et commirent tant d'atroces cruautés sur les indigènes, que ceux-ci se retirèrent dans l'intérieur de l'île, où il vivent dans une continuelle défiance des colons, avec lesquels ils n'ont plus de communication, quoique depuis vingt ans les mesures énergiques du gouvernement anglais aient fait cesser ces brigandages.

DIEMERINGEN, b. de Fr., Bas-Rhin, arr. de Saverne, cant. de Drulingen, poste de Saar-Union. Siége d'un consistoire protestant; vieux château du comte de Salm-Kybourg; carrières de pierres de taille et à chaux; 1042 hab.

DIÉMOZ, vg. de Fr., Isère, arr. de Vienne, cant. d'Heyrieux, poste de la Verpillière; 730 hab.

DIENNAY-SUR-L'IGNON, vg. de Fr., Côte-d'Or, arr. de Dijon, cant. et poste d'Is-sur-Thille; forges; 280 hab.

DIÉNNE, vg. de Fr., Cantal, arr., cant. et poste de Murat; 1980 hab.

DIENNE, vg. de Fr., Nièvre, arr. de Nevers, cant. et poste de St.-Benin-d'Azy; 320 hab.

DIENNÉ, vg. de Fr., Vienne, arr. de Poitiers, cant. de la Ville-Dieu, poste de Gençais; 400 hab.

DIENVILLE, b. de Fr., Aube, arr. de Bar-sur-Aube, cant. et poste de Brienne; situé sur l'Aube qui la divise en deux parties; 1260 hab.

DIEPENBEEK, b. du roy. de Belgique, arr. de Mæstricht, prov. de Limbourg, sur la Demer; 2200 hab.

DIEPHOLZ (le comté de), qui comprend le bailliage d'Auburg, détaché de la Hesse électorale, est une province du gouvernement et dans le roy. de Hanovre; il est borné par le grand-duché d'Oldenbourg, le comté de Hoya, la prov. prussienne de Westphalie et le gouv. d'Osnabruck; son étendue est de 12 milles ². Composé en grande partie de bruyères, de tourbières et de marais, il est peu fertile. Il renferme le lac Dummer de 1 mille de longueur sur 1/2 de largeur, traverse la Hunte, qui vient du gouv. d'Osnabruck et qui, depuis sa sortie du lac, jusqu'à Diepholz, quitte son nom pour prendre celui de Lœhne. On élève dans cette province un nombre considérable d'abeilles, d'oies et de brebis des landes.

DIEPHOLZ, chef-lieu du comté de ce nom, dans le roy. de Hanovre, préfecture de même nom; ce n'est qu'un bourg de 1900 habitants, situé sur la Hunte, et où l'on fabrique beaucoup de gros draps.

DIEPPE, vg. de Fr., Meuse, arr. de Verdun-sur-Meuse, cant. et poste d'Étain; 450 hab.

DIEPPE, *Deppa*, v. et port de Fr., Seine-Inférieure, chef-lieu d'arrondissement, à 14 l. N. de Rouen, 39 l. N.-N.-O. de Paris, sur la Manche; siége de tribunaux de première instance et de commerce, d'une conservation des hypothèques; direction des contributions, bourse et chambre de commerce. Cette ville, construite sur un terrain d'alluvion, à l'embouchure de la Béthune, est bâtie très-régulièrement; les rues y sont larges et bien percées, et alignées de manière à mettre les habitations à l'abri des vents les plus violents; la plupart des maisons sont couvertes en tuiles et ornées de balcons. Les maisons les plus élégantes et les meilleurs hôtels se trouvent sur le quai Henri IV. Un grand nombre de fontaines et de bornes-fontaines contribuent à son embellissement et au maintien de la propreté. Le port, formé par deux belles jetées, est défendu par un château fort et par une citadelle : il peut contenir 200 navires; mais les vases qui l'encombrent avec rapidité, y nécessitent des travaux, sans lesquels il menace d'être bientôt comblé entièrement. Dieppe possède un collège communal, un Hôtel-Dieu, un hôtel de ville, une salle de spectacle, de belles promenades, une halle aux blés, plusieurs places publiques, plusieurs maisons de refuge, une école royale de navigation; une école manufacturière de lingerie, une bibliothèque, un beau parc aux huitres, une salle de réunion et de danse, et enfin un superbe établissement de bains, qui attire chaque année un concours considérable d'étrangers. Nous ne devons pas oublier de mentionner ici la maison que Napoléon fit construire sur la jetée de l'ouest au brave Bouzard, pour le récompenser des nombreuses preuves de dévouement que ce digne citoyen avait données en bravant la mort pour secourir des marins naufragés. Cette maison porte l'inscription suivante : *Napoléon-le-Grand, récompense nationale à Jean-André Bouzard, pour ses services maritimes.*

L'industrie de Dieppe consiste dans la fabrication de toutes sortes d'ouvrages en ivoire, en os, en corne et en bois précieux, travaillés avec un art et une délicatesse extraordinaires; la tonnellerie, la fabrication des dentelles, de sucre indigène, la pêche, la salaison des harengs, de la morue et d'autres poissons de mer, occupent la plus grande partie de la population. Le cabotage y est également très-actif; les ouvrages de tabletterie, les dentelles, les produits de la pêche, principalement de celle des harengs, du maquereau et de la morue; les denrées coloniales et toutes les marchandises de France et du nord de l'Europe y sont les objets d'un commerce très-étendu. Foires : 16 août et 1er septembre; 17,000 hab. Cette ville est la patrie du voyageur Parmentier, (1494—1530); des savants jurisconsultes Richer et Houard; de Bruzen, savant géographe (1663—1749); des deux Duquesne, père et fils, qui jetèrent tant d'éclat sur la marine française, et du célèbre

Augo, le plus riche négociant de la terre; il vivait du temps de François Ier et traitait d'égal à égal avec les ambassadeurs des rois les plus puissants. Dieppe dut son origine à l'agglomération de quelques pêcheurs qui vinrent s'y établir, et ce n'est que vers la fin du douzième siècle qu'il est pour la première fois question de cette ville dans l'histoire. Philippe-Auguste, lors de ses querelles avec Richard-Cœur-de-Lion, ruina entièrement Dieppe. Un siècle après, les Dieppois ayant pillé la ville de Southampton, qu'ils avaient prise d'assaut, employèrent le butin considérable qu'ils avaient fait, à agrandir et à fortifier leur ville. Peu de temps après, la fameuse bataille de l'Écluse anéantit la marine dieppoise. Dieppe, comme toute la Normandie, tomba ensuite au pouvoir des Anglais, qui en restèrent maîtres jusqu'en 1433. Talbot vint l'assiéger en 1442, mais il fut forcé de regagner ses vaisseaux. En 1694, une flotte anglaise considérable vint la bloquer et la bombarda si horriblement, qu'il n'y resta debout que le château, deux églises et quelques maisons. C'est après ce terrible désastre que la ville fut reconstruite telle qu'elle existe aujourd'hui.

DIEPPEDALLE, vg. de Fr., Seine-Inférieure, com. de Canteleu; fabr. d'indiennes; 970 hab.

DIEPPEDALLE (Seine-Inférieure). *Voyez* VAAST-DIEPPEDALLE (Saint-).

DIER (Saint-), vg. de Fr., Puy-de-Dôme, arr. et à 8 l. E.-S.-E. de Clermont-Ferrand, chef-lieu de canton; poste de Billom; 1565 h.

DIERDORF, pet. v. de Prusse, grand-duché du Bas-Rhin, rég. et à 4 1/2 l. au N. de Coblence, fait partie de la petite principauté de Wied-Neuwied; possède un château avec une chapelle remarquable, des fabriques de quincaillerie et des tanneries; culture de vin et de fruits; 1300 hab.

DIERRE, vg. de Fr., Indre-et-Loire, arr. de Tours, cant. de Bléré, poste d'Amboise; 570 hab.

DIERREY-SAINT-JULIEN, vg. de Fr., Aube, arr. de Nogent-sur-Seine, cant. de Marcilly-le-Hayer, poste d'Estissac; 390 h.

DIERREY-SAINT-PIERRE, vg. de Fr., Aube, arr. de Nogent-sur-Seine, cant. de Marcilly-le-Hayer, poste d'Estissac; 360 h.

DIERRY (Saint-), vg. de Fr., Puy-de-Dôme, arr. d'Issoire, cant. et poste de Besse; 800 hab.

DIESEN, ham. de Fr., Moselle, com. de Parcelette; 190 hab.

DIESPACH, ham. de Fr., Vosges, com. de Plaine; 210 hab.

DIEST, riv. du roy. de Hollande, prov. du Brabant septentrional, se forme à Bois-le-Duc par la réunion de l'Aa et de la Dommel et se jette dans la Meuse à Crèvecœur.

DIEST, v. du roy. de Belgique, prov. du Brabant méridional, arr. et à 6 1/2 l. de Louvain; située dans une vallée sur la Demer; a beaucoup de jardins et de terrains labourés dans l'enceinte de ses remparts; filat. de laine; fabr. de bas; 5800 hab.

DIESZEN, *Damasia*, b. de la Bavière, cer. de l'Isar, sur l'Ammersée, dist. et à 6 l. de Landsberg; on y fabrique de la belle poterie; 1900 hab. Deux petits villages du même nom se trouvent dans le cer. du Danube supérieur, dist. de Buchloé.

DIETFURT, pet. v. de la Bavière, dist. de Riedenburg, cer. de la Regen, à 3 l. de Daszwang, dans une vallée où se réunissent la Laber et l'Altmuhl. En 1703 les Bavarois y furent battus par les Autrichiens; 870 hab.

DIETIKON, v. de 1000 habitants, dans le cant. de Zurich, située entre Zurich et Baden, sur la rive gauche de la Limmat, non loin du lieu où s'effectua le passage de l'armée française, sous Masséna, en 1799.

DIETENHEIM, vg. parois. du Wurtemberg, cer. du Danube, gr.-bg. de Wiblingen, avec un beau château sur l'Iller, dans une plaine sujette aux inondations, qui empêchent l'agriculture d'y prospérer; grand commerce de blé et de fil. C'était, avant sa destruction, pendant la guerre de trente ans, une petite ville ceinte de murailles; 1250 hab.

DIETTWILLER, vg. de Fr., Haut-Rhin, arr. d'Altkirch, cant. de Landser, poste de Mulhouse; 540 hab.

DIETZ, chef-lieu du bailliage du même nom, dans le duché de Nassau, est une ville située sur la Lahn, dans une vallée, et dont une partie, la Nouvelle-Ville, est régulièrement bâtie; sa population est de 2300 hab. Elle renferme une fabrique de couleurs, une pépinière célèbre, une maison de travail et de correction, renommée pour son excellente organisation. Non loin se trouve le château d'Oranienstein et le village de Fachingen.

DIEU, île de Fr., dans l'Océan Atlantique, à 3 l. de la côte du dép. de la Vendée, dont elle fait partie; elle a 3 l. c. de superficie. Ce n'est qu'un rocher granitique recouvert d'une légère couche de terre végétale. Les femmes y cultivent le sol, tandis que les hommes s'occupent exclusivement de la pêche des sardines. Le Port-Breton, principal port de l'île, ne peut contenir que de très-petits bâtiments; 2000 hab. C'est à l'Isle-Dieu qu'en 1795 le comte d'Artois, qui fut plus tard Charles X, attendit pendant quelque temps le moment favorable pour débarquer dans la Vendée, puis retourna en Angleterre.

DIEUDONNÉ, vg. de Fr., Oise, arr. de Senlis, cant. de Neuilly-en-Thelle, poste de Chambly; 490 hab.

DIEUE, vg. de Fr., Meuse, arr., cant. et poste de Verdun; 900 hab.

DIEU-LE-FIT, pet. v. de Fr., Drôme, arr., à 7 l. E. de Montélimart et à 185 l. de Paris, chef-lieu de canton et poste. C'est une jolie petite ville très-industrieuse, située près des sources du Jabron;

elle possède trois sources d'eaux minérales jouissant de propriétés différentes, et que l'on recommande pour les obstructions et les maladies bilieuses. La source St.-Louis est acidule; celle de la Madelaine contient du soufre et du vitriol; enfin, la troisième, appelée Galiène, est très-diurétique. Ces eaux, pour lesquelles il existe un établissement, sont assez fréquentées. Dieule-fit renferme aussi des manufactures de draps et molletons; soie; fabr. de poterie; teintureries: ces objets d'industrie alimentent le commerce de cette petite ville; 4135 hab.

DIEULIDON, ham. de Fr., Haute-Vienne, com. d'Oradour-sur-Glane; 180 hab.

DIEULIVOL, vg. de Fr., Gironde, arr. de la Réole, cant. et poste de Monségur; 840 hab.

DIEULOUARD, *Deslonardum*, b. de Fr., Meurthe, arr. et à 4 l. N. de Nancy, cant. et poste de Pont-à-Mousson; il est situé au pied d'une côte, sur la rive gauche de la Moselle. On y remarque les ruines d'un château gothique. Ce bourg était une place forte qui fut ruinée au quatorzième siècle. Près de Dieulouard il y avait autrefois une ville nommée Scarpone; elle fut brûlée vers la fin du dixième siècle et n'a plus été rebâtie. On en voit encore les ruines désertes. Féculerie; filat. de laine; 1450 hab.

DIEUPENTALE, vg. de Fr., Tarn-et-Garonne, arr. de Castelsarrasin, cant. et poste de Grisolles; 510 hab.

DIEUSSE, ham. de Fr., Gard, com. de Senechas; 150 hab.

DIEUZE ou **DUZE**, *Decempagi*, v. de Fr., Meurthe, arr. et à 4 l. E. de Château-Salins, et à 96 l. de Paris, chef-lieu de canton et poste. Cette ville, située sur la rive droite de la Seille, dans une plaine arrosée par le Spin et le Verbach, est importante par une saline abondante, que l'on exploite depuis le onzième siècle. Dieuze possède un collège communal. Il s'y fait un commerce assez actif; 3970 hab.

DIEUZE (canal des salines de), canal de Fr., Meurthe. Ce canal, approuvé en 1809, a été commencé peu après, mais les événements politiques et des discussions entre le gouvernement et la compagnie ont retardé son achèvement. Il est encore en exécution. Son but est de faire arriver par eau les houilles de Sarrebruck aux salines, en établissant une communication entre ces dernières et la Sarre.

Le canal part de Dieuze; passe à Vergaville et Bidestroff et atteint son faîte à Kutting, où il reçoit par une rigole des eaux de la Sarrech; il se dirige ensuite par Londrefing, Munster, Wiberswiller et Reich, pour se terminer à Sarre-Albe dans la Sarre, qui sera rendue navigable jusqu'à Sarrebruck. La longueur du canal est de 8 1/4 l., avec seize écluses.

DIEVAL, vg. de Fr., Pas-de-Calais, arr. et poste de St.-Pol-sur-Ternoise; cant. d'Heuchin; 780 hab.

DIFFEMBACH-PUTTELANGE, ham. de Fr., Moselle, com. de Puttelange; 390 hab.

DIG ou **DEEG**, v. fortifiée de l'Inde, principauté de Dhartpour. Elle est située dans une vallée, aux bords d'un petit lac, et très-exposée aux inondations des torrents qui descendent des montagnes voisines.

DIGES, vg. de Fr., Yonne, arr. d'Auxerre, cant. et poste de Toucy; eaux minérales; 1560 hab.

DIGGANI, v. du Haut-Bambarra, Nigritie occidentale, Afrique, sur la vive septentrionale du Djoliba et à l'opposite de Ségo.

DIGHTON, pet. v. des États-Unis de l'Amérique du Nord, état de Massachusetts, comté de Bristol, sur le Taunton; elle a un bon port, une poste et 3000 habitants. Dans le voisinage de cette ville on voit le célèbre monument hiéroglyphique, appelé *Writing-Rock* ou *Dighton - Rock*, bloc de granit couvert d'hiéroglyphes que MM. Yates et Moulton pensent être d'origine phénicienne. M. Mathieu les fait remonter jus-qu'aux Atlantides, qui l'auraient exécuté l'an du monde 1902.

DIGLITO, g. a., fl. de la Grande-Arménie, a sa source à l'O. des Montes Niphates; on croit généralement que c'est un nom donné quelquefois au Tigre.

DIGNA, vg. de Fr., Jura, arr. de Lons-le-Saulnier, cant. et poste de St.-Amour; 320 hab.

DIGNAC, vg. de Fr., Charente, arr. d'Angoulême, cant. et poste de la Valette; 1150 hab.

DIGNANO, pet. v. d'Autriche, gouv. de Trieste, cer. d'Istrie, sur une colline, avec une cathédrale qui possède de superbes tableaux. C'est le lieu le plus peuplé et le plus salubre de tout l'intérieur de l'Istrie; 3500 h.

DIGNANO, gros vg. du roy. Lombard-Vénitien, gouv. de Venise, délégation d'Udine (Frioul), sur le Tagliamento; 2000 h.

DIGNE, *Dinia*, *Civitas Diniensium*, v. de Fr., chef-lieu du dép. des Basses-Alpes, à 180 l. S.-E. de Paris; siège d'une cour d'assises, d'un tribunal de première instance, d'un évêché, érigé dans le cinquième siècle et suffragant de l'archevêché d'Aix; directions des contributions directes et indirectes, des domaines et des douanes et conservation des hypothèques. Cette petite ville, entourée de vieilles murailles flanquées de tours carrées, est située sur la rive gauche de la Bléone, au pied et sur le penchant d'une montagne; les rues y sont escarpées, tortueuses et mal bâties; cependant elle est intéressante par la richesse des produits minéraux de son territoire, remarquable par sa position pittoresque au milieu des montagnes et la beauté de ses environs. L'hôtel de la préfecture, le palais épiscopal et la cathédrale sont des édifices qui méritent d'être cités. Le boulevard Gassendi, planté d'une double rangée d'arbres et orné aux extrémités d'une belle fontaine et d'un château d'eau, est une promenade fort agréable. L'établissement des eaux thermales, dans la vallée des Eaux-Chaudes, à 1/2 l. de la ville, est un édifice propre et spacieux. Ces eaux, qui étaient déjà fort en réputation chez les anciens, attirent encore chaque année, pendant la belle saison, un assez grand nombre de baigneurs de la France et de l'étranger. Digne possède un collége, un séminaire, une société d'agriculture et une petite bibliothèque publique de 3000 volumes. Atelier de teinture, dit St.-Benoit. Les productions territoriales, telles que les olives, les avelines, les noix, les amandes, du miel, de la cire, mais plus particulièrement les prunes, d'une espèce très-recherchée, y forment le principal commerce. Foires lundi après les Cendres, même jour après la Quasimodo, 30 novembre et 2 décembre; 4000 hab.

C'est dans les environs de cette ville, au village de Champtercier que naquit le célèbre philosophe et savant mathématicien Gassendi (Pierre, 1592—1655). Digne est une ville fort ancienne, on ignore l'époque de sa fondation. C'est particulièrement à ses eaux thermales qu'elle dut sans doute son accroissement et son importance. Digne fut plusieurs fois ruinée pendant les guerres de religion, et notamment en 1562 et 1591. Cependant sa population était encore de 10,000 âmes au commencement du dix-septième siècle, mais la peste de 1629 la réduisit à 1500; on avait déjà pris, à ce que l'on prétend, l'affreuse résolution de brûler toute la ville, lorsque le fléau cessa tout à coup. Ce n'est que bien lentement que Digne a pu réparer en partie les désastres causés, en moins de quarante ans, par les deux terribles fléaux de la guerre et de la peste.

DIGNE-D'AMONT, vg. de Fr., Aude, arr., cant. et poste de Limoux; 290 hab.

DIGNE-D'AVAL, vg. de Fr., Aude, arr., cant. et poste de Limoux; 230 hab.

DIGNONVILLE, vg. de Fr., Vosges, arr., cant. et poste d'Épinal; 210 hab.

DIGNY, vg. de Fr., Eure-et-Loir, arr. de Dreux, cant. de Senonches, poste de Châteauneuf-de-Thymerais; 1300 hab.

DIGOA, grande v. murée de la Nigritie centrale, Afrique, emp. de Bornou, à 20 l. S.-E. du Nouveau-Bornou; on porte sa population à 30,000 âmes.

DIGOIN, b. de Fr., Saône-et-Loire, arr. et à 6 l. O. de Charolles, et à 86 l. de Paris, chef-lieu de canton et poste, situé sur la rive droite de la Loire. Ce bourg possède un port où aboutissent le canal du Centre et le canal latéral de la Loire; fabr. de chaux, de plâtre, de serrurerie et de toile de chanvre; construction de bateaux; entrepôt des vins du Maconnais et du Châlonnais; verrerie à la Broche; 3100 hab.

DIGONS, vg. de Fr., Haute-Loire, arr. de Brioude, cant. et poste de Langeac; 330 hab.

DIGOVILLE, vg. de Fr., Manche, arr. et poste de Cherbourg, cant. d'Octeville; 850 hab.

DIGULLEVILLE, vg. de Fr., Manche, arr. de Cherbourg, cant. et poste de Beaumont; 780 hab.

DIJON, *Divio*, *Divionense Castrum*, *Diviodunum*, v. de Fr., chef-lieu du dép. de la Côte-d'Or, au confluent de l'Ouche et du Suzon, à 76 l. S.-E. de Paris; siége d'une cour royale, de tribunaux de première instance et de commerce, d'un évêché suffragant de l'archevêché de Lyon; directions des contributions directes, indirectes et des domaines, conservation des hypothèques, quartier-général de la dix-huitième division militaire, chef-lieu du troisième arrondissement forestier, de la quatrième inspection des ponts-et-chaussées et de la troisième division des mines.

Dijon est agréablement situé au milieu d'une vaste plaine qui s'étend, par une pente presque insensible, jusqu'à la rive gauche de la rivière de l'Ouche, vis-à-vis de laquelle s'élèvent ces riches côteaux dont les vignobles estimés ont fait donner à cette partie de la Bourgogne le surnom mérité de Côte-d'Or. La ville, entourée de vieilles murailles flanquées de tours, est une des plus jolies de France, et remarquable par le nombre et la beauté de ses constructions, parmi lesquelles on distingue l'hôtel de la préfecture, ci-devant de l'intendance, le palais des états, vaste édifice composé de douze corps de bâtiments, ayant reçu depuis cinquante ans différentes destinations. La salle des gardes, avec sa grande cheminée gothique, mérite une attention particulière. Cette salle renferme un grand nombre d'antiquités et de monuments de l'ancienne Bourgogne, entre autres les mausolées de Jean-sans-Peur et de Philippe-le-Hardi, celui de Crébillon et les bustes de plusieurs hommes illustres, nés à Dijon. Devant le palais se déploie en hémicycle la belle place royale environnée d'arcades; l'église de Ste.-Benigne, aujourd'hui cathédrale, est un édifice gothique dont on admire surtout la flèche hardie et légère; l'église de Ste.-Anne, construction moderne et élégante, surmontée d'un dôme magnifique; le palais de justice; la salle de spectacle, l'hôpital général, près duquel s'élève un obélisque en pierre, construit en 1784, lors de l'ouverture du canal de Bourgogne; les restes de l'ancien palais des ducs de Bourgogne, etc. Le cours fleuri, la promenade des maronniers et celle de l'arquebuse contribuent à l'agrément de cette belle ville. Dijon possède plusieurs établissements scientifiques, dont les principaux sont: l'académie universitaire, qui comprend une faculté de droit, une faculté des sciences et une faculté des lettres, l'école secondaire de médecine, un établissement orthopédique, le collège royal, le séminaire, l'école spéciale des beaux-arts, l'école des chartes, le musée d'antiquités, l'observatoire, le jardin botanique, la bibliothèque de 43,000 volumes, avec un médailler, des cours de botanique, d'accouchement, de géométrie et de mécanique appliquées aux arts, et une société d'agriculture et d'industrie agricole.

La fabrication du vinaigre, de la moutarde, d'eau-de-vie de marc et d'huile de grains tient le premier rang dans l'industrie de cette ville; cependant elle renferme un grand nombre d'autres établissements industriels, tels que fabriques de clouterie, de colleforte, de draps, de faïence, d'horlogerie, de papiers peints, de sucre, de toiles de linge et de table, etc.; fonderies et ateliers de construction; forges, clouterie de fer, laminoir; tréfilerie, filat. de laine et de coton; tanneries, etc. Le commerce y consiste principalement en grains, vins, légumes, chanvre, bois, fer, moutarde et vinaigre. Foires les 10 mars, 10 juin et 10 novembre; 24,817 hab.

Cette ville a vu naître plusieurs hommes célèbres, parmi lesquels on distingue Bossuet (1627—1764), Saumaise (1603—80), le président Bouhier (1673—1746), Longepierre (1659—1721), Crébillon (1674), La Monoye (1641-1728), Languet (1677—1750), Piron, père (Aimé, 1640—1724), et son célèbre fils Alexis Piron (1689—1778), Rameau (1683—1764), etc.

L'époque de la fondation de Dijon est inconnue; cependant d'après les inscriptions et des statues que l'on découvrit en démolissant les fortifications, cette ancienne capitale de la Bourgogne a dû exister avant Marc-Aurèle. Cette ville eut une grande importance sous la domination romaine, elle était alors riche et puissante. Le christianisme remplaça les magnifiques temples payens par des églises, dont l'architecture modeste, empreinte de l'humilité des fondateurs, détruisit tout ce qui rappelait l'orgueilleuse splendeur du paganisme. Les Bourguignons, qui envahirent les Gaules au cinquième siècle, achevèrent ce que le zèle pour le culte nouveau avait commencé: tous les monuments antiques disparurent. Elle devint la capitale du duché de Bourgogne au commencement du onzième siècle, et les ducs de Bourgogne, dont elle était le séjour habituel, n'épargnèrent rien pour lui rendre son ancienne splendeur. Ils y fondèrent des églises, des établissements publics, firent construire des monuments, et Dijon s'accrut et s'embellit en raison de la richesse de ses ducs, devenus aussi puissants que les rois de France. En 1479, elle fut, ainsi que la Bourgogne, réunie à la France. Dijon soutint, en 1513, un siège mémorable contre 40,000 Suisses.

DIJON, ham. de Fr., Somme, com. de Morvillers-St.-Saturnin; 220 hab.

DILLÉ ou **DIÉLY**, **DILIL**, pet. v. sur la côte N.-E. de l'île de Timor, Malaisie. Elle est la capitale des possessions portugaises dans l'Océanie et la résidence du gouverneur. Elle renferme plusieurs églises et est défendue par un fort. L'entrée de son port est dangereuse; néanmoins les Portugais et les Chinois, qui y sont établis, font un commerce assez actif avec Macao, dont relève le gouverneur ainsi que le clergé portugais. L'évêque de Macao y est représenté par un vicaire-général; 2000 hab.

DILLENBOURG, v. du duché de Nassau, chef-lieu du bailliage du même nom, situé sur la Dill, siège d'un tribunal d'appel et d'un tribunal criminel, renferme un gymnase; fabr. de tabac et de potasse. A une demi-lieue se trouve une fonderie de cuivre; 2400 hab.

DILLINGEN, v. de Bavière, chef-lieu du district de même nom, cer. du Danube supérieur, située sur la rive gauche du Danube que l'on traverse sur un pont, dans une belle contrée, à 6 l. de Donauwœrth et de Gunzbourg. Cette ville possède un gymnase et avait autrefois une université fondée en 1552 par Otton, évêque d'Augsbourg. Navigation active, construction de bateaux, culture de fruits et de houblon; population de la ville 3300 hab., du district 12,200.

DILLO, vg. de Fr., Yonne, arr. de Joigny, cant. et poste de Cérisiers; 150 hab.

DILLONVILLIERS, ham. de Fr., Eure-et-Loir, com. de la Chapelle d'Aunainville; 110 hab.

DILSBERG, b. du grand-duché de Bade, situé sur une montagne couronnée d'un château, dans le cer. du Bas-Rhin; 500 hab.

DIMAN. *Voyez* **GAMBIE**.

DIMANCHEVILLE, vg. de Fr., Loiret, arr. de Pithiviers, cant. et poste de Puiseaux; 160 hab.

DIMBOSIER ou **JUMBOSIER**, v. de l'Inde anglaise, présidence de Bombay, dist. de Barotch. Elle est située sur la rivière du même nom et près d'un lac dont les îlots sont couverts de pagodes et autres temples hindous. Elle est grande, entourée d'un mur et bien peuplée. On y fabrique des cotonnades; son commerce, qui consiste en coton, huile, grains et étoffes, est considérable.

DIMBSTHAL, vg. de Fr., Bas-Rhin, arr. et poste de Saverne, cant. de Marmoutier; 330 hab.

DIMECHAUX, vg. de Fr., Nord, arr. d'Avesnes, cant. et poste de Solre-le-Château; 250 hab.

DIMONT, vg. de Fr., Nord, arr. d'Avesnes, cant. et poste de Solre-le-Château; 380 hab.

DINADJPOUR ou **DINAGEPOUR**, dist. de l'Inde, présidence de Calcutta, prov. du Bengale. Il a 200 l. c. de superficie. Ce pays est une plaine ondulée, arrosée par le Mahananda, la Korotoya et la Tistah; il produit du riz, du sucre, de l'indigo et du tabac; 650,000 hab.

DINADJPOUR ou **Dinagepour**, chef-lieu du district du même nom, est une assez grande ville d'environ 30,000 hab. hindous et musulmans, dont une grande partie est occupée dans les manufactures.

DINAN, v. de Fr., Côtes-du-Nord, chef-lieu d'arrondissement, à 12 1/2 l. E. de St.-Brieuc et à 104 l. de Paris, siége d'un tribunal de première instance et conservation des hypothèques; elle est située sur la rive gauche de la Rance, à l'embouchure du canal de l'Ille-et-Rance et possède un port qui, pendant la marée haute, communique avec celui de St.-Malo. Dinan est entouré de murailles hautes et épaisses, restes de ses anciennes fortifications. Le vieux château, habité jadis par la reine Anne; la place Duguesclin, où l'on montre le puits que ce guerrier franchit dans son combat contre Thomas Kantorbery; les promenades agréables et vastes, l'établissement des eaux minérales sont les objets les plus dignes d'être mentionnés. Cette ville possède un collége, une société d'agriculture, de commerce et d'industrie, des fabriques d'étoffes de coton, flanelle, de sucre de betteraves; chapelleries, raffineries de sel; manufacture royale de toiles à voiles et autres. Le commerce y est assez important; il consiste principalement en grains, cidre, beurre salé, chanvre, lin, toiles, fil, cuirs, suif, miel et cire très-estimée; foire le deuxième jeudi de carême; 7356 hab. Patrie de Duclos, historiographe, secrétaire de l'Académie française (1704-1772) et du malheureux Mahé de la Bourdonnais, habile et courageux navigateur, que St.-Malo réclame aussi comme un de ses plus glorieux enfants.

Dinan est une ville fort ancienne, dont l'origine remonte, dit-on, jusqu'aux Celtes. Elle était autrefois une résidence des ducs de Bretagne et très-importante comme place de guerre. Elle fut prise par Duguesclin, en 1373, et six ans après par Olivier de Clisson. Pendant les guerres de la ligue, Dinan était occupée par les ligueurs; elle ne se soumit qu'en 1598.

DINANT, v. du roy. de Belgique, chef-lieu de l'arrondissement du même nom, prov. et à 6 l. de Namur, située entre un rocher escarpé et la rive droite de la Meuse, que l'on y traverse sur un pont. Commerce de fer et de chaudronnerie, de marbres et de pierres de taille, tirées des carrières de ses environs; population de l'arrondissement 92,800 hab., de la ville 5000.

DINAPOUR, v. de l'Inde anglaise, présidence de Calcutta, dist. de Behar, forteresse sur le Gange. La ville renferme plusieurs beaux bazars; fabriques; commerce; 18,000 hab.

DINARD, vg. de Fr., Ille-et-Vilaine, com. de St.-Énogat; 280 hab.

DINARIQUES (les Alpes) sont un grand chaînon du vaste système des Alpes proprement dites; elles se détachent des Alpes Juliennes près de Zeng, dans la Croatie, et s'étendent au S. jusque vers 42° lat. et 19° long., point où commence le Balkan. Cette chaîne, de formation calcaire, aux sommets entassés, chauves et hauts parfois de 7000 pieds, et qui oppose une digue inexpugnable aux flots de l'Adriatique, reçoit différents noms en longeant les frontières de la Dalmatie; elle envoie de nombreux rameaux dans la Bosnie et jette entre autres, au S.-O., les montagnes de Monténegro.

DINCHIRAH ou **Dingérah**, v. dans l'intérieur et à vingt journées O. de la côte de Mozambique, Afrique, près des sources du Muttando.

DINDIGOUL, v. de l'Inde anglaise, présidence de Madras, prov. de Carnatic; forteresse importante. D'après des nouvelles récentes, les missionnaires américains y ont établi 17 écoles fréquentées par 554 élèves; 7000 hab.

DINDIKOU, dist. du roy. de Konkodou, en Sénégambie, Afrique, avec une petite ville du même nom, au pied d'une chaîne de collines abondantes en or.

DINÉAULT, vg. de Fr., Finistère, arr., cant. et poste de Châteaulin; 1580 hab.

DINEWER, v. de Perse, prov. de Kurdistan, chef-lieu de district, sur le Kerah, peu connue. Patrie du célèbre historien Ibe Kotaiba.

DINGÉ, vg. de Fr., Ille-et-Vilaine, arr. de Rennes, cant. d'Hédé, poste de Combourg; 1830 hab.

DINGIER, ham. de Fr., Ain, com. de Salavre; 100 hab.

DINGLE, *Dinglia*, pet. v. d'Irlande, comté de Kerry, la plus occidentale de ce royaume, sur la baie du même nom, importante par ses fabr. de toiles et par son commerce; c'est une ancienne colonie espagnole; 5000 hab.

DINGOLFING, pet. v. de Bavière, dist. et à 4 l. de Landau, cer. du Danube-Inférieur, située sur la rive droite de l'Isar que l'on y traverse sur un pont de 492 pieds de long. En 772 le duc Thassila II y convoqua une diète composée de seigneurs séculiers et écclésiastiques pour réformer les lois du pays; 1600 hab.

DINGSHEIM, vg. de Fr., Bas-Rhin, arr. et poste de Strasbourg, cant. de Truchtersheim; 540 hab.

DINGELSTÆDT, b. de Prusse, prov. de Saxe, rég. d'Erfurt, sur l'Unstrut; 2200 h.

DINGSTERVEEN, vg. du roy. de Hollande, prov. d'Over-Yssel, dist. de Zwolle; 1400 h.

DINGWALL, b. assez commerçant d'Écosse, dans le comté de Ross; 2000 hab.

DINGYÉ, v. de la Sénégambie orientale, Afrique, dans le roy. de Kaarta, à 35 l. S.-E. de Benown.

DINKA ou **Donga**, contrée montagneuse et peu connue de la partie N.-E. du grand désert éthiopien, Afrique, au S. du pays de

Tertit; on dit qu'elle renferme les sources du Bahr-el-Abiad ou du véritable Nil, dans les lacs mentionnés par Ptolémée et les auteurs arabes; habitants nègres.

DINKELSBUHL, v. de Bavière, chef-lieu du district de même nom, cer. de la Rezat, située à 5 1/2 l. d'Ansbach, sur la Wœrnitz. Cette ville, ceinte de murailles, flanquées de tours, s'étend sur trois collines dans une contrée fertile; elle est très-commerçante et possède des fabr. de chapeaux, de draps, de gants et de bas; des teintureries et des tanneries. Dinkelsbuhl était autrefois ville libre impériale et a eu beaucoup à souffrir pendant la guerre de 30 ans; elle a été cédée à la Bavière en 1803 par suite de la paix de Lunéville; population de la ville 5100 hab., du district 11,900.

DINOZÉ, ham. de Fr., Vosges, com. d'Arches; fabr. de papier; 300 hab.

DINSAC, vg. de Fr., Haute-Vienne, arr. de Bellac, cant. et poste de Dorat; 540 hab.

DINSHEIM, vg. de Fr., Bas-Rhin, arr. de Strasbourg, cant. et poste de Molsheim. L'on a découvert près de ce village des antiquités romaines; 1272 hab.

DINSLAKEN, pet. v. de Prusse, sur la Murne, grand-duché du Bas-Rhin, rég. et à 8 l. N. de Dusseldorf; manufactures de draps, de toiles, de bas et de poterie; tanneries; agriculture; 1800 hab.

DINTEVILLE, vg. de Fr., Haute-Marne, arr. de Chaumont-en-Bassigny, cant. et poste de Château-Villain; haut-fourneau; affinerie; 415 hab.

DINVILLE, ham. de Fr., Seine-et-Marne, com. de Villiers-sur-Morin; 160 hab.

DINWIDDIE, comté de l'état de Virginie, États-Unis de l'Amérique du Nord; il est borné par les comtés de Chesterfield, de Prince-George, de Sussex, de Brunswick, de Lunenburgh et d'Amélia. Ce pays très-fertile est arrosé par l'Appatamox, qui y fait plusieurs chutes, le Nottoway, le Sapony, le Stony, etc.; culture du tabac et du coton; 23,000 hab.

DIO, vg. de Fr., Hérault, arr. et poste de Lodève, cant. de Lunas; 420 hab.

DIOIS, *Pagus Diensis*, pet. pays de 80 l. c. qui avait Die pour capitale; il passa, au cinquième siècle, sous la domination des Bourguignons, qui le conquirent sur les Romains. Les Francs l'enlevèrent aux Bourguignons vers le milieu du sixième siècle. Trois siècles après, le Diois fut incorporé au roy. de Provence et, en 933, à celui d'Arles. Plus tard ce pays passa sous l'immédiateté de l'empire. Cependant la plupart des vassaux s'étaient rendus indépendants; les évêques de Die avaient pris le titre de comtes qui leur fut confirmé dans le onzième siècle. En 1188, ce comté fut réuni au Dauphiné.

DION, g. a., v. à l'E. de la Palestine, entre Pella et Gedara.

DIONAY, vg. de Fr., Isère, arr., cant. et poste de St.-Marcellin; 450 hab.

DIONISY (Saint-), vg. de Fr., Gard, arr. de Nîmes, cant. de Sommières, poste de Calvisson; 290 hab.

DIONNE, ham. de Fr., Côte-d'Or, com. de Châtellenot; 130 hab.

DIONS, vg. de Fr., Gard, arr. et poste d'Uzès, cant. de St.-Chaptes; 720 hab.

DIORS, vg. de Fr., Indre, arr., cant. et poste de Châteauroux; 460 hab.

DIOS-GYOER, pet. v. de Hongrie, cer. en-deçà de la Theiss, comitat de Borsod, sur la Szynva, dans une vallée délicieuse. Ses forges fournissent les meilleurs ouvrages en fer et en acier de tout le royaume; elle est encore renommée par ses verreries, ses papeteries et ses fabr. de vases en bois; culture de vin et de fruits; 4000 hab.

DIOSZEG, b. de Hongrie, cer. en-deçà du Danube, comitat de Presbourg, sur la Dudwaag; très-industrieux; 2000 hab.

DIOSZEG, pet. v. de Hongrie, cer. au-delà de la Theiss, comitat de Bihar; manufacture de tabac à priser; culture de tabac et de vin très-considérable; 3500 hab.

DIOU, vg. de Fr., Allier, arr. de Moulins-sur-Allier, cant. et poste de Dompierre; 1490 hab.

DIOU, vg. de Fr., Indre, arr., cant. et poste d'Issoudun; 450 hab.

DIPPOLDISWALDE, v. du roy. de Saxe, cer. de Misnie, située dans une vallée ravissante parcourue par la Weisseritz rouge, est bien bâtie, a un château, des blanchisseries de fil et 2100 hab. Une grande partie de cette ville fut consumée, en 1826, par un incendie.

DIR, v. de l'Afghanistan, prov. de Loghman; elle est située sur la Penschkora, dans la vallée de Swat, contient environ 500 maisons et est la résidence du plus puissant khan des Jusoffei.

DIRAC, vg. de Fr., Charente, arr., cant. et poste d'Angoulême; 950 hab.

DIRADJPOUR ou DIRUDGEPOOR, b. de l'Inde, prov. du Bengale, chef-lieu de la petite principauté de Sasang ou Susong, située au pied des monts Garrows.

DIRAY. *Voyez* CLAUDE-DE-DIRAY(Saint-).

DIRECTOR. *Voyez* RICHMOND (baie).

DIRÉE, ham. de Fr., Charente-Inférieure, com. d'Arvert; 300 hab.

DIRIMANS (pays des), contrée de la Nigritie occidentale, Afrique, le long de la rive droite du Djoliba, depuis le lac Débo jusqu'aux environs de Diré, village dépendant du roi de Tombouctou. Alcodia est la résidence de leur chef.

DIRINON, vg. de Fr., Finistère, arr. de Brest, cant. et poste de Landerneau; 1670 h.

DIRLINGSDORFF, vg. de Fr., Haut-Rhin, arr. d'Altkirch, cant. et poste de Ferrette; 750 hab.

DIRMENACH, vg. de Fr., Haut-Rhin, arr. d'Altkirch, cant. et poste de Ferrette; 1050 hab.

DIRMSTEIN, b. de la Bavière rhénane,

cant. et à 1 1/2 l. de Grunstadt, arr. de Frankenthal; siége d'une direction des mines; ancienne résidence des évêques de Worms; près de ce bourg se trouvent des eaux sulfureuses; 1900 hab.

DIROL, vg. de Fr., Nièvre, arr. de Clamecy, cant. et poste de Tannay; 270 hab.

DIRSCHAU, v. de Prusse, sur la Vistule, prov. de Prusse, rég. de Dantzig; commerce de bois, tanneries; 2300 hab. Fondée en 1209, conquise par les Polonais en 1431; Gustave-Adolphe la prit et y fut blessé en 1626; enlevée d'assaut par les troupes polonaises commandées par le général Dombrowsky, en 1807. Patrie du célèbre voyageur Reinhold Forster (1709—1798).

DISA ou **DEESA**, v. fortifiée de l'Inde, roy. de Baroda, dans le Guzerate, sur le Banass. Elle est la résidence d'un khan qui entretient 100 cavaliers et 300 fantassins; son autorité s'étend sur 500 villages; mais il paie tribut au Guicowar.

DISANT-DU-BOIS (Saint-), vg. de Fr., Charente-Inférieure, arr. de Jonzac, cant. et poste de Mirambeau; 340 hab.

DISANT-DU-GUA (Saint-), vg. de Fr., Charente-Inférieure, arr. de Jonzac, cant. de St.-Genis, poste de St.-Fort; 1450 hab.

DISAPPOINTMENT, île ou plutôt rocher qui fait partie de la Géorgie méridionale (peut-être les Clerks-Rocks de Forster), à 3 l. marines de l'île de Cooper. Le vaisseau de Cook faillit s'y perdre.

DISCHINGEN, b. du Wurtemberg, cer. de l'Iaxt, bge de Neresheim, sur l'Egge; fabr. de draps; 1100 hab.

DISCO, gr. île non loin de la côte N.-O., du Grœnland, inspectorat du nord; elle est séparée du continent par le détroit de Waigatz, et renferme des carrières considérables de pierres de taille. Au S.-O. de cette île les Danois ont fondé la colonie de Godhavn.

DISDIER (Saint-), vg. de Fr., Hautes-Alpes, arr. de Gap, cant. de St.-Etienne-en-Dévoluy, poste de Corps; 580 hab.

DISHLEY, vg. d'Angleterre, comté de Leicester, sur le Soure, remarquable comme séjour de l'économe Backewell (1726-1795); 1500 hab.

DISNA, v. de la Russie d'Europe, gouv. de Minsk, située au confluent de la Disna et de la Duna; elle est le chef-lieu d'un cercle qui porte le même nom; 3000 hab.

DISON, vg. du roy. de Belgique, prov. de Liége, arr. de Verviers; manufactures de draps; 3200 hab.

DISQUES, ham. de Fr., Pas-de-Calais, com. de Moringhem-Difques; 480 hab.

DISS, b. d'Angleterre, comté de Norfolk, sur le Daweney; fabr. de toiles à voiles et autres et une de bas; 2600 hab.

DISSAIS, vg. de Fr., Vendée, arr. de Bourbon-Vendée, cant. et poste de Mareuil; 240 hab.

DISSAIS, vg. de Fr., Vienne, arr. et poste de Poitiers, cant. de St.-Georges-les-Baillargeaux; fabr. d'huile de colza; fours à chaux; 1195 hab.

DISSANGIS, vg. de Fr., Yonne, arr. d'Avallon, cant. de l'Isle-sur-le-Serein, poste de Lucy-le-Bois; 380 hab.

DISSAY-SOUS-COURCILLON, vg. de Fr., Sarthe, arr. de St.-Calais, cant. et poste de Château-du-Loir; 1600 hab.

DISSAY-SOUS-LE-LUDE, vg. de Fr., Sarthe, arr. de la Flèche, cant. et poste du Lude; 800 hab.

DISSÉ-SOUS-BALLON, vg. de Fr., Sarthe, arr. et poste de Mamers, cant. de Marolles-les-Braux; 400 hab.

DISTRÉ, vg. de Fr., Maine-et-Loire, arr., cant. et poste de Saumur; 740 hab.

DISTRICH (Moselle). *Voyez* DESTRICH.

DISTROFF, vg. de Fr., Moselle, arr. et poste de Thionville, cant. de Metzervisse; 1040 hab.

DITAIR, ham. de Fr., Deux-Sèvres, cant. d'Ardin; 180 hab.

DITLEN (Bas-Rhin). *Voyez* DUTTLENHEIM.

DITMARSCHES (le pays des), duché dans le Holstein; il jouit de plusieurs priviléges particuliers, dont le principal lui adjuge une exemption totale du régime des douanes. Protégé par des digues contre les invasions de la mer du Nord, c'est un terrain bas, de formation diluvienne et en partie marécageux; ses habitants sont des Frisons; ils résistèrent longtemps et avec succès aux princes de Holstein; le roi de Danemark, Frédéric II, les soumit.

DITTEAH, pet. principauté de l'Inde, prov. d'Allahabad, gouvernée par un radjah tributaire des Anglais, qui réside à Ditteah, ville bâtie en pierre, entourée de murs et bien peuplée.

DITTFOURTH, b. de Prusse, prov. de Westphalie, rég. de Magdebourg; culture de chanvre; 2000 hab.

DIU, v. de l'Inde, prov. de Guzerate, appartenant aux Portugais. L'îlot appelé Diu est situé près de la pointe méridionale de la presqu'île de Guzerate; il est presque stérile, mais fut, déjà dans l'antiquité, célèbre dans l'Inde par son temple sacré. Les Portugais s'en emparèrent en 1515 et y bâtirent, en 1536, avec le consentement du sultan du Guzerate, le fort et la ville de Diu, dont l'excellent port fit bientôt de cette nouvelle cité un riche entrepôt des marchandises de l'Inde et de l'Europe. Sa splendeur s'accrut rapidement, et ses nombreuses églises, ses couvents et d'autres monuments publics témoignent encore de sa grandeur passée et de sa nombreuse population. La population actuelle se monte à peine à 4000 âmes; le commerce est peu considérable; les fortifications sont mal entretenues; la ville n'a pas de source d'eau vive; on recueille l'eau de pluie dans des citernes. La ville de Pourbunder paie un tribut à Diu. Les siéges que les Portugais y soutinrent en 1539 et en 1545 sont célèbres dans les annales de l'Inde ; mais en 1670 les Arabes s'emparèrent de Diu et la saccagèrent : sa décadence date de cette époque.

DIUSSE, vg. de Fr., Basses-Pyrénées, arr. de Pau, cant. et poste de Garlin ; 300 hab.

DIVAJEU, vg. de Fr., Drôme, arr. de Die, cant. et poste de Crest ; 500 hab.

DIVAL, ham. de Fr., Aube, com. de Villenauxe ; 270 hab.

DIVE (la), riv. de Fr., a sa source dans le dép. de l'Orne, au S. d'Exmes, arr. d'Argentan ; elle coule vers le N.-O., passe à Trun, pénètre dans le dép. du Calvados, qu'elle traverse du S. au N. en passant par Conlibeuf, St.-Pierre et Mezidon et se jette dans la Manche à Dives, après un cours de 23 l. dont 9 de navigation. Elle a pour affluents, à droite la Vie et à gauche le Perreux, l'Ante et l'Oison.

DIVE-DU-MIDI (la), pet. riv. de Fr., dép. des Deux-Sèvres, cant. de Chenay. C'est un affluent de gauche de la Bouleur, dans laquelle elle se jette près du village de Voulon, dép. de la Vienne, après un cours de 8 l. N.-E.

DIVE-DU-NORD (la), riv. de Fr., a sa source dans le dép. de la Vienne, au S.-O. de Mirebeau, arr. de Poitiers ; elle coule vers le N. sur la limite du département, à l'E. de celui des Deux-Sèvres, passe à Moncontour et se jette dans le Thouet au-dessous de Montreuil, dans le dép. de Maine-et-Loire, après un cours de 18 l.

DIVES, b. de Fr., Calvados, arr. et à 5 l. O. de Pont-l'Évêque et à 57 l. de Paris, chef-lieu de canton et poste. Il est situé sur la Manche, à l'embouchure de la Dive, où il possède un port ; commerce de cidre et de sel ; 590 hab.

DIVES, vg. de Fr., Oise, arr. de Compiègne, cant. de Lassigny, poste de Noyon ; 460 hab.

DIVION, vg. de Fr., Pas-de-Calais, arr. et poste de Béthune, cant. d'Houdain ; 550 hab.

DIVONNE, vg. de Fr., Ain, arr., cant. et poste de Gex ; forges, martinet, battoir écossais ; fabr. de papier ; 2830 hab.

DIV-ROUD, riv. de Perse, dont le bassin appartient au Laristan et au Mogostan ; il passe par Velezgherd et entre dans le golfe Persique, vis-à-vis de l'île de Kischm ou Kischmisch.

DIVY (Saint-), vg. de Fr., Finistère, arr. de Brest, cant. et poste de Landerneau ; 560 hab.

DIWISCHAU ou **Diwissau**, v. de Bohême, comitat de Kauzim ; 1400 hab.

DIXAN, pet. v. d'Abyssinie, Afrique, roy. de Tigré, chef-lieu d'un district dans le pays de Baharnegach. Commerce assez considérable en draps blancs, tabac, poivre noir, liqueurs, miroirs, verroteries, etc.

DIXCOVE ou **Insiamma**, **Nfouma**, pet. fort anglais sur la côte d'Or de la Haute-Guinée, Afrique, dans le roy. d'Ahanta.

DIX-DROITURES (Ligue des). *Voyez* Grisons (canton des).

DIXMONT, vg. de Fr., Yonne, arr. de Joigny, cant. et poste de Villeneuve-le-Roi ; 1450 hab.

DIXMUYDEN, v. du roy. de Belgique, prov. de la Flandre occidentale, arr. et à 4 1/2 l. de Furnes, située dans une contrée riche en pâturages, sur l'Yser et le canal de Hantsæme. Ses habitants élèvent beaucoup de bétail et font un grand commerce de fromage et de beurre ; tanneries, brasseries et distilleries, raffineries de sel ; 2700 hab.

DIZFOUL ou **Difful**, v. de Perse, prov. de Khousistan, résidence d'un prince du sang. C'est une grande ville entourée de murs, sur les bords de l'Absal, qu'on traverse sur un des plus beaux ponts de la Perse. Il a 32 arches, 900 pieds de longueur et 80 de hauteur. Dizfoul est une ville industrieuse et commerçante. Dans son voisinage et à 3 l. de distance sont les ruines de Chouch ; 15,000 hab.

DIZIER (Saint-), vg. de Fr., Creuse, arr. d'Aubusson, cant. et poste de Chénérailles ; 580 hab.

DIZIER (Saint-), vg. de Fr., Creuse, arr., cant. et poste de Bourganeuf ; 1750 hab.

DIZIER (Saint-), vg. de Fr., Drôme, arr. de Die, cant. et poste de la Motte-Chalançon ; 390 hab.

DIZIER (Saint-), vg. de Fr., Lot-et-Garonne, arr. de Villeneuve-sur-Lot, cant. et poste de Castillonnes ; 240 hab.

DIZIER (Saint-), v. de Fr., Haute-Marne, arr. à 4 l. N. de Vassy et à 57 l. de Paris, chef-lieu de canton et poste. Cette ville, rebâtie après un incendie qui la consuma presque entièrement au siècle dernier, est jolie et agréablement située sur la rive droite de la Marne, et traversée par le ruisseau de Renelles. On y remarque la belle promenade du Jard, l'hôtel de ville, construction récemment achevée, et l'hôpital général, vaste édifice situé à l'entrée du faubourg de Gigny ; chantiers pour la construction des bateaux ; commerce en fer, fonte, pierre de taille et bois de construction ; 6370 hab.

DIZIER (Saint-) ou **Stoerien** (Sanct-), vg. de Fr., Haut-Rhin, arr. de Belfort, cant. et poste de Delle ; 490 hab.

DIZIER-LES-DOMAINES (Saint-), vg. de Fr., Creuse, arr. et poste de Boussac, cant. de Chatelus ; 780 hab.

DIZIMIEUX, vg. de Fr., Isère, arr. de la Tour-du-Pin, cant. et poste de Crémieu ; 480 hab.

DIZIMIEUX, ham. de Fr., Rhône, com. de Longes ; 200 hab.

DIZOCOURT, ham. de Fr., Oise, com. de Jaux ; 230 hab.

DIZY (le gros), vg. de Fr., Aisne, arr. de Laon, cant. de Rozoy-sur-Serre, poste de Montcornet ; 1540 hab.

DIZY, vg. de Fr., Marne, arr. de Reims, cant. d'Ay, poste d'Épernay; 400 hab.
Cette ville, autrefois place de guerre, soutint, en 1544, un siége mémorable contre Charle-Quint, qui commandait en personne. Il s'en empara après six semaines de tranchée ouverte et des pertes considérables. St.-Dizier fut rendu à la France après la paix de Crespy. En 1814, les environs de cette ville furent le théâtre de deux victoires remportées par l'armée française sur les troupes des puissances coalisées (27 janvier et 27 mars).

DJABBALPOUR ou **JABBULPOUR**, v. de l'Inde anglaise, présidence de Calcutta, chef-lieu du district de même nom et des possessions anglaises dans le Gandwana. Elle est bâtie aux bords de la Nerbuddah, bien peuplée, résidence des autorités anglaises et siége d'un tribunal.

DJACHI-LOUMBO ou **TISSOU-LOUMBOU**, **LUBRON**, v. du Thibet, prov. de Zzang, capitale et résidence du Bantchan ou Bogdolama et d'un agent chinois. La ville se compose presque uniquement de l'immense monastère où réside le pontife, dont, selon la croyance boudhiste, l'âme, à la mort, passe dans un autre homme et qui est souverain d'une partie du Grand-Thibet (*Voyez* **BOGDO-LAMA**). On compte dans ce monastère plus de 3200 chambres et cellules. Djachi-Loumbo renferme en outre un grand nombre de couvents, de temples et de maisons habitées exclusivement par les lamas, qui sont au nombre de près de 4000. Les laïques demeurent dans des hameaux du voisinage. On y voit plusieurs obélisques couverts d'or et d'argent et beaucoup de statues de Bouddha en or, en argent et en bronze. L'empereur de Chine y a fait ériger un monument au dernier Bogdo-lama, mort pendant un voyage en Chine. Des voyageurs anglais qui l'ont vu, disent qu'il a la forme d'une tour entourée de colonnes et surmontée d'une magnifique coupole. Le vent agite continuellement les petites cloches dorées qui l'entourent. Le cercueil est déposé à l'intérieur sous une pyramide surmontée de la statue en or du Bogdo-lama; une autre statue du même, mais en argent doré, orne un des côtés de la pyramide; le tout est éclairé par des lampes qui ne doivent jamais s'éteindre.

DJACOBA, vaste pays de la Nigritie centrale, entre les roy. de Niffé, de Founda, d'Adamowa et de Bobyra, vassal de l'emp. de Fellatahs.

DJAGGERNATH ou **JAGGERNAT**, **JUGGERNATH** des Anglais, **POURI** des indigènes, v. de l'Inde anglaise, présidence de Calcutta, prov. d'Orissa. Cette ville, située sur le golfe du Bengale et sur une branche du Mahanaddy, a environ 30,000 âmes de population permanente. Elle est célèbre dans toute l'Inde par son temple qui attire tous les ans une foule considérable de pèlerins; Carly évalue leur nombre à 1,200,000; cette ferveur semble cependant diminuer. Le temple de Djaggernath, le plus sacré de tous ceux de l'Inde, est un assemblage de plusieurs édifices et proprement de trois temples ceints d'une haute muraille extérieure. Il a la forme d'un parallélogramme et est assis sur un immense rocher de granit. Le bâtiment principal est environné d'une autre enceinte; à son entrée se trouve une pyramide chargée d'ornements en cuivre doré; elle a 344 pieds anglais de hauteur. Le temple est consacré à Wischnou, qu'on y adore sous le nom de *Djaggernautha* (maître de la création). Son idole est une statue de bois grossièrement taillée et peinte en rouge; des pierres précieuses remplacent les yeux. Tous les ans on la promène en procession sur un énorme charriot; des fanatiques se jettent sous les roues croyant gagner le ciel en s'immolant volontairement, mais leur nombre diminue beaucoup; il n'était que de trois de 1820 à 1824. Les trésors du temple, bien qu'il ait été plusieurs fois pillé, sont encore immenses; la taxe des pèlerins rapporte aussi de grosses sommes.

DJAIGHUR ou **ZYGHUR**, port de l'Inde anglaise, prov. de Bedjapour, situé au fond d'une baie, près de l'embouchure du Djaighur; n'est pas une ville proprement dite, mais un assemblage de plusieurs villages bâtis entre deux forts. Il y vient beaucoup de bâtiments et son commerce en poivre, bois de teck, sel et chanvre est très-considérable.

DJALAOUN ou **JALOOAN**, v. de l'Inde anglaise, présidence de Calcutta, dist. de Kalpi. Cette ville, grande et populeuse, est le marché principal des denrées du pays, surtout du coton, qu'on cultive en grande quantité dans son voisinage.

DJALINDRA ou **JALINDRA**, v. et chef-lieu de district dans le Pendjab, partie du Lahore, est une ancienne capitale des Afghans, habitée encore aujourd'hui par les descendants de ses anciens maîtres qui vivent sous la domination des Seikhs. Le dist. de Djalindra, situé entre la Begah et le Satledj, un des plus fertiles du Lahore, est habité par les Seikhs Doabeh ou Malawa.

DJALLONCADOU ou **GHIALONKADOU**, ancien état autochtone, dans la partie S.-E. de la Sénégambie, en Afrique; il comprend les prov. de Kullo et de Gadou, et est le seul refuge qui soit resté aux Ghialonkés ou Jellonkas indépendants; c'est une contrée montagneuse, couverte de forêts et presque déserte; renferme les sources du Bafing et des autres rivières de la Sénégambie; Manna et Sousita, villes principales.

DJAMBOE ou **JAMBOE**, petite principauté de l'Inde, dans le Kouhistan, dont le prince est radjepoute et vassal de la confédération des Seikhs.

DJAMBOE, chef-lieu de la principauté du même nom, situé sur un affluent du

Khenaub et divisé en vieille ville et ville nouvelle. Il est la résidence du radjah, fait un commerce actif et est renommé comme entrepôt des châles de cachemire. On trouve dans ses environs beaucoup de mûriers blancs, des mines de fer et des salines.

DJAMNA ou **JAMNA** (la), fl. de l'Inde, un des principaux affluents du Gange, prend sa source sur l'Himalaya, à l'O. de la source de Bhagirathi, reçoit les eaux de la Tause et du Gury-Ganga, passe près de Delhi, s'agrandit par le Hindoun, touche Agra, reçoit les eaux de la Bungunga, du Tchambal ou Chambal, du Koharry, de la Betwa, du Kéane et du Rinde, et se jette dans le Gange près d'Allahabad.

DJANAGHAR ou **JUNAGHAR**, **SORETH**, pet. principauté de l'Inde, tributaire du roy. de Baroda. Elle s'étend au pied des mont. de Djanaghar. Le radjah, qui est musulman, réside dans la ville du même nom, située sur le versant occidental des montagnes; elle est de médiocre étendue et ne présente rien de remarquable.

DJANAKPOUR ou **JANAKPOOR**, v. de l'Inde, roy. de Népal, prov. de Saptai; pèlerinage célèbre dans les mythes des Hindous.

DJANBADOO, v. de la Nigritie centrale, Afrique, dans la partie N.-O. du Borgou.

DJANGIPOUR ou **JUNGEYPORE**, v. de l'Inde, présidence de Calcutta, dans le Bengale. Elle est située sur le Cossimbazar et importante par la culture du ver à soie et ses filat. de soie qui occupent plus de 3000 ouvriers.

DJANKSEYLON ou **JUNKSEYLON**, la *Salanga* des indigènes et la plus grande des îles de l'archipel de Merghi. Elle est située sur la côte occidentale de la presqu'île de Malacca, entre 95° et 96° long. E. et 7° 44' et 8° 44' lat. N., et n'est séparée du continent que par l'étroit canal de Popra. Sa superficie est évaluée à 45 l. c.

L'intérieur est plat et boisé; les côtes sont sablonneuses et offrent plusieurs bons ports. Elle n'est arrosée que par quelques ruisseaux sans importance. Le riz est sa principale production; la terre est cultivée avec l'aide de buffles. On n'y trouve pas d'éléphants sauvages; les éléphants domestiques sont importés du continent. Djankseylon renferme de riches mines d'étain, dont l'exploitation est abandonnée aux Chinois par les indigènes. Ceux-ci, au nombre d'environ 12,000, mélange de Malais, de Chinois, de Siamois et de Birmans, sont agriculteurs, mineurs, pêcheurs et matelots. Avant l'établissement des Anglais dans l'île de Palo-Pinang, les caboteurs du Bengale relâchaient ordinairement à Djankseylon et prenaient de l'étain et des dents d'éléphants en échange de l'opium et des étoffes de coton qu'ils apportaient. Les indigènes exportent encore quelques denrées à Poulo-Pinang. L'île de Djankseylon appartenait autrefois aux Siamois et faisait partie de l'établissement de Paugah, situé sur la péninsule. En 1810 elle fut conquise par les Birmans qui l'ont entièrement dévastée et dépeuplée, et la ferment aujourd'hui aux vaisseaux de guerre étrangers. Les Anglais ont le projet de se la faire céder, à cause de sa position et de ses riches mines d'étain. Le chef-lieu de l'île, appelé Terrowah, est situé dans l'intérieur; son meilleur port est celui de Popra, situé sur la côte septentrionale.

DJAROUN ou **DSCHARUN**, v. de Perse, prov. de Fars, sur la rivière du même nom et au pied de la mont. Ajaudouchd. Des tremblements de terre l'ont plusieurs fois ruinée. Ses 4000 habitants fabriquent de la toile, cultivent du tabac et exploitent les mines de fer du voisinage : ce sont les articles de leur commerce.

DJARRA ou **JARRA**, **YARA**, gr. v. dans la partie N.-E. de la Sénégambie, Afrique, prov. de Ludamar, au pied d'une chaîne de montagnes.

DJASK ou **JASK**, v. de Perse, prov. de Kerman, au fond d'un petit golfe dont le cap de Djask forme un des côtés. Elle est fortifiée et a un petit port où viennent quelques vaisseaux marchands et des caboteurs.

DJAWAHIR, un des points culminants de la chaîne de l'Himalaya, sous le 81° de long. orient. Il a 4390 toises de hauteur.

DJEBEL ou **DJEBAIL**, dist. du paschalik de Tripoli, en Syrie. C'est un des trois districts dans lesquels est divisé le Libau pour la perception du Miri. Il se compose d'une grande partie du Kesruan et du Liban proprement dit, et est habité par des Maronites et quelques Druzes. Les Moutoualis, qui s'en étaient emparés il y a un demi-siècle, ont été chassés par le Maronite Joussouf, et tout le district, un des plus puissants du Liban, est soumis maintenant au petit émir des Maronites.

DJEBEL, forteresse de Syrie, non loin de la mer, résidence du petit émir des Maronites et chef-lieu du dist. de Djebel. Au pied du rocher, sur lequel elle est bâtie, se trouve le bourg du même nom, qui n'est autre que l'ancienne *Biblos*, dont les habitants étaient considérés, par les Tyriens, comme les meilleurs matelots et les meilleurs constructeurs de navires. Djebel a aujourd'hui 6000 hab.

DJEBEL-HAIRAS. *Voyez* LIBAN.

DJEBEL-KHAL (monts Noirs), chaîne de montagnes dans la partie N.-O. de la Nigritie, Afrique, à l'E. du cap Bojador.

DJEBEL-KOURIN. *Voyez* TAURUS.

DJEBEL-SEIR. *Voyez* LIBAN.

DJEDJARRY, JEJURRY, v. de l'Inde, présidence de Bombay, dist. de Djounir, au S.-E. de Pouna, célèbre par son temple de Siva, assez riche pour consacrer tous les ans 150,000 francs aux fêtes et aux cérémonies religieuses. A ce temple est attachée une institution de filles auxquelles on apprend des danses et autres arts relatifs au culte de Siva.

DJELABAD ou DOUCHAK, la sultanie de ce nom est un petit état tributaire du roy. de Kaboul; il est situé sur la rive droite de l'Helmend, s'étend sur les deux rives du Farrahroud et autour du grand lac de Zerrah, et forme la majeure partie de la région appelée Sistan. Le sultan de Djelabad est un descendant des Keanides, ancienne dynastie persane, et porte le titre de schah du Sistan; mais son autorité est peu considérable et méconnue surtout par les tribus nomades qui traversent son pays. Son armée se compose d'un millier de cavaliers. Il paie un léger tribut au Kaboul et lui fournit des troupes.

DJELABAD ou DOUCHAK, capitale du Sistan et de la sultanie du même nom, résidence du schah. Elle est bâtie sur les bords d'un canal alimenté par les eaux de l'Helmend, et sur les ruines d'une très-grande ville dont l'étendue, au dire du voyageur Christie, égalait celle d'Ispahan. Djelabad renferme environ 2000 maisons en briques et un joli bazar.

DJELLASSORE ou JELLASORE, v. de l'Inde anglaise, présidence de Calcutta, dans le Bengale. Elle est située sur le Subunreko et fait quelque commerce.

DJEMALABAD ou JEMAULABAD, v. de l'Inde, présidence de Madras, dist. de Kanara aux pieds des Gates. Sa citadelle, bâtie sur un rocher qui domine la ville, est réputée imprenable.

DJENADEL ou JAN-ADEL, SHELLAL, nom que les Arabes donnent aux cataractes du Nil, dans la Haute-Égypte et la Basse-Nubie, Afrique.

DJENNY ou DJINNÉ, JEENÉ, v. capitale du Haut-Bambarra, Nigritie occidentale, Afrique, à l'extrémité d'une petite île formée par le Djoliba. Cette ville est très-commerçante; tous les jours il en part et il y arrive des caravanes nombreuses, et elle est le séjour de beaucoup d'étrangers, surtout des Mandingues, Foulahs, Bambarras et Maures, qui s'y établissent pendant un certain temps pour y exercer le commerce. M. Caillié ne lui accorde que 8 à 10,000 habitants, mais ce nombre paraît de beaucoup trop petit; à 12 journées S.-O. de Tombouctou.

DJEPAN, v. de l'île de Java, chef-lieu d'un district de la résidence de Sourabaya, dans lequel, au milieu d'une immense forêt de teck, on trouve les ruines de Mandano-Kamoulan, ancienne ville célèbre dans les annales de Java.

DJERBA ou DJERBI, GERBI, GERBA, ZERBI, *Girba, Meninx, Lotophagitis*, île florissante de la Méditerranée, sur la côte méridionale de la rég. de Tunis, Afrique, dans le golfe de Cabès; remarquable par sa fertilité en orge, figues, olives et raisins, par sa population qui s'élève à 30,000 âmes et par l'industrie de ses habitants; ses draps, ses toiles et ses châles sont répandus dans toute la Barbarie; patrie de Vibius Gallus et de Volusien; les Turcs en ont chassé les ducs d'Albe et de Médina-Céli.

DJERRAEH (Gerasa), ancienne v. de Syrie, eyalet de Damas, non loin du village de Szuf. Les ruines imposantes de cette cité, découvertes par Seetzen et visitées depuis par plusieurs voyageurs, appartiennent à la plus belle époque de l'architecture romaine. Bâtie des deux côtés d'une vallée et traversée par une rivière, elle paraît avoir été partagée en quatre quartiers par deux rues, qui se croisaient à angles droits et que décorait un double rang de colonnes, les unes d'ordre dorique, les autres d'ordre corinthien. Plus de deux cents de ces colonnes sont encore debout; un plus grand nombre en est renversé. Le pavé de Gerasa et ses trottoirs sont parfaitement conservés; on y distingue encore les traces des chars antiques. Deux magnifiques amphithéâtres, plusieurs palais, trois temples, une porte de la ville, ses anciennes murailles, des bains, des tombeaux, etc., excitent l'admiration des voyageurs, qui prétendent que la beauté des ruines de Djerraeh surpasse celle des ruines de Baalbek et de Tadmos.

DJESSALMIR ou JESSELMERE, pet. principauté de l'Inde, tributaire des Anglais, dans l'Adjmir, au S.-O. de cette province; elle est entourée par les déserts du Moultan, de Bikanir et de Djadpour, et est elle-même un désert où se trouvent quelques oasis fertiles, habitées par des Bhatties et des Radjepoutes. Ils sont nominalement les sujets du radjah de Djessalmir, mais en réalité ils obéissent à plusieurs chefs indépendants. Ce radjah est depuis 1818 l'allié et le vassal des Anglais; il réside dans la ville de Djessalmir, bâtie dans une oasis.

DJESSORE ou JESSORE, dist. de la prov. du Bengale, Inde anglaise. Il est borné au N. par le bras principal du Gange, à l'E. par Dakka et Bakergunge, au S. par le golfe du Bengale; à l'E. par Hagly et Naddia, et contient environ 1,200,000 habitants, dont les 9/16 sont mahométans, les autres hindous. Sa partie méridionale est un immense marais, formé par les nombreux bras du Gange, qui vont se jeter dans le golfe du Bengale. Ce terrain, appelé les Sunderbunds, sablonneux et marécageux, est couvert d'épaisses forêts, peuplé par une foule d'animaux féroces, surtout de tigres, de sangliers et d'alligators. La navigation des courants d'eau qui le traversent est très-dangereuse; pendant la saison des pluies, les Sunderbunds sont complétement inondés, mais en été on vient y chercher du bois et du sel, en quantité suffisante pour l'approvisionnement de Calcutta.

DJEYPOUR ou JEYPOOR, JYENAGOUR. La principauté hindoue de ce nom est située dans l'Adjmir. Le Banass, le Banda, le Morell et plusieurs autres rivières qui la traversent ne suffisent pas aux irrigations; l'eau nécessaire est fournie par un grand nombre de puits creusés au milieu des champs. La partie septentrionale exceptée, cette principauté est fertile et produit du blé, du coton, du tabac et les autres plantes de l'Adjmir; les collines qui la traversent nourrissent une foule de bestiaux et renferment de riches mines de cuivre qu'on exploite. La partie septentrionale est sablonneuse et peu productive; le lac salant de Sambher, qui s'y trouve, donne tous les ans 40,000 quintaux métriques de bon sel. La fabrication d'étoffes de coton, d'armes et de manteaux est la principale branche d'industrie du Djeypour. Le commerce s'y fait par caravanes; elles vont à Bénarès, à Tatta et dans les ports du Guzerate. Ses habitants sont Radjepoutes, Menas ou Minas et Jents. Ces derniers travaillent la terre et sont opprimés par les Radjepoutes. Le radjah du Djeypour reconnaît la souveraineté des Anglais et leur paie un léger tribut. Ses revenus sont considérables et le seraient davantage sans la constitution féodale du pays. Il peut mettre en campagne 8000 hommes d'infanterie et 10,000 de cavalerie.

DJEYPOUR ou **JYENAGOUR**, capitale de l'état du même nom et résidence du radjah, est située dans une plaine, sur un des affluents du Banass. Elle est fortifiée et défendue par une citadelle. Le radjah Djeia-Sing, célèbre dans l'Inde par sa science astronomique et par les nombreux observatoires qu'il fit bâtir, non seulement dans cette ville, mais à Mattrâ, Delhi, Bénarès et Oudjein, la fonda en 1725; aussi est-elle une des villes les plus régulières et les plus belles de l'Inde. Les rues tirées en éventail; les maisons bâties en pierre, à plusieurs étages, revêtues de stuc, quelques-unes peintes à fresque. On y remarque un minaret haut de plus de 200 pieds, de magnifiques jardins, le tchaouk ou marché principal, mais surtout le palais du radjah qui se développe devant une vaste place et représente par son architecture la queue d'un paon; des vitraux coloriés imitent les yeux des plumes de cet oiseau. Djeypour a 60,000 habitants. Leur industrie et leur commerce sont considérables; il se tient tous les ans dans cette ville un des principaux marchés de chevaux de l'Inde.

DJEZIREH, v. de la Turquie d'Asie, dans le Kurdistan proprement dit. C'est une grande ville, située sur le Tigre, et qui bien que déchue est encore importante par ses 20,000 habitants, leur industrie et leur commerce.

DJHALAVAN ou **IHALAVAN**, prov. du Béloutchistan, bornée au N. par Saravan, à l'E. par Katch-Gandava, au S.-E. par Sind, au S. par Lous, à l'O. par Mekran. Elle est grande, montagneuse, mais moins élevée que Saravan, arrosée par l'Urnaeh et quelques autres petites rivières. Les habitants,

peu nombreux, sont Beloutches et Brahus; un grand nombre d'entre eux vivent sous des tentes. Cette province est traversée à l'E. par les monts Brahouïks; elle est divisée en sept districts; Zouri en est le chef-lieu.

DJHÉLAM ou **IHÉLUM**, **BÉHAT**, fl. de l'Inde, affluent du Sind. C'est l'*Hydaspes* des anciens. Il prend sa source dans le Cachemire, traverse le Pendjab, parallèlement avec le Tchenab, reçoit les eaux de cette rivière et du Raveï et se jette dans l'Indus, sous 31° 3' de lat. N.

DJIAFNOU ou **GHIAFNOU**, **JAFNOU**, prov. dans la partie N.-E. de la Sénégambie, Afrique, à l'E. de celle de Gedouma et à l'O. de celle de Ludamar; elle faisait autrefois partie du pays de Galam et forme aujourd'hui une annexe du Kaarta.

DJIBBEL-RESASS, pet. chaîne de montagnes, dans la partie septentrionale de l'état et à l'E. de la ville de Tunis, Afrique; eaux thermales; mines de plomb.

DJIBOUL ou **DSCHIEBAL**, b. de Syrie, pachalik d'Alep, situé dans la vallée du Sel, ainsi nommée d'un vaste marais salé où l'on en recueille tous les ans une quantité considérable.

DJIDDAH, v. de l'Arabie, dans l'Hedjaz; elle est située sur une baie de la mer Rouge et relève maintenant du vice-roi d'Égypte qui y entretient un pacha et une nombreuse garnison; elle est fortifiée et contient, selon M. Ruppel, 40,000 hab. Djiddah est le centre du commerce intérieur de la mer Rouge et le port de la Mecque. On y transporte le café de Mokka, les denrées de l'Inde et du Levant, et ces produits sont exportés ensuite à Suez, Cosseir, dans tous les ports de l'Arabie et de l'Afrique situés sur la mer Rouge. Elle est en même temps la route du commerce du Caire avec l'Arabie et l'Inde et le point de débarquement des pèlerins africains qui se rendent à la Mecque. Il est probable que le voisinage des nouvelles possessions anglaises dans la mer Rouge et les modifications que Mehemet-Ali fera subir au monopole de commerce qu'il exerce dans ses états, donneront un essor considérable et prochain à Djiddah.

DJIDDI ou **ADJEDI**, **JIDDI**, *Savus*, *Zabus*, riv. considérable dans la partie méridionale de l'état d'Alger, Afrique; elle prend sa source dans les monts Louhaut ou Lowat, au S. de la prov. de Titteri, reçoit dans son cours un grand nombre d'autres rivières qui descendent de l'Atlas, et se jette dans le marais salé de Melgigg, à environ 28 l. E.-N.-E. de Tuggurt.

DJIGELLI ou **JIGELI**, **GIGERI** ou **ZIZERI**, l'ancienne *Igilgili Colonia* des Romains, est une pet. v. de l'Algérie, située sur la côte vers l'extrémité du golfe de Bougie, entre cette dernière ville, dont elle est éloignée de 12 l., et notre établissement de Stora. Djigelli, bâtie sur une langue de terre, a un petit port et un mouillage assez bon; de plus elle est défendue par un fort, située sur une hauteur escarpée et d'un accès difficile. L'Oued-el-Kebir, qui, après avoir traversé plusieurs forêts, se jette dans la mer, non loin de la ville, lui donne plus d'importance en ce qu'il permettra de se procurer du bois de construction, si rare en Afrique. Les Français ont déjà été maîtres de Djigelli, en 1664. Louis XIV, désirant y fonder un établissement militaire, s'en était emparé et y avait fait bâtir le fort qui existe encore aujourd'hui. Elle n'a été occupée de nouveau qu'au mois de mai 1839. La position heureuse et les améliorations dont est susceptible son port lui promettent un avenir florissant.

DJIHAN, riv. de la Turquie d'Asie; elle prend sa source dans la chaine du Taurus, traverse l'eyalet d'Adana et, après avoir reçu la rivière de Marasch, se jette dans le golfe d'Alexandrette, Méditerranée.

DJIHOUN. *Voyez* AMOU, AMOUDARIA.

DJIMMILAH, camp retranché des Français, dans la prov. de Constantine, Algérie, est l'ancienne *Chiculum*, v. florissante du temps de la domination romaine; située dans un pays bien cultivé; elle était célèbre alors par ses huiles, ses grains et son sel gemme et correspondait avec la côte et les principales villes de la Numidie et de la Mauritanie. La beauté de ses ruines témoigne encore aujourd'hui du luxe que les habitants déployaient dans la construction de leurs monuments. Les plus remarquables de ces ruines sont: la porte centrale d'un bel arc de triomphe, un joli théâtre bien conservé, les restes d'une magnifique mosaïque, servant de pavé à un temple élevé à la terre productrice, etc. On a trouvé à Djimmilah une grande quantité d'inscriptions votives; son sol est jonché de tronçons de colonnes, de débris de corniches, de bas-reliefs et d'autres sculptures, de chapiteaux corinthiens d'un travail exquis et d'autres restes d'architecture.

DJINBALA ou JINBALA, île considérable de la Nigritie centrale, Afrique; elle est formée par le Djoliba qui, à sa sortie du lac Dibbie, se divise en deux bras, qui se réunissent à peu de distance au-dessus de Cabra.

DJINTIAH ou GENTIA (pays des), pet. principauté de l'Inde transgangétique, tributaire des Anglais; bornée par l'Assam au N., le dist. de Silhet (Bengale) au S. et le Cajoli à l'O. C'est un pays peu connu, habité par les Kossiah ou Khassia, qui offrent encore à leurs dieux des sacrifices humains. Leur radjah, assez puissant, est un garrow qui professe le culte de Brahma; il réside à Djintiahpour.

DJIRDJÉH ou GIRGÉ, GIRGIUM, v. assez considérable et ancienne capitale de la Haute-Égypte, Afrique, aujourd'hui chef-lieu d'une province, sur la rive gauche du Nil, dans une contrée fertile; mosquées, bazars, belles places; commerce en blé, fèves, lentilles, toiles et laine; fabriques; 7000 hab.

DJOAMIS ou ALGIVASEM. Les redoutables corsaires de ce nom se tiennent dans la partie de l'Arabie appelée Lahsa, le long du golfe Persique. Avant 1809 leur scheik résidait dans le port de la ville de Ras-al-Khyma. Leur flottille se composait alors de soixante-trois gros bâtiments et de huit-cent-dix barques, montées par 19,000 hommes; mais à cette époque les Anglais l'ont détruite, ainsi que les vastes chantiers sur lesquels on l'avait construite.

DJOBIE. *Voyez* GEELVINK (groupe de).

DJOCJOCARTA ou YOUGYACARTA, DSCHAKSCHAKARTA, YOUDGIA-KIRTA, un des deux états indigènes de l'île de Java, est situé dans la partie orientale de l'île; il doit son existence au démembrement de l'empire de Mataram, que les Hollandais partagèrent, au milieu du dix-huitième siècle, entre deux compétiteurs: un parent de la dynastie des Mancobumi reçut le titre de sultan et les provinces de l'E.; son pouvoir est absolu et despotique, mais il dépend entièrement, comme son collègue, l'empereur de Souracarta, des Hollandais, qui leur font payer tribut et tiennent garnison dans des forts bâtis près des deux capitales. La superficie des deux états de Djocjocarta et de Souracarta est évaluée par Raffles à 11,300 milles c. anglais; les districts dont ils se composent sont mêlés, et aucune carte n'a encore donné leur délimitation respective. Le même Raffles évalue la population soumise au sultan de Djocjocarta à 685,000 habitants.

DJOCJOCARTA, capitale de l'état du même nom et résidence du sultan, est située sur le Mantienkan, à 3 l. environ de la mer. Elle est grande, bien bâtie et a une population de 90,000 habitants, la plupart industrieux. Un fort hollandais se trouve dans son voisinage. Djocjocarta possède une fonderie de canons. La partie la plus remarquable de la ville est le Krattan; il est divisé en plusieurs quartiers et renferme un grand nombre de palais; son édifice le plus remarquable est un palais très-ancien, situé au milieu d'un lac profond et auquel on n'arrive que par un souterrain construit sous le lac.

DJOHOR ou JOHOR, roy. situé sur la pointe méridionale de la presqu'île de Malacca et borné par les territoires de Malacca et de Pahang, la mer de Chine et le canal de Singapoure; il produit du poivre, du sago, de l'ivoire, de l'étain et de l'or. Les habitants sont renommés comme d'intrépides pirates; mais ce royaume, jadis très-puissant, est aujourd'hui faible et dépeuplé. Le roi actuel a reconnu la souveraineté des Anglais, qui lui ont acheté l'île de Singapoure et quelques îlots voisins: c'est un prince de la famille des rois de Lingan, malais et musulman. La capitale du royaume est Djohor, qui, selon Hamilton, n'est qu'un misérable village de pêcheurs, situé sur la côte et bâti sur pilotis.

DJOLIBA. *Voyez* DHIOLIBA.

DJORHAT ou JORHAUT, capitale du roy. transgangétique d'Assam ; elle est située sur les deux rives du Dikho, grande, mais mal bâtie. Ce n'est qu'en 1795 qu'elle devint la résidence des rois de l'Assam. La domination anglaise lui promet beaucoup de prospérité.

DJOUANPOUR ou JOUANPOUR, DJINPOUR, v. de l'Inde anglaise, présidence de Calcutta, prov. d'Allahabad, chef-lieu de district, sur le Gumty, qu'on y passe sur un beau pont, un des plus grands de l'Inde. Djouanpour est défendu par une citadelle et fait un commerce considérable d'étoffes de soie et de coton.

DJOUBA ou FOUMBO, GOVIND, JUBO, RIO-DOS-FOGOS ou ROGUES-RIVER, riv. considérable de l'Afrique orientale, dans le pays des Maracattes, entre les roy. de Magadoxo et de Mélinde; source inconnue; embouchure dans l'Océan Indien à Jubo.

DJOUDPOUR ou JOUDPOOR, MARWAR, principauté de l'Inde, tributaire des Anglais, dans l'Adjmir. Elle est bornée par Jesselmere, Bikanir, Schekawutty, Adjmir (anglais), Odeypour et le désert de Moultan ou Sind, comprend les deux districts de Marwar et de Nagore, est traversée par le Banass; le manque d'eau la rend généralement stérile. On y élève beaucoup de bétail; ses chevaux, et surtout ses bœufs sont très-estimés. Le Djeypour renferme aussi des mines de plomb et des salines. On en exporte des chevaux, des bœufs, des chameaux, du sel; on y importe des étoffes de coton, des châles, des épices, de l'opium, du riz, du sucre, de l'acier et du fer. Les habitants sont divisés en deux classes, les Radjepoutes et les Jants. La propriété est entre les mains des chefs radjepoutes, qui doivent au radjah le service militaire. Depuis 1805, celui-ci est lié avec les Anglais, auxquels il fournit 1500 cavaliers ; il est, avec le radjah de Djeypour, le plus puissant des princes radjepoutes. En 1805, son armée était forte de 25,000 hommes de cavalerie, de 3000 hommes d'infanterie et de 30 canons.

DJOUDPOUR ou JOUDPOOR, capitale de la principauté du même nom et résidence du radjah, est située sur un affluent du Banass; elle est grande et bien bâtie ; le palais du prince passe pour être un édifice magnifique.

DJOULAMERK, pet. v. de la Turquie d'Asie, eyalet de Van ; elle est le siége d'un petit prince Kurde, plutôt vassal que sujet de la Porte ottomane.

DJOULIFOUNDA ou GHIOLAFONDOU, IULIFUNDA, v. commerciale du roy. de Dentilia, en Sénégambie, Afrique.

DJOUNIR ou JOONEER, SOUNUR, dist. de l'Inde anglaise, prov. d'Aurungabad, dans la présidence de Bombay; il est montueux, traversé par de belles vallées et arrosé par la Bima, la Nera, la Mola, l'Yaile, la Kokra et le Morah. Pouna en est le chef-lieu.

DJOWAR ou JOWAUR, chef-lieu du district du même nom, dans l'Inde anglaise, présidence de Bombay, non loin de la Sooria.

DJYZEH ou GYZEH, v. et chef-lieu d'une province de la Moyenne-Égypte, dans une contrée très-fertile, sur la rive gauche du Nil, vis-à-vis du Caire; industrieuse, agréable et célèbre par ses trois grandes pyramides et par la brillante victoire que Bonaparte y remporta, le 20 juillet 1798, sur les mamelouks commandés par Mourad-Bey.

DLASCHKOWITZ, vg. de Bohême, cer. de Leitmeritz; on y trouve les plus belles roches de grenats, qu'on polit dans les fabriques de Podsedlitz.

DMITROW, v. de la Russie d'Europe, gouv. de Moscou, chef-lieu du cercle de même nom; foire annuelle bien fréquentée; nombreuses manufactures; 4000 hab.

DMITRIEWSK, v. de la Russie d'Europe, gouv. de Kursk; 1200 hab.

DMITROWSK, v. de la Russie d'Europe, chef-lieu d'un cercle de même nom, gouv. d'Orel; 4000 hab.

DNÉPROWSK, v. de la Russie d'Europe, gouv. de Tauride; 2000 hab.

DNIEPER (le), *Borysthenes*, est un des plus grands fleuves de la Russie d'Europe. Il naît dans les monts Alauniens, non loin de la source de la Duna et du Wolga, se dirige d'abord au S.-O., puis au S.-E., et enfin il fait, au-dessous d'Ekatherinslaw, un brusque détour vers le S.-O., et vient se jeter dans la mer Noire, entre Otchakow et Kinburn, par une embouchure large de plus de deux milles, appelée Liman. L'étendue du cours du Dnieper est de 213 milles; il arrose les gouv. de Smolensk, de Mohilev, fait la limite entre ceux de Minsk, Kiev, Kherson, Tchernigow, Poltava et, après avoir traversé celui d'Ekatherinslaw, sépare encore ceux de Tauride et de Kherson; il parcourt des contrées d'une grande fertilité, telles que les belles plaines de la Desna et l'Ukraine. Le cours de ce fleuve est rapide, mais la navigation n'y est interrompue qu'entre Kiev et Alexandrowka par des cataractes et des tournants. Ses principaux affluents sont : à l'E., le Sog, la Desna et la Sula ; à l'O. la Berésina, le Pripets, l'Inglets et le Bog.

DNIESTER, *Danaster*, *Tyras*, fl. d'Autriche, naît dans une branche des Carpathes, dans la Galicie; il traverse ce royaume de l'O. au S.-E., en passant par Sambor et Halitz, où il devient navigable, et le quitte pour entrer dans l'empire russe, entre la Bessarabie et les gouv. de Podolie et de Kherson; il se jette dans la mer Noire à Akjermann, entre Otschakow et Kinburn.

Ses principaux affluents en Autriche sont : le Stry et le Bistriz, à la droite; le Sered et le Podhorze, à la gauche. Son cours, sur le sol autrichien, est de 82 l.

DNIESTER, mont. du Nidoborczek, branche des Carpathes, s'étend entre le Dniester, la Save, le Bug et le Bog, du côté de la Pologne.

DOAN, v. d'Arabie, dans le Yémen; de médiocre étendue, bâtie dans une vallée profonde, non loin de la mer; résidence d'un scheik indépendant.

DOAZIT, vg. de Fr., Landes, arr. de St.-Sever, cant. et poste de Mugron; excellents vins; 1500 hab.

DOAZON, vg. de Fr., Basses-Pyrénées, arr. et cant. d'Orthez, poste de Lacq; 370 h.

DOBBELBAD, ham. de la Styrie, cer. de Grætz, au S.-O. de cette ville, non loin de Moskirchen; remarquable par ses célèbres bains minéraux.

DOBBERAN, b. du grand-duché de Mecklembourg-Schwerin, cer. de Mecklembourg, est situé au milieu de collines peu élevées, à 3/4 de mille de la mer Baltique, sur la côte de laquelle se trouvent des bains de mer très-fréquentés. Il a un château grand-ducal, une ancienne église gothique, avec beaucoup de monuments et de reliques, un théâtre. On y a découvert, en 1829, des sources d'eau minérale, d'eau sulfureuse et d'eau ferrugineuse. Sur le bord de la mer se trouve ce qu'on appelle la *sainte digue*, formée de quartiers de rochers qui y ont été amenés par les flots; 2200 hab.

DOBOKA, comitat de la Transylvanie, pays des Hongrois; superficie 54 l. c. géogr.; 80,000 hab.

DOBRA, b. de la Transylvanie, pays des Szeklers, comitat de Hunyad.

DOBRIGNO, vg. d'Autriche, gouv. de Trieste, cer. de Piuma, dans l'île de Veglia; important par ses riches salines; 1600 hab.

DOBRILUGK, v. de Prusse, prov. de Brandebourg, rég. de Francfort, au confluent de la Dober et de la Petite-Elster; fabr. de draps; culture du tabac; 1400 hab.

DOBROMYL, v. du roy. de Gallicie, cer. de Sanok; 1610 hab.

DOBRUXHKA, pet. v. de Bohême, cer. de Kœnigingrætz; importante par son commerce en grains, en lin et en fil; 2000 hab.

DOBRZAN, b. de Bohême, cer. de Pilsen, sur la Radbuza; 2000 hab.

DOBRZICHOWICZ, vg. de Bohême, cer. de Beraun, sur la Beraunka; remarquable par ses belles carrières de marbre.

DOBRZISCH, b. de Bohême, cer. de Beraun; possède un superbe château et des forges; 1400 hab.

DOBRZYN, *Dobrinia, Dobrinum*, v. du roy. de Pologne, gouv. de Plock, située sur la Vistule; 2000 hab.

DOBRZYN, b. du roy. de Pologne, gouv. de Plock, situé sur la Drewenz, affluent de la Vistule; 1200 hab.

DOBSCHAU, *Dobsina*, b. de la Hongrie, cer. en-deçà de la Theiss, comitat de Gœmœr, dans une vallée étroite sur la Dobsina; a une église catholique, une église et un gymnase luthériens. Ses habitants, presque tous Allemands, s'adonnent à l'exploitation des mines de fer, de cuivre, de cobalt et de mercure; forges, fonderie de canons et moulin à poudre. Dans le voisinage on trouve des roches de grenats et de l'asbeste; 4000 hab.

DOCE (Rio-), fl. de l'emp. du Brésil, prend naissance sur la Serra do Espinhaço, prov. de Minas-Geraès, au S. de Villa-Rica, sous le nom de Piranga; il est grossi dans son cour supérieur par une foule de torrents et reçoit, après sa jonction avec le Ribeirao-do-Carmo, le nom de Rio-Doce, sous lequel il traverse la prov. d'Espiritu-Santo, où il s'embouche dans l'Océan Atlantique, après un cours de plus de 130 l.

DOCELLES, vg. de Fr., Vosges, arr. d'Épinal, cant. et poste de Bruyères; papeteries; 1160 hab.

DOCHES, vg. de Fr., Aube, arr. de Troyes, cant. et poste de Piney; 450 hab.

DOCTOR (el). *Voyez* QUÉRÉTARO (état).

DODE (Sainte-), vg. de Fr., Gers, arr. de Mirande, cant. et poste de Miélan; 890 hab.

DODENHOVEN, ham. de Fr., Moselle, com. de Rentgen; 170 hab.

DŒBELN, v. du roy. de Saxe, située dans une belle vallée du cer. de Leipzig, sur une île formée par la Mulde; a d'excellentes fabriques de draps et de chapeaux et des foires pour les grains; 5200 hab.

DŒBRŒKŒZ, b. du roy. de Hongrie, comitat de Tolna; culture du tabac; 4700 h.

DŒFFINGEN, vg. parois. du Wurtemberg, cer. du Necker, gr.-bge de Bœblingen. En 1388 le duc Eberhard y défit les troupes des villes libres; 1100 hab.

DŒLAN, ham. de Fr., Finistère, com. de Clohar-Carnoet; 100 hab.

DŒLLACH, vg. d'Autriche, gouv. de Laibach, cer. de Villach, situé dans la vallée supérieure de la Drau, entre Oberdraubourg et Greifenbourg; mine de calamine; siége d'une administration des mines.

DŒMITZ, *Domitium*, v. du grand-duché de Mecklembourg-Schwerin, située au confluent de l'Elde et de l'Elbe; a sur une île de l'Elde une forteresse où se trouve une maison de correction; 2000 hab. qui se livrent au commerce et au batelage.

DŒSBOURG, pet. v. forte du roy. de Hollande, prov. de Gueldres, dist. et à 3 1/2 l. de Zutphen, sur le confluent de l'Yssel et de la Vieille-Yssel, traversé par un pont; culture de tabac; 2400 hab.

DŒUIL, vg. de Fr., Charente-Inférieure, arr. de St.-Jean-d'Angely, cant. et poste de Loulay; 880 hab.

DOFREFIELD ou **DOFRINES**, chaîne des Alpes-Scandinaves; elle se rattache au N. aux monts Kiœlen et court en Norwège de l'E. au S.-O. Il s'y trouve le Sneehættan, haut de 1270 toises, et le Skagslos-Tind, haut de 1313 toises. Cette chaîne a, en quelques endroits, 20 à 25 l. de largeur.

DOG (Indiens). *Voyez* SHIENNES.

DOGANACSKA-BANYA, b. de Hongrie, cer. au-delà de la Theiss, comitat de Krussow; important par ses mines de fer, de cuivre et d'argent; siége d'une administration et d'un tribunal des mines. Dans son voisinage on trouve de belles roches d'agates; 2400 hab.

DOGG. *Voyez* FORTUNE (baie).

DOGLIANI, *Dolianum*, v. du roy. de Sardaigne, intendance-générale de Coni; 4000 hab.

DOGNE. *Voyez* DORDOGNE.

DOGNEN, vg. de Fr., Basses-Pyrénées, arr. d'Orthez, cant. et poste de Navarrenx; 570 hab.

DOGNEVILLE, vg. de Fr., Vosges, arr., cant. et poste d'Epinal; 640 hab.

DOGNON (le), ham. de Fr., Creuse, com. de St.-Maurice; 280 hab.

DOGNON (le), ham. de Fr., Dordogne, com. de Mayac; 120 hab.

DOGNON (le), ham. de Fr., Haute-Vienne, com. de Cognac; 190 hab.

DOHEM, vg. de Fr., Pas-de-Calais, arr. et poste de St.-Omer, cant. de Lumbres; 630 hab.

DOHIS, vg. de Fr., Aisne, arr. de Laon, cant. de Rozoy-sur-Serre, poste de Brunhamel; 630 hab.

DOHNA, v. du roy. de Saxe, cer. de Misnie; 1000 hab., qui fabriquent surtout des objets en paille et de la passementerie.

DOIGNIES, vg. de Fr., Nord, arr. et poste de Cambrai, cant. de Marcoing; 800 hab.

DOIGT (le). Finistère. *Voyez* JEAN-DU-DOIGT (Saint-).

DOINGT, vg. de Fr., Somme, arr., cant. et poste de Péronne; 880 hab.

DOIRADA (Serra). *Voyez* VERTENTES (Serra dos).

DOISSAC, vg. de Fr., Dordogne, arr. de Sarlat, cant. et poste de Belvès; 570 hab.

DOIX, vg. de Fr., Vendée, arr. et poste de Fontenay-le-Comte, cant. de Maillezais; 1600 hab.

DOIZIEU, vg. de Fr., Loire, arr. de St.-Étienne, cant. et poste de St.-Chamond; 2300 hab.

DOKKUM, *Doccomium*, *Dochzetum*, v. du roy. de Hollande, prov. de la Frise, dist. et à 4 1/2 l. de Leuwarden, située sur le canal de l'Ee, qui fait partie d'une ligne de communication entre la mer du Nord, à Harlingen, et l'embouchure de l'Eme, à Delfzyl. Pendant le flux, les plus grands bâtiments peuvent remonter du Lawer-Zée jusqu'à Dokkum, par le canal de ce nom. La ville est assez bien bâtie et possède deux églises paroissiales. Chantiers de construction pour la marine; raffineries de sel; brasseries et distilleries; grand commerce de beurre et de fromage; 3200 hab.

DOL, v. de Fr., Ille-et-Vilaine, arr. et à 6 l. E.-N.-E. de St.-Malo, chef-lieu de canton et poste; elle n'a de remarquable que son ancienne cathédrale, d'architecture gothique. Commerce de blé, chanvre, cidre; 4000 hab. Cette ville fut plusieurs fois saccagée par les Normands; en 1793 elle était occupée par les Vendéens, qui y soutinrent un siége contre les troupes républicaines.

DOLAINCOURT, vg. de Fr., Vosges, arr. de Neufchâteau, cant. et poste de Châtenois; 190 hab.

DOLANCOURT, vg. de Fr., Aube, arr. et poste de Bar-sur-Aube, cant. de Vendœuvre; 290 hab.

DOLAY (Saint-), vg. de Fr., Morbihan, arr. de Vannes, cant. et poste de la Roche-Bernard; 1980 hab.

DOLCE (golfo), baie au S. de l'état de Costa-Rica, États-Unis de l'Amérique centrale. Les Cordillères se groupent en amphithéâtre autour de cette baie et lui envoient une foule de petites rivières.

DOLCE (Rio), fl. des États-Unis de l'Amérique du Sud, rép. de la Plata, prend sa source dans une chaine des Andes et se perd dans les marais salants de Porongos qui correspondent avec le Parana pendant la saison des pluies; le Rio-de-Choromoros en est le principal affluent.

DOLCOURT, vg. de Fr., Meurthe, arr. de Toul, cant. et poste de Colombey; 250 hab.

DOLE (la), un des points culminants de la chaîne du Jura (4820 pieds de hauteur). La Dole est située sur la limite du cant. de Vaud, à 6 l. N. de Genève.

DOLE, *Didattium*, v. de Fr., Jura, chef-lieu d'arrondissement, à 12 l. N. de Lons-le-Saulnier; siége de tribunaux de première instance et de commerce, conservation des hypothèques, direction des contributions indirectes et résidence d'un inspecteur des forêts. Elle est située sur la rive droite du Doubs, dans une belle plaine que la fécondité du sol et la beauté du paysage ont fait surnommer *val d'Amour*.

Un canal, creusé par Charle-Quint, amène les eaux du Doubs dans la ville; le canal du Rhône-au-Rhin baigne ses murs. Dôle est généralement mal percé, les rues y sont étroites et tortueuses; cependant on y voit plusieurs édifices remarquables, ce sont : la cathédrale et la tour énorme dont elle est surmontée, l'ancien couvent des dames d'Ounans, le collége, célèbre autrefois sous le nom de l'Arc, les casernes, l'ancien couvent des cordeliers, la vieille tour de Vergy, la prison neuve, bel édifice moderne; l'hôpital général, le grand pont sur le Doubs, le port du canal et le palais de justice et le dépôt de mendicité. La ville possède un collége, une maison d'éducation pour les orphelins, une école de dessin, de peinture, de sculpture et d'architecture, une école de musique, une société d'agriculture, une salle de spectacle, une bibliothèque publique, un musée de peinture et d'antiquités et de fort jolies promenades; tuileries; fabr. de poterie, de bleu; haut-fourneau; belles carrières. Foires les 6 février, 17 avril, 29 mai, 16 août, 16 octobre, 4 décembre et le lundi de Pentecôte; 10,137 hab.

Cette ville est la patrie de Terrier de Monciel (1697 — 1765), ministre sous Louis XVI, et du brave général Bachelu. Des vestiges d'amphithéâtre, d'aquéducs, de bains, des colonnes miliaires, des inscriptions qu'on a trouvées à Dôle, prouvent que cette ville était déjà importante sous les Romains. Elle fit partie du royaume et ensuite du duché de Bourgogne. Lorsque Besançon fut érigé en ville libre, Dôle devint la capitale de la Franche-Comté. Philippe-le-Bon, duc de Bourgogne, y établit une université et un parlement en 1422. Ces établissements donnèrent beaucoup d'importance à la ville, dont la prospérité croissait rapidement; mais le fléau de la guerre lui porta des coups terribles. En 1435 elle eut à soutenir un siège dirigé par le duc de Bourbon; en 1479 elle fut surprise par Charles d'Amboise, qui commandait l'armée de Louis XI. Ce général saccagea et brûla la ville et fit massacrer la plus grande partie de la population qui s'était vaillamment défendue. La Franche-Comté étant devenue possession de l'Espagne, Charle-Quint fit de Dôle une place très-forte. En 1636 cette ville fut assiégée vainement par le prince de Condé. Louis XIV s'en empara en 1668, et la paix de Nimègue, en 1678, la réunit, avec la Franche-Comté, à la France.

DOLGELLY, pet. v. d'Angleterre, comté de Mérioneth, sur l'Avonvacor; mal bâtie. C'est dans cette ville que se tiennent les assises et que se trouve la prison centrale du comté; fabrication d'étoffes de laine; 3000 hab.

DOLIGNON, vg. de Fr., Aisne, arr. de Laon, cant. et poste de Rozoy-sur-Serre; 210 hab.

DOLIONIS, g. a., contrée de la Mysie, près de l'Æsepus.

DOLLART, *Sinus Emdanus* ou *Dollarius*, golfe entre la prov. hollandaise de Grœningue et la Frise hanovrienne; l'Ems le traverse pour se jeter dans la mer du Nord. Il occupe une superficie de 8 l. c., envahie par la mer pendant ses irruptions de 1277 et 1287, qui submergèrent plus de 50 villages ou hameaux.

DOLLEREN, vg. de Fr., Haut-Rhin, arr. de Belfort, cant. et poste de Massevaux; 660 hab.

DOLLET, ham. de Fr., Ille-et-Vilaine, com. de St.-Suliac; 120 hab.

DOLLON, vg. de Fr., Sarthe, arr. de St.-Calais, cant. de Vibraye, poste de Connerré; on y fait beaucoup de toiles de crin de lin; 1720 hab.

DOLLOT, vg. de Fr., Yonne, arr. de Sens, cant. et poste de Chéroy; 460 hab.

DOLMAYRAC, vg. de Fr., Lot-et-Garonne, arr. de Villeneuve-sur-Lot, cant. et poste de Ste.-Livrade; 880 hab.

DOLO, vg. de Fr., Côtes-du-Nord, arr. de Dinan, cant. et poste de Jugon; 840 hab.

DOLO, gros b. du roy. Lombard-Vénitien, gouv. et délégation de Venise, au S. de cette ville; fait un commerce assez considérable; il est orné d'un grand nombre de jolies maisons et de palais magnifiques appartenant aux principales familles de Venise; 3000 hab.

DOLOMIEU, vg. de Fr., Isère, arr., cant. et poste de la Tour-du-Pin; 2010 hab.

DOLOPIA, g. a., contrée au S.-E. de l'Épire, était bornée à l'E. par l'Othrys, au N. par le Pynde, à l'O. par l'Athamanie, au S. par l'Etolie et par le territoire des Agræi, et traversée par l'Acheloüs.

DOLUS, vg. de Fr., Charente-Inférieure, arr. de Marennes, cant. et poste du Château-d'Oleron; 2180 hab.

DOLUS, vg. de Fr., Indre-et-Loire, arr., cant. et poste de Loches; 770 hab.

DOLVING, vg. de Fr., Meurthe, arr. et poste de Sarrebourg, cant. de Fénétrange; 460 hab.

DOLZIG, pet. v. de Prusse, prov. et rég. de Posen, entourée de lacs et de forêts; 1300 hab.

DOMAGNÉ, vg. de Fr., Ille-et-Vilaine, arr. de Vitré, cant. et poste de Châteaubourg; 1970 hab.

DOMAIZE, vg. de Fr., Puy-de-Dôme, arr. de Clermont-Ferrand, cant. de St.-Dier, poste de Billom; 1640 hab.

DOMALAIN, vg. de Fr., Ille-et-Vilaine, arr. de Vitré, cant. d'Argentré, poste de la Guerche; 2840 hab.

DOMANGEVILLE, ham. de Fr., Moselle, com. de Sanzy-sur-Nied; 140 hab.

DOMARIN, vg. de Fr., Isère, arr. de Vienne, cant. de la Verpillière, poste de Bourgoin; 430 hab.

DOMART ou DOMART-LÈS-PONTHIEU, b. de Fr., Somme, arr. et à 4 l. O.-S.-O. de Doullens, chef-lieu de canton et poste; 1360 hab.

DOMART-SUR-LA-LUE, vg. de Fr., Somme, arr. de Montdidier, cant. de Moreuil, poste de Villers-Bretonneux; 630 h.

DOMATS, vg. de Fr., Yonne, arr. de Sens, cant. et poste de Chéroy; 710 hab.

DOMAZAN, vg. de Fr., Gard, arr. de Nîmes, cant. d'Aramon, poste de Remoulins; 490 hab.

DOMBASLE, vg. de Fr., Meurthe, arr. de Nancy, cant. et poste de St.-Nicolas-du-Port; 1050 hab.

DOMBASLE, vg. de Fr., Meuse, arr. de Verdun-sur-Meuse, cant. et poste de Clermont-en-Argonne; 480 hab.

DOMBASLE, vg. de Fr., Vosges, arr. de Mirecourt, cant. et poste de Darney; 520 h.

DOMBASLE-EN-XAINTOIS, vg. de Fr., Vosges, arr., cant. et poste de Mirecourt; 290 hab.

DOMBLAIN, vg. de Fr., Haute-Marne, arr., cant. et poste de Vassy; 230 hab.

DOMBLANS, vg. de Fr., Jura, arr. et poste de Lons-le-Saulnier, cant. de Voiteur; 620 hab.

DOMBOU, v. de la Nigritie centrale, Afrique, la première que l'on rencontre après avoir franchi le désert de Bilma; autruches et antilopes. On trouve dans cette contrée, occupée par les Tibbos, à l'extrémité septentrionale du Bournou, plusieurs lacs salés, sans doute les mêmes que les *Chelonidæ Paludes* des anciens, fournissant beaucoup de sel.

DOMBOVAR, b. de Hongrie, cer. au-delà du Danube, comitat de Toln; culture du tabac; 2000 hab.

DOMBRAS, vg. de Fr., Meuse, arr. de Montmédy, cant. et poste de Damvillers; 490 hab.

DOMBROT ou **BOUZEY**, vg. de Fr., Vosges, arr. de Mirecourt, cant. de Vittel, poste de Darney; 650 hab.

DOMBROT-SUR-VAYRE, vg. de Fr., Vosges, arr. de Neufchâteau, cant. et poste de Bulgnéville; 490 hab.

DOMBROWICA, pet. v. du roy. de Pologne, gouv. de Mazovie; 1350 hab.

DOMEA, v. de l'emp. d'Annam, roy. de Tonquin, sur l'embouchure de l'un des bras du Sougkoi; elle possède un bon port, fréquenté par des bâtiments étrangers, surtout par des jonques chinoises.

DOMECY-SUR-CURE, vg. de Fr., Yonne, arr. d'Avallon, cant. et poste de Vezelay; 870 hab.

DOMECY-SUR-LE-VAULT, vg. de Fr., Yonne, arr., cant. et poste d'Avallon; 400 h.

DOMEL ou **DOME**, la plus grande des îles de l'archipel de Merghi, séparée du continent par le canal de Forrest; elle est située sous 11° de lat. N. et 95° de long. E., couverte de montagnes et d'épaisses forêts, mais sans habitants. Le petit îlot de Clara, au N.-O. de Domel, en est une dépendance.

DOMELIERS, vg. de Fr., Oise, arr. de Clermont, cant. et poste de Crèvecœur; 840 hab.

DOMELLIEN, ham. de Fr., Oise, com. de Royaucourt; 150 hab.

DOMÈNE, vg. de Fr., Isère, arr. et à 3 l. E. de Grenoble, chef-lieu de canton et poste; forges, martinet; 1590 hab.

DOMENGEUX, ham. de Fr., Basses-Pyrénées, com. de Corbères-Abère; 210 hab.

DOMÉRAT, vg. de Fr., Allier, arr., cant. et poste de Montluçon; 2810 hab.

DOMÉROT, vg. de Fr., Creuse, arr. de Boussac, cant. de Jarnages, poste de Gouzon; 1105 hab.

DOMES, montagnes de Fr.; c'est une chaîne qui occupe une surface de plus de 20 l. dans la partie méridionale du dép. du Puy-de-Dôme; elle commence au Puy-de-Chalard, au N. de Riom, et finit au Puy-de-Monteynard. Cette chaîne, formée de plus de 60 volcans, avec leurs cratères et leurs coulées de lave, présente des curiosités naturelles innombrables. Les points culminants des monts Dômes sont : le Puy-de-Dôme, centre de la chaîne, 1468 mètres d'élévation au-dessus du niveau de la mer; il est célèbre par les expériences de Pascal et de Perrier sur la pesanteur de l'air; le Puy-de-Montchalm, de 1407 mètres; le Puy-de-Laschams, de 1270; le Puy-de-Pariou, de 1215; le Puy-de-la-Vache, de 1178; le Puy-de-Pasredon, de 1002.

DOMESMONT, vg. de Fr., Somme, arr. de Doullens, cant. et poste de Bernaville; 80 hab.

DOMESSARGUES, vg. de Fr., Gard, arr. d'Alais, cant. et poste de Ledignan; 180 h.

DOMET (Saint-), vg. de Fr., Creuse, arr. et poste d'Aubusson, cant. de Bellegarde; 730 hab.

DOMÈVRE ou **DOMÈVRE-EN-HEYS**, vg. de Fr., Meurthe, arr. et à 5 l. N. de Toul, chef-lieu de canton, poste de Noviant-aux-Prés; 440 hab.

DOMÈVRE-SUR-AVIÈRE, vg. de Fr.; Vosges, arr., cant. et poste d'Épinal; 440 h.

DOMÈVRE-SUR-DURBION, vg. de Fr., Vosges, arr. d'Épinal, cant. de Châtel-sur-Moselle, poste de Nomexy; 510 hab.

DOMÈVRE-SUR-MONTFORT, vg. de Fr., Vosges, arr. et poste de Mirecourt, cant. de Vittel; 180 hab.

DOMÈVRE-SUR-VEZOUSE, vg. de Fr., Meurthe, arr. de Lunéville, cant. et poste de Blamont; filat. de coton; fabr. de calicot et de gants en coton; tuilerie; 1250 hab.

DOMEYRAT, vg. de Fr., Haute-Loire, arr. de Brioude, cant. et poste de Paulhaguet; 600 hab.

DOMEZAIN, vg. de Fr., Basses-Pyrénées, arr. de Mauléon, cant. et poste de St.-Palais; 990 hab.

DOMFAING, vg. de Fr., Vosges, arr. de St.-Dié, cant. de Brouvelieures, poste de Bruyères; 330 hab.

DOMFESSEL, vg. de Fr., Bas-Rhin, arr. de Saverne, cant. et poste de Saar-Union; 354 hab.

DOMFRONT, vg. de Fr., Oise, arr. de Clermont, cant. de Magnelay, poste de Montdidier; sucrerie indigène; 200 hab.

DOMFRONT, v. de Fr., Orne, chef-lieu d'arrondissement et à 15 l. O.-N.-O. d'Alençon, siège d'un tribunal de première instance et conservation des hypothèques; elle est située sur un rocher, près de la rive gauche de la Varenne. On y voit les ruines d'un vieux château qui faisait partie de ses anciennes fortifications. Cette ville est mal bâtie et ses rues sont tortueuses. Domfront possède un collège communal; grande fabrique de toiles de chanvre. Foires : premier lundi de janvier, premier lundi de carême, lundi-saint, troisième lundi après Quasimodo, lundi après l'Ascension, après St.-Jean, les premiers lundis d'août et d'octobre et le deuxième lundi de décembre; 2419 hab.

Cette petite ville, autrefois place de guerre, fut fondée au onzième siècle par Guillaume Ier, comte du Perche; elle soutint plusieurs siéges mémorables, entre autres en 1358, où elle fut prise par Philippe de Navarre pour les Anglais; Henri IV l'enleva aux ligueurs en 1589 : ce fut le dernier siége de Domfront.

DOMFRONT-EN-CHAMPAGNE, vg. de Fr., Sarthe, arr. du Mans, cant. et poste de Conlie; tuilerie; 1430 hab.

DOMGERMAIN, vg. de Fr., Meurthe, arr., cant. et poste de Toul; tuilerie et briqueterie; 1236 hab.

DOMINEUC (Saint-), vg. de Fr., Ille-et-Vilaine, arr. de St.-Malo, cant. de Tinténiac, poste d'Hédé; 1500 hab.

DOMINGO (San- de Escuintla). *Voyez* ESCUINTLA.

DOMINGO (San-). *Voyez* BONNY.

DOMINGO-DE-LA-CALZADA (San-), pet. v. d'Espagne, roy. de la Vieille-Castille, prov. et à 14 l. E. de Burgos; fabr. de draps; 1900 hab.

DOMINGUE (Saint-). *Voyez* HAÏTI.

DOMINGUE (Saint-) ou SAN-DOMINGO, v. de l'île d'Haïti, dép. du Sud-Est, fut jadis la capitale de toute la partie espagnole de l'île. Cette ville, la plus ancienne des Indes occidentales, fut fondée en 1494 par Bartoloméo Colombo, le frère du grand Colomb. Elle s'élève en amphithéâtre sur une hauteur qui domine la mer, à l'embouchure de l'Ozama, qui y forme un beau port bien défendu. Détruite presque entièrement en 1502, par un ouragan, cette ville fut rebâtie plus grande et plus belle sur la rive occidentale de l'Ozama. Ses rues sont larges et bien alignées et ses maisons solidement construites. Édifices remarquables : la cathédrale, beau bâtiment gothique; l'arsenal, un des plus grands de l'Amérique; l'ancien palais du gouvernement; l'hôtel de ville; le ci-devant collège des jésuites, transformé en magasin militaire. Depuis le seizième siècle, époque de la grandeur de St.-Domingue, cette ville a vu diminuer peu à peu l'importance de son commerce et de sa population, qui ne s'élève plus qu'à 16,000 âmes; elle est le siége d'un archevêché, d'un tribunal civil et d'un tribunal de commerce.

DOMINICA (Sancta-), HIVAOA, OEVAHOA, île de l'archipel de Mendana, dans la Polynésie ou Océanie orientale; c'est la plus grande du groupe des Marquises (Marquesas de Mendana). Elle fut découverte par le navigateur Mendana, en 1596. Cette île, située sous le 9° 39′ lat. S. et 141° 8′ long. occ., a environ 20 l. de circuit; elle est couverte de hautes montagnes, qui s'élèvent en forme de cônes et sur les sommets desquelles on aperçoit des cratères. La côte occidentale présente une gigantesque muraille de rochers; d'agréables vallées, que Mendana croit fertiles et habitées, s'étendent sur la côte méridionale; mais ce navigateur n'y trouva point d'ancrage favorable et ne put y aborder.

DOMINIPECH, vg. de Fr., Lot-et-Garone, arr. d'Agen, cant. de Port-Ste.-Marie, poste de Clairac; 160 hab.

DOMINIQUE (baie de). *Voyez* CUBA.

DOMINIQUE, une des Petites-Antilles, possession anglaise; elle s'étend entre 15° 10′ et 15° 36′ 30″ lat. N., au S. des îles les Saintes et de Marie-Galante et au N. de Martinique, dont elle est séparée par un bras de mer très-dangereux aux navigateurs, à cause des coups de vents subits et irréguliers auxquels il est exposé. L'étendue de l'île est de 14 l. c. géogr., avec 20,000 hab., dont 14,000 esclaves; elle est très-montagneuse, surtout au centre, où s'élèvent des pics inaccessibles. Une grande quantité de ruisseaux descendent de ces montagnes et fertilisent le sol, dont les produits consistent surtout en sucre, café et coton. Les principales baies de cette île sont : la baie du prince Rupert, sur la côte N.-O., la plus importante; la baie d'Agusha, au N.; la baie de Raymond, au S.; la Scots-Bay, au S.-E., et les baies de Woodbridge et de Charlotteville, au S.-O.

Cette île fut découverte par Christophe Colomb, le 3 novembre 1493. Les Français et les Anglais s'en disputèrent longtemps la possession, jusqu'à ce qu'en 1759 elle fut prise par les Anglais, auxquels elle fut définitivement cédée par la paix de Paris, en 1763. Elle forme un gouvernement particulier, divisé en dix paroisses, qui sont : St.-Marc, St.-Luc, St.-Paul, St.-Pierre, St.-Jean, St.-George, St.-André, David, St.-Patric, et St.-Joseph. Capitale, Roseau.

DOMINIQUE (Saint-), ham. de Fr., Bouches-du-Rhône, com. de Marseille; 120 h.

DOMINOIS, ham. de Fr., Oise, com. de Salency; 200 hab.

DOMINOIS, vg. de Fr., Somme, arr. d'Abbeville, cant. de Crécy, poste de Bernay; 440 hab.

DOMINON, ham. de Fr., Nièvre, com. de Dampierre-sur-Bouhy; 110 hab.

DOMJEAN, vg. de Fr., Manche, arr. de St.-Lô, cant. de Tessy, poste de Torigny; 1300 hab.

DOMJEVIN, vg. de Fr., Meurthe, arr. et poste de Lunéville, cant. de Blamont; 600 hab.

DOMJULIEN, vg. de Fr., Vosges, arr. et poste de Mirecourt, cant. de Vittel; fabr. de salins; 735 hab.

DOMLÉGER, vg. de Fr., Somme, arr. et poste d'Abbeville, cant. de Crécy; 410 h.

DOM-LE-MENIL, vg. de Fr., Ardennes, arr. de Mézières, cant. et poste de Flize; 560 hab.

DOMLOUP, vg. de Fr., Ille-et-Vilaine, arr. et poste de Rennes, cant. de Châteaugiron; 1060 hab.

DOMMARIE-EULMONT, vg. de Fr., Meurthe, arr. de Nancy, cant. et poste de Vezelise; 250 hab.

DOMMARIEN, vg. de Fr., Haute-Marne, arr. de Langres, cant. et poste de Prauthoy; 490 hab.

DOMMARTEMONT, vg. de Fr., Meurthe, arr., cant. et poste de Nancy; 460 hab.

DOMMARTIN, vg. de Fr., Ain, arr. de Bourg-en-Bresse, cant. de Bagé-le-Chatel, poste de Mâcon; 900 hab.

DOMMARTIN, vg. de Fr., Doubs, arr., cant. et poste de Pontarlier; 320 hab.

DOMMARTIN, vg. de Fr., Nièvre, arr., cant. et poste de Château-Chinon; 470 hab.

DOMMARTIN, ham. de Fr., Pas-de-Calais, com. de Torte-Fontaine, Mouriez et Raye; 520 hab.

DOMMARTIN, vg. de Fr., Rhône, arr. de Lyon, cant. et poste de l'Arbresle; 400 h.

DOMMARTIN, vg. de Fr., Somme, arr. et poste d'Amiens, cant. de Sains; fabr. de papier; 400 hab.

DOMMARTIN-AUX-BOIS, vg. de Fr., Vosges, arr., cant. et poste d'Épinal; 860 b.

DOMMARTIN-LA-CHAUSSÉE, vg. de Fr., Meurthe, arr. de Toul, cant. et poste de Thiaucourt; 120 hab.

DOMMARTIN-LA-MONTAGNE, vg. de Fr., Meuse, arr. de Verdun-sur-Meuse, cant. de Fresnes-en-Woëvre, poste de Manheulles; 290 hab.

DOMMARTIN-LA-PLANCHETTE, vg. de Fr., Marne, arr., cant. et poste de Ste.-Ménéhoulde; 100 hab.

DOMMARTIN-LE-COQ, vg. de Fr., Aube, arr. d'Arcis-sur-Aube, cant. et poste de Ramerupt; 180 hab.

DOMMARTIN-LE-FRANC, vg. de Fr., Haute-Marne, arr., cant. et poste de Vassy; hauts-fourneaux; 480 hab.

DOMMARTIN-LE-SAINT-PÈRE, vg. de Fr., Haute-Marne, arr. de Vassy, cant. et poste de Doulevant; fabr. de sparterie pour chapeaux; 710 hab.

DOMMARTIN-LES-CUISEAUX, vg. de Fr., Saône-et-Loire, arr. de Louhans, cant. de Cuiseaux, poste de St.-Amour; 1270 hab.

DOMMARTIN-LÈS-REMIREMONT, vg. de Fr., Vosges, arr., cant. et poste de Remiremont; 2390 hab.

DOMMARTIN-LÈS-TOUL, vg. de Fr., Meurthe, arr., cant. et poste de Toul; 540 hab.

DOMMARTIN-LÈS-VALLOIS, vg. de Fr., Vosges, arr. de Mirecourt, cant. et poste de Darnay; 80 hab.

DOMMARTIN-LETTRÉE, vg. de Fr., Marne, arr. et poste de Vitry-le-Français, cant. de Sommepuis; 280 hab.

DOMMARTIN-SOUS-AMANCE, vg. de Fr., Meurthe, arr., cant. et poste de Nancy; 100 hab.

DOMMARTIN-SOUS-HANS, vg. de Fr., Marne, arr., cant. et poste de Ste.-Ménéhoulde; 110 hab.

DOMMARTIN-SUR-ILLON, ham. de Fr., Vosges, com. de Ville-sur-Illon; 140 hab.

DOMMARTIN-SUR-VRAINE, vg. de Fr., Vosges, arr. de Neufchâteau, cant. et poste de Châtenois; 530 hab.

DOMMARTIN-SUR-YÈVRE, vg. de Fr., Marne, arr., à 3 1/2 l. S.-O. et poste de Ste.-Ménéhoulde, chef-lieu de canton; 330 hab.

DOMMARY, ham. de Fr., Meuse, com. de Bouvigny; 140 hab.

DOMME, pet. v. de Fr., Dordogne, arr., et à 2 1/2 l. S. de Sarlat, chef-lieu de canton et poste; blanchisserie de toiles; bons vins; 2080 hab.

DOMMEL, riv. de la Hollande, se versant dans la Meuse à Bois-le-Duc.

DOMMELY, vg. de Fr., Ardennes, arr. de Rhétel, cant. et poste de Chaumont-Porcien; 420 hab.

DOMMERVILLE, vg. de Fr., Eure-et-Loir, arr. de Chartres, cant. de Janville, poste d'Angerville; 250 hab.

DOMMERY, vg. de Fr., Ardennes, arr. de Mézières, cant. de Signy-l'Abbaye, poste de Launoy; 390 hab.

DOMMIERS, vg. de Fr., Aisne, arr. et poste de Soissons, cant. de Vic-sur-Aisne; 470 hab.

DOMMITSCH, pet. v. de Prusse, auprès de l'Elbe, prov. de Saxe, rég. de Mersebourg; agriculture; éducation de bétail; pêche; fabrication de poterie; 1500 hab.

DOMNOM, vg. de Fr., Meurthe, arr. de Château-Salins, cant. et poste de Dieuze; 390 hab.

DOMO-D'OSSOLA, chef-lieu de l'intendance d'Ossola, roy. sarde et intendance-générale de Novara, situé au pied de la grande route du Simplon, sur le Tosa; 1300 hab.

DOMONT, vg. de Fr., Seine-et-Oise, arr. de Pontoise, cant. d'Écouen, poste de Moiselles; 900 hab.

DOMPAIRE, pet. v. de Fr., Vosges, arr. et à 3 l. S.-S.-O. de Mirecourt, chef-lieu de canton et poste; 1465 hab.

DOMPCEVRIN, vg. de Fr., Meuse, arr. de Commercy, cant. de Pierrefitte, poste de St.-Mihiel; 430 hab.

DOMPIERRE, vg. de Fr., Ain, arr. de Bourg-en-Bresse, cant. et poste de Pont-d'Ain; 750 hab.

DOMPIERRE, b. de Fr., Allier, arr. et à 6 l. E. de Moulins-sur-Allier, chef-lieu de canton et poste; 1510 hab.

DOMPIERRE, vg. de Fr., Charente-Inférieure, arr., cant. et poste de la Rochelle; 2690 hab.

DOMPIERRE, vg. de Fr., Doubs, arr. et poste de Pontarlier, cant. de Levier; 450 hab.

DOMPIERRE, vg. de Fr., Jura, arr. de

Lons-le-Saulnier, cant. et poste d'Orgelet; 390 hab.

DOMPIERRE, vg. de Fr., Meuse, arr. de Commercy, cant. et poste de Vigneulles; fabr. de grosse vannerie et de sabotterie; 380 hab.

DOMPIERRE, ham. de Fr., Moselle, com. d'Allamont; 120 hab.

DOMPIERRE, vg. de Fr., Nord, arr., cant. et poste d'Avesnes; fabr. de clous; carrières de marbre et de pierres de taille; 1020 hab.

DOMPIERRE, vg. de Fr., Oise, arr. de Clermont, cant. de Maignelay, poste de St.-Just-en-Chaussée; 410 hab.

DOMPIERRE, vg. de Fr., Orne, arr. et poste de Domfront, cant. de Messey; 810 h.

DOMPIERRE, vg. de Fr., Somme, arr. d'Abbeville, cant. de Crécy, poste de Bernay; 1120 hab.

DOMPIERRE, vg. de Fr., Somme, arr. de Péronne, cant. de Chaulnes, poste d'Estrées-Déniécourt; 660 hab.

DOMPIERRE, vg. de Fr., Vendée, arr. et poste de Bourbon-Vendée, cant. des Essarts; 1020 hab.

DOMPIERRE, vg. de Fr., Haute-Vienne, arr. de Bellac, cant. et poste de Magnac-Laval; manufacture de draps et de gileterie; 1715 hab.

DOMPIERRE, vg. de Fr., Vosges, arr. et poste d'Épinal, cant. de Bruyères; 370 hab.

DOMPIERRE-DE-CHALARONNE, vg. de Fr., Ain, arr. de Trévoux, cant. et poste de Thoissey; 310 hab.

DOMPIERRE-DU-CHEMIN, vg. de Fr., Ille-et-Vilaine, arr., cant. et poste de Fougères; 530 hab.

DOMPIERRE-EN-MORVANT, vg. de Fr., Côte-d'Or, arr. de Semur, cant. de Précy-sous-Thil, poste de la Maison-Neuve; 620 h.

DOMPIERRE-LES-ORMES, vg. de Fr., Saône-et-Loire, arr. de Mâcon, cant. et poste de Matour; 1290 hab.

DOMPIERRE-SOUS-SAUVIGNES, vg. de Fr., Saône-et-Loire, arr. de Charolles, cant. de Toulon-sur-Arroux, poste de Perrecy; 220 hab.

DOMPIERRE-SUR-CHARENTE, vg. de Fr., Charente-Inférieure, arr. et poste de Saintes, cant. de Burie; 810 hab.

DOMPIERRE-SUR-HÉRY, vg. de Fr., Nièvre, arr. de Clamecy, cant. de Brinon-les-Allemands, poste de Corbigny; 320 hab.

DOMPIERRE-SUR-NIÈVRE, vg. de Fr., Nièvre, arr. de Cosne, cant. de Prémery; poste de Châteauneuf-Val-de-Bargis; 520 h.

DOMPNAC, vg. de Fr., Ardèche, arr. de l'Argentière, cant. de Valgorge, poste de Joyeuse; 580 hab.

DOMPREL, vg. de Fr., Doubs, arr. de Baume-les-Dames, cant. de Pierre-Fontaine, poste de Landresse; 330 hab.

DOMPRIX, vg. de Fr., Moselle, arr. et poste de Briey, cant. d'Audun-le-Roman; 180 hab.

DOMPS, vg. de Fr., Haute-Vienne, arr. de Limoges, cant. et poste d'Eymoutiers; 470 hab.

DOMPTAIL, vg. de Fr., Meurthe, arr. de Lunéville, cant. de Bayon, poste de Neuviller-sur-Moselle; 90 hab.

DOMPTAIL, vg. de Fr., Vosges, arr. d'Épinal, cant. et poste de Rambervillers; 960 hab.

DOMPTIN, vg. de Fr., Aisne, arr. de Château-Thierry, cant. et poste de Charly; 510 hab.

DOMREMY, vg. de Fr., Marne, arr. de Vitry-le-Français, cant. de Thiéblemont, poste de Perthes; 140 hab.

DOMREMY, vg. de Fr., Haute-Marne, arr. de Vassy, cant. de Doulaincourt, poste de Joinville; 310 hab.

DOMREMY-AUX-BOIS, vg. de Fr., Meuse, arr. et cant. de Commercy, poste de Ligny; 210 hab.

DOMREMY-LA-CANNE, vg. de Fr., Meuse, arr. de Montmédy, cant. et poste de Spincourt; 100 hab.

DOMREMY-LA-PUCELLE, vg. de Fr., Vosges, arr., à 3 l. N. et poste de Neufchâteau, cant. de Coussey; 325 hab.

C'est dans ce village, un des plus petits du département, que naquit, au commencement du quinzième siècle, l'héroïque Jeanne d'Arc qui délivra la France du joug des Anglais. On y voit encore la chaumière où elle est née. Sur une petite place voisine de cette modeste habitation on a élevé, en 1820, un monument à la glorieuse mémoire de l'immortelle bergère. Domremy a vu naître aussi la trop célèbre Dubarry, une des nombreuses concubines de Louis XV.

DOMSURE, vg. de Fr., Ain, arr. de Bourg-en-Bresse, cant. de Coligny, poste de St.-Amour; 940 hab.

DOMTRIEN, vg. de Fr., Marne, arr. et poste de Reims, cant. de Beine; 380 hab.

DOMVALLIER, vg. de Fr., Vosges, arr., cant. et poste de Mirecourt; 170 hab.

DOMVAST, vg. de Fr., Somme, arr. et poste d'Abbeville, cant. de Nouvion-en-Ponthieu; 570 hab.

DON (le), riv. de Fr., affluent de gauche de la Vilaine; elle a sa source dans le dép. de Maine-et-Loire, son cours est d'environ 20 l. du S.-E. au N.-O.

DON (le), *Tanaïs*, est, après le Dnieper et la Volga, le plus grand fleuve de la Russie d'Europe. Il sort d'un petit lac dans le gouv. de Toula, traverse des campagnes fertiles jusqu'à Voronèje, où il devient navigable; de là il sépare la haute steppe de l'E. du pays à grains, et se jette enfin dans la mer d'Azov, près d'Azov, par plusieurs embouchures. Le cours du Don est en ligne droite de 105 milles et dans ses circuits de 195 milles. La navigation n'y est interrompue qu'en été et en automne, où il est bas et parsemé de bancs de sables. Les principaux affluents du Don sont : la Väsowka, la Sosna, la Voronèje, la Kasanke, le Choper, la Medveditza, la Hawla, la Donetz qu'il reçoit à l'O. dans le pays des cosaques du Don, grossi des eaux de la Volschanka, du Charkov, de l'Isum, du Tor et du Bachmut; le Sol et le Manitsch, qui vient des steppes du S.-E.

DONAGHADE, pet. v. d'Irlande, comté de Down, sur la côte orientale, vis-à-vis de Port-Patrick, en Écosse. Elle possède un beau port artificiel. L'exportation du bétail, les bains de mer et le passage annuel de 60,000 à 70,000 voyageurs sur les paquebots à vapeur la rendent très-florissante et contribuent à son rapide agrandissement.

DONALDSONVILLE. *Voyez* ASCENSION (paroisse).

DONAN (Saint-), vg. de Fr., Côtes-du-Nord, arr. et poste de St.-Brieuc, cant. de Quintin; 2550 hab.

DONAT, ham. de Fr., Gard, com. de Sabran; 150 hab.

DONAT (Saint-), b. de Fr., Drôme, arr. et à 5 l. N. de Valence, chef-lieu de canton, poste de Romans; filat. et organsinage de soie; 2160 hab.

DONAT (Saint-), vg. de Fr., Puy-de-Dôme, arr. d'Issoire, cant. de Latour, poste de Tauves; 1010 hab.

DONATIEN (Saint-), ham. de Fr., Loire-Inférieure, com. de Nantes; 990 hab.

DONAUESCHINGEN ou DONESCHINGEN, v. du grand-duché de Bade, comprise dans le cer. du Lac et dans les possessions du prince de Furstenberg, est bien bâtie, située non loin de l'endroit où la Brigach, la Breg et une troisième source, venant du château, se réunissent pour former le Danube et d'où ce fleuve commence à porter son nom. Elle renferme le beau château, résidence du prince de Furstenberg, avec une riche bibliothèque, un gymnase et un théâtre; 3000 hab.

DONAUMOOS, contrée de la Bavière, située dans le cer. du Danube supérieur, sur la rive droite de ce fleuve, entre les villes de Neubourg et Ingolstadt, Aichach et Schrobenhausen et les bges de Reichertshoffen et Pottmes. Cette plaine, de 20 l. de circuit, ne formait autrefois qu'un vaste marais en partie boisé. L'électeur Charles-Théodore fit commencer des travaux de desséchement, en 1788; 320 canaux et autres saignées que l'on traverse sur 122 ponts conduisent les eaux dans le Danube; cependant le défrichement n'est pas encore parfait. La population, de 2300 habitants, originaires de toutes les contrées du royaume et des provinces rhénanes, est répartie dans 810 petites colonies. Ils ont 2 églises paroissiales catholiques à Karlskron et à Karlsfeld et un temple luthérien à Untermaxfeld.

DONAUSTAUF, b. de la Bavière, cer. de la Regen, sur le Danube que l'on y passe sur un pont. Son ancien château, qui a été habité par Albert-le-Grand, évêque de Ratisbonne, a été rasé par les Suédois, en 1633.

DONAUWŒRTH, v. ancienne de la Bavière, chef-lieu du district de même nom, cer. du Danube supérieur; située à 10 l. d'Augsbourg, à l'embouchure de la Wœrnitz et sur la rive gauche du Danube. Commerce; navigation active; culture de fruits, chanvre, lin et houblon; tanneries; bierre renommée. En 1256, le duc Louis-le-Sévère y fit décapiter son épouse Marie, sur des soupçons mal fondés. En 1704, il y eut, auprès de ce bailliage, une affaire sanglante entre le prince Louis de Bade et le duc de Marlborough, et les Bavarois; ces derniers furent défaits. Population de la ville 2200 habitants, du district 9900.

DONAZAC, vg. de Fr., Aude, arr. de Limoux, cant. et poste d'Alaigne; 250 hab.

DONCASTER, pet. v. d'Angleterre, comté d'York, nomme deux députés; elle est bien bâtie et possède une église avec une tour haute de 141 pieds et un théâtre; fabr. de bas de laine. Elle est remarquable surtout par ses courses de chevaux, rangées parmi les premières du royaume; le cirque est un des plus beaux de l'Angleterre; 11,000 hab.

DONCHERY, pet. v. de Fr., Ardennes, arr., cant., poste et à 1 l. O. de Sedan, sur la rive droite de la Meuse. Elle est fort ancienne et avait autrefois des fortifications qui furent démolies en 1676. Fabr. de draps; fonderie de fer; 1785 hab.

DONCIÈRES, vg. de Fr., Vosges, arr. d'Épinal, cant. et poste de Rambervillers; 300 hab.

DONCOURT, ham. de Fr., Moselle, com. de Beuveille; 200 hab.

DONCOURT-AUX-TEMPLIERS, vg. de Fr., Meuse, arr. de Verdun, cant. de Fresne-en-Woëvre, poste de Manheulles; 320 hab.

DONCOURT-LES-CONFLANS, vg. de Fr., Moselle, arr. de Briey, cant. de Conflans; poste de Mars-la-Tour; 370 hab.

DONCOURT-SUR-MEUSE, vg. de Fr., Haute-Marne, arr. de Chaumont-en-Bassigny, cant. et poste de Bourmont; 260 hab.

DONDAS, vg. de Fr., Lot-et-Garonne, arr. d'Agen, cant. de Beauville, poste de la Roque-Timbaut; 200 hab.

DONÉGAL, pet. v. des États-Unis de l'Amérique du Nord, état de Pensylvanie, comté de Lancaster, sur le Susquéhannah et le Conéwago; navigation, commerce; 3500 hab.

DONÉGAL, b. des États-Unis de l'Amérique du Nord, état de Pensylvanie, comté de Washington, sur le Wheeling; 2200 hab.

DONÉGAL, pet. v. des États-Unis de l'Amérique du Nord, état de Pensylvanie, comté de Westmoreland, sur le Loyal-Shannon qui y prend naissance; mines de fer; 3000 hab.

DONÉGAL, pet. chaîne de montagnes au N. de l'Irlande.

DONÉGAL, comté d'Irlande, au N.-O. de ce royaume, borné par l'Océan, les comtés de Londonderry, de Tyrone et de Fermanagh; superficie 74 l. c. géogr., population 150,000 habitants. Cette province est couverte de montagnes, remplie de marais et d'un aspect très-sauvage. On s'y livre à la culture de l'orge, des pommes de terre et du chanvre, à la pêche et à l'éducation du bétail, surtout des brebis; la fabrication de la toile et des bas de laine forme la seule branche industrielle du comté, dont les habitants passent pour être le peuple le plus pauvre et le plus ignorant de l'Irlande; les pommes de terre, le poisson et le whisky (espèce de boisson) sont leur seule nourriture; la langue anglaise leur est inconnue. On exporte de la toile, du fil, des bas de laine, du whisky, de la laine, du saumon, de la morue et des harengs.

DONÉGAL, *Dungalia*, pet. v. d'Irlande, chef-lieu du comté et sur la baie du même nom, à l'embouchure de l'Erne; port; commerce; 4600 hab.

DONETZK, v. de la Russie d'Europe, aujourd'hui plus ordinairement appelée SLAVENOSERBSK, située dans le gouv. d'Ekatherinoslav, sur la Donez, affluent du Don; 1000 hab.

DONGES, vg. de Fr., Loire-Inférieure, arr. et poste de Savenay, cant. de St.-Nizaire; 2650 hab.

DONGHEL ou DONGUIEL, pet. v. de Sénégambie, Afrique, roy. de Fouta-Toro proprement dit, sur la rive méridionale du Sénégal, à 41 l. E. de Podor.

DONGO, b. du roy. Lombard-Vénitien, gouv. de Milan, délégation de Côme, sur le bord occidental du lac de Côme; très-industrieux et très-commerçant; ses instruments de physique et de mathématiques sont exportés dans un grand nombre de pays, surtout en Allemagne.

DONGO, contrée peu connue de la Basse-Guinée, Afrique, à l'E. du roy. de Congo, entre ceux de Cambamba et de Ginga; habitants Faggas.

DONGO ou DOUNGO. *Voyez* RIO-GRANDE.

DONGOLA ou DANGOLA, une des grandes divisions de la Nubie, Afrique, le long du Nil. En 1814 ce pays était tributaire des Chaykyé, auxquels il fut enlevé par les mamelouks échappés de l'Égypte, qui en furent eux-mêmes dépouillés, en 1820, par Ibrahim-Pacha. Ce royaume qui, dans le moyen âge, était la puissance prépondérante de toute la Nubie, n'est plus reconnaissable aujourd'hui, tant il a perdu sous le rapport de l'étendue, de la fertilité et de la population. Opprimés depuis plus d'un demi-siècle par ses Chaykyé, ses habitants ont émigré en grand nombre dans les provinces d'alentour, même jusque dans le Kordofan et le Darfour. On fait beaucoup de cas des chevaux de ce pays.

DONGOLA ou VIEUX-DONGOLAH, DONGOLA-AGOUZ, *Primis Parva*, v. la plus grande, la plus peuplée et la plus riche de toute la Nubie, pendant le moyen âge; réduite maintenant à un simple village d'environ 300 habitants, sur la rive droite du Nil, à 35 l. S.-S.-E. du Nouveau-Dongola.

DONGOLA ou NOUVEAU-MARAKA, gros vg. de Nubie, Afrique, dans le pays de même nom, sur la rive gauche du Nil, construit, il y a peu d'années, par les mamelouks qui ont abandonné le Vieux-Dongola. M. Cailliaud le regarde comme le lieu le plus considérable de tout le Dongola.

DONI. *Voyez* BONNY.

DONJEUX, vg. de Fr., Haute-Marne, arr. de Vassy, cant. de Doulaincourt, poste de Joinville; haut-fourneau, affinerie, martinet, fabr. de pointes de Paris; 440 hab.

DONJEUX, vg. de Fr., Meurthe, arr. de Château-Salins, cant. et poste de Delme; 170 hab.

DONJON (le), pet. v. de Fr., Allier, arr. et à 4 l. N.-E. de la Palisse, chef-lieu de canton et poste; 1800 hab.

DONKIN, riv. assez considérable de la Cafrerie inférieure, Afrique; elle prend sa source dans le pays des Gokas et se jette dans le Ky-Gariep ou fleuve jaune.

DONKOW ou DANKOW, v. de la Grande-Russie, chef-lieu d'un cercle dans le gouv. de Riazan; 2500 hab.

DONNAI ou SAUNG, gr. fl. du Bas-Kambodje, empire d'Annam; il passe par la ville de Saïgon et se jette dans la mer de Chine; son cours est très-borné, mais il est navigable pour de gros bâtiments jusqu'à 16 l. au-dessus de son embouchure; il a donné son nom au pays qu'il traverse. Quelques géographes prétendent que le Donnaï n'est qu'un bras du May-Kaoung : le fait n'est pas encore éclairci.

DONNAY, vg. de Fr., Calvados, arr. de Falaise, cant. et poste d'Harcourt-Thury; 330 hab.

DONNAZAC, vg. de Fr., Tarn, arr. de Gaillac, cant. de Castelnau-de-Montmirail, poste de Cordes; 170 hab.

DONNELEY, vg. de Fr. Meurthe, arr. de Château-Salins, cant. de Vic, poste de Moyenvic; 820 hab.

DONNEMAIN-SAINT-MAMERT, vg. de Fr., Eure-et-Loir, arr., cant. et poste de Châteaudun; 470 hab.

DONNEMARIE, vg. de Fr., Haute-Marne, arr. de Chaumont-en-Bassigny, cant. et poste de Nogent-le-Roi; 290 hab.

DONNEMARIE, b. de Fr., Seine-et-Marne, arr. et à 4 l. O.-S.-O. de Provins, chef-lieu de canton et poste; 1160 hab.

DONNEMARIE-EULMONT (Meurthe). *Voyez* EULMONT.

DONNEMENT, vg. de Fr., Aube, arr. d'Arcis-sur-Aube, cant. de Chavanges, poste de Dampierre; 190 hab.

DONNENHEIM, vg. de Fr., Bas-Rhin, arr. de Strasbourg, cant. et poste de Brumath; 170 hab.

DONNEPEAU, ham. de Fr., Lozère, com. d'Arzenc; 100 hab.

DONNERSBERG (Mont-Tonnerre), montagne de la Bavière rhénane, élevée à 350 toises au-dessus du niveau de la mer, à 10 l. de Mayence et à 7 l. de Worms. On trouve sur son sommet des ruines de fortifications et des pierres sépulcrales. Sous Napoléon, un département, dont Mayence était la préfecture, en avait pris le nom.

DONNERY, vg. de Fr., Loiret, arr. et cant. d'Orléans, poste de Pont-aux-Moines; 730 hab.

DONNEVILLE, vg. de Fr., Haute-Garonne, arr. de Villefranche-de-Lauragais, cant. de Montgiscard, poste de Baziége; 280 hab.

DONNEZAC, vg. de Fr., Gironde, arr. de Blaye, cant. de Saint-Savin, poste de Montendre; 1010 hab.

DONNINGTON, b. d'Angleterre, comté de Lincoln; a un petit port et fait un commerce considérable de graines de chanvre et de lin, qu'on récolte dans son voisinage; 1600 hab.

DONOS, ham. de Fr., Aude, com. de Thézan; 100 hab.

DONQUEUR, vg. de Fr., Somme, arr. d'Abbeville, cant. d'Ailly-le-haut-Clocher, poste de Flixecourt; 880 hab.

DONS, vg. de Fr., Nord, com. d'Annœulin; 330 hab.

DONTILLY, vg. de Fr., Seine-et-Marne, arr. de Provins, cant. et poste de Donnemarie; 900 hab.

DONTREIX, vg. de Fr., Creuse, arr. d'Aubusson, cant. et poste d'Auzances; 2310 hab.

DONVILLE, vg. de Fr., Calvados, arr. de Lisieux, cant. et poste de St.-Pierre-sur-Dives; 260 hab.

DONVILLE, vg. de Fr. Manche, arr. d'Avranches, cant. et poste de Granville; 720 hab.

DONZAC, vg. de Fr., Gironde, arr. de Bordeaux, cant. et poste de Cadillac; 150 h.

DONZAC, vg. de Fr. Tarn-et-Garonne, arr. de Moissac, cant. d'Auvillars, poste de la Magistère; 900 hab.

DONZACQ, vg. de Fr., Landes, arr. de St.-Sever, cant. d'Amou, poste d'Orthez; 1470 hab.

DONZENAC, pet. v. de Fr., Corrèze, arr. à 1 1/2 l. N. de Brives, chef-lieu de canton et poste; 3320 hab.

DONZÈRE, b. de Fr., Drôme, arr. de Montélimart, cant. de Pierrelatte, poste; 1710 hab.

DONZY, pet. v. de Fr., Nièvre, arr. et à 4 l. E. de Cosne, chef-lieu de canton et poste; forges et haut-fourneau, tréfileries; 3660 hab.

DONZY-LE-PERTUIS, vg. de Fr., Saône-et-Loire, arr. de Mâcon, cant. et poste de Cluny; 300 hab.

DONZY-LE-ROYAL, vg. de Fr., Saône-et-Loire, arr. de Mâcon, cant. et poste de Cluny; 930 hab.

DOOLEN, comté de l'état de Géorgie, États-Unis de l'Amérique du Nord; il est borné par les comtés de Houston, de Telfair, d'Irwin, d'Early et par le pays des Creeks. Ce comté, nouvellement érigé, est couvert d'immenses forêts et peu cultivé encore; il est traversé par la route de Barnard, qui conduit de la ville de ce nom à St.-Marys.

DOOLLOUE, pet. état et v. de la Nigritie centrale, Afrique, à 10 journées N.-O. de Goorooma et à 5 journées O. du Djoliba.

DOORN ou **DOURN** (le Grand et le Petit), deux riv. dans la partie N.-O. de la colonie du Cap, Afrique; elles traversent le dist. de Tulbagh et se jettent dans l'Éléphant.

DOORNIK. *Voyez* TOURNAI.

DOOUARA ou **DOUARA**, pet. roy. et v. de la Nigritie occidentale, Afrique, entre le Ba-Nimma et le Djoliba, à 20 l. E. de Djenny; habitants: bons agriculteurs.

DORADO (el-). *Voyez* PARIMA (lac de).

DORAK, v. de Perse, prov. de Khousistan, sur le Dscherahi; fabrication de toiles. Au N.-E. de la ville sont les ruines d'Esky-Dorak, où se trouvent des sources thermales.

DORANGES, vg. de Fr., Puy-de-Dôme, arr. d'Ambert, cant. et poste d'Arlanc; 1130 hab.

DORANS, vg. de Fr., Haut-Rhin, arr., cant. et poste de Belfort; 280 hab.

DORAT, vg. de Fr., Puy-de-Dôme, arr., cant. et poste de Thiers; 560 hab.

DORAT (le) pet. v. de Fr., Haute-Vienne, arr. et à 3 l. N. de Bellac, chef-lieu de canton et poste; elle est agréablement située sur la Sèvre et entourée de fort jolies promenades; on remarque son église, surmontée d'une belle flèche; 2230 hab.

DORCEAU, vg. de Fr., Orne, arr. de Mortagne-sur-Huine, cant. et poste de Remalard; 910 hab.

DORCHE (le), ham. de Fr., Ain, com. de Chanay; 100 hab.

DORCHESTER, comté de l'état de Maryland, États-Unis de l'Amérique du Nord; il est borné par les comtés de Talbot, de Caroline, de Delaware, de Somerset et la baie de Chesapeak. Pays bien arrosé, mais marécageux et malsain au S.; belles forêts de cèdres et de sapins; 26,000 hab.

DORCHESTER, pet. v. très-industrieuse des États-Unis de l'Amérique du Nord, état de Massachusetts, comté de Norfolk, sur une belle baie; elle a un bon port, des fabriques de chocolat, des papeteries, des tanneries, etc., et fait un commerce important; 4200 hab.

DORCHESTER, comté du Bas-Canada, dist. de Gaspé; il est borné par le St.-Laurent, l'état du Maine et le comté de Buckingham. Pays assez fertile, arrosé par le South-River, la Bellechasse, le Boyer et la Chaudière qui y fait une chute magnifique ; charmantes vallées, vastes forêts dans l'intérieur, riches campagnes le long du St.-Laurent.

DORCHESTER, pet. v. d'Angleterre, chef-lieu du comté de Dorset, sur le Froome, nomme deux députés; elle possède 3 églises, 3 hospices, une prison et une maison de correction ; les assises du comté s'y tiennent; fabr. de laine et brasseries ; 2600 hab.

DORCHESTER, *Dorciniæ Civitas*, *Dorseia*, *Dorcestria*, b. d'Angleterre, comté d'Oxford, au confluent de la Tamise et de l'Isis; remarquable par son ancienne église gothique, dont on admire surtout le vitrage; brasseries, manufactures de laine; 2700 h.

DORDIVES, vg. de Fr., Loiret, arr. de Montargis, cant. de Ferrières, poste de Fontenay ; 520 hab.

DORDOGNE (la), *Duranius*, *Turanius*, riv. de Fr.; a sa source au Puy-de-Sancy (mont d'Or), dans le dép. du Puy-de-Dôme; elle est formée par la réunion des deux ruisseaux la Dor et la Dogne, dont elle prend son nom; elle traverse, dans une direction S.-O., le dép. de la Corrèze, en passant par Bort, Argentat et Beaulieu ; tournant alors plus à l'O., après être entré dans le dép. du Lot, elle pénètre, au-dessous de Souillac, dans celui auquel elle donne son nom, passe à Domme, arrose la belle plaine de St.-Cyprien, reçoit la Vezère à Limeuil, descend à Bergerac, en traversant les plaines de Mansac et de la Linde, et sort du département au-delà de Ste.-Foix. Se dirigeant ensuite vers le N.-O., elle arrose une partie du dép. de la Gironde, où elle passe par Castillon, Branne, Libourne, et se réunit au-dessous de Bourg à la Garonne, qui prend alors le nom de Gironde.

La Dordogne, dont le cours total est d'environ 100 l., est navigable depuis Argentat, c'est-à-dire sur une longueur d'environ 70 l., cependant sa navigation est souvent interrompue en été, au-dessus de Couze, par le saut de la Gratusse, fameux par ses naufrages et formé, au milieu de son lit, par un banc de rochers à fleur d'eau.

DORDOGNE (département de la), situé dans la région S.-O. de la France, est formé de l'ancienne prov. du Périgord, de l'Agenois et d'une petite partie de l'Angoumois et du Limousin. Il a pour limites : au N. le dép. de la Haute-Vienne, à l'E. les dép. de la Corrèze et du Lot, au S. celui de Lot-et-Garonne et celui de la Gironde qui le borne également à l'O.; au N.-E. il a pour confins le dép. de la Charente. Sa superficie est de 915,275 hectares, et sa population de 487,502 hab.

Ce département est très-montagneux ; cependant ses plus hautes chaînes, qui suivent le cours de la Dordogne, ne s'élèvent pas au-dessus de 200 mètres ; par leurs ramifications elles se lient aux derniers contreforts des monts de l'Auvergne. La plupart de ces montagnes sont très-escarpées et leur ascension est assez pénible ; on cite le Brouillayre et le Raisse comme les plus élevées.

La Dordogne, fleuve principal du département auquel il donne son nom, traverse sa partie méridionale, en se dirigeant de l'E. à l'O., sépare ce département de celui de la Gironde, dans lequel il se rend. Le principal affluent est la Vezère qui reçoit le Coly et le Beune ; les autres, moins considérables, sont : le Bourèze, le Ceou, la Couze, la Louire, etc. En été, le saut de la Gratusse interrompt souvent la navigation sur la Dordogne ; cet écueil, formé par un banc de rochers à fleur d'eau, cause de nombreux malheurs. L'Isle est la seconde rivière du pays ; ses principaux affluents sont : la Haute-Vezère, la Valouze et la Loue; nous citerons encore la Dronne avec ses affluents, le Dropt et le Baudiat.

On y trouve de nombreux étangs, dont la superficie est évaluée à 650 hectares, et plusieurs sources remarquables par leur profondeur et leur force.

L'aspect général du département est très-varié. Les hauteurs qui bordent les rivières sont couvertes de vignes, de prairies, de toutes les cultures possibles; les richesses agricoles sont concentrées dans les belles vallées de la Dordogne, de la Dropt, de la Vezère, etc. Un tout autre aspect se présente à l'intérieur ; des hauteurs escarpées, des collines arides, couvertes de rocs rougeâtres, de longs plateaux blanchis par des débris calcaires, sont séparés parfois par des immenses bruyères, véritables solitudes de plusieurs lieues d'étendue.

Le climat est sain et tempéré; les vents qui dominent sont ceux du N. et de l'O. En été, le pays est ravagé fréquemment par des orages, venant de l'Océan et attirés par le sol, jonché de pyrites et de sable ferrugineux.

La Dordogne ajoute aux céréales, dont la récolte est insuffisante pour la consommation, le maïs et le fruit du châtaignier ; on y cultive les pommes de terre, les légumes, le chanvre, etc. Le noyer fournit une grande quantité de fruits qui produisent une excellente huile : un des produits les plus considérables est la truffe, dont le commerce est connu depuis longtemps; la plus estimée est celle qui se trouve dans le cant. de St.-Alvèse; les champignons y sont très-communs. La culture de la vigne, presque nulle dans la partie septentrionale du département, est une des plus grandes richesses de la partie sud. La récolte s'élève, année commune, à 650,000 hectolitres de vins ; les plus estimés sont ceux de Bergerac, Monbazillac, St.-Pompon. Les forêts sont très-considérables ; les arbres les plus communs qui s'y trouvent sont le chêne, le frêne, le châtaignier; la récolte des fruits de ce dernier s'élève à près de 400,000 hectolitres.

Parmi ses richesses minérales, le fer occupe le premier rang ; on y découvre quelques traces de plomb et de cuivre ; le bassin de Terrasson fournit une grande quantité de houille ; de nombreuses carrières produisent le marbre, le grès, les pierres meulières (celles de Bergerac ont une grande réputation), les ardoises, la pierre lithographique, la craie, le carbonate de chaux bitumineux, le tuf, la tourbe, etc. Dans l'arrondissement de Montron se trouvent le cristal de roche, la tourmaline, l'agate, le jaspe et la calcédoine. Les bancs calcaires présentent des pétrifications nombreuses ; les grottes de Miremont, de Roffi et de Rochecaille renferment de belles cristallisations ; il exploite, en outre, quelques mines de manganèse.

La race bovine est peu nombreuse dans ce département ; elle est destinée principalement à l'agriculture. On y élève une grande quantité de porcs, d'ânes, de mulets, de chèvres, de moutons ; le nombre des premiers est évalué à 110,000, et celui des derniers à 340,000. Le gibier y est assez commun, on y trouve des lièvres, des perdrix, des cailles, des bécasses, des canards sauvages ; on y rencontre aussi beaucoup de loups. Les nombreux cours d'eau et étangs fournissent en abondance d'excellents poissons ; les meilleurs se trouvent dans la Vezère.

La métallurgie tient le premier rang dans son industrie ; on compte 2 martinets à cuivre, 39 fourneaux, 106 forges et plusieurs sieries ; le surplus du minerai est expédié dans les départements voisins ; on y trouve quelques fabriques de coutellerie, des verreries, des faïenceries ; l'industrie manufacturière possède les papeteries de Couze et de Cuisse, dont les produits ne le cèdent en rien aux papiers d'Angoulême ; des ateliers de teinturerie, des fabriques de cadis, de serges, d'étamines, de gants de peau, un assez grand nombre de chapelleries, de tanneries. L'industrie agricole fournit l'huile, le vin, les truffes ; ce département est renommé par le grand nombre d'établissements occupés à la confection de produits gastronomiques.

Tous ces objets forment à peu près les branches du commerce à l'extérieur ; celui de l'intérieur repose principalement sur les bestiaux.

Ce département est divisé en 5 arrondissements, 47 cantons et 582 communes. Les chefs-lieux d'arrondissements sont :

Périgueux.	9 cant.	113 com.	104,632 hab.
Bergerac .	13 »	173 »	117,302 »
Nontron .	8 »	80 »	83,664 »
Riberac . .	7 »	83 »	71,457 »
Sarlat . . .	10 »	133 »	110,447 »

47 cant. 582 com. 487,502 hab.

Il nomme sept députés, est compris dans la onzième division militaire, dont le quartier-général est à Bordeaux ; est du ressort de la cour royale et de l'académie de Bordeaux, du diocèse de Périgueux, suffragant de l'archevêché de Bordeaux ; il fait partie de la trente-unième conservation forestière, de la huitième inspection des ponts-et-chaussées, dont le chef-lieu est Bordeaux ; de la cinquième division des mines, dont le chef-lieu est Montpellier. Il a 3 colléges, une école normale et 553 écoles primaires, dont 441 de garçons et 112 de filles.

DORDRE, ham. de Fr., Nièvre, com. de Corvol-l'Orgueilleux ; 160 hab.

DORDRECHT. *Voyez* DORTRECHT.

DORE (la), riv. de Fr., a sa source dans le dép. du Puy-de-Dôme, près du village de Dore-l'Église, cant. d'Arlanc, arr. d'Ambert ; elle coule dans une direction N.-N.-O., passe à Ambert, à Olliergue, à Courpière, et se jette dans l'Allier, au-dessous de Puy-Laurens, après un cours de 22 l., dont 7 sont flottables.

DOREBOSSARY, v. de la Russie méridionale, gouv. de Kherson ; 3000 hab.

DORÉE (la), vg. de Fr., Mayenne, arr. de Mayenne, cant. de Landivy, poste d'Ernée ; 1020 hab.

DORE-L'ÉGLISE, vg. de Fr., Puy-de-Dôme, arr. d'Ambert, cant. et poste d'Arlanc ; 2010 hab.

DORELSEN (Bas-Rhin). *Voyez* DORLISHEIM.

DORENGT, vg. de Fr., Aisne, arr. de Vervins, cant. du Nouvion, poste d'Étreux ; 710 hab.

DORES (monts), chaîne de montagnes au S.-O. du Puy-de-Dôme ; son principal contrefort s'étend vers le S. et se rattache à la chaîne du Cantal. Le Puy-de-Sancy (mont d'Or), à 1187 mètres au-dessus du niveau de la mer, en est le point culminant et le plus élevé du centre de la France. On ne saurait décrire la beauté du coup-d'œil dont on jouit du haut de ce pic. La vue y embrasse un horizon immense, borné à l'E. par les Alpes ; au N.-O. s'ouvre une profonde vallée de deux lieues d'étendue, fermée par des pics élevés, qui lui donnent l'aspect le plus imposant.

Les autres points culminants de cette chaîne sont : le Puy-Ferrand, de 1857 mètres ; l'Aiguillier, de 1840 ; le plateau de Cacadogne, de 1798 ; le Puy-de-l'Angle, de 1742 ; le Puy-des-Bains, de 1564 ; le Puy-Gros, de 1488 ; le Pic-du-Capucin, de 1471.

DORES, b. d'Écosse, comté d'Inverness ; 2400 hab.

DORES, g. a., peuple grec descendant de Dorus, fils d'Hellène ; il abandonna la Thessalie, qu'il habitait dabord, pour aller fonder la Tetrapolis Dorica. Après la guerre de Troie, il fit, sous la conduite d'Hyllos, la conquête de la Mégaride, environ 1080 ans avant J.-C., pour occuper plus tard la Laconie ; 80 ans après la guerre de Troie, il émigra en Corinthie sous la conduite d'Aletes, petit-fils d'Hercule ; il s'établit ensuite en Argolide, fonda plusieurs colonies sur l'île de Rhodes, en Sicile et en Doride et se perd dans l'histoire.

DORET, ham. de Fr., Deux-Sèvres, com. de Missé; 140 hab.

DORFEN, b. de la Bavière, dist. d'Erding, cer. de l'Isar, à 3 1/2 l. de Haag; pèlerinage, avec une maison de discipline ecclésiastique et de retraite pour les prêtres émérites; a été ravagé en 1648 par les Suédois; 1000 hab.

DORGE, île du Nil dans la Basse-Nubie, Afrique, dist. de Ouady-Nuba, au S. de Ouady-Halfa.

DORIGNIES, ham. de Fr., Nord, com. de Douai; fabr. de sucre indigène; 150 hab.

DORIS, eptarchie de l'état de la Grèce, dans le nomos Locride et Phocide; le chef-lieu est Likoriki.

DORKING, pet. v. d'Angleterre, comté de Surry, sur le Mole, dans une vallée très-pittoresque, florissante par son commerce en farine, chaux, cerises, oies et chapons. Dans le voisinage on voit les restes d'une voie romaine; 4000 hab.

DORLISHEIM ou DORELSEN, b. de Fr., Bas-Rhin, arr. de Strasbourg, cant. et poste de Molsheim; les vins des environs sont assez bons. Ce bourg est le chef-lieu d'un consistoire protestant qui comprend dans son ressort dix paroisses. En 1592, Dorlisheim fut presque entièrement consumé par un incendie. Le couvent de St.-Jean, aujourd'hui propriété privée, appartenait avant la révolution aux chevaliers de Malte; on prétend que ce couvent fut bâti en 1011. L'église, maintenant démolie, renferme les tombeaux de l'évêque Walter de Geroldseck et de son frère Hermann; 2145 hab.

DORLON. *Voyez* LONGUYON.

DORMANS, v. de Fr., Marne, arr. et à 6 l. O. d'Épernay, chef-lieu de canton et poste, sur la rive gauche de la Marne; c'est une jolie petite ville qui possède un port où l'on charge particulièrement du bois et du charbon pour Paris. Fontaine minérale ferrugineuse; fabr. de toiles, vinaigre de bois, poterie, porcelaine, couvertures en laine, briques, tuiles, chaux; commerce de grains, vins, eaux-de-vie, etc.; 2260 hab.

DORMELLES, vg. de Fr., Seine-et-Marne, arr. de Fontainebleau, cant. de Moret, poste de Montereau; 750 hab.

DORMILLIOUSE, ham. de Fr., Hautes-Alpes, com. de Freissinières; 210 hab.

DORMONT, ham. de Fr., Eure, com. de St.-Pierre-de-Bailleul; 240 hab.

DORNACH ou DORNY, vg. de Fr., Haut-Rhin, arr. d'Altkirch, cant. et poste de Mulhouse; 1630 hab.

DORNAS, vg. de Fr., Ardèche, arr. de Tournon, cant. et poste du Chaylard; 880 hab.

DORNBIRN, b. d'Autriche, gouv. du Tyrol, cer. de Vorarlberg, sur la Fussach; important par ses manufactures de coton et de mousselines et sa filature de lin; 4000 hab.

DORNBOURG, v. du grand-duché de Saxe-Weimar-Eisenach, cer. de Weimar-Jena, située sur la Saale; le grand-duc y possède trois châteaux avec de très-beaux jardins; 600 hab.

DORNECY, vg. de Fr., Nièvre, arr., cant. et poste de Clamecy; 980 hab.

DORNES, vg. de Fr., Nièvre, arr. et à 9 l. S.-S.-E. de Nevers, chef-lieu de canton et poste; 1185 hab.

DORNHAN, pet. v. du roy. de Wurtemberg, sur un point élevé du cer. de la Forêt-Noire, gr.-bge de Sulz. L'eau y est amenée par un aqueduc. On trouve près de là une source minérale et du minerai de fer. En 1718 elle fut presque entièrement consumée par un incendie; 1300 hab.

DORNOCH, *Dornodunum*, pet. v. d'Écosse, chef-lieu du comté de Sutherland, sur le Dornoch-Frith; petit port, mines de houille; pêche; 3000 hab.

DORNOT, ham. de Fr., Moselle, com. d'Ancy-sur-Moselle; 270 hab.

DORNSTETTEN, pet. v. du roy. de Wurtemberg, cer. de la Forêt-Noire, gr.-bge de Freudenstadt. Grand commerce de bois; fabr. de chapeaux de paille; elle avait été entièrement réduite en cendres par un incendie, en 1675; patrie de J. J. Beurlin, diplomate et chancelier (1520); 1100 hab.

DORNY. *Voyez* DORNACH.

DOROGOBOCY, v. de la Russie d'Europe, chef-lieu d'un cercle de même nom dans le gouv. de Smolensk. Elle donne son nom au diocèse de l'évêque de Smolensk; 4000 hab.

DOROHOE ou DOROGOIE, pet. v. au N. de la Haute-Moldavie, dont elle est la capitale; elle est sans aucune importance.

DOROTHY (Saint-). *Voyez* JAMAIQUE.

DORPAT ou DERPT, *Derbatum*, *Dorpatum*, v. de la Russie d'Europe, chef-lieu d'un cercle dans le gouv. de Livonie. Elle possède une université allemande florissante, qui est la plus fréquentée de l'empire, un gymnase, une école normale, une bibliothèque de plus de 30,000 volumes, un observatoire, un cabinet d'histoire naturelle, un musée, un jardin botanique et plusieurs autres établissements importants. Cette ville, qui fut fondée par les Russes au onzième siècle, fit partie de la ligue anséatique; 9000 hab.

DORRES, vg. de Fr., Pyrénées-Orientales, arr. de Prades, cant. de Saillagouse, poste de Mont-Louis; 330 hab.

DORSET, b. des État-Unis de l'Amérique du Nord, état de Vermont, comté de Bennington; mines de fer; 2000 hab.

DORSET, comté d'Angleterre, borné par les comtés de Somerset, de Wilt, de Devon, de Southampton et par la Manche, 45 l. c. géogr. La fertilité du sol a fait donner à cette province le nom de jardin de l'Angleterre; elle est bien arrosée; son climat est très-doux et sain. Ses productions sont : du blé, des légumes, du chanvre, du lin, des fruits et du houblon ; une grande quantité de brebis, de la volaille, des abeilles et du poisson ; des pierres de construction, de la terre de potier et de pipes ; le bois y manque. L'éducation des brebis est la principale ressource des habitants ; ceux de la côte s'adonnent à la pêche. L'industrie embrasse la fabrication du chanvre, de cordages, de toiles à voiles et de boutons de fil. Ce comté exporte des pierres à bâtir, du bétail et les autres produits de son industrie ; il fait partie du diocèse de Bristol, nomme 20 députés et se divise en 9 districts ; 130,000 hab.

DORSTEN, v. de Prusse, prov. de Saxe, rég. de Munster, sur la Lippe ; fabr. de toiles de lin et de draps ; 2305 hab.

DORTAN, vg. de Fr., Ain, arr. de Nantua, cant. d'Oyonnax, poste ; port où l'on fait le commerce de bois de sapin pour Lyon ; construction de bateaux ; belles filat. de coton ; scieries hydrauliques ; exploitation de pierres lithographiques ; 1315 hab.

DORTMOUND, *Dormunda*, *Tremonia*, v. de Prusse, prov. de Westphalie, rég. d'Arnsberg, située dans une contrée riante et fertile ; elle est ceinte de murailles, mais son intérieur est mal bâti ; siége d'une direction des mines. Cette ville, d'ailleurs très-industrielle, fait un commerce considérable de blé et de denrées coloniales ; elle renferme 5 églises, un gymnase et 3 hôpitaux. Dortmound appartenait autrefois à la ligue anséatique et était l'entrepôt des productions de l'industrie des environs ; jusqu'en 1802 elle a été la troisième ville libre de la Westphalie ; 6200 hab.

DORTRECHT, *Dordracum*, v. du roy. de Hollande, prov. de la Hollande méridionale, chef-lieu du district de même nom ; située à 4 l. E. de Rotterdam et à 10 l. S.-E. de La Haye, sur une île formée par la grande inondation de 1421, entourée par les eaux du Biesbosch et de la Merve et couverte de maisons de campagne. La ville possède une école latine, un tribunal de commerce, une bourse, des hospices pour les vieillards et les orphelins ; elle renferme 8 églises, dont la principale a 300 pieds de longueur sur 125 de largeur. Son port est un entrepôt principal pour les vins du Rhin, le lin, la morue, l'huile de baleine de Bergen et les bois de construction. Les bois de mâture de la Forêt-Noire arrivant par le Rhin, assemblés en radeaux de 700 à 1000 pieds de longueur sur 40 à 90 de largeur, sont séparés et mis en vente sur le Biesbosch. Le chêne arrive de Wesel et de Dorsten et les Norwégiens amènent planches et lattes de sapin, etc. La valeur annuelle des bois entrés dans ce port s'élève à plus de 6 millions de francs, et le mouvement des vaisseaux arrivants et partants dépasse 300. Dortrecht a un beau chantier de marine, des raffineries de sucre et de sel ; des manufactures de céruse et de tournesol ; des filat. de coton et des blanchisseries. De 1618 à 1619 il se tint dans cette ville un synode pour juger les arminiens ; elle eut pour résultat une dépense de 2,200,000 fr. et l'expulsion d'un grand nombre de citoyens. Des hommes du plus grand mérite furent les victimes de l'intolérance religieuse de la majorité du synode ; elle parvint à faire tomber sur l'échafaud la tête blanchie du héros Barneweldt ; Grootius et Hogerbeets expièrent leur dissidence dans les cachots du château de Lœwenstein. Dortrecht est la patrie du diplomate de Witt et du littérateur Paul Mérula (1558—1607) ; 17,500 h.

DORY, cap à l'extrémité N.-E. de la presqu'île septentrionale de la Papouasie, Nouvelle-Guinée ; il est de moyenne hauteur et situé sous 0° 35' lat. S. et 131° 21' long. E. Derrière ce cap on aperçoit la chaîne des monts Arfack qui atteignent presque la ligne des neiges. Ces montagnes sont habitées par les Arfakis ou Endamènes, race de nègres plus barbares que les autres Papouas.

DORY, vg. de la Papouasie, près du cap de même nom ; il a un port à l'entrée duquel se trouvent deux petites îles habitées. C'est une des localités les plus remarquables de la Papouasie.

DOS (Saint-), vg. de Fr., Basses-Pyrénées, arr. d'Orthez, cant. et poste de Salies ; 300 hab.

DOSFRAIRES, vg. de Fr., Var, arr. de Draguignan, cant. et poste de Vence ; 220 hab.

DOSITA, v. considérable de la Sénégambie orientale, Afrique, dans le Mandingue proprement dit, à 2 l. E. de Kamalia.

DOSNON, vg. de Fr., Aube, arr. et poste d'Arcis-sur-Aube, cant. de Ramerupt ; 300 hab.

DOSSAINVILLE, vg. de Fr., Loiret, arr. de Pithiviers, cant. de Malesherbes, poste de Sermaises ; 180 hab.

DOSSENHEIM, gr. vg. de Fr., Bas-Rhin, arr. et poste de Saverne, cant. de la Petite-Pierre. On y remarque encore les ruines du vieux château Wartenberg, où l'on dit que les templiers avaient un manoir ; 1250 hab.

DOSSENHEIM, vg. de Fr., Bas-Rhin, arr. et poste de Strasbourg, cant. de Truchtersheim ; 140 hab.

DOTHAN, g. a., v. du roy. et au N.-O. de Samaria, tribu d'Isachar ; Joseph y fut vendu par ses frères.

DOTIS (Tata), v. de Hongrie, cer. au-delà du Danube, comitat de Komorn, sur le Tata ; remarquable par ses manufactures d'étoffes, ses moulins, ses scieries et ses eaux thermales très-fréquentées ; marbrières ; 9000 hab.

DOUABIN ou **DVABIN**, v. de la Haute-Guinée, Afrique, dans le roy. d'Achanti proprement dit, capitale d'un petit royaume indépendant, sur lequel règne un descendant de Beitinnie, un des conquérants fondateurs de l'emp. d'Achanti, à 6 l. E. de Coumassie.

DOUADIC, vg. de Fr., Indre, arr., cant. et poste du Blanc; 990 hab.

DOUAI, *Duacum, Caluacum*, v. forte de Fr., Nord, chef-lieu d'arrondissement, à 8 l. S. de Lille et à 52 l. de Paris; siége d'une cour royale, dont ressortent les dép. du Nord et du Pas-de-Calais, et d'une académie universitaire. Cette ville, située sur la Scarpe et le canal de la Sensée, qui la met en rapport avec les principales villes de la Flandre et des Pays-Bas, renferme un grand nombre de belles constructions. Outre une belle et grande citadelle, connue sous le nom de *fort de Scarpe*, et plusieurs belles casernes, les édifices les plus remarquables sont: l'hôtel de ville, l'église de St.-Pierre, l'arsenal, un des plus vastes de France, la fonderie de canon et la salle de spectacle. Parmi ses nombreux établissements d'utilité publique, nous citerons l'école royale d'artillerie, le collége royal, le jardin botanique, le jardin d'horticulture, le musée de tableaux, d'antiquités et d'histoire naturelle et une bibliothèque de 30,000 volumes. Plusieurs sociétés savantes entretiennent dans cette ville l'amour des lettres, des sciences et des arts que l'on y cultive depuis longtemps avec succès; Douai possède une société d'agriculture, des sciences et des arts; une société de médecine, de chirurgie et de pharmacie; une école de botanique; une école de musique, etc. Toutes ces institutions, jointes à l'élégante urbanité qu'elles ont contribué à répandre sur plusieurs classes de la société, ont quelquefois mérité à Douai le surnom d'*Athènes du Nord*. Sous le rapport industriel, Douai n'est pas resté en arrière des autres villes du Nord. Il a tous les deux ans une exposition des produits de son industrie, qui consiste en fabr. de cardes et rubans, blanc de céruse, dentelles, tulles bobin, de toiles, d'huile; corroierie; ferblanterie; fonderie de fer et de cuivre; orfèvrerie; bijouterie; poterie; filat. de laine, coton et lin; brasseries; raffineries de sel et de sucre; verreries, etc. Ses principaux articles de commerce sont: grains, houblon, huiles, vins, eaux-de-vie, toiles, fil, dentelles, etc. Foires 1er juin et 1er octobre; 19,773 hab.

Cette ville est la patrie du statuaire Jean de Bologne (1524—1608), élève de Michel Ange, de Calonne (1734—1802), ministre des finances sous Louis XVI, de d'Abancourt, ministre de la guerre, en 1791, et d'un grand nombre d'hommes distingués dans les sciences et les arts.

On prétend que Douai existait du temps de César et qu'elle était la capitale des Aduatiques, l'une des tribus belges qui se liguèrent contre les Romains; cependant aucune charte, antérieure au septième siècle, ne fait mention de cette ville. Au moyen âge Douai était une châtellenie dépendante des comtes de Flandre. C'est vers la fin du douzième siècle que cette ville obtint la première institution communale. Elle fut, au treizième siècle, comme toutes les villes qui demandaient des franchises, le théâtre de fréquents mouvements populaires, en faveur des libertés communales luttant contre la féodalité. En 1562, Philippe II, roi d'Espagne, y installa une université, créée par une bulle du pape Paul IV, dans le but de combattre le protestantisme qui faisait alors de grands progrès dans les Pays-Bas. Après la réunion de la Flandre à la France, Douai qui avait beaucoup souffert et avait été plusieurs fois prise et reprise par Louis XIV, devint le siége du parlement de cette province.

DOUAINS, vg. de Fr., Eure, arr. d'Évreux, cant. et poste de Vernon; 440 hab.

DOUANNE, ham. de Fr., Côtes-du-Nord, com. de Plœuc; 350 hab.

DOUARNENEZ, *Dovarnena*, pet. v. de Fr., Finistère, arr., à 6 l. N.-O. de Quimper et à 165 l. de Paris, chef-lieu de canton et poste; elle est située au fond de la baie du même nom, et importante par son port et ses pêcheries. On y fait commerce de sel, de merrain, de poisson et surtout de sardines; 3310 hab.

DOUAUMONT, vg. de Fr., Meuse, arr. et poste de Verdun, cant. de Charny-sur-Meuse; 200 hab.

DOUAZAC, ham. de Fr., Tarn-et-Garonne, com. d'Asques; 40 hab.

DOUBS (le), *Alduabis*, riv. de Fr., a sa source dans le département auquel il donne son nom, au pied du Rixon, montagne du Jura, dans le cant. de Mouthe, arr. de Pontarlier. Cette rivière sort de terre à 952 mètres au-dessus du niveau de la mer; son cours primitif est vers le N.-E.; il est tortueux et coupé par de fréquentes cascades et chutes d'eau dont la plus remarquable est celle du Saut-du-Doubs, cascade de 82 pieds de haut, sur la limite du cant. de Neufchâtel. Le Doubs passe à Pontarlier, St.-Hippolyte, Audincourt; de là il tourne vers le S.-E., passe à l'Ile, Clerval, Baume-les-Dames, Besançon, entre dans le dép. du Jura qu'il traverse de l'E. à l'O., en passant par Dôle, et se jette dans la Saône à Verdun-sur-Saône, dans le dép. de Saône-et-Loire, après un cours de 80 l. Les points où le Doubs est particulièrement navigable sont ceux où vient se jeter le canal du Rhône-au-Rhin.

DOUBS (département du), formé d'une partie de la Franche-Comté et de l'ancien comté de Montbéliard, est situé dans la région de l'E. de la France; il a pour limites: au N. les dép. de la Haute-Saône et du Haut-Rhin, à l'E. la Suisse et la principauté de Neufchâtel, au S. la Suisse et le dép. du Jura et à l'O. ce dernier et celui de la Haute-Saône. Sa superficie est de 525,212 hectares et sa population de 276,274 habitants.

Quatre chaînes de montagnes, parallèles à la chaîne des Alpes, traversent de l'E. à l'O. le département et s'abaissent successivement à l'O., jusqu'à présenter vers le cours occidental du Doubs et de la Loue d'excellentes collines de vignobles. Ces chaînes, dont les deux plus considérables sont le Laumont et le Jura, ne sont que des ramifications de la chaîne principale du Jura qui s'étend depuis le Rhône, à sa sortie du lac de Genève, jusque vers le Faucelles, toujours en dehors du territoire français, et perdant de sa hauteur à mesure qu'il s'éloigne des Alpes.

Les plus élevées de ces montagnes, situées sur la frontière suisse, sont le mont Suchet, haut de 1610 mètres, le Noir-Mont, de 1400, et le mont de Scey, haut de 1220 mètres.

Le Doubs, qui donne son nom à ce département, est le fleuve principal; il a sa source dans le département même, au pied du mont Risson, à 952 mètres au-dessus du niveau de la mer; il se dirige d'abord du S.-O. au N.-E., puis de l'E. à l'O., coupé dans sa marche par de nombreuses chutes d'eau, dont la plus remarquable est celle du Saut-du-Doubs; il se dirige ensuite du N.-E. au S.-O., en devenant navigable dans les endroits où vient se jeter le canal du Rhône-au-Rhin, et se rend dans le dép. du Jura. Son cours est très-rapide et torrentueux; ses affluents sont: la Bief, le Drujon, le Glon. La Loue prend sa source dans une des cavernes du mont Benoît et va se jeter dans le Doubs, avec plusieurs affluents peu considérables. L'Oignon, qui a sa source dans le département des Vosges, forme la limite entre le dép. du Doubs et celui de la Haute-Saône et se jette dans la Saône.

On rencontre dans le département plusieurs petits lacs dont le plus considérable, celui de Remoray, occupe une superficie de 800 hectares, et plusieurs marais, dont six assez considérables. Le canal de jonction du Rhône-au-Rhin, et le canal de dérivation de la rivière d'Osselle traversent le département.

La surface du département est hérissée de montagnes et de collines, toutes de nature calcaire, mélangées de quelques lits d'argile et de marne; on y remarque des grottes et des gouffres profonds, d'immenses cavernes à ossements, etc.

Le sol peut être divisé naturellement en trois régions distinctes. Les parties du Haut-Jura vers la Suisse, couronnées de neige, les flancs occupés par des forêts de sapins, qui abritent des vallées riches en pâturages, sont appelées la Haute-Montagne; la Moyenne-Montagne, située plus au N. et vers le centre, plantée de chênes et de hêtres et renfermant des vallées et des plateaux, où l'on cultive déjà la vigne et le froment; enfin la partie la plus fertile, la plaine, à l'O., riche en céréales et en vignobles, d'un sol fertile et très-bien exploitée.

La récolte des céréales est insuffisante pour la consommation du département; il est obligé d'importer des blés; on y cultive en grand le maïs, les légumes, le chanvre, le lin, l'avoine, etc. Les arbres à fruits, surtout les noyers, fournissent en abondance d'excellents produits. La vigne est assez cultivée dans les environs de Besançon; elle fournit, année commune, près de 350,000 hectolitres de vins; le département est riche en pâturages excellents. Moins considérables qu'elles ne l'étaient jadis, les forêts occupent encore une grande étendue; elles se composent de chênes, de hêtres, de frênes, de charmes, de sapins qui atteignent une très-grande hauteur.

Dans le règne animal, la race bovine se distingue par sa quantité et par sa qualité, on s'occupe beaucoup de l'éducation des chevaux, qui sont fort beaux et vigoureux et très-propres au trait et à la cavalerie; les chèvres sont très-nombreuses; il n'en est pas ainsi des moutons et des porcs. Le menu-gibier est abondant; les loups ne sont pas rares, surtout en hiver. Les rivières et les étangs sont très-poissonneux; on estime les truites de ses montagnes. Ses richesses minérales consistent en mines de fer, de lignite, de houille; quelques indices d'argent, d'excellentes et nombreuses tourbières. On exploite un grand nombre de carrières de marbre, de gypse, d'ocre, de pierres à bâtir, de pierres de taille, de moëllons, d'argile commune. Il y a une saline royale près d'Arc-et-Senans, deux marais salants, des sources d'eaux minérales. Plusieurs cavernes et grottes sont tapissées de magnifiques stalactites; la plus renommée est celle d'Oselle, longue de plus de 500 mètres.

Les établissements industriels sont très-nombreux. Le département possède des martinets à cuivre, des hauts-fourneaux, des forges, des fonderies, des tréfileries, des tôleries et des ferblanteries. L'horlogerie y est une branche importante de l'industrie; celle de Besançon est renommée, et ses produits sont expédiés jusqu'en Amérique et en Chine; elle occupe en outre plusieurs belles fabriques de scies et de rouages pour montres et horloges; on y trouve plusieurs verreries, faïenceries, scieries hydrauliques, des filatures de coton, des bonneteries, des chapelleries, des papeteries, des tanneries, des huileries, etc. Une des principales richesses du département est la fabrication des fromages: le produit moyen annuel est évalué à 2,500,000 kilogrammes; la fabrication du beurre est plus considérable encore. Le commerce consiste dans l'exportation des produits agricoles et manufacturiers; les principaux sont: le vin, le fromage, le beurre, les bestiaux, le fer, les horloges, le cuir, la bonneterie.

Ce département est divisé en 4 arrondissements, 27 cantons et 640 communes.

Les chefs-lieux d'arrondissements sont :

Besançon	8 cant.	203 com.	99,025 h.
Baume-les-Dames	7 »	187 »	67,888 »
Pontarlier	5 »	89 »	50,533 »
Montbéliard	7 »	161 »	58,828 »
	27 cant.	640 com.	276,274 h.

Il nomme cinq députés; fait partie de la sixième division militaire, dont le quartier-général est à Besançon; il est du ressort de la cour royale et de l'académie de Besançon. Cette même ville est le siége de l'archevêché, qui a pour suffragants les évêchés de Strasbourg, Metz, Verdun, Belley, St.-Dié et Nancy; il fait partie de la douzième conservation forestière; de la quatrième inspection des ponts-et-chaussées, dont le chef-lieu est Dijon, et de la quatrième division des mines, dont le chef-lieu est St.-Étienne; il possède 4 colléges, 1 école normale, et 530 écoles primaires.

DOUBS, vg. de Fr., Doubs, arr., cant. et poste de Pontarlier; papeterie; 375 hab.

DOUCELLES, vg. de Fr., Sarthe, arr. de Mamers, cant. et poste de Beaumont-sur-Sarthe; 370 hab.

DOUCERUE, ham. de Fr., Oise, com. de St.-Germer; 150 hab.

DOUCES, vg. de Fr., Maine-et-Loire, arr. de Saumur, cant. et poste de Doué; 780 hab.

DOUCEY, vg. de Fr., Marne, arr. de Vitry-le-Français, cant. et poste de Heilz-le-Maurupt; 230 hab.

DOUCHAPT, vg. de Fr., Dordogne, arr. et poste de Riberac, cant. de Montagrier; 650 hab.

DOUCH-EL-QUALA, b. dans la partie mérid. de l'oasis d'El-Khargeh, à l'O. de la Haute-Égypte, Afrique; source d'eau sulfureuse.

DOUCHETHI, v. de la Russie d'Asie, gouv. de la Géorgie; 1000 hab.

DOUCHY, vg. de Fr., Aisne, arr. de St.-Quentin, cant. de Vermand, poste de Ham; 340 hab.

DOUCHY, vg. de Fr., Loiret, arr. de Montargis, cant. et poste de Château-Renard; 1000 hab.

DOUCHY, vg. de Fr., Nord, arr. de Valenciennes, cant. et poste de Bouchain; 1420 hab.

DOUCHY-LES-AYETTE, vg. de Fr., Pas-de-Calais, arr. et poste d'Arras, cant. de Croisilles; 680 hab.

DOUCIER, vg. de Fr., Jura, arr. de Lons-le-Saulnier, cant. et poste de Clairvaux; 550 hab.

DOUCY, ham. de Fr., Seine-et-Marne, com. de Bellot; 200 hab.

DOUDEAUVILLE, vg. de Fr., Eure, arr. des Andelys, cant. et poste d'Etrepagny; 300 hab.

DOUDEAUVILLE, vg. de Fr., Pas-de-Calais, arr. de Boulogne-sur-Mer, cant. et poste de Samer; 620 hab.

DOUDEAUVILLE, vg. de Fr., Seine-Inférieure, arr. de Neufchâtel-en-Bray, cant. et poste de Gournay; 220 hab.

DOUDELAINVILLE, vg. de Fr. Somme, arr. et poste d'Abbeville, cant. d'Hallencourt; 550 hab.

DOUDEVILLE, b. de Fr., Seine-Inférieure, arr. et à 3 l. N. d'Yvetot, chef-lieu de canton et poste; 3310 hab.

DOUDRAC, vg. de Fr., Lot-et-Garonne, arr. de Villeneuve-sur-Lot, cant. et poste de Villeréal; 340 hab.

DOUÉ, *Doadum*, *Castellum Duodadi*, pet. v. de Fr., Maine-et-Loire, arr. et à 4 l. O.-S.-O. de Saumur et à 80 l. de Paris, chef-lieu de canton et poste; elle est située près de la rivière du Thouet, et remarquable par les ruines d'un édifice creusé dans le roc, et que l'on croit avoir été un amphithéâtre romain. On y remarque aussi les restes d'un vieux palais du roi Dagobert et une magnifique fontaine, qui passe pour une des plus belles de France. Dans les environs de cette ville on voit des grottes d'une grande étendue. Doué possède un collége communal et un hôpital; fabr. de chaux hydraulique; commerce de blé, bestiaux, toiles et fer; 2500 hab.

DOUE, vg. de Fr., Seine-et-Marne, arr. de Coulommiers, cant. et poste de Rebais; 1000 hab.

DOUÉE (la). *Voyez* LADOIX.

DOUELLE, vg. de Fr., Lot, arr. et poste de Cahors, cant. de Luzech; 1180 hab.

DOUET (le), ham. de Fr., Loire-Inférieure, com. de St.-Sébastien; 300 hab.

DOUET-ARTUS (le), vg. de Fr., Orne, arr. d'Argenton, cant. de Gacé, poste du Sap; 120 hab.

DOUGLAS, pet. v. des États-Unis de l'Amérique du Nord, état de Massachusetts, comté de Worcester; mines de fer; commerce de bois et de potasse; 2400 hab.

DOUGLAS, b. d'Écosse, comté de Lanerk, sur la rivière du même nom; important par son industrie cotonnière. C'est la patrie de la célèbre famille de Douglas; 2000 hab.

DOUGLAS, pet. v. d'Angleterre, dans l'île de Man, sur la baie du même nom. Son port est commode, sûr et bien défendu. Ses habitants, au nombre de 6000, s'adonnent à la navigation et à la pêche du hareng; elle est la résidence de l'évêque anglican de Sodor-et-Man.

DOUHET (le), vg. de Fr., Charente-Inférieure, arr., cant. et poste de Saintes; 1060 hab.

DOUI ou **DVI**, lac considérable du Darkulla, plateau peu connu, entre la partie méridionale de la Nigritie centrale et le grand désert Éthiopien.

DOUILLET, vg. de Fr., Sarthe, arr. de Mamers, cant. et poste de Fresnay-sur-Sarthe; 1140 hab.

DOUILLY, vg. de Fr., Somme, arr. de Péronne, cant. et poste de Ham; 530 hab.

DOUIRÉ ou **DOUARI**, **DOWNA**, pet. v. de la Nigritie occidentale, Afrique, sur la route de Djénny à Tombouctou.

DOULAINCOURT, vg. de Fr., Haute-Marne, arr. et à 6 l. S.-E. de Vassy, chef-lieu de canton, poste de Joinville; 820 hab.

DOULAIZE, vg. de Fr., Doubs, arr. de Besançon, cant. d'Amancey, poste de Quingey; 110 hab.

DOULAY, ham. de Fr., Creuse, com. d'Arfeuille-Châtain; 160 hab.

DOULÇAY, ham. de Fr., Loir-et-Cher, com. de Maray; 210 hab.

DOULCHARD (Saint-), vg. de Fr., Cher, arr. et poste de Bourges, cant. de Méhun-sur-Yèvre; 510 hab.

DOULCON, vg. de Fr., Meuse, arr. de Montmédy, cant. et poste de Dun-sur-Meuse; 230 hab.

DOULEVANT-LE-CHATEAU, gr. b. de Fr., Haute-Marne, arr., à 4 l. S. de Vassy et à 60 l. de Paris, chef-lieu de canton et poste; affineries et haut-fourneau; 700 hab. En 1814 ce bourg a été le théâtre de plusieurs combats. Napoléon y a établi deux fois son quartier-général.

DOULEVANT-LE-PETIT, vg. de Fr., Haute-Marne, arr., cant. et poste de Vassy; 50 hab.

DOULEZON, vg. de Fr., Gironde, arr. de Libourne, cant. de Pujols, poste de Castillon; 430 hab.

DOULIEU, vg. de Fr., Nord, com. d'Estaires; 1500 hab.

DOULLENS, *Donincum*, v. de Fr., Somme, chef-lieu d'arrondissement, à 7 1/2 l. N. d'Amiens, et à 38 l. de Paris; siége d'un tribunal de première instance et conservation des hypothèques; elle est située sur l'Authie et remarquable par sa citadelle, autrefois le boulevard de la Picardie, et servant aujourd'hui de prison politique. L'église St.-Martin est le seul édifice qui mérite d'être cité. Filat. hydraulique de coton à Rouval; papeterie à St.-Sulpice-lès-Doullens; fabr. d'huile, de sucre de betteraves et de toiles métalliques; entrepôt de toiles d'emballage, dont la fabrication est considérable dans l'arrondissement; commerce en grains, huiles, chanvre, lin, bestiaux. Foires: le 29 septembre et le premier mardi après le 11 novembre; 3912 h.

Doullens fut pris en 1567 par les protestants; les catholiques les en chassèrent l'année suivante; les Espagnols s'en emparèrent en 1595 et y commirent d'atroces cruautés.

DOULMAYRAC, ham. de Fr., Lot-et-Garonne, com. du Passage; 100 hab.

DOULON, vg. de Fr., Loire-Inférieure, arr. et poste de Nantes, cant. de Carquefou; 1420 hab.

DOUMASSIE ou **DOUMPASSIE**, pet. v. de la Haute-Guinée, Afrique, roy. de l'Achanti proprement dit; importante par l'industrie de ses habitants.

DOUMY, vg. de Fr., Basses-Pyrénées, arr. de Pau, cant. de Thèze, poste d'Auriac; 350 hab.

DOUNE, b. d'Écosse, comté de Perth, sur le Theat; fabriquait autrefois les meilleurs pistolets du royaume. Son industrie se borne aujourd'hui à la filature du twist; 3200 h.

DOUR, vg. du roy. de Belgique, prov. du Hainaut, arr. de Mons; mines de houille; 4600 hab.

DOURADA (Serra). *Voyez* MAR (Serra do).

DOURBES (les), vg. de Fr., Basses-Alpes, arr., cant. et poste de Digne; 310 hab.

DOURBIE (la), riv. de Fr., a sa source dans le dép. du Gard, cant. de Valleraugues: elle coule vers l'O. jusque dans le dép. de l'Aveyron, où elle se dirige vers le N.-O. et va se jeter dans le Tarn, un peu au-dessus de Milhau, après un cours de 13 l. dont 10 de flottage.

DOURBIES, vg. de Fr., Gard, arr. du Vigan, cant. de Trèves, poste de Nant; 980 hab.

DOURDAIN, vg. de Fr., Ille-et-Vilaine, arr. de Rennes, cant. et poste de Liffré; 1020 hab.

DOURDAN, *Dordanum*, v. de Fr., Seine-et-Oise, arr., à 6 l. S.-E. de Rambouillet et à 10 l. S.-O. de Paris, chef-lieu de canton et poste; elle est située dans une riante vallée sur la rivière d'Orge, et remarquable par un vieux château fort, bâti au sixième siècle par Gontran, roi d'Orléans et de Bourgogne. On y remarque aussi une belle église et de vastes halles couvertes, construite au treizième siècle par ordre de Louis VIII; fabr. de bas de laine et de coton, de calicot; manufactures d'impressions sur étoffes, à Grillon; filat. de laine et fabr. de bas de laine, à Villebrun; commerce de grains, laines, draps, bois. Cette ville est la patrie de La Bruyère (Jean de), célèbre auteur des *Caractères* (1639—1696); 2560 hab.

DOUR-D'HAL ou **DURCH-D'HAL**, vg. de Fr., Moselle, arr. de Sarreguemines, cant. et poste de St.-Avold; 320 hab.

DOURDOU (le), pet. riv. de Fr., a sa source dans le dép. du Tarn, à l'E. de Murat, coule dans une direction N.-N.-O., passe à Camarès, dans le dép. de l'Aveyron, et se jette dans le Tarn presque vis-à-vis le village de Broquiès, après 16 l. de cours.

DOURGES, vg. de Fr., Pas-de-Calais, arr. de Béthune, cant. et poste de Carvin; 1010 hab.

DOURGNES, b. de Fr., Tarn, arr., à 5 l. S.-S.-O. de Castres et à 185 l. de Paris; chef-lieu de canton et poste de Sorèze; fabr. d'étoffes de laine; engraissement de bétail; 2235 hab.

DOURIEZ, vg. de Fr., Pas-de-Calais, arr. de Montreuil-sur-Mer, cant. de Campagne-les-Hesdin, poste d'Hesdin; 590 hab.

DOURLERS, vg. de Fr., Nord, arr., cant. et poste d'Avesnes; fabr. de quincaillerie; marbres; 740 hab.

DOURN (le), vg. de Fr., Tarn, arr. d'Albi,

cant. et poste de Valence-en-Albigeois; 410 hab.

DOURNAC (la). *Voyez* LADORNAC.

DOURNAZAC, vg. de Fr., Haute-Vienne, arr. de Rochechouart, cant. de St.-Mathieu, poste de Chalus; hauts-fourneaux et affineries; 2310 hab.

DOURNIN-COMBARNAZAT (Saint-). *Voy.* DENIS-COMBARNAZAT (Saint-).

DOURNON, vg. de Fr., Jura, arr. de Poligny, cant. et poste de Salins; 280 hab.

DOURNON, ham. de Fr., Deux-Sèvres, com. de St.-Jouin-de-Marnes; 180 hab.

DOURO (Serra do). *Voyez* TABATINGA (Serra de).

DOURO. *Voyez* DUERO.

DOURS, vg. de Fr., Hautes-Pyrénées, arr. et poste de Tarbes, cant. de Pouyastruc; 220 hab.

DOUS, ham. de Fr., Basses-Pyrénées, com. de Gérouce; 120 hab.

DOUSSAIS, vg. de Fr., Vienne, arr. et poste de Châtellerault, cant. de Lencloitre; 760 hab.

DOUSSAS, ham. de Fr., Nièvre, com. de Cervon; 180 hab.

DOUST, le plus grand fleuve du Béloutchistan. Il est la continuation du Bahdak qui prend sa source dans le Sistan, traverse du N. au S. toute la vaste prov. de Mekran et se jette dans le golfe d'Oman.

DOUVE (la), riv. de Fr., a sa source non loin du vg. de Rauville, cant. de Briquebec, coule vers le S.-E. en passant près de St.-Sauveur-le-Vicomte, et s'embouche dans la Manche, après avoir mêlé ses eaux à celles de la Taute au-dessous de Carentan. Son cours est de 14 l. dont 6 de navigation.

DOUVIEUX, vg. de Fr., Somme, com. de Mouchy-Lagache; 160 hab.

DOUVILLE, vg. de Fr., Calvados, arr. de Pont-l'Évêque, cant. et poste de Dives; 350 hab.

DOUVILLE (Calvados). *Voyez* DONVILLE.

DOUVILLE, vg. de Fr., Dordogne, arr. de Bergerac, cant. de Villamblard, poste; 1000 hab.

DOUVILLE (sur l'Andelle), vg. de Fr., Eure, arr. des Andelys, cant. d'Écouis, poste de Pont-St.-Pierre; fabr. de draps; filat. de laine et de coton; 370 hab.

DOUVREND, vg. de Fr., Seine-Inférieure, arr. de Dieppe, cant. et poste d'Envermeu; 710 hab.

DOUVRES, vg. de Fr., Ain, arr. de Belley, cant. et poste d'Ambérieux; 670 hab.

DOUVRES, vg. de Fr., Calvados, arr. et à 3 l. N. de Caen, chef-lieu de canton et poste à la Délivrande; grand commerce de dentelles, chapelets, fleurs artificielles; dans le canton et sur le littoral, oignons, navets, haricots, légumes secs; 1616 hab.

DOUVRES, *Dubræ*, *Dubris*, v. d'Angleterre, comté de Kent, sur le Pas-de-Calais, dans une vallée profonde, entourée de rochers calcaires; elle nomme deux députés, est de médiocre étendue, très-ancienne et très-importante par ses fortifications. Son petit port sur la Manche est le passage ordinaire d'Angleterre en France; plusieurs bateaux à vapeur sont constamment employés pour le transport des nombreux voyageurs; 12,000 hab.

DOUVRIN-PRÈS-LA-BASSÉE, vg. de Fr., Pas-de-Calais, arr. de Béthune, cant. de Cambrin, poste de la Bassée; 1180 hab.

DOUX (le), riv. de Fr., a sa source dans le dép. de l'Ardèche, au-dessus du vg. de St.-Pierre-des-Macchabées; son cours est d'abord vers le S.-E. jusqu'à la Mastre; elle prend alors une direction N.-E. et va se jeter dans le Rhône au-dessus de Tournon, après 15 l. de cours.

DOUX, vg. de Fr., Ardennes, arr., cant. et poste de Réthel; 220 hab.

DOUX, vg. de Fr., Deux-Sèvres, arr. et poste de Parthenay, cant. de Thénezay; 430 hab.

DOUX-MARAIS, vg. de Fr., Calvados, arr. de Lizieux, cant. de Mezidon, poste de St.-Pierre-sur-Dives; 70 hab.

DOUXNOUX, vg. de Fr., Vosges, arr. et poste d'Épinal, cant. de Xertigny; 590 hab.

DOUY, vg. de Fr., Eure-et-Loir, arr. de Châteaudun, cant. et poste de Cloyes; 460 h.

DOUX-LA-BAMÉE, vg. de Fr., Seine-et-Marne, arr. de Meaux, cant. de Lizy, poste de May-en-Multien; 230 hab.

DOUZAINS, vg. de Fr., Lot-et-Garonne, arr. de Villeneuve-sur-Lot, cant. et poste de Castillonnès; 720 hab.

DOUZALBATS, ham. de Fr., Aveyron, com. de Thérondels; 150 hab.

DOUZAT, vg. de Fr., Charente, arr. et poste d'Angoulême, cant. d'Hiersac; 490 h.

DOUZE (la), *Dusa*, riv. de Fr., a sa source à peu de distance S.-E. du bourg d'Aignan, dép. du Gers; elle coule vers le N.-O. jusqu'à Roquefort, dép. des Landes; de là elle se dirige vers le S.-O. et se perd dans le Midou à Mont-de-Marsan, après un cours de 22 l. dont 6 de flottage.

DOUZENS, vg. de Fr., Aude, arr. de Carcassonne, cant. et poste de Capendu; 480 h.

DOUZEVIELLE, ham. de Fr., Landes, com. de St.-Justin; on y travaille le marbre; 460 hab.

DOUZIES, ham. de Fr., Nord, com. de Maubeuge; 450 hab.

DOUZILLAC, vg. de Fr., Dordogne, arr. de Riberac, cant. et poste de Neuvic; 1230 hab.

DOUZOULET, ham. de Fr., Aveyron, com. de Vabre; 220 hab.

DOUZY, vg. de Fr., Ardennes, arr. et poste de Sedan, com. de Mouzon; forges; 1155 hab.

DOVER ou **DOUVRES**, pet. v. des États-Unis de l'Amérique du Nord, état de Delaware, comté de Kent, sur le Jones-Creek, affluent du Delaware, dans une contrée très-malsaine. Cette ville, très-régulièrement bâtie, est la capitale de l'état de Delaware; siége du gouvernement, des tribunaux d'arrondissement et de l'Union, qui s'y tiennent alternativement avec New-Castle; commerce avec Philadelphie; 1100 h.

DOVER, pet. v. commerçante des États-Unis de l'Amérique du Nord, état de New-Jersey, comté de Monmouth, à l'embouchure du Toms et du Cidar, dans la baie de Barnegat; 2800 hab.

DOVER, pet. v. des États-Unis de l'Amérique du Nord, état de New-York, comté de Dutchess; agriculture; 3000 hab.

DOVER, v. des États-Unis de l'Amérique du Nord, état de New-Hampshire, comté de Strafford, dont elle est le chef-lieu, au confluent du Cochégo, du Back-River et de la Piscatagua; prison, banque; c'est la ville la plus industrieuse de l'état; 5500 hab.

DOVER (chef-lieu). *Voyez* STÉWART (comté).

DOVER-SWAMP. *Voyez* CRAWEN (comté).

DOVILLE, vg. de Fr., Manche, arr. de Coutances, cant. et poste de la Haye-du-Puits; 740 hab.

DOWLETABAD ou DEOGHIR. *Voyez* AHMEDNAGOR.

DOWN, comté d'Irlande, borné par les comtés d'Antrim, d'Armagh et de Louth, par la mer d'Irlande et la baie de Carlingford. Superficie 41 l. c. géogr. Son sol, quoique montagneux, est bien arrosé et assez fertile; il produit du blé, de l'avoine et une immense quantité de pommes de terre, qui forment la principale nourriture de ses habitants, la plupart très-pauvres; l'agriculture est négligée, mais l'éducation du bétail et des chevaux est assez florissante; on se livre aussi à la fabrication de la toile fine, de la mousseline et des étoffes de laine. On exporte de la toile, du fil, des étoffes de laine, de la poterie, du papier, des harengs, du bétail et de l'avoine; 200,000 hab.

DOWN ou DOWN-PATRIK, *Dunum*, v. d'Irlande, chef-lieu du comté de ce nom, sur un bras du lac de Strangford, nomme un député; siége de l'évêque anglican de Down-et-Connor. C'est une des villes les plus anciennes de l'Irlande; le martyr A. Patrick y est, dit-on, mort en 403; fabrication de toile; commerce de toile, de pommes de terre et de malt; source minérale de St.-Patrick; 5000 hab.

DOWNHAM, b. d'Angleterre, comté de Norfolk, sur l'Ouse; port; entrepôt principal du beurre de Cambridge; 1800 hab.

DOWNTON, pet. v. d'Angleterre, comté de Wilt, sur l'Avon méridional, nomme deux députés; passementeries, tanneries, papeteries; fabrication de malt et de literie; 2700 hab.

DOYE, vg. de Fr., Jura, arr. de Poligny, cant. de Nozeroy, poste de Champagnole; 230 hab.

DOYET, vg. de Fr., Allier, arr. de Montluçon, cant. et poste de Montmarault; 860 hab.

DOZULLÉ, b. de Fr., Calvados, arr. de Pont-l'Évêque, cant. de Dives, poste; 810 hab.

DRAC (le), riv. de Fr., a sa source dans les Alpes, dép. des Hautes-Alpes, au cant. d'Orcières. Cette rivière, célèbre par la rapidité fougueuse de son cours, coule vers l'O. jusqu'à St.-Bonnet; se dirigeant de là vers le N.-O., elle pénètre dans le dép. de l'Isère et se jette dans l'Isère près de Grenoble, après un cours de 30 l. Le Drac, dont les eaux causent souvent de grands dégâts dans la vallée qu'il arrose, entraîne des fragments de rochers de jaspe ou de marbre; il les arrondit et les réduit à la grandeur de cailloux, dont on choisit les plus beaux pour en faire divers bijoux de fantaisie.

DRACÉ, vg de Fr., Rhône, arr. de Villefranche-sur-Saône, cant. de Belleville-sur-Saône, poste de Romanèche; 830 hab.

DRACHÉ, vg. de Fr., Indre-et-Loire, arr. de Loches, cant. de la Haye-Descartes, poste de Ste.-Maure; 650 hab.

DRACHENBRONN, vg. de Fr., Bas-Rhin, arr. et poste de Wissembourg, cant. de Soultz-sous-Forêts; moulins; tuilerie; 640 h.

DRACUT, b. des États-Unis de l'Amérique du Nord, état de Massachusetts, comté de Middlesex, sur le Merrimac; 2200 hab.

DRACY, vg. de Fr., Yonne, arr. d'Auxerre, cant. et poste de Toucy; 560 hab.

DRACY-LE-FORT, vg. de Fr., Saône-et-Loire, arr. de Châlons-sur-Saône, cant. et poste de Givry; 640 hab.

DRACY-LES-COUCHES, vg. de Fr., Saône-et-Loire, arr. d'Autun, cant. et poste de Couches; 720 hab.

DRACY-LES-VITTEAUX, vg. de Fr., Côte-d'Or, arr. de Semur, cant. et poste de Vitteaux; 120 hab.

DRACY-SAINT-LOUP, vg. de Fr., Saône-et-Loire, arr., cant. et poste d'Autun; 600 h.

DRAGEY, vg. de Fr., Manche, arr. et poste d'Avranches, cant. de Sartilly; 890 hab.

DRAGOMESTRE, chef-lieu de l'eptarchie d'Acarnanie, dans la prov. grecque d'Acarnanie et d'Étolie; pêcheries importantes.

DRAGOMIRNA, **FONTINA-ALBA**, **KLIMOUTZ**, vgs. d'Autriche, gouv. de Moravie et Silésie, cer. de Czernowitz (Boukowine); habités par des Filippons, peuplade paisible, laborieuse et sobre, originaire de la Crimée, refugiée pour se soustraire au pillage des Tartares, sous le règne de Joseph II. Ils sont au nombre de 8000, appartiennent à l'église grecque et s'adonnent à la culture du chanvre et du lin et à la fabrication de cordages.

DRAGON (Boca du, bouches du Dragon), canal ou détroit de 2 l. de large, entre la Punta-de-Paria et la pointe N.-O. de l'île de Trinidad. Il a reçu son nom de Christophe Colomb qui le découvrit. Trois îles, qui s'élèvent dans ce canal, le divisent en quatre sounds. Les eaux se précipitent de ces quatre canaux ou bouches avec une telle impétuosité qu'on ne peut y entrer qu'avec un vent très-fort.

DRAGON-SWAMP. *Voy.* KING'S et QUEEN'S (comtés).

DRAGUEVILLE, ham. de Fr., Seine-Inférieure, com. de St.-Pierre-Benouville ; 170 hab.

DRAGUIGNAN, *Dracenæ*, v. de Fr., chef-lieu du dép. du Var, à 14 l. N.-E. de Toulon et à 227 l. S.-E. de Paris ; siége de tribunaux de première instance et de commerce ; direction des domaines, des contributions directes et indirectes, conservation des hypothèques et résidence d'un ingénieur en chef des ponts-et-chaussées ; elle est bien bâtie, située dans une campagne riante et fertile, et remarquable par la beauté de ses environs. Quoiqu'elle soit le chef-lieu, cette ville est loin d'être la plus importante du département ; elle ne doit cet honneur qu'à sa position centrale. Draguignan possède un collége, une société d'agriculture et de commerce, une bibliothèque publique, un médailler, un cabinet d'histoire naturelle et un beau jardin de botanique, qui forme une promenade des plus agréables. L'industrie de cette ville comprend la fabrication du drap, cuir, savon, sel de saturne ; distilleries ; filat. de soie ; grand commerce d'huile d'olives. Foires : 1er septembre, lundi de Pentecôte et 13 décembre ; 9800 hab.

C'est à Draguignan que les troubles de la Fronde durèrent le plus longtemps. Parmi les nombreuses victimes de cette guerre civile, on compte le maire de Draguignan qui périt assassiné.

DRAHEIM, pet. v. de Prusse, sur le lac de Dratzig ; cette ville fut autrefois la résidence d'une starostie polonaise de quelques lieues de circuit et a joué un rôle pendant le quinzième siècle, dans les guerres avec les chevaliers teutoniques ; engagée, en 1657, aux électeurs de Brandebourg, elle échut en propriété à la Prusse par le traité de Varsovie de 1773.

DRAIN, vg. de Fr., Maine-et-Loire, arr. de Beaupréau, cant. de Champtoceaux, poste d'Ancenis ; 1200 hab.

DRAIX, vg. de Fr., Basses-Alpes, arr. et poste de Digne, cant. de la Javie ; 180 hab.

DRAIZE, vg. de Fr., Ardennes, arr. de Réthel, cant. et poste de Chaumont-Porcien ; 390 hab.

DRAKENSTEIN, b. du dist. de Stellenbosch, dans la colonie du Cap, Afrique ; à environ 12 l. E. de la ville du Cap ; il est situé dans une grande et belle vallée qui fournit le meilleur vin de toute la colonie.

DRAMA, *Drabescus*, v. de Macédoine, importante par ses fabriques de calicot et de tabac, mais plus intéressante encore par sa proximité des ruines de Philippes, dans les champs de laquelle une célèbre bataille décida du sort de Rome ; dans cette ville s'éleva le premier temple chrétien en Europe. Saint Paul fut emprisonné à Drama.

DRAMANET, pet. v. de la Sénégambie, Afrique, au roy. de Gallam ; 4000 hab., la plupart Marabouts, trafiquent avec Tombouctou.

DRAMBON, vg. de Fr., Côte-d'Or, arr. de Dijon, cant. et poste de Pontaillier-sur-Saône ; forges ; haut-fourneau ; 420 hab.

DRAMBOURG, v. de Prusse, sur la Drage, prov. de Poméranie, rég. de Cœslin ; fabr. de draps et d'étoffes de laine ; tanneries ; distilleries ; 2700 hab.

DRAMELAY, vg. de Fr., Jura, arr. de Lons-le-Saulnier, cant. et poste d'Arinthod ; 280 hab.

DRAMMEN, une des principales villes marchandes du roy. de Norwège, bge de Buskerud, et composée de trois bourgades distinctes : Bragernæs, sur la rive septentrionale, Stromsœ et Tangen, sur la rive opposée du Drammen, dans le golfe du même nom, à 4 l. S.-O. de Christiania. C'est le plus grand entrepôt de planches, et elle a un port très-fréquenté ; 5500 hab.

DRAMMEN (le), fl. de Norwège, sort du lac Tyrisfjord et se jette dans la branche occidentale du golfe de Christiania, appelée Drammensfiera.

DRANCY (le Grand-), vg. de Fr., Seine, arr. de St.-Denis, cant. de Pantin, poste du Bourget ; 260 hab.

DRANGIANA, g. a., contrée de Perse, était borné à l'E. par le Paropamisus Mons, au N. par les Sariphi Montes et l'Aria, à l'O. par le Parætacene et la Carmanie et au S. par l'Arachosie, embrassait les provinces actuelles de Sedschestan et de Sistan, dans le Kabulistan.

DRANSFELD, v. du duché de Gœttingue, roy. et gouv. de Hanovre ; 1300 hab.

DRASSENMARKT ou DERECSKE, ALSO-RENOCZ, ALSO-RAMOCZ, b. de Hongrie, cer. au-delà du Danube ; 800 hab.

DRAVE (Drau), *Dravus*, affluent de droite du Danube, reçoit la Mur, l'Isl, la Moll, la Gurk et le Savant à la gauche ; la Gail, la Karaczicza et la Bednya à la droite. La Drave sort d'un lac de la vallée de Puster, dans le Tyrol oriental, devient navigable à Villach et se jette dans le Danube, au-dessus d'Eszeck (Essec), après un cours de 138 l. ; sa largeur est de 400 à 1000 pieds.

DRAVEGNY, vg. de Fr., Aisne, arr. de Château-Thierry, cant. et poste de Fère-en-Tardenois ; 350 hab.

DRAVEIL, vg. de Fr., Seine-et-Oise, arr. de Corbeil, cant. de Boissy-St.-Léger, poste de Villeneuve-St.-Georges ; sucrerie indigène ; 1380 hab.

DRAYTON, pet. v. d'Angleterre, comté de Shrop, sur le Tearne ; école latine, bibliothèque publique, société économique ; 3400 hab.

DREBKAU, v. de Prusse, prov. de Brandebourg, rég. de Francfort ; fabr. de toiles de lin ; distilleries ; brasseries ; 1000 hab.

DRECHINGEN. *Voyez* DROGNY.

DRÉE, vg. de Fr., Côte-d'Or, arr. de Dijon, cant. et poste de Sombernon; 190 h.

DREFFÉAC, vg. de Fr., Loire-Inférieure, arr. de Savenay, cant. de St.-Gildas-des-Bois, poste de Pont-Château; 620 hab.

DREGELFALVA, vg. de Hongrie, cer. en-deçà du Danube, comitat de Honth, avec un château fort. Dans le voisinage on trouve des roches de grenats.

DREISSIGACKER, pet. v. de 300 âmes, située sur une montagne, dans le duché de Saxe-Meiningen-Hildburghausen; célèbre par son école forestière et d'économie rurale.

DREMIL-LAFAGE, vg. de Fr., Haute-Garonne, arr., cant. et poste de Toulouse; 490 hab.

DRENNEC (le), vg. de Fr., Finistère, arr. de Brest, cant. de Plabennec, poste de Lesneven; 580 hab.

DRENGFURT, v. des états prussiens, prov. de Prusse, rég. de Kœnigsberg, sur l'Omet; fabr. de toiles de lin; teintureries; 1600 h.

DRENTHE, prov. du roy. de Hollande, bornée au N. et au N.-O. par la prov. de Grœningue, à l'E. par le roy. de Hanovre, au S. et au S.-O. par la prov. d'Overyssel et au N.-O. par la Frise. Sa superficie est de 37 milles c. Le pays, quoique plus élevé que les prov. de Frise et de Grœningue, ne présente qu'une grande plaine dont l'uniformité est variée à de rares intervalles par quelques bocages et des collines de sable. Le pays est couvert de prairies, de marécages et de landes. On convertit en champs, que l'on ensemence de blé noir, les marais dont la tourbe a été exploitée, et des parties de landes, en brûlant la fougère qui les couvre et dont les cendres servent d'engrais. Les environs d'Assen surtout renferment de belles terres de labour et de riches pâturages. Le climat est humide, mais sain, à l'exception des contrées marécageuses. La province produit les animaux domestiques ordinaires, de la volaille, des abeilles; du blé noir et du seigle, des fruits, des légumes secs, des pommes de terre, des graines oléagineuses, du lin, du houblon, de la tourbe, peu de bois et de la terre de potier. Les chevaux n'y réussissent pas. L'éducation des porcs et des brebis prospère, mais la laine des dernières est grossière. L'industrie se réduit au tissage de gros draps et de toiles, la ville de Meppel seule possède une fabrique de bleu de Prusse. L'exportation consiste en bestiaux, cuirs, laine, cire, miel, beurre, fromages, bleu de Prusse et tourbes. La population, qui appartient en grande majorité au culte réformé, est de 67,230 âmes, et se trouve distribuée dans 3 villes et 37 villages. Les habitants vivent sobrement; ils sont robustes, peu sujets aux maladies et atteignent ordinairement un grand âge; les laitages et les pâtes forment leur nourriture principale, le lard et les pommes de terre sont leurs mets favoris. Les habitations, quoique propres, sont de la plus grande simplicité; elles sont la plupart couvertes de chaume, de roseaux et de fougère, divisées en deux compartiments, et servent de retraite d'hiver aux hommes et aux bestiaux; au milieu se trouve un foyer sans cheminée. Ces constructions se perfectionnent cependant peu à peu.

Cette province, qui a pour chef-lieu Assen, est la dix-septième dans les états-généraux; elle ne contient qu'un seul district, représenté par un député, et se trouve sous la juridiction supérieure de La Haye.

DREPANO (le cap), dans la Romélie, est un des points où se termine la chaîne des montagnes de Macédoine.

DRESDE, capitale du roy. de Saxe, se trouve dans le cer. de Misnie, sous 51° 2′ 54″ lat. sept. et 11° 21′ 45″ long. orient., située sur l'Elbe, au confluent de la Weisseritz, dans une vallée délicieuse, à 260 l. N.-E. de Paris; elle est une des plus belles villes de l'Allemagne. Elle se compose de l'ancienne et de la nouvelle ville et de la ville de Frédéric: les deux premières, situées l'une sur la rive gauche et l'autre sur la rive droite de l'Elbe, sont réunies par un pont magnifique, composé de seize arches; la ville de Frédéric est bâtie, ainsi que l'ancienne ville, sur la rive gauche de l'Elbe, mais au-delà de la Weisseritz. Dresde renferme des rues droites et larges, parmi lesquelles on distingue surtout la rue Maurice, de belles avenues, de jolies maisons et une foule d'édifices remarquables. Elle possède dix-huit églises, parmi lesquelles on admire l'église catholique, bâtie de 1737 à 1751 (elle est un chef-d'œuvre d'architecture et une des plus belles églises de l'Allemagne), la tour a 303 pieds d'élévation; l'église Notre-Dame, avec une double coupole, bâtie sur le modèle de celle de St.-Pierre à Rome et formant la tour qui est haute de 388 pieds; l'église de Ste.-Sophie et celle de Ste.-Croix. Les autres édifices les plus remarquables sont: le palais royal, dans l'ancienne ville, remarquable par son étendue et la richesse de ses appartements; mais non par sa beauté extérieure; le palais des princes, qui renferme une belle chapelle; le Zwinger, superbe édifice, formé de six pavillons qui occupent un espace de 250 pieds de longueur sur 170 de largeur, embelli par des jets d'eau et une vaste orangerie; l'Augusteum, auparavant appelé le palais hollando-japonais, demeure du roi actuel avant son avènement au trône; le palais du prince Maximilien; l'hôtel des états provinciaux; l'hôtel de ville; l'hôtel de la chancellerie; l'opéra, vaste bâtiment attenant au palais du roi; le bâtiment de l'académie de chirurgie et de médecine; celui de la fonderie; l'arsenal; le nouveau corps de garde principal; enfin les palais de Schœnburg, de Reuss, de Carlowitz, de Courlande, de Riesch, de Loss, de Cosel, de Walwitz et particulièrement celui de Marcolini. Après les édifices, nous nommerons la célèbre bibliothèque royale qui se trouve dans l'Augusteum, composée de 220,000 volumes, de 2700 manuscrits et de 150,000 petites brochures; la galerie de tableaux, une des plus riches et des plus belles de l'Europe, et qui renferme surtout de nombreux chefs-d'œuvre de l'école flamande et de l'école italienne; les collections d'histoire naturelle, de minéralogie, d'instruments de physique et de mathématiques, de gravures, de dessins et d'autres objets d'art, réunis dans le Zwinger; les magnifiques collections de porcelaines de Chine, du Japon, de Sèvres et de Meissen, d'antiquités, de médailles, de statues, que l'on voit également dans l'Augusteum; enfin les collections de raretés et d'objets d'arts, d'armes et particulièrement de pierres précieuses, qu'on voit dans le palais du roi.

Dresde possède un grand nombre d'établissements scientifiques, littéraires et de bienfaisance; nous devons nommer le gymnase (Kreuzschule); l'académie des arts, avec une école d'architecture; l'académie de chirurgie et de médecine, fondée en 1816; l'école normale; les écoles du génie militaire et de l'artillerie; celle des cadets; l'institut des aveugles, etc.; et, parmi ses nombreuses sociétés savantes, celle d'histoire naturelle et de médecine; la société minéralogique; la société de Flore; la société économique; la société pour la recherche et la conservation des antiquités saxonnes.

La capitale du roy. de Saxe, remarquable sous tous ces rapports, n'est pas moins importante par son industrie qui a surtout pour objets ses soieries, les étoffes de laine, les cuirs, les ouvrages d'orfèvrerie, les tapis, la cire, les maccaronis, la céruse, les objets et particulièrement les chapeaux de paille, les fleurs artificielles, les couleurs, les instruments de chirurgie, de musique et de mathématiques, les voitures, etc. Son commerce est très-considérable et favorisé par la navigation libre sur l'Elbe; il s'y tient une foire pour les laines.

Les environs de Dresde sont renommés pour leur beauté; ils renferment une foule de superbes jardins, parmi lesquels on distingue le grand jardin, long de 2500 pieds et auquel est attenante une pépinière modèle d'arbres fruitiers; l'orangerie; le jardin Marcolini; le jardin Bruhlsch, etc. On y admire aussi les bains de Link, sur les bords de l'Elbe.

Dresde fut défendue en 1813 par une partie de l'armée française qui lutta depuis le 24 jusqu'au 27 août contre des forces bien supérieures et finit par remporter sur elles une glorieuse victoire.

Dresde est la patrie du poëte Kœrner (1791—1812), du célèbre comte N.-L. de Zinzendorf, fondateur de la secte des Herrnhuter, et du romancier Schilling (1766—1839).

DRESDEN, pet. v. des États-Unis de l'Amérique du Nord, état du Maine, comté de Lincoln; 2300 hab.

DRESLINCOURT, vg. de Fr., Oise, arr. de Compiègne, cant. et poste de Ribecourt; 610 hab.

DRESLINCOURT, vg. de Fr., Somme, arr. de Montdidier, cant. de Roye, poste de Nesle; 50 hab.

DREUIL-HAMEL, vg. de Fr., Somme, arr. d'Abbeville, cant. d'Hallancourt, poste d'Airaines; 410 hab.

DREUIL-LES-AMIENS, vg. de Fr., Somme, arr., cant. et poste d'Amiens; 380 hab.

DREUIL-LÈS-MOLLIENS, vg. de Fr., Somme, arr. d'Amiens, cant. de Molliens-Vidame, poste de Picquigny; 70 hab.

DREUILH, ham. de Fr., Haute-Garonne, com. de Revel; 190 hab.

DREUILLE ou **DRUILHE**, vg. de Fr., Ariège, arr. de Foix, cant. et poste de Lavelanet; 170 hab.

DREUX, *Drocæ*, *Drocum*, v. de Fr., Eure-et-Loir, chef-lieu d'arrondissement, à 8 l. N.-N.-O. de Chartres et à 20 l. de Paris; siège de tribunaux de première instance et de commerce, conservation des hypothèques et direction des contributions indirectes. Elle est agréablement située sur la Blaise, dont plusieurs bras traversent la ville; ses rues sont propres et les maisons bien bâties; mais elle n'a rien de bien remarquable. L'hôtel de ville, la cathédrale et l'hôpital méritent cependant d'être cités. Cette ville renferme des tanneries, dont les produits sont très-estimés. Commerce de grains, de bestiaux et de cuirs. Foires les 1er septembre, 9 octobre et le lundi de pentecôte; 6861 h.

Dreux, dont la fondation remonte, dit-on, à l'époque de l'invasion romaine, était un des principaux sièges du druidisme. Elle eut plus tard des comtes particuliers. Vers la fin du douzième siècle, Dreux fut brûlé par les Anglais. Au seizième siècle ce comté devint l'apanage de Catherine de Médicis, et, quelques années après, celui du duc d'Alençon, en faveur duquel Dreux fut érigée en duché-pairie. C'est dans les environs de cette ville qu'eut lieu, en 1562, la bataille où fut défaite l'armée des protestants commandée par le prince de Condé, qui tomba au pouvoir des catholiques. Henri IV assiégea et prit Dreux en 1593.

DREVAIN, ham. de Fr., Saône-et-Loire, com. de St.-Pierre-de-Varennes; 120 hab.

DREVANT, vg. de Fr., Cher, arr., cant. et poste de St.-Amand-Mont-Rond; 200 hab.

DREVIN ou **DRUIN**, pet. v. maritime de la Haute-Guinée, Afrique, sur la côte des Dents et à l'embouchure de la rivière de St.-André, non loin du Cabo-da-Raynha, à 30 l. N.-E. de Bassa.

DREWENZ, riv. de Prusse, traverse le lac de même nom et se jette dans la Vistule, au-dessus de Thorn.

DRÉZÉRY (Saint-), vg. de Fr., Hérault, arr. de Montpellier, cant. de Castries, poste de Lunel; 320 hab.

DRIBOURG, pet. v. de Prusse, sur l'Aa, au pied d'une montagne, prov. de Westphalie, rég. de Minden; commerce de verrerie. A un quart de lieue de la ville, au milieu d'une vallée romantique, jaillit une source ferrugineuse, fréquentée annuellement par plus de 600 personnes.

DRICOURT, ham. de Fr., Ardennes, com. de Pauvres; 60 hab.

DRIENCOURT, vg. de Fr., Somme, arr. et poste de Péronne, cant. de Roisel; 490 hab.

DRIESEN, v. de Prusse, avec un château, prov. de Brandebourg, rég. de Francfort, située entre la Netze et des marais formés par cette rivière; célèbre dans les guerres entre les Polonais et les ducs de Stettin; fabr. de toiles, tanneries, distilleries; navigation active sur la Netze; 3100 hab.

DRIGNAC, vg. de Fr., Cantal, arr. et poste de Mauriac, cant. de Pléaux; 260 hab.

DRIGOUTTE, ham. de Fr., Vosges, com. de Lusse; 100 hab.

DRIN (le), *Garadrina*, fl. de l'emp. ottoman; il est formé par deux branches, dont l'une, le Drin-Noir, sort du lac d'Ochreida, et dont l'autre, le Drin-Blanc, vient du N. et descend des Alpes Dinariques. Après avoir parcouru la Haute-Albanie, ce fleuve se jette dans le golfe de Drin, formé par la mer Adriatique.

DRINA (la), *Drinus*, riv. de l'emp. ottoman; elle arrose la principauté de Servie, la Bosnie, et se jette dans la Save, affluent du Danube.

DRINGHAM, vg. de Fr., Nord, arr. de Dunkerque, cant. et poste de Bourbourg; 250 hab.

DRISSA, pet. v. de la Russie occidentale, chef-lieu d'un cercle du gouv. de Witebsk, située au confluent de la Drissa et de la Duna.

DRISTRA. *Voyez* SILISTRIE.

DROCOURT, vg. de Fr., Pas-de-Calais, arr. d'Arras, cant. de Vimy, poste de Lens; 220 hab.

DROCOURT, vg. de Fr., Seine-et-Oise, arr. et poste de Mantes, cant. de Limay; 250 hab.

DRŒBAK, b. du bge d'Aggerhuus, roy. de Norwège; a un bon port sur la côte orientale du golfe de Christiania; commerce assez actif; 1600 hab.

DROGHEDA ou TREDAH, *Droghdæa, Pontana*, v. d'Irlande, comté de Louth, nomme un député. Elle est située à l'embouchure du Boyne, bien bâtie et possède un bon port; commerce très-actif en grains et toile; fabrication de toile; brasseries et distilleries très-estimées. A un quart de lieue, sur un rocher, on voit l'obélisque Olbridge, érigé en mémoire d'une victoire remportée sur l'armée du roi Jacques II par Guillaume III en 1690; 18,000 hab.

DROGHEDA (canal de), canal d'Irlande, longe le Boyne jusqu'à Trim, dans les comtés d'East-Meath et de Louth; il ouvre une communication entre Drogheda et Dublin.

DROGNY ou DRECHINGEN, ham. de Fr., Moselle, com. de Piblange; 110 hab.

DROHICYN, pet. v. de la Russie occidentale, située sur le Bug, chef-lieu d'un cercle dans la prov. de Bialystok; 1000 hab.

DROHOBICZ, v. du roy. de Galicie, cer. de Sambor, sur le Tismenica, la troisième ville du royaume; importante par les riches salines qui se trouvent dans son voisinage; belle église gothique. Ses habitants sont très-actifs et commerçants; ses marchés pour les grains et le bétail sont très-fréquentés; 12,000 hab.

DROISELLE, ham. de Fr., Oise, com. de Versigny; 120 hab.

DROISY, vg. de Fr., Eure, arr. d'Évreux, cant. et poste de Nonancourt; 410 hab.

DROITECOURS (Eure). *Voyez* SERIFONTAINE.

DROITEVAL, ham. de Fr., Vosges, com. de Claudon; forges; 45 hab.

DROITFONTAINE, vg. de Fr., Doubs, arr. de Montbéliard, cant. de Maiche, poste de St.-Hippolyte; 120 hab.

DROITURIER, vg. de Fr., Allier, arr. et poste de la Palisse, cant. de Mayet-de-Montagne; 810 hab.

DROITWICH, pet. v. d'Angleterre, comté de Dorcester, sur la Salwarp et le canal de Dorcester; nomme deux députés; importante par ses sources salées, beaucoup plus riches que celles de Namptwich, et dont le produit annuel est estimé à plus de 3 millions de francs; 2200 hab.

DROITWICH (canal de), en Angleterre, va de la Severn aux salines de Droitwich; c'est peut être, sur tout le globe, le seul canal qui soit alimenté par des sources d'eau salée.

DROIZY, vg. de Fr., Aisne, arr. de Soissons, cant. et poste d'Oulchy; 130 hab.

DROM, vg. de Fr., Ain, arr. et poste de Bourg-en-Bresse, cant. de Ceyzeriat; 450 h.

DROME (la), riv. de Fr., a sa source dans les montagnes qui bornent le dép. des Hautes-Alpes du côté de celui de la Drôme, au S.-E. du vg. de Charens, cant. de Luc-en-Diois; elle coule du S. au N. jusqu'à Die, d'où elle prend une direction d'abord vers l'O. puis vers le S., en formant un arc sinueux jusqu'à Saillans; continuant alors son cours vers l'O., elle va se jeter dans le Rhône à peu de distance au-dessous de la Voulte, petite ville située sur l'autre rive du Rhône, dans le dép. de l'Ardèche. Cette rivière a un cours de 27 l. dont 17 de flottage; elle forme, dans la vallée qui porte son nom, deux lacs séparés par une chaussée naturelle.

DROME (dép. de la), en France, situé dans la région S.-E., est formé par une partie du Dauphiné; il a pour limites: au N. le dép. de l'Isère, à l'E. ceux de l'Isère et des Hautes-Alpes, au S. les dép. des Basses-Alpes et de Vaucluse, à l'O. celui de l'Ardèche; sa superficie est de 653,557 hectares et sa pop. de 305,499 hab.

Ce pays est couvert presque en entier de montagnes qui s'élèvent graduellement de l'O. à l'E.; ce sont les dernières ramifications de celles des Alpes, et dont la hauteur moyenne est de 12 à 1500 mètres; les points les plus élevés, le Garde-Gros, le St.-Jaume, le mont Penet, le Venaus, se trouvent dans la région orientale du département et sont de formation granitique; les autres s'abaissent vers le Rhône et sont de nature calcaire et argileuse.

Le Rhône, fleuve principal du département, se dirige du N. au S. et sépare le département de celui de l'Ardèche; tous les cours d'eau du département se rendent dans ce fleuve; les affluents les plus considérables, après l'Isère et la Drôme, sont l'Argentel, le Galaure, le Roubion et la Berre. La Drôme, qui donne son nom au département, a sa source dans le département même; elle forme plusieurs lacs, traverse la vallée la plus riche et la plus productive du pays, reçoit la Riberre et le Chautemerle, et se jette, près de Livron, dans le Rhône. L'Isère sort du département du même nom, traverse la partie septentrionale de celui de la Drôme et se jette dans le Rhône, près de Tournon. Ses affluents sont le Bourne, le Chaluet et le Herbasse. L'Aigues, la Dez et l'Ouvèze ont leurs sources dans le département et se rendent dans celui de Vaucluse.

Ce département peut se diviser, du N. au S., en deux régions bien distinctes: la première, plaine large de 2 à 3 l. et laborieusement cultivée, borde le Rhône et finit à l'E. aux montagnes qui forment la seconde région. Elle s'élève en amphithéâtre vers l'orient, couverte de pâturages et de forêts, renfermant des vallées froides, aux communications difficiles, et le tout dominé par des cimes presque toujours couvertes de neige. Le climat est nécessairement rude et froid dans cette partie du pays, tandis que dans la plaine c'est celui du midi de la France.

Ce département offre une grande variété de culture et de produits; sa récolte en céréales n'est pas suffisante, mais le maïs, les légumes, les mûriers, les olives, les châtaignes, les amandes, les noix, le chanvre, la garance compensent et au-delà cette insuffisance. Le principal produit territorial est le vin; plusieurs de ses crûs sont très-recherchés et expédiés au loin; parmi les vins rouges nous citerons ceux de l'Hermitage, de Gervant et de Mercurol; les vins blancs les plus estimés sont ceux de Merceurol, de Chanos-Curson et la Clairette de Die. La récolte moyenne annuelle des vins fins rouges et blancs de l'Hermitage est évaluée à 2520 hectolitres. De grandes et belles forêts couvrent à peu près la cinquième partie de la superficie du département; les essences qui dominent sont le sapin, le hêtre, le bouleau. Une partie assez considérable du département est couverte de landes.

Les richesses minérales sont variées et nombreuses; il possède quelques mines de fer, dont la plus considérable est située dans les montagnes de Bouvante; des mines de cuivre dans les monts St.-Julien et à Luz, des mines de plomb dans plusieurs localités; on rencontre, surtout dans ces dernières des traces d'or et d'argent. A ces sources de richesses souterraines on doit ajouter des carrières de granit, d'albâtre, de marbre blanc strié de rouge, de cristaux magnifiques; on y trouve de la pouzzolane, du basalte, du sulfate de fer, du silex pyromaque et du sable dont on se sert pour la fabrication du verre, des carrières de pierres à bâtir, de pierres meulières, de craie, d'argile, de plâtre et des tourbières.

Parmi les animaux domestiques, les plus nombreux sont les moutons, on en compte 600,000, et ce chiffre s'élève encore en été par la présence des troupeaux transhumants; les chevaux, les mulets et les ânes sont assez nombreux; la race bovine, moins nombreuse, s'élève à 15,000 têtes; le pays est riche en gibier de toute espèce; dans les montagnes on rencontre l'ours, le loup, le sanglier, rarement le chamois; sur les bords des lacs et des étangs on trouve des loutres, quelques castors et quelques tortues; les rivières y sont très-poissonneuses; on élève en grand l'abeille et le ver à soie.

L'industrie de ce département est aussi variée que ses produits. On trouve des fabriques d'étoffes de laine, de ratine, de sergette; des filatures de coton et de soie, des manufactures d'étoffes de soie, des papeteries, des teintureries, des corderies, des tanneries; la bonneterie et la ganterie de Valence, des fabriques d'huile de noix et d'olive, des distilleries, quelques forges et hauts-fourneaux, des usines pour la fabrication de l'acier et du cuivre, des fabriques de produits chimiques, celle du blanc de céruse de la Roche-de-Glun; de nombreux fours à chaux et à plâtre, des corderies, etc.

Le commerce est surtout alimenté par l'exportation du vin, de la soie, de l'huile d'olives, de ses produits manufacturiers; l'établissement d'un canal latéral au Rhône serait d'une immense utilité pour ce département.

Il est divisé en 4 arrondissement, 28 cantons et 359 communes. Les chefs-lieux d'arrondissements sont:

Valence . . .	10 cant.	101 com.	138,546 h.
Die	9 »	116 »	66,787 »
Montélimart .	5 »	68 »	64,612 »
Nyons	4 »	74 »	35,554 »
	28 cant.	359 com.	305,499 h.

Le département nomme quatre députés,

fait partie de la septième division militaire, dont le quartier-général est à Lyon; il est du ressort de l'académie et de la cour royale de Grenoble, du diocèse de Valence, suffragant de l'archevêché d'Avignon; il fait partie de la quatorzième conservation forestière, de la sixième inspection des ponts-et-chaussées, dont le chef-lieu est Avignon; de la quatrième division des mines, dont le chef-lieu est St.-Étienne. Il a 3 colléges, une école normale protestante, 3 écoles supérieures et 541 écoles primaires.

DROMERA ou **DROMOUA**, b. maritime de la côte des Dents, dans la Haute-Guinée, Afrique, entre Drouin et Kotrou.

DROMESNIL, vg. de Fr., Somme, arr. d'Amiens, cant. d'Hornoy, poste d'Airaines; 420 hab.

DROMONT-SAINT-GÉNIÉS (Basses-Alpes). *Voyez* GÉNIÉS (Saint-).

DROMORE, b. des États-Unis de l'Amérique du Nord, état de Pensylvanie, comté de Lancaster, sur le Conéwago, poste; 2200 hab.

DROMORE, pet. v. d'Irlande, comté de Down, sur le Lagan, siége d'un évêque anglican et d'un évêque catholique : le premier y a son palais.

DRONERO, *Draconerium*, v. du roy. de Sardaigne, intendance-générale de Cunéo; commerce et tissage de laine; 6400 hab.

DRONNE (la), riv. de Fr., a sa source dans le dép. de la Haute-Vienne, au S.-E. du vg. de St.-Hilaire, cant. de Chalus; elle traverse du N. au S.-O. la partie septentrionale du dép. de la Dordogne, en passant par St.-Pardoux, Brantôme, Bourdeille, Riberac et St.-Aulaye; pénétrant de là dans le dép. de la Gironde, elle passe à Coutras et réunit ses eaux, près de Guitres, à celles de l'Isle, affluent de droite de la Dordogne, après 30 l. de cours. La Dronne n'est navigable que sur une longueur de 3 l. environ.

DRONTHEIM, *Nidrosia* (en norwégien *Trondhiem*), v. chef-lieu du bge de Sœndre-Trondhiem, dans le roy. de Norwège, dont elle est une des principales villes industrielles et commerçantes; elle est le siége d'un évêché et la résidence du stiftamtmann de la division judiciaire de Drontheim; elle est située sur la Nid et sur le golfe de Drontheim, qui lui forme un vaste port; ses environs sont très-pittoresques. Placée sous 63° 25′ 47″ de lat. sept. et sous 8° 3′ 51″ de long., à 180 l. N.-O. de Stockholm, à 127 l. N. de Christiania et à 150 l. N.-E. de Bergen, elle a un climat rude et froid; elle n'est bâtie qu'en bois. Elle possède un collége, une académie royale des sciences, un cabinet d'histoire naturelle, une bibliothèque assez considérable, un séminaire pour l'instruction des Lapons, etc.; elle est l'entrepôt du cuivre des mines de Rœraas; 12,000 hab.

Drontheim était autrefois la résidence des rois norwégiens; c'est encore là qu'ils sont couronnés dans la cathédrale de St.-Olof. Pris par les Suédois en 1658, et repris par les Danois, la même année, il fut cédé au Danemark par le traité de Copenhague, en 1660, et rendu plus tard à la Suède. La magnifique cathédrale de Drontheim, qui devint la proie d'un incendie en 1719, fut pendant plusieurs siècles un but de pèlerinage fameux dans tout le Nord.

DROPT (la), riv. de Fr., a sa source dans le dép. de la Dordogne, près du vg. de Capdrot, cant. de Monpazier; elle coule de l'E. à l'O., passe par Eymet, puis, traversant l'extrémité la plus septentrionale du dép. de Lot-et-Garonne, elle pénètre dans celui de la Gironde, où elle se jette dans la Garonne, au-dessous de la Réole, après un cours de 33 l.

DROSAY, vg. de Fr., Seine-Inférieure, arr. d'Yvetot, cant. et poste de St.-Valery-en-Caux; 730 hab.

DROSNAY, vg. de Fr., Marne, arr. de Vitry-le-Français, cant. et poste de St.-Remy-en-Bouzemont; 460 hab.

DROSSEN, v. de Prusse, dans une contrée marécageuse sur la Lenze, prov. de Brandebourg, rég. de Francfort; manufactures d'étoffes de laine, de toiles, de bas, de chapeaux; filat.; tanneries; poteries; 3500 hab.

DROTNINGHOLM, le plus beau château royal de Suède; se trouve dans le gouv. de Stockholm et sur l'île Lofœ dans le lac Méarn; construit sur le modèle du château de Versailles, il offre surtout des promenades, des jardins et des pièces d'eau remarquables.

DROUE, vg. de Fr., Eure-et-Loir, arr. de Chartres, cant. de Maintenon, poste d'Épernon; 220 hab.

DROUÉ, b. de Fr., Loir-et-Cher, arr. et à 7 l. N. de Vendôme, chef-lieu de canton, poste de la Ville-aux-Clercs; 1020 hab.

DROUGES, vg. de Fr., Ille-et-Vilaine, arr. de Vitré, cant. et poste de la Guerche; 1040 hab.

DROUIA, v. de la Russie d'Europe, gouv. de Minsk; 3000 hab.

DROUILLE, ham. de Fr., Creuse, com. de St.-Eloy; 65 hab.

DROUILLY, Marne, arr., cant. et poste de Vitry-le-Français; 160 hab.

DROUPT-SAINT-BASLE, vg. de Fr., Aube, arr. d'Arcis-sur-Aube, cant. et poste de Méry-sur-Seine; 580 hab.

DROUPT-SAINTE-MARIE, vg. de Fr., arr. d'Arcis-sur-Aube, cant. et poste de Méry-sur-Seine; 350 hab.

DROUVILLE, vg. de Fr., Meurthe, arr., cant. et poste de Lunéville; 360 hab.

DROUVIN-PRÈS-BÉTHUNE, vg. de Fr., Pas-de-Calais, arr. et poste de Béthune, cant. d'Houdain; 180 hab.

DROUX, ham. de Fr., Saône-et-Loire, com. de Sevrey; 350 hab.

DROUX, vg. de Fr., Haute-Vienne, arr. de Bellac, cant. et poste de Magnac-Laval; 1240 hab.

DROYES, vg. de Fr., Haute-Marne, arr. de Vassy, cant. et poste de Montiérender ; 980 hab.

DRUBEC, vg. de Fr., Calvados, arr., cant. et poste de Pont-l'Évêque ; 260 hab.

DRUCAT, vg. de Fr., Somme, arr., cant. et poste d'Abbeville ; 640 hab.

DRUCOURT vg. de Fr., Eure, arr. de Bernay, cant. et poste de Thiberville ; fabr. de rubans retors en fil, percale et coton ; 1320 hab.

DRUDAS, vg. de Fr., Haute-Garonne, arr. de Toulouse, cant. de Cadours, poste de Puységur ; 590 hab.

DRUELLE, ham. de Fr., Aveyron, com. de Vors-de-Rhodez ; 140 hab.

DRUFDALE, b. d'Écosse, comté de Dumfries, sur l'Annan ; 2000 hab.

DRUGEAC, vg. de Fr., Cantal, arr., cant. et poste de Mauriac ; 1060 hab.

DRUGY, ham. de Fr., Somme, com. de St.-Ricquier ; 110 hab.

DRUILHE. *Voyez* DREUILLE.

DRUILLAT, vg. de Fr., Ain, arr. de Bourg-en-Bresse, cant. et poste de Pont-d'Ain ; 920 hab.

DRUISHEIM, vg. parois. de la Bavière, dist. et à 2 l. de Donauwœrth, cer. du Danube-Supérieur. Sa fondation est attribuée à Drusus ; sur une colline qui se trouve tout près de là on a trouvé parmi des ruines, entre autres antiquités romaines, des monnaies d'or, d'argent et de cuivre ; 300 hab.

DRULHE, vg. de Fr., Aveyron, arr. et poste de Villefranche-du-Rouergue, cant. de Montbazens ; 919 hab.

DRULINGEN, vg. de Fr., Bas-Rhin, arr. et à 4 1/2 l. N.-N.-O. de Saverne, chef-lieu de canton, poste de Phalsbourg ; 513 hab.

DRUMMOND, v. de la Polynésie ou Océanie orientale ; elle est située sous 172° 8' long. E. et sous 1° 18' lat. S., et fait partie du groupe de Bishop, dans l'archipel de Gilbert.

DRUMMOND. *Voyez* DISMAL-SWAMP.

DRUMMONDTOWN, v. naissante des États-Unis de l'Amérique du Nord, état de Virginie, comté d'Accomak, dont elle est le chef-lieu, sur le Folly.

DRUSENHEIM, b. de Fr., au confluent de la Moder et du Rhin, Bas-Rhin, arr. de Strasbourg, cant. et poste de Bischwiller ; 1666 hab.

DRUSIANA FOSSA, g. a., canal au N.-O. de la Germanie, creusé d'après les ordres de Drusus, père de Germanicus ; il établit une communication entre le Rhin et l'Yssel.

DRUSES ; la peuplade des Druses, qui habite la chaîne du Liban, est une secte islamite. Le troisième calife Fatimite affranchit ses sectateurs de la prière et des devoirs religieux imposés par le coran. Mohamed-ben-Ismaël prêcha cette doctrine ; mais lui et ses adhérents furent cruellement persécutés et se réfugièrent dans les montagnes, auprès des maronites, avec lesquels ils sont depuis unis d'intérêts. Fakhr-Eddyn, pris parmi eux pour leur chef par Amurath III, qui soumit les Druses, s'empara de Baïrout et de plusieurs autres villes, sous le prétexte de mieux défendre les intérêts de son souverain, et lorsque l'intrigue et la calomnie le forcèrent à s'exiler, il alla en Italie, à la cour des Médicis, d'où il rapporta dans ses montagnes barbares le goût du luxe et des arts. Les Druses sont divisés en deux classes, les scheikhs ou la noblesse et le peuple ; ce dernier est agriculteur ; il cultive dans ses vallées des céréales, du tabac, du coton, la vigne, le mûrier et le ver à soie et élève du bétail. La langue des Druses est un dialecte arabe mêlé de mots maronites ; leur caractère est estimable ; ils sont très-sensibles au point d'honneur ; la moindre injure est vengée par la mort de celui qui se l'est permise et cause de sanglantes dissensions entre les familles. La polygamie est permise, mais il est rare qu'un Druse ait plus d'une femme, qu'il choisit ordinairement dans sa famille. Le Druse est brave et entreprenant ; tout le monde prend les armes lorsque l'émir fait l'appel de guerre. Il existe parmi eux une religion secrète, dont les adhérents adorent, dit-on, un veau. Le grand-prince actuel, l'émir Beschir, s'est converti au christianisme professé par les Maronites, soumis au même gouvernement que les Druses. L'administration du pays est entre les mains des émirs et des scheikhs. Le grand-prince lève l'impôt, qui est fixé, d'après un ancien usage et par suite d'un consentement général, à une somme déterminée par pied de mûrier ou par arpent de terre. Sur cette somme il paie le tribut au gouvernement ; le reste lui appartient et forme la plus grande partie de ses revenus. Le chiffre exact de la population n'est pas connu ; d'après des renseignements récents, les Druses peuvent mettre 40,000 hommes en campagne, ce qui fait supposer que leur nombre est d'environ 300,000 âmes.

DRUVAL, vg. de Fr., Calvados, arr. de Pont-l'Évêque, cant. de Cambremer, poste de Dozullé ; 210 hab.

DRUY, vg. de Fr., Nièvre, arr. de Nevers, cant. et poste de Decize ; 360 hab.

DRUYE, vg. de Fr., Indre-et-Loire, arr. de Tours, cant. de Montbazon, poste d'Azay-le-Rideau ; 540 hab.

DRUYES-LES-BELLES-FONTAINES, vg. de Fr., Yonne, arr. d'Auxerre, cant. de Courson, poste de Coulange-sur-Yonne ; 880 hab.

DRY, vg. de Fr., Loiret, arr. d'Orléans, cant. et poste de Cléry ; 700 hab.

DRYDEN, b. des États-Unis de l'Amérique du Nord, état de New-York, comté de Tompkins, sur le lac Cayuga ; poste ; 1900 h.

DRYOPES, g. a., peuple habitant au S. de la Doride, le long de la rive occidentale du Cephissus ; on le regarde généralement comme une branche des Doriens.

DRZEWICA, v. de Pologne, woïwoidie de Sandomierz.

DRZEWOHOSTIZ, b. d'Autriche, gouv. de Moravie et Silésie, cer. de Prerau; important par ses marchés de grains très-fréquentés; 1200 hab.

DSCHAGATAI. *Voyez* TURKESTAN.

DSCHAMBO-EL-BAHAR ou YAMBO, YENBOA-EL-BAHAR, v. et port de l'Arabie dans l'Hedjaz, bâtie dans une grande plaine autrefois couverte par la mer, et entourée de fortifications et de tours. Elle a des maisons en pierres, plusieurs mosquées et environ 5000 habitants, qui font un commerce assez considérable; son port, assez bon, mais d'une entrée difficile, est toujours couvert de bâtiments.

DSCHAMBO-EL-RACHEL, v. de l'Arabie, est située dans l'intérieur de l'Hedjaz, sur la route de Médine, à une marche de Dschambo-el-Bahar. Elle est parfaitement arrosée, entourée de beaux jardins et d'une grande quantité de palmiers, ce qui lui a fait donner le nom de yenboa aux palmiers. Ses habitants, tous chérifs et descendants du prophète, passent pour être très-belliqueux.

DSCHANIK, v. de la Turquie d'Asie, eyalet de Sivas, située sur l'Ischil-Irmak; peu connue. Il paraît que la culture du chanvre est très-répandue dans ses environs, puisqu'elle doit fournir entre autres tous les ans six mille quintaux de chanvre à l'arsenal de Constantinople.

DSCHANIK, *Eparyadres*, chaîne de montagnes de l'Asie Mineure, ramification de l'Antitaurus, se détache à l'E. des montages de Trébizonde (les monts Colchici de Renel, les Moschici des anciens) et traverse la partie septentrionale de l'eyalet de Sivas.

DSCHAWAT, v. de la Russie d'Asie, gouv. de Chirvan, située entre un lac et le Kour, qui non loin de là se réunit à l'Aras. Elle est principalement habitée par des Arméniens, qui font un commerce actif.

DSCHEHOL ou GEHOL, DSCHECKO, capitale de la Scharra-Mongolie, est située sous 41° 3′ 36″ lat. N. et 112° 37′ 30″ long. E., au N. de la grande muraille et à l'E. du Lanho, dans une vallée très-fertile. La ville proprement dite est sale et ne consiste, à l'exception de quelques maisons de mandarins, qu'en misérables huttes qui contrastent singulièrement avec le palais impérial, son parc magnifique et les riches temples du lama. L'empereur y passe quelquefois la belle saison. Une bonne route la met en communication avec Pe-king.

DSCHENNIN ou GININ (la *Ginæa* des anciens), v. du paschalik d'Acre, en Syrie, arrosée par le Kischon; ruines d'un palais et d'une mosquée.

DSCHESAN ou GISAN, v. de l'Arabie, état d'Abou-Ariah, dans le Yemen. Elle est bâtie au bord de la mer Rouge, dans une contrée fertile, et fait un commerce assez considérable avec l'Afrique. On en exporte des feuilles de séné, qui croît en abondance dans ses environs, et le café qu'on apporte de la prov. de Nachid-el-Bekil.

DSCHIBRA, v. de la Turquie d'Europe, eyalet de Silistrie, dans le liva de Nicopoli, résidence d'un archevêque grec, qui s'intitule patriarche de Bulgarie.

DSCHILOLO. *Voyez* GILOLO.

DSCHIORDSCHAN ou DSCHURDSCHAN, v. de Perse, chef-lieu du district du même nom, dans la prov. de Khorassan.

DSCHIR-BENAT-JACOB (pont de Jacob), célèbre pont de Syrie, jeté sur l'Arden et composé de trois arches. La tradition populaire en attribue la construction au patriarche dont il porte le nom.

DSCHISRA-MUSTAPHA, v. de la Turquie d'Europe, eyalet de Silistrie, située sur le Maritza, dans le liva de Schermen; 2000 h.

DSIDSCHEROBAK, vg. hollandais sur la côte septentrionale de l'île de Java; possède une grande raffinerie de sucre. Dans son voisinage se trouve le Dscherimai, volcan de 8000 pieds de hauteur.

DUANESBOROUGH, gros b. des États-Unis de l'Amérique du Nord, état de New-York, comté de Shenectady, sur une hauteur baignée par le Mohawk; 4000 hab.

DUARA, fort du roy. de Dalmatie, cer. de Makarska, sur une colline baignée par la Cetrina.

DUASDIVES, g. a., endroit dans le dép. du Haut-Rhin, en France, où Charlemagne et son frère Carloman eurent une entrevue, en 769. On n'en connaît plus aujourd'hui l'emplacement.

DUAULT ou QUÉLIN, vg. de Fr., Côtes-du-Nord, arr. de Guingamp, cant. et poste de Callac; 2340 hab.

DUAWRO ou DOARO, DURO, riv. et cap sur la côte orientale de l'Afrique, dans le roy. et au N.-E. de la v. de Magadoxo.

DUBBOI, pet. principauté de l'Inde, tributaire des Anglais, dans le Guzerate, gouvernée par un prince mahratte qui commande à 84 villages. La capitale de son état est Dubboï (Dhabog), jadis grande et florissante. Ses fortifications, ses portes et ses temples témoignent de son ancienne splendeur; ses murs sont en grosses pierres de taille; la porte du Diamant a 320 pieds de largeur. Dubboï, qui par sa position est exposée à de fréquentes inondations, en encore 40,000 hab., qui fabriquent des étoffes grossières pour les marchés de l'Arabie et élèvent beaucoup de bétail.

DUBICZA, b. de Hongrie, généralat de Banat-Grænze; 3250 hab.

DUBICZA, v. de la Turquie d'Europe, Bosnie, située sur l'Unna, non loin du bourg hongrois du même nom; culture du riz.

DUBIEKO, pet. v. du roy. de Galicie, cer. de Sanok, sur le San.

DUBIENKA, v. de Pologne, woïwodie de Lublin, située sur le Bug; commerce de pelleterie, cuir, suif, etc; 2000 hab.

DUBLIN (chef-lieu). *Voyez* LAURENS (comté).

DUBLIN, pet. v. des États-Unis de l'Amérique du Nord, état de New-Hampshire, comté de Chesshire; 2100 hab.

DUBLIN (New-), pet. v. de la Nouvelle-Écosse, comté de Lunebourgh.

DUBLIN, comté d'Irlande, borné par les comtés d'East-Meath, de Wicklow, de Kildare et par la mer d'Irlande. Superficie 15 l. c. géogr. Son sol est plat, bien arrosé et assez fertile, mais mal cultivé; il produit en abondance de l'avoine, des pommes de terre et des légumes; du blé, de l'orge et du chanvre en moindre quantité; le bois et la houille manquent absolument; le règne minéral fournit de la marne, de la chaux, de beau granit, des ardoises, des pierres à construction, de l'ocre, de la terre de potier, du porphyre et des cristaux. L'éducation du bétail et l'agriculture y sont négligées; l'industrie est reléguée dans la capitale. Le comté est divisé en sept baronies; 220,000 hab.

DUBLIN (*Balacleigh*, en irlandais), capitale du roy. d'Irlande, chef-lieu de comté, située dans la prov. de Leinster, à l'embouchure du Liffey et au fond de la vaste baie qui porte son nom, à 105 l. O.-N.-O. de Londres et à 185 l. N.-O. de Paris. Sa position est très-pittoresque; bâtie en amphithéâtre, elle est divisée en deux parties par le Liffey, qu'on traverse sur sept ponts, baignée au N. par le canal Royal, au S. par le Grand-Canal et ceinte par une belle allée (*Circular-Road*). La partie orientale de la ville, assez récemment construite, est superbe; l'intérieur, plus ancien, et surtout le quartier occidental, dit Liberty, ne se compose que de misérables masures. Les édifices publics de Dublin sont plus beaux et de meilleur goût que ceux de Londres et d'Edimbourg; plusieurs de ses places rivalisent avec les plus renommées de l'Europe; la plus belle est celle appelée *Gazon de St.-Etienne*, vaste carré entouré d'une grille en fer, dont le milieu est occupé par une pelouse où s'élève la statue équestre de Georges II. Les constructions les plus remarquables de Dublin sont, à l'E. de la ville, les doks, assez grands pour contenir plusieurs centaines de navires et, dans leur voisinage, la douane, très-bel édifice entouré de portiques, qui a coûté plus de 12,000,000 de francs. Elle est bâtie au bord du Liffey, dont les larges quais sont partout soutenus par un mur en pierres de taille. Plus loin on admire la rue de Sackville, large de 180 pieds, où se trouvent la colonne surmontée de la statue de Nelson et le nouveau bâtiment de la poste. Dans la partie méridionale de la ville on remarque le palais du lord-lieutenant (*The-Castle*), grand bâtiment qui date de différentes époques et auquel on a ajouté récemment une chapelle bâtie en style gothique; le Royal-Exchange ou la Bourse, dont la façade et le dôme sont un des ornements de la ville; l'église cathédrale de St.-Patrick, fondée au quatorzième siècle; elle renferme beaucoup de monuments. Au N., près de la rivière, est située l'Université, *Trinity-College*, grand et vaste bâtiment entouré de trois cours. L'université de Dublin, fondée en 1311 et restaurée en 1591, par la reine Elisabeth, est une des plus richement dotées de l'Europe; la bibliothèque de Dublin, les salles d'anatomie et l'observatoire établi à Dunsink, dans les environs de la ville, en sont des annexes. Vis-à-vis du palais de l'Université est située la Banque nationale où s'assemblait, jusqu'en 1801, le parlement irlandais; le théâtre, ouvert en 1821, n'en est pas éloigné. Les autres édifices remarquables sont : le palais de justice, le magasin de tabac, le bâtiment des archives, les églises du Christ, de St.-Werburgh et de St.-Georges, l'hôpital de la Maternité, l'hôpital des fiévreux, l'hôpital royal, les casernes, la maison des travaux forcés, la halle aux toiles, la halle aux blés et le bazar.

En tête des établissements scientifiques et littéraires de Dublin se trouve l'université, dont nous avons déjà parlé; viennent ensuite l'école des sciences naturelles, fondée par la société pour les progrès des sciences, à laquelle appartient le jardin botanique de Glassnevin; l'institution fondée par M. Feinaigle; l'école de pharmacie, l'école de chirurgie, l'académie royale hibernique de peinture, l'école des sourds-muets à Claremont, près de Glassnevin, etc. Les sociétés savantes de Dublin qui ont rendu le plus de services, sont : l'académie royale irlandaise, qui s'occupe de science et de littérature et possède une riche bibliothèque; la société royale de Dublin, qui s'occupe d'agriculture et d'autres arts utiles; la société pour propager l'instruction parmi les pauvres, enfin la société irlandaise et la société biblique. Le musée de Dublin possède de riches collections scientifiques. Dublin est le siège d'un archevêque catholique, primat du royaume, et d'un archevêque anglican. Sa population est d'environ 300,000 habitants, dont les trois quarts sont catholiques. Ses fabriques nombreuses n'offrent rien d'important ; mais, sous le rapport commercial, elle est le centre où affluent et d'où l'on réexporte toutes les productions de l'Irlande. Son port est renommé pour ses beaux quais et ses deux digues en granit qui s'avancent dans la baie pour empêcher l'ensablement. La plus longue de ces jetées s'avance à près de 5 milles anglais dans la mer, sur une largeur de 30 pieds. La marine marchande de Dublin compte 18,000 tonneaux et emploie constamment 30 bateaux à vapeur.

Dublin est la patrie du poëte John Denham (1615-60), de Jonathan Swift (1667-1745), surnommé le Rabelais anglais; des orateurs

Brinsley Sheridan (1750-1816), Henri Grattom (1750-1820), Edmond Burke (1730-97) et du célèbre écrivain Richard Steele (1675-1729).

DUBEN, *Duba*, v. de Prusse, sur la rive droite de la Mulde, prov. de Saxe, rég. de Mersebourg; agriculture, éducation du bétail, commerce de bois; 2200 hab.

DUBNO, v. de la Russie occidentale, gouv. de Volhynie, chef-lieu du cercle du même nom, où se tenait autrefois une foire célèbre transférée à Kiev. Elle est encore une des villes de commerce les plus importantes de l'empire russe; 9000 hab.

DUBOC, ham. de Fr., Eure, com. de Berville-en-Romois; 110 hab.

DUBOIS, comté de l'état d'Indiana, États-Unis de l'Amérique du Nord; il est borné par les comtés de Crawford, d'Owen, d'Orange, de Perry, de Spencer, de Warwick et de Pike; 3600 hab., la plupart Français. Un bras du White à l'E. et la Pétoka au centre sont les deux principaux cours d'eau de ce pays encore peu cultivé. Dubois est le chef-lieu du comté.

DUBROWNA, v. de la Russie d'Europe, gouv. de Mohilev, sur la rive gauche du Dnieper; 4000 hab.

DUBROWNICK. *Voyez* RAGUSE.

DUBURET, ham. de Fr., Eure, com. de Bosbénard-Commin; 180 hab.

DUCATES, pet. v. de l'Albanie Moyenne, chef-lieu de la tribu des Japys, dont une partie est demeurée chrétienne, tandis que l'autre a embrassé le mahométisme, et qui vit sous un gouvernement patriarcal.

DUC-D'YORK (îles du). *Voyez* ACAMATA.

DUC-D'YORK, île de la Polynésie ou Océanie orientale, dans l'archipel de Hamoa ou des Navigateurs; elle est située sous 8° 41' 30" de lat. S. et sous 175° 21' de long. occ. Byron la découvrit en 1765. Elle est inhabitée, mais remarquable par un temple d'une structure singulière et orné de trois autels chargés de coquillages amoncelés avec symétrie.

DUCEY, b. de Fr., Manche, arr., à 2 l. S. et poste d'Avranches, chef-lieu de canton; commerce de graines de trèfle et de lin, fer; 1740 hab.

DUCHÊNE, seigneurie dans le Bas-Canada, dist. de Montréal, comté d'Effingham; elle comprend la moitié des îles situées dans le lac de Mille-Lieues et un district assez vaste au N. du St.-Laurent; pays fertile, arrosé par le Duchêne, renferme le beau village de St.-Eustache.

DUCHOWTSCHINA, v. de la Russie d'Europe, chef-lieu d'un cercle du gouv. de Smolensk; 1000 hab.

DUCIE, île de la Polynésie ou Océanie orientale, située au N.-O. de Vaïhou ou île de Pâques, sous 128° 11' de long. occ. et 24° 40' 30" de lat. S.; elle fut découverte en 1791, par l'Anglais Edward. Cette île a environ 1 1/2 l. de circuit; elle est couverte d'une assez belle végétation, mais inhabitée.

DUCK (lac). *Voyez* SAINT-BERNARD (paroisse).

DUCK-ISLAND. *Voyez* MANATOLIN.

DUCLAIR, b. de Fr., Seine-Inférieure, arr. et à 4 l. O. de Rouen, chef-lieu de canton et poste; filat.; 1750 hab.

DUCY, ham. de Fr., Oise, com. de Fresnoy-le-Luat; 120 hab.

DUCY-SAINTE-MARGUERITE, vg. de Fr., Calvados, arr. de Caen, cant. de Tilly-sur-Seulles, poste de St.-Léger; 280 hab.

DUCY-SAINTE-HONORINE. *Voyez* HONORINE-DE-DUCY (Sainte-).

DUDERSTADT, v. du roy. de Hanovre, gouv. de Hildesheim, principauté de Grubenhagen, au confluent de la Brehme et de la Hahle; elle est mal bâtie, a 2 églises, un couvent, un gymnase catholique et une population très-industrieuse de 4200 habitants. On y trouve des fabr. d'étoffes de laine et de rubans, des brasseries, etc.; on y cultive le houblon et le tabac, et il s'y tient des foires de chevaux très-fréquentées.

DUDLEY, b. des États-Unis de l'Amérique du Nord, état de Massachusetts, comté de Worcester, sur le French-River; 2100 hab.

DUDLEY, jolie v. d'Angleterre, comté de Worcester; florissante par ses verreries, sa quincaillerie fine, ses clouteries et ses mines de houille et de fer; son commerce est très-étendu et favorisé par le canal de Dudley, qui y commence, et par un autre canal qui communique avec celui de Grande-Jonction, Dans son voisinage se trouve l'immense forge de Bradley, qui emploie 3 à 4000 ouvriers; 23,000 hab.

DUDZEELE, b. du roy. de Belgique, prov. de Flandre-Occidentale, dist. de Bruges; 1300 hab.

DUENAS, b. d'Espagne, au confluent de la Pisuerga et du Carrion, roy. de Léon, prov. de Palencia; 1800 hab.

DUERN, vg. de Fr., Rhône, arr. de Lyon, cant. de St.-Simphorien-sur-Coise, poste; 690 hab.

DUERO, *Durius*, fl. d'Espagne et du Portugal; prend sa source dans la Sierra de Urbion, près de Durucla, prov. de Soria. Il s'incline d'abord à l'E. sur Hinojosa, ensuite au S. sur Soria, et se dirige enfin à l'O. par les prov. de Burgos, Valladolid, Zamora et Salamanque, où il forme la limite entre l'Espagne et le Portugal, depuis Villarino jusqu'à Torre de Moncorvo. Entré dans ce dernier royaume à Miranda, il traverse la prov. de Tras-os-Montes, pour se verser dans l'Océan à St.-Joao-de-Fos, au-dessous de Porto. Son trajet en Espagne est de 111 l. et dans le Portugal de 67 l. Ses affluents sont, en Espagne, à droite : l'Ebros, l'Ucero, le Rejas, le Pilde, le Jaramillo, la Pisuerga, la Hornija, la Valderaduay, la Esla, le Manzanas; à gauche, la Tera, le Rituerto, l'Escalote, le Pedrio, la Riaza, le Duraton, le Cogeces, la Cega, l'Ardaja, le Zapardiel, le Trabancos, la

Guarena, le Tormes, le Yeltes et l'Aqueda. Il reçoit dans le Portugal, à droite : la Sabor, la Tuela et la Tamega; et à gauche : la Coa et la Pavia. La grande rapidité et le cours irrégulier de ce fleuve ne permettent pas sa navigation en Espagne; en Portugal les embarcations le parcourent jusqu'à 26 l. au-dessus de son embouchure.

DUESME, vg. de Fr., Côte-d'Or, arr. de Châtillon-sur-Seine, cant. et poste d'Aignay-le-Duc; 240 hab.

DUFF, groupe de onze îlots, dans l'Australie ou Océanie centrale; il fait partie de l'archipel de Santa-Cruz, que Balbi comprend dans l'archipel La Pérouse. Ce groupe découvert par Wilson, en 1791, s'étend sous 9° 57′ de lat. et 164° 29′ de long. E., sur une longueur d'environ 6 l. du S.-E. au N.-O. Désapointement et Treasurer sont les deux plus grands îlots du groupe ; ils ont environ 2 1/2 l. de circuit et sont couverts de belles forêts de cocotiers. Les habitants ont le teint cuivré ; ils sont robustes, bien conformés, et appartiennent à la race malaisienne. A l'empressement avec lequel ils s'avancèrent dans leurs pirogues au-devant du vaisseau européen, à la curiosité qu'ils témoignèrent à la vue du navire, il était aisé de voir que c'était pour eux un objet tout à fait nouveau et qu'aucun bâtiment d'Europe n'avait encore paru sur leurs côtes.

DUFFEL, b. du roy. de Belgique, prov. d'Anvers, arr. de Malines, sur la Neethe; 3400 hab.

DUFFUS, pet. v. d'Écosse, comté de Murray, sur la petite presqu'île de Burgh.

DUFORT, vg. de Fr., Gers, arr. de Mirande, cant. de Miélan, poste de Trie ; 500 hab.

DUFROS, ham. de Fr., Eure, com. de Boisset-le-Châtel ; 370 hab.

DUGGA ou **Thugga**, *Tucca*, pet. v. de la rég. et à 28 l. S.-S.-O. de la ville de Tunis, Afrique; ruines d'un temple d'ordre corinthien bâti en marbre de Paros.

DUGNY, vg. de Fr., Meuse, arr., cant. et poste de Verdun; 950 hab.

DUGNY, vg. de Fr., Seine, arr. et cant. de St.-Denis, poste du Bourget; 460 hab.

DUHORT, vg. de Fr., Landes, arr. de St.-Sever, cant. et poste d'Air-sur-l'Adour ; 1190 hab.

DUILHAC, vg. de Fr., Aude, arr. de Carcassonne, cant. de Tuchan, poste de Davejean; 350 hab.

DUINGEN, b. du roy. de Hanovre, principauté de Calenberg; 800 hab., qui fabriquent et exportent une grande quantité de poterie.

DUINO (Tybein), *Pucinum*, b. d'Autriche, gouv. de Trieste, cer. d'Istrie, sur la mer Adriatique. On y cultive beaucoup de vin et d'oliviers; château fort; marbrière; 300 h.

DUIRNISH, pet. v. d'Écosse, comté d'Inverness ; possède plusieurs bons ports; 3400 hab.

DUISANS, vg. de Fr., Pas-de-Calais, arr., cant. et poste d'Arras ; 650 hab.

DUISBOURG, v. de Prusse, prov. rhénane, rég. et à 5 l. N. de Dusseldorf; située entre les rivières de Ruhr et d'Angerbach, à peu de distance du Rhin qui baignait autrefois ses murs. On y compte 4 églises, un gymnase académique qui a succédé à une université florissante, fondée en 1655, et une école de commerce. Duisbourg fait un commerce important d'expédition avec la France et la Hollande; elle possède des manufactures de draps, de soieries, de cotonnades, de couvertures de laine, de velours, de quincaillerie et des raffineries de sucre. Tout près de la ville se trouvent deux fonderies de fer, et dans la forêt voisine on entretient jusqu'à 500 chevaux, abandonnés à l'état sauvage; 5000 hab.

DUIVELAND, île du roy. de Hollande, prov. de Zeelande, dist. de Zierikzee, séparée de l'île de Schouwen par le chenal de Dykwater. Elle renferme le village de même nom avec 900 hab.

DUKAGIN, v. de la Haute-Albanie, communément désignée sous le nom de Drivasto, chef-lieu d'un sandjak de même nom, résidence d'un évêque catholique.

DUKALLA ou **Duquella**, prov. du roy. de Maroc, Afrique, d'environ 30 l. de long sur 24 l. de large. Habitants laborieux et commerçants; territoire fertile en grains et melons d'une grosseur prodigieuse; exportation considérable de peaux de chèvre. Azamore chef-lieu.

DUKES, comté de l'état de Massachusetts, États-Unis de l'Amérique du Nord; il ne se compose que d'îles qui s'étendent dans le détroit de Nantuket, au S. de Barnstable, entre Nantuket et Bristol. Son étendue est de près de 6 l. c. g., avec 5000 hab; bois, pâturages, éducation de bétail et pêcheries.

DUKLA, pet. v. du roy. de Gallicie, cer. de Jaslo, sur la Jasielka et la grande route de Hongrie; fabrication très-considérable de draps grossiers et de flanelle; commerce de vins ; 2200 hab.

DULCIGNO (en turc Olgun), *Olchinium*, v. de la Haute-Albanie, liva de Scutari; elle est le siège d'un évêché catholique; elle possède un port sur la mer Adriatique, et ses habitants, qui s'occupent surtout d'un commerce d'huile, étaient connus naguère, sous le nom de Dulcignottes, comme les pirates les plus redoutables de cette mer; 2000 hab.

DULEEK, b. d'Irlande, comté d'East-Meath, florissant par ses manufactures de toiles très-considérables.

DULINKEABOU, v. de la Nigritie occidentale, Afrique, dans le Haut-Bambarra, sur la route de Ségo à Kemnou, dans le Kaarta, en Sénégambie.

DULKEN, v. de Prusse, prov. rhénane, rég. de Dusseldorf; culture de chanvre, fabr. de fil, de toiles et de siamoises; 2000 hab.

DULL, b. d'Écosse, comté de Perth; 4400 hab.

DULMEN, v. ancienne de Prusse, prov. de Westphalie, rég. de Munster; appartient au duc de Croy-Dulmen qui y réside; agriculture; éducation de bétail; tissage; 2700 h.

DULPHEY, ham. de Fr., Saône-et-Loire, com. de Mancey; 410 hab.

DULVERTON, b. d'Angleterre, comté de Somersett; manufactures d'étoffes de laine; 1700 hab.

DULWICH, b. d'Angleterre, comté de Surry; possède un collége et une source minérale.

DUMA, b. de la Nigritie orientale, Afrique, dans le Kordofan, à trois journées N.-E. d'Obeyd.

DUMBE ou **DUMBO**, riv. dans la partie S.-E. du roy. de Benguela, dans la Basse-Guinée, Afrique; elle prend sa source dans la Sierra Frio et se dirige vers le S.-E., où elle se perd dans les sables.

DUMBROVITZA, riv. de la Valachie qui, après avoir traversé Bucharest, grossit l'Ardjs, affluent du Danube.

DUME, vg. de Fr., Landes, arr., cant. et poste de St.-Sever; 240 hab.

DUMFRIES, pet. v. des États-Unis de l'Amérique du Nord, état de Virginie, comté de Prince-William dont elle est le chef-lieu, sur le Quantico; bon port; commerce de farine, de blé et de tabac; 2400 hab.

DUMFRIES, comté d'Écosse, borné par les comtés d'Air, de Lanerk, de Peebles, de Selkirk, de Roxburgh, de Cumberland et de Kirkudbright et par la mer d'Irlande; superficie 63 l. c. géogr., avec 70,000 habitants. Cette province est en partie montagneuse, en partie plate et en général très-romantique; son climat est tempéré, pur et sain; son sol fertile produit du blé, de l'avoine, des pommes de terre, des betteraves et du lin; ses montagnes fournissent du plomb, de l'antimoine, de la houille, de la chaux, des pierres de construction et de la tourbe. L'agriculture, ainsi que l'éducation du bétail, y est dans un état très-florissant; la pêche est très-productive, surtout celle du saumon et de la truite; la fabrication de la laine, du coton, des bas et du cuir forme les principaux articles de son industrie. On exporte du plomb, de l'antimoine, du bétail, de la laine, des pommes de terre, du lard et des jambons. Ce comté est divisé en quatre vallées, celles d'Eskdale, d'Annandale, Lusdale et Rithsdale, et nomme un député au parlement.

DUMFRIES, *Dunfreja*, v. d'Écosse, chef-lieu du comté de ce nom; importante par son industrie, son commerce et son port; nomme un député; fabrication de bas, de cuir et de toile; brasseries, chandelleries; cabotage; marchés aux chevaux et aux bêtes à cornes; 12,000 hab.

DUMMER (le lac). *Voyez* DIEPHOLZ.

DUMMERSTON, pet. v. des États-Unis de l'Amérique du Nord, état de Vermont, comté de Windham, sur le Connecticut, poste; 2700 hab.

DUN, vg. de Fr., Arriège, arr. de Pamiers, cant. et poste de Mirepoix; 1020 hab.

DUN, riv. navigable d'Angleterre, affluent du Trent.

DUNA (la), fl. de la Russie d'Europe, sort de quelques marais, au pied des monts Alauniens, dans le gouv. de Tver, décrit un demi-cercle ouvert au N., arrose le gouv. de Witebsk, et se jette près de Dunamund dans le golfe de Riga. Le cours de la Duna est navigable pour de grands bateaux sur presque toute son étendue, qui est de 140 milles; les vaisseaux remontent jusqu'à Riga. Ses principaux affluents sont : la Drissa, l'Illurt, le Pers et la Bildaraa.

DUNABOURG, v. de la Russie d'Europe, gouv. de Witebsk, chef-lieu d'un cercle de même nom. Cette ville, située sur la Duna, est belle et entourée de fortifications importantes; 2000 hab.

DUNAGY, vg. d'Irlande, comté de Tyrone; possède des bains minéraux très-fréquentés.

DUNAJEC, affluent de droite de la Vistule, baigne Neumark et Neu-Sander, et est grossi par le Poprad.

DUNAMUND, forteresse de la Russie d'Europe, gouv. de Livonie, à l'embouchure de la Duna ; 600 hab.

DUNBAR, pet. v. d'Ecosse, comté de Haddington, à l'embouchure du Frith-of-Forth, avec un petit port; commerce de grains et de malt; construction de navires, savonneries, fonderies, fabrication de coton et de cordages, pêche du hareng et du homard très-considérable. Victoire de Cromwell sur Charles II, le 23 septembre 1651; 5000 hab.

DUNBARTON, comté d'Écosse, autrefois appelé LENOX, borné par les comtés de Perth, de Stirling, de Lanerk, de Renfrew, d'Argyle et par le Clyde-Frith; superficie 12 l. c. géogr., avec 30,000 habitants. Son sol est rocailleux et aride; il produit de l'orge, de l'avoine, des pommes de terre et du lin. Ses montagnes fournissent du fer, des ardoises, des pierres à construction et de la houille. L'industrie cotonnière forme la principale ressource des habitants. On exporte des étoffes de coton, du papier, du cuir, du verre, des ouvrages en fer, des harengs et des saumons.

DUNBARTON, *Britannodunum*, pet. v. d'Écosse, chef-lieu du comté de ce nom, à l'entrée du Leven dans le Clyde; importante par ses fabriques de verre, d'étoffes de coton et de cuir, ainsi que par ses foires qui sont les plus fréquentées de l'O. de l'Europe; excellent port; pêche du hareng et du saumon. Dunbarton a une citadelle dont la position peut être comparée à celle d'Ehrenbreitstein, près de Coblence, mais qui est bien loin d'être aussi forte; 4000 hab.

DUNBLANC, b. d'Écosse, comté de Perth,

sur l'Allan, autrefois le siége d'un évêque; sa cathédrale est en ruines; il possède une bibliothèque pour le clergé; 2800 hab.

DUNDALK, *Dunkeranum*, v. d'Irlande, chef-lieu du comté de South, très-agréablement située à l'embouchure de la rivière du même nom; nomme un député; elle est jolie et florissante par son industrie; son commerce consiste principalement en blé et en bestiaux, qu'on exporte de son port pour Liverpool. C'est à Dundalk que fut établie la première manufacture de toiles de Cambrai, en 1737; 15,000 hab.

DUNDAS (cap), l'extrémité S.-O. de l'île de Melville, Géorgie septentrionale.

DUNDAS, v. naissante du Haut-Canada, dist. de Gore, dont elle est le chef-lieu, sur la baie de Burlington; environs charmants; commerce.

DUNDEE, *Allectum*, v. maritime d'Écosse, comté de Forfar ou Angus, au N. du Frith-of-Tay; mal bâtie; florissante par son industrie et son commerce; elle possède de nombreuses fabriques de grosse toile, de toiles à voile, d'étoffes de coton, de cuir, de poterie et de sucre. C'est l'entrepôt des toiles d'Osnabruck et d'Écosse. Son port possède un phare très-remarquable et peut contenir plus de 200 vaisseaux; sa marine marchande compte 20,000 tonneaux; le nouveau théâtre, les bassins et l'hôpital des fous sont ses édifices les plus remarquables; 36,000 h.

DUNDELSKIRCHEN ou **FEGER-EGYHAZ**, b. de Hongrie, cer. en-deçà du Danube; 1500 hab.

DUNEAU, vg. de Fr., Sarthe, arr. de Mamers, cant. de Tuffé, poste de Connerré; 680 hab.

DUNES (les). On donne généralement ce nom aux petits monticules de sable qui, sur les côtes plates, servent de borne extrême aux rivages de la mer; mais on désigne plus particulièrement sous ce nom les collines de sable qui bordent la côte de la mer du Nord, entre Dunkerque et Nieuport. C'est au milieu de ces dunes que fut livrée, en 1658, la célèbre bataille des Dunes, gagnée sur les Espagnols par les troupes de Louis XIV, ligué alors avec Cromwell contre l'Espagne.

DUNES (les), vg. de Fr., Nord, com. de Laon; 300 hab.

DUNES, ham. de Fr., Pas-de-Calais, com. d'Oye; 150 hab.

DUNES, vg. de Fr., Tarn-et-Garonne, arr. de Moissac, cant. d'Auvillars, poste de la Magistère; 1510 hab.

DUNES (pointe des), cap sur la côte N. de l'île d'Haïti, ferme à l'E. la baie de Monte-Christi.

DUNET, vg. de Fr., Indre, arr. du Blanc, cant. et poste de St.-Benoît-du-Sault; 420 h.

DUNFERMILINE, pet. v. d'Écosse, comté de Fife; importante par ses nombreuses fabriques de toile et d'étoffes de coton; elle possède une église qui renfermait les tombeaux des anciens rois d'Écosse. C'est là que se trouvaient l'une des abbayes les plus célèbres de l'Écosse (ses ruines sont bien conservées) et le palais où naquit le malheureux roi Charles Stuart Ier, en 1600. La paroisse qui en dépend possède des mines de fer et de houille, et des carrières de chaux, les plus riches du royaume; 12,000 hab.

DUNG, vg. de Fr., Doubs, arr., cant. et poste de Montbéliard; 300 hab.

DUNGALLY, état sur la côte occidentale de Célébès, avec la capitale de même nom.

DUNGANNON, v. d'Irlande, chef-lieu du comté de Tyrone, sur une colline à l'O. du lac Neagh; nomme un député. C'était autrefois la résidence des O'Reils, rois d'Ulster; fabriques de toile; mines de houille; 4000 h.

DUNGARVAN, pet. v. d'Irlande, comté de Waterford, au S. de la baie de même nom; nomme un député. Elle est remarquable par son aqueduc, par son bel établissement de bains de mer et autres améliorations, qu'elle doit au duc de Devonshire qui en est le principal propriétaire. Elle possède un petit port, d'où l'on exporte des pommes de terre et des balais de bouleau; pêche; 4500 hab.

DUNIÈRES, vg. de Fr., Haute-Loire, arr. d'Issengeau, cant. et poste de Montfaucon; fabr. de soie et rubans; filat. de soie; 2385 hab.

DUNKELD, *Caledonia*, pet. v. d'Écosse, comté de Perth, sur le Tay, capitale de l'ancienne Calédonie; manufactures de toile; 1260 hab.

DUNKERQUE, *Dunquerca*, v. forte et port de Fr., Nord, chef-lieu d'arrondissement, à 15 l. N.-O. de Lille et à 79 l. de Paris; siége d'un tribunal de première instance, de directions des douanes et des contributions, conservation des hypothèques et résidence d'un ingénieur en chef des ponts-et-chaussées. Cette ville, située à la jonction des canaux de Bergues, de Bourbourg et de Furnes, est une des plus jolies de France et très-importante par sa position sur la mer du Nord et par son commerce. Sa rade est une des plus commodes de l'Europe. Les rues de Dunkerque sont larges et garnies de trottoirs; les maisons n'ont généralement qu'un étage, mais elles sont bien alignées et ont un extérieur agréable. Les écluses de chasse, la jetée, le port marchand, la tour avec son carillon renommé, le bassin militaire, le chantier, la salle de spectacle et le péristyle de l'église St.-Eloi sont ses constructions les plus remarquables. Le Champ-de-Mars, entouré de maisons, et la place Jean-Bart, sur laquelle on a érigé un monument à cet illustre et intrépide marin, méritent aussi d'être cités. Cette ville possède un collége, une école royale de navigation, une école de dessin et d'architecture et une bibliothèque publique. Parmi ses établissements industriels, nous citerons des raffineries de sucre, des amidonneries, des corderies, des distilleries de genièvre, des savonneries, une verrerie, des fabriques de toiles à voiles et des fabriques des différents objets nécessaires à l'équipement et à l'armement des navires, etc. La pêche est une des principales branches de son industrie, et l'on y fait des armements considérables pour la pêche de la baleine; huîtrière; pêche et sécherie de la morue. Aucun article n'est étranger à son commerce; il s'étend sur presque toutes les marchandises et les productions des contrées les plus éloignées, et la franchise accordée à son port en 1816 lui a rendu presque toute l'importance que les guerres continuelles de l'empire lui avait enlevée. Foires les 1er janvier et 24 juin; 25,808 hab.

Patrie de Jean Bart (1651—1702) et de l'amiral Vanstable (1742—97).

Dunkerque doit son origine et son nom à une chapelle bâtie au milieu des dunes et qu'on appelait Dun-Kerk (église des dunes). Des cabanes de pêcheurs et plus tard des maisons s'élevèrent aux environs de cette chapelle et formèrent le noyau de la ville, que Baudouin, comte de Flandre, fit entourer de murailles vers le milieu du dixième siècle. Au quatorzième siècle elle était déjà devenue puissante. Les Anglais la brûlèrent en 1388. Elle fut prise par les Français en 1558 et rendue aux Espagnols en 1583. Elle retomba au pouvoir des Français en 1658; mais, par un traité fait avec Cromwell contre l'Espagne, la ville fut remise aux Anglais. En 1662 Louis XIV la racheta au prix de 5,000,000 de livres et en fit une des plus fortes places et l'un des ports les plus commodes de l'Europe. Pendant les guerres entre l'Angleterre et la France, les corsaires de Dunkerque firent beaucoup de mal au commerce anglais et hollandais. Une des principales conditions de la paix d'Utrecht, en 1713, avait été la démolition des fortifications et le comblement du port de cette ville. Cette stipulation honteuse, imposée à la France par l'envieuse Angleterre, fut exécutée sous la surveillance d'un commissaire anglais. Malgré ces entraves, les armateurs et les marins de Dunkerque ne cessèrent de lutter avec succès contre la jalousie de la marine et du commerce anglais. Par la paix de Paris en 1783, la convention de celle d'Utrecht, relativement à Dunkerque, fut annulée, et cette ville put reconstruire ses fortifications et son port, dont l'importance a toujours été en augmentant depuis cette époque. En 1793 le duc d'York assiégea Dunkerque; mais il fut forcé de se retirer devant la vigoureuse résistance des habitants.

DUNKERQUE (canaux de), Fr., dép. du Nord. La ville de Dunkerque est le point de réunion de plusieurs lignes de navigation artificielle.

Le canal de Bourbourg vient de la riv. d'A, par laquelle il correspond avec Gravelines, Calais et St.-Omer. Il a été creusé en 1670, aux frais des villes de Dunkerque et de Bourbourg et perfectionné en 1818; sa longueur est de 4 3/4 l.; il a trois écluses. La deuxième ligne part de Dunkerque, de sa seule écluse, franchit la frontière de Ghiwelde et se lie à Furnes au canal de Nieuport, qui établit la correspondance avec Bruges et Ostende; elle a été ouverte en 1635 et a 4 3/4 l. de longueur totale jusqu'à Furnes, dont 3 l. sur le territoire français. Le troisième canal établit la communication entre Bergues, Dunkerque et la mer; il a été ouvert en 1634, s'étend sur 2 l. et a deux écluses; son origine est à Bergues, au point où se termine le canal de la Colme. Le canal de la Colme, formé d'une dérivation de l'A, commence à l'écluse de Watterdam et se termine à Bergues. Il paraît avoir été établi par les Espagnols, pendant leur domination dans les Pays-Bas; sa longueur est de 5 1/2 l., avec trois écluses. Le canal de la Basse-Colme en est une continuation depuis Bergues jusqu'à Furnes; sa longueur totale est de 5 1/2 l., dont 3 sur le territoire français, y compris un embranchement de 1/2 l. sur Hondscoote, où se trouve sa seule écluse. Ces lignes communiquent avec Paris par la riv. d'A, les canaux de St.-Omer, d'Air à la Bassé, de la Haute-Deûle, la riv. de Sensée, les canaux de St.-Quentin et de Crozat et la riv. d'Oise. Le canal de Crozat et la riv. de Somme établissent leur jonction avec la Manche.

Outre les marchandises circulant entre le Midi et le Nord, on transporte sur les canaux de Dunkerque des productions agricoles du pays, des matériaux de construction, des tourbes, des engrais, etc.

DUNLEARY. *Voyez* Kingstown.

DUN-LE-PALLETEAU, b. de Fr., Creuse, arr. et à 5 1/2 l. N.-O. de Palleteau, chef-lieu de canton et poste; 1415 hab.

DUN-LE-POÊLIER, vg. de Fr., Indre, arr. d'Issoudun, cant. de St.-Christophe, poste de Vatan; 1010 hab.

DUN-LE-ROI, *Castrum Duni*, *Regiodunum*, pet. v. de Fr., Cher, arr. et à 5 l. N. de St.-Amand-Mont-Rond et à 66 l. de Paris, chef-lieu de canton et poste, sur la rive droite de l'Auron, près du canal de Berry; forges à Theumines; 4020 hab.

Cette petite ville est fort ancienne; elle était autrefois défendue par un château fort, dont il ne reste plus rien. C'est dans les environs de Dun-le-Roi que Philippe-Auguste défit, en 1183, une troupe de pillards, forte de 10,000 hommes, connus alors sous le nom de Cotterreaux. Ces brigands parcouraient la France et portaient partout l'incendie et le meurtre.

DUN-LES-PLACES, vg. de Fr., Nièvre, arr. de Clamecy, cant. et poste de Larmes; 1650 hab.

DUNLOP, vg. d'Écosse, comté d'Air; renommé par ses excellents fromages; 1000 h.

DUNMANAWUY, b. d'Irlande, comté de Cork, sur le Bandon; florissant par ses fabriques de toiles.

DUNMORE, b. d'Irlande, comté de Galway, sur la rivière du même nom; florissant par ses fabriques de toiles. Dans le voisinage se trouve une fameuse caverne.

DUNMOW, b. d'Angleterre, comté d'Essex; 215 hab.

DUNNINGEN, vg. parois. du Wurtemberg, cer. de la Forêt-Noire, gr.-bge. de Rottweil. Patrie de Landolin Ohmacht, sculpteur célèbre (1768).

DUNNS, lac étendu dans le territoire de la Floride, États-Unis de l'Amérique du Nord; il s'étend à l'E. du grand lac de St.-Georges et est peuplé d'alligators.

DUNOON, b. sur la côte S.-E. de la presqu'île de Kowal, comté d'Argyle, en Écosse, 2130 hab.

DUNSE, b. d'Écosse, comté de Berwik; fabr. d'étoffes de laine, de cuir et de papier. Patrie du franciscain John Duns, mort 1308, et du poëte Jean Grainzer, mort 1767; 3000 hab. Dans son voisinage se trouve une source minérale ferrugineuse.

DUNSINAN, mont près de Perth, en Écosse, avec le château de Macbeth, immortalisé par Shakespeare.

DUNSINK, vg. d'Irlande, dans les environs de Dublin; remarquable par le bel observatoire de l'université.

DUNSTABLE, b. d'Angleterre, comté de Bedford, au pied des Chiltern-Hills; ses habitants, au nombre de 1700, se livrent à la fabrication d'ouvrages en paille et à la chasse aux alouettes.

DUNSTAFNAG, château d'Écosse, du comté d'Argyle, résidence des anciens rois d'Écosse.

DUN-SUR-GRANDY, vg. de Fr., Nièvre, arr. et poste de Château-Chinon, cant. de Châtillon-en-Bazois; 570 hab.

DUN-SUR-MEUSE, pet. v. de Fr., Meuse, arr. et à 5 1/2 l. S.-S.-O. de Montmédy, chef-lieu de canton et poste; bonnes pierres de taille; blanchisserie de cire; 1050 hab.

DUNWICK, v. maritime d'Angleterre, comté de Suffolk; elle n'a que 250 habitants, mais elle a voix dans le parlement.

DUPERREY, groupe d'îles de la Polynésie ou Océanie orientale; il est situé sous 6° 30′ lat N. et 157° 20′ long. E., et fait partie de l'archipel des Carolines. Ce groupe, qui ne se compose que des deux petites îles Aouera et Pelelap, fut découvert en 1824 par le savant marin Duperrey.

DUNTZENHEIM, vg. de Fr., Bas-Rhin, arr. de Saverne, cant. de Hochfelden, poste de Wasselonne; 820 hab.

DUPINDJIA ou **DUPNIZZA**, v. de la Macédoine, avec des forges et d'importantes mines de fer; 6000 hab. Elle est située dans une haute vallée à l'O. et au pied des monts Dupindjia, chaînon qui se détache du Balkan, court au N.-O. et se rattache à l'Égrison.

DUPLIN, comté de la Caroline du Nord, États-Unis de l'Amérique du Nord. Il est borné par les comtés de Wayne, de Lenoir, de Jones, d'Onslow, de Newhanover et de Sampson; plaine sablonneuse, bien arrosée et couverte de belles forêts de pins; 11,000 h.

DUPPAU ou **DAUPOW**, pet. v. de la Bohême, cer. d'Ellenbogen, sur l'Au, dans une vallée profonde; possède un gymnase, un château et des fabriques de toile; 1000 h.

DUPPIGHEIM, vg. de Fr., Bas-Rhin, arr. de Strasbourg, cant. de Geispolsheim, poste de Molsheim; fabr. de tuyaux et seaux à incendie; 1072 hab.

DUPRÉS (les), ham. de Fr., Nièvre, com. de Colméry; 120 hab.

DURAN, vg. de Fr., Gers, arr., cant. et poste d'Auch; 289 hab.

DURANCE (la), *Durentia*, riv. de Fr., a sa source au pied du mont Juan, contrefort du Genèvre, dans le dép. des Hautes-Alpes, au N. de Briançon; elle coule vers le S. jusqu'à Mont-Dauphin, puis vers le S.-O., en passant par Embrun; à Tallard elle reprend sa première direction et pénètre dans le dép. des Basses-Alpes, dont elle arrose la partie occidentale en passant par Sisteron; se dirigeant ensuite vers l'O., elle forme toute la limite méridionale du dép. de Vaucluse, et se jette dans le Rhône, à 1 l. au-dessous d'Avignon, après un cours d'environ 60 l., dont 32 de flottage. Cette rivière est d'une rapidité extraordinaire et ressemble souvent à un torrent fougueux; elle change souvent de lit et cause de grands ravages par ses fréquents débordements.

DURANCE, vg. de Fr., Lot-et-Garonne, arr. de Nérac, cant. de Houeilles, poste de Lavardac; 560 hab.

DURANGO, b. d'Espagne, sur la rivière de même nom, dans la Biscaye; situé dans les montagnes à 9 l. de Bilbao; on y fabrique beaucoup de taillanderie; 3000 hab.

DURANGO, état de la confédération mexicaine; il comprend la partie méridionale de la ci-devant intendance de Durango, et est borné par les états de Sonora-et-Cinaloa, Chihuahua, Cohahuila, Nuévo-Léon, Zacatécas et Xalisco. Son étendue est de 2638 l. c. géogr., avec 250,000 hab. Ce pays est un haut-plateau traversé par la Sierra Madré, qui joint le plateau d'Anahuac aux Rocky-Mountains. Le principal fleuve du pays est le Rio-de-las-Nasas, qui paraît se perdre dans les lacs du vaste district marécageux, appelé les Bolsons de Mapimi, et dont une partie dépend de l'état de Durango. Belles prairies et bonnes terres le long des fleuves. Les montagnes sont très-riches en argent, or et fer. L'éducation du bétail et l'exploitation des mines font les principales occupations des habitants de cet état.

DURANGO, v. des états mexicains et capitale de l'état du même nom, sur la rive gauche de la Saucéda, à 6426 pieds au-dessus de l'Océan, sur la route de Zacatécas à Chihuahua. Elle fut fondée en 1551 par le capitaine Alonso Pachéco, et renferme une belle cathédrale, un collége, un hôpital, plusieurs couvents, une monnaie et de nombreuses manufactures de laine et de coton ; exploitation des mines ; commerce actif. Durango est le siége d'un évêque ; 25,000 hab. Entre cette ville et celle de Nombre-de-Dios, se trouve la Brenna, énorme masse de rochers de 10 l. de longueur sur 4 l. de large, recouverte de nickel et de fer malléable.

DURANVILLE, vg. de Fr., Eure, arr. de Bernay, cant. et poste de Thiberville ; 310 hab.

DURAS, b. de Fr., Lot-et-Garonne, arr. et à 5 l. S. de Marmande, chef-lieu de canton et poste ; 1705 hab.

DURAVEL, *Diolidinum*, pet. v. de Fr., Lot, arr. et à 9 l. O. de Cahors, cant. et poste de Puy-l'Évêque ; elle est très-ancienne et l'on y a découvert un grand nombre d'antiquités romaines ; 3000 hab.

DURAZZO ou DURADSCH, *Dyrrachium*, v. de l'Albanie moyenne, siége d'un archevêché grec et d'un archevêché catholique ; elle a un port sur l'Adriatique. C'était jadis un repaire de pirates ; 5000 hab.

DURBAN, vg. de Fr., Arriège, arr. de Foix, cant. et poste de la Bastide-de-Serou ; 1140 hab.

DURBAN, vg. de Fr., Aude, arr. et à 6 l. S.-O. de Narbonne, chef-lieu de canton, poste de Sigean ; miel dit de Narbonne, laines, houillères, graine de luzerne ; 578 h.

DURBAN, vg. de Fr., Gers, arr., cant. et poste d'Auch ; 520 hab.

DURBAN, vg. de Fr., Lot, arr. de Figeac, cant. de Livernon, poste de la Chapelle-Marival ; 440 hab.

DURBAN-VAUCLUSE. *Voyez* VACQUEYRAS.

DURBISE. *Voyez* URBISE (d').

DURBUY, pet. v. du roy. de Belgique, prov. de Liége, arr. de la Marche, située sur la rive droite de l'Ourthe, dans une gorge des Ardennes ; 420 hab.

DURCET, vg. de Fr., Orne, arr. de Domfront, cant. et poste d'Athis ; 630 hab.

DURCHD'HAL. *Voyez* DOURD'HAL.

DURDAT, vg. de Fr., Allier, arr. de Montluçon, cant. de Marcillat, poste de Néris ; 130 hab.

DUREIL, vg. de Fr., Sarthe, arr. et poste de la Flèche, cant. de Malicorne ; 150 hab.

DUREN, *Marcodurum*, v. de Prusse, sur la Rœr, prov. rhénane, rég. et à 6 l. d'Aix-la-Chapelle et à 3 l. de Juliers. Parmi ses nombreuses manufactures on distingue celles d'étoffes de laine ; ses draps fins rivalisent, pour la beauté et la solidité avec ceux d'Angleterre ; elle possède en outre de grandes papeteries, des fabriques de quincaillerie, des scieries, des tanneries, des distilleries, et fait un commerce considérable en blé et produits de son industrie. Elle renferme 7 églises, un gymnase et plusieurs autres établissements d'instruction ; 7000 hab.

DURENQUE, vg. de Fr., Aveyron, arr. de Rhodez, cant. de Réquisita, poste de Bastagnes-Begonhès ; 900 hab.

DURETTE, vg. de Fr., Rhône, arr. de Villefranche-sur-Saône, cant. et poste de Beaujeu ; 230 hab.

DURFORT, Ardèche. *Voyez* VINCENT-DE-DURFORT (Saint-).

DURFORT, Arriège. *Voyez* VILLENEUVE-DE-DURFORT.

DURFORT, vg. de Fr., Gard, arr. du Vigan, cant. et poste de Sauve ; exploitation de plomb, alquifoux et vernis de poterie ; 970 hab.

DURFORT, vg. de Fr., Tarn, arr. de Castres, cant. de Dourgne, poste de Sorèze ; point central du travail de cuivre par onze martinets ; clouterie ; 565 hab.

DURFORT, vg. de Fr., Tarn-et-Garonne, arr. de Moissac, cant. et poste de Lauzerte ; 1500 hab.

DURHAM, pet. v. des États-Unis de l'Amérique du Nord, état du Maine, comté de Cumberland ; agriculture florissante ; 2500 h.

DURHAM, pet. v. des États-Unis de l'Amérique du Nord, état de New-Hampshire, comté de Stafford, sur l'Oyster, poste ; 2600 hab.

DURHAM, pet. v. des États-Unis de l'Amérique du Nord, état de New-York, comté de Greene ; industrie ; académie avec une bibliothèque publique ; 4200 hab.

DURHAM (New-). *Voyez* NEW-DURHAM.

DURHAM, comté d'Angleterre, porte le titre d'évêché ; il est borné par les comtes de Northumberland, d'York, de Cumberland et par la mer d'Allemagne ; sa superficie est de 45 l. c. géogr., avec 180,000 hab. Cette province est en grande partie couverte de montagnes et l'éducation du bétail forme la principale occupation des habitants ; ceux de la côte s'adonnent à la pêche. On exploite le fer, le plomb, la houille, les carrières de pierres à meule et le sel. L'industrie est très-active ; on exporte de la houille, du plomb, du fer, des pierres à meule et à aiguiser, du vitriol, de l'ammoniac, du sel, de l'alun, du verre, du papier, du beurre, du fromage, des bœufs, des chevaux et du cuir ; 4 districts et autant de députés.

DURHAM, *Dunelmum*, v. d'Angleterre, chef-lieu du comté du même nom, sur le Wear, nomme deux députés et est le siége d'un évêque qui passe pour le plus riche de l'Angleterre. Elle est très-florissante par son commerce et son industrie qui consiste dans la fabrication de tapis et de grosses étoffes de coton. Sa grande cathédrale a un clocher de 214 pieds de haut et renferme le tombeau de Beda ; sa prison est une des plus belles du royaume. C'est à Durham que commence le grand chemin de fer qui va à Darlington ; il fut ouvert en 1825 ; 10,000 h.

DURINGEN. *Voyez* DENNEY.

DURKHEIM ou TURKHEIM, v. de la Bavière rhénane, chef-lieu du canton de même nom, arr. de Neustadt ; située à 7 l. de Spire, au pied de la Hardt, sur la pet. riv. d'Isenach; forges et taillanderies, papeterie, verrerie; fabr. de tabac; carrières; salines abondantes; le vin récolté dans les environs est renommé. L'on voit près de là les ruines de l'abbaye de Limbourg, construite dans le onzième siècle par l'empereur Conrad II, à l'emplacement du château des anciens ducs de Franconie; celles du château de Hartenbourg et le mur dit des-païens. Pop. de la ville 4200 hab., du canton 25,000.

DURLACH, ancienne v. du grand-duché de Bade, cer. du Rhin-Moyen, sur la Blintz, dans une plaine belle et fertile, au pied du Thurmberg; a un château nommé Karlsbourg; fabr. de faïence, de cire à cacheter et de tabac; 4500 hab. Patrie de l'historien Ernest-Louis Posselt (1763—1804).

DURLINGSDORF. *Voyez* THIANCOURT.

DURLINSDORF. *Voyez* DIRMENACH.

DURMENACH. *Voyez* DIRMENACH.

DURMIGNAT, vg. de Fr., Puy-de-Dôme, arr. de Riom, cant. et poste de Montaigut; 420 hab.

DURNES, vg. de Fr., Doubs, arr. de Besançon, cant. et poste d'Ornans; 230 hab.

DURNESS, b. d'Écosse, comté de Sutherland; bon port; cavernes remarquables; 1200 hab.

DURNINGEN, vg. de Fr., Bas-Rhin, arr. de Strasbourg, cant. de Truchtersheim, poste de Wasselonne; 560 hab.

DURO, pet. v. de l'emp. du Brésil, prov. de Goyaz, dist. de Tocantins, sur la frontière orientale de la province; douane pour empêcher la contrebande de l'or; 1800 hab.

DURORA, b. du Samara, côte maritime d'Abyssinie, sur la baie d'Amphila, dans une situation favorable au commerce.

DURRENBACH, vg. de Fr., Bas-Rhin, arr. de Wissembourg, cant. de Wœrth, poste de Haguenau; commerce de bois; 1200 hab.

DURRENBERG, vg. de Prusse, sur la Saale, prov. de Saxe, rég. de Mersebourg; avec une des plus grandes salines de la province.

DURRENBERG, vg. de la Haute-Autriche, cer. de Salzach (ou Salzbourg); remarquable par des salines; 600 hab.

DURRENENTZEN, vg. de Fr., Haut-Rhin, arr. et poste de Colmar, cant. d'Andolsheim; 560 hab.

DURRENSTEIN, pet. v. de la Basse-Autriche, cer. supérieur du Manhardsberg, sur le Danube; elle est dominée par les ruines d'un château fort, célèbre comme prison de Richard-Cœur-de-Lion. Bataille du 11 novembre 1805; le général Schmidt y fut tué. Dans les environs il y a des carrières de pierres à aiguiser et à meule; 600 hab.

DURRHEIM, vg. du grand-duché de Bade, situé dans le cerc. du Lac, dans une contrée extrêmement fertile; renferme une population de 800 habitants, et l'importante saline de Louis (*Ludwigssaline*), qui fournit annuellement 150,000 quintaux.

DURRNITZ, vg. de la Basse-Autriche, cer. supérieur du Wienerwald, sur la rivière de ce nom; grande verrerie; marbrières.

DURSLEY, b. d'Angleterre, comté de Gloucester; fabr. de toiles et de cardes; 2600 hab.

DURSTEL, vg. de Fr., Bas-Rhin, arr. de Saverne, cant. de Drulingen, poste de Saarunion; 445 hab.

DURTAL, pet. v. de Fr., Maine-et-Loire, arr., à 4 l. N.-N.-O. de Baugé et à 64 l. de Paris, chef-lieu de canton et poste; elle est près de la rive droite du Loir, sur le penchant d'une colline que dominent les ruines d'un ancien château fort. Un joli pont en pierres y lie les deux rives du Loir; 3470 h. Cette petite ville doit son origine à son château, construit dans le onzième siècle par un fils de Foulques de Néra, comte d'Anjou.

DURTOL, vg. de Fr., Puy-de-Dôme, arr., cant. et poste de Clermont-Ferrand; 410 h.

DURY, vg. de Fr., Aisne, arr. de St.-Quentin, cant. de St.-Simon, poste de Ham; fabr. de sucre indigène; 520 hab.

DURY, vg. de Fr., Pas-de-Calais, arr. et poste d'Arras, cant. de Vitry; 590 hab.

DURY, vg. de Fr., Somme, arr. et poste d'Amiens, cant. de Sains; 830 hab.

DUSSAC, b. de Fr., Dordogne, arr. de Nontron, cant. de Lanouailles, poste d'Excideuil; 1010 hab.

DUSSELDORF, v. de Prusse, prov. rhénane, autrefois capitale du duché de Berg, aujourd'hui chef-lieu et siége des autorités de la régence de même nom; située à 8 l. N.-N.-O. de Cologne et à 11 l. S.-E. de Wesel, au milieu de jardins et de campagnes riantes, dans une plaine fertile, s'étendant le long du Rhin et arrosée au S. par la Dussel, qui se verse dans le fleuve, audessus du château. La ville et le château furent incendiés pendant le bombardement par les Français, en 1794; le château ne présente que des ruines et quelques parties de l'édifice qui témoignent de son ancienne splendeur; mais la ville se releva bientôt des désastres de la guerre. Les anciennes fortifications sont remplacées par de belles promenades; des maisons élégantes, de grandes et larges rues, tirées au cordeau et dont plusieurs sont ornées d'allées de tilleuls, rendent Dusseldorf une des cités les plus charmantes des bords du Rhin. Les monuments les plus dignes de remarque sont: la cathédrale, renfermant les tombeaux des ducs de Juliers et de Berg, parmi lesquels on distingue le mausolée du duc Jean; l'église des jésuites; l'observatoire dans le ci-devant collége de cet ordre; sur la place du marché, une statue équestre en bronze de l'électeur Jean-Guillaume, à qui Dusseldorf doit sa prospérité; une autre statue en marbre du même prince se trouve dans la cour du château. La ville renferme en tout 10 églises; un gymnase, un séminaire, une académie des arts, de dessin et d'architecture, plusieurs autres établissements scientifiques et philanthropiques et une bibliothèque de 30,000 volumes. La galerie de Dusseldorf, fondée en 1697, par Jean-Guillaume et enrichie depuis 1742 par Charles-Théodore, était devenue une des plus belles de l'Europe; elle se composait de 365 tableaux des plus grands maitres et principalement de l'école flamande. Elle a été transportée à Munich en 1805. Près du château dit Jægerhof se trouve un magnifique jardin dont une partie est consacrée aux études botaniques. Les principales branches d'industrie sont : les filat. de soie et de coton, la fabrication de moutarde renommée, les vinaigreries, les savonneries, la raffinerie de sucre. Son port est un des plus fréquentés sur le Rhin; le commerce d'expédition de la ville entretient une navigation active, qui a un service régulier pour les transports sur Clèves et la Hollande; 26,000 hab., la garnison comprise.

DUTCHESS, comté de l'état de New-York, États-Unis de l'Amérique du Nord; il est borné par les comtés de Columbia, de Putnam, d'Hudson, d'Orange, d'Ulster et l'état de Connecticut; superficie 38 l. c. géogr. Pays très-riche, montagneux et bien boisé à l'E., vallée plate et très-fertile, le long de l'Hudson, qui y reçoit le Fishkill et le Wapping; 50,000 hab.

DUTTLENHEIM ou **DITLEN**, vg. de Fr., Bas-Rhin, arr. de Strasbourg, cant. de Geispolsheim, poste de Molsheim; fabr. hydr. de fécule et de sagou de pommes de terre, sirop blanc et brun de fécule, gomme; 1362 hab.

DUTTWEILER, vg. parois. de la Bavière rhénane, cant. d'Obermoschel, arr. de Kirchheimboland, sur la frontière de la Prusse, à 2 l. de Neustadt. Une montagne de 700 pieds de hauteur qui se trouve près de là, parait renfermer des bancs de houille qui se sont enflammés; son sommet ne rencontre que des arbres renversés, desséchés par la chaleur; les pierres sont calcinées; les vapeurs sortant d'un cratère oblong de 30 pieds de profondeur ont un degré de chaleur à cuire des œufs; 670 hab.

DUVY, vg. de Fr., Oise, arr. de Senlis, cant. et poste de Crépy; 210 hab.

DUX ou **DUCHEZOW**, pet. v. de Bohême, cer. de Leitmeritz; fabr. très-considérables de bas et d'ouvrages en bois; magnifique château avec un parc, une bibliothèque de 13,000 volumes et un cabinet d'histoire naturelle. Dans le voisinage on trouve des eaux thermales, des carrières et des mines de houille; 1000 hab.

DUXBOROUGH, b. des États-Unis de l'Amérique du Nord, état de Massachusetts, comté de Plymouth, sur le Duxbury; construction de vaisseaux, navigation, commerce, pêche; 3300 hab.

DUZE. *Voyez* DIEUZE.

DUZEY, vg. de Fr., Meuse, arr. de Montmédy, cant. et poste de Spincourt; 80 hab.

DWARAKA, pet. v. de l'Inde, roy. de Baroda; important pèlerinage hindou. Environ 15,000 pèlerins viennent tous les ans visiter son temple consacré au dieu Rantchor. Ce temple possède plusieurs vaisseaux armés en course, et une partie du butin fait par les pirates est offerte en sacrifice au dieu.

DWINA (la), *Carambacis*, *Duina*, fl. de la Russie d'Europe, formé dans le gouv. de Vologda par la réunion du Jug et de la Suchona, arrose ce gouvernement et celui d'Arkhangel et forme près d'Arkhangel un liman large de 15 milles, par lequel ses eaux se mêlent à celles de la mer Blanche. Ce fleuve est navigable, son cours a 160 milles d'étendue; il reçoit à l'O. la Vago, à l'E. la Vitschegda et la Piniga.

DYAMBILIA, v. du pays des Foulahs, dans la Nigritie occidentale, Afrique, sur les confins de la Sénégambie, à 20 l. S.-O. de Timbou.

DYBEH, b. de la Basse-Égypte, Afrique, près de l'embouchure d'un des bras du Nil, appelée autrefois la bouche de Menès.

DYBOSSARI, v. de la Russie d'Europe, gouv. de Kherson, sur une montagne au bord du Dniester et entourée de plantations de tabac; 1800 hab.

DYERS (cap). *Voyez* CUMBERLAND (terre de).

DYÉ-SUR-LOIRE (Saint-), pet. v. de Fr., Loir-et-Cher, arr. de Blois, cant. de Bracieux, poste; elle est située sur la rive gauche de la Loire et a un petit port sur cette rivière; commerce de vins, eaux-de-vie et vinaigre; féculerie de pommes de terre; 1280 hab.

DYFART, b. d'Écosse, comté de Fife, sur le Frith-of-Forth; important par ses fabr. de toile et ses salines. Il possède un petit port, d'où l'on exporte du sel et de la houille; 5500 hab.

DYHERNFURTH, b. de Prusse, prov. de Silésie, rég. de Breslau, sur l'Oder; navigation; fabr. de poterie; 1500 hab.

DYKES. *Voyez* PRUDENCE (île).

DYLE (rivière). *Voyez* RUPEL.

DYNOW, pet. v. du roy. de Gallicie, cer. de Sanok, sur le San.

DYO, vg. de Fr., Saône-et-Loire, arr. de Charolles, cant. et poste de la Clayette; 1040 hab.

DYRÉ. *Voyez* DEYR.

DYSART, b. d'Écosse, comté de Fife, sur le Frith-of-Forth; fabr. de toile; raffinerie de sel; mines de fer et de houille; 2000 hab.

DZAG, v. de la Nigritie occidentale, Afrique, au N.-E. de Yarkon et à environ 55 l. S.-O. de Boussa, sur le Djoliba, capitale du roy. de Borgou.

DZAIZANG ou **SAISANG**, grand lac de la Chine, situé dans le Thian-chan-pe-lou, sur les confins de la Russie d'Asie. Il est traversé par l'Irtysch, affluent de l'Ob, et reçoit les eaux de plusieurs autres rivières, telles que le Khuguljak, le Torgi-Bazar, le Dugun-Khuguljak, le Sumudan, le Bazir et la Nestroze.

DZIALOSZYN, v. de Pologne, woïwodie de Kalisz, sur la rive droite de la Waste; 1000 hab.

DZINGHIRI ou **TCHIKIRI**, Seïa, un des principaux affluents de l'Amour, prend sa source dans les Stavonoï-Jablonnoï, reçoit les eaux du Silimp et d'autres rivières et se jette dans l'Amour, près de Saghalion.

DZOUNGARES ou **DSCHUNGARES**, Songares, subdivision importante de la famille mongole, qui occupe toute la partie occidentale de la Mongolie et a son centre d'habitation dans le bassin de l'Ili. Leur chef porte le titre de khan; les autres princes sont appelés taibst ou taischas, et dsakaks ou saisons. Les Chinois parlent des Dzoungares comme d'un peuple ignorant et enclin au brigandage, qui supporte aisément le besoin et a la singulière coutume de jeter ses morts dans le désert, et de les couvrir de quelques pierres ou de quelques branches pour toute sépulture. Au dix-septième et au commencement du dix-huitième siècle, les Dzoungares s'étaient rendus redoutables, même aux Chinois, par l'étendue et la puissance de leur empire, maîtres par la conquête du Turfan et d'une partie du Thibet; mais ils furent totalement défaits par leurs voisins en 1759, exterminés et dispersés, de sorte que de 3 à 400,000 familles qu'ils étaient avant leur guerre avec les Chinois, il n'en reste plus aujourd'hui dans la Dzoungarie que 20 à 30,000.

DZOUNGARIE ou **SONGARIE**, grande région du haut-plateau de l'Asie, qui forme la partie N.-O. de la Mongolie, et s'étend entre 69° et 97° long. orient., et 41° et 54° lat. N. La Dzoungarie est un pays de montagnes, entrecoupé de vastes steppes; elle est bornée au N., où elle confine avec la Russie, par le Tarbagatai ou la chaîne de l'Oulouck-tag, le petit Altaï et les monts Sayaniens; à l'E. par le Changai et les pics neigeux du grand Altaï, qui la séparent de la Kalkhas-Mongolie et du désert de Gobi; au S. par le Tchian-Chan ou mont céleste, qui la sépare de la Petite-Boukharie ou Thian-Chan-nan-lou; à l'O., du côté de la steppe des Kirghis, par des ramifications du Mouz-tagh. L'intérieur de la Dzoungarie est traversé par le Malgan, l'Altaï Alintopo, l'Ajagu, le Khamar Dadan, l'Uidadan et une foule d'autres chaînes secondaires diversement groupées, la plupart nues et arides, les sommets couverts de neige perpétuelle; un nombre considérable de fleuves et de rivières y prennent leurs sources et alimentent les grands lacs du pays; parmi les premiers nous nommerons l'Irtyche et l'Ili avec leurs affluents; parmi les seconds, le Balkaschi-nour ou Palkati, l'Alaktakal, le Dzaïzang, le Tuskul, etc. Le climat de la Dzoungarie est tempéré; le sol (à l'exception des steppes) fertile; mais la majeure partie du pays est habitée par des nomades peu nombreux, et ce n'est que près des endroits occupés par les Chinois et le long de l'Ili, qu'on rencontre l'agriculture chinoise. Les Kalmouks-Soungars, anciens maîtres du pays, ont été soumis par les Chinois et en partie exterminés au milieu du dix-huitième siècle. Ils ont été remplacés par d'autres Kalmouks, par les Torgotes et les Derbètes, peuplades venant de la Russie. Le pays est en outre occupé par des colons chinois et par des soldats mandchoux, qui le protègent contre les Kirghis et les Russes. La Dzoungarie est désignée dans les géographies chinoises sous le nom de Thian-chan-pe-lou, qui, réuni avec le Thian-chan-nan-lou (petite Boukharie), forme ce que les Chinois appellent Sin-kiang ou la nouvelle frontière et est administrée par le gouverneur militaire qui réside à Ili. Dans ce moment la Dzoungarie est subdivisée en trois divisions militaires, qui prennent le nom de celui de leurs chefs-lieux respectifs : Ili ou Gouldja (hoeï-youau-tching des Chinois), Kour-khara-oussou et Tarbagataï, Barkolou, Tchin-si et Ouroumtsi, qu'on regarde communément comme faisant partie de la Dzoungarie, appartiennent à la prov. de Kan-sou, de la Chine proprement dite.

E

AGLE, pet. île habitée par des pêcheurs, à l'entrée de la baie de Penobscot, côte de l'état du Maine, États-Unis de l'Amérique du Nord.

EAHEINOMAUVE, île de l'Australie ou Océanie centrale; c'est la plus septentrionale et la plus petite des deux îles dont se compose la Nouvelle-Zélande; elle s'étend de 34° 22″ à 41° 35′ lat. S. jusqu'au détroit de Cook, qui la sépare de Tawaï-pounamou, île méridionale de la Nouvelle-Zélande. Sa superficie est de 26,160 milles c. anglais; le sol y est plus fertile que dans l'île méridionale, aussi renferme-t-elle à peu près les deux tiers de la population totale de la Nouvelle-Zélande. La baie des Isles et celle de Kaïpara; le port Wangaroa, où se trouvait un établissement de la société des missions; détruit par les naturels en 1826, mais rétabli à Mangunga; les ports Manou-Kao, Earranarki et Mercury; le hâvre Waikato, la rivière Shocukianga; la Tamise ou Chouracki et le pic Egmont, de 7660 pieds d'élévation, point culminant du système Tasmanien, sont les localités les plus remarquables de cette île, dont nous donnerons d'ailleurs plus de détails à l'article Nouvelle-Zélande.

ÉANCÉ, vg. de Fr., Ille-et-Vilaine, arr. de Vitré, cant. de la Guerche, poste de Martigné-Ferchaud; 1180 hab.

ÉANNE (Sainte-), vg. de Fr., Deux-Sèvres, arr. de Niort, cant. et poste de St.-Maixent; 880 hab.

EAP ou YAP, une des plus grandes îles de l'archipel des Carolines, Polynésie ou Océanie orientale; elle est située sous 135° 30′ long. E. et 10° lat. N. Sa position est assez élevée; mais elle n'a point de montagnes. Plusieurs petites rivières arrosent cette île, couverte de belles forêts; elle est habitée, mais trop imparfaitement connue pour qu'on puisse en donner des détails exacts.

EARBOB. *Voyez* CHATNOONIK.

EARL, pet. v. des États-Unis de l'Amérique du Nord, état de Pensylvanie, comté de Lancaster, sur le Grand-Conestago; industrie, navigation, commerce; 4000 hab.

EARLY, comté de l'état de Géorgie, États-Unis de l'Amérique du Nord; il est borné par les dist. des Creeks et des Dools, le comté d'Irwin, l'état d'Alabama et le territoire de la Floride. Ce pays est arrosé par le Flint et le Chattahochée, qui s'y réunissent sous le nom d'Apalachicola. La culture y fait de grands progrès; 4000 hab.

EARLY (fort). *Voyez* FORT-EARLY.

EARN, *Dermis*, un des plus grands lacs de l'Irlande, a une superficie de 4 l. c. géogr.; il se compose de deux petits lacs, réunis par un canal; ses eaux se déchargent dans la baie de Donigac par la rivière Earne ou Erne; il renferme trente petites îles et est très-poissonneux.

EARSTON, gros vg. d'Ecosse, comté de Berwick; patrie du poète Thomas Learmont, connu sous le nom de Thomas-le-Rimeur; 1600 hab.

EARTQUAQUE. *Voyez* NEW-MADRID.

EASIS, g. a. v. capitale de la Gédrosie.

EAST-BAY. *Voyez* VIRGIN-GORDA.

EAST-BETHLEHEM, b. très-industrieux des Etats-Unis de l'Amérique du Nord, état de Pensylvanie, comté de Washington, sur la Monongahéla; 2400 hab.

EAST-BOURNE, b. d'Angleterre, comté de Sussex; bains de mer; 2000 hab.

EAST-BRADFORD, b. des États-Unis de l'Amérique du Nord, état de Pensylvanie, comté de Chester, au confluent des deux branches du Brandywine; 2000 hab.

EAST-BRANCH (bras oriental). *Voyez* POTOWMAK et COLOMBIA.

EAST-BUFFALOE, b. des États-Unis de l'Amérique du Nord, état de Pensylvanie, comté d'Union, sur le Susquéhannah; commerce actif; 3200 hab.

EAST-CHESTER, pet. v. des États-Unis de l'Amérique du Nord, état de New-York, comté de Westchester, sur le Bronx; commerce; 2100 hab.

EASTERN-BAY. *Voyez* CHÉSAPEAK (baie).

EAST-GREENWICH, pet. v. des États-Unis de l'Amérique du Nord, état de Rhode-Island, comté de Kent, sur la baie de Narraganset; navigation, pêcheries; 2700 hab.

EAST-GRINSTEAD, b. d'Angleterre, comté de Sussex; nomme deux députés au parlement; grand commerce en bestiaux.

EAST-HADDAM, v. des États-Unis de l'Amérique du Nord, état de Connecticut, comté de Middlesex, sur la rive gauche du Connecticut, poste; bon port; commerce de beurre, de fromage et de viande salée; 4000 hab.

EAST-HAMPTON, pet. v. des États-Unis de l'Amérique du Nord, état de New-York, comté de Suffolk, à l'extrémité S. de la presqu'île de Long-Island, où s'élève un phare; académie de Clinton; commerce important; 3000 hab.

EAST-HANOVRE, pet. v. des États-Unis de l'Amérique du Nord, état de Pensylvanie, comté de Dauphin; forges; 2500 hab.

EAST-HARTFORD, v. des États-Unis de l'Amérique du Nord, état de Connecticut, comté de Hartford, sur la rive gauche du Connecticut, vis-à-vis de Hartford, à laquelle elle est jointe par un pont; verrerie, forges, moulin à poudre, belles carrières de pierres de taille; 4600 hab.

EAST-HAVEN, pet. v. des États-Unis de l'Amérique du Nord, état de Connecticut, comté de Newhaven, à l'E. de la baie de Newhaven; commerce; 2300 hab.

EAST-MAIN. *Voyez* MAINE-ORIENTAL.

EAST-MARLBOROUGH, b. des États-Unis de l'Amérique du Nord, état de Pensylvanie, comté de Chester; 2000 hab.

EAST-MEATH, *Media*, comté d'Irlande, borné par les comtés de Cavan, de Monaghan, de Louth, de Dublin, de Kildore, de West-Meath et par la mer d'Irlande; superficie 38 l. c. géogr., avec 120,000 habitants. Cette province est une des plus fertiles de l'Irlande; elle est arrosée par le Boyne et produit en abondance de l'avoine, de la navette et du lin. L'agriculture et l'éducation du bétail y sont dans un état florissant. On exporte de la farine, du malt, des bœufs gras, du beurre, du fromage, de la laine, des peaux de lapin, de la grosse toile et des chapeaux de paille. Ce comté est divisé en douze baronies.

EAST-NANTMILL, pet v. des États-Unis de l'Amérique du Nord, état de Pensylvanie, comté de Chester, sur le Frenchkrik; scieries, forges; 2800 hab.

EAST-NORTHERN-LIBERTY. *Voyez* PHILADELPHIE.

EAST-NOTTINGHAM, pet. v. des États-Unis de l'Amérique du Nord, état de Pensylvanie, comté de Chester; commerce; 2700 h.

EASTON, v. des États-Unis de l'Amérique du Nord, état de Pensylvanie, comté de Northampton, dont elle est le chef-lieu, au confluent du Léhigh et du Delaware, qu'on y passe sur un pont couvert, de 190 mètres de longueur. Un autre pont en chaines traverse le Léhigh. Cette ville possède un collége académique et une académie militaire; marchés très-fréquentés. Elle a donné son nom à un traité de paix conclu, en 1757, entre l'Angleterre et dix nations indiennes; 4200 hab.

EASTON, pet. v. des États-Unis de l'Amérique du Nord, état de Maryland, comté de Talbot, dont elle est le chef-lieu, sur le Treathavenkrik. Elle est le siége des tribunaux d'arrondissement et de l'Union et renferme une académie, une prison, un arsenal de l'état, une halle, etc.; marchés très-fréquentés; 3000 hab.

EASTON, pet. v. des États-Unis de l'Amérique du Nord, état de New-York, comté de Washington, sur le Hudson; navigation, commerce; 3000 hab.

EAST-PENNSBOROUGH, pet. v. florissante des États-Unis de l'Amérique du Nord, état de Pensylvanie, comté de Cumberland ; 3600 hab.

EAST-POINT (promontoire). *Voyez* ANN (cap).

EASTPORT, pet. v. des États-Unis de l'Amérique du Nord, état du Maine, comté de Washington, à l'embouchure du Cobscook, dans la baie de Passamaquoddi ; elle a un excellent port et fait le commerce de bois; pêche de la morue ; 2600 hab.

EASTRIDING, l'un des trois districts du comté d'York, en Angleterre, s'étend entre la mer, le Derwent, l'Ouse et l'Humber. On y élève des chevaux et des bœufs d'une rare beauté; 170,000 hab.

EAST-SOUTHWARK. *Voyez* PHILADELPHIE.

EAST-SUDBURY, pet. v. des États-Unis de l'Amérique du Nord, état de Massachusetts, comté de Middlesex ; 1700 hab.

EAST-THURSO, vg. d'Écosse, comté de Caithness, à l'embouchure de la rivière Halladale. Patrie de John Sinclair, célèbre économiste, né en 1754.

EASTTOWN, pet. v. des États-Unis de l'Amérique du Nord, état de Massachusetts, comté de Bristol; manufacture d'ouvrages en fer et en acier; 3000 hab.

EAST- et **WESTLOŒ**, deux b. d'Angleterre, séparés par le Looe, duché de Cornouailles, nomment 4 députés; port; pêche.

EAST-WINDSOR, v. des États-Unis de l'Amérique du Nord, état de Connecticut, comté de Hartford, sur la rive gauche du Connecticut; distilleries de whisky, les plus importantes de l'Union ; carrières considérables dans les environs; 4600 hab.

EAST-WINDSOR, pet. v. des États-Unis de l'Amérique du Nord, état de New-Jersey, comté de Middlesex ; agriculture très-florissante ; 2500 hab.

EASTWOOD, pet. v. d'Écosse, comté de Renfrew, sur le Cart; florissante par son industrie cotonnière; 5000 hab.

EATON, pet. v. des États-Unis de l'Amérique du Nord, état de New-York, comté de Madison ; 3000 hab.

EATONS-NECK. *Voyez* HUNTINGTON.

EATONTON, pet. v. des États-Unis de l'Amérique du Nord, état de Géorgie, comté de Putnam, dont elle est le chef-lieu, sur un affluent de l'Alatamaha, poste; commerce; académie de l'Union à quelque distance de cette ville ; 1800 hab.

EAU-BLANCHE, pet. riv. du roy. de Belgique, au S. de la prov. de Namur.

EAUBONNE, vg. de Fr., Seine-et-Oise, arr. de Pontoise, cant. de Montmorency, poste de Franconville ; 270 hab.

EAUCOURT, Pas-de-Calais. *Voyez* SARS.

EAUCOURT-SUR-SOMME, vg. de Fr., Somme, arr., cant. et poste d'Abbeville; 330 hab.

EAULNE, riv. de Fr., a sa source dans le dép. de la Seine-Inférieure, au S. de Ste.-Beuve, cant. et arr. de Neufchâtel; elle coule vers le N.-O. et se jette dans l'Arques, après 9 l. de cours.

EAUNES, vg. de Fr., Haute-Garonne, arr., cant. et poste de Muret; 710 hab.

EAUPLET, ham. de Fr., Seine-Inférieure, com. de Rouen; fabr. de produits chimiques; 400 hab.

EAUX, vg. de Fr., Aube, com. d'Auxon; 380 hab.

EAUX-BONNES. *Voyez* AAS.

EAUX-CHAUDES. *Voyez* LARUNS.

EAUZE, *Elusa*, pet. v. de Fr., Gers, arr., à 6 l. O.-S.-O. de Condom et à 204 l. de Paris, chef-lieu de canton et poste. Cette petite ville, assez jolie et située sur la rive gauche de la Gelize, fait un commerce considérable d'eaux-de-vie; 3540 hab. Eauze est une des villes les plus anciennes des Gaules ; elle était, lors de l'invasion romaine, une cité importante. Elle fut saccagée par les Goths au cinquième siècle, et trois siècles après, par les Sarrasins; au neuvième les Normands la détruisirent presque entièrement et en massacrèrent les habitants. Des débris d'édifices antiques, des médailles et des monnaies romaines, que l'on découvre assez fréquemment dans les environs, attestent sa grandeur passée.

EBADIÉ, b. de la Moyenne-Égypte, prov. de Minyeh; habitants abrutis et voleurs.

EBAL, g. a., mont. de Samarie, tribu d'Ephraïm, vis-à-vis le mont Garizim ; elle est célèbre dans l'Écriture-Sainte par les anathèmes qui y furent prononcés contre les infracteurs de la loi.

EBANGE, ham. de Fr., Moselle, com. de Florange ; 310 hab.

EBATY, ham. de Fr., Côte-d'Or, com. de Beaune ; 110 hab.

EBBLINGHEM, vg. de Fr., Nord, arr., cant. et poste d'Hazebrouck; 710 hab.

EBBOÉ, roy. et v. de la Haute-Guinée, dans le Delta du Zuorra; le premier paraît être beaucoup moins étendu et moins puissant que ne le représentaient les relations vagues, recueillies par d'anciens voyageurs; la ville, de médiocre étendue, est située non loin de la rive droite du Zuorra. C'est un des grands marchés de la partie inférieure de ce fleuve et la capitale du royaume de même nom. Les frères Lander, qui y trouvèrent un grand nombre de grosses barques provenant de la côte, lui accordent 6000 habitants.

EBELEBEN, b. de la principauté de Schwarzbourg-Sondershausen, dont il fait partie depuis 1816; château ducal ; 1000 h.

EBELTHOFT, v. du Danemark, diocèse d'Aarhuus, sur une baie du Cattégat; pêche; commerce; navigation, son port sert de refuge aux marins sans emploi; 600 hab.

EBENEZER, v. naissante des États-Unis de l'Amérique du Nord, état de Géorgie, comté d'Effingham, à l'embouchure de l'Ebenezer. Cet endroit, fondé, il y a peu d'an-

20

nées, par des émigrés salzbourgeois, s'accroît rapidement.

EBENFURTH, pet. v. de la Basse-Autriche, cer. inférieur du Wienerwald, sur la Leitha; 1200 hab.

EBENSBURGH, b. des États-Unis de l'Amérique du Nord, état de Pensylvanie, comté de Cambria dont il est le chef-lieu, sur la route de Kittaning, poste; 1200 hab.

EBÉON, vg. de Fr., Charente-Inférieure, arr. et poste de St.-Jean-d'Angely, cant. de St.-Hilaire; 110 hab.

EBERBACH, v. du grand-duché de Bade, cer. du Bas-Rhin, au confluent de l'Itterbach et du Necker; 3200 hab., dont la plupart sont bateliers ou font le commerce de bois.

EBERBACH-SELTZ ou NEUDORF, vg. de Fr., Bas-Rhin, arr. de Wissembourg, cant. de Seltz, poste de Lauterbourg; 620 hab.

EBERBACH-WŒRTH, vg. de Fr., Bas-Rhin, arr. de Wissembourg, cant de Wœrth, poste de Soultz-sous-Forêts; 260 hab.

EBERGASSING, b. de la Basse-Autriche, cer. inférieur du Wienerwald, sur la Fischa; fonderie de canons; 800 hab.

EBERING, ham. de Fr., Moselle, com. de Tenteling; 340 hab.

EBERMANNSTADT, pet. v. de Bavière, chef-lieu du district de même nom, cer. du Mein-Supérieur, à 3 1/2 l. de Forchheim; culture de chanvre; éducation de bestiaux; population de la ville 650 habitants, du district 10,000.

EBERN, pet. v. de Bavière, sur la rive gauche de la Daunach, chef-lieu du district de même nom, cer. du Mein-Inférieur, à 2 l. de Gleussen; tanneries; tissage d'étoffes de laine, de coton et de toiles; poterie; plusieurs usines; marchés de bestiaux; population de la ville 1150, du district 10,200 h.

EBERSBACH, le plus gr. vg. du roy. de Saxe, situé sur la Sprée, cer. de Lusace; fabr. de toiles; 5500 hab.

EBERSBERG, pet. v. de Bavière, cheflieu du district de même nom, cer. de l'Isar, sur l'Ebrach, à 4 l. de Wasserbourg, dans une contrée boisée; culture du blé; marché de brebis important; a été pillée en 1632 et 1648 par les Suédois; pop. 1000 hab., du district 16,000.

EBERSBERG, vg. de la Haute-Autriche, cer. de la Traun, sur la rivière de ce nom; remarquable par la bataille de 1809.

EBERSDORF, b. de la confédération germanique, capitale de la principauté de Reuss-Lobenstein-Ebersdorf; 1100 hab., parmi lesquels sont 400 herrnhuters, qui y possèdent un collége; fabr. de coton et de tabac; le château du prince avec ses jardins mérite d'être remarqué; non loin se trouve le château de Bellevue.

EBERSDORF ou STIFT-EBERSDORF, vg. de 800 hab., dans le roy. de Saxe, cer. de l'Erzgebirge; possède une mine de houille dans ses environs et une église remarquable par ses monuments; autrefois lieu de pèlerinage très-fréquenté. C'est dans ce village que fut arrêté, dans la nuit du 7 au 8 juillet 1455, le chevalier Kunz de Kaufungen, après avoir enlevé les princes Ernest et Albert.

EBERSHEIM ou ÉVERSHEIM, vg. de Fr., Bas-Rhin, arr., cant. et poste de Schléstadt; 1780 bab.

EBERSMUNSTER, vg. de Fr., Bas-Rhin, arr. et poste de Schléstadt, cant. de Benfelden; scierie hydraul.; 915 hab.

EBERSTADT, b. du grand-duché de Hesse-Darmstadt, situé sur la Modau, principauté de Starkenbourg; filat. de laine; excellentes brasseries renommées; distilleries d'eau-de-vie; 1900 hab.

EBERSTEIN (Nouvel-), château sur une montagne du cer. du Rhin-Moyen, grand-duché de Bade, reconstruit et appartenant à la margrave Christiane de Bade; il a un jardin anglais et une chapelle, appelée le Klingel, qui est un lieu de pèlerinage.

EBERSTINZEL. *Voyez* OBERSTINZEL.

EBERSVILLER, vg. de Fr., Moselle, arr. de Thionville, cant. et poste de Bouzonville; 1210 hab.

EBERSVILLERS-PETIT, ham. de Fr., Moselle, com. de Macheren; 200 hab.

EBESFALVA (Elisabethstadt), pet. v. de la Transylvanie, Hongrie, comitat de Kokelbourg; bien bâtie, florissante par son industrie et son commerce; 5000 hab.

EBINGEN, v. du Wurtemberg, cer. de la Forêt-Noire, gr.-bge de Balingen, une des plus industrielles du royaume, située dans une belle contrée, sur la Schmieha; fabr. d'étoffes de laine, de toiles, de passementerie, de chapeaux; blanchisseries; tanneries; grand commerce de bestiaux; 4300 h.

EBLANGE ou EBLINGEN, vg. de Fr., Moselle, arr. de Metz, cant. et poste de Boulay; 220 hab.

EBLE (Saint-), vg. de Fr., Haute-Loire, arr. de Brioude, cant. et poste de Langeac; 630 hab.

EBNAT, vg. parois. de Bavière, dist. et à 3 l. de Kemnat, cer. du Mein-Supérieur, avec un château; forge; exploitation de terre à porcelaine; mine d'argent abandonnée; 750 hab.

EBOLI, v. du roy. des Deux-Siciles, principauté citérieure; 5300 hab.

EBON ou BONHAM, groupe de petites îles de la Polynésie ou Océanie orientale, dans l'archipel de Mulgrave ou de Marshall; il est situé sous 6° lat. N. et 166° 14' long. E.

EBOULEAU, vg. de Fr., Aisne, arr. de Laon, cant. de Sissonne, poste de Moncornet; 350 hab.

EBOULET, ham. de Fr., Haute-Saône, arr. de Lure, cant. et poste de Champagney; 130 hab.

EBRACH, quatre petites rivières de ce nom dans la Bavière, dont trois affluent à la Regnitz et une au Danube.

EBRACH, vg. parois. de Bavière, dist. de Burgebrach, cer. du Mein-Supérieur, sur l'Ebrach, à 2 l. de Burgwindheim. Son abbaye renommée, de l'ordre des Citeaux, a été fondée, en 1126, par les frères Bernard et Richwin d'Eberau, et richement dotée par plusieurs princes allemands; ses revenus s'élevaient à 273,000 francs; elle a été supprimée en 1803. L'église magnifique, construite de 1200 à 1285, renferme des statues et des tableaux remarquables; 300 hab.

EBRE, *Iberus*, fl. d'Espagne. Immédiatement après sa naissance aux deux sources de Fontibre, près Reynosa-de-Cozo, au S. du roy. de Léon, il fait tourner un moulin et se dirige ensuite au S.-E., par la vallée que forment les montagnes de son bassin, en séparant les prov. de Burgos et de Soria de l'Alava et de la Navarre. Il devient navigable à Logrono, traverse le milieu de l'Aragon, entre à Mequinerza dans la Catalogne, où il forme à Xerta une cascade qui interrompt la navigation. Au S. d'Amposta il se verse dans la mer, mais l'embouchure étant très-ensablée et peu sûre, on a fait communiquer le fleuve par un canal avec le golfe d'Afaques, qui forme un des meilleurs ports de la Catalogne. Son cours s'étend sur 131 1/2 l. Ses affluents de droite sont: dans le Burgos, l'Ultron, l'Omina, l'Oroneillo, le Tiron, la Najerilla et l'Iregua; dans la Soria, la Jubera avec la Leza, le Cidacos et l'Ahama avec l'Igea et l'Anamaza; dans la Navarre, le Queiles; dans l'Aragon, la Huelcha, le Xalon avec la Xiloca, la Guerva, l'Aguas, le Martin, le Guadalope, et la Mataragna sur les frontières de Catalogne. Il reçoit à gauche: dans le Burgos, la Nela, l'Omecillo, le Bayas, la Zadorra avec l'Erredio, l'Ayedo et le Zarro; dans la Navarre, l'Egra, l'Aragon avec le Salazar, l'Ezca et l'Arga; dans l'Aragon, l'Arva, le Gallego avec le Séton, le Segré avec l'Esera, le Vero et la Cinca avec l'Alcanedre et le Noguera; dans la Catalogne, la Ciuranna.

EBREICHSDORF, *Aula Nova*, b. de la Basse-Autriche, cer. inférieur du Wienerwald, sur la Schwæchat; ses habitants, au nombre de 1200, sont très-industrieux et fabriquent surtout des étoffes de coton et de la quincaillerie estimée.

EBREMONT-DE-BON-FOSSÉ (Saint-), vg. de Fr., Manche, arr. et poste de St.-Lô, cant. de Canisy; 890 hab.

EBREMONT-SUR-LOZON (Saint-), ham. de Fr., Manche, com. de Lozon; 100 hab.

EBRÉON, vg. de Fr., Charente, arr. de Ruffec, cant. et poste d'Aigre; 540 hab.

EBREUIL, *Ebrolium*, pet. v. de Fr., Allier, arr., à 2 l. O.-N.-O. et poste de Gannat, chef-lieu de canton; moulins à farine; 2340 hab.

EBSAMBOUL ou **ABSAMBOUL**, **ABOUSOUMBOL**, **IPSAMBOUL**, **OUADY-ABOU-SOUMBOL**, misérable ham. de la Basse-Nubie, dans le pays des Barabras, sur la rive gauche du Nil, entre Derr et Kalat-Addé; dans ses environs se trouvent les plus magnifiques excavations de toute la Nubie, visitées et décrites de nos jours par MM. Belzoni, Burckhardt, Champollion, Drovetti, Gau, Richardson, Rifaud, Rosellini et d'autres voyageurs.

ECAILLE (l'), vg. de Fr., Ardennes, arr. de Réthel, cant. d'Asfeld, poste de Tagnon; 280 hab.

ECAILLON, vg. de Fr., Nord, arr., cant. et poste de Douai; 640 hab.

ECAJEUL, vg. de Fr., Calvados, arr. de Lizieux, cant. de Mézidon, poste de Croissanville; 320 hab.

ECALLES-ALIX, vg. de Fr., Seine-Inférieure, arr. de Rouen, cant. de Pavilly, poste d'Yvetot; 810 hab.

ECALLES-SUR-BUCHY, vg. de Fr., Seine-Inférieure, arr. de Rouen, cant. et poste de Buchy; 200 hab.

ECAQUELON, vg. de Fr., Eure, arr. de Pont-Audemer, cant. et poste de Monfort-sur-Rille; 940 hab.

ECAQUELON, ham. de Fr., Seine-Inférieure, com. de Rainfreville; 210 hab.

ECARDE (Haut et Bas-), ham. de Fr., Calvados, com. d'Amfreville; 210 hab.

ECARDENVILLE, vg. de Fr., Eure, arr. de Bernay, cant. et poste de Beaumont-le-Roger; 870 hab.

ECARDENVILLE-SUR-EURE, vg. de Fr., Eure, arr. de Louviers, cant. et poste de Gaillon; 375 hab.

ECARDES, vg. de Fr., Marne, arr. d'Épernay, cant. d'Esternay, poste de Courgivaux; 170 hab.

ECARLATE (l'), ham. de Fr., Nord, com. de Vieux-Condé; 260 hab.

ECAUDIN. *Voyez* ESCAUDIN.

ECAUSSEVILLE, vg. de Fr., Manche, arr. de Valognes, cant. et poste de Montebourg; 210 hab.

ECAUVILLE, vg. de Fr., Eure, arr. de Louviers, cant. du Neubourg, poste de la Commanderie; 210 hab.

ECBATANE, g. a., l'ancienne et magnifique capitale de la Médie, si brillamment décrite par Hérodote et Polybe, n'est plus qu'un monceau de ruines où l'on a de la peine à retrouver, au milieu des masses de briques, quelques tronçons de colonnes, quelques inscriptions cunéiformes à moitié effacées. La ville persane de Hamadan, dans l'Irak-Adjemi, occupe une partie de son emplacement. Ecbatane, dont la fondation remonte à la plus haute antiquité, était entourée de sept murailles, peintes en couleurs différentes et s'élevant progressivement vers le centre, où se trouvait le palais du roi, un temple des dieux et une citadelle qui mérita l'attention de Polybe. Tous ces ouvrages sont attribués au roi Déjocès. Le palais royal, résidence d'été des rois persans, était d'une magnificence sans égale. Toute la boiserie était en cèdre ou en cyprès, et la majeure partie des solives, des plafonds et des colonnes, garnie en plaques d'or et d'argent; elles furent enlevées par Alexandre-le-Grand, Antiochus et Seleucus Nicanor. Lorsque le roy. de Médie ne fut plus qu'une province du vaste empire persan, créé par Cyrus, Ecbatane déchut rapidement; Alexandre, au milieu de ses triomphes, y souilla sa mémoire par le meurtre de Parménion; plus tard son nom revient encore quelquefois et d'une manière passagère, mais bientôt son histoire se perd tout à fait.

ECCIA, vg. de Fr., Corse, arr. et poste d'Ajaccio, cant. de Bastelica; 530 hab.

ECCLES, vg. de Fr., Nord, arr. d'Avesnes, cant. et poste de Solre-le-Château; 160 hab.

ECCLESFIELD, pet. v. d'Angleterre, comté d'York, un des grands ateliers du royaume pour les articles de quincaillerie, grosse et fine; 6000 hab.

ECCLESGREIG ou **SAINT-CYRUS**, h. d'Écosse, comté de Mearn; pêche du saumon. On y trouve beaucoup de beaux cailloux et des roches de jaspe; 1800 hab.

ECHALAS, vg. de Fr., Rhône, arr. de Lyon, cant. et poste de Givors; 730 hab.

ECHALLAT, vg. de Fr., Charente, arr. d'Angoulême, cant. de Hiersac, poste de Rouillac; 820 hab.

ECHALLON, vg. de Fr., Ain, arr. de Nantua, cant. et poste d'Oyonnax; 1430 h.

ECHALOT, vg. de Fr., Côte-d'Or, arr. de Châtillon-sur-Seine, cant. et poste de d'Aignay-le-Duc; 450 hab.

ECHALOU, vg. de Fr., Orne, arr. de Domfront, cant. de Messey, poste de Flers; 630 hab.

ECHALUSSE (l'), ham. de Fr., Cher, com. de Primelle; 120 hab.

ECHAMPEU, vg. de Fr., Seine-et-Marne, arr. de Meaux, cant. et poste de Lizy; 180 hab.

ECHANDELY, vg. de Fr., Puy-de-Dôme, arr. d'Ambert, cant. et poste de St.-Germain-l'Herm; 1560 hab.

ECHANNAY, vg. de Fr., Côte-d'Or, arr. de Dijon, cant. et poste de Sombernon; 280 hab.

ECHARCON, vg. de Fr., Seine-et-Oise, arr. et cant. de Corbeil, poste de Mennecy; papeterie; 376 hab.

ECHARNANT, vg. de Fr., Côte-d'Or, arr. de Beaune, cant. et poste de Bligny-sur-Ouche; 80 hab.

ECHASSÉ, ham. de Fr., Orne, com. de Sées; 120 hab.

ECHASSIÈRES, vg. de Fr., Allier, arr. et poste de Gannat, cant. d'Ebreuil; 810 h.

ECHAUBROGNES. *Voyez* HILAIRE-DES-ÉCHAUBROGNES (Saint-).

ECHAUFFOUR, b. de Fr., Orne, arr. d'Argentan, cant. du Merlerault, poste de Ste.-Gauburge; 1660 hab.

ECHAUMÉNIL, vg. de Fr., Orne, arr. de Mortagne-sur-Huine, cant. de Moulins-la-Marche, poste de Ste.-Gauburge; 180 h.

ECHAVANNE, vg. de Fr., Haute-Saône, arr. et poste de Lure, cant. de Champagney; 200 hab.

ECHAY, vg. de Fr., Doubs, arr. de Besançon, cant. et poste de Quingey; 200 h.

ECHEBRUNE, vg. de Fr., Charente-Inférieure, arr. de Saintes, cant. et poste de Pons; 850 hab.

ECHELETTES (les), ham. de Fr., Allier, com. de Montoldre; 150 hab.

ECHELLE (l'), ham. de Fr., Aisne, com. de Berzy; 130 hab.

ECHELLE (l'), vg. de Fr., Ardennes, arr. et poste de Rocroi, cant. de Rumigny; 430 hab.

ECHELLE (l'), vg. de Fr., Seine-et-Marne, arr. et poste de Provins, cant. de Villiers-St.-Georges; 450 hab.

ECHELLE (l'), vg. de Fr., Somme, arr. de Montdidier, cant. et poste de Roye; 220 hab.

ECHELLE-LE-FRANC (l'), vg. de Fr., Marne, arr. d'Épernay, cant. et poste de Montmirail; 260 hab.

ECHELLES, ham. de Fr., Eure-et-Loir, com. de Terminiers; 210 hab.

ECHELLES (les), ham. de Fr., Isère, com. d'Entre-deux-Guiers, poste; 640 hab.

ECHELLES (les), b. des états sardes, duché de Savoie; il est remarquable par le passage des Échelles ou de la Grotte, sur la route de France en Savoie, passage pour lequel on a percé une montagne à la hauteur de 25 pieds et sur une étendue de 300; il a été commencé par les Français.

ECHEMINES, vg. de Fr., Aube, arr. de Nogent-sur-Seine, cant. de Marcilly-le-Hayer, poste des Grès; 170 hab.

ECHEMIRÉ, vg. de Fr., Maine-et-Loire, arr., cant. et poste de Beaugé; 765 hab.

ECHENANS, vg. de Fr., Haute-Saône, arr. de Lure, cant. et poste d'Héricourt; tissage de coton; 350 hab.

ECHENANS-L'ÉTANG, vg. de Fr., Doubs, arr., cant. et poste de Montbéliard; 90 hab.

ECHENAY, vg. de Fr., Haute-Marne, arr. de Vassy, cant. de Poissons, poste de Sailly; haut-fourneau; 240 hab.

ECHENEVEX, vg. de Fr., Ain, arr., cant. et poste de Gex; 280 hab.

ECHENILLY, ham. de Fr., Aube, com. de St.-André; 250 hab.

ECHENON, vg. de Fr., Côte-d'Or, arr. de Beaune, cant. et poste de St.-Jean-de-Losne; 620 hab.

ECHENOZ-LA-MELINE, vg. de Fr., Haute-Saône, arr., cant. et poste de Vesoul; 900 h.

ECHENOZ-LE-SEC, vg. de Fr., Haute-Saône, arr. et poste de Vesoul, cant. de Montbozon; 470 hab.

ECHERIE ou **ECKIRCH**, vg. de Fr., Haut-Rhin, com. de Ste.-Marie-aux-Mines; 1100 h.

ECHERIOLLE (l'), ham. de Fr., Saône-et-Loire, com. de Martigny-le-Comte; 130 hab.

ECHEVANNE, vg. de Fr., Haute-Saône, arr. et cant. de Gray, poste de Champagney; 140 hab.

ECHEVANNE. *Voyez* ECHAVANNE.

ECHEVANNES, vg. de Fr., Côte-d'Or, arr. de Dijon, cant. et poste d'Is-sur-Tille; 180 hab.

ECHEVANNES, vg. de Fr., Doubs, arr. de Besançon, cant. et poste d'Ornans; 160 h.

ECHEVIS, vg. de Fr., Drôme, arr. de Valence, cant. et poste de St.-Jean-en-Royans; 200 hab.

ECHEVRONNE, vg. de Fr., Côte-d'Or, arr. de Beaune, cant. et poste de Nuits; 380 hab.

ECHIGEY, vg. de Fr., Côte-d'Or, arr. de Dijon, cant. et poste de Genlis; 170 hab.

ECHILLAIS, vg. de Fr., Charente-Inférieure, arr. et à 4 l. N.-E. de Marennes, cant. de St.-Agnant, poste de Rochefort-sur-Mer. On y remarque les ruines d'une ancienne église, dont le portail, encore assez bien conservé, ressemble à un arc de triomphe; 950 hab.

ECHILLEUSE, vg. de Fr., Loiret, arr. de Pithiviers, cant. et poste de Puiseaux; 920 h.

ECHINGHEN, vg. de Fr., Pas-de-Calais, arr., cant. et poste de Boulogne-sur-Mer; 160 hab.

ECHIRÉ, vg. de Fr., Deux-Sèvres, arr., cant. et poste de Niort; 1260 hab.

ECHIROLLES, vg. de Fr., Isère, arr., poste et poste de Grenoble; 630 hab.

ECHMEND-EL-ARAB, ou ESSEMENOUT, SMENT, b. de la Moyenne-Égypte, prov. d'Atfyh; on y élève beaucoup de pigeons.

ECHOUBOULAINS vg. de Fr., Seine-et-Marne, arr. de Melun, cant. du Châtelet, poste de Montereau; 500 hab.

ECHOURGNAC, vg. de Fr., Dordogne, arr. de Riberac, cant. et poste de Montpont; 650 hab.

ECHTERNACH, pet. v. du roy. de Belgique, grand-duché de Luxembourg, arr. et à 4 l. de Diekirch, dans une vallée sur la Sure; fabr. de linge de table, de tabac et de faïence; tuileries; fourneaux et moulins à plâtre; 3100 hab.

ECHUFFLEI, vg. de Fr., Orne, arr. d'Alençon, cant. et poste du Mesle-sur-Sarthe; 130 hab.

ECIJA, v. d'Espagne, prov. d'Andalousie, à 19 l. de Séville, située à l'emplacement de la colonie romaine *Augusta Firmia*, entre deux collines, sur le Xenil, que l'on traverse sur un beau pont moderne. Elle est ceinte de murailles, a des rues étroites et tortueuses, mais une belle place publique et une promenade agréable, composée de quatre allées d'arbres ornées de statues qui s'étendent le long de la rivière. Ecija renferme 6 églises paroissiales, 16 couvents, 15 hôpitaux et 28,200 habitants. On y fabrique de la toile, des soieries et du cuir, dont il se fait un commerce considérable, ainsi que du coton, récolté en grande quantité dans les environs; marchés de bestiaux.

ECKARTSBERGA, pet. v. de Prusse, prov. de Saxe, rég. de Mersebourg, chef-lieu du cercle de même nom; 1300 hab.

ECKARTSWILLER, vg. de Fr., Bas-Rhin, arr., cant. et poste de Saverne; 594 hab.

ECKARTSWILLER, vg. de Fr., Bas-Rhin, arr. de Saverne, cant. et poste de la Petite-Pierre; 360 hab.

ECKBOLSHEIM, vg. de Fr., Bas-Rhin, arr. et poste de Strasbourg, cant. de Schiltigheim; 1197 hab.

ECKENDORF (Alt-), vg. de Fr., Bas-Rhin, arr. de Saverne, cant. de Hochfelden, poste de Bouxwiller; 779 hab.

ECKERNFŒHRDE, chef-lieu du duché de Dænischwald, dans le Jutland méridional, situé sur la côte orientale et sur une langue de terre étroite; son port peut recevoir les plus grands bâtiments marchands; commerce important; 3000 hab.

ECKIRCH. *Voyez* ECHERIE.

ECKMUHL ou EGGMUHL, vg. de la Bavière, avec un château, dans la juridiction de Zwaitzkofen, cer. de la Regen; situé sur la route de Landshut à Ratisbonne, sur la Laber, que l'on y traverse sur un pont de pierres de 50 pieds de longueur; 80 hab. Il est célèbre par la victoire décisive remportée, le 22 avril 1809, par les Français, les Bavarois et les Wurtembergeois, commandés par Napoléon, sur les Autrichiens, sous l'archiduc Charles. Le lendemain Ratisbonne fut pris d'assaut, et c'est pendant cette attaque que l'empereur fut frappé au pied droit par une balle morte. Le maréchal Davoust obtint le titre de prince d'Eckmuhl.

ECKWERSHEIM, vg. de Fr., Bas-Rhin, arr. et poste de Strasbourg, cant. de Brumath; 958 hab.

ECLAIBES, vg. de Fr., Nord, arr. d'Avesnes, cant. et poste de Maubeuge; fabr. de sucre indigène; 280 hab.

ECLAIRES, vg. de Fr., Marne, arr. et poste de Ste.-Ménéhoulde, cant. de Dammartin 500 hab.

ECLANCE, vg. de Fr., Aube, arr. de Bar-sur-Aube, cant. de Soulaines, poste de Ville-sur-Terre; 240 hab.

ECLANGEOT, ham. de Fr., Jura, com. d'Eclans; 480 hab.

ECLANS, vg. de Fr., Jura, arr. de Dôle, cant. de Rochefort, poste d'Orchamps; 480 hab.

ECLARON, b. de Fr., Haute-Marne, arr. de Vassy, cant. et poste de St.-Dizier; haut-fourneau; 1160 hab.

ECLASSAN, vg. de Fr., Ardèche, arr. et cant. de Tournon; poste de St.-Vallier; 920 hab.

ECLÉNEUIL, ham. de Fr., Cher, com. de Venesmes; 180 hab.

ECLEUX, vg. de Fr., Jura, arr. de Poligny, cant. de Villers-Farlay, poste de Mouchard; 450 hab.

ECLIMEUX, vg. de Fr., Pas-de-Calais,

arr. de St.-Pol-sur-Ternoise, cant. du Parcq, posté d'Hesdin; 280 hab.

ECLIMONT, ham. de Fr., Eure-et-Loir, com. de St.-Simphorien; 130 hab.

ECLIPSE (île de l'). *Voyez* BURGEO.

ECLOSE, Isère, arr. de Vienne, cant. de St.-Jean-de-Bournay, poste de Bourgoin; 880 hab.

ECLUSE (l'), vg. de Fr., Nord, arr. et poste de Douai, cant. d'Arleux; 1710 hab.

ECLUSE (l'), vg. de Fr., Pyrénées-Orientales, arr., cant. et poste de Céret; 260 h.

ECLUSE ou **SLUYS**, forteresse avec un pet. port du roy. de Hollande, prov. de Zeelande, dist. et à 5 1/2 l. de Middelbourg, située à l'embouchure de la Zwin, dans un golfe de la mer du Nord, et correspondant avec Bruges par un canal de 4 l. de long; 1200 hab.

ECLUSIERVAUX, vg. de Fr., Somme, arr. de Péronne, cant. de Bray-sur-Somme, poste d'Estrés-Déniécourt; 280 hab.

ECLUZELLES, vg. de Fr., Eure-et-Loir, arr., cant. et poste de Dreux; 210 hab.

ECLY, vg. de Fr., Ardennes, arr. et poste de Réthel, cant. de Château-Porcien; filat. de laine; 470 hab.

ECOCHE, vg. de Fr., Loire, arr. de Roannes, cant. de Belmont, poste de Charlieu; 1340 hab.

ECOISNE, ham. de Fr., Deux-Sèvres, com. de Clussais; 130 hab.

ECOIVES, vg. de Fr., Pas-de-Calais, arr. et cant. de St.-Pol-sur-Ternoise, poste de Frévent; 180 hab.

ECOIVRES, ham. de Fr., Pas-de-Calais, com. de Mont-St.-Eloy; 300 hab.

ECOLE, vg. de Fr., Doubs, arr. et poste de Besançon, cant. d'Audeux; 90 hab.

ECOLIXES, vg. de Fr., Yonne, arr. et poste d'Auxerre, cant. de Coulanges-la-Vineuse; 380 hab.

ECOLLE, ham. de Fr., Allier, com. de Brout-Vernet; 370 hab.

ECOLLEMONT, vg. de Fr., Marne, arr. de Vitry-le-Français, cant. et poste de St.-Remy-en-Bouzemont; 70 hab.

ECOMAN, vg. de Fr., Loir-et-Cher, arr. de Blois, cant. d'Ouzouer-le-Marché, poste d'Oucques; 410 hab.

ECOMMOY, b. de Fr., Sarthe, arr. et à 5 l. S. du Mans et à 55 l. de Paris, chef-lieu de canton et poste; fabr. de toiles communes; faïenceries; blanchisseries de fil; tuileries; fours à chaux; 3580 hab.

ECOQUENEAUVILLE, vg. de Fr., Manche, arr. de Valognes, cant. et poste de Ste.-Mère-Église; 230 hab.

ECORAN, ham. de Fr., Ain, com. de Collonges; 290 hab.

ECORCE, fl. des États-Unis de l'Amérique du Nord, territoire de Michigan, s'embouche dans le Détroit.

ECORCEI, vg. de Fr., Orne, arr. de Mortagne-sur-Huîne, cant. et poste de Laigle; 480 hab.

ECORCES (les), vg. de Fr., Doubs, arr. de Montbéliard, cant. de Maiche, poste de St.-Hippolyte; 300 hab.

ECORCHES, vg. de Fr., Orne, arr. d'Argentan, cant. et poste de Trun; 700 hab.

ECORDAL, vg. de Fr., Ardennes, arr. de Vouziers, cant. de Tourteron, poste d'Attigny; 930 hab.

ECORPAIN, vg. de Fr., Sarthe, arr., cant. et poste de St.-Calais; 720 hab.

ECORPLAIN, vg. de Fr., Côte-d'Or, com. de Hauteroche; 200 hab.

ECOS, vg. de Fr., Eure, arr. et à 4 l. S.-E. des Andelys, chef-lieu de canton, poste des Thilliers-en-Vexin; 440 hab.

ECOSSE, ham. de Fr., Seine-Inférieure, com. de Manneville-la-Goupil; 106 hab.

ECOSSE. *Voyez* BRITANNIQUES (îles).

ECOSSE (Nouvelle-), pays de l'Amérique septentrionale, compris entre 43° 23′ 25″ et 45° 59′ lat. N. C'est une presqu'île qui s'étend du N.-E. au S.-O. entre le golfe de St.-Laurent et l'Océan Atlantique. Elle est bornée au N. par la mer Rouge, détroit qui la sépare de l'île de St.-Johns ou du Prince-Edward et par le golfe de St.-Laurent; au N.-E. par le Gest-of-Canso, bras de mer qui la sépare du cap Breton; au S.-E., au S. et à l'O. par l'Océan Atlantique, qui y forme les immenses bancs de la Nouvelle-Écosse, et au N.-O. par la baie de Fundy et le Nouveau-Brunswick. Son étendue est de 675 l. c. géogr., avec 143,000 âmes.

Les côtes de ce pays sont très-déchirées et offrent de nombreuses baies et plusieurs excellents ports. La baie la plus considérable est celle de Fundy, qui s'enfonce du S. au N., entre la Nouvelle-Écosse, l'état du Maine et le Nouveau-Brunswick, contiguë à la Nouvelle-Écosse, par un isthme large à peine de 4 l. marines. La côte S.-E. offre le plus d'insections, mais elles sont peu sûres à cause des récifs dont elles sont entourées et des bancs de sable qui les couvrent où qui s'étendent à leur entrée. Les principaux caps de ce pays sont : le cap Canso, la pointe N.-E., le cap Sambre, le cap Rage, le cap Sably, l'extrémité S.-O., le cap Porcet et le cap St.-Mary. De nombreuses îles, la plupart arides et désertes, couvrent les baies et entourent les promontoires de ce pays.

Le sol de la Nouvelle-Écosse est sablonneux et peu fécond sur les côtes, mais très-productif dans l'intérieur, grâce à une culture bien entendue; il est fertilisé par de nombreuses rivières, dont le Shubenaccadie, l'Annapolis, le Pigaquid, le St.-Marys et le Misquash, qui fait la frontière avec le Nouveau-Brunswick, sont les plus considérables. Le N.-E. du pays est montagneux et couvert de vastes et belles forêts, entrecoupées de quelques lacs, parmi lesquels nous citons le Rossignol, entre Annapolis et Shelborne, et le Porter, à l'E. de Halifax. Les eaux minérales, surtout les sources ferrugineuses, n'y manquent pas; il y a en même temps abondance en cuivre, fer et houille; mais les mines sont généralement négligées. Le climat de la Nouvelle-Écosse est nébuleux sur les côtes, et quoique plus doux que celui du Canada et même du Nouveau-Brunswick, il est bien plus froid que celui des contrées européennes situées sous la même latitude. Toutes les productions européennes viennent dans ce pays, où l'on a aussi acclimaté tous nos animaux domestiques; cependant les pêcheries et l'exploitation du bois font les principaux objets de l'économie rurale de la presqu'île. Commerce de farine, de peaux, de poissons, de bois, de plâtre et de pelleteries. L'industrie manufacturière n'y a fait que peu de progrès encore; presque tous les produits de cette espèce s'importent de l'Angleterre ou, par contrebande, des États-Unis.

Les Anglais prétendent que ce fut Séb. Cabot qui, en visitant toute la côte orientale de l'Amérique du Nord en 1497, découvrit la Nouvelle-Écosse. En 1524 le Florentin Verazzani, qui était au service de la France, aborda à cette côte qu'il nomma Acadie; en 1540 elle fut visitée par les Espagnols François d'Alarçon et François Velasquez de Carnudo, sans qu'aucune de ces nations s'y établît. Le marquis de la Roche qui, en 1598, conduisit une colonie de criminels à Sable-Island, explora la côte occidentale, mais sans y fonder une colonie. En 1606, M. de Montz essaya de s'établir à Annapolis, mais son établissement fut détruit en 1613, par une flotille anglaise. En 1621, Will.-Alex. de Menstry reçut ce pays du roi Jacques Ier, à titre de fief; il le nomma Nouvelle-Écosse, et y fonda, en 1633, une colonie écossaise, qui ne prospéra point. Par contre les Français du Canada s'étendirent sur la presqu'île, et le roi Charles Ier fut obligé de la leur céder en 1632. En 1654 elle fut prise par Cromwell et reprise en 1667 par les Français, qui y fondèrent la ville de Port-Royal. Les Anglais la reprirent une seconde fois en 1690, la rendirent de nouveau aux Français en 1697, pour la reprendre encore quelques années plus tard. La paix d'Utrecht de 1713 en assura définitivement la possession aux Anglais. Cependant ce n'est que depuis la paix d'Aix-la-Chapelle, en 1748, qu'ils songèrent à pousser activement la colonisation de ce pays. En 1749, trois mille sept cent cinquante personnes se rendirent dans la Nouvelle-Écosse et bâtirent la ville de Halifax. Depuis ce temps la colonie s'accrut de plus en plus, et le nom d'Acadie, qu'elle partagea avec le Nouveau-Brunswick, disparut complétement.

La Nouvelle-Écosse forme un gouvernement duquel dépend le cap Breton. Elle est divisée en 9 comtés; capitale : Halifax.

ECOT, vg. de Fr., Haute-Marne, arr. de Chaumont-en-Bassigny, cant. et poste d'Andelot; hauts-fourneaux; affineries; fonderies; martinets; 300 hab.

ECOT, vg. de Fr., Doubs, arr. de Montbéliard, cant. de Pont-de-Roide, poste de l'Isle-sur-le-Doubs; 430 hab.

ECOTAY-L'OLME, vg. de Fr., Loire, arr., cant. et poste de Montbrison; 390 hab.

ECOTIERE (l'), ham. de Fr., Loir-et-Cher, com. de Busloup; 110 hab.

ECOTS, vg. de Fr., Calvados, arr. de Lisieux, cant. et poste de St.-Pierre-sur-Dives; 280 hab.

ECOUCHÉ, pet. v. de Fr., Orne, arr. et à 2 1/2 l. E. d'Argentan et à 51 l. de Paris, chef-lieu de canton et poste; filat. de coton; fabr. de siamoise et de bonneterie de coton; 1390 hab.

ECOUEN, b. de Fr., Seine-et-Oise, arr. et à 6 l. E.-S.-E. de Pontoise et à 4 l. N. de Paris, chef-lieu de canton et poste; il est remarquable par un magnifique château construit sous François Ier. Cet édifice fut transformé, par Napoléon, en maison d'éducation pour les filles des membres de la Légion-d'Honneur. Sous la restauration l'institution d'Écouen fut réunie à celle de St.-Denis, et le château rendu au prince de Condé. Conformément à une clause du testament de ce prince, trouvé mort dans sa chambre, le 27 août 1830, le château d'Écouen, avec une dotation de 100,000 francs, était destiné à devenir un établissement de bienfaisance en faveur des enfants et petits-enfants des anciens soldats de l'armée de Condé ou de la Vendée; mais le conseil de tutelle du duc d'Aumale, légataire universel du dernier des Condé, attaqua cette disposition du testament, et les tribunaux jugèrent en faveur du duc d'Aumale; 957 hab.

ECOUFLANT, vg. de Fr., Maine-et-Loire, arr., cant. et poste d'Angers; 950 hab.

ECOUIS, *Escovium*, b. de Fr., Eure, arr. et à 1 1/2 l. N.-N.-E. des Andelys et à 21 l. de Paris, chef-lieu de canton et poste; fabr. de toile de coton; 900 hab.

ECOURT-SAINT-QUENTIN, vg. de Fr., Pas-de-Calais, arr. d'Arras, cant. de Marquion, poste de Cambrai; 2030 hab.

ECOUST-SAINT-MEIN ou ÉCOUST-LONGASTES, vg. de Fr., Pas-de-Calais, arr. d'Arras, cant. de Croisilles, poste de Bapaume; 1050 hab.

ECOUVIEZ, vg. de Fr., Meuse, arr., cant. et poste de Montmédy; 150 hab.

ECOUVOTTE (l'), vg. de Fr., Doubs, arr. et poste de Baume-les-Dames, cant. de Roulans; 80 hab.

ECOYEUX, b. de Fr., Charente-Inférieure, arr. et poste de Saintes, cant. de Burie; 1530 hab.

ECQUEDECQUE, vg. de Fr., Pas-de-Calais, arr. de Béthune, cant. de Norrent-Fontes, poste de Lillers; 360 hab.

ECQUEMICOURT, vg. de Fr., Pas-de-Calais, arr. de Montreuil-sur-Mer, cant. de

Campagne-les-Hesdin, poste d'Hesdin; 160 hab.

ECQUES, vg. de Fr., Pas-de-Calais, arr. et poste de St.-Omer, cant. d'Aire-sur-la-Lys; 1220 hab.

ECQUETOT, vg. de Fr., Eure, arr. de Louviers, cant. et poste du Neubourg; 410 hab.

ECQUEVILLY ou **FRÊNE**, vg. de Fr., Seine-et-Oise, arr. de Versailles, cant. et poste de Meulan; 480 hab.

ECRAINVILLE, vg. de Fr., Seine-Inférieure, arr. du Hâvre, cant. et poste de Goderville; 1210 hab.

ECRAMMEVILLE, vg. de Fr., Calvados; arr. et poste de Bayeux, cant. de Trévières, 400 hab.

ECRENNES (les), vg. de Fr., Seine-et-Marne, arr. de Melun, cant. et poste du Châtelet; 300 hab.

ECRÉPIGNY, ham. de Fr., Seine-Inférieure, com. de Vassonville; 790 hab.

ECRETEVILLE-SUR-MER, vg. de Fr., Seine-Inférieure, arr. d'Yvetot, cant. et poste de Valmont; 320 hab.

ECRETTEVILLE-LES-BAONS, vg. de Fr., Seine-Inférieure, arr., cant. et poste d'Yvetot; 790 hab.

ECREVIEU, ham. de Fr., Ain, com. de Massignieu-de-Rives; 120 hab.

ECRIENNES, vg. de Fr., Marne, arr. et poste de Vitry-le-François, cant. de Thiéblemont; 230 hab.

ECRIGNOLLES, ham. de Fr., Eure-et-Loir, com. d'Escrones; 150 hab.

ECRILLES, ham. de Fr., Jura, com. de Plaisia; 190 hab.

ECROMAGNY, vg. de Fr., Haute-Saône, arr. de Lure, cant. de Melisey, poste de Luxeuil; tourbières; 310 hab.

ECROSNES, vg. de Fr., Eure-et-Loir, arr. de Chartres, cant. de Maintenon, poste de Gaillardon; 700 hab.

ECROUSILLE, ham. de Fr., Vienne, com. de Château-Larcher; 110 hab.

ECROUVES, vg. de Fr., Meurthe, arr., cant. et poste de Toul; 600 hab.

ECROVILLE, ham. de Fr., Eure, com. de Montaure; 290 hab.

ECSED, b. de Hongrie, cer. au-delà de la Theiss, comitat de Szathmar, sur le marais du même nom, en grande partie défriché depuis 1799, et sur la Kraszna.

ECTOT-LAUBER, vg. de Fr., Seine-Inférieure, arr. et poste d'Yvetot, cant. d'Yerville; 560 hab.

ECTOT-LES-BAONS, vg. de Fr., Seine-Inférieure, arr. et poste d'Yvetot, cant. d'Yerville; 540 hab.

ECUADOR. *Voyez* ÉQUATEUR.

ECUBLÉ, vg. de Fr., Eure-et-Loir, arr. de Dreux, cant. et poste de Châteauneuf-en-Thimerais; fabr. de draps et d'étoffes blanches; 570 hab.

ECUBLEI. *Voyez* MARTIN-D'ÉCUBLEI (Saint-).

ECUEIL, vg. de Fr., Marne, arr. et poste de Reims, cant. de Villè-en-Tardenois; 310 hab.

ECUEILLÉ, vg. de Fr., Indre, arr. et à 9 l. N.-N.-O. de Châteauroux, chef-lieu de canton et poste; fabr. de draps; 1267 hab.

ECUELIN, vg. de Fr., Nord, arr. d'Avesnes, cant. de Berlaimont, poste de Maubeuge; 150 hab.

ECUELLE, vg. de Fr., Haute-Saône, arr. et poste de Gray, cant. d'Autrey; 230 hab.

ECUELLES, vg. de Fr., Seine-et-Marne, arr. de Fontainebleau, cant. et poste de Moret; moulin à tan; 634 hab.

ECUELLES-SUR-LE-DOUBS, vg. de Fr., Saône-et-Loire, arr. de Châlon-sur-Saône, cant. et poste de Verdun-sur-le-Doubs; 560 hab.

ECUILLÉ, vg. de Fr., Maine-et-Loire, arr. et poste d'Angers, cant. de Briollay; 600 hab.

ECUIRE, ham. de Fr., Pas-de-Calais, com. de Thiembronne; fabr. de sucre indigène; 100 hab.

ECUIRES, vg. de Fr., Pas-de-Calais, arr., cant. et poste de Montreuil-sur-Mer; 750 h.

ECUISSES, vg. de Fr., Saône-et-Loire, arr. de Châlon-sur-Saône, cant. et poste de Buxy; 600 hab.

ECULLEVILLE, vg. de Fr., Manche, arr. de Cherbourg, cant. et poste de Beaumont; filat. de laine; 140 hab.

ECULLY, vg. de Fr., Rhône, arr. et poste de Lyon, cant. de Limonest; 1639 hab.

ECULTOT, ham. de Fr., Seine-Inférieure, com. de Gonneville; 120 hab.

ECUQUETOT, ham. de Fr., Seine-Inférieure, com. de Turretot; 300 hab.

ECURAS, vg. de Fr., Charente, arr. d'Angoulême, cant. et poste de Montbron; 1650 hab.

ECURAT, vg. de Fr., Charente-Inférieure, arr., cant. et poste de Saintes; 420 hab.

ECURCEY, vg. de Fr., Doubs, arr. de Montbéliard, cant. et poste de Blamont; 270 hab.

ECURE, vg. de Fr., Loir-et-Cher, com. d'Onzain, poste; 120 hab.

ECUREY, vg. de Fr., Meuse, arr. de Montmédy, cant. et poste de Damvillers; 610 hab.

ECURIE, vg. de Fr., Pas-de-Calais, arr., cant. et poste d'Arras; 260 hab.

ECUROLLES, ham. de Fr., Eure-et-Loir, com. de Charonville; 150 hab.

ECURY-LE-PETIT, vg. de Fr., Marne, arr. et poste de Châlons-sur-Marne, cant. d'Écury-sur-Coole.

ECURY-LE-REPOS, vg. de Fr., Marne, arr. de Châlons-sur-Marne, cant. de Vertus, poste de Fère-Champenoise; 170 hab.

ECURY-SUR-COOLE, vg. de Fr., Marne, arr., à 2 l. S. et poste de Châlons-sur-Marne, chef-lieu de canton; papeterie; 370 hab.

ECUTIGNY, vg. de Fr., Côte-d'Or, arr. de

Beaune, cant. et poste de Bligny-sur-Ouche; 250 hab.

ECUVILLY, vg. de Fr., Oise, arr. de Compiègne, cant. de Lassigny, poste de Guiscard ; 410 hab.

EDAM, v. du roy. de Hollande, prov. de Hollande-Septentrionale, dist. et à 4 l. de Hoorn, et à 1/2 l. du Zuydersee; renferme 5 églises, dont la principale possède de belles peintures sur verre; commerce de fromage; ses chantiers de marine ont perdu leur activité; 2800 hab.

EDANGE, vg. de Fr., Moselle, com. de Fameck; 180 hab.

EDAY, île du groupe des Orcades, entre Stronsay et Rowsay; 800 hab.

EDDYSTONE, rocher dans la Manche; il fait partie du comté de Devon et porte un phare célèbre.

EDEL (terre d'), subdivision de la côte occidentale de la Nouvelle-Hollande, depuis 26° 30' jusqu'à 32° 20' de lat. S. ou depuis la baie Gantheaume jusqu'à la rivière des Cignes; elle est bornée au N. par la terre d'Endracht, au S. par la terre de Leeuwin et à l'E. par les terres inconnues de l'intérieur. Cette partie de la côte du continent austral fut découverte en 1619 par le navigateur dont elle porte le nom. Blaming y aborda en 1697; d'autres navigateurs la visitèrent plus tard; mais c'est à l'expédition Baudin, en 1801—1803, que l'on doit les renseignements les plus détaillés sur cette contrée.

L'aspect de la terre d'Edel est triste et repoussant; cette côte basse et pierreuse, couverte d'une végétation rare et languissante, présente en général une hideuse uniformité; des écueils et des brisants en défendent presque partout l'approche; quelques petites îles désertes sont disséminées non loin de la côte; mais on n'aperçoit aucune baie avantageuse, aucun cap remarquable. La rivière des Cygnes, qui borne la terre d'Edel au S., coule du N.-E. au S.-O.; un banc de rochers en obstrue l'embouchure et rend le passage très-difficile. Sur les deux rives de la rivière on trouve partout des traces de submersion; les rochers consistent presque sans exception en incrustations de coquillages, en racines et en troncs d'arbres pétrifiés. On n'aperçut aucune trace humaine; cependant Blaming, qui s'était approché davantage de la côte, avait remarqué de la fumée et dut conclure que cette terre, quelque misérable qu'elle fût, était habitée.

EDEN, g. a., contrée de la Mésopotamie, comprise aujourd'hui dans le Diarbekir.

EDEN, g. a., contrée de l'Asie, où se trouvait le paradis terrestre; les savants ne sont pas d'accord sur la véritable position de cette terre tant célébrée.

EDENTON, pet. v. des États-Unis de l'Amérique du Nord, comté de la Caroline du Nord, comté de Chowan, dont elle est le chef-lieu, sur une petite baie formée par l'embouchure du Chowan; bon port; commerce étendu; académie. Elle est le siège des tribunaux d'arrondissement et était autrefois la capitale de tout l'état; 2200 hab.

EDER, pet. v. maritime du roy. de Maroc, à peu de distance N.-E. du cap Cantin.

EDERN, vg. de Fr., Finistère, arr. de Châteaulin, cant. de Pleyben, poste de Quimper; 1730 hab.

EDERNEH. *Voyez* **ANDRINOPLE**.

EDETANIA, g. a., contrée de l'Espagne Tarraconnaise, habitée par les Edetani; elle comprenait probablement la partie septentrionale du roy. de Valence et la partie sud de l'Aragon.

EDFOU ou **OUTFOU**, *Apollinopolis Magna, Apollonopolis, Apollonos Superior*, pet. v. de la Haute-Égypte, prov. d'Esné, sur la rive gauche du Nil, dans une vallée fertile. La principale industrie de ses habitants, dont le nombre s'élève à 2000, consiste à fabriquer des vases de terre, auxquels ils donnent les formes qu'on voit encore représentées sur les plus anciennes sculptures des hypogées. On y voit un des plus grands temples de l'Égypte, assez bien conservé et d'une belle architecture, mais dont les bas-reliefs sont de mauvais style et de l'époque des Ptolémée. Edfou renferme encore un autre temple beaucoup plus petit, qui ressemble à ceux de Philæ, Dendérah et autres.

EDGARTON, v. des États-Unis de l'Amérique du Nord, état de Massachusetts, comté de Dukes, dont elle est le chef-lieu, à l'E. de l'île de Martha's Vinegard; bon port, abrité par l'île de Chapeguiddik; commerce; pêche de la morue et de la baleine; 1600 hab.

EDGCOMB, pet. v. des États-Unis de l'Amérique du Nord, état du Maine, comté de Lincoln; commerce; 2000 hab.

EDGCOTT, vg. d'Angleterre, comté de Northampton; remarquable par la bataille qui y fut livrée entre les Danois et les Saxons.

EDGECOMBE, comté de l'état de la Caroline du Nord, États-Unis de l'Amérique du Nord; il est borné par les comtés de Halifax, de Martin, de Pitt, de Greene, de Wayne et de Nash; pays beau et fertile, arrosé par le Tan, qui y reçoit le Swift, le Town et le Fishing; 18,000 hab.

EDGECOMBE, baie sur la côte orientale du continent austral, Nouvelle-Galles méridionale, sous 146° 50' long. E. et 20° 25' lat. S.

EDGEFIELD, dist. de la Caroline du Sud, États-Unis de l'Amérique du Nord; il est borné par les dist. de Newberry, de Lexington, d'Orangebourg, de Barnwell, d'Abbeville et par l'état de Géorgie. Les deux principaux fleuves de ce pays sont : le Savannah, au S.-O., qui y reçoit de nombreux affluents et fait plusieurs chutes, et la Saluda, au N. Vastes plantations de coton et de riz, surtout le long du Savannah. Edgefield, sur le

Beaverdam, avec une poste, est le chef-lieu du district; 30,000 hab.

EDGWARE, pet. v. d'Angleterre, comté de Middlesex, avec les restes d'un ancien château royal et une belle église gothique; 8000 h.

EDIMBOURG ou **MID-LOTHIAN**, comté d'Écosse, borné par les comtés de Haddington, de Berwick, de Roxburgh, de Selkirk, de Peebles et de Linlithgow, par le Frith-of-Forth et la rivière Almond. Superficie 18 l. c. géogr., avec 160,000 habitants. Son sol est mal arrosé et peu fertile; toutefois l'agriculture a été beaucoup améliorée dans les derniers temps, surtout au N.-O.; l'éducation du bétail est également dans un état florissant; les habitants des bords du Frith s'adonnent à la pêche et à l'exploitation d'abondantes mines de houille. On exporte de la laine, des peaux de cuir, du papier, du verre, de l'eau-de-vie, du savon et de la houille.

EDIMBOURG ou **EDINBURGH**, *Alata Castra*, *Edinum*, capitale du roy. d'Écosse, est située dans le comté de Mid-Lothian ou d'Edimbourg, non loin du golfe de Forth, et bâtie sur trois collines qui se dirigent de l'O. vers l'E. et sont séparées entre elles par des vallées assez profondes, à 160 l. N.-N.-O. de Londres et à 255 l. N.-N.-O. de Paris. La vieille ville se trouve au milieu; au S. de celle-ci se trouve St.-Leonardshill, au N. la ville nouvelle (New-Town), habitée presque exclusivement par la population riche de la capitale. Les rues de la vieille ville sont généralement étroites, tortueuses et sales; deux seulement de ces rues sont larges et régulières; l'une va du N. au S., l'autre de l'O. à l'E. Pour obvier aux inconvénients d'un sol très-inégal, on a jeté deux ponts magnifiques, sur lesquels on traverse les vallées profondes qui se trouvent entre les trois collines; ces ponts s'appellent le pont du Nord et le pont du Sud; le premier est d'une hauteur très-considérable et a 1100 pieds de longueur; le second croise dans l'air une rue située dans la vallée.

La vieille ville renferme plusieurs édifices remarquables; à l'E. de ce quartier est située l'ancienne résidence des rois d'Écosse, Holyrood-House, grand bâtiment carré flanqué de tours; on y montre encore les appartements de Marie Stuart, son lit et la petite salle à manger où fut tué, en sa présence, son favori Rizzio. Pendant la révolution française, Holyrood a servi d'asile au comte d'Artois (Charles X) et à ses fils; ils l'ont habité de nouveau de 1830 à 1832. Les environs du palais, ornés de belles plantations, offrent un refuge aux débiteurs insolvables que les lois y protègent contre leurs créanciers. Immédiatement derrière Holyrood s'élève la colline Arthursseat, où l'on jouit d'une vue magnifique sur la ville. Du côté opposé de la vieille ville est situé, sur un rocher de 400 pieds de haut, le vieux château, Edinburgh-Castle, où demeuraient les rois d'Écosse et où l'on conserve encore les joyaux, la couronne, le sceptre et le glaive. L'église cathédrale de St.-Gilles et l'ancien palais du parlement, occupé aujourd'hui par différents tribunaux, n'offrent rien de remarquable. Le nouveau bâtiment de l'université, achevé en 1827, est très-vaste et très-beau. Au N. de la vieille ville et dans la plaine s'étendent les rues longues et régulières de la nouvelle ville; on y trouve des maisons superbes, de nombreuses églises, dont plusieurs ont été bâties récemment en style gothique, et une foule d'édifices remarquables, dont les principaux sont : l'église de St.-George et le Register-Office, où sont renfermées les archives du royaume. Sur une des places de ce quartier se trouve une colonne de 136 pieds, surmontée de la statue de lord Melville. Un pont magnifique, Regentsbridge, garni de maisons, a été construit de 1815 à 1819, pour lier la rue des Princes à la colline Calton-Hill, au haut de laquelle se trouve un observatoire, fondé en 1818. Une colonne, érigée en l'honneur de Nelson, se trouve dans le voisinage, et, entre ces deux monuments, on construit, sur le plan du parthénon d'Athènes, une église destinée à devenir un panthéon écossais.

Edimbourg, renommé pour le développement qu'y a pris la vie intellectuelle et pour l'activité de ses presses, est très-riche en établissements scientifiques: le plus considérable est l'université fondée, en 1580, par Jacques VI et agrandie depuis. Elle a toujours tenu un rang distingué par le nombre des cours et le talent des professeurs; la faculté de médecine est la plus remarquable. Edimbourg est la seule université dans la Grande-Bretagne où les étudiants (aujourd'hui au nombre de 2000) soient dispensés de porter le costume prescrit. Le collège d'Edimbourg a aussi de la réputation. Parmi les sociétés savantes, nous nommerons comme les plus célèbres : la société royale d'Edimbourg, la société des antiquaires et la société Wernerienne d'histoire naturelle; plusieurs sociétés qui s'occupent d'économie rurale ont fait un grand bien à l'Écosse. L'industrie d'Edimbourg est considérable: on y fabrique principalement du savon, du verre, du papier, des aiguilles, des boutons, du cuir, etc.; il y existe 200 distilleries d'eau-de-vie où l'on prépare avec de l'orge le whisky si aimé des montagnards. Le commerce considérable de la ville a son siége principal dans la ville de Leith, qu'on peut regarder maintenant comme un faubourg d'Édimbourg; ce commerce est encore facilité par l'ancien canal qui joint Edimbourg à Falkirk d'abord, et à Glasgow par le canal de Forth et Clyde; 140,000 hab.

EDINBURGH (New-), pet. v. de la Nouvelle-Écosse, comté d'Annapolis.

EDINBURGH (New-), pet. bourgade, autrefois importante place de commerce, mais qui n'offre plus qu'un amas de ruines, dans la rép. de la Nouvelle-Grenade, dép. de Cauca, prov. de Choco.

EDISTO ou **POMPON**, fl. des États-Unis de l'Amérique du Nord ; il naît au S.-O. de la Caroline du Sud de deux branches appelées Edisto septentrional et Edisto méridional, traverse une grande partie de l'état où il prend naissance, passe par Orangebourg, Dorchester et Charleston, et s'embouche par deux bras dans l'Océan Atlantique, non loin de cette dernière ville, après un cours de 50 l. Un canal, qui part de Charleston et aboutit à Augusta, joint l'Edisto au Susquéhannah.

EDJMIADZIN ou **ESCHMIASIN**, couvent célèbre dans l'Arménie russe, à 3 l. E. d'Erivan ; son nom signifie descente du St.-Esprit. Il est situé près du bourg d'Usep-Klissch et est regardé comme le sanctuaire des chrétiens arméniens. Siége du patriarche primat de cette secte ; il renferme dans ses vastes et belles constructions de grands trésors et beaucoup de reliques. Kotzebue, en 1817, y trouva 300 moines, dont plusieurs étaient évêques.

EDKU. *Voyez* ÉGYPTE (aspect physique).

EDLIP, pet. v. de Syrie, pachalik d'Alep, environnée d'oliviers. Burckhardt lui suppose un millier de maisons.

EDMONTON-HOUSE, factorerie de la société du Nord-Ouest (North-Western-Society), sur le bras N. du Saskatschawan, pays des Indiens-du-Sang, Amérique anglaise.

EDNAM, vg. d'Écosse, comté de Roxburgh, à peu de distance de Kelzo ; patrie du poëte Thompson (1700—48).

EDOM, g. a., pays de l'Arabie Pétrée, s'étendant primitivement entre la frontière de Judée et le désert de Kadech-Barnea ; il s'étendit plus tard sur les pays des Amalécites et des Moabites et sur une partie des tribus de Juda et de Siméon. Réduit dans la suite à ses anciennes frontières, il forma, sous l'empereur Trajan, le dist. de Nabathdea.

EDON, vg. de Fr., Charente, arr. d'Angoulême, cant. et poste de la Valette ; 820 hab.

EDONG, *Pappua*, *Thambes*, mont. des régences d'Alger et de Tunis, le long de la Méditerranée.

EDSBERG, pet. v. du roy. de Norwège, bge d'Aggerhuus ; 3700 hab.

EDSVOLD, pet. v. du roy. de Norwège, bge d'Aggerhuus ; on y exploitait autrefois une mine d'or, qui aujourd'hui est abandonnée ; 4300 hab.

EDUTS (les), vg. de Fr., Charente-Inférieure, arr. de St.-Jean-d'Angely, cant. et poste d'Aulnay ; 170 hab.

EDWARDS, comté de l'état d'Illinois, États-Unis de l'Amérique du Nord ; il est borné par l'état d'Indiana et par les comtés de Crawford, de White et de Wayne. Pays très-fertile, couvert de quelques collines bien boisées et compris entre le Wabash, qui le sépare de l'état d'Indiana, et le Little-Wabash, affluent du premier. Albion, avec une halle et une poste, est le chef-lieu du comté ; 4500 hab.

EDWARDSVILLE. *Voyez* MADISON.

EECKE, vg. de Fr., Nord, arr. d'Hazebrouck, cant. de Steenvorde, poste de Cassel ; 1140 hab.

EECLOO, b. du roy. de Belgique, prov. de la Flandre-Orientale, chef-lieu de l'arrondissement de même nom, à 4 l. de Gand ; fabrication de toiles et de dentelles ; pop. du bailliage 6300 hab., du district 42,500.

EEKEREN, b. du roy. de Belgique, prov. et arr. d'Anvers ; fabr. d'étoffes de laine ; tanneries ; 4600 hab.

EFAT, grande prov. du roy. abyssinien d'Ankobar. Ankobar, capitale et résidence du roi.

EFFANGEAS. *Voyez* ANDRÉ-DES-EFFANGEAS (Saint-).

EFFIAT, vg. de Fr., Puy-de-Dôme, arr. de Riom, cant. et poste d'Aigueperse ; 1770 h.

EFFINCOURT, vg. de Fr., Haute-Marne, arr. de Vassy, cant. de Poissons, poste de Joinville ; 300 hab.

EFFINGHAM, comté de l'état de Géorgie, États-Unis de l'Amérique du Nord ; il est borné par les comtés de Scriven, de Chatham, de Bryan et de Bullock. Le Savannah, qui y reçoit l'Ebenezer, est le principal cours d'eau de ce pays ; 5000 hab.

EFFINGHAM, comté du Bas-Canada, dist. de Montréal ; il s'étend au N. du St.-Laurent et est borné par le pays de la baie d'Hudson et le comté de Leinster ; pays couvert dans l'intérieur de forêts et de montagnes, traversé par de nombreuses rivières, dont l'Uttawas est la plus considérable ; terres fertiles et bien cultivées le long du St.-Laurent ; restes des Algonkins. L'Assomption est le chef-lieu du comté.

EFFONDRE, ham. de Fr., Seine-et-Marne, com. de Thomery ; 120 hab.

EFFOUEH, b. de la Moyenne-Égypte, prov. de Beni-Soueyf.

EFFOURT, ham. de Fr., Côte-d'Or, com. de Blanot ; 160 hab.

EFFRENEY, ham. de Fr., Haute-Saône, com. d'Amont ; 100 hab.

EFFRY, vg. de Fr., Aisne, arr. de Vervins, cant. et poste de Hirson ; 260 hab.

EFREMOV, v. de la Russie d'Europe, gouv. de Toula ; 3000 hab.

EGA, pet. v. de l'emp. du Brésil, prov. de Para, comarque de Rio-Négro, sur le Jeffe. Elle fut fondée par les Carmélites, sur une île, à l'embouchure du Rio-Hyurua, et transférée plus tard, par le moine André-da-Costa, à l'endroit qu'elle occupe aujourd'hui ; agriculture très-florissante ; commerce de cire, de miel, de salsepareille, de riz, de cacao, etc. ; 2300 hab.

EGAT, vg. de Fr., Pyrénées-Orientales, arr. de Prades, cant. de Saillagousse, poste de Mont-Louis ; 90 hab.

EGEDESMINDE, colonie dans le Grœnland, inspectorat du Nord; elle fut fondée en 1759 et se compose de beaucoup de grandes et petites îles répandues dans la grande baie de Disco. Les plus importantes de ces îles sont : Ausiet, avec l'établissement d'Egedesminde, le chef-lieu de la colonie, et les îles des Renards. Cette colonie est importante par ses pêches du saumon et son commerce d'édredons, de peaux de renard et d'huile de baleine. Ekalurksuit, dans une contrée assez agréable, près d'un lac de plus de 15 l. de longueur, est le principal rendez-vous des pêcheurs du saumon.

EGELLA, dist. du pays de Baharnegach, roy. abyssinien de Tigré.

EGELN, v. de Prusse, prov. de Saxe, rég. de Magdebourg, sur le Bude; agriculture et industrie; 2800 hab.

EGENBOURG, pet. v. de la Basse-Autriche, cer. supérieur du Manhartsberg; florissante par son industrie cotonnière; 1500 h.

EGER, riv. d'Autriche, affluent de gauche de l'Elbe; baigne Egra et Theresienstadt.

EGER, *Egra*, v. fortifiée de la Bohême, cer. d'Ellenbogen, sur la rivière de même nom; très-industrieuse; fabr. de draps, d'étoffes de coton et d'alun; tannerie, chapellerie, savonnerie, papeterie; manufactures de pompes à feu; gymnase, arsenal, poste; 9000 hab. Wallenstein y fut assassiné le 25 juillet 1634.

EGER, v. du roy. de Norwège, bge de Buskerud; 7000 hab.

EGERSZEG, b. de Hongrie, cer. au-delà du Danube, comitat de Szerlad, sur la Szala; 2000 hab.

EGG, île dans la baie de Delaware, côte de l'état de New-Jersey, États-Unis de l'Amérique du Nord.

EGG, fl. de la Nouvelle-Galles, Amérique anglaise, naît dans les grands lacs de l'O. et se jette dans la mer d'Hudson, sous 60° lat. N.

EGGA, v. grande et très-peuplée de la Nigritie centrale, roy. de Niffé ou Tappa, à la droite du Quorra; remarquable surtout par l'activité commerciale des habitants, qui exercent un commerce actif sur le Quorra. Comme plusieurs autres villes sur les bords du même fleuve, Egga est exposée à des débordements périodiques.

EGG-ISLAND, île dans le détroit de Christmas, côte S.-E. de la Terre-de-Feu.

EGGUAGANT, station de caravanes et riv. considérable dans la partie septentrionale de la Nigritie centrale, à l'O. des monts Agrouh, qui séparent la partie S.-O. du Fezzan du désert d'Haïr.

EGINE, appelée jadis *Ægina* et par les Turcs *Eghiné*, pet. île de l'Archipel, située entre la Morée et l'Attique, dans le golfe qui porte son nom; elle appartient au roy. de Grèce et est comprise aujourd'hui dans la division Attique et Béotie; entourée de tous côtés, excepté au N.-O., par des rochers et des monts escarpés, cette île est fertile en grains, huile, amandes, figues, coton, etc.; elle renferme une prodigieuse quantité de pigeons et de perdrix; 4000 hab., tous grecs.

EGINE, v. d'environ 800 maisons, dans l'île du même nom, se trouve sur la côte N.-O., avec un port excellent et sûr. Les principaux établissements de cette ville, résidence d'un évêque grec, sont : l'orthanotrophe, où 600 enfants sont entretenus et nourris aux frais de l'état et où se trouvent une bibliothèque publique, le séminaire ecclésiastique et le musée national. L'île d'Égine est remarquable par les antiquités qu'elle contient; les nombreux tombeaux taillés dans les rochers qui environnent la ville sont célèbres comme ayant servi de refuge à des Grecs du continent lors des invasions de Xerxès et lors des dernières guerres avec la Turquie. L'admiration se porte surtout sur les ruines des temples de Vénus et de Jupiter Panhellenius; les frontons de ce dernier offraient de magnifiques sculptures qui ont été transportées au musée royal de Munich.

EGLENY, vg. de Fr., Yonne, arr. d'Auxerre, cant. et poste de Toucy; 550 hab.

EGLETONS, pet. v. de Fr., Corrèze, arr. et à 7 l. E.-N.-E. de Tulle, chef-lieu de canton et poste; grand commerce de blé et de seigle; 1500 hab.

EGLIGNY, vg. de Fr., Seine-et-Marne, arr. de Provins, cant. et poste de Donnemarie; 280 hab.

EGLINGEN, vg. de Fr., Haut-Rhin, arr., cant. et poste d'Altkirch; 350 hab.

EGLISAU, b. de Suisse, cant. de Zurich, sur le Rhin; culture du vin; bataille en 1799; 1700 hab.

EGLISE (l'), ham. de Fr., Hautes-Alpes, com. de Puy-St.-Eusèbe; 130 hab.

EGLISE (l'), ham. de Fr., Seine-Inférieure, com. de Rogerville; 130 hab.

EGLISE (états de l'). *Voyez* ÉTATS DE L'ÉGLISE.

EGLISE-AUX-BOIS (l'), vg. de Fr., Corrèze, arr. de Tulle, cant. et poste de Treignac; 320 hab.

EGLISE-NEUVE (l'), vg. de Fr., Dordogne, arr. et poste de Périgueux, cant. de Vergt; 310 hab.

EGLISE-NEUVE-D'ENTRAIGUES, vg. de Fr., Puy-de-Dôme, arr. d'Issoire, cant. et poste de Besse; 2125 hab.

EGLISE-NEUVE-DES-LIARDS, vg. de Fr., Puy-de-Dôme, arr. d'Issoire, cant. et poste de Sauxillanges; 450 hab.

EGLISE-NEUVE-D'ISSAC, vg. de Fr., Dordogne, arr. de Bergerac, cant. de Villamblard, poste de Mussidan; 460 hab.

EGLISE-NEUVE-PRÈS-BILLOM, vg. de Fr., Puy-de-Dôme, arr. de Clermont-Ferrand, cant. et poste de Billom; 160 hab.

EGLISES-D'ARGENTEUIL (les), vg. de Fr., Charente-Inférieure, arr., cant. et poste de St.-Jean-d'Angely; 800 hab.

EGLISOLLES, vg. de Fr., Puy-de-Dôme,

arr. d'Ambert, cant. de Vivcrols, poste d'Arlanc; 1130 hab.

EGLIZOTTES (les), vg. de Fr., Gironde, arr. de Libourne, cant. de Coutras, poste de Roche-Chalais; 990 hab.

EGLUY, vg. de Fr., Drôme, arr. de Die, cant. de Saillans, poste de Crest; 280 hab.

EGLY, vg. de Fr., Seine-et-Oise, arr. de Corbeil, cant. et poste d'Arpajon; 390 hab.

EGMONT ou **PORT-EGMONT**, baie et excellent port au N.-O. des Western-Islands, îles Falkland, dans l'Océan Atlantique, à l'O. de la Patagonie; elle fut découverte en 1764 par Byron, qui lui donna son nom en l'honneur de lord Egmont, alors chef de l'amirauté anglaise. Elle est si vaste qu'elle pourrait recevoir toute la flotte anglaise; quelques îles en protègent l'entrée. Les Anglais y fondèrent un établissement dont on voit encore les restes au S. de la baie et au pied d'une montagne de 200 mètres de hauteur.

EGMONT, paroisse de l'île du Prince-Edward, comté de Prince.

EGMONT, groupe d'attolons de la Polynésie ou Océanie orientale, dans l'archipel Paumotou ou des Iles-Basses; il est situé sous 141° de long. occ. et 19° 20′ de lat. S. Plusieurs des petites îles qui composent ce groupe sont habitées; les naturels ressemblent à ceux de l'archipel de Tahiti; la plupart sont anthropophages.

EGREMONT, b. d'Angleterre, comté de Cumberland, sur l'Eden, à peu de distance de la mer; fabr. d'étoffes de coton et de toiles à voiles; 1600 hab.

EGRÈVE (Saint-), vg. de Fr., Isère, arr., cant. et poste de Grenoble; 1240 hab.

EGREVILLE, b. de Fr., Seine-et-Marne, arr. de Fontainebleau, cant. de Lorrez-le-Bocage, poste; commerce de bestiaux, grains, graines; fabr. de serges; 1620 hab.

EGRI, gr. forteresse dans la Mingrélie, Russie d'Asie, bien bâtie et bien peuplée, anciennement le pays d'alentour s'appelait d'après elle Egrelia.

EGRIBOZ. *Voyez* NÈGREPONT.

EGRIBUDSCHUK, v. de la Turquie d'Europe, eyalet de Romélie; manufactures d'armes; 3000 hab.

EGRISELLE, ham. de Fr., Yonne, com. de Venoy; 180 hab.

EGRISELLES-LE-BOCAGE, vg. de Fr., Yonne, arr., cant. et poste de Sens; 930 h.

EGRY, vg. de Fr., Loiret, arr. de Pithiviers, cant. de Beaune-la-Rolande, poste de Boynes; 670 hab.

EGUELSHARDT, vg. de Fr., Moselle, arr. de Sarreguemines, cant. et poste de Bitche; papeterie; 400 hab.

EGUENIGUE, vg. de Fr., Haut-Rhin, arr. et poste de Belfort, cant. de Fontaine; 300 h.

EGUILLE (l'), vg. de Fr., Charente-Inférieure, arr. de Marennes, cant. de Royan, poste de Saujon; 690 hab.

EGUILLES, b. de Fr., Bouches-du-Rhône, arr., cant. et poste d'Aix; 2280 hab.

EGUILLEY, vg. de Fr., Haute-Saône, arr. de Vesoul, cant. et poste de Rioz; 100 hab.

EGUILLY, vg. de Fr., Aube, arr. de Bar-sur-Seine, cant. et poste d'Essoyes; 350 hab.

EGUILLY, vg. de Fr., Côte-d'Or, arr. de Beaune, cant. et poste de Pouilly-en-Montagne; 230 hab.

EGUISHEIM ou **EXEN**, **EXHEIM**, vg. de Fr., Haut-Rhin, arr. et poste de Colmar, cant. de Soultz; 2180 hab.

EGUZON, vg. de Fr., Indre, arr. et à 8 1/2 l. O.-S.-O. de la Châtre, chef-lieu de canton, poste de St.-Benoît-du-Sault; 1500 h.

EGYPTE, *Ægyptus*, l'antique terre des Pharaons, a eu de tout temps le privilége d'exciter l'attention. L'Europe était barbare et inculte, que déjà cet empire florissant et puissant portait en Asie et en Afrique ses armes triomphantes. La Grèce en reçut les premiers éléments de sa civilisation, et, reconnaissante, rendit par Alexandre et les Ptolémée une partie de sa splendeur à la terre d'Isis et d'Osiris, dévastée par les Perses. Les Romains y régnèrent; les Arabes, les Croisés, les Turcs l'occupèrent tour à tour, et, dans les temps modernes, une armée française, commandée par le grand capitaine, y laissa les traces brillantes de son rapide passage, germes féconds que le maître actuel de l'Égypte fait éclore.

Aspect physique. Le nom d'*Égypte* est d'origine grecque. Les Turcs et les Arabes l'appellent *Mesr* (*Mizraïm* des Hébreux). L'Egypte forme le coin N.-E. de l'Afrique et s'étend depuis 24° jusqu'à 31° 35′ lat. N.; la Méditerranée la baigne au N.; la Nubie la limite au S., à l'E. le golfe Arabique et l'isthme de Suez, à l'O. le désert Lybien forment ses frontières naturelles. L'Égypte, à vrai dire, n'est que l'étroit et fertile bassin du Nil, et comme ses bornes occidentales sont indécises, les géographes ont évalué diversement sa superficie, qui est d'environ 15,000 l. c. La vallée du Nil, d'une longueur approximative de 160 l., est encaissée à l'E. et à l'O. par deux chaînes de montagnes. La chaîne orientale, le Mokattam ou chaîne arabique, est haute et escarpée, et s'étend depuis la frontière méridionale de l'Égypte jusqu'à l'isthme de Suez, où elle s'abaisse graduellement; tout le pays compris entre le Mokattam et la mer Rouge est montueux; quelques vallées transversales ouvrent la communication entre cette mer et l'Égypte. La chaîne occidentale est moins escarpée et forme comme une digue salutaire contre les sables que le vent chasse du désert. Sous 30° lat. ses collines se dirigent vers le N.-O. et s'étendent sur plusieurs rangées parallèles, au milieu desquelles se trouvent les lacs Natroun. Ces deux chaînes se rapprochent considérablement dans la vallée supérieure du Nil : près du Caire elle a quelquefois moins de 2 l. de largeur, et rarement elle en a plus de 6. Le granit, le grès, la chaux forment successivement la base géologique des montagnes, en allant du S. au N. Le sol est un produit des atterrissements formés par le Nil. Ce fleuve a élevé le pays d'une manière considérable; son lit est aujourd'hui la partie la plus haute de la vallée qui s'abaisse des deux côtés vers les montagnes. Seul cours d'eau de l'Égypte, unique source de sa fertilité, le Nil y entre au-dessus de Syène, près de l'île d'Éléphantine, et, se dégageant des rochers et des îles qui l'obstruaient, conduit paisiblement ses eaux jusqu'au-dessus du Caire, où il se divise en deux grands bras : celui de Damiette (l'oriental *Ostium phatniticum*), et celui de Rosette (l'occidental *Ostium bolbiniticam*), qui se jettent dans la Méditerranée, près des villes dont ils portent le nom. Le terrain compris entre leur point de séparation et leurs embouchures, distantes de 25 l. l'une de l'autre, forme le Delta, la partie la plus fertile et la plus cultivée de l'Égypte. Comme les inondations périodiques du Nil sont la condition indispensable de la culture, on a creusé, dès les temps les plus anciens, une multitude de canaux pour amener les eaux sur les champs qu'elles n'auraient pas atteints naturellement. Le canal de Joseph ou le Calidah-menhi est un des plus grands et des plus importants de ces canaux ; il longe la chaîne lybique et rentre au N. dans la branche de Rosette. Strabon, en y naviguant, le prit pour le Nil lui-même. Le canal d'Alexandrie et plusieurs autres tiennent également à la branche de Rosette. Une multitude de petits canaux mettent en communication le bras occidental et le bras oriental; ce dernier en envoie plusieurs à l'E., qui se perdent en partie dans des marais ou des lacs. La plupart de ces canaux sont coupés par des digues transversales, qui servent, pendant l'inondation, de chemins entre les villages et empêchent l'écoulement trop rapide des eaux ; on n'ouvre les écluses qu'au moment où les terres supérieures sont convenablement trempées. La crue du Nil a lieu tous les ans et commence à l'époque du solstice d'été; la fonte des neiges et les pluies équinoxiales en sont la cause. Pour ne pas nous répéter, nous renvoyons à l'article Nil, pour les détails et pour les fêtes et solennités de l'ouverture de la digue du Kalidje, qui conduit les eaux au Caire. La Basse-Égypte ou le Delta est incontestablement un produit du fleuve ; le limon qu'il charrie a élevé petit à petit le fond de la mer, et le Delta en a surgi dans des temps assez récents pour que la tradition ait pu en conserver le souvenir. L'Égypte n'a aucun ruisseau, mais bien quelques lacs, surtout près des embouchures du Nil. De ce côté, la mer et le fleuve ont formé des amas considérables de limon et de sable ; ces étroites langues de terre laissent entre la mer et le continent de grands lacs qui communiquent avec la Méditerranée par des embouchures navigables. Le lac Menzaleh (*lacus Tanis*), le plus grand de tous, se trouve à l'E. ; il n'a que 3 pieds de profondeur, mais est couvert d'îlots fertiles et salubres. Le lac de Burlos ou Broulos (*lacus Buticus*), qui a 15 l. de longueur sur 6 de largeur, beaucoup plus petit que le précédent, se trouve plus à l'O., entre les deux principales branches du Nil ; un seul canal le met en communication avec la mer. Le lac marécageux d'Edku, à l'O. de la branche de Rosette, n'existe que depuis 1801 ; il doit son origine aux Anglais, qui percèrent une digue pour favoriser leur plan d'opération contre les Français. Le plus occidental de tous ces lacs est le lac Mareotis (*lacus Mareotis*), qui menace de s'évaporer avec le temps. Il existe en outre dans la Basse-Égypte plusieurs lacs qui ne reçoivent l'eau du Nil qu'à l'époque de la plus grande crue, et qui anciennement étaient utilisés comme réservoirs : tel est le fameux lac Mœris, aujourd'hui Birhet Keroun, creusé par la main des hommes.

Le climat de l'Égypte est beau et régulier : de la fraîcheur aux mois de décembre et de janvier, le printemps en février, une chaleur accablante de juin en septembre, voilà ses principales variations auxquelles correspond l'aspect du pays ; l'Égypte se présente tantôt comme un lac immense, tantôt comme un immense marécage; plus tard, c'est une plaine vaste et fertile, d'autrefois un désert brûlant et poudreux. Le climat de la Haute-Égypte, par suite de son éloignement de la mer et de la proximité des montagnes, est beaucoup plus chaud encore; le sable y est quelquefois si brûlant qu'on ne peut y poser le pied. Les vents rafraîchissants du nord, qui favorisent la navigation en amont du Nil, règnent de mai à septembre et sont un grand bienfait pour l'Égypte. Les vents du sud sont étouffants; tout le monde connaît le vent du sud-ouest, le samum des Arabes, le samiel des Turcs, ce vent qui remplit l'air de sable du désert, obscurcit le soleil et serait mortel pour les animaux et les plantes, s'il durait plus de deux ou trois jours. La pluie est une rareté dans la Haute-Égypte ; sur les côtes il pleut souvent et très-fort en novembre. Ce qui ajoute encore à la chaleur, c'est le manque presque absolu d'arbres ; aussi les plantations d'arbres sont-elles un des soins constants de Mehemet-Ali et d'Ibrahim, et nous verrons tout-à-l'heure ce que ces deux hommes ont déjà fait pour l'avenir de l'Égypte, sous ce rapport comme sous beaucoup d'autres.

Productions. Les productions indigènes de l'Égypte sont en petite quantité ; presque toutes celles que l'on rencontre y ont été importées par les hommes. Dans la chaîne Arabique on trouve toutes sortes de pierres précieuses, et, dans la région du Nil, de l'or, du cuivre, du fer, du sel gemme, du marbre, de l'albâtre et du porphyre; du reste, les mines de l'Égypte sont peu exploitées jusqu'ici. Le règne végétal est plus riche; parmi les arbres nous citerons : le dattier, le sycomore, l'acacia, le tamarinier, le mûrier, l'oranger, l'olivier, le limonier, le grenadier, le cerisier, le pommier et autres arbres des vergers de l'Europe. En général, les végétaux de presque toutes les parties du monde s'acclimatent facilement dans la Basse-Egypte et y réussissent parfaitement. Les plantes qu'on y cultive sont : le blé, l'orge, le riz, le douro (ce dernier surtout dans la Haute-Égypte), le maïs, toutes sortes de légumes et de plantes potagères ; parmi les autres productions végétales nous signalerons surtout le sucre, le poivre, le tabac; le papyrus, autrefois très-commun et aujourd'hui très-rare; plusieurs plantes de teinture, entre autres l'indigo, la garance, le safran bâtard; le lin et le coton croissent en abondance; ce dernier, coton à longue soie, figure aujourd'hui au premier rang des plantes dont l'Égypte s'est enrichie; il a remplacé le coton herbacé, dont la qualité était très-inférieure, et forme l'article d'exportation le plus important. Les fleurs de jardin ne sont pas très-variées en Égypte; les roses seules y sont cultivées en abondance, principalement dans le dist. de Fayoum; l'eau que l'on distille de leurs pétales constitue un article de commerce assez considérable. Les bois de construction et de chauffage sont très-rares; on supplée à ce dernier par la paille et le fumier séché au soleil. Cependant Mehemet-Ali, pour augmenter sous ce rapport la richesse du pays, a déjà fait planter, depuis qu'il est au pouvoir, plus de 20 millions de pieds d'arbres, et Ibrahim, pour son compte, en Égypte et en Syrie, 5 millions et plus d'arbres forestiers, 600,000 arbres fruitiers et 200,000 mûriers. Les procédés de l'agriculture égyptienne sont peu compliqués : on sème, sans autre préparatif, dans le limon, et dès que les blés sont mûrs, on sépare, sur le terrain même, les grains de la paille, au moyen de gros cylindres tirés par des bœufs. Du reste, remarquons ici que ce ne sont pas les terres inondées qui donnent les riches produits; on y sème des céréales, du trèfle, etc., et on ne fait ordinairement qu'une récolte, tandis que les terres arrosées régulièrement donnent de grands produits par une succession non interrompue de récoltes et par l'ensemencement de plantes d'une grande valeur, c'est-à-dire de riz, de coton et d'indigo.

Les animaux féroces sont rares dans la vallée du Nil ; on en trouve davantage du côté du désert, tels que l'hyène, le chacal, le renard, le lion et la panthère. L'Égyptien élève de beaux chevaux, beaucoup d'ânes, de mulets, de chameaux, de dromadaires, de bœufs, de buffles et de moutons; les pigeons et les poules abondent dans ce pays; on fait éclore leurs œufs dans des fours construits à cette fin ; les vautours et les ibis (ibis blanc et ibis noir) y sont aussi très-communs. Les abeilles qu'on y élève ont leurs ruches placées sur des canots auxquels on fait remonter le Nil, parce que la floraison est plus précoce dans la Haute-Égypte. L'hippopotame ne se rencontre que rarement au-dessus de Syène ; cet animal ravage les récoltes, mais n'attaque pas l'homme; le bruit et des feux allumés suffisent pour le tenir éloigné des champs cultivés. Le crocodile, cet animal historique de l'Égypte, que ses anciens habitants regardaient comme sacré, ne se rencontre non plus que dans la Haute-Égypte; un autre reptile, vénéré par les anciens Égyptiens, est le tupinambis, lézard de trois à quatre pieds de longueur. Le Nil nourrit de grandes tortues d'eau douce et beaucoup de poissons, dont plusieurs espèces, comme le bichir et le fahaka, sont très-remarquables.

Habitants. La population actuelle de l'Égypte est très-inférieure à celle qu'elle nourrissait anciennement; son chiffre a décru dans la même proportion que les terres cultivées; en effet, sur les 15,000 l. c. de l'Égypte, autrefois le grenier du monde romain, 2400 à peine sont cultivées et fournissent au besoin d'une population de quatre millions selon les uns, de trois millions selon les autres; quelques voyageurs prétendent même que l'Égypte ne renferme aujourd'hui que 1,800,000 habitants. Quoi qu'il en soit, cette population appartient à différentes familles de peuples et se compose de Coptes, d'Arabes, de Turcs, de Grecs, de Juifs, d'Européens (surtout de Français) et de Nègres. Les Coptes, le peuple le plus ancien de l'Égypte, sont peu nombreux (100 à 150,000 âmes) et passent pour être les descendants des anciens Égyptiens. Champollion cependant le nie et les regarde comme les descendants mêlés des divers peuples qui successivement ont occupé l'Égypte. Ils sont plus nègres que l'Abyssin et leurs traits rappellent, jusqu'à un certain point, ceux de leurs ancêtres que nous retrouvons dans les momies, la couleur foncée, la figure épaisse, le front bas, la grande bouche, le nez court et la barbe peu fournie. Les Coptes sont intelligents, industrieux et rusés, bons artisans et bons commerçants, mais corrompus par un long esclavage et prêts à toute sorte de métiers; ils sont les hommes d'affaires des Turcs. Depuis l'introduction de l'islamisme, leur langue a été peu à peu remplacée par l'arabe et s'est entièrement éteinte vers le milieu du dix-septième siècle. Chrétiens de religion, leur culte tout formel se rapproche beaucoup du culte grec ; il est célébré la nuit et consiste en prières, en chants et dans la lecture des livres saints, lecture faite en langue copte que personne n'entend plus; des moines célibataires, des clercs mariés composent le clergé, à la tête duquel se trouve le patriarche ou primat d'Alexandrie. La plus grande partie de la population égyptienne appartient à la race arabe; les Arabes en Égypte sont ou nomades, habitants du désert, ou citadins et agriculteurs. Les premiers ou les Bédouins se regardent comme meilleurs que les Arabes sédentaires; ils sont divisés en de nombreuses tribus, autrefois toujours en guerre les unes avec les autres. Mehemet-Ali seul a pu dompter un peu au profit de l'ordre leur fougue guerrière. Ces Bédouins, dont les chefs ou scheiks et leurs familles forment une espèce de noblesse, possèdent des troupeaux et cultivent quelques champs sur la lisière du désert. Jaloux de leur liberté et de leurs mœurs antiques, ils payent à regret un léger tribut au pacha, et, à la fois brigands et négociants, ils louent leurs chameaux aux caravanes pour le transport des marchandises à travers le désert, et pillent celles qui ne leur ont pas payé de redevance. Les Arabes citadins sont artisans, ou commerçants; les Arabes agriculteurs et pasteurs sont appelés Fellahs; ces derniers mènent une vie misérable, sont soumis à toutes les exactions, et il arrive quelquefois que la population d'un village entier se réfugie chez les Bédouins du désert. Les Turcs sont la nation dominante de l'Égypte depuis l'extermination des mamelouks. Ces mamelouks datent du treizième siècle; ils étaient originairement un corps de 12,000 hommes, formés d'esclaves caucasiens. Élevés en Égypte, se recrutant toujours, exercés aux armes, excellents cavaliers, ils formaient primitivement la garde des pachas turcs et avaient fini par leur enlever tout leur pouvoir. Leurs beys étaient les véritables maîtres de l'Égypte jusqu'à la conquête de ce pays par les Français; le pacha actuel acheva l'œuvre des soldats républicains par un acte de barbarie orientale : il fit massacrer en un jour et sous ses yeux tous les chefs, réunis par son astuce dans la citadelle du Caire, et le corps entier fut ensuite exterminé et anéanti. Les esclaves en Égypte sont au nombre de 40,000, presque tous nègres; ils sont amenés du Sennaar et des contrées du sud; leur sort néanmoins est encore préférable à celui des nègres qui gémissent dans les colonies européennes. Tous les habitants, à l'exception des Coptes, des Grecs, des Juifs et des Francs, sont mahométans.

Les villes et villages de l'Égypte sont bâtis sur des hauteurs naturelles ou artificielles, pour les préserver de l'inondation. Les villes sont généralement sales, comme toutes celles de l'Orient, les rues tortueuses, étroites, sans pavé. Le pauvre habite dans des huttes misérables et malpropres; dans les villages, les habitations sont encore plus misérables; beaucoup d'entre elles sont surmontées de pigeoniers, ce qui leur donne un aspect très-pittoresque. L'habillement du peuple consiste en une chemise de toile bleue et un pantalon; les riches portent le costume turc et les femmes le voile indispensable. L'Égyptien est sobre, mais paresseux; la paresse, le tabac et le café font ses délices; pendant des heures entières il peut rester assis dans un café, écoutant avec avidité des contes ou admirant des danseuses. L'ophthalmie, la cécité, la dyssenterie, l'épilepsie, la peste sont les maladies indigènes les plus fréquentes.

Industrie et commerce. L'industrie de l'Égypte est très-limitée; le pacha est à peu près le seul propriétaire de tout le sol; il plante, cultive, revend, fabrique pour son compte; l'industrie et le commerce, comme l'agriculture, font, pour ainsi dire, partie de son administration : nous en parlerons sous cette rubrique. Le commerce extérieur cependant est important et ouvert aux commerçants européens et asiatiques; les trois principaux ports de l'Égypte sont : Alexandrie, Damiette et Suez. Le Caire est le centre de tout le commerce et le point de départ des caravanes qui se rendent à la Mecque, en Syrie, par les oasis septentrionales du Sahara à Mourzouk et au Soudan, par les oasis orientales au Darfour, par le désert nubien au Shendy, d'où l'on va, soit au Soudan par Obeït, soit à Gondar par Sennaar.

Gouvernement, administration. La situation actuelle de l'Égypte, son importance politique, commerciale et agricole est due en grande partie à l'homme de génie qui la gouverne. Mehemet-Ali, parfaitement secondé par Ibrahim-Pacha, son fils adoptif, a cherché à fonder sa puissance en introduisant en Égypte les arts et autant que possible les institutions de l'Europe. Né à Kavala, dans la Macédoine, en 1769, ce vieillard nous est dépeint comme fin et énergique, d'une extrême activité, recherchant les conseils et les avis des Européens, sans grande instruction, quelquefois mauvais juge des moyens; son ambition est grande, mais il sait attendre et mesurer son but d'après ses forces. Guerrier habile et heureux, visant à l'indépendance, il s'est occupé avec soin de l'organisation intérieure du pays qu'il gouverne en apparence encore au nom du sultan de Constantinople. Malheureusement les bienfaits de la civilisation qu'il y a introduite n'ont pas encore tourné au profit de la population, mais au profit de sa personne seulement; le misérable fellah est exploité comme du temps des mamelouks; les richesses agricoles et industrielles n'entrent que dans les coffres du pacha, unique propriétaire et monopoleur négociant des riches produits du sol. Mehemet-Ali est autocrate; un conseil-d'état, créé par lui, le seconde dans son administration et délibère en sa présence sur les affaires intérieures de l'Égypte; chacun parle à son tour et avec liberté, bien que le pacha reste seul maître de la décision. Mehemet-Ali a divisé l'Égypte en cinq grands gouvernements, dont les chefs ont le titre de moudirs. Les gouvernements sont subdivisés en provinces commandées par des mamours; celles-ci en arrondissements, dirigés par des nazers, subordonnés aux mamours, et sous les nazers, dans les cantons, sont des kyachefs; enfin chaque village est sous l'autorité d'un chef qui porte le nom de cheyk-el-beled. Chacune de ces autorités exerce, dans la hiérarchie établie, un pouvoir qui embrasse la police et le maintien de l'ordre public, la surveillance des travaux ordonnés et celle de la culture, enfin la levée des impôts de toute nature et des recrues pour l'armée. Indépendamment du cheyk-el-beled, il y a dans chaque village un chef de culture, qui est arpenteur, et un agent d'administration, qui lève l'impôt, reçoit les denrées et tient les écritures : c'est ordinairement un copte. Le cheyk-el-beled rend la justice dans les affaires peu importantes; les autres sont jugées par le cadi qui est un homme de loi; celui-ci a des sub-délégués qui remplissent les mêmes fonctions et interviennent aussi dans la rédaction des actes. Nous avons déjà dit que le pacha était à peu près l'unique propriétaire, le négociant monopoleur des produits du sol. Il a établi cette organisation en confisquant d'abord les terres des mamelouks, jadis les grands propriétaires; il n'a prétendu à aucun droit sur les propriétés appartenant aux familles de temps immémorial, ni sur les maisons et jardins des villes; mais il s'est emparé des terres des multezimes et de celles des mosquées, en assurant aux premiers une rente viagère et en accordant aux mosquées, sur le trésor, les sommes nécessaires à leur entretien. Il a respecté les fortunes mobilières proprement dites ; mais en établissant le monopole sur les produits, il y a porté une cruelle atteinte, parce que les revenus appartiennent à cette nature de propriété. La manière dont est constituée l'agriculture au profit du pacha, est assez curieuse pour que nous ne la passions pas sous silence. Le chef de culture, assisté du cheyk-el-beled de chaque village, fait tous les ans la répartition des terres à cultiver par les habitants. Cette répartition exécutée, on détermine la culture qui leur sera appliquée. Le douro, cultivé en proportion des besoins de la famille, lui est laissé pour sa nourriture. Le blé, l'orge, les légumes, les trèfles, appartiennent au cultivateur, sauf la quantité qu'en demande le pacha. Le riz, le coton, le sucre, l'indigo, l'opium, la garance sont réservés pour le pacha. Le fellah paye une redevance nommée miry et un impôt personnel; de plus il est obligé d'acheter tout ce dont il a besoin dans les magasins du pacha, qui fixe arbitrairement tous les prix. La rapacité du gouvernement à l'égard de ses subordonnés est extrême ; il emploie des mesures différentes pour acheter et pour vendre, frappe de droits de consommation les moindres objets qui entrent dans les grandes villes, et pousse l'avidité au point de rendre solidaires du payement tous les individus d'un même village, tous les villages d'une même province. On attribue à cette mesure et à la levée continuelle de recrues la rapide dépopulation de l'Égypte. C'est là le mauvais côté du gouvernement de Mehemet, le côté oriental et despotique; il faut lui savoir plus de gré des beaux établissements de tout genre, industriels, scientifiques et militaires qu'il a créés. Nous allons les passer succinctement en revue. Les principales fabriques établies par Mehemet-Ali sont à Foueh et à Boulaq; dans cette dernière ville M. Jourmel, Français, a fondé une fabrique modèle, qui a formé presque tous les chefs ouvriers employés aujourd'hui dans les autres fabriques. Il y existe en outre une grande fabrique de draps qui fournit à l'habillement de l'armée ; une fabrique de coton et une filature magnifique, ainsi qu'une fonderie très-belle, établies par M. Gallovai, Anglais; une fabrique de produits chimiques, dirigée par M. Haim, Français; une manufacture de poudre, dans l'île Rondah, conduite également par un Français; à Foueh se trouvent une fabrique de tarbouches ou bonnets de laine rouges, coiffure obligatoire des Égyptiens, une belle filature de coton et une fabrique où l'on dépouille le riz de son enveloppe. Une fabrique de cette espèce, mais sur une plus grande échelle et avec d'excellentes machines à vapeur, se trouve à Rosette. Nous n'en finirions pas si nous voulions énumérer tous les établissements de ce genre créés par Mehemet-Ali. Ce qu'il a fait pour l'enseignement n'est pas moins remarquable. Tout le monde sait qu'il a envoyé en France plus de cent jeunes gens chargés d'étudier les différentes spécialités politiques, scientifiques et industrielles. En Égypte il existe des écoles primaires gratuites dans toutes les villes et les arrondissements. Hors du Caire, entre le Vieux-Caire et Boulaq, il y a une grande et belle école appelée Kar-el-Ain, où 1200 enfants de 6 à 10 ans, entretenus aux frais du pacha, apprennent à lire et à écrire l'arabe et le turc, pour être envoyés ensuite à l'une des écoles spéciales, soit militaires, soit civiles, affectées aux différents services publics. Une école d'enseignement médical, jointe à un grand hôpital, a été fondée à Abou-Zabel, à 6 l. du Caire; elle contient plus de 400 élèves et est due à un Français, M. Clot (aujourd'hui Clot-Bey). Un autre Français, M. Hammon, sorti de l'école d'Alfort, a fondé, pour le pacha, une école vétérinaire à Choubra, où l'on a établi de très-beaux haras. Il est naturel que Mehemet-Ali ait donné les plus grands soins à ces établissements militaires et maritimes; car c'est par eux qu'il maintient son pouvoir; aussi sont-ils dignes d'éloges. L'armée compte plus de 100,000 hommes; elle se compose de 30 régiments d'infanterie à quatre bataillons, dont un d'infanterie légère ; de 20 régiments de cavalerie à huit escadrons et d'une belle artillerie, sans parler des Bédouins qui fournissent une excellente cavalerie irrégulière. Des fabriques d'armes ont été établies dans la citadelle du Caire, au Caire et à 2 l. de cette ville ; Mehemet a fondé en outre une école d'artillerie à Tourla, à 2 l. du Vieux-Caire ; elle renferme 391 élèves dont 100 destinés à la marine ; une école d'infanterie à Damiette et une école de cavalerie à Ghizebe ; cette dernière est dirigée par le lieutenant-colonel Varin, ancien aide-de-camp du général Gouvion-St.-Cyr. Les établissements de la marine sont tous à Alexandrie ; M. Cerisi, Français, les a pour ainsi dire improvisés sur la presqu'île d'Alexandrie ; les arsenaux, les cales pour la construction des vaisseaux, les ateliers de tous genres, les magasins pour les approvisionnements ne laissent rien à désirer ; la corderie est aussi considérable que celle de Toulon ; elle a 1040 pieds de longueur. En 1834 le matériel de la flotte se composait de 10 vaisseaux de ligne de 110 et 104 canons et de 8 frégates de 70, 64, 60 et 56 bouches à feu ; ce matériel a encore été augmenté depuis. Parmi les travaux publics achevés, le canal qui joint Alexandrie au Nil et qui a été creusé de 1817 à 1819, est un des plus beaux et des plus utiles ; parmi les travaux projetés le barrage du Nil est le plus grandiose ; il changerait la face de l'Égypte, réglerait l'inondation et l'arrosement et rendrait des terrains immenses à la culture. Nous nous sommes étendus longuement sur la situation actuelle de l'Égypte et les établissements fondés par Mehemet-Ali ; mais au moment où ce pays attire l'attention générale, il ne nous semblait pas inutile de parler en détail de l'homme et de l'état qui exercent aujourd'hui une si grande influence en Orient.

Division administrative. Le vice-roi actuel de l'Égypte, tout en se déclarant nominalement le vassal de la Porte, est de fait indépendant ; dans ce moment même et par suite de la bataille de Nézib, il cherche à faire reconnaître cette indépendance en droit et à faire conférer à sa famille l'hérédité de ces états. Ces états comprennent non seulement l'Égypte, mais encore la Syrie et le dist. d'Adana, presque toute l'Arabie, les oasis à l'O. de l'Égypte, la Nubie, le Kordofan, une partie de l'Abyssinie, les îles de Chypre et de Candie. Nous n'avons à nous occuper ici que de la division de l'Égypte proprement dite. La nature même du pays a tracé ses grandes divisions naturelles, savoir la Haute-Égypte ou la Thébaïde, la Moyenne-Égypte ou l'Heptanomide, et la Basse-Égypte ou le Delta. Ces divisions sont encore fréquemment employées de nos jours ; les noms seuls sont changés en ceux de Saïd (Haute-Égypte), Wostani (Moyenne-Égypte)

et Bahari (Delta) ; les autres divisions sont très-variables ; cependant, pour être plus complets, nous emprunterons à M. Balbi le tableau suivant des divisions administratives du pays qui nous occupe.

RÉGIONS ET PROVINCES, CHEFS-LIEUX, VILLES ET LIEUX LES PLUS REMARQUABLES.

Basse-Égypte.

Le Caire,	Le Caire (Masr), Boulaq, Vieux-Caire, Suez.
Kelyoub,	Kelyoub, Choubra, Abou-Zabel, Matarieh.
Belbeys,	Belbeys.
Chibeh,	Chibeh.
Mit-Camar,	Mit-Camar.
Mansourah,	Mansourah.
Damiette,	Damiette, Menzaleh, El-Arich.
Mehallet-el-Kebir,	Mehallet-el-Kebir.
Tantah,	Tantah.
Melyg,	Melyg.
Menouf,	Menouf.
Negyleh,	Negyleh.
Fouah,	Fouah, Rachyd ou Rosette.
Damanhour (Bahyrch),	Damanhour.
Alexandrie,	Iskandérich (Alexandrie), Aboukir.

Moyenne et Haute-Égypte.

Djyzeh,	Djyzeh (pyramides), Mit-Rahyneh (Memphis), Sakkara (catacombes).
Atfyh,	Atfyh.
Beny-Soueyf,	Beny-Soueyf.
Fayoum,	Medinet-el-Fayoum.
Minyeh,	Minyeh-Ebn-Khasim.
Monfalout,	Monfalout.
Syout,	Syout.
Djirdjeh,	Djirdjeh, Denderah, Akhmym.
Kéneh,	Kéneh, Karnak, Redynet-Aboue, Louqsor, etc. (ruines de Thèbes), Cosseir.
Esné,	Esné, Edfou, Assouan (Syène), El-Sag (Eléphantine), El-heif (Philac).

Histoire. Il fut un temps où les noms d'Éthiopie et d'Égypte se confondaient, où les deux peuples ne faisaient qu'un seul ; la Haute-Égypte alors était déjà peuplée par des colonies éthiopiennes ; mais la Moyenne-Égypte, couverte de vastes marécages, se refusait à la culture ; le Delta n'était qu'un golfe de la Méditerranée. Deux races paraissent s'être partagé à cette époque le sol égyptien ; l'une dominante, de formes nobles, de couleur claire ; l'autre asservie, de formes dégradées, ayant les traits de la race nègre, différence capitale qu'on remarque à la fois dans les sculptures et les peintures des monuments égyptiens et dans les nombreuses momies que, dans les temps modernes, on a apportées en Europe. D'où venait cette race dominante qui s'était implantée sur le sol égyptien? Plusieurs pensent que c'est de l'Inde, et, en effet, le type des dominateurs de l'Égypte, leur religion, leurs institutions sociales, la même division des castes les rapproche singulièrement des Hindous. Quoi qu'il en soit, il paraît qu'une caste sacrée, établie dès la plus haute antiquité sur les bords du Nil, répandit peu à peu ses colonies toutes sacerdotales, avec l'agriculture et les premiers arts, jusqu'au delà de la cataracte de Syène, mettant le commerce sous la sauvegarde de la religion et subjuguant les peuplades sauvages par ses bienfaits plus encore que par la force. C'est à elle que sont dus les plus anciens temples creusés et élevés depuis Soga, Naga et Méroë, le long du fleuve Blanc (Nil) jusqu'à Éléphantine, Thèbes, Thys et peut-être Memphis. La nation entière était divisée en quatre castes : celle des prêtres, prépondérante dans les premiers temps, versée dans les sciences, institutrice du peuple ; celle des guerriers, qu'Hérodote nous décrit comme partagée en deux grandes tribus, les Hermotybiens et les Calabiriens, et pouvant mettre, au temps de leur splendeur, 400,000 hommes en campagne ; celle des agriculteurs et celle des artisans, qui, à leur tour, étaient soumises à des subdivisions. Au commencement, les prêtres et, à leur tête le grand-prêtre, étaient tout-puissants et tenaient les militaires à leur solde ; mais, vers 2500 avant J.-C., l'Égypte avait déjà subi de nombreuses révolutions : elle s'était détachée de l'Éthiopie. Le gouvernement, arraché aux prêtres, avait passé aux mains des guerriers, et Thèbes avait commencé sa carrière de conquêtes et de brillants travaux. Ménès fut le chef de cette révolution. Il acheva l'ouvrage des dieux, dit la tradition, en perfectionnant les arts de la vie et en dictant à la terre les lois qu'il avait reçues du ciel. Une longue suite de rois succéda à Ménès ; ils se signalèrent par de nombreux exploits et par la construction de plusieurs pyramides. De 1900 à 1800 avant J.-C., des hordes arabes, venues par l'isthme de Suez, envahirent l'Égypte, prirent Memphis et se fortifièrent à Avaris. Deux siècles s'écoulèrent sous la domination des hyksos ou rois pasteurs ; mais les rois de la Thébaïde et ceux du reste de l'Égypte s'étant ligués contre les pasteurs, Misphragmouthosis et Thoutmosis de Thèbes rendirent l'indépendance à l'Égypte et rebâtirent Memphis. L'histoire de Joseph paraît avoir eu lieu sous un des rois étrangers. La période la plus brillante des pharaons ou rois égyptiens tomba entre 1500 et 1100 avant J.-C. Sésostris en marque le point culminant. Ce roi, appelé aussi Sémosis, Séthos ou Rhamsès-le-Grand, chassa les étrangers et les nomades, distribua la population en districts religieux et administratifs, appelés nômes, et imprima un triple mouvement aux arts, au commerce et à l'esprit de conquête. Il étendit ses conquêtes jusqu'à l'Inde et employa les richesses enlevées aux nations soumises et les tributs qu'il en recevait à l'exécution d'immenses travaux d'utilité publique. Sous ses successeurs commença une longue lutte entre les prêtres et les guerriers ; les prêtres et le peuple furent d'abord opprimés, une armée d'Éthiopiens, commandée par Sabaeo, envahit l'Égypte et rendit la prédominance aux prêtres, qui opprimèrent, à leur tour, les guerriers, à la faveur d'armées étrangères, surtout de mercenaires grecs. L'anarchie suivit de près leur triomphe : l'Égypte fut morcelée en douze petits royaumes. Vers 650 avant J.-C., Psammétique vainquit la dodécarchie à l'aide des Grecs auxquels, par reconnaissance, il abandonna le commerce et ouvrit les ports, jusque-là fermés, du royaume. La civilisation grecque pénétra en Égypte, et 200,000 guerriers aimèrent mieux émigrer en Éthiopie que de voir leur pays en proie aux étrangers. Les successeurs de Psammétique portèrent leurs armes en Éthiopie, en Syrie, en Phénicie, sans être toujours heureux. L'empire s'écroula sous Psamménit, fils d'Amasis. En 525 Cambyse, roi de Perse, conquit l'Égypte, persécuta les prêtres, pilla et incendia les temples, et dévasta tout le pays qui se révolta à différentes reprises et supporta impatiemment le joug des Perses. Aussi Alexandre de Macédoine fut-il reçu comme un sauveur. Ce grand homme fut humain et habile ; il se concilia la bienveillance des Égyptiens et fonda Alexandrie qui devint en peu de temps le siège de la science grecque et le centre du commerce de la Méditerranée. A la mort d'Alexandre, le gouverneur de l'Égypte, Ptolémée Lagi, monta sur le trône et fut le chef d'une dynastie qui régna trois cents ans sur l'Égypte, mais qui, à l'exception du fondateur, ne donna l'exemple que de l'immoralité et de la corruption. On connaît l'histoire de Cléopâtre, la dernière des Ptolémées ; elle se donna la mort après la bataille d'Actium et, l'an 30 avant J.-C., l'Égypte ne fut plus qu'une province romaine. Lorsque les fils de Théodoric se partagèrent l'empire romain en 395 après J.-C., l'Égypte fit partie de l'empire d'Orient ; elle déchut avec lui et fut conquise, en 640, par Amrou, général du calife Omar ; plus tard elle passa aux mains des Fatimites qui bâtirent le Caire et régnèrent jusqu'en 1171. A cette époque Saladdin-le-Seldjouk s'en empara ; ses successeurs furent dépossédés de leur pouvoir, à la fin du treizième siècle, par les mamelouks, après avoir eu la gloire de combattre et de prendre St.-Louis à la bataille de Massourh. Les Turcs conquirent l'Égypte en 1517 et la firent administrer par un pacha, qui ne put toutefois ravir la puissance réelle aux mamelouks. L'Égypte se dépeupla de plus en plus, dévastée et accablée sous le joug des Ottomans. Il était réservé à la France d'y semer de nouveaux germes de prospérité. En 1798, la république française y envoya Bonaparte, à la tête d'une armée de 40,000 hommes, pour s'emparer de cet ancien chemin des Indes et menacer, par la Syrie et l'Égypte, la puissance des Anglais. Bonaparte débarqua près d'Alexandrie, prit cette ville, battit les mamelouks à la bataille des Pyramides et s'empara du Caire. Après une expédition en Syrie, restée sans résultat, Bonaparte se rembarqua pour la France, laissant le commandement de l'armée à Kléber. Ce général se conduisit vaillamment, battit les Turcs, quatre fois plus nombreux, à Héliopolis et réorganisa l'Égypte. Son assassinat par un fanatique musulman fut le signal de nos revers. Menou ne sut défendre le pays qui lui était confié, et une capitulation remit (en septembre 1800) Alexandrie aux Turcs et aux Anglais réunis. Depuis le commencement de ce siècle l'histoire de l'Égypte est celle de Mehemet-Ali. Sa bravoure, son astuce et ses intrigues lui ouvrirent le gouvernement de l'Égypte, et depuis il s'en est servi avec un rare bonheur. Son armée victorieuse soumit les Vahabites et détruisit leur capitale; la Nubie, le Dongola reconnurent sa puissance. En 1832 et 33 les armées turques furent défaites par son fils Ibrahim dans trois batailles rangées; le vassal triomphant était à quelques jours de marche de la capitale du suzerain et obtint, comme un gage de paix future, l'investiture de la Syrie, d'Adana et de Tarsus. Mais la paix n'a pas duré; le sort des armes a de nouveau été favorable à Mehemet-Ali, qui demande aujourd'hui, pour prix de sa victoire, l'indépendance et la possession héréditaire dans sa famille de tous les états actuellement confiés à son administration.

EGYPTIENNE (l'), ham. de Fr., Eure, com. de St.-Germain-Village; 300 hab.

EHAWHOKALES. *Voyez* SÉMINOLES.

EHINGEN, *Dracuina*, pet. v. du Wurtemberg, chef-lieu du grand-bailliage de même nom, cer. de la Forêt-Noire; située au pied méridional de l'Alb, sur la pet. riv. de Schmiechen, à peu de distance du Danube; filat. de coton; teintureries; il s'y tient des marchés considérables de blé, de brebis et de laine. Dans les environs se trouve une voie romaine. Pop. de la ville 2700 hab., du grand-bailliage 25,200.

EHNINGEN, vg. parois., un des plus beaux et des plus riches du Wurtemberg, cer. de la Forêt-Noire, gr.-bge d'Urach; fabrication de toiles et de dentelles; 5000 hab.

EHNWYR, vg. de Fr., Bas-Rhin, com. de Muttersholz; 260 hab.

EHOUCH, b. de la Moyenne-Égypte, prov. de Béni-Soueyf.

EHRENBREITSTEIN, *Hermanni Petra*, v. de Prusse, prov. rhénane, rég. de Coblence, sur la rive droite du Rhin; elle est très-importante et fait commerce en vin, blé, fer, acier, terre de pipe et eau de Seltz. Le château d'Ehrenbreitstein, détruit par les Français, en 1801, est rebâti aujourd'hui.

EHRENFRIEDERSDORF, v. du roy. de Saxe, située dans les montagnes du cer. de l'Erzgebirge, au pied du Sauberg; 2000 hab.; mines; fabr. de dentelles; dans les environs source d'eau minérale; à 3/4 de l. de là se trouve le Greifenstein, où l'on découvre une des vues les plus magnifiques de la Saxe.

EHUNS, vg. de Fr., Haute-Saône, arr. de Lure, cant. et poste de Luxeuil; 280 h.

EIACH (l'), riv. affluent du Necker; elle arrose la principauté de Hohenzollern-Sigmaringen.

EIBELSTADT, pet. v. de Bavière, dist. d'Ochsenfurt, cer. du Mein-Inférieur, sur la rive droite du Mein, à 2 l. de Wurzbourg; culture de vins et de fruits; 1500 hab.

EIBENSCHUTZ (*Ewanzcize*), p. v. d'Autriche, gouv. de Moravie et Silésie, cer. de Znaym, sur l'Iglava; jardinage; poterie très-estimée; belles carrières de terre de potier; 3000 hab.

EIBENSTOCK, v. du roy. de Saxe, située dans les montagnes du cer. de l'Erzgebirge; se compose de maisons isolées; 4400 hab. On y fabrique surtout des objets en ferblanc, de dentelles et de broderies.

EICH, ham. de Fr., Moselle, com. de Sarralbe; 230 hab.

EICHBARACKEN. *Voyez* BARAQUES-DU-BOIS-DE-CHÊNE.

EICH-ET-PETIT-EICH, ham. de Fr., Meurthe, com. de Réding; 550 hab.

EICHEL, vg. de Fr., Arriège, arr., cant. et poste de St.-Girons; 390 hab.

EICHHOFFEN, vg. de Fr., Bas-Rhin, arr. de Schlestadt, cant. et poste de Barr; 470 hab.

EICHSTÆDT ou AICHSTÆDT, principauté sous la souveraineté de la Bavière, cer. de la Regen; sa superficie est de 5 1/2 milles c. avec 18,500 hab. Ancien domaine d'un évêché, fondé en 741, sécularisé en 1801 et partagé entre la Bavière et la Toscane; en 1805 et 1806 il passa entièrement au roy. de Bavière, et fut cédé, en 1817, en majeure partie, au prince Eugène Beauharnais, qui prit le titre de duc de Leuchtenberg, prince d'Eichstædt.

La v. d'Eichstædt est située à 18 l. de Nuremberg et à 28 l. de Munich, sur l'Altmuhl que l'on traverse sur six ponts dont deux en bois; résidence d'été des ducs de Leuchtenberg, siège d'un évêché; elle possède un séminaire, un riche hôpital et d'autres fondations de charité, un collège, une bibliothèque publique avec un cabinet d'histoire naturelle, d'arts et d'antiquités; la cathédrale renferme la tombe de St.-Willibald et de beaux tableaux, et le couvent de Walburgiscel conserve les cendres de Ste.-

Walburge; l'ancien château, résidence de 68 évêques, vient d'être relevé de ses ruines; on y voit un puits de 200 toises de profondeur et un jardin botanique jadis renommé. Fonderie, brasseries; fabrication de draps et de vases de grès; 7000 hab. Eichstædt fut pris et saccagé, en 1460, par le duc Louis de Landshut et a eu à souffrir pendant les guerres de trente ans et de succession.

EICHSTETTEN, beau b. du grand-duché de Bade, cer. du Haut-Rhin, au pied du Kaiserstuhl et sur la Dreisam; vignobles très-considérables; 2500 hab.

EIDER (l'), *Egidora*, fl. du roy. de Danemark; sort d'un étang près de Bordesholm, dans le duché de Holstein; traverse le lac Western, puis, coulant à l'O., vers la mer du N., sépare le duché de Holstein de celui de Schleswig. Dans son cours, qui est de 24 milles, il traverse Rendsbourg, Frederiksstadt et Tonningen. Le canal de Schleswig-Holstein, long de 6 milles, entre dans l'Eider à Rendsbourg, et établit ainsi une communication méridionale entre la mer Baltique et la mer du Nord.

EIDERSTED, pet. territoire dans le duché de Schleswig, et formant un duché avec Husum et Bredsted. Il touche au S.-O., à l'O. et au N.-O. à la mer du Nord; son étendue est de 5 1/2 milles c. ; 12,000 hab.

EIGG ou **EGG**, île d'Écosse, comté d'Inverness, à l'E. de celle de Rum; couverte de montagnes qui renferment de la tourbe, de la chaux et plusieurs cavernes.

EILENBOURG, v. de Prusse, sur une île formée par les embranchements de la Mulde, prov. de Saxe, rég. de Mersebourg; château; 3 hôpitaux; tissage de coton; fabr. de cotonnades, de tabac, de vinaigre, d'amidon, etc. C'est dans cette ville que Luther tint son premier sermon pour la réformation.

EILINCOURT, ham. de Fr., Somme, com. de St.-Blimont; 150 hab.

EIMBECK, v. du roy. de Hanovre, gouv. de Hildesheim et capitale de la principauté de Grubenhagen; est située sur l'Ilme, à 1/4 de l. de son confluent avec la Leine; gymnase; fabr. de laine, toiles, tanneries; 5000 hab.

EINADA. *Voyez* AINADA.

EINCHEVILLE ou **EINCHEWEILER**, vg. de Fr., Moselle, arr. de Sarreguemines, cant. de Gros-Tonquin, poste de Faulquemont; 480 hab.

EINDHOVEN, pet. v. du roy. de Hollande, prov. du Brabant septentrional, chef-lieu du district de même nom, à 6 1/2 l. S. de Bois-le-Duc, au confluent de la Gender et du Dommel; remarquable par son activité industrielle; on y compte près de 50 fabr. d'étoffes de laine et de coton, de toiles et de chapeaux; teintureries; tanneries. Pop. de la ville 2400, du district 86,100 hab.

EINERSHEIM, b. de la Bavière, cer. de la Rézat, chef-lieu de la juridiction de même nom; 750 hab.

EINŒD. *Voyez* AINŒD.

EINSIEDEL, pet. v. de Bohême, cer. de Pilsen; 1200 hab.

EINURU, **LEUNOUR**, **YENNOOR**, v. de l'Inde anglaise, dist. de Kanara, située sur la côte, non loin de la mer. Les Djainas y ont huit temples célèbres; la statue colossale d'une des divinités de cette secte hindoue, est exposée en plein air, sur un piédestal de granit.

EINVAUX, vg. de Fr., Meurthe, arr. de Lunéville, cant. de Bayon, poste de Gerbéviller; 360 hab.

EINVILLE, b. de Fr., Meurthe, arr., cant. et poste de Lunéville; beau château et parc; 1130 hab.

EIMEO ou **MOOREA**, île de la Polynésie ou Océanie orientale, dans l'archipel de Tahiti (îles de la Société); elle est située sous 17° 30′ lat. S. et sous 152° 31′ long. occ., à 6 l. seulement de Tahiti; elle a environ 4 l. de long du N. au S. et 2 de large. Des collines très-élevées et bien boisées s'y étendent dans toutes les directions et forment de larges vallées bien cultivées. Un pic de 3750 pieds d'élévation domine toutes ces collines : c'est un des plus hauts de la Polynésie. La côte est bordée de rochers, semblables à une haute et épaisse ceinture de murailles. Les productions sont les mêmes que celles de Tahiti. Cette île, découverte par Wallis, en 1767, est un des points les plus importants de la Polynésie, par sa fertilité, par ses deux beaux ports Talao ou Talu et Paraura, par sa fabrique de cotonnades, son chantier de charpentage, et surtout par le collège ou académie de la mer du Sud, que les missionnaires anglicans y ont fondé. Eiméo est bien peuplé; les habitants ont tous embrassé le christianisme. Cette île est gouvernée par un chef dépendant du roi de Tahiti.

EIRAGUES ou **AIRAGUES**, **AYRAGUES**. *Voyez* EYRAGUES.

EISDALE, pet. île du groupe des Hébrides; réunie à la côte par un pont; elle est remarquable par les vastes carrières d'ardoises qui s'y trouvent.

EISENACH, chef-lieu de la principauté du même nom, dans le grand-duché de Saxe-Weimar; située sur une colline, au pied de laquelle la Nesse et l'Hœrsel se réunissent. C'est une ville assez bien bâtie et la plus grande du grand-duché; elle renferme un gymnase, une école normale, une école de dessin, une école forestière, un hôtel des monnaies, un jardin botanique, une maison de correction, de nombreuses fabriques et manufactures, autrefois plus florissantes; filat. de coton; fabr. de vinaigre et mines de plomb; 9000 hab. A une 1/2 l. au S. de la ville, à 1243 pieds au-dessus du niveau de la mer, s'élève le château de la Wartbourg, jadis résidence des landgraves de Thuringe, et connu pour avoir servi, pendant quelque temps, d'asile à Luther, qui y fit une partie de sa traduction de la Bible.

EISENBERG, v. bien bâtie du duché de Saxe-Altenbourg; elle a un château, un observatoire, une fabrique de porcelaine et de nombreuses fabriques d'étoffes de laine; commerce de bois considérable; 4600 hab.

EISENBERG, vg. parois. de la Bavière rhénane, à 6 l. de Kaiserslautern, cant. de Gœlheim, arr. de Kirchbolanden; ses forges et fonderies façonnent annuellement environ 9000 quintaux de fer; papeteries; exploitation de terre de pipe. En 1764 on y a déterré la pierre fondamentale d'un temple romain, avec une inscription, des urnes cinéraires, des armes et des monnaies; 850 hab.

EISENBOURG, comitat de Hongrie, cer. au-delà du Danube; 97 l. c. géogr.; 235,000 âmes. C'est une des provinces les mieux cultivées et les plus industrieuses du royaume; elle produit en abondance du blé, des fruits, du lin, d'excellent tabac, des légumes et du vin, du fer, du soufre, du vitriol, du marbre, de l'alun et de la chaux. La Raab en est la rivière principale.

EISENBOURG (*Vas-Var*), b. de Hongrie, cer. au-delà du Danube, comitat du même nom, sur la Raab; ou y récolte d'excellent vin; 600 hab.

EISENERZ, pet. v. de Styrie, cer. de Bruck; remarquable par ses inépuisables mines d'excellent fer, exploitées déjà du temps des Romains; l'acier qu'on en extrait est réputé le meilleur de l'Europe : c'est des entrailles de l'Eisenberg qu'on tire ce métal. On voit sur le sommet de cette montagne une croix colossale en fer, que l'archiduc Charles y a fait élever; 1300 hab.

EISENMARKT (*Vaida-Huniad*), pet. v. de Transylvanie, pays des Hongrois, comitat de Huniad, au confluent de la Cscherna et du Zalaschd; siége de l'administration des mines de fer; 1600 hab.

EISENSTADT (*Kis-Marteny*), pet. v. fortifiée de Hongrie, cer. au-delà du Danube, comitat d'OEdenbourg, dans une position délicieuse; elle est remarquable par le beau château du prince d'Esterhazy qui y réside, et par son magnifique jardin botanique, dont les serres sont regardées comme les plus belles et les plus grandes qui existent; 2600 hab.

EISFELD, v. du duché de Saxe-Meiningen-Hildburghausen, située sur une colline qu'entoure la Werra; elle renferme une pop. de 2900 hab., parmi lesquels environ 60 tanneurs et autant de cordonniers; elle a un château ducal. Un incendie la détruisit presque entièrement en 1822. Elle fut cédée en 1826 par le duc de Saxe-Hildburghausen.

EISGRUB (*Lednice*), b. d'Autriche, gouv. de Moravie et Silésie, cer. de Brunn, sur la Taya; possède un beau château avec une superbe plantation de plantes exotiques; 1800 hab.

EISLEBEN, v. de Prusse, rég. de Merse-bourg, chef-lieu et siége des autorités du cercle de même nom; château, gymnase, école des mines; fonderie de cuivre; sauneries de salpêtre et de potasse; commerce en blé et fruits. On y voit la maison où Martin Luther reçut le jour (1484); elle est occupée aujourd'hui par une école des pauvres et renferme plusieurs monuments concernant la mémoire de cet homme célèbre. Parmi les édifices on remarque l'église de St.-Paul et St.-Pierre, où l'on conserve le baptistère dont on s'est servi pour le baptême de Luther; 7000 hab.

EITERFELD, b. de la Hesse-Électorale, cer. de Hunefeld, sur l'Eiter; 650 hab.

EIX, vg. de Fr., Meuse, arr. de Verdun-sur-Meuse, cant. et poste d'Étain; 490 hab.

EIXO, pet. v. du Portugal, prov. de Beira, dist. d'Aveiro; 3500 hab.

EKALURKSUIT. *Voyez* EGEDESMINDE.

EKATHERINODAS, v. de la Russie d'Europe, chef-lieu du cercle de même nom et du pays des Cosaques Tchernomorsk ou de la mer Noire, gouv. de Tauride; restes de la sauvage et singulière association des Cosaques Zaporogues, anéantie par Catherine II en 1775. Les Cosaques de la mer Noire ont renoncé complétement aux mœurs de leurs ancêtres; ils se marient et sont aujourd'hui aussi renommés par leurs mœurs pacifiques que par leur bravoure. La population de cette ville est de 3000 hab.

EKATHERINOSLAW (le gouvernement d'), dans la partie méridionale de la Russie d'Europe, s'étend entre 31° 8' et 37° 19' long. orient., entre 46° 53' et 49° 28' lat. sept.; il est borné au N.-O. par le gouv. de Poltava, au N. par les Slobodes d'Ukraine, au N.-E. par le gouv. de Voronéje, à l'E. par le pays des Cosaques du Don, au S.-E. par la mer d'Azow, au S. par le gouv. de Tauride et à l'O. par celui de Kherson. Sa superficie est de 2100 milles c. A part une chaîne de collines qui se prolonge à l'O. du Dnieper, cette contrée n'offre que des steppes, un terrain marneux et aride, avec de la mauvaise eau et en petite quantité; il n'y a que quelques contrées fertiles, situées surtout sur les bords du Dnieper et dont une partie a été livrée à l'agriculture. On ne rencontre quelques forêts qu'à l'O. du Dnieper. Le gouv. d'Ekatherinoslaw, qui touche au S.-E. à la mer d'Azow, est encore arrosé par le Dnieper, qui y entre au-dessous de Kremchtchoug, reçoit entre autres l'Orcé et la Samaca, décrit dans le gouvernement une espèce d'arc, avant de se diriger au S.-O. vers Kherson, et forme, au-dessous du chef-lieu, les treize fameuses cataractes connues sous le nom de Porogi; par la Donez, affluent du Don; et par le Kalmijus et la Berda, petits fleuves qui traversent des steppes et se jettent dans la mer d'Azow. Le climat y est doux et l'hiver de courte durée; après un printemps d'un mois, vient un long été, sans pluie, et qui accélère beaucoup la végétation.

Le gouv. d'Ekatherinoslaw n'était, jusqu'à la moitié du dix-huitième siècle, qu'un désert parcouru par les Cosaques Zaperogues et par d'autres nomades ; peu à peu des Russes et des colons de plusieurs nations, tels que des Valaques, des Moldaviens, des Grecs, des Arméniens, des Tartares, des Juifs, des Allemands, vinrent s'y établir et cultivèrent d'abord la contrée à l'O. du Dnieper. Aujourd'hui la population dépasse 826,000 hab. Leur principale occupation est l'éducation de troupeaux innombrables de chevaux, de bêtes à cornes, de moutons, de cochons et de chèvres ; la pêche dans la mer d'Azow, le Dnieper, la Donez, le Kalmijus est aussi pour eux une ressource importante. Ils se livrent moins à la chasse, quoique les steppes renferment de nombreuses espèces de gibier. L'industrie est encore sans importance. Les exportations ne consistent qu'en productions naturelles, surtout en gros bétail, chevaux, laines, cuirs, suif, beurre, fruits secs, miel, cire et caviars ; elles se font presque toutes par Odessa.

Le gouv. d'Ekatherinoslaw commença à se coloniser dès l'an 1752 et reçut alors le nom de Nouvelle-Servie, qui fut changé, en 1764, en celui de gouv. de la Nouvelle-Russie ; en 1793 il reçut le nom qu'il porte aujourd'hui et eut un gouverneur militaire commun avec les Slobodes d'Ukraine et la Tauride. Depuis, il fut augmenté de différents territoires en 1791, et, après sa séparation d'avec le gouv. de Woronéje en 1795, on le réunit de nouveau sous l'ancien nom de Nouvelle-Russie. Enfin, en 1802 on rétablit le gouv. de Woronéje et on forma ceux d'Ékatherinoslaw et de Kherson, tels qu'ils existent maintenant. Le gouv. d'Ekatherinoslaw paye une contribution annuelle de 1,569,000 roubles.

EKATHERINOSLAW ou **CATHERINOSLAV**, chef-lieu du gouvernement et du cercle du même nom, dans la Russie méridionale, située sur la rive droite du Dnieper ; sa population est d'environ 8000 âmes ; son importance et son étendue augmentent tous les jours. Elle est le siège des autorités, ainsi que d'un archevêché qui comprend les gouv. d'Ekatherinoslaw, de Kherson et de Tauride ; elle renferme un gymnase et un séminaire ecclésiastique. Les principaux objets de son industrie sont les étoffes de soie et le drap. Cette ville, qui porte le nom de l'impératrice Catherine II, a été bâtie en 1784.

EKENOAS, v. de la Russie d'Europe, grand-duché de Finlande ; petit port sur le golfe de Finlande ; 1300 hab., qui fabriquent des toiles à voiles, des étoffes de coton et de laine.

EKESJŒ, b. dans le gouv. de Jœnkœping, Suède ; 1000 hab.

ELABOUGA, v. de la Russie d'Europe orientale, gouv. de Viatka ; 4000 hab.

EL-ADOUAH, partie du Petit-Atlas qui s'étend le long de la Méditerranée, depuis Alger jusqu'à Bone.

EL-AIZE, réunion de villages bâtis sur les petites îles du Bahr-el-Abiad, en Nubie ; un des trois gouvernements du roy. de Sennaar ; habitants pêcheurs.

ELALIA, *Achila*, pet. v. dans la partie méridionale de la rég. de Tunis, dans une contrée très-fertile, au S.-O. de Demass.

ELAN, vg. de Fr., Ardennes, arr. de Mézières, cant. et poste de Flize ; 180 hab.

ELANCOURT, vg. de Fr., Seine-et-Oise, arr. de Rambouillet, cant. de Chevreuse, poste de Trappes ; 370 hab.

ELAND, pet. v. d'Angleterre, comté d'York, sur le Calder ; florissante par les nombreuses fabriques de toiles ; 4000 hab.

ELANGE, ham. de Fr., Moselle, com. de Veymerange ; 120 hab.

ELANG-HARBOUR, bon port, avec des établissements de pêcheurs, à l'E. de la baie de Passamaquoddi, côte S.-E. du Nouveau-Brunswick, Amérique septentrionale.

EL-ARAYSCH ou **LARACHE**, *Lix*, *Linx*, *Lixus*, *Linga*, ancienne et forte v. d'Afrique, roy. marocain de Fez, à l'embouchure du Luccos, dans l'Océan Atlantique, et à 25 l. N.-N.-E. de Salé ; c'est la station ordinaire de la flotte de l'empereur ; depuis 1780 son commerce a beaucoup diminué.

EL-ARED ou **AL-AREDH**, chaîne de montagnes de l'Arabie. Elle s'étend au S. de Derreych et paraît s'enfoncer à l'E., près du cap Reccan, dans le golfe Persique. A l'O. elle se lie à un chaînon qui va jusqu'à la chaîne maritime aux environs de la Mecque et de Djiddah. Elle est longée et en partie traversée par une route qui conduit de Lahsa à la Mecque. Le Chebel-Gazvan, près de Taïf, sur lequel il gèle souvent, appartient à l'El-Ared.

EL-ARICH, *Rhinocolura*, *Rhinocoura*, b. et château fort de la Basse-Égypte, prov. de Damiette, sur les bords de la Méditerranée ; il est environné de jardins potagers et de palmiers. Son nom ancien, qui signifie *nez coupé*, a fait croire à plusieurs historiens que c'était un établissement formé par une troupe de brigands, à qui un certain roi avait fait couper le nez. Du temps des Romains c'était un grand entrepôt pour les marchandises qui, de l'Arabie, venaient en Europe. En 1800 le général français Kléber et le grand-vizir y conclurent pour l'évacuation de l'Egypte un traité, qui fut désapprouvé par le cabinet de Londres.

ELATMA, v. de la Russie d'Europe, chef-lieu d'un cercle du même nom, gouv. de Tambov ; c'est une ville ancienne et industrielle ; dans ses environs se trouvent les importantes forges de Jeremschi ; 6000 hab.

ELATO, groupe d'îles de l'archipel des Carolines, au S.-E. du groupe d'Oulcaï ou Ulea, dans la Polynésie. Elath, la plus grande des îles qui composent ce groupe, est la résidence d'un chef puissant, dépendant néanmoins de celui d'Ouléaï, le plus puissant de toutes les îles basses de cet archipel.

ELBACH, vg. de Fr., Haut-Rhin, arr. de Belfort, cant. et poste de Dannemarie; 220 hab.

ELBASSAN ou IL-BASSAN. *Voyez* ALBASANO.

ELBE (l'), un des plus grands fleuves de l'Allemagne, a sa source en Bohême, près de la frontière de la Silésie, au pied des plus hautes montagnes du Riesengebirge; il coule d'abord au S., puis à l'O., plus tard au N. et vient se jeter dans la mer du Nord à Cuxhaven. Dans son cours de 148 milles, il arrose la Bohême, le roy. de Saxe, la Saxe prussienne, les duchés d'Anhalt, la prov. de Brandebourg, le Hanovre, le Mecklembourg, le Lauenbourg, la rép. de Hambourg et le Holstein. Il reçoit cinquante-trois rivières et plus de trois cents ruisseaux. Ses principaux affluents sont : en Bohême, l'Iser, l'Adler, la Moldau, rivière considérable qui baigne Prague, et l'Eger, venu du Fichtelgebirge, en Bavière; en Prusse, sur la rive gauche, la Mulde et la Saale, qui passe à Mersebourg et à Halle; sur la rive droite, l'Elster-Noir et le Havel, qui est grossi par la Sprée et qui baigne Spandau, Potzdam et Brandebourg ; dans le Hanovre , l'Ilmenau et l'Oste. L'Elbe commence à être navigable pour d'assez gros bateaux à Melnick, en Bohême, quoique son lit soit en général peu profond; les navires marchands le remontent jusqu'à Hambourg avec la marée montante. Il y a peu d'années qu'un service de bateaux à vapeur a été organisé entre Hambourg et Dresde. Ce fleuve baigne plusieurs villes considérables : Josephstadt, Kolin, Kœnigingrætz et Leutmeritz en Bohême; Dresde et Meissen dans le roy. de Saxe; Torgau, Wittenberg, Magdebourg et Tangermunde en Prusse ; plus loin Hambourg, Altona et Gluckstadt. Ses bords sont célèbres pour leur beauté en Bohême et en Saxe, et particulièrement dans la partie montagneuse de ce dernier royaume, à laquelle on a donné le nom de Suisse saxonne.

ELBE (l'île d'), *Æthalia*, *Ilva*, est située dans la Méditerranée, à 3 1/3 l. de la côte de Toscane; sa superficie est de 12 l. c. géogr., et sa population d'environ 13,000 habitants. Elle forme un plateau élevé, dont le plus haut sommet, la Cavanna, a 3600 pieds au-dessus du niveau de la mer; elle a aussi de charmantes vallées. Le climat y est très-doux et sain. On fait sur les côtes une pêche considérable de thons, mais les principales richesses de l'île consistent dans ses mines de fer, qui ont déjà été exploitées par les Romains et qui rapportent encore annuellement 2,800,000 quintaux de ce métal. L'île d'Elbe a des fortifications importantes. Napoléon y a attaché la célébrité de son nom par le séjour qu'il y fit depuis le 4 mai 1814 jusqu'au 26 février 1815. Elle appartient au grand-duché de Toscane, où elle se trouve annexée à la prov. de Pise ; son principal lieu est Porto-Ferrajo.

ELBE-KOSTELETZ, pet. v. de Bohême, cer. de Kaurzim, sur l'Elbe ; 1000 hab.

ELBERFELD, jolie v. de Prusse, sur la Wipper, prov. rhénane, rég. de Dusseldorf, chef-lieu du cercle de même nom ; elle est le siège des autorités du cercle et possède 3 églises, un gymnase, un musée, des écoles industrielle et commerciale, une bourse et une compagnie des mines. Le commerce et l'industrie y sont très-actifs, et Elberfeld peut, sous ce rapport, être rangé parmi les premières villes de Prusse. Fabr. de cotonnades, mérinos, rubans et lacets, soierie; huile d'olives, savon, potasse; filat.; blanchisseries; teintureries; impression sur étoffes; tanneries; un chemin de fer fait communiquer cette ville avec Dusseldorf; 34,000 hab.

ELBERT, comté de l'état de Géorgie, États-Unis de l'Amérique du Nord ; il est borné par l'état de la Caroline du Sud, dont il est séparé par le Susquéhannah et par les comtés de Franklin, de Lincoln, d'Oglethorpe et de Madison. Le Broad et le Beaverdam, affluents du Savannah, arrosent ce pays, traversé par les monts Cunawhee, qui s'y aplatissent et y forment de belles et fertiles vallées; riches plantations de coton. Elberton est le chef-lieu du comté.

ELBES, ham. de Fr., Aveyron, com. de Martiel; 180 hab.

ELBETEINITZ, pet. v. de Bohême, cer. de Chrudim, sur l'Elbe ; culture du lin et pêche ; dans le voisinage il y a d'excellentes carrières de chaux ; 1800 hab.

ELBEUF, *Elbovium*, v. de Fr., Seine-Inférieure, arr. et à 4 1/2 l. S. de Rouen, et à 31 l. de Paris, chef-lieu de canton ; elle est agréablement située dans une belle vallée, sur la rive gauche de la Seine, et renommée pour ses manufactures de draps. Cette ville est généralement mal bâtie; cependant elle a quelques édifices élégants et une jolie place publique; l'église St.-Étienne et celle de St.-Jean-Baptiste sont assez remarquables. Elbeuf est une ville tout à fait industrielle; elle a des manufactures de draps, célèbres depuis plusieurs siècles; des teintureries, des lavoirs de laine, de grandes filatures de laine, etc. Le commerce y consiste presque exclusivement dans la vente des produits de ses nombreuses fabriques ; entrepôt des draps de Louviers, Sédan, de laines d'Espagne, Italie, Allemagne; teintureries; commerce de grains. Foires les 1er septembre et lundi de la Passion ; 13,366 hab.

Cette ville, dont l'origine est peu connue, était au quatorzième siècle le siège d'un comté. C'est à son industrie qu'elle dut son accroissement et sa richesse. Sous Colbert, la fabrique d'Elbeuf atteignit au plus haut degré de prospérité; mais la révocation de l'édit de Nantes vint la frapper au moment où elle était le plus florissant, et il lui a fallu beaucoup de temps pour se relever du coup terrible que le fanatisme de Louis XIV porta à son industrie.

ELBEUF-EN-BRAY, vg. de Fr., Seine-Inférieure, arr. de Neufchâtel-en-Bray, cant. et poste de Gournay ; 460 hab.

ELBEUF-SUR-ANDELLE, vg. de Fr., Seine-Inférieure, arr. de Rouen, cant. de Darnetal, poste de Croisy-la-Haye ; 280 h.

ELBING, *Elbinga*, (*Elbong* des Polonais), v. de Prusse, prov. de Prusse, rég. et à 12 l. S.-E. de Dantzig, chef-lieu de cercle ; elle est située sur la rivière de même nom et possède 8 églises protestantes et une catholique, un gymnase, une riche bibliothèque, 5 hôpitaux et plusieurs établissements philanthropiques ; l'industrie y consiste principalement en raffineries de sucre, brasseries, fabr. de tabac, savonneries, teintureries ; le commerce d'entrepôt y est très-actif ; le blé, le lin, les cuirs et la potasse sont les principaux objets d'exportation ; riches tourbières dans les environs ; 20,000 hab.

Cette ville, fondée en 1237, fit longtemps partie de la ligue anséatique ; tombée au pouvoir de la Pologne, elle s'en sépara, lors des guerres religieuses de 1618 et 1619, en ouvrant ses portes à Gustave-Adolphe, roi de Suède ; reprise par les Polonais, en 1660, elle eut de nouveau à souffrir, lors des guerres de Charles XII ; ravagée par les Russes, en 1710, lors du partage de la Pologne ; les Français la prirent en 1807.

ELBINGERODE, v. du roy. de Hanovre, gouv. de Hildesheim, principauté de Grubenhagen ; riches mines de fer ; commerce de bois considérable ; 2800 hab.

ELBOURG, pet. v. de Hollande, prov. de Gueldres, dist. et à 12 l. d'Arnheim ; avec un port sur le Zuydersée ; 2000 hab.

ELBROUZ ou **EL-BURS**, **AL-BURS**, chaîne de montagnes de l'Asie. Nous ajouterons peu de chose à ce que nous avons déjà dit sur cette chaîne à l'article ASIE (T. I, p. 284). L'Elbrouz forme la limite septentrionale du plateau Iranien ; son versant du côté de la mer Caspienne est très-escarpé ; son point culminant est l'Elbrouz ou l'Elboras, haut de 15,000 pieds ; mais son pic le plus remarquable est sans contredit le Darmaven, volcan isolé, qui, quoique moins élevé que l'Ararat, est couvert de neige perpétuelle. On n'en a pas encore atteint le sommet, mais on cherche de soufre sur ses hauteurs accessibles. Les fameuses Portes caspiennes (*Pilæ Caspiæ*) sont un défilé de l'Elbrouz.

ELBSANDSTEINGEBIRGE (c'est-à-dire les montagnes de grès de l'Elbe), chaîne de montagnes qui s'étend le long des deux rives de l'Elbe, dans la partie méridionale du cer. de Misnie en Saxe et en Bohême, jusque dans la contrée montueuse de Leitmeritz. La partie de ces montagnes qui appartient à la Saxe, longue de près de 5 milles et large de plus de 4, a reçu des habitants des plaines le nom de *Suisse saxonne* ; elle est célèbre par le grand nombre de beautés et de curiosités naturelles qu'elle renferme, et est fréquemment parcourue par les voyageurs. Ce sont des groupes de rochers aux formes bizarres et terribles, aux parois souvent très-hautes et abruptes de tous côtés ; de profonds précipices, des vallées pittoresques, beaucoup de cavernes, de ravins, de crevasses et de voûtes naturelles, de grandes forêts de sapins. On y admire particulièrement, entre autres le *Kuhstall*, porte naturelle, large de 14 et haute de 10 coudées, dans un rocher qui repose sur une montagne de 400 coudées d'élévation ; le Prebischgrund ; gouffre d'une immense profondeur, d'où s'élève le Prebischkegel et où se trouve le Prebischthor, voûte de rochers de 120 pieds de hauteur et autant en largeur ; le Grand-Winterberg, haut de 1766 pieds, et sur le sommet basaltique duquel on jouit d'une vue magnifique.

ELBULABERG. *Voyez* ALBULA.

ELCALLA, branche de la chaîne de l'Atlas, qui traverse une partie de la régence d'Alger.

EL-CHAMMAR ou **EL-SCHAMMAR**, chaîne de montagnes de l'Arabie, appelée aussi chaîne septentrionale, bien qu'elle ne forme pas le bord proprement dit du plateau arabique. Sa hauteur égale, d'après le dire des voyageurs, celle du Liban ; elle est traversée par les caravanes qui vont de Bassorah à Médine.

EL-CHARRAG, contrée de la Nigritie occidentale, Afrique, au N.-E. du lac Dibbie, avec un bourg de même nom, à environ 80 l. S.-O. de Tombouctou.

ELCHE, v. d'Espagne, roy. de Valence, dist. et à 8 l. d'Orichuela, sur la pet. riv. d'Elche ; elle a 3 églises paroissiales, une école latine, 3 couvents et 6 hôpitaux ; des tanneries et des savonneries ; dans ses environs on trouve beaucoup de palmiers ; 16,000 hab.

ELCHINGEN, deux vgs. parois. de la Bavière, cer. du Danube-Supérieur, dist. et à 3 l. de Gunzbourg ; l'un est situé au pied d'une montagne escarpée, sur laquelle se trouve l'ancienne abbaye de même nom ; l'autre sur la rive gauche du Danube, qui se divise près de là en deux bras traversés par des ponts de bois. Le maréchal Ney portait le titre de duc d'Elchingen. 500 et 550 hab.

ELDA, v. d'Espagne, roy. de Valence, dist. d'Orihuela ; savonneries ; papeteries ; distilleries ; dentelles communes ; 4000 hab.

EL-DJY, pet. vg. de l'Arabie, dans l'intérieur de l'Hedjaz, près duquel se trouvent les ruines imposantes et bien conservées de l'ancienne Petra. Les principaux restes de cette ville sont une avenue de tombeaux taillés dans le roc, d'une lieue de longueur, un vaste temple auquel elle aboutit, et un théâtre ; les immenses débris de cette cité, jadis florissante, située à l'entrée de la vallée de Moïse ou d'Ouadi-Mousa, visités dernièrement par des voyageurs anglais et français, témoignent de l'ancienne fertilité et de la population nombreuse de cette contrée, où vivent à peine aujourd'hui quelques familles d'Arabes.

ELEAA, eptarchie du roy. de Grèce, dans le nomos Achaïe et Elide; son chef-lieu est Pyrgos.

ELEAZARIO, fort de la confédération mexicaine, prov. de Chihuahua, sur le Rio-Norte; c'est une des plus importantes places de guerre de la province.

ELENCOURT, vg. de Fr., Oise, arr. de Beauvais, cant. et poste de Grandvilliers; 200 hab.

ELÉPHANT (l') ou **OLIFANTS-RIVER**, riv. considérable dans la colonie anglaise du Cap, Afrique; elle prend sa source dans le mont Winterhock et traverse la partie occidentale de la colonie; elle reçoit à la droite le Petit-Dourn et le Grand-Dourn, qui traversent le dist. de Tulbagh, dans lequel l'Eléphant se jette dans l'Océan Éthiopien.

ELÉPHANTS (île des), dans la Gambie, en Sénégambie, Afrique, entre la ville de Barracorda et le cap Ste.-Marie.

ELEPHANTA, îlot boisé, situé au milieu du golfe de Bombay; son nom indien est Garapori; celui d'Éléphanta lui a été donné à cause d'un éléphant colossal, taillé en pierre noire, près du point de débarquement; la tête et le cou de cet animal se sont détachés du corps, en 1804. L'île d'Éléphanta renferme un de ces curieux temples hindous, creusé dans le roc vif à une époque très-reculée. Il a 130 pieds de longueur et 123 de largeur; sa voûte repose sur 26 colonnes et 16 piliers, également taillés dans le roc. L'intérieur est décoré de figures mythologiques et de sculptures; dans le centre se trouve une trimourti ou trinité hindoue de dimensions colossales. L'île d'Éléphanta est fréquemment visitée par des pèlerins hindous; malheureusement les Portugais ont détruit une partie du temple, et le temps menace de ruiner le reste.

ELETOT, vg. de Fr., Seine-Inférieure, arr. d'Yvetot, cant. et poste de Valmont; 940 hab.

ELETS, v. de la Russie d'Europe, gouv. d'Orel, chef-lieu d'un cercle du même nom; c'est une ville ancienne, mais bien bâtie. Dans ses environs se trouve une usine de fer; son commerce est peu important; 15,000 hab.

ELEU-DIT-LEAUWETTE, vg. de Fr., Pas-de-Calais, arr. d'Arras, cant. de Vimy, poste de Lens; 70 hab.

ELEUTHERA. *Voyez* **ALABASTER**.

ELEUTS ou **OELET**, **KALMOUKS**, **DERBON-OIRÆT** (les quatre tribus alliées), comme ils se nomment eux-mêmes, peuplade mongole dont le caractère est un mélange singulier de qualités bonnes et mauvaises. Les Eleuts sont sensuels, très-malpropres, rusés et voleurs, mais en même temps éveillés, déterminés, curieux, pleins de cordialité; leurs sens, surtout la vue, l'ouïe et l'odorat, ont une puissance que l'Européen a de la peine à concevoir. Les Sifans ou Khoschotes ont adopté en partie la vie sédentaire et agricole; tous les autres sont nomades et vivent sous des tentes (jurtes ou kibitkes), recouvertes de feutre. Les Eleuts aiment la société et les festins; le peuple se couvre de peaux de moutons; les chefs ont des vêtements en drap et en soie. La garde du troupeau, la chasse, le déplacement de sa tente, voilà les occupations de l'homme; les autres travaux sont à la charge de la femme, qui prépare et la nourriture et le vêtement. Leur principale nourriture consiste en chair d'animaux sauvages, tués à la chasse, et en lait, surtout en lait de jument. Les armes favorites des Kalmouks sont l'arc et la lance; ils se servent peu des armes à feu et des sabres, qu'ils tirent, ainsi que leurs ustensiles métalliques, du Turkestan et de la Petite-Bukharie. Leur langue parlée et écrite est la langue mongole; ils ont des poëtes et des historiens. Il est difficile de se faire une idée de la superstition des Kalmouks, qui professent le culte lamaïque et vénèrent leurs prêtres, appelés gellons; ces prêtres sont en même temps instituteurs.

Les Eleuts se divisent en noblesse, peuple et clergé; le peuple est réduit au servage. La tribu s'appelle Ulass; elle est commandée par un khan ou taidscha; l'Ulass se subdivise en Aimaks, dont chacun comprend de 150 à 300 familles et est commandé par un saisan. Aujourd'hui presque tous leurs khans sont confirmés par l'empereur de la Chine, et reçoivent, en échange d'un léger tribut qui consiste en bétail, des titres et des marques honorifiques. Les Kalmouks sont divisés en quatre grandes tribus: les Khoschot ou Sifans, les Dzoungares, les Torgots et les Derbets; une partie de ces derniers habite la Russie asiatique aux bords du Wolga, du Kouma et du Don.

ELEZELLES, b. du roy. de Belgique, prov. de Hainaut, arr. de Tournai, à 1 1/2 l. de Renaix; 5000 hab.

EL-FACHER, b. du roy. de Darfour, dans la Nigritie orientale, Afrique, à environ 10 l. S.-E. de Cobbé; résidence habituelle du sultan.

EL-FAKUS. *Voyez* **ASFAX**.

ELFKARLEBY, b. du roy. de Suède, gouv. d'Upsal, situé près de la Dal, qui y forme une chute superbe, haute de 50 pieds.

ELFREDAL, la partie la plus stérile et la moins habitée du gouv. de Stora-Kopparberg en Suède.

ELFSBERG, gouv. du roy. de Suède, comprenant les anciennes prov. de Dasland et Westergœthland.

EL-FYTHA, pet. v. dans la partie méridionale de la régence d'Alger, près du confluent de l'Ouadi-Adjedi et de l'Ouadi-el-Abeadh, à 25 l. N.-O. de Tuggurt.

ELGAIBE, contrée montagneuse dans la Basse-Égypte, le long de la Méditerranée, à 20 l. O. d'Abousir. Son plateau le plus élevé, le Gebel Meriam, atteint une hauteur de 800 pieds.

EL-GEMME ou **EL-GENRME**, *Gemmæ*, *Tysdrus*, b. de l'état de Tunis, à l'O. du Sonsah ; remarquable par un amphithéâtre colossal assez bien conservé et d'autres ruines. Gordien y fut proclamé empereur en 237 de J.-C.

ELGG, b. et vieux château en Suisse, cant. de Zurich ; mines de houille.

EL-GHOR (la plaine), vallée du Jourdain; est inhabitable par sa stérilité ; on n'y trouve aucune ruine et elle n'est parcourue que par quelques Arabes bédouins.

ELGIN, v. d'Ecosse, chef-lieu du comté de Murray ou Elgin, sur le Lossie, commerce en bestiaux ; 500 hab.

ELGOIBAR, b. d'Espagne, prov. de Guipuscoa, sur la Deva, avec une manufacture royale d'armes.

ELHAMMA, pet. v. de l'état de Tunis, à 18 l. S.-E. de Cabès, près du lac Juchis des anciens.

EL-HEIF, *Philæ*, pet. île ou rocher de granit, dans le Nil, de la Haute-Égypte, prov. d'Esné, au S. de l'île d'El-Sag ; autrefois célèbre par ses temples, qui y attiraient un si grand nombre de pèlerins, et où était cet obélisque dont l'inscription joue un si grand rôle dans l'interprétation des hiéroglyphes. Dans ses environs on voit la petite cataracte du Nil. C'était là que se terminait l'Égypte, aujourd'hui habitée par une trentaine de Barbarins.

ELHHAMDO-L'ILLAH, v. de la Nigritie centrale, dans le Bas-Bambarra, fondée récemment par Sego-Ahmadou ; elle renferme des écoles célèbres et très-fréquentées.

ELIA, v. de la Terre-de-Labour, roy. des Deux-Siciles ; 3200 hab.

ELIDE, g. a., contrée du Péloponèse, bornée à l'E. par l'Arcadie, au N. par l'Achaïe et au S. par Messène ; elle s'étendait depuis le cap Araxus au N., jusqu'à la riv. de Neda au S.

ELIER (Saint-), vg. de Fr., Eure, arr. d'Évreux, cant. et poste de Conches ; 120 h.

ELIMANÉ, autrefois *Gedingouma*, v. de Sénégambie, dans l'état Manding de Kaarta, dans un défilé, entre deux collines, avec de bons remparts, à 25 l. N.-N.-O. de Kemmou.

ELINCOURT, vg. de Fr., Nord, arr. et poste de Cambrai, cant. de Clary ; 1230 h.

ELINCOURT, ham. de Fr., Oise, com. de Morienval ; 150 hab.

ELINCOURT-SAINTE-MARGUERITE, vg. de Fr., Oise, arr. de Compiègne, cant. de Lassigny, poste de Ressons ; 810 hab.

ELINGHEN, ham. de Fr., Pas-de-Calais ; com. de Ferques ; 300 hab.

ELIPH (Saint-), vg. de Fr., Eure-et-Loir, arr. de Nogent-le-Rotrou, cant. et poste de la Loupe ; 980 hab.

ELISABETH (île). *Voyez* DASSEN.

ELISABETH (îles), groupe de six îles, à l'entrée de la baie de Nantuket, côte S.-E. de l'état de Massachusetts, États-Unis de l'Amérique du Nord. Ce sont : 1° Nashawn, la plus grande, la plus fertile et la plus peuplée ; 2° Pasque, à l'O. de Nashawn ; 3° Nashavenna, à l'O. de Pasque ; 4° Nanamesset, entre Nashawn et Woodshole ; 5° Cutty-Hunk et 6° Noman ; ces deux dernières ne sont pas habitées. Ces îles abondent en grasses prairies et entretiennent de nombreux troupeaux. Les habitants se livrent à la fabrication du beurre et du fromage, qu'on exporte aux Indes-Occidentales. Ces îles font partie de la commune de Tisbury, au N. de l'île de Martha's Vineyard, comté de Dukes.

ELISABETH, une des paroisses les plus anciennes et les plus étendues de l'île de Jamaïque, comté de Cornwall ; renferme 138 établissements et 18,000 hab. Le Black-River arrose ce district, traversé par les monts de Nassau, de May, de Day et d'Essex. Le sol ne s'y montre pas trop favorable à la plantation du sucre.

ELISABETH ou **ISABELLE**, île fertile et couverte de belles forêts, presque au centre du détroit de Magellan.

ELISABETH-POL, v. de la Russie d'Asie, prov. de Géorgie, sur le Gandjàh, autrefois capitale du khanat de ce nom, aujourd'hui déchue. Elle est encore fortifiée et a environ 12,000 hab. Dans ses environs sont des ruines étendues, les unes en pierres, les autres en briques. On y a découvert beaucoup de médailles perses, parthes, sassanides, grecques et romaines.

ELISABETHSTADT, v. libre de la Transylvanie ; commerce et industrie ; 4000 hab.

ELISABETHTOWN, com. dans le Haut-Canada, dist. de Johnstown ; 3000 hab.

ELISAVETGRAD, v. de la Russie d'Europe méridionale, chef-lieu d'un cercle du même nom, qui forme un district fertile du gouv. de Kherson ; elle est entourée de fortifications et renferme un arsenal, un vaste hôpital, des magasins nombreux ; il s'y tient en automne une foire très-considérable ; 10,000 hab.

ELISO, pet. île de la Dalmatie, avec deux villages, fabr. de poterie très-estimée.

ELIX (Saint-), vg. de Fr., Haute-Garonne, arr. de Muret, cant du Fousseret, poste de Martres ; 570 hab.

ELIX (Saint-), vg. de Fr., Haute-Garonne, arr. de St.-Gaudens, cant. d'Aurignac ; poste de Martres ; 430 hab.

ELIX-D'ASTARAC (Saint-), vg. de Fr., Gers, arr., cant. et poste de Lombez ; 430 h.

ELIX-THEUX (Saint-), vg. de Fr., Gers,

arr., cant. et poste de Mirande; 420 hab.

ELIZABETH (fleuve). *Voyez* JAMES (fleuve).

ELIZABETH, b. des États-Unis de l'Amérique du Nord, état de la Caroline du Nord, comté de Pasquotank, sur la rivière de ce nom; prison, marchés, commerce important; 2400 hab.

ELIZABETH, pet. v. des États-Unis de l'Amérique du Nord, état de Pensylvanie, comté d'Alléghany, entre la Manongahéla et l'Yoxhiogen, poste; construction de vaisseaux; navigation; 3200 hab.

ELIZABETH - CITY, comté de l'état de Virginie, États-Unis de l'Amérique du Nord; il est borné par la baie de Chésapeak et les comtés d'York et de Warwick. Sol sablonneux, mais bien cultivé. Le dangereux banc de sable d'Horseshore s'étend, entre le Marsh et l'Oldport-Point, dans la baie de Chésapeak; 5000 hab.

ELIZABETHTOWN, pet. v. des États-Unis de l'Amérique du Nord, état de New-Jersey, comté d'Essex, sur l'Élizabeth-Krik et non loin de la mer. Elle possède deux académies, une bibliothèque publique, de nombreuses tanneries et fabriques de poterie, et fait un commerce assez important. Des vaisseaux de 20 à 30 tonneaux remontent le fleuve jusqu'aux quais de la ville; 4000 hab.

ELIZABETHTOWN (chef-lieu). *Voyez* BLADEN (comté).

ELIZABETHTOWN, pet. v. naissante des États-Unis de l'Amérique du Nord, état de Kentuky, comté de Hardin, dont elle est le chef-lieu, sur un affluent du Nolin; agriculture florissante; 1800 hab.

ELIZABETHTOWN, pet. v. des États-Unis de l'Amérique du Nord, état de New-York, comté d'Essex, dont elle est le chef-lieu, sur le lac Champlain, qui y forme la baie du Nord-Ouest, un excellent port; prison, arsenal de l'état, poste; commerce actif avec Vermont; 3000 hab.

ELIZABETHTOWN (chef-lieu). *Voyez* CARTER (comté).

ELIZABETHTOWN. *Voyez* TYRREL.

ELIZE, vg. de Fr., Marne, arr., cant. et poste de Ste.-Ménéhoulde; 150 hab.

ELIZONDO, b. d'Espagne, chef-lieu de la vallée de Baztan, roy. de Navarre, dist. de Pampelune.

ELK, mont. faisant partie de la chaine des montagnes Vertes, États-Unis de l'Amérique du Nord; il est célèbre par ses grandes cavernes.

ELK, fl. des États-Unis de l'Amérique du Nord; est formé de deux branches qui naissent au pied des montagnes Bleues, au S.-E. de la Pensylvanie; il reçoit la Bohémia, entre dans l'état de Maryland et se décharge dans la baie de Chésapeak.

ELK (île). *Voyez* GOOCHLAND (comté).

EL-KAB, *Elethgia*, *Lucina*, *Leucotheæ Oppidum*, misérable vg. de la Haute-Égypte, prov. et au S.-E. d'Esné, sur la rive gauche du Nil; dans ses environs on voit des hypogées fort intéressantes, découvertes par la commission d'Égypte et décrits par M. Costaz; les ruines d'un temple périptéral, ainsi que les murailles de l'ancienne ville, que le docteur Richardson trouve être trop bien conservées pour qu'on puisse en faire remonter la construction aux anciens Égyptiens. Les hypogées, quoique moins grandes et moins décorées que celles de Thèbes, sont de la plus haute importance pour les archéologues, à cause des nombreux bas-reliefs peints et assez bien conservés qu'on voit sur leurs murailles.

EL-KATIF ou **AL-KATIF**, KATIF, *Gerra*, v. du Lahsa, le principal port de l'Arabie sur le golfe Persique, bâtie au fond d'une petite baie, fortifiée et défendue par une citadelle; commerce; bon port; climat sain; 6000 habitants chiites, dont la plupart vivent de la pêche des perles.

EL-KÉMAN ou **KYMAN**, b. de la Haute-Égypte, prov. de Kénéh, à 1 l. N.-E. de Keft; ruines d'un temple orné d'hiéroglyphes.

EL-KHANCAH, b. de la Basse-Égypte, prov. de Kelyoub.

EL-KHEYT, b. de la Basse-Égypte, prov. et au S.-O. d'Alexandrie; on y voit encore les débris de l'ancienne Marca et de son immense quai, ainsi que les restes d'une espèce de bassin où stationnaient les vaisseaux.

ELKIRCH. *Voyez* ILLKIRCH.

ELK-LICK, b. des États-Unis de l'Amérique du Nord, état de Pensylvanie, comté de Somerset, sur l'Elk; agriculture très-florissante; commerce de bois; 2000 hab.

EL-KOS ou **AOULKOS**, LUCCOS, *Lix*, *Lixus*, riv. dans le roy. marocain de Fez; elle prend sa source au mont Goumer et se jette dans l'Océan Atlantique à El-Araysch ou Larache. Son cours n'est pas très-considérable, mais sa masse d'eau est très-grande relativement aux autres fleuves de cette région. Son principal affluent est le Ouadem-Hazen.

ELKOSCH, vg. de la Turquie d'Asie, eyalet de Massoul. Il est situé sur une montagne, non loin du Tigre et renferme le couvent de St.-Mathieu; siége du patriarche chaldéen catholique qui réside à Mossoul et dont dépendent 300 villages. Elkosch est la patrie du prophète Nahum; on y montre un mausolée qu'on prétend être son tombeau.

ELKRIDGE (monts). *Voyez* MARYLAND.

ELKTON, jolie pet. v. des États-Unis de l'Amérique du Nord, état de Maryland, comté de Cécil dont elle est le chef-lieu, au confluent des deux branches de l'Elk; académie; foires annuelles; 1300 hab.

ELKTOWN. *Voyez* TODD (comté).

ELLBOGEN ou **STEINELLBOGEN**, LOKET, v. fortifiée de Bohême, chef-lieu du cercle de même nom, sur un rocher escarpé, baigné par l'Eger; 1600 hab.

ELLBOGEN, cer. de Bohême, borné au N. par la Saxe, à l'O. par la Bavière, à l'E.

par le cer. de Saatz et au S. par celui de Pilsen; superficie 56 l. c. géogr. Il est arrosé par l'Eger et produit en abondance du bois, du houblon, du gibier et du poisson, de l'argent, de l'étain, du plomb, du fer, du soufre, de l'alun, du vitriol, du salpêtre et de belles pierres à construction. L'exploitation des mines forme la principale ressource des habitants; l'industrie est très-étendue et embrasse surtout la fabrication de la dentelle; 100,000 hab.

ELLECOURT, vg. de Fr., Seine-Inférieure, arr. de Neufchâtel-en-Bray, cant. et poste d'Aumale; 290 hab.

ELLENSBOROUGH, paroisse de l'île du Prince-Edward, comté de Prince.

ELLESMERE, v. d'Angleterre, comté de Shrop ou Salop, sur le canal qui porte son nom et qui réunit la Severn à la Mersey; culture très-étendue d'orge et commerce de malt; 6000 hab.

ELLESMERE, canal d'Angleterre, prend son nom de cette ville, où ses deux lignes forment une croix et quatre branches : la branche de Nantwich, depuis cette ville jusqu'à Ellesmere; la branche de Llanymynech, de cette ville à Ellesmere; le canal de Montgoméry, qui est la continuation de cette branche depuis Llanymynech; la branche de Shrewsbury, de cette ville à Ellesmere, traversant la Dee sur un aquéduc en fer; la branche de Llandsilio, de cette ville à Ellesmere.

ELLESMES, vg. de Fr., Nord, arr. d'Avesnes, cant. et poste de Maubeuge; sucreries indigènes; 460 hab.

ELLIANT, vg. de Fr., Finistère, arr. de Quimper, cant. et poste de Rosporden; 2790 hab.

ELLICE, groupe d'îles de la Polynésie ou Océanie orientale, au S.-S.-E. de l'archipel de Gilbert, sous 8° 29′ de lat. S. et 176° 35′ de long. E. Ce groupe, composé d'un assez grand nombre de petites îles entourées de bancs de corail, fut découvert en 1819 par l'Américain Peyster. Plusieurs géographes le comprennent dans l'archipel de Gilbert; Balbi, qui comprend tous les groupes des archipels Marshall et Gilbert sous le nom plus convenable d'archipel Central, propose de former de toutes les îles du S. de l'archipel Central, un autre archipel sous le nom de *Krusenstern*, en l'honneur du savant navigateur auquel nous devons nos premières connaissances sur le Grand-Océan.

ELLIER (Saint-), vg. de Fr., Maine-et-Loire, arr. d'Angers, cant. et poste de Brissac; 540 hab.

ELLIER (Saint-), vg. de Fr., Mayenne, arr. de Mayenne, cant. de Landivy, poste d'Ernée; 1470 hab.

ELLIER-LES-BOIS (Saint-), vg. de Fr., Orne, arr. d'Alençon, cant. et poste de Carrouges; 980 hab.

ELLINGEN, pet. v. de Bavière, chef-lieu de la juridiction du même nom, appartenant aux princes de Wrede et ayant 7800 hab. sur 4 milles c. Cette ancienne commanderie de l'ordre teutonique a été cédée, en 1806, par la Prusse à la Bavière. La ville est très-industrielle; on y fabrique surtout de l'ébénisterie et des instruments de musique; 1400 hab.

ELLINGTON, pet. v. des États-Unis de l'Amérique du Nord, état de Connecticut, comté de Tolland; agriculture, industrie; 2100 hab.

ELLIOT, b. des États-Unis de l'Amérique du Nord, état de Mississipi, dist. des Choctaws, au confluent du Yellow et de l'Upperkrik. Cet endroit, fondé en 1818 par des missionnaires anglais, dans une contrée déserte et sauvage où jamais Européen n'avait, avant eux, mis le pied, est entouré aujourd'hui de terres bien cultivées et renferme une école lancastérienne, une belle église, un moulin et une forge, et est le chef-lieu des missions dans ce pays.

ELLIOT, b. florissant des États-Unis de l'Amérique du Nord, état du Maine, comté d'York; 2300 hab.

ELLIS. *Voyez* SACO (fleuve).

ELLIS ou **KILLIS**, v. de la Turquie d'Asie, chef-lieu de sandschak, dans l'eyalet d'Alep, entre cette ville et Aintab, une des plus industrieuses de la Syrie. Elle renferme des manufactures d'étoffes de coton et de toile, des tanneries, de nombreux ateliers pour la confection de tout ce qui sert au harnachement des chevaux. Ellis a de 10 à 12,000 habitants, musulmans et chrétiens, arméniens et grecs.

ELLISBURGH, pet. v. des États-Unis de l'Amérique du Nord, état de New-York, comté de Jefferson, sur l'Ontario, commerce actif; 2500 hab.

ELLITCHPOUR, v. du roy. du Nidzam (Dekkan), chef-lieu de la prov. de Bérar, résidence d'un des principaux généraux du Nidzam. Elle est grande, bien peuplée mais peu commerçante. Le palais du Nidzam se trouve au centre de la ville, et est entouré de bazars bâtis en briques.

ELLON, b. d'Écosse, comté d'Aberdeen, sur l'Ythan; 2200 hab.

ELLON, vg. de Fr., Calvados, arr. et poste de Bayeux, cant. de Balleroy; 440 h.

ELLORE, v. de l'Inde anglaise, prov. des Circars du Nord, près du lac Colair, jadis florissante, aujourd'hui en décadence.

ELLORE ou **ELLORA**, vg. de l'Inde, prov. d'Aurungabad, roy. du Nidzam, célèbre par les temples innombrables creusés dans la montagne qui se trouve dans son voisinage. Cette montagne, qui a la forme d'un fer à cheval, est sculptée sur une étendue de 2 l. et peut être regardée comme un panthéon hindou. Toutes les divinités de l'Inde, même Brahma, auquel les Hindous ne consacrèrent à l'ordinaire pas de temples, y ont leurs pagodes : Schiva en compte vingt; deux excavations immenses sont consacrées à la Trimourti ou trinité brahmanique. Tous ces temples, taillés dans le roc vif, ornés de statues colossales, de sculptures innombrables, d'inscriptions, de bas-reliefs, de frises, de chapelles presque suspendues en l'air, attestent un travail immense dont la durée ne peut être fixée. M. Erskine les range en trois classes : ceux du N., qu'il attribue aux Boudhistes ou aux Djainas; ceux du milieu, d'origine brahmanique ; ceux du S., d'origine boudhiste. La plus remarquable de ces excavations est le Kaïlas ou Kaylas; il est de forme conique, a 100 pieds de hauteur, 500 de circonférence et est environné d'une colonnade qui soutient d'autres chambres. Plus orné encore que les autres temples, il est en même temps un des plus anciens. Selon les traditions hindoues, il existerait depuis 8000 ans bientôt. Les symboles religieux qui s'y trouvent sont tous brahmaniques ; ses bas-reliefs, représentant la guerre des Pandas, ainsi que ses portiques, ses galeries, ses mille statues, sont sculptés dans le granit.

ELLWANGEN, *Elephantiacum*, pet. v. du roy. de Wurtemberg, cer. de l'Iaxt, chef-lieu du gr.-bge de même nom ; contrée assez stérile, mais riche en minerai de fer et en bois; on y trouve aussi des agates, de la terre de porcelaine et des antiquités romaines; l'éducation des bestiaux y prospère. La ville est située sur l'Iaxt, dans une belle vallée; près de là se trouve un vieux château; elle renferme plusieurs églises, un gymnase, une école de dessin, un riche hôpital ; beaucoup de tanneries et de brasseries; 2800 h.

ELLWILLER, ham. de Fr., Moselle, com. de Loupershausen; 200 hab.

EL-MAHRES, *Macumades Minores*, *Macodama*, *Macumades*, b. de l'état de Tunis, Afrique, près du golfe de Cabès.

EL-MEÇAOURAT, misérable b. de la Nubie, dans le pays de Chendy; remarquable par les restes de huit temples ou sanctuaires. M. Cailliaud regarde ces grandes constructions comme appartenant au collège célèbre, où, loin du tumulte des villes, les prêtres de Méroë instruisaient de jeunes adeptes dans la connaissance des dogmes religieux et des sciences dont ils étaient dépositaires.

EL-MEKHEYR, v. de la Moyenne-Nubie, dans le pays de Barbar, sur la rive droite du Nil, au N.-N.-O. du confluent du Nil et de l'Atbarah.

ELMELLAH ou **AL-MILHR**, LOUKO, promontoire occidental de l'Afrique septentrionale, formant pour ainsi dire la frontière entre le plateau de Barca, dépendant de l'état de Tripoli, et le désert de Barka, dépendant de l'Égypte, entre Toubrouk et Al-Baretoun.

ELMENDINGEN, b. du grand-duché de Bade, cer. du Rhin-Moyen ; bons vins ; 1000 hab.

EL-MENICHIE ou MANSHIA, MESSCHIE, MENCHIE, MENCHYET-EL-NÉDÉ, MINCHIE, b. de la Haute-Égypte, prov. de Djirdjeh, sur la rive gauche du Nil; on y voit les ruines de l'ancienne Ptolemaïs, fondée par un des premiers Ptolemée, et que Strabon disait être la plus grande ville de la Thébaïde ; selon cet ancien géographe elle ne le cédait pas même à Memphis pour l'étendue.

ELMINA ou LAHOU, LAHOW, RIO-DAS-BARBAS, riv. de la Haute-Guinée, Afrique, sur la côte d'Or; embouchure à Lahou. Selon l'opinion de plusieurs géographes, elle serait une des trois embouchures d'un grand fleuve nommé Gierra ou Kierra, dont les deux autres bras vont se joindre à l'Océan près du Grand-Bassam et d'Assinie.

ELMINA ou GEORGE-DELLA-MINA (Saint-), CHATEAU-DE-LA-MINE, *Addina*, *Oddenna*, jolie v. de la Haute-Guinée, Afrique, sur la côte d'Or, résidence du gouverneur-général de tous les établissements hollandais dans l'Afrique occidentale; elle a plusieurs maisons bâties en pierres, quelques rues pavées, de très-beaux jardins, une bonne citadelle, un fort et entretient un commerce assez florissant qu'y attire la franchise de son port; on porte sa population à environ 10,000 hab.

ELMORE ou ODIA, groupe d'îles de la Polynésie ou Océanie orientale ; c'est le groupe le plus considérable des deux chaînes qui forment l'archipel de Ralik-Radak, que quelques géographes nomment archipel Marshall (archipel Central de Balbi). Il est situé sous 8° 4' de lat. N. et 165° 30' de long. E. Le chef le plus puissant de toutes les îles de la chaîne des Ralik réside à Elmore.

ELMSHORN, b. du roy. de Danemark, comté de Ronzau ; 3500 hab.

EL-MYNA, pet. v. de Syrie, avec le port de Tripoli (Tarabolos), dont elle est éloignée d'une 1/2 l. Elle a des chantiers et 2 à 3000 h., matelots ou constructeurs de vaisseaux. La plaine qui la sépare de Tripoli n'était autrefois qu'un immense marais qui empestait l'air ; ces marais ont été presque tous desséchés et changés en beaux jardins.

ELNE, pet. v. de Fr., Pyrénées-Orientales, arr. et cant. de Perpignan, poste; patrie du général Dugommier; 2230 hab.

ELNES, vg. de Fr., Pas-de-Calais, arr. et poste de St.-Omer, cant. de Lumbres; 350 h.

ELOI (Saint-), vg. de Fr., Ain, arr. de Trévoux, cant. et poste de Meximieux; 340 hab.

ELOI (Saint-), vg. de Fr., Eure, arr. des Andelys, cant. et poste de Gisors; 360 hab.

ELOI-DE-FOURQUES (Saint-), vg. de Fr., Eure, arr. de Bernay, cant. et poste de Brionne; 730 hab.

ELOIE, vg. de Fr., Haut-Rhin, arr. et poste de Belfort, cant. de Giromagny; 150 h.

ELOPHE (Saint-), vg. de Fr., Vosges, arr. et poste de Neufchâteau, cant. de Coussey; forges de Rebeauvoir; 125 hab.

ELORY ou **CELHAY**, vg. de Fr., Basses-Pyrénées, com. de Hasparren ; 1100 hab.

EL-OUAH-EL-BAHRYEH ou la **PETITE-OASIS**, oasis dans le désert de Lybie, avec le chef-lieu Gssr.

EL-OUALADIA ou **EL-OUALEDIA**, b. maritime du roy. de Maroc, non loin du cap Blanc, avec un port vaste et sûr.

ELOUP, ham. de Fr., Aisne, com. de Veuilly-la-Poterie ; 110 hab.

ELOUX (les), ham. de Fr., Vendée, com. de Noirmoutiers ; 100 hab.

ELOY (Saint-), vg. de Fr., Corrèze, arr. de Brives, cant. et poste de Lubersac ; 500 h.

ELOY (Saint-), ham. de Fr., Côtes-du-Nord, com. de Ploeuc ; 180 hab.

ELOY (Saint-), vg. de Fr., Creuse, arr. et poste de Bourganeuf, cant. de Pontarion ; mine de houille ; 840 hab.

ELOY (Saint-), vg. de Fr., Finistère, arr. de Brest, cant. de Plougastel-Daoulas ; 480 h.

ELOY (Saint-), vg. de Fr., Nièvre, arr., cant. et poste de Nevers ; 620 hab.

ELOY (Saint-), vg. de Fr., Puy-de-Dôme, arr. d'Ambert, cant. et poste de St.-Amand-Roche-Savine ; 570 hab.

ELOY (Saint-), vg. de Fr., Puy-de-Dôme, arr. de Riom, cant. et poste de Montaigut ; 800 hab.

ELOY-DE-GY (Saint-), vg. de Fr., Cher, arr. et poste de Bourges, cant. de St.-Martin-d'Aubigny ; 1010 hab.

ELOYES, vg. de Fr., Vosges, arr., cant. et poste de Remiremont ; fabr. de pointes de Paris à la mécanique et autres objets en tôle et en fer ; fonderie de cuivre et fontes ; 980 hab.

ELPHIN, pet. v. d'Irlande, comté de Roscommon, avec le palais et la cathédrale de l'évêque protestant d'Elphin. Patrie du poëte Olivier Goldsmith (1729—1774).

ELRICH, v. de Prusse, prov. de Saxe, rég. d'Erfurt, sur la Zorge ; elle possède des filat. de laine et des tanneries. Non loin se trouve la grotte d'albâtre qui a 300 pieds de longueur, 250 de largeur et 250 de hauteur.

ELRICK. *Voyez* ALRICK.

EL-SAG ou **ARTE**, **GEZYRET-ASSOUAN**, *Elephantine*, *Elephantis*, une de ces îles riantes et fertiles de la Haute-Égypte, auxquelles leur verdure et leur situation délicieuse ont mérité le nom de jardins du tropique. Elle est située vis-à-vis d'Assouan, fait partie de la prov. d'Esné et a une longueur de 700 toises sur une largeur de 400. On y voit les restes du nilomètre décrit par Strabon, mais on a démoli entièrement les deux temples de l'époque d'Aménophis III, pour en bâtir une caserne et des magasins à Syène.

ELSAS-ZABREN. *Voyez* SAVERNE.

EL-SCHAMMAR. *Voyez* EL-CHAMMAR.

ELSE. *Voyez* ALSETTE.

ELSENEUR (Helsingor), v. dans l'île de Seeland, bgc du Fréderiksborg ; est une des principales villes de commerce du roy. de Danemark. Elle a un port artificiel ; les navires marchands de toutes les nations qui passent le Sund doivent y payer les droits du Sund et des fanaux ; ce péage forme pour le Danemark un revenu annuel de 7 à 800,000 florins ; le nombre des vaisseaux qui passent annuellement le Sund varie de 10 à 13,000. Le château fort de Kroneberg domine le détroit ; 7000 hab.

ELSENHEIM, vg. de Fr., Bas-Rhin, arr. de Schléstadt, cant. et poste de Markolsheim ; 710 hab.

ELSFLETH, *Alisni*, v. du grand-duché d'Oldenbourg, cer. d'Oldenbourg, sur la rive gauche de la Weser ; chantiers de construction ; 1500 hab.

ELSTER, est le nom de deux riv. d'Allemagne appartenant au bassin de l'Elbe. L'une, l'Elster blanche, naît dans le roy. de Saxe, cer. de Voigtland, près du pet. vg. d'Elster, reçoit la Pleisse, passe à Leipzig et se jette à Rœpzig dans la Saale, affluent de l'Elbe ; l'autre, l'Elster noire, a ses deux sources au-dessus de Komenz, dans le cer. de Lusace, coule au N.-E. et se réunit à l'Elbe.

ELSTER, *Elstra*, pet. v. du roy. de Saxe, cer. de Lusace, sur l'Elster noire ; fabr. de rubans, de toiles et de bas ; 1000 h.

ELSTERBERG, v. du roy. de Saxe, située sur l'Elster blanche, cer. de Voigtland ; 2000 hab.

ELSTERWERDA, v. de Prusse, prov. de Saxe, rég. de Mersebourg, au confluent de la Pulsnitz et de l'Elster noire ; fabr. de poterie ; 1800 hab.

ELTERLEIN, v. du roy. de Saxe, située dans une contrée montagneuse et sauvage du cer. de l'Erzgebirge ; fabr. d'acier, cuillers en fer étamé, dentelles et passementerie ; 1200 hab.

ELTHAM, b. d'Angleterre, comté de Kent ; remarquable par les ruines d'un palais, autrefois la résidence d'Édouard II et le berceau de John Eltham, son fils ; 2000 h.

ELTON (lac d'), dans la Russie d'Europe, gouv. de Saratov ; on en retire une immense quantité de sel.

ELTVILLE, v. du duché de Nassau, chef-lieu du bailliage du même nom ; elle est située dans le Rheingau, près du Rhin, et célèbre par la beauté de sa situation au milieu de charmantes campagnes embellies par des châteaux, des maisons de campagne et des vignobles ; commerce de vins ; 4100 h.

ELVANGE, vg. de Fr., Moselle, arr. de Metz, cant. et poste de Faulquemont ; 510 h.

ELVAS, *Alba*, *Helvæ*, v. forte du Portugal, prov. d'Alentéjo, chef-lieu du district de même nom, à 4 1/2 l. de Badajoz et à 8 l. d'Estremoz. Cette place occupe le plateau et la pente d'une colline granitique ; elle est entourée de remparts casematés, et flanquée de 7 bastions percés de 5 portes ; de nombreux ouvrages extérieurs complètent le système de défense; grand commerce de contrebande avec l'Espagne; 12,000 hab.

ELVEN, b. de Fr., Morbihan, arr., à 4 l. N.-E. de Vannes et à 126 l. de Paris, chef-lieu de canton et poste; commerce de grains; 3355 hab. On remarque à Elven une haute tour octogone, reste d'un ancien château fort qui joua un grand rôle dans les guerres que les seigneurs féodaux soutinrent contre leurs suzerains.

ELVEND, *Orontes*, chaîne de montagnes à l'E. du Zagros, traverse le Kurdistan persan; ses hauteurs sont couvertes de bons pâturages; on y a découvert plusieurs excavations remarquables.

ELVERUM, pet. v. de Norwège, gouv. d'Aggerhuus; 3300 hab.

ELY, *Helia*, pet. v. d'Angleterre, comté de Cambridge, dans l'île de même nom, sur l'Ouse; siége d'un évêque; sa vaste et belle cathédrale est un des plus grands temples du christianisme; 6000 hab.

ELYMAIS, g. a., contrée qui, d'après la plupart des auteurs, occupait la prov. perse actuelle de Laristan ou Lurestan, avec la capitale du même nom.

ELYTON. *Voyez* JEFFERSON (comté).

ELZACH, v. du grand-duché de Bade, cer. du Rhin-Supérieur, sur la rivière du même nom; papeterie; 1000 hab.

ELZANGE, vg. de Fr., Moselle, arr. et poste de Thionville, cant. de Metzervisse; 430 hab.

ELZE, jolie v. du roy. de Hanovre, sur la Saale, dans le gouv. de Hildesheim; elle a été incendiée en 1824; 1700 hab.

EMAGNY, vg. de Fr., Doubs, arr. et poste de Besançon, cant. d'Audeux; 250 h.

EMAINVILLE, ham. de Fr., Eure, com. de St.-Pierre-la-Garenne; 120 hab.

EMALLEVILLE, vg. de Fr., Eure, arr., cant. et poste d'Évreux; 160 hab.

EMALLEVILLE. *Voyez* SAUVEUR-D'ÉMALLEVILLE (Saint-).

EMAN, vg. de Fr., Eure-et-Loir, arr. de Chartres, cant. et poste d'Illiers; 130 hab.

EMANCÉ, vg. de Fr., Seine-et-Oise, arr. et cant. de Rambouillet, poste d'Épernon; 390 hab.

EMANUEL, comté de l'état de Géorgie, États-Unis de l'Amérique du Nord; il est borné par les comtés de Washington, de Jefferson, de Burke, de Scriven, de Bullock, de Montgomery, de Tattnell et de Laurens. Pays plat, sablonneux et couvert de marais; il est arrosé par l'Ogéchy, le Cannouchée et l'Ohoopée; ces deux derniers fleuves y prennent naissance; 4500 hab.

EMANVILLE, vg. de Fr., Seine-Inférieure, arr. de Rouen, cant. de Pavillon, poste de Barentin; 520 hab.

EMANVILLE, vg. de Fr., Eure, arr. d'Évreux, cant. de Conches, poste de la Commanderie; 660 hab.

EMATHIA, g. a., contrée dans la Macédoine, à l'O. de l'Axius et au S. de l'Erigon.

EMAUS, colonie fondée par des frères moraves, dans l'île danoise de St.-Jean (Johns), une des Petites-Antilles; 800 hab.

EMBADE, vg. de la Basse-Égypte, Afrique, vis-à-vis de Boulaq. Son territoire fut le théâtre de la fameuse bataille des Pyramides, gagnée, en 1798, par Bonaparte sur les mamelouks.

EMBAKKA, prov. dans l'intérieur du roy. d'Angola, dans la Basse-Guinée, au S.-E. de celle d'Ilamba, sur la riv. de Lukala; chef-lieu de même nom, sur la Lukala.

EMBARCADERO (el). *Voyez* SAGUA-LA-GRANDE.

EMBARCADERO (Cauto del), v. de l'île de Cuba, dép. Oriental; plantations; commerce; 5000 hab.

EMBAS-CONGO. *Voyez* BANZA-CONGO.

EMBDEN. *Voyez* EMDEN.

EMBENIE ou **DAMBIE**, dite aussi ILE-DU-ROI, île sur la côte méridionale de la Haute-Guinée, près de l'équateur, à 5 l. de l'embouchure du fleuve Gabon, dans l'Océan Atlantique.

EMBERMÉNIL, vg. de Fr., Meurthe, arr. de Lunéville, cant. et poste de Blamont; source minérale; 400 hab.

EMBIES (les), îles de Fr., dans la Méditerranée, Var, com. de Six-Fours; 100 h.

EMBOASSU, riv. de l'emp. du Brésil, prov. de Rio-Janeiro; descend de la Sierra Gonzalo, fertilise les environs de la capitale et s'embouche dans l'Océan Atlantique.

EMBOMMA, v. commerciale de la Basse-Guinée, prov. de Soundi, roy. de Congo, sur la rive droite du Zaïre.

EMBOUL. *Voyez* CAYOR.

EMBOURIE, vg. de Fr., Charente, arr. et poste de Ruffec, cant. de Villefagnan; 350 hab.

EMBRASSAC, ham. de Fr., Cantal, com. de Jaleyrac; 150 hab.

EMBRES, vg. de Fr., Aude, arr. de Narbonne, cant. de Durban, poste de Sijean; 430 hab.

EMBREVILLE, vg. de Fr., Somme, arr. d'Abbeville, cant. de Gamaches, poste de Valines; 180 hab.

EMBRUN, *Eburodunum*, v. forte de Fr., Hautes-Alpes, chef-lieu d'arrondissement, à 7 l. E. de Gap et à 186 l. de Paris; siége d'un tribunal de première instance, d'une conservation des hypothèques et d'une direction des contributions indirectes; elle est située sur un rocher, près de la rive droite de la Durance, et remarquable par sa position élevée. La ville est assez bien bâtie; mais les rues sont irrégulièrement percées et, à l'exception de la rue principale, étroites et tortueuses. La place St.-Pierre est jolie et carrée. Le palais, ci-devant archi-épiscopal; la cathédrale, dont on attribue la fondation à Charlemagne; le collége et les casernes sont des édifices qui méritent d'être cités. Une esplanade plantée d'arbres borde le rocher du côté de la Durance et offre une promenade fort agréable. Nous ne devons pas oublier de dire qu'Embrun renferme une maison centrale de détention avec des ateliers pour le tissage des laines. C'est la première qui ait été établie en France ; elle occupe les bâtiments de l'ancien séminaire des Jésuites. L'industrie est peu développée dans cette ville ; cependant elle a des fabriques de gros draps et de rubans de laine, une filature de coton et des tanneries. Commerce de fruits excellents et de bestiaux ; bons vins. Foires : le premier samedi de janvier, quatrième lundi de carême, 24 août, 25 octobre et 5 décembre ; 3169 h. Embrun est une des plus anciennes villes des Gaules ; elle était habitée par les Caturiges. Les empereurs romains, et plus tard les empereurs d'Allemagne lui accordèrent beaucoup de priviléges. Sa position lui attira de nombreux et fréquents désastres : les Vandales, les Huns, les Saxons et les Sarrasins la saccagèrent successivement, et, à une époque moins reculée, elle eut à souffrir de nos guerres religieuses ; les protestants la pillèrent et l'incendièrent en 1573. En 1692 elle fut prise et dévastée par le duc de Savoie.

EMBRY, vg. de Fr., Pas-de-Calais, arr. de Montreuil-sur-Mer, cant. et poste de Fruges ; 760 hab.

EMDEN ou **EMBDEN**, *Amasia*, v. du roy. de Hanovre, gouv. d'Aurich ; elle est belle et située au N.-E. du golfe de Dollart, sur lequel elle a un port et une rade excellente. Sa population dépasse 12,000 hab. Cette ville possède un gymnase, une société d'histoire naturelle, une école de navigation, une école d'accouchement, une maison de correction, un bel hôtel de ville ; elle renferme un grand nombre de manufactures et des chantiers de marine. Quoique son commerce ait beaucoup déchu, elle est encore sous ce rapport la ville la plus importante du royaume. La pêche du hareng y était autrefois importante.

EMDOUKHAL, pet. v. dans la partie méridionale de l'état d'Alger, à l'E. du lac El-Chott, au pied du mont Atlas.

EMENILLE (Saint-), ham. de Fr., Nord, com. de Millam ; 210 hab.

EMERAINVILLE, vg. de Fr., Seine-et-Marne, arr. de Meaux, cant. et poste de Lagny ; 210 hab.

EMERCHICOURT ou **VICOGNETTE**, vg. de Fr., Nord, arr. de Valenciennes, cant. et poste de Bouchain.

EMERINGES, vg. de Fr., Rhône, arr. de Villefranche-sur-Saône, cant. de Beaujeu, poste de Romanèche ; 340 hab.

EMESA. *Voyez* HEMS.

EMEVILLE, vg. de Fr., Oise, arr. de Senlis, cant. de Crépy, poste de Villers-Cotterets ; 220 hab.

EMFRAS, v. du roy. abyssinien de Gondar, prov. de Belessem, sur une montagne baignée par l'Arno, à 11 l. S. de Gondar ;

elle a environ 300 maisons et fait un commerce assez étendu, principalement en draps et en clous de girofle.

EMHARAYE, b. considérable de la Nigritie orientale, roy. de Mobba, sur la route de Mourzouk à Ouara, entre Sobba et Kermedy.

EMIEVILLE, vg. de Fr., Calvados, arr. de Caen, cant. et poste de Troarn ; 200 h.

EMILAND (Saint-), vg. de Fr., Saône-et-Loire, arr. d'Autun, cant. et poste de Couches ; 860 hab.

EMILION (Saint-), pet. v. de Fr., Gironde, arr., cant., poste et à 1 l. E. de Libourne ; elle est située sur la pente d'un côteau et remarquable par les monuments anciens qu'elle renferme. On y visite surtout l'ermitage de St.-Emilion, avec un petit temple souterrain creusé dans le roc, et dédié au pieux solitaire dont la ville porte le nom. On y voit encore le lit, la table et le siège du saint ermite et la fontaine limpide où il se désaltérait. Patrie du conventionnel E.-M. Guadet, né en 1753, mort sur l'échafaud en 1794. Cette ville est renommée pour ses excellents vins rouges ; 3050 hab.

EMILY, v. naissante du Haut-Canada, dist. de Newcastle, sur le lac Shallow.

EMIRNE ou **TANANARIVE**, **TANANEARRIVOU**, v. de l'île de Madagascar, dans le pays des Ovas, capitale du roy. de Madagascar, créée de nos jours par Radama, chef des Ovas, dont elle fut la résidence ordinaire à l'époque de sa mort (1828). C'est un assemblage de petites bourgades ; les cases qui la composent sont disséminées sous les arbres et forment mille paysages variés et délicieux. Les proportions gigantesques de la végétation, dit M. de Fontmichel, offrent un singulier contraste avec l'exiguité chétive des habitations humaines, qui ne se recommandent à l'attention des voyageurs que par l'attrait de la nouveauté. Radama, qui avait le goût des constructions durables, et qui, proportionnellement à ses moyens d'exécution en tout genre, a déployé en cela autant de génie à Madagascar que Pierre-le-Grand en Russie, Radama fit élever à Emirne un temple à Jankar. Le palais de Tranouvala et celui de Bessakane, plus spacieux que le premier, ainsi que le magnifique mausolée de Radama, sont les autres édifices les plus remarquables. On doit citer aussi le collége établi par les missionnaires anglais Jones et Griffiths, d'où sont sortis plusieurs maîtres que Radama a répartis dans les principales villes de ses états pour y répandre l'instruction. On prétend qu'Émirne contient 50,000 habitants, y compris ceux des bourgades qui sont censées en faire partie.

EMLINGEN, vg. de Fr., Haut-Rhin, arr., cant. et poste d'Altkirch ; 240 hab.

EMMAUS, b. de Syrie, à 1 l. E. de Tabarich ou Tibériade, sur le lac du même nom. Il possède des eaux thermales et sulfureuses ; ses eaux étaient très-fréquentées du temps

22

des Romains et attirent encore aujourd'hui quelques étrangers. Les bords du lac sont couverts partout de lave, de basalte et d'autres produits volcaniques.

EMMEN ou **Emme**, **Emmat**, **Emma** ou la **Grande-Emmen**, riv. torrentueuse du cant. de Berne; elle est sujette à de grands débordements; elle naît dans les montagnes de l'Entlibuch, à l'extrémité de la vallée de l'Emmen, et se jette dans l'Aar, non loin de Soleure.

EMMEN (la vallée d'), dans le cant. de Berne, touche à l'E. au cant. de Lucerne, dist. d'Entlibuch et de Willisau; au N., à ceux de Burgdorf et d'Aarwangen; à l'O., à celui de Konolfingen, et au S., à ceux de Thun et d'Interlaken. Elle est parcourue dans sa longueur par la Grande-Emmen, dont elle a reçu son nom. Elle est surtout renommée pour ses troupeaux et ses fromages, et renferme une population assez considérable, gaie, belle et vigoureuse.

EMMENDINGEN, v. du grand duché de Bade, cer. du Haut-Rhin, non loin du bain minéral de Weiherschloss; 1900 hab.

EMMERICH ou **Emrich**, v. de Prusse, prov. rhénane, rég. de Dusseldorf, située sur la rive droite du Rhin; elle est le siége des autorités judiciaires et possède un lycée, un séminaire, des filat. de laine et de lin, des fabr. de draps, de passementerie, de bas et de chapeaux; tanneries; commerce et navigation; 6000 hab.

EMMERIN, vg. de Fr., Nord, arr. et poste de Lille, cant. d'Haubourdin; 1160 hab.

EMONDEVILLE, vg. de Fr., Manche, arr. de Valognes, cant. et poste de Montebourg; 550 hab.

EMOULIÈRE, vg. de Fr., Haute-Saône, arr. de Lure, cant. de Faucogney, poste de Luxeuil; mine en fer-roche; 1290 hab.

EMOUY ou **Hiamen**, groupe d'îles situées dans la baie d'Hiamen et faisant partie de la prov. chinoise de Foukian. Les îles importantes sont au nombre de trois; sur l'une d'elle est située la forteresse de Kiounnen, où il y a constamment une forte garnison; la plus remarquable est l'île d'Emouy où se trouve un temple célèbre de Fo; elle forme vis-à-vis du continent une rade assez spacieuse pour recevoir facilement un millier de bâtiments chargés; les vaisseaux européens y venaient autrefois; mais depuis que cet ancrage leur est interdit, on n'y voit plus que de nombreux bâtiments chinois, japonais et malais. Un fort et une garnison de 6000 hommes protégent la rade d'Emouy.

EMPEAUX, ham. de Fr., Creuse, com. de St.-Médard; 100 hab.

EMPEAUX, vg. de Fr., Haute-Garonne, arr. de Muret, cant. et poste de St.-Lys; 280 hab.

EMPOLI, *Emporium*, pet. v. du grand-duché de Toscane, dans la prov. de Florence; 2500 hab.

EMPONGO, v. du Monomotapa, prov. de Sacoumbé, sur le Zambèze.

EMPOONGOUA ou **Empoungoua**, pet. état peu connu dans la partie méridionale de la Haute-Guinée, sur la côte de Gabon; climat malsain; chaleurs excessives; beaucoup d'éléphants, de buffles et de sangliers. Georgetown ou Naango, capitale.

EMPOUCE, ham. de Fr., Var, com. de Plan-de-la-Tour; 160 hab.

EMPURANY, vg. de Fr., Ardèche, arr. de Tournon, cant. et poste de la Martre; 1500 hab.

EMPURÉ, vg. de Fr., Charente, arr. et poste de Ruffec, cant. de Villefagnan; 360 hab.

EMPURY, vg. de Fr., Nièvre, arr. de Clamecy, cant. et poste de Lormes; 420 h.

EMS, b. du duché de Nassau, bge de Nassau, situé dans une vallée étroite et romantique, traversé par la Lahn, et composé de Bad-Ems et de Dorf-Ems, et renommé par ses bains chauds qui sont très-fréquentés. A 1/4 de lieue d'Ems se trouve une mine de plomb argentifère assez productive; on remarque aussi dans ses environs une grotte semblable à celle du Chien, près de Naples; 1700 hab.

EMS (l'), *Amasia*, *Amasius*, fl. d'Allemagne, qui prend sa source dans la principauté de Lippe-Detmold, au pied du Stapelagerberg, la plus haute montagne de l'Osning ou du Teutoburgerwald, traverse bientôt après la prov. prussienne de Westphalie, entre au-dessous de Rheine, où il commence à être navigable, dans le roy. de Hanovre, et se jette dans la mer du Nord par le golfe de Dollart. Ce dernier est une conquête que la mer a faite sur la terre-ferme entre les années 1277 et 1287. L'Ems reçoit, dans le roy. de Hanovre, la Hase et la Leda; le Basseler et la Satter-Ems sont les deux bras principaux dont la réunion forme la Leda; cette dernière est navigable. On travaille à étendre la navigation de l'Ems supérieure, au moyen d'un canal qui ira rejoindre la Lippe, affluent du Rhin.

EMS, gr. vg. parois. de Suisse, cant. des Grisons, juridiction de Rhæzuns. Ce village est célèbre dans l'histoire de la Confédération suisse par le congrès qui y fut tenu en 1630 et dans lequel on résolut de s'affranchir du joug autrichien et de reconquérir la Valteline.

EMSFIVA, un des sommets les plus élevés de la chaîne de l'Atlas, à une journée E. de la ville de Maroc.

EMSKIRCHEN, b. de Bavière, cer. de la Rezat, sur l'Anzach; culture du houblon; 2000 hab.

EMU-BAY, port sur la côte N.-O. de l'île Van-Diemen, dans l'Australie. C'est un des principaux établissements de la compagnie anglaise de Van-Diemen.

ENARA (le lac), au N. de la Russie Baltique, se trouve compris dans le grand-duché de Finlande et dans le cer. de Torneå. Il est très-rapproché de la mer Glaciale, avec laquelle il communique au N.-E. par la riv. Pasvig et le lac Kiolmé. Enara ou Puljoa, sur le bord méridional du lac, renferme 350 hab., qui sont la plupart des Lapons pêcheurs.

ENAREA ou **NAREA**, pet. roy. au S. de l'Abyssinie; c'est un des plateaux les plus élevés de l'Afrique, fertile en grains, pâturages et provisions de toute espèce. Ses habitants, qui sont presque aussi blancs que les Espagnols et les Napolitains, paraissent avoir conservé leur indépendance contre les Gallas; autrefois ils étaient tributaires de l'empereur d'Abyssinie.

ENCANTADA (lagoa, lac enchanté), lac de l'emp. du Brésil, prov. de Bahia, comarque de Jacobina; donne naissance à la rivière du même nom, affluent du Paraguassu.

ENCANTADA (lagoa), lac de l'emp. du Brésil, prov. de Piauhy; est formé par un bras du Parnahyba et fourmille de poissons et de jacarès.

ENCARAMADA ou **SAN-LUIS-D'ENCARAMADA**, b. et station de missionnaires dans la rép. de Vénézuela, dép. de l'Orénoque, prov. de Guyane, sur l'Orénoque, en face de l'embouchure de l'Apuré, au pied de la Sierra Encaramada. Cet endroit a un bon port et fait le commerce; il fut fondé, en 1748, par le jésuite Gili, qui y vécut pendant dix-huit ans et y écrivit son histoire de l'Orénoque.

ENCARBES, ham. de Fr., Haute-Garonne, com. de Gerridech; 120 hab.

ENCAUSSE, vg. de Fr., Haute-Garonne, arr. de St.-Gaudens, cant. et poste d'Aspet; eaux minérales; 640 hab.

ENCAUSSE, vg. de Fr., Gard, arr. de Lombez, cant. de Cologne, poste de l'Isle-en-Jourdain; eaux minérales; 830 hab.

ENCEIN (l'), ham. de Fr.; Isère, com. de Courtenay; 180 hab.

ENCHASTRAYES, vg. de Fr., Basses-Alpes, arr., cant. et poste de Barcelonnette; 880 hab.

ENCHENBERG, vg. de Fr., Moselle, arr. de Sarreguemines, cant. et poste de Rorbach; 960 hab.

ENCLAVE-DE-LA-MARTINIÈRE (l'), vg. de Fr., Deux-Sèvres, arr., cant. et poste de Melle; 580 hab.

ENCOL, prov. de l'Araucanie, rép. du Chili.

ENCOURTIECH, vg. de Fr., Arriège, arr., cant. et poste de St.-Girons; 340 hab.

ENDEAVOUR (détroit). *Voyez* TORRES.

ENDERBY (cap). *Voyez* CUMBERLAND (partie méridionale de la Terre-de-Baffin).

ENDERBY, île de la Polynésie ou Océanie orientale, dans le groupe de Lord-Auckland, au S.-S.-O. de la Tasmanie ou Nouvelle-Zélande, sous 50° 37' de lat. S. et 163° 45' de long. E. Cette île, qui a 7 l. de circuit, est la seconde du groupe pour l'étendue; elle est séparée de l'île d'Auckland, beaucoup plus considérable, par un canal de 2 l. de large, au milieu duquel se trouve une petite île nommée *Rose*.

ENDERI ou **ANDREIEVA**, v. de la Circassie, sur l'Aktasch, résidence de plusieurs chefs de Koumuks, peuplade circassienne. Enderi renferme plusieurs mosquées, deux synagogues, une église arménienne et 3000 maisons habitées par 12,000 Koumuks, Arméniens et Juifs. La ville est industrieuse et commerçante; ses environs produisent du riz et du vin. Autrefois Enderi était aussi le grand marché des esclaves et des jeunes filles circassiennes; elle était réputée dans tout le Caucase comme un asile inviolable ouvert aux criminels. De l'autre côté de l'Aktasch se trouve le Tschumin, montagne sur laquelle les habitants transportent leurs effets précieux en cas de danger.

ENDIAN, v. de Perse, prov. de Khusistan, sur le Tab; commerce considérable; 4000 hab.

ENDINGEN, v. du grand-duché de Bade, située dans le cer. du Haut-Rhin et non loin du fleuve; foires célèbres pour les grains; 3100 hab.

ENDORMO, port dans l'île japonaise d'Ieso, dist. d'Ainou-Kouni. Il est situé dans l'angle N.-E. de la grande baie des volcans et est parfaitement abrité contre le vent. Brougtou, qui y aborda, aperçut les trois volcans, l'un au fond de la baie, le deuxième à droite, le troisième à gauche.

ENDOUFIELLE, vg. de Fr., Gers, arr. de Lombez, cant. et poste de l'Isle-en-Jourdain; 890 hab.

ENDOUME, ham. de Fr., Bouches-du-Rhône, com. de Marseille; 130 hab.

ENDRACHT (Terre d'), partie de la côte occidentale de la Nouvelle-Hollande, entre 21° 37' et 26° 30' lat. S.; bornée au N. par la terre de Witt, au S. par la terre d'Edel, à l'E. et au S.-E. par les terres inconnues de l'intérieur. Cette terre est, de tout le continent austral, celle qui fut la première connue des Européens : le Hollandais Dirk Hartig l'aperçut en 1616 et lui donna le nom de son vaisseau *Eendracht* (l'union); il suivit la côte du S. au N. depuis 26° 30' jusqu'à 23°. Le point le plus important de sa découverte fut une rade à l'entrée de la baie des Chiens-Marins; c'est la rade Dirk Hartig. Un autre navigateur hollandais visita cette côte en 1618; Pelsaert tenta vainement d'y aborder en 1629; Dampier, qui l'explora en 1699, a donné des détails assez circonstanciés sur cette partie du continent austral. Il trouva la côte déserte et stérile; plusieurs espèces d'oiseaux aquatiques, une espèce d'écureuils et un iguane à la forme la plus hideuse, sont les seuls animaux qu'il ait remarqués; mais dans la baie des Chiens-Marins il aperçut des baleines, une grande quantité d'autres espèces de poissons, des tortues vertes et une riche variété de coquillages. Après Dampier, il se passa plus d'un siècle avant que des Européens revinssent sur cette côte. L'expédition Baudin y arriva en 1801 et 1803; le capitaine Freycinet en 1819. Tous confirment la relation de Dampier. Freycinet y vit une des peuplades les plus misérables du monde. Le sol affreux sur lequel ces malheureux sont établis est, dit-il, un obstacle insurmontable à leur perfectionnement.

Les points les plus remarquables de la terre d'Endracht sont : la baie des Chiens-Marins, qui s'étend de 25° 30' à 26° 40' lat. S., entre 110° 32' et 112° 14' long. E.; au S.-O. de cette baie se trouve l'île de Dirk Hartig; le cap Cuvier, sous 24° 14' lat. S. et 111° 4' long. E.; il borne au N. la baie des Chiens-Marins; le hâvre de Freycinet, le passage du Géographe et celui du Naturaliste, entre les îles Dorre, Bernier et la baie des Chiens-Marins.

ENENCOURT-LÉAGE, vg. de Fr., Oise, arr. de Beauvais, cant. de Chaumont-en-Vexin, poste de Gisors; 500 hab.

ENENCOURT-LE-SEC, vg. de Fr., Oise, arr. de Beauvais, cant. et poste de Chaumont-en-Vexin; 280 hab.

ENFADO (Sierra del). *Voyez* CALIFORNIE.

ENFER (l'), ham. de Fr., Seine-Inférieure, com. de St.-Romain; 160 hab.

ENFERNEL, ham. de Fr., Calvados, com. de Trutmer-le-Grand; 120 hab.

ENFERT, ham. de Fr., Nièvre, com. de Mhère; 150 hab.

ENFONVELLE, vg. de Fr., Haute-Marne, arr. de Langres, cant. et poste de Bourbonne; 540 hab.

ENFREUX, vg. de Fr., Aveyron, com. de St.-Chely-d'Aubrac; 170 hab.

ENFUMÉE (l'), vg. de Fr., Indre-et-Loire, com. de Benais; 120 hab.

ENGADINE (vallée de). *Voyez* GRISONS (canton des).

ENGALIN, ham. de Fr., Gers, com. de Mauvezin; 140 hab.

ENGANNO. *Voyez* SUD-EST (département du).

ENGANNO (cabo), la pointe S.-E. de l'île d'Haïti.

ENGANO, île de la Malaisie, située sur la côte S.-O. de l'île de Sumatra. Elle a 10 l. de circonférence et est environnée de bancs de corail. Peu de vaisseaux y abordent, car ses côtes n'offrent aucun abri aux bâtiments; cependant le terrain d'Engano a beaucoup d'analogie avec celui de Sumatra et donne à peu près les mêmes productions. Les habitants sont peu connus; d'origine malaisienne, ils parlent une langue particulière; du reste ils sont encore tout à fait barbares et marchent tout nus. On a remarqué que lorsqu'ils se font la guerre entre eux, les femmes peuvent traverser le camp ennemi sans être inquiétées.

ENGARREVAQUES, vg. de Fr., Tarn, arr. de Castres, cant. de Dourgne, poste de Sorèze; 480 hab.

ENGAULY, ham. de Fr., Aude, com. de Villac; 100 hab.

ENGEDI, g. a., désert de Judée, non loin de la mer Morte; c'est dans une caverne de ce désert que Saul fut pris par David.

ENGELBERG (vallée d'), dans le cant. d'Unterwalden, au pied du mont Titlis; renferme une population disséminée de 1500 hab., une célèbre et ancienne abbaye de bénédictins, qui possède une précieuse bibliothèque.

ENGELHARTSZELL, b. de la Haute-Autriche, cer. de l'Inn, sur le Danube; sa poterie est très-estimée; douane; 1200 hab.

ENGELHOLM, pet. v. du roy. de Suède, gouv. de Christianstad, sur le golfe du même nom.

ENGELSBERG, pet. v. d'Autriche, gouv. de Moravie et Silésie, cer. de Troppau; fabrication de toile et de bas; ses mines d'or ne sont plus exploitées; 1200 hab.

ENGEN, pet. v. du grand-duché de Bade; cer. du Lac; couvent de femmes; 1300 hab.

ENGENHO, fl. de l'emp. du Brésil, prov. de Bahia; forme une chute et débouche dans la baie dos Ilhéos.

ENGENTE, vg. de Fr., Aube, arr., cant. et poste de Bar-sur-Aube; 140 hab.

ENGENTHAL, vg. de Fr., Bas-Rhin, arr. de Strasbourg, cant. et poste de Wasselonne. Près de là se trouve le Schneeberg, un des points culminants des Vosges, qui offre une très-belle vue; sa hauteur est de 900 mètres; 790 hab.

ENGENVILLE-MONTVILLE, vg. de Fr., Loiret, arr. de Pithiviers, cant. de Malesherbes, poste de Sermaise; 630 hab.

ENGER, v. de Prusse, prov. de Westphalie, rég. de Minden; fabr. de toiles; 1500 hab.

ENGERÆCKMUNG. *Voyez* AYMORES et BOTOCUDOS.

ENGEUSAH ou ENGOUSAH, pet. v. de la partie méridionale de l'état d'Alger, dans le pays de Ouadreagg.

ENGHIEN, pet. v. du roy. de Belgique, prov. de Hainaut, arr. de Mons; avec un château des ducs d'Aremberg et un beau parc; fabrication de gros draps, toiles, fil et dentelles; 3100 hab.

ENGHIEN. *Voyez* MONTMORENCY.

ENGHIEN-LES-BAINS, ham. de Fr., Seine-et-Oise, com. de Deuil et de Soisy; 140 hab.

ENGINS, vg. de Fr., Isère, arr. et poste de Grenoble, cant. de Sassenage; 450 hab.

ENGLANCOURT, vg. de Fr., Aisne, arr. de Vervins, cant. et poste de la Capelle; 780 hab.

ENGLEBELMER, vg. de Fr., Somme, arr. de Doullens, cant. et poste d'Acheux; 710 hab.

ENGLE-FONTAINE, vg. de Fr., Nord, arr. d'Avesnes, cant. et poste du Quesnoy; fabr. de poterie de terre; 1680 hab.

ENGLESQUEVILLE, vg. de Fr., Calvados, arr. et cant. de Pont-l'Évêque, poste de Touques; 230 hab.

ENGLESQUEVILLE, vg. de Fr., Calvados, arr. de Bayeux, cant. et poste d'Isigny; 460 hab.

ENGLESQUEVILLE, ham. de Fr., Seine-Inférieure, com. de St.-Valery-en-Caux; 340 hab.

ENGLISCH-HARBOUR, excellent port au S. de l'île anglaise d'Antigoa (Antigua), une des Petites-Antilles. Ce port, un des meilleurs des Indes-Occidentales, est séparé par une étroite langue de terre du Falmouth-Harbour et assez vaste et assez profond pour recevoir les plus grands vaisseaux, mais l'entrée en est tellement étroite que les vaisseaux y sont remorqués. De hautes montagnes, couvertes de buissons, l'entourent de tout côté et en rendent l'aspect très-pittoresque. Des barraques et des forts couvrent tous les sommets de ces montagnes. Différents établissements pour la marine se trouvent sur les bords de ce hâvre, tels que de vastes chantiers pour la construction et le radoub des navires, un arsenal considérable, un hôpital de la marine, un hôtel de l'amiral, qui y réside avec son état-major, et divers autres bâtiments. Mais le séjour de ce port est très-malsain.

ENGLOS, vg. de Fr., Nord, arr. et poste de Lille, cant. d'Haubourdin; 340 hab.

ENGOMER. *Voyez* ANGOUMER.

ENGRACE (Sainte-), vg. de Fr., Basses-Pyrénées, arr. de Mauléon, cant. et poste de Tardets; 1460 hab.

ENGRANVILLE, vg. de Fr., Calvados, arr. et poste de Bayeux, cant. de Trévières; 260 hab.

ENGRAVIES, vg. de Fr., Arriège, arr. de Pamiers, cant. et poste de Mirepoix; 240 h.

ENGUERA, v. d'Espagne, roy. de Valence, gouv. de Montesa; 5000 hab., dont 3000 s'adonnent à la fabrication de draps.

ENGUINEGATTE, vg. de Fr., Pas-de-Calais, arr. de St.-Omer, cant. de Fauquembergue, poste d'Aire-sur-la-Lys; 430 hab.

ENGWILLER, vg. de Fr., Bas-Rhin, arr. et poste de Saverne, cant. de Marmoutier; 300 hab.

ENGWILLER, vg. de Fr., Bas-Rhin, arr. de Wissembourg, cant. et poste de Niederbronn; 430 hab.

ENIMAGAS, restes d'une puissante nation dans la rép. Argentine, prov. de Chaco, sur un affluent du Paraguay. Ils se nomment Cochaboth, et les Machicuys les appellent Etabosle.

ENIMIE (Sainte-), pet. v. de Fr., Lozère, arr. et à 5 l. O.-N.-O. de Florac, poste de Mende, chef-lieu de canton. Cette petite ville, située sur la rive droite du Tarn, au milieu de montagnes hautes et escarpées, doit son origine, suivant une ancienne légende, à un monastère qu'Enimie, fille de Clotaire II, fonda en ce lieu au septième siècle. On voit encore près de là une grotte, dans laquelle on prétend que cette princesse se retirait quelquefois pour prier. On cultive le mûrier dans les environs; 1200 hab.

ENINGA, roy. peu connu dans la partie méridionale de la Haute-Guinée, sous l'équateur, au S. de celui de Chikan.

ENIOS. *Voyez* NIO.

ENKHUYZEN, *Enchusa*, v. forte et port du roy. de Hollande, sur le Zuydersee, dist. et à 4 l. de Hoorn; renferme 9 églises; raffinerie de sel; commerce de bois et de fromage; pêche de harengs. Un canal la met en communication avec la mer du Nord, au village de Petten, près d'Alkmaar; 6800 h.

ENKIRCH, b. de Prusse, sur la Moselle, prov. rhénane, rég. et à 17 l. de Coblence; culture du vin; restes d'une voie romaine; 2000 hab.

ENKOEPING, pet. v. dans le gouv. d'Upsal, Suède.

ENNEBOURG. *Voyez* BOIS-D'ENNEBOURG (le).

ENNEMAIN-LES-PÉRONNE, vg. de Fr., Somme, arr. et poste de Péronne, cant. de Ham; sucrerie indigène; 530 hab.

ENNEMONT (Sainte-), vg. de Fr., Allier, arr., cant. et poste de Moulins-sur-Allier; 600 hab.

ENNERTY, île du Nil dans la Basse-Nubie, au N. de Ouady-Halfa.

ENNERY, vg. de Fr., Moselle, arr. et poste de Metz, cant. de Vigy; 600 hab.

ENNERY, vg. de Fr., Seine-et-Oise, arr., cant. et poste de Pontoise; 590 hab.

ENNERY, pet. v. de l'île d'Haïti, dép. d'Artibonite.

ENNETIÈRES-EN-WEPPES, vg. de Fr., Nord, arr. et poste de Lille, cant. d'Haubourdin; 1790 hab.

ENNEVELIN, vg. de Fr., Nord, arr. et poste de Lille, cant. de Pont-à-Marcq; 1680 hab.

ENNEZAT, b. de Fr., Puy-de-Dôme, arr., à 2 l. E. et poste de Riom, chef-lieu de canton; fabr. de sucre indigène; 1520 hab.

ENNIS, v. d'Irlande, chef-lieu du comté de Clare, sur le Pergus; 12,000 hab.

ENNISCORTHE, vg. d'Irlande, comté de Wexford, sur le Slaney; fabrication d'étoffes de coton et commerce; défaite complète des insurgés en 1798; 5000 hab.

ENNISKILLEN, v. d'Irlande, chef-lieu du comté de Fermanagh, située sur une île du lac Earn, nomme un député au parlement; elle a quelques fortifications et de nombreuses fabriques de toile; pêche d'anguilles; 3500 h.

ENNORDRE, vg. de Fr., Cher, arr. de Sancerre; cant. de la Chapelle-d'Angillon, poste d'Aubigny-Ville; 760 hab.

ENNOUS, ham. de Fr., Aveyron, com. de St.-Juéry; 100 hab.

ENOCQ. *Voyez* BREXENT-ENOCQ.

ENOGAT (Saint-), vg. de Fr., Ille-et-Vilaine, arr. et poste de St.-Malo, cant. de Pleurtuit; 1820 hab.

ENON, colonie morave du Cap, dist. d'Uitenhage, sur le Witterivier, à l'E. du Nikokamma.

ENOS, *Ænos*, v. de la Romélie, avec un port sûr et commode, à une extrémité du golfe de même nom ; est importante par son commerce et surtout comme débouché principal d'Andrinople ; 7000 hab.

ENOTAIEVSK, pet. v. de la Russie d'Europe, gouv. d'Astrakhan ; 3000 hab.

ENQUIN, vg. de Fr., Pas-de-Calais, arr. de Montreuil-sur-Mer, cant. et poste d'Hucqueliers ; 170 hab.

ENQUIN, vg. de Fr., Pas-de-Calais, arr. de St.-Omer, cant. de Fauquembergue, poste d'Aire-sur-la-Lys ; 620 hab.

ENQUIN, ham. de Fr., Yonne, com. de St.-Maurice-le-Vieil ; 100 hab.

ENRAGÉE (pointe). *Voyez* **FORTUNE** (baie de la).

ENRIQUILLE ou **HENRIQUELLE**, **ENRIQUILO**, lac très-considérable de l'île d'Haïti, à 11 l. E. de Port-au-Prince et à 2 l. S.-O. de Neybe. Ses eaux sont claires, profondes, amères, salantes et d'un goût désagréable. Il a environ 24 l. de circuit et est peuplé d'une infinité de lézards, d'alligators et de tortues. Presque au milieu de ce lac s'élève l'île de Cabrito, avec une source d'eau douce ; elle a 2 l. de longueur sur 1 l. de large. Ce lac reçoit le Rio-Damas qui naît dans les Sierras de Baruco. Quoique ce lac soit à 10 l. de l'Océan et qu'il en soit séparé par de hautes montagnes, on y remarque le même flux et reflux, et ses eaux ont la même salure et le même poids spécifique que celles de la mer.

ENS, vg. de Fr., Hautes-Pyrénées, arr. de Bagnères-en-Bigorre, cant. de Vieille-Aure, poste d'Arreau ; 85 hab.

ENS, *Anasus, Anisus*, riv. navigable d'Autriche, affluent de droite du Danube ; elle divise l'archiduché d'Autriche en deux parties ; la partie orientale est nommée le pays au-dessous de l'Ens (Basse-Autriche) ; la partie occidentale porte le nom de pays au-dessus de l'Ens (Haute-Autriche) ; elle baigne Steyer et Ens et est grossie par le Steyer. *Voyez* **AUTRICHE** (archiduché d').

ENS, *Anasianum, Anisia*, pet. v. de la Haute-Autriche, cer. du Traun, au confluent du Danube et de l'Ens, sur une montagne élevée ; toileries, brasseries, manufactures de coton et de rubans. Tout près, sur une île du Danube, se trouve le château Spielberg ; 3000 hab.

ENSANA ou **ANSINEH**, **ENSINEH**, nom moderne des ruines d'Antinoë dans la Moyenne-Égypte. *Voyez* **ABADÉ**.

ENSAGUESOO, v. de la Haute-Guinée, côte d'Or, prov. de Toufel.

ENSAKA, v. de la Basse-Guinée, roy. d'Angola, au N. de Loando.

ENSCHEDE, v. du roy. de Hollande, prov. d'Overyssel, dist. et à 7 l. d'Almelo ; fabrication de toiles et de cotonnades ; 4300 h.

ENSCHINGEN, vg. de Fr., Haut-Rhin, arr., cant. et poste d'Altkirch ; 180 hab.

ENSIGNÉ, vg. de Fr., Deux-Sèvres, arr. de Melle, cant. et poste de Brioux ; 700 hab.

ENSISHEIM, v. de Fr., Haut-Rhin, arr. et à 5 l. S. de Colmar et à 118 l. de Paris, chef-lieu de canton et poste ; elle est située au centre d'une belle plaine, sur un bras de l'Ill ; on y remarque l'hôtel de ville, édifice d'architecture gothique, et l'ancien collége des Jésuites, fondé, en 1614, par l'archiduc Maximilien et qui sert aujourd'hui de maison centrale de détention pour huit départements. Les détenus y sont employés à divers ouvrages de fabrique, qui leur sont payés suivant un tarif établi sur les prix moyens du pays. Dans l'église paroissiale d'Ensisheim on conserve un aérolithe tombé près de cette ville, le 7 novembre 1492 ; elle pesait originairement 280 livres ; aujourd'hui son poids n'est plus que de 160 livres. Cette diminution est due à l'empressement des curieux qui en emportèrent des fragments ; 2735 hab.

Ensisheim était autrefois la capitale de l'Alsace autrichienne ; il y avait un château nommé Kœnigsbourg, dont on attribue la construction aux Habsbourg qui y résidaient souvent. Cette ville souffrit beaucoup pendant la guerre de trente ans et fut occupée successivement par les Allemands, les Suédois et les Français. Par la paix de Munster elle passa à la France, dont elle ne fut plus séparée.

ENSIVAL, vg. du roy. de Belgique, sur la Vesdre, prov. de Liége, arr. de Verviers ; fabr. de draps ; 1900 hab.

ENSOKO, v. de la Haute-Guinée, roy. de Dagoumba.

ENSOUTA, v. de la Haute-Guinée, roy. d'Achanti proprement dit, à l'O. de Tafou.

ENSUÈS, ham. de Fr., Bouches-du-Rhône, com. de Martigues ; 280 hab.

ENTLIBUCH (le bailliage d'), le plus méridional du cant. de Lucerne, est borné au N. par ceux de Willisau, Sursee et Lucerne, à l'E. par l'Unterwalden, au S. et à l'O. par l'Oberland et l'Emmenthal bernois. Il se compose surtout d'une grande vallée, large de 6 l., longue de 9 à 10, arrosée, du S.-O. au N.-E., par la Petite-Emmen, affluent de la Reuss, et élevée de 1580 pieds au-dessus du niveau de la mer. Sa population est de 19,750 habitants ; elle s'occupe presque exclusivement de l'éducation des bestiaux et de la fabrication des fromages. Gais et spirituels, attachés à leur patrie et à leur indépendance, très-adroits dans les exercices gymnastiques, ses habitants sont connus dans l'histoire de la Suisse par leurs fréquentes révoltes contre la ville de Lucerne. Le bourg du même nom est le chef-lieu du bailliage.

ENTRAGES, vg. de Fr., Basses-Alpes, arr., cant. et poste de Digne ; 300 hab.

ENTRAGUE, pet. v. du roy. de Sardaigne, intendance de Coni ; 3500 hab.

ENTRAIGNES, ham. de Fr., Indre, com. de Langé; 150 hab.

ENTRAIGUES. *Voyez* MARTIN-D'ENTRAIGUES (Saint-).

ENTRAIGUES, vg. de Fr., Isère, arr. et à 9 l. S.-S.-E. de Grenoble, chef-lieu de canton, poste de la Mure; 645 hab.

ENTRAIGUES, vg. de Fr., Puy-de-Dôme, arr. de Riom, cant. d'Ennezat, poste de Maringues; 1110 hab.

ENTRAIGUES, vg. de Fr., Vaucluse, arr., cant. et poste de Carpentras; moulins à garance; fabr. de soie; papeterie; 1615 hab.

ENTRAINS, pet. v. de Fr., Nièvre, arr. de Clamecy, cant. de Varzy, poste; 2160 h.

ENTRAMES, vg. de Fr., Mayenne, arr., cant., poste et à 2 l. S. de Laval, près de la rive gauche de la Mayenne; il avait autrefois un château fort et le titre de baronie; 1100 hab.

ENTRANGE, ham. de Fr., Moselle, com. d'OEtrange; 320 hab.

ENTRAYGUES, pet. v. de Fr., Aveyron, arr. et à 4 1/2 l. N.-O. d'Espalion, chef-lieu de canton et poste; 2980 hab.

ENTRECASTEAUX, vg. de Fr., Var, arr. de Brignolles, cant. et poste de Cotignac; 2200 hab.

ENTRECASTEAUX (d'), groupe d'îles de l'Australie ou Océanie centrale, dans l'archipel de la Louisiade; il s'étend entre 147° 57' et 148° 54' 48" de long. E., de 8° 58' à 11° 27' de lat. S. et se compose d'une quarantaine d'îles plus ou moins grandes, séparées les unes des autres par d'étroits canaux. La plupart ont des montagnes, couvertes de cocotiers jusqu'à leurs sommets. Les habitants sont des Papouas et anthropophages.

ENTRECASTEAUX (canal d'); il est situé au S.-E. de l'île de Van-Diemen, et forme l'entrée occidentale de la baie des Tempêtes, à l'embouchure du Derwent, Australie.

ENTRECASTEAUX (cap d'); il est situé sur la côte S.-O. de la Terre-de-Leuwen, continent austral, sous 34° 52' de lat. S. et 113° 40' 45" de long. E.

ENTRECHAUX, vg. de Fr., Vaucluse, arr. d'Orange, cant. et poste de Malaucène; 1110 hab.

ENTRE-DEUX-BOIS, ham. de Fr., Aisne, com. d'Étréaupont; 250 hab.

ENTRE-DEUX-EAUX, vg. de Fr., Vosges, arr. et poste de St.-Dié, cant. de Fraize; 720 hab.

ENTRE-DEUX-GUIERS, vg. de Fr., Isère, arr. de Grenoble, cant. de St.-Laurent-du-Pont, poste aux Échelles; 1740 hab.

ENTRE-DEUX-MONTS, vg. de Fr., Jura, arr. de Poligny, cant. des Planches, poste de Champagnole; 320 hab.

ENTRE-DOURO-ET-MINHO, prov. du Portugal, bornée au N. et à l'E. par la Galice, à l'E. par Tras-os-Montes, au S. par Beira, et à l'O. par l'Océan; sa superficie est de 110 milles c.

Cette province, réputée la plus belle du royaume, s'étend entre les deux rivières dont elle tire son nom; elle est sillonnée du N.-E. au S.-O. par plusieurs chaines de montagnes, dont la plus considérable est la Serra de Gerez, continuation des monts Cebrera de la Galice; elle entre sur le territoire au N.-E., à la passe de Portela-de-Homen, se dirige au S. pour rejoindre la Serra de Marao, qui tourne sur la rive gauche du Douro, au S.-O. et va se perdre dans la mer. Le point culminant de ce dernier rameau des monts Cantabares est le Murro-de-Burrageiro, qui s'élève à 4000 pieds au-dessus du niveau de la mer; la Serra de Amarella, qui sépare au N.-E. l'Espagne du Portugal; les Serras de Soazo et d'Estica, qui suivent le cours de la Lima, et la Serra Santa Catarina, qui cotoie la Taméga, s'en détachent. Ces montagnes granitiques, aux crêtes déchiquetées, sont d'un aspect sauvage; mais leurs pentes sont boisées et se terminent en beaux côteaux, qui produisent les vins renommés de Porto. Les vallées, la plupart étroites, s'élargissent vers la mer; la beauté du climat et des eaux bien distribuées les rendent très-fertiles; on ne rencontre point de landes et l'on ne trouve des flaques de sable que sur la côte, qui est bordée de falaises rocailleuses et déchirées.

Le Douro forme la limite méridionale de la province jusqu'à son embouchure, il est navigable sur tout son cours en Portugal; ses affluents sont, à droite, la Taméga et la Sousa, et à gauche, dans le Beira, la Paria. Le Minho décrit la limite septentrionale depuis Melgaço sur 14 l. et se verse dans la mer à Caminha. La Lima est la seule rivière navigable des côtes et sur 6 l. seulement. Le climat est tempéré par les vents des montagnes et les brises de la mer, et, quoique brumeux sur les côtes, il est généralement sain. Aucune province du royaume n'est aussi bien cultivée: l'habitant industrieux sait tirer parti du beau sol qu'il possède; les irrigations et l'alternation des cultures sont parfaites; malgré la grande population, on exporte du maïs et du froment; les légumes et les fruits des jardins abondent; la culture du chanvre et du lin est aussi considérable. Les vins sont une production principale; cependant ils n'atteignent point la qualité de ceux récoltés sur le Douro supérieur, ce qui peut être attribué à la mauvaise habitude de planter trop d'arbres fruitiers dans les vignes. L'huile est de mauvaise qualité. Les nombreuses forêts produisent le liége, le laurier, le cyprès, le pin, le bouleau; on y rencontre du gibier en grand nombre, mais aussi des loups. Les prés et les pâturages sont excellents; on élève de nombreux troupeaux de bêtes à cornes, des chèvres et des porcs; les chevaux sont rares; l'âne et le mulet sont les bêtes de somme ordinaires. La volaille abonde, ainsi que les abeilles. La pêche est productive dans les rivières et sur les côtes. Il n'y a pas de mines ouvertes, quoique l'on rencontre des traces de cuivre, de fer, d'étain et même d'or. On n'exploite que du grès et des pierres à feu. Braga et Guimaraës possèdent des fabriques; la province cependant n'est pas manufacturière, quoiqu'elle soit la plus industrielle du Portugal. On fabrique de la toile, des soieries et des chapeaux. Le commerce est important, Oporto étant l'entrepôt pour l'exportation des trois provinces du N.; elle consiste en vins, eaux-de-vie, maïs, peu de blé, liége, soumac et toiles. La population, évaluée à 900,000 habitants, est répartie dans 2 villes, Braga et Oporto; 24 petites villes et bourgs, et 1327 paroisses rurales. Beaucoup de cultivateurs vont chercher du travail dans les autres provinces du royaume ou passent dans le Brésil. Les habitants sont laborieux, sobres, robustes et courageux; ils ont conservé une pureté de mœurs qui ne se rencontre plus dans les autres parties du royaume.

ENTREIOLLES, ham. de Fr., Haute-Vienne, com. de Billanges; 140 hab.

ENTRE-LES-FOURGS, vg. de Fr., Doubs, com. de Jougne; 180 hab.

ENTREMONT. *Voyez* PIERRE-D'ENTREMONT (Saint-).

ENTREMONT ou **ANTREMONT**, dist. le plus étendu et le mieux peuplé du cant. de Valais; il se compose surtout des vallées de Bagnes et d'Entremont. Très-important sous le rapport géologique, riche dans ses montagnes en sites pittoresques, imposants et terribles; il est fertile en grains dans sa partie inférieure et couvert dans sa partie moyenne de pâturages et de forêts. La vallée d'Entremont, longue de 6 l., entourée de hautes montagnes, s'étend du bourg d'Orsières, au S., en remontant la Dranse jusqu'au sommet du Grand-St.-Bernard; elle est surtout remarquable par la magnifique chute d'eau du Valsorey et par la Gouille à Vassu sur le glacier de Valsorey.

ENTREPIERRES, vg. de Fr., Basses-Alpes, arr., cant. et poste de Sisteron; 470 hab.

ENTRE-RIOS, état ou prov. de la rép. Argentine, occupe la partie méridionale de la région comprise entre le Parana et l'Uruguay. Cette province est bornée par les prov. de Buénos-Ayres, de Santa-Fé, de Corrientes et par la rép. de l'Uruguay. Son étendue est évaluée à 1500 l. c. géogr., avec 32,000 (d'après d'autres 18,000) âmes. Le sol de ce pays est plat, fertile, très-bien arrosé et très-propre à l'agriculture. Mais l'éducation du bétail et des chevaux fait presque l'unique occupation des habitants. Le Gualeguay, affluent de l'Uruguay, est le principal cours d'eau dans l'intérieur de cette province.

ENTRESSEN, ham. de Fr., Bouches-du-Rhône, com. d'Istres; 100 hab.

ENTREVAUX, pet. v. forte de Fr., Basses-Alpes, arr. et à 6 l. E.-N.-E. de Castellane, chef-lieu de canton et poste; elle est défendue par une forteresse; 1660 hab.

ENTREVENNES, vg. de Fr., Basses-Pyrénées, arr. de Digne, cant. et poste des Mées; 620 hab.

ENTRY-ISLAND. *Voyez* MADELEINES (groupe d'îles).

ENTZHEIM, vg. de Fr., Bas-Rhin, arr. et poste de Strasbourg, cant. de Geispolsheim; 670 hab.

ENVAL, ham. de Fr., Puy-de-Dôme, com. de St.-Hippolyte; 200 hab.

ENVAL, ham. de Fr., Puy-de-Dôme, com. de Vic-le-Comte; 360 hab.

ENVAUX (port d'), vg. de Fr., Charente-Inférieure, com. de St.-Saturnin-de-Séchaud; 570 hab.

ENVEIGT, vg. de Fr., Pyrénées-Orientales, arr. de Prades, cant. de Saillagouses, poste de Montlouis; il a un haras; 440 hab.

ENVELAMP, ham. de Fr., Isère, com. de Chélieu; 260 hab.

ENVERMEU, b. de Fr., Seine-Inférieure, arr. et à 3 1/2 l. E. de Dieppe, chef-lieu de canton et poste; blanchisseries de cire; 1250 hab.

ENVRONVILLE, vg. de Fr., Seine-Inférieure, arr. d'Yvetot, cant. et poste de Fauville; 590 hab.

ENY (Saint-), vg. de Fr., Manche, arr. de St.-Lô, cant. et poste de Carentan; 1770 h.

ENZ, riv. qui se forme de plusieurs ruisseaux, près de Wildbad, dans le roy. de Wurtemberg; traverse le grand-duché de Bade à Pforzheim et rentre dans le premier royaume à Enzberg, pour se verser dans le Necker à Besigheim; on y flotte beaucoup de bois de la Forêt-Noire.

ENZERSDORF, pet. v. de la Basse-Autriche, cer. inférieur du Mannhartsberg, vis-à-vis de l'île de Lobau, sur le Danube; 1200 hab.

ENZILI ou **ENSELI**, v. de Perse, prov. de Ghilan, située sur la baie du même nom; un des ports marchands de la Perse sur la mer Caspienne, défendu par le fort de Ste.-Catherine, élevé par les Russes et occupé aujourd'hui par les Iraniens. La ville ne forme qu'une seule rue qui longe la côte et qui est divisée en vieille ville et ville nouvelle; la première habitée par des Tadjiks, la seconde par les Arméniens et les Russes qui se sont établis à Enzili. Le bazar est grand et toujours fourni de marchandises, et, bien que le port soit médiocre, il y vient beaucoup de bâtiments d'Astrakhan, de Bakou, de Mosdok, etc., pour charger à Enzili de la soie, du riz, du coton et d'autres productions de l'Iran.

EOUA ou **EOOA**, une de trois îles principales de l'archipel de Tonga ou des Amis, dans la Polynésie ou Océanie orientale; située à 21° 20' 30" de lat. S. et 177° 23' de long.-occ; elle a une forme presque ovale et environ 15 l. de circuit. La position de cette île est si élevée qu'on l'aperçoit en mer à plus de 16 l. de distance; elle est bien arrosée et couverte de vallées, de prairies et de vastes plantations de cannes à sucre. Le sol y est partout bien cultivé. Les habitants sont doux en apparence et assez avancés dans la civilisation; cependant, astucieux et cupides, ils s'emparent quelquefois des navires qui viennent les visiter. Cette île fut découverte en 1643 par Tasman, qui lui donna le nom de Middelbourg. Les missionnaires de la société anglaise de Wesley y ont fait de grands progrès depuis quelque temps.

EOULX, vg. de Fr., Basses-Alpes, arr., cant. et poste de Castellane; 280 hab.

EOURE ou OEures, Heoures (les), ham. de Fr., Bouches-du-Rhône, com. de Marseille; 270 hab.

EOURÍPYK, groupe de trois îles très-basses, dans l'archipel des Carolines, Polynésie ou Océanie orientale, au S. du groupe d'Ouleaï.

EOURRES, vg. de Fr., Hautes-Alpes, arr. de Gap, cant. de Ribiers, poste de Sisteron; 590 hab.

EOUX, vg. de Fr., Haute-Garonne, arr. de St.-Gaudens, cant. d'Aurignac, poste de Martres; 480 hab.

EPAGNE, vg. de Fr., Aube, arr. de Bar-sur-Aube, cant. et poste de Brienne; 290 h.

EPAGNE-ÉPAGNETTE, vg. de Fr., Somme, arr., cant. et poste d'Abbeville; 410 hab.

EPAGNETTE, ham. de Fr., Somme, com. d'Épagne-Épagnette; 120 hab.

EPAGNY, vg. de Fr., Aisne, arr. de Soissons, cant. et poste de Vic-sur-Aisne; 430 h.

EPAGNY, vg. de Fr., Côte-d'Or, arr. de Dijon, cant. et poste d'Is-sur-Tille; 220 hab.

EPAGNY, vg. de Fr., Somme, com. de Saulchoy-Épagny; papeterie; 250 hab.

EPAIGNES, vg. de Fr., Eure, arr. de Pont-Audemer, cant. et poste de Cormeilles; 2320 hab.

EPAIN (Saint-), b. de Fr., Indre-et-Loire, arr. de Chinon, cant. et poste de St.-Maure; 2130 hab.

EPANES, vg. de Fr., Deux-Sèvres, arr. de Niort, cant. de Frontenay, poste de Mauzé; 460 hab.

EPANNE, ham. de Fr., Deux-Sèvres, com. de Faye-sur-Ardin; 150 hab.

EPANNEY, vg. de Fr., Calvados, arr. et poste de Falaise, cant. de Coulibœuf; 690 h.

EPARCY, vg. de Fr., Aisne, arr. de Vervins, cant. et poste de Hirson; 90 hab.

EPARGES (les), vg. de Fr., Meuse, arr. de Verdun-sur-Meuse, cant. de Fresnes-en-Woëvre, poste de Manheulles; 380 hab.

EPARGNES, vg. de Fr., Charente-Inférieure, arr. de Saintes, cant. et poste de Cozes; 1530 hab.

EPARRES (les), vg. de Fr., Isère, arr. de la Tour-du-Pin, cant. et poste de Bourgoin; 1680 hab.

EPARS (les), ham. de Fr., Drôme, com. de Moras; 300 hab.

EPAUBOURG. *Voyez* Espaubourg.

EPAUMESNIL, vg. de Fr., Somme, arr. d'Amiens, cant. d'Oisemont, poste d'Airaines; 370 hab.

EPAUX, vg. de Fr., Aisne, arr., cant. et poste de Château-Thierry; 670 hab.

EPAYELLES. *Voy.* Courcelles-Épayelles.

EPEAUTROLLES, vg. de Fr., Eure-et-Loir, arr. de Chartres, cant. et poste d'Illiers; 250 hab.

EPÉCAMPS, vg. de Fr., Somme, arr. de Doullens, cant. et poste de Bernaville.

EPÉE (pointe de l'). *Voyez* Haïti.

EPÉE ou Appa, Appi, v. de la Haute-Guinée, côtes des Esclaves, dans le roy. de Whidah, non loin de Badagri.

EPÉGARD, vg. de Fr., Eure, arr. de Louviers, cant. et poste de Neubourg; 730 h.

EPÉHY, vg. de Fr., Somme, arr. et poste de Péronne, cant. de Roisel; fabr. de tissage de laine et coton; 2025 hab.

EPEIGNÉ-LES-BOIS, vg. de Fr., Indre-et-Loire, arr. de Tours, cant. et poste de Bléré; 440 hab.

EPEIGNE-SUR-DESME, vg. de Fr., Indre-et-Loire, arr. de Tours, cant. et poste de Neuvy-le-Roi; 530 hab.

EPELAY, ham. de Fr., Loire, com. de Sury-le-Comtal; 100 hab.

EPELUCHE, ham. de Fr., Dordogne, com. de Combéranche; 300 hab.

EPÉNANCOURT, vg. de Fr., Somme, arr. de Péronne, cant. et poste de Nesle; sucrerie indigène; 220 hab.

EPENÈDE, vg. de Fr., Charente, arr., cant. et poste de Confolens; 530 hab.

EPENOUSE, vg. de Fr., Doubs, arr. de Baume-les-Dames, cant. de Vercel, poste de Landresse; 190 hab.

EPENOY, vg. de Fr., Doubs, arr. de Baume-les-Dames, cant. de Vercel, poste du Valdahon; 400 hab.

EPENSE, vg. de Fr., Marne, arr. et poste de Ste.-Ménéhoulde, cant. de Dommartin-sur-Yèvre; fabr. de poterie fine; 370 hab.

EPERCIEUX-SAINT-PAUL, vg. de Fr., Loire, arr. de Montbrison, cant. et poste de Feurs; 390 hab.

EPERCY, ham. de Fr., Jura, com. de Jeurre; 200 hab.

EPERIES, *Aperiascio*, *Eperiesinum*, v. de Hongrie, cer. en deçà de la Theiss, chef-lieu du comitat de Sarosch, sur le Toriza; siége des autorités du cercle et d'un évêque; collége luthérien; gymnase catholique; fabrication de toile et de draps; commerce en vin, toile, grains et bestiaux; 8000 hab.

EPERLECQUES, vg. de Fr., Pas-de-Calais, arr. et poste de St.-Omer, cant. d'Ardres; 1830 hab.

EPERNAY, vg. de Fr., Côte-d'Or, arr. de Dijon, cant. et poste de Gevrey; 170 hab.

EPERNAY, *Asprencia*, *Espernacum*, *Sparnacum*, v. de Fr., Marne, chef-lieu d'arrondissement, à 7 l. O.-N.-O. de Châlons; siégo de tribunaux de première instance et de commerce, conservation des hypothèques et direction des contributions indirectes; elle est située sur la rive gauche de la Marne, à l'extrémité d'une belle vallée, dans la partie la plus fertile du département; les coteaux qui l'environnent produisent les meilleurs vins de la Champagne. De vastes caves sont creusées dans le flanc de ces coteaux crayeux, et servent de dépôt à une quantité immense de bouteilles de vin, rangées en couches symétriques sous ces voûtes profondes. Cette ville, très-irrégulière et mal percée, est propre et bien bâtie, elle possède un collége communal, une bibliothèque de 10,000 volumes et une petite salle de spectacle. On y fabrique de la bonneterie, de la poterie et des cuirs; filat. hydraul. de laine. Le vin y est l'objet d'un commerce considérable. Dans les environs, sables blancs pour glaces et cristaux. Foires: les 22 juillet, 14 septembre, samedi avant la Toussaint et samedi de la troisième semaine de carême; 5457 hab.

Épernay est une ville très-ancienne, qui, du temps de Clovis, était déjà fortifiée. Dans la guerre barbare entre Frédégonde et Brunehaut, cette ville fut prise et dévastée deux fois. Au neuvième siècle, lors de l'invasion des Normands, Hincmar, archevêque de Reims, s'y réfugia et y transporta le corps de saint Remi, pour le mettre à couvert de la profanation. Vers le milieu du onzième siècle, Eudes y fit construire un couvent de chanoines, auquel Épernay dut en partie son accroissement. En 1545, François 1er y fit mettre le feu, pour empêcher Charles-Quint de s'emparer des provisions qu'elle contenait. Il la fit rebâtir et lui accorda plusieurs priviléges, pour la dédommager des pertes qu'elle avait éprouvées. Pendant les guerres de la ligue, elle fut prise successivement par les protestants et par les Espagnols. Elle ne se rendit à Henri IV, en 1592, qu'après une résistance opiniâtre, dans laquelle le premier maréchal de Biron eut la tête emportée par un boulet.

EPERNON, *Sparnonum, Sparno*, v. de Fr., Eure-et-Loir, arr. et à 5 l. N.-E. de Chartres, cant. de Maintenon, posté. Cette petite ville, assez mal bâtie, s'élève en amphithéâtre sur une haute colline; la partie haute de la ville est très-ancienne et parsemée de ruines d'édifices du moyen âge; la partie basse est plus moderne et mieux construite; fabr. de draps et de plâtre; lavoirs à laine; commerce de grains; 1560 hab.

Henri III érigea Épernon en duché-pairie en faveur de l'un de ses mignons, devenu célèbre sous le nom de duc d'Épernon.

EPERRAY, vg. de Fr., Orne, arr. de Mortagne-sur-Huine, cant. de Pervenchères, poste de Bellême; 690 hab.

EPERTUILLY, vg. de Fr., Saône-et-Loire, arr. d'Autun, cant. d'Épinac, poste de Nolay; 220 hab.

EPERVANS, vg. de Fr., Saône-et-Loire, arr., cant. et poste de Châlon-sur-Saône; 800 hab.

EPERVIER (l'), ham. de Fr., Saône-et-Loire, com. de Gigny; 320 hab.

EPESSES (les), vg. de Fr. Vendée, arr. de Bourbon-Vendée, cant. et poste des Herbiers; 1480 hab.

EPEUGNEY, vg. de Fr., Doubs, arr. de Besançon, cant. de Quingey, poste d'Ornans; 400 hab.

EPFIG, b. de Fr., Bas-Rhin, arr. de Schléstadt, cant. et poste de Barr; 2450 h.

EPHÈSE, g. a., la célèbre capitale de l'Ionie, dans l'Asie Mineure, fondée, selon la tradition, par les Amazones, était le centre du commerce de l'Asie occidentale et renommée par son excellent port. Détruite à différentes reprises par la guerre ou des tremblements de terre, elle se relevait toujours plus brillante. Son principal édifice était l'Artemision ou temple de Diane, situé entre le port et la ville, et rangé parmi les merveilles du monde. L'architecture de ce temple était d'ordre ionien; il avait 425 pieds de longueur sur 220 de largeur, et était orné de 127 colonnes de marbre, hautes de 60 pieds; les plus habiles artistes de la Grèce avaient sculpté et peint son intérieur, et pendant deux cent vingt ans les peuples de l'Asie Mineure avaient travaillé à son érection. Brûlé par le fameux Hérostrate, l'an 356 avant J.-C., le temple fut rebâti avec plus de magnificence encore; les Éphésiens donnèrent leur argent, les femmes leurs bijoux. Un misérable village turc, Ayasalouk, occupe aujourd'hui une partie de l'emplacement d'Éphèse; des voyageurs ont reconnu parmi les ruines les restes du stadium et du théâtre, les débris d'un temple magnifique et des voûtes immenses, qu'on attribue au deuxième temple de Diane.

EPHRAIM, g. a., tribu de Palestine, était bornée à l'E. par le Jourdain, au N. par la moitié de la tribu de Manassé et la tribu d'Issachar, à l'O. par la Méditerranée et au S. par Dan et Benjamin.

EPHRATA, g. a., contrée près de Bethlehem, en Judée.

EPIAIS, vg. de Fr., Loir-et-Cher, arr. de Vendôme, cant. de Selommer, poste d'Oucques; 160 hab.

EPIAIS-LÈS-LOUVRES, vg. de Fr., Seine-et-Oise, arr. de Pontoise, cant. de Luzarches, poste de Louvres; 130 hab.

EPIAIS-RUS, vg. de Fr., Seine-et-Oise, arr. de Pontoise, cant. et poste de Marines; 550 hab.

EPIDAURUS-LIMERA, eptarchie du roy. de Grèce, dans la Laconie; elle renferme les ruines de l'ancienne ville de ce nom; son chef-lieu est Monembasie.

EPIEDS, vg. de Fr., Aisne, arr., cant. et poste de Château-Thierry; 420 hab.

EPIEDS, vg. de Fr., Eure, arr. d'Évreux, cant. et poste de St.-André; 410 hab.

EPIEDS, vg. de Fr., Maine-et-Loire, arr. de Saumur; cant. de Montreuil-Bellay; 672 h.
EPIEDS (Loiret). *Voyez* Espieds.
EPIEZ, ham. de Fr., Moselle, com. de Charencey; 240 hab.
EPIEZ, vg. de Fr., Meuse, arr. de Commercy, cant. et poste de Vaucouleurs; 240 h.
EPIFANE, v. de la Russie d'Europe, gouv. de Toula; 2000 hab.
EPILA, b. d'Espagne, sur le Xalon, roy. d'Aragon, prov. de Saragosse; 3200 hab.
EPINAC, vg. de Fr., Saône-et-Loire, arr. et à 4 l. E. d'Autun, chef-lieu de canton et poste; verrerie; grande exploitation de houille. Un chemin de fer conduit de ce village jusqu'au canal de Bourgogne; 2050 h.
EPINAI-LE-COMTE (l'), vg. de Fr., Orne, arr. et poste de Domfront, cant. de Passais; 1190 hab.
EPINAL, v. de Fr., Vosges, à 72 l. E.-S.-E. de Paris, chef-lieu du département; siège d'un tribunal de première instance, de directions des contributions directes et indirectes, d'une direction des domaines, conservation des hypothèques, chef-lieu de la neuvième conservation forestière et résidence d'un ingénieur en chef des ponts-et-chaussées. Cette ville est située dans une vallée assez profonde, sur la Moselle, qui la divise en deux parties : l'une, située sur la rive droite, se nomme la grande ville; l'autre, appelée petite ville, s'étend sur la rive gauche et communique par trois ponts avec le faubourg de l'Hospice. Le Grand-Pont et le Pont-Neuf établissent la communication entre les deux villes. Les rues d'Épinal sont propres, mais étroites et sinueuses; un grand nombre de maisons sont petites et mal construites; cependant on a fait beaucoup d'améliorations sous ce rapport, et des constructions plus élégantes remplaceront insensiblement tous les bâtiments de mauvais goût que l'on y aperçoit encore. Les édifices publics sont spacieux et dignes de leur destination; les plus remarquables sont : l'église paroissiale, monument du dixième siècle; l'hôtel de la préfecture, dont la construction a été terminée en 1828; l'hôtel de ville, construit sous le règne de Stanislas; l'hospice, dans le faubourg qui en porte le nom; c'est un bâtiment aussi beau que solide, qui n'existe que depuis une vingtaine d'années; des halles spacieuses; le palais de justice et les casernes. La ville possède plusieurs places publiques, deux jolies promenades, un collège, une école de dessin linéaire et de musique, une société d'émulation, un musée de tableaux et d'antiquités, une bibliothèque de 18,000 volumes et une salle de spectacle. Nous devons mentionner aussi le beau jardin de M. Doublat, situé sur le sommet où se trouvent les ruines du vieux château, seul reste des anciennes fortifications d'Épinal. Fabr. de dentelles, de broderies, d'imagerie, de cartes à jouer, de papiers peints, de produits chimiques; manufacture de faïence; ateliers de préparation pour marbres et pierres lithographiques; carrière de grès, qu'on emploie dans les fabriques de verre et de faïence; commerce en grains, vins, chevaux, bestiaux, papier, planches, fils, toiles et broderies. Foires : le premier et le troisième mercredi de chaque mois; 9526 hab.

Épinal doit son origine à une église et à un monastère, que Théodoric Ier, évêque de Metz, fonda en cet endroit en 980. Les évêques de Metz restèrent en possession de cette ville jusqu'au quinzième siècle; en 1444 elle se donna à Charles VII, roi de France, qui la conserva malgré les réclamations de l'évêque de Metz. Louis XI la céda, en 1465, à Thiébaut de Neufchâtel, maréchal de Bourgogne; mais les habitants s'opposèrent à cette cession et choisirent pour seigneur le duc Jean de Calabre. Épinal passa, peu de temps après, sous la domination des ducs de Lorraine et eut beaucoup à souffrir de la guerre entre le duc de Bourgogne, Charles-le-Téméraire, et René II, duc de Lorraine. Charles s'en empara, en 1475, après un siége de neuf jours : René le reprit onze mois après. Pendant la guerre de trente ans la ville fut prise deux fois par les Français. En 1649 elle fut vainement assiégée par les troupes françaises, sous les ordres du maréchal de La Ferté; mais, assiégée de nouveau, en 1670, par le maréchal de Créqui, elle fut, malgré une vigoureuse résistance, forcée de capituler et de consentir à la démolition de ses fortifications. Restituée au duc de Lorraine, Charles IV, en 1674, cette ville n'a plus été le théâtre d'aucun événement remarquable.

EPINANT, vg. de Fr., Haute-Marne, arr. de Langres, cant. et poste de Montigny-le-Roi; 280 hab.
EPINARD (l'), ham. de Fr., Creuse, com. de Rougnat; 100 hab.
EPINASSY, ham. de Fr., Saône-et-Loire, com. de Changy; 200 hab.
EPINAY. *Voyez* Cartigny-l'Épinay.
EPINAY, vg. de Fr., Eure, arr. et poste de Bernay, cant. de Beaumesnil; 590 hab.
EPINAY, ham. de Fr., Seine-Inférieure, com. de St.-Maclon-de-Folleville; 290 hab.
EPINAY-CHAMPLATREUX, vg. de Fr., Seine-et-Oise, arr. de Pontoise, cant. et poste de Luzarches; 130 hab.
EPINAY-SAINTE-BEUVE, ham. de Fr., Seine-Inférieure, com. de Ste.-Beuve-en-Rivière; 120 hab.
EPINAY-SOUS-SENARD, vg. de Fr., Seine-et-Oise, arr. de Corbeil, cant. de Boissy-St.-Léger, poste de Brunoy; 200 h.
EPINAY-SUR-DUCLAIR, vg. de Fr., Seine-Inférieure, arr. de Rouen, cant. et poste de Duclair; 320 hab.
EPINAY-SUR-ODON, vg. de Fr., Calvados, arr. de Caen, cant. et poste de Villers-Bocage; 970 hab.

EPINAY-SUR-ORGE, vg. de Fr., Seine-et-Oise, arr. de Corbeil, cant. et poste de Lonjumeau; 540 hab.

EPINAY-SUR-SEINE, vg. de Fr., Seine, arr. et cant. de St.-Denis, poste; fabr. de sondes pour puits artésiens ; 1010 hab.

EPINE (l'), vg. de Fr., Hautes-Alpes, arr. de Gap, cant. et poste de Serres; 680 h.

EPINE (l'), ham. de Fr., Aube, com. de St.-Germain; 300 hab.

EPINE (l'), vg. de Fr., Marne, arr. et poste de Châlons-sur-Marne, cant. de Marson ; 460 hab.

EPINE, vg. de Fr., Nord, com. de Solre-le-Château ; ferme modèle; 2270 hab.

EPINE (Haute-). *Voyez* HAUTÉPINE.

EPINE (l'), ham. de Fr., Vendée, com. de Noirmoutiers ; 600 hab.

EPINEAU-LE-CHEVREUIL, vg. de Fr., Sarthe, arr. du Mans, cant. de Loué, poste de Coulans; 1050 hab.

EPINEAU-LES-VOVES, vg. de Fr., Yonne, arr. et cant. de Joigny, poste de Bassou; 450 hab.

EPINE-AUX-BOIS (l'), vg. de Fr., Aisne, arr. de Château-Thierry, cant. de Charly, poste de Viels-Maisons; 420 hab.

EPINE-DU-MONDE. *Voyez* LUPATA (monts).

EPINE-LES-BRUYÈRES (l'), vg. de Fr., Pas-de-Calais, arr., cant. et poste de Montreuil-sur-Mer; 510 hab.

EPINETTE (l'), ham. de Fr., Nord, com. de Houplines; 220 hab.

EPINEUIL, vg. de Fr., Cher, arr. de St.-Amand-Mont-Rond, cant. de Saulzais-le-Poitier, poste de Meaulne; 1070 hab.

EPINEUIL, vg. de Fr., Yonne, arr., cant. et poste de Tonnerre; commerce de vins; 620 hab.

EPINEUSE, vg. de Fr., Oise, arr. et cant. de Clermont, poste d'Estrées-St.-Denis; 270 hab.

EPINEUX-LE-SÉGUIN, vg. de Fr., Mayenne, arr. de Laval, cant. et poste de Meslay; 540 hab.

EPINEY, ham. de Fr., Eure-et-Loir, com. de Moutiers; 150 hab.

EPINIAC, vg. de Fr., Ille-et-Vilaine, arr. de St.-Malo, cant. et poste de Dol ; 2080 h.

EPINONVILLE, vg. de Fr., Meuse, arr. de Montmédy, cant. de Montfaucon, poste de Varennes-en-Argonne; 430 hab.

EPINOUSE. *Voyez* ESPINOUSE.

EPINOUZE, ham. de Fr., Drôme, com. de Maras; 830 hab.

EPINOY, ham. de Fr., Nord, com. de Clairfaits; 440 hab.

EPINOY, vg. de Fr., Pas-de-Calais, arr. d'Arras, cant. de Marquion, poste de Cambrai; 960 hab.

EPINOY (l'), ham. de Fr., Pas-de-Calais, com. de Lépinoy; 320 hab.

EPIRE, g. a., contrée de Grèce ; était bornée à l'E. par la Thessalie, au N. par l'Illyrie grecque, à l'O. par la mer Ionienne, et au S. par le golfe d'Ambracius et l'Étolie. L'Épire fut, environ 300 ans avant J.-C., un royaume puissant, gouverné par Pyrrhus ; elle fut plus tard régie par un magistrat électif et tomba ensuite au pouvoir des Romains. Conquise par les Turcs, au quatorzième siècle, elle forme de nos jours le pachalik de Janina.

EPIRY, vg. de Fr., Nièvre, arr. de Clamecy, cant. et poste de Corbigny ; 570 hab.

EPISY, vg. de Fr., Seine-et-Marne, arr. de Fontainebleau, cant. et poste de Maret; 290 hab.

EPIZON, vg. de Fr., Haute-Marne, arr. de Vassy, cant. de Poissons, poste de Sailly ; 370 hab.

EPLESSIER, vg. de Fr., Somme, arr. d'Amiens, cant. et poste de Poix ; 410 hab.

EPLUCHES, vg. de Fr., Seine-et-Oise, com. de St.-Ouen-l'Aumône; 100 hab.

EPLY, vg. de Fr., Meurthe, arr. de Nancy, cant. de Nomény, poste de Pont-à-Mousson; 690 hab.

EPOISSES, vg. de Fr., Côte-d'Or, arr. et cant. de Sémur, poste; établissement d'agriculture et d'horticulture ; grand commerce de grains et de fourrages; 1040 hab.

EPONE, vg. de Fr., Seine-et-Oise, arr. et cant. de Mantes, poste; 910 hab.

EPOTHÉMONT, vg. de Fr., Aube, arr. de Bar-sur-Aube, cant. de Soulaines, poste de Brienne; tuileries; 300 hab.

EPOURDON, vg. de Fr., Aisne, com. de Bertaucourt-Epourdon; 200 hab.

EPOUVILLE, vg. de Fr., Seine-Inférieure, arr. du Hâvre, cant. et poste de Montivilliers ; fabr. de noir animal ; papeteries ; 620 hab.

EPOYE, vg. de Fr., Marne, arr. de Reims, cant. de Beine, poste d'Isles-sur-Suippe; 480 hab.

EPPES, vg. de Fr., Aisne, arr., cant. et poste de Laon ; 410 hab.

EPPE-SAUVAGE, vg. de Fr., Nord, arr. d'Avesnes, cant. et poste de Trélon; scierie de marbre; fabr. de lames de scies pour marbre; commerce de bestiaux gras ; 875 h.

EPPEVILLE, vg. de Fr., Somme, arr. de Péronne, cant. et poste de Ham ; 380 hab.

EPPING, vg. de Fr., Moselle, arr. de Sarreguemines, cant. de Volmunster, poste de Rorbach; 830 hab.

EPPING, b. d'Angleterre, comté d'Essex ; son beurre est très-estimé ; 1500 hab.

EPPINGEN, v. du grand-duché de Bade, cer. du Rhin-Moyen ; renferme une belle église gothique; 2900 hab.

EPPSTEIN, b. du duché de Nassau, bge de Kœnigstein; 700 hab. Dans sa proximité se trouvent une source d'eau minérale et les ruines du château d'Eppstein.

EPRÉTOT, vg. de Fr., Seine-Inférieure, arr. du Hâvre, cant. et poste de St.-Romain ; 500 hab.

EPREVILLE, vg. de Fr., Eure, arr. de Louviers, cant. et poste de Neubourg; 630 h.

EPREVILLE, vg. de Fr., Seine-Inférieure, arr. du Hâvre, cant. et poste de Fécamp; 690 hab.

EPREVILLE-EN-LIEUVIN, vg. de Fr., Eure, arr. de Pont-Audemer, cant. de St.-Georges-du-Vièvre, poste de Lieurey; 660 h.

EPREVILLE-EN-ROMOIS, vg. de Fr., Eure, arr. de Pont-Audemer, cant. de Bourgtheroulde, poste de Bourgachard; 618 hab.

EPREVILLE-MARTAINVILLE, vg. de Fr., Seine-Inférieure, arr. de Rouen, cant. et poste de Darnetal; 460 hab.

EPRON, vg. de Fr., Calvados, arr., cant. et poste de Caen; 200 hab.

EPS-HERBEVAL, vg. de Fr., Pas-de-Calais, arr. et poste de St.-Paul-sur-Ternoise, cant. d'Heuchin; 410 hab.

EPSOM ou **EPSHAM**, *Thermæ Ebeshamenses*, pet. v. d'Angleterre, comté de Surry; bains minéraux; 3000 hab.

EPTE, riv. de Fr., a sa source dans le dép. de la Seine-Inférieure, près de Gaillefontaine, cant. de Forges-les-Eaux, arr. de Neufchâtel; elle coule du N. au S., passe à Gournay, entre dans le dép. de l'Eure, qu'elle sépare de celui de l'Oise, passe à Gisors et se jette dans la Seine à 1 l. au-dessus de Vernon, après 18 l. de cours.

EPUISAY, vg. de Fr., Loir-et-Cher, arr. de Vendôme, cant. de Savigny, poste de Montdoubleau; 990 hab.

EPVRE (Saint-), vg. de Fr., Meurthe, arr. de Château-Salins, cant. et poste de Delme; 210 hab.

EPY, vg. de Fr., Jura, arr. de Lons-le-Saulnier, cant. de St.-Julien, poste de St.-Amour; 170 hab.

EQUAINVILLE, vg. de Fr., Eure, arr. de Pont-Audemer, cant. et poste de Beuzeville; 420 hab.

EQUANCOURT, vg. de Fr., Somme, arr. et poste de Péronne, cant. de Combles; 890 hab.

EQUATEUR ou **ECUADOR**, dép. de la rép. colombienne du même nom, traversé par l'équateur dont il tire son nom. Il est borné au N. par la Nouvelle-Grenade, à l'E. et au S. par le dép. d'Assuay, au S.-O. et à l'O. par le dép. de Guayaquil. Son étendue est évaluée à 2800 l. c. g., avec 308,000 hab. C'est un pays très-montagneux à l'O., où les Andes élèvent leurs plus hauts sommets, tels que le Chimborazo, le Corazon, le Pichinga, l'Antisana, le Cotopaxi, le Capac-Urcu, etc. Ces montagnes forment de charmantes vallées fertilisées par de nombreuses rivières; mais elles offrent aussi des gorges affreuses d'où se précipitent avec impétuosité de fougueux torrents. A l'E. le sol s'aplatit et est d'une extrême fertilité; les eaux y coulent avec moins de fureur et baignent de riches villes et de vastes plantations de sucre et de coton. Tous les fleuves de ce pays sont tributaires du Maragnon et coulent vers l'E.; ce sont: le Putumayo, le Rio-Napo, le Rio-Tigre, le Pastazo, etc. Quelques-uns de ces cours d'eau charrient de l'or, dont les lavages étaient autrefois très-importants. Des lacs, dont quelques-uns ont une superficie très-considérable, s'étendent sur les montagnes et dans les environs des fleuves de ce département. Le règne minéral n'y offre pas la richesse et la variété des règnes animal et végétal. Le sel en est le produit le plus important.

La civilisation paraît avoir pénétré de bonne heure dans ces contrées, où l'on trouve encore de vastes et remarquables ruines de temples et d'autres constructions péruviennes. De nombreuses hordes indiennes, parmi lesquelles des descendants des anciens Péruviens, errent dans les montagnes et dans les immenses forêts de l'O. Ils cultivent du maïs, des patates et du poivre, et se livrent à la chasse, à l'éducation du bétail et à la pêche. Ces deux derniers articles sont d'une grande importance pour ce pays. Dans les villes on entretient quelques manufactures de draps et de coton; cependant l'industrie attend un développement plus étendu.

Le commerce de ce pays, si riche en ressources de toute espèce, se trouve entravé par le manque de moyens de communication. Il consiste dans l'exportation de viande salée, de beurre, de fromage, de cire, de cochenille, de salsepareille, de blé, de cacao, de coton, de sel, de quinquina, de mulets, de tabac et de divers produits des manufactures et fabriques du pays, tels que tapis, toiles, couvertures, draps, cigarres, etc., et dans l'importation d'articles européens, tels que toiles de toute espèce, bas, draps fins, vins, eaux-de-vie, huiles, confitures, etc. La principale place de commerce est Quito, d'où les marchandises partent pour les provinces voisines et pour le Pérou.

Le dép. de l'Equateur est divisé en 3 provinces: Pichincha, Chimborazo et Imbabura. Les îles Gallopagos, dans l'Océan Pacifique, en dépendent; capitale: Quito.

EQUEMANVILLE, vg. de Fr., Calvados, arr. de Pont-l'Évêque, cant. et poste de Honfleur; 530 hab.

EQUENNES, vg. de Fr., Somme, arr. d'Amiens, cant. et poste de Poix; 380 hab.

EQUEURDREVILLE, vg. de Fr., Manche, arr. et poste de Cherbourg, cant. d'Octeville; 1610 hab.

EQUEVILLEY, vg. de Fr., Haute-Saône, arr. de Vesoul, cant. de Port-sur-Saône, poste de Faverney; 550 hab.

EQUEVILLON, vg. de Fr., Jura, arr. de Poligny, cant. et poste de Champagnole; 220 hab.

EQUILLY, vg. de Fr., Manche, arr. de Coutances, cant. de Bréhal, poste de Gavray; 580 hab.

EQUIQUEVILLE, ham. de Fr., Seine-Inférieure, com. de St.-Vast-d'Équiqueville; 170 hab.

EQUIRRES, vg. de Fr., Pas-de-Calais, arr. et poste de St.-Pol-sur-Ternoise, cant. d'Heuchin; 130 hab.

ERACLÉA, ancienne v. du roy. Lombard-Vénitien, gouv. et délégation de Venise, située sur une péninsule formée par les embouchures de la Livenza et de la Piava. Lieu insignifiant jusqu'en 626, où elle devint une ville florissante, à cause des nombreux réfugiés d'Oderzo qui s'y fixèrent. C'est dans cette ville qu'en 697 fut élu le premier doge de la rép. de Venise, dont elle fut la capitale jusqu'en 742. Détruite par les Hongrois au neuvième siècle, Eraclée fut entièrement abandonnée; les alluvions des fleuves changèrent tellement la configuration du sol qui l'environnait, que son emplacement est aujourd'hui à peine reconnaissable.

ERAGNY-SUR-EPTE, vg. de Fr., Oise, arr. de Beauvais, cant. de Chaumont-en-Vexin, poste de Gisors; 500 hab.

ERAGNY-SUR-OISE, vg. de Fr., Seine-et-Oise, arr., cant. et poste de Pontoise; 930 hab.

ERAINE, ham. de Fr., Oise, com. de Bailleul-le-Soc; 160 hab.

ERAINES, vg. de Fr., Calvados, arr., cant. et poste de Falaise; 330 hab.

ERAKONG, une des îles les plus importantes de l'archipel de Palaos ou Pelew, dans la Polynésie ou Océanie orientale.

ERAMECOURT, ham. de Fr., Somme, arr. d'Amiens, cant. et poste de Poix; 120h.

ERARAMOUN, b. de la Moyenne-Égypte, prov. de Minyeh, non loin d'Achmouneyn; raffineries de sucre.

ERASMO (San-), pet. île au S.-O. de Venise; ses habitants s'adonnent au jardinage, dont les produits alimentent les marchés de cette capitale.

ERAVILLE, vg. de Fr., Charente, arr. de Cognac, cant. et poste de Châteauneuf-sur-Charente; 280 hab.

ERBACH, v. du grand-duché de Hesse-Darmstadt, principauté de Starkenbourg, avec un château, résidence des comtes d'Erbach. Elle est située sur le Mumling; dans une étroite vallée, entourée de hautes montagnes. Le château est remarquable par sa salle dite des chevaliers, ses collections d'armures et d'antiquités grecques et romaines. Dans son voisinage se trouve, à 1553 pieds d'élévation, le château de chasse d'Eulbach, avec de beaux jardins anglais et où se tenait une foire renommée, qui a été transférée à Erbach; 2000 hab.

ERBAGGIO, ham. de Fr., Corse, com. de Scolca; 150 hab.

ERBAGGIO, ham. de Fr., Corse, com. de Nocario; 110 hab.

ERBAJOLO, vg. de Fr., Corse, arr. et poste de Corte, cant. de Piedicorte-de-Gaggio; 430 hab.

ERBALUNGA, ham. de Fr., Corse, com. de Brando; 300 hab.

ERBENDORF, b. de la Bavière, dist. et à 3 l. de Kemnath, cer. du Mein-Supérieur, mines de plomb; 1400 hab.

ERBÉVILLER, vg. de Fr., Meurthe, arr. de Nancy, cant. et poste de St.-Nicolas-du-Port; 110 hab.

ERBIL ou **ARBIL**, l'ancienne *Arbeles*, v. de la Turquie d'Asie, eyalet de Chehrezour. Elle a une grande étendue, mais peu d'habitants. Les 3 à 4000 Kourdes, Turcs, Arabes, Juifs et Persans qui y vivent fabriquent de la toile, des étoffes de coton et de grosses couvertures de laine qui garantissent de l'humidité. On croit que le village d'Enkewal, situé dans son voisinage, est la Gaugamela où Alexandre vainquit Darius et mit fin à l'empire perse (331 ans avant J.-C.). Les tombeaux des rois perses, qui se trouvaient à Arbèles, ont été détruits par l'empereur Caracalla.

ERBLON (Saint-), vg. de Fr., Ille-et-Vilaine, arr., cant. et poste de Rennes; 1350 hab.

ERBLON (Saint-), vg. de Fr., Mayenne, arr. de Château-Gontier, cant. de St.-Agnan-sur-Roé, poste de Pouancé; 270 hab.

ERBRAY, vg. de Fr., Loire-Inférieure, arr. et poste de Châteaubriant, cant. de St.-Julien-de-Vouvantes; 2120 hab.

ERBRÉE, vg. de Fr., Ille-et-Vilaine, arr., cant. et poste de Vitré; 1670 hab.

ERCE, vg. de Fr., Arriège, arr. et poste de St.-Girons, cant. d'Oust; 3260 hab.

ERCÉ-EN-LAMÉE, b. de Fr., Ille-et-Vilaine, arr. de Rédon, cant. et poste de Bain; 3190 hab.

ERCÉ-PRÈS-LIFFRÉ, vg. de Fr., Ille-et-Vilaine, arr. de Rennes, cant. et poste de Liffré; 1590 hab.

ERCEVILLE, vg. de Fr., Loiret, arr. de Pithiviers, cant. d'Outarville, poste d'Angerville; 420 hab.

ERCHES, vg. de Fr., Somme, arr., cant. et poste de Montdidier; 320 hab.

ERCHEUX, vg. de Fr., Somme, arr. de Montdidier, cant. de Roye, poste de Nesle; 1010 hab.

ERCHIN, vg. de Fr., Nord, arr. et poste de Douai, cant. d'Arleux; 490 hab.

ERCHING, vg. de Fr., Moselle, arr. de Sarreguemines, cant. de Volmunster, poste de Rorbach; 580 hab.

ERCOURT, vg. de Fr., Somme, arr. et poste d'Abbeville, cant. de Moyenneville; 370 hab.

ERCUIS, vg. de Fr., Oise, arr. de Senlis, cant. de Neuilly-en-Thelle, poste de Chambly; filat. de soie; 610 hab.

ERDELY-ORSZAY. *Voyez* TRANSYLVANIE.

ERDENOUTCH ou **ARDANEUDJI**, v. de la Turquie d'Asie, eyalet de Kars, chef-lieu de sandschak; est située sur une haute montagne et n'est accessible que par un chemin étroit taillé dans le roc. Les Turcs la regardent comme une de leurs meilleures forteresses. Elle est située dans la partie de la Géorgie qui est restée à l'empire ottoman.

ERDEVEN, vg. de Fr., Morbihan, arr. de Lorient, cant. de Blez, post d'Auray; 2960 h.

ERDHOLMEN, nom des trois îles danoises Christianso, Frederiksholm et Græsholmen, situées au N.-O. de l'île de Bornholm.

ERDING, pet. v. de Bavière, chef-lieu de district, cer. de l'Isar, à 4 l. de Freising, sur la Sempt; fabr. d'étoffes de laine; tanneries; éducation de brebis; riches récoltes et marchés de blé; plusieurs fondations philanthropiques. Erding a eu à souffrir par les Suédois en 1632 et 1634; 1900 hab. Le district a 27,500 hab., sur 14 milles c.

ERDŒD, b. de Hongrie, cer. au-delà de la Theiss, comitat de Szathmar; les produits de ses verreries sont très-estimés; 1200 hab.

ERDRE, riv. de Fr., a sa source dans le dép. de Maine-et-Loire, à quelques lieues E. de Candé, arr. de Segré; elle coule de l'E. à l'O., entre dans le dép. de la Loire-Inférieure, près de St.-Mars, passe à Joué et à Nort; se dirigeant de là vers le S., elle va se jeter dans la Loire à Nantes, après un cours de 25 l., dont 6 de navigation. Cette rivière, à laquelle aboutit le canal de Nantes à Brest, présente sur ses bords les sites les plus pittoresques et les points de vue les plus délicieux.

ERDWEIS, vg. de la Basse-Autriche, cer. supérieur du Mannhartsberg, sur la frontière de la Bohême et dans le voisinage de la forêt de son nom. Mine de fer, forge, verrerie.

ERDZINDJAN, v. de la Turquie d'Asie, eyalet d'Erzeroum. Elle est située sur l'Euphrate, au milieu d'une contrée extrêmement fertile et bien peuplée. Les auteurs nationaux lui accordent jusqu'à 30,000 habitants; mais les voyageurs réduisent ce chiffre des quatre cinquièmes. L'ancienne ville était célèbre par le culte de la déesse Anahid, dont les autels furent renversés par saint Grégoire. Aujourd'hui sa seule importance consiste dans ses mûriers et dans la laine de ses troupeaux.

ERÉAC, vg. de Fr., Côtes-du-Nord, arr. de Dinan, cant. et poste de Broons; 1270 h.

EREBY. *Voyez* SMITHS (île de).

EREGLI, *Claudiopolis*, v. de la Turquie d'Asie, eyalet de Caramanie, sur l'Ardost; fait quelque commerce favorisé par le passage de la caravane qui va de Constantinople à Damas.

EREGOUF, groupe d'îles de la chaîne de Radak, dans l'archipel des îles Marshall (archipel Central de Balbi), Polynésie ou Océanie orientale, sous 9° 24′ 57″ lat. N. et 167° 37′ long. E.; il se compose de dix-sept îles basses, dont la plus considérable, qui donne son nom au groupe, paraît seule habitée.

EREGRI, *Heraclea Ponti*, v. de la Turquie d'Asie, eyalet d'Anadoli, est située sur la mer Noire et possède une bonne rade; fabr. de toile; exportation de bois de construction; chantiers; 6000 hab.

EREXLI, *Heraclea Thraciæ*, v. de la Romélie, siége d'un évêché grec, mais déchue et habitée seulement par des pêcheurs.

EREWASH, canal d'Angleterre, parallèle à la rivière de ce nom; fait arriver au Trent les houilles de Derby; a plusieurs ramifications.

ERFELDEN, vg. dans le grand-duché de Hesse-Darmstadt, prov. de Starkenbourg; il est sur le bord du Rhin, et tout près est la colonne, haute de 56 pieds, érigée par Gustave-Adolphe, en mémoire du passage de ce fleuve par son armée; 700 hab.

ERFURT, *Erfordia*, v. de Prusse, située dans une contrée fertile, sur la Géra, ancienne capitale de la Thuringue, aujourd'hui chef-lieu de la régence de même nom, prov. de Saxe. Quoique considérée comme forteresse de second rang, elle est d'une haute importance pour la défense de la Prusse méridionale. Elle a deux citadelles, le fort St.-Pierre dans son enceinte et le fort Cyriaque en dehors. Cette ville étendue est entrecoupée par les bras de la Géra et par de nombreux et beaux jardins, ce qui lui donne un aspect fort pittoresque; elle est assez bien bâtie et a de belles places, parmi lesquelles on remarque celle de Frédéric-Guillaume, ornée de belles plantations et d'un monument de l'électeur Charles-Joseph; cette place doit son agrandissement à un incendie, éclaté pendant le siége de 1813. Erfurt renferme 17 églises dont 8 catholiques; la cathédrale possède une cloche renommée, appelée Suzanne, fondue en 1497 par Eckard Kempen; elle pèse 275 quintaux et a 30 pieds de circonférence. L'université, fondée en 1378, a été supprimée en 1816; cependant la ville compte encore un gymnase, des écoles normale et industrielle, une académie royale des sciences utiles et générales, 4 bibliothèques, un musée, un cabinet d'arts et d'histoire naturelle et d'autres institutions scientifiques et philanthropiques. L'ancien couvent des Augustins est converti en hospice pour les orphelins protestants; on y montre la cellule qu'habita Luther de 1507 à 1512. L'hôtel de la régence et la salle de spectacle se distinguent parmi les nouvelles constructions. Les branches principales d'industrie sont: le jardinage renommé pour ses semences, la brasserie, la distillerie, la fabrication de draps et de cuirs; 28,000 hab., la garnison comprise.

La tradition fait remonter la fondation d'Erfurt au cinquième siècle. En 1483 on le voit former une alliance défensive et offensive avec la Saxe; il prospéra pendant le quinzième et seizième siècles par son commerce étendu; ses relations avec la ligue anséatique et son droit d'entrepôt (*jus stapulæ*) au centre de l'Allemagne lui procurèrent de grands avantages; à la fin du seizième siècle il comptait 60,000 habitants; mais les guerres intestines de l'Allemagne et la direction que prit le commerce sur Leipzig lui firent bientôt perdre de sa splendeur; en 1667, Erfurt devint, par transaction, une possession de l'électorat de Mayence; cédé en 1802 à la Prusse en compensation de territoires cédés à la France, il retourna à cet empire par capitulation après les batailles d'Iéna et d'Auerstædt; en 1808 il fut le théâtre du célèbre congrès qui dura du 27 septembre jusqu'au 14 octobre; après l'évacuation de l'Allemagne par les Français, la ville se rendit aux Prussiens, en 1813; mais le fort St.-Pierre se maintint jusqu'au printemps de 1814; par le traité de Vienne la ville et son territoire furent incorporés au roy. de Prusse.

ERGAL, ham. de Fr., Seine-et-Oise, com. de Jouars-Pontchartrain; 150 hab.

ERGERSHEIM ou **ERYERSCHEN**, vg. de Fr., Bas-Rhin, arr. de Strasbourg, cant. et poste de Molsheim; vins blancs renommés; 830 hab.

ERGG, riv. de la côte orientale de l'état d'Alger, non loin de la Calle; embouchure dans la Méditerranée.

ERGHEOU-GOL ou **TARIM**, un des plus grands fleuves de l'Asie. Il prend sa source dans le Mouz-Tagh, traverse de l'O. à l'E. le Thian-chan-nan-lou ou la petite Boukharie, passe par Yarkand et se jette dans le lac Lop ou Loop, après avoir reçu à droite les eaux du Khotan, à gauche celles du Khachkar, de l'Aksou, du Moussour et du Kaïdou. C'est le Yarkand-daria de beaucoup de géographes.

ERGNIES, vg. de Fr., Somme, arr. d'Abbeville, cant. d'Ailly-le-Haut-Clocher, poste de Flixecourt; 250 hab.

ERGNY, vg. de Fr., Pas-de-Calais, arr. de Montreuil-sur-Mer, cant. et poste de Hucqueliers; 280 hab.

ERGUE (l'), riv. de Fr., a sa source à l'O. du Caylar, Hérault; elle coule vers le S.-E., passe à Lodève et se jette dans l'Hérault, après un cours de 14 l.

ERGUÉ-ARMEL, vg. de Fr., Finistère, arr., cant. et poste de Quimper; 1640 hab.

ERGUÉ-GABÉRIC, vg. de Fr., Finistère, arr., cant. et poste de Quimper; papeterie; 2030 hab.

ERGYS-KASTRI ou **ARGYRO-CASTRO**, v. de l'eyalet de Roumili, liva d'Avlone; 4000 hab., selon d'autres 9000.

ERHAMMA ou **MERHAMMENA**, **RAMNA**, dist. de la prov. de Maroc, dans le roy. de même nom.

ERIÉ, le plus méridional des cinq grands lacs Canadiens, s'étend de 41° 30' à 42° 40' lat. N. Il a 96 l. de longueur sur 20 à 30 l. de large; sa profondeur moyenne est de 40 mètres. La superficie de cette vaste masse d'eau est de 597 l. c. géogr. Il reçoit les eaux de 21 fleuves et, par le Détroit, celles des lacs Supérieur, Huron, Michigan et St.-Clair, et s'écoule par le Niagara dans le lac Ontario. Ce lac se trouve à 185 mètres au-dessus du niveau de l'Océan Atlantique. Au N. il forme les promontoires Long, aux Pins et Pelé; et dans son enfoncement S.-O. s'élèvent plusieurs îles, tels que les Sisters et les îles Basses. Le lac Erié fait en partie la frontière entre les États-Unis et l'Amérique anglaise.

ERIÉ (canal d'), canal de l'état de New-York et le plus long de tous ceux de l'Union de l'Amérique du Nord; sa longueur est de 362 milles. Il commence à Albany, sur l'Hudson, et va presque tout droit à l'O., en passant par Schénectady, Utica, Rome, Syracuse, Lyon, Rochester et Buffaloë, où il aboutit au lac Erié. Ce beau canal ouvre une communication entre l'Hudson et les grands lacs du Canada. Son point culminant est de 210 mètres.

ERIÉ, comté de l'état de Pensylvanie, États-Unis de l'Amérique du Nord; il est borné par le lac Erié, l'état de New-York, l'état d'Ohio et les comtés de Warren et de Crawford; 30 l. c. géogr., avec 12,000 hab. Sol fertile et bien cultivé sur les bords du lac; l'intérieur, encore inculte, est couvert d'épaisses forêts. Le French, le Walnut, l'Elk et le Conneaut en sont les principaux cours d'eau. Ce pays acheté par l'Union, en 1790, est traversé par plusieurs canaux et par de belles routes et promet de devenir un des plus importants de la Pensylvanie.

ERIÉ, comté de l'état de New-York; il fut formé d'une autre partie du comté de Niagara dont il est séparé par le Tonawana; ses autres bornes sont : les comtés de Génessée, de Cattaragus, de Cataughque et le lac Erié. La Cayuga et le Sénéca arrosent ce pays très-fertile et bien cultivé.

ERIÉ, v. des États-Unis de l'Amérique du Nord, état de Pensylvanie, comté d'Érié dont elle est le chef-lieu, sur le lac du même nom et sur une belle baie qui y forme un excellent port, mais dont l'entrée est très-étroite et assez difficile; commerce très-actif; 3000 hab.

ERIÉ. *Voyez* GREENE (comté).

ERIÉ-ET-OUABASH (canal). *Voyez* OUABACH-ET-ERIÉ.

ERIEUX (l'), riv. de Fr., a sa source dans les montagnes, ramifications des Cévennes, au N. du dép. de l'Ardèche, à environ 2 l. N. de St.-Agrève; dans son cours, très-sinueux, elle varie souvent sa direction; elle coule d'abord vers le S. jusqu'à Chaylard, où elle reçoit la Dorne; puis vers l'E., ensuite de nouveau vers le S. jusqu'au-dessus du village des Ollières, d'où elle reprend sa direction vers l'E., et va s'emboucher dans le Rhône, au-dessous de la Voulte, après un cours de 16 l.

ERIGNÉ, ham. de Fr., Maine-et-Loire, com. de Murs; 520 hab.

ERIKLITHOU, île de la Polynésie ou Océanie orientale, dans l'archipel de Palaos ou Pelew; elle est située à l'O. de Babel-Thuup et la plus considérable après celle-ci. Le sol y est bien arrosé et couvert de belles forêts. On y trouve un endroit appelé Karura, qui est la résidence d'un des principaux chefs de cet archipel. Cette île est bien peuplée; mais les habitants sont continuellement en guerre avec ceux des autres îles Pelew.

ERIN, vg. de Fr., Pas-de-Calais, arr. et poste de St.-Pol-sur-Ternoise, cant. d'Heuchin; 380 hab.

ERINGES, vg. de Fr., Côte-d'Or, arr. de Sémur, cant. et poste de Montbard; 270 h.

ERINGHEM, vg. de Fr., Nord, arr. de Dunkerque, cant. et poste de Bergues; 660 h.

ERIRYS, deux riv. de l'emp. du Brésil, prov. de Santa-Catarina; toutes les deux s'embouchent dans le détroit de San-Francisco.

ERISEUL, vg. de Fr., Haute-Marne, arr. de Langres, cant. d'Auberive, poste d'Arc-en-Barrois; 140 hab.

ERIVAN (lac d'). *Voyez* GOKTCHA.

ERIVAN, *Eroanum*, capitale de l'Arménie russe, ancien chef-lieu de la prov. persane d'Erivan, cédée à la Russie en 1829; est située dans une contrée fertile, arrosée par la Senga, et se compose proprement de deux parties, la citadelle et la ville. La première, bâtie sur un rocher presque perpendiculaire, passait pour très-forte; néanmoins elle fut emportée par les Russes dans leur dernière guerre contre les Persans; elle renferme le palais de l'ancien sardar, une mosquée et une fonderie de canons. La ville, irrégulièrement bâtie, s'étend au-dessous de la citadelle; ses habitants, au nombre de 10 à 12,000, presque tous Arméniens, ont des fabr. d'étoffes de coton, des tanneries, poteries, etc., et font un commerce actif avec la Turquie. Erivan est le siége d'un évêque arménien.

ERIZE-LA-BRULÉE, vg. de Fr., Meuse, arr. et poste de Bar-le-Duc, cant. de Vavincourt; 380 hab.

ERIZE-LA-GRANDE, vg. de Fr., Meuse, arr. et poste de Bar-le-Duc, cant. de Vaubecourt; 360 hab.

ERIZE-LA-PETITE, vg. de Fr., Meuse, arr. et poste de Bar-le-Duc, cant. de Vaubecourt; 180 hab.

ERIZE-SAINT-DIZIER, vg. de Fr., Meuse, arr. et poste de Bar-le-Duc, cant. de Vavincourt; 390 hab.

ERKELENZ, *Herculeum*, *Herculanum*, pet. v. de Prusse, chef-lieu de cercle, prov. rhénane, rég. et à 10 l. d'Aix-la-Chapelle; rubannerie; 2000 hab.

ERLANGEN, v. de Bavière, chef-lieu de district, cer. de la Rezat, située près du confluent de la Schwabach et de la Regnitz, à 5 l. de Nuremberg et à 10 l. de Bamberg, dans une contrée riante; la ville renferme 5 églises parois., dont une catholique; une université fondée en 1743; un hôpital; plusieurs bâtiments remarquables parmi lesquels on cite l'église de Ste.-Concorde, l'orangerie, la salle de spectacle et l'ancien château qui renferme une riche bibliothèque et un cabinet d'histoire naturelle.

La ville-neuve porte le nom du margrave Chrétien-Ernest, qui en donna le territoire aux protestants français émigrés. Erlangen est une des plus belles villes d'Allemagne et très-industrielle; brasseries; fabrique de miroirs florissante; fabrication de tabacs, d'étoffes de laine, de bonneterie, d'instruments de chirurgie, etc. Ancienne possession des margraves de Baireuth, cette ville passa à la Bavière en 1810. Pendant le quinzième siècle elle eut beaucoup à souffrir par les guerres intestines, et pendant le dix-septième par le commandant Schletz de Forchheim. La population de la ville est de 9300 hab., celle du district de 16,000, sur 3 milles c.

ERLAU, dist. du comitat de Borsod, cer. en-deçà de la Theiss, Hongrie.

ERLAU, EGER, *Agria*, v. fortifiée de la Hongrie, cer. en-deçà de la Theiss, comitat de Heves, sur l'Erlau, siége d'un archevêque. Elle possède un lycée avec une bibliothèque et un observatoire, une belle cathédrale, un palais archiépiscopal. Manufactures de draps et de cuirs; commerce; bains. Ses vins jouissent d'une grande célébrité; 17,000 hab.

ERLENBACH ou ALBÉ, vg. de Fr., Bas-Rhin, arr. de Schléstadt, cant. et poste de Villé; 1090 hab.

ERLON, vg. de Fr., Aisne, arr. de Laon, cant. et poste de Marle; 600 hab.

ERLOY, vg. de Fr., Aisne, arr. de Vervins, cant. et poste de la Capelle; 740 hab.

ERMATINGEN, b. de Suisse, cant. de Thurgovie, vis-à-vis l'île de Reichenau; on y cultive des fruits excellents; 2600 hab.

ERMENONVILLE, joli vg. de Fr., Oise, arr. et à 3 l. S.-E. de Senlis, cant. de Nanteuil-le-Haudouin, poste de Dammartin. Ce village, remarquable par son château et le parc magnifique qui l'environne, est devenu célèbre par le séjour de J.-J. Rousseau, auquel M. de Girardin, propriétaire de la belle terre d'Ermenonville, donnait asile depuis quelque temps. C'est là que mourut, le 3 juillet 1778, ce grand philosophe. On y voit encore, sur une petite île, appelée l'île des Peupliers, le tombeau où fut déposé le corps de cet illustre écrivain, jusqu'au moment où un décret de la Convention nationale le fit transporter au Panthéon. On lit sur une des faces de ce tombeau: *Ici repose l'homme de la nature et de la vérité*.

ERMENONVILLE-LA-GRANDE, vg. de Fr., Eure-et-Loir, arr. de Chartres, cant. d'Illiers, poste de St.-Loup; 460 hab.

ERMENONVILLE-LA-PETITE, vg. de Fr., Eure-et-Loir, arr. de Chartres, cant. et poste d'Illiers; 290 hab.

ERMENOUVILLE. *Voyez* ARNOUVILLE.

ERMENT ou ARMENT, BELED-MOUSA, HERMONTHIS, vg. de la Haute-Égypte, préfecture de Kéneh, sur la rive gauche du Nil, à 25 l. S.-O. de Dendérah; important par ses débris d'anciens édifices et surtout par les restes imposants d'un grand temple d'Isis, et le vivier où l'on nourrissait le crocodile sacré. Tout près sont les magnifiques ruines de Thèbes.

ERME-OUTRE (Saint-), vg. de Fr., Aisne, arr. de Laon, cant. de Sissonne, poste de Corbeny; 1380 hab.

ERMONT, vg. de Fr., Seine-et-Oise, arr. de Pontoise, cant. de Montmorency, poste de Franconville; 580 hab.

ERMSLEBEN, pet. v. de Prusse, prov. de Saxe, rég. de Mersebourg; fabrication de draps, toiles; tanneries; patrie du poëte Gleim (1719—1803); 1900 hab.

ERNECOURT, vg. de Fr., Meuse, arr. et cant. de Commercy, poste de Ligny; 240 h.

ERNÉE (l'), riv. de Fr., a sa source dans le dép. de la Mayenne, à quelques lieues N.-O. de la ville du même nom; elle coule vers le S.-E. et se jette dans la Mayenne, après 9 l. de cours.

ERNÉE, *Ereneum*, pet. v. de Fr., sur la rivière du même nom, Mayenne, arr. et à 5 l. O. de Mayenne et à 69 l. de Paris, chef-lieu de canton et poste. Les rues y sont larges et les maisons de belle apparence; l'hôtel de ville, l'hôpital et une grande place pour les marchés sont les seuls objets remarquables de la ville. Ernée possède un collége communal; fabr. de fils écrus; 5400 hab.

ERNEMONT-BOUTAVENT, vg. de Fr., Oise, arr. de Beauvais, cant. et poste de Songeons; 540 hab.

ERNEMONT-LA-VILLETTE, vg. de Fr., Seine-Inférieure, arr. de Neufchâtel-en-Bray, cant. et poste de Gournay; 280 hab.

ERNEMONT-SUR-BUCHY, vg. de Fr., Seine-Inférieure, arr. de Rouen, cant. et poste de Buchy; 220 hab.

ERNES, vg. de Fr., Calvados, arr. de Falaise, cant. de Coulibœuf, poste de St.-Pierre-sur-Dives; 560 hab.

ERNESTTOWN, pet. v. du Haut-Canada, dist. de Midland, sur deux affluents du St.-Laurent; elle se distingue par ses bonnes écoles primaires, son industrie et son commerce; eaux minérales dans les environs; 2900 hab.

ERNESTWILLER, vg. de Fr., Moselle, arr. de Sarreguemines, cant. de Saaralbe, poste de Puttelange; 500 hab.

ERNOLSHEIM, vg. de Fr., Bas-Rhin, arr., cant. et poste de Saverne; 680 hab.

ERNOLSHEIM, vg. de Fr., Bas-Rhin, arr. de Strasbourg, cant. et poste de Molsheim; 770 hab.

ERNSTBRUNN, b. de la Basse-Autriche, cer. inférieur du Mannhartsberg; possède une école modèle et une belle marbrière; 1500 hab.

ERNSTTHAL, v. du roy. de Saxe, cer. de l'Erzgebirge, presque au pied du Pfaffenberg; elle renferme des tissages de laine et de coton, une source d'eaux ferrugineuses et 2400 hab.

ERNY-SAINT-JULIEN, vg. de Fr., Pas-de-Calais, arr. de St.-Omer, cant. de Fauquembergue, poste d'Aire-sur-la-Lys; 370 hab.

EROAD ou **CROAD**, v. de l'Inde anglaise, dist. de Coïmbatour; elle est située sur le Kavery, près d'un canal qui lie cette rivière au Bhavarie, et défendue par un grand fort où les Anglais tiennent toujours garnison.

EROME, vg. de Fr., Drôme, arr. de Valence, cant. et poste de Tain; fabr. de poterie; 1940 hab.

ERONDELLE, ham. de Fr., Somme, com. de Bailleul; 200 hab.

ERONE, vg. de Fr., Corse, arr. et poste de Corte, cant. de St.-Laurent; 90 hab.

EROPINA, pet. état de Sénégambie, dépendance du roy. de Kabou, dont l'intérieur est fort peu connu. On y trouve les bourgs d'Eropina, sur la rivière de même nom, de Malo et de Paboon.

EROUDEVILLE, vg. de Fr., Manche, arr. de Valognes, cant. et poste de Montebourg; 290 hab.

EROUVAL, ham. de Fr., Oise, com. de Montjavoult; 120 hab.

ERP, vg. de Fr., Arriège, arr., cant. et poste de St.-Girons; 680 hab.

ERPEL, v. de Prusse, prov. rhénane, rég. de Coblence; vins excellents; 1000 hab.

ERQUERY, vg. de Fr., Oise, arr., cant. et poste de Clermont; 520 hab.

ERQUIÈRES, vg. de Fr., Pas-de-Calais, arr. de St.-Pol-sur-Ternoise, cant. d'Auxy-le-Château, poste d'Hesdin; 210 hab.

ERQUINGHEM-LE-SEC, vg. de Fr., Nord, arr. et poste de Lille, cant. d'Haubourdouin; 250 hab.

ERQUINGHEM-LYS, vg. de Fr., Nord, arr. de Lille, cant. et poste d'Armentières; 2020 hab.

ERQUINVILLERS, ham. de Fr., Oise, com. de Cuignières; 100 hab.

ERQUY, pet. v. de Fr., Côtes-du-Nord, arr. de St.-Brieuc, cant. de Pleneuf, poste de Lamballe; 1950 hab.

ERQUY (pointe d'), cap de Fr., Côtes-du-Nord, arr. de St.-Brieuc, cant. de Pleneuf; c'est une plage sablonneuse qui s'avance dans la Manche, au S.-O. du cap Frehel.

ERR, vg. de Fr., Pyrénées-Orientales, arr. de Prades, cant. de Saillagouse, poste de Mont-Louis; commerce d'exportation en Cátalogne en articles d'Amiens, Rouen, Mulhouse; toiles, mercerie, quincaillerie, bijouterie; veaux; 760 hab.

ERRE, vg. de Fr., Nord, arr. de Douai, cant. et poste de Marchiennes; 920 hab.

ERREVET, vg. de Fr., Haute-Saône, arr. de Lure, cant. et poste de Champagney; tissage de coton; 260 hab.

ERROL, b. d'Écosse, comté de Perth; 3000 hab.

ERROMANGO, une des plus grandes îles des Nouvelles-Hébrides (archipel de Quiros, de Balbi), Australie ou Océanie centrale, sous 18° 54' de lat. S. et 166° 49' de long. E., au S. de l'île Sandwich; elle a environ 34 l. de circuit. Le sol est couvert d'une riche végétation; le bois de sandal y croit surtout en abondance; ce bois précieux y attira, il y a quelques années, des Anglais et des Anglo-Américains qui y formèrent des établissements temporaires pour l'exploitation des forêts. Les naturels sont des nègres papouas très-féroces et anthropophages.

ERROUVILLE, vg. de Fr., Moselle, arr. et poste de Briey, cant. d'Audun-le-Roman; 310 hab.

ERSA, vg. de Fr., Corse, arr. de Bastia, cant. et poste de Rogliano; 850 hab.

ERSI. *Voyez* YABSI.

ERSTEIN, pet. v. de Fr., Bas-Rhin, arr. et à 6 l. N.-N.-E. de Schléstadt et à 118 l. de Paris, chef-lieu de canton, poste de Benfelden, située sur l'Ill; fabr. d'huile, de vinaigre, de poterie de terre et de tuiles; tanneries, teintureries; 3564 hab.

ERSTROFF, vg. de Fr., Moselle, arr. de Sarreguemines, cant. de Gros-Tenquin, poste de Faulquemont; tuilerie; 580 hab.

ERTVELDE, b. du roy. de Belgique, prov. de la Flandre orientale, arr. d'Eecloo; 2500 hab.

ERULI, *Hérules*, g. a., peuple du N.-E. de la Germanie, habita, jusqu'à Alexandre-le-Grand, la Sarmatie asiatique, émigra ensuite en Poméranie et dans le Mecklembourg; d'autres prétendent qu'il s'établit en Scandinavie que l'empereur Justinien le força à quitter. Selon d'autres, ce peuple avait pour demeure le pays au-delà du Danube, appelé Haute-Hongrie; il battit les Lombards au cinquième siècle et s'établit plus tard sur l'île de Rugen, d'où il se joignit en partie aux Goths et en partie aux Gépides. Il joua encore différents rôles et disparut de l'histoire après la mort de Justinien.

ERVAUVILLE, vg. de Fr., Loiret, arr. de Montargis, cant. et poste de Courtenay; 530 hab.

ERVE (l'), riv. de Fr., a sa source sur la limite des dép. de la Mayenne et de la Sarthe, non loin de St.-Georges, cant. d'Evron; elle coule du N. au S., passe à Ste.-Suzanne (Mayenne) et se jette dans la Sarthe à Sablé (Sarthe), après 13 l. de cours.

ERVEDEDO, b. du Portugal, prov. d'Entre-Duero-et-Minho, dist. de Braga; 2000 h.

ERVILLERS, vg. de Fr., Pas-de-Calais, arr. d'Arras, cant. de Croisilles, poste de Bapaume; 750 hab.

ERVOGUS (les), ham. de Fr., Eure, com. de Plessis-Grohan; 110 hab.

ERVY, pet. v. de Fr., Aube, arr., à 7 l. S.-S.-O. de Troyes et à 48 l. de Paris, chef-lieu de canton et poste. C'est une ville très-industrieuse, agréablement située sur un côteau, près de la rive droite de l'Armance, affluent de l'Yonne; 1760 hab.

ERYERSCHEN. *Voyez* ERGERSHEIM.

ERZANGE, vg. de Fr., Moselle, arr. et poste de Briey, cant. d'Audun-le-Roman; 230 hab.

ERZBERG ou ÆRZBERG, mont. célèbre de la Styrie; elle renferme les plus abondantes mines de fer de l'emp. d'Autriche.

ERZEN, b. du roy. de Hanovre, principauté de Calenberg; 1400 hab.

ERZEROUM, eyalet de la Turquie d'Asie; il comprend une partie de l'Arménie, est situé entre 36° 4' et 42° 15' long. orient., et 38° 28' et 40° 58' lat. N.; et borné au N.-O. par l'eyalet de Trébizonde, au N.-E. par Kars, à l'E. par la Perse, au S.-E. par Van, au S. par Diarbékir et Chehrezour, à l'O. par Sivas. Le pays est un plateau élevé de 7000 pieds au-dessus du niveau de la mer, sillonné par plusieurs chaînes de montagnes et arrosé par l'Euphrate, l'Aras et le Tschorak. Le climat est sain, mais rude; il neige pendant six mois de l'année. Le sol est maigre, dénué d'arbres, peu favorable à l'agriculture, présentant d'excellents pâturages. Le vin et les fruits du Sud ne réussissent que dans les vallées bien abritées. On suppose que ses montagnes renferment beaucoup de métaux, car, dans l'antiquité déjà, les Chalybiens y travaillaient le fer. Les habitants sont Turcs, Turcomans nomades, Arméniens, Kourdes, Grecs et Juifs; Hasselt évalue leur nombre à 600,000 environ. L'eyalet d'Erzeroum est divisé en 12 sandschaks. Le pacha est général en chef permanent de l'armée de Perse (Iran-Seraskeri) et étend sa juridiction sur les territoires des pachas de Kars, de Bayazid, de Van, de Mouch, de Mossoul et de Trébizonde.

ERZEROUM ou ARZERUM, *Arces*, capitale de l'eyalet de ce nom; résidence du pacha; siège d'un patriarche arménien et d'un évêque grec; est située dans une vaste plaine, très-élevée, non loin de l'Elijack, affluent de l'Euphrate. La ville est très-grande et fortifiée; ses rues sont étroites et irrégulières et les terrasses de ses maisons couvertes en partie de gazon. La ville renferme 50 mosquées, parmi lesquelles l'on remarque l'Ouloujama, pouvant contenir 8000 personnes; plusieurs medressés ou collèges, une église catholique, une église grecque, un beau palais du pacha, une grande douane et une foule de marchés, de bazars et de bains. Erzeroum, dont la pop. se monte à 100,000 âmes, est très-industrieuse et fabrique des cuirs, des étoffes de coton et de soie, des tapis, des savons et beaucoup d'armes blanches, qui ont la réputation d'être les meilleures de l'empire. Son commerce, surtout d'expédition et de transit, est considérable; elle est le point de passage des caravanes qui se rendent de Constantinople et de Smyrne en Perse, et exporte principalement du cuir, du cuivre, du riz, du sucre, du café, du coton et des draps européens.

ERZGEBIRGE (l'), ou LES MONTAGNES MÉTALLIQUES DE SAXE, est une chaîne de montagnes de grès (*Elbsandsteingebirge*), qui borde une partie du cours de l'Elbe ; et s'élève le long des frontières de la Bohême, jusqu'au Fichtelgebirge en Bavière. Du côté du N. ces montagnes s'abaissent par larges terrasses et descendent jusque vers Dœbeln, dans le cer. de Leipzig ; leurs pentes sont plus escarpées du côté de la Bohême. Leurs points culminants sont : en Bohême, le Schwarzwald ou le Sonnenwirbel, haut de 3756 pieds au-dessus du niveau de la mer ; en Saxe, le Fichtérberg, près d'Oberwiesenthal, où la Zschopau prend sa source, et dont l'un des deux sommets atteint une élévation de 3760 pieds; l'Auersberg, près d'Eibenstock, haut de 3160 pieds, et le Wedelberg, haut seulement de 2900 pieds, qui forme au S. la liaison avec le Fichtelgebirge. La partie de l'Erzgebirge qui s'avance dans le cer. de Woigtland jusqu'aux sources de l'Elster-Blanche, porte les noms d'Elstergebirge et d'Egergebirge. Les sommets de cette chaîne de montagnes sont couverts de forêts de sapins; la région inférieure du pays, variée de montagnes et de collines, de plaines et de vallées, d'un sol peu fertile, abonde en mines d'argent, de fer et de plomb, en belles forêts de chênes et de hêtres et en houillères. Le climat de l'Erzgebirge est presque partout doux et tempéré, un peu rude seulement dans les montagnes du S.

ERZGEBIRGE (le cercle de l'), dans le roy. de Saxe, ainsi nommé des montagnes de l'Erzgebirge, s'étend entre 9° 48' et 11° 29' long. orient., entre 50° 18' et 51° 4' lat. sept. ; il est borné au N. par le duché de Saxe-Altenbourg, les cer. de Leipzig et de Misnie, à l'E. par le cer. de Misnie, au S. par la Bohême, à l'O. par le cer. de Woigtland, les possessions de la maison de Reuss et une petite partie de l'ancien cer. de Neustadt (appartenant au grand-duché de Saxe-Weimar); son étendue est de 83 1/5 milles c. C'est un pays de montagnes, et qui, des collines qui couvrent sa partie septentrionale, monte peu à peu jusqu'aux frontières de la Bohême, où il atteint sa plus grande élévation ; il est arrosé par la Mulde de Freiberg et la Mulde de Zwickau; par la Zschopau, affluent de cette dernière ; par la Flœhe et la Pleisse, qui toutes coulent du S. au N. et appartiennent au bassin de l'Elbe. La population du cer. de l'Erzgebirge est de 534,000 habitants ; parmi eux 9000 environ vivent de l'exploitation des métaux et plus de 50,000 de l'industrie métallurgique ; d'autres fabriquent, dans les villes et surtout à Chemnitz, des étoffes de coton ; dans les montagnes, des dentelles et des ouvrages en bois ; d'autres cultivent avec soin un sol peu fertile, ou élèvent sur les collines des troupeaux de bêtes à laine. Cette population a une vie laborieuse et dure, une nourriture simple ; on la dit religieuse, instruite, aimable et gaie. Les fabriques sont particulièrement favorisées dans ce cercle par le grand nombre de belles forêts et de houillères qu'on y rencontre. Ses deux premières villes sont Freiberg et Chemnitz.

ESAVO, ham. de Fr., Corse, com. de Ficaja; 100 hab.

ESBAREICH, vg. de Fr., Hautes-Pyrénées, arr. de Bagnères-en-Bigorre, cant. de Mauléon-Barousse, poste de Montrejeau; 540 h.

ESBARRES, vg. de Fr., Côte d'Or, arr. de Beaune, cant. et poste de St.-Jean-de-Losne; 1130 hab.

ESBINT, vallée des Pyrénées, dép. de l'Arriège; elle s'étend du N.-E. au S.-O., depuis Sentenac, cant. d'Oust, jusqu'à l'extrémité S. de la vallée de Bethmale.

ESBLY, vg. de Fr., Seine et Marne, arr. de Meaux, cant. de Crécy, poste de Couilly; 380 hab.

ESBOZ, vg. de Fr., Haute-Saône, arr. de Lure, cant. et poste de Luxeuil; 730 hab.

ESCABIRODE, ham. de Fr., Haute-Garonne, com. d'Aspet; 150 hab.

ESCAIRE, ham. de Fr., Arriège, com. de St.-Ybars; 300 hab.

ESCAIRE, ham. de Fr. com. de Gaillac-Toulza; 150 hab.

ESCALA, vg. de Fr., Hautes-Pyrénées, arr. de Bagnères-en-Bigorre, cant. et poste de la Barthe-de-Neste; 330 hab.

ESCALANS, vg. de Fr., Landes, arr. de Mont-de-Marsan, cant. et poste de Gabarret; 740 hab.

ESCALANTA. *Voyez* GUANA-CASTLE.

ESCALANTE, v. d'Espagne, roy. de la Vieille-Castille, prov. de Burgos.

ESCALDES-LES-BAINS ou **ESCALDS**. *Voy.* VILLENEUVE.

ESCALE (l'), vg. de Fr., Basses-Alpes, arr. et poste de Sisteron, cant. de Volonne; 650 hab.

ESCALES, vg. de Fr., Aude, arr. de Narbonne, cant. et poste de Lézignan; 360 h.

ESCALES, vg. de Fr., Pas-de-Calais, arr. de Boulogne-sur-Mer, cant. et poste de Calais; 320 hab.

ESCALES. On donne ce nom aux lieux de marché le long du Sénégal, où se font les achats de gomme ; on y trouve l'escale du Coq, près de Podor; celle des Darmankours, au-dessous de St.-Louis, et celle des Trarzas, au-dessus de Dagana. Elles appartiennent toutes les trois à l'arr. de St.-Louis.

ESCALONA, v. d'Espagne, roy. de la Nouvelle-Castille, prov. et à 12 l. de Tolède; sur une colline baignée par l'Alberche, avec un château fort; 2200 hab.

ESCALQUENS, vg. de Fr., Haute-Garonne, arr. de Villefranche-de-Lauragais, cant. de Montgiscard, poste de Baziège; 530 hab.

ESCALUS, vg. de Fr., Landes, arr. et poste de Dax, cant. de Castets; 200 hab.

ESCALVADA. *Voyez* VERTENTES (Sierra dos).

ESCALVENT, ham. de Fr., Pas-de-Calais, com. de St.-Venant ; 100 hab.

ESCAMBRAÉ, chaine de montagnes au centre de l'île de Cuba.

ESCAMES, vg. de Fr., Oise, arr. de Beauvais, cant. et poste de Songeons ; 550 hab.

ESCAMPS, vg. de Fr., Lot, arr. de Cahors, cant. de Lalbenque, poste de Limogne, 460 hab.

ESCAMPS, vg. de Fr., Yonne, arr. d'Auxerre, cant. et poste de Coulange-la-Vineuse ; 1050 hab.

ESCANACRABE, vg. de Fr., Haute-Garonne, arr. de St.-Gaudens, cant. et poste de Boulogne ; 810 hab.

ESCANDE, ham. de Fr., Tarn, com. de Lacaune ; 200 hab.

ESCANDON, v. de la confédération mexicaine, état de Tamaulipas, prov. de Nuévo-Santander ; elle fut fondée, en 1748, par don Joseph de Escandon et appartient aux descendants de son fondateur ; commerce très-actif ; 3000 hab.

ESCANDOULIÈRES, vg. de Fr., Aveyron, arr. de Rodez, cant. et poste de Rignac ; 740 hab.

ESCARBOTIN, vg. de Fr., Somme, com. de Friville-Escarbotin ; fabr. considérable de cylindres et autres objets pour filature, nombreuses serrureries dans les environs ; 700 hab.

ESCARBOUÉS, ham. de Fr., Haute-Garonne, com. de Fougaron ; 130 hab.

ESCARDES. *Voyez* ECARDES.

ESCARMIN, vg. de Fr., Nord, arr. de Cambrai, cant. de Solesmes, poste du Quesnoy ; 1020.

ESCARO, vg. de Fr., Pyrénées-Orientales, arr. de Prades, cant. et poste d'Olette ; 320 hab.

ESCASSEFORT, vg. de Fr., Lot-et-Garonne, arr. et poste de Marmande, cant. de Seyches ; 780 hab.

ESCATALENS, vg. de Fr., Tarn-et-Garonne, arr. de Castel-Sarrazin, cant. et poste de Montech ; 1210 hab.

ESCATALTO, fl. de la confédération mexicaine, état de Yucatan ; coule vers l'O. et débouche dans le golfe de Mexique.

ESCAUDES, ham. de Fr., Gironde, com. de Captieux ; 500 hab.

ESCAUDIN ou ECAUDIN, vg. de Fr., Nord, arr. de Valenciennes, cant. et poste de Bouchain ; fabr. de sucre indigène ; 1130 h.

ESCAUDŒUVRES, vg. de Fr., Nord, arr., cant. et poste de Cambrai ; 1290 hab.

ESCAUFOURT, vg. de Fr., Aisne, arr. de St.-Quentin, cant. et poste de Bohain ; 390 h.

ESCAUNETS, vg. de Fr., Hautes-Pyrénées, arr. et poste de Bagnères-en-Bigorre, cant. de Lannemezan ; 130 hab.

ESCAUNETS, vg. de Fr., Hautes-Pyrénées, arr. de Tarbes, cant. d'Ossun, poste de Vic-en-Bigorre ; 300 hab.

ESCAUPONT, vg. de Fr., Nord, arr. de Valenciennes, cant. et poste de Condé-sur-l'Escaut ; éducation de bestiaux ; culture de grains ; scieries de planches ; 670 hab.

ESCAUT (en latin *Scaldis*, en hollandais et en allemand *Schelde*), fl. Prend sa source en France, à l'ancienne abbaye de St.-Martin, près du b. du Catelet ; devient navigable à Cambrai ; rencontre 2 l. plus loin le canal de la Sensée à gauche et reçoit la riv. de Scarpe ; passe à Bouchain, Valenciennes et Condé, où il reçoit le canal de Mons à droite, et entre en Belgique au château de Mortagne, Là, il traverse Tournai, Oudenarde, reçoit la Lys à Gand, et la Dender à Dendermonde, passe devant Anvers, où le canal de Bruxelles à cette ville s'y embouche, et se jette dans la mer du Nord par deux larges bouches (l'Escaut occidental ou Hond et l'Escaut oriental), que séparent les îles Nord et Sud-Beveland, Wolfarsdyk et Walcheren. Le cours de l'Escaut se dirige du S. au N.-E. ; le fleuve est navigable sur 78 l. dont 15 1/4 l. sur le territoire français ; sa longueur totale est de 86 l. Entre Cambrai et Condé il a reçu, de 1750 à 1788, des travaux de rectification et 18 écluses pour le rendre navigable. Sa largeur est à Dendermonde de 600, en amont de Rupelmonde de près de 3000 et à Anvers de 1600 pieds ; ses embouchures ont 2 1/2 et 3 1/2 l. et sont couvertes de bancs de sable qui rendent la navigation difficile. Le mouvement commercial sur ce fleuve est immense ; les arrivages à Anvers s'élèvent jusqu'à 4500 bâtiments de toutes dimensions. Les petits bâtiments marchands remontent jusqu'à Oudenarde, au-delà on ne se sert d'embarcations de moindre capacité.

ESCAZEAUX, vg. de Fr., Tarn-et-Garonne, arr. de Castel-Sarrazin, cant. et poste de Beaumont-de-Lomagne ; 610 hab.

ESCHAMPS, ham. de Fr., Côte-d'Or, com. de St.-Léger-de-Fourches ; 140 hab.

ESCHAU, vg. de Fr., Bas-Rhin, arr. et poste de Strasbourg, cant. de Geispolsheim ; 1270 hab.

ESCHBACH, vg. de Fr., Bas-Rhin, arr. de Wissembourg, cant. de Wœrth, poste de Haguenau ; 780 hab.

ESCHBACH, vg. de Fr., Haut-Rhin, arr. de Colmar, cant. et poste de Munster ; 520 h.

ESCHBOURG, vg. de Fr., Bas-Rhin, arr. de Saverne, cant. de la Petite-Pierre, poste de Phalsbourg ; 810 hab.

ESCHENBACH, pet. v. de Bavière, chef-lieu de district, cer. du Mein-Supérieur, à 2 l. de Thumbach. Pop. de la ville 1800 h., du district 16,500, sur 12 milles c.

ESCHENE ou ZU-DER-EICHEN, vg. de Fr., Haut-Rhin, arr., cant. et poste de Belfort ; 140 hab.

ESCHENTZWILLER, vg. de Fr., Haut-Rhin, arr. d'Altkirch, cant. de Habsheim, poste de Mulhouse ; 930 hab.

ESCHERANGE, vg. de Fr., Moselle, arr. et poste de Thionville, cant. de Cattenom ; 580 hab.

ESCHERSHAUSEN, b. du duché de Bruns-

wick, dist. de Holzwinden; 1100 hab.
ESCHES, vg. de Fr., Oise, arr. de Beauvais, cant. et poste de Méru; 330 hab.
ESCHOLZMATT, b. parois. du cant. de Lucerne, dans l'Entlibuch; 2910 hab.
ESCH-SUR-L'ALZETTE, pet. v. du roy. de Belgique, arr. et à 4 l. de Luxembourg; 1300 hab.
ESCH-SUR-LA-SURE, b. du roy. de Belgique, arr. et à 4 l. de Diekirch; possède de nombreuses fabriques d'étoffes de laine; 1100 hab.
ESCHWEGE, v. de la Hesse électorale, située sur la Werra, dans la prov. de la Basse-Hesse; est importante par son industrie, dont les principaux objets sont les cuirs, la laine, le tabac, qu'on y cultive en grand; instruments de musique; elle fait un commerce assez considérable; 5100 hab.
ESCHWEILER, pet. v. de Prusse, grand-duché du Bas-Rhin, rég. et à 6 l. d'Aix-la-Chapelle; fabr. d'étoffes de soie, de toiles cirées, de fil de fer et d'aiguilles; 2600 hab.
ESCHWILER, ham. de Fr., Moselle, com. de Volmunster; 330 hab.
ESCHWILLER, vg. de Fr., Bas-Rhin, arr. de Saverne, cant. de Drulingen, poste de Saar-Union; 270 hab.
ESCLADINE, ham. de Fr., Cantal, com. de Chaussenac; 110 hab.
ESCLAGNE, vg. de Fr., Arriège, arr. de Pamiers, cant. et poste de Mirepoix; 220 h.
ESCLAINVILLERS, vg. de Fr., Somme, arr. de Montdidier, cant. d'Ailly-sur-Noye, poste de Breteuil; 290 hab.
ESCLAIRES, vg. de Fr., Marne, arr. et poste de Ste.-Ménéhoulde, cant. de Dommartin-sur-Yèvre; 450 hab.
ESCLANÈDES, vg. de Fr., Lozère, arr. et poste de Marvejols, cant. de Chanac; fabr. de serges de Mende; 670 hab.
ESCLANGON, vg. de Fr., Basses-Alpes, arr. et poste de Digne, cant. de la Javie; 100 hab.
ESCLANS (Jura). *Voyez* ECLANS.
ESCLANS, ham. de Fr., Var, com. de la Motte; 120 hab.
ESCLASSAN, vg. de Fr., Gers, arr. de Mirande, cant. et poste de Masseube; 530 h.
ESCLAUZELS (les), vg. de Fr., Lot, arr. de Cahors, cant. de St.-Gery, poste de Limogne; 450 hab.
ESCLAVELLES, vg. de Fr., Seine-Inférieure, arr., cant. et poste de Neufchâtel-en-Bray; 600 hab.
ESCLAVES (côte des), partie de la Haute-Guinée, située entre le Rio-Volta jusqu'à l'embouchure du bras le plus occidental du Djoliba, Benin; elle est une des parties de l'Afrique où la culture et l'industrie ont été portées au plus haut degré de perfection par les naturels. On y trouve de nombreux villages, entourés d'arbres majestueux. Gouvernement monarchique et presque absolu à l'arrivée des Européens; habitants polygames, professant le fétichisme; subjugués depuis par le roi de Dahomey; ils ont été détruits en partie et sont gouvernés aujourd'hui par plusieurs princes tributaires de ce dernier. Ni or ni ivoire; autrefois grand commerce d'esclaves. On y trouve les roy. de Dahomey, de Whidah ou Judah, d'Ardrah, de Lagos, etc.

ESCLAVES (lac des), lac très-considérable et, selon quelques géographes, le plus étendu des lacs américains. Il s'étend, entre 60° 30' et 63° lat. N., dans l'intérieur de cette immense région connue sous le nom de pays intérieur de la mer de Baffin. Sa superficie, encore peu explorée, est évaluée à 1400 l. c. géogr. Ce vaste réservoir reçoit les eaux d'un grand nombre de fleuves, en partie des écoulements d'autres lacs, ce sont: le Buffle au S., le Clowey au S.-E., le Greatriver (Grande-Rivière) au N., l'écoulement du lac Martin et un grand fleuve qui descend des monts Horn. La rivière des Esclaves s'y jette au S.-E., s'en écoule à l'O. et débouche dans l'Océan Polaire Arctique. Ce lac est profond, d'un grand volume d'eau et partout navigable, mais couvert de glaces pendant six mois.

ESCLAVOLLES, vg. de Fr., Marne, arr. d'Épernay, cant. d'Anglure, poste de Pont-le-Roi; 170 hab.
ESCLAVONIE. *Voyez* SCLAVONIE.
ESCLAVOS (Rio-de-los-), fl. des États-Unis de l'Amérique centrale; descend des Cordillères, fertilise les environs de Guatemala-la-Nuéva et s'embouche dans le Grand-Océan.
ESCLAVOS (los), pet. v. des États-Unis de l'Amérique centrale, état de Guatémala, au pied des Cordillères, à 2 l. du Grand-Océan, et à 5 l. E. de la capitale; commerce important; 2700 hab.
ESCLES, vg. de Fr., Oise, arr. de Beauvais, cant. de Formerie, poste d'Aumale; 310 hab.
ESCLES, vg. de Fr., Vosges, arr. de Mirecourt, cant. et poste de Darney; 1450 h.
ESCLIGNAC, vg. de Fr., Gers, com. de Monfort; 170 hab.
ESCLOTTES, vg. de Fr., Lot-et-Garonne, arr. de Marmande, cant. et poste de Duras; 500 hab.
ESCOBECQUES, vg. de Fr., Nord, arr. et poste de Lille, cant. d'Haubourdin; 290 h.
ESCOBILE (Sainte-), vg. de Fr., Seine-et-Oise, arr. de Rambouillet, cant. et poste de Dourdan; 440 hab.
ESCŒUILLES, vg. de Fr., Pas-de-Calais, arr. de St.-Omer, cant. de Lumbres, poste d'Ardres; 390 hab.
ESCOIRE, vg. de Fr., Dordogne, arr. et poste de Périgueux, cant. de Savignac; 200 hab.
ESCOLIVES, vg. de Fr., Yonne, arr. d'Auxerre, cant. et poste de Coulange-la-Vineuse; 440 hab.
ESCOMBRES, vg. de Fr., Ardennes, arr. et cant. de Sédan, poste de Carignan; 590 h.
ESCONDIDO (baie d'). *Voyez* CUBA.

ESCONDIDO (punta de), promontoire à l'O. de l'état de Yucatan, confédération mexicaine; il ferme à l'E. la laguna de Terminos.

ESCORAILLES, vg. de Fr., Cantal, arr. et poste de Mauriac, cant. de Pléaux; 220 h.

ESCORNEBŒUF, vg. de Fr., Gers, arr. d'Auch, cant. et poste de Gimont; 880 hab.

ESCORPAIN, vg. de Fr., Eure-et-Loir, arr. de Dreux, cant. de Brezolles, poste de Nonancourt; fabr. de couvertures de laine; 305 hab.

ESCOS, vg. de Fr., Basses-Pyrénées, arr. d'Orthez, cant. et poste de Salies; 600 hab.

ESCOSSE, vg. de Fr., Arriège, arr., cant. et poste de Pamiers; 600 hab.

ESCOT, vg. de Fr., Basses-Pyrénées, arr. et poste d'Oloron, cant. d'Accous; eaux minérales renommées; carrières de marbre; 820 hab.

ESCOTS, vg. de Fr., Hautes-Pyrénées, arr. et poste de Bagnères-en-Bigorre, cant. de Lannemezan; 210 hab.

ESCOU, vg. de Fr., Basses-Pyrénées, arr., cant. et poste d'Oloron; 550 hab.

ESCOUBES, vg. de Fr., Basses-Pyrénées, arr. et poste de Pau, cant. de Morlaas; 390 hab.

ESCOUBEZ, vg. de Fr., Hautes-Pyrénées, arr. d'Argelès, cant. et poste de Lourdes; 200 hab.

ESCOUBLAC, vg. de Fr., Loire-Inférieure, arr. de Savenay, cant. et poste de Guérande; 1240 hab.

ESCOULIS, ham. de Fr., Haute-Garonne, com. de Belbèze; 160 hab.

ESCOULOUBRE, vg. de Fr., Aude, arr. de Limoux, cant. de Roquefort-de-Sault, poste de Quillan; eaux minérales; 750 hab.

ESCOURCE, vg. de Fr., Landes, arr. de Mont-de-Marsan, cant. de Sabres, poste de Liposthey; 1060 hab.

ESCOUSSANS, vg. de Fr., Gironde, arr. de la Réole, cant. de Targon, poste de Cadillac; 340 hab.

ESCOUSSENS, vg. de Fr., Tarn, arr. et poste de Castres, cant. de la Bruguière; 1210 hab.

ESCOUT, vg. de Fr., Basses-Pyrénées, arr., cant. et poste d'Oloron; 500 hab.

ERCOUTOUX, vg. de Fr., Puy-de-Dôme, arr., cant. et poste de Thiers; 2120 hab.

ESCOVILLE, vg. de Fr., Calvados, arr. de Caen, cant. de Troarn, poste de Bavent; fabr. de dentelles; 360 hab.

ESCOYÈRES, ham. de Fr., Hautes-Alpes, com. d'Arvieux; 160 hab.

ESCRAGNOLLES, vg. de Fr., Var, arr. de Grasse, cant. de St.-Vallier, poste; 400 hab.

ESCRENNES, vg. de Fr., Loiret, arr., cant. et poste de Pithiviers; 640 hab.

ESCRIGNELLES, vg. de Fr., Loiret, arr. de Gien, cant. et poste de Briare; 190 hab.

ESCROISETTE, ham. de Fr., Somme, com. de Behen; 120 hab.

ESCROUX, vg. de Fr., Tarn, arr. de Castres, cant. et poste de Lacaune; 520 h.

ESCROZIT, ham. de Fr., Cantal, com. de Modèles; 300 hab.

ESCUDES, ham. de Fr., Tarn-et-Garonne, com. de Foudoas; 120 hab.

ESCUDO-DE-VERAGUA, île sur la côte du dép. de l'Isthme, rép. de la Nouvelle-Grenade, à l'E. de la Laguna-Chiriqui. Elle fut découverte par Christophe Colomb, et offre deux bons ports, l'un au S., l'autre à l'O. de l'île.

ESCUEILLENS, vg. de Fr., Aude, arr. de Limoux, cant. et poste d'Alaigne; 270 hab.

ESCUINTLA (Concepcion de), v. des États-Unis de l'Amérique centrale, état de Guatémala, sur le Michatoyat, à 20 l. de la métropole. Elle est le chef-lieu d'un district et était autrefois la capitale de la province de son nom; bains très-fréquentés; 3600 hab., dont quatre cinquièmes d'Indiens.

ESCUMAPA, pet. v. et chef-lieu de district de la confédération mexicaine, état de Sonora et Cinaloa, sur la route d'Acaponéta à Culiacan; commerce; 2500 hab.

ESCUNTENANGO, pet. v. de la confédération mexicaine, prov. de Chiapa, sur le Rio-Grialva, dans une vallée étroite, au pied des Cordillères; 2000 hab.

ESCURA, célèbre chute du Rio-Doce, près de sa réunion avec le Rio-Percibaba, prov. de Minas-Geraës, emp. du Brésil.

ESCURA, prov. dans le roy. de Maroc proprement dit.

ESCURES, vg. de Fr., Calvados, arr. de Falaise, cant. de Coulibœuf, poste de St.-Pierre-sur Dives; 160 hab.

ESCURES, vg. de Fr., Basses-Pyrénées, arr. de Pau, cant. et poste de Lembeye; 270 hab.

ESCURIAL, b. d'Espagne, roy. de la Vieille-Castille, prov. et à 16 l. de Ségovie et à 13 l. de Madrid, sur la pente méridionale et dans une contrée déserte des montagnes de Guadarama; renommé par son couvent St.-Lorenzo-el-Réal, érigé de 1563 à 1584 par le roi Philippe II, en commémoration de la victoire de St.-Quentin. Cet édifice colossal, composé de 17 corps de bâtiments, et de 22 grandes cours, a causé une dépense de 52,727,000 francs; ses détails sont magnifiques, mais l'ensemble est du plus mauvais goût, l'architecte s'étant attaché à donner à son plan la forme d'un gril. Il a des logements pour 150 moines, de nombreux appartements pour la cour, une bibliothèque remarquable par ses manuscrits arabes, une galerie de tableaux et un cabinet d'antiquités. L'église, construite sur le modèle de St.-Pierre de Rome, renferme la sépulture des rois et des reines qui ont donné des héritiers à la couronne; les autres membres de la famille royale sont déposés dans des caveaux à part. Auprès du couvent se trouvent deux maisons de campagne, appartenant l'une au roi et l'autre au prince des Asturies; 2000 hab.

ESCUROLLES, vg. de Fr., Allier, arr., à 2 l. N.-E. et poste de Gannat, chef-lieu de canton ; 1200 hab.

ESDRAËLON ou **ESDRELON**, plaine de Syrie, eyalet de St.-Jean-d'Acre, qui tire son nom de l'antique Jesroël, ville importante du roy. d'Israël. C'était la partie la plus fertile de la terre de Chanaan; couverte de riches pâturages, elle a servi depuis les temps les plus reculés de lieu de campement et plusieurs fois de champ de bataille aux armées qui ont envahi la Syrie. C'est là que Barac défit Sisara; que Josias, roi de Juda, combattit contre Necao, roi d'Égypte; que Junot avec quelques cavaliers et un bataillon, défit, près du mont Thabor, une armée de Turcs. Les endroits les plus remarquables de la plaine d'Esdraëlon sont Nazareth, sur la limite septentrionale, Cana et le mont Thabor.

ESENS, *Esena*, v. du roy. de Hanovre, gouv. d'Aurich; elle a un port avec lequel elle communique par un canal; 2000 hab.

ESERVILLE, ham. de Fr., Loiret, com. d'Engenville-Montville ; 260 hab.

ESGET. *Voyez* GET.

ESGLANDES, vg. de Fr., Manche, arr. de St.-Lô, cant. de St.-Jean-de-Daye, poste de la Périne; carrières de pierres calcaires aux environs; 510 hab.

ESGUEIRA, b. du Portugal, prov. de Beira, dist. d'Aveiro ; avec le riche couvent de bénédictins St.-Maria-de-Lorvao, le plus ancien du royaume; 2900 hab.

ESHKE, b. de la Basse-Nubie, dans le Ouady-Nuba, au S. de Kalat-Addé.

ESKELBECQUE. *Voyez* ESQUELBECQ.

ESKI-ADALIA, *Adalia*, dans l'Asie Mineure, ruines de l'antique *Sidé*, si renommée par l'adresse de ses matelots. Ses ruines sont très-belles et en partie bien conservées; un vaste théâtre excita surtout l'admiration de Beaufort; mais comme le pays manque d'eau, on n'y trouve plus aucun habitant, bien que ses ruines soient situées à proximité d'Antalia.

ESKI-CHEHER, *Dorylæum*, v. de la Turquie d'Asie, eyalet d'Anadoli; elle est située dans une vaste plaine arrosée par le Pursak, et divisée en deux quartiers; elle renferme plusieurs mosquées et possède quatre sources thermales qui ont encore de l'importance aujourd'hui. Les mahométans viennent y visiter les tombeaux de leurs saints; les chrétiens y retrouvent un autre souvenir: Godefroy de Bouillon y vainquit le seldjouk Solyman.

ESKILSTUNA, v. du roy. de Suède, gouv. de Nykyping; 2000 hab., qui fabriquent des ouvrages en fer, en cuivre et en acier.

ESKINDAS. *Voyez* SCUTARI.

ESKI-SAGRA, v. de la Romélie, située sur la Tundscha, au pied méridional du Balkan et entourée de campagnes bien cultivées; elle possède plusieurs manufactures, entre autres de tapis, et des bains très-fréquentés; 20,000 hab.

ESLA, *Estola*, riv. d'Espagne; prend sa source à l'E. d'Arvas, dans les monts Cantabres, reçoit le Torio, la Bernesga, l'Orvigo, le Tera et la Cea et se verse dans le Duero à l'O. de Zamora.

ESLARN, b. de Bavière, cer. de Regen ; 1600 hab.

ESLETTES, vg. de Fr., Seine-Inférieure, arr. de Rouen, cant. de Clères, poste de Malaunay; 390 hab.

ESLEY, vg. de Fr., Vosges, arr. de Mirecourt, cant. et poste de Darney ; 460 hab.

ESLOURENTIES-D'ABAN, vg. de Fr., Basses-Pyrénées, arr. et poste de Pau, cant. de Morlaas; 230 hab.

ESLOURENTIES-D'ARRÉ, vg. de Fr., Basses-Pyrénées, arr. de Pau, cant. de Pontacq, poste de Nay; 260 hab.

ESMANS, vg. de Fr., Seine-et-Marne, arr. de Fontainebleau, cant. et poste de Montereau; moulin à caillou; fabr. de tuiles et briques; 580 hab.

ESMERALDAS (Rio-), fl. de la rép. de l'Ecuador, département du même nom; il est formé par deux branches : le Rio-Blanco et le Guallabamba, qui descendent des Andes aux environs de Tacunja. Un grand nombre de belles maisons de campagne embellissent les bords de ce fleuve depuis ses sources jusqu'à son embouchure, sous 5° 1' lat. N., à 2 l. au-dessous de la ville d'Esméraldas.

ESMÉRALDAS, pet. v. de la rép. de l'Ecuador, département du même nom, prov. de Pichincha, à 2 l. de l'embouchure de l'Esméraldas, dans une contrée pittoresque, saine et très-fertile. Cet endroit est surtout rénommé par son excellent cacao, reputé le meilleur que l'on connaisse; riches mines d'émeraudes dans les environs; 1000 hab.

ESMÉRALDAS, pet. v. de la rép. de Vénézuela, dép. de l'Orénoque, prov. de Guyane, sur la rive droite de l'Orénoque et non loin de la jonction de ce fleuve avec le Cassiquiari.

ESMERY-HALLON, vg. de Fr., Somme, arr. de Péronne, cant. et poste de Ham; 1180 hab.

ESMIES, ham. de Fr., Tarn-et-Garonne, com. de Montesquieu ; 200 hab.

ESMOULINS, vg. de Fr., Haute-Saône, arr., cant. et poste de Gray ; 200 hab.

ESNANDES, vg. de Fr., Charente-Inférieure, arr., cant. et poste de la Rochelle; 770 hab.

ESNANS, vg. de Fr., Doubs, arr., cant. et poste de Baume-les-Dames; 150 hab.

ESNÉ ou **ESNAI**, **ASNA**, *Lato, Laton, Latopolis*, v. et chef-lieu de prov. de la Haute-Egypte, sur la rive gauche du Nil, entre les ruines de Thèbes et Edfou; ville assez commerçante et rendez-vous des caravanes du Darfour et du Sennaar; on y tient un grand marché de chameaux, renommé dans toute l'Égypte, et on y fabrique des tissus de coton, beaucoup de poterie et une espèce de châles, appelée milaych. Parmi les ruines de Latopolis on admire le beau portique d'un grand temple, d'assez belle architecture, mais dont les bas-reliefs sont de mauvais goût; leur superficie, avec celle des hiéroglyphes, a été estimée à 5000 mètres c. ou 45,000 pieds. Ce beau monument a été changé en magasin de coton. Il est surtout important par ses sculptures mythologiques et par le zodiaque de son plafond, dont l'interprétation a fait attribuer à ce temple une immense antiquité. M. Champollion, se fondant sur plusieurs faits, pense que c'est au contraire le plus moderne de tous ceux qui existent encore en Égypte. Le temple de *Contra-Laton*, sur la rive droite du Nil, a été démoli pour renforcer le quai d'Esné que le Nil menace et finira par emporter; environ 4000 hab.

ESNÈS, vg. de Fr., Meuse, arr., cant. et poste de Varennes-en-Argonne; papeterie de la Claire; 700 hab.

ESNES, vg. de Fr., Nord, arr. et poste de Cambrai, cant. de Clary; 1320 hab.

ESNOMS, vg. de Fr., Haute-Marne, arr. de Langres, cant. et poste de Prauthoy; 580 hab.

ESNON, vg. de Fr., Yonne, arr. de Joigny, cant. et poste de Brienon; 420 hab.

ESNOUVEAUX, vg. de Fr., Haute-Marne, arr. de Chaumont-en-Bassigny, cant. et poste de Nogent-le-Roi; 620 hab.

ESOPUS, b. commerçant des États-Unis de l'Amérique du Nord, état de New-York, comté d'Ulster, sur l'Hudson; 1700 hab.

ESPADA (punta de), promontoire à l'E. de l'île d'Haïti, en face de Porto-Rico.

ESPAGNAC, vg. de Fr., Corrèze, arr. et poste de Tulle, cant. de la Roche-Canillac; 890 hab.

ESPAGNAC. *Voyez* ISPAGNAC.

ESPAGNE (Espanna), *Hispania*, la partie la plus étendue et la plus importante de la péninsule ibérique, est située entre 1° long. orient. et 12° long. occ. et entre 36° et 44° lat. N. Elle est bornée au N. par les Pyrénées, qui la séparent de la France par la pet. rép. d'Andorre et par l'Océan Atlantique, qui, sur la côte, prend le nom de golfe de Biscaye (*mare Cantabricum*), à l'O. par le Portugal et l'Océan Atlantique, au S. par cette même mer, le détroit de Gibraltar et la Méditerranée, à l'E. par la Méditerranée. Sa superficie est de 24,000 l. c.

Aspect physique. L'Espagne forme proprement un vaste plateau, élevé de 2 à 3000 pieds au-dessus du niveau de la mer, et incliné vers l'O., comme le démontre le cours de la plupart de ses fleuves. Ce plateau est traversé ou borné de l'E. à l'O. par plusieurs chaînes de montagnes. Les Pyrénées, la principale de ces chaînes, s'étendent sur une longueur de 70 l. et sur une largeur de 12 à 18; escarpées, presque à pic du coté de la France, elles s'abaissent graduellement du coté de l'Espagne et vont se perdre dans la vallée de l'Ebre. Leurs points culminants, le pic Néthon, le mont Perdu, la Maladetta, le pic du Midi, sont couverts de neiges perpétuelles, et peu de passages et de grandes routes facilitent les communications entre les deux pays. Les chaînes qui bordent les côtes septentrionales de l'Espagne se détachent des Pyrénées, au-dessus des sources de l'Ebre, et peuvent en être regardées comme une ramification. Elles se prolongent, sous le nom de monts Cantabres (*montes de Espanna*), jusque dans la Galice et là se lient à la Serra de Geres qui traverse le Portugal; on peut les regarder comme le bord septentrional du plateau espagnol, qui s'abaisse vers le S. en gradins successifs. Les chaînes qui bordent ces gradins sont, en allant du N. au S., la Sierra de Guadarama ou Somosierra, haute de 5 à 7000 pieds; elle se dirige au S.-O. et se lie à la Sierra de Estrella; les montes de Consuegra, de Toledo, etc., peu importantes; la Sierra Morena (montagnes Noires, *mons Marianus*); son versant septentrional n'a que 400 pieds d'escarpement, tandis que son versant méridional, qui tombe dans la vallée du Guadalquivir, a de 2 à 3000 pieds. Au S. de cette chaîne et parallèlement avec elle se trouve la Sierra Nevada (chaîne Neigeuse), d'une hauteur moyenne de 4 à 5000 pieds; son point culminant, le Cumbre de Mulhacem, a plus de 11,000 pieds de haut. On peut regarder la Sierra de Ronda comme une ramification occidentale de la Sierra Nevada; cette ramification touche la mer par les caps Tarifa, Trafalgar et Gibraltar. La Sierra Nevada s'abaisse rapide et escarpée du coté de la Méditerranée; au N. elle se lie doucement, par une foule de vallées parallèles et de plaines ondulées, avec la vallée du Guadalquivir. Du reste, le vaste plateau de l'Espagne n'est rien moins qu'une plaine proprement dite; de nombreuses collines et des cours d'eau au lit profond le coupent en tous sens; un géographe l'a caractérisé de la manière suivante: «une nature uniforme, austère, grande et solennelle, de hautes montagnes escarpées et nues, des plaines immenses dépourvues d'arbres, silencieuses et solitaires, qui participent de l'aspect sauvage des déserts africains, telle est la majeure partie de l'Espagne, telles sont toutes les régions de l'intérieur.»

En général, l'on peut diviser l'Espagne en trois zônes sous le rapport du climat et de la végétation: la septentrionale, qui comprend les côtes de l'Atlantique et la Galice, est bien arrosée, bien boisée et jouit d'un climat doux et heureux; la centrale, c'est-à-dire l'intérieur de l'Espagne, est sèche, nue, dépourvue d'arbres, exposée à des vents froids; la méridionale enfin, surtout au S. de la Sierra Nevada, a un climat brûlant (*tierra caliente*) et produit ce qu'on appelle les fruits du sud, des cactus, des palmiers, une huile délicieuse, du riz, du sucre et des vins exquis.

Les cours d'eau de l'Espagne suivent naturellement la direction que leur ont tracée les montagnes et vont presque tous vers l'O. ou le S.-O. L'Ebre (Ebro, *Iberus*), est à peu près la seule exception. Il naît sur les confins des Asturies, coule au S.-E. et se jette dans la Méditerranée : l'Aragon, le Gallégo, le Sègre, le Xalou et le Guadalope sont ses principaux affluents. Dans le voisinage de l'Ebre et alimenté par ses eaux se trouve le célèbre canal d'Aragon ou canal Impérial, commencé par Charles-Quint, le plus bel ouvrage de ce genre dans toute la péninsule. Il longe la rive droite de l'Ebre, depuis Tudela, en Navarre, jusqu'au-dessous de Saragosse, sur une longueur de plus de 30 l.; rencontre dans son cours plusieurs rivières qu'il traverse sur des aquéducs, et sert à la fois comme canal de navigation et comme canal d'irrigation; on doit le prolonger jusqu'à Sastago, sur l'Ebre, et alors seulement il sera complétement achevé. Plusieurs autres canaux, comme celui du Manzanares au Tage, sont sans importance; de nouveaux canaux sont projetés. Les autres fleuves qui se jettent dans la Méditerranée sont : le Guadalaviar, le Llobregat, le Ter, le Xucar et la Segura. Les principaux cours d'eau de l'Espagne qui se jettent dans l'Atlantique sont : le Minho (Mino), le Duero (Douro), le Tage, la Guadiana, le Guadalquivir, la Bidassoa et le Nalon. Le seul lac un peu important par son étendue et la riche pêche qu'on y fait est celui d'Albuféra, au S. de Valence. M. Balbi le considère comme une lagune; il en est de même du mar Menor, nappe d'eau qui se trouve au N.-E. de Carthagène.

La petite île de Léon, sur laquelle sont bâties les villes de Cadix et de St.-Ferdinand, quelques îlots à l'embouchure de l'Ebre et les îles Baléares, dans la Méditerranée, sont les seules îles qu'offrent les côtes d'Espagne et qu'on peut regarder comme faisant partie géographiquement de cette contrée.

Productions. Les principales productions de l'Espagne sont, dans la région tempérée, le blé, l'orge, l'avoine, le chanvre, des fruits et des vins; dans la région chaude, on recueille de l'huile en abondance, du riz, du sucre, du coton, du tabac, de la manne, de la soude, du sparte, du safran, du sumac, du mastic, des fruits délicieux, etc.

Si ces productions ne suffisent pas aux besoins des habitants, il ne faut nullement en accuser le sol qui est excellent, mais la négligence presque générale de la culture. Du temps des Romains l'Espagne passait pour un pays très-fertile; elle florissait du temps des Maures qui la cultivaient parfaitement, et c'est à une cause politique qu'il faut attribuer la décadence et l'appauvrissement du pays. Parmi les productions particulières à l'Espagne nous citerons les chevaux andaloux, à la fois vifs et dociles, dont un grand nombre malheureusement ont été détruits pendant les guerres de la péninsule; les mulets, qui servent de monture et d'attelage, et les moutons connus dans toute l'Europe sous le nom de mérinos. Avant la guerre on en comptait cinq millions en Espagne; mais, malgré le prix et la finesse de leur laine, ils ne contribuent pas peu à l'appauvrissement du pays. Non seulement cette laine est exportée comme matière première en Angleterre et rentre comme drap en Espagne, au grand bénéfice des fabricants, mais l'entretien même de ces moutons est très-défavorable. Les moutons restent parqués toute l'année; en été on les conduit dans les montagnes, en hiver dans les plaines, et d'immenses terrains sont laissés à cet effet en friche, surtout dans la prov. d'Estramadure. Les propriétaires de ces bêtes, appartenant presque tous à la haute noblesse et au clergé, forment une association nommée Mesta, qui jouit de grands priviléges, ne paye presque rien pour les terrains abandonnés aux moutons et font le plus grand tort à l'agriculture. Tout le monde connaît la bonté des vins d'Espagne : les meilleurs sont ceux des provinces méridionales, les vins de Malaga, d'Alicante, de Xérès de la Frontera, le plus estimé. Les mines espagnoles étaient très-importantes du temps de la domination romaine; la découverte de l'Amérique et de ses riches mines fit cesser presque complétement l'exploitation de celles d'Espagne; on ne recueillait plus que du mercure à Almaden, dans la Sierra Morena, un peu de cuivre, de plomb et du fer dans la Biscaye. Depuis la perte que les Espagnols ont faite de leurs possessions américaines, cette industrie se relève, bien que le manque de bois soit un grand obstacle à l'exploitation de ces mines. L'on recueille aujourd'hui de l'argent et du cuivre dans la Sierra Morena, d'énormes quantités de plomb dans la Sierra de Gador et près d'Alméria, du fer dans la Sierra Morena, en Catalogne et en Biscaye, de la houille dans les Asturies et à Villa-Nueva-del-Rio, sur le Guadalquivir. On se sert en Espagne à la fois de sel marin et de sel gemme; ce dernier provient des belles salines de Cardona, en Catalogne.

Population, religion, caractère des habitants. La population de l'Espagne est de 14,900,000 âmes, population peu considérable, comparée à la vaste étendue de pays qu'elle occupe. Les peuples qui successivement ont habité l'Espagne, les Ibères, les Romains, les Goths, les Arabes, ont laissé des traces nombreuses de leur passage, et le caractère des Espagnols modernes se ressent de celui des peuples dont ils tirent leur origine. La religion surtout a exercé et exerce encore une grande influence sur les habitants de l'Espagne; les pratiques du catholicisme se mêlent à toutes les actions de leur vie; huit siècles de combats contre les Arabes, plus de trois mille batailles livrées contre les ennemis de la croix leur ont inspiré un zèle aveugle pour la foi, et si leur esprit excessif d'intolérance, leur confiance illimitée dans leurs prêtres paraissent diminuer, leur âme avide de merveilleux est toujours ouverte à toutes sortes de superstitions, et sous des formes assez calmes leur dévotion se transforme fréquemment en une exaltation mystique. La religion catholique est celle de l'état et toute autre est sévèrement défendue aux Espagnols. Nous ne pouvons nous empêcher de citer le tableau vif et animé que M. de Rougemont trace de leur caractère : « Les Espagnols ont une âme ardente et profonde, mais que recouvrent des dehors trompeurs; leur froideur apparente voile une gaîté franche et bruyante, qui, pour éclater, ne demande que d'être provoquée, et un amour passionné des plaisirs, qui recherche les émotions les plus violentes (combats de taureaux); leur accueil froid et peu prévenant cache une âme bonne et aimante; leur air grave et silencieux ne trahit pas leurs affections profondes; ils passent de l'oisiveté la plus indolente à l'activité la plus énergique; ils sont lents, calmes et réfléchis, si rien ne vient troubler leur repos; mais un événement quelconque les irrite-t-il, aussitôt se réveillent et éclatent les passions ardentes d'un ciel enflammé; la jalousie veut du sang, le fanatisme religieux des victimes, l'amour de la liberté menacée une guerre implacable. Ils ont d'ailleurs de la franchise et de la loyauté, sont fidèles à leur parole, scrupuleux dans leurs engagements. Rien de plus rare chez eux que la bassesse; l'honneur et un honneur très-chatouilleux est avec la religion et les plaisirs l'un des grands mobiles de leurs actions; leur fierté nationale leur fait croire qu'ils sont le premier peuple de l'Europe. » Tel est le caractère des Espagnols et particulièrement des Castillans. Il se modifie de diverses manières chez les habitants des différentes provinces. On peut ajouter qu'il y a quelque chose d'incomplet dans ce caractère ; leurs discours ont plus de pompe que d'idées, le sentiment de la dignité personnelle et de l'honneur dégénère facilement en orgueil, et l'on ne peut méconnaître dans leurs combats de taureaux, dans leurs auto-da-fé, quelques traits de la férocité africaine.

Langue et littérature. La langue espagnole est fille de la langue latine et enrichie de beaucoup de mots arabes; le langage est, comme celui des orientaux, emphatique et figuré. La littérature des Espagnols est, plus qu'aucune autre, religieuse, noble et sévère, nationale et patriotique. Ses monuments les plus anciens datent du quatorzième siècle; ce sont les poëmes du Cid et d'Alexandre; ses grands poëtes et romanciers, Lope de Vega, Calderon et Cervantes, vécurent au seizième siècle et au commencement du dix-septième; si les Espagnols ont cultivé avec peu de succès les sciences, leurs architectes et leurs peintres ne le cèdent à ceux d'aucune autre nation.

Industrie et commerce. Nous avons déjà dit plus haut que l'agriculture en Espagne était négligée, surtout sur les plateaux dont les plaines sont traversées en été et en hiver par les troupeaux voyageurs des mérinos. Un autre empêchement c'est la sécheresse du sol qui nécessiterait un arrosage très-étendu; mais les anciens canaux d'irrigation ne sont pas même entretenus. L'industrie espagnole, très-florissante aux seizième et dix-septième siècles, ne répond nullement aujourd'hui aux ressources et aux besoins de la population, bien qu'elle se relève de la décadence complète dans laquelle elle était tombée. On cite comme florissantes les fabriques de mégisserie de Valladolid, Séville, Grenade, Malaga, Arcos et Miguel-Torra; de draps fins de Tarraza, Manreza et Escaray; de glaces de Ste.-Ildefonse, de papiers d'Alcoy et de Madrid; les fabriques de nankin de Barcelone, celle de toiles peintes de Madrid; la porcelaine et la faïence de Moncloa et d'Alcora, les chapeaux de Badajoz, la soie filée et les tissus de soie de Catalogne, de Valence, de Murcie et de Talavera et les toiles cirées de Barcelone. La culture du coton, de la cochenille et de la canne à sucre fait de rapides progrès dans le midi de l'Espagne. Le commerce de cabotage, qui remplace en partie le commerce intérieur de l'Espagne, est très-important et favorisé par le grand développement des côtes de ce pays; le commerce extérieur, autrefois si important est presqu'entièrement tombé, ainsi que la navigation à long cours, depuis la perte des possessions de l'Amérique. La pêche et l'exploitation de quelques bancs de corail situés sur la côte de Catalogne, à l'entrée du golfe de Roses, occupent un assez grand nombre de bâtiments. Le commerce intérieur rappelle celui des caravanes; les muletiers (arrieros) se réunissent en petites troupes, ne marchent qu'armés et partent à des jours fixes; car l'Espagne est infestée de brigands. Les quelques grandes routes de ce pays sont excellentes, mais leur petit nombre et le manque de canaux sont un grand obstacle au développement du commerce intérieur. Les principaux objets que l'Espagne exporte sont les vins, la laine, la soie, l'huile, des fruits, des métaux, des mérinos, des chevaux d'Andalousie, des sardines en saumure, etc. Elle exporte aussi beaucoup d'objets de fabrication indigène et étrangère aux colonies qui lui sont restées. Les principaux articles importés en Espagne sont les denrées coloniales, du blé, des poissons, draps, toiles, dentelles, étoffes de coton et de soie, de la quincaillerie, de la bijouterie, des articles de mode, du lin, du chanvre, des bois de construction, du fer, de l'étain, du cuivre et ustensiles de ces métaux, une grande quantité d'ouvrages en bois, de la verrerie et beaucoup de porcs et de mulets de France.

Gouvernement. L'Espagne est depuis 1834 une monarchie constitutionnelle; elle jouissait dès les temps les plus anciens, d'institutions libérales, et les assemblées des cortès du royaume eurent lieu jusqu'à Philippe II. Depuis cette époque jusqu'en 1834 le gouvernement, sauf de rares intervalles, fut despotique. La constitution actuelle a rendu une partie du pouvoir législatif aux cortès divisés en proceres et procuratores, division analogue à celle qui existe chez nous entre la chambre des pairs et la chambre des députés. Plusieurs provinces ont joui de tout temps de priviléges particuliers, telles sont surtout les provinces basques et la Navarre. En 1829 les revenus de l'état s'élevaient à 134,900,000 fr., les dépenses à 125,000,000. L'arriéré de la dette est énorme. L'armée, avant la guerre actuelle, comptait environ 100,000 soldats dont 35,000 de milice nationale. La flotte consiste en 6 vaisseaux de ligne, 12 frégates et 106 bâtiments divers.

Possessions. De ses magnifiques et vastes possessions dans l'Amérique septentrionale et méridionale, il ne reste plus aujourd'hui à l'Espagne que les îles de Cuba et de Porto-Rico et quelques-unes des Petites-Antilles. En Asie elle possède la plus grande partie des îles Philippines, une partie de Mindanao, les groupes de Bachi et des Babuyanes et les îles Mariannes dans la Polynésie; Manille, dans l'île de Luzon, est la capitale de toutes ces possessions. En Afrique l'Espagne possède plusieurs forteresses dans l'emp. de Maroc, qui forment ce que les Espagnols nomment les presidios ou lieux de déportation pour les criminels; ce sont: Ceuta, Melilla, Penon de Velez et Albuzemas; l'Espagne possède en outre l'archipel des Canaries et l'île d'Anno-bon dans l'Océan Atlantique. Autrefois ses possessions hors de l'Europe avaient 15 millions d'habitants; elles n'en ont plus que trois aujourd'hui.

Divisions administratives. La monarchie espagnole est formée de quatre parties très-inégales, qui sont : les pays du roy. de Castille, ceux de la couronne d'Aragon avec les îles Baléares, le roy. de Navarre et les provinces basques. Les divisions administratives actuelles de l'Espagne sont très-difficiles à retracer; la confusion qui règne encore dans certaines parties de ce pays entre les pouvoirs judiciaire, administratif et militaire, a induit en erreur la plupart des géographes; aussi, pour avoir un guide sûr en cette matière, suivrons-nous entièrement M. Balbi.

Sous le rapport financier et administratif, l'Espagne est divisée depuis 1833 en 49 provinces, qui prennent le nom de leurs capitales respectives, à l'exception des prov. de Navarre, de Biscaye (proprement dite), d'Alava et de Guipuscoa, qui conservent leurs anciennes dénominations ; on n'a pas voulu toucher aux privilèges de ces quatre provinces et l'on a autant que possible conservé les limites des autres. Les nouvelles provinces sont partagées en 3 classes, savoir : 8 de première classe, 7 de seconde classe et 34 de troisième classe. Les premières sont celles de Grenade, Malaga, Séville, Cadix, Madrid, Barcelone, la Corogne et Valence; les secondes celles de Cordoue, Saragosse, Oviédo, Tolède, Valladolid, Murcie et Alicante; les autres appartiennent à la troisième classe. Chacune de ces provinces est administrée par un intendant ou subdélégué du ministre de l'intérieur (subdelegados del fomento) ; 36 de ces provinces (parmi lesquelles celle des Canaries) appartiennent à la couronne de Castille et 13 à la couronne d'Aragon. Les 13 provinces qui forment le pays que la chancellerie espagnole désigne sous ce dernier nom, sont : Saragosse, Huesca, Teruel, Barcelone, Tarragone, Lérida, Gironne, Valence, Alicante, Castellon de la Plana, Murcie, Albacète et les îles Baléares; toutes les autres appartiennent à la couronne de Castille.

Sous le rapport militaire, l'Espagne est divisée en 12 grandes capitaineries-générales (*voyez* le tableau ci-après) et en 5 commandements d'une moindre étendue, qui sont : Mahon, Iviça, Campo de Gibraltar, Ceuta et Canaries. Ces gouvernements généraux comprennent dans leurs arrondissements respectifs 83 gouvernements subalternes, dont 27 appartiennent à la couronne de Castille, 32 à la couronne d'Aragon et 14 aux territoires dépendant des quatre ordres militaires de Santiago, de Calatrava, d'Alcantara et de Montera.

Ce pays est en outre divisé en 3 départements maritimes, dont les chefs-lieux sont : l'île de Léon, le Ferrol et Carthagène. Il y a dans chacun de ces départements un capitaine général de la marine et des commandants dans les principales places de commerce maritime.

Enfin, sous le rapport judiciaire, l'Espagne est partagée en 12 cours royales ou tribunaux supérieurs, dont les titres sont : chancelleries royales de Valladolid et de Grenade; conseil royal de Navarre; audiences royales de Galice, des Asturies, des Canaries, de l'Estramadure, d'Aragon, de Valence, de Catalogne et de Majorque. Les arrondissements de ces 12 cours comprennent 165 corrégidories ou sièges de corrégidors dont 125 appartiennent à la couronne de Castille, 39 à celle d'Aragon et un au territoire des ordres militaires.

Ces notions, que nous avons extraites de M. Balbi, donneront à nos lecteurs l'intelligence du tableau suivant, que nous avons également emprunté à ce savant statisticien.

TABLEAU DES DIVISIONS ADMINISTRATIVES DE L'ESPAGNE.

CAPITAINERIES-GÉNÉRALES ET INTENDANCES.	CHEFS-LIEUX, VILLES ET LIEUX LES PLUS REMARQUABLES.
Capitainerie-générale de la Nouvelle-Castille.	
Madrid,	Madrid, Alcala de Henarez, El Escurial.
Guadalaxara,	Guadalaxara.
Tolède,	Tolède, Aranjuez.
Cuença,	Cuença.
Ciudad-Réal,	Ciudad-Réal, Almaden, Calatrava.
Capitainerie-générale de la Vieille-Castille.	
Burgos,	Burgos.
Logrono,	Logrono.
Santander,	Santander.
Oviedo,	Oviedo (Asturies).
Soria,	Soria.
Ségovie,	Ségovie, San-Ildefonso.
Avila,	Avila.
Léon,	Léon.
Palencia,	Palencia.
Valladolid,	Valladolid.
Salamanque,	Salamanque.
Zamora,	Zamora.
Capitainerie-générale de Galice.	
La Corogne,	La Corogne, Santiago (St.-Jacques-de-Compostelle), Ferrol.
Lugo,	Lugo.
Orense,	Orense.
Pontevedra,	Pontevedra.
Capitainerie-générale de l'Estramadure.	
Badajoz,	Badajoz.
Cacérès,	Cacérès, Alcantara.
Capitainerie-générale de l'Andalousie.	
Séville,	Séville.
Huelva,	Huelva,
Cadix,	Cadix, Xérès de la Frontera, San-Fernando, Tarifa, Algéziras.
Cordoue,	Cordoue.
Jaen,	Jaen, Carolina.
Capitainerie-générale du roy. et de la côte de Grenade.	
Grenade,	Grenade.
Almeria,	Almeria.
Malaga,	Malaga.
Capitainerie-générale de Valence.	
Valence,	Valence.
Alicante,	Alicante.
Castellon de la Plana,	Castellon de la Plana.
Murcie,	Murcie, Carthagène.
Albacète,	Albacète.
Capitainerie-générale de la Catalogne.	
Barcelone,	Barcelone.
Tarragone,	Tarragone, Reus.
Lérida,	Lérida, Urgel.
Gironne,	Gironne, Figueras, Roses.
Capitainerie-générale d'Aragon.	
Saragosse,	Saragosse.
Huesca,	Huesca.
Teruel,	Teruel.
Capitainerie-générale du roy. de Navarre.	
Navarre,	Pampelune, Estella, Tudela.
Capitainerie-générale de Guipuscoa.	
Alava,	Vitoria, Orduna.
Biscaye ou Viscaya proprement dite,	Bilbao, Durango.
Guipuscoa,	San-Sébastian, Fontarabie, Los Passages, Tolosa, Onate.

CAPITAINERIES-GÉNÉRALES. ET INTENDANCES.	CHEFS-LIEUX, VILLES ET LIEUX LES PLUS REMARQUABLES.
Capitainerie-générale de Majorque et gouv. de Mahon et Iviça.	
Palma,	Palma (île Majorque), Mahon (île Minorque), Iviça (île d'Iviça).

La quarante-neuvième province est celle des Canaries, chef-lieu Santa-Cruz.

Histoire. On sait fort peu de chose sur les Ibères, les habitants primitifs de l'Espagne. Les premiers étrangers qui abordèrent dans ce pays furent les Phéniciens, connus dans l'antiquité pour leurs connaissances nautiques, leur esprit industriel et commerçant. La découverte de l'Espagne, riche alors en mines d'or et d'argent, fut pour eux ce que l'Amérique, plus tard, fut pour les peuples de l'Europe. Ils fondèrent sur les côtes plusieurs colonies importantes et entre autres, sur une île de l'Océan, Tartessus ou Gades, la Cadix d'aujourd'hui. Carthage, autre colonie phénicienne, fondée sur la côte d'Afrique, devint bientôt plus puissante que la métropole et s'empara de ses possessions espagnoles, qu'elle fortifia. Longtemps les Carthaginois se bornèrent à dominer sur les côtes, mais lorsque Rome leur eut porté les premiers coups, ils cherchèrent en Hespérie (c'est le nom que les Grecs avaient donné à l'Espagne) à se dédommager de leurs pertes en Sicile. Hamilcar et Hasdrubal soumirent plusieurs peuplades belliqueuses de ce pays et surent faire entrer les braves Espagnols comme mercenaires dans leurs armées; Hannibal y arriva et, après avoir pris l'héroïque Sagonte (Murviedro), traversa la Gaule et les Alpes, et fut pendant dix-sept ans la terreur des Romains. Ceux-ci reconnurent de quelle importance était l'Espagne pour les Carthaginois; ils résolurent de la subjuguer et mirent deux cents ans à la réduire. En vain Viriatus (150 ans avant J.-C.) résista-t-il dix ans à la puissance romaine, en vain Numance renouvela-t-elle l'héroïsme de Sagonte : ni les soulèvements partiels, ni l'opiniâtre défense des Lusitaniens et des montagnards ne purent empêcher l'Espagne d'être réduite en province romaine, sous le nom d'Hispania. La révolte des Cantabres (Biscayens), 19 ans avant J.-C., fut la dernière. Pendant quatre cents ans l'Espagne resta paisible ; la civilisation romaine, sa langue et ses mœurs la pénétrèrent, mais l'amollirent; les arts et la littérature y fleurirent : les deux Sénèque, le géographe Pomponius Mela, Martial, Trajan et Adrien sont nés dans ce pays. Au commencement du cinquième siècle, lorsque l'Europe était bouleversée par les peuples germaniques qui se jetaient sur l'Occident, l'Espagne fut envahie par les Suèves, les Alains et les Vandales. Ces derniers s'établirent dans la Bétique, la partie méridionale de l'Espagne, qui reçut d'eux le nom de *Vandalitia*, Andalousie. Les Visigoths, maîtres d'une partie de la France, vinrent à leur tour, subjuguèrent les Suèves et rejetèrent les Alains et les Vandales en Afrique. Leur empire fut puissant d'abord, mais déchut rapidement; le catholicisme seul, auquel les Visigoths ariens s'étaient convertis, donnait encore un peu de force à ces barbares qui n'avaient pu résister aux charmes d'un climat heureux et qui durent succomber sous le premier choc. Roderic, le dernier roi des Visigoths, avait dépossédé les fils de son prédécesseur; ceux-ci appelèrent à leur secours les Arabes, appelés Maures, qui assiégeaient Ceuta. Tarik, un de leurs généraux, aborda près de Gibraltar (Chebel Tarik, montagne de Tarik), reçut des renforts, et la bataille de Xérès de la Frontera (712) décida du sort de l'Espagne. Elle fut conquise par les Maures qui portèrent leurs armes jusqu'en France, où l'épée de Charles-Martel les arrêta. Trois dynasties arabes régnèrent en Espagne et l'embellirent de tous les prestiges des arts et des sciences. Les Visigoths furent traités avec douceur; l'agriculture fleurit, et les sciences, surtout l'astronomie, la médecine et la philosophie, cultivées avec succès, attirèrent à Cordoue un grand nombre de savants européens. Cependant Pélage et les plus braves des Goths catholiques s'étaient réfugiés, du temps de la conquête maure, dans les montagnes des Asturies et y avaient fondé le comté d'Oviedo, inquiétant souvent la domination des Arabes. Ils surent profiter de la désunion qui se mit entre leurs ennemis et étendirent leurs conquêtes. Au commencement du onzième siècle il existait déjà trois royaumes chrétiens, ceux de Léon, de Castille et de Navarre, qui, malgré de fréquentes guerres intestines, ne cessèrent de s'étendre au détriment des Maures. En 1250 ceux-ci ne possédaient plus que le roy. de Grenade. Celui qui se distingua le plus dans ces guerres fut don Rodrigo de Bivar, communément appelé le Cid; les ordres militaires de Calatrava (fondé en 1164), de Santiago (en 1175) et d'Alcantara (en 1219) rendirent aussi d'éminents services. Enfin, après un grand nombre de partages et de guerres civiles, les deux roy. de Castille et d'Aragon avaient absorbé la plupart des petits états, et par le mariage d'Isabelle de Castille et de Ferdinand d'Aragon fut fondée l'unité territoriale de l'Espagne. Le premier soin de Ferdinand-le-Catholique fut d'expulser les Maures, et en 1492 Grenade, la capitale et le dernier boulevard des musulmans, succomba sous l'agresseur. Vers ce même temps Christophe Colomb dota l'Espagne d'un nouveau monde par la découverte de l'Amérique; et y fit affluer des richesses jusqu'alors inconnues en Europe, richesses funestes cependant, qui excitèrent l'avidité d'un grand nombre; la soif de l'or jeta en Amériqne une partie de la population, décimée déjà par de longues guerres, et détourna beaucoup de bras de l'agriculture. Isabelle, de son côté, mue par de fatals conseils, abusa d'une manière infâme de la religion et força par son inquisition un grand nombre de Maures à émigrer. Avant sa mort, Ferdinand ajouta encore à ses états la Navarre, le roy. de Naples et de Sicile. L'histoire de son petit-fils et successeur, Charles Ier d'Espagne (Charles-Quint comme empereur d'Allemagne), appartient à l'Allemagne plus qu'à l'Espagne; nous n'en dirons rien ici. Philippe II, fils de Charles-Quint, lui succéda en Espagne, à laquelle étaient alors réunis le roy. de Naples et de Sicile, la Sardaigne, le duché de Milan, la Franche-Comté et les dix-sept provinces des Pays-Bas. Il ajouta le Portugal à son empire et remporta la célèbre bataille de Lépante ; mais il fut malheureux contre les Provinces-Unies et contre les Anglais. Son sombre despotisme, ses persécutions contre les descendants des Maures, ses cruautés dans les Pays-Bas commencèrent la décadence de la monarchie espagnole. Ses faibles successeurs, Philippe III qui acheva de dépeupler l'Espagne par une nouvelle persécution des Morisques, Philippe IV qui vit le Portugal se détacher de l'Espagne, achevèrent son œuvre. La mort de Charles II, le dernier prince de la dynastie autrichienne, fit éclater en Europe la fameuse guerre de la succession. Louis XIV réussit à placer sur le trône son petit-fils Philippe d'Anjou, qui fonda en Espagne la dynastie des Bourbons. Cette dynastie fut aussi faible que celle qui la précéda ; le royaume déchut de plus en plus; les efforts tentés pour relever l'agriculture, l'industrie et les arts eurent peu de résultats; le long siége de Gibraltar, que les Anglais avaient gardé depuis la guerre de succession, fut peu glorieux. La révolution française tira l'Espagne de sa léthargie. D'abord ennemi de la république, plus tard son allié, ce royaume se rattacha étroitement à la France. Tout le monde connait les différends du roi Charles IV et de son fils Ferdinand VII; l'invasion funeste de Napoléon qui voulut donner un trône de plus à sa famille, la guerre horrible qui s'en suivit; comment les principes de liberté et d'égalité firent éclore la constitution dite de 1812, improvisée par les cortès au milieu des armées ennemies, solennellement jurée d'abord, puis odieusement abolie, après le succès, par Ferdinand VII; comment cette constitution fut proclamée de nouveau en 1820 par les troupes réunies pour aller subjuguer l'Amérique révoltée. Nous ne parlerons ni de l'invasion française de 1823, ni du sanglant despotisme de Ferdinand VII, ni de l'abolition par ce prince de la loi salique, en faveur de la reine actuelle Isabelle II, et des conséquences de cette abolition; tout cela c'est de l'histoire contemporaine. L'Espagne, depuis quelques années, est en proie à la guerre civile; tous les systèmes se disputent cet état : despotisme éclairé, despotisme absolu, priviléges provinciaux, fédéralisme, centralisation, monarchie, république : ce n'est pas ici le lieu d'examiner lequel d'entre eux a le plus de chances.

ESPAGNE (Nouvelle-). *Voyez* MEXIQUE.

ESPAGNOLA. *Voyez* HAÏTI.

ESPAIGNET, ham. de Fr., Gers, com. de Caupene; 170 hab.

ESPALAIS, vg. de Fr., Tarn-et-Garonne, arr. de Moissac, cant. et poste de Valence-d'Agen; 570 hab.

ESPALEM, vg. de Fr., Haute-Loire, arr. de Brioude, cant. de Blesle, poste de Lempdes; 710 hab.

ESPALION, v. de Fr., Aveyron, chef-lieu d'arrondissement, à 6 l. N.-N.-E. de Rhodez et à 141 l. de Paris; siége d'un tribunal de première instance et conservation des hypothèques; elle est située sur la rive gauche du Lot, au fond d'un vallon étroit, dont les sites sont très-pittoresques; mais la ville n'offre rien de remarquable. Espalion possède un collége communal, des tanneries et corroieries; fabr. de colle-forte, blanchisseries de cire et un entrepôt considérable de bois pour meubles et de merrains. Foires les 23 janvier, mardi avant les Rameaux, mercredi avant Pentecôte, 29 août et 11 novembre; 4082 hab.

ESPALMADOR, île des Baléares, Espagne, entre celles d'Iviça et de Formentera; inhabitée, mais couverte de bois et de bons pâturages.

ESPALUNGUE, ham. de Fr., Basses-Pyrénées, com. de Laruns; 150 hab.

ESPALY-SAINT-MARCEL, vg. de Fr., Haute-Loire, arr., cant. et poste du Puy; 1130 hab.

ESPANÈS, ham. de Fr., Haute-Garonne, arr. de Villefranche-de-Lauragais, cant. de Montgiscard, poste de Baziège; 300 hab.

ESPANNA (Puerto de). *Voyez* SPANISH-TOWN.

ESPAON, vg. de Fr., Gers, arr., cant. et poste de Lombez; 470 hab.

ESPARBAIRENQUE. *Voyez* BASTIDE-ESPARBAIRENQUE (la).

ESPARON, vg. de Fr., Gard, com. de Bez; 120 hab.

ESPARON, vg. de Fr., Haute-Garonne, arr. de St.-Gaudens, cant. d'Aurignac, poste de Martres; 440 hab.

ESPARONS, vg. de Fr., Hautes-Alpes, arr. de Gap, cant. de Barcelonnette, poste de Ventavon; 290 hab.

ESPARRON-DE-PALIÈRES, vg. de Fr., Var, arr. de Brignoles, cant. et poste de Barjols; 560 hab.

ESPARRON-DE-VERDON, vg. de Fr., Basses-Alpes, arr. de Digne, cant. et poste de Riez; 510 hab.

ESPARRON-LA-BATIE, vg. de Fr., Basses-Alpes, arr. de Sisteron, cant. de Turriers, poste de la Motte-du-Caire; 250 hab.

ESPARROS, vg. de Fr., Hautes-Pyrénées, arr. de Bagnères-en-Bigorre, cant. et poste de la Barthe-de-Neste; 720 hab.

ESPARSAC, vg. de Fr., Tarn-et-Garonne, arr. de Castel-Sarrazin, cant. et poste de Beaumont-de-Lomagne; 680 hab.

ESPARTIGNAC, vg. de Fr., Oise, arr. de Beauvais, cant. du Coudray-St.-Germer, poste de Gournay; fabr. de poterie de terre; 350 hab.

ESPAS, vg. de Fr., Gers, arr. de Condom, cant. de Nogaro, poste de Manciet; 620 hab.

ESPAUBOURG, vg. de Fr., Oise, arr. de Beauvais, cant. de Beauvais-St.-Germer, poste de Gournay; fabr. de poterie de terre; 350 hab.

ESPAYRAC, vg. de Fr., Aveyron, arr. d'Espalion, cant. et poste d'Entraygues; 2130 hab.

ESPÈCHE, vg. de Fr., Hautes-Pyrénées, arr. de Bagnères-en-Bigorre, cant. et poste de la Barthe-de-Neste; 310 hab.

ESPÉCHÈDE, vg. de Fr., Basses-Pyrénées, arr. et poste de Pau, cant. de Morlaas; 310 hab.

ESPEDAILLAC, vg. de Fr., Lot, arr. de Figeac, cant. de Livernon, poste de la Capelle-Marival; 1070 hab.

ESPEILLAC, vg. de Fr., Aveyron, com. de Montbazens; 200 hab.

ESPEJA, b. d'Espagne, roy. de la Vieille-Castille, prov. de Burgos; 2000 hab.

ESPEJA, b. d'Espagne, roy. de Léon, prov. de Salamanque; 2200 hab.

ESPELETTE, b. de Fr., Basses-Pyrénées, arr. et à 4 l. S. de Bayonne, chef-lieu de canton, poste d'Ustarits; commerce de bestiaux; 1520 hab.

ESPELUCHE, vg. de Fr., Drôme, arr., cant. et poste de Montélimart; 590 hab.

ESPENAN, vg. de Fr., Hautes-Pyrénées, arr. de Bagnères-en-Bigorre, cant. et poste de Castelnau-Magnoac; 130 hab.

ESPENEL, vg. de Fr., Drôme, arr. de Die, cant. et poste de Saillans; 540 hab.

ESPÉRANÇA (Nossa-Senhora-da-), b. florissant de l'emp. du Brésil, prov. de San-Paolo, comarque de Curytiba, sur le Morrocapi-Varussu; 2600 hab.

ESPÉRANZA (Nuestra-Sennora-de-la). *Voyez* PUERTA-DEL-GOLFE (la).

ESPÉRANZA ou ESPARZA, v. autrefois florissante, mais déserte aujourd'hui et ne présentant plus qu'un amas de ruines, États-Unis de l'Amérique centrale, état et dist. de Costa-Rica, sur la baie de Caldéra, non loin des ruines de Bagases. En 1660, ces deux villes furent pillées et incendiées par des pirates français.

ESPÉRAUSSES, vg. de Fr., Tarn, arr. de Castres, cant. et poste de Lacaune; 1070 h.

ESPÉRAZA, vg. de Fr., Aude, arr. de Limoux, cant. de Quillan, poste de Couiza; bains minéraux; distilleries d'eau-de-vie; mégisseries; tanneries; forges; 1480 hab.

ESPERCE, vg. de Fr., Haute-Garonne, arr. de Muret, cant. de Cintegabelle, poste d'Auterive; 720 hab.

ESPÈRE, vg. de Fr., Lot, arr., cant. et poste de Cahors; 440 hab.

ESPÉRIÈS, ham. de Fr., Gard, com. du Vigan; 160 hab.

ESPÉRIEUSE, vg. de Fr., Loir-et-Cher, arr. de Vendôme, cant. de Morée, poste de la Ville-aux-Clercs; 140 hab.

ESPERONS, vg. de Fr., Landes, arr. de St.-Sever, cant. et poste d'Aire-sur-l'Adour; 230 hab.

ESPEROUS, ham. de Fr., Landes, com. de Parleboscq; 150 hab.

ESPÈS, vg. de Fr., Basses-Pyrénées, arr., cant. et poste de Mauléon; 330 hab.

ESPESSAS, vg. de Fr., Gironde, arr. de Bordeaux, cant. et poste de St.-André-de-Cubzac; 620 hab.

ESPEZEL, vg. de Fr., Aude, arr. de Limoux, cant. de Belcaire, poste de Quillan; 700 hab.

ESPIEDS, vg. de Fr., Loiret, arr. d'Orléans, cant. de Meung-sur-Loire, poste d'Ouzouer-le-Marché; 1080 hab.

ESPIEILH, vg. de Fr., Hautes-Pyrénées, arr. et poste de Bagnères-en-Bigorre, cant. de Lannemezan; 120 hab.

ESPIENS, vg. de Fr., Lot-et-Garonne, arr., cant. et poste de Nérac; 830 hab.

ESPIET, vg. de Fr., Gironde, arr. de Libourne, cant. et poste de Branne; 370 hab.

ESPINAS, vg. de Fr., Tarn-et-Garonne, arr. de Montauban, cant. et poste de Caylux; 820 hab.

ESPINASSE, vg. de Fr., Cantal, arr. de St.-Flour, cant. et poste de Chaudes-Aigues; 580 hab.

ESPINASSE, vg. de Fr., Puy-de-Dôme, arr. de Riom, cant. et poste de St.-Gervais; 1030 hab.

ESPINASSES, vg. de Fr., Hautes-Alpes, arr. d'Embrun, cant. de Chorges, poste de Remollon; 500 hab.

ESPINASSE-VOZELLES, vg. de Fr., Allier, arr. et poste de Gannat, cant. d'Escurolles; 820 hab.

ESPINCHAL, vg. de Fr., Puy-de-Dôme, arr. d'Issoire, cant. et poste de Besse; 350 h.

ESPINHAÇO (Serra do), nom général que les géographes allemands ont donné à cette longue file de montagnes qui traverse du N. au S. les prov. de Bahia, de Minas-Geraës, de San-Paolo et l'extrémité septentrionale de celle de San-Pedro, en touchant la prov. de Rio-de-Janeiro, emp. du Brésil. Elle occupe le centre du vaste système Brésilien, raison pour laquelle M. Balbi propose de la nommer chaîne Centrale. Elle s'étend depuis la rive droite du San-Francisco jusqu'à l'Uraguay (10° à 28° lat. S.). Cette chaine de montagnes se divise en un grand nombre de branches et de ramifications, qui prennent différents noms suivant les contrées qu'elles traversent. Sa partie septentrionale est connue sous le nom de Sierra das Almas (montagne des âmes); dans la partie méridionale de la province de Minas-Geraès elle est appelée Sierra de Mantiqueira, et dans la prov. de San-Paolo on la nomme Sierra de Juquery et Sierra de Jaragoa. Diverses ramifications peu connues la joignent à la Sierra do Mar. Les plus hauts sommets s'élèvent dans la prov. de Minas-Geraès, tels que l'Itacolumi, près de Villa-Rica (1900 mètres, d'après Eschwège), la plus haute montagne du Brésil. Les deux pics d'Itaubira et l'Itambé dans la Sierra do Carassa, près de Cattas-Atlas.

ESPINOSA, b. d'Espagne, sur la Harmaza, roy. de la Vieille-Castille, prov. de Burgos; 1800 hab.

ESPINOSA (de-los-Monteros-), b. d'Espagne, roy. de la Vieille-Castille, prov. de Burgos, sur la Tueba, au pied des monts Cantabres; 2000 hab.

ESPINOUSE, vg. de Fr., Basses-Alpes, arr. de Digne, cant. de Mezel, poste des Mées; 190 hab.

ESPINS, vg. de Fr., Calvados, arr. de Falaise, cant. et poste d'Harcourt-Thury; 290 hab.

ESPIRA-DE-LA-GLY, vg. de Fr., Pyrénées-Orientales, arr. et poste de Perpignan, cant. de Rivesaltes; 930 hab.

ESPIRA-EN-CONFLANS, vg. de Fr., Pyrénées-Orientales, arr. de Prades, cant. et poste de Vinça; 320 hab.

ESPIRAT, vg. de Fr., Puy-de-Dôme, arr. de Clermont-Ferrand, cant. de Vertaizon, poste de Billom; 1180 hab.

ESPIRITO-SANTO (Villa-Velha-do-), v. de l'emp. du Brésil, prov. et comarque d'Espirito-Santo, sur la baie du même nom. Cette ville, autrefois très-considérable et capitale de la province, n'est plus importante que par ses pêcheries; 4000 hab.

ESPIRITU (Villa-de-San-) ou **ESPIRITU-SANTO**, v. de l'île de Cuba, dép. du Centre, à 20 l. N.-E. de Trinidad; elle est le chef-lieu d'un district; commerce; 11,000 hab.

ESPIRITU-SANTO, prov. de l'emp. du Brésil; elle est bornée au N. par la prov. de Bahia, à l'E. par l'Océan Atlantique, au S. par la prov. de Rio-Janeiro, et à l'O. par celle de Minas-Geraès. Son étendue est de 1788 l. c. géogr., sa pop. de 163,000 hab.

Cette province est une des plus montagneuses, des plus belles et des plus riches, mais en même temps une des moins cultivées et des moins peuplées de l'empire. Des ramifications de la Sierra de Mantiqueira et de la Sierra do Mar s'élèvent à l'E., s'étendent dans tous les sens sur ce pays et y forment de fort belles vallées. Ce sont : la Sierra dos Aymorès, avec le Monte de San-Joam-de-Liam, son point culminant; la Sierra do Pico, au S. du Rio-Doce; la Sierra Guarapary et la Sierra de Pérocao. Plusieurs montagnes très-hautes s'élèvent non loin des côtes; le monte Moreno (mont Noir) et le monte de Mestre-Alvaro en sont les plus élevés. De majestueuses forêts couvrent ces montagnes et s'étendent jusqu'à l'Océan; leur exploitation est de la plus haute importance pour ce pays où l'agriculture, l'éducation du bétail et l'industrie ne sont presque pour rien.

Les principaux cours d'eau de cette province très bien arrosée, sont : le Rio-Grande-de-Belmonte, le Rio-do-Porto-Seguro, le Rio-Doce et l'Espiritu-Santo, qui forme à son embouchure la baie assez considérable du même nom. Tous les autres fleuves ont un cours très-borné. Parmi les nombreux lacs de ce pays, nous nommerons la lagoa dos Indios, près des côtes et non loin du Rio-Doce, la lagoa de Juparana, dans une contrée ravissante non loin du premier; à environ 11 l. de longueur sur 1 l. de large et une profondeur de 32 à 45 mètres; la lagoa Tapada, entre le Rio-Doce et le San-Mattéo et la lagoa do Braço, d'une étendue très-considérable dans les environs du Rio-de-Belmonte. On trouve dans cette province différentes peuplades d'Indiens libres la plupart très-belliqueux, tels que les Botocudos, les Purys, les Aymores, les Patachos, les Maconis et d'autres. Ils vivent de la pêche et de la chasse et s'occupent de la confection de différents ouvrages en bois. Le commerce consiste dans l'exportation de bois, de poissons, de baume, de toiles à voiles et de différentes espèces de résine. Les principales places de commerce du pays sont : Vittoria, la capitale, Caravellas, Porto-Seguro, San-Mattéo et Traconzo. Nous manquons de données sur les subdivisions territoriales de cette province.

La prov. d'Espiritu-Santo est le premier district découvert par les Portugais sur les côtes du Brésil. Pedralvès Cabral y déposa, en 1500, deux hommes de son équipage. En 1504, Christovam Jaques y amena une colonie assez nombreuse avec deux missionnaires franciscains, et bientôt la ville de Porto-Seguro s'éleva sur les bords de la baie de ce nom. Elle devint la première factorerie du commerce du bois de Brésil. En 1534, Pedro-do-Campo-Tourinho reçut cette colonie en titre de fief et y fonda plusieurs villes dont quelques-unes (San-Amaro, etc.) ont été détruites par les Indiens. Ses descendants la rendirent au duc d'Aveiro, don Joam-de-Lancastre. Le roi Jozé Ier réunit cette colonie à la couronne; elle se trouvait alors dans un fort triste état; les Indiens avaient détruit presque tous les établissements des Portugais. En 1544, Vasco-Fernandez-Coutinho fonda la ville d'Espiritu-Santo avec un fort pour la défendre; mais tandis qu'il retournait en Europe pour demander des secours pour sa colonie, les Indiens envahirent ses établissements et y massacrèrent tous les Européens, malgré des secours envoyés par Mendo-de-Sâ, gouverneur de Bahia. Enfin, après trente ans de combats meurtriers qui avaient coûté la vie à un grand nombre de Portugais, une poignée d'hommes de cette nation parvint à remporter une victoire décisive sur les Indiens; les jésuites s'efforcèrent de répandre le christianisme parmi ces hordes sauvages et la colonie recommença à prospérer. En 1551 le père Alfonzo-Braz fonda le collège de Villa-Vittoria, qui devint plus tard le chef-lieu de la colonie à laquelle on donna alors le nom de sa principale ville, Espiritu-Santo, dénomination qu'elle a conservée jusqu'à nos jours. Mais la colonie de Coutinho tomba de nouveau. Elle fut vendue à plusieurs reprises jusqu'à ce qu'elle fût réunie à la couronne impériale du Brésil. Elle n'a fait que peu de progrès depuis cette époque, parce que le mauvais traitement que les Portugais ont fait subir aux indigènes, a excité dans ces derniers une haine qui s'est transmise de génération en génération et qui se déclare encore aujourd'hui par des vexations de toute espèce.

ESPIRITU-SANTO (lac). *Voyez* MAYACO.

ESPIRITU-SANTO (cabo del) ou NOMBRE-DE-JÉSUS, CHARLOTTE-PROMONTORY des Anglais, promontoire à l'entrée E. du détroit de Magellan, sous 52° 50′ lat. S.

ESPIRITU-SANTO (îles). *Voyez* ANDROS.

ESPIRITU-SANTO, fl. d'Afrique, qui paraît être le même que l'Arroi.

ESPIRITU-SANTO ou SAINT-ESPRIT, la plus grande île des Nouvelles-Hébrides ou de l'archipel de Quiros de Balbi, dans l'Australie ou Océanie centrale; elle s'étend entre 164° 8′ et 165° de long. E., de 14° 38′ 45″ à 16° 2′ de lat. S.; sa superficie est d'environ 240 l. c. Une baie très-étendue, que Quiros nomma St.-Philippe, partage la partie septentrionale en deux presqu'îles, dont les extrémités N. forment à l'O. le cap Cumberland et à l'E. le cap Quiros. La partie occidentale de l'île est très-élevée et présente plusieurs chaînes de montagnes escarpées vers la côte. Au-delà de ces montagnes, en avançant vers l'E., on trouve des collines couvertes de forêts et de riantes vallées dont la végétation est aussi riche que variée. De nombreuses rivières descendant des montagnes contribuent à la fertilité de ce sol, qui produit en abondance les fruits les plus délicieux et les plus rares. Les naturels sont des nègres océaniens, qui vivent dans un état de guerre continuelle. Cette île fut découverte en 1606, par le célèbre navigateur espagnol Quiros. Bougainville la vit plus tard et Cook en visita presque toute la côte, en 1774.

ESPIUTE, vg. de Fr., Basses-Pyrénées, arr. d'Orthez, cant. et poste de Sauveterre; 290 hab.

ESPLANTAS, vg. de Fr., Haute-Loire, arr. du Puy, cant. et poste de Saugues; 220 hab.

ESPLAS, vg. de Fr., Arriège, arr. de Pamiers, cant. et poste de Saverdun; 300 hab.

ESPLAS, vg. de Fr., Arriège, arr. et cant. de St.-Girons, poste de la Bastide-de-Serou; forges; 1850 hab.

ESPOEY, vg. de Fr., Basses-Pyrénées, arr. de Pau, cant. de Pontacq, poste de Nay; 860 hab.

ESPONDEILHAN, vg. de Fr., Hérault, arr. de Béziers, cant. de Servian, poste de Pézénas; 280 hab.

ESPONSOUILLE, ham. de Fr., Pyrénées-Orientales, com. de Mont-Louis; 130 hab.

ESPOSENDE, pet. port du Portugal, prov. d'Entre-Duero-et-Minho, dist. de Barcelos, couvert par le fort La Marinha; 1500 hab.

ESPRELS, vg. de Fr., Haute-Saône, arr. de Vesoul, cant. de Noroy-le-Bourg, poste de Villersexel; 1020 hab.

ESPRIT (Saint-), ham. de Fr., Orne, com. d'Aube; 120 hab.

ESPRIT (Saint-), b. de Fr., Landes, arr. et à 10 l. S.-O. de Dax, chef-lieu de canton, sur la rive droite de l'Adour. On peut le considérer comme un faubourg de Bayonne, dont il n'est séparé que par un pont sur l'Adour et dont il renferme la citadelle. La population, qui s'élève à 5997 hab., est en majorité composée d'israélites portugais, que la persécution a chassés, il y a deux siècles, de la péninsule hispanique.

ESPRIT (Saint-), baie au S.-E. du cap Breton; elle est entourée de cabanes de pêcheurs.

ESQUAY-NOTRE-DAME, vg. de Fr., Calvados, arr. de Caen, cant. et poste d'Évrecy; 340 hab.

ESQUAY-SUR-SEULLE, vg. de Fr., Calvados, arr. et poste de Bayeux, cant. de Ryes; 330 hab.

ESQUEHÉRIES, vg. de Fr., Aisne, arr. de Vervins, cant. de Nouvion, poste de Leschelle; fabr. de sabots; tissage de coton et de laine; 2450 hab.

ESQUELBECQ, b. de Fr., Nord, arr. de Dunkerque, cant. et poste de Wormhoudt; 1900 hab.

ESQUENNOY, vg. de Fr., Oise, arr. de Clermont, cant. et poste de Breteuil; fabr. de bouracan; 960 hab.

ESQUERCHIN, vg. de Fr., Nord, arr., cant. et poste de Douai; 550 hab.

ESQUERDES, vg. de Fr., Pas-de-Calais, arr. et poste de St.-Omer, cant. de Lumbres; 700 hab.

ESQUERMES, vg. de Fr., Nord, arr., cant. et poste de Lille; blanchisseries; fabr. de céruse et de charbon animal; 1645 hab.

ESQUERRES, ham. de Fr., Hautes-Pyrénées, com. d'Aubarède; 100 hab.

ESQUIBIEN, vg. de Fr., Finistère, arr. de Quimper, cant. et poste de Pont-Croix; 1600 hab.

ESQUIÈZE, vg. de Fr., Hautes-Pyrénées,

arr. d'Argelès, cant. de Luz, poste de Barrège; 190 hab.

ESQUILLES, vg. de Fr., Haute-Garonne, arr., cant. et poste de Villefranche-de-Lauragais; 180 hab.

ESQUIMAUX. On comprend sous ce nom cinq nations principales, dont une habite le N.-E. de l'Asie. Les nations les plus remarquables qui appartiennent à cette famille et qui vivent dans l'Amérique sont : les Esquimaux proprement dits, les Aléoutiens ou Aleutes, les Tschouktchi-Américains ou Agémoutes, les Kitègnes et les Tschuakak.

Les Esquimaux proprement dits forment une nation peu nombreuse, disséminée sur toute l'extrémité boréale de l'Amérique et subdivisée en trois branches principales, savoir : 1° les Kalalits ou Karalits, nommés communément Grœnlandais, parce qu'ils occupent les côtes et une partie de l'intérieur du Grœnland ; 2° les Esquimaux proprement dits, qui vivent sur la côte N.-E. du Labrador ; ils sont les plus méridionaux et les moins civilisés, et 3° les Esquimaux occidentaux, qui errent près des embouchures du Mackenzie et du Copper-Mine, dans les environs du cap Dobb et de la Répulse-bay, sur la presqu'île de Melville, sur les côtes des Winter-Islands (îles d'hiver), Igloulik, Southampton et autres de l'archipel de Baffin. C'est à la branche grœnlandaise qu'appartient la peuplade d'Esquimaux découverte dans le haut pays arctique par le capitaine Ross (*Voyez* BAFFIN, terre). Les Esquimaux sont d'une taille peu élevée, mais bien proportionnée ; ils ont les mains et les pieds très-petits ; la couleur de leur peau est blanche, mais salie par l'huile de baleine, dont ils se frottent ; ils mènent une vie très-pauvre et ne vivent que de la pêche ; le chien est le seul animal domestique chez cette nation. Leurs idées sont très-restreintes et ne dépassent pas la limite des notions les plus simples ; toute idée de gouvernement et de culte leur est complétement étrangère. Le plus fort ou le plus courageux d'entre eux, ou celui qui a le plus de femmes ou d'enfants, exerce une certaine influence sur la masse. Les frères moraves ont essayé de répandre le christianisme parmi ce peuple ; en 1777 on baptisa le premier Esquimaux. Le seul trait d'intelligence de ce peuple se montre peut-être dans leur singulière et ingénieuse manière de construire des bateaux.

ESQUIMAUX (baie des), gr. baie sur la côte S. du Labrador, est bornée à l'O. par la baie d'Oldfort, à l'E. par le fleuve du Saumon, et reçoit le fleuve des Esquimaux et le Naskiron. A son entrée s'étendent trois groupes d'îles appelées Dog-Islands, Oldfort-Islands et Esquimaux-Islands.

ESQUINTLA. *Voyez* ESCUINTLA.

ESQUIPULAS. *Voyez* CORDILLÈRES (Amérique centrale).

ESQUIPULAS ou SAN-JAGO D'ESQUIPULAS, v. des États-Unis de l'Amérique centrale, état de Guatémala, dist. de Chiquimula ; une des villes les plus grandes et les plus florissantes de l'état, quoique située dans une contrée basse, humide et malsaine, cernée de tout coté de hautes montagnes. Elle doit surtout sa prospérité à une image du seigneur établie dans une superbe église et qui y attire annuellement plus de 70,000 pèlerins ; 9000 hab.

ESQUIULE, vg. de Fr., Basses-Pyrénées, arr. et poste d'Oloron, cant. de Ste.-Marie-d'Oloron ; 1380 hab.

ESRUM, lac dans la partie septentrionale de l'île Seeland, en Danemark.

ESSAI ou ESSEY, pet. v. de Fr., Orne, arr. d'Alençon, cant. et poste du Mesle-sur-Sarthe ; 720 hab.

ESSALAMIE ou MINIET-ÈS-SALAMÉ, b. de la Basse-Égypte, prov. de Fouah.

ESSARDS, vg. de Fr., Charente, arr. de Barbezieux, cant. d'Aubeterre, poste de Chalais ; 790 hab.

ESSARDS (les), vg. de Fr., Charente-Inférieure, arr. de Saintes, cant. et poste de St.-Porchaire ; 710 hab.

ESSARDS (les), ham. de Fr., Charente-Inférieure, com. de Chaniers ; 130 hab.

ESSARDS (les), ham. de Fr., Charente-Inférieure, com. de St.-Symphorien ; 110 h.

ESSARDS (les), vg. de Fr., Indre-et-Loire, arr. de Chinon, cant. et poste de Langeais ; 300 hab.

ESSARDS (les), vg. de Fr., Jura, arr. de Dôle, cant. du Chaussin, poste du Deschaux ; 350 hab.

ESSAROIS, vg. de Fr., Côte-d'Or, arr. de Châtillon-sur-Seine, cant. et poste de Recey-sur-Ource ; haut-fourneau et forges ; 450 h.

ESSART, vg. de Fr., Pas-de-Calais, arr., cant. et poste de Béthune ; 610 hab.

ESSART, ham. de Fr., Pas-de-Calais, com. de Bucquoy ; 140 hab.

ESSART (Grand et Petit-), ham. de Fr., Seine-Inférieure, com. de Montigny ; 130 h.

ESSART (Grand et Petit-), ham. de Fr., Seine-Inférieure, com. de Petit-Couronne ; 500 hab.

ESSARTEAUX, ham. de Fr., Creuse, com. de Vallières ; 110 hab.

ESSARTIERS (les). *Voyez* JEAN-DES-ESSARTIERS (Saint-).

ESSARTS (les), vg. de Fr., Eure, arr. d'Évreux, cant. et poste de Damville ; 480 hab.

ESSARTS (les), ham. de Fr., Eure, com. de Brionne ; 250 hab.

ESSARTS (les), vg. de Fr., Loir-et-Cher, arr. de Vendôme, cant. de Montoire, poste de Poncé ; 200 hab.

ESSARTS (les), vg. de Fr., Orne, arr. d'Argentan, cant. de la Ferté-Fresnel, poste de Montreuil-l'Argillé ; 90 hab.

ESSARTS (les), ham. de Fr., Nièvre, com. de St.-Ouen ; 170 hab.

ESSARTS (les), ham. de Fr., Seine-Inférieure, com. d'Ardouval ; 350 hab.

ESSARTS (les), ham. de Fr., Seine-Inférieure, com. de Freulleville; 200 hab.
ESSARTS (les), ham. de Fr., Seine-Inférieure, com. de Pommereval; 250 hab.
ESSARTS (les), Seine-Inférieure. *Voyez* VARAMPRÉ.
ESSARTS (les), b. de Fr., Vendée, arr. et à 4 l. E.-N.-E. de Bourbon-Vendée, chef-lieu de canton et poste; 2225 hab.
ESSARTS-CUENOT (les), vg. de Fr., Doubs, arr. de Montbéliard, cant. de Maîche, poste de St.-Hippolyte; 90 hab.
ESSARTS-LE-ROI (les), vg. de Fr., Seine-et-Oise, arr., cant. et poste de Rambouillet; 800 hab.
ESSARTS-LÈS-SÉZANNE (les), vg. de Fr., Marne, arr. d'Épernay, cant. d'Esternay, poste de Sézanne; 360 hab.
ESSARTS-LE-VICOMTE (les), vg. de Fr., Marne, arr. d'Épernay, cant. d'Esternay, poste de Courgivaux; 220 hab.
ESSARTS-VARIMPRÉ (les), vg. de Fr., Seine-Inférieure, arr. de Neufchâtel-en-Bray, cant. de Blangy, poste de Foucarmont; 320 hab.
ESSAVILLY, vg. de Fr., Jura, arr. de Poligny, cant. de Nozeroy, poste de Champagnole; 200 hab.
ESSE, vg. de Fr., Charente, arr., cant. et poste de Confolens; 840 hab.
ESSÉ, vg. de Fr., Ille-et-Vilaine, arr. de Vitré, cant. de Rétiers, poste de la Guerche; 1700 hab.
ESSE, ham. de Fr., Seine-et-Marne, com. de St.-Augustin; 420 hab.
ESSECOUNAH, dist. dans l'état de Fantie, Haute-Guinée, côte d'Or.
ESSEGNEY, vg. de Fr., Vosges, arr. de Mirecourt, cant. et poste de Charmes; 420 hab.
ESSEINTES (les), vg. de Fr., Gironde, arr., cant. et poste de la Réole; 270 hab.
ESSEMA, ham. de Fr., Isère, com. de Varacieux; 120 hab.
ESSEN, *Essendia*, *Asnidia*, v. de Prusse, sur la Berné, prov. du Rhin, rég. et à 8 l. de Dusseldorf, chef-lieu de cercle; ancienne commanderie de l'ordre teutonique; 4 églises, dont 2 catholiques; hospice d'orphelins; fabr. de draps et de toiles; teintureries, tanneries; manufactures d'acier et d'armes, usines; commerce local actif; mines de houille aux environs; 5600 hab.
ESSÉQUÉBO ou ESQUIVO, un des plus grands fleuves de l'Amérique méridionale; il est peu connu dans son cours supérieur. Il paraît naître dans la Sierra de Tumucumaque, prov. de Para, emp. du Brésil; il arrose l'extrémité septentrionale de cette province, fait de nombreuses chutes, entre 4° et 5° lat. N., sépare la rép. de Vénézuela de la Guyane anglaise, traverse ce pays du S. au N., en passant par Fort-Island, et se décharge dans l'Océan Atlantique, sous 6° lat. N., par une embouchure de plus de 5 l. de large. Cette embouchure est divisée en 4 sounds par les îles fertiles et bien cultivées de Léguan, de Walkenaam et de Tigre qui s'y élèvent. Les principaux affluents de l'Esséquébo sont: le Rupuniri ou Rupuniwini, renommé dans l'histoire du fabuleux Eldorado; le Cuyuni ou Cayoni, grossi par le Mazarony, et qui parcourt la partie orientale du dép. de l'Orénoque (Vénézuela). C'est le plus grand des affluents de ce fleuve.

ESSÉQUÉBO-DÉMÉRARY, gouv. de la Guyane anglaise; se compose des deux colonies d'Esséquébo et de Démérary, bornées par la Guyane hollandaise, la colonie ou le gouv. de Berbice, la rép. de Vénézuela et l'Océan Atlantique. Ces deux colonies ont ensemble une population de 79,000 âmes. Le sol de ce pays est plat, gras et très-fertile vers les côtes, maigre, mais non moins bien cultivé, au centre et au S. Cette immense plaine est couverte des plus belles plantations de sucre et de coton, et traversée par plusieurs fleuves majestueux, dont l'Esséquébo, le Démérary, le Mahaica, joint à ce dernier par un canal, le Mahaicony et le Pumarun sont les plus considérables. La valeur des produits de cette belle colonie est immense.

Les Hollandais furent les premiers qui s'établirent dans ce pays. En 1698 ils fondèrent les premières plantations sur les rives de l'Esséquébo, et en 1748 sur celles du Démérary. La colonie d'Esséquébo dépendait d'abord de la société hollandaise des Indes-Occidentales, qui la donna au gouv. des États-Généraux pour assurer à ce pays un succès plus rapide. Craignant les débordements de la mer, les colons s'établirent de plus en plus au centre du pays. Sur l'invitation des habitants, l'Angleterre prit possession des colonies de l'Esséquébo, de Démérary et de Berbice, et ses troupes y abordèrent le 21 avril 1796, sans trouver la moindre résistance. Cet événement fut d'une heureuse influence pour ces colonies. Un grand nombre de capitalistes, surtout des Indes-Occidentales, s'y rendirent pour y acheter des terres, et bientôt les contrées les plus reculées furent mises en culture. En 1802 l'Angleterre rendit toutes ces colonies à la Hollande, dont le gouvernement poussa activement le développement du système de colonisation dans ce pays. Mais en 1803 l'Angleterre prit de nouveau cette belle colonie et la garda définitivement, par suite du traité du 29 août 1814.

En 1774 la colonie de Démérary fut séparée de celle d'Esséquébo, dont elle formait une dépendance et qui alors se trouvait dans l'état le plus florissant; Stabrock devint la capitale de toutes les colonies hollandaises et le siège du gouverneur. En 1781 un armateur anglais s'empara sans peine de cette colonie mal défendue et en prit possession au nom du roi d'Angleterre, mais une corvette française força les Anglais à se retirer et, la paix de 1783, rendit aux Hollandais ce territoire, qu'ils perdirent de nouveau en 1814.

ESSERNAY, ham. de Fr., Haute-Saône, com. de Colombe ; 120 hab.

ESSERT (l'), ham. de Fr., Loir-et-Cher, com. de la Ville-aux-Clercs; 130 hab.

ESSERT, vg. de Fr., Haut-Rhin, arr., cant. et poste de Belfort; 600 hab.

ESSERT, vg. de Fr., Yonne, arr. d'Auxerre, cant. et poste de Vermenton ; 220 hab.

ESSERTAUX, vg. de Fr., Somme, arr. d'Amiens, cant. de Conty, poste de Flers ; 490 hab.

ESSERTENNE, vg. de Fr., Saône-et-Loire, arr. d'Autun, cant. et poste de Couches ; 470 hab.

ESSERTENNE, vg. de Fr., Haute-Saône, arr. et poste de Gray, cant. d'Autrey ; 560 h.

ESSERTINE, ham. de Fr., Saône-et-Loire, com. de Ligny ; 250 hab.

ESSERTINE-EN-CHATELNEUF, vg. de Fr., Loire, arr., cant. et poste de Montbrison; 680 hab.

ESSERTINE-EN-DONZY, vg. de Fr., Loire, arr. de Montbrison, cant. et poste de Feurs; 660 hab.

ESSERVAL-COMBE, vg. de Fr., Jura, arr. de Poligny, cant. de Nozeroy, poste de Champagnole ; 90 hab.

ESSERVAL-TARTRE, vg. de Fr., Jura, arr. de Poligny, cant. de Nozeroy, poste de Champagnole ; 440 hab.

ESSEX, comté de l'état de Massachusetts, États-Unis de l'Amérique du Nord ; il est borné par l'état de New-Hampshire, par l'Océan et les comtés de Suffolk et de Middlesex ; son étendue est de 19 l. c. géogr., avec 80,000 habitants. Pays bien arrosé, fertile et très-florissant par l'agriculture, l'industrie et le commerce ; le Merrimac est son principal cours d'eau.

ESSEX, comté de l'état de New-Jersey, États-Unis de l'Amérique du Nord ; il est borné par la baie de Newark et les comtés de Bergen, de Middlesex, de Somerset et de Morris. Il a une étendue de 9 l. c. géogr. et 35,000 habitants. Pays de montagnes à l'O., plaine basse, fertile et bien arrosée à l'E. Le Passaik est son principal cours d'eau. L'agriculture et l'éducation du bétail y fleurissent.

ESSEX, comté de l'état de New-York, États-Unis de l'Amérique du Nord ; il est borné par le lac Champlain et les comtés de Franklin, de Clinton, de Washington, de Warren et d'Hamilton. Pays vaste et sauvage, couvert de montagnes et de lacs, et cultivé seulement sur les bords du Champlain ; il donne naissance au bras oriental de l'Hudson, qui le traverse, ainsi que plusieurs autres rivières moins considérables ; 16,000 hab.

ESSEX, comté de l'état de Vermont, États-Unis de l'Amérique du Nord. Ses bornes sont le Bas-Canada, l'état de New-Hampshire, dont il est séparé par le Connecticut, les comtés de Calédonie et d'Orléans. Pays très-élevé, couvert dans l'intérieur de forêts et de lacs, et traversé au N.-O. par les montagnes Vertes. Ce pays est arrosé par une foule de rivières, dont le Connecticut, qui y fait plusieurs belles chutes, est le plus considérable ; les lacs poissonneux de Willoughby et de Pitkin ; 7,000 hab.

ESSEX, comté de l'état de Virginie, États-Unis de l'Amérique du Nord ; il est borné par les comtés de Westmoreland, de Richmond, de Middlesex, de King-and-Queen et de Caroline, et renferme 11,000 hab. Ce pays, assez fertile, s'étend le long du Rappahanok, qui y reçoit le Hoskin.

ESSEX (canal d'). *Voyez* MERRIMAC.

ESSEX, pet. v. des États-Unis de l'Amérique du Nord, état de New-York, comté d'Essex, sur le lac Champlain ; commerce ; 2000 hab.

ESSEX, chaîne de montagnes élevées, traversant la partie O. de l'île de Jamaïque.

ESSEX, comté d'Angleterre ; borné par les comtés de Cambridge, de Suffolk, de Kent, de Middlesex, d'Hertford et par la mer du Nord ; 71 l. c. géogr. ; 240,000 hab. C'est une vaste plaine très-fertile, arrosée par la Tamise et son affluent, la Léa ; elle produit des céréales et les meilleurs légumes du royaume, des pommes de terre, du lin, de la coriandre, du cumin, du houblon, des canards sauvages, des huîtres, de la craie et du sel marin. L'agriculture et l'éducation du bétail y sont très-florissantes. On exporte du froment, de l'orge, du malt, du beurre, de la crème, du fromage, des chevaux, de la laine, des poissons, des huîtres, de l'argile, des étoffes de coton, du fil et des ouvrages en paille. Cette province fait partie du diocèse de Londres, nomme 8 députés et est subdivisée en 20 districts.

ESSEY, vg. de Fr., Côte-d'Or, arr. de Beaune, cant. et poste de Pouilly-en-Montagne ; 390 hab.

ESSEY (Orne). *Voyez* ESSAI.

ESSEY-LA-COTE, vg. de Fr., Meurthe, arr. de Lunéville, cant. et poste de Gerbéviller ; 270 hab.

ESSEY-LES-EAUX, vg. de Fr., Haute-Marne, arr. de Chaumont-en-Bassigny, cant. et poste de Nogent-le-Roi ; 240 hab.

ESSEY-LÈS-NANCY, vg. de Fr., Meurthe, arr., cant. et poste de Nancy ; on y passe la Meurthe sur un beau pont en pierre ; 640 hab.

ESSEY-LES-PONTS, vg. de Fr., Haute-Marne, arr. de Chaumont-en-Bassigny, cant. et poste de Château-Villain ; 260 hab.

ESSEY-MAIZERAIS, b. de Fr., Meurthe, arr. de Toul, cant. et poste de Thiaucourt ; 860 hab.

ESSIA, vg. de Fr., Jura, arr. de Lons-le-Saulnier, cant. et poste d'Orgelet ; 200 h.

ESSIGNY-LE-GRAND, vg. de Fr., Aisne,

arr. et poste de St.-Quentin, cant. de Moy; 880 hab.

ESSIGNY-LE-PETIT, vg. de Fr., Aisne, arr., cant. et poste de St.-Quentin; 570 h.

ESSINGEN, b. du Wurtemberg, cer. de l'Iaxt, avec deux châteaux dits *sur la Rems;* 1700 hab.

ESSISES, vg. de Fr., Aisne, arr. et poste de Château-Thierry, cant. de Charly; 370 h.

ESSLINGEN, v. du Wurtemberg, cer. du Necker et siége du tribunal de ce cercle, chef-lieu du grand-bailliage de même nom, dans lequel on récolte les meilleurs vins du Necker, des fruits et du maïs en abondance; il possède des fabriques d'étoffes de laine et de coton et beaucoup de vinaigreries. La ville est bâtie dans une plaine fertile, bordée de forêts et de vignobles, sur le Necker, qui s'y divise en deux bras et que l'on y traverse sur un beau pont de pierres; ses anciennes fortifications, qui comprennent les faubourgs, se rattachent à un vieux château situé sur une montagne. On y remarque l'église de St.-Denis, fondée vers la fin du neuvième siècle; celle de Notre-Dame, élevée en 1440; les hôtels de ville et de justice et le riche hôpital, qui existait déjà avant 1238. La ville possède un collége, l'école royale pour les instituteurs primaires; de nombreuses manufactures de draps et de cotonnades, de ferblanterie laquée, de papier; des filatures, des blanchisseries et plusieurs usines. Culture de vignes, de fruits, et jardinage; grand commerce de poissons. Population de la ville 6300 hab., du grand-bailliage 23,500 hab.

Esslingen a été une des premières villes libres impériales et fut souvent la résidence des empereurs; elle doit son origine à un monastère dont l'abbé Fulrad fit don à son abbaye de St.-Denis, en 784. S'étant affranchie successivement, elle joua un rôle et eut à souffrir pendant les guerres de religion et autres. Elle a été incorporée au roy. de Wurtemberg en 1802. Patrie de P. Schwarz dit Niger, dominicain et restaurateur des sciences dans l'Occident; de Stiefel, partisan de Luther et savant mathématicien (1487); de Helding, évêque de Sidon (1506).

ESSOMMES, vg. de Fr., Aisne, arr., cant. et poste de Château-Thierry; 2050 hab.

ESSON, vg. de Fr., Calvados, arr. de Falaise, cant. et poste d'Harcourt-Thury; 460 hab.

ESSONE (l'), riv. de Fr., a sa source dans la forêt d'Orléans, non loin de Neuville-aux-Bois, Loiret; elle se forme de la réunion de plusieurs ruisseaux et petites rivières, dont les plus considérables sont l'OEuf et la Rimarde; elle coule du S. au N., arrose Pithiviers et Malesherbes, pénètre dans le dép. de Seine-et-Oise, où elle passe par la Ferté-Aleps et Essonnes et se jette dans la Seine à Corbeil, après un cours de 20 l.

ESSONNES, *Axona*, pet. v. de Fr., Seine-et-Oise, arr., cant., à 4 l. O.-S.-O. de Cor-

beil et à 7 l. de Paris, poste. Elle est située sur la rivière du même nom et se distingue par l'activité de son industrie, qui consiste en fabriques de broches et autres objets pour filatures; de chaux, de couvertures, de papier, de tuyaux pour pompes et autres; filat. de coton et de laine; tissage de madapolams, linge de table ouvré et damassé; fonderie et laminage de cuivre; fabr. de mécaniques à moudre et autres; moulins à blé, à foulon et à tan. Près d'Essonnes se trouve la poudrerie royale du Buchet; 3063 hab.

ESSORAB, b. de Nubie, dans le pays des Chaykyé.

ESSOURS. *Voyez* GERMAIN-DES-ESSOURS (Saint-).

ESSOYES, b. de Fr., Aube, arr. et à 4 1/2 l. E. de Bar-sur-Seine, chef-lieu de canton et poste; commerce de vins; 1765 h.

ESSULLES, vg. de Fr., Oise, arr. de Clermont, cant. et poste de St.-Just-en-Chaussée, 610 hab.

ESTABLES (les), vg. de Fr., Haute-Loire, arr. du Puy, cant. de Fay-le-Froid, poste du Monastier; 1940 hab.

ESTABLES-DE-RANDON, vg. de Fr., Lozère, arr. et à 5 l. N. de Mende, cant. de St.-Amans, poste de Serverette; 650 hab. On remarque près de ce village le Plateau-du-Roi, de 1550 mètres au-dessus du niveau de la mer: c'est le plus élevé de la Lozère. Son nom lui vient d'un ancien château, dont on voit encore les ruines et qui a appartenu aux rois d'Aragon.

ESTABLET, vg. de Fr., Drôme, arr. de Die, cant. et poste de la Motte-Chalançon; 290 hab.

ESTADENS, vg. de Fr., Haute-Garonne, arr. de St.-Gaudens, cant. et poste d'Aspet; 1400 hab.

ESTAGEL, b. de Fr., Pyrénées-Orientales, arr. de Perpignan, cant. de la Tour-de-France, poste; fabr. d'eau-de-vie, d'huile d'olives; éducation d'abeilles en grand; beau miel; 2145 hab.

ESTAING, pet. v. de Fr., Aveyron, arr., à 2 l. O.-N.-O. et poste d'Espalion, chef-lieu de canton; 1475 hab.

ESTAIRES, b. de Fr., Nord, arr. de Hazebrouck, cant. de Merville, poste; il est situé sur la rive gauche de la Lys et possède des fabriques considérables de toiles et de serviettes, d'amidon, etc.; 6660 hab.

ESTALANE, ham. de Fr., Aveyron, com. de St.-Bauzély; 140 hab.

ESTAMPES, vg. de Fr., Gers, arr. de Mirande, cant. et poste de Miélan; 650 hab.

ESTAMPON, ham. de Fr., Landes, com. de Lossé; 380 hab.

ESTAMPURES, vg. de Fr., Hautes-Pyrénées, arr. de Tarbes, cant. et poste de Trie; 230 hab.

ESTANCARBON, vg. de Fr., Haute-Garonne, arr., cant. et poste de St.-Gaudens; 520 hab.

ESTANCIA-DEL-REY ou **ALOYSIO-GON-ZAGA**, v. nouvellement fondée (d'après Vidaure) dans la rép. du Chili, prov. de Concepcion; elle est le chef-lieu du dist. de Huilquilému, le siége d'un gouverneur militaire et d'un intendant civil; ancien collége des jésuites.

ESTANDEUIL, vg. de Fr., Puy-de-Dôme, arr. de Clermont-Ferrand, cant. de St.-Dier, poste de Billom; 890 hab.

ESTANG, vg. de Fr., Gers, arr. de Condom, cant. et poste de Cazaubon; 1170 hab.

ESTANTENS, ham. de Fr., Haute-Garonne, com. de Muret; 300 hab.

ESTARVIELLE, vg. de Fr., Hautes-Pyrénées, arr. de Bagnères-en-Bigorre, cant. de Bordères, poste d'Arreau; 90 hab.

ESTAVAR, vg. de Fr., Pyrénées-Orientales, arr. de Prades, cant. de Saillagouse, poste de Mont-Louis; 330 hab.

ESTE, *Escheda, Ateste*, v. fortifiée du roy. Lombard-Vénitien, gouv. de Venise, délégation de Padoue, sur le canal de Monselice, une des plus anciennes de l'Italie, dans une contrée délicieuse et fertile; florissante par son commerce en grains et son industrie, qui embrasse surtout la fabrication de la soie et de chapeaux de feutre. Dans son voisinage on trouve des restes d'antiquité et deux carrières de pierres à aiguiser. Au moyen âge Este était la résidence du marquis d'Este, une des puissances prépondérantes de l'Italie à cette époque. Ces princes furent la souche des ducs actuels de Modène, des marquis de Ferrare, ainsi que des ducs actuels de Brunswick et des monarques de la Grande-Bretagne; 9000 hab.

ESTELI, pet. v. des États-Unis de l'Amérique centrale, état de Nicaragua, dist. de Grenade; plantations; 2000 hab.

ESTELLA, *Alba, Stella*, pet. v. d'Espagne, roy. de Navarre, chef-lieu du district de même nom, à 9 l. S.-O. de Pampelune, dans une contrée fertile sur l'Ega; elle renferme 6 églises, 6 couvents, un riche hôpital et un collége, reste de son ancienne université; 4600 hab.

ESTENOS, vg. de Fr., Haute-Garonne, arr. de St.-Gaudens, cant. et poste de St.-Béat; 390 hab.

ESTENSAN, vg. de Fr., Hautes-Pyrénées, arr. de Bagnères-en-Bigorre, cant. de Vielle-Aure, poste d'Arreau; 100 hab.

ESTEPA, *Astapa*, v. d'Espagne dans l'Andalousie, roy. de Séville; elle a des murs et un château; renferme 2 églises paroissiales et 3 couvents; 4000 hab.

ESTÉPEC, riv. de la confédération mexicaine, état d'Oaxaca; elle descend des Cordillères, coule vers le S. et se jette dans le golfe de Tonate, près des frontières des États-Unis de l'Amérique centrale.

ESTÉPEC, pet. v. de la confédération mexicaine, état d'Oaxaca, sur la riv. du même nom; plantations; commerce; 2500 h.

ESTÈPHE (Saint-), vg. de Fr., Charente, arr., cant. et poste d'Angoulême; 870 hab.

ESTÈPHE (Saint-), vg. de Fr., Dordogne, arr., cant. et poste de Nontron; forges; 1090 hab.

ESTÈPHE (Saint-), vg. de Fr., Gironde, arr. de Lesparre, cant. et poste de Pauillac; bons vins; 2180 hab.

ESTEPONA, *Cilniana*, b. d'Espagne, roy. de Grenade, dist. occidental des Côtes; situé sur la mer, à 17 l. de Malaga; poterie; tuileries; pêche d'anchois; 2500 hab.

ESTERAS, fl. des Etats-Unis de l'Amérique centrale, état de Nicaragua; descend des Cordillères et s'embouche dans le lac de Nicaragua.

ESTERENGUIBEL, ham. de Fr., Basses-Pyrénées, com. de St.-Michel; 300 hab.

ESTERHAZ, vg. de Hongrie, cer. au-delà du Danube, comitat d'OEdenbourg, remarquable par le magnifique château du prince Esterhazy, où se trouvent l'école forestière, qu'il a fondée, une bibliothèque, de beaux jardins et de riches collections; mais le tout en grande décadence, depuis que le prince réside à Eisenstadt.

ESTERNAY, vg. de Fr., Marne, arr. et à 11 l. S.-S.-O. d'Epernay, chef-lieu de canton, poste de Courgivaux; grand commerce de vannerie; manufacture de porcelaine; 1117 hab.

ESTERO (bahia de). *Voyez* CUBA.

ESTERO, fl. de l'île de Cuba; descend de la Sierra de Cobre, à l'E. de l'île; il coule vers l'O., baigne la ville de Bayamo et se jette dans la baie de Nuévitas; à son embouchure il forme un bon port.

ESTÉROS (punta del), promontoire sur la côte de la Nouvelle-Californie, confédération mexicaine.

ESTERRE, vg. de Fr., Hautes-Pyrénées, arr. d'Argelès, cant. de Luz, poste de Barrèges; 310 hab.

ESTEUIL, ham. de Fr., Gironde, com. de St.-Germain-d'Esteuil; 150 hab.

ESTÈVE (Saint-). *Voyez* ÉTIENNE-D'ESCATTES (Saint-).

ESTÈVE (Saint-), ham. de Fr., Basses-Alpes, arr., cant. et poste de Digne; 120 h.

ESTÈVE ou **ÉTIENNE** (Saint-), vg. de Fr., Pyrénées-Orientales, arr., cant. et poste de Perpignan; 650 hab.

ESTÈVE-JANSON (Saint-), vg. de Fr., Bouches-du-Rhône, arr. d'Aix, cant. et poste de Lambesc; 110 hab.

ESTEVELLES, vg. de Fr., Pas-de-Calais, arr. de Béthune, cant. et poste de Lens; 130 hab.

ESTÈVEN (Saint-), vg. de Fr., Basses-Pyrénées, arr. de Bayonne, cant. et poste d'Hasparren; 680 hab.

ESTEVILLE, vg. de Fr., Seine-Inférieure, arr. de Rouen, cant. de Clères, poste du Fréneau; 300 hab.

ESTEZARGUES, vg. de Fr., Gard, arr. de Nîmes, cant. d'Aramon, poste de Remoulins; 290 hab.

ESTHONIE (l') est un gouv. de la Russie d'Europe et fait partie de ce qu'on appelle Russie Baltique; elle s'étend, avec ses îles, entre 19° 49' et 25° 43' de long. orient., entre 58° 18' et 59° 46' de lat. sept.; elle est bornée au N. par le golfe de Finlande, au N.-E. par le gouv. de St.-Pétersbourg, au S.-E. par le lac Peipus, au S. par la Livonie et à l'O. par la mer Baltique; sa superficie est de 6500 l. c. Cette province offre une plaine unie, interrompue seulement par quelques collines rares et peu élevées; on n'y trouve point d'autre rivière que la Narova, qui décharge les eaux du lac Peipus dans le golfe de Finlande et qui forme la limite à l'E., mais de nombreux ruisseaux et des marais. Le climat est temperé, souvent nébuleux. Le terrain des côtes est couvert de sables et de pierres; celui de l'intérieur est tantôt pierreux, tantôt marneux et tantôt sablonneux, en général très-peu productif; les principales productions sont : le bois, le chanvre, le lin, le seigle, l'avoine, l'orge, le blé, le gibier et les poissons.

La population de l'Esthonie s'élève à 303,000 habitants, dont les principales occupations sont l'agriculture, l'éducation des troupeaux et la pêche. Les Esthoniens ou les habitants primitifs du pays, formant toujours la majorité de la population, sont un peuple de souche finnoise, luthérien et superstitieux; ils étaient serfs il y a encore quelques années; l'instruction n'y a encore fait que de très-faibles progrès. L'Esthonie a d'assez importants priviléges; les nobles, les habitants des villes et les propriétaires des terres sont la plupart Allemands et Russes.

L'Esthonie appartenait déjà dans les plus anciens temps à la Russie; elle fut vendue en 1385 aux chevaliers de l'ordre teutonique. En 1677, les Suédois en firent la conquête, en même temps que celle de la Livonie et de l'Ingrie, mais Pierre-le-Grand les leur enleva plus tard.

Le gouv. d'Esthonie est divisé en quatre cercles et régi par un gouverneur-général, qui réside à Riga et qui est aussi à la tête des gouv. de Pskov, de Livonie et de Courlande; il fournit une contribution annuelle de 870,000 roubles. Il comprend, hors de la terre ferme, l'île Dagœ. Sa capitale est Revel.

ESTIÆOTIS, g. a., contrée de Thessalie, bornée à l'E. par la Perrhæbie et en partie par la Pelasgiotide, au N., par le mont Lacmon et les Tambunii Montes, à l'O. par le Pinde et au S. par le Pénée.

ESTIALESCQ, vg. de Fr., Basses-Pyrénées, arr. et poste d'Oloron, cant. de Lasseube; 330 hab.

ESTIBEAUX, vg. de Fr., Landes, arr. et poste de Dax, cant. de Pouillon; 840 hab.

ESTIGARDE, vg. de Fr., Landes, arr. de Mont-de-Marsan, cant. et poste de Gabarret; 300 hab.

ESTILL, comté de l'état de Kentucky, États-Unis de l'Amérique du Nord; il est borné par les comtés de Clarke, de Montgoméry, de Pike, de Perry, de Clay et de Madison. Les trois bras du Kentucky se réunissent dans ce comté; ils prennent après leur jonction une direction N.-O. et reçoivent le Red à l'E.; 5000 hab.

ESTILLAC, vg. de Fr., Lot-et-Garonne, arr. et poste d'Agen, cant. de la Plume; 480 hab.

ESTIPA. *Voyez* INDEPENDENCIA.

ESTIPOUY, vg. de Fr., Gers, arr. et poste de Mirande, cant. de Montesquiou; 390 hab.

ESTIRAC, vg. de Fr., Hautes-Pyrénées, arr. de Tarbes, cant. et poste de Maubourguet; 200 hab.

ESTISSAC, vg. de Fr., Aube, arr. et à 5 1/2 l. O. de Troyes, chef-lieu de canton et poste; 1570 hab.

ESTISSAC (Dordogne). *Voyez* JEAN- et HILAIRE-D'ESTISSAC (Saint-).

ESTIVALS, vg. de Fr., Corrèze, arr. et cant. de Brives, poste de Noailles; 290 hab.

ESTIVAREILLE, vg. de Fr., Loire, arr. de Montbrison, cant. et poste de St.-Bonnet-le-Château; 1410 hab.

ESTIVAREILLES, vg. de Fr., Allier, arr. et poste de Montluçon, cant. d'Hérisson; 650 hab.

ESTIVAS, dit aussi CAP-DES-SERRAS, promontoire dans la partie méridionale de la Haute-Guinée, entre la baie d'Angra et l'embouchure du Gabon.

ESTIVAUX, vg. de Fr., Corrèze, arr. de Brives, cant. de Vigeois, poste de Donzenac; 800 hab.

ESTIVEAUX, ham. de Fr., Saône-et-Loire, com. de St.-Boil; 280 hab.

ESTLEVILLE. *Voyez* SCOTT (comté).

ESTOHER, vg. de Fr., Pyrénées-Orientales, arr. de Prades, cant. et poste de Vinça; mine de plomb; 500 hab.

ESTOMBAR, b. avec château, en Portugal, roy. des Algarves, dist. de Faro; 1800 hab.

ESTOS, vg. de Fr., Basses-Pyrénées, arr., cant. et poste d'Oloron; 150 hab.

ESTOUBLON, vg. de Fr., Basses-Alpes, arr. de Digne, cant. et poste de Mezel; 600 hab.

ESTOUCHES, vg. de Fr., Seine-et-Oise, arr. d'Étampes, cant. de Méréville, poste d'Angerville; 140 hab.

ESTOUILLY, vg. de Fr., Somme, arr. de Péronne, cant. et poste de Ham; 150 hab.

ESTOURMEL, vg. de Fr., Nord, arr. et poste de Cambrai, cant. de Carnières; 610 hab.

ESTOUTEVILLE, vg. de Fr., Seine-Inférieure, arr. de Rouen, cant. et poste de Buchy; 170 hab.

ESTOUY, vg. de Fr., Loiret, arr., cant. et poste de Pithiviers; 510 hab.

ESTRA (l'), ham. de Fr., Loire, com. de la Tour; 260 hab.

ESTRABLIN, vg. de Fr., Isère, arr., cant. et poste de Vienne; 970 hab.

ESTRAMADURE, *Extramadura*, *Extrema-Durii*, prov. d'Espagne, bornée au N. par la Salamanque, à l'E. par Tolède, la Manche et Cordoue, au S. par Séville et à l'O. par le Portugal; sa superficie est de 1868 l. c. Cette grande plaine monotone est sillonnée au N. par la Sierra de Gredos, au centre par les montagnes de Tolède et au S. par une partie de la Sierra Morena. Le Tage entre sur son territoire à Valdecanas, y reçoit quatre affluents à droite et trois à gauche et en sort à 4 l. d'Alcantara. La Guadiana y entre près du couvent de St.-Simon-de-la-Reyna, reçoit quatre affluents à droite et six à gauche, forme la limite avec le Portugal, à 2 l. au-dessous de Badajoz, pour entrer dans ce royaume 11 l. plus loin. Le climat est chaud et la température très-variable; à des jours chauds succèdent des nuits toujours froides. L'été brûlant est sans pluie et ce n'est qu'à de rares intervalles que l'on voit, en juin, juillet et août, de légers nuages cacher l'azur du ciel; les rosées seules viennent rafraîchir la terre. L'hiver, pluvieux, commence en novembre; le thermomètre ne descend jamais à 0° et l'on voit rarement de la neige sur les montagnes; le pays étant à l'abri des vents du N. et du S., la grande chaleur n'est jamais modifiée, ce qui cause des maladies et surtout des fièvres qui deviennent épidémiques dans les mois d'été. Malgré deux grandes rivières qui traversent la province, elle manque d'eau, et les chaînes de montagnes qui la couvrent étant la plupart arides, le bois y est également rare. Le sol est sablonneux et très-fertile là où l'on peut appliquer l'irrigation, comme dans la riche Vega, Plasencia et les environs de Caceres; dans les autres parties les grandes plaines couvertes d'herbes aromatiques servent de pâturages aux mérinos, et l'on ne voit qu'à l'entour des villages quelques arbres fruitiers. Depuis que les Arabes ont été expulsés du pays, l'agriculture et le jardinage sont tombés, les plus belles terres restent incultes, les habitants préférant la vie pastorale au travail si pénible sous ce ciel brûlant. Malgré la grande fertilité de quelques contrées on importe du blé pour la consommation; les riches récoltes de vin sont la plupart distillées; celles des olives sont insuffisantes; on cultive peu de chanvre, plus de lin, beaucoup de piment et de soumac, de la garance, du pastel, etc.; l'on cueille beaucoup de châtaignes, des noix de galle, et dans quelques districts des fruits du sud en abondance. La culture de la soie est insignifiante, mais celle des abeilles très-productive. L'éducation des bestiaux est considérable; la province possède environ 800,000 brebis et en reçoit chaque année près de 4 millions de transhumantes. L'on y compte beaucoup de chevaux, des ânes et des mulets dont l'exportation est défendue, des bêtes à cornes, des chèvres et des porcs; tous ces animaux sont de belle race; la chair des porcs est recherchée et il se fait un grand commerce de jambons et de saucisses. La pêche et la chasse sont abondantes. Les riches mines de Guadalcanal, qui ont fourni 8 millions de francs pour la construction de l'Escurial et qui encore, en 1785, donnaient 521 marcs d'argent, sont abandonnées; on exploite beaucoup de marbre, du grès et de la terre de poterie, mais ni sel ni nitre. L'industrie ne se rencontre que dans quelques villes; elle produit principalement des draps, des toiles, de la corderie, des cuirs et du savon. L'exportation pour l'intérieur de l'Espagne consiste en gros draps, eaux-de-vie, chanvre et lin, que l'on fait passer par contrebande en Portugal, de la charcuterie et de la poterie; mais les marchandises importées de ce dernier royaume s'élèvent à la double valeur de celles exportées. La population de 668,000 hab., est répartie dans 7 villes, dont les principales sont Badajoz, Alcantara et Plasencia, 593 bourgs et villages et un grand nombre de hameaux, d'habitations isolées et de couvents. L'Estramadure fournit de bons soldats; mais hors de la carrière militaire l'on trouvera ses habitants grossiers, ignorants et indolents.

ESTRAMADURE, prov. maritime du Portugal, bornée au N. et au N.-E. par Beira, à l'E. et au S. par l'Alentejo et à l'O. par l'Océan; sa superficie est de 1280 l. c. Cette province est généralement montagneuse; les Sierra de Guadarama et de Guadalupe la sillonnent de l'E. à l'O. et se perdent sur la côte, et la Sierra Morena se dirige du S. au N.-O. Ces chaînes de montagnes projettent des ramifications qui forment de grandes vallées dans l'intérieur du pays; les côtes sont bordées de falaises qui présentent peu de baies et se terminent en trois promontoires; le cabo Carveiro et le cabo de Rocca au N. et celui d'Espichel au S. du Tage. Ce fleuve partage la province en deux parties inégales; il y entre à 3 l. d'Abrantès, devient navigable depuis cette ville et, après avoir reçu cinq affluents peu importants, il se partage à Salvatierre en deux bras, qui se versent dans la baie de Lisbonne. Au S. du Tage le Sadao, rivière navigable venant d'Alentejo, se verse dans l'Océan, près de Sétouval. Le pays est généralement fertile, sur la rive gauche du Tage; vers le S. seulement, il se termine en landes sablonneuses et en marécages. Le climat est très-chaud, mais se trouve rafraîchi par les fréquents vents de N.-E. Les environs de Lisbonne présentent un printemps continuel, et ce n'est que dans le mois de décembre que l'on voit les plus hautes montagnes couvertes de neige; en octobre tombent les premières pluies et donnent une nouvelle vie à la végétation; l'air est sain partout, mais la province a souvent eu à souffrir des tremblements de terre. La culture ne répond pas aux ressources du pays, qui, au N. du Tage, peut rivaliser avec les plus riches contrées de l'Espagne méridionale; les landes au S. du fleuve même pourraient être mises avec quelque peine en état de culture; mais le Portugais n'y entend rien, et la terre qui pourrait nourrir le double de la population, ne produit du blé que pour les deux tiers. On récolte du froment, du maïs, du millet, des légumes secs et très-peu d'avoine, du jardinage aux environs des villes et des fruits du sud en abondance; le territoire de Santarem fournit du lin et du safran; la province est riche en bons vins parmi lesquels on distingue ceux de Carcavelos et de Còrales; les forêts produisent des châtaignes, du liége, du soumac et du bois de construction. L'éducation des bestiaux est généralement négligée, même celle des brebis, et dans le N. seulement on élève de belles bêtes à cornes; les bœufs tirent la charrue; les chevaux sont plus rares que les mulets; l'âne est la bête de somme ordinaire; les porcs abondent; le gibier est assez commun et la pêche abondante dans les rivières forme aussi l'occupation principale des habitants des côtes. On trouve des traces de cuivre, de plomb, de fer, de mercure et de houille, mais on n'ouvre pas de mines; on exploite peu le marbre et les pierres à fusil, mais on retire sur les côtes beaucoup de sel et de soude; à Rio-major se trouve la seule source saline du royaume. La capitale seule possède quelques fabriques; à la campagne l'industrie se réduit à la filature, au tissage et à la poterie; cependant une grande partie des habitants restent inoccupés et se livrent à la mendicité. Le commerce est important parce que Lisbonne et Sétouval sont les entrepôts du royaume. L'exportation consiste en vins, fruits du sud, huiles, liége, sel, poissons de mer, savon, peu de laine, d'étoffes de soie et de coton, de la passementerie en or et en argent. La population est estimée à 800,000 hab. et se trouve répartie dans les villes de Lisbonne et de Leira, 115 petites villes ou bourgs et 492 petites paroisses. Les habitants passent pour les mieux civilisés du royaume et en parlent la langue le plus purement. L'histoire de l'Estramadure se lie intimement à celle du roy. de Portugal.

ESTRAMIAC, vg. de Fr., Gers, arr. de Lectoure, cant. et poste de St.-Clar; 620 h.

ESTREBAY, vg. de Fr., Ardennes, arr. de Rocroi, cant. de Rumigny, poste de Maubert-Fontaine; 370 hab.

ESTRÉCHOUS, ham. de Fr., Hérault, com. de Camplong; 150 hab.

ESTRÉCHY, ham. de Fr., Loir-et-Cher, com. de Langon; 150 hab.

ESTRÉE, vg. de Fr., Pas-de-Calais, arr. et poste de Montreuil-sur-Mer, cant. d'Étaples; 180 hab.

ESTRÉE-BLANCHE, vg. de Fr., Pas-de-Calais, arr. de Béthune, cant. de Norrent-Fontes, poste d'Aire-sur-la-Lys; 390 hab.

ESTRÉELLES, vg. de Fr., Pas-de-Calais, arr. et poste de Montreuil-sur-Mer, cant. d'Étaples; 190 hab.

ESTRÉES, vg. de Fr., Aisne, arr. de St.-Quentin, cant. et poste du Catelet; culture de houblon; 1120 hab.

ESTRÉES, vg. de Fr., Nord, arr. et poste de Douai, cant. d'Arleux; 1020 hab.

ESTRÉES, vg. de Fr., Somme, arr. et poste d'Amiens, cant. de Sains; 310 hab.

ESTRÉES-CAUCHY, vg. de Fr., Pas-de-Calais, arr. et poste de Béthune, cant. d'Houdain; 360 hab.

ESTRÉES-DÉNIÉCOURT, vg. de Fr., Somme, arr. de Péronne, cant. de Chaulnes, poste; 600 hab.

ESTRÉES-EN-CHAUSSÉE, vg. de Fr., Somme, arr., cant. et poste de Péronne; 1118 hab.

ESTRÉES-LÈS-CRÉCY, vg. de Fr., Somme, arr. d'Abbeville, cant. de Crécy, poste de Bernay; 930 hab.

ESTRÉES-NOTRE-DAME, vg. de Fr., Calvados, arr. de Pont-l'Évêque, cant. et poste de Cambremer; 370 hab.

ESTRÉES-SAINT-DENIS, vg. de Fr., Oise, arr. et à 4 l. O. de Compiègne, chef-lieu de canton et poste; toileries et corderies; fabr. de sucre indigène et de toiles de chanvre; 1895 hab.

ESTRÉE-WAMIN ou **SUR-CANCHE**, vg. de Fr., Pas-de-Calais, arr. de St.-Pol-sur-Ternoise, cant. d'Avesnes-le-Comte, poste de Frévent; 470 hab.

ESTRELLA (porto da). *Voyez* ILHA-GRANDE.

ESTRELLA (porto da), bourgade très-florissante dans l'emp. du Brésil, prov. de Rio-Janeiro et non loin de la ville de ce nom; elle est l'entrepôt des marchandises pour les prov. de Rio-Janeiro, Minas-Geraès, Goyaz et Matto-Grosso; 4500 hab.

ESTRÉMOZ jadis GUAJIRU, pet. v. de l'emp. du Brésil, prov. de Rio-Grande-do-Norte, sur un lac, à 3 l. N.-E. de Natal en égale distance de l'Océan; elle a une position très-favorable pour le commerce, qui y est assez important; 3000 hab.

ESTREMOZ, *Extrema*, v. forte du Portugal, prov. d'Alentejo, dist. et à 6 l. N.-E. d'Évora, occupe une colline dans une contrée riante et fertile. La ville, qui se divise en ville haute et ville basse, est ceinte de murailles et défendue par une citadelle renfermant l'arsenal, la poudrière et l'hôtel du gouverneur; la place est en outre protégée par les forts de St.-Joseph et de Ste.-Barbe, situés sur des élévations qui la dominent. Estremoz a une belle place publique, des rues larges, 3 églises paroissiales, 6 couvents et 2 hôpitaux; on y fabrique beaucoup de poterie et surtout des vases recherchés pour la conservation des boissons. Carrières de marbre aux environs; 6500 hab.

ESTREPOUY, ham. de Fr., Gers, com. de Gazaupouy; 130 hab.

ESTRETS (les), ham. de Fr., Lozère, com. de Fontans; 160 hab.
ESTREUX, vg. de Fr., Nord, arr., cant. et poste de Valenciennes; 410 hab.
ESTRINQUELS. *Voyez* STRENQUELS.
ESTRIVERDE (l'). *Voyez* TREVARDE (le).
ESTRUD. *Voyez* HESTRUD.
ESTRY, vg. de Fr., Calvados, arr. de Vire, cant. et poste de Vassy; 930 hab.
ESTUSSAN, vg. de Fr., Lot-et-Garonne, arr. de Nérac, cant. et poste de Lavardac; 300 hab.
ESVES-LE-MOUTIER, vg. de Fr., Indre-et-Loire, arr. de Loches, cant. et poste de Liguiel; 310 hab.
ESVRES, vg. de Fr., Indre-et-Loire, arr. de Tours, cant. de Montbazon, poste de Cormery; 1760 hab.
ESZEK ou **OSZIEK**, v. très-forte de la Sclavonie civile, comitat de Verocz, sur la Drave; siége du tribunal d'appel pour les trois comitats de la Sclavonie. Manufacture de soie; commerce en grains, bœufs, chevaux, porcs, peaux. C'est à Eszek que commence la digue qui traverse les marais de la Drave; sa longueur est d'une lieue. Ses immenses casernes et casemates peuvent loger près de 30,000 hommes; une superbe chaussée mène à la seigneurie de Bellye; 10,000 hab.
ESZTERGOM. *Voyez* GRAN.
ETABLEAU, ham. de Fr., Indre-et-Loire, com. de Pressigny-le-Grand; 100 hab.
ETABLES, vg. de Fr., Ain, arr. de Nantua, cant. d'Izernore, poste de Cerdon; 400 hab.
ETABLES, vg. de Fr., Ardèche, arr., cant. et poste de Tournon; 750 hab.
ETABLES, vg. de Fr., Côtes-du-Nord, arr., à 4 l. N. et poste de St.-Brieux, chef-lieu de canton; 3000 hab.
ETABLES (Jura). *Voyez* GERMAIN-D'ÉTABLES (Saint-).
ETAGNAT, vg. de Fr., Charente, arr. de Confolens, cant. et poste de Chabanais; mine d'antimoine; 1590 hab.
ETAIMPUIS, vg. de Fr., Seine-Inférieure, arr. de Dieppe, cant. et poste de Tôtes; 620 hab.
ETAIN (sur l'), ham. de Fr., Jura, com. de Septmoncel; 110 hab.
ETAIN, pet. v. de Fr., Meuse, arr. et à 5 l. N.-E. de Verdun, chef-lieu de canton et poste, sur la rive gauche de l'Ornes; elle est propre et bien bâtie; l'hôtel de ville mérite d'être mentionné. Etain possède un collége communal; filat. et tissage de coton; fabr. de cotonnades, madras, siamoises, etc.; commerce considérable de graines de trèfle et de luzerne, lard, saucissons et jambons; carrières et fours à chaux; 2934 hab.
ETAING, vg. de Fr., Pas-de-Calais, arr. et poste d'Arras, cant. de Vitry; 690 hab.
ETAINHUS, vg. de Fr., Seine-Inférieure, arr. du Hâvre, cant. et poste de St.-Romain; 550 hab.

ETAIS, vg. de Fr., Côte-d'Or, arr. de Châtillon-sur-Seine, cant. et poste de Laignes; 310 hab.
ETAIS, vg. de Fr., Yonne, arr. d'Auxerrre, cant. et poste de Coulange-sur-Yonne; 1600 hab.
ETALANS, vg. de Fr., Doubs, arr. de Baume-les-Dames, cant. de Vercel, poste du Valdahon; 760 hab.
ETALANTE, vg. de Fr., Côte-d'Or, arr. de Châtillon-sur-Seine, cant. et poste d'Aignay-le-Duc; forge; 695 hab.
ETALES, vg. de Fr., Ardennes, arr. et cant. de Rocroi, poste de Maubert-Fontaine; 320 hab.
ETALLE, vg. du roy. de Belgique, grand-duché de Luxembourg, arr. et à 5 l. de Neufchâteau, sur la Semoy; forges aux environs; 1400 hab.
ETALLEVILLE, vg. de Fr., Seine-Inférieure, arr. d'Yvetot, cant. et poste de Doudeville; 570 hab.
ETALON, vg. de Fr., Somme, arr. de Montdidier, cant. de Roye, poste de Nesle; 310 hab.
ETALONDES, vg. de Fr., Seine-Inférieure, arr. de Dieppe, cant. et poste d'Eu; 340 hab.
ETAMPES, vg. de Fr., Aisne, arr., cant. et poste de Château-Thierry; 280 hab.
ETAMPES (Gers). *Voyez* ESTAMPES.
ETAMPES, *Stampæ*, v. de Fr., Seine-et-Oise, chef-lieu d'arrondissement, à 10 l. S. de Versailles; siége d'un tribunal de première instance, conservation des hypothèques et direction des contributions indirectes. Cette ville, fort ancienne, est située dans une vallée fertile, sur la petite rivière d'Etampes; elle ne se compose que d'une seule rue longue d'une demi-lieue, mais elle est bien bâtie et environnée de très-jolies promenades. L'église Notre-Dame, l'hôtel de ville, la maison d'Anne de Pisseleu, maîtresse de François Ier, et la tour de Guinette, reste du château du roi Robert, sont ce qu'on y voit de plus remarquable. Étampes a un collége communal, une société d'agriculture et une petite salle de spectacle; fabr. de bonneterie, de toiles, de savon vert; filat. de laine et de coton; tanneries, corroieries, etc. Ses fréquentes et promptes relations avec Paris donnent une grande activité à son commerce, qui consiste principalement en grains, farines, légumes, laine et bonneterie; exploitation considérable de grès pour le pavage de Paris. Foires les 29 septembre et 15 novembre; 7896 hab.

Étampes, qui, sous les Mérovingiens, était déjà une ville assez importante, fut ravagée par les Normands au commencement du dixième siècle, et depuis elle n'échappa à aucune des nombreuses calamités qui désolèrent la France. Les guerres suscitées par l'ambition d'une multitude de petits et de grands seigneurs féodaux, celles des factions d'Armagnac et de Bourgogne, les guerres de la ligue furent pour cette ville des époques de désastres; enfin Henri IV s'en étant emparé en 1590, fit raser les fortifications du château. Cependant Étampes fut encore assiégée une fois par Turenne pendant les guerres de la fronde. Ce fut le dernier siége qu'elle eut à soutenir; depuis cette époque jusqu'à la révolution elle ne fut le théâtre d'aucun événement mémorable ; mais en 1792 des factieux contre-révolutionnaires y commirent de grands excès et assassinèrent le maire Henri Simonneau, digne citoyen, qui sacrifia sa vie à son devoir.

ETAMPES, ham. de Fr., Somme, com. de Corbie; 120 hab.

ETAMPES, ham. de Fr., Tarn, com. de Cuq-Toulza ; 100 hab.

ETANCHES (l'), vg. de Fr., Vosges, arr. et cant. de Neufchâteau, poste de Châtenois; scierie hydraul.; grande exploitation agricole; 60 hab.

ETANG, vg. de Fr., Saône-et-Loire, arr. et poste d'Autun, cant. de St.-Léger-sous-Beuvray ; 990 hab.

ETANG (l'), ham. de Fr., Puy-de-Dôme, com. de Nohanent; 150 hab.

ETANG-DERNIER. *Voyez* YRIEIX-LA-PERCHE (Saint-).

ETANG-DU-CUL-DE-SAC, lac considérable dans l'intérieur de l'île d'Haïti, la ligne frontière entre la partie française et la partie espagnole de cette île passait autrefois par le milieu de ce lac.

ETANGE, ham. de Fr., Loir-et-Cher, com. de Savigny ; 100 hab.

ETANG-LA-VILLE (l'), vg. de Fr., Seine-et-Oise, arr. de Versailles, cant. de Marly-le-Roi, poste de St.-Germain-en-Laye; 430 hab.

ETANG-NEUF. *Voyez* PEYSAC.

ETANGS (les), vg. de Fr., Moselle, arr. de Metz, cant. de Vigy, poste de Courcelles-Chaussy ; tuilerie, briqueterie; 396 hab.

ETANGS (canaux des). Cette ligne continue, dans le midi de la France, le canal de Languedoc vers l'E. Elle prend son origine dans l'étang de Thau, au-dessus du port de Cette, entre dans l'étang de Frontignan, près de cette ville, le traverse latéralement à la mer entre deux digues contenues par de la maçonnerie, sur 6 l. jusqu'à sa rencontre avec le canal de Grave qui, établi en 1666, commence au pont de Juvénal, à 1/4 l. de Montpellier, et se verse dans la mer à 1 l. de l'île Ste.-Maguelonne, après un trajet de 2 1/4 l. Après avoir coupé ce dernier canal, la première ligne devient latérale à l'étang de Maugnio sur 2 1/2 l. jusqu'à l'embouchure, dans le même étang, du canal de Lunel venant de la ville de ce nom et ayant un développement de 2 1/2 l. De ce point elle est continuée sur 2 1/2, sous le nom de Radelle, jusqu'à Aigues-Mortes.

Les canaux des étangs de Lunel et de la Radelle doivent leur parachèvement ou de grands travaux de perfectionnement à la loi du 5 août 1821. Ils servent au transport de blés, sels, vins, huiles, laines, houille et matériaux de construction.

ETANG-VERGY (l'), vg. de Fr., Côte-d'Or, arr. de Dijon, cant. et poste de Gevrey; 250 hab.

ETAPE (l'), ham. de Fr., Aube, com. de Mathaux ; 150 hab.

ETAPLES, pet. v. et port de Fr., Pas-de-Calais, arr., à 2 1/2 l. N.-O. et poste de Montreuil, chef-lieu de canton; située à l'embouchure de la Canche dans la Manche; pêche du hareng et du maquereau; commerce de vins et eaux-de-vie; raffinerie et entrepôt de sel; 1800 hab.

ETATONNE, ham. de Fr., Somme, com. de Morvillers-St.-Saturnin ; 110 hab.

ETATS-DE-L'ÉGLISE ou ÉTATS-ROMAINS, ÉTATS-DU-PAPE, pays de l'Italie centrale, baigné par la Méditerranée et la mer Adriatique, et borné au N. et à l'O. par le roy. Lombard-Vénitien, le grand-duché de Toscane et le duché de Modène, au S. et à l'E. par le roy. de Naples; sa superficie est de 2255 l. c.; sa population se montant à 2,600,000 hab., est, proportionnellement à l'étendue du sol, la plus faible de toute l'Italie. La chaine des Apennins parcourt cet état du N.-O. au S.-E. et détache de nombreuses ramifications vers les deux côtes; quelques-uns de ses sommets, entre autres les Monti-della-Sibilla, atteignent une élévation de 7000 pieds. Les hauteurs sont nues et stériles; les versants sont couverts de belles forêts de hêtres, de chênes et même de pins. Les vallées sont généralement d'une fertilité extraordinaire et forment la partie la plus belle et la plus saine de tout le pays. Quelques chaînons isolés, comme les monts de Viterbe et le Monte-Cavo (*mons Albanus*), près du lac d'Albane, sont d'origine volcanique. Les états de l'Église ne possèdent que deux cours d'eau considérables : le Tibre et le Pô. Le Tibre ou Tevere, qui vient de la Toscane, traverse les provinces situées au S. des Apennins et se jette dans la Méditerranée près d'Ostia; la Chiana, la Nera, le Topio et le Teverone sont ses principaux affluents; la Marta et la Flora, qui se jettent également dans la Méditerranée, n'ont qu'un cours très-borné. Le bras principal du Pô forme la limite septentrionale du pays et envoie vers le S. plusieurs branches importantes, comme le Po-di-Primaro et le Po-di-Volano, toutes navigables et reliées entre elles par des canaux navigables ; une foule de petits fleuves et de torrents, comme l'Amone, le Savio, la Marccchia, le Metauro, l'Esino, le Musone, la Potenza, le Chienti et le Tronto, descendent des Apennins et arrosent les provinces situées entre ces montagnes et l'Adriatique. Le lago di Perugia ou Trasimeno (*Trasimenus*), le lago di Bolsena (*Vulsiniensis*) et le lago di Bracciano (*Sabatinus*) sont les principaux lacs du pays, qui en possède une foule d'autres plus petits, plus pittoresques peut-être;

des eaux minérales et thermales s'y trouvent en abondance. Les états de l'Église ne renferment que deux plaines proprement dites ; la première se trouve au N., près des bouches du Pô ; elle se compose en partie de marais insalubres situés le long de la côte depuis le Pô jusqu'à Rimini, en partie de lagunes, comme celles de Venise, et en partie de terres grasses extrêmement fertiles. La deuxième plaine s'étend depuis les frontières de la Toscane jusqu'aux confins du royaume de Naples ; elle est onduleuse, stérile, insalubre et doit être regardée comme la continuation des maremmes de la Toscane. La Campagna di Roma, les environs immédiats de Rome, font partie de cette plaine, qui s'abaisse de plus en plus vers le S.-E. et forme les célèbres marais Pontins qui s'étendent depuis l'embouchure de l'Astura jusqu'à Terracina. Dans l'antiquité, cette contrée renfermait une vingtaine de cités florissantes qui disparurent à la suite des guerres qu'elles firent à la république romaine ; le pays fut dévasté, abandonné, et le grand nombre de ruisseaux qui le parcourent le changea bientôt en un immense marais, au desséchement duquel ont travaillé plusieurs empereurs romains et, dans les temps modernes, plusieurs papes. Aujourd'hui ces vastes terrains, couverts de roseaux et habités par des buffles, non seulement ne sont d'aucun rapport, mais empestent encore l'air et répandent de tous côtés des miasmes délétères. Le petit nombre d'habitants qui exploitent les rares auberges de la route de Naples (elle traverse ces marais) et les quelques gardiens de troupeaux ont tous l'air misérable et sont emportés de bonne heure par la fièvre. La Campagne de Rome, bien que sèche, n'est pas moins dangereuse ; l'humidité et le froid des nuits en chassent les habitants ; elle est néanmoins cultivée, car tous les ans des centaines de pauvres laboureurs descendent des Abruzzes pour ensemencer et moissonner au péril de leur vie. Cet air malsain, *aria cattiva* ou *malaria*, se répand de plus en plus : il a déjà envahi plusieurs quartiers de Rome autrefois populeux, aujourd'hui presque déserts. Les autres parties des états de l'Église sont fertiles et salubres, mais mal cultivées. Toutes les terres se trouvent entre les mains du clergé et d'une noblesse nombreuse ; le paysan est pauvre, accablé d'impôts, indolent, triste et malheureux. Malgré la fertilité du sol, l'état ne produit pas assez de blé pour la consommation de ses habitants. Les principales productions sont : toutes sortes de grains, de superbes fruits, des oranges, des citrons, des figues, des dattes, etc., beaucoup d'huile et de bons vins, parmi lesquels ceux de Monte-Fiascone et d'Orvieto sont les plus estimés. Les états de l'Église renferment aussi de belles carrières de marbre et plusieurs mines de métaux ; mais on ne peut pas tirer un parti convenable des richesses naturelles que possède le pays, et l'on ignore entièrement la véritable exploitation des mines. Nous venons de dire que l'agriculture n'est bien entendue qu'en quelques endroits ; on apporte plus d'attention à l'éducation du gros bétail et des brebis, bien que là encore il y ait à introduire de nombreuses améliorations. On ne trouve de manufactures importantes qu'à Rome, Ancône et Bologne. Le commerce est insignifiant dans les provinces à l'O. des Apennins. Les routes sont peu nombreuses et mauvaises.

Le chef des états de l'Église est le pape ; il est salué du titre de Très-Saint-Père et se donne lui-même ceux de *Servus servorum Domini* (serviteur des serviteurs de Dieu) et d'*Episcopus ecclesiæ catholicæ* (évêque de l'église catholique ou universelle). Son pouvoir est absolu, mais sa dignité, comme chacun sait, est élective. Le pouvoir électif appartient au sacré collège, composé des cardinaux ; leur assemblée à l'effet d'élire un pape s'appelle conclave. Le nombre des cardinaux est de 70, mais il n'est presque jamais complet ; ils sont nommés par le pape, mais plusieurs puissances catholiques ont le droit de présenter des candidats. Le collège des cardinaux forme le conseil suprême de l'état ; il s'occupe de toutes les affaires de l'église catholique et seconde le gouvernement du pape dans l'administration de ses états ; on appelle consistoire l'assemblée publique ou secrète des cardinaux, délibérant, sous la présidence du pape, sur les affaires spirituelles de la chrétienté catholique. Les différents départements de l'administration publique sont confiés à sept cardinaux ou ministres qui sont : 1° le cardinal secrétaire d'état ; il dirige l'administration des provinces et rend compte au saint-père de toutes les affaires civiles et politiques ; 2° le cardinal dataire ; il a la nomination et l'expédition des bénéfices, dispenses, etc. ; 3° le cardinal vicaire ; il exerce les fonctions épiscopales dans Rome et dirige tous les corps ecclésiastiques séculiers ou réguliers et les hôpitaux ; 4° le cardinal chancelier, chef de la chancellerie et dépositaire du grand sceau ; 5° le cardinal auditeur, chef de la justice ; 6° le cardinal secrétaire des brefs ; il expédie tous les brefs qui n'ont pas besoin de l'application du grand sceau ; 7° enfin le cardinal camerlingue, président de la Chambre apostolique. Cette Chambre, dont les principaux officiers sont l'auditeur-général et le trésorier-général, administre les finances, perçoit les fonds du saint-siège et en dirige l'emploi. Parmi le grand nombre de congrégations et de bureaux qui existent en outre à Rome et dont les attributions et la juridiction sont très-variées, nous nommerons encore la consulte, chargée de recevoir les plaintes du peuple contre les agents du gouvernement, de juger les conflits élevés par les autorités et de faire les règlements d'ordre et d'économie politique, et le collège de la propagande, dont le titre indique le but; la congrégation des cardinaux, connue sous le nom *del buon governo*, qui fait partie de ce collége, en est une sorte de conseil supérieur d'administration. L'organisation judiciaire des états de l'Église est loin d'être aussi régulière qu'en France. Les gouverneurs et les assesseurs ont dans leurs ressorts respectifs une juridiction analogue à celle de nos juges de paix; les gouverneurs jugent en outre les affaires correctionnelles et certaines affaires criminelles; chaque chef-lieu de province possède un tribunal de première instance et un tribunal criminel; les jugements peuvent être déférés aux cours d'appel, qui sont au nombre de quatre, dont deux à Rome, une à Bologne, une à Marcerata. Celles de Rome sont le tribunal de la chambre apostolique et le tribunal de la Rote; ce dernier réforme tous les jugements, même ceux des autres cours d'appel. Il existe encore un grand nombre de tribunaux à attributions spéciales, parmi lesquels nous nommerons ceux de la sainte-inquisition, de la congrégation des évêques, du préfet des palais apostoliques, du tribunal militaire, etc.

L'éducation populaire est très-négligée dans les états de l'Église; les universités sont la plupart fort peu dignes de leur nom. On compte dans le pays une trentaine d'ordres religieux, 2400 couvents et 40,000 moines et nonnes. La force militaire a été augmentée depuis peu; elle se compose de 10 bataillons d'infanterie de ligne, 1 bataillon de chasseurs, 1 régiment de dragons, 2 régiments de carabiniers, 2 régiments suisses, etc., en tout d'environ 16,000 hommes. La marine papale est sans importance et réduite à quelques bâtiments inférieurs. Les revenus annuels des états de l'Église sont d'environ 45 millions de francs; la dette publique se monte à 350 millions. Le pape confère trois décorations : celle de l'ordre des chevaliers de la Milice-d'Or, ordinairement appelée de l'Éperon-d'Or, fondée en 1559 par Pie IV; celle de l'ordre de St.-Jean-Baptiste-du-Latran, fondée en 1560 par le même pape, et l'ordre de St.-Grégoire, fondé en 1832 par le pape Grégoire XVI, actuellement régnant.

Les états de l'Église ont été divisés, en 1832, en 21 provinces, désignées par le nom de leurs chefs-lieux; elles portent le titre de *legazioni*, lorsqu'elles ont un légat pour gouverneur, de *delegazioni*, lorsqu'elles ont à leur tête un délégat. La prov. de Rome a celui de *comarca*, la prov. de Loreto celui de *commissariato*. La délégation de Bénévent est une enclave de la principauté ultérieure dans le roy. de Naples; et le territoire de Pontecorvo, qui fait partie de la délégation de Frosinone, une enclave de la Terre-de-Labour dans le même royaume.

TABLEAU DES DIVISIONS ADMINISTRATIVES DES ÉTATS DE L'ÉGLISE.

PROVINCES.	CHEFS-LIEUX, VILLES ET LIEUX LES PLUS REMARQUABLES.
Comarque de Rome,	Rome (*Roma*), Tivoli, Albano, Castel Gandolfo, Frascati, Sabiaco, Palestrina, Ostia.
Légation de Velletri,	Velletri, Terracina.
Délégation de Frosinone,	Frosinone, Pontecorvo.
» de Bénévent,	Bénévent,
» de Civita-Vecchia,	Civita-Vecchia,
» de Viterbe,	Viterbe, Montefiascone, Ronciglione.
» d'Orvieto,	Orvieto.
» de Rieti,	Rieti.
» de Spolète,	Spoleto, Terni, Norcia.
» de Pérouse,	Pérouse (*Perugia*), Foligno, Assisi.
» de Camerino,	Camerino.
» de Macerata,	Macerata.
» de Fermo,	Fermo.
» d'Ascoli,	Ascoli.
Commissariat de Loreto,	Loreto.
Délégation d'Ancône.	Ancône.
Légation d'Urbin et Pesaro,	Urbin, Pesaro, Sinigaglia.
» de Forli,	Forli, Cesena, Rimini.
» de Ravenne,	Ravenne, Faenza, Imola.
» de Bologne,	Bologne.
» de Ferrare,	Ferrare.

Les états de l'Église comprennent le Latium ou la Campagne de Rome, le S. de l'Étrurie ou le Patrimoine de St.-Pierre, l'Orviétan et le Pérousin, le pays des Sabins, le pays des Ombriens ou l'Ombrie, et le duché d'Urbin, le Picenum ou la marche d'Ancône; dans la Gaule cisalpine : la Romagne, le Bolonais et le duché de Ferrare.

Toutes ces contrées ont été successivement réunies au domaine temporel du pape, à la suite de donations, d'héritages et de conquêtes. L'état lui-même doit son origine à la donation faite, en 754, à Étienne II, par Pepin, roi des Français, du pays enlevé à l'exarcat de Ravenne par les Lombards-Ariens, contre lesquels le pape avait imploré l'épée de Pepin. Cette donation fut renouvelée et agrandie considérablement par Charlemagne, et l'évêque de Rome devint souverain temporel, tout en reconnaissant la suzeraineté de l'empereur, dignité que le pape reconnaissant avait conférée à Charlemagne, le jour de Noël 800. Plusieurs papes cherchèrent dès lors à s'affranchir de la tutelle temporelle des Carlovingiens et ils réussirent à le faire sous les faibles successeurs de Charles-le-Grand. Le nouveau royaume formé dans l'Italie méridionale par les braves Normands, vint en aide à la politique des papes, et pendant quelque temps ceux-ci n'eurent pas de plus ferme soutien que les maîtres de la Pouille, de la Calabre et de la Sicile, qui s'étaient déclarés les vassaux du saint-siège. La papauté, tombée un instant en des mains faibles et indignes, se releva vigoureusement sous la main de Grégoire VII, qui réforma l'église et soumit le fier empereur des Allemands, Henri IV, à la même loi morale que les peuples et les faibles. La fortune ne favorisa pas jusqu'au bout le pape courageux; il mourut en disant ces paroles devenues fameuses : «Je meurs en exil, puisque j'ai aimé la justice et haï l'iniquité.» Mais ses successeurs continuèrent sa politique, et Adrien IV, Alexandre III, Innocent III contribuèrent à la grandeur de l'Église et conservèrent le domaine de St.-Pierre, auquel Grégoire VII avait ajouté les biens de la comtesse Mathilde. Les croisades aussi servirent puissamment d'abord les intérêts de la chrétienté et de la papauté ; mais au quatorzième siècle, la faiblesse ou l'ambition des papes rencontrèrent une forte opposition à Rome et en Italie ; les papes se réfugièrent à Avignon, ville que Clément VI acheta avec son territoire, en 1548, à Jeanne, reine de Naples et comtesse de Provence; ces papes ne furent pas toujours reconnus des Romains et des Allemands, et l'on vit fréquemment le scandale de plusieurs papes se prétendant chacun le seul vicaire du Christ et contribuant par leurs luttes à rabaisser la dignité de l'église. Le retour des papes à Rome fut suivi bientôt de nouvelles conquêtes et l'état s'agrandit rapidement : Jules II s'empara du Bolonais en 1513, et Clément VII d'Ancône en 1532; Ferrare fut enlevé aux Vénitiens, Ravenne à la succession de Modène et, en 1626, le duché d'Urbin fut légué au saint-siège par François-Marie, dernier duc d'Urbin. Cependant la réforme avait fait perdre à la papauté une grande partie de sa puissance, et, bien que son territoire ne fût pas entamé, les lois que publièrent la plupart des puissances catholiques détournèrent les riches revenus qui y affluaient de tous les points de l'Europe. D'un autre côté, les prodigalités et le népotisme de plusieurs souverains firent perdre les fruits de la sage administration à l'établissement de laquelle plusieurs papes, et surtout Sixte-Quint, avaient consacré leurs efforts. La révolution française détacha du domaine de l'Église Avignon et le comtat venaissin. La paix de Tolentino, signée le 13 février 1797, les restitua officiellement à la France et céda à la république Cisalpine la Romagne, Bologne et Ferrare. Le 28 octobre 1797 une révolte éclata à Rome contre les Français et amena la prise de cette ville. L'état du pape fut transformé en république romaine, et Pie VI, amené prisonnier en France, y mourut. En 1799, les victoires des Autrichiens amenèrent la réinstallation de Pie VII à Rome. En 1807 la guerre éclata de nouveau entre la France et l'état de l'Église ; les prov. d'Ancône, d'Urbin, de Macerata et de Camerino furent réunies au roy. d'Italie, et, l'année suivante, Rome et ce qui restait de l'état fut incorporée à la France, et forma les deux dép. du Tibre et du Trasimène. Le pape, qui avait été forcé de résider en France, recouvrit sa liberté et ses états après les désastres de 1814 ; mais lui et ses successeurs négligèrent l'administration temporelle de leurs états et refusèrent à leurs administrés les droits sans lesquels on ne peut remplir les devoirs de citoyen. Ils eurent continuellement à lutter à l'intérieur contre le carbonarisme et d'autres sociétés secrètes. La révolution qui éclata à Modène, en février 1831, amena le soulèvement de Bologne. La commission nommée par le prolégat pour aviser aux moyens d'assurer la tranquillité publique se déclara en permanence, appela tous les citoyens sous les armes et fit arborer la cocarde italienne tricolore. L'insurrection se propagea rapidement dans tout l'état, et dès le 8 on avait déclaré abolie la puissance temporelle du pape. Une première intervention autrichienne étouffa la révolution ; mais le gouvernement papal ne reconnut point l'amnistie promise par le cardinal Benvenuti et trompa l'attente du peuple en n'introduisant que des modifications sans portée dans la procédure civile et criminelle. Les abus restèrent et on augmenta l'armée, en la recrutant parmi tout ce qu'il y a d'abject dans la nation. Cette mesure amena, le 20 janvier 1832, un combat entre les gardes civiques de la légation de Bologne et les troupes papales ; il servit de prétexte aux Autrichiens pour occuper une seconde fois les légations, où ils sont restés jusqu'en 1839. Nous avons déjà dit, à l'article d'ANCÔNE, que vers ce même temps, le 23 février, les Français, dans le but de surveiller les Autrichiens, s'emparèrent d'Ancône, qu'ils ont également abandonné en 1839.

ÉTATS-UNIS ou **Confédération Anglo-Américaine**, **l'Union**, rép. de l'Amérique septentrionale, située entre 69° et 127° long. occ. et entre 25° et 52° lat. N.; elle est bornée au N. par les pays des Indiens libres et par l'Amérique anglaise, à l'O. par le Grand-Océan et le Mexique, au S. par le golfe de Mexique et à l'E. par l'Océan Atlantique. Ce vaste pays, qui occupe toute la partie centrale de l'Amérique du Nord, a une superficie de 316,000 l. c. et une population d'environ 14,000,000 habitants, dont 2,200,000 esclaves.

Sous le rapport du sol, le territoire des États-Unis peut être divisé en quatre grandes contrées, savoir: 1° la partie orientale, entre l'Atlantique et la chaîne des Alleghany; pays généralement plat, bien cultivé et le plus peuplé de l'Union; 2° la partie montagneuse, comprend la longue chaîne de 400 l. qui s'étend sur une largeur de 30 à 40 l. dans une direction N.-E., depuis l'extrémité S. de la Géorgie jusqu'au fleuve St.-Laurent; 3° la contrée comprise à l'O. des Alleghany, entre le dist. des Montagnes et le Mississipi, l'Ohio et le St.-Laurent; elle renferme des plaines marécageuses, de superbes forêts et de vastes savanes couvertes de hautes herbes et d'épaisses broussailles, et 4° les pays, très-peu connus encore, situés entre le Mississipi et le Grand-Océan. Le climat est froid au N. de l'Hudson; depuis l'Hudson jusqu'au Potomac il est tempéré. Au S. du Potomak commence la chaleur tropicale. La température est beaucoup plus douce à l'O. des Alleghany qu'elle ne l'est à l'E. sous la même latitude. Un des fléaux les plus redoutables dans cette contrée c'est la fièvre jaune, qui s'est propagée d'une manière désastreuse depuis 1703 et dont les ravages ont surtout été terribles dans la Nouvelle-Orléans. Cependant le climat est généralement sain; le chiffre progressif de la population en est la preuve la plus évidente: en 1810 on évaluait le nombre des habitants à 7,239,000; il est presque doublé aujourd'hui.

Les Alleghany, que les Indiens du Sud nomment Apalaches, forment la chaîne principale du système orographique des Etats-Unis. Cette chaîne se divise en deux grandes ramifications, qu'une branche secondaire rattache entre elles sur la limite de la Virginie et de la Caroline du Nord. Celle de l'E., sous le nom de montagnes Bleues, se dirige vers le N.-E., traverse les parties occidentales des deux Caroline, de la Virginie, de la Pensylvanie, le N. de l'état de New-Jersey et la partie méridionale de l'état de New-York; elle prend ensuite le nom de montagnes Vertes et se prolonge, dans une direction plus septentrionale, à travers les états de Connecticut, de Massachusets et de Vermont, où elle forme la ligne de partage entre le bassin du Connecticut et ceux de l'Hudson et du lac Champlain. La continuation de cette chaîne, dans les états de New-Hampshire et du Maine, se confond, au N. du New-Hampshire, sur la limite O. du Canada, avec les montagnes Blanches, remarquables par leur élévation, et dont le point culminant, le mont Washington, est à 6630 pieds au-dessus du niveau de la mer. Cette branche se perd près du golfe de St.-Laurent. La branche occidentale prend au S. le nom de montagnes de Cumberland. Ces montagnes ne sont pas très-élevées, mais escarpées, bizarrement découpées et remarquables par les carrières calcaires qu'elles renferment. Elles se prolongent vers le N., sous le nom d'Alleghany, dans les états de Virginie et de Pensylvanie. C'est dans ces deux états que cette chaîne présente les groupes les plus larges et les plus hauts. Au-delà du Susquéhannah, elle prend une direction plus à l'E. et le nom de Catskill-Mountains, qu'elle conserve jusqu'à son extrémité septentrionale, près du Mohawk, affluent de l'Hudson. Entre le Mississpi et le Grand-Océan s'étendent les montagnes Rocheuses (Rocky - Mountains), dont les pics, élevés de 10,000 à 11,000 pieds, sont couverts de neiges éternelles. Ces montagnes sont une continuation de la grande chaîne des Cordillères qui, du détroit de Magellan, se prolonge à travers toute l'Amérique jusqu'aux terres polaires du Nord. A l'E. des montagnes Rocheuses un plateau large, mais assez peu élevé (le Brokenridge), forme la limite septentrionale de l'état de Missouri et du territoire du Nord-Ouest. Ce plateau, qui commence au N. des sources du Mississipi jusqu'au lac Supérieur, fait la ligne de partage entre les affluents du Haut-Missouri et du Mississipi, et les eaux qui affluent vers les lacs des pays intérieurs du Nord, habités par les Indiens.

Toutes ces montagnes renferment les sources d'innombrables rivières et de plusieurs fleuves majestueux; les uns vont se jeter dans l'Océan Atlantique, qui baigne la côte orientale des États-Unis sur une étendue de 780 l. et y creuse un grand nombre de golfes et de baies, dont la plus remarquable est celle de Chesapeak; les autres dans le golfe de Mexique ou dans le Grand-Océan. Les principaux sont: le St.-Laurent, qui se jette dans le golfe du même nom; le Connecticut, le Passamaquoddy, le Penobscot, le Merrimac, le Delaware, l'Hudson, le Susquéhannah, le Potomak, le Savannah, qui s'embouchent dans l'Océan Atlantique; l'Apalachicola, le Mobile, le Mississipi, le plus grand fleuve de l'Amérique septentrionale, et tous ses immenses affluents, versent leurs eaux dans le golfe du Mexique; enfin la Columbia et la Caledonia se jettent dans le Grand-Océan. Nous donnerons dans des articles spéciaux des détails sur tous ces cours d'eau.

Les États-Unis renferment le plus grand

nombre de lacs et les plus étendus du monde. Outre quelques lacs du Canada, dont ils partagent la possession avec les Anglais, ils possèdent le lac Michigan, de 128 l. de long sur 24 à 38 l. de large ; le lac Champlain, 34 l. de long et 6 l. de large, les lacs Oneida, de la Pluie, de Pontchartrain et beaucoup d'autres moins étendus, mais pourtant d'une grande utilité. Un grand nombre d'îles bordent les côtes ; celle de Rhode, qui est la principale, a donné son nom à l'état de Rhode-Island, les autres sont peu considérables et moins connues.

Dans aucun pays du monde le système de canalisation n'a été aussi complétement ni aussi promptement introduit que dans les États-Unis. Parmi les nombreux canaux de l'Union les plus importants sont : le Grand-Canal ou l'Erié, de 362 milles anglais de longueur, avec 83 écluses ; il conduit du lac Erié dans l'Hudson et porte des bateaux de 40 à 100 tonneaux ; le canal de l'Ohio, de 340 milles anglais ; il fait communiquer l'Ohio au lac Erié ; celui qui mène de Boston au Merrimac ; le canal Hudson-Delaware, qui lie les deux fleuves dont il porte les noms ; le canal de Chesapeak et d'Ohio, qui conduit de Pittsburg sur l'Ohio à Georgetown, près de l'embouchure du Potomac, dans la baie de Chesapeak, etc.

Les États-Unis tiennent également le premier rang pour le nombre et l'étendue de leurs chemins de fer. En Pensylvanie seule il y a 130 l. de chemin de fer déjà exploitées. Celui de Boston à Albany a 80 l. et celui de Charleston à Hambourg 48 l. Beaucoup d'autres plus ou moins étendus sillonnent dans tous les sens ce vaste pays, qui d'un premier bond s'est élevé à la hauteur des états les plus avancés de l'Europe.

Quoique le sol de cette partie de l'Amérique soit en général d'une grande fertilité naturelle, il y reste encore beaucoup de régions incultes ; mais l'agriculture fait des progrès rapides, et des contrées occupées il y a peu de temps par des sauvages nomades, sont aujourd'hui livrées à la culture et réunies à la confédération.

Aucun territoire ne produit de meilleurs fruits ni en plus grande quantité ; on y récolte dans les états du nord toutes les espèces de grains et de plantes de l'Europe, tels que du blé, du maïs, des légumes, du chanvre, du houblon, du vin, etc. ; dans les états du midi on recueille le riz, le sucre, le thé, le tabac, l'indigo, le coton, les fruits des tropiques, etc. On trouve aussi dans les États-Unis une grande quantité d'autres végétaux importants par leur utilité ou remarquables par leurs formes ; nous citerons entre autres la *Dionea muscicapa*, le *Cabomba aquatica* et le *Myrica cerifera*, dont les fruits sont recouverts d'un enduit de cire avec lequel on fabrique des bougies. D'immenses forêts fournissent des bois de construction et de teinture, des mâts qui ont jusqu'à 100 pieds de haut, de la térébenthine, etc.

Les richesses minérales du pays sont encore peu exploitées ; cependant en 1833 on y a recueilli pour 868,000 dollars d'or, et depuis l'on en a retiré chaque année davantage. Les états de Virginie, des deux Caroline, de Tennessée, de Géorgie et d'Alabama renferment des mines et du sable d'or ; New-York a des mines d'argent et de cuivre ; dans les états d'Illinois, de Missouri et de New-York on trouve du plomb en abondance ; du fer dans le Massachusetts, la Pensylvanie, l'état de Vermont et dans d'autres états ; de la houille, particulièrement en Pensylvanie ; du sel dans plusieurs états, ainsi que de l'alun, du vitriol, du zinc, de la manganèse, etc.

Le régne animal n'est pas moins riche ni moins varié. On y trouve tous les animaux domestiques de l'Europe, surtout beaucoup de bœufs, de porcs, de moutons et de chevaux, d'innombrables troupeaux de bisons, d'élans, de cerfs et de daims, des ours de différentes couleurs, des blaireaux, des martres, des zibelines, la puante mouffette, des loutres, des renards, des chiens de Terre-Neuve, des loups, des castors, de nombreuses espèces d'oiseaux, d'insectes et de reptiles. A la tête de ces derniers il faut ranger les redoutables serpents à sonnettes. Les mers de l'Amérique abondent en phoques, raies, morues, baleines, et la pêche y nourrit de nombreuses populations. La pêche de la morue occupe seule 2300 bateaux montés par 15,000 hommes, et celle de la baleine 400 bâtiments avec 10,000 hommes.

La population des États-Unis se compose d'Européens de toutes les nations, parmi lesquelles les Anglais sont en très-forte majorité ; de nègres libres, de nègres esclaves et d'indigènes, divisés en un grand nombre de tribus, telles que les Panis-Loups, les Osages, les Omawahs, les Criks, les Hurons, les Algonquins, les Cherokees, etc. La plupart de ces familles sauvages se sont retirées devant la civilisation européenne et vivent dans l'intérieur du pays, où elles se nourrissent de la pêche et de la chasse ou de l'éducation du bétail. Quelques-unes de ces tribus, entre autres les Chérokees, au nombre d'environ 15,000, se sont rapprochées des Européens et en ont adopté le culte et les mœurs. Depuis 1827, les Cherokees se sont donné une constitution analogue à celles des autres états de la confédération.

L'Union ne reconnaît point de religion de l'état ; toutes les sectes y jouissent du libre exercice de leur culte : les chrétiens, catholiques ou protestants, presbytériens ou épiscopaux, luthériens et calvinistes, quakers, méthodistes, juifs, turcs et païens, tous y trouvent liberté et protection. L'anglais, le français et l'allemand sont les langues les plus usitées dans les États-Unis. Les

Indiens parlent des langues très-différentes, subdivisées en un grand nombre de dialectes, qui se rapprochent plus ou moins de quatre langues principales : celle des Algonquins au N., des Cherokees au S., la langue des Iroquois à l'E. et celle des Narcotaws à l'O. De même que l'agriculture, l'industrie a fait dans les états de l'Union des progrès qui tiennent du prodige, et l'on estime à plus d'un million le nombre seul des machines employées à la filature. Dans l'état de Massachusetts il y a 150 fabriques d'étoffes de laine et de coton; dans les environs de Boston on confectionne par an 15,000,000 de paires de souliers, que l'on expédie en grande partie dans l'Amérique du Sud. Les machines à tisser, les moulins à foulon, les forges, les fourneaux, les fonderies, les clouteries, les fabriques de machines à vapeur, la construction des navires, l'exploitation des mines, les raffineries de sucre et de sel, les brasseries, les distilleries, les lithographies, les imprimeries et en général tous les établissements industriels y sont plus multipliés que dans aucun autre pays du globe. Le commerce y a pris un développement aussi prodigieux : en 1827, les arrivages dans les ports de l'Union étaient de 918,369 tonneaux sur bâtiments de l'état, et sur bâtiments étrangers 135,580 tonneaux; il en était sorti la même année, sur vaisseaux de l'état, 980,542 tonneaux, et 131,250 tonneaux sur navires étrangers. Les principaux articles d'exportation sont : le coton, la farine, le riz, du bois, des peaux, de la viande salée, du sucre, du café, de l'indigo, du thé, du poivre, et en général toutes les denrées coloniales et beaucoup d'objets manufacturés. On y importe des vins, des eaux-de-vie, du sel et les produits des manufactures de l'Europe et de l'Asie. Le commerce intérieur, favorisé par une multitude de fleuves navigables, de lacs et de canaux, emploie plus de 200 bateaux à vapeur. Les villes les plus commerçantes de l'Union sont : New-York, Philadelphie, Boston, Baltimore, la Nouvelle-Orléans, Portland, Norfolk, Savannah.

Le gouvernement des États-Unis est une république fédérative, composée de 24 petites républiques ou états indépendants les uns des autres, de 4 territoires, c'est-à-dire provinces dont la population est au-dessus de 60,000 habitants, et qui, par ce motif, ne sont pas encore organisées en état, et des 4 districts de l'Ouest, occupés encore par des tribus indiennes. Toutes ces républiques, liées entre elles par le pacte fédéral, ont confié tous les pouvoirs de la confédération à un congrès qui siège dans la ville de Washington, et qui se compose d'un sénat et d'une chambre des représentants. Les sénateurs sont élus pour six ans par les chambres législatives de chaque état, et au nombre de deux, par état. Les représentants sont élus par le peuple pour deux ans et à raison d'un député par 40,000 habitants. Les deux chambres ont la puissance législative; la puissance exécutive est confiée à un président, élu pour quatre ans, par un nombre d'électeurs égal à celui des membres des deux chambres réunies. Le président jouit d'un traitement de 25,000 dollars (environ 125,000 francs). Le vice-président, chef du sénat, reçoit 6000 dollars. Le congrès s'assemble au moins une fois par an. Le président nomme les ministres, commande les armées, conclut les traités, choisit les principaux fonctionnaires civils et militaires; mais il ne peut appeler aucun membre du congrès à un emploi du gouvernement. Une cour suprême, qui siège à Washington, et des cours inférieures, dont les membres sont inamovibles, exercent le pouvoir judiciaire.

Les revenus de l'état s'élevaient, en 1834 (y compris 11,702,905 dollars, excédant de 1833), à la somme de 32,327,623 dollars. A la fin de la même année il restait au trésor un excédant de 6,736,232 dollars. L'armée de terre est de 6183 hommes seulement; mais tous les habitants valides, de 26 à 40 ans, composent une milice qui, en 1835, était forte de 1,336,829 hommes bien exercés. La marine compte 25 vaisseaux de ligne, 11 frégates et 32 bâtiments inférieurs.

TABLEAU DES ÉTATS COMPOSANT L'UNION.

ÉTATS.	CAPITALES ET VILLES PRINCIPALES.
New-Hampshire,	Concord, Portsmouth.
Massachusetts,	Boston, Salem.
Rhode-Island,	Providence, New-Port.
Connecticut,	Newhaven.
New-York,	Albany, New-York.
New-Jersey,	Trenton.
Pensylvanie,	Harrisbourg, Philadelphie.
Delaware,	Dover, Wilmington.
Maryland,	Annapolis, Baltimore.
Virginie,	Richmond.
Caroline du Nord,	Raleigh.
Caroline du Sud,	Columbia, Charlestown.
Géorgie,	Milledgeville.
Maine,	Portland, Augusta.

ÉTATS.	CAPITALES ET VILLES PRINCIPALES.
Vermont,	Montpellier.
Tennessée,	Nashville, Murfreesborough.
Kentucky,	Francfort, Louisville.
Ohio,	Columbus, Cincinnati.
Louisiane,	Nouvelle-Orléans.
Mississipi,	Jackson, Columbia.
Alabama,	Tuscaloosa, Cahawba.
Indiana,	Indianapolis.
Illinois,	Vandalia.
Missouri,	Jefferson, New-Madrid, St.-Louis.

Les 4 territoires sont :

Michigan,	Détroit.
Arkansas,	Little-Rock.
Floride,	Pensacola, Tallahassée.
Le territoire fédéral de Columbia,	Washington, capitale de toute l'Union.

Ce dernier est enclavé dans les états de Maryland et de Virginie.

Les quatre districts de l'ouest sont : le dist. des Sioux et celui des Mandanes, au N., ceux des Ozarks et des Osages, au S.

Historique. Le pays que l'on nomme aujourd'hui *Etats-Unis* était encore entièrement habité par des sauvages, lorsqu'en 1585 sir Walter Raleigh, un des favoris de la reine Elisabeth d'Angleterre, y fit la première tentative de colonisation dans la Virginie (nom qu'il donna à cette contrée en l'honneur de sa protectrice la reine vierge Elisabeth), mais un grand nombre de colons y périrent misérablement; les autres retournèrent dans leur patrie. En 1607, Jacques Ier encouragea une nouvelle entreprise sur cette contrée, en accordant à ceux qui s'y établirent les mêmes droits qu'aux autres sujets de la Grande-Bretagne, et en 1618 la compagnie de Londres y avait déjà fixé une centaine de jeunes ménages. Plus tard les puritains, opprimés par l'église dominante, passèrent en Amérique et fondèrent le New-Hampshire, le Massachusetts, le Rhode-Island et le Connecticut. Vers la même époque 200 catholiques anglais vinrent également y chercher un refuge contre les persécutions de l'église anglicane, s'établirent sur les bords du Potomak et fondèrent le Maryland, en 1634. Une colonie de quakers jeta ensuite les fondements de l'état de New-Jersey. Mais de toutes ces colonies celle de la Pensylvanie était la plus importante; l'immortel Guillaume Penn, l'ami des hommes et de l'humanité, celui que Montesquieu proclama le Lycurgue moderne, en fut le fondateur. Il acheta des Indiens les terres du Delaware, et de quelques colons suédois l'emplacement où il fit construire Philadelphie ; il convoqua ensuite tous les colons et leur fit accepter, le 25 avril 1682, une constitution connue sous le nom de *charte de Penn*, qui servit de base à la constitution actuelle des États-Unis. Le sage législateur ne négligea rien de ce qui pouvait contribuer à la prospérité de l'agriculture et du commerce, les deux sources les plus fécondes de la civilisation. Aussi la Pensylvanie devint-elle la colonie modèle de l'Amérique septentrionale. Des Allemands du Palatinat, chassés par l'intolérance religieuse et appauvris par des impôts de guerre, abordèrent en Amérique, en 1710, et colonisèrent la Caroline du Nord. La Caroline du Sud avait déjà des colons en 1562; c'étaient des protestants français (huguenots), qui s'y étaient établis d'après les conseils de Coligny; mais les Espagnols les massacrèrent, et ce ne fut qu'un siècle après que le comte Clarendon et lord Grandville y organisèrent une nouvelle colonie composée de puritains. Enfin la Géorgie, l'état le plus méridional, fut colonisée en 1732 par des Anglais et des Irlandais. Ces colonies, au nombre de treize, formèrent la première confédération dont l'indépendance fut reconnue par le traité de Paris, en 1783. Les onze autres ne sont entrées que plus tard dans l'Union. Le gouvernement britannique avait concédé à ces provinces le droit de se constituer en régime municipal, se réservant seulement la nomination d'un gouverneur pour chaque province; des assemblées représentatives, élues par les citoyens, étaient chargées de délibérer sur les affaires de chacune de ces divisions. Les colonies prospérèrent rapidement; l'amour de la liberté y attira des hommes de toutes les nations, qui apportaient à leur nouvelle patrie les sciences, les arts et l'industrie de l'Europe, et elles étaient déjà puissantes lorsqu'elles embrassèrent fidèlement le parti de l'Angleterre contre la France, dans la guerre au sujet des colonies françaises. Cependant la métropole ne se montra pas reconnaissante envers ses enfants de l'Amérique ; le gouvernement anglais rendit des ordonnances nuisibles au commerce des colonies; au mépris de leurs chartes, le parlement ordonna l'établissement du timbre en Amérique. Ce commencement de tyrannie excita des troubles dans un grand nombre de villes, et le parlement rapporta la loi du timbre. Trois ans après, de nouveaux droits établis sur diverses marchandises amenèrent de nouveaux troubles plus graves que les premiers ; enfin l'impôt sur le thé ayant occasionné une émeute à Boston, les soldats anglais tirèrent sur le peuple: ce fut le signal de la guerre ; le port de Boston fut fermé par une loi du parlement. Un congrès s'assembla à Philadelphie, le 5 septembre 1774, et les représentants des provinces, approuvant la conduite du Massachusetts, adoptèrent le principe du refus de tout impôt non consenti par les chambres américaines. Le général Gage, gouverneur du Massachusetts, voulant dissoudre par la force la chambre de cette province, réunie à Lexington, commença les hostilités, le 19 avril 1775. Les Américains coururent partout aux armes, et Washington, nommé généralissime de leur armée, contraignit les Anglais à évacuer Boston. Le 4 juillet 1776, le congrès fit une déclaration qui brisait à jamais le lien des provinces avec l'Angleterre. Il ne restait plus alors d'autre chance aux Américains que la victoire ou la mort. La guerre se fit avec violence; la journée de Saratoga (16 octobre 1777), où le général anglais fut pris avec 6000 hommes, enleva à l'Angleterre l'espoir d'enchaîner la liberté des États-Unis. Le gouvernement anglais offrit alors la paix, mais il était trop tard : la France avait pris parti pour les Américains; Lafayette, Rochambeau, Lameth combattaient avec Washington pour la liberté, et l'Angleterre vaincue renonça enfin aux États-Unis, dont l'indépendance fut garantie par le traité de Paris de 1783. Depuis cette époque la république des États-Unis prit rang parmi les grandes puissances maritimes, et l'avenir lui réserve sans doute de nombreux siècles de gloire et de prospérité.

ÉTATS-UNIS DE L'AMÉRIQUE CENTRALE, désignés quelquefois improprement sous le nom de république de Guatémala. Le nouvel état fédératif de ce nom, dont l'origine ne remonte qu'à 1821, est situé entre 85° et 97° long. occ. et entre 8° et 17° lat. N. et occupe l'étroite bande de terres qui sépare les deux Amérique. Il est borné au N. par les états mexicains de Chiapa et de Yucatan et la mer des Antilles, à l'E. par cette même mer et le dép. colombien de l'Isthme, au S. par le Grand-Océan, à l'O. par le même Océan et les états mexicains d'Oaxaca et de Chiapa. Sa superficie, en y comprenant les vastes terrains occupés par les Indiens, est presque aussi grande que celle de la France. Plateau élevé de 3 à 4000 pieds, ce pays est traversé par les Cordillères, dont les ramifications le coupent dans tous les sens; il renferme de nombreux volcans et est fréquemment dévasté par des tremblements de terre qui, entre autres, ont deux fois détruit Guatémala. Parmi les enfoncements de ses côtes, nous citerons: le golfe de Honduras, formé par la mer des Antilles, et les golfes de Papagayo et de Salinas, formés par le Grand-Océan. Les fleuves de l'Amérique centrale n'ont qu'un cours très-borné, à cause du peu de largeur du pays ; les principaux de ces fleuves sont : le Sumasinta, le Rio-Grande, le Motagua, l'Ulua, le Yare dit rivière Grand-Cap, le Nuevo-Segovia dit Blewfield, le San-Juan; ils se jettent tous dans la mer des Antilles ; les fleuves qui se rendent dans le Grand-Océan sont moins importants; nous ne nommerons que le Tosta et le Guacalat. L'Amérique centrale possède plusieurs grands lacs, comme le Golfo-Dulce et le lac de Nicaragua. Comme les eaux de ce dernier se rendent, sous le nom de San-Juan, dans l'Atlantique, on a proposé de creuser un canal du lac Nicaragua au Grand-Océan; la jonction des deux mers serait accomplie de cette manière. Le sol de l'Amérique centrale est extrêmement fertile et son climat très-chaud. Elle produit des céréales, du riz, des fruits, du manioc, du cacao, de l'indigo et de la cochenille (les deux principaux articles d'exportation), du sucre, du café, du tabac, du coton, du piment, de la vanille, des bois de teinture, de l'acajou, des baumes, de la gomme, du quinquina et autres plantes médicinales. Les mines y sont rares. Des troupeaux de chevaux et de buffles sauvages, descendant d'animaux importés par les Européens, parcourent les forêts peuplées de singes, de tapirs, etc.; on y trouve beaucoup d'alligators, de serpents, des scarabées et des papillons de la plus grande beauté. L'industrie n'y est pas encore très-avancée, mais l'agriculture y a fait de rapides progrès depuis la libération du joug espagnol et elle est plus florissante qu'en aucune autre colonie espagnole. Le commerce a suivi l'essor de l'agriculture; il est très-actif avec la Jamaïque et l'établissement anglais à Balize. Thompson estime la valeur des denrées exportées en 1825 à la somme de 8,260,000 piastres. Le manque de bonnes routes entrave beaucoup le commerce intérieur. La population, qui était, d'après Humboldt, de 1,300,000 en 1808, est aujourd'hui de 1,800,000 ou 2,000,000. Elle se compose d'environ 400,000 blancs, 800,000 hommes de couleur et 10,000 nègres; tout le reste de la population est indien.

Les pays qui forment aujourd'hui les États-Unis de l'Amérique centrale furent découverts en 1502 par Christophe Colomb. Il y trouva une civilisation analogue à celle du Mexique. Après la conquête de cette dernière contrée, Fernand Cortez envoya en 1523 une petite armée d'Espagnols et de Mexicains qui s'emparèrent sans grande résistance de l'Amérique centrale : seuls de tous les habitants, les Indiens du Honduras, Mosquitos et Poyeis se défendirent avec opiniâtreté et conservèrent leur liberté jusque dans ces derniers temps. L'Amérique centrale forma, avec l'état mexicain de Chiapa, une grande division administrative de l'Amérique espagnole, sous le titre de capitainerie-générale de Guatémala. En 1821 elle se sépara sans aucune violence de la métropole; incorporée d'abord au Mexique, elle s'en sépara à la chute d'Iturbide et se constitua en 1824 en république fédérative indépendante, sous le titre de Provincias-Unidas-del-Centro-America, changé quelques mois plus tard en celui de Republica-Federale-del-Centro-America.

La constitution des États-Unis de l'Amérique centrale est démocratique, représentative et fédérale. La république est partagée en un petit district fédéral et en 5 états, indépendants quant à leur administration intérieure. La religion catholique est la religion de l'état; les citoyens jouissent tous des mêmes droits; l'esclavage est aboli. Il y a trois pouvoirs distincts : le législatif, l'exécutif et le judiciaire. Le pouvoir législatif appartient au congrès; composé de deux chambres : le sénat, auquel chaque état envoie deux membres, et la chambre des représentants, composée d'un nombre de députés proportionnel à la population : un député pour 30,000 habitants. A la tête du pouvoir exécutif est un président élu pour quatre ans et suppléé par un vice-président. D'après le budget de 1825, les revenus de la république se montaient à 806,888 dollars, les dépenses à 878,586 dollars. La dette publique est d'environ dix millions de francs. L'armée se compose de 1800 hommes de troupes de ligne, de 10,750 miliciens et d'autant de gardes nationaux.

La capitale des États-Unis de l'Amérique centrale est Nueva-Guatémala, située dans le district fédéral. Les cinq états qui composent la république sont : l'état de Guatémala, l'état de San-Salvador, l'état de Honduras, l'état de Nicaragua et l'état de Costa-Rica. Les villes de Antigua-Guatémala, San-Salvador, Comayagua, Léon et San-Jose-de-Costa-Rica en sont les chefs-lieux.

ETAULE, vg. de Fr., Côte-d'Or, arr., cant. et poste de Dijon; 300 hab.

ETAULE, vg. de Fr., Yonne, arr., cant. et poste d'Avallon; 440 hab.

ETAULES, vg. de Fr., Charente-Inférieure, arr. de Marennes, cant. et poste de la Tremblade; 860 hab.

ETAULES, ham. de Fr., Saône-et-Loire, com. de Mellecey; 230 hab.

ETAULIERS, vg. de Fr., Gironde, arr. de Blaye, cant. de St.-Ciers-la-Lande, poste de St.-Aubin; 640 hab.

ETAVAUX, ham. de Fr., Calvados, com. de St.-André-de-Fontenay; 100 hab.

ETAVES, vg. de Fr., Aisne, arr. de St.-Quentin, cant. et poste de Bohain; culture du houblon; 1380 hab.

ETAVIGNY, vg. de Fr., Oise, arr. de Senlis, cant. et poste de Betz; 190 hab.

ETAWEH, v. de l'Inde anglaise, prov. d'Agra, chef-lieu de district. Elle est bâtie sur une colline, non loin de la Djamna, et renferme la meilleure prison des provinces septentrionales de l'Inde anglaise.

ETAY. *Voyez* NOYON.

ETCHARRY, vg. de Fr., Basses-Pyrénées, arr. de Mauléon, cant. et poste de St.-Palais; 500 hab.

ETCHEBAR, vg. de Fr., Basses-Pyrénées, arr. de Mauléon, cant. et poste de Tardets; 220 hab.

ETEA, g. a., v. de l'île de Crète, entre le cap Cyamum et la v. de Pergame; patrie de Myso, l'un des sept sages de la Grèce.

ETEAU (l'), ham. de Fr., Yonne, com. de Monéteau; 210 hab.

ETEIGNÈRES, vg. de Fr., Ardennes, arr. de Rocroi, cant. de Signy-le-Petit, poste de Maubert-Fontaine; 760 hab.

ETEIMBES ou WELSCH-STEINBACH, vg. de Fr., Haut-Rhin, arr. de Belfort, cant. de Fontaine, poste de la Chapelle-sous-Rougemont; 340 hab.

ETELFAY, vg. de Fr., Somme, arr., cant. et poste de Montdidier; 410 hab.

ÉTELON (l'), vg. de Fr., Allier, arr. de Montluçon, cant. de Cerilly, poste de Meaulne; 400 hab.

ETEN, b. de la rép. du Pérou, dép. de Liverdad, prov. de Lambayeque. C'est le seul endroit où le dialecte chimu (la langue de la tribu des Scires) se soit conservé dans toute sa pureté.

ETERNOZ, vg. de Fr., Doubs, arr. de Besançon, cant. d'Amancey, poste de Quingey; 420 hab.

ETERPIGNY, vg. de Fr., Pas-de-Calais, arr. et poste d'Arras, cant. de Vitry; 380 h.

ETERPIGNY, vg. de Fr., Somme, arr., cant. et poste de Péronne; 240 hab.

ETERVILLE, vg. de Fr., Calvados, arr. et poste de Caen, cant. d'Evrecy; 240 hab.

ETEVAUX, vg. de Fr., Côte-d'Or, arr. de Dijon, cant. et poste de Pontailler-sur-Saône; 360 hab.

ETH, vg. de Fr., Nord, arr. d'Avesnes, cant. et poste du Quesnoy; 300 hab.

ETHIOPIE (*Cusch* des Hébreux), g. a.; les géographes ne sont d'accord ni sur l'étendue, ni sur la position de cette terre primitive. D'après les uns, elle aurait compris toute l'Arabie Heureuse; d'autres prétendent que l'Éthiopie ne fut qu'une grande contrée comprise dans l'Arabie Heureuse. D'après toutes les probabilités elle comprenait le pays connu actuellement sous le nom de Yemen, le long de la mer Rouge jusqu'au détroit de Bab-el-Mandeb.

ETHIOPIE, g. a., contrée de l'Afrique, bornée à l'E. par la mer Rouge, au N. par la Nubie, à l'O. par la Nigritie et au S. par le pays des Cafres, aujourd'hui le roy. d'Abyssinie. *Voyez* ÉGYPTE (*historique*).

ETIENNE (Saint-). Basses-Alpes. *Voyez* ÉTIENNE-LES-ORGUES (Saint-).

ETIENNE (Saint-), ham. de Fr., Hautes-Alpes, com. de Châteauroux; 170 hab.

ETIENNE (Saint-), ham. de Fr., Eure, com. de Conches; 210 hab.

ETIENNE (Saint-), ham. de Fr., Landes, com. de Frèche; 120 hab.

ETIENNE (Saint-), vg. de Fr., Landes, com. de St.-Esprit; 1250 hab.

ETIENNE (Saint-), ham. de Fr., Lot-et-Garonne, com. de Tonneins; 200 hab.

ETIENNE (Saint-), vg. de Fr., Pas-de-Calais, arr. et poste de Boulogne-sur-Mer, cant. de Samer; 510 hab.

ETIENNE (Saint-), v. de Fr., Loire, chef-lieu d'arrondissement, à 8 l. S.-E. de Montbrison et à 116 l. S.-S.-E. de Paris, sur le ruisseau de Furens, dont les eaux sont très-propres à la trempe du fer; siége de tribunaux de première instance et de commerce, direction des contributions, conservation des hypothèques et chef-lieu de la quatrième division des mines. Cette ville, située dans un vallon profond au pied des montagnes du Pilat, est une des plus industrieuses de France. On y voit de toutes parts des forges, des ateliers, des fourneaux, mais aucun édifice public bien remarquable. Les rues sont larges et droites; mais les maisons, toutes noircies par la fumée de houille, qui s'élève en colonnes épaisses de ses nombreux établissements industriels, donnent un aspect assez désagréable à la ville, que l'on a surnommée la *Birmingham* de la France. St.-Étienne possède un collége, une école des mineurs, une école des sourds-muets, un cours de géométrie et de mécanique appliquées aux arts, une manufacture royale d'armes, un musée industriel, un cabinet d'histoire naturelle, une société d'agriculture et de commerce, une bibliothèque publique, une salle de spectacle, un hôtel de ville, élevé récemment sur la Place-Neuve, et plusieurs établissements de charité. On y remarque aussi une belle fontaine, ornée d'un obélisque qui décore la grande place, à l'extrémité de la rue de Roanne. Placé entre les bassins de la Loire et du Rhône, St.-Étienne communique avec ces deux fleuves par trois chemins de fer; celui de St.-Étienne à la Loire, celui de la Loire à Roanne et celui de St.-Étienne à Lyon. Ces nouvelles voies de transport plus rapide ont ajouté encore à la grande activité de son industrie, dont les produits annuels sont estimés sur les lieux à plus de 73 millions de francs. Les principaux articles des manufactures et du commerce de St.-Étienne sont: des armes à feu et des armes blanches, de la coutellerie, quincaillerie, rubanerie et étoffes de soie; ses teintureries, ses forges et ses aciéries ne sont pas moins renommées; verreries à la Mantat et à la Ricamarie. On exploite dans les environs des mines de houille très-considérables, qui sont une des principales sources de la prospérité de cette contrée. Foires les 25 avril, 25 juin, 9 septembre et 21 décembre; 41,534 hab.

Au quatorzième siècle St.-Étienne n'était encore qu'un petit bourg habité par quelques centaines d'ouvriers forgerons et rubaniers. En 1535, Georges Virgile, ingénieur français, y établit une manufacture d'armes à feu, qui fut l'origine de l'accroissement de cette ville. En 1563 elle fut prise et dévastée par le fameux baron des Adrets; mais des calamités plus grandes la frappèrent plus tard. La peste, en 1585, et 1628, lui enleva plus de 8000 habitants, et en 1693 une horrible famine y porta la désolation et la misère. Les guerres de Louis IV, en donnant une grande activité à la fabrication des armes, réparèrent les désastres que d'autres fléaux avaient causés à cette ville, dont la prospérité, depuis cette époque, a toujours été en augmentant.

ETIENNE (Saint-), vg. de Fr., Oise, arr. de Compiègne, cant. d'Attichy, poste de Couloisy; 390 hab.

ETIENNE (Saint-), vg. de Fr., Puy-de-Dôme, arr. de Riom, cant. et poste de Pontaumur; 560 hab.

ETIENNE (Saint-). *Voyez* ESTÈVE (Saint-).

ETIENNE (Saint-), ham. de Fr., Tarn-et-Garonne, com. de Lacourt; 100 hab.

ETIENNE (Saint-), vg. de Fr., Vosges, arr., cant. et poste de Remiremont; 1420 h.

ETIENNE-A-ARNE (Saint-), vg. de Fr., Ardennes, arr. et poste de Vouziers, cant. de Machault; fabr. de flanelles; 720 hab.

ETIENNE-AU-TEMPLE (Saint-), vg. de Fr., Marne, arr., cant. et poste de Châlons-sur-Marne; 310 hab.

ETIENNE-AUX-CLOS (Saint-), vg. de Fr., Corrèze, arr., cant. et poste d'Ussel; 850 hab.

ETIENNE-CANTALÈS (Saint-), ham. de Fr., Cantal, com. de St.-Gerons; 220 hab.

ETIENNE-CHOMEIL (Saint-), vg. de Fr., Cantal, arr. de Mauriac, cant. de Riom-ès-Montagne, poste de Bort; 1130 hab.

ETIENNE-D'ALBAGNAN (Saint-), vg. de Fr., Hérault, arr. et poste de St.-Pons, cant. d'Olargues; 640 hab.

ETIENNE-D'AVANCON (Saint-), vg. de Fr., Hautes-Alpes, arr. de Gap, cant. de la Bâtie-Neuve, poste de Remollon; 300 hab.

ETIENNE-DE-BAIGORRY (Saint-), vg. de Fr., Basses-Pyrénées, arr. et à 8 1/2 l. O. de Mauléon, chef-lieu de canton, poste de St.-Jean-Pied-de-Port; hauts-fourneaux; 3380 hab.

ETIENNE-DE-BOULOGNE (Saint-), vg. de Fr., Ardèche, arr. et à 3 l. de Privas, cant. et poste d'Aubenas; fabr. de soie grège; 950 hab. Ce village était autrefois le siége d'une baronie. On voit encore près de là, sur un côteau escarpé, les vastes ruines d'un château, ancienne résidence des barons de Boulogne.

ETIENNE-DE-BRILLOUET (Saint-), vg. de Fr., Vendée, arr. de Fontenay-le-Comte, cant. et poste de Ste.-Hermine; 510 hab.

ETIENNE-DE-CAPEL ou DE CARLAT (Saint-), vg. de Fr., Cantal, arr. d'Aurillac, cant. et poste de Vic-sur-Cère; 410 hab.

ETIENNE-DE-CHALARONNE (Saint-), vg. de Fr., Ain, arr. de Trévoux, cant. et poste de Thoissey; 1480 hab.

ETIENNE-DE-CHIGNY (Saint-), vg. de Fr., Indre-et-Loire, arr., cant. et poste de Tours; 980 hab.

ETIENNE-DE-CIERNAT (Saint-), ham. de Fr., Allier, com. de Montaigu-le-Blin et de St.-Gérand-le-Puy; 870 hab.

ETIENNE-DE-CORCOUÉ (Saint-), vg. de Fr., Loire-Inférieure, arr. de Nantes, cant. et poste de Legé; 1210 hab.

ETIENNE-DE-CROSSEY (Saint-), vg. de Fr., Isère, arr. de Grenoble, cant. et poste de Voiron; 1590 hab.

ETIENNE-DE-FLORAC (Saint-), ham. de Fr., Tarn, com. de Puylaurens; 200 hab.

ETIENNE-DE-FONTBELLON (Saint-), vg. de Fr., Ardèche, arr. de Privas, cant. et poste d'Aubenas; moulins à blé et à huile; 1290 hab.

ETIENNE-DE-FOUGÈRES (Saint-), vg. de Fr., Lot-et-Garonne, arr. de Villeneuve-sur-Lot, cant. de Monclar, poste de Ste.-Livrade; 670 hab.

ETIENNE-DE-FURSAC (Saint-), vg. de Fr., Creuse, arr. de Guéret, cant. de Grand-Bourg, poste de Bénévent; 1850 hab.

ETIENNE-DE-GOURGAS (Saint-), vg. de Fr., Hérault, arr., cant. et poste de Lodève; 430 hab.

ETIENNE-DE-LÉSINES (Saint-). *Voyez* ÉTIENNE-DE-VILLERÉAL (Saint-).

ETIENNE-DE-LISSE (Saint-), vg. de Fr., Gironde, arr. de Libourne, cant. et poste de Castillon; 470 hab.

ETIENNE-DE-LOLM (Saint-), vg. de Fr., Gard, arr. et poste d'Alais, cant. de Vézenobres; 220 hab.

ETIENNE-DE-LUGDARÈS (Saint-), vg. de Fr., Ardèche, arr. et à 7 1/2 l. O.-N.-O. de l'Argentière, chef-lieu de canton, poste de Langogne; 2030 hab.

ETIENNE-DE-MARSAC (Saint-). *Voyez* MARSAC.

ETIENNE-DE-MARSAN (Saint-), ham. de Fr., Hérault, com. de Camplong; 130 hab.

ETIENNE-DE-MAURS (Saint-), vg. de Fr., Cantal, arr. d'Aurillac, cant. et poste de Maurs; 690 hab.

ETIENNE-DE-MER-MORTE (Saint-), vg. de Fr., Loire-Inférieure, arr. de Nantes, cant. et poste de Machecoul; 1040 hab.

ETIENNE-DE-MONT-LUC (Saint-), vg. de Fr., Loire-Inférieure, arr. et à 3 1/2 l. S.-E. de Savenay, chef-lieu de canton, poste de la Basse-Indre; 4555 hab.

ETIENNE-DE-MONTAGNAC (Saint-). *Voy.* TOUR-DE-FAURE (la).

ETIENNE-DE-PUYCOURBIER (Saint-), vg. de Fr., Dordogne, arr. de Ribérac, cant. et poste de Mussidan; 340 hab.

ETIENNE-DE-RENNEVILLE (Saint-). *Voy.* COMMANDERIE (la).

ETIENNE-DE-SAINT-GEOIRS (Saint-), b. de Fr., Isère, arr. et à 5 l. N. de St.-Marcellin, chef-lieu de canton, poste de la Frette; 2010 hab.

ETIENNE-D'ESCATTES (Saint-) ou Es-

TÈVE (Saint-), ham. de Fr., Gard, com. de Souvignargues; 160 hab.

ETIENNE-DE-SERRE (Saint-), vg. de Fr., Ardèche, arr. de Privas, cant. et poste de St.-Pierreville; 950 hab.

ETIENNE-DES-GUÉRÊTS (Saint-), vg. de Fr., Loir-et-Cher, arr. de Blois, cant. et poste d'Herbault; 230 hab.

ETIENNE-DES-LANDES (Saint-), vg. de Fr., Dordogne, arr. de Sarlat, cant. et poste de Villefranche-de-Belvès; 80 hab.

ETIENNE-DES-LOGES (Saint-), ham. de Fr., Vendée, com. de St.-Hilaire-des-Loges; 490 hab.

ETIENNE-DES-SORTS (Saint-), vg. de Fr., Gard, arr. d'Uzès, cant. et poste de Bagnols; 600 hab.

ETIENNE-DE-TULMONT (Saint-), vg. de Fr., Tarn-et-Garonne, arr. et poste de Montauban, cant. de Négrepelisse; 870 hab.

ETIENNE-DE-VALFRANCISQUE (Saint-), vg. de Fr., Lozère, arr. de Florac, cant. de St.-Germain-de-Calberte, poste de St.-Jean-du-Gard; 1900 hab.

ETIENNE-DE-VALOUX (Saint-), vg. de Fr., Ardèche, arr. de Tournon, cant. de Serrières, poste d'Andance; 310 hab.

ETIENNE-DE-VICQ (Saint-), vg. de Fr., Allier, arr., cant. et poste de la Palisse; 690 hab.

ETIENNE-DE-VILLERÉAL (Saint-), vg. de Fr., Lot-et-Garonne, arr. de Villeneuve-sur-Lot, cant. et poste de Villeréal; 640 h.

ETIENNE-DE-VIONAN (Saint-), ham. de Fr., Tarn, com. de l'Isle-d'Albi; 270 hab.

ETIENNE-D'ORTHE (Saint-), vg. de Fr., Landes, arr. de Dax, cant. et poste de Peyrehorade; 810 hab.

ETIENNE-DU-BOIS (Saint-), vg. de Fr., Ain, arr. et poste de Bourg-en-Bresse, cant. de Treffort; 1610 hab.

ETIENNE-DU-BOIS (Saint-), vg. de Fr., Vendée, arr. des Sables, cant. et poste de Palluau; carrières de pierres meulières; 1960 hab.

ETIENNE-DU-GAULT (Saint-), Loir-et-Cher. *Voyez* GAULT (le).

ETIENNE-DU-GRÉS (Saint-), ham. de Fr., Bouches-du-Rhône, com. de Tarascon-sur-Rhône; 700 hab.

ETIENNE-DU-GUÉ-DE-L'ILE (Saint-), vg. de Fr., Côtes-du-Nord, arr. et poste de Loudéac, cant. de la Chèze; 660 hab.

ETIENNE-DU-ROUVRAY (Saint-), vg. de Fr., Seine-Inférieure, arr. et poste de Rouen, cant. de Grand-Couronne; 1480 h.

ETIENNE-DU-VALDONNÉS (Saint-), vg. de Fr., Lozère, arr., cant. et poste de Mende; 1140 hab.

ETIENNE-DU-VAUVRAY (Saint-), vg. de Fr., Eure, arr. et cant. de Louviers, poste de Notre-Dame-du-Vaudreuil; 500 hab.

ETIENNE-DU-VIGAN (Saint-), vg. de Fr., Haute-Loire, arr. du Puy, cant. de Pradelles, poste de Langogne; 450 hab.

ETIENNE-EN-BRESSE (Saint-), vg. de Fr.,

Saône-et-Loire, arr. et poste de Louhans, cant. de Montret; 1060 hab.

ETIENNE-EN-COGLES (Saint-), vg. de Fr., Ille-et-Vilaine, arr. de Fougères, cant. et poste de St.-Brice-en-Cogles; 1940 hab.

ETIENNE-EN-DÉVOLUY (Saint-), vg. de Fr., Hautes-Alpes, arr. et à 4 l. N.-N.-O. de Gap, chef-lieu de canton, poste de Corps; 770 hab.

ETIENNE-LA-CICOGNE (Saint-), vg. de Fr., Deux-Sèvres, arr. de Niort, cant. et poste de Beauvoir-sur-Niort; récolte de bons vins; 290 hab.

ETIENNE-LA-GENESTE (Saint-), vg. de Fr., Corrèze, arr. et poste d'Ussel, cant. de Neuvic; 280 hab.

ETIENNE-LALLIER (Saint-), vg. de Fr., Eure, arr. de Pont-Audemer, cant. de St.-Georges-du-Vièvre, poste de Lieurey; 1170 hab.

ETIENNE-LANTABAT (Saint-), ham. de Fr., Basses-Pyrénées, com. de Lantabat; 150 hab.

ETIENNE-LARDEYROL (Saint-), vg. de Fr., Haute-Loire, arr. et poste du Puy, cant. de St.-Julien-Chapteuil; 1030 hab.

ETIENNE-LA-THILLAYE (Saint-), vg. de Fr., Calvados, arr., cant. et poste de Pont-l'Évêque; 590 hab.

ETIENNE-LA-VARENNE (Saint-), vg. de Fr., Rhône, arr. de Villefranche-sur-Saône, cant. et poste de Belleville-sur-Saône; 1500 hab.

ETIENNE-LE-COMTE (Saint-), ham. de Fr., Lot, com. de Souillac; 140 hab.

ETIENNE-LE-MOLARD (Saint-), vg. de Fr., Loire, arr. de Montbrison, cant. et poste de Boen; 580 hab.

ETIENNE-LES-ORGUES (Saint-), pet. v. de Fr., Basses-Alpes, arr., à 2 l. N. et poste de Forcalquier, chef-lieu de canton; 1330 h.

ETIENNE-PRÈS-ALLÈGRE (Saint-), vg. de Fr., Haute-Loire, arr. de Brioude, cant. et poste de Paulhaguet; 250 hab.

ETIENNE-SOULE (Saint-), vg. de Fr., Basses-Alpes, arr., cant. et poste de Mauléon; 110 hab.

ETIENNE-SOUS-BAILLEUL (Saint-), vg. de Fr., Eure, arr. de Louviers, cant. de Gaillon, poste de Vernon; 280 hab.

ETIENNE-SOUS-BARBUISE (Saint-), vg. de Fr., Aube, arr., cant. et poste d'Arcis-sur-Aube; 140 hab.

ETIENNE-SUR-BLESLE (Saint-), vg. de Fr., Haute-Loire, arr. de Brioude, cant. de Blesle, poste de Massiac; 430 hab.

ETIENNE-SUR-MASSIAC (Saint-), vg. de Fr., Cantal, arr. de St.-Flour, cant. et poste de Massiac; 80 hab.

ETIENNE-SUR-REYSSOUSE (Saint-), vg. de Fr., Ain, arr. de Bourg-en-Bresse, cant. et poste de Pont-de-Vaux; 880 hab.

ETIENNE-SUR-SARTHE (Saint-), ham. de Fr., Orne, com. de St.-Aubin-de-Courteraie; 130 hab.

ETIENNE-SUR-SUIPPE (Saint-), vg. de Fr., Marne, arr. de Reims, cant. de Bourgogne, poste d'Isles-sur-Suippe; 320 hab.

ETIENNE-SUR-USSON (Saint-), vg. de Fr., Puy-de-Dôme, arr. d'Issoire, cant. et poste de Sauxillanges; 1120 hab.

ETIENVILLE, vg. de Fr., Manche, arr. de Valognes, cant. et poste de St.-Sauveur-sur-Douve; 580 hab.

ETIEUX (les). *Voyez* PIERRE-LES-ÉTIEUX (Saint-).

ETIGNY, vg. de Fr., Yonne, arr., cant. et poste de Sens; 430 hab.

ETILLEUX (les), vg. de Fr., Eure-et-Loir, arr. et poste de Nogent-le-Rotrou, cant. d'Authon; 380 hab.

ETINEHEM, vg. de Fr., Somme, arr. de Péronne, cant. de Bray-sur-Somme, poste d'Albert; 680 hab.

ETIOLLES, vg. de Fr., Seine-et-Oise, arr., cant. et poste de Corbeil; 340 hab.

ETION, vg. de Fr., Ardennes, arr. de Mézières, cant. et poste de Charleville; 290 hab.

ETIVAL, vg. de Fr., Jura, arr. de St.-Claude, cant. et poste de Moirans; 590 hab.

ETIVAL, vg. de Fr., Vosges, arr. de St.-Dié, cant. et poste de Raon-l'Étape; fabr. de papier; 1860 hab.

ETIVAL-LE-MANS, vg. de Fr., Sarthe, arr. du Mans, cant. de la Suze, poste de Chemiré-le-Gaudin; 750 hab.

ETIVAZ (bains d'), en Suisse, cant. de Vaud, à 3250 pieds au-dessus de la mer; ses eaux sont sulfureuses et furent découvertes en 1650.

ETIVEY, vg. de Fr., Yonne, arr. de Tonnerre, cant. et poste de Noyers; 710 hab.

ETNA ou MONTE-GIBELLO, un des trois plus fameux volcans de l'Europe; il est situé en Sicile, dans la province et au N.-O. de Catane; c'est le point culminant de l'Apennin-Insulaire. Cette montagne, dont la hauteur est de 3313 mètres, présente trois régions bien distinctes : la première comprend la partie basse; elle est fertile, bien cultivée et animée par des villes, des villages et des hameaux, couchés paisiblement au pied du terrible volcan, qui les domine et menace sans cesse de les engloutir sous sa lave brûlante. La seconde zone est la région des forêts, et au-dessus de celle-ci, à l'endroit où cesse toute végétation, commence la région des neiges éternelles. Cette dernière approvisionne de glaces une grande partie de l'Italie méridionale. On en transporte aussi beaucoup à l'île de Malte.

Le mont Etna brûle depuis un temps immémorial et ses violentes éruptions ont causé de grands désastres; celle de 1537 occasionna dans toute la Sicile un tremblement de terre qui dura plusieurs jours et renversa une quantité innombrable d'édifices. L'éruption de 1683 fut également accompagnée d'un tremblement de terre qui détruisit toute la ville de Catane et fit périr plus de 60,000 personnes. Plusieurs éruptions moins désastreuses ont eu lieu depuis. La dernière date de 1809.

ETOBON, vg. de Fr., Haute-Saône, arr. de Lure, cant. et poste d'Héricourt; 630 h.

ETOGES, vg. de Fr., Marne, arr. d'Épernay, cant. de Montmort, poste; 590 h.

ETOHAGUE, ham. de Fr., Seine-Inférieure, com. d'Imbleville; 190 hab.

ETOILE, vg. de Fr., Hautes-Alpes, arr. de Gap, cant. d'Orpierre, poste de Serres; 190 hab.

ETOILE (l'), ham. de Fr., Bouches-du-Rhône, com. de Roquevaire; 150 hab.

ETOILE, b. de Fr., Drôme, arr., cant. et poste de Valence; 2290 hab.

ETOILE (l'), vg. de Fr., Jura, arr., cant. et poste de Lons-le-Saulnier; 690 hab.

ETOILE (l'), ham. de Fr., Pas-de-Calais, com. d'Oye; 120 hab.

ETOILE (l'). *Voyez* NEUILLY-SUR-SEINE.

ETOILE (l'), vg. de Fr., Somme, arr. d'Amiens, cant. de Picquigny, poste de Flixecourt; usine hydraulique pour pulvériser les bois de teinture; filat. de laine et coton; fabr. de velours; 825 hab.

ETOILE (île de l'), une des plus grandes îles de l'archipel des Amirantes, dans l'Océan Indien.

ETOILES (les). *Voyez* HOGSTIES.

ETOLIE, anciennement ATOLIA, ancienne prov. de la Grèce, dont une partie est comprise dans ce qu'on appelle la Basse-Albanie et fait partie de l'eyalet de Roumili, tandis que la plus grande fraction forme avec l'Acarnanie une des principales divisions actuelles du roy. de Grèce. La capitale du nomos Acarnanie et Étolie est Orachori.

ETON, vg. de Fr., Meuse, arr. de Montmédy, cant. et poste de Spincourt; 500 h.

ETON, pet. v. d'Angleterre, comté de Buckingham, située vis-à-vis de Windsor; possède une célèbre école latine, la plus considérable de l'Angleterre, fondée par Henri VI, en 1440; 3000 hab.

ETOQUIES (les), ham. de Fr., Nord, com. de Landrecies; 380 hab.

ETORMAY, vg. de Fr., Côte-d'Or, arr. de Châtillon-sur-Seine, cant. et poste de Baigneux-les-Juifs; 190 hab.

ETOUARS, vg. de Fr., Dordogne, arr. et poste de Nontron, cant. de Bussière-Badil; usine à fer; fonderie et affinerie; 530 hab.

ETOURVY, vg. de Fr., Aube, arr. de Bar-sur-Seine, cant. et poste de Chaource; 645 hab.

ETOUTTEVILLE, vg. de Fr., Seine-Inférieure, arr. et poste d'Yvetot, cant. d'Yerville; 1040 hab.

ETOUVANS, vg. de Fr., Doubs, arr. et poste de Montbéliard, cant. d'Audincourt; 220 hab.

ETOUVELLES, vg. de Fr., Aisne, arr., cant. et poste de Laon; 220 hab.

ETOUVY, vg. de Fr., Calvados, arr. et poste de Vire, cant. de Bény-Bocage; 190 h.

ETOUX (les), vg. de Fr., Rhône, arr. de Villefranche-sur-Saône, cant. et poste de Beaujeu; 1230 hab.

ETOUY, ham. de Fr., Oise, com. de Clermont; 860 hab.

ETRABONNE, vg. de Fr., Doubs, arr. de Besançon, cant. d'Audeux, poste de St.-Wit; 300 hab.

ETRACHES (les), ham. de Fr., Doubs, com. de Pontarlier; 150 hab.

ETRAN, ham. de Fr., Seine-Inférieure, com. de St.-Martin-Eglise; 140 hab.

ETRAPPE, vg. de Fr., Doubs, arr. de Baume-les-Dames, cant. et poste de l'Isle-sur-le-Doubs; 140 hab.

ETRAVAUX. *Voyez* GREUCOURT.

ETRAY, vg. de Fr., Doubs, arr. de Baume-les-Dames, cant. de Vercel, poste de Valdahon; 170 hab.

ETRAYE, vg. de Fr., Meuse, arr. de Montmédy, cant. et poste de Damvillers; 230 hab.

ETRÉAUPONT, vg. de Fr., Aisne, arr. de Vervins, cant. et poste de la Capelle; 1410 hab.

ETREBEUF-NEUVILLE, vg. de Fr., Somme, arr. d'Abbeville, cant. et poste de St.-Valery-sur-Somme; 320 hab.

ETRÉCHET, vg. de Fr., Indre, arr. et poste de Châteauroux, cant. d'Ardentes-St.-Vincent; 490 hab.

ETRÉCHY, vg. de Fr., Cher, arr. de Sancerre, cant. et poste de Sancergues; 900 h.

ETRÉCHY, vg. de Fr., Marne, arr. de Châlons-sur-Marne, cant. de Vertus, poste de Fère-Champenoise; 160 hab.

ETRÉCHY, b. de Fr., Seine-et-Oise, arr. et cant. d'Etampes, poste; 1170 hab.

ETRÉE, ham. de Fr., Yonne, com. de Magny; 190 hab.

ETRÉES-LA-CAMPAGNE, vg. de Fr., Calvados, arr. de Falaise, cant. de Bretteville-sur-Laize, poste de Langannerie; 300 hab.

ETRÉHAM, vg. de Fr., Calvados, arr. et poste de Bayeux, cant. de Trévières; 260 h.

ETREHEM, ham. de Fr., Pas-de-Calais, com. de Leulinghem; 120 hab.

ETREILLERS, vg. de Fr., Aisne, arr. et poste de St.-Quentin, cant. de Vermand; 1240 hab.

ETRÉJUST, vg. de Fr., Somme, arr. d'Amiens, cant. d'Oisemont, poste d'Airaines; 240 hab.

ETRELLES, vg. de Fr., Aube, arr. d'Arcis-sur-Aube, cant. et poste de Méry-sur-Seine; 280 hab.

ETRELLES, vg. de Fr., Ille-et-Vilaine, arr. et poste de Vitré, cant. d'Argentré; 1900 hab.

ETRELLES, vg. de Fr., Haute-Saône, arr. de Gray, cant. et poste de Gy; 260 h.

ETRENNES, vg. de Fr., Vosges, arr. et poste de Mirecourt, cant. de Vittel; 320 h.

ETRÉPAGNY, b. de Fr., Eure, arr. et à 3 1/2 l. E.-N.-E. des Andelys, chef-lieu de cant. et poste; dans les environs on fabrique beaucoup de dentelles; 1516 hab.

ETREPIGNEY, vg. de Fr., Jura, arr. de Dôle, cant. de Dampierre, poste d'Orchamps; fabr. de poterie et de briques; 880 hab.

ETRÉPIGNY, vg. de Fr., Ardennes, arr. de Mézières, cant. et poste de Flize; 440 h.

ETREPILLY, vg. de Fr., Aisne, arr., cant. et poste de Château-Thierry; 120 hab.

ETREPILLY, vg. de Fr., Seine-et-Marne, arr. de Meaux, cant. et poste de Lizy; 760 h.

ETREPY, vg. de Fr., Marne, arr. et poste de Vitry-le-Français, cant. de Thiéblemont; 300 hab.

ETRESSIN, ham. de Fr., Isère, com. de Vienne; 100 hab.

ETRETAT, vg. de Fr., Seine-Inférieure, arr. et à 6 l. N. du Hâvre, cant. de Criquetot-Lesneval, poste de Montivilliers. Ce village, situé sur la côte, au milieu de rochers, est renommé par son parc aux huîtres creusé dans le roc; c'est un réservoir pour les huîtres que l'on y apporte de la baie de Cancale; 1500 hab.

ETREUX, vg. de Fr., Aisne, arr. de Vervins, cant. de Wassigny, poste; 1500 hab.

ETREUX (Nord). *Voyez* ESTREUX.

ETREVAL, vg. de Fr., Meurthe, arr. de Nancy, cant. et poste de Vezelize; 180 hab.

ETREVILLE, vg. de Fr., Eure, arr. et poste de Pont-Audemer, cant. de Routot; 1160 hab.

ETREZ, vg. de Fr., Ain, arr. et poste de Bourg-en-Bresse, cant. de Montrevel; 530 hab.

ETRIAC, vg. de Fr., Charente, arr. d'Angoulême, cant. et poste de Blanzac; 410 h.

ETRICHÉ, vg. de Fr., Maine-et-Loire, arr. de Baugé, cant. de Durtal, poste de Châteauneuf-sur-Sarthe; 1200 hab.

ETRICOURT, ham. de Fr., Somme, com. de Manancourt; 600 hab.

ETRIGÉ, ham. de Fr., Orne, com. de St.-Denis-de-Villenette et Sept-Forges; 300 h.

ETRIGNY, vg. de Fr., Saône-et-Loire, arr. de Châlon-sur-Saône, cant. et poste de Sennecey; 1410 hab.

ETRIMONT, ham. de Fr., Seine-Inférieure, com. de Bailly-en-Rivière; 120 h.

ETROCHEY, vg. de Fr., Côte-d'Or, arr., cant. et poste de Châtillon-sur-Seine; 200 h.

ETRŒUNGT, vg. de Fr., Nord, arr., cant. et poste d'Avesnes; exploitation de pierres de taille; filat. de coton; commerce de bestiaux; boissellerie; arbres fruitiers; 2060 h.

ETROITE-FONTAINE, vg. de Fr., Haute-Saône, arr. de Lure, cant. et poste de Villersexel; 110 hab.

ETROUSSAT, vg. de Fr., Allier, arr. de Gannat, cant. et poste de Chantelle; 1290 h.

ETROYES, ham. de Fr., Saône-et-Loire, com. de Touche; 330 hab.

ETRUM, vg. de Fr., Nord, arr., cant. et poste de Cambrai; fabr. de sucre indigène; 550 hab.

ETRUN, vg. de Fr., Pas-de-Calais, arr., cant. et poste d'Arras; 240 hab.

ETRURIE, g. a., contrée de l'Italie propre; était bornée à l'E. par le Tibre, au N. par les Apennins et le Magra, à l'O. par la mer Tyrrhénienne et au S. par le Tibre. Ses premières colonies lui vinrent des Pélasges; elle comprend le grand-duché actuel de Toscane et la délégation de Viterbe. Ses habitants se distinguèrent de bonne heure dans les arts (vases, statues, colonnes étrusques); après avoir été subjugués par les Romains, ils disparurent de l'histoire.

ETSAULT, vg. de Fr., Basses-Pyrénées, arr. d'Oloron, cant. d'Accous, poste de Bedous; 430 hab.

ETTAL, pet. vg. de Bavière, dist. de Werdenfels, cer. de l'Isar; connu par son ancienne abbaye de l'ordre de St.-Bénoît, fondée en 1332; plus tard elle devint un institut, et, depuis le dix-septième siècle, la jeune noblesse y affluait de toutes les parties de l'Allemagne pour étudier les sciences et les arts. Après l'incendie de 1744 le couvent se releva de ses cendres, mais l'institut resta dispersé.

ETTELBRUCK, vg. parois. du roy. de Belgique, grand-duché de Luxembourg, arr. et à 1 1/2 l. de Diekirch, sur l'Alzette. Hauts-fourneaux et moulins à plâtre; tanneries; 2400 hab.

ETTEN, vg. du roy. de Hollande, prov. du Brabant-Septentrional, dist. de Bréda; 4000 hab.

ETTENDORF, vg. de Fr., Bas-Rhin, arr. de Saverne, cant. de Hochfelden, poste de Bouxwiller; 950 hab.

ETTENHEIM, v. du grand-duché de Bade, cer. du Haut-Rhin, dans une belle contrée, sur l'Ettenbach; commerce de chanvre et de fil; fabr. de serans pour l'exportation; 3200 hab.

ETTENHEIMMUNSTER, ancienne abbaye de bénédictins, dans le grand-duché de Bade, cer. du Haut-Rhin, dans le voisinage de laquelle se trouve le hameau de St.-Landelin, avec sa chapelle, lieu de pèlerinage, et la source réputée merveilleuse de St.-Landelin.

ETTERSBERG, *Mons Æthereus*, montagne du grand-duché de Saxe-Weimar, au pied de laquelle se trouve le village d'Ettersburg, et sur laquelle le grand-duc a un château de chasse. De son sommet, haut de 1550 pieds, on a une vue superbe jusque dans le Harz.

ETTING, vg. de Fr., Moselle, arr. de Sarreguemines, cant. et poste de Rorbach; 650 h.

ETTLINGEN, v. du grand-duché de Bade, située sur l'Alb, cer. du Rhin-Moyen; elle renferme un collège, une société d'économie rurale, des papeteries importantes; fabr. de poudre et sucre indigène et filat. de coton; 3400 âmes. Le seigneur de Berstett y possède une maison de campagne remarquable; dans son voisinage on a découvert, en 1802, des antiquités romaines.

ÉTUFFONT-BAS ou **NIEDER-STAUFFEN**, vg. de Fr., Haut-Rhin, arr. et poste de Belfort, cant. de Giromagny; 280 hab.

ÉTUFFONT-HAUT ou **OBER-STAUFFEN**, vg. de Fr., Haut-Rhin, arr. et poste de Belfort, cant. de Giromagny; 770 hab.

ETUPES, vg. de Fr., Doubs, arr. et poste de Montbéliard, cant. d'Audincourt; fabr. de vis à bois et de peignes de cuivre pour tissage; 711 hab.

ETURQUERAYE, vg. de Fr., Eure, arr. de Pont-Audemer, cant. de Routot, poste de Bourgachard; 430 hab.

ETUSSON, vg. de Fr., Deux-Sèvres, arr. de Bressuire, cant. et poste d'Argenton-Château; 420 hab.

ETUZ, vg. de Fr., Haute-Saône, arr. de Gray, cant. de Marney, poste de Gy; 310 h.

ETZATLAN, v. de la confédération mexicaine, état de Xalisco.

ETZLING, vg. de Fr., Moselle, com. de Kerbach; 430 hab.

EU, pet. v. de Fr., Seine-Inférieure, arr. et à 7 l. E.-N.-E. de Dieppe, chef-lieu de canton et poste; cette ville, située sur la Bresle, à 3/4 l. de son embouchure, est généralement bien bâtie. On y remarque l'église paroissiale avec une chapelle souterraine, le tombeau du duc de Guise, le Balafré, dans l'église du collége, et dans les environs, sur la route de Tréport, le beau château d'Eu, une des résidences de Louis-Philippe, et la galerie de portraits historiques, un des plus beaux ornements de ce château. Nous devons citer aussi, d'après M. Balbi, le cabinet d'antiquités de M. Etancelin jeune; fabr. de serrurerie; commerce de chanvre; 3740 hab.

EUDUAL (Saint-), Côtes-du-Nord. *Voyez* **TUDUAL** (Saint-).

EUFFIGNEIX, vg. de Fr., Haute-Marne, arr., cant. et poste de Chaumont-en-Bassigny; 270 hab.

EUGÈNE (Saint-), vg. de Fr., Aisne, arr. et poste de Château-Thierry, cant. de Condé-en-Brie; 260 hab.

EUGÈNE (Saint-), vg. de Fr., Calvados, arr. et poste de Pont-l'Évêque, cant. de Cambremer; 150 hab.

EUGÈNE (Saint-), vg. de Fr., Charente-Inférieure, arr. de Jonzac, cant. et poste d'Archiac; 630 hab.

EUGÈNE (Saint-), vg. de Fr., Saône-et-Loire, arr. d'Autun, cant. de Mesvres, poste de Toulon-sur-Arroux; 630 hab.

EUGÈNE (Saint-), ham. de Fr., Tarn, com. d'Ambres; 130 hab.

EUGÉNIE (Sainte-), ham. de Fr., Côtes-du-Nord, com. de Corseul; 160 hab.

EUGÉNIE (Sainte-), ham. de Fr., Orne, com. d'Aubry-en-Exmes; 210 hab.

EUGIENNE (Saint-), vg. de Fr., Manche, arr. d'Avranches, cant. et poste de Brécey; 140 hab.

EUILLY, vg. de Fr., Ardennes, arr. de Sédan, cant. et poste de Mouzon; établissement hydraulique de foulerie, draperie et filature de laine; 390 hab.

EULALIE (Sainte-), vg. de Fr., Ardèche, arr. de l'Argentière, cant. de Burzet, poste de Montpezat; 600 hab.

EULALIE (Sainte-), vg. de Fr., Aude, arr. de Carcassonne, cant. et poste d'Alzonne; 460 hab.

EULALIE (Sainte-), vg. de Fr., Aveyron, arr. et poste de St.-Affrique, cant. de Cornus; 1800 hab.

EULALIE (Sainte-), vg. de Fr., Cantal, arr. de Mauriac, cant. de Pléaux, poste de St.-Martin-Valmeroux; 870 hab.

EULALIE (Sainte-), ham. de Fr., Corrèze, com. d'Uzerche; 400 hab.

EULALIE (Sainte-), vg. de Fr., Drôme, arr. de Valence, cant. et poste de St.-Jean-en-Royans; 390 hab.

EULALIE (Sainte-), ham. de Fr., Gard, com. de Garrigues; 100 hab.

EULALIE (Sainte-), vg. de Fr., Landes, arr. de Mont-de-Marsan, cant. de Parentis-en-Born, poste de Liposthey; 390 hab.

EULALIE (Sainte-), ham. de Fr., Landes, com. de St.-Sever; 600 hab.

EULALIE (Sainte-), vg. de Fr., Lot, arr. de Figeac, cant. de Livernon, poste de la Capelle-Marival; 430 hab.

EULALIE (Sainte-), vg. de Fr., Lozère, arr. de Marvejols, cant. et poste de Serverette; 250 hab.

EULALIE-D'AMBARÈS (Sainte-), vg. de Fr., Gironde, arr. de Bordeaux, cant. et poste de Carbon-Blanc; 620 hab.

EULALIE-D'ANS (Sainte-), vg. de Fr., Dordogne, arr. de Périgueux, cant. de Hautefort, poste d'Excideuil; 1880 hab.

EULALIE-DE-PUYGUILHEM (Sainte-), vg. de Fr., Dordogne, arr. de Bergerac, cant. et poste d'Eymet; 270 hab.

EULALIE-DE-RIVE-D'OLT (Sainte-), vg. de Fr., Aveyron, com. de Pierrefiche; 800 h.

EULE ou **ELAU**, **GILOWY**, pet. v. de Bohême, cer. de Kaurzim, au confluent de la Sazawa et de la Moldau; ses mines d'or ne sont plus exploitées; bain minéral; 1200 h.

EULENBERG ou **SOWINEC**, pet. v. d'Autriche, gouv. de Moravie et Silésie, cer. d'Olmutz; château fort; 800 hab.

EULIEN (Saint-), vg. de Fr., Marne, arr. de Vitry-le-Français, cant. de Thiéblemont, poste de Perthes; 120 hab.

EULMONT, vg. de Fr., Meurthe, arr., cant. et poste de Nancy; 530 hab.

EUP, vg. de Fr., Haute-Garonne, arr. de St.-Gaudens, cant. et poste de St.-Béat; 390 hab.

EUPEN, v. de Prusse, sur la Weeze, prov. du Rhin, rég. et à 4 l. d'Aix-la-Chapelle, chef-lieu de cercle; bien bâtie et entourée de belles prairies et de jardins; elle a 4 églises, une école normale et un hospice pour les orphelins. Manufactures de draps et de toiles, dont les premières surtout ont atteint un haut degré de perfection; sa-

vonneries; fabr. de chicorée; 10,000 hab.
EUPHÉMIE (Sainte-), vg. de Fr., Ain, arr., cant. et poste de Trévoux; 410 hab.
EUPHÉMIE (Sainte-), vg. de Fr., Drôme, arr. de Nyons, cant. et poste du Buis; 380 h.
EUPHRAISIE (Saint-), vg. de Fr., Marne, arr. de Reims, cant. de Ville-en-Tardenois, poste de Jonchery-sur-Vesle; 270 hab.
EUPHRATE ou **EL-FRAT**, *Euphrates*, gr. fl. de l'Asie. Il est formé par la réunion de deux rivières qui prennent toutes deux leurs sources sur le plateau arménien. L'une d'elles, qui porte dès son origine le nom de Frat, descend de l'Alatagh, montagne du Taurus, et passe près d'Erzeroum et par Erzingan; l'autre ou le Mourad-Tchaï, dont le cours est plus long, naît dans les monts Bingueil, passe par Melazgherd et se réunit avec le Frat près de Keban. L'Euphrate, après avoir coulé d'abord de l'E. à l'O., change de direction, va au S., en passant par Semisat, Racca, Ana, Hilla, Samara, et arrive à Corna, où il se réunit avec le Tigre et prend le nom de Chat-el-Arab. Près de Hamassa, l'Euphrate traverse le Taurus et entre dans les plaines fertiles de la Mésopotamie. Ses affluents sont peu importants, à l'exception du Kouramas ou Kara-Sou à droite et du Khabour à gauche; son cours est lent et majestueux; tous les ans il déborde et porte au loin dans la campagne peu élevée qu'il parcourt le limon fécondant qu'il entraîne.
EUPHRATE ou **CHAKIN**, lagune considérable sur la côte des Esclaves, dans la Haute-Guinée, roy. de Whidah.
EUPHRONE (Saint-), vg. de Fr., Côte-d'Or, arr., cant. et poste de Sémur; 300 h.
EURE, riv. de Fr., a sa source dans le dép. de l'Orne, non loin de Longny, arr. de Mortagne; elle coule d'abord E.-S.-E. et traverse dans cette direction le dép. d'Eure-et-Loir jusque vers Chartres, d'où elle se dirige vers le N. en passant par Maintenon et Nogent-le-Roi; elle pénètre ensuite dans le dép. de l'Eure, arrose Pacy et Louviers et se jette dans la Seine au-dessus de Pont-de-l'Arche, après un cours de 45 l., dont 23 de navigation. Ses principaux affluents sont : l'Iton, la Vesgre, la Blaise et l'Aure.
EURE (département de l'), situé dans la région N.-O. de la France, est formé de la partie orientale de l'ancienne Normandie. Au N. il a pour limites l'embouchure de la Seine et le dép. de la Seine-Inférieure, à l'E. ceux de Seine-et-Oise et de l'Oise, au S.-E. le dép. d'Eure-et-Loir, au S.-O. celui de l'Orne et à l'O. le dép. du Calvados. Sa superficie est de 623,283 hectares et sa population de 424,762 habitants.

La surface du département est une plaine légèrement ondulée et dominée par quelques collines et monticules, qui accompagnent principalement les cours de la Seine et de l'Eure; le Mont-Rôti, le point le plus élevé du département, ne l'est pas de plus de 100 mètres au-dessus du niveau de la mer; il est situé entre Licurey et St.-George de Vièvre.

La Seine est le fleuve le plus considérable qui traverse le département; elle sort du dép. de Seine-et-Oise, traverse le département dans la partie N.-E., se rend dans celui de la Seine-Inférieure et forme la limite entre ce dernier et celui de l'Eure. L'Eure, qui donne son nom au département, sort de celui d'Eure-et-Loir en formant la limite entre les deux, traverse le premier du S. au N. et va se jeter, près du Pont-de-l'Arche, dans la Seine; ses deux principaux affluents sont : l'Aure qui forme presque toute sa limite avec le dép. d'Eure-et-Loir, et l'Iton qui vient du dép. de l'Oise, se perd dans des cavités souterraines près de Villalet et ne reparaît que près de Vieux-Conches et de la Benneville, à une distance de quatorze kilomètres. Les affluents de la Seine sont : l'Epte, formant la limite du dép. de Seine-et-Oise, l'Andelle, l'Oison et la Rille, venant du dép. de l'Orne et traversant toute la partie occidentale de l'Eure, elle y reçoit la Corbie et la Charentonne. La Calonne prend sa source dans ce département pour se rendre dans celui du Calvados. On y rencontre quelques marais; le plus considérable est le marais Vernier, situé entre Quillebœuf et la pointe de la Roque; il occupe une superficie de 2670 hectares; ses parties les plus élevées servent à la culture; sa partie la plus basse est appelée la Grande-Mare.

Le climat est doux, variable et humide; les vents qui dominent sont ceux du S.-O., de l'O., du N.-O. et du N.; les pluies et les brouillards sont fréquents. Le sol est partout fertile, composé d'une couche de terre végétale qui repose sur des masses calcaires.

Le département produit du blé suffisant et au-delà pour sa consommation, de l'orge, du seigle et de l'avoine; on y cultive les légumes, le chanvre, le lin, de la gaude, des chardons à carder; la culture des arbres à fruits, surtout des pommiers, des poiriers, des pruniers, est très-commune; le cidre, boisson habituelle des habitants, remplace en grande partie le vin dont la récolte est peu abondante et d'une qualité médiocre; le département possède de superbes pâturages et de belles prairies artificielles; les forêts couvrent une superficie de 83,000 hectares; les essences qui y dominent sont : le chêne, l'orme, le bouleau, le tremble; les vallées sont ornées de nombreux peupliers, de saules et de maronniers.

Les richesses minérales du département consistent surtout en abondantes mines de fer, des carrières d'excellentes pierres de taille (Vernon, Beaumont, Caumont), de pierres meulières estimées, de chaux, de plâtre, etc. On trouve dans plusieurs endroits de la bonne terre à faïence, à foulon et à briques; de la tourbe, etc. Il possède en outre quelques sources d'eaux minérales.

De vastes et beaux pâturages nourrissent de fort belles et nombreuses bêtes à cornes; on engraisse surtout avec beaucoup de soin les veaux qui sont connus sur les marchés de Paris sous le nom de veaux de Pontoise, et renommés pour leur chair blanche et délicate; les moutons sont nombreux et d'une grande taille, mais leur toison est peu estimée, ceux connus sous le nom de moutons de présalé, venant des bords de la mer, sont estimés pour leur chair succulente; les chevaux sont nombreux et bons; on y trouve aussi des ânes et des mulets; on y engraisse beaucoup de porcs et une quantité considérable de grandes volailles; les abeilles fournissent de la cire et du miel qui est très-recherché. Le gros gibier est assez rare; il n'en est pas ainsi du menu. Les rivières sont très-poissonneuses: les saumons, les aloses, les tanches s'y trouvent en abondance; on pêche dans les environs de Louviers des ablettes dont les écailles sont l'objet de quelque commerce.

L'industrie métallurgique compte vingt-cinq forges et hauts-fourneaux, des laminoirs, des fonderies; une grande fonderie de cuivre dont le minerai est importé principalement de Suède et de l'Allemagne; quelques fabriques d'épingles et de pointes de Paris; des établissements où l'on fabrique des aiguilles à tricoter, des anneaux de rideaux, des agrafes en fil de fer et en laiton, de la quincaillerie pour sellerie; des verreries, gobeletterie, etc.

L'industrie manufacturière est très-développée. Le département possède de nombreuses fabriques de draps très-renommés (Louviers); des filatures de coton, de laine, de lin; des fabriques de bonneterie de coton, de coutils en fil et en coton, de rubans, de fil, d'indiennes, de velours, de toiles, de nouveautés en coton, de rubans retors; des fabriques de peignes, de colle-forte, de chandelles, etc.

Le commerce est très-considérable et facilité par de nombreuses voies de communication, soit sur eau, soit sur terre; on exporte surtout les draps, les étoffes de coton, les toiles, les papiers; les cuirs, le fer et le cuivre, du bétail et des grains; l'importation consiste surtout en matières premières, nécessaires aux fabriques et aux usines.

Le département est divisé en 5 arrondissements, 36 cantons et 798 communes.

Les chefs-lieux d'arrondissement sont:

Évreux	. . .	11 cant.	263 com.	119,657 hab.
Louviers	. . .	5 «	118 «	69,402 «
Les Andelys	.	6 «	135 «	64,385 «
Bernay	. . .	6 «	139 «	83,106 «
Pont-Audemer		8 «	143 «	88,212 «

36 cant. 798 com. 424,762 hab.

Il nomme sept députés, fait partie de la quatorzième division militaire dont le quartier-général est à Rouen; il est du ressort de la cour royale et de l'académie de la même ville, du diocèse d'Évreux, suffragant de l'archevêché de Rouen. Il fait partie de la deuxième conservation forestière, de la première inspection des ponts-et-chaussées, dont le chef-lieu est Paris, et de la deuxième division des mines, dont le chef-lieu est Abbeville. Il possède 4 collèges, une école normale et 719 écoles primaires, dont 553 de garçons et 166 de filles.

EURE-ET-LOIR (dép. d'), dans la partie septentrionale de la France, formé d'une partie de l'Orléanais, de la Perche et de la Beauce; il a pour limites: au N. le dép. de l'Eure, au N.-E. et à l'E. celui de Seine-et-Oise, au S.-E. le dép. du Loiret, au S. celui de Loir-et-Cher, au S.-O. le dép. de la Sarthe et à l'O. celui de l'Orne. Sa superficie est de 607,915 hectares et sa population de 285,058 hab.

Une série de petites hauteurs occupent les parties occidentale et centrale du département; elles se détachent des monts qui traversent le Maine et la Normandie, séparent, entre l'Eure et le Loir, le bassin de la Loire et de la Seine, continuent vers l'E., et vont en quelque sorte se rattacher au plateau d'Orléans.

Les deux fleuves principaux sont l'Eure et le Loir; ils donnent leurs noms au département; le premier prend sa source dans le dép. de l'Orne, se dirige vers le centre du département pour se rendre dans le dép. de l'Eure en allant du S. au N.; ses affluents sont: la Quille, la Voise, la Blaise, l'Aure et le Vesgre; le second a sa source près du village de St.-Eman, reçoit la Thironne, le Fouchard, l'Ozane, la Ycre et se rend dans le dép. de Loir-et-Cher. L'Huisne sort du dép. de l'Orne, traverse une petite partie de la région occidentale du département et se rend dans celui de la Sarthe. Ces différents cours d'eau ne sont pas navigables, malgré les nombreux travaux et projets dirigés vers ce but. Les restes du canal et de l'aqueduc de Maintenon, construits à grands frais sous Louis XIV, se développent entre Pontguin et Maintenon, sur une étendue de 12 l. Cet aqueduc était destiné à détourner une partie des eaux de l'Eure et à les diriger sur Versailles.

On rencontre de nombreux étangs, ainsi que quelques marais dans la partie occidentale du département.

Les vastes plaines de la Beauce, si fertiles et si animées en été, offrent en hiver un aspect triste et monotone; la Perche, beaucoup moins fertile, mais plus boisée, offre toujours un aspect plus varié; la surface du sol est ondulée, quelquefois montueuse, et présente des vallées charmantes. Le sol est en général très-fertile, excepté dans l'arr. de Nogent-le-Rotrou, où il est sec, sablonneux, couvert de landes et de vastes bruyères.

Le climat est doux, tempéré et pur; les vents dominants sont ceux de l'O., du S.-O. et du N.-O.

La plus grande richesse de l'Eure-et-Loir consiste dans ses céréales, dont ce département exporte trois fois autant que tout autre moyennement favorisé; le blé est de nature très-farineuse et se conserve longtemps; on y cultive beaucoup de légumes, parmi lesquels l'on cite les navets de Saussau, les ognons de Chaudon; cependant la culture des pommes de terre est peu répandue. Il produit en outre des melons, du lin, du chanvre, de la rabette, de la gaude, des chardons à carder; la vigne fournit quelque peu de vin d'une qualité médiocre; les prairies sont assez nombreuses; on cite surtout les prairies artificielles des vallées de l'Aure et de la Blaise. Les forêts s'élèvent surtout à l'O. et couvrent une superficie de 37,000 hectares; les essences qui y dominent sont le chêne et le bouleau.

Les produits du règne minéral sont peu nombreux; on y trouve du fer, des carrières de belles pierres de taille, de grès à paver, de la terre à potier et à faïence fine, des bancs d'argile à briques et plusieurs tourbières.

Le département possède de nombreuses bêtes à cornes; les bœufs et les veaux engraissés sont principalement dirigés sur les grands marchés de Poissy et de Sceaux; on y rencontre des troupeaux considérables de moutons, divisés, d'après leur qualité, en deux classes : les beaucerons et les percherons; ces derniers, d'une taille plus petite que les beaucerons, ont une toison plus fine et plus estimée.

On y élève les robustes chevaux de la Perche, employés principalement au service de notre artillerie, et qui, manquant de taille et d'élégance, sont pourtant courageux et durs au travail; les porcs et la volaille y sont l'objet de beaucoup de soins. On ne rencontre pas de gros gibier; le lapin, la perdrix rouge, le vanneau, le guignard, le pluvier sont recherchés, ces deux derniers surtout pour la confection des pâtés de Chartres; la pêche fournit d'excellents produits; on cite les carpes du Loir, les truites de la Blaise, de l'Huisne, les écrevisses de la Connie.

L'industrie agricole est la plus considérable du département; elle occupe plus de 600 moulins à farine, dont 206 moulins à vent; l'industrie métallurgique se borne à l'exploitation de quelques mines de fer qui alimentent un haut-fourneau, 4 forges et 4 fonderies de fer; quelques fabriques de faïence et de poterie, des tuileries, des briqueteries et deux fours à plâtre; l'industrie manufacturière est assez variée; elle possède des fabriques de draps, d'étamine, de serge blanche et drapée, de flanelle, de couvertures de laine et de coton, de bonneterie, de sucre indigène, des filatures de laine, des fabriques de chapellerie, des teintureries, de nombreuses tanneries, mégisseries et corroieries, etc.

Le commerce est surtout alimenté par l'exportation des céréales, destinées principalement à l'approvisionnement de Paris; la laine, le beurre, les moutons, le cuir, les chevaux, les produits de ses manufactures sont autant de sources de richesses pour le département.

Il est divisé en 4 arrondissements, 24 cantons et 442 communes.

Les chefs-lieux d'arrondissement sont :
Chartres. . . 8 cant. 165 com. 105,900 hab.
Châteaudun. 5 » 80 » 61,975 »
Dreux. . . . 7 » 138 » 71,654 »
Nogent - le -
Rotrou . . 4 » 59 » 45,529 »

24 cant. 442 com. 285,058 hab.

Le département nomme quatre députés; il fait partie de la première division militaire, dont le quartier-général est à Paris, est du ressort de la cour royale et de l'académie de cette même ville, du diocèse de Chartres, suffragant de l'archevêché de Paris; il fait partie de la première conservation forestière; de la onzième inspection des ponts-et-chaussées, dont le chef-lieu est à Alençon; de la première division des mines, dont le chef-lieu est Paris. Il a 3 collèges et 396 écoles primaires.

EURIEL (Sainte-), ham. de Fr., Côtes-du-Nord, com. de Trédias; 400 hab.

EUROPE (l'), la plus petite, mais la plus puissante, la plus civilisée et la plus peuplée des parties de la terre; est bornée au N. par l'Océan Glacial arctique, à l'E. par la rivière Kara, par la chaîne des monts Ourals, le fleuve Oural, la mer Caspienne, qui la séparent des gouv. de la Russie asiatique, la mer d'Azow, la mer Noire, le détroit de Constantinople, la mer de Marmara, le détroit des Dardanelles et l'Archipel, au S. par le Caucase, la mer Noire, la Méditerranée, le détroit de Gibraltar et l'Océan Atlantique, à l'O. par ce même Océan et, au-delà du cercle polaire, par l'Océan Glacial arctique. Sa position astronomique est comprise entre 12° long. occ. et 62° long. orient. et entre 34° et 71° lat. N. En tenant compte toutefois de plusieurs îles qui en dépendent géographiquement, telles que la Nouvelle-Zemble, le Spitzberg, etc., l'Europe est située entre 13° long. occ. et 77° long. orient. et entre 35° et 81° lat. sept. Sa surface est de 500,000 l. c.; sa plus grande longueur, depuis le cap St.-Vincent, en Portugal, jusqu'à la rivière Kara, est de 1275 l., sa plus grande largeur, du cap Nord au cap Matapan, est de 880 l.

Mers, golfes et détroits. Plusieurs mers baignent les côtes de l'Europe et y forment des enfoncements considérables: nous les nommerons seulement pour ne pas nous répéter dans les articles spéciaux. L'Océan Atlantique, nommé par quelques géographes l'Océan Occidental, baigne l'O. de l'Europe; entre la Norwège, le Jutland, l'Allemagne, les Pays-Bas, la France, la Grande-Bretagne et les îles de Shetland, il prend le nom de mer du Nord ou mer d'Allemagne. Cette mer forme les deux golfes du Dollaert et du Zuydersee, sur les côtes de l'Allemagne et des Pays-Bas ; un de ses bras pénètre entre le Jutland et la Norwège méridionale, sous le nom de Skager-Rack, et forme, sur la côte de cette dernière, le golfe de Christiana. Le Cattégat, qui peut être regardé comme la continuation du Skager-Rack, est appelé quelquefois golfe de Seelande. Les golfes de Bukke et de Bergen sont deux autres enfoncements de la mer du Nord. Par les détroits du Sund, du Grand et du Petit-Belt, l'Atlantique pénètre dans l'intérieur du continent et forme, au N. de l'Europe, une méditerranée, nommée mer Baltique ou Orientale (*Ostsee*), située entre le Danemark, le Mecklembourg, la Prusse, la Russie et la Suède. La Baltique offre plusieurs grands enfoncements, dont les principaux sont les golfes de Botnie, de Finlande, de Riga ou de Livonie, et de Dantzick. Au N. du cap Stat, en Norwège, l'Atlantique prend le nom de mer de Scandinavie ; celui de Manche, entre la France et l'Angleterre ; de mer d'Irlande ou de canal de St.-Georges, entre la Grande-Bretagne et l'Irlande ; de mer de Calédonie, au N.-O. de l'Écosse ; de golfe de Gascogne, sur la côte S.-O. de France, et de golfe de Biscaye, le long d'une partie de la côte septentrionale de l'Espagne. Au S. de l'Europe, l'Atlantique pénètre de nouveau, par le détroit de Gibraltar, dans l'intérieur des terres et forme, entre notre continent, l'Afrique et l'Asie, la Méditerranée proprement dite. Le canal des Baléares, le golfe de Lyon, le golfe de Gênes, la mer de Toscane, la mer de Sicile, la mer Ionienne, le golfe de Tarente, ceux de Patras, de Corinthe ou de Lépante, la mer Adriatique et ses trois grands golfes de Venise, de Trieste et de Carnero, l'Archipel et les golfes de Nauplie, d'Egine ou d'Athènes, de Salonichi, de Contessa ou d'Orphano et de Saros sont, depuis Gibraltar jusqu'aux Dardanelles, les principales parties et les principaux enfoncements de la Méditerranée. Au-delà du détroit des Dardanelles, elle forme un golfe à plusieurs issues, nommé improprement mer de Marmara. A l'issue opposée, du Bosphore ou au-delà du détroit de Constantinople se trouve la dernière prolongation de la Méditerranée, la mer Noire qui offre plusieurs enfoncements : la mer d'Azow, le plus important, et les golfes de Perecop et d'Odessa.

L'Océan Glacial arctique baigne l'extrémité boréale de l'Europe ; son principal enfoncement est appelé mer Blanche, qui offre les quatre grands golfes de Kandalaskaïa, d'Onéga, de la Dvina ou d'Arkhangel et de Mezen ; les autres golfes de l'Océan Glacial sont ceux de West-Fiorden, de Waranger-Fiord, de Tscheskaïa et de Kara.

La majeure partie des côtes du vaste lac appelé mer Caspienne appartiennent à l'Asie.

Outre les détroits que nous avons déjà nommés, nous citerons encore, pour compléter cette nomenclature, le détroit ou phare de Messine, l'Euripe, le détroit de Jénikalé, le Pas de Calais, le détroit de Kara ou de Vaïgats.

Presqu'îles, îles et caps. La configuration de l'Europe a un caractère tout opposé à celui de l'Afrique. Si celle-ci, comme on l'a dit, est un corps sans bras, par contre l'Europe offre très-peu de corps, mais projette de tous côtés ses presqu'îles et ouvre partout des ports vastes et sûrs : facilités admirables offertes à la civilisation européenne qui tend à envelopper et à conquérir le monde entier, tantôt par les armes, tantôt par l'activité industrielle et commerciale.

Les principales presqu'îles de l'Europe sont : la péninsule Scandinavique (Suède, Norwège et Laponie), la péninsule Hispanique (Espagne et Portugal), la péninsule italienne et enfin la péninsule de l'Hémus ou la Turquie d'Europe, qui détache elle-même plusieurs presqu'îles moindres, dont la principale est le Péloponèse ou la Morée. Les autres presqu'îles sont la Crimée, la presqu'île de Kanin, le Jutland, la presqu'île Néerlandaise (prov. de Hollande et d'Utrecht), le Finistère, le Morbihan, les côtes du Nord, en France, etc.

Le développement considérable des côtes de l'Europe offre un grand nombre de caps. Les principaux sont : le cap Gelonia, le Nord-Kyn ou Ross-Kunn et le cap Nord dans l'Océan Glacial arctique, les caps Skahen (Jutland), la Hogue (France), Wrath (Écosse), Lands-End (Angleterre), Clear (Irlande), Finistère (Espagne), Roca et St.-Vincent (Portugal) dans l'Océan Atlantique ; les caps Gata, Palos, St.-Martin et Creux (Espagne), Corse (île du même nom), Anzo, Campanella, Spartivento, delle Colonne et Ste-Marie-de-Leuca (Italie), Faro ou Phare et Passaro (Sicile), Promontore (Istrie), Matapan et Malio ou St.-Angu (Morée), Colonne (Attique), Emineh (Turquie), Chersonèse et Takli (Crimée) dans la Méditerranée. Les caps Domesnes dans le golfe de Riga et d'Hangoudd dans le golfe de Finlande, sont les principaux caps qui se projettent dans la Baltique.

Parmi les îles qui dépendent géographiquement de l'Europe, quelques-unes ont une grande importance, soit par leur étendue, comme la Grande-Bretagne, l'Irlande, la Sicile, la Corse, la Sardaigne, soit par leur position maritime et militaire, comme les îles Baléares, Malte, Corfou, Seeland, Fionie. Un grand nombre d'autres îles d'une importance secondaire appartiennent à l'Europe et méritent d'être citées, telles sont : Vigeren, Hitteren, sur les côtes de Norwège ; l'archipel de Feroer, dépendant du Danemark ; les Hébrides, les Orcades, les îles Shetland, Jersey et Guernesey, dépendant de l'Angleterre; les îles Valcheren et Zuid-Beveland, à l'embouchure de l'Escaut; Oléron et Ré, sur les côtes de France (Charente-Inférieure), et les Açores, dépendant du Portugal; toutes ces îles sont situées dans l'Océan Atlantique. A la Méditerranée appartiennent, outre les îles déjà citées, l'île d'Elbe, Céphalonie, Zante et les autres îles Ioniennes, Candie, les nombreuses îles de l'Archipel, entre autres Négrepont, Naxie, Andro, Lemnos, Tasso, Hydra, Spezzia, Egine, les îles de la côte de Dalmatie, telles que Lesina, Curzola, Brazza, Veglia, Cherso, etc. Dans la Baltique, nous citerons, outre Seeland et Fionie, Laland, Falster, Bornholm, dépendant du Danemark; Oland et Gotland, de la Suède; les îles d'Aland, situées à l'entrée du golfe de Botnie; Dago et OEsel, situées entre les golfes de Finlande et de Livonie, etc. (Nous renvoyons à l'article NORWÈGE pour l'énumération des nombreuses îles situées sur les côtes de ce pays.) Les principales îles qui appartiennent à l'Océan Glacial arctique sont: la Nouvelle-Zemble, les îles des Ours (*Bæreninseln*) et l'archipel du Spitzberg; le cap Nord se trouve sur l'île de Mageroe; l'Islande appartient à la fois à cet Océan et à l'Océan Atlantique.

Orographie. «Si un observateur placé sur la cime du Mont-Blanc, dit M. Bruguière, le savant auteur de l'*Orographie de l'Europe*, pouvait embrasser de ses regards l'Europe tout entière, il verrait que le sommet sur lequel il se trouve est le point culminant et presque le centre d'une longue suite de montagnes, qui commence au cap St.-Vincent et va finir à l'E. et au N.-E., d'une part au cap Matapan, et d'autre part, encore plus au N., près des frontières de l'Asie.» Ces montagnes forment différents groupes ou massifs qui se partagent la surface de l'Europe. Le principal de ces massifs est connu sous le nom de système Alpique: le Mont-Blanc et les montagnes qui l'entourent peuvent être regardés comme le noyau d'où s'élancent plusieurs branches (Alpes Maritimes, Cottiennes, Pennines, Lépontines, Helvétiques, Rhétiques, Carniques, Juliennes et Dinariques) qui, par leurs avant-monts et leurs ramifications, se rattachent à presque toutes les chaînes de l'Europe. Au S., les Apennins décrivent une vaste courbe à travers la péninsule Italique, reparaissent en Sicile et s'enfoncent dans la Méditerranée, près du cap Passaro; à l'O., les montagnes de l'Auvergne s'élèvent en France et se lient aux montagnes du Vivarais et aux Cévennes; plus au N.-O., le Jura se sépare des Alpes et va se continuer dans les Vosges et les Ardennes. Au N., l'Alb de Souabe se détache des Alpes Rhétiques et se lie, par la Forêt-Noire (*Schwarzwald*), à l'Odenwald, le Spessart, le Rhœn et le Fichtelgebirge. Ce dernier groupe s'appuie à l'E. sur l'Erzgebirge, à l'O. sur le Thuringerwald, et relie le Harz aux montagnes du N.-O. de l'Allemagne.

Le système hispanique a son noyau dans les Pyrénées, dont la chaîne centrale s'élève en barrière formidable entre la France et l'Espagne; elle se prolonge au N.-O. de ce dernier royaume (montagnes de Biscaye, de Santander et des Asturies), pousse vers le S. des contreforts qui atteignent le Duero et va se terminer au bord de l'Océan, par les caps Ortégal et Finistère.

Les Carpathes ou Krapacks, chaîne de montagnes sauvages, séparent la Hongrie de la Gallicie, enveloppent la Transylvanie, s'abaissent et se perdent dans la mer Noire et le bassin du Danube. Leurs avant-monts couvrent la Hongrie, la Transylvanie et les provinces baignées par le Danube. Par le Gesenkergebirge (monts abaissés), entre la Silésie et la Moravie, les Carpathes occidentaux sont unis aux monts Sudètes (Riesengebirge, Erzgebirge). Le Bœhmerwald, qui sépare la Bohême de la Bavière, est une dépendance du massif carpathien.

Le système slavo-hellénique ou des Alpes Orientales se rattache, près de Piristirna, aux Alpes Juliennes et Dinariques. La chaîne se fourche sur la frontière méridionale de la Servie: la branche principale, le Balkan (Emineh-Dagh-Hæmus), le Despoto-Dagh et le Petit-Balkan, se replie au S.-E. jusqu'aux bords de la mer Noire et de la Propontide; l'autre branche (la chaîne du Pinde) se porte vers la Grèce, qu'elle parcourt sous le nom de monts Candoviens, Gramnos, Mezzovo, etc.

Les montagnes de la Russie n'ont pas de lien apparent avec les autres chaînes de montagnes de l'Europe. Les monts Waldaï, Schemokonskie et autres, qu'on peut regarder comme le centre de ce que quelques géographes désignent sous le nom de système slavique, ne sont, ainsi que les monts Alauni, que des collines boisées, dont les ramifications, si toutefois on peut leur donner ce nom, ont une bien autre importance, assez considérable pour que plusieurs cartographes en aient fait des systèmes particuliers; nous voulons parler des monts de la Tauride au S. et des monts de la Scandinavie au N.-O. Ces derniers (système scandinavique), blanchis par des neiges perpétuelles qu'ils doivent bien moins à leur hauteur qu'à leur proximité du pôle boréal, traversent, divisés en plusieurs chaînes (monts Thuliens, Dofrefield, Kioel ou Kœllen), la Suède, la Norwège et la Laponie. Les premiers (système taurique) se trouvent renfermés dans la presqu'île de la Crimée.

Les montagnes de la Grande-Bretagne ont aussi été regardées comme formant un massif particulier (système britannique ou calédonique). Les collines d'Angleterre, qui atteignent leur plus grande élévation dans le pays de Galles, n'offrent pas de chaînes suivies, les points culminants du système se

EURO

trouvent en Écosse (Calédonie, d'où le nom donné à la chaîne). Les hauteurs assez considérables qu'atteignent quelques montagnes de la Corse et de la Sardaigne, ont fait considérer ces montagnes comme faisant partie d'un système qu'on a désigné sous le nom de *Sardo-Corse* ou *Cyrnos-Hysnusique*. Enfin on a groupé et désigné sous le nom de *système açorique* et *système boréal*, les montagnes des Açores et celles du Spitzberg.

Tels sont les principaux massifs que présente l'Europe; pour compléter ce coup-d'œil jeté sur l'orographie de notre continent, nous allons donner la hauteur de ses principales montagnes au-dessus du niveau de l'Océan.

POINTS CULMINANTS DE L'EUROPE.

Mont-Blanc (Alpes),	4810 m.
Mont-Rose (Alpes),	4736 «
Finsteraarhorn (Suisse),	4362 «
Jungfrau (Suisse),	4180 «
Ortler (Tyrol),	3908 «
Mulahasen (Grenade),	3555 «
Col-du-Géant (Alpes),	3426 «
Malahite ou Néthou (Pyrénées),	3481 «
Mont-Perdu (Pyrénées),	3410 «
Le Cylindre (Pyrénées),	3369 «
Maladetta (Pyrénées),	3355 «
Viguemale (Pyrénées),	3354 «
Etna (Sicile),	3313 «
Pic-du-Midi (Pyrénées),	2877 «
Budosch (Transylvanie),	2924 «
Szurul (Transylvanie),	2924 «
Legnone,	2806 «
Canigou (Pyrénées),	2780 «
Pointe-Lomnitz (Karpathes),	2701 «
Monte-Rotondo (Corse),	2672 «
Monte-d'Oro (Corse),	2652 «
Lipsze (Karpathes),	2534 «
Sneehaten (Norwège),	2500 «
Monte-Vellino (Apennins),	2393 «
Mont-Athos (Grèce),	2066 «
Mont-Ventoux,	1960 «
Mont-d'Or (France),	1884 «
Cantal (France),	1856 «
Le Mezen (Cévennes),	1766 «
Sierra d'Estre (Portugal),	1700 «
Puy-Mary (France),	1658 «
Hussoko (Moravie),	1624 «
Schneekoppe ou Riesenkoppe (Bohême),	1608 «
Adelat (Suède),	1578 «
Sucefials-Jokull (Islande),	1559 «
Puy-de-Dôme (France),	1468 «
Le Ballon (Vosges),	1400 «
Pointe-Noire (Spitzberg),	1372 «
Ben-Nevis (Invernshire),	1352 «
Fichtelberg (Saxe),	1212 «
Vésuve (Naples),	1198 «
Mont-Parnasse (Spitzberg),	1194 «
Mont-Erix (Sicile),	1187 «
Brocken (Hartz),	1140 «
Sierra de Toja (Algarves),	1100 «
Snowden (pays de Galles),	1089 «
Shehalien (Écosse),	1039 «
Hekla (Islande),	1013 «

Hydrographie. Configuration du continent européen. Le grand nombre de presqu'îles qu'il projette, ses mers intérieures, ses golfes nombreux ne permettent pas à ses fleuves d'avoir un cours aussi long ni un développement aussi étendu que les fleuves de l'Asie et de l'Amérique. L'Europe n'est massée et n'atteint une largeur considérable que du côté de l'Asie; c'est aussi là que sont ses grands cours d'eau.

Les principaux fleuves de l'Europe sont : le Volga, le Danube, le Dnepr ou Dnieper, la Loire, le Don, la Dwina, le Rhin, la Duna, l'Elbe, le Tage, la Vistule, le Duero, la Garonne, le Rhône, l'Oder, l'Ebre, le Pô et la Seine. La superficie de leurs bassins est assez considérable; leur évaluation, que nous empruntons à M. Huot, donnera en même temps une indication suffisante de leur longueur.

Bassin du Volga,	83,828 l. c.
« du Danube,	40,075 »
« du Dnieper,	25,918 »
« du Don,	16,924 »
« de la Dwina,	16,374 »
« du Rhin,	10,002 »
« de la Vistule,	9,946 »
« de l'Elbe,	7,774 »
« de la Loire,	6,640 »
« de l'Oder,	5,760 »
« du Duero,	5,553 »
« de la Garonne,	4,011 »
« du Pô,	3,919 »
« du Tage,	3,772 »
« de la Seine,	3,436 »

M. Balbi partage les fleuves de l'Europe en six sections, selon les mers différentes auxquelles ils aboutissent. Nous suivrons cette division, qui indique jusqu'à un certain point l'inclinaison des différentes parties du sol européen.

L'Oural, qui forme la limite entre l'Europe et l'Asie, le Volga, le Kouma et le Tereck, tous appartenant à l'empire de Russie, se jettent dans la mer Caspienne.

La Méditerranée et ses branches reçoivent les eaux du Don, qui s'embouche dans la mer d'Azov, du Dnieper, du Dniester et du Danube, qui entrent dans la mer Noire; de la Maritza et du Vardar, rivières de la Turquie d'Europe qui ont leurs embouchures dans l'Archipel; du Pô et de l'Adige, qui se rendent dans l'Adriatique; du Tibre, du Rhône et de l'Ebre, qui se jettent dans la Méditerranée proprement dite.

A l'Océan Atlantique et ses branches appartiennent le Guadalquivir, la Guadiana, le Tage et le Duero, qui traversent l'Espagne; les trois derniers ont leurs embouchures dans le Portugal; la Garonne, la Loire et la Seine, fleuves de France, dont les deux premiers se jettent dans l'Atlantique, le troisième dans la Manche. La mer du Nord reçoit les eaux de l'Escaut, de la Meuse, du Rhin, du Weser, de l'Elbe, fleuves de France et d'Allemagne; de la Tamise et de l'Humber, fleuves d'Angleterre. Le Glommen, le plus grand fleuve de la Norwège, entre dans le Skager-Rack; le Gothelbe, fleuve de Suède, entre dans le Cattégat.

La Dala, l'Indals ou Ragunda, l'Angermann, l'Umea et le Lulea, dans la monarchie norwégieno-suédoise, se jettent dans la Baltique, qui reçoit en outre la Tornéa, la Néwa, la Duna et le Niémen, fleuves de Russie; la Vistule, fleuve de Pologne, et l'Oder, fleuve d'Allemagne.

Le Tana, dans le Finmark, le Petchora, dans le gouvernement d'Arkhangel, et le Kara, qui trace au N. la séparation entre l'Europe et l'Asie, se rendent dans l'Océan Glacial arctique.

Enfin, la mer Blanche reçoit l'Onéga, la Dwina et le Mezen, qui traversent le N. de la Russie.

L'Europe renferme un nombre très-considérable de lacs, qui le cèdent cependant en étendue à ceux des autres continents. Ces lacs sont disséminés au N. et au centre de notre continent, principalement en Suisse, dans le N. de l'Italie, en Suède, etc. A l'E. et à l'O. de la Baltique ils couvrent une surface de 7500 l., et au S. de cette même mer on en compte plus de 400. Le plus grand des lacs de l'Europe est le Ladoga, dans l'empire russe, sa superficie est de 1000 l. c.; l'Onéga, dans le même empire, a 540 l. c.; le Peipus, le Saima, le Pajana, sont plus petits. Viennent ensuite les lacs Vener, Meler et Vetter, en Suède; le lac de Constance, entre l'Allemagne et la Suisse; le Balaton dans la Hongrie; le lac de Genève, entre la Suisse et la Savoie; le lac de Garde et le Majeur en Italie; le lac de Neusiedel en Autriche, etc.

Pour compléter le tableau de l'aspect physique de notre continent, nous allons parler des plateaux, des volcans, des vallées, des plaines, des steppes, déserts et landes. Mais ici nous serons très-court : les plateaux de l'Europe ont une hauteur peu considérable, bien que quelques-uns d'entre eux, comme ceux de la Russie centrale et de l'Espagne, aient une assez vaste étendue. Quant aux volcans de l'Europe, ils sont peu nombreux : le Vésuve est le seul qui appartienne au continent. Les autres appartiennent aux îles, comme l'Etna en Sicile, l'Hekla en Islande, les volcans de Vulcano, Vulcanello et Strugoli, dans le petit archipel de Lipari; les volcans de Pico et de St.-Georges, dans l'archipel des Açores; enfin le Saritchef, dans la grande île septentrionale du groupe de la Nouvelle-Zemble. Les volcans sous-marins de Santoria, dans l'Archipel proprement dit, et ceux qui avoisinent les îles San-Miguel, Terceira et St.-Georges (Açores), méritent également d'être cités. En indiquant plus haut les principaux bassins de l'Europe, nous avons nommé les principales vallées, et nous renvoyons aux articles spéciaux de pays pour les vallées d'une moindre importance : il en est de même quant aux plaines. Si en Europe il n'y a pas de désert proprement dit, elle offre cependant l'affligeant spectacle d'un grand nombre de landes ou de steppes; les plus vastes se trouvent en Russie, ce sont : les steppes du Ryn, du Volga, de la Crimée, de la Petchora. La Suède et la Laponie en renferment beaucoup; il y en a en Autriche et surtout en Hongrie; dans le Hanovre, près de Hambourg; en Poméranie, etc. Dans le roy. de Naples, en France, où la plus grande partie des dép. des Landes et de la Gironde est occupée par des landes. M. Eyriès dit qu'on approcherait beaucoup de la vérité, si on estimait à un sixième de la surface totale de l'Europe ou à 82,000 l. c. les terrains qui ne peuvent être mis en culture.

Climat. La plus grande partie de l'Europe est située dans la zône tempérée septentrionale ; un douzième au plus de sa superficie dépasse le cercle polaire arctique et subit les froids glacés d'un climat boréal; l'on peut donc dire qu'en général le climat de l'Europe est tempéré. Mais trois grandes causes physiques modifient les résultats de son climat astronomique : le froid, produit dans tous les pays exposés aux vents froids qui viennent des montagnes, des plateaux et des plaines glacées de l'Asie centrale et boréale; la chaleur, que les vents brûlants des déserts de l'Afrique produisent dans les pays voisins ou inclinés vers cette partie du monde; enfin, les changements brusques de température, auxquels sont soumis les pays de l'Europe inclinés vers l'Océan Atlantique et ses branches, changements amenés par les vents qui balayent la vaste surface de cette mer. Quoi qu'il en soit, l'on peut distinguer en Europe quatre régions climatologiques : l'arctique comprend toutes les terres situées au-delà de 65° lat. N., c'est-à-dire la Nouvelle-Zemble, une partie du gouvernement russe d'Arkhangelsk, la Laponie russe et suédoise et une partie de l'Islande. Dans cette région il ne croît plus aucun arbre; la terre ne produit pas de blé, et le froid devient si intense, que le mercure gèle quelquefois dès le mois de septembre. La région froide, qui comprend les terres situées entre 55° et 65° lat. N., presque toute la Grande-Russie, les provinces prussiennes sur la Baltique, la Suède, la Norwège, le Danemarc, la partie méridionale de l'Islande, les îles Fœroë, toute l'Ecosse et une partie de l'Angleterre et de l'Irlande, est beaucoup plus douce que la précédente, et, malgré un hiver rigoureux, produit du blé et du lin. La partie centrale de l'Europe, toutes les terres situées entre 45° et 55° sont comprises dans la région tempérée, dont le climat est uniforme, doux et favorable à la végétation ; c'est la patrie du blé; le vin y réussit, mais n'est cultivé en grand qu'au S. de cette région. On a fait l'observation que, malgré l'extension des cultures, le froid a augmenté depuis quelques siècles dans la partie septentrionale de cette région : on attribue ce fait au rapprochement des bancs de glace qui couvrent l'Océan Arctique. La quatrième et dernière région est la chaude ou australe, et comprend la Tauride, la Dalmatie, le S. de la France, la Turquie d'Europe, une partie de la Moldavie, l'Italie presque entière, la Sicile et les autres îles, l'Espagne et le Portugal. La chaleur de cette région est déjà très-grande et souvent elle est encore augmentée, comme nous l'avons dit plus haut, par les vents brûlants d'Afrique, tels que le solano des côtes d'Espagne et le sirocco d'Italie. La neige n'y fait que paraître ; les arbres fleurissent en janvier et février. A Barcelone la température moyenne de l'année est de 17° 50′ au-dessus de zéro, à Naples de 17° 30′ et à Cadix de 20° 3′, tandis qu'à Stockholm la température moyenne est de 5° 7′ et à Pétersbourg de 3° 8′ seulement.

Le climat de l'Europe est en général très-sain, bien qu'il y existe des districts renommés pour leur insalubrité ; tels sont : les marais Pontins près de Rome et ces maremmes qui bordent la côte de la Toscane et des états de l'Église ; les marais de Pinsk, de la Petchora en Russie, la mer Putride, sur les côtes de la Crimée. Les fièvres saisissent les étrangers qui abordent en Hollande et en Grèce, et la peste ravage annuellement Constantinople.

Productions. Il n'est pas rare que des voyageurs qui ont parcouru d'autres continents établissent des comparaisons où l'avantage n'est pas du côté de l'Europe. Que sont, en effet, nos plantes, quelque variées qu'elles soient aujourd'hui, à côté de la végétation luxuriante des régions intertropicales de l'Asie et de l'Afrique, et quelle comparaison y a-t-il à établir entre notre nature et les contrées plus favorisées, où la Providence semble avoir étalé toutes les beautés de la création, et cependant l'Europe est la terre choisie, l'habitation par excellence de l'homme, la contrée qui s'assimile avec le plus de facilité les productions des autres continents.

Les productions primitives de la partie du monde que nous habitons sont peu nombreuses ; la végétation surtout paraît avoir été très-pauvre. Si l'on excepte des arbres forestiers, quelques arbustes et quelques racines, toutes les plantes que l'Europe produit aujourd'hui en si grande abondance y ont été introduites d'autres contrées. Même les céréales, d'après l'opinion d'un grand nombre, ne sont indigènes que dans l'intérieur de l'Asie et ont été importées en Europe. Les pommes et les poires sont presque les seuls fruits primitifs de notre sol ; les fruits fins ont été introduits presque tous de l'Asie ; l'on connaît même en partie la date de leur introduction : tout le monde sait, par exemple, que les Romains ont apporté le cerisier en Italie, et cela peu d'années avant l'ère chrétienne. La pêche nous vient de la Perse, l'ananas de la Chine ou de l'Inde ; le citron, la figue, le melon, la vigne nous viennent des régions tempérées de l'Asie. Dans des temps plus récents l'Amérique nous a donné la pomme de terre, le tabac, l'acacia et une foule d'autres plantes nourricières et utiles à différents titres. La zoologie de l'Europe a été moins enrichie, et même plusieurs espèces d'animaux indigènes et sauvages ont disparu complétement ou ont été refoulées loin des contrées où elles habitaient primitivement ; c'est l'urus des Romains, le thur des Polonais, encore existant au quinzième siècle ; c'est l'aurochs dont il ne reste plus que quelques troupeaux dans les forêts de la Lithuanie ; ce sont des égagres, type de nos chèvres, les mouflons ; ce sont les chats sauvages et les lynx, refoulés dans les montagnes centrales de l'Espagne et de l'autre côté de l'Europe, dans les forêts de la Scandinavie.

En général, on pourrait assigner les limites géographiques suivantes aux végétaux et aux animaux de l'Europe : canne à sucre, singes (à Gibraltar) jusqu'à 37° lat. N. ; dattier, caroubier—38° ; manne, térébenthine, aloès—39° ; sparte, caméléon, porc-épic—40° ; bananier—41° ; coton—42° ; safran, cèdre—43° ; olivier, riz, fruits du sud, myrthe, buffles—46° ; cyprès, melons, figuier, grenadier, buis—47° ; chakal—48° ; amandier, laurier—49° ; maïs, châtaignier, blaireau, chameau—50° ; vigne, bouquetin, chamois—51° ; pêches, abricots—52° ; érable—53° ; platane, aurochs—54° ; pommier, poirier, houblon, millet, marmotte, lapin—55° ; daims—56° ; peuplier, lierre, mûrier, froment—57° ; orme, blé noir, cerisier, pois, pomme de terre, potiron, porcs, ânes, lièvres—60° ; hêtre, chêne, hérisson—61° ; orge, chêne rouvre, frêne—62° ; tabac, tilleul, chanvre, lin—63° ; pinastre, aune, cerfs, chevreuils, chats—64° ; blé, avoine, élan—65° ; chevaux, bétail, moutons, écureuils—66° ; marte, lynx, ours, hermine—67°, sapin, pin, renards et loups—68° ; mélèze, castor—69° ; saule, bouleau, renne, loutre—70° ; chien, ours blanc—71° ; quelques lichens—72°.

L'Europe est loin d'être aussi riche en métaux précieux que les autres continents, mais elle oppose aux mines d'or et d'argent du Nouveau-Monde, ses nombreuses mines de fer, de cuivre, d'étain, de sel et de houille. La Russie possède des dépôts abondants d'or, de platine et de diamants ; on trouve encore des pierres précieuses en Autriche et en Saxe ; de l'or en Autriche, dans les états de Sardaigne et en Espagne ; de l'argent dans ces mêmes pays, en Saxe, en Turquie, en Prusse, en Angleterre, en France, en Norwège, en Suède, etc. Les principales mines d'étain sont en Angleterre, en Saxe et en Bohême; de mercure en Espagne, en Carniole et en Bavière; de cuivre, en Angleterre, en Russie, en Hongrie, en Lombardie, en Styrie, en Norwège, en Suède, en Turquie, en Prusse, en Espagne, en France et en Hanovre; de fer dans toute l'Europe, mais principalement en Suède, en Angleterre et en Russie; de plomb en Angleterre, en Espagne, en Autriche, en Prusse, en Hanovre, en France, en Saxe et dans les états de Sardaigne; de houille, en Angleterre, en Belgique, en France, en Prusse, en Autriche; de sel, en Autriche, dans la Gallicie, la Hongrie, la Transylvanie, le Salzbourg, en France, en Espagne, en Turquie, dans la Valachie et la Moldavie, en Suède, etc. Outre ces minéraux l'Europe fournit encore de l'antimoine, du zinc, du cobalt, de l'arsenic, du vitriol, des marbres, de l'albâtre, du porphyre, du granit et un nombre considérable d'autres productions minérales que le défaut d'espace nous empêche de nommer toutes. D'innombrables sources thermales et minérales jaillissent du sol européen et fournissent à la médecine des ressources efficaces.

Population. Il est difficile de fixer exactement le chiffre de la population européenne, bien qu'on possède aujourd'hui des recensements faits dans tous les états de l'Europe, à l'exception de la Turquie. Mais ces recensements datent de différentes époques, quelques-uns sont anciens, d'autres approximatifs seulement : nous aimons donc mieux nous en rapporter entièrement aux calculs de M. Balbi, qui a publié de nombreux travaux sur la statistique des différents états de l'Europe. D'après ce savant, la population absolue de notre continent est de 227,700,000 habitants, la population relative de près de 81 habitants par mille carré (it). En évaluant la surface à 500,000 l. c., on aurait environ 450 habitants par lieue carrée. Mais la population est loin d'être uniformément répandue : si la Belgique a 453 habitants par mille carré, l'Angleterre 257 et la France 208, la Russie ne compte que 37, la Suède 22 et la Norwège 11, différence énorme à laquelle on peut assigner différentes causes, les unes naturelles, résultant de l'état politique des nations, de leur degré d'avancement dans la civilisation, de l'extension de la culture, etc. On trouvera dans le tableau statistique de l'Europe la population relative à côté de la population absolue.

Les Européens appartiennent presque tous à la race blanche ; les peuples qui font exception, au nombre d'environ 9 millions d'âmes, habitent dans la moitié orientale de l'Europe. Ce sont les Finnois et des étrangers, des Turcs et des Kalmouks.

Les Européens de race blanche se divisent, d'après les langues, en trois grandes familles : les peuples germaniques au N., les romaniques au S.-O. et les Slaves au S. ; nous allons suivre M. de Rougemont qui, dans son *Ethnographie*, a parfaitement résumé cette manière de grouper les peuples par les langues qu'ils parlent, la plus usitée aujourd'hui, bien qu'elle devrait être remplacée par la division par nationalités ; car c'est l'esprit qui anime les peuples, qui rend compte de leurs tendances religieuses, politiques, militaires et industrielles.

1° Les peuples germaniques habitent l'Allemagne, la majeure partie de la Suisse, la partie N.-E. de la France, une partie de la Belgique, la Hollande, l'Angleterre sauf l'O., l'Écosse au S., le N.-E. de l'Irlande, le Danemark et la majeure partie de la Suède et de la Norwège. On trouve des populations allemandes dans le N. de l'Italie, en Bohême, en Hongrie et sur les côtes S.-E. de la Baltique.

Les langues germaniques se divisent en germain et en scandinave.

Le germain se subdivise en haut-allemand, parlé dans l'Allemagne méridionale et en Suisse, et en bas-germain, qui comprend le bas-allemand ou platt-deutsch, le néerlandais et l'anglais.

Le scandinave comprend le danois, le suédois et le norwégien avec l'islandais. Ces langues sont parlées par 60 millions d'hommes ou par un quart de la population totale de l'Europe.

2° Les langues romaniques sont : l'italien, l'espagnol avec le portugais, le français et le valaque, elles sont parlées par 72 millions d'hommes. Ce ne sont pas des langues mères, mais des langues mixtes, formées par le mélange du latin avec le germain, le slave, le celte et l'ibère. A cette famille se rattachent quelques peuples peu nombreux (4 à 5 millions), qui parlent d'autres langues classiques, mixtes ou dérivées : les Grecs modernes, les Albanais en Turquie et en Grèce et dans les Deux-Siciles, les Grisons et les populations espagnoles, françaises et suisses qui parlent le roman.

3° Les Slaves occupent toute la Basse-Europe, le cours supérieur de l'Elbe, la Moravie, le versant oriental des Alpes, une partie de la Hongrie et de la Transylvanie et le versant N. de l'Hémus, de l'Adriatique à la mer Noire.

Les langues slaves forment deux groupes : le slave oriental : le russe, le servien, le croate et le wende (dans l'archiduché d'Autriche) ; le slave occidental : le polonais, le bohême et le wende (en Lusace).

On peut rattacher à cette grande famille slave (75 millions) la famille lette (le lithuanien, le koure, etc.), qui ne compte pas 2 millions d'hommes.

D'anciennes nations ont été déplacées et en majeure partie détruites par les peuples germaniques, romanes et slaves, ou se sont confondues avec eux et ont formé la population actuelle de l'Europe. Ce sont les Celtes, les Basques et les Finnois.

Les Celtes, qui habitaient autrefois les Gaules, le S. de l'Allemagne, le N. de l'Italie et les îles Britanniques, ont été soumis par les Romains et les Germains et n'existent plus que dans les extrémités N.-O. de l'Europe, au nombre de 9 millions. Ils parlent le gaëlique en Irlande, dans la Haute-Écosse et dans les Hébrides; le kimbre, qui est mêlé de germain, dans le pays de Galles, dans la Cornouailles et dans la Basse-Bretagne.

Les Basques, descendants des Ibères, habitent, au nombre d'environ 700,000, les Pyrénées et la Biscaye.

Les Finnois sont moins nombreux que les Celtes (7 millions) et peu célèbres. Ils sont probablement les plus anciens habitants des plaines de l'Europe orientale et auront été refoulés vers le N. par les Russes. On les trouve de l'Oural à la mer Baltique et à l'Océan Glacial, et ils se divisent en un certain nombre de peuples, parmi lesquels on remarque les Finnois proprement dits, Finlandais, Esthoniens et Lapons, les Permiens, les Tschérémisses. Le peuple finnois le plus connu est le hongrois, qui s'est établi, loin de ses frères, dans les plaines du Danube moyen.

Les Turcs sont des Asiatiques qui ont conservé leurs mœurs et leurs croyances étrangères. Les Turcs Osmanlis, avec les Turcomans, sont, depuis quatre siècles, le peuple dominant dans la péninsule de l'Hémus; d'autres Turcs sont en Russie, soumis aux Slaves, dont ils ont été les maîtres pendant une partie du moyen âge; les Baschkirs, les Tchouwaches sont aussi des Turcs. Leur nombre total ne dépasse pas 2 millions.

Il ne reste, des Arabes qui avaient étendu leurs conquêtes sur toute l'Europe, en France, en Italie et en Crète, que 60,000 Mauresques dans les montagnes de Grenade. Un nombre pareil de Kalmouks s'est établi dans les steppes de la mer Caspienne et de la mer Noire.

Trois peuples vivent dispersés en Europe, des Juifs (2 1/2 millions), des Arméniens (300,000), dans l'Europe orientale, et 3 à 400,000 Bohémiens, dont la majeure partie habite la Turquie et l'Autriche.

Religion. La presque totalité des habitants de l'Europe professe le christianisme. L'église catholique étend son empire sur les peuples romaniques, moins les Valaques, c'est-à-dire sur presque toute la France et la Belgique, sur toute l'Italie, l'Espagne et le Portugal; sont encore catholiques la majeure partie des Irlandais, une partie des Allemands, les Bohêmes, les Slaves de l'archiduché d'Autriche et les Polonais, une partie des Hongrois et des Arméniens. Le nombre total de ces populations s'élève à 117 millions.

Les différentes églises protestantes et réformées comptent environ 52 millions d'adhérents: ce sont la très-grande partie des peuples germaniques, les Finnois de la Baltique, une faible partie des Français, etc.

L'église grecque ou orientale compte 60 millions de sectateurs. Elle est professée par les Russes, les Serviens, une partie des Slaves des états hongrois, les Grecs, les Valaques, les Arméniens, etc.

Les religions non chrétiennes comptent un très-petit nombre de sectateurs en Europe: le mahométisme ou l'islamisme, professé par tous les Turcs, une partie des Albanais et des slaves de Turquie, ne compte que 3 millions et demi; le judaïsme est professé par les juifs; le lamisme ou lamaïsme par les Kalmouks qui errent sur le sol de la Russie d'Europe. Les Bohémiens ont une religion peu connue, et l'on compte un petit nombre d'idolâtres parmi les peuples sauvages de l'Oural et de la Russie septentrionale.

Civilisation. Les Européens ont une très-grande supériorité morale et religieuse, intellectuelle, artistique, industrielle et politique sur les habitants des quatre autres parties de la terre. Ils exercent aujourd'hui une influence plus ou moins puissante sur presque toutes les nations étrangères, et en particulier ils ont européisé la majeure partie de l'Amérique, conquis en Asie la Sibérie, le Caucase et l'Inde, soumis diverses régions de la circonférence de l'Afrique, civilisé plusieurs archipels de l'Océanie et fondé des établissements en Australie. Le plus petit des continents se trouve être le plus puissant et semble appelé à la conquête et à la civilisation de toute la terre.

A quoi attribuer cette supériorité si marquée des Européens? à des causes physiques ou à une cause morale; à la nature du continent, qui est le plus parfait de tous; au climat tempéré et à la fertilité moyenne du sol; aux prérogatives physiques de la race blanche sur les autres races, à une certaine communauté d'origine et de langue; ou bien au christianisme, aux institutions politiques nées de la civilisation chrétienne, aux conséquences d'une loi morale qui prescrit la fraternité et le dévouement à un degré inconnu aux sociétés qui ont précédé la venue du Christ, ou qui ignorent ou rejettent sa parole; à cet esprit d'activité et de charité sans bornes qui ne s'exerce plus envers quelques-uns seulement, au profit d'une famille, d'une caste ou d'une classe privilégiée, mais qui embrasse l'humanité entière dans un commun amour? Certes c'est la cause morale, le christianisme, qui a élevé l'Européen à un degré de civilisation si supérieur à celui des païens et qui lui a donné cette activité vivifiante qui s'épanche sur le globe, tandis que partout où il est absent, il y a pour les nations immobilité, décadence et mort.

Quant à l'état actuel de la civilisation en Europe, il est impossible de mieux le résumer que ne l'a fait M. de Rougemont. La majeure partie des Européens, dit-il, sont des peuples agriculteurs et à demeures fixes. Il faut en excepter les nomades des steppes de la Russie méridionale, les peuplades de pêcheurs des côtes et des îles des mers septentrionales et les peuplades de bergers et de chasseurs qui habitent les régions où l'agriculture est impossible ou peu productive, et qui se trouvent, soit dans les pays très-froids, comme dans la Russie septentrionale et dans les hautes Alpes, soit dans les pays méridionaux et dans les plaines peu fertiles, comme sur le plateau de l'Espagne ou dans l'Apulie.

L'exploitation des mines occupe une partie considérable de la population dans les montagnes de la Norwège, de l'Écosse et de l'Angleterre, dans le Harz et l'Erzgebirge, en Hongrie, dans les Alpes, les Pyrénées, la Galice et la Sierra Morena.

Il n'est aucune nation européenne qui n'ait quelque industrie. Mais l'industrie est beaucoup plus développée à l'O. qu'à l'E., au N. qu'au S. Elle est le plus florissant en Angleterre, en Belgique, en France et dans l'Allemagne septentrionale. On ne peut faire ici l'énumération de toutes ces productions qui surpassent en quantité et en perfection celles de toutes les autres parties de la terre; on la trouvera dans les articles spéciaux.

Il n'est de même aucune nation qui ne fasse quelque commerce par terre ou par mer, intérieur ou extérieur. Les Anglais font le commerce maritime le plus considérable. Le commerce extérieur de l'Europe embrasse la terre entière; il consiste principalement, pour les exportations, en produits manufacturés; pour les importations, en sucre, café, thé et poivre, en coton, en indigo et autres substances propres à la teinture et en plantes médicinales et drogues.

Les beaux-arts et les sciences, de si peu d'importance en Asie, sont cultivés avec plus ou moins de zèle chez la plupart des nations européennes et fleurissent en France, en Allemagne, dans la Grande-Bretagne, la Belgique, les Pays-Bas, en Suisse et en Italie. De là trente bibliothèques de 100,000 volumes et au-dessus, un grand nombre de musées, cent trente observatoires, une multitude de sociétés savantes et le prodigieux développement qu'à pris l'imprimerie.

L'éducation publique, qui existe à peine dans quelques contrées de l'Asie, est un autre trait caractéristique de la civilisation européenne. On compte en Europe une centaine d'universités, avec 3600 professeurs et 70,000 étudiants. L'Écosse, la Prusse, le Wurtemberg, Bade et Bavière, une partie de la Suisse et les Pays-Bas sont les pays où l'instruction est le plus répandue (1 écolier sur 7 à 9 habitants). Le Portugal, l'Espagne et la Russie sont le plus en arrière à cet égard (1 écolier dans les établissements publics sur 200, 350 et 800 habitants).

Divisions politiques. L'Europe comprend près de cent états soumis aux formes de gouvernement les plus variées, depuis l'autocratie ou le despotisme jusqu'à la démocratie la plus prononcée. Plusieurs de ces états cependant ne sont pas politiquement indépendants; ils tiennent à d'autres, soit par les liens d'une confédération, comme les vingt-deux cantons de la Suisse, soit par la réunion de plusieurs couronnes sur la tête d'un même chef, comme la Norwège qui est unie à la Suède, la Hongrie à l'Autriche, le Holstein au Danemark, etc., soit par la conquête et l'oppression, comme la Pologne soumise à la Russie, soit enfin par le vasselage, comme les principautés de Valachie et la Moldavie, qui reconnaissent la suzeraineté de l'empire ottoman.

L'Europe offre actuellement 3 empires, 1 monarchie élective ecclésiastique, 16 royaumes, 7 grands-duchés, 1 électorat, 12 duchés, 17 principautés, 1 landgraviat, 1 seigneurie et 31 républiques.

La France, l'Autriche, la Grande-Bretagne, la Prusse et la Russie sont appelées les 5 grandes puissances.

Ces états ont été groupés de différentes manières et d'après leur situation par les géographes; ainsi Balbi les range en deux grandes classes : les états de l'Europe orientale et ceux de l'Europe occidentale, ainsi Hassel distingue entre la région alpine, la région hispanique, la région des pays baignés par la mer du Nord, celle des pays baignés par la Baltique et la région carpathienne.

Nous ne nous arrêterons pas à ces divisions plus ou moins artificielles et donnerons de suite le tableau statistique de l'Europe, que nous empruntons, pour être aussi exact que complet, à M. Balbi.

TABLEAU STATISTIQUE DE L'EUROPE.

ÉTATS ET TITRES.	SUPERFICIE EN MILLES CARRÉS.	POPULATION ABSOLUE.	POPULATION RELATIVE.	REVENUS EN FRANCS.	DETTE EN FRANCS.	ARMÉE OU CONTINGENT.
EUROPE OCCIDENTALE. *Partie centrale.*						
Monarchie française	154,000	32,000,000	208	987,620,000	3,900,000,000?	279,957
Confédération suisse	11,200	1,980,000	177	10,410,000?	?	33,758
Canton des Grisons	1,938	88,000	46	254,000	?	1,600
» de Berne	1,933	350,000	181	2,267,000	?	5,824
» du Valais	1,254	70,000	53	251,000	?	1,280
» de Vaud	893	170,000	190	1,487,000	?	2,964
» du Tessin	781	102,000	131	524,000	?	1,804
» de St.-Gall	565	144,000	255	578,000	?	2,630
» de Zurich	517	218,000	421	1,016,000	?	3,700
» de Lucerne	443	116,000	262	317,000	?	1,734
» d'Argovie	379	150,000	396	670,000	?	2,410
» de Fribourg	374	84,000	225	402,000	?	1,240
» d'Uri	318	13,000	41	10,000?	?	236
» de Schwitz	256	32,000	124	30,000?	?	602
» de Glaris	211	28,000	134	38,000?	?	482
» de Neufchâtel	211	51,500	244	584,000	?	960
» de Thurgovie	203	81,000	399	215,000	?	1,520
» d'Unterwald	198	24,000	121	20,000?	?	382
» de Soleure	192	53,000	276	267,000	?	904
» de Bâle	139	54,000	388	581,000	?	918
» d'Appenzell	115	55,000	490	37,000?	?	972
» de Schaffhouse	86	30,000	349	40,000?	?	466
» de Genève	69	52,500	761	731,000	?	880
» de Zug	64	14,500	227	11,000?	?	250
Confédération Germanique	68,500	13,900,000	193	242,119,000	703,862,000	122,249
Royaume de Bavière	22,120	4,070,000	184	69,733,000	265,200,000	35,800
» de Wurtemberg	5,720	1,520,000	266	20,000,000	60,000,000	13,955
» de Hanovre	11,125	1,550,000	139	27,000,000	64,000,000	13,054
» de Saxe	4,341	1,400,000	314	28,000,000	70,000,000	12,000
Grand-duché de Bade	4,480	1,130,000	252	20,000,000	39,000,000	10,000
» » de Hesse	2,826	700,000	248	12,600,000	27,000,000	6,195
Hesse-Électorale	3,344	592,000	117	11,000,000	5,000,000	5,679
Grand-duché de Saxe-Weimar	1,070	222,000	204	4,913,000	16,291,000	2,100
» » de Mecklembourg-Schwérin	3,582	431,000	120	6,000,000	20,500,000	3,580
Grand-duché de Mecklembourg-Strelitz	578	77,000	133	1,500,000	3,000,000	717
Grand-duché de Holstein-Oldenbourg	1,880	241,000	128	3,800,000	—	2,178
Duché de Nassau	1,446	337,000	233	6,000,000	9,500,000	3,028
» de Brunswick	1,126	242,000	215	6,300,000	8,000,000	2,096
» de Saxe-Cobourg-Gotha	571	125,000	299	2,500,000	11,600,000	1,394
» de Saxe-Meiningen-Hildburghausen	691	130,000	188	1,939,000	8,000,000	1,268
Duché de Saxe-Altenbourg	397	107,000	270	1,526,000	3,000,000	1,026
» d'Anhalt-Dessau	261	56,000	215	1,400,000	1,600,000	529
» d'Anhalt-Bernbourg	253	38,000	150	1,100,000	1,700,000	370
» d'Anhalt-Kœthen	240	34,000	142	630,000	3,103,000	324
Principauté de Reuss-Greitz	109	24,000	221	362,000	517,000	206
» de Reuss-Schleitz	156	30,000	191	336,000	1,810,000?	280
» de Reuss-Lobenstein-Ebersdorf	182	27,500		621,000		260
Principauté de Schwarzbourg-Rudolstadt	306	57,000	187	800,000	600,000	539

SUITE DU TABLEAU STATISTIQUE DE L'EUROPE.

ÉTATS ET TITRES.	SUPERFICIE EN MILLES CARRÉS.	POPULATION ABSOLUE.	POPULATION RELATIVE.	REVENUS EN FRANCS.	DETTE EN FRANCS.	ARMÉE OU CONTINGENT.
EUROPE OCCIDENTALE. *Partie centrale.*						
Principauté de Schwarzbourg-Sondershausen	270	48,000	178	600,000	540,000	451
Principauté de Lippe-Detmold	230	76,000	230	1,267,000	1,500,000	691
» de Lippe-Schauenbourg	157	26,000	166	556,000	1,034,000	240
Principauté de Waldeck ...	347	54,000	156	1,034,000	3,103,000	518
» de Hohenzollern-Sigmaringen	293	38,000	130	500,000	2,600,000	356
Principauté de Hohenzollern-Hechingen	82	15,000	183	310,000	700,000	145
Principauté de Lichtenstein ..	40	6,000	150	50,000	—	55
Landgrav. de Hesse-Hombourg	125	21,000	168	400,000	1,164,000	200
République de Francfort ...	69	54,000	783	1,634,000	17,000,000	473
» de Brême	51	50,000	980	1,034,000	7,800,000	385
» de Hambourg...	114	148,000	1302	5,600,000	40,000,000	1,298
» de Lubeck.....	88	46,000	523	1,034,000	9,000,000	406
Seigneurie de Kniphausen...	13	2,859	220	40,000	—	28
Empire d'Autriche......	194,500	32,000,000	165	440,000,000	1,700,000,000	271,404
Monarchie prussienne.....	80,450	12,164,000	155	215,000,000	726,680,000	199,452
Monarchie hollandaise.....	9,780	2,558,000	292	85,000,000	2,838,000,000	26,000
Royaume de Belgique	8,250	3,560,000	453	90,000,000	849,445,000	47,000
Partie méridionale.						
Royaume Sarde (Italie)	21,000	4,300,000	205	70,000,000	100,000,000 ?	46,857
Duché de Parme (id.)	1,600	440,000	264	6,500,000	12,000,000	1,800
» de Modène (id.)....	1,570	380,000	238	5,000,000	1,500,000 ?	1,780
» de Lucques (id.)....	312	143,000	464	1,700,000	1,000,000 ?	800
Principauté de Monaco (id.) .	38	6,500	171	120,000	?	—
République de St.-Marin (id.) .	17	4,500	265	50,000	—	40
Grand-duché de Toscane (id.) .	6,324	1,275,000	202	17,000,000	—	4,000
États de l'Église (id.)......	13,000	2,590,000	199	45,000,000	350,000,000	7,400
Royaume des Deux-Siciles (id.)	31,360	7,420,000	236	110,000,000	500,000,000	51,510
Monarchie portugaise (péninsule hispanique)	29,150	3,530,000	121	54,096,000	160,000,000	29,645
Monarchie espagnole (id.) ...	137,400	13,900,000	101	178,600,000	4,000,000,000	90,000
République d'Andorre (id.) ..	144	15,000	104	?	—	—
Partie septentrionale.						
Monarchie danoise.......	16,500	1,950,000	119	33,000,000	280,000,000	30,838
Monarchie norwégieno-suédoise............	223,000	3,866,000	17	49,300,000	81,000,000	45,201
Royaume de Suède	127,000	2,800,000	22	41,000,000	54,000,000	33,201
Royaume de Norwège.....	96,000	1,050,000	11	8,300,000	27,000,000	12,000
Monarchie anglaise	90,950	23,400,000	257	1,585,000,000	20,345,000,000	102,283
EUROPE ORIENTALE.						
Empire russe	1,535,700	56,500,000	37	434,000,000	1,575,000,000	710,000
Empire russe proprement dit .	1,499,000	52,575,000	35	400,000,000	1,440,000,000	674,000
Royaume de Pologne	36,700	3,900,000	106	34,000,000	135,000,000	36,000
République de Cracovie	373	114,000	308	861,000	?	80
Empire Ottoman	110,200	7,000,000	63	360,000,000	—	300,000
Principauté de Servie	9,000	380,000	42	3,900,000 ?	—	?
» de Valachie....	21,600	970,000	45	13,000,000	—	?
» de Moldavie....	11,600	450,000	39	6,000,000	—	?
Royaume de Grèce	14,100	700,000	51	6,000,000 ?	165,000,000	6,000
République des îles Ioniennes .	754	176,000	234	3,656,000	?	1,200

Histoire. Y a-t-il une histoire de l'Europe, une série de faits créés, non pas par une nation seulement, mais par les nations réunies de l'Europe, un principe commun qui a fait agir des peuples aux traditions, aux mœurs, aux institutions diverses, qui les a rapprochés, unis dans un même esprit et qui tend à effacer tout ce qui lui est contradictoire, en un mot, y a-t-il une civilisation européenne? Personne ne sera tenté de le nier, personne ne se refusera à reconnaître qu'il y a une histoire de cette civilisation qui a marché à travers les siècles et les obstacles pour aboutir, dans un avenir éloigné, au but que poursuivent aujourd'hui les nations les plus avancées.

La civilisation européenne présente deux phases ou plutôt l'on peut distinguer deux périodes dans la civilisation de notre continent : la première comprend les temps écoulés avant la propagation du christianisme; elle a préparé les voies à la seconde, à la civilisation moderne, sortie tout entière du christianisme. La première n'était pas générale et commune aux peuples qui habitaient alors l'Europe; chacun avait un but différent et opposé à celui des autres; la guerre était le premier devoir; la conquête et l'asservissement des voisins, le désir dominant : le nom d'étranger se confondait avec celui d'ennemi. Bien autre était donc le caractère de ces civilisations primitives des Celtes, des Gaulois, des Ibères, des Germains, des Scandinaves et des Scythes, des Grecs et des Romains ; et celui de la civilisation moderne, où les nations fraternisent, où les guerres sont passagères et tendent de plus en plus à disparaître, où il y a une morale, une religion communes, où la science, l'industrie et les beaux-arts ne sont déjà plus l'apanage d'un peuple choisi ; mais un égal succès pour plusieurs. La civilisation première a cherché à établir par la force une unité matérielle, à courber l'Europe sous le joug d'une seule nation; la civilisation moderne tend à établir une unité morale, et assigne à chaque nation une fonction spéciale et ouvrière dans un but commun.

On sait peu de chose sur l'état et les institutions des peuples primitifs de l'Europe; leur histoire est oubliée; mais les monuments pélasgiques et celtiques qui subsistent encore en Grèce, en Italie, dans les Gaules et en Scandinavie témoignent qu'il y existait de florissants royaumes. Les Grecs et les Romains sont les deux peuples marquants de l'antique civilisation : leurs langues nous ont été conservées avec les œuvres de leurs poëtes, de leurs législateurs et de leurs historiens.

De bonne heure des colonies égyptiennes et phéniciennes avaient importé en Grèce la religion, les sciences et les arts de leurs métropoles ; de puissantes cités avaient été fondées, mais elles consumaient en querelles intestines leurs forces vivaces. La guerre de Troie réunit pour une seule expédition tous les guerriers de la Grèce, et les membres des races rivales combattirent dans les mêmes rangs. L'attaque formidable des Perses, qui pensèrent écraser les faibles cités avec deux millions de soldats, réunit de nouveau les diverses tribus pour conjurer le danger commun. Le succès fut beau, chacun se sentit grandir; il y eut comme une émulation générale d'héroïsme. Mais la paix et la concorde devaient fuir ce ciel heureux, chanté par tant de poëtes, embelli par tant de chefs-d'œuvre de l'art, et où vécurent des législateurs et des philosophes qui excitent encore aujourd'hui l'admiration des hommes. Chaque cité avait son but de guerre et de domination. Les Doriens et les Ioniens, Sparte et Athènes, se disputèrent la primauté de la Grèce ; Athènes, qui avait dépossédé une première fois sa rivale, fut vaincue après une lutte longue et douloureuse. Sparte abusa, comme toujours, de son pouvoir et opprima vaincus et alliés. Deux grands hommes, nés à Thèbes, assurèrent un instant le premier rang à leur patrie ; mais après leur mort Thèbes déchut aussi, et les cités, désunies et affaiblies, furent la proie facile de Philippe-le-Macédonien. L'unité matérielle de la Grèce fut consommée par la force ; alors seulement, et conduite par Alexandre, elle put réagir sur l'Orient, qui l'avait si souvent attaquée. La mort du grand homme rendit la liberté à la Grèce ; mais les rivalités renaquirent, et elle dut sucomber sous un nouvel agresseur, la cité guerrière et victorieuse, qui s'était proposé pour but la conquête du monde. Rome, après avoir mis des siècles à soumettre les petits états de l'Italie, s'agrandit avec une rapidité prodigieuse. Une pensée, conservée par le sénat de la république orgueilleuse, faisait agir les légions ; la guerre était la vie de la nation ; les côtes de la Méditerranée, les contrées les plus belles, les plus populeuses, les plus civilisées des trois parties du monde alors connu, furent réduites en provinces romaines, et chaque peuple vaincu devint un instrument pour la soumission des autres. L'unité matérielle fut consommée de nouveau par la force ; en même temps le terrain était préparé à une civilisation nouvelle ; les inimitiés rivales des nations s'étaient assoupies ; l'égoïsme seul avait survécu au naufrage commun de leurs libertés. Lorsque Rome ne vit plus au-delà de ses frontières que déserts et barbares ; lorsque, reniant son énergie et ses antiques vertus, elle se plongea dans la débauche, Rome fut perdue. Le temps de la civilisation moderne était arrivé. Des apôtres partis de la Judée prêchèrent une doctrine nouvelle : « Tous les hommes sont frères, disaient-ils ; celui qui veut être le premier parmi vous doit se faire le serviteur des autres ; aimez-vous les uns les autres, comme Jésus-Christ vous a aimés, jusqu'à donner votre vie pour vos semblables.» C'était la condamnation du monde ancien, de la caste, de l'esclavage, de l'égoïsme couronné ; en même temps des devoirs nouveaux étaient imposés aux hommes. Le christianisme grandit au milieu des persécutions ; le sang des martyrs coulait en témoignage de la parole de vérité. A cette époque Rome tomba sous les coups des barbares; leurs hordes innombrables, venues de la Germanie, des bords de la Baltique, des steppes de la Scythie et des contrées lointaines et mystérieuses de l'Asie, se poussaient les unes les autres sur l'empire défaillant. L'Italie fut ravagée successivement par les Visigoths, les Vandales, les Hérules ; Théodoric et ses Ostrogoths y fondèrent un royaume. L'Afrique vit les empires éphémères des Vandales, des Alains, des Suèves; les Francs devinrent les maîtres du N. et de l'E. des Gaules, les Allemands du cours supérieur du Rhin, les Angles et les Saxons de la Grande-Bretagne; la Pannonie obéit aux Gépides. Le flot destructeur des Huns, conduit par Attila, inonda l'Europe; il fut arrêté à Châlons-sur-Marne par l'épée des Romains, des Francs, des Gaulois et des Visigoths ; 200,000 hommes avaient péri dans la sanglante bataille.

Pendant que ces invasions continuaient encore, des nations nouvelles s'étaient constituées. C'étaient les Lombards en Italie, les Bourguignons sur les bords de la Saône, les Visigoths en Espagne. Tous ces barbares s'étaient fait Ariens ; au milieu de l'envahissement général, une seule terre était restée vierge de l'anévrisme : le sol situé dans les Gaules, entre la Meuse et la Loire. Pour le défendre contre l'hérésie, les évêques catholiques de ces contrées choisirent parmi les chefs de barbares un roi qui, ainsi que son armée, avait été préservé de l'erreur. Ils lui donnèrent une femme, une religion, leurs soldats gaulois et romains, leurs villes, la couronne de France et le titre de fils aîné de l'église. L'arianisme fut combattu et vaincu. Mais un nouvel ennemi se présentait ; c'était le mahométisme, sorti de l'arianisme, qui déjà avait conquis tout l'Orient et l'Espagne et envahi la France. Charles Martel, maire du palais, les frappa entre Poitiers et Tours. Les misérables successeurs de Clovis se perdaient dans la fainéantise et la débauche; incapables de régner, ils furent remplacés par le fils de Charles Martel, le vaillant Pepin, lui-même surpassé par Charlemagne. Ce grand empereur, le véritable représentant de la mission française, confirma, étendit ou acheva ce qu'avaient commencé ses pères, et imprima à l'Europe le mouvement qui devait la guider dans les siècles suivants. Son empire s'étendait depuis la mer du Nord jusqu'à la Basse-Italie, depuis l'Ebre jusqu'à la Vistule. Il fut le législateur de ses peuples, cultiva les arts, étendit l'instruction publique. Mais déjà sous son petit-fils ses vastes états se brisèrent en morceaux : la France, l'Allemagne, l'Italie se séparèrent; plud tard il y eut des roy. de Bourgogne, de Navarre et d'autres encore; des Normands français s'emparèrent de l'Angleterre ; la Hongrie et la Pologne furent conquises à la civilisation. L'esprit, il est vrai, qui animait ces différents fragments de l'unité européenne était le même; il y avait une science, une religion communes; les universités, et en tête celle de Paris, la première fondée, attiraient sans distinction les élèves de tous les royaumes chrétiens ; le servage s'abolissait, les communes s'affranchissaient, la chevalerie mettait l'égalité entre les suzerains et les vassaux ; mais n'était-il pas à craindre que l'ardeur guerrière se dépensât en discordes intestines, que les fruits de si grands efforts ne fussent perdus par la jalousie et l'esprit de domination des états ? La politique religieuse préserva l'Europe de ce désastre et les croisades furent résolues. Les guerriers et les peuples se précipitèrent pendant deux cents ans vers la terre sainte; Jérusalem et les villes de Syrie, plus tard même Constantinople et les villes de Grèce, furent des seigneuries françaises.

Les grands événements consommés, il y eut comme un affaiblissement général ; la papauté déchut, les princes se firent égoïstes et poursuivirent un but personnel ; des guerres intestines ravageaient l'Europe ; la France faillit périr ; elle fut sauvée par Jeanne d'Arc. Les peuples gémissaient, mais espéraient ; le mot de réforme religieuse et politique était dans toutes les bouches. La réforme religieuse fut entreprise par Luther; il brisa en partie l'organisation catholique du moyen âge, mais ses principes ne furent pas universellement acceptés; les princes et les villes libres du N. de l'Allemagne et de la Suisse, la Suède et l'Angleterre plus tard, s'insurgèrent contre la cour de Rome, saisirent ses biens et ses dîmes. Alors l'Europe fut partagée en deux camps, celui des novateurs et celui des résistants, et troublée pendant cent cinquante ans par de grandes guerres et de grandes révolutions qui avaient la réforme pour but. A la fin de cette époque, les princes se déclarèrent les propriétaires de leurs états se disputèrent pendant cent cinquante autres années la suprématie de l'Europe. L'Espagne, l'Autriche, la France entrèrent successivement dans la lice ; l'Angleterre chercha à régner sur les mers. Mais le mot de la réorganisation européenne n'avait pas été donné ; les peuples gémissaient toujours et cherchaient les moyens de délivrance. Enfin la France, croyant avoir découvert ces moyens, se leva, brisa tout ce qui lui faisait obstacle et appela les hommes à former une nouvelle société politique. Elle proclama la liberté, l'égalité et la fraternité universelle, et proposa à l'Europe la fédération et l'association. Les princes reconnurent leur ennemi et lui suscitèrent des guerres longues et cruelles dont les chances furent diverses. Napoléon, héritier de la révolution, essaya de fonder la monarchie universelle, mais il échoua et fut précipité du trône. Un instant l'on crut la révolution vaincue, mais la lutte n'en continua pas moins : elle dure encore.

EURRE, vg. de Fr., Drôme, arr. de Die, cant. et poste de Crest; 990 hab.

EURVILLE, vg. de Fr., Haute-Marne, arr. de Vassy, cant. de Chevillon, poste de St.-Dizier; haut-fourneau; fabr. d'essieux; 670 hab.

EURVILLE, vg. de Fr., Seine-Inférieure, arr. de Dieppe, cant. et poste de Tôtes; filat. hydraul. de coton; 400 hab.

EUS, vg. de Fr., Pyrénées-Orientales, arr., cant. et poste de Prades; 600 hab.

EUSÈBE (Saint-), vg. de Fr., Hautes-Alpes, arr. de Gap, cant. et poste de St.-Bonnet; 560 hab.

EUSÈBE (Saint-), vg. de Fr., Saône-et-Loire, arr. de Châlon-sur-Saône, cant. de Mont-St.-Vincent, poste de Blanzy; 1010 h.

EUSKIRCHEN, pet. v. de Prusse, prov. du Rhin, rég. de Cologne, à 4 l. de Bonn, chef-lieu de cercle; fabr. de draps; savonneries; 2600 hab.

EUSOYE (Saint-), vg. de Fr., Oise, arr. de Clermont, cant. de Froissy, poste de Breteuil; 630 hab.

EUSTACHE ou **EUSTAZ** (Saint-), une des Petites-Antilles, possession hollandaise; elle est située sous 17° 29' lat. N., au S. de Saba et au N.-O. de St.-Christophe dont elle n'est séparée que par un étroit canal. Sa superficie est d'une l. c. géogr., avec une pop. de 6800 hab.

Cette île consiste en deux hautes montagnes, volcans éteints, entre lesquelles s'étend une plaine fertile. Les principales baies de cette île sont : les baies de Sandy et de Vénus au N., la baie de Jenkins au N.-O. et la baie de Couroucourou à l'E. L'île manque absolument d'eau et l'on est obligé de se servir de l'eau de pluie qu'on recueille dans des citernes. Le climat est sain, mais sujet à de fréquents et terribles orages. Les produits de cette île sont les productions ordinaires des Antilles; on s'y occupe beaucoup de l'éducation des porcs, tant pour la consommation des habitants de l'île que pour le commerce. Toute l'importance de St.-Eustache repose sur le commerce de contrebande avec les Indes-Occidentales. Cette île est protégée naturellement contre toutes les attaques du dehors et n'offre qu'un seul point abordable, le port de la ville de St.-Eustache, défendu par plusieurs forts.

Les Hollandais prirent possession de cette île en 1635; ils en furent repoussés en 1665 par les Anglais et en 1686 par les Français; elle fut définitivement cédée à la Hollande par la paix de Ryswik; cependant les Anglais l'occupèrent deux fois depuis cette époque, en 1781 et en 1810.

L'île de St.-Eustache forme un gouvernement duquel dépend la petite île de Saba, au N.-O. de la première.

EUSTACHE-LA-FORÊT(Saint-), vg. de Fr., Seine-Inférieure, arr. du Hâvre, cant. de St.-Romain, poste de Bolbec; 730 hab.

EUSTAZ (Saint-), v. et capitale de l'île de St.-Eustache, au S.-O. de l'île; elle est fortifiée et a un petit port franc bien défendu. Elle renferme de vastes magasins et beaucoup de belles maisons. Son commerce, surtout celui de contrebande, est très-important; 5500 hab.

EUTAW (canal d'), dit aussi CANAL-DU-SANTÉE, canal des États-Unis de l'Amérique du Nord, joint le Santée au port de Charleston, dans la Caroline du Sud. Il part d'Eutaw, sur le Santée, et réunit ce fleuve au Cooper, qui se décharge dans le port de Charleston. Sa longueur est de 21 milles.

EUTIN, *Oittinum*, v. du grand-duché d'Oldenbourg, principauté de Lubeck, sur le lac poissonneux du même nom; elle possède une école latine, un jardin grand-ducal, avec un beau jardin anglais; elle était autrefois la résidence des princes-évêques de Lubeck. Cette ville a été, pendant quelques années, le séjour de plusieurs hommes célèbres, entre autres de Stolberg, Voss, Brédow et Marie de Weber, 2700 hab.

EUTREVERGNES, ham. de Fr., Tarn, com. de Castelnau-de-Brassac; 220 hab.

EUTROPE (Saint-), vg. de Fr., Charente, arr. de Barbezieux, cant. et poste de Montmoreau; 300 hab.

EUTROPE (Saint-), ham. de Fr., Finistère, com. de Plougonven; 150 hab.

EUTROPE-D'AGUDELLE (Saint-). *Voyez* AGUDELLE.

EUTROPE-DE-BORN (Saint-), vg. de Fr., Lot-et-Garonne, arr. de Villeneuve-sur-Lot, cant. et poste de Villeréal; 1950 hab.

EUVERSY (l'), ham. de Fr., Jura, com. de Bouchoux; 100 hab.

EUVEZIN, vg. de Fr., Meurthe, arr. de Toul, cant. et poste de Thiaucourt; 410 h.

EUVILLE, vg. de Fr., Meuse, arr., cant. et poste de Commercy; carrières de pierres de taille; fabr. de fécule; filat. hydraul. de coton; 610 hab.

EUVY. *Voyez* OEUVY.

EUZET, vg. de Fr., Gard, arr. et poste d'Alais, cant. de Vézenobres; eaux minérales; 340 hab.

EVAILLÉ, vg. de Fr., Sarthe, arr., cant. et poste de St.-Calais; 860 hab.

EVANS, vg. de Fr., Jura, arr. de Dôle, cant. de Dampierre, poste de St.-Wit; haut-fourneau; martinet; laminoir; 600 hab.

EVANSHAM. *Voyez* WYTE (comté).

EVANSVILLE, pet. v. des États-Unis de l'Amérique du Nord, état d'Indiana, comté de Vanderburgh dont elle est le chef-lieu, au confluent du Grand-Pigeon et de l'Ohio; commerce; construction de vaisseaux; 3500 hab.

EVARRAS (les), ham. de Fr., Hautes-Alpes, com. du Noyer; 220 hab.

EVARZEC (Saint-), vg. de Fr., Finistère, arr. et poste de Quimper, cant. de Fouesnant; 1040 hab.

EVAUX, pet. v. de Fr., Creuse, arr. et à 7 1/2 l. N.-E. d'Aubusson, chef-lieu de canton et poste; établissement d'eaux thermales (45 et 47°); 2655 hab.

EVAUX, vg. de Fr., Vosges, arr. de Mirecourt, cant. et poste de Charmes; 340 hab.

EVE, vg. de Fr., Oise, arr. de Senlis, cant. de Nanteuil-le-Haudouin, poste de Dammartin; 350 hab.

EVECQUEMONT, vg. de Fr., Seine-et-Oise, arr. de Versailles, cant. de Meulan, poste de Vaux; 380 hab.

EVELLE, vg. de Fr., Côte-d'Or, com. de Beaubigny; 220 hab.

EVENDORFF, ham. de Fr., Moselle, com. de Kirschnaumen; 260 hab.

EVENOS, vg. de Fr., Var, arr. de Toulon-sur-Mer, cant. et poste d'Ollioules; 670 hab.

EVERGNICOURT, vg. de Fr., Aisne, arr. de Laon, cant. de Neufchâtel, poste de Berry-au-Bac; 400 hab.

EVERLY, vg. de Fr., Seine-et-Marne, arr. de Provins, cant. et poste de Bray-sur-Seine; 540 hab.

EVERSHEIM. *Voyez* EBERSHEIM.

EVESHAM, b. florissant des États-Unis de l'Amérique du Nord, état de New-Jersey, comté de Burlington, sur le Moores; 3000 h.

EVESHAM, b. d'Angleterre, comté de Worcester, dans une contrée très-fertile, sur l'Avon supérieur; nomme deux députés au parlement; fabr. de bas et commerce; 4000 hab. Bataille entre le comte de Leicester et le prince, plus tard roi, Edouard Ier, en 1265.

EVETTE, vg. de Fr., Haut-Rhin, arr. et poste de Belfort, cant. de Giromagny; 460 hab.

EVEUX, vg. de Fr., Rhône, arr. de Lyon, cant. et poste de l'Arbresle; 260 hab.

EVIAN, *Aquianum*, pet. v. du roy. de Sardaigne, située sur le lac de Genève, intendance du Genevois; commerce de châtaignes; 1600 hab. Dans ses environs sont les bains d'Amphion.

EVIGNY, vg. de Fr., Ardennes, arr., cant. et poste de Mézières; 250 hab.

EVILLERS, vg. de Fr., Doubs, arr. de Pontarlier, cant. et poste de Levier; 490 h.

EVIN-MALMAISON, vg. de Fr., Pas-de-Calais, arr. de Béthune, cant. et poste de Carvin; 860 hab.

EVISA, vg. de Fr., Corse, arr. et à 8 l. N. d'Ajaccio, chef-lieu de canton, poste de Vico; 900 hab.

EVITS-MOUNTAINS, ramification des montagnes Bleues, au S.-E. de l'état de Pensylvanie, États-Unis de l'Amérique du Nord.

EVOGES, vg. de Fr., Ain, arr. de Belley, cant. et poste de St.-Rambert; 500 hab.

EVOL, ham. de Fr., Pyrénées-Orientales, com. d'Olette; 150 hab.

EVORA, *Ebora, Liberalitas Julia*, v. du Portugal, chef-lieu du district de même nom et de la prov. d'Alentéjo; archevêché; elle est située à 3 l. E. de Lisbonne, sur une colline, au milieu d'une vaste plaine limitée par les montagnes d'Ossa, de Montemura, de Portel et de Vianna; elle est entourée d'une double enceinte de murailles; son point le plus élevé est occupé par un vieux château; au N. se trouve le fort St.-Antoine et sur une élévation voisine la redoute de Ste.-Barbe; mais tous ces ouvrages de défense sont en ruine. Ses rues, étroites et tortueuses, sont bordées de hautes maisons gothiques; elle renferme 5 églises paroissiales, parmi lesquelles on remarque l'antique cathédrale; un séminaire et plusieurs collèges, 22 monastères, un hôpital royal et d'autres fondations de charité. On y rencontre beaucoup d'antiquités romaines; les plus importantes sont: l'aquéduc d'Agua-da-Prata, qui amène les eaux de 7 l. de distance, et les restes d'un temple de Diane, dans lequel on a établi des étaux; commerce local; agriculture; tanneries. Pop. de la ville 12,000 hab., du district 62,000.

Dans le dist. d'Evora se trouvent les vg. d'Almoixial et de Montesclaros, où les Portugais remportèrent sur les Espagnols, en 1663 et 1665, deux victoires qui assurèrent leur indépendance.

EVRAN, vg. de Fr., Côtes-du-Nord, arr. et à 2 l. S. de Dinan, chef-lieu de canton et poste; 4070 hab.

EVRANGE, vg. de Fr., Moselle, arr. et poste de Thionville, cant. de Cattenom; 190 hab.

EVRE, vg. de Fr., Meuse, arr. de Bar-le-Duc, cant. de Triaucourt, poste de Beauzée; 380 hab.

EVRECY, b. de Fr., Calvados, arr. et à 3 l. S.-O. de Caen, chef-lieu de canton et poste; 840 hab.

EVREUX, *Mediolanum, Aulerci Eburovices, Civitas Eburovicorum, Ebroicæ*, v. de Fr., chef-lieu du dép. de l'Eure, à 25 l. O. de Paris; siége d'une cour d'assises, de tribunaux de première instance et de commerce, d'un évêché suffragant de l'archevêché de Rouen; directions des contributions et des domaines, conservation des hypothèques, chambre consultative des manufactures et du commerce et résidence d'un ingénieur en chef des ponts-et-chaussées. Cette ville, située dans une belle vallée, sur l'Iton, est généralement bien bâtie et ornée de belles promenades; mais les rues sont étroites et les maisons laides et mal alignées. La rue des Fèbvres forme ce qu'on appelle le quartier du commerce. La cathédrale, une des plus anciennes églises de France; l'église St.-Taurin, plus ancienne encore;

l'hôtel de la préfecture, la tour ou grosse horloge, construction du temps des Anglais, le palais épiscopal, le théâtre, les prisons en sont les principaux édifices. On y remarque aussi les débris intéressants de plusieurs monuments romains. Évreux possède un collége, un séminaire, une école secondaire ecclésiastique, une société centrale d'agriculture, sciences, arts et belles-lettres, un cours de géométrie et de mathématiques appliquées aux arts, un cours de droit commercial, un jardin botanique et une bibliothèque de 10,000 volumes. Nous devons mentionner aussi le château de Navarre, situé à l'extrémité du faubourg de Caen; il fut bâti au quatorzième siècle par la reine Jeanne, épouse de Philippe, comte d'Évreux.

L'industrie et le commerce ont beaucoup d'activité à Évreux; on y trouve des fabriques de coutils, de bonneterie, de cuirs, des filatures de coton, etc. Commerce d'épicerie, de grains, farine et des produits de ses manufactures. Foires les 20 avril, mardi après la Pentecôte, 16 juillet, 11 août et 18 septembre; 10,287 hab.

Évreux occupe l'emplacement où se trouvait, du temps des Romains, la ville de *Mediolanum*, cité principale des *Aulerci Eburovices*. Clovis en chassa les Romains et la réunit à l'empire des Francs. Vers la fin du neuvième siècle les Normands s'en emparèrent, et, par le traité de St.-Clair-sur-Epte, cette ville, comprise dans la Neustrie, demeura sous leur domination. A l'époque de la féodalité, Évreux eut ses comtes particuliers. Robert, fils de Richard Ier, fut le premier qui porta ce titre; ce même comte fut aussi nommé archevêque de Rouen. Son neveu Robert, duc de Normandie, auquel il était devenu suspect, assiégea Évreux en 1028 et força le comte à quitter ses états; mais celui-ci ayant jeté un interdit sur la Normandie, le duc, pour lever l'excommunication, alors si redoutable, fit la paix avec son oncle et le rétablit sur son siége. Le comte, quoique archevêque, avait plusieurs enfants, dont l'aîné, Richard, lui succéda en 1037. Ce deuxième comte d'Évreux accompagna Guillaume-le-Conquérant dans son entreprise sur l'Angleterre et se distingua à la bataille d'Hastings. Guillaume, fils et successeur de Richard, étant mort sans enfants, son neveu, Amauri de Montfort, lui succéda. Cependant Henri Ier, roi d'Angleterre, avait rendu une sentence de confiscation contre Guillaume, et Amauri ne put prendre possession d'Évreux qu'après l'avoir emporté d'assaut. Il y commit d'horribles dévastations. Un an après, le roi d'Angleterre vint l'assiéger et brûla presque entièrement la ville. Philippe-Auguste s'en empara en 1193 et la céda à Jean-sans-Terre, ne se réservant que le château où il mit garnison. Jean, pour gagner les bonnes grâces de son frère Richard-Cœur-de-Lion, ayant fait massacrer par trahison les Français qui gardaient la citadelle d'Evreux, Philippe-Auguste reprit cette ville, l'incendia et la fit démolir en grande partie. En 1285 Philippe-le-Bel donna Évreux à son frère Louis de France, tige de la branche royale des comtes d'Évreux. Le comté d'Évreux, qui était devenu un domaine du roi de Navarre, Charles-le-Mauvais, fut réuni à la couronne en 1404. Sous Charles VII, les Anglais s'emparèrent d'Évreux; mais le roi de France reprit cette ville et la donna à Jean Stuart, capitaine écossais, qui avait vaillamment combattu contre les Anglais. A la mort de Stuart, Évreux retourna à la couronne. En 1642 Louis XIII l'en détacha de nouveau, et céda le comté d'Évreux, en échange de la principauté de Sédan, à la maison de Bouillon, qui le conserva jusqu'à la révolution.

EVRICOURT, vg. de Fr., Oise, arr. de Compiègne, cant. de Lassigny, poste de Noyon; 240 hab.

EVRIGUET, vg. de Fr., Morbihan, arr. et poste de Ploërmel, cant. de la Trinité; 300 hab.

EVRIL, ham. de Fr., Aisne, com. de St.-Aignan; 160 hab.

EVRON, *Ebronium*, *Aurio*, pet. v. de Fr., Mayenne, arr. et à 8 l. E. de Laval, et à 70 l. de Paris, chef-lieu de canton et poste. L'activité de son commerce de fil et de laine et ses fabriques de toile et de linge de table lui donnent de l'importance; 3867 hab.

EVROULT (Saint-). *Voyez* Pré-Saint-Évroult.

EVROULT (Saint-), ham. de Fr., Seine-et-Oise, com. de St.-Chéron; 150 hab.

EVROULT-DE-MONTFORT (Saint-), vg. de Fr., Orne, arr. d'Argentan, cant. et poste de Gacé; 130 hab.

EVROULT-NOTRE-DAME-DU-BOIS (Saint-), vg. de Fr., Orne, arr. d'Argentan, cant. de la Ferté-Fresnel, poste de l'Aigle; mine de fer; forges; 790 hab.

EVRUNES, vg. de Fr., Vendée, arr. de Bourbon-Vendée, cant. et poste de Mortagne-sur-Sèvre; 670 hab.

EVRY, vg. de Fr., Yonne, arr. de Sens, cant. et poste de Pont-sur-Yonne; 230 hab.

EVRY-LES-CHATEAUX, vg. de Fr., Seine-et-Marne, arr. de Melun, cant. et poste de Brie-Comte-Robert; 660 hab.

EVRY-SUR-SEINE, vg. de Fr., Seine-et-Oise, arr. et cant. de Corbeil, poste de Ris; 520 hab.

EWANOWITZ, pet. v. archiépiscopale d'Autriche, gouv. de Moravie et Silésie, ccr. de Brunn, sur la Hanna, avec un château; 2000 hab.

EWARS, vg. de Fr., Nord, arr., cant. et poste de Cambrai; 500 hab.

EWELL, b. d'Angleterre, comté de Surry; bains minéraux; 1500 hab.

EXALTACION (la), pet. v. de la rép. de Bolivia, dép. de Santa-Cruz, prov. de Mojos.

EXAVE, ham. de Fr., Hautes-Pyrénées, com. d'Ossès; 360 hab.

EXCIDEUIL, *Exidolium*, pet. v. de Fr., Dordogne, arr., à 8 l. N.-O. de Périgueux et à 117 l. de Paris, chef-lieu de canton et poste, sur la rive droite de la Loue. On y voit les ruines d'un vieux château; papeterie; 1785 hab.

EXCIN (*Keynia*, en polonais), pet. v. de Prusse, prov. de Posen, rég. de Bromberg; sa belle église paroissiale est visitée par de nombreux pèlerins; 1900 hab.

EXEA-DE-LOS-CAVALLEROS, v. d'Espagne, roy. d'Aragon, sur l'Arva; 2400 h.

EXEN. *Voyez* ÉGUISHEIM.

EXERMONT, vg. de Fr., Ardennes, arr. de Vouziers, cant. et poste de Grand-Pré; 310 hab.

EXETER (baie d'). *Voyez* CUMBERLAND (terre de).

EXETER, *Isca Dumnoniarum*, *Uxela*, v. fortifiée d'Angleterre, chef-lieu du comté de Devon, sur l'Ex; ville épiscopale de médiocre étendue, remarquable surtout par sa vaste cathédrale; société littéraire, hôpital des pauvres, maison des fous, beau pont en pierres, palais épiscopal, 19 églises, une synagogue, une jolie salle de spectacle; manufactures d'étoffes de laine, de flanelles et de casimir; fonderies; commerce très-étendu. Son port étant comblé, les navires entrent dans celui de Topstam, avec lequel il communique par un canal. Exeter nomme deux députés au parlement; 28,000 hab.

EXETER, v. des États-Unis de l'Amérique du Nord, état de New-Hampshire, comté de Rockingham, sur l'Exeter. Elle a un bon port, des manufactures de draps et de toiles à voiles, une manufacture d'armes, une papeterie, une fabrique de chocolat, un moulin à tabac, etc. Elle possède en outre une académie, une banque, une prison, une poste et est le siége des tribunaux de l'Union, d'arrondissement et de la cour judiciaire supérieure. Cette ville fut fondée en 1638; 4300 hab.

EXETER, pet. v. des États-Unis de l'Amérique du Nord, état de Pensylvanie, comté de Berks, sur le Schuylkill; 1800 hab.

EXETER, pet. v. des États-Unis de l'Amérique du Nord, état de Rhode-Island, comté de Washington, sur le Wood-River; agriculture; commerce; 2700 hab.

EXHEIM. *Voyez* ÉGUISHEIM.

EXIDEUIL, vg. de Fr., Charente, arr. de Confolens, cant. et poste de Chabanais; 1620 hab.

EXILLES, très-pet. v. du roy. de Sardaigne, intendance de Susa; n'est importante que par ses fortifications; 1400 hab.

EXINCOURT, vg. de Fr., Doubs, arr. et poste de Montbéliard, cant. d'Audincourt; 330 hab.

EXIREUIL, vg. de Fr., Deux-Sèvres, arr. de Niort, cant. et poste de St.-Maixent; 820 hab.

EXMES, pet. v. de Fr., Orne, arr. et à 3 1/2 l. E. d'Argentan, chef-lieu de canton et poste; 680 hab.

EXMOUTH, pet. v. d'Angleterre, comté de Devon, à l'embouchure de l'Ex; port; bains minéraux; 3000 hab.

EXOUDUN, vg. de Fr., Deux-Sèvres, arr. de Melle, cant. et poste de la Mothe-St.-Héraye; haras de baudets; 1730 hab.

EXPERT, ham. de Fr., Gironde, com. de Cerons; 130 hab.

EXPIREMONT, vg. de Fr., Charente-Inférieure, arr. de Jonzac, cant. et poste de Montendre; 310 hab.

EXPLOITS (baie des), belle et vaste baie à l'E. de l'île de Terre-Neuve; elle reçoit le fleuve du même nom et est fréquemment visitée par des Indiens qui s'y rendent pour la pêche et le commerce. De nombreuses îles s'élèvent au sein de cette baie; celles de New-Work et de Twilligate, avec une colonie très-florissante, en sont les plus importantes.

EXTERSTEIN (l'), qui se trouve près de Horn, dans la principauté de Lippe-Detmold, est une série de six énormes rochers perpendiculaires et entièrement isolés, dont le premier, qui est le plus large, et haut de 125 pieds, renferme une grotte taillée par des mains d'homme, longue de 36 pieds et large de 11, et dont le second se distingue par sa forme singulière et par une chapelle longue de 18 pieds et large de 10, qui a été creusée à son sommet. La route de Horn à Paderborn passe entre le troisième et le quatrième rocher, qui forment ainsi une porte énorme d'un aspect aussi imposant que pittoresque.

EXUMA ou **EXUMA-KEYS**, longue série de petites îles, faisant partie du grand groupe des Bahamas. Elles s'étendent dans une direction S.-O., le long du grand banc de Bahama. Les plus considérables en sont : Ship-Channel-Key, au S.-E. de New-Providence, avec le port de Great-Stocking, un des meilleurs de tout le groupe; Grand-Exuma, Petit-Exuma, Island of Hog-Key, Great-Stocking-Island, avec un bon port, et Wattings, une des îles les plus fertiles des Bahamas. Toutes ces îles produisent du coton et surtout une grande quantité de sel qu'on exporte dans les Amérique; 4000 hab.

EXUMA-SOUND. *Voyez* SALVADOR (San-).

EXUPER (Saint-), ham. de Fr., Haute-Garonne, com. de Cintegabelle; 380 hab.

EXUPÉRY (Saint-), vg. de Fr., Corrèze, arr., cant. et poste d'Ussel; eaux thermales; 1430 hab.

EXUPÉRY (Saint-), vg. de Fr., Gironde, arr. et cant. de la Réole, poste de Caudrot; 230 hab.

EYAFURD, port sur la côte septentrionale de l'Islande.

EYBAR, v. d'Espagne, prov. de Guipuscoa; manufacture royale d'armes; fabrique d'horlogerie; 2000 hab.

EYBENES, ham. de Fr., Dordogne, com. d'Eyvignes.

EYBENS, vg. de Fr., Isère, arr., cant. et poste de Grenoble; fabr. de tuiles et poterie; 870 hab.

EYBOULEUF, vg. de Fr., Haute-Vienne, arr. de Limoges, cant. et poste de St.-Léonard; fabr. de papier; 405 hab.

EYBURIE, vg. de Fr., Corrèze, arr. de Tulle, cant. et poste d'Uzerche; 1380 hab.

EYCHARDS (les), ham. de Fr., Arriège, com. de Boussenac; 180 hab.

EYCHOURGNAC-D'ANS. *Voy.* CHOURGNAC.

EYDOCHE, vg. de Fr., Isère, arr. de la Tour-du-Pin, cant. du Grand-Lemps, poste de Champier; 720 hab.

EYE, b. d'Angleterre, comté de Suffolk; nomme deux députés; fabr. de passementerie; 2000 hab.

EYE. *Voyez* ORANGE (l').

EYEO ou CATOUNGA, v. dans la partie S.-O. de la Nigritie, capitale du roy. d'Yarriba; elle est bâtie sur le penchant et autour de la base d'une petite chaîne de collines, et a pour fortifications des murs de 20 pieds de haut et un fossé. Sa circonférence est d'environ 15 milles.

EYGALAYES, vg. de Fr., Drôme, arr. de Nyons, cant. et poste de Séderon; 470 hab.

EYGALIÈRES, vg. de Fr., Bouches-du-Rhône, arr. d'Arles, cant. d'Orgon, poste de St.-Remy; 1410 hab.

EYGALIERS, vg. de Fr., Drôme, arr. de Nyons, cant. et poste du Buis; 150 hab.

EYGAUX (les), ham. de Fr., Vaucluse, com. de Sarrians; 110 hab.

EYGLIERS, vg. de Fr., Hautes-Alpes, arr. d'Embrun, cant. de Guillestre, poste de Mont-Dauphin; 750 hab.

EYGUIANS, vg. de Fr., Hautes-Alpes, arr. de Gap, cant. de Laragne, poste de Serres; 140 hab.

EYGUIÈRES, b. de Fr., Bouches-du-Rhône, arr. et à 7 l. E. d'Arles, chef-lieu de canton, poste d'Orgon; il est situé à l'extrémité N.-O. de la Crau, près du canal de Craponne. Son église paroissiale mérite d'être mentionnée. Les environs produisent en abondance d'excellentes olives. Commerce en vins, soie, huiles, garance, chardons; 2900 hab.

EYGUIÈRES, ham. de Fr., Drôme, com. de Plaisians; 100 hab.

EYGUN, ham. de Fr., Basses-Pyrénées, com. de Cette-Eygun; 230 hab.

EYGURANDE, b. de Fr., Corrèze, arr., à 3 1/2 l. N.-N.-E. et poste d'Ussel, chef-lieu de canton; 920 hab.

EYGURANDE, vg. de Fr., Dordogne, arr. de Ribérac, cant. et poste de Montpont; 570 hab.

EYHARCE, ham. de Fr., Basses-Pyrénées, com. d'Ossès; 540 hab.

EYJEAUX, vg. de Fr., Haute-Vienne, arr. de Limoges, cant. et poste de Pierre-Buffière; 810 hab.

EYLAU (dit Deutsch-), pet. v. de Prusse. prov. de Prusse, rég. de Marienwerder; fabr. de draps et de chapeaux, tanneries; 1700 hab.

EYLAU (dit Preussisch-), *Gilavia Borussica*, pet. v. de Prusse, prov. de Prusse, rég. de Kœnigsberg, chef-lieu de cercle; fabr. de draps et. de chapeaux; tanneries. Mémorable par la bataille gagnée, les 7 et 8 février 1807, par l'empereur Napoléon sur l'armée russo-prussienne; 2600 hab.

EYLIAC, vg. de Fr., Dordogne, arr. et poste de Périgueux, cant. de St.-Pierre-de-Chignac; 1070 hab.

EYMÉRITS (les), ham. de Fr., Gironde, com. de St.-Denis-de-Pille; 160 hab.

EYMET, pet. v. de Fr., Dordogne, arr. et à 5 l. S. de Bergerac, chef-lieu de canton et poste; fabr. de calicot, indienne, siamoise; 1810 hab.

EYMEUX, vg. de Fr., Drôme, arr. de Valence, cant. de Bourg-du-Péage, poste de St.-Lattier; 810 hab.

EYMOUTH, b. d'Écosse, comté de Berwick, à l'embouchure de l'Eye, avec un bon port qui sert à l'exportation des céréales et des poissons; 1200 hab.

EYMOUTIERS, *Antimonasterium*, pet. v. de Fr., Haute-Vienne, arr., à 9 l. E. de Limoges et à 108 l. de Paris, chef-lieu de canton et poste, sur la Vienne; elle fait un commerce important en cuirs; 3550 hab. Eymoutiers doit son origine à un monastère fondé au septième siècle. Cette petite ville fut presque entièrement détruite par les Anglais vers le milieu du quatorzième siècle. Les guerres de religion ne lui furent pas moins fatales. Les ligueurs commirent de graves excès, qui ne cessèrent qu'en 1590, époque où elle fut prise par les troupes de Henri IV.

EYMOUTIERS, vg. de Fr., Charente, arr. d'Angoulême, cant. et poste de Montbron; 650 hab.

EYNAUD, ham. de Fr., Isère, com. de Ville-sous-Anjou; 160 hab.

EYNE, vg. de Fr., Pyrénées-Orientales, arr. de Prades, cant. de Saillagouse, poste de Mont-Louis; 250 hab.

EYNE, vg. du roy. de Belgique, prov. de la Flandre orientale, dist. d'Oudenarde, sur la rive gauche de l'Escaut; 2200 hab.

EYNESSE, vg. de Fr., Gironde, arr. de Libourne, cant. et poste de Ste.-Foy; 730 h.

EYNOUD, ham. de Fr., Isère, com. de Montrevel; 180 hab.

EYPEL ou AUPITZ, *Upiczea*, pet. v. de Bohême, cer. de Kœniggrætz, sur l'Aupa; 1600 hab.

EYRAGUES, vg. de Fr., Bouches-du-Rhône, arr. d'Arles-sur-Rhône, cant. de Château-Renard, poste de St.-Remy; 2230 hab.

EYRANS, vg. de Fr., Gironde, arr. et poste de Blaye, cant. de St.-Ciers-la-Lande; 610 hab.

EYRAUD. *V.* PIERRE-D'EYRAUD (Saint-).

EYREN, vg. de Fr., Corrèze, arr. de Tulle, cant. de Corrèze, poste d'Egletons; 700 hab.

EYRENVILLE, vg. de Fr., Dordogne, arr. de Bergerac, cant. et poste d'Issigeac; 580 hab.

EYRES, vg. de Fr., Landes, arr., cant. et poste de St.-Sever; 380 hab.

EYROLES, vg. de Fr., Drôme, arr., cant. et poste de Nyons; 80 hab.

EYSACK, affluent de gauche de l'Adige.

EYSIES (les), ham. de Fr., Dordogne, com. de Tayac; forge à l'anglaise; haut-fourneau; laminoir; 300 hab.

EYSINES, vg. de Fr., Gironde, arr. et poste de Bordeaux, cant. de Blanquefort; 2090 hab.

EYSSE, maison centrale de détention pour onze départements; elle est située dans le dép. de Lot-et-Garonne, à 1/4 l. N. de Villeneuve, et fait partie de cette commune. C'était autrefois une riche abbaye, bâtie sur l'emplacement d'*Excissum*, station militaire des Romains; 1500 hab.

EYSSON, vg. de Fr., Doubs, arr. de Baume-les-Dames, cant. de Vercel, poste du Valdahon; 160 hab.

EYSUS, vg. de Fr., Basses-Pyrénées, arr., cant. et poste d'Oloron; 980 hab.

EYVIGNES, vg. de Fr., Dordogne, arr. et poste de Sarlat, cant. de Salignac; 710 hab.

EYVIRAT, vg. de Fr., Dordogne, arr. de Périgueux, cant. et poste de Brantôme; 630 hab.

EYWILLER, vg. de Fr., Bas-Rhin, arr. de Saverne, cant. de Drulingen, poste de Saar-Union; 470 hab.

EYZAHUT, vg. de Fr., Drôme, arr. et poste de Montélimart, cant. de Dieulefit; 220 hab.

EYZERAC, vg. de Fr., Dordogne, arr. de Nontron, cant. et poste de Thiviers; 560 h.

EYZIN-PINET, vg. de Fr., Isère, arr., cant. et poste de Vienne; 1530 hab.

EZANVILLE, vg. de Fr., Seine-et-Oise, arr. de Pontoise, cant. et poste d'Écouen; 200 hab.

EZAWEN, v. considérable de la Nigritie centrale, entre les deux routes qui conduisent de Gadamès à Tombouctou et à Sackatou, à 21 journées N.-E. de Tombouctou.

EZCARRAI, b. d'Espagne, roy. de la Vieille-Castille, prov. de Burgos; 2400 hab.

EZERVILLE-SUR-SAMSON, vg. de Fr., Loiret, com. d'Engenville-Montville; 260 h.

EZY, vg. de Fr., Eure, arr. d'Évreux, cant. de St.-André, poste d'Ivry-la-Bataille; fabr. de peignes de toutes sortes; 860 hab.

F

A, vg. de Fr., Aude, arr. de Limoux, cant. de Quillan, poste de Couiza; 630 hab.

FAABORG, v. du roy. de Danemark, sur la côte S.-O. de l'île Sceland; elle fait un assez grand commerce, surtout en grains, et a un bon port; 1300 hab.

FABAS, vg. de Fr., Arriège, arr. et poste de St.-Girons, cant. de Ste.-Croix; 850 hab.

FABAS, vg. de Fr., Haute-Garonne, arr. de St.-Gaudens, cant. et poste de l'Isle-en-Dodon; 880 hab.

FABAS, ham. de Fr., Tarn, com. d'Ambialet; 100 hab.

FABAS, vg. de Fr., Tarn-et-Garonne, arr. de Castel-Sarrazin, cant. et poste de Grisolles; 330 hab.

FABIUS, pet. v. des États-Unis de l'Amérique du Nord, état de New-York, comté d'Onondaga; 2300 hab.

FABRAS, vg. de Fr., Ardèche, arr. de l'Argentière, cant. de Thueyts, poste d'Aubenas; 500 hab.

FABRÈGUES, vg. de Fr., Hérault, arr. cant. et poste de Montpellier; 900 hab.

FABREZAN, b. de Fr., Aude, arr. de Narbonne, cant. et poste de Lézignan; distilleries d'eau-de-vie; 1175 hab.

FABRIANO, v. épiscopale dans l'état de l'Église, délégation de Macerata; a des papeteries renommées et un musée d'ivoires extrêmement précieux, renfermant plus de 3000 monuments historiques; 7300 hab.

FABRIQUE-DE-LA-FORÊT (la), ham. de Fr., Haute-Vienne, com. de St.-Brice; 250 hab.

FAÇAO. *Voyez* CUNHA.

FACHES, vg. de Fr., Nord, arr., cant., poste et à 1 l. S. de Lille; fabr. de sucre indigène; ce village était autrefois une petite seigneurie indépendante et jouissait de divers priviléges; 1600 hab.

FACHIN, ham. de Fr., Nièvre, com. de Château-Chinon-Campagne; 210 hab.

FACHINGEN, vg. du duché de Nassau,

situé dans une vallée pittoresque, non loin de la Lahn et de la ville de Dietz; il est renommé pour ses eaux minérales, dont on exporte annuellement plus de 500,000 litres.

FACKENHAM, b. d'Angleterre, comté de Norfolk; important par son industrie et son commerce; 1500 hab.

FACSET, b. de Hongrie, cer. au-delà de la Theiss, comitat de Krasso, sur la Bega; siége d'un protopape grec.

FACTORY-ISLAND ou Loss, la plus orientale des îles Loos, situées sur la côte de Sierra-Leone, dans la Haute-Guinée.

FADAINVILLE, vg. de Fr., Eure-et-Loir, arr. de Dreux, cant. et poste de Châteauneuf-en-Thymerais; 70 hab.

FADALA ou FEDALA, FIDALLAH, AFIDALLAH, b. maritime du roy. marocain de Fez, sur une presqu'île, à 20 l. O.-S.-O. de Rabat; bonne rade. La contrée est très-fertile en blé.

FADJAH ou EL-FEDJAH, b. maritime de la Nubie orientale, sur la mer Rouge, au S. de l'île Macouar.

FÆMUND (le), est, après le Miœsen, le plus grand lac du roy. de Norwège; il est situé dans la partie haute du pays, dans le diocèse d'Aggerhuus; il a 9 milles de longueur sur 2 de large.

FÆMUND-ELF. *Voyez* CLARA-OLF.

FÆNZA, *Faventia*, v. des états de l'Église, légation de Ravenne, à 8 l. S.-O. du chef-lieu; siége d'un évêché; son industrie et son commerce sont importants; elle a donné son nom à la faïence, qui y a été inventée. Patrie du dominicain Armellini Mariano (1616) et du mathématicien Évangelisto Torricelli (1608); 14,000 âmes.

FADEEWSKOI, île dans l'Océan Glacial arctique. Elle fait partie du groupe des îles de la Nouvelle-Sibérie, dont elle est séparée par le canal de Wiskoi; un autre canal très-étroit la sépare de l'île de Kotelnoi. Sa nature est conforme à celle de la première de ces îles; politiquement elle dépend du gouv. d'Irkoutzk, dans la Russie d'Asie.

FÆRŒER ou FAAROEER. Ces îles, appartenant au roy. de Danemark, sont situées dans l'Océan Atlantique, à 40 milles N.-O. de l'Ecosse, entre 61° 60' et 62° 30' lat. sept., et 9° 25' et 10° 5' long. occ.; elles sont au nombre de 25 dont 17 habitées; leur superficie est d'environ 24 milles c., leur pop. de 6000 hab. Ce sont des montagnes de basalte et de porphyre que recouvre une couche de terre peu épaisse. Le climat y est peu rude, mais elles sont exposées aux trombes des montagnes et à de violentes tempêtes. On n'y voit point d'arbres; la tourbe et la houille y remplacent le bois; elles produisent un peu d'orge et offrent surtout de bons pâturages, où paissent de nombreux troupeaux de bêtes à laine; c'est de là que leur vient le nom de Færœer (*faar* brebis, *œe* île). Ces îles ont plusieurs bons ports; leurs côtes à pic sont très-poissonneuses; la mer y est parsemée de tournants et d'écueils. Les habitants sont de race normande et parlent un ancien dialecte normand, assez semblable à l'islandais; ils sont bons, pauvres, endurcis à la fatigue, adroits bateliers et s'occupent de la pêche, de la chasse et de la fabrication des bas de laine. L'archipel des îles Færœer forme un bailliage du roy. de Danemark; le gouverneur réside à Thorshavn, très-petite ville dans l'île Stromo, qui est la principale.

FAF, établissement français dans l'arr. de St.-Louis, en Sénégambie, sur le Sénégal.

FAGAGNA, b. du roy. Lombard-Vénitien, gouv. de Venise, délégation d'Udine; 2500 h.

FAGE (la), vg. de Fr., Aude, arr. de Castelnaudary, cant. de Belpech, poste de Salles-sur-l'Hers; 430 hab.

FAGE (la), vg. de Fr., Corrèze, arr. de Tulle, cant. de Lapleau, posté d'Égletons; 530 hab.

FAGE (la), ham. de Fr., Haute-Garonne, com. de Dremil-Lafage; 120 hab.

FAGE, ham. de Fr., Lot, com. de Luzech; 120 hab.

FAGE, ham. de Fr., Lot, com. de St.-Martin-de-Vers; 140 hab.

FAGE (la), ham. de Fr., Lozère, com. d'Arzenc; 160 hab.

FAGE (la), ham. de Fr., Lozère, com. de St.-Étienne-du-Valdonnés; 120 hab.

FAGE-MONTIVERNOUX (la), vg. de Fr., Lozère, arr. de Marvejols, cant. de Fournels, poste de St.-Chely; 660 hab.

FAGEOLE, ham. de Fr., Cantal, com. de Drugeac; 150 hab.

FAGÈS, ham. de Fr., Lot, com. de St.-Sozy; 100 hab.

FAGE-SAINT-JULIEN (la), vg. de Fr., Lozère, arr. de Marvejols, cant. et poste de St.-Chely; 570 hab.

FAGET (le), vg. de Fr., Haute-Garonne, arr. de Villefranche-de-Lauragais, cant. et poste de Caraman; 810 hab.

FAGET, ham. de Fr., Basses-Pyrénées, com. de Ledeuix; 650 hab.

FAGET-ABBATIAL, vg. de Fr., Gers, arr. et poste d'Auch, cant. de Saramon; 550 h.

FAGNIÈRES, vg. de Fr., Marne, arr., cant. et poste de Châlons-sur-Marne; 470 h.

FAGNON, vg. de Fr., Ardennes, arr., cant. et poste de Mézières; 300 hab.

FAGNOUX, ham. de Fr., Meurthe, com. de Thiâville; 150 hab.

FAGUILLONDE, ham. de Fr., Seine-Inférieure, com. de Lammerville; 130 hab.

FAHRAFELD, b. de la Basse-Autriche, cer. inférieur du Wienerwald, sur la Piesting; fabr. de laiton et de miroirs.

FAHY, vg. de Fr., Haute-Saône, arr. et poste de Gray, cant. d'Autrey; 410 hab.

FAICCHIO, v. du roy. des Deux-Siciles, dans la Terre-de-Labour; 2500 hab.

FAIDO, b. de Suisse, cant. du Tessin, chef-lieu du district de Leventina; 530 hab.

FAI-FO ou HUE-HAN, v. de l'emp. d'Annam, située dans la Cochinchine ou Annam-Méridional, sur le fleuve Han et près de son embouchure dans la baie de Touron. Elle est la principale ville de commerce de l'empire et fréquentée par un grand nombre de bâtiments chinois; les bâtiments européens y viennent aussi. Ces derniers jettent l'ancre dans le port, situé dans la baie; les jonques chinoises dans le port, qui se trouve à l'embouchure de la riv. Fai-fo. Du temps de Barrow, elle comptait 15,000 habitants dont 10,000 Chinois, qui s'y étaient établis pour leurs affaires commerciales; il y existe des entrepôts considérables de denrées destinées à l'exportation. Fai-fo possède, outre un grand nombre de pagodes, 2 églises catholiques.

FAILLOUÉ, vg. de Fr., Ardennes, com. de Hautes-Rivières; 150 hab.

FAILLOUEL, ham. de Fr., Aisne, com. de Frières-Faillouel; 860 hab.

FAILLY, vg. de Fr., Moselle, arr. et poste de Metz, cant. de Vigy; 280 hab.

FAILLY (Grand-). *Voyez* GRAND-FAILLY.

FAILLY (Petit-). *Voyez* PETIT-FAILLY.

FAIMBE, vg. de Fr., Doubs, arr. de Baume-les-Dames, cant. et poste de l'Isle-sur-le-Doubs; 100 hab.

FAIN-LES-MONTBARD, vg. de Fr., Côte-d'Or, arr. de Sémur, cant. et poste de Montbard; 200 hab.

FAIN-LES-MOUTIERS, vg. de Fr., Côte-d'Or, arr. de Sémur, cant. et poste de Montbard; 380 hab.

FAINS, vg. de Fr., Eure, arr. d'Évreux, cant. et poste de Pacy-sur-Eure; 250 hab.

FAINS, *Fanis*, vg. de Fr., Meuse, arr., cant., poste et à 1 l. de Bar-le-Duc, sur la rive gauche de l'Ornain. Il renferme un vaste hospice pour le traitement des aliénés et des incurables des deux sexes. Cet établissement occupe l'emplacement d'un ancien château fort, autrefois domaine des ducs de Bar; filat. hydraul. de coton. On remarque dans les environs les vestiges d'une voie et d'un camp romains; 855 hab.

FAINS-EN-DUNOIS, vg. de Fr., Eure-et-Loir, arr. de Chartres, cant. et poste de Voves; 450 hab.

FAIRFAX, comté de l'état de Virginie, États-Unis de l'Amérique du Nord; il est borné par l'état de Maryland, le district fédéral de Colombie et les comtés de Prince-William et de London. Sol inégal et montueux, entrecoupé de landes, mais gras et très-fertile le long du Potowmak, qui y fait des chutes, de l'Ocoquam et du Disneult. Centreville est le chef-lieu du comté; 14,000 h.

FAIRFAX, v. naissante des États-Unis de l'Amérique du Nord, état de Virginie, comté de Culpeper dont elle est le chef-lieu, au S.-O. du comté; commerce; 3500 hab.

FAIRFIELD (Beauchamp), dist. maritime de la Caroline du Sud, États-Unis de l'Amérique du Nord; il est borné par les dist. de Chester, de Lancaster, de Kershaw, de Richland, de Lexington, de Newberry et d'Union. Ce comté est arrrosé par les affluents de la Catawba et du Broad (Large), qui en font les frontières; 20,000 hab.

FAIRFIELD, comté de l'état de Connecticut, États-Unis de l'Amérique du Nord; il est borné par les comtés de Lichtfield, de Newhaven, par le détroit de Long-Island et par l'état de New-York. Sa superficie est, d'après Ebeling, de 34 l. c. géogr., avec 48,000 hab. De nombreuses chaînes de montagnes peu élevées traversent ce pays au N. et s'aplatissent vers les côtes sablonneuses et couvertes de terrains fangeux; terres très-fertiles et bien cultivées dans l'intérieur; éducation du bétail, culture d'excellents fruits, commerce, navigation, forges; manufactures de coton, de toiles et de toiles à voiles, scieries, distilleries d'eau-de-vie, etc. Le Housatonic coule à l'E. de cette province, qui lui envoie un grand nombre d'affluents dont le Paquanoc, le Sasco et le Sagatuc sont les plus considérables. Les côtes offrent plusieurs petites baies et de bons ports.

FAIRFIELD, v. des États-Unis de l'Amérique du Nord, état de Connecticut, comté de Fairfield dont elle est le chef-lieu, entre les rivières de Sagatuk et de Sasco. Il se compose proprement de quatre bourgades : Fairfield, Greenfield-Hill, Sagatuk et Mill-River; renferme 6 églises, une académie, une banque, une prison et a 3 ports: Black-Rock, le meilleur de l'état après celui de New-London, Mill-River et Sagatuk; commerce actif avec New-York; 4600 hab.

FAIRFIELD, pet. v. des États-Unis de l'Amérique du Nord, état d'Ohio, comté de Highland; 2000 hab.

FAIRFIELD, pet. v. des États-Unis de l'Amérique du Nord, état du Maine, comté de Somerset; 2300 hab.

FAIRFIELD, gros b. des États-Unis de l'Amérique du Nord, état de New-Jersey, comté de Cumberland, sur le Cohanzy; agriculture très-florissante; 3000 hab.

FAIRFIELD, v. des États-Unis de l'Amérique du Nord, état de New-York, comté de Herkimer; académie avec une école de médecine; 3500 hab.

FAIRFIELD, comté de l'état d'Ohio, États-Unis de l'Amérique du Nord; il est borné par les comtés de Licking, de Perry, de Jackson, de Pickaway et de Franklin; 19,000 hab.

FAIRFIELD, pet. v. des États-Unis de l'Amérique du Nord, état de Vermont, comté de Franklin, poste; 2400 hab.

FAIRFIELD, bourgade des États-Unis de l'Amérique du Nord, état de Pensylvanie, comté de Westmoreland, au pied des monts Laurel; mines de fers; forges de Conemaugh; 2700 hab.

FAIRFORD, pet. v. d'Angleterre, comté de Gloucester, sur le Colne; possède une belle église dont on admire surtout les vitraux; 1600 hab.

FAIRFORD-GROVE, bourgade de l'île de Prince-Edward, comté de Queens, paroisse de Charlotte.

FAIRHAVEN. *Voyez* BELL-SUND.

FAIRHAVEN (Beauport), pet. v. des États-Unis de l'Amérique du Nord, état de Massachusetts, comté de Bristol, sur une baie en face de New-Bedford; construction de vaisseaux; navigation; pêche de la baleine; 2800 hab.

FAIRHAVEN, b. des États-Unis de l'Amérique du Nord, état de Vermont, comté de Rutland, sur la baie de l'Est, au pied du mont Bald; nombreuses forges; source minérale dans les environs; 1300 hab.

FAIR-ISLE, île d'Écosse, la plus méridionale du groupe des Shetlands, entourée de rochers très-élevés. La flotte espagnole (Armada) y fut dispersée par une tempête, en 1588.

FAIRLÉE, b. des États-Unis de l'Amérique du Nord, état de Vermont, comté d'Orange, sur le Connecticut; navigation; commerce; 1700 hab.

FAIRVIEW, b. des États-Unis de l'Amérique du Nord, état de Pensylvanie, comté d'York; 1500 hab.

FAIRWEATHER (mont Beautemps), mont. et un des points culminants de l'Amérique russe, presqu'île de Pamplona, au N. du détroit de Cross, 58° 30′ lat. N., 138° long. O. Sa hauteur est de 4758 mètres.

FAISANS (île des) ou DE CONFÉRENCE, île d'Espagne, sur la Bidassoa, dans la prov. basque de Guipuscoa; connue dans l'histoire par la paix des Pyrénées (1659) entre la France et l'Espagne (cession de l'Artois et du Roussillon et d'une partie des Pays-Bas à la France).

FAISSAULT, vg. de Fr., Ardennes, arr. de Réthel, cant. de Novion, poste de Launoy; filat. de laine; 485 hab.

FAISSES (les), vg. de Fr., Jura, arr.; cant. et poste de Poligny; 210 hab.

FAISSINHES-SAINT-JEAN, ham. de Fr., Aveyron, com. du Vibal; 250 hab.

FAIVRES (les), ham. de Fr., Jura, com. de la Grande-Rivière; 100 hab.

FAJAC, vg. de Fr., Aude, arr. de Carcassonne, cant. et poste de Lagrasse; 160 h.

FAJAC-LA-RELENQUE, vg. de Fr., Aude, arr. de Castelnaudary, cant. et poste de Salles-sur-l'Hers; 260 hab.

FAJOLLE (la), vg. de Fr., Aude, arr. de Limoux, cant. de Belcaire, poste de Quillan; 370 hab.

FAJOLLE (la), ham. de Fr., Lot, com. de Masclat; 200 hab.

FAJOLLE, vg. de Fr., Tarn-et-Garonne, arr. de Castel-Sarrazin, cant. et poste de St.-Nicolas-de-la-Grave; 310 hab.

FAKI, v. du Japon, chef-lieu de la prov. de Nagata (Tsiô-siou).

FAKODHADE. *Voyez* KAKHODADE.

FALABA, v. de la Haute-Guinée, capitale du roy. de Solima ou Soulimana, sur la côte de Sierra Leone; elle est située sur un affluent de la Kokell; 6000 hab.

FALAISE, vg. de Fr., Ardennes, arr., cant. et poste de Vouziers; 510 hab.

FALAISE, *Falaza, Falesia*, v. de Fr., Calvados, chef-lieu d'arrondissement, à 8 l. S. de Caen, 53 l. O. de Paris; siège de tribunaux de première instance et de commerce; conservation des hypothèques et direction des contributions indirectes. Cette ville, très-industrieuse, est agréablement située au haut d'une colline, sur la rive droite de l'Anté; elle est bien bâtie et ornée de plusieurs belles fontaines. Le château, où naquit Guillaume-le-Conquérant, et la halle aux grains sont ses monuments remarquables; elle possède un collège et une bibliothèque. Fabrication de bonneterie, qui occupe plus de 4000 métiers; la filature de coton et la teinturerie sont les principales branches de son industrie. On y fabrique en outre des dentelles, du papier, etc. Ses tanneries et ses mégisseries ont aussi de l'importance. Son commerce consiste dans la vente de tous les produits de ses fabriques, en laine, chevaux de luxe, grains et bestiaux. Ce qui rend cette ville célèbre dans le commerce, c'est la foire dite de Guibray, du nom d'un des faubourgs de Falaise; elle a lieu du 10 au 26 août, et c'est, après celle de Beaucaire, la plus considérable de France. Il s'y tient encore annuellement plusieurs autres foires, moins fréquentées, savoir: les 12 mai, 10 juin, 1er octobre et 22 novembre; 9498 hab.

Falaise est une ville très-ancienne; cependant son histoire ne commence qu'à la fin du dixième siècle. Guillaume-le-Conquérant y naquit en 1027, dans le château qui devint une des principales résidences des ducs de Normandie. En 1418, Falaise tomba au pouvoir des Anglais; ce fut la dernière ville qu'ils possédèrent en France. Pendant les guerres de la ligue elle fut prise, après un long siège, en 1589, par Henri IV, qui en fit démolir les fortifications.

FALAISE (la), vg. de Fr., Seine-et-Oise, arr. et cant. de Mantes, poste d'Épône; 280 hab.

FALALEP, île du groupe d'Oulouthy, dans l'archipel des Carolines, Polynésie; elle a 250 habitants, bons navigateurs et habiles dans la construction des pirogues.

FALANICHE, v. d'Espagne, prov. et île de Majorque; grandes distilleries; non loin se trouve le pèlerinage de St.-Salvador; 6800 h.

FALASJAN (émigrés ou exilés), colonie de juifs, existant depuis près de 3000 ans, dans la prov. de Samen, faisant partie du roy. abyssinien de Tigré. Quant à l'historique de ce fait ethnographique très-intéressant, il paraît qu'à l'époque de la conquête de la Judée et des provinces voisines par Nabuchodonosor, roi de Babylone (l'an du monde 3416), un grand nombre d'habitants se réfugièrent en Egypte et en Arabie, d'où ils allèrent en

Ethiopie. C'est l'opinion de M. Marcus, qui a publié, il y a quelques années, un savant mémoire sur ce sujet. Ce qu'il y a de certain, c'est que dès le temps d'Alexandre-le-Grand ces juifs ont été appelés dans le pays Falasjan, c'est-à-dire émigrés ou exilés, et qu'ils y étaient solidement établis; ils ont, jusqu'à ces derniers temps, conservé leur indépendance, leur langue, leur religion et leurs institutions nationales. Ils occupent la contrée située sur la rive occidentale du Tacazzé, rendue d'un accès difficile par de hautes montagnes. Ces juifs dominèrent pendant longtemps sur les régions voisines, entre le Samen et la mer Rouge et du côté du lac Dembea. Quoique réduits successivement à des limites plus étroites, ils pouvaient encore, du temps de Bruce, mettre 50,000 hommes sur pied. Mais en 1800, la race royale s'étant éteinte, cette partie du Samen est tombée dans la dépendance du souverain chrétien du pays et paraît maintenant dépendante du Tigré.

FALCK, vg. de Fr., Moselle, arr. de Thionville, cant. et poste de Bouzonville ; fabr. de lames de scies, bêches, pelles et outils ; 430 hab.

FALCKWILLER, vg. de Fr., Haut-Rhin, arr. de Belfort, cant. et poste de Dannemarie ; 260 hab.

FALCON ou **FAUCAN**, RAS-EL-HARSHFA, capitale dans la partie occidentale de la rég. d'Alger, à 5 l. N.-O. d'Oran.

FALCONARA, v. du roy. de Naples, prov. de la Calabre citérieure ; 1600 hab.

FALCZY, v. de la Turquie d'Europe, Moldavie, sur le Ruth. Pierre-le-Grand, cerné par les Turcs, y conclut, en 1711, un traité qui sauva son armée.

FALÈME, ou TENÉ, TENYAH, TENYEAH, THENÉ, gr. riv. de Sénégambie; elle prend sa source dans les montagnes du Fouta-Diallon, au S. de celle de la Gambie; traverse le Dentilia et le dist. bamboukain de Satadou, et se jette dans le Sénégal, dont elle est le plus grand affluent de gauche, près de Tafalisga, à 8 l. O. de Gallam.

FALEYRAS, vg. de Fr., Gironde, arr. de la Réole, cant. de Targon, poste de Cadillac ; 460 hab.

FALGA (le). *Voyez* JEAN-DU-FALGA (Saint-).

FALGA (le), vg. de Fr., Haute-Garonne, arr. de Villefranche-de-Lauragais, cant. et poste de Revel ; 280 hab.

FALGARDE. *Voyez* CROIX-FALGARDE (la).

FALGOUX, vg. de Fr., Cantal, arr. de Mauriac, cant. et poste de Salers ; 910 hab.

FALGUEYRAT, vg. de Fr., Dordogne, arr. de Bergerac, cant. et poste d'Issigeac ; 120 hab.

FALGUIÈRES, ham. de Fr., Aveyron, com. de Ledergues; 400 hab.

FALGUIÈRES, ham. de Fr., Tarn-et-Garonne, com. de Montauban ; 620 hab.

FALIEZ, ham. de Fr., Aveyron, com. de Therondels ; 110 hab.

FALISSON (le), ham. de Fr., Lozère, com. de St.-Beauzille; 100 hab.

FALKENAU, pet. v. de Bohême, cer. d'Ellenbogen, sur l'Eger; avec un beau château ; manufacture de coton et culture de houblon très-considérable ; 1600 hab.

FALKENBERG, pet. v. de Prusse, chef-lieu de cercle, sur la Steinau, prov. de Silésie, rég. d'Oppeln; 1500 hab.

FALKENBORG, v. maritime de Suède, prov. de Halmstadt; commerce ; pêche ; 1000 hab.

FALKENBOURSCH. *Voy.* FAULQUEMONT.

FALKENBOURG, pet. v. de Prusse, rég. de Cœslin, prov. de Poméranie ; manufactures de draps; 2500 hab.

FALKENSTEIN, v. du roy. de Saxe, cer. de Voigtland, près de Gœlzsch ; elle a une population de 2800 hab., qui s'occupent de la fabrication de mousselines, cambresines et dentelles et du travail des mines. Dans les environs se trouve, sur un mille d'étendue, une série de rochers de formes très-singulières.

FALKIRK, *Davium Sacellum*, v. d'Écosse, comté de Stirling, sur le Carron ; fait un commerce très-étendu en bestiaux, céréales, coton, cuir et ouvrages en fer; 12,000 hab.

FALKLAND, b. d'Écosse, comté de Fife, avec les ruines d'un château royal; 2500 h.

FALKLAND ou MALOUINES, MALVINAS (îles), groupe d'îles au nombre de 90, selon Weddell ; elles s'étendent à 120 l. E. du cap de las Virgines (cap des Vierges), l'extrémité S.-E. de la Patagonie, depuis le 51° 5′ jusqu'à 52° 46′ lat. S. Toute cette longue série d'îles se compose de deux grandes îles, l'île de l'Est (Eastern-Island) et l'île de l'Ouest (Western-Island), et d'un grand nombre de petites îles qui se groupent autour des deux premières. Les principales en sont, dans les environs de l'île de l'Ouest : les Iles-Sébald ou Iles-Sauvages, au N.-O. ; les Deux-Frères et l'île de Carcasse, au N.-O. ; l'île de Saunders, au N. ; l'île de Jason ou de Town, au N. ; New-Island (île neuve), la plus considérable après les deux grandes îles citées plus haut, l'île du Nord (North-Island), l'île de la Selle, les îles Keppel, au N. ; le White-Stone-Island (île de la pierre blanche), au N. ; l'île de Peeble, au N.-E., et d'autres ; dans les environs de l'île Orientale on trouve les Sea-Lions-Islands (îles des loups marins), au S. ; les îles Anican, découvertes par Bougainville, au S.-O., etc. Les deux grandes îles sont séparées l'une de l'autre par le détroit de Falkland ou de Carlisle, large de 2 à 4 l. Les principaux caps y sont : le cap Tamar, dans l'île de Peeble ; le cap Méredith ou cap Oxford, au S.-O. de l'île Occidentale ; le cap Dauphin, pointe N.-O. de la même île; le cap Howe et le cap Carisfort, au N. de l'île Occidentale. Toutes ces îles ont une superficie de 157 l. c. géogr. Le sol est rocailleux, mais bien arrosé et plus propre à la culture qu'on ne le croyait autrefois ; il produit quelques herbes et plusieurs plantes européennes qu'on y a transplantées. Nos animaux domestiques s'y acclimatent facilement; les renards, les oiseaux marins, surtout les pinguins, la baleine, les phoques, les éléphants marins, les poissons et les mollusques y abondent. Le bois manque mais on y supplée par la tourbe qui s'y trouve en abondance. Le climat est tempéré mais très-variable. L'île Occidentale est la plus grande du groupe : elle a 44 l. de longueur sur 20 l. de large. La côte N. de cette île offre de nombreuses entrées, dont la plus considérable conduit au port d'Egmont où l'on voit encore les restes d'établissements que les Anglais y avaient fondés. Les autres baies les plus importantes de cette île sont : le Byrons-Sound, la baie du Nord, la baie du Sud, le port Stephens, le port Albemarle, le port de Santa-Eufemia et le port Howard. L'île Orientale a une longueur de 34 l. sur 20 l. de large ; elle fourmille de troupeaux de chevaux, de bœufs et de cochons, provenant de l'ancien établissement français de St.-Louis. Le port Solédad ou Port-Louis, près des ruines de l'établissement de ce nom, est le principal port à l'E. de cette île.

Les îles Falkland furent vues pour la première fois par le navigateur anglais Davis, en 1592. Une année plus tard elles furent découvertes par Richard-Hawkin, qui leur donna le nom de Maidenland (terres des jeunes filles). Bientôt après ces îles furent visitées par le Hollandais Sébaldus de Weert, qui découvrit, en 1599, le groupe qu'il appela Sébaldines et qui portent aujourd'hui le nom d'îles de Jason. Cowley les explora en 1683. En 1689 le capitaine Strong, qui les visita, leur donna le nom d'îles Falkland. En 1700, le Français Beauchêne-Guin y aborda et en nomma quelques-unes d'après son nom. Porée de St.-Malo y vint en 1708 et les appela Malouines. Roggewein, un Hollandais, en fit le tour en 1721 et leur donna le nom de Belgia Australis, nom qui se perdit bientôt.

En 1764 les Français y fondèrent l'établissement de Port-Louis, avec un fort sur la baie de Berkley. Cet établissement était destiné à procurer aux vaisseaux français qui venaient des Indes orientales un asile contre les corsaires de l'Angleterre, alors en guerre avec la France. Mais l'Espagne fit valoir ses droits sur cet établissement et, en 1767, la France le lui vendit pour la somme de 603,000 livres. L'Espagne laissa bientôt dépérir cette colonie qui lui servit d'abord de lieu de déportation pour les criminels de ses possessions américaines.

L'Angleterre aussi avait commencé à coloniser ces îles. En 1764 Byron avait découvert le port Egmont, au N.-O. de l'île Occidentale où l'on fonda un établissement, qui fut abandonné en 1774.

En 1820 la république Argentine y envoya le capitaine Jewitt pour prendre possession de ces îles et y fonder un établissement ; mais, en 1833, les Anglais s'en emparèrent et essayent depuis ce temps de se fixer dans ces parages.

FALKŒPING, v. de Suède, préfecture de Skaraborg. Tout près de cette ville eut lieu, en 1388, la fameuse bataille où Albert, roi de Suède, fut vaincu et fait prisonnier par Marguerite, reine du Danemark et de la Norwège; 500 hab.

FALLATTY, pet. v. d'Abyssinie, roy. et à 22 l. O.-N.-O. de Gondar.

FALLAVAUX, vg. de Fr., Isère, arr. de Grenoble, cant. et poste de Corps; 250 hab.

FALLAVIER, ham. de Fr., Isère, com. de Villefontaine; 150 hab.

FALLEN-CITY. *Voyez* GINGER (îles).

FALLENCOURT, vg. de Fr., Seine-Inférieure, arr. de Neufchâtel-en-Bray, cant. de Blangy, poste de Foucarmont; 470 hab.

FALLERANS, vg. de Fr., Doubs, arr. de Baume-les-Dames, cant. de Vercel, poste du Valdahon; 310 hab.

FALLERON, vg. de Fr., Vendée, arr. des Sables, cant. de Palluau, poste de Challans; tanneries; 850 hab.

FALLERSLEBEN, b. du roy. de Hanovre, gouv. de Lunebourg; 1400 hab.

FALLETANS, vg. de Fr., Jura, arr. et poste de Dôle, cant. de Rochefort; 500 hab.

FALLO, dist. dans l'oasis d'Audjelah, dans le désert de Barca, avec les bourgs de Meledila et de Mojabra, à l'E. de la ville d'Audjelah.

FALLON, vg. de Fr., Haute-Saône, arr. de Lure, cant. et poste de Villersexel; hauts-fourneaux; 610 hab.

FALLOWFIELD, pet. v. des États-Unis de l'Amérique du Nord, état de Pensylvanie, comté de Washington, sur la Monongahéla.

FALLS, b. des États-Unis de l'Amérique du Nord, état d'Ohio, comté de Muskingum; 1600 hab.

FALLS, b. des États-Unis de l'Amérique du Nord, état de Pensylvanie, comté de Bucks, sur le Delaware ; 2500 hab.

FALMOUTH. *Voyez* STAFFORD (comté).

FALMOUTH, v. des États-Unis de l'Amérique du Nord, état du Maine, comté de Cumberland, à l'embouchure du Présumscut dans la baie de Casco, au N. de Portland et à l'endroit où commence le canal de Falmouth, qui joint le Fore-River au Présumscut; commerce important; 5000 hab.

FALMOUTH, v. naissante des États-Unis de l'Amérique du Nord, état de Kentucky, comté de Pendleton, dont elle est le chef-lieu.

FALMOUTH, pet. v. des États-Unis de l'Amérique du Nord, état de Massachusetts, comté de Barnstable, à l'extrémité S.-O. du cap Cod ; bonne rade, navigation, pêche de la morue et de la baleine ; 3200 hab.

FALMOUTH, pet. v. avec un bon port bien fortifié, dans l'île d'Antigoa, Petites-

Antilles, paroisse de St.-Paul, sur la côte S. de l'île, entre la baie du Rendez-Vous et l'English-Harbour, dont elle est séparée par une étroite langue de terre; 1800 hab.

FALMOUTH ou **THE-POINT**, pet. v. de l'île de Jamaïque, comté de Cornwall, paroisse de Treewlany, avec un port sur la baie de Martha; 1300 hab.

FALMOUTH, pet. v. de la Nouvelle-Écosse, comté de Hants, à l'E. du Bason-of-Minas.

FALMOUTH, *Falmuthum*, *Volemuthum*, *Volubæ Portus*, pet. v. d'Angleterre, duché de Cornouailles; importante par sa baie, une des meilleures et des plus grandes de l'Angleterre. C'est la station ordinaire de plusieurs navires de la marine royale et le point de départ des paquebots qui entretiennent la correspondance régulière entre l'Angleterre, l'Espagne et le Portugal, par les ports de la Corogne et de Lisbonne et avec les Antilles et l'Amérique méridionale. Sa marine marchande s'élève à 7000 tonneaux. Falmouth nomme deux députés; 4000 hab.

FALOISE (la), vg. de Fr., Somme, arr. de Montdidier, cant. d'Ailly-sur-Noye, poste de Breteuil; fabr. de papier; 400 hab.

FALS, vg. de Fr., Lot-et-Garonne, arr. d'Agen, cant. et poste d'Astaffort; 380 hab.

FALSE-BAY ou **FAUSSE-BAIE**, baie dans la colonie du Cap, au S.-E. du cap de Bonne-Espérance.

FALSE-CAP, la pointe méridionale de l'état de Delaware, États-Unis de l'Amérique du Nord; elle ferme à l'E. la baie de Réhoboth.

FALSE-CAPE-HORN. *Voyez* HORN (cap).

FALSET, b. d'Espagne, prov. de Catalogne, dist. de Tarragone; 2200 hab.

FALSO (Cabo), promontoire très-saillant au N. du dép. de Zulia, rép. de Vénézuela, sous 12° 20' lat. N.; il forme l'extrémité septentrionale de la Colombie.

FALSTER, *Falstria*, île du roy. de Danemark, au S. de celle de Seeland; elle est située entre 9° 25' et 9° 51' de long. orient., entre 54° 36' et 54° 58' de lat. N.; sa superficie est de 8 1/2 milles c. Cette île, peu élevée au-dessus du niveau de la mer, est fertile et très-bien cultivée; elle produit particulièrement du bois et des fruits. Sa population, de race danoise, est d'environ 18,000 hab.; elle forme le bge de Maribo et a pour chef-lieu Nykjobing.

FALUN, v. du roy. de Suède, chef-lieu du gouv. de Stora-Kopparberg; possède de très-riches mines de cuivre; elle est également renommée par son industrie et son école des mines. Elle livre annuellement au commerce 16,000 quintaux de cuivre, 4 à 500 marcs d'argent, 500 quintaux de plomb, etc.; 4800 hab.

FALVATERRA, b. des états de l'Église, délégation de Frosinone; 1200 hab.

FALVY, vg. de Fr., Somme, arr. de Péronne, cant. de Nesle, poste de Ham; 440 hab.

FAMAGOUSTA, *Fama Augusta, Tamasus*, v. maritime de l'île de Chypre, située près du cap Criega. Elle est très-grande, mais presque abandonnée; on n'y compte que 500 habitants turcs. Le port, protégé par un fort, est complétement embourbé et le commerce a disparu. Un aqueduc amène de l'eau à la ville. Devant le port est située la petite île de Salamis ou de Ste.-Catherine, où florissait autrefois Salamis ou Constantia, aujourd'hui Eski-Famagousta.

FAMANTARA, dist. dans la partie occidentale de l'île de Madagascar, entre les riv. de Chacoa et de Mouroundaoua.

FAMARA ou **WILLIAM-ISLAND**, la plus septentrionale des îles Loss, situées sur la côte de Sierra-Leone, dans la Haute-Guinée. Elle est fertile, a 5 l. de long sur 1 de large et renferme trois villages.

FAMARS, vg. de Fr., Nord, arr., cant. et poste de Valenciennes; fabr. de sucre indigène; 460 hab.

FAMECHON, vg. de Fr., Pas-de-Calais, arr. d'Arras, cant. de Pas, poste de Doullens; 430 hab.

FAMECHON, vg. de Fr., Somme, arr. d'Amiens, cant. et poste de Poix; 240 hab.

FAMECHON, ham. de Fr., Somme, com. d'Ailly-le-Haut-Clocher; 250 hab.

FAMECK ou **FELMER**, vg. de Fr., Moselle, arr., cant. et poste de Thionville; 1130 hab.

FAMIEH (l'ancienne *Apamea*), b. de Syrie, eyalet de Damas, sur l'Oronte; sans grande importance aujourd'hui, mais célèbre sous les Séleucides par les magnifiques haras que les rois de Syrie y avaient établis pour la remonte de leur cavalerie. Les prairies qui l'entourent nourrissaient 30,000 chevaux et 500 éléphants. Encore aujourd'hui, les Bédouins du désert viennent, en été, profiter de ces excellents pâturages. La pêche qu'on fait dans ses environs, dans le lac El-Taka, qui communique avec l'Oronte, rapporte, selon Burkhardt, près de 80,000 francs au gouverneur.

FAMILLY, vg. de Fr., Calvados, arr. de Lisieux, cant. et poste d'Orbec; 350 hab.

FAMINE (Port-), baie au S. de la Patagonie, dans le détroit de Magellan, sous 53° 35' lat. S.; elle reçoit le Sedger, fleuve qui fournit une très-bonne eau; le bois y abonde. En 1581, les Espagnols avaient construit un fort sur les bords de cette baie; mais, quelques années plus tard, toute la garnison périt, faute de vivres.

FAMMAMATZ, v. du Japon, chef-lieu de la province du même nom. Elle est entourée de murs et renferme un château et plusieurs temples situés sur une colline. Le nombre de ses maisons est de 1200 environ; ses habitants sont industrieux et font un commerce assez actif.

FAMPOUX, vg. de Fr., Pas-de-Calais, arr., cant. et poste d'Arras; 1010 hab.

FAMSON, ham. de Fr., Eure, com. de Guichainville; 110 hab.

FANADO ou **VILLA-DO-BOM-SUCCESSO**. *Voyez* BOM-SUCCESSO.

FANARAKI, fort et phare situés sur la côte asiatique et près de l'embouchure du Bosphore.

FANDO. *Voyez* VOLTA (Rio-).

FANE (New-). *Voyez* NEWFANE.

FANET, ham. de Fr., Haute-Vienne, com. de St.-Silvestre; 170 hab.

FANFOUÉ, pet. île de la Polynésie, au N.-O. de celle de Maouna, dans l'archipel de Hamoa ou de Bougainville (l'archipel des Navigateurs de la plupart des géographes). Elle est située sous 14° 5' 20" lat. S. et 171° 52' long. occ. Fanfoué, que quelques géographes nomment Omanouan, est élevée, montagneuse et fort peuplée.

FANGHATERE, dist. dans la partie S.-E. de l'île de Madagascar, dans le pays des Antacimes.

FANGY, ham. de Fr., Jura, com. de Toulouse; 210 hab.

FANJAUX, ham. de Fr., Gers, com. de Bedechan; 110 hab.

FANJEAUX, pet. v. de Fr., Aude, arr., à 4 l. S.-S.-E. et poste de Castelnaudary, chef-lieu de canton; 1780 hab.

FANLAC, vg. de Fr., Dordogne, arr. de Sarlat, cant. et poste de Montignac; 510 h.

FANNINGSHAFF. *Voyez* SARTORIUS (île).

FANNISSIMA, v. du Japon, principauté de Sinano, île Niphon; ville industrieuse, située sur le canal Central.

FANO, île du roy. de Danemark, sur la côte occidentale de Jutland; comprise dans le bge de Ribe; son étendue est de 1 mille c., et sa population de 2400 habitants. Le pays est stérile; ses habitants sont pêcheurs, bateliers ou s'occupent de l'éducation des moutons; ils recueillent aussi de l'ambre sur les côtes.

FANO, *Colonia Julia Fanestris*, v. des états de l'Église, située au bord de la mer, délégation d'Urbin-et-Pessaro; siège d'un évêché; a une nombreuse marine marchande et un commerce assez important; 15,000 h.

FANO, ham. de Fr., Corse, com. de San-Nicolao; 160 hab.

FANSKERE ou **RANEVATTE**, riv. dans la partie S.-E. de l'île de Madagascar, pays des Antacimes; elle prend sa source au mont Manghazé ou Manghabei, traverse le lac Amboule et se jette dans la mer des Indes, près du cap Ranevata.

FANTIE ou **FANTYN**, pet. état républicain de la Haute-Guinée, sur la côte d'Or, depuis Cap-Coast-Castle jusqu'aux frontières du roy. d'Agra : environ 40 l. de long et presque autant de large; riche en or et en grains. Habitants très-précoces, mais vieillissant avec la même rapidité; fourbes, meurtriers et parjures, se livrant spontanément aux Européens qui les achètent comme esclaves; souvent en guerre avec les Ashantis, leurs voisins. Les Anglais et les Hollandais y ont des forts. Mankasim, capitale; 40,000 hab.

FAOU (le), pet. v. de Fr. et port de mer, Finistère, arr. et à 3 l. N.-N.-O. de Châteaulin, chef-lieu de canton et poste; 915 hab.

FAOUCNI ou **ZAMFRA**, **ZANFARA**, pet. roy. peu connu de la Nigritie centrale, au N. du Wangara, entre ceux de Cachenah et de Niffé, qui tous font aujourd'hui partie de l'emp. des Fellatahs.

FAOUET (le), vg. de Fr., Côtes-du-Nord, arr. de St.-Brieuc, cant. de Lanvollon, poste de Pontrieux; 840 hab.

FAOUET (le), pet. v. de Fr., Morbihan, arr. et à 9 l. O. de Pontivy, chef-lieu de canton et poste; commerce de papiers communs, beurre, bestiaux, cire, miel, chanvre, suif; 2915 hab.

FAOUET (le), ham. de Fr., Morbihan, com. de Moréac; 210 hab.

FAQUIER, comté de l'état de Virginie, États-Unis de l'Amérique du Nord; il est borné par les comtés de Loudon, de Prince-William, de Stafford, de Culpéper et de Fréderic. Pays très-montagneux, traversé à l'O. par les montagnes Bleues et à l'E. par les Bull-Run-Hills. Dans l'intérieur s'élèvent le mont Cobler et les Short-Hills; sol calcaire, mais très-fertile et arrosé par le Goose, le Carter et le Deep; le Hedgeman, un des bras du Rappahanok, descend des montagnes Bleues et sépare ce comté de celui de Culpéper.

FARAFREH, oasis du désert de Lybie, à l'O. de la Haute-Égypte, au N.-N.-O. de la Grande et au S.-S-O. de la Petite-Oasis. Farafreh et Deyr, lieux principaux.

FARAILLON, promontoire et pointe la plus septentrionale de l'île de Lancerota, dans le groupe méridional des Canaries.

FARALLON, pet. île rocheuse de la Polynésie ou Océanie-Orientale, dans l'archipel des Mariannes, au S. d'Anatajan, sous 15° 33' de lat. N. et environ 145° 40' de long. E. Une autre île du même nom (Farallon-de-Pajoros) se trouve dans le même archipel, plus au N.-O. et au N. d'Uracas.

FARALLONES, groupe d'îles rocailleuses sur la côte de la Nouvelle-Californie, en face du port de San-Francisco, états mexicains. On y trouve beaucoup de phoques et d'oiseaux marins; ces îles sont fréquemment visitées par les Russes de Bodago.

FARAMANS, vg. de Fr., Ain, arr. de Trévoux, cant. et poste de Meximieux; 320 hab.

FARAMANS, vg. de Fr., Isère, arr. de Vienne, cant. et poste de la Côte-St.-André; 1590 hab.

FARAMINA, ancienne pet. v. de la Basse-Égypte, sur la Méditerranée.

FARANI ou **FAREUNI**, pet. v. du pays de Ludamar, dans la partie N.-E. de la Sénégambie, à 12 l. N.-O. de Benova; habitants nègres.

FARAONES, peuplade indienne indépendante et très-sauvage, errant dans les Bolsons-de-Mapimi, prov. de Chihuahua, états méxicains; ils répandent fréquemment la terreur dans les contrées voisines.

FARA-SANTO-MARTINO, b. de Sicile, prov. de l'Abruzze citérieure; fabr.de toiles; 2150 hab.

FARBANA ou **FERDANNA**, v. capitale du Bambouk proprement dit, en Sénégambie, à environ 18 l. N.-O. de la ville de Bambouk.

FARBUS, vg. de Fr., Pas-de-Calais, arr. et poste d'Arras, cant. de Vimy; 310 hab.

FARCEAUX, vg. de Fr., Eure, arr. des Andelys, cant. et poste d'Étrepagny; 230 h.

FARCHIOUT ou **FARSIOUT**, b. de la Haute-Égypte, prov., à 2 l. S. de Djirdjeh et à 2 l. O. du Nil.

FARCY-LES-LYS, ham. de Fr., Seine-et-Marne, com. de Dammarie-les-Lys; belle pépinière; 200 hab.

FARDASSI, lieu le plus considérable du pays de Darfog, au S. de la Haute-Nubie et à l'O. du Bahr-el-Azrek; il est regardé comme le marché principal entre le Bertat, la Nubie et l'Abyssinie.

FARE (la), vg. de Fr., Hautes-Alpes, arr. de Gap, cant. et poste de St.-Bonnet; 370 h.

FARE (la), vg. de Fr., Bouches-du-Rhône, arr. et poste d'Aix, cant. de Berre; 910 h.

FARE (la), vg. de Fr., Drôme, arr. et poste de Nyons, cant. de Remuzat; 40 hab.

FARE (la), vg. de Fr., Vaucluse, arr. d'Orange, cant. de Beaumes, poste de Malaucène; 180 hab.

FAREBERSWILLER, vg. de Fr., Moselle, arr. de Sarreguemines, cant. de St.-Avold, poste de Faulquemont; 770 hab.

FAREHAM, jolie pet. v. d'Angleterre, comté de Southampton; avec un petit port; manufactures de toiles à voiles et de poterie; construction de vaisseaux; 3500 hab.

FAREINS, vg. de Fr., Ain, arr. de Trévoux, cant. de St.-Trivier-sur-Moignans, poste de Montmerle; 1190 hab.

FAREINS-LES-BEAUREGARD, ham. de Fr., Ain, com. de Fareins; 160 hab.

FARELLONES (les), groupe de pet. îles rocheuses de la Polynésie, archipel des Mariannes, entre les îles Sarigan et Guguam; ces îles sont sans importance.

FARÉMONT, vg. de Fr., Marne, arr. et poste de Vitry-le-Français, cant. de Thiéblemont; 110 hab.

FAREMOUTIERS, b. de Fr., Seine-et-Marne, arr. de Coulommiers, cant. de Bozoy-en-Brie, poste; 1020 hab.

FARESCOUR ou **FERESCOUR**, b. de la Basse-Égypte, prov. et à 3 l. S. de Damiette; fabr. d'étoffes de soie. St.-Louis y fut fait prisonnier avec son armée, en 1250. *Voyez* MANSOURAH.

FARESTAK, b. de la Basse-Égypte, prov. de Melyg, sur le bras de Rosette, au S. de Sa-el-Hadjar.

FAREWELL, île à l'extrémité S.-O. du Grœnland, forme, avec le cap Farewell, l'extrémité méridionale du Grœnland, sous 58° 38' lat. N.

FAREWELL, île de la Polynésie ou Océanie-Orientale, dans l'archipel de Viti (îles Fidji); cette île, la plus septentrionale de l'archipel, est située sous 15° 42' de lat. S. et 177° 54' de long. E.; elle fut découverte par Wilson, en 1797; mais ce navigateur ne l'a point explorée.

FAREWELL, cap de la Nouvelle-Zélande, Polynésie, à la pointe septentrionale de l'île Tawaï-Pounamou, sur le détroit de Cook, sous 40° 35' de lat. S. et 170° 56' de long. E.

FARFAYER, ham. de Fr., Isère, com. de Bourg-d'Oisans; 100 hab.

FARGE (la), Loire. *Voyez* NEAUX.

FARGE (la), Dordogne. *Voyez* MÉDARD-DE-DROUNE (Saint-).

FARGEAU (Saint-), vg. de Fr., Seine-et-Marne, arr. et cant. de Melun, poste de Ponthierry; 990 hab.

FARGEAU (Saint-), jolie pet. v. de Fr., Yonne, sur le Loing, arr., à 13 l. de Joigny et à 45 l. de Paris, chef-lieu de canton et poste. Sur la place publique de cette ville on voit un vaste château, monument du dixième siècle; il est entièrement construit en briques et très-bien conservé; un parc magnifique dépend de ce château, qui fut la propriété de plusieurs personnages célèbres, entre autres du conventionnel Michel Lepelletier; commerce de bois; 2255 hab.

FARGEOL (Saint-), vg. de Fr., Allier, arr. de Montluçon, cant. de Marcillat, poste de Néris; 820 hab.

FARGES, vg. de Fr., Cher, arr. de Bourges, cant. de Baugy, poste de Villequiers; 670 h.

FARGES (les), vg. de Fr., Dordogne, arr. de Sarlat, cant. et poste de Montignac; 310 hab.

FARGES, vg. de Fr., Ain, arr. de Gex, cant. et poste de Collonges; 730 hab.

FARGES, vg. de Fr., Saône-et-Loire, arr., cant. et poste de Châlon-sur-Saône; 300 h.

FARGES, vg. de Fr., Saône-et-Loire, arr. de Mâcon, cant. et poste de Tournus; 300 h.

FARGES (les), ham. de Fr., Haute-Vienne, com. de Burgnac; 120 hab.

FARGES-ALLICHAMPS, vg. de Fr., Cher, arr., cant. et poste de St.-Amand-Mont-Rond; 300 hab.

FARGNIERS, vg. de Fr., Aisne, arr. de Laon, cant. et poste de la Fère; 630 hab.

FARGUES, vg. de Fr., Landes, arr., cant. et poste de St.-Sever; 560 hab.

FARGUES, vg. de Fr., Lot, arr. de Cahors, cant. et poste de Montcuq; 700 hab.

FARGUES, vg. de Fr., Lot-et-Garonne, arr. de Nérac, cant. et poste de Damazan; 850 hab.

FARGUES-DE-LANGON, vg. de Fr., Gironde, arr. de Bazas, cant. et poste de Langon; 870 hab.

FARGUES-SAINT-HILAIRE, vg. de Fr., Gironde, arr. de Bordeaux, cant. et poste de Créon; 570 hab.

FARHABAD, v. de Perse, chef-lieu du Mazanderan, sur la rivière de même nom, qui se jette non loin de là dans la mer Caspienne; commerce. Dans son voisinage, près du village d'Achraf, on peut voir les ruines d'un magnifique palais, bâti à grands frais par Abbas-le-Grand, qui voulait y établir sa résidence et les chantiers de sa marine militaire.

FARIM, pet. place dans la partie continentale du gouv. portugais du cap Vert, en Sénégambie, sur le Cacheo, à l'O. de Geba.

FARIMABBIE, v. de la Nigritie occidentale, roy. de Massina, sur la route de Djenny à Tombouctou.

FARINCOURT, vg. de Fr., Haute-Marne, arr. de Langres, cant. et poste du Fayl-Billot; minerai de fer et haut-fourneau; 250 h.

FARINOLE, vg. de Fr., Corse, arr. de Bastia, cant. et poste de St.-Florent; 540 h.

FARKASD, b. de Hongrie, cer. en-deçà du Danube, sur la Waag.

FARMINGHAM, pet. v. des États-Unis de l'Amérique du Nord, état de Massachusetts, comté de Middlesex; académie; 2400 hab.

FARMINGTON, pet. v. des États-Unis de l'Amérique du Nord, état de Connecticut, comté de Hartford, sur le Farmington; éducation du bétail très-considérable; 3000 hab.

FARMINGTON, b. des États-Unis de l'Amérique du Nord, état du Maine, comté de Kennebec, dans une contrée très-fertile et bien cultivée; 2100 hab.

FARMINGTON, pet. v. des États-Unis de l'Amérique du Nord, état de New-York, comté d'Ontario; source minérale d'eau sulfureuse appelée *Clifton-Spring*; 2500 hab.

FARMVILLE, b. florissant des États-Unis, de l'Amérique du Nord, état de Virginie, comté de Prince-Edward. Dans son voisinage se trouve le célèbre collége de Hampden-Sidney; 2000 hab.

FARNAY, vg. de Fr., Loire, arr. de St.-Étienne, cant. et poste de St.-Chamond; 730 hab.

FARNHAM, *Vindanum*, jolie pet. v. d'Angleterre, comté de Surry, sur le Wye; école militaire, palais de l'évêque de Winchester; manufacture et commerce de laine, culture de houblons estimés les meilleurs de toute l'Europe; 3000 hab.

FARN-ISLES, groupes de 17 petites îles, peu loin de la côte de Durham, en Angleterre, vis-à-vis de Bamborough-Castle; la plus grande de ces îles est appelée Farn, et possède un fort et un phare; pêche et chasse aux oiseaux; on y trouve une grande quantité d'oies à duvet fin ou édredon.

FARO, pet. v. de l'emp. du Brésil, prov. de Para, dist. de la Guyane, sur un grand lac formé par le Rhamunda; elle est située à 17 l. O. d'Obydos; culture du cacao et du coton; 2800 hab.

FARO, port du Portugal, roy. d'Algarve, chef-lieu de district, évêché; situé à 3 l. au-dessous de l'embouchure du Valfermosa dans la Méditerranée, dans une contrée fertile, à 52 l. S. de Lisbonne; l'entrée du port est défendue par une citadelle et le fort St.-Laurent. Trois petites îles dont l'extrémité méridionale forme le cap Ste.-Marie, se trouvent à l'entrée de la rivière, et protègent la rade, qui est sûre et spacieuse. Son commerce consiste en denrées du sud, liége, soumac, joncs et thon mariné; il s'étend sur Londres, Hambourg, Cadix et le Maroc; pêche considérable, cabotage actif. La ville est bien bâtie, a une belle place publique sur la rivière, 2 églises, 4 hôpitaux et un séminaire; pop. de la ville 6100, du district 40,000 hab.

FARONVILLE, vg. de Fr., Loiret, arr. de Pithiviers, cant. d'Outerville, poste de Toury; 180 hab.

FARRAH, *Furrah*, prov. orientale de l'Afghanistan. Elle faisait partie anciennement du Khorassan, par lequel elle est bornée au N. et à l'E., confine au S. E. avec le Kandahar, au S. avec le Sistan, à l'O. avec Iran. Quelques ramifications du Parapamisus traversent le N. de la province qui est arrosée par le Farrabroud, et baignée par l'Helmend et le Kosohrud. Le bassin du Farrahroud est la seule partie fertile du Farrah, dont le sud n'est qu'une vaste steppe sablonneuse, dépourvue d'eau; un désert pareil le sépare à l'O. de l'Iran. La province est divisée en quatre districts, qui sont : Farrah, Oke, Nourseis et Sadsar. Les Ghildgi dans le pays d'Oke, et les Nourseis, tribu de Dourani, sont les nomades les plus nombreux de cette province, qui compte 250,000 hab.

FARRAH, probablement l'ancienne *Parsa*, (nom que lui donnent encore aujourd'hui les Afghans), chef-lieu de la province du même nom, sur le Farrabroud, grande ville entourée de murs et de jardins; elle possède, selon Christi, un bazar bien approvisionné.

FARRAHROUD, riv. de l'Afghanistan, qui prend sa source dans le Parapamisus, traverse la prov. de Farrah, et se jette dans le lac Zerrah.

FARRAKABAD ou **FURRUKABAD**, v. de l'Inde anglaise, prov. d'Agra, chef-lieu du district de son nom. Elle est située non loin du Gange, entourée de murs et divisée en sept quartiers. Farrakabad est aujourd'hui une des principales villes de commerce des provinces N.-O. de l'Inde anglaise; son industrie est florissante; elle fabrique principalement des étoffes de soie et de coton. Le nombre de ses habitants était de 67,000 il y a quelques années, et doit avoir augmenté depuis. Lord Lake s'empara de cette ville en 1805, après une victoire brillante remportée sur Holkar.

FARRAN, l'une des branches de l'Indus.

FARRANDS, fleuve des États-Unis de l'Amérique du Nord, état de Vermont, se décharge dans le lac Memfrémagog.

FARRE (la), vg. de Fr., Ardèche, arr. et

poste de Tournon, cant. de St.-Félicien ; 560 hab.

FARRE (la), vg. de Fr., Haute-Loire, arr. du Puy, cant. de Pradelles, poste de Cayres; 400 hab.

FARRERA (la vallée de) ou **FERRERA**, dans le cant. des Grisons, juridiction supérieure de Schoms ; elle est longue de 6 à 7 l., et sa plus grande largeur n'est que d'une demi-lieue; elle se partage vers le S. en plusieurs autres vallées dont les principales sont celles d'Emmet, du Lei et de Madris. La partie supérieure porte aussi le nom d'Avers. Cette contrée, élevée et très-montagneuse, est abondante en minéraux ; peu de parties de la Suisse sont aussi riches en beautés naturelles.
Le village de Farrera s'y trouve dans une situation extrêmement romantique, non loin d'un éboulement qui eut lieu en 1794.

FARRET, ham. de Fr., Aveyron, com. de St.-Juéry; 130 hab.

FARRET, vg. de Fr., Aveyron, arr. de St.-Affrique, cant. et poste de St.-Sernin; 280 hab.

FARRINGDON, b. d'Angleterre, comté de Berks ; commerce de porcs et de lard; 2000 hab.

FARS, ou **FARSISTAN**, l'ancienne Perse, est la plus grande de toutes les provinces iraniennes. Le nom de Fars signifie *Perse*, celui de Farsistan, *pays des Persans*. Elle est située entre 47° 30' et 55° 25' long. orient. et entre 25° 55' et 32° 25' lat. N., en y comprenant les îles. Ses limites sont : au N. l'Irak-Adjemi, le Kerman à l'E., le golfe Persique au S., le Khousistan à l'O. Sa superficie est de 5950 l. géogr. c. Le Fars se divise en deux parties très-distinctes : la septentrionale, appelée Serdsir (la froide), est une région montagneuse et rude qui appartient au plateau Iranien; la méridionale, appelée Kermsir, (la chaude), est une plage plate, sablonneuse, déserte, ravagée souvent par une chaleur et une sécheresse brûlantes, et habitée par des tribus indépendantes d'Arabes. Le sol cependant, bien que pierreux près des montagnes, est productif, et dans les plaines susceptibles d'être arrosées, il est très-fertile. Les rivières du Fars, affaiblies par des canaux d'irrigation, ont peu d'importance. Le Bendemir et le Kuren, qui se jettent dans le lac Bakhteghan, sont les plus considérables. Le Zab et le Schapour n'ont qu'un cours très-borné. Les principaux lacs sont le Bakhteghan, le Detech-Ersen, le Derjadsech, etc. Le Fars donne presque toutes les productions de la Perse, et peut être regardé comme une des parties les plus favorisées de ce royaume, bien qu'anciennement il fût mieux cultivé et mieux peuplé. Les habitants sont tous agriculteurs et mettent beaucoup de soin aux irrigations ; mais dès qu'il y a la moindre négligence, la nature du sol l'emporte, et en peu d'années les champs les plus fertiles sont changés en déserts et en marais. Les principales productions consistent en vins, fruits du sud, bois, chevaux, moutons, naphte, tabac, chanvre, coton, etc. De toutes les provinces de Perse Fars est la plus industrieuse; dans les grandes villes on fabrique les plus belles étoffes en soie, en coton et en poil de chameau ; les exportations sont considérables. On porte le chiffre de sa population à 1,700,000; ses principaux habitants sont des Tadjiks, Turcomans, Arabes, etc. La capitale du Fars est Chiraz; les autres villes importantes sont : Istakhar, Mourgab, Fesa, Darabgherd, Firouzabad, Kazeroun, Sourma, Yezdkast, Yezd, Ardjan, Baft, Djaroun, Abouchehr, Far, etc. Les îles de Karak, Kiehm et Hormouz, situées dans le golfe Persique, appartiennent à cette province.

FARSA. *Voyez* TSCHATALDSCHA.

FARSAN, grande île de 25 lieues de tour, située dans le golfe Arabique, non loin du port de Dschesan; ses habitants vivent de la pêche des perles et des tortues.

FARSHWILLER, vg. de Fr., Moselle, arr. de Sarreguemines, cant. de Forbach, poste de Puttelange ; 650 hab.

FARSUND, b. de Norwège, sur une baie, diocèse de Christiansand; il possède trois ports et un commerce considérable ; pêcheries; 530 hab.

FASANA, b. d'Autriche, gouvernement de Trieste, cer. d'Istrie, sur une petite baie ; pêche et commerce de poissons.

FASANO, v. du roy. des Deux-Siciles; intendance de Bari ; 7000 hab.

FATA, v. du Japon, chef-lieu de la prov. du même nom. Elle est située sur le bord de la mer et possède un port où aborda Benjowski, qu'on força bientôt de s'éloigner.

FATATENDA, v. considérable dans l'état Manding-de-Oulli, en Sénégambie, sur la Gambie ; les Anglais y avaient un comptoir.

FATESCH, v. de la Russie d'Europe, chef-lieu d'un district, dans le gouv. de Koursk ; 200 hab.

FATIER, ham. de Fr., Ain, com. de Peysieux ; 100 hab.

FATIGOR, prov. considérable de l'Abyssinie méridionale, au N.-O. de la côte d'Adel; habitants mahométans; elle appartient aujourd'hui aux Gallas.

FATINES, vg. de Fr., Sarthe, arr. du Mans, cant. de Montfort, poste de Savigné-l'Évêque ; 350 hab.

FATIRA, b. de la Haute-Égypte, prov. d'Esné, sur la rive gauche du Nil, entre Edfou et Comombou.

FATOUVILLE, vg. de Fr., Eure, arr. de Pont-Audemer, cant. et poste de Beuzeville; scieries de marbres ; 670 hab.

FATSISIO, pet. île de l'emp. du Japon, située au S. de Yedo. Son aspect est pittoresque ; elle paraît fertile et cultivée en terrasses jusqu'au sommet des montagnes, et renferme la ville fortifiée du même nom.

Elle est remarquable comme lieu d'exil des grands du Japon, qui y sont employés à fabriquer des étoffes en soie et autres, assez précieuses pour que le Seogoun s'en réserve l'usage. Les côtes sont très-escarpées et l'on ne peut y aborder qu'au moyen d'une crue.

FATTÉCONDA, pet. v. du Bandou, en Sénégambie, sur la Falémé, et lieu principal du territoire situé au-delà de cette rivière.

FATTIHABAD ou FUTTEHABAD, v. de l'Inde, pays des Bhattics, dans l'Adjmír. Elle est entourée de murs, défendue par une citadelle et contient 5000 hab. Elle était anciennement la résidence d'un khan des Bhattics.

FATTIHGUR ou FUTTEHGHUR, v. de l'Inde anglaise, prov. d'Agra, située sur la rive droite du Gange, tout près de Farrakabad dont elle est pour ainsi dire un faubourg. Quoique petite, elle est importante par ses fabriques et la station militaire qu'y ont établie les Anglais.

FATTIHPOUR-SIKKA ou FUTTEHPOUR, v. de l'Inde anglaise, présidence de Calcutta, prov. d'Agra, aujourd'hui ruinée. On y admire les restes d'un palais magnifique, ancienne résidence de l'empereur Akbar, et la superbe mosquée que fit bâtir le fils de ce monarque. Les proportions colossales de la porte principale, les arcades qui en forment l'enceinte extérieure, plus grande que celle de la fameuse mosquée de Delhi, et les trois coupoles en marbre blanc sont les parties les plus remarquables de ce bel édifice.

FATY, ham. de Fr., Aisne, com. de Wiége-Faty; 220 hab.

FAU (le), ham. de Fr., Tarn-et-Garonne, com. de Montauban; 950 hab.

FAUCAUCOURT (Somme). *Voyez* FOUCAUCOURT.

FAUCH, vg. de Fr., Tarn, arr. d'Albi, cant. et poste de Réalmont; 640 hab.

FAUCHE (la), vg. de Fr., Haute-Marne, arr. de Chaumont-en-Bassigny, cant. de St.-Blin, poste d'Andelot; 200 hab.

FAUCHES (les) ou VINET, ham. de Fr., Lot-et-Garonne, com. de Clairac; 180 hab.

FAUCIGNY. *Voyez* FAUSSIGNY.

FAUCOGNEY, b. de Fr., Haute-Saône, arr. de Lure, chef-lieu de canton, poste de Luxeuil ; il est situé près de la Voivre et l'on y fait commerce de kirschenwasser, pierres à rasoirs, quincaillerie, etc.; fabr. de quincaillerie; tissage de coton; dans les environs, mines en fer-roche et tourbières; mine de manganèse, à Chanvillerain; 1580 h.

FAUCOMPIERRE, vg. de Fr., Vosges, arr. et cant. de Remiremont, poste de Bruyères; 200 hab.

FAUCON, vg. de Fr., Basses-Alpes, arr. et cant. de Barcelonnette, poste du Motte-du-Caire; 500 hab.

FAUCON, vg. de Fr., Vaucluse, arr. d'Orange, cant. et poste de Vaison; 590 hab.

FAUCON-DU-CAIRE, vg. de Fr., Basses-Alpes, arr. et poste de Sisteron, cant. de Turriers; 200 hab.

FAUCONCOURT, vg. de Fr., Vosges, arr. d'Épinal, cant. et poste de Rambervillers; 340 hab.

FAUCONIÈRE, ham. de Fr., Drôme, com. de Montelier; 100 hab.

FAUCOUCOURT, vg. de Fr., Aisne, arr. de Laon, cant. et poste d'Anizy-le-Château; 700 hab.

FAU-DE-PEYRE, vg. de Fr., Lozère, arr. de Marvejols, cant. et poste d'Aumont; 620 hab.

FAUDOAS, vg. de Fr., Tarn-et-Garonne, arr. de Castel-Sarrazin, cant. et poste de Beaumont-de-Lomagne; 810 hab.

FAUGA (le), vg. de Fr., Haute-Garonne, arr., cant. et poste de Muret; 470 hab.

FAUGÈRES, vg. de Fr., Ardèche, arr. de l'Argentière, cant. et poste de Joyeuse; 440 hab.

FAUGÈRES, vg. de Fr., Hérault, arr. de Béziers, cant. et poste de Bédarieux; 850 h.

FAUGUERNON, vg. de Fr., Calvados, arr., cant. et poste de Lisieux; 370 hab.

FAUGUEROLLES, vg. de Fr., Lot-et-Garonne, arr. d'Agen, cant. et poste de la Roque-Timbaut; 640 hab.

FAUILLET, vg. de Fr., Lot-et-Garonne, arr. de Marmande, cant. et poste de Tonneins; 940 hab.

FAULHORN (le), mont. de la Suisse, cant. de Berne, entre la vallée de Grindelwald et le lac de Brienz; son sommet est à 8145 pieds au-dessus du niveau de la mer. Il est fréquemment visité par les voyageurs.

FAULQ (le), vg. de Fr., Calvados, arr. et poste de Pont-l'Évêque, cant. de Blangy; 130 hab.

FAULQUEMBERGUE, b. de Fr., Pas-de-Calais, arr. et à 5 l. S.-O. de St.-Omer, chef-lieu de canton et poste; 1015 hab.

FAULQUEMONT ou FALKENBOURSCH, b. de Fr., Moselle, arr. et à 7 l. E. de Metz, chef-lieu de canton, poste; 1160 hab.

FAULX (les), ham. de Fr., Eure, com. de Heudreville-sur-Eure; 160 hab.

FAULX, vg. de Fr., Meurthe, arr. et poste de Nancy, cant. de Noményt; 850 hab.

FAULX (les), ham. de Fr., Seine-Inférieure, com. de St.-Pierre-de-Franqueville; 160 hab.

FAULX-LA-MONTAGNE, vg. de Fr., Creuse, arr. d'Aubusson, cant. et poste de Gentioux; 1300 hab.

FAUMONT, vg. de Fr., Nord, arr. de Douai, cant. et poste d'Orchies; 1400 hab.

FAUQUEHEN, ham. de Fr., Pas-de-Calais, com. de Lespesses; 100 hab.

FAUR, ham. de Fr., Deux-Sèvres, com. de Beugné; 110 hab.

FAURIE (la), vg. de Fr., Hautes-Alpes, arr. de Gap, cant. d'Aspres-les-Veynes, poste de Veynes; 770 hab.

FAURIE (la), ham. de Fr., Puy-de-Dôme, com. d'Ambert; 100 hab.
FAURIES (les), ham. de Fr., Isère, com. de St.-Lattier; 200 hab.
FAURILLE, vg. de Fr., Dordogne, arr. de Bergerac, cant. et poste d'Issigeac; 210 h.
FAUROUX, vg. de Fr., Tarn-et-Garonne, arr. de Moissac, cant. de Bourg-de-Visa, poste de Lauzerte; 750 hab.
FAUSSERGUES, vg. de Fr., Tarn, arr. d'Albi, cant. et poste de Valence-en-Albigeois; 610 hab.
FAUSSIGNY, prov. du roy. de Sardaigne; comprise dans l'intendance-générale de Savoie; elle renferme la vallée de Chamouny; son étendue est de 34 3/8 milles c., sa pop. d'environ 55,000 hab. Elle porte le titre de baronie; Bonneville en est le chef-lieu. Faussigny, dont le château a donné son nom à la province, n'est qu'un village de 240 hab.
FAUST (Saint-), vg. de Fr., Basses-Pyrénées, arr., cant. et poste de Pau; 920 hab.
FAUSTE (Saint-), ham. de Fr., Gers, com. de Cazaubon; 220 hab.
FAUSTE (Saint-), vg. de Fr., Indre, arr., cant. et poste d'Issoudun; 500 hab.
FAUSTINO (San-) ou SAN-FAUSTINO-DE-LOS-RIOS, b. de la rép. de Vénézuela, dép. de Zulia, prov. de Mérida, sur le Rio-del-Oro, appelé aussi Rio-Faustino. Cet endroit, autrefois ville assez considérable, fut fondé en 1622 par Antonio de los Rios, dans le pays des Chinatos.
FAUTE-D'ARGENT, ham. de Fr., Oise, com. de Bézancourt; 160 hab.
FAUTRIÈRES, ham. de Fr., Saône-et-Loire, com. de Palinges; 150 hab.
FAUVEAU. *Voyez* SAINT-SÉBASTIEN.
FAUVELLIÈRE (la), ham. de Fr., Eure, com. de Pullay; 140 hab.
FAUVERNEY, vg. de Fr., Côte-d'Or, arr. de Dijon, cant. et poste de Genlis; haut-fourneau; 645 hab.
FAUVETTE (la), ham. de Fr., Haute-Vienne, com. d'Oradour-sur-Glane; 130 h.
FAUVILLE, vg. de Fr., Eure, arr., cant. et poste d'Évreux; 115 hab.
FAUVILLE, vg. de Fr., Moselle, arr. et poste de Metz, cant. de Verny; 200 hab.
FAUVILLE-EN-EAUX, b. de Fr., Seine-Inférieure, arr. et à 3 l. S.-E. d'Yvetot, chef-lieu de canton et poste; 1520 hab.
FAUX, vg. de Fr., Ardennes, arr. et poste de Réthel, cant. de Novion; 380 hab.
FAUX, vg. de Fr., Dordogne, arr. de Bergerac, cant. et poste d'Issigeac; 920 hab.
FAUX (le), vg. de Fr., Pas-de-Calais, arr. et poste de Montreuil-sur-Mer, cant. d'Étaples; 300 hab.
FAUX-BOURG-SAINT-JACQUES, ham. de Fr., Indre-et-Loire, com. de Buxeuil; 220 h.
FAUX-FOSSÉS (les), ham. de Fr., Aube, com. de Troyes; 1000 hab.
FAUX-FRESNAY, vg. de Fr., Marne, arr. d'Épernay, cant. et poste de Fère-Champenoise; 575 hab.

FAUX-LA-MONTAGNE, vg. de Fr., Creuse, arr. d'Aubusson, cant. de Gentioux, poste de Felletin; 1370 hab.
FAUX-MAZURAS, vg. de Fr., Creuse, arr., cant. et poste de Bourganeuf; 550 hab.
FAUX-SUR-COOLE, vg. de Fr., Marne, arr. et poste de Vitry-le-Français, cant. de Sompuis; 100 hab.
FAUX-SAINT-ÉTIENNE. *Voyez* FAULX.
FAUX-VILLECERF, vg. de Fr., Aube, arr. de Nogent-sur-Seine, cant. et poste de Marcilly-le-Hayer; 320 hab.
FAUZIÈRES, vg. de Fr., Hérault, arr., cant. et poste de Lodève; 160 hab.
FAVALELLO, vg. de Fr., Corse, arr. et poste de Corte, cant. de Sermano; 70 hab.
FAVARA, b. maritime du plateau de Barca, à 12 l. E.-S.-E. de Derne.
FAVARS, vg. de Fr., Corrèze, arr., cant. et poste de Tulle; 660 hab.
FAVAS, vg. de Fr., Var, arr. de Draguignan, cant. de Callas, poste de Bargemont; 110 hab.
FAVÈDE (la), ham. de Fr., Gard, com. de Salles-du-Gardon; 110 hab.
FAVERACH. *Voyez* FAVEROIS.
FAVERAYE, vg. de Fr., Maine-et-Loire, arr. d'Angers, cant. de Thouarcé, poste de Brissac; 930 hab.
FAVERDINES, vg. de Fr., Cher, arr. et poste de St.-Amand-Mont-Rond, cant. de Saulsais-le-Potier; 310 hab.
FAVERELLES, vg. de Fr., Loiret, arr. de Gien, cant. de Briare, poste de Bonny; 425 hab.
FAVERGES, vg. de Fr., Isère, arr., cant. et poste de la Tour-du-Pin; 1250 hab.
FAVERGES-DE-MÉPIEU, vg. de Fr., Isère, arr. de la Tour-du-Pin, cant. et poste de Morestel; 470 hab.
FAVERGES-LES-CHARNOD, ham. de Fr., Jura, com. de Villeneuve-les-Charnod; 100 hab.
FAVERGES-LES-SAINT-HYMETIÈRE, ham. de Fr., Jura, com. de Lavans-sur-Valouse; 150 hab.
FAVERNEY, vg. de Fr., Haute-Saône, arr. de Vesoul, cant. d'Amance, poste; commerce de vins et blé; 1340 hab.
FAVEROIS ou FAVERACH, vg. de Fr., Haut-Rhin, arr. de Belfort, cant. et poste de Delle; 610 hab.
FAVEROLES, vg. de Fr., Cantal, arr. et poste de St.-Flour, cant. de Ruines; 1100 h.
FAVEROLLE. *Voyez* SAINT-HYLAIRE.
FAVEROLLES, vg. de Fr., Aisne, arr. de Soissons, cant. et poste de Villers-Cotterets; 470 hab.
FAVEROLLES, vg. de Fr., Eure, arr. d'Évreux, cant. et poste de Conches; 220 h.
FAVEROLLES, vg. de Fr., Eure-et-Loir, arr. de Dreux, cant. et poste de Nogent-le-Roi; 550 hab.
FAVEROLLES, ham. de Fr., Eure-et-Loir, com. de Terminiers; 140 hab.
FAVEROLLES, vg. de Fr., Indre, arr.

de Châteauroux, cant. et poste de Valençay; 750 hab.

FAVEROLLES, vg. de Fr., Loir-et-Cher, arr. de Blois, cant. et poste de Montrichard; 530 hab.

FAVEROLLES, vg. de Fr., Marne, arr. de Reims, cant. de Ville-en-Tardenois, poste de Jonchery-sur-Vesle; 390 hab.

FAVEROLLES, vg. de Fr., Haute-Marne, arr., cant. et poste de Langres; 470 hab.

FAVEROLLES, vg. de Fr., Orne, arr. d'Argentan, cant. de Briouze, poste de Rânes; 950 hab.

FAVEROLLES, vg. de Fr., Somme, arr., cant. et poste de Montdidier; 260 hab.

FAVEROLLES-LES-LUCEY, vg. de Fr., Côte-d'Or, arr. de Châtillon-sur-Seine, cant. et poste de Recey-sur-Ource; 180 hab.

FAVEROLLES-LES-MARES, vg. de Fr., Eure, arr. de Bernay, cant. et poste de Thiberville; 270 hab.

FAVERSHAM. *Voyez* FEVERSHAM.

FAVEYROLLES, ham. de Fr., Aveyron, com. de St.-Izair; 300 hab.

FAVIÈRE (la), vg. de Fr., Jura, arr. de Poligny, cant. de Nozeroy, poste de Champagnole; 140 hab.

FAVIÈRE, ham. de Fr., Loire, com. de St.-Cyr-de-Favières; 150 hab.

FAVIÈRES, vg. de Fr., Calvados, arr. de Falaise, cant. de Coulibœuf, poste de Croissanville; 160 hab.

FAVIÈRES, vg. de Fr., Eure-et-Loir, arr. de Dreux, cant. et poste de Châteauneuf-en-Thymerais; 340 hab.

FAVIÈRES, vg. de Fr., Meurthe, arr. de Toul, cant. et poste de Colombey; fabr. considérables de poterie vernissée, boissellerie, saboterie; 1160 hab.

FAVIÈRES, vg. de Fr., Seine-et-Marne, arr. de Melun, cant. et poste de Tournan; 740 hab.

FAVIÈRES, vg. de Fr., Somme, arr. d'Abbeville, cant. et poste de Rue; 550 hab.

FAVIGNANA, une des îles Egades, près de la côte occidentale de Sicile.

FAVRESSE, vg. de Fr., Marne, arr. de Vitry-le-Français, cant. de Thiéblemont, poste de Perthes; 180 hab.

FAVREUIL, vg. de Fr., Pas-de-Calais, arr. d'Arras, cant. et poste de Bapaume; 470 hab.

FAVRIEUX, vg. de Fr., Seine-et-Oise, arr. de Mantes, cant. de Bonnières, poste de Rosny-sur-Seine; 120 hab.

FAVRIL (le), vg. de Fr., Eure, arr. de Bernay, cant. et poste de Thiberville; 600 h.

FAVRIL (le), ham. de Fr., Eure, com. de Coudres; 130 hab.

FAVRIL (le), vg. de Fr., Eure-et-Loir, arr. de Chartres, cant. et poste de Courville; 840 hab.

FAVRIL, vg. de Fr., Nord, arr. d'Avesnes, cant. et poste de Landrecies; 800 hab.

FAXARDO, b. très-florissant de l'île de Porto-Rico, juridiction de San-Juan, à l'E. de l'île et à 20 l. de la capitale, sur le Rio-Faxardo; plantation de café, de riz, de tabac, de maïs, de coton et de sucre; 2900 h.

FAXE, vg. de Fr., Meurthe, arr. de Château-Salins, cant. et poste de Delme; 140 h.

FAXE, riv. de la Suède, affluent de l'Angermanelf.

FAXE-FIARDEN, golfe sur la côte occidentale de l'Islande.

FAY, vg. de Fr., Drôme, arr. de Valence, cant. et poste de St.-Vallier; 230 hab.

FAY (le), ham. de Fr., Indre, com. de Parnac; 150 hab.

FAY (le), ham. de Fr., Loire, com. de St.-Jean-Bonnefond; 190 hab.

FAY, vg. de Fr., Loire-Inférieure, arr. de Savenay, cant. et poste de Blain; 3480 hab.

FAY, vg. de Fr., Oise, arr. de Beauvais, cant. et poste de Chaumont-en-Vexin; 440 hab.

FAY, vg. de Fr., Orne, arr. de Mortagne-sur-Huine, cant. et poste de Moulins-la-Marche; 310 hab.

FAY (le), vg. de Fr., Saône-et-Loire, arr. et poste de Louhans, cant. de Beaurepaire; 1500 hab.

FAY, vg. de Fr., Sarthe, arr. et cant. du Mans, poste de Coulans; 610 hab.

FAY, vg. de Fr., Seine-et-Marne, arr. de Fontainebleau, cant. et poste de Nemours; 350 hab.

FAY, vg. de Fr., Somme, arr. de Péronne, cant. de Chaulnes, poste d'Éstrées-Deniécourt; 260 hab.

FAY, ham. de Fr., Somme, com. de Vergies; 110 hab.

FAY (le), ham. de Fr., Yonne, com. de Nailly; 130 hab.

FAYAL, île montagneuse et volcanique de l'Océan Atlantique, dans le groupe des Açores, d'une superficie de 3 l. c.; abonde en blé, maïs, fruits du sud, bétail, poissons et pastel; commerce de vins. Horta ou Orta, capitale; 15,000 hab.

FAY-AUX-LOGES, vg. de Fr., Loiret, arr. d'Orléans, cant. de Châteauneuf-sur-Loire, poste de Pont-aux-Moines; 1270 hab.

FAYCELLES, vg. de Fr., Lot, arr., cant. et poste de Figeac; 1050 hab.

FAYDAS (le), ham. de Fr., Tarn, com. d'Angles; 140 hab.

FAY-DE-MARCILLY, vg. de Fr., Aube, arr. de Nogent-sur-Seine, cant. et poste de Marcilly-le-Hayer; 250 hab.

FAYE, ham. de Fr., Hautes-Alpes, com. de Ventavon; 160 hab.

FAYE (la), vg. de Fr., Charente, arr. et poste de Ruffec, cant. de Villefagnan; 920 h.

FAYE, ham. de Fr., Dordogne, com. de Ribérac; 150 hab.

FAYE, vg. de Fr., Loir-et-Cher, arr. et poste de Vendôme, cant. de Selommes; 230 hab.

FAYE, vg. de Fr., Maine-et-Loire, arr. d'Angers, cant. de Thouarcé, poste de Brissac; 1300 hab.

FAYE, ham. de Fr., Deux-Sèvres, com. de Nanteuil; 130 hab.

FAYE-DE-BEAURONNE (la), ham. de Fr., Dordogne, com. de Beauronne; 120 hab.

FAYEL (le), vg. de Fr., Eure, arr. des Andelys, cant. d'Écouis, poste de Fleury-sur-Andelle; 160 hab.

FAYEL, vg. de Fr., Oise, arr. et poste de Compiègne, cant. d'Estrées - St. - Denis; 220 hab.

FAYE - L'ABBESSE, vg. de Fr., Deux-Sèvres, arr., cant. et poste de Bressuire; 740 hab.

FAYE-LA-VINEUSE, vg. de Fr., Indre-et-Loire, arr. de Chinon, cant. et poste de Richelieu; 690 hab.

FAYENCE, b. de Fr., Var, arr. et à 4 1/2 l. E.-N.-E. de Draguignan, chef-lieu de canton et poste; 2260 hab.

FAY-EN-MONTAGNE, vg. de Fr., Jura, arr., cant. et poste de Poligny; 250 hab.

FAYES, ham. de Fr., Isère, com. de Moirans; 150 hab.

FAYE-SUR-ARDIN, vg. de Fr., Deux-Sèvres, arr. de Niort, cant. de Coulonges, poste de Champdeniers; 560 hab.

FAYET, vg. de Fr., Aisne, arr. et poste de St.-Quentin, cant. de Vermand; 350 hab.

FAYET, vg. de Fr., Aveyron, arr. de St.-Affrique, cant. et poste de Camarès; 1120 h.

FAYET, vg. de Fr., Puy-de-Dôme, arr. de Clermont-Ferrand, cant. de St.-Dier, poste de Billom; 1120 hab.

FAYET-RONNAYES, vg. de Fr., Puy-de-Dôme, arr. d'Ambert, cant. et poste de St.-Germain-l'Herm; 1140 hab.

FAYETTE, comté de l'état de Géorgie, États-Unis de l'Amérique du Nord; il est borné par les comtés de Henry, de Jones, de Twiggs, de Monroé et le dist. des Creeks. Ce comté, formé depuis peu d'années, est arrosé par le Flint et l'Oakmulgée; l'agriculture y est dans son enfance; le fort Hawkins, sur l'Oakmulgée, autrefois le chef-lieu du pays, est abandonné aujourd'hui.

FAYETTE, comté de l'état d'Indiana, États-Unis de l'Amérique du Nord; il est borné par l'état de Delaware et les comtés de Wayne, de Franklin et de Ripley; quelques affluents du Whitewater arrosent ce pays. Connerville est le chef-lieu du comté; 7000 hab.

FAYETTE, comté de l'état de Kentucky, États-Unis de l'Amérique du Nord; il est borné par les comtés de Scott, de Bourbon, de Clarke, de Madison, de Jessamine et de Woodford. Paysage riche et très-pittoresque, arrosé par le Kentucky et l'Elkhorn; ce dernier y prend naissance; 26,000 hab.

FAYETTE, pet. v. des États-Unis de l'Amérique du Nord, état de New-York, comté de Sénéca, sur le lac de ce nom; le commerce très-actif de cette ville s'étend sur les lacs de Sénéca et de Cayuga; pêcheries importantes; 2600 hab.

FAYETTE, comté de l'état de Pensylvanie, États-Unis de l'Amérique du Nord; il est borné par les comtés de Westmoreland, de Somerset, de Greene, de Washington et l'état de Virginie. Son étendue est de 35 l. c. géogr., avec 32,000 hab. Sol onduleux, traversé à l'E. par les monts Laurel et dans l'intérieur par les Chesnut-Mountains; de belles et fertiles vallées s'étendent entre ces montagnes. La Monongahéla et le Sandy sont les principaux cours d'eau du pays.

FAYETTE, pet. v. des États-Unis de l'Amérique du Nord, état de Pensylvanie, comté d'Alleghany, au confluent de l'Ohio et du Montours-Run, en face de l'île de Montours; 2500 hab.

FAYETTE, comté de l'état d'Ohio, États-Unis de l'Amérique du Nord; il est borné par les comtés de Madison, de Pickaway, de Ross, de Highland, de Clinton et de Greene; sol couvert en grande partie de vastes et belles forêts de chênes et arrosé par le Paint et d'autres affluents du Scioto. Washington, sur le Paint, est le chef-lieu du comté; 9500 hab.

FAYETTEVILLE, v. des États-Unis de l'Amérique du Nord, état de la Caroline du Nord, comté de Cumberland, dont elle est le chef-lieu, au confluent du Crossin et du Cape-Fear. Cette ville, une des plus considérables de l'état, est régulièrement bâtie et renferme une académie, une banque, une poste, deux imprimeries et fait un commerce très-considérable en coton, tabac et bois de construction, qu'on transporte par eau à Wilmington. Les tribunaux de l'Union se tiennent dans cette ville alternativement avec Wilmington; 4500 hab.

FAYETTEVILLE, pet. v. des États-Unis de l'Amérique du Nord, état de Tennessée, comté de Lincoln, dont elle est le chef-lieu, sur l'Elk; renferme une académie, une banque, une imprimerie et 2000 hab.

FAYE-VERNEUIL, ham. de Fr., Nièvre, com. de Verneuil; 100 hab.

FAYL-BILLOT (le), b. de Fr., Haute-Marne, arr. et à 5 l. E.-S.-E. de Langres, chef-lieu de canton et poste; 2410 hab.

FAY-LE-FROID, b. de Fr., Haute-Loire, arr. et à 7 l. E. du Puy, chef-lieu de canton, poste du Monastier; commerce de bétail à cornes et à laine; beurre, fromage; éducation des abeilles; exploitatian de pierres de taille; 860 hab.

FAY-LE-THIEULLOY, ham. de Fr., Somme, com. de Thieulloy-l'Abbaye; 860 h.

FAYMONT, vg. de Fr., Haute-Saône, arr. et poste de Lure, cant. de Villersexel; 590 h.

FAYMONT, ham. de Fr., Vosges, com. du Val-d'Ajol; 310 hab.

FAYMOREAU. *Voyez* PUY-DE-SERRE.

FAYOLLE, ham. de Fr., Vienne, com. de St.-Saviol; 110 hab.

FAYOU, pet. île dans le Grand-Cul-de-Sac, à l'O. de Grande-Terre et au N. de la Guadeloupe proprement dite, dont elle dépend.

FAYOUM, prov. de la Moyenne-Égypte, formée par un fertile plateau et mise en communication avec le Nil par un grand canal. Plusieurs antiquités la rendent importante, entre autres le célèbre lac Mœris, dont le nom actuel est Birket-el-Keroun, le fameux labyrinthe, les pyramides de Meidoun et d'Haoura construites en briques, les grottes de Banchis, au N. de la seconde chaîne libique, l'obélisque au village d'El-Begig, le temple dit de Geroun, au S.-O. de l'extrémité du lac Mœris, etc.; 59,000 hab.

FAYOUM (ville). *Voyez* MEDYNET-EL-FAYOUM.

FAYS (les deux), vg. de Fr., Jura, arr. de Dôle, cant. de Chaumeroy, poste de Sellières; 330 hab.

FAYS, vg. de Fr., Haute-Marne, arr., cant. et poste de Vassy; 180 hab.

FAYS, vg. de Fr., Vosges, arr. d'Epinal, cant. et poste de Bruyères; 200 hab.

FAYS (les), ham. de Fr., Yonne, com. de Turny; 240 hab.

FAY-SAINT-QUENTIN (le), vg. de Fr., Oise, arr. de Beauvais, cant. de Nivillers, poste de Bresles; 580 hab.

FAYS-DE-BOUILLY, vg. de Fr., Aube, arr. de Troyes, cant. et poste de Bouilly; 280 hab.

FAY-SOUS-BOIS, ham. de Fr., Oise, com. de St.-Félix; 130 hab.

FAYSSAC, vg. de Fr., Tarn, arr., cant. et poste de Gaillac; 470 hab.

FAYSTON, pet. v. des États-Unis de l'Amérique du Nord, état de Vermont, comté de Washington; 1700 hab.

FAYTS (les), vg. de Fr., Nord, arr., cant. et poste d'Avesnes; 1000 hab.

FAZELEY, vg. d'Angleterre, comté de Warwick, sur le Birmingham; important par sa grande manufacture de coton; 1200 h.

FAZOGL ou **FAZOUGLO**, pays montagneux et peu connu au S. de la Haute-Nubie, à l'E. du Bahr-el-Abiad; habitants noirs, gouvernés par un melik ou petit roi, naguère tributaire du roy. de Sennaar; il est arrosé par le Toumat ou Maleg et renferme des mines d'or. Adasse en est le lieu le plus considérable.

FÉ (Santa-), territoire faisant partie de la confédération mexicaine et composant la ci-devant prov. du Nouveau-Mexique, dans le vaste territoire de ce nom. Cette région a une étendue de 2055 l. c. géogr., avec 53,000 hab. Elle est bornée au S. par l'état de Chihuahua et entourée sur tous les autres points de districts habités par des Indiens indépendants et faisant partie, soit de l'Union de l'Amérique du Nord, soit de la confédération mexicaine. Le Rio-del-Norte, le plus grand fleuve du Mexique, traverse du N. au S. ce pays, qui forme une superbe vallée, resserrée entre de hautes chaînes de montagnes, telles que les Sierra de los Mimbres et de las Grullas et les montagnes Rocheuses (Rocky-Mountains); toutes parties des Cordillères.

FÉ (Santa-), v. des états mexicains, territoire de Santa-Fé, sur un affluent du Rio-del-Norte et à 8 l. de ce fleuve, sur le penchant d'une montagne qui sépare le bassin du Red-River (rivière Rouge) de celui du Rio-del-Norte. La ville forme un carré oblong, est régulièrement bâtie, a une belle place au centre et des casernes entourées de murailles et de hautes tours. Elle est le centre du commerce de l'état et des pays environnants, et tient des marchés très-fréquentés. Depuis quelques années elle s'est considérablement accrue. C'est à cette ville qu'arrive la caravane qui tous les ans part de St.-Louis, dans l'état de Missouri, et qui fait le trajet dans l'espace de 40 ou 50 jours. Elle y apporte des étoffes de coton, des draps et de la quincaillerie qu'elle échange contre des piastres et des mulets; 5000 hab.

FÉ (Santa-), prov. et v. *Voyez* SANTA-FÉ.

FÉ (Sierra de Santa-). *Voyez* CORDILLÈRES.

FÉ (Santa-), pet. v. de la rép. du Chili, prov. de Concepcion, dist. de Huilquilému, sur le Biobio qui y reçoit le Vergara; 2000 h.

FEAR (cap), promontoire à l'embouchure du Cape-Fear, côte S.-E. de la Caroline du Nord, États-Unis de l'Amérique du Nord.

FÉAS, vg. de Fr., Basses-Pyrénées, arr. et poste d'Oloron, cant. d'Aramitz; 650 h.

FEATHERD, b. d'Irlande, comté de Waxford, avec un port sur la baie de Bannow.

FEBVIN-PALVART, vg. de Fr., Pas-de-Calais, arr. de St.-Omer, cant. de Faulquembergue, poste d'Aire-sur-la-Lys; 970 hab.

FÉCAMP, *Fiscammum*, *Fisci Campus*, v. et port de Fr. sur la Manche, Seine-Inférieure, arr., à 9 l. N.-N.-E. du Hâvre et à 46 l. de Paris, chef-lieu de canton et poste; siége d'un tribunal de commerce; elle est située à l'embouchure d'une petite rivière du même nom, entre deux rangs de collines incultes. On y remarque une belle église, reste d'une abbaye fondée, en 988, par Richard Ier, duc de Normandie. Cette ville possède une bourse et une école royale de navigation, et son port passe pour l'un des meilleurs de la côte. Elle a des fabriques de toiles, de calicots, de siamoises, de chaussures pour les colonies, de chandelles; des taillanderies, des huileries, des tanneries, des raffineries; fabr. de soude de Warech et filat. de coton. Le sel, le vin, l'eau-de-vie, les denrées et les produits de ses pêcheries de harengs et de maquereaux sont ses principaux articles de commerce; 9462 hab.

Fécamp est une ville très-ancienne. En 1035 Robert Ier, duc de Normandie, y réunit une assemblée de seigneurs et de prélats et fit reconnaître pour son héritier son fils, Guillaume-le-Bâtard, plus tard le Conquérant, qui n'avait alors que sept ans. Pendant la guerre des Anglais et celle de la ligue, cette ville fut plusieurs fois saccagée par les différents partis qui déchiraient la France. En 1593, le château fort de Fécamp, qui passait alors pour une place importante, fut livré aux protestants par le courage de Bois-Rosé, officier intrépide, qui escalada pendant la nuit, avec cinquante hommes seulement, le rocher sur lequel le château était situé, tua les sentinelles et s'empara de la forteresse.

FÉCHAIN, vg. de Fr., Nord, arr. et poste de Douai, cant. d'Arleux; 1110 hab.

FÉCHAUX, ham. de Fr., Jura, com. de Villeneuve-sous-Puymont; 110 hab.

FÈCHE-L'ÉGLISE, vg. de Fr., Haut-Rhin, arr. de Belfort, cant. et poste de Delle; 270 hab.

FECHHEIM, vg. du duché de Saxe-Cobourg-Gotha, principauté de Cobourg; avec deux sources d'eaux minérales et des carrières de marbre et d'albâtre dans les environs.

FECHN, b. de la Moyenne-Égypte, prov. de Beni-Soueyf, sur la rive gauche du Nil.

FECHO-DOS-MORROS (verrou des rochers), longue file de rochers escarpés qui s'élèvent des deux cotés du Paraguay, au S. de la lagoa dos Xarays, prov. de Matto-Grosso, emp. du Brésil. Ces rochers forment comme la porte du Paraguay supérieur et empêchent les débordements du fleuve de ce nom, qui, depuis cet endroit, se trouve refoulé dans son lit.

FÉCOCOURT, vg. de Fr., Meurthe, arr. de Toul, cant. et poste de Colombey; 600 h.

FEDDACCIA, contrée montagneuse de la Haute-Nubie, à 12 journées S.-O. de Sennaar; poudre d'or.

FÉ-DE-GUANAXUATO (Santa-). *Voyez* GUANAXUATO.

FEDERAL-ISLAND. *Voyez* NOUKAHIVA.

FÉDÉRAL-POINT, promontoire sur la côte de la Caroline du Nord, États-Unis de l'Amérique du Nord.

FEDIMIN ou **FEDMIN-EL-KOUNOIS**, b. considérable de la Moyenne-Égypte, prov. de Fayoum, dans une contrée fertile; la plupart des habitants sont chrétiens.

FÉDRUN, ham. de Fr., Loire-Inférieure, com. de St.-Joachim; 450 hab.

FÉDRY, vg. de Fr., Haute-Saône, arr. de Gray, cant. de Dampierre-sur-Salon, poste de Lavoncourt; 600 hab.

FEGALLE ou **FIGALO**, **BAS-AZINTOURE**, promontoire dans la partie occidentale de la régence d'Alger, à 10 l. O.-S.-O. d'Oran et à 15 l. N.-E. du cap Hone, avec lequel il forme la baie de Harchgoune ou de Tlemecen.

FEGERSHEIM, vg. de Fr., Bas-Rhin, arr. et poste de Strasbourg, cant. de Geispolsheim; 1480 hab.

FEGREAC, vg. de Fr., Loire-Inférieure, arr. de Savenay, cant. de St.-Nicolas, poste de Redon; 2270 hab.

FEHRBELLIN, pet. v. de Prusse, au confluent des Vieux et Nouveau-Rhin, prov. de Brandebourg, rég. de Potsdam. Le 18 juin 1765, le grand-électeur de Brandebourg remporta, avec 6000 cavaliers, une victoire complète sur 16,000 Suédois commandés par Wrangel, 1500 hab.

FEIA, pet. v. de la Haute-Guinée, sur la côte d'Or, dans la partie septentrionale du roy. d'Akam.

FEIGÈRES, ham. de Fr., Ain, com. de Peron; 110 hab.

FEIGNEUX, vg. de Fr., Oise, arr. de Senlis, cant. et poste de Crépy; 340 hab.

FEIGNIES, vg. de Fr., Nord, arr. d'Avesnes, cant. de Bavay, poste de Maubeuge; 1620 hab.

FEILI, tribu nomade qui habite le Louristan (Perse). Elle appartient à la famille des Loures et se compose d'environ 40,000 familles.

FEILLENS, vg. de Fr., Ain, arr. de Bourg-en-Bresse, cant. de Bagé-le-Châtel, poste de Mâcon; 2020 hab.

FEINGS, vg. de Fr., Loir-et-Cher, arr. de Blois, cant. et poste de Contres; 460 h.

FEINGS, vg. de Fr., Orne, arr., cant. et poste de Mortagne-sur-Huine; 860 hab.

FEINS, vg. de Fr.; Ille-et-Vilaine, arr. de Rennes, cant. de St.-Aubin-d'Aubigné, poste de Combourg; 880 hab.

FEINS, vg. de Fr., Loiret, arr. de Gien, cant. de Briare, poste de Châtillon-sur-Loing; 180 hab.

FEIRA, *Langobriga*, pet. v. du Portugal, chef-lieu de district, prov. de Beira; pop. de l'arr. 1400, du district 90,000 hab.

FEISSAL, vg. de Fr., Basses-Alpes, arr., cant. et poste de Sisteron; 100 hab.

FEISTRITZ, vg. de la Styrie, cer. de Grætz, sur la Mur; mines de plomb et d'argent; forges; carrières d'ardoises et de gypse; 800 hab.

FEISTRITZ, vg. d'Illyrie, gouv. de Laibach, cer. de Klagenfurt; forges et fabrication d'ouvrages en fer.

FEIZABAD ou **FYZABAD**, pet. v. du Turkestan, khanat de Badakhchan, située sur le Kokcha; résidence actuelle du khan. Dans ses environs se trouvent de riches mines de rubis.

FEIZABAD ou **FYZABAD**, **BANGOULA**, v. de l'Inde, roy. d'Oude, sur le Gogra. Bien qu'elle ne soit plus la résidence royale, elle est toujours grande, peuplée et fait un commerce considérable. On y admire les restes d'une ancienne forteresse et ceux du palais du dernier visir. On vante la beauté des femmes de Feïzabad.

FÉJA (lagoa), lac de l'emp. du Brésil, prov. de Rio-Janeiro, comarque de Goytacazès. Il se divise en deux parties qui communiquent ensemble par un canal fort étroit. La partie septentrionale a 10 l. de longueur sur 6 l. de large; la partie méridionale a 7 l. de longueur sur 1 l. de large. Son eau est douce, très-poissonneuse, mais en quelques endroits elle n'est pas même assez profonde pour des canots. Une presqu'île très-considérable s'avance presque jusqu'au centre du lac et porte une église dédiée à Notre-Dame-des-Remèdes (Nossa-Senhora de los Remedios). Le sol qui environne ce lac est gras, marécageux et entrecoupé de nombreux canaux, qui y forment un grand nombre d'îles très-fertiles.

FÉJA (lagoa), lac de l'emp. du Brésil, prov. de Minas-Geraès, comarque de Paracatu, au pied de la Sierra de Araras. Les eaux sont d'un vert très-foncé et fourmillent d'énormes serpents.

FEKOURI, v. du Japon, prov. d'Awa; elle est située dans l'île de Niphon, sur le golfe de Yeddo et possède un bon port.

FEL, vg. de Fr., Orne, arr. d'Argentan, cant. et poste d'Exmes; 450 hab.

FELCE, vg. de Fr., Corse, arr. et poste de Corte, cant. de Valle; 380 hab.

FELDBACH, vg. de Fr., Haut-Rhin, arr. et poste d'Altkirch, cant. de Hirsingen; 310 hab.

FELDKIRCH, vg. de Fr., Haut-Rhin, arr. de Colmar, cant. et poste de Soultz; 440 hab.

FELDKIRCH, pet. v. du Tyrol, cer. de Bregenz, sur l'Ill; siége du tribunal du cercle; possède un hôpital très-riche, un gymnase et de nombreuses fabriques de mousselines, de batistes et de rubans; culture de vin et de soie; 1600 hab.

FELDKIRCHEN, b. d'Illyrie, gouv. de Laibach, cer. de Villach; vieux château fort; forges; tourbière; bain minéral.

FELDSBERG, pet. v. de la Basse-Autriche, cer. inférieur du Mannhartsberg, avec un superbe château; culture de vin; 2600 hab.

FELEGYHAZA, v. de Hongrie, cer. au-delà de la Theiss, dist. particulier de Klein-Kumanien; 10,000 hab.

FELICETO, vg. de Fr., Corse, arr. de Calvi, cant. d'Alcajola, poste de l'Isle-Rousse; 515 hab.

FELICIANA, b. des États-Unis de l'Amérique du Nord, état de Louisiane, paroisse de New-Feliciana; riches plantations; 1900 h.

FELICIANA (New-), paroisse de l'état de Louisiane, États-Unis de l'Amérique du Nord; elle est bornée par l'état de Mississipi et les paroisses de Ste.-Hélène et de Baton-Rouge; 16,000 hab.

FELICIEN (Saint-), b. de Fr., Ardèche, arr., à 4 l. O. et poste de Tournon, chef-lieu de canton; fabr. de draps; filat. de soie; 2381 hab.

FÉLICITÉ, une des îles Seychelles, dans l'Océan Indien.

FELICUDI, *Heraclea*, île de l'archipel Lipari, dans la mer Tyrrhénienne, au N. de la Sicile; célèbre par sa vaste caverne, appelée la grotte du Bœuf-Marin.

FÉLINE (la), vg. de Fr., Allier, arr. de Gannat, cant. et poste de St.-Pourçain; 500 hab.

FÉLINES, vg. de Fr., Drôme, arr., à 8 l. O.-S.-O. de Die, cant. de Bourdeaux, poste de Saillans. On visite près de ce village un hermitage, remarquable par sa position pittoresque; 240 hab.

FÉLINES, vg. de Fr., Aude, arr. de Carcassonne, cant. de Mouthoumet, poste de Davejean; 120 hab.

FÉLINES, vg. de Fr., Ardèche, arr. de Tournon, cant. de Serrières, poste du Péage; 830 hab.

FÉLINES, vg. de Fr., Haute-Loire, arr. de Brioude, cant. et poste de la Chaise-Dieu; 790 hab.

FÉLINES, ham. de Fr., Puy-de-Dôme, com. de Ronzières; 140 hab.

FÉLINES-HAUTPOUL, vg. de Fr., Hérault, arr. de St.-Pons, cant. d'Olonzac, poste d'Azille; 890 hab.

FÉLIPÉ (Rio-de-San-), fl. de la rép. de Vénézuela, dép. de Zulia; descend de la Sierra Névada, coule vers l'E. et débouche dans le lac de Maracaybo.

FÉLIPÉ (San-), v. de la rép. de Vénézuela, dép. de Zulia, prov. de Coro, près du Rio-Yaraqui. Cette ville, très-bien bâtie et située dans une contrée charmante, fleurit par ses belles plantations de cacao, de café et de riz et son commerce très-actif. Elle renferme de beaux édifices et de nombreux magasins; mines de cuivre; 7000 hab., la plupart originaires des Canaries.

FÉLIPÉ (San-), dist. de la prov. d'Aconcagua, rép. du Chili.

FÉLIPE (San-) ou **SAN-FÉLIPÉ-EL-RÉAL**, **VILLA-VIÉJA-DE-ACONCAGUA**, v. de la rép. du Chili, prov. d'Aconcagua, dont elle est le chef-lieu, dans la belle vallée d'Aconcagua et sur la rivière du même nom, à 30 l. N. de Santjago. Cette ville, une des plus jolies et des plus florissantes de l'état, fut fondée, en 1754, par le président Condé-de-Poblaciones. Elle renferme trois couvents et plusieurs églises; le collège des jésuites a été supprimé; commerce actif; mines d'or et de cuivre dans les environs; 8000 hab.

FÉLIPÉ (San-), baie sûre et commode, au N.-E. de la presqu'île de Californie, états mexicains.

FÉLIPÉ (Rio-de-San-), fl. des états mexicains, territoire de la Nouvelle-Californie; naît de deux sources, dans le territoire du Nouveau-Mexique. Son cours supérieur est inconnu; il coule vers l'E., baigne la ville de Carlos-del-Montérey et se décharge dans le Grand-Océan, au-dessous de la baie de Montérey, sous le 36° 35' lat. N.; on suppose à ce fleuve un cours assez étendu.

FÉLIPÉ (San-), pet. v. de la confédération mexicaine, état de Guanaxuato, sur la route de Guérétaro à San-Luis-Potosi; couvent; 3000 hab.

FÉLIPÉ (San-), promontoire au N.-E. de la presqu'île de Californie; il ferme au N. la baie de San-Félipé.

FÉLIPÉ (San-), v. d'Espagne, chef-lieu du gouvernement du même nom, roy. et à

13 l. de Valence; située sur l'Albayda, au pied d'une montagne calcaire dans une riche campagne; défendue par une citadelle. Elle a 2 faubourgs, 3 églises paroissiales, 1 collège, 13 couvents, 8 hôpitaux et maisons de charité, 2 aquéducs, 22 fontaines et de belles promenades; on y voit beaucoup d'antiquités romaines; tisseranderies, filat. de soie, papeteries; patrie du célèbre peintre Ribeiro dit Espagnolet (1589); 15,000 hab.

FÉLIPÉ-DE-JESUS (San-), fort de la confédération mexicaine, au N. de l'état de Sonora-et-Cinaloa, établi pour empêcher les invasions des Apaches, des Tontos, des Séris, etc.

FÉLIPÉ-DE-TUCAPEL (San-). *Voyez* TUCAPEL.

FÉLIPÉ-Y-SANTJAGO (Villa-de-San-). *Voyez* CINALOA.

FÉLIS (San-), b. florissant de l'emp. du Brésil, prov. de Goyaz, dist. de Parannan, sur le San-Félis et à 1 l. du Maranham; il fut fondé en 1736. Cet endroit possédait autrefois un établissement pour l'affinage de l'or; agriculture, éducation du bétail; exploitation de mines d'or; 2200 hab.

FÉLIS (San-), b. de l'emp. du Brésil, prov. de Maranhao, dans une contrée très-élevée, sur le Rio-Balsas, à 3 l. du Parnahyba; éducation du bétail; culture de coton.

FÉLIS ou **FÉLIX**, **FÉLOUK**, **RAS-EL-FIL**, cap sur la côte de l'Afrique orientale, sur la côte des Somanlis (Adel ou Zeila), à 20 l. O. du cap Guardafui.

FÉLIU-D'AMON (Saint-), vg. de Fr., Pyrénées-Orientales, arr. de Perpignan, cant. et poste de Millas; 440 hab.

FÉLIU-D'AVAIL (Saint-), vg. de Fr., Pyrénées-Orientales, arr. de Perpignan, cant. et poste de Millas; 1160 hab.

FÉLIX (Saint-), vg. de Fr., Allier, arr. de la Palisse, cant. de Varennes-sur-Allier, poste de St.-Gérand-le-Puy; 320 hab.

FÉLIX (Saint-), vg. de Fr., Charente, arr. de Barbezieux, cant. de Brossac, poste de Chalais; 460 hab.

FÉLIX (Saint-), vg. de Fr., Charente-Inférieure, arr. de St.-Jean-d'Angely, cant. et poste de Loulay; 540 hab.

FÉLIX (Saint-), ham. de Fr., Loiret, com. de Guignonville-Bazinville; 300 hab.

FÉLIX (Saint-), vg. de Fr., Lot, arr., cant. et poste de Figeac; 1070 hab.

FÉLIX (Saint-), vg. de Fr., Oise, arr. de Clermont, cant. et poste de Mouy; 571 hab.

FÉLIX (Porto-). *Voyez* PORTO-FÉLIX.

FÉLIX, cap sur la côte S.-O. de l'île de Madagascar, au N. de celui de St.-Augustin.

FÉLIX-DE-BOURDEILLE (Saint-), vg. de Fr., Dordogne, arr. de Nontron, cant. et poste de Merail; 360 hab.

FÉLIX-DE-CARAMAN (Saint-), jolie pet. v. de Fr., Haute-Garonne, arr., à 4 1/2 l. E. de Villefranche, cant. et poste de Revel; 2250 hab.

FÉLIX-DE-CHATEAUNEUF (Saint-), vg. de Fr., Ardèche, arr. de Tournon, cant. et poste de Vernoux; 500 hab.

FÉLIX-DE-LA-GARCONIE (Saint-), ham. de Fr., Aveyron, com. d'Anglars; 220 hab.

FÉLIX-DE-L'HÉRAS (Saint-), vg. de Fr., Hérault, arr. et poste de Lodève, cant. du Caylar; 70 hab.

FÉLIX-DE-LODÈVE (Saint-), vg. de Fr., Hérault, arr. de Lodève, cant. et poste de Clermont; 500 hab.

FÉLIX-DE-LUNEL (Saint-), vg. de Fr., Aveyron, arr. de Rhodez, cant. de Congues, poste d'Espalion; 720 hab.

FÉLIX-DE-POMMIERS (Saint-), vg. de Fr., Gard, arr. du Vigan, cant. de Lasalle, poste de St.-Hippolyte; 440 hab.

FÉLIX-DE-POMMIERS (Saint-), vg. de Fr., Gironde, arr. de la Réole, cant. et poste de Sauveterre; 240 hab.

FÉLIX-DE-REILLAC (Saint-), vg. de Fr., Dordogne, arr. de Sarlat, cant. et poste du Bugue; 700 hab.

FÉLIX-DE-RIEUTORT (Saint-), vg. de Fr., Arriège, arr. de Pamiers, cant. et poste de Varilles; 200 hab.

FÉLIX-DE-SORGUE (Saint-), vg. de Fr., Aveyron, arr. et poste de St.-Affrique, cant. de Camarès; 1890 hab.

FÉLIX-DE-TOURNEGAT (Saint-), vg. de Fr., Arriège, arr. de Pamiers, cant. et poste de Mirepoix; 490 hab.

FÉLIX-DE-VILLADOIX (Saint-), vg. de Fr., Dordogne, arr. de Bergerac, cant. et poste de Lalinde; 650 hab.

FÉLIZ (Porto-). *Voyez* PORTO-FÉLIZ.

FÉLIZIA, un des sommets les plus élevés de la chaîne de l'Atlas, sur le territoire d'Alger; il atteint une hauteur de 1200 toises.

FELKYBANYA, vg. de Hongrie, cer. en-deça de la Theiss, comitat d'Abaoujvar; mines de fer et fabrication d'acier.

FELL, vg. d'Illyrie, gouv. de Laibach, cer. de Villach; forges, tréfileries, clouteries; mines d'argent et d'arsenic.

FELLATAHS ou **FELANS**, **FELLANS**, **FOULAHS**, **FOULANS**, **PEULS**, **PAULES**, nation très-nombreuse et très-puissante de l'Afrique occidentale et centrale; on la trouve répandue dans presque tous les états de la Sénégambie, où elle possède le Fonta-Toro, le royaume de Bondou, le Fouta-Diallon, le Kasso, le Fouladou et le Brouko; ces provinces étaient autrefois gouvernées par des saltiqés (siratiques) ou chefs de guerre; aujourd'hui la puissance souveraine est entre les mains d'un chef religieux qui, de même que les anciens califes, se décore du titre d'Emir-el-Moumenyn ou prince des fidèles, corrompu vulgairement en celui d'Almamy, élu dans chaque état par un conseil de kiernos ou princes, et il ne peut rien faire d'important sans leur assistance. Dans le Soudan cette nation occupe le Onasselon, le Sangara et autres contrées, ainsi que le vaste empire des Fellans ou Fellatahs, qui est actuellement la puissance prépondérante de toute la Nigritie centrale. Il fut fondé dans le Gonber ou Goober, entre le Djoliba et Cachenah, par le cheik Othman, connu communément sous le nom de Hatman Danfodio. Ce nouveau prophète conquérant, profitant de la confiance sans bornes qu'avaient en lui les Fellans, rassembla ses compatriotes, qui avaient vécu jusqu'alors épars dans les forêts de la plus grande partie du Soudan, où ils s'occupaient à élever des troupeaux ; il s'empara de la riche province de Kano, du Gouber, dont il tua le sultan, subjugua ensuite tout le Haoussa, le Cobbi, Kébé ou Kubbi, le Yaouri et une partie du Niffé. Tout l'intérieur de l'orient à l'occident fut frappé de terreur. Le Bornou dans l'E., et le Yarriba dans l'O., furent assaillis avec succès, et, malgré la résistance des Yarribani, Danfodio parvint à s'emparer de Kaka, Elora ou Affaga, ainsi que d'un grand nombre d'autres villes, et poussa ses conquêtes jusqu'à la côte maritime de la Haute-Guinée. Katunga, capitale du Yarriba, fut prise, et détruite en grande partie. Les triomphes de Danfodio attirèrent dans ses états un grand nombre de Fellans ou Foulahs de la Sénégambie, auxquels il assigna les terres et les maisons des nègres dans plusieurs provinces, mais surtout dans le Zeg-Zeg. En 1802, ce terrible conquérant fut attaqué d'une aliénation mentale, et à sa mort, arrivée en 1816, son fils Mohammed-Bello, le sultan actuel, eut pour sa part, selon Clapperton, la plus grande partie des pays conquis par son père ; mais les provinces situées à l'O. du Haoussa tombèrent en partage à Mohammed-Ben-Abdallah, fils de son frère ; il paraît cependant que tous ont été réunis par la suite sous le sceptre de Bello. A la mort de Danfodio, il se forma une confédération ou towia parmi les peuples conquis, pour recouvrer leur indépendance. Le Gouber, le Zamfra, le Guari et le Katongkora, dist. du Cachenah, le Yaouri, le Cobbi, la Daoura et la partie méridionale du Zeg-Zeg, secouèrent le joug des Fellatahs ; tous ceux sur lesquels on put mettre la main furent tués. Mais la valeur et l'habileté de Bello parvinrent à reprendre presque tout le Gouber, une partie du Zamfra, du Guari et du Cobbi, ainsi que la partie méridionale du Cachenah et la plus grande partie du Niffé, et l'empire paraît comprendre aujourd'hui le Gouber, le Gobbi, le Guari, partie du Niffé, le Zamfra, le Zeg-Zeg, le Kano, le Doury, le Cachenah, le Katagoum, l'Aweïk ; le Kurry-Kurry et le vaste pays de Djacoba paraissent être aussi ses vassaux. Superficie 70,000 l. c. ; population, 700,000 hab. Sackaton, capitale et résidence ordinaire du sultan.

FELLBACH, vg. parois. du Wurtemberg, cer. du Necker, gr.-bge de Canstadt ; culture de vins estimés ; 2500 hab.

FELLERIES, vg. de Fr., Nord, arr., cant. et poste d'Avesnes ; commerce de boissellerie ; 1735 hab.

FELLERINGEN ou **FELLERY**, vg. de Fr., Haut-Rhin, arr. de Belfort, cant. de St.-Martin, poste de Wesserling ; 1600 hab.

FELLETIN, pet. v. de Fr., Creuse, arr. à 2 l. S. d'Aubusson et à 101 l. de Paris, chef-lieu de canton et poste ; elle est agréablement située sur un côteau baigné par la Creuse et non loin des sources de cette rivière, mais elle n'a aucun édifice remarquable ; commerce de sel ; fabr. de tapis ras et veloutés, moquettes à l'instar de ceux d'Aubusson, siamoises ; filat. hydraul. ; teintureries ; 3298 hab.

FELLFOOT (cap). *Voyez* MAXWELL (baie de).

FELLIN (le canal de), dans la Russie d'Europe, gouv. de Livonie, joint le golfe de Finlande à celui de Riga ou de Livonie, en faisant communiquer le Pernau, qui se jette dans le second de ces golfes, avec l'Embach, affluent du lac Peipus, qui envoie la Narova dans le golfe de Finlande.

FELLINS, *Felinum*, vg. de la Russie d'Europe, gouv. de Livonie, sur le canal du même nom ; 2000 hab.

FELLUNS, vg. de Fr., Pyrénées-Orientales, arr. et poste de Prades, cant. de Sournia ; 130 hab.

FELMER. *Voyez* FAMECK.

FELON, vg. de Fr., Haut-Rhin, arr. et poste de Belfort, cant. de Fontaine ; 320 h.

FELOU ou **FELOW**, b. de l'état de Kassa, en Sénégambie, sur le Sénégal, qui y forme une grande cataracte, à 20 l. E.-N.-E. de Farbana.

FELOUPS ou **FELOUPS**, peuple de la Sénégambie, au S. de la Gambie et au N. de Rio-Grande, dans un pays abondant en miel et en riz ; commerce avec les Européens par l'entremise des Mandingues.

FELSÆ-BANGA, pet. v. de Hongrie, cer. au-delà de la Theiss, comitat de Szathmar, au confluent du Kekes et du Szaszar ; siège d'une administration et d'un tribunal de mines ; mines d'argent, d'or et d'antimoine très-productives ; source minérale ; 5000 h.

FELSÆ-DEBRÆ, vg. de Hongrie, cer. en deçà la Theiss, comitat de Heves ; culture de tabac très-étendue.

FELSZTYN, pet. v. de Gallicie, cer. de Sambor, sur le Strwiaz.

FELTON, pet. v. d'Angleterre, comté de Northumberland, sur le Coquet ; possède une belle bibliothèque publique ; 3000 hab.

FELTRE, *Feltria*, pet. v. du roy. Lombard-Vénitien, gouv. de Venise, délégation de Bellune, sur une colline et sur le Colmeda, autrefois chef-lieu du Feltrino ; culture de vin et de soie ; filat. de soie, tanneries, blanchisseries de cire ; 4600 hab.

FELZINS, vg. de Fr., Lot, arr. cant. et poste de Figeac ; 780 hab.

FEMERN, *Cimbria Parva*, île et duché du roy. de Danemark, au S. de l'île Laaland, séparée du Holstein par le détroit de Fe-mern; son étendue est de 3 milles c., sa population d'environ 8000 habitants. Elle forme une plaine fertile; ses habitants sont surtout agriculteurs. Les villages y sont entourés de murs et fermés pendant la nuit, pour tenir éloigné le bétail qu'on laisse paitre en liberté. Son chef-lieu est Burg.

FEMIN (cabo de), promontoire à l'E. sur la côte de la Nouvelle-Californie, confédération mexicaine.

FEMME-OSAGE, b. des États-Unis de l'Amérique du Nord, état de Missouri, comté de St.-Charles, sur l'Osage; plantations.

FENAIN, vg. de Fr., Nord, arr. de Douai, cant. et poste de Marchiennes; commerce de fil de mulquinerie; 1920 hab.

FENASSE (la), ham. de Fr., Tarn, com. de St.-Lieux-la-Fenasse; 250 hab.

FENAY, vg. de Fr., Côte-d'Or, arr. de Dijon, cant. et poste de Gevrey; 310 hab.

FENDA, contrée peu connue de la Nigritie centrale, dans l'emp. des Fellatahs, au S.-O. du Cachenah.

FENDEILLE, vg. de Fr., Aude, arr., cant. et poste de Castelnaudary; 620 hab.

FENERY, vg. de Fr., Deux-Sèvres, arr., cant. et poste de Parthenay; 250 hab.

FENESTRELLES, très-petite v. du roy. de Sardaigne, prov. de Pinerolo; a d'importantes fortifications; 1000 hab.

FÉNÉTRANGE ou **FENESTRANGE**, **FINSTINGEN**, *Vestringium*, pet. v. de Fr., située sur la Sarre, Meurthe, arr. et à 3 l. N. de Sarrebourg, chef-lieu de canton et poste; tanneries, blanchisseries de toiles; 1475 h.

FÉNÉTRAUD (le), ham. de Fr., Deux-Sèvres, com. de Cormenier; 180 hab.

FENEU, vg. de Fr., Maine-et-Loire, arr. et poste d'Angers, cant. de Briollay; 1330 h.

FENEYROLS, vg. de Fr., Tarn-et-Garonne, arr. de Montauban, cant. et poste de St.-Antonin; 700 hab.

FENGENHEIM (Bas-Rhin). *Voyez* VENDENHEIM.

FENIÈRES, ham. de Fr., Ain, com. de Thoiry; 400 hab.

FENIÈRES. *Voyez* JUMILLAC-LE-GRAND.

FENIERS, ham. de Fr., Cantal, com. de Condat-en-Feniers; 100 hab.

FÉNIERS, vg. de Fr., Creuse, arr. d'Aubusson, cant. de Gentioux, poste de Felletin; 450 hab.

FÉNIOUX, vg. de Fr., Charente-Inférieure, arr. de St.-Jean-d'Angely, cant. et poste de St.-Savinien; 390 hab.

FENIOUX, vg. de Fr., Deux-Sèvres, arr. et poste de Niort, cant. de Coulonges; 1520 hab.

FENNEVILLE, ham. de Fr., Seine-et-Oise, com. de Brouy; 130 hab.

FENEVILLER, vg. de Fr., Meurthe, arr. de Lunéville, cant. et poste de Baccarat; 210 hab.

FENOLS, vg. de Fr., Tarn, arr. et poste de Gaillac, cant. de Cadalen; 350 hab.

FENORE, pet. v. de Sénégambie, dans l'état Manding de Bambouk.

FENOUILLE, vg. de Fr., Vendée, arr. des Sables, cant. et poste de St.-Gilles-sur-Vie; 730 hab.

FENOUILLET, vg. de Fr., Aude, arr. de Limoux, cant. et poste d'Alaigne; 310 hab.

FENOUILLET, vg. de Fr., Haute-Garonne, arr. et cant. de Toulouse, poste de St.-Jory; 690 hab.

FENOUILLET, vg. de Fr., Pyrénées-Orientales, arr. de Perpignan, cant. et poste de St.-Paul-de-Fenouillet; 240 hab.

FEN-TCHEOU-FOU, v. de Chine, prov. de Chansi, bâtie aux bords du Farenho. Elle est préposée à sept autres villes et possède une industrie et un commerce florissants. Ses eaux thermales et ses bains y attirent tous les ans un grand nombre de malades et d'étrangers. L'eau-de-vie fabriquée avec du riz et connue dans toute la Chine sous le nom de Yantsieu, vient de Fen-tcheou-fou.

FÉOLLE, ham. de Fr., Vendée, com. de la Réorthe; 250 hab.

FEPIN, vg. de Fr., Ardennes, arr. de Rocroi, cant. et poste de Fumay; 370 hab.

FER (pointe de). *Voyez* POINTE-DE-FER.

FER (ile de) ou FERRO, HIERO, *Ferri Insula*, la plus occidentale des îles de l'archipel des Canaries, d'environ 7 l. de long, 5 de large, avec un bon port et 4500 hab. Vin, miel, blé, cannes à sucre et bon fruits; distilleries d'eau-de-vie, presque point d'eau; un des points les plus importants de la terre, ayant été, depuis Ptolémée jusqu'à Riccioli, l'endroit du globe par lequel tous les géographes faisaient passer leur premier méridien.

FERANDIÈRE (la), ham. de Fr., Isère, com. de Villeurbanne; 200 hab.

FERANGE, ham. de Fr., Moselle, com. d'Eberswiller; 400 hab.

FÉRANVILLE, ham. de Fr., Seine-et-Oise, com. de Flexanville; 100 hab.

FERAS-BAHR, dist. du roy. d'Amhara, en Abyssinie.

FERCÉ, vg. de Fr., Loire-Inférieure, arr. et poste de Châteaubriant, cant. de Rougé; 730 hab.

FERCE, vg. de Fr., Sarthe, arr. de la Flèche, cant. de Brulon, poste de Chemiré-le-Gaudin; 620 hab.

FERCE, ham. de Fr., Sarthe, com. de Gastines; 150 hab.

FERCOURT-LE-PETIT, ham. de Fr., Oise, com. de St.-Geneviève; 330 hab.

FERDINAND (Saint-), pet. v. des États-Unis de l'Amérique du Nord, état de Missouri, comté de St.-Louis; culture de lin et de tabac; 1400 hab.

FERDRUPT, vg. de Fr., Vosges, arr. de Remiremont, cant. de Ramonchamp, poste du Tullot; 1200 hab.

FÈRE (la), v. forte de Fr., Aisne, arr., à 6 l. O.-N.-O. de Laon et à 32 l. de Paris, chef-lieu de canton et poste; elle est située sur l'Oise, près du confluent de cette rivière avec la Serre, et remarquable par son école d'artillerie, la plus ancienne en France, son arsenal de construction et ses casernes; elle a des fabriques de produits chimiques, de savon vert, etc.; 2651 hab.

La Fère, qui était déjà une place forte au dixième siècle, a soutenu plusieurs siéges. Pendant les guerres de religion, les ligueurs y tinrent ces conférences célèbres, où les Espagnols firent la proposition d'élever une princesse d'Espagne au trône de France. Henri IV s'en empara en 1595. En 1814 les alliés la bombardèrent et s'en rendirent maîtres. Les Prussiens tentèrent de la reprendre en 1815, mais tous leurs efforts furent inutiles et ne servirent qu'à faire ressortir plus glorieusement la résistance patriotique des assiégés.

FEREBRIANGES, vg. de Fr., Marne, arr. d'Épernay, cant. de Montmort, poste d'Etoges; 340 hab.

FÈRE-CHAMPENOISE (la), pet. v. de Fr., Marne, arr., à 8 l. S. d'Épernay et à 46 l. de Paris, chef-lieu de canton et poste, sur la petite rivière de Pleurs; fabr. de toiles grossières et treillis. Elle est célèbre par la bataille que les Français y livrèrent, le 25 mars 1814, aux troupes de la coalition; plus de 3000 gardes nationaux des départements périrent au champ d'honneur dans cette mémorable journée; 2000 hab.

FEREDSCHIK, pet. v. de la Turquie d'Europe, eyalet de Roumili, près de la Maritza, avec deux sources thermales fréquentées, une source purgative, un bain de sable et un lieu de pèlerinage pour les Turcs dans sa proximité.

FERÉE (la), vg. de Fr., Ardennes, arr. de Rocroi, cant. de Rumigny, poste de Brunhamel; 510 hab.

FÈRE-EN-TARDENOIS (la), pet. v. de Fr., Aisne, arr., à 5 l. N.-N.-E. de Château-Thierry et à 32 l. de Paris, chef-lieu de canton et poste, sur la rive droite de l'Ourcq; elle renferme des fabriques de bonneterie, et de coton à coudre et à tricoter; féculerie et filat. hydraul. de laine; saboterie; jardinage; 2355 hab.

Cette ville était autrefois fortifiée; elle avait un château fort, dont on voit encore les ruines très-remarquables. Elle fut prise successivement par les ligueurs et les royalistes et pillée par les Espagnols en 1652.

FÉREL, vg. de Fr., Morbihan, arr. de Vannes, cant. et poste de la Roche-Bernard; 1490 hab.

FERETTE (la), ham. de Fr., Eure-et-Loir, com. de St.-Lubin-des-Joncherets; 230 hab.

FÉRÉOL (Saint-), vg. de Fr., Haute-Garonne, arr. de St.-Gaudens, cant. et poste de Boulogne; 260 hab.

FÉRÉOL-DE-COTES (Saint-), vg. de Fr., Puy-de-Dôme, arr., cant. et poste d'Ambert; 1260 hab.

FÉRÉOLLE (Saint-), vg. de Fr., Corrèze, arr. de Brives, cant. et poste de Donzenac; 2830 hab.

FERFAYE, vg. de Fr., Pas-de-Calais, arr. de Béthune, cant. de Norrent-Fontes, poste de Lillers; 310 hab.

FERGASSE (la), ham. de Fr., Loire, com. de Cottance; 220 hab.

FERGEUX (Saint-), vg. de Fr., Ardennes, arr. et poste de Réthel, cant. de Château-Porcien; 560 hab.

FERGUS (Saint-), b. d'Écosse, comté de Banff; blanchisseries et brasseries; 1500 h.

FERGUSON, pet. v. des États-Unis de l'Amérique du Nord, état de Pensylvanie, comté du Centre; mines de fer et de houille; 2000 hab.

FERIA, v. d'Espagne, prov. d'Estramadure.

FERICY, vg. de Fr., Seine-et-Marne, arr. de Melun, cant. et poste du Châtelet; 760 hab.

FERIN, vg. de Fr., Nord, arr., cant. et poste de Douai; 640 hab.

FERJEUX (Saint-), ham. de Fr., Doubs, com. de Besançon; 520 hab.

FERJEUX (Saint-). Marne. *Voy.* GIONGES.

FERJEUX (Saint-), vg. de Fr., Haute-Saône, arr. de Lure, cant. et poste de Villersexel; 120 hab.

FERJUS, ham. de Fr., Yonne, com. de Villeblevin; 150 hab.

FERKÉ ou **FIRKET**, b. de Nubie, dans le pays de Sokkot, sur la rive gauche du Nil, non loin de l'île Mograt.

FERLACH, gros vg. d'Illyrie, gouv. de Laibach, cer. de Klagenfurt, dans la vallée des Roses, sur la Drave; florissant par sa grande et belle manufacture d'armes blanches et par ses fabr. d'ouvrages en acier; 2500 hab.

FERLAJA, ham. de Fr., Corse, com. de Monte; 260 hab.

FERLO, dist. frontière au S.-O. de l'état Peul de Bondou, en Sénégambie.

FERLUC, ham. de Fr., Lozère, com. de St.-Alban; 120 hab.

FERMAINCOURT, ham. de Fr., Eure-et-Loir, com. de Cherisy; 260 hab.

FERMANAGH, pet. v. des États-Unis de l'Amérique du Nord, état de Pensylvanie, comté de Mifflin, dans une belle et fertile vallée; mines de fer; 2600 hab.

FERMANAGH, comté d'Irlande, borné par les comtés de Donegal, de Tyrone, de Monaghan, de Cavan et de Leitrim; 25 l. g. géogr.; 120,000 hab. Ce comté est coupé en deux parties égales par le lac d'Earn; son sol est peu fertile et mal cultivé; on s'y livre exclusivement à la culture du lin, seul objet de l'industrie de ses habitants dont la plupart mènent une vie très-misérable; les pommes de terre et le whisky (espèce d'eau-de-vie) font leur nourriture ordinaire. Cette province est divisée en 18 baronies.

FERMANTEL (le), ham. de Fr., Pas-

de-Calais, com. d'Alquines; 100 hab.
FERMANVILLE, vg. de Fr., Manche, arr. de Cherbourg, cant. et poste de St.-Pierre-Église; beau granit; 2062 hab.
FERME (Saint-), b. de Fr., Gironde, arr. de la Réole, cant. de Pellegrue, poste de Monségur; 930 hab.
FERME-DU-BOIS (la), ham. de Fr., Nord, com. de Steenwerck; 100 hab.
FERMENT, ham. de Fr., Jura, com. de Rye; 110 hab.
FERMETÉ (la), vg. de Fr., Seine-et-Marne, arr. de Melun, cant. et poste de Mormant; 60 hab.
FERMETÉ (la), vg. de Fr., Nièvre, arr. de Nevers, cant. et poste de St.-Benin-d'Azy; haut-fourneau; exploitation de pierres meulières; 990 hab.
FERMO (la délégation de), dans les états de l'Église, bornée par la mer Adriatique et les délégations d'Ascoli, de Spolète, de Camerino et de Macerata; elle a une étendue de 26 1/4 milles c., et une pop. de 77,100 hab. En général très-montagneuse, elle est cependant partout fertile; elle est arrosée par le Chienti et l'Aso.
FERMO, *Firmium, Firmum, Picenum*, chef-lieu de la délégation de ce nom, dans les états de l'Église; est le siége d'un archevêché, créé par Sixte-Quint, en 1589, et possède une université secondaire. Parmi les beaux édifices qu'il renferme nous citerons la cathédrale et le théâtre; 7000 hab.
FERMONT, ham. de Fr., Moselle, com. de Montigny-sur-Chiers; 120 hab.
FERMOSA (Babia), baie sur la côte de la prov. de Rio-Janeiro, emp. du Brésil; sous 22° 77' lat. S.
FERMOSELLE, v. forte d'Espagne, roy. de Léon, prov. de Zamora, sur une colline, au confluent du Tormes et du Duero; tissanderie; 3000 hab.
FERMOWES, endroit habité par des pêcheurs, sur les bords du cap Broyle-Harbour, côte E. de l'île de Terre-Neuve.
FERMOY, jolie pet. v. d'Irlande, comté de Cork, sur le Blackwater; fabrication de toiles, de draps, de bière et de papier; belles casernes.
FERMOZA (bahia), baie peu sûre sur la côte E. de la prov. de Rio-Grande, emp. du Brésil. Son ouverture est de 3 l. sur 1 1/2 l. de profondeur; elle est parsemée d'écueils.
FERNAMBUCO (province et ville). *Voyez* PERNAMBUCO.
FERNAND, ham. de Fr., Lot-et-Garonne, com. de Clairac; 290 hab.
FERNANDÈS (Rio-do-), fl. de l'emp. du Brésil, prov. de Santa-Catarina; se jette dans le détroit de San-Francisco.
FERNANDEZ (San-Juan-). *Voyez* JUAN-FERNANDEZ (San-).
FERNANDEZ (San-), port. *Voyez* MONCLOVA.
FERNANDINA ou FERRANDINA, pet. v. et chef-lieu de l'île d'Amélia, non loin de la côte N.-E. du territoire de la Floride-Orientale dont elle dépend, États-Unis de l'Amérique du Nord. La ville a un petit port, défendu par un fort garni de 6 canons; 1000 h.
FERNANDO (San-) ou SAN-FERNANDO-DE-NORONHA, île à 90 l. E.-N.-E. du cap de St.-Roque ou Cabo-Petetinga, extrémité N.-E. de la prov. de Rio-Grande, emp. du Brésil; elle est située sous 4° lat. S. et a 9 l. de longueur. C'est un rocher très-élevé, où la culture est presque impossible. Cette île fourmille de rats et de chats sauvages que les vaisseaux y ont apportés. Pour empêcher le commerce de contrebande, auquel San-Fernando aurait pu servir d'entrepôt, il s'y trouve une petite garnison. Quatre forts défendent les différents points abordables de cette île, qui sert aussi de lieu de déportation aux criminels du Brésil. Des vaisseaux européens viennent y mouiller quelquefois pour s'approvisionner d'eau.
FERNANDO (San-) ou VILLA-NUÉVA-DE-SAN-FERNANDO, SAN-FERNANDO-D'APURÉ, v. de la rép. de Vénézuela, dép. de l'Orénoque, prov. d'Apuré, sur la rive droite du fleuve de ce nom et en face de l'embouchure du Rio-Portuguésé ou San-Domingo. Cette ville, jolie et bien bâtie, fut fondée par des habitants de Guanaré, attirés par la richesse du sol, et fait aujourd'hui un commerce très-important, grâce à sa situation favorable; 7000 hab.
FERNANDO (Cerro de San-). *Voyez* CORDILLÈRES.
FERNANDO (San-), v. de la rép. du Chili, prov. de Colchagua dont elle est le chef-lieu, sur la rive droite du Caguatagua, au centre du pays et sur la route qui, des provinces méridionales de l'état, conduit à Santjago; elle fut fondée en 1742 par Josef-de-Escardos, alors capitaine-général du Chili; 4000 h.
FERNANDO (Saint-). *Voyez* LÉON (île de).
FERNANDO (San-), b. de la confédération mexicaine, territoire de la Nouvelle-Californie; il fut fondé en 1797, a une mission et 1200 hab.
FERNANDO-DE-GUADALUPE (San-). *Voyez* GUADALUPE.
FERNANDO-DE-NUÉVITAS (San-). *Voyez* NUÉVITAS.
FERNANDO-PO ou FERNANDO-DEL-PO, FORMOSE, *Ferdinandi Insula*, île sur la côte de la Haute-Guinée, dans le plus grand enfoncement du golfe de Guinée, à l'embouchure de la riv. de Camarones; environ 25 l. de circonférence; fournit des vivres et de l'eau fraîche aux bâtiments; peu populeuse; habitants noirs; abonde en riz, fruits, cannes à sucre, etc.; veaux et lions marins, morues et poissons; pic de 1563 toises de hauteur; elle appartenait autrefois aux Portugais, qui la cédèrent, en 1779, aux Espagnols; en 1828 les Anglais en prirent possession et s'y établirent. Le fort Clarence, qu'ils y ont construit sur un territoire acheté aux indigènes, compte déjà près de

1000 habitants et plusieurs habitations, destinées à recevoir les agents de la société africaine de Sierra-Leone, établissement qu'on a le projet d'abandonner. La fertilité de cette île, ses superbes forêts, sa position importante sous le rapport militaire et commercial et la salubrité, qu'on attribuait à tort à son climat, ont rendu pendant quelques années Fernando-Pô le centre des forces britanniques dans les parages de l'Afrique occidentale, et l'entrepôt du commerce anglais avec l'intérieur de toute cette partie du monde. La marine anglaise y a déjà établi le centre de ses croisières pour empêcher la traite des nègres. Mais la grande mortalité que subissent les Européens qui y séjournent l'a déjà privée en partie de ces avantages; il est question maintenant de l'abandonner, ou du moins de n'y laisser qu'un petit établissement et une petite croisière pour surveiller les navires qui font encore l'infâme commerce des esclaves. Lat. N. 3° 53′, long. E. 5° 20′.

FERNANDO-VELOSO, riv. considérable de l'Afrique orientale, sur la côte de Mozambique; elle se décharge dans le canal de ce nom, près du cap Melamo, au N. de la pet. v. de Mesuril.

FERNEX ou **FERNEY-VOLTAIRE**, pet. v. de Fr., Ain, arr., à 3 l. S.-S.-E. de Gex et à 122 l. de Paris, chef-lieu de canton et poste; 1194 hab. Vers le milieu du dix-huitième siècle, Ferney n'était qu'un pauvre hameau; Voltaire en fit une petite ville industrieuse, en y attirant par ses bienfaits un grand nombre d'ouvriers et particulièrement des horlogers; cependant l'horlogerie y est bien déchue aujourd'hui; cette industrie qui occupait environ 800 ouvriers en 1775, n'en compte plus même 200. Le château de Voltaire est un but de pèlerinage pour tous ceux qui voyagent dans cette partie de la France, et beaucoup d'étrangers viennent le visiter et rendre hommage à la mémoire du grand homme.

FERNOEL, vg. de Fr., Puy-de-Dôme, arr. de Riom, cant. et poste de Pontaumur; 550 hab.

FERNS, pet. v. d'Irlande, comté de Wexford, sur la Nore; siége d'un évêque catholique et d'un évêque protestant.

FERROLITO, vg. du roy. des Deux-Siciles, prov. de Basilicate; il porte le titre de duché.

FÉROLLE, ham. de Fr., Seine-et-Marne, com. de la Chapelle-sur-Crécy; 200 hab.

FÉROLLES, vg. de Fr., Loiret, arr. d'Orléans, cant. et poste de Jargeau; 700 hab.

FÉROLLES, vg. de Fr., Seine-et-Marne, arr. de Melun, cant. et poste de Brie-Comte-Robert; 290 hab.

FÉRON, vg. de Fr., Nord, arr. d'Avesnes, canton et poste de Trélon; carrières de pierres et de marbres; minerai de fer; 640 hab.

FÉRONVAL, ham. de Fr., Aisne, com. de Haution; 140 hab.

FERQUES, vg. de Fr., Pas-de-Calais, arr. de Boulogne-sur-Mer, cant. et poste de Marquise; carrière de marbre; exploitation de charbon de terre; 770 hab.

FERRALS, vg. de Fr., Aude, arr. de Narbonne, cant. et poste de Lézignan; 680 hab.

FERRALS-LES-MONTAGNES, vg. de Fr., Hérault, arr. de St.-Pons, cant. d'Olonzac, poste de la Bastide-Bouairoux; 1270 hab.

FERRAN, vg. de Fr., Aude, arr. de Limoux, cant. et poste d'Alaigne; 240 hab.

FERRANDINA. *Voyez* FERNANDINA.

FERRARE (la légation de), dans l'état de l'Église, comprend l'ancien duché de Ferrare, sauf une partie au N. du Pô et qui appartient à l'Autriche; elle est bornée par l'état de Venise, la mer Adriatique, les légations de Ravenne et de Bologne et le duché de Modène. Sa superficie est de 50 1/4 milles c., sa pop. de 171,000 hab. C'est presque partout un terrain bas, souvent marécageux, renfermé dans des bras du Pô et coupé par de nombreux canaux; le climat y est malsain, mais le sol est d'une extrême fécondité.

FERRARE, *Allieni Forum, Ferraria*, chef-lieu de la légation de ce nom, dans l'état de l'Église; est situé sur un bras du Pô, dans une contrée marécageuse et malsaine; c'est une ville grande et belle, mais mal peuplée. La cathédrale, le nouveau palais du gouvernement, l'ancien palais ducal et le théâtre en sont les édifices les plus remarquables. Sa citadelle, grande et forte, était occupée, il y a peu de temps encore, par une garnison autrichienne. On y montre la maison et le tombeau de l'Arioste, et dans l'hôpital la prison où Le Tasse languit de 1579 à 1586. Ferrare est le siège d'un archevêché; il possède une université qui n'a plus une grande importance et quelques autres établissements littéraires; il fut pendant quelques années, jusqu'en 1834, le siége du conseil de l'ordre de Malte. Les environs de cette ville offraient jadis, au lieu de marais, de riantes prairies; sa population, qui ne dépasse guère 24,000 âmes, s'élevait autrefois à plus de 60,000; alors elle était la capitale d'un duché puissant et la résidence de la maison d'Est, dont la cour brillante rassemblait les poëtes et les artistes les plus distingués de l'Italie. Elle a donné le jour à l'Arioste, à Guarini et à d'autres poëtes célèbres. Sa décadence date de l'époque de sa réunion aux états de l'Église par le pape Clément VII, en 1598.

FERRASSIÈRES, vg. de Fr., Drôme, arr. de Nyons, cant. et poste de Séderon; 480 h.

FERRAT ou **MESAFF**, cap dans la partie occidentale de la régence d'Alger, à 5 l. S. d'Arzeou et à 12 l. E.-N.-E. du cap Falcan, avec lequel il forme la baie de Mazalquivir ou Mers-el-Kibir.

FERRÉ (le), vg. de Fr., Ille-et-Vilaine, arr. de Fougères, cant. et poste de Lauvigné-du-Désert; 1780 hab.

FERREANAH ou **FERIANA**, *Thala, Telepte*, pet. v. dans la partie intérieure de l'état de Tunis, sur le Derb, dans une contrée aride, à 20 l. S.-E. de Tibessa ou Tipsa, dans l'état d'Alger; on y trouve un étang d'eau chaude, qui renferme des poissons. Dans la guerre des Romains contre Jugurtha, qui s'était réfugié avec ses trésors dans cette ville, elle fut prise et détruite par Q. Métellus, après une courageuse résistance.

FERRÉE (fort). *Voyez* FORT-FERRÉE.

FERREIRA-DE-ARES, *Rarapia*, b. du Portugal, prov. de Beira, dist. de Visen; 2500 hab.

FERRENSAC, vg. de Fr., Lot-et-Garonne, arr. de Villeneuve-sur-Lot, cant. et poste de Castillonnès; 670 hab.

FERRÉOL (Saint-), ham. de Fr., Arriège, com. du Mas-d'Azil; 160 hab.

FERRÉOL-D'AUROURE (Saint-), vg. de Fr., Haute-Loire, arr. d'Yssingeaux, cant. de St.-Didier, poste de Monistrol; 1390 h.

FERRÉOL-DE-COHADE (Saint-), vg. de Fr., Haute-Loire, arr., cant. et poste de Brioude; 570 hab.

FERRES (les), vg. de Fr., Var, arr. de Grasse, cant. de Caursegoules, poste de Vence; 290 hab.

FERRET (île). *Voyez* ROCKYBAY.

FERRETTE ou PFIRT, pet. v. de Fr., Haut-Rhin, arr., à 4 l. S.-S.-E. d'Altkirch et à 114 l. de Paris, chef-lieu de canton et poste; elle est située sur le penchant d'une montagne et dominée par les ruines du vieux château, antique résidence des comtes de Ferrette. On voit dans le château un puits de 600 pieds de profondeur, taillé dans le roc. L'église paroissiale est un édifice gothique assez remarquable. Foires: 18 février, 1er avril, 9 septembre, 21 octobre et 9 décembre; 800 hab. Ferrette était autrefois le chef-lieu d'un comté dont il est question pour la première fois au douzième siècle. Frédéric, fils de Thierry, comte de Mousson et de Bar, fut le premier comte de Ferrette, en 1125. Au quatorzième siècle, le comté passa dans la maison d'Autriche par le mariage d'Albert II, duc d'Autriche, avec Jeanne, fille du comte Ulric. En 1445, la ville fut réduite en cendres par les Bâlois. Les Suédois s'emparèrent de Ferrette et du château, en 1633. Peu de temps après, 4000 paysans les y surprirent et les massacrèrent; mais les Suédois se vengèrent cruellement: plus de 2000 paysans furent mis à mort et les autres dispersés ou faits prisonniers. Par la paix de Munster, en 1648, le comté de Ferrette fut cédé à la France. Louis XIV en investit le cardinal Mazarin, en 1659.

FERREUX, vg. de Fr., Aube, arr. et poste de Nogent-sur-Seine, cant. de Romilly-sur-Seine; 320 hab.

FERREYRO, b. de l'emp. du Brésil, prov. de Goyaz, comarque de Goyazès, à 1 1/2 l. O. de Villa-Boa. Cet endroit est remarquable en ce qu'il a été le premier établissement européen dans cette province.

FERRIÈRE (la), autrefois la *Citadelle-Henri*, place très-forte de l'île d'Haïti, dép. du Nord, à 3 l. de Millot. Cette forteresse fut bâtie par Christophe, qui, en 1811, prit le titre de roi d'Haïti, sous le nom de Henri Ier, sur le sommet d'une montagne haute d'environ 800 mètres, afin de s'y réfugier en cas d'insurrection et d'y renfermer ses trésors. La construction de ce fort, dont les murailles, d'une épaisseur extraordinaire, sont garnies de 365 pièces de canons a coûté des sommes immenses. On ne peut y arriver que par un sentier étroit, en partie taillé dans le roc. Cette forteresse, abondamment pourvue d'eau, peut soutenir un siége de plusieurs années. Une partie de ses fortifications furent détruites, il y a quelques années, par la foudre qui dispersa en même temps une partie des sommes que Henri y avait déposées, et qui se montaient à environ 40 millions de francs, dont la moitié, à peu près, passa, à sa mort, dans les caisses de la république.

FERRIÈRE, ham. de Fr., Cantal, com. de St.-Mary-le-Gros; 350 hab.

FERRIÈRE (la), vg. de Fr., Côtes-du-Nord, arr. et poste de Loudéac, cant. de la Chèze; 670 hab.

FERRIÈRE (la), vg. de Fr., Eure-et-Loir, arr. de Nogent-le-Rotrou, cant. et poste de la Loupe; 130 hab.

FERRIÈRE, vg. de Fr., Indre-et-Loire, arr., cant. et poste de Loches; 260 hab.

FERRIÈRE (la), vg. de Fr., Indre-et-Loire, arr. de Tours, cant. et poste de Neuvy-le-Roi; 500 hab.

FERRIÈRE (la), vg. de Fr., Isère, arr. de Grenoble, cant. d'Allevard, poste de Goncelin; 1200 hab.

FERRIÈRE (la), vg. de Fr., Maine-et-Loire, arr., cant. et poste de Segré; 500 h.

FERRIÈRE, vg. de Fr., Haute-Marne, arr. de Vassy, cant. et poste de Joinville; 270 h.

FERRIÈRE, ham. de Fr., Nièvre, cant. de Challement; 130 hab.

FERRIÈRE (la), vg. de Fr., Deux-Sèvres, arr. et poste de Parthenay, cant. de Thézenay; 560 hab.

FERRIÈRE (la), vg. de Fr., Vendée, arr. et poste de Bourbon-Vendée, cant. des Essarts; 1510 hab.

FERRIÈRE (la), vg. de Fr., Vienne, arr. de Civray, cant. et poste de Gençais; 340 h.

FERRIERE-AU-DOYEN (la), vg. de Fr., Calvados, arr. de Vire, cant. d'Aulnay-sur-Odon, poste de Mesnil-Auzouf; 200 hab.

FERRIÈRE-AU-DOYEN (la), vg. de Fr., Orne, arr. de Mortagne-sur-Huine, cant. et poste de Moulins-la-Marche; 730 hab.

FERRIÈRE-AUX-ÉTANGS (la), vg. de Fr., Orne, arr. et poste de Domfront, cant. de Messey; 1450 hab.

FERRIÈRE-BECHET (la), vg. de Fr., Orne, arr. d'Alençon, cant. et poste de Sées; 360 hab.

FERRIÈRE-BOCHARD (la), vg. de Fr.,

Orne, arr., cant. et poste d'Alençon; 700 h.
FERRIÈRE-DUVAL (la), vg. de Fr., Calvados, arr. de Vire, cant. et poste d'Aulnay-sur-Audon; 180 hab.
FERRIÈRE-HARENG (la), vg. de Fr., Calvados, arr. et poste de Vire, cant. de Bény-Bocage; 900 hab.
FERRIÈRE-HAUT-CLOCHER, vg. de Fr., Eure, arr. d'Évreux, cant. et poste de Conches; 440 hab.
FERRIÈRE - LA - GRANDE, vg. de Fr., Nord, arr. d'Avesnes, cant. et poste de Maubeuge; exploitation de marbres, de pierres bleues et de fer; hauts-fourneaux; 1160 hab.
FERRIÈRE-LA-PETITE, vg. de Fr., Nord, arr. d'Avesnes, cant. et poste de Maubeuge; exploitation de marbres et de granit; fabr. de faïencerie et de poterie; 718 hab.
FERRIÈRE-LARÇON, vg. de Fr., Indre-et-Loire, arr. de Loches, cant. de Pressigny-le-Grand, poste de Ligueil; fabr. de toiles; 1010 hab.
FERRIÈRE-LA-VERRERIE, vg. de Fr., Orne, arr. d'Alençon, cant. de Courtomer, poste de Moulins-la-Marche; 930 hab.
FERRIÈRES, vg. de Fr., Allier, arr. de la Palisse, cant. et poste de Mayet-de-Montagne; exploitation de marbres; 3030 hab.
FERRIÈRES, vg. de Fr., Arriège, arr., cant. et poste de Foix; 210 hab.
FERRIÈRES, vg. de Fr., Charente-Inférieure, arr. de la Rochelle, cant. de Courçon, poste de Nuaillé; 460 hab.
FERRIÈRES, vg. de Fr., Corrèze, arr. de Brives, cant. de Larche, poste de Noailles; 200 hab.
FERRIÈRES, vg. de Fr., Doubs, arr. de Besançon, cant. d'Audeux, poste de St.-Witt; 250 hab.
FERRIÈRES, vg. de Fr., Doubs, arr. de Montbéliard, cant. de Maiche, poste de St.-Hippolyte; 170 hab.
FERRIÈRES, vg. de Fr., Hérault, arr. de Montpellier, cant. de Clarret, poste des Matelles; 50 hab.
FERRIÈRES, vg. de Fr., Hérault, arr. de St.-Pons, cant. d'Olargues, poste de St.-Chinian; 350 hab.
FERRIÈRES, b. de Fr., Loiret, arr. et à 2 1/2 l. N. de Montargis, chef-lieu de canton, poste de Fontenay; tanneries; 1785 h.
FERRIÈRES, vg. de Fr., Manche, arr. de Mortain, cant. et poste du Teilleul; 270 h.
FERRIÈRES, vg. de Fr., Meurthe, arr. de Nancy, cant. et poste de St.-Nicolas-du-Port; 280 hab.
FERRIÈRES, vg. de Fr., Oise, arr. de Clermont, cant. de Maignelay, poste de St.-Just-en-Chaussée; 660 hab.
FERRIÈRES, vg. de Fr., Hautes-Pyrénées, arr. et poste d'Argelès, cant. d'Aucun; 710 hab.
FERRIÈRES, vg. de Fr., Seine-Inférieure, arr. de Neufchâtel-en-Bray, cant. et poste de Gournay; 750 hab.

FERRIÈRES, vg. de Fr., Somme, arr. d'Amiens, cant. et poste de Picquigny; 370 hab.
FERRIÈRES, vg. de Fr., Tarn, arr. de Castres, cant. et poste de Vabre; fabr. de de cotonnerie; 910 hab.
FERRIÈRES, vg. de Fr., Seine-et-Marne, arr. de Meaux, cant. et poste de Lagny; 410 hab.
FERRIÈRE-SAINT-HILAIRE, vg. de Fr., Eure, arr. de Bernay, cant. et poste de Broglie; forges, fonderies; 600 hab.
FERRIÈRES-LES-RAY, vg. de Fr., Haute-Saône, arr. de Gray, cant. de Dampierre-sur-Salon, poste de Lavoncourt; 130 hab.
FERRIÈRES - LES - SCEY, vg. de Fr., Haute-Saône, arr. de Vesoul, cant. de Scey-sur-Saône, poste de Pont-sur-Saône; 290 hab.
FERRIÈRE-SOUS-JOUGNE. *Voy.* JOUGNE.
FERRIÈRE-SUR-RISLE, vg. de Fr., Eure, arr. d'Évreux, cant. de Conches, poste de la Neuve-Lyre; 600 hab.
FERRIOL (Saint-), vg. de Fr., Aude, arr. de Limoux, cant. et poste de Quillan; 330 hab.
FERRISBURGH, b. florissant des États-Unis de l'Amérique du Nord, état de Vermont, comté d'Addison, à l'embouchure de l'Otterkrik dans le lac Champlain; agriculture; navigation; commerce; 2400 hab.
FERROL, v. et port de guerre d'Espagne, roy. de Galice, chef-lieu d'un des trois départements maritimes du royaume, dans une position charmante, sur la Ria-de-Ferrol; elle possède un arsenal maritime, des chantiers pour la construction des vaisseaux, des écoles de marine; fabr. de toiles à voiles; elle fait aussi un peu de commerce; 11,000 h.
FERRUSSAC, vg. de Fr., Haute-Loire, arr. de Brioude, cant. de Pinols, poste de Langeac; 370 hab.
FERRY (anse), baie sur la côte O. de Basse-Terre (Guadeloupe), au S. de la Pointe-Ferry; elle a 3/4 l. de longueur et sert de port à de petits navires; elle reçoit la riv. Ferry.
FERSENGHEIM, ham. de Fr., Pas-de-Calais, com. d'Esquerdes; 250 hab.
FERTANS, vg. de Fr., Doubs, arr. de Besançon, cant. d'Amancey, poste d'Ornans; 400 hab.
FERTÉ ou **FERTÉ-SUR-CHIERS** (la), vg. de Fr., Ardennes, arr. de Sédan, cant. et poste de Carignan; établissements hydrauliques pour la draperie; scieries de planches; 520 hab.
FERTÉ (la), vg. de Fr., Jura, arr. de Poligny, cant. et poste d'Arbois; 630 hab.
FERTÉ (la), ham. de Fr., Somme, com. de St.-Valery-sur-Somme; 500 hab.
FERTÉ-ALEPS (la), b. de Fr., Seine-et-Oise, arr. et à 3 1/2 l. E.-N.-E. d'Étampes, chef-lieu de canton et poste; il est situé près de la rive droite de l'Essonne; filat. de fils bourre de soie; 856 hab.

FERTÉ-BEAUCHARNAIS(la) ou LA-FERTÉ-AVRAIN, CHATEAU-VIEUX-SUR-BEUVRON, vg. de Fr., Loir-et-Cher, arr. de Romorantin, cant. et poste de Neung-sur-Beuvron; 360 hab.

FERTÉ-BERNARD (la), pet. v. de Fr., Sarthe, arr. à 8 l. S.-E. de Mamers et à 40 l. de Paris, chef-lieu de canton et poste; elle est située dans un beau vallon sur l'Huine; une belle église et l'hôtel de ville sont ses édifices remarquables. Cette ville est assez industrieuse; elle a des fabr. de toiles, de calicots; filat. de laine; tanneries, tuileries; commerce de bœufs gras, de grains, vins, chanvre et eaux-de-vie. Cette ville est la patrie de Garnier (Robert), auteur dramatique (1534—1590); 2600 hab.

FERTÉ-FRESNEL (la), b. de Fr., Orne, arr. et à 9 l. E. d'Argentan, chef-lieu de canton, poste de l'Aigle; 480 hab.

FERTÉ-GAUCHER (la), pet. v. de Fr., Seine-et-Marne, arr. et à 4 l. E. de Coulommiers, chef-lieu de canton et poste; fabr. de papier, de serges; tanneries, tuileries, briqueteries; 2014 hab.

FERTÉ-GILBERT (la), ham. de Fr., Indre, com. de Reuilly; 320 hab.

FERTÉ-HAUTERIVE (la), vg. de Fr., Allier, arr. de Moulins-sur-Allier, cant. de Neuilly-le-Réal, poste de Varennes-sur-Allier; 450 hab.

FERTÉ-IMBAULT (la), ham. de Fr., Loir-et-Cher, com. de Selles-St.-Denis; 240 hab.

FERTÉ-LOUPIÈRE (la), b. de Fr., Yonne, arr. et poste de Joigny, cant. de Charny; 1310 hab.

FERTÉ-MACÉ (la), b. de Fr., Orne, arr. et à 5 l. E. de Domfront, chef-lieu de canton et poste; fabr. de toiles de coton, de coton et fil retors, de coutils et passementerie; commerce de lin, de fil, de miel, d'épiceries et de teinture; fabr. de peignes et de tabatières en buis; 4744 hab.

FERTÉ-MILON (la), jolie pet. v. de Fr., Aisne, arr., à 6 l. N.-O. de Château-Thierry et à 22 l. de Paris, cant. de Neuilly-St.-Front, poste; elle est située sur l'Ourcq, près de la forêt de Villers-Cotterets; on y remarque un bel hôpital, une bibliothèque assez considérable et la statue érigée à Racine, que cette ville se glorifie d'avoir vu naître. On fait à la Ferté-Milon commerce de blé et de bois. Cette ville était autrefois une forteresse importante. Henri IV s'en empara de vive force en 1594 et la fit démanteler. Ses fortifications, dont on voit encore de vastes débris, n'ont plus été relevées depuis; 1890 hab.

FERTÉ-REUILLY. *Voyez* REUILLY.

FERTÉ-SAINT-AIGNAN (la), b. de Fr., Loir-et-Cher, arr. de Romorantin, cant. de Neung-sur-Beuvron, poste de Beaugency; 890 hab.

FERTÉ-SAINT-AUBIN (la), b. de Fr., Loiret, arr. et à 5 l. S. d'Orléans, chef-lieu de canton et poste, sur la rive gauche du Cosson. On y remarque un vieux château, autrefois possession du maréchal de La Ferté et devenu propriété du maréchal Masséna. C'est à ce château que le bourg doit son origine et son nom; 1925 hab.

FERTÉ-SAINT-CYR (la), Loir-et-Cher. *Voyez* LA-FERTÉ-SAINT-AIGNAN.

FERTÉ-SAINT-SAMSON (la), vg. de Fr., Seine-Inférieure, arr. de Neufchâtel-en-Bray, cant. et poste de Forges; 650 hab.

FERTÉ-SOUS-JOUARRE (la), pet. v. de Fr., Seine-et-Marne, arr., à 5 l. E. de Meaux et à 16 l. de Paris, chef-lieu de canton et poste; elle est bien bâtie et agréablement située sur la Marne, qui y forme une ile et un port commode. On y remarque la maison dite le Château-de-l'Ile, et dans les environs un grand nombre de châteaux et de maisons de plaisance. Cette petite ville est importante par ses grandes fabriques de cardes et comme centre du commerce de pierres meulières et entrepôt d'excellentes pierres de taille; elle renferme aussi des chapelleries, des chamoiseries et des mégisseries; fabr. de papier et de quincaillerie. On y fait commerce de grains, de laine, de bois et de charbon; foires : à la mi-carême, 24 juin, 25 octobre et 6 décembre; 390 hab.

Au douzième siècle la Ferté-sous-Jouarre n'était qu'un château fort, repaire d'un de ces nombreux seigneurs féodaux qui ne vivaient que de rapines et de brigandages; il devint plus tard une place de guerre très-forte et, pendant les guerres de religion, la principale forteresse des protestants dans cette partie de la France.

FERTÉ-SUR-AMANCE (la), vg. de Fr., Haute-Marne, arr. et à 6 l. E. de Langres, chef-lieu de canton, poste du Fayl-Billot; 650 hab.

FERTÉ-SUR-AUBE (la), pet. v. de Fr., Haute-Marne, arr. de Chaumont-en-Bassigny, cant. de Château-Villain, poste de Clairvaux; haut-fourneau; 1170 hab.

FERTÉ-SUR-CHIERS. *Voyez* FERTÉ (Ardennes).

FERTÉ-SUR-GROSNE (la), ham. de Fr., Saône-et-Loire, com. de St.-Ambreuil; 120 hab.

FERTÉ-SUR-PÉRON (la), vg. de Fr., Aisne, arr. de St.-Quentin, cant. de Ribemont, poste de la Fère; 1240 hab.

FERTÉ-VIDAME (la), vg. de Fr., Eure-et-Loir, arr. et à 8 1/2 l. O.-S.-O. de Dreux, chef-lieu de canton et poste; 830 hab.

FERTÉ-VINEUIL (la), vg. de Fr., Eure-et-Loir, arr. de Châteaudun, cant. et poste de Cloyes; 530 hab.

FERTIT, pays peu connu de la Nigritie orientale, au S. du Darfour et au N. du Donga; important par les mines de cuivre que les gens du pays assurent y exister.

FERTRÈVE, ham. de Fr., Nièvre, com. de St.-Cyr-Fertrève; 180 hab.

FERTRUE ou **FORTELBACH**, vg. de Fr., Haut-Rhin, com. de Ste.-Marie-aux-

Mines; filat. de coton et de laine; 1130 hab.

FERUSSAC, ham. de Fr., Tarn-et-Garonne, com. de Roquecor; 380 hab.

FERVACHES, vg. de Fr., Manche, arr. de St.-Lô, cant. de Tessy, poste de Villebaudon; 570 hab.

FERVACQUES, b. de Fr., Calvados, arr. de Lisieux, cant. de Livarot, poste; 1150 h.

FERYLAND (Port-), pet. baie et excellent port sur la côte E. de l'île de Terre-Neuve; près de cette baie, il existait autrefois une saline abandonnée aujourd'hui. Dans la baie s'élève l'île de Boys, qui est couverte de batteries et a une petite garnison.

FÈS ou **FEZ**, *Fessanum Regnum*, *Fezzanum Regnum*, *Fezense Regnum*, roy. considérable d'Afrique, sur les côtes de l'Océan Atlantique et de la Méditerranée, faisant partie de l'emp. de Maroc; il se compose de neuf provinces : Bénéhassen ou Bénihassan, Fez, Garb ou Garbi, Garet, Rif, Chus, Shavoya, Tedla et Temsena; bien arrosé, bien peuplé, très-fertile; abonde en grains, bestiaux, coton, légumes, fruits et cire. La prov. de Fez, située entre l'Atlas et celle de Bénéhassen, renferme de belles plaines et des collines pittoresques.

FÈS ou **FEZ**, *Fessa*, *Fezza*, gr. v. de l'emp. de Maroc, capitale du royaume et de la province de même nom, et une des trois résidences impériales; fondée l'an 806 après J.-C. par l'iman Edrys, sur le Fez ou Racalema, ruisseau affluent du Séboue, dans une espèce d'entonnoir formé par des montagnes bien boisées. Quoique moins grande que Maroc, cette ville est la plus importante de l'empire, dont on peut la regarder comme véritable capitale. Ses maisons, toutes construites en briques, ont en général un étage au-dessus du rez-de-chaussée et ne reçoivent l'air que par une cour intérieure; une terrasse en forme le toit. Les rues sont pavées, mais étroites, tortueuses et très-sales; ce ne sont, pour ainsi dire, que de longues galeries couvertes par des treilles ou de la maçonnerie, ce qui empêche l'air de circuler. On y compte 200 caravansérails, beaucoup de mosquées, toutes surmontées d'un minaret de 100 pieds de haut; celle de Mouley-Edrys est la plus belle et offre ce qu'il y a de plus beau dans la ville. Fez possède aussi des bains sulfureux et ferrugineux, qui sont très-fréquentés. Ali-Bey, qui l'a visitée au commencement de ce siècle, la regarde comme la plus belle ville de la Barbarie et parle beaucoup de ses écoles renommées dans toute l'Afrique, ainsi que de sa bibliothèque, qui est très-considérable pour cette contrée. Les fabriques d'armes blanches et à feu, de maroquin, de poudre à canon, de couvertures de laine et d'autres articles occupent une grande partie des habitants, qui font en outre un commerce très-étendu. La ville a beaucoup souffert du tremblement de terre de 1757; sa population actuelle peut être évaluée à 80,000 âmes.

FESA ou **FESSA**, **BESSA**, v. de Perse, prov. de Fars; autrefois très-considérable et presque aussi grande que Chiraz, mais tout à fait déchue; on y fabrique cependant encore des étoffes de soie, de laine et de coton; l'on y montre un cyprès qui doit avoir plus de mille ans d'existence; les mines d'argent situées près de la ville ne sont plus exploitées.

FESCAMPS, vg. de Fr., Somme, arr., cant. et poste de Montdidier; 310 hab.

FESCHES, vg. de Fr., Doubs, arr. et poste de Montbéliard, cant. d'Audincourt; 280 hab.

FESLE, b. de l'île d'Haïti, dép. du Sud, sur la baie du Gros-Gravier; port; commerce; 2500 hab.

FESMY, vg. de Fr., Aisne, arr. de Vervins, cant. de Nouvion, poste d'Étreux; 670 hab.

FESQUES, vg. de Fr., Seine-Inférieure, arr., cant. et poste de Neufchâtel-en-Bray; 300 hab.

FESSANVILLIERS, vg. de Fr., Eure-et-Loir, arr. de Dreux, cant. et poste de Brezolles; 160 hab.

FESSAY, ham. de Fr., Loire, com. de Perreux; 100 hab.

FESSENHEIM, vg. de Fr., Haut-Rhin, arr. de Colmar, cant. et poste d'Ensisheim; 360 hab.

FESSENHEIM, vg. de Fr., Bas-Rhin, arr. de Strasbourg, cant. de Truchtersheim, poste de Wasselonne; 420 hab.

FESSENVILLERS, vg. de Fr., Doubs, arr. de Montbéliard, cant. de Maiche, poste de St.-Hippolyte; 230 hab.

FESSEY-DESSOUS, vg. de Fr., Haute-Saône, arr. de Lure, cant. de Faucogney, poste de Luxeuil; 360 hab.

FESTALEMS, vg. de Fr., Dordogne, arr. de Ribérac, cant. et poste de St.-Aulaye; 1070 hab.

FESTENBERG, pet. v. de Prusse, rég. de Breslau, prov. de Silésie; 2000 hab.

FESTES, vg. de Fr., Aude, arr., cant. et poste de Limoux; 660 hab.

FESTIEUX, vg. de Fr., Aisne, arr., cant. et poste de Laon; 850 hab.

FESTIGNY, vg. de Fr., Marne, arr. d'Épernay, cant. de Dormans, poste de Port-à-Binson; 590 hab.

FESTIGNY, vg. de Fr., Yonne, arr. d'Auxerre, cant. et poste de Coulange-sur-Yonne; 240 hab.

FESTUBERT, vg. de Fr., Pas-de-Calais, arr. et poste de Béthune, cant. de Cambrin; 1540 hab.

FÊTE (le), vg. de Fr., Côte-d'Or, arr. de Beaune, cant. et poste d'Arnay-le-Duc; 100 hab.

FÉTIGNY, vg. de Fr., Jura, arr. de Lons-le-Saulnier, cant. et poste d'Arinthod; 270 h.

FÉTIGNY, ham. de Fr., Nièvre, com. d'Alligny; 220 hab.

FETLAR, île du groupe des Shetlands, au

S.-O. d'Yell; fertile et riche en beaux pâturages. On y trouve une source minérale, du cuivre, du fer, du graphyte, du granit, des cristaux et de la terre à foulon.

FETTAH, pet. v. de la Haute-Guinée, sur la côte d'Or, rép. de Fantie.

FETTERCAIRN, pet. v. d'Écosse, comté de Mearus ou Kincardine; avec la campagne Ury, où naquit le célèbre apologiste des quakers, Robert Borolay; port; 4500 hab.

FETU, un des principaux districts de la rép. de Fantie, sur la côte d'Or de Guinée; il a environ 4 l. de long sur autant de large et abonde en fruits, bétail et huile de palmiers.

FEU (Terre-de-). *Voyez* TERRE-DE-FEU.

FEUCHÈRES, ham. de Fr., Ardennes, com. de Sapogne; 130 hab.

FEUCHEROLLES, ham. de Fr., Eure-et-Loir, com. de Néron; 120 hab.

FEUCHEROLLES, vg. de Fr., Seine-et-Oise, arr. de Versailles, cant. de Marly-le-Roi, poste de St.-Germain-en-Laye; 610 h.

FEUCHTING, gros vg. d'Illyrie, gouv. et cer. de Laibach; éducation de chevaux; fabrication de tamis; 2000 hab.

FEUCHTWANG, *Hydropolis*, pet. v. de Bavière, chef-lieu de district, cer. de la Rézat, à 2 l. de Dinkelsbuhl, sur la Sulz; tanneries; tissages; 3000 hab.

FEUCHY, vg. de Fr., Pas-de-Calais, arr., cant. et poste d'Arras; 530 hab.

FEUERBACH, vg. paroiss. du Wurtemberg, cer. du Necker, gr.-bge de Stuttgart; agriculture florissante; 2300 hab.

FEUGAROLLES ou **FUGAROLLES-D'ALBERT**, vg. de Fr., Lot-et-Garonne, arr. de Nérac, cant. de Lavardac, poste de Port-Ste.-Marie; 1300 hab.

FEUGÈRES, vg. de Fr., Manche, arr. de Coutances, cant. et poste de Périers; 860 h.

FEUGERETS (les), ham. de Fr., Orne, com. de Vingt-Hanaps; 200 hab.

FEUGEROLLES, ham. de Fr., Loire, com. du Chambon; 2020 hab.

FEUGES, vg. de Fr., Aube, arr., cant. et poste d'Arcis-sur-Aube; 150 hab.

FEUGIÈRES, ham. de Fr., Isère, com. de St.-Honoré; 170 hab.

FEUGROLLES-SUR-ORNE, vg. de Fr., Calvados, arr. de Caen, cant. et poste d'Evrecy; 380 hab.

FEUGUEROLLES, vg. de Fr., Eure, arr. de Louviers, cant. du Neubourg, poste de la Commanderie; 300 hab.

FEUGUEROLLES-SUR-SEULLES, vg. de Fr., Calvados, arr. de Bayeux, cant. de Caumont, poste de Villers-Bocage; 250 hab.

FEUILLA, vg. de Fr., Aude, arr. de Narbonne, cant. et poste de Sigean; 205 hab.

FEUILLADE, vg. de Fr., Charente, arr. d'Angoulême, cant. et poste de Montbron; 870 hab.

FEUILLADE (la). *Voyez* GUERCHE-SUR-L'AUBOIS (la).

FEUILLADE (la), vg. de Fr., Dordogne, arr. de Sarlat, cant. et poste de Terrasson; 270 hab.

FEUILLAIS, ham. de Fr., Indre, com. du Pin; 120 hab.

FEUILLAUCOURT, ham. de Fr., Somme, com. d'Allaines; 110 hab.

FEUILLE (la), pet. île dans le Petit-Cul-de-Sac, entre Grande-Terre et la Guadeloupe proprement dite.

FEUILLÉE (la), ham. de Fr., Côtes-du-Nord, com. de Loudéac; 220 hab.

FEUILLÉE (la) vg. de Fr., Finistère, arr. de Châteaulin, cant. de Huelgout, poste de Carhaix; 1780 hab.

FEUILLÈRES, vg. de Fr., Somme, arr., cant. et poste de Péronne; 400 hab.

FEUILLEUSE, vg. de Fr., Eure-et-Loir, arr. de Dreux, cant. de Senonches, poste de Châteauneuf-en-Thimerais; 130 hab.

FEUILLIE (la), vg. de Fr., Manche, arr. de Coutances, cant. de Lessay, poste de Périers; 710 hab.

FEUILLIE (la), vg. de Fr., Seine-Inférieure, arr. de Neufchâtel-en-Bray, cant. et poste d'Argueil; 2150 hab.

FEULE, vg. de Fr., Doubs, arr. de Montbéliard, cant. de Pont-de-Roide, poste de St.-Hippolyte; 120 hab.

FEUQUIÈRES, vg. de Fr., Oise, arr. de Beauvais, cant. et poste de Grandvilliers; fab. et commerce de bas de laine; 1300 hab.

FEUQUIÈRES, vg. de Fr., Somme, arr. d'Abbeville, cant. de Moyenneville, poste de Valines; fab. de serrurerie; fonderie de cuivre et de fer; 1320 hab.

FEURS, *Forum Segusianorum*, pet. v. de Fr., Loire, arr., 4 l. N.-E. de Montbrison et à 107 l. de Paris, chef-lieu de canton et poste. Cette ville, située dans un territoire fertile, à 300 pas seulement de la Loire, sur laquelle elle a un petit port, et sur le chemin de fer de Roanne à Andrezieux, est très-remarquable sous le rapport historique; elle était à l'époque de l'invasion romaine la capitale des Ségusiens, tribu gauloise alliée des Éduens. Au moyen âge elle devint la capitale du Forez, qui en prit le nom, et fut longtemps la résidence des comtes de cette province. Des débris de colonnes et de monuments antiques, des statues, des armes, des médailles que l'on y a trouvés, attestent son ancienne importance; 2571 hab.

FEUSINES, vg. de Fr., Indre, arr. et poste de la Châtre, cant. de St.-Sévère; 470 hab.

FEUX, vg. de Fr., Cher, arr., cant. et poste de Sancerre; 940 hab.

FEVERSHAM, pet. v. d'Angleterre, comté de Kent, possède une église très-remarquable et une grande fabrique de poudre. Une grande partie de sa population se livre à la pêche des huîtres; port; sa marine marchande compte 6700 tonneaux; 4000 h.

FÈVES, vg. de Fr., Moselle, arr., cant. et poste de Metz; 250 hab.

FEY, vg. de Fr., Moselle, arr. et poste de Metz, cant. de Verny; 250 hab.

FEY-EN-HAYE, vg. de Fr., Meurthe, arr. de Toul, cant. et poste de Thiaucourt; 210 h.

FEYRE (Saint-), v. de Fr., Creuse, arr., cant. et poste de Guéret; 1510 hab.

FEYRE - LA - MONTAGNE (Saint-), vg. de Fr., Creuse, arr. d'Aubusson, cant. et poste de Felletin; 355 hab.

FEYT, ham. de Fr., Aveyron, com. de la Croix-Bars; 100 hab.

FEYT ou **FEIX-FAYTE**, vg. de Fr., Corrèze, arr. et poste d'Ussel, cant. d'Eygurande; 510 hab.

FEYTIAT, vg. de Fr., Haute-Vienne, arr., cant. et poste de Limoges; 820 hab.

FEYZIN, vg. de Fr., Isère, arr. de Vienne, cant. et poste de St.-Symphorien-d'Ozon; 1070 hab.

FEZZAN ou **FESAN**, *Hazania*, grande province de la Nigritie septentrionale, formée de plusieurs oasis qui, dans leur ensemble, offrent la population la plus considérable de tout le Grand-Désert; elle consiste en une vallée fort longue située entre l'état de Tripoli, la Nigritie et le désert de Lybie. Le sol, quoique en général peu fertile, produit néanmoins du froment, du maïs, de l'orge et des dattes excellentes; en été les chaleurs y sont excessives. Le pays, entrecoupé de plusieurs routes de caravanes qui favorisent le commerce, renferme environ 100 villes et villages avec 80,000 habitants mahométans, et fait aujourd'hui partie de la régence de Tripoli ; Mourzouk, capitale.

FEZZARA, b. de la Basse-Égypte, prov. de Fouah, à 5 l. S.-S.-E. de Rosette.

FIA, vg. de Fr., Tarn, arr. et poste de Lavaur, cant. de St.-Paul-Cap-de-Joux; 1500 hab.

FIACRE (Saint-), vg. de Fr., Côtes-du-Nord, arr. de Guingamp, cant. de Plouagat, poste de Plésidy; 510 hab.

FIACRE (Saint-), vg. de Fr., Loire-Inférieure, arr. et à 3 l. S.-E. de Nantes, cant. de Vertou, poste d'Aigrefeuille; il est situé sur une hauteur, entre deux vallons charmants, arrosés, l'un par le Maine et l'autre par la Sèvre. Les environs présentent les sites les plus pittoresques et les plus variés; 600 hab.

FIACRE (Saint-), ham. de Fr., Loiret, com. de Mareau-aux-Prés; 500 hab.

FIACRE (Saint-), vg. de Fr., Seine-et-Marne, arr. et poste de Meaux, cant. de Crécy; 310 hab.

FIAFI, pet. v. de la Haute-Guinée, roy. d'Achanti proprement dit, au S. de Coumassie.

FIANCAYES, ham. de Fr., Drôme, com. de Chatuzange; 100 hab.

FIANCEY, vg. de Fr., Drôme, arr., cant. et poste de Valence; 440 hab.

FIANOVA, pet. v. fortifiée d'Illyrie, gouv. de Trieste, cer. de Fiume; sur la mer; port; 1200 hab.

FICAJA, vg. de Fr., Corse, arr. de Bastia, cant. et poste de la Porta; 370 hab.

FICARELLA, ham. de Fr., Corse, com. de Santa-Maria-di-Lota; 150 hab.

FICHEUX, vg. de Fr., Pas-de-Calais, arr. et poste d'Arras, cant. de Beaumetz-les-Loges; 480 hab.

FICHOUS, vg. de Fr., Basses-Pyrénées, arr. d'Orthez, cant. et poste d'Arzacq; 140 hab.

FICHTELBERG (le). *Voyez* ERZGEBIRGE.

FICHTELGEBIRGE, groupe culminant de montagnes dans la Bavière, cer. du Mein-Supérieur, compris dans une circonférence de 12 l.; son point le plus élevé est à 3682 pieds au-dessus du niveau de la mer; des sites sauvages, parsemés de rochers granitiques, varient avec de belles vallées, de prairies entourées de pentes boisées; les montagnes de la Bohême et de la Thuringe s'y rattachent; il contient des mines de fer. Les principales rivières qui y prennent leurs sources sont : le Mein, l'Eger, la Nab et la Saale; on y trouve plusieurs sources minérales.

FIDA ou **FISIOU**, prov. de l'emp. du Japon, île de Niphon; couverte de collines boisées qui fournissent d'excellents bois de chauffage et de construction. Elle est divisée en 4 districts : Taka-Yama en est le chef-lieu.

FIDDICHOW, pet. v. de Prusse, prov. de Poméranie, rég. de Stettin ; 1800 hab.

FIDELAIRE (le), vg. de Fr., Eure, arr. d'Évreux, cant. de Conches, poste de la Neuve-Lyre; 1650 hab.

FIDERIS, vg. de Suisse, cant. des Grisons, ligue des dix juridictions; à 3/4 l. de ce village se trouvent les bains du même nom, à 7 l. de Coire.

FIDJI (îles) ou ARCHIPEL DE VITI, dans la Polynésie ou Océanie orientale; cet archipel s'étend entre 174° 37' et 179° 31' long. E., depuis 12° 25' jusqu'à 20' 30' lat. S.; il se compose : des trois grandes îles Viti-Levou, Vanoua-Levou ou Pau, Nawibi-Levou ou Amboa, d'une quinzaine d'îles beaucoup plus petites et d'un plus grand nombre d'îlots environnés de bancs de corail. Les plus considérables de ces îles sont élevées et couvertes de montagnes; les plus petites sont basses et tellement entourées de recifs et d'écueils que les barques les plus légères n'y abordent que difficilement et jamais sans danger. Le climat y est doux et le sol fournit les mêmes productions que celui de l'archipel de Tonga, situé sous la même latitude. Le bois de sandal est un des principaux articles que les Américains du Nord viennent chercher aux îles Fidji.

Cet archipel, un des plus importants de la Polynésie, est très-peuplé; les habitants ont beaucoup d'analogie avec les nègres, cependant M. Mariner les range parmi les peuples de race malaisienne; ils sont assez avancés dans la civilisation, belliqueux, féroces et anthropophages. Selon M. Mariner, le tatouage n'y est usité que parmi les femmes. Les Fidjiens surpassent leurs voisins dans l'art de construire les pirogues et dans la fabrication des nattes et de la poterie. Leurs armes sont : la massue, le javelot, la fronde et l'arc, qu'ils manient avec beaucoup de dextérité. Ils prétendent aussi posséder de grandes connaissances en chirurgie, et les habitants de Tonga envoient des jeunes gens à Pau pour y étudier cet art.

Il résulte des rapports de plusieurs célèbres navigateurs, entre autres de celui de Cook, que les Fidjiens sont régis par le système féodal, adopté chez presque toutes les tribus de race malaisienne. Ces îles sont soumises à plusieurs rois indépendants les uns des autres. Ceux-ci ont sous leur autorité immédiate de petits chefs choisis dans la noblesse. Tout ce qui n'est pas noble est esclave ou serf. Tous ces chefs sont presque continuellement en guerre entre eux.

L'archipel de Viti fut découvert par Abel Tasman, en 1643; Cook l'aperçut en 1773, mais ne s'en approcha point. Plusieurs autres navigateurs reconnurent quelques-unes de ces îles; le missionnaire Wilson en leva la première carte en 1797; Krusenstern en fit une nouvelle que M. Mariner, qui séjourna quelques années à Tonga, trouva très-exacte.

FIEF (le), ham. de Fr., Deux-Sèvres, com. de Beugné; 110 hab.

FIEFFES, vg. de Fr., Somme, arr. de Doullens, cant. et poste de Domart; 370 h.

FIEFS, vg. de Fr., Pas-de-Calais, arr. et poste de St.-Pol-sur-Ternoise, cant. d'Heuchin; 870 hab.

FIEF-SAUVIN (le), vg. de Fr., Maine-et-Loire, arr. et poste de Beaupréau, cant. de Montrevault; 1770 hab.

FIEL (Saint-), vg. de Fr., Creuse, arr., cant. et poste de Guéret; 610 hab.

FIENNES, vg. de Fr., Pas-de-Calais, arr. de Boulogne-sur-Mer, cant. et poste de Guines; 1040 hab.

FIENVILLERS, vg. de Fr., Somme, arr. de Doullens, cant. et poste de Bernaville; 1200 hab.

FIER (le), ham. de Fr., Vendée, com. de Noirmoutiers; 100 hab.

FIERBOIS (Indre-et-Loire). *Voyez* SAINTE-CATHERINE-DE-FIERBOIS.

FIERRO (Cabo-de-Todo-), un des principaux promontoires au N. du dép. de l'Isthme, rép. de la Nouvelle-Grenade.

FIERVILLE, vg. de Fr., Calvados, arr. de Falaise, cant. de Bretteville-sur-Laize, poste de Pont-l'Évêque; 230 hab.

FIERVILLE, vg. de Fr., Manche, arr. de Valognes, cant. de Barneville, poste de Bricquebec; 350 hab.

FIERVILLE-EN-BESSIN, ham. de Fr., Calvados, cant. d'Avenay; 150 hab.

FIERVILLE-LA-CAMPAGNE, vg. de Fr., Calvados, arr. de Pont-l'Évêque, cant. de Blangy, poste de Vimont; 130 hab.

FIES (les), ham. de Fr., Vosges, com. de Gérardmer; 190 hab.

FIESOLE, *Fæsula*, pet. v. du grand-duché de Toscane, prov. de Florence; siége d'un évêché; est célèbre par ses antiquités, ses restes de murs cyclopéens et par le magnifique point de vue qu'elle offre. Elle était autrefois une ville étendue, sous le nom de *Fæsula*; elle fut détruite par les Florentins, en 1010.

FIESSENEN (Haut-Rhin). *Voyez* FOUSSEMAGNE.

FIEU (le), vg. de Fr., Gironde, arr. de Libourne, cant. et poste de Coutras; 470 h.

FIEULAINE, vg. de Fr., Aisne, arr., cant. et poste de St.-Quentin; 660 hab.

FIEUX, ham. de Fr., Dordogne, com. de la Roche-Beaucourt; 100 hab.

FIEUX, vg. de Fr., Lot-et-Garonne, arr. et poste de Nérac, cant. de Francescas; 600 hab.

FIEUZÉ, ham. de Fr., Vosges, com. de Chapelle-aux-Bois; 120 hab.

FIFE, comté d'Écosse, borné par le Frith-of-Tay, la mer du Nord, le Frith-of-Forth et par les comtés de Perth et de Kinross; 22 l. c. géogr. C'est une plaine peu fertile; cependant l'agriculture y est dans un état florissant; la pêche et l'éducation du bétail forment la principale occupation de ses habitants; leurs troupeaux passent pour les plus beaux du royaume. L'industrie embrasse la fabrication de la toile, de la bière, du savon, des chandelles et la construction des vaisseaux. On exporte de la houille, de la chaux et des poissons. Ce comté est divisé en 4 districts; 110,000 hab.

FIGANIELLA, ham. de Fr., Corse, com. de St.-Marie; 200 hab.

FIGANIÈRES, vg. de Fr., Var, arr. et poste de Draguignan, cant. de Callas; 1400 hab.

FIGARI, vg. de Fr., Corse, arr. de Sartène, cant. de Levie, poste de Bonifacio; 590 hab.

FIGAROL, vg. de Fr., Haute-Garonne, arr. de St.-Gaudens, cant. de Salies, poste de St.-Martory; 700 hab.

FIGEAC, *Figiacum*, v. de Fr., Lot, chef-lieu d'arrondissement, à 12 l. E.-N.-E. de Cahors et à 153 l. de Paris; siége d'un tribunal de première instance, direction des contributions indirectes et conservation des hypothèques. Elle est située sur la rive droite du Céré, dont les eaux douces et légères ont été reconnues très-bonnes pour la teinture et la préparation des cuirs; ses rues sont mal alignées. Une petite promenade décore l'intérieur de la ville. On remarque au S. et au N. de Figeac deux fanaux en forme d'obélisques, dont on attribue la construction à un abbé, qui les fit élever, dit-on, en 1096, pour guider les pèlerins vers l'église, alors environnée d'immenses forêts. Figeac possède un collége communal et renferme des fabriques de toiles et d'étoffes de coton, et des tanneries dont les produits sont estimés; commerce de cuirs, de vins et de bestiaux; foires : les 23 avril, 29 septembre et tous les quinze jours de chaque mois; 6237 hab.

Cette ville doit son origine à un monastère fondé, en 755, par Pepin-le-Bref. Elle tomba plusieurs fois au pouvoir des Anglais. Pendant les guerres de religion les protestants s'en emparèrent et la conservèrent jusqu'en 1628, époque où Louis XIII la prit au duc de Sully. Figeac est la patrie du savant archéologue Champollion-le-Jeune (Jean-François) 1790—1832.

FIGÈRE (la), vg. de Fr., Ardèche, arr. de l'Argentière, cant. et poste des Vans; exploitation de houille et d'antimoine dans les environs; 270 hab.

FIGERS, ham. de Fr., Charente-Inférieure, com. d'Echebrune; 200 hab.

FIGHIG ou **FIZ**, v. et chef-lieu de district dans la partie septentrionale du royaume marocain de Tafilet, au S. du mont Atlas et à 60 l. S.-E. de Fez, sur la route des caravanes qui vont de cette ville à Tombouctou et à la Mecque; on y fabrique de beaux draps.

FIGLINE, b. du grand-duché de Toscane, prov. de Florence, sur l'Arno; 3000 hab.

FIGNÉVILLE, vg. de Fr., Vosges, arr. de Mirecourt, cant. de Monthureux-sur-Saône, poste de Darney; 250 hab.

FIGNIÈRES, vg. de Fr., Somme, arr., cant. et poste de Montdidier; 300 hab.

FIGONS (les), ham. de Fr., Bouches-du-Rhône, com. d'Eguilles; 170 hab.

FIGUEIRA, port du Portugal, prov. de Beira, dist. de Coïmbre, dont il est l'embarcadère; on en exporte de l'huile, des vins et du sel. Tout près se trouve l'île de Marinhas, dont la superficie, de 3 milles c., est couverte de sauneries. La ville est bien bâtie, sur la rive droite du Mondégo; 13,000 hab.

FIGUERAS, *Ficaria*, v. d'Espagne, princip. de Catalogne, dist. et à 6 l. de Gérone et à 16 l. de Perpignan; relations avec la France. Tout près se trouve, sur une éminence, le castel S.-Fernando, que les Français ont fait sauter en partie en 1813 ; il formait un carré irrégulier avec des ouvrages extérieurs étendus, renfermait une caserne et un hôpital, et pouvait recevoir une garnison de 12 à 15 mille hommes ; 4700 hab.

FIGUETRO-DE-VINHOS, b. du Portugal, prov. d'Estramadure, dist. de Thomar ; 2400 hab.

FIGURAS, b. de l'empire du Brésil, prov. de Bahia, comarque de Jacobina.

FILADOUGOU, pet. v. du Sangaran, Nigritie occidentale, entre Djecura et Sambatikila.

FILAGUET, ham. de Fr., Aveyron, com. de Valady ; 240 hab.

FILAIN, vg. de Fr., Aisne, arr. de Soissons, cant. de Vailly, poste de Chavignon; 270 hab.

FILAIN, vg. de Fr., Haute-Saône, arr. de Vesoul, cant. et poste de Montbozon; 620 hab.

FILAINE (la), ham. de Fr., Cher, com. de Châteaumeillant; 150 hab.

FILANA ou **Juan-Diaz**, riv. de la Haute-Guinée, côte de Benin, à l'E. du cap Formosa ; embouchure dans le golfe de Benin.

FILBURNU, un des châteaux qui défendent l'entrée du Bosphore ; il est situé sur la côte de l'Asie Mineure (Anadolie).

FILEFJELD. *Voyez* **LANGFJELD**.

FILEHNÉ (en polonais *Wielen*), v. de Prusse, prov. de Posen, rég. de Bromberg; manufactures de draps et de dentelles; 3000 hab.

FILEK, b. de Hongrie, cer. en-deçà du Danube, comitat de Neograd ; eaux minérales.

FILELLY ou **TAFILET**, riv. du roy. marocain de Tafelet; elle a sa source au mont Atlas et se perd dans les sables au milieu d'un désert.

FILGÈRE (la), ham. de Fr., com. de Coucoules ; 120 hab.

FILHALS (les), ham. de Fr., Haute-Garonne, com. de Villemur ; 200 hab.

FILIBE. *Voyez* **PHILIPPOPOLI**.

FILIK, pet. v. de Nubie, pays de Bedja, à l'E. de l'Atbara et à 15 l. E. de Gos-Redjab.

FILIPINA, pet. v. de l'île de Cuba, dép. Occidental, chef-lieu de la juridiction du même nom, à 1 l. de la mer; 1500 hab.

FILIPOWO, v. de Pologne, woïwodie d'Augostow, située sur un lac, près des frontières prussiennes.

FILIPPO-D'ARGYRO (San-), *Argyrium*, v. de Sicile, intendance de Catane; bâtie en amphithéâtre sur le sommet d'un rocher. Là était l'ancienne *Argyrium*, patrie de Diodore de Sicile ; 6200 hab.

FILLADOU ou **FIRRASOU**, contrée peu connue de la Nigritie occidentale, entre le Djoliba et le Bas-Nimma, au S.-E. du Bas-Bambarra et au N.-O. du Garou.

FILLAY, ham. de Fr., Loiret, com. de Coudray; 160 hab.

FILLÉ-GUÉCÉLAND, vg. de Fr., Sarthe, arr. du Mans, cant. de Suze, poste de Foulletaurte ; 1170 hab.

FILLEN (Nieder et Ober-), Moselle. *Voyez* **VIGNEULLES** (Hautes et Basses-).

FILLERVAL, ham. de Fr., Oise, com. de Thury-sous-Clermont; 105 hab.

FILLETIÈRES (les), ham. de Fr., Saône-et-Loire, com. de Cheno; 160 hab.

FILLÈRES, vg. de Fr., Moselle, arr. de Briey, cant. et poste de Longwy ; 1750 hab.

FILLIÈVRE, vg. de Fr., Pas-de-Calais, arr. de St.-Pol-sur-Ternoise, cant. de Parcq, poste de Hesdin ; 1060 hab.

FILLINGEN (Moselle). *Voyez* **FOULIGNY**.

FILLOTS, vg. de Fr., Pyrénées-Orientales, arr. et poste de Prades, cant. de Villefranche-de-Conflent, mines de fer; 300 hab.

FILOKOVSKAIA, v. de la Russie d'Europe méridionale, pays des Cosaques du Don, 7000 hab.

FILOLI, groupe d'îles de l'archipel La Pérouse ou de Santa-Cruz, Australie ou Océanie centrale; il est habité par des tribus de race malaisienne. Swallow ou Keppels-Island en est l'île principale.

FILOTI, b. de la Turquie d'Europe, situé dans l'eyalet de Roumili, liva de Janina, sur le fleuve du même nom, et chef-lieu de la peuplade des Filotes; 4500 hab., qui cultivent principalement l'olivier et le tabac.

FILS (le), ham. de Fr., Eure, com. de St.-Pierre-du-Bosguérad; 120 hab.

FILSTROFF, vg. de Fr., Moselle, arr. de Thionville, cant. et poste de Bouzonville; 1010 hab.

FIMENIL, vg. de Fr., Vosges, arr. d'Épinal, cant. et poste de Bruyères; 440 hab.

FINALE, v. du duché de Modène; fait un commerce actif; 6000 hab.

FINALE-MARINA, v. du roy. de Sardaigne, duché de Gênes; était avant 1713 le chef-lieu d'un marquisat; 4000 hab.

FINCASTLE. *Voyez* NASSAU (îles Bahama).

FINCASTLE, pet. v. des Etats-Unis de l'Amérique du Nord, état de Virginie, comté de Botetourt, dont elle est le chef-lieu, sur le Catabaw, poste; 1800 hab.

FINE-RIVER (belle rivière), fl. des États-Unis de l'Amérique du Nord, territoire de Michigan; coule vers le S.-E. et débouche dans le détroit de St.-Clair.

FINESTRET, vg. de Fr., Pyrénées-Orientales, arr. de Prades, cant. et poste de Vinça; élève en grand des abeilles; 650 hab.

FINGAL (grotte de), dans le petit îlot de Staffa, du groupe des Hébrides; une des plus grandes curiosités naturelles du monde entier. Cette île est presque tout entière composée de basaltes qui affectent principalement la configuration de colonnes prismatiques. Un des enfoncements de la côte est ainsi bordé par deux longues rangées de colonnes basaltiques, qui se pressent les unes contre les autres; au fond, un troisième mur de colonnes semblables forme comme le troisième coté d'une grande salle maritime. Le parallélogramme ainsi formé s'ouvre par le quatrième coté qui est entièrement libre sur la pleine mer. Les flots s'élancent avec force par cette entrée, et le bruit des vagues, doublé par la sonorité de la voûte, a fait donner à ce lieu le nom d'An-oua-vin, c'est-à-dire la grotte mélodieuse. Vulgairement on y a substitué celui de grotte de Fingal, qui passe pour le père d'Ossian. De petits prismes basaltiques de quelques pieds de hauteur se trouvent le long des murs latéraux du fond de la grotte et permettent aux visiteurs de s'avancer jusqu'à l'extrémité. Sa largeur est de 11 mètres, la hauteur des plus grandes colonnes de 14 mètres et sa profondeur de 45 mètres.

FINGLAS, vg. d'Irlande, comté de Dublin;

l'observatoire de l'université de cette capitale y est établi.

FINHAN, vg. de Fr., Tarn-et-Garonne, arr. de Castel-Sarrazin, cant. et poste de Montech; 1730 hab.

FINIMARBOU, v. de la Nigritie occidentale, Haut-Bambarra, sur la route qui conduit du Kaarta à Ségo.

FINISTÈRE (département du); formé d'une partie de l'ancienne Bretagne et dont le nom indique la position, est borné à l'E. par les dép. des Côtes-du-Nord et du Morbihan, au S. et à l'O. par l'Océan et au N. par le canal de la Manche.

Sa superficie est de 693,384 hectares, et sa population de 546,955 hab.

Deux chaines de montagnes se dirigent de l'O. à l'E. et traversent, à peu près parallèlement, toute la largeur du département. L'une, nommée les montagnes d'Arrées, s'élève, près de Faon, dans la rade de Brest, se dirige vers l'E. pour se rendre dans le dép. des Côtes-du-Nord; la hauteur de St.-Michel (205 toises) est leur point culminant; la seconde, ou les montagnes Noires, commence à la pointe de Crozon, entre la rade de Brest et celle de Douarnenez, se dirige également vers l'E. Ces deux chaines se réunissent au-dessus de la source de l'Aulne pour se diriger droit à l'E., sous le nom de monts de Bretagne ou chaîne Armorique.

Le département est arrosé par quelques petites rivières et un grand nombre de ruisseaux. La rivière la plus considérable est l'Aulne; elle prend sa source dans le dép. des Côtes-du-Nord, traverse le département de l'E. à l'O. et arrose le bassin formé par les monts d'Arrées et les montagnes Noires, reçoit la Hierre et se jette dans la baie de Landevence, laquelle fait partie de la rade de Brest. L'Isolle et l'Ellé, la dernière ayant sa source dans le Morbihan, se réunissent près de Quimperlé et se jettent dans l'Océan. Les autres cours d'eaux ont tous leurs sources dans le département même et ne sont navigables que lorsque le flux de la mer fait remonter les eaux à 2 ou 3 l. dans les terres; les plus considérables sont : le Ster, l'Odet, le Bosseyn et l'Elern. Le canal de Bretagne, non encore achevé, traverse le département de l'E. à l'O. et aboutit à Châteaulin. Les marais sont petits et peu nombreux. Parmi les étangs, le plus considérable, celui de Huelgoët, est situé dans l'arr. de Châteaulin. Le climat est tempéré, les brouillards et les pluies fréquents; les vents dominants sont ceux de l'O., du N.-O. et du S.-O.; ils sont la cause de la fréquence et de la durée des pluies.

Le département offre un développement de 150 l. environ de côtes, déchirées par un grand nombre de dentelures plus ou moins profondes, semées d'îles rocheuses, de passages dangereux; le cap Finistère, la pointe de Carnavan et celle de Penmark s'avancent au sein des mers; la fureur des vagues vient

29

se briser aux pieds du Ranbras et du Méréhom. Le sol est des plus fertiles, principalement le long des côtes.

La récolte des blés est plus que suffisante pour la consommation du pays; on y cultive l'orge, le seigle, l'avoine, le froment, le sarrazin, le méteil, les pommes de terre; les légumes des environs de Roscoff et de Pont-l'Abbé ont de la réputation; on cite surtout les asperges, les melons et les choux-fleurs; le chanvre, le lin et le tabac y sont cultivés en grand; le pays est riche en excellents pâturages; les arbres à fruits sont cultivés avec soin; les arrondissements de Quimper et de Quimperlé sont ceux qui produisent la plus grande quantité de pommes et de poires; les abricots, les pêches et les figues sont assez communs dans les environs de Pont-l'Abbé.

Le bois y est rare et insuffisant pour les besoins du département.

Le nourrissage des bêtes à cornes, dont le nombre est évalué à peu près à 175,000 têtes, est une des sources les plus considérables de la richesse du département. Ses chevaux sont nombreux, manquant de taille, mais durs au travail et courageux; ceux qui se trouvent sur l'île Ouessant sont particulièrement remarquables par leur petite taille; l'éducation des bêtes à laine est plus négligée que celle des porcs, dont on porte le nombre à 56,000, tandis que l'on ne compte que 27,000 moutons; les abeilles sont nombreuses; elles fournissent en abondance de la cire et du miel estimés. Le menu gibier y est abondant; les loups ne sont pas rares. La pêche et surtout celle de la sardine occupe annuellement environ 5000 marins du département.

Les richesses métallurgiques du département sont nombreuses et variées; les mines de plomb de Huelgoat et de Poullaouen, les plus considérables de la France, livrent annuellement 1,200,000 kilogrammes de plomb; la mine d'argent de Huelgoat et l'argent tiré des minerais de plomb offrent un produit annuel de 310,000 francs; on exploite avantageusement des carrières de marbre, de granit, des houillères, des carrières d'ardoises, de pierres de taille, d'argile commune, etc.; il possède quelques sources d'eau minérale.

La branche principale de l'industrie manufacturière est la fabrication des toiles de différentes sortes: elle occupe près de 6000 métiers et fournit annuellement 60 à 70,000 pièces. Le département possède des fabriques de toiles à voiles, de sucre, des moulins à papier, de nombreuses corderies, des tanneries, des manufactures de tabac, de poudre, de poterie et de briques; les machines à vapeur fabriquées à Landerneau luttent avantageusement avec les produits de l'étranger.

Sur onze ports de mer, que présentent les côtes, il n'y a guère que trois qui soient commerçants: Morlaix, Quimper et Brest; son commerce des côtes consiste principalement en cabotage très-actif. L'exportation consiste en blés, chanvre, lin, chevaux, porcs, toiles de lin, cuir et papier.

Le département est divisé en 5 arrondissements, 43 cantons et 281 communes.

Les chefs-lieux d'arrondissement sont;

Quimper . .	9 cant.	62 com.	106,080 hab.
Brest	12 »	83 »	161,297 »
Châteaulin .	7 »	58 »	99,126 »
Morlaix. . .	10 »	58 »	136,535 »
Quimperlé .	5 »	20 »	43,917 »

43 cant. 281 com. 546,955 hab.

Ce département fait partie de la treizième division militaire, dont le quartier-général est à Rennes; il est du ressort de la cour royale et de l'académie de la même ville, du diocèse de Quimper, suffragant de l'archevêché de Tours. Il fait partie de la vingt-cinquième conservation forestière, de la dixième inspection des ponts-et-chaussées, dont le chef-lieu est Rennes, et de la première division des mines, dont le chef-lieu est Paris. Il a 5 collèges et 321 écoles primaires, dont 185 de garçons et 136 de filles.

FINISTÈRE, *Finis Terræ Caput*, *Promontorium Artabrum*, cap d'Espagne, roy. de Galice, côte de la Corogne, à 15 l. O.-N.-O. de Sant-Jago.

FINKENWERDER (le), île de l'Elbe, dont la partie méridionale appartient au roy. de Hanovre, le reste à la rép. de Hambourg, qui y possède un chantier de marine. Sa population, d'environ 1000 hab., fournit des pilotes et des pêcheurs intrépides.

FINLANDE (le grand-duché de), fait partie de la Russie d'Europe et en particulier de ce qu'on appelle la Russie baltique; il se compose du grand-duché de Finlande, qui appartenait autrefois à la Suède avec l'archipel d'Aland; de l'ancien gouv. russe de Vibourg et d'une partie de la Laponie. Il s'étend entre 17° 20′ et 20° 49′ de long. orient., entre 59° 50′ et 69° 55′ de lat. sept., et est borné au N. par la Laponie, au N.-E. par le gouv. d'Arkhangel, à l'E. par celui d'Olonets, au S.-E. par le gouv. de St.-Pétersbourg, au S. par le golfe de Finlande, au S.-O. par la mer Baltique, à l'O. par le golfe de Bothnie et au N.-O. par la Suède, dont le sépare la D. Sa superficie est de 25,608 l. c. C'est un pays assez montagneux, parcouru au N. et à l'O. par plusieurs chaînons des montagnes scandinaves et principalement par les monts Monselkæ. Les principaux cours d'eau qui le parcourent sont la Voxa, la Sestra, le Kumojoki, l'Ulea et la Tornea. Il s'y trouve en outre un grand nombre de lacs qui sont presque tous en communication les uns avec les autres et dont les plus considérables sont le Saima ou Saimen, le lac de Pajano, ceux de Jarvi, d'Uleo et, à la frontière S.-E., le Ladoga. Les lacs et les marais occupent presque le tiers du pays; c'est de là que lui est venu très-vraisemblablement le nom allemand de Finlande, c'est-à-dire pays de marais (*fen*, *veen*, marais); les indigènes l'appellent *Suomemaa* (Samolaine), mot qui a le même sens. Le sol de la Finlande, sablonneux ou marécageux, couvert de rochers et de forêts, est en général stérile, et le froid y arrête vers le N. toute végétation; seulement sur la lisière des côtes, où sont situées les villes, et les contrées de l'intérieur vers le S. sont d'une assez grande fertilité, bien cultivées et produisent en abondance du seigle, du maïs, de l'orge et de l'avoine. Les métaux que le pays produit sont le cuivre et le plomb; il offre du bois et du poisson en abondance.

La population de la Finlande s'élève à 1,372,000 hab.; ils sont de race finnoise, hospitaliers, gais, honnêtes et désintéressés; ils ont une langue riche et poétique et un grand talent d'improvisation. Ils sont luthériens et ont une église épiscopale indépendante; l'instruction est parmi eux très-tardive, et les premières écoles ne datent que de ce siècle. Au N. se trouvent des Lapons, pour la plupart nomades, et dans les villes un assez grand nombre de Suédois et de Russes. Le commerce et l'industrie du grand-duché de Finlande sont très-peu importants; ou n'y fabrique que des toiles de lin et des draps grossiers, des ouvrages en bois, du goudron et des bateaux. La pêche est la principale ressource des habitants, qui se livrent aussi beaucoup à la chasse et, là où le sol le permet, à l'agriculture.

Les Finlandais jouissaient, sous la domination de la Suède, à laquelle ils furent soumis au treizième siècle, des mêmes droits politiques que tous les Suédois; c'est Gustave Wasa qui érigea ce pays en grand-duché. Les parties orientales en furent déjà détachées en 1721 et à la paix d'Abo, en 1743; tout le reste fut donné à la Russie, en 1809, par la paix de Frederiksham : la Finlande reçut alors une constitution particulière; mais l'ukase de juin 1831 la soumit à peu près à la même administration que les autres gouvernements russes; elle a cependant encore conservé quelques priviléges: elle a son gouverneur particulier qui réside à Helsingfors; les paysans y sont libres. Le grand-duché de Finlande se divise en 7 petits gouvernements qui portent le nom de leurs chefs-lieux respectifs et qui sont subdivisés en cercles. Les principales villes sont Helsingfors, la capitale, Vibourg, Abo et Uleaborg.

FINLANDE (le golfe de), formé par la Baltique, est limité au N. par le grand-duché de Finlande, au S. par l'Esthonie, au S.-E. et à l'E. par le gouv. de St.-Pétersbourg et appartient tout entier à la Russie. Il a 80 l. de longueur, 5 1/2 à 11 l. de largeur; sa profondeur varie de 60 à 4 et 2 brasses. Ses côtes septentrionales sont entourées d'un grand nombre de petites îles, de rochers et d'écueils qui y rendent la navigation dangereuse.

FINLEY (Fort-). *Voyez* Fort-Finley.

FINLEY, b. florissant des États-Unis de l'Amérique du Nord, état de Pensylvanie, comté de Washington; 2500 hab.

FINMARKEN, bge du roy. de Norwège, dans les Nordlandens; il en est la partie la plus septentrionale et renferme le cap Nord, dans l'île Mayeroë. Ce pays montagneux n'est pas cultivé et presque pas susceptible de l'être; l'été y est très-court et les longs hivers y sont accompagnés d'ouragans terribles; ses principales productions sont les poissons, les rennes et les baies, qui croissent dans les forêts; il comprend les îles Vest et OEst-Vaagen, Langoën, la plus grande partie de Hindoën; ses habitants, au nombre d'environ 30,000, sont des Finnois et des Lapons.

FINNOISE (la race) ou Ouralienne, appartient à la souche mongole et comprend les Finnois proprement dits, les Careliens, les Esthoniens, les Tcheremisses, les Tchouwaches, les Votiaques, les Lapons, les Lives, les Zyraines, les Vogoules, les Permiens, les Mordva ou Mordouins et une partie des Teptières. Les individus de cette race ont la figure plate, les pommettes saillantes, les yeux gris foncé, peu de barbe, les cheveux châtains, le teint jaunâtre, la taille moyenne; ils sont forts, endurcis, intrépides, mais sales. Ces différentes familles sont répandues dans l'Europe septentrionale, surtout dans les pays de lacs et de marais; aussi la chasse et la pêche sont-elles leurs principales occupations. Les Finnois possédèrent jadis toute la péninsule scandinave, et, jusqu'au onzième siècle, ils habitaient des contrées de Smoland et les forêts de la Gothie occidentale, mais des Germains qui débarquèrent sur les côtes méridionales les repoussèrent peu à peu jusqu'en Laponie; sans doute ils occupèrent aussi toute la région moyenne de la plaine Sarmate, et, de même que les Lettes les chassèrent de la Livonie, des Slaves les refoulèrent probablement du Wolga vers la Dwina. Ils étaient anciennement connus par le commerce des Aorses et des Permiens avec l'Asie et par leur piraterie sur la mer Baltique; mais ils n'ont jamais formé aucun état capable de conserver son indépendance, et sont depuis bien des siècles soumis aux Scandinaves et aux Russes. Les plus civilisés d'entre eux sont les Finnois proprement dits ou Finlandais et les Esthoniens; ils sont luthériens, ainsi que le petit nombre de Finnois répandus au N. de la Suède et de la Norwège. Ceux établis dans le Finmarken au milieu des Lapons nomades portent le nom de Quènes. Les Finnois, qui habitent le bassin de la Dwina, sont mêlés aux Russes. Les Tchouwaches, les Tcheremisses, les

Morduins, les Vogoules, les Votiaques, les Permiens habitent, en Russie, l'Oural, le bassin de la Kama, et, jusqu'au S. de Kasan, des contrées à l'O. du Wolga; leur religion est encore un mélange de christianisme et de paganisme.

FINO, b. du roy. Lombard-Vénitien, gouv. de Milan, délégation de Côme; important par ses fabriques d'instruments de physique et de mathématiques.

FINS (les), vg. de Fr., Doubs, arr. de Pontarlier, cant. et poste de Morteau; 625 hab.

FINS, vg. de Fr., Somme, arr. et poste de Péronne, cant. de Roisel; 510 hab.

FINSTERAARHORN (le), haute montagne granitique en Suisse; elle s'élève entre la vallée de Grindelwald, dans l'Oberland bernois, et le district de Gombs dans le Valais. Son sommet, qui atteint la hauteur de 13,230 pieds au-dessus du niveau de la mer, n'a encore été gravi qu'une seule fois, il y a quelques années, par trois habitants du pays. Les flancs alimentent le glacier inférieur de Grindelwald, ceux d'Unteraar, d'Oberaar, de Viescher, et en partie celui d'Aletsch. Au N. de cette montagne s'élèvent les Schreckhœrner, à l'O. les Viescherhœrner, l'Eiger, le Moine et la Jungfrau.

FINSTERMUNZ, vg. du Tyrol, cer. d'Oberinnthal, sur l'Inn, à l'endroit où cette rivière entre dans le Tyrol.

FINSTERWALDE, en polonais. *Grabyn*, v. de Prusse, sur le Schackebach, prov. de Brandebourg, rég. de Francfort; 2800 hab.

FINSTINGEN (Meurthe). *Voyez* FÉNÉTRANGE.

FIOGO', v. du Japon, chef-lieu de la prov. de Farima, sur le golfe d'Osaka (île Niphon); ville grande et peuplée qui possède un port excellent, garanti par un môle artificiel.

FIOLLE (la), ham. de Fr., Nièvre, com. de Planchez; 110 hab.

FIONIE ou **FYEN**, île de l'archipel danois, la plus grande après celle de Seeland; elle a une superficie de 56 milles c. Elle forme avec Langeland les bges d'Odensee et de Srendborg. Cette île est située entre les détroits du Grand et du Petit-Belt; elle est couverte de superbes forêts, très-fertile, et produit particulièrement des chevaux et du houblon; 144,000 hab.

FIORENZUOLA, *Alberoni*, *Fidentiola*, *Florentia*, pet. v. dans le duché de Parme, renommée par les ruines de Velléia, qui se trouvent dans ses environs; patrie du célèbre cardinal Alberoni (1664—1752); 3000 hab.

FIQUELEUR, vg. de Fr., Eure, arr. de Pont-Audemer, cant. et poste de Beuzeville; 110 hab.

FIRANDO, île considérable du Japon, située non loin de la côte de Kiou-siou; haute et escarpée. Elle forme une principauté particulière et renferme les deux villes de Firando et de Kœtch. La première a un excellent port où les Hollandais avaient établi une factorerie, mais qu'ils furent obligés d'abandonner, en 1640, pour transférer leur établissement à Nangasaki. Depuis longtemps aucun navigateur n'a visité cette île, autour de laquelle se trouvent plusieurs îlots, entre autres Woeima et Kitseky.

FIRBEIX, vg. de Fr., Dordogne, arr. de Nontron, cant. de St.-Pardoux, poste de Chalus; hauts-fourneaux; 930 hab.

FIRE-STONE-HILLS. *Voyez* NORTHUMBERLAND (comté).

FIRFOL, vg. de Fr., Calvados, arr., cant. et poste de Lisieux; 240 hab.

FIRIA, contrée montagneuse de la Nigritie occidentale, au S. du Fouta-Diallon et à dix journées de Teemboo.

FIRLEY, v. du roy. de Pologne, woïwodie de Lublin, sur la rive gauche de la Bystrzyca.

FIRMI, vg. de Fr., Aveyron, arr. de Villefranche-de-Rouergue, cant. et poste d'Aubin; hauts-fourneaux; 1630 hab.

FIRMIN (Saint-), vg. de Fr., Loir-et-Cher, arr. de Vendôme, cant. de Morée, poste de Pézou; 520 hab.

FIRMIN (Saint-), vg. de Fr., Meurthe, arr. de Nancy, cant. d'Harroué, poste de Neuviller-sur-Moselle; fabr. de chapeaux de paille; 530 hab.

FIRMIN (Saint-), vg. de Fr., Nièvre, arr. de Nevers, cant. et poste de St.-Benin-d'Azy; 300 hab.

FIRMIN (Saint-), vg. de Fr., Oise, arr. et cant. de Senlis, poste de Chantilly; fabr. de clous d'épingles; 1150 hab.

FIRMIN (Saint-), vg. de Fr., Saône-et-Loire, arr. d'Autun, cant. et poste de Montcenis; 560 hab.

FIRMIN (Saint-), ham. de Fr., Somme, com. du Crotoy; 270 hab.

FIRMIN-DES-BOIS (Saint-), vg. de Fr., Loiret, arr. de Montargis, cant. et poste de Château-Renard; 570 hab.

FIRMIN-EN-VALGODEMARD (Saint-), vg. de Fr., Hautes-Alpes, arr. et à 6 l. N. de Gap, chef-lieu de canton, poste de Corps; fabr. de couvertures de laine; 1280 hab.

FIRMIN-SUR-LOIRE (Saint-), vg. de Fr., Loiret, arr. de Gien, cant. et poste de Châtillon-sur-Loire; 760 hab.

FIRMINY, b. de Fr., Loire, arr. de St.-Étienne, cant. du Chambon, poste; fabr. d'acier, de clous, de couvertures de laine, de noir de fumée; verreries; martinet à étirer fer et acier; exploitation de charbon de terre; 3785 hab.

FIROUZABAD, autrefois *Dchur*, l'ancienne *Cyropolis*, v. de Perse, prov. de Fars, sur la rivière du même nom. On y fabrique la meilleure eau de rose de toute la Perse. Une immense colonne de 150 pieds de hauteur et de 20 de diamètre, et les restes imposants d'un temple de Guèbres sont ses principales curiosités.

FIRST-MOUNTAINS. *Voyez* NEW-JERSEY.

FIRUZEPOUR, pet. principauté de l'Inde, située dans la prov. d'Agra, tributaire des Anglais. Sa capitale, résidence du khan, porte le même nom; c'est une ville assez grande, entourée d'une forte muraille; elle fait un peu de commerce.

FISCHAMENT, *Æquinoctium*, b. de la Basse-Autriche, cer. inférieur du Wienerwald, sur la Fischa; très-florissant par ses fabr. de toiles et d'étoffes de coton; grand commerce en grains; 1200 hab.

FISCHBACH, pet. v. de Prusse, prov. de Silésie, rég. de Liegnitz; avec un château appartenant au prince Guillaume, frère du roi; points de vue pittoresques des montagnes voisines; 1200 hab.

FISCHHAUSEN, pet. v. de Prusse, sur une baie du Frischhaff, prov. de Prusse, rég. de Kœnigsberg; 1500 hab.

FISCHLAND (le), presqu'île du grand-duché de Mecklembourg-Schwérin, entre le lac de Ribnitz et la mer Baltique; ses habitants pêchent surtout une grande partie de harengs.

FISHER (cap). *Voyez* MELVILLE (île).

FISHERROW, b. d'Écosse, comté d'Édimbourg, sur l'Esk, avec un petit port; 2000 hab.

FISHERS-ISLAND (île des pêcheurs), île à l'extrémité du détroit de Long-Island, qui la sépare du Connecticut, États-Unis de l'Amérique du Nord. Elle a 3 1/2 l. de longueur sur 1 l. de large. Cette île fait partie du comté de Suffolk, état de New-York; 220 h.

FISHERS-ISLAND (détroit de), bras de mer entre l'île de Fisher et celle de Gull, côte de l'état de New-York, États-Unis de l'Amérique du Nord.

FISHGUARD, b. d'Angleterre, principauté de Galles, comté de Pembroke, à l'embouchure du Gwain; pêche du hareng et du saumon; construction de vaisseaux; commerce en grains, beurre, charbons, chaux et bois. En 1797, 1200 Français y abordèrent et furent faits prisonniers; 1600 hab.

FISHING (baie de). *Voyez* CHÉSAPEAK (baie de).

FISHING (baie de), baie formée par le lac Ontario, sur la côte du comté de Génessée, état de New-York, États-Unis de l'Amérique du Nord.

FISHING-CREEK, b. des États-Unis de l'Amérique du Nord, état de la Caroline-du-Nord, comté de Wilkes; plantations; 2300 hab.

FISHING-CREEK. *Voyez* NORTHUMBERLAND (comté).

FISHING-RIVER, v. naissante des États-Unis de l'Amérique du Nord, état du Missouri, comté de Howard.

FISHING-SHIP-HARBOUR, baie sur la côte E. du Labrador, avec un établissement pour la pêche et le commerce. Les îles Fishing s'étendent à l'entrée de cette baie.

FISHKILL, grande commune des États-Unis de l'Amérique du Nord, état de New-York, comté de Dutchess, au confluent du Fishkill et de l'Hudson; deux ports; agriculture, industrie, commerce; 8500 hab. répartis dans 5 villages.

FISH-LAKE. *Voyez* CHESSHIRE (comté).

FISHOTS (îles). *Voyez* HAREBAI.

FISKERNÆS, colonie danoise sur la côte O. du Grœnland, inspectorat du Sud, arr. de Godhaaf; elle abonde en veaux-marins, qu'on y prend dans des filets, ainsi qu'en talc, dont les Esquimaux se font des lampes et des chaudrons; on y trouve aussi beaucoup de débris d'anciennes demeures. Les frères Moraves ont fondé les deux établissements de Lichtenfels (1758) et de Nouveau-Herrnhut, à l'embouchure du Baals-River, avec une pop. de 1500 âmes. Les pêcheries les plus importantes se font dans la baie d'Amarikfiorden, entre Fiskernæs et le Nouveau-Herrnhut.

FISLIS ou **FISLACH**, vg. de Fr., Haut-Rhin, arr. d'Altkirch, cant. et poste de Ferrette; 450 hab.

FISMES, *Fines, Fimæ, Fima*, pet. v. de Fr., Marne, arr. et à 6 l. O. de Reims, chef-lieu de canton et poste; elle est située sur la Vesle et renferme deux places publiques, dont l'une est carrée et régulière; elle a des fabriques de briques, tuiles et poterie; commerce en chanvre, lin, vins, cuirs, etc. Foires: premier lundi de carême, 30 juin, 9 septembre et 1er novembre. Fismes était autrefois une place forte, dont l'origine remonte, dit-on, au temps de César. Elle fut ravagée par Childebert et par Chilpéric. Il s'y tint deux conciles, en 881 et 995. On y remarque encore des débris de ses anciennes fortifications. Le 6 mars 1814, Napoléon y avait son quartier-général. Cette ville est la patrie d'Adrienne Lecouvreur, actrice distinguée; 2120 hab.

FISMETTE, ham. de Fr., Marne, com. de Fismes; 390 hab.

FISSEY, ham. de Fr., Saône-et-Loire, com. de Moroges; 310 hab.

FISSY, ham. de Fr., Saône-et-Loire, com. de Lugny; 310 hab.

FITCHBURGH, b. des États-Unis de l'Amérique du Nord, état de Massachusetts, comté de Worcester; forges; 2100 hab.

FITERO, pet. v. d'Espagne, roy. de Navarre, dist. de Tudéla, sur l'Alhama; eaux thermales (33° Réaumur) renommées.

FITIGNIEU, vg. de Fr., Ain, arr. et poste de Belley, cant. de Champagne; 240 hab.

FITILIEU, vg. de Fr., Isère, arr. de la Tour-du-Pin, cant. du Pont-de-Beauvoisin, poste des Abrets; 1430 hab.

FITMARA-DI-MURA, b. du roy. des Deux-Siciles, prov. de la Calabre ultérieure 1re; 2200 hab.

FITOU, vg. de Fr., Aude, arr. de Narbonne, cant. et poste de Sigean; 970 hab.

FITSWILLIAM, pet. v. des États-Unis de

l'Amérique du Nord, état de New-Hampshire, comté de Chesshire; industrie; société littéraire; 1800 hab.

FITTAGH, v. de la Russie d'Asie, gouv. de Chirvan.

FITTE-TOUPIÈRE(la), ham. de Fr., Gers, com. de Ponganpère; 100 hab.

FITTE-TRONCENS(la), ham. de Fr., Gers, com. de Miramont; 210 hab.

FITTRÉ ou **FIDDRI**, pet. royaume peu connu de la Nigritie centrale, au S.-O. du royaume de Mobba et au N.-E. de celui de Baghermeh. On y trouve le lac considérable de même nom, le lac Nuba des anciens, qui a, selon quelques auteurs, 4 journées de circonférence.

FITZHUGH, baie sur la côte de la Nouvelle-Hanovre (Amérique anglaise occidentale), au N. du détroit de la Reine-Charlotte, renferme l'île de Calvert. Vancouver, qui explora cette baie, y trouva des habitations sur la côte.

FITZ-JAMES, vg. de Fr., Oise, arr., cant. et poste de Clermont; 512 hab.

FIUMA, cer. d'Illyrie, gouv. de Trieste; il est borné au N. par les cer. d'Adelsberg et de Neustadt, à l'E. par le généralat de Carlstadt et la Croatie militaire, au S. par le golfe de Quarnaro et l'Adriatique, à l'O. par le cer. d'Istrie. Ce cercle comprend toute l'Istrie autrichienne, une partie de la Lombardie, de l'ancienne Carinthie et du comitat d'Agram, tout le litoral hongrois et les deux îles de Veglia et de Cherso. Superficie 62 l. c. géogr.; 132,000 hab.

FIUME (St.-Veit-am-Flaum, Recka), v. d'Autriche, chef-lieu du littoral hongrois, sur le Finmara et le golfe de Quarnaro; siége des autorités. Gymnase, école normale, école de dessin, bibliothèque, théâtre italien; fabrication de sucre, de rosolio, de tabac, de soude, de cordes, de cuirs, de draps, de toiles et de cire. Son commerce est favorisé par le port franc et par la superbe route de Louise, longue de 72 milles; cette route, ouverte en 1820, va jusqu'à Carlstadt, en passant sur la croupe des montagnes et entre des précipices affreux; 9000 hab.

FIUME-DE-NISO, v. du roy. des Deux-Siciles, intendance de Messine, sur la partie N.-E. de l'Etna, près de la Cantara; tissage de lin et de soie; blanchisseries de cire; 4000 hab.

FIUME-FREDDO, v. maritime du roy. des Deux-Siciles, prov. de la Calabre citérieure, située sur la mer Tyrrhénienne; culture de l'olivier; pêche.

FIVE-FINGERS-POINT, cap de la Nouvelle-Zélande, à la pointe S.-O. de l'île Tawaï-pounamou.

FIVE-ISLANDS-HARBOUR (Port des cinq Iles), baie à l'O. de l'île d'Antigoa, aux Petites-Antilles, tire son nom de cinq îles qui s'élèvent à son entrée; elle est remplie de récifs, d'écueils et de bancs de sable, mais bien abritée contre les vents du N. et du N.-E.

FIVEL, *Dammonus*, riv. du roy. des Pays-Bas; prend sa source à Grœningue et se verse dans l'Ems à Delfzyl.

FIVES, vg. de Fr., Nord, arr., cant. et poste de Lille; fabr. de céruse, de charbon animal, de noir d'ivoire, colle-forte, gélatine d'os pour apprêts; 1569 hab.

FIVIZZANO, pet. v. du grand-duché de Toscane, prov. de Pise.

FIXEM, vg. de Fr., Moselle, arr. de Thionville, cant. de Cattenom, poste de Sierck; 340 hab.

FIXEY, vg. de Fr., Côte-d'Or, arr. de Dijon, cant. et poste de Gevrey; 110 h.

FIXIN, vg. de Fr., Côte-d'Or, arr. de Dijon, cant. et poste de Gevrey; vins fins du clos de Perrière; 410 hab.

FIX - SAINT - GENEYS ou **FIX-LE-HAUT**, vg. de Fr., Haute-Loire, arr. du Puy, cant. d'Allègre, poste de St.-Paulien; 215 hab.

FIX-VILLENEUVE ou **FIX-LE-BAS**, Haute-Loire, arr. de Brioude, cant. et poste de Paulhaguet; 600 hab.

FLABAS, vg. de Fr., Meuse, arr. de Montmédy, cant. et poste de Damvillers; 220 h.

FLABEUVILLE, ham. de Fr., Moselle, com. de Colmey; 200 hab.

FLACÉ, vg. de Fr., Saône-et-Loire, arr., cant. et poste de Mâcon; 530 hab.

FLACÉ, ham. de Fr., Sarthe, com. de Souligné-sous-Vallon; 100 hab.

FLACEY, vg. de Fr., Côte-d'Or, arr. de Dijon, cant. et poste d'Is-sur-Tille; 400 hab.

FLACEY, vg. de Fr., Eure-et-Loir, arr. de Châteaudun, cant. et poste de Bonneval; 230 hab.

FLACEY-EN-BRESSE, vg. de Fr., Saône-et-Loire, arr. et poste de Louhans, cant. de Cuiseaux; 1090 hab.

FLACHÈRE (la), vg. de Fr., Isère, arr. de Grenoble, cant. et poste du Touvet; 410 h.

FLACHÈRES, vg. de Fr., Isère, arr. de la Tour-du-Pin, cant. du Grand-Lemps, poste de Champier; 530 hab.

FLACOURT, vg. de Fr., Seine-et-Oise, arr., cant. et poste de Mantes; 110 hab.

FLACQUET, ham. de Fr., Pas-de-Calais, com. de Sailly-sur-la-Lys; 150 hab.

FLACY, ham. de Fr., Nièvre, com. de Neuilly-sur-Beuvron; 180 hab.

FLACY, vg. de Fr., Yonne, arr. de Sens, cant. et poste de Villeneuve-l'Archevêque; 360 hab.

FLADSTRANDSFORT, ancien nom de Fréderichavn, pet. v. du Jutland septentrional.

FLADUNGEN, v. de Bavière, cer. du Bas-Mein; école de l'industrie cotonnière; tissage; 800 hab.

FLAGEAT, vg. de Fr., Haute-Loire, arr. de Brioude, cant. et poste de Paulhaguet; 110 hab.

FLAGEY, vg. de Fr., Doubs, arr. de Besançon, cant. d'Amancey; poste d'Ornans; 180 hab.

FLAGEY, vg. de Fr., Haute-Marne, arr. et poste de Langres, cant. de Longeau; 175 h.

FLAGEY-LES-AUXONNE, vg. de Fr., Côte-d'Or, arr. de Dijon, cant. et poste d'Auxonne; 170 hab.
FLAGEY-LES-GILLY, vg. de Fr., Côte-d'Or, arr. de Beaune, cant. et poste de Nuits; 270 hab.
FLAGEY-RIGNEY, vg. de Fr., Doubs, arr. de Besançon, cant. de Marchaux, poste de Baume-les-Dames; 150 hab.
FLAGNAC, vg. de Fr., Aveyron, arr. de Villefranche-de-Rouergue, cant. et poste d'Aubin; 1940 hab.
FLAGSTADT, île de l'archipel Norwégien, avec une pop. de 1000 hab.
FLAG-STAFF, un des points les plus élevés de l'île Ste.-Hélène, dans l'Océan Atlantique; il a une hauteur de 2270 pieds.
FLAGY, vg. de Fr., Haute-Saône, arr. et poste de Vesoul, cant. de Port-sur-Saône; 340 hab.
FLAGY, vg. de Fr., Saône-et-Loire, arr. de Mâcon, cant. et poste de Cluny; 600 h.
FLAGY, vg. de Fr., Seine-et-Marne, arr. de Fontainebleau, cant. de Lorrez-le-Bocage, poste de Montereau; 450 hab.
FLAHOUN ou HILAHOUN, EL-LAHOUN, b. de la Moyenne-Égypte, prov. de Fayoum, sur le canal Joseph et la route de Beni-Soueyf à Medinet-el-Fayoum.
FLAIGLES-LES-OLIVIERS, vg. de Fr., Ardennes, arr. de Rocroi, cant. de Rumigny, poste de Maubert-Fontaine; 320 hab.
FLAINAC, ham. de Fr., Lot, com. de Pradines; 200 hab.
FLAINVAL, vg. de Fr., Meurthe, arr., cant. et poste de Lunéville; 200 hab.
FLAINVILLE, ham. de Fr., Seine-Inférieure, com. du Bourg-Dun; 200 hab.
FLAIVE (Saint-), vg. de Fr., Vendée, arr. des Sables, cant. et poste de la Mothe-Achard; 990 hab.
FLAIX, vg. de Fr., Seine-et-Marne, arr. de Provins, cant. et poste de Villers-St.-Georges; 50 hab.
FLAMANVILLE, vg. de Fr., Manche, arr. de Cherbourg, cant. et poste des Pieux; 1200 hab.
FLAMANVILLE, vg. de Fr., Seine-Inférieure, arr. et poste d'Yvetot, cant. d'Yerville; 560 hab.
FLAMARENS, vg. de Fr., Gers, arr. et poste de Lectoure, cant. de Miradoux; 550 hab.
FLAMBERMONT, ham. de Fr., Oise, com. de St.-Martin-le-Nœud; 110 hab.
FLAMBON, ham. de Fr., Seine-et-Marne, com. de Gouaix; 150 hab.
FLAMBOROUGH, vg. d'Angleterre, comté d'York, peu loin du cap de son nom, où s'élève un phare haut de 250 pieds.
FLAMENGRIE (la), vg. de Fr., Aisne, arr. de Vervins, cant. et poste de la Capelle; 1740 hab.
FLAMENGRIE (la), vg. de Fr., Nord, arr. d'Avesnes, cant. et poste de Bavay; 350 hab.
FLAMETS-FRÉTILS, vg. de Fr., Seine-Inférieure, arr., cant. et poste de Neufchâtel-en-Bray; 420 hab.
FLAMICOURT, ham. de Fr., Somme, com. de Doingt; 310 hab.
FLAMINGO (bahia de), baie vaste et très-sure sur la côte de la prov. de San-Paolo, emp. du Brésil.
FLAMINGOS (îles). *Voyez* PÉRICO (îles).
FLAMMERANS, vg. de Fr., Côte-d'Or, arr. de Dijon, cant. et poste d'Auxonne; 810 hab.
FLAMMERÉCOURT, vg. de Fr., Haute-Marne, arr. de Vassy, cant. et poste de Doulevant; 800 hab.
FLANCOURT, vg. de Fr., Eure, arr. de Pont-Audemer, cant. de Bourgtheroulde; poste de Bourgachard; 430 hab.
FLANDRE, ham. de Fr., Somme, com. de Rue; 100 hab.
FLANDRE (la), *Flandria*, ancienne prov. de Fr., bornée au N. par les Pays-Bas autrichiens, à l'O. par le détroit du Pas-de-Calais et l'Artois, au S. par cette dernière province et par la Picardie et à l'E. par le Hainaut. A l'époque de l'invasion romaine elle était habitée par les Morini et les Nervii qui, retirés dans les épaisses forêts et derrière les marais profonds dont ce territoire était alors couvert, opposèrent une longue et vigoureuse résistance aux conquérants. Vaincus cependant par les Romains, ces deux peuples furent compris dans la seconde Belgique. Au commencement du cinquième siècle, ce pays tomba au pouvoir des Francs, et Clodion en donna le gouvernement à son neveu Flandbert, d'où l'on prétend que la contrée prit le nom de Flandre. Ce pays avait été partagé entre divers princes ou chefs de tribus; mais Clovis, pour établir son autorité plus solidement, fit périr tous ces petits souverains, avec lesquels il ne voulait point partager le pouvoir, et fit gouverner la Flandre par des officiers qui portaient le titre de grands-forestiers. Cette organisation subit peu de changement jusqu'à Charlemagne, qui rendit la dignité de grand-forestier héréditaire. Ce même empereur transplanta un grand nombre de Saxons dans cette province qui manquait d'habitants. En 873, Charles-le-Chauve érigea la Flandre en comté-pairie, en faveur de Baudouin, surnommé Bras-de-Fer. Marguerite, fille de l'un des successeurs de Baudouin, ayant épousé Philippe-le-Hardi, duc de Bourgogne, Charles V, roi de France, donna à celui-ci, qui était son frère, le comté de Flandre, à condition que ce domaine ne passerait à ses héritiers que dans la ligne masculine. Le dernier prince de la maison de Bourgogne, Charles-le-Téméraire, étant mort en 1473, sans laisser d'héritier mâle, sa fille unique Marie porta, par son mariage avec Maximilien Ier, la Flandre et la Bourgogne dans la maison d'Autriche, malgré la condition imposée par Charles V. François Ier, prisonnier de Charles-Quint, renonça à ses droits sur

la province par le traité de Madrid, en 1525; mais il protesta contre cette renonciation, arrachée par la violence, et ses successeurs réclamèrent la possession de la Flandre. Cependant toutes les négociations n'aboutirent à rien jusqu'à l'époque où Louis XIV reconquit par les armes cette province, qui est restée depuis 1668 attachée à la France. La Flandre avec le Cambrésis et une partie du Hainaut français forme aujourd'hui le dép. du Nord.

FLANDRE (orientale et occidentale), deux provinces du roy. de Belgique, faisant autrefois partie de l'ancien comté de Flandre.

Flandre-Orientale, comprenant la presque totalité de l'ancien dép. de l'Escaut; bornée au N. par la Zeelande, à l'E. par Anvers et le Brabant-Méridional, au S. par le Hainaut et à l'O. par la Flandre-Occidentale. Sa superficie est de 49 1/10 milles c.; elle présente une grande plaine ondulée de collines qui se perdent en talus vers le N. et l'O. L'Escaut traverse la province du S.-O. au N.-E. et est navigable sur tout son cours; elle reçoit à Gand la Lys, à Dendermonde la Dender, au-dessous de Hamme la Durme, et sort du royaume à 4 l. au-dessus d'Anvers. Gand correspond par un beau canal neuf avec Bruges, par la Liève canalisée avec Damm, et avec Sas-de-Gand par le canal de la Mœrbeke, qui a des embranchements sur Axel et Hulst. Le climat, quoique humide, est tempéré et sain. Le sol est très-fertile et cultivé avec soin et intelligence; les plus belles terres labourées varient avec de riches pâturages. Les principales productions du pays sont: les animaux domestiques ordinaires, du menu gibier, du poisson, des abeilles, du blé, des pommes de terre, des légumes, du jardinage, des fruits, du fourrage, de la graine de trèfle, du chanvre, du lin, de la garance, du tabac, du houblon, des graines oléagineuses, peu de bois, de la tourbe et de l'argile. Les chevaux sont d'une race inférieure mais robustes; on élève de nombreuses et belles bêtes à cornes; l'éducation des brebis est peu importante. Cette province est une des plus industrieuses du royaume; chaque cultivateur a son métier à tisser, et pendant le chômage des travaux ruraux il convertit le filage de sa famille en toile; la province produit le plus beau lin et les habitants ont une adresse particulière pour le peigner et le filer. Cependant le produit de la fabrication de toiles que l'on estimait autrefois à dix millions de francs, a diminué par la concurrence des toiles de coton. Plusieurs endroits et surtout Gand possèdent des filatures de coton considérables; des fabriques de calicots, basins, piqués, molletons, serges et gros draps; de chapeaux, de produits chimiques; de bougies renommées; des papeteries, des savonneries, des tanneries, des raffineries de sucre et de sel, des huileries et des tuileries. On ne retrouve plus de traces de la fabrication des draps fins, autrefois si renommés. On exporte des bestiaux, du blé, des semences, de l'huile, de la toile, du fil à dentelles et à coudre, des dentelles, des cotonnades, des étoffes de laine, du cuir, des produits chimiques, du sucre, du papier, de la cire, etc. La pop. de 733,938 hab. est répartie dans 4 arrondissements, Gand, Oudenarde, Dendermonde et Ecloo, 31 cantons et 406 communes. Les habitants sont laborieux, actifs et industrieux; ils appartiennent à l'église romaine; ils parlent le flamand, mais la langue française domine dans les villes et commence aussi à se répandre dans les campagnes.

Flandre-Occidentale, comprenant l'ancien dép. de la Lys; bornée au N. et au N.-O. par la mer du Nord, à l'E. par les prov. de Zeelande et de la Flandre-Orientale, au S.-E. par le Hainaut, et au S. par le dép. français du Nord. Sa superficie est de 68 milles c.; elle présente une plaine parfaite bordée de dunes le long de la mer. La Lys vient du dép. français du Nord, où elle devient navigable, reçoit dans la province pendant son cours de 12 l. la Nederbeke, la Heulebeke et la Groobeke, et passe dans la Flandre-Orientale à 3 l. de Courtrai; l'Yser vient du même département, devient navigable à Rousbragge et se verse, après un trajet de 9 l., dans la mer, au-dessous de Nieuport; la Mandelbeke prend sa source dans la province, y reçoit la Babillebeke et se dirige dans la Flandre-Orientale; la Nièvre ou canal de Gand, à Damme, se dirige dans le bassin de Bruges. Les canaux navigables sont ceux de Gand à Bruges, de Bruges à Ostende, d'Ostende à Nieuport, de Furnes à Nieuport, de Dunkerque à Furnes, et d'Ypres au fort Knoke. Les étangs et marais occupent 1852 hectares. Le climat est variable et cause, surtout dans les parties septentrionales et occidentales, des fièvres intermittentes; l'été est ou constamment sec ou pluvieux; l'automne est ordinairement la plus belle saison. Les vents d'E. sont rares; on craint beaucoup ceux du N. et du N.-O., parce que le pays est menacé d'inondations quand ils sont violents pendant le flux. Dans l'intérieur, le sol est gras et très-fertile, surtout dans l'arr. de Courtrai; dans l'arr. d'Ypres il est sablonneux; dans l'arr. de Furnes bas et marécageux, cependant de nombreux canaux d'écoulement l'ont rendu susceptible de culture; l'arr. de Bruges est sablonneux et renferme des landes; mais l'application des habitants sait vaincre les difficultés de ces terrains, dont les parties incultes disparaissent de plus en plus. Les productions naturelles et industrielles de la province sont les mêmes que dans la Flandre-Orientale; l'éducation des bestiaux est plus riche; les chevaux sont surtout plus beaux, mais trop lourds pour la cavalerie; la pêche, abondante, occupe une grande partie des habitants des côtes. Le commerce est important et se trouve facilité par les ports de mer et les nombreux canaux qui entrecoupent le pays. On exporte des bestiaux, du beurre, du fromage, des peaux, du cuir, des poissons de mer; du blé, des légumes secs, de l'huile, du tabac, du houblon; des toiles, des dentelles, du fil, des eaux-de-vie de grains. La pop., de 603,214 hab., est répartie dans 4 arrondissements: Bruges, Furnes, Ypres et Courtrai, 27 cantons et 250 communes. Les habitants sont loyaux, honnêtes, laborieux et stricts observateurs du culte romain; excellents cultivateurs, disposés au commerce, et dans les villes grands amateurs des arts. La langue du pays est le flamand, qui de nos temps cependant cède à la langue française.

Les anciennes limites de la Flandre (*Flandria*) sont très-incertaines; d'après St.-Ouen elles ne comprenaient dans le huitième siècle que le territoire de Bruges, duquel on distinguait encore sous Charles-le-Chauve (857) celui de Courtrai. Baudouin, Bras-de-Fer, premier comte héréditaire de Flandre, fortifia, en 867, Bruges, et en 868 Gand, pour résister aux invasions des Normands, qui vinrent néanmoins encore infester le pays pendant l'hiver de 880. Dès le commencement du treizième siècle, les villes de Flandre étaient devenues les plus commerçantes et les plus industrielles du N. de l'Europe, et excitaient l'envie de l'Angleterre, qui ne cessait de fomenter des troubles pour les détacher de la France. A la fin de ce siècle, Philippe-le-Bel s'empara du pays et retint prisonnier à Paris le comte Gui de Dampierre. Le peuple se souleva en 1302 contre le gouverneur français, et la bataille de Courtrai parut assurer son indépendance en lui rendant ses souverains. Cependant les Anglais ne cessaient de susciter de nouvelles révoltes, et ils furent secondés par la fausse politique des comtes de Flandre; Gand se rendit indépendant en 1338, sous son protecteur Artewelde, et l'issue de la bataille de Crécy (1346) détacha de la France les autres villes. Par le mariage de Marguerite, fille du dernier comte Louis III, avec Philippe-le-Hardi, la Flandre passa sous la domination des puissants ducs de Bourgogne, qui, pouvant résister aux influences étrangères et protéger avec vigueur le commerce et l'industrie, firent arriver les villes de Flandre à un haut degré de prospérité. En 1477, Marie, fille unique de Charles-le-Téméraire, dernier duc de Bourgogne, épousa Maximilien d'Autriche, qui parvint à l'empire en 1493. A partir de cette époque l'histoire de la Flandre se fond avec celle de la maison d'Autriche. Ses villes avaient possédé pendant le moyen âge l'entrepôt principal du commerce du nord; leurs produits industriels, surtout les draps et les toiles, étaient les plus recherchés d'Europe; depuis 1340 jusqu'en 1453, elles avaient conclu des traités avec toutes les grandes places de commerce. Mais dès 1485 cette splendeur commença à diminuer : la mauvaise administration d'un gouvernement étranger, l'inquisition espagnole, qui fit émigrer un grand nombre de manufacturiers, et les guerres civiles, furent les principales causes de leur décadence.

FLANGEBOUCHE, vg. de Fr., Doubs, arr. de Baume-les-Dames, cant. de Pierrefontaine, poste du Valdahon; 770 hab.

FLANHAC. *Voyez* FLAGNAC.

FLARAMBEL, vg. de Fr., Gers, arr., cant. et poste de Condom; 150 hab.

FLASSAN, vg. de Fr., Vaucluse, arr. et poste de Carpentras, cant. de Marmoiron; 510 hab.

FLASSANS, vg. de Fr., Var, arr. et poste de Brignolles, cant. de Besse; 1250 hab.

FLASSIEUX, ham. de Fr., Isère, com. de Chaponnay; 190 hab.

FLASSIGNY, vg. de Fr., Meuse, arr., cant. et poste de Montmédy; 140 hab.

FLASTROF, ham. de Fr., Moselle, com. de Valweistroff; 290 hab.

FLAT, vg. de Fr., Puy-de-Dôme, arr., cant. et poste d'Issoire; 690 hab.

FLATBUSH, pet. v. des États-Unis de l'Amérique du Nord, état de New-York, comté de Kings, au pied du mont Gualen; académie nommée Erasmus-Hall. Les Anglais y remportèrent, en 1776, une victoire sur l'armée de la confédération américaine; 2300 hab.

FLAT-HEAD. *Voyez* TÊTES-PLATES (Indiens).

FLAT-ISLAND. *Voyez* MANATOLIN.

FLAT-LAKE (lac plat), lac des États-Unis de l'Amérique du Nord, état de Louisiane, sur la rive gauche du Mississipi.

FLATOW (Czlottowo), pet. v. de Prusse, chef-lieu de cercle, prov. de Prusse, rég. de Marienwerder; fabr. de draps et de dentelles; 1800 hab.

FLATT (île). *Voyez* JOHNS (Saint-).

FLATTERY (cap), l'extrémité septentrionale des côtes des Etats-Unis de l'Amérique du Nord, territoire de l'Orégon.

FLATTOP (monts). *Voyez* GILES (comté).

FLAUCOURT, vg. de Fr., Somme, arr., cant. et poste de Péronne; 470 hab.

FLAUDRIE (la), ham. de Fr., Pas-de-Calais, com. de Lillers; 110 hab.

FLAUGEAC, vg. de Fr., Dordogne, arr. et poste de Bergerac, cant. de Sigoulès; 420 h.

FLAUGNAC, vg. de Fr., Lot, arr. de Cahors, cant. et poste de Castelnau-de-Montratier; 1160 hab.

FLAUJAC, vg. de Fr., Aveyron, com. d'Espalion; fabr. de burats; 280 hab.

FLAUJAC-PRÈS-LALBENQUE, vg. de Fr., Lot, arr. et poste de Cahors, cant. de Lalbenque; 450 hab.

FLAUJAC-PRÈS-LIVERNON, vg. de Fr., Lot, arr. de Figeac, cant. de Livernon, poste de Gramat; 170 hab.

FLAUJAGUES, vg. de Fr., Gironde, arr.

de Libourne, cant. de Pujols, poste de Castillon; 720 hab.

FLAUMONT, vg. de Fr., Nord, arr., cant. et poste d'Avesnes; 420 hab.

FLAUX, vg. de Fr., Gard, arr., cant. et poste d'Uzès; 240 hab.

FLAUZINS, ham. de Fr., Aveyron, com. de Lescure; 130 hab.

FLAVACOURT, vg. de Fr., Oise, arr. de Beauvais, cant. du Coudray-Saint-Germer, poste de Gisors; 970 hab.

FLAVIAC, vg. de Fr., Ardèche, arr., cant. et poste de Privas; 800 hab.

FLAVIGNAC, vg. de Fr., Haute-Vienne, arr. de St.-Yrieix, cant. et poste de Chalus; 1530 hab.

FLAVIGNEROT, vg. de Fr., Côte-d'Or., arr., cant. et poste de Dijon; 150 hab.

FLAVIGNY, vg. de Fr., Cher, arr. de St.-Amand-Mont-Rond, cant. de Nérondes, poste de Villequiers; 490 hab.

FLAVIGNY, pet. v. de Fr., Côte-d'Or, arr. et à 3 1/2 l. E. de Sémur et à 7 l. de Paris, chef-lieu de canton et poste; elle est située au milieu de plusieurs côteaux plantés de vignes; commerce de blés, laine et anis renommés, dits de Flavigny; 1235 hab.

FLAVIGNY, vg. de Fr., Marne, arr. d'Épernay, cant. et poste d'Avize; 140 hab.

FLAVIGNY, vg. de Fr., Meurthe, arr. de Nancy, cant. de St.-Nicolas-du-Port, poste de Pont-St.-Vincent, sur la rive gauche de la Moselle, que l'on y passe sur un pont en pierres de 7 arches; 1220 hab.

FLAVIGNY-LE-GRAND, vg. de Fr., Aisne, arr. de Vervins, cant. et poste de Guise; 110 hab.

FLAVIGNY-LE-PETIT, vg. de Fr., Aisne, arr. de Vervins, cant. et poste de Guise; 110 hab.

FLAVIN, vg. de Fr., Aveyron, arr. et poste de Rhodez, cant. de Pont-de-Salars; 1260 hab.

FLAVY (Saint-), vg. de Fr., Aube, arr. de Nogent-sur-Seine, cant. et poste de Marcilly-le-Hayer; 390 hab.

FLAVY-LE-MARTEL, vg. de Fr., Aisne, arr. de St.-Quentin, cant. de St.-Simon, poste de Ham; 2375 hab.

FLAVY-LE-MELDEUX, vg. de Fr., Oise, arr. de Compiègne, cant. et poste de Guiscard; 460 hab.

FLAWYL, vg. de Suisse, cant. de St.-Gall, chef-lieu de cercle; grande fabrique de mousselines et d'étoffes de coton; 1100 hab.

FLAXIEU, vg. de Fr., Ain, arr. de Belley, cant. de Virieux-le-Grand, poste de Culoz; 130 hab.

FLAXLANDEN, vg. de Fr., Haut-Rhin, arr. d'Altkirch, cant. de Landser, poste de Mulhouse; 590 hab.

FLAYAT, vg. de Fr., Creuse, arr. d'Aubusson, cant. de Crocq, poste de la Villeneuve; 1010 hab.

FLAYOSC, vg. de Fr., Var, arr., cant. et poste de Draguignan; 2610 hab.

FLÉAC, vg. de Fr., Charente, arr., cant. et poste d'Angoulême; 880 hab.

FLÉAC, vg. de Fr., Charente-Inférieure, arr. de Saintes, cant. et poste de Pons; 630 hab.

FLÈCHE (la), *Fixia, Flaxia*, v. de Fr., Sarthe, chef-lieu d'arrondissement, à 9 l. S.-O. du Mans et à 61 l. de Paris; siège d'un tribunal de première instance, direction des contributions indirectes et conservation des hypothèques; elle est située dans un charmant vallon, sur la rive droite du Loir; ses rues sont belles et bien percées, ses maisons bien bâties. Cette ville passe pour une des plus agréables du département. Elle renferme une école militaire préparatoire, qui occupe les bâtiments du célèbre collège fondé par Henri IV, en 1603, et où furent élevés le prince Eugène, l'astronome Descartes, le chancelier Voisins, Picard et d'autres hommes célèbres dans les lettres, dans les sciences ou dans les armes. Ce collège était d'abord un château royal; on y retrouve l'ancienne galerie de peinture, le parc et un aqueduc qui distribuait l'eau. L'école a une bibliothèque de 14,000 volumes et un bassin de natation. Elle reçoit 600 élèves, dont 400 aux frais du gouvernement. Tanneries; fabr. de colle-forte, de charbon animal, etc.; commerce de volailles renommées, blés, fruits cuits, etc. Foires les premiers mercredis de janvier, d'avril, de juillet, deuxième mercredi de décembre, troisième de février, quatrième d'avril, d'août, de septembre et le dernier avant Pentecôte; 6440 hab.

La Flèche fut prise par les Vendéens, en 1793; les républicains les en chassèrent bientôt après. En 1799 les chouans firent de nouvelles tentatives pour s'en emparer, mais ils furent repoussés.

FLÉCHIN, vg. de Fr., Pas-de-Calais, arr. de St.-Omer, cant. de Fauquembergue, poste d'Aire-sur-la-Lys; 570 hab.

FLÉCHIN, ham. de Fr., Somme, com. de Bernes; 250 hab.

FLÉCHINELLE, ham. de Fr., Pas-de-Calais, com. d'Enquin; 330 hab.

FLÉCHY, vg. de Fr., Oise, arr. de Clermont, cant. et poste de Breteuil; 320 hab.

FLÉE, vg. de Fr., Côte-d'Or. arr., cant. et poste de Sémur; 370 hab.

FLÉE (Maine-et-Loire), *Voyez* SAUVEUR-DE-FLÉE (Saint-).

FLÉE-SAINTE-CÉCILE, vg. de Fr., Sarthe, arr. de St.-Calais, cant. et poste de Château-du-Loir; 1160 hab.

FLEIGNEUX, vg. de Fr., Ardennes, arr., cant. et poste de Sedan; 300 hab.

FLEISHEIM, vg. de Fr., Meurthe, arr. de Sarrebourg, cant. de Fénétrange, poste de Phalsbourg; 260 hab.

FLEIX (le), vg. de Fr., Dordogne, arr. de Bergerac, cant. de la Force, poste de Ste.-Foy; 1600 hab.

FLEIX, vg. de Fr., Vienne, arr. de Montmorillon, cant. et poste de Chauvigny; 280 hab.

FLEKKEFJORD, b. avec un port assez important dans le bge de Lister et Mandal, en Norwège.

FLEMMING, comté de l'état de Kentucky, États-Unis de l'Amérique du Nord; il est borné par les comtés de Mason, de Lewis, de Greenup, de Lawrence, de Pike, de Bath et de Nicholas; sol en grande partie montagneux, entrecoupé de fertiles vallées et arrosé par le Fox qui y reçoit le Licking et d'autres rivières. Flemmingsburgh, avec une poste, est le chef-lieu du comté; 14,000 hab.

FLEMMINGS, v. naissante des États-Unis de l'Amérique du Nord, état d'Indiana, comté de Wayne.

FLEMMINGSBURGH. *Voyez* FLEMMING (comté).

FLENSBERG, *Flenopolis*, chef-lieu d'un duché de même nom dans le Jutland méridional; est une jolie ville, sur la Baltique, à l'extrémité d'un golfe qui porte son nom; elle a un collége, une école de navigation et un chantier de construction pour des navires marchands; son port est très-fréquenté, son commerce important, ses fabriques sont nombreuses et florissantes; elle exporte surtout des tuiles; 16,000 hab.

FLÈRE-LA-RIVIÈRE, vg. de Fr., Indre, arr. de Châteauroux, cant. et poste de Châtillon-sur-Indre; 850 hab.

FLERS, vg. de Fr., Nord, arr. et poste de Lille, cant. de Lannoy; fabr. de briques et tissus en laine; teintureries; blanchisseries; 1770 hab.

FLERS, *Bratuspantium* (?), b. de Fr., Orne, arr. et à 4 l. N. de Domfront, chef-lieu de canton et poste; centre d'une fabr. considérable de toiles et coutils qui a produit les premiers 5/4; 4895 hab.

FLERS, vg. de Fr., Somme, arr. de Montdidier, cant. d'Ailly-sur-Noye, poste; 540 h.

FLERS, vg. de Fr., Somme, arr. et poste de Péronne, cant. de Combles; 700 hab.

FLERS-EN-ESCREBIEUX, vg. de Fr., Nord, arr., cant. et poste de Douai; 920 h.

FLERS-EN-FLAVERMONT, vg. de Fr., Pas-de-Calais, arr. et cant. de St.-Pol-sur-Ternoise, poste de Frévent; 510 hab.

FLESQUIÈRES, vg. de Fr., Nord, arr. et poste de Cambrai, cant. de Marcoing; 800 hab.

FLESSELLES, vg. de Fr., Somme, arr. d'Amiens, cant. et poste de Villers-Bocage; 1180 hab.

FLESSINGUE (Vliessingen), port de guerre avec de beaux chantiers de construction, roy. de Hollande, prov. de Zeelande, dist. et à 1 1/2 l. de Middelbourg, et à 10 l. de Gand, situé sur la côte méridionale de l'île de Walchern, à l'embouchure du bras occidental de l'Escaut (le Hondt). Cette place forte importante, protégée par les forts de Montebello et de St.-Hilaire, qui se rattachent à celui de Ramnekins. Le port peut recevoir 80 vaisseaux de ligne, et son mouvement annuel est à peu près de 1800 embarcations, dont une grande partie importe du sel pris sur les côtes occidentales de la France. On y remarque l'hôtel de ville, construit en 1594 sur le plan de celui d'Anvers; 4600 h.

Le bassin de Flessinque a déjà reçu des améliorations en 1315 sous le comte Guillaume III; ses principales fortifications datent de la deuxième moitié du seizième siècle. Patrie de l'amiral Ruyter (1607—76).

FLÉTRANGE, vg. de Fr., Moselle, arr. de Metz, cant. et poste de Faulquemont; 350 hab.

FLÊTRE, vg. de Fr., Nord, arr. de Hazebrouck, cant. et poste de Bailleul; 1180 h.

FLETTY, ham. de Fr., Nièvre, com. de Tazilly; 200 hab.

FLEUR (la), île dans le lac Érié.

FLEURAC, vg. de Fr., Charente, arr. de Cognac, cant. et poste de Jarnac; 390 hab.

FLEURAC, vg. de Fr., Dordogne, arr. de Sarlat, cant. et poste du Bugue; 940 hab.

FLEURANCE, ham. de Fr., Haute-Garonne, com. de Toulouse; 150 hab.

FLEURANCE, pet. v. de Fr., Gers, arr. à 2 l. S. de Lectoure et à 205 l. de Paris, chef-lieu de canton et poste. Cette ville, située sur la rive gauche du Gers, est bien bâtie, possède une salle de spectacle, des filatures et fait commerce en grains, denrées du pays et plumes d'oies; 3671 hab.

FLEURAT, vg. de Fr., Creuse, arr. de Guéret, cant. de Grandbourg, poste de St.-Vaury; commerce de bestiaux; 740 hab.

FLEURBAIX, vg. de Fr., Pas-de-Calais, arr. de Béthune, cant. de Laventie, poste d'Armentières; 3170 hab.

FLEURÉ, vg. de Fr., Orne, arr. d'Argentan, cant. et poste d'Écouché; 470 hab.

FLEURÉ, vg. de Fr., Vienne, arr. et poste de Poitiers, cant. de la Ville-Dieu; 310 hab.

FLEUREY, ham. de Fr., Côte-d'Or, com. de Mont-St.-Jean; 130 hab.

FLEUREY, vg. de Fr., Doubs, arr. de Montbéliard, cant. et poste de St.-Hippolyte; 230 hab.

FLEUREY-LES-FAVERNEY, vg. de Fr., Haute-Saône, arr. de Vesoul, cant. et poste de Port-sur-Saône; 650 hab.

FLEUREY-LES-MOREY, vg. de Fr., Haute-Saône, arr. de Gray, cant. de Dampierre-sur-Salon, poste de Lavoncourt; 520 hab.

FLEUREY-LES-SAINT-LOUP, vg. de Fr., Haute-Saône, arr. de Lure, cant. et poste de St.-Loup; 230 hab.

FLEUREY-SUR-OUCHE, vg. de Fr., Côte-d'Or, arr., cant. et poste de Dijon; 850 hab.

FLEUR-FONTAINE, ham. de Fr., Eure-et-Loir, com. de St.-Arnoult-des-Bois; 110 h.

FLEURIE, vg. de Fr., Rhône, arr. de Villefranche-sur-Saône, cant. de Beaujeu, poste de Romanèche; 1870 hab.

FLEURIEL, vg. de Fr., Allier, arr. de Gannat, cant. et poste de Chantelle; 740 h.

FLEURIER, vg. de Suisse, cant. de Neufchâtel, dans le Val-de-Travers; on y fabrique de l'horlogerie, des armes blanches, des ouvrages en fer et en acier. Il est le centre de la fabrication et du commerce des dentelles du canton; 900 hab.

FLEURIEU. *Voyez* BARREN.

FLEURIEU ou **GREAT-SWANS-PORT**, baie sur la côte orientale de l'île de Diémen.

FLEURIEU-SUR-SAONE, vg. de Fr., Rhône, arr. et poste de Lyon, cant. de Neuville-sur-Saône; 630 hab.

FLEURIEUX, ham. de Fr., Ain, com. de Châtillon-les-Dombes; 370 hab.

FLEURIEUX, ham. de Fr., Ain, com. de Mogneneins; 300 hab.

FLEURIEUX-SUR-L'ARBRESLE, vg. de Fr., Rhône, arr. de Lyon, cant. et poste de l'Arbresle; 630 hab.

FLEURIGNAC, vg. de Fr., Charente, arr. de Confolens, cant. de Montembœuf, poste de la Rochefoucauld; 190 hab.

FLEURIGNÉ, vg. de Fr., Ille-et-Vilaine, arr., cant. et poste de Fougères; 1060 hab.

FLEURIGNY, vg. de Fr., Yonne, arr. de Sens, cant. de Sergines, poste de Pont-sur-Yonne; 560 hab.

FLEURINES, vg. de Fr., Oise, arr. de Senlis, cant. et poste de Pont-Ste.-Maxence; fabr. de briques et tuiles; 750 hab.

FLEURUS, vg. du roy. de Belgique, prov. de Hainaut, arr. et à 2 1/4 l. de Charleroi. Quatre grandes batailles ont été livrées dans ses environs : le 30 juin 1690, le maréchal de Luxembourg y défit, avec 35,000 Français, 50,000 Hollandais et Espagnols, commandés par le maréchal Waldeck. Le 23 mai 1794, le général Charbonnier est obligé de céder aux forces supérieures de Kauniz; mais les alliés sont repoussés le 26 du même mois, après des efforts innouis de l'armée française, commandée en chef par Jourdan. Enfin, le 16 juin 1815 a vu dans ces plaines le dernier succès de Napoléon; 2170 hab.

FLEURVILLE, ham. de Fr., Saône-et-Loire, com. de Vérizet; 210 hab.

FLEURY, vg. de Fr., Aisne, arr. de Soissons, cant. et poste de Villers-Cotterets; 180 hab.

FLEURY, ham. de Fr., Ardennes, com. d'Amby; 100 hab.

FLEURY, vg. de Fr., Aude, arr. et poste de Narbonne, cant. de Coursan; 1310 hab.

FLEURY, ham. de Fr., Loir-et-Cher, com. de Suèvres; 150 hab.

FLEURY, vg. de Fr., Loiret, arr., cant. et poste d'Orléans, blanchisseries de cire; 1060 hab.

FLEURY, ham. de Fr., Loiret, com. de St.-Benoist-sur-Loire; 140 hab.

FLEURY, vg. de Fr., Manche, arr. d'Avranches, cant. et poste de Villedieu; 1210 hab.

FLEURY, vg. de Fr., Meuse, arr. de Bar-le-Duc, cant. de Triaucourt, poste de Verdun-sur-Meuse; 350 hab.

FLEURY, vg. de Fr., Moselle, arr. et poste de Metz, cant. de Verny; 370 hab.

FLEURY, vg. de Fr., Oise, arr. de Beauvais, cant. et poste de Chaumont-en-Vexin; 290 hab.

FLEURY, vg. de Fr., Pas-de-Calais, arr. et poste de St.-Pol-sur-Ternoise, cant. d'Heuchin; 220 hab.

FLEURY, vg. de Fr., Seine-et-Marne, arr. et cant. de Melun, poste de Chailly; 510 h.

FLEURY, ham. de Fr., Seine-et-Marne, com. de Courpaloy; 110 hab.

FLEURY, vg. de Fr., Somme, arr. d'Amiens, cant. de Conty, poste de Flers; 310 hab.

FLEURY, vg. de Fr., Yonne, arr. de Joigny, cant. d'Aillant-sur-Tholon, poste de Bassou; 1330 hab.

FLEURY-EN-ARGONNE, vg. de Fr., Meuse, arr. de Verdun-sur-Meuse, cant. de Charny-sur-Meuse, poste de Beauzée; 380 hab.

FLEURY-LA-FORÊT, vg. de Fr., Eure, arr. des Andelys, cant. et poste de Lyons-la-Forêt; 990 hab.

FLEURY-LA-MONTAGNE, vg. de Fr., Saône-et-Loire, arr. de Charolles, cant. de Sémur-en-Brionnais, poste de Marcigny; 1220 hab.

FLEURY-LA-RIVIÈRE, vg. de Fr., Marne, arr., cant. et poste d'Épernay; 1000 hab.

*****FLEURY-LA-TOUR**, vg. de Fr., Nièvre, arr. de Nevers, cant. et poste de St.-Benin-d'Azy; 110 hab.

FLEURY-LE-PETIT ou **BASTILLE** (la), ham. de Fr., Marne, com. de Sermiers; 90 hab.

FLEURY-MÉROGIS, vg. de Fr., Seine-et-Oise, arr. de Corbeil, cant. de Longjumeau, poste de Linas; 210 hab.

FLEURY-SOUS-MEUDON, ham. de Fr., Seine-et-Oise, com. de Meudon; 200 hab.

FLEURY-SUR-AISNE, vg. de Fr., Ardennes, arr. de Réthel, cant. d'Ambly, poste d'Attigny; 90 hab.

FLEURY-SUR-ANDELLE, joli vg. de Fr., Eure, arr., à 4 l. N. des Andelys, cant. et poste d'Écouis; il est très agréablement situé au pied d'une côte, sur la rive droite de l'Andelle et environné d'un paysage magnifique; il a une filat. de coton et des moulins à farine; 750 hab.

FLEURY-SUR-LOIRE, vg. de Fr., Nièvre, arr. de Nevers, cant. et poste de Decize; 470 hab.

FLEUVE-BLANC ou **FLEUVE-BLEU**. *Voy.* BAHR-EL-ABIAD.

FLEUVE-BLEU. *Voyez* KIANG.

FLEUVE-DE-MAROK. *Voyez* OUAD-MARAKSCH.

FLEUVE-DE-SIAM. *Voyez* MENAM.

FLEUVE-JAUNE. *Voyez* HOUANG-HO.

FLEUVE-JAUNE ou **FLEUVE-NOIR**. *Voy.* ORANGE (l').

FLÉVILLE, vg. de Fr., Ardennes, arr. de Vouziers, cant. et poste de Grand-Pré; 410 hab.

FLÉVILLE, vg. de Fr., Meurthe, arr. et

poste de Nancy, cant. de St.-Nicolas-du-Port; 350 hab.

FLÉVILLE, vg. de Fr., Moselle, arr. et poste de Briey, cant. de Conflans; 470 hab.

FLÉVY, vg. de Fr., Moselle, arr. et poste de Metz, cant. de Vigy; 300 hab.

FLEXANVILLE, vg. de Fr., Seine-et-Oise, arr. de Rambouillet, cant. de Montfort-l'Amaury, poste de la Queue-Gallis; 390 h.

FLEXBOURG, vg. de Fr., Bas-Rhin, arr. de Strasbourg, cant. et poste de Wasselonne; récolte de vins; 622 hab.

FLEY, vg. de Fr., Saône-et-Loire, arr. de Châlon-sur-Saône, cant. et poste de Buxy; 500 hab.

FLEY, vg. de Fr., Yonne, arr. et cant. de Tonnerre, poste de Chablis; 470 hab.

FLEY-SUR-VINGEANNE, ham. de Fr., Côte-d'Or, com. de Dampierre-sur-Vingeanne; 80 hab.

FLEZ-CUZY, vg. de Fr., Nièvre, arr. de Clamecy, cant. et poste de Tannay; 380 h.

FLIBEAUCOURT, ham. de Fr., Somme, com. de Sailly-le-Sec; 350 hab.

FLIE, ham. de Fr., Ain, com. de Pouilly-St.-Genis; 120 hab.

FLIGNY, vg. de Fr., Ardennes, arr. de Rocroi, cant. de Signy-le-Petit, poste d'Aubenton; 190 hab.

FLIN, vg. de Fr., Meurthe, arr., cant. et poste de Lunéville; 630 hab.

FLINDERS (Terre de), partie de la côte méridionale de la Nouvelle-Hollande ou Australie; elle s'étend entre la terre de Nuits à l'O. et celle de Baudin à l'E., depuis le 129° 57′ jusqu'au 136° 30′ de long. E. Au N.-O. cette côte est rocheuse et escarpée, et présente un grand nombre de petits caps; au S.-E. elle s'ouvre pour former les deux grands golfes de Spencer et de St.-Vincent, à l'entrée desquels se trouve l'île de Kangourous, et en dedans, au S.-O. du golfe de Spencer, le port Lincoln.

Tout annonce que cette terre fut longtemps cachée sous l'Océan : le sol est couvert partout d'un sable semblable à celui que l'on trouve au fond de la mer; des collines sablonneuses, remplies d'incrustations de plantes marines et d'animaux aquatiques, bordent de tous côtés la plage; l'eau des lagunes est saumâtre; aucun ruisseau, aucune source n'arrose cette contrée stérile. Cependant Flinders trouva dans un puits creusé au port Lincoln de l'eau potable, mais qui avait un goût argileux. Les vents violents de l'hémisphère austral y font très-souvent varier la température. Ni Flinders ni Baudin n'ont communiqué avec les indigènes, dont ils ont cependant aperçu les feux. On trouve sur cette terre une petite espèce de kangourous et les mêmes espèces d'oiseaux, de poissons et d'amphibies que dans les autres contrées du continent austral. Il en est de même pour le règne végétal; mais les forêts y sont moins épaisses que sur les autres parties de la côte.

FLINES-LE-RACH, vg. de Fr., Nord, arr., cant. et poste de Douai; forges aux environs; 3240 hab.

FLINES-LES-MORTAGNE, vg. de Fr., Nord, arr. de Valenciennes, cant. poste de St.-Amand-les-Eaux; 1830 hab.

FLINES-NEUVE-ÉGLISE, vg. de Fr., Seine-et-Oise, arr. de Mantes, cant. d'Houdan, poste de Septeuil; 110 hab.

FLINN, fleuve. *Voyez* APALACHICOLA.

FLINSBERG, vg. de Prusse, prov. de Silésie, rég. de Liegnitz; eaux thermales; usines; 1620 hab.

FLINS-SUR-SEINE, vg. de Fr., Seine-et-Oise, arr. de Versailles, cant. et poste de Meulan; 1000 hab.

FLINT (Grand et Petit). *Voyez* FOURCHE (la), comté.

FLINT, comté d'Angleterre, borné par la mer d'Irlande, l'embouchure de la Dée, les comtés de Chester et de Shrop ou Salop, et de Denbigh; 12 l. c. géogr. Cette province est la plus fertile et la mieux cultivée de la principauté de Galles; elle produit du blé, des pommes de terre, du lin, du bois, du plomb, de la calamine, de la chaux, du bitume, de la houille et des pierres à bâtir. L'industrie et le commerce y sont très-étendus. On exporte du froment, du beurre, du fromage, des bêtes à cornes, de la laine, du plomb, de la houille, de la chaux, du miel, du laiton, du cuivre, du fil d'archal et de la calamine. Ce comté fait partie du diocèse de Chester et d'Asap, nomme deux députés et comprend 5 districts; 5000 hab.

FLINT, pet. v. d'Angleterre, chef-lieu du comté de ce nom, sur la Dée, nomme un député au parlement; 1500 hab.

FLINT, île de la Polynésie ou Océanie orientale, sous 100° 30′ de lat. S. et 154° 31′ de long. occ. Hassel la rattache à l'archipel de Cook; mais M. Balbi la range dans les Sporades australes, dénomination qu'il donne aux îles qui, situées au S. de l'équateur, sont trop isolées pour qu'on puisse les rattacher à quelque archipel. Il nomme *Sporades boréales* celles qui se trouvent, dans les mêmes circonstances, au N. de l'équateur. Quelques géographes prétendent que Flint et Peregrino ne sont qu'une même île; Krusenstern ne partage point cette opinion.

FLIPOU, vg. de Fr., Eure, arr. des Andelys, cant. d'Écouis, poste de Pont-St.-Pierre; 260 hab.

FLIREY, vg. de Fr., Meurthe, arr. de Toul, cant. de Thiaucourt, poste de Noviant-aux-Prés; 400 hab.

FLITSCH ou FLESS, vg. d'Illyrie, gouv. de Trieste, cer. de Gœrz, sur l'Isonzo, dans une contrée des plus sauvages; aussi ses habitants, presque tous voituriers, ne payent-ils pas d'impôts; 200 hab.

FLITSCHER-KLAUSE (la chiusa di Plez), château fort, passage de montagnes très-fréquenté, dans le voisinage de Flitsch.

FLIX, *Biscargis*, fort d'Espagne, principauté de Catalogne, dist. de Tortase, sur un rocher baigné par l'Ebre; 1400 hab.

FLIXECOURT, vg. de Fr., Somme, arr. d'Amiens, cant.de Picquigny, poste; 1640 h.

FLIZE, vg. de Fr., Ardennes, arr. et à 2 l. S.-S.-E. de Mézières, chef-lieu de canton et poste; forge considérable, laminoir; 350 h.

FLOBECQ, vg. du roy. de Belgique, prov. de Hainaut; arr. de Tournai; raffinerie de sel; 4450 hab.

FLOCELLIÈRE (la), vg. de Fr., Vendée, arr. de Fontenay-le-Comte, cant. et poste de Pouzauges; 1540 hab.

FLOCOURT, vg. de Fr., Moselle, arr. de Metz, cant. de Pange, poste de Solgne; 310 hab.

FLOCQUES, vg. de Fr., Seine-Inférieure, arr. de Dieppe, cant. et poste d'Eu; 300 h.

FLODDER, vg. d'Angleterre, comté de Northumberland; est remarquable par la bataille de 1513, entre les Anglais et les Écossais.

FLŒHAU, pet. v. de Bohême, cer. de Saatz, sur la Goldbach; importante par ses brasseries; 900 hab.

FLŒRSHEIM, b. du duché de Nassau, sur le Mein, bge de Hochheim; vignoble; 1800 hab.

FLOGNY, vg. de Fr., Yonne, arr. et à 3 l. N.-N.-O. de Tonnerre, chef-lieu de canton et poste; beau château; fabr. de sucre indigène; 410 hab.

FLOHIMONT ou **FLOHIVAL**. *Voyez* **FROMELENNES**.

FLOING, vg. de Fr., Ardennes, arr., cant. et poste de Sedan; 1310 hab.

FLOIRAC, vg. de Fr., Charente-Inférieure, arr. de Saintes, cant. de Cozes, poste de St.-Fort; 760 hab.

FLOIRAC, vg. de Fr., Gironde, arr. et poste de Bordeaux, cant. de Carbon-Blanc; 970 hab.

FLOIRAC, vg. de Fr., Lot, arr. de Gourdon, cant. et poste de Martel; 870 hab.

FLONHEIM, beau b. du grand-duché de Hesse-Darmstadt, prov. de la Hesse-Rhénane; il s'y trouve une carrière d'excellent grès; 1700 hab.

FLONVILLE, ham. de Fr., Eure-et-Loir, com. de Fontaine-la-Guyon; 110 hab.

FLOQUET, ham. de Fr., Eure, com. de Sacquenville; 100 hab.

FLORAC, pet. v. de Fr., Lozère, chef-lieu d'arrondissement, à 7 l. S.-S.-E. de Mende et à 146 l. de Paris; siège d'un tribunal de première instance et conservation des hypothèques. Cette ville, très-ancienne, est située sur la rive gauche du Tarnon, près du confluent de cette rivière avec le Tarn et la Mimente, dans un étroit vallon, couvert de prairies et de beaux vergers; elle est entourée de côteaux plantés de vignes. Un ruisseau limpide traverse la ville et y forme une cascade. Florac possède une société d'agriculture. L'industrie et le commerce y sont très-bornés; cependant la production et la filature de la soie sont particulières à l'arr. de Florac; la culture du mûrier y prospère depuis longtemps; fabr. de coutellerie. Les fruits du territoire sont très-estimés. Foires: les 13 janvier, 3 février, lundi de Pâques, 11 juin, 27 juillet, 21 septembre et 6 décembre; 2250 hab.

FLORANGE, vg. de Fr., Moselle, arr., cant. et poste de Thionville; moulins à grains et à tan, pulvérisation de pierre à plâtre, à Daspich, com. de Florange; 830 hab.

FLOREMONT, vg. de Fr., Vosges, arr. de Mirecourt, cant. et poste de Charmes; 460 hab.

FLORENCE, b. des États-Unis de l'Amérique du Nord, état de New-York, comté d'Oneida; agriculture.

FLORENCE. *Voyez* **LAUDERDALE** (comté).

FLORENCE (la province de), compartimento di Firenze, dont Florence est la capitale, comprend toute la partie N.-E. du grand-duché de Toscane; sa superficie est de 270 l. c., sa pop. d'environ 645,000 hab.

FLORENCE ou **FIRENCE**, capitale du grand-duché de Toscane; est située sous 43° 46′ 30″ lat. et 8° 43′ 30″ de long. orient., dans une plaine ravissante et fertile; elle est traversée par l'Arno, sur lequel se trouve entre autres le superbe pont de Santa-Trinita. Beaucoup de ses rues sont étroites et quelques-uns de ses palais ressemblent à des forteresses; mais elle n'en est pas moins une des plus belles villes de l'Europe; elle renferme d'admirables monuments des arts. Parmi ses édifices le palais Pitti, résidence du grand-duc, est surtout remarquable pour ses deux façades, son magnifique jardin Boboli, avec les chefs d'œuvre d'architecture et de peinture qui l'embellissent. Viennent ensuite: le Vieux-Palais, situé sur la rive droite de l'Arno et sur une place qu'ont ornée les plus célèbres sculpteurs de l'Italie, et qui étonne surtout par la hardiesse de construction de sa tour élevée; l'édifice où se trouve la galerie de Florence; puis le palais Ricardi, qui appartenait autrefois à la famille des Médicis; le grand théâtre della Pergola; les hôpitaux de Santa-Maria-Nuova et de Bonifacio. Plusieurs palais appartenant à des particuliers offrent également une architecture remarquable et renferment des collections précieuses de monuments des sciences et des arts.

Florence possède 172 églises dont un grand nombre d'inachevées. Celle de Ste.-Marie-del-Fiore ou le Duomo (la cathédrale), longue de près de 500 pieds, avec un dôme superbe, une tour haute et magnifique, recouverte tout entière de marbre blanc et noir, commencée par un Allemand en 1294, est le chef-d'œuvre de Brunelleschi; elle est également renommée pour le concile qui s'y tint dans l'année 1492, afin de tenter une réunion entre l'église grecque et l'église romaine; l'église de St.-Jean-Baptiste, où le baptistère est surtout remarquable par les reliefs de ses trois portes en bronze, coulées par Chiberti et Andrea Pisana, tandis que dans l'église de St.-Laurent on admire surtout les deux sacristies; et la chapelle des Médicis, appelée vulgairement *la merveille de la Toscane*; l'église Ste.-Croix renferme les mausolées de Galilée, de Macchiavelli, de Leonard-Bruni Aretino, du Dante, de Michel-Ange, d'Alfieri, del Viviani, etc.; celle de St.-Esprit est encore un des chefs-d'œuvre de Brunelleschi.

Parmi les belles places que renferme Florence nous citerons celle du Grand-Duc, devant le vieux palais; elle est ornée de plusieurs chefs-d'œuvre de sculpture et de la statue équestre de Cosme Ier; celle de l'Annonciation, entourée de portiques, embellic par deux fontaines et par la statue équestre de Ferdinand Ier; la place Ste.-Croix où le peuple se livre aux joies du carnaval, et celle de Ste.-Marie-Nouvelle où se font tous les ans des courses de chevaux. Enfin le Prato est une longue avenue bordée d'arbres d'un côté, et où des courses de chevaux ont lieu chaque année.

Florence compte plusieurs établissements littéraires et scientifiques d'une haute importance. Les plus remarquables sont : l'académie de la Crusca, fondée en 1582; l'athénée italien et la société Colombaria; l'académie impériale et royale des beaux-arts; l'académie des géorgophiles ou société royale et impériale économique; la bibliothèque Magliobecchiana, riche de 90,000 volumes; la bibliothèque du grand-duc et celle appelée Laurenzia ou Médicis, composées de 120,000 volumes et riches surtout en manuscrits; le musée d'histoire naturelle, avec une précieuse collection d'objets anatomiques, exécutés en cire; l'admirable collection d'antiquités et de beaux-arts, appelée la galerie ou le musée florentin. Ce musée renferme entre autres la Vénus de Médicis et le groupe de Nibé; des débris de la peinture des anciens et des monuments des peintres modernes; les portraits des savants et des artistes célèbres des trois derniers siècles.

Florence offre de belles promenades; ce sont particulièrement : le superbe jardin de Baboli, la promenade le long des quais de l'Arno, et, hors de la ville, la promenade très-fréquentée des Cascine, métairie appartenant au grand-duc.

Cette ville a des fabriques importantes; elle était autrefois, sous ce rapport, la première de l'Italie; elle fait un commerce assez actif, surtout avec Livourne; ce commerce s'étendait jadis dans tout le monde connu. Cette capitale d'une célèbre république a joué un rôle brillant dans l'histoire au moyen âge; elle parvint au plus haut degré de splendeur, et tous les arts contribuèrent à l'illustrer sous le gouvernement de la famille de Médicis. Florence a vu naître le Dante, un des premiers poètes italiens (1265-1321); l'architecte Brunelleschi (1377-1444); Americ-Vespuce, dont l'Amérique, découverte par Colomb, a pris le nom (1451-1516); le célèbre peintre Léonard-de-Vinci (1452-1519); Machiavel, publiciste, profond et habile historien (1469-1527); Michel-Ange, peintre, sculpteur, architecte et même poète (1474-1564); l'historien Guichardin (1523-89); Galilée, célèbre mathématicien et astronome (1564-1641); le fameux musicien Lulli (1633-87), et d'autres hommes distingués dans les arts et dans les sciences.

Les environs de Florence sont extrêmement pittoresques; l'art s'est encore efforcé de les embellir. Nous y ferons remarquer la riche et élégante maison de campagne, construite récemment par un seigneur russe, les Fabriche-di-Demidof; l'église de San-Miniato-el-Monte, bâtie dans le onzième siècle, et dont les cinq grandes croisées du chœur sont fermées par des tables de marbre transparent; les maisons de campagne du grand-duc, appelées Poggio-Imperiale, Castello et Poggio-a-Cajano; enfin le Pratolino, jadis séjour d'été de Bianca-Capella, aujourd'hui magnifique parc anglais, et qui renferme encore le fameux colosse fait par Jean Bologna et représentant l'Apennin; sa population est d'environ 95,000 hab.

FLORENCE (Sainte-), vg. de Fr., Gironde, arr. de Libourne, cant. de Pujols, poste de Castillon; 180 hab.

FLORENCE (Saint-), vg. de Fr., Vendée, arr. de Bourbon-Vendée, cant. des Essarts, poste de Fougerais; 1080 hab.

FLORENNES, *Florinœ*, pet. v. du roy. de Belgique, prov. de Namur, arr. et à 1 l. de Philippeville, sur l'Yves; 1200 hab.

FLORENS (Saint-), vg. de Fr., Gard, arr. d'Alais, cant. et poste de St.-Ambroix; 1440 hab.

FLORENSAC, pet. v. de Fr., Hérault, arr. et à 4 1/2 l. E. de Béziers, chef-lieu de canton, poste de Marseillan; 3525 hab.

FLORENT (Saint-), ham. de Fr., Maine-et-Loire, com. de St.-Hilaire-St.-Florent; 400 hab.

FLORENT, vg. de Fr., Marne, arr., cant. et poste de Ste.-Ménéhoulde; 920 hab.

FLORENT (Saint-), vg. de Fr., Cher, arr. de Bourges, cant. de Charost, poste; 1485 h.

FLORENT (Saint-), vg. de Fr., Corse, arr. et à 3 l. O. de Bastia, chef-lieu de canton, poste; 390 hab.

FLORENT (Saint-), vg. de Fr., Loiret, arr. de Gien, cant. et poste de Sully; 460 hab.

FLORENT (Saint-), vg. de Fr., Deux-Sèvres, arr., cant. et poste de Niort; 810 h.

FLORENT-DES-BOIS (Saint-), vg. de Fr., Vendée, arr., cant. et poste de Bourbon-Vendée; 1140 hab.

FLORENTIA, vg. de Fr., Jura, arr. de Lons-le-Saulnier, cant. de St. Julien, poste de St.-Amour; 110 hab.

FLORENTIN, vg. de Fr., Tarn, arr. et

poste de Gaillac, cant. de Cadalen; 640 hab.

FLORENTIN (Saint-), vg. de Fr., Indre, arr. d'Issoudun, cant. et poste de Vatan; 570 hab.

FLORENTIN (Saint-), pet. v. de Fr., Yonne, arr. à 6 l. N.-N.-E. d'Auxerre et à 42 l. de Paris, chef-lieu de canton et poste. Elle est très-avantageusement située au confluent de l'Armance et de l'Armançon. On y remarque une belle fontaine publique et un pont-aquéduc, sous lequel passe l'Armance. C'est près de ses murs que commence le beau canal de Bourgogne, qui porte jusqu'à Dijon les productions de cette contrée; on y fait commerce de blé, de bois et de charbon. C'est dans cette ville, autrefois vicomté, qu'habita longtemps le comte de St.-Florentin, qui, ministre sous Louis XV, se rendit tristement célèbre par le grand nombre de lettres de cachet qu'il expédia; 2277 hab.

FLORENTIN-LA-CAPELLE, vg. de Fr., Aveyron, arr. d'Espalion, cant. de St.-Amans, poste d'Entraygues; 1160 hab.

FLORENT-LE-VIEIL(Saint-),pet.v. de Fr., Maine-et-Loire, arr. et à 5 l. N. de Beaupréau, chef-lieu de canton et poste; elle est située sur une falaise escarpée près de la rive droite de la Loire. On y remarque, dans une chapelle de l'église principale, le monument de Bonchamp, général vendéen qui, blessé à mort à la journée de Cholet, sauva la vie à 5000 prisonniers républicains, que les Vendéens allaient massacrer pour venger la mort du général. La rue Bonchamp occupe l'emplacement où cet estimable royaliste accorda la grâce des 5000 républicains. On fait à St.-Florent commerce de grains et de vins; 2085 hab.

FLORENVILLE, b. du roy. de Belgique, grand-duché de Luxembourg, arr. et à 3 l. de Neufchâteau; 1400 hab.

FLORES, *Florum Insula*, la plus occidentale des îles Açores dans l'Océan Atlantique; elle a une surface d'environ 3 l. c.; montagneuse et fertile en blé, fruits, lin, pastel; bestiaux et volaille. Santa-Cruz capitale; lat. N. 39° 34', long. occ. 33° 28'; 7500 hab.

FLORES, pet. v. de l'empire du Brésil, prov. de Pernambuco, comarque de Sertao, non loin du Rio-Pajehu; elle fut fondée en 1810; éducation du bétail, culture du coton.

FLORES ou **ENDE**, **OEnde**, **Floresfica**, **Floris**, **Grand-Solor**, **Manggaray**, *Florum Insula*, île de l'archipel de Sumbava-Timor, est située à l'E. de Sumbava, entre 118° 45' et 120° 24' long. or., et 7° 49' et 8° 30' lat. S. Le canal de Flores la sépare de Sabrao et de Solor. Sa longueur est de 50 l. et sa superficie de 422 milles géogr. L'intérieur de cette île est montueux; les côtes sont libres et offrent à l'E. et à l'O. plusieurs bons ports. Elle renferme plusieurs volcans et un grand nombre de sources thermales. Les habitants appartiennent à la famille malaie. La partie occidentale de l'île dépend du sultan de Bima; le reste est divisé entre un grand nombre de petits chefs qui ne commandent qu'à peu de villages. Les Portugais avaient fondé un établissement sur la côte orientale et leurs missionnaires avaient converti au christianisme un bon nombre de malais. Bien que cet établisement soit abandonné, il existe encore à Flores beaucoup de chrétiens, qui obéissent à un radjah particulier résidant à Larentouka. Une colonie de Bouguis possède un bon port sur la côte méridionale de Flores; ils refusent de reconnaître la suzeraineté des Hollandais.

FLORESSAS, vg. de Fr., Lot, arr. de Cahors, cant. et poste de Puy-l'Évêque; 650 h.

FLORET ou **FLEURET**, ham. de Fr., Allier, com. de Trezelle; 200 hab.

FLORET (Saint-), vg. de Fr., Puy-de-Dôme, arr. et poste d'Issoire, cant. de Champeix; 690 hab.

FLORIDA, b. des États-Unis de l'Amérique du Nord, état de New-York, comté d'Orange; académie, industrie, agriculture; cet endroit s'accroît rapidement.

FLORIDE, *Florida*, territoire qui fait partie de l'Union de l'Amérique septentrionale. Il fut formé, en 1822, de la Floride que les Espagnols cédèrent à l'Union en 1819, et dont une partie avait déjà été réunie à l'état d'Alabama. Ce vaste pays a une étendue de 2651 l. c. géogr., avec 35,000 hab., dont 15,500 esclaves. Les Séminoles, qui occupaient une grande partie de l'intérieur de ce pays et qui, en 1832, étaient encore au nombre de 4000, se sont retirés dans les contrées à l'O. du Mississipi. La Floride se divise naturellement en deux parties: la Floride orientale ou la presqu'île et la Floride occidentale. La presqu'île s'étend entre le golfe du Mexique et l'Océan Atlantique jusqu'au détroit qui sépare l'île de Cuba de l'Amérique septentrionale; elle a un sol plat et sablonneux, mais néanmoins très-fertile; ses côtes sont très-basses, remplies de lagunes et déchirées par un grand nombre de baies, dont les plus considérables sont: à l'O. de la presqu'île, la baie de Chatham, entre le cap Sable et la Punta larga qui forme au N. la baie de San-Juan, le port de Charlotte et la baie du St.-Esprit (*Espiritu Santo*); à l'E., la baie de Biscane et celle de St.-Augustin. Les principaux promontoires sont: le cap Sable, l'extrémité méridionale de la presqu'île; le cap Romans, à l'O., et les caps Florida et Canavéral, à l'O. Les baies d'Apalachicola, entre le cap Alligator et le cap du Sud-Ouest, de St.-Georges, de St.-Joseph, de St.-André et de Ste.-Rose et de Pensacola sont les enfoncements les plus considérables de la côte de la Floride occidentale. L'intérieur du pays est traversé par une chaîne de collines de 100 pieds de hauteur (les monts de la Floride); des savannes fertiles, et des terrains bas forment le S. de la presqu'île, qui se termine en une plaine de sable aride et déserte. La Floride occidentale a un sol onduleux le long de la côte, basse, marécageuse et entourée presque partout de baies et de lagunes sablonneuses; le long des fleuves s'étendent des savanes, des marais et des bas-terrains; dans l'intérieur on trouve un sol gras et fertile. Parmi les fleuves qui arrosent ce pays nous remarquons : le St.-Marys, qui fait la frontière avec la Géorgie, le Perdido, qui sépare ce pays de l'état d'Alabama, l'Apalachicola et le St.-Johns. Ce dernier fleuve, le plus considérable du pays, traverse la presqu'île du S. au N. et n'est proprement qu'une série de lacs dans la partie inférieure de son cours; il passe par le lac de St.-Georges et se décharge dans l'Océan Atlantique, après un cours de 75 à 80 l. Parmi les nombreux lacs de la presqu'île nous citons : le St.-Georges, le plus grand de tous; le lac de Mayaca ou de St.-Esprit, très-peu connu encore, et le lac de Duns. La Floride occidentale n'a point de lacs, mais elle est remplie de marais. Le climat est très-agréable, la chaleur se trouvant tempérée par les vents de mer. Dans les contrées méridionales on cultive tous les fruits des tropiques avec beaucoup de succès. En général la Floride est très-riche en productions de toute espèce, dont le coton et les oranges, d'une qualité exquise, forment les principaux articles du commerce d'exportation. Le règne végétal offre les plantes du nord réunies à celles du sud; de nombreuses forêts de pins et de sapins alternent avec les hauts palmiers des tropiques. Les blés de toute espèce, le tabac, le riz, l'indigo et la canne à sucre y prospèrent. Le règne animal, de la même richesse que le règne végétal, offre une abondance en animaux domestiques, volailles, oiseaux, tortues, poissons et crustacés. Le règne minéral, peu exploré encore, offre de la houille, du fer, des traces de plomb, de mercure et de cuivre. Quoique la population de ce territoire se soit beaucoup accrue dans les derniers temps et que la culture s'étende journellement, la Floride se trouve généralement encore dans l'état naturel et ressemble à un désert riche et florissant, où la culture européenne ne se montre que dans les contrées qui avoisinent les états d'Alabama et de Géorgie. Le commerce d'exportation consiste, outre le coton et les orangers mentionnés plus haut, en bois de menuiserie, peaux, cochenille, vin, miel, poix et térebenthine. Les deux principales places de commerce sont : Ste.-Augustine à l'E., et Pensacola à l'O.

La Floride est divisée en 15 comtés. Sa constitution date du 31 mars 1822 et est purement démocratique. Les cours supérieures de justice siègent à Ste.-Augustine et à Pensacola. L'instruction y est encore dans son enfance.

La Floride fut découverte en 1497 par Sebastiano Gabotto, qui en visita la côte orientale. Ponce de Léon y vint 15 années plus tard, prit possession de ce pays au nom du roi d'Espagne et lui donna le nom de Floride, non à cause de l'aspect ravissant que présente le pays, mais parce qu'il l'avait découvert le dimanche des Rameaux, appelé par les Espagnols *pasqua florida*. La belle description que Ponce fit de cette contrée y attira successivement d'autres vaisseaux européens. En 1502 elle fut visitée par Vasquez, en 1503 par Verazzini et en 1524 par Geray. En 1526 Charles V donna à l'Espagnol Pamphilo de Narvaëz tout le pays compris entre le cap Florida et le Rio-Palmas qui débouche dans le golfe du Mexique. Narvaëz essaya de fonder un établissement dans la Floride occidentale; mais les vexations des Indiens le forcèrent bientôt de l'abandonner. En 1562 des réfugiés français y cherchèrent une nouvelle patrie : ils en furent repoussés, en 1565, par les Espagnols qui fondèrent en la même année la ville de Ste.-Augustine. D'autres établissements furent fondés peu à peu, mais très-lentement, dans diverses contrées du pays. Par la paix de Paris de 1763, les Espagnols se virent obligés de céder les deux Floride aux Anglais, qui cependant contribuèrent peu à la prospérité du pays. Il fut rendu aux Espagnols en 1783, qui le cédèrent, en 1821, à l'Union de l'Amérique du Nord. Nous faisons remarquer en dernier lieu que longtemps les Espagnols comprirent sous le nom de Floride toute la côte S.-E. de l'Amérique septentrionale.

FLORIMOND, vg. de Fr., Dordogne, arr. de Sarlat, cant. et poste de Domme; 660 hab.

FLORIMONT ou BLUMENBERG, pet. v. de Fr., Haut-Rhin, arr. de Belfort, cant. et poste de Delle; 530 hab.

FLORINA, v. de la Turquie d'Europe, eyalet de Roumélie, sandschak de Monastri; située dans une belle plaine; 3500 hab.

FLORINE (Sainte-), vg. de Fr., Haute-Loire, arr. de Brioude, cant. d'Auzon, poste de Lempdes; 1270 hab.

FLORINGHEM, vg. de Fr., Pas-de-Calais, arr. et poste de St.-Pol-sur-Ternoise, cant. d'Heuchin; 430 hab.

FLORIS (Saint-), vg. de Fr., Pas-de-Calais, arr. de Béthune, cant. de Lillers, poste de St.-Venant; 630 hab.

FLORIVILLE, ham. de Fr., Somme, com. de Tilloy-Floriville; 100 hab.

FLORNOY, vg. de Fr., Haute-Marne, arr., cant. et poste de Vassy; 170 hab.

FLOSZ, b. de la Bavière, dist. de Neustadt, cer. du Mein-Supérieur; était fortifié dans le onzième siècle; 1500 hab.

FLOTTE (la), b. de Fr., Charente-Inférieure, arr. de la Rochelle, cant. de St.-Martin-de-Ré, poste et à 129 l. de Paris. Il est situé sur l'île de Ré et possède un port et une rade très-sûrs; elle reçoit des navires de 600 tonneaux; 2411 hab.

FLOTTEMANVILLE, vg. de Fr., Manche,

arr. de Valognes, cant. et poste de Montebourg; 370 hab.

FLOTTEMANVILLE-HAGUE, vg. de Fr., Manche, arr. et poste de Cherbourg, cant. de Beaumont; 630 hab.

FLOTTES, ham. de Fr., Lot, com. de Pradines; 230 hab.

FLOU. *Voyez* VOLTA (Rio-).

FLOUDÈS, vg. de Fr., Gironde, arr., cant. et poste de la Réole; 210 hab.

FLOUILLIÈRE, ham. de Fr., Vendée, com. de Challans; 120 hab.

FLOUR (Saint-), v. de Fr., Cantal, chef-lieu d'arrondissement, à 12 l. E. d'Aurillac et à 120 l. de Paris; siége de tribunaux de première instance et de commerce et d'un évêché suffragant de l'archevêché de Bourges; conservation des hypothèques. Cette ville, située au-dessus de la vallée qu'arrose le Dauzan, est entièrement construite en lave, au sommet d'un mont basaltique de plus de 300 pieds d'élévation. A côté du chemin qui sépare la ville d'un faubourg assez considérable, la roche qui porte St.-Flour présente des colonnes de basalte, au-dessus desquelles repose une masse de la même pierre. La plupart des rues sont sombres, tortueuses et formées de constructions irrégulières d'un aspect assez triste. Le séminaire, la sous-préfecture et l'hôpital sont des édifices modernes de belle apparence, et l'esplanade, sur la route de Murat, forme une jolie promenade. St.-Flour possède un collége, une société d'agriculture, un cabinet de physique et une petite bibliothèque; fabr. de couvertures en laine, marrègues, colle-forte; tanneries; commerce de fromage, poterie de terre, planches de pin et sapin. Foires : 3 février, premier jeudi de carême, samedi des Rameaux, 21 avril, 2 juin, 11 août, 7 septembre et 18 décembre; 6440 hab.

St.-Flour doit son origine à une colonie de pèlerins qui s'établit en ce lieu, près du tombeau d'un évêque de Lodève, apôtre de cette contrée. Vers la fin du dixième siècle, Odilon, évêque de Cluny, fit entourer la ville de murailles et y fonda un monastère. Au commencement du quatorzième siècle, cette ville, qui s'était beaucoup accrue, devint le siége d'un évêché dont le titulaire prenait en même temps le titre de comte de St.-Flour. Les évêques de St.-Flour y firent beaucoup de bien. Une inscription, gravée sur une des portes de la ville, rappelait particulièrement les bienfaits de l'évêque Paul de Ribègue. La révolution de 1793 a causé de nombreuses dévastations à St.-Flour; mais ces dégats mêmes y ont nécessité des changements qui, sans en faire une belle ville, ont au moins remplacé par des constructions modernes plusieurs de ses sombres édifices, dont l'aspect lugubre avait mérité à cette ville le nom de *ville noire*. St.-Flour est la patrie de Belloy (Pierre-Laurent-Buirette du), poëte dramatique (1727—1775).

FLOUR (Saint-), vg. de Fr., Puy-de-Dôme, arr. de Clermont-Ferrand, cant. de St.-Dier, poste de Billom; 980 hab.

FLOUR-DE-MERCOIRE (Saint-), vg. de Fr., Lozère, arr. de Mende, cant. et poste de Langogne; 280 hab.

FLOURE, vg. de Fr., Aude, arr. de Carcassonne, cant. et poste de Capendu; 170 h.

FLOURENS, vg. de Fr., Haute-Garonne, arr., cant. et poste de Toulouse ; 340 hab.

FLOURSIES, vg. de Fr., Nord, arr., cant. et poste d'Avesnes; 220 hab.

FLOVIER (Saint-), vg. de Fr., Indre-et-Loire, arr. de Loches, cant. de Pressigny-le-Grand, poste ; 1130 hab.

FLOXEL (Saint-), vg. de Fr., Manche, arr. de Valognes, cant. et poste de Montebourg; foire renommée pour les chevaux ; 588 hab.

FLOXICOURT, vg. de Fr., Somme, arr. d'Amiens, cant. de Molliens-Vidame, poste de Picquigny ; 50 hab.

FLOYD, comté de l'état d'Indiana, États-Unis de l'Amérique du Nord; il est borné par les comtés de Washington, de Scott, de Clarke, de Harrison et par l'état de Kentucky. Beau pays dans la vallée de l'Ohio, où le fleuve de ce nom fait ses principales chutes; 4000 hab.

FLOYDS, comté de l'état de Kentucky, États-Unis de l'Amérique du Nord; il est borné par l'état de Virginie et les comtés de Lawrence, de Big-Sandy, de Harlan, de Perry et de Pike; 10,000 hab. Sol âpre et montueux, arrosé par le Big-Sandy et traversé au S.-O. par les monts Cumberland. Le Kentucky et le Licking y prennent naissance. Prestonbourg, sur le bras occidental du Big-Sandy, est le chef-lieu du comté.

FLOYON, vg. de Fr., Nord, arr., cant. et poste d'Avesnes; 1390 hab.

FLUANS, ham. de Fr., Doubs, com. de Roset-Fluans; 130 hab.

FLUE (la) ou FLUEHLI, pet. endroit du cant. d'Unterwalden, sur une hauteur d'où l'on jouit d'une belle vue, surtout sur la vallée de Melch; doit être mentionnée comme le lieu de naissance et la demeure du fameux ermite Nicolas Lœwenbrugger, connu sous le nom de *Nicolas de la Flue* (1417—1487).

FLUMESNIL, vg. de Fr., Eure, arr. des Andelys, cant. d'Etrepagny, poste des Thilliers-en-Vexin ; 170 hab.

FLUMS, *Flemma*, b. de 1800 hab., dans le cant. de St.-Gall, dist. de Sargans; il possède un bel hôtel de ville.

FLUQUIÈRES, vg. de Fr., Aisne, arr. de St.-Quentin, cant. de Vermand, poste de Ham; 410 hab.

FLUSHING ou VLIESSINGEN, pet. v. des États-Unis de l'Amérique du Nord, état de New-York, comté de Queens, sur une baie comprise dans celle de New-York; elle est entourée de belles maisons de campagne, appartenant à des habitants de New-York, et fait un commerce très-important. Les îles de Brothers et de Hulet dépendent de cette commune; 3400 hab.

FLUVANNAH, comté de l'état de Virginie, États-Unis de l'Amérique du Nord; il est borné par les comtés de Louisa, de Goochland, de Buckingham et d'Albemarle. Pays onduleux et bien arrosé, traversé par le Rivanna et ses affluents; carrières de marbre; 8500 hab.

FLUY, vg. de Fr., Somme, arr. d'Amiens, cant. de Molliens-Vidame, poste de Quévauvillers; fabr. de passementerie; 650 hab.

FOAMEIX, vg. de Fr., Meuse, arr. de Verdun, cant. et poste d'Étain; 250 hab.

FOBÉE ou **FOBIE**, pays peu connu de la Nigritie centrale, au N.-O. du roy. de Dagoumba et au S.-S.-E. de celui de Calauna; la capitale porte le même nom.

FOCE, vg. de Fr., Corse, arr., cant. et poste de Sartene; 230 hab.

FOCHABERS, b. d'Écosse, comté de Banff, sur le Spey, avec un beau pont de 340 pieds de long; fabrication de bas de laine; pêche du saumon; 1200 hab.

FOCHE ou **FOGEE**, **FOKO**, cap de la Haute-Guinée, côte de Benin, à l'embouchure du Nouveau-Calabar, une des embouchures du Djoliba.

FOCICCHIA, vg. de Fr., Corse, arr. et poste de Corte, cant. de Piedicorte-de-Gaggio; 210 hab.

FŒCY, vg. de Fr., Cher, arr. de Bourges, cant. et poste de Méhun-sur-Yèvre; fabr. de porcelaine; 990 hab.

FŒIL (le), vg. de Fr., Côtes-du-Nord, arr. de St.-Brieuc, cant. et poste de Quintin; 2490 hab.

FŒLDVAR ou **MARIENBOURG**, b. de Hongrie, cer. au-delà du Danube, comitat de Toln, sur le Danube; école principale catholique; pêche à l'esturgeon; 2500 hab.

FŒLK, pet. v. de Hongrie, cer. en-deçà de la Theiss, comitat de Zips; important par ses brasseries et ses manufactures de toiles; 1500 hab.

FOGARAS, *Fogarasinum*, b. de Transylvanie, chef-lieu du district de même nom, sur l'Alt, sur lequel il y a un pont très-remarquable de 864 pieds de long; agriculture, industrie, commerce; 3000 hab.

FOGGIA, *Fovea*, chef-lieu de la prov. de Capitanate, roy. des Deux-Siciles; est situé sur la Cervara, dans une belle plaine, mais où l'air est malsain. Il fait un commerce important, surtout en laine, en vin, en huile et en grains. Il est le siége des tribunaux civil et criminel de la province; il possède un tribunal de commerce et une école d'économie rurale. Sa population, y comprise celle de la banlieue, est, d'après Balbi, de 21,000 habitants.

FOGGORA ou **OGARA**, **WOGGORA**, prov. montagneuse du roy. abyssinien de Gondar, entre celles de Begember et de Belessem et le lac Dembéa. Tabulaque, chef-lieu.

FOGLIZZO, b. du roy. de Sardaigne, Piémont, prov. de Turin; 2500 hab.

FOGO. *Voyez* **GANDER** (baie de).

FOGO ou **FUEGO**, ILE-DE-FEU, une des îles Primeiras, situées dans l'Océan Indien, sur la côte de Mozambique, à l'embouchure du Quézoungo. Les Portugais y ont un petit établissement.

FOHMANNIE ou **FOMAN**, b. considérable de la Haute-Guinée, dans le roy. d'Achanti proprement dit, au S. de Coumassie.

FOHN ou **FUEGO**, SAINT-PHILIPPE, une des îles Canaries, entre celles de St.-Jago et Brava; remarquable par son volcan de 1233 toises de hauteur; maïs, courges, melons, chèvres sauvages; elle manque d'eau.

FOHR, *Fora*, île du roy. de Danemark, sur la côte occidentale du Jutland septentrional, comprise dans le bailliage de Ribe-Basse, mais protégée contre les invasions de la mer par de hautes dunes; elle a une étendue de 1 1/2 mille c. et une pop. de 6000 h.

FOI (la), ham. de Fr., Charente-Inférieure, com. de Vinax; 100 hab.

FOI (Sainte-), ham. de Fr., Charente-Inférieure, com. de Pérignac; 230 hab.

FOI (Sainte-), vg. de Fr., Vendée, arr., cant. et poste des Sables; 380 hab.

FOI-D'AIGREFEUILLE (Sainte-), vg. de Fr., Haute-Garonne, arr. de Villefranche-de Lauragais, cant. de Lanta, poste de Caraman; 120 hab.

FOI-DE-PEYROLIÈRES (Sainte-), vg. de Fr., Haute-Garonne, arr. de Muret, cant. et poste de St.-Lys; 1290 hab.

FOIGNY, ham. de Fr., Aisne, com. de la Bouteille; 110 hab.

FOINI ou **FOIGNI**, **FOUINI**, état Manding, dans la partie occidentale de la Sénégambie, au S. de la Gambie; comprend les prov. de Combo, de Jéréja, de Kaën, et il étend sa domination sur les Feloups et les Banyons de la côte; Jéréja en est la capitale.

FOI-SAINT-SULPICE (Sainte-), vg. de Fr., Loire, arr. de Montbrison, cant. de Bœn, poste de Feurs; 420 hab.

FOISCHES, vg. de Fr., Ardennes, arr. de Rocroi, cant. et poste de Givet; 160 hab.

FOISNARD, ham. de Fr., Loiret, com. de Baule; 360 hab.

FOISSAC, vg. de Fr., Aveyron, arr. et poste de Villefranche-de-Rouergue, cant. d'Asprières; 1900 hab.

FOISSAC, vg. de Fr., Gard, arr. et poste d'Uzès, cant. de St.-Chaptes; 210 hab.

FOISSIAT, vg. de Fr., Ain, arr. et poste de Bourg-en-Bresse, cant. de Montrevel; 2260 hab.

FOISSY, vg. de Fr., Côte-d'Or, arr. de Beaune, cant. et poste d'Arnay-le-Duc; 400 hab.

FOISSY, ham. de Fr., Yonne, com. de St.-Père; 420 hab.

FOISSY-LES-CLÉRIMOIS, b. de Fr., Yonne, arr. de Sens, cant. et poste de Villeneuve-l'Archevêque; 660 hab.

FOISSY-PRÈS-VEZELAY, ham. de Fr., Yonne, com. de Foissy; 340 hab.

FOITY (le), ham. de Fr., Isère, com. de Varacieux; 120 hab.

FOIX, *Foxum*, *Fuxium*, *Castrum Fuxiense*, v. de Fr., chef-lieu du dép. de l'Arriège, à 200 l. S. de Paris; siége d'un tribunal de première instance, directions des domaines et des contributions directes et indirectes, conservation des hypothèques, résidence d'un inspecteur-forestier et de deux ingénieurs des ponts-et-chaussées. Cette ville est située dans une étroite vallée, entourée de montagnes, sur la rive gauche de l'Arriège, au confluent de cette rivière avec l'Arget; elle est mal bâtie, ses rues sont en général mal percées, étroites et tortueuses. Elle renferme cependant quelques constructions qui méritent d'être citées, savoir : le pont sur l'Arriège, il n'a que deux arches dont l'une est fort hardie; une vaste caserne, bâtie, il y a quelques années, sur une jolie promenade; la préfecture; l'église paroissiale; le palais de justice; la halle et l'ancien château, élevé sur un immense rocher qui domine la ville. Ce vieux monument de la féodalité consiste en trois tours, qui, jusqu'au seizième siècle, furent habitées par les comtes de Foix, et servent aujourd'hui de prisons. Foix possède un collége, une société d'agriculture et des arts, une petite bibliothèque, une petite salle de spectacle, un martinet à fer et une manufacture de draps. On voit dans les environs plusieurs forges à la catalane et la première fabrique de faulx qui ait été établie en France. Son principal commerce consiste en fers, laines, bestiaux, gros draps, liége et résine. Foires : lundi après l'Épiphanie, premier mercredi de carême, mercredi après Pâques, lendemain de la Trinité, 9 septembre, 4 novembre et 9 décembre; 4699 hab.

On ignore l'époque de la fondation de Foix; quelques géographes la font remonter aux temps des Phocéens. Cependant dans le onzième siècle on ne parle encore que de son château. En 1210, cette ville prit parti pour les Albigeois. Simon de Montfort vint l'assiéger, mais il fut repoussé et y perdit beaucoup de monde. Philippe-le-Hardi, roi de France, y assiégea, en 1272, le comte de Foix, Roger Bernard, qui s'était révolté contre lui. Le roi de France entreprit de faire abattre le rocher qui supporte le château, et déjà d'énormes blocs, que l'on voit encore sur les bords de l'Arget, avaient été détachés, lorsque le comte, effrayé, se soumit. Pendant les guerres de religion, Foix souffrit beaucoup et fut plusieurs fois pris et repris par les catholiques et par les protestants.

FOIX (comté de), ancienne prov. de Fr.; elle était bornée au N. et à l'O. par la Gascogne, à l'E. par le Languedoc et le Roussillon et au S. par l'Espagne. Le comté de Foix comprenait le pays de Foix proprement dit, le pays de Donnezan et la vallée d'Andorre. Cette contrée, habitée d'abord par les Volces Tectosages, fut soumise par les Romains et comprise, sous Honorius, dans la première Lyonnaise. Vers la fin du quatrième siècle les Goths en firent la conquête. Plus tard elle fut soumise aux ducs d'Aquitaine, ensuite aux Sarrazins, qui en furent chassés par Charlemagne. Elle fut pendant quelque temps sous l'autorité des comtes de Toulouse, et passa enfin sous la domination des comtes de Carcassonne. Le pieux Roger, comte de Carcassonne, le transmit à son second fils, Bernard, qui fut le premier comte de Foix, en 1052. Par les alliances que les comtes de Foix contractèrent avec les maisons de Béarn et de Navarre, le comté passa, par héritage, à Henri IV, qui l'incorpora à la monarchie française, lors de son avénement au trône de France, en 1589. Depuis la nouvelle division de la France, le comté de Foix est compris dans le département de l'Arriège.

FOKIA ou **FOTSCHA**, PHOCÆA (l'ancienne *Phocée*), pet. v. de la Turquie d'Asie, eyalet d'Anadolie, située au bord de la mer entre les golfes de Smyrne et de Sandrakli. Elle est défendue par une citadelle et contient 4000 habitants, Turcs et Grecs. Son port est bon et fréquenté; les environs sont bien cultivés et la ville assez florissante. Phocée, une des principales colonies ioniennes de l'Asie Mineure, fut renommée dans l'antiquité. Lorsque les Perses forcèrent les Phocéens à quitter leur ville, ils se dirigèrent d'abord en Corse d'où les chassa la jalousie des Carthaginois, et plus tard vers les Gaules, où ils fondèrent Massilia, Marseille, qui elle-même établit sur la côte différentes colonies, comme Antipolis (Antibes), Nicæa (Nice), etc.

FOKOU-ROKOU-DO (contrée du territoire septentrional), une des divisions administratives de l'emp. du Japon.

FOKTSCEANI, v. de la Turquie d'Europe, Valachie; 5000 hab.

FOL (le), ham. de Fr., Doubs, com. de Vernois; 150 hab.

FOLATIÈRE (la), vg. de Fr., Isère, arr. de la Tour-du-Pin, cant. et poste du Pont-de-Beauvoisin; 800 hab.

FOLCARDE, vg. de Fr., Haute-Garonne, arr., cant. et poste de Villefranche-de-Lauragais; 210 hab.

FOLCKLING, vg. de Fr., Moselle, arr. de Sarreguemines, cant. et poste de Forbach; 730 hab.

FOLEMBRAY, vg. de Fr., Aisne, arr. de Laon, cant. et poste de Coucy-le-Château; verrerie royale dite du Vivier; 951 hab.

FOLEMPRISE. *Voyez* FUMAY.

FOLCAIROLLES, ham. de Fr., Aveyron, com. de St.-Jean-du-Bruel; 130 hab.

FOLGENSPURG ou **VOLKENSBERG**, vg. de Fr., Haut-Rhin, arr. d'Altkirch, cant. et poste de Huningue; 670 hab.

FOLGIA, roy. peu connu de la Haute-Guinée, entre la côte de Malaguetta, celle des Dents et les monts Kong, à l'E. du roy. de Quoja.

FOLGOAT (le) ou **GUIQUELLEAU**, vg. de Fr., Finistère, arr. de Brest, cant. et poste de Lesneven; 740 hab.

FOLIE (la), vg. de Fr., Calvados, arr. de Bayeux, cant. et poste d'Isigny; 310 hab.

FOLIE (la), ham. de Fr., Calvados, com. de Caen; 530 hab.

FOLIE (la), ham. de Fr., Nord, com. de Landrecies; 180 hab.

FOLIE (la), ham. de Fr., Haute-Saône, com. d'Arc; 160 hab.

FOLIE (la), ham. de Fr., Seine-et-Oise, com. de St.-Germain-lès-Arpajon; 110 hab.

FOLIE (la), ham. de Fr., Seine-Inférieure, com. de Bracquetuit; 160 hab.

FOLIE (Seine). *Voyez* **NANTERRE**.

FOLIE-HERBAULT (la), ham. de Fr., Eure-et-Loir, com. de Fains-en-Dunois; 150 hab.

FOLIES, vg. de Fr., Somme, arr. de Montdidier, cant. de Rosières, poste de Hangest; 410 hab.

FOLIGNO, *Fulginia*, v. épiscopale de la délégation de Pérouse, états de l'Église; a un commerce important, ainsi que des fabriques de draps, de bougies, de papier; elle produit des confitures très-estimées. On y trouve un musée d'antiques. Sa population est, d'après Balbi, d'environ 9000 âmes; d'autres géographes la font monter à 15,000.

FOLJUIF, ham. de Fr., Seine-et-Marne, com. de St.-Pierre; 100 hab.

FOLKSTONE, pet. v. d'Angleterre, comté de Kent, sur la Manche, avec un port bien défendu. Ses habitants, au nombre de 4000, s'adonnent exclusivement à la pêche et à la navigation; bains de mer; patrie de Will Harvey, célèbre médecin, mort en 1657.

FOLLAINVILLE, vg. de Fr., Seine-et-Oise, arr., et poste de Mantes, cant. de Limay; 750 hab.

FOLLES, vg. de Fr., Haute-Vienne, arr. de Bellac, cant. de Bessines, poste de Marterolles; 1660 hab.

FOLLET (le), ham. de Fr., Deux-Sèvres, com. de la Chapelle-Bâton; 100 hab.

FOLLETIÈRE (la), vg. de Fr., Calvados, arr. de Lisieux, cant. et poste d'Orbec; 410 hab.

FOLLETIÈRE (la), vg. de Fr., Seine-Inférieure, arr. de Rouen, cant. de Pavilly, poste de Barentin; 160 hab.

FOLLETIÈRE (la), ham. de Fr., Seine-Inférieure, com. de Fontaine-sous-Préaux; 130 hab.

FOLLEVILLE, vg. de Fr., Eure, arr. de Bernay, cant. et poste de Thiberville; 690 hab.

FOLLEVILLE (Seine-Inférieure). *Voyez* **JEAN-DE-FOLLEVILLE** (Saint-).

FOLLEVILLE, vg. de Fr., Somme, arr. à 4 l. O. de Montdidier, cant. d'Ailly-sur-Noye, poste de Breteuil (Oise). Il a un château, remarquable par la forme singulière d'une tour, qui de loin ressemble à un phare. C'est dans l'église de Folleville que St.-Vincent-de-Paul, à ce que l'on prétend, prêcha pour la première fois. On remarque dans cette église le tombeau de Raoul de Lannoy, vice-roi de Naples, sous Charles VIII, qui avait fait la conquête de ce royaume, en 1494.

FOLLIGNY, vg. de Fr., Manche, arr. d'Avranches, cant. et poste de la Haye-Pesnel; commerce de bestiaux; 530 hab.

FOLQUIN (Saint-), vg. de Fr., Pas-de-Calais, arr. de St.-Omer, cant. d'Audruicq, poste de Gravelines; 1030 hab.

FOLSCHWILLER, vg. de Fr., Moselle, arr. de Sarreguemines, cant. et poste de St.-Avold; 610 hab.

FOLSPERWILLERS, vg. de Fr., Moselle, arr., cant. et poste de Sarreguemines; 430 hab.

FOLTY, île dans la baie de Charleston, côte de la Caroline du Sud, États-Unis de l'Amérique du Nord; à l'extrémité E. de cette île s'élève le phare de Charleston.

FOMBELLE, ham. de Fr., Tarn, com. de Cambounès; 150 hab.

FOMBONNE, ham. de Fr., Tarn, com. de Castelnau-de-Brassac; 360 hab.

FOMEREY, vg. de Fr., Vosges, arr., cant. et poste d'Épinal; 210 hab.

FOMPATOUR, ham. de Fr., Charente-Inférieure, com. de Vérines; 200 hab.

FON, nom que les Siamois donnent à la ville de Bangkok.

FONBEAUZARD, vg. de Fr., Haute-Garonne, arr., cant. et poste de Toulouse; 120 hab.

FONBILIOU, ham. de Fr., Aveyron, com. de Nayrac; 100 hab.

FONCAUDE, vg. de Fr., Gironde, arr. de la Réole, cant. et poste de Sauveterre; 250 hab.

FONCEGRIVE, vg. de Fr., Côte-d'Or, arr. de Dijon, cant. et poste de Selongey; 230 h.

FONCHES, vg. de Fr., Somme, arr. de Montdidier, cant. et poste de Roye; 270 h.

FONCHETTES, vg. de Fr., Somme, arr. de Montdidier, cant. et poste de Roye; 50 hab.

FONCINE-LE-BAS, vg. de Fr., Jura, arr. de Poligny, cant. des Planches, poste de Champagnole; fabr. d'horlogerie et d'outils de plusieurs genres; 610 hab.

FONCINE-LE-HAUT, vg. de Fr., Jura, arr. de Poligny, cant. des Planches, poste de Champagnole; fabr. d'horlogerie et d'outils de plusieurs genres; 1610 hab.

FONCQUEVILLERS, vg. de Fr., Pas-de-Calais, arr. d'Arras, cant. de Pas, poste de l'Arbret; 940 hab.

FONDAMENTE, ham. de Fr., Aveyron, com. de Montpaon; 150 hab.

FONDARY. *Voyez* **FLORINE** (Sainte-).

FOND-CHRISTIANNE, ham. de Fr.,

Hautes-Alpes, com. de Briançon ; 160 hab.

FOND-DE-LA-VILLE (le), ham. de Fr., Seine-Inférieure, com. de Varneville-Bretteville; 110 hab.

FONDELIN, ham. de Fr., Nièvre, com. de Billy ; 120 hab.

FONDERIE, vg. de Fr., Basses-Pyrénées, arr. de Mauléon, cant. de St.-Étienne-de-Baigorry, poste de St.-Jean-Pied-de-Port; 1420 hab.

FONDETTES, vg. de Fr., Indre-et-Loire, arr., cant. et poste de Tours; 2470 hab.

FONDI, *Fundi*, v. du roy. des Deux-Siciles, située dans la Terre-de-Labour ; a conservé une partie de ses anciennes murailles, ainsi que la voie appienne qui forme la rue principale. Les travaux de dessèchement opérés dans ses environs pendant ces dernières années ont rendu ce territoire beaucoup moins malsain; elle est le siége d'un évêché ; 6000 hab.

FONDIS (le), ham. de Fr., Indre-et-Loire, com. de St.-Nicolas-de-Bourgueil; 120 hab.

FONDO (Bahia-sin-). *Voyez* MATIAS.

FONDREMAND, vg. de Fr., Haute-Saône, arr. de Vesoul, cant. et poste de Rioz; 620 hab.

FONDS (les), ham. de Fr., Aveyron, com. de Séverac; 270 hab.

FONFOUILLOUSE. *Voyez* MARCEL-DE-FONFOUILLOUSE (Saint-).

FONFRAIRON, ham. de Fr., Deux-Sèvres, com. de Souvigné; 100 hab.

FONGALOP, vg. de Fr., Dordogne, arr. de Sarlat, cant. et poste de Belvès; 310 h.

FONGAUFFIER, vg. de Fr., Dordogne, com. de Sagelat; 240 hab.

FONGOMBAULT, vg. de Fr., Indre, arr. et poste du Blanc, cant. de Tournon-St.-Martin; 390 hab.

FONGRAVE, vg. de Fr., Lot-et-Garonne, arr. de Villeneuve-sur-Lot, cant. de Monclar, poste de Ste.-Livrade; 780 hab.

FONGUEUSEMARE, vg. de Fr., Seine-Inférieure, arr. du Hâvre, cant. de Criquetot-Lesneval, poste de Montivilliers; 210 h.

FONIA, pet. état en Sénégambie, le long de la Gambie; il n'a guère que 7 l. de long.

FONILLA, pet. v. dans l'état Peul-de-Fouladou, en Sénégambie, sur le Ba-Oulima ou Ouonda.

FONNEUVE, ham. de Fr., Tarn-et-Garonne, com. de Montauban; 810 hab.

FONPERRON, vg. de Fr., Deux-Sèvres, arr. de Parthenay, cant. de Ménigoute, poste de St.-Maixent; filat. hydraul. de laines; 921 hab.

FONROQUE, vg. de Fr., Dordogne, arr. de Bergerac, cant. et poste d'Eymet; 410 h.

FONS (les), vg. de Fr., Ardèche, arr. de Privas, cant. et poste d'Aubenas; 370 hab.

FONS, pet. v. de Fr., Lot, arr., cant. et poste de Figeac; exploitation de pierres lithographiques; 1060 hab.

FONSECA (bahia de). *Voyez* JIQUILISCO.

FONSÈCHE, ham. de Fr., Charente-Inférieure, com. de Tonnay-Charente ; 230 hab.

FONSOADI ou MELFONSA, ODDI, SANTO-BENITO, riv. dans la partie méridionale de la Haute-Guinée, sur la côte de Gabon ; elle se jette dans le golfe de Biafra, au N. du cap St.-Jean.

FONSOMME, vg. de Fr., Aisne, arr., cant. et poste de St.-Quentin ; 580 hab.

FONSORBES, vg. de Fr., Haute-Garonne, arr. de Muret, cant. et poste de St.-Lys; 680 hab.

FONS-OUTRE-GARDON ou BARRAQUES-DE-CODOGNAN, vg. de Fr., Gard, arr. et poste de Nimes, cant. de St.-Mamert; 530 h.

FONS-SUR-LUSSAN, vg. de Fr., Gard, arr. d'Uzès, cant. et poste de Lussan; 460 hab.

FONTADE (la), ham. de Fr., Lot, com. de Gourdon ; 370 hab.

FONTAFIE, ham. de Fr., Charente, com. de Nieuil ; 120 hab.

FONTAGNÈRES, ham. de Fr., Haute-Garonne, com. d'Aspet; 370 hab.

FONTAGNIEU, ham. de Fr., Isère, com. d'Allière ; 150 hab.

FONTAIN, vg. de Fr., Doubs, arr., cant. et poste de Besançon; 670 hab.

FONTAINE (baie de la). *Voyez* SAINT-CHRISTOPHE (ile).

FONTAINE, ham. de Fr., Ain, com. de Corbonod ; 140 hab.

FONTAINE, vg. de Fr., Aisne, arr., cant. et poste de Vervins; 900 hab.

FONTAINE (la), ham. de Fr., Basses-Alpes, com. d'Ongles; 200 hab.

FONTAINE, vg. de Fr., Aube, arr., cant. et poste de Bar-sur-Aube; 380 hab.

FONTAINE, ham. de Fr., Dordogne, com. de Champagne; 1000 hab.

FONTAINE, vg. de Fr., Doubs, arr. de Baume-les-Dames, cant. et poste de Clerval ; 620 hab.

FONTAINE (la), ham. de Fr., Gironde, com. de Virelade; 200 hab.

FONTAINE (Haut et Bas-), ham. de Fr., Loir-et-Cher, com. de Pezou; 140 hab.

FONTAINE, vg. de Fr., Marne, arr. de Reims, cant. d'Ay, poste d'Épernay; 180 h.

FONTAINE ou BRUNN, vg. de Fr., Haut-Rhin, arr., à 2 l. E. et poste de Belfort, chef-lieu de canton ; 363 hab.

FONTAINE, vg. de Fr., Saône-et-Loire, arr. de Châlon-sur-Saône, cant. de Chagny, poste du Bourgneuf ; 1618 hab.

FONTAINE (la), ham. de Fr., Seine-Inférieure, com. de Hénouville; 160 hab.

FONTAINE, ham. de Fr., Deux-Sèvres, com. de Montalembert; 140 hab.

FONTAINE (Sainte-), ham. de Fr., Moselle, com. de Hombourg-le-Haut; forges; 430 hab.

FONTAINE-AU-BOIS, vg. de Fr., Nord, arr. d'Avesnes, cant. et poste de Landrecies; fabr. de sucre indigène ; 960 hab.

FONTAINE-AUBRON, ham. de Fr., Marne, com. de Vauchamps; 110 hab.

FONTAINE-AU-PIRE, vg. de Fr., Nord, arr. et poste de Cambrai, cant. deCarnières; 1120 hab.

FONTAINE-BELLENGER, vg. de Fr., Eure, arr. de Louviers, cant. et poste de Gaillon; 440 hab.

FONTAINE-BETHON (la). *Voyez* BÉTHON.

FONTAINE-BLANCHE (la), ham. de Fr., Ille-et-Vilaine, com. de Lillemer; 110 hab.

FONTAINEBLEAU, v. de Fr., Seine-et-Marne, chef-lieu d'arrondissement, à 4 l. S. de Melun et à 15 l. S.-S.-E. de Paris; siége d'un tribunal de première instance, conservation des hypothèques et direction des contributions indirectes. Elle est située au milieu de la forêt du même nom, dans un bassin formé de collines rocheuses assez élevées, à 2000 mètres environ de la rive gauche de la Seine; elle est bien bâtie et bien pavée, mais peu animée; ses rues sont droites et larges, et les édifices publics spacieux et de bon goût. On y remarque deux casernes, et, à l'entrée méridionale de la ville, un obélisque d'une hauteur considérable, érigé à la naissance du dauphin, fils de Louis XVI. Mais ce qui attire principalement la curiosité, c'est le château royal, masse confuse d'édifices construits à différentes époques, et dont l'ensemble est d'un aspect fort imposant. Tout dans ce magnifique palais excite l'admiration et rappelle quelque fait important de notre histoire ou quelque autre événement intéressant. Il fut le berceau de Philippe-le-Bel, de Henri III, de Louis XIII, du dauphin, fils de Louis XIV, et de plusieurs personnages célèbres; Louis XIV y signa la déplorable révocation de l'édit de Nantes. Dans la galerie de François Ier on admire les belles peintures à fresques du Primatice et de Rosso, ressuscitées par les pinceaux de MM. Abel de Pujol, Alaux et Picot; la galerie des Cerfs rappelle le séjour de la reine Christine de Suède et sa terrible vengeance sur son favori Monaldeschi, qu'elle y fit assassiner par jalousie en 1654; le salon de Mars renferme la table sur laquelle Napoléon signa son abdication. C'est dans la cour du Cheval-Blanc que le grand empereur prit congé de sa garde. Ce palais fut en 1812 la résidence du pape Pie VII, prisonnier, qui y signa le fameux concordat de Fontainebleau. Un parterre, des pièces d'eau, des jardins dont la beauté égale celle des bâtiments, et un grand parc s'étendent derrière le château et ajoutent aux agréments de ce séjour royal. Le château renferme aussi une bibliothèque de 28,000 volumes; elle est ouverte au public. Cette ville possède une société d'agriculture, mais elle n'a d'autres établissements industriels qu'une belle manufacture de porcelaine et des tanneries. Il s'y fait un commerce considérable en raisins excellents, connus sous le nom de Chasselas de Fontainebleau, et dans la belle forêt de 33,000 arpents, qui environne la ville, on exploite des carrières de grès, d'où l'on tire la plus grande partie des pavés de Paris. Foires les 26, 27 et 28 novembre, veille de la mi-carême et les trois jours après la Trinité; 8021 hab.

Fontainebleau doit son origine à une chapelle que Louis VII fit bâtir près du lieu où, quelques années après, en 1169, le même roi fit construire un château qui, sous les règnes suivants, devint une résidence royale. Saint-Louis y fonda un hôpital qui existe encore. Sous François Ier ce n'était qu'une bourgade, composée de quelques hôtels appartenant à des seigneurs de la cour. Son importance augmenta sous Henri IV, qui s'y plaisait beaucoup. Ce ne fut que sous Louis XIII, en 1624, qu'on y construisit l'église paroissiale de St.-Louis. Cependant Fontainebleau ne reçut le titre de ville qu'au commencement de la révolution. Cette ville est la patrie de Dancourt, auteur dramatique (1661—1725), du paysagiste Lantara (mort en 1778) et de Gaston d'Orléans, troisième fils de Henri IV (1608—1660).

FONTAINE-BONNELEAU ou FONTAINE-SOUS-CATHEUX, vg. de Fr., Oise, arr. de Clermont, cant. et poste de Crèvecœur; 560 hab.

FONTAINE-BRUS, ham. de Fr., Jura, com. de Villevieux; 280 hab.

FONTAINE-CHALENDRAY, vg. de Fr., Charente-Inférieure, arr. de St.-Jean-d'Angely, cant. et poste d'Aulnay; 950 hab.

FONTAINE-CHATEL, ham. de Fr., Seine-Inférieure, com. de St.-Germain-des-Essours; 110 hab.

FONTAINE-COUVERTE, vg. de Fr., Mayenne, arr. de Château-Gontier, cant. de St.-Aignan-sur-Roé, poste de Craon; 860 hab.

FONTAINE-DANIEL, ham. de Fr., Mayenne, com. de St.-Georges-Butavent; filat. considérable de coton et tissage de calicot; 360 hab.

FONTAINE-DENIS, vg. de Fr., Marne, arr. d'Épernay, cant. et poste de Sézanne; 830 hab.

FONTAINE-D'OLLAC, vg. de Fr., Charente-Inférieure, arr., cant. et poste de Jonzac; 910 hab.

FONTAINE-EN-BRAY, vg. de Fr., Seine-Inférieure, arr. de Neufchâtel-en-Bray, cant. et poste de St.-Saens; 260 hab.

FONTAINE-EN-DORMOIS, vg. de Fr., Marne, arr. de Ste.-Ménéhoulde, cant. et poste de Ville-sur-Tourbe; 200 hab.

FONTAINE-EN-DOUESMOIS, vg. de Fr., Côte-d'Or, arr. de Châtillon-sur-Seine, cant. et poste de Baigneux-les-Juifs; 410 hab.

FONTAINE-ÉTOUPEFOUR, vg. de Fr., Calvados, arr. et poste de Caen, cant. d'Évrecy; 620 hab.

FONTAINE-FOURCHE, vg. de Fr., Seine-et-Marne, arr. de Provins, cant. et poste de Bray-sur-Seine; 690 hab.

FONTAINE-FRANÇAISE, b. de Fr., Côte

d'Or, arr., à 9 l. N. de Dijon et à 85 l. de Paris, chef-lieu de canton, poste de Mirebeau; il est situé entre deux étangs. On y remarque un vaste et beau château et un monument élevé à Henri IV, en commémoration de la victoire qu'il remporta, en 1595, sur Ferdinand de Velasco et sur le duc de Mayenne. Forges et hauts-fourneaux; fabr. de poterie; 1224 hab.

FONTAINE-GUÉRIN, vg. de Fr., Maine-et-Loire, arr. de Baugé, cant. et poste de Beaufort; 1100 hab.

FONTAINE-HALBOUT, vg. de Fr., Calvados, arr. de Falaise, cant. de Bretteville-sur-Laize, poste de Langannerie; commerce de laine et de bestiaux; 110 hab.

FONTAINE-HENRY, vg. de Fr., Calvados, arr. de Caen, cant. et poste de Creully; 520 hab.

FONTAINE-HEUDEBOURG, vg. de Fr., Eure, arr. de Louviers, cant. et poste de Gaillon; 280 hab.

FONTAINE-L'ABBÉ, vg. de Fr., Eure, arr., cant. et poste de Bernay; 380 hab.

FONTAINE-LA-FORÊT, vg. de Fr., Eure, arr. de Bernay, cant. et poste de Beaumont-le-Roger; 840 hab.

FONTAINE-LA-GAILLARDE, vg. de Fr., Yonne, arr., cant. et poste de Sens; 370 hab.

FONTAINE-LA-GUYON, vg. de Fr., Eure-et-Loir, arr. de Chartres, cant. et poste de Courville; 640 hab.

FONTAINE-LA-LOUVET, vg. de Fr., Eure, arr. de Bernay, cant. et poste de Thiberville; 750 hab.

FONTAINE-LA-MALET, vg. de Fr., Seine-Inférieure, arr. du Hâvre, cant. et poste de Montivilliers; 610 hab.

FONTAINE-LA-RIVIÈRE, vg. de Fr., Seine-et-Oise, arr. et poste d'Étampes, cant. de Méréville; 200 hab.

FONTAINE-LA-VAGANNE, vg. de Fr., Oise, arr. de Beauvais, cant. et poste de Marseille; fabr. de bonneterie; 660 hab.

FONTAINE-LE-BOURG, b. de Fr., Seine-Inférieure, arr. de Rouen, cant. de Clères, poste de Malaunay; filat. hydraul.; 933 h.

FONTAINE - LE - COMTE, vg. de Fr., Vienne, arr., cant. et poste de Poitiers; 590 hab.

FONTAINE-LE-DUN, b. de Fr., Seine-Inférieure, arr. et à 5 l. N. d'Yvetot, chef-lieu de canton, poste de Bourg-Dun; 460 h.

FONTAINE-LE-PIN, vg. de Fr., Calvados, arr. de Falaise, cant. de Bretteville-sur-Laize, poste de Langannerie; 270 hab.

FONTAINE-LE-PORT, vg. de Fr., Seine-et-Marne, arr. de Melun, cant. et poste du Châtelet; commerce de laines; 310 hab.

FONTAINE - LES - BASSETS, vg. de Fr., Orne, arr. d'Argentan, cant. et poste de Trun; 470 hab.

FONTAINE-LES-BLANGY, ham. de Fr., Seine-Inférieure, com. de Blangy; 200 hab.

FONTAINE-LES-BOULANS, vg. de Fr., Pas-de-Calais, arr. et poste de St.-Pol-sur-Ternoise, cant. d'Heuchin; 370 hab.

FONTAINE-LES-CORPS-NUDS, vg. de Fr., Oise, arr. et poste de Senlis, cant. de Nanteuil-le-Haudouin; 490 hab.

FONTAINE-LES-CROISILLES, vg. de Fr., Pas-de-Calais, arr. et poste d'Arras, cant. de Croisilles; 480 hab.

FONTAINE-LES-DIJON, vg. de Fr., Côte-d'Or, arr., cant. et poste de Dijon; 470 h.

FONTAINE-LE-SEC, vg. de Fr., Somme, arr. d'Amiens, cant. et poste d'Oisemont; 380 hab.

FONTAINE-LES-HERMANS, vg. de Fr., Pas-de-Calais, arr. et poste de St.-Pol-sur-Ternoise, cant. d'Heuchin; 150 hab.

FONTAINE-LES-LUXEUIL, vg. de Fr., Haute-Saône, arr. de Lure, cant. de St.-Loup, poste de Luxeuil; 1290 hab.

FONTAINE-LES-RIBOUTS, vg. de Fr., Eure-et-Loir, arr. de Dreux, cant. et poste de Châteauneuf-en-Thymerais; 310 hab.

FONTAINE-L'ÉTALON, vg. de Fr., Pas-de-Calais, arr. de St.-Pol-sur-Ternoise, cant. et poste d'Auxy-le-Château; 330 hab.

FONTAINE-L'ÉVÊQUE, pet. v. du roy. de Belgique, prov. de Hainaut, arr. et à 2 l. de Charleroi; forges et fonderies; 2600 h.

FONTAINE-MILLON, vg. de Fr., Maine-et-Loire, arr. de Baugé, cant. de Seiches, poste de Beaufort; 460 hab.

FONTAINE-NOTRE-DAME, vg. de Fr., Aisne, arr., cant. et poste de St.-Quentin; 650 hab.

FONTAINE - NOTRE - DAME, vg. de Fr., Nord, arr., cant. et poste de Cambrai; 1480 hab.

FONTAINE-RAOULT, vg. de Fr., Loir-et-Cher, arr. de Vendôme, cant. de Droué, poste de Cloyes; 620 hab.

FONTAINE-RIANTE, ham. de Fr., Seine-et-Marne, com. de Provins; 130 hab.

FONTAINES, vg. de Fr., Isère, arr. et poste de Grenoble, cant. de Sassenage; 670 hab.

FONTAINES (les), ham. de Fr., Maine-et-Loire, com. de Verchers; 120 hab.

FONTAINES, vg. de Fr., Meuse, arr. de Montmédy, cant. et poste de Dun-sur-Meuse; 440 hab.

FONTAINES (les), vg. de Fr., Nord, arr. d'Avesnes, cant. et poste de Solre-le-Château; 270 hab.

FONTAINES, vg. de Fr., Rhône, arr. et poste de Lyon, cant. de Neuville-sur-Saône; indiennes, huiles, farines; 1420 h.

FONTAINES, vg. de Fr., Vendée, arr., cant. et poste de Fontenay-le-Comte; 640 h.

FONTAINES, vg. de Fr., Yonne, arr. de Joigny, cant. de St.-Fargeau, poste de Toucy; 1060 hab.

FONTAINE-SAINT-GEORGES, vg. de Fr., Aube, arr. de Nogent-sur-Seine, cant. de Romilly-sur-Seine, poste aux Grès; 430 h.

FONTAINE-SAINT-LUCIEN, vg. de Fr.,

Oise, arr. et poste de Beauvais, cant. de Nivillers; 240 hab.

FONTAINE-SAINT-MARTIN (la), vg. de Fr., Sarthe, arr. de la Flèche, cant. de Pontvalain, poste de Foulletourte; 920 hab.

FONTAINES-D'AUZON (les), ham. de Fr., Indre-et-Loire, com. d'Huisme; 200 hab.

FONTAINES-EN-BEAUCE, vg. de Fr., Loir-et-Cher, arr. de Vendôme, cant. de Savigny, poste de Montoire; 790 hab.

FONTAINES-EN-SOLOGNE, vg. de Fr., Loir-et-Cher, arr. de Blois, cant. et poste de Bracieux; 760 hab.

FONTAINE-SIMON, vg. de Fr., Eure-et-Loir, arr. de Nogent-le-Rotrou, cant. et poste de la Loupe; 660 hab.

FONTAINES-LES-CLERCS, vg. de Fr., Aisne, arr. et poste de St.-Quentin, cant. de St.-Simon; 390 hab.

FONTAINES-LES-SÈCHES, vg. de Fr., Côte-d'Or, arr. de Châtillon-sur-Seine, cant. et poste de Laignes; 220 hab.

FONTAINES-LEZ-CAPPI, vg. de Fr., Somme, arr. de Péronne, cant. de Chaulnes, poste d'Estrées-Déniécourt; 140 hab.

FONTAINES-LUYÈRES, vg. de Fr., Aube, arr. et poste d'Arcis-sur-Aube, cant. de Ramerupt; 140 hab.

FONTAINE-SOUS-CATHEUX. *Voyez* FONTAINE-BONNELEAU.

FONTAINE-SOUS-JOUY, vg. de Fr., Eure, arr., cant. et poste d'Évreux; 670 hab.

FONTAINE-SOUS-MONTAIGUILLON, vg. de Fr., Seine-et-Marne, arr. de Provins, cant. et poste de Villiers-St.-Georges; 180 hab.

FONTAINE-SOUS-MONTDIDIER, vg. de Fr., Somme, arr., cant. et poste de Montdidier; 240 hab.

FONTAINE-SOUS-PRÉAUX, vg. de Fr., Seine-Inférieure, arr. de Rouen, cant. et poste de Darnetal; 350 hab.

FONTAINE-SOYER. *Voyez* APOLLINAIRE (Sainte-).

FONTAINES-SAINT-GERMAIN (les), ham. de Fr., Nièvre, com. d'Alluy; 170 hab.

FONTAINES-SUR-MAYE, vg. de Fr., Somme, arr. d'Abbeville, cant. de Crécy, poste de Bernay; 410 hab.

FONTAINES-SUR-SOMME, vg. de Fr., Somme, arr. d'Abbeville, cant. de Hallencourt, poste d'Airaines; 1300 hab.

FONTAINE-SUR-COOLE, vg. de Fr., Marne, arr. et poste de Châlons-sur-Marne, cant. d'Écury-sur-Coole; 160 hab.

FONTAINE-SUR-MARNE, vg. de Fr., Haute-Marne, arr. de Vassy, cant. de Chevillon, poste de Joinville; 240 hab.

FONTAINE-UTERTE, vg. de Fr., Aisne, arr. de St.-Quentin, cant. et poste de Bohain; 240 hab.

FONTAINS, vg. de Fr., Seine-et-Marne, arr. de Provins, cant. et poste de Nangis; 240 hab.

FONTANAROSA, v. du roy. des Deux-Siciles, principauté Ultérieure; 3600 hab.

FONTANAS, ham. de Fr., Creuse, com. de St.-Médard; 110 hab.

FONTANE, ham. de Fr., Loire, com. de Montchal; 300 hab.

FONTANEILLES, ham. de Fr., Aveyron, com. de Rivière; 240 hab.

FONTANELLA, b. du roy. Lombard-Vénitien, gouv. de Milan, délégation de Bergame; 2000 hab.

FONTANELLE, ham. de Fr., Tarn, com. de Cambounès; 120 hab.

FONTANÈS, vg. de Fr., Aude, arr. de Limoux, cant. de Belcaire, poste de Quillan; 250 hab.

FONTANÈS, vg. de Fr., Hérault, arr. de Montpellier, cant. de Claret, poste des Matelles; 70 hab.

FONTANÈS, vg. de Fr., Loire, arr. de St.-Étienne, cant. de St.-Héant, poste de St.-Chamond; 400 hab.

FONTANES, vg. de Fr., Lot, arr. de Cahors, cant. de Lalbenque, poste de Monpezat; 720 hab.

FONTANES, vg. de Fr., Lozère, arr. de Mende, cant. et poste de Langogne; 310 h.

FONTANÈS-DE-LEQUES, vg. de Fr., Gard, arr. de Nîmes, cant. et poste de Sommières; 390 hab.

FONTANEUX, ham. de Fr., Loire, com. de St.-Jean-Soleymieux; 100 hab.

FONTANGES, vg. de Fr., Cantal, arr. de Mauriac, cant. et poste de Salers; il est situé au pied des montagnes et fait commerce en bestiaux; 4920 hab.

FONTANGIS, vg. de Fr., Côte-d'Or, arr. de Sémur, cant. de Précy-sous-Thil, poste de la Maison-Neuve; 700 hab.

FONTANIÈRE, vg. de Fr., Creuse, arr. d'Aubusson, cant. et poste d'Évaux; 370 h.

FONTANIÈRES, ham. de Fr., Rhône, com. de Ste.-Foy-les-Lyon; 280 hab.

FONTANIL, vg. de Fr., Isère, arr., cant. et poste de Grenoble; 660 hab.

FONTANILS, ham. de Fr., Pyrénées-Orientales, com. d'Arles-sur-Tech; 190 hab.

FONTANNES, vg. de Fr., Haute-Loire, arr., cant. et poste de Brioude; 390 hab.

FONTANS, vg. de Fr., Lozère, arr. de Marvejols, cant. et poste de Serverette; 900 hab.

FONTANUS, ham. de Fr., Puy-de-Dôme, com. d'Orcines; 140 hab.

FONTARÈCHE, vg. de Fr., Gard, arr. d'Uzès, cant. et poste de Lussan; 310 hab.

FONTARÈDE, vg. de Fr., Lot-et-Garonne, arr., cant. et poste de Nérac; 170 hab.

FONTBELLON. *Voyez* ÉTIENNE-DE-FONTBELLON (Saint-).

FONT-CLAIRANT, ham. de Fr., Puy-de-Dôme, com. d'Aydat; 130 hab.

FONTCLAIREAU, vg. de Fr., Charente, arr. de Ruffec, cant. et poste de Mansle; 590 hab.

FONT-COUVERTE, vg. de Fr., Charente-Inférieure, arr., cant. et poste de Saintes; 640 hab.

FONT-COUVERTE, vg. de Fr., Aude, arr. de Narbonne, cant. et poste de Lézignan; 350 hab.

FONT-D'EYGLIERS (la), ham. de Fr., Hautes-Alpes, com. d'Eygliers; 120 hab.

FONTELAS, pet. v. du Portugal, prov. de Tras-os-Montes, dist. de Villaréal; eaux thermales renommées.

FONTELAYE (la), vg. de Fr., Seine-Inférieure, arr. de Dieppe, cant. et poste de Tôtes; 170 hab.

FONTENAILLES, vg. de Fr., Calvados, arr. et poste de Bayeux, cant. de Ryes; 170 hab.

FONTENAILLES, vg. de Fr., Seine-et-Marne, arr. de Melun, cant. de Mormant, poste de Nangis; 620 hab.

FONTENAILLES, vg. de Fr., Yonne, arr. d'Auxerre, cant. et poste de Courson; 280 h.

FONTENAI-SUR-ORNE, vg. de Fr., Orne, arr., cant. et poste d'Argentan; 400 hab.

FONTENAY, vg. de Fr., Calvados, arr. de Bayeux, cant. et poste d'Isigny; 180 hab.

FONTENAY (Côte-d'Or). *Voyez* MARMAGNE.

FONTENAY, vg. de Fr., Eure, arr. des Andelys, cant. d'Écos, poste des Thilliers-en-Vexin; 330 hab.

FONTENAY, vg. de Fr., Indre, arr. d'Issoudun, cant. et poste de Vatan; 390 hab.

FONTENAY, vg. de Fr., Loiret, arr. de Montargis, cant. de Ferrières, poste; source d'eau minérale; 540 hab.

FONTENAY, vg. de Fr., Manche, arr. et cant. de Mortain, poste de St.-Hilaire-du-Harcouet; 490 hab.

FONTENAY, vg. de Fr., Manche, arr. de Valognes, cant. et poste de Montebourg; 540 hab.

FONTENAY, vg. de Fr., Sarthe, arr. de la Flèche, cant. du Brulon, poste de Sablé; 730 hab.

FONTENAY, vg. de Fr., Saône-et-Loire, arr., cant. et poste de Charolles; 120 hab.

FONTENAY (Seine-et-Marne). *Voyez* FONTENAY-TRÉSIGNY.

FONTENAY, vg. de Fr., Seine-Inférieure, arr. du Hâvre, cant. et poste de Montivilliers; 330 hab.

FONTENAY, vg. de Fr., Vosges, arr. et poste d'Épinal, cant. de Bruyères; 590 hab.

FONTENAY-AUX-ROSES, joli vg. de Fr., Seine, arr. et cant. de Sceaux, poste de Châtillon, à 1 1/2 l. de Paris; culture de fraisiers et de rosiers; carrières de sable à mouler; 967 hab.

FONTENAY-BOSSERY, vg. de Fr., Aube, arr., cant. et poste de Nogent-sur-Seine; 80 hab.

FONTENAY-LE-COMTE, v. de Fr., Vendée, chef-lieu d'arrondissement, à 12 l. S.-E. de Bourbon-Vendée et à 115 l. de Paris; siége d'un tribunal de première instance, direction des contributions indirectes et conservation des hypothèques. Elle s'élève en amphithéâtre dans un beau vallon sur la rive gauche de la Vendée, au point où cette rivière devient navigable; elle est généralement bien bâtie, mais ses rues sont étroites et tortueuses; les faubourgs sont plus vastes et plus beaux que la ville même. L'église Notre-Dame est remarquable par l'élégante construction et la hauteur de sa flèche. Les halles méritent aussi d'être citées. Fontenay possède un collége communal. Cette petite ville est la plus peuplée et la plus commerçante du département; elle a des fabriques de toiles, de gros draps, de chapellerie et des tanneries. On en exporte, par le port de Gros-Noyer, du bois de construction et de chauffage, des merrains, du charbon de bois, des cordes et des feuillards; on importe par le même port des vins fins et des denrées du Midi, dont Fontenay est l'entrepôt. Foires les 26 janvier, 24 juin, 2 août et 11 octobre; 7650 hab.

Fontenay était autrefois fortifié et possédait un château dont on voit encore quelques débris et qui fut une résidence des comtes de Poitiers. La ville eut beaucoup à souffrir pendant les guerres de religion du seizième siècle. Les protestants s'en emparèrent en 1568 et, sans respect pour la capitulation qui leur en avait ouvert les portes, ils massacrèrent la garnison et une partie des habitants. Les catholiques la reprirent six ans plus tard et y commirent des cruautés non moins atroces. C'est à Fontenay que mourut, en 1590, le cardinal de Bourbon que les ligueurs avaient proclamé roi pour l'opposer à Henri III et plus tard à Henri IV. Cette ville est la patrie du général Belliard (Augustin-Daniel), 1769—1832.

FONTENAY-LE-FLEURY, vg. de Fr., Seine-et-Oise, arr. et cant. de Versailles, poste de Trappes; 410 hab.

FONTENAY-LE-FESNEL. *Voyez* AUBIN-DE-FONTENAY (Saint-).

FONTENAY-LE-MARMION, vg. de Fr., Calvados, arr. de Caen, cant. de Bourguébus, poste de May-sur-Orne; 690 hab.

FONTENAY-LES-BRIIS, vg. de Fr., Seine-et-Oise, arr. de Rambouillet, cant. de Limours, poste de Bruyères-le-Châtel; 680 h.

FONTENAY-LES-LOUVETS, vg. de Fr., Orne, arr. et poste d'Alençon, cant. de Carrouges; 680 hab.

FONTENAY-LES-LOUVRES, vg. de Fr., Seine-et-Oise, arr. de Pontoise, cant. d'Écouen, poste de Louvres; 530 hab.

FONTENAY-LE-VICOMTE, vg. de Fr., Seine-et-Oise, arr. de Mantes, cant. de Corbeil, poste de Mennecy; 300 hab.

FONTENAY-MAUVOISIN, vg. de Fr., Seine-et-Oise, arr. de Mantes, cant. de Bonnières, poste de Rosny-sur-Seine; 170 h.

FONTENAY-PRÈS-CHABLIS, vg. de Fr., Yonne, arr. d'Auxerre, cant. et poste de Chablis; 350 hab.

FONTENAY-PRÈS-VEZELAY, vg. de Fr., Yonne, arr. d'Avallon, cant. et poste de Vezelay; 640 hab.

FONTENAY-SAINT-PÈRE, vg. de Fr., Seine-et-Oise, arr. et poste de Mantes, cant. de Houdan; 790 hab.
FONTENAY-SOUS-BOIS, vg. de Fr., Seine, arr. de Sceaux, cant. de Vincennes, poste; il s'y trouve un beau réservoir pour les eaux de la Marne clarifiées; 1520 hab.
FONTENAY-SOUS-FOURONNES, vg. de Fr., Yonne, arr. d'Auxerre, cant. de Coulange-sur-Yonne, poste de Courson; 240 h.
FONTENAY-SUR-CONIE, vg. de Fr., Eure-et-Loir, arr. de Châteaudun, cant. de Pontarion, poste de Patay; 390 hab.
FONTENAY-SUR-EURE, vg. de Fr., Eure-et-Loir, arr., cant. et poste de Chartres; 450 hab.
FONTENAY-TORCY, vg. de Fr., Oise, arr. de Beauvais, cant. et poste de Songeons; fabr. de verres à lunettes et miroirs; 380 h.
FONTENAY-TRÉSIGNY, vg. de Fr., Seine-et-Marne, arr. de Coulommiers, cant. de Rozoy-en-Brie, poste; briqueterie; belle exploitation rurale; 1140 hab.
FONTENELLE, vg. de Fr., Aisne, arr. de Château-Thierry, cant. de Condé-en-Brie, poste de Montmirail; 280 hab.
FONTENELLE, vg. de Fr., Aisne, arr. de Vervins, cant. et poste de la Capelle; 780 hab.
FONTENELLE, vg. de Fr., Côte-d'Or, arr. de Dijon, cant. et poste de Fontaine-Française; 360 hab.
FONTENELLE (la), ham. de Fr., Eure-et-Loir, com. du Favril; 140 hab.
FONTENELLE (la), vg. de Fr., Ille-et-Vilaine, arr. de Fougères, cant. et poste d'Antrain; 1100 hab.
FONTENELLE (la), vg. de Fr., Loir-et-Cher, arr. de Vendôme, cant. de Droué, poste de la Ville-aux-Clercs; 780 hab.
FONTENELLE, vg. de Fr., Haut-Rhin, arr., cant. et poste de Belfort; 90 hab.
FONTENELLE, ham. de Fr., Seine-et-Marne, com de Boissy-le-Châtel; 150 hab.
FONTENELLE (la), ham. de Fr., Deux-Sèvres, com. de Ste.-Néomaye; 100 hab.
FONTENELLE-MONTBY, vg. de Fr., Doubs, arr. de Baume-les-Dames, cant. et poste de Rougemont; 180 hab.
FONTENELLES, vg. de Fr., Doubs, arr. de Montbéliard, cant. et poste de Russey; 300 hab.
FONTENELLES, vg. de Fr., Eure, arr. de Bernay, cant. et poste de Thiberville; 80 hab.
FONTÉNERMONT, vg. de Fr., Calvados, arr. de Vire, cant. et poste de St.-Sever; 360 hab.
FONTENET, vg. de Fr., Charente-Inférieure, arr., cant. et poste de St.-Jean-d'Angely; 740 hab.
FONTENETTE, ham. de Fr., Seine-et-Oise, com. d'Abbeville; 180 hab.
FONTENIL (le), ham. de Fr., Hautes-Alpes, com. de Briançon; 280 hab.
FONTENILLE, vg. de Fr., Charente, arr. de Ruffec, cant. et poste de Mansle; 130 hab.
FONTENILLE, vg. de Fr., Deux-Sèvres, arr. de Melle, cant. et poste de Chef-Boutonne; 350 hab.
FONTENILLES, vg. de Fr., Dordogne, arr. de Sarlat, cant. et poste de Villefranche-de-Belvès; 380 hab.
FONTENILLES, vg. de Fr., Haute-Garonne, arr. de Muret, cant. et poste de St.-Lys; 580 hab.
FONTENILLES (les), ham. de Fr., Maine-et-Loire, com. de St.-Quentin-en-Mauges; 110 hab.
FONTENIS (les), vg. de Fr., Haute-Saône, arr. de Vesoul, cant. et poste de Rioz; 130 hab.
FONTENOIS-LA-JOUTE, vg. de Fr., Meurthe, arr. de Lunéville, cant. et poste de Baccarat; 600 hab.
FONTENOIS-LA-VILLE, vg. de Fr., Haute-Saône, arr. de Lure, cant. et poste de Vauvillers; 810 hab.
FONTENOIS-LES-MONTBOZON, vg. de Fr., Haute-Saône, arr. de Vesoul, cant. et poste de Montbozon; 700 hab.
FONTENOTTES, vg. de Fr., Doubs, arr., cant. et poste de Baume-les-Dames; 120 h.
FONTENOUILLES, vg. de Fr., Yonne, arr. de Joigny, cant. et poste de Charny; 480 hab.
FONTENOY, vg. de Fr., Aisne, arr. de Soissons, cant. et poste de Vic-sur-Aisne; 510 hab.
FONTENOY, vg. de Fr., Meurthe, arr., cant. et poste de Toul; moulin à tan; 230 h.
FONTENOY, ham. de Fr., Meuse, com. de Laimont; 110 hab.
FONTENOY, ham. de Fr., Oise, com. de Pierrefonds; 100 hab.
FONTENOY, vg. de Fr., Yonne, arr. d'Auxerre, cant. de St.-Sauveur, poste de Toucy; 810 hab.
FONTENOY, vg. du roy. de Belgique, prov. de Hainaut, arr. de Tournai. Le 11 mai 1745 le maréchal de Saxe y battit les Anglais et les Hollandais, réunis contre la France. Cette bataille eut pour suite la prise de Tournai et la conquête des Pays-Bas; 550 hab.
FONTENOY-LE-CHATEAU, pet. v. de Fr., Vosges, arr. d'Épinal, cant. et poste de Bains; fabr. de couverts de fer battu, d'étrilles et de pointes de Paris; distilleries de kirschwasser, tréfilerie de la Pipée; 2080 h.
FONTENU, vg. de Fr., Jura, arr. de Lons-le-Saulnier, cant. et poste de Clairvaux; 280 hab.
FONTENY, vg. de Fr., Jura, arr. de Poligny, cant. et poste de Salins; fabr. de papier; 160 hab.
FONTENY, vg. de Fr., Meurthe, arr. de Château-Salins, cant. et poste de Delme; 470 hab.
FONTENY, ham. de Fr., Nièvre, com. d'Ouroux; 110 hab.

FONTERS-DU-BAZES, vg. de Fr., Aude, arr. et poste de Castelnaudary, cant. de Fonjeaux; 170 hab.

FONTÉS, vg. de Fr., Hérault, arr. de Béziers, cant. de Montagnac, poste de Pezénas; 1000 hab.

FONTET, vg. de Fr., Gironde, arr., cant. et poste de la Réole; 700 hab.

FONTÊTES (les), ham. de Fr., Puy-de-Dôme, com. de St.-Ours; 170 hab.

FONTETTE, vg. de Fr., Aube, arr. de Bar-sur-Seine, cant. et poste d'Essoyes; 600 hab.

FONTETTE, ham. de Fr., Côte-d'Or, com. de St.-Mesmin; 150 hab.

FONTETTE, ham. de Fr., Saône-et-Loire, com. de Gilly-sur-Loire; 180 hab.

FONTETTES, ham. de Fr., Lot-et-Garonne, com. de St.-Barthélemy; 190 hab.

FONTEVRAULT, pet. v. de Fr., Maine-et-Loire, arr., cant. et à 4 l. S.-E. de Saumur, à 80 l. de Paris; poste. Cette ville, située au milieu d'une forêt, possédait autrefois une célèbre abbaye, fondée, sur la fin du onzième siècle, par un paysan breton, nommé Robert, qui, malgré son défaut de fortune, trouva le moyen d'étudier à Paris et devint un des plus célèbres docteurs de l'université. L'ordre de Fontevrault, composé de couvents d'hommes et de couvents de femmes, relevait entièrement de l'abbesse de Fontevrault et était exempt de la juridiction ordinaire. Au douzième siècle le nombre des religieuses du monastère de Fontevrault s'éleva de 3 à 5000; vers le milieu du quatorzième il n'était plus que de 500. Un des privilèges les plus remarquables, dont jouissaient les religieux et les religieuses de cet ordre, est celui qui leur fut accordé en 1145, et par lequel le pape Eugène III les affranchit des épreuves de l'eau bouillante et de l'eau froide, du fer chaud, etc. Les bâtiments de ce vaste monastère ont été convertis, par une ordonnance de 1817, en une maison centrale de détention pour 20 départements. A la fin de 1833 cette maison renfermait 1394 détenus des deux sexes. Fabr. de toiles, corderie, rouennerie, quincaillerie, soufflets et nouveautés; 1675 hab.

FONT-GILLARDE, ham. de Fr., Hautes-Alpes, com. de Molines-en-Queyras; 270 h.

FONTGOMBAULT. *Voyez* FONGOMBAULT.

FONTIENNE, vg. de Fr., Basses-Alpes, arr. et poste de Forcalquier, cant. de St.-Étienne-les-Orgues; 210 hab.

FONTIERS-CABARDÈS, vg. de Fr., Aude, arr. de Carcassonne, cant. de Saissac, poste d'Alzonne; 1150 hab.

FONTIERS-D'AUDE, vg. de Fr., Aude, arr. de Carcassonne, cant. et poste de Capendu; 220 hab.

FONTJONCOUSE, vg. de Fr., Aude, arr. de Narbonne, cant. de Durban, poste de Sigean; 290 hab.

FONTJULIEN, ham. de Fr., Lozère, com. de la Capelle; 110 hab.

FONTMORIGNY, ham. de Fr., Cher, com. de Mennetou-Couture; 150 hab.

FONTOY, vg. de Fr., Moselle, arr. et poste de Briey, cant. d'Audun-le-Roman; fabr. de chaudronnerie en fer battu; tanneries; 1105 hab.

FONTPÉDROUSE, vg. de Fr., Pyrénées-Orientales, arr. de Prades, cant. et poste de Mont-Louis; 740 hab.

FONTRABIOUSE, vg. de Fr., Pyrénées-Orientales, arr. de Prades, cant. et poste de Mont-Louis; 420 hab.

FONTRAILLES, vg. de Fr., Hautes-Pyrénées, arr. de Tarbes, cant. et poste de Trie; 500 hab.

FONTROUSSE, ham. de Fr., Bouches-du-Rhône, com. d'Aix; 200 hab.

FONTVANNES, vg. de Fr., Aube, arr. de Troyes, cant. et poste d'Estissac; 360 hab.

FONTVIEILLE, vg. de Fr., Bouches-du-Rhône, arr., cant. et poste d'Arles-sur-Rhône; exploitation de belles pierres dites d'Arles; 2060 hab.

FONVERINNE, ham. de Fr., Deux-Sèvres, com. d'Azay-Brûlé; 250 hab.

FONVILLES, ham. de Fr., Eure-et-Loir, com. de Boullay-Mivoye; 120 hab.

FONZASO, gros vg. du roy. Lombard-Vénitien, gouv. de Venise, délégation de Bellune, chef-lieu de district; culture de vin; 2800 hab.

FONZILLE, ham. de Fr., Deux-Sèvres, com. de Vausseroux; 150 hab.

FOR, b. d'Écosse, comté de Sutherland; 2200 hab.

FORA, pet. v. de la Nigritie occidentale, dans le pays situé entre le Haut-Bambarra et les montagnes de Kong, entre Toumané et Tangrera.

FORAINVILLIERS. *Voyez* CHAPELLE-FO-RAINVILLIERS (la).

FORANNES, ham. de Fr., Hautes-Alpes, com. de St.-Véran; 140 hab.

FORBACH, b. de Fr., Moselle, arr., à 4 l. N.-O. de Sarreguemines et à 95 l. de Paris; chef-lieu de canton et poste; il s'y trouve le premier bureau de douanes sur la route de Francfort; fabr. de pipes et de tissus à mailles de fer; 4428 hab.

FORBES, vg. de Bohême, cer. de Budweis. Patrie de Ziska, célèbre dans les guerres des hussites (1380—1424).

FORCADOS, riv. du delta du Djoliba, dans la Haute-Guinée, côte de Benin, avec de beaux arbres sur ses bords; 6° lat. N.

FORCALQUEIRET, vg. de Fr., Var, arr. et poste de Brignoles, cant. de la Roquebrussanne; 300 hab.

FORCALQUIER, *Forcalquerium*, *Forum Calcarium*, v. de Fr., Basses-Alpes, chef-lieu d'arrondissement, à 10 l. S.-O. de Digne et à 216 l. de Paris; siège d'un tribunal de première instance, direction des contributions indirectes et conservation des hypothèques; elle s'élève sur le sommet d'un rocher qui domine les ruines d'un vieux château; elle est mal bâtie et n'a rien de remarquable, quoiqu'elle fût longtemps le chef-lieu d'un comté et qu'elle possédât jusqu'à la révolution le titre de ville épiscopale. Forcalquier a une société d'agriculture et une école secondaire ecclésiastique. Fabr. de cadis, chapellerie, poterie, laines; filat. de soie; amandes, graines de trèfle, luzerne, sainfoin, miel, cire jaune; commerce de vins, huiles et soie. Foires les 28 janvier, mercredi de la semaine de Pâques, 16 août, 1er et 31 octobre, 30 novembre et 20 décembre; 3022 hab.

FORCE (la), vg. de Fr., Aude, arr. et poste de Castelnaudary, cant. de Fanjeaux; 360 hab.

FORCE (la), vg. de Fr., Dordogne, arr., à 2 l. O. et poste de Bergerac, chef-lieu de canton; 980 hab.

FORCÉ, vg. de Fr., Mayenne, arr. et poste de Laval, cant. d'Argentré; blanchisseries de toiles; 450 hab.

FORCELLES-SAINT-GORGON, vg. de Fr., Meurthe, arr. de Nancy, cant. et poste de Vezelise; 220 hab.

FORCELLES-SOUS-GUGNEY, vg. de Fr., Meurthe, arr. de Nancy, cant. et poste de Vezelise; 400 hab.

FORCEVILLE, vg. de Fr., Somme, arr. d'Amiens, cant. et poste d'Oisemont; 250 h.

FORCEVILLE, vg. de Fr., Somme, arr. de Doullens, cant. et poste d'Acheux; 690 h.

FORCEY, vg. de Fr., Haute-Marne, arr. de Chaumont-en-Bassigny, cant. et poste d'Andelot; platinerie et martinet sur le Rognon; 260 hab.

FORCHHEIM, pet. v. de Bavière, chef-lieu de district, cer. du Mein-Supérieur, à 6 l. de Bamberg, au confluent de la Wiesent et de la Regnitz qui y devient navigable; elle possède un grand nombre d'usines, des tanneries, des fabriques de potasse et une source minérale fréquentée; on remarque son antique hôtel de ville. Les environs produisent du vin, du blé, des fruits, du beau jardinage; on y engraisse beaucoup de bestiaux; population de la ville 3150 hab., du district 13,700.

Les Capitulaires de Charlemagne font mention de cette ville en 805; les empereurs y tinrent plusieurs diètes pendant les neuvième et dixième siècles; en 1007 elle fut donnée à l'évêché de Bamberg; en 1077 il s'y tint une assemblée de princes séculiers et ecclésiastiques, et on y déposa les insignes de l'empire; elle eut beaucoup à souffrir pendant la guerre de trente ans.

FORCHTENAU, b. de Hongrie, cer. au-delà du Danube, comitat d'OEdenbourg; dans son voisinage se trouve le château fort de Forchtenstein, avec un superbe arsenal; 1300 hab.

FORCHTENSTEIN (Frakno), pet. forteresse de Hongrie, cer. au-delà du Danube, comitat d'OEdenbourg, appartenant au prince d'Esterhazy et où l'on conserve le riche trésor de la famille de ce nom; ses environs sont très-pittoresques.

FORCIOLO, vg. de Fr., Corse, arr. et poste d'Ajaccio, cant. de Ste.-Marie-et-Sicche; 240 hab.

FORCY, ham. de Fr., Corse, com. de Santa-Reparata-di-Moriani; 260 hab.

FORCY, ham. de Fr., Nièvre, com. de Crux-la-Ville; 160 hab.

FORDINGBRIDGE, b. d'Angleterre, comté de Southampton, sur l'Avon; florissant par ses filat. de coton et de laine et par ses fabr. de coutils; 2400 hab.

FORDOUN, b. d'Écosse, comté de Moarus ou Kincardine; patrie de l'auteur du *Scotichronicon*, John Fordoun; il vécut au quatorzième siècle; 2600 hab.

FORDYCE, b. d'Écosse, comté de Banff; 2800 hab.

FORENS, vg. de Fr., Ain, arr. de Nantua, cant. et poste de Châtillon-de-Michaille; 600 hab.

FORENVILLE, vg. de Fr., Nord, arr., cant. et poste de Cambrai; 50 hab.

FOREST (le), ham. de Fr., Basses-Alpes, com. de Barles; 110 hab.

FOREST, vg. de Fr., Nord, arr. d'Avesnes, cant. et poste de Landrecies; 1370 hab.

FOREST, vg. de Fr., Nord, arr. et poste de Lille, cant. de Lannoy; fabr. de sucre indigène; 600 hab.

FOREST (le), vg. de Fr., Pas-de-Calais, arr. de Béthune, cant. et poste de Carvin; 1120 hab.

FOREST (le), vg. de Fr., Somme, arr. et poste de Péronne, cant. de Combles; 110 h.

FORESTIER, groupe d'îles sur la côte S.-O. de la terre de Witt, dans l'Australie.

FORESTIÈRE (la), vg. de Fr., Marne, arr. d'Épernay, cant. d'Esternay, poste de Courgivaux; 350 hab.

FOREST-L'ABBAYE, vg. de Fr., Somme, arr. et poste d'Abbeville, cant. de Nouvion-en-Ponthieu; 470 hab.

FOREST-MONTIER, vg. de Fr., Somme, arr. et poste d'Abbeville, cant. de Nouvion-en-Ponthieu; 770 hab.

FOREST-SAINT-JULIEN, vg. de Fr., Hautes-Alpes, arr. de Gap, cant. et poste de St.-Bonnet; 440 hab.

FORÊT, vg. du roy. de Belgique, prov. et arr. de Liége; forges; 1600 hab.

FORÊT (la), ham. de Fr., Basses-Alpes, com. d'Aubignosc; 150 hab.

FORÊT (la), ham. de Fr., Côte-d'Or, com. de la Bussière-sur-Ouche; 120 hab.

FORÊT (la), ham. de Fr., Côte-d'Or, com. de Terre-Fondrée; 210 hab.

FORÊT (la), ham. de Fr., Eure, com. de Barils; 110 hab.

FORÊT (la), vg. de Fr., Finistère, arr. de Brest, cant. et poste de Landerneau; 470 h.

FORÊT (la), ham. de Fr., Finistère, com. de Fouesnant; 1500 hab.

FORÊT (la), ham. de Fr., Meurthe, com. de Bertramboy; 610 hab.

FORÊT (la), ham. de Fr., Nièvre, com. de Surgy; 220 hab.

FORET (la), vg. de Fr., Puy-de-Dôme, com. de Cisternes-la-Forêt; 110 hab.

FORÊT (la), ham. de Fr., Seine-et-Marne, com. de Chaumes; 150 hab.

FORÊT (la), ham. de Fr., Vosges, com. de la Chapelle-aux-Bois; 200 hab.

FORÊT-AUVRAI (la), vg. de Fr., Orne, arr. d'Argentan, cant. et poste de Putanges; 920 hab.

FORÊT-DE-CERISY, ham. de Fr., Calvados, com. de Monfiquet; 200 hab.

FORÊT-DE-CIVRY (la). *Voyez* CIVRY-LA-FORÊT.

FORÊT-DE-FONTAIN (la), ham. de Fr., Doubs, com. de Fontain; 250 hab.

FORÊT-DE-TESSÉ (la), vg. de Fr., Charente, arr. et poste de Ruffec, cant. de Villefagnan; 900 hab.

FORÊT-DU-PARC (la), vg. de Fr., Eure, arr. d'Évreux, cant. et poste de St.-André; 270 hab.

FORÊT-DU-TEMPLE (la), vg. de Fr., Creuse, arr. de Boussac, cant. de Châtelus, poste de Genouillat; 210 hab.

FORÊT-LA-FOLIE, vg. de Fr., Eure, arr. et poste des Andelys, cant. d'Écos; 660 hab.

FORÊT-LE-ROI (la), vg. de Fr., Seine-et-Oise, arr. de Rambouillet, cant. et poste de Dourdan; 380 hab.

FORÊT-NOIRE (la). *Voy.* SCHWARZWALD.

FORÊT-SAINTE-CROIX (la), vg. de Fr., Seine-et-Oise, arr. et poste d'Étampes, cant. de Méréville; 270 hab.

FORÊT-SAINT-NICOLAS. *Voyez* FORÊT-LE-ROI (la).

FORÊT-SUR-SÈVRES, vg. de Fr., Deux-Sèvres, arr. et à 4 l. S.-O. de Bressuire, cant. de Cerisay, poste de Moncoutent. On y voyait, avant la révolution, un château fort, bâti par Duplessis-Mornay, sur une île de la Sèvre. Il renfermait le tombeau de l'illustre ami de Henri IV. Tout y a été détruit par la guerre de la Vendée; 612 hab.

FOREZ (le), *Forisium*, *Comitatus Forensis*, ancienne pet. prov. de Fr., bornée au N. par le Bourbonnais et la Bourgogne, à l'O. par l'Auvergne, au S. par le Vivarais et à l'E. par le Beaujolais et le Lyonnais, dans le gouvernement duquel elle était comprise avant la révolution. Cette province, qui tire son nom de celui de la ville de Feurs (*Forum Segusianorum*), capitale des Ségusiens lors de l'invasion romaine, fut occupée plus tard par les Bourguignons; les Sarrasins la ravagèrent ensuite. La féodalité qui, pendant ces siècles de désordres, avait morcelé la France en un grand nombre de seigneuries, vit aussi naître les comtes du Forez, dont on a compté trois races depuis l'an 900 jusqu'en 1523, où le Forez, alors domaine du fameux connétable de Bourbon, fut confisqué et réuni à la couronne. A l'époque de la révolution, cette province, avec le Lyonnais et le Beaujolais, formait le dép. de Rhône-et-Loire; mais la révolte de Lyon, à laquelle le Forez avait pris une part très-active, fit concevoir à la convention qu'il était nécessaire d'enlever à ce département, trop étendu, une partie de ses moyens de résistance ou d'opposition, et il fut partagé en deux départements. Le Forez forma celui de la Loire et le Lyonnais celui du Rhône.

FOREZIE (la), ham. de Fr., Aveyron, com. de Firmi; 220 hab.

FORCHTENBERG, v. du Wurtemberg, cer. de l'Yaxt, sur une hauteur baignée par le Kocher; 1200 hab.

FORDON, v. de Prusse, prov. de Posen, rég. de Bromberg, sur la Vistule; navigation, commerce; 2100 hab.

FORFAR *Voyez* ANGUS.

FORFAR, pet. v. d'Écosse, chef-lieu du comté de ce nom; très-ancienne et mal bâtie; fabrication de toiles et de poterie; 4500 hab.

FORFRY, vg. de Fr., Seine-et-Marne, arr. de Meaux, cant. et poste de Dommartin; 190 hab.

FORG, v. de Perse; elle est dominée par un fort et possède des fabr. de cotonnades.

FORGE (la), ham. de Fr., Côte-d'Or, com. de la Bussière-sur-Ouche; 150 hab.

FORGE (la), ham. de Fr., Loire, com. de Cottance; 200 hab.

FORGE (la), ham. de Fr., Nièvre, com. de Bouhy; 190 hab.

FORGE (la), ham. de Fr., Saône-et-Loire, com. de St.-Aubin-en-Charollais; 140 hab.

FORGE (la), vg. de Fr., Vosges, arr. et cant. de Remiremont, poste de Vagney; 310 hab.

FORGE-CORBEL (la), vg. de Fr., Côtes-du-Nord, com. de St.-Glen; 150 hab.

FORGE-DE-NOUZON (la), ham. de Fr., Ardennes, com. de Nouzon; 350 hab.

FORGE-DU-MAGNY (la), ham. de Fr., Haute-Saône, com. de Magny-Vernois; 120 hab.

FORGE-NEUVE. *Voyez* MAUZENS.

FORGEOT (le), ham. de Fr., Saône-et-Loire, com. d'Azé; 100 hab.

FORGEOT (Saint-), vg. de Fr., Saône-et-Loire, arr., cant. et poste d'Autun; 320 h.

FORGÈS, vg. de Fr., Charente-Inférieure, arr. de Rochefort-sur-Mer, cant. d'Aigrefeuille, poste de Croix-Chapeau; 930 hab.

FORGÈS, vg. de Fr., Corrèze, arr. de Tulle, cant. et poste d'Argentat; 810 hab.

FORGES (les), vg. de Fr., Creuse, arr. de Boussac, cant. de Jarnages, poste de Couzon; 140 hab.

FORGES, vg. de Fr., Ille-et-Vilaine, arr. de Vitré, cant. de Rhétiers, poste de Martigné-Ferchaud; 610 hab.

FORGES (les), ham. de Fr., Loire, com. de Valbenoîte; 570 hab.

FORGES, vg. de Fr., Maine-et-Loire, arr. de Saumur, cant. et poste de Doué; 190 h.

FORGES, vg. de Fr., Meuse, arr. de Montmédy, cant. de Montfaucon, poste de Verdun-sur-Meuse; 840 hab.

FORGES, vg. de Fr., Orne, arr., cant. et poste d'Alençon; 270 hab.

FORGES (les), château en Fr., à 2 l. de Mortagne, Orne. Il servit longtemps de demeure au maréchal de Catinat. En 1815, un abbé de la Trappe acheta ce château pour y établir un couvent de femmes trappistes. Plusieurs de ces malheureuses victimes d'une dévotion exaltée y périrent par les privations que l'ordre leur imposait; les autres abandonnèrent le couvent.

FORGES, vg. de Fr., Seine-et-Marne, arr. de Fontainebleau, cant. et poste de Montereau; 260 hab.

FORGES, ham. de Fr., Seine-et-Marne, com. de St.-Martin-en-Bière; 110 hab.

FORGES, vg. de Fr., Seine-et-Oise, arr. de Rambouillet, cant. et poste de Limours; 860 hab.

FORGES ou **FORGES-LES-EAUX**, b. de Fr., Seine-Inférieure, arr. et à 3 1/2 l. S.-S.-E. de Neufchâtel-en-Bray, chef-lieu de canton et poste; eaux minérales; fabr. de faïence et de pipes de terre; exploitation de terre à creusets, à pipes, à faïence; fabr. de couperose; 1500 hab.

FORGES (les), vg. de Fr., Deux-Sèvres, arr. de Parthenay, cant. de Ménigoute, poste de St.-Maixent; 260 hab.

FORGES, vg. de Fr., Vosges, arr., cant. et poste d'Épinal; 580 hab.

FORGE-SAINT-DENIS (Haute et Basse-), ham. de Fr., Aude, com. de St.-Denis; 100 hab.

FORGES-D'AUDINCOURT (les), ham. de Fr., Doubs, com. d'Audincourt; 350 hab.

FORGES-DE-CHAILLAND, ham. de Fr., Mayenne, com. de Chailland; 120 hab.

FORGES-DE-VIERZON (les), ham. de Fr., Cher, com. de Vierzon; 150 hab.

FORGES-NEUVES (les), ham. de Fr., Cher, com. de St.-Baudel; 210 hab.

FORGES-NEUVES ou **FORGES-DE-LANOUÉE**, ham. de Fr., Morbihan, com. de Lanouée; 200 hab.

FORGE-SUR-OUCHE. *Voyez* VELARS-SUR-OUCHE.

FORGET (Saint-), vg. de Fr., Seine-et-Oise, arr. de Rambouillet, cant. et poste de Chevreuse; 310 hab.

FORGETS (les), ham. de Fr., Saône-et-Loire, com. de Romanèche; 110 hab.

FORGETTE, ham. de Fr., Seine-Inférieure, com. de St.-Jacques-sur-Darnetal; 100 hab.

FORGETTE (la), ham. de Fr., Vosges, com. de Ruaux; 250 hab.

FORGETTES (les), ham. de Fr., Eure, com. de Fontaine-la-Louvet; 110 hab.

FORGEUIL (Saint-), ham. de Fr., Saône-et-Loire, com. de Colombier-sous-Uxelles; 110 hab.

FORGEUX (Saint-), vg. de Fr., Rhône, arr. de Villefranche-sur-Saône, cant. et poste de Tarare; 2050 hab.

FORGEUX-L'ESPINASSE (Saint-), vg. de Fr., Loire, arr. de Roanne, cant. de la Pacaudière, poste de St.-Germain-l'Espinasse; 560 hab.

FORGUÈS, vg. de Fr., Haute-Garonne, arr. de Muret, cant. et poste de Rieumes; 360 hab.

FORIE (la), ham. de Fr., Puy-de-Dôme, com. de Job; 430 hab.

FORIN, ham. de Fr., Haute-Garonne, com. de Plaisance; 300 hab.

FORIO, v. située sur la côte occidentale de l'île d'Ischia, à l'entrée du golfe de Naples; 7400 hab.

FORKS, pet. v. des États-Unis de l'Amérique du Nord, état de Pensylvanie, comté de Northampton, sur le Delaware; navigation; agriculture; 1700 hab.

FORKS-HARBOUR. *Voyez* TABAGUA.

FORLÉANS, vg. de Fr., Côte-d'Or, arr. et cant. de Sémur, poste d'Epoisses; 220 h.

FORLI, *Forum Livii*, chef-lieu de la légation de Forli, états de l'Église; il est le siège d'un évêché et du tribunal de la province, et a des manufactures assez importantes; 16,000 hab.

FORLIMPOPOLI, *Forum Popilii, Pompilii*, v. de la légation de Forli, états de l'Église; environ 6000 hab.

FORMANT, ham. de Fr., Ain, com. de St.-Bernard; 250 hab.

FORMBY, vg. d'Angleterre, comté de Lancaster, au bord de la mer; on y trouve de la tourbe en abondance; 1200 hab.

FORMENTERA, une des îles Pithuyses, roy. d'Espagne, prov. de Majorque; produit du blé, du bois, du sel, du gibier; 1500 hab.

FORMENTIN, vg. de Fr., Calvados, arr. et poste de Pont-l'Évêque, cant. de Cambremer; 310 hab.

FORMERIE, pet. v. de Fr., Oise, arr. et à 8 l. N.-O. de Beauvais et à 32 l. de Paris, chef-lieu de canton et poste; fabr. de bonneterie; commerce de grains et de bestiaux; 1200 hab.

FORMIGA, b. de l'empire du Brésil, prov. de Goyaz, dist. de Tocantins. Cet endroit n'est peuplé que d'Indiens convertis au christianisme.

FORMIGAS, îlots du groupe des Açores, dans l'Océan Atlantique, au S.-E. de l'île St.-Miguel et au N.-E. de celle de Ste.-Marie.

FORMIGNY, vg. de Fr., Calvados, arr. et poste de Bayeux, cant. de Trévières; 500 h.

FORMOSA (villa). *Voyez* SERINHEM.

FORMOSA, baie sur la côte orientale de l'Afrique, au N. du roy. de Mélinda, dans les possessions de l'iman de Mascate; lat. S. 2° 45'; elle reçoit les eaux de l'Ozy.

FORMOSA, v. de Sicile, située dans l'intendance de Trapani, au S.-E. du chef-lieu; 4000 hab.

FORMOSA ou **ORANGE**, **WARANG**, la plus grande et la plus peuplée des îles Bijuga ou Bisagos, dans l'Océan Atlantique, sur la côte méridionale de la Sénégambie; elle a environ 12 l. sur 7 de large, est fertile et couverte d'arbres, mais manque d'eau; lat. N. 11° 30′, long. O. 18° 50′.

FORMOSE ou **BENIN**, un des bras occidentaux du Djoliba, dans la Haute-Guinée, sur la côte de Benin; il sort du fleuve à Kirri, arrose Benin et Arrebo et se jette dans le golfe de Benin; ses bords sont fertiles et couverts de beaux arbres, mais l'air y est malsain; lat. N. 5° 40′, long. E. 2°.

FORMOSE, cap de la Haute-Guinée, sur la côte de Benin, à l'embouchure du bras central du Djoliba (Nûn), dans le golfe de Benin, qu'il sépare de celui de Biafra.

FORMOSE ou **TAIWAN**, **PEKAN**, île de la mer de Chine, située entre 117° 33′ et 119° 30′ long. orient. et séparée par un détroit appelé communément canal de Formose de la prov. chinoise de Foukia, et par un autre canal plus étroit de l'archipel de Pheng-hou (les Pascadores des Européens). Sa superficie est de 1062 milles c. géogr., sa longueur de 53. Une chaîne de montagnes très-élevées (son point culminant doit avoir près de 3600 mètres de hauteur) partage du N. au S. l'île en deux parties : l'occidentale, plus connue et soumise aux Chinois, et l'orientale, à peu près inconnue, habitée par un peuple sauvage et indépendant. Un grand nombre de fleuves et de rivières arrosent cette île, mais l'eau passe pour très-mauvaise; aussi les Chinois ne se servent-ils que d'eau de citerne. Le sol est fertile, la côte plate; de petits bâtiments peuvent seuls y aborder. Le climat est excessivement chaud et l'île exposée à de terribles ouragans et à de fréquents tremblements de terre. Le pays produit de l'or, de l'argent, du cuivre, du sel, du sucre, du tabac, du coton, du riz, du bois, un grand nombre d'animaux domestiques et autres, parmi lesquels on remarque un lézard couvert d'écailles. Les indigènes de Formose sont, à ce que l'on croit, malais et nègres haraforas. Les communes soumises aux Chinois ont conservé quelques-unes de leurs anciennes institutions et élisent chacune plusieurs anciens, qui cependant administrent sous la direction d'un chef chinois. Les institutions des indigènes de l'E. sont tout à fait inconnues. L'île de Formose est en outre habitée par un grand nombre d'émigrants chinois (500,000 selon La Peyrouse). Le gouverneur chinois est subordonné à celui du Fou-kian; leur garnison de 10,000 mandchoux, relevée tous les trois ans, garde le territoire de l'O.; la marine stationne à Pheng-hou, puisque Formose n'a aucun bon port. Les Chinois connurent l'île de Taiwan (c'est ainsi qu'ils appellent Formose) en 1430, sans songer alors à l'occuper. Les Hollandais s'en emparèrent en 1624, chassèrent quelques Portugais qu'ils y trouvèrent, et se mirent à fonder un établissement sur la côte occidentale, où ils occupèrent le principal port du pays. Leur règne cependant ne fut pas long: un pirate, Coringa, les chassa, en 1661, et se créa un état auquel l'empereur Kanhi mit fin, en 1683, en réunissant la partie occidentale de Formose à la province de Fou-kian. Les Chinois l'ont conservée jusqu'aujourd'hui; mais plusieurs points ont été occupés, dit-on, par des pirates, qui infectent souvent les côtes de la Chine. Taiwan-fou est la capitale de l'île de Formose et le siége du gouverneur.

FORMOSO, lac non loin de la frontière E. de la prov. de Goyaz, emp. du Brésil. Il donne naissance au Tocantin, qui en sort sous le nom de Maranhao.

FORMOZO (Rio-). *Voyez* FRANCISCO (San-).

FORNACZA, vg. de Hongrie, cer. en-deçà de la Theiss, comitat de Bihar; remarquable par une caverne, divisée en quatre compartiments et remplie d'ossements d'hommes et d'animaux.

FORNELLS, port spacieux de l'île de Majorque, roy. d'Espagne; sauneries.

FORNEX, vg. de Fr., Arriège, arr. de Pamiers, cant. et poste du Mas-d'Azil; 400 h.

FORNOS (Rio-dos-), fl. de l'emp. du Brésil, prov. de Santa-Catarina; débouche dans le détroit de San-Francisco.

FORNOVO, *Forum Novum*, b. du duché de Parme; est célèbre par la victoire que le roi de France Charles VIII y remporta sur les Milanais, en 1496.

FOROTIMAH. *Voyez* LOSS.

FORQUILHA. *Voyez* GAROPABA (lagoa).

FORRES, b. d'Écosse, comté de Murray ou Elgin; filat.; commerce; petit port; 3000 hab.

FORS, vg. de Fr., Deux-Sèvres, arr. et poste de Niort, cant. de Prahecq; vins blancs et rouges renommés; 810 hab.

FORSTE, pet. v. de Prusse, prov. de Brandebourg, rég. de Francfort; siége d'une juridiction des comtes de Bruhl; bien bâtie, sur une île de la Neisse; fabrication de draps, toiles, chapeaux; culture de tabac; commerce de bestiaux; 2800 hab.

FORSTER (baie de), vaste baie entre les caps de Hopes-Advance et Westenholm, côte N. du Labrador.

FORSTER, baie au S. de la terre de Sandwich, entre le cap Bristol et le Thulé méridional.

FORSTFELD, vg. de Fr., Bas-Rhin, arr. de Strasbourg, cant. de Bischwiller, poste de Rœschwoog; 430 hab.

FORSTHEIM, vg. de Fr., Bas-Rhin, arr. de Wissembourg, cant. de Wœrth-sur-Sauer, poste de Soultz-sous-Forêts; 760 hab.

FORT (Saint-), vg. de Fr., Charente, arr. et poste de Cognac, cant. de Segonzac; 460 hab.

FORT (Saint-), vg. de Fr., Charente-Inférieure, arr. de Jonzac, cant. de St.-Genis, poste; 1980 hab.

FORT (Saint-) ou **BRETONNIÈRE** (la), vg. de Fr., Mayenne, arr., cant. et poste de Château-Gontier; 560 hab.

FORT (Saint-), ham. de Fr., Tarn-et-Garonne, com. de Lauzerte; 130 hab.

FORT (Pointe du), promontoire au S.-O. de l'île de Marie-Galante, dans les Antilles.

FORT-ADAMS. *Voyez* ADAMS (Fort-).

FORT-ALBANY, fort de la Nouvelle-Galles, Amérique anglaise, à l'embouchure de l'Albany dans la baie de James, enfoncement S. de la baie d'Hudson; bon port, climat agréable.

FORTALÉZA (Cidade-do-). *Voyez* CIARA (ville).

FORTAN, vg. de Fr., Loir-et-Cher, arr. de Vendôme, cant. de Savigny, poste de Montoire; 340 hab.

FORT-ATKINSON, fort des États-Unis de l'Amérique du Nord, territoire du Nord-Ouest, sur le Missouri; forte garnison.

FORT-AUGUSTUS, autrefois forteresse du comté d'Inverness, en Écosse; démolie en 1818.

FORTAVENTURE ou FORTEVENTURA, autrefois ERBANIA, *Aprositos*, une des îles du groupe méridional des Canaries, dans l'Océan Atlantique, au S.-O. de celle de Lancerota, dont elle est séparée par le canal Vaucayna ou Bocayno; elle a 36 l. c. de superficie, avec 12,000 hab.; elle et fertile en blé et en coton, mais elle a peu de bois et peu d'eau; bons chevaux de race arabe, ânes, brebis et chèvres. Sta.-Maria-de-Betencuria, capitale.

FORT-BALIZE, fort des États-Unis de l'Amérique du Nord, état de Louisiane, paroisse de Plaquemines, sur une langue de terre qui s'étend entre les deux principales embouchures du Mississipi.

FORT-BOWYER, fort des États-Unis de l'Amérique du Nord, état d'Alabama, comté de Baldwin, à l'extrémité d'une étroite langue de terre qui de l'E. s'avance dans la baie Mobile.

FORT-CHAPUZ. *Voyez* CHAPUS (fort du).

FORT-CHARTRES, b. défendu par un fort, dans les États-Unis de l'Amérique du Nord, état d'Illinois, comté de Monroé.

FORT-CHURCHILL, fort de la Nouvelle-Galles, Amérique anglaise, à l'embouchure du Churchill dans la baie d'Hudson.

FORT-CLARKE, fort des États-Unis de l'Amérique du Nord, état d'Illinois, comté de Pike, à l'endroit où l'Illinois sort du lac Pioria.

FORT-CLAPSOP, fort des États-Unis de l'Amérique du Nord, dist. de l'Orégon, sur la rive droite du Columbia.

FORT-CRAWFORD, fort des États-Unis de l'Amérique du Nord, territoire du Nord-Ouest, au confluent du Mississipi et du Quiscansin, avec une forte garnison. Dans les environs du fort on trouve le bourg de Prairie-du-Chien, habité par des descendants de Canadiens français mêlés aux Indiens. Au printemps et en automne il se tient dans le fort d'importants marchés de pelleteries.

FORT-D'ARTOIS. *Voyez* CHERBOURG.

FORT-DAUPHIN. *Voyez* FORT-LIBERTÉ.

FORT-DAUPHIN, ancien établissement français sur la côte S.-E. de l'île de Madagascar, dans le pays d'Anossy; aujourd'hui en ruines.

FORT-DEARBORN ou FORT-CHICAGO, pet. v. forte des États-Unis de l'Amérique du Nord, état d'Illinois, dist. des Pottowa-Aamiens, à l'embouchure du Chicago, dans le lac Michigan. Cette ville, une des principales places de guerre de l'Union, à l'O., a un port et fait un commerce très-considérable. Le canal qui doit unir le Michigan à l'Illinois, promet à cette ville une grande prospérité; 4000 hab.

FORT-DÉFIANCE, fort de États-Unis de l'Amérique du Nord, état d'Ohio, comté de Williams, au confluent du Maumée et de l'Anglaise.

FORT-DE-LA-MADELEINE (le), b. de l'île de Guadeloupe, arr. de Basse-Terre, cant. de Le-Baillif, à l'embouchure du fleuve de ce nom; 2700 hab.

FORT-DE-LA-MALGUE. *Voyez* TOULON.

FORT-DE-L'ÉTOILE, pet. place de guerre de Fr., située sur les côtes de la Méditerranée, entre cette dernière et la ville de Collioure, Pyrénées-Orientales, arr. de Céret, cant. d'Argelès, com. et poste de Collioure.

FORT-DÉPOSIT, fort des États-Unis de l'Amérique du Nord, état d'Alabama, dist. de Chéroquois (Tchérokis), sur le Tennessée. Ce fort n'a plus de garnison.

FORT-DE-SCARPE. *Voyez* DOUAI.

FORT-DOUGLAS. *Voyez* KILDONAN.

FORT-DU-PLASNE, vg. de Fr., Jura, arr. de St.-Claude, cant. et poste de St.-Laurent; 840 hab.

FORTE (villa do). *Voyez* CIARA (ville).

FORT-EARLY. *Voyez* HOUSTON (comté).

FORT-EDWARDS, fort avec une garnison dans les États-Unis de l'Amérique du Nord, état d'Illinois, comté de Pike, sur le Mississipi.

FORTEL, vg. de Fr., Pas-de-Calais, arr. de St.-Pol-sur-Ternoise, cant. et poste d'Auxy-le-Château; 360 hab.

FORTELBACH. *Voyez* FERTRUE.

FORT-ENTREPRISE, établissement de l'Amérique anglaise, pays intérieurs de la baie d'Hudson, sur le lac de l'Hiver (Winterlake). Franklin hiverna dans cet endroit.

FORTERESSE (la), vg. de Fr., Isère, arr. de St.-Marcellin, cant. et poste de Tullins; 490 hab.

FORTE-ROSSA, pet. forteresse de l'île de Malte, sur une presqu'île, vis-à-vis de l'île de Camino.

FORTESCUE, île dans la baie de Delaware, États-Unis de l'Amérique du Nord.

FORT-FERDINAND. *Voyez* FERDINAND.

FORT-FINLEY, fort des États-Unis de l'Amérique du Nord, état d'Ohio, comté de Wood, sur un affluent du Maumée.

FORT-FRANÇAIS, pet. place de guerre de

31

Fr., Nord, sur la route de Bergues à Dunkerque et non loin du Fort-Louis, arr. et cant. de Dunkerque, poste de Bergues.

FORT-FRANKLIN, établissement fondé par le célèbre voyageur Franklin dans son second voyage à l'Océan Polaire arctique. Cet établissement est situé dans l'île de Garys, au S. du grand lac de l'Ours, pays intérieurs de la mer d'Hudson.

FORT-GEORGE, place très-forte de l'île d'Antigoa, dans les Antilles, paroisse de St.-Paul, sur le Monkshill (montagne des Moines), un des points les plus élevés de l'île.

FORT-GEORGE, forteresse d'Écosse, comté d'Inverness, sur une presqu'île du golfe de Murray; ses casernes peuvent loger 3000 hommes; elle fut achevée en 1764.

FORT-GIBSON, fort des États-Unis de l'Amérique du Nord, territoire d'Arkansas, à 1 l. N. de l'embouchure du Great-River (grande rivière) dans l'Arkansas. Ce fort est la place la plus occidentale de l'Union dans cet état.

FORT-GRATIOT, fort des États-Unis de l'Amérique du Nord, territoire de Michigan, comté de Makomb, à l'endroit où le St.-Clair sort du lac Huron. Ce fort, achevé en 1815, a une forte garnison et entretient un commerce considérable.

FORTH, fl. d'Écosse; donne son nom au golfe formé, à son embouchure, par la mer du Nord; il passe par Stirling et Alloa et reçoit la Teith à la gauche.

FORT-HALIFAX, fort des États-Unis de l'Amérique du Nord, état de Pensylvanie, comté de Dauphin, sur le Susquéhannah.

FORT-HARRISON, fort des États-Unis de l'Amérique du Nord, état d'Indiana, comté de Vigo, non loin du Wabash, poste.

FORTHBAI, baie au N.-E. du Nouveau-Brunswic; reçoit les fleuves Richibukto et Pipibus.

FORT-HENRI ou **CITADELLE-HENRI**. *Voyez* Ferrière.

FORTHERINGAY, vg. d'Angleterre, comté de Northampton. Marie Stuart y fut exécutée en 1586.

FORTH-ET-CLYDE, canal d'Écosse; commence à Bowling-Bay, sur la Clyde, au-dessous de Glasgow jusqu'au Forth; il a 8 réservoirs d'une superficie de 288 hectares, fournissant l'eau nécessaire à 250 écluses. On y a construit 33 ponts-levis, 10 grands et 33 petits aqueducs. Le canal d'Union le fait communiquer avec Édimbourg.

FORT-HOWARD. *Voyez* Brown (comté).

FORTINGALL, gros b. d'Écosse, comté de Perth; 3300 hab.

FORT-INSEL, chef-lieu de la colonie d'Esséquébo, gouv. d'Esséquébo-Démérary, Guyane anglaise. Cet endroit est situé dans l'île de Fort-Island, île de l'Esséquébo, à 3 l. de l'embouchure de ce fleuve. Il fut fondé par les Hollandais qui l'entourèrent de remparts et d'un large fossé. Aujourd'hui cette place est démontée.

FORT-JACKSON, b. avec un fort dans les États-Unis de l'Amérique du Nord, état d'Alabama, comté de Montgoméry, entre la Coosa et le Talapoosa. Cet endroit est remarquable par plusieurs traités qui y furent conclus entre les Indiens de différentes tribus et les Américains.

FORT-JAMES. *Voyez* Johns-Town.

FORT-JENNINGS, fort des États-Unis de l'Amérique du Nord, état d'Ohio, sur l'Anglaise.

FORT-JOHNSON, fort des États-Unis de l'Amérique du Nord, état de la Caroline du Sud, dist. de Charleston, dans l'île de Sullivan, à l'entrée du port de ce nom.

FORT-LIBERTÉ, autrefois Fort-Dauphin, v. de l'île d'Haïti, dép. du Nord; elle a un bon port, défendu par deux forts; son commerce, très-important autrefois, a beaucoup perdu depuis la guerre de l'indépendance; 3500 hab.

FORT-LORAMIE, fort des États-Unis de l'Amérique du Nord, état d'Ohio, comté de Shelby, sur la Loramie.

FORT-LOUIS, pet. place forte de Fr., Nord, arr., cant. et poste de Dunkerque. Elle fait partie de la com. de Coudekerque-Branche.

FORT-LOUIS, *Fortalitium Ludovicianum*, vg. de Fr., Bas-Rhin, arr. de Strasbourg, cant. de Bischwiller, poste de Rœschwoog. Ce village, appelé pendant la révolution Fort-Vauban, fut une petite ville très-forte que Louis XIV fit bâtir par Vauban, sur une île du Rhin. Elle était très-jolie et ses rues étaient toutes tirées au cordeau; mais en 1793 elle fut bombardée et entièrement détruite par les Autrichiens, sous Lauer. En 1794 elle fut reprise par les Français, qui toutefois négligèrent de la relever. En 1814 les coalisés, sous Wittgenstein et le comte de Hochberg, la fortifièrent de nouveau; mais, après la conclusion de la paix, les fortifications furent encore démolies, et aujourd'hui Fort-Louis n'est plus qu'un village situé sur une île entre le Rhin et la Moder; 530 hab.

FORT-MAC-ARTHUR, fort des États-Unis de l'Amérique du Nord, état d'Ohio, comté de Hardin, sur le Scioto.

FORT-MASON, fort des États-Unis de l'Amérique du Nord, état de Missouri, comté de Lincoln, sur le Mississipi.

FORT-MASSAC, fort des États-Unis de l'Amérique du Nord, état d'Illinois, comté de Pope, sur l'Ohio, poste.

FORT-MEIGS, pet. v., avec un fort, dans les États-Unis de l'Amérique du Nord, état d'Ohio, comté de Wood, dont elle est le chef-lieu, non loin de l'embouchure du Maumée dans le lac Érié, poste; commerce considérable de pelleteries. Non loin de cette ville les Indiens furent défaits par le général Wayne, en 1794.

FORT-MONTGOMÉRY, b. avec les ruines d'un fort dans les États-Unis de l'Amérique du Nord, état d'Alabama, comté de Baldwin, près du confluent de l'Alabama et du Tombigbée; agriculture très-florissante.

FORT-MOOSE, fort de l'Amérique anglaise, Nouvelle-Galles, à l'embouchure du Moose-River dans la baie de James (mer d'Hudson).

FORTMOVILLE, vg. de Fr., Eure, arr. et poste de Pont-Audemer, cant. de Beuzeville; 1200 hab.

FORT-NASSAU, fort sur le Berbice, dans le gouvernement de ce nom, Guyane anglaise. Cette place fut en grande partie détruite lors de l'insurrection des nègres en 1763, et paraît être abandonnée aujourd'hui.

FORT-NECESSITY, fort des États-Unis de l'Amérique du Nord, état d'Ohio, comté de Hardin, sur le Scioto.

FORT-NEILSON. *Voyez* NORFOLK (ville).

FORT-NIAGARA. *Voyez* NIAGARA (ville).

FORT-NOTRE-DAME. *Voyez* NOTRE-DAME-DE-LA-GARDE.

FORT-OAK, fort des États-Unis de l'Amérique du Nord, état de Louisiane, comté de Tammany, sur le Chefuncti, en face de Madisonville.

FORT-OSAGE, fort des États-Unis de l'Amérique du Nord, état de Missouri, comté de Cooper, sur le Missouri et sur la frontière du dist. des Osages. Un bourg assez florissant s'élève depuis quelques années tout près de ce fort.

FORT-PORTAGE, fort des États-Unis de l'Amérique du Nord, état d'Ohio, comté de Henry, sur le Portage.

FORT-RÉCOVERY, fort des États-Unis de l'Amérique du Nord, état d'Ohio, comté de Darke, sur un affluent du Wabash.

FORT-RELIANCE, fort de l'Amérique anglaise, à l'E. du lac des Esclaves. L'Anglais Back, envoyé à la recherche du capitaine Ross, passa l'hiver dans ce fort.

FORTROSE, b. d'Écosse, comté de Ross, sur la côte N. du golfe de Murray; avec une académie; 1500 hab.

FORT-ROYAL, v. et capitale de l'île de Martinique, dans la partie S.-O. de l'île, sur la vaste et belle baie du Cul-de-Sac-Royal, à 5 l. de St.-Pierre. Cette ville, très-bien bâtie, quoique la plupart des maisons soient en bois, est assise sur un terrain bas et marécageux, entre le Fort-Royal et le fleuve l'Hôpital, à quelque distance d'une série de collines qui s'aplatissent vers la ville. Un canal à deux embouchures reçoit les eaux des marais qui entourent la ville et la rendent très-malsaine. Fort-Royal possède un petit port qui compte parmi les meilleurs des Indes-Occidentales, parcequ'il est à l'abri de tous les vents; de nombreuses batteries couvrent la ville et le port, celui-ci est dominé en outre par la citadelle du Fort-Royal, bâtie sur une langue de terre qui, du N. au S., s'avance dans la mer. Le fort Bourbon qui défendait la ville fut démoli par les Anglais. Fort-Royal est le siége du gouverneur, des principales autorités civiles et militaires, d'une cour royale et d'un tribunal de première instance; il possède une société médicale d'émulation et une maison royale d'éducation pour les filles. Une grande partie des maisons de cette ville furent détruites par le terrible tremblement de terre du 11 janvier 1839; un autre tremblement du 2 août, même année, endommagea plusieurs de ses édifices; 7000 hab.

FORT-ROYAL. *Voyez* CHERBOURG et PELÉE (île de).

FORT-RUSSEL, b. avec un fort dans les États-Unis de l'Amérique du Nord, état d'Illinois, comté de Madison, sur la Cahokia.

FORT-SAINT-ANTONY, fort des États-Unis de l'Amérique du Nord, état et territoire du Missouri, dist. des Sioux, sur un rocher très-élevé, à l'embouchure du St.-Pierre dans le Mississipi.

FORT-SAINT-JOHN. *Voy.* NEW-ORLÉANS.

FORT-SAINT-LÉON. *Voy.* NEW-ORLÉANS.

FORT-SAINT-MARY, fort des États-Unis de l'Amérique du Nord, état d'Ohio, comté d'Allen, à l'endroit où le St.-Mary prend sa source.

FORT-SAINT-PHILIPPE, fort des États-Unis de l'Amérique du Nord, état de Louisiane, paroisse de Plaquemines, sur la rive gauche du Mississipi, poste.

FORT-SANDUSKI. *Voyez* SANDUSKI (comté).

FORTSCHWIHR, vg. de Fr., Haut-Rhin, arr. et poste de Colmar, cant. d'Andolsheim; 370 hab.

FORT-SEELAND, fort en ruines sur la rive droite du Pumarun, colonie d'Esséquébo, Guyane anglaise. Cette place, fondée par les Hollandais, fut prise et démolie en partie par les Anglais, en 1666.

FORT-SÉNÉCA, fort des États-Unis de l'Amérique du Nord, état d'Ohio, comté de Sénéca, sur le Sandusky.

FORT-STEPHENS, établissement anglais avec un fort magnifique, dans la Nouvelle-Galles du Sud, comté de Gloucester, sur la côte orientale du continent austral. Sous 32° 49' de lat. S. et 150° de long. E.

FORT-STEPHENSON, fort des États-Unis de l'Amérique du Nord, état d'Ohio, comté de Sandusky, sur le fleuve de ce nom, à 6 l. de son embouchure, en face de Croghanville.

FORT-STODDART, fort des États-Unis de l'Amérique du Nord, état d'Alabama, comté de Mobile, au confluent des deux bras du Mobile. On vient d'y fonder un bourg.

FORT-STROTHER, fort des États-Unis de l'Amérique du Nord, état d'Alabama, comté de St.-Clair, sur la Coosa.

FORT-SUR-GIRONDE (Saint-), Charente-Inférieure. *Voyez* FORT (Saint-).

FORT-TRINITÉ, v. commerçante de l'île de Martinique, arr. de St.-Pierre, chef-lieu de canton, sur le Cul-de-Sac de la Trinité;

elle a un bon port défendu par le fort de la Trinité, et fait un commerce considérable; 4000 hab.

FORTUNADE (Sainte-), vg. de Fr., Corrèze, arr., cant. et poste de Tulle; 1960 h.

FORTUNAT (Saint-), vg. de Fr., Ardèche, arr. de Privas, cant. et poste de la Voulte; 1520 hab.

FORTUNE (île de la). *Voyez* CROOKED-ISLANDS.

FORTUNE, belle et vaste baie, divisée en plusieurs autres, d'une dimension très-considérable, sur la côte S. de l'île de Terre-Neuve; à l'E. on trouve Dantzigk-Cove; Fortune-Haven, le principal établissement sur les côtes de cette baie, à l'embouchure d'un large fleuve; Pointe-Enragée et la Langue-du-Cerf. L'enfoncement septentrional présente les ports de Long-Harbour et de Bellbay; ce dernier, qui reçoit le Saumon, est d'un aspect très-pittoresque. Une petite presqu'île, qui se termine par le Boxey-Point, ferme à l'O. la baie de Fortune, qui renferme les îles de Bai-Cinq, Bebble, Dogg, Rencontre, Lordand-Lady, Long, Chapel, St.-Jacques, etc.

FORT-WASHINGTON, forteresse des États-Unis de l'Amérique du Nord, état et comté de New-York, dans l'île de Manhattan.

FORT-WAYNE, place très-forte des États-Unis de l'Amérique du Nord, état d'Indiana, comté de Wabash, au confluent du Maumée, du Josephe et du St.-Marys.

FORT-WILLIAM, fort des États-Unis de l'Amérique du Nord, état d'Alabama, dist. des Creeks, sur la Coosa; forte garnison

FORT-WILLIAM, autrefois forteresse d'Écosse, comté d'Inverness, démolie en 1818.

FORT-WINNEBAGO, fort des États-Unis de l'Amérique du Nord, territoire de Michigan, dans le dist. des Winnébagos, entre le Fox et Guisconsin; marchés très-importants.

FORT-YORK, fort de l'Amérique anglaise, Nouvelle-Galles, sur une langue de terre formée par les fleuves Nelson et Hill.

FORU. *Voyez* STORKENSOHN.

FORULI, g. a., v. des Sabins, près du confluent de l'Himella et du Tibre, entre Catiliæ et Amiternum; n'était peut-être pas éloignée de notre Civita Thomussa.

FORWARD (cap) ou CABO DE SAN-ISIDORO, CABO DE CANNA, forme l'extrémité S. du continent de l'Amérique méridionale, sous 53° 55', d'après le capitaine Cordova. Il consiste dans une colline de moyenne élévation, appelé par Sarmiento *El Morro de S. Aquila*.

FORZES. *Voyez* FORGÉS.

FOS, vg. de Fr., Bouches-du-Rhône, arr. d'Aix, cant. d'Istres, poste de Martigues; fabr. de produits chimiques; salines de Lavalduc; 1500 hab.

FOS, vg. de Fr., Haute-Garonne, arr. de St.-Gaudens, cant. et poste de St.-Béat; 1500 hab.

FOS, vg. de Fr., Hérault, arr. de Beziers, cant. de Roujan, poste de Bédarieux; 230 h.

FOSI, g. a., peuple de la Germanie, peut-être une branche de la famille des Chérusques. Selon Leibnitz ils demeuraient dans le duché de Hildesheim, près du fleuve Fuse; selon Cellarius, au-delà de l'Elbe, et, selon d'autres encore, dans le Lauenbourg. Ptolémée, qui vivait à peu près soixante ans après Tacite, nomme les Saxons; mais ne fait pas mention des Fosi.

FOSSA-MARTINENGA (la), canal du roy. Lombard-Vénitien; joint le Serio à l'Oglio.

FOSSANO, *Fons sanus, Fossanum*, v. du roy. de Sardaigne, intendance de Coni; siège d'un évêché; elle a des bains estimés et d'importantes fabriques de soie; 13,000 h.

FOSSARD (le Grand et le Petit-), ham. de Fr., Seine-et-Marne, com. d'Esmans; 150 hab.

FOSSAT (le), b. de Fr., Arriège, arr. et à 4 l. O.-N.-O. de Pamiers, chef-lieu de canton, poste du Mas-d'Azil; 940 hab.

FOSSAT (le) ou PIERRE-DE-COMBES (Saint-), ham. de Fr., Haute-Garonne, com. de Lapeyrouse; 200 hab.

FOSSDICKE, le plus ancien des canaux d'Angleterre; il fut creusé par Henri Ier, en 1121, entre Lincoln et la rivière Witham.

FOSSÉ, vg. de Fr., Ardennes, arr. de Vouziers, cant. et poste de Buzancy; 310 h.

FOSSE (la), ham. de Fr., Eure, com. de St.-Maclou; 300 hab.

FOSSE (la), vg. de Fr., Gironde, arr. de Blaye, cant. de St.-Savin, poste de Bourg-sur-Gironde; 400 hab.

FOSSÉ, vg. de Fr., Loir-et-Cher, arr., cant. et poste de Blois; 410 hab.

FOSSE, ham. de Fr., Loir-et-Cher, com. de Montoire; 120 hab.

FOSSE (la), ham. de Fr., Morbihan, com. de Plumelin; 100 hab.

FOSSE (la), ham. de Fr., Nièvre, com. d'Arleuf; 110 hab.

FOSSE (la), ham. de Fr., Pas-de-Calais, com. de Lestrem; 400 hab.

FOSSE, vg. de Fr., Pyrénées-Orientales, arr. de Perpignan, cant. et poste de St.-Paul-de-Fenouillet; 130 hab.

FOSSÉ (le), vg. de Fr., Seine-Inférieure, arr. de Neuchâtel-en-Bray, cant. et poste de Forges; fabr. de poterie; 545 hab.

FOSSE (la), ham. de Fr., Vendée, com. de Noirmoutiers; 300 hab.

FOSSE (Basse-), ham. de Fr., Vosges, com. de Taintrux; 190 hab.

FOSSE (la Petite-), Vosges. *Voyez* PETITE-FOSSE (la).

FOSSE-A-L'ANE (la), ham. de Fr., Maine-et-Loire, com. du Fuillet; 150 hab.

FOSSE-AUX-MORTIERS (la), lac de Fr., Ardennes; près de Signy-l'Abbaye, à 5 l. S.-O. de Mézières; il est situé sur une montagne isolée et offre une singularité très-remarquable, c'est que ce lac, n'étant alimenté par aucune source ni aucun cours d'eau, ses eaux conservent néanmoins la même hauteur, quelle que soit l'évaporation produite par la chaleur.

FOSSE-BELLAY, ham. de Fr., Maine-et-Loire, com. de Cizay; 190 hab.

FOSSE-CORDUAN (la), vg. de Fr., Aube, arr. et poste de Nogent-sur-Seine, cant. de Romilly-sur-Seine; fabr. de bonneterie; 310 hab.

FOSSE-DE-TIGNÉ (la), vg. de Fr., Maine-et-Loire, arr. de Saumur, cant. et poste de Vihiers; 300 hab.

FOSSEMAGNE, vg. de Fr., Dordogne, arr. de Périgueux, cant. de Thenon, poste d'Azerac; 1090 hab.

FOSSEMANANT, vg. de Fr., Somme, arr. d'Amiens, cant. de Conty, poste de Quévauvilliers; 130 hab.

FOSSES, vg. de Fr., Seine-et-Oise, arr. de Pontoise, cant. de Luzarches, poste de Louvres; 200 hab.

FOSSES (les), vg. de Fr., Deux-Sèvres, arr. de Melle, cant. et poste de Brioux; bons vins; 550 hab.

FOSSÈS (les), ham. de Fr., Deux-Sèvres, com. de Pamproux; 160 hab.

FOSSES (les Hautes et Basses-), ham. de Fr., Vosges, com. de Mayemont-les-Fosses; 260 hab.

FOSSES, pet. v. du roy. de Belgique, prov., arr. et à 3 l. de Namur; mines de plomb et carrières de marbre; 2000 hab.

FOSSES-BALEYSSAC, vg. de Fr., Gironde, arr., cant. et poste de la Réole; 400 hab.

FOSSEUSE, vg. de Fr., Oise, arr. de Beauvais, cant. et poste de Méru; 170 hab.

FOSSEUX, vg. de Fr., Pas-de-Calais, arr. d'Arras, cant. de Beaumetz-les-Loges, poste de l'Arbret; 370 hab.

FOSSEUX, vg. de Fr., Meurthe, arr. et poste de Château-Salins, cant. de Delme; 340 hab.

FOSSOMBRONE, *Forum Sempronii*, v. épiscopale des états de l'Église, légation d'Urbin-et-Pessaro; commerce de soie très-estimée; 3500 hab.

FOSSOY, vg. de Fr., Aisne, arr., cant. et poste de Château-Thierry; 290 hab.

FOSSUM, pet. endroit du roy. de Norwège, bge de Buskerud; a une fonderie importante et mérite surtout d'être cité pour son voisinage de la magnifique cascade du Semoen.

FOSTAT ou **FOSTAT-MASR**. *Voyez* CAIRE (le Vieux-).

FOSTER, pet. v. des États-Unis de l'Amérique du Nord, état de Rhode-Island, comté de Providence, sur la frontière de l'état de Connecticut et baignée par le Pannonganset, le Moosup et le Guandok; forges; 2600 h.

FOUAH ou FOUEH, MESSIL, BECHIS, METELIS, v. assez grande de la Basse-Égypte, chef-lieu de la prov. du même nom, sur la rive droite de la branche de Rosette, nommée anciennement Bolbitinique; remarquable par son commerce et surtout par son industrie, à 9 l. S.-E. de Rosette; ruines; pays très-fertile en riz, millet, légumes, patates, vin de palmiers; beaucoup de bétail, de brebis, de chèvres, de poules, etc.

FOUCANNE, ham. de Fr., Maine-et-Loire, com. de Champtocé; 150 hab.

FOUCARIÉ (la), ham. de Fr., Aveyron, com. de Lanuézols; 100 hab.

FOUCARMONT, b. de Fr., Seine-Inférieure, arr. de Neuchâtel-en-Bray, cant. de Blangy, poste; 630 hab.

FOUCART, vg. de Fr., Seine-Inférieure, arr. d'Yvetot, cant. et poste de Fauville; 460 hab.

FOUCARVILLE, vg. de Fr., Manche, arr. de Valognes, cant. et poste de Ste.-Mère-Église; 330 hab.

FOUCAUCOURT, vg. de Fr., Meuse, arr. de Bar-le-Duc, cant. de Triaucourt, poste de Beauzée; 230 hab.

FOUCAUCOURT, vg. de Fr., Somme, arr. de Péronne, cant. de Chaulnes, poste d'Estrées-Déniécourt; 670 hab.

FOUCAUCOURT-HORS-NELLE, vg. de Fr., Somme, arr. d'Amiens, cant. et poste d'Oisemont; 130 hab.

FOU-CHAN ou FOCHAN, b. de Chine, prov. de Kouang-toung (Canton). C'est probablement le plus grand bourg qui existe; il est situé sur une île formée par les bras du Sikiang, à 5 l. E. de Canton, et contient, selon les missionnaires, un million d'habitants, chiffre exagéré, suivant Deguignes et qu'il faut réduire des quatre cinquièmes. Il est bien bâti et très-industrieux; on y fabrique une immense quantité d'étoffes de soie et de coton, beaucoup d'articles en fer, en acier et en cuivre; il possède aussi des raffineries de sucre, des manufactures de tabac et autres. Le commerce de Fou-chan est très-considérable. Un grand nombre d'habitants vivent sur des bateaux amarrés sur le fleuve.

FOUCHANGE, ham. de Fr., Côte-d'Or, com. d'Arceau; 120 hab.

FOUCHARD. *Voyez* MAGNI-FOUCHARD.

FOUCHARDS (les), ham. de Fr., Cher, com. de Boullerat; 160 hab.

FOUCHÉCOURT, vg. de Fr., Haute-Saône, arr. de Vesoul, cant. de Combeaufontaine, poste de Jussey; 270 hab.

FOUCHÉCOURT, vg. de Fr., Vosges, arr. de Neuchâteau, cant. et poste de Lamarche; 340 hab.

FOUCHERANS, vg. de Fr., Doubs, arr. de Besançon, cant. et poste d'Ornans; 550 h.

FOUCHERANS, vg. de Fr., Jura, arr., cant. et poste de Dôle; haut-fourneau; 510 h.

FOUCHÈRE, ham. de Fr., Seine-et-Marne, com. de Chalautre-la-Grande; 140 hab.

FOUCHÈRES, vg. de Fr., Aube, arr. et cant. de Bar-sur-Seine, poste de St.-Parres-les-Vaudes; fabr. de faïence; 590 hab.

FOUCHÈRES, vg. de Fr., Meuse, arr. de Bar-le-Duc, cant. de Montiers-sur-Saux, poste de Ligny; 290 hab.

FOUCHÈRES, vg. de Fr., Yonne, arr. de Sens, cant. et poste de Chéroy; 420 hab.

FOUCHEROLLES, vg. de Fr., Loiret, arr. de Montargis, cant. et poste de Courtenay; 130 hab.

FOUCHI ou **GRUBE**, vg. de Fr., Bas-Rhin, arr. de Schlestadt, cant. et poste de Villé; mines de houille; 970 hab.

FOUCRAINVILLE, vg. de Fr., Eure, arr. d'Évreux, cant. et poste de St.-André; 110 h.

FOUDAI ou **URBACH**, vg. de Fr., Bas-Rhin, arr. de Schlestadt, cant. et poste de Villé; il fait partie du Ban-de-la-Roche; fabr. de rubans, galons, lacets; 360 hab.

FOUDON, vg. de Fr., Maine-et-Loire, com. du Plessis-Grammoire; 520 hab.

FOUDOUNATOU ou **HORN**, île assez bien peuplée de la Polynésie ou Océanie orientale, entre l'archipel de Tonga (des Amis), celui de Hamoa (des Navigateurs) et les îles Fidji. M. Balbi rattache cette île à un archipel qu'il propose de nommer Ooua-Horn. Elle est située sous 179° long. E. et 14° 25′ lat. S.

FOUDVILLE, ham. de Fr., Drôme, com. d'Anneyron; 430 hab.

FOUECY. *Voyez* FOECY.

FOUENCAMPS, vg. de Fr., Somme, arr. et poste d'Amiens, cant. de Sains; 330 hab.

FOUESNANT, vg. de Fr., Finistère, arr., à 3 l. S.-S.-E. et poste de Quimper, chef-lieu de canton; fabr. de bleu de Prusse et de café-chicorée; 3250 hab.

FOUF ou **FUF**, v. d'Arabie, chef-lieu du pays de Lahsah ou Lahissa; défendue par un fort et entourée de champs cultivés et de plantations de dattiers. Le voyageur Sadler lui suppose 15,000 hab.

FOUFFLIN-RICAMETZ, vg. de Fr., Pas-de-Calais, arr., cant. et poste de St.-Pol-sur-Ternoise; 220 hab.

FOUG, vg. de Fr., Meurthe, arr., cant. et poste de Toul; 1400 hab.

FOUGARON, vg. de Fr., Haute-Garonne, arr. de St.-Gaudens, cant. et poste d'Aspet; 1080 hab.

FOUGASSIER-SAINT-PAUL (le). *Voyez* PAUL-LEZ-DURANCE (Saint-).

FOUGAX, vg. de Fr., Arriège, arr. de Foix, cant. et poste de Lavelanet; 1760 h.

FOUGERAIS (le), ham. de Fr., Vendée, com. de St.-Florence, poste; 60 hab.

FOUGERAY, v. de Fr., Ille-et-Vilaine, arr. et à 6 l. E.-N.-E. de Redon, chef-lieu de canton, poste de Derval; 5410 hab.

FOUGÈRE, ham. de Fr., Creuse, com. de Bord; 120 hab.

FOUGERÉ, vg. de Fr., Maine-et-Loire, arr., cant. et poste de Beaugé; 1600 hab.

FOUGÈRE (la), ham. de Fr., Deux-Sèvres, com. de Beceleuf; 150 hab.

FOUGERÉ, vg. de Fr., Vendée, arr., cant. et poste de Bourbon-Vendée; 860 hab.

FOUGÈRES, *Filiceriæ*, *Fulgericæ*, v. de Fr., Ille-et-Vilaine, chef-lieu d'arrondissement, à 10 l. N.-E. de Rennes et à 85 l. O. de Paris; siége d'un tribunal de première instance, direction des contributions indirectes et conservation des hypothèques. Cette ville, située sur une colline baignée par le Nançon, est fort bien bâtie et très-industrieuse; elle renferme une source d'eau minérale ferrugineuse, qui y attire un assez grand nombre d'étrangers. On y remarque plusieurs tours gothiques, restes d'un château féodal. Elle possède un collége, des fabriques de toiles et des papeteries qui la rendent très-florissante; des tanneries, des teintureries et des chapelleries; fabr. de flanelle et de boissellerie; verrerie; filat. de laine; commerce en grains, graines, bétail, toiles, laines, beurre, miel et cire; les eaux de Fougères sont renommées pour la teinture; on cite surtout les écarlates; foires : les 3 août, 9 septembre, samedi de la Chandeleur, après la mi-carême, veille des Rameaux et mardi après la St.-Léonard; 9384 hab.

Fougères souffrit beaucoup pendant les guerres que la France soutint contre les Anglais. Dans le dernier siècle cette ville éprouva quatre incendies, et c'est à cette circonstance désastreuse qu'elle doit l'avantage de n'avoir que de belles et modernes constructions.

Dans la forêt qui avoisine Fougères on rencontre plusieurs monuments druidiques et de vastes souterrains appelés les Celliers de Landéan, creusés, dit-on, au douzième siècle, par Raoul de Fougères, qui voulait y cacher ses trésors pendant la guerre qu'il soutenait alors contre Henri II, roi d'Angleterre.

FOUGÈRES, vg. de Fr., Loir-et-Cher, arr. de Blois, cant. et poste de Contres; fabr. de draps et filat. de laine; 545 hab.

FOUGERETS (les), vg. de Fr., Morbihan, arr. de Vannes, cant. et poste de Carentoir; 1110 hab.

FOUGEREUSE (la), ham. de Fr., Deux-Sèvres, com. de St.-Maurice-la-Fougereuse; 200 hab.

FOUGEROLLE, ham. de Fr., Indre-et-Loire, com. de Restigny; 500 hab.

FOUGEROLLES, vg. de Fr., Indre, arr. de la Châtre, cant. et poste de Neuvy-St.-Sépulchre; 530 hab.

FOUGEROLLES, b. de Fr., Mayenne, arr. de Mayenne, cant. de Landivy, poste d'Ernée; 2300 hab.

FOUGEROLLES, joli b. de Fr., Haute-Saône, arr. à 7 l. N. de Lure et à 101 l. de Paris, cant. de St.-Loup, poste. Ce bourg, situé sur la rivière de Combauté, possède de nombreuses distilleries de kirschwasser et fait un commerce considérable de cette liqueur. Cette industrie en a fait une des communes les plus florissantes et les plus populeuses du département; 5686 hab.

FOUGILLET, ham. de Fr., Yonne, com. de Sougères; 150 hab.

FOUGUEROLLES, vg. de Fr., Lot-et-Garonne, arr. et cant. de Marmande, poste de Tonneins; 760 hab.

FOUGUEYROLLES, vg. de Fr., Dordogne, arr. de Bergerac, cant. de Vélines, poste de Ste.-Foy; 530 hab.

FOUGY, ham. de Fr., Orne, com. de Bourg-St.-Léonard; 260 hab.

FOUILLADE (la), vg. de Fr., Aveyron, arr. et poste de Villefranche-de-Rouergue, cant. de Najac; 1590 hab.

FOUILLADE (la), ham. de Fr., Lot, com. de Varaire; 100 hab.

FOUILLEUSE, vg. de Fr., Oise, arr. et cant. de Clermont, poste d'Estrées - St. - Denis; 120 hab.

FOUILLEUSE (Seine - et - Oise). *Voyez* RUEIL.

FOUILLOUSE, ham. de Fr., Basses-Alpes, com. de St.-Paul; 140 hab.

FOUILLOUSE, vg. de Fr., Hautes-Alpes, arr. et poste de Gap, cant. de Tallard; 240 hab.

FOUILLOUSE (Gard). *Voyez* MARCEL-DE-FONFOUILLOUSE (Saint-).

FOUILLOUSE (la), ham. de Fr., Isère, com. de St.-Priest;

FOUILLOUSE (la), vg. de Fr., Loire, arr. et poste de St.-Étienne, cant. de St.-Héant; fabr. de rubans; papeteries; 3470 hab.

FOUILLOUSE (Haute et Basse-), ham. de Fr., Puy-de-Dôme, com. de Culhat; 380 h.

FOUILLOUX (le), vg. de Fr., Charente-Inférieure, arr. de Jonzac, cant. de Montguyon, poste de Montlieu; 990 hab.

FOUILLOUX, ham. de Fr., Charente-Inférieure, com. d'Arvert; 150 hab.

FOUILLOY, vg. de Fr., Oise, arr. de Beauvais, cant. de Formerie, poste d'Aumale; 270 hab.

FOUILLOY, vg. de Fr., Somme, arr. d'Amiens, cant. et poste de Corbie; 540 hab.

FOUJU, vg. de Fr., Seine-et-Marne, arr. de Melun, cant. de Mormant, poste de Guignes; 280 hab.

FOU-KIAN ou **FO-KIEN**, prov. maritime de la Chine, une des moindres de ce vaste pays. Elle s'étend entre 113° 30' et 118° 3' long. orient., et 23° 25' et 28° 15' lat. N. et est bornée au N. par Tche-kiang, à l'E. et au S.-E. par la mer de Chine et le canal de Formose, au S.-O. par Kouang-toung, à l'O. par Kiang-si. Cette province a 95 l. de l'E. à l'O. dans sa plus grande étendue, et 98 du N. au S. Elle est couverte de collines et n'a pour ainsi dire pas de plaines, mais offre un grand nombre de vallées riantes et fertiles, traversées par des rivières et des canaux. Les côtes sont rocheuses, déchirées et bordées d'une infinité de rescifs et d'îlots. Ses principaux fleuves sont : le Si-ho, qui s'embouche dans la mer, près de Fou-tcheou; le Minho, son affluent; le Tchan, qui arrose le S., et le Hankiang, qui entre dans le Kouang-toung. Les principaux golfes sont le Hiamen au S. et le Pumen au N. Le climat est chaud et salubre. Le sol produit du riz, du blé, des légumes, toutes sortes de fruits, du thé, du chanvre, du tabac, du sucre, du coton, des bois de chauffage et de construction, des bambous; l'éducation du bétail pourrait être plus considérable, mais la pêche et la culture du ver à soie sont deux des branches les plus importantes de l'industrie agricole des habitants. En général l'agriculture y est très-florissante et aucun soin n'a été négligé pour mettre à profit un terrain naturellement peu productif. Les montagnes sont cultivées en terrasses jusqu'à leurs sommets; on a transporté de la terre sur les rochers, et nulle part en Chine le système d'irrigation n'a été autant perfectionné. L'industrie manufacturière n'est pas restée en arrière; on fabrique dans le Fou-kian des étoffes de soie et de coton, la meilleure toile de la Chine, des pinceaux, du papier, du verre, des articles en fer et en acier. Les mines de fer et de mercure sont exploitées avec soin, et les chantiers, alimentés par les bois de la province, fournissent de bons bâtiments. Le commerce est considérable. Les habitants passent pour d'excellents matelots; ce sont eux surtout qui visitent les côtes du Japon, des Philippines, d'An-nam, de Siam, de Formose, de Sumatra et de Java, et c'est du Fou-kian que viennent les nombreux émigrés qui ont peuplé une partie de l'archipel malais. Les exportations consistent principalement en soie, étoffes de soie, de coton et de toile, thé, sucre, musc, cuivre, outils en fer et en acier, mercure, cristaux, bois, papier et pinceaux (on sait que les Chinois s'en servent pour écrire). La population du Fou-kian était de 8,063,671 âmes en 1761; la grande géographie chinoise, publiée en 1825, lui en accorde 14,777,410. (*Voyez* le tableau statistique à l'article CHINE.) Les habitants parlent un dialecte particulier. Le Fou-kian est divisé en 12 départements et contient 58 villes, dont 8 de premier rang. Sa capitale est Fou-tcheou-fou. Les autres villes remarquables sont : Thsiuan-tcheou-fou, Tchang-tcheou-fou et Emouy. L'île de Formose et l'archipel de Pheng-hou (Pescadores) dépendent du Fou-kian.

FOULA, île du groupe des Shetlands, à l'O. de Mainland.

FOULADOU ou **FOULADOUGOU**, état peu connu dans la partie orientale de la Sénégambie, au S. du Kaarta, près des sources du Sénégal; il comprend les prov. de Brouko et de Gangaran et est traversé par les rivières de Ouanda et Bâ-Oulima, bras principaux du Bâ-Quoy, dont la réunion avec le Bâ-Fyn forme le Sénégal; Bangassi, capitale.

FOULAH, v. de la Nigritie occidentale, au S. du Bas-Bambarra, entre Banda et Goonah.

FOULAHNA, contrée peu connue de la Nigritie occidentale, au N. de l'emp. d'Achanti, avec la petite ville du même nom.

FOULAHS. *Voyez* **FELLATAHS.**

FOULAIN, vg. de Fr., Haute-Marne, arr. de Chaumont-en-Bassigny, cant. et poste de Nogent-le-Roi; fonderie; laminoir à tôle et martinet; 410 hab.

FOULANDIÈRE (la), ham. de Fr., Loire-Inférieure, com. de Getigné; 140 hab.

FOULANGUE, vg. de Fr., Oise, arr. de Senlis, cant. de Neuilly-en-Thelle, poste de Mouy; 190 hab.

FOULAYRONNES, vg. de Fr., Lot-et-Garonne, arr., cant. et poste d'Agen; 1230 h.

FOUL-BAY, baie de la mer Rouge, sur les confins de l'Égypte et de la Nubie, entre le cap Nose et le cap Komel.

FOULBEC, vg. de Fr., Eure, arr. de Pont-Audemer, cant. et poste de Beuzeville; 600 hab.

FOULCREY, vg. de Fr., Meurthe, arr. de Sarrebourg, cant. de Réchicourt-le-Château, poste de Blamont; remarquable par son vieux château; 770 hab.

FOULEIX, vg. de Fr., Dordogne, arr. et poste de Périgueux, cant. de Vergt; 560 h.

FOULENAY, vg. de Fr., Jura, arr. de Dôle, cant. de Chaumeroy, poste de Sellières; 330 hab.

FOULGAIROLLES, ham. de Fr., Aveyron, com. de St.-Jean-du-Bruel; 160 hab.

FOULICONDA, v. de l'état d'Yani, en Sénégambie, sur la Gambie, à 25 l. N.-O. de Pisania.

FOULIGNY ou **FILLINGEN**, vg. de Fr., Moselle, arr. de Metz, cant. et poste de Faulquemont; 260 hab.

FOULLETOURTE, ham. de Fr., Sarthe, com. de Cérans-Foulletourte, poste; 660 h.

FOULOGNES, vg. de Fr., Calvados, arr. de Bayeux, cant. de Caumont, poste de Balleroy; 370 hab.

FOULPOINT ou **CAP-DES-RÉCIFS**, promontoire sur la côte orientale de la colonie du Cap, dist. d'Uitenhage, au S.-O. de la baie Algoa.

FOULPOINT ou **VOULU-VOULU**, **VOULOUILOU**, pet. v. très-commerçante sur la côte orientale de l'île de Madagascar, dans le pays des Betimsaras ou Bestimessaras, dont elle peut être regardée comme le chef-lieu; les Français y avaient autrefois un établissement, à 15 l. N. de Tamatave; lat. S. 17° 40′, long. E. 47° 33′.

FOULQUIÉ, ham. de Fr., Lot, com. de St.-Germain; 130 hab.

FOULVENTOUR, ham. de Fr., Haute-Vienne, com. de St.-Hilaire-Latreille; 100 hab.

FOULWATER, cap sur la côte du territoire de l'Orégon, États-Unis de l'Amérique du Nord.

FOULZY, vg. de Fr., Ardennes, arr. de Rocroi, cant. de Rumigny, poste de Maubert-Fontaine; 240 hab.

FOUM ou **OFIM**, riv. de la Haute-Guinée, dans l'état d'Assin, au N. du Fantie, emp. d'Achanti; elle se jette dans le Bassombra.

FOUNDA, roy. de la Nigritie centrale, sur la rive gauche de Kouarra, qui le sépare du roy. d'Yarriba; cet état, encore très-imparfaitement connu, s'étend le long du Tchadda et domine sur une grande partie des pays situés à la gauche de cette rivière; ceux qui sont à la droite appartiennent aux Fellatahs.

FOUNDA, v. de la Nigritie centrale, capitale du royaume de même nom, sur la rive gauche du Tchadda. C'est une des plus grandes villes de cette partie de l'Afrique, et sa population s'élève, dit-on, à 70,000 habitants. Le palais du roi consiste en un groupe de cases de forme circulaire, entourées de palissades; 1500 femmes y sont entretenues par ce despote, qui observe à la fois les cérémonies de l'islamisme et du fétichisme, croyances qui se partagent entre elles tous les habitants. Les murailles de la ville s'élèvent à une hauteur de 25 pieds et sont défendues par des bastions d'architecture mauresque. Les habitants de Founda fabriquent de grossières étoffes de coton, savent bien préparer et travailler le cuir, brassent de la bonne bierre et sont d'assez bons forgerons.

FOUNDÉGANDÉ, v. de l'état peul de Fouta-Toro, en Sénégambie, dans l'intérieur de la prov. de Founta proprement dit.

FOUNDLAND (New). *Voy.* **TERRE-NEUVE.**

FOUNG-THIAN ou **FONHOAN**, v. de Chine, prov. de Ching-king, dans le pays des Mandchoux; elle est bâtie sur les bords de Tsao, non loin des frontières de la Corée. Après Ching-yang c'est la ville la plus riche et la mieux peuplée de la Mandchourie et comme elle est la seule voie ouverte au commerce de terre avec la Corée, un grand nombre de Chinois s'y sont établis et habitent un faubourg tout entier.

FOUNG-THSIAN ou **FONT-SIAN-FOU**, v. de Chine, prov. de Chensi, située sur le Pinho, au milieu d'une contrée fertile. On y dresse les meilleurs faucons de chasse.

FOUNG-YANG ou **FON-YANG-FOU**, v. de Chine, prov. de Ngan-hoeï; bâtie sur une montagne qui domine le Hoaï-ho. Sa juridiction s'étend sur 17 villes et elle fut destinée par l'empereur Honou, qui y est né, à devenir la capitale de tout l'empire. Le manque d'eau fit échouer ce projet; les travaux entrepris restèrent inachevés, et trois monuments seulement ont survécu à cette époque : le Hoanline ou mausolée élevé au père de l'empereur Honou, une tour de cent pieds de hauteur et un beau temple consacré à Fo, à côté duquel se trouve un couvent qui peut contenir 300 bonzes.

FOUNING-TCHEOU, v. de Chine, prov. de Fou-kian, ville de deuxième classe, située au fond d'une baie qui porte son nom. Elle est grande, bien bâtie et possède un bon port; pêcherie, navigation, commerce. La chaîne de montagnes Talao, qui se trouve à proximité, a 36 pics, suivant les géographes chinois.

FOUNKOO, v. de la Haute-Guinée, sur la côte de Sierra-Leone, dans le pays des Mandingues.

FOUQUEBRUNE, vg. de Fr., Charente, arr. d'Angoulême, cant. et poste de la Valette; 1020 hab.

FOUQUENIES, vg. de Fr., Oise, arr., cant. et poste de Beauvais; 520 hab.

FOUQUEREND (le), ham. de Fr., Orne, com. de St.-Gervais-des-Sablons; 160 hab.

FOUQUEREUILLE, vg. de Fr., Pas-de-Calais, arr., cant. et poste de Béthune; 400 hab.

FOUQUEROLLES, vg. de Fr., Oise, arr. et poste de Beauvais, cant. de Nivillers; 220 h.

FOUQUESCOURT, vg. de Fr., Somme, arr. de Montdidier, cant. de Rosières, poste de Roye; 490 hab.

FOUQUESOLLES, ham. de Fr., Pas-de-Calais, com. d'Audrehem et de Rebergues; 130 hab.

FOUQUEURE, vg. de Fr., Charente, arr. de Ruffec, cant. et poste d'Aigre; 1050 hab.

FOUQUEVILLE, vg. de Fr., Eure, arr. de Louviers, cant. d'Amfreville-la-Campagne, poste du Neubourg; 750 hab.

FOUQUIÈRES-LES-BÉTHUNE, vg. de Fr., arr., cant. et poste de Béthune; 370 hab.

FOUQUIÈRES-SOUS-LENS, vg. de Fr., Pas-de-Calais, arr. de Béthune, cant. et poste de Lens; 870 hab.

FOUR (le), ham. de Fr., Arriège, com. du Bosc; 200 hab.

FOUR, vg. de Fr., Isère, arr. de Vienne, cant. de la Verpillière, poste de Bourgoin; 870 hab.

FOUR. *Voyez* DARFOUR.

FOURA. *Voyez* SÉNÉGAL.

FOURA, montagnes de l'Afrique orientale, dans le Monomotapa, à l'O. de Massapa, de Bocuto et de Loanza; riches en mines d'or et remarquables parce qu'on y trouve encore des pierres taillées, qui jadis étaient posées les unes sur les autres avec beaucoup d'art, quoique sans mortier. Cette particularité est d'autant plus extraordinaire que, dans cette partie de l'Afrique, les habitations des souverains même ne sont construites qu'en bois et recouvertes de chaume.

FOURAS, vg. de Fr., Charente-Inférieure, arr., cant. et poste de Rochefort-sur-Mer; 860 hab.

FOURBANNE, vg. de Fr., Doubs, arr., cant. et poste de Baume-les-Dames; 120 h.

FOURCATIER, vg. de Fr., Doubs, arr. de Pontarlier, cant. de Mouthe, poste de Jougne; 140 hab.

FOURCÉS, b. de Fr., Gers, arr. et poste de Condom, cant. de Montréal; 1100 hab.

FOURCHADES. *Voyez* ANDÉOL-DE-FOURCHADES (Saint-).

FOURCHAMBAULT. *Voyez* GARCHISY.

FOURCHE (la). *Voyez* MISSISSIPI (fleuve).

FOURCHE (la), paroisse de l'état de Louisiane, États-Unis de l'Amérique du Nord; elle est bornée par les paroisses de l'Assomption, de St.-John-Baptiste, de St.-Charles, de St.-Bernard, de New-Orléans, d'Attacapas et par le golfe du Mexique. Grande savane, traversée par le fleuve La Fourche et un grand nombre d'autres rivières tributaires du golfe. L'intérieur est rempli de lacs, tels que le Dashit, la Palourde, etc., et le long des côtes se trouvent dispersées un grand nombre d'îles, dont celles de Grand et Petit-Flint, de Cat, de Pine, de Timballier et de Ship sont les plus considérables.

FOURCHES, vg. de Fr., Calvados, arr. et poste de Falaise, cant. de Coulibœuf; 430 hab.

FOURCHES-CAUDINES, g. a., défilé très-étroit dans le pays des Samnites, non loin de Caudium; il est célèbre dans l'histoire ancienne par la défaite complète des Romains, sous Papirius, qui y avait été attiré en embuscade par le général samnite Pontius, 343 avant J.-C.

FOURCHUE (île), pet. île dans les Petites-Antilles, au N.-O. de celle de St.-Barthélemy dont elle dépend. On y élève beaucoup de chèvres.

FOURCIGNY, vg. de Fr., Somme, arr. d'Amiens, cant. de Poix, poste d'Aumale; 260 hab.

FOURCINET, vg. de Fr., Drôme, arr. de Die, cant. et poste de Luc-en-Diois; 190 hab.

FOUR-DE-PARIS (le). *Voyez* VIENNE-DE-CHATEAU.

FOURDRAIN, vg. de Fr., Aisne, arr. de Laon, cant. et poste de la Fère; 760 hab.

FOURDRINOY, vg. de Fr., Somme, arr. d'Amiens, cant. et poste de Picquigny; 720 hab.

FOURG, vg. de Fr., Doubs, arr. de Besançon, cant. et poste de Quingey; 750 hab.

FOURG (le), ham. de Fr., Haute-Garonne, com. de Roquefort; 110 hab.

FOURGES, vg. de Fr., Eure, arr. des Andelys, cant. d'Écos, poste de Thilliers-en-Vexin; 410 hab.

FOURGS (les), vg. de Fr., Doubs, arr., cant. et poste de Pontarlier; 1280 hab.

FOURGUETTE (la), ham. de Fr., Haute-Garonne, com. de Toulouse; 120 hab.

FOURILLES, vg. de Fr., Allier, arr. de Gannat, cant. et poste de Chantelle; 510 h.

FOURMAGNAC, vg. de Fr., Lot, arr., cant. de poste de Figeac; exploitation de houille; 450 hab.

FOURMETOT, vg. de Fr., Eure, arr., cant. et poste de Pont-Audemer; 670 hab.

FOURMIES, vg. de Fr., Nord, arr. d'Avesnes, cant. et poste de Trélon; fabr. de fil à dentelles et à coudre, de laine peignée et cardée, de mérinos, de briques, de tuiles et de poterie; verrerie dite de Monplaisir; filat. de coton; commerce de bestiaux; 2450 hab.

FOURMIGUÈRES, vg. de Fr., Pyrénées-

Orientales, arr. de Prades, cant. et poste de Mont-Louis; 800 hab.

FOUR-MILE-RUN. *Voyez* COLOMBIA (district fédéral).

FOUR-MILES, riv. des États-Unis de l'Amérique du Nord, état de Connecticut; coule vers le S. et s'embouche dans le Long-Island-Sound.

FOURNAUDIN, vg. de Fr., Yonne, arr. de Joigny, cant. et poste de Cérisiers; 380 hab.

FOURNAUX, ham. de Fr., Loiret, com. de St.-Ay; 250 hab.

FOURNAUX (les), ham. de Fr., Yonne, com. de Venizy; 200 hab.

FOURNEAU (le port du), ham. de Fr., Saône-et-Loire, com. de Bourbon-Lancy; 170 hab.

FOURNEAU, ham. de Fr., Vosges, com. de Gerbepol; 130 hab.

FOURNEAUX, vg. de Fr., Calvados, arr., cant. et poste de Falaise; 280 hab.

FOURNEAUX, vg. de Fr., Loire, arr. de Roanne, cant. et poste de St.-Symphorien-de-Lay; 1170 hab.

FOURNEAUX, vg. de Fr., Manche, arr. de St.-Lô, cant. de Tessy, poste de Torigny; 240 hab.

FOURNEAUX (les Deux-), ham. de Fr., Moselle, com. de Mouterhausen; 200 hab.

FOURNEAUX (les), ham. de Fr., Seine-et-Marne, com. du Mée; 200 hab.

FOURNEAUX, ham. de Fr., Seine-Inférieure, com. de St.-Aubin-Jouxte-Boulleng; 440 hab.

FOURNELS, vg. de Fr., Lozère, arr. et à 7 1/2 l. N.-N.-O. de Marvejols, chef-lieu de canton, poste de St.-Chely; fabr. de serges et de cadis; 495 hab.

FOURNES, vg. de Fr., Aude, arr. de Carcassonne, cant. et poste de Mas-Cabardès; 260 hab.

FOURNÉS, vg. de Fr., Gard, arr. d'Uzès, cant. et poste de Remoulins; 790 hab.

FOURNES, vg. de Fr., Nord, arr. de Lille, cant. et poste de la Bassée; fabr. de sucre indigène; brasseries; 1390 hab.

FOURNET (le), vg. de Fr., Calvados, arr. de Pont-l'Évêque, cant. et poste de Cambremer; 120 hab.

FOURNET (le), ham. de Fr., Loire, com. de St.-Vincent-de-Boisset; 100 hab.

FOURNET, ham. de Fr., Saône-et-Loire, com. de Péronne; 110 hab.

FOURNETS (les), ham. de Fr., Doubs, com. de Grandfontaine; 100 hab.

FOURNEUIL, ham. de Fr., Oise, com. de Verderel; 100 hab.

FOURNEVILLE, vg. de Fr., Calvados, arr. de Pont-l'Évêque, cant. et poste de Honfleur; 500 hab.

FOURNIALS, ham. de Fr., Tarn, com. de Montredon et Montfa; 160 hab.

FOURNIEUX (les), ham. de Fr., Ain, com. de Chaleins; 150 hab.

FOURNIS ou **FERNI**, *Ægra*, île de l'Ar-chipel, située entre Nicaria et Samos; elle forme, avec quelques ilots qui l'entourent, un petit groupe peu connu.

FOURNIVAL, vg. de Fr., Oise, arr. de Clermont, cant. et poste de St.-Just-en-Chaussée; 500 hab.

FOURNOLS, vg. de Fr., Cantal, arr. et cant. de St.-Flour, poste de Murat; 350 hab.

FOURNOLS, vg. de Fr., Puy-de-Dôme, arr. d'Ambert, cant. et poste de St.-Germain-l'Herm; 2070 hab.

FOURNOTS (les), ham. de Fr., Doubs, com. de Russey; 110 hab.

FOURNOUE, ham. de Fr., Creuse, com. d'Anzème; 110 hab.

FOURNOULÈS, vg. de Fr., Cantal, arr. d'Aurillac, cant. et poste de Maurs; 250 h.

FOURNYGEH, b. important de la Basse-Égypte, prov. de Chibeh, non loin de Héhydéh.

FOURONNES, vg. de Fr., Yonne, arr. d'Auxerre, cant. et poste de Courson; 500 hab.

FOURQUES, vg. de Fr., Gard, arr. de Nîmes, cant. de Beaucaire, poste d'Arles-sur-Rhône; 1160 hab.

FOURQUES, vg. de Fr., Lot-et-Garonne, arr. et poste de Marmande, cant. du Mas-d'Agénois; 1880 hab.

FOURQUES, vg. de Fr., Pyrénées-Orientales, arr. et poste de Perpignan, cant. de Thuir; 540 hab.

FOURQUES, ham. de Fr., Somme, com. d'Athes; 160 hab.

FOURQUEUX, vg. de Fr., Seine-et-Oise, arr. de Versailles, cant. et poste de St.-Germain-en-Laye; 350 hab.

FOURQUEVAUX, vg. de Fr., Haute-Garonne, arr. de Villefranche-de-Lauragais, cant. de Montgiscard, poste de Bazière; 750 hab.

FOURS, vg. de Fr., Basses-Alpes, arr., cant. et poste de Barcelonnette; 550 hab.

FOURS, vg. de Fr., Eure, arr. des Andelys, cant. d'Écos, poste des Thilliers-en-Vexin; 230 hab.

FOURS, vg. de Fr., Gironde, arr., cant. et poste de Blaye; 340 hab.

FOURS ou **SAINTE-CATHERINE**, vg. de Fr., Nièvre, arr. et à 10 1/2 l. E.-S.-E. de Nevers, chef-lieu de canton et poste; fabr. de porcelaine; 1410 hab.

FOURTIE, ham. de Fr., Lot-et-Garonne, com. de Clermont-Dessous; 130 hab.

FOURTOU, vg. de Fr., Aude, arr. de Limoux, cant. et poste de Couiza; 410 hab.

FOURVOIRE-EN-CHARTREUSE, ham. de Fr., Isère, com. d'Entre-deux-Guiers; forges, affineries de fer, tôle; 80 hab.

FOURY, ham. de Fr., Tarn-et-Garonne, com. de Puy-la-Rocque; 130 hab.

FOUSCHANI, v. située sur la frontière des principautés de Moldavie et de Valachie, et séparée par le Milkou en deux parties qui appartiennent à ces deux principautés. La partie valaque renferme 4000 habitants, et l'autre en a 2000. On y fait un grand commerce; vignes.

FOUSOU, v. jadis florissante de la Haute-Guinée, état d'Assin, faisant partie de l'emp. d'Achanti. Lat. N. 5° 43', long. O. 1° 52'.

FOUSSAIS, vg. de Fr., Vendée, arr. et poste de Fontenay-le-Comte, cant. de St.-Hilaire-des-Loges; fabr. de toiles; 1340 hab.

FOUSSEMAGNE, vg. de Fr., Haut-Rhin, arr. et poste de Belfort, cant. de Fontaine; 440 hab.

FOUSSERET (le), pet. v. de Fr., Haute-Garonne, arr. et à 6 1/2 l. S.-O. de Muret, chef-lieu de canton, poste de Martres; 2068 hab.

FOUSSIGNAC, vg. de Fr., Charente, arr. de Cognac, cant. et poste de Jarnac; 650 h.

FOUTA, une des trois grandes provinces principales de l'état peul de Fouta-Toro, en Sénégambie, au milieu. Kiélogn, capitale.

FOUTA-DIALLON ou **FOUTA-DJALO**, **FOUTA-GHIALO**, **FOUTA-GALLO**, **FOUTA-GOLLABI**, un des principaux états peuls en Sénégambie, occupant la région montagneuse qui renferme les sources du Sénégal, de la Gambie, de la Falémé, du Rio-Grande; il comprend les trois prov. de Timbou, de Laby et de Temby, avec leurs annexes et dépendances, qui sont fort étendues à l'O. et à l'E., et a environ 144 l. de long sur 82 l. de large. L'air y est sain; le sol en grande partie rocailleux et aride, le reste très-fertile, surtout en riz et en maïs; on y trouve des mines de fer. Teembos ou Timbou, capitale.

FOUTA-TORO, roy. peul en Sénégambie, comprenant le haut pays qui s'étend le long de la rive gauche du Sénégal, à l'O. du Bondou; il est partagé en trois grandes provinces principales, subdivisées à leur tour en plusieurs districts: le Fouta propre au milieu, le Toro à l'O. et le Damga à l'E. Superficie 15,000 milles c., pop. 700,000 h.

FOU-TCHEOU-FOU ou **FOU-TCHEOU**, v. de Chine, capitale de la prov. de Fou-Kian, à 613 l. S.-E. de Pé-king. Cette ville, une des plus grandes et des plus peuplées de la Chine, est située sur le Si-ho, non loin de son embouchure. Plusieurs ponts traversent ce fleuve; le plus remarquable n'a pas moins de cent arches; il est construit tout entier en pierres blanches et orné d'une double balustrade. Les plus gros bâtiments peuvent arriver jusqu'aux quais de Fou-tcheou; le commerce et la navigation de cette ville florissante ne le cèdent guère à son industrie, qui consiste surtout dans la fabrication d'étoffes de soie et de coton, de papier, d'articles en fer et en acier. La construction de vaisseaux est aussi une branche importante de l'industrie des habitants. Fou-tcheou est encore remarquable sous un autre rapport, c'est une des villes scientifiques de la Chine; elle possède plusieurs établissements d'instruction supérieure et est toujours habitée par une multitude de lettrés.

FOUTELLE, ham. de Fr., Yonne, com. de St.-Père; 120 hab.

FOUTERIELLE, ham. de Fr., Yonne, com. de Brosses; 240 hab.

FOUTSIOU, v. du Japon, chef-lieu de la province et de l'île de Tsousima (Jai-siou).

FOUVENT-LE-BAS, vg. de Fr., Haute-Saône, arr. de Gray, cant. et poste de Champlitte; 190 hab.

FOUVENT-LE-HAUT, vg. de Fr., Haute-Saône, arr. de Gray, cant. et poste de Champlitte; fabr. de cheminées en pierres polies; 410 hab.

FOUX (la), ham. de Fr., Basses-Alpes, com. d'Allos; 140 hab.

FOUX (la), ham. de Fr., Var, com. du Puget-près-Cuers; 290 hab.

FOUZILHON, vg. de Fr., Hérault, arr. de Béziers, cant. de Roujan, poste de Pezénas; 110 hab.

FOVILLE, vg. de Fr., Moselle, arr. de Metz, cant. de Verny, poste de Solgne; 180 h.

FOWEY, b. d'Angleterre, comté de Cornwall, sur la rivière de son nom; nomme deux députés; port; 2000 hab.

FOX, île sur la côte N.-E. de la Nouvelle-Écosse, à l'O. du cap Canso.

FOX, île dans le lac Ontario, États-Unis de l'Amérique du Nord; elle fait partie du comté de Jefferson, état de New-York.

FOX. *Voyez* RENARDS (Indiens).

FOX-AMPHOUX, vg. de Fr., Var, arr. de Brignoles, cant. de Tavernes, poste de Barjols; 600 hab.

FOX-ISLANDS (îles des Renards), deux îles considérables, Northern et Southern-Fox-Island, au S.-O. de la baie de Penobscot, côte sud de l'état du Maine, États-Unis de l'Amérique du Nord. Dans le port de Vinal, situé entre ces deux îles, on sèche beaucoup de morue. Les habitants, au nombre de 1400, sont méthodistes et forment une commune.

FOY, contrée de la Haute-Guinée, sur la côte de Sierra Leone, entre le Shébar et le cap Monte.

FOY (Sainte-), pet. v. de Fr., Gironde, arr. et à 8 l. E. de Libourne, chef-lieu de canton et poste; elle est située sur la rive gauche de la Dordogne et possède des fabriques de bonneterie, de faïence et de toiles de chanvre; filat. de lin; commerce en grains, bestiaux, porcs gras, bons vins blancs et eaux-de-vie; 2740 hab.

FOY (Sainte-), vg. de Fr., Landes, arr. et poste de Mont-de-Marsan, cant. de Villeneuve; 220 hab.

FOY (Sainte-), vg. de Fr., Saône-et-Loire, arr. de Charolles, cant. de Saumur-en-Brionnais, poste de Marcigny; 130 hab.

FOY (Sainte-), vg. de Fr., Seine-Inférieure, arr. de Dieppe, cant. et poste de Longueville; 530 hab.

FOY-DE-BELVÈS (Sainte-), vg. de Fr., Dordogne, arr. de Sarlat, cant. et poste de Belvès; 310 hab.

FOY-DE-LONGAS (Sainte-), vg. de Fr., Dordogne, arr. de Bergerac, cant. de St.-Alvère, poste de Lalinde; 710 hab.

FOY-DE-MONT-GOMMERY (Sainte-), vg. de Fr., Calvados, arr. de Lizieux, cant. de Livarot, poste de Vimoutier; 430 hab.

FOY-DES VIGNES (Sainte-), ham. de Fr., Dordogne, com. de Bergerac; 210 hab.

FOYE-MONJAULT (la), vg. de Fr., Deux-Sèvres, arr. de Niort, cant. et poste de Beauvoir-sur-Niort; vins estimés; 1100 hab.

FOY - LA - GRANDE (Sainte-), Gironde. *Voyez* FOY (Sainte-).

FOY-LA-LONGUE (Sainte-), vg. de Fr., Gironde, arr. de la Réole, cant. de St.-Macaire, poste de Caudrot; 190 hab.

FOY-L'ARGENTIÈRE (Sainte-), vg. de Fr., Rhône, arr. de Lyon, cant. de St.-Laurent-de-Chamousset, poste de Duerne; 680 hab.

FOY-LES-LYON (Sainte-), vg. de Fr., Rhône, arr. et poste de Lyon, cant. de St.-Genis-Laval; bons vins; forge à fer; 2315 hab.

FOZZANO, vg. de Fr., Corse, arr. de Sartene, cant. et poste d'Olmeto; 630 hab.

FRADE (Rio-do-), fl. de l'emp. du Brésil, prov. d'Espiritu-Santo; descend de la Serra dos Aimorès, coule vers l'E. et s'embouche dans l'Océan Atlantique, entre le Rio-Docé et le Rio-do-Porto-Seguro.

FRADE (o), mont. *Voyez* PARACATY (ville).

FRADES (dos). *Voyez* BOM-JÉSUS.

FRADES (dos), île très-montagneuse et longue de 1 1/2 l., dans la baie de Tódos-os-Santos, côte de la prov. de Bahia, emp. du Brésil.

FRAGA, pet. v. d'Espagne, roy. d'Aragon, dist. et à 14 l. E. de Saragosse, sur le confluent de la Cinca et du Ségré; vieille et mal bâtie; ceinte de murailles, avec une citadelle; 2900 hab.

FRAGANT, vg. d'Illyrie, gouv. de Laibach, cer. de Villach, sur la rivière de son nom; fabr. de soufre; mine de cuivre; bain minéral.

FRAGNES, ham. de Fr., Isère, com. de Crolles; 600 hab.

FRAGNES, vg. de Fr., Saône-et-Loire, arr., cant. et poste de Châlon-sur-Saône; 200 hab.

FRAGNES, ham. de Fr., Saône-et-Loire, com. de Cruzille; 120 hab.

FRAGNETO, b. du roy. des Deux-Siciles, prov. de la Principauté ultérieure; 2300 hab.

FRAGNY, ham. de Fr., Nièvre, com. de Villapourçon; 180 hab.

FRAGNY, ham. de Fr., Saône-et-Loire, com. d'Autun; 290 hab.

FRAGUAIRE (Sainte-), ham. de Fr., Manche, com. de Beslon; 400 hab.

FRAHIER, vg. de Fr., Haute-Saône, arr. de Lure, cant. et poste de Champagney; tissage de coton; 1440 hab.

FRAIGNE (Saint-), vg. de Fr., Charente, arr. de Ruffec, cant. et poste d'Aigre; 1090 hab.

FRAIGNÉE (la), ham. de Fr., Deux-Sèvres, com. de Bernegoue; 130 hab.

FRAIGNOT, vg. de Fr., Côte-d'Or, arr. de Dijon, cant. et poste de Grancey; 170 hab.

FRAILES (los), les Moines, groupe d'îles inhabitées, au N.-E. et non loin de l'île de Santa-Margarita, côte du dép. de Maturin, rép. de Vénézuela.

FRAILLICOURT, vg. de Fr., Ardennes, arr. de Réthel, cant. et poste de Chaumont-Porcien; 610 hab.

FRAIMBAULT-DE-LASSAY (Saint-), ham. de Fr., Mayenne, com. de Lassay; 650 h.

FRAIMBAULT-DE-PRIÈRES (Saint-), vg. de Fr., Mayenne, arr., cant. et poste de Mayenne; 960 hab.

FRAIMBAULT-SUR-PISSE (Saint-), vg. de Fr., Orne, arr. et poste de Domfront, cant. de Passais; 3230 hab.

FRAIMBOIS, vg. de Fr., Meurthe, arr. et poste de Lunéville, cant. de Gerbéviller; 550 hab.

FRAIN, vg. de Fr., Vosges, arr. de Neufchâteau, cant. et poste de Lamarche; 460 hab.

FRAIN (Wranow), b. d'Autriche, gouv. de Moravie et Silésie, cer. de Znaym, sur la Taya; fabr. de vaisselle de grès; mines de fer; 1000 hab.

FRAIS, vg. de Fr., Haut-Rhin, arr. et poste de Belfort, cant. de Fontaine; 220 hab.

FRAISANS, vg. de Fr., Jura, arr. de Dôle, cant. de Dampierre, poste de St.-Wit; haut-fourneau; forges considérables; martinet; laminoir; 510 hab.

FRAIS-MARAIS, ham. de Fr., Nord, com. de Douai; fabr. de sucre de betteraves; 300 hab.

FRAISNES, vg. de Fr., Meurthe, arr. de Nancy, cant. et poste de Vezelize; 380 hab.

FRAISSE, ham. de Fr., Aveyron, com. de la Croix-Bars; 170 hab.

FRAISSE (le), ham. de Fr., Creuse, com. de Peyrat; 160 hab.

FRAISSE, vg. de Fr., Dordogne, arr. et poste de Bergerac, cant. de la Force; 550 hab.

FRAISSE, vg. de Fr., Hérault, arr. et poste de St.-Pons, cant. de la Salvetat; 1410 hab.

FRAISSE, ham. de Fr., Loire, com. de St.-Jean-Soleymieux; 120 hab.

FRAISSE (le), ham. de Fr., Puy-du-Dôme, com. de Job; 100 hab.

FRAISSE (le), ham. de Fr., Tarn, com. d'Ambialet; 230 hab.

FRAISSE, ham. de Fr., Tarn, com. de Viane; 290 hab.

FRAISSE-CABARDÈS, vg. de Fr., Aude, arr. de Carcassonne, cant. de Saissac, poste d'Alzonne; 370 hab.

FRAISSE-DE-CORBIÈRES, vg. de Fr., Aude, arr. de Narbonne, cant. de Durban; poste de Sijean; 290 hab.

FRAISSES, vg. de Fr., Loire, arr. de St.-Étienne, cant. du Chambon, poste de Firminy; 680 hab.

FRAISSINES, vg. de Fr., Aveyron, arr. de Rhodez, cant. et poste de Pont-de-Salars; 220 hab.

FRAISSINES, vg. de Fr., Tarn, arr. d'Albi, cant. et poste de Valence-en-Albigeois; 350 hab.

FRAISSINET. *Voyez* FRAYSSINET, FREISSINET, FREYSSINET.

FRAISSINET-DE-FOURQUES, vg. de Fr., Lozère, arr. de Florac, cant. et poste de Meyrueis; 560 hab.

FRAISSINET-DE-LOZÈRE, vg. de Fr., Lozère, arr. et poste de Florac, cant. de Pont-de-Montvert; 880 hab.

FRAIZE, vg. de Fr., Vosges, arr., à 2 1/2 l. N. et poste de St.-Dié, chef-lieu de canton; mine de cuivre; 2570 hab.

FRAJOU (Saint-), vg. de Fr., Haute-Garonne, arr. de St.-Gaudens, cant. et poste de l'Isle-en-Dodon; 770 hab.

FRALIGNES, ham. de Fr., Aube, arr., cant. et poste de Bar-sur-Seine; 200 hab.

FRAMBEMENIL, vg. de Fr., Vosges, com. de Granges; 110 hab.

FRAMBOISIÈRE (la), vg. de Fr., Eure-et-Loir, arr. de Dreux, cant. et poste de Senonches; 510 hab.

FRAMBOUHANS, vg. de Fr., Doubs, arr. de Montbéliard, cant. de Maiche, poste de St.-Hippolyte; 350 hab.

FRAMBOURG, ham. de Fr., Seine, com. d'Ivry-sur-Seine; 150 hab.

FRAMÉCOURT, vg. de Fr., Pas-de-Calais, arr., cant. et poste de St.-Pol-sur-Ternoise; 160 hab.

FRAMERIES, vg. du roy. de Belgique, prov. de Hainaut, arr. et à 1 1/4 l. de Mons; mines de houille; 4470 hab.

FRAMERVILLE, vg. de Fr., Somme, arr. de Péronne, cant. de Chaulnes, poste de Lihons-en-Santerre; 520 hab.

FRAMICOURT, vg. de Fr., Somme, arr. d'Abbeville, cant. de Gamaches, poste de Blangy; 320 hab.

FRAMLINGHAM, b. d'Angleterre, comté de Suffolk, à la source de l'Ore; 2400 hab.

FRAMONT, ham. de Fr., Vosges, com. de Grand-Fontaine; fer et tôle pour chaudières à vapeur; 300 hab.

FRAMPAS, vg. de Fr., Haute-Marne, arr. de Vassy, cant. et poste de Montiérender; 210 hab.

FRAMPOL, v. de Pologne, woïwodie de Lublin; 700 hab.

FRANC (le), ham. de Fr., Marne, com. d'Esternay; 180 hab.

FRANÇAIS (les), ham. de Fr., Puy-de-Dôme, com. de Charnat; 160 hab.

FRANÇAISE (la), pet. v. de Fr., Tarn-et-Garonne, arr., à 3 1/2 l. N.-N.-O. et poste de Montauban, chef-lieu de canton; 3780 h.

FRANC-ALEU, ham. de Fr., Seine-Inférieure, com. de Rouen; 500 hab.

FRANCALMONT, vg. de Fr., Haute-Saône, arr. de Lure, cant. de St.-Loup, poste de Luxeuil; 370 hab.

FRANCARVILLE, vg. de Fr., Haute-Garonne, arr. de Villefranche-de-Lauragais, cant. et poste de Caraman; 300 hab.

FRANCASTEL, vg. de Fr., Oise, arr. de Clermont, cant. et poste de Crèvecœur; 920 hab.

FRANCAVILLA, v. du roy. des Deux-Siciles, prov. d'Otrente; 11,000 hab.

FRANCAVILLA, v. de Sicile, intendance de Messine, sur le côté N.-E. de l'Etna; 4000 hab.

FRANÇAY, vg. de Fr., Loir-et-Cher, arr. de Blois, cant. et poste d'Herbault; 440 h.

FRANCAZAL, vg. de Fr., Haute-Garonne, arr. de St.-Gaudens, cant. de Salies, poste de St.-Martory; 110 hab.

FRANCE*, *Gallia*, roy. de l'Europe occidentale, entre 7° 5′ de long. occ. et 5° 56′ de long. orient., et entre 42° 20′ et 51° 5′ de lat. N.

La France est bornée au N. par la Manche et le Pas-de-Calais, qui la séparent de l'Angleterre, par la Belgique, la prov. prussienne du Bas-Rhin et la Bavière rhénane; à l'O. par l'Océan Atlantique, au S. par la Méditerranée et les Pyrénées, qui la séparent de l'Espagne, et à l'E. par le grand-duché de Bade, la Suisse et le roy. de Sardaigne, avec lesquels ses limites sont déterminées par le Rhin, le Jura, le Rhône et les Alpes.

La superficie de la France est de 27,304 l. c. géogr. (de 25 au degré); sa plus grande longueur du S. au N., depuis Suitcoote, au N.-O. de Dunkerque, jusqu'au col de Falguère, au S.-S.-E. de Prats-de-Mollo (Pyrénées-Orientales), est de 220 l., et sa plus grande largeur de l'O. à l'E., depuis l'extrémité la plus occidentale du dép. du Finistère jusqu'au pont de Kehl, à 3/4 l. E. de Strasbourg, de 218 l.

La France appartient à la zône tempérée; cependant elle offre une grande variété de climats, produite par des causes locales, telles que l'exposition, la hauteur au-dessus du niveau de la mer, etc., ou par des causes accidentelles, telles que le déboisement, l'état de la culture, le desséchement des marais, le défrichement, etc.

D'après les documents publiés par M. Du-

---

* En décrivant cette riche contrée, centre de la civilisation moderne, nous songions à nous prémunir contre le sentiment d'affection qui pourrait nous porter à exagérer les avantages de notre belle patrie; mais les richesses dont la nature s'est plue à la combler sont assez nombreuses, les rayons de gloire qui l'environnent sont assez éclatants pour que notre imagination ne cherche pas à l'embellir encore.

châtel, le sol de la France présentait, en 1834, les divisions suivantes :

Terres labourables	25,559,152 hect.
Prés	4,834,621 «
Vignes	2,134,822 «
Vergers et jardins	643,699 «
Bois	7,422,314 «
Oseraies, aulnaies, etc.	64,489 «
Landes, bruyères	7,799,672 «
Cultures diverses	951,934 «
Superficie des propriétés bâties	241,842 «
Étangs et abreuvoirs	209,431 «
Canaux de navigation	1,631 «
Routes, places, rivières, lacs, cimetières, églises et en général toutes propriétés non imposables	2,896,686 «
Total	52,760,293 hect.

Montagnes. Les deux grandes chaînes de montagnes, les Pyrénées et les Alpes, qui bornent la France au S. et à l'E, projettent dans l'intérieur du pays un grand nombre de ramifications, auxquelles on a donné des noms particuliers, et que M. Balbi comprend sous les dénominations de systèmes alpique et hespérique. Le même géographe comprend, dans un troisième système qu'il nomme gallo-francique, toutes les montagnes qui sillonnent l'intérieur de la France, et qui sont situées à l'O. du Rhône, de la Saône-Inférieure, du Doubs, au N. de la Garonne, du canal du Midi et de l'Aude. Les Pyrénées, chaîne principale du système hespérique, forment la limite naturelle et politique entre l'Espagne et la France ; les groupes les plus considérables et les sommets les plus majestueux de cette chaîne se trouvent dans les vallées supérieures de la Garonne. Les pics les plus remarquables sont :

La Vigne-Male	3356 mètres.
Le Maladetta	3355 «
Le Mont-Perdu	3410 «
Le Cylindre de Marboré	3332 «
Le Pic-Long	3250 «
Le Pic-du-Midi	2972 «
Le Canigou	2781 «

Les vallées magnifiques que forment les Pyrénées sur le versant septentrional s'étendent du N. au S. et présentent une suite de défilés qui s'abaissent en gradins. La plus délicieuse de toutes ces vallées est celle de Campan, arrosée par l'Adour. Une des particularités les plus curieuses des vallées pyrénéennes, c'est que plusieurs offrent, à l'endroit où elles commencent, de vastes bassins, fermés de trois côtés par un mur semi-circulaire, que les gradins qui le surmontent font ressembler à un amphithéâtre. Parmi ces bassins, que l'on nomme *cirques,* le plus remarquable est celui de Gavernie, d'où sort le gave de Pau. Au-dessus de la muraille granitique de cet amphithéâtre s'élèvent les deux tours de Marboré et à droite de celles-ci la célèbre brèche de Ro-

land. *Voyez* PYRÉNÉES. A l'E. de la France s'élève la chaîne gigantesque des Alpes cottiennes, qui couvrent particulièrement de leurs ramifications les dép. des Basses-Alpes des Hautes-Alpes, de la Drôme et de l'Isère, et s'aplatissent à l'O., en s'abaissant vers le Rhône. Au S. de cette chaîne s'étendent les Alpes maritimes, qui du mont Viso, d'où jaillit le Pô, s'avancent jusqu'à l'embouchure du Var et à la Méditerranée. Les masses les plus formidables et les plus majestueuses de ces parties du système alpique existent entre Grenoble et Briançon et séparent le bassin de la Durance de celui de l'Isère, qui arrose la plus belle des vallées alpiques en France.

Les points culminants des Alpes françaises sont :

Le Pelvoux de Valouise	4300 mètres.
Le Mont-Olan	4214 «
Le Mont-Viso	4200 «
Le Mont-Genèvre	3590 «
Le glacier d'Ambin	3372 «
L'Aiguille-Noire	3200 «
La Roche-Brune	3100 «

Le Jura, qui sépare la France de la Suisse, est une chaîne secondaire des Alpes ; elle se rattache par le Jorat aux Alpes bernoises ; elle est composée de plusieurs chaînons parallèles, qui, depuis le coude que forme le Rhône à l'extrémité N.-O. de la Savoie, traversent, dans une direction N.-E., les dép. de l'Ain, du Jura et du Doubs, et s'avancent en Suisse jusqu'à l'embouchure de l'Aar dans le Rhin.

Les points culminants du Jura, en France, sont :

Le Reculet	1717 mètres.
Le Mont-Tendre	1690 «
La Dôle	1681 «
Le Colombier	1675 «
Le Chasserale	1610 «

Les montagnes de l'intérieur de la France ou du système gallo-francique sont : 1° les Cévennes, connues sous les noms de montagnes Noires, dans les dép. de l'Aude et de l'Hérault ; de l'Epinous, entre les dép. du Tarn, de l'Aveyron et de l'Hérault ; de Garrigues, dans ceux de l'Aveyron et du Gard ; de Gévaudan ou Cévennes proprement dites, dans la Lozère ; de monts du Vivarais, dans l'Ardèche ; de Lyonnais, dans le Rhône et enfin de Charollais, dans le dép. de Saône-et-Loire.

Les points culminants de cette chaîne sont :

Le Mezen	2000 mètres.
La Lozère	1480 «
Le Mont Pilet	1200 «
Le Pic-Montant	1040 «

2° Les monts d'Auvergne, ramification des Cévennes, auxquelles ils se rattachent par les montagnes de la Margeride, dont le sommet principal est le mont Boissier de 1890 mètres d'élévation. Le Puy-de-Sancy de 1484 m., le Plomb du Cantal de 1856 m.

et le Puy de Dôme de 1467 mètres sont les sommets les plus élevés des monts d'Auvergne.

3° Les Vosges, qui se lient aux Cévennes par les monts de Faucilles et ceux de la Côte-d'Or. Le Ballon de Guebviller et le Bærenkopf, tous deux de 1400 mètres, sont les points culminants de cette chaîne, qui s'étend entre la Lorraine et l'Alsace et s'unit aux montagnes du Haardt, près de la source de la Lauter.

4° Les Ardennes, qui s'étendent à travers les dép. de la Meuse, des Ardennes et de la Moselle, n'ont point de sommets qui dépassent 600 mètres.

5° Les monts d'Arrée ou montagnes Noires (chaîne armorique de Balbi), qui s'étendent sur les départements de la Bretagne et une partie de la Normandie, ne se composent que de collines, en grande partie granitiques, et dont le point culminant n'a pas plus de 100 mètres d'élévation.

6° Enfin, la chaîne qui sillonne la Corse et dont le Monte-Rotondo, de 2670 mètres d'élévation, est le point culminant.

Iles. Plusieurs îles de l'Océan et de la Méditerranée font partie de la France. Sur la côte occidentale, qui forme une courbe d'environ 932 kilomètres, depuis le cap Finistère jusqu'à l'embouchure de la Bidassoa, on trouve, en allant du N. au S., les îles d'Ouessan, l'île de Seïn et celle de Glenan, l'île de Groix, Belle-Ile, l'île de Noirmoutier, l'Ile-Dieu, l'île de Ré, celle d'Oleron et l'îlot de la tour de Cordouan, à l'embouchure de la Gironde. Sur les côtes françaises de la Manche, qui s'étendent depuis le cap Finistère jusqu'à Dunkerque, sur une longueur de 920 kilomètres, on trouve l'île de Baz, les îles Meloine et les Cadores, au N. du Finistère; le groupe des îles Chausey et le rocher sur lequel s'élève le mont St.-Michel; enfin, sur les côtes méridionales, qui présentent un développement de 600 kilomètres, depuis le cap Serbères jusqu'à l'embouchure du Var, les îles d'Embiez, d'Hières et de Lérins.

Les caps les plus remarquables que présentent les côtes de France sont : le cap Gris-Nez, dans le dép. du Pas-de-Calais, entre Calais et Boulogne; la pointe de Barfleur, à l'extrémité N.-E. du dép. de la Manche; le cap de la Hague, à l'extrémité N.-O. du même département; le bec du Raz et la pointe de Penmark au S.-O. du dép. du Finistère.

Lacs et étangs. La France ne renferme qu'un petit nombre de lacs proprement dits: celui de Grand-lieu, dans le dép. de la Loire-Inférieure, mérite seul d'être cité; mais ses côtes S.-O. et S.-E. offrent un grand nombre de lagunes et d'étangs, dont les plus considérables sont : l'étang de Carcans et celui de Certes, dans le dép. de la Gironde, l'étang de Sanguinet dans les Landes, de Leucate dans les Pyrénées-Orientales, de Sigean dans l'Aude, de Thau et de Mauguio dans l'Hérault, de la Camargue et de Berre dans les Bouches-du-Rhône, enfin l'étang de Bigaglia, sur la côte E. de la Corse.

Fleuves et rivières. La France est arrosée et fertilisée par 21 fleuves et près de 6000 rivières et ruisseaux. Six de ces fleuves, savoir : le Rhin, la Meuse, la Seine, la Loire, la Gironde et le Rhône figurent parmi les plus remarquables de l'Europe, et leurs cours forment les six bassins principaux qui divisent la France et auxquels se rattachent, suivant leurs positions, les bassins secondaires, formés par les fleuves moins considérables. Nous en donnerons un tableau détaillé en parlant de la navigation intérieure. Cependant nous les décrirons ici succinctement.

Tributaires de la mer du Nord. Le Rhin qui a sa source au mont St.-Gothard, en Suisse; il forme depuis Bâle jusqu'à une lieue N.-E. de Lauterbourg la limite entre l'Alsace et le grand-duché de Bade. Ses principaux affluents de gauche sont : l'Ill, le Moder, la Seltzbach et la Moselle. Cette dernière rivière se jaint au Rhin à Coblentz, dans la Prusse rhénane.

La Meuse, qui a sa source dans le dép. de la Haute-Marne, sur le plateau de Langres, traverse une partie du dép. des Vosges, ceux de la Meuse et des Ardennes et entre dans la Belgique. Ses affluents en France sont : à la droite le Chier et à la gauche la Sambre.

L'Escaut prend sa source dans le dép. de l'Aisne, traverse celui du Nord et pénètre ensuite dans la Belgique; il reçoit la Scarpe au-dessous de Condé et la Lys à Gand, en Belgique.

Tributaires de la Manche. La Somme, qui prend également sa source, dans le dép. de l'Aisne, traverse le département auquel elle donne son nom et se jette dans la Manche.

La Seine, qui sort du mont Tasselot, dans le dép. de la Côte-d'Or, traverse ceux de l'Aube, de Seine-et-Marne, de Seine-et-Oise, de l'Eure et de la Seine-Inférieure, où elle se jette dans la Manche, près du Hâvre-de-Grâce. Ses principaux affluents sont, à droite: l'Aube, la Marne, l'Oise; et à gauche: l'Aisne, l'Yonne et l'Eure.

L'Orne a sa source dans les monts d'Arrée, dans le département auquel il donne son nom; il traverse celui du Calvados, où il se jette dans la Manche, à 4 l. N.-N.-E. de Caen.

La Vire, qui naît aussi dans les mêmes montagnes, dans le dép. du Calvados, qu'elle traverse en partie, ainsi que celui de la Manche, se jette ensuite dans la Manche.

La Rance a sa source dans les monts d'Arrée, dans le dép. des Côtes-du-Nord, dont elle arrose la partie orientale, et se jette dans la Manche à St.-Malo.

Tributaires de l'Océan Atlantique. L'Aulne naît dans les monts d'Arrée, dans le dép. des Côtes-du-Nord, traverse de l'E. à l'O. le dép. du Finistère et se jette dans l'Océan par le bassin de Brest.

Le Blavet, qui a sa source dans les mêmes montagnes et le même département que l'Aulne, traverse du N. au S.-O. le dép. du Morbihan et se jette dans l'Océan à Lorient.

La Vilaine prend aussi sa source dans la chaîne Armorique, sur la limite O. du dép. de la Mayenne; elle traverse celui d'Ille-et-Vilaine de l'E. à l'O. jusqu'à Rennes, puis du N. au S. jusqu'à l'extrémité méridionale du département, où elle reprend sa direction O. pour entrer dans celui du Morbihan, où elle se jette dans l'Océan au-dessous de la Roche-Bernard. Elle reçoit à droite l'Ille et à gauche la Seiche et la Chère.

La Loire a sa source au Gerbier-le-Joux, dans le dép. de l'Ardèche, arrose les dép. de la Haute-Loire, de la Loire, de Saône-et-Loire, de l'Allier, de la Nièvre, du Cher, du Loiret, du Loir-et-Cher, de l'Indre-et-Loire, du Maine-et-Loire et de la Loire-Inférieure, où elle s'embouche dans l'Océan au-dessous de Paimbœuf. Ses principaux affluents de droite sont: l'Arroux, la Nièvre et la Mayenne; ses principaux affluents de gauche: l'Allier, le Loiret, le Cher, l'Indre, la Vienne et la Sèvre-Nantaise.

La Sèvre-Niortaise, qui naît dans le dép. des Deux-Sèvres qu'elle traverse de l'E. à l'O., forme ensuite la limite entre ceux de la Vendée et de la Charente-Inférieure; elle se jette dans l'Océan au-dessous de Marans, après avoir reçu la Vendée à droite.

La Charente, qui a sa source dans la Haute-Vienne, traverse les deux départements auxquels elle donne son nom et se jette dans l'Océan au-dessous de Rochefort.

La Garonne prend sa source dans la vallée d'Arrau, en Espagne, traverse les dép. de la Haute-Garonne, de Tarn-et-Garonne, puis confond ses eaux avec celles de la Dordogne, qui naît au pied du Mont-d'Or, dans le dép. du Puy-de-Dôme, et arrose les dép. de la Corrèze, du Cantal, du Lot et de la Dordogne. Ces deux cours d'eaux réunis prennent le nom de Gironde, qu'ils donnent aussi au département où leur jonction a lieu au-dessous de Bourg-du-Bec-d'Ambès, après qu'ils ont traversé séparément une grande partie de ce dernier département. La Gironde s'embouche dans l'Océan, vis-à-vis le rocher de la tour de Cordouan. Les principaux affluents de la Garonne sont: à droite, l'Arriège, le Tarn, le Lot, et à gauche, le Gers. Ceux de la Dordogne sont: à droite, la Vezère, l'Isle, et à gauche, la Cère.

L'Adour, qui a sa source dans les Hautes-Pyrénées, traverse au S.-O. le dép. du Gers, celui des Landes et celui des Basses-Pyrénées, et se jette dans l'Océan au-dessous de Bayonne. Principaux affluents: la Midouze à droite, et le Gave-de-Pau à gauche.

Tributaires de la Méditerranée. L'Aude, qui prend sa source dans le dép. des Pyrénées-Orientales, traverse, dans une direction N.-E., le département auquel elle donne son nom et se jette dans la Méditerranée, au port de la Nouvelle. Elle reçoit l'Orbieu à droite.

L'Hérault, dont la source est dans les Cévennes, dans le dép. du Gard, qu'il traverse en partie pour entrer dans celui auquel il donne son nom et qu'il parcourt du N. au S., se jette dans la Méditerranée, au dessous d'Agde.

Le Rhône, qui naît en Suisse, sépare le dép. de l'Ain de la Savoye et traverse ou baigne les dép. du Rhône, de l'Isère, de la Loire, de l'Ardèche, de la Drôme, de Vaucluse, du Gard et des Bouches du Rhône, où il se jette par plusieurs bouches dans le golfe de Lyon. Ses principaux affluents de droite sont: l'Ain, la Saône, l'Ardèche et le Gard; ceux de la gauche sont: l'Isère, la Drôme et la Durance.

L'Argens, qui a sa source dans le dép. du Var qu'il traverse de l'O. à l'E., se jette dans le golfe de Fréjus. L'Arluby, qu'il reçoit à la droite, est son principal affluent.

Le Var, qui naît dans le Piémont, forme la limite entre le comté de Nice et le dép. du Var. L'Esteron est son principal affluent en France.

Navigation de l'intérieur. Les grandes ressources que ces fleuves et leurs nombreux affluents offrent aux communications, ont fixé l'attention dès les temps les plus reculés. Strabon établit un système de navigation de l'intérieur des Gaules, dans lequel il cherche la réunion de la Méditerranée avec l'Océan. A la fin du huitième siècle Charlemagne eut la pensée plus étendue de créer une jonction entre l'Océan et le Pont-Euxin. Mais tous ces projets ne purent recevoir une juste application avant l'invention des écluses, qui paraît dater du seizième siècle.

Parmi le peu de travaux de canalisation qui nous restent des Romains nous devons citer la robine de Narbonne, canal dérivé de l'Aude et se versant dans la mer au-dessous de Narbonne; il est usité aujourd'hui depuis l'Aude jusqu'au canal du Languedoc. Dans le moyen âge rien ne fut fait en France pour faciliter la navigation. Pendant les premiers siècles de cette période, les Français, retombés dans la barbarie, loin de songer à créer, semblaient vouloir tout détruire. Et quand, vers l'époque de la renaissance, on aurait pu concevoir des projets pour l'amélioration des voies nautiques, le système féodal s'y serait opposé : les seigneurs étaient propriétaires des cours d'eau; ils y avaient établi des usines, et, jaloux de leurs possessions, ils auraient été peu disposés à céder le moindre de leurs droits en faveur d'un bien général. Pour créer d'ailleurs des lignes de navigation, il aurait fallu une unité de volonté qui ne pouvait pas exister alors que tous les intérêts étaient divisés. Les exactions des grands gênaient même la circulation sur les rivières naturellement navigables.

C'est dans la Flandre, pays qui jouissait sous ses comtes d'une certaine liberté, que nous retrouvons les premiers travaux pour faciliter les transports par eau. La Scarpe a reçu des perfectionnements dès le douzième siècle, et le canal de Béthune se trouve établi en 1500. La France ne tarda pas à suivre cet exemple : le cours de la Vilaine fut rectifié entre Redon et Rennes de 1538 à 1575; les premiers projets pour le canal du Centre datent de 1515, et pour celui du Languedoc de 1539 ; à la fin de ce siècle Sully rejette un premier projet pour le canal du Berry, parce que les fonds lui manquent pour l'exécution. Il était réservé au dix-septième siècle de travailler efficacement pour l'amélioration de la navigation intérieure. De nombreux travaux furent faits dans les rivières, et c'est à la France que l'on doit l'idée de cumuler les eaux sur une montagne pour en alimenter des canaux sur ses deux versants : le premier canal qui ait été établi à point de partage est celui de Briare; il fut commencé en 1605, par Sully, sur les projets conçus, sous François Ier, par Adam de Craponne et rectifiés par le sieur de Bourgneuf. Plusieurs autres lignes moins importantes furent exécutées dans le courant du même siècle, tant en France que dans la Flandre occidentale; et les premiers projets pour la plupart des canaux qui viennent d'être terminés remontent à cette époque. Parmi les hommes qui se distinguèrent alors successivement ou par l'étude ou par l'exécution des travaux nous devons citer : Adam de Craponne, Sully, Vauban, Riquet et Andréossi. Dans la première moitié du dix-huitième siècle nous voyons s'établir les canaux de Crozat, du Loing et d'Ardres ; dans la seconde moitié tous les anciens projets sont repris; la Lys canalisée, les canaux de Givors, du Centre et d'Orléans exécutés. La révolution vint interrompre les travaux de canalisation qui ne furent repris que sous le consulat; de nouveaux projets furent conçus sous l'empire et leur réalisation commencée. Mais ce qui était arrivé pendant les guerres des siècles antérieurs et pendant la révolution arriva encore : les travaux cédèrent le pas aux armes. Les ordonnances du 5 août 1821 et du 14 août 1822 déterminèrent enfin l'ouverture du canal des Ardennes, de celui latéral à la Loire et le parachèvement des canaux du Rhône-au-Rhin, de la Somme, d'Aire-à-la-Bassée, de Bourgogne, de Bretagne, d'Arles à Bouc, du Nivernais et du Berry. Ces canaux sont terminés ou sur le point de l'être.

La jonction entre les trois mers qui baignent les côtes de la France, ainsi que la jonction entre les principaux bassins, est établie, comme l'indique le tableau que nous allons tracer.

TABLEAU DES FLEUVES ET PLUS IM
AVEC LEURS PRINCIPAUX AFFLUENTS ET

FLEUVES ET RIVIÈRES FORMANT LES BASSINS.	AFFLUENTS.	POINT DE CONFLUENCE.	DISTANCES navigables en l. de 25 au degré.	LIEUX OU ILS DEVIENNENT NAVIGABLES.
SEINE, navigable sur 124 3/4 l. (25 au degré) depuis Marcilly; se jette dans le canal de la Manche au Hâvre.	AUBE.......	Pont-sur-Seine.	7 3/4	Arcis.
	YONNE......	Montereau.	21	Auxerre.
	MARNE......	Charenton.	77	St.-Didier.
	avec l'OURCQ..	Mary.	8 1/4	La Ferté-Milon.
	OISE.......	Conflans-Ste.-Honorine.	27 1/4	Chauny.
	avec l'AISNE...	Compiègne.	28	Château-Porcien.
	EURE.......	Pont-de-l'Arche	20 3/4	près St.-Georges.
ESCAUT, sort du territoire français au château de Mortagne...............		—	15 1/4 en. Fr^e	Cambrai.
AA, se verse dans la mer à Gravelines.....		—	6 2/3	St.-Omer.
SOMME, se jette dans la mer à Abbeville...		—		canalisée.
LOIRE, navigable sur 182 3/4 l. depuis la Noirie; se jette dans l'Océan à Nantes.	ALLIER......	1 1/2 l. de Nevers.	54 1/4	Brioude.
	CHER.......	vis-à-vis St.-Mars.	35 3/4	Vierzon.
	VIENNE.....	Candes.	20	près Châtellerault.
	MAYENNE....	1/2 l. d'Angers.	21 1/4	Laval.
	avec la SARTHE.	1 l. d'Angers.	26	Arnage.
	et le LOIR.....	Briolai.	25 1/2	Château-du-Loir.
RANCE, se jette dans la mer à St.-Malô....		—	3	Dinan.
AULNE, se jette dans la rade de Brest.....		—	5 1/4	Port-Launay.
VILAINE, se jette dans la mer en aval de la Roche-Bernard..................		—	31 1/2	Cesson, 1 3/4 l. de Rennes.
CHARENTE, se verse dans la mer à 3 l. en aval de Rochefort.................		—	43	Montignac.
SÈVRE-NIORTAISE, se jette dans la mer dans l'anse d'Aiguillon................		—	18 1/2	Niort.
GARONNE, navigable sur 96 1/3 l. depuis Cazères; prend le nom de Gironde après sa jonction avec la Dordogne, et se verse dans l'Océan à Royan.	TARN......	Moissac.	27	Gaillac.
	LOT........	Aiguillon.	66 1/4	Entraigues.
	DROPT......	Gironde.	19 3/4	Eymet.
	DORDOGNE...	Bec d'Ambès.	65 2/3	Mayronne.
	avec la VEZÈRE.	Limeuil.	10	Montignac.
	et l'ISLE.....	Libourne.	26 1/4	Laubardemont.
ADOUR, navigable sur 25 3/4 l. depuis St.-Séver; se verse dans le golfe de Bayonne.	MIDOUZE.....	Tartas.	9 3/4	Mont-de-Marsan.
MEUSE, navigable sur le territoire français de Verdun jusqu'à Charlemont, sur 47 l.	SAMBRE.....	Namur.	12 3/4 en Fr^e	Landrecies.
RHIN, navigable sur le territoire français entre St.-Louis et Lauterbourg, sur 40 l.	ILL.......	Wantzenau.	22 1/4	1 l. de Colmar.
	MOSELLE....	Coblence.	20 en Fr^e	Frouard.
	avec la MEURTHE	Frouard.	2 1/4	Nancy.
RHONE, navigable sur 117 l. depuis le fort de l'Écluse; se verse dans l'Océan par deux bras: le Grand-Rhône, à la tour St.-Louis, et le Petit-Rhône, à l'O., près des îles Ste.-Marie.	AIN.......	Anthon.	21 3/4	Chartreuse de Vaucluse.
	SAONE.....	Lyon.	65	Gray.
	DOUBS.....	Verdun.		Fait partie du canal du Rhône-au-Rhin depuis Clerval.
	ISÈRE.......	2 l. de Valence.	31 1/4	Montmeillant.

PORTANTES RIVIÈRES DE FRANCE,
INDICATION DES CANAUX DE JONCTION.

CANAUX DE JONCTION.

La SEINE correspond avec la Loire par le canal de Loing et ses deux embranchements : les canaux de Briare et d'Orléans.
L'YONNE reçoit le canal de Bourgogne, par lequel elle correspond avec la Saône.
La MARNE reçoit le canal de Paris à Strasbourg, par lequel elle correspond avec le Rhin.
L'OURCQ est canalisée et reçoit à la Vilette, près Paris, le canal de St.-Denis, dérivé de la Seine près de la ville de St.-Denis.
L'OISE correspond, par les canaux de Picardie et de Calais, avec la Manche ; par les canaux de Dunkerque avec la mer du Nord, et par les canaux de Lille avec l'Escaut et la Belgique.

Correspond par la Deule et la Scarpe avec les canaux de Lille et de Dunkerque, et reçoit le canal de Mons à Condé.
Fait partie des canaux de Calais.
Joint le port d'Abbeville avec l'Oise (*Voyez* Somme à l'art. PICARDIE, canaux de).
La LOIRE a un canal latéral depuis Roanne ; il correspond à Digoin avec la Saône, par le canal du Centre, et retombe dans la rivière à Briare. Les canaux de Briare et d'Orléans la joignent, par le canal de Loing, avec la Seine. Le canal de Berry opère la jonction de la Haute et Basse-Loire avec le Cher, entre Montluçon, Nevers et Tours. Au N. de Nantes, les canaux de Bretagne embouchent dans la Loire et se ramifient sur Redon, Lorient, Brest et St.-Malô.
Fait partie de la ligne des canaux de Bretagne qui réunit les ports de Nantes et de St.-Malô.
Fait partie de la ligne des canaux de Bretagne qui réunit le port de Nantes avec celui de Brest.
Rendue navigable sous François Ier (1538—1575), au moyen de 15 écluses. Fait partie des canaux de Bretagne.
Deux canaux projetés doivent la réunir, avec la Vienne de Civray à Châtellerault, et avec la Gironde de Saintes à Blaye. Elle alimente le petit canal de Brouage et reçoit celui de Charas.

Cette rivière fait partie du canal de La Rochelle, qui s'étend depuis ce port jusqu'à Niort.
La GARONNE fait jonction avec le Rhône par les canaux de Languedoc, des Étangs et de Beaucaire ; cette ligne a des embranchements sur Narbonne, Montpellier et Lunel. Le canal projeté des Landes la fera correspondre par la Midouze et l'Adour avec le golfe de Bayonne.

La MIDOUZE recevra le canal des Landes qui embouche dans la Garonne à Aiguillon.

La HAUTE-MEUSE correspondra avec le canal de Paris à Strasbourg par un embranchement de ce dernier depuis Toul jusqu'à Verdun.

L'ILL fait la jonction du Rhin avec le canal du Rhône-au-Rhin à travers la ville et la banlieue de Strasbourg et reçoit, 1/2 l. en amont de la ville, le petit canal de la Bruche.
La MOSELLE correspondra, par la Meurthe depuis Nancy, avec le Rhin et la Marne, par le canal de Paris à Strasbourg.

Le RHONE reçoit à Givors le canal du même nom, venant des rives de Gier et se rattachant au chemin de fer de St.-Étienne.
La SAONE correspond avec le Rhin par le canal du Rhône-au-Rhin, avec la Seine par le canal de Bourgogne et l'Yonne, et avec la Loire par le canal du Centre.
Le canal du Rhône-au-Rhin est établi en partie dans le lit du Doubs.

Pour rendre plus intelligible ce tableau, nous donnons quelques itinéraires de navigation.

De Strasbourg à Dunkerque : Canal du Rhône-au-Rhin, Saône à St.-Symphorien, canal de Bourgogne à St.-Jean-de-Losne, Yonne à Laroche, Seine à Montereau, Oise à Conflans, canal de Lafère, de St.-Quentin (*Voyez* de PICARDIE) et de Béthune.

De St.-Symphorien à Bordeaux : Saône, Rhône à Lyon, canal de Beaucaire à Beaucaire, canal des Étangs près Lunel, canal du Languedoc près Cette, Garonne à Toulouse.

De Châlons-sur-Saône à Nantes : Canal du Centre à Châlons, canal latéral à la Loire à Digoin, la Loire à Briare. On peut raccourcir en prenant le canal de Berry depuis Nevers jusque dans le Cher à Selles, si la largeur des bateaux n'atteint pas 2 mètres 70 centimètres.

De Nevers à Paris : Canal latéral à la Loire, canal de Briare à Briare, canal de Loing à Montargis, la Seine à Moret.

Les écluses de tous les canaux de jonction peuvent recevoir des bateaux de 30 mètres de longueur sur 5 mètres de largeur, dont la capacité est de 800 à 1000 quintaux métriques, avec un tirant d'eau de 1 mètre 10 centimètres à 1 mètre 15 centimètres. Ces cargaisons exigent un équipage de 3 hommes et 2 chevaux et ils peuvent franchir de 8 à 10 l. dans une journée. En lit de rivière et à la remonte l'équipage doit être nécessairement augmenté et la vitesse de la marche diminue. Le canal du Berry seul a des écluses de 2 mètres 70 centimètres de largeur. Le passage d'une écluse demande de 3 à 4 minutes. Le prix moyen des transports sur les canaux est de 5 à 7 centimes par quintal métrique et par lieue de 500 mètres, droits de navigation compris; les matériaux, tels que pierres de taille, bois de construction, houille, ne reviennent même qu'à 2 ou 3 centimes, ce qui présente une économie de plus de moitié sur les transports par terre.

Outre les voies de communication dont nous venons de parler et les nombreuses routes qui sillonnent le pays, et dont les plus importantes partent de Paris et rayonnent vers les principaux points de nos frontières et de nos côtes, la France compte quelques chemins de fer ouverts à la circulation, plusieurs autres en voie d'exécution et un certain nombre qui ne sont encore que des projets, dont la réalisation amènera sans doute de grands changements, surtout dans l'économie industrielle. Voici la liste des chemins de fer exécutés ou en cours d'exécution.

Chemins exécutés.

De St.-Étienne à Andrezieux	22,000 mètres.
De St.-Étienne à Lyon . . .	58,000 »
D'Andrezieux à Roanne . .	67,000 »
Transport . .	147,000 mètres.

Transport . .	147,000 mètres.
D'Epinac au canal de Bourgogne	28,000 »
De Nîmes à Beaucaire . . .	24,000 »
De Montbrison à Montrond	15,500 »
De Paris à St.-Germain . .	18,400 »
De St.-Vaast à Denain . . .	8,800 »
De Cette à Montpellier . .	27,000 »
De Paris à Versailles (rive droite de la Seine). . . .	18,345 »
De Mulhouse à Thann. . .	19,660 »
Du Creusot au canal du Centre	10,000 »
De Villers-Cotterets au Port-aux-Perches	8,153 »

Chemins en cours d'exécution.

De Paris à Versailles (rive gauche de la Seine) . . .	18,630 mètres.
De Nîmes à Alais.	46,419 »
D'Alais à la Grand'Combe .	18,000 »
D'Epinac au canal du Centre	24,031 »
De Bordeaux à la Teste . .	51,000 »
D'Abscon à Denain	5,940 »
De Strasbourg à Bâle. . . .	140,000 »
De Montet-aux-Moines à l'Allier	25,000 »
De Paris à Orléans	120,000 »

Total 773,878 mètres ou 174 1/2 l.

Productions. Quoique les bonnes méthodes de culture ne soient pas encore généralement adoptées et qu'il reste annuellement un grand nombre de terres en jachères, l'agriculture a pourtant fait des progrès depuis cinquante ans, et parmi ses conquêtes il faut mettre au premier rang la culture en grand de la betterave et du pastel, qui jouent aujourd'hui un rôle important dans l'industrie nationale. Les richesses végétales de la France sont très-considérables et consistent principalement en céréales et légumes de toute espèce, en plantes textiles et oléagineuses. L'huile d'olive de la Provence est plus estimée que celle d'Espagne et d'Italie. On récolte des pommes de terre en abondance, une assez grande quantité de truffes, du tabac, de la chicorée, de la garance, du safran, de la moutarde, du houblon, de l'anis, de la réglisse et les fruits les plus exquis du continent européen; les vins de France, si justement renommés et qui sont l'objet d'une exportation très-considérable, que l'on évalue à plus d'un million d'hectolitres par an. Parmi ces vins on distingue plus particulièrement ceux de Champagne, le Bordeaux, le Bourgogne, les vins muscats de Frontignan, de Lunel, etc.; les vins du Rhône, tels que le Côte-rôtie et de l'Hermitage, ceux de l'Orléanais; enfin les vins de liqueur des Pyrénées-Orientales, de la Drôme, du Haut-Rhin et de l'Hérault. Les belles forêts des Vosges, des Ardennes, du Jura, des Cévennes, des Pyrénées, du Morvan, d'Orléans, de Fontainebleau, de Compiègne, etc., fournissent encore de beaux bois pour la construction des vaisseaux, pour la charpente et l'ébénisterie ; l'espèce de chêne, dont l'écorce est le liége, se trouve en assez grande quantité dans le midi. Le sol produit plus de 6000 espèces de végétaux, et l'énumération en deviendrait trop longue.

Les animaux domestiques les plus communs en France sont : les chevaux (ceux de la Normandie, du Limousin et de la Navarre sont de belle race), les ânes, les mulets (surtout en Auvergne et dans les provinces méridionales), les bêtes à cornes et à laine, parmi lesquelles il faut citer les chèvres du Thibet et les mérinos, espèces introduites, dont l'éducation a parfaitement réussi (l'on compte aujourd'hui en France plus de 6,000,000 de moutons mérinos), les porcs, une grande quantité de volailles, etc.

Parmi les animaux sauvages on distingue l'ours, dans les Pyrénées et les Alpes ; le lynx, beaucoup plus rare, dans les Cévennes et les Hautes-Alpes ; le loup, dans les Vosges, les Pyrénées et les Alpes ; le renard, le chat sauvage, le sanglier, le cerf, le chevreuil, le daim, le chamois, le mouflon de Corse, le lièvre, le lapin, l'écureuil, le blaireau, la loutre, etc. On trouve aussi en France un grand nombre d'oiseaux, dont les plus connus sont : le vautour, l'aigle, le faucon, le milan, l'épervier, le grand-duc, la chouette, parmi les oiseaux de proie ; les autres espèces sont : la perdrix, la caille, l'alouette, la grive, le bec-figue, l'ortolan, la huppe, le loriot, la mésange, le martin-pêcheur, l'hirondelle, etc. ; mais la plupart de ces espèces se composent d'oiseaux voyageurs. On trouve aussi plusieurs sortes d'oiseaux aquatiques, tels que : la bécasse, la bécassine, le pluvier, la macreuse, l'alouette de mer, le canard sauvage, et, pendant les hivers rigoureux, l'outarde et le cygne.

Parmi les reptiles que le pays renferme, l'aspic et la vipère commune sont presque les seuls venimeux. Les côtes de France et les rivières sont généralement poissonneuses. La pêche des huîtres, de la raie, du turbot, du saumon, du maquereau, du hareng, de la sardine, etc., dans la Manche et l'Océan ; celle du thon et de l'anchois, dans la Méditerranée, forment une branche de commerce fort importante pour les départements maritimes. Parmi les insectes utiles on distingue les abeilles, que l'on élève dans toutes les parties de la France ; les vers à soie, objet d'une industrie qui prospère dans quelques départements ; la cochenille, que l'on est parvenu à propager dans les départements méridionaux ; la cantharide, etc.

En fait de minéraux, la France a été traitée avec plus de parcimonie, en ce sens que les produits de ses mines métalliques ne suffisent pas à la consommation, que le développement de l'industrie a prodigieusement augmentée. Cependant elle possède des mines nombreuses, savoir : de charbons de terre, les plus abondantes sont dans les départements du Nord, de la Haute-Loire et de la Loire ; de fer, les plus considérables se trouvent dans les départements voisins des Pyrénées ; de plomb et d'argent, les plus importantes, aujourd'hui en exploitation, sont situées dans les départements du Finistère, de la Vienne, de l'Isère, de la Loire et de l'Ardèche ; d'antimoine, d'une abondance extraordinaire, principalement dans les départements de la Creuse, du Cantal, de la Haute-Loire et de l'Allier ; de cuivre, que l'on exploite surtout dans les Basses-Pyrénées et le Rhône ; de manganèse, dans les départements de Saône-et-Loire, des Vosges et de la Dordogne ; d'alun, principalement dans le Puy-de-Dôme et le Cantal ; de bitume, dans les départements du Bas-Rhin, de l'Ain, des Landes, de l'Hérault et des Basses-Pyrénées. On trouve en outre, dans différentes régions de la France, le mercure, le zinc, l'arsenic, le bismuth, le cobalt, le chrôme, le nikel, le sel, le soufre, le salpêtre, un peu d'or, de riches carrières de pierres de taille, de granit, d'albâtre, de marbre, d'ardoises, de pierres à meules et à fusil, et quelques pierres rares, telles que l'émeraude, la tourmaline, l'améthiste, le grenat, le jaspe, l'agate, le cristal de roche, etc.

Parmi les sources nombreuses d'eaux minérales que renferme la France, les plus renommées sont : celles de Bagnères et de Barrèges, dans les Hautes-Pyrénées ; de Plombières, dans les Vosges ; de Bourbonne-les-Bains, dans la Haute-Marne ; de Vichy et de Bourbon-l'Archambault, dans le dép. de l'Allier ; du Mont-d'Or, dans le Puy-de-Dôme ; de Luxeuil, dans la Haute-Saône ; de Balarue, dans le dép. de l'Hérault ; de Bourbon-Lancy, dans le dép. de Saône-et-Loire ; de Passy, dans celui de la Seine ; de Forges-les-Eaux, dans la Seine-Inférieure ; de St.-Amand, dans le dép. du Nord, et de Niederbronn, dans celui du Bas-Rhin.

Ethnographie. Après avoir décrit les limites et fait connaître la géographie naturelle et les diverses productions de cette belle et vaste région, nous allons indiquer les souches principales auxquelles appartiennent les différentes familles qui, dans le laps des siècles, ont pris racine sous ce beau climat de France, et, malgré les dissemblances de langage, de mœurs et de caractères, se sont réunies en puissant faisceau pour former la grande famille française. La population du royaume se compose de 33,500,000 habitants d'origines diverses, et qui, après tant de siècles, portent encore les empreintes spéciales des races dont ils sont issus.

Plus des neuf dixièmes de la population appartiennent à la souche greco-latine, qui comprend les Français établis au N. de la Loire, les Romans, dans les départements du sud, les Italiens, qui habitent l'île de Corse, et les Savoyards, qui parcourent le pays ou qui s'y sont fixés. Les Breyzads ou Bas-Bretons appartiennent à la souche celtique. Ils descendent des Kymres qui, refoulés par les Anglo-Saxons, vinrent, au cinquième siècle, s'établir dans la Bretagne. Ils parlent encore la langue kymrique et se distinguent par leur attachement religieux à toutes leurs anciennes traditions. Les Alsaciens, les Lorrains allemands et les Flamands appartiennent à la souche germanique. Les Basques ou Escualdunac, que les Romains appelaient Cantabres, forment une souche particulière; ils habitent les Basses-Pyrénées, où, retirés dans leurs montagnes, ils conservent avec fanatisme leur langage, leurs mœurs et leurs usages antiques. Un petit nombre de juifs, qui habitent particulièrement l'Alsace, la Lorraine et quelques villes commerçantes du Midi, représentent en France la souche sémitique. Les Bohémiens ou Gitanos, familles nomades, dont l'origine est environnée de doute, parcourent quelques départements du Midi, où les superstitions grossières des pauvres campagnards fournissent encore des dupes à leur charlatanisme vagabond. D'après l'opinion, généralement adoptée, de Pasquier, ils appartiennent à la race hindoue. Enfin, nous citerons encore les Cagots, race énigmatique et très-peu nombreuse, qui habite les Hautes-Pyrénées et la Vendée, et qui, jusque vers le milieu du siècle dernier, a été, on ne sait pourquoi, en butte aux plus implacables persécutions et vouée au mépris et à la haine générale.

Sous le rapport religieux, la population comprend environ 30,000,000 catholiques et 3,500,000 calvinistes, luthériens, israélites, anabaptistes, quakers, etc.

Quoique le catholicisme soit la religion de la majorité des Français, tous les cultes jouissent en France d'une liberté et d'une protection égales; mais les prêtres catholiques, les ministres protestants et les rabbins sont les seuls qui reçoivent un traitement de l'état.

Gouvernement. La France est une monarchie représentative, dont la charte de 1814, revisée en 1830, est la constitution fondamentale. La souveraineté émane de la nation, qui l'exerce par délégation. Le roi est le chef de l'état; il possède seul le pouvoir exécutif; il partage avec les deux chambres la puissance législative. Sa personne est inviolable et sacrée. Ses ministres sont responsables et peuvent être mis en accusation par les députés et jugés par les pairs. Le roi commande les armées; il déclare la guerre, fait les traités de paix, d'alliance et de commerce, nomme à tous les emplois d'administration publique et fait les réglements et ordonnances nécessaires pour l'exécution des lois; mais il ne peut ni suspendre les lois ni dispenser de leur exécution. Toute justice se rend au nom du roi, qui a seul le droit de faire grâce et de commuer les peines.

La nomination des pairs, dont le nombre est illimité, appartient au roi; mais, d'après l'article 23 de la charte, il ne peut les choisir que parmi les notabilités désignées dans le même article. La pairie n'est pas héréditaire; les princes du sang seuls sont pairs par droit de naissance. Les pairs ont entrée à la chambre à vingt-cinq ans et voix délibérative à trente.

La chambre des pairs a, comme la chambre des députés, le droit de proposer des lois. Elle peut aussi être constituée en cour de justice, pour juger les crimes de haute trahison, les attentats à la sûreté de l'état et les délits d'offense commis envers elle-même par la voie de la presse.

Les députés, au nombre de 459, sont nommés, pour cinq ans, par les collèges électoraux. Chaque département a un nombre de députés déterminé par sa population. Tout Français, âgé de vingt-cinq ans et payant 200 francs de contributions directes, est électeur. Pour être éligible, il faut être Français, avoir trente ans et payer 500 francs de contributions directes. La chambre des députés peut faire des propositions de lois; elle discute, adopte ou rejette les projets de lois qui lui sont présentés par le gouvernement. Aucun impôt ne peut être établi ni perçu, s'il n'a été consenti par les deux chambres.

Le roi proroge les chambres et peut dissoudre celle des députés; mais, dans ce cas, il doit en convoquer une nouvelle dans le délai de trois mois.

Le roi charge de l'exécution des lois des ministres de son choix et qu'il renvoie à volonté. Tout ce qui a rapport à l'administration intérieure de l'état, tout ce qui intéresse la sûreté ou la prospérité du pays rentre dans les attributions de l'un des ministres. Ainsi le ministre de la justice organise et surveille toutes les parties de l'ordre judiciaire et les différentes branches qui s'y rattachent; celui des affaires étrangères veille au maintien et à l'exécution des traités et des conventions politiques; il expédie les instructions aux agents diplomatiques et correspond avec les puissances étrangères; le ministre de la guerre est chargé de tout ce qui concerne l'administration de l'armée; celui de la marine, de tout ce qui concerne la marine et les colonies. Les attributions du ministre de l'intérieur embrassent le personnel des fonctionnaires de l'ordre administratif, la police générale, les gardes nationales, etc. Tout ce qui a rapport aux revenus et aux dépenses de l'état est dans les attributions du ministère des finances. Au ministre de l'instruction publique appartiennent l'organisation et la police des établissements d'enseignement, la nomination des fonctionnaires des académies et des colléges royaux et en général tout ce qui concerne les lettres et les sciences. Le ministre du commerce a dans ses attributions : la police municipale, les archives du royaume, les prisons, maisons de détention, les établissements de bienfaisance, tout ce qui a rapport au commerce, à l'industrie manufacturière, à l'agriculture et aux beaux-arts; c'est-à-dire les conseils-généraux du commerce et des manufactures, la nomination des agents de change, les brevets d'invention, l'exposition des produits de l'industrie, le conseil d'agriculture, l'administration des écoles vétérinaires et celle des haras, les poids et mesures, les ponts-et-chaussées et les mines, les écoles des beaux-arts, les théâtres, les musées, les monuments publics, etc. Le ministère des cultes, annexé aujourd'hui à celui de la justice, a dans ses attributions tout ce qui concerne les différents cultes dont les ministres sont salariés par le gouvernement. Le conseil-d'état, composé des ministres secrétaires d'état, de conseillers d'état, de maîtres des requêtes et d'auditeurs, rédige les projets de loi, prépare les réglements et les ordonnances d'administration publique, juge les affaires contentieuses, c'est-à-dire tout ce qui est sujet à contradiction en matière administrative, et autorise, s'il y a lieu, les poursuites contre les administrateurs.

Les ministres et le conseil-d'état sont ainsi le grand pivot du gouvernement, le centre autour duquel roulent, dans l'ordre assigné à chacune, toutes les parties dont l'ensemble constitue notre système administratif, le plus simple qu'il y ait au monde. La France est divisée en 86 départements, à la tête de chacun desquels se trouve un préfet, chef de l'administration départementale, qui correspond avec le ministre de l'intérieur. Le préfet, assisté d'un conseil de préfecture, forme un tribunal où se jugent en première instance les affaires du ressort du conseil-d'état. Un conseil-général du département, dont les membres sont nommés par les colléges électoraux, à raison de un par canton, discute le budget départemental, prend connaissance des comptes du préfet, répartit les contributions entre les arrondissements et fixe tout ce qui concerne les dépenses du département. Le département est divisé en arrondissements, administrés par des sous-préfets. Un conseil d'arrondissement, également nommé par les colléges électoraux, est chargé de surveiller les intérêts et de signaler les besoins de l'arrondissement. Les arrondissements sont divisés en cantons et ceux-ci en communes. Chaque commune est administrée par un maire assisté d'un ou de plusieurs adjoints. Le maire et le conseil municipal, dont les membres sont nommés par les électeurs communaux, règlent les affaires et administrent les biens de la commune. Toutes ces diverses administrations sont liées entre elles, soumises à des lois dont elles ne peuvent s'écarter et se rattachent par une hiérarchie très-bien ordonnée à l'administration centrale, sans l'autorisation de laquelle rien ne peut être fait.

Sous le rapport judiciaire, la France présente également la plus grande uniformité d'organisation. Chaque canton a un juge de paix, qui prononce en dernier ressort sur les affaires au-dessous de 100 francs. Chaque arrondissement a un tribunal civil, auquel on porte les appels des justices de paix; les cours royales reçoivent les appels des tribunaux civils. Les contraventions et les délits sont jugés par la police municipale, les tribunaux de police correctionnelle, dont les cours royales sont également tribunaux d'appel. Les crimes sont jugés par les cours d'assises, composées de douze jurés et présidées par un membre de cour royale. Les jugements de cours d'assises ne peuvent être revisés que par la cour de cassation, cour suprême d'appel pour toutes les juridictions de France.

Il existe en outre des tribunaux spéciaux, tels que les tribunaux de commerce pour les contestations commerciales (les appels des jugements des tribunaux de commerce sont portés devant les cours royales), des conseils de guerre pour juger les crimes et les délits commis par des militaires ou des marins, des tribunaux maritimes pour juger les délits commis dans les ports et arsenaux, même par des individus étrangers à la marine; des tribunaux maritimes spéciaux qui jugent les crimes et les délits commis dans les bagnes par les forçats ou les gardes-chiourmes; des conseils de prud'hommes pour juger les contestations entre les maîtres et les ouvriers; enfin des conseils de discipline pour la garde nationale jugent les infractions en ce qui concerne le service de la garde nationale.

Comme les vingt-sept cours royales forment les principales divisions de l'administration judiciaire, nous allons en donner un tableau dans lequel nous indiquerons les départements et le nombre de tribunaux du ressort de chacune.

COURS ROYALES.	DÉPARTEMENTS QUI Y RESSORTISSENT.	NOMBRE DE TRIBUNAUX DE 1re INSTANCE.	NOMBRE DES TRIBUNAUX DE COMMERCE.	NOMBRE DES JUSTICES DE PAIX.
1 AGEN	Lot-et-Garonne, Lot, Gers	12	6	93
2 AIX	Bouches-du-Rhône, Basses-Alpes, Var	12	13	92
3 AMIENS	Aisne, Oise, Somme	14	8	113
4 ANGERS	Maine-et-Loire, Mayenne, Sarthe	12	7	94
5 BASTIA	Corse	5	3	61
6 BESANÇON	Doubs, Haute-Saône, Jura	12	4	87
7 BORDEAUX	Gironde, Charente, Dordogne	16	8	124
8 BOURGES	Cher, Indre, Nièvre	12	5	77
9 CAEN	Calvados, Manche, Orne	16	16	121
10 COLMAR	Haut-Rhin, Bas-Rhin	7	4	62
11 DIJON	Côte-d'Or, Haute-Marne, Saône-et-Loire	11	16	112
12 DOUAI	Nord, Pas-de-Calais	13	8	103
13 GRENOBLE	Isère, Drôme, Hautes-Alpes	11	3	97
14 LIMOGES	Haute-Vienne, Corrèze, Creuse	11	3	81
15 LYON	Rhône, Loire, Ain	10	3	88
16 METZ	Moselle, Ardennes	9	3	58
17 MONTPELLIER	Hérault, Aude, Aveyron, Pyrénées-Orientales	16	16	126
18 NANCY	Meurthe, Meuse, Vosges	14	4	87
19 NIMES	Gard, Ardèche, Lozère, Vaucluse	14	8	115
20 ORLÉANS	Loiret, Indre-et-Loire, Loir-et-Cher	10	5	79
21 PARIS	Seine, Seine-et-Marne, Seine-et-Oise, Marne, Eure-et-Loir, Aube, Yonne	32	16	204
22 PAU	Basses-Pyrénées, Hautes-Pyrénées, Landes	11	4	94
23 POITIERS	Vienne, Charente-Inférieure, Vendée, Deux-Sèvres	18	10	131
24 RENNES	Ille-et-Vilaine, Côtes-du-Nord, Finistère, Loire-Inférieure, Morbihan	25	11	216
25 RIOM	Puy-de-Dôme, Allier, Cantal, Haute-Loire	16	11	127
26 ROUEN	Seine-Inférieure, Eure	10	14	86
27 TOULOUSE	Haute-Garonne, Arriège, Tarn, Tarn-et-Garonne	14	6	118
		363	215	2846

Sous le rapport militaire, la France est partagée en 21 divisions ou gouvernements militaires, qui comprennent chacun un nombre plus ou moins grand de départements. Chaque division est sous le commandement d'un lieutenant-général; chaque département forme une subdivision, commandée par un maréchal-de-camp.

Des intendants et des sous-intendants sont chargés, les premiers dans les divisions, les seconds dans les subdivisions, de la surveillance de toutes les administrations et comptabilités militaires.

En 1834 l'armée de terre était composée de 349,582 hommes, répartis ainsi qu'il suit:
Infanterie . . . . 238,694 hommes.
Cavalerie . . . . 44,498 »
Artillerie . . . . 22,700 »

Transport . . 305,892 hommes.

Transport . . 305,892 hommes.
Génie . . . . 7,000 »
Équipages . . . . 8,000 »
Vétérans . . . . 10,000 »
Gendarmerie . . . . . 16,000 »
Administration, intendants et sous-intendants . . . . 2,690 »

Total 349,582 hommes et 65,200 chevaux.

Sur le pied de guerre, l'armée doit être forte de 500,000 hommes. La France peut, en outre, mobiliser plus de 1,900,000 gardes nationaux, rempart imposant qui effrayera et arrêtera toujours les ennemis de notre liberté.

Nous devons citer aussi, comme institutions militaires, l'école polytechnique, destinée à fournir des sujets aux divers services de l'artillerie, du génie, des ponts-et-chaussées, des constructions maritimes, etc. ; l'école d'application de l'artillerie et du génie, où les élèves sortant de l'école polytechnique et destinés à l'artillerie et au génie complètent leur instruction militaire; l'école d'application au corps royal d'état-major, destinée à former des officiers pour le service de l'état-major; l'école de cavalerie de Saumur, l'école spéciale militaire de St.-Cyr et enfin le collége royal militaire de la Flèche.

Aucun pays de l'Europe ne renferme autant de places fortes. On en compte cinq de première classe, six de deuxième, vingt-trois de troisième et soixante-douze de quatrième classe. Les plus importantes sont : Lille, Metz, Thionville, Strasbourg, Besançon, Belfort, Dunkerque, Brest et Toulon.

Pour ce qui concerne l'administration de la marine, la France est divisée en cinq arrondissements ou préfectures maritimes

Le premier, dont le chef-lieu est Cherbourg, comprend tous les ports et les côtes de la Manche, depuis Dunkerque jusqu'à Cherbourg.

Le deuxième a pour chef-lieu Brest; il comprend les ports et les côtes de l'Océan, depuis Cherboug jusqu'à Quimper.

Le troisième a pour chef-lieu Lorient et comprend les ports et les côtes de l'Océan, depuis Quimper jusqu'à Paimbœuf.

Le quatrième, dont le chef-lieu est Rochefort, comprend les ports et les côtes de l'Océan depuis Paimbœuf jusqu'à la frontière d'Espagne.

Le cinquième, qui a pour chef-lieu Toulon, comprend les ports et les côtes de France sur la Méditerranée, les îles adjacentes et l'île de Corse.

Un préfet maritime, qui correspond directement avec le ministre, est chargé, dans chaque arrondissement, de la protection des côtes, de la sûreté des ports, de la direction des bâtiments et, en général, de tout ce qui a rapport aux différents services de la marine.

STATISTIQUE DES FORCES NAVALES DE LA FRANCE.

Vaisseaux de ligne	à flot	20	1832 canons.
	susceptibles d'être lancés	17	
	en construction	11	
Frégates	à flot	34	1778 «
	susceptibles d'être lancées	17	
	en construction	7	
Corvettes à flot		24	548 «
Bricks à flot		48	746 «
Canonnières bricks à flot		6	
Goëlettes, cutters, lougres, etc.		13	
Bâtiments de flotille		42	296 «
Bâtiments de transport		53	
Bâtiments à vapeur	à flot	25	
	susceptibles d'être lancés	10	
		327	5200 canons.

L'instruction publique, une des principales branches de l'administration dans tout bon gouvernement, offre en France l'organisation la plus complète et la plus régulière. Le royaume est divisé en 26 académies universitaires, établies dans les villes où siégent les cours royales, à l'exception de celles de Strasbourg, Clermont et Cahors. Chaque académie est dirigée par un recteur qui a près de lui un conseil académique dont il est le président.

L'administration de l'instruction publique présente les degrés suivants : le comité local pour les écoles primaires de la commune; le comité d'arrondissement pour les écoles primaires de l'arrondissement ; la commission de surveillance pour chaque école normale; le bureau d'administration pour tout collége communal; le conseil académique pour toutes les affaires de comptabilité, de discipline et d'instruction dans le ressort de l'académie; enfin le conseil royal, présidé par le ministre, pour toutes les affaires générales. Plusieurs commissions ordinaires et extraordinaires participent à la fois à l'enseignement, à l'inspection et à l'administration.

Nous donnons ci-dessous un tableau indicateur des 26 chefs-lieux d'académies, des facultés et colléges qu'elles comprennent, ainsi que du nombre des écoles primaires qui se trouvent dans le ressort de chaque académie.

	CHEFS-LIEUX DES ACADÉMIES.	DÉPARTEMENTS DU RESSORT DE CHACUNE.	FACULTÉS.	ROYAUX.	COMMUNAUX.	ÉCOLES NORMALES PRIMAIRES.	PRIMAIRES.
1	AIX	Bouches-du-Rhône, Basses-Alpes, Var, Corse	Théologie, droit	1	16	2	1659
2	AMIENS	Somme, Aisne, Oise	.	1	10	2	2697
3	ANGERS	Maine-et-Loire, Mayenne, Sarthe	.	1	18	2	1212
4	BESANÇON	Doubs, Jura, Haute-Saône	.	1	15	.	1671
5	BORDEAUX	Gironde, Charente, Dordogne	Lettres	1	7	2	1209
6	BOURGES	Cher, Indre, Nièvre	Théologie	.	2	.	532
7	CAEN	Calvados, Manche, Orne	Droit, sciences, lettres	1	16	3	2340
8	CAHORS	Lot, Lot-et-Garonne, Gers	.	1	9	2	1451
9	CLERMONT	Puy-de-Dôme, Cantal, Allier, Haute-Loire	.	3	12	4	1123
10	DIJON	Côte-d'Or, Haute-Marne, Saône-et-Loire	Droit, sciences, lettres	1	20	1	1855
11	DOUAI	Nord, Pas-de-Calais	Droit, sciences	1	21	2	2643
12	GRENOBLE	Isère, Hautes-Alpes, Drôme	.	1	7	2	1120
13	LIMOGES	Haute-Vienne, Corrèze, Creuse	.	1	6	3	464
14	LYON	Rhône, Ain, Loire	Théologie, sciences	1	9	3	1470
15	METZ	Moselle, Ardennes	.	2	5	3	1541
16	MONTPELLIER	Hérault, Aude, Aveyron, Pyrénées-Orientales	Médecine, sciences	2	17	3	1766
17	NANCY	Meurthe, Meuse, Vosges	.	1	15	3	2444
18	NIMES	Gard, Ardèche, Lozère, Vaucluse	.	3	10	4	1594
19	ORLÉANS	Loiret, Indre-et-Loire, Loir-et-Cher	.	2	5	2	730
20	PARIS	Seine, Aube, Eure-et-Loir, Marne, Seine-et-Marne, Seine-et-Oise, Yonne	Droit, médecine, théologie, sciences, lettres	7	22	4	3627
21	PAU	Basses-Pyrénées, Hautes-Pyrénées, Landes	.	1	10	2	1734
22	POITIERS	Vienne, Charente-Inférieure, Vendée, Deux-Sèvres	Droit	1	14	2	1536
23	RENNES	Ille-et-Vilaine, Côtes-du-Nord, Finistère, Loire-Inférieure, Morbihan	Droit	3	18	2	941
24	ROUEN	Seine-Inférieure, Eure	Théologie	1	9	2	1712
25	STRASBOURG	Bas-Rhin, Haut-Rhin	Théologie protestante, droit, médecine, sciences, lettres	1	.	.	.
26	TOULOUSE	Haute-Garonne, Ariège, Tarn, Tarn-et-Garonne	Théologie, droit, sciences, lettres	1	12	2	1543
					9	2	1327

Il y a à *Montauban* une faculté de théologie protestante pour les calvinistes; celle de *Strasbourg* est pour la confession d'Augsbourg.

Division ecclésiastique. Sous le rapport religieux, la France présente les circonscriptions suivantes : pour le culte catholique il existe 14 archevêchés et 66 évêchés, formant ensemble 80 diocèses. Le clergé catholique, de toute hiérarchie, de tout grade, se compose d'environ 40,000 individus, et de 50,000, si l'on y joint les élèves répartis dans 86 séminaires et 120 écoles secondaires ecclésiastiques. Pour les protestants de la confession d'Augsbourg il y a un consistoire-général, établi à Strasbourg, et 6 inspections, dont chacune comprend 5 églises consistoriales. Le nombre des pasteurs ou ministres du culte luthérien est de 228.

Les églises réformées ou calvinistes ont des pasteurs, des consistoires et des synodes. Cinq églises consistoriales forment un synode. Le culte réformé compte 345 pasteurs.

Enfin les Israélites ont un consistoire central à Paris et 7 synagogues consistoriales : à Paris, Strasbourg, Colmar, Metz, Nancy, Bordeaux et Marseille. Chacune de ces synagogues a un grand-rabbin. Il existe en outre 50 rabbins communaux.

Parmi les divisions administratives de la France, nous ne devons pas omettre l'administration des ponts-et-chaussées, à laquelle est confiée l'entretien des routes, ponts, canaux, etc., ainsi que la surveillance de l'exploitation des mines. La France est divisée, sous ce rapport, en 12 inspections, dont les chefs-lieux sont :

1. Paris.
2. Amiens.
3. Nancy.
4. Dijon.
5. Lyon.
6. Avignon.
7. Toulouse.
8. Bordeaux.
9. Tours.
10. Rennes.
11. Alençon.
12. Clermont-Ferrand.

Une administration non moins intéressante est celle des forêts, chargée de la surveillance et de l'entretien des forêts de l'état. Elle est divisée en 32 conservations, dont les chefs-lieux sont :

1. Paris.
2. Rouen.
3. Dijon.
4. Nancy.
5. Strasbourg.
6. Colmar.
7. Douai.
8. Troyes.
9. Épinal.
10. Châlons.
11. Metz.
12. Besançon.
13. Lons-le-Saulnier.
14. Grenoble.
15. Alençon.
16. Bar-le-Duc.
17. Chaumont.
18. Vesoul.
19. Mâcon.
20. Toulouse.
21. Tours.
22. Bourges.
23. Moulins.
24. Pau.
25. Rennes.
26. Niort.
27. Alby.
28. Aix.
29. Nîmes.
30. Aurillac.
31. Bordeaux.
32. Ajaccio.

Nous avons fait connaître à peu près tous les principaux rouages de l'administration en France; nous dirons maintenant quelles sont les ressources de l'état pour entretenir l'immense machine gouvernementale et le nombre prodigieux de fonctionnaires qu'il emploie.

Les revenus de l'état se composent des impôts que la loi l'autorise à prélever chaque année pour les dépenses du service public.

L'impôt se divise en contributions directes et contributions indirectes. La contribution directe se subdivise elle-même en contribution foncière, contribution personnelle, mobilière, portes et fenêtres et celles des patentes. La contribution indirecte comprend tous les autres impôts, tels que : les droits des douanes, ceux d'enregistrement, de timbre, d'hypothèques, les postes, les droits de vente et de circulation intérieure sur les boissons, la vente du sel, les tabacs, etc.

Six administrations principales, sur lesquelles nous allons donner quelques détails, sont chargées de percevoir ces contributions diverses et de les faire parvenir à la destination qui leur est assignée.

1° L'administration des contributions directes est confiée dans chaque département à un directeur, chargé des travaux préparatoires et d'expédition, relatifs à l'assiette des contributions directes, de la confection des rôles, de l'instruction des réclamations, etc. Un inspecteur par département a la surveillance de ces divers travaux. Les contributions sont versées entre les mains d'un receveur-général, résidant au chef-lieu du département, et qui a sous sa direction des receveurs particuliers et des percepteurs.

2° L'administration des contributions indirectes proprement dites s'occupe de la perception des droits de circulation, d'entrée et de consommation sur les boissons, sur la fabrication des cartes, la garantie des matières d'or et d'argent, les voitures publiques, sur la navigation des rivières et des canaux, de la perception du dixième des octrois communaux, de la vente des poudres, des tabacs; elle surveille la circulation et le commerce de ces matières, etc. Cette administration est confiée à un directeur-général, qui a sous ses ordres un directeur par département.

3° L'administration des douanes est chargée de la perception des droits sur l'importation et l'exportation des marchandises, sur la navigation extérieure, la consommation des sels, etc. Cette administration est divisée en 27 directions, dont les chefs-lieux sont :

Paris.	Digne.	Nantes.
Dunkerque.	Toulon.	Lorient.
Valenciennes.	Marseille.	Brest.
Charleville.	Montpellier.	St.-Malo.
Thionville.	Perpignan.	Cherbourg.
Strasbourg.	St.-Gaudens.	Rouen.
Besançon.	Bayonne.	Abbeville.
Belley.	Bordeaux.	Boulogne.
Grenoble.	La Rochelle.	Bastia.

4° L'administration de l'enregistrement et des domaines a dans ses attributions tout ce qui a rapport au timbre, aux domaines et à la conservation des hypothèques. Un directeur-général est à la tête de cette administration, qui a un directeur et un ou deux inspecteurs par département et dans chaque arrondissement un conservateur des hypothèques.

5° L'administration des postes, qui est confiée à un directeur-général ayant sous ses ordres des directeurs particuliers dans les principales villes du royaume, perçoit le droit de transport des lettres, des journaux, le droit de cinq pour cent sur les envois d'argent, etc.

6° L'administration des forêts, dont nous avons déjà parlé plus haut, s'occupe de la vente des bois des forêts de l'état et de leur conservation. Les fonctionnaires de cette administration sont : des conservateurs, des inspecteurs, des sous-inspecteurs, des gardes-généraux et des gardes forestiers. L'école royale forestière, établie à Nancy, en 1824, est destinée à former des sujets pour ces diverses fonctions.

La cour des comptes examine et juge les comptes des recettes et des dépenses, qui lui sont présentés chaque année par les receveurs-généraux, les payeurs du trésor public, les receveurs de l'enregistrement, du timbre et des domaines, et en général par les comptables de toutes les administrations; elle constate ainsi l'exactitude des chiffres et et la légalité des recettes et des dépenses.

Les détails dans lesquels nous venons d'entrer, quelque concis qu'ils soient, suffisent, nous le pensons, pour faire connaître en quoi consistent les ressources de l'état et la manière dont elles lui parviennent; mais où est la source inépuisable de la fortune publique, qui, sans se tarir, alimente continuellement les trésors de l'état? Cette source, c'est la fertilité du sol de la France, dont les produits agricoles surpassent annuellement 5,000,000,000 francs ; c'est notre commerce, le plus étendu après celui de l'Angleterre; c'est notre industrie nationale, élément de la puissance et de la civilisation de notre belle patrie.

Industrie. Pour mieux apprécier toute l'importance, l'activité et la variété de nos richesses industrielles et agricoles, nous citerons les branches d'industrie particulières à chaque département, en 1837.

Le dép. de l'*Ain* renferme 561 moulins, 15 forges et fourneaux, 302 fabriques, filatures, draperies, toiles ; chapeaux de paille de Lagnieu; affinage et battage d'or de Trevoux ; pierres lythographiques de Belley ; asphalte de Seyssel ; fromage de Gex.

Aisne. Ce département possède 938 moulins, 20 forges et fourneaux et 530 établissements divers, tels que fabriques d'étoffes de coton de St.-Quentin, de glaces de St.-Gobain, de verreries de Folembray et de Premontré ; de mousselines, batistes, dentelles, etc.

Allier. Ce département a 652 moulins, 104 forges et fourneaux, 368 établissements divers, dont les produits les plus remarquables sont : la coutellerie de Moulins, les glaces de Commentry; porcelaine, verrerie, papeterie, draperie, etc.

Alpes (Hautes-), possède 465 moulins, 15 forges et fourneaux, 335 fabriques, filatures de soie ; on y fait commerce de cire, miel, fruits secs; l'éducation du bétail y est importante.

Alpes (Basses-), renferme 510 moulins, 36 forges et fourneaux, 124 fabriques; pelleterie, scieries hydrauliques, exploitation de carrières.

Ardèche, il renferme 779 moulins, 3 forges et fourneaux, 505 fabriques; soieries, mégisseries; tulles, blondes, draps communs, etc. Le papier d'Anonay est un des principaux articles du commerce de ce département.

Ardennes, a 507 moulins, 48 forges et fourneaux, 499 fabriques diverses; filatures de laine, draperie : celle de Sédan est renommée, ainsi que les armes de Charleville. On exploite des ardoises à Fresnay, et du marbre.

Arriège. Ce département possède 535 moulins, 53 forges et fourneaux, 256 fabriques de tout genre. Sa spécialité est la métallurgie qui y est fort développée ; scieries, marbreries, papeteries, draperies, etc.

L'*Aube,* a 398 moulins, 289 fabriques diverses de bonneteries, draperies, tuileries; fabr. de blanc d'Espagne; élève des bestiaux.

L'*Aude* renferme 824 moulins, 29 forges et fourneaux; ses 540 fabriques comprennent l'industrie métallurgique, les laines, des draperies; fabrication de peignes, de jayet et de tonneaux. Le miel de Narbonne est un article de commerce important. Ce département possède des salines.

L'*Aveyron* a 1185 moulins, 20 forges et fourneaux, 165 fabriques où l'on s'occupe de la préparation et du travail des métaux, de la filature des laines et du coton; draperies, toileries, bonneteries. Le fromage de Roquefort y est une principale branche de l'industrie agricole.

Bouches-du-Rhône. Ce département maritime possède 718 moulins, 5 forges et fourneaux et 673 fabriques. Les objets de fabrication sont le savon renommé de Marseille, la soude et autres produits chimiques; huile d'Aix; sucreries, papeteries; corail, salines, pêcheries considérables; élève des bestiaux.

Le *Calvados,* département maritime, qui renferme 988 moulins, 152 forges et fourneaux et 144 autres établissements industriels, se distingue dans la fabrication des blondes et dentelles de Caen; porcelaines de Bayeux; filatures de coton, bonneteries, toiles de Cretonne; ses pêcheries d'huitre et autres; on y élève de belles races de bétail.

Cantal. Ce département possède 1290 moulins, 36 fabriques. Sa chaudronnerie, ses parcheminerics et ses tanneries sont importantes. Cependant il en émigre chaque année un grand nombre d'ouvriers chaudronniers qui parcourent la France.

Charente. Ce département a 1444 moulins, 5 forges et fourneaux, 387 fabriques. La distillation de l'eau-de-vie de Cognac et les papeteries d'Angoulême sont au premier rang dans l'industrie du département.

Charente-Inférieure, 2764 moulins et 757 fabriques. Ses salines et ses pêcheries, ses vinaigreries, poteries et tanneries forment sa principale industrie.

Le *Cher* a 475 moulins, 17 forges et fourneaux, 43 fabriques diverses. L'industrie métallurgique y occupe le premier rang ; à Henrichemont et Aubigny-la-Ville on fabrique des draps communs et l'on y fait un commerce considérable en laine. Il a des fabriques de porcelaine, des tanneries, des brasseries et élève des bestiaux.

Corrèze. Ce département renferme 1252 moulins, 7 forges et fourneaux, 88 fabriques. L'industrie y est en général peu développée. La volaille truffée de Brives est renommée.

Corse. La pêche du corail, du thon et de la sardine forme la principale ressource de ce département, qui ne renferme que quelques fabriques de gros draps, des poteries et des tanneries.

La *Côte-d'Or* a 572 moulins, 88 forges et fourneaux, et 292 fabriques. Ses établissements les plus importants s'occupent de l'industrie métallurgique. Ses vins, ses vinaigreries et sa moutarde renommée de Dijon sont l'objet d'un commerce considérable.

Côtes-du-Nord. Ce département maritime renferme 1822 moulins, 20 forges et fourneaux et 460 établissements d'industrie diverse. La pêche, le cabotage, la fabrication du fil et des toiles de toute sorte y sont d'un grand rapport.

La *Creuse* possède 969 moulins, une forge et 57 fabriques ; papeteries, tanneries, chapelleries, quelques filatures hydrauliques, verreries, etc. Parmi ces établissements, les manufactures de tapis d'Aubusson et de Felletin tiennent un rang distingué.

Dordogne. Ce département renferme 1413 moulins, 56 forges et fourneaux et 430 établissements industriels divers. La métallurgie et la papeterie tiennent le premier rang dans l'industrie de ce département. On y exploite plusieurs carrières d'ardoises. Les fromages de Thiviers et les pâtés de Périgueux jouissent d'une réputation méritée.

Doubs, 455 moulins, 35 forges et fourneaux et 156 fabriques. Ce département est plus agricole que manufacturier ; cependant l'industrie et surtout la métallurgie, y a fait depuis quelques années des progrès très-sensibles. L'horlogerie de Besançon, les fabriques d'acier, les papeteries y sont florissantes. Les fromageries du département fournissent annuellement au commerce près de 3,000,000 kilogr. de fromage.

La *Drôme* a 552 moulins, 5 forges et fourneaux et 711 fabriques ; les plus importantes sont celles qui s'occupent de la fabrication de grosses draperies, serges et ratines, de la filature et le tirage de la soie. Il y existe aussi des filatures de coton et de laine, des manufactures d'étoffes de soie, de toiles peintes et des fabr. de bonneteries. Les vins du département sont renommés.

Eure. Ce département possède 698 moulins, 25 forges et fourneaux et 727 établissements industriels, qui s'occupent principalement de la filature de coton et de la fabrication du drap. On y distingue l'établissement métallurgique de Romilly ; les draperies et rubanneries de Louviers, la quincaillerie de Rugles, etc.

Eure-et-Loir. Ce département renferme 706 moulins, 5 forges et fourneaux et 526 fabriques, comprenant la bonneterie, la draperie, couvertures de laine, des filatures de coton, une grande fabrique de papier mécanique à Sorel, dans la commune de Saussay. Les pâtés de gibier que l'on confectionne à Chartres sont très-estimés.

Le *Finistère*, département maritime, possède 2217 moulins, 4 forges et fourneaux et 87 établissements industriels, tels que papeteries, faïenceries, corderies et tanneries. La pêche de la sardine et l'exploitation des mines de plomb argentifère de Poullaouen et de Huelgoat, peut-être les plus considérables des mines métalliques de France, occupent la plus grande partie de la population. L'industrie agricole est très-arriérée dans ce département.

Gard. Ce département, un des plus industriels de France, a 2217 moulins, 4 forges et fourneaux et 87 fabriques. La filature, la préparation et le tissage de la soie y occupent, surtout à Nîmes, un nombre considérable d'ouvriers. Les exploitations minérales sont une des branches principales de l'industrie du département, et la culture de l'olivier la plus importante branche de son agriculture.

La *Haute-Garonne* renferme 1053 moulins, 78 forges et fourneaux, 331 fabriques. La fabrication des aciers cémentés, des faux et des limes y occupe la première place ; chapeaux de paille, exploitation du marbre, horlogerie, instruments de mathématiques, etc. La culture des céréales y est bien entendue.

Le *Gers* a 1151 moulins, 18 forges et fourneaux, 176 fabriques, parmi lesquelles les distilleries d'eau-de-vie, la minoterie et la tannerie tiennent le premier rang. On y fabrique aussi de la crême de tartre, de la verrerie, des étoffes de coton et de la grosse chapellerie. Le département est essentiellement agricole ; l'élève des bêtes à laine y a fait de grands progrès. On exporte des mulets pour l'Espagne.

La *Gironde*, département maritime, a 1626 moulins, 46 forges et fourneaux et

347 fabriques. Les distilleries, les chantiers de construction, les raffineries de sucre de Bordeaux sont les principaux établissements industriels de ce département, que sa position rend un des plus commerçants de France.

Hérault. Ce département maritime a 545 moulins et 861 établissements divers, qui comprennent la filature de la laine, la draperie, le tissage du coton, la scierie, la tannerie, la fabrication de produits chimiques, particulièrement du vert-de-gris. La pêche des étangs et l'exploitation des marais salants y sont très-productives. Ce département fait un commerce très-étendu.

Ille-et-Vilaine, 990 moulins, 7 forges et fourneaux, 63 fabriques. La fabrication des toiles de toute espèce, des filets de pêche et des cordages forme la principale branche d'industrie de ce département maritime. Les teintureries et les flanelles de Fougères sont estimées. Verreries et papeterie. La pêche des huîtres dans la baie de Cancale est renommée. On recherche aussi le beurre de Prévalaye.

Indre. Ce département a 573 moulins, 17 forges et fourneaux et 217 fabriques, parmi lesquelles celles de draps de Châteauroux sont très-considérables; manufacture de porcelaine; exploitation de pierres lithographiques et de pierres à fusil; éducation de bêtes à laine.

Indre-et-Loire, 726 moulins, 46 forges et fourneaux, 199 fabriques. La fabrication des fers, des poudres et du minium, la manufacture des limes d'Amboise et la soierie occupent un rang distingué dans l'industrie de ce département, qui renferme aussi des fabriques de draps, des tanneries et des amidonneries dont les produits sont recherchés.

Isère, 1367 moulins, 119 forges et fourneaux, 969 fabriques. L'exploitation des mines occupe le premier rang dans l'industrie de ce département; ses papeteries, ses manufactures de draps, ses tanneries et la ganterie de Grenoble ont de l'importance. Les fromages de Sassenage et d'Oissans sont recherchés.

Jura, 632 moulins, 101 forges et fourneaux, 344 fabriques. La métallurgie y a beaucoup d'importance; horlogerie, tournerie de St.-Claude, boissellerie, clouteries nombreuses, papeteries; fromages de Septmoncel et autres; éducation des abeilles.

Landes, 762 moulins, 31 forges et fourneaux, 351 fabriques. L'industrie est peu développée dans ce département; il ne possède, outre ses établissements métallurgiques, que quelques tanneries, des distilleries, des verreries et des fabriques de poterie. On en exporte des matières résineuses, provenant de nombreuses forêts de pins. Cette industrie y est très-étendue. Son agriculture est fort arriérée, malgré les fermes et les bergeries-modèles, qu'y ont établies plusieurs économistes du pays.

Loir-et-Cher, 465 moulins, 61 forges et fourneaux, 194 fabriques, manufactures de sucre de betteraves, papeteries, fabriques de serges, de draps, de bonneterie de laine, de couvertures de coton, de gants, etc.; fabrication considérable de pierres à fusil.

Loire, 936 moulins, 94 forges et fourneaux, 714 fabriques. Ce département est un des plus importants sous le rapport de l'industrie; il est renommé pour la richesse de ses mines de houille, ses manufactures d'armes à feu, sa quincaillerie, sa coutellerie, ses rubanneries, ses fabriques de lacets, ses filatures et ses verreries.

Haute-Loire, 1877 moulins, 5 forges et fourneaux, 181 fabriques. L'industrie y est très-restreinte; la seule branche un peu importante est la fabrication des dentelles et blondes et celle des sonnettes et grelots, dont le commerce se fait particulièrement au Puy.

Loire-Inférieure. Ce département maritime renferme 1698 moulins, 52 forges et fourneaux et 76 fabriques. Il est essentiellement commerçant; ses établissements industriels, surtout à Nantes, ont beaucoup d'importance. La construction des vaisseaux, la pêche de la sardine et l'exploitation des marais salants dont les principaux sont aux environs de Guerande, du Croisic, de Bourgneuf et dans l'île de Noirmoutiers, y sont les principales branches d'industrie.

Loiret, 999 moulins, 4 forges et fourneaux, 213 fabriques; bonneterie, faïencerie, poterie, vinaigreries, papeteries, tanneries estimées, filatures hydrauliques de coton, fabriques de draps communs, fabriques de draps fins à Orléans, raffineries de sucre, pâtés de Pithiviers, etc.

Lot, 890 moulins, 3 forges et fourneaux, 490 fabriques. Ce département est un de ceux où l'industrie est le moins développée; il a des tanneries et des tuileries, quelques fabriques de ratine, de cadis et d'étoffes de coton, des poteries et quelques mines de houille peu riches. Il produit une grande quantité de truffes, estimées sous le nom de truffes de Périgord.

Lot-et-Garonne, 138 moulins, 9 forges et fourneaux, 239 fabriques; manufacture royale de tabac, toiles à voiles, corderies, tanneries, scieries, teintureries, papeteries, fabriques de bouchons de liége; amidonneries, distilleries, etc.

Lozère, 780 moulins. L'exploitation des mines est la principale industrie du département. Production et filature de la soie, clouterie, papeterie, chapellerie, etc. Les châtaignes y sont l'objet d'un commerce productif.

Maine-et-Loire, 1776 moulins, 167 forges et fourneaux, 84 fabriques, distilleries, vinaigreries, brasseries, raffineries de sucre, tanneries, papeteries, teintureries, fabriques de mouchoirs, siamoises, flanelles, etc., à Chollet; manufacture considérable de toiles à voiles, exploitation des ardoisières qui occupent plus de 3000 ouvriers.

Manche, 1625 moulins, 46 forges et fourneaux, 622 fabriques. L'industrie de ce département maritime s'exerce sur un grand nombre d'articles divers, mais plus particulièrement sur la fonte du fer, l'exploitation des marbres, sur le zinc et le cuivre. La fabrication des étoffes de fil et de coton, la clouterie, la verrerie, la papeterie, la draperie, les dentelles et blondes y tiennent aussi une place importante. Il s'y fait aussi des armements considérables pour la pêche.

Marne, 768 moulins, 2 forges et fourneaux, 620 fabriques. Les filatures de laine, la fabrication des tissus de toute espèce, draperie, couvertures, tricots, etc., occupent le premier rang dans l'industrie de ce département dont Reims est le plus grand centre commercial. L'extraction de pierres à meule et de la craie dite blanc d'Espagne forme aussi une branche productive d'industrie. Les pains d'épice de Reims et les vins de ce département sont justement renommés.

Haute-Marne, 647 moulins, 114 forges et fourneaux, 905 fabriques. L'exploitation des mines de fer et la fabrication des objets de ce métal forment la branche principale de l'industrie de ce département. La coutellerie de Langres est renommée, et la ganterie et la bonneterie de Chaumont sont assez estimées. Le département a aussi des distilleries d'eau-de-vie, des tanneries, des filatures de laine et de coton, etc.

Mayenne, 622 moulins, 90 forges et fourneaux, 100 fabriques. La fabrication des toiles de Laval et de Mayenne et les filatures de lin et de coton y occupent le premier rang dans l'industrie manufacturière. Les papeteries de Ste.-Suzanne sont assez estimées. Depuis une quinzaine d'années on a établi dans le département, surtout dans l'arr. de Laval, un grand nombre de fours à chaux, et cette matière est devenue un engrais d'un grand usage dans la Mayenne et y a augmenté les produits du sol. Les races de bestiaux s'y perfectionnent et l'on en exporte une assez grande quantité de jeunes élèves.

Meurthe, 495 moulins, 2 forges et fourneaux, 167 fabriques. Nancy est le centre de la fabrication et du commerce de broderies, branche d'industrie qui a pris depuis une vingtaine d'années une extension considérable. Parmi les autres établissements industriels, on distingue la belle cristallerie de Baccarat, les fabriques de glaces de Ciray et de St.-Quirin, les salines de Dieuze, les distilleries de Phalsbourg, les ganteries de Lunéville, des fabriques de draps et de castorines, des filatures, des faïenceries, des tanneries, des teintureries, etc. La belle ferme modèle de Roville mérite une mention particulière : c'est un des plus beaux et des plus utiles établissements agricoles de France.

Meuse, 505 moulins, 40 forges et fourneaux, 379 fabriques. L'industrie métallurgique y est très-étendue : les seules usines de Thonnelle et de Stenay fournissent annuellement environ 1,500,000 kilogrammes de fer. Ce département renferme en outre un grand nombre d'autres établissements industriels, parmi lesquels on remarque la belle papeterie de Jean-d'Heurs, des verreries, des faïenceries, des filatures de coton, des fabriques de sucre de betterave, des fours à chaux, des tanneries, etc. Les confitures de groseilles de Bar, les dragées et les liqueurs de Verdun jouissent d'une grande réputation. Les vins du département sont un objet de commerce assez important.

Morbihan, 1270 moulins, 35 forges et fourneaux, 96 fabriques. L'industrie n'est pas très-développée dans ce département maritime; la métallurgie y tient le premier rang; vient ensuite la pêche de la sardine, qui occupe environ 2500 marins sur 500 bateaux. Nous citerons la fabrication de dentelles d'Auray et celle de produits chimiques au Faouet.

Moselle, 615 moulins, 19 forges, 209 fabriques. Les principaux établissements métallurgiques sont ceux de Hayange et de Moyeuvre; la poterie et la faïencerie y sont également importantes. La cristallerie de St.-Louis et les fabriques de tabatières de carton de Sarreguemines sont très-renommées. On fabrique aussi dans le département des draps, de la toile et des cuirs.

Nièvre, 643 moulins, 99 forges et fourneaux, 233 fabriques. L'industrie métallurgique y tient le premier rang; la valeur annuelle de ses produits s'élève à près de 9,000,000 francs. Nevers fabrique la meilleure faïencerie de France. La fonderie de canons à Nevers, les fabriques d'ancres et de coutellerie à Cosne sont les établissements industriels les plus importants de la Nièvre. Le département possède des verreries, de grandes manufactures de toiles, et à Nevers une fabrique considérable de cordes à violon. Il s'y fait une grande exploitation et un commerce très-étendu en bois, principale richesse territoriale du Nivernais.

Nord, 1490 moulins à blé, à huile et autres, 16 forges et fourneaux. Nous n'avons pu nous procurer le chiffre des fabriques; mais nous dirons que, sur 1749 machines à vapeur qui existaient en France en 1837, ce département en employait 389. Aucune industrie ne lui est étrangère et il passe pour le mieux cultivé de France, comme il en est le plus peuplé. Aucun département ne possède autant de voies de communication et de transport. Sa supériorité industrielle est incontestable, et s'il nous fallait entrer dans quelques détails, nous aurions à nommer tous les genres de fabrication.

Oise, 941 moulins, 20 forges et fourneaux, 929 fabriques. L'industrie de ce département embrasse une grande variété d'articles. En première ligne se trouvent les fabriques de tapis et de tissus de laine de Beauvais, qui possède une manufacture royale de tapisserie, à l'instar des Gobelins; les faïenceries de Creil; la fabrique de souliers de Breteuil, la fabrique d'étoffes de laine de Crèvecœur; des fabriques de bonneterie, de dentelles et de porcelaine, à Chantilly, etc.

Orne, 827 moulins, 49 forges et fourneaux, 313 fabriques. La métallurgie et la fabrication de la toile sont les principales branches d'industrie de ce département, renommé pour sa clouterie, ses fabriques d'épingles et d'aiguilles de l'Aigle, ses toiles de Mortagne, ses dentelles dites points d'Alençon, et ses cretonnes de Vimoutiers. Il renferme en outre des faïenceries, des verreries, des papeteries, des fabriques de coutils, de percales, de calicots; des manufactures de sucre de betteraves, etc. On y exploite aussi des mines de fer, ainsi que la magnésie, la terre à crayon noir, les pyrites sulfureuses, de beaux granits et des pierres calcaires.

Pas-de-Calais, 1578 moulins, 17 forges et fourneaux, 1023 fabriques. La fabrication du sucre de betteraves, industrie que le gouvernement vient de frapper par le dégrèvement du sucre colonial, a pris une grande extension dans ce département maritime. Ses autres principales branches d'industrie sont : la filature du lin, la fabrication de la toile et des dentelles, des savonneries, des amidonneries, des huileries, etc. Boulogne et Calais font des armements pour la pêche de la morue, du maquereau et du hareng.

Puy-de-Dôme, 2191 moulins; 1035 fabriques. Parmi les branches d'industrie de ce département, on distingue la coutellerie et la quincaillerie de Thiers; des papeteries, des tanneries, des chapelleries; la mercerie d'Ambert; la fabrication des dentelles et du ruban de fil; des faïenceries; fruits confits de Clermont.

Pyrénées (Basses-), 170 moulins, 4 forges et fourneaux et 130 fabriques. Ce département maritime possède des manufactures d'étoffes et de couvertures de laine, des tanneries, des papeteries, des filatures de lin; des fabriques de toiles, de mouchoirs imprimés; des distilleries d'eau-de-vie et des fabriques de chocolat renommé. La salaison de jambon et de cuisses d'oie y est aussi l'objet d'un commerce d'exportation assez considérable.

Pyrénées (Hautes-), 1119 moulins, une forge, 251 fabriques. L'industrie est très-bornée dans ce département; les branches les plus importantes sont : les distilleries d'eau-de-vie, des papeteries, quelques manufactures de toiles et d'étoffes de laine, entre autres les crêpes connus sous le nom de barèges, des tanneries, des clouteries et l'exploitation des marbres.

Pyrénées-Orientales, 456 moulins, 175 forges et fourneaux, parmi lesquels on compte plusieurs forges à la catalane, 84 fabriques. L'industrie métallurgique tient le premier rang dans ce département maritime; il possède quelques fabriques de draps et de bonneterie en laine, des papeteries et des tanneries. La pêche et la préparation du thon et de la sardine et des anchois y sont aussi une branche importante d'industrie.

Rhin (Bas-), 526 moulins, 27 forges et fourneaux, 691 fabriques. Ce département est un des mieux cultivés de France et fournit au commerce une grande variété de productions naturelles, telles que vins, tabacs, garance, blé, chanvre, lin, houblon, plomb, fer, bitume, etc. Son industrie n'est pas moins développée. Ses principaux établissements en ce genre sont : la manufacture d'armes à feu de Mutzig, la fonderie royale de Strasbourg, des manufactures de draps à Bischwiller; des fabriques de nankins, de calicots de papier peint; des fabriques d'instruments en fer, des filatures, des fabriques de balances-bascules, carrosseries, selleries, tanneries, maroquineries, fonderie de caractères, pelleteries, fabriques de produits chimiques. La choucroute, les pâtés de foies gras et la bière de Strasbourg sont renommés et l'objet d'un grand commerce.

Rhin (Haut-), 572 moulins, 30 forges et fourneaux, 931 fabriques. Ce département est un des plus avancés sous le rapport de l'industrie manufacturière; ses principaux articles sont : les étoffes de laine; la filature et les tissus de coton; les impressions en couleur, particulières à Mulhouse; les papiers peints; fabriques d'outils en fer et en acier; fabriques de mécaniques et de machines; l'horlogerie commune; bonneteries, papeteries, tanneries, etc.

Rhône, 467 moulins, 2 forges et fourneaux, 619 fabriques. La fabrication de la soierie, dont le centre est à Lyon, seconde ville du royaume, est la branche principale de l'industrie de ce département. En 1835, Lyon a fabriqué pour 142,000,000 francs de soieries, dont cinq sixièmes ont été exportés. Après la soierie on remarque principalement la chapellerie, la corroierie de Lyon, les mousselines de Tarare, la filature et les fabriques de toiles, de fil et de coton de Thizy et d'Amplepuis, l'exploitation des mines de cuivre de Chessy et de St.-Bel; des verreries, des papeteries, des fabriques de papier peint, etc.

Saône (Haute-), 873 moulins, 60 forges et fourneaux, 168 fabriques. Les usines à fer sont les établissements industriels les plus importants de ce département; il renferme aussi des verreries, des faïenceries, des tuileries, des filatures et des fabriques de tissus de coton; des papeteries, parmi lesquelles on remarque celle de St.-Bresson, des fabriques de chapeaux de paille, des distilleries d'eau de cerises, des tanneries, des huileries, etc.

Saône-et-Loire, 1150 moulins, 11 forges et fourneaux, 431 fabriques. Industrie métallurgique très-étendue, dans laquelle l'établissement du Creuzot tient le premier rang. Cristallerie, verreries; fabrique d'armes à feu; horlogeries; fabriques de tapis et de couvertures en poils de bœuf; distilleries; manufactures de sucre de betteraves, etc.; exploitation d'une mine de manganèse, près de Romanèche.

Sarthe, 1150 moulins, 11 forges et fourneaux, 431 fabriques. Ce département, dont l'industrie embrasse un grand nombre d'articles, renferme plus particulièrement des fabriques d'outils en fer, des manufactures d'étoffes de laine, de toiles, de savon, de bougies; des papeteries, des verreries, des tanneries, etc.

Seine, 77 moulins, 450 fabriques. Ce département, le plus petit quant à la superficie, mais le plus important comme centre politique et administratif du royaume, réunit toutes les espèces d'industrie. Paris renferme les produits les plus remarquables en tout genre; aussi n'entrerons-nous ici dans aucun détail. (*Voyez* PARIS.)

Seine-Inférieure, 837 moulins, 244 forges et fourneaux, 1467 fabriques. L'industrie de ce département maritime est parvenue à un haut degré de développement et de prospérité; elle embrasse particulièrement la filature et la teinture du coton (l'arrondissement de Rouen seul possède 168 teintureries), la fabrication des draps (Elbeuf), la rouennerie, l'horlogerie (St.-Nicolas-d'Aliermont); fabriques de nankin, de toiles, d'objets d'ivoire (Dieppe); faïencerie, verrerie; pêche maritime. Les fromages de Neufchâtel sont renommés.

Seine-et-Marne, 596 moulins, 180 forges et fourneaux, 592 fabriques. L'industrie s'exerce particulièrement sur la filature de coton; papeteries, toiles peintes, objets en fer et en acier, porcelaine, faïence, exploitation de carrières de grès et de pierres à meule.

Seine-et-Oise, 818 moulins, 1451 fabriques. Les principaux produits de l'industrie manufacturière de ce département sont : les toiles peintes de Jouy, les porcelaines de Sèvres, les armes de Versailles, des produits chimiques, les papiers, à Essonne. On y voit aussi des filatures hydrauliques de coton et de laine; des briqueteries, des fabriques de savon, de sucre indigène, de bonneterie; des raffineries, etc. La mouture forme un article de commerce important dans les arr. de Corbeil, d'Etampes et de Pontoise. Extraction de tourbe, de grès et de pierres à plâtre.

Sèvres (Deux-), 1216 moulins, une forge, 291 fabriques. La tannerie, la chamoiserie, la ganterie et la mégisserie sont les branches spéciales de l'industrie de ce département. Dans le cant. de Niort il y a une fabrication considérable de souliers. Les autres établissements les plus importants sont : les distilleries, vinaigreries, faïenceries, poteries; filatures de laine et de coton; fabriques de draps et de serges et papeteries. L'éducation des bœufs et des mulets y est bien entendue.

Somme, 1493 moulins, 219 forges et fourneaux, 391 fabriques. Ce département peut être cité comme un des plus avancés dans l'industrie; il renferme un grand nombre d'établissements; les plus considérables sont : les fabriques de velours de coton, de tapis, d'alépine, à Amiens; celles de draps, de bouracans, à Abbeville; les serrureries et quincailleries d'Escarbotin; les filatures de lin et de coton et les fabriques de tissus de Péronne, Ham et Montdidier; la filature hydraulique de Doullens; les fabriques de moquette, de bonneterie, de rouennerie; les manufactures de sucre de betteraves et de produits chimiques, etc. On cite parmi les produits gastronomiques les pâtés de canards d'Amiens et les pâtés d'esturgeons d'Abbeville.

Tarn, 1022 moulins, 35 forges et fourneaux, 275 fabriques. La draperie de Castres, des manufactures d'ustensiles en cuivre, des fabriques d'acier, la filature et le tissage de la soie et du coton, la bonneterie, les minoteries, des verreries et des papeteries sont les établissements industriels qui tiennent le premier rang dans ce département. Les produits du sol y donnent lieu à un commerce assez étendu, en pastel, coriandre, anis, etc.

Tarn-et-Garonne, 605 moulins, une forge, 156 fabriques. Ce département manque d'activité industrielle; cependant on y trouve quelques fabriques de soierie, de draperie, de toiles et de serges, des tanneries considérables, des papeteries, des coutelleries, (celle de Gresolle est recherchée), des faïenceries et des mécaniques à filer la laine.

Var, 908 moulins, 15 forges et fourneaux, 1195 fabriques; soieries, huiles, parfums, savons, distilleries. Les objets nécessaires à la marine sont les principaux articles de fabrication. Ce département a d'ailleurs peu d'industrie manufacturière; mais son commerce est très-actif et ses pêcheries sont très-productives.

Vaucluse, 304 moulins, 2 forges et fourneaux, 336 fabriques. La soierie, la distillerie et la fabrication de la garance sont les branches les plus considérables de l'industrie, assez restreinte, de ce département. On y trouve cependant aussi des papeteries, des tanneries, des faïenceries, des fabriques de produits chimiques, etc.

Vendée, 1852 moulins, 124 fabriques. L'industrie manufacturière y est encore très-restreinte; quelques fabriques de sucre de betteraves, d'étoffes communes et de toiles, des tuileries, des papeteries et des tanneries sont les établissements industriels les plus remarquables de ce département, qui ne livre au commerce d'exportation que des sels, des grains, des bestiaux et des mules.

Vienne, 735 moulins, 7 forges et fourneaux, 317 fabriques. Parmi les établissements industriels de ce département, ceux qui s'occupent de l'exploitation et de la mise en œuvre des minéraux occupent le premier rang. On remarque surtout les armes blanches et la coutellerie de Chatellerault. Le département renferme aussi des fabriques de dentelles communes, des filatures mécaniques de laine, des manufactures de grosses étoffes, des pelleteries et quelques papeteries. Exploitation de meulières.

Haute-Vienne, 760 moulins, 25 forges et fourneaux, 205 fabriques. Ce département renferme, outre ses établissements métallurgiques, des fabriques de porcelaine, des papeteries, des tanneries, des filatures de laine et de coton, des manufactures de gros draps, des chapelleries, des fabriques de sabots, des blanchisseries de cire et des distilleries dont les produits sont très-estimés. Les eaux-de-vie et les liqueurs de Limoges sont recherchées. Limoges renferme des imprimeries qui ont beaucoup d'activité.

Vosges, 747 moulins, 34 forges et fourneaux, 34 fabriques. L'industrie métallurgique et toutes les branches de fabrication qui s'y rattachent tiennent le premier rang dans ce département. Il possède aussi des verreries et des fabriques considérables de faïence. Dans l'arrondissement de Mirecourt on fabrique de la dentelle, des violons, des orgues et autres instruments de musique. Filature et tissus de coton, fromages de Gérardmer et de Vachelin, brasseries, distilleries de kirschwasser, scieries, papeteries, etc.; à Épinal fabriques d'images coloriées (gravure sur bois).

Yonne, 706 moulins, 5 forges et fourneaux, 1705 fabriques, briqueteries, tuileries, verreries, manufacture de ciment hydraulique à Vassy; exploitation de pierres à fusil; pierres lithographiques de Thizy; faïenceries, fabriques d'ocre jaune et de blanc d'Espagne, manufactures de sucre indigène, scieries hydrauliques, papeteries, etc.

La France possédait ainsi en 1836 : 82,575 moulins, 4412 forges et 38,030 fabriques, manufactures et usines, qui donnaient ensemble un produit d'environ 5,000,000,000 francs. Le produit total de l'agriculture est évalué à 4,980,000,000 francs; la somme totale des produits de la France s'élève ainsi à 9,980,000,000 francs.

Les productions aussi nombreuses et aussi variées, provenant du territoire ou de nos manufactures, alimentent un commerce qui s'étend, par les trois mers dont le pays est environné, jusqu'aux contrées les plus éloignées et donnent lieu à un échange considérable. Les principaux articles d'exportation sont : les étoffes de laine et de soie, les vins, les eaux-de-vie, les rubans, les dentelles, la toile de toute espèce, les tissus de coton, meubles, objets de modes, papier, livres, gravures, horlogerie, bijouterie, porcelaines, glaces, chapellerie, parfumeries, pierres meulières, sel, etc.

Les principaux objets d'importation sont : fer, étain, cuivre, plomb, argent, or, indigo, sucre, café, soufre, cacao, girofle, droguerie et épicerie, soie écrue, chanvre, coton, suif, cire, huile, pelleterie, etc.

Nous indiquons dans le tableau ci-dessous le résultat du double mouvement du commerce, depuis 1827 jusqu'en 1836.

	Importations.	Exportations.
1827	566,000,000 fr.	602,000,000 fr.
1828	608,000,000 «	610,000,000 «
1829	616,000,000 «	608,000,000 «
1830	638,000,000 «	573,000,000 «
1831	513,000,000 «	618,000,000 «
1832	653,000,000 «	696,000,000 «
1833	693,000,000 «	766,000,000 «
1834	720,000,000 «	715,000,000 «
1835	761,000,000 «	834,000,000 «
1836	906,000,000 «	961,000,000 «
Total	6,674,000,000 fr.	6,983,000,000 fr.

La valeur totale de 13,657,000,000 présente une moyenne décennale de 1,365,700,000 qui a été transportée de la manière suivante :

Importation } par terre { 221,000,000
Exportation }   { 193,000,000
Importation } par mer   { 446,200,000
Exportation }   { 505,500,000

Total . . 1,365,700,000

La moitié des valeurs, formant le commerce de mer, a été transportée par navires français.

Les points d'arrivage par mer les plus fréquentés sont : Marseille, Le Hâvre, Bordeaux, Nantes, La Rochelle, Dunkerque, Boulogne, Dieppe, St.-Malô, Lorient, Bayonne, Cette. Strasbourg est le point d'entrée par terre le plus important.

Les exportations de nos produits se dirigent principalement vers les États-Unis, la Belgique, l'Angleterre, la Hollande, l'Espagne; vers la Grande-Pêche et nos colonies, qui se composent de la Martinique, la Guadeloupe, Marie-Galande, les Saintes, la Désidérade, St.-Martin, la Guyane, St.-Pierre et Miquelon, en Amérique; l'île St.-Louis, le Sénégal, l'île Bourbon et le roy. d'Alger, en Afrique; Pondichéry, Karikal et Mahé, en Asie.

Nous avons montré jusqu'ici ce qui constitue la France politique et matérielle, la France puissante par ses institutions libérales, par l'intarissable fécondité de son territoire, par son commerce et son industrie; et sous tous ces rapports nous la voyons au premier rang parmi les plus puissantes nations du monde; elle occupe un rang non moins distingué dans les sciences, les arts et les lettres, et la France intellectuelle a

FRAN

exercé et exercera toujours une influence immense et salutaire sur la civilisation et les destinées d'un grand nombre de peuples.

Historique. Dans une haute antiquité, la France, alors nommée *Gaule*, était habitée par les Celtes ou Galls, peuple belliqueux qui lutta longtemps avec avantage contre les redoutables légions romaines. Cependant les Gaulois furent soumis et la civilisation romaine pénétra avec les vainqueurs dans les Gaules, qui reçurent alors une administration bien organisée. César divisa la Gaule en Aquitanique, Belgique, Celtique et Provincia. La première comprenait le territoire entre la Loire et les Pyrénées; la Gaule celtique s'étendait entre la Loire et la Seine; le pays au N. de la Seine formait la Belgique, et la Provincia comprenait le pays compris au S., entre les Alpes et la Garonne.

Au cinquième siècle, la Gaule était divisée en 9 grandes provinces, subdivisées en 17 gouvernements secondaires, dont nous allons indiquer les noms et les capitales.

PROVINCES.	SUBDIVISIONS.	CAPITALES.
Germania	Germania 1ª	Moguntiacum (Mayence).
	Germania 2ª	Colonia (Cologne).
Belgica	Belgica 1ª	Civitas Treverorum (Trèves).
	Belgica 2ª	Civitas Remorum (Reims).
Maxima Sequanorum (Grande-Séquanaise)		Vesontio (Besançon).
Lugdunensis (Lyonnaise)	Lugdunensis 1ª	Lugdunum (Lyon).
	Lugdunensis 2ª	Rotomagus (Rouen).
	Lugdunensis 3ª	Turones (Tours).
	Lugdunensis 4ª ou Senones	Senonum (Sens).
Viennensis (Viennoise)		Vienna (Vienne).
Alpes	Graiæ	Darantasia (Moutiers, en Savoye).
	Maritimæ	Ebrodunum (Embrun).
Aquitania	Aquitania 1ª	Avaricum (Bourges).
	Aquitania 2ª	Burdigala (Bordeaux).
Novempopulania		Elusa (Eause).
Narbonensis	Narbonensis 1ª	Narbo-Martius (Narbonne).
	Narbonensis 2ª	Aquæ Sextiæ (Aix).

Mais, vers la même époque, des peuples refoulés de l'Asie, avaient rejeté sur l'Europe occidentale une foule de tribus barbares qui se ruaient de toutes parts sur le vaste empire romain, dont ils s'arrachaient les uns aux autres les nombreux lambeaux, et la Gaule fut envahie par une confédération puissante de peuplades germaniques, connues sous le nom de *Francs*. Déjà les Visigoths s'étaient établis au S. de la Gaule et les Bourguignons à l'E., lorsque les Francs, sous la conduite de Pharamond, passèrent le Rhin et voulurent, à leur tour, prendre une part de cette riche contrée qu'ils avaient pendant quelque temps, mais vainement, défendue contre l'invasion. Clodion, fils et successeur de Pharamond, parvint à s'établir dans la Belgique et à s'emparer du territoire entre le Rhin et la Somme. Mérovée, qui donne son nom à la première race des rois francs, fait alliance avec les Bourguignons, les Visigoths et les Romains, pour s'opposer à Attila, qui est complètement défait dans les plaines de Châlons. Cette victoire affermit les Francs dans leurs possessions. Childéric, chassé, puis rappelé par es Francs, continue ses conquêtes sur les Romains, qu'il repousse jusque vers la Loire; enfin Clovis, son fils, lui succède, et par la victoire qu'il remporte à Soissons, met fin à la domination romaine dans les Gaules. En 496, plusieurs bandes suéviques, connues sous le nom d'*Alemans*, s'avançaient vers les bords du Rhin, Clovis les disperse par sa victoire de Tolbiac. C'est en cette occasion qu'il embrassa le christianisme, religion de Clotilde sa femme, et qu'il se rendit ainsi favorables les évêques déjà puissants dans les Gaules. Clovis soumit ensuite les cités armoricaines qui s'étaient affranchies, et, par la célèbre victoire de Vouillé, détruisit le royaume des Visigoths, dont il tua lui-même le dernier roi, Alaric. Cet événement, qui rendait Clovis maître de toute l'Aquitaine, contribua beaucoup à l'établissement de la monarchie française. Pour affermir son gouvernement, il fit périr la plupart de ses parents, chefs de tribus, et centralisa ainsi le pouvoir entre ses mains. Après la mort de Clovis, ses quatre fils se partagèrent le royaume comme une succession ordinaire. Thierry fut roi de Metz ou d'Austrasie; Clotaire eut la Neustrie et fut roi de Soissons; Childebert, de Paris, et Clodomir, d'Orléans. Depuis ce partage, une lutte continuelle ensanglanta le pays : sans cesse armés les uns contre les autres, les successeurs de Clovis se signalèrent par des atrocités, dont le récit seul fait encore frémir d'épouvante et d'horreur. Le règne des successeurs de Clotaire est surtout célèbre par les crimes et les fureurs de l'infâme Frédégonde, maîtresse, puis épouse de Chilpéric Ier, et de Brunehaut, sa belle-sœur, reine d'Austrasie, qui, après avoir été livrée aux insultes des soldats de son neveu Clotaire II, fils de Frédégonde, fut traînée autour du camp, attachée à la queue d'un cheval fougueux. Dagobert Ier, fils de Clotaire II, fut réellement le dernier roi de cette race barbare, qui, après Dagobert, est frappée d'impuissance et ne donne plus à la France que des rois fainéants, auxquels les maires du palais servent de tuteurs et de maîtres. C'est alors que nous voyons le précurseur de Charlemagne, Charles Martel, qui, sous le titre de maire du palais, gouverne l'état avec talent et fermeté, et, par la victoire de Poitiers, sauve la France et l'Europe chrétienne de la domination des Arabes musulmans. A la mort de Charles Martel, Pepin-le-Bref, son fils, le remplaça dignement dans le gouvernement de l'état ; mais, plus orgueilleux que son père, il jeta Childéric III dans un cloître et ceignit lui-même la couronne. Le pape Zacharie sanctionna l'usurpation et le pape Étienne III affermit le sceptre dans la main de Pepin par la cérémonie du sacre, renouvelée des Israélites.

Sous le règne de Pepin, premier roi de la race carlovingienne, le pape implora le secours des Francs contre Astolphe, roi des Lombards. Pepin franchit les Alpes et s'empare de l'exarchat de Ravennes, qu'il donne au pape, dont il augmente ainsi la puissance temporelle. Les Vascons ou Gascons, qui occupaient alors l'Aquitaine, commencèrent en 741 une lutte acharnée contre Pepin, dont Hunald, duc d'Aquitaine, enviait la prépondérance. Hunald appela à son secours les ennemis des Francs : les Saxons et les Bavarois; mais les Francs furent partout victorieux. Charlemagne, fils de Pepin, continua avec succès les conquêtes de son père ; il détruisit le royaume des Lombards et entreprit contre les Saxons, encore idolâtres, une guerre qui dura 33 ans avec des alternatives de succès et de revers. Les Saxons paraissaient soumis, lorsqu'en 778, au moment où Charlemagne venait d'éprouver une défaite à Roncevaux, Wittikind, chef des Saxons, revient avec ses hordes du Nord soulever les pays conquis par les Francs. Charlemagne rentre dans la Saxe, y porte partout le fer et le feu ; il fait décapiter en un seul jour à Verden 4500 Saxons, défait l'armée de Wittikind, qui se rend lui-même et reçoit le baptême. Pour prévenir de nouveaux soulèvements il transporta en Belgique et en Italie un grand nombre de Saxons, auxquels il accorda les mêmes droits qu'aux Francs. Il tourna ensuite ses armes contre les Avares, peuple d'Asie qui avait succédé aux Lombards ; il les rejeta au-delà du Danube et de la Theiss et étendit son empire sur toute l'Allemagne et une partie de la Hongrie. Tous les peuples qu'il soumet sont forcés d'embrasser le christianisme. Maître de l'Italie, il se fait couronner à Rome et prend le titre d'empereur d'Occident. Ce prince, le plus grand de sa race, organisa une administration régulière ; il institua des écoles publiques et fit de grands efforts pour répandre le goût des études ; cependant l'empire s'affaiblissait et la mort de Charlemagne replongea la France et l'Europe dans les ténèbres de la barbarie, qui dura pendant six siècles.

Louis-le-Débonnaire, que sa dévotion et sa condescendance pour les ecclésiastiques firent surnommer le *Pieux*, succéda à Charlemagne, son père ; sa faiblesse et le partage de ses états entre ses fils commencèrent la dissolution de l'empire. La pénitence publique à laquelle il se soumit, en expiation du meurtre de Bernard, roi d'Italie, le dégrada aux yeux des grands, impatients de se soustraire à une autorité centrale ; ses propres fils se révoltèrent contre lui, le détrônèrent et partagèrent l'empire de ce monarque, qui mourut de chagrin en 840. Lothaire eut l'Italie avec la dignité d'empereur, une grande partie de la France, les Pays-Bas jusqu'au Rhin et l'Helvétie méridionale ; Louis-le-Germanique eut toutes les provinces en-deçà du Rhin, en Allemagne et en Suisse; toute la partie occidentale de l'empire appartient à Charles-le-Chauve, qui fut ensuite nommé empereur. Les guerres que les fils de Louis se firent entre eux, la bataille de Fontenay, près d'Auxerre (841), où 100,000 hommes restèrent sur le champ de bataille, épuisèrent les forces militaires de l'empire et encouragèrent les invasions des barbares du Nord.

Le clergé gagnait en puissance à mesure que le pouvoir des princes s'anéantissait, et les évêques étaient devenus les véritables maîtres du pays, lorsque les Normands, qui sous Charlemagne déjà avaient tenté vainement une descente sur nos côtes, reparurent en 838 et s'avancèrent jusqu'à Tours. Cette invasion enleva au clergé une partie de son pouvoir temporel ; les évêques comprirent la nécessité de résigner leur autorité à des mains plus capables de défendre le pays. Ce fut le commencement de la féodalité. Cependant les Normands, dans leurs frêles embarcations, remontaient toutes les embouchures de nos fleuves, d'où les guerres intestines avaient retiré les postes établis par Charlemagne ; ils saccagent Bordeaux, Nantes, Tours, Amiens, Rouen et s'avancent sans obstacle jusqu'à Paris. Charles achète leur retraite à prix d'or et excite davantage leur cupidité. A la même époque les Sarrasins infestaient le Midi. Bientôt la France, morcelée, déchirée par l'ambition des seigneurs, ravagée, désolée par les Barbares, fut en proie à une horrible famine. L'anarchie continua sous Louis-le-Bègue, successeur et fils de Charles-le-Chauve. Ce roi, plus faible encore que son père, se vit dépouiller de toutes ses provinces par ses vassaux, qui tous se déclarèrent souverains indépendants de la couronne. Ses fils, Louis III et Carloman, remportèrent sur les Normands de l'Escaut une victoire sans résultat pour la France. Ces deux princes ne firent, comme leur père, que passer sur le trône, sur lequel ils étaient montés en 879 : Louis mourut en 882 et Carloman en 884. Charles-le-Gros, fils de Louis-le-Germanique, succéda à Carloman, au préjudice de Charles-le-Simple, fils de Louis-le-Bègue. Ce fut le dernier roi de France qui réunit tous les états de l'empire des Francs; mais trop faible pour porter un si pesant fardeau, il fut déposé et remplacé sur le trône de France par Eudes, comte de Paris, fils de Robert-le-Fort, chef de la branche des Capets. Eudes avait mérité la couronne par les victoires remportées sur les Normands, qui étaient venus assiéger Paris en 885. Après Eudes, Charles-le-Simple monta sur le trône. Pour obtenir la paix des Normands il leur céda la Neustrie, qui prit de là le nom de Normandie, et donna sa fille en mariage à Rollon, leur chef, qui embrassa le christianisme (911). Les seigneurs mécontents conspirèrent; une révolte, à la tête de laquelle se trouvait Robert, frère du roi Eudes, éclata en 922. Les seigneurs proclamèrent Robert, celui-ci ayant été tué dans une bataille contre Charles; son fils, Hugues-le-Grand, donna le titre de roi à Raoul de Bourgogne, tandis que Herbert, comte de Vermandois, retenait Charles prisonnier au château de Péronne, où il mourut en 929, après sept ans de captivité. A la mort de Raoul, Hugues appela au trône Louis d'Outremer (IV), que sa mère avait emmené en Angleterre. Louis IV, pour se fortifier contre la puissance toujours envahissante de ses grands vassaux, contracta une alliance avec Othon-le-Grand, roi de Germanie, dont il épousa la sœur. Le duc Guillaume de Normandie était aussi entré dans cette ligue. Hugues-le-Grand étant parvenu à détacher les Normands du parti de Louis, celui-ci les attaqua et fut fait prisonnier. Guillaume le livra à Hugues, qui le tint enfermé à Laon, jusqu'à ce qu'il lui eût arraché la cession du comté de Laon et fait restituer la Normandie à Richard.

Lothaire, qui succède à son père Louis IV, jouit du droit entier de l'hérédité. Le domaine de la couronne, restreint au comté de Laon, ne fut point partagé. Hugues Capet, fils de Hugues-le-Grand, avait hérité du duché de France. Il exerça sur Lothaire la même autorité que Hugues-le-Grand avait exercée sur Louis IV. Lothaire fit une invasion en Allemagne et s'empara de la Lorraine; mais l'empereur Othon II, à la tête d'une armée formidable, composée d'Allemands, de Lorrains et de Flamands, repousse Lothaire et s'avance jusque sur les hauteurs de Montmartre, où il fait chanter par toute son armée l'hymne du *Te Deum*, et reprend ensuite la route de ses états. Lothaire le suit, le harcèle, et ce n'est qu'avec peine qu'Othon regagne la frontière de ses états. Lothaire mourut empoisonné, en 986 : la reine, sa femme, fut accusée de ce crime. Quinze mois après, son fils Louis V, le Fainéant, mourut de la même manière, sans laisser d'héritier. Ainsi s'éteignit cette seconde race, aussi dégénérée, aussi avilie que l'avait été celle des Mérovingiens. Entre tous ces rois, esclaves des évêques ou de leurs vassaux, Charlemagne seul apparaît avec éclat; après lui, ses descendants, comme ceux de Clovis, succombent lâchement sous le poids de la couronne, que des vassaux ambitieux leur brisent sur la tête, non pour affranchir les peuples malheureux d'un roi indigne de commander, mais pour les opprimer à leur tour. Sous cette seconde race, comme sous la première, des guerres continuelles couvraient le pays de sang et de deuil; l'ignorance et la misère mettaient le peuple à la merci des prêtres et des seigneurs, qui vivaient retranchés dans leurs châteaux, où la civilisation ne pouvait pas plus facilement pénétrer que l'ennemi. L'avénement de la troisième race, qui met fin au règne des Francs, fut l'ouvrage des prêtres. Hugues avait mis le clergé et les moines dans ses intérêts, en leur cédant les abbayes qu'il avait héritées de son père; une grande dévotion, réelle ou apparente, pour les pratiques extérieures du culte et pour les reliques, lui gagna la vénération du peuple, et, soutenu par les grands, auxquels il abandonna les seigneuries qu'ils avaient usurpées, il se fit proclamer dans une assemblée nationale et sacrer à Reims. Dès les premières années de son règne il avait, dans l'intérêt de sa dynastie, associé son fils Robert au trône. Charles, duc de Lorraine, frère de Lothaire, que le droit de succession appelait à la couronne, entra dans le royaume et s'empara de Laon et de Reims par la trahison de l'archevêque Arnoul, qui devait son élévation à Hugues-Capet; mais, trahi ensuite par l'évêque de Laon, Charles tomba entre les mains de son rival et mourut prisonnier en 992.

Hugues régna avec une grande prudence, laissant les seigneurs s'affaiblir par leurs querelles particulières, persuadé que leurs dissensions tourneraient au profit de la royauté, qui, dans la France féodale, n'était qu'une vaine dignité. Le royaume était alors divisé en 8 grandes souverainetés indépendantes : le duché de France, le duché de Normandie, le duché de Bretagne, le duché d'Aquitaine, le duché de Gascogne, le duché de Bourgogne, le comté de Toulouse et le comté de Flandre. Hugues ne possédait que le duché de France, c'est-à-dire, la Picardie, l'Isle-de-France et l'Orléanais.

Robert, qui succéda à Hugues, fut un prince faible, d'une dévotion scrupuleuse et peu éclairée. L'excommunication lancée contre lui par le pape Grégoire V l'ayant forcé de répudier sa femme Berthe, sa parente au quatrième degré, il épousa ensuite Constance, fille de Guillaume, comte de Provence. Cette femme, d'un caractère hautain, arma ses fils contre leur père, mais ils rentrèrent bientôt dans l'obéissance. Sous le règne de Robert, une horrible famine désola le pays. Henri Ier, que Robert avait fait sacrer de son vivant, lui succéda en 1031. Constance arma son second fils, Robert, contre lui; celui-ci fut battu; cependant il obtint le fief du duché de Bourgogne. Pour donner une idée de l'anarchie qui régnait à cette époque, il suffira de dire que les évêques, voulant remédier au mal, publièrent, en 1041, la *Trêve de Dieu*, décret par lequel ils arrêtaient que depuis le mercredi soir jusqu'au lundi matin, personne ne pourrait, sous peine d'excommunication, tuer, ni voler, ni se venger d'aucune injure. Quoique dans ces temps de désordre l'autorité ecclésiastique fût la seule qui eût quelque force, la trêve de Dieu, loin de mettre fin aux violences, semblait autoriser le meurtre et le brigandage pendant certains jours de la semaine, et n'était d'ailleurs un frein que pour les plus scrupuleux.

Le règne de Philippe Ier, fils de Henri Ier, est remarquable par de grands événements, auxquels Philippe ne prit cependant point de part. Ce prince, esclave de Rome, plus encore que de ses passions, demeura dans la plus honteuse inaction, tandis que Guillaume-le-Bâtard, duc de Normandie, s'emparait de l'Angleterre (1066), qui bientôt deviendra une rivale dangereuse pour la France. La première croisade fut entreprise sous Philippe Ier; il se contenta d'y envoyer des troupes. Sous Louis VI dit le Gros, fils de Philippe Ier, commencent les révolutions communales. Louis, plus vaillant que son père, attaque les puissants vassaux et se fait un allié des communes, auxquelles il accorde l'affranchissement que les villes réclamaient de toute part, comme le seul moyen de défendre les populations contre l'oppression et les brigandages des seigneurs féodaux. La liberté des villes fut le commencement de la régénération : l'industrie se ranima, l'existence politique s'infiltra dans les communes, enfin la royauté, trop faible pour lutter contre la féodalité, venait de ressusciter le peuple, formidable appui qu'elle tentera vainement de briser plus tard. C'est sous ce roi, qu'éclata la première guerre entre la France et l'Angleterre, au sujet de la ville de Gisors, dont le roi d'Angleterre, Henri Ier, devait, d'après une convention, faire raser les fortifications. Les deux rois, suivis de leurs armées, se rencontrèrent à Brenneville, près de Noyon : Louis fut battu. Un traité, qui laissait Gisors aux Anglais, termina cette guerre. Louis VII, qui succède à Louis-le-Gros, saccage la ville de Vitry, où il fait brûler 1300 personnes dans une église, pour se venger de Thibaut, comte de Champagne, qui avait excité le pape contre lui. Saint Bernard, pour lui faire expier ce crime, lui conseilla une seconde croisade.

Louis prit la croix et partit avec sa femme, malgré les sages avis de l'abbé Suger, son ministre. Au retour de cette seconde croisade (1149), qui n'eut aucun succès, le roi répudia sa femme Éléonore, fille du comte de Poitiers et d'Aquitaine. Cette princesse porta ses états en dot à Henri Plantagenet, duc de Normandie et plus tard roi d'Angleterre. A cette époque les ténèbres de l'ignorance commencent à se dissiper; plusieurs écoles sont établies; celle qu'Abeilard avait fondée au commencement du douzième siècle brilla surtout d'un grand éclat. On vit aussi alors paraître les premiers troubadours, et leurs chants inspirèrent le goût de la poésie.

Le premier acte du règne de Philippe-Auguste (1180) fut le bannissement des juifs. Il part ensuite avec Richard-Cœur-de-Lion pour la troisième croisade dont le résultat ne fut point heureux. Jean-sans-Terre, roi d'Angleterre, ayant assassiné son neveu à Rouen, Philippe-Auguste le fit condamner comme vassal par les pairs de France et confisqua ses possessions du continent. Le roi d'Angleterre, soutenu par Othon IV et le comte de Flandre, attaque Philippe, qui remporte la célèbre victoire de Bouvines. Son fils Louis passe en Angleterre, où il se fait proclamer à la place de Jean-sans-Terre que les Anglais avaient détrôné; mais celui-ci sanctionne de nouveau la grande charte qu'il avait d'abord violée et détache ainsi les barons du parti de Louis, qui est contraint de retourner en France, après avoir perdu la bataille de Lincoln. De tous les rois de la troisième race, Philippe est celui qui a le plus étendu le royaume au détriment de ses grands vassaux.

Louis VIII ou le Lion, qui succéda à Philippe II, abandonna la Guyenne conquise par son père sur les Anglais, pour se mettre à la tête de la croisade déjà commencée avant lui contre les Albigeois, guerre cruelle qui désola longtemps le midi de la France. Il prit et saccagea Avignon et plusieurs autres villes du Languedoc; mais la peste ravagea son armée, et lui-même, atteint du fléau, mourut en Auvergne, laissant la couronne à un enfant et la régence à sa veuve Blanche de Castille, princesse courageuse et habile, qui sut, par sa fermeté, dissiper les troubles qu'excitait dans le royaume l'ambition de quelques vassaux. St.-Louis, à sa majorité, eut à reprimer la révolte du comte de la Marche, soutenu par Henri III d'Angleterre. Il gagna sur les Anglais la bataille de Taillebourg et obtint des traités avantageux pour la France. Pendant que l'Angleterre était en proie aux guerres civiles, Louis IX faisait en France de sages lois, connues sous le nom d'*établissements*; il entreprend une croisade en 1248; mais son armée est détruite par la famine et la peste; lui-même et ses frères tombent au pouvoir des Sarrasins, et il ne rachète sa liberté qu'au prix d'une forte rançon. La sixième croisade, qu'il entreprend en 1269, lui est plus funeste encore : attaqué de la peste, il meurt sous les murs de Tunis. L'abolition du duel judiciaire est un des faits qui honorent le plus l'administration de St.-Louis et un signe de progrès dans la civilisation. Philippe III, le Hardi, fils de St.-Louis, ne montra que du courage; tout son règne fut consumé en guerres contre l'Italie, pour soutenir l'usurpation de Charles d'Anjou, son oncle, en Sicile, où ce frère de St.-Louis avait rendu sa domination odieuse. Le jour de Pâques 1282, au premier coup de vêpres, les Siciliens, excités à la révolte par des agents de Pierre d'Aragon, massacrent tous les Français qui étaient en Sicile. Philippe-le-Hardi entra en Espagne pour se venger; mais son expédition fut malheureuse. Il mourut à Perpignan, au retour de cette campagne. Son fils, Philippe-le-Bel, continua les réformes de St.-Louis. Convaincu que la force réside dans le peuple, il appela le tiers-état dans les états-généraux du royaume, et résista avec une louable fermeté à l'autorité toujours envahissante du pape; il exclut les prêtres de l'administration de la justice et restreignit, dans l'intérêt de l'autorité royale, le pouvoir exorbitant de la noblesse; mais il accabla le peuple d'impôts; il altéra les monnaies et mérita, pour ce fait, la qualification de faux monnayeur; cependant son avidité immense contribua du moins à l'agrandissement de la France : il enleva la Guyenne aux Anglais, battit les Flamands à Furnes, en 1297, et, par la victoire de Mons, répara l'echec essuyé à Courtrai, en 1302. Son règne fut souillé par le supplice des templiers, dont ce prince astucieux convoitait les trésors et redoutait la puissance; il les fit condamner pour hérésie et brûler vifs, en 1310. Sous Louis X le nombre des communes qui achetèrent leur affranchissement augmenta considérablement. Un des événements les plus remarquables de son règne fut le supplice du surintendant des finances, Enguerrand de Marigny, auquel on attribuait toutes les fourberies de Philippe-le-Bel. Ses frères, Philippe-le-Long et Charles-le-Bel, ne firent que passer sur le trône.

Avec eux s'éteignit la première branche des Capétiens, en 1328. Philippe VI de la branche des Valois, premier prince du sang, et Edouard III, petit-fils de Philippe-le-Bel par sa mère Isabelle, se disputent la couronne. Les pairs de France décident la question, et, conformément à la loi salique, Philippe de Valois est proclamé. Cependant la rivalité entre Philippe VI et Édouard III fut le commencement de la malheureuse période de la guerre des Anglais. Édouard III pousse les Flamands à la révolte et fait entrer en France une armée, commandée par le célèbre prince de Galles, son fils, surnommé *le Prince Noir*. Les Flamands furent battus à Cassel, mais les Anglais remportèrent en Normandie la célèbre victoire de Crécy, l'une des plus désastreuses pour la France; ils prirent Calais, que le dévouement héroïque d'Eustache de St.-Pierre sauva seul d'une entière destruction (1347). L'acquisition que Philippe fit alors du Dauphiné ne compensa point la perte d'une ville aussi importante que Calais.

Une peste effroyable, qui, selon Froissard, enleva le tiers de la population (1348), fit surseoir pendant quelque temps à la guerre. Jean-le-Bon, qui succéda, en 1350, à son père Philippe de Valois, suivit la politique de ce dernier : il s'appuya sur la noblesse, tandis que le peuple seul pouvait sauver la France. Il fut battu, fait prisonnier par les Anglais à Poitiers, en 1356, et emmené en Angleterre, où il resta captif pendant quatre ans. Charles, son fils, dauphin, gouverna d'abord comme régent, puis comme roi sous le nom de Charles V, le Sage; il assembla les états-généraux qui prononcèrent pour la première fois le mot de liberté. L'Angleterre s'aperçut bientôt qu'en tenant le roi de France et les seigneurs, elle était loin encore de tenir la nation; elle essaya de la mutiler, demanda la moitié, puis le tiers. Charles V consentit à tout, et le traité de Bretigny fut signé (1360). Une insurrection sanglante éclata à la même époque. Robert-le-Coq, évêque de Laon, et Etienne Marcel, prévôt des marchands, étaient à la tête de la sédition à Paris. Les paysans, écrasés de toutes les manières par la noblesse, se soulevèrent dans les provinces; mais ces malheureux, que le désespoir de la misère avait armés, furent dispersés ou massacrés par les seigneurs. Cependant les Français reprirent l'avantage sous le commandement de Duguesclin. Ce célèbre capitaine allait achever la conquête de la Guyenne et de la Gascogne sur les Anglais, lorsque la mort termina sa glorieuse carrière. Charles V mourut bientôt après et laissa le trône à Charles VI, encore enfant. Ses oncles, les ducs de Bourgogne, de Berry et d'Anjou, se disputèrent la régence et déchirèrent le royaume par leurs discordes. Le roi, sorti de l'enfance, tomba dans une démence horrible, et la France fut en proie aux factions. L'assassinat du duc d'Orléans par le duc de Bourgogne alluma la guerre civile ; le sang coulait partout pour les Armagnacs, partisans du duc d'Orléans, ou pour les Bourguignons, dont Jean-sans-Peur était le chef. Ceux-ci s'unirent au roi d'Angleterre, Henri V, qui défit les Français à la bataille d'Azincourt, en 1415 ; enfin l'infâme Isabelle de Bavière livre Paris aux Anglais. Les Bourguignons massacrent tous les Armagnacs qu'ils trouvent à Paris, et la reine récompense les bourreaux. A la mort de l'insensé Charles VI, la France était presque entièrement au pouvoir des Anglais. Le traité de Troyes, que la reine et le duc de Bourgogne avaient signé, donnait la couronne à l'Anglais Henri VI, encore enfant, sous la régence du duc de Bedfort, son oncle. Le dauphin Charles VII se fit néanmoins proclamer à Poitiers. Mais le pays était épuisé ; la misère chez le peuple, la corruption chez les grands étaient partout au comble ; rien ne faisait espérer de voir bientôt la France secouer le joug de l'étranger, lorsqu'apparut l'héroïque et mystérieuse Jeanne d'Arc, qui délivra Orléans assiégé, et, exaltant par sa foi et son courage le courage et la foi de tous ceux qui l'entouraient, prépara et hâta l'expulsion des Anglais. Cette femme courageuse tomba au pouvoir des Bourguignons au siége de Compiègne ; ils la livrèrent aux Anglais, qui la firent condamner comme magicienne à être brûlée vive. L'infâme sentence fut exécutée à Rouen, en 1431. Charles VII ne fit rien pour sauver celle qui l'avait fait roi. Cependant la guerre dura encore près de vingt ans ; mais les Anglais s'affaiblissaient, et en 1453 ils ne possédaient plus que Calais. A peine cette longue guerre fut-elle terminée, que la France se trouva de nouveau en proie à la guerre civile : le dauphin, plus tard Louis XI, fit révolter les grands contre le roi, son père, qui, craignant d'être empoisonné par ce fils rebelle, se laissa mourir de faim. Louis XI, ambitieux, rusé, cruel, sans foi, sans probité, servit néanmoins la France ; il porta les derniers coups à la féodalité. Les grands, attaqués dans leurs priviléges, formèrent la ligue dite du *bien public ;* elle fut dissoute par la ruse de Louis XI. Son règne fut signalé par des guerres avec le duc de Bourgogne, Charles-le-Téméraire, dont la mort le rendit maître de la Bourgogne, qu'il réunit à la France en 1477. Avec l'âge les facultés de Louis XI diminuèrent ; il fut effrayé lui-même de sa cruauté, et, craignant tout ce qui l'entourait, il se retira au château de Plessis-les-Tours, où sa férocité et sa superstition redoublèrent avec ses terreurs. Il fit périr le duc de Nemours, le dernier des Armagnacs, et, par un raffinement de cruauté, ordonna que les enfants du duc fussent spectateurs du supplice et arrosés du sang de leur père. Ce roi, dont l'égoïsme et la dissimulation ne s'arrêtaient devant aucun crime, fut le premier qui porta le titre de *roi très-chrétien.* Cependant il faut reconnaître que son règne fut marqué par la fondation de plusieurs établissements utiles, entre autres celui des postes. Louis XI, agité de terreurs, de soupçons et de remords, mourut en 1483. Son fils, Charles VIII, qu'il faisait élever dans l'obscurité et l'ignorance, lui succéda à l'âge de treize ans, sous la régence d'Anne de Beaujeu. Le commencement de ce règne fut troublé par la guerre civile qu'alluma l'ambition du duc d'Orléans (depuis Louis XII). Charles VIII conquit en vingt jours le royaume de Naples, qu'il reperdit aussi vite. Forcé à la retraite par une ligue de tous les petits états d'Italie contre les Français, Charles s'ouvrit le chemin de ses états par la victoire de Fornoue, qu'il remporta, en 1495, avec 8000 hommes contre 50,000 Italiens. Ce prince mourut au moment où il préparait une nouvelle expédition contre l'Italie.

L'art de l'imprimerie et la découverte de l'Amérique, ces deux grands événements du quinzième siècle, commencent la première période de l'histoire moderne ; ils sont les précurseurs des révolutions politiques et religieuses qui, dans un avenir plus ou moins éloigné, vont changer la face des gouvernements et amener l'affranchissement des peuples. Pendant que l'orgueilleuse rivalité de quelques rois poussera au-dehors des mercenaires au combat, les lettres et les arts développeront au-dedans l'esprit de liberté, dont les progrès seront plus rapides à mesure que le but sera plus rapproché.

Louis XII, premier roi de la branche d'Orléans, succéda à Charles VIII, en 1498. Après avoir recouvré le royaume de Naples et repris le Milanais, sur lequel il avait des droits, la mauvaise foi de son allié Ferdinand-le-Catholique le force de renoncer à sa conquête. Il entre ensuite dans la ligue de Cambrai, formée et dirigée contre les Vénitiens par le pape Jules II, qui bientôt après organise contre Louis XII une confédération, connue sous le nom de *sainte ligue.* La mort du pape Jules II mit fin à cette guerre.

Après Louis XII, François Ier monta sur le trône. Il recommença la guerre au sujet du Milanais, dont la fameuse bataille de Marignan le rendit maître, en 1515. Son règne fut celui de la renaissance : les arts et la civilisation grandissent et se fortifient ; mais c'est au milieu des luttes terribles des croyances religieuses et des guerres désastreuses entre François Ier et son rival Charles-Quint. La couronne impériale, placée sur la tête de Charles-Quint, a froissé l'orgueil du roi de France et allumé quatre guerres successives entre les deux monarques. François Ier est fait prisonnier à Pavie, en 1525, et ne recouvre la liberté qu'après le traité honteux de Madrid, dans lequel il renonce à ses droits sur l'Italie, la Bourgogne, la Flandre et l'Artois. Cependant la réforme fait des progrès en France, mais les bûchers sont dressés dans toutes les provinces, les protestants sont livrés au feu, c'est partout l'horrible prélude de la St.-Barthélemy.

La mort de François Ier ne mit point fin à la guerre entre la France et l'empereur : Henri II fut plus heureux contre Charles-Quint ; il lui enleva les trois évêchés de Metz, Toul et Verdun (1552). Après Henri II, cette guerre d'ambition et de conquête cessa ; mais la guerre religieuse s'étendit sur la France entière. François II, premier époux de Marie Stuart, ne régna qu'une année. Les Guise, chefs du parti catholique, étaient chargés du gouvernement ; le sang des huguenots ne fut point ménagé ; les supplices se multipliaient. Celui du conseiller Anne Dubourg fut suivi de la conjuration d'Amboise. Le prince de Condé allait également perdre la vie comme conspirateur, lorsque François II mourut subitement, laissant la couronne à Charles IX, sous la tutelle de Catherine de Médicis, femme ambitieuse, qui flatta tour à tour les deux partis et les voyait avec joie s'entredéchirer et lui laisser ainsi à elle seule toute l'autorité. Le massacre de Vassy fut le signal d'une guerre générale entre les protestants et les catholiques. La bataille de Dreux (1562), l'assassinat du duc de Guise (1563), la bataille de St.-Denis (1567), celles de Jarnac et de Moncontour sont les faits principaux de cette guerre sacrilége qui ne vit couler que du sang français. En 1570, Charles IX conclut avec les huguenots une paix perfide, que l'affreuse nuit de la St.-Barthélemy vint rompre le 24 août 1572. Charles IX ne survécut pas longtemps à ce drame sanglant, dans lequel il joua lui-même l'effroyable rôle de bourreau ; il mourut en 1574. Son frère Henri III, qui déserta le trône de Pologne pour monter sur celui de France, ne montra que de la faiblesse et de l'incapacité ; son hésitation entre les deux partis ne fit qu'accroître l'influence des Guise et la puissance de la ligue, soutenue par le roi d'Espagne.

Henri III, détrôné par la faction catholique, se jette entre les bras des protestants ; il marche avec Henri de Bourbon contre Paris et périt par le poignard du fanatique dominicain Jacques Clément (1589). Henri IV est l'héritier naturel du trône ; mais la ligue tient la couronne : il faut la conquérir ; le sang coule de nouveau ; Henri bat les ligueurs à Arques, à Ivry ; mais toutes ces victoires ne peuvent lui donner le trône, que le fanatisme, excité par l'intrigue et l'ambition, lui dispute avec persévérance. Un seul moyen peut terminer la lutte ; Henri IV le saisit : il abjure, et embrasse la religion catholique ; aussitôt Paris lui ouvre ses portes (1594). La liberté religieuse garantie aux protestants par l'édit de Nantes, et la paix de Vervins avec l'Espagne, rendent pour quelque temps le repos à la France. L'agriculture et le commerce reprennent un nouvel essor sous le ministère

Sully, le sort du peuple occupe enfin le gouvernement ; peut-être Henri allait-il réaliser des projets d'amélioration et de bonheur pour la France, lorsqu'il fut assassiné par le fanatique Ravaillac (14 mai 1610). Sous son fils Louis XIII, les troubles et la guerre civile recommencèrent. Mais le cardinal de Richelieu, le plus grand politique de son siècle, sut concentrer en ses mains l'autorité la plus despotique et rétablit l'ordre au-dedans. Il tourna ensuite toute sa pensée contre la puissance de la maison d'Autriche, et, quoiqu'il eût énergiquement sévi contre les protestants et pour ainsi dire abattu le protestantisme en France, il se ligua pourtant au-dehors contre les puissances catholiques, et prit le parti des princes protestants dans la guerre de trente ans. Louis XIV n'avait que 4 ans lorsqu'il monta sur le trône. Anne d'Autriche, sa mère, régente, prit pour ministre le cardinal Mazarin, dont l'administration fut aussi déplorable au-dedans que glorieuse au-dehors. La fin de la guerre de trente ans (1648), que sa sage politique sut diriger, valut à la France l'Alsace et la concession définitive des trois évêchés.

Mais les finances étaient épuisées ; quelques édits bursaux, onéreux au peuple, irritèrent le parlement, qui refusa de les enregistrer. Le parti de la fronde s'organise ; Mazarin fait arrêter deux membres du parlement ; aussitôt le peuple s'insurge ; des barricades s'élèvent de tous côtés, et les frondeurs sont prêts à repousser la violence par la force, quand la mise en liberté des magistrats apaise cette sédition, sans terminer pourtant la guerre de la fronde qui agita le royaume pendant plusieurs années et força la reine à chasser Mazarin. Ce ministre revint l'année suivante et fut le sujet de nouveaux troubles, qui durèrent jusqu'en 1654. Les Espagnols avaient profité de nos discordes civiles pour enlever à la France plusieurs villes importantes, mais Turenne les leur reprit. Enfin la paix des Pyrénées termina une guerre qui avait duré 25 ans. A la mort de Mazarin, Louis XIV prit toute l'administration des affaires et régna despotiquement. L'état, c'était lui ; ses ministres, surtout Colbert et Louvois, contribuèrent puissamment à la gloire et à la prospérité de la France ; cependant ils ne dominèrent jamais assez le roi pour qu'on ne puisse lui savoir gré du bien accompli sous son règne, si fécond en grands hommes ; mais c'est à lui et à ses flatteurs qu'il faut rapporter aussi tout le mal que son ambition, son orgueil et sa dévotion tardive causèrent à la France, dont il agrandit le territoire, mais à laquelle ses longues guerres et son faste royal coûtèrent le sang de 1,200,000 soldats et 15 milliards. Quelque glorieux d'ailleurs que fût ce règne, marqué par de nombreuses victoires et d'utiles améliorations, quelque éclat qu'aient jeté sur cette époque les grands hommes qui l'ont illustrée, la révocation impolitique et cruelle de l'édit de Nantes et les dragonnades des Cévennes sont une tache indélébile dans l'histoire de Louis XIV. Ce roi mourut en 1715 ; le peuple alluma des feux de joie sur le passage de son cercueil.

La mort de Louis XIV donna la régence au duc d'Orléans, prince aussi célèbre par ses débauches que par sa politique habile. Les finances étaient dans le plus grand désordre ; le régent adopte le système d'un aventurier écossais nommé Law, qui fit circuler un papier monnaie en échange de l'argent versé à sa banque. Ce système, aujourd'hui la base du système financier en Europe, aurait peut-être réussi, si l'on n'en eût abusé en faisant des émissions de papier pour une somme qui dépassait quatre fois le numéraire du royaume. Le papier tomba en décri ; la banque de Law croula et entraîna la ruine d'un grand nombre de fortunes. Cependant Louis XV, devenu majeur, trouva l'ordre un peu rétabli dans les finances, et la paix dont jouit la France sous le ministère du cardinal Fleury répara en quelque partie les malheurs du pays. Cette paix fut troublée par l'élection de Stanislas, beau-père de Louis XV, au trône de Pologne, que lui disputent la Russie et l'Autriche. Le roi de France prend les armes pour venger son beau-père détrôné. Le traité de 1738 met fin à cette guerre. Stanislas renonce à la Pologne ; on lui donne en dédommagement la Lorraine et le Barrois, qui seront, après sa mort, annexés à la France. La mort de l'empereur Charles VI fit éclater la guerre de la succession d'Autriche, à laquelle la France prit une part très-active. La guerre de sept ans, que les Anglais commencèrent, fut désastreuse pour la France. La bataille de Rosbach, perdue contre les Prussiens, fut suivie de plus grands désastres : nos colonies et notre marine furent perdues et notre commerce anéanti. Ce règne fut aussi signalé par la lutte du parlement contre l'autorité royale et par l'excès des débauches du roi, qui donnait l'exemple de la plus profonde corruption. La France était dans une situation déplorable lorsque Louis XVI monta sur le trône. Les guerres continuelles, le luxe et les honteuses prodigalités de ses prédécesseurs avaient grevé le pays d'une dette de 4000 millions ; le peuple, dédaigné, méprisé, supportait seul presque toutes les charges de l'état, et, malgré la misère publique, on ne restreignait pas les énormes dépenses de la cour. Les premières opérations du nouveau roi : le rétablissement des anciens parlements, la suppression de la servitude, l'abolition de la torture et plusieurs édits favorables au peuple, prouvent que Louis XVI avait compris l'inflexible nécessité des réformes ; il s'entoura de ministres patriotes ; Turgot et Necker essaient tour à tour de rétablir l'ordre dans les finances ; mais le roi, trop faible pour résister aux influences de la cour, appela des ministres courtisans, dont l'impuissance hâta l'explosion qui devait bientôt briser la vieille monarchie.

La guerre en faveur de l'indépendance de la jeune république américaine venait encore augmenter le déficit ; il fallait un remède prompt, décisif, celui que Turgot avait proposé : l'économie et l'abolition du privilége était le seul possible ; mais les privilégiés, c'est-à-dire les notables, que Calonne assembla en 1787, aussi imprudents qu'égoïstes, repoussent ce moyen de sauver la royauté qui va les entraîner dans sa chute. Brienne, le successeur de Calonne, a recours aux impôts ; le parlement refuse de les enregistrer et demande les états-généraux, qui sont en effet convoqués au 5 mai 1789, sous le ministère de Necker, que l'opinion publique avait rappelé au pouvoir. Ici commence une ère nouvelle pour la France. La révolution marque la plus grande époque de l'histoire moderne ; mais les événements se pressent et se multiplient, et nous regrettons que le cadre resserré de notre travail ne nous permette pas de donner avec plus de détails le récit de tout ce qui s'est passé dans cette mémorable période. Nous ne pouvons qu'en présenter rapidement les faits principaux. A l'ouverture des états-généraux, la noblesse refuse de faire la vérification en commun avec le tiers-état, qui réclame la réunion des trois ordres. Cette résistance des privilégiés se prolonge ; le tiers-état, renforcé par une minorité des deux ordres privilégiés, se constitue en *assemblée nationale*. Le serment du jeu de paume, qui irrite la cour sans l'effrayer, témoigne de l'inflexible détermination des membres de l'assemblée. La cour veut employer la force ; le peuple lui répond en renversant la Bastille, le 14 juillet 1789. La cour commence à s'humilier. Le roi se rend à Paris et reçoit, à l'hôtel de ville, la cocarde tricolore. Mais déjà on s'est rassuré à la cour ; on compte sur le dévouement, le courage de la noblesse, et, le 2 octobre, les couleurs nationales sont foulées aux pieds à Versailles, en présence du roi, par les gardes du corps. Le bruit s'en répand à Paris, et le cri : *à Versailles!* retentit bientôt dans la foule irritée. La multitude se porte vers le château de Versailles, massacre quelques gardes du corps, dans les journées des 5 et 6 octobre et ramène à Paris la famille royale, qui vient habiter les Tuileries. L'assemblée constituante vient également siéger à Paris. La confiscation des biens du clergé, la division de la France en 83 départements, la création des assignats, la constitution civile du clergé et la discussion de la constitution sont les travaux les plus importants de l'assemblée. Le 14 juillet 1790, l'anniversaire de la prise de la Bastille réunit tous les Français dans une fédération. Des députations de tous les départements sont envoyés à cette grande fête nationale, célébrée au Champ-de-Mars. Le roi y jure le maintien de la constitution.

Cependant l'émigration augmente chaque jour; le roi lui-même tente de quitter la France avec sa famille; arrêté à Varennes, il est reconduit à Paris (juin 1791). Plusieurs décrets sont portés contre les émigrés. Le 10 août de l'année suivante, le peuple enlève le château des Tuileries, défendu par les Suisses, et renverse le trône des Bourbons. Louis XVI et sa famille sont enfermés au Temple. Le pouvoir exécutif est suspendu, et l'assemblée législative convoque une convention nationale. La révolution française avait armé contre elle les puissances étrangères; l'ennemi était en France; déjà il s'est emparé de Longwi et de Verdun; ses progrès exaspèrent le peuple de Paris; la crainte que manifestent les volontaires de laisser, en partant pour l'armée, leurs familles exposées à la vengeance des ennemis de l'intérieur, pousse aux massacres des journées de septembre. Rassurés alors sur le sort de leurs familles, les volontaires volent avec enthousiasme à la rencontre de l'ennemi, que Kellermann culbute à la bataille de Valmy. Cette victoire détermina la retraite précipitée des Prussiens.

La convention nationale abolit la royauté et proclame la république (21 septembre 1792). Bientôt nos armées triomphantes arboraient nos drapeaux sur les murs de Mayence, de Liége, d'Aix-la-Chapelle, de Nice, de Turin. La France s'était rajeunie; elle faisait trembler l'Europe monarchique. Louis XVI, condamné à mort par la convention, est exécuté le 21 janvier 1793. Nous ne retracerons pas les désordres qui accompagnèrent cette grande convulsion politique; les factions s'arrachant le pouvoir les unes aux autres; la guerre civile que les traîtres alimentent en Vendée et dans le Midi; chacun de ces grands épisodes de notre révolution forme à lui seul une grande histoire.

L'ennemi ayant été partout repoussé, l'unité de la république n'étant plus menacée, la convention put s'occuper à préparer une constitution nouvelle, qui est acceptée par le peuple. Cette constitution, dite de l'an III, établit le principe de deux chambres (le conseil des cinq-cents et celui des anciens), et le pouvoir exécutif est confié à un directoire composé de cinq membres. La convention a sauvé le pays, elle se retire (en octobre 1795) après avoir donné à la France toutes les belles institutions qui font encore aujourd'hui une partie de sa gloire.

Tandis que les intérêts de la nation occupaient la convention, nos armées continuaient leurs succès; mais c'est surtout à l'armée d'Italie que brillent nos bataillons républicains; le jeune général Bonaparte les conduit chaque jour à une victoire nouvelle. Les batailles de Lodi, Arcole, Rivoli, livrent l'Italie à la république. Moreau, Jourdan, Kléber, étendent nos limites vers le Rhin. Le traité de Campo-Formio (1797) termine la guerre et fonde la république Cisalpine. Mais l'Angleterre, trop faible pour soutenir seule une lutte contre la France, pousse les rois à s'attaquer de nouveau à la république. Bientôt toutes les puissances monarchiques se coalisent contre nous; nos plénipotentiaires sont lâchement assassinés à Rastadt. On recommence la guerre. Cette campagne (1799) est désastreuse pour les troupes françaises, forcées d'abandonner l'Italie; enfin les Russes et les Autrichiens nous menacent d'une invasion; Masséna arrête heureusement l'armée austro-russe en Suisse, et, après quinze jours de victoires consécutives, parvient à la désorganiser. Le bruit de nos revers est parvenu en Égypte, où Bonaparte vient de remporter les victoires d'Alexandrie, du Caire, des Pyramides, du Mont-Thabor; le général s'embarque et revient, escorté de sa gloire d'Égypte. Le directoire, qu'on accuse de tous nos désastres, est renversé par une conspiration à la tête de laquelle se trouvent Sieyes et Bonaparte. Un consulat le remplace, il est composé de trois membres: Bonaparte, premier consul, Cambacérès et Lebrun. Cette nouvelle forme de gouvernement prépara la puissance et le règne tyrannique de Napoléon, César moderne, qui étouffa la liberté sous des lauriers.

Le premier consul se met à la tête de l'armée, passe le mont St.-Bernard, entre en Italie et reprend toutes nos anciennes conquêtes. La victoire de Marengo (14 juin 1800) termine cette glorieuse campagne. Pendant que Bonaparte défait complétement les Autrichiens en Italie, Moreau les bat en Allemagne. Enfin l'Autriche est forcée de demander la paix, et le traité de Lunéville (9 février 1801) assure à la France une partie de ses vastes conquêtes. Le traité d'Amiens (27 mars 1802), auquel souscrivit l'Angleterre même, acheva la pacification de l'Europe, et donna à la France quelques moments de repos, après dix années de guerre. Le gouvernement consulaire rétablit le culte catholique, institue les préfets, organise l'instruction publique, institue l'ordre de la Légion-d'Honneur, rétablit les droits réunis et la loterie supprimés en 1793. De graves infractions à la constitution annoncent l'approche de la tyrannie. Le consulat à vie, institué le 2 août 1802, ne suffit plus à l'ambition de Bonaparte; il veut fonder une dynastie; les conspirations qui menacent sans cesse sa vie compromettent le salut de l'état et favorisent ainsi ses projets ambitieux; la machine infernale, l'attentat de Cadoudal, de Pichegru, etc. ont effrayé la France, et accru l'admiration pour le grand capitaine, qui demande alors une couronne impériale; le sénat obéissant la lui apporte (18 mai 1804), et la France est désormais enchaînée sur un char triomphal, qui pendant huit ans la porte victorieuse d'une extrémité de l'Europe à l'autre, et va se briser contre les murs de Moscou incendié. Jamais la France n'avait été aussi grande, aussi puissante; ses drapeaux flottent sur presque toutes les capitales de l'Europe; les rois sont à ses pieds; mais elle est courbée aux genoux de son empereur, dont les victoires ont grandi le despotisme et l'ambition. L'Angleterre seule n'a pas passé sous le joug; le blocus continental doit la réduire : l'Europe obéit. La Russie seule ne veut point subir de contrainte; Napoléon marche contre les Russes, les bat à Smolensk et devant Moskou; mais cette dernière ville ayant été détruite par le dévouement sauvage du gouverneur russe Rostopschin, l'armée française est forcée à la retraite, au milieu d'un froid rigoureux, auquel elle succombe en grande partie. Les rois que Napoléon avait humiliés et qu'il s'était attachés par la crainte, l'abandonnent successivement; ils appellent aux armes leurs sujets; ils les exaltent par des promesses de liberté qu'ils ne réaliseront pas; enfin l'Europe entière forme une nouvelle croisade contre la France. Cependant la campagne de 1813 est marquée par plusieurs victoires; les alliés infidèles regrettent déjà d'avoir rompu avec le grand empereur, lorsque le désastre de Leipsic, que la trahison de l'armée saxonne a favorisé, rassure les rois de la sainte-alliance.

La France est envahie (1814). Dans cette lutte d'un seul contre tous, Napoléon est encore le plus grand; partout il est encore vainqueur; mais, affaibli par ses victoires mêmes, abandonné par la nation fatiguée de sa tyrannie, il ne peut empêcher la capitulation de Paris. La trahison de Raguse et le découragement de ses généraux le décident à abdiquer à Fontainebleau (11 avril 1814), et à accepter en échange du trône de France et de la couronne de fer la souveraineté de l'île d'Elbe.

Les Bourbons, rentrés derrière les bagages de la sainte-alliance, prennent possession du trône. Louis XVIII octroie une charte qu'il doit bientôt violer. Déjà la vieille noblesse et le clergé, que leurs malheurs n'ont pas corrigés, parlent de restitution des biens que la révolution a confisqués; les émigrés se réjouissent publiquement des revers de la France et de son humiliation; ils veulent enfin une restauration complète, quand tout à coup Napoléon débarque à Cannes (1er mars 1815). Le peuple a oublié le tyran; il ne se rappelle plus que le grand général de la république; c'est un libérateur. On le porte en triomphe jusqu'à Paris. Les Bourbons, abandonnés de tous, sont forcés de retourner dans l'exil. Mais la coalition s'est aussitôt réorganisée; l'ennemi s'avance de toutes parts; Napoléon attaque les Prussiens et les Anglais dans la Belgique qu'il envahit; il les bat le 16 et le 17 juin. Le 18 la trahison de Bourmont lui fait perdre la bataille décisive de Waterloo. Les troupes alliées occupent de nouveau la France; les Bourbons sont revenus avec eux, et Napoléon est transporté par les Anglais perfides sur l'île de Ste.-Hélène, où il meurt le 5 mai 1821. La seconde restauration commence par des réactions sanglantes. On persécute ou assassine les patriotes dans le Midi; une main occulte pousse et protège les assassins; le gouvernement de Louis XVIII dresse partout des échafauds, que les cours prévôtales doivent alimenter; les libertés publiques sont attaquées; quelques-unes restreintes ou même anéanties; la contre-révolution marche à grands pas. La lutte s'engage à la tribune : les libéraux combattent avec persévérance le parti ultra-royaliste, qui tend à ressusciter la monarchie avec ses vieux priviléges.

Charles X succède à Louis XVIII, le 16 septembre 1824; moins politique que son frère, qui menait la contre-révolution avec lenteur, qui l'avait secourue en Espagne (1823), il se laisse entraîner tout d'un coup vers ce but tant désiré par les courtisans et les prêtres. La conquête d'Alger occupait les esprits des prestiges d'une gloire extérieure; on crut le moment favorable pour reconstituer la monarchie absolue. Charles X fait ses ordonnances liberticides : le ministère Polignac, qui les contresigne, se charge de les faire exécuter. Aussitôt que ces ordonnances du bon plaisir sont connues, le peuple, appelé aux armes par le cri d'indignation de la presse, s'élance pour ressaisir la souveraineté qui lui appartient, et en trois jours brise le trône d'un parjure, qui retourne dans l'exil (27, 28, 29 juillet 1830). Les députés, réunis à Paris, offrent la couronne à Louis-Philippe, duc d'Orléans, qui est proclamé le 7 août 1830.

FRANCE (île de). *Voyez* ILE-DE-FRANCE.

FRANCES (Porto-), hâvre au S. de l'île de Porto-Rico; un banc de sable s'étend à son entrée.

FRANCESCAS, pet. v. de Fr., Lot-et-Garonne, arr., à 2 1/2 l. S.-E., et poste de Nérac, chef-lieu de canton; 1240 hab.

FRANCESCO (San-). *Voyez* PORTO-SAN-FRANCESCO.

FRANCESCO (San-), fleuve des états mexicains. Son cours est très-peu connu; il traverse le N. de la Nouvelle-Californie et débouche dans la baie de l'Eau-Fraiche (Porto-San-Francesco).

FRANCESCO (San-), île bien boisée dans la baie de Honduras, côte N.-E. des États-Unis de l'Amérique centrale.

FRANCESCO (San-), pet. v. des États-Unis de l'Amérique centrale, état de Honduras, dist. de Tégucigalpa, sur le Nacaomé, dans la vallée de Cholutéca, au pied des Cordillères.

FRANCFORT, v. des États-Unis de l'Amé-

FRAN

rique du Nord, état de Kentucky, comté de Franklin, sur la rive droite du Kentucky, qu'on y traverse sur un beau pont qui joint cette ville au faubourg de South-Francfort. Cette ville, capitale de l'état, est très-régulièrement bâtie et renferme un beau palais de l'état, une halle, une académie, une banque, trois imprimeries, une poste, une maison de correction, un théâtre, des manufactures de coton et de tabac, et entretient un commerce actif et des marchés très-fréquentés; construction de vaisseaux; 4000 hab.

FRANCFORT, b. des États-Unis de l'Amérique du Nord, état de New-Jersey, comté de Sussex; 2000 hab.

FRANCFORT, pet. v. des États-Unis de l'Amérique du Nord, état de Pensylvanie, comté de Philadelphie, sur le Francfort-Crik, qu'on y passe sur deux beaux ponts en pierres, poste; 1600 hab.

FRANCFORT, v. naissante des États-Unis de l'Amérique du Nord, état de Virginie, comté de Morgan, dont elle est le chef-lieu sur le Paterson, poste; 1500 hab.

FRANCFORT (république de), enclavée entre le grand-duché de Hesse-Darmstadt, l'électorat de Hesse-Cassel et le duché de Nassau; se compose du directoire de Francfort, sa capitale, et n'a qu'une superficie de 13 1/2 l. c.; elle est arrosée par le Mein, affluent du Rhin, et par la Nidda, qui se jette dans le Rhin; population de la république; 55,000 hab.

FRANCFORT-SUR-LE-MEIN, capitale d'une petite république, siége de la diète de la confédération germanique, ville très-remarquable par son commerce et son industrie; est située (sous 50° 7′ 4″ de lat. sept. et 6° 15′ 45″ de long. orient.) dans une vallée charmante sur la rive gauche du Mein, à 140 l. E.-N.-E. de Paris et à 100 l. N.-O. de Vienne; un beau pont de 14 arches, long de 380 pas et large de 11, jeté sur cette rivière, la réunit à Sachsenhausen, considéré comme un de ses faubourgs. Ses remparts ont été transformés en délicieuses promenades, qui ajoutent encore à la beauté de l'aspect qu'offre cette ville. La plus grande partie de ses rues sont étroites et tortueuses; les plus belles parties sont: le nouveau quartier du Wohlgraben; le Zeil, large rue de 750 pieds de longueur et où se trouvent réunis les plus beaux édifices; les environs du théâtre, et, au S.-O. de la ville, le quai qui longe le Mein et auquel on a donné le nom de Belle-Vue (Schœne Aussicht). Les édifices les plus remarquables de Francfort sont: la cathédrale, église gothique parfaitement conservée, dans laquelle se faisait jadis le couronnement des empereurs, et où l'on admire le monument de l'empereur Gunther de Schwarzbourg; la principale église protestante, appelée église de St.-Paul et autrefois église des Carmes-Déchaussés (Barfüsser-Kirche), d'une archi-

FRAN 325

tecture grandiose, avec un orgue magnifique et dont la dédicace n'a eu lieu qu'en 1833; l'église des réformés allemands et celle des réformés français; l'hôtel de ville, dit le Rœmer, qui renferme la salle où se faisait autrefois l'élection des empereurs et où se tiennent aujourd'hui les séances du sénat, la salle des empereurs, avec les bustes des empereurs d'Allemagne depuis Conrad Ier, et dans laquelle on conserve l'original de la fameuse bulle d'or donnée par l'empereur Charles IV, en 1356; le Braunfels, où l'on expose les marchandises de luxe pendant les foires; le théâtre; la fondation de Senkenberg ou l'hôpital civil; le palais du prince de Thurn-et-Taxis, où se tiennent les séances de la diète germanique; le Saalhof, ancien palais bâti par Louis-le-Débonnaire, depuis longtemps propriété particulière; le bâtiment de la bibliothèque, achevé en 1828; la maison des aliénés et la nouvelle maison des orphelins; l'hôtel de l'envoyé d'Autriche, président de la diète; la maison de l'ordre Teutonique; les bâtiments de Rumpf, qui renferment un casino et un cabinet de lecture; l'ancienne maison de Schweizer, bâtiment magnifique, situé sur le Zeil et qui est devenu un hôtel, et plusieurs autres édifices appartenant à des particuliers.

Francfort renferme un grand nombre d'établissements scientifiques et littéraires, ainsi que plusieurs établissements de bienfaisance; les plus importants sont: le gymnase luthérien et le gymnase catholique, l'école de dessin, l'école de médecine et de chirurgie, l'institut de Stædel, où l'on enseigne le dessin, la peinture, la gravure, l'architecture et les mathématiques; les riches collections du musée d'histoire naturelle; la galerie des tableaux; la bibliothèque publique, composée de 80,000 volumes, et le médailler; la fondation de Senkenberg, hôpital auquel se trouvent annexées de précieuses collections, un théâtre anatomique, une bibliothèque et un jardin botanique; l'école des sourds-muets; l'hospice des aliénés; celui des orphelins. Nous devons ensuite nommer, parmi les nombreuses sociétés savantes et littéraires: la société pour la propagation des arts utiles, qui a fondé une école d'industrie et une école de plastique; la société des sciences naturelles, créée par Senkenberg; le musée, qui publie des mémoires sur la littérature et les beaux-arts; la société de physique; celle pour la culture de la langue allemande et la société pour l'histoire ancienne de l'Allemagne; la population de Francfort s'élève à 47,000 hab., dont le plus grand nombre sont luthériens.

Cette ville renferme un grand nombre de fabriques et de manufactures. Les principaux objets de son industrie variée sont: le tabac, les fils d'or et d'argent, les tapis de pied, les tapisseries, les toiles cirées, le coton, les soieries, la carrosserie; on y trouve aussi 22 librairies, 14 imprimeries et une fonderie de caractères stéréotypes. Favorisé particulièrement par sa position, occupant le centre de plusieurs routes, Francfort est une des premières villes de commerce de l'Allemagne; elle fait un commerce considérable d'expédition, de commission, de transit et de banque. On estime à 140,000,000 florins le commerce de billets de change qui s'y fait annuellement, et elle est peut-être la principale ville de l'Europe pour le commerce des effets publics des différents états. Le commerce de vins, de bois, de laine, de livres est également très-considérable; sous ce dernier rapport, Francfort a joué longtemps le rôle de Leipsic, et c'est dans ses murs que fut imprimé, en 1615, le premier journal allemand. Les foires qui s'y tiennent chaque année à l'époque de Pâques et de la St.-Michel attiraient autrefois 50,000 étrangers; quoique devenues moins importantes, elles sont cependant encore comptées parmi les plus florissantes de l'Europe. La seconde date du règne de Louis-le-Germanique et celle de Pâques fut établie en 1330.

L'origine de Francfort se perd dans les premiers temps de l'histoire d'Allemagne. Déjà en 794 il renfermait un palais des rois francs, et Charlemagne y assembla un concile en 804. Après le traité de Verdun, en 843, il devint la capitale de Louis-le-Germanique, qui s'y fit construire un palais appelé le Rœmer, et depuis les empereurs y tinrent souvent leur cour. Francfort obtint, en 1254, le titre de ville libre impériale, qui lui fut confirmé par la bulle d'or, en 1356. Cependant il s'était peu à peu accru et embelli, et depuis longtemps il était une des villes les plus importantes de l'empire; en 1355 Charles V lui accorda le droit de battre monnaie, et, en 1390, il ajouta Sachsenhausen à son enceinte. Au commencement du dix-septième siècle il fut choisi pour le couronnement de l'empereur d'Allemagne, et conserva cette prérogative aussi longtemps que subsista l'empire d'Allemagne. La paix de Westphalie lui confirma tous les droits et priviléges qu'il avait obtenus des empereurs. Plus tard, pendant les guerres de la république française, cette ville fut prise par les Français en 1792, et reprise par les Prussiens en 1793; les Français s'en emparèrent de nouveau le 14 juillet 1796, après un bombardement de deux jours, et y demeurèrent les maîtres jusqu'au 8 septembre suivant, jour où les Autrichiens y rentrèrent. Lorsqu'on forma la ligue du Rhin, Francfort, choisi pour être le siége de cette ligue, fut néanmoins donné comme apanage au prince primat. Après la bataille de Leipsic, il recouvra son indépendance; le congrès de Vienne le reconnut comme une des quatre républiques qui devaient encore subsister en Allemagne, et le choisit pour être le siége de la diète de la confédération germanique. Francfort a dans le petit conseil de cette diète une même voix avec Lubeck, Hambourg et Brême; il a une voix entière dans la grande diète. Il fournit à l'armée de la confédération un contingent de 479 hommes. Quant à la forme de son gouvernement, elle est encore sous beaucoup de rapports celle des anciennes villes libres impériales; mais elle était aristocratique jusqu'en 1816, et elle est aujourd'hui démocratique. La puissance exécutive est confiée à un sénat de 42 membres, parmi lesquels on choisit chaque année deux bourguemestres. L'assemblée législative est composée de 20 sénateurs, de 20 membres du comité permanent de bourgeois et de 45 autres bourgeois. Ces derniers sont choisis parmi les chrétiens de la ville par un collége électoral de 75 bourgeois; le sénat et le comité permanent nomment eux-mêmes chaque année ceux de leurs membres qui doivent faire partie de l'assemblée législative. Quant à la commission permanente, elle se compose de 60 membres et surveille les finances de la république. Tous les citoyens chrétiens de la ville ont les mêmes droits et peuvent être nommés aux fonctions publiques; les juifs jouissent de presque tous les droits de bourgeoisie, mais sans être admissibles aux fonctions publiques et sans avoir de droit de suffrage dans les élections; les habitants du territoire hors de la ville envoient, depuis 1823, 9 représentants pour défendre leurs intérêts dans l'assemblée législative. Les revenus annuels de la république de Francfort s'élèvent à 800,000 florins; elle a encore une dette considérable.

FRANCFORT-SUR-L'ODER, v. de Prusse, chef-lieu de régence et de cercle, prov. de Brandebourg, située sur l'Oder, à 18 l. S.-E. de Berlin. Elle se compose de la cité, qui est ceinte de murailles flanquées de tours, et de 3 faubourgs, dont l'un, construit sur la rive droite de la rivière, correspond avec la ville par un pont de bois de 290 pas. Francfort possède une belle place de marché, 6 églises luthériennes, parmi lesquelles on remarque celle de Ste.-Marie, une chapelle catholique, une synagogue, un gymnase, une école normale, plusieurs écoles de pauvres, un institut d'accouchement, 2 hôpitaux, un hospice d'orphelins et une maison de réclusion. Son commerce est favorisé par la navigation de l'Oder, et ses trois foires sont très-fréquentées, surtout par les Polonais; ses principales branches d'industrie sont: l'imprimerie et la librairie, la fabrication de draps, de soieries, de bas, de cuirs, de faïence et de sucre; ses distilleries sont renommées; eaux minérales. La ville renferme le monument du poëte Ewald de Kleist, major prussien, blessé à mort le 22 août 1759, à la bataille de Kunersdorf, et celui du prince Léopold de Brunswick, qui périt en voulant sauver une pauvre famille, lors d'une grande inondation, le

27 avril 1785. Patrie du grand chancelier Cocceji et du poëte Henri de Kleist, auteur de *Catherine de Heilbronn;* population de la ville 22,200 habitants, du cercle 29,000 et de la régence 582,100 sur 10 milles c.

FRANCHE-COMTÉ, *Liber Comitatis,* ancienne prov. de France; elle était bornée au N. par la Lorraine, à l'O. par la Bourgogne, au S. par la Bresse, le Bugey et le pays de Gex, et à l'E. par la Suisse et la principauté de Montbéliard.

Avant l'invasion romaine, cette contrée était habitée par les Séquaniens, tribu celtique, qui devint plus tard une alliée fidèle des Romains contre les Germains qui voulaient envahir leur territoire. Conquise par les Bourguignons au cinquième siècle, elle fit toujours partie du royaume et ensuite du duché de Bourgogne, et porta le titre de comté de Bourgogne. A la mort de Charles-le-Téméraire, le comté passa sous la domination autrichienne, par le mariage de Marie de Bourgogne, fille de Charles-le-Téméraire, avec l'archiduc Maximilien qui devint empereur. Charles VIII de France, étant fiancé à Marguerite d'Autriche, fille de Maximilien, fut mis en possession du comté, donné en dot à sa future épouse; mais ce prince, ayant épousé Anne de Bretagne, rendit le comté à Marguerite, qui le fit passer dans la maison de Savoie, par son mariage avec Philippe-le-Bel. Louis XIII tenta vainement de faire la conquête de cette province. Louis XIV, qui en réclamait la possession comme dot de sa première femme Marie-Thérèse d'Autriche, la conquit en 1668. La paix d'Aix-la-Chapelle la rendit à l'Espagne, à laquelle l'empereur Charle-Quint l'avait donnée, lorsque son fils Philippe II lui succéda sur le trône d'Espagne. La paix de Nimègue, qui termina une nouvelle guerre contre l'Espagne, confirma, en 1678, la réunion de la Franche-Comté à la France, dont elle n'a plus cessé de faire partie. Depuis la division en départements, elle forme ceux du Doubs, de la Haute-Saône et du Jura.

FRANCHELEINS, vg. de Fr., Ain, arr. de Trévoux, cant. de St.-Trivier-sur-Moignans, poste de Montmerle; 210 hab.

FRANCHESSE, vg. de Fr., Allier, arr. de Moulins-sur-Allier, cant. et poste de Bourbon-l'Archambault; 1180 hab.

FRANCHEVAL, vg. de Fr., Ardennes, arr., cant. et poste de Sédan; fabr. de draps, platinerie; 920 hab.

FRANCHEVELLE, vg. de Fr., Haute-Saône, arr. et poste de Lure, cant. de Cure; 580 hab.

FRANCHEVILLE (la), vg. de Fr., Ardennes, arr., cant. et poste de Mézières; 300 hab.

FRANCHEVILLE, vg. de Fr., Côte-d'Or, arr. de Dijon, cant. et poste de St.-Seine; 570 hab.

FRANCHEVILLE, vg. de Fr., Eure, arr. d'Évreux, cant. et poste de Breteuil; ferroneries; 1690 hab.

FRANCHEVILLE, vg. de Fr., Jura, arr. de Dôle, cant. de Chaumeroy, poste de Sellières; 90 hab.

FRANCHEVILLE, vg. de Fr., Marne, arr. et poste de Châlons-sur-Marne, cant. de Marson; 210 hab.

FRANCHEVILLE, vg. de Fr., Meurthe, arr. et poste de Toul, cant. de Domèvre; 380 hab.

FRANCHEVILLE, vg. de Fr., Orne, arr. d'Argentan, cant. et poste de Martrée; 420 hab.

FRANCHEVILLE, vg. de Fr., Rhône, arr. et poste de Lyon, cant. de Vaugneray; fabr. de poterie; 1100 hab.

FRANCHISES (les), ham. de Fr., Loire, com. de Perreux; 150 hab.

FRANCHISES (les), ham. de Fr., Seine-et-Oise, com. de Villemoisson; 100 hab.

FRANCHY (Saint-), vg. de Fr., Nièvre, arr. de Nevers, cant. et poste de St.-Saulge; commerce de bois et charbon; 560 hab.

FRANCIÈRES, vg. de Fr., Oise, arr. de Compiègne, cant. et poste d'Estrées-St.-Denis; 440 hab.

FRANCIÈRES, vg. de Fr., Somme, arr. et poste d'Abbeville, cant. d'Ailly-le-Haut-Clocher; 330 hab.

FRANCILLON, ham. de Fr., Drôme, com. de Faon; 240 hab.

FRANCILLON, vg. de Fr., Indre, arr. de Châteauroux, cant. et poste de Levroux, 200 hab.

FRANCILLON, ham. de Fr., Loir-et-Cher, com. de Villebarou; 400 hab.

FRANCIS (Saint-), très-bon port, avec de nombreux établissements, sur la côte E. du Labrador, à l'embouchure de la rivière St.-Francis, devant laquelle s'étendent les îles de St.-Francis, avec le cap du même nom, de Hare et de Leg; pêcheries très-importantes; principal rendez-vous des pêcheurs de Terre-Neuve.

FRANCIS (Saint-), baie très-profonde dans l'île de l'Hermite, dont la côte E. se termine par le cap Horn.

FRANCIS (Saint-). *Voyez* MISSISSIPI (fleuve).

FRANCISCO (San-), b. de la rép. de Vénézuela, département du même nom, prov. de Caracas, sur l'Aguiré. Cet endroit fut fondé par Faxardo, en 1560.

FRANCISCO (San-), île. *Voyez* TOLÈRE (archipel de).

FRANCISCO (Villa de San-), pet. v. de l'emp. du Brésil, prov. et comarque de Bahia, à l'embouchure du Rio-Serzipe dans la baie de Bahia, dans une contrée élevée d'où l'on jouit d'une immense vue sur la magnifique baie de Bahia et la ville de ce nom qui en est à 13 l. N.-O. La culture de la canne à sucre fait la principale occupation des habitants, au nombre de 3500.

FRANCISCO (Villa-Nova-de-San-), pet. v.

de l'emp. du Brésil, prov. de Sergipe, sur le San-Francisco, vis-à-vis de Pénédo; commerce important; 4000 hab.

FRANCISCO (Pénédo-del-San-). *Voyez* PÉNÉDO.

FRANCISCO (Rio-de-San-), détroit. *Voyez* CATARINA (Santa-), province.

FRANCISCO (San-), île. *Voyez* CATARINA (Santa-), province.

FRANCISCO (San-), pet. v. de l'emp. du Brésil, prov. de Santa-Catarina, à l'O. de l'île de San-Francisco et sur le détroit de ce nom; elle est entourée d'une campagne belle et très-fertile, et a une position des plus favorables pour le commerce; culture du riz, du cacao, du sucre, du coton, du café et du tabac; construction de vaisseaux, navigation; commerce de bois et de cordage; 3500 hab., la plupart excellents marins.

FRANCISCO (Rio-de-San-), un des fleuves les plus grands et les plus majestueux de l'emp. du Brésil. Il prend naissance dans la Sierra da Canastra, sur la frontière occidentale de la prov. de Minas-Geraès, sous 19° 36' lat. S.; il parcourt cette province dans une direction N.-N.-E., entre dans la prov. de Sergipe, se dirige vers l'E., fait la frontière entre les prov. de Sergipe et de Pernambuco et atteint la mer au-dessous de Villa-Nova-de-San-Francisco, sous 10° 54' lat. S. Ce fleuve, navigable presque tout le long de son cours, est de la plus grande importance pour le transport des marchandises des contrées intérieures de Minas-Geraès et surtout pour le commerce de sel que cette province entretient avec les villes maritimes de l'E. du Brésil. Cette importance s'accroîtra encore quand la culture aura pénétré dans les contrées les plus reculées de Minas, et le San-Francisco deviendra un jour la principale source de prospérité pour toute la partie orientale du vaste empire brésilien. Ce fleuve baigne dans son trajet de près de 550 l. les villes d'Uruba, de Rio-Grande, de Pilao-Arcado, de Santa-Maria et de Villa-Nova-de-San-Francisco. Plusieurs cataractes magnifiques embellissent le cours supérieur de ce fleuve. Ses principaux affluents sont : à droite, le Rio-das-Velhas, le Rio-Verde, appelé Rio-de-Togo dans sa partie supérieure, et le Parapéba; à gauche, le Paracatu, qui descend de la Sierra Marcella et se forme de nombreuses branches, le Rio-Grande, le Rio-Préto, le Curunhanha ou Carynhenha, qui naît dans la Sierra de Tabatinga, le Rio-dos-Correntes, le Bambuhy, le Borrachudo et l'Urucuia, appelé à sa source Rio-de-Santa-Rita de l'endroit où il prend naissance. C'est la prov. de Minas-Geraès qui fournit au San-Francisco les affluents les plus nombreux et les plus considérables.

FRANCISCO (Bahia de San-), baie à l'E. de la Nouvelle-Californie, confédération mexicaine, sous 38° lat. S., l'extrémité O. de Mexique.

FRANCISCO (San-), île dans le golfe de Californie, au S. de l'île de Tiburon; sur la côte de l'état de Sonora-et-Cinaloa, états mexicains.

FRANCISCO (San-), fleuve de la confédération mexicaine, état d'Yucatan, coule vers l'O. et se jette dans la baie de Campêche.

FRANCISCO (San-), b. de la confédération mexicaine, territoire de la Nouvelle-Californie. Cet endroit a une mission et un port regardé par M. Morineau et plusieurs autres marins instruits comme le plus beau du Nouveau-Monde. Cet endroit est, selon M. de Humboldt, l'établissement le plus septentrional que les Espagnols aient fondé en Amérique; 4100 hab., la plupart Indiens convertis au christianisme.

FRANCISCO-DE-BORGIA (San-), gros vg., avec une mission, dans la confédération mexicaine, territoire de la Vieille-Californie; cet endroit n'est peuplé que d'Indiens convertis.

FRANCISCO-DE-BORJA (San-), b. de l'emp. du Brésil, prov. de Rio-Grande-do-Sul, à 2 l. de l'Uruguay; il fut fondé en 1690 et compte 2500 hab.

FRANCISCO-DE-CAMPÈCHE (San-). *Voyez* CAMPÈCHE.

FRANCISCO-DE-CUISILLO (San-), b. de la confédération mexicaine, état de Guanaxuato; 2600 hab.

FRANCISCO-DE-LA-SELVA (San-). *Voyez* COPIAPO.

FRANCISCO-DE-LA-VICTORIA (San-), b. de la rép. du Pérou, dép. de Cuzco, prov. d'Urubamba. Cet endroit, autrefois petite ville très-florissante, a beaucoup perdu depuis qu'on a abandonné les mines d'argent qu'on exploitait dans ses environs; 1600 h.

FRANCISCO-DEL-MONTE (San-), b. de la rép. du Chili, prov. de Santiago, dist. de Mélipilla, sur le Mapocho, à 3 l. au-dessous de l'endroit où ce fleuve sort précipitamment de la terre. Ce bourg possède un des plus anciens couvents de franciscains dans le Chili; 1800 hab.

FRANCISCO-DEL-ORO (San-). *Voyez* PARRAL (San-José-del-).

FRANCISCO - DE - QUITO (San-). *Voyez* QUITO.

FRANCISCO-E-ALTO (San-), pet. v. des États-Unis de l'Amérique centrale, état de Guatémala, dist. de Totonicapan; 6000 h.

FRANCISCO-LEITE, fl. de l'emp. du Brésil, prov. de Rio-Janeiro; se jette dans le lac Ararnama.

FRANCISCO-NUNES, île fertile et cultivée dans la baie d'Angra-dos-Reys, côte de la prov. de Rio-Janeiro, emp. du Brésil.

FRANCISCO - SOLANO (Punta-de-San-), promontoire qui ferme à l'E. la vaste baie de Panama, côte N.-O. du dép. de Cauca, rép. de la Nouvelle-Grenade.

FRANCISCO-XAVIER (San-), b. avec une mission, dans la rép. de Vénézuela, dép. de l'Orénoque, prov. de Guyane. A côté de cet endroit s'élève le rocher de Marimarota, au haut duquel les jésuites avaient bâti un fort, non seulement contre l'invasion des peuplades sauvages, mais aussi pour la conquête des âmes (conquista de almas). Depuis l'abolition de l'ordre des jésuites, ce fort n'a plus de garnison, mais l'endroit porte encore le nom d'*El Castillo*.

FRANCISCO-XICHU (San-), b. avec de riches mines d'argent, dans l'état de Quérétaro, confédération mexicaine.

FRANCKEN, vg. de Fr., Haut-Rhin, com. d'Altkirch; 470 hab.

FRANCO-FONTE, v. du roy. des Deux-Siciles, intendance de Syracuse; située sur une montagne.

FRANÇOIS, vg. de Fr., Deux-Sèvres, arr. de Niort, cant. et poste de St.-Maixent; 520 hab.

FRANÇOIS (Saint-), ham. de Fr., Côte-d'Or, com. de Ste.-Seine-en-Bache; 100 h.

FRANÇOIS ou FRANTZ (Saint-), vg. de Fr., Moselle, arr. de Thionville, cant. et poste de Bouzonville; 380 hab.

FRANÇOIS (Saint-), ham. de Fr., Moselle, com. de Thionville; 460 hab.

FRANÇOIS (Saint-), paroisse de l'île de Jésus.

FRANÇOIS (Saint-), b. du Bas-Canada, dist. de Québec, comté d'Orléans, sur le canal du Sud; navigation; commerce.

FRANÇOIS (Saint-), b. et chef-lieu de canton, sur la côte S.-E. de la Grande-Terre, partie orientale de l'île de Guadeloupe, arr. de Pointe-à-Pitre; salines; 6000 hab. avec les environs.

FRANÇOIS (Saint-) ou AGUADA, gros b. de l'île de Porto-Rico, juridiction de San-German, tout près de la mer, dans une vallée marécageuse et souvent inondée, à 2 1/2 l. de la Punta-Aguada, l'extrémité occidentale de l'île; commerce de contrebande; 5000 hab.

FRANCON, vg. de Fr., Haute-Garonne, arr. de Muret, cant. de Cazères, poste de Martres; 610 hab.

FRANCONVILLE, vg. de Fr., Meurthe, arr. de Lunéville, cant. et poste de Gerbéviller; 160 hab.

FRANCONVILLE, vg. de Fr., Seine-et-Oise, arr. de Pontoise, cant. de Montmorency, poste; 1190 hab.

FRANCOULÈS, vg. de Fr., Lot, arr. de Cahors, cant. de Catus, poste de Pélacoy; 690 hab.

FRANCOURT, vg. de Fr., Haute-Saône, arr. de Gray, cant. de Dampierre-sur-Salon, poste de Lavoncourt; 330 hab.

FRANCOURVILLE, vg. de Fr., Eure-et-Loir, arr. de Chartres, cant. et poste d'Auneau; 690 hab.

FRANC-PORT, ham. de Fr., Oise, com. de Choisy-au-Bac; 150 hab.

FRANCS, vg. de Fr., Gironde, arr. et poste de Libourne, com. de Lussac; 300 hab.

FRANCS (les), ham. de Fr., Deux-Sèvres, com. de Cherveux; 150 hab.

FRANCUEIL, vg. de Fr., Indre-et-Loire, arr. de Tours, cant. et poste de Bléré; 1000 hab.

FRANDIÈRE (la), ham. de Fr., Vendée, com. de Noirmoutiers; 200 hab.

FRANEKER, pet. v. du roy. de Hollande, prov. de Frise, dist. et à 4 l. de Leeuwarden, sur le canal de Harlingue à Grœningue; vieille et mal bâtie; avait autrefois une université et possède encore une académie; tuileries aux environs; 4000 hab.

FRANEY, vg. de Fr., Doubs, arr. de Besançon, cant. d'Audeux, poste de Marnay; 150 hab.

FRANGEY. *Voyez* LÉZINES.

FRANGOUILLE, ham. de Fr., Hérault, com. de Boussagues; 110 hab.

FRANGY, vg. de Fr., Saône-et-Loire, arr. de Louhans, cant. et poste de St.-Germain-du-Bois; 2040 hab.

FRANKENAU, pet. v. de 1000 hab., dans la Hesse-Électorale, prov. de la Haute-Hesse.

FRANKENBERG, v. de l'électorat de Hesse-Cassel, située sur l'Eder, dans la prov. de la Haute-Hesse; fabr. de cuirs et d'étoffes de laine; elle avait une mine d'argent, abandonnée depuis 1808; 3100 hab.

FRANKENBERG, v. du roy. de Saxe, dans le cer. de l'Erzgebirge; elle possède d'importantes et excellentes fabr. de toiles de coton, un grand nombre de fabriques de toiles de lin, etc.; 5100 hab.

FRANKENBOURG, b. d'Autriche, pays au-dessus de l'Ens, cer. de Hausruck; tissage de lin et de coton.

FRANKENHAUSEN, v. de la principauté de Schwarzbourg-Rudolstadt, située dans le comté inférieur, au pied du Schlachtberg et sur un bras du Wipper; elle a une saline importante, un grand commerce de laine et une pop. de 4700 hab. Un incendie y détruisit 200 maisons, en 1833. Dans ses environs se trouve une mine de houille.

FRANKENSTEIN, v. de Prusse, chef-lieu de cercle, prov. de Silésie, rég. de Breslau; elle est bien bâtie et possède une belle église paroissiale catholique, deux hôpitaux et une maison de refuge; usines; carrosseries; brasseries, etc.; 5520 hab.

FRANKENTHAL, v. de la Bavière rhénane, chef-lieu d'arrondissement et de canton, située dans une plaine riante, à 1 1/2 l. de Mannheim, à 3 l. de Worms et à 1/2 l. du Rhin, avec lequel elle communique par un canal, que forment deux petites rivières qui la traversent; elle est bien et régulièrement construite, possède 5 églises, un bel hôtel de ville, une école latine, un hôpital et un cabinet d'arts et d'histoire naturelle, 15 manufactures de draps et 2 d'étoffes de soie; on y fabrique du sucre de betteraves, de la cire à cacheter, du tabac, du fil d'or et d'argent, des limes, des aiguilles et des instruments de musique; tissage de toile, de chanvre et de coton; fonderie de cloches; tuileries; commerce considérable de bois; 5000 hab.

En 1562, l'électeur palatin Fréderic III fonda la ville en donnant les villages de Grand et Petit-Frankenthal et le couvent de Schœnau à 60 familles protestantes, émigrées des Pays-Bas espagnols. La colonie fut ruinée par la guerre de trente ans et par celle du Palatinat (1688); les électeurs Jean-Guillaume, Ch.-Philippe et surtout Ch.-Théodore (1742 —1799) firent de grands sacrifices pour la relever, mais les guerres de la révolution vinrent y attirer de nouveaux désastres dont le souvenir ne s'effaça que longtemps après.

FRANKLIN (chef-lieu). *Voyez* RUSSEL (comté).

FRANKLIN, pet. v. des États-Unis de l'Amérique du Nord, état de New-Jersey, comté de Somersets; 3000 hab.

FRANKLIN, v. naissante des États-Unis de l'Amérique du Nord, état de Pensylvanie, comté de Vénango, dont elle est le chef-lieu, au confluent du French et de l'Alleghany; elle est entourée partout de hautes montagnes, a une poste et fait le commerce, qui devient de jour en jour plus important, grâce à sa situation favorable. Tout près de cet endroit on voit encore les restes du vieux fort français de Vénango.

FRANKLIN, comté de l'état de Vermont, États-Unis de l'Amérique du Nord, borné par le Bas-Canada, le lac Champlain, qui le sépare de l'état de New-York, et par les comtés de Chittenden et d'Orléans. Ce comté est traversé par les montagnes Vertes et arrosé par le Michisconi et le Lamoille, qui alimentent le lac Champlain. Le sol, très-fertile, est couvert, sur plusieurs points, de marais appelés *Cédar-Swamps* et de belles forêts. L'éducation du bétail et les pêcheries dans le Champlain sont très-importantes; abondance en minéraux; 20,000 h.

FRANKLIN, comté de l'état de Virginie, États-Unis de l'Amérique du Nord; il est borné par les comtés de Bottecourt, de Bedford, de Pittsylvanie, de Henry, de Patrick et de Montgoméry et renferme 14,000 h. Les montagnes Vertes s'élèvent à l'O. et y forment plusieurs vallées, arrosées par le Roanoke, le Chesnut, le Blackwater, etc. Le fer y abonde.

FRANKLIN, b. florissant des États-Unis de l'Amérique du Nord, état d'Ohio, comté de Warren, sur le Big-Miami; 2600 hab.

FRANKLIN, comté de l'état de la Caroline du Nord, États-Unis de l'Amérique du Nord; il est borné par les comtés de Warren, de Nash, de Wake et de Granville; 11,000 h. Pays assez fertile, arrosé par le Tar et ses affluents.

FRANKLIN, comté de l'état d'Ohio, États-Unis de l'Amérique du Nord. Ce comté, situé au centre de l'état, est borné par les comtés de Licking, de Fairfield, de Pickaway, de Madison et de Delaware; sa superficie est de 23 l. c. géogr., avec 13,000 hab. Sol onduleux et fertile, arrosé par le Scioto et ses affluents; carrières de chaux et de chiste; mines de houille et bois en abondance.

FRANKLIN (chef-lieu). *Voyez* PENDLETON (comté).

FRANKLIN, comté de l'état de Pensylvanie, États-Unis de l'Amérique du Nord; il est borné par l'état de Maryland et les comtés de Mifflin, de Cumberland, d'Adams, de Bedford et de Huntingdon. Sa superficie est de 38 l. c. géogr., avec 35,000 hab. A l'O. s'élèvent les monts Tuscarora, qui, à leur extrémité méridionale, prennent le nom de North-Mountains; l'E. est traversé par les South-Mountains; entre ces deux chaines de montagnes s'étend une vallée qui, au N., porte le nom de Cumberland, au S. celui de Conécochéague, des deux bras du fleuve de ce nom, qui y prennent naissance; au S.-O. une conglomération de collines, échelons des monts Tuscarora, forme les deux vallées étroites, mais très-fertiles, de Path et de Horse. En général, le haut plateau du comté de Franklin fait partie des régions les plus fertiles et en même temps les plus saines de l'état de New-York. Dans quelques endroits l'agriculture s'étend jusqu'au sommet des montagnes; cependant il y a des districts couverts d'épaisses forêts. Les habitants de ce pays sont d'origine anglaise et écossaise; il n'y a que peu d'Allemands et d'Irlandais.

FRANKLIN, comté de l'état de Massachusetts, États-Unis de l'Amérique du Nord; il est borné par les comtés de Worcester, de Hampshire, de Berks et par les états de Vermont et de New-Hampshire; sa superficie est de 32 l. c. géogr., avec 32,000 hab. Pays fertile et beau, arrosé par le Connecticut et divers affluents de ce fleuve, et traversé à l'E. et à l'O. par les monts du Connecticut. Le bois y abonde.

FRANKLIN, comté de l'état de Mississipi, États-Unis de l'Amérique du Nord; il est borné par les comtés de Jefferson, de Hinds, de Lawrence, de Pike, d'Amite, de Wilkinson et d'Adams; pays encore peu cultivé et arrosé par le Homochitto; 5000 hab.

FRANKLIN, comté de l'état de Missouri, États-Unis de l'Amérique du Nord; il a pour bornes les comtés de Montgoméry, de St.-Louis, de Washington, de Wayne et de Jefferson; 4000 hab. Le Maramek y prend naissance; Rodgerstown, sur un affluent du Maramek, est le chef-lieu du comté.

FRANKLIN (petite ville). *Voyez* HOWARD.

FRANKLIN, comté de l'état de New-York, États-Unis de l'Amérique du Nord; il est borné par le Bas-Canada et les comtés de Clinton, d'Essex, de Montgoméry et de Lawrence. Pays sauvage et peu cultivé encore, arrosé par un grand nombre de rivières tributaires du St.-Laurent, et très-montagneux au S.-E. Tout le reste de son sol est couvert de marais et d'immenses forêts; 5400 hab.

FRANKLIN, pet. v. des États-Unis de l'Amérique du Nord, état de New-York, comté de Delaware, sur le Susquéhannah; navigation; commerce; 2500 hab.

FRANKLIN, pet. v. des États-Unis de l'Amérique du Nord, état de Pensylvanie, comté de Greene, sur le bras méridional du Ten-Mile; 2300 hab.

FRANKLIN, comté de l'état d'Illinois, États-Unis de l'Amérique du Nord; il est borné par les comtés de Jefferson, de White, de Gallatin, de Johnson, d'Union, de Jackson et de Randolph; pays couvert encore de vastes forêts et arrosé par les deux bras du Muddy; 3000 hab.

FRANKLIN, comté de l'état d'Indiana, États-Unis de l'Amérique du Nord; il est borné par les comtés de Wayne, de Dearborn, de Ripley, de Fayette et par l'état d'Ohio; 13,000 hab. Pays très-fertile, arrosé par le Whitewater et couvert de forêts et de beaux champs de blé; 13,000 hab.

FRANKLIN, comté de l'état de Kentucky, États-Unis de l'Amérique du Nord; il a pour bornes les comtés d'Owen, de Scott, de Woodford, de Mercer, de Washington, de Shelby et de Nelson. Sol onduleux et assez fertile, arrosé par le Salt et le Kentucky, qui y reçoit l'Elkborn et le Benson; 4500 hab.

FRANKLIN (chef-lieu). *Voyez* SIMPSON (comté).

FRANKLIN, v. des États-Unis de l'Amérique du Nord, état de Louisiane, comté d'Attacapas, sur le Tèche, que les bateaux à vapeur remontent jusqu'à cette ville; cet endroit promet de devenir une importante place de commerce; 3800 hab.

FRANKLIN, comté de l'état d'Alabama, États-Unis de l'Amérique du Nord; il est borné par les comtés de Lauderdale, de Lawrence, de Marion et le pays des Chikasaws, et renferme 6000 hab. Paysage riche qui s'étend dans la belle vallée du Tennessée, arrosée par plusieurs affluents du fleuve de ce nom. Russelville, sur un affluent du Bear, avec une poste, est le chef-lieu du comté.

FRANKLIN, b. très-florissant des États-Unis de l'Amérique du Nord, état de New-Jersey, comté de Bergen; 3600 hab.

FRANKLIN, gros b. des États-Unis de l'Amérique du Nord, état de Pensylvanie, comté de Fayette, entre l'Yoxhiogen et le Redstone; mines de fer; forges; 2500 hab.

FRANKLIN, b. des États-Unis de l'Amérique du Nord, état d'Ohio, comté de Franklin, sur le Scioto, en face de Columbus dont on peut le regarder comme un faubourg; il renferme les bâtiments du comté; 1100 hab.

FRANKLIN, pet. v. des États-Unis de l'Amérique du Nord, état de Pensylvanie, comté de Franklin; 2300 hab.

FRANKLIN, comté de l'état de Géorgie, États-Unis de l'Amérique du Nord; il est borné par les comtés de Habersham, de Tugaloo, d'Elbert, de Madison, de Jackson et par la Caroline du Sud. Pays fertile, traversé par les monts Cunawhée et arrosé par le Tugaloo et diverses branches du Broad. Carnesville, avec une poste, est le chef-lieu du comté; 11,000 hab.

FRANKLIN (baie de), baie très-vaste, à l'extrémité N. de l'Amérique, pays des Esquimaux; elle est entourée des monts Melville.

FRANKLIN, b. des États-Unis de l'Amérique du Nord, état de Pensylvanie, comté de Westmoreland, sur le Bushy-Run. Cet endroit est remarquable par la victoire que le colonel anglais Bouquet y remporta sur les Indiens, en 1763; 1800 hab.

FRANKLIN, comté de l'état de Tennessée, États-Unis de l'Amérique du Nord; il est borné par l'état d'Alabama et les comtés de Warren, de Marion, de Lincoln et de Bedfort. Les monts Cumberland traversent à l'E. ce pays, arrosé par l'Elk qui y prend naissance; 18,000 hab.

FRANKLIN (chef-lieu). *Voyez* WILLIAMSOM (comté).

FRANKSTADT, pet. v. archiépiscopale d'Autriche, gouv. de Moravie et Silésie, cer. de Prerau. Sa toile et son fromage sont très-estimés; 3500 hab.

FRANLEU, vg. de Fr., Somme, arr. d'Abbeville, cant. de St.-Valery-sur-Somme, poste de Valines; 710 hab.

FRANOIS, vg. de Fr., Doubs, arr. et poste de Besançon, cant. d'Audeux; 350 h.

FRANOIS, vg. de Fr., Jura, arr. de Lons-le-Saulnier, cant. et poste de Clairvaux; 380 hab.

FRANOIS, vg. de Fr., Haute-Saône, arr. de Gray, cant. et poste de Champlitte; 450 hab.

FRANOULD, ham. de Fr., Vosges, com. de Dommartin-le-Remiremont; 130 hab.

FRANQUETOT, ham. de Fr., Manche, com. de Cretteville; 120 hab.

FRANQUEUX. *Voy.* VILLERS-FRANQUEUX.

FRANQUEVIELLE, vg. de Fr., Haute-Garonne, arr. de St.-Gaudens, cant. et poste de Montrejeau; 800 hab.

FRANQUEVILLE, vg. de Fr., Aisne, arr. et poste de Vervins, cant. de Sains; papeterie; 350 hab.

FRANQUEVILLE, vg. de Fr., Eure, arr. de Bernay, cant. et poste de Brionne; 330 hab.

FRANQUEVILLE, ham. de Fr., Calvados, com. de Bellengreville; 100 hab.

FRANQUEVILLE, ham. de Fr., Calvados, com. de St.-Germain-la-Blanche-Herbe; 150 hab.

FRANQUEVILLE, vg. de Fr., Somme, arr. de Doullens, cant. et poste de Domart; 440 hab.

FRANQUEVILLE-NOTRE-DAME, ham. de Fr., Seine-Inférieure, com. de St.-Pierre-de Franqueville; 460 hab.

FRANQUEVILLETTE, ham. de Fr., Seine-Inférieure, com. de Boos; 210 hab.

FRANS, vg. de Fr., Ain, arr., cant. et poste de Trévoux; 310 hab.

FRANSACHE, ham. de Fr., Eure-et-Loir, com. de Blandainville et Charonville; 140 h.

FRANSART, vg. de Fr., Somme, arr. de Montdidier, cant. de Rozières, poste de Roye; 260 hab.

FRANSÈCHES, vg. de Fr., Creuse, arr. et poste d'Aubusson, cant. de St.-Sulpice-les-Champs; 1180 hab.

FRANSHAWE (cap). *Voyez* POSSESSION (baie de la).

FRANSU, vg. de Fr., Somme, arr. de Doullens, cant. et poste de Domart; 430 h.

FRANSURES, vg. de Fr., Somme, arr. de Montdidier, cant. d'Ailly-sur-Noye, poste de Flers; 370 hab.

FRANTZ. *Voyez* FRANÇOIS (Saint-).

FRANVILLERS, vg. de Fr., Somme, arr. d'Amiens, cant. et poste de Corbie; fabr. de sucre indigène; 1210 hab.

FRANXAULT, vg. de Fr., Côte-d'Or, arr. de Beaune, cant. et poste de St.-Jean-de-Losne; 685 hab.

FRANZBOURG, v. de Prusse, Poméranie, chef-lieu de cercle; tissage de laine.

FRANZENSBRUNN ou **EGERSBRUNN**, vg. de Bohême, cer. d'Ellbogen, sur l'Eger, à 1 l. O. d'Eger. Ses bains sont très-fréquentés; ses eaux sont exportées.

FRANZKANAL (canal de François), canal d'Autriche; il fait communiquer le Danube avec la Theiss, en traversant le comté hongrois de Bacs.

FRAPE (les Deux-), ham. de Fr., Gironde, com. de St.-Denis-de-Pille; 110 hab.

FRAPELLE, vg. de Fr., Vosges, arr., cant. et poste de St.-Dié; 250 hab.

FRAQUELFING, vg. de Fr., Meurthe, arr. de Sarrebourg, cant. et poste de Lorquin; 260 hab.

FRAROZ, vg. de Fr., Jura, arr. de Poligny, cant. de Nozeroy, poste de Champagnole; 180 hab.

FRASCATI, *Tusculum*, v. épiscopale des états de l'Église, comarque de Rome, située dans une contrée attrayante; les grands de Rome s'y retirent pendant les chaleurs de l'été; elle offre plusieurs antiquités et entre autres les restes de la maison de Cicéron; 4000 hab.

FRASERBURG, b. d'Écosse, comté d'Aberdeen, avec un joli hôtel de ville; fabr. de toiles et pêcheries; petit port; 2500 hab.

FRASNAY-LE-RAVIER, vg. de Fr., Nièvre, arr. de Nevers, cant. et poste de St.-Benin-d'Azy; 140 hab.

FRASNAY-LES-CHANOINES, ham. de Fr., Nièvre, com. de St.-Aubin, poste de la Charité; 200 hab.

FRASNAY-LES-CHATILLON, ham. de Fr., Nièvre, com. de Châtillon-en-Bazois; 210 h.

FRASNE, vg. de Fr., Doubs, arr. et poste de Pontarlier, cant. de Levier; 980 hab.

FRASNE, vg. de Fr., Jura, arr. de Dôle, cant. de Montmirey-la-Ville, poste de Moissey; 350 hab.

FRASNE-LE-CHATEAU, vg. de Fr., Haute-Saône, arr. de Gray, cant. et poste de Gy; 670 hab.

FRASNÉE (la), vg. de Fr., Jura, arr. de St.-Claude, cant. de St.-Laurent, poste de Clairvaux; 140 hab.

FRASNES, b. du roy. de Belgique, prov. de Hainaut, arr. de Tournai; fabrication de toiles et de dentelles; 3800 hab. Un village du même nom se trouve dans l'arr. de Charleroi; 1400 hab.

FRASNOY, vg. de Fr., Nord, arr. d'Avesnes, cant. et poste du Quesnoy; 490 hab.

FRASSETO, vg. de Fr., Corse, arr. et poste d'Ajaccio, cant. de Ste.-Marie-et-Sicche; 530 hab.

FRASSO, vg. de Fr., Corse, arr. et poste de Corte, cant. de Morosaglia; 150 hab.

FRASSO, v. du roy. des Deux-Siciles, prov. de la Terre-de-Labour; 3600 hab.

FRAT. *Voyez* EUPHRATE.

FRATELLI ou **FRATI** (les frères), trois îles de la Méditerranée, sur la côte septentrionale de l'état de Tunis, entre le cap Serrat et le cap Blanc, à 10 l. O. de Biserta.

FRATTA (la), b. du roy. Lombard-Vénitien, gouv. de Venise, délégation de Polésina, sur le Scortico; possède de nombreux palais appartenant à des patriciens de Venise; 3000 hab.

FRATTA-MAGGIORE, v. du roy. des Deux-Siciles, intendance de Naples; 9000 h.

FRAUBRUNNEN, vg. de Suisse, cant. de Berne. Il est célèbre pour avoir été le théâtre de deux combats : dans le premier, en 1375, un corps bernois battit l'armée de l'aventurier Ingelram de Coucy; le second, en 1798, eut pour résultat la prise de Berne par les Français; 200 hab.

FRAUDAIS, ham. de Fr., Loire-Inférieure, com. de Blain; 110 hab.

FRAUENBERG, vg. de Fr., Moselle, arr., cant. et poste de Sarreguemines; 960 hab.

FRAUENBOURG, pet. v. de Prusse, prov. de Prusse, rég. de Kœnigsberg; correspondant par un canal avec le Frischhaff; fabr. de draps; tanneries, poterie; marchés de bestiaux. La cathédrale renferme le tombeau de Nicolas Copernik, mort le 24 mai 1543; 2030 hab.

FRAUENFELD, capitale du cant. de Thurgovie et, en même temps, chef-lieu d'un district et d'un arrondissement; est une ville bien bâtie, sur une hauteur, au bord de la Murg, à 6 l. du lac de Constance. Son ancien château, aujourd'hui résidence des autorités supérieures du canton, présente une tour assez remarquable. Fabr. d'étoffes de soie; filat. de coton et de lin et autres manufactures; mais ses habitants s'occupent particulièrement d'agriculture. En 1799 un combat sanglant eut lieu près de cette ville entre les Français et les Autrichiens. Patrie de Mœrikofer, célèbre graveur de médailles, mort en 1761; 1900 hab.

FRAUENKIRCHEN, b. de Hongrie, cer. au-delà du Danube, comitat de Wieselbourg; avec un couvent et un pèlerinage; 1200 hab.

FRAUENMARK (Batowce, Batt), b. de Hongrie, cer. en-deçà du Danube, comitat de Honth, sur le Szekeneze; culture de vin et de tabac; commerce en grains; 2500 hab.

FRAUENSTEIN, v. du roy. de Saxe, située sur une montagne, dans le cer. de l'Erzgebirge; 1000 hab.

FRAUSSEILLES, vg. de Fr., Tarn, arr. de Gaillac, cant. de Castelnau-de-Montmirail, poste de Cordes; 280 hab.

FRAUSTADT (Wschowa), v. de Prusse, prov. et rég. de Posen, chef-lieu de cercle; renferme 3 églises catholiques, un couvent de bernardins et une académie; fabr. de draps, de toiles et de chicorée; tanneries, brasseries et distilleries; 90 moulins à vent dans les environs; grand commerce de bestiaux. Le 13 février 1706 les Saxons et les Russes y furent battus par les Suédois; 6160 hab.

FRAVAUX, vg. de Fr., Aube, arr. et poste de Bar-sur-Aube, cant. de Vendeuvre; 160 hab.

FRAYE (la), vg. de Fr., Oise, arr. et poste de Beauvais, cant. de Nivillers; 230 h.

FRAYLE, volcan aux environs de la ville de Durango, dans l'état du même nom, confédération mexicaine. Ce volcan a un cratère de 100 mètres de circonférence et de 30 mètres de profondeur.

FRAYLE (punta del), cap à l'E. de l'île de Porto-Rico.

FRAYLE-MUERTO, pet. v. de la rép. Argentine, prov. de Cordova.

FRAYLES (les), groupe de pet. îles au N.-O. de la pointe Béate, extrémité S. de l'île d'Haïti.

FRAYOL, ham. de Fr., Ardèche, com. du Teil; 350 hab.

FRAYSSINET, vg. de Fr., Lot, arr. de Gourdon, cant. de St.-Germain, poste; 1290 hab.

FRAYSSINET-LE-GÉLAT, b. de Fr., Lot, arr. de Cahors, cant. de Cazats, poste de Castelfranc; 1380 hab.

FRAYSSINHES, vg. de Fr., Lot, arr. de Figeac, cant. et poste de St.-Céré; 690 hab.

FRAZE, vg. de Fr., Eure-et-Loir, arr. de Nogent-le-Rotrou, cant. de Thiron-Gardais, poste de Brou; 1510 hab.

FREAUVILLE, vg. de Fr., Seine-Inférieure, arr. et poste de Neufchâtel-en-Bray, cant. de Londinières; 270 hab.

FREAUX (les), ham. de Fr., Hautes-Alpes, com. de la Grave; 150 hab.

FRÉBECOURT, vg. de Fr., Vosges, arr. et poste de Neufchâteau, cant. de Coussey; 450 hab.

FREBUANS, vg. de Fr., Jura, com. de Chilly-le-Vignolle; 300 hab.

FRÈCHE, vg. de Fr., Landes, arr. et poste de Mont-de-Marsan, cant. de Villeneuve; 970 hab.

FRÉCHEDE, vg. de Fr., Hautes-Pyrénées, arr. de Tarbes, cant. et poste de Trie; 230 hab.

FRECHEN, vg. de Prusse, prov. du Rhin, rég. de Cologne; on y fabrique, dans plus de 100 ateliers, de la faïence, de la poterie de grès et des pipes; tourbières dans les environs; 2380 hab.

FRECHENCOURT, vg. de Fr., Somme, arr. d'Amiens, cant. et poste de Villers-Bocage; 380 hab.

FRÉCHENDETS, vg. de Fr., Hautes-Pyrénées, arr. et poste de Bagnères-en-Bigorre, cant. de Lannemezan; 140 hab.

FRÉCHET (le), vg. de Fr., Haute-Garonne, arr. de St.-Gaudens, cant. et poste de St.-Martory; 220 hab.

FRÉCHET-AURE, vg. de Fr., Hautes-Pyrénées, arr. de Bagnères-en-Bigorre, cant. et poste d'Arreau; 80 hab.

FRÉCHING, ham. de Fr., Moselle, com. de Kerlin-les-Sierck; 130 hab.

FRÉCHOU, vg. de Fr., Lot-et-Garonne, arr., cant. et poste de Nérac; 730 hab.

FRÉCHOU-FRÉCHET, vg. de Fr., Hautes-Pyrénées, arr. de Tarbes, cant. et poste de Tournay; 210 hab.

FRECKENHORST, pet. v. de Prusse, prov. de Westphalie, rég. de Munster; filat. et tissage de toiles; marchés de bestiaux; 1500 hab.

FRECOURT, vg. de Fr., Haute-Marne, arr. de Langres, cant. de Neuilly-l'Évêque, poste de Montigny-le-Roi; 320 hab.

FRÉCOURT, ham. de Fr., Moselle, com. de Servigny-les-Raville; 150 hab.

FREDENSBORG, b. dans l'île de Seeland, non loin de Copenhague, avec un château royal qui renferme une belle galerie de tableaux.

FRÉDERIC (baie de), baie au S.-E. du Grœnland oriental.

FRÉDERIC, comté de l'état de Maryland, États-Unis de l'Amérique du Nord; il est borné par la Pensylvanie, l'état de Virginie, dont il est séparé par le Potowmak, et par les comtés de Baltimore, d'Ann-Arundel, de Montgoméry et de Washington. Son étendue est de 38 l. c. géogr., avec 42,000 habitants. Le Monococy, qui se forme d'une foule de petites rivières, naît dans cette province, dont il est le principal cours d'eau. Les South-Mountains forment la frontière occidentale de ce pays très-fertile et bien cultivé; éducation du bétail, exploitation de mines de fer.

FRÉDERIC, comté de l'état de Virginie, États-Unis de l'Amérique du Nord; il est borné par les comtés de Berkley, de Jefferson, de Loudon, de Faquier, de Shénandoah et de Hampshire. Les montagnes Bleues qui s'élèvent à l'E. et les North-Mountains à l'O. forment une charmante vallée, traversée par le Shénandoah et ses affluents. L'Orégon, qui traverse également cette province, y forme une autre vallée non moins belle. Agriculture très-florissante; éducation du bétail et des abeilles; abondance en fer; 28,000 hab.

FRÉDERIC, fort dans la partie orientale de la colonie du Cap, dist. d'Uitenhagen, sur la baie d'Algoa, dans une contrée très-fertile.

FRÉDERICA, v. naissante des États-Unis de l'Amérique du Nord, état de Delaware, comté de Kent, au confluent des deux bras du Motherkill.

FRÉDERICA, pet. v. des États-Unis de l'Amérique du Nord, état de Géorgie, comté de Glynn, dans l'île de St.-Simon; elle est défendue par un fort et a un port sûr et très-profond.

FRÉDERIC-FONTAINE, vg. de Fr., Haute-Saône, arr. de Lure; cant. et poste de Champagney; tissage de coton; 470 hab.

FRÉDERIC-HENRI, île de l'Australie ou Océanie centrale; elle fait partie du groupe de la Papouasie (Nouvelle-Guinée). Cette île, que l'on croyait, il y a quelques années, faire partie de la grande île de la Nouvelle-Guinée, en est séparée par un détroit que l'on a pris jusqu'alors pour une rivière; elle est située au S.-O. de la Nouvelle-Guinée, sous 8° 29' de lat. S. et 134° 50' de long. E. Le cap Walsh en est la localité la plus remarquable.

FRÉDERIC-HOUSE, factorerie de la société anglaise de la mer d'Hudson, sur le lac Waratowaha, Nouvelle-Galles, dép. du Nord.

FRÉDERICIA ou **FRÉDERITS**, v. forte de l'île de Seeland, bge de Veile; elle est située à l'entrée du Petit-Belt, et tous les vaisseaux qui traversent ce détroit doivent y payer un péage. Elle a quelques fabriques. Cette ville fut fondée par le roi Frédéric II, en 1650; 4500 hab.

FRÉDERICKSBOURG, pet. v. dans la partie orientale de la colonie du Cap, dist. d'Albany, à l'E. de Bathurst, non loin de l'Océan Indien et de la rivière de Béka; elle fut fondée et peuplée en 1821 par des soldats congédiés.

FRÉDERICKSHAMM, v. de la Russie d'Europe, chef-lieu d'un cercle de même nom, dans le grand-duché de Finlande; elle possède un port sur le golfe de Finlande, est entourée de fortifications importantes, est le siége d'un consistoire luthérien, et renferme une école militaire ou le corps des cadets des troupes de terre. Sa pop. est de 2000 hab. C'est dans cette ville que fut conclu, en 1809, le traité de paix entre la Suède et la Russie (cession de la Finlande à la Russie). En 1821 elle fut presque entièrement détruite par un incendie.

FRÉDERICTON ou **FRÉDERICTOWN**, capitale du Nouveau-Brunswic, dans le comté d'York, sur le St.-Johns et à 35 l. de l'embouchure de ce fleuve. Elle est régulièrement bâtie et renferme plusieurs édifices remarquables, tels que le palais du gouvernement, la belle Maison provinciale, siége de l'assembly et des tribunaux, et l'église épiscopale; collége; société d'agriculture; 2000 hab.

FRÉDERICTOWN, v. des États-Unis de l'Amérique du Nord, état de Maryland, comté de Fréderic, dont elle est le chef-lieu, sur le Karrolskrick, affluent du Monococy. Cette ville, très-régulièrement bâtie, possède un arsenal de l'état et une académie; commerce actif; 6000 habitants, la plupart Allemands.

FRÉDERIKSBERG, château royal dans les environs de Copenhague, résidence d'été ordinaire de la famille royale; il s'y trouve un magnifique jardin.

FRÉDERIKSBERG, citadelle qui défend le port de Stockholm.

FRÉDERIKSBORG, chef-lieu du bailliage de ce nom, dans l'île Seeland, à 4 milles de Copenhague; renferme un château royal, avec une galerie remarquable de portraits historiques et une belle église où se fait le couronnement des rois de Danemark.

FRÉDERIKSBURGH, v. des États-Unis de l'Amérique du Nord, état de Virginie, comté de Spotsylvanie, dont elle est le chef-lieu, sur la rive droite du Rappanok. Elle est régulièrement bâtie et possède une prison, des entrepôts de tabac, une académie, un institut pour les jeunes filles, une société littéraire, etc.; 4600 hab.

FRÉDERIKSHAAB, colonie danoise dans le Grœnland occidental, inspectorat du Sud, au N. du cap Comford, sous 62° 33' lat. N. Cette colonie fut fondée en 1742, sur une langue de terre très-saillante, contenant beaucoup de talc. Les îles de Tessiursac, de Nanarroak, de Sennerat, de Komok et de Sermesok en dépendent. C'est dans cette colonie qu'on trouve aussi le célèbre Iisblink ou Eisblink, nommé ordinairement Witteblink sur les cartes. La colonie compte 600 h.

FREDERIKSHALL, v. de Norwège, bge de Smaalchnene, à l'embouchure du Tistedælf, dans l'Idefiorden; elle possède un bon port et on y fait un grand commerce de bois; 5000 hab. Elle est défendue par trois forts et par la citadelle de Fréderiksteen, élevée sur un rocher escarpé, à 380 pieds au-dessus du niveau de la mer. C'est au siége de cette forteresse que Charles XII, roi de Suède, reçut la mort en 1718.

FRÉDERIKSHAVN ou **FLADSTRANDSFORT**, pet. v. du Jutland septentrional, située sur la côte orientale, dans le bge de Xjoring et non loin du cap Skagen. Elle a un port artificiel défendu par des fortifications importantes et pouvant contenir 100 navires marchands. Tout près de là est la forteresse de Fladstrand. Sa pop. n'est que de 1000 h.

FRÉDERIKSHAVN, citadelle de Copenhague.

FRÉDERIKSHOLM, forteresse de Norwège, dans le bge de Lister et Mandal, et défendant Sogne, petite ville de 2000 hab.

FRÉDERIKSKŒRNE ou ILES DE FRÉDÉRIC, nom donné par les Danois à l'archipel de Nikobar.

FRÉDERIKSORT, chef-lieu du petit duché de Dænischwald, dans le Jutland méridional; n'est guère qu'une citadelle.

FRÉDERIKSTAD, v. du roy. de Norwège, située à l'embouchure du Glommen, dans le bge de Smaalchnene; elle est bâtie en pierres et entourée de fortifications importantes, a un bon port où stationne ordinairement une partie de la flotte norwégienne; commerce actif; 2200 hab.

FRÉDERIKSTADT, v. du roy. de Danemark, chef-lieu du duché de Hytten et Stapelholm, dans le duché de Schleswig; a une pop. de 2200 hab., composée de luthériens, de remontrants, de mennonites, de catholiques et de juifs.

FRÉDERIKSTEEN. *Voyez* FRÉDERIKSHAVN.

FRÉDERIKSTOWN, b. très-florissant des États-Unis de l'Amérique du Nord, état de New-York, comté de Putnam, entre le Peekskill et le Croton, poste; 6500 hab.

FRÉDERIKSVŒRK, vg. du bge de Fréderiksberg, dans l'île Seeland; renferme une fonderie de canons, une fabrique d'armes et d'autres manufactures, qui occupent presque tout entière sa population de 1600 âmes.

FRÉDERIKSWŒRN, pet. v. de Norwège, bge de Jarlsberg et Laurvig; est remarquable pour ses fortifications, son port et ses chantiers militaires, les plus importants de tout le royaume; elle renferme une école des cadets de la marine.

FRÉDIÈRE (la), vg. de Fr. Charente-Inférieure, arr. et poste de St.-Jean-d'Angely, cant. de St.-Hilaire; 150 hab.

FRÉDONIA (chef-lieu). *Voyez* CRAWFORD comté).

FRÉEHAS, peuplade indienne indépendante, dans l'emp. du Brésil, prov. d'Espiritu-Santo, comarque de Porto-Seguro, entre le Rio-Docé et le Mucury.

FRÉEHEIRA (Serra da). *Voyez* MANTIQUEIRA (Serra).

FREEHOLD ou MONMOUTH, pet. v. des États-Unis de l'Amérique du Nord, état de New-Jersey, comté de Monmouth, dont elle est le chef-lieu, dans une contrée très-élevée; académie; poste; 5000 hab. Combat du 25 juin 1778.

FREEMANTLE, v. fondée récemment par une colonie anglaise, établie depuis 1829 sur la côte S.-O. de la Nouvelle-Hollande, dans la partie appelée *Terre de Leeuwin*, à l'embouchure de la rivière des Cygnes.

FREEN, ham. de Fr., Eure-et-Loir, com. de Terminiers; 140 hab.

FREEPORT, pet. v. des États-Unis de l'Amérique du Nord, état du Maine, comté de Cumberland, sur la baie de Casco; port; commerce; 3000 hab.

FREETOWN, pet. v. des États-Unis de l'Amérique du Nord, état de Massachusetts, comté de Bristol, sur la rive gauche du Taunton, poste; 2400 hab.

FREETOWN, jolie pet. v. de la Haute-Guinée, dans la colonie anglaise de Sierra-Leone, fondée en 1787 sur le cap de ce nom, dans le but philanthropique de supprimer la traite des nègres et de propager la civilisation en Afrique par le moyen d'Africains libres. Freetown est situé sur la rive méridionale de la Sierra-Leone, à 2 l. de son embouchure dans l'Océan Atlanlique; il a un port, 5 écoles, un théâtre, de belles casernes, et est la résidence du gouverneur-général, dont l'autorité s'étend sur tous les établissements de la Sénégambie et de la Guinée occidentale. Depuis 1817 on y publie un journal politique.

FREEWILL ou SAINT-DAVID, pet. groupe d'îles de la Papouasie, dans l'Australie ou Océanie centrale, au N. de la Nouvelle-Guinée, entre 0° 50' et 1° de lat. N. et entre 131° 45' et 132° 18' de long. E. Il est habité par des tribus de race malaisienne.

FREEZELAND-PICK, île ou plutôt rocher formant l'extrémité N. de la Terre-de-Sandwich, sous 58° 55' lat. S. Son centre atteint la hauteur de 3295 mètres.

FREGANT (Saint-), vg. de Fr., Finistère, arr. de Brest, cant. de Lannilis, poste de Lesneven; 750 hab.

FRÉGATE (la), pet. île au N. de celle de St.-Barthélemy, Petites-Antilles.

FRÉGATE-DE-BAS (à) et **FRÉGATE-DE-HAUT** (à), deux pet. îles sur un banc de sable et éloignées l'une de l'autre d'un quart de lieue, dans le Grand-Cul-de-Sac, entre la Guadeloupe proprement dite et la Grande-Terre.

FRÉGATES (îles aux), pet. îles à 1/2 l. O. de la Pointe-du-Massacre, côte N.-O. de l'île de Marie-Galante.

FRÉGEVILLE, vg. de Fr., Tarn, arr. et poste de Castres, cant. de Vielmur; 690 hab.

FRÉGIMONT, vg. de Fr., Lot-et-Garonne, arr. d'Agen, cant. et poste de Port-Ste.-Marie; 420 hab.

FRÉGOUVILLE, vg. de Fr., Gers, arr. de Lombez, cant. et poste de l'Isle-en-Jourdain; 490 hab.

FREIBERG, v. importante du roy. de Saxe, située près de la Mulde de Freiberg, est le chef-lieu du cer. de l'Erzgebirge, le siège des administrations supérieures des mines et des forges. Cette ville possède une académie des mines très-renommée, avec une magnifique collection de minéraux et de modèles relatifs à l'art du mineur, et le musée de Werner, académie qui a formé un nombre considérable de savants minéralogistes; une école supérieure des mines; un gymnase et un séminaire pour former des maîtres d'école. Elle renferme aussi une cathédrale remarquable, où se trouvent les tombeaux de plusieurs princes et électeurs de Saxe. La population de Freiberg s'occupe surtout de l'exploitation des mines et de l'industrie métallurgique; les autres branches de son industrie sont la fabrication de la bière, celle des dentelles, des galons d'or et d'argent, d'objets en laiton et en cuivre, la fabrication d'étoffes de coton et de laine, etc. Freiberg est la première ville pour les mines de l'Allemagne; dans ses environs se trouvent le bourg et la fonderie royale d'Italsbrucke, avec l'établissement remarquable dit Amalgomirwerk, créé par Charpentier, et où l'on fait la séparation des métaux précieux d'avec les matières grossières; le canal dit Kurprinzenkanal, qui entre de temps en temps dans la Mulde et qui amène le minérai des mines éloignées à l'Amalgomirwerk, mérite aussi d'être cité; les mines d'argent de Himmelsfurst, les plus riches de toute la Saxe, mines qui occupent 965 ouvriers; le Bescheert-Gluck, mine d'argent remarquable par ses belles constructions. On a calculé qu'en 640 ans toutes les mines de Freiberg ont rapporté 16,400,000 marcs d'argent, ce qui fait un produit moyen de 25,625 marcs par an; 12,600 hab.

FREIBURG, pet. v. de Prusse, prov. de Silésie, rég. de Breslau; fabr. de draps; commerce de toiles en grand; usines; 3000 hab.

FREIBURG, pet. v. ancienne de Prusse, avec un château, prov. de Saxe, rég. de Mersebourg, sur la rive gauche de l'Unstrut que l'on y traverse sur un pont. On remarque son antique cathédrale avec trois tours, portant le millésime 1091, et, sur le marché, la statue du duc Chrétien de Saxe-Weissenfels; fabrication de draps; foires; 2160 hab.

FREICHENET, vg. de Fr., Arriège, arr., cant. et poste de Foix; mines de fer aux environs; 1200 hab.

FREIENHAGEN, pet. v. de 800 hab., située sur le Watter, dans la principauté de Waldeck.

FREIENSEEN, b. industrieux du grand-duché de Hesse-Darmstadt, prov. de la Haute-Hesse; appartenant au comte de Solms-Laubach; 1100 hab.

FREIENWALDE, pet. v. de Prusse, non loin de la vieille Oder, prov. de Brandebourg, rég. de Potsdam; près de là se trouvent des eaux minérales très-fréquentées et une mine d'alun; élévation de bestiaux; pêche; brasseries et distilleries; 3070 hab.

FREIGNÉ, vg. de Fr., Maine-et-Loire, arr. de Segré, cant. et poste de Candé; 1580 hab.

FREISING, pet. v. de Bavière, chef-lieu du dist. de même nom, cer. de l'Isar, située en amphithéâtre sur cette rivière, à 8 l. de Munich; ancienne principauté épiscopale. On y remarque la cathédrale avec ses monuments et autres ouvrages d'art, l'ancien château épiscopal, aujourd'hui royal, et une belle statue de la vierge sur la place du marché; elle possède un séminaire ecclésiastique, un collége, un institut pour les aveugles et un riche hôpital; brasseries, fabrication de tabac, tisseranderies et blanchisseries; plusieurs usines; élévation et grand commerce de bestiaux; pop. de la ville 3200, du district 15,000 hab. sur 7 milles c.

La ville a été saccagée pendant la guerre de trente ans en 1634, 1646 et 1648. L'évêché de Freising, fondé en 724 et sécularisé en 1802, a eu 61 évêques.

FREISSIOXIÈRES, vg. de Fr., Hautes-Alpes, arr. d'Embrun, cant. de Guillestre, poste de Mont-Dauphin; toiles communes et fil de chanvre; 895 hab.

FREISSINOUSE (la), vg. de Fr., Hautes-Alpes, arr., cant. et poste de Gap; 370 hab.

FREISTADT, pet. v. d'Autriche, gouv. de Moravie et Silésie, cer. de Teschen, sur l'Elsa; fabrication de cuirs; 1500 hab.

FREISTADT, pet. v. de Prusse, chef-lieu de cercle, prov. de Silésie, rég. de Liegnitz, sur la rivière de Sieger; avec des restes de fortifications; usines; 2970 hab.

FREISTROFF, vg. de Fr., Moselle, arr. de Thionville, cant. et poste de Bouzonville; 1140 hab.

FREITAS (lagoa do), lac de l'emp. du Brésil, prov. et comarque de Rio-Janeiro, non loin de la capitale.

FREIWALDAU, pet. v. d'Autriche, gouv. de Moravie et Silésie, cer. de Troppau; très-industrieuse; école nationale et industrielle; manufactures de coton et de drap; fabr. de fer blanc et de tuiles; 2500 hab.

FREIX-ANGLARDS, ham. de Fr., Cantal, com. de St.-Germain; 170 hab.

FREJAIFUE, ham. de Fr., Haute-Vienne, com. de Nantiat; 110 hab.

FREJAIROLLES, vg. de Fr., Tarn, arr., cant. et poste d'Albi; 646 hab.

FRÉJAMIRAC, ham. de Fr., Aveyron, com. de Trémouilles; 130 hab.

FREJENAL-DE-LA-SIERRA, b. d'Espagne, Andalousie, roy. et dist. de Séville; 3000 hab.

FRÉJEVILLE, vg. de Fr., Tarn, arr. et poste de Castres, cant. de Vielmur; 370 hab.

FREJOUX-LE-MAJEUR (Saint-), vg. de Fr., Corrèze, arr., cant. et poste d'Yssel; 770 hab.

FRÉJUS, *Forum Julii*, v. de Fr., Var, arr., à 7 l. S.-E. de Draguignan, chef-lieu de canton et poste; cette ville, assez bien bâtie, mais très-mal percée, est située sur un côteau à 1/4 l. de la mer, près de l'embouchure de l'Argens, dans un terrain marécageux; l'air y est malsain; elle est le siége d'un évêché, érigé au quatrième siècle, et d'un tribunal de commerce. La cathédrale, le palais épiscopal, le séminaire et l'hôpital en sont les édifices les plus remarquables. Les produits de son territoire et de la pêche sont à peu près ses seuls articles de commerce; 2600 hab.

Fréjus était, sous les Romains, une grande et belle ville; son port était le plus important des Gaules sur la Méditerranée. On en attribue la fondation aux Phocéens de Marseille. C'est dans le port de Fréjus, qui renfermait alors une flotte considérable, qu'Auguste envoya les vaisseaux pris à Antoine après le combat d'Actium. Les nombreux débris d'antiquités que l'on voit dans cette ville et aux environs témoignent de l'importance qu'elle a dû avoir sous les empereurs romains. Parmi les ouvrages de l'époque romaine, on remarque les restes d'un amphithéâtre, la porte Dorée, celle de César et l'immense aqueduc, de 15 l. de longueur, qui amenait les eaux de la Siagne jusque dans la ville. Les Sarrasins, qui s'en emparèrent vers le milieu du dixième siècle, la brûlèrent et en massacrèrent les habitants. Ce n'est qu'un demi-siècle après qu'elle se releva; mais elle n'a plus été depuis qu'une petite ville sans commerce et sans industrie. Son port est aujourd'hui comblé et transformé en jardins. Cependant c'est dans la rade de Fréjus que Bonaparte, revenant de l'expédition d'Égypte, débarqua, en octobre 1799; 3041 hab.

Parmi les grands hommes de l'antiquité qui ont pris naissance à Fréjus on cite Agricola, qui soumit la Grande-Bretagne; Valerius Paulinus, ami de Vespasien; le sénateur Lucius Grœcinus; le poëte Gallus, etc.; Sieyes (Emmanuel-Joseph), un des hommes politiques les plus justement célèbres de la révolution (1748—1835).

FRÉLAND, vg. de Fr., Haut-Rhin, arr. et poste de Colmar, cant. de la Poutroye; 1780 hab.

FRELAND (Haute-Saône). *Voyez* MAILLEROUCOURT-SAINT-PANCRAS.

FRÉLINGHIEN-SUR-LA-LYS, vg. de Fr., Nord, arr. de Lille, cant. et poste d'Armentières; 2370 hab.

FREMAINVILLE, vg. de Fr., Seine-et-Oise, arr. de Pontoise, cant. de Marines, poste de Meulan; 550 hab.

FRÉMECOURT, vg. de Fr., Seine-et-Oise, arr. de Pontoise, cant. et poste de Marines; 340 hab.

FRÉMÉNIL, vg. de Fr., Meurthe, arr. de Lunéville, cant. et poste de Blamont; 310 h.

FREMERÉVILLE, vg. de Fr., Meuse, arr., cant. et poste de Commercy; 280 hab.

FRÉMERY, vg. de Fr., Meurthe, arr. de Château-Salins, cant. et poste de Delme; 310 hab.

FRÉMESTROFF, ham. de Fr., Moselle, com. de Laning; 420 hab.

FRÉMICOURT, vg. de Fr., Pas-de-Calais, arr. d'Arras, cant. et poste de Bapaume; 510 hab.

FRÉMIFONTAINE, vg. de Fr., Vosges, arr. de St.-Dié, cant. de Brouvelieures, poste de Bruyères; 660 hab.

FRÉMIS (d'En-Haut et d'En-Bas-), ham. de Fr., Ariège, com. de Montferrier; 130 h.

FREMONA, ancien couvent de jésuites dans le pays de Tigré proprement dit, en Abyssinie, au N. d'Axun; aujourd'hui en ruines.

FRÉMONTIERS, vg. de Fr., Somme, arr. d'Amiens, cant. de Conty, poste de Poix; 340 hab.

FRÉMONVILLE, vg. de Fr., Meurthe, arr. de Lunéville, cant. et poste de Blamont; fabr. de calicots; faïencerie; 740 hab.

FREMOY, ham. de Fr., Côte-d'Or, com. de Montberthault; 110 hab.

FRENAIE-AU-SAUVAGE (la), vg. de Fr., Orne, arr. d'Argentan, cant. et poste de Putanges; 700 hab.

FRENAIE-FAIEL (la), vg. de Fr., Orne, arr. d'Argentan, cant. et poste de Gacé; 360 hab.

FRENAI-LE-BUFFARD, vg. de Fr., Orne, arr. d'Argentan, cant. et poste de Putanges; 230 hab.

FRENAI-LE-SAMSON, vg. de Fr., Orne, arr. d'Argentan, cant. et poste de Vimoutier; 350 hab.

FRENAY. *Voyez* FRESNAY, FRESNEY et FRESNOY.

FRÉNAY, ham. de Fr., Indre, com. de Diou; 120 hab.

FRENAYE (la), ham. de Fr., Seine-Inférieure, com. de Bosc-Roger; 290 hab.

FRENAYE (la), vg. de Fr., Seine-Inférieure, arr. du Hâvre, cant. et poste de Lillebonne; 670 hab.

FRÉNAY-LES-CHAUMES, ham. de Fr., Loiret, com. de Pithiviers; 420 hab.

FRENCH-KEYS (cayes françaises). *Voyez* MAYAGUANA.

FRENCHMAN, baie vaste et sûre au S. de l'état du Maine, États-Unis de l'Amérique du Nord; elle est fermée à l'O. par l'île de Mount-Desart.

FRENCHTOWN, v. naissante des États-Unis de l'Amérique du Nord, territoire du Michigan, sur le Raisin et sur la nouvelle route de Détroit à Fort-Meigs, poste.

FRENCQ, vg. de Fr., Pas-de-Calais, arr. et poste de Montreuil-sur-Mer, cant. d'Étaples; 930 hab.

FRÊNE. *Voyez* FRESNE.

FRÊNE (le), ham. de Fr., Aisne, com. de Camelin; 160 hab.

FRÊNE (le), Calvados. *Voyez* PIERRE-DU-FRESNE (Saint-).

FRÊNE (le), ham. de Fr., Orne, com. de Damigni; 100 hab.

FRÊNE (Seine-et-Oise). *Voyez* ECQUEVILLY.

FRÉNEAU (le), ham. de Fr., Seine-Inférieure, com. de Rocquemont, poste.

FRÉNEAUX, ham. de Fr., Oise, com. de Bucamp; 160 hab.

FRENELLE-LA-GRANDE, vg. de Fr., Vosges, arr., cant. et poste de Mirecourt; 350 hab.

FRENELLE-LA-PETITE, vg. de Fr., Vosges, arr., cant. et poste de Mirecourt; 160 hab.

FRÊNE-SUR-MER. *Voyez* COME-DE-FRÊNE.

FRÊNE-SUR-MOIVRE (le), vg. de Fr., Marne, arr. et poste de Châlons-sur-Marne, cant. de Marson; 200 hab.

FRENEUSE, vg. de Fr., Seine-et-Oise, arr. de Mantes, cant. et poste de Bonnières. On y récolte d'excellents navets, connus à Paris sous le nom de navets de Freneuse; 860 hab.

FRENEUSE (la), le lac le plus considérable du Nouveau-Brunswic, sous 46° lat. N., près du St.-Johns, dans lequel il se décharge; il a 12 l. de longueur sur 3 à 4 l. de large; dans quelques endroits sa profondeur est de 40 brasses; ce lac est très-poissonneux.

FRENEUSE-SUR-RILLE, vg. de Fr., Eure, arr. de Pont-Audemer, cant. et poste de Montfort-sur-Rille; 830 hab.

FRENEUSE-SUR-SEINE, vg. de Fr., Seine-Inférieure, arr. de Rouen, cant. et poste d'Elbœuf; 620 hab.

FRENEY (le), vg. de Fr., Isère, arr. de Grenoble, cant. et poste de Bourg-d'Oisans; 600 hab.

FRÉNICHES, vg. de Fr., Oise, arr. de Compiègne, cant. et poste de Guiscard; 470 hab.

FRENOIS, vg. de Fr., Ardennes, arr., cant. et poste de Sédan; 220 hab.

FRENOIS, vg. de Fr., Côte-d'Or, arr. de Dijon, cant. et poste de St.-Seine; 190 hab.

FRENOIS, vg. de Fr., Vosges, arr. de Mirecourt, cant. de Darnay, poste de Dompaire; 230 hab.

FRENOIS-LA-MONTAGNE, vg. de Fr., Moselle, arr. de Briey, cant. de Longuyon, poste de Longuey; 1060 hab.

FRÉNOUVILLE, vg. de Fr., Calvados, arr. de Caen, cant. de Bourguébus, poste de Vimont; 420 hab.

FRENOY, ham. de Fr., Meuse, com. de Montmédy; 200 hab.

FRENOY, vg. de Fr., Pas-de-Calais, arr. et poste d'Arras, cant. de Vimy; 190 hab.

FREODOUR, ham. de Fr., Haute-Vienne, com. de St.-Pardoux; 160 hab.

FREOLS (cap), promontoire qui s'étend dans la baie de Plaisance, au S.-E. de la Terre-Neuve.

FRÉPILLON, vg. de Fr., Seine-et-Oise, arr. de Pontoise, cant. de Montmorency, poste de St.-Leu-Taverny; 510 hab.

FREQUESIA-NOVA. *Voyez* BOM-JÉSUS-DO-TRIUMFO.

FRÈRES (les). *Voyez* FRATELLI.

FRESCOT (le), ham. de Fr., Seine-Inférieure, com. de St.-Romain; 140 hab.

FRESH-WATER (eau fraîche), baie et bon port à l'E. de l'île de Terre-Neuve.

FRESLES, vg. de Fr., Seine-Inférieure, arr., cant. et poste de Neufchâtel-en-Bray; 350 hab.

FRESNAIS (la), vg. de Fr., Ille-et-Vilaine, arr. de St.-Malo, cant. de Cancale, poste de Dol; 1820 hab.

FRESNAY, vg. de Fr., Aube, arr. de Bar-sur-Aube, cant. de Soulaines, poste de Ville-sur-Terre; 160 hab.

FRESNAY (le), ham. de Fr., Eure, com. de Tronquay; 200 hab.

FRESNAY, vg. de Fr., Loire-Inférieure, arr. de Paimbœuf, cant. et poste de Bourgneuf-en-Retz; 870 hab.

FRESNAY, ham. de Fr., Loiret, com. de Pithiviers; 420 hab.

FRESNAY (le), ham. de Fr., Seine-Inférieure, com. de Fresne-le-Plan; 110 hab.

FRESNAYE (la), vg. de Fr., Sarthe, arr., à 3 l. N.-N.-O. et poste de Mamers, chef-lieu de canton; 2632 hab.

FRESNAY-L'AUBRY, ham. de Fr., Loiret, com. d'Izy; 110 hab.

FRESNAY-LE-COMTE, vg. de Fr., Eure-et-Loir, arr. et cant. de Chartres, poste de St.-Loup; 480 hab.

FRESNAY-LE-GILMERT, vg. de Fr., Eure-et-Loir, arr., cant. et poste de Chartres; 190 hab.

FRESNAY-LE-LONG, vg. de Fr., Seine-Inférieure, arr. de Dieppe, cant. et poste de Tôtes; 360 hab.

FRESNAY-L'ÉVÊQUE, vg. de Fr., Eure-et-Loir, arr. de Chartres, cant. et poste de Janville; fabr. de bonneterie; 930 hab.

FRESNAY-SUR-SARTHE ou **FRESNY-LE-VICOMTE**, pet. v. de Fr., Sarthe, arr., à 7 l. S.-O. de Mamers, chef-lieu de canton et poste, sur la rive gauche de la Sarthe. On y fabrique beaucoup de toile dite d'Alençon. Cette industrie y occupe presque tous les habitants; exploitation de marbre. Cette petite ville, autrefois fortifiée, fut plusieurs fois prise et reprise pendant la guerre des Anglais; 3074 hab.

FRESNE, vg. de Fr., Aisne, arr. de Laon, cant. et poste de Coucy-le-Château; 520 hab.

FRESNE (le), ham. de Fr., Calvados, com. de Clécy; 100 hab.

FRESNE, vg. de Fr., Côte-d'Or, arr. de Sémur, cant. et poste de Montbard; 190 hab.

FRESNE (le), vg. de Fr., Eure, arr. d'Évreux, cant. et poste de Conches; 370 hab.

FRESNE (le), ham. de Fr., Seine-Inférieure, com. de Biville-la-Baignarde; 140 h.

FRESNEAUX, ham. de Fr., Orne, com. d'Aunou-sur-Orne; 110 hab.

FRESNEAUX-MONT-CHEVREUIL ou **TIREMONT**, vg. de Fr., Oise, arr. de Beauvais, cant. et poste de Méru; fabr. de dentelles; 720 hab.

FRESNE-CAMILLY, vg. de Fr., Calvados, arr. de Caen, cant. et poste de Creuilly; 730 hab.

FRESNEDA, pet. v. d'Espagne, roy. d'Aragon, dist. d'Alcaniz; château; 2200 hab.

FRESNÉ-LA-MÈRE, vg. de Fr., Calvados, arr., cant. et poste de Falaise; 730 hab.

FRESNE-L'ARCHEVÊQUE, vg. de Fr.,

Eure, arr. et cant. des Andelys, poste d'Écouis; 490 hab.

FRESNE-LE-PLAN, vg. de Fr., Seine-Inférieure, arr. et poste de Rouen, cant. de Boos; 500 hab.

FRESNE-PORET (le), vg. de Fr., Manche, arr. de Mortain, cant. et poste de Sourdeval; fabr. de quincaillerie; 1080 hab.

FRESNES, vg. de Fr., Aisne, arr. de Château-Thierry, cant. et poste de Fère-en-Tardenois; 340 hab.

FRESNES, vg. de Fr., Loir-et-Cher, arr. de Blois, cant. et poste de Contres; 390 hab.

FRESNES, vg. de Fr., Marne, arr. de Reims, cant. de Bourgogne, poste d'Isle-sur-Suippe; 440 hab.

FRESNES ou **FRESNES-SUR-L'ESCAUT**, vg. de Fr., Nord, arr. de Valenciennes, cant. et poste de Condé-sur-l'Escaut; fabr. de chicorée, construction de bateaux, blanchisseries de toiles, filat. de laine, sucrerie de betteraves, verrerie, clouterie; 3690 hab.

FRESNES, vg. de Fr., Orne, arr. de Domfront, cant. et poste de Tinchebrai; 2070 hab.

FRESNES, vg. de Fr., Seine-et-Marne, arr. de Meaux, cant. et poste de Claye; 300 hab.

FRESNES, vg. de Fr., Somme, arr. de Péronne, cant. de Chaulnes, poste d'Estrées-Déniécourt; 400 hab.

FRESNES, vg. de Fr., Yonne, arr. de Tonnerre, cant. et poste de Noyers; 300 h.

FRESNE-SAINT-MAMÈS, vg. de Fr., Haute-Saône, arr. et à 5 l. N.-E. de Gray, chef-lieu de canton, poste de Frétigney; 640 hab.

FRESNES-AU-MONT, vg. de Fr., Meuse, arr. de Commercy, cant. de Pierrefitte, poste de St.-Mihiel; 310 hab.

FRESNES-EN-SAULNOIS, vg. de Fr., Meurthe, arr., cant. et poste de Château-Salins; 610 hab.

FRESNES-EN-WOËVRE, b. de Fr., Meuse, arr. et à 4 l. E. de Verdun, chef-lieu de canton, poste de Manheulles; 1130 hab.

FRESNES-L'ÉGUILLON, vg. de Fr., Oise, arr. de Beauvais, cant. et poste de Chaumont-en-Vexin; 340 hab.

FRESNES-LES-MONTAUBAN, vg. de Fr., Pas-de-Calais, arr. et poste d'Arras, cant. de Vitry; 380 hab.

FRESNES-LES-RUNGIS, vg. de Fr., Seine, arr. de Sceaux, cant. de Villejuif, poste d'Antony; 415 hab.

FRESNES-SUR-APANCE, vg. de Fr., Haute-Marne, arr. de Langres, cant. et poste de Bourbonne; 1240 hab.

FRESNE-TILLOLOY, vg. de Fr., Somme, arr. d'Amiens, cant. et poste d'Oisemont; 280 hab.

FRESNEVILLE, vg. de Fr., Somme, arr. d'Amiens, cant. et poste d'Oisemont; 250 h.

FRESNEY, vg. de Fr., Eure, arr. d'Évreux, cant. et poste de St.-André; 260 h.

FRESNEY-LE-PUCEUX, vg. de Fr., Calvados, arr. de Falaise, cant. de Bretteville-sur-Laize, poste de May-sur-Orne; 1030 h.

FRESNEY-LE-VIEUX, vg. de Fr., Calvados, arr. de Falaise, cant. de Bretteville-sur-Laize, poste de Langarnerie; 300 hab.

FRESNICOURT, vg. de Fr., Pas-de-Calais, arr. et poste de Béthune, cant. d'Houdan; 450 hab.

FRESNIÈRES, vg. de Fr., Oise, arr. de Compiègne, cant. de Lassigny, poste de Noyon; 240 hab.

FRESNILLO, v. de la conféderation mexicaine, état de Zacatécas, au N.-O. de la ville de ce nom; elle est le chef-lieu du district de même nom, et importante par ses mines d'argent et de cuivre, dont le produit cependant a beaucoup diminué; 4000 hab.

FRESNOY, vg. de Fr., Aube, arr. de Troyes, cant. de Lusigny, poste de St.-Parres-les-Vaudes; tuilerie; 450 hab.

FRESNOY, vg. de Fr., Haute-Marne, arr. de Langres, cant. et poste de Montigny-le-Roi; 600 hab.

FRESNOY-ANDAINVILLE, vg. de Fr., Somme, arr. d'Amiens, cant. et poste d'Oisemont; 320 hab.

FRESNOY-AU-VAL, vg. de Fr., Somme, arr. d'Amiens, cant. de Molliens-Vidame, poste de Quévauvillers; 570 hab.

FRESNOY-EN-CHAUSSÉE, vg. de Fr., Somme, arr. de Montdidier, cant. de Moreuil, poste d'Hangest; 220 hab.

FRESNOY-EN-THELLE, vg. de Fr., Oise, arr. de Senlis, cant. de Neuilly-en-Thelle, poste de Chambly; 360 hab.

FRESNOY-FOLNY, vg. de Fr., Seine-Inférieure, arr. et poste de Neufchâtel-en-Bray, cant. de Londinières; 820 hab.

FRESNOY-LA-RIVIÈRE, vg. de Fr., Oise, arr. de Senlis, cant. et poste de Crépy; 560 hab.

FRESNOY-LE-GRAND, vg. de Fr., Aisne, arr. de St.-Quentin, cant. et poste de Bohain; fabr. de châles; 3380 hab.

FRESNOY-LE-LUAT, vg. de Fr., Oise, arr. de Senlis, cant. et poste de Nanteuil-le-Houdouin; 390 hab.

FRESNOY-LES-GOMBRIES. *Voyez* BOISSY-FRESNOY.

FRESNOY-LES-ROYE, vg. de Fr., Somme, arr. de Montdidier, cant. et poste de Roye; 560 hab.

FRESPECH, b. de Fr., Lot-et-Garonne, arr. et poste de Villeneuve-sur-Lot, cant. de Penne; 580 hab.

FRESQUIENNE, vg. de Fr., Seine-Inférieure, arr. de Rouen, cant. de Pavilly, poste de Barentin; 810 hab.

FRESSAC, vg. de Fr., Gard, arr. du Vigan, cant. de Sauve, poste de St.-Hippolyte; 110 hab.

FRESSAIN, vg. de Fr., Nord, arr. et poste de Douai, cant. d'Arleux; 780 hab.

FRESSANCOURT, vg. de Fr., Aisne, arr. de Laon, cant. et poste de la Fère; 240 h.

FRESSE, vg. de Fr., Haute-Saône, arr.

de Lure, cant. de Melisey, poste de Champagney; tissage de coton; exploitation de granit; 2860 hab.

FRESSE, vg. de Fr., Vosges, arr. de Remiremont, cant. de Ramonchamp, poste du Tillot; tissage mécanique; 1690 hab.

FRESSELINES, vg. de Fr., Creuse, arr. de Guéret, cant. et poste de Dun-le-Palleteau; 1880 hab.

FRESSENGEAS. *Voyez* MARTIN-DE-FRESSENGEAS (Saint-).

FRESSENNEVILLE, vg. de Fr., Somme, arr. d'Abbeville, cant. d'Ault, poste de Valines; 1150 hab.

FRESSIES, vg. de Fr., Nord, arr., cant. et poste de Cambrai; 810 hab.

FRESSIGNE, ham. de Fr., Creuse, com. de St.-Pardoux-les-Cards; 100 hab.

FRESSIN, vg. de Fr., Pas-de-Calais, arr. de Montreuil-sur-Mer, cant. de Fruges, poste d'Hesdin; 1080 hab.

FRESSINEAU, ham. de Fr., Vienne, com. de Monthoiron; 120 hab.

FRESSINES, vg. de Fr., Deux-Sèvres, arr. et poste de Melle, cant. de Celles; 790 hab.

FRESSONGES, ham. de Fr., Cantal, com. de Moussages; 170 hab.

FRESTOY (le), vg. de Fr., Oise, arr. de Clermont, cant. de Maignelay, poste de Montdidier; 630 hab.

FRETAYE, ham. de Fr., Seine-et-Oise, com. de Villejust; 160 hab.

FRETEIX, ham. de Fr., Puy-de-Dôme, com. de Montel-de-Gelat; 300 hab.

FRETEVAL, b. de Fr., Loir-et-Cher, arr. de Vendôme, cant. de Morée, poste de Pezou; 760 hab.

FRETEVAL, b. de Fr., Loir-et-Cher, arr., à 4 l. N.-E. de Vendôme, cant. de Morée, poste de Pezou; hauts-fourneaux. En 1194, l'armée de Philippe-Auguste fut battue près de là par les Anglais; 810 hab.

FRÉTEVAULT, ham. de Fr., Deux-Sèvres, com. des Hameaux; 220 hab.

FRÉTHUN, vg. de Fr., Pas-de-Calais, arr. de Boulogne-sur-Mer, cant. et poste de Calais; 510 hab.

FRETIGNEY, vg. de Fr., Haute-Saône, arr. de Gray, cant. de Fresne-St.-Mamès, poste; 930 hab.

FRETIGNIER, ham. de Fr., Isère, com. de Moras-de-Veyssilien; 240 hab.

FRETIGNY, vg. de Fr., Eure-et-Loir, arr. de Nogent-le-Rotrou, cant. de Thiron-Gardais, poste de Champrond; 1280 hab.

FRETILS (les), vg. de Fr., Eure, arr. d'Évreux, cant. et poste de Rugles; 180 h.

FRÉTIN, vg. de Fr., Nord, arr. et poste de Lille, cant. de Pont-à-Marcq; 1960 hab.

FRÉTOY, vg. de Fr., Nièvre, arr., cant. et poste de Château-Chinon; 490 hab.

FRÉTOY (le), vg. de Fr., Oise, arr. de Compiègne, cant. et poste de Guiscard; 400 hab.

FRÉTOY, vg. de Fr., Seine-et-Marne, arr. de Provins, cant. de Nangis, poste de Champcenest; 180 hab.

FRETTE (la), vg. de Fr., Isère, arr. de St.-Marcellin, cant. de St.-Étienne-de-St.-Geoirs, poste; 1400 hab.

FRETTE (la), ham. de Fr., Isère, com. de Touvet; 180 hab.

FRETTE (la), vg. de Fr., Saône-et-Loire, arr. et poste de Louhans, cant. de Montrey; 520 hab.

FRETTE (la), vg. de Fr., Seine-et-Oise, arr. de Versailles, cant. d'Argenteuil, poste de Franconville; 360 hab.

FRETTECUISSE, vg. de Fr., Somme, arr. d'Amiens, cant. et poste d'Oisemont; 240 hab.

FRETTEMEULE, ham. de Fr., Seine-Inférieure, com. d'Ancretiéville-St.-Victor; 100 hab.

FRETTEMEULE, vg. de Fr., Somme, arr. d'Abbeville, cant. de Gamaches, poste de Valines; 490 hab.

FRETTEMOLLE, vg. de Fr., Somme, arr. d'Amiens, cant. de Poix, poste d'Aumale; 440 hab.

FRETTENCOURT, ham. de Fr., Oise, com. de Lannoy-Cuillère; 130 hab.

FRETTERANS, vg. de Fr., Saône-et-Loire, arr. de Louhans, cant. et poste de Pierre; 500 hab.

FRETTES, vg. de Fr., Haute-Marne, arr. de Langres, cant. et poste du Fayl-Billot; 630 hab.

FRETTEVILLE, ham. de Fr., Eure, com. de Daubeuf; 180 hab.

FRÉTY (le), vg. de Fr., Ardennes, arr. de Rocroi, cant. de Rumigny, poste de Brunhamel; 560 hab.

FREUDENBERG, v. du grand-duché de Bade, située sur le Mein, cer. du Haut-Rhin; 1600 hab.

FREUDENSTADT, v. du Wurtemberg, chef-lieu du grand bailliage de ce nom, cer. de la Forêt-Noire; bien bâtie et située à 13 l. de Strasbourg et à 14 l. de Stuttgart, dans l'intérieur des montagnes, sur un point élevé. La ville et les environs possèdent un grand nombre d'usines, des forges et des fonderies, des verreries et des fabriques de produits chimiques; de nombreuses manufactures de draps; grand commerce de bestiaux; pop. de la ville 3600 et du district 24,900 hab., sur 10 1/10 milles c.

La ville a été fondée, en 1599, par le duc Fréderic et peuplée d'émigrés protestants autrichiens, pour devenir un point central de l'exploitation des mines. Sa position sur une passe importante lui a souvent attiré les calamités de la guerre; ravagée par la peste en 1611, et par un incendie, en 1632, les impériaux la réduisirent de nouveau en cendres, en 1634, et la pillèrent, en 1636.

FREUDENTHAL (Brunnthal), pet. v. d'Autriche, gouv. de Moravie et Silésie, cer. de Troppau, dans une vallée; elle est très-industrieuse et fabrique de la toile, du drap, des bas, du cuir, des couvertures de laine et du rosoglio (espèce de liqueur); 3000 hab.

FREUDENTHAL, vg. parois. du Wurtemberg, cer. du Necker, gr. bge de Besigheim; avec un beau château, construit par la fameuse comtesse de Wurben, en 1727, et confisqué au profit de l'état, en 1731, lors de l'exil de cette favorite. L'église renferme les tombeaux du baron de Forstner et du général Jean de Thungen; 760 hab., dont près de la moitié israélites; une pierre avec une inscription hébraïque, déterrée dans les environs, prouve que les juifs y avaient formé une colonie à une époque reculée.

FREULLÉVILLE, vg. de Fr., Seine-Inférieure, arr. de Dieppe, cant. et poste d'Envermeu; 630 hab.

FRÉVENT, joli b. de Fr., Pas-de-Calais, arr. de St.-Pol-sur-Ternoise, cant. d'Auxy-le-Château, poste; fabr. de bas; tanneries; 2680 hab.

FRÉVILLE, vg. de Fr., Loiret, arr. de Montargis, cant. de Belgarde, poste de Boiscommun; 200 hab.

FREVILLE, vg. de Fr., Seine-Inférieure, arr. de Rouen, cant. de Pavilly, poste de Barentin; 600 hab.

FRÉVILLE, vg. de Fr., Vosges, arr., cant. et poste de Neufchâteau; 220 hab.

FRÉVILLERS, vg. de Fr., Pas-de-Calais, arr. de St.-Pol-sur-Ternoise, cant. et poste d'Aubigny; 370 hab.

FRÉVIN-CAPELLE, vg. de Fr., Pas-de-Calais, arr. de St.-Pol-sur-Ternoise, cant. et poste d'Aubigny; 240 hab.

FREYBERG, pet. v. d'Autriche, gouv. de Moravie et Silésie, cer. de Prerau, sur la Sébina; école supérieure, gymnase; fabr. de draps; 3500 hab.

FREYBOUSE, vg. de Fr., Moselle, arr. de Sarreguemines, cant. de Gros-Tenquin; poste de Foulquemont; 470 hab.

FREYCENET-LA-CUCHE, vg. de Fr., Haute-Loire, arr. du Puy, cant. et poste du Monastier; 620 hab.

FREYCENET-LA-TOUR, vg. de Fr., Haute-Loire, arr. du Puy, cant. et poste du Monastier; 600 hab.

FREYCINET, cap à l'E. du Grœnland oriental, au N. du détroit de Davis.

FREYMINGEN, vg. de Fr., Moselle, arr. de Sarreguemines, cant. et poste de St.-Avold; 520 hab.

FREYNET, ham. de Fr., Isère, com. de Nantes; 130 hab.

FREYSINET, ham. de Fr., Hautes-Alpes, com. du Monetier; 130 hab.

FREYSSENET, vg. de Fr., Ardèche, arr., cant. et poste de Privas; 230 hab.

FREYSSENET, ham. de Fr., Ardèche, com. de Juvinas; 250 hab.

FREYSTADT, pet. v. de la Haute-Autriche, cer. de la Muhl; école supérieure; un chemin de fer la joint à Budweis, en Bohême; commerce en fil; 2000 hab.

FREYSTADTL, pet. v. d'Autriche, gouv. de Moravie et Silésie, cer. de Hradisch; elle a 1200 habitants qui sont presque tous baquetiers et approvisionnent de baquets toute la Moravie.

FREYTHURN, b. d'Illyrie, gouv. de Laibach, cer. de Neustædtl, sur la Kulpa; culture de vin et de fruits.

FRÉZAL-D'ALBUGES (Saint-), vg. de Fr., Lozère, arr. de Mende, cant. et poste de Blaymard; 290 hab.

FRÉZAL-DE-VENTALON (Saint-), vg. de Fr., Lozère, arr. de Florac, cant. de Pont-de-Monvert, poste de Pompidou; 680 hab.

FREZIÉ (la), ham. de Fr., Aveyron, com. de Melagues; 120 hab.

FRIAISE, vg. de Fr., Eure-et-Loir, arr. de Nogent-le-Rotrou, cant. de la Loupe, poste de Champrond; 510 hab.

FRIARDEL, vg. de Fr., Calvados, arr. de Lisieux, cant. et poste d'Orbec; 360 hab.

FRIARS (les), groupe de trois petites îles à l'entrée de la baie d'El-Triumfo-de-la-Cruz, côte N. de l'état de Honduras, États-Unis de l'Amérique centrale.

FRIAS, b. d'Espagne, roy. de la Vieille-Castille, prov. de Burgos, chef-lieu de district, sur l'Ebro; 1500 hab.

FRIAUCOURT, vg. de Fr., Somme, arr. d'Abbeville, cant. d'Ault, poste d'Eu 260 hab.

FRIAUL. *Voyez* UDINE.

FRIAUVILLE, vg. de Fr., Moselle, arr. de Briey, cant. de Conflans, poste de Mars-la-Tour; 340 hab.

FRIBOURG, vg. de Fr., Meurthe, arr. de Sarrebourg, cant. de Rechicourt-le-Château, poste de Bourdonnay; restes d'antiquités; exploitation de plâtre; commerce de broderies; 610 hab.

FRIBOURG (en allemand *Freiburg*), v. du grand-duché de Bade, très-bien située sur la Dreisam, au pied de la Forêt-Noire, était autrefois la capitale du Brisgau; elle est aujourd'hui la capitale du cer. du Haut-Rhin et le siége d'un archevêché, dont relèvent les évêchés de Mayence, Fulde, Rothenbourg et Limbourg, dans les états de Hesse, de Nassau et de Wurtemberg. Cette ville possède une université catholique célèbre, fondée en 1454, qui était fréquentée en 1532 par 495 étudiants, et à laquelle sont attachés une bibliothèque de 100,000 volumes, un cabinet d'histoire naturelle qui appartenait jadis à l'abbaye de St.-Blaise, un musée et une belle collection d'objets de physique, un théâtre anatomique et un jardin botanique, un séminaire de théologie catholique qui était autrefois à Mersebourg, un gymnase, une école des sœurs ursulines, une société pour les progrès des sciences naturelles, une société d'histoire; enfin l'institut des arts du libraire Herder pour la gravure et l'impression en taille douce, la lithographie, et comprenant aussi un institut géographique. On y trouve une maison de refuge, un hôpital, une maison de correction et de travail, un hospice des orphelins et un hôpital militaire. Fribourg, dont la population s'élève à près de 15,000 âmes, fait un commerce assez étendu et a une industrie assez variée : on y fabrique entre autres de bons instruments d'anatomie, de chirurgie et de musique. Les édifices les plus remarquables de cette ville sont : sa cathédrale, chef-d'œuvre d'architecture gothique qui a coûté 160 ans de travail; cette église a 26 autels, une flèche à jour de 356 pieds de hauteur, de superbes vitraux, et ne le cède en beauté qu'à la cathédrale de Strasbourg; l'église évangélique, le nouveau bâtiment du séminaire, avec sa nouvelle église; le nouveau bâtiment du musée, le théâtre, le palais grand-ducal et le palais de l'archevêque ; nous nommerons encore la statue de Berthold III, fondateur de Fribourg, élevée en 1807. Dans le voisinage se trouvent les ruines du château de Zæbringen, résidence primitive des ducs de ce nom et de la famille grand-ducale de Bade.

Fribourg est une ville assez ancienne. Les ducs de Zæbringen y dominèrent en 1218; le mariage d'Agnès, fille du duc Berthold IV, la fit passer dans la maison de Wurtemberg. En 1616 le peuple se souleva, racheta sa liberté et se donna aux ducs d'Autriche. Les Suédois prirent Fribourg en 1632, 1634 et 1638. Le grand Condé gagna à 4 l. de cette ville, sur le général bavarois Merci, une fameuse bataille (les 3, 5 et 9 août 1644), qui eut pour le vainqueur les suites les plus importantes. Plus tard cette ville fut prise trois fois par les Français, en 1677 par le maréchal de Créqui, en 1713 par le maréchal de Villars, et en 1744 par Coigné; Louis XV en fit alors démolir les fortifications.

FRIBOURG ou **FREIBOURG** (le canton de), dans la confédération helvétique, s'étend entre 4° 20' et 4° 49' long. orient., et entre 46° 28' et 47° 3' lat. sept. ; il touche au N. et à l'E. au cant. de Berne, au S. et à l'O. à celui de Vaud et au N.-O au lac de Neufchâtel. Sa superficie a été évaluée de manières bien différentes : par les uns à 23 milles c., par d'autres à 38 ou à 33 ; Rougemont l'évalue encore à 65 l. c. Ce canton, dans lequel s'avancent à l'O. les Alpes Bernoises et au S.-E. le Jura, dont le sommet le plus élevé est, près de Gruyères, le Moléson, haut de 6170 pieds, est en général montagneux et inégal, et n'offre qu'au N. et à l'O. quelques plaines étendues ; le sol de ces dernières est fertile, celui des montagnes, le plus souvent aride et pierreux, fournit aussi d'excellents pâturages. Il renferme la plus grande partie du lac de Morat. Ses principales rivières sont : la Saane, qui descend des Alpes Bernoises, reçoit entre autres la Glane et la Sense et va se réunir à l'Aar dans le cant. de Berne, et la Broye, qui coule alternativement dans le cant. de Fribourg et dans celui de Vaud, et traverse le lac de Morat pour aller ensuite se jeter dans le lac de Neufchâtel. Le gros bétail du cant. de Fribourg est le plus estimé de la Suisse, et les fromages de Gruyères sont renommés. L'éducation des troupeaux forme une des principales occupations de ses habitants, et, parmi leurs différentes industries, il faut surtout mentionner la fabrication d'objets en paille, qui forment un des principaux articles d'exportation, avec les bestiaux, les chevaux, les fromages, les cuirs et la laine. La population s'élève à 89,200 habitants; tous sont catholiques, à l'exception des 5100 réformés du dist. de Morat. Ils parlent en partie le français, en partie l'allemand, en partie un patois roman dans lequel on distingue trois dialectes, appelés lo Gruerin, lo Gruetzo et lo Broyard. D'ailleurs, bons, hospitaliers et bienveillants, les Fribourgeois sont flegmatiques, ignorants et superstitieux ; leur canton renferme 16 couvents, et on compte dans le chef-lieu un ecclésiastique séculier ou moine sur 18 habitants. L'ordre des jésuites, rétabli en 1818, y est presque seul en possession de l'enseignement supérieur; ils ont fondé à Fribourg un institut considérable, dans lequel ils attirent de nombreux élèves de la Suisse, de la France et de l'Allemagne, et un noviciat pour leur ordre à Stæfis.

Le cant. de Fribourg est le treizième de la confédération; il est divisé en 13 districts, qui sont ceux de Fribourg (partie française), Fribourg (partie allemande), Korbens, Gruyères, Boll, Kastels, Ruw, Remund, Favernach, Uberstein, Stœfis, Dompierre et Morat. La constitution est démocratique depuis 1830. Le grand-conseil remplit toutes les fonctions de la souveraineté : il est composé des députés des districts, élus à raison d'un par mille habitants et choisis pour neuf ans par des électeurs qui sont eux-mêmes élus par le peuple, et se renouvelle par tiers tous les trois ans; il nomme un président qui porte le titre de *Schultheiss*, les membres du conseil-d'état, ceux du tribunal d'appel et les députés à la diète. Le conseil-d'état, composé de 13 membres, élus chaque fois pour huit ans, s'occupe de tout ce qui a rapport à l'administration intérieure. Le tribunal d'appel, composé également de 13 membres, juge en dernier ressort, et, après lui, le tribunal de cassation décide sur les défauts de forme qui ont pu entacher ses arrêtés. A la tête de chaque district se trouve un *Oberamtmann*, espèce de préfet nommé par le conseil-d'état. Le contingent fédéral du cant. de Fribourg est de 1240 hommes et de 26,570 francs.

FRIBOURG, chef-lieu du canton de ce nom, se trouve sous 46° 48' 30" lat. sept. et 4° 48' 53" long. orient.; elle est située sur la Saane, en partie sur une colline, en partie dans une étroite vallée et est divisée en quatre quartiers. Sa population s'élevait en 1831 à 8480 hab. On remarque surtout à Fribourg la haute tour de la cathédrale, élevée en 1470, et le pont en fil de fer, construit en 1834. Cette ville n'a presque aucune industrie ; elle renferme de nombreuses tanneries. Elle est la résidence de l'évêque de Lausanne ; ses établissements les plus importants sont : le collége et le pensionnat des jésuites ; la société économique, qui a fondé une bibliothèque d'environ 12,000 volumes et à laquelle se réunirent, en 1832, la société de médecine, la société cantonale des naturalistes fribourgeois, la société d'antiquaires et celle de bienfaisance. A 1 lieue de Fribourg se trouve le fameux hermitage de la Madeleine, long de 400 pieds, offrant église, clocher, chambres, réfectoire, cuisine, escaliers, le tout taillé dans le roc. C'est l'œuvre de l'hermite Jean Dupré de Gruyères, aidé seulement de son valet, et qui y employa dix années (1670—1680). A la même distance de Fribourg sont les bains d'eaux minérales de Bonn, et, plus loin, l'abbaye de bénédictins d'Altenryff, avec une bibliothèque remarquable.

La ville de Fribourg fut fondée, ainsi que Berne, vers 1178, par les comtes de Zæhringen ; plus tard elle fut vendue par les comtes de Kibourg à la maison de Habsbourg, puis par celle-ci aux ducs de Savoie. Insensiblement elle acquit de grands priviléges, et, avec l'aide de Berne, elle finit par se rendre indépendante en 1478 ; quelques années plus tard, elle fut reçue dans la confédération (1481). Travaillé par des divisions intérieures entre les patriciens et les plébéiens, entouré des comtes de Gruyères, des évêques de Lausanne, des comtes de Neufchâtel et plus tard des ducs de Savoie, Fribourg s'agrandit lentement et fut longtemps forcé de se contenir dans les limites de son étroit territoire ; enfin, au quinzième siècle, cette ville se joignit à Berne pour la conquête d'une partie du pays de Vaud, et partagea avec cette dernière, au seizième siècle, le comté de Gruyères. A la fin du dix-huitième siècle, Fribourg s'opposa en vain avec Berne et Soleure à l'armée française et aux principes de la révolution. En 1803 se tint dans ses murs la première diète de la nouvelle confédération helvétique, constituée par l'acte de médiation du premier consul Bonaparte. Électrisés par la révolution de 1830, les Fribourgeois exigèrent de leur gouvernement et obtinrent, le 2 décembre, le remplacement de leur ancienne constitution aristocratique par une autre plus libérale et démocratique.

FRIBURGO (Novo-), colonie Suisse, dans l'empire du Brésil, prov. de Rio-Janeiro, distr. de Canta-Gallo ; fut fondée par des habitants du cant. de Fribourg. Cette colonie, dont la population primitive était de 1800 têtes, ne comptait plus, en 1826, que 300 âmes ni plus.

FRIBUS, b. de Bohême, cer. d'Ellbogen, dans une contrée très-sauvage. Mines d'étain et rochers de pierres précieuses ; fabrication de mousselines et de produits chimiques ; 1200 hab.

FRICAMPS, vg. de Fr., Somme, arr. d'Amiens, cant. et poste de Poix ; 460 hab.

FRICAUDIÈRE (la), ham. de Fr., Deux-Sèvres, com. de la Charrière ; 210 hab.

FRICHE (la), ham. de Fr., Eure, com. d'Aulnay ; 140 hab.

FRICHEMESNIL, vg. de Fr., Seine-Inférieure, arr. de Rouen, cant. de Clères, poste de Valmartin ; 340 hab.

FRICHOUX (Saint-), vg. de Fr., Aude, arr. et poste de Carcassonne, cant. de Peyriac-Minervois ; 140 hab.

FRICK (la vallée de), forme dans l'Argovie les deux distr. de Rheinfelden et de Laufenbourg ; large au plus de 4 l. et longue de 8 à 10 ; elle est limitée par les dist. de Zurzach, de Brugg et d'Aarau, par les cant. de Bâle et de Soleure et par le Rhin, qui la sépare du grand-duché de Bade. Sa population est catholique et d'environ 20,000 habitants, la plupart vignerons, agriculteurs, pêcheurs ou bateliers. Comprise dans le Brisgau, cette vallée appartenait à l'Autriche jusqu'en 1801 ; elle fut donnée à la Suisse par la paix de Lunéville, et l'acte de médiation de Bonaparte l'adjugea au cant. d'Argovie.

FRICK, b. assez important du cant. d'Argovie, chef-lieu d'un arrondissement dans le dist. de Laufenbourg ; est situé dans une contrée fertile, sur la route de Zurich à Bâle, à 3 l. d'Aarau, et au pied d'une montagne d'où l'on a une vue très-agréable sur la vallée de l'Aar. C'était jadis un lieu fortifié, qui fut pris par les Bernois en 1338 ; 800 hab.

FRICOURT, vg. de Fr., Somme, arr. de Péronne, cant. et poste d'Albert ; 780 hab.

FRIDAU, pet. v. de la Basse-Autriche, cer. supérieur du Wienerwald, non loin de St.-Pilten ; florissante par son industrie cotonnière.

FRIEBERG, vg. de Bohême, cer. de Budweis, sur la Moldau ; 1000 hab.

FRIEDAU, pet. v. de Styrie, cer. de Marbourg, sur la Drave.

FRIEDBERG, pet. v. de Bavière, chef-lieu de district, cer. du Danube-Supérieur, située à 1 1/2 l. d'Augsbourg, sur l'Acha ; possède un riche hôpital, un grand nombre d'usines et un bel aqueduc ; on admire les beaux vitraux de la cathédrale ; fabr. de montres et d'instruments de musique ; culture de houblon et de fruits. Elle a été saccagée et incendiée à plusieurs reprises pendant le quatorzième, quinzième, seizième et dix-septième siècle, et notamment en 1646, où elle fut entièrement réduite en cendres ; population de la ville 2000 hab., du district 13,900, sur 6 1/2 milles c.

FRIEDBERG, v. du grand-duché de Hesse-Darmstadt, autrefois ville impériale, aujourd'hui chef-lieu d'un cercle de la prov.

de la Haute-Hesse, située sur l'Usbach, dans les plaines fertiles de la Vettéravie. Sa population est de 2100 hab., dont la plupart fabriquent de la charcuterie, des liqueurs, du tabac, des objets faits au tour. Cette ville possède une cathédrale remarquable, avec une voûte haute de 70 pieds, de beaux vitraux et un orgue excellent. Tout près de la ville s'élève sur un rocher l'ancien château impérial, entouré d'anciennes fortifications, renfermant un séminaire pour les maîtres d'école, une belle église, 71 maisons et près de 700 habitants. Friedberg a été jadis une ville importante; elle fut restaurée par Fréderic Ier et fut souvent la résidence des empereurs de la maison de Hohenstauffen; Fréderic II l'embellit et lui accorda de nombreux priviléges.

FRIEDEBERG, pet. v. d'Autriche, gouv. de Moravie et Silésie, cer. de Troppau; fabrication d'eau-de-vie.

FRIEDEBERG, pet. v. de Prusse, chef-lieu de cercle, prov. de Brandebourg, rég. de Francfort-sur-l'Oder; située entre plusieurs lacs et ceinte de hautes murailles; fabr. de draps; tanneries, agriculture; marchés de bestiaux; 3900 hab.

FRIEDECK, pet. v. d'Autriche, gouv. de Moravie et Silésie, cer. de Troppau, sur l'Ostrowitza; florissante par son commerce, favorisé par la grande route de Gallicie qui y passe; pèlerinage; 2 hôpitaux; 3000 hab.

FRIEDENSBERG (mission). *Voyez* FRIEDENSTHAL.

FRIEDENSBOURG, fort danois, sur la côte d'Or, Haute-Guinée, près de la ville de Ningo, dans le roy. nègre d'Adampe.

FRIEDENSTHAL, colonie de frères moraves, dans l'île de Ste.-Croix, Petites-Antilles, possession danoise; cette colonie est divisée en deux missions : Friedensthal et Friedensberg.

FRIEDERICHSNAGOR. *Voy.* SIRAMPOUR.

FRIEDEWALD, b. de l'électorat de Hesse, dans le grand-duché de Fulde; sa population est de près de 1300 hab. On y voit les ruines du château où fut conclue, en 1551, l'alliance contre l'empereur Charles-Quint.

FRIEDINGEN, v. du roy. de Wurtemberg, cer. de la Forêt-Noire, située sur le Danube; 1000 hab.

FRIEDLAND, v. du grand-duché de Mecklembourg-Strelitz; elle renferme une école savante et une pop. de 4500 hab.

FRIEDLAND, pet. v. de Prusse, à 8 l. d'Eylau, chef-lieu de cerle, rég. de Kœnigsberg, prov. de Prusse; la riv. d'Allé baigne la ville d'un côté; tissage de laine, tanneries, agriculture, marchés de bestiaux. Cette petite ville est devenue mémorable par la victoire décisive remportée par l'empereur Napoléon sur les Russes, commandés par le général Benningsen, le 14 juin 1807, anniversaire de Marengo, et quatre mois après la bataille d'Eylau ; 2300 hab.

FRIEDLAND, pet. v. de Prusse, prov. de Prusse, régence de Marienwerder ; 2170 hab.

FRIEDLAND, sur la Dobrinka, pet. v. de Prusse, rég. de Marienwerder; manufactures de draps; 1620 hab.

FRIEDLAND, pet. v. de Bohême, cer. de Buntzlau, sur le Dittich, avec un beau château fort; fabr. de toile et de papier. Le célèbre Wallenstein portait le titre de duc de Friedland; 2500 hab.

FRIEDOLSHEIM, vg. de Fr., Bas-Rhin, arr. et poste de Saverne, cant. de Hochfelden; 250 hab.

FRIEDRICHSDORF, v. du landgraviat de Hesse-Hombourg, dans la seigneurie de Hombourg; elle a été fondée par des huguenots et des Vaudois chassés de leur patrie; fabr. de flanelle et de bas; 600 hab.

FRIEDRICHSFELDE, beau vg. de Prusse avec un château, prov. de Brandebourg, rég. de Potsdam, résidence du roi de Saxe, de 1813 à 1814; 1000 hab.

FRIEDRICHSHAFEN, pet. port sur le lac de Constance, roy. de Wurtemberg, cer. du Danube, gr.-bge et à 1 1/2 l. de Tettnang; important comme entrepôt principal du commerce avec la Suisse et l'Italie ; 950 h. L'ancienne petite ville de Buchhorn, ayant été cédée au royaume, en 1810, le roi Fréderic y réunit le territoire de l'abbaye de Hofen, fit construire le port et donna au tout le nom de Friedrichshafen.

FRIEDRICHSRODA, v. du duché de Saxe-Cobourg-Gotha, située dans la principauté de Gotha et dans le Thuringerwald; 1500 h. Dans ses environs sont de bonnes carrières de grès, des mines de fer et les ruines du château de Schauenbourg.

FRIEDRICHSTADT ou **FRÉDERIKSTED**, v. à l'O. de l'île de Ste.-Croix, Petites-Antilles, possession danoise, au fond d'une vaste baie, à 6 l. de Christianstadt; elle est très-régulièrement bâtie et renferme de belles maisons; sa rade est défendue par le fort de Friedrichsfort; 1400 hab.

FRIEDRICHSTHAL, colonie en Prusse, régence d'Oppeln, prov. de Silésie ; ses usines et fonderies façonnent annuellement 3700 quintaux de fer; 1060 hab.

FRIEDRICH-WILHELM (Frédéric-Guillaume), b. et poste militaire, contre les nègres marons, dans la Guyane hollandaise, quartier de Paramaribo. La situation de cet endroit est très-salubre, mais l'eau y manque.

FRIÈRES, ham. de Fr., Somme, com. d'Acheux; 180 hab.

FRIÈRES-FAILLOUEL, vg. de Fr., Aisne, arr. de Laon, cant. et poste de Chauny ; 1650 hab.

FRIESACH, pet. v. d'Illyrie, gouv. de Laibach, cer. de Klagenfurt; mines de fer et forges; bain minéral; 1200 hab.

FRIESACK, pet. v. de Prusse, prov. de Brandebourg, régence de Potsdam ; sur la jonction du canal de Friesack et du Vieux-

Rhin; propriété des comtes de Bredow; 1800 hab.

FRIESENHEIM, vg. de Fr., Bas-Rhin, arr. de Schlestadt, cant. et poste de Benfelden; 730 hab.

FRIESOYTHE, v. du grand-duché d'Oldenbourg, située sur la Soeste, dans le cer. de Kloppenbourg; 950 hab.

FRIESSEN, vg. de Fr., Haut-Rhin, arr. et poste d'Altkirch, cant. de Hirsingue; 620 hab.

FRIGEAH, district aride et stérile dans la partie N.-O. de l'état de Tunis, avec les villes de Bajjah et de Keff.

FRIGENTO, v. épiscopale du roy. des Deux-Siciles, prov. de la Principauté ultérieure.

FRIGNICOURT, vg. de Fr., Marne, arr., cant. et poste de Vitry-le-Français; 310 h.

FRILEUSE, ham. de Fr., Eure, com. de Noyon-le-Sec; 120 hab.

FRILEUSE (la), ham. de Fr., Eure-et-Loir, com. d'Orgères; 210 hab.

FRIMBOLE (la), vg. de Fr., Meurthe, arr. de Sarrebourg, cant. et poste de Lorquin; scierie hydraulique; 150 hab.

FRINDRANE, dist. dans l'intérieur de la partie S.-O. de l'île de Madagascar, au N.-E. du cap St.-Augustin.

FRIO (cabo), promontoire très-saillant sur la côte de la prov. de Rio-Janeiro, emp. du Brésil, à 30 l. E. de la capitale. Ce promontoire est formé par un rocher de granit fort élevé et qui s'aperçoit de très - loin. Ce cap sépare la côte E. du Brésil de la côte S.

FRIO, fl. des États-Unis de l'Amérique centrale; descend de la chaîne centrale des Cordillères, coule vers l'O. et se décharge dans le lac de Nicaragua.

FRIOLAIS (le), vg. de Fr., Doubs, arr. de Montbéliard, cant. de Maiche, poste de St.-Hippolyte; 80 hab.

FRION (Saint-), vg. de Fr., Creuse, arr. d'Aubusson, cant. et poste de Felletin; 960 h.

FRIREULES, ham. de Fr., Somme, com. d'Acheux; 200 hab.

FRISCHES-HAFF. *Voyez* HAFF.

FRISCO, pet. v. de la Haute-Guinée, côte des Dents, sur la rivière de même nom, à l'E. de St.-Andrews.

FRISE, vg. de Fr., Somme, arr. et poste de Péronne, cant. de Bray-sur-Somme; 370 hab.

FRISE, prov. du roy. de Hollande, bornée au N. par la mer du Nord, à l'E. par les provinces de Grœningue et de Drenthe, au S. par celle d'Oweryssel et le Zuydersée et à l'O. par le Zuydersée. Sa superficie est de 54 milles c. géogr. Ce pays plat, dont la superficie se trouve sur plusieurs points au-dessous du niveau de la mer, n'est pas protégé par des dunes contre ses invasions; il a donc fallu le garantir par des digues artificielles, et l'on prétend même que les monticules isolés que l'on rencontre dans ces vastes plaines ont été élevés par les habitants pour s'y réfugier pendant les inondations, quand on n'avait pas encore formé de barrières. Le sol est gras, fertile et entrecoupé de tourbières; vers les bords de la mer il devient marécageux ou sablonneux. Dans la partie N.-O. on trouve en abondance d'excellents pâturages; au S.-E. le terrain, plus léger, a des parties boisées. Dans l'intérieur on fait de riches récoltes de blé; vers les côtes l'éducation des bestiaux est florissante. Le climat est humide, mais assez sain. Le Lauwer est la rivière principale du pays; il forme une partie de la frontière avec Grœningue et se verse dans un golfe de la mer du Nord, auquel il donne son nom; la Linde, la Baare et la Paasens sont moins considérables. Tous ces cours d'eau contribuent à l'alimentation des nombreux canaux qui entrecoupent le pays. Le plus important de ces derniers part de Harlingen et se dirige par Francker, Leeuwarden et Dokkum sur Grœningue; il a des embranchements sur Sneek et Workum. Le chenal de Dokkum, qui embouche dans le Lauwer-Zée, permet pendant le flux aux plus grands bâtiments de remonter jusqu'à la ville. La province est en outre couverte de lacs, formés par d'anciennes tourbières. L'agriculture et l'éducation des bestiaux sont suivies avec application et intelligence; aussi l'aisance est générale. Les productions du pays sont: les animaux domestiques ordinaires, de la volaille, des oies sauvages, du poisson, du blé, du sarrazin, des légumes, du jardinage, des graines oléagineuses, des fourrages, des pommes de terre, du lin, du miel, de la tourbe, peu de bois et de la terre argileuse. Les bêtes à cornes surtout sont une source de richesse pour la province; on en a compté environ 150,000, et le produit annuel du beurre s'élève à près d'un million de florins. Les chevaux sont recherchés pour le carrosse et pour la grosse cavalerie; on évalue leur nombre à près de 23,000. Les troupeaux de brebis sont nombreux, mais leur laine est médiocre. Les branches industrielles sont : la fabrication de toiles et d'étoffes de laine, de papier, d'horloges, de briques et de tuiles; la raffinerie du sel et les constructions maritimes. On exporte des bêtes à cornes, des chevaux, des agneaux, du lard, des peaux, de la laine, du beurre, du fromage, du blé, des pois, des graines, de l'huile de colza, du miel et des étoffes. La pop. de 177,000 hab. est répartie dans 3 chefs-lieux d'arrondissement : Leeuwarden, Sneek et Herrenveen, 8 autres villes et 336 communes rurales. Les Frisons aiment la liberté; ils sont bien faits, agiles, courageux et intègres; leurs mœurs, leur physionomie, leur idiôme qui approche de l'anglais, leur habillement bizarre même leur impriment un caractère tout à fait distinct des autres Hollandais et dénotent leur antique origine. Ils appartiennent la plupart à l'église réformée.

Les Frisons descendent d'une ancienne peuplade germanique, qui habitait du temps d'Auguste le pays compris entre le Rhin, la mer du Nord et l'Ems; le fleuve la séparait des Bataves et l'Ems des Chauciens. Cette contrée a beaucoup changé de forme depuis cette époque reculée : les îles à l'embouchure du Rhin doivent avoir subi de grandes mutations, et l'espace de 57 milles c. qu'occupe aujourd'hui le Zuydersée était encore vers la fin du treizième siècle couvert en grande partie de villages et de champs cultivés. Les Frisons assistèrent Drusus et Germanicus contre les Chérusques et sauvèrent la flotte romaine d'une perte certaine, à l'embouchure de l'Ems; mais les Romains ayant cherché à faire des sujets de leurs alliés, ils se soulevèrent, égorgèrent les garnisons et Rome se vit forcée de céder. Dans le quatrième et le cinquième siècle, les Frisons reparaissent dans la grande ligue des Saxons ; alors ils occupaient les côtes depuis l'Escaut jusqu'à l'Elbe; sous l'empereur Julien ils se rendirent maîtres de l'île Batave, dont ils occupent encore une partie. Pepinle-Bref fut leur premier vainqueur; il défit leur roi Radbod et s'empara du pays situé en-deçà des bouches du Rhin. Charles Martel érigea cette conquête en comté, en faveur de Poppou (737). Charlemagne se rendit également maître du territoire au-delà du Rhin. En 1061, Thierry V, comte de Frise, étant devenu comte de Hollande, incorpora son héritage à ses nouvelles possessions, à l'exception cependant de la Frise-Orientale, qui resta république fédérative jusqu'au quinzième siècle.

FRISON, vg. de Fr., Vosges, arr. d'Épinal, cant. de Châtel-sur-Moselle, poste de Nomexy; 590 hab.

FRITSLAR, v. de l'électorat de Hesse, prov. de la Basse-Hesse, sur l'Eder; nombreuses tanneries; c'était jadis une principauté appartenant à l'électeur de Mayence; 2900 hab.

FRIVILLE - ESCARBOTIN, vg. de Fr., Somme, arr. d'Abbeville, cant. d'Ault, poste d'Eu; fabr. de serrures et de quincaillerie; 1450 hab.

FROBERVILLE, vg. de Fr., Seine-Inférieure, arr. du Hâvre, cant. et poste de Fécamp ; 700 hab.

FROBISHER (détroit de) ou LUMLEYS-INLET, détroit entre l'île de Hall et celle de la Résolution ; conduit du détroit de Davis dans la baie d'Hudson. Ce canal est encore peu connu.

FROCOURT, vg. de Fr., Oise, arr. et poste de Beauvais, cant. d'Auneuil; 260 h.

FRODSHAM, b. d'Angleterre, comté de Chester, au confluent du Weaver avec le Mersey; filat. et fabrication de sel; 1500 h.

FRŒSCHWILLER, vg. de Fr., Bas-Rhin, arr. de Wissembourg, cant. de Wœrth-sur-Sauer, poste de Soultz-sous-Forêts; 640 h.

FROGA, un des sommets les plus élevés de la chaîne de l'Atlas, à une journée E. de Maroc.

FROGES, vg. de Fr., Isère, arr. de Grenoble, cant. et poste de Goncelin ; 580 hab.

FROHBOURG, v. du roy. de Saxe, cer. de Leipsic; à 1/2 l. se trouve le grand étang d'Eschfeld; 2390 hab.

FROHEN-LE-GRAND, vg. de Fr., Somme, arr. de Doullens, cant. et poste de Bernaville ; 410 hab.

FROHEN-LE-PETIT, vg. de Fr., Somme, arr. de Doullens, cant. et poste de Bernaville; 80 hab.

FROHMUHL, vg. de Fr., Bas-Rhin, arr. de Saverne, cant. et poste de la Petite-Pierre ; 370 hab.

FROHNHAUSEN, b. et chef-lieu de bailliage de la Hesse électorale, prov. de la Haute-Hesse; 700 hab.

FROID-CHAPELLE, vg. du roy. de Belgique, prov. de Hainaut, arr. de Charleroi; forges; 1400 hab.

FROIDECONCHE, vg. de Fr., Haute-Saône, arr. de Lure, cant. et poste de Luxeuil; 940 hab.

FROIDE-FONTAINE, vg. de Fr., Jura, arr. de Poligny, cant. de Nozeroy, poste de Champagnole; 410 hab.

FROIDE-FONTAINE ou KALTENBRUNNEN, vg. de Fr., Haut-Rhin, arr. de Belfort, cant. et poste de Delle; 290 hab.

FROIDE-RUE (la), ham. de Fr., Seine-Inférieure, com. de Varvannes; 140 hab.

FROIDESTRÉS, vg. de Fr., Aisne, arr. de Vervins, cant. et poste de la Capelle; 380 hab.

FROIDETERRE, vg. de Fr., Haute-Saône, arr., cant. et poste de Lure ; 310 hab.

FROIDEVAUX, vg. de Fr., Doubs, arr. de Montbéliard, cant. et poste de St.-Hippolyte; 130 hab.

FROIDEVILLE, vg. de Fr., Jura, arr. de Dôle, cant. de Chaumeroy, poste de Sellières; 160 hab.

FROIDFONT, vg. de Fr., Vendée, arr. des Sables, cant. et poste de Challans; 640 h.

FROIDMONT, ham. de Fr., Aisne, com. de Cohartille; 230 hab.

FROIDOS, vg. de Fr., Meuse, arr. de Verdun, cant. et poste de Clermont-en-Argonne; fabr. de faïence; 510 hab.

FROIDVENT. *Voyez* LEUGLAY.

FROID-VIALA, ham. de Fr., Lozère, com. d'Estables; 100 hab.

FROISSY, vg. de Fr., Oise, arr. et à 6 l. N.-N.-O. de Clermont, chef-lieu de canton, poste de Breteuil; commerce de laine et de bas ; 750 hab.

FROLOIS, vg. de Fr., Côte-d'Or, arr. de Sémur, cant. et poste de Flavigny; 1010 h.

FROLOIS ou ACRAIGNE, GUISE-SUR-MADON, vg. de Fr., Meurthe, arr. de Nancy, cant. et poste de Vezelise; 790 hab.

FROME, v. d'Angleterre, comté de Somersets, sur la rivière de son nom, dans une position charmante; florissante par ses manufactures de draps et de casimirs; 12,000 h.

FROMELENNES, vg. de Fr., Ardennes, arr. de Rocroi, cant. et poste de Givet; usines à cuivre rouge et jaune, tombac et zinc, ainsi qu'à Flohimont et Flohival; 510 hab.

FROMELLES, vg. de Fr., Nord, arr. de Lille, cant. et poste de la Bassée; 1330 hab.

FROMENT, ham. de Fr., Nièvre, com. de Ternant; 150 hab.

FROMENTAL (le), ham. de Fr., Lozère, com. de Salses; 160 hab.

FROMENTAL (le), ham. de Fr., Puy-de-Dôme, com. de Rentières; 310 hab.

FROMENTAL, vg. de Fr., Haute-Vienne, arr. de Bellac, cant. de Bessines, poste de Morterolles; 1210 hab.

FROMENTEAU ou COUR-DE-FRANCE (la), ham. de Fr., Seine-et-Oise, com. de Juvisy, poste; 250 hab.

FROMENTIÈRES, vg. de Fr., Marne, arr. d'Épernay, cant. de Montmirail, poste de Baye; 470 hab.

FROMENTIÈRES, vg. de Fr., Mayenne, arr., cant. et poste de Château-Gontier; 1020 hab.

FROMERÉVILLE, vg. de Fr., Meuse, arr. et poste de Verdun, cant. de Charny; 540 h.

FROMEZEY, vg. de Fr., Meuse, arr. de Verdun, cant. et poste d'Étain; 210 hab.

FROMOND (Saint-), vg. de Fr., Manche, arr. de St.-Lô, cant. de St.-Jean-de-Daye, poste de la Périne; carrières de pierres calcaires; 890 hab.

FROMONT, vg. de Fr., Seine-et-Marne, arr. de Fontainebleau, cant. et poste de la Chapelle-la-Reine; 410 hab. Ce village possède un superbe jardin botanique, d'où est venue l'idée de la formation de la première société d'horticulture française. Une école d'horticulture y a été fondée en 1829.

FROMONVILLE, vg. de Fr., Seine-et-Marne, arr. de Fontainebleau, cant. et poste de Nemours; 730 hab.

FROMONVILLIER, ham. de Fr., Loiret, com. d'Autruy; 170 hab.

FROMY, ham. de Fr., Ardennes, com. de Margut; 140 hab.

FRONCLES, vg. de Fr., Haute-Marne, arr. de Chaumont-en-Bassigny, cant. et poste de Vignory; haut-fourneau, affinerie et martinet; 420 hab.

FRONINGEN, vg. de Fr., Haut-Rhin, arr. et cant. d'Altkirch, poste de Mulhouse; 650 hab.

FRONS, ham. de Fr., Aveyron, com. de Thérondels; 140 hab.

FRONS, ham. de Fr., Aveyron, com. de Camjac; 50 hab.

FRONSAC, vg. de Fr., Haute-Garonne, arr. de St.-Gaudens, cant. et poste de St.-Béat; 570 hab.

FRONSAC, vg. de Fr., Gironde, arr., à 3 l. N.-O. et poste de Libourne, chef-lieu de canton; il est situé sur la rive droite de la Dordogne, et possède un beau château; bons vins et fabr. d'eau-de-vie; 1530 hab.

FRONT (Saint-), vg. de Fr., Charente, arr. de Ruffec, cant. et poste de Mansle; 790 h.

FRONT (Saint-), vg. de Fr., Haute-Loire, arr. du Puy, cant. de Fay-le-Froid, poste du Monastier; 2500 hab.

FRONT (Saint-), vg. de Fr., Lot-et-Garonne, arr. de Villeneuve-sur-Lot, cant. et poste de Fumel; 1120 hab.

FRONT (Saint-), ham. de Fr., Lot-et-Garonne, com. de Pardeillan; 590 hab.

FRONT (Saint-), ham. de Fr., Dordogne, com. de Couze-St.-Front. Il est situé sur la rive gauche de la Dordogne, vis-à-vis de Lalinde.

FRONT-D'ALEMPS (Saint-), vg. de Fr., Dordogne, arr. de Périgueux, cant. et poste de Brantôme; 590 hab.

FRONT-DE-CHAMPNIERS (Saint-), vg. de Fr., Dordogne, arr., cant. et poste de Nontron; 370 hab.

FRONT-DE-COLLIÈRES (Saint-), vg. de Fr., Orne, arr., cant. et poste de Domfront; 2410 hab.

FRONT-DE-PRADOUX (Saint-), vg. de Fr., Dordogne, arr. de Ribérac, cant. et poste de Mussidan; 510 hab.

FRONTEIRA, pet. v. du Portugal, prov. d'Alentejo, dist. d'Aviz; elle occupe la pente et le pied d'une colline baignée par le Zatas; 3000 hab.

FRONTENAC, vg. de Fr., Gironde, arr. de la Réole, canton de Targon, poste de Sauveterre; 540 hab.

FRONTENAC, vg. de Fr., Lot, arr., à 3 l. O.-S.-O. de Figeac, cant. et poste de Cajarc. L'église de ce village est adossée contre les restes d'un temple païen de construction romaine; 250 hab.

FRONTENARD, vg. de Fr., Saône-et-Loire, arr. de Louhans, cant. et poste de Pierre; 580 hab.

FRONTENAS, vg. de Fr., Rhône, arr. de Villefranche-sur-Saône, cant. de Bois-d'Oingt, poste d'Anse; 310 hab.

FRONTENAY, vg. de Fr., Jura, arr. de Lons-le-Saulnier, cant. de Voiteur, poste de Sellières; 530 hab.

FRONTENAY ou ROHAN-ROHAN, b. de Fr., Deux-Sèvres, arr. à 2 l. S.-S.-O. et poste de Niort, chef-lieu de canton; 2260 h.

FRONTENAY, vg. de Fr., Vienne, arr. de Loudun, cant. de Montcontour, poste de Mirebeau; 550 hab.

FRONTENEAUD, vg. de Fr., Saône-et-Loire, arr. et poste de Louhans, cant. de Cuiseaux; 1020 hab.

FRONTENHAUSEN, b. de Bavière, cer. du Danube-Supérieur, sur la rive droite de la grande Vils; fabr. de toiles; 1000 hab.

FRONTÉRA (San-Juan-de-la-). *Voyez* JUAN-DE-LA-FRONTERA (San-).

FRONTÉRA (Rosario-de-la-). *Voyez* ROSARIO-DE-LA-FRONTÉRA.

FRONTÉRAS (presidio de), fort au N.-E.

de l'état de Sonora-et-Cinaloa, confédération mexicaine; il défend la mission de San-Bernardino, dans le dist. des Apaches.

FRONTIGNAN, pet. v. de Fr., Hérault, arr. et à 4 1/2 l. S.-S.-O. de Montpellier, chef-lieu de canton et poste; elle est située sur le canal des Étangs et sur le chemin de fer de Montpellier à Cette. Elle est entourée de vignobles qui produisent ce vin muscat et connu dans toute l'Europe; raisin de caisse; fabr. d'eaux-de-vie; 1880 hab.

FRONTIGNAN-DE-L'ISLE, vg. de Fr., Haute-Garonne, arr. de St.-Gaudens, cant. et poste de l'Isle-en-Dodon; 140 hab.

FRONTIGNAN-PRÈS-SAINT-BÉAT, vg. de Fr., Haute-Garonne, arr. de St.-Gaudens, cant. de St.-Bertrand, poste de St.-Béat; 260 hab.

FRONTIGNY, ham. de Fr., Moselle, com. de Mécleuves; 180 hab.

FRONTIRA, pet. v. du dictatorat du Paraguay; elle fut fondée en 1718 et compte 2900 hab.

FRONT-LA-RIVIÈRE (Saint-), vg. de Fr., Dordogne, arr. et poste de Nontron, cant. de St.-Pardoux; 1000 hab.

FRONTON, b. de Fr., Haute-Garonne, arr. et à 6 l. N. de Toulouse, chef-lieu de canton et poste; 2150 hab.

FRONTONAS, vg. de Fr., Isère, arr. de la Tour-du-Pin, cant. et poste de Crémieu; 960 hab.

FRONVILLE, vg. de Fr., Haute-Marne, arr. de Vassy, cant. et poste de Joinville; 430 hab.

FROOMBRIDGE, b. d'Angleterre, comté de Gloucester; c'est un des grands ateliers du royaume pour la fabrication de fusils, d'instruments aratoires, de fils d'archal et d'hameçons pour la pêche de Newfoundland; 1200 hab.

FROSINONE, chef-lieu de la délégation du même nom, états de l'Église. La délégation de Frosinone comprend la partie orientale de la Campagna-di-Roma et la principauté de Ponte-Corvo, enclavée dans le roy. des Deux-Siciles; son étendue est de 103 1/2 l. c., sa population de 166,000 âmes. Tandis que sa partie septentrionale, parcourue par des rameaux de l'Apennin, est fertile et jouit d'un climat agréable et sain, la partie S.-O. ou plutôt toute la Maremme est couverte par les marais pontins, et l'on n'y respire qu'un air pestilentiel. Les papes ont fait en vain travailler au desséchement de ces marais.

FROSSAY, vg. de Fr., Loire-Inférieure, arr. et poste de Paimbœuf, cant. de St.-Père-en-Retz; 2640 hab.

FROSSE, ham. de Fr., Vendée, com. de Corps; 260 hab.

FROST-POINT, promontoire très-saillant au S.-E. de l'état de New-Hampshire, États-Unis de l'Amérique du Nord.

FROTEY-LES-LURE, vg. de Fr., Haute-Saône, arr., cant. et poste de Lure; 535 h.

FROTEY-LÈS-VESOUL, vg. de Fr., Haute-Saône, arr., cant. et poste de Vesoul; fabr. de calicots. Tout près se trouve le gouffre de Fraispuits.

FROUARD, vg. de Fr., Meurthe, arr., cant. et poste de Nancy; 840 hab.

FROUGA, pet. v. du roy. de Maroc, à 10 l. S.-S.-O. de la ville de même nom.

FROUKABOU, pet. v. du Haut-Bambarra, Nigritie occidentale, sur le Djoliba, à 8 l. E. de Bammakou.

FROULT (Saint-), vg. de Fr., Charente-Inférieure, arr. de Marennes, cant. de St.-Agnan, poste de Rochefort-sur-Mer; 390 h.

FROUMENTAS, ham. de Fr., Gers, com. d'Aignan; 180 hab.

FROUST (le), ham. de Fr., Orne, com. de St.-Nicolas-des-Bois; 250 hab.

FROUVILLE, ham. de Fr., Loir-et-Cher, com. d'Oucques; 100 hab.

FROUVILLE, vg. de Fr., Seine-et-Oise, arr. de Pontoise, cant. et poste de l'Ile-Adam; 440 hab.

FROUZINS, vg. de Fr., Haute-Garonne, arr., cant. et poste de Muret; 490 hab.

FROVILLE, vg. de Fr., Meurthe, arr. de Lunéville, cant. de Bayon, poste de Neuviller-sur-Moselle; 240 hab.

FROYELLES, vg. de Fr., Somme, arr. d'Abbeville, cant. de Crécy, poste de Bernay; 140 hab.

FROZEA, baie au N.-E. de l'île du Cap-Breton, au S. de Sidney; ses environs sont riches en houille.

FROZEN-ISLAND (île de glace), île à l'E. du Spitzberg oriental, dont elle dépend.

FROZES, vg. de Fr., Vienne, arr. de Poitiers, cant. de Vouillé, poste de Neuville; 1280 hab.

FRUCHING, ham. de Fr., Moselle, com. de Kerling-lès-Sierck; 130 hab.

FRUCOURT, vg. de Fr., Somme, arr. d'Abbeville, cant. d'Hallencourt, poste d'Airaines; 360 hab.

FRUGÈRES-LES-MINES, vg. de Fr., Haute-Loire, arr. de Brioude, cant. d'Auzon, poste de Lempdes; exploitation de houille; 220 hab.

FRUGES, b. de Fr., Pas-de-Calais, arr. et à 6 l. E.-N.-E. de Montreuil-sur-Mer, chef-lieu de canton et poste; fabr. de draps et bonneterie; raffineries de sel; 3135 hab.

FRUGIE. *Voyez* PIERRE-DE-FRUGIE (Saint-).

FRUGIÈRES-LE-PIN, vg. de Fr., Haute-Loire, arr. de Brioude, cant. et poste de Paulhaguet; 540 hab.

FRULON, ham. de Fr., Indre, com. d'Orsennes; 160 hab.

FRUNCÉ, vg. de Fr., Eure-et-Loir, arr. de Chartres, cant. et poste de Courville; 560 hab.

FRUTIGEN, b. du cant. de Berne, chef-lieu d'un bailliage de l'Oberland, est situé à 2180 mètres au-dessus du niveau de la mer, sur la route de Thun à Adelboden; il renferme une manufacture d'étoffes de laine, recherchées dans tout le canton par les habitants des campagnes; la population de cette contrée vit presque exclusivement de l'éducation des troupeaux; 900 hab.

FRUZE, vg. de Fr., Vosges, arr. et poste de Neufchâteau, cant. de Coussey; 140 hab.

FRY, vg. de Fr., Seine-Inférieure, arr. de Neufchâtel-en-Bray, cant. et poste d'Argueil; 360 hab.

FRYBURGH, pet. v. des États-Unis de l'Amérique du Nord, état du Maine, comté d'Oxford, fut fondée par des Badois; académie; 2200 hab.

FUANS, vg. de Fr., Doubs, arr. de Baume-les-Dames, cant. de Pierrefontaine, poste de Morteau; 410 hab.

FUBINE, b. du Piémont, prov. de Casale, sur la Grana; 2600 hab.

FUBLAINES, vg. de Fr., Seine-et-Marne, arr., cant. et poste de Meaux; 440 hab.

FUCHAUX (le Petit-), ham. de Fr., Nord, com. de Dompierre; 160 hab.

FUCHAUX (le Grand-), ham. de Fr., Nord, com. de St.-Hilaire; 86 hab.

FUECCHIO, lac dans le grand-duché de Toscane.

FUÉGO, volcan dans les environs de Guatémala-la-Viéja, États-Unis de l'Amérique centrale. Ce volcan, toujours en activité, cause souvent de grands ravages dans la ville située à ses pieds et dans les campagnes environnantes. Ses éruptions les plus désastreuses furent celles de 1732 et 1737.

FUEGO, la plus méridionale des îles Philippines, au S.-E. de Negros. Elle est située sous 9° 25' de lat. N., a une dixaine de lieues de circuit et est habitée. Sur la côte septentrionale se trouve le village de Siguyon.

FUENCALIENTE, v. d'Espagne, prov. de la Manche, dans une vallée de la Marena; bains thermaux.

FUENCARRAL, pet. v. d'Espagne, prov. de Madrid; elle est célèbre par son vin; 2000 hab.

FUEN-HO, fl. de Chine. Il prend sa source sur une montagne de l'intérieur de la prov. de Chan-si, à l'E. de Kolou-tcheou, se dirige vers le S. et s'embouche dans le Hoang-ho, à l'O. de Hoteïn-hien.

FUENTE-DE-ESTOLA, b. de la Confédération mexicaine, état de Mexico, sur le haut plateau d'Anahuac, à 844 mètres au-dessus du niveau de l'Océan, sur la route d'Acapulco.

FUENTE-DE-LA-HIGUERA, b. d'Espagne, roy. de Valence, gouv. de Montesa, sur la Guadamar; 2300 hab.

FUENTE-DE-LA-PIEDRA, vg. d'Espagne, roy. de Grenade, dist. d'Antequera; eaux minérales; carrières de trass.

FUENTE-ORVEJUNA, v. d'Espagne, dans l'Andalousie, roy. et dist. de Cordoue, sur le Guadiato; filature et tissage de laine; 6500 hab.

FUENTE-RABBIA, pet. v. forte d'Espagne, avec un port de cabotage, à l'embouchure de la Bidassoa, sur la frontière de France, prov. de Guipuscoa, dist. de St.-Sébastien; 1700 hab.

FUERTE, fl. de la confédération mexicaine, état de Sonora-et-Cinaloa; descend de la Sierra das Almas, coule vers le S.-O. et débouche dans le golfe de Californie, après un cours de 45 à 50 l. Ce fleuve faisait autrefois la frontière entre les prov. de Sonora et de Cinaloa, réunies aujourd'hui en une seule province.

FUERTE (villa del), v. des états mexicains, état de Sonora-et-Cinaloa, dont elle est la capitale, sur le Rio-Fuerte. Cette ville, naguères encore très-petite, s'accroît considérablement et est la résidence du gouverneur, du congrès et d'un évêque; 8000 hab.

FUERTE, île à l'O. de l'embouchure du Rio-Sinu et en face de la Punta-Piedras; dépendait autrefois de la prov. de Carthagène, aujourd'hui elle fait probablement partie de la prov. de Choco, dép. de Cauca, rép. de la Nouvelle-Grenade; elle paraît déserte.

FUGAROLLES-D'ALBERT. *Voyez* FEUGAROLLES.

FUGEN, gros vg. d'Autriche, dans le Tyrol, cer. de l'Unter-Innthal; florissant par ses nombreuses forges; 2300 hab.

FUGERET, vg. de Fr., Basses-Alpes, arr. de Castellane, cant. et poste d'Annot; 620 hab.

FUGGHA, b. dans la partie N.-E. du Fezzan, sur le versant S.-O. des monts Haroudch et la route de Mourzouk à Bengazi, entre Temissa et Zella.

FUIE (la), ham. de Fr., Indre-et-Loire, com. de Vouvray; 100 hab.

FUILLA, vg. de Fr., Pyrénées-Orientales, arr. et cant. de Prades, poste de Villefranche-de-Conflent; 390 hab.

FUILLET (le), vg. de Fr., Maine-et-Loire, arr. et poste de Beaupréau, cant. de Montrevault; 1670 hab.

FUISSÉ, vg. de Fr., Saône-et-Loire, arr., cant. et poste de Mâcon; 590 hab.

FUJAREY, ham. de Fr., Isère, com. de Vaulnaveys-le-Haut; 170 hab.

FULAINES, ham. de Fr., Oise, com. de Mareuil-sur-Ourcq; 240 hab.

FULDA (la), riv. qui prend sa source en Bavière, dans le cer. du Bas-Mein, près de Gersfeld, entre bientôt après dans la Hesse-Électorale, reçoit la Haun, l'Eder, grossie de la Schwalm, et forme ensuite le Weser, par sa réunion avec la Werra, à Munden, dans le roy. de Hanovre.

FULDE, prov. de l'électorat de Hesse-Cassel; comprend la plus grande partie de l'ancien évêché de Fulde; cédée par la Prusse, à laquelle l'avait donnée le congrès de Vienne; les deux bges de Friedewald et de Landeck, qui faisaient autrefois partie de la principauté de la Basse-Hesse; la principauté de Hersfeld et la seigneurie de Schmalkalden, dans le Thuringerwald, séparée du reste de la province et enclavée dans le comté de Henneberg. Elle touche aux prov. de Basse-Hesse et de Haute-Hesse, au grand-duché de Hesse-Darmstadt, à la prov. de Hanau, au cer. du Bas-Mein, en Bavière, et au grand-duché de Saxe-Weimar. Sa superficie est de 43 1/2 milles c., et elle est divisée en 4 cercles; 125,150 hab.

FULDE, v. de la Hesse-Électorale, située sur la Fulda, capitale de la province du même nom; siége d'un évêché. Elle renferme un lycée, un gymnase, 2 couvents de nonnes qui s'occupent de l'instruction des jeunes filles, une bibliothèque, un séminaire pour les maîtres d'école et les prédicateurs catholiques, une école industrielle. Ses habitants s'occupent surtout de la fabrication du tabac, des bas, des étoffes de laine et de lin. Ses édifices les plus remarquables sont : sa belle cathédrale, longue de 315 pieds et large de 200, avec deux tours de 180 pieds d'élévation, une coupole haute de 170, deux orgues dont le plus grand est au nombre des meilleurs de l'Allemagne, et le tombeau de saint Boniface; l'ancien palais épiscopal; le bâtiment de la bibliothèque et l'ancien collége des jésuites. Près de la ville se trouve le Frauenberg, un couvent de franciscains, avec de beaux jardins. Saint Boniface, évêque de Mayence, fonda, en 744, l'abbaye de Fulde, dont saint Sturme fut le premier abbé, et qui fut élevée, en 1752, par Benoît XIV, au rang d'évêché; 10,000 hab.

FULGENT (Saint-), b. de Fr., Vendée, arr. et à 6 l. N.-E. de Bourbon-Vendée, chef-lieu de canton et poste; 1620 hab.

FULGENT-DES-ORMES (Saint-), vg. de Fr., Orne, arr. de Mortagne-sur-Huine, cant. et poste de Bellême; 740 hab.

FULHAM, gros vg. d'Angleterre, comté de Middlesex, sur la Tamise, avec le palais de l'évêque de Londres; 4000 hab.

FULIGNY, ham. de Fr., Aube, arr. de Bar-sur-Aube, cant. de Soulaines, poste de Ville-sur-Terre; 220 hab.

FULLEREN, vg. de Fr., Haut-Rhin, arr. et poste d'Altkirch, cant. d'Hirsingue; 840 hab.

FULOPSZALLAS, gros vg. de Hongrie, cer. en-deçà du Danube, comitat de Bacs; 2600 hab.

FULNEK, pet. v. d'Autriche, gouv. de Moravie et Silésie, cer. de Prérau; florissante par ses fabr. et son commerce de draps; 3000 hab.

FULTA, v. de l'Inde anglaise, présidence de Calcutta, prov. de Bengale, sur l'Hagli; bon port.

FULTOT, vg. de Fr., Seine-Inférieure, arr. d'Yvetot, cant. et poste de Doudeville; 630 hab.

FULVY, vg. de Fr., Yonne, arr. de Tonnerre, cant. et poste d'Ancy-le-Franc; 210 h.

FUMAY, pet. v. de Fr., Ardennes, arr. et à 4 l. N.-E. de Rocroi, chef-lieu de canton et poste. Elle est située au milieu de forêts, sur la rive gauche de la Meuse et renommée pour ses carrières d'ardoises; fabr. de céruse; verreries; forges. Ce n'est que depuis 1770 que Fumay est réuni à la France; cette petite ville et quelques autres communes des environs formaient ensemble, avant cette époque, un petit territoire indépendant; 2654 hab.

FUME, b. de la Nigritie centrale, dans le pays de Kanem, sur la rive septentrionale et partie de la rive orientale du lac Tchad, sur la route de Bornou.

FUMECHON, ham. de Fr., Eure, com. de Radepont; 120 hab.

FUMECHON, vg. de Fr., Oise, arr. de Clermont, cant. et poste de St.-Just-en-Chaussée; 210 hab.

FUMECHON (Grand et Petit-), ham. de Fr., Seine-Inférieure, com. de St.-Vaast-du-Val; 150 hab.

FUMEL, pet. v. de Fr., Lot-et-Garonne, arr. et à 6 l. N.-E. de Villeneuve-d'Agen, chef-lieu de canton et poste, sur la rive droite du Lot; elle est très-ancienne et possède un beau château, autrefois résidence des seigneurs de Fumel; papeteries; 2640 h.

FUMICHON, vg. de Fr., Calvados, arr., cant. et poste de Lizieux; 430 hab.

FUMOUX (les), ham. de Fr., Puy-de-Dôme, com. de Luzillat; 140 hab.

FUNCALIENTE, promontoire au S. de l'île de Palma, dans le groupe méridional des Canaries; lat. N. 28° 29′ 3″.

FUNCHAL ou **FONCHAL**, *Funchala*, v. capitale de l'île de Madère, dans le groupe septentrional des Canaries, formant le gouvernement portugais de Madère; elle est très-agréablement située sur la côte méridionale, au pied de hautes montagnes et défendue par plusieurs forts. C'est la résidence du gouverneur et d'un évêque; on lui accorde 20,000 habitants, dont la plupart font un commerce étendu. Malheureusement Funchal n'a pas de port et sa rade n'est pas tenable en hiver.

FUNCHENO ou **FUNGENO**, pays entièrement inconnu, à l'E. de la Basse-Guinée septentrionale, non loin des bords du Zaïre.

FUNDAO, fl. de l'emp. du Brésil, prov. de Bahia; se jette dans la baie des Iles (bahia dos Ilhéos).

FUNDI, g. a., v. des Volsques, dans le Latium, au N.-E. de Terracine et de Formiæ; elle était située tout près de la mer.

FUNDY (baie de). *Voyez* ARGAL (baie d').

FUNÉQUA, lac de la rép. de la Nouvelle-Grenade, formé par le Suarez.

FUNFKIRCHEN (Pees), v. de Hongrie, cer. au-delà du Danube, chef-lieu du comitat de Baranta, sur le Pees; siége épiscopal; sa cathédrale est regardée comme la plus ancienne de la Hongrie; séminaire épiscopal, gymnase catholique, école normale, bibliothèque publique et collection de médailles ; fabrication de tabac, de cuirs, d'amidon et de vinaigre ; commerce de bestiaux ; on y voit de nombreux restes de constructions turques. Dans les environs riches mines de houille; 9000 hab.

FUNGMA. *Voyez* QUELPAERT.

FUNINGKEDY, v. considérable de l'état Manding de Kaarta, en Sénégambie, à 14 l. N. de Kemmou.

FUNIS (dos), pet. v. de l'emp. du Brésil, prov. de Bahia, comarque dos Ilhéos, sur le Rio-Contas.

FUNKIER, b. maritime de la Haute-Guinée, dans la colonie anglaise de Sierra-Leone, au N. du False-Cap ; 200 habitants indigènes.

FUNQUERAUX (le), ham. de Fr., Nord, com. d'Armentières ; 400 hab.

FUNQUEREAU, ham. de Fr., Nord, com. de Steenwerck ; 100 hab.

FUNTAÑA, v. du roy. des Deux-Siciles, Principauté citérieure ; 3000 hab.

FURCHHAUSEN, vg. de Fr., Bas-Rhin, arr., cant. et poste de Saverne ; 290 hab.

FURDENHEIM, vg. de Fr., Bas-Rhin, arr. et poste de Strasbourg, cant. de Truchtersheim ; 580 hab.

FURED, vg. de Hongrie, cer. au-delà du Danube, comitat de Szalad, sur le lac de Platten ; bains minéraux très-fréquentés.

FURED, b. de Hongrie, cer. en-deçà de la Theiss, comitat de Heves, sur la Theiss.

FURFURA, prov. d'Abyssinie, qui paraît dépendre du roy. d'Angot.

FURIANI, vg. de Fr., Corse, arr. et poste de Bastia, cant. de Gorgo ; bons vins rouges et blancs ; 410 hab.

FURMEYER, vg. de Fr., Hautes-Alpes, arr. de Gap, cant. et poste de Veynes ; 280 hab.

FURNACE-HILLS. *V.* [LANCASTER (comté).

FURNAS, vallée charmante de l'île St.-Miguel, dans l'archipel des Açores, au N.-E. du b. de Villa-Franca.

FURNEAUX, groupe d'îles de l'archipel Paumotou ou des Îles-Basses, dans la Polynésie ou Océanie orientale, sous 17° 5' de lat. S. et 145° 47' de long. occ. Ce groupe a 24 l. de circuit ; il paraît habité. Cook le découvrit en 1773.

FURNEAUX, groupe d'îles faisant partie de la Diemenie, dans l'Australie ou Océanie centrale ; il est situé dans le détroit de Bass, au N.-E. de l'île Van-Diemen, dont il est séparé par le détroit de Bank. Ce groupe fut découvert par Furneaux, en 1773, et exploré ensuite par Bass, Flinders et Baudin. L'île Furneaux, la principale du groupe, auquel elle donne son nom, s'étend sous le 146° de long. E., entre 39° 50' et 40° 45' de lat. S. ; elle a 16 l. du N. au S. et 2 à 6 l. de l'O. à l'E. Elle repose sur une base granitique ; la plage est sablonneuse et couverte de lagunes et de marais ; elle manque d'eau fraîche. C'est dans cette île, dit Balbi, que l'on a transporté tous les indigènes de la Diemenie qui ont survécu à la guerre qu'on vient de leur faire ; ils y sont entretenus aux frais du gouvernement anglais, qui fait des tentatives pour les civiliser.

FURNES, v. du roy. de Belgique, chef-lieu d'arrondissement, prov. de la Flandre-Occidentale ; située à 1 l. de la mer et à 4 l. de Dunkerque, sur le canal venant de cette ville et correspondant avec Nieuport et Bruges ; assez bien bâtie et autrefois fortifiée ; commerce de blé, houblon, beurre et fromage. On y voit une citerne de dimensions colossales ; 3500 hab.

FURRIS-TOWN, b. de l'île de Jamaïque, comté de Cornwall, paroisse de St.-James, à l'O. de l'île, dans une plaine fertile et très-agréable ; 2000 hab.

FURSANNE, ham. de Fr., Haute-Vienne, com. de Folles ; 190 hab.

FURSTENAU, pet. v. de 950 hab., roy. de Hanovre, gouv. d'Osnabruck.

FURSTENBERG, vg. du duché de Brunswick, dist. de Holzminden, avec 550 hab. et un ancien château, où le duc a une fabrique de porcelaine.

FURSTENBERG, v. du grand-duché de Mecklembourg-Strelitz ; assez régulièrement bâtie et située entre deux lacs, réunis par la Havel ; elle a un château grand-ducal, des fabriques de draps, un commerce actif, surtout en beurre et en grains, et une pop. de 2600 hab.

FURSTENBERG, pet. v. de 320 hab. dans le grand-duché de Bade, cer. du Lac ; on y voit les ruines du château, résidence primitive des princes de Furstenberg, dans les possessions desquels sont comprises les villes de Donaueschingen et de Neustadt. Dans les environs se trouve le beau château de chasse appelé *Lœnge*, sur une montagne de 2800 pieds d'élévation.

FURSTENBERG, pet. v. de Prusse, sur la rive gauche de l'Oder, prov. de Brandebourg, rég. de Francfort ; 1700 hab.

FURSTENFELD, vg. de Bavière, dist. de Bruck, cer. de l'Isar. Près de là se trouve sur l'Amper l'ancienne abbaye de l'ordre des citeaux, fondée en 1263 par le duc Louis-le-Sévère, en expiation de l'exécution injuste de son épouse Marie de Brabant ; on y a établi un hôtel d'invalides et un haras.

FURSTENFELD, pet. v. de Styrie, cer. de Grætz, sur la Feistritz ; grande manufacture de tabac ; 1800 hab.

FURSTENSTEIN, vg. de Prusse, rég. de Breslau, prov. de Silésie, avec un ancien château et un nouveau ; il forme une baronie appartenant au comte de Hochberg, qui porte en même temps le titre de baron de Furstenstein ; remarquable par ses environs romantiques, embellis encore par l'art ; le château renferme des cabinets d'histoire naturelle, d'antiquités, et une bibliothèque de 40,000 volumes ; 250 hab.

FURSTENWALDE, pet. v. de Prusse, sur

la rive droite de la Sprée, prov. de Brandebourg, rég. de Francfort; possède 70 manufactures de draps et autres étoffes de laine, de bonneterie, etc.; tanneries; distilleries; 3750 hab.

FURTH, v. de Bavière, dist. de même nom, cer. de la Rezat; située à 1 l. de Nuremberg, dans une plaine fertile, sur le confluent de la Pegnitz et de la Rednitz; on traverse cette dernière rivière sur un pont de pierre de 3 arches et de 170 pieds de longueur. Un chemin de fer unit cette ville avec Nuremberg. Industrie et commerce très-étendus; manufactures de tabac, de fils d'or et d'argent, d'instruments d'optique, de quincaillerie, de fleurs artificielles, de bimbeloterie; fabrication et politure de glaces; fonderie de bronze; batteurs d'or; bonneterie. La ville possède 3 églises, une école de latinité, un collége, une école et 2 imprimeries hébraïques, 2 hôpitaux et plusieurs fondations de bienfaisance. Pop. de la ville avec son district urbain 13,800 hab.

La résidence royale de Furth fut donnée au chapitre de Bamberg, en 1007, par l'empereur Henri II; réunie plus tard à la principauté d'Ansbach, la ville de Furth passa avec ce pays à la Bavière, en 1806.

FURTH, pet. v. de Bavière, dist. et à 5 l. de Cham, cer. du Danube-Inférieur, sur la pet. riv. de Champ, qui y fait mouvoir un grand nombre d'usines; verrerie. Elle a été prise, incendiée et son château détruit en 1641 par les Suédois, sous Wrangel; en 1660, l'électeur Ferdinand-Marie lui accorda de grands priviléges en récompense de sa fidélité; 2300 hab.

FURTWANGEN, b. du grand-duché de Bade, cer. du Haut-Rhin; c'est un des principaux centres pour la fabrication des horloges, des objets en bois et en paille tressée dans la Forêt-Noire; 2000 hab.

FUSAGASUCA. *Voy.* MAGDALÉNA (fleuve).

FUSAGASUGA, b. et chef-lieu d'un district, dans la rép. de la Nouvelle-Grenade, dép. de Cundinamarca, prov. de Bogota, sur le Fusagasuca; culture du maïs et de la canne à sucre. Luc.-Ferd. de Piedrahita, auteur de l'*Histoire de la conquête de la Nouvelle-Grenade*, et qui plus tard fut évêque de Santa-Marta et de Panama, était prédicateur de cet endroit.

FUSARO (le lac), lac dans l'intendance de Naples, aux environs de Pouzzole; fournit des huîtres renommées.

FUSCIEN (Saint-), vg. de Fr., Somme, arr. et poste d'Amiens, cant. de Sains; 560 hab.

FUSIGNANO, b. des états de l'Église, délégation de Ferrare; 2500 hab.

FUSILLY, ham. de Fr., Nièvre, com. d'Achun; 170 hab.

FUSINA, pet. v. sur le bord de la lagune de Venise; c'est la dernière station de poste, à laquelle aboutit la belle route qui longe la Brenta; c'est aussi celle qui offre le plus court trajet pour aller à Venise.

FUSI-NO-YAMA, volcan de l'île de Niphon, un des points culminants du groupe de montagnes de cette île; on lui suppose 1500 toises de hauteur.

FUSSEY, vg. de Fr., Côte-d'Or, arr. de Beaune, cant. et poste de Nuits; 210 hab.

FUSSY, vg. de Fr., Cher, arr. et poste de Bourges, cant. de St.-Martin-d'Auxigny; 410 hab.

FUSTEROUAU, vg. de Fr., Gers, arr. de Mirande, cant. d'Aignan, poste de Riscle; 330 hab.

FUSTIGNAC, vg. de Fr., Haute-Garonne, arr. de Muret; cant. du Fousseret, poste de Martres; 260 hab.

FUSTIS, lac d'une grande étendue, au pied des montagnes Rocheuses, à l'O. du territoire du Missouri, États-Unis de l'Amérique du Nord.

FUSZEN, jolie pet. v. de Bavière, chef-lieu de district, cer. du Danube-Supérieur, à 24 l. d'Augsbourg, sur le Lech; grand commerce de bois; tissage; carrières de marbre, de plâtre, de chaux et de grès. Pop. de la ville 1450, du district 13,300 hab. sur 7 milles c. Située sur une passe dans le Tyrol, cette ville a eu à souffrir, en 1546 et 1645, par les événements de la guerre; en 1745 un traité de paix y fut conclu entre la Bavière et l'Autriche; en juillet 1800, les Autrichiens et les Français, après s'en être disputé la possession dans plusieurs combats sanglants, y pénétrèrent en même temps et causèrent de grands dégats.

FUTA-DSCHIALLON. *Voyez* FOUTA-DIALLON.

FUTAK (O-Futak), b. de Hongrie, cer. en-deçà du Danube, comitat de Bacs, sur le Danube; important par son commerce. Sa foire de novembre est fréquentée par des marchands arméniens, grecs et turcs.

FUTEAU, vg. de Fr., Meuse, arr. de Verdun, cant. et poste de Clermont-en-Argonne; verrerie à bouteilles; 860 hab.

FUTELAYE (la), vg. de Fr., Eure, arr. d'Évreux, cant. et poste de St.-André; 140 hab.

FUVEAU, ham. de Fr., Bouches-du-Rhône, arr. et poste d'Aix, cant. de Trets; fabr. d'eau-de-vie; houillère; 2000 hab.

FUZES-GYARMATH, gros b. de Hongrie, cer. au-delà de la Teiss, comitat de Bekes; 3500 hab.

FYÉ, vg. de Fr., Sarthe, arr. de Mamers, cant. de St.-Pater, poste de Fresnay-sur-Sarthe; fabr. de toiles; 1890 hab.

FYÉ, vg. de Fr., Yonne, arr. d'Auxerre, cant. et poste de Chablis; 170 hab.

FYEN. *Voyez* FIONIE.

G

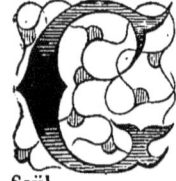AAS, vg. de Fr., Landes, arr. et poste de Dax, cant. de Pouillon; 620 h.

GABA ou **GABAA**, g. a., v. de la tribu de Benjamin, en Judée, au N.-E. de Jérusalem; lieu de naissance et résidence de Saül.

GABACHOUS, ham. de Fr., Arriège, com. de Freichenet; 250 hab.

GABALES, g. a., peuple qui demeurait au S.-E. de la Gaule Aquitanique et qui y exploitait des mines d'argent.

GABAO, g. a., v. de la tribu de Benjamin, au N.-E. de Jérusalem; avait d'abord un gouvernement républicain, passa ensuite aux Lévites, et l'on y conserva le tabernacle sous David et sous Salomon.

GABARNAC, vg. de Fr., Gironde, arr. de Bordeaux, cant. et poste de Cadillac; 440 hab.

GABARUS, baie au S.-E. de l'île du cap Breton; comprend le port de Forked-Harbour (hâvre-fourchu). Aujourd'hui il s'y trouve un village de pêcheurs avec un excellent port; commerce de houille. Sur ses bords on voit les ruines de l'ancienne forteresse de Louisbourg.

GABARRET, pet. v. de Fr., Landes, arr., à 9 1/2 l. N.-E. de Mont-de-Marsan, chef-lieu de canton, poste de Roquefort. Elle est située sur la Gelise, dans un territoire sablonneux; la plupart des maisons sont bâties sur pilotis et construites en bois. Entrepôt des liéges et des écorces destinées aux tanneries. L'église de cette petite ville est le reste d'une ancienne abbaye, détruite par les protestants en 1560; 860 hab.

GABARYB, pet. v. commerçante de Nubie, sur la rive gauche de l'Atbarah, à 30 l. S.-S.-E. de Gos-Redjab.

GABASTON, vg. de Fr., Basses-Pyrénées, arr. et poste de Pau, cant. de Morlaas; 650 hab.

GABAT, vg. de Fr., Basses-Pyrénées, arr. de Mauléon, cant. et poste de St.-Palais; 430 hab.

GABBIANO, b. du roy. Lombard-Vénitien, gouv. de Milan, délégation de Brescia; 3000 hab.

GABBIANO, b. du roy. de Sardaigne, prov. de Casale, sur le Pô; 2100 hab.

GABEL ou **GABLAN**, **JABLONA**, pet. v. fortifiée de Bohême, cer. de Bunzlau; manufactures de draps et de toiles; passage de montagnes très-important; bataille de 1757; 2000 hab.

GABETS (les), ham. de Fr., Nièvre, com. de Nolay; 180 hab.

GABIAN, vg. de Fr., Hérault, arr. de Béziers, cant. de Roujan, poste de Pézénas; cet endroit est remarquable par la célèbre fontaine de Pétrole, dont l'huile (huile de Gabian) sert pour la guérison de diverses maladies; fabr. d'eau-de-vie; 990 hab.

GABIBI, pet. v. de la Nigritie centrale, dans le pays des Dirimans, sur le bord N.-E. du lac Débo, à 4 l. S.-O. de Diré.

GABII, g. a., v. du Latium, à l'E. de Rome, colonie d'Albe-la-Longue. Elle fut prise par Sextus Tarquin, et tombait déjà en ruines du temps d'Auguste.

GABILLOU, vg. de Fr., Dordogne, arr. de Périgueux, cant. de Thenon, poste d'Azerac; 320 hab.

GABINA, vg. de Hongrie, cer. au-delà de la Theiss, comitat de Krasso; verreries.

GABLIERS (les), ham. de Fr., Allier, com. de Tronget; 100 hab.

GABLONZ, b. de Bohême, cer. de Bunzlau, sur la Neisse; fabr. de toiles et teintureries.

GABOU ou **JABOU**, roy. de la Haute-Guinée, dans l'intérieur de la côte des Esclaves, à l'E. du roy. de Dahomey; capitale de même nom, où l'on fabrique des étoffes de coton très-recherchées des Portugais, qui en font en Amérique un objet de commerce très-important. On y faisait aussi la traite des esclaves.

GABOU ou **OUONGAVOUNGA**, riv. peu connue de la Haute-Guinée, sur la côte de même nom; on ignore la position de sa source, qu'on suppose être très-éloignée de son embouchure; elle traverse la partie méridionale des contrées comprises communément sous le nom de pays de Biafares ou Biafra, et mêle ses eaux à celles de l'Océan Atlantique, au S. des îles Corsico. Les vaisseaux s'arrêtent à son embouchure, où ils achètent de l'ivoire, de la cire, du miel, etc.

GABRE, vg. de Fr., Arriège, arr. de Pamiers, cant. et poste du Mas-d'Azil; 650 h.

GABRIAC, vg. de Fr., Aveyron, arr., cant. et poste d'Espalion; 2340 hab.

GABRIAC, vg. de Fr., Lozère, arr. de Florac, cant. de Barre, poste de Pompidou; 440 hab.

GABRIAC, ham. de Fr., Tarn, com. de Cadalen; 650 hab.

GABRIAS, vg. de Fr., Lozère, arr., cant. et poste de Marvejols; 520 hab.

GABRIEL (Saint-), ham. de Fr., Bouches-du-Rhône, com. de Tarascon-sur-Rhône; 100 hab.

GABRIEL (Saint-), vg. de Fr., Calvados, arr. de Caen, cant. et poste de Creully; 350 hab.

GABRIEL (San-), fort de l'emp. du Brésil, prov. de Para, comarque de Rio-Négro, sur le fleuve de ce nom, qui y fait la belle chute de Crocoby.

GABROTTE (la), ham. de Fr., Vosges, com. de Belle-Fontaine; 200 hab.

GACÉ, b. de Fr., Orne, arr. et à 5 1/2 l. E.-N.-E. d'Argentan, chef-lieu de canton et poste; fabr. de toiles; commerce de fil de lin; 1470 hab.

GACILLY (la), pet. v. de Fr., Morbihan, arr. de Vannes, cant. et poste de Carentoir; tanneries; 1400 hab.

GACOGNE, vg. de Fr., Nièvre, arr. de Clamecy, cant. de Corbigny, poste de Lormes; 1000 hab.

GACS. *Voyez* GATSCH.

GAD, g. a., tribu au N. de Gilead (Palestine orientale); elle était bornée au N. par le Jabok, qui la séparait de celle de Manassé, à l'O. par le Jourdain, au S. par la tribu de Ruben et à l'E. par la terre des Amménites.

GADAMÈS ou **GHADAMÈS**, *Cydamus*, pet. v. dans la partie orientale du Bilédulgérid, chef-lieu de l'oasis de même nom, tributaire du pacha de Tripoli. Elle est remarquable par l'activité commerciale de ses habitants, renommés dans toute l'Afrique pour leur loyauté dans les affaires. C'est le rendez-vous général des caravanes qui, de Tripoli, vont à Tombouctou et à Sackatou. Dans ces derniers temps le commerce de Mourzouk a fait décroître celui de Gadamès, qui présente le phénomène curieux d'une petite ville habitée par deux peuples différents, vivant en état de guerre dans une même enceinte, séparée par une muraille qui partage la ville en deux parties ne communiquant entre elles que par une porte que l'on ferme dans les moments de troubles; à environ 100 l. S.-S.-E. de Tripoli.

GADANCOURT, vg. de Fr., Seine-et-Oise, arr. de Pontoise, cant. de Marines, poste de Magny; 140 hab.

GADANIA, pet. v. de la Nigritie centrale, dans l'emp. des Fellatahs, à 25 l. S.-E. de Cachenah.

GADARA, g. a., v. du Décapolis, sur la rive orientale de l'Hyeromax; elle fut détruite par les juifs et rebâtie par Pompée. Après la mort d'Hérode, qui l'avait reçue comme présent de la part d'Auguste, elle fut réunie à la Syrie.

GADAYA, pet. v. de la Nigritie centrale, dans le pays de Gonber, à une demi-journée O. de Kalaouaoua, sur la route de Cachenah à Sackatou.

GADEBUSCH, v. du grand-duché de Mecklembourg-Schwérin, située au bord d'un lac de même nom; bel hôtel de ville. Les

GAGE

Suédois y remportèrent une victoire sur les Danois, le 20 septembre 1712; 1800 hab.

GADELIÈRE (la), vg. de Fr., Eure-et-Loir, arr. de Dreux, cant. et poste de Brezolles; 210 hab.

GADENCOURT, vg. de Fr., Eure, arr. d'Évreux, cant. et poste de Pacy-sur-Eure; 240 hab.

GADIATCH, v. de la Russie d'Europe, chef-lieu du cercle du même nom, dans le gouv. de Poltava; 3000 hab.

GADITES (les), g. a., peuple de l'E. de la Palestine, descendant de Gad, le fils de Jacob et de Zilpa. Moïse leur assigna comme demeure la partie septentrionale de Gilead.

GADJANTARGHAR ou GUJUNDERGHUR, v. de l'Inde anglaise, présidence de Bombay, dist. de Darwar. Elle est située sur une montagne, bien fortifiée et défendue par une citadelle.

GADJAR ou GARDJAR, IN-CHAN, chaîne de montagnes peu connue de la Mongolie, qu'on regarde généralement comme la continuation de la chaîne du Thian-chan ou Mont-Céleste, dont elle est séparée par le désert de Gobi; elle s'élève au N. de la grande courbure du Hoang-ho, se dirige vers l'E. et se confond dans le voisinage de Barin, d'un côté avec la chaîne du Tahang, qui forme la limite entre le Chan-si et le Tchy-li, de l'autre avec le Khingkhan-oola.

GADO, fl. des États-Unis de l'Amérique centrale, état de Guatémala; descend de la Sierra de Guatémala (Cordillères), coule vers l'E. et débouche dans le golfe Amatique, enfoncement S. de la baie de Honduras.

GADOU, prov. dans la partie occidentale du Djallonkadou, en Sénégambie, près des sources du Sénégal, entre le Bambouk et le Fouladou; arrosée par une infinité de ruisseaux qui descendent des montagnes de Manding, et réunis forment le fleuve du Sénégal. Mines d'or, de fer et de nitre.

GADSDEN, v. naissante des États-Unis de l'Amérique du Nord, territoire de la Floride (Floride centrale), sur l'Ocolokney; elle s'accroît rapidement; 2000 hab.

GAEL, vg. de Fr., Ille-et-Vilaine, arr. de Montfort-sur-Meu, cant. de St.-Méen, poste de Montauban; 2060 hab.

GAETA, v. maritime très-forte du roy. des Deux-Siciles, prov. de Terre-de-Labour, chef-lieu de district; située sur une langue de terre qui se prolonge dans la Méditerranée; les environs sont fertiles, riches de culture et parsemés de superbes maisons de campagne; 10,500 hab.

GAFETE, v. de Portugal, prov. d'Alentéjo.

GAFLENZ, b. de la Haute-Autriche, cer. de Traun; important par ses nombreuses fabriques d'ouvrages en fer.

GAGEAC, vg. de Fr., Dordogne, arr. et poste de Bergerac, cant. de Sigoulès; 800 h.

GAGES, ham. de Fr., Aveyron, com. de Montrozier; 280 hab.

GAIL

GAGETOWN, pet. v. du Nouveau-Brunswic, comté de Queens, sur le St.-Johns; commerce; accroissement rapide.

GAGGENAU, vg. du grand-duché de Bade, situé sur la Murg, cer. du Rhin-Moyen; il renferme une forge, une excellente verrerie et 1150 hab.

GAGNAC, ham. de Fr., Aveyron, com. de Gaillac; 350 hab.

GAGNAC, vg. de Fr., Haute-Garonne, arr. et cant. de Toulouse, poste de St.-Jory; 480 hab.

GAGNAC, vg. de Fr., Lot, arr. de Figeac, cant. de Brétenoux, poste de St.-Céré; 1650 hab.

GAGNAK, deux b. de Sénégambie, dans le pays de Jolofs, dans une contrée agréable, non loin du Sénégal; 2500 hab.

GAGNY, vg. de Fr., Seine-et-Oise, arr. de Pontoise, cant. de Gonesse, poste de Bondy; 900 hab.

GAGO, *Gagum*, roy. peu connu de la Nigritie centrale, avec une ville de même nom, à 130 l. S.-E. de Tombouctou; blé, riz, mines d'or, etc.; habitants peu civilisés.

GAGROUN ou GANGROUN, pet. forteresse de l'Inde, dans la principauté de Kotah (Adjmir), tributaire des Anglais.

GAHARD, vg. de Fr., Ille-et-Vilaine, arr. de Rennes, cant. de St.-Aubin-d'Aubigné, poste de Liffré; 1460 hab.

GAHARDOU, ham. de Fr., Hautes-Pyrénées, com. d'Ossès; 240 hab.

GAHAUDEL, ham. de Fr., Vosges, com. d'Anould; 140 hab.

GAIBACH, vg. de Bavière, situé près du Mein, à 4 l. de Schweinfurt, dist. de Volkach, cer. du Mein-Inférieur. Les comtes de Schœnborn y possèdent un château avec un jardin magnifique dans lequel on admire une colonne de 100 pieds, élevée en commémoration de la constitution donnée à la Bavière en 1818; 574 hab.

GAILARIPI, point culminant du système hercynio-carpathien, dans la chaîne qui sépare la Transylvanie de la Hongrie; sa hauteur est de 1500 toises.

GAILDORF, pet. v. du roy. de Wurtemberg, chef-lieu du grand-bailliage de même nom, cer. de l'Iaxt, sur le Kocher, avec un ancien château et un nouveau; l'église, construite au seizième siècle, renferme les tombeaux des comtes de Limbourg. Carrières de pierres à feu; mines de vitriol; fabr. de produits chimiques et de boissellerie; distillerie; éducation de bestiaux. On rencontre des crétins dans ce district. Pop. de la ville 1500, du gr.-bge 23,417 hab., sur 8 1/2 milles c.

GAILHAN, vg. de Fr., Gard, arr. du Vigan, cant. de Quissac, poste de Sauve; 140 hab.

GAILLAC, v. de Fr., Tarn, chef-lieu d'arrondissement, à 8 l. O. d'Alby et à 194 l. de Paris; siége d'un tribunal de première instance, conservation des hypothèques;

elle est située sur la rive droite du Tarn, possède un collége communal et deux hôpitaux. Le territoire est renommé par ses vins que l'on exporte en assez grande quantité. Le Tarn, qui commence à être navigable près de cette ville, y est très-favorable au commerce, qui consiste principalement en vins, eaux-de-vie, grains, anis vert, coriandre, fenu-grec, prunes, genièvre, légumes, luzerne, trèfle, pois-chiches et pastel; fabr. de futailles, de chapeaux; teintureries, tanneries, distilleries, verrerie; foires les 6 janvier, 19 mars, 1er mai, 20 juin, 11 août, 29 septembre et 21 décembre. Gaillac doit son origine à une abbaye de bénédictins, fondée vers le milieu du dixième siècle, et qui a existé jusqu'à la révolution.

GAILLAC, vg. de Fr., Aveyron, arr. de Milhau, cant. et poste de Laissac; commerce de bestiaux et de laine; 1240 hab.

GAILLAC, ham. de Fr., Tarn-et-Garonne, com. de St.-Paul-Despis; 100 hab.

GAILLAC-TOULZA, vg. de Fr., Haute-Garonne, arr. de Muret, cant. de Cintegabelle, poste d'Auterive; commerce de grains et bestiaux; 1720 hab.

GAILLAGOS, vg. de Fr., Hautes-Pyrénées, arr. et poste d'Argelès, cant. d'Aucun; 350 hab.

GAILLAN, vg. de Fr., Gironde, arr., cant. et poste de Lesparre; 2440 hab.

GAILLARBOIS, vg. de Fr., Eure, arr. des Andelys, cant. d'Écouis, poste de Fleury-sur-Andelle; 270 hab.

GAILLARDE (la), vg. de Fr., Seine-Inférieure, arr. d'Yvetot, cant. de Fontaine-le-Dun, poste du Bourg-Dun; 910 hab.

GAILLARDON, ham. de Fr, Gironde, com. de Cadillac; 120 hab.

GAILLARDS, île considérable et très-fertile en riz, formée par deux bras du Santée, dans la Caroline du Sud, États-Unis de l'Amérique du Nord.

GAILLARD - TOURNIER, ham. de Fr., Haute-Garonne, com. de Grépiac; 100 hab.

GAILLEFONTAINE, b. de Fr., Seine-Inférieure, arr. de Neufchâtel-en-Bray, cant. et poste de Forges; 1650 hab.

GAILLÈRES, vg. de Fr., Landes, arr., cant. et poste de Mont-de-Marsan; 360 hab.

GAILLOCHONNIÈRE, ham. de Fr., Deux-Sèvres, com. des Alleuds; 100 hab.

GAILLON, b. de Fr., Eure, arr., à 4 l. S.-E. de Louviers et à 26 l. de Paris, chef-lieu de canton et poste; il est situé dans une riante campagne, sur la route de Louviers à Paris; filat. de coton. Ce bourg avait un château de plaisance magnifique appartenant aux archevèques de Rouen. Ce superbe édifice, dégradé par le temps et détruit en partie pendant la révolution, est devenu une maison centrale de correction pour le département et pour celui de la Seine-Inférieure; 1143 hab.

GAILLON, ham. de Fr., Eure, com. de Bémécourt; 150 hab.

GAILLON, vg. de Fr., Seine-et-Oise, arr. de Versailles, cant. et poste de Meulan; 320 hab.

GAILLONCEL, ham. de Fr., Eure, com. de Gaillon; 100 hab.

GAINEVILLE, vg. de Fr., Seine-Inférieure, arr. du Hâvre, cant. de Montivilliers, poste de Harfleur; 610 hab.

GAINSBOROUGH, v. d'Angleterre, comté de Lincoln, sur la Trent, par laquelle elle communique avec les canaux de Stafford-Chesterfield, Fosdicke et Readly; 7000 hab.

GAIRLOCH, b. d'Écosse, comté de Ross; pêche de la morue; 3000 hab.

GAISPITZ, pet. v. d'Autriche, gouv. de Moravie et Silésie, cer. de Znaym, sur le Jaispitz; sources minérales; 1200 hab.

GAISSANÈS, ham. de Fr., Tarn-et-Garonne, com. de St.-Arroumex; 120 hab.

GAISSIN, pet. v. de la Russie d'Europe, chef-lieu d'un cercle du gouv. de Podolie.

GAJAC, vg. de Fr., Gironde, arr., cant. et poste de Bazas; 760 hab.

GAJA-LA-SELVE, vg. de Fr., Aude, arr. et poste de Castelnaudary, cant. de Fanjeaux; 450 hab.

GAJAN, vg. de Fr., Arriège, arr. et poste de St.-Girons, cant. de St.-Lizier; 520 hab.

GAJAN, vg. de Fr., Gard, arr. et poste de Nîmes, cant. de St.-Mamert; 400 hab.

GAJA-VILLEDIEU, vg. de Fr., Aude, arr., cant. et poste de Limoux; 300 hab.

GAJOUBERT, vg. de Fr., Haute-Vienne, arr. et poste de Bellac, cant. de Mézières; 350 hab.

GAKERS ou **GUKERS** (pays des). Ce pays est un dist. du Pendjab (Lahore) et habité par une tribu de Hindous, brave, mais turbulente; on la voit souvent apparaître dans les guerres des Afghans contre le grand-mogol. Les Gakers ont été chassés ou soumis par les Seikhs; néanmoins ils ont encore un chef qui se donne le titre de sultan et paie tribut aux Seikhs. Le pays est montueux, sauvage et facile à défendre. Les villes sont presque toutes ruinées. Pindi-Makoula en est le chef-lieu.

GAL (le), ham. de Fr., Loire, com. de Jean-Sagnière; 110 hab.

GAL (Saint-), vg. de Fr., Cantal, arr. et poste de St.-Flour, cant. de Ruines; 230 h.

GAL (Saint-), vg. de Fr., Lozère, arr. de Mende, cant. de St.-Amans, poste de Serverette; 250 hab.

GAL (Saint-), vg. de Fr., Puy-de-Dôme, arr. de Riom, cant. de Menat, poste de Montaigut; 660 hab.

GALACZ (prononcez *Galatsch*), v. de la principauté de Moldavie, située sur le Danube, non loin de son confluent avec le Sireth et le Pruth; entourée d'un rempart et beaucoup mieux bâtie que les autres villes de la Moldavie. Cette ville a un grand bazar, des chantiers, un port très-fréquenté par des bâtiments autrichiens et russes, et elle est très-importante par son commerce; sa pop. dépasse 7000 hab. ; quelques géographes l'évaluent à 16 ou 18,000 âmes. Il y a un service de bateaux à vapeur entre Vienne et Galacz.

GALAM ou GAYAGA, KADJAAGA, KAYAGA, un des anciens états autochtones de Sénégambie, qui conservent encore une ombre d'existence au milieu des Ghiolofs, des Peuls et des Mandingues, aujourd'hui nations dominatrices dans cette partie de l'Afrique occidentale. Ayant perdu au N. les prov. de Gedumah ou Ghidima et de Ghiafnou, il se trouve resserré au S. par les Mandings du Bambouk et par les Peuls du Bondou, et n'est plus qu'une lisière le long de la rive méridionale du Sénégal, il est partagé par la Falémé en deux provinces, gouvernées chacune par un prince qui porte le titre de Tonka; celui de Touabo est le chef de la prov. de Goncy; celui de Makana, résidant à Makadougou, est le chef de celle de Kaméra; le poste français de Bakel est établi dans la première et l'ancien fort St.-Joseph dans la seconde.

GALAMBRUN, ham. de Fr., Haute-Garonne, com. de Launac; 300 hab.

GALAMETZ, vg. de Fr., Pas-de-Calais, arr. de St.-Pol-sur-Ternoise, cant. du Parcq, poste d'Hesdin; 250 hab.

GALAN, pet. v. de Fr., Hautes-Pyrénées, arr. et à 6 l. E. de Tarbes, chef-lieu de canton, poste de Trie; commerce de grains, mules et bestiaux; 1350 hab.

GALANCHONS, ham. de Fr., Ain, com. de Châtillon-de-Michaille; 110 hab.

GALANTBAY, baie au S. de la Patagonie, dans le détroit de Magellan. Bougainville y jeta l'ancre, en 1767, et Cordova s'y arrêta pendant quelques jours.

GALANTHA, b. de Hongrie, cer. en-deçà du Danube, comitat de Presbourg. Ses habitants, parmi lesquels il y a beaucoup de Bohémiens ambulants, sont au nombre de 2500.

GALAPAGAR, v. d'Espagne, prov. de Guadalaxara.

GALAPAGOS ou ILES-AUX-TORTUES, groupe d'îles à 200 l. O. des côtes du dép. de Guayaquil, dont elles font partie, rép. de l'Écuador. Le nombre de ces îles est de 15 à 20, dont 9 d'une étendue assez considérable. Elles sont inhabitées, à l'exception de celle de Charles ou de Floriana, où, depuis 1832, on a fondé une colonie forte de 200 à 250 individus. Albemarle, la plus grande, Narborough, Abington, Infatigable, Lord-Chatham et Charles sont les îles les plus considérables de ce groupe. Ces îles, de nature volcanique, offrent quelques points très-élevés, sont en partie fertiles, couvertes de bois et bien pourvues d'eau et en partie d'une stérilité complète. Elles abondent toutes en tortues d'une grande dimension. Elles servent de rendez-vous aux vaisseaux qui se livrent à la pêche de la baleine dans ces parages.

GALAPAGOS, groupe de petites îles inhabitées, les plus septentrionales du groupe des Bahamas, au N. de Grand-Bahama et d'Abaco, sous 27° 30' lat. N.

GALAPIAN, vg. de Fr., Lot-et-Garonne, arr. d'Agen, cant. de Port-Ste.-Marie, poste d'Aiguillon; 550 hab.

GALASHIELS, b. d'Écosse, comté de Roxburgh, sur le Tweed; 1500 hab.

GALASHIELS, b. d'Écosse, comté de Stirling, sur le Galawater; fabrication de draps grossiers et de bas de laine; 1200 hab.

GALATES (les), g. a., peuple d'origine celtique, demeurant dans la *Gallogræcia*. Quelques siècles avant J.-C. des milliers de Gaulois s'établirent sur les rives du Danube et de la Save, envahirent, sous la conduite de Brennus, la Grèce, traversèrent l'Illyrie, la Thrace, la Thessalie et la Macédoine, et prirent Byzance. Appelés par Nicomède, roi de Bythynie, ils passèrent l'Hellespont, environ 278 ans avant J.-C., conquirent la Troade et obtinrent la Phrygie septentrionale. De là ils s'étendirent; mais vers 238 avant J.-C. leurs possessions furent réduites à la Salatie par Attale, roi de Pergame; vers 220 avant J.-C. ils se mirent au service de Molus, satrape de la Médie, qu'Antioche avait déjà battu; puis, vers 190, ils prirent parti pour ce dernier contre les Romains, et furent vaincus par le consul Vulso Manlius. En 188 ils passèrent enfin la paix et restèrent, depuis Sylla, alliés fidèles des Romains.

GALATZ, v. de la Turquie d'Europe, Moldavie, sur la rive gauche du Danube; elle est l'entrepôt du commerce entre la Moldavie et la Valachie; 7000 hab.

GALAURE, ham. de Fr., Drôme, com. de Marsas; 230 hab.

GALAURE, riv. de Fr., dans le dép. de l'Isère, a sa source dans le cant. de Roybon, coule vers l'O., traverse la partie septentrionale du dép. de la Drôme et se jette dans le Rhône à St.-Vallier, après 12 l. de cours.

GALAXIDI, v. du roy. de Grèce, située dans le nomos de Locride et Phocide, à l'entrée de la baie de Solona; avant sa complète destruction par les Turcs, en 1825, elle était, depuis le commencement du siècle, une des villes les plus importantes de la Grèce par son commerce et ses vaisseaux.

GALCOT, v. de l'Inde, roy. de Nepâl, dans le pays des 24 radjahs, chef-lieu du district, située sur une hauteur; 500 maisons; mines de cuivre et de fer dans ses environs.

GALEJON ou CALEJON, étang de Fr., dép. des Bouches-du-Rhône, dans la plaine de Crau; il fournit une grande quantité de poissons.

GALEN, b. très-florissant des États-Unis de l'Amérique du Nord, état de New-York, comté de Sénéca, sur le canal de l'Érié; salines très-considérables; navigation; 2000 h.

GALÉOTA (punta), la pointe S.-E. de l'île de Trinidad.

GALERA (punta), promontoire à l'O. du dép. d'Assuay, rép. de l'Écuador.

GALÉRA (punta), la pointe N.-E. de l'île de Trinidad.

GALÉRAS, île au N. du golfe de Californie; est célèbre par ses pêcheries de perles.

GALERIA, pet. pòrt de Fr., Corse, au S.-O. de Calvi; il fait partie de la commune de cette dernière ville; 100 hab.

GALESSIES, ham. de Fr., Lot, com. d'Arcambal.

GALEY, vg. de Fr., Arriège, arr. de St.-Girons, cant. et poste de Castillon; 730 h.

GALEZ, vg. de Fr., Hautes-Pyrénées, arr. de Tarbes, cant. de Galan, poste de Lannemezan; 330 hab.

GALFINGEN, vg. de Fr., Haut-Rhin, arr. d'Altkirch, cant. et poste de Mulhouse; 630 hab.

GALGAN, vg. de Fr., Aveyron, arr. et poste de Villefranche-de-Rouergue, cant. de Montbazens; 2220 hab.

GALGON, vg. de Fr., Gironde, arr. et poste de Libourne, cant. de Fronsac; 1370 hab.

GALIA, pet. v. du Bas-Bambarra, Nigritie occidentale, sur la rive droite du Djoliba, à 10 l. E. de Djenny.

GALIAX, vg. de Fr., Gers, arr. de Mirande, cant. et poste de Plaisance; 300 hab.

GALIBIS ou **GALIBIENS**. *Voyez* CARAÏBES.

GALIBOU ou **GUALIBO**, b. de la Haute-Égypte orientale, sur la mer Rouge, entre Touna et Sakkara.

GALICE, prov. maritime ayant titre de royaume et formant l'extrémité N.-O. de l'Espagne. Elle est bornée au N. et à l'O. par l'Océan, au S. par le Portugal et à l'E. par les Asturies, le Léon et Valladolid. Sa superficie est de 2064 l. c.

La province est traversée de l'E. à l'O. par la chaîne des Cantabres, qui se perd dans la mer au cap Finisterre, après avoir détaché de nombreux rameaux qui couvrent le pays: tels sont les Sierras de Testeyro, de Faro, de St.-Jaguino et de St.-Antonio qui se dirigent au S.-O., tandis que celles de Porto, de Secundera, de Seca, de St.-Mamed, de Panama et de Penagaché s'étendent dans le S. La plupart de ces branches se terminent en promontoires, parmi lesquels nous indiquerons, sur la côte septentrionale: les caps d'Estaca, d'Ortegal, de Prior et d'Aduiano, et, sur la côte occidentale, les caps de Finisterre, de Corrabedo et de la Guarda.

On compte dans la Galice plus de 70 rivières, dont les principales atteignent la mer et forment à leur embouchure de vastes baies. Le Minho prend sa source dans le N. de la province, se dirige vers le S. jusqu'à Orense, d'où il s'incline à l'O. pour se verser dans l'Océan au cap de la Guarda, après un cours de 53 l. et après avoir formé la frontière avec le Portugal depuis Melgaco, où il devient navigable pour les petites embarcations; parmi ses nombreux affluents le principal est le Sil, qui, venant de Léon, le rejoint à 3 l. au-dessus d'Orense. La Limia, la Tamega et la Navia naissent dans la province; les deux premières passent dans le Portugal et la dernière dans les Asturies. L'Eo, l'Oro, le Landrove, le Sar et le Lerez sont des rivières des côtes. La province possède des eaux minérales remarquables à Caldas-des-Rey et à Orense. Le climat est tempéré sur les côtes, mais rude dans l'intérieur du pays; les vallées étroites et les cours d'eaux multipliés qui couvrent ces régions en rendent l'air froid et humide. Les faîtes des montagnes sont couverts de neige toute l'année, ce qui contribue beaucoup à l'aspect sauvage que la province a en général. Le sol est pierreux dans les montagnes, souvent calcaire dans les vallées et rarement fertile dans la plaine; la température aussi est peu favorable à la végétation. Cependant la persévérante application des habitants fait prospérer l'agriculture: on récolte du seigle et du maïs en abondance; en moindre quantité du froment, de l'orge, de l'avoine et des légumes secs; le jardinage est cultivé avec succès, et la pomme de terre est plus commune que dans les autres provinces de l'Espagne; la culture de la vigne est la plus florissante et les vins sont excellents; le lin de Galice passe pour le meilleur de l'Europe; on s'applique moins à la culture du chanvre; on cueille des pommes, des noix et des châtaignes dans le N. et dans l'intérieur, des citrons et des oranges au S., dans les environs de Cuy. Les montagnes sont richement boisées; elles recèlent de l'or; le Sil en charrie également; Monterey possédait autrefois des mines d'étain. Aujourd'hui on n'exploite que de l'amianthe, du soufre, du salpêtre, des pierres de construction et des terres argileuses. L'éducation des bestiaux est florissante: les chevaux et les mulets sont de bonne race, les bêtes à cornes, belles et fortes; des brebis et des chèvres couvrent la pente des montagnes; mais, comme on ne fait pas transhumer les premières, leur laine est d'une qualité inférieure. Les forêts renferment du gibier et favorisent la culture des abeilles. La pêche est abondante dans les rivières et sur les côtes. La Galicie est une des provinces d'Espagne les plus avancées en industrie. La fabrication des toiles y est surtout très-importante; elle occupe environ 10,000 métiers, qui, outre la riche production du pays, emploient du chanvre et du lin tirés des autres provinces du royaume et de l'étranger. Le pays possède, en outre, des manufactures de bonneterie, d'étoffes de laine et de coton, de chapeaux; des filatures, des papeteries et des tanneries. Le commerce d'exportation se fait principalement par les ports de Corogne, Vigo, Betanzos, Ferrol et Cuy; il serait plus actif pour l'intérieur du royaume, si la route de Madrid à la Corogne était mieux entretenue. Les articles sont: des bêtes à cornes, des cuirs, de la laine, des chevaux et des mulets, des poissons de mer, des vins, des noix, des châtaignes, des tuiles, de la bonneterie, du savon, des acides, de la boissellerie. Beaucoup de marchandises entrent par contrebande dans le Portugal.

La Galice est subdivisée en 7 petites provinces qui portent le nom de leurs chefs-lieux: Betanzoo, la Corogne, Lugo, Mondonedo, Orense, Santiago et Cuy. La population, de 1,795,000 habitants, est répartie dans ces 7 villes, 77 bourgs et 3574 villages ou hameaux. Les Galiciens (en espagnol *Galegos*) sont bien faits, forts, laborieux et sobres; ils vivent dans la plus grande pauvreté, parce que toutes les terres appartiennent au clergé et à la noblesse. Aussi un grand nombre vont chercher leur subsistance dans d'autres provinces ou dans le Portugal, où ils se recommandent par la simplicité de leurs mœurs et leur probité. Plus de 100,000 se rendent chaque année dans les deux Castilles et le Léon pour aider à la rentrée de la récolte; d'autres font de longues absences et ne rentrent dans leurs foyers que pour y jouir du fruit de leurs épargnes; d'autres encore se fondent, à force de travail et de patience, une position fixe chez l'étranger. En un mot, le Galego est l'Auvergnat de la péninsule.

Les Callicai, ancêtres des Galiciens, ont résisté avec le plus grand courage à l'invasion romaine; c'est aussi de la part de ces intrépides montagnards que les Maures ont éprouvé le plus de résistance en 714. Quoique Ferdinand-le-Grand érigeât ce pays en royaume, en 1060, sa noblesse, qui tenait le peuple dans une entière servitude, soutint encore longtemps son indépendance. Vers la fin du quinzième siècle, Ferdinand-le-Catholique parvint enfin à la soumettre aux décrets de la couronne de Castille. La Galicie a cependant joui jusqu'à nos jours de beaucoup d'immunités.

GALICIA-NUEVA. *Voyez* XALISCO (état).

GALIÉ, vg. de Fr., Haute-Garonne, arr. de St.-Gaudens, cant. de St.-Bertrand, poste de St.-Béat; 390 hab.

GALINAC, ham. de Fr., Dordogne, com. de Tamniés; 110 hab.

GALINAGUES, vg. de Fr., Aude, arr. de Limoux, cant. de Belcaire, poste de Quillan; 180 hab.

GALINIÈRE (la), Bouches-du-Rhône. *Voyez* CHATEAUNEUF-LE-ROUGE.

GALITE ou ZOOUAMOORE, *Ægimorus, Ægimurus, Ægimori Arœ, Arœ, Calathe, Galata*, pet. île de la Méditerranée, à 6 l. N. du cap Negro, sur la côte occidentale de l'état de Tunis.

GALITCH, v. de la Russie d'Europe, gouv. de Kostremo, sur la côte orientale du lac de Galitch, chef-lieu du cercle de même nom; elle a des fabriques de toiles importantes; sa population dépasse 5000 hab.

GALL (le canton Saint-), dans la confédération helvétique; s'étend entre 6° 20' et 7° 21' long. orient., entre 46° 36' et 47° 32' lat. sept.; il est borné au N. par le cant. de Thurgovie, au N.-E. par le lac de Constance, à l'E. par le Rhin qui le sépare du cer. autrichien du Voralberg, de la principauté de Lichtenstein et du cant. des Grisons, au S. par le cant. des Grisons, à l'O. par ceux de Glaris, Schwyz et Zurich. Sa superficie est de 110 l. c.; le cant. d'Appenzell s'y trouve entièrement enclavé. Le cant. de St.-Gall a été formé de parties hétérogènes : d'un état monarchique, l'abbaye de St.-Gall; de deux républiques, les villes de St.-Gall et de Rapperschwyl, et de pays sujets, le Rheinthal, Sargans, Utznach et Gaster. La partie méridionale est un pays de hautes montagnes et où le Sæntis, un des principaux sommets, atteint 7500 pieds au-dessus du niveau de la mer; la partie septentrionale offre, particulièrement sur les bords du lac de Constance, des plaines et des vallées délicieuses et fertiles, interrompues par de riantes collines. A l'E. s'étend la vallée du Rhin, avec ses vignobles et ses arbres fruitiers; vers l'O. est la longue et étroite vallée de Toggenbourg, resserrée entre de hautes montagnes. Le cant. de St.-Gall est baigné par le lac de Constance et par le Rhin, qui lui sert de limite à l'E.; il renferme en grande partie le lac de Wallenstadt, que le canal de la Linth réunit à celui de Zurich; il est encore arrosé par la Seez, qui se jette dans le lac de Wallenstadt, et par la Thur, qui se grossit surtout de la Sitter. Ses principales productions sont: un excellent bétail, les poissons, le gibier, les grains, le vin, les fruits, les pommes de terre, le chanvre, le bois, les pierres à meule, le grès, etc.; il renferme des sources d'eaux minérales.

La population du cant. de St.-Gall est de 167,000 habitants : les trois cinquièmes suivent la religion catholique. Leur ressource principale et la plus générale est l'éducation des troupeaux. La plupart des branches d'industrie sont déchues ou abandonnées; les filatures mécaniques sont seules dans une grande activité. Le commerce est florissant, surtout dans la capitale.

Après l'abolition de l'acte de médiation, en 1814, il se forma dans le cant. de St.-Gall un parti démocratique et un parti ecclésiastique, dont les prétentions réciproques causèrent des troubles fréquents et demeurèrent également non satisfaites. Enfin, en 1830, le parti démocratique l'emporta, et, le 1er mars 1831, il obtint une constitution qui proclamait la souveraineté du peuple et qui consacrait les principes de l'égalité, de la liberté des cultes, de la liberté de la presse, du droit de pétition, de la publicité des délibérations, de la liberté individuelle, etc. Le grand-conseil, composé de 150 députés du peuple, dont 62 réformés et 88 catholiques, qui s'assemble deux fois par an et qu'on renouvelle avant chaque session ordinaire, exerce la souveraine autorité. Le petit-conseil, conseil composé de 17 membres, élus pour quatre ans, et présidé tous les six mois par un nouveau landamman, a la puissance exécutive.

Les districts dans lesquels le canton est divisé sont au nombre de quinze : St.-Gall, Lablot, Rorschah, Unter-Rheinthal (vallée inférieure du Rhin), Ober-Rheinthal (vallée supérieure du Rhin), Werdenberg, Sargans, Gaster, Seebezirk (district du Lac), Toggenbourg supérieur, Toggenbourg inférieur, Nouveau-Toggenbourg, Vieux-Toggenbourg, Wyl et Gossau.

Le cant. de St.-Gall est tenu de fournir à la confédération un contingent de 2630 hommes et une somme annuelle de 56,357 francs.

GALL (Saint-), capitale du canton suisse du même nom, est située sous 47° 21′ 50″ lat. sept. et 6° 57′ 30″ long. orient., à 3020 pieds au-dessus du niveau de la mer; sa population est de 10,500 hab., et pour la plus grande partie réformée. Ses édifices les plus remarquables sont : l'ancienne église de l'Abbaye, entièrement réparée en 1755, et l'abbaye elle-même, aujourd'hui siége de l'administration. Comme place de commerce, St.-Gall est une des plus importantes villes de Suisse; elle est l'entrepôt et le marché des produits de l'Appenzell et de la Thurgovie. On y fabrique particulièrement des toiles de coton, des mousselines, des broderies d'un très-grand prix, des cravates et des châles très-recherchés. Ses principaux établissements sont : le collége catholique et le collége protestant, plusieurs écoles primaires, l'hôpital et l'hospice des orphelins. De toutes les collines qui environnent la ville on jouit d'une vue superbe sur le lac de Constance; non loin est une source d'eaux minérales appelée *Lœmmlibrunnen*, et un beau pont sur la Sitter. Patrie du prédicateur Zollikofer.

St.-Gall doit son existence à saint Gallus, pieux ermite, sur le tombeau duquel fut élevé un monastère; des maisons se groupèrent ensuite et bientôt une ville se forma autour de ses murailles. Les abbés et les religieux du couvent de St.-Gall se distinguèrent, du huitième au douzième siècle, par leur zèle pour les sciences et les beaux-arts; ils rassemblèrent une bibliothèque considérable, et leur école fut longtemps la plus célèbre de toute l'Europe. Mais plus tard les abbés imitèrent les seigneurs temporels; ils voulurent s'agrandir par des conquêtes et traitèrent leurs sujets avec dureté. Ils étaient alliés des Suisses et princes de l'empire; ils envoyaient leurs députés aux diètes des confédérés et ne prenaient pas séance dans celles de l'Allemagne. Cependant la ville de St.-Gall s'était accrue par l'industrie et le commerce, par de bonnes lois, grâce aussi à quelques franchises obtenues des empereurs; ses bourgeois prirent les armes et luttèrent longtemps contre les seigneurs de l'abbaye avec des succès divers. Enfin ils se rachetèrent de leur domination, et, en 1664, la ville de St.-Gall eut accès, comme république indépendante, dans les diètes de la confédération. La révolution de 1798 supprima le monastère et fit de la ville, qui jusqu'alors avait été presque sans territoire, la capitale d'un grand canton. Une bulle du pape, en 1823, institua l'évêché de St.-Gall pour toute l'étendue catholique du canton; il n'a, avec celui des Grisons, qu'un seul évêque qui réside alternativement à St.-Gall et à Coire.

GALLARATE, gros b. du roy. Lombard-Vénitien, gouv. et délégation de Milan; florissant par ses nombreuses filatures de soie et ses fabriques de bougies; 4000 hab.

GALLARDON, b. de Fr., Eure-et-Loir, arr. de Chartres, cant. de Maintenon, poste; commerce de grains et de légumes; fabr. de chaux et de plâtre; tuileries; 1500 hab.

GALLARGUES, b. de Fr., Gard, arr. de Nîmes, cant. de Vauvert, poste de Lunel; 2100 hab.

GALLAS (les), nation aussi sauvage et aussi belliqueuse que nombreuse et puissante, dans l'Afrique orientale, au S. de l'Abyssinie, dont elle a conquis les plus belles provinces; c'est aujourd'hui le peuple dominant dans cette partie de l'Afrique et paraît occuper aussi tout le pays qui s'étend depuis les limites méridionales de l'Abyssinie jusqu'aux frontières occidentales des états situés le long de la côte entre Melinde et Magadoxo ; ils sont petits, légers à la course, bons cavaliers, d'un brun foncé ou entièrement noirs, et vivent des produits de leurs troupeaux ou de brigandages; leurs mœurs et leur langage sont les mêmes que ceux des habitans du midi de l'Afrique; ils sont idolâtres et adorent la nouvelle lune et certaines étoiles, mais on trouve aussi parmi eux beaucoup de mahométans. Leur gouvernement est une monarchie élective. Ils sont divisés en un grand nombre de tribus.

GALLATIN (fleuve). *Voyez* MISSOURI.

GALLATIN, comté de l'état d'Illinois, États-Unis de l'Amérique du Nord ; il a pour bornes les états d'Indiana et de Kentucky et les comtés de White, de Pope et de Franklin. Le Little-Wabash (Petit-Wabash), affluent du Big-Wabash (Grand-Wabash) et la Saline, affluent de l'Ohio, arrosent ce pays, très-riche en sel, surtout le long de la Saline, où se trouvent des salines appartenant à l'Union. A l'embouchure de ce dernier fleuve on voit la fameuse grotte de Cave-in-Rock qui servait autrefois de repaire à une bande de voleurs; 5000 hab.

GALLATIN, comté de l'état de Kentucky, États-Unis de l'Amérique du Nord ; il est borné par les comtés de Grant, d'Owen et de Henry. Pays très fertile, mais peu cultivé encore, arrosé à l'O. par le Kentucky et divers affluents de ce fleuve ; 8500 hab.

GALLATIN, p. v. des États-Unis de l'Amérique du Nord, état de Tennessée, comté de Sumner, dont il est le chef-lieu, sur le Station-Camp; académie, commerce; 1700 hab.

GALLÉGO, fleuve sur la côte E. de la Patagonie; se jette dans l'Océan Atlantique.

GALLEN (Saint-), vg. de Styrie, com. de Bruck, sur l'Ens; possède de nombreuses usines et des ateliers où l'on fabrique des ouvrages en toutes sortes de métaux.

GALLERIE (la), ham. de Fr., Orne, com. de l'Aigle; 150 hab.

GALLES (principauté de), *Britania secunda*, *Cimbria*, en anglais *Wales*. Quoique réuni politiquement à l'Angleterre, depuis 1536; le pays de Galles en diffère tant par la nature du sol, par les mœurs et le langage des habitants, qu'il forme réellement un tout bien distinct. Il occupe la partie occidentale du royaume et se développe entre 51° 48′ et 53° 50′ de lat. N., et entre 5° 50′ et 7° 55′ de long. O. Ses bornes sont : au N. la mer d'Irlande, à l'O. le canal de St.-Georges, au S. le canal de Bristol et à l'E. les comtés de Monmoult, de Hereford, de Salop et de Chester. Sa superficie est de 364 l. c. géogr. ou 7447 l. c. angl. et sa population dépasse 800,000 h. La principauté se partage en Galles septentrionale (North-Wales), et en Galles méridionale (South-Wales), et comprend 12 comtés, savoir : dans le North-Wales, ceux d'Anglesey, de Caernarvon, de Denbigh, de Flint, de Mérioneth et de Montgommery, et dans le South-Wales ceux de Radnor, de Brecknock, de Glamorgan, de Pembroke, de Cardigan et de Caermarthen. Les nombreuses montagnes dont le sol est hérissé, leur escarpement rapide, les vallées profondes, la multitude de lacs et de ruisseaux qui les arrosent, les brouillards presque perpétuels et la neige qui, en certains endroits, dure jusqu'en juin, ont fait donner à ce pays le nom de Petite-Suisse. Les principales chaînes sont : dans le midi, les monts Fothoc, connus sous le nom de montagnes Noires; au N., Coder-Idris (1100 mètres), le Snowdon et le Dlinlimmon (1200 mètres), appelées les Alpes galloises. Les principaux cours d'eau sont la Vye, la Severn et la Dée; cette dernière, après s'être formée de la réunion de deux torrents, traverse le lac Bala; ce lac, le plus grand de toute la principauté, a 1 1/4 l. de long sur 3600 pieds de large. La température de la partie centrale est aussi âpre que dans les régions les plus élevées; au midi et sur les côtes de la mer l'air est plus doux et plus humide; cependant les brouillards dont il est chargé ne nuisent point à la salubrité. La région méridionale est la plus féconde et produit tout ce qui est nécessaire à la sobriété des habitants; ses productions consistent en froment, orge, avoine, légumes, pommes de terre, fruits et bois; mais il est à regretter que l'agriculture soit si peu en honneur chez les Gallois; l'éducation du bétail et de la race chevaline est plus florissante et très-développée. Les rivières, les lacs et les côtes fourmillent de toutes sortes de poissons; le règne minéral est également très-riche; il offre de nombreuses mines de houille dont on fait d'immenses importations en Angleterre, en Irlande et en France. On y exploite des mines d'argent, d'étain, de fer, de plomb et de cuivre. L'industrie manufacturière a fait de grands progrès; ses produits sont des toiles, des flanelles, des draps et tout ce qui concerne l'habillement; elle est si répandue que toutes les familles un peu aisées possèdent un métier qui sert à la confection des étoffes usuelles; l'industrie métallurgique est répandue dans toute la principauté. Ses ports sont les meilleurs de toutes les côtes de la Grande-Bretagne et le commerce maritime acquiert tous les jours plus d'importance. Plusieurs canaux facilitent la navigation intérieure. Relativement à l'administration judiciaire, le pays de Galles se divise en 4 arrondissements, qui comprennent chacun 3 comtés : celui de Chester a les comtés de Flint, de Denbigh et de Montgommery; celui du Nord a Anglesey, Caernarvon et Mérioneth; celui du Sud-Est a Radnor, Brecknock et Glamorgan. Chaque arrondissement possède deux juges. Chacun des 12 comtés envoie 2 députés au parlement, à l'exception de ceux de Pembroke et Mérioneth, dont le premier nomme 3 députés et le dernier un seul. Le fils aîné du roi des îles Britanniques porte le nom de prince de Galles. Les habitants professent la religion anglicane, et tous leurs évêchés sont sous la juridiction de l'archevêque d'York.

Malgré l'influence qu'a dû nécessairement exercer sur les Gallois la domination anglaise, à laquelle ils sont soumis depuis près de cinq siècles; malgré les changements que la civilisation a fait subir à leurs mœurs, ils ont encore dans leur caractère une originalité qui rappelle la bonté, l'hospitalité et la naïve superstition des anciens Kymris, dont le langage s'est conservé chez les montagnards. On retrouve aussi partout des traces nombreuses du séjour des Romains dans ce pays, et des débris de l'ancien culte des Druides.

GALLES-DU-SUD (Nouvelle-), c'est le nom que les Anglais ont donné à la côte orientale de l'Australie ou Nouvelle-Hollande. La Nouvelle-Galles-du-Sud comprend tout le territoire qui s'étend à l'E. du continent austral, entre le cap York sur le détroit de Torres au N., et le cap Wilson sur le détroit de Bass au S., ou depuis 10° 37′ de lat. S. jusqu'à 38° 56′ de lat. S. Cette longue étendue de côtes est découpée et présente un grand nombre de baies, mais on n'y voit aucun golfe profond; elle est en quelques parties granitique et bordée de rochers assez élevés, et en d'autres basse, couverte d'un sable mouvant et environnée de recifs dangereux. Au N.-E. des bancs de corail s'étendent, près de la plage, jusqu'au-delà du détroit de Torres. Le terrain rapproché de la côte est généralement sablonneux et uniforme ; on le trouve meilleur à mesure qu'il est plus éloigné du rivage ; il présente alors des collines élevées couvertes d'épaisses forêts et d'une végétation puissante. Dans quelques contrées, les espaces qui séparent les collines offrent de vastes tapis de verdure de l'aspect le plus agréable. Les environs des fleuves sont d'une très-grande fertilité, produite par de fréquents débordements. L'intérieur du pays, aussi loin qu'on le connaisse aujourd'hui, présente, sous le rapport de la forme, le même aspect que les autres pays, c'est-à-dire que l'on y trouve des montagnes, des collines, des vallées et des plaines ; mais, à juger par la hauteur des plaines connues ; il peut être considéré comme un des plateaux les plus élevés.

La chaine de montagnes qui sépare la Nouvelle-Galles du pays de l'intérieur porte généralement le nom de Blue-Mountains (montagnes Bleues) au N., et de monts Varragong ou montagnes Blanches vers le S. Elle a, dit Péron, comme les Andes, sa principale direction vers le S., et montre dans sa disposition une singulière analogie avec ces montagnes de l'Amérique, en ce qu'elle s'étend à une petite distance de la côte orientale de son continent, comme celles-là sur la côte occidentale de l'Amérique du Sud. Du reste, les monts de l'Australie n'ont aucune autre ressemblance avec les immenses Cordillères. Le Sea-View-Hill, de 2000 mètres d'élévation, est le point culminant de cette chaine. Parmi les fleuves, dont le cours et l'embouchure ont été explorés, nous citerons : 1° Le Brisbane, dont on ne connait bien que la partie inférieure. Si, comme plusieurs géographes le disent, ce fleuve prend sa source sur le revers occidental des Blue-Mountains, il est le plus grand fleuve connu en Australie ; 2° le Hastings, large fleuve qui prend aussi sa source à l'O. des montagnes Bleues, et se jette sous 31° 25' 45" de lat. S. dans la baie du port Macquarie ; 3° le Hunter, qui reçoit le Williams et le Patterson, se jette dans le port Hunter sous 32° 54' de lat. S. ; 4° le Hawkesbury, principal fleuve du Cumberland ; il porte à sa source le nom de Népean, prend celui de Hawkesbury après sa jonction avec le Grose, et se jette, sous 33° 42' de lat. S., dans la baie de Broken (Broken-Bay) ; 5° le Macquarie, qui baigne ce pays à l'O., prend naissance dans la haute vallée de Bathurst, sous 33° 30' de lat. S. Plusieurs géographes le considèrent comme la partie supérieure du Murray, dont le Darling paraît être la branche principale ; il aurait par conséquent son embouchure dans le golfe d'Encounter.

Plusieurs autres cours d'eau, des étangs et des marais immenses sillonnent cette terre ; mais on n'y a encore découvert que deux lacs assez considérables : le lac George, entre les comtés de Murray et d'Argyle, et le lac Alexandrina, moins connu que le précédent.

Le climat de la Nouvelle-Galles est généralement sain et agréable. La température est plus élevée en novembre, décembre et janvier, qui sont les mois d'été de cette vaste contrée ; elle baisse en février, mars et avril, qui sont les mois d'automne ; mai, juin et juillet sont les mois d'hiver et offrent la température la plus basse ; elle se relève au mois d'août, commencement du printemps. Des sécheresses, qui durent six à sept mois, désolent quelquefois ce pays ; d'autres fois des pluies abondantes font déborder les rivières et causent de grands désastres dans les campagnes.

Le règne minéral y est trop imparfaitement exploré jusqu'à cette heure, pour qu'on puisse dire les richesses que le pays renferme en ce genre. On y a trouvé du fer et de l'argile sablonneuse, des traces de cuivre et de plomb ; mais la plus riche découverte est celle d'abondantes mines de charbon de terre, que l'on a faite dans les environs de Newcastle et sur les bords du Hunter.

Quant au règne végétal, il est riche et varié ; le pays produit toutes les céréales et la plupart des légumes et des fruits de l'Europe, du tabac, du houblon, du chanvre sauvage, des fruits du Sud et toutes les plantes communes aux autres contrées de l'Australie.

Outre les animaux dont les races ont été introduites par les Européens, la Nouvelle-Galles en possède plusieurs espèces qui lui sont particulières ; telles sont : les kangarous, le koala ou paresseux, le desman, l'opossum, l'écureuil volant, le renard volant, l'ornithorynque, etc. On y trouve aussi le crocodile, le lézard, les phoques, plusieurs serpents venimeux, un grand nombre d'oiseaux de différentes espèces, parmi lesquelles on remarque celle des cignes noirs, des kakatouas, des perroquets, des corbicalaos dont le crâne a la dureté de la pierre, des philédons, des pélicans, des aigles, des canards sauvages, des sarcelles, des pigeons, des bécassines, etc.

Les indigènes, que les colons ont fait fuir dans l'intérieur du pays, sont les êtres les plus misérables et les plus abrutis du monde ; ils ne sont guère supérieurs à l'orang-outang que par le langage ; ils errent encore sauvages loin de la côte, dans la partie du territoire non soumis aux Anglais.

La partie anglaise est habitée par des colons de trois sortes, savoir : de colons volontaires, de déportés rendus à la liberté et de déportés dont la peine n'est pas encore expirée et qui sont considérés comme prisonniers. En 1833 on comptait dans la Nouvelle-Galles 36,251 colons volontaires et déportés libérés et 24,543 déportés qui subissaient encore leur peine. La population totale était ainsi de 60,794 individus. En 1836 elle était augmentée d'environ 5000 âmes; on peut donc supposer qu'elle a atteint aujourd'hui à peu près le chiffre de 70,000.

L'industrie agricole y est très-active; plus de 80,000 acres de terre sont en culture; l'éducation du bétail y est surtout bien entendue. En 1830 on y comptait près de 300,000 bêtes à cornes (les troupeaux les plus considérables se trouvent dans les comtés d'Argyle et de Bathurst), 13,000 chevaux et environ 600,000 moutons, dont beaucoup de mérinos. C'est particulièrement vers l'amélioration de la race des bêtes à laine que les colons ont dirigé les plus grands soins; aussi ont-ils déjà obtenu de la laine d'une qualité très-fine et qui est aujourd'hui un des principaux articles d'exportation. En 1833 ils ont expédié pour l'Angleterre 1,515,156 livres de laine, valant 73,559 livres sterling (1,838,975 francs). L'industrie manufacturière y a fait aussi des progrès. On y voit des fabriques d'étoffes de laine et de coton, des tanneries dont les cuirs sont recherchés, des poteries, des tuileries, des brasseries, des distilleries considérables, une fabrique de sucre, etc. La Nouvelle-Galles entretient des relations de commerce avec l'Angleterre, sa métropole, avec les Indes-Orientales, la Chine, les îles de l'Océan Austral, particulièrement avec la Nouvelle-Zélande. En 1832, l'importation s'est élevée à la valeur de 660,000 livres sterling (16,500,000 francs) et l'exportation a 384,344 livres sterling (9,608,600 francs). La pêche de la baleine y est aussi très-importante; l'huile et les côtes de baleine expédiées par l'Angleterre en 1832, formaient une valeur de 146,019 livres sterling (3,650,475 francs). Le pays possède deux banques, une compagnie d'assurance maritime et une compagnie de navigation par la vapeur.

La colonie est administrée par un gouverneur-général, assisté d'un conseil exécutif, qu'il doit consulter dans toutes les circonstances importantes. La justice est rendue par un tribunal civil, un tribunal criminel et un tribunal de la vice-amirauté. Plusieurs écoles sont établies dans le pays pour l'instruction des jeunes colons et pour la propagation de la civilisation chez les indigènes. Le gouvernement entretient dans le pays deux régiments d'infanterie, dont les compagnies sont disséminées sur tous les points. En 1833, les revenus publics de la colonie étaient de 149,324 livres sterling et les dépenses, le service des déportés et des troupes non compris, de 114,308 livres.

La colonie de la Nouvelle-Galles-du-Sud est aujourd'hui divisée en 19 provinces ou comtés nommés, Cumberland, Campden, Argyle, Westmoreland, Northumberland, Roxbourg, Durham, St.-Vincent, Gloucester, Cook, Hunter, Phillip, Murray, King, Georgia, Bathurst, Wellington, Bligh et Brisbane. Les principales localités de cette contrée sont : Sidney, capitale de la colonie; Paramata, à 1 1/2 l. de Sidney; Bathurst, Port-Hunter, Port-Macquarie, Morton-Bay, Manning-River, Port-Stephens, Windsor, Liverpool, la fameuse Botany-Bay, Newcastle, Wilberforce, etc.

Vers le milieu du dix-septième siècle, l'île de Van-Diemen, que l'on croyait être la pointe méridionale du continent austral, avait déjà été découverte par le navigateur hollandais Abel Tasman; mais la côte orientale de l'Australie était encore inconnue un siècle après. Ce ne fut qu'en 1770 que Cook explora cette côte jusqu'au cap York. L'attrayante description que ce navigateur fit de Botany-Bay détermina plus tard le gouvernement britannique à y établir une colonie pénale. Les colonies américaines étaient en partie perdues pour l'Angleterre, qui jusqu'alors avait envoyé en Virginie tous ses condamnés à la déportation. On craignait de compromettre les possessions du Canada en y établissant des criminels, et l'on choisit cette contrée lointaine qui devait en même temps devenir un abri commode pour les vaisseaux anglais. Ce fut en 1787 que le capitaine Philips débarqua à Botany-Bay le premier transport de déportés, savoir: 564 hommes, 192 femmes et 212 soldats de la marine, ainsi que les autorités civiles et militaires chargées de l'organisation et de la police de la colonie. La situation de ce lieu et le hâvre de Botany-Bay ne paraissant pas favorables, le capitaine dirigea les colons vers le N. jusqu'au port Jakson, où il jeta aussitôt les fondements de la ville de Sidney. Les commencements furent excessivement pénibles; les hommes que l'on avait transplantés sur cette côte y avaient apporté leurs vices. Ennemis du travail, ils cherchaient leur existence dans le brigandage, et des luttes sanglantes signalèrent souvent leur rencontre avec les indigènes, qu'ils traitaient avec la plus hideuse cruauté, et la colonie aurait péri infailliblement sans la persévérante énergie des premiers gouverneurs Philips et Hunter. Cet état déplorable dura jusqu'en 1796. Alors on sentit une amélioration sensible; la juste sévérité du gouvernement était parvenue à intimider les terribles bush-rangers (batteurs de buissons), dont le nombre a toujours été en diminuant depuis cette époque. Aussi la colonie est-elle devenue florissante ; c'est aujourd'hui une des possessions les plus importantes de la Grande-Bretagne.

GALLES (Nouvelle-) ou MAINE-OCCIDENTAL, contrée de l'Amérique du Nord. Elle fait partie de la Nouvelle-Bretagne et est située à l'O. de la baie d'Hudson, entre 48° et 64° lat. N. Ses limites orientales sont trèsindécises. La Nouvelle-Galles, partagée par le Churchill ou Missinipi, fleuve qui se jette dans la baie d'Hudson, en Nouvelle-Galles du Nord et Nouvelle-Galles du Sud, est arrosée encore par trois autres fleuves qui tous s'embouchent dans la même baie : le Nelson, qui porte d'abord le nom de Saskatschevin ou Saskatchavan, le Severn et l'Albany. Un grand nombre de lacs intérieurs, dont les eaux communiquent entre elles, couvrent son sol. Vers le N. se trouve l'entrée de Chesterfield, golfe très-profond de la baie d'Hudson, qu'on n'a pas encore explorée. La Nouvelle-Galles du Nord est un pays extrêmement froid et inculte, où il n'existe aucun établissement européen. Dans la Nouvelle-Galles du Sud le climat est plus supportable, le sol moins ingrat; il produit quelques fruits, quelques légumes et de belles forêts; on y trouve aussi du plomb, du fer, du cuivre, du cristal, du marbre, de la houille, etc. La grande richesse du pays consiste dans ses bêtes à fourrure, dans les poissons de ses lacs et de ses fleuves. Une multitude innombrable d'ours, d'élans, de bisons, de cerfs, de castors vivent dans les forêts et sur les prairies de ces régions septentrionales. Les habitants indigènes sont Esquimaux ou Indiens. Parmi ces derniers il faut nommer les Knistenaux, qui font avec les Anglais un grand commerce de pelleteries qu'ils vont eux-mêmes acheter chez des peuples éloignés. Toutes ces peuplades sont entièrement indépendantes. Le nombre des Européens établis dans la Nouvelle-Galles ne dépasse pas trois cents. Ils parcourent le pays en chasseurs ou habitent en marchands les forts établis par la ci-devant Compagnie de la baie d'Hudson. Les plus importants de ces forts sont : Fort-York, Fort-Churchill, Fort-Moose et Fort-Albany.

GALLET (le), vg. de Fr., Oise, arr. de Clermont, cant. et poste de Crèvecœur; fabr. de serges; 370 hab.

GALLI (cap.). *Voy.* MARIAS (îles).

GALLIA, comté de l'état d'Ohio, États-Unis de l'Amérique du Nord; la province S.-O. de l'état dans la belle vallée de l'Ohio, bornée par l'état de Virginie et les comtés de Meigh et de Lawrence; le Racoon, affluent de l'Ohio, traverse ce pays, fertile en bons fruits, surtout en pêches; 8,400 h., la plupart français.

GALLIATE, b. du roy. de Sardaigne, duché de Piémont, prov. de Novare; culture de riz; 1200 hab.

GALLICIE (royaume de), partie de l'ancienne Pologne, appartenant aujourd'hui à l'Autriche. Avant 1773, ce pays se composait d'une province hongroise, appelée Russie-Rouge, réunie au roy. de Pologne par Casimir-le-Grand, en 1340, et d'une partie des palatinats de Cracovie et de Sandomir; l'Autriche, en s'en emparant, lui donna le nom de Gallicie ou plutôt Hallicie, mot dérivé de Halitsch, ville qui au treizième siècle se trouvait la capitale d'un royaume, à la possession duquel l'Autriche prétendait avoir des droits, du chef de la couronne de Hongrie. Ce royaume s'étend entre 16° 42' et 24° 10' long. E., et entre 47° 10' et 50° 44' lat. N. Ses bornes sont au N. la rép. de Cracovie et le roy. de Pologne, à l'E. les provinces polonaises de la Russie, au S. la chaîne des Carpathes qui la sépare de la Hongrie, à l'O. la Silésie autrichienne. Sa superficie est de 1526 l. c. géogr., et sa population de 4,100,000 habitants. Le pays, montagneux dans sa partie méridionale, se déroule en vastes plaines dans toutes les autres directions. Le climat y est assez rude, à cause de la proximité des Carpathes. Les principales rivières sont ; la Vistule, avec la Save, le Bug, le Dunajetz et la Wislaka ; le Dniester, avec la Stry, la Podhorze, le Pruth, la Sereth et la Moldawa; elles offrent peu de facilité à la navigation, à cause du volume inégal de leurs eaux. On n'y rencontre point de canaux; mais 300 milles d'excellentes chaussées, sillonnant le pays en tout sens, servent au commerce intérieur et à un transit assez considérable. Le sol est généralement fertile; ses principales productions sont les céréales et les bestiaux; mais les premières causes de la richesse de la Gallicie sont les inépuisables mines de sel gemme de Wieliczka et de Bochnia, et les nombreuses sources salées et mines de fer des monts Carpathes. La population est composée d'un million et demi de Polonais catholiques, d'environ deux millions de Rusniaques ou Russiens du rit grec uni ; ils parlent un dialecte qui se rapproche beaucoup du polonais; le reste se compose de Juifs, d'Allemands et d'un petit nombre d'Arméniens, de Grecs et de Valaques. La propriété foncière est presque entièrement entre les mains de la noblesse polonaise; la bourgeoisie occupe un rang obscur, à cause de la prépondérance commerciale des juifs; le paysan n'est plus serf, mais il se trouve presque toujours dans l'impossibilité de payer le prix de son fermage autrement que par le travail en nature ou la corvée. Les sciences, ainsi que l'industrie manufacturière, n'ont fait jusqu'à présent que peu de progrès ; il y a cependant des distilleries, des verreries considérables et plusieurs fabriques de draps et de toiles. Sous le rapport politique, le roy. de Gallicie n'est qu'une simple province : son administration est confiée à un gouverneur qui relève de Vienne sous tous les rapports. Des états provinciaux, décorés du titre fastueux de diète, se composent d'une cinquantaine de magnats (évêques, princes, comtes et barons), d'environ deux cents gentilshommes propriétaires les plus imposés et de quelques députés des villes. Les attributions de cette diète se bornent à un droit de pétition fort restreint et à une sorte de juridiction en fait d'indigénat gallicien. Un code civil et un code pénal particuliers régissent la province; les affaires judiciaires s'y traitent par écrit et à huis clos; la noblesse a des tribunaux privilégiés, où ses affaires se traitent en latin. Les administrations emploient l'allemand, ainsi que l'université et les colléges; cependant l'usage de la langue polonaise y est moins proscrit que dans les provinces polonaises de la Russie. Sous le rapport administratif, la Gallicie est divisée en 19 cercles ou districts, dont chacun est dirigé par un fonctionnaire, appelé capitaine du cercle; ce sont les cer. de Lemberg, Zolkiew, Przemyol, Rzeszow, Tarnow, Bochnia, Myslenice, Sandec, Jaslo, Sanok, Sambor, Stry, Brzezani, Zloczow, Tarnapol, Czortkow, Stanislawow, Kolomea et Czernowitz ou les Boukowinas.

GALLIGNANA, pet. v. d'Illyrie, gouv. de Trieste, cer. de Fiume; 1500 hab.

GALLINA-POINT, l'extrémité septentrionale de l'île de Jamaïque.

GALLINARA, pet. île sur les côtes du duché de Gènes, vis-à-vis d'Alasio, munie d'un fort et habitée pas des pêcheurs.

GALLINAS (cabo), promontoire très-saillant au N. du dép. de Magdaléna, rép. de Grenade. Ce cap forme l'extrémité septentrionale de la Colombie.

GALLION, un des plus grands cours d'eau de l'île de Guadeloupe (Basse-Terre); prend naissance au pied de la Soufrière, coule vers le S., en traversant une série de rochers hauts et escarpés, baigne le fort St.-Charles et s'embouche dans l'Océan, entre les fleuves Sence et aux Herbes.

GALLION, le plus grand fleuve de l'île de Martinique; prend naissance au pied du Morne-Jacob, au N. de l'île, coule par beaucoup de détours vers l'E. et s'embouche dans la baie du Gallion, en face de l'île de Monsieur; à son embouchure il forme un vaste et beau port.

GALLIOPOLIS ou **GALLOPOLIS**, jolie pet. v. des États-Unis de l'Amérique du Nord, état d'Ohio, comté de Gallia, dont elle est le chef-lieu, sur l'Ohio ; elle est très-régulièrement bâtie et renferme une académie, avec une école militaire, une prison, une poste, et fait un commerce qui de jour en jour devient plus important; dans les environs de la ville on trouve de riches houillères; 1800 hab.

GALLIPAYO. *Voyez* ITATA (fleuve).

GALLIPOLI (en turc *Keliboli*), chef-lieu de l'eyalet des Iles dans la Turquie d'Europe, situé sur la presqu'île de ce nom, à l'entrée du détroit des Dardanelles, du côté de la mer de Marmara; avec une citadelle et un bon port. Elle est le siège d'un évêché grec. M. Furnes lui donnait, en 1815, une population de 80,000 habitants; on l'estime maintenant généralement à 40,000 habitants. Le maroquin qu'on y fabrique passe pour le meilleur de la Turquie, et son commerce est considérable. Gallipoli est la première ville européenne qui tomba au pouvoir des Turcs, en 1356.

GALLIPOLIS, v. maritime du roy. des Deux-Siciles, prov. d'Otrante; siège d'un évêché; située dans le golfe de Tarente. Elle possède un fort, une cathédrale, plusieurs églises et un séminaire épiscopal; port peu sûr; 8,340 hab.

GALLO, pet. île au N. de la baie de Tumaco, côte N. du dép. de Cauca, rép. de la Nouvelle-Grenade. Cette île, entourée de récifs et de bancs de sable, est fertile, bien boisée et renferme un village d'Indiens. Elle fut découverte, en 1526, par Bartholoméo Ruiz.

GALLO (presidio del), fort des états mexicains, à l'E. de l'état de Chihuahua.

GALLOT (le), ham. de Fr., Loir-et-Cher, com. de Romorantin; 190 hab.

GALLOWAY, b. des États-Unis de l'Amérique du Nord, état de New-Jersey, comté de Gloucester; 2200 hab.

GALLS, île à l'E. du détroit de Long-Islands, côte S.-E. de l'état de New-York, États-Unis de l'Amérique du Nord.

GALLS (pointe de). *Voyez* SALADE (monts).

GALLUIS-LA-QUEUE, vg. de Fr., Seine-et-Oise, arr. de Rambouillet, cant. de Montfort-l'Amaury, poste de la Queue-Galluis; 1050 hab.

GALLUZZIO, b. du roy. des Deux-Siciles, prov. de la Terre-de-Labour. Il possède 5 églises paroissiales; 1600 hab.

GALLWAY, riche com. des États-Unis de l'Amérique du Nord, état de New-York, comté de Saratoga, poste; commerce; 3400 hab.

GALMIER (Saint-), *Aquæ Segestæ*, pet. v. de Fr., Loire, arr. et à 4 l. E. de Montbrison, chef-lieu de canton, poste de Chazelles; elle est située sur une hauteur baignée par la Coise, non loin du chemin de fer de la Loire; son église est un édifice gothique assez remarquable. La source minérale de St.-Galmier, connue des Romains, est ferrugineuse, acidule et contient beaucoup d'acide carbonique; fabr. de chamoiseries; 2805 hab.

GALOPAGOS, île considérable dans le golfe de Californie, à l'O. de la baie de la Conception.

GALOS, île dans le lac Ontario; fait partie du comté de Jefferson, État de New-York, Etats-Unis de l'Amérique du Nord.

GALOUBIES (les), ham. de Fr., Aveyron, com. de Naussac; 120 hab.

GALSTON, pet. v. d'Écosse, comté d'Air; fabr. de fromages; mines de fer et de houille; 3000 hab.

GALTELLE, v. du roy. des Deux-Siciles, prov. de Capo-di-Caglieri; siège d'un évêché; fabr. de mouchoirs de soie.

GALTIES, chaîne de montagnes en Irlande, entre les comtés de Limmerik, de Tipperary et de Cork.

GALVESTON. *Voyez* IBERVILLE (comté).

GALVEYAS, fort, avec une petite garnison, dans l'emp. du Brésil, prov. d'Espiritu-Santo, comarque de Porto-Séguro, à 12 l. N. de la ville de San-Mateo.

GALWAY, comté d'Irlande, prov. maritime. Ses bornes sont: les comtés de Mayo, Roscommon, Kings, Tipperary, Clarc et l'Océan; 91 l. c. géogr.; 150,000 hab. L'intérieur de ce comté est beau et très-fertile, mais la partie occidentale est couverte de montagnes très-sauvages, qui ne renferment que du marbre, de la chaux, du gypse et des ardoises. Son sol produit de l'avoine, des pommes de terre et du lin, qui fait l'objet de l'industrie d'une partie de la population; mais la plupart des habitants s'adonnent à l'éducation des bestiaux et alimentent les marchés de Cork. On exporte du saumon, des harengs, de la toile, de la laine et des bestiaux. Ce comté est divisé en 14 baronies.

GALWAY, v. fortifiée d'Irlande, chef-lieu du comté et sur la rivière du même nom, résidence de l'archevêque de Tuam; elle nomme 1 député. Depuis 1826 les jésuites y ont fondé un collége. Fabrication de draps et de toiles; pêche du hareng; commerce; son port est vaste, mais peu profond; on en exporte des saumons et des harengs; 28,000 hab.

GALWAY, golfe d'Irlande.

GALWAY, chaîne de montagnes d'Irlande.

GAMACHES, vg. de Fr., Eure, arr. des Andelys, cant. d'Écouis, poste d'Étrépagny; 350 hab.

GAMACHES, b. de Fr., Somme, arr. et à 5 1/2 l. S.-O. d'Abbeville, chef-lieu de canton, poste de Blangy; fabr. de métiers à l'anglaise, de pompes métalliques, de briques et de tuiles; filat. de coton; 1488 hab.

GAMALA, g. a., v. de la Palestine orientale; elle fut prise par Vespasien.

GAMAMIL, contrée montagneuse dans la partie N.-E. du désert Éthiopien, à l'E. du Bertat dont elle fait partie, au N. du Darfoq et à l'O. du Bahr-el-Azrek; arrosée par le Toumat ou Maleg; riche en substances aurifères dont les nègres retirent par le lavage des quantités assez considérables d'or.

GAMAMLERO, b. du roy. de Sardaigne, prov. d'Alexandrie, sur les bords de la Bormida; 1220 hab.

GAMAN, roy. de la Nigritie occidentale, entre le Koug et l'emp. d'Achanti; mines d'or.

GAMAR ou **PETIT-PORTENDICK**, b. dans la partie N.-O. de la Sénégambie, non loin de l'Océan Atlantique, à 10 l. S. de Portendick. Les Français y avaient autrefois un comptoir.

GAMARDE, vg. de Fr., Landes, arr. et poste de Dax, cant. de Montfort; 1350 hab.

GAMARTHE, vg. de Fr., Basses-Pyrénées, arr. de Mauléon, cant. et poste de St.-Jean-Pied-de-Port; 290 hab.

GAMAY, ham. de Fr., Côte-d'Or, com. de St.-Aubin; 200 hab.

GAMAZÉ, b. de la Haute-Égypte, prov. et à 5 l. N. d'Atfyh.

GAMBA, contrée de la Haute-Guinée; grand commerce d'esclaves.

GAMBAIS, vg. de Fr., Seine-et-Oise, arr. de Mantes, cant. et poste de Houdan; 1030 h.

GAMBAIZEUIL, vg. de Fr., Seine-et-Oise, arr. et cant. de Rambouillet, poste de Montfort-l'Amaury; 90 hab.

GAMBAROU, v. autrefois considérable de la Nigritie centrale, emp. de Bornou, sur la rive droite du Yeou, au S.-O. de Birnie ou Vieux-Bornou; elle existait encore en 1809, mais aujourd'hui il n'en reste plus que les ruines. Les célèbres voyageurs Clapperdon et Denham pensent que les édifices de cette ville, autrefois résidence ordinaire des sultans de Bornou, ont été les plus magnifiques de toute la Nigritie.

GAMBASSI, vg. du grand-duché de Toscane, dist. de Florence; source minérale appelée Pirio.

GAMBELA ou **JAMBELA**, dist. dans la prov. d'Enderta du roy. de Tigré en Abyssinie; renfermant la grande et fertile plaine de même nom, qui a 8 l. de long sur 3 l. de large et plus de 40 villages.

GAMBIE ou **GAMBRA**, gr. fl. de la Nigritie occidentale, en Sénégambie; il prend sa source sous le nom de Diman dans le plateau du Fouta-Toro, baigne le Tenda, le Bondou, le Jani, le Saloum, le Badibou, le Barra, et entre dans l'Océan Atlantique par plusieurs embouchures, regardées presque toutes, par la plupart des géographes, comme des fleuves différents avec lesquels la Gambie communique par des canaux; les plus remarquables sont: la Cassamance et la rivière de Cacheo, dite aussi Santo-Domingo.

GAMBIER. *Voyez* BERTHIER.

GAMBOLO, b. du roy. de Sardaigne, prov. de Vigevano, sur les bords du Terdoppio; 2150 hab.

GAMBSHEIM, vg. de Fr., Bas-Rhin, arr. et poste de Strasbourg, cant. de Brumath; 1730 hab.

GAMELLAS (les), peuplade indienne indépendante, emp. du Brésil, prov. de Maranhao, sur le Turiassu et dans le voisinage de Monçao. Ils tirent leur nom d'une espèce d'écuelle en bois (*gamella* en portugais), avec laquelle ils s'élargissent la lèvre inférieure, coutume hideuse qui heureusement disparaît de plus en plus. Ils se livrent à la chasse et à la pêche, mais ils ont des demeures fixes et cultivent aussi la terre.

GAMELORA ou **PLANA**, pet. île près de la côte N.-E. de la rég. de Tunis, à 1 l. E. du cap Zebibi ou Zibib.

GAMERTINGEN, v. de la principauté de Hohenzollern-Sigmaringen, avec un beau château; 900 hab.

GAMESVILLE. *Voyez* HALL (comté).

GAMILLY, ham. de Fr., Eure, com. de Vernon; 880 hab.

GAMING, b. d'Autriche, pays au-dessous

de l'Ens, cercle du Haut-Wienerwald; fabr. d'ouvrages en fer.

GAMKA (Grande et Petite-), dites aussi GRAND ET PETIT-FLEUVE-DU-LION. *Voyez* GAURITS.

GAMLA-KARLEBY (en finnois Kokkolo), v. de la Russie d'Europe, située dans le grand-duché de Finlande, sur le golfe de Bothnie; on y cultive en grand le tabac et la pomme de terre; chantiers pour la construction des vaisseaux; le commerce, favorisé par des moyens de communication faciles, y est actif et consiste principalement en poix, goudron, beurre, merrains, etc.; 2000 hab.

GAMLA-UPSALA (Vieux-Upsala), vg. de Suède, à 1 mille d'Upsala; était anciennement la résidence des rois scandinaves et du pontife suprême de l'odinisme; il s'y trouvait un beau temple d'Odin. Les seules antiquités que l'on y rencontre sont des *tumulus* hauts de 60 à 90 pieds.

GAMMA ou GRANDE-RIVIÈRE-DES-POISSONS. *Voyez* ORANGE (l').

GAMMEN, île de l'Australie ou Océanie-Centrale, dans le groupe de la Papouasie, (Nouvelle-Guinée); elle est habitée par des Papouas ou Négro-Malais et dépendante du sultan de Tidor, dans l'archipel des Moluques.

GAMON-POINT, promontoire au S.-E. de l'état de Massachusetts, à l'O. du cap Malabar, États-Unis de l'Amérique du Nord.

GAMPITTE, ham. de Fr., Pas-de-Calais, com. d'Éperlecques; 150 hab.

GAMRIE, b. d'Écosse, comté de Banff; 3000 hab.

GAN, pet. v. de Fr., Basses-Pyrénées, arr., cant. et poste de Pau ; bons vins; sources minérales; 3030 hab.

GANAC, vg. de Fr., Arriège, arr. et poste de Foix, cant. des Cabannes; 1480 hab.

GANADO, v. dans la Sénégambie centrale, dans l'état Peul de Bondou, à 25 l. O.-S.-O. de Tattéconda.

GANADURE, ham. de Fr., Gironde, com. de Mios; 160 hab.

GANAGOBIE, vg. de Fr., Basses-Alpes, arr. et poste de Forcalquier, cant. de Peyrus; 90 hab.

GANANNOQUE, gr. vg. du Haut-Canada, dist. de Johnstown, à l'embouchure du Gannanoque dans le St.-Laurent; carrière de marbre.

GANAT ou JANET, b. du roy. de Fezzan, sur la route de Mourzouk à Cachenah; lieu de repos des caravanes, qui y prennent des provisions, à 36 l. S.-S.-O. de Mourzouk.

GANCHAIS (la), ham. de Fr., Ille-et-Vilaine, com. de Pleurtuit; 180 hab.

GAND (Saint-), vg. de Fr., Haute-Saône, arr. de Gray, cant. de Fresnes-St.-Mamès, poste de Frétigny; 440 hab.

GAND, v. du roy. de Belgique, chef-lieu du dist. et de la prov. de la Flandre-Orientale, à 12 l. N.-O. de Bruxelles et à 16 l. E.-N.-E. de Lille. Elle occupe une superficie triangulaire de 4 l. de circuit, dont près de la moitié est couverte de jardins, de champs cultivés ou de blanchisseries. L'Escaut la traverse et y reçoit la Lys, la Lièvre et la More; ces rivières et plusieurs canaux navigables forment 26 îlots qui communiquent entre eux par 309 ponts. Gand correspond avec les bouches de l'Escaut par la Moerbeke et le canal de Sas-de-Gand, qui permettent à des bâtiments d'assez grandes dimensions la remonte sur 5 l. jusqu'à la ville; un canal de 10 l. la réunit avec Bruges, et la Lième, canalisée sur 8 l., avec Damme. Elle est ceinte de murailles et protégée par une citadelle construite de 1822 à 1830; ses rues sont généralement larges et belles, ses quais magnifiques; des constructions modernes remplacent successivement les maisons bigarrées du moyen âge; parmi ses 13 places publiques on remarque la place d'Armes, beau carré bordé d'allées d'arbres; entre autres édifices on doit citer la belle et antique cathédrale avec les mausolées des évêques; les églises de St.-Michel, St.-Jacques, St.-Sauveur et St.-Nicolas; la maison de ville avec sa belle colonnade; le beffroi; les bâtiments de l'université et la cour des Princes, vieux château dans lequel Charles V naquit, le 24 février 1500; parmi les nombreux établissements philanthropiques on distingue l'hôpital de la Byloque. La grande maison de correction, sur le canal de Bruges, et la maison de détention nouvellement bâtie, sont des établissements modèles, et par leur distribution et par leur régime. Gand est le siège d'un évêché, d'un gouvernement militaire, d'une chambre et d'un tribunal de commerce, d'un tribunal de première instance et d'une cour d'appel; il possède une bourse, un jardin botanique, une société d'arts et de belles-lettres, des académies de musique, de dessin, de peinture et de sculpture, une riche bibliothèque avec un cabinet d'antiquités. Parmi les villes industrielles du royaume, il occupe le premier rang : ses filatures et fabriques d'étoffes de coton sont mues par plus de 60 machines à vapeur et occupent près de 20,000 ouvriers; il renferme en outre des blanchisseries, des teintureries, des imprimeries d'indiennes et de toiles, des manufactures de toiles, de fil, de dentelles, de draps et autres étoffes de laine, de passementerie, d'épingles, de faïence, de poterie et de produits chimiques; de grandes tanneries, des raffineries de sucre et de sel, des papeteries, des savonneries, etc. Le commerce étendu de cette place gagne encore par l'entrepôt principal des toiles de Flandre, qui s'exportent par mer. Pop. de la ville 83,900 hab., du dist. 215,000.

L'histoire fait mention de Gand dès le septième siècle; c'est vers le milieu de cette période que saint Amand et saint Liéven vinrent y prêcher l'Évangile. Dans ces temps reculés la Flandre avait beaucoup à souffrir des invasions des Normands. Pour leur résister Charlemagne visita Gand, en 811, et y fit construire une flottille de bateaux plats. En 868, Baudouin, premier comte héréditaire de Flandre, fit élever un château, dont nous voyons encore les restes, pour protéger Gand, ce qui n'empêcha pas les Barbares d'y venir hiverner en 880. Dès le milieu du dixième siècle, Gand commença à fabriquer les laines tirées de l'Angleterre; vers 1046, sa population devait déjà être considérable, car la peste qui régnait alors enlevait jusqu'à 600 personnes par jour. A la fin du treizième siècle, la Flandre était partagée entre les partis français et anglais : les villes l'emportèrent sur le premier à la bataille de Courtrai (1302). Fatigués du joug des ducs de Nevers, les Gantois se soulevèrent et se rendirent indépendants (1338), sous leur protecteur (*ruwart*) Jacques Artewelde, issu d'une famille patricienne, mais qui, pour se populariser, s'était fait inscrire dans la corporation des brasseurs; cependant les factions réagirent, et ce grand homme qui venait de fonder la liberté de ses concitoyens fut assassiné par le peuple, le 17 juillet 1345. C'est alors que les ducs de Nevers reprirent possession du pays jusqu'en 1382, où le peuple se souleva de nouveau, appela à sa tête le fils d'Artewelde, Philippe, qui délivra Gand, soumit Bruges et prit le titre de régent de Flandre. Il périt les armes à la main à la bataille de Rosebecke, le 27 novembre 1382, où les Français se vengèrent de la défaite de Courtrai. La ville de Gand conserva une certaine indépendance jusqu'à ce qu'enfin Charles V mit fin à ses résistances en restreignant ses priviléges. Elle avait, comme les autres villes de Flandre, fleuri par son industrie et son commerce pendant le moyen âge; elle partagea aussi leur décadence sous l'administration espagnole (*voir* FLANDRE). En 1789, Gand se détacha de l'Autriche, ouvrit ses portes aux patriotes, et partagea jusqu'en 1813 les destinées de la France. Louis XVIII s'y réfugia, en 1815, et y fit battre monnaie. Le 18 octobre 1830, la citadelle de Gand, occupée par les troupes du roi des Pays-Bas, se rendit à la légion belgo-parisienne.

Patrie de Henri Gœthals, surnommé *Doctor solemnis*, mort en 1293; de Gérard Horebaut, peintre de Henri VIII, né en 1498; de Van der Beke, philologue et poëte, né en 1525; du mathématicien Phil. Laensberg, né en 1561; du critique Heinsius, mort en 1655; de l'architecte F. Romain, qui acheva le Pont-Royal, mort à Paris, en 1733; de Liéven Baurvens, qui introduisit sur le continent les machines anglaises, mort en 1822, etc.

GANDACK ou **GANDUCK**, fl. de l'Inde, principal cours d'eau du Nepal occidental. Il descend des montagnes du Thibet, pénètre à travers l'Himalaya, reçoit, dans la vallée de Nepal, les eaux du Barigar, du Reri, du Khola, du Tirfoot-Gunga et du Rapty, entre dans le Bahar près de Loopour et se jette près de Hajypour dans le Gange. On lui donne quelquefois le nom de Grand-Gandack, pour le distinguer d'une rivière du même nom qui s'embouche dans le Gogra.

GANDAILLE, vg. de Fr., Lot-et-Garonne, arr. d'Agen, cant. de Beauville, poste de la Roque-Timbaut; 470 hab.

GANDAIN, ham. de Fr., Isère, com. de St.-Hilaire; 100 hab.

GANDALOU, ham. de Fr., Tarn-et-Garonne, com. de Castel-Sarrazin; 690 hab.

GANDAVA ou **GUODAWA**, v. du Béloutchistan, chef-lieu de la prov. de Cutch-Gundava, sur le Kauhi. Elle est entourée de murs et renferme un palais que le khan habite en hiver. Aussi grande que Kelat, elle est mieux bâtie et mieux entretenue que cette ville.

GANDCOURT-SAINT-ÉTIENNE, vg. de Fr., Seine-Inférieure, arr. de Neufchâtel-en-Bray, cant. et poste de Gournay; 400 h.

GANDELAIN, vg. de Fr., Orne, arr., cant. et poste d'Alençon; 1130 hab.

GANDELAIN (le). *Voyez* GESNE-LE-GANDELAIN.

GANDELU, b. de Fr., Aisne, arr. de Château-Thierry, cant. de Neuilly-St.-Front, poste; 550 hab.

GANDELY, station de caravanes dans la Basse-Égypte, sur la route du Caire à Suez.

GANDER (baie de), vaste baie à l'E. de l'île de Terre-Neuve; elle reçoit le Gander, qui sort d'un lac de l'intérieur et coule parallèlement avec l'Exploit; elle renferme plusieurs îles, dont celles de Fogo et de Wadham sont les plus considérables. La première, découverte, suivant une opinion généralement reçue, par Jacques Cartier, en 1534, renferme de nombreux établissements de commerce et une population très-considérable.

GANDERKESE, vg. du grand-duché d'Oldenbourg, chef-lieu de bailliage.

GANDERSHEIM, v. du duché de Brunswick, chef-lieu du dist. de Gandersheim; est une ville sombre et mal bâtie, située sur la Gande, possédant un château ducal et une école latine; 2300 hab.

GANDESSAC (Haut et Bas-), ham. de Fr., Hautes-Alpes, com. de Risoul; 190 hab.

GANDIA, v. d'Espagne, près de l'embouchure de l'Alcoy, dans une des plus belles plaines du roy. de Valence, dist. et à 4 1/2 l. O. de Denia; ceinte de murailles et bien bâtie; possède un collége et de nombreuses manufactures d'étoffes de soie et de toiles; 6400 hab.

GANDIKOTTA, v. fortifiée de l'Inde anglaise; présidence de Madras, prov. de Balaghât, sur le Poner; aujourd'hui sans grande importance.

GANDINO, pet. v. du roy. Lombard-Vénitien, gouv. de Milan, délégation de Bergame, dans la vallée de Seriano; florissante par son commerce en draps et en soie; 3000 hab.

GANDIOLE, prov. de l'état Ghiolof de Gayor, Sénégambie septentrionale; riche en salines. Monyt, chef-lieu.

GANDJAH. *Voyez* ELISABETH-POL.

GANDJAM ou GANJAM, v. de l'Inde anglaise, présidence de Madras, circars du Nord, chef-lieu de district. Elle est située sur la côte, à l'embouchure de la rivière qui porte son nom; est défendue par un fort et possède un petit port. Bien que déchue, elle est encore importante par son commerce et sa navigation. Sa célèbre pagode attire de nombreux pèlerins.

GANDRANGE ou GANNERINGEN, vg. de Fr., Moselle, arr., cant. et poste de Thionville; 390 hab.

GANDRENNE, ham. de Fr., Moselle, com. de Beyren; 300 hab.

GANDUMAS, ham. de Fr., Dordogne, com. de St.-Médard; 110 hab.

GANDWANA ou GUNDWANA (c'est-à-dire le pays des *Gonds* ou *Goands*, ses premiers habitants), est une prov. de l'Inde, située dans le Dekkan septentrional, entre 75° 29' et 82° 34' long. orient., et 17° 50' et 24° 40' lat. N. L'Allahabad au N., le Behar au N.-E., l'Orissa à l'E., les circars du Nord au S.-E., Hyderabad au S.-O., Berar et Kandeisch à l'O., le Malva au N. forment les limites du Gandwana, dont la superficie est de 5558 l. c. géogr. C'est un pays très-montueux et peu connu, même des Hindous. Les grands fleuves du Dekkan y prennent leurs sources, tels que le Mahanaddy, la Nerbbuddah, le Baum-Gunga, le Godavery, la Sone, etc. Le climat y est assez variable; les montagnes sont couvertes de neige en hiver, et en été la chaleur est presque insupportable dans les vallées. L'intérieur de la province est tout à fait inculte; l'agriculture et l'industrie hindoues ont pénétré dans quelques vallées, mais il est difficile de profiter des richesses que recèle le sol, fertile en quelques endroits; il y existe des mines de fer, et l'on y trouve des diamants et d'autres pierres précieuses. La population de Gandwana est d'environ 3 millions et demi; elle se compose de Mahrattes, de Gonds et de tribus hindoues. Jusqu'en 1818 la province était soumise aux Mahrattes; à cette époque une partie fut occupée par les Anglais, et le radjah de Nagpour, à qui on laissa le reste, se vit réduit à l'état de tributaire. Djabbalpour ou Jubbulpour est le chef-lieu du Gandwana anglais; les autres villes sont peu importantes.

GANET. *Voyez* ROCKY-BAY.

GANGARAN, prov. de l'état peul de Fouladou, en Sénégambie; très-riche en singes. Kandy, chef-lieu.

GANGASAGARA ou Sagor, île du golfe du Bengale, située près de l'embouchure de l'Hagly; boisée sur ses côtes. Il s'y trouve un temple hindou célèbre, où viennent tous les ans de nombreux pèlerins. Depuis 1813, les Anglais font cultiver cette île qui offre plusieurs bons mouillages.

GANGAUTRI, vg. de l'Inde, prov. de Gherwal, dist. de Sirinagur. Il est situé à 10,073 pieds anglais au-dessus du niveau de la mer, près du Bhagirathi, une des sources du Gange. Sa position est très-romantique; son petit temple, un des pèlerinages brahmaniques les plus révérés, n'est que rarement visité.

GANGE, fl. principal de l'Inde. Le Bhagirathy et l'Alaknanda, par leur union, forment ce fleuve important, plus riche en eau qu'aucun autre fleuve de l'Asie, navigable sur une immense étendue, et dont les nombreux bras fécondent une des plus belles contrées du monde. L'Anglais Hodgson découvrit, en 1817, la source du Bhagirathy, qu'on regarde généralement comme le vrai Gange. Elle se trouve sur l'Himalaya, près de Gangautri, à 13,000 pieds au-dessus du niveau de la mer. Hamilton croit que le Dauli doit être regardé comme la véritable source du Gange. Quoi qu'il en soit, les deux branches que nous venons de nommer se réunissent au-dessus de Sirinagur, en un lieu nommé Devaprayaga, où se trouve un temple célèbre, l'un des plus révérés de l'Inde. De là, le Gange se dirige vers le S.-E., en décrivant une grande courbe, et entre, près de Hardwar, dans la vaste plaine de l'Hindostan, pour se jeter dans le golfe du Bengale, après un cours de 300 l. géogr. Il traverse les prov. de Delhi, Agra, Oude, Allahabad, Behar et Bengale, et passe par Favrakhabad, Allahabad, Mirzapour, Bénares, Ghazipour, Patua, Radjamabala. Son lit est extraordinairement large et profond; toujours riche en eau, il est navigable partout: près de l'embouchure de la Djamna il a déjà 4200 pieds de largeur; près de Mirzapour, des rochers qui rétrécissent son lit en rendent la navigation très-dangereuse. Dans le voisinage de Mourchidabad commence ce qu'on appelle le Delta du Gange. Le fleuve, qui ne peut plus contenir la quantité d'eau qui lui arrive de tous cotés, se divise en plusieurs branches, qui prennent différentes directions et se jettent dans le golfe de Bengale. Les villes de Mourchidabad, de Kassim-Bazar, de Dakka se trouvent dans le Delta. Les principales de ces branches sont: l'Hougly, qui passe par Calcutta et Chandernagor; l'Houringolta et le Gange proprement dit, qui poursuit la direction orientale et confond, au-dessous de Lakipour, ses eaux avec celles du Brahmapoutra; les deux fleuves réunis prennent le nom de Megna. Les inondations du Gange ont lieu régulièrement tous les ans, comme celles du Nil; les eaux commencent à hausser en avril, lentement d'abord; au mois de juillet l'inondation est complète, et alors le Delta est entièrement couvert; sur une étendue de 100 l. l'on ne voit que les villages et les arbres apparaître au-dessus des eaux débordées. Le nombre des affluents du Gange est très-considérable; nous n'en mentionnerons que les principaux qui sont eux-mêmes de grands fleuves; ce sont: à droite, le Kalli-Naddy, le Betwa et la Djamnâ; à gauche, la Ramganga, la Goumty, le Gandak, le Bagmatty, le Koussy, la Makamada, la Tistah.

GANGES, pet. v. de Fr., Hérault, arr., à 8 l. N. de Montpellier et à 208 l. de Paris, chef-lieu de canton et poste; elle est située près de la rive gauche de l'Hérault; on y fabrique une quantité considérable de bas de soie; la filature et le moulinage de la soie y occupent un grand nombre de personnes; exploitation de belles pierres de taille. C'est près de Ganges que l'on voit la célèbre grotte des Fées où *Bauma-de-las-Doumaiselas* (Baume-des-Demoiselles), remarquable par les superbes stalactites et les vastes salles qu'elle renferme; 4527 hab.

GANNAT, v. de Fr., Allier, chef-lieu d'arrondissement, à 12 l. S. de Moulins; siége d'un tribunal de première instance; conservation des hypothèques et direction des contributions indirectes; sa situation, dans une belle et fertile vallée, arrosée par l'Andelot, est très-agréable. Elle possède un collége communal et renferme des fabriques de toile. On y fait commerce en blé et vins; foires les 2 mars, 4 mai, 12 juillet, 14 septembre, 8 novembre et 22 décembre. Cette ville doit son origine à une ancienne abbaye, fondée dans le dixième siècle; elle était autrefois fortifiée et l'on y voit encore les restes d'un vieux château fort; 5109 hab.

GANNAY-SUR-LOIRE, vg. de Fr., Allier, arr. de Moulins-sur-Allier, cant. et poste de Chevagnes; 640 hab.

GANNERINGEN. *Voyez* GANDRANGE.

GANNES, vg. de Fr., Oise, arr. de Clermont, cant. et poste de St.-Just-en-Chaussée; fabr. de toiles; 520 hab.

GANS, vg. de Fr., Gironde, arr., cant. et poste de Bazas; 470 hab.

GANTHEAUME, île de l'Australie, sur la côte occidentale, près de la Terre-de-Witt, entre le cap Bertholet et le cap Villaret.

GANTHEAUME, baie sur la côte occidentale de la Nouvelle-Hollande, dans la partie appelée Terre-d'Edel.

GANTIES, vg. de Fr., Haute-Garonne, arr. de St.-Gaudens, cant. et poste d'Aspet; 620 hab.

GANTON (Saint-), vg. de Fr., Ille-et-Vilaine, arr. de Redon, cant. de Pipriac, poste de Lohéac; 490 hab.

GANTOUR ou GUNTOUR, v. de l'Inde anglaise, présidence de Madras, circars du Nord, chef-lieu de district; industrie agricole et manufacturière.

GANZEVILLE, vg. de Fr., Seine-Inférieure, arr. du Hâvre, cant. et poste de Fécamp; 480 hab.

GAOGA, contrée peu connue de la Nigritie orientale, à l'O. de la Nubie; avec une ville capitale, sur le bord d'un lac.

GAOUAL, pet. v. de la Sénégambie septentrionale, pays des Foulahs, sur la rive droite du Sénégal, à 6 l. S.-O. de Goumel.

GAP, *Vapincum*, v. de Fr., chef-lieu du dép. des Hautes-Alpes, à 133 l. S.-E. de Paris; siége d'un tribunal de première instance, d'un évêché suffragant de l'archevêché d'Aix; direction des domaines et des contributions, conservation des hypothèques, résidence d'un ingénieur en chef des ponts-et-chaussées et d'un sous-inspecteur forestier. Cette ville est située à 760 mètres au-dessus du niveau de la mer, sur la rive droite de la Luye, dans un vaste bassin que forment les collines dont elle est entourée et qui s'étagent comme les degrés d'un immense amphithéâtre, terminé dans le fond par les hautes montagnes des Alpes. Gap est mal bâti et mal percé. La cathédrale, dans laquelle on remarque le superbe mausolée en marbre du duc de Lesdiguières, chef-d'œuvre de Jacob Richer; l'évêché, la préfecture, l'hôtel de ville, le palais de justice, les casernes, les bâtiments de l'ancien séminaire, qui renferment le collége et un musée d'histoire naturelle, sont des édifices dignes d'être mentionnés. Cette ville possède une société d'agriculture, des fabr. de papier, de chapeaux, de tissus de laine, de toile; des mégisseries, des chamoiseries et des tanneries; commerce de grains, fruits, bestiaux, laine, draps, toiles, peaux, cuirs, suifs, etc. Foires: avant-dernier lundi de carnaval, 1er mai et 11 novembre; cette dernière dure huit jours; 7854 hab.

Gap existait déjà sous les Romains; mais on n'a pu fixer l'époque de sa fondation. Au sixième siècle, cette ville, alors florissante, fut saccagée et presque entièrement détruite par les Lombards. Elle n'était point encore parvenue à réparer tous ses désastres, lorsque les Sarrasins vinrent la dévaster, au huitième siècle. Elle appartenait alors au roy. de Bourgogne. Sous les Carlovingiens, elle devint le domaine de différents princes dépendant des rois de Bourgogne. Au onzième, Gap était sous la domination des comtes de Forcalquier. Un de ces comtes le céda à son évêque, qui, ne pouvant obtenir la soumission des habitants, révoltés contre l'autorité épiscopale, partagea cette seigneurie avec Charles d'Anjou, roi de Sicile et comte de Provence, dont la puissance réduisit bientôt les Gapençais. Le territoire de Gap, réuni à la Provence, passa avec cette province à Louis XI, auquel le successeur du roi René le transmit par testament. Dans le seizième siècle, Gap prit le parti de la ligue, mais se soumit bientôt à Henri IV. En 1644, un violent tremblement de terre y renversa plusieurs édifices. Une peste horrible avait déjà décimé la population, en 1630. En 1692, le duc de Savoie réduisit cette ville en cendres. La révocation de l'édit de Nantes, en 1685, ne lui avait pas été moins funeste. Ce n'est qu'après un grand nombre d'années qu'elle sortit peu à peu de ses ruines.

GAP (vallée de) ou **NOTCH-VALLEY**, grande et belle vallée de l'état de New-Hampshire, États-Unis de l'Amérique du Nord. Elle commence près des sources du Saco, à l'O. de l'état, et sépare les montagnes Blanches (White-Mountains) d'une autre chaîne de montagnes qui se dirige à l'O. vers le Connecticut. Elle est traversée par la grande route de Lancaster à Portland et compte parmi les vallées les plus pittoresques de toute l'Amérique septentrionale.

GAP, vallée de l'Inde, profonde et boisée, qui sépare, sous 11° lat. N., les montagnes du Travancore et la pointe méridionale de l'Inde en-deçà du Gange du reste du Dekkan. Sa largeur moyenne est de 4 l.

GAPENNES, vg. de Fr., Somme, arr. et poste d'Abbeville, cant. de Nouvion-de-Ponthieu; 920 hab.

GAPRÉE, vg. de Fr., Orne, arr. d'Alençon, cant. de Courtomer, poste de Sées; 330 hab.

GARABUSA ou **GRABUSA**, *Carabussa*, île située à 1 l. de la côte N.-O. de l'île de Candie, près du cap Buso, comprise dans le sandschak de Canée, dist. de Kissamo; elle a un fort assez important, fortifié surtout par la nature; les Vénitiens l'occupèrent jusqu'en 1672, mais la trahison la fit tomber alors entre les mains des Turcs; elle a un beau port, formé par trois petites îles et une langue de terre. De nos jours des pirates en avaient fait leur repaire et lui ont donné une triste célébrité.

GARAC, vg. de Fr., Haute-Garonne, arr. de Toulouse, cant. de Cadours, poste de Puységur; 350 hab.

GARAFRAXA, b. du Haut-Canada, dist. de Home, non loin du lac Simesé.

GARAISON, ham. de Fr., Hautes-Pyrénées, com. de Monléon-Magnoac; 100 hab.

GARAKPOUR ou **GORUCPOOR**, v. de l'Inde anglaise, présidence de Calcutta, prov. d'Oude, chef-lieu de district; siège des autorités. Elle est située au confluent du Rapty et du Bohain. Le dist. de Garakpour, le seul qui, dans cette province, soit immédiatement soumis aux Anglais, compte environ 700,000 hab.

GARANCIÈRES, vg. de Fr., Eure, arr. d'Évreux, cant. et poste de St.-André; 310 hab.

GARANCIÈRES, vg. de Fr., Seine-et-Oise, arr. de Rambouillet, cant. de Montfort-l'Amaury, poste de la Queue-Galluis; 880 h.

GARANCIÈRES-EN-BEAUCE, vg. de Fr., Eure-et-Loir, arr. de Chartres, cant. d'Auneau, poste de Dourdan; 290 hab.

GARANCIÈRES-EN-DROUAIS, vg. de Fr., Eure-et-Loir, arr., cant. et poste de Dreux; 200 hab.

GARANDIE (la), ham. de Fr., Puy-de-Dôme, com. d'Aydat; 200 hab.

GARANHUNS (Serra), chaîne de montagnes de l'emp. du Brésil, prov. de Pernambuco; se rattache au nœud principal de la Serra Boa-Vista, suit au N. le cours du Rio-Unna et s'aplatit près des côtes.

GARANOU, vg. de Fr., Arriège, arr. de Foix, cant. et poste des Cabannes; 260 hab.

GARAT, vg. de Fr., Charente, arr., cant. et poste d'Angoulême; 860 hab.

GARATUNY. *Voyez* **TAREYRY** (fleuve).

GARB ou **GARBI**. *Voyez* **FÈS**.

GARBES ou **GOURBOS**, **GURBA**, *Curabis*, *Curobis*, *Curubis*, pet. v. maritime sur la côte orientale de la rég. de Tunis, entre Calibia et Nabal, à 14 l. E.-S.-E. de Tunis; autrefois très considérable, elle n'a conservé de sa grandeur passée que quelques ruines et des citernes.

GARBIC, vg. de Fr., Gers, arr. de Lombez, cant. de l'Isle-en-Jourdain, poste de Gimont; 230 hab.

GARBIEH ou **GHARBYEH**, partie de la Basse-Égypte, située entre les bras de Rosette et de Damiette.

GARBIEY, ham. de Fr., Landes, com. de Cazaubon; 200 hab.

GARCELLES-SECQUEVILLE, vg. de Fr., Calvados, arr. de Caen, cant. de Bourguébus, poste de May-sur-Orne; 380 hab.

GARCHES, vg. de Fr., Seine-et-Oise, arr. de Versailles, cant. de Sèvres, poste de St.-Cloud; 790 hab.

GARCHIZY, vg. de Fr., Nièvre, arr. de Nevers, cant. et poste de Pougues; fonderie de fer; laminoirs; 2023 hab.

GARCHY, vg. de Fr., Nièvre, arr. de Cosne, cant. et poste de Pouilly-sur-Loire; 810 hab.

GARCIA (Saint-), v. d'Espagne, prov. de Ségovie, sur le Zorita.

GARCIÈRE (la), ham. de Fr., Loire, com. de St.-Genis-Terre-Noire; 230 hab.

GARCIMENDOZA, b. considérable de la rép. de Bolivia, dép. de Charcas, au S. de la prov. de Paria, et sur les confins de celle de Lipès.

GARD ou **GARDON** (le), riv. de Fr., prend sa source dans deux endroits différents dans le dép. de la Lozère et forme ainsi deux branches: l'une, septentrionale, porte le nom de Gardon-d'Alais; l'autre, qui porte le nom de Gardon-d'Anduze, se divise en trois autres branches, dont le Gardon-de-Mialet, la plus considérable, se mêle au Gardon-d'Anduze au-dessus d'Anduze. Les deux premières se réunissent entre Ners et Cassagnoles et ne forment plus qu'une seule rivière, le Gard, qui, se dirigeant vers le S.-E., passe par Remoulins et Montfrin et se jette dans le Rhône à Comps-St.-Étienne, à 1 l. au-dessus de Beaucaire. Le cours du Gard, après la réunion de ses différentes branches, est de 52 kilomètres (11 3/4 l.). Le Gardon-d'Anduze a un cours de 45 kilomètres (10 1/8 l.) et le cours du Gardon-d'Alais est de 37 kilomètres (8 13/40 l.).

C'est sur cette rivière, dont les débordements causent quelquefois de terribles ravages, que les Romains construisirent le magnifique aquéduc que l'on nomme vulgairement le *Pont-du-Gard.* Ce monument, un des plus beaux restes de l'antiquité, est situé à 4 l. N.-E. de Nîmes, dans un défilé sauvage et tortueux. L'aquéduc, destiné à porter les eaux des sources d'Aura et d'Airan jusqu'à Nîmes, avait près de 9 l. de long; le pont qui le supporte se compose de trois rangs d'arches ou de trois ponts construits l'un sur l'autre. Le premier est soutenu par 6 arcades de 18 pieds de diamètre; 11 arcades de 56 pieds de diamètre soutiennent le second, et le troisième a 35 arcades de 17 pieds de diamètre. Ce dernier supporte l'aquéduc, divisé en trois conduits qui portaient l'eau dans l'amphithéâtre, à la fontaine de Nîmes et à quelques maisons particulières. La hauteur totale des trois ponts est de 182 pieds. Ce superbe édifice rappelle la grandeur et la puissance des Romains.

GARD (département du), situé dans la région S.-E. de la France; est formé d'une partie du Languedoc. Ses limites sont : au N. le dép. de l'Ardèche et celui de la Lozère, à l'E. ceux de Vaucluse et des Bouches-du-Rhône, au S. la Méditerranée et le dép. de l'Hérault et à l'O. celui de l'Aveyron. Sa superficie est de 599,726 hectares et sa population de 366,259 habitants.

La partie occidentale et septentrionale du département est hérissée de hautes montagnes, qui se rattachent à la chaîne des Cévennes méridionales et qui portent le nom de monts Carrigues et du Gevaudan; les points les plus élevés sont : le Liron, le Lenglas, le Pucquet et l'Esperou; le Larzac, vaste plateau calcaire, se trouve à l'extrémité la plus occidentale et s'unit au S.-O. avec les montagnes de la Caune.

La rivière du Gard donne son nom à ce département; elle est formée de trois ruisseaux qui prennent leurs sources dans la Lozère; la branche septentrionale, qui porte le nom de Gardon-d'Alais, se réunit à Rivalte à la branche la plus méridionale, le Gardon-d'Anduze; elles prennent alors le nom de Gard, qui traverse le département du N.-O. à l'E., et va se jeter dans le Rhône. Ce dernier sépare le département de ceux des Bouches-du-Rhône et de Vaucluse; il se bifurque près d'Arles; la branche orientale traverse le dép. des Bouches-du-Rhône, tandis que la branche occidentale ou le Rhodanet continue à former la limite entre ce dernier département et celui du Gard.

Les différents cours d'eau qui prennent leurs sources dans le département sont : le Hérault, la Vidoule et la Dourbie. Le canal de Beaucaire traverse le département; il a sa prise d'eau dans le Rhône, près de Beaucaire, débouche dans celui de la Grande-Roubine et communique à la Méditerranée par le Grau-d'Aigues-Mortes, par les canaux de la Radelle, de Silvéréal et du Bourdigou. Dans la partie méridionale on rencontre beaucoup de marais et quelques étangs assez considérables; celui de Repausset présente une longueur de 6500 mètres sur une largeur de 3400 mètres.

Le climat du département est très-variable; il offre peu de gradation dans les changements de saison et de température; les vents sont très-impétueux; ceux du N. dominent et sont les plus salubres; ceux du S. produisent une chaleur étouffante et des nuées de moucherons que le vent enlève des marais. Pendant les grandes chaleurs de l'été le pays est rafraîchi par un vent qui souffle de la mer et que l'on appelle le garbin; cependant il devient froid et dangereux vers la nuit.

Le département présente au N. de hautes montagnes dont les revers sont fertiles et bien cultivés; des plaines basses les remplacent au Midi; elles s'étendent jusque vers la mer, coupées par des marais salants et des étangs; les bords du Rhône à l'E. sont couverts de collines et de côteaux vignobles.

Les produits du règne végétal sont nombreux et variés; on y récolte du froment de qualité supérieure et en quantité plus que suffisante dans quelques parties du pays, mais absolument insuffisante dans d'autres parties; le châtaignier est obligé de les dédommager; on cultive le maïs, le millet noir, les plantes potagères, les légumes secs, du chanvre, de la graine dite d'Avignon, des fruits excellents, principalement des pêches, des abricots, des figues, des coings et des grenades. On cultive en grand de la garance, l'olivier, le mûrier; Nîmes est le centre d'un commerce considérable pour le Nord de graines oléagineuses et légumineuses, de plantes médicinales et propres à la teinture. Au nombre de ces plantes indigènes au département se trouvent le *croton tinctorium*, la *vallisneria*, qui ne croît que sur les bords du Rhône; le micocoulier, qui sert à faire des fourches, est cultivé en grand à Saves. Les côteaux qui bordent les cours d'eaux sont très-favorables à la culture de la vigne dont le produit est évalué année moyenne à 1,200,000 hectolitres de vin; le sixième à peu près est converti en eaux-de-vie et le reste consommé ou exporté; les vins les plus estimés sont ceux de St.-Gilles, de Tavel, de Chusclan, de Roquemaure, de Condolet, de Laudun, de Langlade et de Lédenon. Les prairies naturelles, belles et nombreuses dans le nord, sont remplacées dans la partie méridionale par des prairies artificielles; les forêts sont assez considérables : elles occupent près de 50,000 hectares, les essences dominantes sont le pin et le châtrignier.

Le département possède des mines de fer très-riches dans les montagnes d'Alais et de

St.-Hippolyte; des exploitations de houille, des mines de plomb argentifère, des mines de cuivre et de calamine non exploitées; une mine d'argent à St.-Sauveur-de-Pourcil, dont l'exploitation est abandonnée; la Cèze et le Gardon roulent des sables aurifères; on exploite des mines d'antimoine, de sulfate de fer, de la manganèse, du kaolin, de la terre à foulon et à poterie; on y trouve des carrières de gypse et de pierres à bâtir, quelques tourbières; les marais du sud fournissent une quantité de sel considérable; il possède en outre plusieurs sources minérales.

On nourrit de très-beaux et nombreux troupeaux de bêtes à laine, estimées pour la finesse de leur toison et la saveur de leur chair; les bêtes à cornes et les chevaux sont de petite taille, surtout nombreux aux bords de la mer et sur quelques îles; dans les montagnes on rencontre beaucoup d'ânes et de mulets. Le ver à soie fournit des produits nombreux et estimés. Le gibier est abondant; les forêts sont peuplées de lièvres, de lapins, de blaireaux, de renards; les loutres et les castors occupent les îles du Rhône; on rencontre beaucoup de grives, des cailles, des hérons, des canards sauvages et autres oiseaux de passage, des oiseaux de proie, etc. Le poisson de mer et de rivière y est abondant.

L'industrie manufacturière est très-importante par ses fabriques de soie à coudre, soie grège et ouvrée, de rubans, de châles, de bonnets et de bas de soie et de filoselle; ses manufactures de bas et bonnets de coton, d'étoffes de laine; ses teintureries en soie et en coton; ses tanneries et mégisseries d'Alais; les cartons fins d'Uzès; les faïenceries et les verreries.

Le commerce est très-considérable; l'exportation consiste dans ses vins, eaux-de-vie, des graines oléagineuses, des plantes médicinales et propres à la teinture, des cuirs, des verres blancs, des étoffes de soie et de laine, de l'huile, de la houille; au mois de juillet il déploie une activité immense; c'est l'époque où se tient une des foires les plus considérables de l'Europe, celle de Beaucaire, ville située dans ce département.

Il est divisé en 4 arrondissements, en 38 cantons et 344 communes. Les chefs-lieux d'arrondissement sont :

Nimes	.	11 cant.	74 com.	131,712 hab.
Alais	. .	9 «	92 «	83,091 «
Uzès	. .	8 «	98 «	85,701 «
Le Vigan	.	10 «	80 «	65,755 «

38 cant. 344 com. 366,259 hab.

Il nomme 5 députés, fait partie de la neuvième division militaire, dont le quartier-général est à Montpellier; il est du ressort de la cour royale et de l'académie de Nîmes, du diocèse de la même ville, suffragant de l'archevêché d'Avignon; il fait partie de la vingt-neuvième conservation forestière, de la septième inspection des ponts-et-chaussées, dont le chef-lieu est Toulouse, et de la cinquième division des mines, dont le chef-lieu est Montpellier. Il a 5 colléges et 749 écoles primaires, dont 466 de garçons et 283 de filles.

GARDA, *Benaca*, b. du roy. Lombard-Vénitien, gouv. de Venise, délégation de Vérone, sur le lac de même nom.

GARDAFUI. *Voyez* GUARDAFUI.

GARDANNE, pet. v. de Fr., Bouches-du-Rhône, arr., à 2 1/2 l. S. et poste d'Aix, chef-lieu de canton; elle est importante par sa mine de houille et les produits de son territoire; 2795 hab.

GARDE (la), vg. de Fr., Basses-Alpes, arr., cant. et poste de Castellanne; 270 hab.

GARDE (la), ham. de Fr., Basses-Alpes, com. de la Bréolle; 120 hab.

GARDE (la), vg. de Fr., Arriège, arr. de Pamiers, cant. et poste de Mirepoix; 710 h.

GARDE (la), ham. de Fr., Aude, com. de Labécéde-Lauragais; 100 hab.

GARDE (la), vg. de Fr., Aveyron, arr. de Rhodez, cant. de Requista, poste de Cassagnes-Bégonhès; 80 hab.

GARDE (la), vg. de Fr., Corrèze, arr., cant. et poste de Tulle; 1010 hab.

GARDE (la Haute et la Basse-), ham. de Fr., Ille-et-Vilaine, com. de St.-Guinoux; 130 hab.

GARDE (la), vg. de Fr., Isère, arr. de Grenoble, cant. et poste de Bourg-d'Oisans, 430 hab.

GARDE (la), ham. de Fr., Loire, com. de Perreux; 160 hab.

GARDE (la), ham. de Fr., Lozère, com. de Prévenchères; 180 hab.

GARDE (la), vg. de Fr., Meurthe, arr. de Château-Salins, cant. de Vic, poste de Bourdonnay; 800 hab.

GARDE (la), vg. de Fr., Hautes-Pyrénées, arr., cant. et poste de Tarbes; 160 hab.

GARDE (la), ham. de Fr., Deux-Sèvres, com. de Romans; 100 hab.

GARDE (la), vg. de Fr., Var, arr., cant. et poste de Toulon-sur-Mer; 2350 hab.

GARDE (la), vg. de Fr., Vaucluse, arr., cant. et poste d'Apt; 140 hab.

GARDE (Grande et Petite-), ham. de Fr., Haute-Vienne, com. de Folles; 150 hab.

GARDE - ADHEMAR (la), vg. de Fr., Drôme, arr. de Montélimart, cant. et poste de Pierrelatte; 1150 hab.

GARDE-D'ISLEMADE (la), ham. de Fr., Tarn-et-Garonne, com. d'Albefeuille; 780 h.

GARDE-FIMARÇON (la), vg. de Fr., Gers, arr., cant. et poste de Lectoure; 530 hab.

GARDEFORT, vg. de Fr., Cher, arr., cant. et poste de Sancerre; 290 hab.

GARDE-FREYNET (la), vg. de Fr., Var, arr. de Draguignan, cant. de Grimaud, poste; fabr. d'étoffes de laine et de bouchons de liége; commerce de marrons; 2350 hab.

GARDEGAN, vg. de Fr., Gironde, arr. de Libourne, cant. et poste de Castillon; 380 h.

GARDE-HACHAN (la), vg. de Fr., Gers,

arr., cant. et poste de Mirande; 450 hab.

GARDÉJAH, pet. v. dans la partie méridionale de la rég. d'Alger, au S. du mont Atlas et à 120 l. S.-S.-O. d'Alger; habitée par la tribu Beni-Mezzab; contrée riche en dattes; commerce considérable de plumes d'autruche.

GARDE-LAURAGAIS (la), vg. de Fr., Haute-Garonne, arr., cant. et poste de Villefranche-de-Lauragais; 760 hab.

GARDE-LEDERGUES (la), ham. de Fr., Aveyron, com. de Ledergues; 120 hab.

GARDELEGEN, v. de Prusse, avec des murs délabrés, chef-lieu de cercle, prov. de Saxe, rég. de Magdebourg, sur la Milde; possède 3 hôpitaux, des fabriques de draps et une riche agriculture; patrie du littérateur Tiedgé; 4720 hab.

GARDELLE (la), vg. de Fr., Haute-Garonne, arr., cant. et poste de Muret; 830 h.

GARDELLE (la), ham. de Fr., Lot, com. de Pescadoire; 190 hab.

GARDE-MONTLIEU (la), vg. de Fr., Charente-Inférieure, arr. de Jonzac, cant. et poste de Montlieu; 950 hab.

GARDE-MOUZET (la), ham. de Fr., Aisne, com. de Fontenelle; 340 hab.

GARDEN (New-). *Voyez* NEW-GARDEN.

GARDEN-REACH, pet. île située à 1/2 l. de Calcutta; c'est là que pendant les chaleurs se retirent les riches habitants de la capitale du Bengale, pour goûter le repos dans les frais bosquets de ce séjour enchanteur, baigné par les eaux de l'Hagli; c'est aussi dans cet endroit que se trouve le beau jardin botanique de la Compagnie des Indes.

GARDE-PARÉOL (la), vg. de Fr., Vaucluse, arr. et poste d'Orange. cant. de Bollène; 220 hab.

GARDÈRES, vg. de Fr., Hautes-Pyrénées, arr. de Tarbes, cant. d'Ossun, poste de Vic-en-Bigorre; 740 hab.

GARDES, vg. de Fr., Charente, arr. d'Angoulême, cant. et poste de la Valette; 670 h.

GARDE-SUR-LE-NÉ (la), vg. de Fr., Charente, arr., cant. et poste de Barbezieux; 330 hab.

GARDE-VIAUR (la), ham. de Fr., Tarn, com. de Montirat; 550 hab.

GARDIE, vg. de Fr., Aude, arr. et poste de Limoux, cant. de St.-Hilaire; 240 hab.

GARDIÈRE (la), ham. de Fr., Indre-et-Loire, com. de St.-Nicolas-de-Bourgueil; 120 hab.

GARDINER, île habitée et assez considérable entre les deux promontoires qui forment les extrémités orientales du Long-Island (longue île), côte S.-E. de l'état de New-York, États-Unis de l'Amérique du Nord. Cette île est une propriété de la famille Gardiner, qui s'y établit en 1639.

GARDING, b. du Danemark, duché de Schleswig; commerce de grains; 1000 hab.

GARDIOLLE (la), vg. de Fr., Tarn, arr. de Castres, cant. de Dourgne, poste de Sorèze; 510 hab.

GARDNER, b. des États-Unis de l'Amérique du Nord, état du Maine, comté de Kennebec; 1400 hab.

GARDNER, île de la Polynésie ou Océanie orientale, à l'O.-N.-O. de l'archipel de Sandwich ou de Hawaii, auquel on peut la rattacher comme dépendance géographique; située sous 25° lat. N. et 170° long. occ.

GARDNER, îles du groupe des Galapagos, à l'O. de la rép. de l'Ecuador.

GARDONE, b. du roy. Lombard-Vénitien, gouv. de Milan, délégation de Brescia, dans la vallée de Trompia, on y fabrique les meilleures armes à feu du royaume; riches mines de fer; 1500 hab.

GARDONE-DI-RIVIERA, vg. du roy. Lombard-Vénitien, gouv. de Milan, délégation de Brescia, sur le lac de Garde; papeteries; 1600 hab.

GARDONNE, vg. de Fr., Dordogne, arr. et poste de Bergerac, cant. de Sigoulès; 710 hab.

GARDOUCH, vg. de Fr., Haute-Garonne, arr., cant. et poste de Villefranche-de-Lauragais; 1150 hab.

GARE (la), ham. de Fr., Seine, com. de St.-Ouen; 150 hab.

GARE (la). *Voyez* IVRY-SUR-SEINE.

GARED, v. du roy. de Maroc, prov. de Sous; renommée par ses cuirs et ses moulins à sucre.

GAREIN, vg. de Fr., Landes, arr. de Mont-de-Marsan, cant. de Labrit, poste de Sabres; 750 hab.

GAREL, ham. de Fr., Eure, com. de Plessis-Grohan; 190 hab.

GAR-EL-MAILAH (caverne de sel) ou PORTO-FARINA, pet. v. sur la côte N.-E. de la rég. de Tunis, à l'embouchure de la Médjerdah dans la Méditerranée, avec un petit port, à 10 l. N. de Tunis; commerce de blé et de corail. Dans ses environs on trouve les ruines d'Utique, dont on a retiré plusieurs belles statues, entre autres deux colosses d'Auguste et de Tibère. *Voyez* BOOSGATER.

GARENCILLE, ham. de Fr., Charente, com. de Segonzac; 120 hab.

GARENGUE (la), ham. de Fr., Gironde, com. de Preignac; 260 hab.

GARENNE (la), ham. de Fr., Charente, com. de Souvigné; 310 hab.

GARENNE (la), ham. de Fr., Yonne, com. de Plessis-St.-Jean; 130 hab.

GARENNES, vg. de Fr., Eure, arr. d'Évreux, cant. de St.-André, poste d'Ivry-la-Bataille; 690 hab.

GARENTREVILLE, vg. de Fr., Seine-et-Marne, arr. de Fontainebleau, cant. et poste de Nemours; 160 hab.

GARESSIO, v. du roy. de Sardaigne, prov. de Mondovi; elle possède un château, 5 églises, 2 monastères et une superbe chartreuse appelée *Casotto*; 4800 hab.

GARET ou **GART**, *Gareta*, prov. très-peuplée dans la partie septentrionale du roy.

marocain de Fez, à l'E. de celle de Garb ou Garbi; moulins à sucre.

GARETTE (la), ham. de Fr., Deux-Sèvres, com. de Sansais; 320 hab.

GARGAGLIANO, b. de Grèce, eptarchie de Triphylie.

GARGANO, b. du roy. Lombard-Vénitien, gouv. de Milan, délégation de Brescia, sur le lac de Garde; papeteries; 3500 hab.

GARGAPHIE, g. a., source de la Béotie, non loin de Platée, au S. de Thèbes. Mardonius, qui conduisait les Perses lors de l'expédition de Xerxès sur la Grèce, y fit jeter du poison.

GARGAPHIE, g. a., vallée de la Béotie, près de la source de ce nom, qui était consacrée à Diane.

GARGANVILLAR, vg. de Fr., Tarn-et-Garonne, arr. et poste de Castel-Sarrazin, cant. de St.-Nicolas-de-la-Grave; 930 hab.

GARGAS, vg. de Fr., Haute-Garonne, arr. de Toulouse, cant. de Fronton, poste de St.-Jory; 380 hab.

GARGAS, vg. de Fr., Vaucluse, arr., cant. et poste d'Apt; exploitation d'un plâtre très-estimé; 900 hab.

GARGENVILLE, vg. de Fr., Seine-et-Oise, arr. de Mantes, cant. de Limay, poste de Meulan ; 940 hab.

GARGES, vg. de Fr., Seine-et-Oise, arr. de Pontoise, cant. et poste de Gonesse; blanchisserie ; fabr. de colle-forte; 500 hab.

GARGILESSE, vg. de Fr., Indre, arr. de la Châtre, cant. d'Éguzon, poste d'Argenton-sur-Creuse ; 550 hab.

GARGOULT, vg. de Fr., Var, arr. et poste de Brignolles, cant. de la Roquebrussanne; 990 hab.

GARIDECH, vg. de Fr., Haute-Garonne, arr. de Toulouse, cant. et poste de Montastruc ; 350 hab.

GARIEP. *Voyez* ORANGE (l'), fleuve.

GARIÈS, vg. de Fr., Tarn-et-Garonne, arr. de Castel-Sarrazin, cant. et poste de Beaumont-de-Lomagne, 560 hab.

GARIGNANO, vg. du roy. Lombard-Vénitien, gouv. et délégation de Milan ; remarquable par sa chartreuse, dont les voûtes et les murs sont couverts de chartreux, peints par Daniel Crespi, avec une si grande vérité, qu'elle semble peuplée et vivante.

GARIGNY, vg. de Fr., Cher, arr. de Sancerre, cant. et poste de Sancergues ; 600 hab.

GARIM, baie au S. de l'île de Terre-Neuve; reçoit le fleuve Garim et renferme les îles de Garia.

GARIN, vg. de Fr., Haute-Garonne, arr. de St.-Gaudens, cant. et poste de Bagnères-de-Luchon ; 300 hab.

GARINDEIN, vg. de Fr., Basses-Pyrénées, arr., cant. et poste de Mauléon; 370 hab.

GARIOCH, b. d'Écosse, comté d'Aberdeen ; 1500 hab.

GARLAN, vg. de Fr., Finistère, arr. et poste de Morlaix, cant. de Lanmeur; 1350 hab.

GARLÈDE, vg. de Fr., Basses-Pyrénées, arr. de Pau, cant. de Thèze, poste d'Auriac ; 250 hab.

GARLIN, pet. v. de Fr., Basses-Pyrénées, arr. et à 7 l. N. de Pau, chef-lieu de canton et poste ; 1510 hab.

GARLOPEAUX, ham. de Fr. Charente-Inférieure, com. de Coulognes; 150 hab.

GARLOSCO, gr. b. du roy. de Sardaigne, prov. de Mortasa; culture de légumes très et principalement d'asperges très-estimées ; 2,260 hab.

GARLOU ou GORTOPE, v. du Thibet, dans le Ngari. Elle est située sur le Sindschu et ressemble plutôt à un camp qu'à une ville, puisque les habitants demeurent presque tous sous des tentes. C'est l'entrepôt général des marchandises destinées pour la Chine, dont l'empereur y entretient un poste militaire considérable.

GARMISCH, b. de Bavière, dist. de Wertenfels, cer. de l'Isar ; exploitation de zinc, de plomb et de soufre ; 1350 hab.

GARMOUTH, pet. v. d'Écosse, comté de Banff; port; 1200 hab.

GARMOUTH (Gairmouth), vg. d'Écosse, comté de Murray ou Elgin, à l'embouchure du Spey ; construction de vaisseaux ; pêche du saumon ; commerce en bois de construction ; port ; 1000 hab.

GARN (le), vg. de Fr., Gard, arr. d'Uzès, cant. et poste de Pont-St.-Esprit ; 460 hab.

GARN (le), Gironde. *Voyez* ANDRÉ-DU-GARN (Saint).

GARNACHE (la), pet. v. de Fr., Vendée, arr. des Sables, cant. et poste de Challans; 2740 hab.

GARNAT, vg. de Fr., Allier, arr. de Moulins-sur-Allier, cant. et poste de Chevagnes ; 630 hab.

GARNAUD (Grand et Petit-), ham. de Fr., Charente-Inférieure, com. de Poursay-Garnaud ; 140 hab.

GARNAY, vg. de Fr., Eure-et-Loir, arr., cant. et poste de Dreux ; 640 hab.

GARNERANS, vg. de Fr., Ain, arr. de Trévoux, cant. et poste de Thoissey ; 950 h.

GARNÈRE, ham. de Fr., Haute-Garonne, com. de Sauveterre; 260 hab.

GARNES, ham. de Fr., Eure-et-Loir, com. de Levainville ; 250 hab.

GARNETOT, vg. de Fr., Calvados, arr. de Lisieux, cant. de St.-Pierre-sur-Dives, poste de Livarot; 170 hab.

GARNIER (mont), montagne qui s'élève au N.-E. de Fort-Royal et qui porte les ruines du Fort-Bourbon (Martinique). On y jouit d'une vue immense et magnifique.

GARNIER. *Voyez* SOMERSET-SEPTENTRIONAL.

GARNSEE, v. des états prussiens, prov. de Prusse, rég. de Marienwerder; fabr. de draps; brasseries, distilleries, pêcheries; 1000 hab.

GARONS, ham. de Fr., Gard, com. de Bouillargues; 650 hab.

GARONNE (la), *Garumna*, un des plus grands fleuves de Fr., a sa source dans les Pyrénées espagnoles, au fond du val d'Arran; elle entre en France, à 2 l. au-dessus de St.-Béat, coule d'abord vers le N.-N.-O. jusqu'à Montrejeau, où elle prend une direction vers l'E. en passant près de St.-Gaudens; elle se dirige de là par un arc immense vers le N.-O., traverse les départements de la Haute-Garonne, de Tarn-et-Garonne, de Lot-et-Garonne et de la Gironde, où elle se confond avec la Dordogne; elle passe par St.-Martory, Cazères, Muret, Toulouse, Verdun, Agen, Marmande, La Réole, St.-Macaire, Bordeaux. Plus de trente rivières sont tributaires de la Garonne. Ses principaux affluents de droite sont : le Salat, la Rize, l'Arriège, le Grand-Lers, le Lers-Mort et le Tarn; elle reçoit à gauche : l'Onne, l'Ourse, la Neste, le Gers et un grand nombre de petites rivières dont la Baise mérite seule d'être citée. Son cours total, en y comprenant celui de la Gironde dont elle est la branche principale, est d'environ 120 l. Elle devient flottable aux environs de Pont-du-Roi et navigable à Cazères. Par sa jonction avec le canal du Midi sous les murs de Toulouse, la Garonne établit une communication entre l'Océan et la Méditerranée.

GARONNE (Haute-) (département de la), situé dans la région sud de la France, est formé de l'ancienne généralité de Toulouse, qui faisait partie du ci-devant Haut-Languedoc. Il est borné au N. par les dép. de Tarn et Tarn-et-Garonne, à l'O. par ceux du Gers et des Hautes-Pyrénées, au S. par les Pyrénées, qui le séparent de l'Espagne, au S.-E. par le départ. de l'Arriège et à l'E. par celui de l'Aude.

Sa superficie est de 671,601 hectares et sa population de 454,727 hab. De hautes montagnes, qui appartiennent à la chaîne des Pyrénées, hérissent le département dans toute sa partie méridionale; le Maladetta (montagne maudite), ou Pic-Nethou, élevé de 1787 toises, le pic Quairot, le mont Arabère, semblent autant de bornes qui séparent la France de l'Espagne; la pente des montagnes est assez rapide, en quelques endroits elles sont à pic et droites comme un mur; leurs sommets paraissent généralement accessibles, excepté ceux des montagnes d'Oo, du Quairot et de Clarabide, couverts de glaces et de neiges éternelles. Dans la partie orientale du département le sol s'élève et forme la base des montagnes Noires, situées dans le dép. de l'Aude.

Ce département tire son nom du cours supérieur de la Garonne, qui prend sa source dans la vallée d'Aran en Espagne, le traverse en demi-cercle dans presque toute sa longueur du S.-O. au N.-E., et se rend dans le dép. de Tarn-et-Garonne; ses principaux affluents sont: la Pique, la Hesle, le Salat, l'Arriège, venant du département du même nom, avec son confluent le Lers, la Touche, l'Aussonelle, une seconde rivière, appelée Lers se réunissant au Giron et à la Save. Le Tarn traverse une petite partie de la région N.-E. du département. La Garonne est navigable à bûches flottantes depuis la frontière jusqu'à Cazères, de là elle le devient pour les bateaux. Une partie du département est traversée par le canal du Midi ou du Languedoc, qui joint la Garonne, près de Toulouse, à la Méditerranée. Dans les Pyrénées on trouve plusieurs lacs, entre autres le lac Seculéjo, de forme ovale, et dont la surface a plus de deux cent mille toises carrées; plus haut est le lac Espingo; une cascade, la plus volumineuse des Hautes-Pyrénées, tombe perpendiculairement de huit cents pieds de haut et établit là communication entre les deux lacs.

Le sol est entrecoupé presque partout de côteaux d'une hauteur médiocre et qui offrent dans leur séparation de belles plaines fertilisées par de nombreux cours d'eau; au S. les montagnes s'élèvent graduellement, forment les vallées si délicieuses de Labourst, d'Asto, de Luchon et du Lys, dominées par des sommets couverts de neige et dont les crêtes sont déchirées par les cols ou ports plus ou moins accessibles.

Le climat y est doux et tempéré, à l'exception de la région des montagnes; les vents dominants sont ceux d'O. et d'E.

Le département est renommé pour sa fertilité; les terres des environs de Toulouse et de Rieux fournissent deux récoltes par an; il exporte une grande quantité de céréales, récolte en abondance le maïs, le millet noir, le sarrasin, les pommes de terre, du tabac, du lin; le jardinage n'est pas moins perfectionné; des melons, des châtaignes, de l'ail en abondance, des figues, des noix, des truffes, etc. Les vignobles produisent annuellement 600,000 hectolitres de vins; les principaux crûs sont ceux de Montesquieu, de Fronton et de Cappens. Le département possède des prairies naturelles et artificielles; on affecte pour ces dernières d'année en année une étendue de terrain plus considérable.

Les forêts occupent un douzième de la superficie départementale; les arbres résineux, le pin et le sapin sont les essences dominantes.

Le département possède quelques mines de fer, de plomb, de cuivre, de zinc, de manganèse et même de cobalt et d'antimoine, répandus dans les terrains de transition et dont l'exploitation est très-difficile. La Garonne, l'Arriège, le Salat roulent des paillettes d'or, mais en très-petite quantité. On y trouve de la houille, des carrières de marbre de toutes couleurs et de marbre de statuaire, de l'amianthe, du granit, des pierres à bâtir, des ardoises et des crayons; ses eaux thermales et minérales sont nombreuses et très-fréquentées; on rencontre une source salée à Salies.

Le département possède de nombreux troupeaux de bœufs et de moutons, une belle race de chevaux, des mulets, des ânes, une grande quantité de porcs et de volailles, notamment d'oies, dont il se fait une immense consommation; on en sale une grande partie pour la conserver comme provision de ménage; leurs foies, ainsi que ceux des canards, servent à faire des pâtés estimés, qui s'expédient principalement à Paris; les abeilles et les vers à soie sont peu nombreux. Le loup, quelques ours habitent les forêts; l'isard, chamois des Pyrénées, plus nombreux, habite des régions moins accessibles; la corneille fauve, le grand-duc, le vautour barbu, le petit et le grand aigle animent la région des airs, laissant les vallées aux faisans, à la perdrix rouge et blanche, au coq de bruyère, à l'ortolan et à la gelinotte. On rencontre une grande variété de poissons dans les nombreuses rivières et les lacs; les truites communes et saumonées sont nombreuses et très-recherchées.

L'industrie est très-variée; elle consiste principalement en quelques hauts-fourneaux pour la fonte du fer, nombreuses scieries de marbre, manufactures importantes de faulx et d'acier, martinets à cuivre, fonderies de canon, ferblanteries, faïenceries, verreries, tuileries, amidonneries, tanneries et maroquineries; fabriques de grosse draperie, couvertures de laine, toiles à voiles, soieries, gaz et indiennes; bonneteries; fabriques de bougies et de carton; distilleries d'eaux-de-vie.

Le département fait un commerce considérable de grains et farines pour les colonies; il exporte des eaux-de-vie, du savon, de la laine, du bois de construction, des bestiaux, des mulets. Toulouse, par sa heureuse position, est l'entrepôt d'un grand commerce entre l'Espagne et les départements de l'intérieur. Le commerce du blé peut être évalué à un million d'hectolitres par an.

Il nomme 6 députés et est divisé en 4 arrondissements, 39 cantons et 599 communes.

Les chefs-lieux d'arrondissement sont :
Toulouse. . . 12 cant. 135 com. 159,064 h.
Villefranche. 6 » 97 » 63,101 »
Muret . . . . 10 » 129 » 88,994 »
St.-Gaudens . 11 » 238 » 143,568 »

39 cant. 599 com. 454,727 h.

Il fait partie de la dixième division militaire, dont le quartier-général est à Toulouse; il est du ressort de la cour royale et de l'académie de Toulouse, de l'archevêché de la même ville; il est compris dans la vingtième conservation forestière, dans la septième inspection des ponts-et-chaussées, dont le chef-lieu est Toulouse, et dans la cinquième division des mines, dont le chef-lieu est Montpellier. Il a 2 colléges et 308 écoles élémentaires.

GAROPABA ou FORQUILHA, lac de l'emp. du Brésil, prov. de Santa-Catarina ; il est formé par la réunion de plusieurs rivières et s'écoule par le Rio-Garopaba.

GAROS, vg. de Fr., Basses-Pyrénées, arr. d'Orthez cant. et poste d'Arzacq; 750 h.

GAROSSE, vg. de Fr., Landes, arr. de Mont-de-Marsan, cant. d'Arjuzanx, poste de Tartas; 310 hab.

GAROU, roy. puissant, mais peu connu de la Nigritie centrale, au S.-E. du Bas-Bambarra et au N. du Kayri ; on y trouve les sources du Ba-Nimma et du Maniana, affluents du Djoliba.

GARPENBERG, b. de Suède, bge de Talun ; mines de cuivre importantes.

GARRABET, ham. de Fr., Arriège, com. de Marcus ; 320 hab.

GARRAGNON (les), ham. de Fr., Haute-Garonne, com. de Gratens; 270 hab.

GARRARD, comté de l'état de Kentucky, États-Unis de l'Amérique du Nord ; il est borné par les comtés de Jessamine, de Madison, de Rockcastle, de Lincoln et de Mercer, et a une population de 12,000 âmes. Pays très-bien cultivé, traversé au N. par le Kentucky, qui y reçoit le Dick. Lancaster, au centre du comté, avec une poste, en est le chef-lieu.

GARRAVAY, v. de la Haute-Guinée, dans la partie orientale de la côte du Poivre, à 6 l. O.-N.-O. du cap de las Palmas, dans une contrée abondante en riz; habitants bons agriculteurs.

GARRAVET, vg. de Fr., Gers, arr., cant. et poste de Lombez; 490 hab.

GARREAUX, vg. de Fr., Haute-Garonne, arr. de St.-Gaudens, cant. et poste de St.-Béat; 150 hab.

GARREBOURG, vg. de Fr., Meurthe, arr. de Sarrebourg, cant. et poste de Phalsbourg; scieries hydraul. ; 735 hab.

GARRET. Voy. GRAHAM-MOORE (baie de).

GARREY, vg. de Fr., Landes, arr. et poste de Dax, cant. de Montfort; 230 hab.

GARRIGUES, vg. de Fr., Gard, arr. et poste d'Uzès, cant. de St.-Chaptes; 320 hab.

GARRIGUES, vg. de Fr., Hérault, arr. de Montpellier, cant. de Clarret, poste de Sommières; 120 hab.

GARRIGUES, ham. de Fr., Lot-et-Garonne, com. de Marmande; 100 hab.

GARRIGUES, vg. de Fr., Tarn, arr., cant. et poste de Lavaur; 480 hab.

GARRIS, pet. v. de Fr., Basses-Pyrénées, arr. de Mauléon, cant. et poste de St.-Palais; 510 hab.

GARROS, ham. de Fr., Gers, com. d'Auch ; 100 hab.

GARROWS (monts), chaîne de montagnes

37

de l'Inde transgangétique, qu'on peut regarder comme une ramification de la chaîne orientale de l'Himalaya. Elle vient du Nord, côtoye la rive gauche du Brahmapoutra, traverse l'Assam et aboutit aux frontières du Bengale, où elle forme la limite orientale de la plaine du Gange.

GARROWS ou GARRAUS (pays des), région montueuse de l'Inde transgangétique, qui s'étend entre 87° 50' et 89° 55' long. orient. et entre 24° 55' et 25° 48' lat. N. Elle est bornée au N.-O. par le Bengale, au N.-E. par Assam, à l'E. par l'empire Birman, au S. et à l'O. par le Bengale; des montagnes boisées, de nombreux torrents, des vallées fertiles en font un pays assez favorisé, auquel il ne manque qu'une meilleure culture. Le climat et les productions sont les mêmes qu'au Bengale. La principale denrée est le coton, que les indigènes apportent à Rangpour. Les Garrows, qui ont donné leur nom au pays qu'ils habitent, sont des sauvages féroces qui ont encore l'habitude de manger la tête de leurs ennemis; les crânes humains servent de monnaie chez ce peuple, dont la religion, la langue et jusqu'à la constitution physique diffèrent de celles des Hindous. Un grand nombre d'entre eux sont soumis aujourd'hui aux Anglais; d'autres vivent sous des chefs indépendants. Karribary est le chef-lieu de la partie soumise aux Anglais.

GARRY, ham. de Fr., Lot-et-Garonne, com. de Cassenenil; 100 hab.

GARS, vg. de Fr., Var, arr. de Grasse, cant. de St.-Auban, poste d'Escragnolles; 310 hab.

GARSCHE, vg. de Fr., Moselle, arr. et poste de Thionville, cant. de Cattenom; 810 hab.

GARSTANG, b. d'Angleterre, comté de Lancaster, sur le Dyer et le canal de Lancaster; important par ses marchés de bétail et sa fabrication de toile à sacs; 1200 hab.

GARTA, pet. v. dans la partie méridionale de la rég. d'Alger, à 15 l. S.-E. de Biscara.

GARTEMPE, vg. de Fr., Creuse, arr. de Guéret, cant. et poste de St.-Vaury; 460 h.

GARTLY, b. d'Écosse, comté de Banff; remarquable par ses excellentes carrières d'ardoises; 1500 hab.

GARULHOS, peuplade indienne en grande partie civilisée et convertie au christianisme, prov. de Rio-Janeiro, emp. du Brésil. Un petit reste de ce peuple a su conserver son indépendance; ce sont les Sacarus, qui errent dans les montagnes des Orgues.

GARWOLIN, v. de Pologne, woïwodie de Podlachie, sur la rive droite de la Wilga; 1000 hab.

GARZ, *Garsa*, vieille v. de Prusse, sur l'embouchure du Salvey dans l'Oder, prov. de Poméranie, rég. de Stettin; agriculture; pêche; éducation et commerce de bestiaux; fabr. de tissus de laine; 3380 hab.

GARZ, pet. v. de Prusse, prov. de Poméranie, rég. de Stralsund; 1400 hab.

GAS, vg. de Fr., Eure-et-Loir, arr. de Chartres, cant. de Maintenon, poste d'Épernon; 460 hab.

GASCHARBONNIER (le), ham. de Fr., Deux-Sèvres, com. d'Exireuil; 120 hab.

GASCOGNE, ancienne province française, qui, dans la Gaule romaine, correspondait à la Novempopulanie. Elle est bornée au N. par la Guyenne, au S. par le Béarn et les Pyrénées, à l'E. par le Languedoc et à l'O. par le golfe de Gascogne. Les Vascons, auxquels elle doit son nom, ayant été, au commencement du sixième siècle, refoulés hors de l'Espagne par les Goths, vinrent s'établir dans cette contrée. Les rois francs, qui voulaient étendre et affermir leur autorité dans la Gaule méridionale, leur firent longtemps la guerre, sans pouvoir les soumettre; ce ne fut qu'au septième siècle que ce peuple passa sous la domination des Francs, qui leur imposèrent des ducs et des comtes. Cependant ces chefs étaient loin d'être dévoués, et les rois carlovingiens eurent souvent à réprimer les révoltes des Gascons. Ce fut Lopez ou Loup, que Charlemagne avait nommé duc de Gascogne, qui devint l'auteur principal de la fameuse défaite de Roncevaux. Le monarque français tira une vengeance éclatante de l'ingratitude du chef gascon, qu'il fit pendre. Cet acte de sévérité n'intimida pas les Gascons, qui se révoltèrent plusieurs fois encore. Pendant les troubles qui déchirèrent l'empire sous les successeurs de Charlemagne, les Gascons choisirent pour les gouverner un neveu d'Adalric, de la famille de Loup, de celui qui avait été pendu par ordre de Charlemagne. Plus tard ils élurent Sanche, prince castillan de la même famille. Charles-le-Chauve ayant confirmé cette élection, le duché de Gascogne se transmit régulièrement par hérédité aux successeurs de Sanche jusque vers le milieu du onzième siècle. La race des ducs de Gascogne s'étant éteinte, cette province fut réunie au duché de Guyenne, dont elle a depuis suivi les destinées.

La Gascogne comprenait les subdivisions principales suivantes : le pays des Basques, capitale Bayonne; la Chalosse, capitale St.-Séver; le Condomois, capitale Condom; l'Armagnac, capitale Auch; le Bigorre, capitale Tarbes; le Comminge, capitale St.-Bertrand, et le Nébousan, capitale St.-Gaudens. Elle faisait, avant la révolution, partie du gouv. de Guyenne; elle forme depuis les dép. des Hautes-Pyrénées, du Gers et des Landes.

GASCOGNE (golfe de), vaste enfoncement formé par l'Océan Atlantique, entre la côte S. O. de la France et la côte N. de l'Espagne. Quoiqu'on ne comprenne ordinairement sous le nom de golfe de Gascogne que la partie qui baigne les côtes des anciennes provinces françaises de Guyenne et de Gascogne, et celles des provinces espagnoles de

Biscaye et de Guipuzcoa, où ce golfe prend le nom de mer de Biscaye, il est évident que sa plus grande largeur est déterminée par la pointe de Penmark, extrémité S.-O. du dép. du Finistère, et le cap Ortégal, extrémité N.-O. de l'Espagne.

GASCOUGNOLES, ham. de Fr., Deux-Sèvres, com. de Vouillé; 760 hab.

GASNY, vg. de Fr., Eure, arr. des Andelys, cant. d'Écos, poste de Vernon; 1120 h.

GASPARD-GRANDE, pet. île dans l'embouchure du golfe de Paria; elle dépend de l'île de Trinidad et a un fort qui défend l'entrée du golfe.

GASPARINNA, b. du roy. des Deux-Siciles, prov. de la Calabre ultérieure, dans le voisinage de la mer Ionienne; 2476 hab.

GASPÉ ou **GASPÉSIE** (la), un des quatre districts qui forment le Bas-Canada; c'est la province la plus occidentale de ce vaste pays; ce district s'étend au S. du St.-Laurent, qui forme sur ces côtes plusieurs baies et bons ports. Les monts Albany s'y élèvent en deux chaines, qui se réunissent à la source du Montmorency et forment, avec le Ristigouche, la frontière entre le Canada et le Nouveau-Brunswic. Le sol, très-bien arrosé, est rocailleux sur les côtes, mais, quoique peu cultivé encore, très-fertile dans l'intérieur, où s'étendent d'immenses forêts. Ses cours d'eau les plus considérables, tous tributaires du St.-Laurent, sont: le Montmorency, le Duval, le Ristigouche, le St.-Anns, le Marsouin, le Chat, le St.-Ignace, la riv. des Trois-Saumons et la riv. du Sud. Le climat, salubre dans l'intérieur, est très-nébuleux et assez malsain sur les côtes. Ce pays est la patrie des Gaspésiens, peuplade américaine dont il ne reste plus de traces et qui se faisait remarquer par un certain degré de civilisation et par le culte du soleil. Ces Indiens connaissaient la navigation, avaient des notions du cours des astres et dessinaient des cartes de leur pays natal. Une partie de cette tribu adorait la croix et conservait le souvenir d'un homme vénérable qui la leur avait apportée et qui l'avait préservée par là d'une maladie contagieuse. (*Voyez* Leclercq, *Nouvelle Relation de la Gaspésie*.) Malte-Brun pense que la Gaspésie était probablement le Winland des Grœnlandais et que cet homme vénérable dont parle la tradition des Gaspésiens pourrait bien être l'évêque du Grœnland, qui, en 1121, visitait le Winland. La population du dist. de Gaspé est encore très-faible et s'élève à peine à 35,000 âmes.

GASPÉ, comté du district de ce nom, Bas-Canada, forme une presqu'île au S. du St.-Laurent, entre la baie de la Chaleur et l'embouchure du St.-Laurent. Ses côtes ont un développement de 59 l. Ce comté a pour bornes le golfe du St.-Laurent, le Nouveau-Brunswic et le comté de Cornwallis. Les monts Albany traversent ce pays, arrosé par une foule de rivières dont le Montmorency est la plus considérable. La culture n'a fait que peu de progrès dans l'intérieur, couvert d'immenses forêts; climat nébuleux; 10,000 hab.

GASPÉ, pet. v. du Bas-Canada, dist. et comté de Gaspé, sur la baie du même nom, à l'entrée de laquelle s'étend le banc de Norwich; elle a un excellent port, fait le commerce de houille et de bois et est importante par ses pêcheries; 2000 hab.

GASQUES, vg. de Fr., Tarn-et-Garonne, arr. de Moissac, cant. et poste de Valence-d'Agen; 670 hab.

GASSAC, ham. de Fr., Lot-et-Garonne, com. de Casteljaloux; 220 hab.

GASSAS, ham. de Fr., Lot-et-Garonne, com. de Lalandusse; 140 hab.

GASSEN, v. de Prusse, prov. de Brandebourg, rég. de Francfort-sur-l'Oder, sur la Lubst; château; 1000 hab.

GASSERAS, ham. de Fr., Tarn-et-Garonne, com. de Montauban; 320 hab.

GASSICOURT, vg. de Fr., Seine-et-Oise, arr., cant. et poste de Mantes; 300 hab.

GASSIN, vg. de Fr., Var, arr. de Draguignan, cant. et poste de St.-Tropez; 660 hab.

GASSINO, b. du roy. de Sardaigne, prov. de Turin; carrières de marbre et de chaux; 2800 hab.

GASSON (Grand et Petit-), ham. de Fr., Seine-et-Marne, com. de Château-Landon, 110 hab.

GAST (le), vg. de Fr., Calvados, arr. de Vire, cant. et poste de St.-Sever; 980 hab.

GASTDORF, jolie pet. v. de Bohême, cer. de Rakonitz; culture de vin et de houblon; manufactures de draps; 1200 hab.

GASTEIN, *Augusta Antonini, Gastanium*, b. de la Haute-Autriche, cer. de Salzbourg; un des lieux habités les plus élevés de l'Europe, à 862 mètres au-dessus du niveau de la mer, renommé par ses bains (36 à 38°) et par ses mines d'or et d'argent, dont le produit, depuis le seizième siècle, a beaucoup diminué. Population permanente 700 âmes. Dans ses environs, près du village de Krimm, on admire une des plus belles et des plus hautes cascades de l'Europe, formée par l'Acha, affluent de droite de la Salza.

GASTER (la vallée du), *Castra Rhœtica*, portion assez considérable du cant. de St.-Gall, qui s'étend, longue de 8 à 9 l. et large de 3, au N. du lac de Wallenstadt et du canal de la Lintz; les habitants de ce pays, qui est en partie marécageux, élèvent des bestiaux ou transportent, par terre et par eau, les marchandises qui viennent d'Italie ou qui y vont. La vallée du Gaster appartenait, avant 1798, aux cant. de Schwyz et de Glaris, auxquels elle avait été vendue en 1438, par le duc Fréderic d'Autriche.

GASTES, vg. de Fr., Landes, arr. de Mont-de-Marsan, cant. de Parentis-en-Born, poste de Liposthey; 230 hab.

GASTINES, vg. de Fr., Mayenne, arr. de

Château-Gontier, cant. et poste de Cossé-le-Vivien ; exploitation d'anthracite ; 469 hab.

GASTINES, vg. de Fr., Sarthe, arr. de la Flèche, cant. et poste de Sablé ; 330 hab.

GASTINS, vg. de Fr., Seine-et-Marne, arr. de Provins, cant. et poste de Nangis ; 500 hab.

GASTOUNI ou **HULAMITSCH**, v. de Grèce, située dans le nomos d'Achaïe et d'Élide, sur l'Igliako, près des ruines de l'ancienne Elis ; avec un fort. Très-florissante avant la révolution, elle fut alors réduite en un amas de ruines par les Albanais de Lola. Elle est le siége d'un archevêché : 3000 hab.

GASVILLE, vg. de Fr., Eure-et-Loir, arr., cant. et poste de Chartres ; 870 hab.

GATCHIVA, v. de la Russie d'Europe, gouv. de St.-Pétersbourg ; remarquable par son château impérial, avec de superbes jardins ; 2000 hab.

GATE (New-). *Voyez* NEWGATE.

GATEBOURSE, ham. de Fr., Charente-Inférieure, com. de St.-Maudé ; 150 hab.

GATEHOUSE, vg. d'Écosse, comté de Kirkudbright, sur le Fleet ; florissant par son industrie cotonnière ; 1800 hab.

GATELLES, vg. de Fr., Eure-et-Loir, arr. de Dreux, cant. et poste de Châteauneuf-en-Thymerais ; 410 hab.

GATES, île qui fait partie du groupe des Bermudes ; s'étend entre celles de Walford et d'Ireland.

GATES, comté de l'état de la Caroline du Nord, États-Unis de l'Amérique du Nord ; il est borné par la Virginie et les comtés de Pasquotank, Perquimans, Chowan, Hertford et Northampton. Pays fertile en riz, mais couvert de marais à l'E. Le Chowan et le Méherrim, qui reçoit le Summerton et le Bennet, en sont les principaux cours d'eau. Manneys-Neck, au confluent du Méherrim et du Chowan, est le chef-lieu du comté ; 8800 hab.

GATES, pet. v. des États-Unis de l'Amérique du Nord, état de New-York, comté de Génesssée, sur le lac Ontario ; commerce important ; 1800 hab.

GATES ou **GATS**, **GANTS**, *Maleus*. Le massif de montagnes qui porte le nom et qui forme proprement le système Indien couvre les trois quarts de la surface de l'Inde par ses chaînes principales et ses ramifications. On peut lui assigner comme limites générales au N.-O. le bassin de l'Indus, au N. les bassins du Gange et de la Djamnâ. Des rives du Tapty les Gâtes s'élèvent dans la direction du S.-O., longent la côte occidentale du Dekkan jusqu'au voisinage de Coïmbatour, où, sous 11° lat., elles décrivent une courbe peu prononcée et vont remonter la côte orientale, vers les rives de la Kistnah, et se perdent en s'abaissant de plus en plus. La chaîne des Gâtes occidentales suit la côte à peu de distance : rarement la plage a plus de 10 l. de largeur, et souvent la montagne se projette en promontoire dans la mer. Cette chaîne est la plus élevée de toutes ; quelques-uns de ses points culminants atteignent 1500 toises de hauteur ; un grand nombre de défilés en facilitent le passage ; les cours d'eau qui vont vers l'O. ne sont pour ainsi dire que des torrents ; mais presque tous les grands fleuves du Dekkan prennent leurs sources sur le versant intérieur des Gâtes occidentales, coulent vers l'E., en traversant le plateau, et se font jour par la chaîne orientale. Celle-ci, bien moins haute que la chaîne occidentale (ses points culminants à l'O. de Nellore n'ont que 500 toises d'élévation), est plus sauvage encore et couverte de forêts impénétrables ; de nombreux défilés la traversent également et conduisent sur la plage, bien plus large que du côté opposé. Le nom de Gâtes tire son origine de ce grand nombre de passages. Toutes ces chaînes sont de formation granitique et bien boisées ; les cimes seules sont nues. La chaîne des monts Nilgherry, au N. de Coïmbatour, très-élevée, car ses points culminants ont plus de 1300 toises de hauteur, peut être regardée comme l'anneau de jonction entre les Gâtes occidentales et les Gâtes orientales. Les autres chaînes secondaires du système Indien ou des Gâtes sont : les monts de Bérar, les monts Vindhya, les monts du Travancore ; les montagnes de l'île Ceylan peuvent être regardées comme une dépendance de ce système.

GATESHEAD, *Gabrosentum*, pet. v. d'Angleterre ; comté de Durham, proprement faubourg de Newcastle, sur le Tyne ; 6000 h.

GATEY, vg. de Fr., Jura, arr. de Dôle, cant. de Chaussin, poste du Deschaux ; 590 hab.

GATEY, ham. de Fr., Haute-Saône, com. de Courtesoult ; 190 hab.

GATH ou **GETH**, v. de la tribu de Sébulon ; patrie du prophète Jonas.

GATH, g. a., une des cinq villes principales du pays des Philistins, au S.-O. de Nicopolis. David, qui y avait trouvé un asile, la conquit plus tard, quand il fut devenu roi ; Rhehabam la fortifia. Sous Joahas elle fut prise par Hasaël, roi de Syrie, et reprise par Joas ; plus tard, elle passa encore entre les mains des Philistins, qui la gardèrent jusqu'à ce qu'Usias la prit d'assaut et en démolit les fortifications ; lieu de naissance du géant Goliath.

GATHEMO, vg. de Fr., Manche, arr. de Mortain, cant. et poste de Sourdeval ; 880 h.

GATIEN (Saint-), vg. de Fr., Calvados, arr. de Pont-l'Évêque, cant. et poste de Honfleur ; 1050 hab.

GATIGUES, ham. de Fr., Gard, com. d'Aigaliers ; 100 hab.

GATINOIS, ancienne dénomination d'un petit territoire en France ; il se divisait en Gâtinois français, qui avait pour capitale Nemours et était enclavé dans l'Ile-de-France, et en Gâtinois orléanais, qui avait pour capitale Montargis. Le premier forme aujourd'hui la partie S.-O. du dép. de Seine-et-Marne; le second est compris dans la partie E. du Loiret. Le Gâtinois eut ses comtes particuliers jusqu'au règne de Philippe Ier.

GATINES (les), ham. de Fr., Eure, com. de St.-Christophe-sur-Avre; 100 hab.

GATINES (les), ham. de Fr., Ille-et-Vilaine, com. de St.-Père; 240 hab.

GATINES (les), ham. de Fr., Maine-et-Loire, com. du Puizet-Doré; 200 hab.

GATINES (les), ham. de Fr., Seine-et-Oise, com. de Plaisir; 190 hab.

GATO (punta de), promontoire sur la côte S. de l'île de Porto-Rico.

GATRONE, v. considérable du roy. de Fezzan, à 30 l. S.-S.-E. de Mourzouk, sur la route qui conduit de cette ville dans le Borgou et le Bornou.

GATSCH ou **GACS**, b. de Hongrie, cer. en-deçà du Danube, comitat de Neograd; très-florissant par ses manufactures de draps; fabr. de crayons et de papiers; 4000 hab.

GATTEVILLE, vg. de Fr., Manche, arr. de Cherbourg, cant. et poste de St.-Pierre-Église; 4310 hab.

GATTEVILLE (Raz-de-), cap à l'extrémité N.-E. du dép. de la Manche; on y remarque un phare, construit en granit et d'une élévation de 250 pieds.

GATTI-DE-VIVARIO, vg. de Fr., Corse, arr. et poste de Corte, cant. de Serragio; 780 hab.

GATTIÈRES, vg. de Fr., Var, arr. de Grasse, cant. et poste de Vence; 710 hab.

GATTINARA, *Catuli Ara*, b. du roy. de Sardaigne, prov. de Vercelli; il possède plusieurs couvents; vins estimés; 3712 hab.

GATUZIÈRES, vg. de Fr., Lozère, arr. de Florac, cant. et poste de Meyrueis; 270 h.

GAUALGESHEIM ou **ALGESHEIM**, v. du grand-duché de Hesse-Darmstadt, prov. de la Hesse-Rhénane; église remarquable, beaux vignobles; 2000 hab.

GAUBE, lac de Fr., Hautes-Pyrénées, arr. et cant. d'Argelès; il est moins remarquable par son étendue que par les sites pittoresques qui l'environnent.

GAUBÉ, ham. de Fr., Landes, com. de Perquie; 136 hab.

GAUBERT, vg. de Fr., Basses-Alpes, arr., cant. et poste de Digne; 430 hab.

GAUBERT, ham. de Fr., Eure-et-Loir, com. de Guillonville; 250 hab.

GAUBERTIÈRE (la), ham. de Fr., Deux-Sèvres, com. de Priaire; 160 hab.

GAUBERTIN, vg. de Fr., Loiret, arr. de Pithiviers, cant. de Beaune-la-Rolande, poste de Boynes; 360 hab.

GAUBIVING, ham. de Fr., Moselle, com. de Folckling; 410 hab.

GAUBRETIÈRE (la), vg. de Fr., Vendée, arr. de Bourbon-Vendée, cant. de Mortagne-sur-Sèvre, poste des Herbières; 1660 hab.

GAUBURGE (Sainte-), vg. de Fr., Orne, arr. d'Argentan, cant. du Merlerault, poste; 700 hab.

GAUBURGE (Sainte-), ham. de Fr., Orne, com. de St.-Cyr-la-Rosière; 150 hab.

GAUCHE. *Voyez* JACQUEMEL (fleuve).

GAUCHERIE (la), ham. de Fr., Indre-et-Loire, com. de Restigny; 120 hab.

GAUCHIN-LEGAL, vg. de Fr., Pas-de-Calais, arr. et poste de Béthune, cant. d'Houdain; 320 hab.

GAUCHIN-VERLOING, vg. de Fr., Pas-de-Calais, arr., cant. et poste de St.-Pol-sur-Ternoise; 310 hab.

GAUCHOIRS (les), vg. de Fr., Isère, arr. de Grenoble, cant. et poste de Bourg-d'Oisans; 100 hab.

GAUCHOS (hommes bruts, gauches), nom qu'on donne dans la rép. Argentine à cette partie de la population qui s'occupe de l'éducation du bétail. Ce sont les moins civilisés des habitants de cet état.

GAUCHY, vg. de Fr., Aisne, arr. et poste de St.-Quentin, cant. de St.-Simon; 350 h.

GAUCIEL, vg. de Fr., Eure, arr., cant. et poste d'Évreux; 240 hab.

GAUD, vg. de Fr., Haute-Garonne, arr. de St.-Gaudens, cant. et poste de St.-Béat; 360 hab.

GAUDAINE (la), vg. de Fr., Eure-et-Loir, arr., cant. et poste de Nogent-le-Rotrou; 310 hab.

GAUDE (la), vg. de Fr., Var, arr. de Grasse, cant. et poste de Vence; 790 hab.

GAUDECHART, vg. de Fr., Oise, arr. de Beauvais, cant. et poste de Marseille; 520 h.

GAUDENS (Saint-), v. de Fr., Haute-Garonne, chef-lieu d'arrondissement, à 18 l. S.S.-O. de Toulouse; siège d'un tribunal de première instance et d'un tribunal de commerce, directions des douanes et des contributions indirectes, conservation des hypothèques; elle est agréablement située, peu loin de la rive gauche de la Garonne, sur une colline d'où l'on jouit de charmants points de vue sur les Pyrénées. Elle possède un collége et une société d'agriculture; elle est commerçante et assez industrieuse; elle a des fabriques de draps communs, de bonneterie de fil, de papiers, de salin et potasse, de maroquin; des tanneries, des tuileries, des moulins à huile et à foulon, des scieries, verrerie, etc.; commerce de grains et de bestiaux; foires le deuxième jeudi de carême, le jeudi après l'Ascension, le premier jeudi de septembre et jeudi après St.-Nicolas; 6020 hab.

St.-Gaudens était autrefois la capitale d'un petit territoire, partie du Comminges, connu sous le nom de Nébousan; il eut ses institutions et ses états particuliers.

GAUDENT, vg. de Fr., Hautes-Pyrénées, arr. de Bagnères-en-Bigorre, cant. de Mauléon-Barousse, poste de Montrejeau; 150 h.

GAUDENT (Saint-), vg. de Fr., Vienne, arr., cant. et poste de Civray; châtaignes excellentes; 390 hab.

GAUDENZIO (San-), b. du grand-duché de Toscane, dist. de Florence; possède une église, un hospice des enfants trouvés; deux foires très-fréquentées; 1000 hab.

GAUDERIC (Saint-), vg. de Fr., Aude, arr. et poste de Castelnaudary, cant. de Fanjeau; 260 hab.

GAUDETS (les), ham. de Fr., Rhône, com. de Villié; 110 hab.

GAUDIEMPRÉ, vg. de Fr., Pas-de-Calais, arr. d'Arras, cant. de Pas, poste de l'Arbret; 450 hab.

GAUDIÈS, vg. de Fr., Arriège, arr. et poste de Pamiers, cant. de Saverdun; 519 h.

GAUDINIÈRE (la). *Voyez* SOUGE-LE-GANNELON.

GAUDONVILLE, vg. de Fr., Gers, arr. de Lectoure, cant. et poste de St.-Clar; 440 hab.

GAUDOUS, ham. de Fr., Gers, com. de Preignan; 140 hab.

GAUDREVILLE, ham. de Fr., Eure, com. de Moisiville; 140 hab.

GAUDREVILLE-LA-RIVIÈRE, vg. de Fr., Eure, arr. d'Évreux, cant. et poste de Conches;

GAUDRY, ham. de Fr., Nièvre, com. de Cercy-la-Tour; 160 hab.

GAUFFRES (les), ham. de Fr., Doubs, com. de la Cluse; 110 hab.

GAUGEAC, vg. de Fr., Dordogne, arr. de Bergerac, cant. et poste de Montpazier; 360 hab.

GAUHARDIÈRE (la), ham. de Fr., Maine-et-Loire, com. de Champtocé; 200 hab.

GAUJAC, vg. de Fr., Gard, arr. d'Uzès, cant. et poste de Bagnols; 410 hab.

GAUJAC, ham. de Fr., Gard, com. du Vigan; 200 hab.

GAUJAC, vg. de Fr., Gers, arr., cant. et poste de Lombez; 200 hab.

GAUJAC, ham. de Fr., Gers, com. de St.-Arroman; 240 hab.

GAUJAC, vg. de Fr., Lot-et-Garonne, arr. d'Agen, cant. et poste de Port-Ste.-Marie; 100 hab.

GAUJAC, vg. de Fr., Lot-et-Garonne, arr. et poste de Marmande, cant. de Meilhan; 700 hab.

GAUJACQ, vg. de Fr., Landes, arr. de St.-Sever, cant. d'Amou, poste d'Orthez; source d'une faible salure; plâtre coloré; mine de bitume; 1020 hab.

GAUJAN, vg. de Fr., Gers, arr., cant. et poste de Lombez; 410 hab.

GAULÈNE, ham. de Fr., Tarn, com. de St.-Julien-Gaulène; 120 hab.

GAULNA, v. de l'Inde anglaise, présidence de Bombay, prov. de Kandesch, chef-lieu de district; bien fortifiée et défendue par une citadelle.

GAULT (le), vg. de Fr., Loir-et-Cher, arr. de Vendôme, cant. de Droué, poste de Mondoubleau; 1290 hab.

GAULT (le), vg. de Fr., Marne, arr. d'Épernay, cant. et poste de Montmirail; 610 h.

GAULT (Saint-), vg. de Fr., Mayenne, arr., cant. et poste de Château-Gontier; 410 hab.

GAULTIER (Saint-), b. de Fr., Indre, arr. et à 6 l. E. du Blanc, chef-lieu de canton et poste; fabr. de draps, toiles de chanvre et de lin; commerce de toiles et de briques; exploitation de pierres de taille; 1620 hab.

GAULT-SAINT-DENIS (le), vg. de Fr., Eure-et-Loir, arr. de Châteaudun, cant. et poste de Bonneval; 840 hab.

GAUMIÈS, ham. de Fr., Dordogne, com. de Florimond; 60 hab.

GAUNERSDORF, b. de la Basse-Autriche, sur le Wiedenbache; à 1/4 l. O. de ce bourg se trouve le vg. de Pirawarth avec des bains sulfureux très-fréquentés.

GAUODERNHEIM, v. du grand-duché de Hesse, prov. de la Hesse rhénane, sur la Selze; 1600 hab.

GAUR ou **GOUR**, les ruines de cette ville, ancienne capitale du Bengale, sont situées dans le dist. de Dinadjpour, aux bords du Gange et couvrent une immense étendue de terrain, sur lequel se trouvent aujourd'hui huit bourgs et plusieurs villages, qui ensemble comptent plus de 3000 maisons. Le principal débris de Gaur est une mosquée en pierre noire.

GAURÉ, vg. de Fr., Haute-Garonne, arr. de Toulouse, cant. de Verfeil, poste de Montastruc; 590 hab.

GAURE, ham. de Fr., Maine-et-Loire, com. de Varennes-sous-Montsoreau; 150 h.

GAURIA, vg. de Fr., Gironde, arr. de Blaye, cant. et poste de Bourg-sur-Gironde; 1770 hab.

GAURIAGUET, vg. de Fr., Gironde, arr. de Bordeaux, cant. et poste de St.-André-de-Cubzac; 370 hab.

GAURITS ou RIO-FORMOSO, RIO-INFANTE ou improprement *Gondsriver*, riv. de l'Afrique australe, dans la colonie du Cap; elle est formée par la réunion des deux branches nommées Grande-Gamka (Grand-Fleuve-du-Lion) et Petite-Gamka (Petit-Fleuve-du-Lion), qui naissent toutes deux dans la haute chaîne du Nieuveld; après leur jonction, le Gaurits court au S. en partageant la colonie presque en deux parties égales, franchit la haute chaîne du Zwartberg et se jette dans l'Océan Austral, à 30 l. E.-S.-E. de Zwellendam.

GAUSSAN, vg. de Fr., Hautes-Pyrénées, arr. de Bagnères-en-Bigorre, cant. et poste de Castelnau-Magnoac; 430 hab.

GAUSSON, vg. de Fr., Côtes-du-Nord, arr. de Loudéac, cant. de Plouguenast, poste d'Uzel; 2320 hab.

GAUVILLE, vg. de Fr., Eure, arr. d'Évreux, cant. et poste de Verneuil; fonderie de fer; 75 hab.

GAUVILLE, vg. de Fr., Orne, arr. d'Argentan, cant. de la Ferté-Fresnel, poste de l'Aigle; 1010 hab.

GAUVILLE, vg. de Fr., Somme, arr. d'Amiens, cant. de Poix, poste d'Aumale; 440 hab.

GAUVILLE-LA-CAMPAGNE, vg. de Fr., Eure, arr., cant. et poste d'Évreux; 170 h.

GAUZENS (Saint-), vg. de Fr., Tarn, arr. et poste de Lavaur, cant. de Graulhet; 1220 hab.

GAVARDO, pet. b. du roy. Lombard-Vénitien, gouv. de Milan, délégation de Brescia; important par ses papeteries; 2000 hab.

GAVARNIE, ham. de Fr., Hautes-Pyrénées, com. de Luz; 320 hab.

GAVARNIE (cirque de), une des plus magnifiques vallées des Pyrénées, dans le dép. des Hautes-Pyrénées. Une muraille naturelle de rochers, de 1500 pieds de hauteur et d'environ 11,000 pieds de circonférence, l'entoure d'une enceinte semi-circulaire. Ce mur, surmonté de vastes et nombreux gradins, est couronné de rochers dont les sommets toujours couverts de neige s'élèvent à plus de 10,000 pieds de hauteur. Douze cascades tombent en torrents de différents points de cet immense amphithéâtre, objet de curiosité et d'admiration pour tous les voyageurs qu'attire en ce lieu le spectacle imposant de cette merveille de la nature.

GAVARRET, vg. de Fr., Gers, arr. de Lectoure, cant. et poste de Fleurance; 410 hab.

GAVASTOUS, ham. de Fr., Haute-Garonne, com. de St.-Gaudens; 350 hab.

GAVAUDUN, vg. de Fr., Lot-et-Garonne, arr. de Villeneuve-sur-Lot, cant. et poste de Monflanquin; forges à la Catalane; fabr. de papier; 1078 hab.

GAVES, nom que les habitants des Basses et Hautes-Pyrénées donnent à tous les torrents qui descendent de leurs montagnes. Les plus considérables sont : le gave de Pau, formé des gaves de Heas et de Gavarnie, qui s'élancent des flancs de l'énorme pic du mont Perdu, et le gave d'Oloron, formé par les gaves d'Ossau et d'Aspe, qui se réunissent avec un fracas épouvantable près d'Oloron. Au-dessus de Peyrehorade, le gave d'Oloron se confond avec celui de Pau, qui se jette dans l'Adour à 5 l. au-dessus de Bayonne.

GAVET, ham. de Fr., Isère, com. de Livet; 250 hab.

GAVETTO, b. et pet. port de la rég. d'Alger, au fond oriental du golfe de Stora, à 12 l. O. de Bone.

GAVI, pet. v. du roy. de Sardaigne, duché de Gênes, sur la grande route de Gênes à Turin, dans une vallée sauvage. Elle est protégée par un fort; 1390 hab.

GAVIA (mont). *Voyez* JACARÉPAGUA (lac).

GAVIGNANO, vg. de Fr., Corse, arr. et poste de Corte, cant. de Moresaglia; 450 h.

GAVINO (San-), vg. de Fr., Corse, arr. de Bastia, cant. de Sto-Pietro, poste de St.-Florent; 230 hab.

GAVINO-D'AMPUGNANI (San-), vg. de Fr., Corse, arr. de Bastia, cant. et poste de la Porta; 340 hab.

GAVINO-DI-CARBINI (San-), vg. de Fr., Corse, arr. et poste de Sartene, cant. de Levie; 330 hab.

GAVISSE, vg. de Fr., Moselle, arr. de Thionville, cant. de Cattenom, poste de Sierck; 410 hab.

GAVIUO (Rio-). *Voyez* CONTAS (Rio-das-).

GAVRAY, b. de Fr., Manche, arr. et à 5 l. S. de Coutances, chef-lieu de canton et poste; il est situé sur la Sieure et on y fait commerce de fil de lin et de moutons; fabr. de toiles de crins; ardoises; blanchisseries de toiles, et chaudronnerie; 2127 hab.

GAVRE (le), vg. de Fr., Loire-Inférieure, arr. de Savenay, cant. et poste de Blain; 1440 hab.

GAVRE, b. du roy. de Belgique, sur la rive droite de l'Escaut, prov. de la Flandre-Orientale, arr. de Gand; 1000 hab.

GAVRE, vg. de Fr., Morbihan, com. de Riantec; 420 hab.

GAVRELLE, vg. de Fr., Pas-de-Calais, arr. et poste d'Arras, cant. de Vimy; 710 h.

GAVRUS, vg. de Fr., Calvados, arr. de Caen, cant. et poste d'Évrecy; 180 hab.

GAWEISTROF, ham. de Fr., Moselle, com. de Willing; 310 hab.

GAWELGHUR, v. de l'Inde, roy. de Nagpour; cette ville très-forte est située sur un rocher haut et escarpé; elle faisait autrefois partie de la prov. de Bérar, dont un district porte encore son nom; maintenant elle appartient au dist. de Gaudwana du Nagpour.

GAWRILOWSK, v. de la Russie d'Asie, Sibérie, gouv. de Tomsk.

GAYA (Kigow), pet. v. d'Autriche, gouv. de Moravie et Silésie, cer. de Hradisch, dans une plaine très-fertile; possède une école supérieure; 2000 hab.

GAYA, v. de l'Inde anglaise, présidence de Calcutta, prov. de Behar. Située sur le Fulza, elle se compose proprement de deux villes, Gaya, le quartier des prêtres, et Sahebgunge, le quartier du commerce et de l'industrie. Gaya est mal bâti; ses rues sont sales et tortueuses, mais il renferme un temple consacré à Vischnou, un des plus vénérés de l'Inde et qui attire, dit-on, 100,000 pèlerins tous les ans; Sahebgunge est mieux bâti; la fabrication d'étoffes de soie et de coton, l'approvisionnement des pèlerins, le commerce, etc., nourrissent ses habitants. La population permanente de Gaya est d'environ 40,000 hab.

GAYAN, vg. de Fr., Hautes-Pyrénées, arr., cant. et poste de Tarbes; 300 hab.

GAYCAS ou GUAYACAS, peuplade indienne de la taille des Lapons et au teint européen. Elle erre dans le voisinage des grandes cataractes de l'Orénoque, rép. de Vénézuela, dép. de l'Orénoque, prov. de Guyane. Cette peuplade, très-jalouse de son indépendance, s'opposa au voyage de M. Humboldt vers les sources de l'Orénoque et le lac Parima.

GAYE, vg. de Fr., Marne, arr. d'Epernay, cant. et poste de Sézanne; 600 hab.

GAYÉ, b. de l'état Peul de Fouta-Toro, en Sénégambie, dans la prov. de Toro; les Maures y viennent faire escale.

GAYÈRE, vg. de Fr., Tarn, arr. d'Albi, cant. et poste de Valence-en-Albigeois; 260 hab.

GAYES ou **GAÈS**, peuplade indienne, en partie extirpée, en partie mêlée aux colons, dans la rép. de l'Ecuador, dép. d'Assuay, entre le Pastaza et le Tigre. La mission de Collado de Gayes sur le Bobonaza n'existe plus.

GAYET (le), ham. de Fr., Isère, com. de Chirens; 280 hab.

GAYON, vg. de Fr., Basses-Pyrénées, arr. de Pau, cant. et poste de Lembeye; 280 h.

GAYRAND (Saint-), vg. de Fr., Lot-et-Garonne, arr. de Marmande, cant. de Castelmoron, poste de Tonneins; 530 hab.

GAYRING ou **GAJAR**, b. de Hongrie, cer. en-deçà du Danube, comitat de Presbourg; marchés aux bestiaux très-fréquentés.

GAZA ou **GHASE**, **RAZZE**, pet. v. de Syrie, paschalik de Damas, chef-lieu de sandschak, siége d'un évêque grec et d'un évêque arménien. Assez florissant par son industrie, Gaza est encore très-important par sa position entre l'Égypte et la Syrie. Les caravanes passent par cette ville.

GAZAUPOUY, b. de Fr., Gers, arr., cant. et poste de Condom; 1040 hab.

GAZAVE, vg. de Fr., Hautes-Pyrénées, arr. de Bagnères-en-Bigorre, cant. et poste de la Barthe-de-Neste; 300 hab.

GAZAX, vg. de Fr., Gers, arr. de Mirande, cant. de Montesquiou, poste de Marciac; 310 hab.

GAZER, station de la Nigritie centrale, dans l'oasis d'Asben, appartenant aux Touariks, à 20 l. S. d'Asoudi.

GAZERAN, vg. de Fr., Seine-et-Oise, arr., cant. et poste de Rambouillet; 700 hab.

GAZOLA, pet. v. de Fr. d'Héa, dans le roy. de Maroc, sur l'Océan Atlantique.

GAZOST, vg. de Fr., Hautes-Pyrénées, arr. d'Argelès, cant. et poste de Lourdes; 400 hab.

GDOV, v. de la Russie d'Europe, chef-lieu du cercle de même nom, gouv. de St.-Pétersbourg; est située à l'embouchure de la Gdovka dans le lac Peipus; 12,000 h.

GDOW, b. de Gallicie, cercle de Bochnia, non loin de la Raba.

GÉ (les), peuplade indienne indépendante, habitant les confins des provinces de Para et de Maranhao, empire du Brésil. Cette peuplade se divise en 5 tribus: les Au-gé, Cran-gé, Cannacata-gé, Poncata-gé et Payco-gé.

GÉANT (mont), montagne de la Turquie d'Asie, au bord du Bosphore, à 4 l. de Constantinople. C'est une colline calcaire, sur laquelle se trouvent un ermitage et un tombeau cyclopéen.

GÉANGA, comté de l'état d'Ohio, États-Unis de l'Amérique du Nord; il est borné par le lac Érié et les comtés de Trumbull, d'Ashtabula, de Portage et de Cuyahoga; pays peu cultivé encore, couvert de vastes forêts et arrosé par le Grand-River; 10,000 h.

GÉANGES, vg. de Fr., Saône-et-Loire, arr. de Chalon-sur-Saône, cant. et poste de Verdun-sur-le-Doubs; 330 hab.

GÉANT (Grand et Petit-), ham. de Fr., Charente-Inférieure, com. de Tonnay-Charente; 110 hab.

GEAUNE, pet. v. de Fr., Landes, arr. et à 5 l. S.-E. de St.-Sever, chef-lieu de canton, poste d'Aire-sur-l'Adour; 1050 hab.

GEAY, vg. de Fr., Charente-Inférieure, arr. de Saintes, cant. et poste de St.-Porchaire; 760 hab.

GEAY, ham. de Fr., Deux-Sèvres, com. de Souvigné; 250 hab.

GEAY, vg. de Fr., Deux-Sèvres, arr. de Bressuire, cant. de St.-Varent, poste de Thouars; 340 hab.

GEBA, prov. et pet. établissement portugais dans la partie continentale du gouv. du Cap-Vert, sur la rivière de même nom, dans une contrée marécageuse et malsaine, mais néanmoins fertile en fruits du Sud, maïs, etc.; à 40 l. E. de Cacheo.

GEBA ou **GESVES**, riv. de Sénégambie, qui prend sa source dans le Kabou, traverse le pays des Biafares et des Balantés (Géba), et se jette par plusieurs branches dans l'Océan Atlantique, au N.-E. des îles Bijuga.

GEBESEE, v. de Prusse, prov. de Saxe, rég. d'Erfurt, sur la Gera; château; 1800 h.

GEBIL-AL-KOMRI, **GEBEL-EL-KAMAR**, **KOMR**, **GOUMERA**, **MONTS-DE-LA-LUNE**, *Lunæ Montes*, grande chaîne de montagnes très-élevées au N. du désert Ethiopien, au S. du Donga et au S.-O. du pays des Ghelouks; elles renferment plusieurs lacs qu'on suppose être les véritables sources du Bahr-el-Abiad.

GEBILEH, l'ancienne *Byblos* ou *Gabala*, pet. v. de Syrie, paschalik de Tripoli; elle est située sur la côte, et célèbre par les nombreuses antiquités qu'elle renferme, surtout par ses tombeaux taillés dans le roc. La magnifique mosquée du sultan Ibrahim a été renversée par un tremblement de terre.

GEBIR, pet. chaîne de montagnes dans la partie septentrionale du désert de Lybie, au S.-O. d'Al-Baretoun.

GECHEN ou **GESHEN**, prov. montagneuse dans la partie S.-E. du roy. d'Amhara, en Abyssinie, au N. de celui de Choa; elle est arrosée par une rivière du même nom.

GEDAM, chaîne de montagnes dans la partie N.-E. de l'Abyssinie, le long de la mer Rouge, depuis Arkiko jusqu'à la baie Annesley.

GEDE, ou **DJEDE TAGAL**, volcan dans l'île de Java; sa hauteur est de 1664 toises.

GEDERN, b. de l'électorat de Hesse-Cassel, prov. de la Haute-Hesse, au pied du

Vogelsberg; appartient aux possessions médiatisées du comte de Stollberg-Rossla; il a un château, une fabrique d'aiguilles et 1900 hab.

GEDIDI ou **GEDYDÉH**, b. considérable de l'oasis de Dakhel dans le désert de Lybie; contrée abondante en fruits du Sud; funérailles célébrées par des danses et des chansons; 650 hab.

GÉDINGOOMA. *Voyez* ELIMANÉ.

GEDMÉNA, une des cimes les plus élevées du mont Atlas, dans le royaume et à une journée E. de la ville de Maroc.

GÈDRE, ham. de Fr., Hautes-Pyrénées, com. de Luz; il est remarquable par sa situation dans l'affreux défilé du même nom; 650 hab.

GÈDRE-DE-BAREILLES, ham. de Fr., Hautes-Pyrénées, com. de Bareilles; 260 h.

GEDUMAH ou **GHIDIMA**, pet. prov. au N. du pays Cacagna ou Galam, dont elle faisait autrefois partie, sur la rive septentrionale du Sénégal.

GÉE, vg. de Fr., Gers, arr. de Mirande, cant. et poste de Riscle; 170 hab.

GÉE, vg. de Fr., Maine-et-Loire, arr. de Baugé, cant. et poste de Beaufort; 450 h.

GEEL, b. du roy. de Belgique, prov. d'Anvers, arr. et à 4 l. S. de Turnhout; fabrication de dentelles; 7050 hab.

GEELWINK, grande baie au N.-O. de la Nouvelle-Guinée, dans l'Océanie centrale; elle forme, par son enfoncement, l'isthme qui lie la terre des Papouas à la partie méridionale de l'île.

GEER ou **AFERNIE**, cap sur la côte occidentale de l'empire de Maroc, entre le roy. de Maroc proprement dit et la prov. de Sous, au N. d'Agadir.

GEESH, dist. et pet. v. du roy. de Gondar, en Abyssinie, à la source du Bahr-el-Azrek ou fleuve Bleu; pays montueux, abondant en pâturages. Les tribus des Agows viennent tous les ans y offrir des sacrifices au fleuve Bleu.

GEFALL, b. de la Basse-Autriche, cer. supérieur du Mannhartsberg, non loin de la grande forêt de ce nom.

GEFFOSSES, vg. de Fr., Manche, arr. et poste de Coutances, cant. de Lessay; 1300 hab.

GEFLE ou **GEFLEBORG**, chef lieu du gouv. de Gefleborg, dans le roy. de Suède; siége d'un évêché, possédant un gymnase renommé. Gefle est une ville très-importante par son port, ses nombreux vaisseaux marchands, son commerce et son industrie; 8000 hab.

GEFLEBORG (le gouvernement de), dans la Suède proprement dite; est formé des anciennes prov. de Gestrikland et Helsingland, situé entre 15° 10' et 19° 28' long. orient., entre 60° 10' et 62° 25' lat. septent., il est borné au N.-O. et au N.-E. par les gouv. de Jæmtland et de Wester-Nortland, à l'E. par le golfe de Bothnie, au S.-E., au S. et à l'O. par les gouv. d'Upsala, de Westeras et de Stora-Kopparberg; sa superficie est de 364 milles carrés.

C'est un pays montagneux, aux côtes déchirées, renfermant de nombreux lacs et arrosé surtout par le Ljusna-Elf, qui vient du Jæmtland et coule dans le golfe de Bothnie; un cinquième à peine de sa surface est cultivé; tout le reste est rochers, forêts, eaux ou marécages; le climat y est assez rude. Ses productions sont: un peu de grains, les pommes de terre, le lin, les bestiaux, de nombreux animaux sauvages, les poissons, le fer, etc.; 90,000 hab.

GEFOSSES, vg. de Fr., Calvados, arr. de Bayeux, cant. et poste d'Issigny; 210 h.

GEFRÉES, b. de la Bavière, chef-lieu du district de même nom, cer. du Mein-Supérieur; fabrication de toiles et de cotonnades; brasseries et distilleries; culture de lin; population du bailliage 1200 hab., du district 12,900, sur 5 milles c. géogr.

GEGE, ham. de Fr., Haute-Garonne, com. de Sauveterre; 120 hab.

GEHASÉ, dist. du pays de Baharnegach, faisant partie du roy. de Tigré, en Abyssinie.

GEHÉE, vg. de Fr., Indre, arr. de Châteauroux, cant. d'Ecueillé, poste de Levroux; 880 hab.

GEHOFEN, b. de Prusse, prov. de Saxe, rég. de Mersebourg, sur l'Unstrut; 850 hab.

GEHOL. *Voyez* DSCHEHOL.

GEHRDEN, v. de Prusse, prov. de Westphalie, rég. de Minden, sur l'OEse; industrie; 900 hab.

GEHRDEN, b. du roy. de Hanovre, prov. de Hanovre; 1100 hab.

GEHREN, b. dans la principauté de Schwarzbourg-Sondershausen, dans une vallée du Thuringerwald; dans ses environs se trouvent une fabr. d'huile de vitriol, les forges et fonderie ducales; 1700 hab.

GEIBENHEIM. *Voyez* GUEWENHEIM.

GEILENKIRCHEN, pet. v. de Prusse, sur la Wurm, chef-lieu de cercle, prov. du Rhin, rég. et à 4 1/2 l. d'Aix-la-Chapelle, manufactures de draps, de tabac et de chicorée; tanneries; savonneries; 1200 hab.

GEILNAU, vg. du duché de Nassau, bge de Dietz; important par ses eaux minérales, dont on exporte annuellement plus de 150,000 bouteilles; 200 hab.

GEIN (Saint-), vg. de Fr., Landes, arr. et poste de Mont-de-Marsan, cant. de Villeneuve; 670 hab.

GEISA, v. du grand-duché de Saxe-Weimar-Eisenach, principauté d'Eisenach, avec un château, un hôpital et 1700 hab. A 1/2 mille se trouve le Rockenstuhl, montagne basaltique haute de 1604 pieds, avec les ruines du château de même nom.

GEISBACH-EN-RAURIS, vg. d'Autriche, pays au-dessus de l'Ens, dans la vallée de Rauris, cer. de Salzach; mines d'or; eaux thermales.

GEISELHŒRING, b. de Bavière, cer. de

la Regen, sur le petit Laber; brasseries; 850 hab.

GEISENBERG. *Voyez* CHÈVREMONT.

GEISENFELD, b. de Bavière, cer. de l'Isar, sur l'Ilm; brasseries; culture de fruits, chanvre et houblon; 1000 hab.

GEISENHEIM, b. du duché de Nassau, bien bâti et parfaitement situé dans le bge de Rudesheim, au bord du Rhin; 2300 hab.

GEISHAUSEN, vg. de Fr., Haut-Rhin, arr. de Belfort, cant. de St.-Amarin, poste de Wesserling; 800 hab.

GEISINGEN, v. du grand-duché de Bade, située dans le cer. du Lac, sur le Danube, et appartenant au prince de Furstenberg; 1050 hab.

GEISLINGEN, pet. v. du Wurtemberg, chef-lieu du grand-bailliage de même nom, cer. du Danube; située dans une vallée assez stérile de l'Alp supérieure, dont les principales productions sont du lin et des fruits. La ville et les environs possèdent beaucoup d'usines; on y fabrique des objets de sculpture en bois, en corne et en ivoire. Geislingen appartenait, dans le quatorzième siècle, aux comtes de Helfenstein, dont le château couronnait une montagne voisine. Population de la ville 2120 hab., du grand-bailliage 12,750, sur 7 milles carrés.

GEISPITSEN, vg. de Fr., Haut-Rhin, arr. d'Altkirch, cant. de Landser, poste de Sierentz; 460 hab.

GEISPOLSHEIM ou **GEISPITZEN**, vg. de Fr., Bas-Rhin, arr., à 3 l. S.-S.-O. et poste de Strasbourg, chef-lieu de canton; 2220 h.

GEISSELBRONN. *Voyez* SCHWEIGHAUSEN.

GEISSWASSER, vg. de Fr., Haut-Rhin, arr. de Colmar, cant. et poste de Neuf-Brisach; 370 hab.

GEISWILLER, vg. de Fr., Bas-Rhin, arr. de Saverne, cant. de Hochfelden, poste de Bouxwiller; 240 hab.

GEITHAYN, v. du roy. de Saxe, située sur l'Eyla, dans le cer. de Leipzig; 2300 h.

GELACOURT, vg. de Fr., Meurthe, arr. de Lunéville, cant. et poste de Baccarat; 250 hab.

GELAIS (Saint-), vg. de Fr., Deux-Sèvres, arr., cant. et poste de Niort; 680 hab.

GELAMOUN ou **EL-QUALAMOUN**, b. de l'oasis de Dakhel, dans le désert de Lybie; résidence du kaimakou ou chef de cette oasis.

GELANNES, vg. de Fr., Aube, arr. de Nogent-sur-Seine, cant. de Romilly-sur-Seine, poste de Pont-le-Roy; fabr. de bonneterie; 450 hab.

GÉLAUCOURT, vg. de Fr., Meurthe, arr. de Toul, cant. et poste de Colombey; 140 h.

GELBOE, g. a., territoire de la tribu d'Issaschar, Samarie, au S. de l'Hermon; c'est là que Saül tomba dans un combat contre les Philistins.

GELDERN. *Voyez* GUELDRES.

GELDORP, vg. du roy. de Hollande, sur le Dommel, prov. du Brabant septentrional, dist. d'Eindhoven; possède de nombreuses manufactures de draps; 1200 hab.

GELEEN, vg. du roy. de Belgique, prov. de Limbourg, arr. de Maëstricht; 2220 hab.

GELIGNIEU, ham. de Fr., Ain, com. de Murs; 100 hab.

GÉLISSON, v. de l'île de Célébès, gouv. de Macassar; elle est située sur la côte méridionale, a un bon port et fait quelque commerce.

GELLAH. *Voyez* COLLAH.

GELLAINVILLE, vg. de Fr., Eure-et-Loir, arr., cant. et poste de Chartres; 290 hab.

GELLENONCOURT, vg. de Fr., Meurthe, arr. de Nancy, cant. et poste de St.-Nicolas-du-Port; 80 hab.

GELLES, vg. de Fr., Puy-de-Dôme, arr. de Clermont-Ferrand, cant. et poste de Rochefort; 2020 hab.

GELLIN, vg. de Fr., Doubs, arr. de Pontarlier, cant. et poste de Mouthe; 200 bab.

GELLIVARA, b. du gouv. de Nordbotten, roy. de Suède; possède des mines de fer extrêmement riches; 1200 hab.

GELMA ou **KALMAH**, *Calama*, pet. v. de la rég. d'Alger, non loin de la rive droite de la Seybouse, à 20 l. E.-N.-E. de Constantine.

GELMA, *Cilma, Oppidum Cilmanense*, pet. v. de la rég. de Tunis, non loin de la rive droite de la Médjerdah, à 35 l. S.-S.-O. de Tunis; on y voit les ruines d'un vaste temple.

GELMINGEN. *Voyez* GOMELANGE.

GELNHAUSEN, v. de l'électorat de Hesse-Cassel, prov. de Hanau, sur une haute montagne appelée le *Dietrich*, et dont le pied est baigné par la Kinzig; elle se compose de la ville et du château du même nom, et renferme 3700 hab., qui cultivent beaucoup de vin. C'était anciennement une ville impériale; dans le voisinage, au pied d'une chaine de montagnes et sur une île de la Kinzig, on voit des restes considérables du magnifique palais construit par l'empereur Frédéric Barberousse. Ces ruines sont imposantes, et toute la contrée est pleine de monuments qui rappellent l'époque de ce prince; on célèbre encore la messe dans la chapelle impériale.

GELOS, vg. de Fr., Basses-Pyrénées, arr., cant. et poste de Pau; 1050 hab.

GELOUX, vg. de Fr., Landes, arr., cant. et poste de Mont-de-Marsan; 790 hab.

GELTERKINDEN, gros vg. dans le cant. de Bâle, dist. de Sissach; il s'y trouve de nombreux tissages de rubans; il est habité en été par plusieurs riches habitants de Bâle; 1000 hab.

GÉLUCOURT, vg. de Fr., Meurthe, arr. de Château-Salins, cant. et poste de Dieuze; 630 hab.

GELVÉCOURT, vg. de Fr., Vosges, arr. de Mirecourt, cant. et poste de Dompaire; 230 hab.

GELY (Saint-), ham. de Fr., Gard, com. de Cornillon; 120 hab.

GELY-DU-FESC (Saint-), vg. de Fr., Hérault, arr. de Montpellier, cant. et poste des Matelles; 350 hab.

GEMAAJEDID, *Gontiana*, pet. forteresse très-peuplée dans le roy. marocain de Fez, sur une haute montagne, non loin du Bérégreb; elle parait être soumise à un prince particulier.

GÉMAGES, vg. de Fr., Orne, arr. de Mortagne-sur-Huine, cant. du Theil, poste de Bellême; 500 hab.

GEMAINGOUTTE, vg. de Fr., Vosges, arr., cant. et poste de St.-Dié; 360 hab.

GEMARKE, pet. v. de Prusse, prov. rhénane, rég. et à 4 1/2 l. de Dusseldorf, et à 1/2 l. d'Elberfeld; située sur la Wipper, au milieu de l'industrieuse vallée de Barmen; il y a environ deux siècles qu'il ne se trouvait à son emplacement qu'une ferme isolée; elle possède une bourse, un gymnase, un institut de sourds - muets, de riches maisons de commerce et de nombreuses manufactures et usines; 2350 hab.

GEMAUGUE, ham. de Fr., Saône-et-Loire, com. de Chapaize; 170 hab.

GEMBIZ, v. de Prusse, prov. de Posen, rég. de Bromberg; fabr. de draps; 700 hab.

GEMBLOUX, pet. v. du roy. de Belgique, sur l'Orneau, prov., arr. et à 3 l. de Namur; fabr. de coutellerie; 1700 hab. En 1758, don Juan d'Autriche y remporta une victoire sur les Néerlandais.

GEMBRIE, vg. de Fr., Hautes-Pyrénées, arr. de Bagnères-en-Bigorre, cant. de Mauléon-Barousse, poste de Montrejeau; 170 h.

GEMEAUX, vg. de Fr., Côte-d'Or, arr. de Dijon, cant. et poste d'Is-sur-Tille; 1050 hab.

GEMENOS, vg. de Fr., Bouches-du-Rhône, arr. de Marseille, cant. et poste d'Aubagne; exploitation de terre blanche; papeteries; martinets à cuivre; verrerie; 1830 hab.

GEMERT, vg. du roy. de Hollande, prov. de Brabant septentrional, dist. d'Eindhoven; fabrication de toiles fines renommées; 3920 hab.

GEMIAS, peuplade indienne indépendante, dans l'emp. du Brésil, prov. de Para, comarque de Rio-Négro, entre le Hyurua et le Hyutahy.

GEMIGNANO (Saint-), b. du grand-duché de Toscane, dist. de Florence; situé sur une proéminence de la montagne de Cornochio; il renferme plusieurs églises et un hospice des enfants trouvés; 2200 hab.

GEMIGNY, vg. de Fr., Loiret, arr. d'Orléans, cant. et poste de Patay; 230 hab.

GEMIL, vg. de Fr., Haute-Garonne, arr. de Toulouse, cant. et poste de Montastruc; 260 hab.

GEMISCHKANA, v. de la Turquie d'Asie, eyalet d'Erzeroum; mines d'argent dans les environs; 7000 hab.

GEMME (Sainte-), vg. de Fr., Charente-Inférieure, arr. de Saintes, cant. et poste de St.-Porchaire; 1110 hab.

GEMME (Sainte-), vg. de Fr., Cher, arr. et poste de Sancerre, cant. de Léré; 730 hab.

GEMME (Sainte-), vg. de Fr., Gironde, arr. de la Réole, cant. et poste de Monségur; 460 hab.

GEMME (Sainte-), vg. de Fr., Marne, arr. de Reims, cant. de Châtillon-sur-Marne, poste de Dormans; 470 hab.

GEMME (Sainte-), vg. de Fr., Deux-Sèvres, arr. de Bressuire, cant. de St.-Varent, poste de Thouars; 190 hab.

GEMME (Sainte-), vg. de Fr., Tarn, arr. d'Albi, cant. et poste de Pampelonne; 1140 hab.

GEMME-DES-BRUYÈRES (Sainte-), vg. de Fr., Vendée, com. de Tallud-Ste.-Gemme.

GEMMELAINCOURT, vg. de Fr., Vosges, arr. et poste de Mirecourt, cant. de Vittel; 410 hab.

GEMME-LA-PLAINE (Sainte-), vg. de Fr., Vendée, arr. de Fontenay-le-Comte, cant. et poste de Luçon; 1270 hab.

GEMME-LE-SABLON (Sainte-), vg. de Fr., Indre, arr. du Blanc, cant. de Mézières-en-Brenne, poste de Buzançais; 620 hab.

GEMMES (Sainte-), vg. de Fr., Loir-et-Cher, arr. de Vendôme, cant. de Selommes, poste d'Oucques; 230 hab.

GEMMES-D'ANDIGNÉ (Sainte-), vg. de Fr., Maine-et-Loire, arr., cant. et poste de Segré; 1180 hab.

GEMMES-LE-ROBERT (Sainte-), vg. de Fr., Mayenne, arr. de Laval, cant. et poste d'Évron; 2600 hab.

GEMMES-SUR-LOIRE (Sainte-), vg. de Fr., Maine-et-Loire, arr. et poste d'Angers, cant. des Ponts-de-Cé; 1180 hab.

GEMMI (le), mont. des Alpes suisses, passage entre le Valais et l'Oberland bernois et dont le point le plus élevé, la Daube, a 7160 pieds au-dessus du niveau de la mer. Le chemin qui conduit des bains de Leuker au sommet du Gemmi fut taillé de 1736 à 1741 sur une étendue de 10,110 pieds. A l'O. de la Daube est le grand glacier de Lammern, qui s'avance jusqu'au Strudel, à l'Hunerleiterli et à l'Ammertenhorn.

GEMONA, b. du roy. Lombard-Vénitien, gouv. de Venise, délégation d'Udine, sur la grande route d'Allemagne; fait un commerce très-actif; 5000 hab.

GÉMONVAL, vg. de Fr., Doubs, arr. de Baume-les-Dames, cant. et poste de l'Isle-sur-le-Doubs; exploitation de houille; 260 hab.

GÉMONVILLE, vg. de Fr., Meurthe, arr. de Toul, cant. et poste de Colombey; 510 h.

GÉMOZAC, b. de Fr., Charente-Inférieure, arr. et à 6 l. S. de Saintes, chef-lieu de canton, poste de Pons; 2607 hab.

GEMUND, pet. v. d'Illyrie, gouv. de Laibach, cer. de Villach, sur le Liser; source minérale; 3500 hab.

GEMUND, pet. v. de Prusse, prov. du Rhin, rég. et à 8 l. d'Aix-la-Chapelle, au confluent des pet. riv. d'Oleff et d'Urft; remarquable par ses nombreuses manufactures de draps et ses usines; 900 hab.

GEMUNDEN, v. de 1220 habitants dans l'électorat de Hesse-Cassel, prov. de la Haute-Hesse.

GEMUNDEN, pet. v. de la Bavière, située à 4 l. de Karlstadt, au confluent de la Saale avec le Mein, chef-lieu du district de même nom, cer. du Mein-Inférieur; navigation active; commerce de bois; tanneries. Population de la ville 1450, du district 8000 hab. sur 4 milles c.

GEMUNDEN, b. de Prusse, prov. rhénane, rég. de Coblence, sur le Simmerbach.

GENAC, vg. de Fr., Charente, arr. d'Angoulême, cant. et poste de Rouillac; 1500 h.

GENAINVILLE, vg. de Fr., Seine-et-Oise, arr. de Mantes, cant. et poste de Magny; 430 hab.

GENAINVILLIERS, vg. de Fr., Eure-et-Loir, com. de Mittainvilliers; 210 hab.

GENAPPE, pet. v. sur la rivière de même nom, roy. de Belgique, prov. du Brabant méridional, arr. et à 2 l. de Nivelles; usines; 1100 hab.

GENARD (Saint-), vg. de Fr., Deux-Sèvres, arr., cant. et poste de Melle; 600 hab.

GÉNAS, ham. de Fr., Gironde, com. de Pellegrue; 250 hab.

GENAS, vg. de Fr., Isère, arr. de Vienne, cant. de Meyzieux, poste de Lyon; 1580 h.

GENAT, vg. de Fr., Arriège, arr. de Foix, cant. et poste de Tarascon-sur-Arriège; 370 hab.

GENATER, v. du roy. de Tigré, en Abyssinie, capitale du dist. d'Agamé.

GENAVILLE, vg. de Fr., Moselle, arr. de Thionville, cant. et poste de Briey; 420 hab.

GENAY, vg. de Fr., Ain, arr., cant. et poste de Trévoux; 1270 hab.

GENAY, vg. de Fr., Côte-d'Or, arr., cant. et poste de Sémur; 615 hab.

GENÇAIS, b. de Fr., Vienne, arr. et à 6 l. N. de Civray, chef-lieu de canton et poste; fabr. de briques, tuiles, chaux, faïence, poterie de terre; exploitation de marne pour l'agriculture aux environs; 1060 hab.

GENCE(Saint-), vg. de Fr., Haute-Vienne, arr. de Limoges, cant. et poste de Nieul; 250 hab.

GENDERINGEN, vg. du roy. de Hollande, prov. de Gueldres, dist. de Zutphen; 2800 h.

GENDRAY, vg. de Fr., Jura, arr. et à 5 l. N.-N.-E. de Dôle, chef-lieu de canton, poste d'Orchamps; 750 hab.

GENDRAY, ham. de Fr., Deux-Sèvres, com. de St.-Martin; 150 hab.

GENDREVILLE, vg. de Fr., Vosges, arr. de Neufchâteau, cant. et poste de Bulgnéville; 690 hab.

GENÉ, vg. de Fr., Maine-et-Loire, arr. de Segré, cant. et poste du Lion-d'Angers; ce village se distingue par sa belle situation sur la rive droite de la Loire; 530 hab.

GENEBRIÈRES, vg. de Fr., Tarn-et-Garonne, arr. de Montauban, cant. et poste de Monclar; 590 hab.

GENECH, vg. de Fr., Nord, arr. de Lille, cant. de Cysoing, poste d'Orchies; 1130 h.

GÉNÉCHIER, ham. de Fr., Haute-Saône, com. de Chagey; 170 hab.

GENEITOUSE (la), vg. de Fr., Haute-Vienne, arr. de Limoges, cant. et poste de St.-Léonard; 800 hab.

GENELARD, vg. de Fr., Saône-et-Loire, arr. de Charolles, cant. de Toulon-sur-Arroux, poste de Perrecy; 1070 hab.

GENEMUIDEN, b. de Hollande, prov. d'Oberyssel, situé près l'embouchure du Zwater-Water dans le Zuydersee; on y fabrique des ouvrages en jonc.

GÉNÉRAC, vg. de Fr., Gard, arr. et posté de Nîmes, cant. de St.-Gilles-les-Boucheries; fabr. d'eau-de-vie; 1880 hab.

GÉNÉRAC, vg. de Fr., Gironde, arr. et poste de Blaye, cant. de St.-Savin; 750 h.

GÉNÉRARGUES, vg. de Fr., Gard, arr. d'Alais, cant. et poste d'Anduze; 650 hab.

GENÉRETS, vg. de Fr., Hautes-Pyrénées, arr. de Bagnères-en-Bigorre, cant. de Nestier, poste de St.-Laurent-de-Neste; 490 hab.

GENEROUX (Saint-), vg. de Fr., Deux-Sèvres, arr. de Parthenay, cant. et poste d'Airvault; 430 hab.

GENERVILLE, vg. de Fr., Aude, arr. et poste de Castelnaudary, cant. de Fanjeaux; 120 hab.

GENÈS (Saint-), ham. de Fr., Gironde, com. de Talence; 150 hab.

GENÈS (Saint-), vg. de Fr., Puy-de-Dôme, arr. d'Issoire, cant. et poste de Sauxeillanges; 1110 hab.

GÈNES (duché de), *Genova*, le territoire de l'ancienne république ou duché actuel de Gênes (Liguria) est une plage étroite de la Méditerranée, resserrée entre l'Apennin et le golfe de Gênes. Il est borné au N. par le Piémont et le duché de Parme, à l'E. par deux parties de la Toscane et du Modénais, au S. par la mer, à l'O. par le comté de Nice. L'Apennin, sans être très-élevé, s'y présente nu et sauvage et sépare complétement le pays du N. de l'Italie : une seule route conduisait autrefois de Gênes à Novi, par le pas difficile de la Bocchetta; elle a été remplacée par une route moderne qui évite ce col. Une route construite par Napoléon et mal entretenue dans sa partie occidentale conduit de Gênes, d'un côté à Nice, de l'autre, à travers plusieurs montagnes à Lucques. Ce sont là les communications de ce pays étroit qui enceint le golfe de Gênes et qu'on appelle aussi Riviera; le duché est partagé en Riviera-di-Levante (rivière du levant), et Riviera-di-Ponente (rivière du couchant). L'agriculture est peu avancée et trouve peu de ressources dans ce terrain montueux et pierreux : cependant le châtaignier, la vigne, les fruits du Sud et principalement l'olivier, réussissent bien sous ce climat chaud et aride. Le palmier y vient également ; près de Bordigbera, dans la Riviera-di-Ponente, il existe une petite forêt de ces arbres. L'Apennin est tout à fait stérile ; le golfe n'est pas riche en poissons. La population du duché qui était de 583,233 h., lors du recensement de 1823, doit avoir dépassé le chiffre de 600,000. Les habitants sont industrieux, navigateurs et commerçants : leur position géographique leur assignait ce rôle. Le dialecte qu'ils parlent s'appelle Zeneise, parcequ'ils disent Zena au lieu de Genova. Le duché de Gènes qui, depuis les traités de 1815, fait partie du roy. de Sardaigne, forme une intendance-générale, divisée en sept sous-intendances. Gènes ou Genova en est la capitale ; les autres villes importantes sont : Savone, Spezzia, Finale, Chiavari, Novi ; l'île de Capraja, entre la Corse et l'île d'Elbe, fait partie du duché.

GÈNES (*Genua* en allemand), *Genova*, l'ancienne capitale de la célèbre république de Gènes, aujourd'hui le chef-lieu du duché et de l'intendance du même nom, siége d'un archevêché, du conseil d'amirauté, du tribunal d'appel ou sénat judiciaire de son intendance ; elle est située au fond du golfe de Gènes et entre deux petites rivières, sous 44° 15′ lat. N. ; Gènes la superbe, c'est le surnom qu'on lui donne en Italie, est admirable quand on vient du côté de la mer et qu'on embrasse d'un seul coup-d'œil l'ensemble de cette cité de palais et d'églises, bâtie en amphithéâtre sur la plage et s'appuyant sur la montagne. Mais quand on entre dans la ville, les rues tortueuses, inégales, étroites, manquant d'air, détruisent assez vite l'illusion. Une seule rue mérite cependant d'être distinguée : c'est la Strada-Balbi avec ses continuations, la Strada-Nuova et la Strada-Nuovissima. Elle est large et bordée des deux côtés de palais magnifiques, construits les uns en marbre blanc, les autres, revêtus de stuc, imitant également le marbre, tous richement ornés et décorés de colonnes et de grilles. La plupart de ces palais, qui témoignent de l'ancienne splendeur et des richesses immenses de la république, contiennent encore une foule de chefs-d'œuvre de l'art italien et de riches collections scientifiques. On distingue surtout le palais Durazzo, aujourd'hui le palais royal, et réputé le plus beau et le plus vaste de tous ; les palais Balbi, Pallavicini, Spinola, Serra (et son salon d'or), Brignola, dit Palazzo-Rosso, parce que ses murs sont peints en rouge, Carrega, Rovere, le palais de l'université, le palais d'André Doria, un des plus vastes et dont le jardin est décoré d'une superbe colonnade en marbre de Carrare ; le palais des Doges, occupé par le sénat. Un autre palais Doria, très-beau, a été transformé en caserne. Le palais Negro renferme un jardin botanique.

Les églises de Gènes, au nombre de cent, toutes richement décorées, se font distinguer aussi par leur architecture ; la cathédrale Santo-Lorenzo est un édifice gothique qui contient les tombeaux des familles Doria, Fieschi, etc. On y conserve le Santo-Catino, ce fameux vase de verre, dit de la *cène*, qu'on croyait longtemps être d'émeraude et dont les Génois s'emparèrent en 1101, lors de la prise de Césarée en Palestine. Les églises de St.-Cyr, de l'Annonciation, de St.-Ambroise, de Carignan sont remarquables à des titres divers. Parmi les édifices publics nous avons déjà nommé le palais ducal ou palais du gouvernement et celui de l'université, le grand hôpital, l'hôpital des incurables et l'hôtel des pauvres (*albergo dei poveri*), la banque de St.-George et sa vaste salle, la bourse ou loge avec sa voûte hardie, l'Opéra, magnifique salle presque aussi grande que la Scala à Milan, les trois théâtres, enfin l'arsenal ou Darsena, méritent également d'être cités. Les deux collines de Sarzana et Carignan sont réunies par le pont de Carignan, qui passe par-dessus des maisons très-hautes et qui offre aux Génois une promenade agréable. Gènes est bien fortifiée et entourée d'une double enceinte de remparts, dont la première embrasse la ville même ; l'autre s'étend jusqu'au sommet des collines voisines. Le port de Gènes est excellent, surtout le port intérieur ou Darsena ; il est protégé par des promontoires et deux jetées magnifiques, les môles, qui, de même que les beaux environs du port, servent de promenade. Les plus belles places de la ville sont celles d'Acqua-Verde, de l'Annunziata, de Charles-Felix ou de St.-Dominique et de Sarzano. La population de Gènes, qui était de 76,679 âmes en 1822, s'élève actuellement à plus de 80,000 ; quelques-uns la portent à 100,000. Son université, restaurée en 1783, possède une belle bibliothèque ; il existe encore à Gènes trois autres bibliothèques, une école de marine, une autre de navigation, une école des sourds-muets et une académie des beaux-arts. Le commerce de cette ville, quoique moins considérable que dans les anciens temps, est cependant très-florissant ; Balbi la regarde comme la première place commerçante de l'Italie. Une partie de l'enceinte de la ville est considérée comme port franc. L'industrie génoise fabrique des étoffes de soie, surtout des velours, des fleurs artificielles, du chocolat, de l'huile de rose, des fruits confits, des ouvrages en or et en argent. Gènes possède en outre de vastes chantiers de construction pour la marine royale.

L'origine de la ville de Gènes n'est pas connue ; lors de la destruction de l'empire d'Occident, le territoire de Gènes tomba au pouvoir des Lombards ; après la défaite de ces barbares par Pepin-le-Bref et Charlemagne, il fit partie de l'empire français, fut gouverné par un comte et, plus tard, passa sous la domination des empereurs allemands; Gênes conquit son indépendance politique au dixième siècle et fut successivement gouvernée par des consuls, des podestas, des capitaines, des doges perpétuels et des doges biennaux. Ses richesses et sa puissance l'agrandirent rapidement et de bonne heure elle marcha l'égale et la rivale de Venise et de Pise. Elle conquit la Corse; plus tard elle étendit son influence sur le Levant et sut faire, ainsi que Venise, d'immenses profits pendant les croisades. Bien que déchirée continuellement par des dissensions intestines, par l'ambition des partis et des familles, quelquefois gouvernée par des étrangers, dont on craignait moins l'influence; d'autrefois, se mettant sous la protection de la France ou de Milan, elle ne persista pas moins dans sa politique extérieure et chercha à devenir la puissance maritime dominante de la Méditerranée. Elle s'attaque d'abord à Pise, et, après des luttes longues et opiniâtres, elle finit par détruire la puissance de cette rivale, à se maintenir en Corse et en Sardaigne. La guerre contre Venise, qui dura 130 ans, interrompue à peine par de courtes trêves, fut glorieuse longtemps, mais à la fin malheureuse. Les Génois, à la suite du rétablissement des empereurs byzantins, auquel ils avaient puissamment contribué, s'étaient étendus sur les côtes de la mer Noire; ils occupaient la Crimée, plusieurs îles de l'Archipel, même Crète et Chypre; le faubourg de Péra à Constantinople leur appartenait. Mais au quatorzième siècle leur puissance déclina; beaucoup de leurs établissements tombèrent au pouvoir des Vénitiens; la prise de Constantinople par les Turcs mit fin à leur influence dans le Levant, et un demi-siecle plus tard la découverte du nouveau chemin des Indes leur ravit le commerce de l'Inde, qu'ils faisaient par l'isthme de Suez et dont ils avaient eu, pour ainsi dire, le monopole. A dater de cette époque jusqu'à la fin du dix-huitième siècle, la république de Gênes déchut de plus en plus; la nouvelle constitution que lui avait donnée André Doria, au commencement du seizième siècle, ne put la sauver; elle ne comptait déjà plus au rang des puissances maritimes. En 1797 et à la suite des guerres de la révolution, elle fut anéantie. Son territoire fut celui de la république Ligurienne, Gênes la capitale de cette république; quelques années plus tard Gênes devint le chef-lieu du département français du même nom; enfin, par les traités de 1815, elle fut réunie au Piémont, dont elle est aujourd'hui le principal port militaire et commerçant.

GENÉS-CHAMPESPE (Saint-), vg. de Fr., Puy-de-Dôme, arr. d'Issoire, cant. de Latour, poste de Tauves; 750 hab.

GENÈS-DE-CASTILLON (Saint-) vg. de Fr., Gironde, arr. de Libourne, cant. et poste de Castillon; 520 hab.

GENÈS-DE-LOMBAUD (Saint-), vg. de Fr., Gironde, arr. de Bordeaux, cant. et poste de Créon; 270 hab.

GENÈS-DE-QUEUIL (Saint-), vg. de Fr., Gironde, arr. de Libourne, cant. de Fronsac, poste de St.-André-de-Cubzac; 370 h.

GENÈS-DE-TOURS (Saint-), vg. de Fr., Gironde, arr., cant. et poste de Blaye; 490 hab.

GENESLAY, vg. de Fr., Orne, arr. de Domfront, cant. de Juvigny-sous-Andaine, poste de Couterne; 1090 hab.

GENESLAY, ham. de Fr., Mayenne, com. de Rennes-en-Grenouilles.

GENESSÉE, fl. des États-Unis de l'Amérique de Nord; prend naissance au N. de la Pensylvanie, dans les environs de Coudersport, entre dans l'état de New-York, qu'il traverse dans toute sa largeur, et s'embouche dans le lac Ontario, à Génesséeport, après un cours de 45 à 50 l. Ses eaux sont profondes, et son cours, très-tranquille, n'est interrompu nulle part sur toute sa longueur. Dans sa partie supérieure il fait la chute de Williamsbourg; il en fait deux autres près de son embouchure; la plus considérable de ces deux dernières a 96 pieds de haut. Ce fleuve, d'une grande importance pour le commerce de ces contrées, baigne les villes de Génessée et de Rochester.

GÉNESSÉE, comté de l'état de New-York, États-Unis de l'Amérique du Nord; il est borné par le lac Ontario et les comtés d'Alléghany, de Cattaragus, d'Ontario et de Niagara. Pays plat, bien arrosé et très-fertile, surtout le long du Génessée et du Tonawanto, les deux principaux cours d'eau de cette province. Le lac forme sur ses côtes les baies de Braddock, de Fishing et de Dévils-Nose. Le commerce, très-florissant de ce pays est favorisé surtout par le canal de l'Erié, et sa population qui, en 1810, n'était que de 12,644 âmes, s'élève aujourd'hui à 65,000 hab.

GÉNESSÉE, pet. v. des États-Unis de l'Amérique du Nord, état de New-York, comté d'Ontario, sur le Génessée; poste; commerce; 2800 hab.

GENEST (le), vg. de Fr., Mayenne, arr. de Laval, cant. de Loison, poste de la Gravelle; 1070 hab.

GENEST (Saint-), vg. de Fr., Allier, arr. de Montluçon, cant. de Marcillat, poste de Néris; 490 hab.

GENEST (Saint-), ham. de Fr., Corrèze, com. de Curemonte; 330 hab.

GENEST (Saint-), vg. de Fr., Marne, arr. d'Épernay, cant. d'Esternay, poste de Courgivaux; 70 hab.

GENEST (Saint-), vg. de Fr., Marne, arr. de Vitry-le-Français, cant. et poste de St.-Rémy-en-Bouzemont; 30 hab.

GENEST (Saint-), vg. de Fr., Haute-

Vienne, arr. de Limoges, cant. et poste de Pierre-Buffière ; mine de plomb à Bayaud ; 730 hab.

GENEST (Saint-), vg. de Fr., Vosges, arr. d'Épinal, cant. et poste de Rambervillers ; tuilerie ; four à chaux ; 320 hab.

GENEST-CHAMPANELLE (Saint-), vg. de Fr., Puy-de-Dôme, arr., cant. et poste de Clermont-Ferrand, 2130 hab.

GENEST-DE-BEAUZON (Saint-), vg. de Fr., Ardèche, arr. de l'Argentière, cant. et poste de Joyeuse ; 790 hab.

GENEST-DE-CONTEST (Saint-), vg. de Fr., Tarn, arr. de Castres, cant. de Lautrec, poste de Réalmont ; 460 hab.

GENEST-DE-LALBANEL (Saint-), ham. de Fr., Tarn, com. de Damiate ; 330 hab.

GENEST-DE-RETZ (Saint-), vg. de Fr., Puy-de-Dôme, arr. de Riom, cant. et poste d'Aigueperse ; 870 hab.

GENEST-DE-LENCLOITRE (Saint-), vg. de Fr., Vienne, arr. et poste de Châtellerault, cant. de Lencloitre ; 1390 hab.

GENESTELLE, vg. de Fr., Ardèche, arr. de Privas, cant. d'Antraigues, poste d'Aubenas ; 1980 hab.

GENESTET, vg. de Fr., Dordogne, arr. et poste de Bergerac, cant. de la Force ; 520 h.

GENEST-L'ENFANT, (Saint), vg. de Fr., Puy-de-Dôme, arr., cant. et poste de Riom ; 500 hab.

GENEST-LES-MONGES (Saint-), vg. de Fr., Puy-de-Dôme, arr. de Riom, cant. et poste de Pontaumur ; 380 hab.

GENETAY (le), ham. de Fr., Seine-Inférieure, com. de St.-Martin-de-Boscheville, 120 hab.

GENÊTE (la), vg. de Fr., Saône-et-Loire, arr. de Louhans, cant. de Cuisery, poste de Tournus ; 680 hab.

GENÊT-LERPT (Saint-), vg. de Fr., Loire, arr. et poste de Saint-Étienne, cant. de Chambon ; 1310 hab.

GENÊT-MALIFAUX (Saint-), b. de Fr., Loire, arr. à 2 l. S. et poste de St.-Étienne, chef-lieu de canton, fab. de rubans ; 3480 h.

GÉNÉTOUZE (la), vg. de Fr., Charente-Inférieure, arr. de Jonzac, cant. de Montguyon, poste de Montlieu ; 600 hab.

GÉNÉTOUZE (la), vg. de Fr., Vendée, arr. et poste de Bourbon-Vendée, cant. de Poiré-sous-Bourbon ; 440 hab.

GENETS, b. de Fr., Manche, arr. et poste d'Avranches, cant. de Sartilly ; marais salants ; 1010 hab.

GENETTES (les), vg. de Fr., Orne, arr. de Mortagne-sur-Huine, cant. et poste de de Moulins-la-Marche ; 360 hab.

GENEUILLE, vg. de Fr., Doubs, arr. et poste de Besançon, cant. de Marchaux ; papeterie ; 325 hab.

GÉNÉVA (New-), v. naissante des États-Unis de l'Amérique du Nord, état de Pensylvanie, comté de Fayette, sur la Monongahéla, poste.

GÉNEVA, v. des États-Unis de l'Amérique du Nord, état de New-York, comté d'Ontario, sur une hauteur à l'extrémité N. du lac de Sénéca ; elle est très-bien bâtie et renferme une université, une banque, deux imprimeries, dont chacune fait paraître un journal, et fait un commerce très-important ; verrerie dans le voisinage ; 5500 hab.

GENÈVE (le lac de), *Lemanus Lacus, Lausanius Lacus*, s'étend dans la forme d'un arc qui se courbe du S.-O. au S.-E., entre les cant. de Genève, de Vaud, du Valais et la Savoie. Sa plus grande longueur, de Genève au fond du golfe de Chillon, est en ligne droite d'environ 213,000 pieds ; sa plus grande largeur, de Morges à Evian, est d'environ 43,000 pieds ; sa superficie embrasse 26 l. c. Il est à 1150 pieds au-dessus du niveau de la mer, et sa profondeur est, dans certains endroits, de près de 1000 pieds. Il reçoit au S.-E. le Rhône, qui le traverse dans sa longueur et en ressort à Genève, où il forme une charmante petite île, célèbre par le monument de J.-J. Rousseau. Le lac de Genève reçoit en outre de nombreuses rivières, dont la principale est la Dranse, qui coule en Savoie et se décharge non loin de Thonon. Il est extrêmement poissonneux et abonde surtout en truites saumonnées. Il a une espèce de flux et de reflux, qu'on retrouve à peu près de même sur le lac de Constance et que les habitants du pays nomment *les Seiches*. Le lac de Genève est à juste titre renommé pour sa beauté : sa surface est presque toujours calme et transparente, et l'air y est si pur que souvent on aperçoit distinctement les villes et les villages de ses côtes à une distance de 12 et même de 14 l. Les rivages offrent partout du côté de la Suisse, et surtout dans les environs de Genève, un aspect ravissant ; les villes, les bourgs, les villages, les maisons de plaisance y embellissent constamment des campagnes bien cultivées ; la côte de Savoie est en quelques endroits déserte et triste ; elle est sauvage et grandiose vers Meillerie et St.-Gyngolph. Les principaux endroits que l'on rencontre sur les rives du lac de Genève sont : Genève, Coppets, Nyon, Rolle, Morges, Lausanne, à une certaine distance de la côte, puis Vevey, Villeneuve et Thonon. Trois bateaux à vapeur établissent entre ces différents points une communication rapide, en faisant régulièrement le trajet entre Genève et Villeneuve.

GENÈVE, un des cantons de la confédération helvétique ; s'étend entre 46° 9′ et 46° 22″ lat. sept., entre 3° 35′ et 3° 58′ 30″ long. orient. ; il est borné au N. par le cant. de Vaud, au N.-E. par le lac de Genève, à l'E. et au S. par le duché de Savoie, dans le roy. de Sardaigne, à l'O. et au N.-O. par la France. Le territoire de Coligny seul en est séparé et est enclavé dans le cant. de Vaud. Le cant. de Genève a une superficie de 13 l. c. ; il renferme une très-petite partie du lac de Genève ; le Rhône sort de ce lac à

Genève et reçoit, non loin de la ville, l'Arve rapide. L'élévation moyenne du pays est de 1126 pieds au-dessus du niveau de la mer; c'est partout une plaine, interrompue seulement par quelques petites collines; le sol y est sablonneux, aride et d'une fertilité médiocre; mais la chaleur de l'été, entre les montagnes des Alpes et du Jura, rend la végétation prompte et précoce. Les principales productions sont : les grains, les fruits, le fourrage, le vin, le chanvre, les bestiaux, les poissons, le gypse et quelques autres minéraux.

La population du cant. de Genève s'élève à 57,000 hab. : le plus grand nombre est calviniste, les trois dixièmes seulement sont catholiques et habitent surtout les territoires acquis en 1816. Les Génevois sont laborieux, industrieux et éclairés; les traits du caractère français dominent, quoique modifiés, dans leur caractère; on leur reproche une vanité nationale excessive. Ils parlent le français à la ville, mais le peuple de la campagne parle un patois semblable à celui de la Savoie. Ils se livrent particulièrement à différentes branches d'industrie : ils soignent peu l'agriculture, mais l'éducation des troupeaux est aussi une de leurs principales ressources, ainsi que la récolte des fruits. La pêche occupe les habitants des bords du lac.

D'après la constitution du 24 août 1814, la forme du gouvernement est démocratique et représentative. La puissance législative appartient au conseil des représentants, composé, y compris 4 syndics et un conseil d'état, de 278 membres, élus par tous les citoyens ayant l'âge de 25 ans, la capacité légale du vote et payant une imposition de 25 francs de Suisse; 30 de ces membres sont renouvelés chaque année. Le conseil-d'état possède la puissance exécutive et le droit de proposer des lois. Il se compose de 28 membres du conseil des représentants, nommés à vie, âgés d'au moins 35 ans, et est présidé par 4 syndics, élus pour un an. La justice est confiée à 4 tribunaux, qui sont: le tribunal de commerce; le tribunal d'audience, divisé en un tribunal civil et un tribunal de police; la cour suprême de justice, formant le tribunal d'appel; et le tribunal de recours, qui est une cour de cassation et de grâce pour les affaires criminelles. Les pasteurs calvinistes sont soumis à un synode chargé de la surveillance du culte; la population catholique appartient au diocèse de l'évêque de Lausanne, en vertu d'une bulle du pape donnée en 1819.

Les dépenses annuelles du cant. de Genève sont d'environ 530,000 francs de Suisse; ses revenus s'élèvent à 600,000. Il doit fournir à l'armée des confédérés un contingent de 880 hommes et une somme de 22,000 francs de Suisse. Chaque citoyen âgé de 20 à 25 ans appartient au contingent fédéral, ceux de 25 à 60 font partie de la réserve cantonale.

GENÈVE (la ville de), *Augusta Allobrogum*, *Geneva*, capitale du canton de ce nom et la ville la plus considérable de la Suisse; se trouve sous 46° 12′ 5″ lat. sept. et 3° 49′ 54″ long. orient.; elle occupe une position charmante, à l'extrémité du lac de Genève. De la place Maurice et de la promenade de la Treille on jouit des points de vue les plus beaux et les plus variés. Le Rhône, à sa sortie du lac, partage la ville en deux parties, dont l'une, la plus grande, située sur la rive gauche, est appelée la Cité, tandis que l'autre, jadis un simple faubourg, porte le nom de St.-Gervais. Genève est entourée de fortifications anciennes et étendues, mais insignifiantes. Ses principaux édifices sont : l'église de St.-Pierre, d'une belle architecture gothique; l'hôtel de ville, au faîte duquel on peut monter en calèche; le théâtre, l'observatoire, et la halle aux blés. Genève renferme une population de 28,000 habitants. Elle possède une université, avec des facultés de théologie, de droit et de médecine, fondée en 1368 et renommée surtout sous le rapport des sciences naturelles et mathématiques; une école des arts; une bibliothèque de 39,000 volumes; un collège; 12 écoles primaires et plusieurs établissements d'éducation privés; une école des sourds-muets, fondée en 1815; un musée, un beau jardin botanique et plusieurs collections remarquables d'objets d'art ou d'histoire naturelle et appartenant à des particuliers; enfin plusieurs sociétés savantes : des sociétés de médecine, d'industrie, des arts, d'agriculture, de physique et d'histoire naturelle, etc. Les principaux établissements de bienfaisance sont: l'institution des sourds-muets déjà nommée, l'hôpital et l'hospice des orphelins. Genève est une ville très-importante par son industrie, dont la principale branche est l'horlogerie; elle y fut introduite en 1587, par un Français nommé Charles Cusin, et elle est depuis longtemps fort estimée et envoie au loin ses nombreux produits. La bijouterie, la fabrication de boîtes à musique occupent également un grand nombre de personnes. Enfin il y a aussi des fabriques d'impression pour les toiles, des tanneries, des corderies, des fabriques de chapeaux, etc. Située sur les limites de la Suisse, de la France et de l'Italie, Genève fait, outre un grand commerce d'exportation, un commerce de transit très-considérable.

Cette ville a été la patrie de plusieurs hommes célèbres : de J.-J. Rousseau, du médecin et naturaliste Bonnet, du financier Necker et de sa fille, Mme de Staël, de Saussure, des Pictet, etc.

Genève, ancienne ville des Allobroges, et dont Jules César fit une de ses places d'armes, reçut, dit-on, le christianisme déjà au troisième siècle; elle fut, pendant quelque temps, la capitale du premier royaume de Bourgogne, au centre duquel elle était située. Puis, ville impériale depuis le onzième siècle, elle augmente peu à peu ses franchises pendant les sanglantes querelles de ses évêques et de ses comtes, et bientôt le pouvoir des premiers fut considérablement restreint par les syndics élus du sein de la bourgeoisie. Mais elle eut à soutenir une lutte longue et difficile avec le duc de Savoie, dans les états duquel elle se trouvait enclavée, et qui depuis longtemps cherchait, par tous les moyens, à s'arroger la domination sur Genève. Aux prétentions du duc venaient se joindre celles de la noblesse. Enfin, au commencement du quinzième siècle, les bourgeois de Genève adoptèrent la réforme, chassèrent leur évêque et les partisans du duc de Savoie, se constituèrent en république et, avec le secours des Bernois, leurs alliés, maintinrent leur indépendance contre les ducs de Savoie. Cette ville devint le foyer du calvinisme. En 1793, on y introduisit une constitution semblable à celle qui régissait la république française, ce qui amena de graves dissensions. En 1798, elle fut réunie à la France et devint le chef-lieu du dép. du Léman. Lorsque les Autrichiens y entrèrent en 1813, Genève fut de nouveau proclamée ville libre, et, en 1815, elle entra comme vingt-deuxième canton dans la confédération helvétique. Dans la même année, son territoire s'augmenta de quelques communes catholiques retranchées de la France et de la Savoie, et parmi lesquelles se trouvent d'un côté Uersoi, de l'autre la ville de Carouge.

GENEVIÈVE (Sainte-), comté de l'état de Missouri, États-Unis de l'Amérique du Nord; il est borné par les comtés de Jefferson, de Cape-Girardeau et de Washington, et renferme 5800 hab. Le Maramek et le St.-Francis, affluent du Mississipi, arrosent ce pays, traversé à l'O. par la branche orientale des monts Ozark; mines de plomb très-productives; belles campagnes le long du Mississipi; salines.

GENEVIÈVE (Sainte-), pet. v. des États-Unis de l'Amérique du Nord, état de Missouri, comté de Ste.-Geneviève, dont elle est le chef-lieu, non loin du confluent du Gabarre et du Mississipi; académie; cette ville est le principal entrepôt des mines du pays; 2500 hab.

GENEVIÈVE (Sainte-), baie à l'O. de l'île de Terre-Neuve.

GENEVIÈVE (Sainte-), vg. de Fr., Aisne, arr. de Laon, cant. et poste de Rozoy-sur-Serre; 230 hab.

GENEVIÈVE (Sainte-), vg. de Fr., Aveyron, arr. et à 8 l. N. d'Espalion, chef-lieu de canton, poste de Laguiole; 1850 hab.

GENEVIÈVE (Sainte-), vg. de Fr., Manche, arr. de Valognes, cant. de Quettehou, poste de Barfleur; 790 hab.

GENEVIÈVE (Sainte-), vg. de Fr., Meurthe, arr. de Nancy, cant. et poste de Pont-à-Mousson; 660 hab.

GENEVIÈVE (Sainte-), vg. de Fr., Oise, arr. de Beauvais, cant. et poste de Noailles; fabr. de tabletterie, de cornes à lanternes pour les vaisseaux et de bois d'évantails; 970 hab.

GENEVIÈVE (Sainte-), vg. de Fr., Seine-Inférieure, arr. de Dieppe, cant. et poste de Tôtes; 520 hab.

GENEVIÈVE-DES-BOIS (Sainte-), vg. de Fr., Loiret, arr. de Montargis, cant. et poste de Châtillon-sur-Loing; 1060 hab.

GENEVIÈVE-DES-BOIS (Sainte-), vg. de Fr., Seine-et-Oise, arr. de Corbeil, cant. de Longjumeau, poste de Linas; 320 hab.

GENEVIÈVE-LES-GASNY (Sainte-), vg. de Fr., Eure, arr. des Andelys, cant. d'Écos, poste de Vernon; 180 hab.

GENEVRAIE (la), vg. de Fr., Orne, arr. d'Argentan, cant. et poste du Merlerault; 460 hab.

GENEVRAIE (la), vg. de Fr., Seine-et-Marne, arr. de Fontainebleau, cant. et poste de Nemours; 180 hab.

GENEVRAY, ham. de Fr., Isère, com. de Vif; 150 hab.

GENEVRAY, ham. de Fr., Seine-et-Marne, com. de Guérard; 140 hab.

GENEVREUILLE, vg. de Fr., Haute-Saône, arr., cant. et poste de Lure; 510 h.

GENEVREY, vg. de Fr., Haute-Saône, arr. de Lure, cant. et poste de Saulx; tuilerie; 665 hab.

GENEVRIÈRES, vg. de Fr., Haute-Marne, arr. de Langres, cant. et poste du Fayl-Billot; 610 hab.

GENEVROYE-AUX-POTS (la), vg. de Fr., Haute-Marne, arr. de Chaumont-en-Bassigny, cant. et poste de Vignory; 40 hab.

GENEY, vg. de Fr., Doubs, arr. de Baume-les-Dames, cant. et poste de l'Isle-sur-le-Doubs; 280 hab.

GENEYS-PRÈS-SAINT-PAULIEN (Saint-), vg. de Fr., Haute-Loire, arr. du Puy, cant. et poste de St.-Paulien; 750 hab.

GENEYST-LA-CHAMP (Saint-), vg. de Fr., Ardèche, arr. de Tournon, cant. et poste du Chaylard; 930 hab.

GÉNÉZARETH (lac de) ou DE GALILÉE, DE TIBÉRIADE, lac de la Palestine, traversé par le Jourdain. Les rives occidentales de ce beau lac ont de tout temps été beaucoup plus peuplées et plus cultivées que les rives orientales. Aujourd'hui cette contrée n'offre que Tabarieh ou Tibériade, quelques petits villages et un grand nombre de ruines, et l'on en trouve sur les rives pas un seul bateau.

GENFORT (Saint-), ham. de Fr., Loir-et-Cher, com. de Seigy; 110 hab.

GENGENBACH, v. du grand-duché de Bade, cer. du Rhin-Moyen; située dans la vallée de la Kinzig, vallée fertile en vins et en grains; sa pop. est de plus de 2200 hab. C'était autrefois une ville impériale; de beaux bâtiments et une belle église appartenaient à l'ancienne abbaye de Gengenbach.

GENGOULPH (Saint-), vg. de Fr., Aisne, arr. de Château-Thierry, cant. de Neuilly-

St.-Front, poste de Gandelu; 270 hab.

GENGOUX-LE-ROYAL (Saint-), b. de Fr., Saône-et-Loire, arr. et à 8 l. N.-N.-O. de Mâcon, chef-lieu de canton et poste; tanneries; 1670 hab.

GENGOUX-DE-SUISSE (Saint-), vg. de Fr., Saône-et-Loire, arr. de Mâcon, cant. de Lugny, poste de St.-Oyen; bons vins; 850 h.

GÉNICOURT, vg. de Fr., Seine-et-Oise, arr., cant. et poste de Pontoise; 190 hab.

GÉNICOURT-EN-BARROIS, vg. de Fr., Meuse, arr. et poste de Bar-le-Duc, cant. de Vavincourt; 150 hab.

GÉNICOURT-SUR-MEUSE, vg. de Fr., Meuse, arr., cant. et poste de Verdun; 380 hab.

GENIÉS (Saint-), vg. de Fr., Basses-Alpes, arr., cant. et poste de Sisteron; mines de plomb; 578 hab.

GENIÉS (Saint-), Ardèche. *Voyez* GENEYST-LA-CHAMP (Saint-).

GENIÉS (Saint-), vg. de Fr., Dordogne, arr. et poste de Sarlat, cant. de Salignac; 1460 hab.

GENIÉS (Saint-), vg. de Fr., Haute-Garonne, arr., cant. et poste de Toulouse; 270 hab.

GENIÉS-DE-BERTRAND (Saint-), ham. de Fr., Aveyron, com. de St.-George-de-Lusençon; 210 hab.

GENIÉS-DE-COMOLAS (Saint-), vg. de Fr., Gard, arr. d'Uzès, cant. et poste de Roquemaure; commerce de vins et d'huiles; 840 hab.

GENÉIS-DE-MALGOIRÉS (Saint-), b. de Fr., Gard, arr. et poste d'Uzès, cant. de St.-Chaptes; 1310 hab.

GENIÉS-DES-MORGUES (Saint-), vg. de Fr., Hérault, arr. de Montpellier, cant. de Castres, poste de Lunel; 500 hab.

GENIÉS-D'ESTAING (Saint-), ham. de Fr., Aveyron, com. de Bessuejouls; 100 h.

GENIÉS-DE-VARENSAL (Saint-), vg. de Fr., Hérault, arr. de Bédarieux, cant. de St.-Gervais, poste de Bédarieux; papeterie; exploitation de houille; 310 hab.

GENIÉS-LE-BAS (Saint-), vg. de Fr., Hérault, arr. et poste de Béziers, cant. de Murviel; fabr. de verdet; 850 hab.

GENIEZ (Saint-) ou SAINT-GENIEZ-DE-RIVEDOLT, pet. v. de Fr., Aveyron, arr. et à 6 l. E.-S.-E. d'Espalion, chef-lieu de canton et siége d'un tribunal de commerce; elle est située sur le Lot, dans un vallon environné de riants et fertiles côteaux; ses rues sont larges, bien percées et garnies de fort jolies maisons; elle a un collége communal. St.-Geniez est depuis longtemps célèbre par l'industrie de ses habitants; cette petite ville est le centre de nombreuses fabriques de draps, cordelats, cadis, tricots, de couvertures de laine; tanneries; teintureries; 4000 hab. Patrie de l'abbé Raynal, l'auteur célèbre de l'*Histoire philosophique et politique*, condamnée par le parlement, en 1781 (1711—1796).

GENIEZ (Saint-), ham. de Fr., Bouches-du-Rhône, com. de Marseille; 840 hab.

GENIEZ-AU-MERLE (Saint-), vg. de Fr., Corrèze, arr. de Tulle, cant. de Servières, poste d'Argentat; 690 hab.

GENILLÉ, vg. de Fr., Indre-et-Loire, arr. de Loches, cant. et poste de Montrésor; 1950 hab.

GENIS, vg. de Fr., Dordogne, arr. de Périgueux, cant. et poste d'Excideuil; 1390 hab.

GENIS (Saint-), Ain. *Voy.* GENIS-POUILLY (Saint-).

GENIS (Saint-), vg. de Fr., Hautes-Alpes, arr. de Gap, cant. et poste de Serres; 250 hab.

GENIS (Saint-), b. de Fr., Charente-Inférieure, arr. et à 2 1/2 l. N.-O. de Jonzac; chef-lieu de canton et poste; 1025 hab.

GENIS (Saint-), ham. de Fr., Drôme, com. de Livron; 250 hab.

GENIS (Saint-), vg. de Fr., Isère, arr. de Grenoble, cant. et poste de Mens; 200 hab.

GENIS (Saint-), vg. de Fr., Pyrénées-Orientales, arr. et poste de Céret, cant. d'Argelès; 380 hab.

GENIS (Saint-), Rhône. *Voyez* GENIS-LAVAL (Saint-).

GENIS (Saint-); b. du roy. de Sardaigne, principauté de Savoie, prov. de Chambéry, au confluent du Guier et du Rhône; 1276 h.

GENIS-DE-BLANZAC (Saint-), vg. de Fr., Charente, arr. d'Angoulême, cant. et poste de Blanzac; 200 hab.

GENIS-D'HIERSAC (Saint-), vg. de Fr., Charente, arr d'Angoulême, cant. d'Hiersac, poste de Rouillac; 1410 hab.

GENIS-DU-BOIS (Saint-), vg. de Fr., Gironde, arr. de la Réole, cant. de Targon, poste de Sauveterre; 110 hab.

GENIS-L'ARGENTIÈRE (Saint-), vg. de Fr., Rhône, arr. de Lyon, cant. de St.-Laurent-de-Chamousset, poste de Duerne; 800 hab.

GENIS-LAVAL (Saint-), pet. v. de Fr., Rhône, arr. et à 2 l. S. de Lyon, chef-lieu de canton et poste; fabr. de papiers peints et d'indiennes; diverses usines sur la Manche; récolte et commerce de vins renommés; commerce de bestiaux; carrières de houille dans les environs; 2130 hab.

GENIS-LES-OLLIÈRES (Saint-), vg. de Fr., Rhône, arr. et poste de Lyon, cant. de Vaugneray; 640 hab.

GENIS-POULLY (Saint-), ham. de Fr., Ain, com. de Pouilly-St.-Genis, poste; 510 hab.

GENISSAC, vg. de Fr., Gironde, arr. de Libourne, cant. et poste de Branne; 1120 h.

GENISSIEUX, ham. de Fr., Drôme, com. de Peyrins; 730 hab.

GENIS-SUR-MENTHON (Saint-), vg. de Fr., Ain, arr. de Bourg, cant. de Pont-de-Veyle, poste de Mâcon; 560 hab.

GENIS-TERRE-NOIRE (Saint-), vg. de Fr., Loire, arr. de St.-Étienne, cant. et poste de Rive-de-Gier; mines de houille; fonderie et clouterie; 1870 hab.

GENIVRIÈRES, ham. de Fr., Tarn-et-Garonne, com. de Caylux; 100 hab.

GENLIS, vg. de Fr., Côte-d'Or, arr. et à 4 l. S.-E., de Dijon, chef-lieu de canton et poste; 970 hab.

GENNEP, pet. v. du roy. de Belgique, près du confluent de la Niers et de la Meuse, prov. de Limbourg, arr. de Ruremonde; fabr. d'étoffes de laine; tanneries; 1000 h.

GENNES, vg. de Fr., Doubs. arr., cant. et poste de Besançon; 300 hab.

GENNES, vg. de Fr., Ille-et-Vilaine, arr. de Vitré, cant. d'Argentré, poste de la Guerche; 1790 hab.

GENNES, vg. de Fr., Maine-et-Loire, arr., à 3 l. N.-O. de Saumur, chef-lieu de canton, poste des Rosiers; 1730 hab.

GENNES, vg. de Fr., Mayenne, arr. et poste de Château-Gontier, cant. de Bierné; 1320 hab.

GENNES-IVERGNY, vg. de Fr., Pas-de-Calais, arr. de St.-Pol-sur-Ternoise, cant. et poste d'Auxy-le-Château; 440 hab.

GENNETEIL, vg. de Fr., Maine-et-Loire, arr. de Baugé, cant. et poste de Noyant; 1020 hab.

GENNETINES, vg. de Fr., Allier, arr., cant. et poste de Moulins-sur-Allier; 390 h.

GENNETON, vg. de Fr., Deux-Sèvres, arr. de Bressuire, cant. et poste d'Argenton-Château; 620 hab.

GENNEVIÈVE-EN-BRAY (Sainte-), vg. de Fr., Seine-Inférieure, arr. de Neufchâtel-en-Bray, cant. et poste de St.-Saens; 720 h.

GENNEVILLE, vg. de Fr., Calvados, arr. de Pont-l'Évêque, cant. et poste de Honfleur; 600 hab.

GENNEVILLIERS, vg. de Fr., Seine, arr. de St.-Denis, cant. de Courbevoie, poste; 1110 hab.

GÉNOA, v. des États-Unis de l'Amérique du Nord, état de New-York, comté de Cayuga, sur le lac de ce nom, poste; commerce considérable; 5600 hab.

GENOD, vg. de Fr., Jura, arr. de Lons-le-Saulnier, cant. et poste d'Arinthod; 210 h.

GENOIS (Saint-), vg. du roy. de Belgique, prov. de la Flandre occidentale, arr. de Courtray; 2900 hab.

GENOLHAC, pet. v. de Fr., Gard, arr., à 6 l. N.-N.-O. d'Alais et à 154 l. de Paris, chef-lieu de canton et poste; mines de plomb; commerce de bestiaux; fabr. de bas, de coutellerie et de taillanderie renommées; 1530 hab.

GENOS, vg. de Fr., Haute-Garonne, arr. et poste de St.-Gaudens, cant. de St.-Bertrand; 360 hab.

GENOST, vg. de Fr., Hautes-Pyrénées, arr. de Bagnères-en-Bigorre, cant. de Bordères, poste d'Arreau; 210 hab.

GENOU (Saint-), vg. de Fr., Indre, arr. de Châteauroux, cant. et poste de Buzançais; 1010 hab.

GENOUILLAC, vg. de Fr., Charente, arr. de Confolens, cant. et poste de St.-Claud; 850 hab.

GENOUILLAC, vg. de Fr., Creuse, arr. de Boussac, cant. de Châtelus, poste; 1490 hab.

GENOUILLÉ, vg. de Fr., Charente-Inférieure, arr. de Rochefort-sur-Mer, cant. et poste de Tonnay-Charente; 1000 hab.

GENOUILLÉ, vg. de Fr., Vienne, arr. et poste de Civray, cant. de Charroux; 1230 h.

GENOUILLEUX, vg. de Fr., Ain, arr. de Trévoux, cant. et poste de Thoissey; 520 h.

GÉNOUILLY, vg. de Fr., Cher, arr. de Bourges, cant. de Graçay, poste de Vierzon; 1200 hab.

GENOUILLY, vg. de Fr., Saône-et-Loire, arr. de Châlon-sur-Saône, cant. de Mont-St.-Vincent, poste de Joncy; 800 hab.

GENOUILLY, ham. de Fr., Yonne, com. de Provency; 160 hab.

GENOUPH (Saint-), vg. de Fr., Indre-et-Loire, arr., cant. et poste de Tours; 380 h.

GENOUX (Saint-), Loir-et-Cher. *Voyez* SELLES-ST.-DENIS.

GENRUPT, vg. de Fr., Haute-Marne, arr. de Langres, cant. et poste de Bourbonne; 140 hab.

GENSAC, vg. de Fr., Charente, arr. de Cognac, cant. de Segonzac, poste de Jarnac; 830 hab.

GENSAC, ham. de Fr., Gers, com. de Monpezat; 130 hab.

GENSAC, pet. v. de Fr., Gironde, arr. de Libourne, cant. de Pujols, poste de Castillon; 1310 hab.

GENSAC, vg. de Fr., Hautes-Pyrénées, arr. de Tarbes, cant. et poste de Rabastens; 140 hab.

GENSAC, vg. de Fr., Tarn-et-Garonne, arr. de Castel-Sarrazin, cant. de St.-Nicolas-de-la-Grave, poste de Lavit; 340 hab.

GENSAC-D'AURIGNAC, vg. de Fr., Haute-Garonne, arr. de St.-Gaudens, cant. et poste de Boulogne; 430 hab.

GENSAC-SAINT-JULIEN, vg. de Fr., Haute-Garonne, arr. de Muret, cant. et poste de Rieux; 490 hab.

GENTÉ, vg. de Fr., Charente, arr. et poste de Cognac, cant. de Segonzac; 610 h.

GENTELLES, vg. de Fr., Somme, arr. d'Amiens, cant. de Sains, poste de Villers-Bretonneux; 640 hab.

GENTIAH. *Voyez* DJINTIAH.

GENTHIN, pet. v. de Prusse, chef-lieu de cercle, prov. de Saxe, rég. de Magdebourg, sur le canal de Plauen; agriculture; éducation et commerce de bestiaux; 2100 hab.

GENTILLY, gros b. de Fr., Seine, arr., à 1 1/2 l. N.-E. de Sceaux, cant. de Villejuif, poste de la Maison-Blanche; il est situé dans une vallée, sur la Bièvre, à 1 1/2 l. S. de Paris. Ce bourg, dont l'origine remonte au règne de Dagobert, était une résidence royale sous les rois de la première et de la seconde race. On y voit encore les ruines d'une vieille tour carrée du temps de la féodalité; 6000 hab.

GENTIOUX, vg. de Fr., Creuse, arr., à 5 1/2 l. S.-S.-O. d'Aubusson, chef-lieu de canton, poste de Felletin; 1370 hab.

GENVRY, vg. de Fr., Oise, arr. de Compiègne, cant. et poste de Noyon; 470 hab.

GENZANO, *Gentianum*, *Cyntianum*, pet. v. des états de l'Église, dans la Campagne de Rome; elle n'est remarquable que par ses superbes environs.

GÉOGRAPHE (baie du), sur la côte S.-O. de la Nouvelle-Hollande, terre de Leeuwen, entre le cap Bouvard au N. et celui du Naturaliste au S., sous 33° 27' 42" lat. S. et 112° 39' 48" long. E.

GÉOGRAPHES (bancs des), sur les côtes de la terre de Witt, au N.-O. de la Nouvelle-Hollande, entre les îles Dampier et celle des Tortues.

GEOIRE (Saint-), b. de Fr., Isère, arr. et à 4 1/2 l. S.-E. de la Tour-du-Pin, chef-lieu de canton, poste de Voiron; fabr. de sucre indigène; 4640 hab.

GEOIRS (Saint-), vg. de Fr., Isère, arr. de St.-Marcellin, cant. de St.-Étienne-de-St.-Geoirs, poste de la Frette; 700 hab.

GEORFANS, vg. de Fr., Haute-Saône, arr. de Lure, cant. et poste de Villersexel; 220 hab.

GEORGE (Saint-), détroit ou canal entre la Nouvelle-Bretagne et la Nouvelle-Irlande, Australie ou Océanie centrale.

GEORGE, île dans la baie de Boston, côte E. de l'état des Massachusetts, États-Unis de l'Amérique du Nord.

GEORGE, lac très-étendu dans le territoire de la Floride (Floride orientale), États-Unis de l'Amérique du Nord. Il est très-profond, parsemé d'îles et traversé par le St.-Johns, qui, au sortir de ce lac, devient navigable pour les grands vaisseaux marchands. Sur les bords du St.-George il se livre en ce moment une terrible guerre d'extermination contre les Séminoles.

GEORGE (Saint-), baie magnifique et très-vaste sur la côte O. de l'île de Terre-Neuve; elle reçoit de nombreux fleuves qui découlent des grands lacs à l'E. de l'île, entre autres le St.-George, sur les bords duquel se trouve l'établissement de St.-George-Haven. La baie est fermée au S. par le cap Anguille et au N. par le cap St.-George, qui y forme encore la petite baie de l'Isthme.

GEORGE (Saint-), paroisse de l'île du Prince-Edward, comté de Kings.

GEORGE (Saint-), île dans le lac Érié, sur la côte du Haut-Canada, dist. Occidental, dont elle fait partie.

GEORGE (Saint-), île du groupe des Bermudes, dans l'Océan Atlantique; elle s'étend au N.-E. de Bermuda, dont elle n'est séparée que par un canal très-étroit, raison pour laquelle on la croyait longtemps contiguë à cette île. Elle a 10 l. de longueur sur 1 l. de large. Entourée partout de récifs et d'écueils, elle ne présente que deux points abordables, dont l'approche est néanmoins très-dangereuse.

GEORGE (Saint-), chef-lieu de l'île de ce nom et siége du gouverneur des Bermudes. Elle est située au S. de l'île, sur la baie de Southampton, vis-à-vis l'île de David; elle n'est défendue que par le fort Warwick, mais le port est commandé par 7 batteries et le Davers-Fort. Cette ville, assez mal bâtie, offre peu d'édifices remarquables, et nous ne citons que sa bibliothèque publique; son commerce est très-important; 3000 hab.

GEORGE (banc de), grand banc de sable très-dangereux au S. du cap Malabar, côte E. du Massachusetts, États-Unis de l'Amérique du Nord.

GEORGE (lac). *Voyez* WASHINGTON (comté).

GEORGE (Saint-), île très-longue qui forme au S. le détroit de St.-George, côte S. de la Floride (Floride occidentale), États-Unis de l'Amérique du Nord.

GEORGE (Saint-), île dans le Potowmak, fait partie du comté de St.-Marys, état de Maryland, États-Unis de l'Amérique du Nord.

GEORGE (Saint-), b. des États-Unis de l'Amérique du Nord, état du Maine, comté de Lincoln, sur le St.-George, non loin de Thomaston; 1500 hab.

GEORGE (Saint-), fl. des États-Unis de l'Amérique du Nord, état du Maine; il coule vers le S. et débouche dans l'Océan Atlantique, en face de l'île de St.-George et entre le Penobscot et le Kennebec.

GEORGE (Saint-), lac très-long, mais d'une largeur peu considérable, au S. du lac Champlain et sur les confins des états de New-York et de Vermont, États-Unis de l'Amérique du Nord. Il est traversé par le bras oriental de l'Hudson.

GEORGE (Saint-). *Voyez* GEORGETOWN (Grenada).

GEORGE (Saint-), paroisse au centre de l'île de Barbadoès, dans les Antilles, avec le bourg du même nom.

GEORGE (Saint-), paroisse dans l'île de Jamaïque, comté de Surry, au S.-E. de la paroisse de St.-Mary; renferme une plaine très-fertile et plusieurs vallées bien arrosées. La mer y forme les baies d'Antonio, de Buff et d'Orange; riches plantations de sucre. Négro-Town, non loin de la mer, est le chef-lieu de la paroisse; 7000 hab.

GEORGE (Saint-), paroisse au N. de l'île d'Antigoa, dans les Antilles.

GEORGE (baie de Saint-), vaste baie sur la côte occidentale de la Patagonie, sous 46° lat. S., entre le cabo de Tres-Puntas (cap des Trois-Pointes) et la punta de San-Antonio. Son embouchure est de 60 l. sur un enfoncement très-considérable. Elle reçoit le fleuve St.-George.

GEORGE (Saint-), île bien boisée, presque au centre du détroit de Magellan.

GEORGE (île du Roi-), une des plus considérables du Shetland méridional, dont elle forme l'extrémité N.-E. Ce n'est qu'un amas de rochers, présentant dans l'intérieur des pics très-élevés. Au S.-E. de cette île s'ouvre la baie de St.-George ; le cap Melville en forme l'extrémité orientale ; le North-Cape en forme la pointe N. Cette île est séparée de celle de Strachan par le détroit de Maxwell, qui présente, du côté de St.-George, les baies de Nelson et de Potter.

GEORGE III (archipel du Roi-), groupe d'îles au S.-O. de l'Amérique russe, dont il fait partie ; s'étend entre 56° 10′ et 58° 18′ lat. N. Au N. le Cross-Sound (détroit de la Croix) le sépare de la terre ferme, le détroit de Chatham de l'île de l'Amirauté, et les détroits du Prince-Frédéric et de Christian le séparent des îles situées au S.-E. Ce groupe, découvert et dénommé par Vancouver, est appelé par les Russes groupe de Baranoff. Sitka, la principale île du groupe, est fertile, bien arrosée et couverte dans l'intérieur de hautes montagnes bien boisées ; les phoques, les loutres marines, les poissons et les plantes antiscorbutiques y abondent. Cette île était peuplée autrefois par les Koljuches, chassés par les Russes, qui y ont fondé leurs établissements les plus importants sur la côte N.-O. de l'Amérique. Les baies de Sitka, de Portlok et de Cross (de la Croix) offrent les meilleurs ports de l'île et de tout le groupe. Le Cross-Cape (cap de la Croix), au N.-O., et le cap Edward, au S. du Cross-Cape, forment les pointes les plus saillantes de l'île de Sitka. Le cap Ommaney est l'extrémité méridionale du groupe. Nouvel-Archangel (*New-Archangelsk*), autrefois siège du gouverneur de toutes les possessions russes en Amérique, est le chef-lieu de l'île de Sitka et une des plus importantes places de commerce de cette côte ; 1000 habitants ; une forteresse de 40 canons défend la ville et son port, station ordinaire de l'escadre russe dans ces parages et qui se compose ordinairement de deux frégates et de deux corvettes. La société russe-américaine possède une quinzaine de navires de 20 jusqu'à 200 tonneaux.

GEORGE (baie de). *Voyez* HURON (lac).

GEORGE (Saint-), vg. de Fr., Cantal, arr., cant. et poste de St.-Flour ; 950 hab.

GEORGE (Saint-), vg. de Fr., Gers, arr. de Lombez, cant. de Cologne, poste de l'Isle-en-Jourdain ; 730 hab.

GEORGE (Saint-), vg. de Fr., Meurthe, arr. de Sarrebourg, cant. de Réchicourt-le-Château, poste de Lorquin ; 520 hab.

GEORGE (Saint-), vg. de Fr., Tarn-et-Garonne, arr. de Montauban, cant. et poste de Caussade ; 450 hab.

GEORGE, dist. de la colonie du Cap, à l'E. de celui de Tulbagh ; la baie de Plettenberg forme sa frontière orientale. Chef-lieu de même nom ; sur le Zwartrivier, dans une contrée montagneuse.

GEORGE, lac de la Nouvelle-Hollande ou continent Austral, dans la Nouvelle-Galles-du-Sud, entre les comtés de Murray et d'Argyle, à l'extrémité méridionale de la chaîne des Blue-Mountains.

GEORGEA (Saint-) (Szent-Gyœrgy, Swaty, Georg), pet. v. de Hongrie, cer. en-deçà du Danube, comitat de Presbourg, au pied des Carpathes ; gymnase ; culture de vin très-considérable ; bains sulfureux ; 2500 hab.

GEORGE-D'AURAT (Saint-), vg. de Fr., Haute-Loire, arr. de Brioude, cant. et poste de Paulhaguet ; 1170 hab.

GEORGE-DE-LEVEJAC (Saint-), vg. de Fr., Lozère, arr. et à 7 l. O. de Florac, chef-lieu de canton, poste de la Canourgue ; 735 hab.

GEORGE-DE-LUSENÇON (Saint-), vg. de Fr., Aveyron, arr., cant. et poste de Milhau ; exploitation d'alun, sulfate de fer et houille ; 1800 hab.

GEORGE-ISLAND. *Voyez* HALIFAX (ville), Amérique.

GEORGE-L'AGRICOLE (Saint-), vg. de Fr., Haute-Loire, arr. du Puy, cant. et poste de Craponne ; 1140 hab.

GEORGE-LA-POUGE (Saint-), vg. de Fr., Creuse, arr. et poste de Bourganeuf, cant. de Pontarion ; 1220 hab.

GEORGEN (Saint-), vg. de la Croatie militaire, cer. régimentaire d'Ottochun, sur l'Adriatique ; pêche ; commerce.

GEORGENBERG, pet. v. de Hongrie, cer. en-deçà de la Theiss, comitat de Zips, sur le Poprad ; école normale mixte ; culture et fabrication de lin ; pêche de saumons et de truites ; tourbières ; 1200 hab.

GEORGE-NIGREMONT (Saint-), vg. de Fr., Creuse, arr. d'Aubusson, cant. de Crocq, poste de Felletin ; 1710 hab.

GEORGENTHAL, pet. v. de Bohême, cer. de Leitmeritz, sur la frontière de la Saxe ; fabr. de bas ; 1500 hab.

GEORGES (Saint-), vg. du roy. de Belgique, prov. de Liége, arr. de Huy ; 2500 h.

GEORGES (Saint-), ham. de Fr., Ardèche, com. de Saint-Marcel-de-Crussol ; 500 hab.

GEORGES (Saint-), ham. de Fr., Ardennes, com. de Landres ; 100 hab.

GEORGES (Saint-), vg. de Fr., Charente, arr., cant. et poste de Ruffec ; 130 hab.

GEORGES (Saint-), ham. de Fr., Dordogne, com. de Périgueux ; 600 hab.

GEORGES (Saint-), vg. de Fr., Doubs, arr. de Baume-les-Dames, cant. et poste de Clerval ; 210 hab.

GEORGES (Saint-), ham. de Fr., Ille-et-Vilaine, com. de St.-Père ; 160 hab.

GEORGES (Saint-), ham. de Fr., Indre-et-Loire, com. de Rochecorbon ; 150 hab.

GEORGES (Saint-), Maine-et-Loire. *Voyez* GEORGES-SUR-LOIRE (Saint-).

GEORGES (Saint-), vg. de Fr., Nord, arr. de Dunkerque, cant. et poste de Gravelines ; 270 hab.

GEORGES (Saint-), vg. de Fr., Pas-de-

Calais, arr. de St.-Pol-sur-Ternoise, cant. du Parc, poste d'Hesdin; 420 hab.

GEORGES (Saint-), ham. de Fr., Haute-Saône, com. d'Atherans; haut-fourneau, martinet, fonderie; 130 hab.

GEORGES (Saint-), ham. de Fr., Somme, com. de Roye; 100 hab.

GEORGES (Saint-), Vienne. *Voyez* GEORGES-LES-BAILLARGEAUX (Saint-).

GEORGES (Saint-), vg. de Fr., Yonne, arr., cant. et poste d'Auxerre; 590 hab.

GEORGES (Saint-), ham. de Fr., Yonne, com. de Villebougis; 130 hab.

GEORGES-BUTAVENT (Saint-), vg. de Fr., Mayenne, arr., cant. et poste de Mayenne; 2170 hab.

GEORGES-CHATELAISON (Saint-), vg. de Fr., Maine-et-Loire, arr. de Saumur, cant. et poste de Doué; exploitation de houille; 700 hab.

GEORGES-D'ANNEBECQ (Saint-), vg. de Fr., Orne, arr. d'Argentan, cant. de Briouze, poste de Rânes; 680 hab.

GEORGES-D'AULNAY (Saint-), vg de Fr., Calvados, arr. de Vire, cant. et poste d'Aulnay-sur-Odon; fabr. de toiles; 1630 hab.

GEORGES-DE-BAROILE (Saint-), vg. de Fr., Loire, arr. de Roanne, cant. et poste de St.-Germain-Laval; 490 hab.

GEORGES-DE-BLANCANEIX (Saint-), vg. de Fr., Dordogne, arr. et poste de Bergerac, cant. de la Force; 380 hab.

GEORGES-DE-BOHON (Saint-), vg. de Fr., Manche, arr. de St.-Lô, cant. et poste de Carentan; 740 hab.

GEORGES-DE-CAMBOULAS (Saint-), ham. de Fr., Aveyron, com. de Pont-de-Salars; mines de houille et d'alun; 150 hab.

GEORGES-DE-COMMIERS (Saint-), vg. de Fr., Isère, arr. de Grenoble, cant. et poste de Vizille; 630 hab.

GEORGES-DE-CUBILLAC (Saint-), vg. de Fr., Charente-Inférieure, arr. de Jonzac, cant. et poste de St.-Genis; 530 hab.

GEORGES-DE-DANGEUL (Saint-). *Voyez* DANGEUL.

GEORGES-DE-DIDONNE (Saint-), vg. de Fr., Charente-Inférieure, arr. de Saintes, cant. de Saujon, poste de Royan; 810 hab.

GEORGES-DE-GRAVENCHON (Saint-), ham. de Fr., Seine-Inférieure, com. de Notre-Dame-de-Gravenchon; 230 hab.

GEORGES-DE-GREHAIGUE (Saint-), vg. de Fr., Ille-et-Vilaine, arr. de St.-Malô, cant. de Pleine-Fougères, poste de Pontorson; 630 hab.

GEORGES-DE-LA-COUÉE (Saint-), vg. de Fr., Sarthe, arr. de St.-Calais, cant. et poste de Grand-Lucé; 950 hab.

GEORGES-DE-LA-RIVIÈRE (Saint-), vg. de Fr., Manche, arr. de Valognes, cant. de Barneville, poste de Bricquebec; 410 hab.

GEORGES-DE-LIVOYE (Saint-), vg. de Fr., Manche, arr. d'Avranches, cant. et poste de Brécey; 450 hab.

GEORGES-D'ELLE (Saint-), vg. de Fr., Manche, arr. et poste de St.-Lô, cant. de St.-Clair; 900 hab.

GEORGES-DE-LONGUE-PIERRE (Saint-), vg. de Fr., Charente-Inférieure, arr. de St.-Jean-d'Angely, cant. et poste d'Aulnay; 450 hab.

GEORGES-DE-MONBARLA (Saint-). *Voy.* MONBARLA.

GEORGES-DE-MONCLARD (Saint-), vg. de Fr., Dordogne, arr. de Bergerac, cant. de Villamblard, poste de Douville; 740 hab.

GEORGES-DE-MONS (Saint-), vg. de Fr., Puy-de-Dôme, arr. de Riom, cant. de Manzat, poste de St.-Gervais; 1410 hab.

GEORGES-DE-MONTAGNE (Saint-), vg. de Fr., Gironde, arr. et poste de Libourne, cant. de Lussac; 260 hab.

GEORGES-DE-MONTAIGU (Saint-), vg. de Fr., Vendée, arr. de Bourbon-Vendée, cant. et poste de Montaigu; 2130 hab.

GEORGES-DE-NOINÉ (Saint-), vg. de Fr., Deux-Sèvres, arr. et poste de Parthenay, cant. de Mazières; 1530 hab.

GEORGES-DE-POINTINDOUX (Saint-), vg. de Fr., Vendée, arr. des Sables, cant. et poste de la Mothe-Achard; 800 hab.

GEORGES-DE-POUSIEUX (Saint-), vg. de Fr., Cher, arr. et poste de St.-Amand-Mont-Rond, cant. de Saulzais-le-Potier; 310 hab.

GEORGES-DE-REINTEMBAULT (Saint-), b. de Fr., Ille-et-Vilaine, arr. de Fougères, cant. et poste de Louvigné-du-Désert; 3260 hab.

GEORGES-DE-RENEINS (Saint-), vg. de Fr., Rhône, arr. de Villefranche-sur-Saône, cant. et poste de Belleville-sur-Saône; 2560 hab.

GEORGES-DE-RENONS (Saint-), vg. de Fr., Ain, arr. de Trévoux, cant. et poste de Châtillon-les-Dombes; 120 hab.

GEORGES-DE-REX (Saint-), vg. de Fr., Deux-Sèvres, arr. de Niort, cant. et poste de Mauzé; 520 hab.

GEORGES-DE-ROUELLEY (Saint-), vg. de Fr., Manche, arr. de Mortain, cant. et poste de Barenton; 1670 hab.

GEORGES-DES-AGOUTS (Saint-), vg. de Fr., Charente-Inférieure, arr. de Jonzac, cant. et poste de Mirambeau; 640 hab.

GEORGES-DES-COTEAUX (Saint-), vg. de Fr., Charente-Inférieure, arr., cant. et poste de Saintes; 1280 hab.

GEORGES-DES-GROSSEILLERS (Saint-), vg. de Fr., Orne, arr. de Domfront, cant. et poste de Flers; 1060 hab.

GEORGES-D'ESPÉRANCE (Saint-), vg. de Fr., Isère, arr. de Vienne, cant. d'Heyrieux, poste de St.-Jean-de-Bournay; 2870 hab.

GEORGES-DES-SEPT-VOIES (Saint-), vg. de Fr., Maine-et-Loire, arr. de Saumur, cant. de Gennes, poste des Rosiers; 920 h.

GEORGES-DE-VILLAINES (Saint-), ham. de Fr., Mayenne, com. de Villaines-la-Juhel; 320 hab.

GEORGES-D'OLERON (Saint-), vg. de Fr.,

Charente-Inférieure, arr. de Marennes, cant. et poste de St.-Pierre-d'Oleron; 4230 hab.

GEORGES-D'ORQUES (Saint-), vg. de Fr., Hérault, arr., cant. et poste de Montpellier; 610 hab.

GEORGES-DU-BOIS (Saint-), vg. de Fr., Charente-Inférieure, arr. de Rochefort-sur-Mer, cant. et poste de Surgères; 1300 hab.

GEORGES-DU-BOIS (Saint-), vg. de Fr., Maine-et-Loire, arr. de Baugé, cant. et poste de Beaufort; 550 hab.

GEORGES-DU-BOIS (Saint-), vg. de Fr., Sarthe, arr., cant. et poste du Mans; 420 h.

GEORGES-DU-MESNIL (Saint-), vg. de Fr., Eure, arr. de Pont-Audemer, cant. de St.-Georges-du-Vièvre, posté de Lieurey; 480 hab.

GEORGES-DU-PLAIN (Saint-), vg. de Fr., Sarthe, arr., cant. et poste du Mans; 470 h.

GEORGES-DU-PUY-DE-LA-GARDE (Saint-), vg. de Fr., Maine-et-Loire, arr. de Beaupréau, cant. et poste de Chemillé; 1390 h.

GEORGES-DU-ROSAY (Saint-), vg. de Fr., Sarthe, arr. de Mamers, cant. et poste de Bonnétable; 1310 hab.

GEORGES-DU-THEIL (Saint-). *Voyez* GROS-THEIL (le).

GEORGES-DU-VALMARTIN (Saint-). *Voy.* VALMARTIN.

GEORGES-DU-VIÈVRE (Saint-), b. de Fr., Eure, arr., à 3 l. S. de Pont-Audemer, chef-lieu de canton, poste de Lieurey; 830 hab.

GEORGES-EN-AUGE (Saint-), vg. de Fr., Calvados, arr. de Lisieux, cant. et poste de St.-Pierre-sur-Dives; fabr. de toiles; 280 hab.

GEORGES-EN-COUZAN (Saint-), vg. de Fr., Loire, arr., à 3 1/2 l. N.-O. de Montbrison, chef-lieu de canton, poste de Bœn; 1050 hab.

GEORGES-ÈZ-ALLIER (Saint-), vg. de Fr., Puy-de-Dôme, arr. de Clermont-Ferrand, cant. de Vic-le-Comte, poste de Veyre; 1100 hab.

GEORGES-HAUTE-VILLE (Saint-), vg. de Fr., Loire, arr. et poste de Montbrison, cant. de St.-Jean-Soleymieux; 550 hab.

GEORGES-LA-BASTIDE (Saint-). *Voyez* BASTIDE-SAINT-GEORGES (la).

GEORGES-L'ABBAYE (Saint-), ham. de Fr., Seine-Inférieure, com. de St.-Martin-de-Boscherville; 280 hab.

GEORGES-LE-FLÉCHARD (Saint-), vg. de Fr., Mayenne, arr. de Laval, cant. de Meslay, poste de Vaiges; 430 hab.

GEORGES-LE-GAULTIER (Saint-), vg. de Fr., Sarthe, arr. de Mamers, cant. et poste de Fresnay-sur-Sarthe; 1440 hab.

GEORGES-LES-BAILLARGEAUX (Saint-), vg. de Fr., Vienne, arr., à 2 1/2 l. S.-S.-E. et poste de Poitiers, chef-lieu de canton; le territoire produit des vins de bonne qualité; 1130 hab.

GEORGES-LES-LANDES (Saint-), vg. de Fr., Haute-Vienne, arr. de Bellac, cant. de St.-Sulpice-les-Feuilles, poste d'Arnac-la-Poste; 780 hab.

GEORGES-LES-MINES (Saint-). *Voyez* GEORGES-CHATELAISON (Saint-).

GEORGES-MONT-COCQ (Saint-), vg. de Fr., Manche, arr., cant. et poste de St.-Lô; 730 hab.

GEORGES-SUR-ARNON (Saint-), vg. de Fr., Indre, arr., cant. et poste d'Issoudun; 520 hab.

GEORGES-SUR-CHER (Saint-), vg. de Fr., Loir-et-Cher, arr. de Blois, cant. et poste de Montrichard; 1980 hab.

GEORGES-SUR-EURE (Saint-), vg. de Fr., Mayenne, arr. de Laval, cant. et poste d'Évron; 1300 hab.

GEORGES-SUR-EURE (Saint-), vg. de Fr., Eure, arr. d'Évreux, cant. et poste de Nonancourt; 660 hab.

GEORGES-SUR-EURE (Saint-), vg. de Fr., Eure, arr. de Chartres, cant. et poste de Courville; fabr. de grosses toiles; 650 hab.

GEORGES-SUR-FONTAINE (Saint-), vg. de Fr., Seine-Inférieure, arr. de Rouen, cant. de Clères, poste du Fréneau; 660 hab.

GEORGES-SUR-LA-PRÉE (Saint-), vg. de Fr., Cher, arr. de Bourges, cant. de Graçay, poste de Vierzon; exploitation d'ocre près du canal de Berry; 855 hab.

GEORGES-SUR-LOIRE (Saint-), joli b. de Fr., Maine-et-Loire, arr. et à 4 l. O.-S.-O. d'Angers, chef-lieu de canton et poste; 2570 hab.

GEORGES-SUR-MOULON (Saint-), vg. de Fr., Cher, arr. et poste de Bourges, cant. de St.-Martin-d'Auxigny; 450 hab.

GEORGETOWN, v. à l'E. de l'île du Prince-Edward, comté de Kings, dont elle est le chef-lieu, entre les rivières Cardigan et Brudenell; elle a un port, fait un commerce important et possède de vastes chantiers sur lesquels on construit un grand nombre de vaisseaux marchands; 1800 hab.

GEORGETOWN, b. des États-Unis de l'Amérique du Nord, état de Kentucky, comté de Scott, dont il est le chef-lieu, sur le Royal-Spring; académie; banque; arsenal; 1400 hab.

GEORGETOWN, v. très-commerçante des États-Unis de l'Amérique du Nord, dist. fédéral de Colombie, comté de Washington, et vis-à-vis de la ville de ce nom, dont elle n'est séparée que par le Rockcruck, qui s'y jette dans le Potowmak. Elle renferme 6 églises de différents cultes, un collége catholique très-florissant, érigé en 1815 en université, dont une belle bibliothèque de 7500 volumes; un couvent de religieuses avec une belle bibliothèque; une banque et différentes fabriques; son commerce devient de plus en plus important; il y paraît un journal; 9600 hab.

GEORGETOWN, b. florissant des États-Unis de l'Amérique du Nord, état de Pensylvanie, comté de Beaver, sur l'Ohio;

entrepôt de marchandises qui descendent l'Ohio; 2400 hab.

GEORGETOWN, v. naissante des États-Unis de l'Amérique du Nord, état de Delaware, au centre du comté de Sussex, dont elle est le chef-lieu.

GEORGETOWN, b. des États-Unis de l'Amérique du Nord, état de Pensylvanie, comté de Fayette, sur le George-River; port; commerce très-actif; 2600 hab.

GEORGETOWN, gr. com. des États-Unis de l'Amérique du Nord, état du Maine, comté de Lincoln. Ses habitants, au nombre de 2600, demeurent en partie à l'embouchure du Kennebec, en partie dans les îles de Parkers, d'Arrowsick et de Stage, dans la baie de Sheepsent et dépendent de la commune.

GEORGETOWN, dist. de la Caroline-du-Sud, États-Unis de l'Amérique du Nord ; il est borné par les dist. de Marion, de Korry, de Charleston, de Williamsburgh et par l'Océan; pays-marécageux, mais fertile en riz; il est traversé par le Santée et le Pédée, qui y reçoit le Black-River et le Waccamaw, et forme avec ce dernier fleuve une longue île basse et marécageuse, portant les plus belles plantations de riz. Le Santée forme sur la côte la baie de Winiaw, à l'extrémité de laquelle s'élève un phare pour guider les vaisseaux qui entrent dans le port de Georgetown ; 20,000 hab.

GEORGETOWN, pet. v. des États-Unis de l'Amérique du Nord, état de la Caroline-du-Sud, dist. de Georgetown, dont elle est le chef-lieu, à l'O. de la baie de Winiaw, formée par l'embouchure du Pédée, et à 4 l. de l'Océan ; elle renferme une académie, une banque, une prison et de vastes magasins; il y paraît un journal. Cette ville, dont la position est très-favorable pour le commerce, ne s'accroît que très lentement, à cause de l'insalubrité de son climat. Un banc de sable qui s'étend devant son port n'en permet l'entrée qu'à de très-petits vaisseaux ; 2400 hab.

GEORGETOWN, autrefois STABROCK, v. de la Guyane anglaise, chef-lieu du gouv. d'Esséquébo-Démérary, et siége du gouvernement de cette colonie. Elle est située sur la rive droite du Démérary, à peu de distance de la mer, très-régulièrement bâtie et entrecoupée de canaux. Cette ville, la plus importante de toute la Guyane anglaise par son commerce et son port à l'embouchure du fleuve, manque encore d'institutions littéraires et scientifiques et ne renferme aucun édifice digne de remarque. Les environs de la ville, parsemés de belles maisons de campagne, sont magnifiques ; 13,000 hab.

GEORGETOWN ou **SAINT-GEORGE**, jadis *Fort-Royal*, capitale de l'île de Grenade, sur une vaste baie au S.-O. de l'île. Elle est bâtie sur un terrain inégal et offre des rues très-escarpées ; elle est divisée en deux quartiers et a un port vaste, bien défendu et abrité par des montagnes qui s'élèvent au fond de la ville. Sur le sommet d'un promontoire, dont les rochers taillés à pic s'avancent bien avant dans la mer, s'élève le fort George, qui domine le port et la baie ; commerce très-important ; 9000 hab.

GEORGETOWN, v. de la Dieménie, sur la côte N. de l'île de Diemen, sur le Tamar, qui y forme le beau port Dalrymple, sous 41° 8' de lat. S. et 144° 5" de long. E.; chef-lieu du comté de Cournouailles et siége des autorités civiles et militaires du comté. Cette ville, fondée en 1819, possède plusieurs établissements publics, une chapelle, une école, un hôpital, une prison, une caserne, etc. On y publie deux gazettes. Sa prospérité augmente rapidement et son commerce devient chaque jour plus florissant ; 5000 hab.

GEORGETOWN, v. de l'Inde transgangétique, chef-lieu de l'île du Prince-de-Galles (Boulo-Pinang). Cette ville est, après Singhapour, la place de commerce la plus importante que les Anglais possèdent dans l'Inde transgangétique. Elle est bien bâtie, défendue par le fort Cornouaillès, a un bon port et possède un arsenal et d'autres édifices publics; son commerce, qui va toujours en croissant, la rend de plus en plus florissante, et sa population, qui s'élevait à 15,000 habitants, il y a peu d'années, doit déjà avoir atteint le chiffre de 20,000. Georgetown est le siége d'une cour supérieure de justice et d'un évêché anglican. On y publie un journal.

GEORGETOWN ou **NAANGO**, v. de l'Afrique équatoriale, dans l'état d'Empoonga ou Empounga, sur la côte de Gabon de la Haute-Guinée, non loin de l'embouchure du Gabon dans l'Océan Atlantique. Lorsque le célèbre voyageur Bowdich l'a visitée, elle était le plus grand marché d'esclaves de toute cette côte ; 700 hab.

GEORGHIEWSK, v. de la Russie d'Asie, prov. du Caucase. Elle est située sur les rives de la Petite-Kouma, bien fortifiée et bien bâtie ; mais sa garnison forme presque toute sa population ; chef-lieu du gouv. du Caucase jusqu'en 1825, elle sert encore aujourd'hui de résidence au gouverneur militaire, dont la juridiction s'étend sur presque toute la province.

GÉORGIA, pet. v. des États-Unis de l'Amérique du Nord, état de Vermont, comté de Franklin, sur le lac Champlain; commerce ; 1900 hab.

GÉORGICUS. *Voyez* GÉORGIE.

GÉORGIE, île de l'Australie, dans l'archipel de Salomon, sous 8° 40' de lat. S., entre 155° et 155° 45' de long. E.; elle est hérissée de montagnes et habitée par des nègres océaniens.

GÉORGIE (Nouvelle-). *Voyez* SALOMON (archipel de).

GÉORGIE (la), *Grousia* des Russes, *Gourdji*

des Turcs, l'ancienne *Ibérie*, aujourd'hui un des gouvernements de la Russie d'Asie, est située entre 40° 24' et 44° 16' long. orient. et 38° 58' et 42° 41' lat. N. Elle s'étend sur le versant méridional du Caucase, qui la sépare de la Circassie; est bornée au N.-E. par le Daghestan, à l'E. par Chirvan, au S.-E. par le roy. de Perse, au S.-O. par l'empire ottoman et à l'O. par l'Iméréthie. Le pays est une terrasse du Caucase, dont les ramifications le traversent en tous sens et forment de nombreuses et riantes vallées, auxquelles il ne manque qu'une meilleure culture. La principale de ces vallées est celle du Kour. Ce fleuve, de la Géorgie reçoit tous les torrents et rivières qui descendent du Caucase et de l'Ararat; il ne devient navigable qu'à Tiflis. Comme dans tout les pays de montagnes, il y a en Géorgie une grande variété de climats et de productions; le sol est très-fertile, mais malheureusement une partie de la contrée est inculte et l'autre mal cultivée. Les nombreuses guerres dont elle a été continuellement le théâtre n'ont pas peu contribué à ce résultat. Les principales productions consistent en céréales, maïs, riz, coton et chanvre. On y fait aussi beaucoup de vin d'une qualité excellente et qui serait un article d'exportation très-important, si l'on avait une meilleure manière de l'apprêter et de le conserver. La population de la Géorgie était, en 1826, d'environ 250,000 âmes ou 47,000 familles. Les habitants sont Géorgiens, Arméniens, Mahométans, Grecs, Juifs; il existe aussi dans le pays un certain nombre de colons allemands. Les Géorgiens proprement dits sont de belle race, forts, vigoureux; les femmes surtout sont d'une beauté rare, et l'on sait l'affreux commerce que pendant des siècles on en a fait au profit des harems turcs. Les Géorgiens descendent des Ibériens, des Albaniens et des Colchiens; ils sont, d'après leurs traditions, frères des Arméniens et parlent une langue toute particulière qui, dans le douzième siècle, a eu des historiens et des poëtes distingués. Ils se divisent en trois classes : les princes, la noblesse et le peuple; le sort de ce dernier est misérable. La noblesse est si nombreuse que ses biens suffisent à peine à son entretien; aussi vit-elle très-pauvrement; elle est soumise, ne payant pas d'impôt, à plusieurs charges et redevances. Le gouvernement tient encore du féodal; il l'était tout à fait sous les princes indépendants. L'église géorgienne (du rite grec) est très-riche; les Géorgiens, soumis et persécutés à plusieurs reprises par des peuples mahométans, sont restés fidèles au christianisme, mais ils sont tombés dans une grande ignorance et dans une décadence complète. La chasse et l'éducation du bétail occupent principalement les habitants; l'industrie est dans l'enfance; le commerce, qui est déjà d'une certaine importance, grandira certainement dans ce pays dont la position entre la mer Caspienne et la mer Noire est si favorable au commerce d'échange entre l'Asie et l'Europe.

La partie occidentale de la Géorgie s'appelle *Karthli*, la partie orientale *Kakhétie*. L'Iméréthie, la Mingrélie, la Gouri ne sont que des provinces détachées de l'ancienne Géorgie. Sa capitale est Tifflis; ses autres villes principales sont Mtskheta et Elisabethpol, l'ancienne Gandjah. L'histoire de la Géorgie remonte à trois cents ans avant J.-C. Son premier roi fut Pharnabaze; de lui au roi George, mort en 1800, elle a eu 97 rois en quatre dynasties. Au troisième siècle, la Géorgie embrassa le christianisme, au cinquième fut fondé Tifflis. Un lieutenant d'Omar la ravagea en 663, mais sans pouvoir déraciner le christianisme; au huitième siècle la Géorgie fut conquise par la Perse, au neuvième dévastée par le calife de Bagdad. A ces revers succéda une période de gloire et d'indépendance qui dura plus de trois cents ans et où brilla surtout la reine Thamar, la terreur de ses ennemis, la bienfaitrice de ses sujets et la protectrice des sciences et des arts. Mais sous ses successeurs la Géorgie déchut rapidement; les invasions de Gingiskan et de Timour, la division du royaume en petites principautés en amenèrent la chute. Les provinces des bords de la mer Noire se soumirent aux Turcs, celles de l'E. aux Persans. Pendant les deux derniers siècles, les divers états de la Géorgie, tantôt indépendants, tantôt tributaires de la Perse et de la Turquie, souvent ravagés, végétèrent jusqu'en 1800, où mourut le dernier roi George XIII. Avant sa mort, ce prince avait fait donation de ses états à la Russie, qui déjà plusieurs fois était intervenue dans les affaires géorgiennes; l'héritage fut accepté et depuis 1801 la Géorgie fait partie de l'empire russe et forme le point central des provinces au-delà du Caucase.

GÉORGIE, un des états méridionaux de l'Union de l'Amérique du Nord; il est borné au N. par l'état de Tennessée, au N.-E. par la Caroline du Sud, à l'E. par l'Océan, au S. par la Floride orientale, au S.-O. par la Floride occidentale et à l'O. par l'état d'Alabama. Cet état, compris entre 83° 40' et 88° 15' long. occ., et entre 30° 42' et 35° lat. N., a une étendue de 2929 l. c. géogr. Sa longueur du N. au S. est de 110 et sa largeur de l'E. à l'O. de 96 l. Ses côtes ont un développement de 44 l.

Vers les côtes le sol est sablonneux et couvert de marais, mais très-fertile en coton, réputé le meilleur de l'Amérique et qui est connu sous le nom de *Sea-Island-coton*. L'intérieur, fertile et assez bien cultivé, est hérissé de collines, premiers échelons des Apalaches, qui s'élèvent au N.-O. et que couvrent de superbes forêts. Le climat est en général plus chaud, plus uniforme et, sur les hauteurs, plus salubre que celui de la Caroline du Sud; les contrées basses cependant, chargées de brouillards et infectées par les exhalaisons des eaux stagnantes, sont très-malsaines. Les cours d'eau les plus considérables de la Géorgie sont : le Savannah, qui la sépare de la Caroline du Sud et qui est la principale voie de commerce du pays; le St.-Marys, qui sépare la Géorgie de la Floride; l'Ogéchée, l'Alatamaha, la grande Santilla et l'Apalachicola, formée par la réunion du Flint et du Chatahochée. Les embouchures de ces fleuves, dont la plupart débouchent dans l'Océan par plusieurs bras, déchirent la côte et la divisent en un grand nombre d'îles plus ou moins considérables (les îles de Cumberland, de Sapélo et de St.-Simon), qui forment autant de sounds ou détroits (de St.-Andrews, de Warsaw, d'Ossabaw, de Ste.-Catherine, de Sapélo, de Doby, d'Alatamaha, de St.-Simon et de Cumberland, etc.). Sur la frontière de la Floride orientale s'étend le vaste marais d'Oquafanoka. La culture du coton, du riz, de l'indigo et du sucre se trouve dans un état très-florissant; celle des céréales et d'autres produits est négligée, ainsi que l'éducation du bétail. L'industrie est dans son enfance et le commerce d'importation l'emporte sur celui d'exportation. Ce pays manque de canaux et de bonnes routes, et les contrées intérieures comptent parmi les plus pauvres et les plus tristes de l'Union. Le règne minéral de la Géorgie paraît être assez riche ; il fournit du fer, du plomb, des meules, des pierres de taille et à aiguiser, de la porcelaine commune et de l'ocre. On y a découvert aussi des mines d'or qui, en 1833, produisaient pour 216,000 dollars (1,170,720 fr.) d'or. Les eaux minérales abondent dans les comtés de Wilkes, de Madison et de Jefferson. Ces dernières sont connues sous le nom de *cobbs*.

Les habitants de la Géorgie s'élèvent au nombre de 517,600, dont 217,500 esclaves. Deux peuplades libres occupent de vastes districts sur les rives du Flint et de l'Alabama ; ce sont les Crecks, la nation indienne la plus civilisée de l'Amérique du Nord, à l'O., et les Chiroquois (Tschérokis), qu'on refoule de plus en plus sur les rives du Mississipi, au N.

La constitution de la Géorgie, purement démocratique, date de 1775; elle fut revue en 1789 et confirmée par le peuple en 1798. L'état envoie au congrès 2 sénateurs et 7 députés. Sous le rapport judiciaire, la Géorgie est divisée en 4 arrondissements et en 136 comtés (en 1820 il n'y en avait que 53). Les tribunaux de l'Union siègent alternativement à Augusta et à Savannah. — L'instruction publique attend un développement plus étendu ; le nombre des écoles primaires n'est pas en rapport avec la population. Il existe une université à Athens (collège de Franklin) et plusieurs académies ou écoles latines, dont celle de Lenington est la plus célèbre. Savannah est la seule place de guerre de l'état. Sous le rapport religieux, il existe dans cet état la plus large tolérance : tous les cultes, sans exception, s'exercent librement et ont droit aux différents emplois civils et militaires.

La Géorgie faisait partie de la Caroline et de la Floride jusqu'en 1732. A cette époque le roi George II céda au général Oglethorpe et à quelques autres riches propriétaires le pays situé entre le Savannah et l'Alatamaha ; ce pays reçut le nom de Géorgie, en l'honneur du royal donateur. La première colonie s'y établit, le 9 février 1733, sur les rives du Savannah, à l'endroit où s'élève aujourd'hui la ville de ce nom. En 1736, cette première colonie s'accrut de deux autres colonies d'Écossais et d'Allemands ; en 1742, cette colonie fut attaquée par les Espagnols, qui en furent vivement repoussés; en 1752, les donataires cédèrent à la couronne leur droit à la colonie, où l'on institua, en 1755, une cour supérieure de justice. En 1763, George III érigea la Géorgie en province ; en 1775, elle entra dans l'Union et reçut, en 1777, sa première constitution.

GÉORGIE (Nouvelle- du Sud), grande île dans l'Océan Atlantique austral, entre 53° 57' et 54° 57' lat. S., à 400 l. marines S.-E. des îles Falkland ou Malouines. Ce n'est qu'un rocher couvert de neige jusqu'à la mer, même au milieu de l'été, et ne produisant, selon Forster, que deux espèces d'herbes. Ce savant y place la limite méridionale du règne végétal. Les pinguins y vivent en grands troupeaux ; les éléphants marins et les phoques, qui autrefois s'y trouvaient en immense quantité, ont été presque entièrement extirpés. La Géorgie méridionale a 40 l. de long. sur 4 à 12 l. de large. Un grand nombre de baies y pénètrent si profondément que sa largeur est très-peu considérable sur plusieurs points. Ses deux baies les plus étendues sont : la baie de la Possession, au N.-E., sous 54° 15' lat. S., et la baie de l'Aventure, au S.-O., sous 54° 2' 48" lat. S. Un grand nombre d'îles entourent le Géorgie méridionale, nous en citons : l'île aux Oiseaux (*Bird-Island*), au N.-O.; l'île de Willis, au N.; les îles Clerks, au S.-E., et l'île de Coopers, assez considérable, au S. Entre la Nouvelle-Géorgie méridionale et les îles Falkland on trouve sur les cartes les îles de l'Aurore, qui, selon Weddell et d'autres navigateurs modernes, n'existent pas.

La Géorgie méridionale fut découverte par un aventurier français, nommé Laroche ; plus tard elle fut visitée par le vaisseau espagnol le Lion; elle fut retrouvée, le 16 janvier 1775, par Cook, qui en fit le tour et lui donna le nom qu'elle porte.

GÉORGIE (golfe de), golfe ou plutôt canal très-large, entre l'île de Guadra-Vancouver et le continent de la Nouvelle-Géorgie ; il est parsemé d'îles, surtout an S., où il atteint sa plus grande étendue. Il communique avec le Grand-Océan par deux canaux, au N. par le canal de la Reine-Charlotte, et au S. par celui de Juan-de-Fuca.

GÉORGIE (Nouvelle-), étroite lisière de côtes le long de l'Océan Austral, Amérique anglaise du N.-O., entre 48° 10' et 51°; elle est bornée au S. par le dist. de l'Orégon, à l'E. par les districts des Indiens-Libres, au N. par la Nouvelle-Hanovre et à l'O. par le golfe de Géorgie, qui la sépare de l'île de Quadra-Vancouver. La partie de ce pays située au N. du détroit de Jarvis (sous 50° lat. N.) appartient à l'Angleterre; la partie située au S. de ce détroit est soumise à l'Union et est comprise dans le dist. de l'Orégon. Les côtes sont basses, sablonneuses et presque dénuées de végétation; les montagnes, au contraire, qui s'élèvent à peu de distance des côtes qu'elles longent, sont couvertes des plus belles forêts. Les eaux qui arrosent cette région sont peu considérables et la population est très-faible. Les principales baies que la mer forme sur cette côte sont : le sound de la Désolation, sous 50° 19' lat. N., où le pays offre le tableau du plus triste désert; les baies ou sounds de Bates et de Loughborough, et le canal de Knights, enfoncements très-considérables au N. du détroit de la Désolation; le Stephansberg, montagne très-élevée, entoure le détroit de la reine Charlotte.

GÉORGIE OTTOMANE ou **PACHALICK DE TSCHILDIR**, ancienne prov. de la Turquie d'Asie, dont la plus grande partie a été cédée à la Russie, en 1829; la partie restée à l'empire ottoman a été réunie à l'eyalet de Kars. Ardanoudji ou Erdenoutch est le principal endroit conservé par les Turcs, qui ont perdu l'importante forteresse d'Akhaltsikhe. Cette ville est devenue le chef-lieu du gouvernement russe qui porte le nom de Géorgie ottomane. Les deux parties réunies avaient une population totale de 300,000 hab.; la population respective de chacune d'elles n'est pas connue. Le pays, qui est très montueux (le Kour y prend sa source), produit des céréales, du vin, de l'huile, du coton; le figuier et le grenadier y réussissent. Les habitants appartiennent à la famille des Géorgiens.

GÉORGIE-SEPTENTRIONALE, groupe d'îles peu connues, à l'O. du Dévon-Septentrional et au N.-O. du détroit de Barrow, sous 75° lat. N. Elles sont en partie d'une étendue très-considérable. Parry les découvrit et leur donna le nom général de Géorgie-Septentrionale, sans avoir pu tracer cependant le contour d'aucune de ces îles, à l'exception de celle de Melville, parce que la saison avancée et les glaçons toujours mouvants ne lui permettaient pas de pénétrer dans les canaux qui séparent ces îles. Elles présentent en général l'aspect des terres polaires arctiques, sont partout couvertes de champs et de montagnes de glace, et n'offrent qu'une végétation très-pauvre.

On y trouve cependant le bœuf musqué, l'ours blanc, le loup d'une grandeur prodigieuse, et qui, pendant la nuit, fait retentir ces immenses plaines de glaces de ses affreux hurlements; le cerf américain qui, en hiver, échange sa belle peau brune contre une peau blanche; le renard et le chevreuil; les côtes sont peuplées de veaux marins et la mer regorge de cétacés. Parmi les oiseaux on y remarque le bernacle arctique, la perdrix polaire et le canard royal au superbe plumage. Ces îles semblent être abandonnées par l'homme; cependant Parry a trouvé des traces d'habitations dans l'île de Melville. Les îles de ce groupe, vues par Parry, sont les suivantes : Cornwallis, Bathurst, Byam-Martin, Melville, peut-être la plus grande, et Sabine. On pourrait rattacher à cet archipel la Terre-de-Banks, au S.-O. de l'île Melville, et dont on ne connaît qu'une partie des côtes septentrionales.

GÉORGINA, com. du Haut-Canada, dist. de Home, au S.-E. du lac de Simcoé. L'île de Darling, la plus grande du lac que nous venons de citer, fait partie de cette commune.

GEOSMES (Saint-), vg. de Fr., Haute-Marne, arr., cant. et poste de Langres; 540 hab.

GEOSORRO, v. de la Nigritie occidentale, dans le Haut-Bambarra, sur la route qui conduit du Kaarta, en Sénégambie, à Ségo.

GEOURS-D'AURIBAT (Saint-), vg. de Fr., Landes, arr. de Dax, cant. de Montfort, poste de Tartas; 900 hab.

GEOURS-DE-MAREMNE (Saint-), vg. de Fr., Landes, arr. de Dax, cant. de Soustons, poste de St.-Vincent-de-Tyrosse; 1380 hab.

GEOVREISSET, vg. de Fr., Ain, arr. de Nantua, cant. et poste d'Oyonnax; scieries de planches; 160 hab.

GEOVREISSIAT, vg. de Fr., Ain, arr., cant. et poste de Nantua; 630 hab.

GÉPIDES (les), g. a., ainsi s'appelait une partie des Goths qui demeuraient le plus vers le Nord. Sur l'un des trois vaisseaux sur lesquels les Goths passèrent en Germanie, sous la conduite de leur roi Bérich, ils arrivèrent de l'île de Scanzia, chassèrent les Bourguignons et traversèrent ensuite la Gaule, au cinquième siècle. Ils reparaissent plus tard, sous leur roi Ardaricus, dans l'armée d'Attila. Après la mort de ce dernier ils se séparèrent des Huns, s'établirent en Dacie et furent exterminés en Pannonie par les Lombards.

GER, vg. de Fr., Manche, arr. et poste de Mortain, cant. de Barenton; poterie estimée; papeterie; 2820 hab.

GER, vg. de Fr., Basses-Pyrénées, arr. de Pau, cant. de Pontacq, poste de Vic-en-Bigorre; 1870 hab.

GER, vg. de Fr., Hautes-Pyrénées, arr. d'Argelès, cant. et poste de Lourdes; 140 h.

GERA, v. de la confédération germanique, située non loin de l'Elster-Blanc, chef-lieu de la seigneurie de Gera; celle-ci fait partie des possessions de Reuss, et appartient en commun aux deux branches de Reuss-Schleitz et de Reuss-Lobenstein-Ebersdorf, qui s'en partagent les revenus; elle renferme une population de 23,402 habitants, sur une superficie de 7 1/2 milles c. Gera est une jolie ville très-bien située ; elle s'est promptement relevée de ses ruines après l'incendie qui la détruisit entièrement en 1780; sa population est de 9000 habitants. Elle possède un gymnase, une école normale primaire, un théâtre, un bel hôtel de ville. Ses habitants se livrent activement à plusieurs branches d'industrie : à la fabrication des étoffes de laine, des draps, des toiles cirées, du tabac, de la bière, des couleurs, des voitures, à la préparation des cuirs, etc., et font un commerce assez considérable. Dans un des nombreux et beaux jardins qui entourent la ville se trouve un bain d'eaux minérales; au-delà de l'Elster, sur le Hainberg, s'élève le château d'Osterstein ; non loin de la ville se trouve la saline de Heinrichsball, et, dans le village de Finz, distant d'une lieue de Gera, est un château seigneurial avec un beau jardin.

GERABRONN. b. du roy. de Wurtemberg, chef-lieu du grand-bailliage de même nom, cer. de la Jaxt; culture de blé, éducation de bestiaux et d'abeilles ; pop. du bourg 650 hab., du grand-bailliage 27,200, sur 9 4/5 milles c.

GERACE ou **GIERACI**, *Hieracium*, v. et siége d'un évêché du roy. des Deux-Siciles, prov. de la Calabre ultérieure Ire; sur une colline entre le Merico et le Novito; une cathédrale et 16 églises; commerce de vins très-estimés, principalement des vins grecs; bains sulfureux; ruines de Locri et restes d'un aquéduc; 6200 hab.

GERACE, v. du roy. des Deux-Siciles, île de Sicile, intendance de Palerme, au pied du Nebrodes; 3100 hab.

GERAISE, vg. de Fr., Jura, arr. de Poligny, cant. et poste de Salins; 150 hab.

GERAL (Serra). *Voyez* MAR (Serra do).

GERAND-DE-VAUX (Saint-), vg. de Fr., Allier, arr. de Moulins-sur-Allier, cant. de Neuilly-le-Réal, poste de Varennes-sur-Allier ; 900 hab.

GERAND-LE-PUY (Saint-), vg. de Fr., Allier, arr. de la Palisse, cant. de Varennes-sur-Allier, poste; 1300 hab.

GERAR, g. a., v. des Philistins, au S.-O. de la Judée; c'était la résidence du roi Abimelech, contemporain d'Abraham.

GÉRARD-D'ARMISSART (Saint-), ham. de Fr., Tarn, com. de Rabastens; 390 hab.

GÉRARDMER, b. de Fr., Vosges, arr., à 5 l. S. de St.-Dié, poste de Corcieux, chef-lieu de canton; il est remarquable par sa situation pittoresque au bord d'un lac du même nom, et par l'activité de son industrie, qui consiste dans la fabrication de fromages très-estimés, de boîtes, de vaisselle de bois en grand, baignoires, seaux, cuveaux, sabots, de toiles et de poterie; commerce de poix blanche, de toiles, d'étoffes croisées de différentes couleurs et de calicots; 6000 hab.

GERASA, g. a., v. du Decapolis, Palestine, près de la source du Jabon. Les ruines de cette ville, embellie par Marc-Aurèle, sont aussi célèbres et aussi magnifiques que celles de Palmyre.

GÉRAUD (Saint-), Corrèze. *Voyez* CHAPELLE-SAINT-GÉRAUD (la).

GÉRAUD (Saint-), vg. de Fr., Lot-et-Garonne, arr. et poste de Marmande, cant. de Seyches; 250 hab.

GÉRAUD (Saint-), ham. de Fr., Morbihan, com. de Noyal-Pontivy; 950 hab.

GÉRAUD-DE-CORPS (Saint-), vg. de Fr., Dordogne, arr. de Bergerac, cant. de Villefranche-de-Lonchapt, poste de Monpont; 500 hab.

GERAUDOT, vg. de Fr., Aube, arr. de Troyes, cant. et poste de Piney; 600 hab.

GERAUVILLIERS, vg. de Fr., Meuse, arr. de Commercy, cant. et poste de Gondrecourt; 180 hab.

GERBALS, gros b. d'Écosse, comté de Lanark, sur la Clyde; 5000 hab.

GERBAMONT, vg. de Fr., Vosges, arr. de Remiremont, cant. de Saulxures, poste de Vagney ; 570 hab.

GERBÉCOURT, vg. de Fr., Meurthe, arr., cant. et poste de Château-Salins; 280 hab.

GERBÉCOURT, vg. de Fr., Meurthe, arr. de Nancy, cant. de Haroué, poste de Neuviller-sur-Moselle; 210 hab.

GERBÉPAL, vg. de Fr., Vosges, arr. de St.-Dié, cant. et poste de Corcieux; 1350 h.

GERBEROY, pet. v. de Fr., Oise, arr. de Beauvais, cant. et poste de Songeons; 280 h.

GERBÉVILLER, b. de Fr., Meurthe, arr., à 2 1/2 l. S. de Lunéville, chef-lieu de canton et poste; vignoble; houblon excellent; tanneries, teintureries; fabr. de bonneterie de laine; carrières de pierres de taille; 2250 h.

GERBIER-LE-JOUX, mont. de Fr., à l'O. du dép. de l'Ardèche ; elle fait partie des Cévennes, qui dans ce département portent le nom de montagnes du Vivarais. C'est au pied du Gerbier-le-Joux, dont la hauteur est de 1562 mètres, que la Loire a sa source dans la cour d'une ferme appelée Loire.

GERBSTÆDT, pet. v. de Prusse, prov. de Saxe, rég. de Mersebourg; près de là se trouvent de riches mines de cuivre; 1660 h.

GERCOURT, vg. de Fr., Meuse, arr. de Montmédy, cant. de Montfaucon, poste de Varennes-en-Argonne; 480 hab.

GERCY, vg. de Fr., Aisne, arr., cant. et poste de Vervins; papeterie; 750 hab.

GERDAUEN, pet. v. de Prusse, chef-lieu de cercle, à l'embouchure de l'Omet dans le lac de Bartin, prov. de Prusse, rég. de Kœnigsberg; deux châteaux; fabr. de draps; tanneries; 2100 hab.

GERDE, vg. de Fr., Hautes-Pyrénées, arr. et poste de Bagnères-en-Bigorre, cant. de Campan; 840 hab.

GERDEREST, vg. de Fr., Basses-Pyrénées, arr. de Pau, cant. et poste de Lembeye; 310 hab.

GERDOBAH, chaîne de montagnes, dans les oasis de Syonah et d'Audjélah, au S.-E. du plateau de Barca.

GÈRE-BÉLESTEN, vg. de Fr., Basses-Pyrénées, arr. d'Oloron, cant. et poste de Laruns; 410 hab.

GEREGES ou **JÉRÉJA**, prov. du roy. Manding de Fouini, en Sénégambie; capitale de même nom.

GÉRÉON (Saint-), vg. de Fr., Loire-Inférieure, arr., cant. et poste d'Ancenis; 870 h.

GERGIEWSKAI ou **KEDRILLE** (le), une des sept bouches du Danube.

GERGNY, vg. de Fr., Aisne, arr. de Vervins, cant. et poste de la Capelle; 400 hab.

GERGUEIL, vg. de Fr., Côte-d'Or, arr. de Dijon, cant. et poste de Sombernon; 300 h.

GERGY, vg. de Fr., Saône-et-Loire, arr. de Châlon-sur-Saône, cant. et poste de Verdun-sur-le-Doubs; 1780 hab.

GÉRIER (le), ham. de Fr., Eure, com. de Courteilles; 140 hab.

GERINGSWALDE, v. du roy. de Saxe, située sur une hauteur dans le cer. de Leipzig; elle a des fabriques d'étoffes de laine, et une pop. de 2200 hab.

GÉRIT (Saint-), vg. de Fr., Dordogne, arr. de Bergerac, cant. de la Force, poste de Mussidan; 450 hab.

GERLACHSHEIM, trois vgs. réunis de Prusse, rég. de Liegnitz, prov. de Silésie; usines; 1740 hab.

GERLAND, vg. de Fr., Côte-d'Or, arr. de Beaune, cant. et poste de Nuits; 390 hab.

GERLINGSDORFF. *Voyez* GOERSDORF.

GERM, vg. de Fr., Hautes-Pyrénées, arr. de Bagnères-en-Bigorre, cant. de Bordères, poste d'Arreau; 150 hab.

GERMA ou **GHERMA**, *Garama*, pet. v. du roy. de Fezzan, ancienne capitale de ce pays, à 20 l. N.-N.-O. de Mourzouk; ruines superbes.

GERMAGNAT, vg. de Fr., Ain, arr. de Bourg-en-Bresse, cant. de Treffort, poste de Coligny; 370 hab.

GERMAGNY, vg. de Fr., Saône-et-Loire, arr. de Châlon-sur-Saône, cant. et poste de Buxy; 310 hab.

GERMAIN (Saint-), b. d'Angleterre, duché de Cornouailles; bâti en amphithéâtre sur une colline, sur le Laver; nomme 2 députés; ses habitants se livrent à la pêche, surtout à celle des huîtres.

GERMAIN (Saint-), ham. de Fr., Aisne, com. de Lesquielles-St.-Germain; 450 hab.

GERMAIN (Saint-), ham. de Fr., Aisne, com. de Villeneuve-St.-Germain; 100 hab.

GERMAIN (Saint-), vg. de Fr., Ardèche, arr. de Privas, cant. et poste de Villeneuve-de-Berg; 270 hab.

GERMAIN (Saint-), vg. de Fr., Aube, arr., cant. et poste de Troyes; 610 hab.

GERMAIN (Saint-), ham. de Fr., Aveyron, com. de Milhau; 200 hab.

GERMAIN (Saint-), ham. de Fr., Drôme, com. de Hauterives; 500 hab.

GERMAIN (Saint-), ham. de Fr., Eure, com. de Louviers; 600 hab.

GERMAIN (Saint-), ham. de Fr., Indre-et-Loire, com. de St.-Jean-sur-Indre; 210 hab.

GERMAIN (Saint-), vg. de Fr., Jura, arr. et poste de Lons-le-Saulnier, cant. de Voiteur; 530 hab.

GERMAIN (Saint-), vg. de Fr., Loiret, arr. de Montargis, cant. et poste de Château-Renard; 1100 hab.

GERMAIN (Saint-), ham. de Fr., Loiret, com. de Sully; 400 hab.

GERMAIN (Saint-), ham. de Fr., Lot-et-Garonne, com. de Tonneins; 100 hab.

GERMAIN (Saint-), vg. de Fr., Maine-et-Loire, arr. de Beaupréau, cant. et poste de Montfaucon; 1500 hab.

GERMAIN (Saint-), ham. de Fr., Maine-et-Loire, com. de Daumeray; 120 hab.

GERMAIN (Saint-), vg. de Fr., Meurthe, arr. de Lunéville, cant. de Bayon, poste de Neuviller-sur-Moselle; 530 hab.

GERMAIN (Saint-), vg. de Fr., Meuse, arr. de Commercy, cant. et poste de Vaucouleurs; 480 hab.

GERMAIN (Saint-), vg. de Fr., Nièvre, arr. et poste de Clamecy, cant. de Tonnay; 530 hab.

GERMAIN (Saint-), vg. de Fr., Haut-Rhin, arr. et poste de Belfort, cant. de Fontaine; 300 hab.

GERMAIN (Saint-), vg. de Fr., Haute-Saône, arr., cant. et poste de Lure; 1140 h.

GERMAIN (Saint-), vg. de Fr., Tarn, arr. de Lavaur, cant. et poste de Puylaurens; 990 hab.

GERMAIN (Saint-), vg. de Fr., Vienne, arr. de Montmorillon, cant. et poste de St.-Savin; 790 hab.

GERMAIN-AU-MONT-D'OR (Saint-), vg. de Fr., Rhône, arr. de Lyon, cant. de Neuville-sur-Saône, poste de Chasselay; 730 hab.

GERMAIN-BEAUPRÉ (Saint-), vg. de Fr., Creuse, arr. de Guéret, cant. et poste de la Souterraine; 730 hab.

GERMAIN-BEL-AIR (Saint-), b. de Fr., Lot, arr. et à 3 l. S. de Gourdon, chef-lieu de canton, poste de Pont-de-Rodez. Ce bourg, situé agréablement sur les bords du Bléou, renferme un beau château d'architecture moderne, construit sur l'emplacement d'un ancien château fort.

GERMAIN-CHASSENAY (Saint-), vg. de Fr., Nièvre, arr. de Nevers, cant. et poste de Decize; 470 hab.

GERMAIN-D'AMBÉRIEUX (Saint-), ham. de Fr., Ain, com. d'Ambérieux; 210 hab.

GERMAIN-D'ANXURE (Saint-), vg. de Fr.,

Mayenne, arr., cant. et poste de Mayenne ; 560 hab.

GERMAIN-D'ARCÉ (Saint-), vg. de Fr., Sarthe, arr. de la Flèche, cant. du Lude, poste de Waas; 800 hab.

GERMAIN-D'AUNAI (Saint-), vg. de Fr., Orne, arr. d'Argentan, cant. de Vimoutier, poste du Sap; 460 hab.

GERMAIN-DE-BELVÈS (Saint-), vg. de Fr., Dordogne, arr. de Sarlat, cant. et poste de Belvès; 500 hab.

GERMAIN-DE-CALBERTE (Saint-), b. de Fr., Lozère, arr. et à 5 l. S.-E. de Florac, chef-lieu de canton, poste de Pompidou; grande récolte de soie; filat. de soie à la vapeur; troupeaux de mérinos; 1800 hab.

GERMAIN-D'ÉCHAUFFOUR (Saint-), ham. de Fr., Orne, com. d'Échauffour; 250 hab.

GERMAIN-DE-CLAIREFEUILLE (Saint-), vg. de Fr., Orne, arr. d'Argentan, cant. du Merlerault, poste de Nonant; 460 hab.

GERMAIN-DE-CONFOLENS (Saint-), vg. de Fr., Charente, arr., cant. et poste de Confolens; tanneries; 476 hab.

GERMAIN-DE-COULAMER (Saint-), vg. de Fr., Mayenne, arr. de Mayenne, cant. et poste de Villaines-la-Juhel; 1290 hab.

GERMAIN-D'ECTOT (Saint-), vg. de Fr., Calvados, arr. de Bayeux, cant. et poste de Caumont; 410 hab.

GERMAIN-DE-FRESNAY (Saint-), vg. de Fr., Eure, arr. d'Évreux, cant. et poste de St.-André; 230 hab.

GERMAIN-DE-GRAVE (Saint-), vg. de Fr., Gironde, arr. de la Réole, cant. et poste de St.-Macaire; 320 hab.

GERMAIN-DE-JOUX (Saint-), vg. de Fr., Ain, arr. et poste de Nantua, cant. de Châtillon-de-Michaille; 1190 hab.

GERMAIN-DE-LA-CAMPAGNE (Saint-), ham. de Fr., Manche, com. de Gorges; 130 hab.

GERMAIN-DE-LA-CELLE (Saint-). *Voyez* CELLE-CONDÉ (la).

GERMAIN-DE-LA-COUDRE (Saint-), vg. de Fr., Orne, arr. de Mortagne-sur-Huine, cant. du Theil, poste de Bellême; 2150 hab.

GERMAIN-DE-LA-COUDRE (Saint-), vg. de Fr., Sarthe, arr. de Mamers, cant. de Beaumont-sur-Sarthe, poste de Fresnay-sur-Sarthe; 1010 hab.

GERMAIN-DE-LA-GRANGE (Saint-), vg. de Fr., Seine-et-Oise, arr. de Rambouillet, cant. de Montfort-l'Amaury, poste de Neauphle-le-Château; 180 hab.

GERMAIN-DE-LA-LIEUE (Saint-), ham. de Fr., Calvados, com. de St.-Martin-des-Entrées.

GERMAIN-DE-LA-RIVIÈRE (Saint-), vg. vg. de Fr., Gironde, arr. de Libourne, cant. de Fronzac, poste de St.-André-de-Cubzac; 450 hab.

GERMAIN-DE-L'ÉPINAY (Saint-), ham. de Fr., Eure-et-Loir, com. de St.-Maurice-St.-Germain; 130 hab.

GERMAIN-DE-LÉZEAU (Saint-), vg. de Fr., Eure-et-Loir, arr. de Dreux, cant. et poste de Châteauneuf-en-Thymerais; 190 hab.

GERMAIN-DE-L'HOMEL (Saint-), vg. de Fr., Mayenne, arr., cant. et poste de Château-Gontier; 170 hab.

GERMAIN-DE-LIVET (Saint-), vg. de Fr., Calvados, arr., cant. et poste de Lisieux; 700 hab.

GERMAIN-D'ELLE (Saint-), vg. de Fr., Manche, arr. de St.-Lô, cant. de St.-Clair, poste de Torigni; 580 hab.

GERMAIN-DE-LONGUE-CHAUME (Saint-), vg. de Fr., Deux-Sèvres, arr., cant et poste de Parthenay; 330 hab.

GERMAIN-DE-LUSIGNAN (Saint-), vg. de Fr., Charente-Inférieure, arr., cant. et poste de Jonzac; 860 hab.

GERMAIN-DE-MARENCENNES (Saint-), vg. de Fr., Charente-Inférieure, arr. de Rochefort-sur-Mer, cant. et poste de Surgères; 580 hab.

GERMAIN-DE-MARTIGNI (Saint-), vg. de Fr., Orne, arr. et poste de Mortagne-sur-Huine, cant. de Bazoches-sur-Hoëne; 250 hab.

GERMAIN-DE-MODÉON (Saint-), vg. de Fr., Côte-d'Or, arr. de Sémur, cant. de Saulieu, poste de Rouvray; 590 hab.

GERMAIN-DE-MONTBRON (Saint-), vg. de Fr., Charente, arr. d'Angoulême, cant. et poste de Montbron; 720 hab.

GERMAIN-DE-MONTGOMMERY (Saint-), vg. de Fr., Calvados, arr. de Lisieux, cant. de Livarot, poste de Vimoutier; 430 hab.

GERMAIN-DE-NAVARRE (Saint-). *Voyez* NAVARRE.

GERMAIN-D'ENTREVAUX (Saint-), ham. de Fr., Allier, com. de Châtel-de-Neuvre; 180 hab.

GERMAIN-DE-PASQUIER (Saint-), vg. de Fr., Eure, arr. de Louviers, cant. d'Amfreville-la-Campagne, poste d'Elbeuf; 140 hab.

GERMAIN-DE-PONTROUMIEU (Saint-), vg. de Fr., Dordogne, arr. et cant. de Bergerac, poste de Mouleydier; 500 hab.

GERMAIN-DE-RENOM (Saint-), vg. de Fr., Ain, arr. de Trévoux, cant. de Châlamont, poste de Châtillon-les-Dombes; 230 hab.

GERMAIN-DE-SALLES (Saint-), vg. de Fr., Allier, arr. et poste de Gannat, cant. de Chantelle; 760 hab.

GERMAIN-DES-ANGLES (Saint-), vg. de Fr., Eure, arr., cant. et poste d'Évreux; 190 hab.

GERMAIN-DES-BOIS (Saint-), vg. de Fr., Cher, arr. de St.-Amand-Mont-Rond, cant. et poste de Dun-le-Roi; 1050 hab.

GERMAIN-DES-BOIS (Saint-), vg. de Fr., Saône-et-Loire, arr. de Charolles, cant. et poste de la Clayette; 450 hab.

GERMAIN-DES-CHAMPS (Saint-), vg. de Fr., Yonne, arr. d'Avallon, cant. et poste de Quarré-les-Tombes; 1200 hab.

GERMAIN-DES-ESSOURS (Saint-), vg. de Fr., Seine-Inférieure, arr. de Rouen, cant. et poste de Buchy; 370 hab.

GERMAIN-DES-FOSSÉS (Saint-), b. de Fr., Allier, arr. de la Palisse, cant. de Varennes-sur-Allier, poste de St.-Gérand-le-Puy; 970 hab.

GERMAIN-DES-GROIS (Saint-), vg. de Fr., Orne, arr. de Mortagne-sur-Huine, cant. et poste de Remalard; 660 hab.

GERMAIN-DES-PRÉS (Saint-), vg. de Fr., Dordogne, arr. de Périgueux, cant. et poste d'Excideuil; 1040 hab.

GERMAIN-DES-PRÉS (Saint-), Eure. *Voy.* NAVARRE.

GERMAIN-DES-PRÉS (Saint-), vg. de Fr., Maine-et-Loire, arr. d'Angers, cant. et poste de St.-Georges-sur-Loire; 1500 hab.

GERMAIN-DES-RIVES (Saint-), vg. de Fr., Saône-et-Loire, arr. de Charolles, cant. de Digoin, poste de Paray-le-Monial; 310 hab.

GERMAIN-D'ESTEUIL (Saint-), vg. de Fr., Gironde, arr., cant. et poste de Lesparre; 1400 hab.

GERMAIN-DES-VAUX (Saint-), vg. de Fr., Manche, arr. de Cherbourg, cant. et poste de Beaumont; 1050 hab.

GERMAIN-D'ÉTABLES (Saint-) ou MÉ-NIL-SAINT-GERMAIN (le), vg. de Fr., Seine-Inférieure, arr. de Dieppe, cant. et poste de Longueville; 300 hab.

GERMAIN-DE-TALLEVENDE (Saint-), *Voyez* TALLEVENDE-LE-GRAND.

GERMAIN-DE-TOURNEBUT (Saint-), vg. de Fr., Manche, arr. et poste de Valognes, cant. de Montebourg; 850 hab.

GERMAIN-DE-VARREVILLE (Saint-), vg. de Fr., Manche, arr. de Valognes, cant. et poste de Ste.-Mère-Église; 320 hab.

GERMAIN-DE-VIBRAC (Saint-), vg. de Fr., Charente-Inférieure, arr. et poste de Jonzac, cant. d'Archiac; 500 hab.

GERMAIN-DU-BOIS (Saint-), vg. de Fr., Saône-et-Loire, arr. de Châlon-sur-Saône, cant. et poste de Buxy; 410 hab.

GERMAIN-DU-BOIS (Saint), vg. de Fr., Saône-et-Loire, arr. et à 3 l. N. de Louhans, chef-lieu de canton et poste; 2010 hab.

GERMAIN-DU-CORBIS (Saint-), vg. de Fr., Orne, arr., cant. et poste d'Alençon; 450 hab.

GERMAIN-DU-CRIOULT (Saint-), vg. de Fr., Calvados, arr. de Vire, cant. et poste de Condé-sur-Noireau; 1520 hab.

GERMAIN-DU-PERT (Saint-), vg. de Fr., Calvados, arr. de Bayeux, cant. et poste d'Isigny; 320 hab.

GERMAIN-DU-PINEL (Saint-), vg. de Fr., Ille-et-Vilaine, arr. et poste de Vitré, cant. d'Argentré; 1030 hab.

GERMAIN-DU-PLAIN (Saint-), vg. de Fr., Saône-et-Loire, arr., à 3 l. S.-E., et poste de Châlon-sur-Saône, chef-lieu de canton; 1390 hab.

GERMAIN-DU-PUCH (Saint-), vg. de Fr., Gironde, arr. et poste de Libourne, cant. de Branne; 900 hab.

GERMAIN-DU-PUY (Saint-), vg. de Fr., Cher, arr. et poste de Bourges, cant. des Aix-d'Anguillon; 460 hab.

GERMAIN-DU-SALEMBRE (Saint-), vg. de Fr., Dordogne, arr. de Ribérac, cant. et poste de Neuvic; 900 hab.

GERMAIN-DU-TEIL (Saint-), vg. de Fr., Lozère, arr. et à 3 l. S.-S.-O. de Marvejols, chef-lieu de canton, poste de la Canourgue; 1520 hab.

GERMAIN-DU-VAL (Saint-), vg. de Fr., qarthe, arr. cant. et poste de la Flèche; 760 hab.

GERMAIN-DU-XEUDRE (Saint-), vg. de Fr., Charente-Inférieure, arr. de Jonzac, cant. et poste de St.-Genis; 800 hab.

GERMAINE, vg. de Fr., Aisne, arr. de St.-Quentin, cant. de Vermand, poste de Ham; 190 hab.

GERMAINE, vg. de Fr., Marne, arr. de Reims, cant. d'Ay, poste d'Épernay; 350 h.

GERMAINE, vg. de Fr., Haute-Marne, arr. de Langres, cant et poste d'Auberive; 200 hab.

GERMAIN-EN-COGLES (Saint-), vg. de Fr., Ille-et-Vilaine, arr. et poste de Fougères, cant. de St.-Brice-en-Cogles; 2580 hab.

GERMAIN-EN-LAYE (Saint-), v. de Fr., Seine-et-Oise, arr., à 3 l. N. de Versailles et à 5 l. de Paris, chef-lieu de canton et poste. C'est une jolie ville située près de la rive gauche de la Seine et d'une magnifique forêt de 8500 arpents, entourée de murs; elle est remarquable par son château royal, construit sous François Ier, et par sa belle terrasse de 1200 toises de longueur, du haut de laquelle on jouit des plus beaux points de vue des environs de Paris. Le château est aujourd'hui transformé en casernes. St.-Germain renferme en outre plusieurs grands hôtels avec une bibliothèque publique. Dans la forêt se trouve la Maison-des-Loges, où se tient chaque année, le 30 août, une foire de trois jours. Cette ville a des fabriques de chandelles, de bonneterie en laine, d'étoffes de crin; des tanneries, dont les produits sont l'objet d'un commerce important. Le chemin de fer de Paris à St.-Germain y amène chaque jour une foule d'étrangers et ne peut manquer d'ajouter encore à la prospérité de cette dernière ville; 10,951 h.

St.-Germain doit son origine à un monastère et à un château que le roi Robert fonda au onzième siècle, dans la forêt de Ledia, appelée par corruption *Laye*. Au quatorzième siècle, les Anglais détruisirent le château qui ne fut plus relevé. François Ier fit bâtir celui qui existe encore et que l'on nomma plus tard *l'ancien château*, pour le distinguer de celui que Henri IV fit construire un siècle après et dont il ne reste plus que quelques ruines. Louis XIV fit faire de nombreux embellissements à l'ancien château; mais il abandonna, dit-on, cette belle résidence, parce que du haut de St.-Germain le grand roi apercevait St.-Denis, lieu de sépulture des rois de France.

GERMAIN-EN-MONTAGNE (Saint-), vg. de Fr., Jura, arr. de Poligny, cant. et poste de Champagnole; 3770 hab.

GERMAIN-EN-VIRY (Saint-). *Voyez* GERMAIN-CHASSENAY (Saint-).

GERMAIN-LA-BLANCHE-HERBE (Saint-), vg. de Fr., Calvados, arr., cant. et poste de Caen; 290 hab.

GERMAIN-LA-CAMPAGNE (Saint-), vg. de Fr., Eure, arr. de Bernay, cant. de Thiberville, poste d'Orbec; fabr. de rubans de fil, percale, demi-percale, etc.; 1430 hab.

GERMAIN-LA-FEUILLE (Saint-(, vg. de Fr., Côte-d'Or, arr. de Sémur, cant. et poste de Flavigny; 150 hab.

GERMAIN-LA-GATINE (Saint-), vg. de Fr., Eure-et-Loir, arr., cant. et poste de Chartres; 130 hab.

GERMAIN-L'AIGUILLIER (Saint-), vg. de Fr., Vendée, arr. de Fontenay-le-Comte, cant. et poste de la Châtaigneraie; 350 hab.

GERMAIN-LA-MONTAGNE (Saint-), vg. de Fr., Loire, arr. de Roanne, cant. de Belmont, poste de Charlieu; 1100 hab.

GERMAIN-LANGOT (Saint-), vg. de Fr., Calvados, arr., cant. et poste de Falaise; 590 hab.

GERMAIN-LA-POTERIE (Saint-), vg. de Fr., Oise, arr. et poste de Beauvais, cant. d'Auneuil; tuilerie; fabr. de couperose et de couleurs; 430 hab.

GERMAIN-LA-PRADE (Saint-), vg. de Fr., Haute-Loire, arr., cant. et poste du Puy; 2180 hab.

GERMAIN-LAVAL (Saint-), b. de Fr., Loire, arr. et à 5 l. S. de Roanne, chef-lieu de canton et poste; carrières de marbre; tanneries; commerce de vins; filat. de coton; 1610 hab.

GERMAIN-LAVAL (Saint-), vg. de Fr., Seine-et-Marne, arr. de Fontainebleau, cant. et poste de Montereau; fabr. de faïence; 385 hab.

GERMAIN-LAVERSINE (Saint-). *Voyez* LAVERSINE.

GERMAIN-LA-VILLE (Saint-), vg. de Fr., Marne, arr. de Châlons-sur-Marne, cant. de Marson, poste de la Chaussée; 540 hab.

GERMAIN-LAVOPS (Saint-), vg. de Fr., Corrèze, arr. et poste d'Ussel, cant. de Sornac; 520 hab.

GERMAIN-LAXIS (Saint-), vg. de Fr., Seine-et-Marne, arr., cant. et poste de Melun; 160 hab.

GERMAIN-LE-FOUILLOUX (Saint-), vg. de Fr., Mayenne, arr., cant. et poste de Laval; 1090 hab.

GERMAIN-LE-GAILLARD (Saint-), vg. de Fr., Eure-et-Loir, arr. de Chartres, cant. et poste de Courville; 360 hab.

GERMAIN-LE-GAILLARD (Saint-), vg. de Fr., Manche, arr. de Cherbourg, cant. et poste des Pieux; 1100 hab.

GERMAIN-LE-GUILLAUME (Saint-), vg. de Fr., Mayenne, arr. et poste de Laval, cant. de Chailland; 1230 hab.

GERMAIN-LE-LIÈVRE (Saint-), vg. de Fr., Corrèze, arr. d'Ussel, cant. et poste de Meymac; 260 hab.

GERMAIN-LEMBRON (Saint-), pet. v. de Fr., Puy-de-Dôme, arr. et à 2 1/2 l. S. d'Issoire, chef-lieu de canton et poste; commerce en grains et en vins; fabr. de noir animal; 2031 fab.

GERMAIN-LE-PRINÇAY (Saint-), vg. de Fr., Vendée, arr. de Bourbon-Vendée, caut. et poste de Chantonnay; fabr. de sucre indigène; 1085 hab.

GERMAIN-LE-ROCHEUX (Saint-), vg. de Fr., Côte-d'Or, arr. de Châtillon-sur-Seine, cant. et poste d'Aignay-le-Duc; 280 hab.

GERMAIN-LES-ARPAJON (Saint-), vg. de Fr., Seine-et-Oise, arr. de Corbeil, cant. et poste d'Arpajon; 550 hab.

GERMAIN-LES-BELLES-FILLES (Saint-), pet. v. de Fr., Haute-Vienne, arr. de St.-Yrieix, cant. de Magnac, poste de Pierre-Buffière; 2283 hab.

GERMAIN-LES-CORBEIL (Saint-), vg. de Fr., Seine-et-Oise, arr., cant. et poste de Corbeil; 380 hab.

GERMAIN-LES-GOUILLY (Saint-), vg. de Fr., Seine-et-Marne, arr. de Meaux, cant. de Crécy, poste de Couilly; 630 hab.

GERMAIN-LES-PAROISSES (Saint-), vg. de Fr., Ain, arr., cant. et poste de Belley; 960 hab.

GERMAIN-L'ESPINASSE (Saint-), vg. de Fr., Loire, arr. de Roanne, cant. de St.-Hâon-le-Châtel, poste; 650 hab.

GERMAIN-LES-SENAILLY (Saint-). *Voyez* MONT-SUR-SAINT-GERMAIN.

GERMAIN-LES-VERGNES (Saint-), vg. de Fr., Corrèze, arr., cant. et poste de Tulle; 1330 hab.

GERMAIN-LE-VASSON (Saint-), vg. de Fr., Calvados, arr. de Falaise, cant. de Bretteville-sur-Laize, poste de Langannerie; 440 hab.

GERMAIN-LE-VICOMTE (Saint-), vg. de Fr., Manche, arr. de Coutances, cant. et poste de Périers; 550 hab.

GERMAIN-LE-VIEUX (Saint-), vg. de Fr., Orne, arr. d'Alençon, cant. de Courtomer, poste de Sées; 310 hab.

GERMAIN-L'HERM (Saint-), pet. v. de Fr., Puy-de-Dôme, arr. et à 4 l. S.-O. d'Ambert, chef-lieu de canton et poste; fabr. de dentelles; 2160 hab.

GERMAINMONT (Saint-), vg. de Fr., Ardennes, arr. et poste de Réthel, cant. d'Asfeld; 930 hab.

GERMAIN-PRÈS-HERMENT (Saint-), vg. de Fr., Puy-de-Dôme, arr. de Clermont-Ferrand, cant. d'Herment, poste de Pontaumur; 930 hab.

GERMAINS (les), g. a., peuplade de la Germanie, occupant les contrées baignées par le Rhin et plus tard tout le S.-E. de ce fleuve. Ce n'est que vers 320 avant J.-C. qu'ils commencèrent à porter le nom de Germains; avant cette époque ils étaient connus généralement sous le nom de Teutons, conservé par ceux qui habitaient l'intérieur et le N.-E. de la Germanie, et qui se divisèrent bientôt en Ingévones, Istévones, Hermiones et en Vandales.

GERMAIN-SOUS-CAILLY (Saint-), vg. de Fr., Seine-Inférieure, arr. de Rouen, cant. de Clères, poste du Fréneau ; 290 hab.

GERMAIN-SOUS-DOUE (Saint-), vg. de Fr., Seine-et-Marne, arr. et poste de Coulommiers, cant. de Rebais; 520 hab.

GERMAIN-SOUS-ÉCOLE (Saint-), vg. de Fr., Seine-et-Marne, arr. et cant. de Melun, poste de Ponthierry; 150 hab.

GERMAIN-SUR-AVRE (Saint-), vg. de Fr., Eure, arr. d'Évreux, cant. et poste de Nonancourt; 640 hab.

GERMAIN-SUR-AY (Saint-), vg. de Fr., Manche, arr. de Coutances, cant. de Lessay, poste de la Haye-du-Puits; 1060 hab.

GERMAIN-SUR-BRESLE (Saint-), vg. de Fr., Somme, arr. d'Amiens, cant. d'Hornoy, poste d'Aumale; 190 hab.

GERMAIN-SUR-EAULNE (Saint-), vg. de Fr., Seine-Inférieure, arr., cant. et poste de Neufchâtel-en-Bray; 210 hab.

GERMAIN-SUR-ILLE (Saint-), vg. de Fr., Ille-et-Vilaine, arr. de Rennes, cant. de St.-Aubin-d'Aubigné, poste de Liffré; 380 h.

GERMAIN-SUR-L'ARBRESLE (Saint-), vg. de Fr., Rhône, arr. de Lyon, cant. et poste d'Arbresle ; 740 hab.

GERMAIN-SUR-L'AUBOIS (Saint-), vg. de Fr., Cher, arr. de St.-Amand-Mont-Rond, cant. de la Guerche-sur-l'Aubois, poste de la Charité; 940 hab.

GERMAIN - SUR - LEVE (Saint-). *Voyez* GERMAIN-LE-VICOMTE (Saint-).

GERMAIN-SUR-VIENNE (Saint-), vg. de Fr., Indre-et-Loire, arr. et cant. de Chinon, poste de Montsoreau; 800 hab.

GERMAIN-VILLAGE (Saint-), vg. de Fr., Eure, arr., cant. et poste de Pont-Audemer; 560 hab.

GERMAINVILLE, vg. de Fr., Eure-et-Loir, arr., cant. et poste de Dreux; 380 h.

GERMAINVILLERS, vg. de Fr., Haute-Marne, arr. de Chaumont-en-Bassigny, cant. et poste de Bourmont; 440 hab.

GERMAN, b. des États-Unis de l'Amérique du Nord, état de Pensylvanie, comté de Fayette, sur la Monongahéla; 3000 hab.

GERMAN (Saint-), ham. de Fr., Gers, com. de Ste.-Marie; 130 hab.

GERMANFLATTS, b. des États-Unis de l'Amérique du Nord, état de New-York, comté de Herkimer, sur le Mohawk, dans une des contrées les plus riches et les plus belles de l'état, poste; 3400 hab. Il ne reste plus de traces du vieux fort Herkimer, qui dominait le Mohawk, non loin de cet endroit.

GERMANICIA, g. a., v. de Syrie, située sur l'Amanus, à 500 stades S.-O. de Samosata ; patrie de Nestor.

GERMANIE (la), g. a., était bien connue des Romains par les expéditions successives de César, de Drusus, de Tibère et de Germanicus. Elle était bornée à l'E. par la Vistule et le Gattalus, au N. par l'Océan Atlantique (*sinus Codanus* ou *mare Suevicum*), à l'O. par le Rhin, au S. par le Danube et au S.-E. par les montagnes de la Sarmatie et les Carpathes. (*Voyez* ALLEMAGNE.)

GERMANIE-BARBARE (la), g. a., était cette partie de la Germanie qui n'était pas soumise aux Romains. Pour repousser les invasions fréquentes des habitants de ce pays, Probus, à l'exemple de ses prédécesseurs, fit construire des châteaux forts sur la rive droite du Rhin.

GERMANIE-EN-DEÇA-DU-RHIN, *Germania Cisrhenana* g. a., pays qui ne se forma que du temps d'Auguste, lorsque Agrippa et Tiberius eurent fait passer le Rhin aux Ubiens et à une foule d'autres prisonniers, pour les employer à la défense de l'empire contre les Germains, qui demeuraient à l'E. Ce pays se divisa plus tard en Germanie-Inférieure et en Germanie-Supérieure.

GERMANIE-INFÉRIEURE (la), g. a., était bornée à l'E. par le Rhin et s'étendait depuis la Germanie-Supérieure jusqu'à l'Océan Brittanique. Elle était gouvernée, selon Tacite, par un propréteur et avait pour capitale Colonia Agrippina. Demeure des Ubiens ou des Tungri.

GERMANIE-SUPÉRIEURE (la), g. a., était bornée à l'E. par le Rhin, au N. par Obringa, à l'O. par les Vosges et au S. par le Vocetius. Elle était gouvernée par un præses et avait pour capitale Moguntium. Demeure des Vangions, des Nemètes, des Triboques et des Mauraci.

GERMANIEUX, ham. de Fr., Loire, com. de St.-Bonnet-le-Courraux; 120 hab.

GERMANO (San-), v. à l'O. de l'île de Porto-Rico, juridiction de San-Germano, dont elle est le chef-lieu. Cette ville, la plus considérable de l'île après San-Juan, fut fondée en 1511; plantations de riz, de coton et de café; éducation du bétail; commerce important; 9500 hab.

GERMANO (Santo-), b. du roy. de Sardaigne, principauté de Piémont, prov. de Vercelli; couvent de filles; 2608 hab.

GERMANS-COAST, colonie d'Allemands, divisée en différents établissements, à l'E. de l'état de Louisiane, États-Unis de l'Amérique du Nord, entre le Mississipi et l'Amité, dans une contrée marécageuse et assez malsaine. Ces établissements dépendent de la paroisse de St.-James; plantations de coton et de cannes à sucre.

GERMANTOWN, v. des États-Unis de l'Amérique du Nord, état de Pensylvanie, comté de Philadelphie, au N.-O. de la ville de ce nom, dans une contrée sablonneuse, mais bien cultivée. Cette ville, très-industrieuse, ne consiste qu'en une seule rue de plus d'une lieue de longueur. Elle possède l'institution nommée *Mount-Airy-College*, une poste, quatre moulins à poudre, plusieurs papeteries et moulins à huile, de nombreuses tanneries et manufactures de toiles, et fait un commerce très-considérable. Il y paraît deux journaux, l'un français et l'autre allemand. Cette ville est aussi le siége de la principale congrégation des Mennonites; 5400 hab., la plupart Allemands ou Hollandais. Combat du 4 octobre 1777.

GERMANTOWN. *Voyez* HYDE (comté).

GERMANTOWN. *Voyez* STOKES (comté).

GERMAY, vg. de Fr., Haute-Marne, arr. de Vassy, cant. de Poissons, poste de Sailly; 210 hab.

GERMÉ (Saint-), vg. de Fr., Gers, arr. de Mirande, cant. et poste de Riscle; 420 hab.

GERMEFONTAINE, vg. de Fr., Doubs, arr. de Baume-les-Dames, cant. de Pierre-Fontaine, poste de Landresse; 450 hab.

GERMENAUD, ham. de Fr., Basses-Pyrénées, com. de Lespielle; 110 hab.

GERMENAY, vg. de Fr., Nièvre, arr. de Clamecy, cant. de Brinon-les-Allemands, poste de Corbigny; 680 hab.

GERMER (Saint-), vg. de Fr., Oise, arr. de Beauvais, cant. du Coudray-St.-Germer, poste de Gournay; 1010 hab.

GERMERSHEIM, *Julius Vicus*, v. forte de la Bavière rhénane, chef-lieu de canton et d'arrondissement, située à l'embouchure de la Queich dans le Rhin, que l'on y traverse sur un pont de bateaux, à 16 1/2 l. de Strasbourg et à 3 1/2 l. de Spire; navigation active; pêche; culture de blé, de chanvre et de lin; orpaillerie sur le Rhin; pop. de la ville 2000 hab., du canton 18,900.

L'empereur Rodolphe de Habsbourg la fit prospérer et y termina ses jours. En 1674, Turenne en fit sauter les fortifications, qui ont été rétablies depuis 1815.

GERMEVILLE, ham. de Fr., Charente, com. d'Oradaur; 410 hab.

GERMIER (Saint-), vg. de Fr., Haute-Garonne, arr., cant. et poste de Villefranche-de-Lauragais; 160 hab.

GERMIER (Saint-), vg. de Fr., Gers, arr. de Lombez, cant. de Cologne, poste de Gimont; 340 hab.

GERMIER (Saint-)', vg. de Fr., Deux-Sèvres, arr. de Parthenay, cant. de Menigoute, poste de St.-Maixent; 540 hab.

GERMIER (Saint-), vg. de Fr., Tarn, arr. de Castres, cant. et poste de Roquecourbe; 180 hab.

GERMIER (Saint-), ham. de Fr., Tarn, com. de Teyssode; 180 hab.

GERMIER, ham. de Fr., Vienne, com. de Chasseignes; 100 hab.

GERMIER-D'ARMAGNAC (Saint-). *Voyez* GERMÉ (Saint-).

GERMIGNAC, vg. de Fr., Charente-Inférieure, arr. de Jonzac, cant. et poste d'Archiac; 680 hab.

GERMIGNEY, vg. de Fr., Jura, arr. et poste de Dôle, cant. de Montbarrey; 230 h.

GERMIGNEY, vg. de Fr., Haute-Saône, arr., cant. et poste de Gray; 490 hab.

GERMIGNONVILLE, vg. de Fr., Eure-et-Loir, arr. de Chartres, cant. et poste de Voves; 630 hab.

GERMIGNY ou GERMIGNY-L'EXEMPT, vg. de Fr., Cher, arr. de St.-Amand-Mont-Rond, cant. et poste de la Guerche-sur-l'Aubois; 817 hab.

GERMIGNY, vg. de Fr., Marne, arr. de Reims, cant. de Ville-en-Tardenois, poste de Jonchery-sur-Vesle; 190 hab.

GERMIGNY, vg. de Fr., Nièvre, arr. de Nevers, cant. et poste de Pougues; 870 hab.

GERMIGNY, vg. de Fr., Yonne, arr. d'Auxerre, cant. et poste de St.-Florentin; 700 hab.

GERMIGNY-DES-PRÉS, vg. de Fr., Loiret, arr. d'Orléans, cant. et poste de Châteauneuf-sur-Loire; 480 hab.

GERMIGNY-L'ÉVÊQUE, vg. de Fr., Seine-et-Marne, arr., cant. et poste de Meaux; 500 hab.

GERMIGNY-L'EXEMPT. *Voyez* GERMIGNY (Cher).

GERMIGNY-SOUS-COLOMBS, vg. de Fr., Seine-et-Marne, arr. de Meaux, cant. et poste de Lizy; 370 hab.

GERMINON, vg. de Fr., Marne, arr. de Châlons-sur-Marne, cant. et poste de Vertus; 320 hab.

GERMINY, vg. de Fr., Meurthe, arr. de Toul, cant. et poste de Colombey; tuileries, briqueteries; 610 hab.

GERMISEY, vg. de Fr., Haute-Marne, arr. de Vassy, cant. de Poissons, poste de Sailly; 180 hab.

GERMOLLES, vg. de Fr., Saône-et-Loire, arr. de Mâcon, cant. et poste de Tramayes; 410 hab.

GERMOLLES, ham. de Fr., Saône-et-Loire, com. de Mellecey; 330 hab.

GERMOND, vg. de Fr., Deux-Sèvres, arr. de Niort, cant. et poste de Champdeniers; 740 hab.

GERMONDANS, vg. de Fr., Doubs, arr. de Besançon, cant. de Marchaux, poste de Baume-les-Dames; 120 hab.

GERMONT, vg. de Fr., Ardennes, arr. de Vouziers, cant. du Chêne, poste de Buzancy; 160 hab.

GERMONVILLE, vg. de Fr., Meurthe, arr. de Nancy, cant. d'Haroué, poste de Charmes; 300 hab.

GERMS, vg. de Fr., Hautes-Pyrénées, arr. d'Argelès, cant. et poste de Lourdes; 570 hab.

GERNELLE, vg. de Fr., Ardennes, arr., cant. et poste de Mézières; 310 hab.

GERNICOURT, vg. de Fr., Aisne, arr. de Laon, cant. de Neufchâtel, poste de Berry-au-Bac; 130 hab.

GERNRODE, b. et chef-lieu de bailliage dans le duché d'Anhalt-Bernbourg; manufacture d'armes à feu; 1700 hab.

GERNSBACH, v. du grand-duché de Bade, cer. du Rhin-Moyen, chef-lieu de bailliage, située sur la Murg; elle est le siége d'une administration forestière et possède une compagnie commerciale; 2200 hab. Le beau château de Neu-Eberstein se trouve dans les environs.

GERNSHEIM, v. du grand-duché de Hesse-Darmstadt, prov. de Starkenbourg, située à l'embouchure du Winkelsbach dans le Rhin; elle renferme une population de 2900 hab. Il s'y tient des foires de grains considérables; ses habitants sont en partie bateliers ou constructeurs de bateaux, et exploitent de bonnes tourbières.

GEROCOURT, vg. de Fr., Seine-et-Oise, arr., cant. et poste de Pontoise; 30 hab.

GEROLDSHAFEN, *Gerlocuria*, pet. v. de Bavière, chef-lieu du district de même nom, cer. du Mein-Inférieur, à 4 l. de Schweinfurth. On cultive dans le district du blé, du houblon et un peu de vin; l'éducation des bestiaux y est florissante. La ville fait un grand commerce local et est très-aisée; pop. de la ville 2130 hab., du district 11,650, sur 3 1/2 milles c.

GERON (Saint-), vg. de Fr., Haute-Loire, arr., cant. et poste de Brioude; 390 hab.

GERONCE, vg. de Fr., Basses-Pyrénées, arr. et poste d'Oloron, cant. de Ste.-Marie-d'Oloron; 790 hab.

GÉRONE, *Gerunda*, v. forte d'Espagne, chef-lieu de district et siége d'un évêché, principauté de Catalogne, située à 17 l. de Perpignan et à 19 l. de Barcelone, à l'embouchure de l'Onhar dans le Ter. Elle occupe la pente et le pied d'un rocher escarpé. Parmi les cinq forts isolés qui forment sa défense et qui correspondent entre eux par des lignes de fortifications intermédiaires, celui de Montjoui est le principal. Ces ouvrages gagnent par leur position naturelle et rendent Gérone une des premières places frontières du royaume. L'intérieur de la ville n'est pas beau, mais ses environs sont pittoresques; elle possède une belle cathédrale, un collége, un riche hôpital; parmi ses nombreux couvents celui des capucins est remarquable par ses bains arabes; elle renferme quelques fabriques d'étoffes de laine et fait du commerce local; pop. civile 6700 hab.

Cette place est célèbre par la belle défense des Espagnols, sous le général Mariano Alvarez, du 8 juin au 10 décembre 1809. Le maréchal Augereau sut apprécier la noble persévérance de la brave garnison, privée de tous les moyens de défense ultérieure, et lui accorda la sortie avec les honneurs de la guerre.

GERONIMO (San-), une des plus riches mines d'argent de la confédération mexicaine, état de Mexico, à l'O. de la capitale.

GERONIMO (San-), canal ou détroit qui traverse à l'O. la Terre-de-Feu et entre dans le détroit de Magellan; il se divise en deux bras, dont celui à l'O. atteint, selon Sarmiento, le canal de Buckley; le bras qui se dirige vers le N.-N.-E. prend le nom de *détroit des Indiens* ou simplement de *Canal*.

GERONIMO-DE-ICA (San-). *Voyez* ICA.

GERONIMO-DE-JUSTI (Saint-), couvent d'hiéronimites, jadis célèbre, mais tombant en ruines aujourd'hui, roy. d'Espagne et de la Nouvelle-Castille, prov. d'Estramadure, dist. de Plasencia.

Charle-Quint y passa les deux dernières années de sa vie et y mourut le 21 septembre 1558.

GERONS (Saint-), vg. de Fr., Cantal, arr. d'Aurillac, cant. de la Roquebrou, poste de Montvert; 750 hab.

GERONYMO (San-), gr. vg. avec une mission, dans la rép. Argentine, au N. de l'état de Santa-Fé, dist. des Guaycurus.

GERPONVILLE, vg. de Fr., Seine-Inférieure, arr. d'Yvetot, cant. et poste de Valmont; 740 hab.

GERRESHEIM, pet. et ancienne v. de Prusse, dans une vallée fertile, rég. de Dusseldorf, prov. du Rhin; 1100 hab.

GERRI, pet. v. du roy. de Sennaar, Nubie, sur la rive orientale du Nil, à 60 l. N.-N.-O. de Sennaar.

GERRIT-DENIS ou GERARD-DE-NYS, île de l'Australie, dans l'archipel de la Nouvelle-Bretagne, sous 2° 30' de lat. S. et 148° 54' de long. E.; elle a environ 16 l. de circuit et une nombreuse population de Papouas.

GERROTS, vg. de Fr., Calvados, arr. de Pont-l'Évêque, cant. de Cambremer, poste de Dozullé; 100 hab.

GERS (le), *Ægircius*, riv. de Fr., a sa source dans le dép. des Hautes-Pyrénées, non loin de Pinas, cant. de Lannemezan, coule du S. au N.; il entre, près de Chelan, dans le dép. auquel il donne son nom, passe à Masseube, Auch, Lectoure, pénètre dans le dép. de Lot-et-Garonne, où il arrose Astaffort, et se jette dans la Garonne à 2 l. au-dessus d'Agen, après 40 l. de cours.

GERS (département du) est formé du Condomois, de l'Armagnac et d'une petite partie du Comminges, pays compris dans la Gascogne et dépendant de la ci-devant prov. de Guyenne; il est situé dans la région sud de la France; ses limites sont : au N. le dép. de Lot-et-Garonne, au N.-E. celui de Tarn-et-Garonne, à l'E. celui de la Haute-Garonne, au S. ceux des Hautes et des Basses-Pyrénées et à l'O. le dép. des Landes. Sa superficie est de 652,196 hectares et sa pop. de 312,882 hab.

De nombreuses chaînes de coteaux se détachent des Pyrénées et viennent traverser le département du S. au N. en s'abaissant progressivement et servant, pour ainsi dire, de gradins au superbe amphithéâtre des

Pyrénées; la principale chaîne, celle des montagnes de l'Adour, coupe le département en deux parties à peu près égales et sépare le bassin de l'Adour de celui de la Garonne; les monts Mielan et Astarac ne s'élèvent qu'à 400 mètres au-dessus du niveau de la mer; ce sont les points les plus élevés du département. Trent-huit vallées principales sillonnent le territoire; ces vallées, déterminées par autant de cours d'eau, sont constamment bornées à gauche et à droite, c'est-à-dire à l'O. et à l'E., soit par des chaines de coteaux vignobles, soit par des collines couvertes de forêts.

Les principaux cours d'eau du département viennent du dép. des Hautes-Pyrénées; ils causent de grands ravages par les inondations, principalement pendant les mois de mai et de juin, époque de la fonte des neiges. Les plus considérables sont : l'Adour avec le Larros et le Boun; le Gers, qui donne son nom au département, reçoit le Sedon, le Sousson, l'Arcon, la Lauza, la Lauchie et se rend dans le dép. de Lot-et-Garonne. La Baise avec ses affluents, la Baisolle, l'Auzoue et la Gelise, se rendent dans le même département. La Save sort du dép. de la Haute-Garonne, traverse la partie orientale du département pour se rendre de nouveau dans le premier; de toutes ces rivières il n'y a que l'Adour et la Baise qui, à la sortie du département, soient navigables. Des étangs poissonneux abondent dans le pays; les marais y sont rares.

Le territoire est généralement montueux, s'élevant du N. au S., de sorte que la partie la plus basse se trouve dans les pentes septentrionales; les terres qui forment la superficie du sol sont en général argileuses, reposant sur des bancs épais de glaise, et qui se succèdent à une grande profondeur, séparées quelquefois par de légères couches de sable; le noyau des collines est composé d'une pierre argileuse calcaire.

Le climat y est très-variable; des chaleurs excessives sont remplacées subitement par des froids très-rigoureux; les orages, la grêle sont fréquents pendant la belle saison; les vents d'est et d'ouest règnent presque exclusivement dans le département; la pluie tombe ordinairement par celui du sud-ouest.

La contrée dont est formé le département était, il y a moins d'un siècle, un pays presque stérile; actuellement le sol se prête en général à toute espèce de culture et fournit de nombreux et abondants produits; la récolte des céréales suffit à la consommation du pays; il en est de même du maïs, de l'épeautre, des légumes secs, du chanvre, du lin; on y cultive en grand les aulx et les oignons; les pommes de terre y sont rares. Les prairies naturelles y sont belles et nombreuses; elles occupent à peu près la dixième partie de la superficie du sol; 80,000 hectares de vignes y produisent année moyenne près de 900,000 hectolitres de vin,
qui, en général, est peu estimé; une grande partie est convertie sur place en eaux-de-vie, connues sous le nom d'eaux-de-vie d'Armagnac ou de Condomois; parmi les vins livrés à l'exportation on cite les crûs de Verlus, de Viella et de Mazères, connus sous le nom générique de vins de Madiran. Les forêts couvrent une superficie de près de 60,000 hectares; elles sont assez négligées et fournissent à peine pour la consommation du pays.

Les pâturages nombreux et excellents abondent en chevaux et en mulets; les bestiaux, plus nombreux, ne réussissent pas aussi bien dans le pays que dans les départements limitrophes; il possède des troupeaux considérables de moutons, dont l'éducation est généralement négligée et qui fournissent de la laine très-médiocre. Les porcs y sont nombreux; on y engraisse une grande quantité de grosse volaille, notamment des oies et des canards, dont on sale les cuisses et les ailes, qui sont exportées au loin; le menu gibier y est abondant et les rivières et les étangs fournissent beaucoup et d'excellents poissons.

Les richesses minérales du département ne sont pas considérables; il ne possède aucune mine, mais quelques carrières de marbre coloré, du gypse, de l'argile à potier, plusieurs carrières de pierres à bâtir, de plâtre, de marne; on y trouve encore du spath fusible propre aux verreries et aux faïenceries, ainsi que plusieurs sources minérales.

Les principales branches de l'industrie du département consistent surtout dans la fabrication de ses eaux-de-vie, dans quelques fabriques de toiles, de rubans de fil, d'étoffes de fil de coton, de cadis, de burats, de crêpons et de calmandes; une coutellerie estimée; quelques fabriques de plumes à écrire et de bouchons de liége; des tanneries considérables; quelques verreries, des poteries, des tuileries et des faïenceries; on y rencontre aussi de nombreux moulins à farine.

Il se fait un commerce considérable d'eaux-de-vie, de vins, de farine, de cuirs, de plumes à écrire, de volaille; on exporte principalement en Espagne des mules, mulets, bêtes à cornes et à laine et des porcs gras.

Ce département est divisé en 5 arrondissements, 28 cantons et 498 communes.

Les chefs-lieux d'arrondissement sont:

Auch	6 cant.	89 com.	61,214 hab.
Lectoure . .	4 «	73 «	52,605 «
Mirande . .	8 «	155 «	85,385 «
Condom . .	6 «	106 «	71,855 «
Lombez . .	4 «	75 «	41,823 «

28 cant. 498 com. 312,882 hab.

Il nomme cinq députés, fait partie de la dixième division militaire, dont le quartier-général est à Toulouse; il est du ressort de la cour royale d'Agen, de l'académie de Cahors, de l'archevêché d'Auch, dont le diocèse comprend les dép. du Gers, des Landes, des Hautes et Basses-Pyrénées. Il fait partie de la vingt-quatrième conservation forestière, de la huitième inspection des ponts-et-chaussées, dont le chef-lieu est Bordeaux, et de la cinquième division des mines, dont le chef-lieu est Montpellier. Il a 3 colléges et 362 écoles élémentaires.

GERS, pet. v. du roy. marocain de Tafilet, au pied de l'Atlas, sur le Ziz, à 25 l. N.-E. de Ghourland.

GERSAU, *Gersovia*, b. bien bâti dans le cant. de Schwyz, au pied S.-O. du Righi ; pop. avec ses dépendances 1300 hab. Le bourg de Gersau avait eu jusqu'à la révolution une existence politique à part et indépendante ; il formait une petite république gouvernée par un landamman et un conseil de 9 membres, et qui, en 1359, s'était mise sous la protection des cantons d'Uri, de Schwitz et d'Unterwalden. Elle fut réunie, en 1803, au cant. de Schwyz par l'acte de médiation, et la diète helvétique confirma cette réunion en 1837.

GERSDORF, b. du roy. de Saxe, cer. de Lusace.

GERSFELD, b. de la Bavière, siége de la juridiction des comtes de Frohberg, qui y possèdent 3 châteaux, cer. du Mein-Inférieur ; situé à 5 l. de Julda dans un site pittoresque de la Rhœne, à 1570 pieds au-dessus du niveau de la mer ; plusieurs usines ; 1600 hab.

GERSTHEIM-IM-LOCH, vg. de Fr., Bas-Rhin, arr. de Schléstadt, cant. d'Erstein, poste de Benfelden ; 1420 hab.

GERSTUNGEN, b. du grand-duché de Saxe-Weimar, situé sur la Werra, dans la principauté d'Eisenach ; 1500 hab.

GERTRUIDENBERG, pet. v. forte du roy. de Hollande, prov. du Brabant septentrional, dist. et à 3 l. de Bréda, sur le Biesbosch ; pêche de saumons ; 1400 hab.

GERTWILLER, vg. de Fr., Bas-Rhin, arr. de Schléstadt, cant. et poste de Barr ; 1000 hab.

GERUGE, vg. de Fr., Jura, arr., cant. et poste de Lons-le-Saulnier ; 220 hab.

GERVAIS (Saint-), ham. de Fr., Aveyron, commune de St.-Simphorien ; 200 h.

GERVAIS (Saint-), vg. de Fr., Charente, arr., cant. et poste de Ruffec ; 790 hab.

GERVAIS (Saint-), vg. de Fr., Drôme, arr. et poste Montélimart, cant. de Marsanne ; fonderie de canons pour la marine ; 1020 hab.

GERVAIS (Saint-), vg. de Fr., Gard, arr. d'Uzès, cant. et poste de Bagnols ; 700 hab.

GERVAIS (Saint-), vg. de Fr., Gironde, arr. de Bordeaux, cant. et poste de St.-André-de-Cubzac ; 750 hab.

GERVAIS (Saint-), vg. de Fr., Isère, arr. de St.-Marcellin, cant. et poste de Vinay ; fonderie royale de canons en gueuse pour la marine ; forges de fer et d'acier ; 630 hab.

GERVAIS (Saint-), pet. v. de Fr., Hérault, arr. et à 8. l. N. de Béziers, chef-lieu de canton, poste de Bédarieux ; exploitation de houille ; 2610 hab.

GERVAIS (Saint-), vg. de Fr., Loir-et-Cher, arr., cant. et poste de Blois ; crème dite de Blois fort recherchée ; 388 hab.

GERVAIS (Saint-), vg. de Fr., Lot-et-Garonne, arr. de Nérac, cant. et poste de Casteljaloux ; 360 hab.

GERVAIS (Saint-), vg. de Fr., Lot-et-Garonne, arr. de Villeneuve-sur-Lot, cant. de Ste.-Livrade, poste de Clairac ; 270 hab.

GERVAIS (Saint-), vg. de Fr., Puy-de-Dôme, arr. d'Ambert, cant. d'Olliergues, poste de St.-Amand-Roche-Savine ; 1280 h.

GERVAIS (Saint-), b. de Fr., Puy-de-Dôme, arr. et à 6 l. O.-N.-O. de Riom, chef-lieu de canton et poste ; 2679 hab.

GERVAIS (Saint-), vg. de Fr., Saône-et-Loire, arr. de Châlon-sur-Saône, cant. et poste de Verdun-sur-Doubs ; 730 hab.

GERVAIS (Saint-), vg. de Fr., Seine-et-Oise, arr. de Mantes, cant. et poste de Magny ; 650 hab.

GERVAIS (Saint-), vg. de Fr., Vendée, arr. des Sables, cant. et poste de Beauvoir-sur-Mer ; 1250 hab.

GERVAIS (Saint-), vg. de Fr., Vienne, arr. et poste de Châtellerault, cant. de Leigné-sur-Usseau ; 1250 hab.

GERVAIS (Saint-), ham. de Fr., Haute-Vienne, com. de Vidaix ; 100 hab.

GERVAIS-D'ASNIÈRES (Saint-), vg. de Fr., Eure, arr. de Pont-Audemer, cant. et poste de Cormeilles ; 400 hab.

GERVAIS-DE-MESSEY (Saint-), b. de Fr., Orne, arr. et à 3 1/2 l. N.-N.-E. de Domfront, chef-lieu de canton, poste de Flers ; 1520 hab.

GERVAIS-DES-SABLONS (Saint-), vg. de Fr., Orne, arr. d'Argentan, cant. et poste de Trun ; 460 hab.

GERVAIS-DE-VIC (Saint-), vg. de Fr., Sarthe, arr., cant. et poste de St.-Calais ; 800 hab.

GERVAIS-DU-PERRON (Saint-), vg. de Fr., Orne, arr. d'Alençon, cant. et poste de Sées ; 260 hab.

GERVAIS-EN-BELIN (Saint-), vg. de Fr., Sarthe, arr. du Mans, cant. et poste d'Écommoy ; 660 hab.

GERVAIS-LES-TROIS-CLOCHERS (Saint-). *Voyez* SAINT-GERVAIS (Isère).

GERVAIS-PONT-POINT (Saint-). *Voyez* PONT-POINT.

GERVAIS-SUR-COUCHES (Saint-), vg. de Fr., Saône-et-Loire, arr. d'Autun, cant. d'Épinac, poste de Nolay ; 850 hab.

GERVAIS-VILLE (Saint-), *Voyez* GERVAIS (Saint-).

GERVAN, ham. de Fr., Drôme, com. d'Erome ; 350 hab.

GERVASY (Saint-), vg. de Fr., Gard, arr.

et poste de Nîmes, cant. de Marguerittes; 510 hab.

GERVAZY (Saint-), vg. de Fr., Puy-de-Dôme, arr. d'Issoire, cant. et poste de St.-Germain-Lembron; 730 hab.

GERVILLE, vg. de Fr., Manche, arr. de Coutances, cant. et poste de la Haye-du-Puits; 312 hab.

GERVILLE, vg. de Fr., Seine-Inférieure, arr. du Hâvre, cant. et poste de Fécamps; 490 hab.

GERY (Saint-), vg. de Fr., Lot, arr., à 3 l. E. et poste de Cahors, chef-lieu de canton; 950 hab.

GERY (Saint-), ham. de Fr., Tarn, com. de Rabastens; 180 hab.

GÉRY, vg. de Fr., Meuse, arr. et poste de Bar-le-Duc, cant. de Vavincourt; 380 h.

GERZAT, b. de Fr., Puy-de-Dôme, arr., cant. et poste de Clermont-Ferrand; 2500 h.

GESAINCOURT, vg. de Fr., Somme, arr., cant. et poste de Doullens; 480 hab.

GESCHUR, g. a., contrée de la Syrie, à l'E. du Jourdain, entre les montagnes Hermon, Maach et Basan. Elle était destinée pour habitation à la tribu de Manassé, mais du temps de David elle avait encore un roi particulier, Tholmai, dont la fille Maacha, mariée à David, devint la mère d'Absalon. Le nom de cette contrée signifie *pont* en hébreu et en arabe, et encore aujourd'hui, dans l'espace situé entre le mont Hermon et le lac de Tibériade, on trouve un pont en basalte, construit sur le Jourdain.

GESEKE, pet. v. de Prusse, sur la Weid, prov. de Westphalie, rég. et à 13 l. d'Arnsberg; fabrication, blanchisserie et commerce de toiles; gymnase; 3000 hab.

GESINCOURT, vg. de Fr., Haute-Saône arr. de Vesoul, cant. de Combeaufontaine, poste de Jussey; 280 hab.

GESNE - LE - GANDELAIN, vg. de Fr., Sarthe, arr. de Mamers, cant. de St.-Paterne, poste d'Alençon; fabr. de toiles; 1280 hab.

GESNES, vg. de Fr., Mayenne, arr. de Laval, cant. de Montsurs, poste de Martigné; 400 hab.

GESNES, vg. de Fr., Meuse, arr. de Montmédy, cant. de Montfaucon, poste de Varennes-en-Argonne; 290 hab.

GESNES (Sarthe). *Voy*. PONT-DE-GESNES.

GESPUNSART, vg. de Fr., Ardennes, arr. de Mézières, cant. et poste de Charleville; 1907 hab.

GESSET, ham. de Fr., Haute-Garonne, com. de Sauveterre; 190 hab.

GESSO, b. du roy. des Deux-Siciles, prov. de l'Abruzze citérieure; 1400 hab.

GESTAS, vg. de Fr., Basses-Pyrénées, arr. de Mauléon, cant. de St.-Palais, poste de Sauveterre; papeterie; 230 hab.

GESTÉ, b. de Fr., Maine-et-Loire, arr., cant. et poste de Beaupréau; 2000 hab.

GESTEL, vg. de Fr., Morbihan, arr. de Lorient, cant. et poste de Pont-Scorff; 430 h.

GESTIÈS, vg. de Fr., Arriège, arr. de Foix, cant. de Vic-Desso, poste de Tarascon-sur-Arriège; 530 hab.

GESUALDO, b. du roy. des Deux-Siciles, prov. de la Principauté ultérieure; deux églises paroissiales; 4129 hab.

GESULA, *Gesula*, prov. du roy. de Maroc, sur la côte de l'Océan Atlantique; elle abonde en orge et troupeaux; mines de fer et de cuivre; habitants forgerons et chaudronniers.

GESVRES, vg. de Fr., Mayenne, arr. de Mayenne, cant. et poste de Villaines-la-Juhel; 1420 hab.

GESVRES-LE-CHAPITRE, vg. de Fr., Seine-et-Marne, arr. de Meaux, cant. et poste de Dammartin; 110 hab.

GET, ham. de Fr., Hautes-Pyrénées, com. d'Arragnouet; 150 hab.

GÉTAFÉ, b. d'Espagne, roy. de la Nouvelle-Castille, prov. et dist. de Madrid; 5000 hab.

GÈTES (les), g. a., peuple d'origine scythe, qui demeurait d'abord dans la Mœsie inférieure, entre le mont Hæmus et le Danube, et plus tard au N.-E. de la Bulgarie et au S.-O. de la Valachie. Sous Trajan il se soumit aux Romains; en 505 il envahit la Thrace et la Macédoine et y battit Anastase, qui acheta sa retraite à grand prix d'argent. Son législateur fut Zamolxis.

GETHSEMANI, g. a., b. de Judée; c'est près de cet endroit et au pied du mont des Oliviers qu'était le jardin où Jésus-Christ fit sa prière la nuit de la Passion et où il fut livré par Judas.

GETIGNÉ, vg. de Fr., Loire-Inférieure, arr. de Nantes, cant. et poste de Clisson; 1890 hab.

GETTYSBURGH, pet. v. des États-Unis de l'Amérique du Nord, état de Pensylvanie, comté d'Adams, dont elle est le chef-lieu, sur le Rock-Krick; 2000 hab.

GÉTULES (les), *Gœtuli*, g. a., grande nation d'Afrique, au S. de la Mauritanie et de la Numidie; elle occupait le mont Atlas et s'étendait jusqu'au Niger, qui la séparait de l'Éthiopie. Les tribus les plus méridionales étaient entièrement noires et s'appelaient *Gœtuli Nigri* ou *Melœno Gœtuli* (roy. de Tombouctou); une partie portait le nom d'*Antololes* et de *Banjurœ* (roy. de Maroc et côte de Nigritie), une autre celui de *Darac* (roy. marocain de Tafilet et pays de Darab). Leur pays était plein de lions et d'autres bêtes féroces. Dans la suite, les Gétules, profitant de la faiblesse où étaient tombés les Maures et les Numides, s'établirent parmi eux et occupèrent toute la côte de la Méditerranée, depuis les bords de l'Océan Atlantique jusqu'au voisinage des Syrtes. L'ancienne Gétulie comprenait le territoire qui forme aujourd'hui la partie S.-E. de l'emp. de Maroc, la partie méridionale de l'état d'Alger et le Biledulgérid.

GEU, vg. de Fr., Hautes-Pyrénées, arr.

d'Argelès, cant. et poste de Lourdes; 180 h.

GEUDERTHEIM, vg. de Fr., Bas-Rhin, arr. de Strasbourg, cant. et poste de Brumath; 1300 hab.

GEUS, vg. de Fr., Basses-Pyrénées, arr. d'Orthez, cant. et poste d'Arzacq; 230 hab.

GEUS, vg. de Fr., Basses-Pyrénées, arr. et poste d'Oloron, cant. de Ste.-Marie-d'Oloron; 330 hab.

GEUX, ham. de Fr., Landes, com. de la Bastide-d'Armagnac; 250 hab.

GÉVAUDAN, *Regio Gabalitana*, *Pagus Gavaldanus*, ancienne dénomination du territoire qui forme aujourd'hui le dép. de la Lozère. Le Gévaudan était, lors de l'invasion romaine, habité par un peuple que César nomme *Gaboli*. A la décadence de l'empire, ce pays tomba sous la domination des Visigoths, qui en furent dépossédés par Clovis. Sous les rois de la première et de la seconde race, le Gévaudan eut ses comtes particuliers. Plus tard il fut réuni au Languedoc; mais il conserva jusqu'à la révolution ses états particuliers, qui s'assemblaient alternativement à Mende et à Marvejols, et dont l'évêque de Mende était président.

GEVEZÉ, vg. de Fr., Ille-et-Vilaine, arr. et cant. de Rennes, poste de Hédé; 1890 h.

GEVIGNEY, vg. de Fr., Haute-Saône, arr. de Vesoul, cant. de Combeaufontaine, poste de Jussey; 1080 hab.

GEVINGEY, vg. de Fr., Jura, arr., cant. et poste de Lons-le-Saulnier; 570 hab.

GEVRESIN, vg. de Fr., Doubs, arr. de Besançon, cant. d'Amancey, poste d'Ornans; 270 hab.

GEVREY, vg. de Fr., Côte-d'Or, arr. et à 3 l. S. de Dijon, chef-lieu de canton et poste; vins renommés; 1465 hab.

GEVROLLES, vg. de Fr., Côte-d'Or, arr. de Châtillon-sur-Seine, cant. et poste de Montigny-sur-Aube; forges; 615 hab.

GEVRY, vg. de Fr., Jura, arr., cant. et poste de Dôle; 530 hab.

GEWITSCH (Gewiczko), pet. v. d'Autriche, gouv. de Moravie-et-Silésie, cer. d'Olmutz; 2500 hab., dont la moitié est israélite.

GEX, *Gesia*, *Gesium*, pet. v. de Fr., Ain, chef-lieu d'arrondissement, à 20 l. E.-N.-E. de Bourg et à 119 l. de Paris; siége d'un tribunal de première instance, conservation des hypothèques. Cette petite ville, mal bâtie et d'un accès difficile, est située sur le torrent de Jonant, au pied du Jura, sur la grande route de Paris à Genève, Lyon, etc.; elle ne renferme rien de remarquable; mais du haut d'une petite terrasse, qui domine la rue principale, on jouit d'un admirable point de vue sur le lac de Genève et sur les montagnes majestueuses de la Savoie; commerce de bois, charbon, vins et laine; fabr. de fromage dit de Gex, moulins à tan, martinets, battoirs écossais. On voit près de Gex le bel établissement agricole de Naz, fondé, il y a environ 36 ans, pour l'amélioration des races de bêtes à laine. Foires les 1er mars, 27 avril, 1er juin, 9 septembre, 16 octobre, 1er décembre; 2894 hab.

Gex était autrefois la capitale d'un petit état appelé *pays de Gex*. Les Bernois en firent la conquête au seizième siècle. Il passa ensuite aux Genevois. Le duc de Savoie la céda à la France, en 1601. Sous la république, il fit partie du dép. de l'Ain. Sous l'empire, il fut incorporé au dép. du Léman. Après le traité de 1815, la partie du pays de Gex laissée à la France fut de nouveau réunie au dép. de l'Ain.

GEYER, v. du roy. de Saxe, cer. de l'Erzgebirge, située dans une vallée, entourée de montagnes sauvages et boisées; elle a des mines et un moulin à filer l'or et l'argent, le plus grand et le plus beau de l'Erzgebirge. A 1/4 l. de distance se trouve une des plus grandes fabriques de vitriol et de soufre, et à 1 mille une grande fabrique d'arsenic; 2720 hab.

GEYERSBERG, pet. v. de Bohême, cer. de Kœnigingrætz; 1200 hab.

GEYRAC (Saint-), vg. de Fr., Dordogne, arr. et poste de Périgueux, cant. de St.-Pierre-de-Chignac; 700 hab.

GEYSSANS, vg. de Fr., Drôme, arr. de Valence, cant. et poste de Romans; 480 h.

GEZ, vg. de Fr., Hautes-Pyrénées, arr., cant. et poste d'Argelès; 400 hab.

GEZ-EN-ANGLES, vg. de Fr., Hautes-Pyrénées, arr. d'Argelès, cant. et poste de Lourdes; 140 hab.

GEZIER, vg. de Fr., Haute-Saône, arr. de Gray, cant. et poste de Gy; 480 hab.

GEZONCOURT, vg. de Fr., Meurthe, arr. de Toul, cant. de Domèvre, poste de Noviant-aux-Prés; 220 hab.

GHALTCHA ou **KARATEGHIN**, le pays de ce nom fait partie du Turkestan; il comprend quelques hauteurs et vallées du Badakschan et est habité par des Tadjiks mahométans, montagnards pauvres et agriculteurs qui vivent indépendants, gouvernés par leurs propres chefs. Leurs principales villes paraissent être Matcha et Ignau.

GHANPOUR ou **GHUNPOUR**, v. de l'Inde, roy. du Dekkan, chef-lieu du district de ce nom; elle est assez grande et renferme une belle mosquée. Ses environs, couverts de ruines et de débris, témoignent de l'ancienne splendeur de cette contrée.

GHARGELA ou **GUARGALA**, v. commerçante d'Afrique, dans la partie méridionale de la rég. d'Alger, au S. du mont Atlas et à 120 l. S.-E. d'Alger. On n'y trouve ni blé ni bétail, mais des dattes, des chameaux et des autruches en grand nombre.

GHARIAN, partie de la chaîne de l'Atlas qui s'étend de la frontière méridionale de l'état de Tunis jusqu'à la frontière septentrionale du Fezzan, en séparant les pays de la rég. de Tripoli en deux parties inégales. On y trouve de grandes plantations d'oliviers et un bétail très-nombreux.

GHARRA ou **Ghurra**, fl. de l'Inde, affluent de l'Indus, formé par la réunion du Setledj et de la Bedjah.

GHARRA, v. de l'Inde anglaise, présidence de Calcutta, jadis la capitale du Gaudwana, aujourd'hui tout à fait déchue et presque déserte.

GHASNAH ou **Ghisneh**, prov. de l'Afghanistan, traversée par plusieurs chaînes de montagnes; le Gomur, le Kandur, l'Urghesan et le Tarnak ou Turnuk sont ses principales rivières. Le pays est généralement bien cultivé et habité principalement par des tribus de Ghildji. Ghasnah est sa capitale.

GHASNAH ou **Ghisneh**, **Ghusni**, v. de l'Afghanistan, chef-lieu de la province qui porte ce nom. Elle est située sur une hauteur, entourée de murs de pierre et de vastes faubourgs, mais est tout à fait déchue et ne contient plus 1500 maisons. Elle fut jadis la capitale du puissant empire des sultans Ghasnévides, qui commandaient depuis le Tigre jusqu'au Gange. Mais de cette splendeur passée il ne reste plus à la ville de Ghasnah que quelques monuments. Les bains magnifiques, les mosquées, les palais, les bazars, élevés par le sultan Mahmoud, ont disparu; de vastes amas de décombres, deux minarets de 100 pieds de haut, le tombeau du sultan Mahmoud, mort en 1028, bâti en marbre blanc et surmonté d'une coupole; ceux de Beloli-le-Sage et du poëte Hakim-Sunaï, une belle digue, voilà tout ce qui a été conservé d'une des plus belles cités de l'Asie. Ghasnah a un climat froid, ses habitants sont Tadjiks et Hazares. Le grand nombre de saints qui y sont enterrés, y attire encore quelques pèlerins et l'a fait surnommer par les mahométans la seconde Médine. La ville de Gasnah vient de tomber au pouvoir des Anglais; la chute de cette forteresse a entraîné la prise de Kaboul où les Anglais sont intronisé comme schah une de leurs créatures.

GHASSA, v. du Boutan, chef-lieu de district, résidence d'un soudah ; il y a des bains minéraux dans ses environs.

GHAZIPOUR, v. de l'Inde anglaise, présidence de Calcutta, prov. d'Allahabad, sur le Gange. Ses deux forts sont en ruines et le palais, situé près des bords du fleuve, a été converti en caserne de cavalerie. Ghazipour est peuplé et fait beaucoup d'affaires; l'eau de rose et les autres essences qu'on y prépare, ont une réputation méritée.

GHÉBER ou **Ghimbar**, pet. établissement français en Sénégambie, dans une île du Sénégal ; il fait partie de l'arr. de St.-Louis.

GHÉDEY, b. de l'état Peul de Fouta-Toro en Sénégambie, sur le bras du Sénégal, vulgairement nommé Rivière-à-Morfil; le chef de la prov. de Toro proprement dite, qui porte le titre spécial de Lam-Toro, y a sa résidence.

GHEDI, b. du roy. Lombard-Vénitien, gouv. de Milan, délégation de Brescia; 2000 hab.

GHELANKIS, habitants de la prov. persane de Ghilan. Ils se distinguent en plusieurs points des Iraniens et ont conservé, dit-on, le caractère physique des anciens Parthes; on prétend qu'ils descendent des Ghiles, les habitants primitifs de ces contrées où fut plus tard le siége principal de l'emp. des Parthes. Leur langue aussi est un idiome différent du persan. Les hommes sont assez bien faits et laborieux, mais ils sont maigres et ont le teint pâle et maladif; leur climat humide leur donne cet air misérable et la fièvre les décime fréquemment. Les femmes sont renommées pour leur beauté dans tout l'Orient. Elles ont des traits délicats, des yeux bleus et des cheveux blonds. Le nombre total des Ghelankis est estimé à 50,000 familles.

GHELUWE, b. du roy. de Belgique, prov. de la Flandre occidentale, arr. et à 4 l. d'Ypres, sur la Nederbeke; 3110 hab.

GHERGONG, jadis la capitale du roy. d'Assam, dans l'Inde transgangétique; ne présente plus, depuis la révolte du prêtre du Mahamari, qu'un amas de ruines.

GHERIAH, v. de l'Inde anglaise, présidence de Bombay, dist. du Konkan méridional (Bedjapour). Elle est située sur un promontoire rocheux et protégée par un fort et d'autres ouvrages de défense. L'embouchure d'une petite rivière qui descend des Gâtes lui sert de port. Elle était jadis la capitale de cet état de corsaires qu'Angria fonda en 1707 dans le Konkan, et qui fut détruit en 1756 par les Anglais et les Mahrattes par la prise même de Gheriah.

GHERTWISSI, forteresse de la Russie d'Asie, gouv. de Géorgie. Elle est située sur un rocher inaccessible, au pied duquel coule le Kour et où se trouve une petite ville de 600 habitants. Dans ses environs est Warziah, excavation remarquable taillée dans le roc volcanique. On y voit entre autres trois grandes églises et un grand nombre d'appartements sculptés avec goût.

GHERWAL, *Gurwal*, prov. de l'Inde. Elle s'étend entre 74° 14' et 78° 28' long. orient., et entre 28° 33' et 31° 55° lat. N. et forme la limite septentrionale de l'empire anglais dans l'Inde. Ses limites sont au N. le Thibet, à l'E. le Népal, au S. Delhi, et Lahore à l'O. Sa superficie est de 1007 l. géogr. c., ou de 21,650 milles ang. c. Le Gherwal est une vallée élevée, encaissée entre la chaîne de l'Himalaya et les montagnes de Gherwal et de Kemaon, qui la bornent du côté de Delhi; c'est une des contrées les plus sauvages, mais aussi des plus pittoresques du haut plateau de l'Asie. Les pics les plus élevés de l'Himalaya (le Dhawalagiri, le Djamoutry, la montagne de Dhalboum etc.) la limitent au N. Les avant-monts de cette chaîne qui lui sont parallèles ont encore une grande élévation ; les montagnes de Gherwal et de Kemaon le sont moins. Le sol est pierreux, mais assez productif dans les vallées, d'immenses forêts fournissent le meilleur bois de construction de l'Inde ; le climat est changeant. Du froid en hiver où la neige recouvre toutes les hauteurs, une grande chaleur en été ; voilà ses principales variations ; les orages et les tremblements de terre sont fréquents. Les sources du Gange, le Bhagirathi et l'Alaknanda se trouvent dans le Gherwal, les deux fleuves se réunissent encore dans la province à Devaprayaga et descendent dans l'Indoustan par la vallée de Hardwar. La Djamnâ et le Sutledj y prennent également leurs sources, ainsi qu'un grand nombre de rivières moins importantes. Le sol n'est pas favorable à l'agriculture; on cultive cependant le blé, le chanvre, le lin, différents légumes, etc. Les forêts du pays et l'éducation du bétail sont les principales richesses du Gherwal, où il se fait aussi un grand commerce d'échange avec le Thibet et Népal. Le centre de ce commerce est dans la ville de Sirinagur. Les habitants, au nombre de 500,000 (d'après Hamilton), sont presque tous Hindous qui professent le brahmanisme ; plusieurs tribus sauvages et moins connues, telles que les Rhasiyas, les Boutias, les Malari, habitent les montagnes. Le Gherwal est soumis aux Anglais depuis 1815. Leur territoire immédiat n'est pas étendu, mais tous les radjahs lui sont tributaires. Le pays est divisé en 3 districts, qui sont ceux de Sirinagur, Kemaou ou Kumaon et Sirmore. Sirinagur est le chef-lieu des possessions anglaises.

GHERZZA ou **GHIRZA**, *Gerisa*, pet. v. de la rég. de Tripoli, entre la route de Tripoli à Mourzouk et la Grande-Syrte, à 20 l. E.-S.-E. de Benioled; antiquités.

GHIAFS ou **GIAFS**, tribu Kurde nomade, qui habite le Kurdistan en Perse; on doit la regarder comme tout à fait indépendante. Les Ghiafs sont au nombre de 4 à 5000 familles.

GHIAGOLOR, un des principaux lieux de l'état Ghiolof de Syn, en Sénégambie, où le monarque, titré Bour, tient souvent sa résidence.

GHIAKHAOU, pet. v. de l'état Ghiolof de Syn, en Sénégambie, dont elle est la capitale.

GHIANTZE, forteresse du Thibet, pays du Bogdo-Lama, située sur une haute montagne dans le voisinage de Djachi-loumbo.

GHIBBERTI, Arabes établis dans la partie orientale de l'Abbyssinie, et qui sont les courtiers de presque tout le commerce de ces contrées avec l'Asie. On croit communément, mais à tort, qu'ils forment une nation particulière.

GHIGHIS ou **GUIGUIS**, capitale actuelle de l'état Ghiolof de Cayor, en Sénégambie.

GHILAN (le), prov. du roy. de Perse, qui tire son nom de ses habitants primitifs les Ghiles (*voyez* GHELANKIS). Il forme la partie S.-O. de la mer Caspienne, est situé entre 45° 50' et 48° 8' long. orient., et entre 36° 25' et 38° 2' lat. N., et est borné au N.-O. par le Chirvan, au N.-E. et au N. par la mer Caspienne, au S.-E. par Mazenderan, au S. par l'Irak-Adjemi, à l'O. par l'Aserbeidschan. Le Ghilan est la plus petite des provinces persanes ; elle a encore été amoindrie dans les temps modernes de plusieurs de ses districts cédés à la Russie. Le pays est une plage marécageuse, d'une largeur moyenne de 10 à 12 l., enceint par l'Alburs ou Damavend ; la partie plus élevée de la province s'appelle *Dilem*. Le climat est doux, mais très-humide ; les chaleurs de l'été sont tempérées par les vents de la mer; le sol, très-fertile, toujours verdoyant et couvert de fleurs. En général, le Ghilan serait un pays délicieux sans les nombreux marais et étangs d'eau stagnante qui empestent l'air et répandent partout des fièvres dangereuses.

Le Ghilan est une des plus riches provinces de la Perse. Ses produits bruts sont : la soie, le riz, les oranges, les fruits de toute espèce, le chanvre, les bois de construction, etc. On y fabrique des étoffes de soie, des draps, des cotonnades, de la coutellerie et des armes de fer et d'acier. Le principal article d'exportation consiste en soies grèges; sa valeur est de 900,000 livres sterling par an; deux dixièmes vont à Astrakhan, le reste va à Bagdad, à Constantinople et dans l'intérieur de la Perse. Sa position est très-favorable au commerce, qui ne demanderait pour prospérer qu'un peu plus d'activité mercantile de la part des Russes et des Persans. La population est de 280,000 âmes et se compose de Ghelankis, de Turcs, de Kurdes, de Tadjiks, etc., qui tous professent l'islamisme. Le Ghilan est divisé en deux arrondissements, celui de Recht et celui de Roudbar ou Dilem. La capitale du pays est Recht; les autres villes importantes sont Euzeli, bon port sur la baie du même nom, et Roudbar ou Dilém.

GHILDJI (les), peuplade de l'Afghanistan. Elle habite la prov. de Ghasnah, la vallée supérieure du Tarnak, le pays d'Oke, etc. Autrefois les Ghildji étaient la peuplade dominante des Afghans, et donnaient les rois au pays; aujourd'hui ils sont soumis aux souverains du Kaboul. Leurs khans ont plus ou moins de puissance. Le nombre total des Ghildji est évalué à 100,000 familles, population à peu près égale à celle des Dourani. Ils se partagent en un grand nombre de tribus, dont la plupart se composent d'agriculteurs paisibles et actifs; quelques-unes mènent encore la vie nomade.

GHILIAKI, tribu mandchoue; elle habite le versant méridional du Stannovoi-Jablonnoi. On la connait très-peu ; tout ce que l'on en sait c'est qu'elle parle un dialecte mandchou, vit en nomade et tient de grands troupeaux de rennes, qui suffisent à presque tous ses besoins.

GHINALA, pet. v. dans la partie S.-O. de la Sénégambie, dans le pays des Biafares, sur le Rio-Grande, à 28 l. E. de son embouchure dans l'Océan Atlantique. Elle paraît être la résidence d'un prince qui porte le titre de roi de Rio-Grande.

GHINGHIN ou GUINGUIN, QUONGAIN, b. considérable de la Sénégambie, dans le pays des Banyans ou Bagnons, sur une rivière qui joint la Casamanza avec le Cacheo; grand commerce de cire.

GHIOGHIOBOURÉ ou GEORGES-FORT, pet. v. de Sénégambie, dans l'état Manding de Yani ou Kataba.

GHIOKA ou JOKO, capitale actuelle de l'état Manding de Kaarta, en Sénégambie, à 1 l. N.-O. de Kemmou.

GHIOLOFS ou JOLOFS, VOLOFS, une des nations dominatrices de la Sénégambie, distribuée en un certain nombre d'états indépendants; ils occupent, sur une surface d'environ 4800 l. c., la plus grande partie du territoire entre le Sénégal et la Gambie, où ils possèdent les roy. de Bourb-Jolof, de Cayor et de Baol, forment la masse principale de la population de ceux de Bordou, du Bas-Yani et de Saloum, et ont la réputation d'être les plus beaux et les plus noirs de tous les Nègres; ils ont d'excellents soldats, bons chasseurs, habiles cavaliers, mais voleurs; mahométans; leur gouvernement est une monarchie mixte et féodale; fabr. de belles étoffes de coton.

GHIOUALA ou JOAL, pet. v. maritime dans l'état Ghiolof-de-Syn, en Sénégambie, dans une contrée riche en riz, millet et bétail; les Français y avaient autrefois un comptoir, à 20 l. N.-N.-O. d'Albréda.

GHIRIN ou KIRIN, prov. de la Mandchourie, Chine; elle comprend la partie N.-E. de la Mandchourie et s'étend entre 101° 20′ et 138° 20′ long. E. et entre 41° 57′ et 52° 60′ lat. N. L'Amour et son golfe au N.-O. et au N., la mer du Japon à l'E., la Corée au S., le Leaotong au S.-O. et le Songari et la prov. de Korteschin à l'O. forment ses limites. C'est un pays sauvage et inculte; le sol ne se refuse nullement à la végétation, mais une faible partie seulement a été mise en culture; d'immenses forêts couvrent les montagnes et les plaines, et là où elles cessent l'herbe est si haute et si touffue qu'un homme a de la peine à s'y faire jour. La Peyrouse et ses hardis compagnons, qui visitèrent les golfes de Ternay et de Suffren, ne purent ni atteindre les montagnes de la côte orientale ni poursuivre leur chasse. La plage est tout à fait déserte, les habitants n'y viennent que pour la pêche. L'Amour reçoit les eaux du Sougri et de l'Ussuri, qui eux-mêmes sont grossis par une foule de rivières dont l'énumération ne serait ici d'aucune utilité. Parmi les lacs intérieurs l'on remarque le Hinka, traversé par plusieurs rivières; ses eaux se déchargent dans le Songari. Le climat est déjà froid, bien que les étés soient chauds et très-favorables à la végétation. Les habitants, au nombre de 3 à 400,000, se divisent en Mandchous, Yupitase et Ketschintase. Les premiers habitent les montagnes du Tchanpechan, les rives du Songari depuis sa source jusqu'à son embouchure dans l'Amour; les Yupitase les bords du lac Hinca, les Ketschintase la rive droite de l'Amour jusqu'à son embouchure. Tous ces peuples sont chasseurs, pasteurs, pêcheurs. Les Mandchous vivent principalement de la chasse et de l'éducation du bétail; les Ketschintase sont presque exclusivement pêcheurs. L'industrie est à peu près nulle. Les habitants échangent leurs poissons, leurs peaux et leurs fourrures contre les étoffes de coton et les ustensiles en fer des Chinois, dont un grand nombre commencent à se fixer dans cette province et à défricher les terres. Ghirin ou Kirin-oola est la capitale du Ghirin; Bedouné, Ningouta, Tondou sont les autres lieux remarquables de ce pays.

GHIRIN ou KIRIN-ULA, OOLA, capitale de la province du même nom, pays des Mandchous, siége du gouverneur; est située sur le Songari et défendue par un rempart en terre. Sa population n'est pas considérable et consiste en Mandchous et en Chinois exilés.

GHIRSCHÉ ou KIRCHEH, b. de la Basse-Nubie, pays des Barabras (Ouadi-el-Kénous), sur le Nil, entre Tafa et Dakké; on y voit un beau hémispéos du temps de Sésostris. La partie excavée dans le rocher, travail immense, a été dégradée, probablement par les Perses, sous Cambyse. La grande salle est soutenue par six énormes piliers, dans lesquels sont taillés six colosses, offrant le singulier contraste d'un travail barbare à coté de bas-reliefs d'une fort belle exécution.

GHISLAIN, pet. v. du roy. de Belgique, prov. de Hainaut, arr. et à 2 l. de Mons, sur la Haine, qui a des écluses au moyen desquelles on peut submerger les environs; commerce de houille; 1200 hab.

GHISNEH. *Voyez* GHASNAH.

GHISONACCE, ham. de Fr., Corse, com. de Ghisoni; 120 hab.

GHISONI, vg. de Fr., Corse, arr. de Corte, cant. et poste de Vezzani; 1540 hab.

GHISSIGNIES, vg. de Fr., Nord, arr. d'Avesnes, cant. et poste du Quesnoy; fabr. de sucre indigène; 450 hab.

GHISTELLES, b. du roy. de Belgique, prov. de la Flandre occidentale, arr. et à 5 l. de Bruges; commerce de fil; 1850 hab.

GHITS, vg. du roy. de Belgique, prov. de la Flandre occidentale, arr. d'Ypres; 2730 hab.

GHOMBA, pet. v. du roy. de Dagoumba, en Nigritie, à 20 l. N.-N.-O. d'Yahndi.

GHOSAULY ou OLINAGGAR, v. de l'Inde,

principauté de Matcherry, prov. d'Agra; elle est grande et arrosée par les canaux du Laswarce. Le fort de Gorindhur se trouve dans son voisinage.

GHOURIA. *Voyez* GOURIE.

GHOURLAND, pet. v. du roy. marocain de Tafelet, au pied de l'Atlas, sur la route de Fez à Tombouctou, à 70 l. N. de Fez; elle doit être le lieu le plus important de toute cette contrée.

GHOY, vg. sur la rive gauche de la Sambre, roy. de Belgique, prov. de Hainaut, arr. de Charleroi; 2060 hab.

GHRAAT, une des principales oasis de la Nigritie septentrionale, sur la frontière S.-O. du Fezzan ; dans la capitale de même nom, située au pied des monts Agrouh, à environ 70 l. S.-O. de Mourzouk, on tient annuellement une foire très-fréquentée par un grand nombre de tribus du Sahara. Habitants: Touariks; gouvernement : espèce de république oligarchique.

GHYVELDE, vg. de Fr., Nord, arr. et poste de Dunkerque, cant. d'Houdschoote; 1360 hab.

GIACALAT, fl. des États-Unis de l'Amérique centrale, état de Guatémala; il descend des Cordillères, près de Chimattinango, coule vers le S., passe près de Guatémala-la-Viéja, se grossit par le Pensativo et le Vacas, et s'embouche dans l'Océan Pacifique, près de la Barre-d'Istapa. Il est navigable sur une grande distance.

GIACOMO (Santo-), vallée du roy. Lombard-Vénitien, gouv. de Milan, délégation de Sondrio ; s'étend jusqu'au Splugerberg.

GIACOMO (Santo-), b. du roy. des Deux-Siciles, prov. de la Principauté citérieure; 2552 hab.

GIANT-CAUSEWAY. *Voy.* CHAUSSÉE-DES-GÉANTS.

GIARRATANA, v. du roy. des Deux-Siciles, île de Sicile, intendance de Siragosa ; elle est située sur une montagne, entre Palazzolo et Chiaramonte ; on y voit les ruines de Cesatanum ; 3200 hab.

GIAT, b. de Fr., Puy-de-Dôme, arr. de Riom, cant. et poste de Pontaumur; 2210 h.

GIAVENO, *Javennum*, v. du roy. de Sardaigne, principauté de Piémont, prov. de Susa ; restes de fortifications ; fabr. de toiles, d'étoffes de soie; tanneries et forges; foires très-fréquentées ; 7700 hab.

GIBAUD (le château), Charente-Inférieure, com. du Fovilloux ; fabr. de sucre indigène.

GIBB (îles), groupe de petites îles dans le canal entre l'île du Roi-George et l'île de Barrow, Shetland méridional.

GIBBOU (Haut et Bas-), deux dist. dans le pays d'Enderta, faisant partie du roy. de Tigré, en Abyssinie.

GIBEAUMEIX, vg. de Fr., Meurthe, arr. de Toul, cant. et poste de Colombey ; 400 h.

GIBEL, vg. de Fr., Haute-Garonne, arr. et poste de Villefranche-de-Lauragais; 1000 hab.

GIBÉON, g. a., vallée de la Judée, près de la ville de ce nom; c'est là que Josué battit les Cananéens.

GIBERCOURT, vg. de Fr., Aisne, arr. et poste de St.-Quentin, cant. de Moy; 150 h.

GIBERCY, vg. de Fr., Meuse, arr. de Montmédy, cant. et poste de Damvillers; 80 hab.

GIBERIE (la), ham. de Fr., Aube, com. du Petit-Mesnil; 220 hab.

GIBERVILLE, vg. de Fr., Calvados, arr. de Caen, cant. et poste de Troarn; 300 h.

GIBLES, vg. de Fr., Saône-et-Loire, arr. de Charolles, cant. et poste de la Clayette ; 1460 hab.

GIBOURNE, vg. de Fr., Charente-Inférieure, arr. de St.-Jean-d'Angely, cant. et poste de Matha; 330 hab.

GIBOYA (Sierra da), chaîne de montagnes de l'emp. du Brésil, prov. de Bahia; cette chaîne, qui peut être regardée comme la continuation de la Sierra Cincora, commence aux sources du Rio-Jiquirica, longe, dans une direction N.-E., le Rio-Paraguassée et s'aplatit sur les bords de la baie de Todos-Santos (de la Toussaint).

GIBRALÉON, b. d'Espagne, Andalousie, roy. et dist. de Séville; 1800 hab.

GIBRALTAR ou SAN-ANTONIO-DE-GIBRALTAR, pet. v. de la rép. de Vénézuela, dép. de Zulia, prov. de Maracaybo, au S.-E. du lac de ce nom. Cette ville, fondée, en 1552, par Gonzalo de Pina-Liduenna dans une contrée charmante et très-fertile, eut beaucoup à souffrir, vers la fin du dernier siècle, des vexations des Motilones et des incursions fréquentes des flibustiers; couvent des augustins; culture du cacao et d'autres produits du Sud; navigation ; 3500 hab.

GIBRALTAR (camp de), dist. d'Espagne, Andalousie, roy. de Séville, entre le dist. de Cadix et la Méditerranée; son chef-lieu Algeziras se trouve à l'emplacement de l'ancien Gibraltar. La forteresse actuelle appartient à l'Angleterre.

GIBRALTAR (détroit de), *Fretum Herculeum*, entre l'Espagne et l'emp. de Maroc. Un étroit bras de mer unit en cet endroit l'Océan Atlantique à la Méditerranée ; des deux côtes s'élèvent de gros mornes qui, malgré les nuages dont leur sommet est presque toujours entouré, guident le marin dans sa route et lui marquent l'entrée de l'Océan. Les deux promontoires, européen et africain, qui se regardent, appartenaient, à ce qu'on prétend, à une seule chaine de montagnes qui isolait la Méditerranée ; la révolution terrestre qui détruisit le rempart assis entre les deux mers, est même, d'après certains géologues, assez récente; la tradition l'attribue à Hercule, et dans l'antiquité on ne connaissait que sous le nom de colonnes d'Hercule ce passage difficile, que les Phéniciens seuls franchirent pendant longtemps. Le gardien véritable du détroit c'est Gibraltar : les fortifications de Ceuta, préside espagnol dans l'empire de Maroc, ne sauraient résister longtemps aux moyens actuels de destruction.

GIBRALTAR, v. et port de l'Andalousie, en Espagne, sur le promontoire du même nom, une des colonnes d'Hercule; est une dépendance administrative de l'Angleterre. Elle est située sur le versant occidental d'un rocher escarpé, qui se projette dans la Méditerranée, a environ 20,000 habitants, un port excellent et peut être regardée comme une des places les plus fortes du monde. La ville elle-même est bâtie dans le goût anglais; plusieurs édifices publics, tels que le palais du gouverneur et son beau jardin, qui sert de promenade publique, les casernes, l'hôpital de la marine, l'administration des vivres, etc., méritent d'être cités; la rue principale est assez belle, garnie de trottoirs et de boutiques; presque toutes les maisons sont peintes en noir. Ce qui distingue le plus Gibraltar, ce sont ses fortifications. Le rocher, qui a 12 à 1400 pieds de hauteur, a environ une lieue de longueur sur un quart de largeur. La partie orientale qui regarde la Méditerranée, est tout à fait à pic et inaccessible; les autres points, que l'art n'a pu rendre inabordables, sont hérissés de batteries; de grandes voûtes, capables de contenir toute la garnison, ont été taillées dans le roc vif; des chemins de communication l'ont été de même, et ils sont assez hauts pour qu'on puisse y passer à cheval. De cette manière tous les points attaquables ont été reliés par des chemins couverts à l'abri du feu de l'ennemi. Peut-être sur aucun autre point du globe la nature et l'art réunis n'ont accumulé autant de moyens de défense. Le général O'Hara a principalement contribué à la fortification de la place. L'étroite langue de terre qui lie le promontoire de Gibraltar à la terre ferme est coupée par les lignes de St.-Roque, élevées par les Espagnols lors du siége de Gibraltar. La franchise de son port, le commerce considérable avec le Nord de l'Afrique et celui de contrebande avec l'Espagne ont rendu assez florissante cette ville, qui ne peut subsister que par le commerce, car le rocher est stérile, et ce n'est qu'après beaucoup d'efforts qu'on est parvenu à lui faire porter quelques arbres et quelques fleurs. L'on sait que le promontoire de Gibraltar est le seul point en Europe où l'on trouve des singes.

Le promontoire portait anciennement le nom de *Calpe*; les Arabes y abordèrent en 711, leur général l'appela de son nom Gebel ou Gibel-al-Tarif, c'est-à-dire sommet de Tarif. Pris, en 1302, par Ferdinand II de Castille et repris par les Maures, il revint, en 1462, au pouvoir des rois de Castille. Dans la guerre de succession d'Espagne, Gibraltar tomba au pouvoir des Anglais qui surprirent la ville et surent la maintenir en leur possession. La paix d'Utrecht leur garantit cette conquête, d'autant plus importante pour leur commerce dans la Méditerranée, qu'ils ne possédaient pas encore Malte. Les Espagnols firent de nombreux efforts pour redevenir les maîtres de cette place. Le siege le plus célèbre est celui qui commença en 1779 et qui dura jusqu'en 1782. Bloqué par terre et par mer, Gibraltar fut plusieurs fois sur le point d'être pris, mais toujours secouru à temps. Le général Elliot, qui y commandait, s'immortalisa par la belle défense qu'il opposa à la dernière et à la plus redoutable de ces attaques. Un corps français, sous le duc de Crillon, avait renforcé les assiégeants; l'invention de d'Arçons: les batteries flottantes, grands radeaux couverts, à l'abri de la bombe, et portant ensemble près de 300 canons, donnaient l'espoir de prendre la ville; mais la vigueur d'Elliot rendit nuls tous ces efforts; les boulets rouges incendièrent les batteries; peu de temps après la tempête dispersa les vaisseaux des assiégeants, et le siége ne fut continué que pour la forme du côté de la terre. Le traité de Versailles conserva la forteresse de Gibraltar aux Anglais, et depuis ce temps elle n'a jamais été menacée sérieusement.

GIBRET, vg. de Fr., Landes, arr. et poste de Dax, cant. de Montfort; 270 hab.

GIBRIEN (Saint-), vg. de Fr., Marne, arr., cant. et poste de Châlons-sur-Marne; 90 hab.

GIBRONDES, vg. de Fr., Tarn, arr. et poste de Castres, cant. de Lautrec; 850 hab.

GIBSON, comté de l'état d'Indiana, États-Unis de l'Amérique du Nord; il est borné par l'état d'Illinois et par les comtés de Knox, de Pike, de Vanderburgh et de Posey. Pays fertile, arrosé au N. par le Wabash, qui y reçoit le White et la Pétoka, au S.-O. par les Black, au S.-E. par le Grand-Pigeon; ces deux derniers fleuves y prennent naissance; 6000 hab.

GIBSON, b. florissant des États-Unis de l'Amérique du Nord, état de Mississipi, comté de Clairborne, dont il est le chef-lieu, sur le Pierre, poste; plantations; 2200 hab.

GICOURT, ham. de Fr., Oise, com. d'Agnetz; 190 hab.

GICQ (le), vg. de Fr., Charente-Inférieure, arr. de St.-Jean-d'Angely, cant. et poste d'Aulnay; 390 hab.

GIDID, promontoire sur la côte orientale de Nubie, à 30 l. N.-N.-O. du cap Calmez.

GIDID, b. considérable du roy. de Darfour, Nigritie orientale, à 9 l. S. de Cobbé.

GIDID, pet. v. de Nubie, roy. de Sennaar, à 14 l. S. de Gerri, dans une contrée aride.

GIDY, vg. de Fr., Loiret, arr. d'Orléans, cant. d'Artenay, poste de Chevilly; 810 hab.

GIEBICHSTEIN, vg. de Prusse, sur la Saale, prov. de Saxe, rég. de Merscbourg; 730 hab. L'on y voit les ruines d'un ancien château, duquel Louis-le-Sauteur, landgrave de Thuringe, s'est, dit-on, sauvé vers la fin du onzième siècle, en hasardant un saut périlleux dans la Saale.

GIEBOLDEHAUSEN, b. du roy. de Hanovre, gouv. de Hildesheim, principauté de Grubenhagen; sa population est de près de 2200 hab.

GIEL, vg. de Fr., Orne, arr. d'Argentan, cant. et poste de Putanges; 340 hab.

GIEN, *Genabum*, *Gianum*, v. de Fr., Loiret, chef-lieu d'arrondissement, à 15 l. E.-S.-E. d'Orléans et à 37 l. de Paris; siège d'un tribunal de première instance, conservation des hypothèques, direction de contributions indirectes. Gien est agréablement situé sur la rive droite de la Loire, que l'on y passe sur un beau pont. La ville s'élève en amphithéâtre sur la pente d'une colline, que domine un ancien château, qui fut habité jadis par plusieurs rois de France et qui renferme aujourd'hui la sous-préfecture, le tribunal et la mairie. On remarque aussi à Gien un bel établissement de bains, au milieu d'un joli jardin, sur les bords de la Loire. Fabr. de faïence et de terre de pipe; tanneries et corroieries; fabr. de serges dans les environs; commerce de grains, vins, safran, laine, etc. Foires: 28 avril, deuxième lundi de carême, samedi avant le 20 juin, 11 août, 9 octobre et 25 novembre; 5330 h.

Gien est une ville fort ancienne; elle avait autrefois le titre de comté et faisait partie du Gâtinais orléanais.

GIENCOURT, ham. de Fr., Oise, com. de Breuil-le-Vert; 250 hab.

GIENGEN, pet. v. du Wurtemberg, gr.-bge de Heidenheim, cer. de l'Yaxt, située sur la Brenz qui s'y divise en deux bras, dans une contrée riante et fertile; fabrication de coutellerie, de papier, d'étoffes de coton, de produits chimiques; eaux thermales. Dès le treizième siècle elle était ville libre. Après la bataille de Nordlingue elle fut pillée et entièrement réduite en cendres; 1850 hab.

GIENS (presqu'île de), sur la Méditerranée, au S. du dép. du Var, cant. d'Hyères, auquel elle tient par deux isthmes très-étroits, séparés par un étang et qui se réunissent au N. de presqu'île. Elle s'étend de l'E. à l'O. sur une longueur d'environ 9 kilomètres. Ses extrémités forment à l'E. le cap d'Esterel et à l'O. le cap de la Pointe. Au centre de la presqu'île se trouve le château de Giens, qui protège la rade d'Hyères, située au N.-E., et celle de Giens, au N.-O.

GIEN-SUR-CURE, vg. de Fr., Nièvre, arr. de Château-Chinon, cant. et poste de Montsauche; 249 hab.

GIER (le); riv. de Fr.; elle est formée par la réunion de plusieurs ruisseaux, dont le point de confluence est à St.-Chamond, dép. de la Loire; elle coule vers le N.-E., passe à Rive-de-Gier et se jette dans le Rhône à Givors, dép. du Rhône, après 12 l. de cours.

GIÈRES, vg. de Fr., Isère, arr., cant. et poste de Grenoble; 1150 hab.

GIESBACH, ruisseau dans l'Oberland bernois, qui descend du Faulhorn, et, avant de se jeter dans le lac de Brienz, forme 7 cascades dont la cinquième et la septième sont surtout magnifiques.

GIESENHEIM, ham. de Fr., Bas-Rhin, com. de Rœschwoog; 700 hab.

GIESIM, v., assez considérable dans la partie S.-E. de la Nubie, sur le Rahad, près de la frontière d'Abyssinie, au milieu d'une superbe forêt de palmiers, à 45 l. E.-S.-E. de Sennaar.

GIESING (le Haut et le Bas-), deux vgs., dont l'un paroissial, de la Bavière, dist. et à 1/2 l. de Munich, cer. de l'Isar; hospice pour les aliénés; 2360 hab.

GIESMANNSDORF, vg. de Prusse, prov. de Silésie, rég. de Piegnitz; avec un château et des usines; 2010 hab.

GIESSEN, v. du grand-duché de Hesse-Darmstadt, chef-lieu de la principauté de la Haute-Hesse et d'un district, et autrefois entourée de fortifications; est située dans une belle contrée, à l'endroit où la Lahn reçoit la Wilseck. Les bâtiments les plus remarquables sont : le château ou le bâtiment actuel de la chancellerie, le nouvel édifice de l'université, la nouvelle église, l'ancienne caserne, aujourd'hui utilisée pour les cours de clinique, et les collections d'histoire naturelle. Sa pop. est de près de 8000 hab. Cette ville possède une université, fondée en 1607, et à laquelle est jointe depuis peu une faculté de théologie catholique, un institut philologique, un pédagogium, un séminaire homilétique et pédagogique, un séminaire pour les maîtres d'école, 2 bibliothèques, une maison d'accouchement et une école de sages-femmes, une école forestière avec un jardin botanique.

GIEVILLE, vg. de Fr., Manche, arr. de St.-Lô, cant. et poste de Torigny; 730 hab.

GIÈVRES, vg. de Fr., Loir-et-Cher, arr. de Romorantin, cant. et poste de Selles-sur-Cher; 900 hab.

GIEZ-SUR-AUJON, vg. de Fr., Haute-Marne, arr. de Langres, cant. d'Auberive, poste d'Arc-en-Barrois. On y récolte de bons vins; manufacture de porcelaine à feu dite *hygiocérame*; grès de diverses qualités; 550 h.

GIF, vg. de Fr., Seine-et-Oise, arr. de Versailles, cant. de Palaiseau, poste d'Orçay; 730 hab.

GIFFAUMONT, vg. de Fr., Marne, arr. de Vitry-le-Français, cant. et poste de St.-Remy-en-Bouzemont; 580 hab.

GIFFORD (cap). *Voyez* SOMMERSET-SEPTENTRIONAL.

GIGANTA (Cerro de la), montagne et point culminant de la presqu'île de Californie, états mexicains; ce pic a une hauteur de 1500 mètres.

GIGANTES (volcano de los). *Voyez* CORDILLÈRES, Patagonie.

GIGE, ham. de Fr., Charente, com. de Vœuil; 160 hab.

GIGEAN, vg. de Fr., Hérault, arr. de Montpellier, cant. et poste de Mèze; 1160 h.

GIGGLESWICK, vg. d'Angleterre, comté d'York; remarquable par sa source intermittente.

GIGHA, île d'Écosse, comté d'Argyle, sur la côte de Cantyre ; assez fertile; produit de l'orge, de l'avoine, du lin et des pommes de terre; l'agriculture, l'éducation du bétail et la pêche forment la principale occupation de ses habitants, au nombre de 800.

GIGLIO, *Egilium*, *Ægilium*, îlot dans le golfe del Campese, duché de Toscane; commerce de sardines; 1000 hab.

GIGNAC, vg. de Fr., Bouches-du-Rhône, arr. d'Aix, cant. de Martigues, poste de Marignane; 1510 hab.

GIGNAC, pet. v. de Fr., Hérault, arr. et à 5 l. E.-S.-E. de Lodève, chef-lieu de canton et poste; elle est située sur la rive gauche de l'Hérault, et l'on y fait commerce en vins, eaux-de-vie, amandes, huile; 2780 hab.

GIGNAC, vg. de Fr., Lot, arr. de Gourdon, cant. de Souillac, poste de Cressensac; 2490 hab.

GIGNAC, vg. de Fr., Vaucluse, arr., cant. et poste d'Apt; 220 hab.

GIGNAT, ham. de Fr., Puy-de-Dôme, arr. d'Issoire, cant. et poste de St.-Germain-Lembron; 510 hab.

GIGNÉVILLE, vg. de Fr., Vosges, arr. de Mirecourt, cant. de Monthureux-sur-Saône, poste de Darney; 260 hab.

GIGNEY, ham. de Fr., Ain, com. de Corbonod; 110 hab.

GIGNEY, vg. de Fr., Vosges, arr. et poste d'Épinal, cant. de Châtel-sur-Moselle; 210 h.

GIGNY, ham. de Fr., Côte-d'Or, com. de Beaune; 800 hab.

GIGNY, b. de Fr., Jura, arr. de Lons-le-Saulnier, cant. de St.-Julien, poste de St.-Amour; 1050 hab.

GIGNY, ham. de Fr., Haute-Marne, com. de St.-Dizier; 1460 hab.

GIGNY, vg. de Fr., Saône-et-Loire, arr. de Châlon-sur-Saône, cant. et poste de Sennecey; 1050 hab.

GIGNY, vg. de Fr., Yonne, arr. de Tonnerre, cant. et poste de Cruzy; 460 hab.

GIGNY-AUX-BOIS, vg. de Fr., Marne, arr. de Vitry-le-François, cant. et poste de St.-Remy-en-Bouzemont; 340 hab.

GIGONDAS, vg. de Fr., Vaucluse, arr. d'Orange, cant. de Beaumes, poste de Malaucène; eux minérales; 950 hab.

GIGORS, vg. de Fr., Basses-Alpes, arr. de Sisteron, cant. de Turiers, poste de la Motte-du-Caire; 210 hab.

GIGORS, vg. de Fr., Drôme, arr. de Die, cant. et poste de Crest; 670 hab.

GIGOUX, ham. de Fr., Creuse, com. de Lépaud; 340 hab.

GIGOUZAC, vg. de Fr., Lot, arr. de Cahors, cant. de Catus, poste de Pélacoy; 580 hab.

GIHLAWA. *Voyez* IGLAU.

GIHON, g. a., un des fleuves qui entouraient Eden; c'était vraisemblablement l'Araxes.

GIJEL, pet. v. de la rég. d'Alger, prov. et à 25 l. S.-O. de Constantine.

GIJON, pet. v. d'Espagne, chef-lieu de district, principauté des Asturies, sur l'Océan, à 6 l. d'Oviédo. Darsena, son port, est le plus fréquenté des Asturies; il est défendu par un fort et les batteries du môle, peut recevoir des frégates et a le droit d'expédition pour l'Amérique. La ville possède une école de marine; forges dans les environs; 3250 hab.

GIJOUNET, vg. de Fr., Tarn, arr. de Castres, cant. et poste de Lacaune; 630 hab.

GIJOUNIÉ (la), ham. de Fr., Tarn, com. de Viane; 100 hab.

GIL (bahia de San-) ou BAHIA-DE-TRUXILLO, baie vaste et belle sur la côte N. de l'état de Honduras, États-Unis de l'Amérique centrale.

GIL (San-), pet. v. de la rép. de la Nouvelle-Grenade, dép. de Boyaca, prov. de Socorro. Cette ville, fondée en 1690, renferme un collége, de nombreuses manufactures de tabac et de toiles de coton, et fait un commerce très-important des produits de ses terres. Ses habitants, au nombre de 6000, se distinguent par leur activité et la bonté de leur caractère.

GILA (Rio-). *Voyez* COLORADO-DE-OCCIDENTE (Rio-).

GILBERT (îles de), groupe de petites îles au S. de la Terre-de-Feu et à l'O. du détroit de Noël (Christmas-Sound).

GILBERT (archipel de), dans la Polynésie ou Océanie orientale. Cet archipel, qui fait partie de celui de Mulgrave à la plupart des géographes et que Balbi comprend dans celui qu'il nomme archipel Central, s'étend depuis 3° 8' lat. N. à 3° lat. S., entre 168° 39' et 174° 30' long. E. Il se compose de trois groupes, savoir: de Scarborough, de Simpson et de Bishop; la plupart des îles qui composent ces groupes sont habitées. L'archipel de Gilbert fut découvert, en 1788, par les navigateurs anglais Marshall et Gilbert.

GILDAS (Saint-), vg. de Fr., Côtes-du-Nord, arr. de St.-Brieuc, cant. et poste de Quentin; 800 hab.

GILDAS-DE-RUIS (Saint-), vg. de Fr., Morbihan, arr. de Vannes, cant. et poste de Sarzeau; 1180 hab.

GILDAS-DES-BOIS (Saint-), vg. de Fr., Loire-Inférieure, arr. et à 4 1/2 l. S. de Savenay, chef-lieu de canton, poste de Pont-Château; 1390 hab.

GILDCHAUX, vg. du roy. de Hanovre, gouv. d'Osnabruck, comté de Bentheim, avec d'exellentes carrières de pierres et de nombreux tissages de toiles; 1000 hab.

GILDONC, b. du roy. des Deux-Siciles, prov. de Capitanate; 2200 hab.

GILDVILLER, vg. de Fr., Haut-Rhin, arr. de Belfort, cant. et poste de Dannemarie; 280 hab.

GILEAD, g. a., contrée où demeuraient les tribus de Ruben et de Gad et la moitié de la tribu de Manassé; elle était bornée au N. par l'Hermon, au S. par l'Arnon et à l'O. par le Jourdain. Les Rubénits et les Gadits la parcouraient en nomades; elle était longue d'environ 26 milles d'Allemagne.

GILELO, cap. sur la côte occidentale de la rég. d'Alger, prov. de Mascara, à 10 l. E.-N.-E. de Mostaganem.

GILES, comté de l'état de Virginie, États-Unis de l'Amérique du Nord; il est borné par les comtés de Kenhawa, de Nicholas, de Greenbriar, de Monroé, de Montgoméry, de Tazewell et de Gabell. Pays fertile, très-montagneux au S.-E., où s'élèvent les monts Flattop, et arrosé par un grand nombre de fleuves dont le Kenhawa, l'Elkhorn et l'Indian sont les plus considérables. Davisburgh est le chef-lieu du comté; 6500 hab.

GILES, comté de l'état de Tennessée, États-Unis de l'Amérique du Nord; il a pour bornes l'état d'Alabama et les comtés de Maury, de Lincoln et de Lawrence; pays fertile et offrant de riches plantations; l'Elk, qui y reçoit le Richland et d'autres rivières considérables, est le principal cours d'eau de ce comté; 15,000 hab.

GILES (Saint-), ham. de Fr., Somme, com. de Roye; 350 hab.

GILES-LES-FORÊTS (Saint-), vg. de Fr., Haute-Vienne, arr. de Limoges, cant. de Châteauneuf, poste d'Eymontiers; 220 h.

GILET, ham. de Fr., Lot-et-Garonne, com. de Ste.-Livrade; 100 hab.

GILGAL, g. a., ancienne résidence des rois de Canaan, située dans la plaine de Saron, dans la tribu d'Ephraïm (Samarie).

GILGAL, g. a., v. de la tribu de Benjamin, Judée, à 50 stades O. du Jourdain et à 1 stade S.-E. de Jéricho. Elle renferma pendant plusieurs années le tabernacle et l'arche d'alliance. C'est là que les Israélites campèrent pour la première fois, quand après la mort de Moïse, ils eurent passé le Jourdain sous la conduite de Josué. Après sept années de succès, Josué, qui avait vaincu les rois du N. de Canaan, croyait pouvoir distribuer à Gilgal entre les 10 tribus le fruit de ses conquêtes. Mais il n'y eut que les tribus de Juda, de Joseph, d'Ephraïm et la demi-tribu de Manassé auxquelles leur part put y être assignée par le sort.

GILGEN (Saint-) (St.-Ægidy), b. de la Haute-Autriche, com. de Salzbourg, sur le lac Aber; verreries, 1500 hab.

GILGENBOURG (en polonais *Dobrowno*), pet. v. de Prusse située entre deux lacs, prov. de Prusse, rég. de Kœnigsberg; foires et marchés de bestiaux; 1100 hab.

GILHAC, vg. de Fr., Ardèche, arr. de Privas, cant. et poste de la Voulté; 880 h.

GILHAC, vg. de Fr., Ardèche, arr. de Tournon, cant. et poste de la Mastre; 1460 hab.

GILHORGUE, ham. de Fr., Aveyron, com. de Bozous; 300 hab.

GILKY (monts). *Voyez* UNION (comté).

GILLANCOURT, vg. de Fr., Haute-Marne, arr. de Chaumont-en-Bassigny, cant. et poste de Juzennescourt; 340 hab.

GILLAUMÉ, vg. de Fr., Haute-Marne, arr. de Vassy, cant. de Poissons, poste de Sailly; 120 hab.

GILLES, vg. de Fr., Eure-et-Loir, arr. de Dreux, cant. et poste d'Anet; 430 hab.

GILLES (Saint-), Gard. *Voyez* GILLES-LES-BOUCHERIES (Saint-).

GILLES (Saint-), vg. de Fr., Ille-et-Vilaine, arr. de Rennes, cant. de Mordelles, poste de Bédée; 1490; hab.

GILLES (Saint-), vg. de Fr., Indre, arr. du Blanc, cant. et poste de St.-Benoist-du-Sault; 400 hab.

GILLES (Saint-), ham. de Fr., Maine-et-Loire, com. de Chemillé; 630 hab.

GILLES (Saint-), vg. de Fr., Manche, arr. et poste de St.-Lô, cant. de Marigny; 610 hab.

GILLES (Saint-), vg. de Fr., Marne, arr. de Reims, cant. et poste de Fismes; 400 h.

GILLES (Saint-), ham. de Fr., Saône-et-Loire, com. de Dennevy; 460 hab.

GILLES (Saint-), Seine-et-Oise. *Voyez* VELANNE.

GILLES (Saint-), ham. de Fr., Seine-Inférieure, com. de Rouen; 800 hab.

GILLES (Saint-), Vendée. *Voy*. GILLES-SUR-VIE (Saint-).

GILLES-DE-CRETOT (Saint-), vg. de Fr., Seine-Inférieure, arr. d'Yvetot, cant. et poste de Caudebec; 480 hab.

GILLES-DE-LA-NEUVILLE (Saint-), vg. de Fr., Seine-Inférieure, arr. de Hâvre, cant. et poste de St.-Romain; 760 hab.

GILLES-DE-L'ISLE-BOUCHARD (Saint-), *Voyez* ISLE-BOUCHARD (l').

GILLES-DE-LIVET (Saint-), vg. de Fr., Calvados, arr. de Pont-l'Évêque, cant. et poste de Cambremer; 60 hab.

GILLES-DE-MEZILHAC (Saint-), ham. de Fr., Ardèche, com. de Mezilhac; 150 hab.

GILLES-DE-MARAIS (Saint-), vg. de Fr., Orne, arr., cant. et poste de Domfront; 370 hab.

GILLES-DU-MENÉ (Saint-), vg. de Fr., Côtes-du-Nord, arr. de Loudéac, cant. de Colinée, poste de Moncontour; 670 hab.

GILLES-DU-VIEUX-MARCHÉ (Saint-), vg. de Fr., Côtes-du-Nord, arr. de Loudéac, cant. de Mur, poste d'Uzel; 1000 hab.

GILLES-LES-BOUCHERIES (Saint-), pet. v. de Fr., Gard, arr. et à 5 l. S.-S.-E. de Nîmes, chef-lieu de canton et poste. Elle est située sur la pente d'un coteau, près du canal de Beaucaire, dont un bassin spacieux sert de port aux bateaux qui s'arrêtent dans cette ville. L'église de l'ancienne abbaye de

St.-Gilles est un édifice digne d'être visité. Distilleries d'eau-de-vie et d'esprit de vin. Les vins de St.-Gilles sont estimés et l'objet d'un commerce considérable; 5600 hab.

St.-Gilles doit son origine à une abbaye fondée au cinquième siècle.

GILLES-PLIGEAUX (Saint-), vg. de Fr., Côtes-du-Nord, arr. de Guingamp, cant. de Bothoa, poste de Plésidy; 1140 hab.

GILLES-SUR-VIE (Saint-), b. maritime de Fr., Vendée, arr. et à 7 l. N.-N.-O. des Sables-d'Olonne, chef-lieu de canton et poste. Il est situé au confluent de la Vie et du Jaunay et près de leur embouchure dans l'Océan, sur lequel ce bourg possède un petit port, qui peut recevoir des bateaux de 60 à 80 tonneaux. La construction des barques et la pêche de la sardine y sont les principales branches d'industrie. Son commerce consiste en vins et eaux-de-vie et dans l'exportation des grains. Les marais salants des environs de St.-Gilles livrent une grande quantité de sel, le plus blanc de la France; 1200 hab.

GILLETONS, ham. de Fr., Yonne, com. de Villeneuve-le-Roi; 130 hab.

GILLEY, vg. de Fr., Doubs, arr. et poste de Pontarlier, cant. de Montbenoît; 860 h.

GILLEY, vg. de Fr., Haute-Marne, arr. de Langres, cant. et poste du Fayl-Billot; 400 h.

GILLIEU, ham. de Fr., Charente-Inférieure, com. d'Ars-en-Ré; 160 hab.

GILLIFRIE ou **GILLIFREE**, pet. v. de Sénégambie, dans le petit état de Barra, sur la rive septentrionale de la Gambie, à 10 l. E. d'Albréda.

GILLIS (Saint-), b. du roy. de Belgique, prov. de la Flandre orientale, dist. de Dendermunde; 3450 hab.

GILLMANN (monts). *Voyez* ROCKINGHAM (comté).

GILLOIS, vg. de Fr., Jura, arr. de Poligny, cant. de Nozeroy, poste de Champagnole; 520 hab.

GILLON, ham. de Fr., Drôme, com. de Châtillon-St.-Jean; 100 hab,

GILLONAY, vg. de Fr., Isère, arr. de Vienne, cant. et poste de la Côte-St.-André; 910 hab.

GILLORGUES, ham. de Fr., Aveyron, com. de Bozouls; 300 hab.

GILLY-LES-CITEAUX, vg. de Fr., Côte-d'Or, arr. de Beaune, cant. et poste de Nuits; 530 hab.

GILLY-SUR-LOIRE, vg. de Fr., Saône-et-Loire, arr. de Charolles, cant. et poste de Bourbon-Lancy; 810 hab.

GILMAN (cap), la pointe méridionale de l'île Byam-Martin, Géorgie septentrionale.

GILMANTON, pet. v. des États-Unis de l'Amérique du Nord, état de New-Hampshire, comté de Strafford, sur le Winnipiscogée; académie, poste, commerce; les tribunaux d'arrondissement de l'état siégent alternativement dans cette ville et à Rochester; 5000 hab.

GILOCOURT, vg. de Fr., Oise, arr. de Senlis, cant. et poste de Crépy; 800 hab.

GILOLO ou DSCHILOLO, ALMAHEIRA, HALAMAHERA, une des îles du groupe des Moluques proprement dites. Elle est la plus grande de ce groupe, s'étend entre 2° lat. N. et 1° lat. S. et a une forme très-irrégulière, qui, dans des proportions moindres, rappelle la configuration de Célébès. Elle se compose comme celle-ci de quatre presqu'îles, séparées par des golfes profonds, dont le septentrional s'appelle golfe de Schiau, le méridional golfe de Kea, et le moyen golfe d'Ossa. Le canal de Mortay la sépare au N.-E. de l'île du même nom; le cap Salaway forme sa pointe S.-E. Une chaine élevée et boisée, de formation volcanique, couvre toute l'île et paraît contenir l'or que les habitants fournissent au commerce. Le sol est fertile et produit du sago, la principale nourriture des habitants, du riz, l'arbre à pain, le cocotier, les fruits des tropiques, etc. Les habitants des côtes sont malais; ceux de l'intérieur sont harafores et régis par plusieurs chefs indépendants. Les Hollandais sont presque les seuls Européens qui aient visité cette île, dont ils se disent les suzerains. La presqu'île septentrionale est soumise au sultan de Ternate: Bitjolie en est le chef-lieu; la presqu'île méridionale est soumise au sultan de Tidor, dont le gouverneur réside à Galela. Malgré la défense des Hollandais, les habitants commercent avec la Nouvelle-Guinée, les Chinois et les Boughis, et échangent des épices, de l'or, des nids, de l'écaille, du nacre, contre du fil de coton, de l'opium et des marchandises chinoises. Gilolo, ville située sur la côte occidentale de l'île, est la résidence du sultan.

GILOPANGO, grand lac des États-Unis de l'Amérique centrale, état de San-Salvador et aux environs de la ville de ce nom.

GIMAT, vg. de Fr., Tarn-et-Garonne, arr. de Castel-Sarrazin, cant. et poste de Beaumont-de-Lomagne; 320 hab.

GINBREDE, vg. de Fr., Gers, arr. de Lectoure, cant. de Miradoux, poste d'Astaffort; 1000 hab.

GIMBRETT, vg. de Fr., Bas-Rhin, arr. de Strasbourg, cant. et poste de Truchtersheim; 310 hab.

GIMBROIS, vg. de Fr., Seine-et-Marne, arr. et poste de Provins, cant. de Villers-St.-Georges; 70 hab.

GIMEAUX, vg. de Fr., Puy-de-Dôme, arr. et poste de Riom, cant. de Combronde; 630 hab.

GIMÉCOURT, vg. de Fr., Meuse, arr. de Commercy, cant. de Pierrefitte, poste de St.-Mihiel; 260 hab.

GIMEL, vg. de Fr., Corrèze, arr., cant. et poste de Tulle; 890 hab.

GIMEUX, vg. de Fr., Charente, arr., cant. et poste de Cognac; 450 hab.

GIMINO, gros vg. d'Illyrie, gouv. de

Trieste, dans le cer. de Fiume; 2600 hab.

GIMMELDINGEN, vg. parois. de la Bavière rhénane, arr., cant. et à 3/4 l. de Neustadt; vignobles; 1700 hab.

GIMMER, b. du roy. de Darfour, Nigritie orientale, à 25 l. N.-O. de Cobbé.

GIMOIS (les), ham. de Fr., Gers, com. de St.-Martin; 100 hab.

GIMOND (la), vg. de Fr., Loire, arr. de Montbrison, cant. de St.-Galmier, poste de Chazelles; 190 hab.

GIMONT, *Gimo*, pet. v. de Fr., Gers, arr. et à 5 l. E. d'Auch, chef-lieu de canton et poste, sur la Gimone; commerce de vin, eau-de-vie, mulets; 2850 hab. Cette ville, fondée au dixième siècle, possédait, avant la révolution, une riche abbaye de bernardins.

GIMOUILLE, vg. de Fr., Nièvre, arr., cant. et poste de Nevers; 170 hab.

GINAI, vg. de Fr., Orne, arr. d'Argentan, cant. d'Exmes, poste de Nonant; 280 h.

GINALS, vg. de Fr., Tarn-et-Garonne, arr. de Montauban, cant. et poste de St.-Antonin; 1140 hab.

GINASSERVIS, vg. de Fr., Var, arr. de Brignolles, cant. de Rians, poste de Gréoux; 860 hab.

GINCHY, vg. de Fr., Somme, arr. et poste de Péronne, cant. de Combles, poste de Quillan; 210 hab.

GINCLA, vg. de Fr., Aude, arr. de Limoux, cant. de Roquefort-de-Sault; haut-fourneau, forges, martinets, etc.; 244 h.

GINCREY, vg. de Fr., Meuse, arr. de Verdun-sur-Meuse, cant. et poste d'Étain; 200 hab.

GINDOU, vg. de Fr., Lot, arr. de Cahors, cant. de Cazals, poste de Castelfranc; 720 hab.

GINEIS-EN-COIRON (Saint-), vg. de Fr., Ardèche, arr. de Privas, cant. et poste de Villeneuve-de-Berg; 200 hab.

GINELLA (Sierra de la), chaîne de montagnes de la confédération mexicaine, état de Tabasco, ramification orientale des Cordillères; elle longe le Rio-Grijalva ou Tabasco et s'aplatit entre Villa-Hermosa et Santa-Anna.

GINELLE (la), ham. de Fr., Aude, com. d'Airoux; 250 hab.

GINEPABÉE. *Voyez* GUNÉPABÉE.

GINESIO (Saint-), b. des états de l'Église, délégat. de Macerata, sur un affluent du Chienti; 1600 hab.

GINESTAS, b. de Fr., Aude, arr. à 3 1/2 l. N.-O. et poste de Narbonne, chef-lieu de canton; commerce de grains, vins, fourrages, olives, amandes, au port dit du Sommeil, sur le canal du Midi; 630 hab.

GINESTES (les), ham. de Fr., Aveyron, com. de Pomayrols; 100 hab.

GINESTES (les), ham. de Fr., Tarn, com. de Ste.-Gemme; 110. hab.

GINET (le), ham. de Fr., Isère, com. de Villefontaine; 130 hab.

GINETTA, mont. et un des points culminants des Cordillères d'Oaxaca, états mexicains; de son sommet, haut de près de 3000 mètres, la vue embrasse les deux Océans.

GINETZ, gros vg. de Bohême, cer. de Beraun, sur la Litawka; mines de fer, usines et tréfileries très-considérables.

GINGA, roy. indépandant et peu connu de la Basse-Guinée, au S.-E. de celui de Holo-Ho; ses habitants, originaires du roy. d'Angola, sont les ennemis les plus implacables des blancs. Matamba, capitale.

GINGER-ISLAND (île du Gingembre), île au S. de Virgin-Gorda, Petites-Antilles, dont elle dépend; elle est située sous 18° 24' lat. N., entre Round-Rock et Copper-Island, qui forment le canal del Rey.

Un grand nombre d'îles avoisinent celle de Ginger et en dépendent; les plus considérables de ces îles sont: Mosquito-Island au N., l'île de St.-Pierre, entre celles de St.-Jean et de Copper; Salt-Island, à l'O. de Copper-Island, dans le canal del Rey et dans la baie de François Drake, à l'E. de l'île de St.-Pierre; Nicker ou Nichar, au N. de Virgin-Gorda; Prickly-Pear, entre les îles de Nicker et de Mosquito; Dog-Island; Fallen-City ou Old (Vieux) Jérusalem, au S. de Virgin-Gorda; Round-Rock (Rocher-Rond), au N. de Ginger; Dead-Chest, entre les îles de Salt et de St.-Pierre; Normands-Island, à l'O. de l'île de St.-Pierre.

GINGI ou **GINGÉE**, v. de l'Inde anglaise, présidence de Madras, prov. de Carnatic. Située sur un rocher presque inaccessible, elle était regardée par les Hindous comme une place imprenable; mais d'après des avis récents ce n'est aujourd'hui qu'un amas de ruines; les restes de l'ancien palais du radjah et de plusieurs édifices publics, les débris des murailles et des portes, c'est tout ce qui en subsiste encore.

GINGIRO ou **ZENDERO**, roy. dans la partie N.-E. du grand désert Éthiopien, au S. des montagnes de l'Abyssinie sur les rives du Zebi. On ne le connaît que d'après l'ancienne relation du jésuite Anton Fernandez, qui l'a visité en 1613. S'il existe encore, c'est un des états où le gouvernement offre toutes les horreurs du despotisme le plus atroce réunies aux pratiques superstitieuses les plus absurdes et les plus barbares. Lorsque le souverain veut acquérir quelque objet précieux, apporté par des marchands étrangers, il leur donne en échange le nombre d'esclaves qu'ils désirent, en faisant enlever, dans les maisons désignées par ses gens, les fils et les filles des paisibles habitants. Après l'inauguration, le nouveau roi fait mettre à mort tous les favoris de son prédécesseur. C'est avec le sang de ses malheureux sujets, qu'on égorge tout exprès, que l'on teint les seuils et les poteaux de la demeure royale, ainsi que le pilier principal qui soutient son trône.

GINGSHEIM, vg. de Fr., Bas-Rhin, arr. et poste de Saverne, cant. de Hochfelden; 430 hab.

GINGST, b. de Prusse, prov. de Poméranie, rég. de Stralsund, dans la partie occidentale de l'île de Rugen; tissage de toiles; 2500 hab.

GINNEKEN, vg. sur la Merk, roy. de Hollande, prov. du Brabant septentrional, dist. de Breda; 2150 hab.

GINOLES, vg. de Fr., Aude, arr. de Limoux, cant. et poste de Quillan; 400 hab.

GINOUILLAC, vg. de Fr., Lot, arr. de Gourdon, cant. de la Bastide, poste de Frayssinet; 630 hab.

GINTRAC, vg. de Fr., Lot, arr. de Figeac, cant. de Bretenoux, poste de St.-Céré; 440 hab.

GINX (le), ham. de Fr., Landes, com. d'Arue; 250 hab.

GIOCATOJO, vg. de Fr., Corse, arr. de Bastia, cant. et poste de la Porta; 240 hab.

GIOJA, *Taurianum*, b. du roy. des Deux-Siciles, prov. de la Calabre ultérieure Ire, à l'embouchure du Paccolino; il a beaucoup souffert par le tremblement de terre de 1783; 1700 hab.

GIONGES ou **FERGEAUX** (Saint-), vg. de Fr., Marne, arr. d'Épernay, cant. et poste d'Avize; 200 hab.

GIORGIO (Saint-), v. du roy. de Sardaigne, principauté de Piémont, prov. d'Ivrée; 4000 hab.

GIORGIO (Saint-), b. du roy. des Deux-Siciles, prov. de la Principauté citérieure; trois paroisses et 2308 hab.

GIORGIO-CREMANO (Saint-), b. du roy. des Deux-Siciles, prov. de Naples; 2100 hab.

GIORGIO-LA-MOLASA (Saint-), vg. du roy. des Deux-Siciles, prov. de la Principauté ultérieure; 6000 hab.

GIORNICO, b. et chef-lieu d'un arrondissement dans le cant. du Tessin, Suisse; renferme deux églises remarquables par leur ancienneté, celle de St.-Nicolas-di-Mira et Ste.-Maria-di-Castello. Les confédérés y battirent, en 1478, une armée du duc de Milan.

GIOU-DE-MAMOU, vg. de Fr., Cantal, arr., cant. et poste d'Aurillac; 660 hab.

GIOUX, vg. de Fr., Creuse, arr. d'Aubusson, cant. de Gentioux, poste de Felletin; 1350 hab.

GIOVANNI (San-), vg. de Fr., Corse, arr. de Bastia, cant. de San-Nicolao, poste de Cervione; 600 hab.

GIOVANNI, b. du grand-duché de Toscane, dist. de Florence, sur l'Arno; siège d'un vicaire; deux couvents de filles; 1700 h.

GIOVANNI-DI-FRIORE (Saint-), v. du roy. des Deux-Siciles, prov. de Calabre citérieure; château fort; 5234 hab.

GIOVANNI-IN GALEO (Saint-), b. du roy. des Deux-Siciles, prov. de Molise; 2592 h.

GIOVANNI-ROGONDO, b. du roy. des Deux-Siciles, prov. de Capitanate; culture de vins; 2600 hab.

GIOVENAZZO, *Juvenacia*, *Gnatia*, v. et siége d'un évêché du roy. des Deux-Siciles, prov. de Bari, située sur un rocher; une cathédrale et plusieurs églises; 5000 hab. qui se livrent à la pêche.

GIOVO, b. des états de l'Église, délégat. de Spolète, sur le Tibre.

GIPEY, vg. de Fr. Allier, arr. de Moulins-sur-Allier, cant. et poste de Souvigny; 680 hab.

GIPOULOU, ham. de Fr., Aveyron, com. de Clairvaux; 280 hab.

GIPOYA, île fertile et cultivée à l'entrée de la baie d'Angra-dos-Reys, côte de la prov. de Rio-Janeiro, emp. du Brésil.

GIPI-SOUS-GIRY, ham. de Fr., Nièvre, com. de Giry; 190 hab.

GIRAC, vg. de Fr., Lot, arr. de Figeac, cant. de Bretenoux, poste de St.-Céré; fabr. de papier; 300 hab.

GIRALES, ham. de Fr., Lozère, com. d'Arzenc; 140 hab.

GIRALTA, dist. montagneux dans la prov. d'Enderta, roy. de Tigré, en Abyssinie.

GIRANA, pet. v. de l'Abyssinie, roy. et à 25 l. N.-O. de Gondar.

GIRANCOURT, vg. de Fr., Vosges, arr., cant. et poste d'Épinal; 860 hab.

GIRAPETRA, b. de l'île de Candie, chef-lieu du district de même nom, situé sur la côte méridionale; siége d'un évêché, avec un château. Il est presque entièrement abandonné à cause de son climat insalubre et du sirocco; son port n'est presque plus fréquenté. Le dist. de Girapetra, borné au N.-O. par celui de Mirabello, au N. par la mer, à l'E. par le dist. de Setia, au S. par la mer et au S.-O. par le dist. de Messara, est riche en huile, grains, fruits, lin, miel et cire.

GIRARDS (les), ham. de Fr., Drôme, com. de Plaisians; 120 hab.

GIRAUD (le), ham. de Fr., Isère, com. de Roche; 250 hab.

GIRAUD (les), ham. de Fr., Allier, com. de Billezois; 200 hab.

GIRAUDIÈRE (la), ham. de Fr., Charente, com. de Champniers; 280 hab.

GIRAUDIÈRE (la Grande et Petite-), ham. de Fr., Loire-Inférieure, com. de Gorges; 110 hab.

GIRAULT (Saint-), ham. de Fr., Deux-Sèvres, com. de Chantecorps; 150 hab.

GIRAUMONT, vg. de Fr., Moselle, arr. et poste de Briey, cant. de Conflans; 900 h.

GIRAUMONT, vg. de Fr., Oise, arr. et poste de Compiègne, cant. de Ressons; 310 hab.

GIRAUMONT, baie à l'O. de l'île de Martinique, au N.-O. du cap Enragé.

GIRAUVOISIN, vg. de Fr., Meuse, arr., cant. et poste de Commercy; 210 hab.

GIRBA, île non loin de Tripolis; patrie de Vitius Gallus et de Volusien.

GIRBELLE (Saint-), ham. de Fr., Aveyron, com. de Salvagnac-Cajarc; 300 hab.

GIRCOURT, vg. de Fr., Vosges, arr. poste de Mirecourt, cant. de Charmes; 680 hab.

GIRCOURT, vg. de Fr., Vosges, arr. de Mirecourt, cant. et poste de Dompaire; 280 hab.

GIRECOURT-SUR-DURBION, vg. de Fr., Vosges, arr. d'Épinal, cant. et poste de Bruyères; 410 hab.

GIREFONTAINE, vg. de Fr., Haute-Saône, arr. de Lure, cant. et poste de Vauvillers; 140 hab.

GIREMOUTIERS, vg. de Fr., Seine-et-Marne, arr., cant. et poste de Coulommiers; 140 hab.

GIRET, ham. de Fr., Haute-Garonne, com. d'Aspet; 120 hab.

GIRGENTI, intendance du roy. des Deux-Siciles; elle comprend une partie du Val-di-Mazzara et les îles de Pantalaria et de Lampedusa, dans la mer d'Afrique, et est bornée au N. par le dist. de Palerme, à l'E. par le dist. de Catalanisetta, au S. par la mer d'Afrique, à l'O. par le dist. de Trapani. Sa pop. est de 300,877 hab., répartis dans trois districts, qui sont : Girgenti, Aidona et Sciacca.

GIRGENTI, *Acragas*, chef-lieu de l'intendance du même nom; siège des autorités provinciales et d'un évêché. Cette ville est située non loin de la mer sur une éminence arrosée par le Fiume-di-Girgenti et protégée par un fort. Ses principaux édifices sont : la cathédrale avec un fameux bas-relief et un écho, le monastère des franciscains St.-Nicolo, l'hospice des orphelins, le lycée, avec une bibliothèque et une collection de monnaies. Son port, quoique peu profond, est très-fréquenté; exportation de blés, de légumes, d'amandes, de soude et de soufre. Ruines d'Agrigente qui, à l'époque de sa plus grande prospérité renferma 800,000 h. On y trouve des restes de temples consacrés à Junon Lucina, à la Concorde, à Hercule, à Esculape, etc. Sources minérales et stratifications de soufre; 15,882 hab.

GIRGOLS, vg. de Fr., Cantal, arr. d'Aurillac, cant. de St.-Cernin, poste de St.-Martin-Valmeroux; 450 hab.

GIRIVILLER, vg. de Fr., Meurthe, arr. de Lunéville, cant. et poste de Gerbéviller; 330 hab.

GIRMONT, vg. de Fr., Vosges, arr. d'Épinal, cant. de Châtel-sur-Moselle, poste de Nomexy ; 480 hab.

GIRMONT (les), ham. de Fr., Vosges, com. du Val-d'Ajol; 300 hab.

GIROLLES, vg. de Fr., Loiret, arr. de Montargis, cant. de Ferrières, poste de Fontenay ; 630 hab.

GIROLLES, vg. de Fr., Yonne, arr., cant. et poste d'Avallon; 420 hab.

GIROMAGNY, pet. v. de Fr., Haut-Rhin, arr., à 3 l. et poste de Belfort et à 106 l. de Paris, chef-lieu de canton et poste; fabr. de bonneterie et de toiles; briqueterie; filat. et tissage de coton; teintureries; 2414 hab.

GIROMPAIRE, ham. de Fr., Vosges, com. de St.-Léonard; 100 hab.

GIRON, vg. de Fr., Ain, arr. de Nantua, cant. de Châtillon-de-Michaille, poste d'Oyonnax; 380 hab.

GIRON (Saint-), vg. de Fr., Gironde, arr. et poste de Blaye, cant. de St.-Savin; 1040 h.

GIRON, v. très-déchue de la rép. de la Nouvelle-Grenade, dép. de Boyaca, prov. de Pamplona et à l'O. de la ville de ce nom.

GIRONCOURT, vg. de Fr., Vosges, arr. de Neufchâteau, cant. et poste de Châtenois; 410 hab.

GIRONDE (la), *Girus Undæ*, riv. de Fr., dans le département auquel elle donne son nom; est formée par la réunion de la Garonne et de la Dordogne, dont le point de confluence est au Bec-d'Ambès. Ce fleuve court du S.-E. au N.-O.; sa longueur jusqu'à l'Océan est de 80 kilomètres (18 l.) sur une largeur d'une à deux lieues.

GIRONDE (département de la), formé de l'ancien Bordelais, partie occidentale de la prov. de Guienne; il est situé dans la région S.-O. de la France et a pour limites, au N., le dép. de la Charente-Inférieure, à l'E., ceux de la Dordogne et de Lot-et-Garonne, au S. le dép. des Landes et à l'O. l'Océan Atlantique; sa superficie est de 1,026,143 hectares et sa population de 555,609 hab.

Le territoire du département est généralement uni; sa partie orientale seule présente quelques chaînons de collines qui accompagnent ses deux grandes rivières.

La plus considérable, la Garonne, vient du dép. de Lot-et-Garonne, se dirige du S.-E. au N.-O., reçoit la Dordogne au Bec-d'Ambès, acquiert la largeur d'un grand fleuve ou plutôt d'un bras de mer et prend le nom de Gironde, dont le département tire son nom. Son embouchure est éclairée par la tour de Cordouan, le plus beau phare de France; on y arrive au moyen d'une jetée de 700 pieds de longueur sur 9 de largeur; il est bâti en pyramide, surmonté d'une lanterne en forme de dôme, à foyer tournant, avec l'appareil à lentille à échelons inventé par Fresnel. La hauteur totale de la tour est de 220 pieds; celle du mur d'enceinte de 26 pieds; le diamètre de ce mur à la base est de 126 pieds; ses feux, par un temps calme, peuvent être aperçus à plus de 10 l. en mer.

Les principaux affluents de la Garonne, outre la Dordogne, sont : le Lisov, la Bassane, le Dropt, le Ciron, le Gué-Mort et la Jalle; les affluents de la Dordogne, sont : l'Isle, l'Engrane, le Laurence et le Moron. Le Leyre sort du dép. des Landes, traverse la partie méridionale du département et va se jeter dans le bassin d'Arcachon. Entre les dunes et la mer se trouvent trois étangs considérables, qui reçoivent tous les cours d'eaux des Landes; ils communiquent entre eux par des ruisseaux, qui dirigent le superflu de leurs eaux dans le même bassin; ces étangs sont ceux de Canau, de Carcans et de Hourtin.

Ce département, qui doit principalement ses richesses au commerce de son chef-lieu et à ses vignobles, présente trois divisions naturelles, différant autant par leur aspect que par leurs produits. La première, à la droite de la Dordogne, se compose de plaines et de coteaux couverts de vignes, de champs et de pâturages; elle renferme une partie des délicieuses vallées de l'Isle et de la Dronne; la seconde division, située entre la Dordogne et la Garonne, nommée Entre-Deux-Mers, présente l'aspect d'un pays très-fertile et très-varié; la troisième enfin, située entre l'Océan et la Garonne, est un immense pays de landes, aride, sablonneux, semé de dunes; ces colonnes mobiles de sable, qui envahissent journellement des terrains cultivés, commencent par être fixés au moyen de semis de genêts et d'autres arbustes; au milieu des landes s'élèvent de nombreuses forêts de sapins, et çà et là quelques riches pâturages et des terres cultivées; la partie septentrionale est un pays pierreux qui produit les meilleurs vins du département.

Le climat y est doux, l'hiver peu rigoureux; les vents dominants sont ceux du nord-ouest, de l'ouest et du sud-ouest, qui apportent de l'Océan et des landes des pluies fréquentes et continues; l'état sanitaire varie en raison de la situation topographique des contrées dont se compose le département.

La récolte des céréales suffit à peine aux deux tiers de la consommation locale; on y cultive cependant de toutes les sortes, surtout du seigle dans les régions S. et O.; le département produit une grande quantité de chanvre, du tabac, des légumes, des fruits excellents, principalement des prunes, des figues et des amandes.

Mais sa richesse consiste surtout dans le produit de ses vignobles; ils occupent une superficie de 130,000 hectares et fournissent annuellement une moyenne de 2,200,000 hectolitres de vins, qui sont, comme on sait, fort estimés pour leur belle couleur, leur délicatesse, leur fraîcheur; ils acquièrent par les voyages une qualité supérieure; ils sont expédiés dans toutes les parties de la terre. Ils se divisent en vins de Médoc, situé sur les bords des landes, et dont les premiers crûs sont connus sous les noms de Château-Margoux, Laffitte et Latour; en vins des Graves, dont le crû le plus estimé est celui de Château-de-Haut-Brion; ensuite ceux de Bas-Brion, de Pessac, de Talence, en vins des côtes et d'Entre-Deux-Mers; les quartiers du cant. de Bourg-sur-Dordogne, de Blaye présentent des crûs très-distingués; en vins de Palus, inférieurs à ceux des Graves, à l'exception des vins du Queyries et du Montferrand. Parmi les vins blancs on estime le blanc de Sauterne. Les forêts occupent une superficie de 90,000 hectares; les essences qui y dominent sont le pin, le chêne, l'arbre à liége; le département possède en outre des prairies assez belles, mais pas assez productives pour le nombre de bestiaux qu'il contient. Ses richesses minérales consistent dans quelques carrières de belles pierres à bâtir, des indices de minerai de fer, de houille, quelques tourbières et eaux minérales. Les marais salants fournissent une grande quantité de sel.

Les chevaux sont peu nombreux; le département possède de nombreux bétail et bêtes à cornes; une éducation soignée des bêtes à laine, particulièrement dans les landes; beaucoup d'abeilles et du menu gibier en grande quantité; ses côtes abondent en poissons et en bancs d'huîtres.

Quant à son industrie, elle est constamment alimentée par les vins et la fabrication des eaux-de-vie et des liqueurs; des fabr. d'indiennes, de mousseline; des filat. de coton, des teintureries estimées; des tanneries, des verreries à bouteille, des manufactures de faïence; des raffineries de sucre; on y trouve des chantiers de construction pour les navires marchands, des fabr. de cordage, de résine et de goudron; des fabr. de produits chimiques, de bougies, de papier, de bouchons de liége, de barriques, etc.

Il se fait un commerce considérable de blé, de chanvre, de résine, de goudron et de liége; le chef-lieu du département est le centre du commerce des vins et des eaux-de-vie, du commerce d'exportation et d'importation avec l'Europe, les colonies d'Amérique et les Indes; il fait les armements pour la pêche de la baleine et de la morue.

Ce département est divisé en 6 arrondissements, 43 cantons et 543 communes. Les chefs-lieux d'arrondissement sont :

Bordeaux .	13	cant.	152 com.	247,748	hab.
Blaye . . .	4	«	56 «	55,460	«
Lesparre . .	4	«	30 «	37,611	«
Libourne .	9	«	133 «	107,464	«
Bazas . . .	7	«	67 «	53,521	«
La Réole. .	6	«	105 . «	53,805	«

43 cant. 543 com. 555,609 hab.

Il nomme neuf députés, fait partie de la onzième division militaire dont le quartier-général est à Bordeaux; il est du ressort de l'académie et de la cour royale de la même ville; siége d'un archevêché dont le diocèse comprend les dép. de Lot-et-Garonne, de la Charente, des Deux-Sèvres, de la Vienne, de la Dordogne, de la Charente-Inférieure et de la Vendée. Il fait partie de la trente-unième conservation forestière, de la huitième inspection des ponts-et-chaussées, dont le chef-lieu est Bordeaux; de la cinquième division des mines, dont le chef-lieu est Montpellier. Il possède 3 colléges, une école normale et 571 écoles primaires.

GIRONDE, vg. de Fr., Gironde, arr., cant. et poste de la Réole; 910 hab.

GIRONDE, ham. de Fr., Vienne, com. de St.-Genest-Lencloître; 150 hab.

GIRONDELLE, vg. de Fr., Ardennes, arr. de Rocroi, cant. de Rumigny, poste de Maubert-Fontaine; 290 hab.

GIRONS (Saint-), v. de Fr., Arriège, chef-lieu d'arrondissement, à 9 l. O. de Foix et à 205 l. de Paris; siége d'un tribunal de première instance et conservation des hypothèques; elle est située sur le Salat, petite rivière qui y met en mouvement plusieurs usines, de belles papeteries et des fabriques d'étoffes. Cette ville est remarquable par la régularité de ses rues bien percées. On y admire deux beaux ponts en marbre bleuâtre et la haute flèche de l'église paroissiale. St.-Girons possède un collége communal. Martinet à fer; filat. et tissage hydraul. de laine; scierie de marbre; papeteries; commerce considérable de bestiaux et de laine d'Espagne. Foires : 2 janvier, 1er lundi de carême, deuxième lundi de juillet, 9 septembre, 9 octobre et 23 novembre; 4300 hab.

GIRONS (Saint-), vg. de Fr., Basses-Pyrénées, arr., cant. et poste d'Orthez; 310 h.

GIRONVILLE, vg. de Fr., Eure-et-Loir, arr. de Dreux, cant. et poste de Châteauneuf-en-Thymerais; 380 hab.

GIRONVILLE, vg. de Fr., Meuse, arr., cant. et poste de Commercy; 450 hab.

GIRONVILLE, vg. de Fr., Seine-et-Marne, arr. de Fontainebleau, cant. et poste de Château-Landon; 300 hab.

GIRONVILLE, vg. de Fr., Seine-et-Oise, arr. d'Étampes, cant. de Milly, poste; 370 hab.

GIROSP, ham. de Fr., Haute-Garonne, com. d'Aspet; 350 hab.

GIROUARD, vg. de Fr., Vendée, arr. des Sables, cant. et poste de la Mothe-Achard; 510 hab.

GIROUSSENS, b. de Fr., Tarn, arr., cant. et poste de Lavaur; 1830 hab.

GIROUX, vg. de Fr., Indre, arr. d'Issoudun, cant. et poste de Vatan; 610 hab.

GIROVILLER-SOUS-MONFORT, vg. de Fr., Vosges, arr. et poste de Mirecourt, cant. de Vittel; 150 hab.

GIRRIGI-MARAGASSI, lac peu connu de la Nigritie centrale, dans l'emp. des Fellatahs, à peu de distance N. de la ville de Haoussah et près de la route de Tripoli à Sackatou.

GIRTISTOWN, b. des États-Unis de l'Amérique du Nord, état d'Ohio, comté d'Allen, dont il est le chef-lieu, sur la Glaize.

GIRVAN, pet. v. d'Écosse, comté d'Air; fabr. d'étoffes de laine et de poterie; petit port; 3200 hab.

GIRVIÈRE, ham. de Fr., Vendée, com. d'Olonne; 400 hab.

GIRY, vg. de Fr., Nièvre, arr. de Cosne, cant. et poste de Prémery; 710 hab.

GISAY, vg. de Fr., Eure, arr. de Bernay, cant. de Beaumesnil, poste de Broglie; 690 hab.

GISBOROUGH, vg. d'Angleterre, comté d'York; manufactures de toiles à voiles et mines d'alun.

GISCARO, vg. de Fr., Gers, arr. de Lombez, cant. de l'Isle-en-Jourdain, poste de Gimont; 260 hab.

GISCOS, vg. de Fr., Gironde, arr. de Bazas, cant. et poste de Captieux; 430 hab.

GISDRA, v. de la Russie d'Europe, gouv. de Kabouga; commerce actif. Dans ses environs sont des forges importantes; 7000 hab.

GISIBILADA, un des deux principaux bourgs du dist. de Montenegro, dans la Romélie, liva de Scutari.

GISMOLA ou **GIZMOLAZ**, une des principales villes du roy. indépendant de Sala, Basse-Guinée, sur le Hogiz, à 25 l. S. de Missel.

GISNAY. *Voyez* GINAI.

GISORS, *Cæsarotium*, pet. v. de Fr., Eure, arr. et à 7 l. E. des Andelys, à 15 l. de Paris, chef-lieu de canton et poste, sur l'Epte. Elle est propre et bien bâtie. On y remarque l'église paroissiale, décorée de fort belles sculptures. Sa situation, sur une grande route entre Paris et Rouen, est très-favorable à son commerce, qui consiste principalement en grains; filat. hydraul. de coton; 3364 hab.

Gisors était autrefois une place de guerre. On voit encore des débris de ses fortifications. Cette ville souffrit beaucoup pendant la guerre des Anglais et dans les discordes civiles que le protestantisme fit naître en France.

GISORS, ham. de Fr., Manche, com. de Vains; 390 hab.

GISQUET - DE - GRAZAC, ham. de Fr., Tarn, com. de Grazac; 100 hab.

GISSAC, vg. de Fr., Aveyron, arr. de Ste.-Affrique, cant. et poste de Camarès; 810 h.

GISSEY-LE-VIEIL, vg. de Fr., Côte-d'Or, arr. de Sémur, cant. et poste de Vitteaux; 280 hab.

GISSEY-SOUS-FLAVIGNY, vg. de Fr., Côte-d'Or, arr. de Sémur, cant. et poste de Flavigny; 460 hab.

GISSEY-SUR-OUCHE, vg. de Fr., Côte-d'Or, arr. de Dijon, cant. et poste de Sombernon; 310 hab.

GISTAIN, b. d'Espagne, roy. d'Aragon, dist. de Barbastro; la vallée de Gistain renferme des mines de fer.

GISTEBNITS, pet. v. de Bohême, cer. de Tabor; on y polit les grenats de Bilin et de Liebshausen.

GISY-LES-NOBLES, vg. de Fr., Yonne, arr. de Sens, cant. et poste de Pont-sur-Yonne; 590 hab.

GITSCHIN (Giczin), *Redintuinum*, *Gitmiacinum*, pet. v. fortifiée de Bohême, chef-lieu du cer. de Bidschow, dans une contrée charmante; possède un séminaire, un gymnase, un beau château et plusieurs fabriques de coton; 3000 hab.

GITTEL ou **GITTELDE**, b. dans le duché de Brunswick, dist. de Gandersheim; 1450 h.

GIUGLIANO, v. du roy. des Deux-Siciles, intendance de Girgenti.

GIUGLIANO, b. du roy. des Deux-Siciles, prov. de Terre-de-Labour; 8000 hab.

GIULANO (San-), vg. de Fr., Corse, arr. de Bastia, cant. et poste de Cervione; 430 h.

GIULIANO, b. de la Dalmatie, cer. de Raguse; port de mer.

GIULIANO, b. du roy. des Deux-Siciles, prov. de Molise; 3063 hab.

GIULIANO (Monte-), v. du roy. des Deux-Siciles, intendance de Trapani, au pied de l'Érix, si célèbre chez les anciens; vins très-recherchés; 9172 hab.

GIULIA-NOVA, b. du roy. des Deux-Siciles, prov. de l'Abruzze ultérieure Ire, près de la mer; 2000 hab., qui, pour la plupart, se livrent à la pêche.

GIULIO (Saint-), b. du roy. de Sardaigne, principauté de Piémont, prov. de Pallanza, sur un îlot dans le lago di Orta; superbe cathédrale et un séminaire; 1500 hab.

GIULIOPOLI, b. du roy. des Deux-Siciles, prov. de l'Abruzze citérieure, sur le Sangro; 1155 hab.

GIUNCAGGIO, vg. de Fr., Corse, arr. et poste de Corte, cant. de Piedicorte-de-Gaggio; 310 hab.

GIUNCHETO, vg. de Fr., Corse, arr., cant. et poste de Sartene; 480 hab.

GIURGEWO (prononcez Dschurdschwo), v. de la principauté de Valachie, située sur la rive gauche du Danube, vis-à-vis de Routschouk, dont elle formait, avant le dernier traité, un faubourg important par ses fortifications; ces dernières ont été rasées. Elle a une population de 18,000 habitants, qui font un commerce assez considérable; c'est là qu'on embarque sur le Danube les marchandises expédiées vers la mer Noire ou pour l'Autriche.

GIUSAGO, b. du roy. Lombard-Vénitien, gouv. de Milan, délégation de Lodi, sur le canal de Pavie; florissant par ses manufactures de soie.

GIUSTINA-IN-COLLE (Saint-), b. du roy. Lombard-Vénitien, gouv. de Venise, délégation de Padoue; tanneries; 2400 hab.

GIUZTENDIL. *Voyez* KOSTENDIL.

GIVARDON, vg. de Fr., Cher, arr. et poste de St.-Amand-Mont-Rond, cant. de Sancoins; 1000 hab.

GIVARLAIS, vg. de Fr., Allier, arr. de Montluçon, cant. et poste d'Hérisson; 530 h.

GIVAUDINS, vg. de Fr., Cher, arr. et poste de Bourges, cant. de Levet; 160 hab.

GIVENCHY-EN-GOHELLE, vg. de Fr., Pas-de-Calais, arr. et poste d'Arras, cant. de Vimy; 1490 hab.

GIVENCHY-LE-NOBLE, vg. de Fr., Pas-de-Calais, arr. de St.-Pol-sur-Ternoise, cant. d'Avesnes-le-Comte, poste de l'Arbret; 210 hab.

GIVENCHY-LÈS-LA-BASSÉE, vg. de Fr., Pas-de-Calais, arr. de Béthune, cant. de Cambrin, poste de la Bassée; 530 hab.

GIVERNY, vg. de Fr., Eure, arr. des Andelys, cant. d'Ecos, poste de Vernon; 410 hab.

GIVERVILLE, vg. de Fr., Eure, arr. de Bernay, cant. et poste de Thiberville; 780 h.

GIVET, v. forte de Fr., Ardennes, arr. et à 10 l. N.-E. de Rocroy, à 76 l. de Paris; chef-lieu de canton. Elle est située à l'extrémité septentrionale de ce département frontière. La Meuse qui la traverse la divise en deux villes, bien bâties et dont les rues sont droites et bien percées. La partie située sur la rive droite se nomme Petit-Givet ou Givet-Notre-Dame; sur la rive gauche se trouvent Grand-Givet ou Givet-St.-Hilaire, le fort Charlemont et de belles et vastes casernes. Des fortifications tracées par Vauban réunissent ces trois parties de la ville, qui a le rang de place de guerre de première classe. Givet renferme plusieurs places publiques, un hôpital et une petite bibliothèque de 5000 volumes. Son port de transit sur la Meuse est assez important. Fabr. de cire à cacheter, de colle-forte, de pipes; tanneries; usine à cuivre; 4290 hab.

C'est à Givet que naquit Méhul (Étienne-Henri), un des plus grands musiciens qu'ait produits la France (1763—1817).

GIVONNE, vg. de Fr., Ardennes, arr., cant. et poste de Sédan; forge et platineries, outils aratoires, poêlerie, laminoir hydraul.; fabr. de fer et de balanciers; fouleries et filat.; établissements hydraul. pour fabrication de draps; 1230 hab.

GIVORS, v. de Fr., Rhône, arr. et à 4 l. S. de Lyon, à 126 l. de Paris, chef-lieu de canton et poste. C'est une fort jolie ville, située sur les bords du Rhône et sur le chemin de fer de St.-Étienne à Lyon. Le beau canal qui aboutit à Rive-de-Giers et le chemin de fer qui passe à Givors ont donné à cette ville une grande activité commerciale et industrielle. Elle a des verreries et des clouteries considérables et fait un commerce important en bestiaux et en houille. Foires les 10 avril et 13 octobre; 5390 hab.

GIVORS (canal de), a été exécuté, de 1761 à 1781, par la famille Zacharie, qui en a obtenu le fief perpétuel en 1790. Cette ligne de navigation, parallèle au chemin de fer de St.-Étienne, établit une communication entre les mines de houille de Rive-de-Giers et le Rhône, dans lequel elle embouche à 5 l. au-dessous de Lyon. Son développement n'est que de 3 1/2 l.; mais, outre son utilité commerciale, elle est encore importante sous le rapport de l'art, par ses nombreuses constructions hydraul., qui comprennent 28 écluses, dont 10 accolées, et un passage souterrain de 169 mètres.

GIVRAINES, vg. de Fr., Loiret, arr. et cant. de Pithiviers, poste de Boynes; culture de safran; 580 hab.

GIVRAND, vg. de Fr., Vendée, arr. des

Sables, cant. et poste de St.-Gilles-sur-Vie ; 250 hab.

GIVRAUVAL, vg. de Fr., Meuse, arr. de Bar-le-Duc, cant. et poste de Ligny ; 430 h.

GIVRE (le), vg. de Fr., Vendée, arr. des Sables, cant. des Moutiers, poste d'Avrillé ; 320 hab.

GIVRECOURT, vg. de Fr., Meurthe, arr. de Château-Salins, cant. d'Albestroff, poste de Dieuze ; 250 hab.

GIVRETTE, ham. de Fr., Allier, com. de Domérat ; 720 hab.

GIVRÉZAC, vg. de Fr., Charente-Inférieure, arr. de Gonzac, cant. de St.-Genis, poste de Pons ; 170 hab.

GIVRIA, ham. de Fr., Jura, com. de Savigna ; 140 hab.

GIVRON, vg. de Fr., Ardennes, arr. de Réthel, cant. et poste de Chaumont-Porcien ; 410 hab.

GIVRY, ham. de Fr., Nièvre, com. de Vandenesse ; 100 hab.

GIVRY, pet. v. de Fr., Saône-et-Loire, arr. et à 2 l. O. de Châlon-sur-Saône, chef-lieu de canton et poste ; bons vins ; fabr. de toiles ; exploitation de pierres de taille ; 2900 hab.

GIVRY, vg. de Fr., Yonne, arr. et poste d'Avallon, cant. de Vezelay ; 480 hab.

GIVRY-EN-ARGONNE, vg. de Fr., Marne, arr. et poste de Ste.-Ménéhoulde, cant. de Dommartin-sur-Yèvre ; 590 hab.

GIVRY-LÈZ-LOISY, vg. de Fr., Marne, arr. de Châlons-sur-Marne, cant. et poste de Vertus ; 180 hab.

GIVRY-SUR-AISNE, vg. de Fr., Ardennes, arr. et cant. de Réthel, poste d'Attigny ; 630 hab.

GIY-LES-NONAINS, vg. de Fr., Loiret, arr. de Mortargis, cant. et poste de Château-Renard ; 600 hab.

GIZANCOURT, ham. de Fr., Oise, com. de Cuts ; 250 hab.

GIZAUCOURT, vg. de Fr., Marne, arr., cant. et poste de Ste.-Ménéhoulde ; 280 hab.

GIZAY, vg. de Fr., Vienne, arr. de Poitiers, cant. de la Ville-Dieu, poste de Gençay ; 420 hab.

GIZEH. *Voyez* GYZEH.

GIZEUX, vg. de Fr., Indre-et-Loire, arr. de Chinon, cant. de Langeais, poste de Bourgueil ; 820 hab.

GIZIA, vg. de Fr., Jura, arr. de Lons-le-Saulnier, cant. et poste de Beaufort ; 650 h.

GIZY, vg. de Fr., Aisne, arr. et poste de Laon, cant. de Sissonne ; 600 hab.

GLACIÈRE (la), vg. de Fr., Seine, com. de Gentilly ; filat. de soie et de coton ; imprimerie sur étoffes ; fabr. de papier et de produits chimiques ; 1240 hab.

GLADBACH, v. de Prusse, chef-lieu de cercle, prov. du Rhin, rég. et à 6 l. O. de Dusseldorf ; possède un gymnase, des fabr. de draps, d'étoffes de coton et de soie, de toiles, de dentelles, de bonneterie ; des teintureries et des blanchisseries ; 2400 hab.

GLADIE (Saint-), vg. de Fr., Basses-Pyrénées, arr. d'Orthez, cant. et poste de Sauveterre ; 110 hab.

GLADNA, vg. de Hongrie, cer. au-delà de la Theiss, comitat de Krassow ; mines de plomb et d'argent.

GLÆRNISCH (le), groupe de montagnes de Glaris, au S.-O. au-dessus du chef-lieu, et séparant la belle vallée de Klœn de celle de la Linth. La partie la plus élevée est celle du milieu, le Haut-Glærnisch, qui atteint une hauteur de 8920 pieds au-dessus du niveau de la mer.

GLAGEON, vg. de Fr., Nord, arr. d'Avesnes, cant. et poste de Trélon. On y fait beaucoup de broderies sur tulles ; forge au Pont-de-Saint ; scieries de pierres de taille.

GLAGOVACS, vg. de Hongrie, cer. au-delà de la Theiss ; culture du tabac.

GLAIGNES, vg. de Fr., Oise, arr. de Senlis, cant. et poste de Crépy ; 350 hab.

GLAIN. *Voyez* CHAPELLE-GLAIN (la).

GLAINANS, vg. de Fr., Doubs, arr. de Baume-les-Dames, cant. et poste de Clerval ; 200 hab.

GLAINE-MONTAIGUT, vg. de Fr., Puy-de-Dôme, arr. de Clermont-Ferrand, cant. et poste de Billom ; 1080 hab.

GLAIRE, vg. de Fr., Ardennes, arr., cant. et poste de Sédan ; 260 hab.

GLAISIL (le), vg. de Fr., Hautes-Alpes, arr. de Gap, cant. de St.-Firmin-en-Valgodemer, poste de Corps ; 610 hab.

GLAMMIS, b. d'Écosse, comté de Forfar ou Angus, au pied d'une colline, avec la villa du duc de Strathmore ; on y voit encore la chambre dans laquelle fut assassiné le roi Malcolm II, en 1034 ; 2000 hab.

GLAMONDANS, vg. de Fr., Doubs, arr. et poste de Baume-les-Dames, cant. de Roulans-l'Église ; 390 hab.

GLAMORGAN, comté d'Angleterre, borné par les comtés de Cærmarthen, de Brecknock, de Montmouth et par le canal de Bristol ; 33 l. c. géogr. ; 90,000 hab. Le nord de cette province est sillonné par des montagnes ; le sud présente une vaste plaine couverte de champs fertiles et de beaux pâturages. Ses productions sont : du blé, du lin, des fruits, du bois, des poissons de mer et de rivière. Ses mines de fer et de houille sont les plus riches de l'archipel Britannique ; elles livrent tous les ans 2,500,000 quintaux de fer et 150,000 quintaux de cuivre. Ces diverses mines possèdent plus de 100 milles de voies souterraines ; elles forment le principal objet de l'industrie des habitants. On exporte des ouvrages en cuivre, en laiton et en fer, de l'alun, de la porcelaine, de la houille, de la chaux, des huitres, de la laine, du beurre et du bétail. Le comté fait partie des diocèses de Llando et de St.-Davids, nomme 2 députés et est divisé en 10 districts.

GLAN, *Clanis*, rivière formant une partie de la limite entre la Bavière et la Prusse rhénane; prend sa source près de Waldmohr et se verse dans la Nahe.

GLAND, vg. de Fr., Aisne, arr., cant. et poste de Château-Thierry; 430 hab.

GLAND, vg. de Fr., Yonne, arr. de Tonnerre, cant. et poste de Cruzy; 350 hab.

GLANDAGE, vg. de Fr., Drôme, arr. de Die, cant. de Châtillon, poste de Luc-en-Diois; 780 hab.

GLANDREUX, ham. de Fr., Ain, com. de Brégnier-Cordon; 300 hab.

GLANDON, vg. de Fr., Haute-Vienne, arr., cant. et poste de St.-Yrieix; mines d'antimoine; 750 hab.

GLANES, vg. de Fr., Lot, arr. de Figeac, cant. de Brétenoux, poste de St.-Céré; 270 hab.

GLANGES, vg. de Fr., Haute-Vienne, com. de St.-Yrieix, cant. de St.-Germain-les-Belles-Filles, poste de Pierre-Buffière; mine de plomb; 1230 hab.

GLANNE, ham. de Fr., Haute-Vienne, com. de St.-Junien; 130 hab.

GLANNES, vg. de Fr., Marne, arr., cant. et poste de Vitry-le-Français; 340 hab.

GLANON, vg. de Fr., Côte-d'Or, arr. de Beaune, cant. et poste de Seurre; 280 hab.

GLANVILLE, vg. de Fr., Calvados, arr. et poste de Pont-l'Évêque, cant. de Dives; 370 hab.

GLARIS (le canton de), dans la confédération helvétique, s'étend entre 6° 14' et 6° 45' de long. orient., entre 46° 39' et 47° 8' de lat. sept.; il est borné au N. et à l'E. par le cant. de St.-Gall, au S. par le cant. des Grisons, à l'O. par ceux d'Uri et de Schwyz. Sa plus grande longueur est de 12 l., sa plus grande largeur de 6, sa superficie de 37 l. c., et sur cette étendue, si l'on en excepte les pâturages, le cinquième au plus offre un sol labourable. Ce canton, un des plus montagneux de la Suisse, est de trois côtés entièrement fermé par de hautes montagnes, qui ne laissent entre elles qu'une porte de sortie, au N. vers Nœfels. De nombreux sommets y sont couverts de glaciers et de neiges éternelles. Les principaux sont le Kisten, élevé de 8650 pieds au-dessus de la mer; le Haut-Glærniset, haut de 8820; le Hausstock, haut de 9610, et le Dœdi, dont la cime atteint 11,110 pieds. Le principal cours d'eau du canton est la Linth, qui naît au S.-O. d'abord, sous les noms de Limmernbach et Sandbach, reçoit pour principaux affluents la Sernft et la Lœntsch, et se jette au N. dans le lac de Waltenstadt. Ce lac fait quelque temps au N. la limite avec le cant. de St.-Gall; le canal de la Linth le réunit au lac de Zurich. Il se trouve dans l'intérieur du canton plusieurs petits lacs, dont le principal est celui de Klœn. Les cours d'eau que nous avons nommés marquent les principales vallées qui sont, outre celle où se trouve Glaris, les vallées de la Sernft, de la Linth et de Klœn. Les principales productions du cant. de Glaris, sont :

une grande abondance de plantes médicinales rares, et la plus grande partie de celles qui entrent dans la composition du thé suisse, objet d'un commerce très-étendu; les fruits, mais peu de grains et de vin; les poissons et surtout les truites; un bétail bon et vigoureux; dans les montagnes, différentes espèces d'animaux, tels que les chamois, les marmottes, les coqs de bruyère, etc., près du lac, l'aigle des Alpes, le grand aigle; dans le régne minéral, l'ardoise, le grès, le marbre et le fer. Les principales sources d'eaux minérales sont à Braunwald, Bettschwanden et Linththal.

La population est de 29,000 habitants, dont le plus grand nombre est protestant; les trois vingtièmes seulement sont catholiques. L'instruction ne fait parmi eux, et surtout chez les derniers, que des progrès lents. Les Glarenois se distinguent d'entre tous les habitants des Hautes-Alpes par leur industrie, qui date du dix-septième siècle. D'abord ils travaillèrent pour les négociants du cant. de Zurich et bientôt pour eux-mêmes. Le commerce et l'industrie sont florissants; mais la dernière a fait négliger l'agriculture et les arts de première nécessité, et il s'ensuivit en 1816 et 1817, une horrible misère. Le plus grand nombre des manufactures fabriquent des indiennes, des cotonnades et des mousselines. Les principaux articles d'exportation sont les étoffes, les fromages et surtout les schabzigres, espèce de fromage fabriqué presque exclusivement dans le canton, les fruits secs, les ardoises; tandis que les importations consistent en denrées coloniales, en teintures, en fer brut ou travaillé, en acier et en cuivre, en coton non filé, en soie, en tabac, en vin et en grains. Les Glarenois montrent beaucoup d'activité et d'habileté commerciales; ils parcourent l'Europe entière, et à peu près un tiers de la population est habituellement hors du pays. Un grand nombre mettent aussi à profit leurs excellents et abondants pâturages et s'occupent de l'éducation des troupeaux; les bergers des montagnes glarenoises ont conservé les anciennes mœurs dans presque toute leur simplicité. Les chasseurs de chamois sont renommés pour leur adresse et leur intrépidité.

Le cant. de Glaris est divisé en quinze districts, appelés Tagwen. La constitution démocratique du 3 juillet 1814 reconnaît la souveraineté dans la landsgemeinde, c'est-à-dire dans l'assemblée générale de tous les citoyens âgés de plus de seize ans. C'est elle qui nomme les députés à la diète, qui décide de la guerre, de la paix, des traités et de toutes les autres affaires de haute importance. Mais les protestants et les catholiques, après de longues guerres intestines, se sont divisés en deux associations politiques distinctes et tiennent toujours leur landgemeinde séparément, les premiers à Schwanden, les seconds à Nœfels. Ces deux associations ne se réunissent que pour les objets d'un intérêt général ; chacune soigne ses affaires intérieures et a ses revenus distincts. La landsgemeinde générale s'assemble le second dimanche du mois de mai à Glaris ; c'est elle qui nomme le conseil-général, auquel elle confère la puissance exécutive pour toutes les choses qui ne sont pas de son ressort immédiat. Le landamman qui préside ce conseil est alternativement pendant trois ans un réformé, pendant deux ans un catholique ; 48 des membres ordinaires sont élus par les réformés, 15 par les catholiques ; les fonctions, qui donnent des titres dans le conseil, sont toujours remplies par deux membres des deux confessions.

Le cant. de Glaris est le septième de la confédération ; il fournit un contingent de 482 hommes et une somme annuelle de 5165 francs.

Ce canton a fait partie de la Rhétie à une époque reculée. Ses habitants apparaissent dans l'histoire de la Suisse comme d'excellents soldats. Opprimés par les ducs d'Autriche, leurs seigneurs en qualité d'avoués du couvent de Seckingen ; ils se révoltèrent en 1351 contre le bailli autrichien, se firent recevoir, en 1352, parmi les 7 premiers cantons confédérés, et conquirent glorieusement leur liberté aux deux batailles de Nœfels, 1352 et 1388. Le cant. de Glaris posséda jusqu'en 1798, avec Schwyz les vallées de Gaster et Utznach, achetées du duc d'Autriche au quinzième siècle, et pour lesquelles s'éleva dans le même siècle une guerre entre ces deux cantons et Zurich. Ces territoires furent ajoutés en 1803 au canton de St.-Gall.

GLARIS, chef-lieu du canton de ce nom, est situé dans une vallée étroite, à l'extrémité de celles de Linth et de Klœn, au pied N.-E. du Glærnisch. L'aisance y règne généralement ; les principaux objets d'industrie y sont les mousselines, les châles, les indiennes ; il y a plusieurs fabriques d'impression d'étoffes. Les filatures de coton furent introduites à Glaris en 1717. Cette ville est la patrie des Tschudi. Ulrich Zwingle y introduisit, par dix ans de prédication, sa réforme religieuse et politique ; 4600 hab.

GLASGOW, v. naissante des États-Unis de l'Amérique du Nord, état de Kentucky, comté de Barren, dont elle est le chef-lieu, sur le Beaver ; banque ; poste ; commerce.

GLASGOW (New-), b. des États-Unis de l'Amérique du Nord, état de Virginie, comté d'Amherst ; institut de jeunes filles.

GLASGOW, canal de Glasgow à Paisley ; a deux galeries souterraines et cinq aqueducs ; il se prolonge jusqu'à Androssan.

GLASGOW, *Glascovium*, gr. et belle ville d'Écosse, dans le comté de Lanerk, la première du royaume pour l'étendue, la population, l'industrie et le commerce, sur la Clyde. Ses bâtiments les plus remarquables sont : le nouveau palais de justice avec la prison, la banque d'Écosse, le théâtre, le casino, le Trade's-Hall, l'hôtel de ville avec la statue de William Pitt, le Tontine-Hôtel, rendez-vous général de tous les négociants ; la bourse, l'antique cathédrale, haute de 210 pieds, regardée comme le plus beau temple d'architecture gothique de l'Écosse ; la vaste et belle église catholique, bâtie en 1815 ; le vaste hôpital des aliénés ; la grande esplanade Grean est ornée de l'obélisque de Nelson. Les principaux établissements scientifiques et littéraires sont : l'université, la seconde de l'Écosse ; le beau musée de Hunter, avec une bibliothèque, une superbe collection de préparations anatomiques, le médailler, l'observatoire et le jardin botanique ; l'institution pour l'enseignement des sciences, fondée par Anderson ; le gymnase ; l'institut des sourds-muets ; la bibliothèque de la ville ; la société de littérature ; la société des sciences naturelles ; celle pour le perfectionnement de l'industrie et les progrès du commerce ; l'institution pour l'instruction spéciale de la classe ouvrière, fondée en 1822, devenue le modèle de tous les établissements de ce genre dans les autres grandes villes du royaume-uni. Glasgow est le centre de l'industrie cotonnière de l'Écosse ; il possède en outre de nombreuses fabriques de porter, toiles, tapis, cristal, sucre, savon, porcelaine, faïence, câbles, cuirs, chandelles, fil d'archal. Son commerce est aussi actif qu'étendu et très-favorisé par trois canaux qui y aboutissent, celui de Fort-et-Clyde, qui la met en communication avec Falkirk, Grangemouth et Edimbourg ; celui de Monkland, qui lui fournit abondamment et à bas prix la houille nécessaire à plus de 300 martinets à vapeur, continuellement en activité dans la ville et dans sa banlieue ; et le canal d'Androssan, qui, par Paisley, le fait communiquer avec ce port. Une route en fer le réunit à Berwick. Sa marine marchande jauge près de 40,000 tonneaux et est la plus nombreuse de l'Écosse après celle d'Aberdeen. C'est à Glasgow qu'en 1810 on a construit le premier bateau à vapeur qu'on ait eu en Europe ; 200,000 hab.

GLASNEVIN, vg. d'Irlande, comté de Dublin, avec le beau jardin botanique appartenant à la société pour les progrès des sciences de Dublin.

GLASSAC, ham. de Fr., Aveyron, com. de Cassagnes-Comtaux ; 190 hab.

GLASSEMBERG, ham. de Fr., Moselle, com. de Lambach ; 130 hab.

GLASSY (monts). *Voyez* PENDLETON (comté).

GLASTENBURY, gros b. des États-Unis de l'Amérique du Nord, état de Connecticut, comté de Hartford, sur la rive droite du Connecticut, poste ; mines de fer, forges ; 3000 hab.

GLASTONBURY, *Glasconia*, b. d'Angleterre, comté de Sommersets ; possédait autrefois une abbaye très-célèbre; manufactures de laine et de bas; 1200 hab.

GLATENS, vg. de Fr., Tarn-et-Garonne, arr. de Castel-Sarrazin, cant. et poste de Beaumont-de-Lomagne; 130 hab.

GLATIGNY, vg. de Fr., Manche, arr. de Coutances, cant. et poste de la Haye-du-Puits; fabr. d'étoffes; 505 hab.

GLATIGNY, vg. de Fr., Moselle, arr. et poste de Metz, cant. de Vigy; 220 hab.

GLATIGNY, vg. de Fr., Oise, arr. de Beauvais, cant. et poste de Songeons; 530 h.

GLATT, b. situé sur le Glatt, affluent du Necker, dans la principauté de Hohenzollern-Sigmaringen, avec un bain d'eaux minérales; 520 hab.

GLATZ, *Glacium*, v. de Prusse, chef-lieu du cercle et du comté de même nom, prov. de Silésie, rég. de Breslau, sur les deux rives de la Neisse; 3 arseaux, 7 casernes et de nombreux magasins militaires. La ville possède un gymnase, plusieurs établissements philanthropiques, des tisseranderies, de nombreuses distilleries, brasseries et usines; 6500 hab.

Le comté de Glatz appartenait, dans le quinzième siècle, à la couronne de Bohême; l'empereur Ferdinand III l'acquit en 1561; il échut à la Prusse par conquête, en 1742.

GLAUCHAU, v. du roy. de Saxe, cer. de l'Erzgebirge; bâtie en demi-lune sur 7 collines, non loin de la Mulde; elle est la capitale des possessions des princes et comtes de Schœnbourg. Ces possessions, qui relèvent des autorités du pays, s'étendent dans la vallée de la Mulde; industrieuses et bien cultivées, renfermant une population de 90,000 habitants, sur une superficie de 11 1/3 milles c., elles rapportent à leurs seigneurs un revenu annuel de 190,000 écus. La maison de Schœnbourg se divise en deux branches, qui sont celles de Schœnbourg-Waldenbourg ou la branche aînée, et de Schœnbourg-Penig. Glauchau possède 2 châteaux, résidence de ses comtes, un hospice des orphelins; sa population, qui est de plus de 5900 habitants, est industrieuse et fait un commerce considérable d'objets de sa fabrication.

GLAY, vg. de Fr., Doubs, arr. de Montbéliard, cant. et poste de Blamont; fabr. de papiers; 340 hab.

GLAY, ham. de Fr., Rhône, com. de St.-Germain-sur-l'Arbresle; 230 hab.

GLAZOWSKI (mont), point culminant du groupe de montagnes qui s'élèvent sur les côtes occidentales de la Nouvelle-Zemble. Le mont Glazowski a 400 toises de hauteur; il se trouve dans l'île septentrionale.

GLEICHEN, ruines d'un château de Prusse, prov. de Saxe, rég. d'Erfurt. On y montre un large bois de lit, qui, dit-on, a servi à Ernest de Gleichen et à ses deux femmes. La tradition dit que le comte, fait prisonnier pendant les croisades, fut délivré par la fille d'un soudan, qu'il épousa; à Venise il apprend que sa première femme vit encore, alors il va se prosterner aux pieds du pape qui sanctionne les deux mariages. On montre à Erfurt le tombeau des trois époux.

GLEISDORF, b. de Styrie, cer. de Grætz, sur la Raab; possède une école supérieure; 1200 hab.

GLEIWITZ, v. de Prusse, chef-lieu de cercle, prov. de Silésie, rég. d'Oppeln, sur la rivière et le canal navigable de Klodnitz, ceinte de murailles, avec 2 faubourgs; renferme un arsenal et des magasins militaires; possède des manufactures de draps et un grand commerce de laines et de bestiaux. A 1/4 l. de la ville se trouvent les grandes fonderies royales, avec forage de canons, qui occupent plus de 500 ouvriers; 5200 hab.

GLEIZÉ, vg. de Fr., Rhône, arr., cant. et poste de Villefranche-sur-Saône; 960 hab.

GLEN (Saint-), vg. de Fr., Côtes-du-Nord, arr. de St.-Brieuc, cant. et poste de Moncontour; 750 hab.

GLENAC, vg. de Fr., Morbihan, arr. de Vannes, cant. et poste de Carentoir; 840 h.

GLENANS (les), groupe de 13 petites îles, situé à 3 l. S. de la côte méridionale du dép. du Finistère. Les écueils qui les environnent en rendent les abords assez dangereux. Les plus considérables de ces îles sont celles de Glenans, de la Cigogne et de la Loch. Elles font partie de la com. de Fouesnant, chef-lieu de canton de l'arr. de Quimper. Les varechs y sont abondants et l'on en fabrique de la soude.

GLENANS (le), île de Fr., Finistère, com. de Fouesnant; fabr. de soude de varech. Un fort protège le commerce.

GLENAT, vg. de Fr., Cantal, arr. d'Aurillac, cant. de la Roquebrou, poste de Montvert; 660 hab.

GLÉNAY, vg. de Fr., Deux-Sèvres, arr. de Bressuire, cant. de St.-Varent, poste de Thouars; 570 hab.

GLENCO, vallée d'Écosse, comté d'Argyle; terre classique de l'Écosse, regardée comme la patrie d'Ossian.

GLENDURDWY, vallée très-romantique d'Angleterre, comté de Merioneth; servit de retraite au héros gallois Oven Glendower; visitée par tous les touristes de la principauté de Galles; peu loin de la belle vallée d'Edeirnion.

GLENEGAD, cap au N. de l'Irlande.

GLENELG, b. d'Ecosse, comté d'Inverness; 2800 hab.

GLÉNIC, vg. de Fr., Creuse, arr., cant. et poste de Guéret; 1240 hab.

GLENMORISTAN, b. d'Écosse, comté d'Inverness, sur le lac Nessé; arrosé par le Moristan; 2500 hab.

GLENNES, vg. de Fr., Aisne, arr. de Soissons, cant. de Braisne, poste de Fismes; 370 hab.

GLENOUZE, vg. de Fr., Vienne, arr. et poste de Loudun, cant. des Trois-Moutiers; 200 hab.

GLENSHEIL, vg. d'Écosse, comté de Ross ; bataille de 1719 entre les Anglais et les Espagnols ; 800 hab.

GLENY, ham. de Fr., Corrèze, com. de Servières ; 120 hab.

GLÈRE, vg. de Fr., Doubs, arr. de Montbéliard, cant. et poste de St.-Hippolyte ; 190 hab.

GLEYSENOVE, ham. de Fr., Aveyron, com. de Vesins ; 120 hab.

GLÉZOLLE (la), ham. de Fr., Indre, com. de Montchévrier ; 100 hab.

GLICOURT, vg. de Fr., Seine-Inférieure, arr. de Dieppe, cant. et poste d'Envermeu ; 260 hab.

GLINA, b. des confins militaires de la Croatie, généralat de Banat ; commerce de bestiaux ; 1200 hab.

GLINN, comté de l'état de Géorgie, États-Unis de l'Amérique du Nord ; il est borné par les comtés de Mac-Intosh, de Camden, de Wayne et par l'Océan. Pays marécageux, mais fertile en riz et en coton, s'étend entre l'Alatamaha et la Petite-Santilla. La mer forme sur ses côtes les baies de St.-Simons, qui reçoit le Turtle, et d'Yykill ou Yekill, dans laquelle se décharge la Petite-Santilla ; 6400 hab.

GLINSK, v. de la Russie d'Europe, gouv. de Kalouga ; 2000 hab.

GLISOLLES, vg. de Fr., Eure, arr. d'Évreux, cant. et poste de Conches ; 300 h.

GLISY, vg. de Fr., Somme, arr. et poste d'Amiens, cant de Sains ; 350 hab.

GLOCESTER, pet. v. du Haut-Canada, dist. d'Ottawa, au confluent de l'Uttawas et du Rideau ; agriculture, navigation, quelque commerce.

GLOCKNITZ, b. de la Basse-Autriche, cer. inférieur du Wienerwald, sur la Schwarza ; 1500 hab.

GLŒTT, b. de Bavière, avec un château, à 2 1/4 l. de Dillingen ; siége de juridiction du comté de Fugger-Glœtt, dont la famille a acheté la possession en 1536, cer. du Danube-Supérieur. Oberdorf, Laugna, Buxberg, Ermersæker et Lauterbronn en dépendent.

GLOGAU (le Grand-), *Glogovia Major*, v. forte de Prusse et chef-lieu de cercle, prov. de Silésie, rég. de Liegnitz ; située sur la rive gauche de l'Oder et correspondant par un pont de bois avec une île nommée Dom-Insel. La ville renferme 11 églises, dont 8 catholiques, 2 gymnases, une école d'accouchement, 2 hôpitaux, une prison d'état (la Hornburg), un arsenal, des casernes et des magasins militaires ; elle fait un commerce de blé considérable et possède une navigation active ; 10,800 hab.

Le vieux château a été jadis la résidence des ducs de Glogau de l'antique sang royal de Piastes. Frédéric II s'empara de la ville le 9 mai 1741, et la conserva après la paix ; ses fortifications ont reçu depuis cette époque de grands perfectionnements. En 1758, un incendie consuma plus d'un tiers de ses maisons. Le 2 décembre 1806, le général Reinhard rendit la place à Vandamme et les Français l'occupèrent jusqu'au 15 avril 1814. Patrie du poëte Gryphius, mort en 1664.

GLOGAU (le Petit-), pet. v. de Prusse, sur la rive droite de la Hotzenplotz, prov. de Silésie, rég. d'Oppeln ; tissage de draps et de toiles ; 2500 hab.

GLOMEL, vg. de Fr., Côtes-du-Nord, arr. de Guingamp, cant. et poste de Rostrenen, 3970 hab.

GLOMINGHEM, ham. de Fr., Pas-de-Calais, com. d'Aire-sur-la-Lys ; 310 hab.

GLOMMEN (le), est le plus grand fleuve de la Norwège ; il a sa source dans les monts Dofrefield, parcourt les bges de Hedemarken, Aggerhuus et Smaalchnen, en formant plusieurs cascades et traversant plusieurs lacs, et va se jeter dans le Skager-Rack, près de Frederikstadt. Son principal affluent est le Vermenelf, sur la rive droite.

GLONS, vg. sur la Jaar, roy. de Belgique, prov. et dist. de Liége ; 1670 hab.

GLONVILLE, vg. de Fr., Meurthe, arr. de Lunéville, cant. et poste de Baccarat ; 560 hab.

GLORIANES, vg. de Fr., Pyrénées-Orientales, arr. de Prades, cant. et poste de Vinça ; 210 hab.

GLORIEUSE (la), vg. de Fr., Landes, arr., cant. et poste de Mont-de-Marsan ; 560 hab.

GLORIEUSES (les), deux îlots dans l'archipel Éthiopien, à l'entrée N.-E. du canal de Mozambique et au N.-O. du cap St.-Sébastien, dans l'île de Madagascar.

GLORIEUX, ham. de Fr., Meuse, com. de Verdun-sur-Meuse ; 140 hab.

GLORIVETTES (les), ham. de Fr., Vaucluse, com. de St.-Martin-de-Castillon ; 110 hab.

GLOS, vg. de Fr., Calvados, arr., cant. et poste de Lisieux ; 780 hab.

GLOS-LA-FERRIÈRE, b. de Fr., Orne, arr. d'Argentan, cant. de la Ferté-Fresnel, poste de l'Aigle ; tréfileries ; fabr. de sucre indigène ; 1300 hab.

GLOS-SUR-RILLE, vg. de Fr., Eure, arr. de Pont-Audemer, cant. et poste de Montfort-sur-Rille ; 310 hab.

GLOTON, ham. de Fr., Seine-et-Oise, com. de Bonnecourt ; 200 hab.

GLOUCESTER (cap), promontoire sur la côte S.-O. de la Terre-de-Feu, au S. de la baie de Choiseul, sous 54° 5' lat. S. ; il présente la forme d'une masse ronde et élevée, semblable à une île ; derrière lui s'étend un pays montueux, rocailleux et stérile, entrecoupé de distance en distance de groupes d'arbres et de champs de neige.

GLOUCESTER, v. des États-Unis de l'Amérique du Nord, état de Massachusetts, comté d'Essex, sur la baie de Cape-Ann et sur l'isthme qui joint l'île de Cap-Ann au continent. Cette ville renferme plusieurs bonnes écoles, une banque, une douane, une poste et a un bon port; nombreuse marine marchande; pêcheries et commerce de morue; 7600 hab.

GLOUCESTER, b. des États-Unis de l'Amérique du Nord, état de Virginie, comté de Gloucester, sur une langue de terre qui s'avance dans l'York-River et qui est défendue par le fort Gloucester; navigation, commerce; 2000 hab.

GLOUCESTER, comté de l'état de New-Jersey, États-Unis de l'Amérique du Nord; il est borné par l'état de Pensylvanie, les comtés de Cape-Mai, de Cumberland, de Salem, de Burlington et l'Océan. Sa superficie est de 51 l. c. géogr., avec 27,000 hab. Plaine salsugineuse le long des côtes, marécageuse et couverte de collines de sable et de vastes forêts dans l'intérieur. Les rives du Delaware, le plus grand cours d'eau du pays, et les districts le long des côtes sont très-bien cultivés. Outre le Delaware, un grand nombre de rivières, affluents du Delaware, arrosent ce comté; nous en citons le Racoon, où les Suédois fondèrent leur première colonie, le Timber et le Cooper. L'Océan forme sur la côte de ce pays le Great-Egg-Harbour avec les lagunes de Brigantine et d'Absécum.

GLOUCESTER-HOUSE, factorerie de la société anglaise de la baie d'Hudson, dans la Nouvelle-Galles, dép. du Sud, sur l'Albany-Supérieur, à l'endroit où ce fleuve sort d'un lac.

GLOUCESTER, com. des États-Unis de l'Amérique du Nord, état de Rhode-Island, comté de Providence, sur le Warren; 3000 hab.

GLOUCESTER, comté de l'état de Virginie, États-Unis de l'Amérique du Nord; il est borné par les comtés de Middlesex, de Mathews, d'York, de King-and-Queen et par la baie de Chésapeak. Pays très-bien arrosé, assez fertile, mais couvert encore en grande partie de vastes forêts de pins et de sapins; l'York, le Carter et la Severn sont les principaux cours d'eau de ce pays; 11,000 hab.

GLOUCESTER, comté d'Angleterre, borné par les comtés de Hereford, Worcester, Warwick, Oxford, Wilts, Sommerset, Monmouth et par l'embouchure de la Severn; sa superficie est de 59 l. c. géogr. Cette province, une des plus belles du royaume, est sillonnée de collines, de forêts et de larges vallées, riches en beau pâturages. Ses principales rivières sont la Severn et l'Avon inférieur, la Wye et le Stroud, leurs affluents. Ses productions sont: blés, légumes, fruits, herbes, lin, bois, fer, houille, chaux. L'éducation du bétail est la principale occupation de ses habitants; l'industrie y est également très-étendue; elle embrasse surtout la fabrication de draps, bas, épingles, cidre et fromages. Ce comté fait partie des diocèses de Bristol et de Gloucester, nomme 8 députés et est divisé en 30 districts; 290,000 hab.

GLOUCESTER, *Claudia Castra*, v. d'Angleterre, chef-lieu du comté de ce nom, sur la Severn, nomme 2 députés; ville épiscopale, de médiocre étendue, remarquable par sa superbe cathédrale et par son immense fabrication d'épingles, dont on évalue la valeur à plus de 25 millions de francs par an. Société d'agriculture, nouveau palais de justice, nouvelle prison; magnifique pont en pierre, d'une seule arche, de 150 pieds anglais d'ouverture, sur lequel on passe la Severn à Over; 12,000 hab.

GLOUCESTER, comté de la Nouvelle-Galles-du-Sud, sur la côte orientale de la Nouvelle-Hollande (Australie). Il est borné à l'O. par le comté de Durham, au S. par le Northumberland et au N. par le territoire dont la division n'est pas encore déterminée et qui est occupé par des colonies isolées, à une grande distance les unes des autres. Ce comté s'étend de 32° à 33° de lat. S. Le Port-Stephens et Carrington en sont les lieux les plus remarquables.

GLOUCESTER, groupe de petites îles environnées de rescifs, faisant partie de l'archipel Paumotou ou des Iles-Basses, dans la Polynésie ou Océanie orientale. Ce groupe, situé sous 19° 11' de lat. S. et 142° 56' de long. occ., fut découvert par Wilson, en 1797. Quelques-unes de ces îles sont habitées.

GLOUCESTER, b. de la Haute-Guinée, dans la colonie anglaise de Sierra-Leone.

GLOUKHOV, v. de la Russie d'Europe, mal bâtie, chef-lieu du cercle de même nom, le plus oriental du gouv. de Tchernigov; sa pop., qui est de 9000 hab., fait un commerce très-actif, surtout en blé et en eau-de-vie.

GLOUNGEROLLA, pet. v. de la Nigritie occidentale, dans le Haut-Bambarra, sur la route qui conduit du Kaarta, en Sénégambie, à Ségo.

GLUCKSTADT, chef-lieu du duché de Steinberg, dans le duché de Holstein; est situé sous 53° 47' lat. et 7° 6' 45" long. orient., à 12 l. N.-O. de Hambourg, et sur la rive droite de l'Elbe. Cette ville, bâtie en 1620 par le roi de Danemark Christian IV, est le siège de l'administration et de la justice pour tout le duché de Holstein; elle a un port franc, ce qui rend son commerce assez important, une école de marine et une population d'environ 5000 h.

GLUGES, ham. de Fr., Lot, com. de Martel; 240 hab.

GLUIRAS, vg. de Fr., Ardèche, arr. de Privas, cant. et poste de St.-Pierreville; 3010 hab.

GLUN, vg. de Fr., Ardèche, arr., cant. et poste de Tournon; 610 hab.

GLURUS, pet. v. du Tyrol, cer. du Haut-Innthal, sur l'Adige, à 916 mètres au-dessus du niveau de la mer; 1000 hab.

GLUX, vg. de Fr., Nièvre, arr., cant. et poste de Château-Chinon; 730 hab.

GMUND, v. forte du Wurtemberg, chef-lieu du grand-bailliage de même nom, cer. de la Jaxt; située dans une belle vallée, sur la Reuss, que l'on traverse sur un pont de pierres orné de statues. Dans tout le grand-bailliage, l'agriculture, le jardinage et l'éducation des bestiaux sont florissants; il s'y fait un grand commerce de semences, de chanvre, de lin, de toiles et de bois. La ville possède une école d'artillerie, un institut de sourds-muets et d'aveugles, un séminaire catholique et 2 hôpitaux; des fabriques d'étoffes de coton, de bijouterie et d'ouvrages en bronze. Parmi ses églises, on remarque pour sa beauté celle de Ste.-Croix, construite de 1351 à 1377 et dont les tours s'écroulèrent en 1497; celle de St.-Jean date du onzième siècle. Ses nombreux couvents ont été sécularisés en 1803. Pop. de la ville 5450 hab., du grand-bailliage 23,300, sur 6 milles c.

Cette ancienne ville libre impériale a été fortifiée en 1090, par Frédéric de Souabe; elle joua un rôle pendant les guerres intestines, fut prise et mise à contribution par les princes protestants, en 1546, et, en 1703 et 1796, par les Français, qui occupèrent la place de 1800 à 1801. A la paix de Lunéville, elle fut cédée au Wurtemberg.

GMUND, pet. v. de la Basse-Autriche, cer. supérieur du Mannhartsberg; manufactures de toiles et étoffes de coton; 2 bains minéraux; 8000 hab.

GMUNDEN, jolie pet. v. de la Haute-Autriche, cer. de Traun; dans une position romantique; importante par ses riches salines et par le chemin de fer qui va à Linz, long de 87,000 mètres; fabr. de chapelets, dont on exporte plus de 150,000 par an; 1000 hab.

GNADENTHAL, la plus grande des colonies moraves de l'Afrique méridionale, dans la colonie du Cap, dist. de Stellenbosch, à 60 l. de la ville du Cap; 2000 hab.

GNAUGRUE, v. de l'emp. Birman, dans la partie de cet état appelée Laos; peu connue.

GNENIN. *Voyez* BRUX.

GNESEN (*Gniezno* en polonais), *Gnesna*, v. de Prusse et chef-lieu de cercle, prov. de Posen, rég. de Bromberg; située dans une contrée fertile, entre des collines et des lacs. Un des plus anciens endroits habités de la Pologne et siége d'un archevêque, autrefois primat de ce royaume. Parmi ses 9 églises, on remarque l'antique cathédrale qui renferme le corps de saint Adalbert, apôtre des Prussiens. Elle possède un séminaire, des fabriques de draps et de toiles; de nombreuses brasseries et distilleries, et fait un grand commerce de chevaux et de bestiaux; 5300 hab.

GNIDE. *Voyez* CNIO.

GNIEWKOWO, v. de Prusse, prov. de Posen, rég. de Bromberg; 900 hab.

GNOIEN, v. du grand-duché de Mecklembourg-Schwérin, cer. wendique de Gustrow; sa population est de 2630 hab.

GNOSSUS, g. a., v. dans l'île de Crète; patrie du poëte Epiménide, qui vécut environ 600 ans avant J.-C., (46e olympiade).

GOA (territoire de). La principale des possessions portugaises dans l'Inde est le territoire de Goa, situé sur la côte occidentale du Dekkan, entre 71° 24′ et 71° 59′ long. orient., et entre 14° 58′ et 15° 53′ lat. N. Il fait partie de l'ancienne prov. de Bedjapour et est borné au N. et à l'E. par les districts de la même province, soumis aux Anglais, au S.-E. et au S. par le Kanara et à l'O. par le golfe d'Oman. La superficie totale de ces possessions est de 33 l. c. géogr. Le sol de ce territoire est fertile; la côte est sablonneuse et présente plusieurs baies, parmi lesquelles la meilleure est celle qui enceint l'îlot sur lequel est bâtie l'ancienne Goa. Le pays est bien arrosé et donne en abondance les productions du Malabar, telles que coton, chanvre, poivre, noix de coco, riz, céréales; l'éducation du bétail et la pêche sont une autre source de richesse pour les habitants. La population s'élève à 90,000 âmes, descendants de Portugais et d'Hindous, la plupart catholiques. L'archevêché de Goa est la métropole des catholiques romains de toute l'Inde, qui ont sept évêques, à savoir: les archevêques de Goa et de Krankanore, les évêques de Cochin, San-Thomé ou Méliapour, Bombay, Pondichéry et Virapoli; le nombre total des catholiques de l'Inde s'élève à 940,000 âmes. Le commerce de l'ancienne Goa est tout à fait détruit; celui de la nouvelle ville (Villa-nova-de-Goa) est à peu près nul: l'activité, l'esprit mercantile et entreprenant des Portugais du seizième siècle a disparu. Toutes les possessions portugaises dans l'Inde et dans l'Océanie ne forment qu'un seul gouvernement, la vice-royauté de l'Inde, dont le chef réside à Villa-nova-de-Goa. Ces possessions, si restreintes aujourd'hui, en comparaison de leur ancienne étendue, sont entre le territoire de Goa, Damaun et Diu, dans le Guzerate; Macao en Chine (presqu'île et ville à l'embouchure de la rivière de canton); la partie N.-E. de l'île de Timor et les deux petites îles de Sabrao et de Solor. La population totale de ces possessions est de 150,000 habitants. Elles coûtent plus à la métropole qu'elles ne leur rapportent. La capitale actuelle est Villa-nova-de-Goa.

GOA (l'ancienne), autrefois la capitale des possessions portugaises dans l'Inde, aujourd'hui presque déserte; est située dans une position très-heureuse; elle est bâtie en amphithéâtre dans une île détachée du continent par les deux bras de la rivière Mandawa, qui se jette dans la mer à quelque distance de la ville, après avoir formé un excellent port devant ses murailles. Cette île a 10 l. de tour, est couverte de collines, de bois, de champs cultivés; des forts garnis d'artillerie défendent l'entrée du port; les fortifications du côté de la terre ne sont pas moins importantes, mais cette ville est tout à fait déchue. L'insalubrité de l'air a décimé les habitants; le reste s'est établi à Villa-nova-de-Goa, dont nous parlerons tout à l'heure. De 200,000 habitants qu'elle avait au seizième siècle, sa population est réduite aujourd'hui à quelques moines et nonnes et à 2 ou 300 Indiens. Parmi ses édifices publics encore conservés et bâtis dans un style remarquable, nous citerons l'église de St.-Gaëtan, de St.-Pierre et de St.-Dominique, les églises et les couvents des Augustins et des Jésuites. L'ancien palais d'Albuquerque est en ruines, le magnifique palais de l'inquisition délabré. L'inquisition, qui y régnait d'une manière plus terrible encore qu'en Europe et en Amérique, y a été abolie en 1816. Dans l'église des Jésuites l'on voit encore le tombeau de saint François-Xavier, l'apôtre des Indes. La ville de Goa fut conquise en 1510 par le célèbre et valeureux Albuquerque. Les Portugais la mirent dans un formidable état de défense et y entretinrent continuellement une forte garnison. Elle a toujours été depuis la capitale des possessions portugaises dans l'Inde; il y a quelques années seulement que le siége du gouvernement a été transféré à Villa-nova-de-Goa.

GOA (Villa-nova-de-), la nouvelle Goa ou Pandjim, nommé *Tissoari* par les indigènes, est située à 1 1/2 l. de l'ancienne Goa, à l'embouchure du Mandawa; elle possède deux bons ports et est défendue par plusieurs forts. Elle est actuellement la résidence du viceroi de l'Inde, le siége de la cour suprême de justice pour l'Asie et l'Océanie portugaises. L'archevêque de Goa, qui prend le titre de primat de l'Inde, réside dans la petite ville de San-Pédro, située à 1 l. de Villanova-de-Goa. La nouvelle ville est bâtie sur un plan beaucoup plus régulier que l'ancienne. Son commerce n'est pas considérable. La population, qui est d'environ 20,000 habitants, se compose de Portugais, de Hindous, de Musulmans et de nègres esclaves.

GOAHIROS. *Voyez* GUAHIROS (peuple).

GOAIMACA, pet. v. des États-Unis de l'Amérique centrale, état de Honduras, dist. de Tégucigalpa; 1900 hab.

GOALARD, ham. de Fr., Gers, com. de Condom; 130 hab.

GOALPARA, v. de l'Inde anglaise, présidence de Calcutta, dist. de Rángpour. Elle est située sur le Brahmapoutra, à 5 l. des frontières de l'Assam, et tire de sa position d'assez grands avantages. Bien bâtie et assez bien peuplée, cette ville est le marché principal de l'Assam; des étoffes de coton, de la laque, de la cire et de l'or sont les articles de commerce qu'on exporte de préférence. Les forêts qui l'avoisinent fournissent de bons bois de construction. Les rues sont inondées une partie de l'année, et l'on ne peut communiquer d'une maison à l'autre qu'à l'aide de canots.

GOAMORÉTA, île déserte sur la côte de l'état de Honduras, États-Unis de l'Amérique centrale, à l'E. de l'île de Roatan.

GOAR (Saint-), pet. v. de Prusse, chef-lieu de cercle, prov. du Rhin, rég. et à 5 1/2 l. S. de Coblence; située dans une vallée étroite, sur le Rhin qui offre peu audessus un passage très-difficile; grandes tanneries; culture et commerce considérable de vins; pêche de saumons; 1550 hab. Près de la ville l'on voit, sur un rocher élevé, les ruines de l'ancien fort de Rheinfels, détruit par les Français, en octobre 1795.

GOAREC, b. de Fr., Côtes-du-Nord, arr. et à 7 1/2 l. O. de Loudéac, chef-lieu de canton, poste de Rostrenen; commerce de porcs, fruits, chanvre; 820 hab.

GOARSHAUSEN, v. du duché de Nassau, chef-lieu de bailliage; 700 hab.

GOAS, vg. de Fr., Tarn-et-Garonne, arr. de Castel-Sarrazin, cant. et poste de Beaumont-de-Lomagne; 150 hab.

GOAT-ISLAND (île des Chèvres), île dans la baie de Narraganset, fait partie du comté de New-Port, état de Rhode-Island, États-Unis de l'Amérique du Nord; cette île fertile a un hôpital pour la marine et est défendue par le fort Wolcott.

GOATS-ISLANDS (île des Chèvres), île dans le St.-Laurent, en face du fort Wallard, fait partie du dist. de Niagara, Bas-Canada.

GOAVE. *Voyez* LÉOGANE (baie de).

GOAVE (le Grand-), b. de l'île d'Haïti, dép. de l'Ouest, à 4 l. O. de Léogane, dans une contrée stérile et très-malsaine. Cet endroit a un port défendu par un fort et fait le commerce; 2000 hab.

GOAVE (le Petit-), pet. v. de l'île d'Haïti, dép. de l'Ouest, à l'embouchure de l'Abaret dans la baie de Goave et à 1 l. du Grand-Goave. Cette ville est importante par son port et son commerce très-considérable, mais sa situation dans un terrain marécageux la rend très-malsaine. Sur la route de cette ville au Grand-Goave s'élève le Tapion-de-Petit-Goave, montagne de 710 mètres d'élévation et célèbre dans les annales de l'astronomie par la mesure du pendule, faite en 1735 par des académiciens français; 3700 h.

GOAYRE. *Voyez* GUAIRA (la).

GOAYTACASES ou GOYTACAS, UÉTACAS, peuplade indienne en grande partie civilisée et convertie au christianisme, dans la prov. de Rio-Janeiro, emp. du Brésil.

GOAZEC (Saint-), vg. de Fr., Finistère, arr. de Châteaulin, cant. et poste de Châteauneuf-du-Faou; 1104 hab.

GOBAIN (Saint-), b. de Fr., Aisne, arr. de Laon, cant. et poste de la Fère; cet endroit, situé au milieu de la forêt de Coucy, est remarquable par sa célèbre manufacture de glaces, qui n'a pas de rivale dans le reste de l'Europe; fabr. de produits chimiques; exploitation d'argile fine dans les environs; 2380 hab.

GOBAN, v. de Perse, prov. de Khouzistan, résidence du scheikh des Beni-Kiôb, tributaires du roi de Perse. La ville est bâtie près de l'embouchure du Dscherahi dans le golfe Persique;. cette rivière et le Koran se divisent en plusieurs bras et forment un delta, appelé également Goban, delta très fertile, mais très-insalubre, mal cultivé et mal peuplé.

GOBERNADORA (la), île au S. de la prov. de Véragua, dont elle dépend, dép. de l'Isthme, rép. de la Nouvelle-Grenade; cette île abonde en bois excellent pour la construction des vaisseaux.

GOBERT (Saint-), vg. de Fr., Aisne, arr. et poste de Vervins, cant. de Sains; 600 h.

GOBI ou KOBI, CHAMO, SCHAMO, grand désert de la Mongolie. Il s'étend depuis les frontières de la Chine et de la Petite-Boukharie jusqu'à la prov. de Kortschin, des versants de l'Altaï et du Changaï jusqu'à ceux des monts Siolki, entre 92° et 112° long. orient. et 39° à 48° lat. N. Cette vaste étendue de pays de 500 l. de longueur sur plus de 200 de largeur présente un sol pierreux, argileux ou sablonneux, couvert de cailloux sur de grands espaces, coupé par des ravins, traversé par des montagnes dont les lignes nues et escarpées varient seules l'aspect désolant de ces plaines désertes. Çà et là on rencontre des lacs salés et parfois une oasis riante; ces oasis et les bords de quelques rivières, qui arrosent ces steppes et se perdent bientôt dans les sables, offrent une herbe assez touffue et permettent aux Mongols d'y établir leurs tentes nomades. Le Gobi, situé sur le haut plateau de l'Asie (la partie centrale, beaucoup plus basse que les bords, est à 2800 pieds et même à 2400 au-dessus du niveau de l'Océan), a un climat rude et très-inégal en été. Pendant huit mois de l'année les plaines sont couvertes de neige, et en été il n'est pas rare qu'un froid très-vif succède, dans la nuit, à la chaleur presque insupportable qui régnait pendant le jour. Des tempêtes fréquentes tourmentent les steppes. La partie centrale du Gobi pourrait être appelée le désert proprement dit; on n'y trouve ni eau, ni culture, ni arbre; à peine rencontre-t-on çà et là un arbuste rabougri ou quelques touffes d'une herbe nuisible aux chevaux. Ce terrain, qu'on nomme aussi *Schamo* (mer de sable), est mêlé de sel et a servi évidemment de bassin à une mer intérieure; une prophétie populaire des Mongols dit qu'il sera inondé de nouveau. Personne n'habite cette partie du Gobi; les autres points sont parcourus par des Mongols, qui possèdent de grands troupeaux de chameaux, de chevaux, de moutons, de chèvres, de bétail, et traversés par de nombreuses caravanes. Le Gobi fait partie de la Khalkha-Mongolié; les Charraigols cependant font paître leurs troupeaux à l'E. Selon d'Anville et Klaproth, Caracorum, la capitale de Gingiskhan, était situé dans le Gobi, sur la rive gauche de l'Orkhon.

GOBRIEN (Saint-), ham. de Fr., Morbihan, com. de St.-Servant; 150 hab.

GOBY ou GUEBÉ, GIBBY, île dépendante de la Papouasie, Nouvelle-Guinée, dans l'Australie ou Océanie centrale; elle est située presque sous l'équateur; fertile en épices et en bambous; elle a environ 8 milles de circuit. Sa population, assez nombreuse, se compose de Malais et de Papouas.

GOCH, pet. v. de Prusse, prov. du Rhin, rég. et à 2 1/2 l. S. de Clèves, sur la Niers; ceinte de murailles, avec un ancien château fort; fabr. de draps, d'étoffes de laine et de coton, de bonneterie, de savon, de tabac et d'épingles; teintureries; blanchisseries, huileries; distilleries, etc.; 3340 hab.

GOCHSHEIM, v. du grand-duché de Bade, cer. du Rhin-Moyen; sa pop. est d'environ 1500 hab. Elle renferme une belle église.

GODALMING, pet. v. d'Angleterre, comté de Surrey, sur le Wey; très-industrieuse; fabr. de draps, de bas, de papier; distilleries très-considérables; belles tourbières; 3500 hab.

GODAVERY, gr. fl. de l'Inde, qui prend sa source sur les Gâtes occidentales, dans l'Aurangabad, se dirige vers le S.-E. et traverse les prov. de Bider, de Berar et les Circars du Nord. La Maudjera à droite, la Pourna, la Warda grossie par la Pain-Ganga, la Bain-Ganga et le Silair à gauche sont ses principaux affluents. Il se jette dans le golfe du Bengale par plusieurs embouchures qui portent différents noms. La septentrionale conserve celui de Godavery; la méridionale s'appelle Narsakoun; cette dernière se bifurque de nouveau en deux bras, dont l'un s'appelle Bandarmalanka et l'autre Narisapour.

GODBERRYS. *Voyez* JAMES (Saint-), comté.

GODDADO, fl. de l'Inde, affluent du Brahmapoutra. Il vient du Boutan et se jette dans le Brahmapoutra, à l'O. de Rangamutty.

GODDARD, fl. des États-Unis de l'Amérique du Nord, territoire du Nord-Ouest; descend des monts Porcupine, coule vers le N. et débouche dans le lac Supérieur.

GODEBRANGE, ham. de Fr., Moselle, com. de Hussigny; 200 hab.

GODEFROY (la), vg. de Fr., Manche, arr., cant. et poste d'Avranches; 260 hab.

GODENVILLERS, vg. de Fr., Oise, arr. de Clermont, cant. de Maignelay, poste de St.-Just-en-Chaussée; 290 hab.

GODERVILLE, b. de Fr., Seine-Inférieure, arr. et à 6 l. N.-E. du Hâvre, chef-lieu de canton et poste; 1170 hab.

GODEWÆRSVELDE, vg. de Fr., Nord,

arr. d'Hazebrouck, cant. de Steenworde, poste de Bailleul; 1820 hab.

GODHAVN, colonie danoise, au S.-O. de la grande île de Disko, côte N.-O. du Grœnland, inspectorat du Nord; carrières; pêche de la baleine.

GODICHAIS (la), ham. de Fr., Ille-et-Vilaine, com. de Cancale; 200 hab.

GODINAND, ham. de Fr., Charente-Inférieure, com. d'Ars-en-Ré; 160 hab.

GODISSON, vg. de Fr., Orne, arr. d'Alençon, cant. de Courtomer, poste du Merlerault; 340 hab.

GODIVELLE (la), vg. de Fr., Puy-de-Dôme, arr. d'Issoire, cant. et poste d'Ardes; 240 hab.

GODMANCHESTER, vg. d'Angleterre, comté de Huntingdon, un des plus florissants du royaume par son agriculture; il est situé sur l'Ouse.

GODNEVAL, ham. de Fr., Eure-et-Loir, com. de Dampierre-sur-Avre; 130 hab.

GODONCOURT, vg. de Fr., Vosges, arr. de Mirecourt, cant. de Monthureux-sur-Saône, poste de Darney; 790 hab.

GODOY. *Voyez* SEBOLLATI (fleuve).

GODRAMSTEIN, vg. parois. de la Bavière rhénane, arr., cant. et à 1/2 l. de Landau, dans une vallée fertile, sur la rive gauche de la Queich. On a trouvé à l'ancienne église des images de Mercure, Hercule, Junon et Minerve; la ville était connue dès 767 sous le nom de Goldmarstaine; 1450 hab.

GODS-MERCY (cap), promontoire au S. de la Terre-de-Baffin; non loin de ce cap s'étend l'île de Gods-Mercy.

GODTHAAB, colonie danoise sur la côte S.-O. du Grœnland, inspectorat du Sud. Cette colonie, la plus ancienne dans ces terres, fut fondée en 1721 par Jean Égedé, dans l'île de Haabets ou de Kangek, mais transférée en 1727 sur la terre ferme, sous 64° 30' lat. N.; elle est arrosée par la rivière Baals, à l'embouchure de laquelle s'étendent les îles de Northgut, Sudguth et Haabets.

GŒCKLINGEN, vg. de la Bavière rhénane, arr., cant. et à 1 1/2 l. de Landau; Dagobert-le-Grand y fit, dit-on, son testament; 1500 hab.

GŒDE-HOOP (Bonne-Espérance), île de Polynésie ou Océanie orientale, sous 16° de lat. S. et 161° 21' de long. occ. Hassel, Cannabich, ainsi que la plupart des géographes, rattachent cette île à l'archipel des Navigateurs; Balbi la comprend dans celui d'Ooua-Horn, dénomination nouvelle sous laquelle il propose de comprendre toutes les îles séparées les unes des autres par de trop grands intervalles pour être rattachées aux archipels de Fidji, de Tonga (des Amis) ou de Hamoa (des Navigateurs). Gœde-Hoop fut découvert par le Hollandais Schouten en 1616; ce navigateur, espérant y trouver de l'eau, lui donna le nom de Bonne-Espérance. L'île est peu élevée et ressemble à un immense rocher; cependant elle est couverte d'une riche végétation et habitée; mais les Hollandais n'eurent aucune relation avec les habitants, qui, à l'approche des étrangers, s'enfuirent dans les forêts.

GŒDING, pet. v. d'Autriche, gouv. de Moravie et Silésie, cer. de Brunn, sur la March; 2500 hab.

GŒDŒLLŒ, b. de Hongrie, cer. en-deçà du Danube, comitat de Pesth; avec un magnifique château; éducation des abeilles; commerce très-actif; 2000 hab.

GŒGERDSINLIK, b. populeux de l'eyalet de Bosnie, dans la Turquie d'Europe, liva de Vidin, près du fameux passage du Danube connu sous le nom de porte de Fer ou porte de Trajan.

GŒGGINGEN, vg. parois. de la Bavière, chef-lieu du district de même nom, cer. du Danube-Supérieur, à 1 l. d'Augsbourg, sur les pet. riv. de Wertach et Senkel; entouré de jardins et de maisons de campagne. Il a été détruit par les ducs de Bavière en 1372 et 1462; population du village 1150 hab., du district 14,250, sur 5 milles c.

GŒLLERSDORF, vg. de la Basse-Autriche, cer. inférieur du Mannhartsberg; 1500 hab.

GŒLLHEIM, b. de la Bavière rhénane, chef-lieu de canton, arr. de Kirchheimbolanden, à 7 l. de Kaiserslautern. Un monument marque la place où l'empereur Adolphe de Nassau fut tué, en 1298, dans un combat, par son compétiteur Albert d'Autriche. Son corps reposa quinze ans dans le couvent de Rosenthal (en ruines) avant d'être reçu solennellement dans la cathédrale de Spire; 1440 hab.

GŒLNITZ, pet. v. de Hongrie, cer. en-deçà de la Theiss, comitat de Zips; mines de fer et de cuivre très-riches; siège d'un tribunal de mines; usines, tréfileries, coutelleries; 5000 hab.

GŒMŒR, comitat de Hongrie, cer. en-deçà de la Theiss; superficie 76 l. c. géogr. C'est une des provinces les plus montagneuses du royaume, traversée dans toutes les directions par les Karpaths qui renferment de riches mines de fer, de cobalt et de cinabre, dont l'exploitation forme la principale occupation des habitants. L'industrie y est également très-étendue; elle embrasse la fabrication de toiles, de papier, d'ouvrages en bois, de draps et de poterie; 150,000 hab.

GŒNNINGEN, *Agennum*, vg. parois. du roy. de Wurtemberg, cer. de la Forêt-Noire, gr.-bge de Tubingue; grand commerce de semences; 2300 hab.

GŒPPINGEN, v. du roy. de Wurtemberg, chef-lieu du grand bailliage de même nom, cer. du Danube. Les environs renferment plusieurs sources minérales, des carrières d'ardoises, des pétrifications; on y fabrique de la poterie, des toiles et des étoffes de laine et de coton. La ville, située sur la Fils que l'on traverse sur un beau pont de pierre, possède des filatures, de nombreuses tisseranderies de lin et de coton, et un grand commerce de laine; elle a un riche hôpital duquel dépendent des eaux minérales fréquentées. Cette ville, ceinte de murailles dès 1110, a eu beaucoup à souffrir par les guerres qui ont désolé l'Allemagne pendant les trois derniers siècles; en 1782 elle fut réduite en cendres par la foudre; population de la ville 4800 hab., du grand-bailliage 31,250, sur 5 milles c.

GOERÉE ou GOEDEREEDE, île avec la petite ville de même nom, roy. de Hollande, gouv. de la Hollande méridionale, dist. de Briel; 700 hab.

GOERISEIFEN, vg. de Prusse, prov. de Silésie, rég. de Liegnitz; 2200 hab.

GOERITZ, pet. v. de Prusse, sur l'Oder, prov. de Brandebourg, rég. de Francfort; 1600 hab.

GOERKAU ou JOERKAU, pet. v. de Bohême, cer. de Saatz, sur la Bila; fabrication de bière et de papier; commerce en bois et en grains; 1500 hab.

GOERLINGEN, vg. de Fr., Bas-Rhin, arr. de Saverne, cant. de Drulingen, poste de Sarrebourg; 330 hab.

GOERLITZ, *Calancorum*, *Gorlicium*, v. de Prusse, dans la Haute-Lusace, chef-lieu de cercle, prov. de Silésie, rég. de Liegnitz, située sur la rive gauche de la Neisse, à 665 pieds au-dessus du niveau de la mer, ceinte de murailles flanquées de bastions et de fossés; elle a six portes et trois faubourgs. On y remarque l'église de St.-Pierre et St.-Paul avec ses belles orgues et sa chapelle souterraine, celle de la Trinité avec un autel curieux, et celle de Ste.-Croix avec la chapelle du St.-Sépulcre élevées de 1480 à 1489 par le bourguemeister Georges Emmich sur des modèles du St.-Sépulcre de Jérusalem; la maison de ville, 3 hôpitaux, 1 hospice pour les orphelins et la maison de correction renfermant 400 condamnés. La ville possède une bibliothèque publique composée de 9000 volumes et de rares manuscrits; parmi ses sociétés savantes on distingue celle de la Haute-Lusace qui dispose d'une riche bibliothèque, de cabinets d'estampes et de cartes, d'antiquités, d'histoire naturelle, etc. L'industrie y est active; on compte des fabriques de draps, de toiles, de bonneterie, de chapeaux, de tabac, d'instruments de musique; des imprimeries et des librairies; des filatures et des teintureries; plusieurs usines considérables. Près de là se trouve la montagne granitique de Landeskrone s'élevant à 1300 pieds au-dessus du niveau de la mer et couronnée d'un belvédère; 11,600 hab.

GOERSCHEN, vg. de Prusse, prov. de Saxe, rég. de Mersebourg. Mémorable par la bataille du 2 mai 1813, à laquelle les Français ont donné le nom de Lutzen; une pyramide en fonte, élevée sur une colline voisine, conserve le souvenir de cette journée, et dans le village on voit un monument, aussi en fonte, consacré au prince Léopold de Hesse-Hombourg qui y perdit la vie; 470 hab.

GOERSDORF ou GERLINGSDORF, vg. de Fr., Bas-Rhin, arr. de Wissembourg, cant. de Wœrth-sur-Sauer, poste de Soultz-sous-Forêts; 1110 hab.

GOERTZKE, pet. v. de Prusse, prov. de Saxe, rég. de Magdebourg; fabrication de vases de grès; 1070 hab.

GOERZ ou GORICE, cer. d'Illyrie, gouv. de Trieste, borné par les cer. de Villach, de Laibach, d'Adelsberg, d'Istrie et par le gouv. de Venise; superficie 44 l. c. géogr. C'est une vaste vallée formée par les Alpes, arrosée par l'Isonzo et son affluent l'Idriza; son sol produit du vin, des fruits, du lin et du chanvre. La fabrication de la soie et du cuir forment la principale industrie des habitants, au nombre de 120,000.

GOERZ ou GORICE, *Goricia* (Gorizia), v. fortifiée d'Illyrie, gouv. de Trieste, chef-lieu du cercle de même nom, sur l'Isonzo, siége d'un archevêque, importante par ses manufactures de soie, ses tanneries, ses blanchisseries; séminaire central, gymnase académique, société impériale d'agriculture, des arts et du commerce, bibliothèque publique. Dans ses environs s'élève le Montebanto, renommé pour l'excellent vin qu'on y récolte; 10,000 hab. C'est à Gœrz que mourut l'ex-roi de France Charles X (6 novembre 1836), à l'âge de 79 ans.

GŒS, vg. de Fr., Basses-Pyrénées, arr., cant. et poste d'Oloron; 430 hab.

GŒS, *Gusa*, *Gusia*, v. du roy. de Hollande, chef-lieu de district, prov. de Zeelande, fortifiée et située à l'embouchure d'un bras de l'Escaut oriental, sur la côte septentrionale de l'île de Zuydbeweland; raffineries de sel; fabrication de toiles; commerce actif; 4450 hab.

GŒS, pet. v. du Portugal, prov. de Beira, dist. de Coïmbre; 2300 hab.

GOESE-ISLAND, île assez considérable, à l'entrée de la baie de Bulls, côte N.-E. de l'île de Terre-Neuve.

GOESSNITZ, v. du duché de Saxe-Altenbourg, située sur la Pleisse; fabr. d'étoffes de laine; 1400 hab.

GOETHA (le), fl. de Suède, sort du lac Wenern et entre dans le Cattégat. Si l'on considère le Clara-Elf comme sa partie supérieure, le Gœtha est le plus grand fleuve de Suède.

GOETHA (le canal de) ou de GOTHIE, canal remarquable qui établit à travers la Suède une communication entre le Cattégat et la Baltique. Long de 125 milles et creusé sur un espace de 60, large de 24 pieds et profond de 10, il embrasse depuis Gœtheborg le cours du Gœtha-Elf, le lac Wenern, qu'il joint au lac Vettern; suit le cours de la Motala-Elf, traverse les lacs Boren et Roxen et aboutit à Sœderkœping à un golfe de la Baltique. Une partie de ce canal porte le nom de canal de Frol-Hætta et a été creusé, de 1793 à 1800, pour éviter les chutes du Gœtha-Elf. Diverses constructions hydrauliques d'un grand art rendent ce canal remarquable.

GŒTHALAND (le) ou la GOTHIE, est la plus méridionale des trois régions géographiques dans lesquelles on divise la Suède; elle est bornée au N. par la Suède proprement dite, à l'E. et au S. par la mer Baltique, à l'O. par le Sund, le Cattégat et la Norwège; sa superficie est de 1650 milles c., sa population de 1,700,000 habitants. Ce pays, couvert en grande partie de montagnes, de forêts et de lacs; est la partie la plus fertile de la Suède, surtout au S. et à l'E. Il renferme les lacs Wenern et Vettern, les fleuves Gœtha et Motala. Ses habitants sont agriculteurs, bergers, mineurs, pêcheurs et commerçants; les principales productions du pays sont: le gros bétail, les poissons, les grains, l'herbe, les légumes, le bois, le fer et l'alun.

Le nom de Gothie vient des Goths, peuple de race germanique, qui fort anciennement a habité la Suède méridionale et qui y forme aujourd'hui plus des deux tiers de la population. On divise ordinairement la Gothie en Gothie occidentale, Gothie méridionale ou Skanie et Gothie orientale. Elle comprend les gouv. de Linkœping, Calmar, Kronsberg, Blekinge, Skaraborg, Elfsborg, Gœtheborg-et-Bohus, Halmstad, Christianstad et Malmœhus.

GŒTHEBORG ou GOTHEMBURG, chef-lieu de la préfecture de Gœtheborg-et-Bohus, est la seconde ville du roy. de Suède, sous le rapport du commerce, de l'industrie et de la population. Elle est située à 3 l. au-dessus de l'embouchure du Gœtha-Elf, où se trouve son port. Cette ville, que Gustave-Adolphe fit rebâtir après qu'elle eût été incendiée par les Danois, en 1611, et qui a encore souffert de terribles incendies en 1746, 1748 et 1792, a de belles rues et plusieurs beaux édifices; parmi ces derniers nous citerons la bourse, l'église de Gustave, les bâtiments de la compagnie des Indes-Orientales, l'église principale et l'hospice. Elle est le siège d'un évêché et renferme plusieurs établissements littéraires, tels que l'académie royale des sciences, la société patriotique d'agriculture, celle de musique, la bibliothèque, le gymnase, l'école de navigation, l'institut technologique, etc. Les raffineries de sucre et l'horlogerie de Gothembourg sont une des principales branches de l'industrie suédoise; sa population est de 27,000 hab. Le territoire de Gœtheborg-et-Bohus est un pays pauvre, montagneux, au terrain rocailleux et est borné au N. par la Norwège, à l'E. et au S. par les gouv. d'Elfsborg et de Halmstad, à l'O. par le Cattégat; sa superficie est de 86 milles c. géogr., sa population de 156,000 hab.

GŒTTERSDORF, vg. de Bohême, cer. de Sautz; renommé pour ses fabriques d'objets en bois.

GŒTTINGEN (la principauté de), est un district du gouv. de Hildesheim, dans le roy. de Hanovre; elle touche au N. à une portion du Brunswick, qui a été détachée de la principauté de Grubenhagen, à l'E. à cette dernière principauté, au S. à la Saxe prussienne et à la Hesse électorale, vers l'O. à l'électorat de Hesse est à la prov. prussienne de Westphalie; sa superficie est de 50 l. c., sa population de 86,500 hab. Les principaux cours d'eau qui l'arrosent sont le Wéser avec la Werra et la Fulda, deux de ses affluents; la Leine, affluent de l'Aller, l'Ilme et la Ruhme, qui se jettent dans la Leine. Cette principauté est montagneuse, surtout dans la partie occidentale, où s'étendent le Petit-Solling avec le Bramwald, et le Grand-Solling ou le Sollingerwald. Elle renferme cependant des terrains labourables et fertiles, surtout à l'E.; sa principale richesse consiste en bois.

GŒTTINGEN, chef-lieu de la principauté du même nom dans le roy. de Hanovre; est une jolie ville, bâtie au pied du mont Hainberg, sur la rive droite de la Nouvelle-Leine, canal qui vient de la rivière de ce nom. Les fortifications dont elle était entourée ont fait place à des promenades. Elle a de belles rues, parmi lesquelles il faut nommer la rue Weender. Ses édifices les plus remarquables sont: les bâtiments de l'université, la maison d'accouchement, l'observatoire, l'amphithéâtre anatomique, les édifices accessoires du jardin botanique et le musée. Gœttingen occupe, comme ville savante, une place très-distinguée: elle possède une université célèbre, fondée en 1734, et qui a toujours été fréquentée par un grand nombre d'étudiants, surtout avant l'expulsion de ses principaux professeurs par le monarque actuel; une bibliothèque de 295,000 volumes, regardée comme la plus riche qui existe pour la littérature moderne; un musée accadémique, qui renferme des collections considérables de curiosités et d'histoire naturelle; un jardin botanique, qui est un des plus riches de l'Europe; un bel observatoire, illustré par les travaux de Gaus, et renommé en outre pour les bons instruments qu'il renferme; une galerie de tableaux; un médailler; un cabinet d'estampes; une collection de machines et de modèles appartenant à l'université; un cabinet de physique; un laboratoire de chimie; une école d'accouchement, une école vétérinaire et une école d'équitation très-renommée; un gymnase, une école supérieure de filles; un séminaire philologique; une école de commerce et d'industrie; une société royale des sciences. Le cabinet de lecture de Gœttingen possède une des plus riches collections de journaux qui existent en Europe.

Cette ville renferme une population de

10,000 habitants. Elle a des fabriques importantes de draps, d'étoffes de laine et particulièrement de flanelle, de chapeaux, de savon, d'amidon, de tabac, d'objets en fer et en acier, 5 librairies et un même nombre d'imprimeries. On estime beaucoup ses instruments de musique et de chirurgie, les produits de son orfèvrerie, ses têtes de pipes, et on y fait un commerce considérable de toiles. Enfin nous ferons encore mention de la maison de travail.

GOETZENBRUCK, vg. de Fr., Moselle, arr. de Sarreguemines, cant. et poste de Bitche; fabr. de verres de montres, de pendules, garde-vues; 910 hab.

GŒUZIN, vg. de Fr., Nord, arr. et poste de Douai, cant. d'Arleux; 950 hab.

GOFFSTOWN, b. florissant des États-Unis de l'Amérique du Nord, état de Newhampshire, comté de Hillsborough, sur le Merrimak, qui dans son voisinage fait la belle chute d'Amaskeog et qu'on y traverse sur un très-beau pont en pierres d'une seule arche; 2600 hab.

GOGA, v. dans la prov. de Foggora du roy. de Gondar, en Abyssinie, à 12 l. S. de Gondar.

GOGAR, riv. de l'Inde, dans le Behar, affluent du Cosah.

GOGNELAIS (les), ham. de Fr., Deux-Sèvres, com. de Cherveux; 100 hab.

GOGNEY, vg. de Fr., Meurthe, arr. de Lunéville, cant. et poste de Blamont; fabr. de draps; 300 hab.

GOGNIE-CHAUSSÉE, vg. de Fr., Nord, arr. d'Avesnes, cant. et poste de Maubeuge; 610 hab.

GOGRA, *Novaria*, gr. fl. de l'Inde, qui prend sa source dans le Nepal, sur le versant méridional de l'Himalaya; il arrose la vallée du Nepal, forme sur les confins d'Aoude la célèbre cataracte de Kanar, se divise en plusieurs branches, reçoit les eaux du Kali, qui descend également de l'Himalaya, traverse Aoude et Allahabad et s'embouche dans le Gange, près de Mangée. Ses principaux affluents sont la Chouka, le Rapty et le petit Gandack.

GOHAD ou **GOHUD**, v. de l'Inde, roy. de Sindhia, chef-lieu de district; elle est bâtie sur le Befly, est bien fortifiée et sert de résidence à un radjah particulier, tributaire du Sindhia.

GOHANNIÈRE (la), vg. de Fr., Manche, arr., cant. et poste d'Avranches; 300 hab.

GOHAS ou **GOKAS**, peuple de la Cafrerie intérieure, au S.-E. des Bedjouanas, sur le Donkin, affluent du fleuve Jaune. On dit que son chef-lieu est plus grand que Litakou dans le pays des Briquas.

GOHATI ou **GWAHATEE**, v. de l'Inde transgangétique, roy. d'Assam, chef-lieu de la prov. de Camroop. Cet endroit, situé sur le Bramapoutra, est aujourd'hui tout-à-fait déchu.

GOHIER, vg. de Fr., Maine-et-Loire, arr. d'Angers, cant. de Ponts-de-Cé, poste de Brissac; 300 hab.

GOHORY, vg. de Fr., Eure-et-Loir, arr. de Châteaudun, cant. et poste de Brou; 300 hab.

GOIN, vg. de Fr., Moselle, arr. de Metz, cant. de Verny, poste de Solgne; 540 hab.

GOIN (Saint-), vg. de Fr., Basses-Pyrénées, arr. et poste d'Oloron, cant. de Ste.-Marie-d'Oloron; 370 hab.

GOINCOURT, vg. de Fr., Oise, arr., cant. et poste de Beauvais; manufacture de sulfate de fer; 505 hab.

GOISERN, pet. v. de la Haute-Autriche, cer. de Traun; carrière de gypse; caverne remarquable dite *Hœllenloch*; 3500 hab.

GOITO, b. du roy. Lombard-Vénitien, gouv. de Milan, délégation de Mantoue, sur le Mincio; 3000 hab.

GOIX, ham. de Fr., Côte-d'Or, com. de Moux; 240 hab.

GOIX, ham. de Fr., Côte-d'Or, com. de Villargois; 170 hab.

GOIZET, ham. de Fr., Gironde, com. de St.-Denis-de-Pille; 200 hab.

GOJAM, *Goiamum*, une des provinces les plus peuplées et les plus riches de toute l'Abyssinie, dans le roy. de Gondar, au S. du lac de Dembéa et presque enfermée de tous côtés par le Bahr-el-Azrek; elle a environ 32 l. de long sur 10 de large. Bétail très-nombreux, excellents pâturages; Kollela, capitale.

GOJIDA, pet. v. de la rég. d'Alger, prov. et à 50 l. E.-S.-E. de Tlémecen, sur le Susellim.

GOKAK ou **GOKAUK**, v. de l'Inde anglaise, présidence de Bombay, dist. du Konkan méridional, dans le Bedjapour. Elle est située sur la Gutburda, qui tout près de la ville forme une petite cascade. Gokak est fortifié, grand, peuplé et possède d'importantes manufactures d'étoffes de soie et de coton.

GOKTCHA (lac) ou LAC D'ÉRIVAN, grand lac, situé dans l'Arménie russe. Il a 25 l. de circuit; au N. et à l'E. il est enfermé entre de hautes montagnes; au S. la plage est sauvage et déserte, au N.-O. s'ouvre le Detchtschi-el-Tchek ou la vallée des fleurs. L'eau de ce lac est fraîche et potable; il est très-poissonneux et contient surtout beaucoup de truites. Treize rivières s'y embouchent; une seule, la Senga, sert à l'écoulement des eaux. A peu de distance des bords se trouve un îlot et un couvent, où celui d'Edjmiazin relègue les moines qui se sont rendus coupables de quelque faute.

GOLANCOURT, vg. de Fr., Oise, arr. de Compiègne, cant. et poste de Guiscard; 520 hab.

GOLBEY, vg. de Fr., Vosges, arr., cant. et poste d'Épinal; scierie de marbre des Vosges; 580 hab.

GOLCONDA. *Voyez* POPE (comté).

GOLCONDE, *Daschinabades*, v. de l'Inde,

roy. du Dekkan, prov. d'Haïderabad. Jadis la capitale du roy. de Tellingana, cette ville a été abandonnée à cause de l'air malsain qu'on y respire. Elle est fortifiée autant par l'art que par la nature; sa citadelle, assise sur un rocher inaccessible, sert de refuge, en cas de besoin, au nidzam et à ses trésors; les riches négociants d'Haïderabad y possèdent aussi des maisons. Dans les temps ordinaires cette citadelle est la prison d'état du royaume. Golconde est très-déchue. L'on sait maintenant que les fameux diamants qui l'ont rendue célèbre dans tout l'Orient ne se trouvent pas dans ses environs, mais viennent des bords du Krischna et du Pennar; on les taille seulement à Golconde, qui peut être regardé comme le marché principal de ces pierres précieuses.

GOLDAP, v. de Prusse, chef-lieu de cercle, prov. de Prusse, rég. de Gumbinnen; tanneries; commerce de bestiaux; 3500 hab.

GOLDAU (la vallée de), dans le cant. de Schwyz, à l'E. du mont Rigi; est célèbre par l'éboulement qui, le 2 septembre 1806, ensevelit, sous une partie du Rossberg, Goldau et cinq autres villages, et combla une partie du lac de Lowerz. On a rebâti, au-dessus de l'endroit où se trouvait l'ancien Goldau, une chapelle et quelques maisons.

GOLDBACH, vg. de Fr., Haut-Rhin, arr. de Belfort, cant. de St.-Amarin, poste de Wesserling; 680 hab.

GOLDBERG, v. de Prusse, prov. de Silésie, rég. de Liegnitz; située au pied de la montagne de Wolfsberg, sur la rive droite de la Katzbach; ceinte de murailles en partie de remparts et fossés, avec 7 portes et 5 faubourgs; elle possède un gymnase, un hôpital, des fabr. de draps et de nombreuses usines; 6270 hab.

GOLDBERG, v. du grand-duché de Mecklembourg-Schwerin, dans le cer. wendique de Gustrow; elle possède un beau bain d'eaux ferrugineuses et renferme une population de 1750 hab.

GOLDENMARKT. *Voyez* ZALATHNA.

GOLDENSTEIN, pet. v. d'Autriche, gouv. de Moravie-et-Silésie; cer. d'Olmutz; 1200 h.

GOLDENTRAUN (*Neustædtel*), b. de Prusse, prov. de Silésie, rég. de Liegnitz, sur la rive gauche du Queis; 400 hab.

GOLDINGEN (en celte *Kuldiga*), v. de la Russie Baltique, chef-lieu d'une des deux divisions principales du gouv. de Courlande; est située sur la Windau, qui y forme une cascade, appelée le *Rummel*; 4000 hab.

GOLDKRONACH, pet. v. de Bavière, avec un vieux château, sur la Kronach, cer. du Main-Supérieur, dist. et à 4 l. de Gefrees; remarquable par ses mines de cuivre, d'antimoine, de vitriol et par ses nombreuses usines. Du quatorzième au seizième siècle on y a exploité à différentes époques de l'or et de l'argent; 930 hab.

GOLDSBOROUGH, île dans la baie de Chesapeak, fait partie du comté de Dorchester, état de Maryland, États-Unis de l'Amérique du Nord.

GOLETTA (la), pet. v. de la rég. de Tunis, à l'entrée de la vaste lagune de la Méditerranée, nommée Boghaz, entre les ruines de Carthage et la ville de Tunis. Elle est remarquable par ses fortifications, par sa rade, par ses chantiers, ses magasins et par le phare qu'on y a construit en 1820.

GOLFECH, vg. de Fr., Tarn-et-Garonne, arr. de Moissac, cant. et poste de Valence-d'Agen; 1250 hab.

GOLFO-DE-PARITA. *Voyez* PARITA (golfo de).

GOLFO-DOLCE. *Voyez* DOLCE (golfo).

GOLFOLO (el). *V.* MARACAÏBO (golfo de).

GOLFO-TRISTE. *Voyez* PARIA (golfo de).

GOLFO-TRISTE, belle et vaste baie au N. de la rép. de Vénézuéla, sur la côte de la prov. de Caracas; elle a une ouverture de 24 l. sur 12 l. d'enfoncement; elle reçoit de nombreux fleuves.

GOLI ou **GOLLI**, **COLLI**, pet. v. de la Sénégambie méridionale, dans le pays des Biafares, non loin du Rio-Grande; commerce en ivoire et coton; 4000 hab.

GOLINHAC, vg. de Fr., Aveyron, arr. d'Espalion, cant. et poste d'Entraygues; 130 hab.

GOLLAINVILLE, ham. de Fr., Loiret, com. d'Orveau; 230 hab.

GOLLEGA, v. du Portugal, prov. d'Estramadure.

GOLLEVILLE, vg. de Fr., Manche, arr. de Valognes, cant. et poste de St.-Sauveur-sur-Douve; 500 hab.

GOLLING, b. de la Haute-Autriche, cer. de Salzbourg, sur la Salza, avec un château et une belle cascade; 900 hab.

GOLLNOW, pet. v. de Prusse, environnée de forêts, sur la rive droite de l'Ihna, prov. de Poméranie, rég. de Stettin; usines aux environs; 4070 hab.

GOLLUB, pet. v. de Prusse, sur la Drewenz, prov. de Prusse, rég. de Marienwerder; fabrication de draps et de toiles; commerce de blé; 1750 hab.

GOLO, riv. de Fr., Corse; elle a sa source sur le versant oriental du mont Rotondo, cant. de Calacuccia; coule vers le N.-E. et se jette dans la mer, à 2 l. S.-E. de Borgo, après 18 l. de cours.

GOLOS ou **VOLO**, anciennement *Jolkos*, v. de la Turquie d'Europe; située dans la Thessalie, liva de Tirhala dans une position charmante sur le golfe auquel elle donne son nom; elle a un château, un port et 2000 hab.

GOLOUNGO-ALTO, prov. du roy. d'Angola, dans la Basse-Guinée; remarquable par le mont Muria, le plus haut sommet mesuré de toute l'Afrique; il a une hauteur de 2600 toises.

GOLSSEN, v. de Prusse, prov. de Brandebourg, rég. de Francfort, non loin de la Dahine; fabr. de tabac; 1100 hab.

GOLZ (*Gallos*), b. de Hongrie, cer. au-delà du Danube, comitat de Wieselbourg; culture du vin; 2000 hab.

GOLZ-JENIKAU, pet. v. de Bohême, cer. de Czaslau; 2000 hab.

GOMBERGEAN, vg. de Fr., Loir-et-Cher, arr. de Vendôme, cant. de St.-Amand, poste de Herbault; 280 hab.

GOMBIN, v. de Pologne, woïwodie de Masovie; 2400 hab.

GOMBREMETZ, ham. de Fr., Pas-de-Calais, com. de Saulty; 210 hab.

GOMELANGE ou **GELMINGEN**, vg. de Fr., Moselle, arr. de Metz, cant. et poste de Boulay; 740 hab.

GOMER, ham. de Fr., Mayenne, com. de St.-Brice; 100 hab.

GOMER, vg. de Fr., Basses-Pyrénées, arr. de Pau, cant. de Pontacq, poste de Nay; 270 hab.

GOMERA, une des îles de l'archipel des Canaries; à l'O.-S.-O. de celle de Ténériffe; elle a environ 8 l. de long sur 5 l. de large, avec une pop. de 8000 hab. Territoire bien arrosé et très-fertile en grains, vins et fruits; vastes forêts de pins et de hêtres au centre; bétail nombreux. St.-Sébastien ou Gomera, capitale.

GOMETZ-LA-VILLE, vg. de Fr., Seine-et-Oise, arr. de Rambouillet, cant. et poste de Limours; 230 hab.

GOMETZ-LE-CHATEL ou **CLAIR** (Saint-), vg. de Fr., Seine-et-Oise, arr. de Rambouillet, cant. et poste de Limours; source d'eau minérale; 270 hab.

GOMIECOURT, vg. de Fr., Pas-de-Calais, arr. d'Arras, cant. de Croisilles, poste de Bapaume; 220 hab.

GOMMECOURT, vg. de Fr., Pas-de-Calais, arr. d'Arras, cant. de Pas, poste de l'Arbret; 280 hab.

GOMMECOURT, vg. de Fr., Seine-et-Oise, arr. de Mantes, cant. et poste de Bonnières; 710 hab.

GOMMEGNIES, vg. de Fr., Nord, arr. d'Avesnes, cant. et poste du Quesnoy; fabr. de toiles; 2960 hab.

GOMMENÉ, vg. de Fr., Côtes-du-Nord, arr. de Loudéac, cant. et poste de Merdrignac; 1060 hab.

GOMMENECH, vg. de Fr., Côtes-du-Nord, arr. de St.-Brieuc, cant. de Lanvallon, poste de Guingamp; 1290 hab.

GOMMERN, pet. v. de Prusse, prov. de Saxe, rég. de Magdebourg; 1740 hab.

GOMMERSDORFF, vg. de Fr., Haut-Rhin, arr. de Belfort, cant. et poste de Dannemarie; 340 hab.

GOMMERVILLE, vg. de Fr., Eure-et-Loir, arr. de Chartres, cant. de Janville, poste d'Angerville; fabr. de bonneterie; 550 hab.

GOMMERVILLE, vg. de Fr., Seine-Inférieure; arr. du Hâvre, cant. et poste de St.-Romain; fabr. de bonneterie et laine drapée; 575 hab.

GOMMEVILLE, vg. de Fr., Côte-d'Or, arr. et cant. de Châtillon-sur-Seine, poste de Mussy-sur-Seine; 450 hab.

GOMMIERS, ham. de Fr., Eure-et-Loir, com. de Terminiers; 120 hab.

GOMO, pet. v. de Sénégambie, dans la prov. de Brouko, de l'état peul de Fouladou.

GOMONT, vg. de Fr., Ardennes, arr. et poste de Réthel, cant. d'Asfeld; 600 hab.

GOMORRHE, g. a., v. de la vallée de Sidim, en Judée, sur l'emplacement du lac asphaltite ou Mer-de-Sel; de même que Sodome, Adana, Séboïn et Béla, elle fut détruite par le feu du ciel. Dans les environs on trouve des sources de naphte et beaucoup de bitume.

GOMROUM. *Voyez* BENDER-ABASSI.

GOMS (le bailliage de) ou **GOMBS**, dans le Valais, dont il occupe l'extrémité supérieure et la plus orientale, commence aux monts Grimsel et Furka et est formé par une haute vallée, longue de 10 l., traversée par le Rhône et habitée par des pâtres. Au N. de cette vallée sont des montagnes qui appartiennent aux plus hautes de la Suisse.

GONAAGUAS, tribu hottentote autrefois considérable, mais aujourd'hui peu nombreuse, au N. de la colonie du Cap, sur les bords du fleuve des Chats et du Kaapna; ils périrent presque tous dans les guerres entre les colons et les Caffres.

GONAGUET. *Voy*. CHAPELLE-GONAGUET (la).

GONAINCOURT, vg. de Fr., Haute-Marne, arr. de Chaumont-en-Bassigny, cant. et poste de Bourmont; 200 hab.

GONAIVE ou **GONAVE**, île dans l'enfoncement S.-E. de la baie de Léogane, à l'O. de l'île d'Haïti, dont elle forme la dépendance la plus considérable. Elle est située entre 18° 49′ 10″ et 18° 54′ 40″ lat. N., à 16 l. N.-O. de Port-au-Prince. Elle a 12 l. de longueur sur 4 de large. Elle est fertile, mais elle manque d'eau et est inhabitée. Des bancs de sable, dont l'un s'étend jusqu'à la côte de Léogane, l'entourent de tout côté; un canal de 2 l. de large la sépare de Petit-Gonave.

GONAIVES. *Voyez* LÉOGANE (baie de).

GONAIVES, v. de l'île d'Haïti, dép. de l'Artibonite, dont elle est le chef-lieu, sur la baie de Gonaives et dans une contrée sablonneuse et très-aride. Cette ville, siége d'un tribunal civil, a un excellent port et des bains, établis en 1772, dans son voisinage; culture et commerce de coton; 5000 hab.

GONAVE. *Voyez* GONAIVE.

GONCELIN, b. de Fr., Isère, arr. et à 6 l. N.-N.-E. de Grenoble, chef-lieu de canton et poste; 1640 hab.

GONCOURT, vg. de Fr., Haute-Marne, arr. de Chaumont-en-Bassigny, cant. et poste de Bourmont; blanchisseries de toiles; 730 hab.

GONDAR, roy. d'Abyssinie, nommé improprement Amhara à cause de la langue qu'on y parle. Il comprend les provinces centrales de l'Abyssinie et le grand lac Dembea ou Tzana, qui en occupe presque le centre. Depuis plusieurs années il est en proie à l'anarchie. Le véritable souverain, l'empereur ou le negus, était, il y a quelques années, prisonnier de Guxo, chef galla qui régnait en son nom. Les principales provinces qui forment cet état sont: Dembéa, Gojam, Maitscha, Belessem, Damot, Woggara et Tchelga.

GONDAR, v. considérable d'Abyssinie, jadis capitale de tout l'empire et actuellement du roy. d'Amhara et de la prov. de Dembea; elle est située dans une vaste plaine interrompue par quelques monticules et arrosée par les rivières de Kabha et d'Ancrib ou Angrab. L'Abyssinien Abraham, cité par William Gones, la compare au Caire; mais Bruce lui accorde à peine 50,000 habitants. M. Coffin, qui l'a visitée en 1814, dit que si elle était bâtie comme nos villes européennes, la huitième partie de l'espace qu'elle occupe la contiendrait sans peine; mais toutes les maisons sont si isolées et entourées d'arbres en si grand nombre et si épais, qu'on ne les voit guère que lorsqu'on y entre. Ces maisons sont couvertes de chaume; les murs même en sont revêtus, à cause de la mauvaise qualité de l'argile. M. Ruppell, qui l'a visitée, dit que les deux tiers des maisons ne représentent que l'aspect d'une dévastation générale, et que sa population s'élève tout au plus à 6000 âmes, nombre qu'on doit adopter sur l'autorité d'un observateur si intelligent et si judicieux. La principale église, nommée Quosquum, est bâtie de la même manière que les maisons, mais avec beaucoup d'art; l'intérieur est tapissé de soie bleue et orné de glaces. Les édifices consacrés au culte y sont si nombreux que les prêtres l'appellent la ville aux quarante-quatre églises. Le palais du roi est fort délabré; depuis plusieurs années il était inhabité; toutes les portes avaient été brisées et les murs tombaient en ruines. D'après Bruce, c'est un édifice carré à quatre étages, flanqué de tours et environné, ainsi que les maisons qui l'avoisinent, d'un mur en pierres de 30 pieds anglais de haut. Les deux étages supérieurs étaient déjà ruinés, et dans la partie qui subsistait encore se trouvait la salle d'audience, qui avait 120 pieds de long. On pouvait alors le regarder comme l'édifice le plus remarquable de l'Abyssinie.

GONDECOURT, vg. de Fr., Nord, arr. de Lille, cant. et poste de Seclin; 1580 hab.

GONDEGAM ou GOULACOMMUN, riv. considérable de l'Inde; elle arrose une partie du plateau du Dekkan et se jette dans le golfe du Bengale, près de Modapilly.

GONDELLON, ham. de Fr., Lot-et-Garonne, cant. de St.-Barthélemy; 180 hab.

GONDELSHEIM, b. du grand-duché de Bade, cer. du Rhin-Moyen; 1400 hab.

GONDENANS-LES-MOULINS, vg. de Fr., Doubs, arr. de Baume-les-Dames, cant. et poste de Rougemont; 310 hab.

GONDENANS-MONTBY, vg. de Fr., Doubs, aur. de Baume-les-Dames, cant. et poste de Rougemont; 300 hab.

GONDEVILLE, vg. de Fr., Charente, arr. de Cognac, cant. de Segonzac, poste de Jarnac; 460 hab.

GONDOM, ham. de Fr., Lot-et-Garonne, com. de Monbahus; 100 hab.

GONDON (Saint-), vg. de Fr., Loiret, arr., cant. et poste de Gien; eaux minérales; 880 hab.

GONDRAN (Saint-), vg. de Fr., Ille-et-Vilaine, arr. de Rennes, cant. et poste d'Hédé; 410 hab.

GONDRECOURT, vg. de Fr., Moselle, arr. de Thionville, cant. de Conflans, poste de Briey; 370 hab.

GONDRECOURT, pet. v. de Fr., Meuse, arr. et à 8 l. S. de Commercy, chef-lieu de canton et poste. Elle est située sur le sommet et le penchant d'une colline, baignée par l'Ornain, et se divise en ville haute et ville basse. Les environs sont fort jolis. Gondrecourt possédait autrefois un château fort et des fortifications, dont il ne reste plus rien; 1450 hab.

GONDREVILLE, ham. de Fr., Loiret, com. d'Auxy; 200 hab.

GONDREVILLE, vg. de Fr., Meurthe, arr., cant. et poste de Toul; 1250 hab.

GONDREVILLE, ham. de Fr., Moselle, com. de Vry; 320 hab.

GONDREVILLE, vg. de Fr., Oise, arr. de Senlis, cant. et poste de Betz; 220 hab.

GONDREVILLE-LA-FRANCHE, vg. de Fr., Loiret, arr. et poste de Montargis, cant. de Ferrières; 290 hab.

GONDREXANGE, vg. de Fr., Meurthe, arr. de Sarrebourg, cant. de Réchicourt-le-Château, poste de Lorquin; 1020 hab.

GONDREXON, vg. de Fr., Meurthe, arr. de Lunéville, cant. et poste de Blamont; 140 hab.

GONDRIER, ham. de Fr., Orne, com. de St.-Martin-d'Écubley; 100 hab.

GONDRIN, vg. de Fr., Gers, arr. de Condom, cant. de Montréal, poste d'Eauze; 2040 hab.

GONDS (les), vg. de Fr., Charente-Inférieure, arr., cant. et poste de Saintes; 740 h.

GONDS ou GOANDS, peuple de l'Inde, originaire de la prov. de Gandwanâ. Vivant dans un état presque sauvage, ils sont forts, grands, belliqueux, ayant encore pour toutes armes des arcs et des flèches; les Mahrattes et les Rajepoutes les admettaient avec plaisir dans leurs armées. Leur religion, leur langue et leurs mœurs diffèrent de celles des Hindous. Quelques-uns d'entre eux ont commencé cependant à se civiliser un peu. Leurs radjahs dépendent aujourd'hui soit directement des Anglais, soit des princes tributaires.

GONEA, pet. forteresse à l'extrémité S.-O. de l'Abyssinie, roy. d'Enarca, près de la source du Maleg ou Toumat, à 35 l. S. de Gouderou.

GONESSE, b. de Fr., Seine-et-Oise, arr. et à 6 l. S.-E. de Pontoise, chef-lieu de canton et poste. Ce bourg, situé sur le Crou, était renommé autrefois pour l'excellente qualité de pain qu'il fournissait. Les boulangers et les meuniers y formaient une corporation nombreuse; mais depuis longtemps ses moulins et ses boulangeries ne sont plus ses seuls établissements industriels; il a des fabriques de franges et des blanchisseries de toiles. On y fait commerce de denrées pour l'approvisionnement de Paris. Gonesse a été longtemps une propriété des rois de France. Philippe-Auguste y naquit en 1166; 2125 hab.

GONFARON, vg. de Fr., Var, arr. de Brignoles, cant. de Besse, poste de Pignans; 1670 hab.

GONFREVILLE, vg. de Fr., Manche, arr. de Coutances, cant. et poste de Périers; 550 hab.

GONFREVILLE-CAILLOT, vg. de Fr., Seine-Inférieure, arr. du Hâvre, cant. et poste de Goderville; 330 hab.

GONFREVILLE-L'ORCHER, vg. de Fr., Seine-Inférieure, arr. du Hâvre, cant. de Montivilliers, poste d'Harfleur; 570 hab.

GONFRIÈRE (la), vg. de Fr., Orne, arr. d'Argentan, cant. de la Ferté-Fresnel, poste de l'Aigle; 530 hab.

GONI ou **FARRAN**, une des branches de l'Indus; a 80 l. de cours et se jette dans le golfe d'Oman; à l'E. de cette branche commence le grand marais Run.

GONLAY (Saint-), vg. de Fr., Ille-et-Vilaine, arr., cant. et poste de Montfort-sur-Meu; 660 hab.

GONNEHEM, vg. de Fr., Pas-de-Calais, arr. et poste de Béthune, cant. de Lillers; 1880 hab.

GONNELIEU, vg. de Fr., Nord, arr. et poste de Cambrai, cant. de Marcoing; 890 h.

GONNERY (Saint-), vg. de Fr., Morbihan, arr., cant. et poste de Pontivy; 720 hab.

GONNÈS, vg. de Fr., Hautes-Pyrénées, arr. et poste de Tarbes, cant. de Pouyastruc; 60 hab.

GONNETOT, vg. de Fr., Seine-Inférieure, arr. de Dieppe, cant. et poste de Bacqueville; 470 hab.

GONNEVILLE, vg. de Fr., Calvados, arr. de Pont-l'Évêque, cant. et poste de Honfleur; 810 hab.

GONNEVILLE, vg. de Fr., Manche, arr. de Cherbourg, cant. et poste de St.-Pierre-Église; filat. hydraul. de coton; 1370 hab.

GONNEVILLE, vg. de Fr., Seine-Inférieure, arr. de Dieppe, cant. de Tôtes, poste de Longueville; 830 hab.

GONNEVILLE, vg. de Fr., Seine-Inférieure, arr. du Hâvre, cant. de Criquetot-Lesneval, poste de Montivilliers; 750 hab.

GONNEVILLE-SUR-DIVES, vg. de Fr., Calvados, arr. de Pont-l'Évêque, cant. et poste de Dives; scieries de planches par machines à vapeur; 630 hab.

GONNEVILLE-SUR-HONFLEUR, vg. de Fr., Calvados, arr. de Pont-l'Évêque, cant. et poste de Honfleur; 780 hab.

GONNEVILLE-SUR-MERVILLE, vg. de Fr., Calvados, arr. de Caen, cant. de Troarn, poste de Bavent; 510 hab.

GONNORD, vg. de Fr., Maine-et-Loire, arr. d'Angers, cant. de Thouarcé, poste de St.-Lambert; 1840 hab.

GONOWITZ, b. de la Styrie, cer. de Cilly, sur la Dræn, fait un commerce très-étendu en bestiaux; mines de houille, de fer et de plomb; culture de vin; 1000 hab.

GONSALLO-DOS-CAMPOS (San), b. de l'emp. du Brésil, prov. et comarque de Bahia; culture de tabac.

GONSANS, vg. de Fr., Doubs, arr. et poste de Baume-les-Dames, cant. de Roulans; 610 hab.

GONSENHEIM, vg. dans le grand-duché de Hesse-Darmstadt, prov. de la Hesse rhénane, remarquable par la quantité de légumes qu'on y cultive; 1900 hab.

GONTAUD, vg. de Fr., Lot-et-Garonne, arr. et cant. de Marmande, poste de Tonneins; 1270 hab.

GONTERIE (la), ham. de Fr., Dordogne, com. de Boulouneix; 190 hab.

GONVILLARS, vg. de Fr., Haute-Saône, arr. de Lure, cant. et poste d'Héricourt; 120 hab.

GONVILLE. *Voyez* JEAN-de-GONVILLE (Saint-).

GONZAGA (San-Luiz-). *Voyez* LUIZ-GONZAGA (San-).

GONZALES, fl. de l'emp. du Brésil, prov. de Rio-Grande-do-Sul; il s'écoule de la lagoa Mirim, débouche dans le lac Patos, non loin des côtes, et établit de cette manière une communication naturelle entre ces deux lacs, communication qui est d'une grande importance pour les relations commerciales des côtes de cette province avec les districts de l'intérieur.

GONZALES (île). *Voyez* PERLES (archipel des).

GONZALO (San-), vg. célèbre par ses riches mines de diamants, dans l'emp. du Brésil, prov. de Minas-Geraës, comarque de Serro-Frio, dans le district des diamants.

GONZALO-D'AMARANTE (San-), b. très-florissant de l'emp. du Brésil, prov. et comarque de Rio-de-Janeiro, sur la rive droite du Rio-d'Amarante, à 4 l. S.-O. de Villa-Boa et à 1 l. de la mer; belle église; culture du café et de la canne à sucre; 2500 hab.

GONZENBERG, mont. du cant. de St.-Gall, au-dessus et à l'E. de Sargans; elle renferme les plus riches et les meilleures mines de fer de toute la Suisse. L'exploitation, maintes fois commencée depuis 1474, vient seulement d'être entreprise avec succès.

GONZEVILLE, vg. de Fr., Seine-Inférieure, arr. d'Yvetot, cant. et poste de Doudeville; 360 hab.

GONZONDZE ou GONIONDZ, pet. v. de la Russie d'Europe occidentale, dans la prov. de Bialystok; environ 15,000 hab.

GOOBER ou GOUBER, roy. de la Nigritie centrale, entre le Djoliba, le Haoussi, le Cachenah et le Niffé, appartenant aujourd'hui à l'emp. des Fellatahs; Kalaouaoua ou Kalawawa, chef-lieu. On y fait un commerce assez étendu, avec les Arabes, en fer et grosses étoffes, pour de l'or et des esclaves.

GOOCHLAND, comté de l'état de Virginie, États-Unis de l'Amérique du Nord; il est borné par les comtés de Louisa, Hanovre, Henrico, Powhatan, Cumberland et Fluvannah. Pays très-fertile dans lequel la culture s'étend de plus en plus. Le James, qui y forme les îles d'Elk, de Bowling et de Tabb, est son principal cours d'eau; 13,000 hab.

GOOD-ISLAND. *Voyez* PORT-MORANT.

GOOLE, port d'Angleterre, dans le comté d'York, à quelques milles de distance de Hull, sur l'Ouse, peu loin de son embouchure dans l'Humber; lieu très-important par son commerce florissant, par son beau bassin et par ses deux vastes docks, environnés de grands magasins. Ce port, que le gouvernement a mis, sous le rapport administratif, sur le même rang que Londres, Liverpool et Dublin, ne se trouve pas indiqué sur les cartes générales du royaume uni, et on le cherche en vain dans les géographies, c'est Balbi qui en fait mention le premier.

GOOR, pet. v. du roy. de Hollande, prov. d'Overyssel, dist. et à 4 l. d'Almelo; 3190 h.

GOOROMA ou GOUROUMA, pet. roy. peu connu de la Nigritie centrale, à l'E.-N.-E. du Garou et au N.-O. du Borgou; chef-lieu de même nom, à 100 l. O. de Boussa.

GOOS, vg. de Fr., Landes, arr. et poste de Dax, cant. de Montfort; 600 hab.

GOOSE, île dans la baie de Casco, au S. de l'état du Maine, États-Unis de l'Amérique du Nord.

GOOSEBERRY, chaîne de montagnes bien boisée, dans les États-Unis de l'Amérique du Nord, état de New-York, au N. du Susquéhannah.

GOOSE-CREEK-MOUNTAINS (monts de la rivière Goose), chaîne de montagnes des États-Unis de l'Amérique du Nord, état de Virginie; elle suit le cours de la Goose, entre les montagnes Bleues et les monts Bull-Run.

GOR (Saint-), vg. de Fr., Landes, arr. de Mont-de-Marsan, cant. et poste de Roquefort; 670 hab.

GORA, v. du roy. de Pologne, woïwodie de Masovie, sur la rive gauche de la Vistule; 1300 hab.

GORBATA, *Orbita*, pet. v. dans la partie méridionale de la rég. de Tunis, à 5 l. S.-S.-O. de Gafsa.

GORBATOR, v. de la Russie d'Europe, gouv. de Nijni-Novgorod, chef-lieu d'un cercle de même nom qui renferme une population de 100,000 hab. et qui est extrêmement fertile en blé, chanvre, lin et légumes; 1000 hab.

GORCE (la). *Voyez* LAGORCE.

GORCY, vg. de Fr., Moselle, arr. de Thionville, cant. et poste de Longwy; 380 h.

GORDA (punta). *Voyez* PANAMA (baie de).

GORDA (Sierra), mont. sauvage au S. de l'état de Quérétaro, confédération mexicaine. Quelques familles d'Indiens Pamès ont su conserver leur culte et leur indépendance dans les vallées sombres et les affreuses gorges de cette chaîne de montagnes.

GORDA (punta), promontoire à l'O. de l'île de Cuba; forme à l'E. la belle baie de Batabano. Un long banc de sable parsemé d'écueils, las Gordas, s'étend au S. de ce promontoire.

GORDA (punta), promontoire à l'E. de l'île de Porto-Rico.

GORDES, b. de Fr., Vaucluse; arr., à 3 1/2 l. O. et poste d'Apt, chef-lieu de canton; 2870 hab.

GORDIUM, g. a., ville de la Phrygie Mineure, sur la frontière de la Galatie. C'est là qu'Alexandre coupa le nœud gordien.

GORDO (punta), promontoire au N.-O. de la presqu'île de Yucatan, confédération mexicaine.

GORE, dist. du Haut-Canada; cette province, formée en 1816 de parties détachées des dist. de Home et de Niagara, est bornée par les dist. d'Ontario, de Home, de London et de Niagara. Sol fertile et très-riche, surtout le long de l'Ouse, le principal cours d'eau de ce pays traversé par la route de Dundas et comprenant les comtés de Wenthworth et de Haldimand; 12,000 hab.

GORÉE, arr. dans les possessions françaises en Sénégambie; il comprend avec l'île de Gorée toute la côte de l'Océan Atlantique, depuis la baie d'Iof jusqu'à la Gambie, et notamment le comptoir d'Albréda. Il faut cependant observer ici que ce territoire, ainsi que celui qui, du cap Blanc jusqu'à la baie susdite, forme l'arr. français de St.-Louis, n'est pas une possession de fait, mais seulement de nom, puisqu'il appartient à des peuples entièrement indépendants. Aujourd'hui, que depuis la fondation d'un nouvel établissement anglais dans l'île de Fernando-Pô, la colonie de Sierra-Leone est tombée en décadence, on peut prévoir l'importance qu'aura un jour pour la France la possession de Gorée et de St.-Louis, surtout si les stations du Haut-Sénégal peuvent se maintenir. De là au bassin du Djoliba, on peut communiquer en peu de jours. De faibles obstacles séparent le cours d'eau du Sénégal et de la Gambie de celui du Djoliba, et une fois arrivé à Ségo on pourra aisément descendre à Djeuny et à Tombouctou, ou remonter à Bouré le pays de l'Or, ainsi que l'a démontré l'importante exploration de M. Caillié.

GORÉE, pet. v. dans l'île de même nom, en Sénégambie, avec un port et les forts de St.-François et de St.-Michel; lieu de relâche très-important pour les vaisseaux français qui vont dans l'Inde, et l'entrepôt de tout le commerce de France avec cette partie de l'Afrique; 3200 hab. L'île de Gorée est située près du cap Vert, à 40 l. S.-E. de l'île St.-Louis. C'est un rocher fort élevé dans la mer, stérile, mais important à cause de la bonté de sa rade. L'île a 6000 hab.

GORÉE, autrefois BARSAGUICHE, *Gorea*, pet. île de l'Océan Atlantique, sur la côte de Sénégambie, à peu de distance du Cap-Vert, dont elle est séparée par le canal Dakar; elle a environ 400 toises de long et 170 toises de large; stérile, mais d'une grande importance à cause de la bonté de sa rade. Les Anglais, qui l'avaient prise à la France, l'ont restituée en 1814.

GOREH ou GHERZEH, GUERZE, v. de la Turquie d'Asie, eyalet d'Anadoly, à l'E. de Sinope, sur la mer Noire; elle a un bon port pour les petits bâtiments et fait quelque commerce; 5 à 6000 hab.

GOREMKI, vg. de la Russie d'Europe, gouv. de Moscou; est remarquable par le jardin botanique attenant à une maison de campagne possédée autrefois par le prince Razoumowsky, jardin qui, il y a quelques années, était un des plus riches de l'Europe.

GORENFLOS, vg. de Fr., Somme, arr. d'Abbeville, cant. d'Ailly-le-haut-Clocher, poste de Flixecourt; 650 hab.

GORGADES (les), g. a., îles situées sur la côte occidentale de l'Afrique; là vivaient les Gorgones, trois sœurs appelées Euryale, Méduse et Steno, personnages mythologiques.

GORGE (la), ham. de Fr., Isère, com. de Vaulnaveys-le-Haut; 250 hab.

GORGES, vg. de Fr., Loire-Inférieure, arr. de Nantes, cant. et poste de Clisson; 1600 hab.

GORGES, vg. de Fr., Manche, arr. de Coutances, cant. et poste de Périers; 1230 h.

GORGES, vg. de Fr., Somme, arr. de Doullens, cant. et poste de Bernaville; 180 h.

GORGET (le), ham. de Fr., Isère, com. de la Tronche; 120 hab.

GORGON (Saint-), vg. de Fr., Doubs, arr. et poste de Pontarlier, cant. de Montbenoît; 310 hab.

GORGON (Saint-), ham. de Fr., Meurthe, com. de Forcelle; 220 hab.

GORGON (Saint-), vg. de Fr., Morbihan, arr. de Vannes, cant. d'Allaire, poste de Redon; 360 hab.

GORGON (Saint-), vg. de Fr., Vosges, arr. d'Épinal, cant. et poste de Rambervillers; forge; 255 hab.

GORGONA, îlot en face de Hidourne, grand-duché de Toscane, dist. de Pise; chartreuse; commerce considérable de sardines.

GORGONA, île à 3 l. marines de la côte de la prov. de Buénaventura, dont elle dépend, dép. de Cauca, rép. de la Nouvelle-Grenade; sous 2° 54' lat. N.; elle a 3 l. de longueur sur 2 de large; île inhabitée.

GORGONILLA. *Voyez* TUMACO (île).

GORGONZOLA, gros b. du roy. Lombard-Vénitien, gouv. et délégation de Milan; renommé par ses excellents fromages; il est important surtout par son canal navigable nommé *Naviglio-di-Marte-Sana*, qui mène à Milan et qui fait communiquer cette capitale avec l'Adda.

GORGUE (la), b. de Fr., Nord, arr. d'Hazebrouck, cant. de Merville, poste d'Estaires; fabr. de toiles; amidonneries et blanchisseries; 3230 hab.

GORHAM, b. florissant des États-Unis de l'Amérique du Nord, état de New-York, comté d'Ontario, poste; 2800 hab.

GORHAM, b. des États-Unis de l'Amérique du Nord, état du Maine, comté de Cumberland; 3600 hab., avec ses environs.

GORHEY, vg. de Fr., Vosges, arr. de Mirecourt, cant. et poste de Dompaire; 200 h.

GORI, v. de la Russie d'Asie, gouv. de Géorgie, chef-lieu du district de même nom; située au pied d'un contrefort du Caucase, au confluent du Kour et du Liachwi; elle est fortifiée, défendue par une citadelle, renferme plusieurs églises grecques et arméniennes, un bazar et est, après Tiflis, la principale ville de la Géorgie. Ses habitants, au nombre de 3000, presque tous Géorgiens ou Arméniens, fabriquent des étoffes de coton, des couvertures de laine et font un commerce intérieur assez actif.

GORICE. *Voyez* GOERZ.

GORINOS, endroit autrefois bien peuplé et très-important par ses lavages d'or, dans l'emp. du Brésil, prov. de Goyaz, comarca de Goyazès, sur le Moquem, affluent du Crixa. Aujourd'hui ce n'est plus qu'un village de peu d'importance.

GORKHA, v. de l'Inde, roy. de Nepal, la principale du district des 24 radjahs, elle est située au confluent du Chépiyang et renferme 2000 maisons; patrie de la dynastie régnante qui, dans la dernière moitié du dix-huitième siècle, a fait la conquête de tout le Nepal. Le district des 24 radjahs est ainsi nommé, parce qu'il est divisé en 24 petits états qui relèvent du roi de Nepal.

GORKUM, v. forte et chef-lieu de district du roy. de Hollande, gouv. de la Hollande méridionale; située à 7 l. E. de Rotterdam, sur la rive droite de la Meuse, au confluent de la Linge qui traverse la ville; siége d'une société savante formée en 1815; fabrication de pipes de terre; commerce de blé; pêche; 5200 hab.

GORLICE, pet. v. d'Autriche, gouv. de Moravie-et-Silésie, cer. de Jaslo, sur la Rapa; florissante par ses nombreuses fabr. de toiles et d'étoffes de laine, ainsi que par son commerce; 2400 hab.

GORNAC, vg. de Fr., Gironde, arr. de la Réole, cant. et poste de Sauveterre; 410 h.

GORNIÉS, vg. de Fr., Hérault, arr. de Montpellier, cant. et poste de Ganges; 580 h.

GORNOU ou **GOURNAH**, **CORNER**, **KORNOU**, **QUORNAH**, **EBEK**, misérable vg. de la Haute-Égypte, prov. de Kénez, sur la rive gauche du Nil, situé sur une partie de l'emplacement de l'ancienne Thèbes. Les ruines qu'on y voit présentent entre autres les restes imposants du ménéphthéum ou du palais du Pharaon Ménéphtah Ier. Ce village renferme également une partie de la nécropole et des cimetières de cette ancienne capitale et des hypogées (tombeaux souterrains) de Thèbes, qui depuis longtemps servent d'unique demeure aux Arabes qui l'habitent. Très-indisciplinés et adonnés au vol, vivant sans aucune pratique religieuse, cet troglodytes d'un nouveau genre, dont le nombre s'élevait vers la fin du dernier siècle à environ 4000 âmes, sont maintenant réduits, selon M. Rifaud, à 400 individus. Le commerce d'antiquités, surtout depuis 1817, est l'unique métier de cette peuplade aussi féroce qu'abrutie.

GOROCHOW ou **ZOROCHOW**, v. de la Russie d'Europe, gouv. de Volhynie; 2000 hab.

GOROCHOWEZ, v. de la Russie d'Europe, chef-lieu du cercle de même nom, gouv. de Vladimir, située au confluent de la Mogilavka dans la Kliæsma; fait un commerce de transit assez considérable entre Pétersbourg et Astrakhan, et a des foires fréquentées; 2500 hab.

GORODISCHTSCHE, v. de la Russie d'Asie, roy. de Kasan, gouv. de Pensa.

GORODNIA, v. de la Russie d'Europe, gouv. de Tschernigov, chef-lieu d'un cercle de même nom; assez abondant en bois et en grains; 1500 hab.

GORODOK ou **GORODEZ**, pet. v. de la Russie d'Europe occidentale, gouv. de Witebsk, chef-lieu d'un cercle de même nom; abondant en eau, bois, grains et bestiaux.

GORONTALO ou **GUNONGTALE**, v. de l'île de Célèbes, dans la résidence de Monado; elle est située sur la rivière de même nom et près de la baie de Tomini; le sultan qui y réside est vassal des Hollandais; il administre le riche et fertile dist. de Gorontalo, et possède des mines d'or situées dans le voisinage de cette ville.

GOROURA, v. de la prov. d'Avergale, roy. de Tigré, Abyssinie.

GORRE, vg. de Fr., Haute-Vienne, arr. et poste de Rochechouart, cant. de St.-Laurent-sur-Gorre; 850 hab.

GORREVOD, vg. de Fr., Ain, arr. de Bourg-en-Bresse, cant. et poste de Pont-de-Vaux; 1760 hab.

GORRON, pet. v. de Fr., Mayenne, arr. et à 5 l. N.-O. de Mayenne, et à 53 l. O.-S.-O. de Paris, chef-lieu de canton et poste. Cette petite ville, située sur le Coësnon, faisait, au moyen-âge, partie du domaine des seigneurs de Mayenne; elle avait un château fort, sur l'emplacement duquel se trouvent aujourd'hui les halles de la ville; 2440 hab.

GORSES, vg. de Fr., Lot, arr. de Figeac, cant. de la Tronquière, poste de la Capelle-Marival; 1770 hab.

GORVELLO, ham. de Fr., Morbihan, com. de Sulniac; 200 hab.

GORZE, b. de Fr., Moselle, arr., à 3 1/2 l. S.-O. et poste de Metz, chef-lieu de canton; 1800 hab.

GOS, ham. de Fr., Tarn, com. de Cabannes; 200 hab.

GOSCHEN ou **GOSEN**, g. a., contrée à l'E. du Nil, dans l'Égypte inférieure, près d'Héliopolis, à l'O. de l'Arabie; ce pays fut habité par la famille de Jacob, dont les descendants y restèrent pendant 430 ans.

GOSE (île). *Voyez* MÉCATINA.

GOS-EL-SOUK, b. considérable de la Nubie, dans le pays de Barbar, non loin de la rive droite du Nil.

GOS-EL-FUNNYE, b. considérable de la Nubie, dans le pays de Barbar, non loin de la rive droite du Nil.

GOSHEN, com. florissante des États-Unis de l'Amérique du Nord, état d'Ohio, comté de Belmont; 2000 hab.

GOSHEN, b. industrieux des États-Unis de l'Amérique du Nord, état de Connecticut, comté de Lichtfield, poste; raffineries de potasse; préparation de fromages très-recherchés et exportés au loin; forge; 2500 hab.

GOSHEN, b. des États-Unis de l'Amérique du Nord, état d'Illinois, comté de St.-Clair, sur la Kaskaskia; 2200 hab.

GOSHEN, pet. v. des États-Unis de l'Amérique du Nord, état de New-York, comté d'Orange, dont elle est le chef-lieu, dans la belle vallée du Wallkill; elle renferme une prison, une académie, une poste, une banque et trois imprimeries; distilleries d'eau-de-vie, tanneries et commerce important. Les tribunaux du comté siégent alternativement dans cette ville et à Newburgh; 4000 hab.

GOSHEN, com. des États-Unis de l'Amérique du Nord, état d'Ohio, comté de Tuscarawas; comprend le b. de New-Philadelphie; 1300 hab.

GOSIER (le), pet. île près de la côte S. de la Grande-Terre, Guadeloupe, dont elle dépend; en face du b. le Gosier.

GOSIER (le), paroisse ou canton sur la côte S. de la Grande-Terre, Guadeloupe.

GOSIER (le), b. et chef-lieu de canton, sur la côte S. de la Grande-Terre, Guadeloupe, arr. de Pointe-à-Pitre; 5600 hab. avec ses environs immédiats.

GOSNAY, vg. de Fr., Pas-de-Calais, arr. et poste de Béthune, cant. d'Houdain; fabr. de sucre indigène; 190 hab.

GOSNÉ, vg. de Fr., Ille-et-Vilaine, arr. de Fougères, cant. et poste de St.-Aubin-du-Cormier; tanneries; 1030 hab.

GOSPARD, fl. des États-Unis de l'Amérique du Nord, territoire du Nord-Ouest; il coule du S. au N.-O. et débouche dans la Baie-Verte (Green-Bay) du lac Michigan.

GOSPICH, b. de Hongrie, dans la Croatie militaire; 1000 hab.

GOSPORT. *Voyez* STAR (île).

GOSPORT, gr. et beau vg. des États-Unis de l'Amérique du Nord, état de Virginie, comté de Norfolk, au S. de Portsmouth et non loin du confluent du canal Chésapeak-Albemarle et de l'Elisabeth. Cet endroit renferme un vaste chantier de l'Union pour la construction des frégates et autres vaisseaux et de nombreux magasins; 1900 hab.

GOSPORT, v. d'Angleterre, comté de Southampton; vaste hôpital pour les marins; beaux chantiers pour la construction des vaisseaux; fonderie; port; 12,000 hab.

GOS-REDJAB ou GOS-RADJEB, gr. b. de Nubie, chef-lieu du pays des Hadendoa, sur la rive gauche de l'Atbarah et la route de Sennaar à Souakim, à 79 l. S.-O. de la dernière ville. Selon Burckhardt, on trouve dans les collines voisines des monuments importants et d'anciens tombeaux habités par des familles de cette tribu troglodytique.

GOSSAU, b. de 600 habitants, chef-lieu d'un district dans le canton de St.-Gall; a une belle église, une fabrique d'indiennes. Les sujets de l'abbé de St.-Gall y tinrent, en 1795, une landsgemeinde (assemblée des communes), qui obtint de leur suzerain des concessions importantes.

GOSSELIES, b. du roy. de Belgique, prov. de Hainaut, dist. et à 2 1/2 l. de Charleroi; fabr. d'étoffes de laine, de coutellerie et de clous; 2980 hab.

GOSSELMING, vg. de Fr., Meurthe, arr. et poste de Sarrebourg, cant. de Fénétrange; 790 hab.

GOSSENGRUN, pet. v. de Bohême, ccr. d'Ellbogen.

GOSSLAR, v. du roy. de Hanovre, gouv. et principauté de Hildesheim, ancienne ville libre impériale, située au pied du Rammelsberg, mont. du Harz; sa population, qui est de près de 6000 habitants, se distingue par son industrie et fait un commerce considérable. Les principales branches de leur industrie sont : la fabrication d'une bière excellente, connue sous le nom de *gose*, la distillation de l'eau-de-vie, la chaudronnerie, le travail des mines; on trouve d'ailleurs à Gosslar de nombreuses fabriques et manufactures. Les laines y sont un des principaux objets de commerce. Le Rammelsberg est célèbre par ses mines d'argent, de plomb et de cuivre, exploitées en commun par le duc de Brunswick et le roi de Hanovre; sa mine de cuivre passe pour la plus ancienne mine de ce métal exploitée en Europe. Gosslar est le siége du conseil de ces mines, appelé *Communion-Bergamt*. On admire à Gosslar différents restes curieux de sa belle cathédrale; ceux d'un palais impérial; le Zwinger, tour des remparts, trans-formé en un lieu public de divertissement, et, hors des portes, la Clause, rocher de grès de 60 pieds de hauteur, dans lequel on a taillé une chambre, et qui est entouré de promenades. Dans les environs se trouvent d'excellentes carrières de pierres et d'ardoises.

GOSTYN, pet. v. de Prusse, prov. et rég. de Posen; commerce de bestiaux; 1790 hab.

GOSTYNIEN, v. de Pologne, woïwodie de Masovie; elle est entourée de forêts et compte 1600 hab.

GOTEIN, vg. de Fr., Basses-Pyrénées, arr., cant. et poste de Mauléon; 320 hab.

GOTÉRA, b. des États-Unis de l'Amérique centrale, état de San-Salvador, dist. de St.-Michel.

GOTHA, belle v. industrieuse et commerçante, située sur un canal qui y amène les eaux de la Leine, capitale du duché du même nom. Ancienne résidence de la famille de Saxe-Gotha, éteinte en 1825; sa pop. est de 13,000 hab. Près de la ville, sur une hauteur, se trouve le château ducal de Friedenstein, avec une grande et superbe terrasse et un musée, qui est un des plus riches et des plus précieux de l'Europe; il renferme une bibliothèque de 150,000 volumes, de nombreuses collections d'objets d'art et d'histoire naturelle; le célèbre cabinet de médailles, riche de 10,000 médailles antiques, de 52,000 monnaies modernes, de 13,000 empreintes de médailles en soufre et d'une collection de 9000 dessins de médailles, avec une bibliothèque numismatique de 6000 volumes; un cabinet chinois; une galerie de tableaux; une collection d'antiques, imités en plâtre, et une collection de gravures. On remarque encore à Gotha l'église de Neumarkt; l'hôtel du prince Frédéric; le jardin anglais du feu duc Ernest II, embelli par une île et plusieurs mausolées; la maison de plaisance et le jardin de Friedrichsthal. Cette ville compte un assez grand nombre d'établissements scientifiques et littéraires, dont les principaux sont : le gymnase, le séminaire pour les maîtres d'école, le plus ancien de l'Allemagne; l'école de commerce, l'école d'industrie et l'école militaire. La bibliothèque et le musée ont été ouverts au public en 1825, après la mort du duc Ernest; la première a été réunie à la bibliothèque également considérable que possédait le gymnase. Nous devons encore mentionner la fameuse collection de minéraux et de pétrifications du baron de Schlotheim, et l'almanac de Gotha, publication qui date de l'année 1764 et qui se distingue par la célébrité de ses rédacteurs et le choix de ses articles. L'industrie de Gotha est très-variée; on y trouve entre autres une fabrique de belle porcelaine, une fabrique considérable de mousseline et de cotonnade, des fabriques de draps et d'étoffes de laine, de bonnes teintureries. Sa compagnie d'assurance sur la vie et contre l'incendie est renommée.

A 1/4 de lieue au S.-E. de la ville se trouve le Seeberg, montagne de 1191 pieds d'élévation, avec un excellent et célèbre observatoire.

La principauté dont Gotha est le chef-lieu a une superficie de 45 l. c.; elle renferme une pop. de 91,400 hab., répartis dans 5 villes, 6 bourgs et 150 villages. Elle est unie et fertile en grains dans sa partie septentrionale; sa partie méridionale est montagneuse et abonde surtout en bois, en fer, en manganèse, en pierres de meule et en houille. Elle forme avec la principauté de Cobourg le duché de Saxe-Cobourg-Gotha.

GOTHARD (Saint-), groupe de montagnes appartenant aux Alpes Lépontiennes et considéré comme le centre de tout le système des Alpes; car c'est de ce point surtout que cette immense chaîne se jette dans toutes les directions. On ne doit prendre comme appartenant au St.-Gothard, que les montagnes renfermées dans une circonférence d'environ 9 l. et bornées vers le N. par la vallée d'Urseren, vers l'O. par l'étroite vallée de Weiten-Wassern, vers le S. par le val Bedretto et le val Canaria, vers l'E. par la vallée de l'Unteralp. Les principaux sommets qui y appartiennent sont, à l'O., le Fibia, haut de 9370 pieds au-dessus du niveau de la mer; le Fieudo, haut de 8890 pieds, et l'Urserenspitz ou l'Orsinolo; vers l'E. le Prosa, haut de 8360 pieds, le Guspis ou la cime du Gothard, haut de 8700 pieds, et le Schipsius, haut de 8240 pieds au-dessus du niveau de la mer. Plusieurs grands fleuves et rivières ont leurs sources dans ce groupe de montagnes; ce sont, au S., le Tessin, découlant de trois petits lacs qui se trouvent près de l'hospice du St.-Gothard; au N.-O. la Reuss, dont la source méridionale vient du lac Luzendro; au N.-E. le Vorder-Rhein, qui est la principale source du Rhin. La source du Rhône au N.-O. ne paraît plus devoir appartenir au noyau des montagnes du St.-Gothard.

La route qui conduit du cant. d'Uri dans celui du Tessin, c'est-à-dire qui réunit les vallées d'Urseren et de Liviner, traverse le mont St.-Gothard proprement dit. Le point le plus élevé du passage est à 6650 pieds au-dessus du niveau de la mer. Il se trouve à cet endroit une auberge et il y avait avant 1799 un célèbre hospice de capucins; il fut incendié en 1799, année pendant laquelle l'armée française et l'armée austro-russe se livrèrent de nombreux combats sur le passage du St.-Gothard. Cette route existait déjà au commencement du quatorzième siècle et elle était toujours assez fréquentée. En 1820, les cant. d'Uri et du Tessin en commencèrent une nouvelle, qui est un travail remarquable par les difficultés énormes qu'on a dû vaincre; elle a 18 pieds de largeur, sa pente n'est que de 5 pieds sur 100, et elle est même praticable pour des voitures.

GOTHIE. *Voyez* GOETHALAND.

GOTHS (les), *Gothi*, g. a., peuple de race germanique, qui demeurait dans la partie N.-O. de ce pays. Chassé par les Vénètes, il s'établit vraisemblablement au S.-E. de l'embouchure de la Vistule, le long du Frischhaff. Du temps de Ptolémée, il s'étendit jusqu'au Bug, et vers la fin du second siècle nous le voyons franchir cette frontière méridionale et s'établir, au commencement du troisième, en partie dans la Dacie et en partie sur la côte septentrionale du Pont-Euxin. Pendant 45 années il ravagea ensuite l'Illyrie et la Macédoine, pilla le temple de Diane à Éphèse et détruisit Troie jusqu'à ce qu'enfin, vers 270, il fut battu par l'empereur Claude II (Marcus Aurelius Claudius). Divisé déjà en Ostrogoths et en Visigoths, il fut battu de nouveau, vers 375, par les Huns. Les Visigoths allèrent s'établir, dans la troisième année du règne de Valens, dont ils avaient obtenu quelques territoires, sur la rive méridionale du Danube, où ils devinrent partisans de l'Arianisme. Du temps de la migration des peuples, ils traversèrent la Gaule, l'Italie et l'Espagne. Ils fondèrent en Gaule un royaume, que la puissance des Francs a bien pu ébranler, mais qui continua néanmoins à subsister en Espagne pendant plusieurs siècles encore, et qui ne fut détruit par les Arabes qu'en 713. Les Ostrogoths, sous la conduite de leur roi Théodoric, battirent vers 492, près de Ravennes, Odoacre, le roi des Hérules et des Turcilingiens, et s'emparèrent, en 546 et en 549, sous leur roi Totila, de Rome et de l'Italie septentrionale. Leur royaume fut détruit, vers le milieu du sixième siècle, par l'empereur Justinien, qui avait envoyé pour les combattre ses deux généraux Narcès et Bélisaire.

GOTLAND, île suédoise dans la mer Baltique; d'une superficie de 49 milles c., elle est située à 10 l. de la côte de Suède, entre 56° 57' et 57° 59' lat. sept., entre 15° 38' et 17° 27' long. orient. Elle se présente comme un plateau calcaire entouré d'écueils; son climat est très-tempéré; son sol fertile et elle possède de grandes richesses ornithologiques, botaniques et minéralogiques. Elle forme, avec quelques îlots qui l'entourent, le gouv. de Gotland; Wisby en est le chef-lieu. Il ne s'y trouve point de nobles; 40,000 habitants y vivent la plupart dans des fermes isolées.

GOTTENHAUSEN, vg. de Fr., Bas-Rhin, arr. et poste de Saverne, cant. de Marmoutier; 250 hab.

GOTTERN, vg. de Prusse, prov. de Saxe, rég. d'Erfurt; 1850 hab.

GOTTESBERG, pet. v. de Prusse, prov. de Silésie, rég. de Breslau, située sur la pente d'une montagne, à 1730 pieds au-dessus du niveau de la mer; mines de houille aux environs; commerce de toiles; 2190 h.

GOTTESGAB, pet. v. de Bohême, cer. d'Ellbogen, près de la source du Schwarzwasser, encaissé entre des montagnes élevées et très-sauvages; mines de fer et d'étain; tourbières; fabrication de dentelles; 1300 hab.

GOTTESHEIM, vg. de Fr., Bas-Rhin, arr., cant. et poste de Saverne; 420 hab.

GOTTESTHAL. *Voyez* VALDIEU.

GOTTHARD (Saint-), b. de Hongrie, cer. au-delà du Danube, comitat d'Eisenbourg, sur la Raab; culture de vin; foires très-fréquentées; bataille de 1664; 900 hab.

GOTTLIEBEN, b. d'environ 300 hab., chef-lieu d'un district dans le bge de Thurgovie; son château-fort, vraisemblablement construit en 1250 par l'évêque de Constance, servit de prison en 1415 à Jean XXIII et à Jean Huss pendant le concile de Constance. C'est de là aussi que Jérôme de Prague, l'ami de ce dernier, fut envoyé à la mort.

GOTTO, contrée peu connue de la Nigritie occidentale, au S. du Djoliba, entre le Bambarra et le Tombouctou; divisée autrefois en plusieurs petits états soumis à des chefs tributaires du Bambarra, elle ne paraît former aujourd'hui qu'un seul état indépendant, avec une capitale appelée Moossie ou Mossidou, du nom de son fondateur Moossée.

GOTTOLENGO, b. du roy. Lombard-Vénitien, gouv. de Milan, délégation de Brescia; 2500 hab.

GOTTORP, duché du roy. de Danemark, dans le Jutland méridional, renfermant la v. de Schleswig.

GOTTORP, château près de Schleswig, anciennement résidence des princes de Holstein-Gottorp, aujourd'hui résidence du gouverneur des duchés de Schleswig et de Holstein.

GOTTSCHEE, pet. v. d'Illyrie, gouv. de Laibach, cer. de Neustædtl, avec un beau château; fabrication de toiles, de poterie et d'objets en bois, dont on fait un commerce très-étendu; 1800 hab.

GOTYNIN, v. du roy. de Pologne, chef-lieu d'un district dans le gouv. de Mazovie, et située dans une plaine entourée de marais; 1600 hab.

GOUAIX, vg. de Fr., Seine-et-Marne, arr. de Provins, cant. et poste de Bray-sur-Seine; 1060 hab.

GOUALADE, vg. de Fr., Gironde, arr. de Bazas, cant. et poste de Captieux; 350 hab.

GOUALIOR ou GWALIOR, v. de l'Inde, capitale du roy. de Sindhia, chef-lieu du district de même nom. Goualior est une des places les plus fortes de l'Indoustan et souvent on lui donne le nom de Gibraltar indien. Une colline de 342 pieds anglais de hauteur s'élève au milieu d'une plaine cernée par les montagnes; c'est sur cette colline qu'est assise la forteresse où l'on n'arrive que par un chemin taillé dans le roc et par une seule entrée défendue par sept portes. L'enceinte renferme de vastes édifices, des puits et même des champs cultivés à l'usage de la garnison. Les rois du Sindhia y renferment leurs richesses; les grands-mogols y tenaient captifs les princes de leur famille qui leur donnaient de l'ombrage; pour les amuser on y entretenait une grande ménagerie. La ville est bâtie en amphithéâtre à l'E. de cette colline; ses maisons sont généralement en pierre. Elle renferme un beau palais et un grand nombre de pagodes et de mosquées. La population, que Balbi évalue à 80,000 âmes, est industrieuse et fait un commerce considérable en coton, indigo et autres denrées du pays. Les Anglais surprirent cette ville le 5 août 1780.

GOUARD (Saint-), ham. de Fr., Deux-Sèvres, com. d'Ardin; 170 hab.

GOUARI, pet. roy. peu connu de la Nigritie centrale, au N.-E. de celui de Niffé et au S.-O. du Cachenah et des monts Naroa, capitale de même nom, à 55 l. S.-S.-O. de Cachenah.

GOUAUX, vg. de Fr., Hautes-Pyrénées, arr. de Bagnères-en-Bigorre, cant. et poste d'Arreau; 170 hab.

GOUAUX-DE-LARBOUST, vg. de Fr., Haute-Garonne, arr. de St.-Gaudens, cant. et poste de Bagnères-de-Luchon; 190 hab.

GOUAUX-DE-LUCHON, vg. de Fr., Haute-Garonne, arr. de St.-Gaudens, cant. et poste de Bagnères-de-Luchon; 290 hab.

GOUBERVILLE, vg. de Fr., Manche, arr. de Cherbourg, cant. et poste de St.-Pierre-Église; 390 hab.

GOUBY, ham. de Fr., Creuse, com. de St.-Silvain-Bas-le-Roc; 130 hab.

GOUCHAUPRÉ, vg. de Fr., Seine-Inférieure, arr. de Dieppe, cant. et poste d'Envermeu; 180 hab.

GOUDA, v. du roy. de Hollande, gouv. de la Hollande méridionale, dist. et à 4 1/2 l. de Rotterdam, sur la Gouwe qui y dérive de l'Yssel. Parmi ses cinq églises, celle de St.-Jean est remarquable pas ses grandes dimensions et les peintures à l'huile et sur verre, exécutées par les frères Crabeth, van Zyl et Vrye; la place du marché, dont un côté est occupé par la maison de ville, est grande et régulière. Gouda possède des manufactures de tissus de laine et de poterie; des tuileries et l'entrepôt principal du commerce des fromages doux de la province et de celle d'Utrecht; la fabrication des pipes de terre occupe jusqu'à 5000 ouvriers; navigation active. Cette ville correspond avec Amsterdam (10 l.) par un canal qui part de l'Yssel, coupe le Rhin à Alphen et se verse dans l'Amstel; 12,000 hab.

GOUDARGUES, vg. de Fr., Gard, arr. d'Uzès, cant. et poste de Pont-St.-Esprit; 1140 hab.

GOUDELANCOURT-LÈS-BERRIEUX, vg. de Fr., Aisne, arr. de Laon, cant. de Craonne, poste de Corbeny; 200 hab.

GOUDELANCOURT-LÈS-PIERREPONT, vg. de Fr., Aisne, arr. de Laon, cant. de Sissonne, poste de Montcornet; 320 hab.

GOUDELIN, vg. de Fr., Côtes-du-Nord,

arr. de Guingamp, cant. de Pluagat, poste de Châtelaudren ; 2370 hab.

GOUDEROU, contrée montagneuse et boisée, à l'extrémité S.-O. de l'Abyssinie, au N. du roy. d'Enarea, avec une ville de même nom, à 35 l. N. de Gonea.

GOUDET, vg. de Fr., Haute-Loire, arr. du Puy, cant. et poste du Monastier; fabr. de chapellerie; 560 hab.

GOUDEX, vg. de Fr., Haute-Garonne, arr. de St.-Gaudens, cant. et poste de l'Isle-en-Dodon; 130 hab.

GOUDINIE, plaine vaste et fertile de la colonie du Cap, dans la partie méridionale du dist. de Tulbagh ; bétail et chevaux nombreux; pâturages et fruits excellents.

GOUDON, vg. de Fr., Hautes-Pyrénées, arr. de Tarbes, cant. et poste de Tournay; 450 hab.

GOUDOU, ham. de Fr., Lot, com. de la Bastide ; 440 hab.

GOUDOU, ham. de Fr., Lot, com. de Peyrilles ; 130 hab.

GOUDOURVIELLE, ham. de Fr., Gers, com. de Lias; 170 hab.

GOUDOURVILLE, vg. de Fr., Tarn-et-Garonne, arr. de Moissac, cant. et poste de Valence-Agen ; 530 hab.

GOUDROSSE, ham. de Fr., Landes, com. de Souprosse ; 150 hab.

GOUÉ, ham. de Fr., Charente, com. de Mansle; 260 hab.

GOUECOURT, vg. de Fr., Vosges, arr. et poste de Neufchâteau, cant. de Coussey; 100 hab.

GOUENO (Saint-), vg. de Fr., Côtes-du-Nord, arr. de Loudéac, cant. de Colinée, poste de Moncontour; 1360 hab.

GOUESNACH, vg. de Fr., Finistère, arr. et poste de Quimper, cant. de Fouesnant ; 640 h.

GOUESNIÈRE (la), vg. de Fr., Ille-et-Vilaine, arr. de St.-Malo, cant. de St.-Servan, poste de Châteauneuf-en-Bretagne; 880 h.

GOUESNOU, b. de Fr., Finistère, arr., cant. et poste de Brest; 1600 hab.

GOUET (le), riv. de Fr., Côtes-du-Nord ; elle a sa source dans les environs de Quintin, chef-lieu de canton de l'arr. de St.-Brieuc, coule vers le N.-N.-E., passe par Quintin et se jette dans la Manche, à 2 l. N.-N.-E. de St.-Brieuc, après 10 l. de cours.

GOUEX, vg. de Fr., Vienne, arr. de Montmorillon, cant. et poste de Lussac; forges et hauts-fourneaux; 600 hab.

GOUEY, vg. de Fr., Manche, arr. et poste de Valognes, cant. de Briquebec ; 1000 hab.

GOUEY, prov. du pays de Galam, en Sénégambie, dont le prince ou tonka de Touabo est le chef.

GOUÉZEC, vg. de Fr., Finistère, arr. et poste de Châteaulin, cant. de Pleyben ; 1560 hab.

GOUFEL, pet. roy. peu connu de la Nigritie centrale, entre le Gourouma et le Borgou, chef-lieu de même nom, à 80 l. S.-O. de Boussa.

GOUGENHEIM, vg. de Fr., Bas-Rhin, arr. de Strasbourg, cant. et poste de Truchtersheim; 680 hab.

GOUGH. *Voyez* DIÉGO-ALVAREZ.

GOUH, principauté Kurde, soumise à la Turquie d'Asie et située dans l'éyalet de Diarbekir, sur les frontières de celui de Van. Le chef de cette principauté habite le château de Gouh.

GOUHELANS, vg. de Fr., Doubs, arr. de Baume-les-Dames, cant. et poste de Rougemont; 520 hab.

GOUHENANS, vg. de Fr., Haute-Saône, arr. et poste de Lure, cant. de Villersexel ; exploitation de houille; 595 hab.

GOUILLE, ham. de Fr., Doubs, com. de Beure; fabr. de fer-blanc, tôle, feuillards, etc.; forges; 120 hab.

GOUILLONS, vg. de Fr., Eure-et-Loir, arr. de Chartres, cant. de Janville, poste d'Angerville; fabr. de bonneterie; 340 hab.

GOUINA, b. de l'état Peul de Casson ou Kasso, en Sénégambie, non loin du Sénégal, qui y forme une belle cataracte, à 5 l. S.-S.-O. de Balandou.

GOUIS, ham. de Fr., Maine-et-Loire, com. de Durtal ; 330 hab.

GOUIZE, vg. de Fr., Allier, arr. et poste de Moulins-sur-Allier, cant. de Neuilly-le-Réal ; 210 hab.

GOUJON, ham. de Fr., Gers, com. d'Auradé; 120 hab.

GOUJOUNAC, vg. de Fr., Lot, arr. de Cahors, cant. de Cazals, poste de Castelfranc ; forges; 710 hab.

GOULAFRIÈRE (la), vg. de Fr., Eure, arr. de Bernay, cant. de Broglie, poste de Montreuil-l'Argillé; 430 hab.

GOULAINE-BASSE, vg. de Fr., Loire-Inférieure, arr. et poste de Nantes, cant. de Vertou; 1500 hab.

GOULAINE-HAUTE, vg. de Fr., Loire-Inférieure, arr. et poste de Nantes, cant. de Vertou; 1500 hab.

GOULBOURN, b. du Haut-Canada, dist. de Johnstown.

GOULD'ISLAND, île assez fertile et habitée par des pêcheurs dans la baie de Narraganset, au S.-E. dans l'état de Rhode-Island, États-Unis de l'Amérique du Nord ; elle est située à l'E. de l'île Canonicut.

GOULDJA. *Voyez* ILI.

GOULÈME, ham. de Fr., Lot, com. de Concorés; 130 hab.

GOULENS, ham. de Fr., Lot-et-Garonne, com. de Layrac; 240 hab.

GOULET, vg. de Fr., Orne, arr. d'Argentan, cant. et poste d'Écouché; 570 hab.

GOULET (le), ham. de Fr., Seine-Inférieure, com. des Grandes-Ventes; 180 hab.

GOULIAY ou OULEAÏ, ULEA, groupe de 22 îles de l'archipel des Carolines, Polynésie ou Océanie orientale, sous 7° lat. N. et 141° 30' long. E. Ces îles, dont celle d'Ouleaï est la plus considérable, sont très-fertiles et bien arrosées. Les habitants de ce groupe sont les plus policés et les plus habiles navigateurs de tout l'archipel. Ils sont soumis à un roi indigène, dont la domination s'étend sur plusieurs autres groupes du même archipel.

GOULIEN, vg. de Fr., Finistère, arr. de Quimper, cant. et poste de Pont-Croix; 900 hab.

GOULIER, vg. de Fr., Arriège, arr. de Foix, cant. de Vic-Dessos, poste de Tarascon-sur-Arriège; 1320 hab.

GOULLES, vg. de Fr., Corrèze, arr. de Tulle, cant. de Mercœur, poste d'Argentat; 1400 hab.

GOULLES (les), vg. de Fr., Côte-d'Or, arr. de Châtillon-sur-Seine, cant. et poste de Montigny-sur-Aube; 150 hab.

GOULOTTE (la), ham. de Fr., Haute-Saône, com. de Melissey; 520 hab.

GOULOUX, vg. de Fr., Nièvre, arr. de Château-Chinon, cant. et poste de Montsauche; 505 hab.

GOULT, ham. de Fr., Orne, com. de la Lande-de-Goult; 160 hab.

GOULT, vg. de Fr., Vaucluse, arr. et poste d'Apt, cant. de Gordes; 1320 hab.

GOULU (le), ham. de Fr., Ain, com. de Farcins; 140 hab.

GOULVEN, vg. de Fr., Finistère, arr. de Brest, cant. et poste de Lesneven; 730 hab.

GOUMBO, pet. v. dans la partie septentrionale du Bambarra, en Nigritie, sur les confins du roy. de Birou; à 60 l. N.-N.-O. de Ségo.

GOUMEL, v. de la Sénégambie septentrionale, dans le pays des Foulahs, gouvernée par un prince appelé Siratic, à 6 l. N.-E. de Gaoual.

GOUMENEX, ham. de Fr., Creuse, com. de Vigeville; 140 hab.

GOUMOIS, vg. de Fr., Doubs, arr. de Montbéliard, cant. de Maiche, poste de St.-Hippolyte; 250 hab.

GOUMSUR ou GOOMSUR, v. de l'Inde anglaise, présidence de Madras, circars du Nord. Elle est située au milieu d'une forêt de bambous, dans un territoire très-insalubre. Le zemindar qui y réside, autrefois puissant et presque indépendant, a été soumis, en 1815, par les Anglais et privé d'un grand nombre de ses priviléges.

GOUMTI ou GOMUT, fl. de l'Inde; traverse le Haut-Tiperah, dans l'Inde transgangétique, le Bas-Tiperah, dans le Bengale, et se jette dans le Brahmapoutra.

GOUMTY ou GOOMTY, fl. de l'Inde, affluent du Gange; sort d'un petit lac au N. de Poorunpour, se dirige vers le S.-E. et s'embouche dans le Gange, près de Chantrowtee, après avoir reçu les eaux du Junmoarye, du Sye, etc.

GOUNDAL ou GOONDUL, pet. principauté de l'Inde, dans le Guzerate, tributaire des Anglais. Son chef-lieu, résidence du radjah, porte le même nom. Le fort de Khundadar appartient à cette principauté.

GOUNDE-GOUNDE, dist. dans la prov. d'Agamé, roy. de Tigré, Abyssinie.

GOUNDOROVSKAIA, v. de la Russie d'Europe méridionale, dans le pays des Cosaques du Don; 5000 hab.

GOUPILIÈRES, vg. de Fr., Seine-et-Oise, arr. de Rambouillet, cant. de Montfort-l'Amaury, poste de Thoiry; 370 hab.

GOUPILLIÈRES, vg. de Fr., Calvados, arr. de Caen, cant. et poste d'Evrecy; 200 hab.

GOUPILLIÈRES, vg. de Fr., Eure, arr. de Bernay, cant. et poste de Beaumont-le-Roger; fabr. de velours et basin; 1280 hab.

GOUPILLIÈRES, vg. de Fr., Seine-Inférieure, arr. de Rouen, cant. de Pavilly, poste de Barentin; 330 hab.

GOURA, pet. v. de la Haute-Guinée, à l'extrémité occidentale de la côte d'Or, dans le Ouarsa, sur la rive droite de l'Ancobra, à 12 l. N. d'Axim.

GOURAINCOURT, vg. de Fr., Meuse, arr. de Montmédy, cant. et poste de Spincourt; 210 hab.

GOURA-KHAN, fort du roy. de Hérat, prov. de Siahboud, où réside un khan des Eimaks.

GOURAY (le), vg. de Fr., Côtes-du-Nord, arr. de Loudéac, cant. de Colinée, poste de Moncontour; 2300 hab.

GOURBEL (le), ham. de Fr., Aude, com. de Labeude; 120 hab.

GOURBERA, vg. de Fr., Landes, arr., cant. et poste de Dax; 265 hab.

GOURBESVILLE, vg. de Fr., Manche, arr. de Valognes, cant. et poste de Ste.-Mère-Église; 580 hab.

GOURBIT, vg. de Fr., Arriège, arr. de Foix, cant. et poste de Tarascon-sur-Arriège; 800 hab.

GOURCHELLES, vg. de Fr., Oise, arr. de Beauvais, cant. de Formerie, poste d'Aumale; 200 hab.

GOURDAN, vg. de Fr., Haute-Garonne, arr. de St.-Gaudens, cant. de St.-Bertrand, poste de Montrejeau; construction de bateaux; carrières de granit; 1190 hab.

GOURDIÉGES, vg. de Fr., Cantal, arr. de St.-Flour, cant. et poste de Pierrefort; 270 h.

GOURDON, vg. de Fr., Ardèche, arr., cant. et poste de Privas; 700 hab.

GOURDON, v. de Fr., Lot, chef-lieu d'arrondissement, à 9 l. N. de Cahors et à 140 l. S. de Paris; siège d'un tribunal de première instance; direction des contributions indirectes et conservation des hypothèques. Elle est bâtie près de la petite rivière de la Bleue, sur une butte sablonneuse, adossée à un rocher de grès quarzeux, sur lequel on voit les ruines d'un vieux château fort. Une promenade très-agréable entoure la ville. L'église paroissiale est un édifice assez remarquable. Commerce de vins et de bestiaux. Foires le 7 janvier, le premier vendredi de carême, le samedi après la mi-carême, le mercredi après Pâques, le lendemain de l'Ascension, les 30 juin, 22 juillet et 9 octobre; 5334 hab.

Gourdon est une ville très-ancienne; elle existait déjà sous les Mérovingiens; mais c'est surtout pendant la guerre des Anglais qu'elle eut de l'importance comme place de guerre. Pendant les guerres de religion, elle fut prise successivement par les catholiques et par les protestants. Son château fut démoli, en 1619, par les ordres du duc de Mayenne.

GOURDON, vg. de Fr., Saône-et-Loire, arr. de Châlon-sur-Saône, cant. de Mont-St.-Vincent, poste de Joncy; 780 hab.

GOURDON, vg. de Fr., Var, arr. et poste de Grasse, cant. du Bar; 260 hab.

GOUREL, ham. de Fr., Seine-Inférieure, com. de Brachy; 150 hab.

GOURFALEUR, vg. de Fr., Manche, arr. et poste de St.-Lô, cant. de Canisy; 660 h.

GOURGANSON, vg. de Fr., Marne, arr. d'Épernay, cant. et poste de Fère-Champenoise; 400 hab.

GOURGAS, ham. de Fr., Hérault, com. de St.-Étienne-de-Gourgas; 190 hab.

GOURGÉ, vg. de Fr., Deux-Sèvres, arr. et poste de Parthenay, cant. de St.-Loup; bons vins; 1260 hab.

GOURGEON, vg. de Fr., Haute-Saône, arr. de Vesoul, cant. et poste de Combeaufontaine; 630 hab.

GOURGON (Saint-), vg. de Fr., Loir-et-Cher, arr. de Vendôme, cant. de St.-Amand, poste de Château-Renault; 290 hab.

GOURGON (Saint-), Orne. *Voyez* AVERNES-SAINT-GOURGON.

GOURGOUILLAC, ham. de Fr., Tarn, com. de Salvagnac; 120 hab.

GOURGUE, vg. de Fr., Hautes-Pyrénées, arr. et poste de Bagnères-en-Bigorre, cant. de Lannemezan; 120 hab.

GOURHEL, vg. de Fr., Morbihan, arr., cant. et poste de Ploermel; 210 hab.

GOURIE ou **GHOURIA**, **GHURIA**, prov. russe de la mer Noire; est située entre 38° 42' et 39° 30' long. orient., et 41° 21' et 42° 11' lat. N., et bornée au N. par la Mingrélie, au N.-E. par l'Iméréthie, à l'E. par la Géorgie ottomane; au S. par la Turquie d'Asie; sa superficie est de près de 200 l. c. ou 1300 werstes c. Comme les autres provinces géorgiennes, elle a un sol fertile; sa population, qui est de 36 à 37,000 âmes, se compose de Géorgiens, d'Arméniens, de Turcomans, de Juifs et de Circassiens. Ils professent la religion du rit grec-géorgien et ont deux évêques; le dialecte qu'ils parlent est mêlé de beaucoup de mots turcs. La Gourie, habitée par un peuple belliqueux qui peut mettre 5000 hommes sous les armes, est une bonne frontière contre la Turquie; le pays est encore dévasté, et les nombreuses ruines de villages et de châteaux témoignent des ravages auxquels cette contrée a été exposée.

La Gourie est l'ancienne Colchide; elle fait partie dans la suite de l'Ibérie, mais au moyen âge elle se détacha de ce pays et une famille noble s'empara du pouvoir; le prince s'appela le Gouriel, nom qui a souvent été donné au pays lui-même. En 1810 le Gouriel, qui jusqu'alors avait reconnu la suzeraineté de la Porte ottomane, reconnut celle de la Russie, qui en échange lui accorda le titre de lieutenant-général et une forte pension. Cette nouvelle position des Gouriels ne dura guères. Après la mort du Gouriel Mamia, sa dignité avait passé à son fils mineur, auquel l'empereur avait donné un conseil de tutelle composé des principaux nobles du pays. La mère du jeune homme était régente et présidait le conseil. Elle voulut s'emparer du gouvernement, mais échoua et s'enfuit en Turquie avec son fils. On lui ordonna de renvoyer son fils, sous la menace de faire perdre à celui-ci la souveraineté de son pays. La mère s'obstina, et, en 1829, un décret impérial déclara la Gourie province russe. La Gourie russe ne renferme aucune ville importante; au midi de cette province est une petite fraction de l'ancienne Gourie: la Gourie turque, où se trouve Batoum, l'un des meilleurs ports de la mer Noire.

GOURIN, pet. v. de Fr., Morbihan, arr. et à 11 l. N.-O. de Pontivy, chef-lieu de canton, poste du Faouet; 3994 hab.

GOURLISON, ham. de Fr., Finistère, com. de Plonéis; 360 hab.

GOURMENEUF, ham. de Fr., Côtes-du-Nord, com. de Ploeuc; 190 hab.

GOURNAY, ham. de Fr., Aube, com. de Troyes; 120 hab.

GOURNAY, vg. de Fr., Indre, arr. de la Châtre, cant. et poste de Neuvy-St.-Sépulchre; mines de fer 720 hab.

GOURNAY, vg. de Fr., Deux-Sèvres, arr. de Melle, cant. et poste de Chef-Boutonne; 760 hab.

GOURNAY-EN-BRAY, pet. v. de Fr., Seine-Inférieure, arr. à 10 l. S.-S.-E. de Neufchâtel et à 21 l. de Paris, chef-lieu de canton et poste. Cette ville, fort ancienne, dont l'origine remonte au temps des Gaulois, est située sur la rive gauche de l'Epte et environnée de jolis boulevards, qui remplacent ses antiques fortifications. Elle est bien bâtie et renommée pour son beurre et pour les sources minérales de ses environs; elle a aussi des tanneries et des corroieries. Commerce de beurre, de volaille, de bestiaux et de fromage; 3154 hab.

GOURNAY-EN-CAUX, ham. de Fr., Seine-Inférieure, com. de Gonfreville-l'Orcher; 100 hab.

GOURNAY-LE-GUÉRIN, vg. de Fr., Eure, arr. d'Évreux, cant. de Verneuil, poste de Chantri; 370 hab.

GOURNAY-SUR-ARONDE, vg. de Fr., Oise, arr. de Compiègne, cant. et poste de Rossons; 1030 hab.

GOURNAY-SUR-MARNE, vg. de Fr., Seine-et-Oise, arr. de Pontoise, cant. de Gonesse, poste de Noisy-le-Grand; 140 hab.

GOURNETS, vg. de Fr., Eure, arr. des Andelys, cant. d'Écouis, poste de Fleury-sur-Andelle; 220 hab.

GOURNIER (le), ham. de Fr., Hautes-Alpes, com. de Réalon; 200 hab.

GOUROUDJE, pet. v. du roy. de Hérat, dans l'ancienne Perse, remarquable par ses eaux thermales. On exploite dans son voisinage de riches mines de fer et de plomb.

GOUROUK ou **GURUK**, v. de la Turquie d'Asie, paschalik de Caramanie, est située sur l'Eugysu, et se compose proprement de deux villes bâties sur les versants opposés d'une montagne. Les habitants y demeurent alternativement, suivant les saisons; ils sont environ au nombre de 10,000, la plupart Grecs ou Arméniens et vivant de négoce.

GOURRE, ham. de Fr., Puy-de-Dôme, com. d'Ambert; 140 hab.

GOURS (les), vg. de Fr., Charente, arr. de Ruffec, cant. et poste d'Aigre; 310 hab.

GOURS, vg. de Fr., Gironde, arr. de Libourne, cant. de Lussac, poste de St.-Médard; 390 hab.

GOURSON (Saint-), vg. de Fr., Charente, arr., cant. et poste de Ruffec; 560 hab.

GOURVIEILLE, vg. de Fr., Aude, arr. de Castelnaudary, cant. et poste de Salles-sur-l'Hers; 160 hab.

GOURVILLE, vg. de Fr., Charente, arr. d'Angoulême, cant. de Rouillac, poste d'Aigre; 1180 hab.

GOURVILLE, ham. de Fr., Seine-et-Oise, com. de Prunay-sous-Ablis; 260 hab.

GOURVILLETTE, vg. de Fr., Charente-Inférieure, arr. de St.-Jean-d'Angely, cant. et poste de Matha; 420 hab.

GOURZON, vg. de Fr., Haute-Marne, arr. de Vassy, cant. de Chevillon, poste de St.-Dizier; 230 hab.

GOUSSAINCOURT, vg. de Fr., Meuse, arr. de Commercy, cant. et poste de Vaucouleurs; 450 hab.

GOUSSAINVILLE, vg. de Fr., Eure-et-Loir, arr. de Dreux, cant. d'Anet, poste d'Houdan; 580 hab.

GOUSSAINVILLE, vg. de Fr., Seine-et-Oise, arr. de Pontoise, cant. et poste de Gonesse; fabr. de dentelles; 660 hab.

GOUSSANCOURT, vg. de Fr., Aisne, arr. de Château-Thierry, cant. et poste de Fère-en-Tardenois; 420 hab.

GOUSSAUD (Saint-), vg. de Fr., Creuse, arr. de Bourganeuf, cant. et poste de Bénévent; 1030 hab.

GOUSSE, vg. de Fr., Landes, arr. de Dax, cant. de Montfort, poste de Tartas; 220 h.

GOUSSIES, ham. de Fr., Landes, com. de Frèche; 190 hab.

GOUSSONVILLE, vg. de Fr., Seine-et-Oise, arr. et cant. de Mantes, poste d'Épône; 270 hab.

GOUSTAN (Saint-), ham. de Fr., Morbihan, com. d'Auray; 600 hab.

GOUSTRANVILLE-SAINT-CLAIR, vg. de Fr., Calvados, arr. de Pont-l'Évêque, cant. de Dives, poste de Dozullé; 340 hab.

GOUTET (le), ham. de Fr., Eure, com. de St.-Pierre-d'Autils; 160 hab.

GOUTEVERNISSE, vg. de Fr., Haute-Garonne, arr. de Muret, cant. et poste de Rieux; 210 hab.

GOUTH, fl. des États-Unis de l'Amérique du Nord; il naît dans l'état de Vermont, sous le nom de Pultney, traverse l'East-Bay, se grossit par le Pawlet et l'écoulement de la South-Bay, reçoit à Mont-Défiance l'écoulement du lac George, et se décharge dans le lac Champlain.

GOUTIÈRE (la), ham. de Fr., Seine-et-Oise, com. de Neauphle-le-Château; 130 h.

GOUTIÈRES, vg. de Fr., Puy-de-Dôme, arr. de Riom, cant. et poste de St.-Gervais; 800 hab.

GOUTRENS, ham. de Fr., Aveyron, com. de Cassagnes-Comtaux; 170 hab.

GOUTRIRIAT, ham. de Fr., Isère, com. de St.-Barthélemy-de-Beaurepaire; 150 h.

GOUTS, vg. de Fr., Dordogne, arr. de Ribérac, cant. et poste de Verteillac; 440 h.

GOUTS, ham. de Fr., Lot-et-Garonne, com. de Cocumont; 100 hab.

GOUTS, ham. de Fr., Tarn-et-Garonne, com. de Montaigut; 150 hab.

GOUTTERIDOS (les), ham. de Fr., Vosges, com. de Gérardmer; 130 hab.

GOUTTES (les Hautes et Basses-), ham. de Fr., Haute-Marne, com. de Breuvannes; 110 hab.

GOUTTES (les), ham. de Fr., Vosges, com. de Ruaux; 280 hab.

GOUTTIÈRES, vg. de Fr., Eure, arr. et poste de Bernay, cant. de Beaumesnil; 440 h.

GOUTTO, prov. du roy. de Gondar, en Abyssinie, au S. de celle de Maitscha; riche en bétail et en miel, mais peu peuplée : Delacus, chef-lieu.

GOUTX, vg. de Fr., Gers, arr. de Lectoure, cant. et poste de Fleurance; 490 h.

GOUTY ou **GOOTY**, v. de l'Inde anglaise, présidence de Madras, prov. de Balaghat; elle est située sur une très-haute montagne, entourée de nombreux ouvrages de défense, et défendue par une citadelle réputée une des plus fortes du Dekkan.

GOUTZ, vg. de Fr., Landes, arr. de St.-Sever, cant. et poste de Tartas; 530 hab.

GOUVEA, fort et place de guerre assez importante, dans l'emp. du Brésil, prov. de Minas-Geraès, comarque de Serro-Frio, sur les frontières du dist. des Diamants.

GOUVEA, b. du Portugal, prov. de Beira, dist. de Guarda; 1950 hab.

GOUVERNES, vg. de Fr., Seine-et-Marne, arr. de Meaux, cant. et poste de Lagny; 390 hab.

GOUVERNET, ham. de Fr., Drôme, com. de St.-Sauveur; 120 hab.

GOUVERNEUR (île du) ou ILHA DO GOVERNADOR, la plus grande des îles situées dans la belle baie de Rio-Janeiro, sur la côte de la prov. de ce nom, emp. du Brésil. Elle a près de 4 l. de longueur de l'E. à l'O., est très-fertile, bien cultivée, offre des sites charmants et de nombreuses maisons de campagne appartenant à de riches propriétaires de Rio-Janeiro. Les habitants de cette île forment une commune et la paroisse de Nossa-Senhora-d'Ajuda (Notre-Dame de bon secours).

GOUVES, vg. de Fr., Pas-de-Calais, arr. et poste d'Arras, cant. de Beaumetz-les-Loges; 170 hab.

GOUVETS, vg. de Fr., Manche, arr. de St.-Lô, cant. de Tessy, poste de Villébaudon; 880 hab.

GOUVIEUX, vg. de Fr., Oise, arr. de Senlis, cant. de Creil, poste de Chantilly; tourbière; tuilerie; filat. hydraulique de coton à chandelles; filat. de laines longues anglaises et autres pour étoffes fines; 1595 h.

GOUVILLE, vg. de Fr., Eure, arr. d'Évreux, cant. et poste de Damville; 310 h.

GOUVILLE, vg. de Fr., Manche, arr. et poste de Coutances, cant. de St.-Malo-de-Lalande; 1160 hab.

GOUVILLE, ham. de Fr., Seine-Inférieure, com. de Claville-Motteville; 250 hab.

GOUVIX, vg. de Fr., Calvados, arr. de Falaise, cant. de Bretteville-sur-Laize, poste de Langannerie; 170 hab. Près de là se trouve le château Outrelaise, avec un parc magnifique, riche en arbres exotiques et en arbres indigènes; il possède aussi un bel établissement pour l'éducation de bêtes à laine de race pure.

GOUVOUX, ham. de Fr., Isère, com. de St.-Victor-de-Morestel; 210 hab.

GOUVRY (Saint-), vg. de Fr., Morbihan, arr. de Ploërmel, cant. de Rohan, poste de Josselin; 210 hab.

GOUX, ham. de Fr., Charente-Inférieure, com. de Pérignac; 280 hab.

GOUX, vg. de Fr., Doubs, arr. de Besançon, cant. et poste de Quingey; 150 hab.

GOUX, vg. de Fr., Doubs, arr. de Montbéliard, cant. de Pont-de-Roide, poste de l'Isle-sur-le-Doubs; 400 hab.

GOUX, vg. de Fr., Gers, arr. de Mirande, cant. et poste de Plaisance; 330 hab.

GOUX, vg. de Fr., Jura, arr., cant. et poste de Dôle; 330 hab.

GOUX, vg. de Fr., Deux-Sèvres, arr. de Melle, cant. et poste de la Mothe-St.-Héraye; 500 hab.

GOUX-LES-USIE, vg. de Fr., Doubs, arr. et poste de Pontarlier, cant. de Devier; 550 hab.

GOUY, vg. de Fr., Aisne, arr. de St.-Quentin, cant. et poste du Catelet; 890 h.

GOUY, vg. de Fr., Seine-Inférieure, arr. de Rouen, cant. de Boos, poste de Pont-de-l'Arche; 400 hab.

GOUY-EN-ARTOIS, vg. de Fr., Pas-de-Calais, arr. d'Arras, cant. de Beaumetz-les-Loges, poste de l'Arbret; 600 hab.

GOUY-EN-TERNOIS, vg. de Fr., Pas-de-Calais, arr. et poste de St.-Pol-sur-Ternoise, cant. d'Aubigny; 350 hab.

GOUY-LES-GROSEILLERS, ham. de Fr., Oise, com. de Bonneuil; 100 hab.

GOUY-L'HOPITAL, vg. de Fr., Somme, arr. d'Amiens, cant. d'Hernoy, poste de Poix; 210 hab.

GOUY-SERVINS, vg. de Fr., Pas-de-Calais, arr. et poste de Béthune, cant. d'Houdain; 380 hab.

GOUY-SOUS-BELLONNE, vg. de Fr., Pas-de-Calais, arr. d'Arras, cant. de Vitry, poste de Douai; 610 hab.

GOUY-SAINT-ANDRÉ, vg. de Fr., Pas-de-Calais, arr. de Montreil-sur-Mer, cant. de Campagne-les-Hesdin, poste d'Hesdin; fabr. de sucre indigène; 1080 hab.

GOUZAGA, gros b. du roy. Lombard-Vénitien, gouv. de Milan, délégation de Crémone, avec 13,487 hab., y compris la population des villages de son canton.

GOUZANGREZ, vg. de Fr., Seine-et-Oise, arr. de Pontoise, cant. et poste de Marines; 120 hab.

GOUZE, vg. de Fr., Basses-Pyrénées, arr. d'Orthez, cant. de Lagor, poste de Lacq; 330 hab.

GOUZEAUCOURT, vg. de Fr., Nord, arr. et poste de Cambrai, cant. de Marcoing; 2010 hab.

GOUZENS, vg. de Fr., Haute-Garonne, arr. de Muret, cant. de Montesquieu-Volvestre, poste de Rieux; 210 hab.

GOUZILS (les), ham. de Fr., Lot-et-Garonne, com. de St.-Martin-les-Castons; 110 hab.

GOUZON, pet. v. de Fr., Creuse, arr. de Boussac, cant. de Jarnages, poste; 1420 h.

GOUZOUGNAT, vg. de Fr., Creuse, arr. de Boussac, cant. de Jarnages, poste de Gouzon; 380 hab.

GOVAN, paroisse considérable d'Écosse, comté de Lanerk, sur la Clyde; 12,000 hab.

GOVEN, vg. de Fr., Ille-et-Vilaine, arr. de Redon, cant. de Guichen, poste de Lohéac; 2070 hab.

GOVENS (Saint-), cap au S.-O. de la principauté de Galles.

GOVERNOLO, *Castellum Gubernium*, b. du roy. Lombard-Vénitien, gouv. de Milan, délégation de Mantoue, sur le Pô.

GOVERNOR, pet. île sur la côte de l'île du Prince-Edouard, dont elle dépend; elle fait partie du comté de Queens, dans l'Amérique anglaise.

GOVERNORS-HARBOUR, établissement avec de belles plantations d'ananas, au N.-O. de l'île d'Éleuthéra (groupe des Bahamas).

GOVERNORS-MOUNT. *Voyez* WINDHAM (comté).

GOVILLER, vg. de Fr., Meurthe, arr. de Nancy, cant. et poste de Vezelise; 860 hab.

GOVONE, b. du roy. de Sardaigne, principauté de Piémont, prov. d'Alba, sur le Tanaso, avec un beau château et 2701 hab.

GOWARCZOW, v. de Pologne, woïwodie de Sandomierz; 1000 hab.

GOXWILLER, vg. de Fr., Bas-Rhin, arr. de Schléstadt, cant. d'Obernai, poste de Barr; 640 hab.

GOYANNA, fl. de l'emp. du Brésil, prov. de Pernambuco; se forme de deux branches, le Tracunhæn et le Capibari-Mirim, coule de l'O. à l'E. et se jette dans l'Océan Atlantique, à 3 l. N. de l'île d'Itamaraca.

GOYANNA, v. florissante de l'emp. du Brésil, prov. de Pernambuco, comarque d'Olinda, sur le Goyanna, à 22 l. N.-N.-O. d'Olinda; elle est bien bâtie et renferme un collége, un hôpital et deux couvents; culture, manufactures et commerce de coton; 5500 hab.

GOYAVE (la), baie à l'E. de la Guadeloupe proprement dite, dans le Petit-Cul-de-Sac, reçoit la rivière du même nom. L'île de Goyave, avec une bonne rade, est située en face de cette baie, à 1/2 l. S. de la Pointe-Malendure.

GOYAVE (la), b. et chef-lieu de canton, sur la côte E. de la Guadeloupe proprement dite, arr. de Basse-Terre; il est situé à l'embouchure de la Petite-Goyave dans la baie de ce nom, a un bon port et fait le commerce; 2600 hab., y compris ceux de ses environs immédiats.

GOYAVE (la Grande-), la rivière la plus considérable de la Guadeloupe proprement dite; naît de deux sources dans les montagnes de Paletuviers, coule du S. au N. et se décharge, après un cours de 4 l., dans le Grand-Cul-de-Sac, au N. de la baie du Lamentin.

GOYAVE (la Petite-), riv. de la Guadeloupe proprement dite; naît à l'E. de l'île dans les montagnes de l'ancien marquisat de Ste.-Marie, baigne le b. de la Goyave et débouche dans le Petit-Cul-de-Sac, après un cours de 3 1/2 l.

GOYAZ, une des plus grandes prov. de l'emp. du Brésil, dont elle occupe presque le centre; elle est bornée au N. par la prov. de Para, au N.-E. par celle de Maranhao, à l'E. par les prov. de Piauhy, de Pernambuco et de Minas-Geraès, au S.-E. par Minas-Geraès, au S. par la prov. de San-Paolo et à l'O. par les prov. de Matto-Grosso et de Para. Sa plus grande longueur, du N. au S., est de 420 l., et sa largeur, de l'E. à l'O., de 160 l. Toute son étendue est évaluée à 15,000 l. c. géogr., avec 200,000 habitants, y compris différentes tribus d'Indiens, qui encore sauvages et indépendants, errent dans les districts montagneux au N. et au S. de ce vaste pays. Les plus considérables de ces peuplades libres sont : les Chavantes, dans les districts qui avoisinent le cours inférieur du Tocantin; les Cayapos au S., au pied de la Sierra de Santa-Marta; les Xerentes, voisins des Chavantes; les Cortys, les Tapacoa, les Cupinharos, les Tementos, etc.

Goyaz est un pays très-montagneux, traversé, du S. au N., par la Sierra dos Vertentes; d'autres chaînes de montagnes y entrent, soit de Minas-Geraès à l'E., soit de Matto-Grosso à l'O. Parmi les premières nous citons : la Sierra da Canastra, avec les Sierras dos Cristaès et da Marcella, continuation de la première; les Montes-Pyrénéos, avec les Montes-Claros, leur continuation sud; elles forment les sommets les plus élevés de cette province. A l'O. nous remarquons : la Sierra Escalvada (montagne Chauve), avec la Sierra de Santa-Marta et la Sierra Seiada, ses continuations sud-ouest. Sous 16° lat. S., la Sierra dos Cristaès prend le nom de Cordilheira-Grande, qui traverse la province dans toute sa longueur et sépare les bassins du Tocantin et de l'Araguaya. Les principales chaînes de montagnes longent les frontières et étendent leurs ramifications dans l'intérieur du pays. Les fleuves les plus considérables sont : le Tocantin, qui y prend naissance et qui le parcourt du S. au N.; l'Araguay (Araguaya), qui y a également sa source, se divise plus bas en deux bras : l'Araguay et le Rio-Furo, qui forment l'île de Ste.-Anne et qui enfin se réunissent avec le Tocantin; le Rio-Grande; celui-ci, après sa jonction avec le Parana-hyba, reçoit le nom de Parana, etc. D'immenses forêts couvrent encore la plus grande partie de la province, cultivée seulement au N. et le long des grands cours d'eau. Le S. est presque totalement inconnu; la culture du coton est assez répandue, cependant les habitants de l'intérieur préfèrent la chasse et la pêche à la culture de la terre; l'industrie est presque nulle et le commerce, qui se borne à l'exportation du bois et du coton, manque de moyens de communication avec les provinces maritimes. En 1812 encore, il n'y avait que deux routes praticables dans cette vaste région. Le règne minéral y est assez riche et fournit du fer, des cristaux, de la chaux, de la terre à potier, du sel gemme, de l'or, autrefois en grande quantité, mais dont l'exploitation a beaucoup diminué, et sur plusieurs points (au S.-O. surtout) on trouve des diamants.

Cette province a été divisée, en 1809, en 2 comarques : Villa-Boa et San-Joao-das-duas-Barras, chacune subdivisée en 8 juridictions (*Julgados*).

C'est l'or qui attira les premiers colons dans ce pays de montagnes. Manuel Corréa, natif de San-Paolo, fut le premier qui fit mention de cette région et de ses richesses. En 1670, Bartoloméo Buenno pénétra, avec son fils, âgé à peine de 12 ans, dans ces immenses déserts; il y séjourna pendant 3 ans, et l'or, qu'il rapporta à son retour, confirma le récit que Corréa avait fait des richesses de cette contrée. Lorsqu'en 1719 on découvrit les riches mines de Cuyaba et qu'un grand nombre de Brésiliens partirent pour faire fortune dans ce pays, le fils de Buenno, qui s'appelait également Bartoloméo, se ressouvint de la contrée où son père l'avait conduit dans sa première jeunesse, et il lui vint l'idée d'aller à sa recherche. Favorisé dans ses projets par Rodrigo-César-de-Menézès, alors gouverneur de San-Paolo, Buenno, accompagné d'une nombreuse escorte, parcourut les montagnes qui longent le Paranahyba; mais après trois années de recherches infructueuses et après avoir perdu par des maladies une grande partie de sa suite, il retourna à San-Paolo, en 1725. Cependant il ne se rebuta pas de ce premier échec. Une seconde expédition qu'il entreprit fut couronnée d'un plein succès, malgré les nombreux obstacles qu'il eut à surmonter; après quelques mois de pénible marche, il arriva à l'endroit où s'élève aujourd'hui la capitale et où il trouva des traces d'établissements portugais. Des Indiens Goyaz le conduisirent de là à l'endroit où fleurit maintenant le bourg de Ferreiro, et qu'il reconnut pour le lieu où il avait séjourné avec son père. La suite de Buenno s'y établit, tandis que lui-même retourna à San-Paolo pour faire part de son succès au gouverneur, qui le nomma sur le champ (en 1726) *capitão mór regente* ou commandant de la nouvelle colonie. Elle fut attaquée à plusieurs reprises par les Goyaz, mais Buenno sut bientôt désarmer ses ennemis par les mesures sages et énergiques qu'il employa contre eux. Le produit des mines ouvertes, surtout de celle de Ponte-do-Meio, fut immense, mais ces richesses et la population toujours croissante augmentèrent aussi le prix des denrées, que les marchands ne vendaient à la colonie qu'au poids de l'or. Dès lors, les mines furent de plus en plus abandonnées pour l'agriculture, dont les produits coûtaient moins de peine et rapportaient davantage à la colonie. En 1737, ce pays fut érigé en comarque, dépendant de la capitainerie de San-Paolo; en 1749, elle fut constituée en province et reçut son nom des Goyaz, qui y étaient très-nombreux, mais qui aujourd'hui ont entièrement disparu.

GOYAZ (cidade de) ou VILLA-BOA, VILLA-DE-SANTA-ANNA, v. de l'emp. du Brésil et capitale de la province du même nom, sur le Rio-Vermelho et à peu près au centre de l'empire brésilien. C'est une ville grande et florissante, siége du gouverneur, de la cour criminelle de la province, du collége des finances et d'un évêque *in partibus;* elle fut fondée en 1736. Ses principaux édifices sont: le palais du gouverneur, l'hôtel de ville, la chambre des finances (*Contadoria*) et le bâtiment pour l'affinage de l'or. La ville est défendue par un fort garni de 7 canons; 9000 hab.

GOYAZÈS (peuplade). *Voyez* GOYAZ (province).

GOYAZÈS, dist. de la prov. de Goyaz, dont il occupe la partie S.-O.; pays de montagnes, traversé par la Sierra dos Vertentes, avec ses différentes ramifications, couvert de superbes et immenses forêts, bien arrosé, mais faiblement cultivé; pêche, chasse, lavages de l'or; restes de Cajapos, de Carajas, de Javahès et d'Accroas; ce district comprend les juridictions de Villa-Boa, Crixa et Pilar.

GOYENCOURT, vg. de Fr., Somme, arr. de Montdidier, cant. et poste de Roye; 340 h.

GOYNISH, fl. de la côte S.-E. du Labrador, s'embouche dans le golfe de St.-Laurent.

GOYRANS, vg. de Fr., Haute-Garonne, arr. et poste de Toulouse, cant. de Castanet; 270 hab.

GOYTA, le principal affluent du Capibaribe, dans l'emp. du Brésil.

GOYTACA, peuplade indienne dans l'emp. du Brésil; elle formait autrefois une des nations les plus fortes de la prov. de Goyaz, dont elle habitait la partie S.-O. au pied de la Sierra de Sta.-Marta. Cette peuplade, réduite aujourd'hui à un petit nombre d'individus, se divisait en trois hordes: les Goytaca-Guassu, les Goytaca-Moppy et les Goytaca-Jacorito. Ces trois hordes se faisaient continuellement la guerre. Quelques géographes prétendent que le nom générique de ces trois hordes était Guaru, chez les Portugais Garulho, et que les Sacarus, habitant encore de nos jours la mont. des Orgues, faisaient partie de cette nation.

GOYTACAS. *Voyez* GOAYTACASES.

GOYTACAZÈS, dist. de la prov. de Rio-Janeiro, emp. du Brésil; il est borné au N. par la prov. d'Espiritu-Santo, à l'E. par l'Océan, au S. par le dist. de Cabo-Frio et à l'O. par celui de Canta-Gallo. Ses côtes ont un développement de 32 l. Ce district forma autrefois la capitainerie de San-Thomé, nommée ainsi du promontoire de ce nom. Pedro de Goès, qui, vers l'an 1527, s'établit le premier dans cette contrée, y amena des colons qui, ne pouvant résister aux attaques réitérées des indigènes, se retirèrent dans la prov. d'Espiritu-Santo. Le sol de ce pays, montagneux jusqu'aux côtes, est traversé parallèlement avec la mer par la Sierra do Mar, et fertilisé par le Paranahyba et les nombreux affluents de ce fleuve, ainsi que par un grand nombre de rivières qui, après un cours restreint, gagnent la mer ou se perdent dans les lacs qui couvrent les côtes. Pays fertile en céréales, tabac, coton et surtout en sucre, mais pas assez cultivé; l'éducation du bétail est négligée. Cazal nous représente ce pays comme un des plus charmants, comme le paradis du Brésil; mais c'est un paradis désert et inculte qui attend des mains laborieuses pour en tirer les trésors qu'il cache.

GOYTARACAS (Sierra dos), chaîne de montagnes de l'emp. du Brésil, prov. de Bahia, comarque dos Ilhéos; elle paraît se rattacher à la Sierra dos Aymorès.

GOZA ou GOZEN, pet. v. maritime du roy. de Maroc, près de Mogador.

GOZO ou **Gozza**, *Gaulos*, île de la Méditerranée, au N.-O. de l'île de Malte, faisant partie du groupe de Malte; possession anglaise en vertu de l'article 7 du traité de Paris de 1814; séparée de Cumino par la canne de Freghi; a près de 2 l. c. géogr. de superficie; l'agriculture y est très-florissante. Elle possède plusieurs fortifications qu'on y a élevées dans la seconde moitié du dix-huitième siècle, ainsi que les restes d'une construction cyclopéenne, située au sommet d'une montagne. M. Mazzara la croit les débris d'un temple anté-diluvien. Ses habitants, au nombre de 20,000, s'adonnent à l'agriculture, à la pêche et à la fabrication du coton.

GOZON, vg. de Fr., Aveyron, com. de St.-Rome-de-Tarn; 500 hab.

GOZZO, île montagneuse, située au S. de l'île de Candie, sous 34° 48' lat. sept. et 22° 12' long. orient., comprise dans le dist. de Salino, et habitée par quelques centaines de Grecs qui vivent d'agriculture et de pêche; elle renferme un grand nombre de lapins.

GRAAF-REYNET, b. dans la partie N.-E. de la colonie du Cap, chef-lieu du district de même nom, dans une contrée montagneuse et stérile, à 150 l. E.-N.-E. de la ville du Cap; 1000 hab.

GRABELS, vg. de Fr., Hérault, arr., cant. et poste de Montpellier; 530 hab.

GRABEN (en français *Fossé*); vg. parois. de Bavière, sur la Rézat; juridiction seigneuriale d'Ellingen, cer. de la Rézat, remarquable par les vestiges de travaux (*fossa carolina*), exécutés sous Charlemagne pour la jonction du Danube avec le Rhin en 793, et interrompus par la révolte des Saxons. Ce projet vient d'être repris.

GRABERN, b. de Bohême, cer. de Leitmeritz; renommé par ses houblons; 1500 h.

GRABOTS (les), ham. de Fr., Ain, com. de St.-Étienne-de-Chalaronne; 160 hab.

GRABOW, v. du grand-duché de Mecklembourg-Schwérin, située sur une île de l'Elde, dans le cer. de Mecklembourg; elle a de nombreuses distilleries d'eaux-de-vie et 6 foires pour le beurre; sa population dépasse 3400 hab.

GRABOW, v. de Prusse, prov. et rég. de Posen, sur la Prosna; 1300 hab.

GRABOWIEC, v. de Pologne, woïwodie de Lublin, sur le Zamosc.

GRACAPOU. *Voyez* JULIA-DE-GRACAPOU (Saint-).

GRAÇAY, pet. v. de Fr., Cher, arr., à 13 l. O. de Bourges, poste de Vatan, chef-lieu de canton, sur le Fouzon; elle est très-ancienne et mal bâtie. Au moyen âge elle avait des seigneurs particuliers et le titre de baronie; 2986 hab.

GRACE, vg. de Fr., Côtes-du-Nord, arr. de Loudéac, cant. et poste d'Uzel; 1480 h.

GRACE (la), ham. de Fr., Eure, com. de St.-Pierre-de-Bailleul; 400 hab.

GRACE (Port-de-). *Voy.* PORT-DE-GRACE.

GRACE (la), ham. de Fr., Lot-et-Garonne, com. de Villeneuve-sur-Lot; 150 hab.

GRACEBAY, établissement de missionnaires dans l'île d'Antigoa, Petites-Antilles.

GRACE-DIEU (la), ham. de Fr., Doubs, com. de Chaux-les-Passavants; 200 hab.

GRACE-DIEU (la), vg. de Fr., Haute-Garonne, arr. de Muret, cant. et poste d'Auterive; 440 hab.

GRACEHILL (Mont-de-la-Grâce-), établissement de missionnaires dans l'île d'Antigoa, Petites-Antilles.

GRACES, vg. de Fr., Côtes-du-Nord, arr., cant. et poste de Guingamp; 1240 hab.

GRACHAUX, ham. de Fr., Haute-Saône, com. d'Oiselay; 100 hab.

GRACIAS-A-DIOS, dist. de l'état de Honduras, États-Unis de l'Amérique centrale.

GRACIAS-A-DIOS ou CIUDAD-DE-GRACIAS, v. des États-Unis de l'Amérique centrale, état de Honduras, dist. de Gracias-a-Dios, dont elle est le chef-lieu, sur un plateau très-fertile et au pied d'une haute montagne. Cette ville, fondée en 1536 par Jean-de-Chaves, était jusqu'en 1544 une des villes les plus importantes de la ci-devant capitainerie-générale de Guatémala et la résidence du gouverneur des intendances de Guatémala et de Nicaragua. Très-déchue aujourd'hui, elle compte à peine 2500 hab.

GRACIAS-A-DIOS, l'extrémité N.-E. de l'état de Honduras, États-Unis de l'Amérique centrale.

GRACIEUSE (la) ou GRACIOSA, une des îles Açores dans l'Océan Atlantique, à 10 l. N.-O. de celle de Terceira; 1 1/2 l. c. de superficie, bien arrosée et très-fertile en blé, millet, lin, chanvre, fruits et vin; bétail et poissons nombreux. Sta.-Cruz, chef-lieu; 78,000 hab.

GRACIEUSE (la) ou GRACIOSA, îlot aride dans l'archipel des Canaries, au N. de l'île de Lancerota, dont il est séparé par le canal El-Rio.

GRADIGNAN, vg. de Fr., Gironde, arr. et poste de Bordeaux, cant. de Pessac; 1630 h.

GRADIJSK, v. de la Russie d'Europe, gouv. de Poltava, sur le Dnieper; 5000 hab.

GRADISKA, pet. v. fortifiée d'Illyrie, gouv. de Trieste, cer. de Gorice, sur l'Isonzo, chef-lieu du district de son nom; possède une école normale; 1200 hab.

GRADISKA (Nouvelle-), b. des confins militaires, généralat de Slavonie, chef-lieu du régiment de son nom, possède une école normale allemande; 1500 hab.

GRADISKA (Vieille-), forteresse des confins militaires, généralat de Slavonie, régiment du même nom, sur la Save.

GRADISKA ou BERBIR, forteresse turque dans la Croatie, sur la rive droite de la Save et vis-à-vis la forteresse autrichienne de Gradiska (Vieille-).

GRADLITZ, pet. v. de Bohême, cer. de Kœnigingrætz; 1000 hab.

GRADO, très-pet. v. d'Illyrie, gouv. de Trieste, cer. de Gorice; c'était le port d'Aquileja et la station d'une division de la flotte romaine de Ravenne. Florissante au temps des Romains, elle devint très-importante après la destruction d'Aquileja et fut la résidence du patriarche delle Venezie jusqu'en 1451, époque où le siége en fut transféré à Venise. Son ancienne cathédrale, ses mosaïques et quelques monuments, attestent sa splendeur passée; 2000 hab.

GRÆFENBERG, pet. v. de Bavière, chef-lieu de district, cer. du Main-Supérieur, à 5 l. de Nuremberg, sur un ruisseau entre deux montagnes; culture de jardinage et de fruits; population de la ville 970 hab., du district 13,400, sur 5 1/2 milles c.

GRÆFENHAYNCHEN, pet. v. de Prusse, prov. de Saxe, rég. de Mersebourg; très-industrielle; 1700 hab.

GRÆFENTONNA, b. du duché de Saxe-Cobourg-Gotha, dans la principauté de Cobourg, située sur la Tonna dans un pays fertile; il a deux châteaux et une fabrique de tabac; des sources d'eau sulfureuse dans sa proximité; 1100 hab.

GRÆFENTHAL, v. du duché de Saxe-Meiningen-Hildbourghausen, située au pied de la forêt de Thuringe, avec un château nommé Wespenstein; elle a des fabr. de draps, une forge de fer et d'acier, et plus de 1200 hab.

GRÆFRATH, pet. v. de Prusse, prov. du Rhin, rég. de Dusseldorf, sur l'Itter; manufactures de soieries et de cotonnades; forges; 1360 hab.

GRÆNSAY, pet. île fertile du groupe des Orcades, au S. de celle de Pomona ou Mainland (Écosse).

GRÆTZ, cer. de la Styrie. Ses bornes sont: au N.-O., le cer. de Bruck; au N.-E., la Basse-Autriche; à l'E., la Hongrie; au S., le cer. de Marbourg; au S.-O., l'Illyrie, et à l'O. le cer. de Judenbourg; superficie 98 l. c. géogr. Il comprend la vaste et belle vallée de la Muhr. Son sol est très-fertile et produit surtout du blé et du lin; l'éducation des bêtes à cornes y est dans un état très-florissant; 300,000 hab.

GRÆTZ (Niemetzki - Grad des Slaves), capitale de la Styrie et chef-lieu du cercle de son nom, ville assez bien bâtie au milieu d'une campagne fertile, sur les bords de la Muhr, siége ordinaire de l'évêque de Seckau et du commandant général de la Styrie, de la Carinthie, de la Carniole et du Tyrol. Ses édifices les plus remarquables sont: le château impérial, la cathédrale avec le mausolée de Ferdinand II, le Johanneum et le nouvel hôtel de ville. Parmi ses nombreux établissements scientifiques et littéraires on distingue: le Johanneum, ainsi appelé du nom de l'archiduc Jean, son fondateur; l'université, fondée en 1826; le gymnase, l'institut des cadets, l'école normale principale, le collége, l'observatoire, le jardin botanique, la bibliothèque publique, une des plus riches de l'empire; la société pour l'encouragement de l'agriculture, de l'histoire naturelle et de la géographie nationale, la société musicale de la Styrie; Grætz est une des villes les plus industrieuses et des plus commerçantes de l'emp. d'Autriche; elle possède de nombreuses fabr. de quincaillerie, d'étoffes de coton et de laine, de savon, de plaqué, de cire à cacheter et de poterie; 40,000 hab.

GRÆTZ, très-pet. v. d'Autriche, gouv. de Moravie et Silésie, cer. de Troppau; manufactures de drap et de toile.

GRÆTZ (Grodzisko), pet. v. de Prusse, prov. et rég. de Posen; fabrication de draps; tanneries; distilleries; 3320 hab.

GRAFENORT, vg. de Prusse, avec un château, juridiction des comtes de Herbenstein, prov. de Silésie, cer. de Breslau; 1200 hab.

GRAFFENAUD. *Voyez* PAUL-LA-ROCHE (Saint-).

GRAFFENSTADEN, vg. de Fr., Bas-Rhin, com. d'Illkirch; fabr. d'acier; 850 hab.

GRAFFIGNY-CHEMIN, vg. de Fr., Haute-Marne, arr. de Chaumont-en-Bassigny, cant. et poste de Bourmont; 810 hab.

GRAFTON, comté de l'état de New-Hampshire, États-Unis de l'Amérique du Nord; il est borné par les états du Maine et de Vermont et par les comtés de Coss, de Strafford, de Hillsborough et de Chesshire. Cette province, la plus grande de l'état, a une superficie de 110 l. c. géogr., avec 40,000 hab. L'E. de ce pays n'offre qu'un vaste désert, dans lequel s'élèvent les montagnes Blanches (White-Mountains), avec le pic de Washington, le point culminant des Apalaches et des flancs duquel s'écoule le Saco. La partie occidentale, également très-montagneuse, est couverte des monts Mooselock et Moose et renferme la source du Merrimac et plusieurs grands marais, mais la culture y a fait déjà de grands progrès, surtout le long du Connecticut. Le bois, le fer et d'autres minéraux y abondent.

GRAFTON, b. des États-Unis de l'Amérique du Nord, état de New-Hampshire, comté de Grafton, auquel il a donné son nom et dont il est un des plus anciens établissements; 1900 hab.

GRAFTON, b. très-florissant des États-Unis de l'Amérique du Nord, état de New-York, comté de Rensselaer; 2300 hab.

GRAFTON, gr. et riche com. des États-Unis de l'Amérique du Nord, état de Vermont, comté de Windham, poste; 2400 h.

GRAFTON, cap sur la côte N.-E. de la Nouvelle-Hollande, Nouvelle-Galles-du-Sud, au S. de la baie de la Trinité.

GRAGLIA, b. du Piémont, prov. de Biella, entre l'Elvo et l'Ingagna; 2600 hab.

GRAGNAGUE, vg. de Fr., Haute-Garonne, arr. de Toulouse, cant. de Verfeil, poste de Montastruc; 620 hab.

GRAGNANO, v. épiscopale du roy. des Deux-Siciles, prov. de la Principauté citérieure; 5100 hab.

GRAHAM-MOORE, vaste baie au S.-O. de l'île de Bathurst, Géorgie septentrionale. A l'entrée de cette baie s'étendent les îles de Lowther (74° 38′ lat. N.), de Garret au N.-O. et de Davy et Joung au S.-O. de celle de Lowther.

GRAHAM-MORE (cap), promontoire sur la côte E. de la Terre-de-Baffin, sous 72° 55′ lat. N. Il forme au N. la baie de Ponds, examinée par Ross, mais qu'il trouva comblée de glaçons.

GRAHAMS-TOWN, b. dans la partie orientale de la colonie du Cap, dist. d'Albany; il est, avec Bathurst, Théopolis et Salem, le lieu le plus remarquable des nouveaux établissements qu'on y a fondés, et qui, selon M. Georges Thompson, se relèvent du dépérissement, depuis 1826, qui menaçait de les anéantir. Lat. S. 33° 18′ 37″.

GRAHRAH, pet. v. dans la partie méridionale de la rég. d'Alger, au S. du mont Atlas et à 120 l. S.-S.-O. d'Alger, dans le pays des Beni-Mezzab, très-abondant en dattes; commerce de plumes d'autruche.

GRAIGNES, vg. de Fr., Manche, arr. de St.-Lô, cant. de St.-Jean-de-Daye, poste de la Périne; commerce de sangsues; pêcherie de saumons au clair de Vire; 1190 hab.

GRAILEN, vg. de Fr., Hautes-Pyrénées, arr. de Bagnères-en-Bigorre, cant. de Vieille-Aure, poste d'Arreau; 90 hab.

GRAIMBOUVILLE, vg. de Fr., Seine-Inférieure, arr. du Hâvre, cant. et poste de St.-Romain; 620 hab.

GRAIN ou **KOUÉIT**, v. et port de l'Arabie, dans le Lahsa, sur le golfe Persique; elle est située en face des trois îlots Mutschan, Pheleschei, Obah, dans une plaine aride; défendue par un mur et un vieux fort, et a près de 10,000 habitants, industriels, pêcheurs et commerçants. On dit que cette ville possède à elle seule 800 barques, employés à la pêche et au cabotage. La tribu des Beni-OEtba habite les environs de Grain, où réside ordinairement leur chef.

GRAINCOURT, ham. de Fr., Seine-Inférieure, com. de Derchigny; 370 hab.

GRAINCOURT-LES-HAVRINCOURT, vg. de Fr., Pas-de-Calais, arr. d'Arras, cant. de Marquion, poste de Cambrai; 1430 hab.

GRAINES(Côte des). *V.* POIVRE (Côte de).

GRAINGER, comté de l'état de Tennessée, États-Unis de l'Amérique du Nord; il est borné par les comtés de Clairborne, de Hawkins, de Jefferson, de Knox, d'Anderson et de Campbell, et renferme 9000 hab. Pays marécageux qui s'étend entre le Holston et le Clinch; riches plantations. Rudledge, avec une poste, est le chef-lieu du comté.

GRAINVILLE, vg. de Fr., Eure, arr. des Andelys, cant. d'Éconis, poste de Fleury-sur-Andelle; 410 hab.

GRAINVILLE-LA-CAMPAGNE, vg. de Fr., Calvados, arr. de Falaise, cant. de Bretteville-sur-Laize, poste de Langannerie; 170 h.

GRAINVILLE-LA-RENARD, ham. de Fr., Seine-Inférieure, com. de Brametot; 130 h.

GRAINVILLE-LA-TEINTURIÈRE, vg. de Fr., Seine-Inférieure, arr. d'Yvetot, cant. et poste de Cany; 1550 hab.

GRAINVILLE-SUR-ODON, vg. de Fr., Calvados, arr. de Caen, cant. de Tilly-sur-Seulles, poste d'Évrecy; 450 hab.

GRAINVILLE-SUR-RY, vg. de Fr., Seine-Inférieure, arr. de Rouen, cant. et poste de Darnetal; 380 hab.

GRAINVILLE-YMAUVILLE, vg. de Fr., Seine-Inférieure, arr. du Hâvre, cant. et poste de Goderville; 430 hab.

GRAIS (le), vg. de Fr., Orne, arr. d'Argentan, cant. de Briouze, poste de la Ferté-Macé; 1130 hab.

GRAISSAC, vg. de Fr., Aveyron, arr. d'Espalion, cant. de Ste.-Geneviève, poste de Laguiole; 1050 hab.

GRAISSAS, vg. de Fr., Lot-et-Garonne, arr. d'Agen, cant. de Puymirol, poste de la Magistère; 420 hab.

GRAIX, vg. de Fr., Loire, arr. de St.-Étienne, cant. et poste de Bourg-Argental; 340 hab.

GRAJÉHU. *Voyez* MÉARY.

GRAJÉRO (punta), promontoire très-saillant au N.-O. de la presqu'île de Californie, confédération mexicaine; il ferme au N. la baie de Todos-los-Santos (de la Toussaint).

GRAMAT, pet. v. de Fr., Lot, arr. et à 6 l. E. de Gourdon, chef-lieu de canton et poste; commerce en grains et en laines estimées; établissement d'eaux minérales; 3510 hab.

GRAMAZIC, vg. de Fr., Aude, arr. de Limoux, cant. et poste d'Alaigne; 130 hab.

GRAMBOIS, vg. de Fr., Vaucluse, arr. d'Apt, cant. et poste de Pertuis; 860 hab.

GRAMMACIO. *Voyez* VILLAFLOR.

GRAMMAGNAC, ham. de Fr., Haute-Vienne, com. de Vicq-sur-Gartempe; 120 h.

GRAMMAS. *Voyez* MOURET.

GRAMMICHELE, v. du roy. des Deux-Siciles, île de Sicile, intendance de Catane; elle est bâtie dans une plaine délicieuse, sur les ruines de l'ancienne v. d'Achiola; 7900 h.

GRAM-MOGOL, chaîne de montagnes de l'empire du Brésil, prov. de Minas-Geraès; longe la rive gauche du Jéquitintonha-Supérieur et se rattache à la Sierra Mantiqueira.

GRAMMOND, vg. de Fr., Loire, arr. de Montbrison, cant. de St.-Galmier, poste de Chazelles; 780 hab.

GRAMMONT ou **GEERTSBERGE**, v. du roy. de Belgique, prov. de la Flandre-Orientale, dist. et à 6 l. S.-E. d'Oudenarde, sur la rive droite de la Dender; tisseranderie; culture de tabac; 5600 hab.

GRAMMONT, vg. de Fr., Haute-Saône, arr. de Lure, cant. et poste de Villersexel; 400 hab.

GRAMMONT, ham. de Fr., Seine-Inférieure, com. de Rouen; 160 hab.

GRAMOND, vg. de Fr., Aveyron, arr. de Rhodez, cant. et poste de Sauveterre; 920 hab.

GRAMONT, ham. de Fr., Ain, com. de Ceyzerieu; 150 hab.

GRAMONT, ham. de Fr., Gers, com. de Boucagnère; 50 hab.

GRAMONT, vg. de Fr., Tarn-et-Garonne, arr. de Castel-Sarrazin, cant. et poste de Lavit; 780 hab.

GRAMPIANS, *Grampius Mons*, chaîne de montagnes d'Écosse, la plus formidable du Royaume-Uni; elle s'étend à l'O. du lac Lamond, dans une direction N.-E. jusqu'au cap de Kinnaird; une de ses ramifications s'avance vers le N. dans le comté d'Inverness; elle traverse les comtés d'Argyle, de Perth, d'Inverness, d'Aberdeen, d'Angus et de Kinkardine. Ses sommets les plus élevés sont : le Ben-Nevis, 4370 pieds, le point culminant de tout l'archipel; le Cairngorm, 4060 pieds; le Ben-Lawers, 4015 pieds; le Schischallion, 3564 pieds; le Ben-Lamond, 3262 pieds, et le Ben-Lédy, 3003 pieds.

GRAMPOUND, pet. b. d'Angleterre, comté de Cornouailles, sur le Fale; nomme 2 députés; fabr. de gants.

GRAMPUS, île de la Polynésie ou Océanie orientale, sous 25° 50' lat. N. et 144° 50' long. orient., au N. de l'archipel des Marianes; elle fait partie d'un groupe de l'archipel Mounin-Volcanique de Balbi.

GRAN, comitat de Hongrie, cer. en-deça du Danube, 19 l. c. géogr.; 50,000 hab.; traversé par le Danube, qui y reçoit la Gran. Ses habitants s'adonnent à la culture du vin et du blé, au commerce et à la navigation.

GRAN, *Estergom, Strigonia, Ad Herculem, Strigonium*, pet. v. de Hongrie, cer. en-deça du Danube, chef-lieu du comitat de son nom, sur le Danube; siége de l'archevêque primat de Hongrie, importante par ses bains. Sa magnifique église, construite sur une hauteur, est un des plus beaux temples de l'emp. d'Autriche; 6000 h.

GRANA, b. du roy. de Sardaigne, sur la rivière du même nom, principauté de Piémont, prov. de Casale; 1350 hab.

GRANACE, vg. de Fr., Corse, arr., cant. et poste de Sartene; 440 hab.

GRANADA (lac). *Voyez* NICARAGUA.

GRANADA, v. des États-Unis de l'Amérique centrale, état de Nicaragua, dist. de Granada, au N.-O. du lac de Nicaragua ou Granada, et non loin d'un volcan, célèbre par ses éruptions fréquentes et souvent terribles. Cette ville, régulièrement bâtie et entourée de deux côtés de canaux naturels, écoulements du lac, fut fondée en 1523 et renferme 4 couvents, un hôpital et une école latine. Le lac y porte les plus grands vaisseaux, et la navigation, les pêcheries et le commerce de la ville sont très-importants; 9000 hab.

GRANARD, pet. v. d'Irlande, comté de Longford; 2000 hab.

GRANAY, ham. de Fr., Loire, com. de Châteauneuf; 100 hab.

GRANBY, gros b. des États-Unis de l'Amérique du Nord, état de Connecticut, comté de Hartford, sur un affluent du Salmon-Brook. On y exploitait autrefois une mine de cuivre; 3000 hab.

GRANBY, v. naissante des États-Unis de l'Amérique du Nord, état de la Caroline du Sud, dist. de Lexington, sur le Congarée et sur la route de Richland; commerce; 2000 hab.

GRANCEY ou **GRANCEY-LE-CHATEAU**, **GRANCEY-EN-MONTAGNE**, b. de Fr., Côte-d'Or, arr. et à 9 l. N. de Dijon, chef-lieu de canton et poste; 665 hab.

GRANCEY-SUR-OURCE, vg. de Fr., Côte-d'Or, arr. de Châtillon-sur-Seine, cant. de Montigny-sur-Aube, poste de Mussy-sur-Seine; forges et fabr. de tôle aux environs; 1020 hab.

GRANCHAIN, vg. de Fr., Eure, arr. et poste de Bernay, cant. de Beaumesnil; 340 hab.

GRAND, fl. des États-Unis de l'Amérique du Nord, territoire du Michigan; il descend du haut plateau de l'intérieur du territoire, coule par beaucoup de détours de l'E. à l'O., reçoit le Lookingglas, le Génereau, le Flat, l'Apple, le Rouge et d'autres rivières moins considérables, et se jette, après un cours de 50 l., dans le lac Michigan, dont il est le principal affluent.

GRAND. *Voyez* OSAGE (fleuve).

GRAND, vg. de Fr., Vosges, arr., cant. et poste de Neufchâteau; remarquable par ses ruines d'un amphithéâtre dit de Julien, découvert en 1821; fabr. de clous aux environs; 1300 hab.

GRAND-ALTAI. *Voyez* ALTAÏ.

GRAND-AULNAY, ham. de Fr., Seine-Inférieure, com. de Déville-les-Rouen; 110 h.

GRAND-AVES. *Voyez* AVES.

GRAND-BEAUBIAT, ham. de Fr., Haute-Vienne, com. de Bersac; 100 hab.

GRAND-BOIS, ham. de Fr., Vosges, com. de la Houssière; 100 hab.

GRAND-BORNAND, b. et chef-lieu de la vallée du même nom, roy. de Sardaigne, duché de Savoie, prov. de Genevois; 2163 h.

GRAND-BOURG (le) ou **LE-MARIGOT**, joli b. et chef-lieu de l'île Marie-Galante, Antilles françaises, sur la côte méridionale de l'île, dans une contrée marécageuse et malsaine, mais très-fertile en coton, cannes à sucre, etc. Ce bourg est régulièrement bâti et défendu par un petit fort; il a un tribunal de première instance et est la résidence d'un commandant; son commerce est très-important; pop. du bourg 1800 hab., du canton 5000.

GRAND-BOURG-DE-SALAGNAC, b. de Fr., Creuse, arr. et à 4 l. O. de Guéret, chef-lieu de canton, poste de Bénévent; 2700 h.

GRAND-BUISSON (le), ham. de Fr., Rhône, com. de Grézieux-la-Varenne; 200 hab.

GRAND-CAIMAN (Great-Caiman). *Voyez* CAIMANS.

GRAND-CAMP, vg. maritime de Fr., Calvados, arr. de Bayeux, cant. et poste d'Isigny; pêche du poisson de mer; 1260 hab.

GRAND-CAMP, vg. de Fr., Eure, arr. de Bernay, cant. et poste de Broglie; 500 hab.

GRAND-CAMP, vg. de Fr., Seine-Inférieure, arr. du Hâvre, cant. et poste de Lillebonne; 490 hab.

GRAND-CANAL, canal d'Irlande, part de Dublin et aboutit à Banagher, sur le Shannon; une de ses branches part des environs de Prosperos et va à Athy, sur le Barrow, ouvrant ainsi une ligne de communication entre Dublin, Limerick et Waterford, et, par conséquent, entre la mer d'Irlande et l'Océan; une autre branche aboutit à Ballinaslœ.

GRAND-CARBET (fleuve et bourg). *Voyez* CARBET.

GRAND-CASTANG, vg. de Fr., Dordogne, arr. de Bergerac, cant. de St.-Alvaire, poste de Lalinde; 200 hab.

GRAND-CHAILLOU, ham. de Fr., Nièvre, com. de Prémery; 150 hab.

GRAND-CHAMP, vg. de Fr., Ardennes, arr. et poste de Réthel, cant. de Novion; 360 hab.

GRAND-CHAMP, vg. de Fr., Calvados, arr. de Lisieux, cant. de Mézidon, poste de Cambremer; 190 hab.

GRAND-CHAMP, vg. de Fr., Loire-Inférieure, arr. et poste de Nantes, cant. de la Chapelle-sur-Erdre; 1450 hab.

GRAND-CHAMP, vg. de Fr., Haute-Marne, arr. de Langres, cant. de Longeau, poste de Chassigny; 280 hab.

GRAND-CHAMP, vg. de Fr., Morbihan, arr., à 3 l. N. et poste de Vannes, chef-lieu de canton; 4770 hab.

GRAND-CHAMP, ham. de Fr., Nièvre, com. de Rouy; 170 hab.

GRAND-CHAMP, ham. de Fr., Puy-de-Dôme, com. d'Olloix; 140 hab.

GRAND-CHAMP, vg. de Fr., Sarthe, arr. de Mamers, cant. de St.-Paterne, poste de Beaumont-sur-Sarthe; 550 hab.

GRAND-CHAMP, vg. de Fr., Seine-et-Oise, arr. de Mantes, cant. et poste d'Houdan; 110 hab.

GRAND-CHAMP, vg. de Fr., Yonne, arr. de Joigny, cant. et poste de Charny; 880 h.

GRAND-CHAMPS, vg. de Fr., Seine-et-Marne, arr. de Meaux, cant. et poste de Lizy; 140 hab.

GRAND-CHARMONT, vg. de Fr., Doubs, arr. et poste de Montbéliard, cant. d'Audincourt; 320 hab.

GRAND-CHATEL, vg. de Fr., Jura, arr. de St.-Claude, cant. et poste de Moirans; 140 hab.

GRAND-CHAUD, ham. de Fr., Haute-Vienne, com. de Jabreilles; 130 hab.

GRAND-CHAUX, ham. de Fr., Doubs, com. de Guyans-Vennes; 100 hab.

GRAND-CHEMIN (le), ham. de Fr., Isère, com. de Vourey; 300 hab.

GRAND-CLOT (le). *Voyez* GRAVE-EN-OISANS (la).

GRAND-COCAL (le), île de la Polynésie ou Océanie orientale, dans l'archipel de Mulgrave (archipel Central de Balbi), située sous 5° 35' lat. S. et 175° 26' long. orient. Elle fut découverte, ainsi que l'île St.-Augustin, située plus au N.-O., par l'Espagnol Maurelli, en 1781.

GRAND-COLOMBE, ham. de Fr., Isère, com. de Colombes; 140 hab.

GRAND'-COMBE (la), vg. de Fr., Doubs, arr. de Pontarlier, cant. et poste de Morteau; fabr. de faulx; taillanderie, tannerie, verrerie; 955 hab.

GRAND-COMBE (la), Gard. *Voyez* SALLES-DU-GARDON (les).

GRAND-COMBES-DES-BOIS, vg. de Fr., Doubs, arr. de Montbéliard, cant. et poste de Russey; 250 hab.

GRANDCORENT, vg. de Fr., Ain, arr. et poste de Bourg-en-Bresse, cant. de Ceyzeriat; 240 hab.

GRAND-COURONNE, vg. de Fr., Seine-Inférieure, arr. et à 2 l. S.-S.-O. de Rouen, chef-lieu de canton et poste; manufacture de tulle de coton; 1170 hab.

GRAND-COURT, vg. de Fr., Haute-Saône, arr. de Gray, cant. de Dampierre-sur-Salon, poste de Lavoncourt; 250 hab.

GRAND-COURT, vg. de Fr., Seine-Inférieure, arr. de Neufchâtel-en-Bray, cant. de Londinières, poste de Foucarmont; 720 hab.

GRAND-COURT, vg. de Fr., Somme, arr. de Péronne, cant. d'Albert, poste de Bapaume; 690 hab.

GRAND'-CROIX (la), ham. de Fr., Allier, com. de Pierrefitte; 100 hab.

GRAND-CROIX (la), ham. de Fr., Loire, com. de St.-Paul-en-Jarret; 300 hab.

GRAND-CUL-DE-SAC (le), paroisse au N.-O. de l'île de Guadeloupe.

GRAND-CUL-DE-SAC. *Voyez* CUL-DE-SAC.

GRAND-DESCHAUX (le). *Voyez* DESCHAUX (le).

GRANDE (Rio-) ou POLOCHIC, fl. des États-Unis de l'Amérique centrale; naît au pied de la Sierra de Xucanele (Cordillères de Guatémala), dans l'état de Guatémala, se dirige sur Tamajun, coule de là vers le N.-E., reçoit les eaux du Cahabon, prend une direc. sur E. et débouche dans la Laguna ou Golfo-Dolce, qui, par le Rio-Golfo, communique avec la baie de Honduras. Il baigne dans son cours les petites villes de Cahabon, de Coban et de Santa-Crux. Ce fleuve est une des voies de commerce les plus importantes de l'état.

GRANDE (San-Miguel-el-). *Voyez* MIGUEL-EL-GRANDE (San-).

GRANDE (ilha), île considérable fermant, avec celle de Marambaya, l'entrée de la baie d'Angra-dos-Reys, côte E. de la prov. de Rio-Janeiro, emp. du Brésil.

GRANDE-ANSE (la), port de pêcheurs au S.-O. de l'île du cap Breton, dans le détroit de Canso.

GRANDE-ANSE. *Voyez* ANSE (la Grande-).

GRANDE-ANSE, baie au N.-E. de l'île de Marie-Galante; son embouchure, d'une lieue de largeur, s'étend depuis la pointe du Mai jusqu'à la pointe du Sable.

GRANDE-ANSE, b. et l'endroit le plus important au S. de l'île de la Désirade, Petites-Antilles.

GRANDE-ANSE, riv. de l'île de Martinique, traverse la paroisse du même nom et s'embouche dans l'Océan au N.-E. de l'île.

GRANDE-ANSE-DES-TROIS-RIVIÈRES. *Voyez* TROIS-RIVIÈRES.

GRANDE-ANSE-DU-DIAMANT. *Voyez* DIAMANT.

GRANDE-ANSE-DU-GROS-MORNE. *Voyez* GROS-MORNE.

GRANDE-BAHAMA (la), une des îles les plus considérables du groupe des Bahamas; elle est située à l'O. d'Abaco, dont elle est séparée par le petit banc de Bahama, et à l'E. de la Floride (États-Unis), dont la sépare le golfe de Floride appelé aussi le nouveau canal de Bahama. Cette île a 18 l. de long. sur 5 de large et est inhabitée. Non loin de ses côtes septentrionales s'étendent deux îles de moindre étendue : l'île de Mongrave, à l'entrée du canal de Bahama et l'île de Tumbado, la dernière des îles qui forment le canal de Bahama.

GRANDE-BAIE (Great-Bay), baie magnifique ayant la forme d'un triangle, sur la côte O. de la presqu'île de la Floride, États-Unis de l'Amérique du Nord; elle renferme les îles Cottin et d'autres moins considérables, et reçoit les fleuves Charlotte et Asternal; à son embouchure s'étend une longue série d'îles formant autant d'entrées (inlets).

GRANDE-BAIE, baie au S. de l'île de Terre-Neuve; à son entrée s'étendent les îles de Dunand et de Dyk, et elle est fermée à l'O. par la pointe Enragée, ainsi nommée de ses terribles brisants.

GRANDE-BAIE, baie sur la côte S. de Grande-Terre, Guadeloupe, à 1/2 l. O. de la pointe de la Verdure; elle a 1 l. d'étendue du S.-E. au N.-O. et se termine par la baie Fergeau.

GRANDE-BAIE (Great-Bay), baie sur la côte N. de l'île de St.-Christophe, Petites-Antilles, entre la pointe Salinas et le Grand-Cap.

GRANDE-BAIE-DE-L'EAU, baie considérable sur la côte S. de l'île de Terre-Neuve; elle renferme le Devils-Island (île du Diable).

GRANDE-CAICA (la). *Voyez* CAYQUES (les).

GRANDE-CAYEMITE (la). *Voyez* CAYEMITES (les).

GRANDE-CHARRIÈRE (la), ham. de Fr., Loire, com. de Panissière; 360 hab.

GRANDE-CHAUSSÉE (la), ham. de Fr.,

Vienne, com. de la Chaussée; 300 hab.

GRANDE-ET-PETITE-TRAVERSE. *Voyez* TRAVERSE (fleuve).

GRANDE-FOSSE (la), vg. de Fr., Vosges, arr. et poste de St.-Dié, cant. de Saales; 660 hab.

GRANDE-GOYAVE. *Voyez* GOYAVE.

GRANDE-INAGUA. *Voyez* HÉNÉAGAS (groupe des).

GRANDE-ISLE, île de Fr., Côtes-du-Nord, com. de Pleumeur-Rodou; 360 hab.

GRANDE-ISLE (Great-Island), île très-considérable dans le Niagara, tout près de la célèbre chute de ce fleuve; elle est bien boisée et offre le sol le plus fertile, qui cependant n'a pas encore été mis en culture, parce que les Indiens réclament la possession de cette île.

GRANDE-ISLE, comté de l'état de Vermont, États-Unis de l'Amérique du Nord; il comprend la presqu'île d'Allburgh et les îles de North-Héro, South-Héro, Pleasant, Motte, Gulf et d'autres îles de moindre étendue qui entourent la presqu'île d'Allburgh et le reste des îles disséminées dans le lac Champlain. Toutes les îles qui font partie de ce comté présentent des côtes élevées et pleines de rochers; mais elles ont un sol fertile, quoique couvert encore d'épaisses forêts. L'éducation du bétail, la pêche et le commerce de contrebande avec les Canadiens forment les principales occupations des habitants, au nombre de 7000.

GRANDE-ISLOTTE (la). *Voyez* ISLOTTE.

GRANDE-JAGUA. *Voyez* XAGUA (Ciudad-Fernandina-de-).

GRANDE-LAGUNE. *Voyez* LAGUNA-GRANDE.

GRANDE-MOTHE (la), ham. de Fr., Loire, com. de Feurs; 200 hab.

GRANDE-NATUNA, la plus grande des îles du petit groupe de ce nom; est située sur la côte N.-O. de Bornéo, sous 4° lat. N. Son sol est élevé et boisé; plusieurs de ses montagnes sont très-hautes; du reste, cette île est très-peu connue.

GRANDE-PAROISSE (la), vg. de Fr., Seine-et-Marne, arr. de Fontainebleau, cant. et poste de Montereau; 1260 hab.

GRANDE-RIVIÈRE (la), vg. de Fr., Jura, arr. de St.-Claude, cant. et poste de St.-Laurent; fabr. de chaises en bois; 1010 hab.

GRANDE-RIVIÈRE, riv. de l'île de Guadeloupe (Guadeloupe proprement dite); prend naissance dans les montagnes au N.-O. de Capesterre, coule vers l'E. et s'embouche dans l'Océan.

GRANDE-RIVIÈRE, fl. de l'île d'Haïti; prend naissance au pied du Monte-Christi, au N. de l'île, coule vers le N.-O. et débouche dans l'Océan, près du port de Caracol.

GRANDE-RIVIÈRE-DU-CUL-DE-SAC, fl. de l'île d'Haïti; naît de deux sources qui descendent des Monts-de-la-Selle, à l'O. de l'île, et débouche dans l'Océan, à 2 l. N. de

Port-au-Prince, après un cours de 15 l.

GRANDE-RUE (la), ham. de Fr., Indre-et-Loire, com. de Rochecorbon; 100 hab.

GRANDE-RUE (la), ham. de Fr., Seine-Inférieure, com. des Grandes-Ventes; 480 h.

GRANDE-SALINE, lac salant dans les États-Unis de l'Amérique du Nord, territoire d'Arkansas; il touche le bras méridional du Canadien. Quand l'air est chaud et bien sec, ce lac est recouvert d'une croûte de 4 à 6 pouces d'épaisseur et ressemble ainsi à un champ couvert de neige et de glace. Si le Canadien dépasse ses rives, il inonde toute la plaine dans laquelle ce lac s'étend et dont il dissout la concrétion saline. Par là les eaux du fleuve sont tellement salées qu'elles ne sont plus potables.

GRANDES-BORDES (les), ham. de Fr., Loiret, com. de Sougy; 110 hab.

GRANDES-CHAPELLES, vg. de Fr., Aube, arr. d'Arcis-sur-Aube, cant. et poste de Méry-sur-Seine; 760 hab.

GRANDES-COTES (les), vg. de Fr., Marne, arr. de Vitry-le-Français, cant. et poste de St.-Remy-en-Bouzemont; 290 hab.

GRANDES-FOURCHES (les), ham. de Fr., Nièvre, com. de St.-Brisson; 150 hab.

GRANDES-LOGES (les), vg. de Fr., Marne, arr., cant. et poste de Châlons-sur-Marne; 150 hab.

GRANDES-VENTES (les), b. de Fr., Seine-Inférieure, arr. de Dieppe, cant. de Bellencombre, poste; 2020 hab.

GRAND-TAGANAI, un des points culminants de l'Oural Baskirien. Cette montagne a 638 toises de hauteur.

GRANDE-TERRE, la partie orientale de l'île de Guadeloupe.

GRANDE-TOMTION, canal d'Angleterre; il va de Brentford, sur la Tamise, jusqu'au canal d'Oxford, en traversant les comtés de Middlesex, de Hertford, près de Bedford, de Buckingham et de Northampton, jusqu'à Braunston; il passe par 19 villes, a 121 écluses et 15 myriamètres de longueur. Il met Londres en communication avec la plupart des canaux de l'intérieur de l'Angleterre.

GRANDE-TRAVERSE, groupe d'îles qui s'étendent à l'entrée de la baie verte, à l'O. du lac Michigan.

GRANDE-UNION, canal d'Angleterre; part du canal de Grande-Tomtion, près de Daventry, jusqu'à la ligne de communication de Hull à Liverpool.

GRANDE-VERRIÈRE (la), vg. de Fr., Saône-et-Loire, arr. et poste d'Autun, cant. de St.-Léger-sous-Beuvray; 1490 hab.

GRANDE-VIGNE (la), ham. de Fr., Isère, com. de St.-Quentin; 120 hab.

GRAND-EXUMA. *Voyez* EXUMA.

GRANDEYROLLES, vg. de Fr., Puy-de-Dôme, arr. et poste d'Issoire, cant. de Champeix; 90 hab.

GRAND-FAILLY, vg. de Fr., Moselle, arr. de Thionville, cant. et poste de Longuyon; 800 hab.

GRAND-FONT, ham. de Fr., Maine-et-Loire, com. de Brézé; 200 hab.

GRAND-FONTAINE, vg. de Fr., Doubs, arr. de Baume-les-Dames, cant. de Pierre-Fontaine, poste de Morteau; 480 hab.

GRAND-FONTAINE, vg. de Fr., Doubs, arr. et poste de Besançon, cant. de Boussières; 370 hab.

GRAND-FONTAINE, vg. de Fr., Vosges, arr. de St.-Dié, cant. et poste de Schirmeck; tôlerie; 1710 hab.

GRAND-FONTAINE-SUR-CREUSE ou GRAND-FONTAINE-LES-DOMPREL, vg. de Fr., Doubs, arr. de Baume-les-Dames, cant. de Pierre-Fontaine, poste de Landresse; 140 h.

GRAND-FRAY (la), ham. de Fr., Eure, com. de Tronquay; 490 hab.

GRAND-FRESNOY, vg. de Fr., Oise, arr. de Compiègne, cant. et poste d'Estrées-St.-Denis; 1200 hab.

GRAND-GOAVE. *Voyez* GOAVE (Grand-).

GRAND-GONNET (le), ham. de Fr., Loire, com. de Montaud; 220 hab.

GRAND-GONNIN, ham. de Fr., Nièvre, com. de Livry; 110 hab.

GRAND-GOZIER, groupe d'îles à l'entrée S. de la baie de la Chandeleur, côte S.-E. de l'état de Louisiane, dont il fait partie, États-Unis de l'Amérique du Nord.

GRAND-HAM, vg. de Fr., Ardennes, arr. de Vouziers, cant. et poste de Grand-Pré; 210 hab.

GRAND-HÉNÉAGA. *Voyez* HÉNÉAGAS (groupe des).

GRAND-HOUX, vg. de Fr., Eure-et-Loir, arr. de Nogent-le-Rotrou, cant. de Thiron-Gardais, poste d'Illiers; 260 hab.

GRAND-JEAN, vg. de Fr., Charente-Inférieure, arr. de St.-Jean-d'Angely, cant. et poste de St.-Savinien; 500 hab.

GRAND-JOUAN, ham. de Fr., Loire-Inférieure, com. de Nozay; 100 hab.

GRAND-LAC (Great-lake). *Voy.* LOUISIANE (état).

GRAND-LANDES, ham. de Fr., Loire-Inférieure, com. de Saffré; 100 hab.

GRAND-LANDES, vg. de Fr., Vendée, arr. des Sables, cant. et poste de Palluau; 1210 hab.

GRAND-LAVIER, vg. de Fr., Somme, arr., cant. et poste d'Abbeville; 240 hab.

GRAND-LEMPS (le), b. de Fr., Isère, arr. et à 4 l. S. de la Tour-du-Pin, chef-lieu de canton et poste; fabr. de sucre indigène; 2060 hab.

GRAND-LIEU, lac de Fr., Loire-Inférieure. Ce lac, situé à 3 l. S.-O. de Nantes, sur la rive gauche de la Loire, avec laquelle il communique par le canal de l'Achenau, est le plus considérable de la France; il couvre une superficie de 7000 hectares. D'après une vieille tradition, le lac de Grand-Lieu, produit par un débordement de la Loire, couvre un vallon, au milieu duquel s'élevait une ville florissante, nommée Herbadilla, que les eaux du lac ont engloutie.

GRAND-LUCE, pet. v. de Fr., Sarthe, arr. et à 4 1/2 l. O.-S.-O. de St.-Calais, chef-lieu de canton et poste; 2370 hab.

GRAND-LUP, vg. de Fr., Aisne, arr. de Laon, cant. et poste de Marle; 510 hab.

GRAND-MAGNIEUX, ham. de Fr., Haute-Vienne, com. de St.-Pardoux; 110 hab.

GRAND-MANAN. *Voyez* MANAN (île).

GRAND-MARAIS (le), ham. de Fr., Pas-de-Calais, com. de Ham; 100 hab.

GRAND-MARAIS (le), ham. de Fr., Charente, com. d'Ambérac; 220 hab.

GRAND-MARD, ham. de Fr., Eure, com. de Francheville; 250 hab.

GRAND-MARQUIS (le), la riv. la plus considérable de l'île de Grenade, Petites-Antilles.

GRANDMÉNIL, ham. de Fr., Meurthe, com. d'Écrouves; 130 hab.

GRAND-MESNIL, vg. de Fr., Calvados, arr. de Lisieux, cant. de St.-Pierre-sur-Dives, poste de Livarot; 280 hab.

GRANDMONT, ham. de Fr., Côte-d'Or, com. de Monceau; 130 hab.

GRANDMONT, ham. de Fr.; Haute-Vienne, com. de St.-Sylvestre; 240 hab.

GRAND-MONTREVAUX (le), ham. de Fr., Cher, com. de Faverdine; 100 hab.

GRAND-MONTROUGE (le). *Voyez* MONTROUGE.

GRAND-NOIR. *Voyez* ANNOIRE.

GRANDOLA, v. de Portugal, prov. d'Estramadure, dist. de Setouval; 3000 hab.

GRANDOUET, vg. de Fr., Calvados, arr. de Pont-l'Évêque, cant. et poste de Cambremer; 170 hab.

GRAND-PASSAGE. *Voy*. PASSAGE (îles du).

GRAND-PIERRE, ham. de Fr., Marne, com. d'Épernay; 200 hab.

GRAND-PONT (le), ham. de Fr., Vienne, com. de Chasseneuil; 100 hab.

GRAND-PORTAGE, fort de l'Amérique anglaise, pays intérieurs de la baie d'Hudson, à l'embouchure du fleuve de la Pluie dans le lac Supérieur. C'est la factorerie principale de la société de Montréal pour le commerce de pelleterie et l'entrepôt central des marchandises de ce genre, arrivant du Canada et des factoreries du N.-O. et du S. Cet établissement tire son nom de ce que les marchandises qui arrivent par les lacs que forme le bras oriental du fleuve de la Pluie sont transportées par-dessus une côte assez élevée pour passer dans le bras occidental du même fleuve, qui établit une communication naturelle entre le lac de la Pluie et celui des Bois (*wood-lake*).

GRAND-PRÉ, b. de Fr., Ardennes, arr. et à 3 l. E.-S.-É. de Vouziers, chef-lieu de canton et poste; 1300 hab.

GRAND-PRELLE, ham. de Fr., Loire, com. de Cordelle; 150 hab.

GRAND-PUITS, vg. de Fr., Seine-et-Marne, arr. de Melun, cant. de Mormant, poste de Nangis; 220 hab.

GRAND-QUEVILLY (le), vg. de Fr., Seine-Inférieure, arr. et poste de Rouen, cant. de Grand-Couronne; 1580 hab.

GRANDRIEU, b. de Fr., Lozère, arr. à 10 l. N. de Mende, chef-lieu de canton et poste. On remarque dans cette commune des vestiges d'une voie romaine; 1505 hab.

GRANDRIEUX, vg. de Fr., Aisne, arr. de Laon, cant. de Rozoy-sur-Serre; 240 h.

TRANDRIF, vg. de Fr., Puy-de-Dôme, arr. et poste d'Ambert, cant. de St.-Anthème; papeterie; 1160 hab.

TRANDRIS, vg. de Fr., Rhône, arr. et poste de Villefranche-sur-Saône, cant. de St.-Nizier-d'Azergues; 2360 hab.

GRAND-RIVER (Grande-Rivière), fl. des États-Unis de l'Amérique du Nord; il naît de deux sources dans le dist. des Sioux, à l'O. de l'état d'Illinois; coule vers le S., entre dans l'état de Missouri, se grossit par de nombreux affluents, dont les plus considérables sont : l'East-Branch, le West-Branch, le Long-Branch, le Jenkins et le Doe, et se jette, après un cours de 80 l., dans le Missouri.

GRANDRU, vg. de Fr., Oise, arr. de Compiègne, cant. et poste de Noyon; 560 h.

GRANDRUL-LECOURT. *Voyez* RULLECOURT.

GRAND-RUPT, vg. de Fr., Vosges, arr. d'Épinal, cant. et poste de Bains; 450 hab.

GRAND-RUPT, vg. de Fr., Vosges, arr. de St.-Dié, cant. et poste de Senones; 1480 h.

GRANDRY, ham. de Fr., Nièvre, com. de Moulins-en-Gilbert; 160 hab.

GRANDS (les), ham. de Fr., Var, com. de Solliès-Farlède; 120 hab.

GRAND-SABLE, le cours d'eau le plus considérable de l'île de St.-Vincent, Petites-Antilles.

GRAND-SAGNE, ham. de Fr., Creuse, com. de Bonnat; 120 hab.

GRANDSAGNES, ham. de Fr., Puy-de-Dôme, comt d'Ambert; 120 hab.

GRANDSAIGNE, vg. de Fr., Corrèze, arr. d'Ussel, cant. de Bugeat, poste de Meymac; 430 hab.

GRAND-SERRE (le), b. de Fr., Drôme, arr. et à 9 l. N.-N.-E. de Valence, chef-lieu de canton, poste de Moras; hauts-fourneaux; forges; aciérie; martinet pour instruments aratoires; 1770 hab.

GRANDS-FAUX (les), ham. de Fr., Nièvre, com. de Crux-la-Ville; 140 hab.

GRANDS-MARMIERS (les), ham. de Fr., Haute-Vienne, com. de la Jonchère; 150 h.

GRANDSON, dist. du cant. de Vaud, Suisse, il renferme 3 cercles: Grandson, Concise et St.-Croix; 7927 hab.

GRANDSON, pet. v. d'environ 1000 hab., chef-lieu d'un district du cant. de Vaud, et située sur le bord du lac de Neufchâtel; elle possède un ancien château fort. Cette ville, bâtie par les Romains, est célèbre par la victoire que 20,000 Suisses y remportèrent, le 3 mars 1476, sur 50,000 hommes du duc de Bourgogne, Charles-le-Téméraire.

GRAND-SURREY, canal d'Angleterre, aboutit à la Tamise, au-dessus et au-dessous de Londres.
GRAND-TONNE. *Voyez* CROIX - GRAND-TONNE (Sainte-).
GRAND-TRONC, canal d'Angleterre, autrement appelé canal de Trent-et-Mersey, surnommé Grand-Tronc, parce qu'il est comme l'arbre d'où se ramifient presque toutes les branches de la navigation intérieure de l'Angleterre. Ce canal joint le Trent à la Mersey ; il commence à Preston-Brook, sur le canal de Bridgewahr ; sa longueur est de 15 myriamètres ; il a 75 écluses, 5 galeries souterraines et trois ponts-aquéducs. Il passe près des salines de Nortwich, de Herescastle et aboutit à Runcorn ; plusieurs rameaux se dirigent sur diverses villes à droite et à gauche ; il se joint au canal de Fazelei, qui communique avec ceux dont Londres et Birmingham sont le centre.
GRAND-TURC. *Voyez* TURQUES (groupe des).
GRAND-VABRÉ, vg. de Fr., Aveyron, arr. de Rhodez, cant. de Conques, poste d'Entraygues; 1090 hab.
GRAND-VAL, vg. de Fr., Lozère, arr. de Marvejols, cant. de Fournels, poste de St.-Chely ; 350 hab.
GRAND-VAL, ham. de Fr., Orne, com. de Mardilly ; 210 hab.
GRAND-VAL, vg. de Fr., Puy-de-Dôme, arr. d'Ambert, cant. et poste de St.-Amand-Roche-Savine; 1000 hab.
GRANDVAUD, ham. de Fr., Haute-Vienne, com. de Jabreilles ; 130 hab.
GRAND-VAUX, vg. de Fr., Saône-et-Loire, arr. et poste de Charolles, cant. de Palinges; 280 hab.
GRANDVAUX, ham. de Fr., Seine-et-Oise, com. de Savigny-sur-Orge ; 300 hab.
GRANDVELLE, vg. de Fr., Haute-Saône, arr. de Vesoul, cant. de Scey-sur-Saône, poste de Fretigney; 640 hab.
GRANDVEZIN, ham. de Fr., Meurthe, com. de Crévic; 150 hab.
GRAND-VILLAGE (le), ham. de Fr., Charente-Inférieure, com. de St.-Léger-en-Pons; 190 hab.
GRANDVILLARD, ham. de Fr., Ain, com. de Domsure; 200 hab.
GRANDVILLARD, ham. de Fr., Jura, com. de Villars-d'Eriat; 110 hab.
GRANDVILLARS ou GRANWEILLER, vg. de Fr., Haut-Rhin, arr. de Belfort, cant. et poste de Delle; forges et tréfilerie de fer; 1050 hab.
GRANDVILLE, vg. de Fr., Aube, arr. et poste d'Arcis-sur-Aube, cant. de Ramerupt; 270 hab.
GRANDVILLE (la), vg. de Fr., Eure-et-Loir, arr. de Chartres, cant. de Janville, poste d'Angerville ; 340 hab.
GRANDVILLE (la), ham. de Fr., Côtes-du-Nord, com. de Bringolo ; 130 hab.
GRANDVILLE (la), ham. de Fr., Ardennes, com. de Cons-la-Grandville; 590 hab.
GRANDVILLERS, vg. de Fr., Vosges, arr. d'Épinal, cant. et poste de Bruyères; fabr. de cartonnerie et de papier; 1100 hab.
GRANDVILLIERS, b. de Fr., Oise, arr. et à 7 l. N. de Beauvais, chef-lieu de canton et poste. Ce joli bourg, situé au milieu d'une vaste plaine, sur la route de Paris à Calais, est renommé pour sa bonneterie et ses serges; 1890 hab.
GRANDVILLIERS-AUX-BOIS, vg. de Fr., Oise, arr. de Clermont, cant. et poste de St.-Juste-en-Chaussée ; 230 hab.
GRANE, vg. de Fr., Drôme, arr. de Die, cant. et poste de Crest; 1770 hab.
GRANEJOULS, ham. de Fr., Tarn, com. de Cahuzac-sur-Vère; 400 hab.
GRANEJOULS, ham. de Fr., Lot, com. d'Hospitalet; 160 hab.
GRANÈS, vg. de Fr., Aude, arr. de Limoux, cant. et poste de Quillan; 170 hab.
GRANGE, vg. de Fr., Doubs, arr. de Montbéliard, cant. de Maiche, poste de St.-Hippolyte; 270 hab.
GRANGE, ham. de Fr., Isère, com. de Buissière; 310 hab.
GRANGE (la), vg. de Fr., Landes, arr. de Mont-de-Marsan, cant. et poste de Gabarret; 640 hab.
GRANGE (la), ham. de Fr., Moselle, com. de Manom; tuileries; 170 hab.
GRANGE (la), vg. de Fr., Hautes-Pyrénées, arr. de Bagnères-en-Bigorre, cant. et poste de Lannemezan; 240 hab.
GRANGE (la), vg. de Fr., Haut-Rhin, arr. et poste de Belfort, cant. de Fontaine; 130 hab.
GRANGE (la), Seine-et-Oise. *Voyez* GERMAIN-DE-LA-GRANGE (Saint-).
GRANGE, vg. de Fr., Vienne, com. de Linazais; 100 hab.
GRANGE-AU-DOYEN (la), ham. de Fr., Yonne, com. de Véron ; 120 hab.
GRANGE-AU-BOIS (la), ham. de Fr., Marne, com. de Ste.-Ménéhoulde ; 640 hab.
GRANGE-BLANCHE, ham. de Fr., Rhône, com. d'Écully; 380 hab.
GRANGE-DE-L'ŒUVRE, ham. de Fr., Loire, com. de Valbenoite; 510 hab.
GRANGE-DE-NOMS, ham. de Fr., Jura, com. de Veriat; 200 hab.
GRANGE-DE-VAIVRE, vg. de Fr., Jura, arr. de Poligny, cant. de Villers-Farlay, poste de Mouchard; 170 hab.
GRANGE-LA-VILLE, vg. de Fr., Haute-Saône, arr. de Lure, cant. et poste de Villersexel; 1100 hab.
GRANGE-LE-BOCAGE, vg. de Fr., Yonne, arr. de Sens, cant. de Sergines, poste de Pont-sur-Yonne; 370 hab.
GRANGE-LE-BOURG, vg. de Fr., Haute-Saône, arr. de Lure, cant. et poste de Villersexel; tuileries; 355 hab.
GRANGE-L'ÉVÊQUE (la), ham. de Fr., Aube, com. de Macey et de St.-Lyé; 140 h.
GRANGEMOUTH, pet. v. d'Écosse, comté

de Stirling; importante par son port et sa marine marchande qu'on porte à 25,000 tonneaux; elle est située au confluent du Carron et du Grand-Canal; 2500 hab.

GRANGERMONT, vg. de Fr., Loiret, arr. de Pithiviers, cant. et poste de Puiseaux; 490 hab.

GRANGE-ROUGE(la), ham. de Fr., Vosges, com. de Clodon; 100 hab.

GRANGES, vg. de Fr., Ain, arr. et poste de Nantua, cant. d'Izernore; 300 hab.

GRANGES (les), ham. de Fr., Allier, com. de Beaune; 200 hab.

GRANGES (les), ham. de Fr., Hautes-Alpes, com. de la Faurie; 150 hab.

GRANGES (les), vg. de Fr., Aube, arr. de Bar-sur-Seine, cant. et poste de Chaource; 170 hab.

GRANGES (les), ham. de Fr., Aube, com. de Maizières-la-Grande-Paroisse, poste; 580 hab.

GRANGES (les), ham. de Fr., Côte-d'Or, com. d'Oigny; 210 hab.

GRANGES (les), ham. de Fr., Isère, com. d'Anjou; 110 hab.

GRANGES (les), ham. de Fr., Isère, com. de Sablon; 270 hab.

GRANGES (les), ham. de Fr., Isère, com. d'Izeaux; 300 hab.

GRANGES (les), ham. de Fr., Loir-et-Cher, com. de Blois; 680 hab.

GRANGES(les), vg. de Fr., Lot-et-Garonne, arr. d'Agen, cant. de Prayssas, poste de Clairac; 610 hab.

GRANGES (les), ham. de Fr., Haute-Marne, com. de Droyes; 200 hab.

GRANGES (les), ham. de Fr., Hautes-Pyrénées, com. de Julos; 150 hab.

GRANGES (les), vg. de Fr., Saône-et-Loire, arr. de Châlon-sur-Saône, cant. et poste de Givry; 320 hab.

GRANGES, vg. de Fr., Vosges, arr. de St.-Dié, cant. et poste de Corcieux; 2610 h.

GRANGES (les), ham. de Fr., Vosges, com. d'Anould; 400 hab.

GRANGES, ham. de Fr., Vosges, com. de Xertigny; 230 hab.

GRANGES, vg. du cant. de Valais, bge de Sierre était autrefois une petite ville et formait, jusqu'en 1798, une principauté particulière que la ville de Sitter avait achetée en 1603.

GRANGES, vg. de Fr., Calvados, arr. de Pont-l'Évêque, cant. et poste de Dives; 360 hab.

GRANGES-D'ANS (les), vg. de Fr., Dordogne, arr. de Périgueux, cant. de Hautefort, poste d'Excideuil; 660 hab.

GRANGES-DE-CHENECEY (les), ham. de Fr., Doubs, com. de Cheneccy; 200 hab.

GYANGES-DE-DESSIA (les), ham. de Fr., Jura, com. de Dessia; 130 hab.

GRANGES-DE-PLOMBIÈRES, vg. de Fr., Vosges, arr. de Remiremont, cant. et poste de Plombières; 1200 hab.

GRANGES-GONTARDES, vg. de Fr., Drôme, arr. de Montélimart, cant. de Pierrelatte, poste de Donzère; 580 hab.

GRANGES-LE-ROI, vg. de Fr., Seine-et-Oise, arr. de Rambouillet, cant. et poste de Dourdan; 420 hab.

GRANGES-LES-VALENCE (les), vg. de Fr., Ardèche, com. de St.-Péray et Guilhérand; 130 hab.

GRANGES-MAILLOT, vg. de Fr., Doubs, arr. de Besançon, cant. et poste d'Ornans; 370 hab.

GRANGES-NARBOZ(les), vg. de Fr., Doubs, arr., cant. et poste de Pontarlier; 320 hab.

GRANGES-SAINTE-MARIE, vg. de Fr., Doubs, arr. et cant. de Pontarlier, poste de Jougne; 150 hab.

GRANGES-SAINT-GERMAIN (les), ham. de Fr., Haute-Saône, com. de St.-Germain; 310 hab.

GRANGES-SUR-AUBE, vg. de Fr., Marne, arr. d'Épernay, cant. et poste d'Anglure; 340 hab.

GBANGES-SUR-BAUME, vg. de Fr., Jura, arr. et poste de Lons-le-Saulnier, cant. de Voiteur; 290 hab.

GRANGETTES (les), vg. de Fr., Doubs, arr., cant. et poste de Pontarlier; 210 hab.

GRANIEU, vg. de Fr., Isère, arr. de la Tour-du-Pin, cant. de Pont-de-Beauvoisin, poste des Abrets; 410 hab.

GRANIQUE (le), g. a., fl. de la Mysie mineure; il prend sa source au S.-E. du mont Ida, coule à l'O. de l'Æsepus, et se jette, près de Haspagium, vis-à-vis de l'île d'Ophiusa, dans la Propontide; selon Kruse, il porte aujourd'hui le nom de Gustevola. Alexandre-le-Grand y battit les Perses (333 av. J.-C.); Lucullus y défit Mithridate (68 av. J.-C.).

GRANITA, v. au N. de l'Etna, roy. des Deux-Siciles, île de Sicile, intendance de Messine.

GRANJA, pet. v. de l'emp. du Brésil, prov. de Ciara, dans une plaine fertile, sur la rive gauche du Camucim, à 9 l. de la mer; endroit florissant par son commerce de peaux et de coton; 1900 hab.

GRANJA, v. d'Espagne, prov. de Valladolid.

GRANON, ham. de Fr., Lot-et-Garonne, com. de Marmande; 100 hab.

GRANOUX, ham. de Fr., Cantal, com. de Pléaux; 210 hab.

GRANOW, pet. v. de la Russie d'Europe, gouv. de Podolie, sur la Mulachwa.

GRANS, vg. de Fr., Bouches-du-Rhône, arr. d'Aix, cant. et poste de Salon; 1640 h.

GRANSÉE, pet. v. de Prusse, prov. de Brandebourg, rég. de Potsdam, aux bords d'un lac traversé par le Rhin. Sur une de ses places on a élevé à la reine Louise un monument en fonte; fabrication d'étoffes de laine; 2290 hab.

GRANT, comté de l'état de Kentucky, États-Unis de l'Amérique du Nord; il est borné par les comtés de Boone, de Pendleton, d'Owen et de Gallatin, et renferme 3000 habitants. Pays montagneux à l'E. et arrosé par l'Eagle.

GRANT (terre de), partie de la côte S.-E. de la Nouvelle-Hollande, entre le cap Northumberland à l'O. et le cap Wilson à l'E., ou depuis le 138° 17' 15" jusqu'au 144° 3' 47" de long. E., entre 38° 2' et 39° 11' 30" de lat. S. Cette terre est bornée au N. par les pays inconnus de l'intérieur, au N.-O. par la terre de Baudin, à l'E. par la Nouvelle-Galles-du-Sud, et au S. par le détroit de Bass, qui la sépare de l'île Van-Diemen, et par le Grand-Océan Austral. C'est une des parties les moins désertes du continent austral. La localité la plus remarquable de cette côte est le port Western, où les Anglais ont fondé, en 1826, un établissement, qui, d'après des renseignements récents, n'a pas répondu aux espérances que l'on en avait conçues. Les indigènes des environs de Port-Western sont féroces et inhospitaliers.

GRANTHAM, pet. v. du Haut-Canada, dist. du Niagara; saline; 1600 hab.

GRANTHAM (New-). *Voyez* NEWGRANTHAM.

GRANTHAM, pet. v. d'Angleterre, comté de Lincoln, sur le Witham et un canal qui va au Trent, nomme deux députés; remarquable par sa belle église, haute de 288 pieds. C'est dans l'école de Grantham que Newton reçut sa première instruction; commerce; 5000 hab.

GRANTSBOROUGH, b. florissant des États-Unis de l'Amérique du Nord, état de Tennessée, comté de Campbell; plantations; 1800 hab.

GRANTSHILL. *Voyez* PITTSBURGH.

GRANTSHOUSE, une des factoreries les plus importantes de la société du Nord-Ouest, dans les pays intérieurs de la baie d'Hudson, Amérique anglaise. Cette factorerie, située sur le fleuve des Assiniboines, pays des Knistenaux, fait des affaires très-considérables en pelleteries.

GRANVILLE, *Granorum*, v. et port de Fr., Manche, arr., à 6 l. N.-O. d'Avranches et à 84 l. de Paris, chef-lieu de canton et poste; siège d'un tribunal de commerce; elle est bâtie en amphithéâtre sur un rocher escarpé, à l'embouchure du Bosq et entourée de fortes murailles. Son port, sûr et commode, est garanti par un vaste môle et peut contenir 60 bâtiments. Granville fait des armements pour la pêche de la morue, pour celle de la baleine et pour les colonies; le cabotage y est très-florissant. Ce port n'est pas moins remarquable par ses nombreux chantiers de construction pour la marine marchande, par sa pêche d'huîtres, dites de Cancale et par son école de navigation; salaison de poisson, lard, beurre; port de communication entre la Normandie et la Bretagne; exportation pour les îles de Jersey et de Guernesey, de bœufs, moutons,

denrées, etc.; entrepôt de sels; belles carrières de granit aux îles de Chaussey; mines de fer; fabr. de soude de varech, de noir, etc.; scieries hydraul.; commerce de denrées coloniales, de vins, d'huiles, de poissons salés, etc. Granville fut attaqué, en 1793, par les Vendéens, qui brûlèrent une partie du faubourg de cette ville; mais la résistance des habitants les força de se retirer; 7580 hab.

GRANVILLE, comté de la Caroline du Nord, États-Unis de l'Amérique du Nord; il est borné par la Virginie et par les comtés de Warren, de Franklin, de Wake, d'Orange et de Person. Pays très-fertile, arrosé par le Tar qui y prend sa source, la Neuse et quelques affluents du Roanoke; 22,000 h.

GRANVILLE, b. des États-Unis de l'Amérique du Nord, état de Massachusetts, comté de Hampden; poste; 2300 hab.

GRANVILLE (chef-lieu). *Voyez* MADISON (comté).

GRANVILLE, grande et riche commune des États-Unis de l'Amérique du Nord, état de New-York, comté de Washington, sur le Pawlet; elle est divisée en trois parties et renferme une académie, une poste et de nombreux moulins; carrières de marbres; 4800 hab.

GRANVILLE, pet. v. commerçante des États-Unis de l'Amérique du Nord, état d'Ohio, comté de Licking, sur le fleuve de ce nom; banque, poste, forges dans les environs; 1400 hab.

GRANVILLE (canal de), canal du Haut-Canada, commence dans les environs de la bourgade de Granville et s'étend de Vandrieul jusqu'au Long-Saut; il a été entrepris pour éviter les rapides qui embarrassent la partie inférieure du cours de l'Ottawa.

GRANVILLE, lac dans la Nouvelle-Galles, Amérique anglaise; il est traversé par le Churchill supérieur.

GRANVILLIERS, vg. de Fr., Eure, arr. d'Évreux, cant. de Damville, poste de Tillières-sur-Avre; 330 hab.

GRANWEILLER. *Voyez* GRANDVILLARS.

GRANZAY, vg. de Fr., Deux-Sèvres, arr. de Niort, cant. et poste de Beauvoir-sur-Niort; 500 hab.

GRAO, v. maritime d'Espagne, roy. et dist. de Valence, dont elle forme le port qui, actuellement, n'admet que des bâtiments de 100 tonneaux; fabr. de toiles à voiles; 5000 hab.

GRAPOULE, ham. de Fr., Yonne, com. de Coulangeron; 100 hab.

GRAS, vg. de Fr., Ardèche, arr. de Privas, cant. et poste du Bourg-St.-Andéol; mines de houille; 940 hab.

GRAS (les), vg. de Fr., Doubs, arr. de Pontarlier, cant. et poste de Morteau; fabr. de faux, d'instruments aratoires et d'outils d'horlogerie; martinet et cylindre à cuivre, chaudronnerie, pompes à incendie; 850 hab.

GRAS, ham. de Fr., Moselle, com. de Ste.-Barbe; 100 hab.

GRAS (le). *Voyez* LAWRENCE (comté).

GRAS-CAPOU. *Voyez* JULIEN-DE-GRAS-CAPOU (Saint-).

GRASLITZ, pet. v. de Bohême, cer. d'Ellbogen, sur la Zwoda; manufactures de coton et de mousselines; tréfileries; exploitation de mines de plomb; fabrication d'instruments de musique; 4000 hab.

GRASPIRON, ham. de Fr., Lot-et-Garonne, com. de Castelnaud-sur-Gupie; 100 hab.

GRASS, île dans le Bason-of-Minas, lagune au N.-O. de la Nouvelle-Écosse, Amérique septentrionale.

GRASSAC, vg. de Fr., Charente, arr. d'Angoulême, cant. et poste de Montbron; 730 hab.

GRASSANO, b. du roy. de Sardaigne, sur la Grana, principauté de Piémont, prov. de Casale; 1372 hab.

GRASSE, *Graca*, v. de Fr., Var, chef-lieu d'arrondissement, à 12 l. E.-N.-E. de Draguignan et à 215 l. de Paris; siège de tribunaux de première instance et de commerce, direction des contributions indirectes et conservation des hypothèques. Elle est bâtie en amphithéâtre sur le penchant d'une colline, qui forme le gradin inférieur d'une montagne haute et escarpée. Elle est loin d'être belle; ses rues sont raides, étroites et tortueuses; son ancienne cathédrale et plusieurs fontaines élégantes, entre autres le château d'eau sur la belle promenade de l'Esplanade, sont ses monuments remarquables, mais sa situation et ses environs sont enchanteurs : des champs d'oliviers, d'orangers, de rosiers, de citronniers et de cédrats; des jardins où fleurissent les jasmins, les tubéreuses et les jonquilles, embaument l'air d'un mélange d'odeurs délicieuses et donnent à tout ce territoire l'aspect d'un immense jardin anglais. Grasse possède un collége communal, une société d'agriculture et une bibliothèque publique de 5000 volumes. Cette ville est renommée pour ses nombreuses fabriques de parfumerie, de liqueurs, d'essences, de savon, d'huile d'olives; elle a aussi des filat. de soie. On exploite dans les environs des carrières de marbre et d'albâtre. Son commerce consiste dans la vente des produits de ses fabriques et des fruits de son territoire. Foires les lundis après St.-Marc, après St.-Michel et après St.-André. Quoique Grasse soit une ville ancienne, ce n'est que vers la fin du treizième siècle qu'elle prit de l'importance, lorsque les pirates barbaresques, qui faisaient fréquemment des descentes sur les côtes de la Provence, inquiétèrent tellement la ville d'Antibes, plusieurs fois déjà saccagée par ces barbares, que le plus grand nombre des habitants alla s'établir à Grasse, où l'on transféra à la même époque le siège de l'évêché d'Antibes; 12,825 hab.

GRASSE (la), pet. v. de Fr., Aude, arr., à 6 l. E.-S.-E. de Carcassonne et à 212 l. de Paris, chef-lieu de canton et poste. Elle est située au confluent de l'Alzon et de l'Orbieu, au milieu des monts de Corbières; moulins à huile et à foulon; mines de fer très-riches; 1330 hab.

GRASSENDORF, vg. de Fr., Bas-Rhin, arr. de Saverne, cant. de Hochfelden, poste de Bouxwiller; 320 hab.

GRASVILLE-L'HEURE, vg. de Fr., Seine-Inférieure, arr. et poste du Hâvre, cant. d'Ingouville; nouveau bassin en construction, correspondant avec ceux du Hâvre; filat. de coton; forges; fabr. de feutre; scieries mécaniques de planches; raffineries de sucre; 3789 hab.

GRAT (Saint-), ham. de Fr., Aveyron, com. de Vailhourlhes; 150 hab.

GRATELOUP, vg. de Fr., Lot-et-Garonne, arr. de Marmande, cant. de Castelmoron, poste de Tonneins; 650 hab.

GRATENAS, ham. de Fr., Ardèche, com. de Chomerac; 150 hab.

GRATENOIX, ham. de Fr., Seine-Inférieure, com. de Beausseault; 380 hab.

GRATENS, vg. de Fr., Haute-Garonne, arr. de Muret, cant. du Fousseret, poste de Rieux; 700 hab.

GRATENTOUR, vg. de Fr., Haute-Garonne, arr. de Toulouse, cant. de Fronton, poste de St.-Jory; 310 hab.

GRATERIS (le), vg. de Fr., Doubs, arr., cant. et poste de Besançon; 100 hab.

GRATEY, ham. de Fr., Saône-et-Loire, com. d'Ozenais; 390 hab.

GRATHEUIL, vg. de Fr., Eure, arr. d'Évreux, cant. et poste de St.-André; 100 hab.

GRATIBUS, vg. de Fr., Somme, arr., cant. et poste de Montdidier; 240 hab.

GRATIEN (Saint-), vg. de Fr., Nièvre, arr. de Nevers, cant. et poste de Tours; 180 hab.

GRATIEN (Saint-), vg. de Fr., Seine-et-Oise, arr. de Pontoise, cant. et poste d'Enghien; 430 hab.

GRATIEN (Saint-), vg. de Fr., Somme, arr. d'Amiens, cant. et poste de Villers-Bocage; 500 hab.

GRATIGNY, ham. de Fr., Seine-Inférieure, cant. de St.-Vaast-du-Val; 150 hab.

GRATIOT. *Voyez* FORT-GRATIOT.

GRATOT, vg. de Fr., Manche, arr. et poste de Coutances, cant. de St.-Malo-de-la-Lande; 1000 hab.

GRATREUIL, vg. de Fr., Marne, arr. de Ste.-Ménéhoulde, cant. et poste de Ville-sur-Tourbe; 120 hab.

GRATREUX, ham. de Fr., Aisne, com. de Résigny; 180 hab.

GRATTAIN, ham. de Fr., Vosges, com. de St.-Dié; 200 hab.

GRATTEPANCHE, vg. de Fr., Somme, arr. d'Amiens, cant. de Sains, poste de Flers; 270 hab.

GRATTERY, vg. de Fr., Haute-Saône,

arr. de Vesoul, cant. et poste de Port-sur-Saône ; 350 hab.

GRATWEIN, vg. de la Styrie, cer. de Grætz, non loin de la Muhr; carrières de marbre.

GRATZ (en bohémien *Gratzen*), pet. v. de Bohême, cer. de Budweiss; fabr. de fer et de papier; 1500 hab.

GRAUDENZ, v. forte de Prusse, chef-lieu de cercle, prov. de Prusse, rég. de Marienwerder, sur la rive droite de la Vistule que l'on y traverse sur un pont de bateaux de 2700 pieds; elle est ceinte de hautes murailles et de fossés, avec 3 portes et 3 faubourgs; protégée par une île fortifiée, située en face, et par une citadelle tête de pont, construite en 1776, dans laquelle on a élevé un monument au général Courbière son défenseur de 1807 à 1810, et qui y mourut le 23 juillet 1811. La ville renferme 6 églises dont 5 catholiques, 1 gymnase et 2 hôpitaux; on y voit un aqueduc dont la construction est attribuée à Nicolas Copernic. Elle possède des fabr. de draps et de tabac, des distilleries; commerce de blé et navigation active; 5150 hab.

GRAU-DU-ROI, canal d'Aigues-Mortes ou la Roubine. Ce canal est une continuation du canal de Beaucaire, au S.-O. depuis Aigues-Mortes, à travers les marais de la côte et l'étang de Répausset jusqu'à la mer. Il est établi dans le lit des pet. riv. de Vistre et de Virdoule; sa longueur est de 1 3/4 l. Aigues-Mortes correspond au S.-E. avec la mer à Silveréal par le canal de ce nom et celui de Bourdigou sur 4 1/2 l.; les canaux des étangs la font communiquer avec le canal du Languedoc.

GRAUFFTHAL, ham. de Fr., Bas-Rhin, com. d'Eschbourg; 280 hab.

GRAULGES (les), vg. de Fr., Dordogne, arr. de Nontron, cant. et poste de Mareuil; 310 hab.

GRAULHET, v. de Fr., Tarn, arr., à 5 l. N.-E., et poste de Lavaur, et à 180 l. de Paris, chef-lieu de canton. Cette petite ville renferme un grand nombre de fabr. de chapellerie, maroquinerie, tannerie, coutellerie; briques, tuiles, chandelles, poterie de terre et toiles; 5280 hab.

GRAULIÈRE (la), vg. de Fr., Corrèze, arr. et poste de Tulle, cant. de Seilhac; 2010 hab.

GRAULLE (la), ham. de Fr., Charente, com. de Touvérac; 190 hab.

GRAUVES, vg. de Fr., Marne, arr. d'Épernay, cant. et poste d'Avize; 500 hab.

GRAUX, vg. de Fr., Vosges, arr. et poste de Neufchâteau, cant. de Coussey; 70 hab.

RRAUX, vg. de Fr., Seine-Inférieure, arr., cant. et poste de Neufchâtel-en-Bray; 210 h.

GRAVARIÉ (la), ham. de Fr., Aveyron, com. de Fayet; 150 hab.

GRAVAS, ham. de Fr., Gironde, com. de Barsac; 150 hab.

GRAVE (la) ou **GRAVE-EN-OYSANS**, b. de Fr., Hautes-Alpes, arr., à 9 l. N.-O. de Briançon et à 169 l. de Paris, chef-lieu de canton et poste. Il est remarquable par l'aspect majestueux des sites qui l'environnent. Placé sur la rive droite de la Romanche, à l'entrée de la gorge profonde de Malaval, ce bourg est comme enseveli au milieu d'une chaîne de rochers escarpés, qui forment le premier échelon d'un des contreforts du Pelvoux. Le froid y est si rude, qu'en hiver il est presque impossible d'ouvrir la terre, et il arrive quelquefois que les habitants sont forcés de conserver les morts jusqu'au printemps. Exploitation de mines de plomb argentifère au Grand-Clot; 1900 hab.

GRAVE (la), ham. de Fr., Dordogne, com. de Bassillac; 130 hab.

GRAVE (Saint-), vg. de Fr., Morbihan, arr. de Vannes, cant. et poste de Rochefort-en-Terre; 790 hab.

GRAVE, pet. v. forte du roy. de Hollande, prov. du Brabant septentrional, district et à 7 1/2 l. E. de Bois-le-Duc, sur la Meuse; 2000 hab.

GRAVE-D'AMBARÈS (la), ham. de Fr., Gironde, com. d'Ambarès; 890 hab.

GRAVEDONNA, b. du roy. Lombard-Vénitien, gouv. de Milan, délégation de Côme; possède de nombreuses et magnifiques campagnes.

GRAVELAND (St.-), vg. du roy. de Hollande, gouv. de la Hollande septentrionale, dist. d'Amsterdam; entouré d'allées de chênes et de maisons de campagne, parmi lesquelles on remarque celle qui fut construite par l'amiral Corneille Tromp et qui ressemble à la poupe d'un vaisseau de guerre; 1500 hab.

GRAVELINES, *Grævelingia*, v. forte et port de Fr., sur la mer du Nord, Nord, arr. et à 5 l. O.-S.-O. de Dunkerque, à 174 l. de Paris, chef-lieu de canton et poste. C'est une jolie petite ville, située au milieu d'une vaste plaine marécageuse, nommée les *Vateringues*, que les dunes et les travaux continuels de dessèchement défendent contre les envahissements de la mer. Les habitants s'occupent principalement de la pêche du hareng, du maquereau et de la morue. La ville renferme une raffinerie de sel, des distilleries de genièvre et un chantier de construction pour la marine marchande. Commerce de vins, eaux-de-vie et bois de construction; exportation considérable de fruits, d'œufs et de volailles pour l'Angleterre; 4550 hab.

Gravelines, qui avait déjà de l'importance au commencement du treizième siècle, fut saccagée par les Anglais au quatorzième siècle. Charle-Quint la fit fortifier. Vauban y augmenta les moyens de défense. Cependant cette ville n'a point repris le rang qu'elle a occupé jusqu'au quatorzième siècle.

GRAVELLE (la), ham. de Fr., Calvados, com. de Monviette; 160 hab.

43

GRAVELLE (là), ham. de Fr., Dordogne, com. d'Annesse; 130 hab.

GRAVELLE (la), vg. de Fr., Mayenne, arr. de Laval, cant. de Loiron, poste; 500 hab.

GRAVELLE, ham. de Fr., Seine, com. de Charenton-St.-Maurice; fabr. de chocolat; 200 hab.

GRAVELLES (les), ham. de Fr., Côte-d'Or, com. de Saulieu; 150 hab.

GRAVELLONA, b. du roy. de Sardaigne, principauté de Piémont, prov. de Vigevano, filat. de soie; 2120 hab.

GRAVELOTTE, vg. de Fr., Moselle, arr. et poste de Metz, cant. de Gorze; 450 hab.

GRAVENCHAN. *Voyez* NOTRE-DAME-DE-GRAVENCHAN.

GRAVEREAU, ham. de Fr., Cher, com. de Boulleret; 160 hab.

GRAVERIE (la), vg. de Fr., Calvados, arr. et poste de Vire, cant. de Bény-Bocage; 930 hab.

GRAVERON, vg. de Fr., Eure, arr. et cant. d'Évreux, poste de la Commanderie; 40 hab.

GRAVES, vg. de Fr., Charente, arr. de Cognac, cant. et poste de Châteauneuf-sur-Charente; 260 hab.

GRAVESAND (baie). *Voyez* NEW-YORK (baie de).

GRAVESAND, b. des États-Unis de l'Amérique du Nord, état de New-York, comté de Kings, sur l'Océan et dans une contrée charmante; c'est un but de promenades délicieuses pour les habitants de New-York; 1080 hab.

GRAVESAND, *Gravescenda*, pet. v. d'Angleterre, comté de Kent, à la droite de la Tamise. On y examine les papiers de tous les vaisseaux qui vont à Londres. Vis-à-vis se trouve la forteresse de Tilbury, qui protège Londres du côté de la mer; 5000 hab.

GRAVESON, vg. de Fr., Bouches-du-Rhône, arr. d'Arles-sur-Rhône, cant. de Château-Renard, poste de Tarascon-sur-Rhône; 1530 hab.

GRAVETTE (la), ham. de Fr., Lot-et-Garonne, com. de Cacumont; 100 hab.

GRAVIER (le), ham. de Fr., Cher, com. de Guerche-sur-l'Aubois; 200 hab.

GRAVIER-DE-CHIMAY, ham. de Fr., Aisne, com. de Flamengrie; 140 hab.

GRAVIÈRES, vg. de Fr., Ardèche, arr. de l'Argentière, cant. et poste des Vans; 1040 hab.

GRAVIERS, ham. de Fr., Seine-et-Oise, com. de Saclas; 120 hab.

GRAVIGNY, vg. de Fr., Eure, arr., cant. et poste d'Évreux; filat. hydraul. de laine; 540 hab.

GRAVILLAT, ham. de Fr., Dordogne, com. de Bergerac; 100 hab.

GRAVINA, *Blera*, v. et siége d'un évêché du roy. des Deux-Siciles, prov. de Bari, sur la grande route de Foggia à Tarente; elle possède une cathédrale, 9 églises et quelques faubourgs; commerce de blé et d'anis; fabrication de salpêtre; 9000 hab.

GRAVISCA, g. a. v. de l'Étrurie, située près de l'embouchure de la Martha, au S.-O. de Tarquinium.

GRAVON, vg. de Fr., Seine-et-Marne, arr. de Provins, cant. et poste de Bray-sur-Seine; 140 hab.

GRAY, *Gradicum*, *Grajum*, v. de Fr., Haute-Saône, chef-lieu d'arrondissement, à 15 l. S.-O. de Vesoul et à 83 l. de Paris; siège de tribunaux de première instance et de commerce; direction des contributions indirectes; conservation des hypothèques et résidence d'un inspecteur des forêts. Elle est bâtie en amphithéâtre sur la rive gauche de la Saône, que l'on y passe sur un pont d'une belle architecture; elle n'est pas jolie, mais très-animée. Les rues y sont étroites, raides et mal percées. On y remarque un vieux château, de belles casernes, l'hôtel de ville, la promenade de l'allée des Capucins, le beau moulin à 14 tournants de M. Tramoy et plusieurs fontaines assez élégantes. La ville possède un collége communal, une société d'agriculture, une petite salle de spectacle et une bibliothèque publique de 4000 volumes. C'est à Gray que la Saône devient navigable; aussi y charge-t-on une grande quantité de grains et de fer que l'on dirige vers le midi. On y fait un commerce considérable en vins, merrain, planches, clouterie, quincaillerie, denrées coloniales, etc. Gray est l'entrepôt de toutes les marchandises du Midi, qui sont de là conduites vers le N.-E. de la France et à l'étranger. Foires : 20 janvier, 10 avril, 19 juillet, 19 septembre; 6636 hab.

Jadis Gray, dont l'origine remonte au septième siècle, était une place forte qui fut souvent prise et reprise et plusieurs fois incendiée, savoir : en 1360 et 1384 par les compagnies de routiers, et en 1476 par les troupes de Louis XI. Elle passa définitivement à la France, avec la Franche-Comté, en 1678. Gray avait une université fondée par Othon IV, comte de Bourgogne, vers la fin du treizième siècle, et qui fut transférée à Dôle, en 1420.

GRAY, b. des États-Unis de l'Amérique du Nord, état du Maine, comté de Cumberland; 1900 hab.

GRAYAN, vg. de Fr., Gironde, arr. et poste de Lesparre, cant. de St.-Vivien; 1030 hab.

GRAYE, vg. de Fr., Calvados, arr. de Bayeux, cant. de Ryes, poste de Creully; 500 hab.

GRAYE, vg. de Fr., Jura, arr. de Lons-le-Saulnier, cant. et poste de St.-Amour; 330 hab.

GRAY-LA-VILLE, vg. de Fr., Haute-Saône, arr., cant. et poste de Gray; 520 h.

GRAYS-FERRY, gr. et beau vg. des États-Unis de l'Amérique du Nord, état et comté de Pensylvanie et tout-près de la ville de ce nom, sur le Schuylkill, qu'on y passe sur un très-beau pont. Il renferme de magnifiques maisons de campagne; 1500 hab.

GRAYSON, comté de l'état de Kentucky, États-Unis de l'Amérique du Nord; il est borné par les comtés d'Ohio, de Brackenridge, de Hardin, de Hart, de Warren et de Butler; 6000 hab. Pays fertile, mais encore peu cultivé; il est arrosé par le Rough et les affluents du Green, qui la borne au S. Lichtfield, avec une poste, est le cheflieu du comté.

GRAYSON, comté de l'état de Virginie, États-Unis de l'Amérique du Nord; il est borné par la Caroline du Nord et par les comtés de Wythe, de Montgomery, de Patrik et de Washington. Pays très-montagneux et dont la plus grande partie est encore inculte; il est traversé à l'E. par les montagnes Bleues, à l'O. par les monts du Fer (Iron-Mountains) et arrosé par le Kenhawa, qui y porte encore le nom de New-River (rivière neuve); 7600 hab.

GRAZAC, vg. de Fr., Haute-Loire, arr., cant. et poste d'Yssingeaux; 1460 hab.

GRAZAC, vg. de Fr., Hauté-Garonne, arr. de Muret, cant. de Cintegabelle, poste d'Auterive; 470 hab.

GRAZAC, vg. de Fr., Tarn, arr. de Gaillac, cant. et poste de Rabastens; 1130 hab.

GRAZALEMA, v. d'Espagne, roy. de Grenade; occupe le sommet et la pente d'un rocher escarpé; fabrication de gros draps et de poterie; 5000 hab.

GRAZAY, vg. de Fr., Mayenne, arr., cant. et poste de Mayenne; 1310 hab.

GREALOU, vg. de Fr., Lot, arr. de Figeac, cant. et poste de Cajarc; 660 hab.

GREASQUE, vg. de Fr., Bouches-du-Rhône, arr. de Marseille, cant. et poste de Roquevaire; mine de houille; 320 hab.

GREAT-BARN. *Voyez* MANHATTAN.

GREAT-BARRINGTON (Grand-Barrington), b. des États-Unis de l'Amérique du Nord, état de Massachusetts, comté de Berks, poste; 2600 hab.

GREAT-BEAVER (Grand-Castor), île considérable, au N. du lac Michigan, dans l'enfoncement qui porte le nom de Beaver-Bay (baie des Castors).

GREAT-BOARS-POINT, promontoire à l'E. de l'état de Newhampshire, États-Unis de l'Amérique du Nord.

GREAT-BREWSTER, île fertile et habitée par quelques familles de pêcheurs, dans la baie de Boston, côte E. de l'état de Massachusetts, États-Unis de l'Amérique du Nord.

GREAT-CONOCOCHEAGUE. *Voyez* POTOWMAK.

GREAT-DRIFFIELD, pet. v. d'Angleterre, comté d'York, sur un canal navigable, qui va à l'Humber; manufacture de coton; 2000 hab.

GREAT-DUCK. *Voyez* MANAN (île).

GREAT-EGG-HARBOUR, fl. des États-Unis de l'Amérique du Nord, état de New-Jersey; il prend naissance dans le comté de Gloucester, coule du N. au S.-O. et débouche dans la baie de Great-Egg-Haven.

GREAT-EGG-HAVEN, pet. v. des États-Unis de l'Amérique du Nord, état de New-Jersey, comté de Gloucester, à l'embouchure du Great-Egg-Harbour. Elle a une poste, un bon port et fait un commerce très-considérable; 3000 hab.

GREAT-GRIMSBSY, b. d'Angleterre, comté de Lincoln, à l'embouchure de l'Humber; nomme deux députés; autrefois très-florissant, d'où l'on n'exporte aujourd'hui que du sel et de la houille.

GREAT-HARBOUR (Grand-Hâvre), baie qui offre un bon port, au S. de l'île de Bièque. Un canal étroit y conduit à travers des récifs et des bancs de sable; elle abonde en poissons et en huîtres.

GREAT-HARBOUR (port). *Voyez* LONG-ISLAND.

GREAT-HIGH (Grande-Hauteur), île à l'E. de celle de Spitzbergen, dont elle dépend.

GREAT-HOG, île dans la baie de Casco, au S. de l'état du Maine, États-Unis de l'Amérique du Nord.

GREAT-JAMES. *Voyez* JAMES (île).

GREAT-JEBIEG, île dans la baie de Casco, au S. de l'état du Maine, États-Unis de l'Amérique du Nord.

GREAT-ISLAND (Grande-Ile), île considérable et très-fertile, à l'embouchure de la Piscatagua; fait partie du comté de Rockingham, et renferme la ville de New-Castle, côte S.-E. de l'état de New-Hampshire, États-Unis de l'Amérique du Nord.

GREAT-ISLE, la plus grande des îles situées dans la baie de Barataria, côte S. de l'état de Louisiane, États-Unis de l'Amérique du Nord. Cette île servit longtemps de repaire à une bande de pirates sous les ordres de La Fitte. Ce n'est qu'avec beaucoup d'efforts qu'on parvint à les en chasser, ainsi que les flibustiers qui occupaient cette île en 1816. Depuis cette époque, l'Union y entretient une garnison.

GREAT-ISLAND (Grande-Ile), île qui s'élève au milieu du port de Cork, en Irlande, et à l'extrémité méridionale de laquelle se trouve la ville de Cove.

GREAT-LOUKOUT, chaîne de montagnes des États-Unis de l'Amérique du Nord, traverse le dist. des Tscherokis, au N.-O. de l'état de Géorgie. Cette chaîne atteint la hauteur de 900 mètres au-dessus du niveau de l'Océan.

GREAT-MARLON, b. d'Angleterre, comté de Buckingham, sur la Tamise; nomme deux députés. Fabr. de dentelles, de papier, d'huile, de laiton, de fil de métal et de dés à coudre; 6000 hab.

GREAT-MECATINA. *Voyez* MECATINA (île).

GREAT-MISCRY (Grande-Misère), île dans la baie de Massachusetts, à l'E. de l'état de ce nom, États-Unis de l'Amérique du Nord; elle fait partie du comté de Salem.

GREAT-PÉDÉE. *Voyez* YADKIN (fleuve).

GREAT-PÉDRO-POINT. *Voyez* JAMAÏQUE.

GREAT-PLUMB-POINT. *Voyez* JAMAÏQUE.

GREAT-POND, lac de l'état de Connecticut, sur les bords du fleuve de ce nom, Etats-Unis de l'Amérique du Nord.

GREAT-RIVER ou RIO-GRANDE, GRANDE-RIVIÈRE, riv. considérable de l'île de Jamaïque; naît dans les montagnes de l'E., coule d'abord vers le N.-N.-O., puis vers le N. et s'embouche dans l'Océan entre le Suist-River et le port St.-Antoine.

GREAT-RIVER, dist. de l'île de Tabago.

GREAT-SEBASCADEANG. *Voyez* SÉBASCADEANG.

GREAT-STOCKING. *Voyez* EXUMA.

GREAT-STONE (Grande-Pierre), île au N.-O. de celle de Spitzbergen (Spitzbergen-Oriental.)

GREAT-SWAMP (Grand-Marais), marais des États-Unis de l'Amérique du Nord; s'étend le long du St.-Francis, aux débordements duquel il doit son origine, entre 34° et 37° lat. N., depuis New-Madrid jusqu'à l'embouchure du White dans le Mississipi, état de Missouri et territoire d'Arkansas. Il forme un grand nombre de lacs plus ou moins étendus.

GREAT-VALEN, île dans la baie de Plaisance, côte S. de l'île de Terre-Neuve,

GREAT-WELDON, vg. d'Angleterre, comté de Northampton; remarquable par ses antiquités romaines.

GREBAUMESNIL, vg. de Fr., Somme, arr. et poste d'Abbeville, cant. de Moyenneville; 300 hab.

GREBENAU, v. du grand-duché de Hesse, prov. de la Haute-Hesse, sur la Jossa; filat. de laine, coton et lin; 800 hab.

GREBENSTEIN, v. de 2500 hab., dans l'électorat de Hesse-Cassel.

GRÈCE, *Græcia*, *Hellas*, g. a., gr. presqu'île de l'Europe, autrefois très-renommée par la sagesse de ses lois, par la gloire des armes, par les arts et les sciences qui y fleurirent et par le grand nombre d'hommes qui l'illustrèrent; elle ne comprenait originairement que le petit territoire de la ville d'Hellas, située en Phocide, entre l'Asopus et l'Énipéus; plus tard la plus grande partie de la Thessalie, l'Eubée, la Béotie, l'Attique, la Locride, la Phocide, l'Étolie et l'Acarnanie; plus tard encore le Péloponèse, l'Épire, la Macédoine et les îles de la mer Égée. Elle se composait donc de quatre parties principales, savoir : 1° du Péloponèse, 2° de la Grèce propre ou de l'Hellade, 3° de l'Épire réunie à la Thessalie, et 4° des îles de l'Archipel. Les Romains la divisèrent, 146 avant J.-C., en deux parties : la Macédoine et l'Achaïe.

GRÈCE. Située au centre de l'ancien monde, dans le voisinage des pays les plus anciennement civilisés, de l'Égypte, de la Phénicie, de l'Asie Mineure, de l'Italie, la Grèce a exercé sur l'humanité une influence qui s'est transmise, de génération en génération, jusqu'à nos jours. C'est par sa civilisation, ses sciences et ses beaux-arts, et non par ses conquêtes, qu'elle a si profondément remué les hommes; c'est par les écrits immortels de ses poëtes et de ses philosophes qu'elle occupe une si grande place parmi les puissances historiques. Après quinze siècles de barbarie et de servitude, elle reparaît sur la scène des peuples. Mais, bien différents de leurs ancêtres, les Grecs d'aujourd'hui sont une preuve vivante de l'empreinte d'abrutissement que laissent derrière elles l'oppression et la tyrannie. Nous tâcherons de faire ressortir cette triste vérité dans les paragraphes relatifs à la population et à l'histoire.

Aspect physique. La partie continentale du royaume actuel de Grèce s'étend entre 36° 22' et 39° 10' lat. N. et 18° 24' et 21° 45' long. orient. En y comprenant les îles, sa limite atteint à l'E. le 24° de long. Le nouvel état est borné à l'E. par l'Archipel, au S. par l'Archipel et la Méditerranée, à l'O. par la mer Ionienne; ses frontières septentrionales, les seules indécises, ont été fixées arbitrairement par les grandes puissances, qui arrêtèrent que la ligne de démarcation entre la Turquie d'Europe et le roy. de Grèce commencerait au golfe d'Arta (commun aux deux états), irait joindre la rivière Aspropotamo, au-delà de laquelle elle suivrait la crête de l'ancien mont OEta jusqu'à l'entrée du golfe de Volo. Toutes les îles attenantes, les Sporades septentrionales et les Cyclades, firent partie de la Grèce. Les parties constitutives du nouveau royaume sont par conséquent : 1° l'ancienne Hellade proprement dite, qui comprenait l'Acarnanie, l'Étolie, la Phocide, la Locride, la Béotie, la Mégaride et l'Attique, et qui dans les temps plus récents a été désignée par le nom de Livadie; 2° la Morée ou le Péloponèse; 3° les îles les plus voisines des parties continentales, qui sont : Négrepont ou Eubée (Egripos), Naxie (Naxos), Amorgo (Amorgos), Paro (Paros), Andro (Andros), Tino (Tenos), Zea ou Zia (Keos), Thira ou Santorin (Thera), Milo (Melos), Skyro, Thermia (Kythnos), Mykoni (Mykonos), Heliodromia ou Selidromi, Siphanto, Namphio, Serpho, Polykandro, Kimolos ou l'Argentière, Skopelos, Antiparos, Sikynos, les Sdili (Delos et Rhen, la grande Delos), Spetzia, etc. Les principales îles situées sur les côtes mêmes sont : Hydra, Syra et Eghiné ou Egine. La superficie totale de la Grèce actuelle est de 2500 l. c.

Les rivages escarpés de la Grèce présentent un grand nombre de découpures; nous ne nommerons, parmi les golfes et les baies de ce pays aux côtes déchirées, que le golfe de Patras ou de Lépante à l'O., et le golfe d'Egine à l'E.; l'isthme de Corinthe sépare ces enfoncements de la mer Ionienne et de la mer Egée. Les rivières et les fleuves de la Grèce, si vantés par les poëtes, sont pour la plupart de minces filets d'eau, que la saison des pluies transforme en torrents et que les chaleurs de l'été mettent à sec. Les plus importants de ces cours d'eau sont : l'Hellada (l'ancien Sperkhios), au N. du passage des Thermopyles; elle se jette dans le golfe de Zeitoun; l'Asper ou l'Aspropotamo (l'ancien Achélous), qui descend du Pinde (les monts Mezzovo) et s'embouche vis-à-vis de Céphalonie, dans un golfe de la mer Ionienne; le Rufia ou Rouphia (l'ancien Alphée), rivière navigable de la Morée; il prend sa source sur le plateau de la péninsule et se jette, après 28 l. de cours, dans le golfe d'Arcadie; enfin l'Eurotas, également dans la Morée, porte le nom d'Iris jusqu'à son entrée dans la plaine et se jette dans le golfe de Kolokythia. Le plus grand lac du pays est le Tapoglias, dans la Livadie; il a 18 l. de pourtour et reçoit les eaux du Mauro-Nero (l'ancien Céphissus). La Grèce ne possède aucun canal.

La Grèce est un pays de montagnes, sans plaines étendues; de nombreuses chaînes, qui s'entassent les unes sur les autres, séparées par des plateaux, constituent un grand nombre de bassins particuliers, de cantons isolés, dont la nature a singulièrement favorisé l'esprit fédéraliste des anciens Grecs. Les montagnes du continent, qui dépendent du système slavo-hellénique, couvrent le pays par leurs nombreuses ramifications et forment plusieurs caps, dont le plus remarquable est le cap Matapan, la pointe méridionale de la Grèce. Les monts Mezzovo, Delaka (Orthrys) et Mauro-Vouni (Pélion) séparent le N. de la Grèce de la Turquie; les montagnes proprement dites du continent sont: l'OEta ou Kumayta, avec le fameux passage des Thermopyles; le Parnasse ou Liakoura, l'Helikon ou Zagara, et le Cithéron, dans la Livadie; les monts de l'Argolide; enfin la chaîne du Magne ou du Taygète, en Morée, groupe rocheux presque inaccessible, qui se divise, près de la source de l'Eurotas, en deux branches, dont l'une forme le cap Matapan et l'autre le cap Malio ou St.-Ange. Les vallées et les hauteurs de cette chaîne sont habitées par les Mainotes, peuplade inculte, mais brave, qui a toujours su défendre son indépendance contre les Turcs. Les points culminants des montagnes de la Grèce proprement dite sont : les sommets du Taygète et du mont Cyllène, tous deux en Morée, dont le premier a 1240 toises et le second 1211 toises de hauteur. Les monts Mezzovo sont plus élevés encore; leurs points culminants ont 1400 toises de hauteur.

Le climat de la Grèce est en général pur, sec et doux, surtout dans les vallées de la Livadie et de la Morée. Ce n'est que dans les contrées basses qu'il est insalubre et quelquefois mortel aux étrangers. La beauté du climat de la Grèce était aux yeux des anciens habitants la plus précieuse prérogative de leur patrie; la pureté de son atmosphère, la sérénité de son ciel, les formes harmonieuses de ses montagnes, toute la poésie de sa nature sont telles que plusieurs auteurs, en exagérant dans leur imagination l'influence de ces accidents physiques, ont voulu reconnaître dans la civilisation des Grecs, dans la perfection de leurs beaux-arts, dans la gaîté et le calme de leur vie comme un reflet de la nature admirable qui les entourait.

Le sol de la Grèce est fertile, et ce pays dépeuplé n'attend que des bras pour produire au grand jour les richesses qu'il recèle. L'agriculture cependant est encore très-arriérée, et la charrue qui sert aux Grecs modernes est la même que celle que leurs ancêtres maniaient il y a 2000 ans. Les principales productions de la Grèce sont : du bétail, surtout des moutons et des chèvres, des porcs, des chevaux de petite taille et de chétive apparence, mais pleins de vigueur et de courage, des ânes, des mulets, des chameaux, beaucoup de volaille. Parmi le gibier, on remarque : le lièvre, le cerf, le chevreuil, le sanglier, le blaireau, l'écureuil; on y trouve le lynx, le chat et la chèvre sauvages; quelques ours au milieu des rochers et des forêts du Parnasse. Parmi les oiseaux, on remarque : le grand vautour des rochers de Delphes, le petit hibou de l'Attique, le pigeon sauvage, la grive, l'outarde, etc. Les côtes, les lacs et les rivières fourmillent de poissons; la pêche du maquereau et de la sardine est une source abondante de richesses pour les habitants des côtes de l'Elide et du golfe de Corinthe. Tout le monde connaît le renom du miel de l'Hymette et du Pentelis; le miel et la cire sont pour toute la Grèce une branche importante d'industrie et de commerce; l'Attique seule en exporte annuellement 3600 quintaux; le ver à soie est une autre branche d'industrie, cultivée surtout dans les îles de Tinos, Andros, Thermia et Zia. Les productions du règne végétal sont très-variées; on y récolte du blé, de l'orge, du maïs, toutes sortes de légumes, d'excellents melons, du coton, surtout dans les vallées du Pinde et de l'OEta, du chanvre, du tabac d'excellente qualité, du riz, dont le meilleur est celui de l'Argolide, etc.; les principaux soins sont donnés à la vigne, au mûrier, au figuier et surtout à l'olivier. Le vin de Malvoisie est le plus renommé; le raisin de Corinthe est cultivé en grand dans les environs des golfes de Lépante et de Salamine; la Morée en exporte tous les ans 10 millions de livres. La figue de Morée, celle de Magne surtout, est exquise. L'huile d'olive est une des richesses de la Grèce. L'olivier convient au sol léger de l'Attique, et l'on sait le culte que les anciens Athéniens rendaient à ce présent de Minerve. Les fruits du sud réussissent partout; il existe encore, après de nombreuses dévastations, de belles forêts dans l'Elide et sur les côtes; les principales essences sont le chêne-liège et le chêne valloné, le platane, l'azérolier, l'oliastre, le mélèze et le châtaignier. On trouve aussi en Grèce des bois de teinture. Le sol renferme du fer, du plomb, du soufre, de l'alun, du sel, du zinc, du mercure, du cuivre, des pierres meulières (celles de Milo sont recherchées dans toute la Méditerranée), de la marne et de la terre à foulon, etc. On a découvert récemment dans l'île d'Eubée de riches mines de manganèse et de houille. La Grèce est très-riche en gypse, en albâtre et en marbres magnifiques. Ceux de Paros et du mont Pentelikos sont les plus beaux et les plus célèbres du monde.

Population. Le nombre des habitants du nouveau roy. de Grèce est évalué approximativement à 800,000 âmes. M. de Roujoux, secrétaire de l'ambassade de France, ne l'estime qu'à 688,000 individus, dont 378,000 pour la Morée, 164,000 pour la Hellade et 146,000 pour les îles. La population se compose de Grecs, de Valaques, d'Albanais, de Juifs et d'Européens, principalement de Français, d'Anglais et de Bavarois. Les Grecs modernes, qui forment en très-grande majorité la population du royaume et dont un grand nombre (5 millions) habite la Turquie d'Europe, offrent le spectacle rare d'une nation qui a survécu à plusieurs révolutions, à de nombreuses invasions et à un long esclavage. Au troisième et au quatrième siècle, l'Attique fut dévastée entièrement par les Barbares du Nord et resta inculte et dépeuplée pendant de longues années : les habitants s'étaient retirés à Salamine. Des peuplades slaves inondèrent l'Hellade et le Péloponèse, et ce n'est qu'au neuvième siècle que des habitants grecs venus de Byzance vinrent de nouveau s'établir dans ces pays; ajoutez-y les nombreux Français, Provençaux, Espagnols et Catalans qui restèrent en Grèce après l'établissement à Constantinople d'un empire franc, et l'on s'étonnera que, malgré ce mélange de peuples étrangers et particulièrement de Slaves, les Grecs aient conservé leur langue et le souvenir d'une nationalité. La distribution de leurs demeures, dit M. de Rougemont, qui a résumé d'une manière éloquente les traits de ressemblance entre les Grecs anciens et les Grecs modernes, la distribution de leurs demeures et leurs habillements sont aujourd'hui ce qu'ils étaient jadis. Les mœurs domestiques n'ont que peu changé; le père possède encore sur ses enfants une autorité qui est plus étendue que chez aucun autre peuple européen et qui rappelle la famille asiatique; la femme vit dans le gynécée sans liberté et privée de toute éducation. Peuple enfant, les Grecs aiment avec passion les plaisirs, les fêtes, la musique et la danse, et aucun malheur ne peut étouffer leur génie riant; ils sont avides du merveilleux et crédules à l'excès; ils sont braves, souvent téméraires, mais ils n'ont ni sang-froid, ni prudence, et leur feu s'éteint promptement. Un rien les émeut, et leurs impressions les plus vives s'effacent rapidement; ils ignorent la vengeance et la rancune, et on les accuse d'une grande légèreté et d'insouciance. Peuple poëte, ils parlent avec abondance et facilité un langage animé et figuré, et leurs chants populaires, nombreux et variés, sont pleins de vie et d'imagination. Ils apportent dans le commerce un esprit actif, adroit et inventif qui dégénère en ruse et en mauvaise foi. Leur belle et riche patrie leur est si chère qu'ils ne peuvent vivre heureux dans les pays étrangers, et dans leurs guerres récentes, où ils combattaient pour recouvrer leur liberté, ils ont fait preuve d'un courage digne des plus beaux temps de leurs aïeux; cependant aujourd'hui, comme jadis, ils s'affaiblissent par leur désunion et leurs dissensions. Mais l'amour de la patrie n'est pas le plus puissant mobile de leurs actions : c'est l'amour de la religion. Les Grecs, comme l'on sait, forment une église particulière qui, d'après eux, a pris le nom d'*Église grecque*. Cette église se distingue de l'Église catholique, sous le rapport de la hiérarchie, en ce qu'elle ne reconnaît pas le pape comme vicaire de Jésus-Christ; sous le rapport du dogme, en ce qu'elle fait procéder le Saint-Esprit du Père seulement; enfin, en matière de discipline, en ce qu'elle admet la communion sous les deux espèces et le mariage des prêtres. Le chef de l'Église grecque est le patriarche de Constantinople, qui, issu de quelque grande famille, est obligé souvent de payer aux Turcs de grosses sommes pour pouvoir remplir son importante fonction. Le clergé se compose d'archevêques, d'évêques, de prêtres séculiers ou papas, de moines et de nonnes qui suivent la règle de saint Basile; leur couvent le plus riche et le plus important est celui du mont Athos. Le mariage est permis aux papas, mais non aux moines; les évêques sont choisis parmi ces derniers qu'on nomme *kalogeros*, c'est-à-dire bons vieillards. Les Grecs ont le respect le plus profond pour leurs prêtres séculiers qui, peu éclairés sans doute, méritent cependant à plus d'un égard la confiance dont ils jouissent. Tous les moments importants de la vie des Grecs sont marqués par des cérémonies religieuses; tous les objets de la nature sont sous la protection des saints et de la Vierge, à laquelle ils vouent un culte tout particulier et qu'ils appellent *Panagia* (la toute-sainte). Mais leur dévotion va jusqu'a l'excès et dégénère en superstition (ils observent année commune 182 jours maigres et 115 jours de fêtes); leurs pratiques si nombreuses ne sont que des formalités privées de vie; les croyances païennes qui se sont conservées au milieu d'eux, quelque riantes et poétiques qu'elles soient, n'en altèrent pas moins la pureté de leur christianisme; la vraie foi a disparu et l'esclavage a produit chez les Grecs ses fruits ordinaires : la dissimulation et la bassesse.

L'industrie des Grecs, comme leur agriculture, est encore dans l'enfance; l'éducation du bétail, la pêche, la navigation et le commerce, voilà les principales occupations des habitants. Les artisans sont rares parmi eux, et dans la plupart des villes on ne trouve pas même les ouvriers les plus ordinaires, tels que serruriers, taillandiers, forgerons, charpentiers et maçons. Les classes riches tirent de l'étranger les objets de luxe, d'habillement et d'ameublement. Le commerce de ce pays, si heureusement situé entre l'Europe et l'Orient, entouré de trois mers et offrant sur ses côtes déchirées un grand nombre de rades et de ports excellents, est appelé à jouer un grand rôle dans l'avenir. Déjà maintenant le bon marché des transports fait jouer à la marine grecque un rôle important dans les transactions commerciales de la Méditerranée. Le mouvement commercial extérieur de la Grèce s'est élevé, en 1831, à la somme de 34,522,700 francs; l'exportation n'y entre que pour un cinquième environ. Le nombre des bâtiments était de 2941, dont cependant 2324 portaient au-dessous de 15 tonnes. Les principaux articles d'importation consistent en tissus imprimés, rouenneries, toiles de coton, soieries, draps, sucre et café; ceux d'exportation, en soie brute, raisins de corinthe, laine brute, huile, cuivre, vins et eaux-de-vie. Les principaux ports de la Grèce sont ceux de Syra et d'Hydra dans les îles de ce nom, de Patras, de Nauplie, de Corinthe, etc. Le port de Navarin est la station de la marine militaire.

Divisions anciennes de la Grèce. La Grèce ancienne, dans l'acception la plus large du mot, était divisée en Grèce septentrionale, en Grèce centrale ou Hellade et en Péloponèse. Nous avons en outre à indiquer les îles et les colonies grecques: quant aux détails, nous renvoyons aux articles spéciaux, consacrés à la géographie ancienne.

La Grèce septentrionale, bornée au N. par la Macédoine, comprenait la Thessalie à l'E. et l'Épire à l'O.; elle s'arrêtait au S. aux chaînes du Pinde et de l'OEta.

La Grèce centrale ou la Hellade comprenait les pays situés au S. de la Thessalie et de l'Épire jusqu'à l'isthme de Corinthe; elle était divisée en neuf régions, savoir : l'Attique, la Mégaride, la Béotie, la Phocide, les deux Locride, la Doride, l'Ætolie et l'Acarnanie.

La presqu'île méridionale ou le Péloponèse était divisée en huit régions : l'Arcadie, la Laconie, la Messénie, l'Élide, l'Argolide, l'Achaïe (l'ancienne Ionie), le petit canton de Sicyone et Corinthe.

Les îles grecques sont situées les unes dans la mer Ionienne, les autres dans la mer Égée (l'Archipel).

Parmi les premières il faut distinguer : Corcyre (Corfou), Kephalenia (Cefalonia), Ithaque (Teaki ou Isola-del-Compare), Zakynthos (Zante), etc.

Parmi les secondes nous nommerons : Kreta, Crète (aujourd'hui Candie), Rhodus (Rodos ou Rhodis), les Cyclades (îles rangées en cercle), dont les principales sont : Delos (Dilo), Paros, Naxos, Melos (Milo), Gyæros, Andros, Keos (Zia), Siphnos (Sifanto), Kimœlos (Argentiero), Tenos (Tine), etc.; les Sporades (îles dispersées), dont les principales sont : Thera (Santorin), Astypalæa (Stampalia), Amorgos (Amorgo), Kos (Stanco), Patmos (Palmosa), etc.

Parmi les autres îles situées, soit sur les côtes de la Grèce, soit sur celles de l'Asie Mineure, nous devons nommer : Eubœa (aujourd'hui Negroponte ou Egridos), Skyros (Sciro), Lemnos (Stalimene), au milieu de l'Archipel, Thasos et Samothrake (Samoudrachi); sur les côtes de la Thrace et de la Macédoine, Tenedos (Boktscha-Adassi), en face de la Troade, Lesbos (Mytilène ou Metelin), Chios (Skio), Samos, sur les côtes de l'Asie Mineure, etc.

Les colonies grecques les plus anciennes et les plus importantes se trouvaient sur les côtes de l'Asie Mineure. La côte occidentale se couvrit peu à peu de villes grecques et prit, par suite de l'origine différente des habitants, les noms d'Éolie, d'Ionie, de Doride. Cependant le nom d'Ionie fut fréquemment employé pour désigner toute la partie des côtes habitée par des Grecs.

Les établissements éoliens étaient au N. La principale ville qui leur appartenait était Kyme (Cumes), la patrie d'Hésiode et le lieu d'assemblée des villes appartenant à la ligue éolienne; Grynæcum, avec son fameux temple d'Apollon, était une autre colonie éolienne. Les colonies ioniennes étaient bien plus importantes par leur étendue et leur fertilité: Smyrne, Phocie, Teoz, la patrie d'Anacréon, Colophon, Ephèse, Priène, Miletos (aujourd'hui Palatscha), Magnesis, où mourut Thémistocle, telles étaient leur principales villes. Halicarnasse, illustré par le mausolée qu'y fit construire Artémise et célèbre comme patrie d'Hérodote et de Denis dit d'Halicarnasse ; Gnide, fameuse par la Vénus de Praxitèle, voilà les deux villes importantes des Doriens. Ces colonies mères, surtout Milet, formèrent à leur tour de nombreux établissements sur les côtes de la Thrace, de la Propontide et de la mer Noire, entre autres Héraclée et Byzance, en Thrace; Abydos et Lampsaque, sur l'Hellespont; Chalcédoine et Lycique, sur la Propontide; Héraclée, Sinope (patrie de Diogène), Trapezus, sur la côte méridionale de la mer Noire; Phanazoria, sur la presqu'île de Taman; Panticapée, Théodosie (aujourd'hui Kaffa), dans la Tauride, etc.

De nombreuses colonies grecques s'étaient établies dans l'île de Chypre; Cyrène et son port Apollonia, sur la côte septentrionale d'Afrique, devaient également leur origine aux Grecs. Ce peuple actif et remuant, navigateur et commerçant, avait de bonne heure reconnu l'heureuse position des côtes de l'Italie et de la Sicile. Après la guerre de Troie, de nombreuses villes furent fondées par eux en ces endroits, et ces colonies devinrent bientôt presque aussi importantes que celles de l'Asie Mineure. Elles furent si nombreuses que la Basse-Italie porta pendant des siècles le nom de Grande-Grèce. Tarente ou Taros, Sphæris, Crotone, Locres, Rhegium, Hyéla, Posidonia, Parthenope (Naples), étaient toutes des établissements grecs. Beaucoup de villes de la Sicile et entre autres Zankle (plus tard Messine), Naxos, Catane, Leontium, Mégare, Syracuse, Camarina, Gela, Akrægas (Agrigentum, aujourd'hui Girgenti) et Selinas, ont la même origine; Sagonte, sur la côte d'Espagne, et Massilia (Marseille), sur la côte des Gaules, étaient aussi des colonies grecques. Des Phocéens, chassés de la Corse, ont fondé cette dernière, qui bientôt devint une des villes les plus florissantes des bords de la Méditerranée.

Gouvernement et divisions administratives de la Grèce actuelle. Le gouvernement du roy. de Grèce est monarchique et constitutionnel; la couronne est héréditaire et transmissible en ligne masculine et en ligne féminine; dans aucun cas les couronnes de Bavière et de Grèce ne peuvent être réunies sur la même tête. Le royaume est sous la protection des trois grandes puissances (l'Angleterre, la France et la Russie) qui ont élu le roi actuel Othon Ier, fils du roi de Bavière. Les ministres portent le nom de secrétaires d'état. Le royaume est divisé en 10 nomes (*nomos*) ou départements et en 47 eptarchies ou arrondissements. L'administration est confiée aux nomarques ou préfets, aux éparques ou souspréfets et aux démogerontes ou maires. Ces derniers sont proposés par le peuple et confirmés par le roi. Des assemblées, élues par les administrés, assistent ces fonctionnaires.

Les finances du royaume sont encore en très-mauvais état. En 1832, les revenus se montaient à 7,600,000 francs, les dépenses à 11,800,000. L'état devait 120 millions avant l'avènement du roi Othon, et l'emprunt de 60 millions, fait en 1833 et garanti au nouveau roi par les trois grandes puissances, est presque absorbé sans qu'on ait encore pu établir la balance entre le budget des dépenses et le budget des recettes.

L'armée a été réorganisée en 1833. Les troupes régulières alors existantes, les Taktikos, et les troupes irrégulières, les Palicares, furent licenciées. On décréta l'organisation de 8 bataillons d'infanterie, de 10 bataillons de chasseurs, d'un régiment de lanciers de 6 escadrons, de 10 compagnies d'artillerie, de train, d'ouvriers et de soldats du génie, en tout environ 9400 hommes. Les cadres ne sont pas encore remplis. Il faut y ajouter un corps de gendarmerie organisé à la française. Le corps de troupes bavaroises, amené par le roi Othon, doit être licencié. La marine militaire consiste en quelques bâtiments inférieurs de peu d'importance.

Le siége du gouvernement grec a été transféré successivement, pendant la guerre de l'indépendance, dans les villes de Nauplie, de Damala (Trezène), d'Egine, de Poros, de Spezia, d'Argos. Aujourd'hui il est définitivement établi à Athènes, la capitale actuelle du royaume.

Les dix nomes de la Grèce et les principales villes qui leur appartiennent sont:

1° Argolide et Corinthe: Nauplie, Argos, Corinthe, Hydra, Poros, Damala;

2° Achaïa et Elide: Patras, Vestiza;

3° Messénie: Arcadia, Phanari, Modon, Navarin, Coron;

4° Arcadie: Tripolitza;

5° Laconie: Mistra;

6° Acarnanie et Étolie: Vrachori, Missolunghi, Lépante;

7° Locride et Phocide: Salona;

8° Attique et Béotie: Athènes, Égine, Mégare, Thèbes, l'île Coulouri ou Salamine;

9° Eubée ou Négrepont: Négrepont;

10° Cyclades: Hermopolis.

Histoire. Les origines grecques sont, comme celles de presque tous les peuples, remplies d'obscurité. Les Pélasges, venus probablement de l'Asie Mineure, apparaissent comme les premiers habitants de la Grèce. Ce n'étaient pas, comme le prétendirent quelques-uns, des barbares sauvages ne vivant que du fruit de la chasse et de la pêche, car ils fondèrent des états considérables, entre autres Argos, Sicyone, l'Arcadie. Le centre de leur puissance était à Argos. Les murs cyclopéens, ces masses énormes de rochers artistement superposées, sont leur ouvrage. Plus tard les Hellènes, descendants d'après la tradition de Hellen, fils de Deucalion, vinrent des contrées septentrionales et s'emparèrent petit à petit des états occupés par les Pélasges. Ceux-ci furent ou chassés ou soumis. La Thessalie paraît avoir été le berceau des peuplades helléniques, divisées en quatre races: les Éoliens, les Doriens, les Achéens et les Ioniens. Les Ioniens s'établirent dans l'Attique, les Doriens dans le Péloponèse, dont ils eurent bientôt la suprématie. Le nom d'Hellènes ne devint commun à tous les Grecs que longtemps après Homère; quant au nom de Grecs, par lequel les Romains désignèrent les Hellènes, il paraît venir d'une petite tribu établie en Italie. Nous n'essayerons pas ici de démêler les obscurités de la tradition hellénique. La civilisation des Grecs se développa sous l'inspiration de nombreux étrangers qui ont puissamment influé sur leur religion, sur leurs arts et leur culture intellectuelle. C'est au seizième siècle avant J.-C. que les colonies égyptiennes et phéniciennes vinrent en Grèce. Vers 1580, l'Égyptien Cécrops fonda dans l'Attique les 12 bourgs, dont Athènes devint la capitale et établit l'aréopage; vers 1520, le Phénicien Cadmus, bâtit la Cadmée, l'Acropolis de Thèbes, en Béotie; il enseigna l'écriture; enfin, vers 1510, Danaüs, Égyptien, s'empara d'Argos et fit connaître la navigation aux Grecs.

La première et une des plus importantes entreprises nationales des Grecs fut la guerre de Troie, en 1180. Les Hellènes étaient divisés alors en petites tribus, commandées par des rois dont le pouvoir était très-restreint. L'offense que Pâris, un des princes troyens, avait faite à Ménélas, roi de Sparte, en lui enlevant sa femme Hélène, enflamma tous les Grecs. Ils partirent sous la conduite du puissant Agamemnon, au nombre de plus de cent mille, et prirent Troie après dix ans de siège et au moyen de la ruse. C'est un petit événement sans doute dans les fastes de l'humanité, que le sac d'une ville de l'Asie Mineure, par quelques milliers de soldats à demi-barbares; mais si ce fait d'armes a été chanté par Homère, si le courage et l'héroïsme, célébrés par le poëte ionien, ravissent encore de nos jours l'imagination des peuples, on ne s'étonnera pas de l'immense retentissement qui suivit la conquête de Troie.

Cette entreprise eut des suites importantes. La longue absence des chefs des peuples, la mort de plusieurs d'entre eux, les destinées tragiques de la famille d'Agamemnon, remuèrent profondément les tribus helléniques. L'invasion des Héraclides, descendants de l'ancienne famille royale de Mycène et de leurs alliés les Doriens, dans le Péloponèse, ne fit qu'augmenter le désordre. Les Héraclides s'emparèrent du gouvernement de Sparte, et plusieurs peuplades, chassées de leur sol natal, durent chercher, soit en Grèce, soit au-dehors, une nouvelle patrie. Les seuls Arcadiens (Pélasges) se maintinrent au milieu de leurs montagnes. La plupart des colonies grecques dans l'Asie Mineure furent fondées pendant les deux siècles de désordre et d'anarchie qui suivirent la prise de Troie. Les Éoliens fondèrent Kyme ou Cume et Smyrne; les Ioniens du Péloponèse fondèrent Éphèse, Milet et plusieurs autres villes. Les Doriens s'établirent à Rhodes et à Kos; en même temps des colonies peuplèrent l'Italie méridionale et la Sicile. Ces émigrations sont contemporaines d'une révolution intérieure dans presque tous les états grecs; partout les gouvernements prirent une forme démocratique; partout, sauf à Sparte, la royauté fut abolie, ici par le renversement d'un pouvoir odieux, là par l'extinction d'une famille aimée. On connaît le dévouement de Codrus, roi d'Athènes, qui se fit tuer volontairement pour sauver sa cité attaquée par les Héraclides. La Grèce sortit de la barbarie; déjà les arts fleurirent; Homère et Hésiode, Alcée et Sapho enchantèrent les peuples, les sages explorèrent la nature et méditèrent sur la nature de l'homme; les législateurs parurent; les Ioniens s'emparèrent du commerce et leurs vaisseaux côtoyèrent la Méditerranée; les métropoles devinrent plus puissantes en soumettant les villes qui les entouraient. C'est ainsi que se constituèrent définitivement les petits états grecs, reliés ensemble par les Amphictyons, assemblés deux fois l'an à Delphes et à Anthila, par l'oracle de Delphes et les jeux olympiques.

Cependant les petits cantons de la Grèce auraient usé leur énergie dans des guerres intestines, si un événement extérieur, un péril imminent n'avait provoqué une union qui, bien que passagère, fut la base de la grandeur du nom grec et donna occasion à plusieurs états d'acquérir une suprématie évidente. Cet événement fut la révolte des colonies grecques de l'Asie Mineure contre Darius, roi de Perse, et l'incendie de Sardes. Il donna lieu aux guerres médiques. Les Athéniens avaient pris part à l'insurrection des Ioniens et Hippias, le tyran chassé d'Athènes, persuada facilement au fier roi de Perse de punir et de soumettre ce petit pays de Grèce. Une armée persane se mit en mouvement, sous le commandement de Datis et d'Artapherne; l'Eubée et toutes les îles, presque tous les états du continent se soumirent; l'armée victorieuse envahit l'Attique, mais les Athéniens et Miltiade leur général, qui connaissaient les Perses et leur manière de combattre, sauvèrent la patrie. La grande armée persane fut défaite à Marathon, le 29 septembre 490. Une nouvelle expédition plus formidable fut préparée par Xerxès, fils de Darius. Un million de soldats couvrit la Grèce; Léonidas mourut avec 300 Spartiates et 700 Thespiens au passage des Thermophyles; Athènes fut brûlée, la Grèce semblait perdue. Thémistocle la sauva à Salamine, en 480, et une année après, la victoire de Platée, remportée sur les Persans par Pausanias et Aristide, la défaite de leur flotte, anéantie à Mycale, et celle des Carthaginois leurs alliés à Himère, par Gelon, roi de Syracuse, mirent pour toujours la Grèce à l'abri des Asiatiques, bien que la guerre continuât. Les Grecs se hâtent de rendre la liberté aux Ioniens de l'Asie Mineure. Cimon, le fils de Miltiade, défait la flotte perse près de l'île de Chypre, et leur armée de terre à l'embouchure de l'Eurymédon; les Égyptiens révoltés sont secourus, et tant de revers obligent le roi Artaxerce de conclure la paix dite de Cimon (449), et de reconnaître la liberté des villes grecques de l'Asie Mineure.

Athènes se releva vite de ses ruines; elle fleurit embellie par les arts, enrichie par le commerce et forte par les services qu'elle avait rendus à la cause commune. Ses citoyens, excités surtout par Thémistocle, se proposèrent un but plus élevé : l'hégémonie. Ils obtinrent la suprématie de la Grèce, qui avait été jusque là le privilége de Sparte, et la jalousie de cette dernière amena bientôt la désastreuse guerre du Péloponèse. Notre cadre resserré ne nous permet d'entrer dans aucun détail; les plus importants, ceux surtout relatifs aux constitutions de Sparte et d'Athènes, aux législations de Lycurgue et de Solon, se trouvent aux articles spéciaux. Nous ne devons parler ici que des événements qui ont eu une influence puissante sur toute la Grèce.

A peine les troupes persanes avaient-elles été chassées de la Grèce, qu'il naquit une suite presque continuelle de guerres, où grandirent quelques hommes, mais où la Grèce perdit le plus pur de son sang. La désunion usa ses forces et plus tard elle n'en eut plus assez pour résister au conquérant étranger. La plus importante de ces guerres, celle qui mit fin à la splendeur grecque, c'est la guerre du Péloponèse : la jalousie de Sparte, l'ambition démesurée d'Athènes en furent les véritables causes. Les Spartiates s'offrirent aux alliés comme les libérateurs du pays qu'il ne leur était pas permis de gouverner en maîtres, et la guerre éclata en 431. Au commencement les succès furent partagés. Périclès, qui gouvernait alors Athènes, comme chef du parti populaire, évitait une bataille décisive; il fut accusé par les démagogues d'être l'auteur de la peste cruelle qui désolait la cité, fut destitué et succomba lui-même après avoir vu un instant la faveur populaire l'entourer de nouveau. La première période de la guerre finit par la paix de Nicias (420), après des actes d'une horrible cruauté, commis de part et d'autre. La paix dura peu. L'ambition d'Alcibiade engagea les Athéniens à entreprendre une expédition en Sicile. L'idée de s'emparer d'une île aussi riche et aussi bien située, la force qu'y puiserait la cité, l'influence qu'on acquerrait dans la Grande-Grèce, sourit à ce peuple léger et facile, et, malgré de sages représentations, il en décréta l'enthousiasme la conquête. Athènes y perdit ses flottes et ses armées ; elle fut réduite à l'extrémité. Alcibiade, banni par le peuple, servait ses ennemis. Quelques légers succès ne purent rappeler la victoire sous ses drapeaux. La défaite d'Ægospotamos, que leur fit éprouver le Spartiate Lysandre, décida de la guerre. Nous avons déjà parlé, à l'article Athènes, de la prise de cette ville, des trente tyrans, de la manière dont Thrasybule délivra sa patrie et parvint à rétablir l'ancienne constitution.

Sparte fut donc la maîtresse de la Grèce; mais le joug qu'imposa ce prétendu libérateur fut plus dur que celui des Athéniens; les mœurs antiques avaient disparu ; l'avidité et la corruption dominaient à Sparte comme ailleurs ; la réputation militaire des Grecs déchut avec tout le reste; ils devinrent bientôt les mercenaires de ces rois de Perse qu'ils avaient tant battus et méprisés; la Perse avait déjà profité de la guerre du Péloponèse ; elle continua à exciter et à secourir les uns contre les autres ces divers états, et finit par réussir à abaisser la puissance grecque. La paix d'Antalcide (387), si différente de celle de Cimon, remit les colonies de l'Asie Mineure sous le joug des successeurs de Cyrus.

L'épuisement de la Grèce se montra de plus en plus ; Sparte elle-même perdit sa suprématie ; les Thébains, qu'elle avait surpris, lui portèrent de rudes coups, et les blessures de Leuctres et de Mantinée ne furent jamais guéries. La mort d'Épaminondas et de Pélopidas fit rentrer Thèbes dans son infériorité; en vain les Athéniens cherchèrent-ils, dans la guerre appelée sociale, à recouvrer la suprématie sur les anciens alliés : aucun état ne put désormais dominer; le résultat de cette guerre fut, comme dit Heeren, une liberté par impuissance.

L'union, que les Grecs ne pouvaient constituer dans leur sein, dut leur être imposée; car une seconde fois la Grèce était destinée à réagir sur l'Orient. Philippe de Macédoine fut l'instrument de la Providence. Dans une guerre civile, appelée guerre sacrée, les Thébains demandèrent à Philippe des secours contre les Phocéens, mis au ban par les Amphictyons. Sparte et Athènes combattirent pour ces derniers, qui furent vaincus. Dans une nouvelle guerre sacrée contre les Locriens, Philippe s'empara d'Élata. Une dernière étincelle du patriotisme grec brilla dans les discours de Démosthènes, dont la haute éloquence parvint à rapprocher Thèbes et Athènes ; mais leur ligue fut anéantie à Chéronée, en 338 avant J.-C., et dans une assemblée tenue à Corinthe, Philippe fut nommé généralissime des forces grecques contre les Perses.

Alors et sous le commandement de Philippe et d'Alexandre, les Grecs remplirent de leur nom tout l'Orient ; mais leur influence guerrière s'éteignit avec le dernier soupir du jeune Macédonien. Presque toute la Grèce se souleva à la mort d'Alexandre; malgré les avantages passagers que remportèrent quelques états, elle finit par s'user complétement dans ces luttes pour la succession du royaume de Macédoine, dans les rivalités des ligues achéenne et étolienne. Déjà les Romains avaient jeté leurs yeux sur ce pays, et, avec leur politique adroite, ils surent se servir des dissensions intestines et affaiblir les uns par les autres, jusqu'à ce que le moment leur parût favorable pour frapper les derniers coups. On sait la défaite de ns Philippe II de Macédoine à Cynocéphales (197), celle de Persée à Pydna (168). Le consul Mummius acheva la victoire de Paul Emile; il défit les Achéens, saccagea Corinthe et, en 146 avant J.-C., la Grèce fut réduite en province romaine sous le nom d'*Achaïe*.

De ce jour l'ancienne Grèce n'existe plus. La province romaine, plusieurs fois le théâtre de guerres atroces, souvent ravagée, envahie et dévastée par les barbares, subit le sort du grand empire dont elle faisait partie. Les Grecs du bas empire ne surent imiter que les vices de leurs devanciers. L'histoire de l'empire de Constantinople n'appartient pas à cet article. La dernière espérance des Grecs tomba avec la prise de Byzance par les Turcs (1453).

A partir de cette époque, la Grèce, surtout la Grèce continentale, fut opprimée d'une manière épouvantable par les Osmanlis. Les îles restèrent plus libres, grâce au petit nombre de Turcs qui s'y étaient établis, et eurent au moins la faculté d'avoir une administration municipale. D'autres contrées, favorisées par leur position presque inaccessible, surent maintenir une espèce d'indépendance et inquiétèrent leurs oppresseurs; tels étaient les Maïnotes en Morée, les Souliotes dans l'Épire, les Sphachiotes dans l'île de Candie. Ces hommes de guerre hardis se glorifiaient du titre de Klephtes (brigands) que leur donnaient les Osmanlis.

Les Grecs avaient supporté pendant des siècles le joug étranger; la révolution française trouva de l'écho dans leur cœur; de jeunes Grecs, qui avaient visité les universités de l'Europe en avaient rapporté avec la science l'amour ardent de la liberté, qui travaille depuis un demi-siècle la jeunesse. L'insurrection éclata en 1821 en Valachie et s'étendit bientôt sur toute la Morée. Des cruautés affreuses furent commises en Valachie et à Constantinople; les Turcs pendirent ignominieusement le vénérable archevêque Grégoire. Mais le sang des martyrs ne fit qu'enflammer le courage des survivants; Tripolitza fut prise, l'ennemi chassé de l'intérieur de la Morée. Partout l'on se battit, en Morée, dans l'Hellade, sur les îles. La flottille d'Hydra, Spezzia et Ipsara et ses brûlots firent un mal énorme à la flotte turque, lourde et mal montée. Une armée de 20,000 Osmanlis, entrée en Morée en 1822, périt presque tout entière par le fer, la faim et la fatigue. Missolunghi s'illustra par trois sièges courageusement soutenus. Les noms de Canaris et de Miaulis, de Marco et de Noto Botzaris et d'autres héros devinrent européens. Lorsque les Turcs s'aperçurent de l'inutilité de leurs efforts, ils appelèrent à leur secours Ibrahim-Pacha et ses soldats exercés. Douze mille Égyptiens abordèrent en 1825 et couvrirent toute la Morée de larmes et de sang. Des milliers de femmes, d'enfants, de vieillards furent massacrés ou emmenés en esclavage. Missolunghi succomba héroïquement. La cause grecque paraissait désespérée; mais l'Europe s'émut; elle envoya des volontaires et de l'argent. L'opinion publique et la diplomatie marchèrent un instant d'accord. Les flottes française, anglaise et russe croisèrent sur les côtes du Péloponèse, pour empêcher les atrocités du vainqueur, et la marine turco-égyptienne fut anéantie à la bataille de Navarin, le 20 octobre 1827. L'année suivante une brigade française força les Égyptiens à évacuer la Morée; Missolunghi fut reprise. La guerre de l'empire ottoman avec la Russie, en 1828 et 1829, fut une diversion heureuse pour les Grecs. Les cabinets consentirent à leur indépendance et l'on fixa, en 1830, au nouveau royaume les limites que nous avons indiquées. Les cabinets se hâtèrent de désigner un prince européen pour occuper le trône, car le président Capo-d'Istria, élu comme tel en 1827, universellement haï à cause de son despotisme et de ses exactions, avait été assassiné par les parents de Mauro-Micali, le bey des Maïnotes, qu'il avait maltraité ; d'un autre côté les anciennes dissensions renaissaient; les intérêts divers se faisaient la guerre. Le prince Léopold de Saxe-Cobourg (le roi actuel des Belges), après avoir accepté, reconnut les difficultés de la position et refusa le trône. On élut alors (1833) le prince Othon de Bavière qui, à sa majorité en 1835, prit en mains le gouvernement du nouveau royaume de Grèce et fit d'Athènes sa capitale.

GRECI (Il-), gr. vg. du roy. des Deux-Siciles, prov. de la Principauté ultérieure; 1795 hab.

GRECIETTE, ham. de Fr., Basses-Pyrénées, com. de Mendionde; 520 hab.

GRÉCOURT, vg. de Fr., Somme, arr. de Péronne, cant. de Nesle, poste de Ham; 110 hab.

GRECS (les), *Hellenes*, *Graji*, *Græci*, descendants d'Elida, fils de Japhet. Ils vinrent de l'Asie Mineure et de la Thrace se répandre en petites troupes sur le sol de la Grèce, dont ils chassèrent les Pélasges, qui en avaient été les premiers habitants. Sous la conduite de leurs rois Deucalion et Hellen ils s'établirent d'abord en Phocide, aux environs du mont Parnasse. Chassés par un déluge, ils se retirèrent, en 1550, en Thessalie, où ils se divisèrent plus tard en quatre peuplades bien distinctes par leur langage, leurs mœurs et la forme de leur gouvernement. Ces quatre peuplades sont : les Doriens, les Achéens, les Ioniens et les Éoliens ou Étholiens. Entre les années 1500 et 1300 avant J.-C., ils se dispersèrent dans la Grèce entière, fondant des villes, dont Sparte et Athènes représentent à elles seules toute la nationalité grecque. Après le sac de Corinthe par Mummius et après la dissolution de la ligue achéenne, 146 ans avant J.-C., leur pays fut divisé par les Romains en deux provinces, l'Achaïe et la Macédoine, qui furent gouvernées d'abord par des préteurs et dans la suite par des proconsuls. Depuis 1453, les Grecs gémirent sous le joug des Turcs; enfin, en 1821, ils prirent les armes et proclamèrent hautement leur indépendance. Mais le joug du despotisme, sous lequel ils s'étaient trouvés si longtemps, semble les avoir fait dégénérer; car les descendants de ces Grecs, si beaux, si nobles dans l'antiquité, ne sont plus qu'un peuple abâtardi; la ruse des pères s'est seule transmise aux enfants. Le Nouveau-Testament appelle Grecs tous ceux qui n'habitent pas la Palestine et qui parlent la langue grecque, répandue dans tout l'Orient par les expéditions d'Alexandre-le-Grand.

GREDING, pet. v. de Bavière, chef-lieu de district, cer. de la Rezat; brasseries; distilleries; pop. de la ville 820, du district 12,200 hab., sur 4 1/2 milles c.

GREDISANS, vg. de Fr., Jura, arr. de Dôle, cant. de Rochefort, poste de Moissey; 220 hab.

GREDISCHTJE. *Voyez* VARHELY.

GREEN (fort). *Voyez* NEWPORT.

GREEN, comté de l'état de Missouri, États-Unis de l'Amérique du Nord. Ce comté, formé depuis 1821, est traversé par plusieurs affluents du Missouri, fertile, mais peu cultivé encore, et ne renferme qu'une population très-faible. Leaf-River en est le chef-lieu.

GREEN, comté de l'état d'Ohio, États-Unis de l'Amérique du Nord; il est borné par les comtés de Clarke, de Fayette, de Clinton, de Warren et de Montgoméry. Son étendue est de 20 l. c. géogr., avec 31,000 h. Pays arrosé par le Petit-Miami (Little-Miami), qui y fait une chute, et ses affluents, parmi lesquels nous citons le Grand et le Petit-Beaver, le Massios et le Sugar. Au N. ce pays présente beaucoup de districts déserts et dépourvus de végétation; au S. se déploient de vastes et fertiles vallées; sur les hauteurs le sol est de médiocre fertilité.

GREEN, b. des États-Unis de l'Amérique du Nord, état de Pensylvanie, comté de Franklin, au pied des South-Mountains (montagnes du Sud), à travers lesquelles conduit une belle route au Gap; 1900 hab.

GREEN. *Voyez* ISLANDS (bay of).

GREEN, île riche en oies à édredon à l'entrée de la Baie-Royale, côte S.-E. de la Nouvelle-Écosse.

GREEN, île dans le port Roseway, côte S.-E. de la Nouvelle-Écosse.

GREEN. *Voyez* MECATINA (île).

GREEN, île très-considérable, mais inhabitée, au milieu du détroit d'Hudson.

GREEN, com. florissante des États-Unis de l'Amérique du Nord, état d'Ohio, comté de Ross; 1780 hab.

GREEN-BAY (baie verte), baie au S. du Labrador, dans le détroit de Belle-Isle.

GREEN-BAY (baie verte). *Voyez* MICHIGAN (lac).

GREEN-BRIAR, comté de l'état de Virginie, États-Unis de l'Amérique du Nord; il est borné par les comtés de Nicholas, de Randolph, de Bath, de Monroé et de Giles. Les Alleghanys s'élèvent à l'E. et envoient une ramification à travers le centre du comté. Un grand nombre de rivières, affluents du Kenhawa, arrosent ce pays, riche en bois, en fer et en salpêtre; salines et eaux sulfureuses. L'O. est encore inculte; 9800 hab.

GREENBUSH, pet. v. des États-Unis de l'Amérique du Nord, état de New-York, comté de Rensselaer, sur l'Hudson, qui y porte plusieurs îles et présente de nombreux bas-fonds dangereux à la navigation; commerce très-important; 5000 hab. L'île habitée de Popscheey s'étend en face de la ville.

GREENE, île dans la baie de Boston, côte E. de l'état de Massachusetts, États-Unis de l'Amérique du Nord.

GREENE, comté de l'état de New-York, États-Unis de l'Amérique du Nord; il s'étend le long de la rive occidentale de l'Hudson et est borné par les comtés de Shoharie, d'Albany, de Columbia, d'Ulster et par l'état de Delaware. Le Katskill, chaîne de montagnes très-élevées, traverse ce pays du S. au N. et le divise en deux parties presque égales, dont celle à l'E. est arrosée par le Katskill, affluent de l'Hudson, et la partie O. par le Shoharie, qui y prend naissance. L'industrie de cette province est dans un état florissant; 30,000 hab.

GREENE, com. florissante des États-Unis de l'Amérique du Nord, état de New-York, comté de Chénango, poste; 1800 hab.

GREENE, comté de la Caroline du Nord, États-Unis de l'Amérique du Nord; il est borné par les comtés d'Edgecombe, de Pitt, de Lenoir et de Wayne. C'est un pays de peu d'étendue, mais fertile et bien arrosé. Snowhill, sur le Contentny, avec une poste, est le chef-lieu du comté; 7000 hab.

GREENE, comté de l'état de Tennessée, États-Unis de l'Amérique du Nord; ses bornes sont: la Caroline du Nord et les comtés de Hawkins, de Washington, de Cocke et de Jefferson; au S. les Smooky-Mountains (belles montagnes) séparent ce pays de la Caroline du Nord; l'intérieur, fertile et bien cultivé, est arrosé par le Nolichuky et le French-Broad, sur les bords duquel jaillissent des eaux thermales; 14,000 hab.

GREENE, comté de l'état de Pensylvanie, États-Unis de l'Amérique du Nord; il est limité par les comtés de Washington, de Fayette et par la Virginie. Son étendue est de 38 l. c. géogr., avec 20,000 hab. Ce pays, qui forme la province S.-O. de l'état, a un sol onduleux et fertilisé par la Monongahéla et différents affluents de ce fleuve.

GREENE, comté de l'état d'Alabama, États-Unis de l'Amérique du Nord; il est borné par les comtés de Pickins, de Tuscaloosa, de Perry, de Dallas, de Marengo et par le pays des Choctaws. Pays fertile, mais encore peu cultivé; il est arrosé par le Tombigbée et la Tuscaloosa (Black-Warrior). Erié, sur la Tuscaloosa, avec une poste, est le chef-lieu du comté; 6000 hab.

GREENE, comté de l'état de Géorgie, États-Unis de l'Amérique du Nord; il a pour bornes les comtés de Clarke, d'Oglethorpe, de Wilkes, de Hancock, de Putnam et de Morgan. Pays rempli de collines et bien arrosé à l'O., où coulent l'Alatamaha (Oconnée) et la Géorgia; le S. est plat, sablonneux et couvert de forêts de sapins; 16,000 h.

GREENE, comté de l'état de Kentucky, États-Unis de l'Amérique du Nord; il est borné par les comtés de Hardin, de Washington, d'Adair, de Warren et de Hart. Sol onduleux; riches champs de blé, arrosés par le Green, le Russel, etc.; 14,000 h.

GREENE, comté de l'état de Mississipi, États-Unis de l'Amérique du Nord; ses bornes sont : les comtés de Wayne, de Jackson, de Perry et l'état d'Alabama. Le Chikasaws et le Leaf arrosent ce pays, presque inculte encore; 3000 hab.

GREENE, b. florissant par l'agriculture et le commerce, dans les États-Unis de l'Amérique du Nord, état de Pensylvanie, comté de Greene, auquel il a donné son nom, sur la Monongahéla; poste; 2300 hab.

GREENFIELD, com. des États-Unis de l'Amérique du Nord, état de Pensylvanie, comté de Bedford; 1400 hab.

GREENFIELD, b. des États-Unis de l'Amérique du Nord, état de Pensylvanie, comté d'Érié, sur le French-River (rivière Française); commerce; 2500 hab.

GREENFIELD, b. des États-Unis de l'Amérique du Nord, état de New-Hampshire, comté de Hillsborough; 1700 hab.

GREENFIELD, pet. v. des États-Unis de l'Amérique du Nord, état de New-York, comté de Saratoga, poste; agriculture florissante; commerce; 3500 hab.

GREENFIELD-HILL. *Voyez* FAIRFIELD (ville).

GREEN-ISLAND ou ILE-VERTE, pet. île très-fertile à l'E. de celle d'Antigoa, dont elle dépend.

GREEN-ISLAND ou COLUBRA, ILE-DU-SERPENT, pet. île à l'E. de celle de Porto-Rico, fait partie des Iles-Vierges espagnoles.

GREEN-ISLAND ou ILE-VERTE. *Voyez* LONG-ISLAND.

GREEN-ISLAND-HARBOUR, excellent port au N.-O. de l'île de Jamaïque.

GREEN-LAKE ou LAC-VERT, lac au N. de l'état de New-Jersey, États-Unis de l'Amérique du Nord.

GREENLAW, pet. v. d'Écosse, chef-lieu du comté de Berwick, sur la Blackadder; manufactures de laine; 1500 hab.

GREEN-MOUNTAINS (montagnes vertes), chaîne de montagnes des États-Unis de l'Amérique du Nord. Elles forment une continuation des Apalaches ou du Lands-Hill, comme les appellent les Américains du Nord. Cette belle et longue chaîne de montagnes, qui tire son nom de la verdure toujours brillante de ses forêts, naît dans le Canada et entre en petits groupes dans l'état de Vermont; elle longe le lac Champlain, se développe vers le S. et se divise sous 43° 25' lat. N. en deux branches principales, dont l'une entre dans l'état de New-York, dans une direction S.-O. ; la seconde branche se dirige vers le S. et entre dans l'état de Massachusetts où elle se rattache aux monts Housatonick. La largeur de cette chaîne de montagnes est de 4 à 6 lieues; ces montagnes ne présentent cependant une file continue qu'entre 43° 55' et 42° 44'. Au N. elle est interrompue par un grand nombre de fleuves. Ses points culminants s'élèvent entre 44° et 45° dans les comtés de Franklin et de Chittenden. Ce sont les pics Killington (1151 mètres), Camels-Rump et Mansfield).

GREENOCK, grande et jolie ville d'Écosse, dans le comté de Renfrew, à l'embouchure de la Clyde; une des villes les plus commerçantes de tout le royaume-uni, et une des stations principales des bateaux à vapeur; elle doit son rapide agrandissement et sa grande prospérité à ses nombreuses raffineries de sucre, à ses fabr. de savon, à ses forges et à ses nombreux chantiers. Sa marine marchande jauge 29,000 tonneaux. Depuis quelques années Greenock possède d'immenses réservoirs pour fournir l'eau dont manquaient les habitants; bains de mer; 27,000 hab.

GREEN-RIVER. *Voyez* JOHNS (Saint-), fleuve.

GREENSBOROUGH, b. des États-Unis de l'Amérique du Nord, état de New-York, comté de Westchester, poste; 2500 hab.

GREENSBOROUGH, b. florissant des États-Unis de l'Amérique du Nord, état de Pensylvanie, comté de Westmoreland, dont il est le chef-lieu, sur un bras du Séwickly; il renferme une académie, une banque, une poste, entretient des marchés considérables et fait le commerce. Les environs sont de la plus grande fertilité; 1300 hab., la plupart allemands.

GREENSBOROUGH, b. des États-Unis de l'Amérique du Nord, état de Géorgie, comté de Greene, dont il est le chef-lieu, sur l'Alatamaha; plantations, poste, commerce; 1200 hab.

GREENSBURGH, b. des États-Unis de l'Amérique du Nord, état de Kentucky, comté de Greene, dont il est le chef-lieu, sur le Green; il renferme une halle, une banque, une poste et fait le commerce de blé; marchés très-fréquentés; 1600 hab.

GREENSVILLE, pet. v. des États-Unis de l'Amérique du Nord, état de Virginie, comté de Grayson, dont elle est le chef-lieu, sur le Kenhawa, poste; 2000 hab.

GREEN-SWAMP ou MARAIS-VERT, vaste

marais qui forme plusieurs lacs, au S.-E. de l'état de la Caroline du Nord; il s'étend sur une grande partie du comté de Brunswick, entre le Waccamaw et le Cape-Fear.

GREENUP, comté de l'état de Kentucky, États-Unis de l'Amérique du Nord; il est borné par l'état d'Ohio et par les comtés de Big-Sandy, de Lawrence et de Léwis. Sol montueux et rocailleux, arrosé par le Tigre et le Little-Sandy, qui y débouchent dans l'Ohio. Greenupsburgh, au confluent de l'Ohio et du Little-Sandy, avec une poste, est le chef-lieu du comté; 6000 hab.

GREENVILLE, dist. de l'état de la Caroline du Sud, États-Unis de l'Amérique du Nord; il a pour bornes l'état de la Caroline du Nord et les comtés de Spartanburgh, de Laurens et de Pendleton. Les monts Paris, les plus élevés de l'état, traversent le N. de ce district fertile et arrosé par la Saluda, le bras méridional du Tigre, l'Eunorée et le Reedy; tous ces fleuves prennent naissance au N. ou au N.-O. du district; 17,000 hab.

GREENVILLE (fort). *Voy.* DARKE (comté).

GREENVILLE, fl. de la côte E. de la Floride, États-Unis de l'Amérique du Nord; s'embouche dans la lagune de Greenville.

GREENVILLE (chef-lieu). *Voyez* MUHLENBURGH (comté).

GREENVILLE. *Voyez* JEFFERSON (comté).

GREENVILLE, b. considérable des États-Unis de l'Amérique du Nord, état de New-York, comté de Greene, sur le Katskill, poste; 3000 hab.

GREENVILLE, pet. v. des États-Unis de l'Amérique du Nord, comté de Pitt, dont elle est le chef-lieu, sur le Tar; académie; poste; plantations, navigation, commerce actif; 3000 hab.

GREENVILLE, v. naissante des États-Unis de l'Amérique du Nord, état d'Ohio, comté de Darke, dont elle est le chef-lieu, sur le Greenville, poste; commerce. Cet endroit occupe l'emplacement de l'ancien fort Greenville dont il n'existe plus de trace.

GREENVILLE, pet. v. des États-Unis de l'Amérique du Nord, état de Tennessée, comté de Greene, dont elle est le chef-lieu, sur un affluent du Nolichucky; elle a une poste, des forges, différentes fabriques, des scieries dans son voisinage, et fait le commerce. Dans ses environs on trouve le Greenville-Collége, académie fondée en 1794. Cette ville est le siège des tribunaux de district pour les comtés de Greene et de Washington; 2400 hab.

GREENVILLE, comté de l'état de Virginie, États-Unis de l'Amérique du Nord; il est borné par la Caroline du Nord et les comtés de Sussex, de Southampton et de Brunswick. Pays plat, très-bien arrosé et fertile en riz et en coton. Hicksford, avec une poste, sur le Méherrim, est le chef-lieu du comté; 7000 hab.

GREENWICH, gros b. des États-Unis de l'Amérique du Nord, état de Connecticut, comté de Fairfield, entre le Myamus et le Byram, dans une contrée montagneuse et très-sauvage, poste. On y trouve le célèbre escalier des rochers qui conduit dans la vallée de Horsenck, et par lequel le général Patnam échappa aux Anglais qui le poursuivaient; 4000 hab.

GREENWICH, b. des États-Unis de l'Amérique du Nord, état de New-Jersey, comté de Cumberland, à l'embouchure du Cohanzy dans la baie de Delaware, poste; commerce; 1400 hab.

GREENWICH, pet. v. des États-Unis de l'Amérique du Nord, état de New-Jersey, comté de Gloucester, sur le Delaware, commerce; navigation; 3400 hab.

GREENWICH (chef-lieu). *Voyez* OWEN (comté).

GREENWICH, b. des États-Unis de l'Amérique du Nord, état de Massachusetts, comté de Hampshire, poste; 1800 hab.

GREENWICH, pet. v. des États-Unis de l'Amérique du Nord, état de New-York, comté de Washington, au confluent de l'Hudson et du Battenkill; académie; 3500 hab., qui se distinguent par leur industrie manufacturière.

GREENWICH, b. des États-Unis de l'Amérique du Nord, état de Pensylvanie, comté de Berks, sur le Maidenkrik; 1500 hab.

GREENWICH, b. très-florissant des États-Unis de l'Amérique du Nord, état de New-Jersey, comté de Sussex, au confluent du Delaware et du Muskonetgung; mines de fer; forges et scieries nombreuses dans les environs; 3200 hab.

GREENWICH (West-). *Voyez* WEST-GREENWICH.

GREENWICH, *Gronaicum*, v. d'Angleterre, comté de Kent, sur la Tamise, remarquable par son magnifique hôpital, où 3000 marins invalides sont logés et entretenus, et 1000 de leurs enfants instruits dans les mathématiques, la nautique et la gymnastique, et dont relèvent 30,000 autres invalides, distribués dans les campagnes; ainsi que par le bel observatoire royal, fondé en 1675 par Charles II, d'où les astronomes et les géographes anglais comptent leur premier méridien et d'où l'on jouit de la vue de Londres et d'une grande partie du cours de la Tamise. C'est dans cet établissement que l'on examine la marche des chronomètres, dont les auteurs aspirent au prix annuel décerné par les lords de l'amirauté aux meilleurs constructeurs d'instruments d'optique et de navigation. Un chemin de fer réunit Greenwich à Londres; 21,000 h.

GREENWOOD, b. des États-Unis de l'Amérique du Nord, état de Pensylvanie, comté de Cumberland, sur le Susquéhannah; agriculture, navigation; 1600 hab.

GREENWOOD, com. florissante des États-Unis de l'Amérique du Nord, état de Pensylvanie, comté de Mifflin, sur le Susquéhannah; 1800 hab.

GRÉE-SAINT-LAURENT (la), vg. de Fr., Morbihan, arr. de Ploermel, cant. et poste de Josselin; 300 hab.

GRÉEZ-PRÈS-MONTMIRAIL, vg. de Fr., Sarthe, arr. de Mamers, cant. de Montmirail, poste de la Ferté-Bernard; 2490 h.

GRÉEZ-PRÈS-SILLÉ (le), vg. de Fr., Sarthe, arr. du Mans, cant. et poste de Sillé-le-Guillaume; 510 hab.

GREFFEIL, vg. de Fr., Aude, arr. et poste de Limoux, cant. de St.-Hilaire; 310 hab.

GREFFIERS, ham. de Fr., Seine-et-Oise, com. de Sonchamp; 300 hab.

GREFRATH. *Voyez* GRÆFRATH.

GRÈGES, vg. de Fr., Seine-Inférieure, arr. et poste de Dieppe, cant. d'Offranville; 320 hab.

GREGNAC, ham. de Fr., Haute-Vienne, com. de Verneuil; 100 hab.

GREGNIEUX, ham. de Fr., Loire, com. de Nervieux; 400 hab.

GRÉGOIRE (Saint-), ham. de Fr., Aveyron, com. de Lavernhe; 210 hab.

GRÉGOIRE (Saint-), vg. de Fr., Ille-et-Vilaine, arr., cant. et poste de Rennes; 1240 hab.

GRÉGOIRE (Saint-), vg. de Fr., Tarn, arr. et poste d'Alby, cant. de Valderiés; 540 hab.

GRÉGOIRE (Saint-), vg. de Fr., Somme, com. d'Eppeville; 110 hab.

GRÉGOIRE-D'ARDENNES (Saint-), Charente-Inférieure, arr. de Jonzac, cant. et poste de St.-Genis; 300 hab.

GRÉGOIRE-DU-VIÈVRE, vg. de Fr., Eure, arr. de Pont-Audemer, cant. de St.-Georges-du-Vièvre, poste de Lieurey; 920 hab.

GREGORIO (Santo-), v. du roy. des Deux-Siciles, prov. de la Principauté citérieure; 4275 hab.

GREGORY-ALLO, promontoire très-saillant, à l'O. du dist. de l'Orégon, États-Unis de l'Amérique du Nord.

GREGOY ou GRIGHWE, GRIQUE, v. considérable da la Haute-Guinée, côtes des Esclaves, dans le roy. de Judah ou Whidah, non loin d'une grande lagune et à 10 l. O.-N.-O. de la ville de Whidah.

GREGY, vg. de Fr., Seine-et-Marne, arr. de Melun, cant. et poste de Brie-Comte-Robert; 140 hab.

GREHAIGUE. *Voyez* GEORGES-DE-GREHAIGUE (Saint-).

GREIFENBERG, v. de Prusse, prov. de Silésie, rég. de Liegnitz, sur la rive droite de la Queiss; fabrication et commerce de toiles; 3140 hab.

GREIFENBERG, v. de Prusse, chef-lieu de cercle, prov. de Poméranie, rég. de Stettin, sur la rive gauche de la Rega; fabrication de draps et de toiles renommées; 3280 hab.

GREIFENHAGEN, v. de Prusse, chef-lieu de cercle, prov. de Poméranie, rég. de Stettin, sur la rive droite de la Regelitz; ceinte de murailles du côté de la terre; fabrication de draps et tanneries; 4630 hab.

GREIFFENSEE, pet. v. du cant. de Zurich, chef-lieu d'un district, située dans une belle contrée et au bord du lac du même nom; 300 hab. Elle est célèbre dans l'histoire de la première guerre civile entre les confédérés, vers l'an 1444. Le lac de Greiffen a 1/2 l. de longueur et 25 minutes de largeur; il reçoit l'Aa, qui vient du lac Pfæfficon.

GREIFSWALD, v. de Prusse, chef-lieu de cercle, prov. de Poméranie, rég. de Stralsund; sur une baie profonde de la mer Baltique, ceinte de murailles et autrefois fortifiée; elle est bien bâtie et possède une université, fondée en 1456, un gymnase, un séminaire, des écoles de marine, industrielle et normale, 4 hôpitaux et d'autres établissements philanthropiques; raffineries de sel; fabr. d'épingles et de tabac, savonneries, tanneries, distilleries, chantiers de marine et navigation de cabotage. Le port est au village de Wiek, à 1 l. de la ville; 8970 hab.

GREIN, pet. v. de la Haute-Autriche, cer. de la Muhl, sur le Danube.

GREITZ, v. bien bâtie, située sur l'Elster-Blanc, dans une vallée entourée de montagnes boisées, capitale de la principauté de Reuss-Greitz; elle renferme 2 châteaux, 1 gymnase, 1 séminaire pour les maîtres d'école, des fabriques assez considérables, surtout de laine et de coton, et fait un assez grand commerce; 7000 hab.

GRELLE (la), ham. de Fr., Haute-Vienne, com. de St.-Jouvent; 150 hab.

GRÉMECEY, vg. de Fr., Meurthe, arr., cant. et poste de Château-Salins; 320 hab.

GRÉMÉVILLERS, vg. de Fr., Oise, arr. de Beauvais, cant. et poste de Songeons; 700 hab.

GRÉMIFONTAINE, ham. de Fr., Vosges, com. de Chapelle-aux-Bois; 200 hab.

GRÉMILLY, vg. de Fr., Meuse, arr. de Montmédy, cant. et poste de Damvillers; 390 hab.

GREMOMÉNIL, ham. de Fr., Vosges, com. de Neuveville; 100 hab.

GRÉMONVILLE, vg. de Fr., Seine-Inférieure, arr. et poste d'Yvetot, cant. d'Yerville; 520 hab.

GRENAA, pet. v. du Danemark, Jutland septentrional, bge de Randers, avec un petit port, à 1/4 l. du Cattégat; fabr. de toiles et autres tissus; 1000 hab.

GRENADE (la), une des Petites-Antilles, possession anglaise; elle est située sous 12° 20' lat. N. et sous 64° 10' long. occ., à 35 l. du continent de l'Amérique méridionale, à 60 l. S.-S.-O. de la Martinique, et à 50 l. S.-O. de la Barbade. Au N. de la Grenade s'étendent les Grenadilles, qui en dépendent; au S. est située l'île de Trinidad, au S.-E. l'île de Tabago et au S.-O. l'île de Marguerite. La plus grande longueur de la Grenade est de 7 l., sa plus grande largeur de 5 l.; elle a 24,500 hab., dont 22,000 esclaves. Cette île présente une conglomération de montagnes qui au N. s'élèvent en pente rapide, et s'aplatissent au S. en une belle et vaste plaine. Cette chaîne de montagnes forme beaucoup de vallées arrosées par un grand nombre de petites rivières, dont le Grand-Marquis est la plus considérable; et au centre de l'île, au sommet d'une montagne, s'étend un petit lac, probablement le reste du cratère d'un volcan éteint. Le sol, généralement fertile et cultivé, sur quelques points, jusqu'aux sommets des montagnes, produit surtout du café, de la canne à sucre et du coton, dont il se fait un commerce très-important, ainsi qu'en cacao, indigo, bananes, etc. Le bois, le sel, la chaux et les poissons y abondent. Le climat varie beaucoup: dans les plaines il est très-chaud et nuisible à la santé des Européens non acclimatés; sur les hauteurs il règne souvent un froid très-vif; les pluies et les brouillards y sont fréquents, et la fièvre jaune, la fièvre putride et les maladies de la peau déciment souvent cette colonie. Capitale: Georgetown. L'île de Grenade forme un gouvernement dont dépend la plus grande partie des Grenadilles. Cette île fut découverte par Christophe Colomb dans son troisième voyage. Elle était habitée alors par des Caraïbes, qui l'occupèrent jusqu'en 1650, où des Français de la Martinique s'y établirent. Après une terrible guerre d'extermination, les Caraïbes furent entièrement extirpés. Après avoir appartenu pendant quelque temps à différents riches particuliers, cette île passa à la société française des Indes occidentales, et après la dissolution de cette société elle fut réunie à la couronne de France. En 1762 les Anglais s'en emparèrent, et cette possession leur fut confirmée par la paix de 1763. Cependant les Français la reprirent en 1779; mais par la paix de 1783 elle resta définitivement assurée à la Grande-Bretagne.

GRENADE, prov. d'Espagne, bornée au N. par celle de Jaen et de Cordoue, à l'O. par celle de Séville, à l'E. par celle de Murcie et au S. par la Méditerranée. Cette partie de l'Espagne porte aussi le nom de Haute-Andalousie; c'est une des contrées les plus belles, les mieux cultivées et les plus fertiles de la Péninsule. Sa superficie est d'environ 900 l. c. et sa population de 700,000 hab. La Sierra Nevada, dont la partie méridionale prend le nom d'Alpujarras, traverse cette province, et y forme des vallées et des gorges remarquables par les sites pittoresques que l'on y découvre. Au S.-E. de Grenade on distingue le sommet neigeux du Mulhacen, qui s'élève à 3550 mètres au-dessus du niveau de la Méditerranée. Ces montagnes majestueuses renferment du plomb, du marbre, de l'albâtre et plusieurs sources thermales. Les productions végétales sont: le blé, l'orge, le maïs, de bons légumes, des fruits délicieux, des vins renommés, du safran, du lin, du chanvre, etc. On y cultive aussi la canne à sucre et du coton. L'éducation des vers à soie y est d'une grande importance. L'industrie manufacturière y est très-bornée; des fabr. de draps, de soieries, de toiles et des tanneries, sont ses seuls établissements industriels un peu considérables.

La prov. ou roy. de Grenade, si célèbre et si florissante sous les rois maures depuis le huitième jusque vers la fin du quinzième siècle, forme une capitainerie-générale divisée en trois gouvernements, savoir, Grenade, Almeria et Malaga.

GRENADE (en espagnol *Granata*), v. d'Espagne, chef-lieu de la province de même nom, siége d'un archevêché; elle est située dans une contrée délicieuse, sous 37° 16' et 6° 10' de long. occ., au pied de la Sierra Nevada (montagne de neige), près du confluent du Daro et du Xenil. Cette ville, bâtie en partie sur des collines et en partie dans la plaine, est divisée en plusieurs quartiers, dont les principaux portent les noms de Grenade, Albaycin, Alhambra et Antequerula. Les rues sont généralement étroites et tortueuses; mais on y trouve des promenades charmantes et de beaux édifices. Dans le quartier de Grenade on voit d'élégants hôtels et la magnifique cathédrale qui renferme le tombeau de Ferdinand-le-Catholique et celui de la reine Isabelle, sa femme. Sur une colline rocheuse se trouve l'Alhambra, dans le quartier auquel il donne son nom. Cet antique palais, construit par les rois maures, est orné intérieurement de sculptures de marbre et de peintures dont le temps a respecté les débris encore admirables. La cour des Lions, dont Florian a donné une description si gracieuse, est remarquable par la richesse de ses décorations; cependant la position de ce vaste édifice le rendait plus propre à être une citadelle qu'une résidence royale, et pendant la guerre de 1808 à 1813, les Français en avaient fait une petite forteresse presque inexpugnable. Vis-à-vis de l'Alhambra se trouve le Généralife, château de plaisance des rois maures; de vastes jardins et un grand nombre de jets d'eau ornent ce palais, dont Florian a beaucoup exagéré la beauté. Parmi les autres édifices remarquables, il faut citer le palais de la chancellerie, l'hôpital El-Campo et le couvent des hiéronomites, le plus beau des quarante couvents que renferme cette ville. Grenade possède une université et une jolie salle de spectacle, qui a été bâtie par les Français.

Son industrie principale consiste dans la fabrication de satin et de taffetas, dont il s'y fait un commerce considérable. Ses teintureries et ses tanneries ne sont pas moins importantes. Le plus grand nombre de ces établissements industriels se trouvent dans le quartier ou plutôt dans le faubourg de l'Antequerula.

Grenade, si célèbre au moyen âge par l'élégance des mœurs de ses habitants, fut construite par les Maures, vers le milieu du dixième siècle; elle dépendait d'abord du califat de Cordoue. Ce ne fut que vers le milieu du treizième siècle qu'elle devint la capitale d'un nouveau royaume. Affaiblis par des dissensions intestines, les Maures, expulsés de toutes les parties de l'Espagne, ne possédaient plus que le roy. de Grenade, réduit à sa seule capitale, lorsque Ferdinand-le-Catholique attaqua ce dernier boulevard de l'empire des califes d'Espagne. Les querelles sanglantes qui décimaient les tribus puissantes des Zégris et des Abencerages, favorisèrent les armes des chrétiens, et, en 1492, Boabdil-le-Petit, le dernier roi maure, sortit de Grenade, qui n'a fait que déchoir depuis cette époque. Cependant une grande partie de Maures restèrent dans la ville. Les persécutions qu'ils essuyèrent sous Philippe II, firent éclater parmi eux une insurrection armée, en 1571, mais elle fut bientôt réprimée. Philippe III, animé du même zèle que son père, chassa, en 1610, le reste de la population moresque et enleva ainsi à l'Espagne la partie la plus intelligente et la plus laborieuse de ses habitants. Pendant les guerres de l'empire français, Grenade fut occupée par l'armée française. Dans les dernières révolutions d'Espagne, cette ville n'a joué qu'un rôle secondaire; 66,000 hab.

GRENADE (Nouvelle-), rép. dans l'Amérique méridionale; elle formait autrefois une des trois grandes provinces du territoire de la Colombie. Elle est bornée au N. par la mer des Antilles, à l'O. par le Grand-Océan, au S. par la rép. de l'Écuador et à l'E. par celle de Vénézuela. Sa superficie est de 19,000 milles c. géogr. et sa population de 1,700,000 hab. Ce pays, qui est traversé par la grande chaîne des Cordillères et par une de ses immenses ramifications, connue sous le nom de Cordillère orientale, est arrosé par un grand nombre de fleuves et de rivières, dont les sources se trouvent dans ces montagnes. La Magdalena et le Cauca y ont le plus long cours.

Les productions de son territoire sont : le cacao, le quinquina, le sucre, le café, l'indigo, le tabac, et en général les plantes et les fruits des régions des tropiques. Les montagnes renferment de grandes richesses minérales, savoir, de l'or, de l'argent, du platine, des émeraudes, du sel, etc. L'ours, le singe, les perroquets et le bétail de l'Europe sont les espèces les plus communes du règne animal.

La rép. de la Nouvelle-Grenade avait en 1833 un revenu public de 2,484,015 dollars; les dépenses de l'état s'élevèrent dans la même année à 2,240,308 dollars. En 1834 elle entretenait une armée de 3230 hommes.

Le territoire de l'état est divisé en cinq départements, qui sont : Boyaca, Cundinamarca, Cauca, Magdalena et Isthme. Chacun de ces départements est divisé en un certain nombre de provinces, auxquelles nous consacrons des articles spéciaux.

L'histoire de cette nouvelle république est liée à celle de la Colombie.

GRENADE-SUR-GARONNE, vg. de Fr., Haute-Garonne, arr. et à 5 l. N.-N.-O. de Toulouse, chef-lieu de canton et poste; fabr. d'étoffes de laine; 4290 hab.

GRENADE-SUR-L'ADOUR, pet. v. de Fr., Landes, arr. et à 3 l. S. de Mont-de-Marsan, chef-lieu de canton et poste; fabr. de lainage, huile de lin et cuirs; 1420 hab.

GRENADETTE, ham. de Fr., Gers, com. de Castelnau-Barbarens; 110 hab.

GRENADIER (le), île dans le lac Ontario, sur la côte de l'état de New-York, États-Unis de l'Amérique du Nord ; elle est habitée par des pêcheurs, et fait partie du comté de Jefferson.

GRENADIERS (les), groupe d'îles dans le St.-Laurent, en face de la ville de Yonge, Haut-Canada.

GRENADILLES ou GRENADINES, groupe d'îles et d'écueils, au N. de l'île de Grenade, dont elles dépendent, d'après Hassel; mais, selon Colquhoun et Alcédo, les plus méridionales seulement de ces îles font partie du gouvernement de la Grenade, tandis que les îles septentrionales de ce groupe dépendent du gouvernement de St.-Vincent. Ces îles, au nombre de 25 à 30, s'étendent entre 12° 14' et 13° 5' lat. N., depuis la pointe méridionale de l'île de St.-Vincent, jusqu'à l'extrémité N. de l'île de Grenade. Elles ont ensemble une étendue d'environ 9 l. c. géogr., avec 2300 habitants, presque tous esclaves. Les plus considérables de ces îles sont : Cariacou, la plus grande et la mieux cultivée ; Béquia ou Bécuya, la plus rapprochée de St.-Vincent; Balleseau ou Birds-Island (Isle-aux-Oiseaux); Canouan ou Canouane; Maillerot; les Moustiques; l'Union; l'Isle-Ronde et le Grison. Toutes ces îles sont plus ou moins montagneuses, hérissées de rochers nus, très-escarpés et couvertes de pierres calcaires, riches en coquillages et en plantes marines, dans les parties situées sous le vent. Elles sont généralement peu cultivées, parce qu'elles manquent d'eau.

Avant la paix de 1763, qui les soumit à la domination anglaise, on ne visitait les Grenadilles que pour y faire de la chaux, et on y cultivait quelques terres pour les besoins des nègres qui exploitaient les carrières. Les Anglais y introduisirent la culture du coton et l'étendirent partout où le terrain s'y montra favorable et le coton est depuis le principal produit de ces îles. On s'y occupe en outre de la pêche, de l'oisellerie et de la préparation de la chaux, dont on fait des envois par toute l'Amérique.

GRENAND, vg. de Fr., Côte-d'Or, arr.

de Dijon, cant. et poste de Sombernon; 220 hab.

GRENANT, vg. de Fr., Haute-Marne, arr. de Langres, cant. et poste du Fayl-Billot; 500 hab.

GRENAY, vg. de Fr., Isère, arr. de Vienne, cant. d'Heyrieux, poste de la Verpillière; 550 hab.

GRENAY, vg. de Fr., Pas-de-Calais, arr. de Béthune, cant. et poste de Lens; 220 h.

GRENCHEN, b. de 1000 habitants, dans le cant. de Soleure, dist. de Lœbern, le plus considérable du canton.

GRENDELBRUCH, vg. de Fr., Bas-Rhin, arr. de Schléstadt, cant. de Rosheim, poste de Schirmeck; tissage de coton; 1625 hab.

GRENELLE, ham. de Fr., Eure, com. de Garennes; 150 hab.

GRENELLE ou **GRENELLE-LE-BEAU**, vg. de Fr., Seine, arr. et cant. de Sceaux, poste; fabr. d'amidon, carton, colle-forte, couleurs, cuirs, vernis, noir animal, produits chimiques, tissus en caoutchouc, toiles cirées, briques, tuiles, chaux, etc.; forges; 2816 hab.

GRENEVILLE, ham. de Fr., Manche, com. de Crasville; 150 hab.

GRENIER-MONTGON, vg. de Fr., Haute-Loire, arr. de Brioude, cant. de Blesle, poste de Massiac; 260 hab.

GRENING, ham. de Fr., Moselle, com. de Petit-Tenguin; 240 hab.

GRENNA, v. de Suède, gouv. de Jaenkoping, non loin du Wettern; 600 hab.

GRENNAH ou **GRENMAH**. *Voyez* CUREN.

GRENOBLE, *Gularo, Gratianopolis*, v. forte de Fr., chef-lieu du dép. de l'Isère, à 151 l. S.-E. de Paris; siège d'une cour royale, d'un évêché, d'un tribunal de commerce et d'une académie universitaire, directions des contributions directes et indirectes, directions des domaines et des douanes, chambre consultative du commerce et des manufactures, chef-lieu de la quatorzième conservation forestière, etc. Cette ville est située au confluent de l'Isère et du Drac, au pied d'une montagne, sur laquelle s'élève le fort Bastille qui domine la place. La ville proprement dite s'étend en demi-cercle sur la rive gauche de l'Isère; de l'autre côté, au pied des rochers, se trouve le faubourg St.-Laurent ou quartier la Perrière, qui communique avec la ville par deux ponts dont l'un est en pierre. Ce dernier quartier, resserré entre les montagnes et la rivière, ne se compose que de deux longues rues. Une citadelle protège la ville à l'extrémité opposée à la Bastille. Plusieurs rues sont grandes, belles et bien percées, et l'on y remarque de nombreuses améliorations sous le rapport des constructions. L'hôtel de la préfecture, le palais de justice, l'hôtel de ville, l'évêché, la cathédrale, l'hôpital général y sont les édifices les plus remarquables. Plusieurs belles fontaines, entre autres le château-d'eau de la place Grenette, celle de la place de la Cathédrale, et celle de la place St.-Louis sont des monuments assez élégants. On voit aussi sur une petite place de cette ville la statue colossale en bronze qui représente Bayard mourant, et dans l'église de St.-André le tombeau de ce brave chevalier sans peur et sans reproche, né à quelques lieues de Grenoble, dans un château gothique dont les restes encore imposants portent le nom de Château-de-Bayard. Plusieurs promenades agréables, parmi lesquelles on distingue le Cours et le Nuril, ornent la ville et les environs. Grenoble possède une faculté de droit, une faculté des sciences, une chaire de droit commercial, une école secondaire, un cours d'accouchement, un cours de botanique, un collège royal, un séminaire diocésain, une école secondaire ecclésiastique, une société des sciences et arts, une société pour l'instruction élémentaire, une école normale primaire, une école de dessin et de peinture, un musée, un cabinet d'histoire naturelle et d'antiquités, un jardin botanique et une bibliothèque contenant 60,000 volumes et 600 manuscrits.

Les fabriques de gants très-recherchés, de céruse, de plâtre, de poterie de terre, etc., des distilleries, des mégisseries et des tanneries sont les principaux établissements industriels de cette ville, qui fait un commerce très-étendu des divers produits de ses manufactures, ainsi qu'en fer, chanvre, bois, etc.; exploitation de pierres de taille. Foires: 22 janvier, lundi de la semaine sainte, 14 août et 4 décembre; 28,969 hab.

Avant de porter le nom de *Gratianopolis*, que cette ville prit en l'honneur de l'empereur Gratien, qui y fit beaucoup d'embellissements, Grenoble se nommait *Cularo*. C'était une des principales cités du territoire des Allobroges. Vers la décadence de l'empire romain, elle passa sous la domination des Bourguignons et ensuite sous celle des Francs. Sous les Carlovingiens, elle appartint aux princes allemands de cette race, puis aux comtes d'Albon et de Graisivaudan, qui portèrent le titre de dauphins du Viennois, d'où provient le nom du Dauphiné dont Grenoble fut la capitale. Humbert II la transmit, en 1343, aux fils ainés des rois de France, avec la province entière du Dauphiné. La position de cette ville sur la frontière y attira souvent les désastres de la guerre; elle eut surtout beaucoup à souffrir pendant nos discordes civiles et religieuses, et se distingua de tout temps par son patriotisme et son amour pour la liberté. Grenoble fut une des premières villes de France qui adoptèrent les principes développés par la révolution de 1789, et, toujours fidèle à ses convictions, cette cité patriotique revit avec enthousiasme les couleurs nationales remplacer, en 1815, le drapeau blanc que l'étranger nous avait imposé avec les Bourbons. Elle opposa une héroïque résistance aux troupes ennemies qui l'assiégèrent lors de la seconde invasion. Les réactions qui suivirent la restauration de 1815 indignèrent, sans les effrayer, les patriotes de Grenoble. Plusieurs d'entre eux tombèrent, martyrs de la liberté, sous la hache des bourreaux.

Parmi le grand nombre d'hommes célèbres auxquels Grenoble a donné naissance, nous citerons : Tencin (Guérin de), archevêque de Lyon (1679—1758), et sa sœur Alexandrine de Tencin, qui passe pour la mère du célèbre mathématicien d'Alembert; Vaucanson (Jacques de), l'un des plus habiles mécaniciens (1709—1782); Bernard (Pierre-Joseph), poëte gracieux, que Voltaire a nommé Gentil Bernard (1708—1776); le célèbre publiciste Bonnot de Mably (1709—1785), et son frère le célèbre métaphysicien Bonnot de Condillac (1715—1780); Mounier (Jean-Joseph), membre de l'assemblée constituante (1761); l'orateur Barnave (1761—1793); Casimir Périer (1777—1832); le littérateur Barginet, etc.

GRENOIS, vg. de Fr., Nièvre, arr. de Clamecy, cant. de Brinon-les-Allemands, poste de Tannay; 650 hab.

GRENONIÈRE (la), ham. de Fr., Isère, com. d'Ornon; 120 hab.

GRENORD, ham. de Fr., Charente, com. de Chabanais; 220 hab.

GRENOUILLES (île aux), île dans le St.-Laurent, non loin de Berthier, Bas-Canada, comté de Leinster.

GRENOUX, vg. de Fr., Mayenne, arr., cant. et poste de Laval; 1300 hab.

GRENTHEVILLE, vg. de Fr., Calvados, arr. de Caen, cant. de Bourguébus, poste de Vimont; 130 hab.

GRENTZINGEN, vg. de Fr., Haut-Rhin, arr. et poste d'Altkirch, cant. d'Hirsingue; 720 hab.

GRENVILLE, b. commerçant de la Nouvelle-Écosse, comté d'Annapolis, sur le fleuve de ce nom.

GRENVILLE, paroisse de l'île du Prince-Édouard, comté de Queens.

GRENVILLE ou **ROTOUMAH**, île de la Polynésie ou Océanie orientale, entre le groupe Ellice, de l'archipel Central de Balbi, et l'archipel de Viti ou Fidji, auquel la plupart des géographes la rattachent. Elle est située sous 174° 26' long. orient. et sous 12° 29' lat. S., et environnée de rescifs; sa surface est sillonnée de collines assez élevées, couvertes de forêts jusqu'à leurs sommets. Les habitants appartiennent à la race malaisienne; ils ont les cheveux longs et le corps tatoué; ils portent pour ornements des chaînes, des bracelets et des ceintures de coquillage blanc. Les hommes sont armés de massues et de lances; les femmes se teignent les cheveux en rouge et oignent leur cou et leur gorge avec de l'huile de coco. Cette île, une des plus fertiles et la plus peuplée de toutes celles qui se trouvent entre les deux archipels cités plus haut, fut découverte en 1791 par Edward, navigateur anglais. Wilson, qui y passa en 1797, communiqua avec les naturels qui lui semblèrent être de la même race que ceux de l'archipel de Tonga. Il aperçut, sur un espace d'environ un mille anglais, plus de 200 habitations de ces insulaires, qui témoignèrent beaucoup d'étonnement à l'aspect des animaux domestiques européens que les Anglais leur firent voir; mais ils donnèrent à entendre qu'ils possédaient sur leur île des chiens et des porcs.

GRENVILLEBAY ou simplement la **BAIE**, pet. v. et bon port à l'E. de l'île de Grenade, Petites-Antilles, dans une contrée basse et malsaine; elle renferme de riches magasins et fait un commerce considérable; 900 hab.

GRENY, vg. de Fr., Seine-Inférieure, arr. de Dieppe, cant. et poste d'Envermeu; 220 hab.

GRÉOLIÈRES, vg. de Fr., Var, arr. de Grasse, cant. de Coursegoules, poste de Vence; 810 hab.

GRÉOUX, vg. de Fr., Basses-Alpes, arr. de Digne, cant. de Vallensolle, poste; 1440 h.

GREPIAC, vg. de Fr., Haute-Garonne, arr. de Muret, cant. et poste d'Auterive; 500 hab.

GRÈS (les), ham. de Fr., Aube, com. de Fontaine-Ste.-George, poste; 200 hab.

GRÈS (le), vg. de Fr., Haute-Garonne, arr. de Toulouse, cant. de Cadours, poste de Puységur; 360 hab.

GRÈS, vg. de Fr., Seine-et-Marne, arr. de Fontainebleau, cant. et poste de Nemours; 610 hab.

GRÈS (les), ham. de Fr., Seine-et-Oise, com. d'Auvers-sur-Oise; 100 hab.

GRÈSES, vg. de Fr., Haute-Loire, arr. du Puy, cant. et poste de Saugues; fabr. de fromages; 755 hab.

GRESHAM, *Campodunum*, vg. d'Angleterre, comté de Norfolk, peu loin de Cromer; patrie de Thom. Gresham, mort en 1579, fondateur de la bourse de Londres, en 1556.

GRÉSIGNY-SUR-ALISE, vg. de Fr., Côte-d'Or, arr. de Semur, cant. et poste de Flavigny; 360 hab.

GRÉSILLAC, vg. de Fr., Gironde, arr. de Libourne, cant. et poste de Branne; 760 h.

GRESLE (la), vg. de Fr., Loire, arr. de Roanne, cant. de Belmont, poste de Thizy; 1510 hab.

GRESSE, ham. de Fr., Drôme, com. de Mevouillon; 250 hab.

GRESSE, vg. de Fr., Isère, arr. de Grenoble, cant. et poste de Monestier-de-Clermont; 810 hab.

GRESSEY, vg. de Fr., Seine-et-Oise, arr. de Mantes, cant. et poste d'Houdan; 380 h.

GRESSINET, ham. de Fr., Puy-de-Dôme, com. d'Orcines; 220 hab.

GRESSOUX, ham. de Fr., Haute-Saône, com. d'Auxon-les-Vesoul; tuilerie; 120 hab.

GRESSWILLER, vg. de Fr., Bas-Rhin, arr. de Strasbourg, cant. et poste de Molsheim; 860 hab.

GRESSY, vg. de Fr., Seine-et-Marne, arr. de Meaux, cant. et poste de Claye; 90 hab.

GRESY, b. du roy. de Sardaigne, duché de Savoie, prov. de Chambéry, sur l'Isère; forge; 1276 hab.

GRESY-SUR-AIX, vg. du roy. de Sardaigne, sur la Daisse, duché de Savoie, prov. de Chambéry; près de là les moulins de sales; 1181 hab.

GRETNA-GREEN ou **GRAITHNEY**, vg. d'Écosse, com. de Dumfries, sur le Sark; renommé dans toute l'Angleterre par le grand nombre de mariages clandestins qui s'y concluent, que l'on porte à plus de 300 par année, parce que, d'après les lois écossaises, il suffit du certificat d'un employé quelconque de cette commune pour rendre valable la cérémonie.

GRETZ, vg. de Fr., Seine-et-Marne, arr. de Melun, cant. et poste de Tournan; 450 hab.

GREUCOURT, vg. de Fr., Haute-Saône, arr. de Gray, cant. de Fresnes-St.-Mamès, poste de Frétigney; 170 hab.

GREUILLE, ham. de Fr., Indre, com. de Sassierges; 150 hab.

GREUSSEN, v. bien bâtie et industrieuse de la principauté de Schwarzbourg-Sondershausen; elle fait un commerce de détail très-actif; 2550 hab.

GREUTH. *Voyez* KRUTH.

GREUVILLE, vg. de Fr., Seine-Inférieure, arr. de Dieppe, cant. et poste de Bacqueville; 670 hab.

GREUX, vg. de Fr., Vosges, arr. et poste de Neufchâteau, cant. de Coussey; 290 hab.

GRÈVE (la), ham. de Fr., Charente-Inférieure, com. de St.-Martin-de-Villeneuve; 400 hab.

GRÈVE (la), ham. de Fr., Vendée, com. de St.-Martin-des-Noyers; 150 hab.

GREVEN, b. de Prusse, sur l'Ems, prov. de Westphalie, rég. de Munster; tissage de toiles; navigation; commerce; 3500 hab.

GREVENBROICH, pet. v. de Prusse, chef-lieu de cercle, prov. du Rhin, rég. et à 6 1/2 l. de Dusseldorf; manufactures de draps, de cotonnades et de fil; fabr. de mécaniques; 2000 hab.

GREVENMACHERN, pet. v. du roy. de Belgique, grand-duché, dist. et à 5 l. N.-E. de Luxembourg, sur la rive gauche de la Meuse et la frontière de Prusse; culture de vignes; 700 hab.

GRÈVES (les), ham. de Fr., Marne, com. de Bagneux; 200 hab.

GREVILLE, vg. de Fr., Manche, arr. de Cherbourg, cant. et poste de Beaumont; 740 hab.

GREVILLE-COVE, bon port avec des établissements de pêcheurs, à l'O. de la ville de St.-Johns, Nouveau-Brunswick.

GRÉVILLERS, vg. de Fr., Pas-de-Calais, arr. d'Arras, cant. et poste de Bapaume; 760 hab.

GREVILLY, vg. de Fr., Saône-et-Loire, arr. de Mâcon, cant. de Lugny, poste de St.-Oyen; 170 hab.

GREVISMUHLEN, v. du grand-duché de Mecklembourg-Schwérin, située entre deux lacs, dans le cer. de Mecklembourg; 2120 h.

GRÉYRE, ham. de Fr., Basses-Alpes, com. de Seyne; 230 hab.

GREZ, vg. de Fr., Oise, arr. de Beauvais, cant. et poste de Grandvilliers; 560 hab.

GREZ, b. du roy. de Belgique, prov. du Brabant méridional, dist. de Louvain; 1700 hab.

GREZAC, vg. de Fr., Charente-Inférieure, arr. de Saintes, cant. et poste de Coses; 1060 hab.

GREZELS, vg. de Fr., Lot, arr. de Cahors, cant. et poste de Puy-l'Évêque; 770 h.

GREZ-EN-BOUÈRE, b. de Fr., Mayenne, arr. et à 3 l. E.-N.-E. de Château-Gontier, chef-lieu de canton et poste; 1505 hab.

GRÈZES, ham. de Fr., Aude, com. de Carcassonne; 300 hab.

GRÈZES, vg. de Fr., Dordogne, arr. de Sarlat, cant. et poste de Terrasson; 420 h.

GRÈZES, vg. de Fr., Lot, arr. de Figeac, cant. de Livernon, poste de la Capelle-Marival; 460 hab.

GRÈZES, vg. de Fr., Lozère, arr., cant., à 2 l. S.-E. et poste de Marvejols. On remarque près de cette commune une grotte qui renferme de belles stalactites; 470 hab.

GRÉZET (le), vg. de Fr., Lot-et-Garonne, arr. et poste de Marmande, cant. de Bouglon; 340 hab.

GREZIAN, vg. de Fr., Hautes-Pyrénées, arr. de Bagnères-en-Bigorre, cant. et poste d'Arreau; 220 hab.

GREZIAT, ham. de Fr., Ain, com. de St.-Cyr-sur-Mathon; 180 hab.

GREZIEUX-LA-VARENNE, vg. de Fr., Rhône, arr. de Lyon, cant. et poste de Vaugneray; 1640 hab.

GRÈZIEUX-LE-FROMENTEL, vg. de Fr., Loire, arr., cant. et poste de Montbrison; 260 hab.

GRÈZIEUX-LE-MARCHÉ, vg. de Fr., Rhône, arr. de Lyon, cant. de St.-Simphorien-sur-Coise, poste de Chazelles; 750 hab.

GRÈZIGNAC, ham. de Fr., Dordogne, com. de Cherval; 140 hab.

GRÉZILLÉ, vg. de Fr., Maine-et-Loire, arr. de Saumur, cant. de Gennes, poste de Brissac; 780 hab.

GRÉZILLE (la), ham. de Fr., Maine-et-Loire, com. d'Ambillou; 150 hab.

GREZIN, ham. de Fr., Ain, com. de Léaz; 220 hab.

GREZ-NEUVILLE, vg. de Fr., Maine-et-Loire, arr. de Segré, cant. et poste de Lion-d'Angers; 1410 hab.

GREZOLLE, vg. de Fr., Loire, arr. de Roanne, cant. et poste de St.-Germain-Laval; 430 hab.

GRIAZOVETS, v. de la Russie d'Europe, gouv. de Vologda, chef-lieu du cercle de même nom. Le cercle, qui a 70,000 hab., est arrosé par la Suchona et renferme le lac Kamelskœ; on s'y adonne principalement à l'agriculture et à l'éducation du bétail; 2000 hab.

GRIBANE, b. du Bas-Canada, comté de Northampton, sur le St.-Laurent; pêcheries; navigation; cet endroit est situé sur la limite des terres cultivées dans cette partie du Canada. Plus loin le pays ne présente qu'un immense et triste désert.

GRICOURT, vg. de Fr., Aisne, arr. et poste de St.-Quentin, cant. de Vermand; 710 hab.

GRIÈGES, vg. de Fr., Ain, arr. de Bourg-en-Bresse, cant. de Pont-de-Veyle, poste de Mâcon; 1220 hab.

GRIES, vg. de Fr., Bas-Rhin, arr. de Strasbourg, cant. et poste de Brumath; 1296 hab.

GRIES, montagne servant de passage entre le dist. de Gombs, dans le canton du Valais, et le val Formozza, dans le Piémont; au plus haut point du passage, à une hauteur de 7340 pieds au-dessous du niveau de la mer, se trouve un glacier d'un quart de lieue d'étendue.

GRIESBACH, vg. de Fr., Bas-Rhin, arr. de Saverne, cant. et poste de Bouxwiller; 300 hab.

GRIESBACH, vg. de Fr., Bas-Rhin, arr. de Wissembourg, cant. et poste de Niederbronn; 540 hab.

GRIESBACH, vallée du grand-duché de Bade, cer. du Rhin-Moyen; renommée pour ses eaux minérales.

GRIESBACH, b. de Bavière, cer. du Bas-Danube; culture de chanvre; filatures; tisseranderies; commerce de toiles; aux environs on trouve de la terre graphite et à porcelaine; 800 hab.

GRIESHEIM, vg. de Fr., Bas-Rhin, arr. de Schléstadt, cant. de Rosheim, poste d'Obernai; 750 hab.

GRIESHEIM, vg. de Fr., Bas-Rhin, arr. et poste de Strasbourg, cant. de Truchtersheim; 429 hab.

GRIESKIRCHEN, pet. v. de la Haute-Autriche, cer. de l'Inn.

GRIESPACH ou CRESBACH, vg. de Fr., Haut-Rhin, arr. de Colmar, cant. et poste de Munster; fabr. de calicots; 490 hab.

GRIETH, v. de Prusse, prov. du Rhin, rég. de Dusseldorf, sur le Rhin; 1000 hab.

GRIETHAUSEN, v. de Prusse, prov. du Rhin, rég. de Dusseldorf; 700 hab.

GRIFFEN, b. d'Illyrie, gouv. de Laibach, cer. de Klagenfurt.

GRIFFITH (île). *Voyez* CORNWALLIS (Géorgie-Septentrionale).

GRIFFITH (cap), l'extrémité orientale de l'île de Melville.

GRIGAN. *Voyez* AGRIGAN.

GRIGNAN, pet. v. de Fr., Drôme, arr., à 6 l. S.-E. de Montélimart, chef-lieu de canton, poste de Taulignan; fabr. de cardes et de toiles de chanvre. On y remarque les ruines encore considérables d'un beau château, où mourut, en 1696, Mme de Sévigné. L'église paroissiale renferme le tombeau de cette femme célèbre; 2000 hab.

GRIGNEUZEVILLE, vg. de Fr., Seine-Inférieure, arr. de Dieppe, cant. et poste de Bellencombre; 390 hab.

GRIGNEVILLE, vg. de Fr., Loiret, arr. et poste de Pithiviers, cant. d'Outarville; 690 hab.

GRIGNO, vg. du Tyrol, cer. de Trente, sur la Brenta; les habitants se livrent exclusivement à la culture de la soie.

GRIGNOLS, vg. de Fr., Dordogne, arr. de Périgueux, cant. et poste de St.-Astier; 1255 hab.

GRIGNOLS, pet. v. de Fr., Gironde, arr., à 3 l. E.-S.-E. et poste de Bazas, chef-lieu de canton; 1770 hab.

GRIGNON, vg. de Fr., Côte-d'Or, arr. de Sémur, cant. et poste de Montbard; 530 hab.

GRIGNON, ham. de Fr., Seine-et-Oise, com. de Thiverval; institut royal agronomique; ferme modèle; fromageries façon gruyère; féculerie; magnanerie; fabr. d'instruments aratoires; école d'agriculture; 130 hab.

GRIGNONCOURT, vg. de Fr., Vosges, arr. de Neufchâteau, cant. de Lamarche, poste de Bourbonne; 320 hab.

GRIGNY, ham. de Fr., Marne, com. de Passy-Grigny; 300 hab.

GRIGNY, ham. de Fr., Marne, com. d'Esclaires; 180 hab.

GRIGNY, vg. de Fr., Pas-de-Calais, arr. de St.-Pol-sur-Ternoise, cant. du Parcq, poste d'Hesdin; filat. de coton; 430 hab.

GRIGNY, vg. de Fr., Rhône, arr. de Lyon, cant. et poste de Givors; 1330 hab.

GRIGNY, vg. de Fr., Seine-et-Oise, arr. de Corbeil, cant. de Longjumeau, poste de Ris; 460 hab.

GRIGORIOPOL, v. de la Russie d'Europe méridionale, gouv. de Kherson; 3000 hab.

GRIGUET, baie considérable sur la côte E. de l'île de Terre-Neuve; au N. de cette baie s'étendent les White-Islands (îles Blanches).

GRIGY, ham. de Fr., Moselle, com. de Borny; 140 hab.

GRIJALVA. *Voyez* TABASCO (fleuve).

GRILLEMONT, ham. de Fr., Indre-et-Loire, com. de la Chapelle-Blanche; fabr. de sucre indigène; 100 hab.

GRILLEUX, ham. de Fr., Somme, com. de Flesselles; 820 hab.

GRILLON, vg. de Fr., Vaucluse, arr. d'Orange, cant. et poste de Valréas; 1310 h.

GRILLY, vg. de Fr., Ain, arr., cant. et poste de Gex; 460 hab.

GRIMAUCOURT, vg. de Fr., Meuse, arr. de Verdun, cant. et poste d'Étain; 270 hab.

GRIMAUCOURT-PRÈS-SAMPIGNY, vg. de

Fr., Meuse, arr., cant. et poste de Commercy; 430 hab.

GRIMAUD, vg. de Fr., Var, arr. et à 7 l. S. de Draguignan, chef-lieu de canton, poste de Cagolin; 1320 hab.

GRIMAUD, golfe de la Méditerranée, sur la côte de France, à l'E. du dép. du Var; il forme un enfoncement de 3 l. dans une direction S.-S.-O. Sa plus grande largeur est de 2 l. Il est borné au N. par le cap Lissandre et au S. par le cap de la Moutte.

GRIMAUDIÈRE (la), vg. de Fr., Vienne, arr. de Loudun, cant. de Moncontour, poste de Mirebeau; 280 hab.

GRIMAULT, vg. de Fr., Yonne, arr. de Tonnerre, cant. et poste de Noyers; 510 h.

GRIMBERGHEN, b. du roy. de Belgique, prov. du Brabant méridional, dist. de Bruxelles; 2720 hab.

GRIMBOSCQ, vg. de Fr., Calvados, arr. de Falaise, cant. de Bretteville-sur-Laize; poste d'Harcourt-Thury; 410 hab.

GRIMESNIL, vg. de Fr., Manche, arr. de Coutances, cant. et poste de Gavray; 250 hab.

GRIMMA, v. du roy. de Saxe, située sur la Mulde, dans une vallée fertile du cer. de Leipzig; elle possède une école royale où plus de 120 enfants sont entretenus la plupart gratis, et pour laquelle on a construit récemment un fort beau bâtiment. Cette ville renferme plusieurs fabriques et une pop. de 3950 hab.

GRIMME, v. de Prusse, prov. de Poméranie, rég. de Stralsund, chef-lieu de cercle, sur la rive droite de la Trebel; 2200 hab.

GRIMOLDI, b. du roy. des Deux-Siciles, prov. de la Calabre citérieure, commerce d'huile, de vin, de tabac et de coton; 2660 hab.

GRIMOMEZ, ham. de Fr., Nord, com. de Hergnies; 280 hab.

GRIMONE, ham. de Fr., Drôme, com. de Glandage; 150 hab.

GRIMONVAL, ham. de Fr., Eure, com. d'Écos; 110 hab.

GRIMONVILLER, vg. de Fr., Meurthe, arr. de Toul, cant. et poste de Colombey; 280 hab.

GRIMSBY, com. du Haut-Canada, dist. de Niagara.

GRIMSEL (le mont), passage entre le dist. de Gombs, dans le cant. du Valais, et la vallée d'Oberhasli, dans celui de Berne; il s'y trouve un hospice. Non loin du point le plus élevé du passage, qui est à 6570 pieds au-dessus du niveau de la mer, s'élève, à 8630 pieds, le Sidelhorn, d'où l'on jouit d'une vue admirable; plus loin est le Zinkenstock, où se trouve une carrière de cristal extrêmement riche.

GRIMSTAD, pet. v. de Norwège, prov. de Christiansand; est importante par son commerce et par le nombre de vaisseaux qu'elle possède.

GRIMSTONE, île dans la baie de Chigneco, côte S. du Nouveau-Brunswick.

GRINCOURT-LES-PAS, vg. de Fr., Pas-de-Calais, arr. d'Arras, cant. de Pas, poste de l'Arbret; 140 hab.

GRINDELWALD (vallée de), dans l'Oberland bernois, large de 1/2 l., longue de 4, du N.-E. au S.-O. traversée par le chemin de Meyringen à Unterseen, arrosée par la Lutschine, riche surtout en belles prairies et offrant de superbes points de vue; elle est entourée par quelques-unes des plus hautes montagnes des Alpes, par le Wetterhorn, les Schreckhœrner, le Finsteraarhorn, le Moine, l'Eiger, le Faulhorn, etc. Elle renferme une population de 2482 âmes. Des deux glaciers de Grindelwald, l'un, le glacier inférieur, descend jusqu'au village de Grindelwald; c'est de dessous ce glacier que s'échappe la Lutschine.

GRINDON, vg. d'Angleterre, comté de Stafford; vastes carrières de marbre.

GRINDORFF, vg. de Fr., Moselle, arr. de Thionville, cant. de Sierck, poste de Bouzonville; 1110 hab.

GRIOLET, ham. de Fr., Seine-Inférieure, com. de Caudebec-les-Elbeuf; 280 hab.

GRIOUDAS, ham. de Fr., Aveyron, com. de Montrozier; 120 hab.

GRIP, ham. de Fr., Hautes-Alpes, com. de Campan; 150 hab.

GRIPIÈRE (Grande et Petite-), ham. de Fr., Eure, com. de Mézières-sur-Seine; 250 hab.

GRIPPORT, vg. de Fr., Meurthe, arr. de Nancy, cant. d'Haroué, poste de Neuvilles-sur-Moselle; 550 hab.

GRIPSHOLM, château de plaisance du roi de Suède, sur une île du lac Mélarn et dans le gouv. de Nykœping.

GRIPT, vg. de Fr., Deux-Sèvres, arr. de Niort, cant. et poste de Beauvoir-sur-Niort; 310 hab.

GRIQUA. *Voyez* KLAARWATER.

GRIQUAS, peuplade hottentote, remarquable par ses progrès dans la civilisation, qu'elle doit aux missionnaires qui se sont établis dans son chef-lieu Klaarwater, à Hardcastle et dans d'autres endroits.

GRISAC, ham. de Fr., Lozère, com. de Pont-de-Montvert; 120 hab.

GRISCOURT, vg. de Fr., Meurthe, arr. de Toul, cant. de Domèvre, poste de Noviant-aux-Prés; 160 hab.

GRISELLES, vg. de Fr., Côte-d'Or, arr. de Châtillon-sur-Seine, cant. et poste de Laignes; 320 hab.

GRISIGNANA, b. d'Illyrie; gouv. de Trieste, cer. d'Istrie, sur le Quieto; 1500 h.

GRISŒLLE, ham. de Fr., Nord, com. de Maubeuge; 420 hab.

GRISOLLES, vg. de Fr., Aisne, arr. de Château-Thierry, cant. et poste de Neuilly-St.-Front; 300 hab.

GRISOLLES, b. de Fr., Tarn-et-Garonne, arr. et à 6 1/2 l. S.-S.-E. de Castel-Sarrazin, chef-lieu de canton et poste; 2120 hab.

GRISON (le). *Voyez* GRENADILLES.

GRISONS (le canton des), en allemand *Graubunden* ou *Bunden*, dans la confédération helvétique; est situé entre 6° 4' et 7° 39' long. orient. et entre 46° 11' et 47° 6' lat. sept.; il est borné au N.-O. par les cant. de Glaris et de St.-Gall, au N. par la principauté de Lichtenstein, au N.-E. et à l'E. par le Tyrol, au S. par le roy. Lombard-Vénitien, du coté de l'O. par les cant. du Tessin et d'Uri. Sa plus grande longueur est de 28 à 30 l., sa plus grande largeur de 17 à 20; sa superficie, qui a été évaluée de diverses manières, est de 320 à 390 l. c. Le cant. des Grisons appartient tout entier au système des Alpes, dont les grandes chaînes le parcourent dans tous les sens. Au S., ce sont les Alpes Lépontiennes, avec leurs hauts sommets, leurs nombreux glaciers, leurs neiges éternelles, et desquelles se détachent, sur la frontière N.-O., les Alpes d'Uri et de Glaris; à celles-là se rattachent les Alpes Rhétiques, qui, depuis le Splugen jusqu'aux frontières, couvrent le reste du canton de leurs nombreux chaînons, jetés dans toutes les directions. Les principaux sommets de ces montagnes sont: le Calanda, élevé de 8410 pieds au-dessus du niveau de la mer; le Scesaplana, haut de 9207; le Beverin, de 8435; le Tambohorn, de 9845; l'Oberalpstock, de 10,200 pieds, le Vogelberg, dont la cime atteint 10,280 pieds; le Dachberg, qui en a 9700. Ces différentes chaînes partagent le pays en deux vallées principales et en un grand nombre d'autres, dont plusieurs sont également considérables. La première de ces deux grandes vallées appartient au bassin du Rhin et s'étend du N.-E. au S.-O., interrompue seulement par la Via Mala, sur une étendue de 18 l.; la deuxième, que l'Inn parcourt de l'O. à l'E., se compose des vallées de Haute et Basse-Engadine. Plusieurs passages établissent la communication entre ces vallées ou forment comme les portes de sortie des Grisons; nous ne citerons que la route du Bernardin, qui atteint 6584 pieds au-dessus du niveau de la mer, établie, de 1819 à 1823, par la Sardaigne et les Grisons, et conduisant du lac Majeur et de Bellinzone à Coire; la route du Splugen, dont le plus haut point est à 6513 pieds au-dessus du niveau de la mer, établie par l'Autriche et les Grisons, de 1818 à 1822; c'était le passage des Alpes Rhétiennes que les armées allemandes traversaient dans le moyen âge pour se rendre en Italie, et par où déjà les Romains communiquaient, soit avec le Danube, par Bregantia et Augusta Vindelicorum, soit avec le Rhin, par Bregantia et Vindonissa; enfin le passage du Septimer, à cause de son importance dans l'histoire ancienne et moderne, et avant la construction des deux routes que nous venons de nommer.

On compte dans le cant. des Grisons 11 cours d'eau, parmi lesquels nous ne nommerons que le Rhin et l'Inn, qui y ont leurs sources; la plupart des lacs se trouvent dans les montagnes; les principaux sont ceux de Lago-Bianco, de Luscher, d'Alpetta, de Bischoler, de Silser et de St.-Maurice.

Il n'y a pas de partie de la Suisse où le contraste entre les scènes de la nature soit aussi frappant et aussi brusque que dans le cant. des Grisons. Une grande partie du pays est occupée par des montagnes inaccessibles, par des glaciers, au nombre de 241, et dont quelques-uns ont plusieurs lieues d'étendue, ou couverte de rochers, coupée de précipices et dévastée par les torrents, et entre ces montagnes couvertes éternellement de neiges et de glaces, où le froid tue toute végétation, on trouve des vallées charmantes et pittoresques, où l'on jouit d'un ciel aussi doux que celui de l'Italie, et où croissent un vin excellent et des fruits délicieux. Les principales productions sont: les fruits, le vin, le bois en grande quantité, toutes les espèces de grains, le lin, le chanvre, un peu de tabac, la chaux, le gypse, l'albâtre, un beau marbre, du cristal d'une rare beauté, les pierres à meule, la houille, le plomb, le zinc, le fer et les eaux minérales, dont les principales sources sont à St.-Maurice, à St.-Bernardin et à Alveneu; dans le règne animal, un gros bétail excellent, des porcs, des poissons et particulièrement de grosses truites et des saumons, du menu gibier, des aigles, des marmottes, des chats sauvages, des chamois, des ours et des loups.

La population des trois ligues qui composent le cant. des Grisons est d'environ 90,000 hab. Les deux cinquièmes suivent la religion catholique, le reste appartient à l'église réformée. Quant à l'instruction, il est peu de cantons où elle soit plus en arrière et aussi négligée; il y a cependant, depuis 1804, deux écoles cantonales importantes, l'une protestante, à Coire, l'autre catholique, à St.-Lutzi. Les Grisons ont été ainsi nommés, dit-on, à cause de leurs habits, qui sont d'un drap gris fabriqué dans le pays; leur caractère offre un mélange de celui des Italiens et de celui des Allemands. Énergiques, quoiqu'amis du plaisir, satyriques, ayant plusieurs usages qui leur sont propres, ils aiment peu le travail, parce que dans leurs hautes vallées ils ont peu de besoins et peu de moyens de s'enrichir; mais dans les pays étrangers, où ils émigrent en très-grand nombre, ils font preuve, comme ouvriers ou comme marchands, d'une très-grande activité. Descendant de trois peuples différents, ils parlent trois langues différentes; le latin, auquel on a plus tard donné le nom de romane et qui est un reste de l'ancien toscan, est celle de la moitié de la population; il se divise en deux dialectes, celui de l'Engadine (ou latin proprement dit) et celui de l'Oberland du

Rhin (aussi appelé romane); il doit son alphabet à la réformation, et se parle dans les campagnes et dans la seule ville d'Ilanz. Il y a en outre parmi les Grisons des Allemands et des Italiens.

L'industrie est à peu près nulle dans le cant. des Grisons; les étoffes de coton, de lin et de chanvre ne s'y fabriquent que pour les besoins de la population. Le développement de l'agriculture est arrêté par les entraves apportées au droit de propriété, et les vallées, malgré leur fertilité, ne produisent que la moitié des grains nécessaires à la consommation; le pays abonde en minéraux de tout genre, et les exploitations ne commencent que depuis fort peu de temps à prendre une certaine extension. Mais les Grisons sont surtout un peuple de bergers; leurs pâturages occupent la moitié de la superficie du canton; ils élèvent une très-grande quantité de bêtes à cornes et de porcs. Après l'éducation et la vente des troupeaux, leurs ressources sont l'agriculture, la vente du bois de leurs vastes forêts, et pour quelques-uns le service militaire auprès des puissances étrangères; enfin un grand nombre d'habitants des Grisons sont voituriers, et le canton fait un commerce de transit fort considérable entre l'Allemagne et l'Italie, commerce extrêmement favorisé par les deux routes du Splugen et du Bernardin.

Le cant. des Grisons comprend la plus grande partie de l'ancienne Rhétie. Il était partagé au moyen âge entre une foule de petits seigneurs tyrannisant leurs sujets. Ce joug fut brisé au quinzième siècle, et il se forma, sous le nom de juridictions, 26 républiques qui formèrent entre elles trois ligues, en 1471; mais ces républiques composées de peuples séparés par la nature et par le langage, et animés d'un excessif esprit d'indépendance, furent constamment troublées par l'esprit de parti et les dissensions intestines. Après la révolution helvétique, en 1798, les trois ligues, qui jusqu'alors avaient été alliées des Suisses, entrèrent dans la confédération et formèrent le quinzième canton.

Les diverses juridictions du canton des Grisons ont des constitutions, des lois et des franchises tout à fait différentes; mais toutes ensemble forment une fédération républicaine, où la puissance souveraine réside dans la totalité des conseils et des communes. Chaque juridiction et sous-juridiction nomme elle-même ses magistrats. L'autorité suprême est déléguée au grand-conseil, élu par les citoyens des juridictions et composé de 65 membres, dont 27 pour la ligue Grise, 25 pour la ligue Caddée et 13 pour celle des Dix-Droitures; celui-ci traite et décide de toutes les grandes affaires; mais il doit les soumettre ensuite à la sanction des communes. Une commission d'état, élue par le grand-conseil et formée de 9 membres, est chargée d'élaborer les questions importantes; et le petit-conseil, composé de 3 membres, choisis également chaque année par le grand-conseil, a l'administration générale du canton, le soin des affaires courantes, celui de la correspondance avec la diète et l'étranger, et la surveillance de la justice. Quant à cette dernière en particulier, il y a un tribunal cantonal d'appel qui juge en dernière instance. Pour l'organisation religieuse, les réformés ont 132 paroisses, et chaque ligue a son doyen, qui y préside un synode tous les trois ans; les curés catholiques, au nombre de plus de 80, dépendent de l'évêque de Coire.

Le contingent fédéral du canton est de 2000 hommes et de 12,000 francs de Suisse.

Les 3 ligues qui forment le canton des Grisons sont :

La ligue Grise ou Haute-Ligue (*Ober-Graue-Bund*), située à l'O. et comprenant les vallées du Rhin-Antérieur (*Oberland*), Moyen et Postérieur, et celle de Misocco au S.; c'est la plus ancienne des trois; elle se divise en 8 juridictions et elle renferme la population la plus considérable. Les peuples qui l'habitent sont Latins pour la plupart; Allemands dans le Rheinwald; au N. du Splugen, où Frédéric Ier de Hohenstaufen établit une colonie de Souabes, et dans quelques autres localités; Italiens dans la vallée de Misocco. Les principaux endroits sont Ilanz, Trons et Tusis.

La ligue Caddée (*Casa Dei*) ou de la Maison de Dieu (en allemand *Gotteshaus-Bund*), formée de 11 juridictions et renfermant Coire, le chef-lieu du canton. La population est composée de Latins, si ce n'est à Coire et dans les environs, où se trouvent des Allemands, et dans les vallées de Bregell et de Poschiavo, qui sont italiennes. Les habitants de la première sont protestants, ainsi qu'un tiers de ceux de Poschiavo. La ligue Caddée renferme la vallée de Domleschg, renommée par sa beauté, fertile et populeuse; l'Oberhachstein et d'autres vallées voisines; celles de Bregell et de Poschiavo, déjà nommées, la première traversée par l'ancienne route du Septimer; enfin la vallée Engadine-Haute et Engadine-Basse, qui s'avance vers le N.-E., avec vingt-cinq vallées latérales. L'Engadine-Haute est à 5000 pieds au-dessus du niveau de la mer. Cette contrée, riche et bien cultivée, parsemée de beaux villages, est habitée par un peuple presque exclusivement luthérien, laborieux, commerçant, et dont une grande partie va gagner sa vie hors du pays. C'est la patrie du réformateur et historien Campel. On y trouve les bains de St.-Maurice.

La ligue des Dix-Droitures, appelée en allemand *Zehngerichte-Haus-Bund*, est au N. et bornée par les deux autres ligues, par le cer. de Vorarlberg, par la principauté de Lichtenstein et le canton de St.-Gall. Elle renferme 7 juridictions et est la plus petite; la plus grande partie de sa population est allemande et réformée. Le Prettigau, qui en forme une grande partie et qui s'étend au N. jusqu'au pied des monts du Rhéticon, est un pays extrêmement sauvage, mais qui offre en même temps de superbes pâturages, où paissent les plus beaux bestiaux du canton. Davos est le chef-lieu de la ligue; on y trouve en outre Meyenfeld.

GRISY, vg. de Fr., Calvados, arr. et poste de Falaise, cant. de Coulibœuf; 150 hab.

GRISY, vg. de Fr., Seine-et-Oise, arr. de Pontoise, cant. et poste de Marines; 480 hab.

GRISY-SUINES, vg. de Fr., Seine-et-Marne, arr. de Melun, cant. et poste de Brie-Comte-Robert; 930 hab.

GRISY-SUR-SEINE, vg. de Fr., Seine-et-Marne, arr. de Provins, cant. et poste de Bray-sur-Seine; 180 hab.

GRITA (la), pet. v. de la rép. de Vénézuela, dép. de Zulia, prov. de Mérida, au pied du Paramo de Perquéras; fut fondée, en 1576, par François de Carcérès; culture de cacao, tabac, riz, cannes à sucre, etc.; mines de cuivre dans le voisinage; 3400 h.

GRITH. *Voyez* KRUTH.

GRIVAT (les), ham. de Fr., Allier, com. de Cusset; 100 hab.

GRIVE (la), ham. de Fr., Isère, com. de Bourgoin; 200 hab.

GRIVEAU, ham. de Fr., Charente-Inférieure, com. d'Ars-en-Ré; 420 hab.

GRIVEGNÉE, vg. du roy. de Belgique, prov. et dist. de Liége, sur l'Ourthe; fonderies; 2200 hab.

GRIVES, vg. de Fr., Dordogne, arr. de Sarlat, cant. et poste de Belvès; 500 hab.

GRIVESNES, vg. de Fr., Somme, arr. et poste de Montdidier, cant. d'Ailly-sur-Noye; 300 hab.

GRIVILLERS, vg. de Fr., Somme, arr. et cant. de Montdidier, poste de Roye; 110 hab.

GRIVY-LOIZY, vg. de Fr., Ardennes, arr. cant. et poste de Vouziers; 440 hab.

GRIZELLES, vg. de Fr., Loiret, arr. de Montargis, cant. de Ferrières, poste de Fontenay; 680 hab.

GROAHYRAS, lac de l'emp. du Brésil, prov. de Rio-Grande, près de la pet. v. d'Arez, à 1 1/2 l. de la mer. Il a 3 l. de longueur, communique avec deux autres lacs moins considérables et s'écoule par le Rio-Tareyry. Ses eaux sont salées et très-poissonneuses.

GROAHYRAS (ville). *Voyez* ARÈZ.

GROCKZKA, b. de la principauté de Servie, sur le Danube; connu par la défaite des Autrichiens, en 1739.

GRODEK, v. de la Russie d'Europe occidentale, gouv. de Podolie; 3000 hab.

GRODNO (le gouvernement de), dans la Russie d'Europe occidentale, gouvernement qui faisait autrefois partie du grand-duché de Lithuanie, s'étend entre 21° 28' et 24° 23' long. orient., entre 51° 31' et 54° 21' lat. sept. Il est borné au N. par le gouv. de Wilna, à l'E. par le gouv. de Minsk, au S. par celui de Volhynie, à l'O. par le gouv. de Bialystok et le roy. de Pologne. C'est une vaste plaine, arrosée surtout par le Niemen et par le Bug, qui suit sa frontière S.-O.; couverte de nombreuses forêts; d'un sol tantôt sablonneux, tantôt et le plus souvent marécageux, peu cultivé, mais assez productif. Nous devons citer ici l'immense forêt de Bialowicza, où se trouvent des buffles et des ours. Les principales productions du pays sont : le bois, les grains, le lin, les animaux domestiques, le gibier, les poissons et les abeilles. Le climat y est assez tempéré, l'hiver est court, mais rude, le printemps et l'automne longs et généralement humides et brumeux, ainsi que l'été.

Sur une superficie de 12,080 l. c., le gouv. de Grodno renferme une population de 868,000 habitants, composée principalement de Lithuaniens et de Rusniakes : les premiers dominent dans les cer. de Grodno et de Lida. On trouve en outre des nobles Polonais, des marchands et des cabaretiers juifs, un petit nombre de Bohémiens, quelques Tartares à Grodno, et des colons allemands, également en petit nombre. Les Lithuaniens et les Polonais sont catholiques, les Rusniakes sont des Grecs unis.

Le gouv. de Grodno, qui appartient à la Russie depuis 1795, et qui a été composé des anciennes woïwodies de Truki, de Novogrodeck et de Brzesc, est aujourd'hui divisé en 8 cercles.

GRODNO (la ville de), chef-lieu du gouvernement et du cercle du même nom, dans la Russie d'Europe occidentale; est située sur une hauteur au bord du Niemen, sous 53° 40' 48" lat. sept. et 21° 31' 25" long. orient. On y remarque l'ancien château, le nouveau château et l'édifice de la chancellerie; elle possède un gymnase, une école pour les nobles, une faculté de médecine. Cette ville renferme de nombreuses fabriques d'étoffes de soie, de laine et de coton; elle fait un commerce considérable, activé par la navigation du Niemen, et il s'y tient annuellement trois foires importantes. Sa population est de 9000 habitants, dont environ 4000 juifs. Grodno était autrefois tous les six ans le siége des diètes polonaises; c'est dans ses murs que furent signés, en 1793, le deuxième partage de la Pologne, et l'abdication de Stanislas-Auguste, en 1795.

GRŒDZIG, v. de la principauté d'Anhalt-Dessau, avec 1300 hab.

GRŒDEN (vallée de), *Gardena*, dans le Tyrol, cer. de l'Adige. Ses habitants confectionnent des ouvrages en bois, qui sont expédiés dans tous les pays de l'Europe et dans plusieurs contrées de l'Amérique.

GRŒNENBACH, b. de Bavière, avec un

château, chef-lieu de district, cer. du Danube-Supérieur, à 5 l. de Kempten ; fabr. de tissus de laine ; l'église renferme des tombeaux de la famille de Pappenheim ; pop. du bourg 730 hab., du district 12,300, sur 5 1/2 milles c.

GRŒNENBERG, bge du roy. de Hanovre, principauté d'Osnabruck ; 24,100 hab.

GRŒNINGUE, prov. du roy. de Hollande, bornée au N. par la mer du Nord, à l'E. par l'embouchure de l'Ems, le Dollart et le roy. de Hanovre ; au S. par la prov. de Drenthe et à l'O. par celle de Frise. Sa superficie, de 37 milles carrés, offre une vaste plaine s'abaissant vers la mer, dont les eaux font continuellement subir des mutations au sol riverain, que l'on garantit par des digues sur de grandes étendues, tandis que sur d'autres points, tels qu'aux bouches de l'Ems et dans le Dollart il se forme des alluvions de plusieurs lieues de longueur sur 1/2 à 1 l. de largeur, qui sont converties en beaux champs d'orge et d'avoine. La Fivel prend sa source près de Grœningue, reçoit à Apingadam le nom de Damster-Dieb et se verse dans l'embouchure de l'Ems à Delfzyl ; la Hunse vient de la prov. de Drenthe, devient navigable au dessus de Grœningue, s'étend depuis cette ville entre deux digues artificielles et atteint près de 2 l. de largeur à son embouchure dans le Lawer-Zee à Zoltkamp, après un cours de 18 1/3 l.; la Wolter-Aa se verse dans le Dollart près du fort Langeacker ; le Lawer forme une partie de la frontière avec la Frise. Plusieurs lignes canalisées entrecoupent la province, se centralisent à Grœningue et réunissent cette ville avec les principaux ports de la mer du Nord et du Zuyderzee. Parmi les nombreux lacs qui couvrent le pays, les principaux sont : le Zuidlarder-Meer, le Schilt-Meer et l'Oostwelder-Meer. Le sol est très-varié : dans le N. et l'O. il y a des contrées fertiles, entrecoupées de tourbières, de marais et de canaux d'écoulement ; au S., vers la Drenthe, on rencontre des landes sablonneuses ; au S.-E., sur la frontière du Hanovre, s'étend le vaste marais de Boutange, impénétrable pendant les saisons pluvieuses. Le climat est humide et pernicieux aux étrangers ; les habitants sont aisés, mais ils n'ont pas le même amour de propreté que les Frisons ; ils préfèrent à l'agriculture l'éducation des bestiaux qui est favorisée par de riches prairies naturelles et artificielles. La race bovine de cette province est moins lourde, mais plus jolie que dans la Frise ; on compte passé 77,000 pièces de bétail ; mais leur rapport n'est pas entier, parce que les habitants n'ont pas les mêmes soins de propreté que les Frisons dans la préparation des produits laiteux ; les chevaux sont beaux et de race frisonne ; les brebis donnent une laine inférieure ; le pays abonde en autres animaux domestiques, volailles, abeilles, poissons. On récolte du blé, du lin, des graines oléagineuses, beaucoup de pommes de terre, des légumes secs et des fruits. La tourbe remplace le bois qui y est rare. L'industrie est bornée et se réduit à la fabrication de toiles ordinaires, de fil, de bas, de papier, de poterie et de briques. On exporte des bêtes à cornes et leurs produits, des chevaux, du poisson de mer, de l'huile, des pommes de terre, des bas tricotés et du papier. La pop., de 136,000 hab., la plupart calvinistes, est répartie dans 3 arrondissements, dont les chefs-lieux sont : Grœningue, Winschoten et Apingadam. La province dépend de la juridiction supérieure de La Haye.

GRŒNINGUE, *Corbulonis Monumentum*, v. forte du roy. de Hollande, chef-lieu de la province et du district de même nom, située à 56 l. N.-E. de La Haye, sur le confluent de la Hunse et de l'Aa qui forment, sous le nom de *Rieddiep*, une voie navigable pour des bâtiments d'une assez grande dimension jusqu'à la mer à Zoltkamp ; cette ville correspond en outre par des canaux avec Delfzyl sur 6 l., le Dollart, au-dessous de Winchoten, sur 12 l.; Geneminden sur 18 l., et Dokkum sur 11 l.; elle est entourée au N. de riches pâturages et au S. d'une élévation de terrain sablonneux couvert de jardins, de plantations d'arbres et de maisons de campagne. La place est défendue par de profonds fossés, de hauts remparts plantés d'arbres et par 17 bastions ; les environs peuvent être submergés ; elle a 8 portes, 18 ponts, parmi lesquels celui de Botering-Hoog, d'une architecture remarquable, a 59 pieds de largeur ; la place du Marché a 700 pieds sur 420 et est ornée d'une belle maison de ville moderne ; l'église gothique de St.-Martin, avec sa tour de 333 pieds, a de belles orgues. La ville possède une université, fondée en 1615, avec 5 facultés ; une école latine, une bibliothèque publique, un jardin botanique, un institut de sourds-muets, une société de physique et de chimie, une académie de dessin, d'architecture et de construction navale, et une bourse. Son industrie s'applique à la fabrication de draps, toiles, fil, papier, bas tricotés et tabatières en cuir bouilli ; son commerce est peu important ; 28,000 hab.

Patrie du littérateur Rodolphe Husmann dit *Agricola*, né en 1442, mort professeur à Heidelberg, en 1485 ; du fameux baron Ripperda ; du philosophe Jean Wessel, mort en 1489 ; du théologien Hemsterhuis, mort en 1766, et de l'orientaliste Schultens, mort en 1780.

GRŒNLAND (pays vert), ainsi nommé par Erich Rauda et ses compagnons islandais, qui le découvrirent en 895, selon les uns, en 982, selon les autres, parce qu'à leur étonnement ils trouvèrent la côte orientale couverte de forêts et de prairies ; appartient, sous le rapport géographique, à l'Amérique, sous le rapport politique, au Danemark. Le Grœnland est probablement une île, la plus grande après la Nouvelle-Hollande; peut-être aussi n'est-il qu'un groupe d'îles nombreuses situées très-près les unes des autres. Quoi qu'il en soit, il s'étend de 20° à 80° long. occ.; sa pointe méridionale, le cap Farewell, est située sous 59° 45' lat. N. Ses limites septentrionales nous sont inconnues. Les Européens n'ont visité que quelques points de la côte orientale; en revanche, presque toute la côte occidentale leur est connue. Une chaîne de montagnes élevée, neigée, coupée par des abîmes empêche la communication entre les deux côtes; les points culminants de cette chaîne, les Cornes de Cerf, ont 1300 toises de hauteur. Le terrain s'abaisse entre 70° et 77° lat. N.; il y présente des traces nombreuses d'anciens volcans et beaucoup de basalte. L'hiver de ces terres arctiques est très-long, le froid excessif; l'été est court, entremêlé de brouillards et de tempêtes; le thermomètre monte quelquefois à 24° et les mouches deviennent insupportables; l'air cependant est sain et il y règne peu de maladies. Les animaux peu nombreux du Grœnland et de ses côtes sont le renne, l'ours blanc, le renard, le faucon, la perdrix, un grand nombre d'oiseaux aquatiques, mais surtout des baleines, des phoques et des poissons, qui donnent aux habitants le vêtement, la nourriture et satisfont à la plupart de leurs besoins. Le règne végétal est également très-pauvre; on y trouve dans quelques endroits favorisés des bouleaux, des aulnes et des saules rares et rabougris; des arbustes, des lichens et des mousses couvrent presque exclusivement la terre, qui porte cependant aussi quelques herbacées. Les basses terres, celles qui avoisinent la baie de Baffin, nourrissent des plantes presque en tout semblables à celles des hautes Alpes d'Europe. Le bois flotté supplée en partie au bois qui manque. Les Européens ont introduit au Grœnland du bétail et des moutons qui restent très-petits et ne subsistent qu'avec peine; ils y ont planté des pommes de terre, des choux, du cresson, des raves; l'orge et l'avoine n'y réussissent que rarement.

Les habitants du Grœnland appartiennent à la famille des Esquimaux et s'appellent Kalalits ou Karalits; ils sont au nombre d'environ 20,000, dont 6 à 7000 sont convertis au christianisme; ils vivent en familles, sans aucune trace de gouvernement. L'eau-de-vie que leur apportent les vaisseaux trouble seule la paix qui règne parmi eux. En hiver ils habitent, au nombre de 30 à 40, de grandes huttes de terres construites dans un endroit abrité près de la côte; une grande lampe éclaire et chauffe leur sale et dégoûtante demeure; en été ils habitent sous des tentes faites de peau de phoque. Leurs augekoks ou prêtres et sorciers leur servent en même temps de médecins; les chrétiens, un peu plus avancés, suivent en tout les conseils des missionnaires. Le capitaine Ross découvrit dans le haut pays arctique du Grœnland une peuplade d'Esquimaux, ignorée de ses environs et qui se croyait seule au monde; elle n'avait aucune idée de ce que c'est qu'un arbre ou du bois.

Les navigateurs qui découvrirent le Grœnland abordèrent d'abord à la côte orientale. A dater de 1121, il s'y forma peu à peu 190 établissements, qui s'étendaient du cap Farewell jusqu'à 60° lat. et étaient divisés en 12 paroisses. Un évêque gouvernait ces colonies, qui avaient des rapports suivis avec la métropole. Le dernier évêque, André, qui voulait s'y rendre en 1408, ne put atteindre son diocèse, à cause des énormes amas de glaces qui s'étaient formés sur cette côte et qui l'enveloppent encore. Tous les efforts faits aux seizième, dix-septième et dix-huitième siècles, pour retrouver le Grœnland oriental, furent infructueux, et, bien que l'Anglais Skoresby ait trouvé la côte libre, entre 69° et 75° lat., des huttes abandonnées et des traces d'habitants, le sort des colonies chrétiennes, établies plus au S., n'en est pas moins incertain. Les recherches plus modernes, faites par ordre du gouvernement danois, entre autres celles du capitaine Graah, qui hiverna à Nogarbik, sous 63° lat. N., n'ont pas produit de meilleur résultat, et plusieurs ont pensé que les établissements chrétiens n'ont existé que sur la côte S.-O., où se trouve aujourd'hui Julianeshaab; la côte occidentale, par contre, est restée en relation avec l'Europe. En 1721, le pasteur Jean Egede, y conduisit une petite colonie et il réussit à convertir au christianisme un grand nombre d'Esquimaux. Depuis ce temps le Danemark y entretient des missionnaires; les frères moraves ont suivi cet exemple depuis 1733. Les colonies danoises sont au nombre de 18, les stations des frères moraves au nombre de 4. Ces établissements sont divisés en inspectorat du nord et en inspectorat du sud; les colonies comprises entre le cap Farewell et 68° comptent dans ce dernier; le premier comprend les autres.

L'établissement actuellement le plus important de ces contrées est Julianeshaab; il a 1800 hab. et est le seul où l'on ait du bétail. La plus ancienne des colonies de cette côte est Godthaab; elle remonte à 1721. Parmi les autres établissements de l'inspectorat du sud il faut encore remarquer les deux colonies moraves, Liechtenfeld et Nye-Herrnhut (Nouvelle-Herrenhut), dont l'origine date de 1758. Dans l'inspectorat du nord se trouvent : Egedesminde, fondé en 1750; il se compose de plusieurs îlots qui forment un bon port; Upernavie, l'établissement permanent le plus septentrional, et l'archipel de Disco, remarquable par la riche pêche qu'on y fait. La pêche de la baleine et la chasse aux phoques, le commerce des poissons et de l'édredon attirent tous les ans les Danois sur cette côte. Les parties plus septentrionales sont tout à fait inhabitables et rarement visitées par un Européen.

A l'O. du Grœnland sont situées un certain nombre d'îles récemment découvertes par le capitaine Parry, et d'abord celle du Nord-Devon, qui, peut-être, tient par le N. au Grœnland et ne serait ainsi qu'une de ses presqu'îles. De Nord-Devon les détroits de Lancaster et de Barrow conduisent à l'île Cornwallis, à l'île Bathurst et à l'île Melville, où Parry fut forcé de passer l'hiver. Toutes ces contrées sont inhabitées et couvertes presque toute l'année de glace; leur végétation est très-pauvre; les voyageurs y trouvèrent des cerfs, des rennes, des chevreuils, des bisons, des ours blancs; en été ils furent beaucoup tourmentés par les mouches. Le pays appelé Nord-Somerset, et situé en face de ces îles, n'a pas été examiné; l'on ne sait pas encore s'il appartient à la côte septentrionale de l'Amérique ou si c'est également une île.

GRŒNLO, pet. v. du roy. de Hollande, prov. de Gueldres, dist. et à 8 l. de Zutphen, sur le Slink; environnée de tourbières; 1900 hab.

GRŒTZINGEN, b. d'environ 1900 hab., dans le grand-duché de Bade, cer. du Rhin-Moyen.

GROFFLIERS, vg. de Fr., Pas-de-Calais, arr., cant. et poste de Montreuil-sur-Mer; 340 hab.

GROGNEUL, ham. de Fr., Eure-et-Loir, com. de St.-Piat; 160 hab.

GROHNDE. *Voyez* GRONE.

GROHOTISA, mont. des Carpathes, dans la principauté de Valachie, haute de plus de 4000 pieds au-dessus du niveau de la mer.

GROISSARDIÈRES (les), ham. de Fr., Deux-Sèvres, com. de Vasles; 100 hab.

GROISE (la), ham. de Fr., Nord, com. de Castillon; 1070 hab.

GROISES, vg. de Fr., Cher, arr. de Sancerre, cant. et poste de Sancergues; 440 h.

GROISSIAT, vg. de Fr., Ain, arr. de Nantua, cant. et poste d'Oyonnax; 270 hab.

GROITZSCH, v. du roy. de Saxe, dans le cer. de Leipsic, arrosée par deux rivières; 1200 hab.

GROIX ou **GROAIX**, île et vg. de Fr., Morbihan, arr., à 4 l. S.-S.-O. de Lorient, cant. et poste de Port-Louis. Cette île, située dans l'Océan, à 1 1/2 l. de la côte du Morbihan, a environ 2 1/2 l. de longueur de l'E. à l'O. et un peu moins d'une lieue de large; elle est assez élevée; son point culminant a environ 40 mètres au-dessus de l'Océan. Le sol se compose d'un roc couvert d'une couche de terre peu épaisse; cependant on y récolte des céréales et des légumes secs. Au S. et à l'O. on ne trouve que des landes et des pâturages. La pêche est la principale occupation des habitants; 3000 hab.

GROJEL, v. du roy. de Pologne, woïwodie de Masovie, chef-lieu de cercle; 1700 hab.

GROLAUD, ham. de Fr., Charente-Inférieure, com. de Dompierre-sur-Mer; 170 h.

GROLLE (la), ham. de Fr., Vendée, com. de Roche-Servière; 670 hab.

GROMITZ, b. du Danemark, dans le duché de Cismar.

GRON, vg. de Fr., Cher, arr. de Bourges, cant. de Bapgy, poste de Villequiers; 860 h.

GRON, vg. de Fr., Yonne, arr., cant. et poste de Sens; 670 hab.

GRONARD, vg. de Fr., Aisne, arr., cant. et poste de Vervins; 240 hab.

GRONAU, v. du roy. de Hanovre, gouv. et principauté de Hildesheim, située sur la Leine; 1700 hab.

GROND, vg. de Fr., Nièvre, com. de Tintury; 240 hab.

GRONE ou **GROHNDE**, vg. du roy. de Hanovre, gouv. de Hildesheim; situé près de Gœttingue, et remarquable par une maison d'éducation pour les enfants nobles; 1000 h.

GROPIERRES, vg. de Fr., Ardèche, arr. de l'Argentière, cant. et poste de Joyeuse; 1070 hab.

GROS (les), ham. de Fr., Vaucluse, com. de Gordes; 100 hab.

GROSBERTY, ham. de Fr., Ardèche, com. d'Annonay; fabr. de papier; 120 hab.

GROS-BLIDERSTOFF, vg. de Fr., Moselle, arr., cant. et poste de Sarreguemines; hauts-fourneaux; fabr. de pianos et de tabatières de carton; 2140 hab.

GROSBOIS, vg. de Fr., Doubs, arr., cant. et poste de Baume-les-Dames; 140 hab.

GROSBOIS, vg. de Fr., Eure, arr. d'Évreux, cant. et poste de Verneuil; 150 hab.

GROSBOIS-EN-MONTAGNE, vg. de Fr., Côte-d'Or, arr. de Beaune, cant. de Nuits, poste de Pouilly-en-Montagne; 530 hab.

GROSBOIS-LES-TICHEY, vg. de Fr., Côte-d'Or, arr. de Beaune, cant. et poste de Seurre; 160 hab.

GROSBREUIL, vg. de Fr., Vendée, arr. et poste des Sables, cant. de Talmonz; 160 h.

GROS-CAP (le). *Voyez* MOULE (le).

GROS-CAP, promontoire à l'E. de l'île de Guadeloupe (Grande-Terre).

GROS-CHASTANG, vg. de Fr., Corrèze, arr. de Tulle, cant. de la Roche-Canillac, poste d'Argentat; 700 hab.

GROSCHÊNE (le), ham. de Fr., Loir-et-Cher, com. de Busloup; 150 hab.

GROS-CHÊNE, ham. de Fr., Nord, com. de Longueville; 120 hab.

GROSE, fl. de la Nouvelle-Hollande; sa source n'est point connue; il pénètre à travers les montagnes Bleues, et se joint au Népeau, après avoir fait plusieurs chutes. La réunion de ces deux cours d'eau forme le Hawkesbury, fleuve principal du comté de Cumberland, dans la Nouvelle-Galles du Sud.

GROSECHTI, b. situé près d'Okna, dans la principauté de Moldavie; remarquable par un rocher de sel cristallisé et habité encore en partie par des Mogyares.

GROSEILLERS (les), vg. de Fr., Deux-Sèvres, arr. de Parthenay, cant. de Mazières, poste de Champdeniers ; 210 hab.

GROSFY, ham. de Fr., Seine-Inférieure, com. de Hugleville-en-Caux; 100 hab.

GROS-GRAVIER, baie au S. de l'île d'Haïti.

GROSLAY, vg. de Fr., Seine-et-Oise, arr. de Pontoise, cant. et poste de Montmorency; 1200 hab.

GROSLÉE, vg. de Fr., Ain, arr. et poste de Belley, cant. de Lhuis; 590 hab.

GROSLEJAC, vg. de Fr., Dordogne, arr., cant. et poste de Sarlat; 620 hab.

GROSLEY, vg. de Fr., Eure, arr. de Bernay ; cant. et poste de Beaumont-le-Roger; 610 hab.

GROS-MAGNY ou **GROSMENGLATT**, vg. de Fr., Haut-Rhin, arr. et poste de Belfort, cant. de Giromagny; 730 hab.

GROSMÉNIL, ham. de Fr., Seine-Inférieure, com. de St.-Romain ; 140 hab.

GROS-MORNE (le), b. de l'île d'Haïti, dép. d'Artibonite, non loin du fleuve des Trois-Rivières.

GROS-MORNE (le), mont. isolée et un des points les plus élevés de l'île de Martinique; il s'élève sur la côte orientale de l'île, derrière la baie de la Trinité.

GROS-MORNE (Grande-Anse-du-), baie sur la côte O. de l'île de Guadeloupe (Guadeloupe proprement dite); s'étend depuis la pointe à Coquénas jusqu'au Gros-Morne, sur une largeur de 3/4 l.

GROSNES ou **WELSCHEN-GRUM**, vg. de Fr., Haut-Rhin, arr. de Belfort, cant. et poste de Delle; 300 hab.

GROS-ORMEAU (le), ham. de Fr., Indre-et-Loire, com. de Noizay; 120 hab.

GROS-REDERCHING, vg. de Fr., Moselle, arr. de Sarreguemines, cant. et poste de Rorbach; 1470 hab.

GROSROUVRE, vg. de Fr., Meurthe, arr. de Toul, cant. de Domèvre, poste de Noviant-aux-Prés; 150 hab.

GROSROUVRES, vg. de Fr., Seine-et-Oise, arr. de Rambouillet, cant. et poste de Montfort-l'Amaury; 860 hab.

GROSSA, vg. de Fr., Corse, arr., cant. et poste de Sartene; 270 hab.

GROSSA, île de Dalmatie, cerclé de Zara, à l'entrée du canal di Mezzo; produit en abondance des olives, du vin et du sel; chef-lieu : Sale.

GROSSALMERODE, v. de l'électorat de Hesse-Cassel; 1860 hab.

GROSSASPERN, vg. de la Basse-Autriche, cer. inférieur du Mannhartsberg, sur un bras du Danube; bataille des 22 et 23 mai 1809; 800 hab.

GROSSBERTHOLDS, b. de la Basse-Autriche, cer. supérieur du Mannhartsberg; très-industrieux; fabrication de verre, de miroirs, de papier, de toiles et d'étoffes de coton.

GROSSBITESCH, pet. v. fortifiée d'Autriche, gouv. de Moravie-et-Silésie, cer. de Znaym ; 1500 hab.

GROSS-CZISCHE, b. d'Autriche, gouv. de Moravie-et-Silésie, cer. de Sandel; 2000 h.

GROSSE, île dans le Détroit ; fait partie du territoire de Michigan, États-Unis de l'Amérique du Nord.

GROSSE-ISLE. *Voyez* MANATOLIN.

GROSSELFINGEN, b. de la principauté de Hohenzollern-Hechingen; bonne poterie ; 1370 hab.

GROSSE-LONDE (la), ham. de Fr., Eure, com. de St.-Nicolas-du-Bosc; 170 hab.

GROSSEN-DIETWYL, gr. vg. de plus de 1500 hab., dans le cant. de Lucerne, dist. de Willisau.

GROSSENHAYN, *Haganao*, jolie v. du roy. de Saxe, dans le cer. de Misnie, située sur le Rœder, dans une belle et fertile contrée; elle possède entre autres une grande et excellente fabrique de toiles de coton, et renferme une pop. de 5260 hab.

GROSSENLUDER, v. et chef-lieu de bailliage de la Hesse-Électorale, cer. de Fulde, sur la rive gauche du Huder; 1450 hab.

GROSSEREIX, ham. de Fr., Haute-Vienne, com. de Beaune; 110 hab.

GROSSE-ROCHE, lac considérable des États-Unis de l'Amérique du Nord, territoire du Missouri, dist. des Sioux, non loin du fleuve St.-Pierre.

GROSSETO, vg. de Fr., Corse, arr. et poste d'Ajaccio, cant. de Ste.-Marie-et-Sicche; 390 hab.

GROSSETO, v. du grand-duché de Toscane, dist. de Sienne, entre le Lago di Castiglione et l'Ombrone. Elle est le siége d'un évêque et d'un podesta préposé à la juridiction civile et criminelle et renferme une cathédrale, plusieurs églises et un hôpital; éducation de bestiaux et agriculture; non loin de là on voit le long de la mer des réservoirs d'eau salée qui rapportent chaque année près de 100,000 quintaux de sel ; 2512 hab.

GROSSGERAU, v. du grand-duché de Hesse-Darmstadt, chef-lieu d'un district dans la prov. de Starkenbourg; 1850 hab.

GROSS-GLOCKNER, point culminant du système alpique, dans le Salzbourg, haut de 1998 toises.

GROSS-HENNERSDORF. *Voyez* MARKT-HENNERSDORF.

GROSSKALIZ, pet. v. de Bohême, cer. de Kœnigingrætz, sur l'Aupa ; 1600 hab.

GROSSKATA, b. de Hongrie, cer. en-deçà du Danube, comitat de Pesth; commerce de bestiaux.

GROSS-KŒRŒS, gros b. de Hongrie, cer. en-deçà du Danube, comitat de Pesth; avec un gymnase réformé. Ses habitants, au nombre de 12,000, s'adonnent à la culture du vin, à l'éducation du bétail et font un commerce très-actif en laine.

GROSS-LAFFERDE, vg. du roy. de Hanovre, gouv. et principauté de Hildesheim;

important par ses plantations de lin et son commerce de bestiaux; 1120 hab.

GROSS-LINDEN, v. d'environ 1000 hab., dans le grand-duché de Hesse-Darmstadt, prov. du Haut-Rhin.

GROSSMENGLATT. *Voyez* GROS-MAGNY.

GROSS-MERGENTHAL, vg. de Bohême, cer. de Bunzlau, remarquable par ses belles carrières de pierres à meules; 1700 hab.

GROSS-MESERITSCH, pet. v. d'Autriche, gouv. de Moravie-et-Silésie, cer. d'Iglau, sur l'Oslawa; 3500 hab.

GROSSŒUVRE, vg. de Fr., Eure, arr. d'Évreux, cant. et poste de St.-André; 230 hab.

GROSSOUVRE, ham. de Fr., Cher, com. de Vraux; haut-fourneau; exploitation de fer; 160 hab.

GROSS-PETERSDORF, b. de Hongrie, cer. au-delà du Danube, com. d'Eisenbourg; 1300 hab.

GROSS-RAUSCHENBACH, b. de Hongrie, cer. en-deçà de la Theiss, comitat de Gœmœr, sur la Jolsva; fabr. de toile, de drap et de poterie; forges; carrières de roches de cristaux, de topazes et de tellure; 2500 h.

GROSS-RŒHRSDORF, vg. du roy. de Saxe, cer. de Misnie; 2300 hab., presque tous fabricants de toiles et de rubans.

GROSS-RUHDEN, vg. du roy. de Honovre, gouv. et principauté de Hildesheim; saline considérable; 1150 hab.

GROSS-SCHAFFNAMT. *Voy*. CHAVANNES-LES-GRANDS.

GROSS-SCHARLO, b. de Hongrie, cer. en-deçà du Danube, comitat de Barsch; foires très-fréquentées; culture de tabac; éducation de chevaux; 1500 hab.

GROSS-SCHENK (Nagy-Sink), b. de Transylvanie, pays des Saxons, chef-lieu du siége où szek du même nom.

GROSS-SCHŒNAU, joli et gros vg. de 4600 hab. dans le roy. de Saxe, situé dans le cer. de Lusace, sur le Mondau ou l'Altwasser, et près de la frontière de Bohême; c'est le centre de la fabrication de ces belles toiles damassées, dont le tissu représente les dessins les plus variés. On y fabrique aussi beaucoup d'autres étoffes en coton et du velours dit de Manchester. Ce village se trouve au milieu d'une des parties les plus peuplées de l'Allemagne; tout le pays qui s'étend du Heinewald sur le Mondau jusqu'à Rumbourg en Bohême n'offre, sur une étendue de 5 1/2 l., qu'une suite presque non interrompue d'habitations, dont Gross-Schœnau est l'assemblage le plus considérable.

GROSS-SCHUTZEN, b. de Hongrie, cer. en-deçà du Danube, comitat de Presbourg, sur la Rudava; coutellerie et fabrication de poterie; 3000 hab., dont un grand nombre de frères moraves.

GROSS-STEFFELSDORF, jolie pet. v. de Hongrie, cer. en-deçà de la Theiss, comitat de Gœmœr, sur le Rima. Tanneries; fabrication de pipes; commerce en peaux et en toile.

Son pain de froment et ses gâteaux sont très-renommés; 3400 hab.

GROSSTAPOLTSCHAU, b. de Hongrie, cer. en-deçà du Danube, comitat de Neitra, sur la Neitra; culture du safran; commerce en chevaux et en bestiaux; 2800 hab.

GROSS-WARDEIN (Nagy-Varad), v. très-forte de Hongrie, cer. au-delà de la Theiss, chef-lieu du comitat de Bihar; résidence d'un évêque catholique et d'un évêque grec-uni; académie, archi-gymnase, cathédrale catholique; bains; carrières de marbre; culture de vin; jardinage; commerce; 7000 hab.

GROSS-ZALATHNA, b. de Hongrie, cer. en-deçà du Danube, comitat de Sol, sur la Zalathna; bains minéraux; carrières d'ardoises.

GROS-TENQUIN, vg. de Fr., Moselle, arr. et à 7 l. S.-O. de Sarreguemines, chef-lieu de canton, poste de Faulquemont; 1340 hab.

GROS-THEIL (le), vg. de Fr., Eure, arr. de Louviers, cant. d'Amfreville-la-Campagne, poste du Neuville; 1150 hab.

GROSVILLE, vg. de Fr., Manche, arr. de Cherbourg, cant. et poste des Pieux; 1020 h.

GROS-VENTRES ou MINÉTARES (Indiens), peuplade indienne indépendante dans les États-Unis de l'Amérique du Nord, territoire du Missouri. Ils habitent au N. des Ricaras, sur les bords du Knife (Couteau), où se trouve leur principal village, et sur les rives du Petit-Missouri (Little-Missouri). Ils comptent environ 3000 têtes, dont 620 guerriers. Ils tirent leur nom de leur corpulence inaccoutumée.

GROTON, b. très-florissant des États-Unis de l'Amérique du Nord, état de Connecticut, comté de New-London, à l'embouchure de la Thames dans le détroit de Fisher-Island; bon port; commerce actif; 5000 hab.

GROTON, pet. v. des États-Unis de l'Amérique du Nord, état de Massachusetts, comté de Middlesex; académie; 2600 hab.

GROTON, com. des États-Unis de l'Amérique du Nord, état de New-Hampshire, comté de Grafton; mines de fer; forges; 1100 hab.

GROTTAGLIE, *Cripta Aurea*, v. du roy. des Deux-Siciles, prov. d'Otrante, sur la route stratégique de Tarente à Brindes.

GROTTA-MIRANDA, gr. b. du roy. des Deux-Siciles, prov. de la Principauté ultérieure; 2323 hab.

GROTTAU, vg. de Bohême, cer. de Bunzlau, sur la frontière de la Saxe; 1500 h.

GROTTERIA, b. du roy. des Deux-Siciles, prov. de la Calabre ultérieure Ire; commerce de vin et d'huile; 1300 hab.

GROTTKAU, pet. v. de Prusse, chef-lieu de cercle, prov. de Silésie, rég. d'Oppeln; fabr. de tabac; 1970 hab.

GROTTO-DI-NAPOLI, *Pausilyppum*, *Crypta Neapolitana*, grotte célèbre dans le roy. et la prov. de Naples, dans le mont

Posilippo; elle est traversée par la route stratégique qui conduit à Fozzuoli.

GROUAIS (île). *Voyez* CAROUGE (baie de).

GROUARDERIE (la), ham. de Fr., Eure, com. d'Épreville-en-Romois; 120 hab.

GROUCHES - LUCHUEL, vg. de Fr., Somme, arr., cant. et poste de Doullens; 1030 hab.

GROUE (la), ham. de Fr., Charente, com. de Marsac; 500 hab.

GROUETS (les), ham. de Fr., Loir-et-Cher, com. de Blois; 550 hab.

GROUGIS, vg. de Fr., Aisne, arr. de Vervins, cant. de Wassigny, poste de Guise; fabr. de châles, barége, popeline, châlis; 1030 hab.

GROULGHIWA, station de caravanes dans la Nigritie centrale, sur la route de Mourzouk à Cachenah, à 3 journées S. de Begsam.

GROUSIA. *Voyez* GÉORGIE.

GROUTE (la), vg. de Fr., Cher, arr., cant. et poste de St.-Amand-Mont-Rond; 190 hab.

GROUTEL, ham. de Fr., Sarthe, com. de Champfleur; 156 hab.

GROUX (la), ham. de Fr., Charente, com. de Nercillac; 300 hab.

GROUX (Saint-), vg. de Fr., Charente, arr. de Ruffec, cant. et poste de Mansle; 830 hab.

GROVER, île dans la baie de Richmond, au N. de l'île du Prince-Edouard.

GROVILLE-EN-RIVIÈRE, ham. de Fr., Pas-de-Calais, com. de Rivière; 190 hab.

GROZON, vg. de Fr., Jura, arr., cant. et poste de Poligny; 820 hab.

GRU (le), ham. de Fr., Orne, com. de l'Aigle; 150 hab.

GRUB. *Voyez* GRUOB.

GRUBE. *Voyez* FOUCHI.

GRUBEN, vg. de Prusse, avec château, prov. de Silésie, rég. d'Oppeln; eaux minérales très-fréquentées; 790 hab.

GRUBENHAGEN, v. du roy. de Hanovre, chef-lieu d'une principauté comprise dans le gouv. de Hildesheim; elle est située sur l'Ilme, à 1/4 l. de son confluent avec la Leine, et est entourée de remparts. Elle renferme un gymnase, deux couvents et une population de 4900 hab. Un incendie dévora une grande partie de la ville en 1826.

La principauté de Grubenhagen, située en partie dans le Harz inférieur et en plus grande partie au pied du Harz supérieur, et arrosée par plusieurs rivières, est bornée par le duché de Brunswick, la principauté de Gœttingen, la Saxe prussienne et le capitainerie montueuse de Clausthal; elle renferme une population de 48,000 habitants, répartie dans 4 villes, 6 bourgs et 95 villages, sur une étendue de 25 l. c.

GRUCHET, ham. de Fr., Eure, com. d'Ailly; 270 hab.

GRUCHET - LE - VALASSE, vg. de Fr., Seine-Inférieure, arr. du Hâvre, cant. et poste de Bolbec; 1170 hab.

GRUCHET-SAINT-SIMÉON, vg. de Fr., Seine-Inférieure, arr. de Dieppe, cant. et poste de Bacqueville; 930 hab.

GRUCHY, ham. de Fr., Calvados, com. de Rosel; 200 hab.

GRUCHY, ham. de Fr., Seine-Inférieure, com. de Blainville-Crevon; 120 hab.

GRUDECK, pet. v. de Galicie, cer. de Lemberg, sur un grand lac.

GRUE (la), ham. de Fr., Deux-Sèvres, com. de St.-Germier; 150 hab.

GRUE, v. du bge de Hedemarken, en Norwège; 5000 hab.

GRUES (îles aux), île dans le St.-Laurent; fait partie du comté de Hertford, Bas-Canada.

GRUES, vg. de Fr., Vendée, arr. de Fontenay-le-Comte, cant. et poste de Luçon; 860 hab.

GRUEY, vg. de Fr., Vosges, arr. d'Épinal, cant. et poste de Bains; 1310 hab.

GRUÈRE. *Voyez* LAGRUÈRE.

GRUGÉ-L'HOPITAL, vg. de Fr., Maine-et-Loire, arr. de Segré, cant. et poste de Pouancé; 630 hab.

GRUGIS, vg. de Fr., Aisne, arr. et poste de St.-Quentin, cant. de St.-Simon; 480 h.

GRUGLIASCO, gr. b. du roy. de Sardaigne, principauté de Piémont, prov. de Turin; 3000 hab.

GRUGNY, vg. de Fr., Seine-Inférieure, arr. de Rouen, cant. de Clères, poste de Valmartin; 220 hab.

GRUGUNGY. *Voyez* CONTAS (Rio das).

GRUISSAN, vg. de Fr., Aude, arr. et poste de Narbonne, cant. de Coursan; 2330 hab.

GRULLAS (Sierra de las). *Voyez* CORDILLÈRES (Mexique).

GRULICH, pet. v. de Bohême, cer. de Kœnigingrætz; très-industrieuse; fabr. d'étoffes de coton, de toiles, de rubans, de fil, de papier et de jouets d'enfants; 2500 hab.

GRUMBERG, très-pet. v. d'Autriche, gouv. de Moravie-et-Silésie, cer. d'Olmutz; 1200 hab.

GRUMENIL, ham. de Fr., Oise, com. d'Auneuil; 130 hab.

GRUMESNIL, vg. de Fr., Seine-Inférieure, arr. de Neufchâtel-en-Bray, cant. et poste de Forges; 570 hab.

GRUMO, pet. v. du roy. des Deux-Siciles, prov. de Naples; 3166 hab.

GRUN, vg. de Fr., Dordogne, arr. de Périgueux, cant. de Vergt, poste de St.-Astier; 550 hab.

GRUNBERG, v. de Prusse, chef-lieu du cercle de la principauté immédiate de Glogau, prov. de Silésie, rég. de Liegnitz; située dans une vallée sur la Lunze. Elle possède de nombreuses manufactures de draps, des fabr. de tabac et plusieurs usines. Les vins des environs sont recherchés; 9350 hab.

GRUNBERG, v. du grand-duché de Hesse-Darmstadt, chef-lieu d'un district dans la prov. de la Haute-Hesse; elle est située sur une montagne; elle a des tissages d'étoffes de lin et de laine et de bonnes teintureries ; 2500 hâb.

GRUND, v. du roy. de Hanovre ; située dans la capitainerie montueuse de Claustbal, à l'extrémité occidentale du Harz; près de cette ville commencent d'immenses travaux souterrains, exécutés pour le desséchement des mines et qui aboutissent à la mine de Dorothéa , près de Clausthal ; 1150 hab.

GRUNDL, lac de la Styrie.

GRUNDWILLER, vg. de Fr., Moselle, arr. et cant. de Sarreguemines, poste de Puttelange ; 350 hab.

GRUNENPLAN, vg. du duché de Brunswick, dist. de Holzminden ; il renferme une grande verrerie ; 1050 hab.

GRUNHAYN, v. du roy. de Saxe; située dans les montagnes du cer. de l'Erzgebirge; 1500 hab., qui fabriquent des dentelles très-fines et des ouvrages en fer-blanc.

GRUNINGEN, très-pet. v. de Suisse, cant. de Zurich, chef-lieu d'une préfecture qui en occupe la partie méridionale, à l'E. du lac de Zurich.

GRUNINGEN, pet. v. du grand-duché de Hesse, sur une hauteur; distilleries ; 580 h.

GRÜNSFELD, b. du grand-duché de Bade, cer. du Rhin-Inférieur ; commerce de vins et de grains; 1300 hab.

GRUNSTADT, pet. v. de la Bavière rhénane, chef-lieu de canton, arr. de Frankenthal, à 3 l. de Durkheim; ancienne résidence des comtes de Linange-Westerbourg; gymnase; tanneries; commerce de blé, vins et bestiaux ; pop. de la ville 3240 hab., du canton 20,850.
Patrie des célèbres peintres Holbein et Seekatz.

GRUNTHAL, usine appartenant au roi de Saxe, dans le cer. de l'Erzgebirge, à 1/4 l. du bourg d'Olbernbau ; elle sert à l'affinage de l'argent et du plomb, et il s'y frappe toute la monnaie de cuivre du royaume.

GRUNY, vg. de Fr., Somme, arr. de Montdidier, cant. et poste de Roye ; 380 hab.

GRUOB ou **GRUB**, juridiction du cant. des Grisons, dans la ligue Grise ; bornée par celles de Waltensbourg, Lungnez, Rhæzuns et Domleschg et le cant. de Glaris; elle renferme une population de plus de 4000 hab. et se divise en 3 sous-juridictions. Son chef-lieu est Ilanz.

GRUPPELLO, vg. du roy. de Sardaigne, principauté de Piémont, prov. de Mortero; lieu de naissance de l'archevêque de Paris, Hanfranc.

GRURY, vg. de Fr., Saône-et-Loire, arr. d'Autun, cant. d'Issy-l'Évêque, poste de Bourbon-Lancy; 1310 hab.

GRUSEN. *Voyez* GRUSSENHEIM.

GRUSON, vg. de Fr., Nord, arr. et poste de Lille, cant. de Lannoy; 400 hab.

GRUSSE, vg. de Fr., Jura, arr. de Lons-le-Saulnier, cant. et poste de Beaufort; 310 hab.

GRUSSENHEIM ou **GRUSEN**, vg. de Fr., Haut-Rhin, arr. et poste de Colmar, cant. d'Andolsheim ; 960 hab.

GRUST, vg. de Fr., Hautes-Pyrénées, arr. d'Argelés, cant. de Luz, poste de Barrèges; 170 hab.

GRUTH. *Voyez* NEUBOIS.

GRUTLI (le) ou **RIEDLI**, prairie sur le penchant du Seelisberg et sur la côte occidentale du lac des Quatre-Cantons; célèbre par le serment qu'y prononcèrent, le 17 octobre 1307, les pères de la confédération helvétique, Walter Furst d'Uri, Werner Stauffacher de Schwyz et Arnold an der Halden d'Unterwalden.

GRUYÈRE (en allemand *Greyerz*), pet. v. dans le cant. de Fribourg; située au pied N.-E. du Molison, avec des murs et un ancien château, d'où l'on jouit d'une fort belle vue. Cette ville était autrefois le siége d'un comté, riche et florissant au onzième siècle et la seule seigneurie séculière, avec Neufchâtel, qui existât encore en Suisse au seizième siècle. Ses comtes étaient fort aimés de leurs sujets, peuple simple qu'ils gouvernaient avec bonté; mais ils s'appauvrirent dans les guerres étrangères, et le dernier d'entre eux fut obligé de vendre ses possessions à Fribourg et à Berne, en 1555. Gruyeres est aujourd'hui le chef-lieu d'un district du cant. de Fribourg, district montagneux, dont les vallées alpestres renferment d'excellents pâturages et de riches villages; sa population, d'environ 5000 hab., parle un patois français et n'a d'autre industrie que la fabrication d'objets en paille tressée et celle des fromages connus sous le nom de fromages de Gruyères.

GRUYÈRES, vg. de Fr., Ardennes, arr. de Mézières, cant. de Signy-l'Abbaye, poste de Launois; 130 hab.

GSCHATSK, v. de la Russie d'Europe, chef-lieu d'un cercle de même nom dans le gouv. de Smolensk, située sur le Gschat, affluent du Wolga; elle renferme une pop. de 2700 hab. et fait un grand commerce de transit, surtout par bateaux.

GUA. *Voyez* SAINT-JULIEN-DUGUA.

GUA (le), vg. de Fr., Charente-Inférieure, arr. et cant. de Marennes, poste de Saujon; 1770 hab.

GUA (le), vg. de Fr., Isère, arr. de Grenoble, cant. et poste de Vif; 910 hab.

GUABIARÉ ou **GUABIARI**, **GUAYABÉRO**. *Voyez* ORÉNOQUE (fleuve).

GUACAYA, mont. et un des points culminants des Andes, dans le dép. de l'Équateur, rép. du même nom ; sa hauteur est inconnue.

GUACIMO (Sierra), chaîne de montagnes de la rép. de Vénézuéla, au S. du lac de Maracaïbo ; elle se rattache au chaînon oriental des Andes de la Colombie.

GUACUBA, fl. de la rép. de la Nouvelle-Grenade; il naît dans les environs de la ville d'Antioquia, dép. de Cundinamarca, coule vers le N. et s'embouche dans le golfe de Darien.

GUADALAVIAR, riv. d'Espagne, prend sa source dans la Sierra Molina en Aragon, reçoit le Terruel et se verse dans la mer à Grao-de-Valencia, après un trajet de 48 1/2 l.

GUADALAXARA, prov. d'Espagne, roy. de la Nouvelle-Castille, bornée au N. et à l'O. par la Ségovie, au S. par la Cuença et Madrid et à l'E. par la Soria ; sa superficie est de 92 milles c. Le Tage arrose l'extrémité S.-E. de la province et y reçoit la Xaranna avec le Henares, le Manzanares, la Guadaramma et l'Alberché. La contrée est élevée et sillonnée par des montagnes pierreuses et arides, appartenant à la chaîne qui forme le bassin du Tage. Il y a des parties où le sol est fertile et mieux cultivé que dans le reste de la Nouvelle-Castille ; d'autres le seraient, si elles étaient arrosées. Le pays ne manque pas de cours d'eau; mais ces rivières, qui débordent pendant les saisons pluvieuses, tarissent en été et ne favorisent pas les irrigations; aussi beaucoup de terrains restent incultes. Les récoltes de froment et d'orge excèdent la consommation ; celles de fruits, de vins et d'huiles sont médiocres et exigent l'importation. On cultive du chanvre, du lin, un peu de safran et la soie. L'éducation des bestiaux s'applique principalement aux brebis qui transhument; les nombreux troupeaux de chèvres fournissent des fromages recherchés ; on y élève aussi des porcs; le gibier et le poisson sont rares. Le pays possède de nombreuses carrières ; celles de marbre seraient d'un bon rapport, si elles étaient mieux exploitées. L'industrie est assez active : plus de 40,000 ouvriers sont occupés à la fabrication de draps; il y a en outre des tisseranderies, des papeteries, des tanneries, des savonneries, une verrerie, une faïencerie et des fabriques de chapeaux. On exporte du blé, des draps, de la laine filée, des toiles, peu de safran et de sumac, du savon, des moutons et des agneaux. La population, de 122,000 hab., est répartie dans 2 villes, Guadalaxara et Siguenza, 180 petites villes et bourgs et 119 villages. La province est régie par le droit de Castille et appartient à la juridiction de Valladolid et à la capitainerie-générale de Madrid.

GUADALAXARA, v. d'Espagne, roy. de la Nouvelle-Castille, chef-lieu de la province de même nom, située à 13 l. de Madrid, sur le Henares, est mal bâtie et déserte. Les ducs de l'Infantada y possèdent un beau palais, et l'église des Franciscains renferme le magnifique caveau de sépulture de cette famille. On compte dans cette ville 9 églises paroissiales, 14 couvents et 4 hôpitaux. Parmi les nombreuses fabriques de draps on distingue celle de l'état, qui occupe 4800 ouvriers et dont les produits se vendent jusqu'à 80 francs l'aune; la place fait un grand commerce de draps et de laine; 12,000 hab.

GUADALAXARA-DE-BUGA. *Voyez* BUGA.

GUADALCANAL, b. d'Espagne, roy. de la Nouvelle-Castille, prov. d'Estramadure, au pied des montagnes de Guadalcanal, qui sont une branche de la Sierra Morena ; autrefois on y exploitait des mines de platine, d'argent et de plomb; 1200 hab.

GUADALCANAR, une des plus grandes îles de l'archipel de Salomon, dans l'Australie ou Océanie centrale ; elle s'étend de 157° 9' à 158° 30' long. orient.; entre 9° 10' et 10° lat. S. Le compagnon de Mendana, Ortéga, qui la découvrit en 1567, aborda sur la côte N.-E., y trouva des vallées fertiles, arrosées par deux rivières qui charient de l'or. L'île avait une nombreuse population, que les Espagnols refoulèrent devant eux pour pénétrer dans l'intérieur. Shortland, qui cotoya cette île, y vit un pic qu'il compara, pour la hauteur, à celui de Ténériffe. D'Entrecasteaux passa devant Guadalcanar en 1703. Les montagnes étaient cultivées presque jusqu'à leurs sommets, et la variété des arbres qui les couvraient leur donnait l'aspect le plus riant. Cependant il ne la vit que de loin et ne détermina que la pointe N.-O., le cap Espérance, sous 9° 16' 30" lat. S. et sous 157° 25' 36" long. orient.

GUADALQUIVIR, riv. d'Espagne. Cette belle rivière prend sa source en Andalousie, sur la frontière orientale du roy. de Jaën, dans la Sierra de Cazorla, traverse, en se dirigeant d'abord au N., ensuite au N.-O. et à l'O., les roy. de Jaën, Cordoue et Séville, est navigable depuis la ville de ce dernier nom, forme les deux îles Isla Mayor et Isla Menor et se verse dans la mer, près de St.-Lucar-de-Barrameda, après un cours de 92 l., dont 26 navigables. Ses affluents de droite sont: le Guadalimar, le Herumblar, l'Escobar, la Pandula, l'Ieguas, l'Arenates, le Guadamelatta, le Guadabarbo, le Guadiate, le Bembezar, le Guadalbacar, le Biar, la Huelba et le Guadiamas. Sa rive gauche reçoit la Petite-Guadiana, la Jandulilla, le Ñinchez, le Torrès, le Jaën, les deux Salados, le Guadojoz, le Xenil, qui est le plus fort de ses affluents, la Madrevieja, le Corbones, la Guadaira et le Taherete.

GUADALUPE (Sierra de), *Mons Carpentanus*, nom général d'une chaîne de montagnes qui se détache, en Espagne, dans la prov. de Cuença, de la grande chaîne Ibérique, s'élève vers Tarancon et Trembleque, passe dans l'Estramadure, entre Truxillo et Mérida, entre, en avant de Portalégré, dans le Portugal et se termine par le cap Espichel, à l'embouchure du Tage, dont elle n'a cessé de suivre le cours. Ces montagnes prennent dans leur trajet en Espagne les noms de Sierra de Cuença, Tolède, Guadalupe, San-Benito et San-Pedro; dans le Portugal, ceux de Sierra San-Mamed et d'Arrabida. Leur plus grande élévation n'atteint pas 900 mètres au-dessus du niveau de la mer.

GUADARAMMA (monts). Ces montagnes se détachent en Espagne, dans le S.-E. de la prov. d'Avila, de la grande chaîne Ibérique, se dirigent, sous les noms de Sierra Guadaramma, d'Avila, de Bejar, de Francia, de Gata, vers l'O., en traversant les Deux-Castilles et le Léon, entrent dans le Portugal, au S. de Ciudad-Rodrigo, traversent le Beira et l'Estramadure, en prenant les noms de Sierra Estrella, d'Aquecidao, de Junto, de Cintra, et se terminent dans la mer, au N. de Lisbonne, par le cap de Roca. Leurs cimes les plus élevées atteignent, dans le Portugal, environ 2700 mètres au-dessus du niveau de la mer.

GUADARAMMA, riv. d'Espagne, prend sa source aux montagnes de même nom, dans la prov. de Ségovie, arrose celle de Madrid et se verse dans le Tage, à l'E. d'Albarco. Cette rivière entre dans le système d'un canal en exécution, qui établira une communication entre les monts Guadaramma et Madrid, par le Manzanares.

GUADELOUPE (la), île du groupe des Petites-Antilles, possession française. Elle est située sous 16° 15' lat. N. et sous 63° 52' 30" long. O., à 14 l. S. de l'île d'Antigoa, à 8 l. N. de la Dominique et à 25 l. N. de la Martinique. Elle a environ 80 l. de circonférence, 31 l. c. d'étendue et une pop. de 112,000 âmes, dont 80,000 esclaves. La Guadeloupe se compose de 2 îles, Grande-Terre (île au vent), à l'E., et Basse-Terre (île sous le vent), à l'O., séparées par un bras de mer appelé assez improprement Rivière-Salée, de 10 à 30 toises de largeur et si peu profond que les embarcations d'un faible tonnage peuvent seules le passer. Ces deux parties de l'île sont d'une nature et d'un aspect essentiellement différents; la Grande-Terre est généralement unie, aride et privée d'eau; cependant son sol est assez favorable à la culture de la canne à sucre; la Basse-Terre ou la Guadeloupe proprement dite est au contraire montueuse, escarpée et comme bouleversée par les convulsions souterraines du volcan la Soufrière qu'elle renferme. Des torrents impétueux, tels que la Grande et la Petite-Goyave, la Grande-Rivière, le Lézard, le Serpent, etc., s'échappent avec fracas du flanc de ces montagnes couronnées de bois touffus et tombent de cascades en cascades jusqu'à la mer. Les habitations y sont moins nombreuses et surtout moins considérables qu'à la Basse-Terre, parce que presque partout la terre manque au sol et qu'on n'en obtient quelques produits qu'à force d'art, de patience et d'efforts continus. Toute cette partie de la Guadeloupe est entourée d'une route en assez mauvais état, où prennent naissance quelques sentiers à peine frayés, qui conduisent à de rares habitations dans l'intérieur de l'île, très-imparfaitement exploré jusqu'à présent, et occupées par quelques familles de Guéléhs, qui ont trouvé dans ses gorges affreux un abri contre les tourments dont la civilisation européenne les afflige. Ce ne serait en effet qu'en courant un danger imminent que l'on se hasarderait au milieu de ses forêts vierges, de ses rochers aigus et glissants, de ses précipices et de ses torrents fougueux.

Les côtes de la Guadeloupe, hérissées d'écueils et cernées de vastes bancs de sable, ne présentent que peu d'enfoncements remarquables. Outre le Grand et le Petit-Cul-de-Sac, baies considérables, l'une au N., l'autre au S. de l'île, et qui, avec la Rivière-Salée, séparent les deux parties de la Guadeloupe, nous citons, à l'E. de la Grande-Terre, la baie ou ravine du Nord-Ouest, qui renferme l'Anse et le port de Ste.-Marguerite; au S.-O., la Grande-Baie, partie du Petit-Cul-de-Sac; à l'O. de la Guadeloupe proprement dite, l'anse des Bouillantes, un des meilleurs ports de l'île. Ses principales pointes sont : la pointe des Châteaux, l'extrémité S.-E.; la pointe de la Grande-Vigie ou du Nord, l'extrémité N.-E.; la pointe Allègre, l'extrémité N.; la pointe Ferry et la pointe du Lézard, à l'O., et les pointes du Vieux-Fort et de Delaunay, au S. de Basse-Terre.

Les productions de la Guadeloupe consistent en sucre, café, cacao, coton, gingembre, cannelle, poivre, girofle, muscade, maïs, patates, ignames, tabacs et plantes potagères; cocos, bananes, oranges, mangues, ananas, ipécacuanha, baume de copahu, etc. Les forêts fournissent le gayac, le sandal, le campêche, l'acajou, le bois de rose, le bambou, le palétuvier et le mancenillier. La valeur de ces différents produits est de 28 millions de francs. Dans la Guadeloupe et ses dépendances il existe 509 plantations de sucre, 1244 de café, 711 de coton et 23 de cacao, produisant annuellement 660,000 quintaux de sucre, 1,200,000 gallons de rhum et de strop, 30,000 quintaux de café, 6000 quintaux de coton et 1000 quintaux de cacao. En 1831 l'exportation se montait à 16,544,171 francs et l'importation à 11,053,998 francs. Les revenus étaient, en 1820, de 1,789,492 francs et les dépenses de 2,978,737 francs. Ainsi la colonie coûtait à l'état plus qu'elle ne lui rapportait.

La Guadeloupe forme un gouvernement dont dépendent la Désirade, Marie-Galante, le groupe des Saintes et la partie septentrionale de l'île de St.-Martin. Elle est divisée en deux arrondissements : Basse-Terre et Pointe-à-Pitre, 6 cantons et 31 communes. Basse-Terre est le siège du gouverneur et d'une cour royale; des tribunaux de première instance se trouvent à Basse-Terre, à Pointe-à-Pitre et à Capesterre.

Cette île fut découverte, le 4 novembre 1493, par Christophe Colomb, qui lui donna le nom de Guadalupe, à cause de sa ressemblance avec les montagnes du même nom en Espagne, sur la frontière de l'Estramadure et de la Nouvelle-Castille. Déjà en 1635 les Français y établirent une colonie qui resta dans un très-mauvais état, jusqu'à ce qu'en 1674 Louis XIV l'acheta de la compagnie des Indes-Occidentales. En 1691 et en 1705 elle repoussa vivement les attaques des Anglais; cependant elle tomba en leur pouvoir en 1759 et ne revint à la France qu'en 1763. Reprise par les Anglais en 1793 elle fut reconquise déjà l'année suivante par les Français qui en restèrent les maîtres jusque dans les derniers jours de janvier 1810. Le 3 février de la même année le général Ernouf, commandant de l'île, fut obligé de la rendre aux Anglais sous l'amiral Cochrane. Dans le traité du 3 mars 1813, conclu à Stockholm entre l'Angleterre et la Suède, la Guadeloupe fut cédée à cette dernière puissance qui, dans la paix de Paris, la rendit à la France.

GUADIAFIERI, b. du roy. des Deux-Siciles, prov. de Molise. Il est le siége d'un évêché et possède une cathédrale; carrière de plâtre et source sulfureuse; 1549 hab.

GUADIANA, riv. d'Espagne; prend naissance dans la prov. de la Manche; non loin d'Ossa, dans les lagunes de Rudeira, dirige son cours au N. et se perd, 4 l. plus loin, dans des terrains marécageux et sablonneux; après une disparition de 3 1/2 l., ses eaux se réunissent de nouveau dans le petit lac d'Oios de Guadiana; la rivière se dirige ensuite au S.-O., en traversant l'Estramadure jusques aux environs de Badajoz, d'où elle forme, sur 10 l., la frontière avec le Portugal; elle entre entièrement dans ce royaume près de Mouza, traverse la prov. d'Alentéjo sur 25 l., pour former de nouveau la limite entre l'Espagne et le Portugal, sur 11 l., depuis au-dessous de Mertola jusqu'à sa double embouchure dans l'Océan, à Ayamonte. Après avoir été resserrée dans un lit étroit dans le Portugal, depuis Serpa, la rivière éprouve une chute rapide, le salto del Lobo, peu avant Mertola et devient navigable depuis cette ville, sur 16 2/3 l. Son trajet total est de 153 1/3 l. Ses affluents de droite sont : la Gignella, le Bullaque, le Valdcomos, le Rubial, le Corazencito, l'Estena, le Guadarron, le Guadalupejo, le Ruecas, le Burdalo, l'Aljucen, l'Alcazaba et l'Albarragena. Elle reçoit à gauche : l'Azuer, le Montiel, la Suja, l'Ortiga, le Matachel, le Lentrin, l'Alcarracha, l'Ardila et la Chanza.

GUADIX, v. d'Espagne, roy. et à 11 l. N.-E. de Grenade, sur la rivière du même nom; ceinte de murailles; siége d'un évêché; fabrication de toiles, de soieries et de coutellerie; 8350 hab.

GUADUAS, b. bien bâti et très-florissant dans la rép. de la Nouvelle-Grenade, dép. de Cundinamarca, prov. de Bogota; école lancastérienne; commerce actif; 3600 hab.

GUAGNO, vg. de Fr., Corse, arr. d'Ajaccio, cant. de Soccia, poste de Vico; eaux minérales; fabr. de pipes de terre; 840 hab.

GUAGUA-PLITINA. *Voyez* CORDILLÈRES (Pérou).

GUAHIBE ou SAN-AMARO, île sur la côte de la prov. de Sao-Paolo, emp. du Brésil; elle a 6 à 7 l. de longueur, est fertile, bien arrosée, couverte de montagnes bien boisées et contient des carrières de pierres de taille.

GUAHIBOS ou GUAHIVAS, peuplade indienne indépendante dans la rép. de la Nouvelle-Grenade; ils errent dans les vastes plaines marécageuses entre le Méta, l'Apuré et le Guaviare. Ils sont au nombre de plus de 1000 individus, assez belliqueux, et vivent de la pêche et de la chasse. De temps à autre ils se présentent dans la mission de Borja.

GUAHIROS ou GUAJIRAS, peuplade indienne dans la rép. de Vénézuela; ils habitent à l'O. du golfe de Maracaïbo et des deux côtés de la Sierra Azeyte, dép. de Zulia. Convertis au christianisme dès la fin du seizième siècle, ils l'abandonnèrent par suite des mauvais traitements qu'ils éprouvèrent de la part des habitants de Truxillo, et sont aujourd'hui les ennemis les plus acharnés des chrétiens. Cette nation, forte de 20,000 (d'après Lavaissé de 50,000) individus, est très-industrieuse et aime l'agriculture et la vie sociale.

GUAHIVAS. *Voyez* GUAHIBOS.

GUAINVILLE, vg. de Fr., Eure-et-Loir, arr. de Dreux, cant. et poste d'Anet; 580 h.

GUAIRA (la) ou GOAYRE, v. forte et port de la rép. de Vénézuela, dép. du même nom, prov. de Caracas, sur la pente d'une montagne; elle est située sous un climat très-malsain, a de l'importance comme place de guerre et comme le port par lequel Caracas fait ses expéditions commerciales. Le terrible tremblement de terre du 26 mars 1826 renversa presque toute la ville et fit périr plusieurs centaines de ses habitants. En 1830 elle ne présentait encore qu'un amas de ruines; 5000 hab.

GUAITARA, fl. de la rép. de l'Écuador, dép. du même nom; il naît au pied des Andes, au S. du volcan de Pasto; son cours est très-rapide; il gagne dans une direction N.-O. l'Océan Pacifique.

GUAITÉCA (golfo de), enfoncement S. du golfe d'Ancud, sur la côte du Chili.

GUAITÉCA (île). *Voyez* CHONOS (archipielago de los).

GUAITELLA, ham. de Fr., Corse, com. de Ville-di-Pietrabugno; 230 hab.

GUAITRIE (la), ham. de Fr., Maine-et-Loire, com. de Champtocé; 100 hab.

GUAJARUS (Sierra dos), chaîne de montagnes, qui fait la frontière entre le Brésil et la rép. de Bolivia; elle s'étend entre les fleuves Béni et Mamoré, au N. de Bolivia.

GUAJEHY, fl. de l'emp. du Brésil, prov. de Rio-Grande; coule vers l'E. et débouche dans l'Océan Atlantique, au N. de la baie de San-Marco.

GUAJIDA, *Ladigara*, *Lanigara*, ancienne et forte v. de la rég. d'Alger, prov. et à

14 l. N. de Tlémécen, dans une plaine; mules très-estimées.

GUAJIRAS. *Voyez* GUAHIROS.

GUAJOJARAS, pet. peuplade dans l'emp. du Brésil, prov. de Maranhao, entre les sources du Méarim et de l'Itapicuruzinho.

GUALACÉO, b. de la rép. de l'Écuador, dép. d'Assuay, prov. de Cuenca; sous 2° 53' lat. S., au N.-E. de Cuenca; agriculture; commerce; 3 écoles; 2300 hab.

GUALATA ou OUALATAH, OUALET, deux oasis distinctes, mais souvent confondues de la Nigritie occidentale, l'une sur la route de Sénégal à Maroc, appartenant aux Ouodayn, l'autre sur la route de Maroc à Tombouctou; c'est de cette dernière, qui paraît occupée par les Arabes Berabysch ou Brabich, que l'on a fait un prétendu royaume de Byrou (Beroo), à cause des puits (en arabe *byrou*), qui s'y trouvent.

GUALATIERI, volcan et un des points culminants des Andes du Pérou. Il s'élève dans la prov. de Carangas, dép. d'Oruro, rép. de Bolivia, et fait partie de cette majestueuse conglomération de montagnes, que quelques géographes modernes appellent avec raison le Thibet du nouveau monde. Il a la forme d'un cône couvert de neiges éternelles, et qui, par sa forme régulière, offre un des aspects les plus grandioses dont on puisse jouir dans toute la longue chaîne des Andes du Pérou; sa hauteur est évaluée à 5400 mètres; à ses pieds s'étend le village de Turco.

GUALDO, b. des états de l'Église, délégation de Perugia; son château, bien fortifié, fut complétement ruiné par le tremblement de terre de 1751; 4700 hab.

GUALEGUAICHU, b. de la rép. Argentine, prov. d'Entre-Rios, sur le Gualeguaichu; il fut fondé en 1780 et compte 3490 hab.

GUALEGUAY, b. de la rép. Argentine, prov. d'Entre-Rios, au confluent du Gualeguay et de l'Uruguay. Cet endroit, fondé en 1780, a un excellent port et renferme 2000 hab.

GUALEGUAY. *Voyez* PARANA.

GUALEGUAY, fl. *Voyez* ENTRE-RIOS (province).

GUALILI ou OUALILI, *Volubilis*, pet. v. du roy. marocain de Fez, à 50 l. S. de Tanger, dans une contrée très-fertile.

GUALILLAS (passo de), un des passages les plus élevés des Andes du Pérou, sur la frontière des rép. du Pérou et de Bolivia et sur la route d'Arica à La-Paz; il se trouve à la hauteur de 4520 mètres.

GUALIOU, pet. prov. du roy. de Tigré, en Abyssinie, entre le Tacazzé et la prov. de Bora; habitants: Agows chrétiens.

GUALLABAMBA, b. de la rép. de l'Écuador, département du même nom, prov. de Pichincha, sur le Rio-Guallabamba; cet endroit est remarquable par sa passe, nommée *Ladéra-de-Guallabamba*, route qui, sur la longueur d'une lieue, est taillée dans la montagne.

GUALLABAMBA. *Voy.* ESMÉRALDAS (Rio-).

GUALLAGA. *Voyez* HUALLAGA.

GUALQUI ou HUALQUI, SAN-JUAN-BAUTISTA, pet. v. de la rép. du Chili, prov. et dist. de Concepcion, sur la rive droite du Biobio. Cette ville, fondée en 1754 par des habitants de Concepcion, presque entièrement détruite par le tremblement de terre de 1730, fut la capitale de la province jusqu'en 1763. Dans cette année on commença à reconstruire Concepcion, et depuis ce temps Hualqui n'est que de peu d'importance.

GUALTERO, b. du duché de Modène; 1440 hab.

GUAM ou GUAJAM, GUAHAM, SAN-JUAN, la plus grande et la plus méridionale des îles de l'archipel des Mariannes, dans la Polynésie ou Océanie orientale, sous 142° 40' long. orient. et 13° 20' lat. N. Elle est presque entièrement environnée de rochers de corail; mais l'intérieur est fertile et bien arrosé. Les Espagnols y introduisirent la même culture qu'aux Philippines. Le riz y est la production la plus commune; cependant on y cultive aussi les céréales, des légumes, des fruits, du coton et du tabac. On y élève aussi des bœufs et des porcs. La population a beaucoup diminué depuis que les Espagnols ont pris possession de l'île. Il y a 20 ans que Guam, déjà déchue, comptait encore 5000 habitants; elle n'en a plus qu'environ 3000; la race des habitants primitifs a presque entièrement disparu. Agana, avec une pop. de 800 âmes, est la capitale de cette île.

GUAMA. *Voyez* PARA (district).

GUAMACHUCO. *Voyez* HUAMACHUCO.

GUAMALIÈS. *Voyez* HUAMALIÈS.

GUAMAME (Serra), chaîne de montagnes de l'emp. du Brésil; se rattache à la Serra Borboréma et s'étend sur la partie méridionale de la prov. de Ciara et sur le N. de celle de Pernambuco, entre le Rio-Ciara et le Banabuyhu. Elle s'aplatit à 5 l. de la mer.

GUAMANGA. *Voyez* HUAMANGA.

GUAMANI, montagne et un des points culminants des Andes de la Colombie (chaînon oriental); sa hauteur dépasse 5400 mètres.

GUAMBAYA, colonie fondée par des missionnaires espagnols, dans la rép. de l'Écuador, dép. d'Assuay, à l'E. de la prov. de Loxa, dans l'intérieur des Andes.

GUAMO, b. florissant de la rép. de la Nouvelle-Grenade, dép. de Cundinamarca, prov. de Mariquita, sur le Rio-Luisa, au N. du San-Bartoloméo-de-Honda et au S.-E. du majestueux pic de Tolima.

GUAMOS, peuplade indienne indépendante, dans la rép. de la Nouvelle-Grenade, dép. de Cundinamarca; ils sont voisins des Guahibos et errent dans les immenses plaines entre le Méta et le Guaviaré.

GUANA (monts). *Voyez* KINGS (comté).

GUANABARA. *Voyez* RIO-DE-JANEIRO (baie).

GUANACACHE ou LAS GRANDES LAGUNAS-DE-GUANACACHE, b. de la rép. Argentine, prov. de Mendoza, sur les lacs de Guanacache; il fleurit par son agriculture et a une situation très-favorable au commerce.

GUANACAS (paramo de). *Voyez* CORDILLÈRES (Colombie).

GUANACASTLE, b. récemment fondé dans les États-Unis de l'Amérique centrale, état de Nicaragua, non loin de la côte O. de la presqu'île de Nicoya; il fait le commerce par le port d'Escalanta; 1600 hab.

GUANAGUA, prov. du dist. des Araucans (Chili).

GUANAHUCA ou **GUANAUCA**. *Voyez* CORDILLÈRES (Chili).

GUANAJA, île de la confédération de l'Amérique centrale, à l'extrémité de la baie de Honduras, entre 16° 30′ lat. N. et 88° 25′ long. occ.; appelée *Bonnaco* sur les cartes anglaises. Christophe Colomb la découvrit en 1502 et lui donna le nom d'Isla-de-Pinos, à cause de ses nombreuses forêts de pins. Cette île est située à 4 milles du cap Honduras et à 16 milles de circuit; elle produit du manioc, du cacao et toutes les productions des Indes-Occidentales; elle était autrefois très-populeuse; mais une grande partie de ses habitants a été enlevée par les corsaires. A l'extrémité méridionale se trouve un bon port.

GUANARE, v. de la rép. de Vénézuela, dép. de l'Orénoque, prov. de Varinas, sur le Rio-Guanare et non loin du Rio-Portuguésé, dans une plaine très-riche. Cette ville, fondée en 1593, par Diégo-de-Osorio, est importante par ses plantations et son collège. Sa principale église renferme une image miraculeuse de Nossa-Senhora-de-Comoroto, qui y attire beaucoup de pèlerins; 6000 hab., avec le district 20,000.

GUANARITO, pet. v. de la rép. de Vénézuela, dép. de l'Orénoque, prov. de Varinas; 1800 hab.

GUANAS, peuplade indienne, en partie soumise aux Guaycurus; elle erre sur les bords du Tacoary, au S. de la prov. de Matto-Grosso, emp. du Brésil, dans le Chaco et dans le Paraguay.

GUANAUCA. *Voyez* CORDILLÈRES (Chili).

GUANAXUATO, état du Mexique; faisait autrefois partie du roy. de Méchoacan; il se développe entre 102° 30′ et 103° 50′ long. occ., et entre 20° 27′ et 21° 43′ lat. N.; sa superficie est de 418 l. c. géogr. Ce pays est traversé par la Sierra de Santa-Rosa et par plusieurs autres chaînes de montagnes, dont le point culminant a 8445 pieds d'élévation. Le sol est généralement fertile, mais mal arrosé; le Rio-Grande-de-San-Jago est le seul fleuve important; il baigne la partie méridionale de la province. L'agriculture et l'exploitation des mines forment la principale occupation des habitants; on récolte en abondance du blé, du maïs, de l'orge, des légumes, des pommes de terre, du sucre, de l'huile, du vin et du poivre; on y rencontre plusieurs forêts et de beaux pâturages. L'exploitation des mines, surtout de celles d'or, d'argent, de plomb et de cuivre, est dans un état florissant; la fabrication d'étoffes de coton, du sucre, du cuir et de l'huile est également importante. Le commerce intérieur est assez développé et favorisé par trois belles chaussées; toutes les productions sont expédiées pour la capitale du Mexique. Sous le gouvernement espagnol, cette province formait une intendance particulière; depuis 1824 elle fait partie du diocèse de Méchoacan, confédération mexicaine; elle est subdivisée en corrégimientos et acaldias mayores; 400,000 hab.

GUANAXUATO ou SANTA-FÉ-DE-GUANAXUATO, capitale de l'état du même nom et siège des autorités centrales; elle est encaissée dans les montagnes et généralement mal bâtie; ses habitants s'adonnent à l'exploitation des mines et à l'industrie métallurgique et font un commerce très-actif; cette ville fut fondée en 1554; 50,000 hab.

GUANCABAMBA, b. de la rép. du Pérou, dép. de Libertad, prov. de Caxamarca, sur le versant oriental des Cordillères et sur le Rio-Guancabamba; les montagnes voisines sont couvertes d'arbres à quinquina; 3000 h.

GUANCANI. *Voyez* PUNO (province).

GUANCAVÉLICA. *Voyez* HUANCAVÉLICA.

GUANCHES. *Voyez* CANARIES.

GUANCHOS (Enséada-dos-), baie avec une bonne rade, sur la côte de la prov. de Sta.-Catarina, au N. du canal de ce nom, emp. du Brésil.

GUANDU, fl. de l'emp. du Brésil, prov. de Rio-Janeiro; est formé par la réunion du Sta.-Anna et du Lagès. Le premier de ces bras naît dans la montagne des Orgues (Sierra dos Orgaos) et coule vers le S.-O.; le second a sa source dans les montagnes qui séparent le dist. de Cabo-Frio de celui d'Ilha-Grande, et coule vers le N.-O.; à leur confluent ces deux rivières prennent le nom de Guandu, qui est grossi par plusieurs autres rivières, baigne le b. de Sta.-Cruz et se décharge par deux embouchures dans la baie de Marambaya, partie de la baie d'Angra-dos-Reys. Les jésuites, autrefois possesseurs de la fazenda de Santa-Cruz, ont détourné, au moyen d'un canal, une partie des eaux du Guandu qui inondait annuellement leurs terres; ce canal débouche dans le Taguahy et forme ainsi la seconde embouchure du Guandu.

GUANGUE, riv. considérable d'Abyssinie; elle prend sa source entre Tchelga et Nara, traverse le roy. d'Amhara et le pays des Changallahs, et mêle ses eaux avec celles du Tacazzé pour former ensemble l'Atbarah.

GUANICA, baie de l'île-Porto-Rico, longue de 2 1/2 l., large de 1 l.; elle présente un port très-sûr.

GUANO, b. florissant de la rép. de l'Écuador, dép. du même nom, prov. de Chimborazo, dans une contrée délicieuse et jouissant d'un climat très-doux; culture de fruits européens et de fruits des tropiques; manufactures de bas et de toiles de laine; commerce très-actif avec les villes de Barbacoas, de Choco et de Popayan; 3000 hab.

GUANTA. *Voyez* HUANTA.

GUANTANAMO ou CUMBERLAND, port de l'île de Cuba, un des meilleurs de l'Amérique.

GUANUCO. *Voyez* HUANUCO.

GUANUCO. *Voyez* HUALLAGA.

GUAPAHI. *Voyez* MADEIRA (Rio-da-).

GUAPAIX. *Voyez* MADEIRA (Rio-da-).

GUAPEMIRIM, fl. peu considérable de l'empire du Brésil, prov. de Rio-Janeiro; se jette dans la baie de ce nom.

GUAPIASSU. *Voyez* MACACU.

GUAPICHE (Rio-de-). *Voyez* PLATA (Rio-de-la-), fleuve.

GUAPINDAYAS, peuplade indienne indépendante et assez nombreuse, dans l'emp. du Brésil, au S.-E. de la prov. de Para et au N.-E. de celle de Goyaz, entre le Rio-Xingu et une haute chaîne de montagnes qui sépare les bassins du Xingu et de l'Arraguay.

GUAPORE ou GUAPURÉ. *Voyez* MADEIRA (Rio-da-).

GUARA. *Voyez* SOLIMOÈS.

GUARAHU. *Voyez* PARAHYBA (fleuve).

GUARAMAMA ou GRAMMAMÉ, fl. de l'emp. du Brésil, prov. de Parahyba, coule vers l'E. et s'embouche dans l'Océan Atlantique, entre Porto-Francez et le Cabo-Bianco (cap blanc).

GUARANDA. *Voyez* HUARANDA.

GUARANIS, peuplade indienne, en grande partie convertie au christianisme; ils habitent le long du Parana, de l'Uruguay et de l'Ibicury. Cette nation, autrefois très-nombreuse et très-étendue, fut la seule que les Espagnols purent se soumettre dans cette région. Les missions que les jésuites fondaient dans le territoire de ce peuple furent detruites par Artigas et les troupes du dictateur du Paraguay, et les Indiens furent en partie extirpés, en partie dispersés dans les forêts. Avant ce désastre les Guaranis eurent à essuyer les persécutions des Paulistes ou Mameluccos du Brésil, qui emmenèrent prisonniers une grande partie de ce malheureux peuple. Balbi comprend, sous le nom de Guarani, quatre nations principales, subdivisées en un grand nombre de tribus et de peuplades répandues sur tout le Brésil et sur la plus grande partie de la ci-devant Amérique espagnole méridionale. La langue des Guaranis, très-difficile à apprendre, est dominante dans tout le Paraguay et parlée même des créoles : il en existe une grammaire et un dictionnaire.

GUARAPARY (Sierra), chaîne de montagnes de l'emp. du Brésil, au S. de la prov. d'Espiritu-Santo; elle longe la rive droite du Rio-Guarapary et paraît se rattacher à la Sierra do Mar.

GUARAPARY (Rio-), fl. de l'emp. du Brésil, au S. de la prov. d'Espiritu-Santo; ce fleuve, auquel la chaine de montagnes qui le longe envoie de nombreux affluents, est encore peu connu dans sa partie supérieure; il coule vers l'E. et débouche dans l'Océan Atlantique à la pet. v. de Guarapary.

GUARAPARY, pet. v. de l'emp. du Brésil, prov. et comarque d'Espiritu-Santo, sur une colline à l'embouchure du Rio-Guarapary, qui y forme une petite baie. La ville est renommée par le baume que ses environs produisent en grande quantité et qui est connu sous le nom de baume du Pérou ou baume d'Espiritu-Santo; 700 hab.

GUARAQUISSAVA, riv. de l'emp. du Brésil, prov. de Parahyba, coule vers l'E. et se décharge dans la baie de Paranagua.

GUARATINGUÉTA, v. de l'emp. du Brésil, prov. et comarque de Sao-Paolo, sur la rive droite du Parahyba et dans une contrée agréable et très-fertile; elle fut fondée en 1651, est bien bâtie et renommée par les produits de son industrie et de son agriculture. A une demi-lieue de la ville se trouve la chapelle de Nossa-Senhora-d'Apparécida, très-fréquentée par les dévots de la contrée; 8000 hab. avec les environs.

GUARATIVA, beau et florissant b. de l'emp. du Brésil, prov. et comarque de Rio-Janeiro, et non loin de la ville de ce nom; 4000 hab.

GUARATUBA. *Voyez* VILLA-NOVA-DE-SAN-LUIZ.

GUARAUNAS, peuplade indienne, dont une petite partie est soumise et convertie au christianisme. Ceux qui ont conservé leur indépendance sont répandus dans le Delta de l'Orénoque, rép. de Vénézuela, prov. de Cumana; ils sont forts de 8 à 10,000 individus, et vivent de la chasse et des produits du palmier, qui se trouve en abondance dans le terrain marécageux qui borde l'Orénoque.

GUARAYE ou GUARAJUS, peuplade indienne, en grande partie convertie au christianisme et habitant les missions de la prov. de Mojos, dép. de Santa-Cruz, rép. de Bolivia.

GUARBECQUE, vg. de Fr., Pas-de-Calais, arr. de Béthune, cant. de Lillers, poste de St.-Venant; 770 hab.

GUARDA, v. du Portugal, prov. de Beira, à 12 l. de Coïmbre; chef-lieu de district et siége d'un évêché; murée avec une citadelle; 3540 hab.

GUARDA, pet. v. d'Espagne, roy. de Galice, prov. et à 5 l. de Tuy, à l'embouchure du Minho; 1500 hab.

GUARDAFUI ou GARDAFRI, *Aromata*, *Aromatum* (*Promontorium*), cap le plus oriental de l'Afrique, dans le pays des Somanlis, au N. du cap d'Orfui et à l'opposite de l'île de Socotora; il sépare le golfe d'Aden de l'Océan Indien proprement dit.

GUARDAMAR, v. d'Espagne, prov. de Valence, sur la Ségura; elle possède un petit port où l'on fait principalement le commerce de sel.

GUARDAVALLE, b. du roy. des Deux-Siciles, prov. de la Calabre ultérieure Ire; 2792 hab.

GUARDIA, b. d'Espagne, roy. de la Nouvelle-Castille, prov. de Tolède; 3350 hab.

GUARDIA, v. du roy. des Deux-Siciles, prov. de la Terre-de-Labour, sur un plateau de la montagne de Marèse; une paroisse et un hospice; tanneries; 4264 hab.

GUARDIA-LOMBARDA, v. du roy. des Deux-Siciles, prov. de la Principauté ultérieure, sur la Lombarda; 2649 hab.

GUARDIA-REGIA, b. du roy. des Deux-Siciles, prov. de Molise; 1383 hab.

GUARENE, b. du roy. de Sardaigne, principauté de Piémont, prov. d'Albe, sur le Tanaso; avec un château et 2300 hab.

GUARGUALÉ, vg. de Fr., Corse, arr. et poste d'Ajaccio, cant. de Ste.-Marie-et-Sicche; 370 hab.

GUARI. *Voyez* HUARI.

GUARIGUES (les), ham. de Fr., Lot, com. de Peyrilles; 180 hab.

GUARISAMEY, b. du Mexique, état de Chihuahua, au S.-O. de Durango; possède des mines fort anciennes; 4000 hab.

GUARITIBA (punta), promontoire au S. de la prov. de Rio-Janeiro, emp. du Brésil.

GUARIVAS, peuplade indienne en grande partie convertie au christianisme; elle habite les missions de Piritu dans les environs de la ville de ce nom, rép. de Vénézuela, dép. de Maturin, prov. de Cumana.

GUAROUPAS (bahia de), baie sur la côte de la prov. de Santa-Catarina, emp. du Brésil; elle s'ouvre vers le N.-E. et est assez vaste pour recevoir une forte escadre.

GUAROUPAS, b. considérable de l'emp. du Brésil, prov. de Santa-Catarina, sur la baie de Guaroupas; culture et filat. de coton; pêche de la baleine; 4000 hab.

GUARUARAS, peuplade indienne indépendante, dans l'emp. du Brésil, prov. et comarque de Para, entre le Tapajoz et le Xingu.

GUARUS. *Voyez* GARULHOS.

GUASCAMA (punta), promontoire sur la côte O. du dép. de Cauca, rép. de la Nouvelle-Grenade.

GUASCO ou HUASCO, fl. de la rép. du Chili; se forme de deux bras: le Guasco Alto-de-Indòs (Haut-Guasco) et le Guasco-Baxo (Bas-Guasco), qui tous les deux descendent des Andes; il traverse de l'E. à l'O. la prov. de Coquimbo, baigne la ville d'Huasca et s'embouche dans l'Océan Pacifique.

GUASCO (ville). *Voyez* HUASCO.

GUASCO-BAXO-DE-LOS-ESPANNOLES, vg. avec de beaux vignobles, dans la rép. du Chili, prov. de Coquimbo, dist. de Copiapo, sur un bras du Guasco.

GUASTALLA (duché de), petit territoire formant un état avec les duchés de Parme et de Plaisance; est situé entre le duché de Modène et la délégation autrichienne de Mantoue, sur la rive droite du Pô; il est borné au N. par le Pô et à l'O. par le Crastolo; son étendue est de 24 l. c. et sa pop. de 7500 hab. Il est riche en céréales et fait le commerce d'étoffes de soie, d'huile et de bestiaux. Ce pays fut cédé, en 1748, par l'Autriche, à l'infant Don Carlos, duc de Parme; réuni à la rép. d'Italie, en 1796, il fait de nouveau partie du duché de Parme depuis 1815. Il renferme la petite ville du même nom et 4 villages.

GUASTALLA, chef-lieu du duché de même nom, sur le Crastolo, dans une plaine marécageuse coupée par beaucoup de canaux. Elle est entourée de murailles et possède un vieux château et plusieurs églises; filat. de soie et de flanelle; culture de riz. C'est près de cette petite ville que les Autrichiens furent battus, en 1734, par les Français; 5700 hab.

GUASTECOS, peuplade de l'état de San-Luis-Potosi, rép. de Bolivia; convertie au christianisme.

GUATAMA. *Voyez* MARAGNON.

GUATAVITA, lac de la rép. de la Nouvelle-Grenade, dép. de Cundinamarca, prov. de Bogota, dans la Sierra Zipaquira, non loin de la capitale et à 25 l. E. de Tocaima. Ce lac, situé à la hauteur de 700 mètres au-dessus de l'Océan, est d'une circonférence peu considérable; mais il est remarquable pour avoir été un lieu sacré des Indiens, qui y affluaient des contrées les plus éloignées, et qui jetaient dans ses eaux, à titre d'offrande et en signe d'adoration, de l'or, des pierreries et d'autres objets précieux. Un temple s'élevait sur ses bords. A différentes époques on s'occupa de retirer les trésors cachés au fond de ce lac. Ce furent d'abord Hernan Pérez et Antonio de Sépulvéda, qui essayèrent de l'exploiter: leurs entreprises furent couronnées de succès. De nos jours, Pepe Parish reprit cette exploitation avec le consentement du gouvernement de la république; cette entreprise coûta plus de 20,000 piastres; le résultat nous en est inconnu.

GUATOS, peuplade indienne indépendante de l'emp. du Brésil, au S. de la prov. de Matto-Grosso; ils habitent les plaines à l'O. de la Serra Seiada, et passent pour excellents nageurs et navigateurs; ils entretiennent de nombreux canots et vivent de la pêche et de la chasse; du reste ils sont encore peu civilisés.

GUATYS (Serra dos), chaîne de montagnes de l'emp. du Brésil, à l'E. de la prov. de Minas-Geraës; elle longe le cours supérieur du Rio-San-Francisco.

GUAUPÉ (Rio-). *Voy.* RIO-NÉGRO (fleuve).

GUAUTITLAN, v. du Mexique, état du même nom; située sur la grande route qui conduit à Tula et à Queretaro.

GUAXINDIBA, fl. de l'emp. du Brésil, prov. de Rio-Janeiro; il descend de la Serra do Tyapu et s'embouche dans la baie de Rio-Janeiro.

GUAXIS, peuplade indienne de l'emp. du Brésil, au S. de la prov. de Matto-Grosso, sur les bords du Tacoary ; ils sont en partie soumis aux Guaycurus.

GUAYABÉNO, lac de la rép. de l'Écuador, département du même nom, au pied des Andes et près des sources du Napo.

GUAYABÉRO. *Voyez* ORÉNOQUE (fleuve).

GUAYANA ou **GUYANE**, prov. de la rép. de Vénézuela, dép. de l'Orénoque ; cette province, qui formait autrefois la Guyane espagnole, s'étend depuis le cours septentrional de l'Orénoque jusqu'à l'Esséquébo, ou depuis 2° lat. N. jusqu'à 8° 40' lat. N. Elle est bornée au N. par les dép. de Vénézuela et de Maturin, dont elle est séparée par l'Orénoque ; à l'E., où l'Esséquébo fait la frontière, par la Guyane anglaise et l'Océan ; au S. par le Brésil et à l'O. par la rép. de la Nouvelle-Grenade et la prov. d'Apuré. Sa longueur, de l'O. à l'E., est de 210 l., et sa largeur, du N. au S., d'environ 130 l. Sa population est estimée à 50,000 hab.

Les Cordillères, aux cimes neigeuses, traversent ce pays dans tous les sens et s'aplatissent dans les immenses plaines entre l'Orénoque et l'Esséquébo. Ces montagnes renferment un grand nombre de lacs, dont ceux de Parima et d'Ipava, qui donne naissance à l'Orénoque, sont les plus considérables et les plus célèbres. Le majestueux Orénoque est le principal cours d'eau de ce pays, qui lui envoie plus de 300 affluents, parmi lesquels nous citons le Maquiritari, le Cunucunuma, l'Yau, le Ventuari, le Sipapu, l'Itari, le Caura et le Caroni. Le Cassiquari ou Cassiquaré joint l'Orénoque au Rio-Négro. Le S. de la province appartient au bassin du Marangon qui y reçoit le Rio-Négro. La culture ne s'étend que le long du Caroni, de l'Apuré et de l'Orénoque, qui est en même temps la plus importante voie de commerce de ce pays. Les montagnes doivent renfermer d'immenses richesses qui restent inexploitées. L'industrie manufacturière est presque nulle ; à la campagne on s'occupe de préférence de l'éducation du bétail et des abeilles. Les villes peu nombreuses entretiennent un commerce très-actif, auquel l'Orénoque et ses grands affluents offrent de nombreuses voies d'expédition. Ce commerce consiste surtout dans l'exportation de bétail, de miel, de peaux, de tabac, de coton et d'indigo. Angostura est la principale place de commerce de la province. Ce pays est habité par un grand nombre de nations indiennes, en partie indépendantes et sauvages, en partie civilisées et répandues dans les missions établies sur différents points de la province ; nous en nommons : les Caribes (Caraïbes), les Purugotès, les Mapojos, les Guahibes, les Macos, les Gaycas, les Guaynares, les Salivas et les Aruacas (Arouaques).

GUAYANA-NUEVA (Nouvelle-Guyane). *Voyez* ANGOSTURA.

GUAYANAS, peuplade indienne, qui habitait l'E. de la prov. de Saō-Paolo, emp. du Brésil. La plus grande partie de cette peuplade a embrassé le christianisme et se trouve mêlée avec autres habitants de la province ; un petit nombre d'entre eux s'est retiré dans les montagnes de l'O., où il conserve sa religion et son indépendance.

GUAYANA-VIÉJA (Vieille-Guyane), pet. v. fortifiée de la rép. de Vénézuela, dép. de l'Orénoque, prov. de Guyane, sous un climat excessivement malsain ; 2500 hab.

GUAYANÉCO (ilhas de), groupe d'îles non loin de la côte O. de la Patagonie.

GUAYAQUIL (bahia de), baie ou plutôt golfe au S. du département de même nom, rép. de l'Écuador ; cette magnifique baie s'ouvre sous 2° lat. S. et présente un vaste bassin, qui au N. offre deux enfoncements profonds ; celui de l'E. est formé par l'embouchure du Guayaquil ; à son entrée s'étend l'île considérable de Puna, qui divise l'embouchure en deux canaux, dont le plus occidental, entre la Punta-Arena et Puna, sert de route ordinaire aux vaisseaux qui remontent le fleuve. Ce canal est divisé encore en 3 ou 4 canaux de moindre dimension, formés par quelques petites îles qui s'y trouvent. Une batterie sur la Punta-Arena commande le canal principal entre la pointe et les petites îles.

GUAYAQUIL, fl. de la rép. de l'Écuador ; il naît de plusieurs sources au pied du Chimborazo, selon d'autres dans la Serra de San-Antonio, où il se formerait de plusieurs écoulements du lac de Zamberondon ; il coule d'abord vers l'O., puis vers le S.-O., traverse la ville de Guayaquil et s'embouche dans la baie de ce nom. Ses principaux affluents sont, à droite : le Mapan ou Mâpar, la Pimocha, le Caracol et le Baba ; à gauche : l'Yguache, le Santay, le Suga, le Narangel ; le Daule, son plus considérable affluent de droite, se forme au N. de la province, baigne de belles et fertiles campagnes et se jette dans le Guayaquil, sous 20° 8' lat. S.

GUAYAQUIL, dép. maritime de la rép. de l'Écuador. Il est borné au N. par la rép. de la Nouvelle-Grenade, à l'O. par le dép. de l'Écuador, au S.-E. par celui d'Assuay, au S. par le même département et la baie de Guayaquil et à l'O. par l'Océan Pacifique. Ses côtes ont un développement de 80 l. et toute son étendue est évaluée à 680 l. c. géogr., avec 75,000 hab. C'est une plaine très-belle, fertile, entrecoupée de charmantes vallées bien arrosées et s'élevant doucement vers les Andes, qui accumulent à l'O. les pics neigeux du Chimborazo, du Corazon, du Carguairazo, etc. Les côtes ne présentent que peu de pointes bien saillantes ; nous n'en citons que la punta de Santa-Héléna et le cap San-Lorenzo. La belle baie de Guayaquil, que nous avons décrite plus haut et qui se développe au S. du département, est le seul enfoncement remarquable que la mer y forme. Parmi les nombreux fleuves qui traversent et fertilisent ce beau pays, nous nommons : le Guayaquil, son cours d'eau le plus considérable, le Congoma, le Chones, le Chico, le Valdivia, le Tengue, le Siété, le Jubones et le Tumbez; ces quatre derniers sont tributaires du golfe. Le climat n'y est rien moins qu'agréable, la chaleur y est suffocante; elle engendre, surtout dans la saison pluvieuse, toutes sortes de maladies dangereuses et épidémiques. Les trois règnes de la nature y sont également riches et variés, mais peu exploités encore. L'éducation du bétail, des chevaux, des mulets et des porcs, favorisée par d'excellents pâturages, est très-importante; on y élève aussi beaucoup de volaille, et la chasse et la pêche sont très-productives. La pêche des perles, très-considérable autrefois, a été abandonnée. Les montagnes fournissent sur quelques points des émeraudes d'un grand prix. L'industrie est peu développée; elle porte cependant sur deux objets d'une grande importance pour ce pays : la construction des vaisseaux aux environs de la capitale et la fabrication de chapeaux d'une espèce de jonc blanc et très-fin. On peut ajouter à ces deux articles, dont il se fait un commerce très-considérable, la teinture du coton au moyen de la pourpre et la fabrication de grosses cordes. Le commerce, dont les principaux entrepôts sont les villes de Guayaquil, de Punta et de Manta, consiste dans l'exportation de cacao, tabac, viande (tasajo), cire, coton, bois de construction, maïs et d'autres produits du pays, et dans l'importation de métaux, de vins, de papier, d'objets de luxe, etc.

Ce département formait avant la révolution de 1819 une province du roy. de Quito, et était divisé alors en sept districts : Punta de Santa-Héléna, Puna, Daule, Babahoyo, Yaguache, Baba et Puertoviéjo. Aujourd'hui il est subdivisé en deux provinces; Guayaquil et Manabi. Pizarro fit la découverte et la conquête de ce pays, en 1530. Il aborda à l'île de Puna, à l'embouchure du Guayaquil et trouva le cacique de cette île en guerre avec celui de Tumbez. Espérant y trouver beaucoup d'or, Pizarro voulut hâter la conquête de l'île, mais ses habitants lui opposèrent une vive résistance et il ne put s'en rendre maître qu'après de longs efforts. La population de cette île doit avoir été dans ce temps de 20,000 individus.

GUAYAQUIL, prov. du département du même nom, dont elle comprend le S. et l'E. et, par conséquent, les districts les plus fertiles et les plus importants pour le commerce. Ses limites avec la prov. de Manabi nous sont inconnues; il nous semble cependant pouvoir admettre avec beaucoup de probabilité le Rio-Daule comme ligne de démarcation, parce que ce fleuve forme la limite naturelle entre les deux provinces. Nous renvoyons à l'article précédent pour tout ce qui a rapport à la géographie physique, aux ressources territoriales, industrielles et commerciales de ce pays.

GUAYAQUIL, capitale du département du même nom et une des villes les plus importantes de la Colombie, par sa position, son port, son industrie et son commerce; elle est située sur la rive droite du Guayaquil, non loin de l'embouchure du Rio-Daule, sous 2° 12' 12" lat. S. Elle est divisée en deux parties, la Citade-Viéja (vieille ville) et la Cidade-Nuéva (ville neuve), jointes ensemble par un pont en bois, long de 800 mètres. A l'extrémité S. de la Ville-Neuve s'étend le vaste chantier pour la construction des vaisseaux et qu'on regarde comme le premier établissement de ce genre sur la côte occidentale de l'Amérique. La vieille ville, bâtie en bois, est adossée à une colline, au haut de laquelle s'élève le couvent de San-Domingo. Guayaquil n'offre aucun édifice remarquable par sa construction; cependant la ville possède un collége, une halle, une école de navigation et un arsenal maritime de la Colombie. Son port, défendu par trois forts, est aussi la station ordinaire de la marine militaire de l'état sur le Grand-Océan. Le commerce de cette ville est très-important et devient de plus en plus considérable depuis l'indépendance de l'état, il s'étend sur le Pérou, le Chili, la Colombie et le Mexique; 24,000 hab.

Les premiers fondements de Guayaquil furent jetés en 1533 par F. Pizarro, sur la baie de Charapoto et presque sur la frontière N.-O. de la prov. de Manabi. Dévastée peu de temps après par les Indiens, cette ville fut rebâtie en 1537 par Fr. de Orellana, sur la rive droite du Guayaquil, et le fleuve et la ville reçurent leur nom de Guayas, cacique de ce pays du temps de sa conquête par Pizarro. Plus tard elle fut transférée sur l'emplacement du Vieux-Guayaquil et élevée enfin, en 1693, sur la place qu'elle occupe aujourd'hui. La construction de la ville l'exposa à plusieurs incendies formidables, dont les plus désastreux furent ceux de 1692, 1707 et 1764. Ravagée à plusieurs reprises par des pirates, elle fut de nos jours le théâtre d'une des plus sanglantes batailles entre les Péruviens et les Colombiens.

GUAYCANANS, peuplade indienne indépendante, dans l'emp. du Brésil; ils habitent les campos de Vacaria, districts montagneux et offrant d'excellents pâturages, à l'O. de la prov. de Rio-Grande-do-Sul; ils se nourrissent de la chasse et de l'éducation du bétail, vivent en bonne harmonie avec leurs voisins et viennent souvent approvisionner les forts et les fazendas (villages) limitrophes.

GUAYCUHY. *Voyez* VELHAS (Rio-das-).

GUAYCURUS, nation indépendante, répandue dans la partie méridionale de la prov.

de Matto-Grosso, emp. du Brésil, dans la partie septentrionale du Paraguay et à l'E. de la rép. de Bolivia. Cette nation, autrefois très-nombreuse et très-belliqueuse, fut longtemps la terreur des Espagnols et des Portugais, à cause de ses sanglantes invasions dans les ci-devant possessions de ces deux peuples. Presque entièrement repoussés du Brésil et refoulés sur les rives du Paraguay, le Guaycurus ne comptent plus, d'après les nouvelles les plus récentes, qu'environ 800 individus, et vivent, depuis 1791, en paix avec les Portugais et, depuis 1796, avec les Espagnols. D'après les jésuites, les Guaycurus s'appelaient eux-mêmes Eyiquayegil; les Brésiliens leur ont donné le nom de Cavalheiros (cavaliers), parce qu'ils entretiennent de nombreux troupeaux de chevaux, et qu'ils se rendaient autrefois formidables à leurs voisins par leurs expéditions à cheval. Selon Balbi, les Guaycurus sont identiques avec les Mbayas et appartiennent à la grande famille Payagua-Guaycuru; Azara, au contraire, nous représente ces deux nations comme différentes et indépendantes l'une de l'autre. Selon cet auteur, les Guaycurus se divisent en quatre hordes, vivant en guerre entre elles; selon Balbi, ils se composent de huit tribus : les Chagotéo, les Pacachodéo, les Adioéo, les Atiadéo, les Oléo, les Landéo et les Cadioéo. Différentes petites peuplades, rotelles que les Guaxis, les Cagapos, les Boros, les Coroas, les Cayavabas, les Guanas, etc., semblent être soumises aux Guaycurus.

GUAYÉCAS. *Voyez* GAYCAS.

GUAYNARES ou GUAYPUNNARES, peuplade indienne indépendante dans la rép. de Vénézuela, dép. de l'Orénoque, prov. de Guyane; ils errent le long du Caura et de l'Orénoque inférieur.

GUAYPACARÉ. *Voyez* LORÉNA.

GUAYPUNNARES. *Voyez* GUAYNARES.

GUAYQUERIS, peuplade indienne convertie au christianisme; ils habitent l'île de Margarita, la presqu'île d'Araya et les faubourgs de Cumana, dans la prov. de ce nom, dép. de l'Orénoque, rép. de Vénézuela. Ils appartiennent à la famille des Guavaunos et des Caribes, et sont, après ces derniers, la nation indigène la plus belle et la plus vigoureuse de l'Amérique; ils sont actifs et habiles pêcheurs, doués d'un caractère doux et loyal et très-dévoués au gouvernement qui les a soumis. Le gouvernement espagnol les estimait beaucoup et les rois de cette nation se plaisaient à les appeler *chers et fidèles Guayqueriès*. Leur nombre doit se monter encore à 2000 individus.

GUAZAMIRI. *Voyez* ITÉNÈS.

GUAZU (San-Ignacio-), b. du dictatorat du Paraguay; fut fondé en 1609 par les jésuites; 1100 hab.

GUAZUMIRI (laguna de), lac de la rép. de Bolivia, au S.-E. du dép. de Santa-Cruz, au pied de la Sierra-dos-Limites; il donne naissance au Rio-Baurès.

GUBBIO ou EUGUBIO, v. et siége d'un évêché des états de l'Église, délégation d'Urbin-et-Pesaro, au pied des Apennins. Elle possède une cathédrale, 6 paroisses, 10 monastères et 11 couvents de filles; filat. de soie et de coton; blanchisserie de cire; 4400 hab.

GUBEN, v. de Prusse, chef-lieu de cercle, prov. de Brandebourg, rég. de Francfort; située sur la Neisse, qui y reçoit la Lubst et y devient navigable; elle possède un gymnase, une bibliothèque publique, des manufactures considérables de draps, des tanneries, des chantiers de construction de marine et une navigation active; 8500 hab.

GUCHAN, vg. de Fr., Hautes-Pyrénées, arr. de Bagnères-en-Bigorre, cant. de Vieille-Aure, poste d'Arreau; 340 hab.

GUCHEN, vg. de Fr., Hautes-Pyrénées, arr. de Bagnères-en-Bigorre, cant. et poste d'Arreau; 630 hab.

GUCURUAGAS (Sierra de). *Voyez* VERTENTES (Sierra dos).

GUDAS, vg. de Fr., Arriège, arr. de Pamiers, cant. et poste de Varilles; 260 hab.

GUDEN ou GUDENAA, fl. du Jutland septentrional; il baigne les bges de Skanderberg, Viborg et Randers, et se jette dans le Cattégat.

GUDENSBERG, v. de l'électorat de Hesse-Cassel; située dans une contrée très-fertile de la prov. de Basse-Hesse; avec un hôpital, un institut de sourds-muets; 1720 hab.

GUDMONT, vg. de Fr., Haute-Marne, arr. de Vassy, cant. de Doulaincourt, poste de Vignory; 320 hab.

GUÉ (le), ham. de Fr., Ille-et-Vilaine, com. de Plélan; 110 hab.

GUÉ (le), ham. de Fr., Deux-Sèvres, com. de Magné; 150 hab.

GUEBAILIS. *Voyez* KABYLES.

GUEBALYS. *Voyez* KABYLES.

GUEBÉ. *Voyez* GOBY.

GUÉBENHAUSEN, vg. de Fr., Moselle, arr. et cant. de Sarreguemines, poste de Puttelange; 450 hab.

GUÉBERSCHWIHR, vg. de Fr., Haut-Rhin, arr. de Colmar, cant. et poste de Rouffach; 1640 hab.

GUÉBLANGE, vg. de Fr., Meurthe, arr. de Château-Salins, cant. et poste de Dieuze; 320 hab.

GUÉBLANGE, vg. de Fr., Moselle, arr. de Sarreguemines, cant. et poste de Saaralbe; 1190 hab.

GUÉBLING, vg. de Fr., Meurthe, arr. de Château-Salins, cant. et poste de Dieuze; 380 hab.

GUÈBRES ou GAURS, PARSIS. Les Guèbres (infidèles) sont les descendants des habitants primitifs de l'Iran; ils ont conservé la religion de leurs pères, le culte du feu, et ont été cruellement persécutés par les Arabes, qui, au moyen âge, les ont ou détruits ou chassés des contrées qu'ils habitaient. Il n'en existe plus qu'un petit nombre (60,000 à 100,000 âmes), qui vivent à Jezd, en Perse, dans le Kerman, le Moultan, à Bakou; quelques milliers sont établis à Surate, à Bombay et dans d'autres parties de l'Inde; ceux-ci se sont enrichis par l'industrie et le commerce. Les Guèbres de la Perse se distinguent par leur probité et leurs mœurs; ce sont des gens paisibles, bons agriculteurs, habiles dans l'art d'arroser et de fertiliser les champs. Leur religion est contenue dans le Zend-Avesta, ouvrage de Zoroastre ou Zerduscht, réformateur religieux, qui répandit ses doctrines peu avant le règne de Cyrus. Le Zend-Avesta forme deux parties, qui sont écrites en deux dialectes différents, le zend et le pehlvi; le premier a beaucoup d'analogie avec le sanscrit; le second est mêlé avec des mots sémitiques; nous devons à l'ouvrage de Zoroastre la conservation de ces deux langues. Le magisme, l'ancienne religion des Persans, est encore de nos jours professée par les Guèbres. Cette religion admet comme principe de toutes choses Zerwam-Akerem, la durée incréée; il a créé Ormuzd, le premier né de l'Éternel, toujours lumière. Ormuzd est le principe des principes, le dispensateur de la science, la raison de tout. Mais en créant la lumière, Zerwam-Akerem a toléré les ténèbres ou Ahriman. Ces deux principes se combattent sans cesse; chacun a ses dews ou principes subalternes, qui le servent et qui combattent pour lui. Le champ du combat est la terre qu'ils ont créée ensemble. Ormuzd juge les âmes, et après la destruction du monde il n'y aura plus que lumière; Ahriman lui-même et ses dews seront lumière.

GUÉBRIAND, ham. de Fr., Ille-et-Vilaine, com. de Tressé; 120 hab.

GUEBWILLER, v. de Fr., Haut-Rhin, arr., à 5 l. S.-S.-O. de Colmar et à 112 l. de Paris, chef-lieu de canton, poste de Soultz; fabr. de bonneterie; filat. de fil dit d'Écosse pour couture; calicots, toiles peintes, châles imprimés, draps, potasse; filat. et tissage de coton; filat. de laine; construction de machines; blanchisserie de toiles; 3870 hab.

GUÉCÉLARD, ham. de Fr., Sarthe, com. de Fillé-Guécélard; 340 hab.

GUÉ-D'ALLERÉ (le), vg. de Fr., Charente-Inférieure, arr. de la Rochelle, cant. de Courçon, poste de Nuaillé; 890 hab.

GUÉ-DE-BLEURY, ham. de Fr., Eure-et-Loir, com. de Bleury; 130 hab.

GUÉ-DE-LONGROY, ham. de Fr., Eure-et-Loir, com. de St.-Cheron-du-Chemin; 370 hab.

GUÉ-DENIAU (le), vg. de Fr., Maine-et-Loire, arr., cant. et poste de Baugé; 910 h.

GUÉ-DE-VELLUIRE (le), vg. de Fr., Vendée, arr. et poste de Fontenay-le-Comte, cant. de Chaillé-les-Marais; 1240 hab.

GUÉ-D'HEUILLON (le), ham. de Fr., Nièvre, com. de St.-Martin-d'Heuille; 100 hab.

GUÉ-D'HOSSUS, vg. de Fr., Ardennes, arr., cant. et poste de Rocroi; 890 hab.

GUE-D'ORGER(le), ham. de Fr., Mayenne, com. d'Avenières; 240 hab.

GUÉ-DU-LOIR (le), ham. de Fr., Loir-et-Cher, com. de Mazangé; 170 hab.

GUÉGON, vg. de Fr., Morbihan, arr. de Ploermel, cant. et poste de Josselin; 2830 h.

GUEGUETENANGO, dist. de la prov. de Totonicapan, confédération de l'Amerique centrale; produit du poivre, de nombreuses bêtes a laine, du sucre, de l'argent et du plomb; il comprend 41 villages. Son chef-lieu est Gueguetenango-la-Conception, avec 1500 hab.

GUÉGUIS, peuplade indienne de l'emp. du Brésil; ils habitaient originairement les plaines entre l'Urussuhy et le Paranahyba, dans la prov. de Piauhy; de là ils ont été refoulés par les jésuites sur la rive gauche du Paranahyba et réunis dans quelques missions, qu'ils ont abandonnées en partie pour reprendre leurs anciennes habitations.

GUÉHEBERT, vg. de Fr., Manche, arr. de Coutances, cant. et poste de Cerisy-la-Salle; 540 hab.

GUÉHENNO, vg. de Fr., Morbihan, arr. de Ploermel, cant. de St.-Jean-de-Brévelay, poste de Josselin; 1250 hab.

GUEICOS, peuplade indienne indépendante dans l'emp. du Brésil; ils sont répandus au S.-O. de la prov. de Piauhy, entre le Gorguéa et le Paranahyba.

GUELANGE, ham. de Fr., Moselle, com. de Guenange (Haute et Basse-); 180 hab.

GUELDRES, prov. du roy. de Hollande, bornée au N. par le Zuiderzée, à l'E. par l'Oweryssel et la prov. prussienne de Westphalie, au S. par la prov. prussienne du Rhin et le Brabant septentrional, et à l'O. par les prov. de Hollande et d'Utrecht. Sa superficie est de 95 milles c. et offre une plaine unie, sillonnée d'une seule chaîne de collines de sable (les Veluwes), qui s'étendent, du S. au N., entre Arnhem et Hattem, et forment le point culminant des provinces septentrionales de la Hollande. Le pays est arrosé par de nombreux cours d'eau : le Rhin vient de la Prusse rhénane et forme dans la province plusieurs ramifications; le Waal et le Leck se dirigent, avec le bras qui conserve le nom de Rhin, de l'E. à l'O., dans les provinces orientales du royaume; l'Yssel quitte le fleuve une lieue au-dessus d'Arnhem, par une dérivation creusée par Drusus, se réunit à Dœsbourg avec la Vieille-Yssel, reçoit à Zutphen le Berkel, à Hattem la Grifft, et se verse dans le Zuyderzée au-dessous de Kampen, après avoir formé une partie de la limite avec Oweryssel; la Meuse sépare au S. la Gueldres du Brabant septentrional. L'air, quoique humide, est moins épais que dans les provinces situées plus au N.; aussi les habitants ont le teint plus frais et plus coloré. Le sol est très-varié : dans les îles formées par le Rhin, le Leck et le

Waal, sur les rives de l'Yssel et de la Meuse, le terrain est très-fertile; dans les environs des Veluwes, à l'E. vers la Westphalie et dans des parties éloignées de la rive méridionale de la Meuse, on rencontre des contrées sablonneuses, couvertes de quelques broussailles, de bruyères et de marais. Dans le dist. de Nimègue se trouve la grande lande de Mook, et dans le dist. de Zutphen celle de Zelhem. Le pays produit les animaux domestiques ordinaires, de la volaille, du menu gibier, du poisson, des abeilles, du blé, du seigle, du millet, des légumes secs, du jardinage, des fruits, du lin, des graines oléagineuses, du tabac, du houblon recherché, du bois, du fer, des terres argileuses et de la tourbe. L'agriculture, qui y est généralement bien exploitée, est surtout florissante aux environs des rivières. L'éducation du bétail forme une des principales occupations des habitants, cependant la race bovine est inférieure à celle des provinces du N., on y compte environ 112,000 bêtes à cornes; les brebis donnent une laine inférieure; les chevaux sont forts et recherchés pour la selle. L'industrie s'applique à la fabrication de gros draps, de toiles, de cuirs, de colle forte, d'armes à feu et de quincaillerie; aux environs des Veluwes on trouve de nombreuses papeteries et quelques fonderies. Le commerce est assez actif; les transports en transit sur les rivières et sur la route d'Allemagne à Amsterdam sont surtout d'un grand rapport pour la province. On exporte des bestiaux et leurs produits, du seigle, de l'huile, du tabac, des fruits, du houblon, des cuirs, de la colle, du papier et de la quincaillerie. La population, appartenant la plupart au culte réformé, s'élève à 250,000 habitants et se trouve répartie dans 4 arrondissements, dont les chefs-lieux sont : Arnhem, Zutphen, Nimègue et Thiel, et 38 cantons. La province dépend de la juridiction supérieure de La Haye.

L'ancien duché de Gueldres, situé dans la partie orientale de la Hollande, était autrefois subdivisé en Gueldres inférieure et supérieure; la première, comprise entre le Zuyderzée et la Meuse, formait la première des provinces unies de Hollande, dont elle n'a cessé de partager le sort, et elle forme encore la majeure partie de la prov. de Gueldres du roy. de Hollande. La Gueldres supérieure, s'étendant au S. vers le Rhin, était partagée entre la Hollande, l'Autriche et la Prusse; pendant et après la révolution, elle fut successivement incorporée à la France. Depuis 1815 les portions hollandaise et autrichienne ont été cédées au roy. de Hollande. La Prusse a réuni à sa prov. du Rhin son ancienne possession, avec la ville de Gueldres et un district de l'ancien terrain autrichien.

GUELDRES, v. de Prusse, chef-lieu de cercle et autrefois du duché de Gueldres, prov. du Rhin, rég. et à 9 1/2 l. N. de Dusseldorf; située sur la Niers, qui reçoit tout près de là le canal d'Eugène; elle possède de nombreuses fabriques de draps et d'étoffes de coton, de bonneterie, de toiles, de chapeaux, des teintureries, des tanneries, des savonneries; commerce de blé; 3580 hab.

GUELOJOTITLAN, vg. du Mexique, état et au S. d'Oaxaca; il est habité par 950 familles d'Indiens.

GUELTAS, ham. de Fr., Morbihan, com. de Noyal-Pontivy; 1020 hab.

GUEMAPPE, vg. de Fr., Pas-de-Calais, arr. et poste d'Arras, cant. de Croisilles; 450 hab.

GUÉMAR, vg. de Fr., Haut-Rhin, arr. de Colmar, cant. et poste de Ribeauvillé; féculerie; 1490 hab.

GUÉMÉNÉE, v. de Fr., Morbihan, arr. et à 4 l. O. de Pontivy, chef-lieu de canton et poste; mine de cristal; 1560 hab.

GUÉMENÉ-PENFAS, vg. de Fr., Loire-Inférieure, arr. et à 7 l. N. de Savenay, chef-lieu de canton, poste de Derval; 3800 hab.

GUÉMICOURT, vg. de Fr., Somme, arr. d'Amiens, cant. d'Hornoy, poste d'Aumale; 60 hab.

GUEMPS, vg. de Fr., Pas-de-Calais, arr. de St.-Omer, cant. d'Audruicq, poste d'Ardres; 680 hab.

GUEMY, vg. de Fr., Pas-de-Calais, arr. de St.-Omer, cant. et poste d'Ardres; 50 h.

GUEN (Saint-), vg. de Fr., Côtes-du-Nord, arr. de Loudéac, cant. de Mur, poste d'Uzel; 1270 hab.

GUENANGE (Haute et Basse-), vg. de Fr., Moselle, arr. et poste de Thionville, cant. de Metzerwisse; 700 hab.

GUENESTROFF, vg. de Fr., Meurthe, arr. de Château-Salins, cant. et poste de Dieuze; 550 hab.

GUENETRANGE (Haute et Basse-), ham. de Fr., Moselle, com. de Thionville; 560 h.

GUENGAT, vg. de Fr., Finistère, arr. et poste de Quimper, cant. de Douarnenez; 1100 hab.

GUENIN, vg. de Fr., Morbihan, arr. de Pontivy, cant. et poste de Baud; 1690 hab.

GUENOUVILLE, vg. de Fr., Eure, arr. de Pont-Audemer, cant. de Routot, poste de Bourgachard; 220 hab.

GUENROC, vg. de Fr., Côtes-du-Nord, arr. de Dinan, cant. de St.-Jouan-de-l'Isle, poste de Broons; 570 hab.

GUENROUET, vg. de Fr., Loire-Inférieure, arr. de Savenay, cant. de St.-Gildas-des-Bois, poste de Pont-Château; 1960 hab.

GUENTUSÉ, peuplade indienne indépendante dans l'intérieur de la rép. Argentine; ils sont voisins et alliés des Enimagas, se divisent en deux hordes au nombre d'environ 2000 individus.

GUENVILLER, ham. de Fr., Moselle, com. de Seingbousse; 290 hab.

GUÉPIE (la). *Voyez* MARTIN-DE-LA-GUÉPIE (Saint-).

GUÉPREI, vg. de Fr., Orne, arr. d'Argentan, cant. et poste de Trun ; 290 hab.

GUER, pet. v. de Fr., Morbihan, arr. et à 5 l. E. de Ploermel, chef-lieu de canton et poste ; culture du mûrier ; vers à soie à Caetbo et environs ; fabr. de sucre indigène ; 3860 hab.

GUÉRANDE, v. de Fr., Loire-Inférieure, arr., à 8 l. O. de Savenay et à 118 l. de Paris, chef-lieu de canton et poste. Elle est située entre l'embouchure de la Loire et celle de la Vilaine. La plaine qui la sépare de la mer est couverte de marais salants d'un très-grand produit. Guérande a des fabriques de basins, de toiles de lin et de coton ; commerce de sel blanc provenant des marais qui environnent cette ville, dont les murs étaient autrefois baignés par la mer ; 8240 hab.

Guérande était jadis un port de mer et une ville importante ; les murs qui l'entourent la rendent encore susceptible de défense ; elle est surtout célèbre par un traité qui y fut conclu, en 1365, entre Jean de Montfort et Jeanne de Bretagne, qui fut forcée de céder la Bretagne au duc de Montfort.

GUERARE, vg. de Fr., Seine-et-Marne, arr. et cant. de Coulommiers, poste de Faremoutiers ; 1980 hab.

GUERBO, fl. de la rép. de Vénézuela, dép. de Zulia ; se jette dans le golfe de Maracaïbo.

GUERBAVILLE, vg. de Fr., Seine-Inférieure, arr. d'Yvetot, cant. de Caudebec, poste de la Mailleraye ; 2040 hab.

GUERBIGNY, vg. de Fr., Somme, arr., cant. et poste de Montdidier ; filat. de laine ; 680 hab.

GUERCHE(la). (Cher) *Voyez* LA-GUERCHE-SUR-L'AUBOIS.

GUERCHE (la), v. de Fr., Ille-et-Vilaine, arr. et à 4 1/2 l. S. de Vitré, chef-lieu de canton et poste ; fabr. de toiles de lin, de chanvre et d'huile de noix ; commerce de bestiaux et de châtaignes-marrons ; 4480 hab.

GUERCHE-SUR-CREUSE (la), vg. de Fr., Indre-et-Loire, arr. de Loches, cant. de Presigny-le-Grand, poste de la Haye-Descartes ; remarquable par le beau château d'Agnès ; 540 hab.

GUERCHE-SUR-L'AUBOIS (la) b. de Fr., Cher, arr. et à 10 l. N.-E. de St.-Amand-Mont-Rond, chef-lieu de canton et poste ; 4220 hab.

GUERCHEVILLE, vg. de Fr., Seine-et-Marne, arr. de Fontainebleau, cant. et poste de la Chapelle-la-Reine ; 360 hab.

GUERCHY, vg. de Fr., Yonne, arr. de Joigny, cant. d'Aillant-sur-Tholon, poste de Bassou ; 730 hab.

GUÉREINS, vg. de Fr., Ain, arr. de Trévoux, cant. et poste de Thoissey ; 750 hab.

GUERET, *Varacium*, v. de Fr., chef-lieu du dép. de la Creuse, à 86 l. S. de Paris ; siége d'un tribunal de première instance ; directions de contributions directes et indirectes ; conservation des hypothèques ; résidence d'un ingénieur en chef des ponts-et-chaussées et d'un ingénieur en chef des mines. Cette petite ville, située sur le penchant d'une montagne entre la Creuse et la Gartempe, est assez bien bâtie ; elle a un collége, une école normale primaire, une société d'agriculture, une bibliothèque publique, un hôpital et une maison de santé pour les aliénés du département. L'industrie y est nulle, quoique le bois et la houille y soient abondants ; commerce de bestiaux, laine, mercerie et quaincaillerie. Foires : 4 janvier, 7 février, 9 mars, 9 avril, 3 mai, la veille de Pentecôte, 29 juin et 9 août ; 4796 hab.

Gueret, autrefois capitale de la Marche, doit, dit-on, son origine à une abbaye fondée, en 720, par Clotaire, en l'honneur de St.-Pardoux. Les comtes de la Marche, qui eu firent leur résidence, lui donnèrent de l'importance. Cette ville a vu naître le jurisconsulte célèbre Pardoux - Duprat, et l'historiographe Varillas (1624, 1696).

GUERFAND, vg. de Fr., Saône-et-Loire, arr. et poste de Châlon-sur-Saône, cant. de St.-Martin-en-Bresse ; 170 hab.

GUÉRIA, pet. v. florissante par son agriculture et son industrie, dans la rép. de Vénézuela, dép. de Maturin prov. de Cumana ; 2800 hab.

GUÉRIGNY, vg. de Fr., Nièvre, arr. de Nevers, cant. de Pougues, poste ; forge royale de la Chaussade ; hauts-fourneaux ; forges grosses et petites ; fabr. d'ancres ; martinets et atelier pour clous et chaines d'amarrage ; presse hydraulique pour l'épreuve des cables ; 1345 hab.

GUÉRIN, vg. de Fr., Lot-et-Garonne, arr. et poste de Marmande, cant. de Bouglon ; 480 hab.

GUÉRINEAU (les), ham. de Fr., Charente, com. de Marsac ; 400 hab.

GUÉRINIÈRE (la), ham. de Fr., Deux-Sèvres, com. de Ménigoute ; 300 hab.

GUÉRINIÈRE (la), ham. de Fr., Vendée, com. de Noirmoutiers ; 800 hab.

GUERLESQUIN, vg. de Fr., Finistère, arr. de Morlaix, cant. et poste du Ponthou ; 1570 hab.

GUERMANGE, vg. de Fr., Meurthe, arr. de Sarrebourg, cant. de Réchicourt-le-Château, poste de Bourdonnay ; 620 hab.

GUERMANTES, vg. de Fr., Seine-et-Marne, arr. de Meaux, cant. et poste de Lagny ; 210 hab.

GUERMIETTE, ham. de Fr., Basses-Pyrénées, com. de St.-Étienne-de-Baigorry ; 150 hab.

GUERNANVILLE, vg. de Fr., Eure, arr. d'Évreux, cant. et poste de Breteuil ; 310 h.

GUERNE, vg. de Fr., Morbihan, arr., cant. et poste de Pontivy ; 3390 hab.

GUERNES, vg. de Fr., Seine-et-Oise, arr. et poste de Mantes, cant. de Limay ; 550 h.

GUERNESEY, île d'Angleterre, dans la

Manche, du groupe des îles Anglo-Normandes; forme un petit gouvernement, dont le chef-lieu est St.-Pierre, petite ville fortifiée, avec un bon port; 6 l. c. géogr.; 20,500 hab. L'air y est sain et le sol fertile, mais mal cultivé.

GUERNICA, b. d'Espagne, prov. de Biscaye, dist. d'Orduna. Anciennement les assemblées de la province se tenaient dans ses environs, sous un chêne, et les actes de leurs décisions étaient conservés dans un ermitage voisin.

GUERNO (le), vg. de Fr., Morbihan, arr. de Vannes, cant. et poste de Muzillac; 530 h.

GUERNSEY, île considérable dans la baie des Iles (*Bay of Islands*), côte O. de l'île de Terre-Neuve.

GUERNSEY, comté de l'état d'Ohio, États-Unis de l'Amérique du Nord; il est borné par les comtés de Coshocton, de Tuscarawas, de Harrison, de Belmont, de Monroé, de Morgan et de Muskingum. Pays encore peu cultivé et traversé par le Muskingum, qui y reçoit le Wills; 10,000 hab.

GUERNY, vg. de Fr., Eure, arr. des Andelys, cant. de Gisors, poste des Thilliers-en-Vexin; 240 hab.

GUERON, vg. de Fr., Calvados, arr., cant. et poste de Bayeux; 330 hab.

GUEROIDE (le), *Voyez* LANTHENAY.

GUEROULDE (la), vg. de Fr., Eure, arr. et cant. d'Évreux, poste de Breteuil; haut-fourneau; forge dite la Poultière; fabr. de fil de fer, de laiton; 1210 hab.

GUERPONT, vg. de Fr., Meuse, arr. de Bar-le-Duc, cant. et poste de Ligny; filat. hydraul. de coton; 340 hab.

GUERQUESALLES, vg. de Fr., Orne, arr. d'Argentan, cant. et poste de Vimoutiers; fabr. de toile cretonne; 340 hab.

GUERRITES (les), ham. de Fr., Doubs, com. de Luthier; 180 hab.

GUERSTLING, vg. de Fr., Moselle, arr. de Thionville, cant. et poste de Bouzonville; 430 hab.

GUERTING, vg. de Fr., Moselle, arr. de Metz, cant. de Boulay, poste de St.-Avold; 480 hab.

GUERVILLE, vg. de Fr., Seine-et-Oise, arr., cant. et poste de Mantes; papeterie; 920 hab.

GUERVILLE, vg. de Fr., Seine-Inférieure, arr. de Neufchâtel-en-Bray, cant. et poste de Blangy; manufacture de bouteilles; 610 h.

GUESCHARD, vg. de Fr., Somme, arr. d'Abbeville, cant. de Crécy, poste d'Auxy-le-Château; 1150 hab.

GUESNAIN, vg. de Fr., Nord, arr., cant. et poste de Douai; raffinerie de sucre; 500 hab.

GUESNES, vg. de Fr., Vienne, arr. et poste de Loudun, cant. de Monts-sur-Guesnes; 770 hab.

GUESPLING, vg. de Fr., Moselle, arr. de Sarreguemines, cant. de Gros-Tenquin, poste de Faulquemont; 1010 hab.

GUETARIA, pet. port d'Espagne, prov. de Guipuscoa, dist. de St.-Sébastien, situé sur la belle baie de même nom; sa place publique est décorée de la statue du célèbre navigateur Jean-Sébastien de Cano, qui y était né; 300 hab.

GUETARY, vg. de Fr., Basses-Pyrénées, arr. de Bayonne, cant. et poste de St.-Jean-de-Luz; 440 hab.

GUETTE-DE-POUQUES (la), ham. de Fr., Nièvre, com. de Pouques; 160 hab.

GUETTEVILLE, vg. de Fr., Seine-Inférieure, arr. d'Yvetot, cant. et poste de St.-Valery-en-Caux; 840 hab.

GUEUDECOURT, vg. de Fr., Somme, arr. et poste de Péronne, cant. de Combles; 240 hab.

GUEUDREVILLE, ham. de Fr., Loiret, com. de Jouy; 180 hab.

GUEUGNON, b. de Fr., Saône-et-Loire, arr. et à 6 l. N.-N.-O. de Charolles, chef-lieu de canton, poste de Toulon-sur-Arroux; forges; haut-fourneau; tuilerie; 1540 hab.

GUEURES, vg. de Fr., Seine-Inférieure, arr. de Dieppe, cant. et poste de Baqueville; fabr. de papier; filat. de coton; 745 hab.

GUEUTTEVILLE, vg. de Fr., Seine-Inférieure, arr. de Rouen, cant. d'Havilly, poste de Valmartin; 230 hab.

GUEUVENATTEN, vg. de Fr., Haut-Rhin, arr. de Belfort, cant. et poste de Dannemarie; 380 hab.

GUEUX, vg. de Fr., Marne, arr. et poste de Reims, cant. de Ville-en-Tardenois; 600 hab.

GUEWENHEIM ou **GEIBENHEIM**, vg. de Fr., Haut-Rhin, arr. de Belfort, cant. de Thann, poste de Massevaux; 800 hab.

GUEYTAS, vg. de Fr., Aude, arr. de Limoux, cant. et poste de Chalabre; 140 hab.

GUEYZE, vg. de Fr., Lot-et-Garonne, arr. de Nérac, cant. et poste de Mezin; 480 hab.

GUÈZE-AUX-SERPES, ham. de Fr., Eure-et-Loir, com. de Maintenon; 120 hab.

GUGGISBERG, paroisse dans le cant. de Berne, arr. de Schwarzenbourg; on y trouve 7 écoles. Guggisberg même, placé dans une position très-élevée, ne se compose que de l'église, de la maison curiale et de quelques habitations; sa population, qui est de 6050 hab., est entièrement disséminée.

GUGLINGEN, pet. et ancienne v. du Wurtemberg, cer. du Necker, gr.-bge de Brackenheim; 1420 hab.

GUGNÉCOURT, vg. de Fr., Vosges, arr. d'Épinal, cant. et poste de Bruyères; 310 h.

GUGNEY, vg. de Fr., Meurthe, arr. de Nancy, cant. et poste de Vezelise; 240 hab.

GUGNEY-AUX-AULX, vg. de Fr., Vosges, arr. de Mirecourt, cant. et poste de Dompaire; 620 hab.

GUGUAM, île de l'archipel des Mariannes, dans la Polynésie ou Océanie Orientale, sous 17° 5' lat. N. et 140° 45' long. E.; elle a environ 4 l. de circuit.

GUHRAU, v. de Prusse, chef-lieu de cercle, prov. de Silésie, rég. de Breslau; elle possède des hôpitaux civil et militaire, des casernes et magasins de cavalerie, des brasseries, etc.; on y compte 83 moulins à vent; 3280 hab.

GUIANNA. *Voyez* GUYANE.

GUIBERMESNIL, vg. de Fr., Somme, arr. d'Amiens, cant. d'Hornoy, poste de Poix; 270 hab.

GUIBERTS ou GUIBERTES (les), ham. de Fr., Hautes-Alpes, cant. du Monetier; 210 h.

GUIBEVILLE, vg. de Fr., Seine-et-Oise, arr. de Corbeil, cant. et poste d'Arpajon; 70 hab.

GUIBRAY. *Voyez* FALAISE.

GUICHAINVILLE, vg. de Fr., Eure, arr. cant. et poste d'Évreux; 420 hab.

GUICHE, vg. de Fr., Basses-Pyrénées, arr. de Bayonne, cant. de Bidache, poste de Peyrehorade; 1700 hab.

GUICHE (la), vg. de Fr., Saône-et-Loire, arr. et à 4 l. N.-E. de Charolles, chef-lieu de canton, poste de St.-Bonnet-de-Joux; 950 hab.

GUICHEN, vg. de Fr., Ille-et-Vilaine, arr. et à 10 l. N.-N.-E. de Redon, chef-lieu de canton, poste de Lohéac; eaux minérales; 3550 hab.

GUICHING, ham. de Fr., Moselle, com. de Freistroff; 110 hab.

GUICLAN, vg. de Fr., Finistère, arr. de Morlaix, cant. de Taulé, poste de Landivisiau; 3510 hab.

GUICOURVEST. *Voyez* PLOUGOURVEST.

GUIDAL, ham. de Fr., Tarn, com. de Rabastens; 110 hab.

GUIDAULT (le), ham. de Fr., Loir-et-Cher, com. de Romorantin; 160 hab.

GUIDEL, vg. de Fr., Morbihan, arr. de Lorient, cant. et poste de Pont-Scorff; 4020 hab.

GUIDERKIRCH, ham. de Fr., Moselle, com. d'Erching; 190 hab.

GUIDIZZOLO, b. du roy. Lombard-Vénitien, gouv. de Milan, délégation de Mantoue.

GUIENNA, nom que quelques peuplades brésiliennes donnent au Maragnon.

GUIENNE, ancienne prov. de Fr., bornée au N. par la Saintonge, le Limousin et l'Auvergne, à l'E. par le Languedoc, au S. par cette dernière province et la Gascogne, et à l'O. par l'Océan. Sous la domination romaine, elle faisait partie de la IIe Aquitaine. Au cinquième siècle, elle fut dévastée par les Visigoths, auxquels les premiers rois de la race mérovingienne arrachèrent toutes les contrées méridionales des Gaules. Sous Dagobert Ier, cette province, qui conservait le nom d'Aquitaine, fut gouvernée par des ducs. L'an 1070 le duché de Gascogne fut réuni à celui d'Aquitaine, et ces deux provinces ne formèrent plus qu'une seule principauté, qui passa à la couronne de France, en 1137, par le mariage de Louis VII (le Jeune) avec Éléonore de Guienne, fille et héritière de Guillaume, duc d'Aquitaine. Louis, au retour d'une croisade, ayant répudié Éléonore pour cause d'adultère, cette princesse épousa Henri d'Anjou, duc de Normandie, qui devint plus tard roi d'Angleterre. C'est ainsi que passèrent sous la domination anglaise ces belles provinces, dont la possession alluma des guerres longues et sanglantes entre la France et l'Angleterre. Vers cette époque, le nom de Guienne commença à remplacer celui d'Aquitaine. La guerre entre Louis VII et Henri II d'Angleterre n'eut aucun résultat; mais sous Philippe-Auguste les Français s'emparèrent de la Normandie, et plus tard Louis VIII envahit la Guienne et conquit tout le pays jusqu'à la Garonne. Cependant, pour rétablir la paix, Saint-Louis rendit au roi d'Angleterre, par un traité de 1259, tout le territoire conquis, à condition que celui-ci renoncerait à ses droits sur la Normandie, le Maine, l'Anjou et la Touraine. La guerre recommença sous Philippe-le-Bel; la Guienne fut démembrée alternativement par les Français et par les Anglais; mais c'est surtout lorsque Philippe de Valois fut monté sur le trône de France, à l'exclusion d'Édouard III, que la guerre éclata avec une nouvelle fureur. Par le traité de Bretigny, en 1360, le duché de Guienne fut déclaré indépendant et cédé en toute souveraineté à Édouard III, qui, en 1362, érigea ce duché en principauté, en faveur du prince de Galles. Cependant la domination anglaise devint odieuse aux seigneurs de Guienne; ils traitèrent secrètement avec le roi de France Charles VI. Alors commença cette guerre désastreuse, qui faillit soumettre la France entière aux Anglais. L'apparition de Jeanne d'Arc sous les murs d'Orléans porta le premier coup à la puissance envahissante de l'Angleterre; là s'arrêtèrent leurs victoires. Dès lors les Français reprennent l'avantage, et, après une lutte acharnée, qui dura encore plus de vingt ans, Charles VII, vainqueur à la bataille de Castillon, en 1453, parvient enfin à chasser les Anglais de la Guienne et de toute la France. La Guienne devint alors un des neuf grands gouvernements généraux de la France, dont elle n'a plus été séparée depuis. Ce gouvernement comprenait le Bordelais, le Bazadois, le Périgord, le Quercy, le Rouergue, l'Agénais et les subdivisions comprises dans la Gascogne. Depuis la division de la France en départements, la Guienne et la Gascogne forment ceux de la Gironde, de la Dordogne, du Lot, de Lot-et-Garonne, de l'Aveyron, de Tarn-et-Garonne, des Landes, du Gers et des Hautes-Pyrénées.

GUIERCHE (la), vg. de Fr., Sarthe, arr. du Mans, cant. de Ballon, poste de Savigné-l'Évêque; 770 hab.

GUIGNECOURT, vg. de Fr., Oise, arr. et poste de Beauvais, cant. de Nivillers; 300 h.

GUIGNEMICOURT, vg. de Fr., Somme, arr. et poste d'Amiens, cant. de Molliens-Vidame; 340 hab.

GUIGNEN, vg. de Fr., Ille-et-Vilaine, arr. de Redon, cant. de Guichen, poste de Loheac; 2750 hab.

GUIGNÈRES (la), ham. de Fr., Indre-et-Loire, com. de Fondettes; 230 hab.

GUIGNES, vg. de Fr., Seine-et-Marne, arr. de Melun, cant. de Mormant, poste; tuilerie; 890 hab.

GUIGNEVILLE, vg. de Fr., Loiret, arr., cant. et poste de Pithiviers; 530 hab.

GUIGNEVILLE, vg. de Fr., Seine-et-Oise, arr. d'Étampes, cant. et poste de la Ferté-Aleps; 220 hab.

GUIGNICOURT, vg. de Fr., Aisne, arr. de Laon, cant. de Neufchâtel, poste de Berry-au-Bac; 400 hab.

GUIGNICOURT, vg. de Fr., Ardennes, arr. de Mézières, cant. de Flize, poste de Lannoy; haut-fourneau, fonderie, affinerie, aciérie et fabr. de limes; 540 hab.

GUIGNOLAS, ham. de Fr., Haute-Garonne, com. de Lapeirère; 250 hab.

GUIGNONVILLE-BAZINVILLE, vg. de Fr., Loiret, arr. et poste de Pithiviers, cant. d'Outarville; 350 hab.

GUIGNOTERIE (la), ham. de Fr., Vienne, com. de Maillé; 100 hab.

GUIGNY, vg. de Fr., Pas-de-Calais, arr. de Montreuil-sur-Mer, cant. et poste d'Hesdin; 230 hab.

GUIKOWAR (pays du). On désigne souvent par ce nom les états mahrattes du Guzerate, gouvernés par la dynastie des Guikowar. Le principal de ces états est le roy. de Baroda, tributaire des Anglais et dont nous avons déjà parlé. Le Guikowar, dont la domination s'étend sur environ deux millions de Hindous, réside à Baroda; la plupart des principautés mahrattes du Guzerate le reconnaissent comme leur suzerain.

GUIL, cap à l'entrée de la baie de Bulls, au S.-E. de l'île de Terre-Neuve.

GUILBERVILLE, vg. de Fr., Manche, arr. de St.-Lô, cant. et poste de Torigny; 1820 hab.

GUILDFORD, comté de l'état de la Caroline du Nord, États-Unis de l'Amérique du Nord; ses bornes sont: les comtés de Rockingham, d'Orange, de Randolph, de Rowan et de Stokes. Pays très-bien arrosé et un des plus fertiles et des plus salubres de l'état. Il renferme les deux sources du Cape-Fear, qui y reçoit ses premiers affluents, le Ready, le Buffaloe, le Haw et l'Allemance; 20,000 hab.

GUILDFORD, v. des États-Unis de l'Amérique du Nord, état de Connecticut, comté de New-Haven, à l'embouchure du West-river dans le détroit de Long-Island; elle a deux ports et fait un commerce important; 5000 hab.

GUILDFORD, pet. v. des États-Unis de l'Amérique du Nord, état de Pensylvanie, comté de Franklin, sur le bras droit du Conécochéague; 1800 hab.

GUILDFORD, pet. v. des États-Unis de l'Amérique du Nord, état de Vermont, comté de Windham, sur le Broad; moulins nombreux; 2400 hab.

GUILDFORD, baie au S. de l'état de Connecticut.

GUILDFORD, v. d'Angleterre, chef-lieu du comté de Surrey, sur le Wey; nomme 2 députés; manufacture de coton; commerce en grains et en bois de construction; 5000 h.

GUILDHALL, pet. v. des États-Unis de l'Amérique du Nord, état de Vermont, comté d'Essex, dont il est le chef-lieu, sur le Connecticut; 1100 hab.

GUILDO (le), ham. de Fr., Côtes-du-Nord, com. de St.-Potan; 100 hab.

GUILER, vg. de Fr., Finistère, arr., cant. et poste de Brest; 1290 hab.

GUILER, vg. de Fr., Finistère, arr. de Quimper, cant. de Plaugastel-St.-Germain, poste de Pont-Croix; 580 hab.

GUILHEMAIN, ham. de Fr., Nord, com. de Walincourt; 200 hab.

GUILHEM-LE-DÉSERT (Saint-), vg. de Fr., Hérault, arr. de Montpellier, cant. d'Aniane, poste de Gignac; 850 hab.

GUILHERAND, vg. de Fr., Ardèche, arr. de Tournon, cant. et poste de St.-Péray; 470 hab.

GUILLAC, vg. de Fr., Gironde, arr. de Libourne, cant. et poste de Braune; 250 h.

GUILLAC, vg. de Fr., Morbihan, arr. de Ploermel, cant. et poste de Josselin; 1520 h.

GUILLATIÈRE (la), ham. de Fr., Isère com. de Chirens; 130 hab.

GUILLAUCOURT, vg. de Fr., Somme, arr. de Montdidier, cant. de Rosières, poste de Lihons-en-Santerre; 590 hab.

GUILLAUME, b. du roy. de Sardaigne, comté et prov. de Nice, sur le Var; mines de plomb et de fer, et carrière de marbre dans les environs; 1256 hab.

GUILLAUME, riv. de l'île St.-Domingue; sort de la montagne Noire et se jette dans la mer, entre la baie de Gros-Gravier et le Salado.

GUILLAUME (Saint-), vg. de Fr., Isère, arr. de Grenoble, cant. et poste de Monestier-de-Clermont; 440 hab.

GUILLAUME-PEYROUSE, vg. de Fr., Hautes-Alpes, arr. de Gap, cant. de St.-Firmin-en-Valgodemard, poste de Corps; exploitation de mine de plomb sulfuré; 510 hab.

GUILLEMINGE, ham. de Fr., Cher, com. de St.-Georges-sur-Maulon; 110 hab.

GUILLEMONT, vg. de Fr., Somme, arr. et poste de Péronne, cant. de Combles; 600 hab.

GUILLERMIN (le), ham. de Fr., Ain, com. de Fareins; 150 hab.

GUILLERS, vg. de Fr., Morbihan, arr. et poste de Ploermel, cant. de la Trinité; 2000 hab.

GUILLERVAL, vg. de Fr., Seine-et-Oise, arr. et poste d'Étampes, cant. de Méréville; 670 hab.

GUILLERVILLE, ham. de Fr., Seine-Inférieure, com. de Bolleville; 100 hab.

GUILLESTRE, vg. de Fr., Hautes-Alpes, arr. et à 1 1/2 l. N.-E. d'Embrun, chef-lieu de canton, poste de Mont-Dauphin; fabr. de draps; 1755 hab.

GUILLEVILLE, vg. de Fr., Eure-et-Loir, arr. de Chartres, cant. et poste de Janville; 400 hab.

GUILLIGOMARCH, vg. de Fr., Finistère, arr. et poste de Quimperlé, cant. d'Azzano; 1010 hab.

GUILLON, vg. de Fr., Doubs, arr., cant. et poste de Baume-les-Dames; fabr. de papier; établissement d'eaux minérales sulfureuses; 260 hab.

GUILLON (le), ham. de Fr., Isère, com. de Coublevie; 150 hab.

GUILLON, vg. de Fr., Yonne, arr., à 4 l. E., et poste d'Avallon, chef-lieu de canton; 820 hab.

GUILLONIÈRE, ham. de Fr., Isère, com. de Renage; 200 hab.

GUILLONS (les), ham. de Fr., Jura, com. de Grande-Rivière; 100 hab.

GUILLONVILLE, vg. de Fr., Eure-et-Loir, arr. de Châteaudun, cant. de Pontarion, poste de Patay; 730 hab.

GUILLOTIÈRE (la). *Voyez* LYON.

GUILLY, vg. de Fr., Indre, arr. d'Issoudun, cant. et poste de Vatan; 660 hab.

GUILLY, vg. de Fr., Loiret, arr. de Gien, cant. de Sully-sur-Loire, poste de Jargeau; 450 hab.

GUILMÉCOURT, vg. de Fr., Seine-Inférieure, arr. de Dieppe, cant. et poste d'Envermeu; 490 hab.

GUIMAËC, vg. de Fr., Finistère, arr. et poste de Morlaix, cant. de Lanmeur; 1950 hab.

GUIMARAËS, v. du Portugal, chef-lieu de district, prov. d'Entre-Duero-et-Minho; située à 4 l. de Braga, sur une colline fertile baignée par l'Avé; elle est ceinte de murailles et se compose des villes vieille et neuve, avec 4 églises paroissiales, 6 couvents et 4 hôpitaux; son ancien château servait autrefois de résidence aux rois portugais; Alphonse Ier (Henriquez) y était né; fabrication de toiles et de coutellerie; 7450 hab.

GUIMARENS ou **GUIMARÆNS**, pet. v. très-florissante de l'emp. du Brésil, prov. de Maranhao, au N. de la baie de Cuma; elle a un bon port et fait un commerce important en riz, coton et farine; 4000 hab.

GUIMBEAUDIÈRE (la), ham. de Fr., Vendée, com. d'Ardelay; 130 hab.

GUIMILIAU, vg. de Fr., Finistère, arr. de Morlaix, cant. et poste de Landivisiau; 1470 hab.

GUIMONVILLIERS, ham. de Fr., Eure-et-Loir, com. de Billancelles; 120 hab.

GUIMORAIS (la), ham. de Fr., Ille-et-Vilaine, com. de St.-Coulomb; 250 hab.

GUIMOUX (Saint-), vg. de Fr., Ille-et-Vilaine, arr. de St.-Malo, cant. et poste de Châteauneuf-en-Bretagne; 970 hab.

GUIMPS, vg. de Fr., Charente, arr., cant. et poste de Barbezieux; tanneries; 1150 h.

GUINARTHE, vg. de Fr., Basses-Pyrénées; arr. d'Orthez, cant. et poste de Sauveterre, 150 hab.

GUINAS, ham. de Fr., Landes, com. de Cachen; 220 hab.

GUINCOURT, vg. de Fr., Ardennes, arr. de Nouziers, cant. de Tourteron, poste d'Attigny; 490 hab.

GUINDRECOURT-AUX-ORMES, vg. de Fr., Haute-Marne, arr. et poste de Vassy, cant. de Joinville; 240 hab.

GUINDRENCOURT-SUR-BLAISE, vg. de Fr., Haute-Marne, arr. de Chaumont-en-Bassigny, cant. et poste de Vignory; 250 h.

GUINEBAUDEIX (le), ham. de Fr., Creuse, com. des Mars; 120 hab.

GUINECOURT, vg. de Fr., Pas-de-Calais, arr., cant. et poste de St.-Pol-sur-Ternoise; 80 hab.

GUINÉE, *Guinea*, dénomination générale sous laquelle la plupart des géographes européens comprennent toute cette partie de l'Afrique occidentale, qui s'étend entre la Sénégambie, la Nigritie, le désert éthiopien et l'Océan Atlantique, depuis le cap Verga, sur les confins de la Sénégambie, jusqu'au cap Négro et les bords du Bembaroghe; ils la subdivisent en Guinée proprement dite, Guinée septentrionale ou Haute-Guinée qui, du cap Verga jusqu'au cap Lopèz, comprend les côtes de Sierra-Leone, de Poivre, des Graines ou de Malaguette, des Dents ou d'Ivoire (subdivisée en côte de l'Ivoire proprement dite, côte des Males-Gens et côte des Bonnes-Gens ou Quaques), d'Or, des Esclaves, de Benin, de Calabar et de Gabon; et en Guinée méridionale, Basse-Guinée ou Congo, comprenant toutes les vastes contrées situées le long de l'Océan Atlantique, depuis le cap Lopèz jusqu'au cap Négro, et qui s'étendent bien avant dans l'intérieur vers l'Orient. M. Balbi assigne à la première subdivision le nom de Nigritie maritime (partie S.-O. de la Nigritie centrale), et à la seconde celui de Nigritie méridionale. La Haute-Guinée fut découverte par les Dieppois en 1364. Les Prussiens, les Danois et les Français y avaient des établissements, mais depuis 1604, les Anglais et les Hollandais se sont saisis de presque tout le commerce. Il reste encore à remarquer que les navigateurs donnent le nom de Côte-sus-le-Vent au pays qui s'étend de l'embouchure du Sénégal ou du cap Roxo jusqu'au cap de las Palmas, et celui de Côte-sous-le-Vent aux côtes situées à l'E. de ce dernier cap.

GUINÉE (Nouvelle-) ou **PAPOUASIE**, la plus grande île de l'Océanie, au N. du continent austral; elle s'étend depuis 129° 24' jusqu'à 146° 43' long. E., entre 0° 20' et 10° 4' lat. S. Le détroit de Torres la sépare, au S., de la Nouvelle-Hollande et le détroit de Dampier, à l'E., de la Nouvelle-Bretagne. On évalue sa superficie à environ 28,000 l. c. Malte-Brun lui suppose une longueur de 400 à 500 l., depuis le cap Rodney, extrémité S.-E., jusqu'à la pointe N.-O., située vis-à-vis l'île Waigiou; sa largeur varie, dit-on, de 5 à 130 l. Plusieurs petites îles, situées à l'O., la mettent en rapport avec les Moluques. Les côtes méridionales sont encore en grande partie inconnues. La surface s'élève progressivement vers l'intérieur, où l'on voit paraître au loin des pics couverts de neiges éternelles et les sommets fumants de quelques montagnes volcaniques. La configuration de l'île présente, à ses deux extrémités N.-O. et S.-E., deux presqu'îles jointes à la masse principale par deux isthmes étroits.

La partie S.-O., que tous les géographes ont citée comme une troisième presqu'île, est l'île Frédéric-Henri, découverte par le lieutenant Kool. Cette île, dont l'extrémité S.-O. forme le cap Walsh, est séparée de la Nouvelle-Guinée par un détroit qui a longtemps été pris pour une rivière. Le cap Gœde-Hoop, pointe la plus septentrionale de la Nouvelle-Guinée, est située à l'extrémité de la presqu'île N.-O., à l'E. de laquelle se trouvent le cap et le port Dory, qui bornent au N.-O. le golfe de Geelwink. Sur la côte occidentale se trouve le golfe Mac-Cluer, qui s'avance si profondément dans le pays, de l'O. à l'E., [qu'il partage la presqu'île en deux parties égales, liées entre elles par un isthme.

C'est près du cap Rodney que commencent les nombreux bancs de corail qui s'étendent à travers le détroit de Torres et vers la côte orientale du continent austral. Flinders et Krusenstern donnèrent à cette partie de l'Océan le nom de mer de Corail. La côte occidentale est la plus connue. C'est sur cette côte, sous 3° 33', dans la baie du Triton, que les Hollandais ont formé, en 1828, un établissement protégé par un fort.

L'intérieur de la Nouvelle-Guinée est fort peu connu. Les hautes montagnes qui couvrent cette île et dont plusieurs, entre autres les monts Arfack, atteignent la région des neiges, font conclure avec raison qu'elle renferme un grand nombre de cours d'eau, et que son élévation au-dessus du niveau de l'Océan doit la faire jouir d'un climat assez tempéré. Le porc et le chien sont les seuls quadrupèdes que l'on y ait remarqués jusqu'aujourd'hui; mais on y trouve un grand nombre d'espèces d'oiseaux, tels que perroquets, oiseaux-de-paradis, pigeons, loris, etc. Les productions végétales sont: le girofle, le gingembre, la muscade, les noix de coco, la canne à sucre, le bétel, du sagoé, des bananes, etc. On présume que les montagnes renferment divers métaux et même de l'or; mais on ne sait rien de positif à cet égard.

Les habitants appartiennent en partie à la race nègre et en partie à la race malaisienne. Ils sont divisés en tribus indépendantes les unes des autres.

Les navigateurs qui ont exploré les côtes de la Nouvelle-Guinée y distinguent trois races: les Papouas proprement dits, qui occupent une partie de la Papouasie; les Papouas ou Négro-Malais, race mêlée, provenant des Papouas et des Malais; enfin les Harafours ou Arfakis, que les Papouas nomment Endamènes. Cette dernière race, la plus abrutie, la plus sauvage et que l'on croit même anthropophage, occupe les montagnes de l'intérieur où elle a été refoulée par les Papouas. Les relations que les Papouas ont avec des Chinois et des Arabes, semblent avoir introduit le boudhisme et le mahométisme chez quelques-unes de ces tribus.

Les Portugais Antonio Ambreu et Francesco Serram furent les premiers Européens qui eurent connaissance de la Nouvelle-Guinée. Ces deux navigateurs l'aperçurent en 1511, et vers le milieu du seizième siècle les Espagnols possédaient des cartes sur lesquelles on trouve le tracé des contours de cette île, alors encore sans nom. Plusieurs autres navigateurs du dix-septième et du dix-huitième siècle la reconnurent; mais Forrest fut le premier qui y aborda sur la côte septentrionale, en 1774. Mac Cluer explora la côte N.-O. en 1791, mais ce navigateur anglais mourut en 1795, et la relation de son séjour dans cette partie de la Nouvelle-Guinée paraît avoir été égarée ou oubliée dans les archives de l'amirauté à Calcutta. Freycinet qui visita ces parages en 1818, n'aborda que sur quelques îles voisines, entre autres à Waigiou; aussi l'intérieur de cette terre est elle encore tout à fait inconnue, et si l'on en connaît aujourd'hui les côtes septentrionales, on le doit à la belle reconnaissance exécutée en 1829 par le capitaine d'Urville.

GUINES (canal de). *Voyez* CALAIS (canaux de).

GUINES, v. de Fr., Pas-de-Calais, arr., à 7 l. E.-N.-E. de Boulogne-sur-Mer, chef-lieu de canton et poste; entrepôt de pierres de taille, charbons et bois; fabr. de chapeaux, dentelles, tulles; commerce en grains, huile et bestiaux; 3780 hab.

GUINGALAN. *Voyez* NILDE-GUINGALAN.

GUINGAMP, v. de Fr., Côtes-du-Nord, chef-lieu d'arrondissement, à 7 l.-O.-N.-O. de St.-Brieuc et à 123 l. de Paris; siège d'un tribunal de première instance; direction des contributions indirectes et conservation des hypothèques. Elle est située sur le Trieux. L'église paroissiale et la halle, devant laquelle se trouve une fort jolie fontaine, méritent d'être citées. La ville est entourée de promenades délicieuses. Elle possède un col-

lége et une société d'agriculture. Cette ville, centre de nombreuses fabriques d'étoffes, connues dans le commerce sous le nom de guingamps, renferme aussi des fabriques de fil retors et de minoterie, des chapelleries et des tanneries considérables. Commerce de toiles, lin, chanvre, fil, vins, eaux-de-vie; cuirs, etc. Foires : 23 juin et 24 décembre, 6466 hab..
Guingamp était autrefois compris dans les vastes domaines des ducs de Penthièvre.

GUINGLANGE ou **GUINGELINGEN**, vg. de Fr., Moselle, arr. de Metz, cant. et poste de Faulquemont; 610 hab.

GUINIMA, b. avec un petit port sur la côte N.-E. de la prov. de Cumana, dép. de Maturin, rép. de Vénézuela, en face de l'île de Trinidad; cet endroit fut fondé par des Français et des Espagnols de Trinidad, lors du changement du gouvernement de cette île.

GUINKIRCHEN, vg. de Fr., Moselle, arr. de Metz, cant. et poste de Boulay; 730 hab.

GUINOT, ham. de Fr., Lot-et-Garonne; com. de St.-Barthélemy; 160 hab.

GUINOUX (Saint-), vg. de Fr., Ille-et-Vilaine, arr. de St.-Malo, cant. et poste de Châteauneuf-en-Bretagne; 970 hab.

GUINSA, b. de la prov. de Samen, dans le roy. de Tigré, en Abyssinie.

GUINZELING, vg. de Fr., Meurthe, arr. de Château-Salins, cant. d'Alberstroff, poste de Dieuze; 250 hab.

GUIOLE (la). *Voyez* LAGUIOLE.

GUIOMÈRE, contrée de la Haute-Guinée, côte d'Ivoire; s'étend très-avant dans l'intérieur; grand commerce en or, ivoire et esclaves.

GUIPAVAS, vg. de Fr., Finistère, arr. de Brest, cant. et poste de Landerneau; 5330 h.

GUIPEREUX, ham. de Fr., Seine-et-Oise, com. de Hermeray; 210 hab.

GUIPRONVEL, vg. de Fr., Finistère, arr. de Brest, cant. de Plabennec, poste de St.-Renan; 390 hab.

GUIPRY, vg. de Fr., Ille-et-Vilaine, arr. de Redon, cant. de Pipriac, poste de Lohéac; 3220 hab.

GUIPEL, vg. de Fr., Ille-et-Vilaine, arr. de Rennes, cant. et poste d'Hédé; 1460 hab.

GUIPUSCOA, prov. d'Espagne, formant la partie orientale des trois provinces basques de ce royaume; elle est bornée au N. par le golfe de Gascogne, à l'E. par le dép. français des Basses-Pyrénées, dont elle est séparée par la Bidassoa, au S. par l'Alava et à l'O. par la Biscaye. N'ayant que 81 l. c. de superficie, y compris le comté d'Oñata, qui en fait partie, elle est la plus petite prov. d'Espagne. Son aspect est extrêmement pittoresque; de l'imposante chaîne des Pyrénées qui domine le pays se détache la souche des monts Cantabres, qui sillonnent le pays sous les formes les plus variées; tantôt elles étonnent par d'immenses masses de roches arides et de formes bizarres, à travers lesquelles des torrents écumeux se sont frayé un passage; tantôt l'œil est charmé par les belles forêts qui couvrent leur pente, et par des vallées embellies d'une éternelle verdure que rafraîchissent des ruisseaux limpides. Parmi ces montagnes on remarque la cime élevée de l'Iaitzquibil, entre le cap d'Higuera et le port de Passage, l'Alzanja, traversée par une voie romaine, et l'Arno, riche en mines de fer. Les côtes sont ceintes de rochers qui forment entre leurs points saillants, tels que les caps d'Higuera et de St.-Antonio, de petites baies offrant d'excellents ports, dont on compte jusqu'à neuf dans cette petite province : Fuente, Rabbia ou Fontarabie, Passage, St.-Sébastien, Ozio, Zaraüz, Guetaria, Zumaya, Déva et Motrico. Les rivières ont toutes beaucoup de pente, un cours peu étendu et aucune n'est navigable; telles sont : l'Oyarzon dont l'embouchure forme le port de Passage; l'Oria, qui reçoit l'Aneza et la Lizarca; l'Urrola, la Déva et l'Urumea. L'air est tempéré et sain, et les légères brumes qui s'élèvent quelquefois sont bientôt dispersées par les vents de mer; les pluies sont fréquentes, les seuls mois de décembre et de janvier orageux. Un tel climat ne saurait être que favorable à ses habitants; aussi il n'est pas rare de rencontrer dans ces montagnes des vieillards de 90 à 100 ans. Malgré toutes les beautés d'une nature sauvage que l'on y rencontre, la Guipuscoa ne possède qu'un sol ingrat, qui doit au beau climat seul cet aspect de fertilité; les racines des arbres qui s'élancent des fentes des rochers n'ont pour nourriture que du terreau végétal qui s'y amasse, et le beau gazon des vallées vient sur de légères couches de terres, recouvrant des bancs de débris granitiques ou calcaires. Aussi, malgré l'infatigable assiduité des laborieux habitants que rien ne saurait rebuter, les récoltes ne suffisent point à la consommation. La province produit du froment, mais insuffisamment, et l'on en tire annuellement des provinces voisines pour plus d'un million de francs : de l'orge, du maïs, qui sert à la préparation du pain, des haricots et autres légumes secs. On ne trouve de vignes que dans quelques districts; mais comme elles dégénèrent, elles sont remplacées successivement par des cultures de blé et des vergers, et le cidre remplace le vin. On élève de bêtes à cornes, des ânes et des chèvres pour les besoins intérieurs, qui sont bien réduits, parce que, vu les difficultés du terrain, presque tous les travaux ruraux se font à main et les transports s'effectuent à dos d'hommes.

L'exploitation des bois est une des plus grandes ressources du pays. Les forêts sont peuplées d'animaux qui viennent des Pyrénées; on rencontre des cerfs, des chevreuils, des ours, rarement des loups et des chats sauvages, jamais de lapins; de nombreuses volées d'oiseaux de passage traversent la contrée en automne. La pêche est une ancienne branche d'industrie des habitants des côtes; cependant ils ne courent plus, comme autrefois, la baleine et la morue dans des mers lointaines; ils se contentent de la pêche des côtes, qui leur donne du thon, de la raie, du saumon, des anchois, des huitres, etc., dont ils approvisionnent l'Alava, la Navarre, une partie de la Castille et de l'Aragon. Le poisson des rivières est varié et commun, mais il ne fournit qu'à la consommation locale. Ce sont les montagnes qui recèlent les plus grandes richesses du pays; on exploite du fer dans les mines renommées de Mondragon, du cuivre à Amazqueta, des sources salines à Salinas, du grès et des terres argileuses. Sur les côtes on a établi quelques saüneries. L'élaboration des métaux est la principale branche d'industrie de la province; on y compte un grand nombre de fonderies et plus de 100 forges, qui fournissent passé 100,000 quintaux; une petite partie seulement est exportée en gueuse ou en barre; le reste est converti, dans le pays même, en clous, fers à cheval, platelage et quincaillerie. La fabrique de platelage en fer étamé à Tolosa tient le premier rang dans le royaume; dans la même ville et à Andoaïn on façonne les cuivres d'Amazqueta; on forge des ancres à St.-Sébastien; Plasencia, Eibar et Escoybar possèdent des manufactures royales d'armes; d'autres se trouvent à Mondragon et Alleria; on fabrique des horloges à Eibar et à Plasencia. Les manufactures de toiles à voiles, corderies et tanneries de St.-Sébastien prospèrent; mais les chantiers de construction ont perdu de leur ancienne activité.

On exporte de la Guipuscoa du fer brut et façonné, des fruits, du cidre et du poisson; elle reçoit en échange du blé, du vin, des huiles, des étoffes et des denrées coloniales. Sa navigation se réduit au cabotage sur les côtes de France. La population, de 126,800 habitants, est répartie dans 2 cités, St.-Sébastien et Fuente-Rabbia (Fontarabie), 65 petites villes ou bourgs et 17 villages.

Les habitants appartiennent à ce peuple antique des Basques qui occupe les deux versants des Pyrénées orientales, que les Romains appelaient Cantabres et qui se distingue d'une manière frappante de ses voisins, par sa langue qui tient de l'oriental, son costume, ses usages et ses mœurs. La simplicité des goûts, la gaieté, la franchise, la bonhomie, le courage en tout, sont autant de traits caractéristiques de cette nation intéressante, dont l'origine échappe à l'histoire. Pendant longtemps la Guipuscoa se gouvernait par elle-même, d'après ses propres lois; aujourd'hui elle est soumise au régime commun du royaume et administrée par un capitaine-général résidant à St.-Sébastien.

GUIPY, vg. de Fr., Nièvre, arr. de Clamecy, cant. de Brinon-lès-Allemands, poste de St.-Révérien; 720 hab.

GUIQUELLEAU. *Voyez* FOLGOAT (le).
GUIRALLES, ham. de Fr., Lot, com. de Beauregard; 100 hab.
GUIRAUD (Saint), ham. de Fr., Gers, com. de Castelnau-Barbarens; 230 hab.
GUIRAUD (Saint-), vg. de Fr., Hérault, arr. de Lodève, cant. de Gignac, poste de Clermont; 170 hab.
GUIREC. *Voyez* PERROS-GUIREC.
GUIRIRI. *Voyez* XINGU (Rio-).
GUIRLANGE ou GUIRLINGEN, vg. de Fr., Moselle, arr. de Metz, cant. et poste de Boulay; 180 hab.
GUIRY, vg. de Fr., Seine-et-Oise, arr. de Pontoise, cant. de Marines, poste de Magny; 180 hab.
GUISCARD, vg. de Fr., Oise, arr. et à 7 l. N.-N.-E. de Compiègne, chef-lieu de canton et poste; fabr. d'alun et de couperose; 1650 hab.
GUISCRIFF, vg. de Fr., Morbihan, arr. de Pontivy, cant. et poste du Faouet; 2800 h.
GUISE, pet. v. de Fr., Aisne, arr., à 5 l. O. de Vervins et à 24 l. de Paris, chef-lieu de canton et poste, sur la rive gauche de l'Oise; elle est traversée par un canal de dérivation de cette rivière; elle a un mur d'enceinte, reste de ses anciennes fortifications, et un vieux château qui la domine. Fabr. de tissus de laine, d'huile; tanneries et filature de coton; commerce de coton, lin, chanvre, toiles et cuirs; 3240 hab.

Guise, ville très-ancienne et autrefois très-forte, était jadis le chef-lieu d'un comté qui, sous François Ier, fut érigé en pairie, en faveur de Claude de Lorraine, tige de la célèbre maison de Guise, dont les princes jouèrent un si grand rôle dans les guerres religieuses du seizième siècle. En 1594, Henri IV brûla les faubourgs de cette ville.

Guise est la patrie de Camille Desmoulins né en 1762, mort sur l'échafaud le 5 avril 1794.

GUISE, ham. de Fr., Nièvre, com. de Moux; 180 hab.
GUISENIERS, vg. de Fr. Eure, arr., cant. et poste des Andelys; 550 hab.
GUISE-SUR-MADON. *Voyez* FROLOIS.
GUISING, ham. de Fr., Moselle, com. de Bettwiller; 360 hab.
GUISLAIN (le), vg. de Fr., Manche, arr. de St.-Lô, cant. de Percy, poste de Villebaudon; 530 hab.
GUISSAILLES, ham. de Fr., Charente, com. de Vindelle; 300 hab.
GUISSENY, vg. de Fr., Finistère, arr. de Brest, cant. de Lannilis, poste de Lesneven; 2900 hab.
GUISY, vg. de Fr., Pas-de-Calais, arr. de Montreuil-sur-Mer, cant. et poste d'Hesdin; 220 hab.
GUITALENS, vg. de Fr., Tarn, arr. et poste de Castres, cant. de Vielmur; 580 h.
GUITAUT, vg. de Fr., Haute-Garonne, arr. de St.-Gaudens, cant. et poste de l'Isle-en-Dodon; 150 hab.

GUITERA, vg. de Fr., Corse, arr. et poste d'Ajaccio, cant. de Zicavo ; 300 hab.

GUITINIÈRE, vg. de Fr., Charente-Inférieure, arr., cant. et poste de Jonzac; 510 h.

GUITRANCOURT, vg. de Fr., Seine-et-Oise, arr. et poste de Mantes, cant. de Limay ; 410 hab.

GUITRE, ham. de Fr., Charente, com. de Chassors; 160 hab.

GUITRES, ham. de Fr., Charente, com. de Ste.-Badégonde ; 150 hab.

GUITRES, b. de Fr., Gironde, arr. et à 3 1/2 l. N. de Libourne, chef-lieu de canton, poste de Coutras ; 1285 hab.

GUITRY, vg. de Fr., Eure, arr. des Andelys, cant. d'Écos, poste des Thilliers-en-Vexin ; 400 hab.

GUITTÉ, vg. de Fr., Côtes-du-Nord , arr. de Dinan, cant. de St.-Jouan-de-l'Isle, poste de Broons; exploitation d'ardoises ; 1050 hab.

GUIVRY, vg. de Fr., Aisne, arr. de Laon, cant. et poste de Chauny; 490 hab.

GUIZANCOURT, vg. de Fr., Somme, arr. d'Amiens, cant. et poste de Poix ; 220 h.

GUIZANCOURT, ham. de Fr., Somme, com. de Quivières; 140 hab.

GUIZENGEARD, vg. de Fr., Charente, arr. de Barbezieu, cant. de Brossac, poste de Chalais; tanneries ; 470 hab.

GUIZERITS, vg. de Fr., Hautes-Pyrénées, arr. de Bagnères-en-Bigorre, cant. et poste de Castelnau-Magnoac ; 540 hab.

GUIZIÈRES. *Voyez* MÉDARD (Saint-).

GUJA, pet. v. de l'emp. du Brésil, prov. de Parahyba, près de la Punta-da-Lucéna, à 11 l. N. de la capitale.

GUJABA (lagoa de), lac considérable de l'emp. du Brésil, au S. de la prov. de Matto-Grosso.

GUJAN, vg. de Fr., Gironde, arr. de Bordeaux, cant. et poste de la Tête-de-Buch; 1930 hab.

GUKERS. *Voyez* GAKERS.

GULF, île dans le lac Champlain, fait partie du comté de Grande-Isle, état de Vermont, États-Unis de l'Amérique du Nord.

GULGRAD, château situé sur la mer Noire et près du cap Gulgrad ou Kalabria, dans la Turquie d'Europe, eyalet de Silistrie.

GULL. *Voyez* MÉCATINA.

GULLEGHEM, vg. du roy. de Belgique, prov. de la Flandre occidentale, dist. de Courtrai, sur la Heulebeke; culture de lin très-fin ; 3420 hab.

GULLIMUCKIDA, dist. et pet. v. dans la prov. d'Agamé, du roy. de Tigré, en Abyssynie, au N. de Genater.

GULLIVERS-HOLE, bon port sur la baie de Fundy, côte O. de la Nouvelle-Écosse.

GULLYBUDDA, pet. v. du dist. de Tembla, dans le roy. de Tigré proprement dit, en Abyssinie, dans une contré boisée; eaux minérales aux environs.

GUMBINNEN, v. de Prusse, chef-lieu de la régence et du cercle du même nom, prov. de Prusse; bien bâtie et traversée par la Pissa. Avant 1732 ce n'était qu'un village ; Fréderic-Guillaume Ier, dont la statue en bronze décore la place principale, l'érigea en ville et y établit des émigrés français et salzbourgeois. Elle possède des temples réformés français et allemand, 1 gymnase et 2 hôpitaux, 1 école d'accouchement, plusieurs écoles normales et une bibliothèque publique. Fabrication de draps; brasseries et distilleries; commerce de blé et de graines de lin ; 6050 hab.

GUMBRECHTSHOFFEN (Ober-), vg. de Fr., Bas-Rhin, arr. de Wissembourg, cant. et poste de Niederbronn ; 360 hab.

GUMBRECHTSHOFFEN (Nieder-), vg. de Fr., Bas-Rhin, arr. de Wissembourg, cant. et poste de Niederbronn ; 556 hab.

GUMERY, vg. de Fr., Aube, arr., cant. et poste de Nogent-sur-Seine ; 350 hab.

GUMIANE, vg. de Fr., Drôme, arr. de Die, cant. et poste de la Motte-Chalençon ; 180 hab.

GUMIÈRES, vg. de Fr., Loire, arr. et poste de Montbrison, cant. de St.-Jean-Soleymieux; 1480 hab.

GUMMERSBACH, v. de Prusse, prov. du Rhin, rég. de Cologne, sur la Gummersbach ; fabr. de siamoises, d'étoffes de laine, et de tabac ; 600 hab.

GUMOND, vg. de Fr., Corrèze, arr. de Tulle, cant. de la Roche-Canilhac, poste d'Argentat; 610 hab.

GUMPOLDSKIRCHEN, b. de la Basse-Autriche, cer. inférieur du Wienerwald; fabr. de boutons ; tréfileries ; culture du vin ; 1500 hab.

GUMUSCH-KHANEH, pet. v. de la Turquie d'Asie, pachalik d'Erzeroum, dans l'Arménie. Elle est bâtie en amphithéâtre sur le versant d'une colline, contient environ 5000 habitants et est importante par les riches mines de plomb, d'argent et de cuivre qu'on exploite dans son voisinage.

GUNDELFINGEN, pet. v. de Bavière, sur l'embouchure de la Brenz dans le Danube, dist. et à 1 l. de Lauingen, cer. du Danube-Supérieur, dans une plaine fertile en blé ; 2360 hab.

GUNDELSHEIM, v. du Wurtemberg, cer. du Necker, sur le Necker; dans le voisinage se trouve le beau château de Hornegg ; 1000 hab.

GUNDERSHOFFEN, vg. de Fr., Bas-Rhin, arr. de Wissembourg, cant. et poste de Niederbronn ; 1220 hab.

GUNDISCHWEIL ou GONTENSCHWEIL, b. du cant. d'Argovie, chef-lieu d'un arrondissement, dans le dist. de Kulm; 2250 h.

GUNDOLSHEIM ou GUNGELSHEIM, vg. de Fr., Haut-Rhin, arr. de Colmar, cant. et poste de Rouffach ; 840 hab.

GUNDWANA. *Voyez* GANDWANA.

GUNÉPABÉE ou GINÉPABÉE, CIARA-MINIM (Petit-Ciara), fl. de l'emp. du Brésil, prov. de Rio-Grande-del-Norte ; coule vers le

N.-O. et débouche par une large embouchure dans l'Océan Atlantique, à 1 l. N. de Pottengy.

GUNGADI, v. considérable du pays de Galam ou Kayaga, en Sénégambie, sur la rive gauche du Sénégal, dans une forêt de dattiers, à 6 l. E. de Joag.

GUNGOUMES, peuple de la partie occidentale de l'Afrique équatoriale, dans le roy. d'Engooma ou Gungoumé, à l'E. de la côte de Gabon.

GUNGWILLER, vg. de Fr., Bas-Rhin, arr. de Saverne, cant. de Drulingen, poste de Saar-Union; 250 hab.

GUNICH, v. de la Turquie d'Asie, eyalet de Trébisonde. Elle est située au bord de la mer Noire, sur les confins du pays des Lazes, a un petit port et est habitée principalement par des Géorgiens, des Lazes et des Mingréliens.

GUNNARAH, b. de la rég. d'Alger, à 4 l. S.-O. de Bone, sur la route de cette ville à Constantine.

GUNPOWDER, fl. des États-Unis de l'Amérique du Nord, état de Maryland; naît de deux sources sur la frontière de l'état de Pensylvanie, coule vers le S.-E. et se jette dans la baie de Chésapeak; ce fleuve, quoique d'une largeur considérable, n'est navigable que jusqu'à Joppa; plus haut ses rapides et ses nombreux cataractes en empêchent la navigation.

GUNS ou **KOSZOEG**, pet. v. de Hongrie, cer. au-delà du Danube, comitat d'Eisenbourg, sur la rivière de même nom; siège de la cour d'appel du cercle; gymnase; fabr. de toiles; culture de vin, de blé, de pêches et de châtaignes; 5500 hab.

GUNSPACH, vg. de Fr., Haut-Rhin, arr. de Colmar, cant. et poste de Munster; 800 hab.

GUNSTETT, vg. de Fr., Bas-Rhin, arr. de Wissembourg, cant. de Wœrth-sur-Sauer, poste de Soultz-sous-Forêts; 985 hab.

GUNTERSBLUM, joli b. du grand-duché de Hesse-Darmstadt, prov. de la Hesse rhénane. Le comte de Leiningen-Heidesheim y possède un château. Cette ville est entourée de vignobles considérables; dans les environs se trouve un orme remarquable pour son étendue. Non loin se trouve le beau canal, creusé, en 1829, pour abréger la route de navigation du Rhin; 2500 hab.

GUNTHEBSBERG, v. dans le duché d'Anhalt-Bernbourg et près de laquelle se trouve un étang appelé Selde, qui forme la rivière de ce nom; 1000 hab.

GUNTRAMSDORF, vg. de la Basse-Autriche, cer. inférieur du Wienerwald, sur le canal de Neustædtl; fabr. de toiles peintes et de papier; 1200 hab.

GUNTZWILLER, vg. de Fr., Meurthe, arr. de Sarrebourg, cant. et poste de Phalsbourg; 440 hab.

GUNY, vg. de Fr., Aisne, arr. de Laon, cant. et poste de Coucy-le-Château; 670 h,

GUNZ, riv. de la Bavière; a ses deux sources dans le dist. de Kempten et se verse dans le Danube, à Gunzbourg.

GUNZBOURG, pet. v. de Bavière, chef-lieu de district, cer. du Danube-Supérieur, à 8 l. d'Ulm, sur l'embouchure de la Gunz dans le Danube; école supérieure; fabr. de toiles de lin; commerce actif, surtout en grains; navigation; population de la ville 2830 hab., du district 21,500, sur 6 milles c. géogr.

Ancienne résidence des margraves de Burgau. L'empereur Léopold la donna au brave margrave Louis de Bade, dont la veuve la posséda jusqu'en 1703.

GUNZBOURG (le Haut ou Ober-), b. de Bavière, chef-lieu de district, cer. du Danube-Supérieur, à 4 l. de Kempten; tisseranderies; pop. du bourg 1100 hab., du district 9800, sur 5 milles c.

D'après des inscriptions, ce bourg est l'ancienne *Gundia* des Romains.

GUNZENHAUSEN, pet. v. murée de Bavière, sur l'Altmuhl, que l'on y traverse sur un pont de bois de 500 pieds de long, chef-lieu de district, cer. de la Rézat, à 5 3/4 l. d'Ansbach; culture de blé et de houblon; tanneries; pop. de la ville 2170 hab., du district 14,700, sur 4 milles c.

Patrie de Hosmann dit Ossiandre, théologien du seizième siècle, et de l'historien Kraus.

GUNZWYL, paroisse dans le cant. de Lucerne, bge de Sursee; elle se compose de 1700 habitants, répartis dans plusieurs petits villages et hameaux.

GUR, g. a., colline dans la tribu de Manassé (Samarie), sur la frontière d'Issachar, non loin de Jibleam, au S.-E. de Dor et au S.-O. de Beth-Sean.

GURAGNANAC, ham. de Fr., Haute-Garonne, com. de Charlas; 150 hab.

GURAGUE, prov. dans la partie S.-O. de l'Abyssinie, habitée par quelques tribus des Boren-Gallas, qu'on représente comme les plus féroces et les plus abruties de cette nation nombreuse.

GURAN, vg. de Fr., Haute-Garonne, arr. de St.-Gaudens, cant. et poste de St.-Béat; 310 hab.

GURAPY ou **GURUPY**, fl. de l'emp. du Brésil; il naît au pied de la Sierra dos Limites, à l'E. de la prov. de Para, coule vers le N., en traversant de riches campagnes qu'il fertilise, et, grossi par un grand nombre de petites rivières, il se décharge dans la baie de Gurapy, après un cours de plus de 100 l.

GURAT, vg. de Fr., Charente, arr. d'Angoulême, cant. et poste de la Valette; 710 hab.

GURCY-LE-CHATEL, vg. de Fr., Seine-et-Marne, arr. de Provins, cant. et poste de Donnemarie; 280 hab.

GURDON, v. de l'Inde, roy. de Népâl, chef-lieu du district de même nom qui s'étend au pied de l'Himalaya, près des sources du Gogra. La ville est bâtie sur le Gogra et défendue par un fort occupé par une garnison chinoise. Chaque année, au mois de novembre, il s'y tient un grand marché, visité par les marchands de Laddak et de Cachemire, qui viennent échanger des châles et des poils de chèvre contre de la laine, des draps et du thé.

GURGEA (Sierra). *Voyez* TABATINGA (Sierra de).

GURGEA (Rio-). *Voyez* PARNAHYBA.

GURGUSSU, fl. de l'emp. du Brésil, prov. de San-Paolo; descend de la Sierra do Mar, coule vers le S.-E. et se jette dans l'Océan Atlantique.

GURGY, vg. de Fr., Yonne, arr. et poste d'Auxerre, cant. de Seignelay; 930 hab.

GURGY-LA-PIERRE, vg. de Fr., Côte-d'Or, arr. de Châtillon-sur-Seine, cant. et poste de Recey-sur-Ource; haut-fourneau; 255 hab.

GURGY-LE-CHATEAU, vg. de Fr., Côte-d'Or, arr. de Châtillon-sur-Seine, cant. et poste de Recey-sur-Ource; 250 hab.

GURINLUÇON, vg. de Fr., Basses-Pyrénées, arr. et poste d'Oloron, cant. de Ste.-Marie-d'Oloron; 420 hab.

GURK, pet. b. d'Illyrie, gouv. de Laibach, cer. de Klagenfurt, sur la Gurk; avec la cathédrale de l'évêque résidant à Klagenfurt; fabr. de boutons métalliques; 600 hab.

GURKFELD ou KERSKO, très-pet. v. d'Illyrie, gouv. de Laibach, cer. de Neustædtl; située sur l'emplacement de Roviodunum, ancienne ville romaine; culture de vin; bain thermal; antiquités; 1200 hab.

GURLING, île de l'archipel de Viti (îles Fidji), dans la Polynénie ou Océanie orientale, sous 17° 25' lat. S. et 178° 50' long. orient.

GURMENÇON, vg. de Fr., Basses-Pyrénées, arr. et poste d'Oloron, cant. de Ste.-Marie-d'Oloron; 420 hab.

GURNET-POINT, promontoire très-saillant à l'entrée N. de la baie de Plymouth, côte E. de l'état de Massachusetts, États-Unis de l'Amérique du Nord.

GURNIGEL (le), mont. de la chaine de Stockhorn, à l'E. du lac de Thun; renommée pour la belle vue qu'on y découvre et pour ses bains d'eaux minérales.

GURRUMCONDAH, v. de l'Inde anglaise, présidence de Madras, prov. de Balaghat, forteresse sur le Poner.

GURS, vg. de Fr., Basses-Pyrénées, arr. d'Orthez, cant. et poste de Navarrenx; 650 hab.

GURSCHNO, v. de Prusse, prov. de Prusse, rég. de Marienwerder; 1000 hab.

GURUNHUEL, vg. de Fr., Côtes-du-Nord, arr. de Guingamp, cant. et poste de Belle-Isle-en-Terre; 1190 hab.

GURUPA, pet. v. de l'emp. du Brésil, prov. et comarque de Para, sur le Maragnon et à 18 l. de l'embouchure du Rio-Xingu; ses habitants, au nombre de 2000, fabriquent de la poterie, des tuiles et des briques et font le commerce de salsepareille, de cacao et de cravo.

GURUPATUBA. *Voyez* MARAGNON.

GURUPY (fleuve). *Voyez* GURAPY.

GURUPY ou GURUPI, pet. v. de l'emp. du Brésil, prov. et comarque de Para. Cette ville, très-avantageusement située sur la baie de même nom, formée par l'embouchure du Rio-Gurupy, fut fondée en 1661 et est un des plus anciens établissements de la province. Elle était, pendant quelque temps, le chef-lieu d'une petite capitainerie et florissait par le commerce qu'elle entretenait avec les côtes de Maranhao et de Para. La prospérité de cette ville a beaucoup diminué depuis par le mauvais état de son port, que les sables comblent de plus en plus.

GURUTUBA (Sierra), chaine de montagnes de l'emp. du Brésil, prov. de Minas-Geraës; elle s'étend dans une direction N. entre les fleuves Verde et Gurutuba et se rattache à la Sierra Branca.

GURY, vg. de Fr., Oise, arr. de Compiègne, cant. de Lassigny, poste de Ressons; 280 hab.

GUSPINI, vg. du roy. de Sardaigne, île de Sardaigne, prov. de Cagliari; mines de plomb et d'argent.

GUSSAGO, b. du roy. Lombard-Vénitien, gouv. de Milan, délégation de Brescia; 3000 hab.

GUSSAINVILLE, vg. de Fr., Meuse, arr. de Verdun-sur-Meuse, cant. et poste d'Étain; 60 hab.

GUSSIGNIES, vg. de Fr., Nord, arr. d'Avesnes, cant. et poste de Bavay; scierie de marbre; 440 hab.

GUSSING, b. de Hongrie, cer. au-delà du Danube, comitat d'Eisenbourg, sur le Czenitze; 1500 hab.

GUSTAMLO, v. du roy. de Tigré, en Abyssinie, dans la prov. d'Avergale.

GUSTAVIA, v. de l'île St.-Barthélemy, Petites-Antilles; avec un château fort, 800 maisons et 10,000 hab. Son port franc, appelé Carenage, est sûr et commode.

GUSTEN, v. d'environ 1700 hab., dans le duché d'Anhalt-Bernbourg, située sur la Wipper.

GUSTO (Saint-), gr. b. du roy. de Sardaigne, principauté de Piémont, prov. d'Idrea; 3000 hab.

GUSTROW, chef-lieu du cer. Wendique, dans le grand-duché de Mecklembourg-Schwérin, cercle dont l'étendue est de 86 milles c. Cette ville est entourée de belles promenades qui occupent l'emplacement de ses anciens remparts; elle a un vaste château transformé en une maison de travail, une cathédrale gothique remarquable, un gymnase, des bains de vapeur, une grande foire pour les laines et un commerce considérable, d'importantes distilleries d'eau-de-vie, et une population de 8400 hab. La société patriotique d'agriculture et d'industrie y a établi une exposition annuelle de bestiaux et des courses de chevaux.

GUTACH, vg. du grand-duché de Bade, cer. du Haut-Rhin, dans la vallée de Gutach, une des plus fertiles et des plus belles de la Forêt-Noire; cette vallée est surtout remplie d'arbres fruitiers; 1800 hab.

GUTENBRONN. *Voyez* BONNEFONTAINE.

GUTINIÈRES, ham. de Fr., Isère, com. du Pin; 160 hab.

GUT-OF-CANSO, canal étroit entre l'île du cap Breton et la Nouvelle-Écosse.

GUTSTADT (en polonais *Dobre-Miasto*), v. de Prusse, prov. de Prusse, rég. de Kœnigsberg, sur l'Alle; manufacture de draps et de toiles; commerce de fil et de plumes; 3150 hab.

GUTTENSTEIN, vg. de la Basse-Autriche, cer. inférieur du Wienerwald; forges; commerce en bois et ouvrages en fer; 1400 hab.

GUTTENTAG (en polonais *Dobrodzien*), pet. v. de Prusse, prov. de Silésie, rég. de Liegnitz; commerce de bestiaux; 1860 hab.

GUYANCOURT, vg. de Fr., Seine-et-Oise, arr., cant. et poste de Versailles; poteries; 630 hab.

GUYANDOT. *Voyez* OHIO (fleuve).

GUYANE (mer de), nom que quelques géographes donnent à cette partie de l'Océan Atlantique qui baigne les côtes de la Guyane, depuis le Maragnon jusqu'à l'embouchure de l'Orénoque ou plutôt jusqu'à l'île de Trinidad.

GUYANE (Cordillères de la). *Voyez* PARIME.

GUYANE (la), région de l'Amérique méridionale, de 400 l. de longueur, entre l'Orénoque, le Maragnon, l'Océan Atlantique, la rép. de la Nouvelle-Grenade et l'emp. du Brésil (1° à 9° lat. N.). Ses côtes, d'un développement de 180 l. marines, s'étendent de l'embouchure de l'Orénoque à celle du Maragnon. On ne peut préciser ni l'étendue ni la population de cet immense territoire, dont les districts intérieurs et les frontières occidentales sont presque inconnus. Poirson admet une superficie de 7426 l. c. géogr.; d'autres l'évaluent, avec plus de probabilité, à 7342 l. c. géogr. Le nombre des habitants dans les trois colonies française, anglaise et hollandaise s'élève à 180,000, dont 160,000 esclaves, non compris différentes hordes d'Indiens et de Nègres libres qui occupent les forêts à l'O. du pays.

Toute cette vaste région peut être considérée comme une île, parce qu'on sait aujourd'hui d'une manière positive que l'Orénoque et l'Amazone sont joints ensemble par des canaux naturels. Les côtes de ce pays sont généralement basses et exposées aux inondations. Le climat, excessivement chaud, est humide et malsain sur les bords de la mer, mais agréable et assez salubre sur les hauteurs de l'intérieur. Le sol, arrosé par de grands et nombreux fleuves, tels que le Maragnon, l'Orénoque, l'Esséquébo, le Surinam, le Berbice, le Maroni, etc., est en grande partie plat, marécageux et couvert d'une belle et riche végétation, mais il n'est cultivé que le long des fleuves et des côtes, rendues très-fertiles par la chaleur et l'humidité.

Les principales productions du règne végétal sont : le café, le sucre, le cacao, le coton, l'indigo, la muscade, la girofle, la cannelle, le riz, le maïs, le tabac, le manioc, le rocou, la vanille, le cachou, les ananas, différentes espèces de pommes de terre, plantes médicinales et autres productions tropiques.

L'intérieur, traversé par la Sierra Parime, n'offre que de vastes déserts et des forêts vierges impénétrables et remplies de bêtes féroces, de singes, de tapirs, de vampires, d'une multitude d'oiseaux au brillant plumage, de serpents à sonnette, d'une innombrable quantité d'insectes nuisibles et incommodes; les tortues de terre et de mer et les poissons y abondent; on y a acclimaté aussi différents animaux domestiques européens, tels que bêtes à cornes, porcs, moutons, volaille, etc. Les forêts produisent plus de 300 espèces de bois utiles à exploiter, tels que bois d'ébène, de gayac, de fer, de rose, d'acajou, de quassia (bois amer) et une grande variété de poix, de gomme et de baume (baume de copaïva), etc. Le botaniste y trouve une moisson variée et abondante. Le règne minéral fournit du fer en abondance, du porphyre, des pierres de taille, du schiste, du grès, du kaolin, du cristal de roche, du sel et des eaux minérales; traces d'or et d'argent. Les pâturages dans les savannes desséchées nourrissent de nombreux troupeaux. Les habitants de la Guyane se composent de blancs, de Nègres (la partie la plus nombreuse de la population), de sang-mêlé libres et d'indigènes qui, en grande partie, mènent une vie nomade et indépendante. Nous avions déjà occasion de parler des Nègres révoltés et fugitifs, connus sous le nom de *Nègres-Marrons* ou *Nègres-Buissons* qui ont établi dans les forêts de l'intérieur plusieurs petites républiques, d'où ils sont souvent sortis pour désoler les plantations voisines et jeter l'épouvante jusque dans les villes qui bordent les côtes. Nous les peuplades indigènes nous citons les Caraïbes, peuple qui peut, pour ainsi dire, servir de prototype dans l'ethnographie de cette vaste contrée, les Arrowaques (Arrowouks), les Warrows, les Accawaws (Accawais), les Uculiu ou Acalju et les Waquais, auxquels nous avons consacré des articles spéciaux. La chasse et la pêche font la principale occupation de l'Indien des côtes; l'éducation du bétail celle du Nègre-Marron et de l'indigène qui erre dans les districts de l'O. La sagacité et l'adresse de l'Indien, vantées par Cowper, sont connues dans la Guyane; il pourrait devenir utile comme ouvrier, car la confection de ses armes est parfaite; celle de son hamac, d'un tissu léger et bariolé, indique du goût et de la patience. Il en est de même de la poterie et des paniers qu'il vient quelquefois vendre à la ville voisine; mais il est paresseux et aime l'oisiveté; il voit les fruits de l'industrie des colons sans en être touché, et de tout ce que procure la civilisation, il n'envie qu'une hache, un couteau, une pipe, des verroteries pour sa femme et par-dessus tout du tafia. C'est en vain qu'on a voulu lui persuader de prendre part à notre vie sociale, jamais il n'a consenti à répudier celle que son instinct capricieux lui indique. Entre l'Indien de 1495 et celui de nos jours il n'y a presque pas de différence. Les plantations de café, de sucre, de coton, etc., et le commerce qui résulte de ces produits sont le principal but de l'activité des colons et la source d'immenses richesses pour ce beau pays. Aucune mine n'y est exploitée, le climat rend impossible la culture des céréales et l'horticulture, l'industrie et la culture des bois font des occupations accessoires.

Nous ne pouvons terminer cet article sans faire mention d'un ouvrage très-important pour la connaissance de la Guyane et principalement de la Guyane anglaise : c'est l'itinéraire tout récemment publié par M. Robert Shomburgh, savant voyageur anglais qui a parcouru, pendant dix années, les districts entre l'Esséquébo et le Surinam. M. Shomburgh a deux fois remonté l'Esséquébo, dont il a trouvé la source à 40 milles N. de l'Équateur; il a examiné en même temps le Berbice et le Corentyn, la Sierra Parime, le pic de Rosaïma, qu'il a trouvé haut de 2332 mètres, et en général les contrées les plus reculées de la Guyane. Ses relations sur la végétation de ce pays sont du plus haut intérêt pour le botaniste.

On dérive le nom de Guyane (Guayana, Guiana) du nom indien du Rio-Négro, appelé *Guainia* par une peuplade qui habite ses bords supérieurs; le nom de Cayenne même paraît remonter à cette étymologie.

Cinq nations principales de l'Europe se sont partagé les côtes de ce vaste pays. Les Anglais, les Hollandais et les Français sont maîtres de la côte orientale; les Portugais s'emparèrent du S., depuis le Maragnon jusqu'à l'embouchure de l'Oyapock, y compris toute la vallée du Rio-Branco; enfin, les Espagnols en ont occupé la plus grande partie, le noyau du pays et ses districts les plus montagneux (*Voyez* GUAYANA).

La Guyane fut découverte par le navigateur espagnol Vasco-Nunez, qui, en 1504, explora la côte depuis l'Orénoque jusqu'au Maragnon, et lui donna le nom de *Tierra-Firma* (terre ferme). Les Espagnols paraissent avoir peu utilisé leur découverte, et ce n'est qu'en 1595 que le navigateur anglais Walther Raleigh remonta l'Orénoque, sur une longueur de 200 l. Après lui, plusieurs flibustiers visitèrent ces côtes à différentes époques. En 1634 déjà il y avait dans le Surinam une colonie de Français et d'Anglais, sous la conduite du capitaine Marshall. Cette colonie avait défriché quelques terres et plantait du tabac. Elle fut placée d'abord sous la protection de la Grande-Bretagne et cédée plus tard aux Hollandais; à la fin du dix-septième siècle les Français s'établirent entre le Maroni et l'Oyapock, les Portugais entre l'Oyapock et le Maragnon, les Hollandais entre le Maroni et le cap Nassau, les Espagnols enfin depuis ce cap jusqu'à l'Orénoque et jusque sur quelques centaines de lieues dans l'intérieur. La Guyane espagnole fait aujourd'hui partie de la rép. de Vénézuela et a été décrite sous l'article GUAYANA, auquel nous renvoyons nos lecteurs.

GUYANE ANGLAISE, comprend les colonies ci-devant hollandaises de Berbice, de Démérary et d'Esséquébo, et s'étend depuis l'embouchure du Corentyn jusqu'à celle du Moroco, à 8 l. N.-O. de l'embouchure du Pumaroun; elle est bornée au N.-E. par l'Océan Atlantique, qui y forme les caps Nassau et Orange, à l'O. par la rép. de Vénézuela, à l'E. par la Guyane hollandaise et au S., où ses limites sont indéterminées, par les déserts inconnus de l'intérieur. Cette indécision sur la frontière méridionale de ce pays rend peu certaines les différentes données sur son étendue, que les uns ont évaluée à 400 l. c. géogr., d'autres à 500, d'autres encore à 2200. Martin, dans son ouvrage sur les *Colonies de la Grande-Bretagne*, porte l'étendue de la Guyane anglaise jusqu'à 95,000 l. c. anglaises ou 4500 l. c. géogr. Les principaux cours d'eau de ce pays sont : le Corentyn, qui le sépare de la Guyane hollandaise, le Berbice, le Démérary (Démérara), l'Esséquébo (Esséquibo, Esquivo), avec ses affluents très-considérables, le Rupunuwiny, le Mazuriny, le Cayoni et le Pumuroun (Pumuroon), non loin de la frontière colombienne. La population est de 96,000 hab., dont 84,915 indigènes, non compris les différentes hordes d'Indiens indépendants, dont le nombre se monte à 7900. La Guyane anglaise comprend les deux gouv. d'Esséquébo-Démérary et de Berbice. Nous renvoyons nos lecteurs à ces deux articles pour ce qui concerne les ressources territoriales et commerciales de cette colonie.

GUYANE BRÉSILIENNE. *Voyez* PARA (province).

GUYANE FRANÇAISE, possession et colonie française, sur la côte orientale de l'Amérique méridionale, entre 4° et 6° lat. N. et entre 53° et 62° long. occ. Elle est bornée au N. et à l'E. par l'Océan Atlantique, à l'O. par la Guyane hollandaise, dont le Maroni la sépare, et par le territoire peu exploré qu'habitent les Indiens libres;

au S.-O. et au S. par la Guyane portugaise, aujourd'hui brésilienne et par le Brésil. Ses bornes au S.-E. ne sont pas encore déterminées. La France prétend, d'après le traité d'Utrecht, que les limites de cette possession s'étendent jusqu'à la riv. d'Yapock; mais le gouvernement portugais, qui dut restituer cette colonie après le traité de 1814, ne rendit que le territoire compris entre le Maroni et la riv. d'Oyapock, qui forme aujourd'hui de fait la limite S.-E. de la Guyane française. Sa superficie est d'environ 6000 l. c., et sa population était en 1834 de 22,083 individus, dont 4947 libres et 17,136 esclaves. Le sol, depuis la côte jusqu'à une distance de 20 l. environ, est formé d'un terrain d'alluvion d'une grande fertilité. Cette partie basse, marécageuse, est inondée pendant la saison des pluies; on la désigne sous le nom de *terres mouillées*. Le territoire de l'intérieur, nommé *terres hautes*, s'élève par une pente peu sensible; il est couvert de forêts immenses et majestueuses qui renferment jusqu'à 259 espèces d'arbres; cependant ce n'est qu'en avançant vers la frontière du Brésil qu'on trouve des montagnes élevées. Les principales rivières de la Guyane sont : le Maroni, l'Oyapock, l'Approuague, le Kourou, le Sinamary, l'Ouyac, la Cayenne, la Mana, etc. A l'exception des deux premières, aucune n'a un cours de plus de 50 l. Les canaux de dessèchement qu'on a creusés sur différents points de la colonie ont mis en valeur des terres alluvionelles incultes jusqu'alors. On évalue aujourd'hui l'étendue des terres cultivées à environ 20,000 hectares.

Le climat n'y est pas plus malsain dans les terres mouillées que dans les autres terres basses situées entre les tropiques; il est sain dans les terres hautes. Ainsi que les autres contrées équatoriales, la Guyane ne connaît que deux saisons, l'une sèche, l'autre pluvieuse; elles y règnent alternativement deux fois par an; la première depuis la fin de juillet jusqu'en novembre, et depuis la mi-février jusqu'à la mi-avril; les pluies sont si abondantes pendant les intervalles qui séparent les deux périodes de la saison sèche, que toutes les plaines ressemblent à un lac immense de plus de deux pieds de profondeur. La chaleur et l'humidité y occasionnent des fièvres, mais qui sont généralement plus fatigantes que dangereuses pour les Européens. La température y est assez douce, et même pendant la saison sèche le thermomètre monte rarement au-delà de 28° Réaumur.

On ne saurait décrire tout ce qu'il y a de puissant et de majestueux dans la végétation de cette jeune terre; les forêts vierges qui couvrent la plus grande partie du sol sont formées d'arbres séculaires, d'une hauteur extraordinaire et dont les rameaux touffus, entrelacés à une multitude de lianes et de plantes grimpantes, présentent un réseau impénétrable de feuillage toujours brillant de fraîcheur. Outre un grand nombre de plantes médicinales, on y cultive avec succès les fruits d'Amérique, ceux de l'Inde asiatique et la plupart des plantes potagères de l'Europe, quoique le climat semble moins favorable à ces dernières. On y récolte aussi du maïs, du riz, de la vanille, de la canelle, de la muscade, etc.; mais la culture principale consiste en sucre, café, coton, cacao, girofle, poivre et rocou. En 1834 la colonie a produit 2,200,478 kilogr. de sucre, 44,679 de café, 190,885 de coton, 34,968 de cacao, 175,485 de girofle, 10,560 de poivre et 140,524 de rocou. Le règne animal y est composé, comme dans le reste de la Guyane, des espèces particulières au Brésil, au Paraguay et en général à l'Amérique méridionale; on y trouve le jaguar, le cougouar noir, le tigre, le chat-tigre, le tapir ou l'éléphant-américain, le tamanoir ou grand fourmilier, l'unau, l'agouti, la sarigue, le porc-épic, plusieurs espèces de singes, des crocodiles, des caïmans, très-nombreux sur le bord des fleuves, l'ignane et la chauve-souris nommée *vampire*, d'énormes serpents boa et le redoutable serpent à sonnettes. Outre les espèces d'oiseaux de l'Europe, l'ornithologie de la Guyane comprend une grande variété d'oiseaux indigènes remarquables par la beauté de leurs plumages; mais il serait trop long de les nommer ici, même en se bornant aux espèces les plus rares. Les minéraux de cette contrée sont peu connus, et jusqu'à présent on s'est borné, sous ce rapport, à de simples suppositions. Les tribus d'Indiens nomades qui errent dans les vastes contrées encore peu explorées de l'intérieur, présentent en général les caractères de la race caraïbe. *Voyez* GUYANE, article général.

La colonie de la Guyane française est divisée en quatorze quartiers, qui sont : ceux de Cayenne, l'île de Cayenne, Approuague, Tour-de-l'Isle, Iracoubo, Kew ou Kaou, Kourou, Macouria, Mana, Mont-Sinéry, Oyapock, Roura, Sinnamary et Tonne-grande.

Le commandement supérieur et la haute administration sont confiés à un gouverneur, commissaire-général de la marine. Deux chefs d'administration dirigent, sous ses ordres, les différentes branches du service. Un conseil privé participe à l'examen des pouvoirs du gouverneur. Un conseil colonial, composé de 16 membres élus par les habitants, délibère sur toutes les matières d'intérêt local. La justice est administrée par deux tribunaux de paix (à Cayenne et à Sinnamary), un tribunal de première instance, une cour d'assises et une cour royale dont les siéges sont à Cayenne.

La colonie est régie par la législation française, modifiée par diverses ordonnances.

Ce fut au commencement du dix-septième siècle que des Français firent les premiers essais de colonisation sur cette partie de la Guyane, et pendant la première moitié du même siècle plusieurs expéditions y furent successivement envoyées par le gouvernement pour protéger et développer les entreprises des colons; mais aucune n'eut les résultats qu'on avait espérés. Les violences exercées sur les indigènes exaspéraient ces derniers; ils profitèrent des dissensions qui régnaient continuellement entre les Français, les expulsèrent du pays et accueillirent les Hollandais dont la conduite plus politique leur inspirait moins de défiance. Une nouvelle expédition chassa les Hollandais en 1664, mais trois ans après les Anglais prirent et pillèrent la colonie qui, en 1672, passa de nouveau aux Hollandais. L'amiral d'Estrées la leur reprit en 1674, et elle fut, à cette époque, réunie au domaine royal, comme les autres colonies franco-américaines. Pendant un siècle on ne remarqua aucun progrès dans la situation de la colonie. En 1763, 12,000 colons volontaires, la plupart Suisses et Alsaciens, périrent de misère et de faim sur les rives du Kourou, par la faute d'une administration imprévoyante. Sous l'administration de M. Malouet, qui arriva à Cayenne quelques années après ce désastre, la Guyane française jouit d'un commencement de prospérité. Par les soins de ce sage administrateur et par ceux de l'illustre Poivre, plusieurs améliorations et plusieurs changements avantageux à la culture y furent introduits. Ils y importèrent aussi les végétaux dont les espèces forment aujourd'hui les produits les plus importants de la colonie. Les guerres de la révolution et de l'empire firent déchoir tout à coup cette colonie; elle devint le lieu de déportation des proscrits du 18 fructidor, dont la plupart y périrent misérablement. Ceux qui revinrent, aigris par le malheur, firent sans doute à la Guyane une réputation d'insalubrité qu'elle ne mérite point. En 1809 les Portugais s'emparèrent de la colonie qui ne fut restituée à la France qu'en 1817, par suite du traité de 1814.

GUYANE HOLLANDAISE. *Voyez* SURINAM.

GUYANS-DURNES, vg. de Fr., Doubs, arr. de Besançon, cant. et poste d'Ornans; 310 hab.

GUYANS-VENNES, vg. de Fr., Doubs, arr. de Baume-les-Dames, cant. de Pierre-Fontaine, poste de Morteau; 640 hab.

GUYENCOURT, vg. de Fr., Aisne, arr. de Laon, cant. de Neufchâtel, poste de Berry-au-Bac; 500 hab.

GUYENCOURT, vg. de Fr., Somme, arr. et poste d'Amiens, cant. de Sains; 290 hab.

GUYENCOURT-SAULCOURT, vg. de Fr., Somme, arr. et poste de Péronne, cant. de Roisel; 630 hab.

GUYOMARD (Saint-), vg. de Fr., Morbihan, arr. de Ploermel, cant. de Malestroit, poste d'Elven; 750 hab.

GUYON (Seine-et-Oise). *Voyez* MAREIL-LE-GUYON.

GUYON, île au S.-E. de celle du Cap-Breton, dont elle dépend.

GUYONNIÈRE (la), vg. de Fr., Vendée, arr. de Bourbon-Vendée, cant. et poste de Montaigu; 800 hab.

GUYONVELLE, vg. de Fr., Haute-Marne, arr. de Langres, cant. de la Ferté-sur-Amance, poste de Bourbonne; 560 hab.

GUYOTS, ham. de Fr., Isère, com. de Chanas; 170 hab.

GUZARGUES, vg. de Fr., Hérault, arr. et poste de Montpellier, cant. de Castries; 110 hab.

GUZEL-HISSAR ou TRALLES, *Magnesia*, *Macandrum*, v. de la Turquie d'Asie, eyalet d'Anadoli. Elle est située au S.-E. de Smyrne, sur le versant méridional de la montagne de Tire (autrefois Thorar). C'est une ville florissante, bien bâtie, à rues larges et pavées; elle renferme de nombreux bazars et entrepôts et a une population de 30,000 habitants, parmi lesquels il existe des Grecs, des Arméniens et des juifs très-riches. Guzel-Hissar possède de nombreuses fabriques d'étoffes de coton et fait un grand commerce de coton brut et manufacturé; cette ville est en outre l'entrepôt général des marchandises qui sont expédiées de Smyrne dans l'intérieur de l'Asie Mineure. Les environs de Guzel-Hissar sont charmants; de vastes jardins, des bosquets de cyprès, d'orangers, de grenadiers, des plantations de vignes l'entourent de tous côtés. On y trouve encore un théâtre et un aqueduc, restes de l'ancienne Magnesia.

GUZERATE ou GUZURATE, GUJERAT, grande prov. de l'Inde; fait partie de la présidence de Bombay. Le Guzerate s'étend entre 66° 48' et 72° 2' long. orient., et entre 20° 17' et 24° 37' lat. N.; il est borné au N. par l'Adjmir, à l'E. par le Malva, au S.-E. par Kaudeisch, au S. par Aurungabad, au S.-O. par le golfe d'Oman, à l'O. par le golfe de Cutch et la province du même nom. Sa superficie est d'environ 500 milles c. géogr. La partie orientale de cette province est montueuse et arrosée par un nombre prodigieux de rivières et de ruisseaux; la partie septentrionale, au contraire, est un pays plat et inculte, voisin du désert du Moultan. Dans la presqu'île comprise entre les golfes de Cutch et de Cambaye commence l'immense marais, appelé Runn, qui s'étend jusque vers l'Indus; un marais pareil occupe la côte du golfe de Cambaye. Les montagnes du Guzerate appartiennent au groupe des monts Vhindya; au S. de la Nerbuddah sont les Gâtes proprement dites. Les principaux fleuves et rivières du Guzerate sont le Ban, le Banas ou Vanaza, le Bhaudur, le Sauhermutty, le Mnye ou Mahy, la Nerbuddah, le Tapty. Au temps des pluies, la province ressemble à un immense marais ; en été, le sol sablonneux lui donne l'aspect d'un désert, et presque toutes les cultures seraient perdues sans une irrigation artificielle. Le Guzerate produit des céréales, du riz, les fruits des tropiques, le cocotier, du coton, de l'indigo, de l'opium et le meilleur tabac de l'Indoustan. Le N. de la province n'est qu'une steppe immense qui nourrit des troupeaux innombrables de bétail, de chevaux, de moutons, de chèvres, etc. Le nombre des habitants n'est pas exactement connu, car ce n'est que depuis l'année 1818 que les Anglais, qui auparavant ne possédaient qu'une bande étroite de terre sur la côte, se sont emparés de toute la province. L'anarchie, qui pendant 50 ans et sous le gouvernement des Mahrattes a désolé la province, n'a pas peu contribué à sa dépopulation. Malgré cela on porte encore à quelques millions le nombre des habitants qui sont Hindous (tels que les Bheels, les Grassias ou Coulies, etc.), Mongols et Parsis. Les Anglais ne gouvernent immédiatement qu'un petit nombre de ces districts. La plupart sont régis par des radjahs tributaires, dont le plus important est le Guikowar. Le Guzerate anglais est divisé en quatre districts, qui sont : Surate, Barotch, Kaira, Ahmedabad. Surate est la capitale de toute la province.

GWENDRATH-VAWR, b. d'Angleterre, comté de Cærmarthen, dans la principauté de Galles ; fait un commerce très-étendu en houilles ; 2000 hab.

GWINET, b. des États-Unis de l'Amérique du Nord, état de Pensylvanie, comté de Montgoméry, sur la Wissahikon ; 1600 hab. allemands.

GWINNET, comté de l'état de Géorgie, États-Unis de l'Amérique du Nord ; il est borné par les comtés de Rabun, de Hall, de Walton, de Newton, de Henry, et par les dist. des Creeks et des Tschérokis. Pays montagneux, couvert de forêts et entrecoupé de belles vallées bien arrosées. Le Chattahochée est son principal cours d'eau. Lawrenceville, sur l'Oakmulgée supérieur, est le chef-lieu du comté ; 6000 hab.

GWYN, pet. île fertile et habitée, à l'embouchure du Piankatank, côte E. de l'état de Virginie, États-Unis de l'Amérique du Nord ; elle fait partie du comté de Matthews.

GY, pet. v. de Fr., Haute-Saône, arr. et à 5 l. E. de Gray, chef-lieu de canton et poste. Elle est agréablement située sur le penchant d'une colline, environnée de vignobles et dominée par un ancien château qui appartenait jadis aux archevêques de Besançon ; fabr. de drogues et cotonnades ; tanneries ; commerce considérable de vins ; 2660 hab.

GY (Saint-), ham. de Fr., Ain, com. de Divonne ; 240 hab.

GY, vg. de Fr., Loir-et-Cher, arr. de Romorantin, cant. et poste de Selles-sur-Cher ; 610 hab.

GYARA, g. a., une des îles Cyclades, située dans la mer Égée, à l'E. de Céos et à l'O. de Ténos. Du temps des empereurs romains c'était un lieu de déportation.

GYE, vg. de Fr., Meurthe, arr., cant. et poste de Toul ; 250 hab.

GYÉ-SUR-SEINE, vg. de Fr., Aube, arr. de Bar-sur-Seine, cant. de Mussy-sur-Seine, poste ; fabr. de papier, de poterie, de toiles de chanvre et de vannerie ; mégisseries et tanneries. On y élève des troupeaux mérinos ; 1330 hab.

GY-L'ÉVÊQUE, vg. de Fr., Yonne, arr. d'Auxerre, cant. et poste de Coulange-la-Vineuse ; 580 hab.

GYMNOSOPHISTES (les sages nus), g. a., peuple de l'Inde en-deçà du Gange ; ils demeuraient, selon Ptolémée, à l'E. de l'Hypanis, vraisemblablement dans le dist. de Sirhind, prov. de Delhi. Peut-être formaient-ils, comme les Bramines d'aujourd'hui, la classe la plus distinguée des Indiens.

GYNLES, g. a., fl. au S. de l'Assyrie ; il se jetait dans le Tigre. Cyrus, lorsqu'il marcha contre Babylone, perdit en le passant un de ses chevaux sacrés. Pour punir le fleuve de ce sacrilége, il le détourna de son lit ordinaire et divisa ses eaux en 360 canaux.

GYŒRGIŒ-SANCT-MYCKLOS, b. de Transylvanie, pays des Szeklers, avec une belle église arménienne. Ses habitants, en grande partie Arméniens, fabriquent des ouvrages en bois et font le commerce de bestiaux.

GYŒRGY, b. des Confins militaires, généralat de Transylvanie, sur l'Alt ; sources minérales.

GYSWYL, vg. parois. du cant. d'Unterwalden, dans l'Obwalden ; 1350 hab.

GYTHEUM, g. a., v. située sur la côte orientale du Sinus Laconicus. En 195 avant J.-C. les Romains l'assiégèrent, mais ne parvinrent cependant pas à s'en emparer.

GYULA, gros b. de Hongrie, cer. au-delà de la Theiss, chef-lieu du comitat de Bekes. Ses habitants, au nombre de 4500, s'adonnent surtout à l'éducation des bestiaux.

GYULAR, vg. de Transylvanie, pays des Hongrois, comitat de Hunyad ; hauts-fourneaux et forges. Dans ses environs se trouvent les mines de fer les plus riches de la Transylvanie.

GYZEH. *Voyez* DJYZEH.

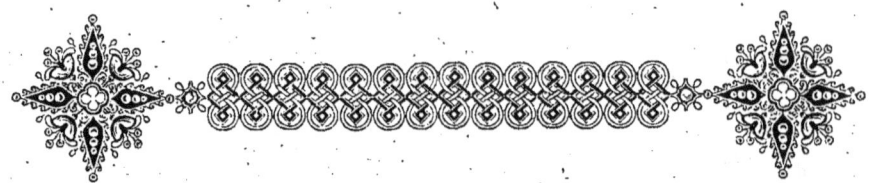

H

AABETS. *V.* GODTHAAB.

HAARBOURG, v. du roy. de Hanovre, gouv. de Lunebourg, située au confluent de la Seeve et de l'Elbe, vis-à-vis de Hambourg; il s'y trouve un gymnase, de nombreux tissages, une raffinerie de sucre considérable, et l'on y fait un grand commerce de bois et de transit; 3950 hab.

HAARDT, vg. parois. de la Bavière rhénane, cant., arr. et à 1/4 l. de Neustadt; avec un vieux château, lieu de naissance du comte palatin Frédéric-le-Victorieux; vestiges d'une voie et d'un castel romains; 1170 hab.

HAAREN, vg. de Prusse, prov. du Rhin, rég. d'Aix-la-Chapelle; mines de plomb; 1080 hab.

HAARLEM. *Voyez* HARLEM.

HABARCQ, vg. de Fr., Pas-de-Calais, arr. et poste d'Arras, cant. de Beaumetz-les-Loges; 340 hab.

HABAS, vg. de Fr.; Landes, arr. et poste de Dax, cant. de Pouillon; commerce de jambons; 1940 hab.

HABASÉH, b. de la Basse-Égypte, préfecture et à 5 l. N.-E. de Belbeys, sur les confins du désert.

HABAY (la vieille et la neuve), deux vgs. du roy. de Belgique, grand-duché de Luxembourg, arr. de Neufchâteau, sur la Rulle; fonderies et forges; 740 et 1100 hab.

HABBECH, pet. port sur la mer Rouge, dans la partie N.-E. de la Nubie, au N.-O. du cap Gidid et à l'opposite de l'île St.-Jean.

HABELSCHWERD, pet. v. de Prusse, prov. de Silésie, rég. de Breslau, chef-lieu de cercle, sur la Neisse; fabr. de draps, de toiles, de poterie; moulins à farine, à foulon et à poudre; machine hydraul. pour l'approvisionnement de la ville; 2220 hab. Le 14 février 1745 le général prussien Lehwald s'y soutint victorieusement contre les impériaux en force supérieure. Le 18 janvier 1779 le général autrichien Wurmser, par une sortie bien combinée, surprit les Prussiens et en fit un grand nombre prisonniers.

HABERN, b. de Bohême, cer. de Czaslau; manufacture de coton; 1200 hab.

HABERSHAM, comté de l'état de Géorgie, États-Unis de l'Amérique du Nord; il est borné par la Caroline du Nord, par la Caroline du Sud et par les comtés de Franklin, de Jackson, de Hall et de Rabun. Pays bien arrosé, mais encore peu cultivé. Le Chattahochée y prend naissance et le Tugaloo traverse ce comté dans toute sa longueur; plantations; 5600 hab.

HABILLY, ham. de Fr., Indre, com. de Buzançais; 210 hab.

HABIT (le), vg. de Fr., Eure, arr. d'Évreux, cant. et poste de St.-André; 270 h.

HABITANTS (les), paroisse de la Guadeloupe, sur la côte S.-O. de cette île; bornée par les paroisses de Baillif, les Trois Rivières, Cabesterre, la Bouillante et par la mer. On y trouve le bourg Les-Vieux-Habitants.

HABLAINVILLE, vg. de Fr., Meurthe, arr. de Lunéville, cant. et poste de Baccarat; 490 hab.

HABLOVILLE, ham. de Fr., Eure, com. de St.-Aubin-sur-Gaillon; 200 hab.

HABLOVILLE, vg. de Fr., Orne, arr. d'Argentan, cant. et poste de Putanges; 800 hab.

HABOO-GRAY, misérable hameau dans la partie orientale de la Haute-Égypte, sur la mer Rouge et près de la frontière de Nubie, à 60 l. E.-S.-E. d'Assouan; remarquable par les ruines de l'ancienne Bérénice, découvertes par Belzoni. On y reconnaît encore, dit ce voyageur, la direction de ses rues, et au milieu on voit un petit temple égytien, couvert d'hiéroglyphes et de sculptures; il est presque entièrement recouvert de sable. C'est à son port qu'arrivaient les marchandises de l'Arabie et de l'Inde destinées pour Coptos.

HABOUDANGE, vg. de Fr., Meurthe, arr., cant. et poste de Château-Salins; on y remarque deux antiques châteaux; 500 hab.

HABSAL, *Hapselia*, pet. v. de la Russie d'Europe, chef-lieu d'un cercle du gouv. d'Esthonie; a un petit port sur la mer Baltique; bains de mer; 1000 hab.

HABSBOURG, ruines du château qui fut le berceau des empereurs d'Autriche de la famille du même nom, cant. d'Argovie, Suisse, dist. de Brugg; elles sont entretenues avec soin et on y voit encore quelques appartements.

HABSHEIM, vg. de Fr., Haut-Rhin, arr. et à 4 l. N.-N.-E. d'Altkirch, chef-lieu de canton et poste; commerce de vins et de kirschwasser; exploitation de plâtre; 1550 h.

HACHA, fl. de la rép. de la Nouvelle-Grenade, dép. de Magdaléna, prov. de Rio-Hacha, à laquelle il a donné son nom et qu'il traverse du S. au N., en baignant la ville de Hacha. Son embouchure dans l'Océan se trouve sous 11° 31′ 30″ lat. N. Ce fleuve était célèbre autrefois par les perles qu'il charriait, mais dont la pêche a été abandonnée; il est question cependant de la reprendre.

HACHA (province et ville). *Voyez* Rio-Hacha.

HACHAN, vg. de Fr., Hautes-Pyrénées, arr. de Bagnères-en-Bigorre, cant. et poste de Castelnau-Magnoac; 170 hab.

HACHENBOURG, v. du duché de Nassau, chef-lieu du bailliage du même nom; nombreuses fabriques; 1450 hab.

HACHID-EL-BEKIL. *Voyez* Kobail.

HACKESTOWN, b. d'Irlande, comté de Wicklow; commerce de bestiaux et de grains; 2000 hab.

HACKINSACK, fl. des États-Unis de l'Amérique du Nord; naît au S.-E. de l'état de New-York, entre dans l'état de New-Jersey et se jette par une large embouchure dans la baie de Néwark.

HACKINSACK, pet. v. des États-Unis de l'Amérique du Nord, état de New-Jersey, comté de Bergen, dont elle est le chef-lieu, sur le Hackinsack que les gros vaisseaux peuvent remonter jusqu'aux quais de cette ville; elle renferme une académie, une prison et fait un commerce très-actif par terre et par eau; 2800 hab.

HACKNEY, vg. immense d'Angleterre, peu loin de Londres; remarquable par les célèbres pépinières de M. Conrad Loddiges, les plus vastes et les plus belles du royaume-uni; 22,000 hab.

HACOURT, vg. de Fr., Haute-Marne, arr. de Chaumont-en-Bassigny, cant. et poste de Bourmont; 150 hab.

HACQUEVILLE, vg. de Fr., Eure, arr. des Andelys, cant. d'Etrepagny, poste des Thilliers-en-Vexin; 480 hab.

HAD (El-), pet. v. dans la partie occidentale de la rég. d'Alger, sur la rive droite et non loin de l'embouchure de la Mina dans le Chéllif, à 7 l. S.-E. de Mostaganem.

HADABA, *Nuba*, lac dans l'intérieur de la Nigritie, déjà décrit sous le nom de Fittré.

HADAMAR, v. dans le duché de Nassau, chef-lieu du bailliage de ce nom; école supérieure; 1900 hab.

HADANCOURT-LE-HAUT-CLOCHER, vg. de Fr., Oise, arr. de Beauvais, cant. et poste de Chaumont-en-Vexin; 330 hab.

HADAYA, pet. v. du roy. marocain de Fez, à 30 l. S.-S.-O. de Mélilla; habitants Arabes.

HADDAM, pet. v. des États-Unis de l'Amérique du Nord, état de Connecticut, comté de Middlesex, sur la rive droite du Connecticut; elle a un hôpital, une poste et un bon port; commerce et navigation; 3300 hab.

HADDINGTON, *Hadina*, comté d'Écosse, prov. maritime; formé par la partie orientale de l'ancien comté de Lothian, borné par le golfe de Forth, la mer du Nord, les comtés de Berwick et d'Édimbourg; 14 l. c.

géogr.; 40,000 hab. Le sol présente une surface légèrement ondulée; la partie méridionale est traversée par le Læmmermoor, chaîne de montagnes de médiocre élévation, mais riche en bons pâturages. L'agriculture et l'éducation du bétail y sont également florissantes, et les habitants sont généralement plus aisés que ceux du reste de l'Écosse; leur industrie se borne à la fabrication de draps, de papier, de poterie et de produits chimiques; ils exportent du blé, du malt, des harengs, des homards, des huîtres et des produits de leur industrie.

HADDINGTON, jolie pet. v. d'Écosse, chef-lieu du comté de même nom, sur le Tyne; nomme 2 députés; fabrication de draps et commerce en grains; patrie du savant théologien J. Knox; 6000 hab.

HADDONFIELD, b. des États-Unis de l'Amérique du Nord, état de New-Jersey, comté de Gloucester, poste; mines de fer; 1100 hab.

HADELN (le pays de), fait partie du gouv. de Stade, roy. de Hanovre; il est situé à l'embouchure de l'Élbe, arrosé par le Médem et la Werne; composé presque entièrement d'un terrain gras et marécageux, et renferme, sur une étendue de 10 l. c., une pop. de 15,000 hab., répartie dans 1 ville, 1 bourg, 54 villages et métairies. La ville est Otterndorf.

HADEQUIS, pet. v. du roy. de Maroc, prov. d'Héa.

HADERSLEV ou **HADERSLEBEN**, chef-lieu du duché de même nom, dans le Jutland méridional; fait un commerce actif; 3000 h.

HADGÉ-AHMEL, b. considérable du Fezzan, à 30 l. N.-O. de Mourzouk, sur la route qui conduit de cette ville à Aïn-el-Salah.

HADIGNY, vg. de Fr., Vosges, arr. d'Épinal, cant. de Châtel-sur-Moselle, poste de Nomexy; 340 hab.

HADJAR. *Voyez* LAHSA.

HADJAR-ES-SOUD (rochers noirs), chaîne de montagnes peu élevées au S.-E. du Fezzan et au S. du Haroudjé-Blanc, dont elle peut être regardée comme la continuation. On la franchit en allant du Fezzan à Ouara. Habitants : Tibboos.

HADJI-OMAR, b. considérable de Nubie, dans la partie septentrionale du pays de Dangolah, près du Nil, qui y forme une cataracte.

HADJNAGGAR ou **HUDSHNUGGER**, v. de l'Inde, confédération des Seïkhs, dans le Peichaouer, sur la rive septentrionale du Kaboul; elle renferme environ 2000 maisons et possède une école mahométane florissante.

HADLEY, pet. v. des États-Unis de l'Amérique du Nord, état de New-York, comté de Saratoga, sur l'Hudson, poste; 2500 h.

HADLEY, jolie pet. v. d'Angleterre, comté de Suffolk, sur le Bret; manufactures de crêpes et de toiles à pavillons; 3000 hab.

HADOL, vg. de Fr., Vosges, arr. et poste d'Épinal, cant. de Xertigny; 2880 hab.

HADONVILLE, vg. de Fr., Meuse, arr. de Commercy, cant. et poste de Vigneulles; 110 hab.

HADRAMONT (l'), *Catabania*, région de l'Arabie, que des voyageurs regardent aussi comme une partie de l'Yémen; est situé à l'E. de l'Yémen proprement dit, et occupe toute la côte méridionale de l'Arabie jusqu'au détroit d'Ormus. Ses limites à l'intérieur ne sont point connues. La pente du haut plateau de l'Arabie, à laquelle appartient l'Hadramont, est fertile et produit des myrrhes, de la gomme et le baume si renommé de la Mecque. Ses habitants, comme ceux des pays montueux de l'Europe, descendent sur les côtes et vont jusqu'en Égypte et dans l'Inde exercer quelque métier ou servir comme soldats; après quelques années d'absence ils reviennent dans leur patrie avec le fruit de leurs économies. Les principales villes de l'Hadramont sont : Makalla, Terim, Chiban et Doan.

HADSCHI-OGLI-BASAR ou **BASARDSCHIK**, *Parthenopolis*, v. assez considérable de la Turquie d'Europe, eyalet de Silistrie; elle a été réduite en cendres par les Russes, en 1774.

HÆCHT, vg. du roy. de Belgique, prov. du Brabant méridional, arr. de Louvain; 1520 hab.

HÆGEN, vg. de Fr., Bas-Rhin, arr. et poste de Saverne, cant. de Marmoutier; 650 hab.

HÆLEN, pet. v. du roy. de Belgique, prov. de Limbourg, arr. de Hasselt, sur la Welpe; 1520 hab.

HÆRINGHE, vg. du roy. de Belgique, prov. de la Flandre occidentale, arr. de Furnes; 1650 hab.

HÆRLEBEKE, b. du roy. de Belgique, prov. de la Flandre occidentale, arr. et à 2 l. de Courtrai, sur la Lys; 4000 hab.

HAFF, golfe formé par l'Oder, à l'embouchure de ce fleuve, qui sépare ainsi les îles d'Usedom et de Wollin, de la terre ferme.

HAFF (Frisches), golfe de la mer Baltique, sur la côte de Prusse; il communique avec la mer, près de Pillau.

HAFF (Kurisches), golfe de la mer Baltique, sur la côte de Prusse; il communique avec la mer près de Memel, au moyen d'un étroit canal.

HAFSA, v. de la Turquie d'Europe, eyalet de Silistrie, liva de Kirkilissa; située sur la route d'Andrinople à Constantinople; avec 2 mosquées, un établissement où l'on distribue des vivres aux pauvres, et plusieurs caravansérails.

HAGA, château non loin de Stockholm, jadis résidence d'été du roi de Suède; doit être cité pour son grand parc et la beauté de sa situation.

HAGARSTOWN ou **ELIZABETHTOWN**, pet. v. des États-Unis de l'Amérique du Nord, état de Maryland, comté de Washington, dont elle est le chef-lieu, sur l'Antiétam; elle renferme une halle, une banque, une poste et entretient des marchés fréquentés et un commerce actif avec les comtés à l'O.; il y paraît un journal; 4000 hab.

HAGE, vg. du roy. de Hollande, prov. du Brabant septentrional, dist. et peu distant de Breda; usines; fabr. de pompes à feu; 3300 hab.

HAGÉCOURT, vg. de Fr., Vosges, arr. et poste de Mirecourt, cant. de Dompaire; 370 hab.

HAGÈDE (la), ham. de Fr., Basses-Pyrénées, com. de St.-Jammes-la-Hagède; 270 h.

HAGEDET, vg. de Fr., Hautes-Pyrénées, arr. de Tarbes, cant. de Castelnau-Rivière-Basse; poste de Maubourguet; 120 hab.

HAGEDORNE (l'), ham. de Fr., Nord, com. de Bailleul; 120 hab.

HAGEN, vg. de Fr., Moselle, arr. et poste de Thionville, cant. de Cattenom; 100 hab.

HAGEN, v. de Prusse, prov. de Westphalie, rég. d'Arnsberg, sur la Volme; manufactures de draps et de taillanderie; forges; 3820 hab.

HAGENAU, vg. de la Haute-Autriche, cer. de l'Inn, sur l'Inn.

HAGENBACH, vg. de Fr., Haut-Rhin, arr. de Belfort, cant. et poste de Dannemarie; 640 hab.

HAGENOW, v. du grand-duché de Mecklembourg-Schwérin, cer. de Mecklembourg; environ 2650 hab.

HAGENTHAL-LE-BAS, vg. de Fr., Haut-Rhin, arr. d'Altkirch, cant. et poste d'Huningue; 930 hab.

HAGENTHAL-LE-HAUT, vg. de Fr., Haut-Rhin, arr. d'Altkirch, cant. et poste d'Huningue; 720 hab.

HAGET, vg. de Fr., Gers, arr. de Mirande, cant. de Miélan, poste de Rabastens; 730 hab.

HAGET-AUBIN, vg. de Fr., Basses-Pyrénées, arr. et cant. d'Orthez, poste de Lacq; 1020 hab.

HAGETMAU, pet. v. de Fr., Landes, arr., à 3 l. S. de St.-Sever et à 199 l. de Paris, chef-lieu de canton et poste; elle est agréablement située sur la rive droite du Louts; tanneries. On y fait commerce de vin, de gibier et de plumes. C'était autrefois une place forte; elle fut incendiée pendant les guerres de religion du seizième siècle. On y voit les ruines d'un ancien château des rois de Navarre; 3100 hab.

HAGÉVILLE, vg. de Fr., Moselle, arr. de Metz, cant. de Gorze, poste de Mars-la-Tour; 650 hab.

HAGIOS-DEKA, vg. de l'île de Candie, situé dans le dist. de Messora, à 1 1/2 l. de la côte méridionale; remarquable par les ruines de l'ancienne Gortyne.

HAGLI ou **HOOGLY**, **HOUGLY**, le bras le plus occidental du Gange. Il passe par Calcutta et Tchandernagor, est navigable sur toute sa longueur et couvert constamment de bâtiments qui se rendent à la capitale de l'Inde anglaise (*Voyez* GANGE).

HAGLI ou **HOUGLY**, v. de l'Inde, présidence de Calcutta, chef-lieu de district, sur la rive occidentale du fleuve de ce nom; très-florissante jadis, surtout au seizième siècle, où les principales puissances commerçantes, les Portugais, les Français, les Anglais, les Hollandais et les Danois y avaient des comptoirs; aujourd'hui tout à fait déchue, bien que grande encore.

HAGNÉVILLE, vg. de Fr., Vosges, arr. de Neufchâteau, cant. et poste de Bulgnéville; 170 hab.

HAGNICOURT, vg. de Fr., Ardennes, arr. de Rhétel, cant. de Novion, poste de Launoy; 210 hab.

HAGONDANGE, ham. de Fr., Moselle, com. de Talange; 280 hab.

HAGUENAU, v. de Fr., Bas-Rhin, arr., à 6 l. N. de Strasbourg et à 128 l. E. de Paris, chef-lieu de canton et poste; elle est située dans une plaine sablonneuse sur la Moder, qui la traverse, et entourée d'une muraille percée de créneaux et flanquée de quelques vieilles tours. On y entre par quatre portes. Cette ville est bien bâtie; parmi ses édifices publics on remarque une belle caserne de cavalerie, l'hôpital, qui peut contenir 600 malades, et une maison centrale de correction pour les femmes condamnées à plus d'un an dans les départements du Bas-Rhin, du Haut-Rhin, des Vosges, du Doubs et de la Haute-Saône. Haguenau possède un collége communal et renferme des filat. et des tissages de coton, des tanneries, des fabr. de faïence, de garance, de savon et des blanchisseries. Dans les environs on cultive beaucoup de houblon et de garance; foires les premiers mardis de février et de mai, mardi après St.-Martin et après St.-Michel; 9694 hab.

Cette ville doit son origine à un château de chasse que Frédéric, duc de Souabe, fit construire, au commencement du douzième siècle, sur une île de la Moder. Cet édifice devint plus tard un palais impérial, autour duquel s'élevèrent successivement un grand nombre de maisons qui formèrent un village. En 1164 l'empereur Frédéric Barberousse, fils du précédent, fit entourer ce village de murailles et lui accorda de nombreux priviléges. La population et la prospérité de la ville nouvelle prirent un accroissement rapide. Après la mort de l'empereur Conrad IV, en 1254, elle fut considérée comme ville impériale et devint la préfecture de la ligue des dix villes impériales de l'Alsace, et les empereurs y résidèrent fréquemment. Prise et reprise, pendant la guerre de trente ans, par les Autrichiens, les Suédois et les Français, elle fut presque entièrement détruite et le nombre de ses habitants réduit à 250. En 1662 les dix villes prêtèrent dans ce chef-lieu le serment de soumission à la France.

Dix ans après, Louis XIV en fit démolir les fortifications. Le partisan Labrosse l'incendia en 1677; 150 maisons et le palais impérial furent réduits en cendres. Sur l'emplacement du palais les jésuites bâtirent, en 1728, un superbe collége qu'ils furent forcés d'abandonner lorsqu'un édit de 1767 les expulsa de France. Ce bâtiment fut depuis converti en casernes. En 1705, les Autrichiens s'en emparèrent; mais les Français la reprirent presque aussitôt. Elle fut, en 1744, occupée de nouveau, mais pendant quelques semaines seulement, par les Autrichiens. C'est depuis la paix de Nimègue, en 1678, que cette ville s'est relevée peu à peu des nombreux désastres qu'elle a éprouvés. En 1814 et 1815, les puissances de la coalition y avaient établi un gouvernement provisoire.

Haguenau est la patrie de Wolfgang Capito, un des hommes les plus savants du quinzième siècle (1478), et du théologien Antoine Firn, un des premiers prédicateurs de la réforme à Strasbourg.

HAHA, baie très-considérable sur la côte S. du Labrador; elle renferme, à l'O., le Fishharbour (port aux poissons) et sur ses côtes fleurissent de nombreux établissements de commerce.

HAHAR ou HAÏR, ADCHIREA, ASHERIA, AHIR, contrée de la Nigritie septentrionale, au S.-E. de l'oasis de Tonat, entre la route de Gadamès à Tombouctou et celle de Gadamès à Haoussa; air tempéré, sol montagneux et fertile en quelques endroits.

HAI, v. de Chine, prov. de Kiang-sou.

HAIDERABAD ou HYDERABAD. *Voyez* NIDZAM.

HAIDERABAD ou HYDERABAD, grande prov. de l'Inde; située entre 74° 28' et 79° 15' long. orient. et 15° 58', et 19° 5' lat. N. Ses limites sont Bider au N.-O., Gandwana au N.-E., les circars du Nord au S.-E., Balaghat au S. et Bedjapour au S.-O. Elle est une partie considérable de l'ancien Telingana et tire son nom actuel de sa capitale. L'Haïderabad est situé sur le haut plateau du Dekkan, confiné à l'E. par une branche des Gâtes orientales et traversé dans son intérieur par de nombreuses chaînes de collines escarpées et nues, qui forment de larges vallées ou des plaines étendues. Le sol, partout où il est arrosé, est très-fertile. Le Godavery, le Kistnah et le Moussy ou Mousah sont les principaux cours d'eau de la province. Le manque de pluies produit souvent de grandes famines. Le climat est tempéré. Les principales productions sont : le riz, des céréales, le coton, la canne à sucre, le tabac, le pavot et l'opium. L'éducation du bétail est considérable. On y trouve du fer et un grand nombre de pierres précieuses. L'industrie de la province est peu importante; le commerce exporte du coton et de l'opium. Le nombre des habitants n'est pas connu. La province est divisée en 16 districts; les principales villes sont : Haïderabad, Golconde et Ghanpour.

HAIDERABAD ou HYDERABAD, capitale des états du Nidzam (Dekkan) et chef-lieu de la province de même nom; est située sur la rive méridionale du Mousah, dans une contrée triste et aride. Elle est entourée de murs et de tours, et, comme presque toutes les villes de l'Inde, ne se compose que de rues tortueuses et mal bâties. La ville a été fondée en 1536 et s'appela d'abord Bhaugnagur. Les principaux édifices publics sont : le palais du Nidzam et la Zemana ou le harem, le palais du résident anglais, la mosquée de la Mecque, etc. La population de la ville et de ses vastes faubourgs est évaluée à 200,000 habitants.

HAIDERABAD ou HYDERABAD, v. de l'Inde, chef-lieu de la principauté du Sindy et résidence des oumirs ou souverains du pays. Elle est située sur une île formée par l'Indus et le Foutaïli, une de ses branches. La citadelle qui défend la ville renferme le beau palais des oumirs et des trésors immenses, consistant surtout en diamants, rubis, émeraudes, perles, lingots d'or et argent monnayé. Cette citadelle a 5000 hab., presque tous soldats. La ville proprement dite qui en a 10,000 ne contient aucun bâtiment remarquable, à l'exception du tombeau de Gholam-Châh, le fondateur de la ville. La population est industrieuse et fabrique surtout des armes, des draps, des étoffes de coton, etc.

HAIDHAUSEN, vg. parois. de la Bavière, cer. de l'Isar, dist. et à 1/4 l. de Munich; fabr. de pinceaux, de chapeaux et de soieries; 3470 hab.

La noblesse et la bourgeoisie de Munich y reçurent solennellement, en 1683, l'électeur Max. Emmanuel, rentrant de la guerre contre les Turcs.

HAIDOUKS (district des), dans le cer. au-delà de la Theiss, en Hongrie; 18 l. c. géogr. 30,000 hab. Cette province leur fut cédée au commencement du dix-septième siècle, en récompense des services militaires qu'ils avaient rendus; ils jouissent encore aujourd'hui de nombreux privilèges, paient une somme de 45,000 francs pour toute contribution et envoient 2 députés à la diète. Le pays est fertile en blé, vin, tabac et bois. L'éducation du bétail est florissante et forme avec l'agriculture la principale occupation des habitants.

HAIDUESKY (les monts), rameau des Alpes Dinariques qui traverse une partie de la principauté de Servie; du S.-O. au N.-E.

HAIE-D'IRE (la). *Voyez* OUEN-DES-ALLEUX.

HAIE-FOUASSIERE (la), vg. de Fr., Loire-Inférieure; arr. et poste de Nantes, cant. de Vertou; 1570 hab.

HAIE-GRISELLE (la), ham. de Fr., Vosges, com. de Gérardmer; 160 hab.

HAIE-MANERESSE (la), ham. de Fr.,

47

Nord, com. de St.-Souplets et Vaux-en-Arrouaise ; 180 hab.

HAIE-MANERESSE, ham. de Fr., Aisne, com. de Busigny et Molain; 120 hab.

HAIE-PAYENNE, ham. de Fr., Aisne, com. de la Flamengrie; 140 hab.

HAIES (les), vg. de Fr., Loir-et-Cher, arr. de Vendôme, cant. et poste de Montoire ; 480 hab.

HAIES (les), vg. de Fr., Rhône, arr. de Lyon, cant. de Ste.-Colombe, poste de Condrieu ; 400 hab.

HAIG (île). *Voyez* CLYDE (fleuve).

HAIGER, v. dans le duché de Nassau, bge de Dillenbourg, sur la Dill ; 1200 hab.

HAIGERLOCH, v. de la principauté de Hohenzollern - Sigmaringen ; remarquable par sa position dans une contrée pittoresque et montagneuse, sur la rivière Eiach ; elle a un château ; 1300 hab.

HAIGNEVILLE, vg. de Fr., Meurthe, arr. de Lunéville, cant. de Bayon, poste de Neuviller-sur-Moselle ; 150 hab.

HAIKANS, nom par lequel on désigne aussi les Arméniens.

HAILLAINVILLE, vg. de Fr., Vosges, arr. d'Épinal, cant. de Châtel-sur-Moselle, poste de Nomexy ; 490 hab.

HAILLES, vg. de Fr., Somme, arr. et poste d'Amiens, cant. de Sains ; 370 hab.

HAILLICOURT, vg. de Fr., Pas-de-Calais, arr. et poste de Béthune, cant. d'Houdain ; 410 hab.

HAIMABAIDA ou OMM-BEYDAH, GOUM-AL-BEYDAH, chétif vg. du désert de Libye, dans les environs immédiats de Syouah, dans l'oasis de même nom ; remarquable parce qu'on y a découvert les ruines du célèbre temple de Jupiter Ammon et reconnu les vestiges de sa triple enceinte. A moins d'un mille de distance de ces ruines, vers le S.-E., on a trouvé dans un bois de palmiers la célèbre fontaine du soleil, encore douée des alternatives de température qui l'avaient rendue si célèbre, et, dans une contrée voisine, nommée Djebel-Dâr-Aboubeker, on voit de vastes catacombes, dont une partie sert aujourd'hui d'habitation aux Arabes; leur construction doit être attribuée en partie aux Égyptiens et en partie aux Grecs. Le grand temple de Jupiter Ammon était composé de blocs énormes ; les décorations, les figures et les scènes qu'on y voit représentées sont, selon MM. Drovett, Cailliaud et Minutoli, entièrement égyptiennes ; il fut bâti par Bacchus et visité par Alexandre-le-Grand, qui s'y fit déclarer fils de Jupiter, dont la statue, faite d'émeraudes et d'autres pierres précieuses, avait la forme d'un bélier depuis la tête jusqu'au milieu du corps. L'oracle d'Ammon était entièrement tombé du temps de Théodose-le-Grand. Ce lieu est situé à 100 l. S.-O. d'Alexandrie.

HAIMER, b. considérable du roy. de Darfour, Nigritie orientale, à 20 l. N.-E. de Cobbé.

HAIMPS, vg. de Fr., Charente-Inférieure, arr. de St.-Jean-d'Angély, cant. et poste de Matha ; 850 hab.

HAINA, vg. de 350 habitants, dans la Hesse-Électorale, prov. de la Haute-Hesse ; remarquable par son hôpital.

HAI-NAN, île de la mer de Chine, est située au S.-O. de la prov. de Kouang-toung (Canton), dont elle est une dépendance administrative, sous 105° 50' et 108° 2' long. orient., et 18° 0' à 18° 3' lat. N. Elle est séparée du continent par un canal qui n'a que 4 l. de largeur, est baignée à l'E. par la mer de Chine, à l'O. par le golfe d'Annam. Un groupe de montagnes très-élevées occupe le centre de l'île, dont le sol est léger, sablonneux, mais fertile là où il peut être arrosé ; les côtes sont hérissées de récifs et de rochers de corail. La principale rivière de Haï-nan est le Nimu-kiang ; ses productions consistent en riz, sucre, tabac, indigo, coton ; les beaux fruits de la Chine y réussissent parfaitement. Les salines qui s'y trouvent et l'immense quantité de poissons qui peuplent ses côtes sont une abondante source de richesses pour les habitants. La population de Haï-nan, entièrement fermée aux Européens, et que nous ne connaissons que par la description qu'en font les géographes chinois, est de 100,000 âmes. Elle se compose de deux éléments : les montagnes boisées de l'intérieur sont habitées par une race d'indigènes, qu'on a lieu de croire harafores, et qui ont su maintenir leur indépendance ; il est défendu sous peine de mort aux Chinois d'avoir des relations avec eux ; les côtes sont habitées par des Chinois, qui y occupent plusieurs villes. Kiont-cheu-fou, sur la côte N.-O. de l'île, est la capitale de Haï-nan.

HAINAUT, prov. du roy. de Belgique, formée par l'ancien dép. français de Jemappes; bornée au N. par les prov. de Flandre occidentale et orientale et le Brabant méridional, à l'E. par la prov. de Namur, au S. et à l'O. par les dép. français des Ardennes et du Nord ; sa superficie est de 79 milles c. Dans les districts au N. et à l'O., le terrain est uni et d'une grande fertilité, surtout dans le dist. de Tournai ; au S. et à l'E., où la province touche aux Ardennes, le pays est en grande partie couvert de forêts, surtout dans les districts méridionaux ; dans les autres, le sol, quoique pierreux, a été mis en état de culture. Parmi les nombreuses rivières et ruisseaux qui arrosent la province, l'Escaut et la Sambre sont les seules navigables ; la première vient à Plaine du dép. français du Nord, traverse la partie occidentale de la province du S. au N., en formant une partie de la limite avec la Flandre occidentale, dans laquelle elle passe à Escarnaffle ; la Sambre vient du même département, traverse le Hainaut du S.-O. au N.-E., y reçoit l'Heure et le Piéton et passe dans la prov. de Namur ; la Haine prend sa source près Fontaine-l'Évêque, reçoit la Trouille et passe dans le dép. du Nord, où elle se verse dans l'Escaut à Condé; la Dender naît près de Leuze et passe dans la Flandre orientale; la Senne a son origine près Soignies et se dirige dans le Brabant méridional. Le climat est pur, agréable et sain. Les forêts occupent presque la cinquième partie de la province; elles fournissent des bois de construction et de chauffage, du tan, du gibier et favorisent l'éducation des abeilles; la pêche est productive; l'agriculture et le jardinage sont dans l'état le plus florissant, surtout au N. et à l'O., où ils sont exploités d'après le système flamand. On ne consomme dans le pays que les 7/10 des récoltes de blé; la culture du lin est étendue, et ses beaux produits rivalisent avec ceux de Flandre; on y récolte en outre de l'épeautre, du sarrasin, des graines oléagineuses, du chanvre, du houblon, du tabac et des fruits. Le pays abonde en prairies artificielles et naturelles; aussi l'éducation des bestiaux est florissante. Les chevaux de l'arr. de Tournai sont grands et forts; ceux de l'arr. de Mons, que l'on appelle *borrins*, petits et agiles. Les bergeries sont considérables et la laine est d'une assez belle qualité. Les mines de fer fournissent annuellement environ 30,000 quintaux; on exploite en outre du plomb et du cuivre. Les houillères sont une des plus grandes richesses de la province; on en compte passé 70, qui fournissent annuellement vers 45 millions de quintaux. On exploite aussi du marbre, du grès, de l'ardoise, de la terre de poterie et du sable vitrifiable. L'industrie est aussi active que variée. Il y a à Tournai une des plus grandes manufactures de papiers peints occupant un grand nombre d'ouvriers. La province possède en outre des manufactures de toiles, dentelles, fil à coudre, d'étoffes de laine et de coton, de bonneterie et de faïence; des raffineries de sel, des brasseries, distilleries, fonderies, forges, verreries, fours à chaux et scieries. On exporte des bestiaux et leurs produits, du bois de construction et de chauffage, de la houille, de la chaux, du grès, surtout le bleu, qui est recherché en Hollande pour les constructions de luxe; du marbre, de la féronnerie, des tapis, toiles, dentelles et bas, de la porcelaine, faïence et verrerie. Les habitants sont Wallons, ils appartiennent à l'Église romaine et parlent le flamand; la langue française y est cependant très-répandue. La population, de 430,000 habitants, est répartie dans 3 arrondissements, dont les chefs-lieux sont Mons, Tournai et Charleroi, 29 cantons et 423 communes.

Le Hainaut, connu comme comté dès 876, auquel la Flandre fut réunie par succession, vers la fin du douzième siècle, joua autrefois un rôle important. Un de ses princes, Baudouin VI, prit une part active aux croisades et fut élu empereur de Constantinople, en 1204, dignité que Michel Palaéologue enleva à ses héritiers, en 1261. Guillaume II, comté de Hainaut, se voyant sans descendants, légua, en 1345, ses états à sa sœur Marguerite, duchesse de Bavière, dont la petite-fille Jacqueline de Bavière céda le Hainaut à Philippe-le-Bon, duc de Bourgogne, comme rançon de son époux, le comte d'Ostrevant. De la maison de Bourgogne le comté passa à celle d'Autriche. Par les traités de paix d'Aix-la-Chapelle (1668) et de Nimègue (1678), la portion du pays qui forme aujourd'hui une partie du dép. du Nord fut cédée à Louis XIV, et Mons devint la capitale du Hainaut autrichien. Celui-ci fut aussi réuni à la France, par décret du 9 vendémiaire, an IV, et forma le dép. de Jémappes, qui, par suite des événements de 1815, retourna aux Pays-Bas.

HAINBURG, pet. v. de la Basse-Autriche, cer. inférieur du Wienerwald, sur le Danube. Sa manufacture de tabacs est une des plus considérables de l'empire; on en fabrique plus de 100,000 quintaux par an; 3000 h.

HAINCHEVILLE, vg. de Fr., Seine-Inférieure, arr. de Dieppe, cant. et poste d'Eu; filat. de coton; 450 hab.

HAINCOURT, ham. de Fr., Oise, com. de St.-Quentin-des-Prés; 200 hab.

HAINE *Voyez* HAINAUT.

HAINEWALDE, vg. du roy. de Saxe, dans le cer. de Lusace; il a 3/4 l. de longueur et un beau château; on y fabrique beaucoup de tamis; 1500 hab.

HAINFELDEN, b. de la Basse-Autriche, cer. supérieur du Wienerwald, sur la Ramsau; manufacture d'armes à feu; forges; charronnerie; commerce en charbon et en bois; 1800 hab.

HAINICHEN, v. industrieuse du cer. de l'Erzgebirge, roy. de Saxe; 4400 hab. Les toiles de coton y sont le principal objet de fabrication. C'est la patrie du célèbre Gellert.

HAINNEVILLE. *Voy.* SAULCHOY-ÉPAGNY.

HAINS, vg. de Fr., Vienne, arr. et poste de Montmorillon, cant. de la Trimouille; 710 hab.

HAINSBUCH, pet. v. de Bohème, cer. de Leitmeritz; très-industrieuse; filat.; tissages; fabrication de papier et de chapeaux de paille; 2500 hab.

HAINVILLERS, vg. de Fr., Oise, arr. de Compiègne; cant. et poste de Ressons; 100 h.

HAIRAN, ham. de Fr., Ain, com. de Farges; 200 hab.

HAIRE (le), ham. de Fr., Gironde, com. de Preignac; 100 hab.

HAIRONVILLE, vg. de Fr., Meuse, arr. et poste de Bar-le-Duc, cant. d'Ancerville; forge, fonderie et martinets; 580 hab.

HAIROUMBO. *Voyez* CACHAR.

HAISETTES (les), ham. de Fr., Eure, com. de Sébécourt; 150 hab.

HAISNE, vg. de Fr., Pas-de-Calais, arr.

de Béthune, cant. de Cambrai, poste de la Bassée; 590 hab.

HAITERBACH, pet. v. du Wurtemberg; cer. de la Forêt-Noire, gr.-bge de Nagold; fabrication d'étoffes de laine; 1820 hab.

HAITI ou **SAINT-DOMINGUE, ESPAGNOLA, HISPANIOLA, LA PETITE-ESPAGNE**, la plus grande des Antilles, après l'île de Cuba; est située entre 71° et 77° long. occ. et 18° et 20° lat. N. Cette île est baignée par l'Océan Atlantique au N. et par la mer des Antilles au S.; les îles les plus voisines sont les Lucayes au N., la Jamaïque et Cuba à l'O. Sa superficie est de 3850 l. c. Haïti est un pays très-beau, couvert de montagnes boisées, qui forment des vallées charmantes ou encaissent des plaines fertiles, et arrosé par un grand nombre de rivières et de ruisseaux. La plaine de St.-Domingue, qui se prolonge le long de la partie S.-E. de l'île, depuis la rivière de Nisao jusqu'à la Pointe-de-l'Épée, est la plus considérable de toutes; elle a 40 l. de long sur 14 à 16 de large. Le massif des montagnes au centre de l'île, le Cibao, a près de 8000 pieds de hauteur. La mer qui entoure Haïti offre plusieurs enfoncements, parmi lesquels on distingue principalement les baies de Léogone et de Samana, la première à l'O., la seconde à l'E.; la baie de Léogone renferme elle-même plusieurs baies secondaires assez importantes, telles que celles de la Plate-Forme, Gonaïves, St.-Marc, Montrouis, Arcahaye, Port-au-Prince, Goave, Miragoane, Petit-Trou, Baradairos, Durot, Jérémie, etc. Les quatre principaux cours d'eau d'Haïti sont: le Neiba, Neiva ou Neibe, qui traverse la vallée de St.-Jean; le Yuna à l'E. arrose la plaine de la Vega; le Yayn, Yaqui ou Monte-Christi au N. traverse la plaine de Santiago, et l'Artibonite à l'O., qui fertilise l'ancienne partie française de l'île et s'embouche dans la mer au S. des Gonaïves. Un vaste étang salé, la Laguna Euriquilo, forme un bassin intérieur et reçoit les eaux de plusieurs ruisseaux. Le climat de Haïti est très-chaud et peu nuisible à ceux qui prennent les précautions nécessaires. Le sol est extraordinairement fertile et donne les riches produits des Antilles; cependant la culture était autrefois plus florissante, et de grandes plaines, comme la Véga-Réal au N., jadis couvertes de plantations, sont aujourd'hui en friche; les terres intérieures et les vallées, divisées entre un grand nombre de petits propriétaires, ont seules gagné depuis l'émancipation de la colonie. Les montagnes, si des observations récentes sont justes, contiennent toutes sortes de métaux précieux et autres, mais les mines, si bien exploitées peu après la découverte de l'île, sont maintenant tout à fait négligées. La population actuelle d'Haïti est de 900,000 habitants; quelques-uns en portent le chiffre à un million, le même qui existait lors de la découverte. C'est en 1492 que le premier Européen, Christophe Colomb, y aborda; il lui donna le nom de *Hispaniola* ou de *Petite-Espagne*; plus tard elle reçut celui de *St.-Domingue*, qu'elle emprunta à sa capitale, et depuis l'émancipation elle a repris son vieux nom indien. Les Espagnols, après avoir complétement détruit les indigènes, restèrent les maîtres paisibles d'Haïti, tout en négligeant leur conquête, lorsqu'en 1625 ou 1630 un grand nombre de Français s'établirent dans la petite île de Tortuga, située au N. d'Haïti. C'étaient des flibustiers ou boucaniers, hardis écumeurs de mer dont tout le monde sait l'histoire; la soif de l'or et du butin s'alliait chez eux à une haine profonde pour les Espagnols, haine excitée par les atrocités que ce peuple avait surtout commises envers les nègres. Les flibustiers ne tardèrent pas à s'emparer de la côte septentrionale de St.-Domingue, et, en 1697, la France s'occupa sérieusement de cette colonie nouvelle et obtint de l'Espagne la cession de toute la partie occidentale de l'île, qui bientôt, sous ses nouveaux maîtres, attint un haut degré de prospérité et offrit aux yeux étonnés des vieux colons espagnols de la côte orientale, arriérés et stationnaires, une population de 500,000 habitants et 11,500 plantations parfaitement exploitées.

Cet état subsista jusqu'à la révolution française. Les ennemis de notre pays profitèrent habilement de l'antagonisme qui excitait les nègres esclavés contre les blancs, leurs maîtres souvent inhumains. Malgré le décret de la convention qui abolit l'esclavage, l'insurrection des noirs, commencée en 1791, continua et finit par l'entière expulsion des blancs. Des massacres, des cruautés inouïes signalèrent ce triste épisode de l'histoire moderne. Trois nègres, Toussaint Louverture, Dessalines et Christophe, et un mulâtre, Rigaud, avaient acquis un grand ascendant pendant l'insurrection. Lorsque le premier consul Bonaparte put songer, après la paix d'Amiens, aux affaires des colonies, il envoya à St.-Domingue, le général Leclerc, son beau-frère, et 25,000 hommes d'élite pour y rétablir la domination française, qui n'y existait plus que de nom. La maladie enleva la plus grande partie de ses soldats, mais grâce à la bravoure des survivants et à la désunion des révoltés, Haïti se soumit à la métropole. La rupture de la paix d'Amiens ramena l'insurrection. Toussaint Louverture fut pris et envoyé en France, où il mourut en prison; mais malgré quelques succès passagers, la fièvre jaune et les Anglais aidant, le reste des Français fut obligé d'évacuer l'île. Après l'expulsion des blancs, Dessalines fonda, en 1804, l'empire éphémère d'Haïti et prit le nom de Jacques Ier. Ses cruautés le firent assassiner deux ans après. Il y eut alors deux états : au N., un état nègre, sous Christophe, qui se proclama roi sous le nom de Henri Ier, et qui se forma une cour et fit venir d'Europe des savants et des artistes; il se tua lui-même en 1820, à la suite d'une insurrection de ses troupes; au S., une république, gouvernée par le mulâtre Péthion et, depuis 1818, par le président Boyer. Cette république fut le noyau de la rép. actuelle d'Haïti; le roy. de Christophe s'y réunit après la catastrophe qui mit fin aux jours de ce prince éphémère; les deux petits états fondés, l'un par Goman dans les montagnes de Jérémie, l'autre par le général Rigaud, avaient déjà disparu précédemment; enfin la partie espagnole de St.-Domingue, cédée en 1794 à la France et rendue à l'Espagne en 1814, accéda également à la république le 1er décembre 1821, de sorte qu'elle s'étendit alors sur toute l'île.

La rép. d'Haïti, reconnue par la France et les autres puissances, a une constitution analogue à celle des États-Unis de l'Amérique du Nord : une chambre des représentants des communes, un sénat et un président; mais celui-ci est nommé à vie. Les mulâtres, plus instruits que les nègres, remplissent presque tous les emplois; les nègres sont artisans, paysans ou soldats. En général l'état de la république prospère; un grand nombre d'écoles ont été établies et les habitants commencent à exporter leurs produits. La langue française est généralement usitée; les lois civiles sont presque toutes empruntées au Code Napoléon et au Code de procédure français. La religion catholique est celle de l'état; toutes les autres religions sont tolérées. L'armée est forte de 40,000 hommes; tout Haïtien fait partie de la milice. La marine n'a pas d'importance. Sous le rapport militaire Haïti est divisé en 26 arrondissements; sous le rapport administratif en 6 départements, qui sont :

1° Dép. de l'Ouest, chef-lieu : Port-au-Prince ;

2° Dép. du Sud, chef-lieu : Les Cayes;

3° Dép. de l'Artibonite, chef-lieu : Les Gonaïves ;

4° Dép. du Nord, chef-lieu : Cap-Haïtien (Cap-Français, Cap-Henri).

5° Dép. du Nord-Est, chef-lieu : St.-Yague.

6° Dép. du Sud-Est, chef-lieu : Santo-Domingo.

Port-au-Prince est la capitale de la république.

HAI-TIAU, v. de Chine, prov. de Tchy-li.

HAIVALI. *Voyez* KIDONIE.

HAIZETTE (la), ham. de Fr., Eure, com. de St.-Ouen-de-Touberville; 110 hab.

HAJOLLE, ham. de Fr., Haute-Garonne, com. de Castillon-de-St.-Martory; 100 hab.

HAKARI (pays des) ou la principauté de DJOULAMERK, est situé dans la Turquie d'Asie et comprend la partie méridionale de l'eyalet de Van. C'est la plus considérable des principautés Kurdes; elle est arrosée par une foule de rivières qui se jettent dans le Zab, affluent du Tigre, couverte de forêts et nourrit beaucoup de bétail. Djoulamerk est le chef-lieu de ce pays, dont le prince est plutôt vassal que soumis à la Porte ottomane.

HALANZY, vg. du roy. de Belgique, grand-duché et arr. de Luxembourg, à 2 1/2 l. de Longwy; 1400 hab.

HALASZ, gros b. de Hongrie, cer. endeçà du Danube, sur un lac très-poissonneux qui porte le même nom; 8000 hab.

HALASZI, b. de Hongrie, cer. au-delà du Danube, comitat de Wieselbourg, sur la Leitha; 1500 hab.

HALBERSTADT, v. de Prusse, prov. de Silésie, rég. de Breslau, chef-lieu de cercle et de l'ancienne principauté de même nom, sur la rive droite de la Holzemme, dans une contrée agréable et fertile; elle a 7 portes, 9 églises protestantes, dont 1 française, 2 catholiques et 1 synagogue. La cathédrale est un monument remarquable d'ancienne architecture allemande; elle a 2 tours et est bâtie en pierres de taille; sa longueur est de 442 pieds, sa largeur de 72 sa hauteur intérieure de 94; on y compte 32 autels; plusieurs monuments antiques y sont conservés. La ville possède un gymnase avec un séminaire et une bibliothèque de 10,000 volumes, 5 hôpitaux, un hospice d'orphelins, une école d'accouchement, une bibliothèque publique, une société littéraire, un cabinet d'histoire naturelle et le tombeau du poëte Gleim, mort le 18 février 1803. Halberstadt a des imprimeries, des librairies, des fabr. d'étoffes de laine, de gants, de cierges, de tabac, d'amidon, de chapeaux, de chicorée; des filat. de laine et de lin, des tanneries, des savonneries; on y fait un grand commerce d'huiles et de fil; 16,900 hab.

En 1179, dans une guerre entre l'évêque de Halberstadt et Henri-le-Lion, duc de Saxe, la ville fut réduite en cendres. Pendant la guerre de sept ans elle eut beaucoup à souffrir par l'occupation française. Enfin, en 1809, Guillaume, duc de Brunswick-OEls, forcé d'évacuer la Bohême avec sa légion noire, investit la ville dans sa retraite et l'emporta d'assaut le 30 juillet, après un combat sanglant. Le régiment suédois qui l'occupait fut fait prisonnier avec son colonel.

HALBOUDET (le), ham. de Fr., Orne, com. de Laigle; 100 hab.

HALBOUDIÈRE (la), ham. de Fr., Calvados, com. de Familly; 250 hab.

HALBUT (cap), promontoire au N. de l'état de Massachusetts, côte E. de l'état de ce nom, États-Unis de l'Amérique du Nord.

HALDENSLEBEN-LE-NEUF, v. de Prusse, chef-lieu de cercle, prov. de Saxe, rég. de Magdebourg, sur la rive droite de l'Ohre, qui met en mouvement plusieurs usines; tanneries, brasseries et distilleries; 4280 h.

HALDENSLEBEN-LE-VIEUX, vg. de Prusse; remarquable par un établissement industriel étendu, qui se compose d'une brasserie, d'une distillerie, de fabr. de poterie de grès, de sucre de betteraves, de potasse; de moulins à farine, huile, plâtre, et foulon; d'un cabinet de physique, mécanique et chimie; d'une lithographie et d'une bibliothèque; 1470 hab.

HALDIMAND, pet. v. du Haut-Canada, dist. de Gore; agriculture et commerce; 3000 hab., dont beaucoup d'Indiens Mohawk des États-Unis, convertis au christianisme, qui s'y sont transportés depuis 1784.

HALEB. *Voyez* ALEP.

HALEINE, vg. de Fr., Orne, arr. de Domfront, cant. de Juvigny-sous-Andaine, poste de Couterne; 410 hab.

HALERWORTH, b. d'Angleterre, comté de Suffolk, sur une langue de terre et entre deux bras du Blythe; manufacture de toiles à voiles.

HALES-OWEN, pet. b. d'Angleterre, comté de Shrop; florissant par ses nombreuses fabr. de quincaillerie et de clouterie.

HALEYBÉ, pet. v. de l'état Peul de Fouta-Toro, en Sénégambie, prov. de Toro proprement dit, sur le Sénégal.

HALEYS, fl. de la côte O. de la Floride, États-Unis de l'Amérique du Nord; se décharge dans le golfe du Mexique.

HALFAY ou HALFAYA, prov. de Nubie, le long du Bahr-el-Azrek et du Nil proprement dit, entre le roy. du Sennaar et le pays de Chendy. Après avoir secoué le joug de Sennaar, cet état jouissait de son indépendance, lorsqu'en 1822 Osmaïl-Pacha le rendit tributaire de l'Égypte.

HALFAY ou HALFAYA, pet. v. de Nubie, chef-lieu de la province de même nom, à 6 l. au-dessous du confluent du Bahr-el-Abiad et du Bahr-el-Azrek et à 66 l. N.-N.-O. de Sennaar; bien déchue à cause des fréquentes attaques des Chaykyé; manufacture de grosses toiles de coton. Des chats, des crocodiles, des hippopotames sont la nourriture ordinaire des habitants.

HALFWAY. *Voyez* PANTUKET.

HALICZ, *Galicia, Halicia*, pet. v. de la Gallicie, cer. de Stry, sur le Dniester; 3000 hab.

HALIFAX, comté de la Caroline du Nord, États-Unis de l'Amérique du Nord; il est borné par les comtés de Northampton, de Bertie, de Martin, d'Edgecombe, de Nash et de Warren; le Roanoke coule au N., le Fishing au S. de ce pays, en partie sablonneux, en partie rocailleux, mais offrant des districts fertiles et bien cultivés; 13,000 hab.

HALIFAX, b. des États-Unis de l'Amérique du Nord, état de la Caroline du Nord, comté de Halifax, dont il est le chef-lieu, au-dessous des chutes du Roanoke et dans une contrée très-pittoresque. Cet endroit, régulièrement bâti, fait un commerce qui s'agrandira considérablement lorsque le canal qui doit éviter les chutes du Roanoke sera achevé. Un schooner de 45 tonneaux entretient des communications régulières entre Halifax et Norfolk; 2000 hab.

HALIFAX, pet. v. des États-Unis de l'Amérique du Nord, état de Pensylvanie, comté de Dauphin, sur le Susquéhannah; agriculture, commerce; 1900 hab.

HALIFAX, b. florissant des États-Unis de l'Amérique du Nord, état de Vermont, comté de Windham, sur le Green, poste; 2600 hab.

HALIFAX, comté de l'état de Virginie, États-Unis de l'Amérique du Nord; il a pour bornes la Caroline du Nord et les comtés de Campbell, de Charlotte, de Mecklenburgh et de Pittsylvanie. Pays très-bien arrosé et fertile en riz; 25,000 hab.

HALIFAX (canal de), canal de la Nouvelle-Écosse, doit joindre la ville d'Halifax au Shubenacady et réunir de cette manière l'Océan Atlantique et la baie de Fundy ou proprement le port d'Halifax au Bason-of-Minas. Ce canal, qui doit être achevé maintenant, est long de 54 milles anglais (18 l.); sa largeur à la superficie est de 60 pieds anglais et de 36 au fond; il est navigable pour les bâtiments qui tirent 8 pieds d'eau.

HALIFAX (fort). *Voyez* FORT-HALIFAX.

HALIFAX, com. riche et florissante de l'île du Prince-Edward, comté de Prince; 2000 hab.

HALIFAX, comté de la Nouvelle-Écosse; il est borné par le golfe du St.-Laurent, par l'Océan Atlantique, par le Bason-of-Minas et par les comtés de Sidney, de Luneburgh, de Kings, de Hant et de Cumberland. Ses côtes, tant du côté de l'Océan que de celui du golfe de St.-Laurent, sont cernées d'écueils et de bas-fonds. L'Océan y forme la baie de Shébuktu, entre le Shébuktu-Head et le cap de Thrum; il renferme le bassin de Bedford et le port de Halifax, qui reçoit le Sandwich-River; à l'O. s'ouvre la Prospect-bay (baie de la Belle-Vue), fermée par les caps Sambro et de la Rage; à l'E. la baie de Toutes-les-Isles (bay of all Islands), avec l'Owls-Head, le Popes-Head et la baie aux Castors (Beaver-Harbour) et le Franklands-Harbour, à l'embouchure du St.-Marys qui sépare ce comté de celui de Sidney; les côtes sont sablonneuses et peu propres à la culture; de distance en distance on voit quelques chétives cabanes de pêcheurs. A l'O. de Halifax le sol est plus gras et bien arrosé. De majestueuses forêts, entrecoupées de riches champs de blé, s'étendent le long du Shubénacadie et du Stenwack, les cours d'eau les plus considérables de cette province. Sur les bords du Cobéquit et sur les côtes du Bason-of-Minas on exploite des houillères considérables. Le N. est couvert de forêts et de beaux pâturages; 45,000 hab.

HALIFAX, capitale de la Nouvelle-Écosse; est située sur la côte E. de ce pays et sur une presqu'île qui s'avance dans la baie de Shébuctu. Elle est le siége d'un évêque anglican et d'un évêque catholique. C'est une belle ville, régulièrement bâtie et bien fortifiée, mais dont presque toutes les maisons sont en bois. Parmi ses édifices publics on remarque le bâtiment de la Province ou bâtiment du Gouvernement (Province-Building), grand édifice en pierres de taille, d'une belle architecture et qu'on regarde comme le plus beau bâtiment de l'Amérique anglaise. On y a établi les tribunaux, les bureaux de l'administration, la bibliothèque publique et les salles du conseil et de l'assemblée législative qui y tiennent leurs séances. La cathédrale et la nouvelle église catholique sont également de beaux édifices. Le port de cette ville, bien défendu, peut contenir plus de 1000 vaisseaux ; il est un des plus beaux de l'Amérique septentrionale, ouvert en toute saison et la station ordinaire de la flotte anglaise en temps de guerre. Il s'y trouve un vaste chantier pourvu de tous les approvisionnements nécessaires à la réparation des vaisseaux. Les Anglais le regardent comme un des plus vastes établissements de ce genre qu'ils possèdent hors du royaume-uni. Halifax renferme en outre un beau collége (Dalhousie-College), établi depuis quelques années et organisé sur le plan de l'université d'Édimbourg ; une école latine et plusieurs autres établissements littéraires. Il possède aussi une société pour l'encouragement et les progrès du commerce et fait paraître 6 à 7 journaux. Le commerce d'Halifax est très-florissant, et la situation très-avantageuse de son port a rendu cette ville un des principaux points pour les communications entre l'Europe et l'Amérique ; ses paquebots et ses steamers entretiennent des relations régulières avec les principaux ports des États-Unis, de l'Amérique anglaise et de la Grande-Bretagne ; un canal nouvellement établi joint la ville au Bason-of-Minas ; 18,000 hab.

HALIFAX, jolie v. d'Angleterre, comté d'York, sur le Calder ; est le centre d'une grande fabrication de draps, de casimirs, de flanelle et de châles, avec une vaste et belle halle aux draps. Son commerce, très-actif, est favorisé par le beau canal de Rochdale qui s'y joint au Calder ; 13,000 hab.

HALIFOUN, b. considérable de Nubie, dans le pays et à 4 l. S. d'Halfay.

HALINE (la), ham. de Fr., Seine-Inférieure, com. de Caudebec-lès-Elbeuf ; 360 h.

HALINGHEN, vg. de Fr., Pas-de-Calais, arr. de Boulogne-sur-Mer, cant. et poste de Samer ; scieries hydraul. ; 420 hab.

HALKIRK, b. d'Écosse, comté de Caithness ; 2500 hab.

HALKUWAD, pet. v. de la régence d'Alger, à 23 l. de Tunis.

HALL, comté de l'état de Géorgie, États-Unis de l'Amérique du Nord ; il est borné par les comtés de Habersham, de Jackson, de Walton, de Gwinnet et de Rabun. Pays montagneux, arrosé par le Chattahochée. Gamesville, avec une poste, est le chef-lieu du comté ; 7000 hab.

HALL, groupe de petites îles dans l'archipel de Gilbert, Polynésie ou Océanie orientale, sous 1° 15′ lat. N. et 170° long. orient.

HALL, grande île peu connue entre les détroits de Cumberland et de Frobisher, côte S.-E. de la Terre-de-Baffin.

HALL, v. du Tyrol, cer. du Bas-Innthal, sur l'Inn ; importante par ses salines, son hôtel des monnaies et son gymnase ; 5000 h.

HALL, *Hala ad OEnum*, b. de la Haute-Autriche, cer. de Traun ; fabrication de bonnets et de bas.

HALL, *Hala Suevica, Suevorum*, v. du Wurtemberg et siége d'un grand-bailliage dans le cer. de l'Yaxt ; située dans une vallée, sur les deux rives du Kocher qui correspondent par un pont ; ses trois faubourgs sont entourés de hautes murailles flanquées de tours. Elle possède une belle maison de ville, un hôpital fondé en 1228 et un gymnase. Parmi ses églises on remarque celle de St.-Martin, qui a remplacé sur une colline, en 1427, une église plus ancienne, construite en 1156, à l'emplacement de l'antique château de Hall ; on y montre une dent de mammouth, pesant 600 livres et trouvée à Neubronn. La ville et ses environs font un grand commerce de bestiaux. Elle renferme une source saline déjà connue par les Romains ; ses eaux sont conduites par des canaux dans les bâtiments où s'opère leur évaporation et qui se trouvent hors de l'enceinte de la ville ; pop. de la ville 6650 hab., du grand-bailliage 23,500, sur 7 milles c. Hall, érigé en ville par Frédéric-Barberousse, dans la deuxième moitié du douzième siècle, sut se rendre indépendant bientôt après. Dans le quatorzième et le quinzième siècle cette ville était en contestation continuelle avec ses voisins ; en 1349 les juifs y furent brûlés ou égorgés, sous le vain prétexte d'avoir empoisonné les puits, leurs maisons rasées et les matériaux employés aux murs d'enceinte, où l'on rencontre encore des pierres avec des caractères hébreux. En 1376 Hall fut presque entièrement consumé par un incendie. Ayant adopté la réforme, il eut beaucoup à souffrir pendant les guerres de religion ; en 1537 l'empereur le visita avec 20,000 hommes et l'imposa pour 60,000 florins ; l'année après il fut occupé par 10 enseignes de troupes italiennes. En 1634 il se racheta du pillage après la bataille de Nordlingue ; en 1645 et 1646 il tomba au pouvoir des Suédois ; les Français le mirent à contribution en 1688. Il fut de nouveau une proie des flammes en 1728. En 1802 Hall cessa d'être ville libre et fut incorporé au Wurtemberg.

HALLAM, b. des États-Unis de l'Amérique du Nord, état de Pensylvanie, comté d'York, sur le Susquéhannah ; pêcheries, navigation ; 2300 hab.

HALLE, *Hala Saxorum*, v. de Prusse et chef-lieu de cercle, prov. de Saxe, rég. de Mersebourg; située sur la rive droite de la Saale, que l'on y traverse sur 2 ponts, et composée de la cité et des quartiers de Glaucha et de Neumarkt qui formaient autrefois des petites villes séparées; elle est ceinte de murailles, avec 5 faubourgs, 15 portes, 4 places publiques, 8 temples protestants, une église catholique. Halle possède plusieurs institutions scientifiques et philanthropiques: l'université fondée en 1694, par Fréderic Ier, à laquelle celle de Wittenberg a été réunie en 1817, avec un beau jardin botanique, un observatoire, une riche bibliothèque, le musée anatomique de Meckel, un institut de chirurgie et d'accouchement, une direction et une école des mines. La célèbre fondation dite des orphelins, créée en 1695, par le prédicateur Franke, n'était dans son origine qu'une école de charité, mais elle s'est développée au moyen de collectes et se compose aujourd'hui d'une maison d'orphelins, d'une école latine, de 2 écoles élémentaires, dont une pour la noblesse, d'écoles primaires pour les deux sexes, de plusieurs écoles gratuites, de 2 imprimeries, dont l'une, fondée en 1712 par Kanstein, est spécialement consacrée à l'impression de Bibles, d'une librairie et d'une pharmacie renommée. Un chapitre séculier pour de pauvres demoiselles nobles; plusieurs écoles normales; un hôpital, un hospice d'aliénés; des maisons de travail et de refuge. Parmi ses autres édifices publics on remarque la tour de l'horloge, sur la grande place du Marché, ayant 84 mètres de hauteur et portant une cloche de 130 quintaux; l'église du Marché ou de Ste.-Marie, avec une bibliothèque de 12,000 volumes, fondée en 1560 par Boëtius, et où l'on montre une figure en cire très-ressemblante du réformateur Luther; l'église de St.-Ulrich, avec son bel autel, ses fonts de baptême en bronze doré et de nombreux monuments, parmi lesquels celui de Franke; une machine hydraul., élevant les eaux de la Saale à 90 pieds pour en alimenter la ville. On y compte 14 librairies, plusieurs imprimeries, des manufactures d'étoffes de laine, de toiles, de dentelles, de bas de soie, d'amidon, de papiers peints, de quincaillerie, de voitures et de meubles; des tanneries, brasseries, distilleries. Les habitants se livrent en outre à l'agriculture et au jardinage, et la place fait un commerce local actif, favorisé par un port sur la Saale. Mais de toutes les branches industrielles qui contribuent à la prospérité de Halle, les salines sont la principale; les sources, au nombre de quatre, situées vers la rivière, alimentent une saunerie royale et plusieurs établissements particuliers. Les eaux salines n'ont pas besoin de graduation; elles sont soumises immédiatement à l'évaporation au feu et donnent un produit total et annuel de plus de 220,000 quintaux. Les Sauniers, appelés *Halloren*, descendent des Vandales et se distinguent d'une manière tranchante des autres habitants par leurs mœurs et par leur costume. Halle possède aussi plusieurs sources minérales, qui, ainsi que les eaux salines, sont employées à des bains. Les environs sont riches et agréables; on y exploite de la houille et de la terre de porcelaine. A peu de distance de la ville on voit, sur un rocher escarpé, l'antique château de Giebichenstein; 24,800 hab.

Les 17 octobre 1806 et 28 avril 1813 il y eut dans les environs des affaires sanglantes entre les Français et les Prussiens. De 1807 à 1813 Halle a fait partie du roy. de Westphalie, et pendant cette époque son université fut supprimée deux fois.

Patrie du ministre de Dankelmann, mort en 1764; du ministre de Struensée, né en 1735; du compositeur Hændl, mort en 1751; du chancelier et littérateur Niemeyer, mort en 1828.

HALLE, pet. v. de Prusse, chef-lieu de cercle, prov. de Westphalie, rég. de Minden; 1280 hab.

HALLEIN, *Haliola*, pet. v. de la Haute-Autriche, cer. de Salzbourg, sur la Salza; remarquable par ses riches mines de sel; manufactures d'étoffes et de bas de coton; fabr. d'épingles; 5000 hab.

HALLENBERG, pet. v. de Prusse, prov. de Westphalie, rég. d'Arnsberg; usines; carrière d'ardoises; 1560 hab.

HALLENCOURT, b. de Fr., Somme, arr. et à 3 1/2 l. S. d'Abbeville, chef-lieu de canton, poste d'Airaines; fabr. de toiles à matelas; 1640 hab.

HALLENNES-LES-HAUBOURDIN, vg. de Fr., Nord, arr. et poste de Lille, cant. de Haubourdin; fabr. de sucre indigène; 470 hab.

HALLERING, vg. de Fr., Moselle, arr. de Metz, cant. et poste de Faulquemont; 260 h.

HALLES, vg. de Fr., Meuse, arr. de Montmédy, cant. et poste de Stenay; 720 h.

HALLES (les), vg. de Fr., Rhône, arr. de Lyon, cant. et poste de St.-Laurent-de-Chamousset; 280 hab.

HALLES, ham. de Fr., Somme, com. de St.-Badegonde; 300 hab.

HALLESCOURT, ham. de Fr., Seine-Inférieure, com. de St.-Michel-d'Hallescourt; 150 hab.

HALLIER (le), ham. de Fr., Seine-et-Oise, com. de Bourdonné et Condé-sur-Vègre; 170 hab.

HALLIGNICOURT, vg. de Fr., Haute-Marne, arr. de Vassy, cant. et poste de St.-Dizier; 380 hab.

HALLINES, vg. de Fr., Pas-de-Calais, arr. et poste de St.-Omer, cant. de Lumbres; papeterie; 550 hab.

HALLING, vg. de Fr., Moselle, arr. de Metz, cant. et poste de Boulay; 100 hab.

HALLING, ham. de Fr., Moselle, com. de Puttelange-lès-Rodemack; 160 hab.

HALLIVILLERS-LINCHEUX, vg. de Fr.,

Somme, arr. d'Amiens, cant. d'Hornoy, poste de Poix; 460 hab.

HALLIVILLERS-SUR-LA-WARDE, vg. de Fr., Somme, arr. de Montdidier, cant. d'Ailly-sur-Noye, poste de Flers; 370 hab.

HALLOTIÈRE (la), vg. de Fr., Seine-Inférieure, arr. de Neufchâtel-en-Bray, cant. et poste d'Argueil; 150 hab.

HALLOTS (les), ham. de Fr., Eure, com. de Villiers-en-Désœuvre; 100 hab.

HALLOVILLE, vg. de Fr., Meurthe, arr. de Lunéville, cant. et poste de Blamont; 170 hab.

HALLOWELL, v. des États-Unis de l'Amérique du Nord, état du Maine, comté de Kennebec, sur le fleuve de même nom. Cette ville, une des plus florissantes de l'état, renferme une académie, une banque, plusieurs imprimeries, une poste et fait un grand commerce de bois et de bétail; 4400 hab.

HALLOY, vg. de Fr., Oise, arr. de Beauvais, cant. et poste de Grandvilliers; 650 h.

HALLOY, vg. de Fr., Pas-de-Calais, arr. d'Arras, cant. de Pas, poste de Doullens; 570 hab.

HALLOY-LÈS-PERNOIS, vg. de Fr., Somme, arr. de Doullens, cant. et poste de Domart; 490 hab.

HALLSTADT, belle pet. v. de la Haute-Autriche, cer. de Traun; remarquable par ses riches salines. Dans le voisinage on voit le Waldbachstrub, une des plus belles cascades de l'empire.

HALLU, vg. de Fr., Somme, arr. de Montdidier, cant. de Rosières, poste de Lihons-en-Santerre; 250 hab.

HALLUIN, b. de Fr., Nord, arr. de Lille, cant. et poste de Tourcoing; blanchisserie et fabr. de toiles, fil et coton, molletons, linge de table; filat. de coton; 4240 hab.

HALMI, b. de Hongrie, cer. au-delà de la Theiss, comitat d'Ugotsch; foires très-fréquentées; 1500 hab.

HALMSTAND, préfecture du roy. de Suède, Gothie, correspondant à l'ancienne prov. de Halland; elle est bornée au N., à l'E. et au S. par les gouv. de Gœtheborg, d'Elfsborg et de Christianstad, à l'O. par le Cattégat; elle s'étend entre 9° 39′ et 11° 4″ long. orient., entre 56° 18′ et 56° 38 lat. sept.; sa superficie est de 154 l. c. et sa population de 80,000 hab. Ce pays est montagneux dans sa partie orientale; il a un climat assez tempéré, un sol léger, mais souvent pierreux ou sablonneux; l'agriculture y est négligée. Il est arrosé par plusieurs fleuves.

HALMSTAD, chef-lieu de la préfecture du même nom, en Suède; 2000 hab.

HALNEFJELD. *Voyez* LANGFJELD.

HALOUAN, *Heracleum*, b. de la Moyenne-Égypte, préfecture de Djizeh, sur la rive droite du Nil.

HALOUZE. *Voyez* CLAIR-DE-HALOUZE (Saint-).

HALSOU, vg. de Fr., Basses-Pyrénées, arr. de Bayonne, cant. et poste d'Ustarits; 320 hab.

HALSTED, b. d'Angleterre, comté d'Essex; manufactures de coton; 3500 hab.

HALSTROF, ham. de Fr., Moselle, com. de Grindorff; 350 hab.

HALTERN, pet. v. de Prusse, prov. de Westphalie, rég. et à 10 l. de Munster; usines, tanneries, tisseanderies; près de là se trouve un marais de 17,740 arpents; 1900 hab.

HALTON, b. d'Angleterre, comté de Lancaster, peu loin de la ville de ce nom; pêche du saumon; mines de plomb et de houille.

HALYCARNASSE. *Voyez* BOUDROUN.

HALYS. *Voyez* KISIL-IRMAK.

HAM-SUR-HEURE, b. du roy. de Belgique, prov. de Hainaut, arr. et à 2 l. de Charleroi; 1330 hab.

HAM (le), vg. de Fr., Calvados, arr. de Pont-l'Évêque, cant. de Cambremer, poste de Dozullé; 140 hab.

HAM (le), vg. de Fr., Manche, arr. de Valognes, cant. et poste de Montebourg; 280 hab.

HAM (le), vg. de Fr., Mayenne, arr. de Mayenne, cant. du Horps, poste du Ribay; four à chaux et fabr. de tuiles; 850 hab.

HAM (Haute et Basse-), vg. de Fr., Moselle, arr. et poste de Thionville, cant. de Metzervisse; 620 hab.

HAM, vg. de Fr., Pas-de-Calais, arr. de Béthune, cant. de Norrent-Fontes, poste de Lillers; 750 hab.

HAM, *Hametum*, *Hamona*, v. de Fr., Somme, arr., à 6 l. S.-S.-E. de Péronne et à 30 l. de Paris, chef-lieu de canton et poste. Cette ville, que sa citadelle redoutable met au rang des places de guerre, est située dans une plaine marécageuse, sur la rive gauche et le canal de la Somme. Le château, dans lequel, il y a quelques années, étaient emprisonnés les derniers ministres de Charles X, a donné de la célébrité à Ham, qui du reste ne renferme rien de remarquable. Fabr. de sucre de betteraves; rouenneries, articles de St.-Quentin; culture considérable de légumes; 2185 hab.

Ham est une ancienne ville qui eut des seigneurs particuliers jusqu'au temps de Henri IV; elle fut alors réunie à la couronne. Son château fut construit, en 1470, par Louis de Luxembourg, comte de St.-Pol, que Louis XI fit décapiter. Sous Louis XIV, les fortifications furent démolies, à l'exception du château. De nouveaux ouvrages de défense y ont été ajoutés depuis. Cette ville est le lieu de naissance de l'un des plus nobles défenseurs de nos libertés publiques, du courageux et éloquent général Foy (Maximilien-Sébastien), né le 3 février 1775, mort le 28 novembre 1825.

HAMADAN, v. de Perse, dans l'Irak-Adjémi, bâtie au pied du mont Elvend et sur l'emplacement de l'ancienne Ecbatane. Nous avons déjà décrit ses antiquités à l'article

Ecbatane; la ville de Hamadan est encore assez peuplée, mais les données des voyageurs varient considérablement. Ker-Porter lui suppose 45 ou 50,000 hab., Alexander ne lui en accorde que 25,000. Ses tanneries et ses fabriques de tapis sont florissantes; son commerce est peu important, bien qu'il y passe tous les ans de nombreuses caravanes.

HAMAH, v. de Syrie, pachalik de Damas, chef-lieu de sandschak. Elle est située dans une plaine fertile, sur les deux rives de l'Aasi ou Oronte, est entourée de murs, de faubourgs et de jardins. Ali-Bey prétend que le nombre de ses habitants s'élève à 100,000, chiffre exagéré qu'il faut réduire de moitié. Tous sont Arabes. La ville est bien pourvue d'eau que des aqueducs amènent dans tous les quartiers. Son industrie et son commerce sont florissants et ses bazars toujours très-bien approvisionnés. Les campagnes qui environnent Hamah sont regardées comme les greniers de la Syrie, tant elles sont fertiles. Un grand nombre de Turcs, retirés des affaires ou disgraciés se sont établis dans cette charmante contrée. Le grand historien et géographe arabe, Abulfeda, commanda à Hamah comme émir de 1342 à 1354.

HAM-A-LIL. *Voyez* ADAM (pic d').

HAMAMET, *Adrumetum*, *Putput*, pet. v. sur la côte orientale de l'état de Tunis, avec un port, sur la baie poissonneuse de même nom, à 12 l. S.-E. de Tunis; contrée abondante en olives; commerce de blé, de laine et d'huile; 8000 hab.

HAMARS, vg. de Fr., Calvados, arr. de Caen, cant. d'Évrecy, poste d'Harcourt-Thury; 840 hab.

HAMAUXARD, ham. de Fr., Vosges, com. du Val-d'Ajol; 170 hab.

HAMAZEN, dist. du pays de Baharnegach, en Abyssinie, sur la frontière des Changallas; chef-lieu de même nom, à 16 l. O. d'Arkiko.

HAMBACH, vg. parois. de la Bavière rhénane, cant., arr. et à 1/2 l. de Neustadt; près des ruines du château de Kastanienbourg, construit par l'empereur Henri II et détruit dans la première moitié du seizième siècle par les paysans révoltés. Le château de Hambach est devenu célèbre de nos jours par une fête populaire qui y réunit, en 1832, un grand nombre de patriotes allemands; 3000 hab.

HAMBACH, vg. de Fr., Moselle, arr., cant. et poste de Sarreguemines; 1170 hab.

HAMBACH, vg. de Fr., Bas-Rhin, arr. de Saverne, cant. de Drulingen, poste de Saarunion; 860 hab.

HAMBACH, vg. du grand-duché d'Oldenbourg, principauté de Birkenfeld; renommé pour ses trois sources d'eaux minérales.

HAMBATO. *Voyez* AMBATO.

HAMBERS, vg. de Fr., Mayenne, arr. de Mayenne, cant. et poste de Bais; 1910 hab.

HAMBIE, b. de Fr., Manche, arr. de Coutances, cant. et poste de Gavray; 3680 h.

HAMBLAIN-LÈS-PRÉS, vg. de Fr., Pas-de-Calais, arr. et poste d'Arras, cant. de Vitry; 550 hab.

HAMBOURG, v. libre de la confédération germanique, est située sous 7° 32′ 33″ long. orient. et sous 53° 33′ lat. sept.; à 221 l. N.-E. de Paris, sur la rive droite de l'Elbe et à 18 milles de son embouchure. Ce fleuve s'y divise en plusieurs bras et y a une largeur de 2 l.; il reçoit dans la ville l'Alster et à quelque distance la Bille. Un bras de l'Elbe et l'Alster sont partagés en plusieurs canaux, appelés Fleete, qui parcourent la ville dans presque toutes les directions. Le flux permet l'arrivée des vaisseaux jusqu'à Hambourg, où l'Elbe forme deux ports, le port supérieur, à l'extrémité orientale de la ville, pour les bateaux qui descendent le fleuve, et le port inférieur, au centre de la ville. Hambourg était réuni, depuis 1813 jusqu'en 1818, avec Haarbourg, dans le Hanovre, par un pont en bois, qu'avait fait construire le maréchal Davoust. Cette ville se compose de deux parties, appelées la vieille et la nouvelle ville, et des faubourgs; les remparts qui l'entouraient ont été convertis en rues ou en promenades; ses rues sont en général étroites et tortueuses, et ses maisons vieilles et élevées, surtout dans la partie orientale ou dans la vieille ville; la nouvelle ville offre cependant de belles parties, telles que le Jungerstieg, rue garnie d'arbres le long du vaste et beau bassin, formé par l'Alster et appelé Binnen-Alster, et le beau quai du Dammthor. Les édifices les plus remarquables sont : l'église de St.-Michel, construite sur de grandes proportions, dans un genre simple et imposant, avec de vastes souterrains et une tour de 476 pieds d'élévation ; l'église de St.-Pierre et celle de St.-Nicolas, qui renferme un grand orgue; le nouvel hôpital général, immense bâtiment et le plus beau de Hambourg; le nouvel hospice des orphelins; l'hôtel de ville; la bourse; le bâtiment de la chambre de commerce; la banque nouvellement bâtie; le nouveau théâtre, qui a été terminé en 1827; l'amirauté et le Niederbaumhaus, bâtiment massif dans le style hollandais, d'où l'on jouit d'une vue étendue sur l'Elbe. Hambourg possède deux gymnases, une académie de commerce, un institut anatomique, une école de navigation, une école de dessin, un observatoire, un jardin botanique extrêmement riche, un institut de sourds et muets, l'excellent musée de Rœding pour les objets d'art et d'histoire naturelle, une société pharmaceutique, une société pour les progrès des arts et des métiers utiles, avec une bibliothèque et des collections d'objets d'arts et d'histoire naturelle ; une bibliothèque publique de 200,000 volumes; la bibliothèque du commerce, riche surtout en cartes et en ouvrages de géographie, et de très-vastes établissements de bienfaisance. La population de cette ville, sans compter celle du Hamburgerberg, s'élève à au moins 113,000 habitants, qui sont luthériens, à l'exception d'environ 4500 réformés, 3000 catholiques et plus de 10,000 juifs. Les principales branches de son industrie, qui est variée et très-considérable, sont les blanchisseries, la fabrication du tabac, la préparation des plumes à écrire, la construction des vaisseaux ; les raffineries y étaient autrefois en très-grand nombre. Comme ville de commerce Hambourg est la ville la plus marchande de l'Allemagne et une des premières villes du monde; il possède 200 vaisseaux et a des relations avec presque tous les pays; il fait surtout un immense commerce de transit avec les pays arrosés par l'Elbe et les nations principales de l'Europe et de l'Amérique, et un commerce considérable de banques d'or et d'argent monnoyés et non monnoyés. Il prend une part active à la pêche du hareng et de la baleine. Des services de bateaux à vapeur sont établis entre Hambourg et Amsterdam, le Hâvre, Hull et Londres, ainsi que Haarbourg sur la rive gauche de l'Elbe. Les environs de la ville sont plats, sablonneux, mais embellis par de charmants jardins et des maisons de campagne. Le Hamburgerberg, qu'on peut considérer comme un des plus beaux faubourgs de la ville, renferme une population active de 6000 habitants et présente un aspect délicieux, avec ses belles maisons, situées sur des coteaux; c'est le rendez-vous ordinaire du peuple de Hambourg.

Hambourg doit probablement son origine à Charlemagne, qui y établit une place d'armes contre les peuples païens avoisinants. Son heureuse position, surtout pour la navigation et la pêche, fit s'augmenter rapidement le nombre de ses habitants, et quoiqu'il eût souvent à souffrir des attaques de ses voisins, il était déjà au douzième siècle une place de commerce importante. Il devint puissant par son union avec la ligue anséatique. Libre longtemps auparavant, il ne fut formellement reconnu comme ville libre impériale qu'en 1618; la guerre de trente ans, qui désola tellement le reste de l'Allemagne, servit, en l'épargnant, à augmenter considérablement son commerce et sa population. Il était devenu la première ville de commerce de l'Allemagne et ne cédait même plus qu'à Londres la prééminence sous ce rapport, lorsqu'en 1806 commença pour cette ville une série de pertes, résultant de la prohibition du commerce et de la présence des Français en Allemagne. Hambourg fut incorporé, en 1810, à l'empire français. Notre armée en fut expulsée par les Russes, en 1813, mais elle y rentra de nouveau par suite de la trêve signée la même année. Les alliés ne purent l'assiéger qu'en 1814, et la paix de Paris rendit à Hambourg sa liberté vers la fin du mois de mai de la même année. Depuis lors son commerce a repris son activité, ses faubourgs et entre autres le Hamburgerberg se sont relevés de leurs ruines plus beaux qu'ils n'étaient autrefois, et la population prend chaque jour un accroissement considérable.

La république de Hambourg n'a qu'un territoire d'une étendue de 7 milles c. Il se compose du territoire de la ville, du bailliage de Ritzebuttel, placé à l'embouchure de l'Elbe et enclavé dans la préfecture hanovrienne de Stade, et du bailliage de Bergedorf, possédé en commun avec la république de Lubeck. Sa pop. est de 50,000 hab. La forme du gouvernement est démocratique, et la puissance souveraine partagée entre la bourgeoisie et le conseil ou sénat, composé de 4 bourguemestres, de 24 conseillers, de 4 syndics, d'un pronotaire, d'un archiviste et 2 secrétaires. La république de Hambourg a, dans le petit conseil de la diète germanique, une seule voix commune avec celles de Lubeck, Brême et Francfort; elle a une voix en propre dans la grande diète. Elle fournit à l'armée de la confédération un contingent de 1289 hommes. Ses revenus annuels sont de plus d'un million d'écus.

HAMBURGH, b. des États-Unis de l'Amérique du Nord, état de Delaware, comté de Newcastle, sur le Delaware, poste; pêcheries; navigation; commerce; 2300 hab.

HAMBURGH, pet. v. des États-Unis de l'Amérique du Nord, état de la Caroline du Sud, dist. d'Edgefield, sur le Savannah, en face d'Augusta. Cet endroit, nouvellement fondé par un habitant de Hambourg, s'accroît de plus en plus et est déjà le principal entrepôt du commerce de coton de ces côtes; 3600 hab.

HAMDEN, pet. v. des États-Unis de l'Amérique du Nord, état de Connecticut, comté de Newhaven, sur le Mill-River; elle possède une grande fonderie de canons de l'Union, connue sous le nom de fonderie de Whitney; 3000 hab.

HAM-DEVANT-MARVILLE, ham. de Fr., Moselle, com. de Petit-Failly; 230 hab.

HAMEAU (le), ham. de Fr., Basses-Pyrénées, com. de Gurs; 170 hab.

HAMEAU-JOUAS (le), ham. de Fr., Eure, com. de Drucourt; 370 hab.

HAMEAU-LA-RIVIÈRE (le). *Voyez* LÉONARD (Saint-).

HAMEAU-SAINT-ANGE, ham. de Fr., Seine, com. de la Chapelle-St.-Denis; 500 h.

HAMEAUX (les), ham. de Fr., Seine-Inférieure, com. de Gonneville; 180 hab.

HAMEAUX (les), vg. de Fr., Deux-Sèvres, arr. de Bressuire, cant. et poste de Thouars; 730 hab.

HAMÉGICOURT, vg. de Fr., Aisne, arr. de St.-Quentin, cant. de Moy, poste de la Fère; 810 hab.

HAMEL (le). *Voyez* NOTRE-DAME-DU-HAMEL.

HAMEL, vg. de Fr., Nord, arr. et poste de Douai, cant. d'Arleux; fabr. d'instruments aratoires; 540 hab.

HAMEL (le), vg. de Fr., Oise, arr. de Beauvais, cant. et poste de Grandvilliers; 930 hab.

HAMEL (le), ham. de Fr., Pas-de-Calais, com. de Rivière; 110 hab.

HAMEL, ham. de Fr., Seine-Inférieure, com. de Tourville-la-Rivière; 320 hab.

HAMEL (le), ham. de Fr., Seine-Inférieure, com. de Bois-Guillaume; 220 hab.

HAMEL (le), ham. de Fr., Seine-Inférieure, com. du Boshion; 150 hab.

HAMEL (le), vg. de Fr., Somme, arr. d'Amiens, cant. et poste de Corbie; 960 h.

HAMEL, ham. de Fr., Somme, com. de Ponthoile; 170 hab.

HAMELIN, vg. de Fr., Manche, arr. d'Avranches, cant. et poste de St.-James; 240 h.

HAMELET, vg. de Fr., Somme, arr. d'Amiens, cant. et poste de Corbie; 360 hab.

HAMELET, ham. de Fr., Somme, com. de Marquaix; 150 hab.

HAMELET-DE-LOUVIERS, ham. de Fr., Eure, com. de Louviers; 100 hab.

HAMELINCOURT, vg. de Fr., Pas-de-Calais, arr. d'Arras, cant. de Croisilles, poste de Bapaume; fabr. de toiles et batistes; 480 h.

HAMELLE (Bas-), ham. de Fr., Pas-de-Calais, com. de St.-Venant; 110 hab.

HAMEL-LÈS-BEAUMONT, ham. de Fr., Somme, com. de Beaumont-Hamel; 320 h.

HAMELN, *Hamela*, v. du roy. de Hanovre, sur le Weser, gouv. de Hanovre, principauté de Calenberg. Autrefois forteresse importante, elle est encore aujourd'hui remarquable par son industrie et sa grande maison de correction; on y trouve surtout des fabriques de tabac et de pipes, et de bonnes tanneries; 5400 hab.

HAMERA, b. du Fezzan, sur la route qui conduit de Mourzouk dans le plateau de Barca et le désert d'Aoudjelah, à 20 l. N.-E. de Zuéla.

HAMÉRIN. Les collines de ce nom, prolongement de la chaîne mésopotamique, bordent au N. les plaines où s'élevaient anciennement Ninive et Babylone.

HAMES, vg. de Fr., Pas-de-Calais, arr. de Boulogne-sur-Mer, cant. et poste de Guines; 880 hab.

HAMET (le), ham. de Fr., Aisne, com. de Seraucourt; 190 hab.

HAMETET (le), ham. de Fr., Eure, com. de Beaux-de-Breteuil; 340 hab.

HAMI ou KHAMIL, une des dix principautés soumises aux Chinois, dans lesquelles est divisé le Thian-chan-nan-lou ou la Petite-Boukharie. Située entre 82° 30' et 91° 30' long. orient. et 40° 30' et 46° 5' lat. N., la principauté de Hami est proprement une oasis qui sépare le désert du Schaschin du Gobi. Le Haraussu, dont les eaux se perdent dans les sables du Schaschin, en est la seule rivière; mais le pays renferme des puits, et jusqu'à l'invasion des Dzoungares et des Éleutes il était bien cultivé. Cet événement dépeupla le pays, aujourd'hui occupé par des Boukhares, que les Chinois désignent comme braves et courageux, mais sauvages. Le sol est assez productif; l'éducation du bétail cependant est plus florissante que l'agriculture, et la grande richesse du pays consiste dans ses troupeaux de chameaux, de chevaux, de bœufs et de moutons.

HAMI, forteresse occupée par une garnison chinoise et chef-lieu de la principauté de même nom, Petite-Boukharie. Elle est située sur le Haraussu, renferme des bazars bien approvisionnés et fait un commerce très-actif.

HAMILTON, pet. v. des États-Unis de l'Amérique du Nord, état d'Ohio, comté de Buttler, dont elle est le chef-lieu, sur le Grand-Miami (Big-Miami); poste; commerce; il y paraît un journal; 1400 hab.

HAMILTON, gr. com. des États-Unis de l'Amérique du Nord, état de Pensylvanie, comté de Franklin; 2500 hab.

HAMILTON, b. des États-Unis de l'Amérique du Nord, état de Massachusetts, comté d'Essex, poste; 1400 hab.

HAMILTON, b. florissant des États-Unis de l'Amérique du Nord, état de New-York, comté de Cattaragus, dont il est le chef-lieu alternativement avec Oléan, au confluent de l'Alleghany et de l'Oldkrik; commerce important; 2000 hab.

HAMILTON, comté de l'état de New-York, États-Unis de l'Amérique du Nord. Ce comté, érigé en 1817, est borné par les comtés de Lawrence, de Franklin, d'Essex, de Warren, de Montgoméry et de Herkimer; pays onduleux, en grande partie couvert de collines basses et d'immenses forêts; l'Hudson occidental y prend naissance; 2300 hab.

HAMILTON, pet. v. des États-Unis de l'Amérique du Nord, état de New-York, comté de Madison, sur le Chénango; poste; 3000 hab.

HAMILTON, b. des États-Unis de l'Amérique du Nord, état de Pensylvanie, comté de Northampton, sur le Smithfield; 1800 h.

HAMILTON, comté de l'état d'Ohio, États-Unis de l'Amérique du Nord. Cette province, qui occupe le coin S.-O. de l'état, est bornée par les états de Kentucky et d'Indiana et par les comtés de Buttler, de Warren et de Clermont. Pays généralement fertile et bien cultivé, surtout le long des rivières Grand et Petit-Miami et White-Water (eau blanche), accompagnées de collines peu élevées. Le fer y abonde et on y trouve plusieurs sources minérales, 35,000 hab.

HAMILTON, comté de l'état de Tennessée, États-Unis de l'Amérique du Nord; il est borné par les comtés de Rhéa, de Marion et par le dist. des Indiens libres. Pays peu cultivé, arrosé par le Salt et le Chickamaugah, affluents du Tennessée. Brainerd, au confluent du Chickamaugah et du Tennessée, est le chef-lieu du comté; 2000 hab.

HAMILTON, gr. et beau vg. des États-Unis de l'Amérique du Nord, état de Pensylvanie, comté de Philadelphie et près de la ville de ce nom; il renferme un jardin botanique, plusieurs belles campagnes et est le rendez-vous ordinaire des habitants de la capitale; 2500 hab.

HAMILTON, paroisse de l'île de Bermuda, groupe des Bermudes.

HAMILTON, b. des États-Unis de l'Amérique du Nord, état d'Ohio, comté de Warren; agriculture très-florissante; 2000 hab.

HAMILTON, pet. v. d'Écosse, comté de Lanerk, sur la Clyde; avec un beau château appartenant au duc de Hamilton. Fabrication d'étoffes de coton, de cuir et de chandelles. Patrie du célèbre Cullen, mort en 1790 comme professeur de médecine et de chimie, à l'université d'Édimbourg; 9000 hab.

HAMILTONS-BAN, com. des États-Unis de l'Amérique du Nord, état de Pensylvanie, comté d'Adams, au pied des South-Mountains, qu'on y traverse par un passage appelé *Nichols-Gap*.

HAMIZ-METAGARA, pet. v. du roy. marocain de Fetz; remarquable par ses beaux jardins.

HAM-LES-MOINES (le), vg. de Fr., Ardennes, arr. de Mézières, cant. et poste de Renwez; 260 hab.

HAMM, *Hamona*, v. de Prusse, chef-lieu de cercle, prov. de Westphalie, rég. et à 7 l. N. d'Arnsberg; autrefois fortifiée et capitale du comté de Mark, sur l'embouchure de l'Absé, dans la Lippe; avec 4 portes, un château, 4 églises dont une catholique, un gymnase et une caserne; la ville possède une imprimerie, 3 librairies, des tanneries, des blanchisseries et fait un commerce actif de toiles; 5520 hab.

HAMM, b. du roy. de Belgique, prov. de la Flandre orientale, arr. à 1/4 l. de Dendermonde; sur un petit canal de la Durme; 8400 hab.

HAMMAIT, pet. v. de la partie méridionale de la rég. de Tunis, entre le lac Lowdeah et la Petite-Syrte, à 4 l. O. de Cabès.

HAMMAM, station de caravanes, dans la Basse-Égypte, sur la route d'Alexandrie, à 3 1/2 l. O. d'Abousir.

HAMMAM ou **HAMISE**, *Tibilis*, b. dans la partie orientale de la rég. d'Alger, sur la route de Bone à Constantine, à 18 l. N.-E. de la dernière ville.

HAMMAM-EL-ELMA, *Aquæ Calidæ*, b. de la rég. et à 30 l. S. de la ville d'Alger; eaux thermales.

HAMMAM-LEEF ou **HAMMAM-LIF**, *Aquæ Calidæ*, b. de la rég. et à peu de distance E. de la ville de Tunis, près de la Méditerranée; eaux thermales; mines de plomb.

HAMMAM-GOURBOS, *Aquæ Calidæ*, b. sur la côte orientale de la rég. de Tunis, non loin de Moraisah, au S.-O. de Nabal; eaux thermales; ruines.

HAMMAM-MESKOUTEEN ou **HAMMAM-MESKOUTIM** (bains enchanteurs), *Aquæ Tibilitanæ*, b. dans la partie orientale de la rég. d'Alger, sur la rive droite de la Seybouse, à 18 l. E.-N.-E. de Constantine; eaux thermales si chaudes qu'on peut y faire cuire de la viande en très-peu de temps; à peu de distance sont des sources excessivement froides; restes d'une voie romaine et autres ruines.

HAMMELBOURG, pet. v. de Bavière, chef-lieu de district, cer. du Main-Inférieur, sur la rive droite de la Saale que l'on y traverse sur un pont de 9 arches; possède une école latine; de nombreuses usines, des carrières de chaux et de grès dans les environs; près de là se trouve le vieux château de Saalek, avec ses vignes renommées; 2450 hab.

HAMMERFEST, lieu d'entrepôt et de commerce pour les poissons et les pelleteries sur l'île Qualoé, dans le bge de Finmarken, en Norwège.

HAMMERMOLLEN, vg. de l'île Seeland, dans le bge de Fréderiksborg; a une population de 1000 hab., une grande fabrique de coton et une grande manufacture d'armes.

HAMMERSMITH, v. dans les environs de Londres, ci-devant village; beau pont suspendu; maison d'éducation pour les demoiselles catholiques (nunnery).

HAMMY, pet. v. du roy. de Tigré, en Abyssinie, prov. d'Enderta, dans une contrée très-fertile.

HAMONT, *Hamons*, pet. v. du roy. de Belgique, prov. de Limbourg, arr. et à 7 l. O. de Rœrmonde; 950 hab.

HAMOA (archipel de). *Voyez* BOUGAINVILLE.

HAMONOSSET, riv. des États-Unis de l'Amérique du Nord, état de Connecticut, coule vers le S. et se jette dans le détroit de Long-Island.

HAMONVILLE, vg. de Fr., Meurthe, arr. de Toul, cant. de Domèvre, poste de Noviant-aux-Prés; 90 hab.

HAMPDEN, comté de l'état de Massachusetts, États-Unis de l'Amérique du Nord; cette province s'étend sur les deux rives du Connecticut et est bornée par l'état du Connecticut et les comtés de Hampshire, de Worcester et de Berks; son étendue est de 29 l. c. géogr., avec 36,000 habitants. Pays en partie montagneux, en partie plat et bien arrosé; son sol, qui offre de beaux pâturages, est plus propre à l'éducation du bétail qu'à l'agriculture; il est traversé par les monts Chécabée et les monts Westfield, couverts de superbes forêts et riches en fer, en marbre et autres minéraux; scieries nombreuses; culture du houblon; raffineries de potasse et de cendre de perles.

HAMPDEN, b. bien bâti des États-Unis de l'Amérique du Nord, état du Maine, comté de Penobscot, sur la rive gauche du fleuve de ce nom; commerce; industrie; 2200 habitants méthodistes.

HAMPIGNY, vg. de Fr., Aube, arr. de

Bar-sur-Aube, cant. et poste de Brienne; 470 hab.

HAMPONT, vg. de Fr., Meurthe, arr., cant. et poste de Château-Salins; 530 hab.

HAMPSHIRE, comté de l'état de Massachusetts, États-Unis de l'Amérique du Nord; il est borné par les comtés de Franklin, de Worcester, de Hampden et de Berks; 29 l. c. géogr, avec 32,000 habitants. Pays en grande partie montagneux et rocailleux, arrosé par le Connecticut et traversé à l'O. par les monts Chécabée; éducation du bétail; commerce de bois; raffineries de cendre de perles et de potasse.

HAMPSHIRE, comté du Bas-Canada, dist. de Trois-Rivières; il est borné par les pays de la baie d'Hudson, par les comtés de Northumberland, de Québec, de St.-Maurice et par le St.-Laurent. L'intérieur ne présente qu'un vaste désert, couvert de lacs et de forêts, et traversé par une foule de rivières tributaires du St.-Johns, du St.-Maurice et du St.-Laurent. Les établissements sont répandus le long des fleuves Ste.-Anne, du Moulin, Portneuf, Jacques-Cartier et St.-Laurent; 4000 hab.

HAMPSHIRE, comté de l'état de Virginie, États-Unis de l'Amérique du Nord; il est borné par l'état de Maryland, dont il est séparé par le Potowmak; et par les comtés de Berkley, de Fréderic et de Hardy. Pays très-montagneux, traversé au milieu par le chaînon principal des Alléghany, qui y forment de belles vallées fertilisées par le Wappocomoco, bras S. du Potowmak, les deux Cacapou, le Paterson, le Newkrik et le Styx, tous affluents du Potowmak. Abondance de houille; 11000 hab.

HAMPSHIRE. *Voyez* SOUTHAMPTON.

HAMPSHIRE (New-). *Voyez* NEW-HAMPSHIRE.

HAMPSTEAD, pet. v. des États-Unis de l'Amérique du Nord, état de New-York, comté de Rockland, poste; 3000 hab.

HAMPSTEAD, gros vg. d'Angleterre, comté de Middlesex, situé dans les environs de Londres; avec de nombreuses et belles maisons de campagne; 6000 hab.

HAMPTON, b. des États-Unis de l'Amérique du Nord, état de Connecticut, comté de Windham; agriculture très-florissante; 2300 hab.

HAMPTON, pet. v. des États-Unis de l'Amérique du Nord, état de New-Hampshire, comté de Rockingham; académie; navigation; pêche de la morue. Le canal de Hampton conduit de cet endroit à Newbury-Port, état de Massachusetts; 1800 hab.

HAMPTON, b. des États-Unis de l'Amérique du Nord, état de New-York, comté de Washington, sur le Pultney, qui y fait deux belles chutes; 1700 hab.

HAMPTON, pet. v. des États-Unis de l'Amérique du Nord, état de Virginie, comté d'Élizabeth-City, dont elle est le chef-lieu, à l'embouchure du James, elle a un petit port et fait le commerce; le climat y est très-malsain; 1900 hab.

HAMPTON (canal de). *Voyez* HAMPTON (NEW-HAMPSHIRE).

HAMPTON (New). *Voyez* NEW-HAMPTON.

HAMPTONCOURT, gros vg. d'Angleterre, comté de Middlesex; situé dans les environs de Londres, sur la Tamise; palais royal, avec de beaux jardins et des appartements superbes; 4000 hab.

HAMPTON-HEAD, promontoire sur la côte S.-E. de l'état de New-Hampshire, États-Unis de l'Amérique du Nord.

HAMRAH (El-), pet. b. de la Haute-Égypte, sur la rive gauche du Nil, prov. et à 1/4 l. d'Assyout, dont il doit être regardé comme le port.

HAM-SOUS-VARSBERG, vg. de Fr., Moselle, arr. de Metz, cant. de Boulay, poste de St.-Avold; 1220 hab.

HAN ou HAN-KINANZ, fl. de Chine, qui traverse le Chen-si et le Hou-pe et se jette dans le Kiang ou fleuve Bleu, dont il est un des principaux affluents.

HAN, b. de la Dalmatie, cer. de Spalatro; salines.

HAN, vg. de Fr., Ardennes, arr. de Rocroi, cant. et poste de Givet; 250 hab.

HANALAK, branche de la chaîne du mont Atlas, dans la partie orientale de la rég. d'Alger; le Medjerdah y prend sa source.

HANAU, chef-lieu de la province de même nom dans la Hesse-Électorale; est situé dans une plaine fertile, sur la Kintzig, non loin de son confluent avec le Mein. Il se compose de l'ancienne et de la nouvelle ville: 6 rues le parcourent dans toute sa longueur et sont coupées à angles droits par 8 rues transversales; au milieu se trouve la vaste place du marché. Parmi les édifices publics on remarque le château et l'hôtel de ville. Hanau possède un gymnase, une académie de dessin, une école des métiers, un vaste palais où se rassemble la société d'histoire naturelle de la Vétéravie et où elle a sa bibliothèque et ses précieuses collections d'histoire naturelle. Cette ville renferme une pop. de 13,800 hab., qui ont une industrie variée et considérable et se livrent surtout à la fabrication de tapis estimés, ainsi que de l'orfévrerie, de la faïence, d'articles en coton, en laine et en soie; ils font aussi un commerce de vins très-étendu et un grand commerce de bois, par le moyen du Mein. Hanau eut beaucoup à souffrir pendant le combat que l'armée austro-bavaroise livra à l'armée française, le 30 octobre 1813. Dans les environs se trouvent le château de Philippsrouhe et les bains de Wilhelmsbad.

La province, dont Hanau est le chef-lieu, est bornée par le grand-duché de Hesse-Darmstadt, par le grand-duché de Fulde, par le cer. bavarois du Bas-Mein, par le territoire de Francfort et le duché de Nassau; elle se divise en 4 cercles et renferme, sur une superficie de 45 l. c., une pop. d'environ 105,000 hab., répartie dans 11 villes, 14 bourgs, 43 villages et hameaux.

HANC, vg. de Fr., Deux-Sèvres, arr. de Melle, cant. et poste de Chef-Boutonne; 790 hab.

HANCHES, vg. de Fr., Eure-et-Loir, arr. de Chartres, cant. de Maintenon, poste d'Épernon; 960 hab.

HANCHY, ham. de Fr., Somme, com. de Coulonvillers; 100 hab.

HANCOCK, comté de l'état de Mississipi, États-Unis de l'Amérique du Nord; ses bornes sont les comtés de Marion, de Perry, de Jackson et l'état de Louisiane. Au S. de ce pays encore peu cultivé s'étend le lac Borgne, avec la baie de St.-Louis, qui reçoit de ce comté le Jordan et le Wolf; 3500 hab.

HANCOCK, com. des États-Unis de l'Amérique du Nord, état. de New-Hampshire, comté de Hillsborough; 2200 hab.

HANCOCK, comté de l'état d'Ohio, États-Unis de l'Amérique du Nord; il est borné par les comtés de Wood, de Sénéca, de Crawford, de Hardin et de Putnam. Ce pays, presque désert, est arrosé par le Blanchard, affluent de la Glaize, et renferme le fort Finley.

HANCOCK, comté de l'état de Géorgie, États-Unis de l'Amérique du Nord; il est borné par les comtés de Green, de Wilkes, de Warren, de Washington, de Putnam et de Baldwin. Pays fertile et arrosé par l'Alatamaha, l'Ogeechy et quelques affluents de ces fleuves; plantations de riz et de coton; 14,000 hab.

HANCOCK, comté de l'état du Maine, États-Unis de l'Amérique du Nord; ce comté, qui fit partie jusqu'en 1810 de celui de Penobscot, est borné par ce comté, par ceux de Washington et de Lincoln et par l'Océan, qui forme sur ces côtes très-déchirées la baie de Frenchman, qui reçoit le Taunton; la baie de l'Union, qui reçoit le fleuve du même nom et la magnifique baie de Penobscot, avec la baie de Belfast à l'embouchure du Penobscot. Ces baies sont parsemées d'îles qui, comme les côtes de la province, sont fréquemment enveloppées d'épais brouillards. Le sol, aride sur les côtes, est d'une grande fertilité dans l'intérieur, surtout sur les rives du Penobscot. Les forêts qui couvraient autrefois ce pays ont presque entièrement disparu. Les fleuves et les baies abondent en poissons de toute espèce, surtout en morue, harengs et saumons, dont la pêche est très-importante. On s'occupe en outre de la construction de vaisseaux et de la raffinerie de potasse. Cette province a une étendue de près de 88 l. c. géogr., avec 60,000 hab. En 1810 elle n'en comptait que 30,000 avec le comté de Penobscot.

HANCOCK, pet. v. des États-Unis de l'Amérique du Nord, état de Massachusetts, comté de Berks; poste; industrie; 2000 hab.

HANCOURT, vg. de Fr., Marne, arr. de Vitry-le-Français, cant. et poste de St.-Remyen-Bouzemont; 90 hab.

HANCOURT, vg. de Fr., Somme, arr. et poste de Péronne, cant. de Roisel; 260 hab.

HAN-DEVANT-PIERREPONT, vg. de Fr., Meuse, arr. de Montmédy, cant. et poste de Spincourt; 220 hab.

HANDAK, b. de Nubie, dans le pays de Dongolah, sur la rive gauche du Nil, entre le Vieux et le Nouveau-Dongolah.

HANDSCHUHEIM, vg. de Fr., Bas-Rhin, arr. et poste de Strasbourg, cant. de Truchtersheim; 214 hab.

HANDSCHUHSHEIM, vg. de 1900 habitants dans le grand-duché de Bade, cer. du Bas-Rhin; renommé pour ses bons légumes et ses bons fruits, particulièrement pour ses cerises.

HANESCAMPS, vg. de Fr., Pas-de-Calais, arr. d'Arras, cant. de Pas, poste de l'Arbret; 220 hab.

HANGARD, vg. de Fr., Somme, arr. de Montdidier, cant. de Moreuil, poste de Villers-Bretonneux; 310 hab.

HANGENBIETEN, vg. de Fr., Bas-Rhin, arr. et poste de Strasbourg, cant. de Schiltigheim; 490 hab.

HANGEST ou **HANGEST-EN-SANTERRE**, b. de Fr., Somme, arr. de Montdidier, cant. de Moreuil, poste; fabr. de métiers à bas, flanelle de santé, bas, bonneterie, fil, tulle et fil de laine; 1360 hab.

HANGEST-SUR-SOMME, vg. de Fr., Somme, arr. d'Amiens, cant. et poste de Picquigny; 980 hab.

HANG-TCHEOU-FOU, v. de Chine, capitale de la prov. de Tche-kiang; est située à 330 l. S.-E. de Péking, sur le Thsian-thang et non loin du lac Si-hou. Cette ville, entourée de fortifications, est la résidence des autorités provinciales et contient une nombreuse garnison. Sa population s'élève à un million d'habitants, suivant les missionnaires, à 6 ou 700,000 seulement d'après Balbi. Ses rues sont larges et bien pavées. Ses quais, ses édifices publics, ses temples, ses arcs de triomphe et ses quatre tours à neuf étages attirent l'attention. Elle est commerçante et industrieuse et renferme 60,000 ouvriers en soie; son port, où se font sentir les marées, est toujours couvert de bâtiments; plusieurs canaux entourent la ville. Hang-tcheou-fou est très-ancien; c'est le fameux Kingaï ou King-szu, jadis la capitale de la dynastie des Song et de la Chine méridionale, et que visita Marco-Polo. Le lac de Sihou, qui avoisine la ville, est petit, mais d'une eau très-pure; ses charmants environs sont appelés par les Chinois le paradis terrestre; ils sont couverts de temples, de maisons de campagne, de lieux publics, de plantations et de promenades; il en est de même des îles du lac.

HANGWILLER, vg. de Fr., Meurthe, arr. de Sarrebourg, cant. et poste de Phalsbourg; 390 hab.

HANHOFFEN, ham. de Fr., Bas-Rhin, com. de Bischwiller; 470 hab.

HANIM, pet. roy. peu connu de l'Afrique orientale, au S.-E. de l'Abyssinie et à 20 journées de marche à l'O. de Berbera; riche en or et en ivoire.

HANKA, b. considérable de la Basse-Égypte, prov. et à 4 l. N.-E. du Caire; 7000 hab.

HAN-LES-JUVIGNY, vg. de Fr., Meuse, arr. et cant. de Montmédy, poste de Louppy; 290 hab.

HANNECH, pet. v. de Nubie, dans le pays de Dongolah, sur la rive gauche du Nil, entre le Nouveau-Dongolah et Tynareh.

HANNEK, pet. v. de Nubie, dans le pays des Chaykyé, sur la rive droite du Nil. M. Cailliaud lui accordait 2000 habitants avant sa ruine.

HANNACHES, vg. de Fr., Oise, arr. de Beauvais, cant. et poste de Songeons; 320 h.

HANNAPE, vg. de Fr., Aisne, arr. de Vervins, cant. de Wassigny, poste d'Étreux; 840 hab.

HANNAPES, vg. de Fr., Ardennes, arr. de Rocroi, cant. de Rumigny, poste d'Aubenton; 640 hab.

HANNEBECQ, ham. de Fr., Pas-de-Calais, com. de Mont-Bernanchon; 130 hab.

HANNEUCOURT, ham. de Fr., Seine-et-Oise, com. de Gargenville; 290 hab.

HANNIAH ou **HAN-NIECH**, capitale du roy. du Petit-Laos, qui fait partie de l'emp. d'Annam. Les Européens l'appellent aussi Lautschang ou Mohaug-lang; elle est située sur le Maykoung, est fortifiée et renferme un palais, plusieurs pagodes, des maisons en bois et, suivant Hamilton, 4 à 5000 hab.

HANNIBAL, b. des États-Unis de l'Amérique du Nord, état de New-York, comté d'Oswégo, sur la rive droite de l'Onondaga, poste; quelque commerce; 1600 hab.

HANNOCOURT, vg. de Fr., Meurthe, arr. de Château-Salins, cant. et poste de Delme; 80 hab.

HANNOGNE, vg. de Fr., Ardennes, arr. et poste de Réthel, cant. de Château-Porcien; 480 hab.

HANNOGNE-SAINT-MARTIN, vg. de Fr., Ardennes, arr. de Mézières, cant. et poste de Flize; manufactures de draps; 470 hab.

HANNONVILLE-AU-PASSAGE, vg. de Fr., Moselle, arr. de Briey, cant. de Conflans, poste de Mars-la-Tour; 420 hab.

HANNONVILLE-SOUS-LES-COTES, vg. de Fr., Meuse, arr. de Verdun, cant. de Fresnes-en-Woëvre, poste de Manheulles; 1300 hab.

HANNSDORF (le Haut et le Bas-), deux vgs de Prusse, prov. de Silésie, rég. de Breslau; usines; 1580 et 1320 hab.

HANNUN, pet. v. du roy. de Belgique, prov. de Liége, arr. de Huy; 760 hab.

HANOUARD (le), vg. de Fr., Seine-Inférieure, arr. d'Yvetot, cant. d'Ourville, poste de Cany; 360 hab.

HANOVER, com. des États-Unis de l'Amérique du Nord, état de Pensylvanie, comté de Luzerne, sur le Susquéhannah; 1500 hab.

HANOVER, gr. et beau vg. des États-Unis de l'Amérique du Nord, état de New-Hampshire, comté de Grafton, sur le Connecticut; 2000 hab. Non loin de cet endroit se trouve le Dartmouth-College, l'établissement d'instruction le plus important de l'état.

HANOVER, com. très-florissante des États-Unis de l'Amérique du Nord, état de New-Jersey, comté de Morris, sur le Passaik, poste; 5400 hab.

HANOVER, pet. v. nouvellement fondée dans les États-Unis de l'Amérique du Nord, état de New-York, comté de Chatauque, non loin du lac Érié; industrie; commerce; 1700 hab.

HANOVER, com. des États-Unis de l'Amérique du Nord, état de Pensylvanie, comté de Northampton; 1400 hab.

HANOVER, comté de l'état de Virginie, États-Unis de l'Amérique du Nord; il est borné par les comtés de Spotsylvanie, de Caroline, de King-William, de New-Kent, de Henrico, de Grœnland et de Louisa. Sol très-fertile et onduleux, arrosé par le North-Ann et le South-Ann, qui, après leur réunion, prennent le nom de Pamunky, et le Chickahoming, qui sépare ce comté de celui de Henrico. Cette province produit un excellent tabac; 17,000 hab.

HANOVER, gr. com. des États-Unis de l'Amérique du Nord, état de Pensylvanie, comté de Washington, sur le Racoon, poste; 1000 hab.

HANOVER, b. des États-Unis de l'Amérique du Nord, état de Pensylvanie, comté d'York, sur le Codorus. Cet endroit, très-bien bâti, renferme une halle, une poste et une imprimerie qui fait paraître un journal allemand; industrie; 2000 hab., la plupart allemands.

HANOVER, b. des États-Unis de l'Amérique du Nord, état de Pensylvanie, comté de Beaver; poste; 1800 hab.

HANOVER (New-). *Voyez* NEW-HANOVER.

HANOVRE, paroisse du N.-O. de la Jamaïque, dans le comté de Cornwall, bornée au S. par la paroisse de Westmoreland et à l'E. par celle de St.-James; son sol est généralement plat et très-propre à la culture du sucre. Déjà en 1786 on y comptait 81 plantations, 65 autres propriétés et 16,000 esclaves.

HANOVRE (royaume de), état de la confédération germanique; il est situé entre 4° 20' et 9° 18' long. orient. et entre 51° 18' et 53° 54' lat. N.; ses bornes sont: au N. la mer du Nord, le grand-duché d'Oldenbourg, le bge hambourgeois de Ritzenbuttel et l'Elbe, qui la sépare du Holstein, du territoire de Hambourg, du duché de Lauenbourg et du grand-duché de Mecklembourg-Schwérin; à l'E. la prov. prussienne de Saxe et la partie principale du duché de Brunswick; au S. le gouv. prussien d'Erfurt, la Hesse-Électorale, les possessions de la maison de Lippe et les gouv. prussiens de Minden et de Munster, enfin à l'O. les prov. hollandaises d'Oweryssel, de Drenthe et de Grœningue. La ville libre de Brême et la circonscription du bge brunswickois de Thédinghausen se trouvent enclavées dans ces limites.

Le roy. de Hanovre a une superficie de 693 milles c. d'Allemagne, et l'on évalue sa population à 1,700,000 hab.

Deux fleuves considérables, l'Elbe et le Wéser, traversent ce pays. Les affluents du premier sont: l'Aland, l'Ieetze, l'Ilmenau, la Seeve, l'Este, la Luhe, la Schwinge, l'Oste, le Médem et plusieurs autres moins importants. Le Wéser a pour principaux affluents l'Aller, qui reçoit l'Ocker, la Fuse et la Leine, la Wumme, le Hunte, etc. L'Ems, qui a sa source dans la principauté de Lippe, arrose la partie occidentale du royaume et se jette dans le golfe de Dollart. Le pays renferme aussi plusieurs canaux navigables, et l'on travaillait, il y a quelques années, à la canalisation de l'Ems supérieure jusqu'à Lippe. Parmi les lacs, ceux de Dummer et de Steinhuder sont les plus remarquables.

Ce territoire, qui appartient presque entièrement aux bas pays de l'Allemagne septentrionale, est cependant montagneux dans les contrées méridionales, couvertes en partie par la chaîne du Harz, dont le roy. de Hanovre renferme un des points culminants, le Bruchberg, de 2667 pieds d'élévation, et sur lequel se trouve la source de l'Ocker. Le Brockenfeld est, après le Bruchberg, le sommet le plus élevé du pays.

Le climat du Hanovre est sain; mais la température y est froide, surtout dans les montagnes.

Le sol y est généralement d'une fertilité médiocre; les contrées les plus productives sont celles des environs de Hildesheim, de Kalenberg, de Gœttingue et les marches voisines de l'Elbe et du Wéser. L'agriculture est la principale industrie des habitants de ces contrées plus favorisées, où l'on récolte du froment, de l'orge, de l'avoine, du seigle, du sarrasin, du lin, du tabac, des pommes de terre, des légumes, des fruits, etc. Dans les parties moins propres à la culture on s'occupe plus particulièrement de l'éducation du bétail; on y élève des chevaux de fort belle race et une grande quantité de porcs. L'éducation des abeilles, qui forme, surtout dans la principauté de Lunebourg, une des branches principales de l'industrie agricole, rapporte chaque année plus de 300,000 livres de cire. Le gibier est très-commun dans le pays, et la pêche y fournit en abondance une grande variété d'excellents poissons. Les forêts du Harz, de Solling, de Deister et de la principauté de Hildesheim livrent une grande quantité de bois de chauffage et de construction.

Le règne minéral y est d'une grande importance, particulièrement dans les montagnes du Harz : l'exploitation des mines produit chaque année de 46 à 50,000 marcs d'argent, environ 90,000 quintaux de plomb et de litharge ou oxide de plomb, 4 à 500 quintaux de cuivre, 70 à 80,000 quintaux de fer d'excellente qualité, du zinc, de l'arsenic, du soufre, de l'alun, du sel, du vitriol, de la houille, etc. La tourbe est répandue avec profusion dans le pays, et l'on en fait d'immenses exportations. On y exploite aussi de nombreuses carrières de pierres à bâtir et à meules, d'ardoises, de marbre; de chaux, de gypse, d'argile, de terre de pipe et de faïence, etc. Les montagnes renferment plusieurs sources minérales. On évalue le produit total des mines du Hanovre à un million et demi d'écus.

L'industrie manufacturière y est beaucoup moins développée que dans les autres parties de l'Allemagne; la fabrication de la toile, la filature du lin et la mise en œuvre des produits minéraux y occupent le premier rang. Les fabriques de toiles en livrent par an plus de 10,000,000 aunes, dont presque la totalité est destinée à l'exportation. Les autres établissements industriels, à l'exception des distilleries, des brasseries et de quelques verreries, y sont peu importants; mais la métallurgie emploie continuellement près de 20,000 ouvriers. Quant au commerce, il n'y est pas aussi étendu que la position favorable du pays devrait le faire présumer; les douanes prussiennes et hollandaises mettent des entraves à l'activité commerciale. Les principaux articles d'exportation sont : la toile, les produits chimiques et les métaux; l'importation, dont la valeur dépasse toujours de beaucoup celle de l'exportation, embrasse les produits des manufactures étrangères et les denrées coloniales. La principauté d'Ost-Friesland est la contrée qui s'occupe plus spécialement du commerce maritime. Les villes d'Emden, Munden, Leer, Celle, Haarbourg, Hanovre, Lunebourg, Papenbourg, etc., sont les plus commerçantes du royaume.

La population, que l'on évalue, comme nous l'avons dit plus haut, à 1,700,000 âmes et dont la majorité (les sept huitièmes) professe le luthéranisme, est répartie dans 74 villes, 110 bourgs et plus de 5000 villages et hameaux.

Le gouvernement est une monarchie, héréditaire dans la ligne masculine seulement. Le pouvoir royal est restreint par des assemblées d'états, qui forment deux chambres; l'une, composée des princes et des comtes médiatisés, des hauts fonctionnaires, des principaux dignitaires du culte luthérien et de l'église catholique et de 35 députés de l'ordre des chevaliers (*Ritterschaft*); l'autre, des mandataires de la bourgeoisie des villes, des grands propriétaires, d'un député de l'université de Gœttingue et de 2 députés des consistoires. Les deux chambres se réunissent chaque année. Aucune loi ne peut être rendue ni aucun impôt établi sans leur concours. Le pouvoir exécutif est entre les mains du roi, aujourd'hui Ernest-Auguste, frère du feu roi d'Angleterre Guillaume IV, auquel appartenait la couronne de Hanovre.

Comme membre de la confédération germanique, le roi de Hanovre occupe le cinquième rang; il a une voix dans le petit-conseil de la diète et quatre voix dans la diète générale. Le contingent qu'il doit fournir à l'armée fédérale est de 13,054 hommes. Les revenus de l'état sont évalués à 7 millions d'écus, dans lesquels l'impôt foncier figurait, en 1830, pour 1,350,000 écus et l'impôt personnel pour 694,000. La dette publique est de 10,000,000 écus. L'armée active, forte de 13,000 hommes, forme une division de cavalerie et deux divisions d'infanterie. Un corps de 320 dragons, dont la moitié seulement est montée, est chargé du service attribué en France à la gendarmerie.

Le roy. de Hanovre est divisé en 6 préfectures (*Landrosteien*), outre la capitainerie des mines de Clausthal, qui a une administration particulière. Ces 6 préfectures sont : 1° Hanovre, comprenant la principauté de Calenberg et les comtés de Hoya et de Diepholz; 2° Hildesheim, formée de la principauté de même nom, de celle de Gœttingue, dans laquelle sont compris les bges de Plesse et de Neuengleichen, cédés par la Hesse-Électorale; de la principauté de Grubenhagen, à laquelle sont réunis quelques bailliages cédés par la Prusse, et du comté de Hohenstein; 3° Lunebourg, qui ne comprend que la principauté de même nom; 4° Stade, comprenant le duché de Brême, le territoire de Hadeln et le duché de Verden; 5° Osnabruck, qui renferme la principauté de même nom, le duché d'Aremberg-Meppen, le bas-comté de Lingen et le comté de Bentheim; 6° Aurich, formée de la principauté d'Ost-Friesland (Frise orientale).

La capitainerie des mines comprend le territoire du Haut-Harz (*Ober-Harz*) hanovrien, qui occupe une superficie de 10 milles carrés.

La contrée qui forme aujourd'hui le roy. de Hanovre était habitée par des tribus saxonnes, lorsque Charlemagne y introduisit le christianisme. Au dixième siècle elle devint le domaine des quatre puissantes familles princières de Brunswick, de Nordheim, de Billung et de Suplinbourg. Vers la fin du onzième siècle la princesse héritière de la maison de Billung épousa Henri-le-Noir, de la puissante famille des Guelfes, de la maison d'Este. Henri-le-Superbe, issu de ce mariage, ayant épousé, au commencement du douzième siècle, l'héritière des domaines de Brunswick, de Nordheim et de Suplinbourg, son fils, Henri-le-Lion, devint le plus puissant prince allemand de cette époque. Cependant cette puissance, trop grande, fut restreinte par l'empereur, et Othon-l'Enfant, petit-fils de Henri-le-Lion, ne conserva de toutes ces possessions que les prov. de Lunebourg, de Brunswick, de Kalenberg, de Grubenhagen et de Gœttingue, qu'il fut forcé d'accepter comme fief, sous le nom de duché de Brunswick. Plus tard, des partages entre les enfants des ducs de Brunswick affaiblirent l'influence de cette maison princière, dont les domaines se trouvaient souvent divisés entre cinq ou six héritiers. Enfin, au commencement du dix-septième siècle, le droit d'aînesse prévalut dans l'ordre de succession au trône. A cette même époque, plusieurs branches de la maison de Brunswick s'étant éteintes, toutes ces possessions échurent en partage aux deux fils d'Ernest de Celle, Henri et Guillaume, dont le premier devint le chef de la branche de Brunswick-Wolfenbuttel et l'autre celui de la branche de Brunswick-Lunebourg. Le prince Auguste-Ernest de Brunswick-Lunebourg succéda, en 1679, à la principauté de Kalenberg, et, en 1692, il fut élevé à la dignité d'électeur; il avait épousé la princesse Sophie, petite-fille de Jacques Ier, roi d'Angleterre, de sorte que son fils, Georges, se trouvant le plus proche héritier protestant du trône de la Grande-Bretagne, succéda, en 1714, sous le nom de Georges Ier, à la reine Anne d'Angleterre. Depuis cette époque, la couronne d'Angleterre et celle de Hanovre furent réunies sur la même tête. Pendant la guerre de sept ans, le Hanovre fut entraîné dans la lutte entre l'Angleterre et la France, et ses provinces méridionales en souffrirent beaucoup; mais depuis la paix de Paris et de Londres, en 1763 jusqu'en 1803, ce pays ne fut le théâtre d'aucun événement important. Après la rupture de la paix d'Amiens (1803) Napoléon fit occuper le Hanovre par un corps d'armée sous le commandement du maréchal Mortier. Par le traité de Presbourg, en 1805, l'électorat de Hanovre passa sous la domination de la Prusse; mais le traité conclu à Tilsitt, en 1807, enleva cette possession à la Prusse. Le Hanovre fut alors réuni en partie au nouveau roy. de Westphalie et en partie à l'empire français. Les revers que Napoléon éprouva en 1813 l'ayant forcé d'évacuer l'Allemagne, le Hanovre fut restitué à l'Angleterre et le prince Adolphe, duc de Cambridge, en fut nommé gouverneur-général. En 1814, l'électorat du Hanovre fut érigé en royaume. La révolution française de 1830 eut du retentissement dans le Hanovre. Là aussi le peuple demanda plus de liberté, et le gouvernement proclama une constitution plus libérale. A la mort de Guillaume IV la couronne de Hanovre fut séparée de celle d'Angleterre et passa par droit de succession au duc de Cumberland, en 1837. Ce nouveau roi déclara qu'il ne se croyait point engagé par les actes de son prédécesseur et refusa de reconnaître la constitution. La conduite despotique d'Ernest ayant trouvé de la résistance dans les députés, il prononça la dissolution des chambres; mais les électeurs, à leur tour, refusèrent d'élire de nouveaux députés; des remontrances, des protestations arrivèrent de toutes les parties du royaume; quelques émeutes eurent lieu dans les principales villes; cependant rien n'est encore décidé; la diète est appelée à juger et il est peu probable qu'un pareil tribunal se prononce en faveur d'un peuple contre la tyrannie d'un roi, quelle que soit d'ailleurs l'injustice des prétentions monarchiques de ce dernier.

HANOVRE, capitale du roy. de Hanovre et du gouvernement du même nom; est située sur la Leine, qui y devient navigable et qui y reçoit l'Ihme. C'est en général une ville bien bâtie; ses quatre parties qui la composent et qui sont appelées Altstadt, Ægidien-Neustadt, Neustadt et Gartenhæusen, la plus belle est l'Ægidien-Neustadt; ses rues sont éclairées au gaz et garnies de trottoirs, la plus belle est la Georgenstrasse. Des promenades et des jardins occupent l'emplacement de ses anciens remparts, et le nouveau faubourg de Linden, autrefois un village, est composé de belles maisons. Les édifices les plus remarquables de la ville sont: le palais du duc de Cambridge, le plus beau de tous; le palais royal, l'école de la garnison, magnifique bâtiment nouvellement construit; l'édifice de la chancellerie de guerre, l'hôpital militaire, l'arsenal, la salle de l'opéra, la salle de l'orangerie, le monument de Waterloo et celui de Leibnitz. Cette ville renferme une population de plus de 28,000 hab.; elle possède un grand nombre d'établissements scientifiques et littéraires, parmi lesquels nous citerons le lycée, l'académie de l'état-major, le collège des nobles, le séminaire pour les maîtres d'école, l'école des métiers, l'école de chirurgie, l'institut d'accouchement, l'école vétérinaire, la bibliothèque de la ville, composée de plus de 90,000 volumes; celle de Cambridge, autrefois de Walmodin; le musée, riche en collections d'objets d'art et de minéralogie; la société d'histoire naturelle et d'économie, etc. Sans être une ville essentiellement industrieuse et commerçante, Hanovre renferme plusieurs fabriques et manufactures, et fait un commerce d'expédition assez étendu; on estime son tabac, ses cuirs, ses tapis, ses objets d'orfèvrerie. Hanovre est la patrie de l'astronome Herschel, qui y naquit en 1738. Dans la proximité de la ville et jointes à elle par de belles allées se trouvent les maisons royales de Montbrillant et de Herrenhausen, la première, résidence ordinaire d'été du roi, la seconde, remarquable par son magnifique jet d'eau, son riche jardin botanique, ses serres et son orangerie.

HANOVRE (Nouvelle-), pays de côtes, au N.-O. de l'Amérique, fait partie des possessions anglaises-américaines. Elle s'étend au N. de la Nouvelle-Géorgie, depuis le détroit de la Reine-Charlotte jusqu'à l'Observatory-Inlet (entrée de l'Observatoire), entre 51° et 55° lat. N.; à l'E. elle est bornée par les montagnes Rocheuses (Rocky-Mountains), qui la séparent des pays intérieurs de la baie d'Hudson; à l'O. d'étroits canaux la séparent de l'archipel de la Princesse-Royale et de celui de Pitt; le canal de Dixon la sépare de l'île de la Reine-Charlotte; elle est traversée par le Tan et l'Annabyu-Tessé ou fleuve du Saumon, et ressemble, par la nature de son sol et par sa végétation, à la Nouvelle-Géorgie; son climat est cependant plus rigoureux que celui de ce dernier pays, et les ouragans, suscités par les vents du S., y causent souvent de grands ravages. Au pied des montagnes Rocheuses s'étendent des lacs considérables, mais dont quelques-uns seulement ont été explorés; ils donnent naissance à plusieurs grands fleuves tributaires de l'Océan Pacifique et regorgent de poissons, surtout de saumons, dont la pêche est très-importante. La société de Montréal possède quelques factoreries sur le bord de ces lacs. Les autres habitants, peu nombreux, de cette région, paraissent être des Wakash.

HANOVRE (Nouvelle-), la plus petite des trois grandes îles de l'archipel de la Nouvelle-Bretagne, dans l'Australie ou Océanie centrale; elle s'étend de 2° 21' à 2° 42' lat. S. entre 147° 18' et 148° long. orient., au N.-O. de la Nouvelle-Irlande, dont elle est séparée par le détroit de Byron, découvert par Corteret en 1767. D'Entrecasteaux évalue à environ 8 milles sa longueur du N.-E. au S. La côte N.-O. est basse et plate; mais le sol s'élève insensiblement vers l'intérieur et forme une chaîne de montagnes assez hautes, qui s'avance vers le S.-E. Cette île est remarquable par la civilisation de ses habitants, qui appartiennent à la race des Papouas.

HANS, vg. de Fr., Marne, arr., cant. et poste de Ste.-Ménéhoulde; 480 hab.

HANSAN. *Voyez* TOURON.

HANSBEKE, vg. du roy. de Belgique, prov. de la Flandre orientale, arr. de Gand; 2450 hab.

HANSDORF, *Hanusfalva*, b. de Hongrie, cer. en-deçà de la Theiss, comitat de Sarosch; deux sources d'eau minérale.

HANSI, v. fortifiée de l'Inde anglaise, présidence de Calcutta, prov. de Delhi, chef-lieu du dist. de Harriâna, non loin du Chittung-Nulla, dont les eaux lui étaient amenées autrefois par un canal aujourd'hui en ruines.

HAN-SUR-MEUSE, vg. de Fr., Meuse, arr. de Commercy, cant. et poste de St.-Mihiel; 220 hab.

HAN-SUR-NIED, vg. de Fr., Moselle, arr.

de Metz, cant. et poste de Faulquemont; 140 hab.

HANTAY, vg. de Fr., Nord, arr. de Lille, cant. et poste de la Bassée; 440 hab.

HANTERIE (la), ham. de Fr., Orne, com. de St.-Evroult-de-Montfort; 150 hab.

HAN-THOU-FOU, v. de Chine, prov. de Chensi, sur le Han-kiang; est située dans une contrée montueuse et boisée; sa juridiction s'étend sur 15 villes. Une magnifique route mène de Han-thou-fou à Sin-gan-fou, capitale de la province.

HANTS, comté de la Nouvelle-Écosse, est borné par les comtés de Halifax, de Kings et par le Bason-of-Minas; c'est un pays très-montagneux, traversé au S. par les Ardoise-Hills et arrosé par un grand nombre de rivières considérables, la plupart tributaires de la baie de Minas; nous en citons le Pigaquid, le Ste.-Croix et le Shubenaccadie; au reste le sol est d'une grande fertilité et très-bien cultivé, et ce comté est un des plus riches de la presqu'île; ses habitants, au nombre de 9000, sont anglo-américains, irlandais ou écossais.

HANTSÆME, vg. du roy. de Belgique, prov. de la Flandre occidentale, arr. de Bruges, à l'origine du canal de Dixmuyden; 1960 hab.

HANVEC, vg. de Fr., Finistère, arr. de Brest, cant. de Daoulas, poste du Faou; 290 hab.

HANVINTS, v. de l'Inde transgangétique, dans le royaume de Tonquin; elle a de 15 à 20,000 habitants.

HANVOILE, vg. de Fr., Oise, arr. de Beauvais, cant. et poste de Songeons; fabr. d'étoffes de laine dites hanvoiles et tordois; 1160 hab.

HANWEILLER, vg. de Fr., Moselle, arr. de Sarreguemines, cant. et poste de Bitche; 550 hab.

HAN-YANG-FOU, v. de Chine, prov. de Hou-pé; est située au confluent du Yantse-kiang, et du Heri-kiang, vis-à-vis de Wou-chang-fou; possède la même industrie et fait le même commerce que la capitale du Hou-pé; 100,000 hab.

HAN-YANG-TCHING ou KINGKITAO, capitale du roy. de Corée, résidence du roi, est située presque au centre de l'état. Nous n'en connaissons rien, sinon qu'il y existe une bibliothèque de livres imprimés et une grande quantité de manuscrits, près de laquelle un prince du sang remplit l'office de bibliothécaire.

HAOND (Saint-), vg. de Fr., Haute-Loire, arr. du Puy, cant. de Pradelles, poste de Cayres; 1110 hab.

HAON-LE-CHATEL (Saint-), b. de Fr., Loire, arr. et à 3 1/2 l. O.-N.-O. de Roanne, chef-lieu de canton, poste de St.-Germain-Lespinasse; 710 hab.

HAON-LE-VIEUX (Saint-), vg. de Fr., Loire, arr. et poste de Roanne, cant. de St.-Haon-le-Châtel; 990 hab.

HAOU ou HOU, How, *Diospolis Parva*, pet. v. de la Haute-Égypte, prov. et à 12 l. S.-E. de Djirdjeh, sur la rive gauche du Nil; antiquités.

HAOUARA-EL-KÉBIR, b. de la Moyenne-Égypte, prov. de Fayoum, sur la rive gauche du canal Joseph, entre Médynet-el-Fayoum et Benisoueyf.

HAOUARA-EL-SOGHAYR, b. de la Moyenne-Égypte, prov. de Fayoum, sur la rive droite du canal Joseph; remarquable par ses deux pyramides.

HAOUEH ou HAWEH, station de caravanes, dans la Haute-Égypte, sur la route de Kéné à Kosseïr.

HAOURÉ ou AORET, HOWRY, pet. v. de l'état Peul de Fouta-Tora, en Sénégambie, prov. de Damga; résidence du Kierno-Bayla, dont le major Gray fut prisonnier.

HAOUSSA ou HAUSSA. *Voyez* AFNOU.

HAOUSSA, v. grande et commerçante de la Nigritie centrale, capitale du roy. d'Afnou ou Haoussa, dans une contrée bien cultivée et très-peuplée, sur la route de Tripoli à Sackatou, à 175 l. E.-S.-E. de Tombouctou.

HAPAI ou HAPI (groupe d'). C'est le groupe d'îles le plus nombreux de l'archipel de Tonga, dans la Polynésie ou Océanie orientale; mais il n'est composé que d'îles peu considérables, dont plusieurs n'ont que 1 l., 3/4 l., quelques-unes même moins de 1/2 l. de longueur, et qui ne sont élevées que de 20 à 30 pieds au-dessus du niveau de la mer. Des bancs de corail les environnent de tous côtés; la plage offre quelques baies sablonneuses. L'intérieur est couvert de cocotiers, de bananiers et d'arbres à pain. On y trouve peu d'eau de source; les habitants recueillent l'eau de pluie dans des citernes. Les naturels de ce groupe appartiennent aux tribus les plus belliqueuses de l'archipel de Tonga. C'est à Cook que l'on doit la découverte de la plus grande partie des îles d'Hapaï. Le capitaine Maurelle, qui les visita en 1781, en évalue le nombre à 40. Le Fuga, autrefois résidence du roi de Tonga, est la plus considérable. C'est sur cette île, située sous 19° 51' lat. S. et 176° 57' long. occ., que le capitaine Maurelle fut fait prisonnier, le 1er décembre 1806, par les naturels, qui massacrèrent la plus grande partie de son équipage. Des relations récentes rapportent que le christianisme fait des progrès dans ce groupe.

HAPLINCOURT, vg. de Fr., Pas-de-Calais, arr. d'Arras, cant. de Bertincourt, poste de Bapaume; 550 hab.

HAPPEGARBE, ham. de Fr., Nord, com. de Landrecies; 250 hab.

HAPPENCOURT, vg. de Fr., Aisne, arr. et poste de St.-Quentin, cant. de St.-Simon; 480 hab.

HAPPENCOURT, ham. de Fr., Vosges, com. de Moncel-Happoncourt; 350 hab.

HAPPONVILLIERS, vg. de Fr., Eure-et-Loir, arr. de Nogent-le-Rotrou, cant. de

Thiron-Gardais, poste d'Illiers ; 580 hab.

HARA, g. a., contrée de l'Assyrie, où fut déporté une partie des Juifs pris par Tiglath-Piléser.

HARABA. *Voyez* ARABAT.

HARAFORES, race de nègres océaniens qui habitent les montagnes de la Nouvelle-Guinée, l'île de Waigiou et plusieurs îles de la Malaisie, particulièrement Bornéo et Sumatra. Ceux de la Nouvelle-Guinée sont agriculteurs ; ils cultivent le bananier , quelques légumes à cosses ou une espèce de plante (calevansas) dont on fabrique une liqueur fermentée. Ils échangent les produits de leur terre contre des instruments de fer que leur fournissent leurs voisins, les Papouas.

HARAMONT, vg. de Fr., Aisne, arr. de Soissons, cant. et poste de Villers-Cotterets ; 510 hab.

HARAN ou CHAPELLE (la), ham. de Fr., Basses-Pyrénées, com. de Hasparren ; 1750 hab.

HARANT, ham. de Fr., Yonne, com. de Parly ; 150 hab.

HARATSCH ou ARRACH, *Savus*, riv. dans la partie centrale de la rég. d'Alger; elle prend sa source dans les montagnes au S. de la plaine de Métidja, reçoit les eaux du Kermez et se jette dans la Méditerranée à 2 l. S.-E. d'Alger.

HARAUCOURT, vg. de Fr., Ardennes, arr. et poste de Sédan, cant. de Raucourt ; hauts-fourneaux ; 820 hab.

HARAUCOURT, vg. de Fr., Meurthe, arr. de Nancy, cant. et poste de St.-Nicolas-du-Port; 840 hab.

HARAUCOURT-SUR-SEILLE, vg. de Fr., Meurthe, arr., cant. et poste de Château-Salins; 360 hab.

HARAUMONT, vg. de Fr., Meuse, arr. de Montmédy, cant. et poste de Dun-sur-Meuse; 170 hab.

HARAUSSU, riv. de la Petite-Boukharie; elle arrose le pays de Hami.

HARAVESNES, vg. de Fr., Pas-de-Calais, arr. de St.-Pol-sur-Ternoise, cant. et poste d'Auxy-le-Château ; 170 hab.

HARAVILLIERS, vg. de Fr., Seine-et-Oise, arr. de Pontoise, cant. et poste de Marines; 410 hab.

HARAZÉE (la). *Voyez* VIENNE-LE-CHATEAU.

HARBAGI, v. considérable de Nubie, roy. et à 33 l. N.-N.-O. de Sennaar, sur la rive gauche du Bahr-el-Azrek.

HARBERG, vg. de Fr., Meurthe, arr., cant. et poste de Sarrebourg, situé au milieu des forêts de Dabo ; carrières de pierres de taille ; il possède une belle verrerie; 310 hab.

HARBONNIÈRES, b. de Fr., Somme, arr. de Montdidier, cant. de Rosières, poste de Lihons-en-Santerre ; fabr. de bas en laine et en coton, flanelle ; filat. de laine; 2180 hab.

HARBOR, groupe de quatre îles qui séparent les détroits de Core et de Pamlico, côte E. de la Caroline du Nord, États-Unis de l'Amérique du Nord ; ces îles font partie du comté de Carteret.

HARBOROUGH, b. d'Angleterre, comté de Leicester, sur le Welland ; manufactures de draps.

HARBOUÉ, vg. de Fr., Meurthe, arr. de Lunéville, cant. et poste de Blamont ; 610 h.

HARBOUR, bon port sur la côte O. de l'île du Cap-Breton.

HARBOUR, île avec un petit port dans la Baie-des-Isles (Bay-of-Islands), côte O. de l'île de Terre-Neuve.

HARBOUR-BRITON (Hâvre-Breton), baie couverte de nombreuses îles, sur la côte S. de l'île de Terre-Neuve.

HARBOURG. *Voyez* HAARBOURG.

HARBOUR-GRACE, baie sur la côte S. de l'île de Terre-Neuve; à son entrée s'étend l'île de Roses-Blanches.

HARBOUR-GRACE (Hâvre-de-Grâce), pet. v. de l'île de Terre-Neuve, sur la baie de la Conception, presqu'île d'Avalon ; elle a un port bien abrité, mais d'un accès assez difficile, et renferme un beau palais de justice, une prison et de bonnes écoles; elle est le chef-lieu d'un district et siége d'une cour d'assises. Cette ville fleurit par ses pêcheries; 4000 hab.

HARBOURHILL. *V.* NORTHHEMPSTEAD.

HARBOUR-ISLAND ou ISLE-DU-PORT, la plus septentrionale des îles Lieou-Kieou. Elle produit du cuivre et du fer et est couverte de bois, principalement de sapins. Ses côtes fournissent des coraux, du nacre, etc. Le petit groupe inhabité des îles Bungelow est situé au N. de Harbour-Island.

HARBOUR-ISLAND, pet. île du groupe de Bahama, située à l'extrémité N. de celle d'Eleuthera, avec un port. Ses habitants cultivent la côte de cette dernière île; son climat passe pour le plus salubre de tout le groupe.

HARBOURG, b. de Bavière, avec un château, cer. de la Rézat ; siége d'une juridiction des princes d'OEttingen, qui en furent mis en possession, en 1334, par l'empereur Louis de Bavière ; il est situé à 4 l. d'Ottingen, à l'embouchure de l'Eger dans le Wœrnitz ; monuments remarquables dans la chapelle du château; carrières de marbre aux environs; pop. du bourg 1330 hab., de la juridiction 8500.

HARCANVILLE, vg. de Fr., Seine-Inférieure, arr. d'Yvetot, cant. et poste de Doudeville; 840 hab.

HARCELAINES, ham. de Fr., Somme, com. de Maisnières ; 200 hab.

HARCHÉCHAMP, vg. de Fr., Vosges, arr., cant. et poste de Neufchâteau ; forges ; 300 hab.

HARCHOLET, ham. de Fr., Vosges, com. du Saulcy; 220 hab.

HARCHOLIN, vg. de Fr., Meurthe, com. de la Frimbole; 400 hab.

HARCIGNY, vg. de Fr., Aisne, arr., cant. et poste de Vervins; 840 hab.

HARCOURT, b. de Fr., Eure, arr. de Bernay, cant. et poste de Brionne; filat. de coton; halle aux grains; 1310 hab.

HARCOURT-THURY, b. de Fr., Calvados, arr. et à 6 l. N.-O. de Falaise, chef-lieu de canton et poste; 1010 hab.

HARCY, vg. de Fr., Ardennes, arr. de Mézières, cant. et poste de Renwez; 520 h.

HARDANCOURT, vg. de Fr., Vosges, arr. d'Épinal, cant. et poste de Rambervillers; 80 hab.

HARDANGERFJELD. *Voyez* LANGFJELD.

HARDANGES, vg. de Fr., Mayenne, arr. de Mayenne, cant. du Horps, poste du Ribay; 970 hab.

HARDCASTLE, b. de la Hottentotie, dans le pays des Griquas, dans une belle contrée, à quelques journées O. de Klaarwater; 1000 hab.

HARDECOURT-AU-BOIS, vg. de Fr., Somme, arr. et poste de Péronne, cant. de Combles; 600 hab.

HARDEGSEN, v. du roy. de Hanovre, gouv. de Hildesheim; 1300 hab.

HARDEMONT, ham. de Fr., Vosges, com. de Chapelle-aux-Bois; 150 hab.

HARDENBERG, pet. v. du roy. de Hollande, prov. d'Overyssel, dist. de Deventer, sur la rive gauche de la Vecht; 2530 hab.

HARDENCOURT, vg. de Fr., Eure, arr. d'Évreux, cant. et poste de Pacy-sur-Eure; 250 hab.

HARDENSBOURG. *Voyez* BRAKENRIDGE (comté).

HARDERWYK, v. du roy. de Hollande, prov. de Gueldres, dist. et à 12 l. d'Arnheim, sur le Zuydersee, avec des fortifications négligées; elle possède une école latine et un athénée, remplaçant l'université fondée en 1648; pêche; commerce de blé, bois, poissons; 3760 hab.

HARDESSÉ, ham. de Fr., Eure-et-Loir, com. d'Ollé; 120 hab.

HARDEVILLE, ham. de Fr., Seine-et-Oise, com. de Nucourt; 140 hab.

HARDIFORT, vg. de Fr., Nord, arr. d'Hazebrouck, cant. et poste de Cassel; 550 hab.

HARDIN, comté de l'état d'Ohio, États-Unis de l'Amérique du Nord; il est borné par les comtés de Hancock, de Crawford, d'Union, de Marion, de Logan et d'Allen. Ce pays, nouvellement érigé en comté, est peu cultivé encore. Le Scioto est son principal cours d'eau et il renferme les forts de Mac-Arthur et de Nécessity.

HARDIN (chef-lieu). *Voyez* SHELBA (comté).

HARDIN ou **HARDMAN**, comté de l'état de Tennessée, États-Unis de l'Amérique du Nord; il est borné par l'état de Mississipi et par les comtés de Madison, de Wayne, de Perry et de Henderson. Ce comté, formé en 1818, a un sol fertile et arrosé par le Tennessée; sa population est de 3000 hab.

HARDINGHEM, vg. de Fr., Pas-de-Calais, arr. de Boulogne-sur-Mer, cant. de Guines, poste de Marquise; verrerie; exploitation de houille; 1400 hab.

HARDINVAST, vg. de Fr., Manche, arr. et poste de Cherbourg, cant. d'Octeville; 610 hab.

HARDISTON, pet. v. des Etats-Unis de l'Amérique du Nord, état de New-Jersey, comté de Sussex; 2500 hab.

HARDIVILLERS, vg. de Fr., Oise, arr. de Beauvais, cant. et poste de Chaumont-en-Vexin; 60 hab.

HARDIVILLERS, vg. de Fr., Oise, arr. de Clermont, cant. de Froissy, poste de Breteuil; fabr. de serges; 1240 hab.

HARDMAN (comté). *Voyez* HARDIN.

HARDOYE, vg. de Fr., Ardennes, arr. de Réthel, cant. et poste de Chaumont-Porcien; 440 hab.

HARDRICOURT, vg. de Fr., Seine-et-Oise, arr. de Versailles, cant. et poste de Meulan; 240 hab.

HARDWAR ou **HURDWAR**, v. de l'Inde anglaise, présidence de Calcutta, dans la prov. de Delhi. Elle est située dans une contrée fort pittoresque, à l'endroit où le Gange quitte les montagnes. Quoique petite, cette ville est célèbre comme un des principaux pèlerinages des Hindous, qui viennent tous les ans, aux mois de mars et d'avril, se purifier dans le fleuve. Après la purification ils se coupent les cheveux et se rasent la barbe. Les pèlerins qui meurent en route sont brûlés sur les bords du fleuve et leurs cendres jetées dans le Gange. Brahma et Vischnou y sont principalement adorés. L'endroit de la purification s'appelle *Herra Pairi*; les temples de Brimbakoud; de Tschaudika Gatta et Bhema-Gara sont d'autres lieux consacrés. Tous les ans, à l'époque du pèlerinage, il se tient à Hardwar une grande foire où l'on vend des chevaux, des mulets, des chameaux, des étoffes de coton du Peudjab, des châles, des armes de Lahore, des sabres persans, des esclaves, etc. Hamilton rapporte qu'il y vient tous les ans près d'un million de pèlerins; selon les Hindous il faudrait même doubler ce chiffre.

HARDWICK, b. florissant des États-Unis de l'Amérique du Nord, état de Massachusetts, comté de Worcester, sur le Ware, poste; éducation du bétail; laiteries considérables; 2400 hab.

HARDWICK, pet. v. des États-Unis de l'Amérique du Nord, état de New-Jersey, comté de Sussex, sur le Delaware, poste; commerce; 3500 hab.

HARDWICK, b. florissant des États-Unis de l'Amérique du Nord, état de New-York, comté d'Otségo, sur le Susquéhannah, poste; commerce; 2500 hab.

HARDWIK. *Voyez* JONES (détroit de).

HARDY, comté de l'état de Virginie,

États-Unis de l'Amérique du Nord; il est borné par l'état de Maryland et les comtés de Preston, de Hampshire, de Shénandoah, de Nelson, de Rockingham, de Pendleton et de Randolph. Pays très-montagneux, traversé par les Alléghany et arrosé par le Wappacomoco, le Styx et les deux Cacapou. Le Potowmak y prend naissance sous le nom de Cohongoronto; 7000 hab.

HARE. *Voyez* FRANCIS (Saint-).

HAREBAY, baie sur la côte S. de l'île de Terre-Neuve.

HAREBAY, vaste baie sur la côte E. de l'île de Terre-Neuve; elle se divise en beaucoup de bras et baies de moindre étendue, dont celle du Prince-Edward est la plus connue et la plus fréquentée. A son entrée s'étendent les îles Fishots.

HARE-ISLAND, île dans le St.-Laurent; fait partie du comté de Northampton, Bas-Canada.

HARENGÈRE (la), vg. de Fr., Eure, arr. de Louviers, cant. d'Amfreville-la-Campagne, poste d'Elbeuf; 530 hab.

HARÉVILLE, vg. de Fr., Vosges, arr. et poste de Mirecourt, cant. de Vittel; 280 hab.

HARFLEUR, pet. v. et petit port de Fr., Seine-Inférieure, arr., à 2 l. E.-N.-E. du Hâvre et à 46 l. de Paris, cant. de Montivilliers, au débouché d'une belle vallée, sur la rive droite de la Seine. L'église paroissiale, construite pendant le séjour des Anglais, est remarquable par l'élégance de sa flèche. Harfleur a des fabriques de produits chimiques et une raffinerie de sucre; mais le commerce y a peu d'activité. Cette ville, qui présente encore des ruines d'anciennes fortifications, était, au treizième siècle, considérable et florissante. La guerre des Anglais détruisit sa prospérité, qu'elle tenta vainement de recouvrer depuis. Son commerce, qui s'était un peu relevé au commencement du dix-septième siècle, fut anéanti par la révocation de l'édit de Nantes; 1583 hab.

HARFLEUR-AU-HAVRE (canal de), ce canal, conçu par Vauban, qui en a commencé l'exécution, doit être alimenté par les riv. d'Harfleur et de Montivilliers. Pour compléter le projet, il partirait d'un bassin à Harfleur deux branches, l'une jusqu'à Montivilliers, l'autre latéralement à la Seine, jusqu'à la pointe du Hoc et même jusqu'à Villequier. Outre les facilités que ces canaux offriraient à la navigation, ils contribueraient à l'assainissement du pays en procurant un écoulement à plusieurs marais, et ils fourniraient l'augmentation nécessaire des chasses d'eau pour nettoyer le port du Hâvre. La partie entre Harfleur et le Hâvre, de laquelle l'administration s'occupe préalablement, aura un développement de 6500 mètres (1 1/2 l.) avec deux écluses.

HARFORD, comté de l'état de Maryland, États-Unis de l'Amérique du Nord; il est borné par l'état de Pensylvanie, par la baie de Chésapeak et par les comtés de Cécil et de Baltimore. Son étendue est de 19 l. c. géogr. Sol onduleux, fertile, mais mal cultivé, couvert de forêts et arrosé par le Susquéhannah, le Bush-River, le Swan, le Deerkrik, affluent du Susquéhannah; carrières de marbre, d'ardoises et de granit; pêches importantes du hareng; scieries, forges; 22,000 hab.

HARGARTEN-AUX-MINES, vg. de Fr., Moselle, arr. de Thionville, cant. et poste de Bouzonville; mines de plomb et de houille; 810 hab.

HARGEVILLE, vg. de Fr., Meuse, arr. et poste de Bar-le-Duc, cant. de Vaveincourt; 470 hab.

HARGEVILLE, vg. de Fr., Seine-et-Oise, arr. de Mantes, cant. d'Houdan, poste de Septeuil; 150 hab.

HARGICOURT, vg. de Fr., Aisne, arr. de St.-Quentin, cant. et poste du Catelet; 1220 hab.

HARGICOURT, vg. de Fr., Somme, arr., cant. et poste de Montdidier; 370 hab.

HARGNIES, vg. de Fr., Ardennes, arr. de Rocroi, cant. et poste de Fumay; 1360 h.

HARGNIES, vg. de Fr., Nord, arr. d'Avesnes, cant. de Berlaimont, poste de Bavay; 490 hab.

HARICOURT, vg. de Fr., Haute-Marne, arr. de Chaumont-en-Bassigny, cant. de Juzennecourt, poste de Colombey-les-Deux-Églises; 190 hab.

HARICOURT, vg. de Fr., Eure, arr. des Andelys, cant. d'Écos, poste de Vernon; 150 hab.

HARIORPOUR, v. de l'Inde anglaise, présidence de Calcutta, prov. d'Orissa, chef-lieu du dist. de Moharbandj ou Mohurbunge, sur le Burrabulloug; résidence d'un radjah.

HARIR, pet. v. du pays de Dongolah, en Nubie, sur le Nil, à 10 l. E. du Vieux-Dongolah.

HARLAN, comté de l'état de Kentucky, États-Unis de l'Amérique du Nord; il est borné par les états de Tennessée, de Virginie et par les comtés de Floyds, de Whitely, de Knox, de Clay et de Perry. Pays resserré entre deux files des monts Cumberland, à travers lesquels conduit, au S., le gap (passage) de Cumberland. Le Cumberland prend naissance à l'E. de ce comté et entre dans celui de Knox; 2800 hab.

HARLEIGH, b. d'Angleterre, comté de Mérioneth, principauté de Galles, sur la mer, dans une position romantique, avec un château bâti par Édouard 1er.

HARLEM, com. fondée par des Hollandais, dans les États-Unis de l'Amérique du Nord, état du Maine, comté de Kennebec; 1800 hab.

HARLEM (mer de), lac du roy. de Hollande, prov. de la Hollande septentrionale; correspond par le golfe d'Y avec le Zuydersee, et n'est séparé de la mer du Nord que par un isthme de 1 1/2 à 2 l. de largeur. Sa longueur, du N. au S., est de 6 l. et sa plus grande largeur, de l'O. à l'E., de 3 l.

HARLEM, v. du roy. de Hollande, chef-lieu de district, siége du prévôt de la Hollande septentrionale, d'un évêché et d'un tribunal de commerce. Elle est située sur un isthme qui sépare, sur 1 1/2 l., la mer de Harlem de celle du Nord; des canaux la réunissent avec Amsterdam, sur 3 1/2 l. à l'O., et avec Leyde, sur 6 1/2 l. au S.; la riv. de Sparen et de nombreux canaux, dont les quais sont bordés d'arbres, la traversent. Cette ville, propre et silencieuse, renferme une cathédrale, dont les orgues renommées ont 60 registres et 8000 tuyaux; 8 autres églises catholiques; 6 temples protestants; un hospice d'orphelins; plusieurs hôpitaux et autres établissements de charité. On a élevé, en 1801, sur la place du Marché, une statue en marbre à Laurent Koster, qui, selon les Hollandais, serait l'inventeur de l'imprimerie, invention disputée par Mayence et Strasbourg en faveur de Gutenberg. Cette question à part, il restera encore à cette ville assez de beaux souvenirs; elle a produit d'illustres savants et de grands artistes. Aujourd'hui elle possède une société des sciences, fondée en 1752; une académie royale avec la société nationale économique, fondée par P. Toyler van der Hulst, décédé en 1778; un observatoire; un laboratoire de chimie; une riche bibliothèque, où l'on montre les premières éditions de Koster; des écoles latine et de dessin. L'horticulture et le commerce des fleurs n'ont plus la même importance que dans le dix-septième siècle; cependant les fleuristes possèdent encore de nombreuses serres et font des affaires considérables sur les marchés d'Amsterdam. La ville est renommée pour ses excellentes blanchisseries, ses belles toiles et son beau fil à coudre et à dentelles. Parmi les soieries qui sortent de ses ateliers on doit citer la superbe étamine; on y compte en outre des fabriques de draps, de cotonnades et de savon; plusieurs raffineries de sel. Sa fonderie de caractères typographiques jouit d'une grande réputation. Près de la ville, sur la promenade de 26 arpents dite le bois d'Harlem, on admire, entre autres belles maisons de campagne, celle construite par le banquier Hope, et qui appartient actuellement au roi. Population de la ville 24,000 hab., du district 49,500. En 1779 cette ville renfermait 45,000 hab.

Patrie du philologue Schrevelius, des peintres Nicolas van Berchem, Philippe Wouvermans, van Ostade; de Jacques van Campen, architecte de l'hôtel de ville d'Amsterdam.

De 1572 à 1573, Harlem eut à soutenir un siége terrible, pendant lequel 300 femmes, ayant à leur tête la valeureuse Kenau Simons Hasselaar, se battirent contre les Espagnols; le 13 juillet la ville se rendit; Frédéric de Tolède, digne fils du duc d'Albe, viola la capitulation et fit commettre les plus cruels excès.

HARLETTE, ham. de Fr., Pas-de-Calais, com. de Coulomby; 210 hab.

HARLEY, nom que porte la partie méridionale de l'île de Shepey, en Angleterre.

HARLINGUE, v. maritime fortifiée du roy. de Hollande, prov. de Frise, dist. et à 5 l. de Leeuwarden, avec laquelle elle correspond par un canal. Les grands bâtiments ne peuvent entrer dans son port, qu'après avoir allégé. Ses rues sont belles et larges et la plupart entrecoupées par des canaux. Elle possède une amirauté, 5 églises, des fabr. de cotonnades, de toiles à voile; raffineries de sel; tuileries. Sur le grand mole on voit la colonne renouvelée en mémoire de Caspard Robbes, auquel la Frise doit l'amélioration de son système d'endiguement; 6960 hab.

HARLEV, v. de la principauté de Moldavie, située dans le pays-haut, sur le Bagdor, chef-lieu du district du même nom et résidence d'un évêque grec. Foires annuelles et hebdomadaires. Ce district, borné par ceux de Bottoschani, de Jassy, de Karligaturi et de Roman, et par le cer. galicien de Czernowicz, est arrosé par le Sireth et son affluent, la Suczawa; la plupart des productions de la Moldavie y abondent et on nourrit particulièrement de beaux chevaux.

HARLOW, b. d'Angleterre, comté d'Essex, sur le Rhoding; important par ses grands marchés aux bestiaux.

HARLY, vg. de Fr., Aisne, arr., cant. et poste de St.-Quentin; 140 hab.

HARMAWA, b. considérable du Fezzan, à 8 l. N.-O. de Mourzouk.

HARMERSBACH, vallée du grand-duché de Bade, cer. du Rhin-Moyen, divisée en Haut et Bas-Harmersbach; elle renferme, sur une longueur de 2 l., 12 scieries, 29 moulins à blé, 18 moulins à polir le grenat, 2 forges et une population de 3700 hab.

HARMERSBACH. *Voyez* ZELL-AM-HARMERSBACH.

HARMÉVILLE, vg. de Fr., Haute-Marne, arr. de Vassy, cant. de Poissons, poste de Sailly; 140 hab.

HARMONVILLE, vg. de Fr., Vosges, arr. de Neufchâteau, cant. de Coussey, poste de Colombey; 400 hab.

HARMONY (baie). *Voyez* STRACHAN (île).

HARMONY, pet. v. des États-Unis de l'Amérique du Nord, état d'Indiana, comté de Posey, dont elle est le chef-lieu, sur le Wabash, poste; industrie; 2500 habitants, la plupart appartenant à la secte des harmonistes, originaires du Wurtemberg, et transplantés d'abord par leur fondateur Rapp dans l'état d'Ohio; mais bientôt après, Rapp y vendit son établissement et vint fonder Harmony, florissant par ses manufactures de toiles de laine, la culture de la vigne et différentes autres branches d'industrie.

HARMOY (la), vg. de Fr., Côtes-du-Nord, arr. de St.-Brieuc, cant. de Ploeuc, poste de Quintin ; 1370 hab.

HARNES, vg. de Fr., Pas-de-Calais, arr. de Béthune, cant. et poste de Lens ; 2190 h.

HARO, v. d'Espagne, prov. de Burgos, non loin de l'Ebre ; 3500 hab.

HAROL, vg. de Fr., Vosges, arr. de Mirecourt, cant. de Darney, poste de Dompaire ; 3060 hab.

HAROM-SZEK, siége du pays des Szeklers, dans la Transylvanie ; 56 l. c. géogr. ; 40,000 hab. Cette province produit du blé, du bois, du bétail, du gibier, du soufre, du cuivre, du pétrole et du sel.

HAROUDJÉ-BLANC ou **HARUTSCH-EL-ABIAL**, chaîne de montagnes très-basses, dans l'Afrique septentrionale, dans la partie N.-E. du Fezzan, qu'elle sépare de la rég. de Tripoli.

HAROUDJÉ-NOIR ou **HARUTSCH-EL-ASSUAT**, chaîne de montagnes peu élevées, dans l'Afrique septentrionale, entre la partie orientale du Fezzan et le désert de Libye ; c'est la continuation du Haroudjé-Blanc.

HAROUÉ, b. de Fr., Meurthe, arr. et à 6 l. S. de Nancy, chef-lieu de canton ; poste de Deuviller-sur-Moselle ; remarquable par son beau château ; 650 hab.

HARPE (la) ou **Bow.**, groupe d'îles de l'archipel Paumotou ou des Iles-Basses, Polynésie ou Océanie orientale ; il s'étend sur une longueur de 4 milles du N.-N.-O. au S., sous 18° 23′ lat. S. et 143° 15′ long. occ. Bougainville découvrit ce groupe en 1768 ; Cook, qui y vint une année après, lui donna le nom de *Bow-Island*.

HARPERSFERRY, b. des États-Unis de l'Amérique du Nord, état de Virginie, comté de Jefferson, au confluent du Shénandoah et du Potowmak. Cet endroit renferme une grande manufacture d'armes de l'Union ; l'arsenal, réuni à la manufacture, contient 80,000 fusils ; 1600 hab.

HARPERSFIELD, b. florissant des États-Unis de l'Amérique du Nord, état de New-York, comté de Delaware ; 2500 hab.

HARPONVILLE, vg. de Fr., Somme, arr. de Doullens, cant. et poste d'Acheux ; 540 h.

HARPRICH, vg. de Fr., Moselle, arr. de Sarreguemines, cant. de Gros-Tenquin, poste de Faulquemont ; 390 hab.

HARPSWELL, pet. v. des États-Unis de l'Amérique du Nord, état du Maine, comté de Cumberland, sur la presqu'île de Merryconeag ; elle a un bon port et fait le commerce ; 2200 hab.

HARQUENCY. *Voyez* ARQUENCY.

HARRACHSDORF, vg. de Bohême, cer. de Bidschow ; florissant par ses filatures et ses verreries.

HARRAN ou **CHARRES**, (l'ancienne *Karra*, où s'arrêta Abraham), v. de la Turquie d'Asie, eyalet de Diarbekir ; elle est très-ancienne ; célèbre par la défaite de Crassus et aujourd'hui ruinée. Les Sabéens y avaient leur principal oratoire, et de tous temps cette ville a été le centre des adorateurs des astres.

HARRAND, v. du Béloutchistan, dans la prov. de Katch-Gandawa, chef-lieu du pays de Harrand ou de Harrand-Dajel, résidence d'un hakim. Le pays du même nom, séparé du Béloutchistan par des provinces afghanes, est situé près de l'Indus. Le climat est tempéré ; le sol fertile.

HARRARAT, groupe de petites îles de la mer Rouge, sur les confins de l'Égypte et de la Nubie, au N. d'Arkiko.

HARRESPOUR, v. de l'Inde, présidence de Calcutta, prov. d'Orissa, dist. de Cuttak, chef-lieu d'une petite principauté tributaire des Anglais et résidence du radjah.

HARRÉVILLE, vg. de Fr., Haute-Marne, arr. de Chaumont-en-Bassigny, cant. et poste de Bourmont ; fabr. de bagues, cornets, etc., dits de St.-Hubert ; 740 hab.

HARRIA, b. considérable de la Haute-Égypte, prov. de Djirdjeh, sur le Nil, à 6 l. S.-E. d'Akhmym.

HARRIAMAW, fl. de la côte O. du Labrador. La société de la baie d'Hudson a établi une factorerie à l'embouchure de ce fleuve.

HARRICOURT, ham. de Fr., Ardennes. com. de Bar-les-Buzancy ; commerce de laine et de bestiaux ; 230 hab.

HARRIETTE, ham. de Fr., Basses-Pyrénées, com. de St.-Jean-le-Vieux ; 200 hab.

HARRINGTON, pet. v. des États-Unis de l'Amérique du Nord, état de New-Jersey, comté de Bergen ; 3000 hab.

HARRIS, île d'Écosse, sur la côte du comté de Ross, réunie à celle de Lewis par un petit isthme. Son sol produit en abondance de l'orge, de l'avoine et des pommes de terre et est riche en bons pâturages ; 4000 hab.

HARRISBURGH, v. des États-Unis de l'Amérique du Nord, état de Pensylvanie, comté de Dauphin, dont elle est le chef-lieu, sur le Susquéhannah qu'on y passe sur un beau pont en pierres nouvellement construit. Cette ville, la capitale de l'état de Pensylvanie, est très-régulièrement bâtie et possède une académie, un beau capitole, une banque et plusieurs autres édifices assez remarquables. Elle entretient des marchés très-fréquentés et deux foires annuelles ; il y paraît un journal ; 4400 hab.

HARRISON, v. naissante des États-Unis de l'Amérique du Nord, état d'Ohio, comté de Darke.

HARRISON, b. des États-Unis de l'Amérique du Nord, état d'Indiana, comté de Franklin, sur le Whitewater ; dans les environs on trouve de nombreux *mounds* ou tombeaux indiens.

HARRISON, comté de l'état d'Indiana, États-Unis de l'Amérique du Nord ; il est borné par l'état de Kentucky et les comtés de Washington, de Floyd et de Crawford. Ce pays, situé dans la belle vallée de l'Ohio, qui y reçoit le Buck, l'Indian et le Big-Blue, est couvert de belles forêts de chênes et riche en chaux, sulfate de magnésie et salpêtre alumineux. On y trouve une célèbre caverne de sel cathartique; 9000 hab.

HARRISON, comté de l'état de Kentucky, États-Unis de l'Amérique du Nord; il est borné par les comtés de Pendleton, de Bracken, de Nicholas, de Bourbon et de Grant. Sol généralement fertile et arrosé par les deux bras du Licking; 15,000 hab. Cynthiania, bourg sur le Licking méridional, est le chef-lieu du comté.

HARRISON, comté de l'état d'Ohio, États-Unis de l'Amérique du Nord; il est limité par les comtés de Stark, de Columbiana, de Jefferson, de Belmont et de Tuscarawas; pays fertile et bien arrosé; 18,000 hab.

HARRISON, comté de l'état de Virginie, États-Unis de l'Amérique du Nord; il a pour bornes les comtés de Monongalia, de Randolph, de Lewis, de Wood et de Tyler. Pays de montagnes, traversé par la Chesnut-Ridge, qui donne naissance au bras droit de la Monongahéla; vallées étroites fertilisées par la Mine, le Hacker, le Hope et l'Elk; fer, houille, chaux et salines en abondance; 16,000 hab. Clarkesburgh, sur le bras droit de la Monongahéla, est le chef-lieu du comté.

HARRISON (fort). *Voyez* FORT-HARRISON.

HARRISONBURGH, pet. v. des États-Unis de l'Amérique du Nord, état de Virginie, comté de Rockingham, dont elle est le chef-lieu, sur un affluent du South-River; collége et société littéraire; dans son voisinage se trouvent des eaux minérales très-fréquentées; 1500 hab.

HARRISONVILLE. *Voy.* MONROE (comté).

HARRISTOWN, b. d'Irlande, comté de Kildare; 2000 hab.

HARRISVILLE, b. des États-Unis de l'Amérique du Nord, état d'Ohio, comté de Médina, sur le Rocky; salines très-considérables.

HARRITOLDE, ham. de Fr., Basses-Pyrénées, com. de St.-Jean-le-Vieux; 200 hab.

HARRODSBURGH. *Voy.* MERCER (comté).

HARROWGATE, un des villages les plus grands et les plus peuplés des États-Unis de l'Amérique du Nord, état de Pensylvanie, comté de Philadelphie et tout près de la ville de ce nom; cet endroit renferme de nombreuses campagnes des habitants de la capitale et une source minérale; 10,000 hab.

HARROWGATE, joli b. d'Angleterre, comté d'York, dans une position romantique; bains sulfureux très-fréquentés; 2000 hab.

HARROW-ON-THE-HILL, vg. d'Angleterre, aux environs de Londres, situé sur la plus grande hauteur du comté de Middlesex, d'où l'on jouit d'une vue magnifique; c'est dans son collége, un des plus célèbres du royaume, que fut élevé lord Byron; 2000 hab.

HARSAULT, vg. de Fr., Vosges, arr. d'Épinal, cant. et poste de Bains; forges; martinet; laminoir; tréfilerie de Thunimons; 1260 hab.

HARSENS, île fertile et cultivée à l'entrée du détroit de St.-Clair, Haut-Canada, dist. occidental.

HARSGHOUNE, baie considérable, sur la côte occidentale de la rég. d'Alger, entre les caps Figalo et Hone. On la nomme aussi baie ou golfe de Tlémécen, du nom de la ville de même nom, qui n'en est distante que de 6 l.

HARSKIRCHEN, vg. de Fr., Bas-Rhin, arr. de Saverne, cant. et poste de Saarunion; 1020 hab.

HART, île dans le détroit de Long-Island, côte S.-E. de l'état de New-York, États-Unis de l'Amérique du Nord; elle fait partie du comté de Westchester.

HART, comté de l'état de Kentucky, États-Unis de l'Amérique du Nord; il est borné par les comtés de Hardin, de Greene, de Barren, de Warren et de Grayson. Pays fertile et arrosé par le Greene, le Little-Barren, le Nolin et le Bacon. Munfordville, sur le Greene, avec une poste, est le chef-lieu du comté; 5400 hab.

HARTANCOURT, ham. de Fr., Eure-et-Loir, com. de St.-Luperce; 120 hab.

HARTAU, vg. de Prusse, prov. de Silésie, rég. de Breslau; remarquable par ses mines, dans lesquelles on exploite annuellement 64,000 tonnes de houille; 370 hab.

HARTBERG, pet. v. de Styrie, cer. de Grætz; manufacture de drap et de salpêtre; éducation de chevaux; 1600 hab.

HARTENNES, vg. de Fr., Aisne, arr. de Soissons, cant. et poste d'Oulchy; 220 hab.

HARTENSTEIN, v. du roy. de Saxe, cer. de l'Erzgebirge; château; 1500 hab. A une lieue de là se trouve la caverne du Prince, ainsi nommée à cause du séjour que le prince de Saxe, Ernest, dut y faire pendant trois jours avec ses ravisseurs.

HARTFELL-WELL, vg. d'Écosse, comté de Dumfries; bains sulfureux très-fréquentés.

HARTFORD (New-). *Voyez* NEW-HARTFORD.

HARTFORD, comté de l'état de Connecticut, États-Unis de l'Amérique du Nord; il est borné par les comtés de Tolland, de New-London, de Middlesex, de Newhaven, de Lichtfield et par l'état de Massachusetts; il a une superficie de 36 l. c. géogr., avec 56,000 hab. Le Connecticut traverse ce pays dans toute sa largeur, fait à Enfield une belle chute et attire tous les cours d'eau de cette province. Les principaux en sont: le Saltowok, le Scantik, le Roaring, le Muddy, le Stony et le Farmington. Le lac de Conquamak s'étend sur la frontière du Massachusetts. Les montagnes Bleues traversent en une longue file le centre du comté; les monts Monatuk en forment l'extrémité N. Les West-Mountains s'étendent parallèlement à cette première chaîne à l'O. du pays et se terminent par les monts Poppoconuck. Entre ces deux chaînes de montagnes et le long du Connecticut s'étendent de riches vallées, qui produisent surtout du blé, des oignons et du tabac; d'excellents pâturages favorisent l'éducation du bétail, qui s'y trouve dans un état très-florissant.

HARTFORD, v. des États-Unis de l'Amérique du Nord, état de Connecticut, comté de Hartford, dont elle est le chef-lieu, sur la rive droite du Connecticut, qui y reçoit le Little-River (petite rivière). Hartford, regardé comme la seconde capitale de l'état, est important par son beau port, son industrie, son commerce et sa navigation; il renferme plusieurs édifices dignes de remarque et possède une université (Washington-College), un institut de sourds-muets, ouvert en 1817, un arsenal de l'état, un musée et de nombreuses manufactures, fabriques et distilleries; 10,000 habitants avec ses environs immédiats.

HARTFORD. *Voyez* PULASKY (comté).

HARTFORD. *Voyez* OHIO (comté).

HARTFORD, pet. v. florissante des États-Unis de l'Amérique du Nord, état de New-York, comté de Washington, poste; 2900 h.

HARTFORD, b. des États-Unis de l'Amérique du Nord, état de Vermont, comté de Windsor, au confluent du White et du Connecticut, qui y fait trois chutes; poste; 2300 hab.

HARTHA, v. du roy. de Saxe, située dans le cer. de Leipsic, sur le Steinbach; 1400 hab.

HARTHAUSEN, ham. de Fr., Bas-Rhin, com. de Haguenau; 140 hab.

HARTLAND, b. des États-Unis de l'Amérique du Nord, état de Connecticut, comté de Hartford, poste; 1800 hab.

HARTLAND, gros b. florissant des États-Unis de l'Amérique du Nord, état de Vermont, comté de Windsor, sur le Connecticut et près des chutes du Quataquéchy, poste; 3000 hab.

HARTLAND, b. d'Angleterre, comté de Devon, sur le canal de Bristol; pêche du hareng.

HARTLEPOOL, b. d'Angleterre, comté de Durham, sur une langue de terre, avec un petit port, qui sert à l'exportation de la chaux et de la houille qu'on trouve dans les environs; pêche; 1800 hab.

HARTLEY, b. d'Angleterre, comté de Northumberland; florissant par ses verreries et sa fabrication de sel et d'acide sulfurique; mines de houille.

HARTMANNSWILLER, vg. de Fr., Haut-Rhin, arr. de Colmar, cant. et poste de Soultz; 1170 hab.

HARTOUM, b. considérable de Nubie, dans le pays de Halfay, au confluent du Bahr-el-Abiad et du Bahr-el-Azrek, à 50 l. N.-N.-O. de Sennaar.

HARTZWILLER, vg. de Fr., Meurthe, arr., cant. et poste de Sarrebourg; carrières de pierres de taille; 720 hab.

HARVILLE, vg. de Fr., Meuse, arr. de Verdun, cant. de Fresnes-en-Woëvre, poste de Manheulles; fabr. de plâtre; 280 hab.

HARWICH, pet. v. des États-Unis de l'Amérique du Nord, état de Massachusetts, comté de Barnstable, au centre de la presqu'île du Cap-Cod, qui y a 2 l. de large, poste; 2600 hab.

HARWICH, pet. v. d'Angleterre, comté d'Essex, à l'embouchure du Stour; son port entretient des communications régulières avec Hambourg et la Hollande; chantiers où l'on construit de petits bâtiments pour la marine royale; 4000 hab.

HARWINTON, b. des États-Unis de l'Amérique du Nord, état de Connecticut, comté de Lichtfield, sur le Naugatuk, poste; mines d'antimoine; 2500 hab.

HARY, vg. de Fr., Aisne, arr., cant. et poste de Vervins; papeteries du Grand et du Petit-Rabouzy; 580 hab.

HARYTRAHES, peuplade indienne indépendante, habitant au pied de la Sierra-Tumucumaque, Guyane brésilienne.

HARZ (le), chaîne de montagnes qui s'étend comme un avant-poste isolé des monts Hercyniens et parallèlement à la forêt de Thuringe, de 7° 50' à 9° 10' long. orient. et de 51° 31' à 51° 57' lat. sept., c'est-à-dire sur une longueur d'environ 16 milles et sur une largeur de 4 à 5 milles, et dont une grande partie appartient à la portion méridionale du roy. de Hanovre. Les montagnes de ce plateau sont coupées dans tous les sens par d'étroites vallées; elles présentent surtout au N. des flancs escarpés avec des rochers et des cascades. Le sommet le plus élevé du Harz est le Brocken, montagne granitique de 3600 pieds d'élévation, qui le partage en deux parties: celle à l'O., appelée le Haut-Harz, est la plus petite, mais la plus élevée; l'autre, le Bas-Harz, dont une partie est possédée en commun par le duc de Brunswick et le roi de Hanovre, surpasse la première en beautés naturelles comme en étendue. Après le Brocken, nous citerons encore la Heinrichshœbe, montagne haute de 3159 pieds; le Kœnigsberg, haut de 3126 pieds; le Wormberg, élevé de 2667 pieds, et le Bruchberg, haut de 2667 pieds, le seul de ces sommets qui se trouve dans le Hanovre. Les rivières qui descendent des montagnes du Haut-Harz, telles que l'Oder, la Sieber, la Sœse, la Nette, l'Innerste, l'Ocker, le Radau, l'Ecker et l'Ilse, vont se jeter dans le Wéser; celles qui descendent du Bas-Harz, la Zorge, la Wipper, l'Eine, la Selke, la Bode et l'Holzhemme, appartiennent au bassin de l'Elbe. Le hêtre et le chêne couvrent les pentes inférieures du Harz, le pin les supérieures; les hauts sommets sont marécageux, froids, stériles, nébuleux, et ont un climat très-variable. On n'y recueille pas de fruits et seulement de chétives récoltes. Le Harz est riche en minéraux, en argent, en fer, en cuivre, en plomb et en houille; l'argent toutefois y devient de plus en plus rare. La partie appartenant au Hanovre est bien exploitée et le serait encore mieux sans le manque de débouchés et la concurrence avec le plomb d'Angleterre et le fer de Prusse.

HARZGERODE, v. du duché d'Anhalt-Bernbourg, située dans le Harz. Dans la belle vallée de la Selke, qui en est voisine, se trouvent une mine d'argent, une forge de cuivre, un moulin à poudre, une monnaie et une forge extrêmement importante, appelée *unterm Mœgdesprung*; 2400 hab.

HASAREH, pet. prov. afghane, comprise entre la prov. de Tchotch et le Djhélam, qui la sépare des radjepoutes de l'Hindostan; fait partie de la confédération des Seikhs. Elle ne renferme que des villages.

HASE (la), riv. affluent de l'Ems.

HASELUNNE, v. du roy. de Hanovre, gouv. d'Osnabruck; fabr. de faux, de pelles et de chapeaux de matelots; 1650 hab.

HASER, b. considérable de la Basse-Égypte, prov. de Damiette, à 5 l. S.-E. de Tynéh.

HASLACH, b. de la Haute-Autriche, cer. de la Muhl, sur la Muhl; fabrication et commerce de toiles; 1200 hab.

HASLACH, v. du grand-duché de Bade, cer. du Rhin-Moyen, sur la Kintzig; 1700 hab., qui cultivent d'excellents fruits, de beau chanvre et font le commerce de grains.

HASLACH (Bas-). *Voyez* NIEDER-HASLACH.

HASLACH (Haut-). *Voy.* OBER-HASLACH.

HASLE, v. à l'O. de l'île de Bornholm; 500 hab.

HASLEMERE, b. d'Angleterre, comté de Surry; nomme 2 députés.

HASLINGDEN, pet. v. d'Angleterre, comté de Lancaster; manufactures de coton et de laine; 8000 hab.

HASNON, vg. de Fr., Nord, arr. de Valenciennes, cant. et poste de St.-Amand-les-Eaux; commerce de chanvre et fil de mulquinerie; fabr. de sucre indigène; 3060 hab.

HASPARREN, b. de Fr., Basses-Pyrénées, arr. et à 4 l. S.-E. de Bayonne, chef-lieu de canton et poste; commerce de bestiaux, mégisserie, chamoiserie, marègues et autres objets; 5495 hab.

HASPELSCHEIDT, vg. de Fr., Moselle, arr. de Sarreguemines, cant. et poste de Bitche; 830 hab.

HASPRES, b. de Fr., Nord, arr. de Valenciennes, cant. et poste de Bouchain; 2770 hab.

HASSA (El-), pet. v. de Nubie, dans le pays de Barbar, sur le Nil, à 1 l. N. d'Ankheyre.

HASSAN-BABA. *Voyez* BABA.

HASSAN-BASCHI-PALANKA, v. de la principauté de Servie, située à 20 l. de Semendria, sur le Jérénitze et la route de Belgrade; importante par ses fortifications et son bain minéral.

HASSAUTAGH. *Voyez* ANTI-TAURUS.

HASSAYA, b. considérable de la Basse-Nubie, dans l'Ouady-Nuba, sur la rive gauche du Nil, au N. de Derr; ruines.

HASSELFELDE, v. du duché de Brunswick, dist. de Blankenbourg; avec une fabrique de potasse et une source d'eau sulfureuse dans ses environs; 1650 hab.

HASSELT, v. du roy. de Belgique, chef-lieu d'arrondissement, prov. de Limbourg, à 5 l. de Mæstricht, sur la Demer; bien bâtie; fabrication de toiles, dentelles, tabac; culture de garance, tabac, chicorée; pop. de la ville 6350, de l'arrondissement 74,300.

HASSFURT, pet. v. de Bavière, chef-lieu de district, dans le cer. du Mein-Inférieur, sur la rive droite du Mein, que l'on traverse sur un bac et qui y reçoit la Nassach; on y remarque la chapelle noble construite en 1392, renfermant des monuments importants; plusieurs moulins dont un à sept tournants; une source minérale. La ville et les environs entretiennent une agriculture florissante; les récoltes de vins, fruits, houblon et la pêche sont abondantes; pop. de la ville 1730 hab., du district 11,900 sur 3 milles c.

HASSI-FARSIK, station de caravanes dans la Nigritie septentrionale, pays des Touats, sur la route de Tripoli à Tombouctou, à 25 l. N.-N.-E. d'Ain-el-Salah.

HASSI-MOUSSY, station de caravanes dans la Nigritie centrale, pays des Arabes Barabichs, sur la route de Tripoli à Tombouctou, à 50 l. N.-E. de cette dernière ville.

HASSI-TOUABER, station de caravanes dans la Nigritie centrale, pays des Touariks, sur la route de Tripoli à Tombouctou, à 120 l. S.-O. d'Agably.

HASSLOCH, vg. parois. de la Bavière, cer. du Mein-Inférieur, juridiction de Kreutzwerthheim, sur le Mein, qui y reçoit la Hassloch, venant de la forêt du Spessart; remarquable par ses nombreuses usines; une grande papeterie et une forge; on y récolte des vins recherchés; 570 hab.

HASSLOCH, vg. de la Bavière rhénane, arr., cant. et à 2 l. de Neustadt; plusieurs usines sur le Rehebach. Un acte du couvent de Lorsch en fait mention dès 902, comme commune de l'empire; 4300 hab.

HASSMERSHEIM, vg. du grand-duché de Bade, situé sur le Neckar, dans le cer. du Bas-Rhin; il s'y trouve de nombreuses carrières de gypse; 1500 hab., dont beaucoup de bateliers ou constructeurs de bateaux.

HASTENBECK, vg. dans le roy. de Hanovre; connu par une victoire des Français remportée le 26 janvier 1757.

HASTINAPOUR ou HASTINA-NAGARA,

ruines d'une ville de l'Inde, célèbre dans la mythologie brahmanique; elles sont situées dans la prov. de Delhi et le dist. de Merut.

HASTINGS, b. d'Angleterre, comté de Sussex, sur la Bourne; nomme 2 députés. Ce bourg a donné son nom à la célèbre babaille gagnée, en 1066, par Guillaume-le-Conquérant, qui se rend maître de l'Angleterre; pêche; beau port; 7000 hâb.

HASTINGS (le); fl. de la Nouvelle-Galles-du-Sud, dans la Nouvelle-Hollande; il a sa source dans le pays inexploré de l'intérieur, passe à travers les montagnes Bleues, et forme, à son embouchure dans une petite baie, sous 31° 25′ 45″, le port Macquarie, sur la côte orientale du continent austral.

HASTINGUES, vg. de Fr., Landes, arr. de Dax, cant. et poste de Peyrehorade; 900 hab.

HATFIELD, b. des États-Unis de l'Amérique du Nord, état de Massachusetts, comté de Hampshire, sur le Connecticut, poste; 1400 hab.

HATIEN ou KANGKAO, v. de l'Inde transgangétique, emp. d'Annam, dans le Kambodje. Elle est située non loin du fleuve de son nom, qui a été mis en communication avec le Menamkoug par un canal récemment creusé. Un négociant chinois fonda cette ville et en fit le chef-lieu d'un petit état, indépendant d'abord et aujourd'hui complétement soumis.

HATO-SERGENT (l'), ham. de Fr., Nièvre, com. de St.-Brisson; 150 hab.

HATOVIÉJO, pet. v. de la rép. de la Nouvelle-Grenade, dép. de Cundinamarca, prov. d'Antioquia, sur un plateau élevé de 1488 mètres au-dessus du niveau de l'Océan; 2200 hab.

HATRA, g. a., v. de la Mésopotomie, située entre le Tigre et Nisibis; Trajan et Sévère manquèrent d'y être exterminés avec leurs armées.

HATRISE, vg. de Fr., Moselle, arr., cant. et poste de Briey; 410 hab.

HATSCHAR-UN-NOROR. *Voyez* ALHUCEMAS.

HATSZEG, vallée de la Transylvanie, pays des Hongrois, comitat de Hunyad, 33 l. c. géogr.

HATTANY ou HUTTANY, v. de l'Inde, roy. de Satarah, à l'O. de Bedjapour et sur la rive septentrionale de la Kistnah. Elle est entourée de murs et de fossés, défendue par une citadelle et renferme plusieurs pagodes, un grand caravansérail et environ 15,000 habitants, qui fabriquent des étoffes de soie et de coton, des ustensiles en cuivre et en fer, des armes, etc., et qui font un commerce considérable avec Bombay, Surate et Reighore.

HATTEM, v. du roy. de Hollande, près de l'embouchure de la Grifs dans l'Yssel, prov. de Gueldres, dist. d'Arnheim; culture de tabac; 2540 hab.

HATTEN, vg. de Fr., Bas-Rhin, arr. de Wissembourg, cant. et poste de Soultz-sous-Forôts; 2090 hab.

HATTENCOURT, vg. de Fr., Somme, arr. de Montdidier, cant. et poste de Roye; 560 hab.

HATTENHEIM, b. du duché de Nassau, situé sur le Rhin, dans le bge d'Eltville. Dans ses environs se trouve, dans l'ancien couvent d'Eberbach, une maison de correction et d'aliénés. Son territoire produit le Markebrunner et le Steinberger, deux des vins du Rhin les plus estimés, et dont le second est au moins aussi bon que le Johannisberger; 1250 hab.

HATTENSCHLAG, vg. de Fr., Haut-Rhin, arr. de Colmar, cant. et poste de Neuf-Brisach; 150 hab.

HATTENVILLE, vg. de Fr., Seine-Inférieure, arr. d'Yvetot, cant. et poste de Fauville; 970 hab.

HATTERAS (banc de), nom qu'on donne à la partie septentrionale de cette longue digue naturelle et sablonneuse qui ferme à l'E. le sound (détroit) de Pamlico, côte E. de la Caroline du Nord, États-Unis de l'Amérique du Nord; son extrémité orientale forme le cap Hatteras.

HATTIA, île de l'Inde, présidence de Calcutta, dist. de Chittagoug; située à l'embouchure du Megna. Elle a 5 l. de longueur et 3 de largeur, et, quoique basse et exposée souvent aux inondations, elle produit du froment et surtout du sel, que les habitants exportent avec bénéfice.

HATTIGNY, vg. de Fr., Meurthe, arr. de Sarrebourg, cant. et poste de Lorquin; 590 hab.

HATTINGEN, v. de Prusse, sur la rive gauche de la Ruhr, prov. de Westphalie, rég. d'Arnsberg; fabr. de draps, de siamoises, de bas, de taillanderie et de limes; elle appartenait autrefois à la confédération anséatique. Aux environs les ruines des châteaux de Clyff et Bachovarel; 3360 hab.

HATTMATT, vg. de Fr., Bas-Rhin, arr., cant. et poste de Saverne; 580 hab.

HATTONCHATEL, vg. de Fr., Meuse, arr. de Commercy, cant. et poste de Vigneulles; 510 hab.

HATTONS-HEADLAND. *Voyez* RÉSOLUTION (île de la).

HATTONVILLE, vg. de Fr., Meuse, arr. de Commercy, cant. et poste de Vigneulles; 510 hab.

HATTSTATT, b. de Fr., Haut-Rhin, arr. de Colmar, cant. et poste de Rouffach; 1230 hab.

HATVAN, gros b. de Hongrie, cer. en-deçà de la Theiss, comitat de Heves; manufacture de draps; éducation et commerce de chevaux; superbe château; 2000 hab.

HATZFELD, v. du grand-duché de Hesse, sur l'Eder; martinet à fer; ruines d'un château; 1000 hab.

HATZFELD ou ISAMBOLY, b. de Hongrie; comitat de Torenthal; 4800 hab.

HAUBAN, vg. de Fr., Hautes-Pyrénées, arr., cant. et poste de Bagnères-en-Bigorre; 140 hab.

HAUBAS, vg. de Fr., Oise, arr. de Beauvais, cant. et poste de Grandvilliers; 220 h.

HAUBOURDIN, b. de Fr., Nord, arr., à 2 l. S.-O. et poste de Lille, chef-lieu de canton; fabr. de dentelles, de blanc de céruse et de sucre indigène; filat. de coton; tissage pour impressions; tanneries; 2345 hab.

HAUCONCOURT, vg. de Fr., Moselle, arr., cant. et poste de Metz; 530 hab.

HAUCOURT (le), vg. de Fr., Aisne, arr. de St.-Quentin, cant. et poste du Catelet; 610 hab.

HAUCOURT, vg. de Fr., Meuse, arr. de Montmédy, cant. et poste de Spincourt; 120 hab.

HAUCOURT, vg. de Fr., Moselle, arr. de Briey, cant. et poste Longwy; 340 hab.

HAUCOURT, vg. de Fr., Nord, arr. et poste de Cambrai, cant. de Clary; 400 hab.

HAUCOURT, vg. de Fr., Pas-de-Calais, arr. et poste d'Arras, cant. de Vitry; 360 h.

HAUCOURT, vg. de Fr., Seine-Inférieure, arr. de Neufchâtel-en-Bray, cant. et poste de Forges; 450 hab.

HAUCOURT - L'HÉRAULE, vg. de Fr., Oise, arr. de Beauvais, cant. et poste de Songeons; 430 hab.

HAUDAINVILLE, vg. de Fr., Meuse, arr., cant. et poste de Verdun; 890 hab.

HAUDARDIÈRE (la), ham. de Fr., Eure, com. de Fontaine-la-Louvet; 110 hab.

HAUDICOURT, ham. de Fr., Somme, com. d'Agnières; 190 hab.

HAUDIOMONT, vg. de Fr., Meuse, arr. de Verdun-sur-Meuse, cant. de Fresnes-en-Woëvre, poste de Manheulles; 660 hab.

HAUDIVILLERS, vg. de Fr., Oise, arr. et poste de Beauvais, cant. de Nivillers; 670 h.

HAUDONVILLE, vg. de Fr., Meurthe, arr. de Lunéville, cant. et poste de Gerbéviller; 160 hab.

HAUDONVILLER. *Voyez* CROISMARE.

HAUDRECY, vg. de Fr., Ardennes, arr. de Mézières, cant. et poste de Renwez; filat. de laine; 335 hab.

HAUDRICOURT, vg. de Fr., Seine-Inférieure, arr. de Neufchâtel-en-Bray, cant. et poste d'Aumale; 770 hab.

HAUENSTEIN, passage du Jura, sur les frontières des cant. de Soleure et de Bâle.

HAUGARON, ham. de Fr., Hautes-Pyrénées, com. de Ferrières; 150 hab.

HAUGHTON, vg. d'Angleterre, comté de Northumberland, peu loin de Newcastle; important par ses manufactures de papier.

HAUGSDORF, b. d'Autriche, cer. au-dessous du Mannhartsberg; château; hôpital civil; culture de la vigne; 2000 hab.

HAULCHIN, vg. de Fr., Nord, arr., cant. et poste de Valenciennes; fabr. de sucre indigène; 470 hab.

HAULIES, vg. de Fr., Gers, arr., cant. et poste d'Auch; 220 hab.

HAULMÉ, vg. de Fr., Ardennes, arr. de Mézières, cant. de Monthermé, poste de Charleville; 310 hab.

HAULME, vg. de Fr., Seine-et-Oise, arr. de Pontoise, cant. et poste de Marines; 160 hab.

HAULT-CHAMP, ham. de Fr., Indre-et-Loire, com. de Restigny; 300 hab.

HAUMESNIL, ham. de Fr., Calvados, com. de Cauvicourt; 110 hab.

HAUMONT, ham. de Fr., Tarn-et-Garonne, com. d'Esparsac; 150 hab.

HAUMONT-PRÈS-LA-CHAUSSÉE, vg. de Fr., Meuse, arr. de Commercy, cant. et poste de Vigneulles; 260 hab.

HAUMONT-PRÈS-SAMOGNEUX, vg. de Fr., Meuse, arr. de Montmédy, cant. de Montfaucon, poste de Damvillers; 320 hab.

HAUPRUCK, cer. de la Haute-Autriche, le plus petit de l'empire; borné par le Danube, la Trave et le cer. de la Stuhl; 16 l. c. géogr.; 76,000 hab.

HAURIET, vg. de Fr., Landes, arr. de St.-Sever, cant. et poste de Mugron; 566 h.

HAUSACH, v. du grand-duché de Bade, sur la Kintzig, cer. du Rhin-Moyen; avec une forge importante et une population de 1100 hab.

HAUSEN, vg. dans le grand-duché de Bade, cer. du Haut-Rhin; important par une grande forge appartenant au grand-duc; 552 hab.

HAUSGAUEN ou HUSGAUEN, vg. de Fr., Haut-Rhin, arr., cant. et poste d'Altkirch; 500 hab.

HAUSSA. *Voyez* AFNOU.

HAUSSEZ, vg. de Fr., Seine-Inférieure, arr. de Neufchâtel-en-Bray, cant. et poste de Forges; 700 hab.

HAUSSIGNÉMONT, vg. de Fr., Marne, arr. de Vitry-le-Français, cant. de Thiéblemont, poste de Perthes; 50 hab.

HAUSSIMONT, vg. de Fr., Marne, arr. d'Épernay, cant. et poste de Fère-Champenoise; 180 hab.

HAUSSONVILLE, vg. de Fr., Meurthe, arr. de Lunéville, cant. de Bayon, poste de Neuviller-sur-Moselle; 570 hab.

HAUSSY, vg. de Fr., Nord, arr. de Cambrai, cant. de Solesmes, poste du Cateau; 2710 hab.

HAUTAGET, vg. de Fr., Hautes-Pyrénées, arr. de Bagnères-en-Bigorre, cant. de Nestier, poste de St.-Laurent-de-Neste; 150 h.

HAUT-BERGER, ham. de Fr., Seine-Inférieure, com. d'Imblèville; 110 hab.

HAUT-BOUT (le), ham. de Fr., Ille-et-Vilaine, com. de Cancale; 690 hab.

HAUT-BUTTÉ, ham. de Fr., Ardennes, com. de Monthermé; 250 hab.

HAUT-CHANTIER (le), ham. de Fr., Indre-et-Loire, com. de Limeray; 200 hab.

HAUT-CHEMIN (le), ham. de Fr., Aisne, com. des Autels; 200 hab.

HAUT-CLAIRVAUX, ham. de Fr., Vienne, com. de Scorbé-Clairvaux; 250 hab.

HAUT-CLOCHER, vg. de Fr., Meurthe, arr., cant. et poste de Sarrebourg; 500 hab.
HAUT-DE-LA-COTE, ham. de Fr., Seine-Inférieure, com. de Blosseville-Bonsecours; 100 hab.
HAUT-DE-LA-COTE, ham. de Fr., Vosges, com. de la Chapelle-aux-Bois; 100 hab.
HAUTDOMPREY, ham. de Fr., Vosges, com. de la Chapelle-aux-Bois; 150 hab.
HAUT-DU-MONT, ham. de Fr., Vosges, com. de Fontenoy-le-Château; 180 hab.
HAUTE, île dans la baie de Fundy, à l'O. de la Nouvelle-Écosse, dont elle dépend.
HAUTE-AVESNES, vg. de Fr., Pas-de-Calais, arr. et poste d'Arras, cant. de Baumetz-les-Loges; 250 hab.
HAUTEBOUT, ham. de Fr., Seine-et-Oise, com. de St.-Martin-Brétencourt; 160 hab.
HAUTE-BRAYE, ham. de Fr., Oise, com. d'Autrêches; 210 hab.
HAUTE-CHAPELLE (la), vg. de Fr., Orne, arr., cant. et poste de Domfront; 1,140 hab.
HAUTE-CHAPPE, ham. de Fr., Loir-et-Cher, com. de Vendôme; 150 hab.
HAUTE-CLOQUE, vg. de Fr., Pas-de-Calais, arr., cant. et poste de St.-Pol-sur-Ternoise; 290 hab.
HAUTECOMBE, pet. v. du duché de Savoie, prov. de Chambéry, sur le lac de Bourget; jadis une riche abbaye; fabr. de faïence.
HAUTE-COTE, vg. de Fr., Pas-de-Calais, arr. et cant. de St.-Pol-sur-Ternoise, poste de Frévent; 140 hab.
HAUTECOUR, vg. de Fr., Ain, arr. et poste de Bourg-en-Bresse, cant. de Ceyzeriat; 1060 hab.
HAUTECOUR, vg. de Fr., Jura, arr. de Lons-le-Saulnier, cant. et poste de Clairvaux; 170 hab.
HAUTECOURT, vg. de Fr., Meuse, arr. de Verdun-sur-Meuse, cant. et poste d'Étain; 120 hab.
HAUTECOURT, ham. de Fr., Meuse, com. de Malancourt; 150 hab.
HAUTEFAGE, vg. de Fr., Corrèze, arr. de Tulle, cant. de Servières, poste d'Argentat; 1100 hab.
HAUTEFAGE, vg. de Fr., Lot-et-Garonne, arr. et poste de Villeneuve-sur-Lot, cant. de Penne; 1270 hab.
HAUTEFAY, vg. de Fr., Dordogne, arr., cant. et poste de Nontron; 440 hab.
HAUTEFEUILLE, ham. de Fr., Marne, com. de l'Échelle-le-Franc; 120 hab.
HAUTEFEUILLE, vg. de Fr., Seine-et-Marne, arr. de Coulommiers, cant. de Rozoy-en-Brie, poste de Faremoutiers; 110 h.
HAUTEFOLIE, ham. de Fr., Eure, com. de Breux; 160 hab.
HAUTEFOND, vg. de Fr., Saône-et-Loire, arr. de Charolles, cant. et poste de Paray-le-Monial; 320 hab.
HAUTEFONTAINE, vg. de Fr., Oise, arr. de Compiègne, cant. d'Attichy, poste de Couloisy; 280 hab.

HAUTEFORT, b. de Fr., Dordogne, arr. et à 7 l. E.-N.-E. de Périgueux, chef-lieu de canton, poste d'Excideuil; 1755 hab.
HAUTEFORT, ham. de Fr., Isère, com. de St.-Nicolas-de-Macherin; 260 hab.
HAUTE-GENLE, ham. de Fr., Loire-Inférieure, com. de Gétigné; 140 hab.
HAUTE-GOUTTE ou HUTEGOTTE, ham. de Fr., Vosges, com. de Neuviller; 250 h.
HAUTE-INDRE, ham. de Fr., Loire-Inférieure, com. d'Indre; 370 hab.
HAUTE-ISLE, vg. de Fr., Seine-et-Oise, arr. de Mantes, cant. de Magny, poste de Bonnières; 200 hab.
HAUTE-MAISON (la), vg. de Fr., Seine-et-Marne, arr. de Meaux, cant. et poste de Crécy; 260 hab.
HAUTEMAISON, ham. de Fr., Seine-et-Oise, com. d'Orphin; 120 hab.
HAUTE-PERCHE, ham. de Fr., Loire-Inférieure, com. d'Arthon; 120 hab.
HAUTEPIERRE, vg. de Fr., Doubs, arr. de Baume-les-Dames, cant. et poste d'Ornans; 210 hab.
HAUTÉPINE, vg. de Fr., Oise, arr. de Beauvais, cant. et poste de Marseille; 770 h.
HAUTE-PORTE (la), ham. de Fr., Nord, com. de Bailleul; 120 hab.
HAUTERIVE, ham. de Fr., Ain, com. de St.-Jean-le-Vieux; 450 hab.
HAUTERIVE, vg. de Fr., Allier, arr. et poste de Gannat, cant. d'Escurolles; 320 h.
HAUTERIVE, vg. de Fr., Doubs, arr. et poste de Pontarlier, cant. de Montbenoît; 330 hab.
HAUTERIVE, vg. de Fr., Eure-et-Loir, arr. de Dreux, cant. et poste de Châteauneuf-en-Thymerais; 170 hab.
HAUTERIVE, vg. de Fr., Lot-et-Garonne, arr. de Villeneuve-sur-Lot, cant. de Monclar, poste de Ste.-Livrade; 440 hab.
HAUTERIVE, ham. de Fr., Nord, com. de Château-l'Abbaye; 120 hab.
HAUTERIVE, vg. de Fr., Orne, arr. et poste d'Alençon, cant. du Mesle-sur-Sarthe; 520 hab.
HAUTERIVE, ham. de Fr., Saône-et-Loire, com. de la Chapelle-de-Bragny; 110 hab.
HAUTERIVE, vg. de Fr., Haute-Saône, arr. de Vesoul, cant. et poste de Rioz; 410 hab.
HAUTERIVE, ham. de Fr., Tarn, com. de Castres; 400 hab.
HAUTERIVE, ham. de Fr., Vosges, com. de St.-Amé; 140 hab.
HAUTERIVE, vg. de Fr., Yonne, arr. d'Auxerre, cant. et poste de Seignelay; 330 hab.
HAUTERIVES, vg. de Fr., Drôme, arr. de Valence, cant. du Grand-Serre, poste de Moras; 2280 hab.
HAUTE-RIVOIRE, vg. de Fr., Rhône, arr. de Lyon, cant. et poste de St.-Laurent-de-Chamousset; 1690 hab.
HAUTEROCHE, vg. de Fr., Côte-d'Or,

arr. de Sémur, cant. et poste de Flavigny; 540 hab.

HAUTE-RUE (la), ham. de Fr., Indre-et-Loire, com. de Beaumont-Verron; 100 hab.

HAUTE-SERRE, ham. de Fr., Creuse, com. de St.-Chabrais; 110 hab.

HAUTES-RIVIÈRES, vg. de Fr., Ardennes, arr. de Mézières, cant. de Monthermé, poste de Charleville; 1590 hab.

HAUTESSÈRE, ham. de Fr., Creuse, com. de Dontreix; 300 hab.

HAUTES-TERRES. *Voyez* BARBARIE.

HAUTEURS (les), fl. de la côte S. du Labrador; s'embouche dans le golfe de St.-Laurent.

HAUTEVELLE, vg. de Fr., Haute-Saône, arr. de Lure, cant. de St.-Loup, poste de Luxeuil; haut-fourneau et forge dit le Beuchot; 460 hab.

HAUTEVESNES, vg. de Fr., Aisne, arr. de Château-Thierry, cant. de Neuilly-St.-Front, poste de Gandelu; 220 hab.

HAUTEVIGNES, vg. de Fr., Lot-et-Garonne, arr. et cant. de Marmande, poste de Tonneins; 4850 hab.

HAUTEVILLE, vg. de Fr., Ain, arr. et à 5 l. N. de Belley, chef-lieu de canton, poste de St.-Rambert; fabr. de fromages de Gruyères; 770 hab.

HAUTEVILLE, vg. de Fr., Aisne, arr. de Vervins, cant. et poste de Guise; 480 hab.

HAUTEVILLE, vg. de Fr., Ardennes, arr. et poste de Réthel, cant. de Château-Porcien; 290 hab.

HAUTEVILLE, vg. de Fr., Côte-d'Or, arr., cant. et poste de Dijon; 220 hab.

HAUTEVILLE, vg. de Fr., Manche, arr. de Valognes, cant. et poste de St.-Sauveur-sur-Douve; 280 hab.

HAUTEVILLE, vg. de Fr., Marne, arr. de Vitry-le-Français, cant. et poste de St.-Remy-en-Bouzemont; 560 hab.

HAUTEVILLE, vg. de Fr., Pas-de-Calais, arr. de St.-Pol-sur-Ternoise, cant. d'Avesnes-le-Comte, poste de l'Arbret; 360 hab.

HAUTE-VILLE (la), vg. de Fr., Seine-et-Oise, arr. de Mantes, cant. et poste de Houdan; 260 hab.

HAUTEVILLE-LA-GUISCHARD, vg. de Fr., Manche, arr. de Coutances, cant. de St.-Sauveur-Lendelin, poste de la Fosse; 1330 hab.

HAUT-FOURNEAU, ham. de Fr., Vosges, com. de Grand-Fontaine; 100 hab.

HAUTIÈRE (la), ham. de Fr., Côtes-du-Nord, com. de Plélo; 100 hab.

HAUTIERS (les), ham. de Fr., Seine-et-Oise, com. de Marines; 200 hab.

HAUTION, vg. de Fr., Aisne, arr., cant. et poste de Vervins; 460 hab.

HAUT-LOQUIN, vg. de Fr., Pas-de-Calais, arr. de St.-Omer, cant. de Lumbres, poste d'Ardres; 280 hab.

HAUT-MAISNIL, vg. de Fr., Pas-de-Calais, arr. de St.-Pol-sur-Ternoise, cant. et poste d'Auxy-le-Château; 240 hab.

HAUTMOITIERS, ham. de Fr., Manche, com. de Lestre; 100 hab.

HAUTMONT, vg. de Fr., Nord, arr. d'Avesnes, cant. et poste de Maubeuge; scierie de marbre; clouteries; fabr. de bas; verrerie; 900 hab.

HAUT-MOUGEY, vg. de Fr., Vosges, arr. d'Épinal, cant. et poste de Bains; 480 hab.

HAUTOT ou HOTTOT, vg. de Fr., Seine-Inférieure, arr. et poste de Dieppe, cant. d'Offranville; 830 hab.

HAUTOT-L'AUVRAY, vg. de Fr., Seine-Inférieure, arr. d'Yvetot, cant. d'Ourville; poste de Doudeville; 930 hab.

HAUTOT-LE-VATOIS, vg. de Fr., Seine-Inférieure, arr. d'Yvetot, cant. et poste de Fauville; 540 hab.

HAUTOT-SAINT-SULPICE, vg. de Fr., Seine-Inférieure, arr. d'Yvetot, cant. et poste de Doudeville; 1250 hab.

HAUTOT-SUR-SEINE, vg. de Fr., Seine-Inférieure, arr. de Rouen, cant. et poste de Grand-Couronne; 300 hab.

HAUTPOUL, ham. de Fr., Tarn, com. de Mazamet, 240 hab.

HAUTS-CHAMPS, ham. de Fr., Seine-Inférieure, com. de Grandes-Ventes; 210 h.

HAUTS-DE-FLACY (les), ham. de Fr., Yonne, com. de Flacy; 110 hab.

HAUTS-DE-VILLIERS-LOUIS (les), ham. de Fr., Yonne, com. de Villiers-Louis; 120 hab.

HAUTVILLERS (le), ham. de Fr., Indre-et-Loire, com. de Huismes; 100 hab.

HAUTVILLERS, vg. de Fr., Marne, arr. de Reims, cant. d'Ay, poste d'Épernay; 1000 hab.

HAUTVILLERS-OUVILLE, vg. de Fr., Somme, arr. et poste d'Abbeville, cant. de Nouvion-en-Ponthieu; 550 hab.

HAUT-KENTEI, un des noms que prend la chaine principale de l'Altaï, entre les monts Sayaniens et les monts de Daourie.

HAUVILLE, vg. de Fr., Eure, arr. de Pont-Audemer, cant. de Routot, poste de Bourgachard: 1800 hab.

HAUVINÉ, vg. de Fr., Ardennes, arr. et poste de Vouziers, cant. de Machault; 680 hab.

HAUX, vg. de Fr., Gironde, arr. de Bordeaux, cant. et poste de Créon; 840 hab.

HAUX, vg. de Fr., Basses-Pyrénées, arr. de Mauléon, cant. et poste de Tardets; 330 hab.

HAVACH ou HAWASH, rivière assez considérable de l'Afrique orientale, dans la partie E.-S.-E. de l'Abyssinie; elle prend sa source dans les montagnes qui séparent le roy. d'Ankobar du pays des Burtuma-Gallas et se perd dans les sables près de la ville de Goussa.

HAVALLA ou HALOGA (le mont), dans la principauté de Servie, à 8 milles au S. de Belgrade; avec un château; est remarquable par les ruines d'une ville gothique.

HAVANE (la) ou SAN-CHRISTOVAL-DE-LA-

Havana, capitale de l'île de Cuba, résidence du capitaine-général de cette importante colonie espagnole et de l'intendant ou gouverneur civil du département Occidental, dont la Havane est le chef-lieu; siége d'un évêché; est située sous 23° 12′ lat. N. et 84° 34′ long. occ., sur la côte sept. de Cuba, à l'embouchure de la Lagida et dans une belle plaine entourée de collines que couronnent plusieurs forts et châteaux. L'étendue de cette ville, le chiffre élevé de sa population, son port surtout, l'un des meilleurs de la terre, sa position à l'entrée du golfe du Mexique, où se croisent les grandes routes des peuples commerçants des deux mondes en font une des cités les plus remarquables de l'Amérique. « Vue de l'entrée du port, dit M. Galibert, la Havane offre un des coups d'œil les plus riants et les plus pittoresques dont on puisse jouir sur le littoral de l'Amérique équinoxiale. Ses environs, sans avoir la sauvage majesté des côtes du Brésil, réunissent à la grâce des scènes de la nature cultivée de nos climats la vigueur organique qui caractérise les productions végétales de la zône torride. Les châteaux forts qui couronnent les rochers à l'E. du port, son bassin, entouré de villages et dans lequel se déploient les brillantes couleurs des pavillons de diverses nations, les flèches pyramidales d'un grand nombre de clochers, qui se confondent, tantôt avec la cime panachée du palmier royal, tantôt avec la mâture des vaisseaux, la couleur verdoyante des jardins intérieurs, le faîte rougeâtre des maisons, présentent, par un beau soleil, le spectacle le plus ravissant. Mais l'intérieur de la ville est loin de répondre à ce premier coup d'œil. A l'exception de la douane, de l'hôtel des postes, du palais du gouverneur, de la manufacture des tabacs et de quelques hôtels de la noblesse, on ne voit partout que des maisons basses, construites, il est vrai, avec solidité, mais encombrées de balles, de caisses, de tonneaux. Dans les rues, presque toutes étroites et mal pavées, où l'on est suffoqué par l'odeur du tasayo (viande salée), on ne rencontre que portefaix et esclaves chargés, que charrettes, que volantes (espèce de chaise de poste) de gens d'affaires, cabriolets sans ressort, qui, dans leur marche rapide, soulèvent des flots de boue ou des nuages de poussière. Dans le port, sur les quais, à l'intérieur de la ville, tout respire l'activité et le mouvement, mais sans ce luxe, sans cette recherche, sans ce comfort que l'on trouve dans la plupart des villes commerçantes de l'Europe. Le soir seulement, ses délicieuses promenades sont envahies par un concours varié de promeneurs des deux sexes, dont l'élégance et la toilette pourraient rivaliser avec celles de nos fashionables; et lorsque, au théâtre, qui est assez vaste pour admettre 1800 spectateurs, on représente un opéra de quelque maître fameux, on est sûr de pouvoir y admirer les grâces et la beauté piquante des Havanaises de distinction. »

Les édifices publics et particuliers, qui se font remarquer à la Havane, se distinguent à la fois par leur étendue et la magnificence de leur bâtisse. La principale place de la ville, la place d'Armes, est ceinte par le palais du gouverneur et par celui de l'intendant; cette place est décorée avec beaucoup de luxe, ornée de statues, de vases, de fleurs, de plantes indigènes et exotiques et coupée d'allées sablées. La construction du palais du comte de Fernandina a coûté, dit-on, 1,500,000 francs; il en est de même des palais de plusieurs autres nobles Havanais. Nous devons aussi faire mention de la chapelle élevée à l'endroit même où les Espagnols, à la découverte de l'île, célébrèrent la première messe. Un immense ceiva, à l'ombre duquel on officia, existait encore il y a quelques années. Dans la cathédrale, une simple pyramide surmonte le tombeau de Christophe Colomb, dont les restes y furent transportés de St.-Domingue, en 1795. La Havane est une place forte de premier ordre. Ses beaux ouvrages de défense ont coûté des sommes énormes; le seul chemin couvert de Santa-Clara a coûté 700,000 piastres. Le port est défendu par le Morro et le fort de la Panta; la citadelle de Cabanna, avec ses immenses casemates, est l'ouvrage le plus important de la ville et exige 2000 hommes de garnison; plusieurs autres forts et châteaux complètent la ligne de défense. L'arsenal maritime est un des principaux établissements de ce genre en Amérique. Les vaisseaux qui en sortent coûtent plus que les vaisseaux d'Europe, mais sont aussi plus durables. On y a construit, de 1778 à 1827, 22 frégates, 7 paquebots, 9 brigantins, 14 goëlettes et 49 petits navires. La marine militaire de l'Espagne y trouve donc de grandes ressources.

Parmi les établissements scientifiques et littéraires de la Havane il faut citer, avec M. de Humbold, l'université avec ses chaires de théologie, de jurisprudence, de médecine et de mathématiques, établies depuis 1728 dans le couvent des Patres predicatores; la chaire d'économie politique, fondée en 1818; celle de botanique agricole; le musée et l'école d'anatomie descriptive, la bibliothèque publique, l'école gratuite de dessin et de peinture, l'école nautique, les écoles lancastriennes et le jardin botanique. La société patriotique a fait construire, à la demande de M. de Humbold, une maison magnifique, à l'instar de celles fondées à Paris, à Berlin, à St.-Pétersbourg, à Kazan, à Pe-king et dans d'autres villes. En 1830, on publiait à la Havane 7 journaux, dont un anglais. Les *Annales de ciencias*, journal mensuel, rédigé par M. Ramon de la Sagra, a acquis une grande réputation et a rendu d'excellents services à la science géographique par les documents statistiques qu'il a fournis sur les îles de Cuba et de Porto-Rico.

La Havane, fondée en 1519 (mais fortifiée seulement en 1762), est une des villes les plus riches et les plus peuplées de l'Amérique. Son industrie, son commerce, sa navigation sont également florissants. Sa population s'est accrue très-rapidement; elle est aujourd'hui de 130,000 âmes, en y comprenant celle des faubourgs; en 1827, elle s'élevait à 112,023 habitants, dont près de 23,000 esclaves. A la même époque on y comptait 2651 voitures de maître ou de louage. On en exporte annuellement pour 50 millions de marchandises; les importations sont évaluées à 60 millions et le mouvement du port égale ou surpasse celui de plusieurs des villes maritimes les plus importantes de l'Europe et de l'Amérique, de Bristol, de Nantes, de Bordeaux, d'Anvers, de Riga, d'Odessa, de Porto, de Boston, de Philadelphie et de Baltimore.

HAVANGE, vg. de Fr., Moselle, arr. et poste de Briey, cant. d'Audun-le-Roman; 350 hab.

HAVANT, b. d'Angleterre, comté de Southampton, non loin de Lanston-Harbour; 3000 hab.

HAVE (le), île sur la côte E. de la Nouvelle-Écosse; fait partie du comté de Lunebourg et est peuplée d'oies à duvet.

HAVEL (le), riv. qui sort du lac de Rœthsée, dans le grand-duché de Mecklembourg-Strélitz, traverse ensuite plusieurs lacs, commence à porter des bateaux près de Furstenberg, entre ensuite dans le territoire prussien et se jette dans l'Elbe, après avoir reçu la Dosse, venue également du Mecklembourg.

HAVELBERG, pet. v. de Prusse, prov. de Brandebourg, rég. de Potsdam, sur une île formée par le Havel, correspondant avec les deux rives par trois ponts; autrefois fortifiée. Fabrication de bas, distilleries, raffinerie de sucre, pêche et agriculture, construction de bateaux, navigation active, commerce d'expédition et de bois. Sa cathédrale est la plus belle église de la province; le chapitre, fondé en 946 par l'empereur Othon Ier, est supprimé; 2580 hab.

HAVELU, vg. de Fr., Eure-et-Loir, arr. de Dreux, cant. d'Anet, poste d'Houdan; 120 hab.

HAVELUY, vg. de Fr., Nord, arr. et poste de Valenciennes, cant. de Bouchain; 690 h.

HAVERFORD-WEST, joli b. d'Angleterre, comté de Pembroke; nomme 1 député; siége des assises du comté; port; commerce très-actif; 5000 hab.

HAVERHILL, pet. v. des États-Unis de l'Amérique du Nord, état de New-Hampshire, comté de Grafton, dont elle est le chef-lieu, sur le Connecticut; elle est le siége des tribunaux de district et de la cour supérieure, et possède une académie, une prison, des manufactures de draps et de riches mines de fer dans son voisinage; 2000 hab.

HAVERHILL, pet. v. des États-Unis de l'Amérique du Nord, état de Massachusetts, comté d'Essex, sur la rive gauche du Merrimak, navigable pour les gros vaisseaux jusqu'à cette ville, poste; manufacture de toiles à voiles; vastes chantiers pour la construction de vaisseaux marchands; commerce de bois; 3400 hab.

HAVERNAS, vg. de Fr., Somme, arr. de Doullens, cant. de Domart, poste de Villers-Bocage; 430 hab.

HAVERSKERQUE, vg. de Fr., Nord, arr. d'Hazebrouck, cant. de Merville, poste de St.-Venant; 1860 hab.

HAVERSTRAW, b. des États-Unis de l'Amérique du Nord, état de New-York, comté de Rockland, sur l'Hudson; forges de Romapoo; 2300 hab.

HAVIZA ou **AHWAS**, v. de Perse, prov. de Khouzistan, chef-lieu du pays et résidence du scheik des Haviza, tributaires du roi de Perse. Elle est située sur le Karoun, mais a peu d'habitants, à cause de l'insalubrité de son climat. Son territoire offre un grand nombre de ruines et plusieurs cavernes qui ont probablement servi autrefois de lieu de sépulture.

HAVRE, b. du roy. de Belgique, prov. de Hainaut, arr. de Mons, sur la Haine; 1580 hab.

HAVRE (le) ou **HAVRE-DE-GRACE**, v. forte et port considérable de Fr., Seine-Inférieure, chef-lieu d'arrondissement, à 16 l. O. de Rouen, et à 50 l. O. de Paris; siége de tribunaux de première instance et de commerce, conservation des hypothèques, direction des contributions indirectes et résidence d'un commissaire-général de la marine. Cette ville, située sur la rive droite de la Seine et à l'embouchure de ce fleuve dans la Manche, est, par son commerce et par sa position comme place de guerre, une des plus importantes de France. Son port, capable de recevoir les gros navires, forme trois vastes bassins séparés par quatre écluses, et les vaisseaux viennent mouiller jusque dans les parties les plus reculées de la ville, près des beaux quais qui bordent le port et ses magnifiques bassins. Un des avantages particuliers de ce port, c'est qu'il conserve son plein pendant plus de quatre heures, et qu'au moyen des écluses les vaisseaux y sont toujours à flot.

La ville est fort jolie; le nouveau quartier surtout renferme de belles rues, ornées de constructions élégantes. L'église Notre-Dame, l'arsenal, la salle de spectacle, en face du bassin du Commerce, les casernes, les bains de mer, la tour de François Ier, l'hôtel des douanes, la manufacture de tabac et les deux phares élevés sur la falaise de la Hève, méritent d'être mentionnés. Elle n'a point de promenades proprement dites; mais l'aspect ravissant que présentent les environs, vus d'Ingouville, compense richement ce qui lui manque sous ce rapport. Le Hâvre possède un collége communal, une école d'hydrographie, une école de géométrie appliquée aux arts et une petite bibliothèque publique.

Les principaux établissements industriels du Hâvre consistent en fabriques de toiles de chanvre, de toiles à voiles, de cordages, de goudron, de produits chimiques, de fil, de dentelles; en raffineries de sucre et chantiers de construction. On y fait des armements pour les grandes pêches.

Quoique le commerce des objets de l'industrie de cette ville soit assez considérable, il occupe bien peu de place, comparativement à son commerce maritime, dont le Hâvre peut être regardé comme le plus grand entrepôt de France, après Marseille. Ses relations commerciales s'étendent sur toutes les parties de l'Europe, les Antilles, les États-Unis, les côtes de l'Afrique; de nombreux bâtiments, dont plusieurs à vapeur, entretiennent régulièrement les communications entre cette ville et les principaux ports de l'Europe et de l'Amérique. La valeur des marchandises reçues à l'entrepôt du Hâvre s'est élevée en 1833, à 130 millions, tandis que les autres entrepôts de France n'en ont reçu ensemble que pour 310 millions.

Au commencement du seizième siècle, le Hâvre n'était encore qu'une pauvre bourgade de pêcheurs; Louis XII, ayant reconnu l'importance d'un port, d'autant plus indispensable sur ce point que le port de Harfleur était devenu impraticable, y jeta les fondements d'une nouvelle ville en 1509. Sous François Ier, on y exécuta les travaux maritimes considérables qui furent l'origine de sa splendeur. Plus tard Richelieu y fit construire une citadelle, transformée depuis en un quartier militaire. Malgré les fréquentes attaques des Anglais, qui la bombardèrent plusieurs fois, cette ville s'agrandit et s'embellit rapidement. Ce ne fut cependant que dans la seconde moitié du dix-septième siècle que commença son importance commerciale, et sa prospérité ne fit que s'accroître jusqu'à l'époque de la révolution française. Les guerres continuelles de la république et de l'empire lui portèrent un coup funeste, mais dont elle s'est depuis longtemps relevée.

Le Hâvre est la patrie de Georges de Scudery (1601) et de sa sœur Madeleine de Scudery (1607-1701), de madame de Lafayette (1632-1693) et de Bernardin-de-St.-Pierre (1737-1814); 23,618 hab.

HAVRE-DE-BALADE. *Voyez* BALADE.

HAVRE-DE-GRACE, pet. v. des États-Unis de l'Amérique du Nord, état de Maryland, comté de Harford, à l'embouchure du Susquéhannah dans la baie de Chésapeak, poste; commerce, pêcheries, navigation; 1300 hab.

HAVRINCOURT, vg. de Fr., Pas-de-Calais, arr. d'Arras, cant. de Bertincourt, poste de Bapaume; 1130 hab.

HAVYS, vg. de Fr., Ardennes, arr. de Rocroi, cant. de Rumigny, poste de Maubert-Fontaine; 130 hab.

HAW. *Voyez* CAPE-FEAR (fleuve).

HAWAII ou OVAIHI, OWHYHEE, île de la Polynésie ou Océanie orientale, la plus grande de l'archipel de Sandwich et de toute la Polynésie; sa superficie est de 3442 milles c. Elle s'étend entre 157° 20' et 158° 41' long. occ., et 18° 54' et 22° 15' lat. N.; elle a à peu près la forme d'un triangle équilatéral; mais le côté méridional se termine par deux pointes rapprochées l'une de l'autre, et la côte orientale présente un enfoncement assez considérable nommé la baie de Karakakova, au fond de laquelle se trouve un gros village du même nom, avec une maison royale et environ 3000 hab. L'intérieur est très-montagneux; on y remarque les trois points culminants suivants : la mouna (montagne) Roah, la plus élevée de toutes; elle a environ 13,200 pieds de hauteur au-dessus du niveau de la mer; Douglas, qui vit cette montagne en janvier 1834, la trouva couverte de 3 à 5 pieds de neige; le revers septentrional est composé d'énormes rochers d'où se précipitent de belles et nombreuses cascades; le versant opposé s'élève en une pente tellement douce, qu'on peut la gravir sans beaucoup de difficultés jusqu'au sommet; la mouna Koah qui a, d'après Douglas, 13,587 à 13,645 pieds de hauteur, porte à son sommet onze pics qui paraissent d'origine volcanique; enfin la mouna Vororay, dont la crête présente comme une rangée de cratères, n'a que 7822 pieds de hauteur. L'un de ces cratères a une circonférence d'une demi-lieue et environ 400 pieds de profondeur. L'île n'est en général qu'une masse volcanique, et l'on y trouve beaucoup de cavernes et de grottes formées de lave. La plus remarquable est celle de Raniakea, qui renferme un lac souterrain. Il existe aussi à Hawaii un volcan encore en éruption, que des missionnaires ont fait connaître en 1823. Ce volcan, nommé Pele ou Pili, est situé au pied de la mouna Roah, entre les districts de Kaii et de Puna. Son immense cratère, qui a près de deux milles de circonférence, et, d'après M. Ellis, 800 pieds de profondeur, offre l'aspect terrible d'un grand lac de feu d'où s'échappent en tous sens des ruisseaux de lave brûlante et des colonnes d'épaisse fumée. Parmi les fleuves et les rivières qui descendent des montagnes de l'intérieur, nous citerons le Waïruku, qui naît près du sommet du mouna Koah, le Waïrama et le Wacakea, dont les sources jaillissent à travers la lave, non loin de la côte orientale de l'île. Ce dernier cours d'eau est assez profond et navigable pour les barques.

L'intérieur de l'île est inculte et inhabité; mais le long des côtes le sol, bien cultivé, est parsemé de nombreux villages assez considérablement peuplés. Les pluies fréquentes, qui tombent sur la côte N.-E., la rendent plus fertile que la côte occidentale, qui est souvent des mois entiers sans être arrosée d'une seule goutte de pluie. M. Ellis, l'un des missionnaires, donne une description fort curieuse de quelques temples ou lieux sacrés que l'on voit sur cette île. Ces édifices, bâtis en lave, renfermaient les idoles adorées des Hawaïens. La population de Hawaii est évaluée à 85,000 individus, parmi lesquels les missionnaires anglo-américains ont fait de nombreuses conversions.

Cette île est divisée en 6 districts :

1° Kona, à l'O.; c'est la partie la plus peuplée et la mieux cultivée de l'île. Ses principales localités sont Kairua, sur la baie de même nom; siége du gouverneur et station des missionnaires. On y trouve un bon ancrage. Ce lieu renferme une église chrétienne, 530 maisons assez élégantes et 2650 hab. Il est protégé par un fort contruit sur les ruines d'un temple (heiau), où les naturels offraient autrefois des victimes humaines à des idoles; Karakakoua, où l'illustre navigateur Cook fut massacré, le 14 février 1779; par les indigènes, et Kaawaroa, lieu très-peuplé et station de missionnaires.

2° Kaïi, sur la côte méridionale; cette partie, toute couverte de lave, est entièrement déserte.

3° Puna, sur la côte S.-E. On y trouve Kearakomo, endroit très-populeux, et le vg. de Kaimu, avec 700 à 750 hab.

4° Hiro, sur la côte N.-E., district le plus fertile et le plus agréable de l'île; il renferme la baie de Waiakea, près de laquelle se trouvent une mission, 400 maisons et 2000 hab.

5° Hamakua, également sur la côte N.-E.

6° Kohala, qui comprend la côte septentrionale, où se trouve la baie de Towaihæ, avec un bon ancrage. *Voyez*, pour plus de détails, l'article SANDWICH.

HAWARDEN, pet. v. d'Angleterre, principauté de Galles, comté de Flint; très-industrieuse, surtout renommée pour sa poterie. Dans son voisinage se trouve la superbe campagne de lord Glynn, Hawarden-Castle; 5000 hab.

HAWICK, b. d'Écosse, comté de Roxburgh, dans une position romantique; fabrication de toile, de drap, de bas, de rubans et de tapis; 5000 hab.

HAWISSA. *Voyez* AHOUAC.

HAWKE, baie considérable sur la côte E. du Labrador; elle est très-importante pour la pêche de la morue qui s'étend jusque dans ces parages. A l'entrée de la baie s'élèvent les îles de Hawké et de Stony.

HAWKES, baie profonde sur la côte orientale de l'île Eaheimonauve, la plus septentrionale des deux grandes îles de la Nouvelle-Zélande, dans l'Australie ou Océanie centrale.

HAWKESBURY, le fleuve le plus considérable du comté de Cumberland, dans la Nouvelle-Galles-du-Sud; il est formé par la jonction du Grose et du Népean, et se jette, sous 33° 42', dans la baie ou golfe de Broken (Brokenbay). Ce fleuve navigable cause de grands dégats par ses débordements très-fréquents. Avec la marée les plus gros navires peuvent remonter jusqu'à 8 milles au-dessus de son embouchure. Plus haut, il n'est navigable que pour les bâtiments de moyenne grandeur.

HAWKINS, comté de l'état de Tennessée, États-Unis de l'Amérique du Nord; il est borné par l'état de Virginie et par les comtés de Sullivan, de Greene, de Jefferson, de Grainger et de Clairborne. Pays montagneux, riche en fer, en sel et autres minéraux et arrosé par le Holston et le Clinch; 14,000 hab.

HAWK-MOUNTAINS, chaîne de montagnes des États-Unis de l'Amérique du Nord, état de Vermont; elle suit le cours supérieur du Connecticut.

HAWLEY, b. des États-Unis de l'Amérique du Nord, état de Massachusetts, comté de Franklin.

HAWTHORNDEN, vg. d'Écosse, comté d'Édimbourg; patrie du poëte Will. Drummond.

HAY, b. d'Angleterre, principauté de Galles, comté de Brecknock, avec un beau port sur la Wye; fabrication de bas; 2000 h.

HAY (l'), vg. de Fr., Seine, arr. de Sceaux, cant. de Villejuif, poste de Bourg-la-Reine; 360 hab.

HAYANGE ou HEYINGEN, vg. de Fr., sur la Fensch, Moselle, arr., cant. et poste de Thionville; hauts-fourneaux, forges considérables; tuileries; 1296 hab.

HAYBES, vg. de Fr., Ardennes, arr. de Rocroi, cant. et poste de Fumay; ardoisières; 1130 hab.

HAYCOCK, b. des États-Unis de l'Amérique du Nord, état de Pensylvanie, comté de Bucks, au pied du mont Haycock, regardé comme le premier échelon des monts Léhigh. Dans les environs le vg. de Springfield, avec des eaux minérales; 2000 hab.

HAYDE, pet. v. de Bohême, cer. de Leitmeritz; florissante par ses fabriques de verre, de toile cirée et de chapeaux; commerce très-actif; 2000 hab.

HAYDE, pet. v. fortifiée de Bohême, cer. de Pilsen; brasseries; 2000 hab.

HAYDONS-NEST, île considérable, mais peu explorée, sur la côte S.-E. de la Terre-de-Baffin.

HAYE (la). *Voyez* LA HAYE.

HAYE (la), Indre-et-Loire. *Voyez* HAYE-DESCARTES (la).

HAYE (la), vg. de Fr., Moselle, arr. de Metz, cant. de Vigy, poste de Courcelles-Chaussy; 340 hab.

HAYE (la), ham. de Fr., Orne, com. de Macé; 110 hab.

HAYE (la), ham. de Fr., Seine-Inférieure, com. du Bois-Guillaume; 140 hab.

HAYE (la), vg. de Fr., Vosges, arr. d'Épinal, cant. et poste de Bains; 670 hab.

HAYE (la), ham. de Fr., Somme, com. de St.-Romain; 170 hab.

HAYE (la Grande et la Petite-), Eure. *Voyez* HAYE-ST.-SYLVESTRE.

HAYE-AUBRÉE (la), vg. de Fr., Eure, arr. de Pont-Audemer, cant. de Routot, poste de Bourgachard; 930 hab.

HAYE-BELLEFOND (la), vg. de Fr., Manche, arr. de St.-Lô, cant. de Percy, poste de Villebaudon; 290 hab.

HAYE-DE-BÉRANVILLE (la), ham. de Fr., Seine-et-Oise, com. de Jeuffosse; 110 h.

HAYE-DE-CALLEVILLE, vg. de Fr., Eure, arr. de Bernay, cant. et poste de Brionne; 470 hab.

HAYE-D'ECTOT (la), vg. de Fr., Manche, arr. de Valognes, cant. de Barneville, poste de Briquebec; 490 hab.

HAYE-DE-ROUTOT (la), vg. de Fr., Eure, arr. de Pont-Audemer, cant. de Routot, poste de Bourgachard; 340 hab.

HAYE-DES-ALLEMANDS, vg. de Fr., Meurthe, arr. de Sarrebourg, cant. de Réchicourt-le-Château, poste de Blamont; 160 hab.

HAYE-DESCARTES (la), pet. v. de Fr., Indre-et-Loire, arr. et à 7 l. S.-O. de Loches, chef-lieu de canton et poste; elle est située sur la rive droite de la Creuse; commerce de pruneaux renommés, cire et miel; éducation des abeilles; 1393 hab.

HAYE-DES-CHAMPS (la), ham. de Fr., Loir-et-Cher, com. de St.-Firmin; 200 h.

HAYE-DU-PUITS (la), b. de Fr., Manche, arr. et à 9 l. N. de Coutances, chef-lieu de canton et poste; grand commerce de blé; fabr. de colle-forte et noir animal; 1210 h.

HAYE-DU-THEIL (la), vg. de Fr., Eure, arr. de Louviers, cant. d'Amfreville-la-Campagne, poste de Neubourg; 390 hab.

HAYE-LE-COMTE (la), vg. de Fr., Eure, arr., cant. et poste de Louviers; 340 hab.

HAYE-MALHERBE (la), vg. de Fr., Eure, arr., cant. et poste de Louviers; 1030 hab.

HAYE-PELLERINE (la), ham. de Fr., Yonne, com. de Subligny; 170 hab.

HAYE-PESNEL (la), b. de Fr., Manche, arr. et à 4 1/2 l. N. d'Avranches, chef-lieu de canton et poste; fabr. de noir animal et colle-forte; 1010 hab.

HAYE-PIQUENOT (la), vg. de Fr., Calvados, arr. de Bayeux, cant. de Balleroy, poste de Littry; 160 hab.

HAYÉRÉ, pet. v. de l'état Peul de Fouta-Toro, en Sénégambie, dans l'intérieur de la prov. de Toro.

HAYES (les), ham. de Fr., Aisne, com. de Mauregny-en-Haye; 670 hab.

HAYES (les), ham. de Fr., Ardennes, com. de Hautes-Rivières; 120 hab.

HAYES (les), b. de la Guadeloupe, sur la rivière et dans la paroisse du même nom.

HAYES (les Grandes et les Petites-), ham. de Fr., Loir-et-Cher, com. de Poislay; 110 h.

HAYE-SAINT-SYLVESTRE (la), vg. de Fr., Eure, arr. d'Évreux, cant. et poste de Rugles; 540 hab.

HAYN. *Voyez* GROSSENHAYN.

HAY-NAN. *Voyez* HAÏ-NAN.

HAYNAU, v. de Prusse, chef-lieu de cercle, prov. de Silésie, rég. de Liegnitz, sur la Deichsa, que l'on y traverse sur 2 ponts; ceinte de murailles et en partie de remparts, avec 2 portes et 2 faubourgs; fabrication de draps et d'étoffes de laine; blanchisseries; poteries; usines; 3230 hab.

Le 26 mai 1813, le général prussien Ziethen eut l'avantage dans un combat contre les Français commandés par le général Maison.

HAYNECOURT, vg. de Fr., Nord, arr., cant. et poste de Cambrai; fabr. de sucre indigène; 530 hab.

HAYNES, com. florissante des États-Unis de l'Amérique du Nord, état de Pensylvanie, comté du Centre; 1200 hab.

HAYNICHEN. *Voyez* HAINICHEN.

HAYSBOROUGH, b. des États-Unis de l'Amérique du Nord, état de Tennessée, sur la rive gauche du Cumberland; 1800 h.

HAYSTOCK. *Voyez* PHILIPPSTOWN.

HAYVILLE (la), vg. de Fr., Meuse, arr. de Commercy, cant. et poste de St.-Mihiel; 100 hab.

HAYWOOD, comté de la Caroline du Nord, États-Unis de l'Amérique du Nord. Cette province, la plus occidentale de l'état, est bornée par les états de Tennessée et de la Caroline du Sud et par le comté de Buncombe. Pays montagneux et bien boisé, mais peu cultivé; source du Big-Pigeon. Waynesville, avec une poste, est le chef-lieu du comté; 6000 hab.

HAZAVANT, ham. de Fr., Moselle, com. de St.-Benoît; fabr. et raffinerie de sucre.

HAZE (le), ham. de Fr., Eure, com. de Canappeville; 140 hab.

HAZEBROUCK (canal d'). *Voyez* NIEPPE (canal de la).

HAZEBROUCK, v. de Fr., Nord, chef-lieu d'arrondissement; siége d'un tribunal de première instance, direction des contributions indirectes et conservation des hypothèques; elle est située sur la Bourre, qui communique avec la Lys par un petit canal; à 12 l. O. de Lille et à 72 l. de Paris. L'hôtel de ville et l'église paroissiale, avec un clocher assez élevé, sont ses seuls édifices remarquables. Cette ville possède un collége communal, une société d'agriculture et une bibliothèque publique de 4000 volumes; elle a des fabriques de toiles et de fil, de savon, d'amidon, et des tanneries. Les produits de son industrie, le beurre et les laines, sont les principaux articles de son commerce. Foires: le 11 juin, 1er lundi de février, 3e lundi d'avril, 1er lundi de mai, d'août, d'octobre et même jour après la Toussaint ; 7674 hab.

Hazebrouck faisait autrefois partie de la Flandre maritime et de la châtellenie de Cassel; et appartenait au diocèse d'Ypres.

HAZELBOURG, vg. de Fr., Meurthe, arr. de Sarrebourg, cant. et poste de Phalsbourg; 570 hab.

HAZEMBOURG, vg. de Fr., Moselle, arr. de Sarreguemines, cant. et poste de Sarralbe ; 230 hab.

HAZOR, g. a., v. de la tribu de Nephtali, que Salomon entoura de fortifications.

HÉA ou **HOA**, pet. prov. dans la partie S.-O. du roy. de Maroc, sur la mer Atlantique; pays de montagnes, où l'on élève beaucoup de chèvres et d'ânes ; produit principalement de l'orge et du miel. Habitants mahométans. Magadon, capitale.

HEALING - SPRINGS. *Voyez* **LOUISA** (comté).

HÉAND (Saint-), b. de Fr., Loire, arr., à 3 l. N. et poste de St.-Étienne, chef-lieu de canton; fabr. de platines pour armes à feu; 3430 hab.

HEARDS-CONTENT et **HEARDS-DELIGHT**, établissements sur une petite baie à l'E. de celle de la Trinité, côte N.-E. de l'île de Terre-Neuve.

HEATON, vg. d'Angleterre, comté de Stafford ; carrières de pierres à meule.

HEAUVILLE, vg. de Fr., Manche, arr. de Cherbourg, cant. et poste des Pieux; 620 hab.

HÉBECOURT, vg. de Fr., Eure, arr. des Andelys, cant. et poste de Gisors; 530 hab.

HÉBECOURT ou **HEUBECOURT**, vg. de Fr., Somme, arr. et poste d'Amiens, cant. de Sains; 670 hab.

HÉBÉCREVON, vg. de Fr., Manche, arr. et poste de St.-Lô, cant. de Marigny; 1100 hab.

HÉBERTOT-SAINT-ANDRÉ, vg. de Fr., Calvados, arr. et poste de Pont-l'Évêque, cant. de Blangy ; 900 hab.

HÉBERTOT-SAINT-BENOIST, vg. de Fr., Calvados, arr. et poste de Pont-l'Évêque, cant. de Blangy; 500 hab.

HÉBERVILLE, vg. de Fr., Seine-Inférieure, arr. d'Yvetot, cant. de Fontaine-le-Dun, poste de Doudeville; 490 hab.

HÉBREUX. *Voyez* **JUIFS**.

HÉBRIDES (Nouvelles-) ou **ESPIRITU-SANTO**, **GRANDES-CYCLADES**, **ARCHIPEL DE QUIROS**, archipel de l'Australie ou Océanie centrale, entre l'archipel de Santa-Cruz ou de la Pérouse au N. et le groupe de la Nouvelle-Calédonie au S.; il s'étend de 164° 8' à 167° 50' long. orient., entre 13° 15' et 20° 3' lat. S., et se compose, en y comprenant le groupe de Banks, de 37 îles, dont celle d'Espiritu-Santo, de 95 milles c. géogr. de superficie, est la plus considérable. Parmi les autres, on distingue, comme les plus importantes, Mallicolo, Aurore, Pentecôte, Erromango, Sandwich, Tanna, Ambrym Banks, l'île des Lépreux et Apée. Les autres sont de peu d'étendue. Toutes les îles de cet archipel couvrent une surface d'environ 200 milles c. Elles sont élevées et formaient peut-être, à une époque immémoriale, un pays compact qu'une éruption volcanique a déchiré. Des montagnes, dont quelques-unes brûlent encore, sillonnent l'intérieur. Le sol est, comme toutes les terres volcaniques, d'une grande fertilité, que favorisent encore les nombreux ruisseaux qui parcourent dans tous les sens de belles vallées toujours couvertes d'une végétation riche et variée. On y trouve des fruits délicieux, plusieurs espèces de légumes, des épices; la canne à sucre, des forêts de bois de sandal., etc.

Parmi les quadrupèdes le porc est le seul animal domestique qu'on y ait vu ; le vampire et le rat y sont les seules espèces sauvages. L'ornithologie offre une belle et nombreuse variété d'espèces, parmi lesquelles plusieurs, telles que les mésanges, les pigeons, la poule, l'épervier, etc., sont communes en Europe. Les côtes fourmillent de poissons, dont nous ne pourrions énumérer les espèces sans outrepasser les bornes de cet article.

Le règne minéral, peu exploré encore, offre de l'argile, du schorl de différentes couleurs, de la pierre ponce, de l'ocre, du soufre, du vitriol, du quartz et du basalte.

La population, que Forster, qui accompagna Cook en 1774, évalue à 200,000 individus, se compose de nègres océaniens, divisés en tribus, dont plusieurs sont anthropophages, et qui vivent dans un état de guerre perpétuelle. Cependant les insulaires de cet archipel doivent être rangés parmi les peuples océaniens qui ont fait le plus de progrès dans la civilisation. En 1606, Torres et Quiros, deux navigateurs espagnols, découvrirent l'île principale de cet archipel ; ils en prirent possession pour la couronne d'Espagne et lui donnèrent le nom de Tierra-del-Espiritu-Santo. Quiros voulut y fonder la Nouvelle-Jérusalem ; mais son projet n'eut point de résultat. Cette découverte des Espagnols tomba dans l'oubli, et ce ne fut qu'en 1768 que Bougainville fit la découverte des îles Pentecôte, Aurore, Pic de l'Étoile et des Lépreux; il donna à cet archipel le nom de Grandes-Cyclades. Six ans après, le capitaine Cook explora ces parages et reconnut les îles méridionales de l'archipel, qu'il nomma à son tour Nouvelles-Hébrides. Le groupe de Banks, au N. de la terre del Spiritu-Santo, fut découvert par Bligh, en 1789.

HÉBRIDES (les), groupe d'îles nommées Western-Islands (archipel Occidental) par les géographes anglais; cette division embrasse toutes les îles qui bordent l'Écosse, dont elles font partie, depuis la péninsule Cantyre jusqu'au cap Wrath. On en porte le nombre à plus de 200, dont 87 sont habitées et assez bien cultivées; leur climat est froid et excessivement humide; les arbres y manquent totalement. Les îles principales sont : Mull, Skye, South-Uist, North-Uist, Lewis ou Long-Island, Staffa, Tona ou Icomkill, Ilay, Jura et Rum. La population totale du groupe s'élève a 60,000 habitants, dont la principale ressource consiste dans l'éducation du bétail et le commerce de plumes et d'œufs des aigles et des oies à duvet qui habitent leurs rochers.

HEBRON, b. industrieux des États-Unis de l'Amérique du Nord, état de Connecticut, comté de Tolland; 2400 hab. méthodistes.

HEBRON, b. des États-Unis de l'Amérique du Nord, état de New-York, comté de Washington; fut fondé par des frères moraves et est renommé par l'industrie ordinaire de cette secte; 3000 hab.

HÉBRON. *Voyez* KALIL.

HÉBRON, g. a., dans la tribu de Juda, l'une des plus anciennes villes de la Palestine, la résidence primitive de David; elle fut détruite par les Romains. L'église magnifique qu'Hélène, la mère de Constantin, fit construire sur le tombeau d'Abraham et de Sarah, est changée en mosquée et n'est accessible qu'aux musulmans. On y montre encore aujourd'hui la tombe du patriarche et de plusieurs membres de sa famille.

HEBSDORF. *Voyez* COURTE-LEVANT.

HÉBUTERNE, vg. de Fr., Pas-de-Calais, arr. d'Arras, cant. de Pas, poste de l'Arbret; 1280 hab.

HECABONA, contrée peu connue dans la partie septentrionale de la Cimbébasie, au S. de la Basse-Guinée; le Bamberoghe y a ses sources.

HÉCATOMPYLUS, g. a., capitale du roy. des Parthes et résidence des Arsacides.

HÈCHES, vg. de Fr., Hautes-Pyrénées, arr. de Bagnères-en-Bigorre, cant. et poste de la Barthe-de-Neste; 1510 hab.

HECHINGEN, capitale de la principauté de Hohenzollern-Hechingen; située sur une hauteur, près du Storzel. Cette ville a un nouveau château, une belle église et un gymnase. A 1/4 l. s'élève le Zellenberg, montagne de 2600 pieds de haut, dominée par l'ancien château de Hohenzollern, nouvellement réparé, renfermant une belle collection d'armes et célèbre pour avoir été le berceau de la famille de Hohenzollern et de celle de Brandebourg; 3000 hab.

HECKEN, vg. de Fr., Haut-Rhin, arr. de Belfort, cant. et poste de Dannemarie; 190 hab.

HECKENRANSBACH, ham. de Fr., Moselle, com. d'Ernestwiller; 180 hab.

HECKLING, ham. de Fr., Moselle, com. de Bouzonville; 200 hab.

HECMANVILLE, vg. de Fr., Eure, arr. de Bernay, cant. et poste de Brionne; 310 hab.

HÉCOURT, vg. de Fr., Eure, arr. d'Évreux, cant. et poste de Pacy-sur-Eure; 250 hab.

HÉCOURT, vg. de Fr., Oise, arr. de Beauvais, cant. de Songeons, poste de Gournay; 160 hab.

HECQ, vg. de Fr., Nord, arr. d'Avesnes, cant. et poste du Quesnoy; 520 hab.

HECTOMARRE, vg. de Fr., Eure, arr. de Louviers, cant. et poste du Neubourg; 280 hab.

HECTOR, pet. v. des États-Unis de l'Amérique du Nord, état de New-York, comté de Tompkins, sur le lac Sénéca; pêcheries; 2500 hab.

HECTOT, ham. de Fr., Seine-Inférieure, com. de St.-Pierre-de-Varengéville; 160 h.

HEDAN, b. d'Angleterre, comté d'York; nomme 2 députés; il a beaucoup perdu de son importance.

HEDDERNHEIM, b. du duché de Nassau, bge d'Hœchst, près duquel des fouilles récentes ont fait découvrir les restes d'un temple et d'un camp romains.

HEDDESDORF, vg. de Prusse, prov. du Rhin, rég. de Coblence, sur le Wiedbach; culture de vignes; tanneries; blanchisseries; salpétrière et moulin à poudre; forges aux environs; 1120 hab.

HÉDÉ, vg. de Fr., Ille-et-Vilaine, arr. et à 6 l. N. de Rennes, chef-lieu de canton et poste; 840 hab.

HEDEAUVILLE, vg. de Fr., Somme, arr. de Doullens, cant. et poste d'Acheux; 380 h.

HEDEMARKEN, bge du roy. de Norwège, dans les Sœndenfields, avec une étendue de 160 l. c. et une pop. de 61,000 hab.; il renferme Hof, Kongsvinger, etc.

HEDEMORA, pet. et ancienne v. de Suède, dans le gouv. de Stora-Kopparberg; est renommée pour la foire qui s'y tient à la St.-Pierre.

HEDEMUNDEN, v. du roy. de Hanovre, principauté de Gœttingue, sur la Werra; filat. de lin; fabr. de poterie; 900 hab.

HEDERVA, b. de Hongrie, comitat de Raab, entre le Grand et le Petit-Danube; beau château avec une bibliothèque et un cabinet de médailles; 1000 hab.

HEDGEMAN. *Voy.* RAPPAHANNOK (fleuve).

HEDJAZ ou HEDSCHAS, est une des régions dans lesquelles est divisée l'Arabie. Il s'étend à l'O. entre 30° 15' et 38° 30' long. orient., et 18° 40' et 31° lat. N., et comprend non-seulement les côtes de la mer Rouge, mais encore l'isthme de Suez, l'Arabie Pétrée et le désert du mont Sinaï. Ce pays, toujours parcouru par des pèlerins mahométans, est ceint de montagnes, d'où lui vient son nom Hedjaz, c'est-à-dire pays fermé. Son accès est très-difficile, à cause de la défense faite aux chrétiens et aux autres sectateurs de cultes non mahométans de s'approcher des territoires sacrés des villes saintes. La plage aride et sablonneuse de la mer Rouge, les hauteurs peu productives de la chaîne de montagnes qui suit tantôt parallèlement la côte, tantôt s'en rapproche davantage, comme aux environs de la Mecque, offrent peu de ressources : les habitants sont obligés de tirer la majeure partie de leurs vivres de l'Égypte. La côte est couverte presque partout de récifs de coraux, ce qui y rend la navigation très-dangereuse ; des traces certaines font croire que la mer s'abaisse continuellement. Le N. de l'Hedjaz est très-montueux ; la mer y forme les deux golfes de Bahr-el-Suez et d'Akaboc ou le golfe Elinitique qui sépare la presqu'île de l'Arabie Pétrée, terminée par le cap Ras-Mohammet. Dans les montagnes de cette presqu'île se trouvent des vallées fertiles et bien arrosées, telles que la vallée de Szammagel, celle de Firau, etc. La chaîne méridionale de la péninsule s'appelle aujourd'hui Dschebel-Mousa (montagne de Moïse) ; ses points culminants sont le Sinaï, l'Horeb et l'Omschommar. Le fameux couvent de Ste.-Catherine est situé au pied du mont Sinaï. La plage de la mer Rouge n'a pas une rivière : l'Obhur, près de Djiddah, n'est qu'un ruisseau, à sec pendant presque toute l'année. Le climat est excessivement chaud ; la chaleur n'est tempérée que par les vents de mer. La population s'élève à 700,000 âmes ; la majorité des habitants appartient à la famille arabe ; la plupart sont Bédouins ; les riverains se nourrissent de la pêche, les habitants des villes saintes vivent du commerce qu'ils font avec les pèlerins. Des Osmanlis, des Baniaus et des Abyssins sont établis dans les villes. Le grand-shérif de la Mecque était le véritable maître du pays, soumis, en apparence seulement, à la Porte ottomane ; par l'expulsion des Wahhabites et du scheik d'Abouh Arich, le pacha d'Égypte l'a remplacé en réalité et tient garnison dans les places fortes et dans les ports, et l'on sait qu'en 1839 le grand-shérif actuel est venu à Alexandrie offrir à Méhémet-Ali la suzeraineté de ses états. Ses forces militaires sont faibles, et plusieurs scheiks de Bédouins, entre autres celui des El-Harb, peut mettre autant d'hommes que lui en campagne. Le Hedjaz se divise en deux parties : le Beledel-Haram ou le pays sacré, et l'Arabie Pétrée, qui comprend à la fois la péninsule et le pays situé entre l'isthme de Suez et les montagnes d'Akaba. Les villes saintes, la Mecque et Médine, et le port de Djiddah sont les principaux endroits du Hedjaz proprement dit ; Suez et Akaba appartiennent à l'Arabie Pétrée. La première de ces deux villes, occupée depuis longtemps par le pacha d'Egypte, est une dépendance administrative de l'Égypte.

HÉDOUVILLE, vg. de Fr., Seine-et-Oise, arr. de Pontoise, cant. et poste de l'Isle-Adam ; 160 hab.

HÉDRA ou HYDRA, *Ad Medera, Thunudromum*, pet. v. dans la partie O.-S.-O. de la rég. de Tunis, sur les routes de Gellah à Fusahna et de Tibessah à Tunis, près de la frontière algériennne, à 15 l. S.-O. de Keff ; ruines curieuses aux environs ; habitants excellents cavaliers, vivant en guerre continuelle avec leurs voisins.

HEEPEN, vg. de Prusse, prov. de Westphalie, rég. de Minden ; culture de lin et tisseranderies ; 1920 hab.

HEERENBERG, pet. v. du roy. de Hollande, prov. de Gueldres, dist. et à 6 l. de Zutphen, au pied d'une montagne, avec un château ; 700 hab.

HEERLEN, b. du roy. de Belgique, prov. de Limbourg, arr. et à 4 1/2 l. de Maëstricht ; tanneries ; 3490 hab.

HEEZE, vg. du roy. de Hollande, prov. du Brabant septentrional, dist. d'Eindhoven ; filat. et tissage de laine ; 1750 hab.

HEGENEY, vg. de Fr., Bas-Rhin, arr. de Wissembourg, cant. de Wœrth-sur-Sauer, poste de Haguenau ; 380 hab.

HEGENHEIM, vg. de Fr., Haut-Rhin, arr. d'Altkirch, cant. et poste d'Huningue ; 1900 hab.

HEGERMUHLE, vg. de Prusse, prov. de Brandebourg, rég. de Potsdam, sur le canal de Finow. L'usine royale, fondée par l'électeur Frédéric III, en 1697, comprend une grande fonderie, des forges, des laminoirs et des tréfileries de fer et de laiton ; 700 h.

HÉGYDEH, jolie pet. v. moderne de la Basse-Égypte, prov. de Chibeh, sur un canal qui aboutit au Menzaleh, à 3 l. de Tell-Bastah ; presque ignorée des géographes, quoique florissante par l'industrie de ses habitants ; ses environs sont rangés parmi les parties de l'Égypte les mieux cultivées et les plus fertiles.

HEIDE, chef-lieu du district septentrional du pays des Ditmarsches, dans le Holstein ; a une foire annuelle très-fréquentée, et fait un commerce très-étendu de grains et de bestiaux ; 3000 hab.

HEIDELBERG, gr. et florissante com. des États-Unis de l'Amérique du Nord, état de Pensylvanie, comté de Lébanon, sur le Tulpohoko ; 4300 hab.

HEIDELBERG, b. des États-Unis de l'Amérique du Nord, état de Pensylvanie, comté de Berks ; mines de fer et forges ; 2800 hab.

HEIDELBERG, v. du grand-duché de Bade, cer. du Bas-Rhin, dans une des plus belles contrées de l'Allemagne, au pied du Geisberg, et avec un beau pont sur le Necker, d'où l'on jouit d'une vue délicieuse. Sa population est de 13,500 habitants. Cette ville est bien bâtie et a un bel hôtel de ville. Elle possède une des plus anciennes et des plus célèbres universités allemandes, fondée en 1386, et qui, en 1832, rassemblait 1018 étudiants ; à cette université sont annexés un séminaire philologique et pédagogique, une bibliothèque de 90,000 volumes, un jardin botanique et un jardin pour des essais d'économie rurale, un observatoire et des collections d'objets d'art et de science. Heidelberg renferme en outre un gymnase, une société des sciences naturelles et de médecine et une maison d'aliénés. Sa population s'occupe beaucoup du commerce et de la navigation sur le Necker. Les principales curiosités d'Heidelberg sont : l'ancien château des électeurs, situé sur le Kœnigstuhl (aujourd'hui Kaiserstuhl), montagne de 1723 pieds de hauteur, détruit par la foudre, en 1764, et dans les caves duquel se trouvé le fameux tonneau dont la capacité est estimée à 440,000 litres ; l'église du St.-Esprit, dans le chœur de laquelle se trouvait la fameuse bibliothèque de Heidelberg, dont la plus grande partie fut envoyée à Rome, en 1622.

Heidelberg fut brûlé par les Français en 1689 ; Tilly la livra au pillage en 1622, et c'est alors que le duc de Bavière Maximilien envoya au pape Grégoire XV une collection extrêmement précieuse de plus de 3500 manuscrits grecs, latins et allemands ; elle forma, sous le titre de *bibliotheca palatina*, une partie de la bibliothèque du Vatican. 38 manuscrits importants, que les Français s'étaient appropriés en 1795, furent rendus à Heidelberg en 1815, et le pape renvoya, en 1816, à l'université 847 manuscrits, presque tous allemands. A Heidelberg commence la belle route, longue de 7 milles et construite par les Romains ; elle suit le penchant de l'Odenwald jusqu'à Darmstadt.

HEIDELSHEIM, v. du grand-duché de Bade, cer. du Rhin-Moyen, sur le Salzbach ; 2250 hab.

HEIDENFELD, b. de la Bavière, cer. du Mein-Inférieur, siége des autorités du dist. de Hombourg, sur la rive gauche du Mein ; navigation active ; usines ; culture et commerce de fruits et de vins ; entrepôts de bois et de tonnelerie ; 1980 hab.

HEIDENHEIM, b. de Bavière, chef-lieu d'un district dans le cer. de la Rézat, à 3 1/4 l. de Gunzenhausen ; éducation de bestiaux ; moulins sur le Hanenkamm ; fabrication de poterie ; population du bourg 1290 hab., du district 14,600, sur 4 milles c.

HEIDENHEIM, pet. v. du roy. de Wurtemberg, chef-lieu d'un grand-bailliage dans le cer. de l'Yaxt ; située sur le revers oriental de l'Alp, dans la vallée de la Brenz. Fabr. de toiles, cotonnades ; poterie ; filat. mécanique ; blanchisseries ; papeteries et tréfilerie ; grand commerce de blé, de toiles et de brebis ; on exploite dans le grand-bailliage de la terre de porcelaine et de poterie, de la tourbe et du fer ; il y a des fonderies et des forges ; population de la ville 2250 h., du grand-bailliage 27,000, sur 6 2/10 milles c.

Heidenheim prouve son antiquité par une inscription romaine trouvée sur une pierre de son église ; l'empereur Sigismond l'érigea en ville en 1434.

HEIDOLSHEIM, vg. de Fr., Bas-Rhin, arr. de Schléstadt, cant. et poste de Markolsheim ; 340 hab.

HEIDRINGSFELD, v. de Bavière, cer. du Mein-Inférieur, sur la rive gauche du Mein ; siége d'une administration forestière ; 3100 h.

HEIDWILLER, vg. de Fr., Haut-Rhin, arr., cant. et poste d'Altkirch ; 450 hab.

HEILBRONN, *Alisium*, v. du Wurtemberg, chef-lieu d'un grand-bailliage, cer. du Necker ; située dans une des plus belles contrées du royaume, sur le Necker, entre des vignobles et une belle plaine couverte de champs de blé. Le grand-bailliage fleurit par son agriculture et son jardinage ; il y a des fabriques de tabac, des papeteries, des blanchisseries, des distilleries, des moulins à huile et à farine, des carrières de beau grès et de plâtre. Les principaux édifices de Heilbronn sont : l'ancienne maison de la commanderie teutonique, aujourd'hui une caserne, la maison de ville, avec son horloge composée en 1580, et plusieurs églises remarquables ou par leur antiquité ou par leur belle architecture ; il possède un riche hôpital, un gymnase, une bibliothèque publique, des fabriques d'argenterie, de papiers peints, de tabac, de plomb de chasse, de produits chimiques ; des filatures de laine, des blanchisseries, des papeteries, des huileries et autres usines. Les vins de ses environs sont renommés. Depuis plusieurs siècles la navigation du Necker met cette ville en possession d'un commerce de transit actif, qui vient d'être encore facilité par l'établissement du canal Guillaume. On traverse la rivière sur un pont de bois, qui remplace un autre en pierre ruiné par la débâcle des glaces en 1691. Pop. de la ville 7600 hab., du grand-bailliage 22,000, sur 2 1/2 milles c.

La ville doit son nom à une fontaine qui se trouve près de l'église principale. On prétend que Charlemagne, étant à la chasse, s'y désaltéra et y fit construire une chapelle, qui donna naissance à la ville. Louis-le-Débonnaire lui donna déjà une charte en 845. Pendant le moyen âge, elle fut en guerre continuelle ou avec les comtes de Wurtemberg ou avec les nobles des environs ; en 1449 elle soutint un siége contre le comte Ulrich V ; en 1528 sa banlieue fut ravagée par les paysans révoltés, conduits par les fameux François de Sickingen et Gœtz de Berlichingen ; ce dernier tomba entre les mains des bourgeois et fut longtemps leur prisonnier. Pendant la guerre de trente ans, la ville fut, en 1622, le théâtre d'un combat sanglant contre Tilly ; en 1631 les Suédois s'emparèrent de la ville et y conclurent, deux ans plus tard, un traité avec les princes protestants. Après la bataille de Nordlingue (1634), elle fut bombardée et prise par les impériaux, et en 1688 par les Français ; en 1693 le prince Louis de Bade, s'étant retranché dans les environs, s'y maintint contre les Français. Elle fut emportée deux fois par l'armée républicaine en 1799, et incorporée au Wurtemberg en 1802.

Patrie de l'économe O.-H. de Gemmingen (1738) ; des peintres Fuger, directeur de la galerie de Vienne (1751), et Dœrr, connu par ses *Scènes Nocturnes*.

HEILIGENBEIL (en polonais *Swienta Sikierka*), pet. v. de Prusse, chef-lieu de cercle, prov. de Prusse, rég. de Kœnigsberg, sur l'embouchure de la Bahnau dans l'Iarft et peu distante du Frischhaff; commerce local, dans ses environs se trouvait autrefois le chêne sacré de Kurcho; 2470 hab.

HEILIGENBERG, vg. de Fr., Bas-Rhin, arr. de Strasbourg, cant. et poste de Molsheim; 430 hab.

HEILIGENBLUT, vg. d'Illyrie, gouv. de Laibach, cer. de Villach; mine d'or au pied du Heiligenblutertauern; on le regarde comme l'endroit habité le plus élevé des Alpes autrichiennes.

HEILIGENHAVEN, v. du roy. de Danemark, duché de Holstein; avec un port sur la mer Baltique; il ne peut recevoir que de petits bâtiments; 1360 hab.

HEILIGENKREUZ (*Santa Croce*), pet. v. d'Illyrie, gouv. de Trieste, cer. de Gœrz; 1500 hab.

HEILIGENKREUZ, pet. v. de la Basse-Autriche, cér. inférieur du Wienerwald; possède une faculté de théologie, avec une bibliothèque et un musée d'histoire naturelle; 2000 hab.

HEILIGENKREUZ, pet. v. de Hongrie, cer. au-delà du Danube, comitat d'OEdenbourg; source minérale; 2500 hab., dont un grand nombre de juifs.

HEILIGENSTADT, très-pet. v. de la Basse-Autriche, cer. inférieur du Wienerwald, dans les environs de Vienne; bain minéral.

HEILIGENSTADT, v. de Prusse, chef-lieu de cercle, prov. de Saxe, rég. d'Erfurt, autrefois chef-lieu de la principauté d'Eichfels, sur l'embouchure de la Geislede dans la Leine; avec un château, 5 églises, dont 4 catholiques, un gymnase dans l'ancien collége des jésuites, un hôpital, une maison d'orphelins et une de correction; elle est entourée de collines couvertes d'anciennes tours et châteaux; 4217 hab.

HEILIGENSTEIN ou **HEGYKOE**, vg. de Hongrie, cer. au-delà du Danube, comitat d'OEdenbourg, sur le lac de Neusiedel.

HEILIGENSTEIN, vg. de Fr., Bas-Rhin, arr. de Schléstadt, cant. et poste de Barr; bon vin; 610 hab.

HEILIG-KREUTZ-AUF-DER-EBENE. *Voy.* CROIX-EN-PLAINE (Sainte-).

HEILIG-KREUTZ-IM-LEBERTHAL. *Voy.* CROIX-AUX-MINES (Sainte-).

HEILLECOURT, vg. de Fr., Meurthe, arr., cant. et poste de Nancy; 290 hab.

HEILLES, vg. de Fr., Oise, arr. de Clermont, cant. et poste de Mouy; 430 hab.

HEILLY, vg. de Fr., Somme, arr. d'Amiens, cant. et poste de Corbie; 700 hab.

HEILSBERG, v. de Prusse, chef-lieu de cercle, prov. de Prusse, rég. de Kœnigsberg, sur l'Alle; avec un beau château, résidence du prince archevêque d'Ermeland, 5 églises, un hôpital, un couvent de bernardins; fabrication de draps; tanneries; commerce de toiles et de fil; 4220 hab.

HEILSBRUNN, b. de Bavière, chef-lieu d'un district dans le cer. de la Rézat, sur le Schwabach, à 3 l. de Roth; fabr. d'étoffes de laine; culture de fruits et de garance; eaux minérales. Son église renferme des monuments d'un haut intérêt. L'ancienne abbaye de l'ordre des Citeaux y a possédé, de 1581 à 1736, une académie qui est devenue gymnase à Anspach; pop. du bourg 700 hab., du district 14,050, sur 4 milles c.

HEILSTEIN, eaux minérales découvertes en 1826, dans le roy. de Prusse, prov. du Rhin, rég. d'Aix-la-Chapelle; elles dépendent du village d'Einruhr.

HEILTZ-LE-HUTTIER, vg. de Fr., Marne, arr. de Vitry-le-Français, cant. de Thiéblemont, poste de Perthes; 240 hab.

HEILTZ-LE-MAURUPT, b. de Fr., Marne, arr. et à 4 l. N.-E. de Vitry-le-Français, chef-lieu de canton et poste; 890 hab.

HEILTZ-L'ÉVÊQUE, vg. de Fr., Marne, arr. de Vitry-le-Français, cant. et poste de Heiltz-le-Maurupt; 400 hab.

HEIMERSDORFF ou **LEMERICOURT**, vg. de Fr., Haut-Rhin, arr. et poste d'Altkirch, cant. d'Hirsingen; 540 hab.

HEIMSPRUNG, vg. de Fr., Haut-Rhin, arr. d'Altkirch, cant. et poste de Mulhouse; 780 hab.

HEINERSDORF, b. dans le duché de Saxe-Meiningen-Hildburghausen, sur le Tettau; renommé pour sa bière et son grand commerce de bois; 700 hab.

HEINING. *Voyez* HIENING.

HEINRICHS, b. de Prusse, prov. de Saxe, rég. d'Erfurt; fabr. de futaine; usine avec fonderie, forge, laminoir; l'acier qui y est fabriqué rivalise avec celui de Styrie; 1200 h.

HEINRICHSGRUN, pet. v. de Bohême, cer. d'Ellbogen; 1800 hab.

HEINSBERG, pet. v. de Prusse, chef-lieu de cercle, prov. du Rhin, rég. d'Aix-la-Chapelle, sur la Worm; ceinte de murailles et de fossés et autrefois fortifiée; fabr. de draps, flanelles, chapeaux, rubans; filatures, papeteries, tanneries; 1730 hab.

HEIPPE, vg. de Fr., Meuse, arr. et poste de Verdun, cant. de Souilly; 360 hab.

HEITEREN, vg. de Fr., Haut-Rhin, arr. de Colmar, cant. et poste de Neuf-Brisach; 1100 hab.

HEITERSBURY, b. d'Angleterre, comté de Wilt, sur le Willey; manufactures de laines; 1500 hab.

HEITERSHEIM, v. du grand-duché de Bade, cer. du Haut-Rhin, au pied du Schwarzwald; avec un château, qui a servi de résidence au grand-maître de l'ordre de St.-Jean, et une grande pépinière; 1540 hab.

HEKLA, volcan d'Islande, au S.-O. de l'île; sa hauteur est de 1013 mètres au-dessus de la mer. Il a eu vingt-deux éruptions depuis 1004 jusqu'à 1766; depuis cette dernière époque il est presque éteint.

HELBA, vg. du duché de Saxe-Meiningen-

Hildburghausen, dans une étroite vallée, sur la Werra; il s'y trouve un château seigneurial et un pensionnat fondé en 1829, sous le titre de maison d'éducation pour le peuple (*Volkserziehungs-Anstalt*).

HELDER, vg. du roy. de Hollande, prov. de la Hollande septentrionale, dist. et à 8 1/2 l. N. d'Alkmaar, à l'extrémité septentrionale de la province et vis-à-vis de l'île de Texel, dont elle est séparée par le canal de Marsdiep, qui établit la communication entre le Zuydersée et la mer du Nord; près de là se trouve le fort de même nom qui défend le passage et près duquel les Anglais ont débarqué en 1799; 1660 hab.

HELDHOURG, v. du duché de Saxe-Meiningen-Hildburghausen. Près de là, sur une montagne, d'où l'on jouit d'une fort belle vue, s'élève un château, avec d'anciennes fortifications et un puits très-profond creusé dans le roc; 1200 hab.

HELDRUNGEN-LE-CHATEAU, pet. v. de Prusse, prov. de Saxe, rég. de Mersebourg; fabr. de potasse, salpétrières. Son château, autrefois bien fortifié, a servi de prison au fameux chef des anabaptistes Thomas Munzer, après sa défaite à Frankenhausen; 1240 hab.

HELE, b. de la Basse-Égypte, prov. et à 2 l. N.-E. du Caire, non loin du Nil; présumé sur les ruines d'Héliopolis.

HELEBIE, b. de la Moyenne-Égypte, prov. et à 2 l. S.-O. de Bénisoueyf, sur le Nil.

HELEL, pet. v. de l'emp. de Maroc, roy. et à 16 l. N.-O. de Tafilet, sur le Ghir.

HELEN (Saint-), vg. de Fr., Côtes-du-Nord, arr., cant. et poste de Dinan; 1450 h.

HELENA (Punta de Santa-), promontoire au S.-E. du dép. de Guayaquil, rép. de l'Écuador.

HÉLÈNE (Sainte-), île de St.-Laurent, fait partie du comté de Surry, dist. de Montréal, Bas-Canada.

HÉLÈNE (Sainte-), paroisse de l'état de Louisiane, États-Unis de l'Amérique du Nord; elle est bornée par les paroisses de Washington, de Tammany, de Baton-Rouge, de New-Féliciana, par le lac Maurepas et l'état de Mississipi. Pays marécageux, fertile en riz et arrosé par l'Amite, le Tickfah et la Tangipoa; Ste.-Hélène, sur le Tickfah, est le chef-lieu de la paroisse; 4400 hab.

HÉLÈNE, île fertile en riz, formée par les deux bras du Coosawatchie; elle fait partie du dist. de Beaufort, Caroline du Sud, États-Unis de l'Amérique du Nord.

HÉLÈNE (Sainte-), sound ou baie sur la côte S.-E. de la Caroline du Sud, États-Unis de l'Amérique du Nord; elle est formée par l'embouchure septentrionale du Coosawatchie et fermée par de nombreuses îles.

HÉLÈNE (Sainte-), vg. de Fr., Gironde, arr. de Bordeaux, cant. et poste de Castelnau-de-Médoc; 830 hab.

HÉLÈNE (Sainte-), vg. de Fr., Lozère, arr. et poste de Mende, cant. de Blaymard; 150 hab.

HÉLÈNE (Sainte-), vg. de Fr., Morbihan, arr. de Lorient, cant. et poste de Port-Louis; 2550 hab.

HÉLÈNE (Sainte-), vg. de Fr., Saône-et-Loire, arr. de Châlon-sur-Saône, cant. et poste de Buxy; 680 hab.

HÉLÈNE (Sainte-), vg. de Fr., Vosges, arr. d'Épinal, cant. et poste de Bruyères; forges; 710 hab.

HÉLÈNE (Sainte-), pet. île isolée dans l'immensité de l'Océan Atlantique, éloignée de plus de 400 l. de la côte de la Basse-Guinée, la plus voisine de l'Afrique occidentale; de nos jours devenue si célèbre par le séjour de Napoléon, qui y mourut le 5 mai 1821, après un exil de cinq ans et six mois. Elle a 4 l. de long, 3 l. de large et 11 l. de circonférence, avec une population de 3000 hab.; découverte par Jean de Noya, navigateur portugais, en 1502, le jour de Ste.-Hélène. Les Portugais l'ayant abandonnée, les Hollandais s'y établirent, et la quittèrent pour le cap de Bonne-Espérance; elle devint ensuite une possession de la compagnie anglaise des Indes-Orientales, qui l'a cédée au gouvernement anglais. C'est un des points les plus importants de l'empire britannique, par les avantages qu'offre sa position pour établir des croisières, et par ses fortifications, tant naturelles qu'artificielles, qui l'ont fait appeler le Gibraltar des mers des Indes. Accessible par le vent d'E. seulement; lieu de relâche et de rafraîchissement des navires qui vont aux Indes-Orientales; entourée de rochers escarpés de 600 à 1200 pieds d'élévation; crue de formation volcanique, quoiqu'on n'y trouve aucune trace de volcan: montagnes hautes et froides, couvertes la plupart de verdure et de grands arbres, partie d'ébéniers et de choux-palmistes; bois rouge, gommiers sur les côteaux; vallées fertiles en fruits et excellents légumes; les arbres fruitiers à la fois chargés de fleurs, de fruits verts et fruits mûrs; forêts d'orangers, limoniers, citronniers, etc.; abondance de gibier, oiseaux, volaille et bétail sauvage; air très-sain; point de maladies, ni d'animaux voraces ou vénimeux; rats, chenilles, araignées, mouches grosses comme des sauterelles, très-incommodes; eau bonne, mais rare; mer poissonneuse; environs 8000 arpents de terre propre à la culture. Les endroits qui méritent d'être cités, à cause de leur célébrité, sont: James-Town ou James-Walley, petite bourgade bien bâtie, dans une vallée étroite, fermée par deux hautes montagnes, avec un hôpital militaire et un jardin botanique; c'est la résidence du gouverneur; 1500 hab.; et Longwood, sur un petit plateau, non loin de la petite vallée de Géranium, où, sous quelques pierres que voilent de grands saules, reposent les restes de Napoléon. La maison qu'il habitait est aujourd'hui dégradée et tombe en ruines; les chambres basses sont métamorphosées en écuries, et la chambre où il rendit le dernier soupir sert de grenier à paille; un palefrenier chinois commande en maître dans cette fameuse demeure.

HÉLÈNE-BONDEVILLE (Sainte-), vg. de Fr., Seine-Inférieure, arr. d'Yvetot, cant. et poste de Valmont; 1050 hab.

HELENS. *Voyez* ROCKY-MOUNTAINS.

HELENS (Saint-), vg. sur la côte orientale de l'île de Wight; station de la marine anglaise.

HELENSBURG, vg. d'Écosse, comté de Dunbarton, sur la Clyde, vis-à-vis de Greenock; possède de nombreuses fabriques et un bain de mer.

HELETTE, vg. de Fr., Basses-Pyrénées, arr. de Mauléon, cant. d'Iholdy, poste de St.-Palais; 1180 hab.

HELFAUT-BILQUES, vg. de Fr., Pas-de-Calais, arr., cant. et poste de St.-Omer; 620 hab.

HELFRANTZKIRCH, vg. de Fr., Haut-Rhin, arr. d'Altkirch, cant. de Landser, poste de Sierentz; 590 hab.

HELGOLAND, île de la côte du Holstein, 54° 11′ 30″ lat. N. et 5° 34′ long. E., vis-à-vis des embouchures de l'Elbe et du Wéser; ancienne possession du duché de Holstein, prise par les Anglais en 1807, et formellement cédée à la Grande-Bretagne, par la couronne de Danemark, en 1814. On y compte près de 3000 habitants, qui font le cabotage, la pêche et le commerce de contrebande. Helgoland est un poste militaire très-important par sa position et par les fortifications qu'on y a faites. Pendant le blocus continental, ce stérile rocher était devenu un des principaux entrepôts du commerce de contrebande, ce qui en avait presque triplé la population.

HÉLICON, g. a., cette montagne située dans la partie occidentale de la Béotie, était, d'après la mythologie des Grecs, le séjour des Muses, qui y avaient leurs sources et leurs temples consacrés. La contrée environnante était extrêmement fertile, et le climat tellement salubre que même les serpents y perdaient leur venin.

HÉLICOURT, ham. de Fr., Somme, com. de Tilloy-sur-Ry; 150 hab.

HÉLIOPOLIS (de Syrie). *Voyez* BAALBEK.

HELLAS, g. a., par ce nom, pris au sens restreint, on désignait, en opposition avec le Péloponèse, les huit provinces centrales de la Grèce, savoir: l'Attique, la Mégaride, la Béotie, la Phocide, la Doride, la Locride, l'Étolie et l'Acarnanie. Dans une acception plus générale, on donna ce nom à la Grèce entière, avec toutes ses îles et toutes ses colonies (*Voyez* GRÈCE).

HELLBRUNN, vg. de la Haute-Autriche, cer. de Salzbourg; avec un beau jardin, des jets d'eau et un théâtre taillé dans le roc.

HELLÉAN, vg. de Fr., Morbihan, arr. de Ploermel, cant. et poste de Josselin; 540 h.

HELLEMMES, vg. de Fr., Nord, arr., cant. et poste de Lille; 660 hab.

HELLENES, *Voyez* GRECS.

HELLENVILLIERS, vg. de Fr., Eure, arr. d'Évreux, cant. de Damville, poste de Nonancourt; 200 hab.

HELLERING, vg. de Fr., Meurthe, arr. et poste de Sarrebourg, cant. de Fénétrange; 390 hab.

HELLERING, ham. de Fr., Moselle, com. de Hombourg-Haut; 370 hab.

HELLERT (le), ham. de Fr., Meurthe, com. de Dabo; 130 hab.

HELLESMES, vg. de Fr., Nord, arr. de Valenciennes, cant. et poste de Bouchain; 760 hab.

HELLET-EL-CHERIF-MAHAMMED, grosse bourgade du roy. de Sennaar, en Nubie, sur la rive gauche du Bahr-el-Azrek.

HELLEVILLE, vg. de Fr., Manche, arr. de Cherbourg, cant. et poste des Pieux; 470 hab.

HELLGATE. *Voy*. LONG-ISLAND (lagune).

HELLIER (Saint-), vg. de Fr., Côte-d'Or, arr. de Sémur, cant. et poste de Vitteaux; 140 hab.

HELLIER (Saint-), ham. de Fr., Ille-et-Vilaine, com. de Rennes; 1500 hab.

HELLIER (Saint-), vg. de Fr., Seine-Inférieure, arr. de Dieppe, cant. et poste de Bellencombre; 550 hab.

HELLIER (Saint-), chef-lieu de l'île de Jersey, sur la baie de St.-Aubin; jolie petite ville avec un port et un grand arsenal; ses habitants, au nombre de 10,000, s'adonnent au commerce, à la navigation et à la pêche. Une de ses places est ornée de la statue de Guillaume III.

HELLIMER, b. de Fr., Moselle, arr. de Sarreguemines, cant. de Gros-Tenquin, poste de Puttelange; 1700 hab.

HELLIN, v. d'Espagne, chef-lieu de district; dans le roy. de Murcie et à 17 1/2 l. N. de la ville de ce nom; 6100 hab.

HELLING, ham. de Fr., Moselle, com. de Bettwiller; 300 hab.

HELLING, ham. de Fr., Moselle, com. de Budling; 190 hab.

HELLINGEN, b. dans le duché de Saxe-Meiningen-Hildburghausen, avec un château ducal; 700 hab.

HELLOCOURT, vg. de Fr., Meurthe, arr. de Château-Salins, cant. de Vic, poste de Bourdonnay; 32 hab.

HELLY (les), ham. de Fr., Ardèche, com. de Gras; 120 hab.

HELMARSHAUSEN, v. de la Hesse-Électorale, cer. de la Basse-Hesse, sur le Diemel; 1100 hab.

HELMEND ou HIRMEND (l'*Erymander* des anciens), fl. de l'Asie, le plus grand de l'Afghanistan; il prend sa source dans le roy. de Hérat, sur la même montagne qui donne aussi naissance au Kaboul, coule au S.-O., et, après avoir traversé l'Afghanistan proprement dit et le Sistan, se jette dans le lac Zerrah nommé aussi Lukh. L'Ourghendâb, la Lora et le Kachroud sont ses principaux affluents.

HELMERSHAUSEN, b. du grand-duché de Saxe-Weimar, dans la principauté d'Eisenach; avec un château et une excellente carrière de pierres; 750 hab.

HELMOND, v. avec un château du roy. de Hollande, prov. du Brabant septentrionale, dist. et à 3 1/2 l. N.-E. d'Eindhoven, sur l'A, qui la traverse et l'environne de plusieurs bras; fabrication de toiles et de cotonnades; 2500 hab.

HELMSLEY, pet. b. d'Angleterre, comté d'York; fabrication de toile et d'étoffes de coton.

HELMSTEDT, v. du duché de Brunswick, chef-lieu du district de Helmstedt, qui comprend les quatre bges de Helmstedt, Schœningen, Kœnigslutter et Vorsfelde, et qui renferme une population de 43,000 hab. sur une superficie de 26 l. c. Cette ville a plusieurs fabriques et manufactures, un gymnase et une bonne école de filles; elle avait une université créée en 1576, qui a été abolie pendant l'existence du roy. de Westphalie, en 1809, et dès lors la ville a beaucoup déchu. Ses remparts ont été convertis en promenades. A 1/2 mille, dans la forêt de Marienberg, se trouve une source d'eau minérale très-fréquentée. La contrée entre Helmstedt et Schœningen abonde en houille; 6400 hab.

HÉ-LOUNG-KIANG, nom que les Chinois donnent à l'Amour (fleuve).

HELOUP, vg. de Fr., Orne, arr., cant. et poste d'Alençon; 670 hab.

HELSINBORG, v. dans le gouv. de Malmœhus, en Suède; a un charmant port; 2000 hab.

HELSINGFORS, v. de la Russie d'Europe, depuis 1819 capitale du grand-duché de Finlande et chef-lieu d'un cercle du même nom; est une ville bien bâtie, située dans une fort belle contrée au bord de la mer Baltique, sur laquelle elle possède un bon port. Elle est très-importante par son commerce et est en outre considérée comme une place de guerre imprenable; son port et ses chantiers de construction sont défendus par la forteresse de Svéaborg, composée de sept îlots fortifiés; ses casernes peuvent loger 12,000 hommes. L'université d'Abos a été transférée à Helsingfors en 1827; elle est fréquentée, possède une bibliothèque remarquable, ainsi que des collections d'objets scientifiques et littéraires; le séminaire théologique en dépend. Les principaux édifices de cette ville sont: la nouvelle église luthérienne, avec sa coupole et ses colonnades; le nouveau bâtiment de l'université, celui du sénat de Finlande, les casernes et l'hôtel des assemblées de la noblesse; 13,000 hab.

HELSINGLAND, ancienne prov. du roy. de Suède, qui forme avec celle de Gestrikland le gouv. de Geflleborg.

HELSINGOR. *Voyez* ELSENEUR.

HELSTON, jolie pet. v. d'Angleterre, comté de Cornouailles, peu loin de l'embouchure de la See; nomme 2 députés, possède une société économique et un port; son commerce consiste principalement en étain; mines d'étain et de cuivre; 3500 hab.

HELSTROFF, vg. de Fr., Moselle, arr. de Thionville, cant. de Bouzonville, poste de Boulay; 680 hab.

HELTOU, gros vg. de la Transylvanie, pays des Saxons, siége de Hermannstadt; florissant par ses manufactures de drap et de faulx; ses cerises et ses pommes sont renommées; sources salées.

HELVÉTIE (la). *Voyez* SUISSE (la).

HELVŒTSLUYS, pet. v. forte du roy. de Hollande, prov. de la Hollande méridionale, dist. et à 2 l. de Briel, avec un petit, mais bon port, un chantier de marine, un dock pour les vaisseaux de guerre et de grands magasins; embarcadère pour l'Angleterre; 1220 hab.

HEM, b. de Fr., Nord, arr. et poste de Lille, cant. de Lannoy; fabr. de broches pour la laine, le coton et le lin; 2070 hab.

HEM, vg. de Fr., Somme, arr., cant. et poste de Doullens; 570 hab.

HEMAU, pet. v. de Bavière, chef-lieu d'un district du cer. de la Régen, à 6 l. de Ratisbonne; commerce local; pop. de la ville 1220 hab., du district 11,200 sur 5 milles c.

HÉMAUDIÈRE (la), ham. de Fr., Seine-Inférieure, com. de Servaville-Floriville; 100 hab.

HEMEL - HEMSTED, b. d'Angleterre, comté de Hertford; important par la grande quantité de céréales qu'on y cultive et qui alimentent plus de 20 moulins des environs.

HÉMELING. *Voyez* HÉMILLY.

HEMERING, ham. de Fr., Moselle, com. de Guessling; 370 hab.

HEMEVEZ, vg. de Fr., Manche, arr. de Valognes, cant. et poste de Montebourg; 310 hab.

HÉMÉVILLERS, vg. de Fr., Oise, arr. de Compiègne, cant. et poste d'Estrées-St.-Denis; 590 hab.

HÉMILLY ou HÉMELING, vg. de Fr., Moselle, arr. de Metz, cant. et poste de Faulquemont; 320 hab.

HÉMING, vg. de Fr., Meurthe, arr. de Sarrebourg, cant. et poste de Lorquin; 310 hab.

HÉMING. *Voyez* OERMINGEN.

HEM-LENGLET, vg. de Fr., Nord, arr., cant. et poste de Cambrai; 690 hab.

HEMLOCK, lac au N. de l'état de New-York, comté d'Ontario, États-Unis de l'Amérique du Nord; il s'écoule dans le Génessée.

HEMMES (les Grandes-), ham. de Fr.,

Pas-de-Calais, com. de Marck; 200 hab.

HEM-MONACU, vg. de Fr., Somme, arr. et poste de Péronne, cant. de Combles; 190 hab.

HEMONSTOIR, vg. de Fr., Côtes-du-Nord, arr., cant. et poste de Loudéac; 620 hab.

HEMPFIELD, grande et riche com. des États-Unis de l'Amérique du Nord, état de Pensylvanie, comté de Lancaster, sur le Susquéhannah; commerce de bois et de blé; navigation; 4000 hab.

HEMPFIELD, com. florissante des États-Unis de l'Amérique du Nord, état de Pensylvanie, comté de Westmoreland; 4300 h.

HEMPSTEAD, comté du territoire d'Arkansas, États-Unis de l'Amérique du Nord; il est borné par l'état de Missouri et par les comtés de Philipps et de Lawrence. Pays marécageux, entrecoupé de savannes fertiles et arrosé par le St.-Francis. Ce comté comprend la plus grande partie du Great-Swamp (Grand-Marais). Hopefield, sur le Mississipi, est le chef-lieu du comté; 3600 h.

HEMPSTEAD, v. des États-Unis de l'Amérique du Nord, état de New-York, comté de Queens, dont elle est le chef-lieu, au centre de l'île de Long-Island et dans la vaste et belle plaine de Hempstead, où se tient annuellement une célèbre course de chevaux; industrie, commerce considérable. Dans son voisinage, sur l'Océan, se trouve le vg. de Rockaway-Beach, célèbre par ses bains de mer; 6400 hab.

HEMS, *Emesa*, v. de Syrie, paschalik de Damas, sur la route de Damas à Alep; est située à peu de distance de l'Oronte, dont les canaux arrosent son enceinte et ses jardins. Elle est entourée de murs; ses rues sont bien pavées. Son agriculture florissante, ses nombreuses fabriques d'étoffes de soie et de coton, ses bazars fréquentés, son alkaisseria ou marché pour la soie, ses beaux cafés et sa population, dont le chiffre n'est pas au-dessous de 25,000 âmes, lui donnent une certaine importance. Malgré sa haute antiquité, elle ne renferme plus aucun monument assez remarquable pour être cité ici; mais à l'E. de Hems, dans le désert, sont les ruines de Tadmor, l'ancienne Palmyre.

HENA, g. a., v. située sur l'Euphrate, dans la Mésopotamie; sur les rives de ce fleuve, qui divise la ville en deux parties et qui forme plusieurs îles, sont plantés de nombreux mûriers.

HÉNAMÉNIL, vg. de Fr., Meurthe, arr., cant. et poste de Lunéville; 590 hab.

HÉNAN-BIHEN, vg. de Fr., Côtes-du-Nord, arr. de Dinan, cant. et poste de Matignon; 1150 hab.

HÉNANSAL, vg. de Fr., Côtes-du-Nord, arr. de Dinan, cant. de Matignon, poste de Lamballe; 1150 hab.

HENCKINGEN. *Voyez* HINCKANGE.

HENDAYE, vg. de Fr., Basses-Pyrénées, arr. de Bayonne, cant. et poste de St.-Jean-de-Luz; fabr. et commerce d'eaux-de-vie renommées; 410 hab.

HENDECOURT-LES-CAGNICOURT, vg. de Fr., Pas-de-Calais, arr. et poste d'Arras, cant. de Vitry; fabr. de batistes blanches et écrues; 840 hab.

HENDECOURT-LES-RANSART, vg. de Fr., Pas-de-Calais, arr. et poste d'Arras, cant. de Beaumetz-les-Loges; 220 hab.

HENDERSON, comté de l'état de Tennessée, États-Unis de l'Amérique du Nord; il est borné par les comtés de Cabroll, de Perry, de Hardin, de Madison et par l'état de Missouri. Pays traversé par les monts Tennessée, qui y donnent naissance au Big-Hatchy et à deux bras du Forked-Deer, affluent du Tennessée. La culture n'y a fait encore que peu de progrès; 2000 hab.

HENDERSON, comté de l'état de Kentucky, États-Unis de l'Amérique du Nord; il est borné par les comtés de Davies, de Hopkins et d'Union. Pays onduleux, très-fertile et arrosé par le Green, affluent de l'Ohio; 8000 hab.

HENDERSON, pet. v. des États-Unis de l'Amérique du Nord, état de Kentucky, comté de Henderson, dont elle est le chef-lieu, sur l'Ohio; c'est l'entrepôt central du tabac et du blé produits par le comté, et dont il se fait un commerce considérable, poste; 1300 hab.

HENDERSONTOWN, v. naissante des États-Unis de l'Amérique du Nord, état de la Caroline du Nord, comté de Montgoméry, dont elle est le chef-lieu, sur l'Yadkin; d'après Morse, qui ne nomme pas cet endroit, Stokes, qu'on ne trouve sur aucune carte, serait le chef-lieu du comté cité plus haut; peut-être est-ce l'ancien nom de Hendersontown; 1200 hab.

HENDERVILLE, groupe d'îles de l'archipel de Gilbert ou de Mulgrave (archipel Central de Balbi), dans la Polynésie ou Océanie orientale, sous 0° 3' lat. S. et sous 170° 50' long. orient. Les îles de ce groupe sont basses et bien boisées; elles abondent surtout en cocotiers. Gilbert, qui passa près de Henderville en 1788, aperçut sur cette île un village assez considérable, composé de huttes élevées et bien couvertes. Un grand nombre de pirogues s'approchèrent du vaisseau européen. Ces embarcations étaient bien construites, et les naturels qui les montaient paraissaient très-pacifiques et d'un tempérament gai.

HÉNÉAGAS ou **INAGUAS**, **INAGUE**, deux îles du groupe de Bahama, savoir Grande-Hénéaga et Petite-Hénéaga, situées sous 21° 10' lat. N. et entre 75° 39' long. occ.; la première de ces îles est située à l'entrée d'un détroit très-fréquenté, entre l'île de Cuba et celle d'Haïti, et qui conduit à la Jamaïque; elle a 10 l. de long sur 4 de large, renferme plusieurs lacs salés et ne compte qu'un petit nombre d'habitants; son extrémité occidentale est Devils-Point ou Middle. La Petite-Hénéaga est inhabitée.

HÉNENCOURT, vg. de Fr., Somme, arr. d'Amiens, cant. de Corbie, poste d'Albert; 590 hab.

HÉNÈTES, *Heneti*, g. a., peuple originaire de la Paphlagonie, qui reçut plus tard, quand il vint s'établir dans la Gaule transpadane, le nom de Vénètes.

HENFLINGEN, vg. de Fr., Haut-Rhin, arr. et poste d'Altkirch, cant. de Hirsingen; 170 hab.

HENG ou **HENG-KIANG**, fl. de Chine. Il prend sa source dans les montagnes du Kouei-tcheou, entre Hou-kang et Quang-toug, se dirige au N., reçoit les eaux de plusieurs rivières, dont le Lo-kiang est la plus considérable, traverse le lac de Thouag-thing et se jette, près de Yo-tcheu-fou, dans le Yang-tse-kiang.

HENGOAT, vg. de Fr., Côtes-du-Nord, arr. du Lannion, cant. de Laroche-Derrien, poste de Tréguier; 750 hab.

HENG-TCHEOU-FOU, v. de Chine, prov. de Kou-nan, sur le Heng-kiang.

HENGHTOWN, chef-lieu de l'île St.-Marys, du groupe des Scillys, dans l'Océan Atlantique, à l'O. du cap Landsend, pointe S.-O. de l'Angleterre; 1000 hab.

HÉNINEL, vg. de Fr., Pas-de-Calais, arr. et poste d'Arras, cant. de Croisilles; 280 h.

HÉNIN-LIÉTARD, b. de Fr., Pas-de-Calais, arr. de Béthune, cant. et poste de Carvin; fabr. d'huiles et de toiles de batiste; 2840 hab.

HENIN-SUR-COJEUL, vg. de Fr., Pas-de-Calais, arr. et poste d'Arras, cant. de Croisilles; fabr. de toiles de batiste; 640 hab.

HENLEY. *Voyez* CHATEAU (baie du).

HENLEY, jolie pet. v. d'Angleterre, comté d'Oxford, sur la Tamise. Son commerce est très-actif et consiste en grains et en malt qu'on expédie pour Londres.

HENLEY-HOUSE, factorerie de la société du Nord-Ouest, dans la Nouvelle-Galles, dép. du Sud, au confluent de l'Albany et du South-River.

HENNEBONT, v. de Fr., Morbihan, arr. et à 3 l. N.-E. de Lorient, à 157 l. de Paris, chef-lieu de canton et poste. Cette petite ville, située agréablement sur le Blavet, à 2 l. de l'embouchure de ce fleuve dans l'Océan, et à l'une des extrémités du canal de Blavet, possède un petit port, où remontent, avec la marée, des navires de 100 à 150 tonneaux. Elle se divise en ville vieille, ville murée et ville neuve. Cette dernière seule a des constructions et des rues assez belles; dans les deux autres les rues sont étroites et escarpées. On remarque dans la ville murée le clocher gothique de l'église paroissiale et quelques restes d'anciennes fortifications. Hennebont est important par ses forges. Commerce de fer, grains, cire, miel, vins, cidre, chanvre, peaux vertes, suif, etc.; 4749 hab.

Cette ville, autrefois place de guerre, soutint plusieurs siéges, particulièrement pendant la guerre entre Jean de Montfort et Charles, comte de Blois, au sujet de la succession du duché de Bretagne. C'est à Hennebont que Jean de Montfort soutint avec succès, en 1342, plusieurs attaques de Charles de Blois, que les Anglais forcèrent de se retirer.

HENNECOURT, vg. de Fr., Vosges, arr. de Mirecourt, cant. et poste de Dompaire; 340 hab.

HENNEMONT, vg. de Fr., Meuse, arr. de Verdun, cant. de Fresnes-en-Woëvre, poste de Manheulles; 520 hab.

HENNEQUEVILLE, vg. de Fr., Calvados, arr. et cant. de Pont-l'Évêque, poste de Touques; 590 hab.

HENNERSDORF, vg. de Prusse, prov. de Silésie, rég. de Liegnitz; manufactures d'étoffes de laine; 2770 hab.

HENNEVEUX, vg. de Fr., Pas-de-Calais, arr. et poste de Boulogne-sur-Mer, cant. de Desvres; 260 hab.

HENNEVILLE, vg. de Fr., Manche, arr. et poste de Cherbourg, cant. d'Octeville; 930 hab.

HENNEZEL, vg. de Fr., Vosges, arr. de Mirecourt, cant. et poste de Darney; verreries, forges, aciéries, tréfileries et martinets; 1450 hab.

HENNEZIS, vg. de Fr., Eure, arr., cant. et poste des Andelys; 730 hab.

HENNICOURT, ham. de Fr., Oise, com. d'Abancourt; 260 hab.

HENNIKER, com. florissante des États-Unis de l'Amérique du Nord, état de New-Hampshire, comté de Hillsborough; 2300 h.

HENN-ISLAND, île du groupe des Bermudes; elle s'étend au S.-E. de l'île St.-George et est inhabitée.

HÉNON, vg. de Fr., Côtes-du-Nord, arr. de St.-Brieuc, cant. et poste de Moncontour; 2950 hab.

HÉNONVILLE, vg. de Fr., Oise, arr. de Beauvais, cant. et poste de Méru; 490 hab.

HÉNONVILLE, vg. de Fr., Seine-Inférieure, arr. de Rouen, cant. et poste de Duclair; 770 hab.

HENRI (Saint-), ham. de Fr., Lot, com. de Cahors; 220 hab.

HENRICHEMONT, pet. v. de Fr., Cher, arr. à 6 l. O. de Sancerre et à 69 l. de Paris, chef-lieu de canton et poste; elle est assez jolie et est régulièrement bâtie. On y fait commerce de bois, de laine et de cuirs; fabr. de draps communs; 3118 hab.

Cette petite ville, fondée par le duc de Sully, qui lui donna, en l'honneur de Henri IV, le nom de Henrichemont, était autrefois le chef-lieu d'une principauté appartenant à la maison de Sully. Ce domaine fut réuni à la couronne de France, en 1769.

HENRICO, comté de l'état de Virginie, États-Unis de l'Amérique du Nord; il est borné par les comtés de Hanover, de New-

Kent, de Charles-City, de James, de Chesterfield, de Powhatan et de Fluvannah. Le James est le cours d'eau le plus considérable de ce pays; deux canaux servent à éviter ses nombreux rapides; ses bords sont très-fertiles en tabac, le principal produit de cette province et le meilleur de l'état; il est connu sous le nom de Sweetscented; houillères considérables. Henrico, pet. b. sur le Paminco, est le chef-lieu du comté; 30,000 hab.

HENRIDORFF, vg. de Fr., Meurthe, arr. de Sarrebourg, cant. et poste de Phalsbourg; 690 hab.

HENRIQUELLE. *Voyez* ENRIQUILLE.

HENRIVILLE ou HERICHWILLER, ham. de Fr., Moselle, com. de Fareberswiller; 270 hab.

HENRUEL, vg. de Fr., Marne, arr. de Vitry-le-Français, cant. et poste de St.-Remy-en-Bouzemont; 54 hab.

HENRY, comté de l'état d'Alabama, États-Unis de l'Amérique du Nord; il est borné par la Géorgie, la Floride et les comtés de Pike et de Covington. Pays fertile et arrosé par le Chattahoché, l'Almirante, le St.-Andrews et le Choktaw; ces deux derniers fleuves y ont leurs sources. Ce comté renferme le fort Gaines, sur le Choktaw; 3500 h.

HENRY, comté de l'état de Géorgie, États-Unis de l'Amérique du Nord; il est limité par les comtés de Gwinnet, de Newton, de Jasper, de Jones, de Fayette et par le pays des Tcherokis. Pays arrosé par le Flint et l'Oakmulgée; il ne renferme que peu de plantations.

HENRY, comté de l'état de Kentucky, États-Unis de l'Amérique du Nord; il est borné par les comtés de Shelby, de Gallatin, d'Owen et de Jefferson. Pays de médiocre fertilité, mais bien cultivé et arrosé par l'Ohio, qui déborde fréquemment, le Kentucky, le Drennon, le Harrod, le Flatt, le Corn, etc.; culture de blé, de tabac et de coton; saline; plomb et quelques autres minéraux; 15,000 hab.

HENRY, comté de l'état d'Ohio, États-Unis de l'Amérique du Nord; il a pour bornes les comtés de Wood, de Putnam, de Paulding, de Williams, de Maumée et l'état de Michigan; ce comté, formé en 1817, est traversé par la Maumée et a un sol fertile; il renferme le fort Défiance; 2000 hab.

HENRY, comté de l'état de Virginie, États-Unis de l'Amérique du Nord; ses bornes sont : la Caroline du Nord et les comtés de Franklin, de Pittsylvanie et de Patrik. Pays très-montagneux, dont les points culminants sont le Wartberg et la Turkey-Cock; son sol, en grande partie aride et rocailleux, est couvert de vastes forêts et arrosé par l'Irwin et le Mayo; le gibier y abonde; 9000 hab.

HENRY, comté de l'état de Tennessée, États-Unis de l'Amérique du Nord; il est borné par l'état de Kentucky et les comtés de Stewart et de Cabroll. Ce comté, formé en 1821, faisait partie, avant cette époque, du dist. des Chikasaws; il est traversé à l'E. par une longue file de montagnes, qui suit le cours du Tennessée et qui donne naissance au Big-Obion, arrosant avec ses affluents l'intérieur du comté. A l'O., sur les bords du Mississipi, s'étend le Wood-Lake (lac du bois), traversé par le Red-Foot (pied rouge) et l'Obion; immenses forêts, riches pâturages.

HENRY (cap). *Voyez* CAPE-HENRI.

HENSHAWS-TOWN, pet. v. de la Haute-Guinée, sur la côte de Calabar, à l'embouchure du bras le plus oriental du Djoliba (Vieux-Calabar), dans le golfe de Guinée.

HÉNU, vg. de Fr., Pas-de-Calais, arr. d'Arras, cant. de Pas, poste de l'Arbret; 380 hab.

HENVIC, vg. de Fr. Finistère, arr. et poste de Morlaix, cant. de Taulé; 1240 hab.

HÉPHA ou KEIPHA, KEPHA, g. a., v. de la Phénicie, au N. du mont Carmel; elle était célèbre dans l'antiquité par ses teintureries en pourpre.

HEPPENHEIM, v. du grand-duché de Hesse-Darmstadt, chef-lieu d'un district de la prov. de Starkenbourg. Sur une montagne de 1016 pieds de hauteur, qui domine la ville, s'élèvent les ruines du château de Starkenbourg, qui a donné son nom à la province; 3800 hab.

HÉRACLÉE, g. a., v. de l'Ionie, près du Latmus, au S.-E. de Milet, sur la frontière de la Carie. Artémise, la reine de ce dernier pays, s'en empara par ruse.

HÉRACLÉE, *Heraclea Lucaniæ*, g. a., v. de la Lucanie, dans la Grande-Grèce. C'était une colonie des Tarentins et la patrie de Zeuxis; Philippe, roi d'Épire, y livra bataille aux Romains.

HÉRANGE, vg. de Fr., Meurthe, arr. de Sarrebourg, cant. et poste de Phalsbourg; 190 hab.

HÉRAT (royaume de) ou du KHORASSAN-ORIENTAL; est situé entre 58° et 65° long. orient., et 33° et 36° lat. N., et borné au N. par le Turkestan, à l'E. et au S. par le roy. de Kaboul, à l'O. par celui de Perse ou d'Iran. Sa superficie est d'environ 3100 l. c. géogr. ou de 67,000 milles anglais c. Le pays est très-montueux et traversé en tous sens par des chaines qui forment de nombreuses vallées. Beaucoup de ruisseaux et de rivières y prennent leurs sources et l'arrosent suffisamment, mais il n'est traversé par aucun grand fleuve; plusieurs cours d'eau considérables qui y naissent n'arrosent que ses frontières, tels que l'Hirmend, qui va en Afghanistan et se jette dans le lac Zerrah; le Dehas, qui se rend dans le Turkestan et passe par Balkh; le Redjen, qui s'embouche dans la mer Caspienne. Le climat du Hérat est, en général, tempéré; les cimes des montagnes sont cependant encore couvertes de neige, lorsque déjà la plaine de

Hérat jouit d'un printemps délicieux; en été il règne souvent une chaleur étouffante dans ses vallées étroites. Dans les grandes vallées et dans des plaines l'agriculture est florissante; le sol produit en abondance des céréales, de l'orge, du maïs, du riz, toutes sortes de fruits, d'excellents raisins, du coton, du tabac, de la garance, du safran, des pavots, du sésam, du chanvre, du lin, etc. Dans les contrées montueuses, les habitants sont particulièrement pasteurs et chasseurs. On élève aussi beaucoup de bétail dans le Hérat, et ses chevaux sont renommés. La culture de la soie est très-répandue et on en exporte annuellement plus de 4000 ballots. L'industrie est concentrée dans la ville de Hérat et dans ses environs, où se trouvent de nombreuses manufactures.

La population du roy. de Hérat est d'environ un million et demi d'habitants, dont la masse se compose d'Afghans et de Tadjiks. On y trouve aussi des Beloutches, des Tartares, des Arabes, des Ousbeks.

Le royaume de Hérat, partie de l'ancienne Bactriane, et dans les temps modernes de l'Afghanistan, devint un état particulier, quand, dernièrement, Mahmoud-Chah, chassé de Kaboul, vint s'y réfugier chez son fils Kamran, qui en était gouverneur. Cet état est à la veille d'acquérir une certaine importance. Sa capitale est la clef d'une des routes de l'Inde, et Russes et Anglais la convoitent. Le gouvernement est absolu. Ses revenus se montent à environ 8 millions de francs; l'armée est forte de 8000 hommes.

La division administrative du royaume actuel correspond probablement à ses anciennes divisions en prov. de Hérat, de Siahband et de Bamiam. Sa capitale est Hérat; ses autres villes remarquables sont Bamiam, Gouroudje, Oba, etc.

HÉRAT, *Aria*, v. de l'Asie, capitale du royaume de ce nom; est bâtie au milieu d'une belle et large vallée qu'on appelle aussi la *plaine de Hérat*, remarquable par sa fertilité et sa population. La ville est fortifiée, défendue par une citadelle et entourée de vastes faubourgs. Ses rues, comme toutes celles de l'Orient, sont étroites et irrégulières; les maisons sont bâties en briques. Plusieurs de ses édifices publics se distinguent par leur belle construction, tels que la mosquée de Gaiats-eddin-Mahommed-Sam, la mosquée principale dite Mesdjid-Djouma, le tombeau de Kodja-Abdollah-Ansaris, le médressé ou le collége du sultan Hussein, nommé Baikara, le couvent du sultan Ahmed-Mirsa, etc. L'industrie et le commerce de Hérat sont également importants; l'eau de rose qu'on y fabrique est plus estimée que celle de Chiraz; ses sabres dits *sabres du Khorassan* ont une grande réputation; on y trouve un grand nombre de manufactures d'étoffes de soie et de coton, de châles, de tapis; des tanneries, des distilleries. Le commerce de Hérat est des plus considérables et l'on peut regarder cette ville comme une des principales cités commerçantes de l'Asie; marché de l'Iran et du Turkestan sur la route de l'Inde, elle a reçu le surnom de *Bunder*, c'est-à-dire le port, car elle est l'entrepôt du commerce de caravanes qui se fait d'un côté avec Kaboul, Cachemire et l'Inde, de l'autre avec Boukhara, la Perse, la Turquie et l'Arabie. Sa population, selon Christie, est encore de 100,000 âmes, presque tous Mongols; selon le voyageur Conolly, elle n'est plus que de 45,000, ce qui annoncerait la décadence de Hérat. L'époque la plus florissante de cette ville fut celle où, résidence des Gourides, de 1150 à 1220, elle comptait 800,000 hab. Djingis-khan la prit, la saccagea et tua les trois quarts de ses habitants. Plus tard, à la fin du quinzième siècle, elle fleurit de nouveau sous le sultan Hussein, grand protecteur des sciences et des lettres; les historiens Mirkhoud et Khondemir et le poëte Djami vécurent à sa cour.

HÉRAULT (l'), *Arauris, Araura*, riv. de Fr., a sa source à 1 1/2 l.-O. de Valleraugue, arr. du Vigan, dép. du Gard; elle entre près de Gange dans le département auquel elle donne son nom, le traverse du N. au S., passe à Pézenas, se jette dans la Méditerranée au-dessous d'Agde, après 32 l. de cours, dont 25 de flottage et 4 de navigation.

HÉRAULT (département de l'), situé dans la région S. de la France, est formé d'une partie du ci-devant Bas-Languedoc; il est borné au N. par les dép. de l'Aveyron et du Gard, à l'O. par celui du Tarn, au S. par le dép. de l'Aude et par la Méditerranée et à l'E. par le dép. du Gard. Sa superficie est de 630,935 hectares et sa population de 357,846 hab.

Une chaine de montagnes, se dirigeant du S.-O. au N.-E., traverse la partie septentrionale du département; elle fait partie de la chaîne des Cévennes, qui prennent naissance au col de Naurouse sous le nom de montagnes Noires; en entrant dans le département ils prennent successivement les noms de monts de l'Espinousse jusqu'aux sources de l'Orb, monts de l'Orb, de là jusqu'à la source de la Sorgues, puis monts Carrigues, quittent le département en prenant le nom de montagnes du Gévaudan et se dirigent vers le mont Lozère. Les points les plus élevés sont : la mont. de l'Espinousse qui borne le département du côté du Tarn; elle a 1280 mètres d'élévation; le Larzac, dans l'arr. de Lodève, haut de 1300 mètres; la mont. de l'Escandorgue, contiguë au Larzac, haute de 667 mètres; enfin le pic de St.-Loup, à quelques lieues de Montpellier, s'élève à la hauteur de 500 mètres.

De nombreux rameaux se détachent de la chaîne principale, sillonnent la partie S. du département et s'abaissent graduellement du côté de la mer.

50

Le département prend son nom de la principale rivière, l'Hérault, qui a sa source dans le dép. du Gard, près de Valleraugue, le traverse du N. au S. et se jette dans la mer au-dessous d'Agde; ses affluents sont le Malou, la Bogne, le Tonguès et une quantité de ruisseaux descendant des Cévennes.

La Vidourle prend sa source dans le dép. du Gard, forme la limite entre les deux départements et se jette dans l'étang de Maugio, qui reçoit en outre le Lez, le Mosson et la Salaison.

L'Orb a sa source dans le département, près de Ceilhes, le traverse du N.-O. au S.-E. et se jette dans la mer près Sérignan, après un cours de 80,000 mètres.

Plusieurs étangs considérables se trouvent le long des bords de la mer; le principal est celui de Thau, entre les cours de l'Hérault et de la Vidourle; il n'est séparé de la mer que par une sorte de jetée de peu de largeur, et présente une forte salure malgré le grand nombre d'eaux douces qui viennent s'y décharger. Les étangs de Maguelonne, Pérols et Mauguio communiquent avec lui par un canal naturel.

Le département est traversé par plusieurs canaux; le canal du Midi traverse la partie méridionale avec une étendue de navigation de près de 67,000 mètres; des canaux secondaires, tels que le canal des Étangs, le canal latéral de l'étang de Mauguio, les canaux du Graves, de Lunel, du Grau-de-Lez, de Cette, de la Peyrade, la Robine-de-Vic, le Grau de Peyrols, le Canalet, facilitent la navigation.

Le climat est en général doux et agréable; l'air y est pur et salubre; les vents dominants sont ceux du nord-est, du sud-est et du nord-ouest; ce dernier est le plus fréquent et le plus agréable; le printemps est court; l'hiver, qui lui-même est souvent un véritable printemps, est brusquement remplacé par les fortes chaleurs de l'été; l'automne est la plus belle et la plus riche saison du département.

On peut considérer le département comme divisé en trois régions : la première, celle qui touche aux dép. de l'Aveyron et du Tarn, formée de montagnes plus ou moins élevées, composée de rochers calcaires, de granit et de chistes; celle du milieu, surtout remarquable par les différents genres de culture qu'on y pratique, principalement par la culture des montagnes et des collines, que forme une immense étendue de terres plus ou moins pierreures ou graveleuses; la troisième partie, formée de terres grasses et fertiles, auxquelles succèdent les étangs, les marais et les sables composant le littoral proprement dit.

Le département a de beaux champs de blé, mais d'une récolte insuffisante pour sa consommation; il produit de riches moissons de seigle, d'orge et d'avoine; des légumes de toutes espèces, des herbages, des fruits, particulièrement des figues, des amandes, des olives, des châtaignes, des citrons, de grandes plantations de garance, de pastel, de tournesol, de tawarise. Les mûriers, dont la feuille sert à la nourriture des vers à soie qu'on élève partout avec succès, sont cultivés principalement dans les montagnes des Cévennes; on en plante non seulement là où la terre fournit assez de substance à la végétation, mais on transporte même de la terre à dos d'homme dans des creux de rochers pour la plantation du mûrier; les vignobles occupent une superficie de 96,000 hectares et produisent, année commune, 3,000,000 hectolitres de vins; les plus estimés, parmi les vins rouges, sont ceux de St.-Georges, d'Orgues, de Vorargues et de St.-Christophe; parmi les vins blancs, celui de Marseillan et les célèbres vins muscats de Frontignan, de Lunel, de Béziers et de Mauraussan. La moitié de ses vins communs est convertie en eaux-de-vie recherchées au loin. On cultive en grand les oliviers, les figuiers et les grenadiers; les fruits du premier fournissent une huile estimée à l'égal de celle de la Provence; le département possède de nombreuses prairies naturelles et artificielles. Les forêts occupent une superficie de 28,000 hectares; les essences dominantes sont le chêne vert, le chêne blanc, l'arbre à liége.

On y trouve des richesses minérales variées; des mines de fer, de cuivre, des indices de plomb argentifère, de riches mines de houille, de belles carrières de marbre de différentes couleurs, de pierres à bâtir, de pierres meulières, des ardoisières, des carrières de granit, du basalte, de la pouzzolane et plusieurs autres produits qui attestent la nature volcanique de quelques-unes de ses montagnes; de la terre de pipe, de l'argile à poterie et à tuilerie, de l'huile minérale de pétrole; les salines et les marais salants de Cette, de Bagnas fournissent une quantité considérable de sel; le département possède en outre des établissements d'eaux minérales à Balaruc, à Malou, à Aresne; des bains de mer à Cette, des sources minérales à Foncaude et à Burignargues.

On élève des troupeaux considérables de moutons, dont la laine est très-estimée; les bêtes à cornes et les chevaux ne sont pas très-nombreux; on élève avec plus de soin les ânes et les mulets. La culture des abeilles est une source de richesses pour le pays, car on estime l'exportation annuelle de la cire à un million de francs. Le gibier y est abondant: le lièvre, le lapin, la caille, l'ortolan, la perdrix; pendant l'hiver on chasse sur les étangs les canards sauvages et les sarcelles. La pêche est productive dans les étangs et les rivières; on y trouve particulièrement des truites, des carpes, des anguilles; sur tout le littoral maritime on s'adonne à une pêche considérable de la sardine, du thon, du maquereau.

En industrie manufacturière, l'on peut mettre au premier rang ses cinq ou six cents filatures de coton; les fabriques de draps et d'étoffes de laine, et de coton; les mousselines, les siamoises, les calicots, les fabriques de bas de soie et de gants, de couvertures de laine et de coton, de bonneterie; des fabriques de produits chimiques, tels que la crème de tartre, le vert de gris, le vitriol; des fabriques de cierges, de bougies, de parfumeries, d'essences; de nombreuses tanneries; des teintureries; des faïenceries et des tuileries; des distilleries d'eaux-de-vie sur presque tous les points du département.

Le commerce y est très-favorisé par de belles routes, de nombreux ports de mer, des canaux de navigation, de nombreuses foires et des marchés publics; un chemin de fer conduit de Montpellier à Cette, par Frontignan. L'exportation consiste principalement en vins et eaux-de-vie et dans les différents produits de son industrie.

Il est divisé en 4 arrondissements, 36 cantons et 329 communes. Ses chefs-lieux d'arrondissement sont:

Montpellier 14 cant. 116 com. 123,656 hab.
Béziers . . 12 » 97 » 128,143 »
Lodève . . 5 » 72 » 57,728 »
St.-Pons . 5 » 44 » 48,319 »

36 cant. 329 com. 357,846 hab.

Il nomme six députés, fait partie de la neuvième division militaire, dont le quartier-général est à Montpellier; il est du ressort de la cour royale et de l'académie de la même ville, du diocèse de Montpellier, suffragant de l'archevêché d'Avignon; il fait partie de la vingt-neuvième conservation forestière, de la septième inspection des ponts-et-chaussées, dont le chef-lieu est Toulouse; de la cinquième division des mines, dont le chef-lieu est Montpellier. Il a 7 colléges, une école normale et 412 écoles primaires.

HERBA ou TEZZOUTE, *Lambœsa*, pet. v. dans la partie méridionale de la rég. d'Alger, prov. et à 26 l. S.-S.-O. de Constantine, sur le Ouadi-el-Abeadh; ruines vastes et intéressantes.

HERBAUDIÈRE (l'), ham. de Fr., Vendée, com. de Noirmoutiers; 400 hab.

HERBAULT, vg. de Fr., Loir-et-Cher, arr. et à 4 l. O. de Blois, chef-lieu de canton et poste; 780 hab.

HERBAVILLE, ham. de Fr., Vosges, com. de St.-Michel; 310 hab.

HERBAY (l'), ham. de Fr., Indre, com. de Giroux; 130 hab.

HERBEAUPAIRE, ham. de Fr., Vosges, com. de Lusse; 130 hab.

HERBEAUVILLIERS, vg. de Fr., Seine-et-Marne, arr. de Fontainebleau, cant. de la Chapelle-la-Reine, poste de Malesherbes; 120 hab.

HERBÉCOURT, vg. de Fr., Somme, arr. et poste de Péronne, cant. de Bray-sur-Somme; 320 hab.

HERBEGNIES, ham. de Fr., Nord, com. de Villereau; 260 hab.

HERBELLE, vg. de Fr., Pas-de-Calais, arr. et poste de St.-Omer, cant. d'Aire-sur-la-Lys; 320 hab.

HERBENNERIE (la), ham. de Fr., Aisne, com. de Fossoy; 110 hab.

HERBERGEMENT (l'), vg. de Fr., Vendée, arr. de Bourbon-Vendée, cant. et poste de Rocheservière; 300 hab.

HERBERGEMENT-IDRAU, ham. de Fr., Vendée, com. de Ste.-Florence; 100 hab.

HERBETE, b. de la Basse-Égypte, prov. et à peu de distance S.-O. de Damanhour, dans une contrée très-fertile.

HERBEUVAL, vg. de Fr., Ardennes, arr. de Sédan, cant. et poste de Carignan; 360 h.

HERBEUVILLE, vg. de Fr., Meuse, arr. de Verdun, cant. de Fresnes-en-Woëvre, poste de Manheulles; 740 hab.

HERBEVILLE, vg. de Fr., Seine-et-Oise, arr. de Versailles, cant. de Meulan, poste de Maule; 140 hab.

HERBEVILLER, vg. de Fr., Meurthe, arr. de Lunéville, cant. et poste de Blamont; 620 hab.

HERBEYS, vg. de Fr., Isère, arr., cant. et poste de Grenoble; 570 hab.

HERBIERS (les), b. de Fr., Vendée, arr., à 10 l. N.-E. de Bourbon-Vendée et à 93 l. de Paris, chef-lieu de canton et poste. Dans les environs on voit les ruines de plusieurs anciens châteaux, détruits pendant les guerres de la Vendée. Ce bourg souffrit aussi beaucoup à cette époque, et son église est encore en ruines; il n'offre du reste rien de remarquable; papeterie; 2840 hab.

HERBIGNAC, vg. de Fr., Loire-Inférieure, arr. et à 7 l. O.-N.-O. de Savenay, chef-lieu de canton, poste de la Roche-Bernard; 3180 hab.

HERBIGNY, vg. de Fr., Ardennes, arr. et poste de Réthel, cant. de Novion; 300 hab.

HERBINGHEN, vg. de Fr., Pas-de-Calais, arr. de Boulogne-sur-Mer, cant. de Guines, poste d'Ardres; 380 hab.

HERBISSE, vg. de Fr., Aube, arr. et cant. d'Arcis-sur-Aube, poste de Mailly; 420 hab.

HERBITZHEIM, vg. de Fr., Bas-Rhin, arr. de Saverne, cant. et poste de Saarunion; 1870 hab.

HERBLAIN (Saint-), vg. de Fr., Loire-Inférieure, arr., cant. et poste de Nantes; 2390 hab.

HERBLAY, vg. de Fr., Seine-et-Oise, arr. de Versailles, cant. d'Argenteuil, poste de Franconville; carrières de plâtre; 1576 hab.

HERBLON, vg. de Fr., Loire-Inférieure, arr., cant. et poste d'Ancenis; 2500 hab.

HERBOLZHEIM, v. du grand-duché de Bade, cer. du Haut-Rhin; culture du chanvre; 2050 hab.

HERBORN, v. du duché de Nassau, sur

le Dill, chef-lieu du bailliage du même nom; elle a un séminaire théologique; fabr. de tabac, de pipes, de toiles de lin, d'étoffes de laine et de bas; tanneries; 2050 hab.

HERBOURG, ham. de Fr., Loire-Inférieure, com. de Herbignac; 100 hab.

HERBOUVILLE, ham. de Fr., Seine-Inférieure, com. de Saône-St.-Just; 190 hab.

HERBSHEIM, vg. de Fr., Bas-Rhin, arr. de Schléstadt, cant. et poste de Benfeld; 550 hab.

HERBSLEBEN, b. du duché de Saxe-Cobourg-Gotha, dans la principauté de Gotha; en 1813, il fut en grande partie détruit par un incendie; 1500 hab.

HERBSTEIN, v. du grand-duché de Hesse-Darmstadt, située sur le Vogelsberg, prov. du Haut-Rhin; elle faisait autrefois partie du grand-duché de Fulde; 1650 hab.

HERCÉ, vg. de Fr., Mayenne, arr. de Mayenne, cant. et poste de Gorron; 760 h.

HERCHEPOT. *Voyez* HERSPACH.

HERCHIES, ham. de Fr., Oise, com. de Fouquenies; 330 hab.

HERCULANEUM, v. naissante des États-Unis de l'Amérique du Nord, état de Missouri, comté de Jefferson, dont elle est le chef-lieu, sur le Joachim, affluent du Mississipi; moulins nombreux; construction de vaisseaux; commerce considérable; 2000 hab.

HERCULANÉUM ou HERCULANUM, g. a., v. située près de Naples, dans la Campanie. Ainsi que Pompeïa, elle fut ensevelie par une éruption du Vésuve, l'an 79 après J.-C. et ne fut retrouvée qu'en 1698. Des fouilles répétées en 1713, 1758 et 1828 y ont fait découvrir des temples, un théâtre, des statues et une foule de manuscrits d'auteurs anciens.

HERDEKE, pet. v. de Prusse, prov. de Westphalie, rég. d'Arnsberg; sur la Ruhr, qui y est rendue navigable; avec 3 églises de confessions différentes; manufactures de draps, de bas, de grosse quincaillerie; taillanderies; 2310 hab.

HEREFORD, b. des États-Unis de l'Amérique du Nord, état de Pensylvanie, comté de Berks; 1800 hab.

HEREFORD, comté d'Angleterre, borné par les comtés de Shrop, de Worcester, de Gloucester, de Monmouth, de Brecknock et de Radnor; 55 l. c. géogr.; 100,000 h. Le pays présente alternativement des montagnes, des collines, de vastes vallées, riches en beaux pâturages, et des plaines fertiles; il est arrosé par la Wye et le Teme; il produit les plus belles céréales du royaume-uni, du bois et des fruits en abondance; ses houblons sont également très-estimés; l'agriculture, l'éducation du bétail et la fabrication du cidre y forment la principale occupation des habitants; on s'y livre en outre à la pêche du saumon dans la Wye et à l'éducation des abeilles. On exporte du froment, de l'orge, du houblon, du cidre, du bétail, des peaux et de la laine. Ce comté fait partie du diocèse de Hereford, nomme 8 députés et est divisé en 10 districts.

HEREFORD, v. d'Angleterre, chef-lieu du comté de ce nom, sur la Wye; siége d'un évêque; nomme 2 députés; elle possède une belle cathédrale, un superbe palais de justice, un hospice, une maison des fous et un monument de Nelson; fabrication de gants et de drap; société économique; 7000 hab.

HEREFORD (canal de), va de cette ville à Gloucester, sur la Severn.

HERELLE (la), vg. de Fr., Oise, arr. de Clermont, cant. et poste de Breteuil; fabr. de toile; 630 hab.

HERENGUERVILLE, vg. de Fr., Manche, arr. de Coutances, cant. de Montmartin-sur-Mer, poste de Bréhal; 390 hab.

HERENS, dist. du cant. de Valais, Suisse, qui embrasse l'ancienne vallée de Herens et les communes de Saviese et d'Arba.

HERENT, b. du roy. de Belgique, prov. du Brabant méridional, arr. de Louvain; 1620 hab.

HERENT (Saint-), vg. de Fr., Puy-de-Dôme, arr. d'Issoire, cant. et poste d'Ardes; 530 hab.

HÉRÉPIAN, vg. de Fr., Hérault, arr. de Béziers, cant. de St.-Gervais, poste de Bédarieux; 990 hab.

HERES, vg. de Fr., Hautes-Pyrénées, arr. de Tarbes, cant. de Castelnau - Rivière-Basse, poste de Maubourguet; 300 hab.

HERFORD, v. de Prusse, chef-lieu de cercle, prov. de Westphalie, rég. de Minden; est située dans une contrée marécageuse, au confluent de la Werre et de l'Aa; écoles industrielle et normale; 6 églises, dont une catholique; un gymnase; 3 hôpitaux; une maison de correction et une maison d'arrêt. Dans son intérieur on rencontre beaucoup d'endroits déserts, de vastes cours et des jardins. Agriculture; éducation de bétail; filatures; fabr. d'étoffes de laine et de coton, de tabac, de cuirs; huileries. Son chapitre immédiat de dames nobles est supprimé depuis 1802; 4890 hab.

HERGIES, ham. de Fr., Nord, com. de Hon-Hergies; 400 hab.

HERGISWYL, vg. parois. de Suisse, cant. d'Unterwald, dist. de Nidwalden, sur le lac des Quatre-Cantons, au pied du mont Pilatus; pêche et transport de marchandises; 655 hab.

HERGNIES, vg. de Fr., Nord, arr. de Valenciennes, cant. et poste de Condé-sur-l'Escaut; 2210 hab.

HERGUGNEY, vg. de Fr., Vosges, arr. de Mirecourt, cant. et poste de Charmes; 360 h.

HÉRIC, vg. de Fr., Loire - Inférieure, arr. de Châteaubriant, cant. et poste de Nort; 3350 hab.

HERICHWILLER. *Voyez* HENRIVILLE.

HÉRICOURT. *Voy.* DENIS-D'HÉRICOURT (Saint-).

HÉRICOURT, vg. de Fr., Pas-de-Calais, arr., cant. et poste de St.-Pol-sur-Ternoise; 180 hab.

HÉRICOURT, pet. v. de Fr., Haute-Saône, arr. et à 9 l. S.-E. de Lure, à 105 l. de Paris, chef-lieu de canton et poste; elle est située sur la rive gauche de la Lizenne, qui y alimente plusieurs usines. On remarque l'ancien château, autrefois résidence des seigneurs d'Héricourt. Cette petite ville se distingue par l'activité de son industrie; elle a des fabriques de cotonnades, de mouchoirs, de bonneterie, de coton, de toiles peintes; filat. de coton, etc. Sa population, une des plus industrieuses du département, est de 3353 hab.

Héricourt, qui chaque jour s'agrandit par son industrie, était autrefois le chef-lieu d'une seigneurie, dont la possession excita plusieurs fois des luttes désastreuses pour cette ville, entre les maisons d'Ortembourg et de Neufchâtel. L'évêque de Bâle assiégea et ruina cette ville, alors importante, en 1425. Cinquante ans après, elle fut prise par l'armée du duc Sigismond. En 1561 les princes de Montbéliard firent l'acquisition de ce domaine, qu'ils conservèrent jusqu'à sa réunion à la France en 1678.

HÉRICOURT-SAINT-SAMSON, vg. de Fr., Oise, arr. de Beauvais, cant. et poste de Formerie; 350 hab.

HÉRICY, vg. de Fr., Seine-et-Marne, arr. de Melun, cant. du Châtelet, poste de Fontainebleau; 890 hab.

HÉRIE (la), vg. de Fr., Aisne, arr. de Vervins, cant. et poste d'Hirson; 380 hab.

HÉRIE (Saint-), vg. de Fr., Charente-Inférieure, com. de Matha; 350 hab.

HÉRIE-LA-VIÉVILLE (la), vg. de Fr., Aisne, arr. de Vervins, cant. de Sains, poste de Guise; 930 hab.

HÉRIMÉNIL, vg. de Fr., Meurthe, arr. et poste de Lunéville, cant. de Gerbéviller; 450 hab.

HÉRIMONCOURT, vg. de Fr., Doubs, arr. et poste de Montbéliard, cant. de Blamont; fabr. de quincaillerie; filat. de coton; teinturerie; 545 hab.

HÉRIN, vg. de Fr., Nord, arr., cant. et poste de Valenciennes; fabr. de sucre indigène; 880 hab.

HERINA, fl. de la rép. de Vénézuela; arrose une partie du dép. de Zulia, où il prend naissance, et s'embouche dans le lac de Maracaïbo.

HERINGEN, b. dans la Hesse-Électorale, grand-duché de Fulde, sur la Werra; 1100 hab.

HERINGEN, pet. v. de Prusse, sur la Helme, prov. de Saxe, rég. de Mersebourg; agriculture; culture de lin; 1950 hab.

HERINNES, vg. du roy. de Belgique, prov. du Brabant méridional, arr. de Nivelles; brasseries et distillerie; 3320 hab. Un village du même nom se trouve dans la prov. de Hainaut, arr. de Tournai; 1700 h.

HÉRISAU, *Augia Domini*, gr. b. de Suisse, cant. d'Appenzell, dist. des Rhodes-Extérieurs, dans une contrée délicieuse. Il renferme un hospice des orphelins, une belle maison commune, un arsenal et une poudrière; filat. de mousseline et de coton; commerce très-considérable; 4 foires par an; près de là on voit les ruines des châteaux de Rosenberg et de Schwanberg; 7500 hab.

HERISÉPOCONA, peuplade indienne en grande partie convertie au christianisme; elle habite la mission de San-Ignacio, dans la rép. de Bolivia, prov. de Chiquitos. Cette peuplade n'est probablement qu'une tribu d'une nation nombreuse répandue à l'E. de l'état.

HÉRISSART, vg. de Fr., Somme, arr. de Doullens, cant. d'Acheux, poste de Villers-Bocage; 980 hab.

HÉRISSON, pet. v. de Fr., Allier, arr. et à 6 l. N. de Montluçon, chef-lieu de canton et poste; on y fabrique des toiles et des étoffes de laine; 1456 hab.

HÉRISSON, ham. de Fr., Deux-Sèvres, com. de Pougne-Hérisson; 200 hab.

HÉRITOT, ham. de Fr., Calvados, com. de St.-Ouen-du-Mesnil-Oger; 150 hab.

HERJEADALEN, ancienne prov. du Nordland, en Suède, qui forme, avec celle de Jæmtland, le gouv. actuel de Jæmtland.

HERK, pet. v. du roy. de Belgique, prov. de Limbourg, arr. de Hasselt, sur la rivière du même nom; 1540 hab.

HERKIMER, pet. v. des États-Unis de l'Amérique du Nord, état de New-York, comté de Herkimer, dont elle est le chef-lieu, sur le Mohawk; commerce; 3700 hab.

HERKIMER (fort). *Voy.* GERMAN-FLATTS.

HERKIMER, comté de l'état de New-York, États-Unis de l'Amérique du Nord; ce comté, qui ne forme plus qu'un reste d'une des plus grandes provinces de l'état, est borné par les comtés de St.-Lawrence, d'Hamilton, de Montgoméry, d'Otségo, d'Oneida et de Lewis. Pays fertile, très-bien cultivé et arrosé au S. par le Mohawk, qui y reçoit la Canada-Supérieure; au N. par le Black-River, qui y prend naissance, et par l'Osgewatchée; filat. de laine et de coton; fabr. de toiles; tanneries, distilleries; fabr. de chapeaux; moulins à foulon, etc.; 42,000 hab.

HERLEVILLE, vg. de Fr., Somme, arr. de Péronne, cant. de Chaulnes, poste de Lihons-en-Santerre; 430 hab.

HERLIÈRE (la), vg. de Fr., Pas-de-Calais, arr. d'Arras, cant. de Beaumetz-les-Loges, poste de l'Arbret; 190 hab.

HERLIES, vg. de Fr., Nord, arr. de Lille, cant. et poste de la Bassée; fabr. de sucre indigène; 1100 hab.

HERLINCOURT, vg. de Fr., Pas-de-Calais, arr., cant. et poste de St.-Pol-sur-Ternoise; 170 hab.

HERLIN-LE-SEC, vg. de Fr., Pas-de-Calais, arr., cant. et poste de St.-Pol-sur-Ternoise; 160 hab.

HERLINGEN. *Voyez* HERNY.

HERLISE (la), ham. de Fr., Ille-et-Vilaine, com. de Miniac-Morvan ; 140 hab.

HERLUFSHOLM, dans le bge de Soro, sur l'île Seeland ; a un beau château, un institut ou lycée pour 30 jeunes nobles, qui dépend immédiatement du président de la chancellerie danoise, et une bibliothèque assez considérable.

HERLY, vg. de Fr., Pas-de-Calais, arr. de Montreuil-sur-Mer, cant. et poste de Hucqueliers ; 800 hab.

HERLY, vg. de Fr., Somme, arr. de Montdidier, cant. de Roye, poste de Nesles ; 170 hab.

HERM (l'), vg. de Fr., Arriège, arr., cant. et poste de Foix ; 490 hab.

HERM (l'), vg. de Fr., Haute-Garonne, arr., cant. et poste de Muret ; 1140 hab.

HERM, vg. de Fr., Landes, arr. et cant. de Dax, poste de Castets ; 770 hab.

HERM (l'), ham. de Fr., Haute-Loire, com. de Chacornac ; 160 hab.

HERM (l'), ham. de Fr., Haute-Loire, com. de Salettes ; 160 hab.

HERM (l'), vg. de Fr., Lot, arr. de Cahors, cant. de Catus, poste de Castelfranc ; 730 hab.

HERM, ham. de Fr., Basses-Pyrénées, com. d'Audejos ; 200 bab.

HERM (l'), Vendée. *Voyez* MICHEL-EN-L'HERM (Saint-).

HERMANNS, île dans le Delaware ; fait partie de l'état de New-Jersey, États-Unis de l'Amérique du Nord.

HERMANNSTADT (Nagy-Szeben, Szibie), v. fortifiée de Transylvanie, chef-lieu du pays des Saxons et de toute la Transylvanie, sous le rapport financier ; elle est aussi le siége du commandant-général des confins militaires de cette principauté, de la diète et d'un évêque grec. Elle possède 2 gymnases, une école normale principale, un hospice des orphelins, de belles casernes, un hôpital militaire, une vaste prison, un théâtre et un beau musée national, avec de riches collections de tableaux, de médailles, de minéraux et une bibliothèque. Son industrie est très variée ; fabr. de draps et de couvertures de laine, de chapeaux, de mousselines, de cuirs, de papier, de salpêtre et de poudre ; son commerce est également très étendu ; 18,000 hab.

HERMANNSTADT (Herzman-Miestecz), *Cibinium, Hermanopolis*, pet. v. de Bohème, cer. de Chrudim ; carrières de marbre et de gypse ; 2000 hab.

HERMANNSTADT, siége du pays des Szeklers, gouv. de la Transylvanie ; 450 l. c. g., 120,000 hab. Le pays est couvert de montagnes et de forêts ; l'éducation du bétail forme la principale occupation des habitants ; l'agriculture est également florissante.

HERMANOS (los), les Frères, deux îles faisant partie du groupe des Galapagos, à l'O. de la rép. de l'Ecuador. Ces îles sont désignées sur quelques cartes sous les noms de Culpeper et Wenmanns.

HERMANSWEILLER. *Voyez* HERMERSWILLER.

HERMANVILLE, vg. de Fr., Calvados, arr. de Caen, cant. de Douvres, poste de la Délivrande ; 850 hab.

HERMANVILLE, vg. de Fr., Seine-Inférieure, arr. de Dieppe, cant. et poste de Bacqueville ; 310 hab.

HERMAUX, vg. de Fr., Lozère, arr. de Marvejols, cant. de St.-Germain-du-Teil, poste de la Canourgue ; 670 hab.

HERMAVILLE, vg. de Fr., Pas-de-Calais, arr. de St.-Pol-sur-Ternoise, cant. et poste d'Aubigny ; 540 hab.

HERMÉ, vg. de Fr., Seine-et-Marne, arr. de Provins, cant. et poste de Bray-sur-Seine ; 610 hab.

HERMELANGE, vg. de Fr., Meurthe, arr. de Sarrebourg, cant. et poste de Lorquin ; 290 hab.

HERMELINGHEN, vg. de Fr., Pas-de-Calais, arr. de Boulogne-sur-Mer, cant. et poste de Guines ; 300 hab.

HERMENAULT (l'), b. de Fr., Vendée, arr., à 3 l. N.-O. et poste de Fontenay-le-Comte, chef-lieu de canton ; 910 hab.

HERMENT, vg. de Fr., Puy-de-Dôme, arr. et à 10 l. O. de Clermont-Ferrand, chef-lieu de canton, poste de Pontaumur ; 565 hab.

HERMERAY, vg. de Fr., Seine-et-Oise, arr. et cant. de Rambouillet, poste d'Épernon ; 730 hab.

HERMERSWILLER ou HERMANSWEILLER, vg. de Fr., Bas-Rhin, arr. de Wissembourg, cant. et poste de Soultz-sous-Forêts ; 250 hab.

HERMES, vg. de Fr., Oise, arr. de Beauvais, cant. et poste de Noailles ; fabr. d'ouvrages en bois indigène et des îles, tels que cannes, manches de parapluie, etc. ; 760 h.

HERMES, île de la Polynésie en Océanie orientale, au N.-O. de l'archipel de Sandwich ou de Hawaii, dont elle est une dépendance géographique.

HERMESSÈNES, ham. de Fr., Ardèche, com. de Gras ; 100 hab.

HERMÉVILLE, vg. de Fr., Meuse, arr. de Verdun, cant. et poste d'Étain ; 870 hab.

HERMEVILLE, vg. de Fr., Seine-Inférieure, arr. du Hâvre, cant. de Criquetot-Lesneval, poste de Montivilliers ; 380 hab.

HERMIER. *Voy.* CHAPELLE-HERMIER (la).

HERMIES, vg. de Fr., Pas-de-Calais, arr. d'Arras, cant. de Bertincourt, poste de Bapaume ; 2200 hab.

HERMIETERIE (l'), ham. de Fr., Haute-Vienne, com. de Couzeix ; 150 hab.

HERMIONES, g. a., la quatrième branche des Germains ; ils habitaient originairement les pays situés entre les monts Sudètes, l'Elbe et la Saale et formaient les peuplades suivantes : les Chanares, les Cattes, les Chérusques, les Foses, les Narisciens, les Marsigniens, les Quades, les Hermunduriens, les Marcomans, les Gothénicus, les Oses, les Semnones et les Sygiens.

HERMIN, vg. de Fr., Pas-de-Calais, arr. et poste de Béthune, cant. d'Houdain; 280 hab.

HERMINE (Sainte-), b. de Fr., Vendée, arr. et à 5 l. O.-N.-O. de Fontenay-le-Comte, chef-lieu de canton et poste; fabr. de toiles; 1820 hab.

HERMITAGE (l'), vg. de Fr., Côtes-du-Nord, arr. de St.-Brieuc, cant. de Plœuc, poste de Quintin; haut-fourneau; four à chaux; fabr. de toiles de Bretagne; 1190 h.

HERMITAGE (l'), vg. de Fr., Ille-et-Vilaine, arr. et poste de Rennes, cant. de Mordelles; 480 hab.

HERMITAGE (l'), ham. de Fr., Loire, com. de St.-Martin-en-Coailleux; 100 hab.

HERMITAGE (l'), ham. de Fr., Seine-et-Oise, com. de Pontoise; exploitation de pierres de taille; 200 hab.

HERMITAGE (baie de l'), belle baie au S. de l'île de Terre-Neuve; renferme les îles de Pass et de Fox.

HERMITAGE (l'), côteau renommé pour ses vignobles, dans le dép. de la Drôme. La côte de l'Hermitage, qui s'élève à 100 mètres au-dessus du niveau du Rhône, se compose de plusieurs côteaux placés en amphithéâtre. Les vignes, plantées sur le versant méridional, produisent des vins qui rivalisent avec les premiers crûs du Bordelais et de la Haute-Bourgogne.

HERMITE (l'), grande île, entourée de quelques autres de moindre étendue, à l'entrée de la baie de Nassau, côte S. de la Terre-de-Feu. L'île de l'Hermite, située sur la ligne frontière des Océans Atlantique et Pacifique, se termine par le célèbre cap Horn, l'extrémité S. de l'Amérique, sous 55° 58' 30" lat. S. Elle est couverte de bois, bien arrosée de bancs de corail. Les naturels appartiennent à la race des Papouas. Leurs pirogues sont semblables à celles que l'on voit sur les îles de l'Amirauté.

HERMITES (les), vg. de Fr., Indre-et-Loire, arr. de Tours, cant. et poste de Château-Renault; 1030 hab.

HERMITES (les), groupe d'îles de l'archipel de la Nouvelle-Bretagne, dans l'Australie ou Océanie centrale, sous 142° 47' 20" long. orient. et 1° 28' 30" lat. S. On en attribue la découverte à Bougainville. Morelle visita ce groupe en 1781, et d'Entrecasteaux en 1792. C'est ce dernier navigateur qui en détermina la situation. Ces îles sont basses et environnées de bancs de corail. Les naturels appartiennent à la race des Papouas. Leurs pirogues sont semblables à celles que l'on voit sur les îles de l'Amirauté.

HERMITIÈRE (l'), vg. de Fr., Orne, arr. de Mortagne-sur-Huine, cant. du Theil, poste de Bellême; 560 hab.

HERMIVAL-LES-VAUX, vg. de Fr., Calvados, arr., cant. et poste de Lisieux; 720 hab.

HERMON, g. a., la plus haute cime de l'Anti-Liban, dans le N.-O. de la Palestine. L'Hermon était habité par les Lévites et s'appelle aujourd'hui Gschebel-el-Schech.

HERMONDURES, *Hermunduri*, g. a., une branche des Hermiones, l'un des peuples les plus répandus dans le centre de la Germanie. Les Romains n'apprirent à les connaître que peu d'années avant J.-C. L'histoire en fait mention ensuite en l'an 69 après J.-C., où ils chassèrent Catualda, le prince des Gothones, qui avait usurpé le trône des Marcomans. L'an 51 ils vainquirent le roi des Guades, Vannius, qui, allié aux Romains, voulait fonder, entre la March et la Waag, un empire des Suèves. En 58 après J.-C. ils combattirent courageusement contre les Cattes, au sujet des salines situées près de la Saale franconienne, et en 152 après J.-C. ils s'allièrent aux Marcomans pour combattre les Romains. Dès lors le nom des Hermondures se perd dans l'histoire; mais, d'après Mannert, ils ne changent que de nom et y reparaissent sous le nom de Thures, de Thurons ou Thuringiens.

HERMONTHIS. *Voyez* ERMENT.

HERMONVILLE, vg. de Fr., Marne, arr. de Reims, cant. de Fismes, poste de Berry-au-Bac; carrières de pierres de roche; 1445 hab.

HERMOPOLIS MAGNA, g. a., capitale du nomos Hermopolitanus; située sur la rive occidentale du Nil; on en trouve encore aujourd'hui de nombreuses ruines magnifiques.

HERMOPOLIS PARVA, g. a., v. de l'Égypte inférieure, qui, d'après la tradition, fut le séjour de Joseph et de Marie, jusqu'à près la mort d'Hérode.

HERMOSO (Cerro). *Voy.* OAXACA (état d').

HERMSDORF (le Haut et le Bas-), deux vg. de Prusse, prov. de Silésie, rég. de Breslau; fabr. de produits chimiques; dans le dernier, 5 mines de houille rendent annuellement 223,000 tonnes; 160 et 690 hab.

HERMSDORF - SOUS - KYNAST, vg. de Prusse avec château, prov. de Silésie, rég. de Liegnitz; juridiction seigneuriale des comtes de Schaffgotsch; la bibliothèque de 40,000 volumes, qui se trouvait au château, a été transférée, en 1834, à Warmbrunn. A 1/4 l. E. du village, l'on voit, sur une montagne granitique et boisée, qui s'élève à 1847 pieds au-dessus du niveau de la mer, les ruines du château de Kynast, monument du moyen âge assez bien conservé et d'un haut intérêt; 1630 hab.

HERMUS, g. a., fl. de l'Asie Mineure qui avait sa source près de Dorylæum, en Phrygie; parcourait la Lydie et se jetait dans le sinus Smynnæus. Il charriait en abondance des paillettes d'or.

HERNANI, pet. v. d'Espagne, prov. de Guipuscoa; elle possède des forges, surtout pour les ancres; les produits de ces forges sont transportés sur l'Urumea jusqu'à la mer. *Voyez* PAVIE.

HERNICOURT, vg. de Fr., Pas-de-Calais, arr., cant. et poste de St.-Pol-sur-Ternoise; 510 hab.

HERNIN (Saint-), vg. de Fr., Finistère, arr. de Châteaulin, cant. et poste de Carhaix; 1240 hab.

HERNIQUES, *Hernici*, g. a., peuple du Latium qui habitait à l'E. du lacus Fucinus et qui était entouré par les Æques, les Marses et les Volsques.

HERNŒSAND, chef-lieu du gouv. de Wester-Norrland, en Suède; est une ville importante sous la latitude où elle se trouve (62° 38' lat. sept. et 15° 31' 12" long. orient.). Elle a un bon port et une marine marchande assez nombreuse, et fait un commerce très-actif et important; elle est le siége d'un évêché et possède un collége, un jardin botanique et une imprimerie. Sa population était, en 1825, de 1896 âmes.

HERNSHEIM, beau b. dans le grand-duché de Hesse-Darmstadt, prov. de la Hesse-Rhénane, avec le château de Delberg et un très-beau jardin; 1300 hab.

HERNY ou **HERLINGEN**, vg. de Fr., Moselle, arr. de Metz, cant. et poste de Faulquemont; fabr. et blanchisserie de toiles; 1200 hab.

HEROLLES (les), ham. de Fr., Vienne, com. de Coulonges; 100 hab.

HÉRON (le), vg. de Fr., Seine-Inférieure, arr. de Rouen, cant. de Darnetal, poste de Croisy-la-Haye; 370 hab.

HÉRON, groupe de quelques petites îles dans l'enfoncement N. de la baie Mobile, au S. du fort Bowyer, côte S.-O. de l'état d'Alabama; États-Unis de l'Amérique du Nord. Ces îles font partie du comté de Baldwin.

HERONCHEL, vg. de Fr., Seine-Inférieure, arr. et cant. de Rouen, poste de Buchy; 220 hab.

HERONDE (la), ham. de Fr., Seine-Inférieure, com. de Bezancourt; 100 hab.

HERORITS (la), ham. de Fr., Basses-Pyrénées, com. d'Ustarits; 200 hab.

HÉROUEL, vg. de Fr., Aisne, arr. de St.-Quentin, cant. de Vermand, poste de Ham; fabr. de sucre indigène; 240 hab.

HÉROUVILLE, vg. de Fr., Calvados, arr., cant. et poste de Caen; 590 hab.

HÉROUVILLE, ham. de Fr., Calvados, com. de Litteau; 110 hab.

HÉROUVILLE, vg. de Fr., Seine-et-Oise, arr. et poste de Pontoise, cant. de l'Isle-Adam; 300 hab.

HÉROUVILLETTE, vg. de Fr., Calvados, arr. de Caen, cant. de Troarn, poste de Bavent; 500 hab.

HERPELMONT, vg. de Fr., Vosges, arr. de St.-Dié, cant. de Corcieux, poste de Bruyères; 380 hab.

HERPES, vg. de Fr., Charente, arr. d'Angoulême, cant. et poste de Rouillac; 260 h.

HERPIEUX, ham. de Fr., Isère, com. de Chanas; 110 hab.

HERPIN. *Voyez* BOIS-HERPIN.

HERPONT, vg. de Fr., Marne, arr. de Ste.-Ménéhoulde, cant. de Dommartin-sur-Yèvre, poste de Tilloy; 360 hab.

HERPY, vg. de Fr., Ardennes, arr. et poste de Réthel, cant. de Château-Porcien; 540 hab.

HERQUEVILLE, vg. de Fr., Manche, arr. de Cherbourg, cant. et poste de Beaumont; 320 hab.

HERQUEVILLE-SUR-SEINE, vg. de Fr., Eure, arr. de Louviers, cant. de Pont-de-l'Arche, poste de Notre-Dame-du-Vaudreuil; 100 hab.

HERRADURA, baie et bon port sur la côte de la prov. d'Aconcagua, rép. du Chili.

HERRAN, ham. de Fr., Haute-Garonne, com. de Fougaron; 200 hab.

HERRÉ, vg. de Fr., Landes, arr. de Mont-de-Marsan, cant. et poste de Gabarret; 280 hab.

HERRE, ham. de Fr., Somme, com. de Rue; 100 hab.

HERRENBERG, pet. v. du Wurtemberg, siége d'un grand-bailliage, dans le cer. de la Forêt-Noire; située sur une montagne baignée par l'Ammer, dans une contrée élevée; ses environs produisent du blé et des fruits; on y fabrique des toiles et des tissus de laine; dans les montagnes voisines on exploite de beau grès, de la terre de poterie, de l'ocre et de l'albâtre; pop. de la ville 2160 hab., du grand-bailliage 24,000, sur 4 1/3 milles c.

Cette petite ville était autrefois ceinte de murailles et défendue par un château-fort; elle a eu beaucoup à souffrir pendant les guerres de religion, notamment pendant celle de trente ans; le 19 juillet 1635, elle fut entièrement réduite en cendres par les Autrichiens et les Bavarois; les Français s'en étant emparés en 1688, ils la livrèrent au pillage.

HERRENGRUND, *Spania Dollina*; vg. de Hongrie, cer. en-deça du Danube, comitat de Sohl; remarquable par la grande quantité de cuivre qu'on y recueille par le procédé de la cémentation.

HERRENHAUSEN. *Voyez* HANOVRE (la ville de).

HERRENTHALS, pet. v. du roy. de Belgique, prov. d'Anvers, arr. et à 4 1/2 l. de Turnhout, sur la Petite-Neethe; fabrication de dentelles; 2950 hab. Patrie du littérateur Pierre Herrenthals, mort en 1391.

HERRENVEEN, beau b. et chef-lieu de district du roy. de Hollande, prov. de Frise; à 6 1/2 l. S. de Leeuwarden; entouré d'un petit bois et de maisons de campagne; tourbières; 1200 hab.

HERRERE, vg. de Fr., Basses-Pyrénées, arr., cant. et poste d'Oloron; 500 hab.

HERRIEDEN, pet. v. de Bavière, chef-lieu d'un district du cer. de la Rézat, à 2 l. d'Anspach, sur l'Altmuhl. Éducation de bestiaux; riche culture de blé et de jardinage; mines d'ocre; population de la ville

990 hab., du district 14,100, sur 3 1/2 milles c. géogr.

En 1634, le duc Bernard de Weimar prit la ville d'assaut et brûla sa cathédrale.

HERRIER-DE-CUGNY (l'), ham. de Fr., Aisne, com. de Cugny; 120 hab.

HERRIN, vg. de Fr., Nord, arr. de Lille, cant. et poste de Seclin; blanchisserie de toiles; 330 hab.

HERRING (baie du). *Voyez* CHÉSAPEAK (baie).

HERRING, fl. des États-Unis de l'Amérique du Nord, état de Delaware; coule vers le S.-E. et débouche dans la baie de Delaware.

HERRING, lac ou plutôt grand marais à l'E. de l'état de Rhode-Island, États-Unis de l'Amérique du Nord.

HERRING-POND, lac des États-Unis de l'Amérique du Nord, au S.-E. de l'état de Massachusetts, non loin de Sandwich. Sur ses bords on trouve quelques villages d'Indiens.

HERRLISHEIM, vg. de Fr., Bas-Rhin, arr. de Strasbourg, cant. et poste de Bischwiller; 2120 hab.

HERRLISHEIM, pet. v. de Fr., Haut-Rhin, arr. et poste de Colmar, cant. de Wintzenheim; 1210 hab.

HERRNALS, pet. v. de la Basse-Autriche, cer. inférieur du Wienerwald, près de Vienne; possède de nombreuses fabriques de papiers peints, d'étoffes de soie, de toile cirée, de couleurs, de boutons et d'huile, ainsi qu'une monnaie; institut pour les filles d'officiers pauvres; pèlerinage; 2500 hab.

HERRNHUT (Nouveau-), colonie de frères moraves, sur la côte S.-E. du Grœnland, inspectorat du Sud, à l'embouchure du Baals-River; fut fondée en 1758; pêche de phoques et de morue; 400 hab.

HERRNHUT, joli b. industrieux du roy. de Saxe, cer. de Lusace, situé sur le penchant méridional du Hutberg; sa population est de 1400 hab. Il est célèbre comme berceau des frères évangéliques ou herrnhuters. Le comte de Zinzendorf permit, en 1722, à quelques frères moraves, descendants des hussites, et persécutés dans leur pays, de s'établir sur ses terres. Ce petit noyau, qui, dans l'origine, comptait à peine 2 à 300 personnes, donna naissance, dans l'espace d'un siècle, à une foule de communautés de frères tout à fait semblables, non seulement en Allemagne, mais aussi en Russie, en Suède, en Angleterre et particulièrement dans l'Amérique du Nord, en Afrique et en Asie. Les herrnhuters ont beaucoup fait pour la conversion des païens, et ils entretiennent 40 missionnaires; leur nombre peut s'élever actuellement à plus d'un demi-million.

HERRNKRETSCHAU, vg. de Bohême, cer. de Leitmeritz, sur l'Elbe; douane; entrepôt d'ouvrages en bois.

HERRNSTADT, pet. v. de Prusse, prov. de Silésie, rég. de Breslau; agriculture; fabr. de tabac; 1770 hab.

HERRY, b. de Fr., Cher, arr. de Sancerre, cant. et poste de Sancergues; il a un beau château; 2120 hab.

HERSBRUCK, pet. v. de Bavière, chef-lieu d'un district du cer. de la Rézat, à 5 l. de Nuremberg, sur la Pegnitz, que l'on traverse sur 4 ponts. École latine; fondations de charité; culture et commerce de houblon; tanneries; 3 moulins; carrières; pop. de la ville 1930 hab., du district 11,900, sur 4 milles c.

Connue depuis 976; l'empereur Henri IV la fit ceindre de murailles flanquées de tours.

HERSCHEL (cap). *Voyez* MAXWELL (baie).

HERSELT, vg. du roy. de Belgique, prov. d'Anvers, arr. de Turnhout; 3350 hab.

HERSERANGE, vg. de Fr., Moselle, arr. de Briey, cant. et poste de Longwy; haut-fourneau; 420 hab.

HERSFELD, v. de l'électorat de Hesse-Cassel, grand-duché de Fulde, sur la Fulda; ses constructions sont anciennes; elle renferme un gymnase, une école d'industrie, des fabriques de draps et d'étoffes de laine, des tanneries importantes et une population de 6300 hab., qui font un commerce assez considérable.

HERSIN-COUPIGNY, vg. de Fr., Pas-de-Calais, arr. et poste de Béthune, cant. de Houdain; 1130 hab.

HERSPACH ou **HERCHEPOT**, ham. de Fr., Vosges, com. de Wische; 570 hab.

HERSTAL ou **HARISTELLE**, *Heristallum*, b. du roy. de Belgique, prov., arr. et à 1 1/2 l. de Liége, formant une seule rue de 3/4 l., sur la rive gauche de la Meuse; mines de houille; forges; fabrication de quincaillerie; 4740 hab.

HERTELEY (le), ham. de Fr., Seine-Inférieure, com. de Bréauté; 150 hab.

HERTFORD, comté de la Caroline du Nord, États-Unis de l'Amérique du Nord; il est borné par les comtés de Gates, de Chowan, de Bertie et de Northampton; pays sablonneux, couvert de vastes forêts et arrosé par le Chowan, qui y reçoit le Méherrim, le Cuttawitsky, le Pollacasty et le Wiccockon; 9000 hab.

HERTFORD, pet. v. des États-Unis de l'Amérique du Nord, état de la Caroline du Nord, comté de Perquimans, dont elle est le chef-lieu, à l'embouchure du Perquimans dans la baie d'Albemarle, dans un climat très-malsain; elle a un petit port et fait un commerce important; 2300 hab.

HERTFORD, comté d'Angleterre, borné par les comtés de Bedford, Cambridge, Essex, Middlesex et Buckingham; 30 l. c. géogr. de superficie. Son sol présente une surface légèrement ondulée, entrecoupée de collines peu élevées, de plaines peu fertiles et de marais; cependant l'agriculture y est dans un état très-florissant. On exporte, principalement pour la capitale, du froment, de l'orge, du malt, du beurre, des veaux, de la laine, des légumes et du papier. Ce comté fait partie des diocèses de Londres et de Lincoln, nomme 6 députés et est divisé en 9 districts; 120,000 hab.

HERTFORD, *Areconium*, pet. v. d'Angleterre, chef-lieu du comté de même nom; nomme 2 députés et possède un collége pour les jeunes Anglais destinés à entrer au service de la Compagnie des Indes; commerce en grains et en malt; 5000 hab.

HERTFORD, comté du Bas-Canada, dist. de Gaspe, au S. du St.-Laurent; il est borné par les comtés de Devon, de Dorchester et par l'état du Maine. Pays fertile et bien cultivé, arrosé par les rivières des Trois-Saumons, de St.-Ignace et du Sud (South-River); 6000 hab.

HERTZING, vg. de Fr., Meurthe, arr. de Sarrebourg, cant. de Réchicourt-le-Château, poste de Lorquin; 320 hab.

HÉRULES, *Heruli*, g. a., peuple de race germanique dont les historiens ne font mention que vers le milieu du troisième siècle. Ils demeuraient alors près de la mer Noire et étaient les fidèles alliés des Goths, avec lesquels ils faisaient de fréquentes incursions sur le territoire romain. Subjugués ensuite par ceux-ci, vers le milieu du quatrième siècle, ils soutinrent Attila, le roi des Huns, dans ses expéditions contre les Romains. Après la chute de ce dernier, ils fondèrent près du Danube un empire, dont les Lombards furent longtemps tributaires. Sous la conduite d'Odoacre ils portèrent le dernier coup à l'empire romain. Vaincus, vers la fin du cinquième siècle, par les Lombards qu'ils avaient méprisés, ils furent chassés de leur territoire. Une partie d'entre eux se soumit alors aux Romains et alla s'établir en Illyrie, où l'empereur Anastase leur accorda des demeures; d'autres se dirigèrent vers le Nord pour chercher des habitations dans le Thulé lointain. Plus tard ils se réunirent aux Gépides et le nom d'Hérules disparaît de l'histoire.

HERVAL (Sierra), chaîne de montagnes de l'empire du Brésil, au S. de la prov. de Rio-Grande-do-Sul; s'aplatit sur les bords de la baie de San-Pédro.

HERVÉ, pet. v. du roy. de Belgique, prov. et arr. de Liége, à 3 l. de Limbourg; située sur une colline et entourée de beaux pâturages; fabrication de draps, d'étoffes de laine et d'excellents fromages connus dans le commerce sous le nom de *Limbourg*; 3360 hab.

HERVÉ (Saint-), vg. de Fr., Côtes-du-Nord, arr. de Loudéac, cant. et poste d'Uzel; 1300 hab.

HERVELINGHEN, vg. de Fr., Pas-de-Calais, arr. de Boulogne-sur-Mer, cant. et poste de Marquise; 230 hab.

HERVEY (*Terougge-m'ou-Atuah*, dans la langue des indigènes), groupe de deux îles de l'archipel de Cook, dans la Polynésie ou Océanie orientale, sous 19° 18' lat. S. et 161° 25' long. occ. Ces îles, environnées de bancs de corail, sont privées d'eau douce et en général très-pauvres en végétaux. La population, qui ne s'élève pas même à 100 individus, ne se nourrit que des fruits du cocotier et de poisson. On n'y trouve point non plus de chiens ni de porcs. Les indigènes, qui parlent la même langue que les Tahitiens ne sont pas tatoués.

HERVIDÉRO, pet. v. de la rép. de l'Uruguay. Nous ne pouvons indiquer à quel département il faut la rattacher.

HERVILLY, vg. de Fr., Somme, arr. et poste de Péronne, cant. de Roisel; 450 hab.

HÉRY (cap), promontoire à l'E. de l'état de New-Jersey, États-Unis de l'Amérique du Nord.

HÉRY (l'), vg. de Fr., Marne, arr. de Reims, cant. de Ville-en-Tardenois, poste de Jonchéry-sur-Vesle; 140 hab.

HÉRY, vg. de Fr., Yonne, arr. d'Auxerre, cant. et poste de Seignelay; 1460 hab.

HÉRY-LES-DOMPIERRE, vg. de Fr., Nièvre, arr. de Clamecy, cant. de Brinon-les-Allemands, poste de Corbigny; 260 hab.

HERZBERG, v. du roy. de Hanovre, située dans le gouv. de Hildesheim, au pied du Harz et d'une montagne dominée par un château, ancienne résidence des ducs de Grubenhagen; elle est surtout importante par sa fabrique d'armes, qui occupe 300 ouvriers; 3120 hab.

HERZBERG, pet. v. de Prusse, chef-lieu de cercle, prov. de Saxe, rég. de Merseburg, sur une île de l'Elster noire; poterie en grès; 2600 hab.

HERZEELE, vg. de Fr., Nord, arr. de Dunkerque, cant. et poste de Wormhoudt; 1910 hab.

HERZEGOVINE ou **HERSEK** (l'), liva de l'eyalet de Bosnie, dans la Turquie d'Europe; capitale Trebique.

HERZOGENAURACH, pet. v. de Bavière, chef-lieu d'un district du cer. de la Rézat, sur l'Aurach, à 2 l. d'Erlangen; culture de houblon et de tabac; fabrication d'étoffes de laine. Domaine des rois francs, sous le nom d'Uraha, donné, en 1021, par l'empereur Henri II à l'évêché de Bamberg; population de la ville 1610 hab., du district 9600, sur 3 1/2 milles c.

HERZOGENBUSCH. *Voyez* BOIS-LE-DUC.

HERZOGENRATH (Rolduc), pet. v. de Prusse, prov. du Rhin, rég. et à 2 l. d'Aix-la-Chapelle; manufactures de couverts et de cotonnades; filatures; tanneries; mines de houille importantes et carrières; 430 hab.

HESARGRAD ou **RASGRAD**, v. de la Turquie d'Europe, dans la Bulgarie, sur l'Ak-Lomk; commerçante et remarquable surtout par sa belle mosquée; on lui donne 3000 maisons.

HESBÉCOURT, vg. de Fr., Somme, arr. et poste de Péronne, cant. de Roisel; 270 h.

HESCAMPS-SAINT-CLAIR, vg. de Fr., Somme, arr. d'Amiens, cant. de Poix; poste de Grandvilliers; 570 hab.

HESDIGNEUL, vg. de Fr., Pas-de-Calais, arr. et poste de Béthune, cant. d'Houdain; 330 hab.

HESDIGNEUL, vg. de Fr., Pas-de-Calais, arr. de Boulogne-sur-Mer, cant. et poste de Samer; 210 hab.

HESDIN, v. forte de Fr., Pas-de-Calais, arr., à 6 l. E.-S.-E. de Montreuil-sur-Mer et à 49 l. de Paris, chef-lieu de canton et poste; est située sur la Canche et entourée de canaux, de beaux jardins et d'agréables promenades. Ses rues sont propres et bien percées et ses fortifications bien entretenues. Elle a des fabriques de bas de fil, de savon, d'huile, des faïenceries et des tuileries. On cultive dans les environs beaucoup de chanvre et de lin. Au milieu du seizième siècle Hesdin n'était qu'un village. En 1554, Charles-Quint le fit fortifier pour remplacer Hesdin-le-Vieux, dont il avait fait démolir les fortifications quelques années auparavant. Louis XIII s'empara de cette place en 1639, et, en 1659, elle fut définitivement cédée à la France; 3500 hab.

HESDIN-L'ABBÉ, vg. de Fr., Pas-de-Calais, arr. de Boulogne-sur-Mer, cant. et poste de Samer; 570 hab.

HÉSINGEN, vg. de Fr., Haut-Rhin, arr. d'Altkirch, cant. et poste de Huningue; exploitation de plâtre; 930 hab.

HESKET ou NEWMARKET, b. d'Angleterre, comté de Cumberland, dans une charmante vallée; florissant par son commerce.

HESMOND, vg. de Fr., Pas-de-Calais, arr. et poste de Montreuil-sur-Mer, cant. de Campagne-les-Hesdin; 440 hab.

HESSANGE, ham. de Fr., Moselle, com. de Vigy; 110 hab.

HESSE, vg. de Fr., Meurthe, arr., cant. et poste de Sarrebourg; 690 hab.

HESSE. *Voyez* LAHSA.

HESSE (Basse-), est une prov. de l'électorat de Hesse-Cassel, qui comprend l'ancienne principauté de la Basse-Hesse, les deux bges de Fritzlar et de Naumbourg, de l'ancienne principauté de Fritzlar, jadis à l'électeur de Mayence, et une partie du comté de Schauenbourg. Sa plus grande partie est bornée par la prov. prussienne de Westphalie, la Saxe, le roy. de Hanovre, le grand-duché de Saxe-Weimar, le grand-duché de Fulde, la prov. de la Haute-Hesse et la principauté de Waldeck. Le cer. de Schauenbourg, détaché du gros de la province, touche à la prov. de Westphalie, aux états de la maison de Lippe et au roy. de Hanovre. Cette province renferme une population de 307,100 hab., sur une superficie de 95 1/4 milles c., et répartie dans 33 villes, 5 bourgs et 630 villages et hameaux; elle est divisée en 10 cercles. Son chef-lieu est Cassel, capitale de l'électorat.

HESSE (Haute-), prov. de la Hesse-Electorale qui comprend l'ancienne principauté de ce nom, les bges d'Amœnebourg et de Neustadt, de la principauté de Fritzlar, et le comté de Ziegenhain. Bornée par les prov. de la Basse-Hesse et de Fulde, le grand-duché de Hesse-Darmstadt, la prov. de Westphalie et la principauté de Waldeck; elle a une superficie de 41 1/4 milles c. Elle renferme une pop. de 108,000 hab., répartis dans 15 villes, 4 bourgs et 250 villages et hameaux; sa capitale est Marbourg.

HESSE (principauté de la Haute-), prov. du grand-duché de Hesse-Darmstadt, dont elle forme la partie septentrionale. Elle est divisée en 14 districts et renferme une pop. de 271,700 hab., sur une superficie de 74 milles c. Son chef-lieu est Darmstadt, capitale du grand-duché.

HESSE-CASSEL (électorat de), forme, à de petites exceptions près, un état contigu, borné au N. par le gouv. prussien de Minden et le roy. de Hanovre, à l'E. par le gouv. prussien d'Erfurt, le grand-duché de Saxe-Weimar et le cer. bavarois du Bas-Mein, au S. par ce même cercle, le grand-duché de Hesse-Darmstadt et la rép. de Francfort, à l'O. par le duché de Nassau, le grand-duché de Hesse-Darmstadt, la prov. prussienne de Westphalie et la principauté de Waldeck. Les parties séparées sont : une partie du comté de Schauenbourg, près du Wéser, entourée par les états de la maison de Lippe et le roy. de Hanovre; et une partie du comté de Henneberg, dans le Thuringerwald, entourée par les duchés de Saxe et la Prusse. Ce pays occupe une superficie de 350 l. c. Il est arrosé par le Mein, affluent du Rhin, et qui reçoit, près de Hanau, la Kintzig; par la Fulde et la Werra, dont la réunion, dans le roy. de Hanovre, forme le Wéser, qui baigne la partie la plus septentrionale de la prov. de la Basse-Hesse et le comté de Schauenbourg; par la Lahn, affluent du Rhin. La Hesse-Electorale est montagneuse dans sa plus grande partie et particulièrement dans ce qu'elle possède du comté de Henneberg, pays situé dans le Thuringerwald. Le comté de Schauenbourg appartient aux montagnes du Wéser. Quant au reste du pays, il est parcouru par des chaînons du Spessart, du Rhœn et du Vogelsberg au S., du Rheinhard et du Habichtswald, au N. Parmi les montagnes du Wéser s'élève, à 2200 pieds d'élévation, le Meisner, montagne basaltique avec un vaste sommet, des cavernes remarquables, et connue par son abondance en houille de différentes espèces. Le climat est sain et tempéré, plus rude dans la Hesse proprement dite et dans le comté de Henneberg que dans le comté de Hanau; surtout dans la large vallée du Mein et dans celles de la Midda et de la Kintzig. Le sol est presque partout dur et pierreux, plus propre en général aux pâturages qu'à l'agriculture : cependant le pays produit suffisamment de grains et livre en outre beaucoup de chanvre, de lin et du tabac; les environs de Hanau et de Witzenhausen produisent du vin et des fruits. Il y a aussi de vastes et excellentes forêts, plusieurs sortes de houille très-bonne et très-abondante, plusieurs salines, des mines où l'on exploite un peu d'argent et de cuivre, et plus de cobalt et de fer. On élève au milieu des bruyères des chevaux sauvages.

L'électorat de Hesse renferme une population de 690,000 habitants, répartis dans 62 villes, 33 bourgs, 1062 villages et 725 hameaux. Les Hessois, qui descendent probablement des anciens Cattes, sont un peuple vigoureux et brave; ils sont cultivateurs et artisans laborieux. La plus grande partie suit la religion réformée; il y a cependant environ 156,000 luthériens, 100,000 catholiques, près de 9000 juifs et un petit nombre de mennonites. On trouve parmi eux presque tous les genres de fabriques et de manufactures, surtout à Cassel et à Hanau; les filatures et les tissages sont la principale branche d'industrie répandue dans tout le pays, surtout dans la prov. de la Basse-Hesse et dans le grand-duché de Fulde. Le commerce reçoit sa principale activité de la position du pays entre Francfort-sur-le-Mein et l'Allemagne septentrionale. Il s'est formé à Cassel, en 1821, une société pour l'amélioration du commerce et de l'industrie, qui a établi dans toutes les villes importantes des sociétés secondaires.

La Hesse fit longtemps partie du vaste empire des Francs et appartint ensuite jusqu'au milieu du douzième siècle à la Thuringe. Henri Ier, fils d'une princesse de Thuringe et d'un duc de Brabant, le chef de toute la maison de Hanau, régna sur le pays en 1263, et obtint, en 1292, le titre de landgrave. Ses états subirent différents partages sous ses descendants, jusqu'à ce qu'ils furent de nouveau réunis sous le pouvoir de Guillaume II, en 1500. Son fils, Guillaume-le-Magnanime, est connu par son zèle pour la cause de la réformation, par sa longue captivité et par la fondation de l'université de Marbourg. A sa mort, de nouveaux partages donnèrent naissance aux branches actuelles de Hesse-Cassel, de Hesse-Darmstadt et de Hesse-Hombourg. D'autres branches collatérales, comme celles de Philippsthal et de Philippsthal-Barchfeld, possèdent des apanages, mais ne sont point familles princières; la riche branche de Rothenbourg s'est éteinte en 1834. Les princes de Hesse adoptèrent le système de mettre leurs troupes à la solde des puissances étrangères. Le landgrave Guillaume IX, prince de Hanau, prit une double part à la révolution française, comme prince allemand et comme allié de l'Angleterre; plus tard il accéda à la paix de Bâle, en 1795, et s'allia dès lors à la Prusse. Il obtint, en 1803, la dignité électorale, mais il fut dé-possédé par Napoléon, en 1806, après la bataille d'Iéna, et son électorat fut incorporé au roy. de Westphalie. Il fut réintégré en 1813, et mourut en 1821, laissant à son fils, l'électeur Guillaume II, né en 1777, ses états héréditaires, augmentés de quelques enclaves.

La forme du gouvernement de la Hesse-Électorale, établie par la constitution du 5 janvier 1831, est une monarchie constitutionnelle. Aucune loi ne peut être promulguée, modifiée ou abolie sans le consentement de la chambre. L'électeur a une voix dans le petit-conseil de la diète de la confédération germanique et trois dans la grande diète. Il fournit à l'armée de la confédération un contingent de 5679 hommes. Les revenus de l'état sont estimés à 4 millions et demi de florins; la dette publique est actuellement de 1,157,000 écus. Depuis 1836, il y a 7924 soldats sur pied. L'électorat de Hesse est divisé, depuis 1821, en 4 provinces, subdivisées en 22 cercles; les provinces sont : celle de la Basse-Hesse, avec le comté de Schauenbourg; celle de la Haute-Hesse, avec le comté de Ziegenhain; le grand-duché de Fulde, avec la seigneurie de Schmalkalden, dans le comté de Henneberg, et la prov. de Hanau. Les villes les plus considérables sont : Cassel, la capitale, Marbourg, Fulde et Hanau.

HESSE-DARMSTADT (le grand-duché de), est divisé en 2 parties à peu près d'égale étendue et séparées par la prov. de Hanau, qui appartient à la Hesse-Électorale, et par la rép. de Francfort. La partie septentrionale, qui comprend la partie de la Haute-Hesse, est bornée par les prov. prussiennes du Bas-Rhin et de Westphalie, le duché de Nassau, la principauté de Waldeck, la Hesse-Électorale, le landgraviat de Hesse-Hombourg et la rép. de Francfort. La partie méridionale, formée de la principauté de Starkenbourg et de la prov. de la Hesse-Rhénane, est bornée par le territoire de Francfort, l'électorat de Hesse, la Bavière, le grand-duché de Bade, la prov. prussienne du Bas-Rhin, qui la sépare du duché de Nassau. Ces deux parties présentent un aspect et un sol bien différents. La première, celle du Nord, est couverte par le Vogelsberg, chaîne de montagnes basaltiques, sauvages et boisées, et où s'élèvent l'Oberwald ou les Sieben-Ahorne, haut de 2281 pieds; le Hohenrodskopf, haut de 2268; le Taufstein, haut de 2249, et par de petites ramifications du Taunus et du Westerwald; elle est arrosée par la Lahn, la Nidda, le Wetter, l'Eder et la Fulda; le climat est celui des contrées de l'Allemagne septentrionale, et le sol, généralement pierreux, n'est fertile que dans la Vétéravie. La partie méridionale, au contraire, située sur le Mein et sur les deux rives du Rhin, baignée par le Necker, a le climat doux et la riche végétation de l'Allemagne du Sud; sa partie orientale seulement est montagneuse et couverte, par l'Odenwald, dont le plus haut sommet est le Malchen ou le Melibochus, haut de 1050 pieds, et d'où l'on jouit d'une vue charmante. Sur le côté occidental de l'Odenwald s'étend, du N. au S., de Heidelberg à Darmstadt, la route appelée la *Bergstrasse,* renommée pour la beauté, la douceur du climat et la fertilité de la contrée qu'elle traverse. On trouve dans cette partie du grand-duché plusieurs espèces de vins très-estimés, dont les plus renommés sont ceux de Nierstein et de Laubenheim; on y voit même des amandiers et des châtaigniers. Le blé, le tabac, le sel, et, parmi les minéraux, le cuivre et le fer, sont les principales richesses du pays. Le grand-duché de Hesse-Darmstadt renferme, sur une superficie de 255 l. c., une population de 762,000 hab., la plupart protestants, mais parmi lesquels il se trouve un nombre considérable de catholiques et de juifs. L'agriculture et l'éducation des bestiaux y sont dans l'état le plus florissant. L'industrie est assez considérable, et ses principales branches sont la fabrication des toiles de lin, des bas de fil, de la flanelle, du drap et d'autres étoffes de laine, ainsi que celle du vinaigre, les distilleries d'eau-de-vie, les tanneries, etc.; elle est surtout active dans la Haute-Hesse et à Offenbach. Favorisé par le Rhin, le Mein et de bonnes routes, le commerce est également assez actif; il se fait surtout avec les productions du pays et quelques objets de fabrication. Mayence est un centre considérable de transit et d'expédition de marchandises. Le gouvernement a accédé, en 1828, au système des douanes prussiennes.

La maison grand-ducale de Hesse descend de George Ier, le Pieux, dernier fils du landgrave Philippe-le-Magnagnime, mort en 1562. Il n'avait reçu au partage fait en 1567 qu'un huitième des états de son père; mais il s'enrichit de plusieurs successions. Dans notre siècle, le grand-duché à subi de nombreux changements de territoire par des acquisitions, des pertes ou des échanges, changements à la suite desquels il s'est trouvé finalement agrandi et mieux arrondi. Le landgrave Louis perdit, par la paix de Lunéville en 1801, diverses parties de ses états situées sur les deux rives du Rhin. En 1806, il accéda à l'alliance rhénane; il reçut, le 13 août de la même année, la dignité d'archiduc et plusieurs petites principautés. En 1813, il entra dans la ligue contre la France, et reçut en 1815, comme indemnité des pertes qu'il avait faites en 1801, une partie du dép. français du Mont-Tonnerre (Mayence et son territoire), Cassel et Kostheim, le cer. d'Alzey, le cant. de Worms, etc., tandis que quelques autres parties furent ajoutées à la Prusse, à la Hesse-Électorale et à la Bavière. Le gouvernement est une monarchie constitutionnelle, réglée par la charte de 1820. Les deux chambres, que le grand-duc a le droit de convoquer ou de dissoudre, mais qu'il doit convoquer au moins tous les trois ans, adoptent ou rejettent le budget, soumis tous les trois ans à leur approbation. Le grand-duc de Hesse a trois voix dans la grande diète de la confédération germanique et une voix dans le conseil privé de la diète. Il fournit à l'armée de la confédération un contingent de 6195 hommes. Les revenus, comme les dépenses de l'état, sont fixés à environ 6,363,000 florins; la dette publique est d'environ 12,926,000 florins. Les forces militaires s'élèvent à 6361 hommes, en temps de paix, et 9479 hommes, sur le pied de guerre. Le grand-duché de Hesse-Darmstadt est divisé en deux principautés, celles de Starkenbourg et de Haute-Hesse, subdivisées en 29 districts, à l'exception des possessions seigneuriales, qui ont conservé leur ancienne distribution, et en une province, celle de la Hesse rhénane. Les principales villes sont Darmstadt, la capitale, Giessen et Mayence.

HESSE-HOMBOURG (landgraviat de), se compose de deux parties distinctes : le landgraviat de Hombourg, entouré par la principauté de la Haute-Hesse, dans le grand-duché de Darmstadt, la Hesse-Électorale et le duché de Nassau, et la seigneurie de Meissenheim, qui est enclavée entre le cercle bavarois du Rhin, le gouv. prussien de Coblence et la principauté oldenbourgeoise de Birkenfeld. Sa superficie générale est de 7 1/4 milles c., et sa pop. de 24,000 hab., la plupart réformés et répartis dans 2 villes et 32 villages. Le landgraviat de Hombourg est un petit pays de 2 1/4 milles c., traversé en partie par le Taunus, qui y a même son plus haut sommet (le Feldberg), mais fertile et très-bien cultivé; il y règne une grande activité industrielle, surtout pour la fabrication de bas, des étoffes de laine et des toiles de lin. La seigneurie de Meissenheim, baignée sur ses limites par la Nahe et le Glan, couverte par des rameaux avancés du Hundsruck, produit beaucoup de grains, un peu de vin, de nombreux bestiaux, des forêts considérables, qui ne manquent pas non plus dans le Hombourg, du fer, de la houille et des pierres. Les landgraves de Hesse-Hombourg appartiennent au culte réformé et sont une branche collatérale de la maison de Hesse-Darmstadt; leur pays fut incorporé à la confédération germanique en 1817. Le landgrave a une voix avec le grand-duc de Hesse-Darmstadt dans le conseil privé de la diète de la confédération germanique, et une voix particulière dans la grande diète. Il fournit un contingent de 200 hommes. La forme du gouvernement est monarchique sans états provinciaux. Les revenus sont estimés à 100,000 écus.

HESSENHEIM, vg. de Fr., Bas-Rhin, arr. de Schléstadt, cant. et poste de Markolsheim; 420 hab.

HESSE-RHÉNANE (province de la), dans le grand-duché de Hesse-Darmstadt, touche au duché de Nassau et à la principauté de Starkenbourg, dont elle est séparée par le Rhin (deux endroits seulement sont situés sur l'autre rive), et aux cercles bavarois du Rhin et du Bas-Rhin. Elle renferme, sur une superficie de 41 l. c., une population de 190,000 hab., répartis dans 10 villes, 12 bourgs et 168 villages et hameaux. Elle est divisée en 14 cantons et a pour chef-lieu Mayence.

HESSTROFF, vg. de Fr., Moselle, arr. de Metz, cant. de Boulay, poste de Bouzonville; 580 hab.

HESTRUD, vg. de Fr., Nord, arr. d'Avesnes, cant. et poste de Solre-le-Château; carrières de marbre; fours à chaux; 405 h.

HESTRUS, vg. de Fr., Pas-de-Calais, arr. et poste de St.-Pol-sur-Ternoise, cant. d'Heuchin; 560 hab.

HÉTOMESNIL, vg. de Fr., Oise, arr. de Beauvais, cant. de Marseille, poste de Crèvecœur; 600 hab.

HETREHEM, ham. de Fr., Pas-de-Calais, com. de Leulinghem; 120 hab.

HÊTRES (les), ham. de Fr., Vienne, com. de Scorbé-Clairvaux; 100 hab.

HETTANGE-LA-GRANDE, vg. de Fr., Moselle, arr. et poste de Thionville, cant. de Cattenom; exploitation de moellons, pavés et grès siliceux; fabr. de poterie; 1130 hab.

HETTANGE-LA-PETITE ou **KLEIN-HETTINGEN**, ham. de Fr., Moselle, com. de Malling; 190 hab.

HETTSTÆDT, v. de Prusse, sur la Wipper, prov. de Saxe, rég. de Mersebourg; exploitation de mines royales, produisant de l'ardoise, contenant de l'argent et du cuivre; tanneries, brasseries et distilleries; 3140 hab.

HEUBACH, b. de la Bavière, avec un château; siège d'une juridiction des princes de Werthheim-Lœwenstein, dans le cer. du Mein-Inférieur; on y traverse cette rivière sur un bac; culture de vignes; population du bailliage 1560 hab., de la juridiction 3270.

HEUBACH-LE-GRAND, vg. parois. de la Bavière, cer. du Mein-Inférieur, dist. de Klingenberg; culture de vignes et de fruits; près de là, sur l'Engelberg, un hospice de franciscains, avec pèlerinage; 1740 hab.

HEUBÉCOURT, vg. de Fr., Eure, arr. des Andelys, cant. d'Écos, poste de Vernon; 420 hab.

HEUCHIN, vg. de Fr., Pas-de-Calais, arr., à 3 l. N. et poste de St.-Pol-sur-Ternoise, chef-lieu de canton; 579 hab.

HEUCOURT, vg. de Fr., Somme, arr. d'Amiens, cant. d'Oisemont, poste d'Airaines; 270 hab.

HEUDEBOUVILLE, vg. de Fr., Eure, arr., cant. et poste de Louviers; 670 hab.

HEUDICOURT, vg. de Fr., Eure, arr. des Andelys, cant. et poste d'Étrepagny; 750 h.

HEUDICOURT, vg. de Fr., Meuse, arr. de Commercy, cant. de Vigneulles, poste de St.-Mihiel; 710 hab.

HEUDICOURT, vg. de Fr., Somme, arr. et poste de Péronne, cant. de Roisel; 1450 h.

HEUDREVILLE-PRÈS-THIBERVILLE, vg. de Fr., Eure, arr. de Bernay, cant. et poste de Thiberville; fabr. de rubans de fil; 480 hab.

HEUDREVILLE-SUR-EURE, vg. de Fr., Eure, arr. et poste de Louviers, cant. de Gaillon; 790 hab.

HEUGAS, vg. de Fr., Landes, arr., cant. et poste de Dax; 1190 hab.

HEUGLEVILLE-SUR-SCIE, vg. de Fr., Seine-Inférieure, arr. de Dieppe, cant. et poste de Longueville; 850 hab.

HEUGNES, vg. de Fr., Indre, arr. de Châteauroux, cant. et poste d'Écueillé; 670 h.

HEUGNIES, ham de Fr., Nord, com. de Houdain; 120 hab.

HEUGON, vg. de Fr., Orne, arr. d'Argentan, cant. de la Ferté-Fresnel, poste de Sap; 680 hab.

HEUGUEVILLE, vg. de Fr., Manche, arr. et poste de Coutances, cant. de St.-Malo-de-la-Lande; 800 hab.

HEUILLEY-COTON, vg. de Fr., Haute-Marne, arr. de Langres, cant. de Longeau, poste de Chassigny; 520 hab.

HEUILLEY-LE-GRAND, vg. de Fr., Haute-Marne, arr. de Langres, cant. de Longeau, poste de Chassigny; 600 hab.

HEUILLEY-SUR-SAONE, vg. de Fr., Côte-d'Or, arr. de Dijon, cant. et poste de Pontaillier-sur-Saône; 840 hab.

HEULAND, vg. de Fr., Calvados, arr. de Pont-l'Évêque, cant. de Dives, poste de Dozulé; 240 hab.

HEULE, vg. du roy. de Belgique, prov. de la Flandre occidentale, arr. de Courtrai, sur la Heulebeke; on y récolte de beau lin; 2100 hab.

HEULIES, vg. de Fr., Lot-et-Garonne, arr. de Marmande, cant. de Bouglon, poste de Casteljaloux; 240 hab.

HEULIN. Voyez CHAPELLE-HEULIN (la).

HEUME-L'ÉGLISE, vg. de Fr., Puy-de-Dôme, arr. de Clermont-Ferrand, cant. et poste de Rochefort; 480 hab.

HEUNIÈRE (la), vg. de Fr., Eure, arr. d'Évreux, cant. et poste de Vernon; 170 h.

HEUQUEVILLE, vg. de Fr., Eure, arr., cant. et poste des Andelys; 360 hab.

HEUQUEVILLE, vg. de Fr., Seine-Inférieure, arr. du Hâvre, cant. de Criquetot-Lesneval, poste de Montivilliers; 360 hab.

HEURE (l'), ham. de Fr., Seine-Inférieure, com. de Grassville-l'Heure; 260 hab.

HEURE (l'), ham. de Fr., Somme, com. de Caours; 100 hab.

HEURGEVILLE, vg. de Fr., Eure, arr. d'Évreux, cant. et poste de Pacy-sur-Eure.

HEURGUES (d'), ham. de Fr., Saône-et-Loire, com. de St.-Julien-de-Cray; 150 h.

HEURINGHEM, vg. de Fr., Pas-de-Calais, arr. et poste de St.-Omer, cant. d'Aire-sur-la-Lys; 460 hab.

HEURTEAUVILLE, ham. de Fr., Seine-

Inférieure, com. de Jumièges; 640 hab.

HEURTELOUP (Grand et Petit-), ham. de Fr., Seine-et-Oise, com. de Longnes; 150 h.

HEURTEVENT, vg. de Fr., Calvados, arr. de Lisieux, cant. et poste de Livarot; 360 h.

HEURTIÈRES, ham. de Fr., Isère, com. de Tullins; 130 hab.

HEUSDEN, *Heudena*, pet. v. bien fortifiée, près de la Meuse, roy. de Hollande, prov. du Brabant septentrional, dist. de Bois-le-Duc; 1410 hab.

HEUSDEN, vg. du roy. de Belgique, prov. de Flandre, arr. de Gand, sur la rive gauche de l'Escaut; 1700 hab.

HEUSERN ou HISERN, ham. de Fr., Bas-Rhin, com. de Matzenheim; 140 hab.

HEUSSÉ, vg. de Fr., Manche, arr. de Mortain, cant. et poste du Teilleul; 850 h.

HEUTRÉGIVILLE, vg. de Fr., Marne, arr. de Reims, cant. de Bourgogne, poste d'Isle-sur-Suippe; foulerie; 620 hab.

HEUZE (la Grande-), ham. de Fr., Seine-Inférieure, com. de Bellencombre; 120 h.

HEUZECOURT, vg. de Fr., Somme, arr. de Doullens, cant. et poste de Bernaville; 450 hab.

HÈVE (la), cap de Fr., sur la côte O. du dép. de la Seine-Inférieure, à 2 milles N. du Hâvre; il est surmonté d'un double phare.

HEVESCH, comitat de Hongrie, cér. endeçà de la Theiss; 120 l. c. géogr. de superficie; 120,000 hab. C'est une vaste plaine, arrosée par la Theiss et entrecoupée par de nombreux marais; elle est très-fertile et produit du blé, du maïs, des légumes, du vin, du tabac, des melons, du chanvre et du lin; l'on y trouve aussi de l'alun, du marbre, d'excellente terre à potier et des sources minérales.

HÉVILLIERS, vg. de Fr., Meuse, arr. de Bar-le-Duc, cant. de Montiers-sur-Saux, poste de Ligny; 360 hab.

HEXAMILIA, vg. de Grèce, situé sur le golfe de Corinthe, dans le nomos d'Argolide, à l'endroit où l'isthme n'a que 6 milles de largeur, ce qui lui a valu son nom. Il est important par la colonie agricole appelée *Washingtonia*, fondée par le docteur Howe, aidé d'autres Américains de Boston et de New-York; 40 pauvres familles grecques y sont logées, et on y trouve une école d'enseignement mutuel. Près de ce lieu sont également les ruines du temple de Neptune et du stradium, où l'on célébrait les jeux isthmiques.

HEXDON, gros vg. d'Angleterre, comté de Middlesex, sur la Brent; possède de nombreuses maisons de campagne; 2600 hab.

HEXHAM, *Alexodunum*, b. d'Angleterre, comté de Northumberland; tanneries; fabrication de gants et de souliers; société économique; 4000 hab.

HEYDEN, vg. de Suisse, cant. d'Appenzell, dist. des Rhodes-Extérieurs, avec un hospice des orphelins; filat. de coton et tissages; culture de vin et de fruits; 1900 hab.

HEYERSBERG. *Voyez* LOUIS (Saint-).

HEYINGEN. *Voyez* HAYANGE.

HEYRIAT, ham. de Fr., Ain, com. de Sonthonnax; 240 hab.

HEYRIEUX, b. de Fr., Isère, arr. et à 4 l. N.-E. de Vienne, chef-lieu de canton, poste de la Verpillière; 1490 hab.

HEYST-OP-DEN-BERG, b. du roy. de Belgique, prov. d'Anvers, arr. et à 4 l. de Malines; distilleries et brasseries; 5970 hab.

HEYTESBURY, b. d'Angleterre; comté de Wilt; nomme 2 députés; fabr. de draps et d'étoffes de coton; 2500 hab.

HEYWILLER, vg. de Fr., Haut-Rhin, arr., cant. et poste d'Altkirch; 240 hab.

HEYZORBA, chaîne de montagnes qui séparent la partie orientale de la Haute-Égypte du désert de Nubie, en s'étendant depuis la rive orientale du Nil jusqu'à la mer Rouge.

HEZ (les), ham. de Fr., Seine-Inférieure, com. de Rebets; 230 hab.

HEZECQUES, vg. de Fr., Pas-de-Calais, arr. de Montreuil-sur-Mer, cant. et poste de Fruges; 280 hab.

HEZETTES (les), ham. de Fr., Aisne, com. de Guivry; 230 hab.

HEZO (le), vg. de Fr., Morbihan, arr., cant. et poste de Vannes; 300 hab.

HIALALA, pet. v. de la Basse-Guinée, capitale du pays des Mossosos, dépendant du roy. de Congo, à 70 l. E.-S.-E. de Banza-Congo.

HIAMEN. *Voyez* EMOUY.

HIAN-CHANG-HIEN ou HIAN-SCHANG, HONG-SCHANG d'après Ste.-Croix, v. de Chine, prov. de Kouang-toung (Canton). Elle est située au pied d'une montagne et obéit à trois mandarins, dont l'un est aussi chargé de l'observation de Macao. Le quart de ses 100,000 habitants ne quitte presque jamais l'eau et vit dans des bateaux, ce qui du reste se rencontre fréquemment en Chine.

HIATY, b. du dictatorat du Paragnay; il fut fondé en 1773 et compte 1400 hab.

HIBARETTE, vg. de Fr., Hautes-Pyrénées, arr. et poste de Tarbes, cant. d'Ossun; 220 hab.

HIBERNIA, belle vallée, avec de riches mines de fer, traversée par le Rockaway, dans l'état de New-Jersey, comté de Morris, États-Unis de l'Amérique du Nord.

HIBIAPABA (Sierra), chaîne de montagnes de l'emp. du Brésil; se détache du noyau central de la Sierra Vermelha, traverse, dans une direction N. et sous différents noms, les prov. de Pernambuco, de Pianhy et de Ciara et s'aplatit vers les côtes septentrionales du Brésil. Sa longueur est de 120 l. Cette chaîne de montagnes se compose en partie de rochers nus et escarpés, mais plus souvent de terrains gras et fertiles et couverts de belles forêts. Sa hauteur est inconnue.

HIBITOS, peuplade indienne indépendante dans la rép. du Pérou; elle erre sur les bords supérieurs du Rio-Huallaga, au centre de l'état.

HICARCOR ou **OUAMKRORE, OUARKHOGH, WARGHOGH**, capitale du Ghiolot proprement dit, en Sénégambie, et résidence du bour, à 30 l. E.-S.-E. du fort St.-Louis.

HICATU. *Voyez* Hycatu.

HICKMANN, comté de l'état de Tennessée, États-Unis de l'Amérique du Nord; il est borné par les comtés de Dickson, de Maury, de Lawrence et de Perry. Pays assez fertile et arrosé par le Duck et ses affluents; 8600 h. Vernon, sur le Duck, est le chef-lieu du comté.

HICKMANNS, comté de l'état de Kentucky, États-Unis de l'Amérique du Nord; cette province, formée en 1820, occupe le coin le plus occidental de l'état, entre le Tennessée, l'Ohio et le Mississipi, et est bornée par le comté de Trigg et par les états de Tennessée, d'Illinois et de Mississipi. Le sol de ce pays, arrosé par de nombreux affluents du Missouri, de l'Ohio et du Tennessée, est de la plus grande fertilité, et sa situation, favorable au commerce, lui promet une grande prospérité; aussi le nombre de ses habitants, qui, en 1821, ne s'élevait pas à 1000 individus, dépasse déjà 12,000. Les forts établis le long du Mississipi sont abandonnés; de beaux villages et des bourgs florissants s'élèvent à leur place; le sel et le fer y abondent. Columbia, sur le Mississipi, est le chef-lieu du comté.

HICKORYTOWN, b. des États-Unis de l'Amérique du Nord, état de Pensylvanie, comté de Vénango, sur l'Alléghany, poste; 1300 hab.

HICKSFORD, b. des États-Unis de l'Amérique du Nord, état de Virginie, comté de Greenville, dont il est le chef-lieu, sur le Méherrim, poste; commerce; 1600 hab.

HIDANG, v. de l'Inde, roy. de Népal, dist. de Khatang, forteresse sur la rive gauche de l'Aroun et résidence du soudah de Khatang.

HIDAT, un des cantons de la Circassie; il dépend du khan des Avars.

HIDREQUEN, ham. de Fr., Pas-de-Calais, com. de Ferques; 290 hab.

HIDVEG ou **FURSENBOURG**, b. de la Transylvanie, pays des Hongrois, comitat de Weissenbourg; fabrication de rouge d'Andrinople.

HIELMARN (le), lac de la Suède proprement dite, entre les gouv. de Nykœping, OErebro et Westeroas; il a 6 milles de long et 1 à 3 de large. Il communique avec le lac Melarn par la pet. riv. Torshallaelf et par le canal Arboga.

HIENING, vg. de Fr., Moselle, arr. de Thionville, cant. et poste de Bouzonville; 180 hab.

HIERA, g. a., une des îles Éoliennes, situées sur la côte N.-E. de la Sicile, au S.-E. de Lipara. D'après la mythologie des Grecs elle était la demeure de Vulcain et d'Éole; ce dernier y tenait enfermés les vents.

HIERAPOLIS, g. a., v. de la Phrygie, au N. de Laodicée. Elle doit son nom aux temples nombreux qui y étaient consacrés à Diane, à Apollon et à Esculape. Ce fut dans cette ville que saint Paul fonda une communauté chrétienne et que l'apôtre Philippe mourut en martyr sur la croix (*Voyez* MEMBIG).

HIERES (les), ham. de Fr., Hautes-Alpes, com. de la Grave; 420 hab.

HIÈRES, vg. de Fr., Isère, arr. de la Tour-du-Pin, cant. et poste. de Crémieu; 770 hab.

HIERGES, vg. de Fr., Ardennes, arr., à 9 l. N.-E. de Rocroi, cant. et poste de Givet. On remarque près de là, sur une colline, les ruines d'un magnifique château qui a été incendié en 1793; 270 hab.

HIERICUS ou **JÉRICHO**, g. a., v. importante de la Judée, située au N.-E. de Jérusalem et à l'O. du Jourdain. Elle était célèbre surtout du temps de Salomon par ses forêts de baumiers, de palmiers et de roses. Par son commerce elle formait la clef de la Palestine, et ce furent sur elle que se concentrèrent tous les efforts des Israélites quand ils eurent passé le Jourdain, sous Josué, pour conquérir la Palestine. Prise et détruite par les Hébreux, elle fut rebâtie par David, conquise de nouveau par les Moabites et fortifiée plus tard sous le règne d'Ahab. Vespasien la prit d'assaut et la dévasta; l'empereur Adrien la releva de ses ruines; mais elle fut dévastée à plusieurs reprises pendant les croisades et enfin complétement détruite. Sur l'emplacement de l'antique Jéricho se trouve maintenant une tour délabrée, qui sert de demeure à un aga et à 12 janissaires, chargés de veiller à la sûreté des caravanes qui se rendent au Caire et à Jérusalem.

HIERMONT, vg. de Fr., Somme, arr. d'Abbeville, cant. de Crécy, poste d'Auxyle-Château; 440 hab.

HIÉRO, port sur la côte S.-E. de l'île de Metelin, formé par un canal qui pénètre dans les terres jusque près de la capitale. On exporte beaucoup d'huile d'olives de ce port, un des plus sûrs de l'archipel; ce qui a fait donner aussi à Hiéro le nom de port aux olives.

HIÉRO. *Voyez* FER (île de).

HIERS, vg. de Fr., Charente-Inférieure, arr. et cant. de Marennes, poste de Brouage; 820 hab.

HIERSAC, vg. de Fr., Charente, arr., à 3 1/2 l., et poste d'Angoulême, chef-lieu de canton; 630 hab.

HIESSE, vg. de Fr., Charente, arr., cant. et poste de Confolens; 570 hab.

HIESVILLE, vg. de Fr., Manche, arr. de Valognes, cant. de Ste.-Mère-Église, poste de Blosville; 210 hab.

HIEVILLE, vg. de Fr., Calvados, arr. de

Lisieux, cant. et poste de St.-Pierre-sur-Dives; 260 hab.

HIFLAU, pet. b. de Styrie, cer. de Bruck, dans une position délicieuse, sur l'Ens; possède des carrières d'excellentes pierres à meules et de riches mines de houille.

HIGHAM - FERRERS, b. d'Angleterre, comté de Leicester, nomme 1 député.

HIGHGATE, pet. v. des États-Unis de l'Amérique du Nord, état de Vermont, comté de Franklin, sur la baie de Michiscoui du lac Champlain; commerce de contrebande avec le Canada; 2400 hab.

HIGHLAND, comté de l'état d'Ohio, États-Unis de l'Amérique du Nord; il est borné par les comtés de Clinton, de Fayette, de Ross, de Pike, d'Adams, de Brown et de Clermont; pays très-montagneux qui donne naissance au Paint, au White-Oak, au Brushkrik et à une foule d'autres rivières peu considérables. Belles forêts, éducation du bétail et culture de fruits; 18,000 hab. Hillsborough, avec 1200 hab., est le chef-lieu du comté.

HIGHLAND (pays haut), groupe de montagnes des États-Unis de l'Amérique du Nord, au S. de l'état de New-York et au S. de la Kattskill. Ses pics les plus élevés, sont : le Newbeacon (512 m.), le Butterbill (509 m.), le Bullhill (494 m.), l'Oldbeacon (490 m.), le Crows-Nest (473 m.), le Bare-Mount (430 m.) et le Break-Neck (395 m.).

HIGHLAND, chaîne de montagnes des États-Unis de l'Amérique du Nord, s'étend dans une direction S.-O. et sur une longueur de 160 l., depuis le Merrimak jusqu'aux rives du White (territoire d'Arkansas).

HIGH-PEAK (haut pic), mont. et un des points culminants de la Katskill, ramification des Apalaches, au S. de l'état de New-York, États-Unis de l'Amérique du Nord; sa hauteur est de 1006 mètres.

HIGNY, ham. de Fr., Moselle, com. de Preutin; 110 hab.

HIGUÈRES, vg. de Fr., Basses-Pyrénées, arr. et poste de Pau, cant. de Morlaas; 290 hab.

HIGUEROTE (laguna del), lac d'une étendue considérable, au S. du dép. de Vénézuela, dans la république du même nom.

HIGUEY (Haïti). *Voyez* ALTA-GRACIA.

HILAIRE (Saint-), vg. de Fr., Allier, arr. de Moulins, cant. et poste de Bourbon-l'Archambault; 720 hab.

HILAIRE (Saint-), b. de Fr., Aude, arr., à 3 l. E.-N.-E., et poste de Limoux, chef-lieu de canton; bons vins; bêtes à laine; 1027 hab.

HILAIRE (Saint-), vg. de Fr., Charente-Inférieure, arr., à 3 l. S., et poste de St.-Jean-d'Angely, chef-lieu de canton; 1320 h.

HILAIRE (Saint-), vg. de Fr., Doubs, arr. et poste de Baume-les-Dames, cant. de Roulans; 160 hab.

HILAIRE (Saint-), vg. de Fr., Haute-Garonne, arr., cant. et poste de Muret; 310 h.

HILAIRE (Saint-), vg. de Fr., Indre, arr. et poste du Blanc, cant. de Bélabre; 1010 h.

HILAIRE (Saint-), vg. de Fr., Isère, arr. de Grenoble, cant. du Touvet, poste de Crolles; 485 hab.

HILAIRE (Saint-), vg. de Fr., Loire-et-Cher, arr. de Vendôme, cant. de Morée, poste de Pézou; 780 hab.

HILAIRE (Saint-), vg. de Fr., Loire, arr. de Roanne, cant. et poste de Charlieu; 640 hab.

HILAIRE (Saint-), vg. de Fr., Haute-Loire, arr. de Brioude, cant. d'Auzon, poste de Lempdes; 880 hab.

HILAIRE (Saint-), vg. de Fr., Lot-et-Garonne, arr., cant. et poste d'Agen ; 1130 h.

HILAIRE (Saint-), Manche. *Voyez* HILAIRE-DU-HARCOURT (Saint-).

HILAIRE (Saint-), vg. de Fr., Meuse, arr. de Verdun, cant. de Fresnes-en-Woëvre, poste de Manheulles; 160 hab.

HILAIRE (Saint-), vg. de Fr., Nièvre, arr., cant. et poste de Château-Chinon; 410 hab.

HILAIRE (Saint-), vg. de Fr., Nord, arr., cant. et poste d'Avesnes; 650 hab.

HILAIRE (Saint-), vg. de Fr., Nord, arr. et poste de Cambrai, cant. de Carnières; 1730 hab.

HILAIRE (Saint-), ham. de Fr., Haute-Saône, com. de Ternuay; 110 hab.

HILAIRE (Saint-), vg. de Fr., Seine-et-Oise, arr., cant. et poste d'Étampes; 260 h.

HILAIRE (Saint-), vg. de Fr., Seine-Inférieure, com. de Rouen; 1000 hab.

HILAIRE-AU-TEMPLE (Saint-), vg. de Fr., Marne, arr. et poste de Châlons-sur-Marne, cant. de Suippes; 110 hab.

HILAIRE-BEAUVOIR (Saint-), vg. de Fr., Hérault, arr. de Montpellier, cant. de Castries, poste de Sommières; 110 hab.

HILAIRE-BONNEVAL (Saint-), vg. de Fr., Haute-Vienne, arr. de Limoges, cant. et poste de Pierre-Buffière; mines de fer, acier, plomb, étain, cuivre; 760 hab.

HILAIRE-COTTES (Saint-), vg. de Fr., Pas-de-Calais, arr. de Béthune, cant. de Norrent-Fontes, poste de Lillers; mines de houille; 630 hab.

HILAIRE-CUSSON-LA-VALMITE (Saint-), vg. de Fr., Loire, arr. de Montbrison, cant. et poste de St.-Bonnet-le-Château; 1010 h.

HILAIRE-DE-BRENS (Saint-), vg. de Fr., Isère, arr. de la Tour-du-Pin, cant. et poste de Crémieu; 360 hab.

HILAIRE-DE-BRETHMAS (Saint-), vg. de Fr., Gard, arr., cant. et poste d'Alais; verrerie; 650 hab.

HILAIRE-DE-BRIOUZE (Saint-), vg. de Fr., Orne, arr. d'Argentan, cant. et poste de Briouze; 1090 hab.

HILAIRE-DE-CHALÉONS (Saint-), vg. de Fr., Loire-Inférieure, arr. de Paimbœuf, cant. et poste de Bourgneuf-en-Retz; 1470 h.

HILAIRE-DE-DURFORT (Saint-). *Voyez* DURFORT.

51

HILAIRE-DE-FERRIÈRES (Saint-). *Voyez* FERRIÈRE-SAINT-HILAIRE.

HILAIRE-DE-LA-COTE (Saint-), vg. de Fr., Isère, arr. de Vienne, cant. de la Côte-St.-André, poste de la Frette; 1260 hab.

HILAIRE-DE-LAVIT (Saint-), vg. de Fr., Lozère, arr. de Florac, cant. de St.-Germain-de-Calberte, poste de Pompidou; 440 hab.

HILAIRE-DE-MORTAGNE (Saint-), vg. de Fr., Vendée, arr. de Bourbon-Vendée, cant. et poste de Mortagne-sur-Sèvre; 650 hab.

HILAIRE-DES-ÉCHAUBROGNES (Saint-), ham. de Fr., Deux-Sèvres, com. de St.-Pierre-des-Échaubrognes; 440 hab.

HILAIRE-DES-LANDES (Saint-), vg. de Fr., Ille-et-Vilaine, arr. de Fougères, cant. et poste de St.-Brice-en-Cogles; tanneries; 1690 hab.

HILAIRE-DES-LANDES (Saint-), vg. de Fr., Mayenne, arr. de Laval, cant. de Chailland, poste d'Ernée; 1780 hab.

HILAIRE-DES-LOGES (Saint-), vg. de Fr., Vendée, arr., à 3 l. E. et poste de Fontenay-le-Comte, chef-lieu de canton; 2570 h.

HILAIRE-DES-NOYERS (Saint-), vg. de Fr., Eure-et-Loire, arr. et poste de Nogent-le-Rotrou, cant. de Thison-Gardais; 300 h.

HILAIRE-D'ESTISSAC (Saint-), vg. de Fr., Dordogne, arr. de Bergerac, cant. de Villamblard, poste de Mussidan; forges; 420 h.

HILAIRE-DE-TALMONT (Saint-), vg. de Fr., Vendée, arr. et poste des Sables, cant. de Talmont; 2420 hab.

HILAIRE-DE-VILLEFRANCHE (Saint), Charente-Inférieure. *Voy.* HILAIRE (Saint-).

HILAIRE-DE-VOUST (Saint-), vg. de Fr., Vendée, arr. de Fontenay-le-Comte, cant. et poste de la Châtaigneraie; 810 hab.

HILAIRE-D'OZILHAN (Saint-), vg. de Fr., Gard, arr. d'Uzès, cant. et poste de Remoulins; 620 hab.

HILAIRE-DU-BOIS (Saint-), vg. de Fr., Charente-Inférieure, arr. et poste de Jonzac, cant. de Mirambeau; 250 hab.

HILAIRE-DU-BOIS (Saint-), vg. de Fr., Gironde, arr. de la Réole, cant. et poste de Sauveterre; 220 hab.

HILAIRE-DU-BOIS (Saint-), vg. de Fr., Loire-Inférieure, arr. de Nantes, cant. et poste de Clisson; 1220 hab.

HILAIRE-DU-BOIS (Saint-), vg. de Fr., Maine-et-Loire, arr. de Saumur, cant. et poste de Vihiers; 1290 hab.

HILAIRE-DU-BOIS (Saint-), vg. de Fr., Vendée, arr. de Fontenay-le-Comte, cant. et poste de Ste.-Hermine; 930 hab.

HILAIRE-DU-HARCOUET (Saint-), b. de Fr., Manche, arr. et à 5 l. S.-O. de Mortain, chef-lieu de canton et poste; tanneries; commerce de bestiaux, basanes, fils, toiles, grains, cire, miel, laine cardée et peignée, deux établissements hydr.; fabr. de draps et de serrurerie; tanneries, corroieries, teintureries; 2877 hab.

HILAIRE-DU-ROSIER (Saint-), vg. de Fr., Isère, arr., cant. et poste de St.-Marcellin; 1020 hab.

HILAIRE-FOISSAC (Saint-), vg. de Fr., Corrèze, arr. de Tulle, cant. de Lapleau, poste d'Égletons; 1150 hab.

HILAIRE-FONTAINE (Saint-), vg. de Fr., Nièvre, arr. de Nevers, cant. et poste de Tours; 530 hab.

HILAIRE-LA-CROIX (Saint-), vg. de Fr., Puy-de-Dôme, arr. et poste de Riom, cant. de Combronde; 810 hab.

HILAIRE-LA-FORÊT (Saint-). *Voyez* HILAIRE-LE-VOUST (Saint-).

HILAIRE-LA-GÉRARD (Saint-), vg. de Fr., Orne, arr. d'Alençon, cant. et poste de Sées; 320 hab.

HILAIRE-LA-NOAILLE (Saint-), vg. de Fr., Gironde, arr., cant. et poste de la Réole; 420 hab.

HILAIRE-LA-PALLU (Saint-), vg. de Fr., Deux-Sèvres, arr. de Niort, cant. et poste de Mauzé; 1650 hab.

HILAIRE-LA-PLAINE (Saint-), vg. de Fr., Creuse, arr. de Guéret, cant. et poste d'Ahun; 450 hab.

HILAIRE-LASTOURS (Saint-), vg. de Fr., Haute-Vienne, arr. de St.-Yrieix, cant. et poste de Nexon; 860 hab.

HILAIRE-LA-TREILLE (Saint-), vg. de Fr., Haute-Vienne, arr. de Bellac, cant. de Magnac-Laval, poste d'Arnac-la-Poste; 1090 hab.

HILAIRE-LE-CHATEAU (Saint-), vg. de Fr., Creuse, arr. et poste de Bourganeuf, cant. de Pontarion; 820 hab.

HILAIRE-LE-DOYEN (Saint-), vg. de Fr., Maine-et-Loire, arr. de Saumur, cant. et poste de Montreuil-Bellay; 130 hab.

HILAIRE-LE-GRAND (Saint-), vg. de Fr., Marne, arr. et poste de Châlons-sur-Marne, cant. de Suippes; 690 hab.

HILAIRE-LE-LIERRE (Saint-), vg. de Fr., Sarthe, arr. de Mamers, cant. de Tuffé, poste de Connerré; 310 hab.

HILAIRE-LE-PETIT (Saint-), vg. de Fr., Marne, arr. et poste de Reims, cant. de Beine; 600 hab.

HILAIRE-LES-ANDRESIS (Saint-), vg. de Fr., Loiret, arr. de Mantargis, cant. et poste de Courtenay; 810 hab.

HILAIRE-LES-BESSONIES (Saint-), vg. de Fr., Lot, arr. de Figeac, cant. de la Tronquière, poste de Maurs; 790 hab.

HILAIRE-LES-COURBES (Saint-), vg. de Fr., Corrèze, arr. de Tulle, cant. et poste de Treignac; 780 hab.

HILAIRE-LES-MONGES (Saint-). *Voyez* GENEST-MONGES (Saint-).

HILAIRE-LES-MORTAGNES (Saint-), vg. de Fr., Orne, arr., cant. et poste de Mortagne-sur-Huine; 950 hab.

HILAIRE-LE-VOUHIS (Saint-), vg. de Fr., Vendée, arr. de Bourbon-Vendée, cant. et poste de Chantonnay; 1040 hab.

HILAIRE-LE-VOUST (Saint-), vg. de Fr.

Vendée, arr. des Sables, cant. de Talmont, poste d'Avrillé; 430 hab.

HILAIRE-LOULAY (Saint-), vg. de Fr., Vendée, arr. de Bourbon-Vendée, cant. et poste de Montaigu; 1850 hab.

HILAIRE-LUC (Saint-), vg. de Fr., Corrèze, arr. et poste d'Ussel, cant. de Neuvic; 380 hab.

HILAIRE-MONTGRU (Saint-). *Voy.* MONTGRU-SAINT-HILAIRE.

HILAIRE-PETIT-VILLE (Saint-), vg. de Fr., Manche, arr. de St.-Lô, cant. et poste de Carentan; 290 hab.

HILAIRE-PEYROUX (Saint-), vg. de Fr., Corrèze, arr., cant. et poste de Tulle; 1620 hab.

HILAIRE-PRÈS-PIONSAT (Saint-), vg. de Fr., Puy-de-Dôme, arr. de Riom, cant. et poste de Pionsat; 820 hab.

HILAIRE-SAINT-FLORENT (Saint-), vg. de Fr., Maine-et-Loire, arr., cant. et poste de Saumur; 870 hab.

HILAIRE-SAINT-MESMIN (Saint-), vg. de Fr., Loiret, arr., cant. et poste d'Orléans; fabr. par mécanique de pointes carrées; 1920 hab.

HILAIRE-SOUS-COURT (Saint-), vg. de Fr., Cher, arr. de Bourges, cant. et poste de Vierzon; 290 hab.

HILAIRE-SUR-ERRE (Saint-), vg. de Fr.; Orne, arr. de Mortagne-sur-Huîne, cant. du Theil, poste de Bellême; 910 hab.

HILAIRE-SUR-PUISEAUX (Saint-), vg. de Fr., Loiret, arr. de Montargis, cant. de Lorris, poste de Noyen-sur-Vernisson; 260 hab.

HILAIRE-SUR-RILLE (Saint-), vg. de Fr., Orne, arr. de Mortagne-sur-Huîne, cant. de Moulins-la-Marche, poste de Ste.-Gauburge; 400 hab.

HILAIRE-SUR-YERRE (Saint-), vg. de Fr., Eure-et-Loir, arr. de Châteaudun, cant. et poste de Cloyes; 670 hab.

HILAIRE-TORIEUX (Saint-), vg. de Fr., Corrèze, arr. de Tulle, cant. et poste d'Argentat; 260 hab.

HILARION (Saint-), vg. de Fr., Seine-et-Oise, arr., cant. et poste de Rambouillet; 530 hab.

HILBESHEIM, vg. de Fr., Meurthe, arr. et poste de Sarrebourg, cant. de Fénétrange; 640 hab.

HILDBURGHAUSEN, *Hilporhusia*, jolie v. du duché de Saxe-Meiningen-Hildburghausen, capitale de l'ancien duché de Hildburghausen, située sur la rive droite de la Werra. Elle a un château avec un vaste et beau jardin, un gymnase, un séminaire pour les maîtres d'école, une maison d'orphelins, une maison des métiers et une maison d'aliénés. Des expositions des produits des arts et de l'industrie y ont lieu chaque année. Cette ville était la résidence des ducs de Saxe-Hildburghausen, avant l'extinction de la branche de Gotha; elle est aujourd'hui le siège des autorités supérieures de tout le duché. Une partie de la nouvelle ville a été fondée par des réfugiés français; 4000 hab.

Le duché de Hildburghausen a été ajouté, à l'exception des bges de Kœnigsberg et de Sonnefeld, au duché de Saxe-Meiningen, par un traité de 1826. Il comprend dans son étendue actuelle une superficie de 15 l. c., et une pop. de 27,000 hab., répartis dans 4 villes, 4 bourgs, 7 villages et 14 métairies.

HILDESHEIM, ancienne v. irrégulièrement bâtie, située sur l'Innesté; capitale du gouvernement du même nom, dans le roy. de Hanovre et siège d'une chancellerie de justice et d'un évêché. Sa cathédrale est remarquable par le travail de ses portes d'airain, ses beaux tableaux et sa statue d'Arminius, idole des anciens Saxons, faite d'une pierre verte et haute de 16 pieds. Hildesheim renferme un gymnase catholique avec un séminaire pour les prêtres, un gymnase luthérien, une bibliothèque, une maison d'éducation, un hospice des orphelins, une maison d'aliénés, une maison de correction, une école de sourds-muets. Sa pop. est de 14,000 hab.; elle entretient plusieurs fabriques et manufactures et fait un commerce considérable, surtout de fil et de toiles de lin. Dans la proximité se trouvent les anciennes fondations de St.-Bartholomi et de St.-Maurice, et près du dernier le bourg du même nom, appelé aussi le *Berg*, qui forme un faubourg de Hildesheim.

Le gouvernement dont Hildesheim est le chef-lieu a été formé des principautés de Hildesheim, de Gœttingue, de Grubenhausen et du comté de Hohenstein; son étendue est de 80 milles c., sa population d'environ 300,000 habitants.

HILDERS, b. de Bavière, chef-lieu d'un district du cer. du Mein-Inférieur, à 5 l. de Bischofsheim, sur l'Ulster et au pied de l'Auersberg; usines; culture de lin; éducation de bestiaux; commerce de toiles et de fil. Population du bourg 1070 hab., du district 7900, sur 3 1/2 milles c.

HILL. *Voyez* NELSON (fleuve).

HILLAH ou HILLEH, pet. v. de la Turquie d'Asie, pachalik de Bagdad, sur l'Euphrate; ses habitants, au nombre de 7000 environ, sont industrieux et les environs fertiles. Au N. de la ville, vers l'Euphrate, sont les ruines de Babylone.

HILLAIRE (Saint-), vg. de Fr., Charente, arr., cant. et poste de Barbezieux; 410 hab.

HILLAIRE-DE-RIEZ (Saint-), vg. de Fr., Vendée, arr. de Sables, cant. et poste de St.-Gilles-sur-Vie; 2560 hab.

HILLE (l'), ham. de Fr., Nord, com. de Bailleul; 100 hab.

HILLEGOM, beau vg. du roy. de Hollande, prov. de la Hollande méridionale, dist. de Leyden; situé dans une contrée fertile, à peu de distance du canal de Leyden, sur la mer de Harlem; renommé pour son beau jardinage; 1100 hab.

HILLEROD, pet. v. de l'île Sééland, bge

de Fréderícksborg; est remarquable par son château royal d'architecture gothique, son lycée, son haras royal ; 1300 hab.

HILLIER (Saint-), vg. de Fr., Seine-et-Marne, arr., cant. et poste de Provins; 450 hab.

HILLIGERSBERG, vg. du roy. de Hollande, prov. de la Hollande méridionale, dist. et à 1 l. de Rotterdam ; 3020 hab.

HILLION, vg. de Fr., Côtes-du-Nord, arr., cant. et poste de St.-Brieuc ; 2520 hab.

HILLSBORO, fl. considérable de la Floride orientale, États-Unis de l'Amérique du Nord; il prend naissance dans un terrain marécageux au centre de la presqu'île, dans le dist. des Séminoles; coule vers l'O. en traversant de vastes contrées incultes et peu connues, et se jette, par une large embouchure, dans la baie de Tamba (Espiritu-Santo).

HILLSBOROUGH, b. florissant des États-Unis de l'Amérique du Nord, état de New-Hampshire, comté de Hillsborough, qui en tire son nom et dont il est un des plus anciens établissements ; 2000 hab.

HILLSBOROUGH, joli b., chef-lieu de l'île Cariacou, du groupe des Grenadilles, Petites-Antilles, sur un marais ; l'air y est très-malsain ; culture du coton.

HILLSBOROUGH, comté de l'état de New-Hampshire, États-Unis de l'Amérique du Nord; il est borné par les comtés de Grafton, de Strafford, de Rockingham, de Chesshire et par l'état de Massachusetts ; 68 l. c. géogr. Pays élevé, traversé par les monts Kyarsarga et Sunnapée et arrosé par un grand nombre de rivières tributaires du Merrimac, qui coule à l'E. du comté et qui y fait ses chutes les plus considérables. Ce pays est rempli de lacs, tels que le Sunnapée, qui s'étend encore sur une partie du comté de Chesshire ; beaux pâturages ; culture de fruits ; cidre et poiré ; 60,000 hab.

HILLSBOROUGH, gros b. des États-Unis de l'Amérique du Nord, état de New-Jersey, comté de Somerset ; 3000 hab.

HILLSBOROUGH. *Voyez* ORANGE (comté).

HILLSBOROUGH. *V.* HIGHLAND (comté).

HILLSBOROUGH (île). *Voyez* UNITYBAY.

HILLSBOROUGH, b. d'Irlande, comté de Down, sur le canal de Lagan; fabr. de mousselines.

HILLSBOROUGH, grande et belle baie, au S. de l'île du Prince-Édouard ; elle renferme les baies plus petites d'Orwel et de Pownel, et reçoit la rivière Hillsborough.

HILLSBOROUGH, la riv. la plus considérable de l'île du Prince-Édouard ; elle prend naissance au centre de l'île, coule vers le S.-O. et se décharge dans la baie de Hillsborough ; à son embouchure elle forme un bon port et est navigable, pour les grands vaisseaux, sur une longueur de plusieurs lieues ; elle reçoit le Johnstone, l'York et l'Eliot.

HILLSBOROUGH, com. au centre de l'île du Prince-Édouard, comté de Queens, sur le Hillsborough ; agriculture très-florissante.

HILLSDALE, pet. v. des États-Unis de l'Amérique du Nord, état de Pensylvanie, comté de Bucks ; 1800 hab.

HILOTES, *Helotæ, Ilotæ*, g. a., habitants de la ville d'Hélos, en Laconie, et esclaves des Lacédémoniens. Plus d'une fois ils s'insurgèrent pour recouvrer la liberté ; mais la trahison se glissa chaque fois dans leurs rangs et anéantit leurs vœux et leurs espérances.

HILPOLTSTEIN, pet. v. de Bavière, chef-lieu d'un district du cer. de la Rézat, à 3 l. de Roth ; entourée de doubles remparts occupés par des jardins ; près de là on voit les ruines de l'ancien château de Stein. L'église renferme le tombeau d'Hippolyte de Stein, qui a donné son nom à l'endroit. Le nouveau château a été construit par les ducs de Sulzbach et Neubourg, au commencement du seizième siècle ; fabr. de rubans. Population de la ville 1200 hab., du district 12,000 sur 5 1/4 milles c.
Par la convention de Pavie (1329) la ville et le château échurent à la maison palatine.

HILSBACH, v. du grand-duché de Bade, cer. du Rhin-Moyen ; elle appartient au prince de Leiningen ; 1300 hab.

HILSENHEIM, vg. de Fr., Bas-Rhin, arr. et poste de Schlestadt, cant. de Markolsheim ; fabr. de sucre indigène ; 1254 hab.

HILSPRICH, vg. de Fr., Moselle, arr. de Sarreguemines, cant. de Sarralbe, poste de Puttelange ; 930 hab.

HILTON-HEAD, grande île marécageuse, mais très-fertile en riz, formée par le bras méridional du Coosawatchie, au S. de l'état de la Caroline du Sud, États-Unis de l'Amérique du Nord. Les îles de Bull et de Pine n'en sont séparées que par un étroit canal ; le cap Hilton-Head forme son extrémité orientale.

HILVARENBEEK, b. du roy. de Hollande, prov. du Brabant septentrional, dist. d'Eindhoven, sur le Hilver, qui prend le nom d'Aa ; avec le château de Grœnendaal ; 2100 hab.

HILVERSUM, vg. du roy. de Hollande prov. de la Hollande septentrionale, dist. et à 6 l. d'Amsterdam ; fabrication de tapis et d'étoffes de laine et de coton ; 3420 hab.

HIMALAYA ou HIMALIH, HIMALEH (l'*Imaüs* des anciens). La vaste chaîne de montagnes de ce nom forme la limite entre l'Inde et le Thibet, et s'étend depuis 71° jusqu'à 90° long. E. Sa direction générale est du N.-O. au S.-E. Dominée dans toute sa longueur par des sommets d'une hauteur prodigieuse, couverte de neiges éternelles qui lui ont fait donner le nom d'Himalaya (demeure de la neige), elle sépare les vallées du Boutan, du Népal et de Sirinagour ou Gherwal du bassin du Brahmapoutra. Ce fleuve peut être regardé comme sa limite orientale. A l'O. l'Himalaya touche le Cachemire, où il se lie, sur les frontières de ce pays et du Petit-Thibet, au Thoung-ling, la partie occidentale du Kuen-lun, et à l'Hindou-koh, qui passe pour une continuation de la chaîne dont nous nous occupons.

L'Himalaya est la chaîne de montagnes la plus élevée de la terre; ses pics surpassent de beaucoup les sommets des Andes, que pendant longtemps on proclamait les plus hautes cimes du globe. Le Tchamalouri, sur les frontières du Boutan, a, dit-on, 4400 toises de hauteur; le Dhawalagiri, sur les limites du Népal, en a 4390 (26,340 pieds); le Djawahir en a 4026. Le nombre de cimes neigeuses de l'Himalaya est immense; mais une petite partie seulement de la chaîne a été explorée et mesurée. La région centrale qui comprend les montagnes du Népal a été examinée avec soin par les Anglais résidant à Kathmandou, capitale du Népal, ville située dans une des vallées du plateau et élevée, selon Colebroke, de 4500 pieds au-dessus du niveau de la mer. La partie occidentale de l'Himalaya, comprenant les chaînes qui traversent les hautes contrées du Kamaon, du Gherwal, de Bissahir et de Sirnore, a pu être trigonométriquement mesurée, puisque ces contrées appartiennent à la Compagnie des Indes. Le bras oriental de l'Indus ou Sind, le Gange, le Brahmapoutra et leurs nombreux affluents prennent tous leurs sources dans l'Himalaya. Telle est la chaîne principale de l'Himalaya; M. Balbi croit devoir y rattacher trois chaînes secondaires comme appartenant à ce système; 1° la chaîne méridionale, parallèle à la principale et qui forme avec celle-ci les grandes vallées du Boutan, du Népal et du Gherwal; 2° la chaîne orientale, qui part du Brahmapoutra et, sous les noms de monts Yamadoung et Anapektomiou, s'étend jusqu'au cap Négrais dans l'empire Birman; enfin 3° la chaîne occidentale ou Salomon-Brahouiks, qui se détache de l'Hindou-koh. Nous n'avons pas besoin d'ajouter que le même savant rattache l'Hindou-koh au système de l'Himalaya.

HIMERMONT, ham. de Fr., Seine-et-Oise, com. d'Orny; 100 hab.

HIMETIÈRE (Saint-), vg. de Fr., Jura, arr. de Lons-le-Saulnier, cant. et poste d'Arinthod; 160 hab.

HINACOURT, vg. de Fr., Aisne, arr. et poste de St.-Quentin, cant. de Moy; 170 h.

HINCHA, v. de l'île d'Haïti, dép. du Nord; 4500 hab.

HINCHINBROCK, com. florissante du Haut-Canada, dist. de Midland.

HINCKANGE ou **HENCKINGEN**, vg. de Fr., Moselle, arr. de Metz, cant. et poste de Boulay; 410 hab.

HINDELOPEN, v. du roy. de Hollande, prov. de Frise, dist. et à 4 l. de Sneck, avec un port sur le Zuydersée; les habitants sont, parmi les Frisons, ceux qui ont le plus conservé de leurs anciennes mœurs et de leurs anciens costumes; ils vivent de la pêche et de la construction de vaisseaux; 2920 hab.

HINDIA, v. de l'Inde, roy. de Sindhia, prov. de Kaudeich, bien peuplée et située sur la rive méridionale de la Nerbudda, vis-à-vis de Newavur. Un fort défend le passage du fleuve.

HINDISHEIM, vg. de Fr., Bas-Rhin, arr. de Schléstadt, cant. d'Erstein, poste de Benfeld; 1170 hab.

HINDLING. *Voyez* HUNDLING.

HINDLINGEN, vg. de Fr., Haut-Rhin, arr. et poste d'Altkirch, cant. de Hirsingen; 480 hab.

HINDOEN, la plus grande île de l'archipel Norwégien, fait partie du groupe de Lofoden-Mageroë et est annexée aux bges de Nordland et de Finmarken.

HINDON, b. d'Angleterre, comté de Wilt; nomme 2 députés; fabrication de dentelles; superbe campagne, avec une galerie de tableaux très-estimés.

HINDS, comté de l'état de Mississipi, États-Unis de l'Amérique du Nord. C'est un vaste district entre le Mississipi, le pays des Choktaws et les comtés de Lawrence, de Franklin, de Jefferson, de Claiborne et de Warren. Pays très-élevé, arrosé par le Yazoo, le Big-Black et le Pearl, qui y prend naissance. En 1820, l'Union acheta ce district des Choktaws; il ne compte que peu d'établissements et une très-faible population; il est traversé par la route de Natchez à Nashville.

HINDOSTAN. *Voyez* INDE.

HINDOUS. *Voyez* INDE.

HINDU-KOH ou **HINDU-KUSCH**. On donne ce nom à la partie occidentale de l'Himalaya, située à l'O. du grand nœud du Bolor et en-deça de l'Indus. La hauteur prodigieuse de cette chaîne ne le cède guère à celle des autres parties de l'Himalaya. Le pic visible à Pichaver a 20,000 pieds d'élévation. Le col de Hudschiguk, que le célèbre voyageur Burnes traversa en passant par ces montagnes, a 12,400 pieds de hauteur; le col septentrional qu'il traversa également s'appelle le Kara-Kootul ou le col Noir. Au N.-O. le Hindu-Koh se rattache à la chaîne moins élevée du Parapamisus et se perd dans les plaines élevées du Khorassan, où va finir aussi la chaîne de Damavend, une des ramifications du système Tauro-Caucasien. Le Hindu-Koh, qu'on appelle aussi Caucase Indien, traverse l'Afghanistan de l'E. à l'O. L'élévation de ses cimes, le nombre de nations campées à ses pieds, l'éternelle solitude de ces régions neigeuses ont excité l'admiration et l'étonnement de tous les voyageurs qui ont pu les visiter.

HING-AN, v. de Chine, prov. de Chen-si, sur le Han-kiang; ville de deuxième rang.

HINGES, vg. de Fr., Pas-de-Calais, arr., cant. et poste de Béthune; 1060 hab.

HINGHAM, pet. v. des États-Unis de l'Amérique du Nord, état de Massachusetts, comté de Plymouth, à l'embouchure du Ware dans la baie de Boston; académie; pêche de la morue et du maquereau; 3000 h.

HING-HOUA-FOU, v. de Chine, prov. de Fou-kian; elle est située à l'embouchure d'une rivière, a un petit port et fait un commerce actif de cabotage.

HINGLÉ (le), vg. de Fr., Côtes-du-Nord, arr., cant. et poste de Dinan; 1030 hab.

HINGRIE (la), ham. de Fr., Haut-Rhin, com. de l'Allemand-Rombach; 900 hab.

HINHAHY-MANCO, fort de l'emp. du Brésil, prov. de Minas-Geraès, comarque de Serro-Frio, sur la frontière du district des diamants.

HINKLEY, pet. v. d'Angleterre, comté de Leicester; très-florissante par ses manufactures de bas et par son commerce, qui consiste en bas, houille, ardoises, tuiles, chaux et bois; 6000 hab.

HINLOPEN, long promontoire sablonneux qui s'avance du N. au S. et ferme la baie de Réhoboth, côte E. de l'état de Delaware, États-Unis de l'Amérique du Nord.

HINOJOSA, pet. v. d'Espagne, prov. d'Andalousie, roy. de Cordoue; manufactures de gros draps; 4000 hab.

HINSBOURG, vg. de Fr., Bas-Rhin, arr. de Saverne, cant. et poste de la Petite-Pierre; 160 hab.

HINSING, ham. de Fr., Moselle, com. de Holving; 200 hab.

HINSINHEN, vg. de Fr., Bas-Rhin, arr. de Saverne, cant. et poste de Saarunion; 180 hab.

HINTERHOF, dist. du cant. de Schwitz, Suisse; il comprend un village et un certain nombre de métairies.

HIN-TOUNG. *Voyez* KIN-TANG.

HINX, vg. de Fr., Landes, arr. et poste de Dax, cant. de Montfort; 800 hab.

HIPPAH (île). *Voyez* REINE-CHARLOTTE (île de la).

HIPSHEIM ou HEPSEN, vg. de Fr., Bas-Rhin, arr. de Schléstadt, cant. d'Erstein, poste de Benfeld; 450 hab.

HIRAUMONT, ham. de Fr., Ardennes, com. de Rocroi; 140 hab.

HIRBACH, ham. de Fr., Moselle, com. de Holving; 280 hab.

HIREL, vg. de Fr., Ille-et-Vilaine, arr. de St.-Malo, cant. de Cancale, poste de Dol; 1750 hab.

HIPPOLYTE (Saint-), pet. v. de Fr., Doubs, arr. et à 6 1/2 l. S. de Montbéliard, chef-lieu de canton et poste; elle est située au confluent du Doubs et du Desseubre; fromageries; fabr. d'ustensiles en bois; 860 h.

HIPPOLYTE (Saint-) ou SAINT-HIPPOLYTE-DU-FORT, v. de Fr., Gard, arr. et à 4 1/2 l. E. du Vigan, chef-lieu de canton et poste; elle possède un tribunal de commerce et une chambre consultative des manufactures. La ville est traversée par un canal, qui fournit l'eau à plusieurs fontaines et à un grand nombre de moulins; fabr. de bas de soie, colle forte, maroquin; tanneries; 5310 hab.

HIPPOLYTE (Saint-), vg. de Fr., Gironde, arr. de Libourne, cant. et poste de Castillon; 330 hab.

HIPPOLYTE (Saint-), vg. de Fr., Indre-et-Loire, arr., cant. et poste de Loches; 1050 hab.

HIPPOLYTE (Saint-), vg. de Fr., Pyrénées-Orientales, arr. de Perpignan, cant. de Rivesaltes, poste de St.-Laurent-de-la-Salanque; 610 hab.

HIPPOLYTE (Saint-), pet. v. de Fr., Haut-Rhin, arr. de Colmar, cant. et poste de Ribeauvillé, au pied des Vosges, à 22 kilomètres de Colmar; les ruines du château de Haut-Kœnigsbourg dominent la ville. Fabr. de bonneterie et de tuiles; exploitation de houille, pierres de taille; vignobles; 2385 hab.

HIPPOLYTE-DE-CATON (Saint-), vg. de Fr., Gard, arr. et poste d'Alais, cant. de Vezenobres; 200 hab.

HIPPOLYTE-DE-MONTAIGU (Saint-), vg. de Fr., Gard, arr., cant. et poste d'Uzès; 150 hab.

HIPPOLYTE-DU-FORT (Saint-). *Voyez* HIPPOLYTE (Saint-), Gard.

HIRAM, b. des États-Unis de l'Amérique du Nord, état d'Ohio, comté de Portage, sur la Cuyahoga, poste; 900 hab.

HIREPOLI ou CHIREPOLI, vg. de la Turquie d'Europe, eyalet des Iles, à l'E. de la Maritza, où se trouve un haras de chevaux et de chameaux, appartenant au sultan.

HIRMEND. *Voyez* HELMEND.

HIRSCHAU, pet. v. de Bavière, cer. de la Régen, dist. et à 3 l. d'Amberg; carrières d'ardoises; fabrication de poterie de grès; 800 hab. En 1415, Jérôme de Prague, disciple de Jean Huss, y fut arrêté et conduit à Constance.

HIRSCHAU, vg. parois. du Wurtemberg, cer. de la Forêt-Noire, gr.-bge de Calw; situé dans une belle vallée de la Nagold; remarquable par son célèbre couvent, fondé, en 645, par Helizène, veuve d'un comte de Calw. Ce monastère a possédé plusieurs savants, parmi lesquels on cite Bruno, frère du comte Conrad de Wurtemberg, qui en fut abbé pendant 15 ans et y mourut en 1120. Le couvent, sécularisé en 1558, ainsi qu'un château élevé près de là, dans la deuxième moitié du seizième siècle, ont été détruits pendant la guerre de trente ans.

HIRSCHBERG, pet. v. de la Bohême, cer. de Bunzlau; manufactures de coton; 1500 hab.

HIRSCHBERG, v. de Prusse, chef-lieu de cercle, prov. de Silésie, rég. de Liegnitz; ceinte de murailles et d'un fossé, située dans une vallée pittoresque, à l'embouchure du Zacken dans la Bober, à 1090 pieds au-dessus du niveau de la mer; avec 3 beaux faubourgs, 5 églises, dont 4 catholiques, un gymnase, plusieurs écoles primaires, une école industrielle pour filles, un institut de sourds-muets, une maison d'orphelins, 2 hôpitaux et d'autres fondations de charité; librairies; fabrication et imprimeries de toiles et cotonnades; filatures; blanchisseries; manufactures de draps; faïencerie; raffinerie de sucre; papeterie; entrepôt principal pour le commerce des toiles de Silésie, dont l'exportation s'est élevée en 1828 à 3058 quintaux; 6616 hab.

HIRSCHBERG, v. sur la Saale, dans la principauté de Reuss-Schleitz; avec un château; tissages de coton et tanneries; 1300 hab.

HIRSCHENSTAND, gros vg. de Bohême, cer. d'Ellbogen; fabr. considérables de dentelles.

HIRSCHFELDA, v. du roy. de Saxe, située sur la Neisse, cer. de Lusace, elle renferme des tissages de lin et de coton; 1300 h.

HIRSCHHORN, v. du grand-duché de Hesse-Darmstadt, principauté de Starkenbourg; elle occupe une position pittoresque au pied d'une montagne, sur laquelle se trouve un château; 1550 hab.

HIRSCHLAND, vg. de Fr., Bas-Rhin, arr. de Saverne, cant. de Drulingen, poste de Lorquin; 610 hab.

HIRSINGUE ou **HIRSINGEN**, vg. de Fr., Haut-Rhin, arr., à 1 l. S. et poste d'Altkirch, chef-lieu de canton; 1327 hab.

HIRSON, b. de Fr., Aisne, arr. et à 4 l. N.-E. de Vervins, chef-lieu de canton et poste; commerce de fer, bois, mulquinerie, vannerie fine, vins; filatures; fabr. de poterie; forges, tanneries; 2880 hab.

HIRSOVA, v. de la Turquie d'Europe, située sur le Danube, dans la Bulgarie; avec un château fort et plus de 4000 hab.

HIRTSBACH, vg. de Fr., Haut-Rhin, arr. et poste d'Altkirch, cant. d'Hirsingue; mine de houille; 800 hab.

HIRTZELBACH, ham. de Fr., Bas-Rhin, com. de Neuve-Église; 190 hab.

HIRTZFELDEN, vg. de Fr., Haut-Rhin, arr. de Colmar, cant. et poste d'Ensisheim; 840 hab.

HISGA-HAYN et **HACHA-HAYN**, deux vgs. d'Indiens, avec de riches salines, dans la rép. du Pérou, dép. de Puno, prov. de Chucuito, à 10 l. de Juli.

HISPANIOLA. *Voyez* HAÏTI.

HISSAR, v. de l'Inde anglaise, présidence de Calcutta, ancienne capitale de la prov. de Delhi, sur le Chuttung-Nullah; n'est plus aujourd'hui qu'un amas de ruines, au milieu desquelles on distingue encore le palais de Ferou-Chah, remarquable par ses immenses souterrains.

HISSAR, un des khanats du Turkestan, est situé entre 63° 30' et 66° 30' long. orient. et 36° 55' et 39° 10' lat. N., au S. de Ramid et de Boukhara. C'est une contrée montueuse, traversée par les avant-monts du Badakschan et remplie de nombreuses vallées. Les cinq fleuves qui l'arrosent sont: l'Amou, le Kuratedtschin ou Sardjab, le Hissar ou Kafer-Nihau et deux autres dont les noms ne sont pas connus; ils ont fait appeler le khanat de Hissar le Pendjab du Turkestan. Ce khanat est un des plus puissants et le plus riche après ceux de Boukhara et de Khokand. L'intérieur du pays, habité par des Ouzbeks, des Turcs, des Tadjiks et des Boukhares, nous est inconnu. Hissar, ville d'environ 3000 maisons et située à quelques milles du Kafer-Nihau, est la capitale du khanat. Les villes de Deïnaou et de Tirneouz lui appartiennent également.

HITCHCOCK, colonie nouvellement fondée dans l'état du Maine, comté de Penobscot, États-Unis de l'Amérique du Nord.

HITCHIN, pet. v. d'Angleterre, comté de Hartford, sur le Hiz; commerce en grains et en malt; 5000 hab.

HIRY, ham. de Fr., Nièvre, com. de Ternant; 160 hab.

HIS, vg. de Fr., Haute-Garonne, arr. de St.-Gaudens, cant. de Salies, poste de St.-Martory; 350 hab.

HISERN. *Voyez* HEUSERN.

HITTE, ham. de Fr., Haute-Garonne, com. de Belbèze; 110 hab.

HITTE, vg. de Fr., Hautes-Pyrénées, arr. de Tarbes, cant. et poste de Tournay; 210 hab.

HITTEREN, île de l'archipel norwégien, la plus grande du groupe de Drontheim.

HITTORF, vg. de Prusse, sur le Rhin, prov. du Rhin, rég. de Dusseldorf; fabr. de tabac; navigation et commerce d'expédition actif en blé, vins, bois, houille et bois de charpente façonné; 1430 hab.

HITU ou **YTU**, comarque de la prov. de San-Paolo, emp. du Brésil; elle s'étend à l'O. et au N. de celle de San-Paolo, est traversée par des ramifications O. de la Sierra do Espinhaço et arrosée par un grand nombre de fleuves tributaires du Parana ou Rio-Grande, dont les principaux sont: le Rio-Tiété, le Rio-Pardo, le Rio-Mugy, le petit Parana (Parana-Mirim) et le Rio de San-Luis. Les colonies portugaises s'arrêtent sur les frontières E. et O. de ce pays, dont l'intérieur, presque inconnu, sert de repaire à une multitude de bêtes féroces et est habité par quelques hordes d'indigènes de la nation des Cayapos.

HITU ou **YTU**, chef-lieu de la comarque du même nom, à 10 l. N.-N.-E. de Sorocaba, à 27 l. O.-N.-O. de San-Paolo et à 3/4 l. du Rio-Tiété, qui y fait une chute magnifique. Cette ville, grande et florissante, fut fondée en 1654. Elle renferme un collége et 2 hôpitaux. Dans aucune contrée la grenade et l'orange n'atteignent la grosseur et le goût exquis qu'elles ont dans ces environs; les plantations de sucre sont la principale source de la prospérité de cette ville; 8000 hab., avec les environs.

HITZING ou **MARIA-HITZING**, charmant vg., près de Schœnbrunn, dans la Basse-

Autriche, cer. inférieur du Wienerwald; fabr. de liqueurs, de vinaigre et de papiers peints.

HIVAOA. *Voyez* DOMINICA (Santa-).

HJORING, bge du roy. de Danemark, comprenant la partie la plus septentrionale du Jutland. Il a une population d'environ 40,000 hab. Hjoring, son chef-lieu, est très-petit et était autrefois plus considérable.

HLINSKO, b. de Bohême, cer. de Chrudim; fabr. de toiles et de poterie; 2000 hab.

HOAI-KHING-FOU, v. de Chine, prov. de Ho-nan, sur un affluent du Hoang-ho; sa juridiction s'étend sur cinq villes.

HOANG-TCHEOU-FOU, v. de Chine, prov. de Hou-pé; est située sur le Yan-tse-kiang. C'est une des villes les plus grandes, les plus industrieuses et les mieux peuplées de la Chine. Le nombre de ses habitants dépasse 200,000. Son commerce et sa navigation sont également considérables; son port est très-animé. Sa juridiction s'étend sur huit autres villes. Vis-à-vis du port et au milieu du fleuve se trouve l'île de Pe-kou-eï ou des Tortues Blanches.

HOBART-TOWN, capitale de la Diemenie, siége du gouverneur et de toutes les autorités supérieures de la colonie. Cette ville est située au bord du Derwent, sous 43° 9′ lat. S. et sous 144° 33′ long. orient., au pied de la plus haute montagne de la Diemenie. Elle fut fondée en 1805 et jouit déjà d'une grande prospérité, qui tend encore à s'accroître de jour en jour; ses rues sont larges et bien alignées. On remarque parmi ses édifices la maison du gouverneur, l'église St.-David, le palais de justice, la prison, la caserne et un hôpital. Elle a une société d'agriculture, établie depuis 1823, des écoles, plusieurs établissements de bienfaisance, une banque, des imprimeries qui font paraître trois journaux, des fabriques de draps, des distilleries, des brasseries, etc. Son port, un des plus beaux de l'Océanie, est défendu par un fort, établi sur la pointe de Mulgrave. Il y règne beaucoup d'activité, et un paquebot fait régulièrement le service entre Hobart-Town et le port Jackson. En 1834 on y a importé pour 355,273 livres sterling (8,881,825 francs) de marchandises; la valeur de l'exportation s'est élevée à 117,325 livres sterling (2,933,125 francs); l'huile de baleine y figurait pour 40,518 livres sterling et la laine pour 43,765 livres sterling.

Les environs de la ville sont fertiles et couverts de jolis jardins, où l'on recueille d'excellents fruits; 10,000 hab.

HOBLING, ham. de Fr., Moselle, com. de Deux-Chémery; 240 hab.

HOBOKEN, vg. du roy. de Belgique, prov. et arr. d'Anvers, sur l'Escaut; fabrication de drogues; 1950 hab.

HOBRŒ, v. du Danemark, diocèse d'Aarhuus, sur le golfe de Mariager; tanneries; commerce; 800 hab.

HOCHDORF, bge du cant. de Lucerne, Suisse. Il est très-riche en fruits et en céréales et renferme seize communes paroissiales; 16,000 hab.

HOCHENAU ou **HOHENAU**, b. d'Autriche, pays au-dessous de l'Ens, sur la March, cer. du Mannhartsberg; haras; 1900 hab.

HOCHFELDEN, b. de Fr., Bas-Rhin, arr., à 4 l. E. et poste de Saverne, chef-lieu de canton; commerce de vins; fabr. de rouets, dévidoirs, chandeliers d'une pierre blanche tenant le milieu entre le gypse et l'albâtre; exploitation de gypse et de tourbe; 2472 hab.

HOCHHEIM, jolie v., chef-lieu du bailliage du même nom, duché de Nassau; située sur une colline non loin du Mein et renommée pour son excellent vin; 2000 hab.

HOCHKIRCHEN, vg. du roy. de Saxe, cer. de Lusace; connu par une victoire que les Autrichiens y remportèrent sur les Prussiens, en 1758.

HOCHSTADT, b. de Bohême, cer. de Bunzlaw; commerce en fil; 1500 hab.

HOCHSTÆDT, pet. v. de Bavière, chef-lieu du district, cer. du Danube-Supérieur; située dans une plaine fertile, sur le Danube et la route d'Ulm à Donauwœrth, à 7 1/2 l. de cette dernière ville; elle possède un beau château, rebâti en 1588, un hôpital et une belle église paroissiale, dont la construction remonte au quinzième siècle; culture de houblon. Pop. de la ville 2180 et du district 10,400 hab. sur 4 milles c.

Hochstædt, connu dès le neuvième siècle et ayant appartenu successivement aux maisons de Hohenstaufen, de Bavière et de Neubourg, est célèbre par la victoire qu'y a remportée, en 1703, l'armée franco-bavaroise sur les Autrichiens, commandés par le général Stirum. Un an après les vainqueurs se virent battus à leur tour sur les mêmes lieux par Marlborough et Eugène; le maréchal Tallard fut fait prisonnier avec une partie de l'élite de son armée.

HOCHSTATT, vg. de Fr., Haut-Rhin, arr. et cant. d'Altkirch, poste de Mulhouse; 1070 hab.

HOCHSTETT, vg. de Fr., Bas-Rhin, arr. de Strasbourg, cant. de Haguenau, poste de Brumath; 140 hab.

HOCKHOCKING. *Voyez* OHIO (fleuve).

HOCKING, comté de l'état d'Ohio, États-Unis de l'Amérique du Nord. Ce comté, formé en 1818, est borné par les comtés de Perry, de Morgan, d'Athens, de Meigh et de Jackson. Ce pays, dont le sol argileux est plus propre à l'éducation du bétail qu'à l'agriculture, est arrosé par le Racoon et le Hockhocking. Logan, sur le Hockhocking, est le chef-lieu du comté; 4000 hab.

HOCKING, riche com. des États-Unis de l'Amérique du Nord, état d'Ohio, comté de Fairfield, sur le Hockhocking; 2500 hab.

HOCMONT, vg. de Fr., Ardennes, arr. de Mézières, cant. de Signy-l'Abbaye, poste de Launay; 80 hab.

HOCQUELUS, ham. de Fr., Somme, com. d'Aigneville; 200 hab.

HOCQUET (le), ham. de Fr., Aisne, com. de Vigneux; 290 hab.

HOCQUIGNY, vg. de Fr., Manche, arr. d'Avranches, cant. et poste de la Haye-Pesnel; 340 hab.

HOCQUINCOURT, vg. de Fr., Somme, arr. d'Abbeville, cant. d'Hallencourt, poste d'Airaines; 490 hab.

HOCQUINGHEN, vg. de Fr., Pas-de-Calais, arr. de Boulogne-sur-Mer, cant. de Guines, poste d'Ardres; 100 hab.

HOCRON, ham. de Fr., Nord, com. de Sainghin-en-Wepper; 300 hab.

HODANT, vg. de Fr., Seine-et-Oise, com. de Fronville; filat. de coton et fabr. de papier; 200 hab.

HODEN ou **OUADAN**, oasis de la Nigritie occidentale, sur la route d'Arguin à Tombouctou, à 280 l. O.-N.-O. de cette dernière ville; fertile en orge et en dattes et célèbre par ses mines de sel gemme; habitants Arabes.

HODEIDA, *Sacatia*, v. de l'Arabie Heureuse, sur la côte du golfe d'Arabie.

HODENC-EN-BRAY, vg. de Fr., Oise, arr. de Beauvais, cant. du Coudray-St.-Germe, poste de Songeons; 560 hab.

HODENC-L'ÉVÊQUE, vg. de Fr., Oise, arr. de Beauvais, cant. et poste de Noailles; 210 hab.

HODENCOURT-SAINT-ANDRÉ, ham. de Fr., Oise, com. de St.-André-Farivillers; 390 hab.

HODENG-AU-BOSC, vg. de Fr., Seine-Inférieure, arr. de Neufchâtel-en-Bray, cant. et poste de Blangy; 400 hab.

HODENG-EN-BRAY, ham. de Fr., Seine-Inférieure, arr. de Nesle-Hodeng; 240 hab.

HODENGER, ham. de Fr., Seine-Inférieure, com. de Hodeng-Hodenger; 170 h.

HODENG-HODENGER, vg. de Fr., Seine-Inférieure, arr. de Neufchâtel-en-Bray, cant. et poste d'Argueil; 500 hab.

HODENT, vg. de Fr., Seine-et-Oise, arr. de Mantes, cant. et poste de Magny; 210 h.

HODIMONT, vg. du roy. de Belgique, prov. de Liége, arr. et près de Verviers, sur la Vesdre; manufactures de draps importantes; filatures; 2000 hab.

HODOSCH ou **TCHEGER**, lac de la Transylvanie.

HODSAGH, b. de Hongrie, comitat de Bacs; grande culture de chanvre; 3000 hab.

HŒCHST, v. du duché de Nassau, chef-lieu du bailliage du même nom et située sur le Mein, non loin de son confluent avec la Nidda; elle a deux manufactures de tabac, une fabrique de chicorée, des manufactures de meubles et un commerce assez considérable; 1900 hab.

HŒCHSTADT, pet. v. de Bavière, chef-lieu de district, dans le cer. du Mein-Supérieur, sur l'Aisch, à 4 l. d'Erlangen; culture de houblon. L'endroit doit son origine à une colonie saxonne, établie par Charlemagne; 1450 hab. Patrie du savant voyageur de Spix, né le 29 février 1781, mort à Munich le 18 mai 1826.

HŒDIE, îlot de l'Océan Atlantique, entre Belle-Ile et la côte du Morbihan; il fait partie de l'arr. de Vannes et du cant. de Belle-Ile; sa population, presque entièrement composée de pêcheurs, est d'environ 250 hab.

HŒGÆRDEN, b. de Belgique, prov. du Brabant, près de Tirlemont; il est renommé pour la bierre légère qu'on y fabrique; blanchisseries; tanneries; 3000 hab.

HŒGYESZ, b. de Hongrie, cer. au-delà du Danube, comitat de Tolna; ses habitants, au nombre de plus de 3000, cultivent une grande quantité de tabac et de vin et s'adonnent à l'éducation du bétail.

HŒHR, vg. de 1200 habitants, dans le duché de Nassau, bge de Montabaur; on y fabrique beaucoup de pots, de cruches et de pipes en terre qui s'exportent au loin.

HOEI-AN ou **HOAINGAN-FOU**, v. de Chine, prov. de Kiang-sou, sur le canal Impérial et le Hoang-ho; siège du mandarin chargé de l'inspection du canal. Sa juridiction s'étend sur neuf villes. Le terrain, sur lequel elle est bâtie, est au-dessous du niveau du canal, dont le moindre débordement la menace d'une destruction certaine. Un des faubourgs s'étend jusqu'au Hoang-ho, où se trouve un petit port très animé par le commerce considérable de Hoeï-an.

HOEI-HO, fl. de Chine, affluent du Hoang-ho. Il prend sa source dans la Chen-si, arrose le Ho-nan, le Ngan-hoeï et le Kiang-sou, reçoit les eaux du Kin-ho et se jette dans le Hoang-ho, à l'E. de Hoain-hien.

HOEI-TCHEOU-FOU, v. de Chine, prov. de Ngan-hoeï, au milieu d'une contrée montueuse, où l'on exploite de riches mines d'or, d'argent et de cuivre. Il y existe d'importantes fabriques d'encre de Chine et de laque.

HOEI-TCHEOU-FOU, v. de Chine, prov. de Kouang-toung (Canton), sur le Touglougkiang; est située dans une des parties les plus fertiles de la province. Elle est bien bâtie, renferme plusieurs édifices remarquables et un beau pont de 40 arches, sur lequel on traverse la rivière. Sa juridiction s'étend sur neuf villes. Dans son voisinage est le charmant lac Fon, dont les bords et les deux îlots sont couverts de maisons de campagne.

HOEI-YUANG-TCHING. *Voyez* ILI.

HŒLING, ham. de Fr., Moselle, com. de Bettwiller; 320 hab.

HŒHNHEIM, vg. de Fr., Bas-Rhin, arr. et poste de Strasbourg, cant. de Schiltigheim; 1298 hab.

HŒNNINGEN, beau vg. de Prusse, sur le Rhin, prov. du Rhin, rég. de Coblence; on y récolte des vins renommés; 1500 hab.

HŒRDT, vg. parois. de la Bavière rhénane, arr. et cant. de Germersheim, sur le Rhin, à 3 1/2 l. de Landau. Un acte de l'abbaye de Fulda en fait mention dès le huitième siècle; 1350 hab.

HŒRDT, vg. de Fr., Bas-Rhin, arr. de Strasbourg, cant. et poste de Brumath; 1500 hab.

HŒRICOURT, vg. de Fr., Haute-Marne, arr. de Vassy, cant. et poste de St.-Dizier; 470 hab.

HŒRSEL (la), riv. qui descend du Thuringerwald, arrose d'abord, sous le nom de Leina, une partie du duché de Saxe-Cobourg-Gotha et le grand-duché de Saxe-Weimar; reçoit, près d'Eisenach, la Nesse, et se jette, près de Berka, dans la Werra.

HŒSBACH, vg. parois. de la Bavière, cer. du Mein-Inférieur, dist. et à 5/4 l. d'Aschaffenbourg; culture de fruits renommés; 1300 hab.

HŒSLOCH, ham. de Fr., Bas-Rhin, com. de Kurtzenhausen; 180 hab.

HŒVILLE, vg. de Fr., Meurthe, arr., cant. et poste de Lunéville; 320 hab.

HŒXTER, *Huxaria*, pet. v. de Prusse, chef-lieu de cercle, prov. de Westphalie, rég. de Minden, sur la rive gauche du Wéser, qui y reçoit la Grove et le Vœllerbach et que l'on traverse sur un pont de pierre de 500 pieds; elle possède une académie, des blanchisseries, des papeteries; commerce de bois, toiles et fil; 3300 hab.

HOF, *Curia Variscorum*, v. de Bavière, sur la Saale, chef-lieu de district dans le cer. du Mein-Supérieur, située sur la route de Saxe en Bohême, à 16 l. de Baireuth. Elle possède un gymnase, un riche hôpital, une maison d'orphelins, des fabriques de draps, de cotonnades, de toiles et un grand nombre d'autres établissements industriels. Les récoltes de blé y sont abondantes et on y élève de beau bétail; les environs renferment des mines de fer et des carrières de marbre. Population de la ville 6850 hab., du district 18,500, sur 5 1/4 milles c.

Hof doit son origine à un ancien château, au pied duquel il fut bâti en 1080; la nouvelle ville, construite au commencement du dix-huitième siècle par les ducs de Méran, a été en grande partie la proie d'un incendie, le 4 septembre 1823; mais elle s'est relevée plus belle. Cette ville eut aussi à souffrir pendant les guerres des trois derniers siècles.

HOF, v. de Norwège, gouv. de Hedemarken; 6000 hab.

HOF (Dworne), pet. v. d'Autriche, gouv. de Moravie-et-Silésie, cer. d'Olmutz; 1800 h.

HOFF, vg. de Fr., Meurthe, arr., cant. et poste de Sarrebourg; 540 hab.

HOFFEN, vg. de Fr., Bas-Rhin, arr. de Wissembourg, cant. et poste de Soultz-sous-Forêts; 480 hab.

HOFFENTHAL ou **HOFFENDAL**, colonie fondée par des frères moraves sur la côte E. du Labrador, sur la baie de Keewetoke, au S. de Naïn. Cette colonie renferme quelques centaines d'Esquimaux et d'Indiens convertis au christianisme.

HOFGASTEIN, b. d'Autriche, cer. de Salzach, chef-lieu de la vallée du même nom; les bains de Gastein se trouvent à 2 l. S. de ce bourg.

HOFGEISMAR, v. de l'électorat de Hesse-Cassel, située sur l'Esse, dans la prov. de la Basse-Hesse. Près de là se trouvent une source d'eaux minérales et le château électoral de Schœnbourg; 3200 hab.

HOFHEIM, v. du duché de Nassau, bge de Hœchst; elle a une forge et environ 1600 hab.

HOFSTÆDE, vg. du roy. de Belgique, prov. de la Flandre orientale, arr. de Dendermonde, sur un canal de cette dernière ville à Alost et sur la Dender; 1700 hab.

HOFWYL, vg. et château de la prévôté de Konoflingen, cant. de Berne, Suisse. Il renferme une fabr. d'instruments d'agriculture.

HOG, île fertile et habitée à l'entrée de la baie de Penobscot, côte S. de l'état du Maine, États-Unis de l'Amérique du Nord.

HOG, île dans la baie de Boston; dépend de la ville de ce nom, côte E. de l'état de Massachusetts, États-Unis de l'Amérique du Nord.

HOG (Rhode-Island). *Voyez* PRUDENCE (île).

HOG (Maine). *Voyez* SHOALDS (île).

HOG, île fertile dans le lac St.-Clair; elle fait partie du Haut-Canada, dist. Occidental.

HOGBACK, mont. et un des points culminants des Apalaches de la Caroline du Sud, au N.-O. de l'état, États-Unis de l'Amérique du Nord.

HOGEZAND, vg. du roy. de Hollande, prov., dist. et à 4 l. de Grœningue, sur le canal de Winschot; 1700 hab.

HOG-ISLAND, presqu'île attenant à l'île de Long-Island par un isthme très-étroit; elle fait partie du comté de Queens, état de New-York, États-Unis de l'Amérique du Nord.

HOGŒFT. *Voyez* HOHENGOEFFT.

HOGOLEN ou **LUGULUS**, île principale du groupe de Roung, de l'archipel des Carolines, Polynésie, sous 3° 29' lat. N. et 153° 28' 45" long. orient.; elle est basse, couverte de forêts et bien arrosée. Les indigènes sont de couleur olivâtre et bien constitués. Ils paraissent très-pacifiques.

HOGSTIES, groupe d'îlots inhabités, appelés *les Étoiles* par les Français, au N.-O. des îles Hénéagas, îles Bahama.

HOGUE (la) ou **ST.-WAST-DE-LA-HOUGUE**, pet. port de Fr., Manche, com. de St.-Wast; il est situé vis-à-vis des deux petites îles de Tatihou et de la Hougue, sur chacune desquelles on a bâti un fort. Le cap du même nom domine sa rade longue et étroite que borde une plage sablonneuse. Le cabotage et les barques de pêcheurs donnent beaucoup de mouvement à ce port, dont le nom rappelle un souvenir douloureux pour la France. C'est là que la marine militaire de Louis XIV fut anéantie, en 1692, par la flotte anglo-hollandaise. La flotte française, commandée par l'amiral de Tourville, devait préparer et protéger le passage des troupes que le roi de France voulait faire débarquer en Angleterre pour y rétablir le roi détrôné Jacques II, qui s'était réfugié en France.

HOGUES (les), vg. de Fr., Eure, arr. des Andelys, cant. de Lyons-la-Forêt, poste de Croisy-la-Haye; 780 hab.

HOGUETTE (la), vg. de Fr., Calvados, arr., cant. et poste de Falaise; 640 hab.

HOHATZENHEIM ou ATZENHEIM, vg. de Fr., Bas-Rhin, arr. et poste de Saverne, cant. de Hochfelden; 200 hab.

HOHENAU. *Voyez* HOCHENAU.

HOHENBRUCK, pet. v. de Bohême, cer. de Kœnigingrætz; florissante par ses fabr. de toiles; 2000 hab.

HOHENELBE (Wrehlaby), *Albipolis*, v. de Bohême, cer. de Bridschow, sur l'Elbe; on y fabrique une grande quantité de belles toiles; 4000 hab.

HOHENEMS, b. du Tyrol, cer. de Vorarlberg, sur le penchant des montagnes de même nom; avec des bains sulfureux; 1200 hab.

HOHENFRIEDEBERG (Friedeberg-am-Ziel), v. de Prusse, prov. de Silésie, rég. de Liegnitz; château; bataille de 1745; 700 h.

HOHENFURTH, *Altovadum*, b. de Bohême, cer. de Budweis, sur la Moldau; 1200 hab.

HOHEN-GEROLDSECK (le comté de), appartenant au prince médiatisé de Leyen; se trouve dans le grand-duché de Bade, auquel il a été réuni en 1818, et dans le cer. du Rhin-Moyen. Situé entre la Kintzig et le Rhin et traversé par la Schutter, il a un sol montagneux, mais fertile en grains et en fruits; beaucoup de bestiaux et surtout des porcs; forêts considérables; mines d'argent et de plomb. Il renferme 4550 hab., sur une superficie de 2 1/2 milles c.; ses revenus annuels sont de 34,000 florins. Le château de Hohen-Geroldseck, aujourd'hui en ruines, sur la haute montagne du Schimberg qui traverse le pays, est le berceau des comtes de Geroldseck.

HOHENGŒFFT, vg. de Fr., Bas-Rhin, arr. de Saverne, cant. de Marmoutier, poste de Wasselonne; 560 hab.

HOHENLEUBEN, b. dans la principauté de Reuss-Schleitz; siége de la société des antiquaires du Voigtland; 2000 hab.

HOHENLINDEN, vg. de Bavière, cer. de l'Isar, dist. d'Ebersberg, situé sur la chaussée de cette dernière ville à Erding et sur celle de Muhldorf à Munich, dont il est distant de 7 l.; culture de lin; 230 hab.

Mémorable par la victoire remportée par l'armée française sur les Autrichiens, commandés par l'archiduc Jean, le 3 décembre 1800.

HOHENMAUTH, pet. v. fortifiée de Bohême, cer. de Chrudim; avec une belle cathédrale et un joli hôtel de ville; manufactures de draps; 4000 hab.

HOHENSOLMS, v. de Prusse, prov. du Rhin, rég. de Coblence, siége de la seigneurie du même nom; 600 hab.

HOHENSTADT, pet. v. d'Autriche, gouv. de Moravie-et-Silésie, cer. d'Olmutz, sur la Suzawa; foires fréquentées; 1500 hab.

HOHENSTAUFEN, vg. du Wurtemberg, cer. du Danube, dist. de Gappingen; 1040 h.

Cet endroit rappelle de grands souvenirs historiques. Connu dès 1070, il fut entièrement détruit après la bataille de Nœrdlingue; ses habitants dispersés ne rentrèrent dans leurs foyers que longtemps après. On montre dans l'église l'image de l'empereur Frédéric Barberousse, avec son panégyrique en vers et une porte murée par laquelle il passait pour aller à l'office.

Près de là on voit, sur une montagne conique, quelques masures, restes d'un château construit en 1080 et détruit par les paysans révoltés en 1525, berceau de l'illustre famille de Hohenstauffen, qui donna, pendant le douzième et le treizième siècles, cinq chefs à l'empire; tous résistèrent avec courage à l'ambition envahissante des papes; Frédéric Barberousse se distingua entre eux par son grand caractère et ses talents (1152 — 1190). Le dernier rejeton de cette noble race, Conradin de Souabe, périt sur l'échafaud, à Naples, le 20 octobre 1268.

HOHENSTEIN, v. du roy. de Saxe, située dans le cer. de l'Erzgebirge, sur le penchant du Pfaffenberg, où l'on jouit d'une vue très-belle et très-étendue; sa population est de 3800 hab. Cette ville possède une source d'eaux minérales, des fabr. d'impression pour les toiles de coton; elle est un des principaux centres de fabrication pour la bonneterie, et fait un commerce considérable avec les produits de son industrie.

HOHENZOLLERN (les principautés de) sont deux principautés indépendantes, possédées par deux branches d'une même famille, presque entièrement enclavées dans le roy. de Wurtemberg et touchant vers le S. au grand-duché de Bade. Leur étendue, y compris les districts seigneuriaux qu'ils renferment et qui sont sous la suzeraineté des princes de Hohenzollern, est de 25 1/2 milles c. et leur pop. de 60,000 hab., qui suivent la religion catholique; à l'exception d'un petit nombre de juifs. Le Danube, avec ses affluents peu considérables, le Schmieh, le Lauchart et l'Ablach, traverse la partie méridionale du pays, tandis que la partie au N. de la Rauhe-Alp est arrosée par le Necker et par ses affluents, le Glatt, l'Eiach et le Starzel. Ce pays est couvert, en grande partie, par la Rauhe-Alp, dont les plus hauts sommets sont le Kornbühl, haut de

2732 pieds, le Zellerhorn, le Heiligenberg et le Zollerberg. Le sol est en général peu productif; il y a cependant quelques plaines fertiles, surtout sur la rive droite du Danube. Les richesses du pays sont les productions territoriales, les bestiaux et le bois des montagnes; on cultive beaucoup de gentiane dans la partie septentrionale. Le seul métal qu'on y trouve est le fer. Les fabriques proprement dites manquent entièrement : il n'y a qu'une filature de coton, un tissage de laine et de toile de lin, 2 forges et une verrerie. Les habitants du Killersthal façonnent beaucoup d'objets en bois. On exporte des bêtes engraissées.

La maison de Hohenzollern se partagea au douzième siècle en deux branches, dont l'une devint la famille régnante de Prusse, tandis que l'aînée forma au dix-septième siècle les deux branches actuellement existantes de Hohenzollern-Hechingen et de Hohenzollern-Sigmaringen. Les deux principautés ont une voix commune avec les principautés de Lichtenstein, de Reuss, de Lippe-Schauenbourg, de Lippe-Detmold et de Woldeck, dans le petit-conseil de la diète de la confédération germanique; chacune d'elles a une voix en propre dans la grande diète.

La principauté de Hohenzollern-Hechingen qui occupe la partie septentrionale, c'est-à-dire le comté de Hohenzollern proprement dit et les seigneuries de Hirschlatt et de Stetten, a une superficie de 5 1/2 milles c. et renferme une pop. de 17,600 hab., répartis dans une ville, 3 bourgs, 20 villages et hameaux ou métairies. Elle fournit à l'armée de la confédération un contingent de 145 hommes; les revenus annuels de son prince sont de 80,000 florins. De même que la principauté de Sigmaringen, elle a un gouvernement monarchique, faiblement limité par les états provinciaux. Sa capitale est Hechingen.

La principauté de Hohenzollern-Sigmaringen, située en plus grande partie au S. de la Rauhe-Alp et plus fertile que la précédente, renferme les comtés de Sigmaringen et de Vœringen, les seigneuries de Glatt, Beuren et une partie des possessions médiates des princes de Furstenberg, de Thurn-et-Taxis, etc. Son étendue est de 20 milles c.; sa pop. est de 42,420 hab., répartis dans 6 villes, 6 bourgs, 73 villages, 62 hameaux. Son prince, qui réside à Sigmaringen, a un revenu annuel de 300,000 florins, et fournit à l'armée de la confédération germanique un contingent de 356 hommes.

HOHFRANKENHEIM, vg. de Fr., Bas-Rhin, arr. et poste de Saverne, cant. de Hochfelden; 320 hab.

HOHILPO. *Voy.* TÊTES-PLATES (Indiens).

HOHNSTEIN, pet. v. dans le roy. de Saxe, cer. de Misnie, avec une bergerie de brebis espagnoles et une école pour former de bons bergers; tout près, sur un rocher escarpé, entouré de trois côtés d'épouvantables précipices, s'élève le château de Hohnstein, qui servit autrefois de prison d'état; 900 h.

HOHROTH, vg. de Fr., Haut-Rhin, arr. de Colmar, cant. et poste de Munster; 540 h.

HOHWARTH, ham. de Fr., Bas-Rhin, com. de St.-Pierre-Bois; 500 hab.

HOHWILLER, vg. de Fr., Bas-Rhin, arr. de Wissembourg, cant. et poste de Soultz-sous-Forêts; 440 hab.

HOIER, b. du Jutland méridional, dans le duché de Fondern.

HO-KIAN-FOU, v. de Chine, prov. de Tchy-ly, située dans une belle plaine, entre le Tee-ho et le Houto-ho. Elle se distingue par des rues très-propres; sa juridiction s'étend sur dix-sept villes.

HOLACOURT, vg. de Fr., Moselle, arr. de Metz, cant. et poste de Faulquemont; 150 h.

HOLBACH, ham. de Fr., Moselle, com. de Liersthal : 400 hab.

HOLBEACH, b. d'Angleterre, comté de Lincoln ; 3700 hab.

HOLBEK, bge du roy. de Danemark, dans l'île Seeland, borné au N. par le Cattégat, à l'E. par l'Isefiorden, au S. par le bge de Soro, à l'O. par le Cattégat et le Grand-Belt; il a 29 milles c. et une pop. de 48,500 hab. La petite ville de Holbek, son chef-lieu, a 1200 hab.

HOLDERNESS, b. des États-Unis de l'Amérique du Nord, état de New-Hampshire, comté de Grafton, entre le Pénigawaset et le Squam-Pond; 1600 hab.

HOLD-MEZŒ-WAZARHÉLY, gros b. de Hongrie, comitat de Tsongrad, près du marais de Hœd; culture du tabac, du vin et du jardinage; 27,200 hab., la plupart réformés.

HOLESCHAU, pet. v. d'Autriche, gouv. de Moravie-et-Silésie, cer. de Hradisch, sur la Russowa; manufactures de draps et de toiles; commerce très-actif en produits du pays; 4000 hab., dont un tiers juifs.

HOLGUIN, v. de l'île Cuba, dép. Oriental, juridiction de Cuba; 8000 hab.

HO-LI-KIANG, fl. de Chine, prend sa source dans la prov. de Yun-nan, qu'il quitte pour entrer dans le Tonquin; là il prend le nom de Sang-koeï, reçoit à sa droite le Li-sing-kiang, passe par Ketcho et s'embouche dans le golfe de Tonquin.

HOLITSCH, b. de Hongrie, cer. en deçà du Danube, comitat de Neitra; 4000 hab.

HOLKHAMHALL, dans le voisinage de Welts, en Angleterre, grand établissement agricole appartenant à M. Th. Coke, un des plus riches propriétaires de l'Angleterre. Tous les ans, au mois de juin, on y célèbre une grande fête champêtre, à laquelle accourent les plus riches agronomes et les personnes les plus distinguées du royaume; elle dure trois jours, pendant lesquels ce riche propriétaire expose les perfectionnements qu'il a pu faire pendant l'année et étale dans son magnifique château un luxe qui rivalise avec celui des cours les plus brillantes.

HOLLABRUNN (Ober-), b. d'Autriche, ccr. au-dessous du Mannhartsberg, sur le Gœllersbache; 1800 hab.

HOLLAND, groupe de 8 îles, dans la baie de Chésapeak; elles font partie du comté de Somerset, état de Maryland, États-Unis de l'Amérique du Nord.

HOLLANDAIS (île des), île près de la pointe N.-O. de l'île de Spitzbergen, dont elle dépend. Le cap du Diable (Devils-Cape) en forme l'extrémité N.-O.

HOLLANDE. Le roy. de Hollande, qu'on désigne aussi par le nom de roy. des Pays-Bas, est situé entre 1° et 4° 48' long. orient., et entre 51° et 53° lat. N. Les limites sont, au N. et à l'O., la mer du Nord, et à l'E. les prov. prussiennes de Westphalie et du Rhin, au S. le roy. de Belgique. Sa superficie est de 1680 l. c. géogr. Il est peu de pays où la nature ait un caractère aussi singulier qu'en Hollande. De montagnes il n'y en a pas; à peine quelques collines s'élèvent-elles dans la Gueldre et dans la prov. d'Utrecht. Le pays est en général plat, surtout dans la partie septentrionale. La mer et les fleuves, dit un auteur, changent et travaillent sans relâche leurs rivages de sables, leurs bords marécageux, et si les habitants négligeaient un instant de veiller sur les digues qu'ils ont construites, la première tempête engloutirait leurs demeures. Ils marchent sur un sol qui est plus bas que la mer, et leurs routes sont des canaux. Leur pays fait partie du continent; mais il est tellement coupé dans tous les sens par des eaux, qu'il est une réunion d'îles, un domaine de l'Océan, un immense port maritime. L'art seul défend les côtes contre la violence d'une mer qui les menace sans cesse. Les dunes, collines de sables jetées sur la plage de l'Océan, lui forment une digue naturelle; mais autre part, les digues artificielles, élevées contre les envahissements de la mer et des fleuves qui s'y rendent, ne sont pas toujours capables de lutter contre les tempêtes, et plusieurs, en 1825, furent débordées ou coupées. L'entretien de ces digues coûte des sommes immenses. Encore, les contrées ainsi défendues, dont plusieurs sont situées au-dessous du niveau de la mer, seraient-elles marécageuses et stériles, si un grand nombre de canaux, attirant les eaux du sol, ne traversaient le pays en tous sens. De grandes écluses se trouvent au point où ces canaux touchent la mer ou les fleuves, pour empêcher d'un côté le flux de l'Océan de pénétrer dans l'intérieur des terres, pour faciliter de l'autre côté l'écoulement des eaux. Aucun pays du monde ne possède relativement autant de canaux que quelques provinces de ce royaume, notamment la Hollande proprement dite, la Zéelande, la Frise et Grœningue. Il est vrai de dire qu'aucun pays ne présente plus de facilité au creusement des canaux : le pays est plat, le sol facile à entamer, la pente douce des fleuves restreint considérablement le nombre des écluses. Ces canaux, avec leurs digues bien tenues et bordées d'allées de tilleuls, embellissent le pays et facilitent les transactions commerciales et les communications entre les différentes villes. L'eau étant abondante, ils sont généralement larges, profonds et accessibles à des bâtiments d'une certaine grandeur. Les provinces septentrionales n'ont, pour ainsi dire, pas d'autres routes; on trafique, on voyage sur les canaux dans ce pays, où le manque de pierres, le peu de consistance du sol rendent l'établissement de grande routes presque impossible. Au lieu de diligences, il part tous les jours, des grandes villes, plusieurs bateaux appelés *Trekschuiten*, tirés par des chevaux, et parcourant un myriamètre dans une heure. Des bâtiments plus forts mettent en communication les bords du Zuidersée. Un des grands inconvénients de la constitution du sol hollandais, c'est le manque d'eau potable, et dans plusieurs contrées on est obligé de l'amener de loin sur des canaux. Le terrain n'est pas également fertile. Des landes et des marais en occupent une portion assez considérable. Les céréales ne suffisent pas à la consommation des habitants, qui ont converti en excellents pâturages leurs terrains humides.

Parmi les nombreux golfes qui bordent les côtes de la Hollande ou qui sont formés par l'embouchure de ses fleuves, nous n'en nommerons que deux : le premier, celui de Dollart, situé entre la prov. de Grœningue et le Hanovre, reçoit les eaux de l'Ems; il date de l'an 1277, et a 3 l. de large sur 7 à 8 de profondeur. Le second, bien connu sous le nom de Zuidersée, fut produit en en 1225 par une irruption de la mer qui engloutit 30 l. de pays; il est situé entre les prov. de Hollande, de Frise, d'Over-Yssel, de Gueldre, et entre profondément dans les terres, où il reçoit les eaux du Reest, de l'Yssel et de plusieurs autres rivières.

Les îles situées sur les côtes du roy. des Pays-Bas sont assez nombreuses; on les divise ordinairement en 2 groupes : le groupe méridional, qui comprend les îles formées par les divers bras de la Meuse et de l'Escaut, et dont les principales sont : Kadzand, Nord et Sud-Beveland, Walcheren, Tholen, Schouwen, Over-Flakee, Vorn et Beyerland; le groupe septentrional, qui comprend les îles rangées à l'entrée du Zuydersée et le long des côtes de la Frise, parmi lesquelles nous mentionnerons Wieringen, Texel, Vlieland, Ter-Schelling et Amelland.

Un grand nombre de lacs, mais la plupart de peu d'étendue, couvrent les bas-fonds de la Hollande; les deux plus importants sont celui de Harlem, pompeusement décoré du titre de mer, formé, il y a trois siècles, par une irruption de la mer; il a

5 l. de long sur 2 1/2 de large, et est partout navigable ; et celui de Bies-Bosch, sur la frontière du Brabant septentrional. C'est en 1421, le 19 novembre, que la rupture de plusieurs digues entraîna la submersion de 72 villages; une nappe d'eau de 12 l. c. couvre aujourd'hui la place qu'ils occupaient jadis. Un grand nombre d'autres lacs se trouvent surtout dans les prov. de Frise, de Grœningue et d'Over-Yssel. Ces mêmes provinces, celles de Drenthe et de la Hollande septentrionale, renferment aussi beaucoup de marais. Les principaux de ces marais sont le Bourtong dans les prov. de Grœningue et de Drenthe, et le Peel dans le Brabant septentrional et le Limbourg. On appelle *polders* les anciens bas-fonds des marais qu'on a desséchés; la ci-devant mer de Narden et les rives de l'Escaut vers son embouchure en offrent de considérables ; mais ces terres, acquises à l'homme à force de travail, sont désolées par des fièvres terribles, connues sous le nom de maladie des polders. Les principaux fleuves et les rivières les plus importantes de la Hollande sont : l'Escaut qui, en sortant du territoire belge, se divise en deux bras et forme à son embouchure presque toutes les îles de la Zéelande ; le Rhin et ses différents bras, le Wahal, l'Yssel, le Leck, le Vecht, la Meuse, qui prend le nom de Merve après sa jonction avec le Wahal; la Rœr, le Hunse, l'Ems, dont l'embouchure seule touche le royaume ; l'Amstel, le Paan, le Zoom, l'A, le Dommel, le Spaaren, le Berkel, l'Eeé, le Borne ou Bourn, le Doughen, etc.

Il ne nous reste plus, pour achever ce que nous avions à dire sur l'hydrographie de la Hollande, que de nommer les principaux canaux dont nous avons déjà longuement parlé. Le plus important de tous est le canal du Nord dans la prov. de Hollande. Commencé en 1819, dit M. Balbi, et fini en 1824, il joint le port d'Amsterdam à celui de New-Diex, par une ligne navigable pour les vaisseaux de guerre et les vaisseaux marchands du plus fort tonnage. Par un trajet de 20 l., toujours sûr et facile, il leur fait éviter les longs détours; souvent contrariés par les vents et les hauts-fonds, qui les obligeraient de s'alléger en prenant le Zuydersée. C'est le plus beau canal que l'on connaisse. Ses grandes écluses ont 190 pieds de long, 24 de profondeur, et 55 d'ouverture entre leurs portes. A cause de la nature du sol on a été obligé d'établir ces écluses sur des pilotis enfoncés jusqu'à 30 pieds au-dessous du niveau du flux ordinaire de la mer. Le canal de Zédérik, qui va de Wiaren à Gorkum, et abrège de huit jours le trajet d'Amsterdam à Cologne, est remarquable parce qu'il est le premier où l'on ait fait usage des écluses à éventail. Le canal appelé Zuyd-Williems-Waart, qui fait communiquer Bois-le-Duc et Mæstricht, porte les grandes barques de la Meuse et présente près de cette dernière ville une magnifique écluse. Enfin, nous nommerons encore le canal qui s'étend depuis l'Ems jusqu'à Harlingue, sur le Zuydersée, en passant par Grœningue et Leeuwarden.

Le ciel de la Hollande est terne, son atmosphère nébuleuse, son climat froid et très-humide. Pendant les chaleurs de l'été les exhalaisons des canaux sont souvent insupportables, bien qu'à l'aide de moulins on cherche à tenir l'eau en mouvement. En général, le pays est insalubre et nuisible, non seulement aux étrangers, mais encore aux habitants. L'humidité est telle que les soins les plus minutieux sont à peine capables de préserver de la rouille les objets métalliques. L'excessive propreté des Hollandais, exagérée quelquefois, n'est que la suite nécessaire de la nature du climat.

Nous avons déjà parlé des gras pâturages qui occupent un si grand espace de la Hollande. Le bétail et les moutons qu'on y élève sont une des principales richesses du pays et donnent des fromages recherchés, parmi lesquels on estime principalement ceux de Leyde, d'Edam et du Limbourg; ces derniers sont fabriqués avec du lait de mouton. Les céréales ne suffisent pas à la consommation; on les cultive surtout en Zéelande. Le lin, la garance et dans quelques cantons le tabac et des arbres fruitiers occupent avec le blé les meilleures terres. Les Hollandais trouvent encore une grande ressource dans la pêche; celles du hareng et de la baleine leur donnaient autrefois des profits immenses, limités maintenant par la concurrence des Anglais, des Français, des Danois. Le bois manque presque totalement en Hollande ; les bois de construction viennent de l'Allemagne, de la Russie et de la Scandinavie ; on se sert, au lieu de bois de chauffage, qui reviendrait trop cher, de houille anglaise ou de tourbe qu'on trouve abondamment dans le pays.

La population du royaume de Hollande est de 2,750,000 habitants ; celle de ses colonies est de 9,400,000. Les Hollandais qui forment la grande masse des anciennes sept provinces sont de race germanique ; il en est de même des Allemands qui occupent en partie les duchés de Limbourg et de Luxembourg et qu'on trouve établis dans les grandes villes des autres provinces, et des Frisons, qui occupent une partie de la Frise et des îles qui en dépendent. Les Wallons, qui habitent les duchés de Limbourg et de Luxembourg, sont d'origine française.

Les Hollandais, dit M. de Rougemont, sont actifs, laborieux, économes, réfléchis, prudents, persévérants, courageux ; ils ont les manières simples, l'abord froid, l'esprit plus solide que brillant. Leur caractère et leur fidélité sont aussi bien connues que leur propreté et leur phlegme. Ils n'aiment ni le bruit, ni l'ostentation ; leurs maisons de campagne, qui couvrent les bords des canaux, sont simples et de peu d'étendue. L'horticulture a été portée par eux à la perfection; mais ils préfèrent la symétrie au naturel. Les Hollandais parlent le néerlandais, le frison, le flamand, l'allemand, le wallon et le français. Le hollandais, parlé presque exclusivement dans le Nord, est un dialecte du bas-allemand, mêlé de mots français et latins. C'est dans la prov. de Hollande qu'on parle ce dialecte dans sa plus grande pureté. Les trois cinquièmes des habitants sont protestants, en très-grande partie calvinistes; il y existe environ 50,000 juifs; le reste est catholique, surtout dans le Brabant, le Limbourg et le Luxembourg.

L'industrie hollandaise est très-active. Les fabriques, jadis très-florissantes, souffrent beaucoup de la concurrence d'autres pays et surtout de celle de l'Angleterre. Les Hollandais, à cause de la pauvreté de leur propre pays, cherchaient à importer des matières premières, pour les réexporter manufacturées. C'est ainsi que leurs distilleries d'eau-de-vie leur rapportaient de grosses sommes. Ils blanchissaient et blanchissent encore une immense quantité de toiles; ils faisaient scier chez eux des bois venus d'Allemagne et vendaient les planches en Espagne et dans d'autres contrées méridionales. Néanmoins leur industrie est toujours importante; les principaux produits sont : les toiles de Hollande, la céruse d'Amsterdam, Rotterdam, Schiedam, Dortrecht, Utrecht, supérieure à celle qui est fabriquée dans les autres pays; la cirerie de Harlem, le genièvre de Schiedam et autres villes, le vermillon d'Amsterdam, les blanchisseries de Harlem, qui fournissent au commerce ces belles toiles de Hollande si recherchées; les étoffes de soie de la même ville et celles d'Utrecht; les velours du même endroit; les papiers de la Hollande-Supérieure, principalement de Zaardam; les tanneries de Mæstricht, les fabriques de tabac d'Amsterdam et de Rotterdam, les pipes de Gonda, les aiguilles de Rotterdam et de Bois-le-Duc, les raffineries de sucre d'Amsterdam, de Rotterdam et de Dortrecht, qui livrent annuellement, selon M. Balbi, 40 millions de kilogrammes à la consommation ; enfin les livres, les gravures d'Amsterdam, les diamants qu'on taille dans cette ville, etc., prouvent l'industrieuse activité des habitants de la Hollande.

Le commerce extérieur auquel ce royaume doit sa grandeur, quoique bien déchu de ce qu'il était autrefois, est encore très-considérable. Au quatorzième, au quinzième et au seizième siècles, les Pays-Bas proprement dits florissaient déjà par leurs fabriques et leur commerce. Le joug espagnol tarit cette source de richesse et l'industrie se retira sur la terre libre de Hollande. Au dix-septième siècle les Hollandais jouaient le rôle que leur ont enlevé depuis les Anglais. Leur marine était la première du monde et leur commerce s'étendait sur toute la terre.

C'était l'époque où les possessions portugaises de l'Inde, tombées en leurs mains, leur donnaient le monopole du trafic des épices, du poivre, de la cannelle, de la muscade. L'acte de navigation, publié par Cromwell, en 1651, en défendant aux nations commerçantes d'importer en Angleterre des productions étrangères à leur pays, leur porta le premier coup. Les guerres avec l'Angleterre leur ravirent la domination des mers, et bientôt cette puissance leur fit une redoutable concurrence dans l'Inde. Malgré ces revers, le commerce hollandais est, comme nous l'avons déjà dit, encore très-considérable. Aucune autre partie du globe, dit M. Balbi, l'Angleterre exceptée, n'offre, relativement à son étendue, autant de capitaux. Ses habitants possèdent 3 milliards et demi de francs chez différents peuples, ce qui les met en état d'entreprendre les affaires commerciales les plus étendues et les plus importantes. On importe dans le pays une foule d'objets pour en faire le commerce de commission qui, ainsi que le change, donnent des bénéfices très-considérables. Les exportations consistent, en outre des articles fournis par l'industrie et que nous avons déjà mentionnés, en épiceries et autres produits des Indes orientales et occidentales, en fleurs, huiles, semences, peaux, etc. Amsterdam, Rotterdam, Middelbourg, Flessingue, Briel, Dortrecht, Enkhuisen, Zieriksée, Grœningue et Utrecht sont les grandes places commerçantes du royaume.

La république hollandaise a été la première la patrie de la tolérance religieuse et d'une instruction élémentaire répandue dans tout le peuple. L'instruction publique est toujours florissante; un huitième de la population fréquente les écoles primaires, les écoles des pauvres, les collèges, les 8 gymnases ou athénées et les universités de Leyde, d'Utrecht et de Grœningue. Un grand nombre de savants et d'artistes du plus haut mérite ont illustré ce pays; une école de peinture en a reçu le nom. Parmi les premiers nous nommerons Érasme de Rotterdam, le fameux Hugo Grotius, proprement Hugo van Groot, versé dans toutes les parties des connaissances humaines; les grands médecins et naturalistes Boerhaave, van Swieten, Ruisch, Lijonet, Leeuwenhock; les philologues Burmann, Ruhnken, Valckenaer, Hemsterhuis, Wittenbach ; les mathématiciens Huighens et Musschenbrock, le grand philosophe Benoît Spinosa, le célèbre théologien Jansénius. Parmi les poètes et littérateurs nous citerons Vondel, Kats, Hooft, van Haren, Helmer, et plus récemment de Boosch, van Kooten, Klijn, Bellamij, Feith, Willem Bilderjck et Tollens. L'école de peinture hollandaise se distingue par un goût prononcé pour les scènes de la nature et les détails subalternes ou grotesques de la vie domestique. Lucas de

Leyde, qui en est regardé comme le fondateur, était cependant un peintre religieux remarquable. Les principaux artistes de cette école, sont : Gerhard Terburg, Waterloo, J. Ruisdæl, de Heem, Mieris, van Huisum, Wouwerman, Berghem, Paul Potter, Andreas van Ostade, Gerard Dow, van der Werf et Rembrandt.

Le gouvernement du roy. de Hollande est une monarchie représentative et constitutionnelle. La couronne est héréditaire dans la famille du roi actuel Guillaume Ier (de la maison Nassau-Orange); à défaut de fils, les filles ont le droit de succéder. L'héritier présomptif porte le titre de prince d'Orange. Les états-généraux se composent de deux chambres : les membres de la première sont nommés à vie par le roi; la seconde est formée de membres nommés par les états provinciaux. Elles s'assemblent au moins une fois par an. Les états provinciaux, au nombre de 9, se composent de députés de la noblesse, qui n'a d'ailleurs aucun privilége, de ceux de 82 villes et de ceux des paysans, qui sont entièrement libres. Ils s'assemblent aussi une fois l'an et chaque fois que le roi les convoque. Le gouvernement des colonies appartient exclusivement au roi.

Les revenus de la Hollande sont de 85,000,000 francs. Sa dette, quoiqu'amoindrie par la partie mise à la charge de la Belgique, s'élève encore à la somme énorme de 3 milliards. La force armée (pied de paix) est de 26,000 hommes. Les principales places fortes sont Mæstricht, Bréda, Berg-op-Zoom, Bois-le-Duc, Flessingue, le Helder, Coeverden et Luxembourg; cette dernière forteresse appartient, sous le rapport militaire, à la confédération germanique. La marine militaire se compose, selon Balbi, de 12 vaisseaux de ligne, 33 frégattes et 56 bâtiments inférieurs; les principaux ports et chantiers sont : Amsterdam avec Medemblik, le Texel et New-Diep, Rotterdam avec Helvo et Huis, et Flessingue.

Le grand-duché de Luxembourg a une constitution particulière et fait partie de la confédération germanique. En compensation des cantons de ce grand-duché cédés à la Belgique, le roi de Hollande a proposé de faire entrer le duché de Limbourg, à l'exception des villes fortes de Mæstricht et de Venloo, dans la confédération. Cette offre a été acceptée, le 5 septembre 1839.

Le royaume est divisé en 10 provinces, subdivisées chacune en districts et ceux-ci en cantons. Il faut y ajouter le grand-duché de Luxembourg et le duché de Limbourg, qui, ainsi que nous venons de le voir, se trouvent dans une position particulière.

TABLEAU DES DIVISIONS ADMINISTRATIVES DE LA HOLLANDE.

PROVINCES.	CHEFS-LIEUX ET VILLES PRINCIPALES.
Hollande septentrionale,	Amsterdam, Harlem, Horn, Alkmaar.
Hollande méridionale,	Zaardam, Rotterdam, La Haye, Delft, Leyde, Dortrecht, Gorcum.
Zéelande,	Middelbourg, Flessingue.
Utrecht,	Utrecht, Amerfort.
Gueldre,	Arnhem, Nimègue, Zutphen, Harderwyk.
Over-Yssel,	Zwoll, Deventer, Kemper.
Drenthe,	Assen, Meppel, Coeverden.
Grœningue,	Grœningue, Dellzyl.
Frise,	Leeuwarden, Harlingen.
Brabant septentrional,	Bois-le-Duc, Bréda, Berg-op-Zoom.
Limbourg,	Mæstricht, Ruremonde, Venloo.
Luxembourg,	Luxembourg.

Colonies. Les importantes colonies de la Hollande, dont la population, en 1827, était de 9,400,000 habitants, sont :

En Afrique : Elmina ou St.-George-de-la-Mine. Divers petits forts sur la côte d'Or, en Guinée.

En Asie et dans l'Océanie : Sumatra (la plus grande partie de cette île avec Bencoulen). Java, dont la capitale Batavia est celle de toute l'Océanie dépendante des Pays-Bas. Madoura en totalité. Célébès et Bornéo, en grande partie. L'archipel de Sumbava et de Timor presque en entier. L'archipel des Moluques presque en entier. La terre des Papous, dans la Nouvelle-Guinée. L'île des Papous. L'îlot de Riow, important par son commerce.

En Amérique : les îles Bonaïr, Curaçao, St.-Eustache, une partie de St.-Martin, celle de Saba et quelques îlots. Enfin la colonie de Surinam à la Guyane.

La ville principale du roy. de Hollande est Amsterdam, mais la capitale réelle est La Haye, où réside ordinairement le roi et le corps diplomatique et où siégent les états-généraux.

Les premiers habitants des plaines marécageuses furent les Frisons et d'autres tribus de race germanique. Les Romains les soumirent en partie, après de longs efforts, et les traitèrent bientôt en alliés, les reçurent dans leurs armées et estimèrent particulièrement la cavalerie batave. Lors de la migration des peuples les provinces au S. du Rhin, dont le sort fut presque toujours lié à celui des provinces de la Hollande proprement dite, tombèrent aux mains des Francs Saliens; les Frisons maintinrent leur indépendance contre des voisins, qui d'ailleurs ne voyaient qu'un terrain marécageux et stérile, défendu par un peuple pauvre, mais brave. Plus tard le système féodal s'introduisit en Hollande; son régime fut assez doux, mais la division des forces permit aux ducs de Bourgogne d'étendre leur suzeraineté au nord comme au midi du Rhin. Mais déjà l'aspect de ces provinces était changé; l'esprit marin et commercial des habitants avait pris son essor; de grandes villes avaient été fondées; affranchies en communes, elles jouissaient de précieux priviléges et avaient acquis d'énormes richesses. Leur prospérité surpassait celle de tous les états de l'Europe au quinzième siècle. Telle était la situation de ces provinces, lorsque l'héritage de Charles-le-Téméraire passa à son arrière-petit-fils Charle-Quint, qui réunit sous le même sceptre les provinces espagnoles, bourguignonnes et autrichiennes. Ce prince respecta les priviléges et les libertés des villes, se bornant à leur demander des soldats et de l'argent. Il ne se montra cruel qu'envers les protestants, dont la doctrine commençait alors à se répandre. Son fils agit autrement. L'orgueilleux Philippe II, n'estimant alors que l'Espagne, maltraita horriblement les Pays-Bas. La persécution religieuse et politique souleva les patriotes, qui s'honorèrent du nom de Gueux que leur avaient donné les dédaigneux Espagnols. Des excès furent commis de part et d'autre. Alors parut le duc d'Albe avec 10,000 soldats d'élite. Egmont et Horn périrent sur l'échafaud. Guillaume d'Orange, un autre chef, fut déclaré hors la loi; les Espagnols pillèrent et dévastèrent ce pays, réprimant les faibles efforts de Guillaume d'Orange. Mais bientôt les Gueux des mers, ainsi que s'appelèrent les patriotes réfugiés sur les vaisseaux, s'emparèrent de Briel et de Flessingue. Ce succès enhardit les Hollandais et les Zéelandais, qui se déclarèrent en faveur du prince d'Orange. Le coup était porté. D'Albe et ses successeurs, affaiblis d'ailleurs et dénués d'argent, se virent dans l'impossibilité de réduire les révoltes, dont le nombre s'accrut rapidement. En 1579, les habitants réformés des contrées septentrionales s'unirent ouvertement pour la défense de leurs libertés et de leur religion, et formèrent la confédération des Sept-Provinces-Unies. Ces provinces étaient la Gueldre, la Hollande, la Zéelande, Utrecht, la Frise, Over-Yssel et Grœningue. Elles avaient pour allié le pays de Drenthe, qui était sous la protection de Grœningue, et pour pays conquis et sujets qu'elles possédaient en communauté (d'où le nom d'états de la Généralité ou États-Généraux), la Flandre hollandaise, sur la rive droite de l'Escaut méridional, le Brabant septentrional, Mæstricht et quelques parties du Limbourg et de la Gueldre espagnole.

Guillaume d'Orange et son fils Maurice restèrent à la tête de la république, que l'Espagne fut obligée de reconnaître par le traité de Westphalie. Les succès des Hollandais avaient été surtout grands sur mer. Profitant de la conquête du Portugal par Philippe, ils se saisirent des possessions portugaises dans l'Inde, s'emparèrent d'une partie du Brésil et augmentèrent rapidement leurs richesses et leur pouvoir. Deux partis divisaient les Provinces-Unies, celui du stadhoudérat et le parti républicain. Ce dernier l'emporta en 1650, et pendant 22 ans la Hollande, sous le gouvernement des frères Jean et Cornelius de Witt, prospéra et combattit l'Angleterre avec gloire. Tromp et Ruyter étaient ses amiraux. Mais lorsque Louis XIV menaça la république, le stadhoudérat fut rétabli; la Hollande, entraînée par Guillaume III d'Orange, qui plus tard monta sur le trône d'Angleterre, dans des guerres longues et ruineuses perdit de son ascendant et de sa puissance; son commerce et sa marine déchurent. La république française retrouva les anciens partis; le stadhouder allié avec ses ennemis. En 1795, pendant un hiver rigoureux, Pichegru conquit la Hollande; le stadhouder s'enfuit en Angleterre et la république batave fut fondée. Depuis lors jusqu'en 1813 les Provinces-Unies partagèrent le sort de la France. Érigées en royaume en faveur de Louis Bonaparte, frère de Napoléon, elles firent partie intégrante de l'empire, après l'abdication de ce roi. En 1813 la Hollande fut envahie, et en 1815 érigée en monarchie représentative, conjointement avec les provinces qui forment aujourd'hui le roy. de Belgique. On lui donna pour souverain le fils du dernier stadhouder. Les événements plus modernes, la séparation de la Belgique en 1830, les causes qui l'amenèrent, ses suites, enfin les conventions de 1839, qui règlent définitivement les rapports entre les deux pays, sont trop récents pour que nous croyions devoir nous y arrêter (*Voyez* BELGIQUE).

HOLLANDE. La province de ce nom, divisée administrativement en Hollande méridionale et en Hollande septentrionale, était autrefois un comté très-puissant qui porta d'abord le nom de comté de Frise. Plus tard elle forma le centre de la rép. des Provinces-Unies, et renferme encore aujourd'hui les plus grandes villes du royaume et les ports les plus commerçants. Elle est située entre 1° 50' et 3° 2' long. orient., et 51° 45' et 53° 30' lat. N. Ses limites sont : au N. et à l'O. la mer du Nord, le Zuydersee, Utrecht et Gueldre, à l'E. le Brabant septentrional et la Zéelande au S. Sa superficie est de 300 l. c.; sa population, très-agglomérée, s'élève à 900,000 hab. Le golfe Yeth, enfoncement du Zuydersee, sert de limite entre les deux parties de la province. C'est une des parties les plus basses du royaume; beaucoup d'endroits sont situés au-dessous du niveau de la mer; partout l'on ne voit que digues, canaux, écluses, marais, polders. Une chaîne de collines sablonneuses, de 40 à 50 pieds de hauteur, les Dunes, la défendent contre la fureur de l'Océan. On y trouve, malgré la proximité de la mer, des sources d'eau douce. L'humidité du sol empêche la culture des céréales; mais, par compensation, il est difficile de trouver des pâturages plus gras, couverts de plus beau bétail. Le grand nombre des villes et des villages de cette province, la propreté et l'aisance qu'on remarque partout, en font un pays charmant. Le Rhin et la Meuse sont les principaux fleuves qui le traversent. La mer de Harlem, qui s'y trouve, est le plus grand lac du royaume. Ses productions les plus importantes consistent en tourbe, lin, bétail, moutons, beurre et fromages. L'horticulture y a atteint un degré de perfection remarquable; Alkmar, La Haye et Harlem en sont les principaux centres. La prospérité et l'aisance de la prov. de Hollande étaient toujours si grandes et si reconnues, que sur 100 florins imposés dans l'intérêt général, elle en payait à elle seule 57, sous le gouv. républicain. *Voyez* ci-dessus, pour l'indication des principales villes de la Hollande méridionale et de la Hollande septentrionale, le tableau des divisions administratives du royaume.

HOLLANDE (Nouvelle-). *Voy.* AUSTRALIE.

HOLLANDE MÉRIDIONALE. *Voyez* HOLLANDE (province de).

HOLLANDE SEPTENTRIONALE. *Voyez* HOLLANDE (province de).

HOLLANDIA, jadis nommé Friedrichsbourg ou Brandebourg, fort hollandais dans la partie occidentale de la côte d'Or, Haute-Guinée, près du b. Pockeso, à 4 milles E. d'Axim. Il fut bâti par les Prussiens et cédé par ceux-ci, en 1720, aux Hollandais, qui cependant n'en prirent possession qu'au milieu du dernier siècle.

HOLLARD, ham. de Fr., Yonne, com. de la Chapelle-sur-Creuse; 100 hab.

HOLLERSBERG, vg. de la Haute-Autriche, cer. de Salzbourg; mines de cuivre et de soufre.

HOLLFELD, pet. v. de Bavière, chef-lieu de district dans le cer. du Mein-Supérieur, à 6 l. de Baireuth; éducation de brebis. Son château a été possédé par les ducs de Méran. Population de la ville 1060 hab., du district 13,700, sur 4 1/2 milles c.

HOLLING, vg. de Fr., Moselle, arr. de Metz, cant. et poste de Boulay; 478 hab.

HOLLY-SHELTER, vaste marais à l'E. de la Caroline du Nord, États-Unis de l'Amérique du Nord; il s'étend des rives du Cape-Fear septentrional jusqu'au bord de l'Océan.

HOLM, b. d'Angleterre, comté de Cumberland; ruine d'une ancienne abbaye; éducation de bétail considérable.

HOLM, île dans le Delaware, fait partie du comté de Gloucester, état de New-Jersey, États-Unis de l'Amérique du Nord.

HOLMANS-HARBOUR, excellent port avec de nombreux établissements de pêcheurs qui forment une commune, sur la côte S.-E. de la Nouvelle-Écosse, à l'E. du cap Mispek.

HOLME-CULTRAM ou ABBEY-HOLME, paroisse d'Angleterre, comté de Cumberland; 3000 hab.

HOLMESHAND, v. maritime de Norwège, diocèse d'Aggerhuus, à 7 l. de Christiania; carrières de marbre; exportation de bois; 1200 hab.

HOLMESVILLE. *Voyez* PIKE (comté).

HOLNON, vg. de Fr., Aisne, arr. et poste de St.-Quentin, cant. de Vermand; 900 h.

HOLO-HO, roy. indépendant de la Basse-Guinée, au S.-E. de celui de Congo; c'est le plus vaste des états situés au S. du fleuve Congo. Les Mouchicongos et les Mahungos en dépendent.

HOLO-HO, pet. v. de la Basse-Guinée, capitale du roy. de même nom, à 50 l. E.-S.-E. de Hialala.

HOLOMAUC. *Voyez* OLMUTZ.

HOLQUE, vg. de Fr., Nord, arr. de Dunkerque, cant. et poste de Bourbourg; 360 h.

HOLSTEIN (duché de), qui, après que Charlemagne eût fait de l'Eider la limite de son empire, portait le nom de Nordalbingia ou Transalbingia, est cette partie du roy. de Danemark qui s'étend entre 6° 28' et 8° 39' long. orient., entre 53° 34' et 54° 25' lat. sept., et qui est bornée au N. par le duché de Schleswig, dont la séparent l'Eider et le canal de Schleswig-Holstein, au N.-E. et à l'E. par la mer Baltique, au S.-E. par la principauté de Lubeck et le duché de Lauenbourg, au S. et au S.-O. par l'Elbe, à l'O. par la mer du Nord; il renferme une population de 435,600 hab., sur une superficie de 153 milles c., ce qui donne un chiffre de 2193 hab. par mille c. Exposé aux vents d'ouest et placé entre deux mers, il a un climat tempéré, mais très-variable. Le Holstein propre est une lande peu élevée, interrompue par des districts fertiles; elle est habitée par des Saxons. Le long des côtes de la mer du Nord s'étend le pays des Ditmarsches, pays de sables et de marais, extrêmement fertile, entouré de digues et habité par des Frisons; les côtes baignées par la mer Baltique offrent un beau plateau semé de lacs et de nombreuses collines que recouvrent de belles forêts de chênes et de hêtres, et où le sable alterne avec un sol fertile. C'est la Wagrie, patrie des Wendes, qui ont été chassés de leur pays ou soumis par les Saxons. Les principaux fleuves qui arrosent le Holstein sont l'Elbe et l'Eider.

Le Holstein est un pays maritime et commerçant; Altona, Kiel et Gluckstadt y sont des ports de mer importants; il fournit le N. de l'Allemagne et le Danemark de céréales, de beurre, de fromage et de chevaux; l'agriculture et l'éducation des bestiaux et particulièrement de la race chevaline, y occupent près de la moitié de la population.

Sa marine marchande était extrêmement florissante avant le bombardement de Copenhague par les Anglais, en 1807; elle fit alors des pertes immenses qui n'ont pu encore être réparées. Mais, à l'exception des fabriques de draps de Neumunster, des tuileries et des distilleries, l'industrie manufacturière n'y a fait que peu de progrès.

Les Saxons du Holstein propre et de la Wagrie parlent le bas allemand; dans le premier, les terres nobles sont rares et le paysan est libre, tandis qu'ils sont serfs dans la Wagrie, où toutes les terres appartiennent à des seigneurs. Les Frisons des marsches ont conservé leur ancienne langue et une certaine indépendance provinciale; ils n'ont point de noblesse. Le roi de Danemark ne règne pas sur le duché de Holstein non plus que sur celui de Schleswig comme monarque danois, mais comme duc de Holstein et de Schleswig. La noblesse y jouit de grands priviléges; il faut distinguer, sous le rapport des divisions administratives, des bailliages sous la dépendance de la couronne, des villes qui ont leur administration propre, des districts seigneuriaux et enfin les marsches. Le schefs des bailliages sont en même temps juges civils et criminels. Le Holstein est régi concurremment par le droit romain, par la coutume, par le droit allemand, par le droit saxon et par celui de Lubeck. Quant à son organisation religieuse, il s'y trouve 481 pasteurs luthériens répartis en 24 prévôtés et 2 surintendances générales. Les jeunes gens font dans le Holstein de bonnes et solides études; la masse du peuple y est éclairée et l'instruction élémentaire parfaitement organisée.

Le Holstein, habité, à l'exception de sa partie orientale, par des Saxons, fut, à la suite des guerres de Charlemagne contre ce peuple, soumis jusqu'à l'Eider à la domination des Francs; il eut beaucoup à souffrir des incursions des Wendes et des Danois. Le traité de Verdun, en 843, le réunit à l'Allemagne, et quand la famille des ducs de Saxe-Billung vint à s'éteindre, il fut donné au comte Adolphe de Schavenbourg, en 1106. Deux branches de la famille dont il fut la souche se partagèrent le Holstein en 1238 et résidèrent, l'une à Kiel, l'autre à Rendsbourg. La première s'éteignit dès l'an 1317, l'autre se partagea en plusieurs branches. Le duc Gerhard réunit le premier tout le Holstein (à l'exception du pays de Ditmarschen, de la seigneurie de Pinneberg et de l'évêché libre de Lubeck) et le duché de Schleswig, dont il reçut l'investiture, en 1386, comme fief de la couronne de Danemark. Après la mort d'Adolphe VIII, sans descendance mâle, en 1459, le roi de Danemark fut nommé souverain des deux duchés, et publia alors une charte de franchise, regardée comme la loi fondamentale de Schleswig-Holstein. Le Schleswig et le Holstein devaient rester éternellement unis sous le même prince, et jamais le duché de Schleswig ne pourrait être uni au Danemark, c'est-à-dire que la réunion sous un même prince n'impliquait nullement communauté d'autorité royale ni d'administration. L'empereur Frédéric III éleva, en 1474, le comté de Holstein au rang de duché. Mais bientôt on admit le principe de partage entre les membres d'une même famille, plusieurs branches se partagèrent les deux duchés et les rapports se compliquèrent à l'infini. Il en résulta de longues discussions et des guerres entre le Danemark et la maison de Holstein-Gottorp. Cette maison donna des souverains à la Russie, en 1742, et à la Suède, en 1743. Par un traité entre la Russie et le Danemark, effectué en 1774, Hambourg fut affranchi de la souveraineté du Holstein, et, pour dédommager la maison de Gottorp, on donna les comtés d'Oldenbourg et de Delmenhorst, avec l'évêché de Lubeck, au duc Frédéric-Auguste, frère puiné du roi de Suède Adolphe-Frédéric, en échange de la partie du Schleswig et du Holstein qui avaient jusques-là appartenu à la maison de Gottorp. Enfin, en 1779, tout le Holstein (à l'exception des deux villes libres et de l'évêché de Lubeck) fut réuni au duché de Schleswig sous la domination d'un même souverain.

HOLSTENBORG, colonie sur la côte S.-O. du Grœnland, inspectorat du Sud, sous 67° 41' lat. N. et sur la Baie-du-Sud. Cette colonie, fondée en 1759, est la moins peuplée de cette côte.

HOLSTEROE, très-petite v. du bge de Ringkjobing, dans le Jutland septentrional.

HOLSTON. *Voyez* TENNESSÉE (fleuve).

HOLT. *Voyez* DEER-ISLE.

HOLTZHEIM, vg. de Fr., Bas-Rhin. arr. et poste de Strasbourg, cant. de Geispolsheim; 830 hab.

HOLTZWIHR, vg. de Fr., Haut-Rhin, arr. et poste de Colmar, cant. d'Andolsheim; 880 hab.

HOLVING, vg. de Fr., Moselle, arr. de Sarreguemines, cant. de Sarralbe, poste de Puttelange; 1210 hab.

HOLY. *Voyez* ILY.

HOLYHEAD, jolie pet. v. d'Angleterre, sur l'ilot de ce nom; importante par son port, d'où part tous les matins un bateau à vapeur pour Dublin; un petit canal la sépare de l'ile d'Anglesey; 4000 hab.

HOLYHOCK, groupe isolé de montagnes sur la rive droite du Connecticut, état de Massachusetts, États-Unis de l'Amérique du Nord; ces montagnes atteignent la hauteur de 416 mètres.

HOLYOKE. *Voyez* NORTHAMPTON (ville).

HOLYROOD, château d'Édimbourg, ancienne résidence des rois d'Écosse; c'est un vaste édifice d'une grande solidité, [dans lequel on voit encore, au second étage, les appartements qu'occupait l'infortunée Marie Stuart. Autour de ce vieux château, qui, pour la seconde fois, a servi pendant quelque temps de retraite à Charles X, s'est établie, depuis le départ de Jacques Ier pour l'Angleterre, une colonie de débiteurs insolvables que les lois du pays y protégent contre leurs créanciers. L'enceinte qui leur offre un asile s'étend à 4 milles de circonférence autour de l'édifice. Holyrood et ses dépendances forment une espèce de palatinat isolé, qui se régit par ses propres lois; il contient ordinairement 500 débiteurs, qui sont considérés comme de simples banqueroutiers.

HOLYWELL, pet. v. d'Angleterre, comté de Flint, à l'embouchure de la Dee; manufactures de tabac, filatures, tanneries; port; commerce; dans son voisinage se trouve la célèbre source de Ste.-Winifred, fournissant plus de 200 kilogrammes d'eau par minute; mines de plomb, de calamine et de cuivre; 9000 hab.

HOLZAPFEL, pet. v. dans le duché de Nassau, bge de Dietz, située près de la Lahr et importante par sa mine de plomb argentifère; appartenant, ainsi que la seigneurie de Schauenbourg, à l'archiduc Étienne d'Autriche, fils du palatin de Hongrie.

HOLZMINDEN, v. du duché de Brunswick, située sur le Wéser, dans une vallée profonde, et chef-lieu d'un district du même nom. Elle a un gymnase, des fabriques importantes de fer, d'acier, de bonneterie, de toiles de lin, de pipes, d'épingles, et fait un commerce très-considérable d'expédition de fer et de toiles de lin. Ses moulins à polir offrent des machines remarquables pour façonner de toutes les manières les pierres de Sollingen; 2000 hab. Le dist. de Holzminden comprend les cer. de Holzminden, d'Eschershausen, d'Oldendorf et d'Ottenstein et le cer. judiciaire de Thadinghausen. Il renferme, sur une étendue de 13 2/3 milles c., une population d'environ 39,000 hab.

HOM (l'), Aveyron. *Voyez* LUNAC.

HOM (château de l'), en Fr., Tarn, com. de Gaillac; 580 hab.

HOMARA, pet. v. du roy. marocain de Fez, prov. d'Habat, à 6 l. d'Alcacar-Ceguer.

HOMARTING, vg. de Fr., Meurthe, arr., cant. et poste de Sarrebourg; 760 hab.

HOMBERG, v. de la Hesse-Électorale, prov. de la Basse-Hesse; elle renferme un couvent de filles nobles; dans son voisinage se trouve une mine de fer; 3200 hab.

HOMBERG-AN-DER-OHM, v. du grand-duché de Hesse-Darmstadt, principauté de la Haute-Hesse; 1800 hab.

HOMBLEUX, vg. de Fr., Somme, arr. de Péronne, cant. de Nesle, poste de Ham; fabr. de sucre indigène; 1110 hab.

HOMBLIÈRES, vg. de Fr., Aisne, arr., cant. et poste de St.-Quentin; fabr. de tissus en coton et mousselines; meubles; 1066 h.

HOMBOURG, vg. de Fr., Haut-Rhin, arr. d'Altkirch, cant. et poste de Habsheim; fabr. de sucre indigène; 1226 hab.

HOMBOURG, pet. v. murée de la Bavière rhénane, chef-lieu de l'arrondissement et du canton de même nom, ancien domaine de Nassau-Sarrebruck, située à 1 1/2 l. N. de Deux-Ponts, sur une éminence, et traversée par les routes de Mayence à Paris et de Strasbourg à Kreuznach, par Deux-Ponts; son ancien château a été rasé en 1714, après le traité de Bade; elle possède des manufactures d'étoffes de laine et de coton et un commerce local très-actif; les environs sont stériles, et les récoltes de seigle, avoine et pommes de terre ne suffisent pas à la consommation; éducation de bestiaux et exploitation de tourbe; pop. de la ville 2830 hab., du canton 9100, de l'arrondissement 38,000.

HOMBOURG, b. de la Bavière, sur le Mein, chef-lieu de district dans le cer. du Mein-Inférieur; avec un château, un bac sur le Mein; de nombreuses usines sur une petite rivière qui ne gèle jamais; fabr. de salpêtre minéral et de poterie; culture de vignes; pop. de la ville 680 hab., du district 9300 hab., sur 2 milles c.

HOMBOURG-BAS, ham. de Fr., Moselle, com. de Hombourg-Haut; forges; 536 hab.

HOMBOURG-HAUT ou **HOUMERICH**, pet. v. de Fr., Moselle, arr. de Sarreguemines, cant. et poste de St.-Avold; forges; 1830 h.

HOMBOURG-SUR-KANER, vg. de Fr., Moselle, arr. et poste de Thionville, cant. de Metzervisse; 940 hab.

HOMBOURG-VOR-DER-HŒHE, capitale du landgraviat de Hesse-Hombourg, sur l'Eschbach; elle renferme un institut forestier et une population de 3600 hab. Son château occupe une position ravissante sur une hauteur; dans une vallée au-dessous de la ville se trouve une source salante, et non loin de là une source d'eau minérale. Parmi les curiosités de cette ville, nous nommerons la tour Blanche, tour de l'ancien château, qui paraît reposer sur les bases d'un castel romain. Les environs offrent une foule d'antiquités et des traces des ouvrages exécutés par les Romains, et en particulier le *Heidengraben* (fossé des payens), le mur Blanc, les anciennes Censes (*alte Hafe*), le Thalwegeberg et l'Altkœnig.

HOME (baie). *Voyez* KATER (cap).

HOME, dist. du Haut-Canada. Ce district, un des plus grands du pays dont il occupe presque le centre, est borné par les lacs Nipissing, Huron, Ontario et par les dist. de Newcastle, de Gore et de London. Au centre de cette province bien arrosée s'étend le lac Simcoé, qui reçoit le Talbot et d'autres rivières moins considérables et qui se décharge par la Sévern dans le lac Huron; le Crédit, le Humber et le Nen se déchargent dans le lac Ontario. Le pays au-delà de la Sévern ne présente qu'un désert ou plutôt une immense forêt peuplée de bêtes féroces. En deçà de la Sévern jusqu'à l'Ontario on trouve des districts très-bien-cultivés; 13,000 hab.

HOME-CHAMONDOT (l'), vg. de Fr., Orne, arr. de Mortagne-sur-Huine, cant. et poste de Longny; verrerie; 563 hab.

HOMÉCOURT, vg. de Fr., Moselle, arr., cant. et poste de Briey; 310 hab.

HOMÈRE, pet. v. des États-Unis de l'Amérique du Nord, état de New-York, comté de Cortland, dont elle est le chef-lieu, sur la Tonighioga; elle renferme une poste, une imprimerie, une prison et 3000 hab.

HOMME (le), ham. de Fr., Calvados, com. de Varaville; 100 hab.

HOMME (l'), vg. de Fr., Sarthe, arr. de St.-Calais, cant. et poste de la Chartre-sur-le-Loir; 1120 hab.

HOMME (l'), b. de Fr., arr. et à 5 1/2 l. S.-S.-E. de Valogne, poste de Carentan.

HOMME-D'EUDREVILLE, vg. de Fr., Eure, com. d'Heudreville-sur-Eure; 130 h.

HOMMERT, vg. de Fr., Meurthe, arr., cant. et poste de Sarrebourg; 680 hab.

HOMMES, vg. de Fr., Indre-et-Loire, arr. de Tours, cant. et poste de Château-la-Vallière; on y exploite en grand l'orme tortillard dit de malfente, qui produit un bois recherché pour le charronnage; 1020 h.

HOMMET (fort du) ou **FORT-DES-AUTELS**, Fr., arr. de Valogne, cant. de St.-Mère-Église.

HOMMET-D'ARTHENAY. *V.* ARTHENAY.

HOMOLITZ, gros vg. des Confins militaires, généralat du Banat, sur le Danube; 2000 hab.

HOMOUNA, b. de Hongrie, cer. de Zemplin, sur la Laboreza, chef-lieu de la seigneurie du même nom, qui comprend 100 villages; 2700 hab.

HOMPS, vg. de Fr., Aude, arr. de Narbonne, cant. de Lésignan, poste d'Azille; 315 hab.

HOMPS, vg. de Fr., Gers, arr. de Lectoure, cant. et poste de Mauvezin; 430 hab.

HOMPS, ham. de Fr., Tarn, com. de Cambounés; 130 hab.

HOMRIE (El-), station de caravanes dans le plateau de Barca, sur la route de Bengazi à Derne; tombeau célèbre d'un marabout.

HO-NAN, une des provinces intérieures de la Chine; est située entre 107° 50' et 114° 27' long. E., et entre 31° 30' et 37° lat. N. Ses limites sont: le Chan-si au N.-O., le Tchy-li et le Chan-toung au N.-E., le Kiang-sou et le Ngan-hoeï à l'E., Hou-pé au S. et Chen-si à l'O. La prov. de Ho-nan a 1121. d'étendue de l'E. à l'O. et 129 du N. au S.; sa superficie est de 65,104 milles c. Le nombre d'arpents qu'elle contient s'élève à 41,066,560. Les Chinois l'appellent le *jardin de l'empire*, tant à cause du pittoresque de ses sites que par la variété de ses productions. A l'E., des plaines ondulées parfaitement cultivées; à l'O., des collines traversant des plaines riantes, une multitude de ruisseaux et de canaux, le majestueux Houang-ho, qui roule ses eaux jaunes dans la partie septentrionale de la province; enfin, à l'O. et au N.-O., des montagnes, les unes nues, les autres boisées, appartenant à la chaîne centrale de la Chine, tel est l'aspect général du Ho-nan. On a élevé des digues immenses des deux côtés du Houang-ho pour prévenir les inondations qui désolaient auparavant la province, et un nombre infini de petits canaux diminuent le volume de ses eaux et fertilisent les champs. Parmi les lacs, tous d'une étendue peu considérable, il faut distinguer le lac Scha-kin, près de Kouei-te-fou; ses eaux donnent à la soie un éclat inimitable, aussi ses bords sont-ils couverts de nombreuses fabriques, où l'on prépare les étoffes de soie. Le climat du Ho-nan est celui de la Chine centrale. Ses principales productions consistent en soie, pierres précieuses, plantes médicinales, fer, étain, coton, porcelaine, papier, thé, indigo, tabac, etc. La principale industrie est celle de la fabrication d'étoffes de soie, mais le commerce extérieur n'est pas en rapport avec l'importance de ses productions. La population du Ho-nan est de 23,000,000 hab.; la force militaire qui y stationne est de 24,000 hommes; le revenu fixe s'élève à 26,320,575 francs. Un commandant militaire est chargé d'expédier le riz, perçu comme impôt, à Pé-king, par les navires impériaux du Chan-toung. La province est divisée en 13 départements et renferme 103 villes, dont 8 de première classe. Sa capitale est Khaï-foung-fou, à 154 l. S.-O. de Pé-king. Les autres villes remarquables sont: Kouei-te-fou, Tchang-te-fou, Ho-nan-fou, Nan-yang-fou, Juning-fou, Weï-hoeï, etc.

HO-NAN-FOU, v. de Chine, prov. de Ho-nan, sur un affluent du Hoang-ho. Sa juridiction s'étend sur douze villes. Elle est grande, bien bâtie et bien peuplée; elle joue, sous le nom de Toug-king, un rôle important dans l'histoire ancienne de la Chine; le premier empereur de la dynastie des Song y est né. Des jardins délicieux embellissent ses environs et ses faubourgs. Ho-nan-fou est regardé comme la ville centrale de la Chine.

HONDA ou **SAN-BARTOLOMÉO-DE-HONDA**, v. de la rép. de la Nouvelle-Grenade, dép. de Cundinamarca, prov. de Mariquita, dont elle est le chef-lieu, au confluent du Guali et du Magdaléna, sur un sol inégal, à 30 l. N.-O. de Bogota. Cette ville est le principal entrepôt des marchandises de la province et est très-importante par son commerce. Avant le tremblement de terre de 1807 et la guerre de l'indépendance, elle comptait 12,000 hab.; aujourd'hui elle n'en a plus que 6000.

HONDAINVILLE, vg. de Fr., Oise, arr. de Clermont, cant. et poste de Mouy; 250 h.

HONDEGHEN, vg. de Fr., Nord, arr., cant. et poste d'Hazebrouck; 1380 hab.

HONDEN, groupe d'îles de l'archipel de Paumotou ou des Iles-Basses, Polynésie ou

Océanie orientale, sous 14° 50' lat. S. et 143° 18' long. occ. Ce groupe est inhabité.

HONDEVILLIERS, vg. de Fr., Seine-et-Marne, arr. de Coulommiers, cant. et poste de Rebais; 290 hab.

HONDO, riv. du Mexique, sur la côte orientale d'Yucatan; débouche dans l'Océan Atlantique ou la mer des Antilles.

HONDOUVILLE, vg. de Fr., Eure, arr. et poste de Louviers, cant. du Neubourg; eaux minérales; 570 hab.

HONDSCHOOTE, vg. de Fr., Nord, arr. et à 4 1/2 l. E.-S.-E. de Dunkerque, et à 80 l. de Paris, chef-lieu de canton et poste; fabr. de chicorée-café; filat. de laine et de lin; tissage; 3910 hab. En 1793, les Français y remportèrent une victoire sur les Anglais.

HONDURAS, la plus grande des prov. des États-Unis de l'Amérique centrale, état de Guatémala, connue aussi sous le nom de côte des Muskitos. Comayagua en est la capitale.

HONDURAS, fl. du N. de l'île de Cuba.

HONE ou HOUEINE, MALLACK, *Magnum Promontorium*, cap sur la côte de l'Afrique septentrionale, dans la partie occidentale de la rég. d'Alger et près de la frontière du royaume marocain de Fez, à 5 l. N.-O. de la petite ville de Takumbrit.

HONEYŒ, lac des États-Unis de l'Amérique du Nord, à l'O. de l'état de New-York; s'écoule dans le Génessée.

HONEZE, b. de la Basse-Égypte, préfecture et à peu de distance S.-O. de Damanhour, dans une contrée très-fertile.

HONFLEUR, v. et port de Fr. à l'embouchure de la Seine, Calvados, arr., à 4 l. N. de Pont-l'Évêque et à 46 l. de Paris, chef-lieu de canton, poste; siége d'un tribunal de commerce et résidence d'un sous-commissaire de marine. C'est une vieille ville; ses rues sont étroites et tortueuses; ses édifices publics rappellent le moyen âge par la bizarrerie de leur architecture. Le port de Honfleur, qui se compose d'un vantport et de deux bassins, où l'on peut renfermer 80 à 90 navires de 200 à 600 tonneaux, est spacieux; mais la vase dont il est encombré en rend l'abord difficile; son chenal n'est accessible qu'à marée haute et seulement pour les petits bâtiments. Il a d'ailleurs beaucoup perdu de son importance depuis que le Hâvre est devenu l'un des premiers ports du royaume. Cependant il a encore assez d'activité, et les communications entre ce port et celui du Hâvre sont très-fréquentes. Honfleur possède une école royale d'hydrographie. Cette ville renferme des corderies, des tanneries, des raffineries de sucre, des brasseries; fabr. de dentelles, de formes à sucre et pots à sirops, de produits chimiques, de clous; récolte de soie; chantiers de construction; elle fait des armements pour la pêche de la morue et pour les colonies; entrepôt de sel; commerce d'exportation et d'importation avec les puissances maritimes de l'Europe et de l'Amérique; bois du Nord et houille d'Angleterre. Les produits de son industrie et de sa grande pêche, ainsi que tous les objets nécessaires à l'approvisionnement de la marine, sont les articles qui alimentent son commerce; scieries de marbre et de bois dans les environs; 9130 hab. Honfleur, qui était un port très-considérable longtemps avant la fondation du Hâvre, était aussi une place de guerre importante. Les Anglais l'occupèrent jusqu'à l'époque où Charles VII les expulsa de France. Pendant les guerres de la ligue, cette ville fut prise par les ligueurs. Henri IV la reprit en 1594.

HONGRIE (Ungarn), roy. dépendant de l'emp. d'Autriche; il est borné au N. par la Silésie autrichienne et la Galicie, à l'E. par la Transylvanie, au S. par les Confins militaires, la Slavonie et la Croatie et à l'O. par la Styrie, l'Autriche proprement dite et la Moravie; sa superficie est de 6175 milles c. Le Danube qui traverse ce pays, y reçoit la Leitha, la Raab, la Neitra, le Waag, le Gran, l'Eipel, la Drave, la Save, la Theiss et le Temes. Nous devons citer aussi le Poprod et la Dunajez, les seules rivières de la Hongrie, qui se dirigent vers le N. et portent leurs eaux à la Vistule. Parmi les lacs, ceux de Balaton et de Neusiedel sont les plus considérables. Le sol est montagneux dans la partie septentrionale, au S.-E. et au S.-O.; du centre jusqu'au S. le terrain est plat et présente de vastes plaines, dont quelques-unes sont tout à fait stériles. Les Karpathes ou Krapacks, une des chaînes principales de l'emp. d'Autriche, bornent la Hongrie au N.-O., au N. et au N.-E., et décrivent dans ces directions, sur une étendue de 120 milles, un arc immense qui forme la limite entre ce royaume, la Silésie autrichienne et la Gallicie. C'est dans les comitats de Zips, de Liptau et d'Arva que les Karpathes atteignent leur plus grande hauteur. Cette chaîne se distingue entre les autres chaînes de l'empire, par la forme et l'élévation de ses pics, parmi lesquels nous citerons, comme les plus remarquables, le pic de Lomnitz, de 2701 mètres de hauteur, et autour duquel s'élèvent verticalement, comme des colonnes, un grand nombre de rochers granitiques; le Cryvan, de 2610 mètres, et le Kæsmarkar, à peu près de la même hauteur. On remarque aussi dans les Karpathes, à 2 1/2 milles de Kæsmark, le lac Vert (*Grüne-See*), dont les bords sont enchassés entre des blocs de granit, fragments des énormes masses de rochers qui s'élèvent à 5000 pieds de hauteur à droite et à gauche de ce lac.

Du massif des Karpathes se détachent plusieurs ramifications moins hautes, qui s'avancent en s'abaissant graduellement, vers le S., jusque dans la plaine, où le Danube prend une direction méridionale. Les Alpes Noriques jettent aussi quelques-unes de leurs branches à l'O. de la Hongrie, où viennent se perdre en groupes isolés, aux environs de Funfkirchen, les derniers échelons de ces Alpes occidentales; tandis que les monts Versetz, dernière ramification de la chaîne transylvanienne, viennent s'applatir près des marais du Banat.

Les contrées voisines des Karpathes sont froides et rudes, et ne produisent pas assez de grains pour la consommation aux 7 comitats situés dans cette partie de la Hongrie; le territoire, qui s'étend d'un côté depuis les montagnes de la frontière septentrionale jusqu'au Danube, et de l'autre depuis le Baconier-Wald jusqu'au revers occidental des montagnes de la Transylvanie, forme une plaine immense de 72 milles de long sur 48 milles de large, dont la hauteur moyenne est de 350 pieds au-dessus du niveau de la mer. Cette plaine, entrecoupée de marais et couverte de vastes landes, qu'on peut comparer aux pampas de l'Amérique méridionale, est partout stérile, et l'on n'y rencontre que quelques fermes isolées habitées par des familles de pâtres. Les bruyères de Debreczin et de Ketskemet, au S. de Pesth, entre le Danube et la Theiss, sont, parmi ces landes, les plus remarquables par leur étendue.

Les mines que renferme la région septentrionale du pays, rendent cette partie de la Hongrie très-importante pour la monarchie autrichienne. La partie S.-E. est d'une fertilité extraordinaire, et l'abondance des grains qu'on y récolte la fait considérer comme le grenier de l'Autriche. On y récolte aussi toutes sortes de fruits, d'excellents vins, entre autres le vin renommé de Tokai, que l'on cultive sur les coteaux de Hegyalla, du tabac, du lin, etc. L'éducation des troupeaux et celle des abeilles y sont aussi d'un rapport assez considérable; mais ce sont les produits du règne minéral qui forment la plus grande richesse de cette contrée. Les mines fournissent annuellement 2100 marcs d'or, 83,220 marcs d'argent, 38,000 quintaux de cuivre, 24,500 quintaux de plomb, 192,000 quintaux de fer, 130 quintaux de mercure, de l'antimoine, du cobalt, de la calamine, du vitriol, de l'alun, plus de 400,000 quintaux de houille et environ un million de quintaux de sel. On y trouve aussi de très-belles opales et un grand nombre de sources d'eaux minérales.

Quoique l'industrie ait fait quelques progrès dans ce pays, elle y est encore peu développée et se borne plus spécialement à la fabrication des draps, des toiles et des soieries, aux travaux métallurgiques et à la distillerie. Le commerce, soumis à de nombreuses entraves, y a peu d'activité, et l'organisation politique, qui admet encore la cruelle distinction de serfs et d'hommes libres, y est un grand obstacle à la prospérité publique. Les villes les plus commerçantes, sont : Pesth, Debreczyn et Presbourg; la population est de 13,557,000 hab., répartis dans 99 villes, 870 bourgs et 17,122 villages et hameaux.

Le pays est divisé en 4 cercles, subdivisés en 46 comitats, outre les dist. de Jazygie, de la Grande et de la Petite-Kumanie et du territoire des Hayducks, dépendant également du royaume. Les quatre cercles prennent leurs noms de leur position relativement aux deux principaux cours d'eau du pays. Ce sont, dans la Basse-Hongrie, le cer. en-deçà du Danube, comprenant 13 comitats, et le cer. au-delà du Danube, qui en renferme 11; dans la Haute-Hongrie, le cer. en-deçà de la Theiss, subdivisé en 10 comitats, et le cer. au-delà de la Theiss, avec 12 comitats. La Hongrie est une monarchie héréditaire; mais, quoiqu'elle dépende, sous le rapport politique, de l'emp. d'Autriche, elle a une constitution particulière, et, comme roi de Hongrie, l'empereur ne jouit pas d'un pouvoir absolu; aucune loi ne peut y être faite ni aucun impôt voté sans le concours des états (*Reichsstœnde*). L'assemblée des états est divisée en deux chambres, dont l'une se compose des prélats, des magnats ou hauts fonctionnaires, des comtes et des barons; l'autre, des membres de la noblesse inférieure et des villes libres, qui n'ont chacune qu'une voix. Le roi est représenté par le palatin ou magnat principal, choisi par l'assemblée des états sur une liste de quatre candidats magnats que présente le roi. Le palatin remplace le souverain dans toutes les affaires importantes; il préside le conseil suprême du gouvernement et la table septemvirale, tribunal suprême des nobles. Dans les villes et dans les bourgs la justice est administrée par des magistrats d'un rang inférieur. Les paysans sont jugés par leurs seigneurs.

Historique. Dans des temps fort reculés ce pays, qui faisait partie de la Pannonie, devint la conquête des Romains. Plus tard il fut envahi par divers peuples barbares, parmi lesquels les Avares furent les seuls qui s'y établirent solidement. Charlemagne les vainquit et leur imposa le christianisme; mais bientôt après les Magyares, qui habitaient au pied des monts Ourals, firent une irruption dans l'Occident, franchirent les Karpathes et s'emparèrent de toute cette contrée jusqu'à la Save. Leurs chefs partagèrent le pays entre eux et les anciens habitants; les Slaves et les Avares furent réduits à l'état de serfs. Pendant les deux premiers siècles qui suivirent l'invasion des Magyares, ce peuple, encore farouche, parcourt et ravage le pays; ce n'est que vers la fin du dixième siècle que, dégoûté de cette vie vagabonde, il se fixe définitivement en Hongrie. Geysa, un des premiers ducs des Magyares, ayant reçu le baptème, appela de l'Allemagne des missionnaires, qui répandirent le christianisme chez les Magyares et leur apportèrent un germe de civilisation. Au commencement du onzième siècle, le fils de Geysa, Étienne, qui obtint de Rome le titre de roi et plus tard celui de saint, donna aux Hongrois une administration analogue à celle de l'Allemagne, et divisa le pays en 72 comitats.

A la mort de saint Étienne, en 1038, l'ordre de succession au trône n'étant pas réglé, une horrible anarchie, qui dura plus de 40 ans, désola la Hongrie. Les rois allemands profitèrent de ces dissensions pour intervenir dans les affaires de ce royaume, et leur influence fut bientôt si puissante qu'ils forcèrent le roi Pierre, en 1044, à accepter le domaine royal comme fief de l'empire; mais cette dépendance ne dura que jusqu'en 1063. Ladislas Ier (1077) rétablit la tranquillité. Sous son règne et celui de son successeur la Croatie et la Dalmatie furent réunies à la couronne. Sous Étienne II, en 1124, un grand nombre de Kumaniens vinrent s'établir dans ce pays. Trente ans après, sous Geysa II, plusieurs millions de Flamands et d'Allemands se fixèrent dans la Transylvanie. Cependant le gouvernement n'avait encore aucune stabilité, lorsque André II, petit-fils de Geysa II, donna la première constitution aux Hongrois, et ce peuple eût pu réparer alors les maux causés par les discordes civiles, si l'invasion soudaine des Mongols, en 1241, n'était venue ébranler cette monarchie et porter partout la plus effroyable dévastation. De nombreuses colonies d'Allemands et d'Italiens remplirent les vides immenses que cette guerre avait faits dans la population. Avec André II, mort en 1301, s'éteignit la dynastie de Geysa, dont Arpad, l'un des plus célèbres ducs des Magyares, avait été le chef. Après André II, plusieurs rois de différentes familles se succédèrent sur le trône. Louis-le-Grand, qui porta en même temps la couronne de Pologne, fut le plus illustre de tous ces princes; il signala son règne par de sages institutions, par les grands progrès qu'il fit faire à la civilisation et par les conquêtes importantes dont il agrandit son royaume. A sa mort, en 1382, le droit de succession fit renaître la discorde, et sous Sigismond, qui l'emporta sur ses concurrents, la Hongrie ne fut point heureuse. Le nouveau roi perdit la plus grande partie des conquêtes de son prédécesseur. C'est à cette époque aussi que surgissent les ennemis les plus redoutables des Hongrois, les Turcs, auxquels Jean Huniad, sous Wladislas et Ladislas, résiste avec bonheur. Mathias, fils de Huniad, est proclamé roi, en 1458. Ce prince, doué de grandes qualités, rendit à la Hongrie les vastes limites qu'elle avait sous Louis-le-Grand; mais sa mort fut le signal d'une nouvelle guerre civile. Son successeur, Wladislas de Bohême, (1490) fut forcé de céder tout ce que Mathias avait conquis en Autriche et en Styrie; la Silésie et la Moravie se détachèrent, plusieurs villes de la Dalmatie se donnèrent aux Vénitiens et la Moldavie se mit sous la protection de la Pologne. La dissolution était au comble, une lutte acharnée s'était engagée entre la petite noblesse et les magnats; Jean Zapolya était à la tête des nobles; les magnats étaient commandés par Étienne Bathori. L'ambition de ces deux chefs plongea l'état dans d'innombrables calamités, dont les Ottomans profitèrent pour attaquer la Hongrie avec succès; ils s'emparèrent de Sabacz, de Belgrade, de toute la Servie, et s'avancèrent jusqu'à Raab. Louis II, jeune successeur de Wladislas, ayant été battu et tué lui-même près de Mohacz, les Hongrois élurent Zapolya; mais Bathori appela au trône Ferdinand d'Autriche, qui parvint à s'y maintenir, après avoir abandonné une partie du pays aux Turcs. Depuis cette époque (1528) la Hongrie est restée réunie aux possessions de la couronne impériale.

HONHERGIES, vg. de Fr., Nord, arr. d'Avesnes, cant. et poste de Bavay; culture de houblon; pierres de taille bleues; carrières de marbre; 1072 hab.

HONITON, joli b. d'Angleterre, comté de Devon, dans une contrée très-riche; nomme 2 députés; on y fabrique les dentelles les plus larges du royaume-uni; commerce en beurre; 2000 hab.

HONNECHY, vg. de Fr., Nord, arr. de Cambrai, cant. et poste de Câteau; 940 h.

HONNECOURT, b. de Fr., Nord, arr. de Cambrai, cant. de Marcoing, poste du Catelet; 1420 hab.

HONNEF, vg. parois. de Prusse, sur le Rhin, prov. du Rhin, rég. de Cologne; mines de plomb et de cuivre; carrières de basalte; culture de vignes; 2750 hab.

HONNOUX, vg. de Fr., Aude, arr. de Limoux, cant. et poste d'Alaigne; 250 hab.

HONORAT (Saint-), ham. de Fr., Drôme, com. de Montchenu; 180 hab.

HONORAT-DE-CLUMANCI (Saint-), vg. de Fr., Basses-Alpes, com. de Clumanc; 130 h.

HONOR-DE-COS (l'), vg. de Fr., Tarn-et-Garonne, arr. et poste de Montauban, cant. de la Française; 1540 hab.

HONORÉ (Saint-), ham. de Fr., Finistère, com. de Plougastel-St.-Germain; 220 hab.

HONORÉ (Saint-), vg. de Fr., Isère, arr. de Grenoble, cant. et poste de la Mure; 720 hab.

HONORÉ (Saint-), vg. de Fr., Nièvre, arr. de Château-Chinon, cant. et poste de Moulins-en-Gilbert; sources thermales; 1050 hab.

HONORÉ (Saint-), vg. de Fr., Seine-Inférieure, arr. de Dieppe, cant. et poste de Longueville; 180 hab.

HONORINE-DE-DUCY (Sainte-), vg. de Fr., Calvados, arr. de Bayeux, cant. de Caumont, poste de Balleroy; 330 hab.

HONORINE-DES-PERTES (Sainte-), vg. de Fr., Calvados, arr. et poste de Bayeux, cant. de Trévières; 550 hab.

HONORINE-DU-FAY (Sainte-), vg. de Fr.,

HOOG

Calvados, arr. de Caen, cant. et poste d'Évrecy; 730 hab.

HONORINE-LA-CHARDONETTE (Sainte-), ham. de Fr., Calvados, com. d'Hérouvillette; 240 hab.

HONORINE-LA-CHARDONNE (Sainte-), vg. de Fr., Orne, arr. de Domfront, cant. et poste d'Athis; fabr. de burats et de toile de coton; 1510 hab.

HONORINE-LA-GUILLAUME (Sainte-), vg. de Fr., Orne, arr. d'Argentan, cant. et poste de Putanges; carrières de granit; 1310 hab.

HONORINE-LA-PETITE (Sainte-), ham. de Fr., Orne, com. de Menil-Gondouin; 230 hab.

HONOROUROU, pet. v. sur la baie du même nom, capitale de l'île Ovahou, dans l'archipel de Sandwich, Polynésie. Son port, le meilleur de cet archipel, est défendu par deux forts; c'est le lieu de relâche ordinaire des vaisseaux qui traversent le Grand-Océan Boréal, et il s'y trouve quelquefois plus de 50 navires étrangers. En 1832 il y est entré 155 vaisseaux. Cette ville, résidence du roi, renferme une église chrétienne et un établissement de missionnaires. Les Anglais et les Américains y ont de grands magasins bien approvisionnés. La population, évaluée à 6000 ou 7000 individus, se compose de nègres et de mulâtres, d'un petit nombre de métis et d'environ 200 étrangers, la plupart Anglo-Américains.

HONRUBIA, b. d'Espagne, roy. de la Nouvelle-Castille, prov. et dist. de Cuença; commerce de laines; 2450 hab.

HONSKIRCH, vg. de Fr., Meurthe. arr. de Château-Salins, cant. d'Albestroff, poste de Dieuze; 520 hab.

HONTANX, b. de Fr., Landes, arr. et poste de Mont-de-Marsan, cant. de Villeneuve; 1200 hab.

HONTH, comitat de Hongrie, cer. en-deçà du Danube; 46 l. c. géogr.; 105,000 hab. Le pays est montagneux, cependant ses vallées sont assez fertiles en blé, légumes, chanvre, lin, tabac, maïs; les montagnes sont riches en bois, or, argent, cuivre, fer, arsenic, pierres calcaires, terre à potier et roches de grenate. L'éducation du bétail, l'exploitation des omces et l'agriculture sont également florissantes; l'industrie n'embrasse que la fabrication de la poterie et d'objets en bois et en fer; 4 districts.

HONVILLE (le), ham. de Fr., Vosges, com. de Baveline; 140 hab.

HOOD, groupe de petites îles, le plus oriental de l'archipel de Paumotou ou des Iles-Basses, dans la Polynésie ou Océanie orientale. Il fut découvert par Cook, en 1774. L'île principale, qui a donné son nom au groupe, est située sous 21° 40' lat. S. et 141° long. occ.

HOOD. *Voyez* ROCHEUSES (montagnes).

HOOGEVEEN, vg. du roy. de Hollande, prov. de Drente, dist. et à 7 l. d'Assen; 4350 hab.

HOPE

HOOGHLEDE, b. du roy. de Belgique, prov. de la Flandre occidentale, arr. et à 4 1/2 l. d'Ypres; 3600 hab.

HOOGLY. *Voyez* HAGLI.

HOOGSTRAATEN, pet. v. du roy. de Belgique, prov. d'Anvers, arr. et à 3 1/2 l. de Turnhout, sur la Merk; avec un ancien château; 1500 hab.

HOOKSIEL, vg. du grand-duché d'Oldenbourg, situé dans le duché d'Oldenbourg, sur le golfe de Jahse; il a un port, 2 chantiers et une pop. de 500 hab., qui font un commerce maritime considérable.

HOOP (Espérance), la principale mission de la Guyane anglaise pour la conversion des Arrowaques; elle est située sur le Corentyn.

HOOPER, île dans la baie de Chésapeak, n'est séparé du continent que par un canal fort étroite et fait partie du comté de Dorchester, état de Maryland, États-Unis de l'Amérique du Nord.

HOOPER. *Voyez* MELVILLE (île).

HOO-PIH. *Voyez* HOU-PÉ.

HOOPING-HARBOUR, pet. baie et très-bon port sur la côte E. de l'île de Terre-Neuve; elle est entourée d'établissements de pêcheurs.

HOORN, v. et chef-lieu de district du roy. de Hollande, prov. de la Hollande septentrionale, sur le Zuydersee, à 8 l. N.-E. d'Amsterdam, avec un port, le meilleur du Zuydersee, quelques anciennes fortifications, un chantier de marine, 10 églises, des fabriques de tapis; pêche; commerce de beurre et de bestiaux. Les environs fournissent les meilleurs fromages de Hollande, dont la ville expédie annuellement environ 50,000 quintaux. Patrie du navigateur Jacob Lemaire (d'autres Schouten), qui découvrit, en 1616, le cap Horn; 10,000 hab.

HOPANTENG, lac considérable à l'O. de l'état de New-Jersey, au milieu des Apalaches, États-Unis de l'Amérique du Nord; il s'écoule par le Muskonetgung dans le Delaware.

HOPE, b. industrieux fondé et habité par des frères moraves, dans les États-Unis de l'Amérique du Nord, état de New-Jersey, omcté de Sussex, sur le Delaware; belle maison commune; 1900 kab.

HOPE (Espérance). *Voyez* PRUDENCE (île).

HOPE (cap). *Voyez* REPULSE-BAY.

HOPE (Narrows of the), détroit de l'Espérance; cette partie du détroit de Magellan, qui s'étend depuis le cap Orange jusqu'à 14 l. marines vers l'O.; sa largeur n'est que d'une lieue marine.

HOPE-ISLAND (île de l'Espérance), île au S.-E. de celle de Spitzbergen, dont elle dépend, sous 76° 20' lat. N. Cette île, découverte en 1613, est déserte, mais quelquefois visitée par des pêcheurs de la baleine.

HOPES-ADVANCE (bay of), baie considérable et d'un enfoncement très-profond sur la côte N. du Labrador, sous 60° lat. N. et entre les caps de Hopes-Advance et le cap Chidley.

HOPEWELL. *Voyez* QUEENS.

HOPEWELL, com. des États-Unis de l'Amérique du Nord, état de Pensylvanie, comté d'York; 2200 hab.

HOPEWELL, com. florissante des États-Unis de l'Amérique du Nord, état de New-Jersey, comté de Cumberland; 2500 hab.

HOPEWELL, pet. v. commerçante des États-Unis de l'Amérique du Nord, état de New-Jersey, comté de Hunterdon, sur le Delaware; 2800 hab.

HOPEWELL, b. des États-Unis de l'Amérique du Nord, état de Pensylvanie, comté de Washington, sur le Buffaloe; 2600 hab.

HOPEWELL-CHANNEL, baie considérable sur la côte O. du Labrador, au S. de Portland-Point et formée par le Hopewell-Head.

HOPFGARTEN, b. du Tyrol, cer. du Bas-Innthal, chef-lieu de la vallée de Brixen; 2500 hab.

HOPITAL (l'), vg. de Fr., Ain, arr. de Nantua, cant. et poste de Châtillon-de-Michaille; 160 hab.

HOPITAL (l'), ham. de Fr., Côtes-du-Nord, com. de Quessoy; 150 hab.

HOPITAL (l'), ham. de Fr., Jura, com. d'Aromas; 100 hab.

HOPITAL (l'), ham. de Fr., Lot, com. d'Issendolus; 300 hab.

HOPITAL (l'), vg. de Fr., Moselle, arr. de Sarreguemines, cant. et poste de St.-Avold; 1080 hab.

HOPITAL (les fonds de l'), ham. de Fr., Seine-et-Oise, com. de St.-Germain-en-Laye; 150 hab.

HOPITAL (l'), ham. de Fr., Yonne, com. de Turny; 130 hab.

HOPITAL - AUX - BOIS, ham. de Fr., Somme, com. de Forest; 200 hab.

HOPITAL-BELLEGARDE, ham. de Fr., Aveyron, com. de Réquiste; 100 hab.

HOPITAL-CHAMFRONT, vg. de Fr., Finistère, arr. de Brest, cant. de Daoulas, poste du Faou; 570 hab.

HOPITAL-DE-CHENAY (l'), ham. de Fr.; Saône-et-Loire, com. de Chenay-le-Chatel, 200 hab.

HOPITAL-DE-SAINT-GERMAIN (l'), ham. de Fr., Gironde, com. de St.-Germain; 260 hab.

HOPITAL - D'ORION (l'), vg. de Fr., Basses - Pyrénées, arr. d'Orthez, cant. et poste de Sauveterre; 540 hab.

HOPITAL-DU-GROS-BOIS, vg. de Fr., Doubs, arr. de Besançon, cant. et poste d'Ornans; 270 hab.

HOPITAL-LE-GRAND (l'), vg. de Fr., Loire, arr., cant. et poste de Montbrison; 280 hab.

HOPITAL-LE-MERCIER (l'), vg. de Fr., Saône-et-Loire, arr. de Charolles, cant. de poste de Paray-le-Monial; 390 hab.

HOPITAL-SAINT-LIEFFROY (l'), vg. de Fr., Doubs, arr. de Baume-les-Dames, cant. et poste de Clerval; 120 hab.

HOPITAL-SAINT-BLAISE (l'), vg. de Fr., Basses-Pyrénées, arr., cant. et poste de Mauléon; 200 hab.

HOPITAL-SAINTE-CHRISTIE (l'), ham. de Fr., Gers, com. de Cravencères-l'Hôpital; 140 hab.

HOPITAL-SAINT-FORTUNAT, ham. de Fr., Loire, com. de St.-Cyr-de-Favières; 200 hab.

HOPITAL-SAINT-JEAN (l'), ham. de Fr., Lot, com. de Sarrazac; 300 hab.

HOPITAL-SOUS-LAYETTE (l'). *Voy.* HOPITAL-SAINT-FORTUNAT (l').

HOPITAL-SOUS-ROCHEFORT (l'), vg. de Fr., Loire, arr. de Montbrison, cant. et poste de Boen; 280 hab.

HOPITAU (l'), ham. de Fr., Deux-Sèvres, com. de Boussais; 120 hab.

HOPITAUX - NEUFS (les), vg. de Fr., Doubs, arr. et cant. de Pontarlier, poste de Jougne; 350 hab.

HOPITAUX - VIEUX (les), vg. de Fr., Doubs, arr. et cant. de Pontarlier, poste de Jougne; 350 hab.

HOPITEAU (l'), ham. de Fr., Nièvre, com. d'Arbourre; 320 hab.

HOPKINGTON, b. des États-Unis de l'Amérique du Nord, état de Massachusetts, comté de Middlesex; 2300 hab.

HOPKINS, comté de l'état de Kentucky, États-Unis de l'Amérique du Nord; il est borné par les comtés d'Union, de Hinderson, de Davies, de Muhlenburgh, de Christian, de Caldwell et de Livingstone. Le Green avec les affluents Deer et Pond et le Tradewater, sont les principaux cours d'eau de ce pays. Madisonville, au centre du comté, en est le chef-lieu; 8000 hab.

HOPKINS-HILL. *Voyez* TOPHAM-HILL.

HOPKINSONVILLE, v. naissante des États-Unis de l'Amérique du Nord, état de Kentucky, au centre du comté de Christian, dont elle est le chef-lieu, poste; plantations; 1300 hab.

HOPKINTON, pet. v. des États-Unis de l'Amérique du Nord, état de New-Hampshire, comté de Hillsborough, sur le Contocook; cette ville est le siège d'un tribunal supérieur et d'un tribunal de première instance; commerce; 3300 hab.

HOPKINTON, gr. com. des États-Unis de l'Amérique du Nord, état de Rhode-Island, comté de Washington, sur le Wood-River; mines de fer; forge de Perry; 2700 hab.

HOPPER, île de la Polynésie ou Océanie orientale; elle est située sous 0° 3' lat. N. et 171° 12' long. orient. et fait partie du groupe de Simpson, de l'archipel de Gilbert ou de Mulgrave.

HOPPNER (cap). *Voyez* MELVILLE (île).

HOQUET (le), ham. de Fr., Seine-Inférieure, com. des Grandes-Ventes; 180 hab.

HORAZDIOWITZ, pet. v. de Bohême, cer. de Prachim, sur la Watawa; manufac-

..tures de draps et distilleries d'eau-de-vie. Au S. de la ville et sur le mont Prachim on voit les ruines de la ville et du château de Prachno, dont le cercle tire son nom ; 1500 hab.

HORB, pet. v. du Wurtemberg, chef-lieu d'un grand bailliage, dans le cercle de la Forêt-Noire, située dans une contrée boisée entrecoupée de belles prairies; fabrication d'étoffes de laine et de coton; eaux minérales; éducation de bestiaux. En 1558, on brûla à Horb neuf femmes accusées d'avoir causé par sortilége un grand orage accompagné de grêle. En 1725, 250 maisons y furent consumées par un incendie; pop. de la ville 1970 hab., du grand-bailliage 21,600.

HORBEYT, b. de la Basse-Égypte, prov. de Chibéh, au N. de Héhydéh, dans une contrée marécageuse.

HORBOURG, b. de Fr., Haut-Rhin, arr. et poste de Colmar, cant. d'Andolsheim ; 1120 hab.

HOR-CACAMOOT, b. considérable du roy. de Gondar, en Abyssinie, prov. de Tchelga, dans une contrée boisée, où l'on plante beaucoup de maïs ; les habitants font une chasse continuelle aux éléphants et aux rhinocéros, dont ils mangent la chair.

HORÇA, ham. de Fr., Basses-Pyrénées, com. d'Ossès ; 430 hab.

HORCAJO, b. d'Espagne, prov. de Guadalaxara, dans la Nouvelle-Castille.

HORCHERÈS (les), ham. de Fr., Maine-et-Loire, com. du Mesnil ; 100 hab.

HORDAIN, vg. de Fr., Nord, arr. de Valenciennes, cant. et poste de Bouchain ; 1250 hab.

HOREB ou DJEBEL-MOUSA, montagne de l'Arabie Pétrée, à l'E. de la péninsule ; fait partie du même groupe que le Sinaï. Il est célèbre par l'histoire de Moïse, et encore aujourd'hui les moines du couvent de Ste.-Catherine montrent le rocher d'où le prophète hébreux fit jaillir de l'eau.

HORGEN, dist. du cant. de Zurich, Suisse; il comprend 3 bailliages : Meilen, Horgen et Knonau, avec 7540 maisons et 50,800 hab.

HORGEN, b. du district de même nom, cant. de Zurich, sur le lac de Zurich ; filat. de coton et tissage; commerce considérable ; mines de houille dans les environs ; 3900 h.

HORGNE (la), vg. de Fr., Ardennes, arr. de Mézières, cant. d'Omont, poste de Flize ; 220 hab.

HORGNY, ham. de Fr., Somme, com. de Villers-Carbonnel ; 150 hab.

HORGUES, ham. de Fr., Gers, com. de Montbrun ; 180 hab.

HORGUES, vg. de Fr., Hautes-Pyrénées, arr., cant. et poste de Tarbes ; 460 hab.

HORME (l'), ham. de Fr., Loire, com. de St.-Julien-en-Jarret; 300 hab.

HORMOUT-EMHALLA ou HORMOT-TEZZ, fameux défilé dans les monts Gharian, sur la route de Tripoli à Mourzouk, au N. de Sockna, dans le Fezzan.

HORMOUT-EL-OUAR, pet. chaîne de montagnes peu élevées, dans la partie méridionale du Fezzan, sur la route de Mourzouk à Bilma et à Bornou.

HORMOUZ ou ORMOUZ, îlot du golfe persique. Il est situé sous 27° 20' lat. N., à l'E. de Bender-Abassi, séparé par un canal étroit de la terre ferme. Ce n'est qu'un rocher couvert de pierres salines, dépourvu d'eau et de végétation; habité par une vingtaine de familles qui se nourrissent de la pêche. Cependant Hormouz a joué un grand rôle dans l'histoire des colonies européennes. C'était une place de commerce de la plus haute importance, lorsque les Portugais dominaient dans le golfe Persique et dans l'Indostan. Chah-Abbas, avec le secours des Anglais, s'en empara en 1622. Depuis, elle est tout à fait abandonnée ; cependant l'iman de Mascate entretient encore 200 hommes de garnison dans les ruines de l'ancien fort d'Hormouz.

HORN, pet. v. de la Basse-Autriche, cer. supérieur du Mannhartsberg ; gymnase ; école principale ; manufacture de drap ; la bierre de Horn, fabriquée avec de l'avoine et de la crème de tartre, est très renommée ; 1500 hab.

HORN, pet. v. de 1300 habitants, dans la principauté de Lippe-Detmold ; remarquable par le voisinage de l'Exterstein.

HORN (cap), célèbre promontoire qui forme la pointe S. de l'île de l'Hermite et l'extrémité méridionale de l'Amérique ; il est situé sous 55° 58' 30" lat. S. et peuplé de quelques Indiens Patagons. Le cap fut découvert, en 1616, par Le Maire. On ne le double qu'avec beaucoup de danger.

HORN (faux cap) ou FALSE-CAPE-HORN, promontoire qui forme presque la pointe méridionale de la terre de Feu.

HORN, le pic le plus élevé de l'île Charles ou Foreland, à l'O. de celle de Spitzbergen. Scoresby estime la hauteur de cette montagne à 1465 mètres.

HORN, baie sur la côte S.-O. de l'île de Spitzbergen (Spitzbergen proprement dit).

HORN, île de la Polynésie ou Océanie orientale, sous 179° de long. orient. et 14°. 10' lat., au N. de l'archipel de Fidji et à l'O. de celui de Hamoa, mais trop éloignée de ces deux archipels pour pouvoir être considérée comme une dépendance géographique de l'un ou de l'autre. Balbi la comprend dans un archipel qu'il nomme Ooua-Horn et auquel il rattache toutes les îles séparées les unes des autres par de grands intervalles, et qui se trouvent entre les archipels de Fidji, de Hamoa (Navigateurs) et de Tonga (des Amis). L'île de Horn est bien peuplée et soumise à un chef puissant.

HORNAING ou SAINT-CALIXTE-D'HORNAING, vg. de Fr., Nord, arr. de Douai, cant. et poste de Marchiennes; 950 hab.

HORNBACH, b. de la Bavière rhénane, chef-lieu de canton, arr. de Bergzabern, à

2 l. de Deux-Ponts, dans une contrée déserte et boisée, où St.-Pirmin avait établi une école célèbre. Population du bourg 1600 h., du canton 9700.

HORNBERG, v. du grand-duché de Bade, dans le cer. du Hant-Rhin, située dans une vallée étroite et pittoresque du Schwarzwald; 1200 hab.

HORNBOURG, pet. v. de Prusse, sur l'Ilse, prov. de Saxe, rég. de Magdebourg ; culture de houblon ; 2570 hab.

HORNCASTLE, jolie pet. v. d'Angleterre, comté de Lincoln ; très-florissante par son commerce, qui consiste surtout en chevaux ; 6000 hab.

HORNEBOURG, b. de 1300 habitants dans le roy. de Hanovre, gouv. de Stade, sur la Luhe.

HORNENBERG. *Voyez* CORNIMONT.

HORNOY, b. de Fr., Somme, arr. et à 7 l. O.-S.-O. d'Amiens, chef-lieu de canton, poste de Poix; 1090 hab.

HORNSEY, gros vg. d'Angleterre, comté de Middlesex, situé dans une position charmante; 3500 hab.

HORNSTEIN, b. de Hongrie, cer. au-delà du Danube, comitat d'OEdenbourg; 1500 hab.

HORPS (les), b. de Fr., Mayenne, arr. et à 4 1/2 l. N.-E. de Mayenne, chef-lieu de canton, poste de Ribay ; commerce de fil de chanvre et de lin; 1680 hab.

HORRUES, vg. du roy. de Belgique, prov. de Hainaut, arr. de Mons, sur la Senne; carrières de meules ; 2000 hab.

HORRY, dist. de la Caroline du Sud, États-Unis de l'Amérique du Nord; il est borné par la Caroline du Nord, par l'Océan et par les dist. de Marion et de Georgetown. Pays peu fertile, couvert de sapins et de bruyères et arrosé par le Big-Pédée (Grand-Pédée), le Litle-Pédée (Petit-Pédée) et le Waccamaw. Sur les côtes de cette province s'ouvre la Long-Bay ; 7000 hab. Conwayborough, sur le Waccamaw, est le chef-lieu du district.

HORSARRIEU, vg. de Fr., Landes, arr. de St.-Sever, cant. et poste de Hagetmau ; 610 hab.

HORSE (vallée de). *Voyez* FRANKLIN (Pensylvanie) comté.

HORSENCK (vallée de). *Voy.* GREENWICH (ville dans le Connecticut).

HORSENS, dans le bge de Skanderberg, en Danemark, v. maritime de 2600 hab.; assez importante par son commerce.

HORSE-RACE, détroit entre les îles de Gull et de Fisher ; il joint le Long-Island-Sound à l'Océan et sert de communication ordinaire entre ces eaux; côte S. de l'état de Connecticut, États-Unis de l'Amérique du Nord.

HORSES (îles). *Voyez* WHITE-BAY.

HORSHAM, pet. v. d'Angleterre, comté de Sussex ; possède une belle église ; les assises du comté s'y tiennent ; ou en exporte une grande quantité de volaille, qui alimente les marchés de la capitale; 5000 h.

HORST, b. du roy. de Belgique, prov. de Limbourg, arr. de Ruremonde ; tisseranderie; fabr. de draps ; 2050 hab.

HORSTMAR, v. de Prusse, prov. de Westphalie, rég. de Munster, sur la Bechte ; tanneries; fabr. de toiles; 1000 hab.

HORTA ou ORTA, VILLA - DE - HORTA, chef-lieu de l'île Fayal, dans l'archipel des Açores; bien bâti ; 4000 hab.

HORTASCH, b. de la Turquie d'Europe, habité seulement par des Grecs, et situé dans l'eyalet de Roumili, liva de Salonique, sur l'Hortach ou Kurtiach, montagne qui s'élève au-dessus de Salonique jusqu'à 3300 pieds au-dessus du niveau de la mer.

HORTES, b. de Fr., Haute-Marne, arr. de Langres, cant. de Varennes, poste du Fayl-Billot; 1430 hab.

HORTOY (l'), vg. de Fr., Somme, arr. de Montdidier, cant. d'Ailly - sur - Noye, poste de Flers; 90 hab.

HORZITZ, pet. v. de Bohême, cer. de Bidschow ; 2600 hab.

HORZOWITS, pet. v. de Bohême, cer. de Beraun ; ses usines et ses forges sont les plus considérables du royaume ; fabrication de vaisselles de grès ; exploitation de mines d'argent, de mercure et de houille. Patrie du roi George Podiebrad, né en 1420; 2000 h.

HORVILLE, vg. de Fr., Meuse, arr. de Commercy, cant. et poste de Gondrecourt ; 200 hab.

HOSMER (l'), vg. de Fr., Eure, arr. d'Évreux, cant. de Damville, poste de Tillières-sur-Avré; 500 hab.

HOSPICE-SAINT-MEER (l'), ham. de Fr., Ille-et-Vilaine, com. de Rennes; 350 hab.

HOSPITAL, île dans le St.-Laurent, fait partie du dist. de Johnstown, Haut-Canada.

HOSPITALET (l'), vg. de Fr., Basses-Alpes, arr. et poste de Forcalquier, cant. de Banon; 270 hab.

HOSPITALET (l'), vg. de Fr., Arriège, arr. de Foix, cant. et poste d'Ax; 150 hab.

HOSPITALET (l'), vg. de Fr., Aveyron, arr. et poste de Millau, cant. de Nant; 350 hab.

HOSPITALET (l'), ham. de Fr., Aveyron, com. de Moyrazès; 110 hab.

HOSPITALET (l'), vg. de Fr., Lot, arr. et poste de Cahors, cant. de Castelnau-de-Montradier; 700 hab.

HOST (Ober et Nieder-). *Voyez* HOSTE (Haut et Bas-).

HOSTA, vg. de Fr., Basses - Pyrénées, arr. de Mauléon, cant. d'Iholdy, poste de St.-Palais ; 360 hab.

HOSTALRICH, b. d'Espagne, principauté de Catalogne, dist. et à 6 l. S. de Gérone, sur la Tordera ; avec un château-fort.

HOSTAU, pet. v. de Bohême, cer. de Klattau; fabrication de rubans de laine et de vinaigre; 1200 hab.

HOSTE (Haut et Bas-) ou HOST (Ober et

Nieder-), vg. de Fr., Moselle, arr. de Sarreguemines, cant. de St.-Avold, poste de Puttelange; 680 hab.

HOSTENS, vg. de Fr., Gironde, arr. de Bazas, cant. de St.-Symphorien, poste de Villandraut; 1720 hab.

HOSTERLITZ, b. d'Autriche, gouv. de Moravie-et-Silésie, cer. de Znaym; culture du vin; 2000 hab.

HOSTIAS, vg. de Fr., Ain, arr. de Belley, cant. et poste de St.-Rambert; 460 hab.

HOSTIEN (Saint-), vg. de Fr., Haute-Loire, arr. et posté du Puy, cant. de St.-Julien-Chapteuil; 1740 hab.

HOSTIMURI, v. du Mexique, dans l'état de Sonora-et-Cinaloa, sur la route du Nouveau-Mexique; bien peuplée et entourée de riches mines d'argent.

HOSTOWITZ, pet. v. de Bohême, cer. de Beraun; 1500 hab.

HOSTUN, vg. de Fr., Drôme, arr. de Valence, cant. de Bourg-du-Péage, poste de St.-Luttier; 1040 hab.

HO-TCHEOU, volcan dans le Thian-channan-lou ou la Petite-Boukharie, un des plus éloignés de la mer que l'on connaisse.

HOTELLERIE (l'), vg. de Fr., Calvados, arr. et cant. de Lisieux, poste de Thiberville; 280 hab.

HOTELLERIE-DE-FLÉE (l'), vg. de Fr., Maine-et-Loire, arr., cant. et poste de Segré; carrières d'ardoises; 700 hab.

HOTHAM (cap). *Voyez* CORNWALLIS (île).

HOTONNES, vg. de Fr., Ain, arr. et poste de Nantua, cant. de Brenod; 960 hab.

HOTOT-EN-AUGE, vg. de Fr., Calvados, arr. de Pont-l'Évêque, cant. de Cambremer, poste de Dozullé; 450 hab.

HOTTENTOTS (les), peuple jadis très-nombreux de l'Afrique australe, occupant tout le pays qui s'étend depuis la Cimbébasie et le pays des Betjuanas jusqu'à la colonie du cap de Bonne-Espérance; le grand fleuve Orange le traverse de l'E. à l'O. Ils sont divisés en cantons qui ont chacun leurs chefs, habitent sous des huttes d'environ 8 pieds de diamètres, sont chasseurs ou bergers, ont la taille haute et bien formée, le teint olive luisant en naissant et ensuite plus noir que les autres Africains; robustes, actifs, adroits à manier les armes, fort jaloux de leur indépendance, bienveillants, hospitaliers, passionnés pour l'eau-de-vie; vivent longtemps, n'ont que très-peu de signes de religion; femmes belles avant d'être mères, ensuite d'un embonpoint extraordinaire; aujourd'hui en grande partie détruits par le voisinage des Européens, et partagés en plusieurs peuplades subdivisées en un grand nombre de petites tribus : les Namaquas à l'O., les Coranas et les Griquas au centre, les Bosjesmous au S. et au S.-E., etc.

HOTTEWILLER, vg. de Fr., Moselle, arr. de Sarreguemines, cant. de Volmunster, poste de Bitche; 1030 hab.

HOTTOT-LES-BAGUES, vg de Fr., Calvados, arr. de Bayeux, cant. de Caumont, poste de Tilly-sur-Seulles; 630 hab.

HOTWEL, source minérale dans le voisinage de Clifton, comté de Gloucester, en Angleterre, dans une position très-romantique; ses eaux sont renommées.

HOTZENPLOTZ, pet. v. d'Autriche, gouv. de Moravie-et-Silésie, cer. de Troppau; 2500 hab.

HOU. *Voyez* HAOU.

HOUANG-HAI ou MER JAUNE, n'est proprement qu'un vaste golfe de la mer Orientale ou Toung-haï, compris entre la Chine septentrionale et la presqu'île de Corée. Le Houang-haï forme lui-même deux golfes importants, celui de Leao-tong et celui de Petchely. Ces deux enfoncements sont séparés par une longue langue de terre à laquelle les Anglais ont donné le nom de Glaive-du-Régent et que termine le cap Charlotte. Le Houang-haï est peu profond; anciennement le Houang-ho avait son embouchure dans le golfe de Leao-tong et amenait à cette mer une immense quantité de sable et de limon, aujourd'hui il entre dans la mer Jaune, dans le Kiang-sou.

HOUANG-HO ou FLEUVE JAUNE, ainsi nommé à cause de la couleur jaune qu'il prend du limon qu'il tient en dissolution; est le deuxième fleuve de Chine et a un cours presque aussi long que celui du Yantse-kiang ou Kiang (fleuve par excellence), quoique le volume de ses eaux soit moins considérable. Selon les Chinois, il prend sa source dans un lac situé sur le mont Kouenlun. M. Balbi la place dans les monts Koulkoun dans le pays des Mongols de Khoukhounoor. Le Houang-ho fait de grands détours; il passe par Lan-tcheou dans le Kan-sou, traverse une partie de la Mongolie, le Chan-si, l'Ho-nan, touche le Chan-toung et s'embouche dans la mer Jaune, après avoir passé par le Kiang-sou. Ses principaux affluents sont, à droite, le Oueï-ho et le Hoeï-ho; à gauche, le Fuen-ho. Le Houang-ho avait autrefois son embouchure dans le golfe de Leao-tong, qu'il atteignait après avoir traversé le Chan-toung. Dès la plus haute antiquité, le Houang-ho, a causé de grands ravages par ses inondations, et de bonne heure on a entrepris de grands travaux hydrauliques pour le contenir dans son lit. Les travaux ont été continués ou repris sous les derniers empereurs. La couleur de ce fleuve est si jaune et si épaisse que les premiers voyageurs prétendirent que la terre en dissolution, entrainée par ses eaux, formait le tiers de son volume. Des expériences, dit M. Pauthier, faites avec soin par les personnes de la suite de lord Macartney, démontrèrent cependant qu'elle n'en excédait pas la deux-centième partie, tandis que le Nil en contient environ un-cent-vingtième. M. Barrow a néanmoins calculé que le fleuve doit chaque heure verser dans son embouchure environ deux millions de pieds cubes de terre solide, quantité suffisante pour former, en soixante et dix jours, une île d'un mille carré, de façon qu'en 24,000 ans (si ses calculs sont exacts) ce fleuve devrait remplir tout le bassin de la mer Jaune.

HOUANG-PHOU ou WHAM-POU, WHAMPOA, port et douane au-dessous de Canton, en Chine, ancrage pour les vaisseaux européens qui ne remontent pas le Tigre jusqu'à Canton. Les marchandises y sont déballées et transportées à Canton dans de larges bateaux ou chaloupes plus légères.

HOUAT; île de l'Océan Atlantique, au N.-E. de Belle-Ile et à 2 l. S.-E. de la presqu'île de Quiberon; elle fait partie de l'arr. de Vannes, cant. de Belle-Ile; 200 hab.

HOUBE, ham. de Fr., Meurthe, com. de Dabo; 300 hab.

HOUBLY, v. de l'Inde anglaise, présidence de Bombay, dist. de Darwar, dans le Bidjapour. Elle est mal fortifiée; mais importante comme ville manufacturière et commerçante. Sa nombreuse population fabrique des étoffes de coton, de soie, des draps communs. On y trouve beaucoup de maisons de banque et de changeurs. Son commerce avec Goa, Surate et Séringapatam est important. On voit plusieurs mosquées ruinées et des tombeaux musulmans dans ses environs.

HOUBLONNIÈRE (la), vg. de Fr., Calvados, arr., cant. et poste de Lisieux; 310 h.

HOUCHAIN, vg. de Fr., Pas-de-Calais, arr. et poste de Béthune, cant. de Houdain; 400 hab.

HOUDAIN, vg. de Fr., Nord, arr. d'Avesnes, cant. et poste de Bavay; scierie de marbre St.-Anne; 850 hab.

HOUDAIN, b. de Fr., Pas-de-Calais, arr., à 3 l. S.-S.-O. et poste de Béthune, chef-lieu de canton; 930 hab.

HOUDALLE, ham. de Fr., Vosges, com. d'Anould; 440 hab.

HOUDAN, *Hosdencum*, pet. v. de Fr., Seine-et-Oise, arr., à 6 l. S. de Mantes et à 15 l. de Paris, chef-lieu de canton et poste; elle est située au confluent de la Vesgre et de l'Aubeton, et remarquable par son église d'architecture gothique, dont la construction remonte à Robert-le-Pieux. On y voit aussi quelques restes d'anciennes fortifications. Son commerce consiste en grains, laine, bestiaux, volaille et tanneries; 1980 hab.

HOUDANCOURT, vg. de Fr., Oise, arr. de Compiègne, cant. d'Estrées-St.-Denis, poste de Pont-Ste.-Maxence; 320 hab.

HOUDELAINCOURT, vg. de Fr., Meuse, arr. de Commercy, cant. et poste de Gondrecourt; pêche aux truites; 570 hab.

HOUDELANCOURT, vg. de Fr., Meuse, arr. de Montmédy, cant. et poste de Spincourt; 170 hab.

HOUDELMONT, vg. de Fr., Meurthe, arr. de Nancy, cant. et poste de Vezelize; 280 h.

HOUDEMONT, vg. de Fr., Meurthe, arr., cant. et poste de Nancy; 280 hab.

HOUDEN, ham. de Fr., Somme, com. de Tours; 170 hab.

HOUDETOT, vg. de Fr., Seine-Inférieure, arr. d'Yvetot, cant. de Fontaine-le-Dun, poste de St.-Valery-en-Caux; 410 hab.

HOUDILCOURT, vg. de Fr., Ardennes, arr. de Réthel, cant. d'Asfeld, poste de Tagnon; 540 hab.

HOUDLEMONT, ham. de Fr., Moselle, com. de Ville-Houdlemont; 100 hab.

HOUDREVILLE, vg. de Fr., Meurthe, arr. de Nancy, cant. et poste de Vezelize; 820 hab.

HOUÉCOURT, vg. de Fr., Vosges, arr. de Neufchâteau, cant. et poste de Châtenois; commerce de bestiaux; 830 hab.

HOUEILLES, vg. de Fr., Lot-et-Garonne, arr. et à 7 l. O.-N.-O. de Nérac, chef-lieu de canton, poste de Casteljaloux; 1000 hab.

HOUEINE. *Voyez* HONE.

HOUESVILLE, vg. de Fr., Manche, arr. de Valognes, cant. de Ste.-Mère-Église, poste de Blosville; 380 hab.

HOUETTEVILLE, vg. de Fr., Eure, arr. et poste de Louviers, cant. du Neubourg; 280 hab.

HOUÉVILLE, vg. de Fr., Vosges, arr., cant. et poste de Neufchâteau; 220 hab.

HOUFFALIZE, pet. v. du roy. de Belgique, grand-duché de Luxembourg, arr. et à 9 1/2 l. de Neufchateau, sur l'Ourthe, avec un ancien château; 750 hab.

HOUGA (le), vg. de Fr., Gers, arr. de Condom, cant. et poste de Nogaro; 1590 h.

HOUGÆRDEN, b. du roy. de Belgique, prov. du Brabant méridional, arr. et à 4 1/2 l. de Louvain, sur la Geete; brasseries et distilleries renommées; 2250 hab.

HOUG-KIANG ou TEIEN-KIANG, fl. de Chine, naît sur les frontières du Yun-nan, traverse le Kiang-si de l'O. à l'E., reçoit les eaux du Lieu-kiang, du Ngnoyu-kiang et du Posoï-kiang et se réunit, près d'Utcheu-fou, avec le Kouaï-kiang; les deux fleuves prennent alors le nom de Si-kiang.

HOUGLY. *Voyez* HAGLI.

HOUGUE (la), cap et port. *V.* HOGUE (la).

HOUGUEMARRE, vg. de Fr., Eure, arr. de Pont-Audemer, cant. de Routot, poste de Bourgachard; 480 hab.

HOUILLES, vg. de Fr., Seine-et-Oise, arr. de Versailles, cant. et poste d'Argenteuil; commerce de vins blancs; 1270 hab.

HOU-KOUANG, une des plus grandes provinces de l'intérieur de la Chine, aujourd'hui divisée en Hou-pé (sa partie septentrionale) et en Hou-nan (sa partie méridionale). Elle est située entre 107° 12′ et 113° 25′ long. orient. et 24° 53′ et 33° 17′ lat. N. Ses limites sont : le Ho-nan au N., le Kiang-nan au N.-E., le Kiang-si à l'E., le Kouang-toung au S.-E., le Kouang-si au S.-O., le Kouei-tcheou et Se-tchouan à l'O., enfin le Chen-si au N.-O. Sa superficie est de 144,770 milles c.; le nombre des arpents qu'elle contient s'élève à 92,652,800. Son nom signifie grand lac et lui vient dn lac de Thoûng-ting, situé sur les confins des prov. de Hou-pé et de Ho-nan (c'est-à-dire des provinces du midi du lac et du nord du lac); ce lac a plus de 80 l. de circonférence. Le Hou-kouang est entouré de tous côtés par de hautes chaînes de montagnes, qui appartiennent à la chaîne centrale de la Chine et qui ont leurs pics les plus élevés au S., sur les frontières du Kiang-si et du Kouang-toung. Des ramifications traversent la province en tous sens, surtout au S.; dans la partie septentrionale l'on trouve une grande et fertile plaine entre le Yan-tse-kiang, le Han-kiang et le lac Thoung-ting. Le principal cours d'eau de la province est le Yan-tse-kiang, qui vient du Sé-tchouan, décrit une courbe pour recevoir les eaux du Thoung-ting et entre dans le Kiang-nan. Il est navigable dans toute l'étendue de Hou-kouang; on peut le regarder comme l'artère de ce pays; le Han-kiang, le Yun-kiang (qui lui amène les eaux du Thoung-ting) sont ses affluents et se réunissent à lui après s'être grossis de tous les torrents des montagnes. A partir de son confluent avec le Yan-kiang, le Yan-tse-kiang entre dans une contrée plate, remplie de petits lacs et de marais; ses eaux débordent et sa largeur devient telle qu'à peine on peut distinguer sur ses bords le rivage opposé. Le climat est le même que dans toute la Chine centrale. Le sol est extraordinairement fertile, surtout là où il peut être arrosé, et produit des céréales en abondance. Il y existe aussi beaucoup de rizières, et l'excédant du riz est expédié sur le Yan-tse-kiang et le canal Impérial à Pé-king et dans les parties de la Chine qui n'en produisent pas assez. Le meilleur thé de Chine vient de Hou-kouang, qui fournit aussi à l'empire une immense quantité de coton. Les montagnes sont en partie boisées et couvertes de forêts de cèdres, de bambous, d'arbres à laque et à vernis; l'oisellerie et la pêche nourrissent beaucoup d'habitants. Nous parlerons des autres productions aux articles Hou-pé et Hou-nan. La fabrication du coton, du papier, les articles en fer, en acier, la construction des vaisseaux, sont les principales branches d'industrie du Hou-kouang. Le commerce est très-actif et favorisé par les beaux fleuves qui traversent la province. D'après la *grande géographie chinoise*, publiée en 1825, le nombre des habitants du Hou-kouang est de 46,022,605, ce qui donne 311 habitants par mille c. La force militaire qui y stationne est de 88,000 hommes; son revenu fixe s'élève à 18,453,075 francs. A cause de sa grandeur le Hou-kouang a été subdivisé en deux provinces; Houpé et Hounan. Nous renvoyons nos lecteurs aux articles consacrés à ces subdivisions, pour ce qui concerne leurs productions particulières et les noms de leurs principales villes.

HOULBEC (le), vg. de Fr., Eure, arr. de Louviers, cant. d'Amfreville-la-Campagne, poste de Bourgtheroulde; 290 hab.

HOULBEC-COCHEREL, vg. de Fr., Eure, arr. d'Évreux, cant. de Vernon, poste de Pacy-sur-Eure; 510 hab.

HOULDICOURT. *Voyez* HOUDILCOURT.

HOULDIZY, vg. de Fr., Ardennes, arr. de Mézières, cant. et poste de Charleville; 340 hab.

HOULERON, ham. de Fr., Pas-de-Calais, com. d'Aire-sur-la-Lys; 140 hab.

HOULES (les), ham. de Fr., Eure, com. de St.-Aubin-de-Scellon; 160 hab.

HOULETTE, vg. de Fr., Charente, arr. de Cognac, cant. et poste de Jarnac; 400 h.

HOULETTE (la), ham. de Fr., Nord, com. d'Armentières; 260 hab.

HOULLES, vg. de Fr., Pas-de-Calais, arr., cant. et poste de St.-Omer; fabr. de sucre indigène; 460 hab.

HOULME (le), vg. de Fr., Seine-Inférieure, arr. de Rouen, cant. de Maronne, poste de Malaunay; fabr. d'indiennes; filat. de coton; blanchisserie; 1820 hab.

HOUME-DE-FOUQUEBRUNE, ham. de Fr., Charente, com. de Fouquebrune; 100 hab.

HOUMEAU (l'), vg. de Fr., Charente-Inférieure, arr., cant. et poste de la Rochelle; 380 hab.

HOUMEAU-PONTROUVE (l'), vg. de Fr., Charente, arr., cant. et poste d'Angoulême; société d'agriculture; 1260 hab.

HOUMÉE (l'), ham. de Fr., Charente-Inférieure, com. de la Vallée; 120 hab.

HOUMÉRICH. *Voyez* HOMBOURG-HAUT.

HOUN, pet. v. dans la partie septentrionale du Fezzan, à l'E. de Sokna; commerce considérable de plumes d'autruche.

HOU-NAN, prov. de Chine; est la partie méridionale de l'ancien Hou-kouang. La plus grande étendue de cette nouvelle province, de l'E. à l'O., est de 142 l. et de 115 du N. au S. Ses principales productions consistent en fer, plomb, cinabre, mercure, bambous de différentes espèces, thé, poudre d'or, huile de la plante à thé, nankin de différentes espèces, etc. Nous avons parlé de la géographie physique de la province et des détails statistiques qui la concernent à l'article Hou-kouang. Le Hou-nan est divisé en 13 départements. En 1761, il renfermait 7 villes de première et 51 de deuxième classe. Le nombre de ses habitants s'élevait alors à 8,800,000, chiffre évidemment trop faible, car déjà en 1793 les Anglais supposaient 27 millions d'habitants à tout le Hou-kouang, chiffre bien plus élevé encore aujourd'hui. Sa capitale est Tchang-cha-fou, à 455 l. S.-O. de Pé-king. Les autres villes remarquables sont : Pao-khing, Yo-tcheou-fou, Tchaute-fou, Heug-tcheou, Young-tcheou, Tchin-tcheou, etc. Plusieurs tribus de Miaotses, qui habitent les montagnes de cette province, ont pu conserver de fait leur indépendance, quoique nominalement rangées au nombre des sujets du céleste empire.

HOUNSLOW, b. d'Angleterre, comté de Middlesex; 2500 hab.

HOU-PÉ ou **HOO-PIH**, prov. de Chine, la partie septentrionale de l'ancien Hou-kouang. Nous renvoyons, pour la géographie physique et les détails statistiques qui concernent le Hou-pé, à l'art. Hou-kouang. La nouvelle province a 244 l. de l'E. à l'O. dans sa plus grande étendue et 68 du S. au N. Ses principales productions consistent en thé, coton, poissons, bambous, cyprès, fer, étain, marbre, etc. Le Hou-pé est divisé en 11 départements. En 1761 il renfermait 8 villes de première classe et 53 villes de deuxième et de troisième. Le nombre de ses habitants était alors de 8,100,000. Nous ne pourrions que répéter ici à cet égard la remarque que nous avons faite sur la population du Hou-nan. Sa capitale est Wou-tcheng-fou, à 315 l. S.-O. de Pé-king. Ses autres villes remarquables sont: Han-yang, Hoang-tcheou-fou, An-lou, Te-an, King-theou, Siang-yang, Yan-yang, Yi-tchang.

HOUPLIN, vg. de Fr., Nord, arr. de Lille, cant. et poste de Seclin; 1070 hab.

HOUPLINES-SUR-LYS, vg. de Fr., Nord, arr. de Lille, cant. et poste d'Armentières; filat. de coton; tanneries; 2070 hab.

HOUPPACH. *Voyez* HUPPACH.

HOUPPEVILLE, vg. de Fr., Seine-Inférieure, arr. de Rouen, cant. de Maromme, poste de Malaunay; 760 hab.

HOUQUETOT, vg. de Fr., Seine-Inférieure, arr. du Hâvre, cant. et poste de Goderville; 380 hab.

HOURC, vg. de Fr., Hautes-Pyrénées, arr. et poste de Tarbes, cant. de Pouyastruc; 180 hab.

HOURC-DE-BAT, HOURC-DESSUS et **HOURC-DU-MILIEU**, ham. de Fr., Hautes-Pyrénées, com. de Germs; 260 hab.

HOURDEL (le), ham. de Fr., Somme, com. de Cayeux; 180 hab.

HOURGES, vg. de Fr., Marne, arr. de Reims, cant. de Fismes, poste de Jonchery-sur-Vesle; 220 hab.

HOURINGOTTA, l'une des branches dans lesquelles se divise le Gange près de son embouchure dans le golfe du Bengale, et qui forment ce qu'on appelle le delta du Gange. L'Houringotta est situé entre l'Hagly et la branche qui continue de porter le nom de Gange.

HOUROUSS ou **ILE DES ÉTATS, ATORKOU, YTURIP**, la plus grande des Kouriles méridionales ou japonaises. Cette île est située entre 44° 27' et 45° 40' lat. N. Son sol est élevé et montagneux; un volcan toujours actif se trouve au S.-O. d'Ourbitch. Le climat est froid et de fréquents brouillards enveloppent cette île et les autres Kouriles. Les courants qui la séparent des autres îles sont excessivement forts, et, soit à cause des brisants, soit à cause des rochers qui tombent à pic dans la mer, elle n'est que difficilement abordable. Hourouss renferme des forêts assez considérables; sa flore est peu connue; les principaux animaux qui s'y trouvent sont des castors, des renards, des phoques, des lions et des veaux marins. Les habitants, en petit nombre, vivent surtout de la pêche et de la chair du mauridor, espèce de pigeon. Le principal établissement japonais sur Hourouss est Ourbitch, sur la côte occidentale de l'île, forteresse et port non loin d'un volcan en ignition.

HOURROUR ou **ARRAR**, pet. roy. mahométan, dans l'Afrique orientale, entre le pays des Bertuma-Gallas, le roy. d'Adaïel et le pays des Somaulis; c'est le noyau du fameux royaume nommé Adel par les Portugais. Dès le commencement du seizième siècle il étendait sa domination sur le roy. d'Adaïel, dont le chef-lieu était Zeyla, et sur toute la côte depuis cette ville jusqu'au cap Guardafui. Dans le dix-septième siècle sa capitale était Auça-Guriel, nommée aussi Abxia ou Houssa. Cet état joua un grand rôle à cette époque sous le rapport commercial et militaire; il s'est surtout signalé par sa haine fanatique contre les chrétiens et particulièrement contre les Abyssins, dont il dévasta horriblement le territoire par ses fréquentes invasions.

HOURS, vg. de Fr., Basses-Pyrénées, arr. de Pau, cant. de Pontacq, poste de Nay; 500 hab.

HOURTIN, vg. de Fr., Gironde, arr. et poste de Lesparre, cant. de St.-Laurent-de-Médoc; 1410 hab.

HOURY, vg. de Fr., Aisne, arr., cant. et poste de Vervins; 150 hab.

HOUSACK, gr. et riche com. des États-Unis de l'Amérique du Nord, état de New-York, comté de Rensselair; 4000 hab.

HOUSATONICK, chaîne de montagnes des États-Unis de l'Amérique du Nord; elle est la continuation S. des montagnes Vertes (Green-Mountains) et s'étend sur tout l'O. de l'état de Massachusetts et sur une partie de l'état de Connecticut, parallèlement aux monts Taghconuk. Ses pics les plus élevés atteignent la hauteur de 1166 mètres.

HOUSSAY. *Voyez* MONTBOISSIER.

HOUSSAY, vg. de Fr., Loir-et-Cher, arr. de Vendôme, cant. et poste de Montoire; 540 hab.

HOUSSAY, vg. de Fr., Mayenne, arr., cant. et poste de Château-Gontier; 1020 h.

HOUSSAYE (la), vg. de Fr., Eure, arr. de Bernay, cant. et poste de Beaumont-le-Roger; haut-fourneau; 250 hab.

HOUSSAYE (la), vg. de Fr., Seine-et-Marne, arr. de Coulommiers, cant. de Rozoy-en-Brie, poste de Tournan; 680 hab.

HOUSSAYE-BÉRANGER (la), vg. de Fr., Seine-Inférieure, arr. de Rouen, cant. de Clères, poste de Valmartin; 460 hab.

HOUSSAYE-DE-MOUETTES (la), ham.

de Fr., Eure, com. de Mouettes; 200 hab.

HOUSSEAU (le), vg. de Fr., Mayenne, arr. de Mayenne, cant. et poste de Lassay; 520 hab.

HOUSSELMONT, vg. de Fr., Meurthe, arr. de Toul, cant. et poste de Colombey; 50 hab.

HOUSSELT ou HOESSELT, vg. du roy. de Belgique, prov. de Limbourg, arr. de Mæstricht; 1850 hab.

HOUSSEN, vg. de Fr., Haut-Rhin, arr. et poste de Colmar, cant. d'Andolsheim; 1000 hab.

HOUSSERAS, vg. de Fr., Vosges, arr. d'Épinal, cant. et poste de Rambervillers; 890 hab.

HOUSSET, vg. de Fr., Aisne, arr. de Vervins, cant. de Sains, poste de Marle; 720 h.

HOUSSÉVILLE, vg. de Fr., Meurthe, arr. de Nancy, cant. de Haroué, poste de Neuville-sur-Moselle; 440 hab.

HOUSSIÈRE (la), vg. de Fr., Vosges, arr. de St.-Dié, cant. et poste de Corcieux; 1080 hab.

HOUSSIÈRE (la), ham. de Fr., Vosges, com. de Hadol; 210 hab.

HOUSSIETTE (la), ham. de Fr., Seine-et-Marne, com. de la Houssaye; 130 hab.

HOUSSOYE (la), vg. de Fr., Oise, arr. et poste de Beauvais, cant. d'Auneuil; 390 h.

HOUSSOYE (la). ham. de Fr., Oise, com. de Troissereux; 120 hab.

HOUSSOYE (la), vg. de Fr., Somme, arr. d'Amiens, cant. et poste de Corbie; 450 hab.

HOUSTON, comté de l'état de Géorgie, États-Unis de l'Amérique du Nord; il est borné par les comtés de Monroé, de Pulasky, de Doolen et le pays des Creeks. Ce pays, fertile, mais peu cultivé encore, est arrosé à l'O. par le Flint, sur les bords duquel s'élève le fort Early.

HOUSTONVILLE, b. florissant par ses plantations, États-Unis de l'Amérique du Nord, état de la Caroline du Nord, comté d'Iredell, poste; 2800 hab.

HOUTAUD, vg. de Fr., Doubs, arr., cant. et poste de Pontarlier; 250 hab.

HOU-TCHEOU-FOU, v. de Chine, prov. de Tche-kiang; elle est située au bord du petit lac qui lui a donné son nom; fabr. de belles étoffes de soie et les meilleurs pinceaux (pour écrire) de la Chine. Sa juridiction s'étend sur cinq villes.

HOUTEVILLE, vg. de Fr., Manche, arr. de Coutances, cant. de la Haye-du-Puits, poste de Prétot; 260 hab.

HOUTGUERQUE, vg. de Fr., Nord, arr. de Hazebrouck, cant. de Steenwoorde, poste de Cassel; 1340 hab.

HOU-THO-HO, riv. de Chine, affluent du Pé-ho, auquel elle amène les eaux du lac Pay-hon. Le canal Impérial, qui fait communiquer Pé-king avec le Kiang, traverse le Hou-tho-ho.

HOUVIGNEUL, vg. de Fr., Pas-de-Calais, arr. de St.-Pol-sur-Ternoise, cant. d'A-vesnes-le-Comte, poste de Frévent; 340 h.

HOUVILLE, vg. de Fr., Eure, arr. des Andelys, cant. et poste d'Écouis; 170 hab.

HOUVILLE-LA-BRANCHE, vg. de Fr., Eure-et-Loir, arr. de Chartres, cant. et poste d'Auneau; 340 hab.

HOUVING, vg. de Fr., Pas-de-Calais, arr. de St.-Pol-sur-Ternoise, cant. d'Avesnes-le-Comte, poste de Frévent; 310 hab.

HOUX, vg. de Fr., Eure-et-Loir, arr. de Chartres, cant. et poste de Maintenon; 330 h.

HOUX, ham. de Fr., Vosges, com. de Laveline-du-Houx; 350 hab.

HOUYDETS, ham. de Fr., Hautes-Pyrénées, com. de Castelbajac; 280 hab.

HOVAL ou OUALO, roy. Ghiolof dans la partie N.-O. de la Sénégambie, au S. de l'embouchure du Sénégal, et complétement sous l'influence des établissements coloniaux français qui font partie de l'arr. de St.-Louis; aujourd'hui ruiné et presque entièrement dépeuplé par la guerre civile et par les Maures, ses voisins. Le roi, qui se qualifie brak, reconnait depuis quelque temps la suzeraineté de la France. Dagana résidence.

HOVAS. Voyez ANCOVE.

HOVES, vg. du roy. de Belgique, prov. de Hainaut, arr. de Mons; raffinerie de sel; 1820 hab.

HOW. Voyez HAOU.

HOWAKEL, baie de la mer Rouge, sur la côte N.-E. d'Abyssinie et au S.-E. de l'île de Dahlak; elle renferme plusieurs îles.

HOWARD (port). Voyez FALKLAND (îles).

HOWARD, comté de l'état de Missouri, États-Unis de l'Amérique du Nord; ses bornes sont : le territoire du Missouri, les comtés de Pike et de Cooper et le dist. des Osages. Contrée très-fertile et bien arrosée, dans la vallée du Missouri; le maïs, qu'on y cultive en grande quantité, atteint la hauteur de 12 à 15 pieds; 18,000 hab. Franklin, bourg au confluent du Good-Woman et du Missouri, est le chef-lieu du comté.

HOWDEN, b. d'Angleterre, comté d'York, sur l'Ouse; fait un commerce très-étendu; 2000 hab.

HOWE. Voyez LORD HOWE.

HOWE (cap). Voyez FALKLAND (îles).

HOWE, île dans le lac Ontario, fait partie du dist. de Midland, Haut-Canada.

HOWEL, gros b. des États-Unis de l'Amérique du Nord, état de New-Jersey, comté de Monmouth; 3500 hab.

HOWIHOW. Voyez KHIOUNG-TCHEOU-FOU.

HOWRY. Voyez HAOURÉ.

HOYA, b. du roy. de Hanovre, gouv. de Hanovre; fabr. d'objets en fer-blanc vernissé; 1700 hab.

HOYERSWERDA, pet. v. de Prusse, chef-lieu de cercle, prov. de Silésie, rég. de Liegnitz; fabrication de draps et de bas; 2000 hab.

HOYM, v. du duché d'Anhalt-Bernbourg, située non loin du confluent du Getel avec

53

la Selke; elle a appartenu autrefois, et jusqu'en 1812, à une branche collatérale de la maison d'Anhalt-Bernbourg; culture de lin et grand commerce de fil; 2200 hab.

HOYMILLE, vg. de Fr., Nord, arr. de Dunkerque, cant. et poste de Bergues; 500 h.

HRADISCH, cer. d'Autriche, gouv. de Moravie-et-Silésie, borné par les cer. d'Olmutz, de Prérau et de Brunn et par la Hongrie; 66 l. c. géogr.; 220,000 hab. Le chef-lieu porte le même nom et compte 1500 h.

HRUBIESZOW, v. du roy. de Pologne, chef-lieu d'un arrondissement dans le palatinat de Lublin; entourée par la Hulzwa; 4000 hab.

HUACHIPA ou **GUACHIPA**, gr. vg. de la rép. du Pérou, dép. et prov. de Lima et au N.-E. de la ville de ce nom. On y voit les ruines d'une ville péruvienne jadis très-florissante.

HUACHO, pet. v. et port de la rép. du Pérou, dép. de Lima, prov. de Chancay; salines très-considérables; 4000 hab.

HUAGUE. *Voyez* BIOBIO.

HUAHINÉ, île de l'archipel de Tahiti (îles de la Société), dans la Polynésie ou Océanie orientale, à 20 1/3 milles environ N.-O. de Tahiti, sous 16° 42' 49" lat. S. et 153° 39' long. occ. Cette île, découverte, en 1769, par le capitaine Cook, a environ 4 milles de circuit; elle est bordée au S. et à l'O. par des bancs de corail; là mer y forme des baies nombreuses, dont quelques-unes présentent de bons ports. Elle est couverte de montagnes volcaniques et la végétation y est puissante et variée. Elle produit surtout en abondance des cocotiers et des arbres à pain. Les indigènes obéissent à des chefs dépendants de Tahiti. Ils parlent la même langue que les Tahitiens et sont, grâce au zèle des missionnaires anglicans, assez avancés dans la civilisation.

HUAHUE, lac de la rép. du Chili, prov. de Valdivia.

HUAILLAS ou **HUALLAY**, gr. vg. de la rép. du Pérou, dép. d'Ayacucho, prov. d'Huancavelica. Son église renferme un crucifix miraculeux qui y attire de nombreux pèlerins et est une grande source de prospérité pour l'endroit.

HUALLABAMBA. *Voyez* GUALLABAMBA.

HUALLAGA ou **GUALLAGA**, un des plus grands fleuves de la rép. du Pérou; prend naissance, sous le nom de Guanuco (Huanuco), dans le lac de Chiquiacoba, dans les plaines de Bombon, prov. de Guanuco, sous 10° 57' lat. S. Ses sources sont séparées par une chaîne de montagnes de celles du Maragnon. Le Guanuco fertilise la belle vallée entre la Sierra de los Pampas del Sacarmento et la Montanna de los Infiles qui lui envoient de nombreux affluents. A la ville de Guanuco il prend une direction E. jusqu'à Munna (9° 55'), où il reprend sa direction N. en se précipitant avec impétuosité à travers les montagnes escarpées de Caxamarquilla. Depuis l'embouchure du Monzon (9° 22') son cours devient plus tranquille, quoique peu navigable encore à cause de ses bas-fonds très-dangereux. A son entrée dans la prov. de los Lamas il prend le nom de Huallaga, et à son confluent avec le Huayabamba jusqu'à sa décharge des montagnes il se divise en quatre bras, l'Esteru, le Canoayaco, le Chumiu et l'Yuracyaco, qui se réunissent dans les vastes et fertiles plaines de Maynas, qu'il inonde souvent jusqu'à la distance de 2 l. Sous 5° 4' il débouche par deux bras dans le Maragnon. A son embouchure il forme une baie de 1 l. de largeur sur 56 mètres de profondeur. Depuis sa source jusqu'à son embouchure ce fleuve parcourt une distance de près de 200 l. Parmi ses affluents très-nombreux, les plus considérables lui viennent de l'O.; nous en nommons: le Monzon, le Huayabamba, le Moyobamba et le Cachiaco.

HUALLANCA, pet. v. de la rép. du Pérou, dép. de Junin, prov. de Huamaliès, dont elle est le chef-lieu, sur un affluent du Maragnon et dans une contrée très-montagneuse. Cet endroit fut fondé en 1779, par suite de la découverte de riches mines d'argent dans son voisinage; 2500 hab.

HUALLAY. *Voyez* HUAILLAS.

HUALQUI. *Voyez* GUALQUI.

HUAMACHUCO ou **GUAMACHUCO**, prov. du dép. de Livertad, rép. du Pérou; elle est bornée par les prov. de Chachapoyas, dont elle faisait partie, jusqu'en 1759, de Patas, de Conhucos et par le dist. de Truxillo. Sa superficie est évaluée à 395 l. c. géogr. Elle est traversée par le chaînon occidental des Cordillères et a un sol fertile et bien arrosé. Le Huamucho, qui a donné son nom à la province, en est le principal cours d'eau. L'agriculture, l'éducation du gros bétail et des moutons, les fabr. de draps et de toile y fleurissent. Ses mines très-riches, fournissent de l'or, de l'argent, du fer, du plomb et du soufre; 50,000 hab.

HUAMACHUCO ou **GUAMACHUCO**, pet. v. et chef-lieu de la province de même nom, sur un plateau des Cordillères et sous un climat très-rude; mines d'or et d'argent; 2800 hab.

HUAMALIÈS ou **GUAMALIÈS**, prov. du dép. de Junin, rép. du Pérou; elle est bornée par les prov. de Patas, de Mainas, de Guanuco, de Pasco, de Cajatambo et de Conchucos. Son étendue est d'environ 290 l. c. géogr. Le climat, rude au S., est très-agréable au centre et chaud vers le N. Cette province renferme les sources du Maragnon et s'étend des deux côtés de ce fleuve entre deux chaînons des Cordillères. Le sol, généralement fertile, est couvert encore de vastes forêts riches en arbres à quinquina. L'agriculture, l'éducation du bétail et des moutons, les fabr. de draps et le commerce de quinquina, de laine, de peaux et de métaux précieux se trouvent dans un état très-florissant. La houille y abonde et le produit des mines d'or et d'argent est immense. Cette province est traversée par la célèbre route des Incas, qui de Cuzco conduisait à Quito et dont on trouve encore de nombreux restes ainsi que des bâtiments qui la bordaient de distance en distance; 22,000 h.

HUAMANGA ou **GUAMANGA**, district du dép. d'Ayacucho (Hyacucho), rép. du Pérou; ce district, qui n'a que 6 à 7 l. c. géogr. d'étendue, est entouré des prov. de Huanta, de Cangallo, d'Huancavélica et d'Anco. L'éducation du bétail, l'agriculture, les tanneries et la fabrication d'ouvrages en or et en argent font les principales occupations des habitants. Le climat y est très-agréable et le sol produit du blé et du sucre d'une belle qualité; on y élève des moutons, dont la laine est regardée comme la plus fine du Pérou; sa population, très-forte, est de 34,000 âmes.

HUAMANGA ou **GUAMANGA**, v. de la rép. du Pérou, dép. d'Ayacucho (Hyacucho), dont elle est la capitale, sur une vaste plaine assez élevée et sur la route de Cuzco à Quito. C'est une des plus belles villes du Pérou et de toute l'Amérique ci-devant espagnole; elle possède une université, de nombreuses fabriques, parmi lesquelles se distinguent celles d'ouvrages en or et en argent, et fait un commerce très-considérable; siége d'un évêque; 26,000 hab., selon d'autres 40,000.

HUAMANTANGA, b. de la rép. du Pérou, dép. de Lima, prov. de Canta; son église possède une célèbre image du Christ, qui y attire de nombreux pèlerins; 2600 hab.

HUAMBACHO, baie sur la côte du dép. de Lima, rép. du Pérou; elle offre une des meilleures rades de toute la côte occidentale de l'Amérique.

HUAMBOS (San-Juan-de-), pet. v. de la rép. du Pérou, dép. de Livertad, prov. de Chota, dont elle est l'endroit le plus considérable; 2400 hab.

HUAMELULA ou **GUAMELULA**, vg. du Mexique, dans l'état d'Oaxara, sur la côte; son climat est très-chaud et très-favorable à la production du coton. Dans le voisinage on trouve plusieurs petits lacs très-poissonneux.

HUANCANNE ou **GUANCANI**, b. de la rép. du Pérou, dép. de Puno, prov. de Guancani (Puño), dont il était jadis le chef-lieu, sur la rive septentrionale du lac Titicaca; cet endroit, très-déchu, ne compte plus qu'environ 1600 hab.

HUANCAVELICA ou **GUANCAVELICA**, **ANGARAÈS**, prov. du dép. d'Ayacucho, rép. du Pérou. Elle est bornée par les prov. de Jauja, d'Yaujos, de Castro-Vireyna et de Huanta. Le sol, très-inégal, généralement fertile dans les plaines, est arrosé par le Rio-de-la-Sal et le Rio-Mantaro (Rio-de-Jauja), et s'élève des bords de ces fleuves jusqu'à la crête des Cordillères. A l'O. le climat est rude et très-variable. Cette province est une des plus riches en métaux de tout le Pérou; ses montagnes renferment de l'or, de l'argent, du cuivre, du plomb, du mercure, etc. L'exploitation la plus importante est celle du mercure; la mine de Santa-Barbara, aux environs de la capitale, est la plus riche du Nouveau-Monde. La superficie de cette province est évaluée à 180 l. c. géogr., avec environ 12,000 hab.

HUANCAVELICA, v. et chef-lieu de la province du même nom, sur un plateau de 3850 mètres au-dessus du niveau de l'Océan. Cette ville fut fondée, en 1572, par le vice-roi Francisco-de-Toledo, qui lui donna le nom de Villa-Rica-d'Oropesa, en l'honneur de son père, le comte d'Oropesa; elle est bien bâtie et renferme de beaux édifices. Dans son voisinage on trouve d'intéressantes antiquités et une des plus riches mines de mercure de l'état; 6000 hab.

HUANCHACO, bourgade de la rép. du Pérou, dép. de Livertad, prov. de Truxillo, sur la mer, à 4 l. N.-O. de la v. de Truxillo, à laquelle elle sert de port. Les brisants en rendent souvent l'accès très-difficile et il est depuis longtemps question de l'abandonner. Dans ses environs on voit une montagne en forme de cloche, appelée la *Campanha de Huanchaco*, et qui communique, dit-on, par des allées souterraines avec les ruines d'un palais aux environs de Truxillo, et renferme les trésors du Chimu (prince) de Manciche.

HUANNE, vg. de Fr., Doubs, arr. et posté de Baume-les-Dames, cant. de Rougemont; 250 hab.

HUANTA ou **GUANTA** (San-Pedro-de-), prov. du dép. d'Ayacucho, rép. du Pérou; elle est bornée par les prov. de Jauja, de Tayacaja, d'Huancavelica, d'Huamanga, de Castro-Vireyna, de Cangallo, d'Andahuailas, d'Anco, et par un district montagneux habité par des indigènes indépendants. Son sol, très-inégal et couvert de vastes forêts, est arrosé par le Mantaro et produit du maïs, du sucre, des fruits et surtout du coca (espèce de choux), dont il se fait un commerce très-important. Le sel y abonde et sur quelques points on trouve du plomb. Les forêts sont peuplées de bêtes féroces, surtout de chats sauvages. La superficie de cette province est de 260 l. c. géogr., avec 35,000 hab.

HUANTA (San-Pedro-de-), v. et chef-lieu de la province du même nom, sur un plateau très-élevé, presque au centre de la province. Ses environs produisent le meilleur coca (choux) de la province, source de prospérité pour la ville; 3500 hab.

HUANTAJAYA, pet. v. de la rép. du Pérou, dép. d'Aréquipa, prov. de Tarapaca; est célèbre par ses riches mines d'argent, situées au milieu d'un désert, près de la côte du Grand-Océan, non loin du port d'Iquique; 1800 hab.

HUANUCO. *Voyez* **HUALLAGA**.

HUANUCO ou **Guanuco**, prov. du dép. de Junin, rép. du Pérou; elle est bornée par les conversiones (missions) du Huallaga supérieur et par les prov. de Tarma, Pasco et Huamaliès. Sa superficie est de 200 l. c. géogr. C'est de toutes les prov. du Pérou celle qui renferme le plus de blancs. Le climat est des plus agréables et le sol, arrosé par le Huallaga supérieur, est très-fertile et produit du cacao, du sucre, du café, du quinquina, dont le commerce, ainsi que celui de différentes espèces de résine, est très-important. L'exploitation des mines y est négligée; 28,000 hab.

HUANUCO (San-Leon-de-), v. et chef-lieu de la province du même nom, ainsi que du dép. de Junin, une des premières villes fondées par les Espagnols dans le Pérou et autrefois une des plus florissantes de cet état. Elle est située sur un affluent du Huallaga, et non loin de ce fleuve, sur la route de Cuzco à Quito. Elle renferme un collége et fait un commerce considérabe en quinquina, poix, sucre, café, miel, etc. Ses environs sont renommés pour leur grande fertilité; 5000 hab.

HUANUCO-EL-VIÉJO (Vieux-Huanuco), pet. v. de la rép. du Pérou, dép. de Junin, prov. d'Huamaliès, dont elle était jadis le chef-lieu. Cette ville, très-déchue, était une des plus riches et des plus importantes de l'emp. des Incas. On y voit encore les ruines intéressantes d'un palais des Incas, qui probablement a renfermé des bains et les restes d'un temple du soleil; 2000 hab.

HUAPICHE. *Voyez* **Salado** (Rio-).

HUARANCA-LEUVU. *Voyez* **Colorado** (Rio-).

HUARANDA ou **Guaranda**, pet. v. de la rép. de l'Écuador, département du même nom, prov. de Chimborazo et au pied de la montagne célèbre de ce nom, sur la route souvent impraticable de Babahojo à Guayaquil, appelée *Cuesta-de-San-Antonio*. Ses habitants, au nombre de 3,000, entretiennent beaucoup de mulets pour le transport des marchandises.

HUARAS, v. de la rép. du Pérou, dép. de Junin, prov. de Huaylas, dont elle est le chef-lieu; a une très-belle position au pied des Cordillères, sur le Rio-Santo; elle renferme un collége et deux hospices: A 3 l. de la ville on trouve une célèbre source minérale très-fréquentée; 8000 hab.

HUARCAS, b. de la rép. du Pérou, dép. de Lima, prov. de Canneto, dans la vallée de Huarcas, à 2 l. de la mer et à 36 l. de Lima; cet endroit, autrefois très-important, fut détruit, en 1687, par un tremblement de terre et n'a plus pu se relever depuis ce désastre. Dans ses environs on trouve des ruines du temps des Incas.

HUARI ou **Guari**, prov. du dép. de Junin, rép. du Pérou; elle est bornée par les prov. de Conchucas, de Patas, d'Huamaliès, de Caxatambo et de Huaylas. Son étendue est de 180 l. c. géogr. Son sol, généralement fertile et arrosé par le Maragnon et quelques affluents de ce fleuve, tels que le Rio-Chacral, le Rio-Santo, etc., produit du blé d'une qualité supérieure et de l'oca en grande quantité. Ses montagnes sont très-riches en métaux précieux; cependant l'exploitation en a été abandonnée depuis la découverte des mines de Pasco et de Hualgayoc; les environs du vg. de Conchucos produisent du mercure. Le soufre et le salpêtre y abondent et alimentent les moulins à poudre de Lima. L'éducation des moutons est très-importante; 15,000 hab.

HUARI- ou **Guari**, San-Domingo-de-Huari-del-Rey, pet. v. et chef-lieu de la prov. de Huari, sur le versant oriental des Cordillères. Un canal y amène les eaux du Rio-Chacral; mines d'argent dans le voisinage; 3,000 hab.

HUAROCHIRI, prov. du dép. de Lima, rép. du Pérou; elle est bornée par le Cercado-de-Lima et par les prov. de Canta, de Tarma, de Jauja et d'Yauyos. C'est un pays très-montagneux traversé par le chainon occidental des Cordillères; le climat y est généralement froid; il renferme les sources du Rimac et envoie de nombreux affluents au Pari (Rio-Jauja). Les montagnes, peu exploitées, sont riches en or, argent, mercure et houille. L'étendue de cette province est de 184 l. c. géogr., avec 20,000 hab.

HUAROCHIRI, pet. v. et chef-lieu de la province du même nom, dans une contrée très-élevée, sur la route de Lima à Tarma; 2300 hab.

HUASCO (fleuve). *Voyez* **Guasco**.

HUASCO, pet. v. de la rép. du Chili, prov. de Copiapo, avec un bon port et dans une contrée fertilisée par le Rio-Guasco; mine d'argent dans le voisinage; 2500 hab.

HUATLAN, vg. et port du Mexique, dans l'état de Xalisco; ses habitants s'adonnent à la pêche.

HUAURA, b. de la rép. du Pérou, dép. de Lima, prov. de Chancay, sur la rive droite du Rio-Huaura; port vaste et commode; riches salines de sel de mer et de sel gemme qu'on exporte à Lima, et dont le produit s'élève annuellement à 1,500,000 fr. Ruines de quelques grands édifices du règne des Incas; 2000 hab.

HUAYABAMBA. *Voyez* **Huallaga**.

HUAYLAS ou **Guaylas**, prov. du dép. de Junin, rép. du Pérou; cette province, une des plus belles, des plus fertiles et des plus peuplées du Pérou, s'étend sur le versant occidental des Cordillères, entre les prov. de Santa, de Conchucos, de Caxatambo et d'Huamachucos; elle est divisée en 2 districts, Huaylas-Alto (Haut-Huaylas) et Huaylas-Baxo (Bas-Huaylas). La partie centrale, la plus fertile de la province, présente une plaine de 25 à 30 l. de longueur, qui s'étend sur la pente des Cordillères, et est fermée à l'O. et à l'E. par les cimes neigeuses de cette chaîne de montagnes. Cette plaine est appelée *el Callejon* (la rue); elle est arrosée par le Rio-Santa, et est le siége de l'importante agriculture de la province, qui porte principalement sur le blé et le sucre, qu'on exporte à Lima. Les montagnes sont riches en minéraux; mais on leur préfère les produits de l'agriculture, plus sûrs et demandant moins de peine. On n'exploite que quelques mines d'alun. L'éducation du bétail et la fabrication de draps, de toiles de coton et de bas n'est pas sans importance. L'étendue de cette province est de 219 l. c. géogr., avec 60,000 hab.

HUAYNA-POTOSI (Petit-Potosi), montagne et un des points culminants des Andes du Pérou; il s'élève à côté du célèbre Cerro-de-Potosi, à la hauteur de 4412 mètres.

HUAYO (Santa-Magdaléna-de), b. et port de la rép. du Pérou, dép. de Livertad, prov. de Patas, sur le Maragnon; commerce important avec Huamachuco.

HUB, bain d'eaux minérales, avec de beaux bâtiments, situé dans le grand-duché de Bade, cer. du Rhin-Moyen, à 1/4 l. du vg. d'Ostersweier.

HUBANS, vg. de Fr., Nièvre, arr. de Clamecy, cant. de Brinon-les-Allemands, poste de Tannay; 340 hab.

HUBBARTSTOWN, b. des États-Unis de l'Amérique du Nord, état de Massachusetts, comté de Worcester, poste; 1500 hab.

HUBBARTSTOWN, b. des États-Unis de l'Amérique du Nord, état de Vermont, comté de Rutland, poste; 1400 hab.

HUBERSENT, vg. de Fr., Pas-de-Calais, arr. et poste de Montreuil-sur-Mer, cant. d'Étables; 370 hab.

HUBERT (Saint-), v. du roy. de Belgique, prov. de Liége; fonderie et commerce de fer; éducation de moutons; 1600 hab.

HUBERT (Saint-), ham. de Fr., Moselle, com. de Villers-Bettnach; 290 hab.

HUBERT-FOLIE, vg. de Fr., Calvados, arr. de Caen, cant. de Bourguébus, poste de May-sur-Orne; 100 hab.

HUBERT-LE-ROI (Saint-), ham. de Fr., Seine-et-Oise, com. des Essarts-le-Roi; 250 hab.

HUBERTSBOURG, château de chasse et de plaisance du roi de Saxe, situé dans le cer. de Leipzig; célèbre par un traité de paix, qui y fut signé en 1763. Ce château souffrit beaucoup pendant la guerre de sept ans; il a encore une belle chapelle.

HUBERVILLE, vg. de Fr., Manche, arr., cant. et poste de Valognes; 360 hab.

HUBIERS (les), vg. de Fr., Ardennes, com. des Hautes-Rivières; 130 hab.

HUBY-SAINT-LEU, ham. de Fr., Pas-de-Calais, arr. de Montreuil-sur-Mer, cant. et poste d'Hesdin; 790 hab.

HUCHENNEVILLE, vg. de Fr., Somme, arr. et poste d'Abbeville, cant. de Moyenneville; 820 hab.

HUCK, ham. de Fr., Gironde, com. de Lesparre; 100 hab.

HUCKESWAGEN, v. de Prusse, prov. du Rhin, rég. de Dusseldorf, sur la Wupper; à 900 pieds au-dessus du niveau de la mer; elle possède un collége, environ 40 établissements industriels, tels que manufactures de draps, d'étoffes de laine; filat., etc.; une fabrique d'acier et des tanneries; 3300 h.

HUCKLEBERRY. *Voyez* ROCKINGHAM (comté).

HUCKLEU, ham. de Fr., Seine-Inférieure, com. de Bosc-Édeline; 120 hab.

HUCLIER, vg. de Fr., Pas-de-Calais, arr. et poste de St.-Pol-sur-Ternoise, cant. d'Heuchin; 140 hab.

HUCQUELIERS, b. de Fr., Pas-de-Calais, arr. et à 4 l. N.-E. de Montreuil-sur-Mer, chef-lieu de canton et poste; 750 hab.

HUDDERSFIELD, jolie v. d'Angleterre, comté d'York, sur le Calder; elle est le centre d'une grande fabrication de draps, de casimirs, de flanelle, de châles et possède une belle halle aux draps; 18,000 hab.

HUDDERSFIELD (canal de), va de cette ville à Asthon, et réunit la Calder et la Mersey; il traverse la chaîne de montagnes qui sépare les bassins de ces cours d'eau; ce passage est effectué par une galerie souterraine taillée dans le roc, de 4828 mètres de longueur, une des plus longues de toutes celles qui ont été faites dans la Grande-Bretagne.

HUDDIKSWALL, pet. v. de Suède, dans le gouv. de Getleberg; elle a un excellent port et fait un commerce très-actif; 1500 h.

HUDIMESNIL, vg. de Fr., Manche, arr. de Coutances, cant. et poste de Bréhal; 1610 hab.

HUDIVILLER, vg. de Fr., Meurthe, arr., cant. et poste de Lunéville; 270 hab.

HUDSHNUGGUR. *Voyez* HADJNAGGAR.

HUDSON (baie d') ou plutôt MER D'HUDSON, vaste mer intérieure, qui a reçu son nom du célèbre navigateur anglais Henri Hudson, qui le premier en détermina les contours. Cette mer, d'une superficie de 14,000 l. c. géogr., s'étend entre le Maine occidental (la Nouvelle-Galles), le Maine oriental (Labrador), le Canada, l'île James et la presqu'île de Melville. Elle est contiguë à l'Océan Atlantique, ou plutôt à la mer de Davis, par les détroits de Cumberland, de Frobisher et d'Hudson, dont le dernier seul présente, pendant les mois de juin, de juillet, d'août et de septembre, une entrée praticable. Au N.-O. le détroit de Chesterfield, peu exploré encore, s'avance profondément dans la terre ferme et joint peut-être la mer d'Hudson à l'Océan Polaire arctique. De nombreuses îles s'élèvent du sein de ce vaste bassin; les plus considérables en sont: l'île de Southampton, la plus grande, au N.; l'île de Mansfield, au N.-E.; les îles Slepers, les îles du Roi-George, le groupe des Belchers, à l'E., etc.

Au S., la mer d'Hudson forme un enfoncement profond, appelé baie de James, qui renferme les îles de Charlton, d'Agomisca, et, comme toute cette mer en général, un grand nombre d'écueils, de récifs et de bancs de sable; à l'E. s'ouvrent les baies de Richmond et de Musquito, avec les caps Smith et Wostenholm; à l'O. s'avancent les caps Thanam et Churchill et se déploient les baies de Chesterfield, de Wager et de Répulse; récemment explorées. La mer d'Hudson reçoit plusieurs grands fleuves, tels que l'Albany, l'Abitibbe et le Moose, tributaires de la baie de James; la Severn, le Nelson, le Churchill et le Seal, affluents de l'O. La profondeur de cette mer est de 280 mètres au centre; elle est encombrée, pendant la plus grande partie de l'année, d'immenses glaçons qui s'entassent surtout dans les baies et les entrées, qu'ils rendent inaccessibles. Dans les mois d'été même le vent du N.-O., dominant dans ces parages, y suscite de terribles ouragans, très-dangereux à la navigation, à cause des nombreux bas-fonds de cette mer. La mer d'Hudson fut découverte par le Danois Anschiseld et visitée après lui par les capitaines Button, Robert Bylot, Thom James et d'autres. Sous le règne de Charles II se forma la Société de la baie d'Hudson, à laquelle prirent part le prince Rupert et plusieurs grands de l'empire. Cette société a continué, presque sans interruption, à exercer jusqu'à nos jours le monopole dans ces parages et sur ces côtes, où elle a fondé 4 établissements principaux; ce sont: le Fort-Moose ou St.-Louis, au S. de la baie de James, la factorerie la plus méridionale de la société (51° 28'); le Fort-Albany ou Ste.-Anne (52° 18'); le Fort-York, sur le Nelson (57° 30') et le Fort-Churchill ou Prince-de-Galles (59°).

HUDSON (pays de la baie d'). On comprend sous ce nom les terres qui environnent la mer d'Hudson; savoir : la partie occidentale du Labrador, la Nouvelle-Galles et les îles de James et de Southampton. Ces pays, d'une étendue d'environ 20,000 l. c. géogr., ont un climat très-rigoureux et n'offrent qu'une végétation très-pauvre et une population extrêmement faible. Le gibier à la peau précieuse et les oiseaux aquatiques y abondent. La pêche est de peu d'importance. Les habitants de ces régions inhospitalières se composent d'Indiens de la nation nadowessienne et de celles des Knistenaux, des Chippaways, des Indiens-Cuivre, des Shiennes et d'Esquimaux, en partie convertis au christianisme et demeurant dans les environs des factoreries. Le produit du commerce de fourrures, entretenu par la société de la baie d'Hudson, s'élève annuellement à la somme de 50,000 livres sterling (1,220,000 fr.). Les Anglais regardent ces pays comme leur possession. La Nouvelle-Galles fait partie du gouv. du Bas-Canada, et le Labrador dépend, depuis 1809, du gouv. de Terre-Neuve.

HUDSON (détroit d'), bras de mer, entre la côte N. du Labrador et l'île de Hall; joint la mer d'Hudson au canal de Davis, à la mer Polaire arctique et à l'Océan Atlantique, avec lequel il offre la seule communication praticable durant les quatre mois d'été. Ce détroit, de 156 l. de longueur, est parsemé de nombreuses îles, dont celles de la Résolution et de Button, à son entrée E., de Long-Green et d'Apatok, dans la baie du Sud, de Charles et de Salisbury, à l'O. sont les plus considérables.

HUDSON (lacs de la baie d'), conglomérat d'un grand nombre de lacs plus ou moins considérables, dans la Nouvelle-Galles, entre 60° et 64° lat. N., qui communiquent entre eux par des écoulements, et qui se déchargent, soit dans le détroit de Chesterfield, soit immédiatement dans la mer d'Hudson. Les plus connus sont : les lacs de Napaschisch, d'Yath-Kyed, de Doobaunt, de Titmeg, de Magnuse, de Nipash, d'Anawncethad, de Wheldy-Ahat, de Northlined et de Bérabzan. Ces lacs se trouvent joints aussi à ceux de l'O., tels que le lac des Esclaves, le lac Winnipeg, le lac des Montagnes, etc.

HUDSON, v. des États-Unis de l'Amérique du Nord, état de New-York, comté de Columbia, dont elle est le chef-lieu, sur l'Hudson, navigable jusqu'à cette ville; chantiers pour la construction des vaisseaux; académie; musée d'histoire naturelle; grande manufacture de draps; brasseries et distilleries; commerce très-important; 6000 hab.

HUDSON, fl. des États-Unis de l'Amérique du Nord, prend naissance dans quelques lacs voisins du lac Champlain, dans l'état de New-York, dont il est le principal cours d'eau. Il coule d'abord vers l'E., puis vers le S.-E. et traverse enfin, dans une direction S., toute la partie orientale de l'état de New-York et l'extrémité N.-E. de l'état de New-Jersey, et s'embouche dans la baie de New-York, à quelque distance S. de cette ville. Dans son cours de 116 l. de longueur, et qui est souvent intercepté par des cataractes, des rapides, des îlots et des bancs de sable, il baigne les villes de Sandy-Hill, de Troy, de Katskill, d'Albany, d'Hudson et de New-York. Avec la haute marée, des vaisseaux de 80 tonneaux le remontent jusqu'à Hudson; d'autres, de moindre dimension, vont jusqu'à Albany. Ses principaux affluents sont : à l'O. le Mohawk, qui descend du mont Jellisfonda (comté d'Oneida), reçoit de nombreux affluents, dont la Canada est le plus important et débouche dans l'Hudson, en face de Lansingburgh; le Sacondago, grossi par la Desconta; le Katskill, le Wallkill ou Koukill; à l'E., le Battenkill et le Housack, qui viennent de l'état de Vermont; le Fishkill et le Croton. L'Hudson est encore remarquable par les travaux hydrauliques qui y ont été faits il y a quelques années, et qui en font une des principales voies de commerce à l'E. de l'Union. Le grand canal d'Érié joint l'Hudson au lac Érié, et le canal de Sandy-Hill le met en communication avec le lac Champlain.

HUDSON-ET-DELAWARE, canal des États-Unis de l'Amérique du Nord, état de New-York; joint l'Hudson au Delaware en passant par Kingston et Mombacus; il aboutit à Carpenters-Point, sur le Delaware, et se prolonge de l'autre côté de ce fleuve jusqu'à Bethany. Sa longueur totale est de 86 milles et son point culminant a une élévation de 178 mètres.

HUDSONHOUSE, fort et factorerie de la Société de la baie d'Hudson, sur le bras N. du Saskatschawan, sous 52° lat. N. C'est le principal établissement de la société en dehors de la Nouvelle-Galles.

HUÉ ou **HUÉ-FO**, capitale de l'emp. d'Annam; est située dans l'An-nam méridional, l'ancien roy. de Cochinchine. Elle porte le nom de Phuxuan par les anciennes cartes; mais les habitants lui donnent celui de Hué, emprunté de la rivière qui l'arrose; le district dont elle est le chef-lieu porte également ce nom, qu'on donne encore au canal, qui aboutit à cette ville. Hué, cité manufacturière et commerçante, a acquis une très-grande importance depuis la translation de la résidence impériale dans ses murs. Elle est aujourd'hui une des plus formidables places de guerre de l'Asie. Ses ouvrages extérieurs sont aussi solides qu'étendus. Le fossé qui l'environne a 3 l. de circuit et plus de 30 mètres de largeur; les murs ont 60 pieds de hauteur. La citadelle, qui renferme le palais de l'empereur, est carrée et flanquée de 16 bastions. Les greniers, les magasins, les arsenaux de terre et de mer, situés presque tous sur les bords du canal, méritent, d'après M. Finlayson, beaucoup d'éloges. Tous ces travaux ont été dirigés par des ingénieurs français. La ville, qui a de 50 à 60,000 habitants, doit recevoir en temps de guerre une garnison de 40,000 hommes et être défendue par 1209 canons, sortis de l'immense fonderie également établie à Hué. Cette ville est aussi la station ordinaire d'une partie de la flotte des galères, et tous les ans on construit sur ses chantiers un grand nombre de vaisseaux, les uns d'après le modèle européen, les autres d'après un modèle nouveau, mélange de la coupe européenne et de la coupe asiatique. M. White prétend qu'on a employé depuis 20 ans près de 100,000 ouvriers à ces gigantesques travaux. Lorsque Crawford les visita, en 1822, on y travaillait encore.

HUECUVU-MAPU (pays du diable), nom que les indigènes donnent à toute la côte orientale de la Patagonie, qui ne présente qu'une immense plaine de sable sans la moindre trace de végétation. Les Chechehets même, lorsqu'ils se rendent aux bords du Huaranca-Leuwu (fleuve rouge), le Rio-Colorado des Portugais, évitent soigneusement cette plage pernicieuse, qui les ensevelirait inévitablement si le vent venait à en soulever les sables mouvants.

HUÉ-HAN. *Voyez* FAÏ-FO.

HUELGOET (le), b. de Fr., Finistère, arr. et à 7 l. N.-E. de Châteaulin, chef-lieu de canton, poste de Carhaix; mines de plomb argentifère; 1180 hab.

HUELMA, v. d'Espagne, prov. de Jaen; 2500 hab.

HUELVA, pet. port d'Espagne, sur la baie qui reçoit le Tinto et l'Odiel, dans l'Andalousie, roy. et à 12 l. de Séville; pêche de sardines; 5000 hab.

HUESCA, v. d'Espagne, chef-lieu de district et évêché dans le roy. d'Aragon, à 13 l. N.-E. de Saragosse, sur l'Isuela; avec une université, fondée en 1354; 2 collèges, une cathédrale, 4 paroisses, 5 couvents, des manufactures de draps et des tanneries; ses anciennes fortifications tombent en ruines; 6900 hab.

HUESCAR, v. d'Espagne, prov. de Grenade, au pied de la Sierra Sagra. Elle est très-ancienne; on croit que c'est l'*Illispula* des Romains; d'après Hasselt 3000 (d'après Vincente 10,000) hab.

HUEST, vg. de Fr., Eure, arr., cant. et poste d'Évreux; 200 hab.

HUETE, pet. v. d'Espagne, chef-lieu de district, roy. de la Nouvelle-Castille, prov. et à 13 l. de Cuenca, sur une petite rivière, dans une plaine fertile en chanvre et en safran; 2500 hab.

HUÊTRE, vg. de Fr., Loiret, arr. d'Orléans, cant. d'Artenay, poste de Chevilly; 320 hab.

HUEZ, vg. de Fr., Isère, arr. de Grenoble, cant. et poste de Bourg-d'Oisans; mines d'argent, de cuivre et carrière de cristal; 470 hab.

HUFINGEN, v. du grand-duché de Bade, cer. du Lac, chef-lieu de bailliage, sur la Brège et appartenant au prince de Furstenberg, qui y a un joli château; 1500 hab.

HUGEMONT, ham. de Fr., Nord, com. de Dompierre; 120 hab.

HUGIER, vg. de Fr., Haute-Saône, arr. de Gray, cant. et poste de Marnay; 300 h.

HUGLEVILLE-EN-CAUX, vg. de Fr., Seine-Inférieure, arr. et poste d'Yvetot, cant. d'Yerville; 520 hab.

HUI. *Voyez* HUY.

HUILLÉ, vg. de Fr., Maine-et-Loire, arr. de Baugé, cant. et poste de Durtal; 790 h.

HUILLÉCOURT, vg. de Fr., Haute-Marne, arr. de Chaumont-en-Bassigny, cant. et poste de Bourmont; 455 hab.

HUILLICHES, peuplade indienne indépendante, au S.-E. de la rép. du Chili, entre le Buéno et l'archipel de Chiloé; ils sont voisins et alliés des Araucans et les ennemis déclarés des Espagnols, auxquels ils ferment le passage par terre vers l'archipel. Balbi regarde cette nation comme la souche de toutes les peuplades qui habitent la côte occidentale de la Patagonie. Les Chonos, tribu des Huilliches, habitent l'archipel de Chiloé et portent de là quelquefois le nom de Chilotes.

HUILLICHES ou **GUILLICHES**, dist. du pays des Araucans, au S. du dist. de Cunches; il est habité par les Huilliches.

HUILQUILEMU (Estancia-del-Rey-), dist. de la prov. de Conception, rép. du Chili. Il s'étend le long du Biobio et, forme la frontière vers le pays des Araucans; cette frontière est défendue par une ligne de fortifications, qui, de l'embouchure du Biobio, s'étendent jusqu'au haut des Andes. L'étendue de ce district est de 144 l. c. géogr. Le Biobio, avec de nombreux affluents, en est le principal cours d'eau. Le volcan de Tucapel s'élève sur sa frontière E. Le climat est délicieux et le sol un des plus fertiles de l'état. Les collines produisent un excellent vin muscat, et quelques-uns de ses fleuves (le Biobio surtout) charrient de l'or. Les forêts couvrent la plus grande partie du pays et fournissent en abondance du bois de construction, le principal article du commerce d'exportation. Les habitants, laborieux et braves, se sont aguerris dans les combats continuels avec les Araucans; ils sont au nombre de 16,000.

HUINAULT (l'), ham. de Fr., Côte-d'Or, com. de Liernais; 140 hab.

HUIRON, vg. de Fr., Marne, arr., cant. et poste de Vitry-le-Français; 370 hab.

HUIS (l'). *Voyez* LHUIS.

HUISMES, vg. de Fr., Indre-et-Loire, arr., cant. et poste de Chinon; récolte considérable de prunes; 1650 hab.

HUISNE (l'), riv. de Fr., a sa source dans le dép. de l'Orne, cant. de Pertanchères, passe par Mauve et Regmalard, entre dans le dép. d'Eure-et-Loir, où elle arrose Nogent-le-Rotrou, rentre dans le dép. de l'Orne et en ressort au-dessous du Theil, passe par La Ferté-Bernard, Montfort et se jette dans la Sarthe, à 1/4 l. au-dessous du Mans, après 35 l. de cours.

HUISNES, vg. de Fr., Manche, arr. d'Avranches, cant. et poste de Pontorson; 450 hab.

HUISON. *Voyez* D'HUISON.

HUISSEAU-EN-BEAUCE, vg. de Fr., Loir-et-Cher, arr. et poste de Vendôme, cant. de St-Amand; 330 hab.

HUISSEAU-SUR-COSSON, vg. de Fr., Loir-et-Cher, arr. et poste de Blois, cant. de Bracieux; 1530 hab.

HUISSEAU-SUR-MAUVE, vg. de Fr., Loiret, arr. d'Orléans, cant. et poste de Meung-sur-Loire; 1380 hab.

HUISSEL, ham. de Fr., Rhône, com. d'Amplepuis; 200 hab.

HUISSEN, pet. v. du roy. de Hollande, prov. de Gueldres, dist. et à 1 1/2 l. d'Arnhem et peu distante du Rhin; 1000 hab.

HUISSERIE (l'), vg. de Fr., Mayenne, arr., cant. et poste de Laval; source minérale; 720 hab.

HUITAINÉGLISE, ham. de Fr., Somme, com. de Framicourt; 130 hab.

HUIYS (l'), ham. de Fr., Marne, com. du Breuil; 110 hab.

HUIZEN, vg. du roy. de Hollande, prov. de la Hollande septentrionale, dist. d'Amsterdam; peu distant du Zuydersée; manufactures de draps et filat. de coton; 1900 h.

HU-KUANG. *Voyez* HOU-KOUANG.

HULBED, *Mina*, *Mniara*, b. dans la partie occidentale de la rég. d'Alger, prov. et à 1/2 l. de Tlémécen; il est situé sur une montagne.

HULEM, b. d'Autriche, gouv. de Moravie-et-Silésie, cer. de Prérau; 2000 hab.

HULET, pet. île dans le détroit de Long-Island; dépend de la ville de Flushing, état de New-York, États-Unis de l'Amérique du Nord.

HULL, riv., affluent de l'Humber; a donné son nom à Kingston-upon-Hull.

HULL (Kingston-upon-Hull), gr. et belle v. d'Angleterre, sur la rive gauche de l'Humber, dans le comté d'York, un des quatre grands ports commerçants de l'Angleterre, le premier pour la pêche de la baleine et le cinquième pour la marine marchande. Ses magnifiques bassins sont les plus beaux travaux de ce genre en Europe. De nombreux canaux mettent cette ville en rapport avec les principales villes du royaume; elle est le grand entrepôt du commerce de tout le nord de l'Angleterre et de celui que ce royaume fait avec le nord de l'Europe. Parmi ses édifices publics on distingue : la douane, la bourse, le théâtre, la place ornée de la statue de Guillaume III, les beaux et vastes quais bordés de boutiques et de magasins et les magnifiques rues Georges-Street et Charlotte-Street. L'école de marine, la société de littérature et des sciences naturelles sont ses principaux établissements littéraires et scientifiques. L'industrie y est très-étendue; elle embrasse la fabrication de savon, chandelles, blanc de baleine, fonte de fer, sucre, huile de térébenthine, toiles à voiles, cordages; commerce en fer, bois, lin, chanvre, suif, toiles à voiles, chevaux, maïs surtout en grains. Hull nomme 2 députés au parlement; elle renferme 31,000 hab.

HULLUCH, vg. de Fr., Pas-de-Calais, arr. de Béthune, cant. et poste de Lens; 550 hab.

HULLY, vg. de Fr., Saône-et-Loire, arr. de Louhans, cant. de Cuisery, poste de Tournus; 700 hab.

HULST, v. forte du roy. de Hollande, prov. de Zéelande, dist. et à 6 l. S. de Gœs, sur les frontières belges; elle communique avec l'Escaut occidental par le Helle-Gat et avec Gand par un canal de 8 1/2 l.; 1940 hab.

HULTENHAUSEN, vg. de Fr., Meurthe,

arr. de Sarrebourg, cant. et poste de Phalsbourg; 450 hab.

HULTSCHIN, pet. v. de Prusse, sur la rive gauche de l'Oppa, prov. de Silésie, rég. d'Oppeln ; ceinte de murailles et de fossés, avec 3 portes; mines de houille ; 1970 hab.

HUMAY, b. de la rép. du Pérou, dép. de Lima, prov. d'Ica, sur la route des côtes. Dans son voisinage on voit des ruines du temps des Incas, connues sous le nom de Tambo-Colorado.

HUMBAUVILLE, vg. de Fr., Marne, arr. et poste de Vitry-le-Français, cant. de Sompuis; 200 hab.

HUMBÉCOURT, vg. de Fr., Haute-Marne, arr. de Vassy, cant. et poste de St.-Dizier ; 550 hab.

HUMBEPAIRE, ham. de Fr., Meurthe, com. de Baccarat; 150 hab.

HUMBER, riv. d'Angleterre, formée par l'union de l'Ouse avec la Trent; elle entre dans la mer du Nord au-dessous de Hull.

HUMBERCAMP, vg. de Fr., Pas-de-Calais, arr. d'Arras, cant. de Pas, poste de l'Arbret; 420 hab.

HUMBERCOURT, vg. de Fr., Somme, arr., cant. et poste de Doullens; 600 hab.

HUMBERT, vg. de Fr., Pas-de-Calais, arr. de Montreuil-sur-Mer, cant. et poste de Hucqueliers; 460 hab.

HUMBERVILLE, vg. de Fr., Haute-Marne, arr. de Chaumont-en-Bassigny, cant. de St.-Blin, poste d'Andelot; affinerie et haut-fourneau; 210 hab.

HUMBLIGNY, vg. de Fr., Cher, arr. de Sancerre, cant. et poste de Henrichemont ; fabr. de poterie de terre; briqueterie; four à chaux ; 670 hab.

HUMÉ, roy. indépendant peu connu, à l'extrémité orientale de la Basse-Guinée et au S.-E. du lac Kouffoua ; il occupe un vaste espace, traversé par le Couango; ses habitants se distinguent par leur humeur belliqueuse et féroce.

HUMES, vg. de Fr., Haute-Marne, arr., cant. et poste de Langres ; 550 hab.

HUMIÈRES, vg. de Fr., Pas-de-Calais, arr., cant. et poste de St.-Pol-sur-Ternoise, 490 hab.

HUMMELSTOWN, b. très-florissant des États-Unis de l'Amérique du Nord, état de Pensylvanie, comté de Lebanon, sur la Swétara; commerce; 3000 hab.

HUMMLING, seigneurie et bge du roy. de Hanovre, dans la principauté d'Osnabruck ; 11,000 hab.

HUMPHREYSVILLE, b. des États-Unis de l'Amérique du Nord, état de la Caroline du Sud, dist. d'Union; plantations de sucre et de coton ; 2300 hab.

HUMPHREYVILLE, vg. des États-Unis de l'Amérique du Nord, état de Connecticut, comté de Newhaven, au confluent du Naugatuk et du Housatonik ; il renferme une vaste manufacture de laine, dont le propriétaire, M. G. Humphrey, amena, en 1801, les premiers mérinos en Amérique; 1000 hab.

HUMPHRIES, comté de l'état de Tennessée, États-Unis de l'Amérique du Nord ; il est borné par les comtés de Stéwart, de Dickson, de Wilkinson, de Perry et de Cabroll. Ce pays très-fertile est arrosé par le Tennessée qui y reçoit le Duck et d'autres rivières. Reynoldsburgh, au confluent du Richland et du Tennessée, est le chef-lieu du comté ; 6000 hab.

HUMPOLETZ, pet. v. de Bohême, cer. de Czaslau; florissante par ses manufactures de drap et de bas; 2400 hab.

HUNAUDIÈRE (la). *Voyez* SION.

HUNAWIHR, vg. de Fr., Haut-Rhin, arr. de Colmar, cant. et poste de Ribeauvillé ; 900 hab.

HUNDING, île marécageuse et fertile en riz, formée par les deux bras du Coosawatchie, Caroline du Sud, États-Unis de l'Amérique du Nord.

HUNDLING, vg. de Fr., Moselle, arr., cant. et poste de Sarreguemines ; 450 hab.

HUNDSBACH, vg. de Fr., Bas-Rhin, arr. de Wissembourg, cant. et poste de Soultz-sous-Forêts; 630 hab.

HUNDSBACH, vg. de Fr., Haut-Rhin, arr., cant. et poste d'Altkirch ; 320 hab.

HUNDSRUCK (montagnes des Huns), *Hunnorum Tractus*, ramification des Vosges; elle est très-boisée et s'étend dans le cer. bavarois du Rhin et dans les rég. prussiennes de Coblence et de Trèves; son nom lui vient des Huns, qui sont venus de la Sarmatie.

HUNDWYL, vg. de Suisse, cant. d'Appenzell, dist. des Rhodes-Extérieurs ; c'est là qu'ont lieu, alternativement avec le b. de Trogen, les réunions des communes des Rhodes-Extérieurs ; filat. de coton et tissage; foires très-fréquentées; 1700 hab.

HUNEBAY (la), baie avec le cap la Hune, au S. de Terre-Neuve; au S. de cette baie s'étendent les îles aux Penguins, peuplées autrefois d'immenses troupeaux d'oiseaux de ce nom, qui ont presque disparu aujourd'hui de ces parages.

HUNFELD, cer. de la Hesse-Électorale, grand-duché de Fulde ; tissages de toiles; blanchisseries ; 1900 hab.

HUNGARTOWN, gros b. des États-Unis de l'Amérique du Nord, état de Virginie, comté de Lunenburgh ; plantations; 4000 b. avec ses environs.

HUNGARY (baie). *Voyez* ONTARIO (lac).

HUNGEN, v. du grand-duché de Hesse-Darmstadt, sur le Horloff, dans la Vétéravie et appartenant au prince médiatisé de Solms-Braunfels; 1100 hab.

HUNGERFORD, com. du Haut-Canada, dist. du Midland.

HUNIÈRE, ham. de Fr., Seine-et-Oise, com. de Sonchamp; 120 hab.

HUNINGUE, v. de Fr., Haut-Rhin, arr. et à 6 l. E. d'Altkirch, 3/4 l. de Bâle, chef-lieu de canton et poste. Cette ville, située sur la rive gauche du Rhin, est un souvenir douloureux des événements de 1815. Ses murs renversés et ses bastions à demi-détruits rappellent tristement l'importance passée de cette ancienne forteresse, qui, malgré la belle défense du général Barbanègre, fut forcée de se rendre aux Autrichiens. Déchue depuis cette époque, elle n'offre plus qu'une ceinture de ruines; 830 hab.

Cette ville portait autrefois le nom de Grand-Huningue (Gross-Huningen) par distinction du Petit-Huningue (Klein-Huningen), situé sur l'autre rive du Rhin. Louis XIV la fit fortifier par Vauban, en 1680, ainsi que l'indiquait une inscription qu'on lisait sur la porte. Bientôt après les Français y établirent sur le Rhin un pont, protégé par une redoute; mais en 1697, conformément au traité de Ryswik, le pont et la redoute furent démolis. A la révolution française on rétablit ce pont et une tête de pont. C'est là que le brave Abatucci, chargé de la défense du passage contre les Autrichiens, venait de repousser l'ennemi, dans la nuit du 1er au 2 décembre 1796, lorsqu'il tomba mortellement frappé d'une balle; il expira quelques jours après, à l'âge de 26 ans. Le monument qui lui avait été érigé en ce lieu fut détruit par les alliés, en 1815; mais il a été rétabli depuis. La position d'Huningue s'est toutefois sensiblement améliorée depuis quelque temps, grâce au canal du Rhône-au-Rhin, sur lequel cette ville possède un petit port, où se fait surtout un grand commerce de bois.

HUN-NAN, v. de l'Inde transgangétique, emp. d'An-nam, dans l'ancien roy. de Tonquin. Elle est située sur le Sang-koï, a 6000 habitants et fait quelque commerce. Les Hollandais y entretenaient autrefois un comptoir.

HUNS (les), g. a., peuple nomade, originaire du N. de l'Asie; il habitait dans les premiers temps les frontières de la Chine, près du lac Baikal. Ce n'est que vers 209 avant J.-C. que l'histoire en fait mention. A cette époque ils étaient devenus redoutables aux Chinois, qu'ils inquiétaient par de fréquentes invasions. Plus tard, quand les dissensions intérieures eurent affaibli la puissance des Huns, les Chinois détruisirent leur empire. Alors ils se retirèrent près des sources du Gaïcks, non loin des demeures des Baschkires. Déjà du temps d'Auguste des Huns habitaient près de la mer Caspienne; plus tard ils s'étendirent vers l'O. du Pont-Euxin. Après des luttes sanglantes avec les Alains, ils allèrent, en 406, attaquer les Goths. Suivis de nations qu'ils avaient vaincues, ils s'établirent sur les bords du Danube, où leur roi Attila fonda un des empires les plus puissants que connaisse l'histoire. Mais après la grande défaite d'Attila dans les plaines de Châlons-sur-Marne, en 451, et après sa mort, arrivée en 453, ce peuple regagna la Tartarie, revint en Transylvanie et en Hongrie, s'unit aux Avares, envahit la Franconie du temps de l'empereur Arnolphe, battit Louis de Bavière, près du Danube, essaya une nouvelle invasion en Bavière, en 914, sous Conrad Ier, fit la paix en 917, ravagea, en 923, l'Italie, la Souabe, la Thuringe et la Franconie, pilla Magdebourg et fut vaincu par Henri Ier, en 932, près de Reuschberg, non loin de Mersebourg; ayant entrepris de nouvelles invasions (937, 944 et 948), il fut complètement défait, près d'Augsbourg, par Otton-le-Grand, en 955, et se retira en Hongrie.

HUNTE (la), riv. qui naît dans le gouv. hanovrien d'Osnabruck; il traverse ensuite le grand-duché d'Oldenbourg, est navigable dans la plus grande partie de son cours et se jette dans le Wéser à Elsfleth.

HUNTER ou **MORTLOCK**, groupe de 5 petites îles de l'archipel de Salomon, dans l'Australie ou Océanie centrale, sous 4° 45′ lat. S. et 154° long. orient. Il fut découvert par le navigateur Mortlock, dont il porte le nom.

HUNTER, groupe d'îles au N.-O. de l'île de Diemen, à l'entrée occ. du détroit de Bass, sous 40° 25′ 38″ lat. S. et 142° 38′ 7″ long. orient. Un canal étroit, mais dangereux, sépare ce groupe de la Diemenie.

HUNTER. *Voyez* ONACUSE.

HUNTER, fl. de la Nouvelle-Galles du Sud; il coule de l'O. à l'E. et se jette dans le Grand-Océan au port Hunter, après avoir reçu le Williams, le Patterson et quelques autres rivières peu considérables.

HUNTERDON, comté de l'état de New-Jersey, États-Unis de l'Amérique du Nord; il est borné par les comtés de Sussex, de Morris, de Somerset, de Middlesex, de Burlington et par l'état de Pensylvanie, dont il est séparé par le Delaware. Son étendue est de 20 l. c. géogr. avec 35,000 hab. Pays montueux, riche en fer et arrosé par le Delaware, qui y reçoit de nombreux affluents, et le Ruritan; source minérale, au pied du Muskonetgung.

HUNTING, vg. de Fr., Moselle, arr. de Thionville, cant. et poste de Sierck; fours à chaux; 410 hab.

HUNTINGDON, comté d'Angleterre, borné par les comtés de Northampton, de Cambridge et de Bedford; 37 l. c. géogr. de superficie; 50,000 hab. Le sol présente une vaste plaine, entrecoupée par un grand nombre de petits lacs et de marais, et arrosé par l'Ouse et le Nen; elle produit de l'orge, de la navette, des légumes et du bois. Les bords de l'Ouse sont couverts de beaux pâturages; l'éducation du bétail et l'agriculture y sont également florissantes; mais l'industrie se borne à la filature de la laine. On exporte des grains, du malt, du bétail, du fromage et du beurre. Ce comté fait partie du diocèse de Lincoln, nomme 4 députés et est divisé en 4 districts.

HUNTINGDON, pet. v. d'Angleterre, chef-lieu du comté de même nom, sur l'Ouse; nomme 2 députés; 3000 hab. Patrie d'Olivier Cromwell (1599—1658).

HUNTINGDON, com. du Haut-Canada, dist. de Midland.

HUNTINGDON, comté du Bas-Canada, dist. de Montréal, au S. du St.-Laurent; est borné par les comtés de Surry; de Kent et d'York. Ce comté est arrosé par le Châteauguay et le Satoga, assez bien cultivé le long du St.-Laurent, mais presque désert et très-faiblement peuplé dans l'intérieur. Le St.-Laurent y forme le lac St.-François; 5000 hab., la plupart Français ou Indiens convertis au christianisme.

HUNTINGDON, comté de l'état de Pensylvanie, États-Unis de l'Amérique du Nord; il est borné par les comtés du Centre, de Mifflin, de Cumberland, de Franklin, de Bedford et de Cambria. Son étendue est de 70 1/4 l. c. géogr., avec 26,000 hab. Pays très-montagneux, situé entre diverses ramifications des Apalaches et traversé par les monts Tuscarora, Shade, Blacklog, Jack, Sideling, Arst, Standingstone, Aléguppy, Tussey et Chesnut. Le sol, arrosé par la Juniata et d'autres rivières moins considérables, est en partie fertile, en partie rocailleux et stérile; il produit du blé en abondance; les montagnes sont riches en fer, plomb, cuivre, alun, houille, ardoise, calamine, etc. Les forêts qui couvrent encore la plus grande partie du pays sont peuplées de daims, de renards et d'ours.

HUNTINGDON, b. des États-Unis de l'Amérique du Nord, état de Pensylvanie, comté de Huntingdon, dont il est le chef-lieu, sur la Juniata; collège; banque; commerce assez considérable; 2400 hab. Dans son voisinage s'élèvent les monts calcaires de Sandingstone, avec de nombreux bancs de conchytes (muscle-shoals), dont le bourg tira autrefois son nom.

HUNTING-HARBOUR, établissement avec un petit port sur la côte O. du cap Breton.

HUNTINGTON, pet. v. des États-Unis de l'Amérique du Nord, état de Connecticut, comté de Fairfield, sur le Housatonic; petit port; scieries; commerce de planches et de bois de construction; 3000 hab.

HUNTINGTON, pet. v. des États-Unis de l'Amérique du Nord, état de New-York, comté de Suffolk, sur le détroit de Long-Island; port; académie; commerce; 3600 h. A l'extrémité de la pointe d'Eatons-Neck s'élève un phare.

HUNTLEY, com. du Haut-Canada, dist. de Johnstown, sur le Missinippi; pêche; navigation.

HUNTLY, b. d'Écosse, comté d'Aberdeen; manufactures de toiles et d'étoffes de coton; 3000 hab.

HUNTSVILLE, pet. v. des États-Unis de l'Amérique du Nord, état d'Alabama, comté de Madison, dont elle est le chef-lieu, sur l'Indian et sur le penchant d'une colline; académie; filat. de coton; tanneries; commerce important; 2000 hab.

HUNYAD, comitat de la Transylvanie, dans le pays des Hongrois; 115 l. c. géogr.; 160,000 hab. Cette province produit du blé, du maïs, d'excellents fruits, du vin, du bois et du gibier en abondance, de l'or, du fer, de l'argent, du cuivre et de la terre à porcelaine.

HUON, groupe de deux ou trois petites îles de l'Australie, au N. de la Nouvelle-Calédonie, dont elles sont une dépendance géographique. La plus grande est située sous 18° 6′ lat. S. et 160° 28′ long. orient.

HUOS, vg. de Fr., Haute-Garonne, arr. de St.-Gaudens, cant. de St.-Bertrand, poste de Montrejeau; 810 hab.

HUPARLAC, vg. de Fr., Aveyron, arr. d'Espalion, cant. de St.-Amand, poste d'Entraygues; 500 hab.

HUPPACH, ham. de Fr., Haut-Rhin, com. de Massevaux; 150 hab.

HUPPAIN, vg. de Fr., Calvados, arr. et poste de Bayeux, cant. de Trévières; 230 h.

HUPPY, vg. de Fr., Somme, arr. et poste d'Abbeville, cant d'Hallencourt; 960 hab.

HURBACHE, vg. de Fr., Vosges, arr. de St.-Dié, cant. et poste de Senones; 620 hab.

HURDWAR. *Voyez* HARDWAR.

HURE, vg. de Fr., Gironde, arr., cant. et poste de la Réole; 770 hab.

HURECOURT, vg. de Fr., Haute-Saône, arr. de Lure, cant. et poste de Vauvillers; 230 hab.

HURES, vg. de Fr., Lozère, arr. de Florac, cant. et poste de Meyrueis; 480 hab.

HURIEL, b. de Fr., Allier, arr., à 2 l. O. et poste de Montluçon, chef-lieu de canton; 2730 hab.

HURIGNY, vg. de Fr., Saône-et-Loire, arr., cant. et poste de Mâcon; 530 hab.

HURIONVILLE, ham. de Fr., Pas-de-Calais, com. de Lillers; 330 hab.

HURLEY, b. des États-Unis de l'Amérique du Nord, état de New-York, comté d'Ulster, sur l'Esopuskill; 1700 hab.

HURLUS, vg. de Fr., Marne, arr. de Ste.-Ménéhoulde, cant. et poste de Ville-sur-Tourbe; 140 hab.

HURON, fl. des États-Unis de l'Amérique du Nord, territoire de Michigan; coule vers le S.-E., en traversant les villes de Dexter et d'Ann-Arbour, et se jette dans l'embouchure du détroit de St.-Clair.

HURON (Petit-), fl. des États-Unis de l'Amérique du Nord, territoire de Michigan; se jette dans le lac Érié, au S. du Grand-Huron.

HURON, v. naissante des États-Unis de l'Amérique du Nord, état d'Ohio, comté de Huron, à l'embouchure du fleuve de ce nom dans le lac Érié; commerce considérable; 2000 hab.

HURON, comté de l'état d'Ohio, États-Unis de l'Amérique du Nord. Ce comté, formé en 1816, est borné par le lac Érié et par les comtés de Cuyahoga, de Medina, de Richland et de Sandusky. Pays fertile et arrosé par le Vermilion et le Huron, qui lui a donné son nom et qui le traverse du S. au N.; grand commerce; 13,000 âmes.

HURON, un des cinq grands lacs de l'Amérique septentrionale, entre 43° 30' et 46° 30' lat. N. Il reçoit les eaux du lac Supérieur par le canal de St.-Marys, et celles du lac Michigan par le détroit de Michillimakinak (Makinak), et s'écoule, par la rivière St.-Clair, dans le lac de ce nom, qui lui-même envoie ses eaux au lac Érié. Le lac Huron a une superficie de 750 l. c. géogr., y compris ses îles; sa profondeur est de 300 mètres. Ce lac présente plusieurs enfoncements très-considérables, tels que la baie de Gratiot, son extrémité méridionale et qui lui ouvre une issue par la rivière St.-Clair; la baie de Saginaw, au S.-O. et séparée de la première par le Transit-Point; les baies de Sandy, qui reçoit la rivière de même nom, et de Thurand, à l'O. Une presqu'île, qui s'avance dans ce lac du S.-E. au N.-O. et qui se termine par Cabots-Head, forme, avec les îles Manitou, une grande baie appelée baie de Ste.-Madeleine ou lac des Iroquois, parsemée d'îles et qui elle-même présente de nombreux enfoncements, tels que la baie des Iroquois, la baie de St-George, la baie de Notawasga, la baie de Thunder, la baie de Manitou et les baies moins considérables de Sturgeon, de Gloucester, etc. Le Huron reçoit les eaux de plus de 50 rivières, la plupart peu considérables; nous n'en citons que le Cance ou French-River (rivière française), écoulement du lac Nipissing, la Severn, l'écoulement du lac Simcoé; le Red (rouge), le Grand-Sable, le Black-River, le Saginaw, le Bouchiatouy, le St.-Ignace, le Thunder, le Grand-Sandy, le Shéboigon et le Little-River.

Parmi les nombreuses îles disséminées dans ce lac, les plus grandes et les plus importantes sont : le groupe de Manitou, l'île de Drummond, l'île de St.-Joseph, les îles St.-Martin, l'île du Bois-Blanc et les îles Middle, Thunder et Saginaw. La plus grande partie de ce lac, avec ses îles les plus considérables, dépend du territoire de la Grande-Bretagne; l'Union y possède que quelques petites îles sur les côtes du territoire de Michigan, au N. l'île de Makinak, avec le fort du même nom.

HURON, fl. des États-Unis de l'Amérique du Nord; naît dans les montagnes au N. de l'état d'Ohio, coule par beaucoup de détours vers le N., en traversant le comté de Huron, et se décharge, à la petite ville de Huron, dans le lac Érié, à l'E. de la baie de Sandusky. Le Bald-Eagle est son principal affluent.

HURONS (district des), immense région au N. de l'état d'Illinois, et comprise entre le lac Michigan à l'E., le Mississipi à l'O., le territoire de la Grande-Bretagne et le lac Supérieur au N. et au N.-E. Il s'étend entre 86° 10' et 97° 15' long. O. et entre 43° 26' et 49° lat. N., et comprend, par conséquent, tout l'espace de terres, désigné autrefois sur les cartes sous le nom de Territoire du Nord-Ouest (North-West-Territory). Son étendue est de 5761 l. c. géogr. Autrefois les Américains n'y possédaient que quelques forts et factoreries, et toute cette vaste région n'était habitée que par quelques peuplades libres et sauvages, parmi lesquelles les Chippaways, les Ottawas, les Ménomoniens et les Winnebagos sont les plus puissantes et les plus connues. Elles vivent de la pêche et de la chasse et font le commerce de fourrures avec les Américains. Aujourd'hui l'Union a acheté des Indiens une grande partie de ce district, et en 1830 il y avait déjà quatre comtés organisés, avec 3870 hab. Ce territoire renferme la source du Mississipi, qui en fait la frontière occidentale, et celle de la rivière Rouge, qui coule vers le N. et débouche dans le lac Winnipec. Le Mississipi, le principal cours d'eau du pays, y reçoit la Ste.-Croix, le Chippeway, l'Ouisconsin (Wisconsan) et une foule d'autres fleuves, la plupart très-considérables. Outre le lac Supérieur, le lac Michigan, le lac des Bois (Wood-lake) et le lac de la Pluie, qui n'appartiennent qu'en partie à ce district, on y trouve un grand nombre de lacs de moindre étendue, surtout dans le voisinage des sources du Mississipi et de la rivière Rouge. Ce pays, généralement peu connu encore, forme un plateau entrecoupé de vastes savanes et traversé sur quelques points de montagnes peu élevées (ridges); le climat y est tempéré et salubre, et le sol, généralement d'une bonne qualité et très-propre à la culture, est également riche en plomb et en cuivre. M. Tanner, le géographe de l'Amérique septentrionale, estime toute la population de ce district à 37,360 individus, dont 9000 blancs et 28,360 Indiens. Le dist. des Hurons ou dist. Huron dépend du territoire de Michigan. On a proposé d'en faire une division administrative séparée sous le nom de Territoire-Huron (Huron-Territory), mais le congrès ne l'a pas encore adoptée.

HURONS, peuplade indienne indépendante de l'Amérique du Nord, jadis nombreuse et puissante et établie à l'E. du lac Huron, dans 32 bourgades. En 1650, ils furent chassés de leur district par les Tschérokis (Iroquois), et habitent depuis au S.-O. du lac Érié. La puissante confédération connue sous le nom des *Cinq-Nations* appellent les Hurons leurs pères, probablement parce qu'ils en tirent leur origine. Les Hurons forment la nation indienne la plus civilisée au N. de l'Union; ils cultivent les champs, s'occupent de l'éducation du bétail et des chevaux, ont des maisons très-bien bâties et font le commerce de blé, de bétail et de fourrures. Dans les guerres entre les

Algonquins et les Tschérokis, les Hurons suivirent le parti des premiers et furent réduits à environ 2000 individus. Un petit nombre d'entre eux se réfugia au Canada parmi les Français; ils y habitent le village de Loretto, à 3 l. de Québec; ils sont catholiques et agriculteurs. Quelquefois le nom de Hurons a été donné aussi aux Tschérokis, qu'il faut cependant considérer comme une nation particulière (*Voyez* TSCHÉROKIS).

HURTAULT (le). *Voyez* SIGNY-L'ABBAYE.

HURTIÈRES, vg. de Fr., Isère, arr. de Grenoble, cant. et poste de Goncelin; 280 hab.

HURTIGHEIM, vg. de Fr., Bas-Rhin, arr. et poste de Strasbourg, cant. de Truchtersheim; 420 hab.

HURTINGDON. *Voyez* NOTSBUKTORE.

HURUGE (Saint-), vg. de Fr., Saône-et-Loire, arr. de Mâcon, cant. de St.-Gengoux-le-Royal, poste de Joncy; 310 hab.

HUS, vg. de Fr., Hautes-Pyrénées, arr., cant. et poste de Tarbes; 310 hab.

HUSCH, v. de la Moldavie, située dans le pays bas, sur le Pruth; siége d'un évêché; renommée pour son bon tabac et célèbre par la paix que le czar Pierre-le-Grand fut obligé d'y conclure en 1711, pour sauver son armée cernée par les Turcs.

HUSCH-E-ON, v. de Chine, prov. de Kouang-toung, dans l'île d'Hainan. Cette ville, au dire de quelques voyageurs, est bien fortifiée et a, y compris les faubourgs, près de 200,000 hab.

HUSIATYN, v. de Gallicie, cer. de Czortkow, sur la Podhorce; château; 1600 hab.

HUSOWA (*Deutschhause*), pet. v. d'Autriche, gouv. de Moravie-et-Silésie, cer. d'Olmutz; 1500 hab.

HUSSEREN, vg. de Fr., Haut-Rhin, arr. de Belfort, cant. de St.-Amarin, poste de Wesserling; 800 hab.

HUSSEREN, vg. de Fr., Haut-Rhin, arr. et poste de Colmar, cant. de Wintzenheim; 760 hab.

HUSSIGNY, vg. de Fr., Moselle, arr. de Briey, cant. et poste de Longwy; 600 hab.

HUSSINETZ, vg. de Bohême, cer. de Prachim, sur la Blanitz. Patrie du réformateur Jean Huss, né en 1373, mort en 1437.

HUSSON, vg. de Fr., Manche, arr. de Mortain, cant. et poste du Teilleul; 1010 h.

HUSUM, *Hosemum*, v. du duché de Schleswig, chef-lieu des duchés de Husum, Bredsted et Tidersted; importante par son industrie. Le bge de Husum, situé sur la côte de la mer du Nord, est en partie habité par des Frisons; 4000 hab.

HUSZT, gros b. de Hongrie, cer. au-delà de la Theiss, comitat de Marmaros, sur la Theiss; culture de lin très-étendue; 4000 h.

HUTE (la Grande et la Petite-), ham. de Fr., Yonne, com. de Dixmont; 120 hab.

HUTEGOTTE. *Voyez* HAUTE-GOUTTE.

HUTTANY. *Voyez* HATTANY.

HUTTE (la), ham. de Fr., Sarthe, com. de St.-Germain-de-la-Coudre; 100 hab.

HUTTE (la) ou HUTTEN, ham. de Fr., Bas-Rhin, com. de Belmont; 150 hab.

HUTTE (la) et **SAINTE-MARIE**, ham. de Fr., Vosges, com. de Hennezel; manufacture royale d'acier naturel et fabr. d'acier cémenté, limes et fer; forges et martinets pour fer; 130 hab.

HUTTEN. *Voyez* HUTTE (la).

HUTTENBERG, pet. b. d'Illyrie, gouv. de Laibach, cer. de Klagenfurt; important par ses riches mines de fer; 600 hab.

HUTTENDORF, vg. de Fr., Bas-Rhin, arr. de Strasbourg, cant. et poste de Haguenau; 530 hab.

HUTTENHEIM, vg. de Fr., Bas-Rhin, arr. de Schléstadt, cant. et poste de Benfelden; filat. et tissage mécaniques de coton; fabr. de papier; 1706 hab.

HUTTES (les), ham. de Fr., Pas-de-Calais, com. d'Oye; 180 hab.

HUTTWYL, v. de Suisse, cant. de Berne; la société bernoise de médecine et de chirurgie y tient ses séances; 2600 hab. pour la paroisse.

HUTUADO, vg. de l'île de Porto-Rico, dans la juridiction de San-German, peu loin de la source de l'Arecive. Ses habitants, au nombre de 1300, s'adonnent à la culture du café, du riz, du maïs et des légumes.

HUVILLER. *Voyez* JOLIVET.

HUY ou **HUI**, *Huum*, v. et chef-lieu d'arrondissement du roy. de Belgique, prov. et à 6 1/2 l. S.-O. de Liége, située dans une belle vallée, sur la Meuse qui y reçoit le Hoyoux et que l'on traverse sur un beau pont de pierre. Elle possède une école latine, des tanneries, des papeteries, des forges et des laminoirs. Ses environs renferment des carrières de chaux, une source minérale et les belles usines d'Autibran; 5500 hab.

HUYSSE, vg. du roy. de Belgique, prov. de la Flandre orientale, arr. de Gand; 3770 hab.

HVALOEN, grande île de l'archipel Norwégien, dans le groupe de Lofoden-Mageroë, annexée au bge de Finmarken.

HWEN, *Huena*, pet. île suédoise, située à l'entrée du Sund, dans la mer Baltique; a été rendue célèbre par le fameux astronome Tycho-Brahe, qui y construisit un magnifique château et y plaça son observatoire à Uraniborg.

HYABAHANOS, peuplade indienne de l'emp. du Brésil; ils vivent dans une sauvage indépendance, sur les bords de l'Ynabu, au-dessus de la ville de San-Antonio-de-Castanheiro, prov. de Para, comarque de Rio-Négro.

HYABARY, fl. de l'emp. du Brésil, qu'il sépare à l'O. des immenses plaines au N.-E. du Pérou, connues sous le nom de *Pampas-del-Sacramento*. Son cours supérieur est entièrement inconnu, ainsi que la plupart de ses affluents, dont on n'a exploré que le Tacuchy, près de son embouchure, et le

Xuguirana. Les Maxurunas errent indépendants sur les deux rives du fleuve, qui parcourt du S. au N. au moins un espace de 180 l., et aboutit au Maragnon en face de Tabátinga, sous 4° 12' lat. S.

HYANCOURT, ham. de Fr., Oise, com. de St.-Quentin-des-Prés; 100 hab.

HYAUAINS, peuplade indienne qui autrefois habitait les environs du Topajoz inférieur, prov. de Para, emp. du Brésil. Chassés de leur district par les Mundrucus, ils ont entièrement disparu.

HYBART (Saint-). *Voyez* YBART (Saint-).

HYBIRARYBE ou ALTER-DO-CHAM, b. de l'emp. du Brésil, prov. et comarque de Para; agriculture, chasse, pêche; 2000 h.

HYCATU ou HICATU, v. de l'emp. du Brésil, prov. de Maranhao, dont elle était autrefois la capitale, au confluent du Mony et de l'Hyguara; plantations; filatures et commerce de coton; 4000 hab.

HYDE, comté de la Caroline du Nord, États-Unis de l'Amérique du Nord; il est borné par les comtés de Washington, de Tyrrel, de Beaufort et par la baie de Pamlico. L'Alligator-Swamp couvre tout l'intérieur de ce pays et y forme le grand lac du Mattimuskeet ou Mattamushet. Le Pango est son principal cours d'eau; il forme à son embouchure une vaste baie. La longue digue sablonneuse qui, en face des côtes de cette province, entoure le Pamlico-Sound, porte au N. le nom de banc de Chiconocomank et au S. celui de banc de Hatteras; le cap Hatteras, où s'élève un phare, en occupe le centre. Germantown, sur une baie du Pamlico-Sound, est le chef-lieu du comté; 7800 hab.

HYDERABAD. *Voyez* HAÏDERABAD.

HYDRA ou HYDREA, v. de l'état de la Grèce, une des plus belles de l'Orient, comprise dans le nomós d'Argolide, capitale des Sporades occidentales, est située à l'E. et près de la côte de Morée, sur une île rocailleuse, sans autre eau que celle des citernes, d'une étendue de 2 3/4 milles c. et à peine connue dans l'antiquité. Cette ville a des rues propres et pavées, de beaux quais, plusieurs églises, dont deux avec des portails en marbre, plusieurs bâtiments remarquables par leur étendue et le goût de leur architecture, entre autres celui de la bourse; elle a une école supérieure, des écoles de commerce et de navigation. Sa population s'élève à près de 20,000 habitants. Un tremblement de terre y a causé de grands désastres en 1837, et y a fait écrouler 40 maisons. Le rocher d'Hydra, appelé par les anciens Aristera et par les Turcs Tchamlidjah, fut peuplé, en 1770 et 1771, surtout par des réfugiés albanais. Ils s'enrichirent bientôt par le commerce maritime, bâtirent une ville européenne qu'ils fortifièrent; et pendant que les Français étaient exclus des forts du Levant, ils s'élevèrent à un haut degré de prospérité. Dans la dernière guerre contre les Turcs, les Hydraotes rendirent les plus grands services par leur marine, composée de petits bâtiments, mais montée par des gens braves et exercés. Leur marine marchande compta, selon Pouqueville, dès 1813, jusqu'à 375 navires du port de 45,000 tonneaux et montés par 5400 bons matelots; mais leur commerce fut presque entièrement détruit pendant la dernière guerre et il passa en plus grande partie à Syra. L'île d'Hydra a une population de près de 50,000 hab.; elle est tout entière dans un bon état de défense.

HYDRAOTES. *Voyez* HYRAOTIS.

HYDS, vg. de Fr., Allier, arr. de Montluçon, cant. et poste de Montmarault; 840 h.

HYÉMONDANS, vg. de Fr., Doubs, arr. de Baume-les-Dames, cant. et poste de l'Isle-sur-le-Doubs; 300 hab.

HYENCOURT-LE-GRAND, vg. de Fr., Somme, arr. de Péronne, cant. de Chaulnes, poste de Lihons-en-Santerre; 200 hab

HYENCOURT-LE-PETIT, vg. de Fr., Somme, arr. de Péronne, cant. et poste de Nesle; 140 hab.

HYENNE, b. du roy. de Sardaigne, duché de Savoie, prov. de Chambéry, sur le Rhône; monastère de capucins; 2385 hab.

HYENVILLE, vg. de Fr., Manche, arr. et poste de Coutances, cant. de Monmartin-sur-Mer; 340 hab.

HYÈRES, *Hieros*, v. de Fr., Var, arr. et à 4 l. E. de Toulon, chef-lieu de canton et poste; elle est bâtie en amphithéâtre sur le penchant d'une montagne, à 1 l. de la mer, et remarquable par la beauté et la fertilité des campagnes qui l'environnent. Sous son climat délicieux on respire un air embaumé par les fleurs des orangers et des citronniers qui couvrent la campagne. Quant à la ville même, elle a peu d'édifices remarquables : l'église paroissiale, sur un roc escarpé au haut de la ville; le vieux château, aujourd'hui hôtel de ville, et la colonne qui porte le buste de l'illustre prédicateur Massillon, né à Hyères en 1663, sont ce qu'il y a de plus curieux. La douce température, dont on jouit presque continuellement sous le beau ciel d'Hyères, y attire, en hiver, un assez grand nombre de malades, et les médecins du Nord, surtout les Anglais, y envoient ordinairement les phthisiques. Cette ville fait un commerce considérable de vins, d'oranges, de citrons, de figues, de grenades, d'amandes, d'olives et d'huile d'olives, produits de son territoire; on y recueille aussi une grande quantité de sel. Hyères, dont on attribue la fondation aux Phocéens, était autrefois un port de mer. Saint Louis y aborda à son retour de l'Afrique; 8880 hab.

HYÈRES, *Stœchades*, îles de Fr., dans la Méditerranée, à 4 l. de la côte du dép. du Var, dont elles font partie. C'est un groupe de quatre îles : Porquerolles, Portecroz, Titan ou île du Levant et Bagneau. Les deux dernières sont inhabitées. Porquerolles, la plus grande et la plus occidentale, a un fort, une garnison et une centaine d'habitants. Portecroz, qui a un petit port, renferme aussi un fort, une petite garnison et environ 50 habitants. Ces îles jouissent d'un climat très-agréable, et leur séjour est conseillé à ceux qui souffrent de la poitrine; mais elles ne produisent presque rien. Portecroz, qui est la plus fertile et la plus élevée, est couverte de lavandes et de fraisiers.

HYET, vg. de Fr., Haute-Saône, arr. de Vesoul, cant. et poste de Rioz; 160 hab.

HYÈVRE-LE-GRAND. *Voyez* HYÈVRE-PAROISSE.

HYÈVRE-MAGNY, vg. de Fr., Doubs, arr., cant. et poste de Baume-les-Dames; 240 hab.

HYÈVRE-PAROISSE, vg. de Fr., Doubs, arr., cant. et poste de Baume-les-Dames; 240 hab.

HYGUARASSU. *Voyez* PARNAHYBA.

HYLAIRE (Saint-) ou FAVEROLLE, vg. de Fr., Aube, arr. de Nogent-sur-Seine, cant. de Romilly-sur-Seine, poste de Pont-le-Roi; 370 hab.

HYLAIRE-DE-COURS (Saint-), vg. de Fr., Cher, arr. de St.-Amand-Mont-Rond, cant. et poste de Lignières; 1730 hab.

HYLAIRE-DE-GONDILLY (Saint-), vg. de Fr., Cher, arr. de St.-Amand-Mont-Rond, cant. de Nérondes, poste de Villequiers; 480 hab.

HYMER (Saint-), vg. de Fr., Calvados, arr., cant. et poste de Pont-l'Évêque; 730 h.

HYMÈTE (le mont), en Grèce, dans le nomos d'Attique et Béotie, non loin d'Athènes; célèbre dans l'antiquité par ses abeilles; fournit encore le meilleur miel que l'on connaisse.

HYMONT, vg. de Fr., Vosges, arr., cant. et poste de Mirecourt; 260 hab.

HYPOLITE (Saint-), vg. de Fr., Cantal, arr. de Mauriac, cant. de Riom-ès-Montagne, poste de Bort; 700 hab.

HYPOLITE (Saint-), vg. de Fr., Corrèze, arr. de Tulle, cant. et poste d'Égletons; 840 hab.

HYPOLITE (Saint-), ham. de Fr., Haute-Garonne, com. de Marquefave; 130 hab.

HYPOLITE (Saint-) ou BILD (Sanct-). *Voy.* HIPPOLYTE (Saint-).

HYPOLITE-DE-BIARD (Saint-), vg. de Fr., Charente-Inférieure, arr. de Rochefort-sur-Mer, cant. et poste de Tonnay-Charente; 300 hab.

HYPOLITE-DE-CANTELOUP (Saint-), vg. de Fr., Calvados, arr., cant. et poste de Lisieux; 310 hab.

HYPOLITE-LA-GRIFOUL (Saint-), ham. de Fr., Tarn, com. de Castres; 130 hab.

HYPOLITE-SUR-LE-DOUBS (Saint-). *Voy.* HIPPOLYTE (Saint-).

HYPPOLITE (Saint-), vg. de Fr., Aveyron, arr. d'Espalion, cant. d'Entraygues, poste de Montsalvy; 2030 hab.

HYPPOLITE (Saint-), vg. de Fr., Puy-de-Dôme, arr., cant. et poste de Riom; 1110 hab.

HYPPOLITE (Saint-), vg. de Fr., Vaucluse, arr., cant. et poste de Carpentras; 160 hab.

HYRAOTIS, g. a., fl. de l'Inde.

HYURUHA ou JURUA, fl. peu connu, mais très-considérable de l'emp. du Brésil, prov. de Para, comarque de Rio-Négro; il traverse du S. au N. le vaste et fertile district des Uginas et débouche dans le Maragnon, sous 3° lat. S.

HYTHE, b. d'Angleterre, comté de Kent; très-déchu; nomme 2 députés; son port est comblé.

HYTTEN ou STOPELHOLM, bge du roy. de Danemark, dans le duché de Schleswig; Frederikstadt en est le chef-lieu.

HYUTAHY ou JUTAY, fl. considérable mais peu connu de l'emp. du Brésil; il se jette dans le Maragnon, sous 2° 30' lat. S. Le volume de ses eaux, grossi par de nombreux affluents, est très-considérable, ce qui fait qu'on lui suppose un cours très-étendu.

FIN DU TOME SECOND.

TABLEAU STATISTIQUE ET TOPOGRAPHIQUE DE LA FRANCE.

	NOMS DES DÉPARTEMENTS.	ANCIENNES PROVINCES QUI Y CORRESPONDENT.	NOMS DES CHEFS-LIEUX D'ARRONDISSEMENTS.	SUPERFICIE EN HECTARES.	POPULATION EN 1838.	NOMBRE DE COMMUNES.	NOMBRE DE DÉPUTÉS.	COURS ROYALES.	DIVISIONS MILITAIRES.	ACADÉMIES.	ARCHEVÊCHÉS.	ÉVÊCHÉS OU DIOCÈSES.
1	AIN	Bourgogne, *Bresse*, *Bugey*, *Dombes*	BOURG, Belley, Nantua, Gex, Trévoux	684,822	346,188	439	5	Lyon	Lyon, 7e	Lyon	Besançon	Belley.
2	AISNE	Ile-de-France, Picardie, Champagne	LAON, Soissons, St.-Quentin, Vervins, Château-Thierry	748,000	527,095	836	7	Amiens	Paris, 1e	Amiens	Reims	Soissons.
3	ALLIER	Bourbonnais	MOULINS, Ganat, la Palisse, Montluçon	580,907	309,270	329	4	Riom	Bourges, 15e	Clermont	Sens	Moulins.
4	ALPES (BASSES-)	Haute-Provence	DIGNE, Barcelonnette, Castellane, Forcalquier, Sisteron	729,598	159,046	260	2	Aix	Marseille, 8e	Aix	Aix	Digne.
5	ALPES (HAUTES-)	Dauphiné, Provence	GAP, Briançon, Embrun	545,203	131,162	191	2	Grenoble	Lyon, 7e	Nîmes	Aix	Gap.
6	ARDÈCHE	Languedoc, *Vivarais*	PRIVAS, l'Argentière, Tournon	550,094	353,752	328	4	Nîmes	Montpellier, 9e	Nîmes	Avignon	Viviers.
7	ARDENNES	Champagne, *principauté de Sédan*	MÉZIÈRES, Rethel, Rocroy, Sédan, Vouziers	506,890	306,861	479	4	Metz	Metz, 2e	Metz	Reims	Reims.
8	ARRIÈGE	Comté de Foix	FOIX, Pamiers, St.-Girons	568,984	260,536	336	3	Toulouse	Perpignan, 21e	Toulouse	Toulouse	Pamiers.
9	AUBE	Champagne et Bourgogne	TROYES, Arcis-sur-Aube, Bar-sur-Seine, Bar-sur-Aube, Nogent-sur-Seine.	605,025	253,350	451	4	Paris	Dijon, 18e	Paris	Sens	Moulins.
10	AUDE	Languedoc	CARCASSONNE, Limoux, Narbonne, Castelnaudary	608,902	283,085	436	5	Montpellier	Perpignan, 21e	Montpellier	Toulouse	Carcassonne.
11	AVEYRON	Guyenne, *Rouergue*	RHODEZ, Espalion, Milhau, St.-Affrique, Villefranche	882,191	370,951	215	5	Montpellier	Montpellier, 9e	Montpellier	Alby	Rhodez.
12	BOUCHES-DU-RHONE	Provence	MARSEILLE, Aix, Arles.	600,847	362,325	109	6	Aix	Marseille, 8e	Aix	Aix	Marseille.
13	CALVADOS	Normandie	CAEN, Bayeux, Falaise, Lisieux, Pont-l'Évêque, Vire	557,663	501,795	833	7	Caen	Rouen, 14e	Caen	Rouen	Bayeux.
14	CANTAL	Haute-Auvergne	AURILLAC, Mauriac, Murat, St.-Flour	542,037	262,117	266	4	Riom	Clermont, 19e	Clermont	Bourges	St.-Flour.
15	CHARENTE	Angoumois, Saintonge, Poitou	ANGOULÊME, Barbezieux, Cognac, Confolens, Ruffec	603,239	365,126	453	5	Bordeaux	Bordeaux, 11e	Bordeaux	Bordeaux	Angoulême.
16	CHARENTE-INFÉRIEURE	Aunis, Saintonge.	LA ROCHELLE, Rochefort, Saintes, Marennes, St.-Jean-d'Angely, Jonzac	654,086	440,649	480	7	Poitiers	Bordeaux, 11e	Poitiers	Bordeaux	La Rochelle.
17	CHER	Berry, Bourbonnais	BOURGES, St.-Amand, Sancerre.	720,880	276,853	297	4	Bourges	Bourges, 15e	Bourges	Bourges	Bourges.
18	CORRRÈZE	Bas-Limousin	TULLE, Brives-la-Gaillarde, Ussel	582,503	302,433	291	4	Limoges	Clermont, 19e	Limoges	Bourges	Tulle.
19	CORSE	Ile de Corse	AJACCIO, Bastia, Calvi, Corte, Santène	874,745	207,889	355	2	Bastia	Bastia, 17e	Aix	Aix	Ajaccio.
20	COTE-D'OR	Bourgogne	DIJON, Beaune, Sémur, Chatillon-sur-Seine.	850,445	385,624	727	6	Dijon	Dijon, 18e	Dijon	Lyon	Dijon.
21	COTES-DU-NORD	Haute-Bretagne	SAINT-BRIEUC, Dinan, Lannion, Guingamp, Loudéac	672,090	605,563	375	6	Rennes	Rennes, 13e	Rennes	Tours	St.-Brieuc.
22	CREUSE	Marche, Berry, Limousin, etc.	GUERET, Aubusson, Boussac, Bourganeuf	558,341	276,234	270	4	Limoges	Bourges, 15e	Limoges	Bourges	Limoges.
23	DORDOGNE	Guyennne, *Perigord*, *Agenois*, etc.	PÉRIGUEUX, Bergerac, Nontron, Riberac, Sarlat	915,275	487,502	582	7	Bordeaux	Bordeaux, 11e	Bordeaux	Bordeaux	Périgueux.
24	DOUBS	Franche-Comté, *principauté de Montbéliard*	BESANÇON, Baume-les-Dames, Montbéliard, Pontarlier	525,212	276,274	640	5	Besançon	Besançon, 6e	Besançon	Besançon	Besançon.
25	DROME	Bas-Dauphiné	VALENCE, Die, Montélimart, Nyons	653,256	306,500	359	4	Grenoble	Lyon, 7e	Grenoble	Avignon	Valence.
26	EURE	Normandie, *comté d'Évreux*, etc.	ÉVREUX, les Andelys, Bernay, Louviers, Pont-Audemer.	623,283	424,762	798	7	Rouen	Rouen, 14e	Rouen	Rouen	Évreux.
27	EURE-ET-LOIR	Orléanais, *pays Chartrain*, *Dunois*, etc.	CHARTRES, Chateaudun, Dreux, Nogent-le-Rotrou	607,915	285,058	442	4	Paris	Paris, 1e	Paris	Paris	Chartres.
28	FINISTÈRE	Basse-Bretagne	QUIMPER, Brest, Chateaulin, Morlaix, Quimperlé	693,384	546,950	281	6	Rennes	Rennes, 13e	Rennes	Tours	Quimper.
29	GARD	Bas-Languedoc	NIMES, Alais, Uzès, Vigan (le)	599,726	357,400	344	5	Nîmes	Montpellier, 9e	Nîmes	Avignon	Nîmes.
30	GARONNE (HAUTE-)	Haut-Languedoc	TOULOUSE, Muret, St.-Gaudens, Villefranche	671,601	428,000	608	6	Toulouse	Toulouse, 10e	Toulouse	Toulouse	Toulouse.
31	GERS	Gascogne, *Armagnac*, *Condomois*	AUCH, Condom, Lectoure, Lombez, Mirande	651,908	312,882	629	5	Agen	Toulouse, 10e	Cahors	Auch	Auch.
32	GIRONDE	Guyenne, *Bordelais*, etc.	BORDEAUX, Bazas, Blaye, Libourne, Lesparre, la Réole	1,082,552	555,809	542	9	Bordeaux	Bordeaux, 11e	Bordeaux	Bordeaux	Bordeaux.
33	HÉRAULT	Bas-Languedoc	MONTPELLIER, Béziers, Lodève, St.-Pons	623,899	356,800	334	6	Montpellier	Montpellier, 9e	Montpellier	Avignon	Montpellier.
34	ILLE-ET-VILAINE	Haute-Bretagne	RENNES, Fougères, St.-Malo, Redon, Montfort, Vitré	635,690	547,249	354	7	Rennes	Rennes, 13e	Rennes	Tours	Rennes.
35	INDRE	Berry, Marche, Touraine	CHATEAUROUX, le Blanc, Issoudun, la Châtre	687,760	257,350	250	4	Bourges	Bourges, 15e	Bourges	Bourges	Bourges.
36	INDRE-ET-LOIRE	Touraine, Anjou, Orléanais, etc.	TOURS, Chinon, Loches	623,076	304,271	282	4	Orléans	Tours, 4e	Orléans	Tours	Tours.
37	ISÈRE	Dauphiné, *Graisivaudan*	GRENOBLE, la Tour-du-Pin, St.-Marcellin, Vienne	841,230	573,645	550	7	Grenoble	Lyon, 7e	Grenoble	Lyon	Grenoble.
38	JURA	Franche-Comté	LONS-LE-SAULNIER, Poligny, St.-Claude, Dôle.	503,364	315,355	573	4	Besançon	Besançon, 6e	Besançon	Lyon	St.-Claude.
39	LANDES	Gascogne, Guyenne, Béarn	MONT-DE-MARSAN, St.-Sever, Dax	900,534	284,918	345	3	Pau	Bayonne, 20e	Pau	Auch	Aire.
40	LOIR-ET-CHER	Orléanais, *Vendomois*, *Blaisois*	BLOIS, Romorantin, Vendôme	603,116	244,043	290	3	Orléans	Tours, 4e	Orléans	Paris	Blois.
41	LOIRE	Lyonnais, *Forez*, *Beaujolais*	MONTBRISON, Roanne, St.-Étienne.	492,052	412,500	319	5	Lyon	Lyon, 7e	Lyon	Lyon	Lyon.
42	LOIRE (HAUTE-)	Auvergne, *Velay*	LE PUY, Yssengeaux, Brioude	502,854	295,384	272	3	Riom	Clermont, 19e	Clermont	Bourges	Le Puy.
43	LOIRE-INFÉRIEURE	Haute-Bretagne	NANTES, Ancenis, Chateaubriant, Paimbœuf, Savenay	706,285	470,768	212	7	Rennes	Nantes, 12e	Rennes	Tours	Nantes.
44	LOIRET	Orléanais, *Gatinais*, etc.	ORLÉANS, Pithiviers, Gien, Montargis.	675,191	316,189	303	5	Orléans	Paris, 1e	Orléans	Paris	Orléans.
45	LOT	Guyenne, *Quercy*	CAHORS, Figeac, Gourdon.	526,519	287,003	302	5	Agen	Bayonne, 20e	Cahors	Alby	Cahors.
46	LOT-ET-GARONNE	Guyenne, *Agenois*	AGEN, Marmande, Villeneuve-d'Agen, Nérac	527,003	346,400	356	5	Agen	Bordeaux, 11e	Cahors	Bordeaux	Agen.
47	LOZÈRE	Languedoc, *Gévaudan*	MENDE, Florac, Marvejols	509,343	141,733	189	3	Nîmes	Montpellier, 9e	Nîmes	Alby	Mende.
48	MAINE-ET-LOIRE	Anjou	ANGERS, Baugé, Segré, Beaupréau, Saumur	718,807	477,270	380	7	Angers	Nantes, 12e	Angers	Tours	Angers.
49	MANCHE	Basse-Normandie, *Avranchin*, *Cotentin*	SAINT-LO, Coutances, Valognes, Cherbourg, Avranches, Mortain	675,713	594,382	649	8	Caen	Rouen, 14e	Caen	Rouen	Coutances.
50	MARNE	Champagne, *Brie*, *Rhémois*	CHALONS-SUR-MARNE, Épernay, Reims, Ste.-Ménéhoulde, Vitry-le-Français	820,273	345,245	694	6	Paris	Châlons, 3e	Paris	Reims	Châlons.
51	MARNE (HAUTE-)	Champagne, *Bassigny*	CHAUMONT, Langres, Vassy	633,172	255,969	549	4	Dijon	Dijon, 18e	Dijon	Lyon	Langres.
52	MAYENNE	Maine	LAVAL, Mayenne, Château-Gontier	518,863	361,765	277	5	Angers	Tours, 4e	Angers	Tours	Le Mans.
53	MEURTHE	Lorraine, *Toulois*	NANCY, Château-Salins, Lunéville, Sarrebourg, Toul	629,002	424,366	774	6	Nancy	Metz, 2e	Nancy	Besançon	Nancy.
54	MEUSE	Lorraine, *Barrois*, *Verdunois*	BAR-LE-DUC, Commercy, Montmedy, Verdun	604,439	317,701	590	4	Nancy	Metz, 2e	Nancy	Besançon	Verdun.
55	MORBIHAN	Basse-Bretagne	VANNES, Pontivy, Lorient, Ploërmel	681,704	449,743	229	6	Rennes	Rennes, 13e	Rennes	Tours	Vannes.
56	MOSELLE	Lorraine, *Messin*	METZ, Thionville, Briey, Sarreguemines.	630,840	427,250	673	6	Metz	Metz, 2e	Metz	Besançon	Metz.
57	NIÈVRE	Nivernais	NEVERS, Château-Chinon, Clamecy, Cosne	677,392	297,550	321	4	Bourges	Bourges, 15e	Bourges	Sens	Nevers.
58	NORD	Flandre, *Hainaut*, *Cambrésis*	LILLE, Douai, Dunkerque, Hazebrouck, Avesnes, Valenciennes, Cambrai	578,436	1,026,417	659	12	Douai	Lille, 16e	Douai	Paris	Cambrai.
59	OISE	Ile-de-France, *Valois*, *Beauvoisis*	BEAUVAIS, Clermont, Compiègne, Senlis.	581,424	398,641	635	5	Amiens	Paris, 1e	Amiens	Reims	Beauvais.
60	ORNE	Normandie, *Perche*, *duché d'Alençon*	ALENÇON, Argentan, Domfront, Mortagne	645,676	443,688	534	7	Caen	Rouen, 14e	Caen	Rouen	Séez.
61	PAS-DE-CALAIS	Artois, Basse-Picardie	ARRAS, Béthune, St.-Omer, St.-Pol, Boulogne, Montreuil	670,088	664,654	905	8	Douai	Lille, 16e	Douai	Paris	Arras.
62	PUY-DE-DOME	Basse-Auvergne, *Limagne*	CLERMONT-FERRAND, Ambert, Issoire, Riom, Thiers	794,370	580,438	441	7	Riom	Clermont, 19e	Clermont	Bourges	Clermont.
63	PYRÉNÉES (BASSES-)	Béarn, *Navarre* et pays Basque	PAU, Bayonne, Mauléon, Oléron, Orthez	755,050	446,398	632	5	Pau	Bayonne, 20e	Pau	Auch	Bayonne.
64	PYRÉNÉES (HAUTES-)	Gascogne, *Bigorre*, *Armagnac*	TARBES, Argelès, Bagnères	469,916	244,170	501	3	Pau	Toulouse, 10e	Pau	Auch	Tarbes.
65	PYRÉNÉES-ORIENTALES	Roussillon	PERPIGNAN, Ceret, Prades	411,376	164,325	227	3	Montpellier	Perpignan, 21e	Montpellier	Alby	Perpignan.
66	RHIN (BAS-)	Basse-Alsace	STRASBOURG, Saverne, Schléstadt, Wissembourg	495,676	561,859	542	6	Colmar	Strasbourg, 5e	Strasbourg	Besançon	Strasbourg.
67	RHIN (HAUT-)	Haute-Alsace, *république de Mulhausen*	COLMAR, Altkirch, Belfort	432,374	447,019	489	5	Colmar	Strasbourg, 5e	Strasbourg	Besançon	Strasbourg.
68	RHONE	Lyonnais	LYON, Villefranche	270,423	482,024	264	5	Lyon	Lyon, 7e	Lyon	Lyon	Lyon.
69	SAONE (HAUTE-)	Franche-Comté	VESOUL, Gray, Lure.	500,220	343,298	580	4	Besançon	Besançon, 6e	Besançon	Besançon	Besançon.
70	SAONE-ET-LOIRE	Bourgogne, *Maconnais*, *Charollais*, etc.	MACON, Autun, Charolles, Châlon-sur-Saône, Louhans	857,678	538,507	595	7	Dijon	Dijon, 18e	Dijon	Lyon	Autun.
71	SARTHE	Maine, Anjou.	LE MANS, Mamers, St.-Calais, la Flèche	639,270	466,888	394	7	Angers	Tours, 4e	Angers	Tours	Le Mans.
72	SEINE	Ile-de-France	PARIS, St.-Denis, Sceaux	48,611	1,106,891	80	14	Paris	Paris, 1e	Paris	Paris	Paris.
73	SEINE-ET-MARNE	Ile-de-France, Champagne, *Brie*, etc.	MELUN, Fontainebleau, Meaux, Coulommiers, Provins	595,980	325,882	557	6	Paris	Paris, 1e	Paris	Paris	Meaux.
74	SEINE-ET-OISE	Ile-de-France, *Vexin-Français*, etc.	VERSAILLES, Mantes, Rambouillet, Corbeil, Pontoise, Étampes	575,042	449,583	687	7	Paris	Paris, 1e	Paris	Paris	Versailles.
75	SEINE-INFÉRIEURE	Normandie, *pays de Caux*, etc.	ROUEN, Dieppe, le Hâvre, Yvetot, Neufchâtel	593,810	720,500	760	11	Rouen	Rouen, 14e	Rouen	Rouen	Rouen.
76	SÈVRES (DEUX-)	Poitou, etc.	NIORT, Bressuire, Melle, Parthenay	604,474	304,105	358	4	Poitiers	Nantes, 12e	Poitiers	Bordeaux	Poitiers.
77	SOMME	Picardie	AMIENS, Doullens, Montdidier, Peronne, Abbéville	604,456	552,706	850	7	Amiens	Lille, 16e	Amiens	Reims	Amiens.
78	TARN	Languedoc, *Albigeois*	ALBY, Castres, Gaillac, Lavaur	576,821	346,614	331	5	Toulouse	Toulouse, 10e	Toulouse	Alby	Alby.
79	TARN-ET-GARONNE	Guyenne, Gascogne, *Bas-Quercy*	MONTAUBAN, Moissac, Castel-Sarrazin	385,400	242,184	193	4	Toulouse	Toulouse, 10e	Toulouse	Toulouse	Montauban.
80	VAR	Provence	DRAGUIGNAN, Toulon, Grasse, Brignolles	725,680	323,404	211	5	Aix	Marseille, 8e	Aix	Aix	Fréjus.
81	VAUCLUSE	Comtat d'Avignon, *Venaissin*	AVIGNON, Carpentras, Apt, Orange	234,560	246,071	150	4	Nîmes	Marseille, 8e	Nîmes	Avignon	Avignon.
82	VENDÉE	Bas-Poitou.	BOURBON-VENDÉE, Fontenai, les Sables-d'Olonne	675,458	341,312	297	5	Poitiers	Nantes, 12e	Poitiers	Bordeaux	Luçon.
83	VIENNE	Haut-Poitou	POITIERS, Chatellerault, Civray, Loudun, Montmorillon	689,083	288,002	301	5	Poitiers	Tours, 4e	Poitiers	Bordeaux	Poitiers.
84	VIENNE (HAUTE-)	Haut-Limousin	LIMOGES, St.-Yrieix, Bellac, Rochechouart	570,035	293,011	203	5	Limoges	Bourges, 15e	Limoges	Bourges	Limoges.
85	VOSGES	Lorraine	ÉPINAL, Mirecourt, Neufchâteau, Remiremont, St.-Dié.	587,055	411,034	550	5	Nancy	Châlons, 3e	Nancy	Besançon	St.-Dié.
86	YONNE	Bourgogne, *Auxerrois*, Champagne	AUXERRE, Avallon, Joigny, Sens, Tonnerre	729,223	356,237	481	5	Paris	Dijon, 18e	Paris	Sens	Sens.
				51,868,000	33,502,100	34,875	459					

www.ingramcontent.com/pod-product-compliance
Lightning Source LLC
Chambersburg PA
CBHW070901300426
44113CB00008B/912